Depré (Hrsg.)

ZVG

ZVG

Kommentar

zum Gesetz über die Zwangsversteigerung und die Zwangsverwaltung

3. Auflage

Herausgegeben von

Rechtsanwalt Peter Depré, Mannheim

Bearbeitet von

JOAR i. R. Walter Bachmann, Birkweiler
Rechtsanwalt Dr. Friedrich L. Cranshaw, Mutterstadt/Mannheim
Rechtsanwalt Peter Depré, Mannheim
Rechtsanwalt Dr. Wolfgang Popp, Mannheim

RWS Verlag Kommunikationsforum GmbH & Co. KG · Köln

Die Deutsche Bibliothek verzeichnet diese Publikation in der Deutschen Nationalbibliografie; detaillierte bibliografische Daten sind im Internet über http://dnb.ddb.de abrufbar.

Postfach 27 01 25, 50508 Köln
E-Mail: info@rws-verlag.de, Internet: http://www.rws-verlag.de

Satz und Datenverarbeitung: SEUME Publishing Services GmbH, Erfurt
Druck und Verarbeitung: CPI books GmbH, Leck

Vorwort zur 3. Auflage

Seit der 2. Auflage, die 2019 erschienen ist, sind fünf Jahre vergangen, die den Verlag, den Herausgeber und die Mitautoren zu einer aktualisierten Neuauflage veranlasst haben, auch wenn gesetzliche Neuregelungen nicht zu verzeichnen sind. Reformüberlegungen, wie sie insbesondere in der Untersuchung von *Böttcher/Keller/Schneider/Beeneken*, Das ZVG auf dem Prüfstand, 2017, im Auftrag des BMJ, beschrieben werden, wurden bisher nicht aufgegriffen; der Abschlussbericht dieser Forschungsarbeit ist auf der Internetseite des BMJ verfügbar. Aktuelle Überlegungen zu Änderungen der Vergütungs- und Aufwandsersatzregeln der Zwangsverwalter in der ZwVwV vom August 2023 befanden sich bei Redaktionsschluss des Kommentars noch in der Fassung eines Referentenentwurfes nach einem Konsultationsprozess des BMJ mit beteiligten Organisationen (siehe dazu *Depré/Cranshaw*, Novelle der Vergütungsregelungen in der Zwangsverwalterverordnung (2024), ZfIR 2024, 54–66). Ein weiterer Referentenentwurf von Ende 2023 zur Einfügung eines § 94a in das ZVG, der Kommunen das Recht zu einem Antrag auf Sicherungsverwaltung (vgl. § 94 ZVG) zuerkennen will, um städtebauliche „Schandflecke" infolge befürchteter Verwahrlosung vorzubeugen, wenn Zwangsversteigerungen von sog. Schrottimmobilien auf dem Gemeindegebiet beantragt wurden, befindet sich Anfang 2024 erst in der Konsultationsphase.

Die vorliegende Neubearbeitung nimmt seit der letzten Auflage erschienene Literatur und Rechtsprechung in den Fokus, die bisherige Entwicklungen im Wesentlichen bestätigen. Änderungen sind kontinuierlich in Gesetzen der Länder im Kommunalabgabenrecht zu beobachten ebenso wie in den Regelwerken zu den öffentlichen Lasten der Rangklasse 3 des § 10 ZVG. Neuerungen sind auch auf das MoPeG (ab 1.1.2024), das „Gesetz zur Modernisierung des Personengesellschaftsrechts" zurückzuführen, soweit Zwangsvollstreckungen gegen rechtsfähige Personengesellschaften nach der nunmehrigen Terminologie durchgeführt werden sowie auf die Reform des Wohnungs- und Teileigentumsrechts nach dem WEMoG (ab 1.12.2020), dem „Wohnungseigentumsmodernisierungsgesetz", das auch zur Förderung der Elektromobilität erlassen wurde.

Nachdem Verfahren nach dem ZVG aufgrund einer über ein Jahrzehnt andauernden ungetrübten Immobilienkonjunktur massiv abgenommen hatten, ist wieder ein deutlicher Anstieg der Verfahren infolge der seit 2022/2023 beginnenden Krise der Immobilienwirtschaft mit ihren verschiedenen Teilbranchen zu besorgen. Die Gründe der Krisenlagen sind multikausal, ein wesentlicher Grund von vielen sind bekanntlich die erheblich angestiegenen Finanzierungszinsen für Immobiliendarlehen, wenn sie auch deutlich hinter den Zinsen in Hochzinsphasen vergangener Jahrzehnte zurückbleiben. Neben anderen Krisenursachen wie Lieferkettenproblemen, Materialverteuerung, Fachkräftemangel, Energiepreissteigerungen und dem Ukrainekrieg sind die erheblich gestiegenen Anforderungen an Bauvorhaben aus Umwelt-, Klima- und Nachhaltigkeitsgründen zu nennen, um wesentliche Beispiele aufzuzeigen.

Mit der vorliegenden 3. Auflage erhält der Nutzer erneut eine umfassende Darstellung zum Immobiliarvollstreckungsrecht nach dem Zwangsversteigerungsgesetz auf der Basis der Rechtsprechung. Er ist damit gut gerüstet, auch streitige Fragen zu bewältigen.

Mannheim, im Februar 2024 Peter Depré

Inhaltsübersicht

Anhang ZVG

Bearbeiterverzeichnis

Walter Bachmann	§§ 35–94
JOAR i. R.,	§§ 105–145
ehemaliger Dozent an der FH Schwetzingen,	
Hochschule für Rechtspflege,	
Birkweiler	
Dr. *Friedrich L. Cranshaw*	§§ 1–27
Rechtsanwalt,	§§ 145a, 158a
Mutterstadt/Mannheim	§§ 168c, 171e
vorm. Banksyndikus/Leiter Recht	§ 171n
Peter Depré (Hrsg.)	§§ 146–158
Rechtsanwalt,	§§ 159–161
Fachanwalt für Insolvenzrecht,	
Fachanwalt für Bank- und Kapitalmarktrecht,	
Wirtschaftsmediator (cvm),	
Mannheim	
Dr. *Wolfgang Popp*	§§ 28–34
Rechtsanwalt,	§§ 95–104
Fachanwalt für Medizinrecht,	§§ 162–168b
Fachanwalt für Bank- und Kapitalmarktrecht,	§§ 169–171d
Mannheim	§§ 171f–171m
	§§ 172–186

Literaturverzeichnis

Ahrens/Gehrlein/Ringstmeier (Hrsg.), Insolvenzrecht, Kommentar, 4. Aufl., 2020 (zit.: Ahrens/Gehrlein/Ringstmeier-*Bearbeiter*, Insolvenzrecht)

Bauer/Schaub, GBO – Grundbuchordnung, Kommentar, 5. Aufl., 2023

Beck/Depré, Praxis der Insolvenz, 3. Aufl., 2017
(zit.: Beck/Depré-*Bearbeiter*, Praxis der Insolvenz)
fortgeführt von:

Beck/Depré/Ampferl, Praxis der Sanierung und Insolvenz, 4. Aufl., 2023

Beck'scher Online-Kommentar ZVG
BeckOK ZVG auf der Grundlage von Löhnig, Gesetz über die Zwangsversteigerung und die Zwangsverwaltung, 2010, 12. Edition [Stand: 1.11.2023] hrsg. v. Löhnig/Gietl (zit.: BeckOK-*Bearbeiter*, ZVG)

Böttcher, Jörg, Handbuch Windenergie – Onshore-Projekte, 2011

Böttcher, Kommentar zum ZVG, 7. Aufl., 2022
(zit.: Böttcher/*Bearbeiter*, ZVG)

Böttcher, Zwangsvollstreckung im Grundbuch, 2. Aufl., 2002
(zit.: *Böttcher*, ZVG-Handbuch)

Böttcher/Keller/Schneider/Beeneken, Rechtstatsächliche Forschung zur Ermittlung eines Reformbedarfs des Gesetzes über die Zwangsversteigerung und die Zwangsverwaltung, Abschlussbericht vom 15.6.2017, in: BMJV (Hrsg.), Das ZVG auf dem Prüfstand, Teil I
(zit.: *Böttcher/Keller/Schneider/Beeneken*, Das ZVG auf dem Prüfstand)

Braun, Insolvenzordnung (InsO), Kommentar, 9. Aufl., 2022
(zit.: Braun-*Bearbeiter*, InsO)

Clemens/Cranshaw/Flitsch/Habl u. a. (Hrsg.), Problematische Firmenkundenkredite, 4. Aufl., 2012, 6. Aufl., 2023

Cranshaw, Insolvenz- und finanzrechtliche Perspektiven der Insolvenz von juristischen Personen des öffentlichen Rechts, insbesondere Kommunen, 2007

Cranshaw/Hinkel (Hrsg.), Kommentar zur Anfechtung innerhalb und außerhalb der Insolvenz nach AnfG und InsO sowie der Anfechtungssystematik mit internationalen Bezügen, 2013 (zit.: Cranshaw/Hinkel-*Bearbeiter*, AnfG)

Cranshaw/Paulus/Michel, Bankenkommentar zum Insolvenzrecht, 3. Aufl., 2016

Cranshaw/Portisch/Rösler, IQS MaInsO Regelwerk der Mindestanforderungen an die Insolvenzverwaltung, 2014

Dassler/Schiffhauer/Hintzen/Engels/Rellermeyer, ZVG, Gesetz über die Zwangsversteigerung und die Zwangsverwaltung – einschließlich EGZVG und ZwVwV, Kommentar, 16. Aufl., 2020 (Vorauflagen, 13. Aufl., 2008, 14. Aufl., 2013, 15. Aufl., 2016, sind explizit zitiert)
(zit.: Dassler/Schiffhauer/u. a.-*Bearbeiter*, ZVG)

Literaturverzeichnis

Demharter, Grundbuchordnung, 33. Aufl., 2023

Depré/Mayer, Die Praxis der Zwangsverwaltung, 7. Aufl., 2013 (zit.: *Depré/Mayer*)

Dürig/Herzog/Scholz, Kommentar, Loseblatt, 101. EL 2023

Eickmann, Die Teilungsversteigerung, 6. Aufl., 2008

Eickmann/Böttcher, Zwangsversteigerungs- und Zwangsverwaltungsrecht, 3. Aufl., 2013 (zit.: Eickmann/Böttcher, ZVG)

Ellenberger/Bunte, Bankrechts-Handbuch, 6. Aufl., 2022

Ellenberger/Nobbe (Hrsg.), Kommentar zum Kreditrecht, Praxiskommentar zum Darlehens- und Kreditsicherungsrecht des BGB, 4. Aufl., 2023

Erman, BGB, 17. Aufl., 2023 (zit.: Erman/*Bearbeiter*, BGB)

Gladenbeck/Samhat, Kreditsicherung durch Grundschulden, 10. Aufl., 2020

Grüneberg, Bürgerliches Gesetzbuch, Kommentar, 82. Aufl., 2023 (zit.: Grüneberg/*Bearbeiter*, BGB) (vormals *Palandt*)

Haarmeyer/Hintzen, Zwangsverwaltung, 7. Aufl., 2021 (zit.: *Haarmeyer/Hintzen*)

Hintzen, Zwangsversteigerung von Immobilien, 5. Aufl., 2022

Hintzen/Wolf, Zwangsvollstreckung, Zwangsversteigerung und Zwangsverwaltung, Handbuch, 2006 (zit.: *Hintzen/Wolf*)

Hopt, Handelsgesetzbuch, Kommentar, 42. Aufl., 2023 (zit.: Hopt/*Bearbeiter*, HGB) (vormals *Baumbach/Hopt*)

Hügel, Grundbuchordnung, 4. Aufl., 2020

Jaeckel/Güthe, Kommentar zum Zwangsversteigerungsgesetz, 7. Aufl., 1937 (zit.: *Jaeckel/Güthe*, ZVG, 7. Aufl.)

Jaeckel/Güthe, Reichsgesetz über die Zwangsversteigerung und die Zwangsverwaltung, Berlin, 4. Aufl., 1912 (zit.: *Jaeckel/Güthe*, ZVG, 4. Aufl.)

Jaeckel/Güthe, Kommentar zum Zwangsversteigerungsgesetz, 2. Aufl., 1904 (zit.: *Jaeckel/Güthe*, ZVG, 2. Aufl.)

Jakobs/Schubert, Die Beratung des BGB, Sachenrecht, Bd. IV, 1985

Jonas/Pohle, Zwangsversteigerungsnotrecht, 16. Aufl., 1954

Juris PraxisKommentar BGB Band 3 – Sachenrecht, hrsg. v. Herberger/Martinek/Rüßmann/Weth/Würdinger, 10. Aufl., 2020

Kayser/Thole (Hrsg.), Insolvenzordnung, Heidelberger Kommentar, 11. Aufl., 2023 (zit.: HK-*Bearbeiter*, InsO)

Kindl/Meller-Hannich, Gesamtes Recht der Zwangsvollstreckung, Handkommentar, 4. Aufl., 2021
(zit.: *Kindl/Meller-Hannich-Bearbeiter*, Gesamtes Recht der Zwangsvollstreckung)

Knees, Zwangsversteigerung und Zwangsverwaltung, 8. Aufl., 2017
(zit.: *Knees*, ZVG)

Krause, Praxishandbuch Schiffsregister, 2012

Keller/Munzig (Hrsg.), KEHE – Grundbuchrecht, Kommentar, 8. Aufl., 2019

Kroiß/Horn/Solomon, Nachfolgerecht, 3. Aufl., 2023

Löhnig (Hrsg.), Gesetz über die Zwangsversteigerung und Zwangsverwaltung, 2010 (zit.: *Löhnig/Bearbeiter*, ZVG)

Meikel/Böhringer, Grundbuchordnung, 12. Aufl., 2021

Mohrbutter/Drischler/Radtke/Tiedemann, Die Zwangsversteigerungs- und Zwangsverwaltungspraxis, 7. Aufl., 1986 f

Münchener Kommentar zum BGB
hrsg. v. Säcker/Rixecker, Band 6, 8. Aufl., 2021
Band 8, Sachenrecht (§§ 854–1296, WEG, ErbbauRG), 9. Aufl., 2023
(zit.: MünchKomm-*Bearbeiter*, BGB)

Münchener Kommentar zur Insolvenzordnung
hrsg. v. Kirchhof/Eidenmüller, 4. Aufl., 2020
(zit.: MünchKomm-*Bearbeiter*, InsO)

Münchener Kommentar zur ZPO
hrsg. v. Krüger/Rauscher, Band 2 (§§ 354–945b), 6. Aufl., 2020
(zit.: MünchKomm-*Bearbeiter*, ZPO)

Musielak/Voit, ZPO, Kommentar zur Zivilprozessordnung, 20. Aufl., 2023
(zit.: Musielak/Voit-*Bearbeiter*, ZPO)

Nobbe, Gerd (Hrsg.), Kommentar zum Kreditrecht, 3. Aufl., 2018

Prause, Das Recht des Schiffskredits, 3. Aufl., 1979

Prütting/Gehrlein, (Hrsg.), ZPO, Kommentar, 14. Aufl., 2022
(zit.: Prütting/Gehrlein-*Bearbeiter*, ZPO)

Prütting/Wegen/Weinreich (Hrsg.), BGB, Kommentar, 18. Aufl., 2023
(zit.: Prütting/Wegen/Weinreich-*Bearbeiter*, BGB)

Rabe, Seehandelsrecht, 5. Aufl., 2018

Rattunde/Smid/Zeuner (Hrsg.), Insolvenzordnung (InsO) 4. Aufl., 2018 Band 1 (§§ 1–147 InsO) und Band 2 (§§ 147–359 InsO)
(zit.: *Rattunde/Smid/Zeuner-Bearbeiter*, InsO) (vormals *Leonhardt/Smid/Zeuner*)

Saenger (Hrsg.), ZPO – Familienverfahren – Gerichtsverfassung – Europäisches Verfahrensrecht, 10. Aufl., 2023 (zit.: Saenger-*Bearbeiter*, ZPO)

Satzger/Schluckebier/Widmaier, StGB, Kommentar zum Strafgesetzbuch, 5. Aufl., 2022

Schleicher/Reymann/Abraham, Das Recht der Luftfahrt, 3. Aufl., 1960/1966

Schmidt, Karsten (Hrsg.), Insolvenzordnung, 20. Aufl., 2023 (zit.: K. Schmidt/*Bearbeiter*, InsO)

Schmidt, Karsten, Insolvenzordnung, InsO mit EuInsVO, 20. Aufl., 2023 (zit.: K. Schmidt-*Bearbeiter*, InsO)

Schneider, ZVG, Kommentar zum Zwangsversteigerungsgesetz, 2020 (zit.: Schneider-*Bearbeiter*, ZVG)

Schöner/Stöber, Grundbuchrecht, 16. Aufl., 2020

Stadlhofer-Wissinger, Das Gebot in der Zwangsversteigerung, 1993

Staudinger, BGB, Buch 3, Sachenrecht §§ 1204–1296, SchiffsRG (Pfandrecht), Neubearbeitung 2019 (zit.: Staudinger-*Bearbeiter*)

Steiner/Eickmann/Hagemann/Storz/Teufel, Kommentar zum Zwangsversteigerungs- und Zwangsverwaltungsrecht, Band 1, 9. Aufl., 1984, Band 2, 1986 (zit.: *Steiner-Bearbeiter*, ZVG)

Stöber/Rellermeyer, Forderungspfändung – Zwangsvollstreckung in Forderungen und andere Vermögensrechte, 17. Aufl., 2020

Stöber, ZVG, Kommentar zum Zwangsversteigerungsgesetz, 23. Aufl., 2022 (zit.: Stöber/*Bearbeiter*, ZVG)

Stöber, ZVG-Handbuch, Zwangsvollstreckung in das unbewegliche Vermögen, 10. Aufl., 2023 (zit.: *Stöber*, ZVG-Handbuch)

Storz/Kiderlen, Praxis der Teilungsversteigerung, 6. Aufl., 2016

Storz/Kiderlen, Praxis des Zwangsversteigerungsverfahrens, 13. Aufl., 2021

Teufel, Zwangsversteigerung und Zwangsverwaltung, Rechtspfleger-Studienbuch, 4. Aufl., 2005

Thomas/Putzo, ZPO, Kommentar zur Zivilprozessordnung, 44. Aufl., 2023 (zit.: Thomas/Putzo-*Bearbeiter*, ZPO)

Tipke/Lang, Steuerrecht, 24. Aufl., 2021

Uhlenbruck, Insolvenzordnung, Kommentar, 15. Aufl., 2019

Wedekind/Wedekind, Zwangsverwaltung – ein systematischer Leitfaden für die Praxis, 2011

Zöller, ZPO, Kommentar, 34. Aufl., 2022 (zit.: Zöller/*Bearbeiter*, ZPO)

Gesetz über die Zwangsversteigerung und die Zwangsverwaltung
ZVG
Ausfertigungsdatum: 24.03.1897

Erster Abschnitt
Zwangsversteigerung und Zwangsverwaltung von Grundstücken im Wege der Zwangsvollstreckung

Erster Titel
Allgemeine Vorschriften

§ 1
Sachliche und örtliche Zuständigkeit der Amtsgerichte

(1) Für die Zwangsversteigerung und die Zwangsverwaltung eines Grundstücks ist als Vollstreckungsgericht das Amtsgericht zuständig, in dessen Bezirk das Grundstück belegen ist.

(2) Die Landesregierungen werden ermächtigt, durch Rechtsverordnung die Zwangsversteigerungs- und Zwangsverwaltungssachen einem Amtsgericht für die Bezirke mehrerer Amtsgerichte zuzuweisen, sofern die Zusammenfassung für eine sachdienliche Förderung und schnellere Erledigung der Verfahren erforderlich ist. Die Landesregierungen können die Ermächtigung auf die Landesjustizverwaltungen übertragen.

Literatur: *Bartels/Noll,* Rechtsvergleichende Forschung zur Reform des Gesetzes über die Zwangsversteigerung und die Zwangsverwaltung, in: BMJV, Das ZVG auf dem Prüfstand – Teil II Rechtsvergleichung, Kurzfassung des Schlussberichts IV/2017 v. 19.4.2017; *Keller,* Aktueller Reformbedarf in der Immobiliarvollstreckung, Rpfleger 2023, 259 ff.; *Keller,* Aktuelle Rechtsprechung zur Zwangsverwaltung im Jahre 2022, ZfIR 2023, 210 ff.

Übersicht

I. Vorbemerkungen zum ZVG und zu jüngeren Reformvorschläge

1. Vernetzungen des ZVG als bewährtes Regelwerk in der Rechtsordnung

1 Das Gesetz über die Zwangsversteigerung und die Zwangsverwaltung (vom 24.3.1897)[1)] ist ein hochkomplexes Gesetz, dessen Anwendung Kenntnisse und Kompetenzen in einer Reihe verschiedener anderer Rechtsgebiete voraussetzt, wie im Sachenrecht, Grundbuchrecht, Zivilprozessrecht, Insolvenzrecht, Gesellschaftsrecht (im Hinblick auf Teilungsversteigerungen), Wohnungseigentumsrecht und im Recht der öffentlichrechtlichen Grundstückslasten (vgl. § 10 Abs. 1 Nr. 3 ZVG). Mit den späteren Änderungen hat es sich in den letzten bald 130 Jahren bewährt. Seine Nachteile, die zugleich seine Vorzüge spiegeln, liegen auf der Hand: Die Zwangsversteigerung ist eher langwierig, bei Ausschöpfung aller Rechtsbehelfe (z. B. von der Beschwerde gegen die Anordnung der Versteigerung über die Verkehrswertbeschwerde – § 74a Abs. 5 Satz 3 ZVG – bis zur Zuschlagsbeschwerde – §§ 95, 96 ff. ZVG) kann sie bis zur ggf. zugelassenen Rechtsbeschwerde leicht Jahre dauern – und sie ist kostspielig. Neben den Verfahrenskosten einschließlich der Vergütung des Sachverständigen, der das Verkehrswertgutachten erstellt (§ 74a Abs. 5 ZVG), sind bei der Vollstreckungsversteigerung, aber auch der Insolvenzverwalterversteigerung (§ 172 ZVG, § 165 InsO) Zinsverluste der Gläubiger ebenso in die Erwägungen der Gläubiger einzubeziehen, bevor eine Vollstreckungsversteigerung ins Auge gefasst wird wie das Marktrisiko einer Wertreduzierung der betroffenen Immobilie während des Versteigerungsverfahrens. Daher ist es bekanntermaßen gerade in Zeiten einer guten Immobilienkonjunktur in der Region der Belegenheit der Immobilie vorteilhaft, die Immobilie durch „freihändigen" Kauf zu verwerten statt durch eine Zwangsversteigerung. Das ist einer der Gründe der seit etlichen Jahren stetig zurückgehenden Zahlen der Zwangsversteigerungen und Zwangsverwaltungen.

2 Die Vorzüge des ZVG bestehen u. a. in dem strikt rechtsstaatlichen Verfahren des ZVG, das „transparent und objektiv" den Preis der versteigerten Immobilie[2)] im Termin mit Meistgebot ermittelt, wenn auch das Verkehrswertgutachten nach § 74a ZVG einen statischen Wert nach normativen Ermittlungsvorgaben (durch die ImmoWertV v. 14.7.2021, BGBl. I 2021 S. 2805) zum Zeitpunkt der Wertermittlung abbildet, der Versteigerungstermin aber häufig erst so lange danach stattfinden kann, dass Gebäude- oder Marktentwicklungen die Wertfestsetzung fraglich erscheinen lassen; hinzu kommen Bewertungsspielräume der Gutachter, die zudem nicht selten in die betroffenen Gebäude keinen Zutritt haben. Insoweit mag die Zwangsverwaltung Optionen der Zutrittsermöglichung bieten. Das Meistgebot enthält wie auch bei

1) ZVG v. 24.3.1897, in Kraft seit 1.1.1900 (zusammen mit der GBO und dem BGB), i. d. F. d. BGBl. III 310–14, bis zur Änderung durch Art. 24 d. Gesetzes v. 19.12.2022, BGBl. I 2022 S. 2606.

2) So zutreffend *Keller*, Vortragsskriptum, S. 33.

Verkaufsverhandlungen Spielräume für Gebote (Angebote) des Erwerbsinteressenten, die freilich in der Versteigerung etwas erweiterte Spekulationsspielräume haben mögen („Schnäppchenerwerb", der aber in den letzten Jahren aufgrund der Immobilienkonjunktur, nur geringe Resonanz gefunden haben dürfte). Die Eintrübung der Immobilienkonjunktur, beginnend im Lauf des Jahres 2022 aufgrund verschiedener ökonomischer und immobilienpolitischer Tendenzen (Zinserhöhungen, vorher eher überhitzte Immobilienpreissteigerungen über eine Reihe von Jahren, ökologische Anforderungen an Gebäude, Mietpreisentwicklungen usw., Verschärfung bankaufsichtsrechtlicher Vorgaben für die wichtigen Finanzgläubiger), die hier nicht im Einzelnen zu erörtern sind, mag die Zahl der Versteigerungsverfahren und die Versteigerungsbedingungen wie die Erlöse aus Eigentümer- und Gläubigersicht negativ beeinflussen. Wertfestsetzungsbeschlüsse werden von den Grundpfandgläubigern (aus der Finanzindustrie) selten angegriffen, auch wenn man im Einzelfall nicht einverstanden ist, da es zum einen nicht einfach ist, solche Beschlüsse mit substantiierten Argumenten anzugreifen, wenn nicht offenkundige Fehler in Gutachten und/oder Verfahren festzustellen sind, und zum anderen die Zeitdauer bis zur Beschwerdeentscheidung den Versteigerungstermin entsprechend hinauszögert und jedenfalls der bestbetreibende Gläubiger hinreichend Steuerungsmöglichkeiten hat, um Imponderabilien der Wertfestsetzung auszugleichen (einstweilige Einstellung, den Zuschlag unter 7/10 versagen zu lassen, Einflussnahmen auf Bieter zu höheren Geboten, soweit der Gläubiger entsprechend höhere Gebote benötigt, um aus dem Erlös seine Forderungen befriedigt zu erhalten).

Der Schuldner hat wie die Gläubiger hinreichend Rechtsschutzmöglichkeiten,[3] die 3
natürliche Person als Schuldner hat als Rechtsbehelf zudem die Ausnahmevorschrift des § 765a ZPO auf ihrer Seite. Der Schuldner kann damit nicht ohne Weiteres durch Immobiliarvollstreckungsmaßnahmen aus seinem Haus, insbesondere nicht aus seiner Wohnung gewiesen werden – und das faktisch mindestens bis zur Rechtskraft des Zuschlagsbeschlusses. Mieter sind dem Sonderkündigungsrecht des Erstehers ausgesetzt, § 57a ZVG, wobei die bürgerlichrechtlichen Kündigungsfristen einzuhalten sind; bei Mietverhältnissen über Wohnraum ist aber zudem der gesetzliche Mieterschutz zu beachten. Das Versteigerungsverfahren stellt sich daher mit dem Zuschlag als hoheitlicher Akt (§ 90 Abs. 1 ZVG) im Rahmen der Zwangsvollstreckung nach der ZPO (§§ 864, 869 ZPO) i. V. m. dem ZVG als lex specialis für die Immobiliarvollstreckung durch Zwangsversteigerung und Zwangsverwaltung als zeitlich sehr gestreckte Immobiliarvollstreckung dar, die rechtsstaatlich geordnet dem Schuldner die faire Chance bietet, rechtswidrigen Vollstreckungsmaßnahmen von Anfang an energisch entgegenzutreten und ggf. das Versteigerungsverfahren durch Gläubigerbefriedigung zu erledigen. In der Praxis der Finanzindustrie wird die Versteigerung regelmäßig aus den Grundpfandrechten der Rangklasse 4 des § 10 ZVG wie jede Sicherheitenverwertung nur als ultima ratio der Rückführung ausgereichter Darlehensmittel betrachtet.

3) Siehe dazu BeckOK-*Cranshaw/Kuhn*, ZVG, § 95 Rz. 42–221j.

2. Konkurrenzfähigkeit des ZVG im europäischen Umfeld, Relevanz des Unionsrechts

4 Das ZVG ist daher im Vergleich auch zu anderen Rechtsordnungen im europäischen Raum im internationalen Vergleich unverändert sehr konkurrenzfähig, zumal die abstrakte Grundschuld gegenüber Rechtsordnungen, die mit der akzessorischen Hypothek oder vergleichbaren Rechten mit diversen nationalstaatlichen Ausgestaltungen arbeiten. Auf Einzelheiten kann vorliegend nicht eingegangen werden.[4)]

5 Die Immobiliarzwangsvollstreckung gegen Verbraucher ist aber nicht nur durch das inländische Recht determiniert, sondern auch durch das Unionsrecht, u. a. auch durch die schon auf das Jahr 1993 zurückgehende Richtlinie 93/13/EWG […] über missbräuchliche Klauseln in Verbraucherverträgen" (ABl. L 95, S. 29). So hat der EuGH, um aleatorisch einmal einen spanischen Fall herauszugreifen, in dem Urteil „Aziz"[5)] in Ziff. 1. des Urteilstenors wie folgt entschieden:

> „Die Richtlinie 93/13/EWG […] ist dahin auszulegen, dass sie der Regelung eines Mitgliedstaats wie der im Ausgangsverfahren in Rede stehenden entgegensteht, die im Rahmen eines Hypothekenvollstreckungsverfahrens keine Einwendungen in Bezug auf die Missbräuchlichkeit einer dem vollstreckbaren Titel zugrunde liegenden Vertragsklausel zulässt, dem für die Beurteilung der Missbräuchlichkeit einer solchen Klausel zuständigen Gericht des Erkenntnisverfahrens aber auch nicht erlaubt, vorläufige Maßnahmen – wie insbesondere die Aussetzung des genannten Vollstreckungsverfahrens – zu treffen, wenn der Erlass dieser Maßnahmen erforderlich ist, um die volle Wirksamkeit seiner Endentscheidung zu gewährleisten."

6 Das Beispiel zeigt das bis zu dem Urteil geltende spanische Immobiliarvollstreckungsrecht sowie den Unterschied zwischen dem dortigen – damit wohl gläubigerbetonten Regelwerk – und den Möglichkeiten der ZVG.

7 Das Fazit der auch internationalen Konkurrenzfähigkeit des ZVG steht aber der weiteren Feststellung, dass es Reformbedarf gibt, nicht entgegen. Wann das BMJ einen Reformvorschlag vorlegen wird, ist unbekannt, Reformdiskussionen, so kann man feststellen, gibt es seit Jahren, das damalige BMJV (jetzt wieder BMJ) hat bereits 2017 eine rechtliche und rechtstatsächliche Untersuchung beauftragt, die zwei Schlussberichte vorgelegt hat. Teil 2 mit rechtsvergleichendem Inhalt ist bereits oben erwähnt worden.

3. Jüngere Reformvorschläge zum ZVG (2017), Forschungsauftrag des BMJV und Ergebnisse

8 In dem Abschlussbericht (Langfassung) von *Böttcher/Keller/Schneider/Beeneken*, „Rechtstatsächliche Forschung zur Ermittlung eines Reformbedarfs des Gesetzes

---

4) Hierfür darf auf die vom BMJV beauftragte Studie von *Bartels/Noll*, Rechtsvergleichende Forschung zur Reform des Gesetzes über die Zwangsversteigerung und die Zwangsverwaltung hingewiesen werden.

5) EuGH, Urt. v. 14.3.2013, Rs C-415/11, „*Aziz gg. Caixa d'Estavis de Catalunya, Taragona y Manresa*", ECLI:EU:C:2013:164; Vorabentscheidungsverfahren nach Art. 267 AEUV.

über die Zwangsversteigerung und die Zwangsverwaltung“[6] wird Reformbedarf in verschiedenen Segmenten des ZVG angemerkt.

In dem I. Segment „Die Beteiligung unbekannter Verfahrensbeteiligter und Zustellungsfragen“[7] wird empfohlen, die §§ 3–9 ZVG (bisherige Fassung) durch Neufassung der §§ 3–5 ZVG-Reformvorschlag umzustrukturieren und die §§ 6–9 ZVG (bisherige Fassung) zu streichen. Die §§ 3–5 ZVG-Reformvorschlag sollen wie folgt lauten:[8] 9

„§ 3
Beteiligte des Verfahrens

In dem Verfahren gelten als Beteiligte, außer dem Gläubiger und dem Schuldner:

1. diejenigen, für welche zur Zeit der Eintragung des Vollstreckungsvermerks ein Recht im Grundbuch eingetragen oder durch Eintragung gesichert ist;

2. diejenigen, welche ein der Zwangsvollstreckung entgegenstehendes Recht, ein Recht an dem Grundstück oder an einem das Grundstück belastenden Recht, einen Anspruch mit dem Recht auf Befriedigung aus dem Grundstück oder ein Miet- oder Pachtrecht, auf Grund dessen ihnen das Grundstück überlassen ist, bei dem Vollstreckungsgericht anmelden und auf Verlangen des Gerichts oder eines Beteiligten glaubhaft machen.

§ 4
Zustellungen

Die Zustellungen erfolgen von Amts wegen. Zustellungen an Beteiligte gemäß § 3 Nrn. 1 und 2 können durch Aufgabe zur Post erfolgen.

§ 5
Verfahrenspfleger

(1) Sind bei einem Beteiligten die Voraussetzungen für eine öffentliche Zustellung nach § 185 der Zivilprozessordnung gegeben, bestellt das Gericht für diesen einen Verfahrenspfleger, der die Rechte und Pflichten des Beteiligten im Verfahren wahrnimmt; der Verfahrenspfleger hat ferner den Beteiligten oder seinen Aufenthalt zu ermitteln. Der Verfahrenspfleger ist dem von ihm vertretenen Beteiligten gegenüber zum Schadenersatz verpflichtet, wenn er schuldhaft die Pflichten verletzt, die ihm nach diesem Gesetz obliegen.

(2) Der Verfahrenspfleger erhält eine Vergütung in Anwendung der §§ 17, 19, 21 und 22 der Zwangsverwalterverordnung vom 19. Dezember 2003 (BGBl. I S. 2804). Vergütung und Auslagen sowie Umsatzsteuererstattung sind durch das Gericht gegen den betreibenden Gläubiger festzusetzen. Sie gehören zu den Kosten der die Befriedigung aus dem Grundstück bezweckenden Rechtsverfolgung. Gegen die Festsetzung steht dem Verfahrenspfleger und dem betreibenden Gläubiger die sofortige Beschwerde zu.“

Reformvorschläge enthält der Abschlussbericht ferner für die Segmente 10

– A/II. Die öffentliche Bekanntmachung des Versteigerungstermins und seine Durchführung (§§ 35–43 ZVG), S. 187 ff. des Abschlussberichts mit abschließender Empfehlung (S. 210 ff.) zur Änderung der §§ 35–43 ZVG.

---

6) Verfügbar (ggf.) als Printexemplar über das BMJ bzw. im Internet, https://www.bmj.de/SharedDocs/Downloads/DE/Themen/Nav_Themen/ZVG_Abschlussbericht_Langfassung_Teil1.pdf (Stand: 30.10.2023).

7) Abschlussbericht, S. 173 ff.

8) Abschlussbericht, S. 184 f.

- A/III. Die Festsetzung des Verkehrswertes, § 74a Abs. 5 ZVG, S. 2145 ff. des Abschlussberichts mit Empfehlungen zu neuen §§ 35a–35c ZVG-Reformvorschlag über Wertfestsetzung (§ 35a n. F.), Mitwirkungspflichten des Schuldners (§ 35b n. F.) und Rechtsmittel (§ 35c n. F.), siehe S. 224 f. des Abschlussberichts.
- A/IV. Der Schuldnerschutz in der Immobiliarvollstreckung (§§ 30a ff., 85a ZVG, § 765a ZPO), S. 226 ff., mit Neufassungen der §§ 30a–30c ZVG-Reformvorschlag, wobei § 30c ZVG-Reformvorschlag, den „Besonderen Vollstreckungsschutz" regelt i. V. m. § 765a ZPO, wobei 30c ZVG-Reformvorschlag Voraussetzungen der Anwendung des § 765a ZPO regelt.
- A/V. Freihändige Veräußerung des Grundstücks, ein völlig neuer Abschnitt im ZVG-Reformvorschlag, S. 252 ff., mit dem Titel III. Vereinfachte Veräußerung in den §§ 34a–34d ZVG-Reformvorschlag (S. 264 ff.), der um Harmonisierung zwischen Zwangsversteigerung und freihändiger Veräußerung bemüht ist.
- E/II. Zwangsversteigerung und Wohnungseigentum; in diesem Kontext soll § 16 WEG durch einen Absatz 9 ergänzt werden, der klarstellt, dass die Beiträge zu den Lasten und Kosten des Wohnungseigentums nach § 16 WEG aus dem Wohnungseigentum durch Befriedigung im Wege zur Zwangsvollstreckung zu leisten sind. Die Entziehung des Wohnungseigentums aus dem Gründen des § 17 WEG soll nach Maßgabe des 3. Abschnitts des ZVG, d. h. nach den §§ 172 ff. ZVG erfolgen und nicht wie bisher nach dem 1. Abschnitt, also im Wege der Vollstreckungsversteigerung.
- E/III. Zwangsversteigerung und Insolvenz; Versteigerung auf Antrag des Insolvenzverwalters; die Vorschrift des § 174a ZVG über den Antrag des Verwalters, das geringste Gebot nur aus den gegenüber § 10 Abs. 1 Nr. 1a ZVG vorgehenden Rangklassen des § 10 Abs. 1 ZVG festzusetzen, soll gestrichen werden.
- E/IV. Zwangsversteigerung und -verwaltung von Schiffen und Luftfahrzeugen; hier sollen §§ 870a ZPO, 170b, 170c ZVG-Reformvorschlag dahin abgeändert werden, dass auch für Schiffe und Schiffsbauwerke die Zwangsverwaltung zulässig sein soll und in § 170c ZVG-Reformvorschlag auf die Verwaltung die Vorschriften über die Zwangsversteigerung von Schiffen analog anwendbar sein sollen und bei Charterverträgen der Vertrag auch dem Zwangsverwalter gegenüber wirksam sein soll.
- F. Das Verfahren der Zwangsverwaltung und verwandte Vorschriften; umgestaltet werden, u. a. § 94 ZVG (Kostenerstattungsanspruch des Antragstellers), § 149 ZVG (Wohnung des Schuldners; Regelungen zur Leistung der laufenden Kosten der Bewirtschaftung durch den Schuldner), § 150a ZVG, Aufhebung der sog. Institutszwangsverwaltung), § 155 Abs. 1 Satz 2 ZVG, Regelung der steuerlichen Verantwortung des Zwangsverwalters auf seine vollstreckungsrechtlichen Aufgaben), §§ 161, 161a, Aufhebung des Verfahrens und Durchführung derselben. Auf die Reformvorschläge zu den §§ 150 (neuer Absatz 3), 150b–159e, 153–155 (Änderungen) ist im vorliegenden Rahmen nicht weiter einzugehen.

Die Reformvorschläge zu den §§ 3–9 ZVG werden in der nachfolgenden Kommentierung dieser Normen im Einzelnen angesprochen. 11

Vorläufiges Fazit zu den Reformvorschlägen: Die vorstehend grob umrissenen Reformvorschläge zum ZVG aus dem Jahr 2017 erscheinen einigermaßen umfangreich, sind aber bei übergreifender Würdigung dennoch „minimalinvasiv" und greifen die bewährten Grundstrukturen des Gesetzes nicht an. Die Digitalisierung der Justiz wirkt sich auch hier zunehmend aus und wird zu weiterem Wandel führen. 12

II. Kommentierung zu § 1 ZVG

1. *Zuständigkeit* der Amtsgerichte als Vollstreckungsgericht

§ 1 Abs. 1 ZVG enthält die **Grundsatznorm** der gerichtlichen Zuständigkeit in Immobiliarvollstreckungssachen, soweit Zwangsversteigerung und Zwangsverwaltung betroffen sind. Anders verhält sich dies bei dem weiteren Instrument der Immobiliarvollstreckung, der Entscheidung über den Antrag auf Eintragung einer Zwangshypothek (vgl. die §§ 866 f. ZPO). Hier ist das Grundbuchamt als Grundbuchbehörde zugleich Vollstreckungsorgan,[9)] die Zuständigkeit folgt aus der Grundbuchordnung. § 1 Abs. 1 ZVG verhält sich nur zur Zwangsverwertung der Substanz der Immobilie durch Zwangsversteigerung und ihres Ertrages durch Zwangsverwaltung. Die Bestimmung ist lex specialis zu § 764 ZPO, der die sachliche und örtliche Zuständigkeit für die Zwangsvollstreckung den Amtsgerichten im Bezirk des Vollstreckungsverfahrens zuweist, wenn nicht ein anderes Amtsgericht gesetzlich bestimmt ist. Eine solche Ausnahmeregelung ist § 1 Abs. 1 ZVG. 13

Die Vorschrift regelt die **sachliche**, ebenso wie die **örtliche** Zuständigkeit, Ausnahmen hiervon enthält § 1 Abs. 2 ZVG ebenso wie § 2 ZVG. Die **funktionelle Zuständigkeit**, d. h. die Abgrenzung zwischen Richtern und Rechtspflegern, bestimmt nicht das ZVG, sondern das RPflG (§ 3 Nr. 1 lit. i), § 5, § 11[10)] sowie § 22 GVG, der die Geschäfte der Amtsgerichte Einzelrichtern zuweist. 14

Die **internationale Zuständigkeit** bedarf keiner Regelung, da es keine grenzüberschreitende Immobiliarvollstreckung gibt, die die Vollstreckung durch Gerichte des einen Staates in einem anderen Staat ermöglichen. Verfahren, welche die Zwangsvollstreckung zum Gegenstand haben, sind im Vollstreckungsstaat zu führen, wie aus Art. 24 Nr. 5 EuGVVO hervorgeht. Auch eine Duldungsklage gemäß § 1147 BGB ist nicht zulässig als Folge des ausschließlichen dinglichen Gerichtsstands nach Art. 24 Nr. 1 Satz 1 EuGVVO (dingliche Rechte an unbeweglichen Sachen). Ungeachtet der Anerkennung und Vollstreckung ausländischer Entscheidungen nach der EuInsVO, der EuGVVO und dem Luganer Abkommen (II) im Raum der EU, des EWR und der Schweiz ist das Vollstreckungsverfahren allein den Gerichten bzw. der sonstigen Vollstreckungsbehörden des Vollstreckungsstaats übertra- 15

9) Vgl. BGH, Beschl. v. 23.5.1958 – V ZB 12/58, BGHZ 27, 310 ff., 313.

10) RPflG i. d. F. d. Bek. v. 14.4.2013, BGBl. 2013 I S. 778, 2014, S. 46, bis zu Art. 20 d. Ges. v. 22.2.2023, BGBl. 2013 I Nr. 51.

gen. Das gilt auch für Vollstreckungsmaßnahmen im **Rahmen von Insolvenzverfahren ausländischen Rechts**, die im Inland anerkannt werden.[11)]

2. Zentralisierung von Vollstreckungsgerichten in Zwangsversteigerungs- und Zwangsverwaltungssachen gemäß § 1 Abs. 2 ZVG und elektronischer Rechtsverkehr

16 Die **Konzentration von Vollstreckungsgerichten in Fällen der Immobiliarvollstreckung in Zwangsversteigerungs- und Zwangsverwaltungssachen** ist in mehrerlei Hinsicht zweckmäßig. Zum einen führt die Bündelung dazu, dass der Personalschlüssel („Pensenschlüssel") der Gerichte effektiver gestaltet werden kann und nicht „Mindeputate" für Versteigerungs- und Zwangsverwaltungssachen herauskommen (sollten). Des Weiteren erhöht sich dadurch die Sachkompetenz und zuletzt insgesamt die Effizienz der Arbeit des Gerichts. Der Nachteil für die Bürger und Unternehmen mit Immobilieninvestitionen ist der weitere Weg zu den Gerichten, was aber nach der hier vertretenen Meinung durch die mögliche Effizienzsteigerung der Arbeit der Gerichte wettgemacht werden können sollte.

17 Mit der fortschreitenden **elektronischen Akte und dem ausschließlich elektronischen Rechtsverkehr** auch bei den Gerichten verringert sich der räumliche Nachteil zusehends. Auf die Regelungen des § 130a ZPO (Neufassung seit 1.1.2018) über das elektronische Dokument, des § 130b ZPO (Ersatz der handschriftlichen Unterzeichnung durch Richter, Rechtspfleger und weitere Gerichtsmitarbeiter durch elektronische Signatur) sowie des außerordentlich wichtigen und weitreichenden § 130d ZPO (Nutzungspflicht elektronischer Übermittlungswege und Dokumente

11) Siehe zur Thematik Art. 41 Abs. 1 Verordnung 1215/2012/EU, ABl. EU L 351 v. 20.12.2012, S. 1 ff. (EuGVVO n. F.), die ab 10.1.2015 an die Stelle der dadurch novellierten EuGVVO a. F. (Verordnung (EG) Nr. 44/2001) getreten ist. Die bis dahin noch geltenden Vorschriften sind die Artt. 38 ff. EuGVVO a. F. Für Vollstreckungen als Folge ausländischer Verfahren im Raum der für Insolvenzeröffnungen bis 25.6.2017 geltenden EuInsVO a. F., der Verordnung (EG) Nr. 1346/2000 über Insolvenzverfahren (EU ohne Dänemark), verweist Art. 25 Unterabs. 1 Satz 2 und Abs. 2 auf die EuGVVO a. F. bzw. deren Vorgängerregelung, das Brüsseler Übereinkommen. Im Europäischen Wirtschaftsraum (ohne Liechtenstein) und der Schweiz entspricht das Luganer Übereinkommen auch in der 2007 zustande gekommenen Fassung der EuGVVO. Die mit Wirkung zum 26.6.2017 novellierte EuInsVO, die Verordnung (EU) 2015/848, ABl. EU L 141 v. 5.6.2015, S. 19 ff., enthält einen inhaltlich gleichen Verweis in Art. 32 Abs. 1 Unterabs. 1 Satz 2 auf die Artikel 39–44 und 47–57 EuGVVO n. F. Siehe zu dem Themenumfeld den Überblick bei *Cranshaw*, Grenzüberschreitende Anerkennung und Einzelvollstreckung, Teil 1, ZInsO 2018, 1333–1351, Teil 2, ZInsO 2018, 1382–1392.

für Rechtsanwälte und Behörden spätestens seit 1.1.2022) wird hingewiesen.[12)] Des Weiteren sind hierbei das Gesetz zur Einführung der elektronischen Akte in der Justiz und zur weiteren Förderung des elektronischen Rechtsverkehrs sowie die Verordnung über die technischen Rahmenbedingungen des elektronischen Rechtsverkehrs und über das besondere elektronische Behördenpostfach vom 24.11.2017 zu beachten.[13)] Hinzu kommen die länderspezifischen Regelungen. Nachdem das Verfahren nach dem ZVG als „Parteiprozess" nicht der Anwaltspflicht unterliegt (vgl. §§ 79 Abs. 1, 78 Abs. 1 ZPO), entsteht ein dualer Weg, der zu erheblichen Komplikationen führen kann, wenn Versteigerungsanträge durch Gläubiger gestellt werden, die außerhalb der Gruppe der zum elektronischen Verkehr Verpflichteten (§ 130d Satz 1 ZPO) stehen. So etwa könnte auch der Rechtsanwalt außerhalb seiner beruflichen Tätigkeit und als privater Gläubiger eine Teilungsversteigerung ganz ohne elektronisches Dokument betreiben. Ein daraus für die Gerichte absehbar entstehendes Dilemma, mag es auch nur in Einzelfällen entstehen, könnte behoben werden, wenn die elektronische Form generell vorgeschrieben würde oder – ein Umweg – generell Anwaltspflicht eingeführt würde.

III. Landesrechtliche Regelungen zu Verfahrenskonzentrationen und gemeinsames ZVG-Portal

1. Konzentrationsbestrebungen in den Bundesländern

18 Die Länder haben von den Möglichkeiten des § 1 Abs. 2 ZVG in ganz unterschiedlichem Maße, insgesamt aber dennoch nur verhalten, Gebrauch gemacht.

2. Publikationen von Terminen und Daten der Versteigerungsobjekte im Internet sowie Justizportal und private Internetanbieter

19 Unabhängig von der Konzentration von Zwangsversteigerung und Zwangsverwaltung auf bestimmte Amtsgerichte haben die Landesjustizverwaltungen ein **gemeinsames Portal https://www.justiz.de** bzw. **https://www.zvg-portal.de** eingerichtet, welches über Veröffentlichungen in Zwangsversteigerungsverfahren unterrichtet,

---

12) Die große Bedeutung des § 130d Satz 2 ZPO, wonach die vorübergehende Unmöglichkeit des zu verwendenden elektronischen Portals dazu führt, dass Dokumente wieder nach den „allgemeinen Vorschriften" eingereicht werden dürfen, zeigt sich an der desaströsen monatelangen Panne des „beA" (besonderes elektronisches Anwaltspostfach) Ende 2017. Ob allerdings nach der erfolgten Etablierung der elektronischen Systeme bei den Gerichten dann noch Kapazitäten für die Bearbeitung von Dokumenten in Printform bestehen, muss hier offenbleiben, ist aber fraglich. Die Ausnahme des § 130d Satz 2 ZPO gestattet die Einreichung von Print-Formaten nur noch bei ganz ausnahmsweise auftretenden technischen Pannen. Nach dem jeweiligen Zeitpunkt aufgrund Gesetz oder Verordnung nicht elektronisch eingereichte Anträge, Rechtsbehelfe, Erwiderungen usw. sind unzulässig, § 130a ZPO ist einzuhalten, ein Verzicht darauf scheidet aus, § 295 Abs. 2 ZPO, vgl. Zöller/*Greger*, ZPO, § 130d Rz. 1; BT-Drucks. 17/12634 v. 6.3.2013, S. 27, Begründung zu § 130d ZPO im Entwurf des Gesetzes zur Förderung des elektronischen Rechtsverkehrs mit den Gerichten (Gesetz v. 10.10.2013, BGBl. 2013 I S. 3786); Thomas/Putzo-*Seiler*, ZPO, § 130d Rz. 1, 2.

13) Gesetz zur Einführung der elektronischen Akte in der Justiz und zur weiteren Förderung des elektronischen Rechtsverkehrs v. 5.7.2017, BGBl. 2017 I S. 2208; Elektronischer-Rechtsverkehr-Verordnung, ER, v. 24.11.2017, BGBl. 2017 I S. 3803 ff., bis zur Änderung d. Art. 6 d. Gesetzes v. 5.10.2021, BGBl. I 2021 S. 4607.

wenn auch die Übersicht über die Amtsgerichte zeigt, dass die Plattform wohl unverändert (noch) keineswegs lückenlos ist. Sie bietet insbesondere die Suche nach Versteigerungsterminen an, „*Hinweise für Bieter*" und ein „*Bieter Handbuch*" mit Handlungseinleitungen. Dort ist u. a. ausgeführt, dass bei den (eben nicht lückenlos angegebenen Amtsgerichten) teilweise wieder elektronisch „Gutachten, Exposés und Fotos [...]" veröffentlicht werden.[14] Die „Suchmaschine" für die Termine „Termine suchen" ermöglicht die jeweils getrennte Suche nach Terminen, Bundesland, Gericht, Aktenzeichen, Art der Versteigerung, Art des Objektes, Angabe eines konkreten Objektes, Lage, genaue Anschrift sowie eine zeitliche Eingrenzung („*Termin von [...]bis [...]*"). Private Anbieter veröffentlichen Termine und Daten zu verschiedenen Bundesländern im Internet, aber ebenfalls keineswegs lückenlos, wie eine frühere aleatorische Internetrecherche (10/2013, 08/2018) des Verfassers gezeigt hat. Hierauf ist nicht näher einzugehen. Die privaten Anbieter zeichnen sich zudem von der Haftung für ihre Inhalte unter Hinweis auf die Gerichte frei. Teilweise wird auch der Gläubiger nebst Ansprechpartner und Kontaktadresse publiziert wie in den bislang ganz üblichen Zeitungsanzeigen oder -informationen, die sicherlich mehr und mehr zurückgehen werden. Es spricht unverändert zur 1. Auflage Entscheidendes dafür, das Portal der Bundesländer schnellstmöglich ganz lückenlos zu gestalten. Eine gesetzliche Grundlage hierfür bietet § 39 ZVG, der die öffentliche Bekanntmachung in einem „für das Gericht bestimmten elektronischen Informations- und Kommunikationssystem" als Alternative zur bisher üblichen Pressepublikation vorsieht (siehe § 39 Rz. 2 f. [*Bachmann*]). Die von *Bachmann* (siehe § 39 Rz. 3 [*Bachmann*]) noch in der ersten Auflage dieses Kommentars geäußerten Bedenken waren verständlich und auch nachvollziehbar. Die Zukunft gehört indes der allein relevanten elektronischen Bekanntmachung, die freilich richtig sein muss. Für das die Information einstellende Gericht muss gewährleistet sein, dass (1) die Veröffentlichungsanordnung authentifiziert, richtig und vollständig bei dem Portal angekommen ist, dass sie (2) dort richtig und zeitlich ordnungsgemäß veröffentlicht wurde und (3) jederzeit in dem relevanten Zeitraum abrufbar war.

20 Die alleinige rechtliche Verbindlichkeit der Bekanntmachung in einem elektronischen Portal ist etwa im Insolvenzverfahren schon lange vorgeschrieben, durchaus eine unmittelbare Parallele zu den vorgeschriebenen Bekanntmachungen nach dem

14) Bieterhandbuch der Plattform, S. 2 unter 2., https://www.zvg-portal.de/Bieter-Handbuch_Stand_03.2009.pdf (Stand: 28.3.2023, unverändert). Zu „Hinweise" für Bieter, zvg-portal.de > Hinweis für Bieter (Stand: 28.3.2023). Siehe auch auf dem Portal unter „Übersicht" die dort angegebenen Amtsgerichte; die Angaben sind etwa zu Baden-Württemberg nicht vollständig (Stand: 28.3.2023), ebenso wenig für Schleswig-Holstein oder Mecklenburg-Vorpommern.

ZVG. Sie wird durch § 9 Abs. 1 Satz 1 und Abs. 2 Satz 1 InsO umgesetzt.[15] Die öffentliche Bekanntmachung im Internet ist maßgeblich für den Beginn von Rechtsmittelfristen (§ 6 Abs. 2 und § 9 Abs. 3 InsO). Hier hat es erhebliche Friktionen gegeben, die ähnlich auch in Verfahren nach dem ZVG möglich wären.[16]

IV. Zuständigkeitskonzentration in den Bundesländern im Einzelnen

1. Baden-Württemberg

Baden-Württemberg hat 108 Amtsgerichte errichtet und von § 1 Abs. 2 ZVG in § 8 ZuVOJu[17] Gebrauch gemacht. Dort werden Zwangsversteigerungs- und Zwangsverwaltungssachen nach den OLG-Bezirken Karlsruhe (§ 8 Abs. 1 ZuVOJu für Baden) und Stuttgart (§ 8 Abs. 2 ZuVOJu für Württemberg) und nach LG-Bezirken zugeordnet. 21

Eine besondere **Zuständigkeit** im **Schifffahrtsbereich** begründet § 8 Abs. 3 ZuVOJu. Für die Zwangsversteigerung von (Binnen)Schiffen ergibt sich daraus als Folge der entsprechenden Anwendung von § 7 Abs. 1 der Verordnung Folgendes: Die für die Registerführung zuständigen Behörden sind zugleich die Versteigerungsgerichte. Am Bodensee ist das Amtsgericht Konstanz für die Verfahren in den LG-Bezirken 22

---

15) Siehe https://www.neu.insolvenzbekanntmachungen.de. Verfolgbar sind dort alle Bekanntmachungen noch laufender Verfahren seit 1999. Für das Insolvenzverfahren und letzten Endes wohl auch die Immobiliarvollstreckungen nach dem ZVG von Bedeutung ist die Frage der Zulässigkeit der Eintragung der Erteilung der Restschuldbefreiung in einer Datenbank der Schufa, jedenfalls, soweit deren Dauer über eine gesetzliche Dauer im öffentlichen bundesweiten Insolvenzportal hinausreicht. Der BGH hat durch Beschl. v. 28.3.2023 zu VI ZR 225/21 das bei ihm anhängige Revisionsverfahren ausgesetzt und dem EuGH im Vorabentscheidungsverfahren nach Art. 267 AEUV vorgelegt und zwar im Hinblick auf die dort anhängigen verbundenen Verfahren Rs C-26/22 und C-64/22 ausgesetzt, siehe die Pressemitteilungen des BGH auf dessen Internetseite Nrn. 59/2023 v. 28.3.2023 und 27/2023 v. 9.2.2023; vgl. https://www.bundesgerichtshof.de > Presse > Pressemitteilungen. In den zitierten Verfahren vor dem EuGH hat der Generalanwalt die lange Speicherfrist beanstandet. In den Fällen der Vollstreckungsversteigerung nah dem ZVG werden regelmäßig auch die Voraussetzungen der §§ 882c ff. ZPO über die Eintragung und Löschung in das Schuldnerverzeichnis vorliegen, hier die §§ 882g Abs. 2 Nr. 2 ZPO (umfasst ist hier die „Schufa") und § 882e Abs. 1 ZPO, siehe Thomas/Putzo-*Seiler*, ZPO, § 882g Rz. 3. Dies gilt dann, wenn der Vollstreckungsschuldner dem versteigernden Grundpfandgläubiger auch persönlich haftet und dieser vor der Versteigerung oder auch parallel „persönliche" Vollstreckungsmaßnahmen unternommen hat, die zur Eintragung in das Schuldnerverzeichnis nach den Voraussetzungen der §§ 882b, 882c ZPO führen, generell wohl erst recht bei den Gläubigern, die aus der Rangklasse 5 des § 10 ZVG vollstrecken oder in der Rangklasse 4 aus Zwangssicherungshypotheken wie etwa Finanzämter und Kommunen. Die Schufa hat allerdings die Speicherdauer von drei Jahren für abgeschlossene Privatinsolvenzen auf sechs Monate verkürzt, wie dies auch in § 3 InsBekV v. 12.2.2002 in Insolvenz- und Restrukturierungssachen bestimmt ist, BGBl. I 2002 S. 677, bis zur Änderung d. Art. 7 SanInsFoG v. 22.12.2020, BGBl. I 2020 S. 3256.

16) Vgl. u. a. BGH, Beschl. v. 14.12.2017 – IX ZB 65/16, ZIP 2018, 86 ff. = ZInsO 2018, 135 ff. sowie BGH, Beschl. v. 10.10.2013 – IX ZB 229/11, ZIP 2014, 86 ff. = Rpfleger 2014, 220 ff.

17) ZuVOJu – Verordnung des Justizministerium über Zuständigkeiten in der Justiz (Zuständigkeitsverordnung Justiz) v. 20.11.1998, GBl. 1998, S. 680, Gliederungs-Nr. 3001, bis zur Änderung durch die Verordnung v. 29.11.2022 GBl. 2022, S. 645 (Stand: 28.3.2023).

Ravensburg, Konstanz und Waldshut-Tiengen zuständig. Das AG Mannheim[18)] ist (am Rhein) zuständig für den weiteren Bezirk des OLG Karlsruhe (§ 7 Abs. 1 Nr. 2), das Amtsgericht Heilbronn (am Neckar) für den weiteren Bezirk des OLG Stuttgart.

23 Bei der **Versteigerung und Zwangsverwaltung von Grundstücken und grundstücksgleichen Rechten** ergeben sich nach der bereits erwähnten Regelung des § 8 Abs. 1 ZuVOJu für die Amtsgerichte in **Baden** folgende Zuständigkeiten, überwiegend über den eigenen Bezirk hinaus (in Klammern sind die übergeordneten Landgerichte vermerkt):

- Das Amtsgericht Baden-Baden (LG Baden-Baden) ist auch für die Amtsgerichtsbezirke Achern und Bühl zuständig,
- das Amtsgericht Rastatt (LG Baden-Baden) ist auch für den Amtsgerichtsbezirk Gernsbach zuständig,
- das Amtsgericht Emmendingen (LG Freiburg) auch für die Amtsgerichtsbezirke Kenzingen und Waldkirch,
- das Amtsgericht Freiburg (LG Freiburg) auch für die Amtsgerichtsbezirke Breisach/Rhein, Müllheim, Staufen/Breisgau und Titisee-Neustadt,
- das Amtsgericht Lörrach (LG Freiburg) für seinen Bezirk,
- das Amtsgericht Heidelberg (LG Heidelberg) für seinen Bezirk,
- das Amtsgericht Bruchsal (LG Karlsruhe) auch für die Amtsgerichtsbezirke Bretten und Philippsburg,
- das Amtsgericht Karlsruhe (LG Karlsruhe) auch für die Amtsgerichtsbezirke Ettlingen und Karlsruhe-Durlach,
- das Amtsgericht Pforzheim auch für den Amtsgerichtsbezirk Maulbronn,
- das Amtsgericht Mannheim (LG Mannheim) für seinen Bezirk,
- das Amtsgericht Mosbach (LG Mosbach) für die Amtsgerichtsbezirke Adelsheim und Buchen (Odenwald),
- das Amtsgericht Tauberbischofsheim (LG Mosbach) für den Amtsgerichtsbezirk Wertheim,
- das Amtsgericht Kehl (LG Offenburg) für seinen Bezirk,
- das Amtsgericht Lahr/Schwarzwald (LG Offenburg) auch für den Amtsgerichtsbezirk Ettenheim,
- das Amtsgericht Offenburg auch für die Amtsgerichtsbezirke Gengenbach und Oberkirch,
- das Amtsgericht Wolfach (LG Offenburg) für seinen Bezirk und
- das Amtsgericht Waldshut-Tiengen (LG Waldshut-Tiengen) für den gesamten LG-Bezirk.

---

18) Davon zu unterscheiden ist, dass das AG Mannheim zugleich Rheinschifffahrtsgericht ist (vgl. § 14 GVG i. V. m. der Revidierten Rheinschifffahrtsakte v. 17.10.1868 i. d. F. v. 11.3.1969, BGBl. 1969 II S. 597).

Für **Württemberg** folgen aus § 8 Abs. 2 ZuVOJu entsprechend der Regelung für Baden folgende Zuständigkeiten der Amtsgerichte für die eigenen Bezirke, z. T. auch für die Bezirke anderer Amtsgerichte: 24

- Das Amtsgericht Aalen (LG Ellwangen/Jagst) ist auch zuständig für die Amtsgerichtsbezirke Ellwangen/Jagst und Neresheim,
- das Amtsgericht Crailsheim (LG Ellwangen/Jagst) auch für die Amtsgerichtsbezirke Bad Mergentheim und Langenburg,
- die Amtsgerichte Heidenheim und Schwäbisch Gmünd (beide LG Ellwangen/Jagst) jeweils für ihren Bezirk,
- die Amtsgerichte Albstadt, Balingen, Hechingen und Sigmaringen (sämtlich LG Sigmaringen) jeweils für ihren Bezirk,
- das Amtsgericht Heilbronn (LG Heilbronn) auch für den Amtsgerichtsbezirk Brackenheim,
- das Amtsgericht Schwäbisch Hall (LG Heilbronn) auch für die Amtsgerichtsbezirke Künzelsau und Öhringen,
- das Amtsgericht Vaihingen an der Enz (LG Heilbronn) auch für die Amtsgerichtsbezirke Besigheim und Marbach/Neckar,
- das Amtsgericht Biberach an der Riß (LG Ravensburg) auch für den Amtsgerichtsbezirk Riedlingen,
- das Amtsgericht Ravensburg (LG Ravensburg) auch für die Amtsgerichtsbezirke Bad Saulgau, Bad Waldsee, Leutkirch/Allgäu und Wangen/Allgäu,
- das Amtsgericht Tettnang (LG Ravensburg) für seinen Bezirk,
- das Amtsgericht Freudenstadt (LG Rottweil) auch für den Amtsgerichtsbezirk Horb/Neckar,
- das Amtsgericht Rottweil (LG Rottweil) auch für den Amtsgerichtsbezirk Oberndorf,
- das Amtsgericht Tuttlingen (LG Rottweil) auch für den Amtsgerichtsbezirk Spaichingen,
- das Amtsgericht Esslingen (LG Stuttgart) für die Amtsgerichtsbezirke Kirchheim unter Teck und Nürtingen,
- das Amtsgericht Ludwigsburg (LG Stuttgart) auch für den Amtsgerichtsbezirk Backnang,
- das Amtsgericht Stuttgart (LG Stuttgart) auch für die Amtsgerichtsbezirke Böblingen und Leonberg,
- das Amtsgericht Stuttgart-Bad Cannstadt (LG Stuttgart) auch für die Amtsgerichtsbezirke Schorndorf und Waiblingen,
- das Amtsgericht Calw (LG Tübingen) auch für den Amtsgerichtsbezirk Nagold,
- das Amtsgericht Reutlingen (LG Tübingen) auch für die Amtsgerichtsbezirke Bad Urach und Münsingen,

- das Amtsgericht Tübingen (LG Tübingen) auch für den Amtsgerichtsbezirk Rottenburg/Neckar,
- das Amtsgericht Göppingen (LG Ulm) auch für den Amtsgerichtsbezirk Geislingen an der Steige und
- das Amtsgericht Ulm (LG Ulm) auch für den Amtsgerichtsbezirk Ehingen/Donau.

25 Der elektronische Rechtsverkehr ist in Baden-Württemberg seit 1.1.2018 flächendeckend eröffnet.

2. Bayern

26 Bayern hat eine konsequente Konzentration bei seinen 82 Amtsgerichten einschließlich der sieben Amtsgerichte, die Zweigstellen anderer Amtsgerichte sind, eingeführt.[19] Nach § 52 Abs. 1 Satz 1 GZVJu[20] ist die Zuständigkeit für „*Zwangsversteigerungs-, Zwangsverwaltungs- und Insolvenzsachen […] jeweils dem Amtsgericht am Sitz des übergeordneten Landgerichts für alle Amtsgerichte des betreffenden Landgerichtsbezirks übertragen.*“ Das Amtsgericht in München hat Zuständigkeit für einen besonders weiten Umkreis, da dort nach § 52 Abs. 1 Satz 2 GZVJu neben den Verfahren im Bezirk des LG München I (Stadt München und kreisangehörige Gemeinden des Landkreises München) auch die Verfahren aus dem Bezirk des LG München II durchzuführen sind, dem flächenmäßig größten Landgerichtsbezirk in Bayern (nach Einwohnerzahl das drittgrößte).[21] Hieraus folgen 22 Amtsgerichtsstandorte an den Sitzen der Landgerichte sowie die weiteren im Folgenden aufgeführten Gerichte, insgesamt 32 Versteigerungs- und Zwangsverwaltungsgerichte in Bayern. Davon sind die meisten in dem Internetportal https://www.zvg-portal.de erfasst, nicht indes die Amtsgerichte Ansbach, Bayreuth, München und Mühldorf/Inn.

27 § 52 Abs. 2 GZVJu enthält von dem Grundsatz des Absatzes 1 jedoch eine Reihe von Ausnahmen und zugleich teilweise eigenständige Zuständigkeitskonzentrationen:

- Das Amtsgericht Nördlingen im Bezirk des LG Augsburg ist auch für den Amtsgerichtsbezirk Dillingen/Donau zuständig.

---

19) Siehe zur alphabetischen Übersicht über die Amtsgerichte und den Verweisen auf die dortigen Kontaktdaten mit Angabe der jeweiligen Website des Amtsgerichts bei https://www.justiz.bayern.de mit weiteren Links. Zu unterscheiden ist dabei der Account „Alle Amtsgerichte in Bayern, Anfangsbuchstaben A bis F“ mit den jeweiligen Zweigstellen; siehe ferner den Account „Alle Amtsgerichte in Bayern, Anfangsbuchstaben G bis M“ (mit Zweigstellen) sowie einen dritten Account „Alle Amtsgerichte in Bayern, Anfangsbuchstaben N bis W“ (mit Zweigstellen)“ (Stand: 30.10.2023).

20) GZVJu – Verordnung über gerichtliche Zuständigkeiten im Bereich des Staatsministeriums der Justiz (Gerichtliche Zuständigkeitsverordnung Justiz) v. 11.6.2012, GVBl. 2012, S. 295, https://www.gesetze-bayern.de/jportal (Stand: 30.10.2023), bis zur Änderung durch § 1 d. Verordnung v. 13.12.2022, GVBl. 2022, S. 727, GVBl. 2023, S. 18; Verordnungsgeber ist das Bayerische Staatsministerium der Justiz und für Verbraucherschutz.

21) Siehe zu den bayerischen Gerichten und Gerichtsstandorten das Gerichtsorganisationsgesetz GerOrgG v. 25.4.1973, bis zur Änderung d. § 1 d. Ges. v. 12.7.2018, BayRS 300-2-2-J, https://www.gesetze-bayern.de (Stand: 30.10.2023); https://www.justiz.bayern.de/gerichte-und-behoerden/landgericht/muenchen-2/gerichtsbezirk.php (Stand: 30.10.2023).

- Das Amtsgericht Neu-Ulm im Bezirk des LG Memmingen ist auch für den Amtsgerichtsbezirk Günzburg zuständig.
- Im LG Bezirk München II ist das Amtsgericht Weilheim i. OB. auch zuständig für die Amtsgerichtsbezirke Garmisch-Partenkirchen und Starnberg, das Amtsgericht Wolfratshausen auch für den Amtsgerichtsbezirk Miesbach.
- Im LG-Bezirk Nürnberg-Fürth umfasst die Zuständigkeit des Amtsgerichts Fürth auch die Amtsgerichtsbezirke Erlangen und Neustadt/Aisch.
- Im LG-Bezirk Regensburg hat das Amtsgericht Straubing die Zuständigkeit in seinem Bezirk.
- Im LG-Bezirk Traunstein ist das Amtsgericht Mühldorf/Inn auch für den Amtsgerichtsbezirk Altötting zuständig, das Amtsgericht Rosenheim hat Zuständigkeit für seinen Bezirk unter Ausschluss des ansonsten zuständigen Amtsgerichts Traunstein (Folge aus § 52 Abs. 1 GZVJu).
- Im LG-Bezirk Ansbach hat das Amtsgericht Weißenburg eigene Zuständigkeit unter Ausschluss der ansonsten bestehenden Zuständigkeit des Amtsgerichts Ansbach, im LG-Bezirk Kempten das Amtsgericht Kaufbeuren anstelle des nach § 52 Abs. 1 GZVJu zuständigen AG Kempten.

3. Berlin

Alle Berliner Amtsgerichte mit Ausnahme des seit 2012 nur für Strafsachen zuständigen AG Tiergarten (Charlottenburg, Köpenick, Kreuzberg, Lichtenberg, Mitte – auch für den Bezirk des AG Tiergarten –, Neukölln, Pankow, Schöneberg, Spandau, Wedding) sind auch für Zwangsversteigerungs- und Zwangsverwaltungssachen zuständig. Eine Konzentration hat hier bislang im Unterschied zu Regelinsolvenzverfahren (Amtsgericht Charlottenburg) nach aktueller Mitteilung der Berliner Justiz nicht stattgefunden.[22] 28

4. Brandenburg

Das Land Brandenburg hat sich der Möglichkeiten des § 1 Abs. 2 ZVG bedient und in § 12 GerZV[23] gewisse Zuständigkeitskonzentrationen eingeführt. Neben seinem **jeweils eigenen Bezirk** ist in Zwangsversteigerungs-/Zwangsverwaltungssachen zuständig: 29

- das Amtsgericht Frankfurt/Oder auch für die Bezirke der Amtsgerichte Eisenhüttenstadt und Fürstenwalde,

---

22) Siehe dazu die elektronische Publikation „Zwangsversteigerung – Mitbieten“, https://service.berlin.de/dienstleistung/326900 (Stand: 28.3.2023); die Internetseite enthält am Ende den weiteren Link „Zuständige Behörden“ mit dem Hinweis, „Zuständiges Versteigerungsgericht ist das Amtsgericht, in dessen Gerichtsbezirk sich die Immobilie befindet“; danach folgt die Angabe aller Berliner Amtsgerichte mit einer Suchmaschine ebenso wie mit den jeweiligen Internetadressen; bei den einzelnen Gerichten sind wiederum deren „Dienstleistungen“, d.h. Zuständigkeiten verzeichnet.

23) Verordnung über gerichtliche Zuständigkeiten und Zuständigkeitskonzentrationen (Gerichtszuständigkeits-Verordnung) v. 2.9.2014, GVBl. II/14 [Nr. 62], S. 1 ff. i. d. F. d. Art. 3. d. Ges. v. 30.6.2022, GVBl. I/22 [Nr. 16], S. 2,], https://bravors.brandenburg.de/verordnungen/gerzv (Stand: 28.3.2023).

- das Amtsgericht Luckenwalde auch für den Bezirk des Amtsgerichts Zossen,
- das Amtsgericht Neuruppin für alle Amtsgerichte im Landgerichtsbezirk,
- das Amtsgericht Potsdam auch für die Bezirke der Amtsgerichte Brandenburg an der Havel, Nauen und Rathenow und
- das Amtsgericht Strausberg auch für die Bezirke der Amtsgerichte Bad Freienwalde, Bernau und Eberswalde.

30 Das Land Brandenburg hat den elektronischen Rechtsverkehr schon 2018 eröffnet.[24)]

5. Bremen

31 Das Amtsgericht Bremen (Stadt Bremen ohne Bremen-Nord mit Abgrenzungsproblemen)[25)] ebenso wie das Amtsgericht Bremen-Blumenthal (zuständig für *„Bremen-Nord"*)[26)] ist für die Zwangsversteigerung und Zwangsverwaltung von Immobilien zuständig. Das Amtsgericht Bremen ist zudem auch für die Zwangsversteigerung von im Schiffsregister eingetragenen Schiffen, die *„sich zum Zeitpunkt der Beschlagnahme in Bremen befinden zuständig."*[27)] In Bremerhaven, das zu der Hansestadt und dem Bundesland Bremen gehört, hat das Amtsgericht Bremerhaven eine eigene Abteilung für Zwangsversteigerungen und Zwangsverwaltung.[28)] In Bremen ist der elektronische Rechtsverkehr in dem vom Justizportal seinerzeit veröffentlichtem Umfang längst eröffnet. Seit 1.1.2022 hat Bremen ein besonderes Bürger- und Organisationspostfach (eBO) geschaffen, um sicheren Dokumentenverkehr zwischen Bürgern und Organisationen mit der Justiz im Bundesland Bremen zu ermöglichen, https://www.amtsgericht.bremen.de > Service > elektronischer Rechtsverkehr > Für Bürger und Organisationen (justiz.de); siehe im Einzelnen unter https://egvp.justiz.de; die benötigte Software ist kostenpflichtig. Ab 15.5.2023 soll nach der zitierten Internetfundstelle https://egvp.justiz.de „Für Bürger und Organisationen" über BundID ein kostenfreies Postfach zur Verfügung stehen (Stand: 28.3.2023).

6. Hamburg

32 Für im Register eingetragene Schiffe und Schiffsbauwerke, die sich „tatsächlich in Hamburg" befinden, ist das Amtsgericht Hamburg (Mitte) zentral zuständig für die

---

24) Siehe die Verordnung über den elektronischen Rechtsverkehr im Land Brandenburg (BbgERVV) v. 28.1.2022, GVBl. II/22 [Nr. 18], (Stand: 28.3.2023).

25) Siehe https://www.amtsgericht.bremen.de/das-gericht/zustaendigkeiten/oertliche-zustaendigkeit-1723 (Stand: 30.10.2023).

26) Siehe https://www.amtsgericht-blumenthal.bremen.de/abteilungen/zwangsversteigerung_und_zwangsverwaltung-1662 (Stand: 30.10.2023).

27) Siehe die Internetverlautbarung des Amtsgerichts Bremen zur Zwangsversteigerung, https://www.amtsgericht.bremen.de/abteilungen/zwangsversteigerung-1674 (Stand: 30.10.2023).

28) Siehe die Internetverlautbarung des Amtsgerichts Bremerhaven, https://www.amtsgericht-bremerhaven.bremen.de/abteilungen/zwangsversteigerung-1560 (Stand: 30.10.2023).

gesamte Freie und Hansestadt Hamburg.[29] Ansonsten hat jedes Hamburger Stadtteil-Amtsgericht Zuständigkeiten in Zwangsversteigerungs- und Zwangsverwaltungssachen.[30] Die insgesamt acht Hamburger Amtsgerichte sind jeweils für ihren Bezirk für Zwangsversteigerungs- und Zwangsverwaltungssachen zuständig. Auf eine Konzentration wurde verzichtet.

Hamburg hat sich zu dem elektronischen Rechtsverkehr schon früh dahingehend geäußert, es stehe *„ein vollständig elektronischer Kommunikationsweg zur Justiz zur Verfügung"* und zwar *„in allen bundesgesetzlich seit dem 1.1.2018 eröffneten Verfahrensbereichen"*.[31] 33

7. Hessen

Die 41 hessischen Amtsgerichte (davon sechs „Präsidialamtsgerichte" unter der Dienstaufsicht des OLG Frankfurt) sind dezentral zuständig. Eine Konzentration besteht nicht.[32] 34

Der seit 2007 in Hessen eröffnete elektronische Rechtsverkehr sei seit 1.1.2018 deutschlandweit möglich.[33] 35

8. Mecklenburg-Vorpommern

Mecklenburg-Vorpommern hat von § 1 Abs. 2 ZVG ebenfalls keinen Gebrauch gemacht, sodass sämtliche 10 Amtsgerichte (Greifswald, Güstrow, Ludwigslust, Neubrandenburg, Pasewalk, Rostock, Schwerin, Stralsund, Waren/Müritz, Wismar) jeweils für ihren Bezirk für Zwangsversteigerungen und Zwangsverwaltungen zuständig sind.[34] 36

Der elektronische Rechtsverkehr ist nach Verlautbarung des Justizministeriums in allen gerichtlichen Verfahren bereits 2018 eröffnet gewesen.[35] 37

9. Niedersachsen

Eine Zuständigkeitskonzentration hat auch Niedersachsen nicht vorgenommen, sodass jedes der dortigen 80 Amtsgerichte auch für Zwangsversteigerungs- und Zwangs- 38

---

29) Siehe die Geschäftsverteilung des Amtsgerichts Hamburg (Mitte) aus 2023 (1.10.2023) zur Zwangsversteigerung von Schiffen, S. 93 unter 3.7.5, Abt. 71 sowie die Geschäftsverteilung der Hamburgischen weiteren Stadtteilgerichte unter https://justiz.hamburg.de (Stand: 30.10.2023); siehe auch den „Sammelaccount" https://justiz.hamburg.de/gerichte/amtsgericht-hamburg/verfahrensarten-und-services/services/geschaeftsverteilung-und-organisation-40002 (Stand: 30.10.2023).

30) Siehe https://justiz.hamburg.de/gerichte/amtsgericht-hamburg/verfahrensarten-und-services/services/geschaeftsverteilung-und-organisation-40002 (Stand: 30.10.2023).

31) Siehe https://justiz.hamburg.de/e-justice/erv-hamburg (Stand: 30.10.2023).

32) Zum Verzeichnis der Amtsgerichte mit Link zu den einzelnen Internetadressen siehe https//www.ordentliche-gerichtsbarkeit.hessen.de (Stand: 30.10.2023).

33) Siehe im Einzelnen https://justizministerium.hessen.de/buergerservice (Stand: 30.10.2023).

34) Siehe https://www.mv-justiz.de/gerichte.htm mit Link zu den Internetseiten der Amtsgerichte (Stand: 30.10.2023).

35) Siehe https://www.regierung-mv.de/Landesregierung/jm/Zustaendigkeiten/justiz/Gerichte-und-Staatsanwaltschaften/Elektronischer-Rechtsverkehr (Stand: 30.10.2023).

verwaltungssachen zuständig ist; auf der Internetseite der einzelnen Gerichte sind weitgehend vereinheitlichte Hinweise auf die Verfahren aufgenommen.[36)]

39 In Niedersachsen ist der elektronische Rechtsverkehr eröffnet und zwar seit 1.2.2018, Ausnahmen waren Grundbuchämter sowie Schiffs- und Luftfahrzeugregister.[37)]

10. Nordrhein-Westfalen

40 Nordrhein-Westfalen hat bereits 1970 spezifisch allein für Zwangsversteigerungs- und Zwangsverwaltungssachen eine Konzentrationsregelung geschaffen, die mit Wirkung zum 1.1.2009 durch eine Neuregelung ersetzt wurde, die einheitlich auch die Versteigerung von Schiffen und Schiffsbauwerken umfasst. Das ist eine konsequente Lösung angesichts des Umstandes, dass das Bundesland als Rheinanlieger mit bedeutenden Binnenhäfen ebenso wie angesichts des bedeutenden Mittellandkanals und der Kanalschnittstellen für die Binnenschifffahrt auch hier Bedarf nach Reduzierung von derartigen Verfahren auf wenige Gerichte hat. Das Land Nordrhein-Westfalen hat mit der „*Konzentrations VO ZVG*"[38)] eine Lösung gewählt, die allerdings zunächst bis 31.12.2018 befristet war; die Befristung ist aufgehoben. Die Adressen der Amtsgerichte stehen unter http://www.justizadressen.nrw.de zur Verfügung. Die Amtsgerichte des bevölkerungsreichsten Bundeslandes sind unter https://www.justiz.nrw.de festzustellen, gegliedert nach den Oberlandesgerichtsbezirken Köln, Düsseldorf und Hamm. Die Internetseite leitet weiter auf den Internetauftritt der einzelnen Amtsgerichte. Die Bildung gemeinsamer Amtsgerichte ist jedoch angesichts von 130 Amtsgerichten im Land (OLG Düsseldorf: 29 Gerichte, OLG Hamm: 78 Gerichte, OLG Köln: 23 Gerichte) nicht sehr ausgeprägt (siehe im Folgenden).

41 Die Konzentrations VO ZVG bestimmt in § 1, dass die nachfolgenden Amtsgerichte neben den Zwangsversteigerungs- und Zwangsverwaltungssachen in ihren eigenen Bezirken die entsprechenden Aufgaben der im Folgenden genannten anderen Amtsgerichte zusätzlich mit übernehmen:

- Im OLG-Bezirk Düsseldorf übernimmt
  - das Amtsgericht Duisburg auch die entsprechenden Aufgaben der Bezirke der Amtsgerichte Duisburg-Hamborn und Duisburg-Ruhrort und
  - das Amtsgericht Kleve zudem die Aufgaben im Amtsgerichtsbezirk Emmerich.

---

36) Siehe das niedersächsische Rechtsportal, https://www.justizportal.niedersachsen.de mit Links u. a. zum Niedersächsischen JustizNavigator, https://justiznavigator.lgln.niedersachsen.de mit der Liste der einzelnen Amtsgerichte und deren Internetseite mit „weiteren links"; unter „*Aktuelles/Zwangsversteigerungen*" oder „*Wir über uns*" auf der Homepage der Amtsgerichte sind Zuständigkeiten und Versteigerungstermine mit Details zu dem betroffenen Grundbesitz abrufbar (Stand: 30.10.2023).

37) Siehe zu dem „Programm eJuNi – elektronische Justiz Niedersachsen unter https://www.mj.niedersachsen.de/startseite/themen/programm_ejuni_elektronische_justiz_niedersachsen/ejuni-elektronische-justiz-niedersachsen-aufbruch-in-die-digitale-zukunft-126477.html (Stand: 30.10.2023).

38) Verordnung zur Bildung gemeinsamer Amtsgerichte für Zwangsversteigerungs- und Zwangsverwaltungssachen v. 23.9.2008 (KOnzentrations VO ZVG), GV.NRW 2008, S. 626, aktuelle Fassung „bis heute" v. 15.12.2018 unter https://recht.nrw.de/lmi/owa (Stand: 30.10.2023).

- Im **OLG-Bezirk Hamm** übernimmt
  - das Amtsgericht Ahaus auch die Aufgaben im Amtsgerichtsbezirk Gronau (Westfalen),
  - das Amtsgericht Brilon zudem die Aufgaben im Amtsgerichtsbezirk Marsberg,
  - das Amtsgericht Essen auch die Aufgaben in den Amtsgerichtsbezirken Essen-Borbeck und Essen-Steele,
  - das Amtsgericht Hagen zudem die Aufgaben im Amtsgerichtsbezirk Wetter,
  - das Amtsgericht Meschede auch die Aufgaben im Amtsgerichtsbezirk Schmallenberg
  - und das Amtsgericht Paderborn zudem die Aufgaben im Amtsgerichtsbezirk Delbrück.
- Im **OLG-Bezirk Köln** übernimmt das Amtsgericht Bergisch-Gladbach zugleich die Aufgaben des Amtsgerichts Wermelskirchen in Zwangsversteigerungs- und Zwangsverwaltungssachen.

  Die 119 für Zwangsversteigerungen und Zwangsverwaltungen zuständigen Amtsgerichte sind im Internetportal der Länder https://www.zvg-portal.de vertreten.

Die Verordnung regelt in ihrem § 2 die Zuweisung der Zwangsversteigerung von Schiffen und Schiffsbauwerken, die im Schiffsregister eingetragen sind oder dort **eingetragen werden können.** 42

Danach ist zuständig: 43

- das Amtsgericht Duisburg-Ruhrort für alle Verfahren der Amtsgerichte im Bezirk des OLG-Bezirks Düsseldorf und des außerhalb des OLG-Bezirks liegenden Landgerichtsbezirks Essen,
- das Amtsgericht Köln zentral für alle Verfahren in den Bezirken der Amtsgerichte des OLG-Bezirks Köln,
- das Amtsgericht Dortmund zudem für alle Verfahren in den Bezirken der Amtsgerichte in den Landgerichtsbezirken Arnsberg, Bochum, Dortmund, Hagen, Münster und Siegen und
- das Amtsgericht Minden für alle Verfahren in den Bezirken der Amtsgerichte in den Landgerichtsbezirken Bielefeld, Detmold und Paderborn.

Die Verordnung zeigt anschaulich eine weitere Konsequenz für die örtliche Zuständigkeit der Beschwerdegerichte. Mit der Übertragung der Aufgaben von Amtsgerichten auf solche außerhalb des jeweiligen Landgerichtsbezirkes wechselt auch die Zuständigkeit der Landgerichte als Beschwerdegericht. Sie tritt am 31.12.2018 außer Kraft. 44

In Nordrhein-Westfalen ist der elektronische Rechtsverkehr seit 1.1.2018 flächendeckend eröffnet.[39] 45

---

39) Siehe zum elektronischen Rechtsverkehr in NRW den Account „Elektronischer Rechtsverkehr" unter https://www.justiz.nrw.de/JM/schwerpunkte/erv/index.php (Stand: 30.10.2023).

11. Rheinland-Pfalz

46 Eine gewisse Konzentration der Gerichte in Zwangsversteigerungs- und Zwangsverwaltungssachen hat Rheinland-Pfalz eingeführt durch die *„Landesverordnung über die gerichtliche Zuständigkeit in Zivilsachen und Angelegenheiten der freiwilligen Gerichtsbarkeit“*,[40] deren § 2 bestimmt, dass neben seinem eigenen Bezirk zuständig ist

- im Landgerichtsbezirk Bad Kreuznach das Amtsgericht Bad Kreuznach zugleich für die Amtsgerichtsbezirke Bad Sobernheim und Simmern/Hunsrück,
- im Landgerichtsbezirk Trier das Amtsgericht Bitburg auch für den Bezirk des Amtsgerichts Prüm,
- im selben Landgerichtsbezirk das Amtsgericht Trier für die Bezirke der Amtsgerichte Hermeskeil und Saarburg,
- im Landgerichtsbezirk Landau/Pfalz das Amtsgericht Landau auch für die Bezirke der Amtsgerichte Germersheim und Kandel.

47 Im Amtsgerichtsbezirk Landau/Pfalz besteht an der Zweigstelle Bad Bergzabern des Amtsgerichts Landau keine Abteilung für Zwangsversteigerungs- und Zwangsverwaltungssachen.

48 Die anderen der hier nicht genannten 47 Amtsgerichte des Landes sind jeweils für ihren Bezirk für die genannten Immobiliarvollstreckungsverfahren zuständig.[41]

49 Rheinland-Pfalz hat für den Elektronischen Rechtsverkehr ebenfalls einen Account mit einer Fülle von Informationen bereitgestellt; Rechtsgrundlage ist die Landesverordnung über den elektronischen Rechtsverkehr in Rheinland-Pfalz (ERVLVO v. 10.7.2015).[42]

12. Saarland

50 Saarland hat ebenfalls keinen Gebrauch von der Konzentrationsmöglichkeit gemacht, sodass jedes der zehn saarländischen Amtsgerichte (Homburg, Lebach, Merzig, Neunkirchen, Ottweiler, Saarbrücken, Saarlouis, St. Ingbert, St. Wendel, Völklingen) Zuständigkeiten für Versteigerungs- und Zwangsverwaltungssachen innehat.[43] Sie sind sämtlich in dem Länderportal https://www.zvg-portal.de vertreten.

51 Der elektronische Rechtsverkehr ist im Saarland bei allen Gerichten seit 1.1.2018 eröffnet.[44]

---

40) Landesverordnung v. 22.11.1985, GVBl. 1985, S. 267, Gliederungs-Nr. 301-6, bis zur Änderung d. Art. 2 der Verordnung v. 4.7.2022, GVBl. 2012, S. 117, GVBl. 2022, S. 256, https://landesrecht.rlp.de/ (Stand: 28.3.2023).

41) Zu den einzelnen Gerichten und deren Adressen siehe https://www.justizrlp.de/de/Gerichte mit Links zu den einzelnen Amtsgerichten (Stand: 28.3.2023).

42) Siehe https://jm.rlp.de/service/digitale-welt/elektronischer-rechtsverkehr mit weiteren Links (Stand: 30.10.2023).

43) Zu den Adressen der Gerichte siehe https://www.saarland.de/mdj/DE/gerichte/gerichte_node.html mit weiteren Links (Stand: 28.3.2023).

44) Siehe https://www.saarland.de/ovg/DE/institution/elektronischerrechtsverkehr/elektronischerrechtsverkehr.html (Stand: 30.10.2023).

13. Sachsen

Sachsen hatte im Jahr 1999 die Möglichkeiten des § 1 Abs. 2 ZVG umfassend genutzt. Die Verordnung des Sächsischen Staatsministeriums der Justiz über gerichtliche Zuständigkeiten und Zuständigkeiten in Justizverwaltungssachen[45] enthält eine sehr umfangreiche Regelung über die Zuständigkeitskonzentration in Zwangsversteigerungs- und Zwangsverwaltungssachen. Diese Verordnung wurde zum 1.1.2013 vollständig aufgehoben, nachdem bereits ab 1.1.2008 die Verordnung des Sächsischen Staatsministeriums der Justiz über die Organisation der Justiz[46] in § 17 bestimmte, dass für Zwangsversteigerungs- und Zwangsverwaltungsverfahren die Zuständigkeit der Amtsgerichte am Sitz des übergeordneten Landgerichts begründet ist. Zum 1.1.2013 wurde die Verordnung zu der hier relevanten Materie dahingehend geändert, dass nach dem nunmehr neuen § 17 Abs. 2 für Zwangsversteigerung und Zwangsverwaltung folgende Zuständigkeiten begründet sind;[47] nach der Bekanntmachung der Neufassung der Verordnung vom 7.3.2016 ist die Regelung des § 17 Abs. 2 der Verordnung unverändert geblieben: 52

- Das Amtsgericht Bautzen ist zuständig für seinen eigenen Bezirk und die Amtsgerichtsbezirke Hoyerswerda und Kamenz,
- Das Amtsgericht Chemnitz für den LG-Bezirk Chemnitz,
- Das Amtsgericht Dresden für den LG-Bezirk Dresden,
- Das Amtsgericht Görlitz für seinen eigenen Bezirk und die Amtsgerichtsbezirke Weißwasser und Zittau,
- Das Amtsgericht Leipzig für den LG-Bezirk Leipzig,
- Das Amtsgericht Zwickau für den LG-Bezirk Zwickau.

Alle Gerichte sind in dem Portal https://www.zvg-portal.de vertreten. 53

In Sachsen ist der elektronische Rechtsverkehr seit 1.12.2012 eröffnet (damals mit Ausnahme von Grundbuchsachen) eröffnet.[48] 54

---

45) Justizzuständigkeitsverordnung – JuZustVO v. 6.5.1999, Sächs. GVBl. 1999, S. 281 ff.; aufgehoben zum 1.1.2013 durch Art. 5 Nr. 3 i. V. m. Art. 6 des Gesetzes zur Änderung des Sächsischen Justizgesetzes und weiterer Gesetze v. 14.12.2012, Sächs. GVBl. 2012, 748 ff.

46) Sächsische Justizorganisationsverordnung – SächsJOrgVO, Sächs. GVBl. 2007, S. 600/605 i. d. F. der Bekanntmachung der Neufassung v. 7.3.2016 (Sächs. GVBl. S. 103), bis zur Änderung durch die Verordnung v. 12.12.2022 (Sächs. GVBl. 2022, S. 769), https://www.revosax.sachsen.de/vorschrift/9752-Saechsische-Justizorganisationsverordnung (Stand: 28.3.2023).

47) Art. 1 Nr. 11 der Verordnung des Sächsischen Staatsministeriums der Justiz und für Europa zur Änderung der Sächsischen Justizorganisationsverordnung und zur Aufhebung einer weiteren Verordnung v. 13.12.2012, Sächs. GVBl. 2012, S. 782 ff., 784.

48) Siehe https://www.justiz.sachsen.de/content/4536.htm (Stand: 28.3.2023) unter Angabe des obligatorischen und rechtsverbindlichen Einführungsdatums sowie mit weiteren Detailangaben, u. a. zu den gesetzlichen Grundlagen einschl. der Sächsischen E-Justizverordnung v. 23.4.2014, Sächs. GVBl. 2014, S. 291, bis zur Änderung durch die Verordnung v. 19.12.2022, SächsGVBl. 2023, S. 17) sowie zu https://www.egvp.justiz.de.

14. Sachsen-Anhalt

55 Vor den 25 Amtsgerichten in Sachsen-Anhalt[49] waren im Jahr 2012 insgesamt 555 Zwangsverwaltungen anhängig (von 850–900 in den Jahren 2010 und 2011) und 2.307 Zwangsversteigerungen (von 2.752 im Jahr 2011 und 2.702 im Jahr 2010).[50] In den Jahren 2013–2015 ging die Zahl der Zwangsversteigerungen von 2278 über 1914 bis auf 1609 Fälle zurück. Im selben Zeitraum reduzierten sich die die Zwangsverwaltungen von 747 über 359 auf 297 Fälle. Eine **Konzentration** wie in Sachsen besteht **nicht**, anders aber bei den Insolvenzgerichten, bei denen die Zuständigkeit jeweils bei den Amtsgerichten Dessau-Roßlau, Halle (Saale), Magdeburg und Stendal[51] gebündelt ist, also am Sitz der übergeordneten Landgerichte. Alle 25 Vollstreckungsgerichte sind in den Portalen des Bundes und der Länder vertreten (https://www.zvg-portal.de).

56 Der elektronische Rechtsverkehr in Sachsen-Anhalt ist seit 1.1.2018 *„generell eröffnet“*.[52]

15. Schleswig-Holstein

57 Die 22 Amtsgerichte in Schleswig-Holstein[53] sind in ihren Bezirken jeweils für Zwangsversteigerungs- und Zwangsverwaltungsverfahren zuständig. Nur zwei davon, Elmshorn und Norderstedt, sind in dem Portal https://www.zvg-portal.de verzeichnet.

58 Die Eröffnung des elektronischen Rechtsverkehrs in Schleswig-Holstein sei abgeschlossen, von der Verschiebung auf Teilgebieten habe man keinen Gebrauch gemacht.[54]

16. Thüringen

59 Thüringen hat in § 6 ThürGerZustVO[55] (in Nachfolge einer Regelung aus dem Jahr 1993) die Option des § 1 Abs. 2 ZVG genutzt. Danach sind Immobiliarvollstreckungsmaßnahmen auf dem Wege der Zwangsversteigerung und der Zwangsverwaltung auf jeweils einen Teil der Amtsgerichte im LG-Bezirk konzentriert (seit 1.1.2012):

---

49) Zu Adressen und Internetseiten siehe https://justiz.sachsen-anhalt.de/gericht/ordentliche-gerichtsbarkeit/amtsgerichte/ (Stand: 30.10.2023).

50) Siehe https://www.sachsen-anhalt.de/fileadmin/Elementbibliothek/Bibliothek_Politik_und_Verwaltung/Bibliothek_MJ/zahlen/gz_age.pdf (Stand: 30.10.2023).

51) Siehe https://mj.sachsen-anhalt.de/service/recht-und-gesetz/insolvenzrecht/insolvenzgerichte/page (Stand: 30.10.2023).

52) Siehe https://justiz.sachsen-anhalt.de/themen/elektronischer-rechtsverkehr (Stand: 30.10.2023).

53) Zu Kontakt- und Internetadressen siehe https://www.schleswig-holstein.de/DE/Justiz/Gerichte/gerichte_node.html (Stand: 28.3.2023).

54) Siehe „Elektronischer Rechtsverkehr mit Gerichten und Staatsanwaltschaften“, https://www.schleswig-holstein.de/DE/fachinhalte/E/elektrRechtsverkehr/elektronischer_rechtsverkehr_erklaerung.html (Stand: 30.10.2023).

55) Zur Thüringer Verordnung über gerichtliche Zuständigkeiten in der ordentlichen Gerichtsbarkeit (ThürGerZustVO) v. 17.11.2011, GVBl. 2011, 511, mit Änderungen, bis zur Verordnung v. 22.12.2022, GVBl. 2023, S. 13, Gliederungs-Nr. 301-1 siehe https://landesrecht.thueringen.de/bsth/document/jlr-OGbZustVTH2011pP4 (Stand: 28.3.2023).

- Im **LG-Bezirk Erfurt** sind die Amtsgerichte Arnstadt, Gotha jeweils für ihren Bezirk zuständig, das Amtsgericht Erfurt auch für den Amtsgerichtsbezirk Sömmerda und das Amtsgericht Weimar zudem für den Amtsgerichtsbezirk Apolda.
- Im **LG-Bezirk Gera** ist das Amtsgericht Altenburg allein für seinen Bezirk zuständig, das Amtsgericht Gera auch für den Amtsgerichtsbezirk Greiz, das Amtsgericht Jena auch für den Amtsgerichtsbezirk Stadtroda und das Amtsgericht Rudolstadt auch für den Amtsgerichtsbezirk Pößneck.
- Im **LG Bezirk Meiningen** sind die Amtsgerichte Meinigen und Suhl allein für ihre Bezirke zuständig, das Amtsgericht Eisenach auch für den Amtsgerichtsbezirk Bad Salzungen und das Amtsgericht Sonneberg auch für den Amtsgerichtsbezirk Hildburghausen.
- Im **LG-Bezirk Mühlhausen** ist das Amtsgericht Mühlhausen auch für den Amtsgerichtsbezirk Heilbad Heiligenstadt zuständig, das Amtsgericht Nordhausen auch für den Amtsgerichtsbezirk Sondershausen.

In Thüringen ist der elektronische Rechtsverkehr mit den Gerichten seit 1.1.2018 eröffnet.[56] 60

---

56) Siehe https://www.thueringen.de/th4/tmmjv/ll/elektronischerrechtsverkehr/ (Stand: 15.2.2018); ferner https://justiz.thueringen.de/themen/elektronischerrechtsverkehr (Stand: 30.10.2023).

§ 2
Bestimmung des örtlich zuständigen Gerichts

(1) Ist das Grundstück in den Bezirken verschiedener Amtsgerichte belegen oder ist es mit Rücksicht auf die Grenzen der Bezirke ungewiß, welches Gericht zuständig ist, so hat das zunächst höhere Gericht eines der Amtsgerichte zum Vollstreckungsgericht zu bestellen; § 36 Abs. 2 und 3 und § 37 der Zivilprozeßordnung finden entsprechende Anwendung.

(2) Die gleiche Anordnung kann getroffen werden, wenn die Zwangsversteigerung oder die Zwangsverwaltung mehrerer Grundstücke in demselben Verfahren zulässig ist und die Grundstücke in den Bezirken verschiedener Amtsgerichte belegen sind. Von der Anordnung soll das zum Vollstreckungsgericht bestellte Gericht die übrigen Gerichte in Kenntnis setzen.

Literatur: *Hagemann*, Die Zwangsversteigerung mehrerer Grundstücke in demselben Verfahren, RpflStud 1985, 28; *Lwowski*, Zur Zweckmäßigkeit eines gemeinsamen Vollstreckungsgerichts bei der Versteigerung mehrerer Grundstücke, WuB VI F § 2 ZVG 2.85, Anmerkung zu BGH, Beschl. v. 31.1.1985 – IX ARZ 11/84, WM 1985, 840; *Lwowski*, WuB VI F § 2 ZVG 1.86, Anmerkung zu BGH, Beschl. v. 15.5.1986 – IX ARZ 3/86, Rpfleger 1987, 29.

Übersicht

I. Funktion der Norm

1 Die Bestimmung des § 2 ZVG über die **örtliche Zuständigkeit** entspricht bis auf das Zitat des § 36 Abs. 2, 3 ZPO im Ergebnis wörtlich derjenigen Fassung der Norm, die bereits im ZVG vom 24.3.1897 enthalten war.[1] Sie trägt den Imponderabilien der örtlichen Zuständigkeit in den besonderen Fallkonstellationen Rechnung, wie sie in den beiden Tatbestandsvarianten der Absätze 1 und 2 der Bestimmung dargestellt sind. § 2 ZVG stellt ganz praktisch daher eine gerichtsorganisatorische Zuständigkeitsregel dar, die dem funktionell zuständigen Vollstreckungsrichter seine örtliche Zuständigkeit aufzeigt. Die sachliche (§ 1 ZVG) und funktionelle Zuständigkeit (§ 3 Nr. 1 lit. i) RPflG) bleibt unberührt. Durch den Verweis auf die §§ 36, 37 ZPO wird die Frage des negativen und positiven Kompetenzkonfliktes beteiligter bzw. angerufener Gerichte geregelt. Man darf dabei nicht übersehen, dass es sich bei den vollstreckungsrechtlichen Gerichtsständen, also auch vorliegend im Bereich der örtlichen Zuständigkeit, um ausschließliche Gerichtsstände handelt, wie aus § 802 ZPO i. V. m. den §§ 864, 866 ZPO hervorgeht. Die praktisch offensichtlich unproblematische Anwendung der Norm zeigt sich an der geringen Zahl von Veröffentlichungen von Literatur und Rechtsprechung dazu, wenn man von der Kommentarliteratur absieht.

2 Damit erschöpft sich die Funktion des § 2 ZVG jedenfalls nach heutigem Verständnis aber nicht. Die Vorschrift bestimmt vielmehr jenseits von willkürlich angenommenen Zuständigkeiten bei ihrem Fehlen den *„gesetzlichen Richter“* nach Art. 101 Abs. 1 GG,[2] eine Norm, die für alle richterlichen Tätigkeiten gilt und gerade auch im Zwangsvollstreckungsverfahren, das von Eingriffen in grundrechtlich geschützte Sphären des Bürgers geprägt ist, hohe praktische Relevanz hat. Es darf daran erinnert werden, dass der Zuschlagsbeschluss nach § 90 ZVG den Eigentumswechsel durch einen **hoheitlichen Akt** herbeiführt, sofort wirksam ist und „lediglich“ im justizförmigen Rechtsbehelfsverfahren aufgehoben werden kann, was mit einer Fülle von Rückabwicklungsproblemen einhergeht, die im vorliegenden Rahmen nicht zu erörtern sind. Der Grundrechtseingriff gegen den bisherigen Eigentümer (Eingriff in das Eigentumsrecht nach Art. 14 Abs. 1 Satz 1 GG durch vollständigen Rechtsverlust) ist so weitgehend, dass er nur in grundrechtskonformer Abwägung durch praktische Konkordanz gegen die Forderungsrechte der Gläubiger des Eigentümers und Vollstreckungsschuldners in der Vollstreckungsversteigerung sowie der Insolvenzversteigerung bzw. der Eigentumsrechte der anderen Beteiligten i. S. d. Art. 14 Abs. 1 GG in der Teilungsversteigerung nach den §§ 180 ff. ZVG zulässig ist. Das Rechtsstaatsprinzip fordert dazu ein justizförmiges Verfahren vor einem Gericht- und damit den gesetzlichen Richter i. S. d. Art. 101 GG. Dies gilt nach wohl weitgehend unangefochtener Meinung zwar nicht

1) Siehe bereits bei *Jaeckel/Güthe*, ZVG, 4. Aufl., § 2 m. w. N.
2) Siehe Dürig/Herzog/Scholz-*Jachmann/Michel*, GG, Art. 101 Rz. 1 ff.

für den Rechtspfleger, auch wenn er über den Zuschlag entscheidet.[3)] Art. 101 GG ist aber jedenfalls im Rahmen der Beschwerde gegen den Zuschlagsbeschluss anzuwenden und zwar nach der hier vertretenen Meinung bereits im Rahmen des Abhilfeverfahrens (§§ 793 i. V. m. §§ 567 ZPO i. V. m. §§ 95 ff. ZVG und den weiteren Beschwerdemöglichkeiten nach dem ZVG (vgl. § 95 ZVG sowie § 11 RPflG) und nicht erst beim Beschwerdegericht.

II. Anwendungsbereich des § 2 ZVG

§ 2 ZVG ist anwendbar in allen Fällen 3

- der Zwangsversteigerung und der Zwangsverwaltung
- in Grundstücke und grundstücksgleiche Rechte (also Eigentum und Miteigentum, Wohnungs- und Teileigentum, Erbbaurechte usw.). Der Schwerpunkt liegt in praxi bei den landwirtschaftlich genutzten Grundstücken.

Ferner ist § 2 ZVG anzuwenden in den Sonderverfahren 4

- der Zwangsversteigerung/Zwangsverwaltung durch den Insolvenzverwalter nach § 172 ZVG.
- der Nachlassversteigerung durch den Erben gemäß den §§ 175, 176 ZVG, soweit der Erbe zum Versteigerungsantrag befugt ist.
- der Teilungsversteigerung, § 180 ZVG.

Bei Zwangsvollstreckung in im **Schiffsregister** eingetragene Schiffe und im **Schiffsbauregister** eingetragene **Schiffsbauwerke** gehen § 163 ZVG (Schiffe) bzw. § 170a Abs. 2, 163 Abs. 1 (Schiffsbauwerke) der Regelung des § 2 Abs. 1 ZVG vor und schließen sie aus. Mit *Rellermeyer* dürfte indes dennoch ein Anwendungsbereich des § 2 Abs. 2 ZVG eröffnet sein, wie § 162 ZVG mit der Verweisung auf den Ersten Abschnitt des ZVG belegt. Gleichermaßen ist § 36 ZPO in dem ihm im Verfahren nach dem ZVG verbleibenden Fällen des § 36 Abs. 1 Nrn. 1, 5 und 6 zu beachten (siehe Rz. 8).[4)] 5

§ 2 ZVG scheidet im Verfahren über die Zwangsversteigerung von **Luftfahrzeugen** aus, da die alleinige örtliche Zuständigkeit des Amtsgerichts Braunschweig als Sitz des Luftfahrt-Bundesamtes begründet ist (§ 171b Abs. 1 ZVG). Die in der Literatur thematisierte Problematik eines Doppelsitzes des Luftfahrt-Bundesamtes als Folge der Errichtung einer *„Dienststelle Flugsicherung"* in Langen bei Frankfurt in den 90er Jahren des vergangenen Jahrhunderts mit der Konsequenz etwaiger Unsicherheit über das zuständige Vollstreckungsgericht (mit der etwaigen Notwendigkeit einer Zuständigkeitsbestimmung nach § 36 ZPO)[5)] hat sich erledigt. Die Aufgaben der Flugsicherung wurden durch das am 4.8.2009 in Kraft getretene Gesetz über die 6

3) BGH, Beschl. v. 10.12.2009 – V ZB 111/09, Rpfleger 2010, 277 ff., Ls. 1, 2, der Verf. hegt Zweifel, ob man an dieser Mehrheitsmeinung noch festhalten kann; kritisch zu dem Beschluss des BGH auch *Vollkommer*, LMK 2010, 300524; kritisch bzw. a. A. als der BGH auch *Assmann*, ZZP 123, 367 ff.

4) Dassler/Schiffhauer/u. a.-*Rellermeyer*, ZVG, § 162 Rz. 13 a. E. m. w. N.

5) Siehe im Einzelnen Dassler/Schiffhauer/u. a.-*Rellermeyer*, ZVG, § 171b Rz. 3 f.

Errichtung des Bundesaufsichtsamtes für Flugsicherung[6] auf das BAFG übertragen, sodass nach der hier vertretenen Meinung das Luftfahrt-Bundesamt keinen Doppelsitz mehr hat, sondern nur noch den Sitz in Braunschweig.

III. Verfahren bei Kompetenzkonflikten

7 Ist einer der Tatbestände des § 2 Abs. 1 ZVG bzw. des § 2 Abs. 2 ZVG eingetreten, also ein Gericht angerufen worden, das sich nicht für zuständig hält oder wurden mehrere Gerichte eingeschaltet (Beispiel: Gläubiger G. stellt in einem Fall nach § 2 Abs. 1 ZVG den Versteigerungsantrag gegen den Schuldner in das Objekt in M. beim Amtsgericht X., Gläubiger H. beim benachbarten Amtsgericht Y.), muss die Frage der örtlichen Zuständigkeit gelöst werden. Unklar ist nach dem Gesetzeswortlaut des Satzes 1, wie das Verfahren der Bestimmung des zuständigen Gerichts in Gang gesetzt wird. Der Klärung dient der Verweis auf § 37 ZPO in § 2 Abs. 1 Satz 2 ZVG. Nach dieser Bestimmung der ZPO wird das *„zunächst höhere"* Gericht auf *„Gesuch"* tätig (§ 37 Abs. 1 ZPO, was nichts anderes als den Antrag eines Beteiligten bedeutet, das aus seinem Blick örtlich zuständige Amtsgericht festzulegen.[7]) In dem tendenziell wohl eher hypothetischen Fall, dass ein Insolvenzverwalter z. B. die Insolvenzverwalterversteigerung am Sitz des Schuldners beantragt, etwa beim AG Nürnberg/Vollstreckungsgericht im Bundesland Bayern am Sitz der Schuldnerfirma, der Gläubiger G. aber die Zwangsversteigerung aus seinem Recht Abt. III Nr. 1 ZVG in Grundbesitz des Schuldnerunternehmens, der in Bremen belegen ist, so wäre § 2 ZVG wohl anwendbar (siehe oben), die Entscheidung über die Zuständigkeit wäre von dem Oberlandesgericht zu treffen, dessen Amtsgericht zuerst angerufen wurde (§ 36 Abs. 2 ZVG). Der Antrag des Verwalters in Nürnberg wäre unzulässig, er müsste ihn in Bremen neu stellen; dem Gläubigerverfahren könnte er nicht beitreten, weil die Versteigerungsformen „Vollstreckungsversteigerung"/"Insolvenzverwalterversteigerung" jeweils gesonderte, voneinander unabhängige Verfahren sind.

8 In der Literatur wird zu der Frage, wann der Antrag gestellt werden kann, im Einklang mit der Judikatur des BGH zu § 36 ZPO die Meinung vertreten, dies könne (zur Vorabklärung) bereits **vor dem Zwangsversteigerungsantrag** erfolgen.[8] Die weiteren in § 36 Abs. 1 Nrn. 1 ff. ZPO zur gerichtlichen Bestimmung der Zuständigkeit Anlass gebenden Umstände deckt § 2 Abs. 1 ZVG nur teilweise ab bzw. die dortigen Tatbestände passen nicht auf Zwangsversteigerungsfälle. § 36 Abs. 1 Nr. 2 ZPO entspricht § 2 Abs. 1 ZVG, § 36 Nrn. 3 und 4 ZPO sind in den Verfahren nach dem ZVG gegenstandslos. Hingegen sind die Tatbestände des § 36 Abs. 1 Nr. 1 ZPO (Verhinderung des zuständigen Gerichts *„an der Ausübung des Richteramtes"*), Nr. 5 (verschiedene Gerichte haben rechtskräftig ihre Zuständigkeit bejaht), Nr. 6 (verschiedene Gerichte, darunter das zuständige, haben sich rechts-

---

6) BAFG, BGBl. 2009 I S. 2424 i. d. F. der Änderung d. d. Art. 584 der Verordnung v. 31.8.2015, BGBl. 2015 I S. 1474.

7) Zöller/*Schultzky*, ZPO, § 37 Rz. 1.

8) BGH, Beschl. v. 5.3.1980 – IV ARZ 8/80, NJW 1980, 1281, u. a. zu § 36 Abs. 1 Nr. 2 ZPO (= § 2 Abs. 1 ZVG); dem folgend BeckOK-*Fischinger*, ZVG, § 2 Rz. 8; siehe zu der Thematik allgemein Zöller/*Schultzky*, ZPO, § 36 Rz. 8, 11 m. w. N.

kräftig für unzuständig gehalten) parallel neben § 2 ZVG anwendbar. Die letztere Norm ist lex specialis zu den Regelungen des § 36 Abs. 1 Nrn. 5, 6 ZPO über die Behandlung der positiven und negativen Kompetenzkonflikte insoweit, als § 2 Abs. 1 ZVG nur den dortigen Spezialfall eines Kompetenzkonflikts im Zusammenhang mit der Belegenheit des betroffenen Grundbesitzes abdeckt, § 36 Abs. 1 Nrn. 5, 6 ZPO aber generell alle Kompetenzkonflikte, wobei die Vorschrift aber voraussetzt, dass die Entscheidung der beteiligten Gerichte jeweils rechtskräftig geworden ist. Ist § 36 Abs. 1 Nrn. 5, 6 ZPO aber einmal in einem Verfahren nach dem ZVG heranzuziehen, kann der Antrag auf Bestimmung der Zuständigkeit begrifflich erst nach Zustellung des Anordnungsbeschlusses gestellt werden.[9] § 36 Abs. 1 Nr. 1 ZPO (Verhinderung des Richters an der Ausübung seiner Funktion) ist ein auch im Versteigerungsverfahren möglicher Sonderfall. Es besteht Einigkeit, dass in den weiteren Sonderfällen des § 36 Abs. 1 Nrn. 1, 5, 6 ZPO die Vorlage durch das angerufene Gericht hinreicht, das Bestimmungsverfahren in Gang zu setzen, es mithin nicht stets eines Antrags Beteiligter bedarf. Es versteht sich von selbst, dass das zuständige nächst höhere Gericht an den Inhalt des Antrags oder die Vorlage des angerufenen Gerichts nicht gebunden ist. Das LG oder das OLG können damit auch ein bislang nicht befasstes Gericht für zuständig erklären. Fehler des bestimmenden Gerichts sind als Folge der Unanfechtbarkeit des die Bestimmung treffenden Beschlusses irrelevant, soweit die Entscheidung nicht ausnahmsweise willkürlich ist und damit nichtig wäre (in analoger Anwendung des Gedankens des § 44 VwVfG).[10]

Das nächsthöhere Gericht ist im Falle zweier Amtsgerichte im selben LG-Bezirk das übergeordnete Landgericht. Haben die betroffenen Amtsgerichte kein gemeinsames Landgericht, aber ein gemeinsames Oberlandesgericht, ist dieses nach § 2 Abs. 1 ZVG zuständig. An die Stelle des Bundesgerichtshofs – soweit die betroffenen Amtsgerichte nicht einmal im selben OLG-Bezirk angesiedelt sind – tritt hilfsweise das Oberlandesgericht, in dessen Bezirk das zuerst eingeschaltete Amtsgericht seinen Sitz hat (§ 2 Abs. 1 ZVG, § 36 Abs. 2 ZPO), das wiederum bei Divergenz seiner Rechtsmeinung zu einem anderen Oberlandesgericht bzw. zum Bundesgerichtshof schließlich dem BGH vorzulegen hat (§ 36 Abs. 3 ZPO). 9

Die Gerichte entscheiden im Beschlusswege, der Beschluss ist nach Maßgabe des § 2 Abs. 1 Halbs. 2 ZVG, 37 Abs. 2 ZPO unanfechtbar. 10

---

9) Für die andere Situation im Erkenntnisverfahren hat dies der BGH in dem Beschluss zu IV ARZ 8/80 herausgearbeitet und auf die Rechtshängigkeit als sachlogische Voraussetzung des Antrags in den Fällen des § 36 Abs. 1 Nrn. 5, 6 ZPO hingewiesen (vgl. BGH, Beschl. v. 5.3.1980 – IV ARZ 8/80, NJW 1980, 1281, u. a. zu § 36 Abs. 1 Nr. 2 ZPO (= § 2 Abs. 1 ZVG); siehe zur Thematik der amtswegigen Vorlage in den Fällen des § 36 Nrn. 5, 6 Zöller/*Schultzky*, ZPO, § 37 Rz. 2 m. w. N.; ansonsten ist Rechtshängigkeit nicht erforderlich, Zöller/*Schultzky*, ZPO, § 36 Rz. 8.

10) BGH, Urt. v. 10.12.2009 – IX ZR 206/08, ZIP 2010, 102 ff. = DZWiR 2010, 199 f.; der BGH folgert aus der „absoluten Unzuständigkeit" des angerufenen Gerichts Nichtigkeit; Voraussetzung ist, dass die gerichtliche Maßnahme *„jeder Rechtsgrundlage"* entbehrt, Rz. 13 f., st. Rspr.

11 Ungeachtet des verkürzten Rechtswegs muss man dennoch festhalten, dass sich dadurch Verzögerungen des Versteigerungsverfahrens ergeben, die sich für die Beteiligten mit erheblichen ökonomischen Folgen auswirken können, eine notwendige und im Grundsatz von der Rechtsordnung hingenommene Folge justizförmiger Verfahren.

IV. Tatbestand des § 2 Abs. 1 ZVG im Einzelnen

12 § 2 Abs. 1 Halbs. 1 ZVG enthält zwei voneinander unabhängige Tatbestände. Beide kennzeichnen in der Praxis seltene Sachverhalte. Sie haben im Wesentlichen von Beteiligten einschließlich der Eigentümer nicht beeinflussbare Umstände der Gerichtsorganisation oder des Abgleichs zwischen der Justizverwaltung einerseits, der Kommunal- bzw. der Vermessungsbehörden andererseits zum Gegenstand. Es handelt sich damit um Auffangregelungen zur Behebung von faktischen (nicht behebbaren) Defiziten der Behördenorganisation. Weiterer Hintergrund ist, dass es, wie oben erwähnt, in Vollstreckungssachen eben nur ausschließliche Gerichtsstände (§ 802 ZPO) gibt.

13 Die 1. Alternative des § 2 Abs. 1 ZVG betrifft die Belegenheit des betroffenen Grundstücks in mehreren Gerichtsbezirken. In der Literatur wird darauf hingewiesen, dass eine solche Konstellation in den Fällen des § 890 BGB eintreten könne. Dabei handelt es sich um die **Vereinigung** mehrerer Grundstücke auf Veranlassung und Antrag des Eigentümers, sie auf einem einzigen Grundbuchblatt zu vereinen (§ 890 Abs. 1 BGB), oder darum, ein Grundstück durch **Zuschreibung** zu einem anderen zu dessen Bestandteil zu machen (§ 890 Abs. 2 BGB). In beiden Fällen entsteht ein neues Grundstück i. S. d. Grundbuchsrechts mit neuem Grundbuchblatt. Der in § 1131 BGB wurzelnde Unterschied zwischen der Vereinigung i. S. d. § 890 Abs. 1 BGB und derjenigen des § 890 Abs. 2 BGB spielt im vorliegenden Kontext im Regelfall keine Rolle. Entsteht aber aus mehreren rechtlich selbstständigen Grundstücken ein neues Grundstück, so stellt sich dann, wenn die Grenzen der Amtsgerichtsbezirke entlang der Grundstücke der bisher benachbarten Grundstücke verlaufen sind, die Frage, welches Gericht für die Versteigerung zuständig ist. Lösungsparameter enthalten – jeweils nachvollziehbar – weder das bürgerliche Recht noch das ZVG und auch nicht das Zivilprozessrecht der ZPO. Komplexer wird die Situation dadurch, wenn zunächst eines der beteiligten Grundstücke geteilt und auf einem neuen Grundbuchblatt gebucht wird, um dann erst i. S. d. § 890 BGB vereinigt zu werden. Ein noch deutlich komplexeres Problem stellt materiellrechtlich der Umstand dar, dass die Grundstücke i. S. d. § 890 BGB weder räumlich noch wirtschaftlich zusammengehören müssen.[11] Ein Korrektiv stellt das Grundbuchrecht her, wenn § 5 GBO verfahrensrechtlich zu § 890 Abs. 1 bzw. § 6 GBO zu Abs. 2 BGB bestimmen, dass die angestrebte Vereinigung nur dann erfolgen soll, wenn *„Verwirrung nicht zu besorgen ist"* (§§ 5 Abs. 1, 6 Abs. 1 GBO). Die §§ 5 Abs. 2, 6 Abs. 2 GBO fordern für den Regelfall, dass die betroffenen Grundstücke aneinandergrenzen und bei demselben Grundbuchamt und derselben Katasterbehörde eingetragen sind. Anders kann dies *„insbesondere"* dann sein, wenn bauliche

---

11) Grüneberg/*Herrler*, BGB, § 890 Rz. 3 unter bb).

„Anlagen und Nebenanlagen" (auch wirtschaftlich) zusammengehören und daher eine Vereinigung trotz verschiedener zuständiger Behörden geboten ist *(„ein erhebliches Bedürfnis entsteht")*. § 890 BGB sowie die §§ 5, 6 GBO ergänzen daher die Norm des § 2 Abs. 1 Alt. 1 ZVG. Für den Fall der Führung der Grundbuchblätter der betroffenen Grundstücke durch mehrere Grundbuchämter in den Fällen des § 890 Abs. 1 BGB sieht § 5 Abs. 1 GBO die Bestimmung des zuständigen Grundbuchamts im Verfahren nach § 5 FamFG vor, der in Inhalt und Verfahren § 36 ZPO entspricht, soweit die hier relevanten Fallkonstellationen betroffen sind. Bei Zuschreibung nach § 890 Abs. 2 BGB ist das Grundbuchamt des „Hauptgrundstücks" zuständig, eine im Einzelfall nicht minder schwierige Festlegung.

V. Tatbestand des § 2 Abs. 2 ZVG

§ 2 Abs. 2 Satz 1 ZVG ermöglicht die Bestimmung des zuständigen Gerichts in den 14
Fällen gemeinsamer Immobiliarvollstreckung „mehrerer Grundstücke" durch Zwangsversteigerung bzw. Zwangsverwaltung in ein- und demselben Verfahren. Ob dieses Procedere zulässig ist, regelt nicht § 2 ZVG, vielmehr ist hierfür die Norm des § 18 ZVG (siehe § 18 Rz. 8 ff., 9, 12, 15 [*Cranshaw*]) mit ihren drei Varianten der Zulässigkeit einer solchen Versteigerung mehrerer Grundstücke heranzuziehen. Im Unterschied zu § 2 Abs. 1 ZVG mit der Bestimmung der Zuständigkeit als Pflicht des angerufenen höheren Gerichts, steht die Anordnung nach § 2 Abs. 2 ZVG im (pflichtgemäßen) **Ermessen** des dazu berufenen Gerichts. Ist eine der drei Voraussetzungen der Möglichkeit der Verfahrensverbindung nach § 18 ZVG zu bejahen und liegen die betroffenen Grundstücke in mehreren Gerichtsbezirken, so bedarf es der Bestimmung des örtlich zuständigen Vollstreckungsgerichts. Dazu wiederum bedarf es des Antrags auf Zwangsversteigerung bzgl. aller Grundstücke, die in einem Verfahren zusammengeführt werden sollen, bei einem der in Frage kommenden Gerichte oder eines Antrags bei jedem der Amtsgerichte, die ohne Verfahrensverbindung nach § 18 ZVG für die Zwangsversteigerung zuständig sind, und eines Antrags, die Verfahren zu verbinden. Das angerufene Amtsgericht kann im ersteren Fall den Parteien seine rechtliche Würdigung im Rahmen eines Hinweises nach § 139 ZPO mitteilen und den **Antrag auf Zuständigkeitsbestimmung** ebenso anregen wie selbstständig beim nächst höheren Gericht um die Bestimmung des zuständigen Gerichts **ersuchen**. Dies ist auch dann möglich, wenn das Amtsgericht das Vorliegen der Voraussetzungen des § 18 ZVG verneint, denn das um Entscheidung angesuchte nächst höhere Gericht entscheidet nach der sachlogisch zutreffenden Judikatur des BGH nicht nur über die Bestimmung des örtlich zuständigen Vollstreckungsgerichts, sondern auch über die **Zulässigkeit der Verfahrensverbindung**, unter beiden Teilaspekten nach pflichtgemäßem Ermessen.[12] In dem vom BGH zu IX ARZ 5/84 entschiedenen Fall ging es um die Vollstreckung aus einer Gesamtgrundschuld in zwei Grundstücke, wobei das eine im Bezirk des

---

12) BGH, Beschl. v. 3.5.1984 – IX ARZ 5/84, juris Rz. 2, 4–6 = Rpfleger 1984, 363 = NJW 1984, 2166 f.; Beschl. v. 17.8.1984 – IX ARZ 7/84, ZIP 1984, 1540 f.; siehe BGH, Beschl. v. 15.5.1986 – IX ARZ 3/86, Rpfleger 1987, 29 = NJW-RR 1986, 1383; dazu Anm. *Lwowski*, WuB VI F § 2 ZVG 1.86 sowie BGH, Beschl. v. 15.5.1986 – IX ARZ 4/86, KTS 1986, 719 = JurionRS 1986, 11932, „Ablehnung der Bestellung".

AG Wipperfürth (OLG-Bezirk Köln), das andere im Bezirk des AG Schwelm (OLG-Bezirk Hamm) lag. Das AG Wipperfürth war das einzige angerufene Gericht und hatte beim BGH die Bestimmung des zuständigen Vollstreckungsgerichts angeregt. Nach heutiger Rechtslage (§ 2 Abs. 2 Satz 1 Halbs. 2 ZVG, § 36 Abs. 2 ZPO) müsste das OLG Köln über die Bestimmung des örtlich zuständigen Gerichts entscheiden, nicht mehr der BGH. Der Senat schließt sich in der Entscheidung aus dem Jahr 1984 auch der Meinung des vormaligen BayObLG an, welches den Antrag nach § 2 Abs. 2 ZVG schon vor der Anordnung der Versteigerung für zulässig gehalten hat.[13)]

15 Der Beschluss des BGH zu IX ARZ 5/84 ist auch deswegen ein Lehrbuchbeispiel für die Fälle des § 2 Abs. 2 ZVG, als der Senat nicht nur bejaht, dass im Rahmen des § 2 Abs. 2 ZVG die Voraussetzungen des § 18 ZVG implizit geprüft werden müssen, sondern dass darüber hinaus eine Abwägung vorgenommen wird. Parameter für seine Entscheidung waren einmal, dass der Sitz von Gläubiger und Schuldner im Bezirk des von ihm bestimmten Vollstreckungsgerichts lag, zum anderen aber auch das **wirtschaftliche Verhältnis** der betroffenen Grundstücke. Das „Hauptgrundstück“, so der Senat, liege im Bezirk des von ihm bestimmten Vollstreckungsgerichts („Hof- und Gebäudefläche“), das weitere Grundstück, ein „Waldgrundstück“ stehe damit im wirtschaftlichen Zusammenhang, dessen Wert bei gemeinsamer Versteigerung erhalten bleibe und in einen höheren Steigerlös münden dürfte. Auch könne dennoch der örtliche Bieterkreis (wie bei einer Einzelversteigerung durch das andere in Frage kommende Amtsgericht) erreicht werden.[14)] Der BGH argumentiert also vor dem Hintergrund des § 18 ZVG zutreffend mit der wirtschaftlichen Einheit, deren einheitliche Versteigerung für Gläubiger und Schuldner positiv ist. Der Schwerpunkt dürfte bei der Verwertung von Gesamtgrundpfandrechten liegen (§ 1132 BGB).[15)]

16 Der BGH hat in dem zitierten Beschluss zu IX ARZ 5/84 ferner entschieden, dass dem Schuldner kein rechtliches Gehör vor der Anordnung der Zwangsversteigerung zu gewähren sei, um den Verfahrenszweck nicht zu gefährden, denn auch bei Vollstreckung aus dinglichem Recht kann der Schuldner als Folge des § 1121 BGB die Versteigerung in das *„Zubehör, Bestandteile oder Erzeugnisse vereiteln“*.[16)]

---

13) BGH, IX ARZ 5/84, juris Rz. 3; BayObLG, Beschl. v. 16.1.1974 – Allg Reg 40/73, juris (nur *„Orientierungssatz“*) = NJW 1974, 1204 f.

14) BGH, IX ARZ 5/84, juris Rz. 6.

15) Zur Abwägung im Anschluss an die zitierte BGH-Judikatur siehe BayObLG, Beschl. v. 29.4.1998 – 1Z AR 20/98, Rpfleger 1998, 438 = Jur. Büro 1999, 438 f. sowie BayObLG, Beschl. v. 7.10.1997 – 1Z AR 71/97, Rpfleger 1998, 79 (Teilungsversteigerung eines Hofes aus dem Nachlass).

16) BGH, IX ARZ 5/84, juris Rz. 7 m. w. N. unter Hinweis auf Judikatur des BVerfG.

§3
Zustellung

Die Zustellungen erfolgen von Amts wegen. Sie können durch Einschreiben mit Rückschein erfolgen. Zum Nachweis der Zustellung genügt der Rückschein.

Literatur: *Bund deutscher Rechtspfleger*, Stellungnahme zum Forschungsvorhaben zur Reform des ZVG, Rpfleger 2018, 425 ff.

Übersicht

I. Normzweck

Die Zustellung der für das gerichtliche Verfahren wesentlichen Schriftstücke wie einer Urkunde, einer gerichtlichen Entscheidung oder einer verfahrensbestimmenden Verfügung ist Wesenselement des rechtsstaatlichen Handelns. Die förmliche Unterrichtung des Adressaten ermöglicht dessen Kenntnis von der Sach- und Rechtslage; sie dient der Wahrung seiner Rechte, die letztlich in den verfassungsrechtlich geschützten Verfahrensgrundrechten wurzeln („rechtliches Gehör", Art. 103 Abs. 1 GG). Zustellung bedeutet daher die *„Bekanntgabe eines Dokuments"* (§ 166 Abs. 1 ZPO, bislang noch ganz weitgehend eines körperlichen Schriftstücks, künftig ausschließlich eines elektronischen Dokuments, §§ 169 Abs. 5, 173 ZPO).[1] Daher sind solche Zustellungen von wesentlichen und von im Gesetz bestimmten Schriftstücken auch zwingend von den Vollstreckungsgerichten vorzunehmen. Sie erfolgen aus diesem Grunde **von Amts wegen.**[2] Bei aller Notwendigkeit, den Adressaten einer etwa gerichtlichen Anordnung von derselben individuell so zu unterrichten, dass er die Möglichkeit erhält, von ihr Kenntnis zu nehmen und seine Rechtsverteidigung darauf aufzubauen, darf andererseits aber nicht die Effizienz der Zustellungsmodalitäten aus dem Auge verloren werden. 1

Ein Blick in die Zustellung nach der Insolvenzordnung, also in den Bereich der in die Rechte Beteiligter noch schwerwiegender eingreifenden Gesamtvollstreckung zeigt, dass es dort für die amtswegige Zustellung genügt, wenn das Schriftstück zur Post gegeben wird und der Zugang im Inland nach Ablauf einer Frist von **drei Tagen** nach in den Akten zu dokumentierender Aufgabe zur Post als **zugestellt fingiert** wird, bei Zustellung im Ausland nach zwei Wochen (§ 8 Abs. 1 InsO). 2

---

1) Zum Begriff und Anwendungsbereich der Zustellung vgl. Zöller/*Schultzky*, ZPO, § 166 Rz. 1–3 m. w. N.

2) Siehe dazu auch BGH, Urt. v. 14.9.2011 – XII ZR 168/99, BGHZ 191, 59 ff. (zu Besonderheiten der Auslandszustellung).

3 Für die Zustellung im Ausland der EU ist die EuZustVO zu beachten.[3)]

4 Zur **Rechtsverteidigung** steht z. B. dem Vollstreckungsschuldner (auch als Drittsicherungsgeber) in den Fällen der Anordnung der Zwangsversteigerung und/oder Zwangsverwaltung eine Reihe von prozessualen Möglichkeiten zur Verfügung. Sogar dann, wenn der betreffende Rechtsbehelf nicht unmittelbar im Zwangsvollstreckungsverfahren vorgebracht werden kann, wird er bei Erfolg das Verfahren dennoch maßgeblich beeinflussen. Zu den gleichen Maßnahmen der Rechtsverteidigung gehört namentlich die **Vollstreckungsabwehrklage** (§ 767 ZPO), die darauf gerichtet ist, die Vollstreckung aus dem zur Versteigerung verwendeten Vollstreckung für unzulässig zu erklären. Ist der Titel eine vollstreckbare Urkunde nach § 794 Abs. 1 Nr. 5 ZPO, so folgt die Zulässigkeit der Vollstreckungsabwehrklage aus § 797 Abs. 4, 5 ZPO unter Ausschluss der Präklusionswirkung des § 767 Abs. 2 ZPO). Mangels *„Suspensiveffektes"* der Klage[4)] muss der Kläger/Schuldner eine einstweilige Anordnung gemäß § 769 Abs. 1 ZPO beim Prozessgericht bzw. *„in dringenden Fällen"* eine solche des Vollstreckungsgerichts beantragen, um die **einstweilige Einstellung** des Verfahrens bis zur Entscheidung in der Hauptsache zu erreichen. Da diese durch Entscheidung im Beschlusswege ergeht, muss wiederum zugestellt werden, wenn auch eine Anfechtung der Entscheidung mit der sofortigen Beschwerde nicht möglich ist (analog § 707 Abs. 2 Satz 2 ZPO, wohl allg. Meinung).[5)] Der Schuldner hat aber die Möglichkeit der **befristeten Rechtspflegererinnerung** nach § 11 Abs. 2 RPflG, über die bei mangelnder Abhilfe der Richter endgültig befindet (§ 11 Abs. 2 Sätze 2, 3 RPflG, seit dem 1.1.2014 § 11 Abs. 2 Sätze 6 und 7 dieser Norm).[6)] Daneben stehen die **Vollstreckungserinnerung** (§ 766 ZPO), die Möglichkeiten der sofortigen Beschwerde nach § 793 ZPO und die Rechtsbehelfe gegen Entscheidungen des Rechtspflegers nach § 11 Abs. 1 RPflG, sodass die Zustellung als System der Bekanntgabe zur Wahrung der Rechte und der Möglichkeit der Rechtsmittel jeweils Betroffener, namentlich des Schuldners oder anderer Beteilig-

---

3) Verordnung (EG) Nr. 1393/2007 des Europ. Parlaments und des Rates v. 13.11.2007 über die Zustellung gerichtlicher und außergerichtlicher Schriftstücke in Zivil- und Handelssachen in den Mitgliedstaaten („Zustellung von Schriftstücken") und zur Aufhebung der Verordnung (EG) Nr. 1348/2000, ABl. (EU) L 324 v. 10.12.2007, S. 79 ff. i. d. F. d. Verordnung (EU) Nr. 517/2013 des Rates v. 13.5.2013, ABl. (EU) L 158 v. 10.6.2013. Die EuZustVO ist nach Art. 1 Abs. 1 Satz 2 nicht anzuwenden in öffentlichrechtlichen Angelegenheiten und in Fällen staatlichen Handelns bei Ausübung hoheitlicher Handlungen („acta iure imperii"). Sie ist ferner nicht anzuwenden, wenn die Anschrift des Adressaten unbekannt ist (Art. 1 Abs. 2 EuZustVO). Die EuZuStVO 1393/2007 ist mit Wirkung zum 1.7.2022 durch die Verordnung (EU) 2020/1784 v. 25.11.2020 ersetzt worden, ABl. EU L 405 v. 2.12.2020, S. 40 bzw. ABl. EU L 173 v. 30.6.2022, S. 133; § 183 Abs. 1 Nr. 1 ZPO n. F., der auf die EuZustVO 2020/1784 in „ihrer jeweiligen Fassung" Bezug nimmt. Für das Abkommen mit Dänemark v. 19.12.2005 über die Zustellung gerichtlicher und außergerichtlicher Schriftstücke in Zivil- und Handelssachen gilt die dortige Aktualisierung durch die Mitteilung Dänemarks v. 22.12.2020, ABl. EU L 19 v. 21.1.2021, S. 1.

4) Zu den Rechtsbehelfen im Verfahren nach dem ZVG siehe den Überblick bei BeckOK-*Cranshaw/Kuhn*, ZVG, § 95 Rz. 52–221j, zur Klage nach § 767 siehe Rz. 73 ff.

5) Zöller/*Herget*, ZPO, § 769 Rz. 13 m. w. N.

6) § 11 Abs. 2 RPflG seit dem 1.1.2014, siehe Art. 4 Nr. 2, Art. 21 Satz 2 des Gesetzes v. 5.12.2012, BGBl. 2012 I S. 2418; zu § 11 RPflG siehe BeckOK-*Cranshaw/Kuhn*, ZVG, § 95 Rz. 177 ff.

ter, in deren Rechte eine gerichtliche Maßnahme oder Entscheidung eingreift, hohe Bedeutung hat. Die Zustellung dient, wie erwähnt, der Verwirklichung des rechtlichen Gehörs, also eines Verfahrensgrundrechts (Art. 103 Abs. 1GG).[7] Die Zustellung ist nach Art. 47 Abs. 2 der Charta der Grundrechte der EU bzw. Art. 6 Abs. 1 EMRK Ausprägung des Grundsatzes eines fairen Verfahrens.[8] Zu den Verteidigungsrechten des Verfahrensgegners und Zustellungsadressaten gehört bei der grenzüberschreitenden Zustellung nach der EuZustVO auch das Recht, die Annahme nach Maßgabe des Art. 8 EuZustVO zu verweigern.[9]

II. Zustellungsverfahren

1. Strukturen der Regelungen des §§ 3 ff. ZPO und Verhältnis zu den §§ 166 ff. ZPO

Die Norm des § 3 ZVG ist vor dem Hintergrund der §§ 864 ff. ZPO, namentlich 5
des § 869 ZVG, zu sehen, der die Systematik der Immobiliarvollstreckung als verselbstständigten Teil der Vollstreckung der ZPO belegt.[10] Die Zustellung nach den §§ 3 ff. ZVG ist als Folge der (damit vorrangigen) Sonderregelung im ZVG von dem Verfahren der Zustellung zu unterscheiden, das sich allein nach den §§ 166 ff. ZPO richtet. Merkmal des ZVG ist beispielsweise, dass es mit geringfügigen Ausnahmen[11] keine Zustellung im **Parteibetrieb** (§§ 191 ff. ZPO) geben kann, sondern nur die amtswegige Zustellung durch das **Vollstreckungsgericht**. Neben der förmlichen Zustellung nach den zitierten Vorschriften der ZPO, auf die für das Zwangsversteigerungsverfahren eigentlich schon § 869 ZPO und schließlich auch § 3 Satz 1 ZVG verweist, stehen insbesondere die Zustellung nach § 3 Sätze 2 und 3 ZVG[12] sowie die erwähnten Zustellungssonderregelungen der §§ 4–7 ZVG (mit ihren Vereinfachungen und Überschneidungen mit den §§ 166 ff. ZPO). Diese

---

7) BVerfG, Beschl. v. 11.7.1984 – 1 BvR 1269/83, NJW 1984, 2567 = ZIP 1984, 1137, II 1. der Gründe; BGH, Urt. v. 6.4.1992 – II ZR242/91, BGHZ 118, 45 ff., 47, II 1. der Entscheidungsgründe, st. Rspr.

8) Vgl. aus der Judikatur der Unionsgerichtsbarkeit EuGH, Urt. v. 12.12.2012 – Rs C-325/11, *„Alder/Orlowski"* – ECLI:EU:C:2012:824 Rz. 35 m. w. N. = NJW 2013, 443 = Rpfleger 2013, 278.

9) Vgl. EuGH, Urt. v. 2.3.2017 – C-354/15, *„Banco Espirito Santo/Henderson"*, Internetpubl. des EuGH, Rz. 51 = RIW 2017, 216.

10) Zöller/*Seibel*, ZPO, § 869 Rz. 1 m. w. N.

11) Ausnahme ist die Erstreckung der Beschlagnahme auf eine Forderung (vgl. zum materiellen Recht die §§ 1123, 1127 BGB), wo § 22 Abs. 2 Sätze 2, 3 ZVG i. V. m. § 845 ZPO bei einer ausgebrachten Vorpfändung die Zustellung gegenüber dem Drittschuldner und dem Schuldner im Parteibetrieb vorsieht. In den seltenen Fällen der Herausnahme einer Forderung aus der Versteigerung nach § 65 Abs. 1 ZVG ist ebenfalls der Gläubiger aufgerufen, dem Drittschuldner zustellen zu lassen (§ 829 Abs. 2 Satz 1 ZPO). Siehe den Hinweis zu diesen Fällen bei Dassler/Schiffhauer/u. a.-*Rellermeyer*, ZVG, § 3 Rz. 7, der zutreffend auch auf § 835 Abs. 3 Satz 1 ZPO hinweist und damit darauf, dass die Überweisung der Forderung an Zahlungs statt ebenfalls der Zustellung im Parteibetrieb unterstellt ist, § 835 Abs. 3 Satz 1, 829 Abs. 2 ZPO. Zur Zustellung im Parteibetrieb allgemein siehe auch Böttcher/*Böttcher*, ZVG, § 3 Rz. 16.

12) § 3 Sätze 2, 3 ZVG sind erst durch das 2. Justizmodernisierungsgesetz v. 22.12.2006, BGBl. 2006 I S. 3416, in das ZVG eingefügt worden, begründet hat man das im Regierungsentwurf mit der Angleichung an § 175 ZPO sowie mit *„Beschleunigung und Vereinfachung des Verfahrens"*, siehe BR-Drucks. 550/06, S. 86.

Sonderbestimmungen gelten wiederum nicht in den Fällen des § 8 ZVG für Anordnungs- und Beitrittsbeschlüsse, deren Zustellung sich wieder allein nach den Bestimmungen der §§ 166 ff. ZPO richtet (siehe § 8 Rz. 1 ff. [*Cranshaw*]). Nach § 3 Sätze 2 und 3 ZVG kann die Zustellung an Stelle des Verfahrens nach § 3 Satz 1 ZVG (also nach den §§ 166 ff. ZPO) auch durch Versand per Post als *„Einschreiben gegen Rückschein"* erfolgen. Diese Regelung entspricht § 175 ZPO, sodass § 3 Sätze 2 und 3 ZVG eine redundante Lösung des Gesetzes aufzeigen. Ohne Belang für die Praxis ist aber im Ergebnis, ob die Bestimmung des § 3 ZVG im Hinblick auf die allgemeinen Vorschriften der ZPO, namentlich im Hinblick auf § 869 ZPO, obsolet sei.[13] Fasst man zusammen, so enthält das ZVG in den §§ 3 ff. leges speciales zu den Zustellungsnormen der ZPO, die ergänzend – oder in den Fällen des § 8 ZVG ausschließlich (mit Ausnahme des § 3 Sätze 2 und 3 ZVG) – gelten, wobei Überschneidungen und Redundanzen festzustellen sind, die für die Praxis aber keine entscheidenden Probleme bereiten.

6 Bei später im (Immobiliarvollstreckungs-)Verfahren offenbar gewordenen Zustellungsmängeln sind die Heilungsmöglichkeiten des § 189 ZPO zu beachten.[14]

7 Es darf ungeachtet der Fortgeltung der bestehenden Zustellungsvorschriften nicht vergessen werden, dass auch die Zustellungsformen und Zustellungsnormen der Natur der Sache nach dem digitalen Wandel unterworfen sind. So ist etwa auf § 169 Abs. 5 ZPO hinzuweisen, der die elektronische Zustellung nach Maßgabe der §§ 130a, 130b und 298a ZPO (zur kommenden elektronischen Akte) vorsieht.[15] Einen Übergangsmodus zeigt § 169 Abs. 4 ZPO auf, wonach ein **„Schriftstück in beglaubigter elektronischer Abschrift"** mit qualifizierter elektronischer Signatur zugestellt werden kann. Seit 1.1.2018 ist die Zustellung an Rechtsanwälte gegen elektronisches Empfangsbekenntnis möglich; zur elektronischen Zustellungen an Behörden, Körperschaften und Anstalten des öffentlichen Rechts oder an Berufsträger, bei denen *„von einer erhöhten Zuverlässigkeit ausgegangen werden kann"*, ist auf § 174 Abs. 1, 3, 4 ZPO zu verweisen. Auf die längst in vielen Bereichen eingeführte sog. „maschinelle Beglaubigung" einer *„in Papierform zuzustellenden Abschrift"* ist nur am Rande hinzuweisen (§ 169 Abs. 3 Satz 1 ZPO). § 3 Satz 1 ZVG inkludiert diese Regelungen in die ZVG. § 3 Sätze 2 und 3 ZVG stehen dem nicht entgegen, da sie insoweit keinen Numerus clausus darstellen, sondern nur eine technische Erleichterung, die anderen Zustellungstechniken nicht den Weg versperren.

2. Welche Dokumente sind zuzustellen?

8 Die §§ 3 ff. ZVG, 166 ff. ZPO regeln die Modalitäten der Zustellung, nicht indes, **in welchen Fällen** zugestellt werden muss (§ 166 Abs. 2 ZPO), nämlich in den vom

13) Siehe dazu schon nach der Rechtslage vor Einführung des § 3 Sätze 2, 3 ZVG, Böttcher/*Böttcher*, ZVG, § 3 Rz. 1.

14) Siehe § 8 Rz. 20 [*Cranshaw*]; bei den dortigen Konstellationen ist eine Heilung nach § 189 ZPO umstritten.

15) Siehe den Überblick zur elektronischen Zustellung bei Zöller/*Schultzky*, ZPO, § 169 Rz. 13–16, *„Maschinelle Beglaubigung"*, „Zustellung elektronischer Abschriften", „Elektronisches Dokument", „Zustellung elektronischer Dokumente".

Gesetz vorgeschriebenen sowie in den vom Gericht angeordneten Fällen. Die Notwendigkeit hierfür folgt u. a. aus den §§ 329 Abs. 2, 869 ZPO. Nicht verkündete Beschlüsse und Verfügungen sind zuzustellen, sofern sie einen Termin enthalten oder *„eine Frist in Lauf"* setzen, insbesondere, wenn ein Rechtsbehelf zulässig ist. Die Möglichkeit dazu ist allerdings nach § 95 ZVG für Entscheidungen vor dem Zuschlag, die dessen Vorbereitung dienen, eingeschränkt auf *„Anordnung, Aufhebung, einstweilige Einstellung oder Fortsetzung des Verfahrens"*. Die Norm des § 95 Halbs. 2 ZVG beschreibt damit innerhalb seines Regelungsbereiches mittelbar auch den Rahmen der zustellungsbedürftigen Maßnahmen und Entscheidungen des Vollstreckungsgerichts.[16)]

Zuzustellen ist/sind bzw. zu den zuzustellenden Dokumenten bzw. Schriftstücken gehört/gehören **beispielsweise** (nicht abschließend): 9

- In der Gläubigervollstreckung die Zustellung des **Anordnungsbeschlusses** bzw. des **Beitrittsbeschlusses** an den **Schuldner** nach der ZPO außerhalb der §§ 4–7 ZVG (§§ 15, 27 ZVG, ebenso die §§ 20 Abs. 1, 22 Abs. 1 ZVG). Dasselbe gilt bei der Versteigerung von Schiffen und Schiffsbauwerken sowie von Luftfahrzeugen, aber auch in der Insolvenzverwalterversteigerung. In der Teilungsversteigerung ist der Beschluss dem **Antragsgegner** zuzustellen.[17)]
- Die Entscheidung über die **Bestimmung des zuständigen Gerichts** gemäß § 2 ZVG, die bei Ablehnung der Bestimmung durch das Landgericht anfechtbar ist (§ 37 Abs. 2 ZPO, § 567 Abs. 1 ZPO).
- Der **Anordnungs- und Beitrittsbeschluss** an den Gläubiger, wenn dem Gläubigerantrag nicht oder nicht voll umfänglich entsprochen wurde, weil dann eine Vollstreckungsmaßnahme angeordnet wurde, gegen die die Erinnerung (§ 766 ZPO) zulässig ist oder, sofern eine Entscheidung i. S. d. § 793 ZPO zu bejahen ist, die sofortige Beschwerde.
- Die Bestellung eines **Zustellungsvertreters** (§ 6 Abs. 1 ZVG).
- Die Beschlussfassung über die Vergütung des Zustellungsvertreters und dessen Auslagen (§ 6 Abs. 2 ZVG).
- Die Beschlussfassung über die **Vergütung des** nach § 94 ZVG **eingesetzten Verwalters** (*„gerichtliche Verwaltung auf Rechnung des Erstehers"*), § 94 ZVG i. V. m. § 22 ZwVwV.
- Die Beschlussfassung über die **Verfahrensanordnung oder -trennung,** § 18 ZVG.[18)]
- Die Anordnung der *„erforderlichen Maßregeln"* zur Behebung der Gefahren, die durch nicht ordnungsmäßige Bewirtschaftung des Vollstreckungsgegenstandes durch den Schuldner drohen, § 25 ZVG.
- Die **Aufhebung** des Verfahrens, § 28 f. ZVG.

16) Zu der Reichweite des § 95 ZVG vgl. BeckOK-*Cranshaw/Kuhn*, ZVG, § 95 Rz. 2 ff.; ebenso siehe § 95 Rz. 2 ff. [*Popp*]; ferner BeckOK-*Cranshaw/Kuhn*, ZVG, § 95 Rz. 52 ff.
17) Ebenso siehe § 8 Rz. 13 [*Cranshaw*].
18) Siehe § 18 Rz. 21 [*Cranshaw*].

- Die **einstweilige Einstellung** des Verfahrens, §§ 28 Abs. 1, 30, 30b Abs. 3 (sofortige Beschwerde), 32 ZVG.
- Die **einstweilige Einstellung** in den Fällen des Insolvenzverfahrens über das Vermögen des Schuldners, §§ 30d, § 30f Abs. 3 i. V. m. § 30b Abs. 3; das Zustellungserfordernis an die daran Beteiligten folgt aus § 32 ZVG.
- Die **Terminsbestimmung**; sie ist den Beteiligten zuzustellen, § 41 Abs. 1 ZVG, auch die neuen Terminsbestimmungen nach § 43 ZVG.
- Der **Wertfestsetzungsbeschluss**, § 74a Abs. 5 Sätze 1, 3 ZVG).
- Die Zustellung an den **Mieter oder Pächter** auf Antrag des betreibenden Gläubigers, u. a., um die Miete und Pacht in den Fällen der §§ 566b Abs. 1, 566c, 566d BGB durch Bekanntgabe der Beschlagnahme an Mieter bzw. Pächter zu sichern, § 57b Abs. 1 Satz 2 ZVG. Für die Zwangsverwaltung siehe § 57b Abs. 2 Satz 2 ZVG mit demselben Ergebnis. Die Parallelvorschrift bei der Versteigerung von **Schiffen** ist § 169 Abs. 1 Satz 2 Halbs. 2 ZVG, bei der Versteigerung von **Luftfahrzeugen** § 171 f. ZVG.
- Die einstweilige Einstellung gemäß § 77 Abs. 1 ZVG und die Aufhebung des Verfahrens sowie dessen Fortsetzung als Zwangsverwaltungsverfahren, wenn zwei Termine ergebnislos waren, § 77 Abs. 2 ZVG.
- Die Zustellung der **erneuten Terminsbestimmung** in den Fällen des § 85 Abs. 1 ZVG an den **Meistbietenden**, § 85 Abs. 2 ZVG.
- Der **Zuschlagsbeschluss** in den Fallkonstellationen des § 88 ZVG an die Beteiligten, den mithaftenden Bürgen und den Meistbietenden.
- Der Beschluss über die Zuschlagsbeschwerde, wenn der Beschluss aufgehoben oder abgeändert wird, und zwar an alle Beteiligten und den betroffenen Ersteher, an den mithaftenden Bürgen nach § 69 Abs. 3 ZVG und an den Meistbietenden in den Fällen des § 81 Abs. 2, 3 ZVG gemäß § 103 Satz 1 ZVG.
- Der die Zuschlagsbeschwerde **zurückweisende Beschluss** an den Beschwerdeführer und *„den zugezogenen Gegner"*, § 103 Satz 2 ZVG.
- Die **Zuschlagserteilung** durch das Beschwerdegericht, die mit der Zustellung an den Ersteher wirksam wird, § 104 ZVG.
- Die **Terminsbestimmung** zur Erlösverteilung, § 105 Abs. 2, Abs. 4 ZVG.
- Die **Aufstellung und Abänderung des Teilungsplans**, da er nach der Judikatur des BGH als Beschluss der sofortigen Beschwerde unterliegt.[19)]

---

19) BGH, Beschl. v. 19.12.2009 – V ZB 54/08, Rpfleger 2009, 401 = NJW-RR 2009, 1427; eingehend dazu Dassler/Schiffhauer/u. a.-*Hintzen*, ZVG, § 117 Rz. 29, § 113 Rz. 12–14, entgegen der Auffassung des BGH. Das LG Tübingen, Beschl. v. 22.4.2016 – 5 T 73/16, Rpfleger 2016, 600, hat die sofortige Beschwerde gegen den Verteilungsplan dann als unzulässig angesehen, wenn dieser bereits ausgeführt und der Versteigerungserlös ausbezahlt ist, da dem Beschwerdeführer dann das Rechtsschutzinteresse fehle. Die Auffassung des BGH hat das Landgericht Tübingen als *„wohl herrschende Meinung"* angesehen, aber aufgrund der im Ergebnis zutreffenden Verwerfung des Antrags als unzulässig die Frage der Statthaftigkeit praxisgerecht – wenn auch nicht strukturell überzeugend – dahinstehen lassen.

2012 Artt. 38 ff. EuGVVO a. F.) erfolgt. Ausführungsvorschriften zur EuZVO enthalten die §§ 1067–1069 ZPO. Die Verordnung ermöglicht in Art. 14 beispielsweise, an Zustellungsadressaten mit Wohnsitz (oder Sitz) im Ausland Zustellungen durch Postdienstleister *„per Einschreiben mit Rückschein oder gleichwertigem Beleg zustellen zu lassen."*, ein Verfahren, das mit § 3 ZVG und § 175 ZPO kompatibel ist. § 1068 ZPO bestimmt in Ergänzung der EuZVO für das inländische Verfahren, dass der Rückschein oder der gleichwertige Beleg i. S. d. zitierten Norm der Verordnung die Zustellung beweist. Aufgrund der vielfältigen Verflechtungen im europäischen Binnenmarkt sind zwar Immobiliarvollstreckungsverfahren mit grenzüberschreitendem Charakter nicht das „Tagesgeschäft" der Gerichte, dennoch werden sie vorkommen und künftig statistisch betrachtet zunehmen. Man kann sich beispielsweise vorstellen, dass ein Vollstreckungsschuldner seinen Sitz im Ausland genommen hat oder an einen Gläubiger oder sonst Beteiligten im Ausland zuzustellen ist.

Bsp.: Der Antragsgegner einer Teilungsversteigerung (§ 180 ZVG) hat seinen Al- 16
tersitz in einen Mittelmeerstaat verlegt.

Zustellungsfiktionen sind unter der europäischen Zustellungsverordnung wohl 17
nicht möglich, wenn auch der EuGH in diesem Kontext nur zu einem besonderen Fall der Zustellungsfiktion judiziert hat, der davon geprägt war, dass das polnische Prozessrecht für die ausländische Partei die Bestellung eines in Polen ansässigen Zustellungsbevollmächtigten fordert (wenn nicht bereits ein polnischer Anwalt zum Prozessbevollmächtigten bestellt wurde); geschieht das nicht, wurden die zuzustellenden Schriftstücke zu den Akten genommen und galten als zugestellt. Der EuGH hat darauf erkannt, diese Lösung stehe nicht im Einklang mit der Verordnung (EG) Nr. 1393/2007 (novelliert durch die Verordnung (EU) 2020/1784, EuZuStVO n. F.).[35] Damit war auch § 184 Abs. 2 ZPO im Raum der EuZuStVO mindestens problematisch, der bei Auslandszustellungen mangels der Benennung eines Zustellungsbevollmächtigten im Inland die Aufgabe zur Post und den Ablauf einer Frist von zwei Wochen oder einer längeren vom Gericht gesetzten Frist ausreichen lässt, um die Zustellung danach (als Zustellung im Inland) zu fingieren.[36] Bei der Beauftragung eines Postdienstes bedarf es eben des Einschreibens gegen Rückschein bzw. anderweitiger entsprechender Belege des Empfangsstaates, soweit diese Möglichkeit besteht. Der Zugang ist nachzuweisen. Dasselbe gilt für die Regelung des § 4 ZVG, auch wenn dort die Aufgabe zur Post als Einschreiben vorgeschrieben ist. Die Judikatur des BGH steht daher zutreffend auf dem Standpunkt, § 184 ZPO sei

35) EuGH, Urt. v. 12.12.2012 – Rs C-325/11, *„Alder/Orlowski"*- ECLI:EU:C:2012:824 = NJW 2013, 443.

36) Die Lösung war umstritten, siehe den Überblick bei Zöller/*Geimer*, ZPO, § 183 Rz. 79a; zur Fiktion der Zustellung nach § 184 ZPO als Inlandszustellung als *„allgemeine Meinung"* siehe BGH, Urt. v. 2.2.2011 – VIII ZR 190/10, BGHZ 188, 164 ff., Ls. und Rz. 10 = ZIP 2011, 884 = DZWiR 2011, 465. Der BGH hatte allerdings darauf erkannt, die Lösung des polnischen Rechts über die Zustellungsfiktion durch *„Verbleib [...] in der Prozessakte"* gehe weit über die Lösung der Zustellungsfiktion nach der deutschen ZPO hinaus, BGH, Beschl. v. 26.8.2009 – XII ZB 169/07, BGHZ 182, 188 ff., 203 Rz. 42; siehe aber Zöller/*Geimer*, ZPO, 2022, § 183 Rz. 68, der die „fiktive Inlandszustellung" auf Fälle außerhalb der EuZuStVO beschränkt. § 183 Abs. 1 ZPO klärt diese Rechtsfrage.

nur in den Fällen der Auslandszustellung nach völkerrechtlichen Vereinbarungen, nicht jedoch im Anwendungsbereich der EuZustVO heranzuziehen.[37] Die Zustellungsmodalitäten ergeben sich unmittelbar aus der EuZustVO, nunmehr § 183 Abs. 1 ZPO.

2. Auslandszustellungen im Raum des EWR[38] und in Drittstaaten

18 Bei Auslandszustellungen außerhalb des Geltungsbereichs der EuZustVO ist § 183 Abs. 1–4 ZPO als lex specialis gegenüber den Normen des ZVG zu beachten. Maßgeblich sind die völkerrechtlichen Vereinbarungen, namentlich das **Haager Zustellungsübereinkommen** („HZÜ")[39] aus dem Jahre 1965. Für die weiteren multilateralen Abkommen aus den Jahren 1905 und 1954 mit eingeschränkter Reichweite auf wenige Staaten sowie für bilaterale völkerrechtliche Verträge wird auf die Spezialliteratur verwiesen.[40]

19 Daher im Folgenden nur ein **Überblick:**

- Maßgeblich sind außerhalb der unionsrechtlichen EuZuStVO (§ 183 Abs. 1 Nr. 1) und dem Abkommen mit Dänemark (§ 183 Abs. 1 Nr. 2) die völkerrechtlichen Vereinbarungen; darf danach über Postdienstleister unmittelbar zugestellt werden, soll das mittels Einschreiben gegen Rückschein geschehen, ansonsten durch die Behörden des Empfangsstaates (**§ 183 Abs. 2 Satz 1 ZPO**).
- Ist die Zustellung nach § 183 Abs. 2 ZPO nicht möglich, erfolgt sie durch die diplomatischen und konsularischen Vertretungen der Bundesrepublik, die jeweils zuständig sind (**§ 183 Abs. 3 Satz 1 ZPO**). Unvermeidbar ist das beim Fehlen multi- oder bilateraler Vereinbarungen und bei fehlender Rechtshilfe des Empfangsstaates bzw. wenn *„besondere Gründe"* bestehen (**§ 183 Abs. 3 Satz 2 ZPO**).
- Ist gegenüber einem deutschen Diplomaten in einer Vertretung im Ausland zuzustellen, ist hierfür die Auslandsvertretung die zuständige Zustellungsbehörde (**§ 183 Abs. 4 ZPO**). Der Nachweis der Zustellung wird durch den Rückschein oder das „Zeugnis" der zustellenden Stelle vorgenommen.

IV. Reformvorschlag

20 Im Rahmen des vom BMJV angestoßenen bzw. beauftragten Forschungsvorhabens zum ZVG wurde als Ergebnis im Jahr 2017 vorgeschlagen, das System der Verfah-

---

37) BGH, Urt. v. 2.2.2011 – VIII ZR 190/10, BGHZ 188, 164 ff., Ls. und Rz. 10 = ZIP 2011, 884 = DZWiR 2011, 465.

38) Europäischer Wirtschaftsraum (EWR): EU (hier gilt die EuZustVO); Island, Norwegen, Liechtenstein; die Schweiz ist insoweit Drittstaat und gehört nicht zum EWR.

39) Siehe dazu das Gesetz v. 22.12.1977 zu dem Haager Übereinkommen v. 15. November 1965 über die Zustellung gerichtlicher und außergerichtlicher Schriftstücke in Zivil- oder Handelssachen und zu dem Haager Übereinkommen vom 18. März 1970 über die Beweisaufnahme im Ausland in Zivil- und Handelssachen, BGBl. 1977 II S. 1452, 1453 ff.

40) Siehe den Überblick für derartige Konstellationen bei Zöller/*Geimer*, ZPO, § 183 Rz. 1, 26–28, (HZÜ) bzw. Rz. 78 („völkerrechtliches Vertragsrecht"), jeweils m. w. N auch Zöller/*Geimer*, ZPO, 31. Aufl., § 183 Rz. 93 ff., 101–104.

zuzustellenden Schriftstück das Formblatt L in Anhang I in den folgenden Sprachen beifügt:

a) in der Amtssprache oder in einer der Amtssprachen des Ursprungsmitgliedstaats und

b) in einer Sprache nach Absatz 1 Buchstabe b.

Gibt es Anzeichen dafür, dass der Empfänger eine Amtssprache eines anderen Mitgliedstaats versteht, so ist auch das in dieser Sprache abgefasste Formblatt L in Anhang I beizufügen.

Übersetzt ein Mitgliedstaat Formblatt L in Anhang I in eine Sprache eines Drittstaats, so stellt er die Übersetzung der Kommission zur Verfügung, damit sie über das Europäische Justizportal zugänglich gemacht wird.

(3) Der Empfänger kann die Annahme eines Schriftstücks entweder bei der Zustellung oder durch eine schriftliche Erklärung der Annahmeverweigerung innerhalb von zwei Wochen ab dem Zeitpunkt der Zustellung verweigern. Zu diesem Zweck kann der Empfänger entweder das Formblatt L in Anhang I oder eine schriftliche Erklärung an die Übermittlungsstelle mit der Angabe zurücksenden, dass er die Annahme des Schriftstücks aufgrund der Sprache, in der es zugestellt wurde, verweigert.

(4) Wird der Empfangsstelle mitgeteilt, dass der Empfänger die Annahme des Schriftstücks nach den Absätzen 1, 2 und 3 verweigert, so setzt sie die Übermittlungsstelle unter Verwendung der Bescheinigung über die Zustellung bzw. Nichtzustellung, unter Verwendung von Formblatt K in Anhang I, unverzüglich davon in Kenntnis und sendet den Antrag und – falls verfügbar – jedes Schriftstück, um dessen Übersetzung ersucht wird, zurück.

(5) Die Zustellung eines Schriftstücks, dessen Annahme verweigert wurde, kann dadurch geheilt werden, dass dem Empfänger nach Maßgabe dieser Verordnung das Schriftstück zusammen mit einer Übersetzung in einer der in Absatz 1 vorgesehenen Sprachen zugestellt wird. In diesem Fall ist der Tag der Zustellung des Schriftstücks der Tag, an dem die Zustellung des Schriftstücks zusammen mit der Übersetzung nach dem Recht des Empfangsmitgliedstaats bewirkt wird. Muss jedoch nach dem Recht eines Mitgliedstaats ein Schriftstück innerhalb einer bestimmten Frist zugestellt werden, so ist im Verhältnis zum Antragsteller als Tag der Zustellung der nach Artikel 13 Absatz 2 ermittelte Tag maßgebend, an dem das ursprüngliche Schriftstück zugestellt worden ist.

(6) Die Absätze 1 bis 5 gelten auch für die anderen Arten der Übermittlung und Zustellung gerichtlicher Schriftstücke nach Abschnitt 2.

(7) Für die Zwecke der Absätze 1 und 2 gilt Folgendes: Erfolgt die Zustellung nach Artikel 17 durch diplomatische Vertreter oder konsularische Bedienstete und nach Artikel 18, 19 oder 20 durch eine Behörde oder Person, so setzen diese Vertreter oder Bediensteten beziehungsweise die Behörde oder Person den Empfänger davon in Kenntnis, dass er die Annahme des Schriftstücks verweigern darf und dass diesen Vertretern oder Bediensteten beziehungsweise dieser Behörde oder Person eine entweder unter Verwendung des Formblatts L in Anhang I oder freihändig erstellte schriftliche Verweigerungserklärung zu übermitteln ist."

Die außerordentlich komplexe Lösung sollte die vorstehend für die bisherige Fassung umrissenen Problemfelder auflösen. 15

IV. Reformvorschlag zu § 4 ZVG

16 § 4 soll nach dem Reformvorschlag aus dem Jahr 2017[19] folgenden Wortlaut erhalten, die nachfolgend abgedruckten Sätze 2 und 3 des Reformvorschlags hat *Keller* (Hochschule für Recht und Wirtschaft, Berlin) ergänzend vorgeschlagen:

„§ 4
Zustellungen

Die Zustellungen erfolgen von Amts wegen. Zustellungen an Beteiligte gemäß § 3 Nrn. 1 und 2 können durch Aufgabe zur Post erfolgen. § 184 Abs. 2 Sätze 1, 2 und 4 der Zivilprozessordnung gilt entsprechend. Soll die Zustellung im Inland bewirkt werden, gilt das Schriftstück drei Tage nach Aufgabe zur Post als zugestellt."

17 Satz 1 des Reformvorschlags entspricht dem aktuellen § 3 Satz 1 ZVG. Satz 2 nimmt Regelungen aus § 184 ZPO auf und fingiert die Zustellung nach zwei Wochen bzw. einer längeren Frist nach Festsetzung durch das Gericht. Satz 3 nimmt die Zustellungsfiktion bei einfachen Briefen von drei Tagen nach Aufgabe zur Post auf, wie sie etwa im Verwaltungsverfahrensrecht im Hinblick auf die Zustellung von Verwaltungsakten gesetzlich vorgesehen ist (vgl. § 41 Abs. 2 VwVfG), ebenso in der Insolvenzordnung (§ 8 Abs. 1 Satz 3 InsO). Die in § 4 ZVG (Reformvorschlag) angeregten Regelungen beschleunigen das Verfahren.

---

19) Siehe dazu den vom BMJV beauftragten Forschungsbericht von *Böttcher/Keller/Schneider/Beeneken*, Das ZVG auf dem Prüfstand, S. 180–185 mit dem Ziel der Vereinfachung der Zustellungsvorschriften des ZVG und Angleichung an die §§ 166 ff. ZPO (S. 180); https://www.bmj.de/DE/Themen/FinanzenUndAnlegerschutz/ZwangsvollstreckungPfaendungsschutz/ForschungsvorhabenReformbedarfZVG.html (Stand: 17.4.2023).

§ 5

Zustellungsbevollmächtigter beim Grundbuchamt als Zustellungsbevollmächtigter im Verfahren nach dem ZVG

Die Bestellung eines Zustellungsbevollmächtigten bei dem Grundbuchamt gilt auch für das Verfahren des Vollstreckungsgerichts, sofern sie diesem bekannt geworden ist.

Übersicht

I. Zustellung an den beim Grundbuchamt bestellten Zustellungsbevollmächtigten

1 § 5 ZVG stellt eine einfache alternative Möglichkeit der Zustellung zwischen den (auf den Sitz des Vollstreckungsgerichts oder den unbekannten Aufenthaltsort und ähnliche Sachverhalte Bezug nehmenden) Tatbeständen der §§ 4 und 6 ZVG zur Verfügung. Die Zustellung kann jedenfalls an den von dem Zustellungsadressaten benannten und dem Vollstreckungsgericht bekannt gewordenen Zustellungsbevoll-

setz über Maßnahmen auf dem Gebiete der Zwangsvollstreckung v. 20.8.1953 erhalten;[1)]

– das **Fehlschlagen** des Versuchs, durch **Aufgabe zur Post** zuzustellen, wenn das Schreiben als unzustellbar (vgl. § 18 PostG, § 6 PDLV) von dem marktbeherrschenden Postdienstleister (Deutsche Post) zurückgesandt wird, § 6 Abs. 2 Satz 1 ZVG.[2)] Aus der Norm der PDLV folgt, dass nur Postdienstleister im lizenzierten Bereich (Briefsendungen bis 1000 g, § 5 Abs. 2 PostG) in Frage kommen, die Universaldienstleistungen (§§ 11 ff. PostG) erbringen. Nur Lizenznehmer, die Briefzustelldienstleistungen erbringen, sind auch befugt und verpflichtet, die förmlichen Zustellungen, die § 6 ZVG gerade nicht regelt, zu bewirken, §§ 33 ff. PostG. Es ist natürlich richtig, trotz des vordringenden elektronischen Rechtsverkehrs die bisherigen Zustellungsplattformen aufrechtzuerhalten und lizenzierte Dienstleister entsprechend zu verpflichten, hier im Interesse flächendeckender ausreichender Dienstleistungen (vgl. § 1 PostG). Technisch wird die Rücksendung dadurch bewirkt, dass der Postdienstleister angewiesen wird, das per Post versandte Schriftstück, das zugestellt werden soll, an das die Postsendung veranlassende Gericht zurückzuschicken (= sog. „Vorausverfügung" der Deutsche Post AG). Es ist Aufgabe des Urkundsbeamten der Geschäftsstelle, die notwendigen Maßnahmen zu treffen, damit das an der Empfangsadresse nicht zustellbare Schriftstück an das Gericht zurückgesandt wird.[3)] Ansonsten gilt das Recht des Frachtvertrags nach Maßgabe der §§ 407 ff. HGB;[4)]

– die **Zustellung** an **nicht prozessfähige Personen** bzw. **juristische Personen** oder diesen gleich zu achtenden Personengesellschaften, wenn kein Zustellungsvertreter nach § 6 Abs. 1 ZVG bestellt wird.

Der systematische Zusammenhang der Norm beschreibt auch ihren Anwendungsbereich, nämlich **alle Verfahren nach dem ZVG** (also auch in Versteigerungen von Schiffen, Schiffsbauwerken und Luftfahrzeugen, §§ 162, 171a ZVG) sowie alle von Amts wegen vorzunehmenden Zustellungen (§ 3 Satz 1 ZVG und siehe § 3 Rz. 9 [*Cranshaw*]), soweit nicht § 8 ZVG für den Anordnungs- und Beitrittsbeschluss heranzuziehen ist. 2

1) BGBl. I 1953 S. 952; BT-Drucks. 1/4452, S. 84; u. a. wurde „*Wohnort*" in der ursprünglichen Fassung des § 6 Abs. 1 ZVG vom 23. Ausschuss durch „*Aufenthalt*" ersetzt; zur früheren Fassung siehe *Jaeckel/Güthe*, ZVG, 4. Aufl., § 6 Rz. 1.

2) Postdienstleistungsverordnung (PDLV) v. 21.8.2001, BGBl. 2001 I S. 2178, bis zur Änderung d. Art. 3 d. Gesetzes v. 9.3.2021, BGBl. I 2021 S. 324.

3) Ziff. 3 Abs. 1 Allgemeine Geschäftsbedingungen der Deutschen Post AG BRIEF NATIONAL (AGB BRIEF NATIONAL) aktueller Stand: 03/2021, https://www.deutschepost.de/content/dam/dpag/images/A_a/AGB/dp-agb-brief-national-2021.pdf (Stand: 17.4.2023).

4) BGH, Urt. v. 11.10.2005 – XI ZR 395/04, ZIP 2005, 2197, Entscheidungsgründe II 1b (zur Funktion der Briefmarke). Infolge der technischen Entwicklung wird man die weitere Entwicklung des Rechts des Transportwegs von Postsendungen, hier via „Briefmarke", beobachten müssen. Die „klassische" Marke weicht ihrerseits zunehmend digitalen Aufdrucken oder Codes.

II. Voraussetzungen und Rechtsfolgen des § 6 Abs. 1 ZVG

1. Unbekannter Aufenthalt

3 Ist der Aufenthaltsort des Zustellungsadressaten und seines von ihm etwa bestellten Zustellungsbevollmächtigten unbekannt oder wäre aus den weiteren Gründen des § 185 ZPO die öffentliche Zustellung zu bewilligen, so ist stattdessen für den Zustellungsadressaten ein **Zustellungsvertreter** seitens des Gerichts zu bestellen. Der Begriff des *„Aufenthalts*(-ortes)" kennzeichnet einen Ort, an welchem der Betroffene dauerhaft erreichbar ist, vom Wohnsitz als Lebensmittelpunkt ist er zu unterscheiden.[5] Regelmäßig wird er mit dem Wohnsitz identisch sein, bei Gesellschaften und sonstigen Organisationen, bei denen an den gesetzlichen Vertreter zugestellt werden muss (vgl. § 170 ZPO),[6] ist damit der statutarische Sitz oder der Verwaltungssitz angesprochen, von dem aus die gesetzlichen Vertreter die Organisation leiten.

4 Die Frage, unter welchen Voraussetzungen der Aufenthaltsort des Zustellungsadressaten unbekannt ist, wird allerdings von der Rechtsprechung zutreffend eher zurückhaltend gehandhabt. So hat der BGH entschieden, ein Zustellungsvertreter i. S. d. Norm des § 6 ZVG dürfe nicht bestellt werden, wenn zwar die Wohnadresse des Zustellungsadressaten nicht bekannt sei, aber seine Postfachanschrift. Zustellungen an den vom Gericht bestellten Zustellungsvertreter seien dann unwirksam.[7]

5 Allerdings ist davon die Frage zu unterscheiden, ob die Kenntnis des Aufenthaltsortes objektiv zu beurteilen ist, er also einem unbestimmten Personenkreis unbekannt ist oder ob allein die **subjektive Kenntnis des Gerichts** maßgeblich ist; richtig ist es, angesichts des Zwecks der Regelung subjektiv anzuknüpfen.[8] Ob das Gericht *„Nachforschungen"* anzustellen hat, wird nicht einhellig beantwortet.[9] Dabei kann es sich das Gericht angesichts der Bedeutung der Zustellung (vgl. z. B. § 42 Abs. 2 ZVG) nicht einfach machen, es muss vielmehr das Interesse der Beteiligten gegeneinander abwägen. Der Zustellungsadressat wiederum ist nicht veranlasst, seine neue Anschrift dem Vollstreckungsgericht mitzuteilen, wenn er während des Versteigerungsverfahrens umzieht. Einen Nachsendeantrag bei der Post muss er nicht stellen.[10] Eine Selbstverständlichkeit ist es, dass das Gericht die Vollstreckungsakten überprüft und auch die Informationen des Grundbuchamts nach § 19

---

5) Zum Begriff siehe Grüneberg/*Ellenberger*, BGB, § 7 Rz. 2 m. w. N.; Zöller/*Schultzky*, ZPO, § 20 Rz. 5.

6) Daran ändert auch nichts, dass die juristische Person selbst als prozessfähig angesehen werden muss (siehe aber den Wortlaut des § 170 Abs. 1 ZPO); dazu Zöller/*Althammer*, ZPO, § 52 Rz. 2.

7) BGH, Beschl. v. 14.6.2012 – V ZB 182/11, NJW-RR 2012, 1012; dem folgt Dassler/Schiffhauer/u. a.-*Rellermeyer*, ZVG, § 6 Rz. 3, ebenso *Böttcher*, ZfIR 2013, 157 ff., 157 f.

8) Allg. Meinung, siehe schon *Jaeckel/Güthe*, ZVG, 4. Aufl., § 6 Rz. 1 unter Hinweis auf die Motive zum ZVG; ebenso Stöber/*Keller*, ZVG, § 6 Rz. 4; Dassler/Schiffhauer/u. a.-*Rellermeyer*, ZVG, § 6 Rz. 3.

9) Stöber/*Keller*, ZVG, § 6 Rz. 5 hält sie für zulässig, wenn dadurch keine Verzögerungen auftreten; ebenso Dassler/Schiffhauer/u. a.-*Rellermeyer*, ZVG, § 6 Rz. 6; für Nachforschungen deutlich *Drasdo*, ZfIR 2013, 5 ff., 6 mit Hinweis auf LG Braunschweig, Beschl. v. 16.4.2012 – 4 T 768/11, Rpfleger 2012, 568 f. sowie *Drasdo*, NJW-Spezial 2017, 417 f.

10) BGH, Beschl. v. 7.10.2010 – V ZB 37/10, Rpfleger 2011, 171 = NJW-RR 2011, 233.

Abs. 2 ZVG würdigt.[11] Im Ergebnis wird man einer Literaturstimme zustimmen müssen, die von dem Gericht fordert, den Aufenthaltsort *„so gut wie möglich"* aufzuklären, da fehlende Kenntnis bei Zustellung an einen (Zustellungs-)Vertreter die Rechtsschutzmöglichkeiten des Zustellungsadressaten verkürzt.[12] Die Zielsetzung der Zustellung würde leerlaufen, wenn das Vollstreckungsgericht mit einfachen Nachforschungen die Anschrift des Zustellungsadressaten feststellen könnte, aber davon absieht; dies vor dem Hintergrund der Zustellung als Element der Gewährung des verfassungsrechtlich geschützten rechtlichen Gehörs (siehe § 3 Rz. 1, 4 [*Cranshaw*]).

Unbekannt ist der Aufenthalt des Adressaten auch dann, wenn dessen **Erben nicht** 6
bekannt[13] sind und auch nicht ohne Schwierigkeiten ermittelt werden können oder wenn zwar der Adressat eine Zustellungsvollmacht erteilt hat, aber deren Wirksamkeit in Rede steht. Ist darüber hinaus unbekannt, wer der Zustellungsadressat ist, muss § 6 ZVG erweiternd ausgelegt werden, damit das Verfahren seinen Fortgang nehmen kann und die Rechte des von Person unbekannten Adressaten dennoch gewahrt werden.[14]

2. Vorliegen der Voraussetzungen des § 185 ZPO (öffentliche Zustellung)

Der Wortlaut des § 6 Abs. 1 Satz 1 Alt. 2 ZVG belegt, dass ein Zustellungsvertreter 7
auch dann zu bestellen ist, wenn ein Sachverhalt nach § 185 Nrn. 3 und 4 ZPO festzustellen ist, d. h.,

- die Zustellung im Ausland ist unmöglich oder nicht erfolgversprechend (Nr. 3) bzw.
- die Zustellung müsste in der Wohnung einer Person erfolgen, die als Mitglied einer diplomatischen Mission oder konsularischen Vertretung Immunität nach den Wiener Übereinkommen über diplomatische Beziehungen bzw. konsularische Beziehungen genießt, also der deutschen Gerichtsbarkeit nicht untersteht (Nr. 4 i. V. m. §§ 18 f. GVG). Dies hat nichts mit der völlig anderen Problematik zu tun, dass die Vollstreckung in ein hoheitlichen Zwecken gewidmetes Grundstück eines ausländischen Staates völkerrechtlich unzulässig ist und an der vollstreckungsrechtlichen Immunität des ausländischen Staates scheitert (BGH, Beschl. v. 22.9.2016 – V ZB 125/15, juris Rz. 10 = Rpfleger 2017, 231 ff.); die

---

11) Dassler/Schiffhauer/u. a.-*Rellermeyer*, ZVG, § 6 Rz. 6; siehe zur gleichen Konstellation bei Böttcher/*Böttcher*, ZVG, § 6 Rz. 2 m. w. N.; § 19 ZVG ist insoweit nicht mit § 6 Abs. 1 ZVG abgeglichen, als dort begriffsnotwendig *„Wohnort und Wohnung"* Beteiligter bzw. deren Vertreter genannt werden, nicht der *„Aufenthalt"*.

12) BeckOK-*Huber*, ZVG, § 6 Rz. 4, der ein ständiges Monitoring der zustellfähigen Adresse aber zu Recht verneint.

13) Allerdings wird man zur Aufklärung fordern müssen, dass das Vollstreckungsgericht sich auch an das Nachlassgericht bzw. das zuständige Standesamt wendet und natürlich an die Meldebehörden. Erst bei *„Ergebnislosigkeit… hat das Gericht keine Wahl"*, wie *Drasdo*, NJW-Spezial 2017, 417, zutreffend die Bestellung des Zustellungsvertreters als eine Art ultima ratio des Vollstreckungsgerichts darstellt.

14) So die wohl ebenfalls einhellige Meinung der Kommentarliteratur, siehe statt aller bei Böttcher/*Böttcher*, ZVG, § 6 Rz. 2 und Dassler/Schiffhauer/u. a.-*Rellermeyer*, ZVG, § 6 Rz. 3.4.

deutsche Gerichtsbarkeit ist nicht zuständig. Damit darf auch nicht der Umstand verwechselt werden, dass die Immunität der Diplomaten selbst sich nicht auf dingliche Klagen im Hinblick auf deren privates Eigentum an unbeweglichem Vermögen erstreckt und auch nicht auf die dingliche Vollstreckung daraus (Art. 31 Nr. 1 lit. a) und Nr. 3 Wiener Übereinkommen). Da die Wohnung unverletzlich bleibt, kann zwar Immobilieneigentum des Diplomaten versteigert, eigengenutzte Wohnungen können aber nicht geräumt werden.

8 Die öffentliche Zustellung nach Maßgabe des § 185 Nrn. 1, 2 ZPO ist in § 6 Abs. 1 Alt. 1 ZVG bereits abgebildet.

3. Bestellung des Zustellungsvertreters, Abberufung und Funktion

a) Fehlerfolgen

9 Ein Verfahrensfehler des Gerichts bei der Ermittlung der Anschrift des Zustellungsadressaten oder der Bestellung des Zustellungsvertreters wirkt sich ebenso wie ein materieller Fehler evtl. dramatisch auf das Verfahren aus, wie *Drasdo* unter Hinweis auf aktuelle Judikatur zutreffend hervorhebt.[15)]

10 So hat das LG Potsdam in einem Beschluss v. 11.3.2015 darauf erkannt, das Fehlen der Voraussetzungen für die Bestellung eines Zustellungsvertreters gemäß § 6 Abs. 1 ZVG führe zur Unwirksamkeit von Zustellungen an den bestellten Zustellungsvertreter im Verhältnis zum Schuldner. Es handele sich dabei um einen schwerwiegenden Verfahrensfehler, der zur Versagung des Zuschlags (vgl. § 83 Nr. 6 ZVG) bzw. auf Zuschlagsbeschwerde zur Aufhebung eines erlassenen Zuschlagsbeschlusses führt.[16)] Für den Gläubiger ist das desaströs, ggf. mag ihm ein Staatshaftungsanspruch gegen das Bundesland des Vollstreckungsgerichts gemäß Art. 34 GG, § 839 BGB zustehen. In einem Urteil vom 29.2.2016 hat eine andere Kammer des LG Potsdam einen Zustellungsvertreter zum Schadenersatz verurteilt, weil er keine Ermittlungen angestellt hatte, den Aufenthaltsort des Vollstreckungsschuldners herauszufinden; er hatte nicht einmal die Vollstreckungsakte eingesehen. Daraus hätte er ohne Weiteres entnehmen können, dass das Vollstreckungsgericht seinerseits ebenfalls keine Anstrengungen zur Ermittlung der Anschrift unternommen hatte.[17)] Das AG Vaihingen, das in einem Versteigerungsverfahren einen Vertreter gemäß § 6 ZVG bestellt hatte, hat auf Mitteilung des Vertreters, ein von ihm an den Vollstreckungsschuldner gerichtetes Schreiben sei nicht als unzustellbar an ihn zurückgelangt, eine Notbremsung eingeleitet, den Zuschlag versagt und das Verfahren gemäß § 28 ZVG einstweilen eingestellt, um nicht *„für alle Beteiligten über Jahre hinaus die Gefahr der Zuschlagsbeschwerde und ggf. der Aufhebung des Zuschlagsbe-*

---

15) *Drasdo*, NJW-Spezial 2017, 417 m. w. N. aus der Judikatur (insb. LG Potsdam und AG Vaihingen).

16) LG Potsdam, Beschl. v. 11.3.2014 – 1 T 103/13, ZfIR 2014, 785 f., Zuschlagsbeschwerde gegen die Entscheidung des AG Luckenwalde, Beschl. v. 21.4.2010 – 17 K 312/08 (unv.).

17) LG Potsdam, Urt. v. 28.2.2016 – 4 O 360/14, ZfIR 2016, 361 ff. m. Bespr. *Schmidberger/Traub*, ZfIR 2016, 339 ff.

schlusses" heraufzubeschwören.[18] Dem muss man unbedingt zustimmen. In der ebenfalls bereits zitierten Entscheidung des AG Vaihingen zu L 2/15 in derselben Zwangsvollstreckung ist ergänzend auf eine weitere Folge des Wegfalls der Voraussetzungen des § 6 ZVG oder dessen Nichtbestehen von Anfang an im **Zwangsverwaltungsverfahren** hinzuweisen. Der Beschluss des Vollstreckungsgerichts Vaihingen zu L 2/15 ordnet neben der einstweiligen Einstellung der Zwangsverwaltung an, dass der Zwangsverwalter aus der Zwangsverwaltungsmasse nur diejenigen Kosten zu zahlen habe, „*die der ordentliche Eigentümer zu leisten hat*" und im Übrigen die von dem Zwangsverwalter eingenommenen Gelder auf dem Zwangsverwaltertreuhandkonto (missverständlich dort als „Anderkonto" bezeichnet) bleiben müssen. Damit wird zwischen dem Interesse des Grundstückseigners bzw. Vollstreckungsschuldners und demjenigen der Grundpfandgläubiger und sonstigen aus dem Grundbesitz nach den §§ 155, 10 ZVG Berechtigten eine sachgerechte Abwägung getroffen. In dem konkreten Fall ging es um „*laufende Hausgelder*" (also um die einer Wohnungs-/Teileigentümergemeinschaft nach dem WEG pro rata temporis zustehenden Geldbeträge) und „*öffentliche Grundstückslasten*", jeweils nach sogar einem bereits vorliegenden Teilungsplan.[19]

b) Auswahl und Annahme

Hat das Gericht nach Vornahme **aller zumutbaren Maßnahmen** zutreffend festgestellt, der Aufenthalt des Zustellungsadressaten sei unbekannt geblieben bzw. weitere Nachforschungen verzögerten (ebenfalls unzumutbar) den Fortgang des Verfahrens, so muss es einen **Zustellungsvertreter** bestellen. Dasselbe gilt in den Fällen des § 185 Nrn. 3, 4 ZPO, wie vorstehend dargestellt. 11

Dabei hat das Gericht darauf zu achten, jemanden zu bestellen, der für diese Tätigkeit (vgl. § 7 ZVG) **geeignet** erscheint; ist dem Gericht Auswahlverschulden vorzuwerfen, kann ein Amtshaftungsanspruch des etwa geschädigten Zustellungsadressaten bestehen.[20] Die Geeignetheit setzt u. a. voraus, dass der in den Blick genommene Vertreter nicht mit der Übernahme der Aufgabe einen Interessenkonflikt generiert.[21] Die Überlegung, dass das Gericht auch einen Gerichtsmitarbeiter berufen kann (der dazu selbstverständlich eine „Nebentätigkeitsgenehmigung" des Gerichtsdirektors bzw. Präsidenten benötigt), scheint die Bestellung eines Zustellungsvertreters unproblematisch zu machen. Nicht selten wird das Gericht einen Rechtsanwalt oder eine andere Persönlichkeit aus dem Kreis derjenigen bestellen, 12

---

18) AG Vaihingen/Enz, Beschl. v. 1.3.2016 – K 15/15, juris = ZfIR 2016, 368 sowie Beschl. v. 2.3.2016 – L 2/15, Entscheidung über das parallel laufende Zwangsverwaltungsverfahren im selben Fall.

19) AG Vaihingen/Enz, Beschl. v. 2.3.2016 – L 2/15, Tenor Ziff. 3 und Rz. 1.

20) Siehe dazu Stöber/*Keller*, ZVG, § 6 Rz. 11; Ungeeignet ist der ins Auge gefasste Zustellungsvertreter, wenn er sich selbst in Interessenkollision zu dem Schuldner bzw. sonstigen Zustellungsadressaten befindet, vgl. *Drasdo*, ZfIR 2013, 5 ff., 6, der zutreffend Interessenkollisionen bei Anwälten herausarbeitet.

21) Vgl. *Drasdo*, NJW-Spezial 2017, 417 m. w. N.; ob der Vergleich mit einem „*unauflöslichem*" Interessenkonflikt, der der Bestellung zum Aufsichtsrat entgegensteht (OLG Schleswig – II W 46/04, NZG 2004, 669 f. = ZIP 2004, 1143 f.), vorliegend zutreffend ist, mag dahinstehen.

die es in seinem Bezirk mit Zwangsverwaltungen betraut, wenn auch keine Verpflichtung besteht, den Zustellungsvertreter aus im Gerichtsbezirk (geschäfts-)ansässigen Personen auszuwählen. Allerdings muss der in Erwägung gezogene Zustellungsvertreter die Bestellung auch annehmen; es gibt **keine Pflicht** zur Übernahme dieser Funktion.[22)] Die aus dem Kreis der Zwangsverwalter im Bezirk ausgewählte Persönlichkeit wird es sich aber sicher zum officium nobile machen, die angetragene Aufgabe anzunehmen. Findet das Gericht freilich niemanden, z. B. wegen (befürchteter) Haftungsrisiken aus den übernommenen Pflichten oder mangels sicherer Aussicht, Auslagen und Entgelte erstattet zu bekommen, geht der Gesetzesbefehl ins Leere. Dies gilt umso mehr, als das Gericht unverständlicherweise weder zur Aufklärung des Zustellungsvertreters über Pflichten und Rechte noch zu dessen Überwachung verpflichtet sein soll.[23)] Dieser Meinung ist nicht zu folgen, wenn auch die Aufgabe des Zustellungsvertreters sich auf die „Ermittlung und Benachrichtigung“ des Zustellungsadressaten beschränkt. Ist der **Adressat oder** sind seine **Erben unbekannt**, so muss der Vertreter für den unbekannten Adressaten oder die unbekannten Erben bestellt werden.[24)] Für weitere Einzelheiten zum Zustellungsvertreter siehe § 7 Rz. 2, 3, 8, 9 [*Cranshaw*].

c) Bestellung und Abberufung

13 Verfahrensrechtlich erfolgt die Bestellung durch **Beschluss,**[25)] der nach § 329 Abs. 2 Satz 1 ZPO dem Zustellungsvertreter zu übermitteln ist. Liegt dessen Einverständniserklärung, die mindestens aus Zweckmäßigkeitsgründen vor dem Beschluss eingeholt wird und die zu den Akten zu nehmen ist, nicht vor, muss man dem Beschlussadressaten bei Ablehnung der Aufgabe die Erinnerung (§ 766 ZPO) als (deklaratorischen) Rechtsbehelf zubilligen (denn der Beschluss ist mangels verlautbarter Annahme der Bestellung zunächst nicht wirksam). Das Gericht muss vor Veranlassung einer Zustellung gemäß § 6 ZVG die Annahme des Amtes durch den Zustellungsvertreter einholen, ansonsten bleibt die Zustellung unwirksam Der **Zustellungsvertreter**, ungeachtet des Umstandes, dass er tatsächlich wie ein rechtsgeschäftlicher Vertreter des jeweiligen Zustellungsadressaten betrachtet werden kann, hat dennoch seine Aufgabe durch öffentlichrechtlichen Bestellungsakt übertragen bekommen (wenn auch mit seiner Zustimmung), sodass er gleichwohl ein privates

---

22) In entsprechender Heranziehung des Rechtsgedankens des § 663 BGB wird man allerdings wohl verlangen können, dass der durch Gerichtsbeschluss – wenn auch ohne seine vorherige Zustimmung – Bestellte unverzüglich seine Ablehnung der Annahme kundtun muss. Bei Anwälten ist § 44 BRAO (analog) zu beachten.

23) Stöber/*Keller*, ZVG, § 6 Rz. 12; Dassler/Schiffhauer/u. a.-*Rellermeyer*, ZVG, § 6 Rz. 7 m. w. N. Siehe auch BeckOK-*Huber*, ZVG, § 6 Rz. 11, der eine „periodische“ Überwachung in Gestalt der Anordnung einer „periodischen Berichterstattung“ ablehnt und lediglich bei offensichtlicher Nichterfüllung der Aufgabe als Zustellungsvertreter („Nichtkönnen“ bzw. „Nichtwollen“) ein Eingreifen des Gerichts durch Entlassung des Vertreters postuliert, Hinweis auf RGZ 157, 89. Ebenso *Drasdo*, NJW-Spezial 2017, 417 mit dem Hinweis auf das Fehlen einer § 153 ZVG vergleichbaren Norm, d. h., die Überwachung scheitert danach daran, dass keine ausdrückliche Rechtsgrundlage besteht.

24) Stöber/*Keller*, ZVG, § 6 Rz. 12 f. (zu Bestellung, Abberufung und Tenor der Bestellung).

25) Zur Fassung des Beschlusses, der kurz begründet werden sollte, siehe Stöber/*Keller*, ZVG, § 6 Rz. 12 f.

Amt[26] ausübt, auf den die §§ 675 ff. BGB über den entgeltlichen Geschäftsbesorgungsvertrag nur entsprechend anwendbar sein können. Das in der zitierten Literatur vertretene Zustandekommen eines Vertrags zwischen ihm und dem Verfahrensbeteiligten, dem Zustellungen über ihn zugeleitet werden, erscheint daher problematisch.[27] Die praktische Relevanz mag dahinstehen.

Ist der **Zustellungsadressat ermittelt**, entfällt das Amt des Zustellungsvertreters ohne Weiteres mit Wirkung für die Zukunft (Folge aus § 7 Abs. 1 ZVG, siehe oben Rz. 9 f.). Dennoch muss es als Gegenstück zur Bestellung durch das Gericht auch die Abberufung durch das Gericht im Beschlusswege geben, falls der Zustellungsvertreter das ihm übertragene Amt nicht mehr ausüben kann, sich als ungeeignet erweist oder aber das Amt erloschen ist, weil seine Aufgabe erfüllt ist. Erst mit der Beendigung des Amtes sind auch die Vergütung und die Auslagen festzusetzen, § 7 Abs. 2 Satz 2 ZVG. 14

Die Abberufung wird daher auch dann erfolgen müssen, wenn der Zustellungsvertreter um Abberufung aus wichtigem Grund bittet, wozu auch der Eintritt etwaiger eigener Interessenkollision gehört, aber auch, wenn dem Gericht ein solcher wichtiger Grund von dritter Seite mitgeteilt oder ihm sonst bekannt wird und sich dieser nach Anhörung des Zustellungsvertreters manifestiert. Dem Bestellungsakt nach § 6 Abs. 1 ZVG muss somit als verfahrensrechtlich zwingender actus contrarius die Möglichkeit der Abberufung gegenüberstehen (siehe oben), auch ohne, dass es eine ausdrückliche Bestimmung hierfür gibt. Damit ist zugleich eine milde Form der Überwachung des Zustellungsvertreters durch das Gericht zu bejahen, das ihn auch fragen kann, ob ihm Erkenntnisse über den Aufenthalt des Schuldners vorliegen. Mit all dem verträgt sich die These, seine Funktion begründe allein einen Vertrag mit dem Schuldner, nicht. Eine weitergehende inhaltliche Überwachung findet nicht statt, wenn das Gericht auch natürlich verpflichtet sein muss, zu prüfen, ob überhaupt Überwachungstätigkeit stattfindet.[28] 15

Für weitere Einzelheiten siehe § 7 Rz. 14–16 [*Cranshaw*]. 16

III. Verfahren bei erfolgloser Zustellung durch Aufgabe zur Post gemäß § 6 Abs. 2 ZVG

War die Aufgabe zur Post, eine Zustellungsform, die unter den Voraussetzungen des § 4 ZVG zulässig ist, erfolglos und ist das zuzustellende Schriftstück als unzustellbar (siehe Rz. 1), zurückgekommen, so soll es *„dem Zustellungsvertreter ausgehändigt werden."* Dieses Verfahren ist also nicht zwingend, sondern das Vollstreckungsgericht hat ein **eingeschränktes Ermessen**, das dadurch präjudiziert ist, dass eben die einfache Postzustellung gescheitert ist, sodass eine Wiederholung derselben nicht ohne Weiteres in Frage kommt. War die Postzustellung erfolglos, weil der Postdienstleister festgestellt hat, der Zustellungsadressat sei unbekannt verzogen, 17

---

26) A. A. *Drasdo*, ZfIR 2013, 5 ff., 7, der von einem Vertrag nach Maßgabe der §§ 662 ff., 675 ff. BGB ausgeht, der durch *„zwangsweise […] Bestellung durch das Gericht"* zustande komme; gleichwohl spricht er (S. 6) von *„Amtsübernahme"*.

27) *Drasdo*, NJW-Spezial 2017, 417, will das Rechtsverhältnis als Auftrag oder entgeltliche Geschäftsbesorgung, d. h. nach § 675 BGB qualifizieren.

28) Stöber/*Keller*, ZVG, § 6 Rz. 12 unter Hinweis auf RGZ 157, 89 ff., 94.

besteht eine Schnittstelle zu § 6 Abs. 1 ZVG insoweit, als die Rücksendung durch die Post als unzustellbar den Fällen des § 6 Abs. 1 gleichgestellt wird. Es muss im Regelfall ein Zustellungsvertreter bestellt werden, wie vorstehend beschrieben (siehe Rz. 13), wobei das Vollstreckungsgericht wie nach Absatz 1 im zumutbaren Umfang versuchen muss festzustellen, wo sich der „Aufenthalt" (siehe Rz. 3) des Adressaten befindet. Es ist kein Grund ersichtlich, für § 6 Abs. 1 und § 6 Abs. 2 ZVG ein unterschiedliches Verfahren zu praktizieren.

IV. Zustellung an Prozessunfähige, juristische Personen des öffentlichen und des privaten Rechts und Gesellschaften ohne Rechtspersönlichkeit gemäß § 6 Abs. 3 ZVG

1. Ausgangssituation des § 6 Abs. 3 ZVG

18 § 6 Abs. 3 ZVG hat trotz der Formulierung, *„Statt der Bestellung eines Vertreters"* könne bei der Zustellung an Prozessunfähige und die weiteren in der Norm aufgeführten Zustellungsadressaten an die dort genannten „Behörden" zugestellt werden, dieselbe ratio legis wie § 6 Abs. 1, 2 ZVG. Es geht hier wie dort um die Lösung der Problematik unbekannten Aufenthalts. In Abs. 3 ist allerdings der Aufenthaltsort des **gesetzlichen Vertreters** des Zustellungsadressaten (bei natürlichen Personen insbesondere der Eltern gemäß §§ 1626 ff., 1629 BGB sowie des Vormunds gemäß §§ 1773 ff. BGB) unbekannt oder es bestehen vergleichbare Vertretungsdefizite[29)] in der Person des gesetzlichen Vertreters. Das sind zugleich Sachverhalte, wie sie § 6 Abs. 1, 2 ZVG regeln. Bei den prozessunfähigen natürlichen Personen geht es auch um die prozessuale Fürsorge für diesen Personenkreis. Das Vollstreckungsgericht hat hierbei ein Ermessen, ob es wie in den Absätzen 1 und 2 einen Zustellungsvertreter bestellt oder ob es an die in Abs. 3 erwähnten „Behörden" zustellt.

2. Zustellung an Prozessunfähige

19 Für **prozessunfähige Personen** (§ 52 ZPO – Geschäftsunfähige, § 104 BGB; beschränkt Geschäftsfähige, §§ 106 ff. BGB; betreute Personen mit Einwilligungsvorbehalt im Rahmen des Umfangs des Vorbehalts, §§ 1903, 108 BGB, § 286 Abs. 2 FamFG)[30)] ist mangels Bestellung eines Zustellungsvertreters an die Vormundschaftsbehörde zuzustellen. Zustellungsempfänger ist damit das zuständige Amtsgericht als **Familiengericht** (§§ 23a Abs. 1 Satz 1 Nr. 1, 23b GVG, § 151 f. FamFG) bzw. als **Betreuungsgericht** (§§ 23a Abs. 2 Nr. 1, 23c GVG, §§ 271, 272 FamFG). Es spricht dabei viel dafür, das Ermessen des Vollstreckungsgerichts[31)] dahingehend auszuüben, eher einen Zustellungsvertreter zu bestellen, denn bei unbekanntem

29) Dem unbekannten Aufenthalt des Vertreters steht das vollständige Fehlen eines gesetzlichen Vertreters gleich. Das ist ein Sachverhalt, dem durch Bestellung etwa eines Vormundes oder eines neuen Betreuers zu begegnen ist. Es handelt sich darüber hinaus aber auch um die Behebung etwa bestehender rechtlicher Hindernisse in der Vertretung durch den gesetzlichen Vertreter; für die Eltern siehe §§ 1629 Abs. 2 Satz 1, 1795 BGB, für den Vormund vgl. § 1795 BGB und für den Betreuer §§ 1809i Abs. 1, 1795 BGB; siehe dazu Dassler/Schiffhauer/u. a.-*Rellermeyer*, ZVG, § 6 Rz. 8 m. w. N.

30) Siehe Zöller/*Althammer*, ZPO, § 52 Rz. 7, 7a.

31) Allg. Meinung, siehe zu der Thematik des Ermessens statt aller BeckOK-*Huber*, ZVG, § 6 Rz. 12 f.

Aufenthalt des gesetzlichen Vertreters wird das Familien- oder Betreuungsgericht selbst entsprechende Recherchen anstellen müssen,[32] da in diesen Fällen auch ihm der Aufenthalt des Vertreters meist unbekannt sein dürfte. Allerdings ist es sachgerecht, vor der Bestellung eines Zustellungsvertreters eine Anfrage an das Familien- bzw. Betreuungsgericht dahingehend zu richten, ob ihm der Aufenthalt bekannt ist. Möglicherweise hat das hier zuständige Gericht auch schon Abhilfe geschaffen.

3. Zustellung an juristische Personen und Gesellschaften ohne Rechtspersönlichkeit

Bei den **Kapitalgesellschaften** als juristische Personen und den **Gesellschaften „ohne Rechtspersönlichkeit“**, die insoweit den juristischen Personen vergleichbar sind (vgl. zur Legaldefinition § 11 Abs. 2 Nr. 1 InsO sowie das Schlagwort von der „quasi-juristischen Person“) sowie bei den verschiedenen Formen des **Vereins** (§§ 21 ff. BGB)[33], der **Stiftung** (§§ 80 ff. BGB) und den weiteren juristischen Personen[34] ist nach denselben Grundsätzen wie bei den natürlichen Personen mit unbekanntem Aufenthalt der gesetzlichen Vertreter vorzugehen. Die Zustellung erfolgt an den zu bestellenden **Zustellungsvertreter** oder an die **„Aufsichtsbehörde“**. Wer die zuständige Aufsichtsbehörde ist, entscheidet das Bundes- oder Landesrecht. Die „Behörde“ ist vom Vollstreckungsgericht zu ermitteln, das dazu die organisatorischen Normen recherchieren muss, wer Aufsichtsbehörde ist oder ob es überhaupt eine solche gibt. Nach zutreffender Meinung gehören dazu jedenfalls weder das Handelsregister noch ein Aufsichtsrat, sondern gemeint ist damit eine staatliche Behörde,[35] wie beispielsweise die Stiftungsaufsicht der Länder (vgl. § 80 Abs. 1 BGB). Die für die Praxis relevanten und nicht seltenen Fälle sind diejenigen der Firmenbestattung oder ähnliche Konstellationen, die dadurch gekennzeichnet sind, dass die (organschaftlichen) Vertreter betroffener juristischer Personen in deren Krise bzw. bei Insolvenzreife selbst „abtauchen“ und ihre Spuren, u. a. mit Hilfe von ebenfalls abtauchenden „Strohmännern“, zu verwischen suchen, um die Gläubiger an der Rechtsverfolgung zu hindern, sei es an der Einleitung eines Insolvenzverfahrens, sei es an der Durchführung eines Immobiliarvollstreckungsverfahrens (eine der Fallkonstellationen der „*Versteigerungsverhinderung*“).[36] 20

---

32) Stöber/*Keller*, ZVG, § 6 Rz. 5–7. Das Vollstreckungsgericht hat das Problem für sein Verfahren gelöst, dafür dem anderen Gericht ein Problem auferlegt; ob das bei einer Gesamtbetrachtung verfahrensökonomisch ist, mag dahingestellt bleiben.

33) Eingetragener Verein, der sehr seltene wirtschaftliche Verein (§ 22 BGB) sowie der nichtrechtsfähige Verein (§ 54 BGB a. F.; der ab 1.1.2024 dem eingetragenen Verein (e. V.) insoweit gleichgestellt ist und nicht mehr nach dem Recht der BGB-Gesellschaft nach den §§ 705 ff. BGB a. F. zu beurteilen ist; die Judikatur hatte hier ohnehin seit Jahrzehnten die Angleichung im Außenverhältnis an den e. V. hergestellt).

34) Hierzu gehören beispielsweise die juristischen Personen ausländischen Rechts eines EU-Mitgliedstaats, die ihren tatsächlichen Verwaltungssitz im Inland haben oder juristische Personen des öffentlichen Rechts.

35) Allg. Meinung, siehe Dassler/Schiffhauer/u. a.-*Rellermeyer*, ZVG, § 6 Rz. 9 m. w. N.; so schon *Jaeckel/Güthe*, ZVG, 4. Aufl., §§ 6, 7 Rz. 12, u. a. unter Hinweis auf die Motive zum ZVG.

36) Siehe § 25 Rz. 3 [*Cranshaw*].

21 Bei zusammenfassender Betrachtung empfiehlt sich bei der Konstellation des § 6 Abs. 3 Alt. 2 ZVG (juristische Personen usw.) ebenfalls, das Ermessen des Gerichts eher dahingehend auszuüben, einen Zustellungsvertreter zu bestellen, als umfängliche und verfahrensverzögernde Recherchen anzustellen. Es sollte aber kein Hindernis bestehen, das Registergericht (oder bei einer Stiftung die leicht feststellbare Landesstiftungsbehörde) anzufragen, ob dort eine (zuverlässige) Anschrift des gesetzlichen Vertreters der Gesellschaft oder des Vereins bekannt ist.

V. Reformvorschläge

22 § 6 ZVG „Bestellung eines Zustellungsvertreters" soll nach den Reformvorschlägen des vom BMJV beauftragten Forschungsberichts aus 2017[37] wegfallen. Für die Begründung wird auf den Forschungsbericht von *Böttcher/Keller/Schneider/Beeneken* verwiesen. Das gilt auch für den „Zustellungsbevollmächtigten beim Grundbuchamt [...]", § 5 ZVG.[38] An die Stelle des Zustellungsvertreters tritt danach ein Verfahrenspfleger mit weitreichenderen Befugnissen.

37) Siehe dazu den vom BMJV beauftragten Forschungsbericht von *Böttcher/Keller/Schneider/Beeneken*, Das ZVG auf dem Prüfstand, S. 180–185 mit dem Ziel der Vereinfachung der Zustellungsvorschriften des ZVG und Angleichung an die §§ 166 ff. ZPO (S. 180); https://www.bmj.de/SharedDocs/Downloads/DE/Themen/Nav_Themen/ZVG_Abschlussbericht_Langfassung_Teil1.pdf (Stand: 30.10.2023); siehe auch § 3 ZVG Rz. 20, § 5 ZVG Rz. 9–11 [*Cranshaw*]; siehe ferner *Keller*, Rpfleger 2023, 259 ff.

38) *Böttcher/Keller/Schneider/Beeneken*, Das ZVG auf dem Prüfstand, S. 180–185.

§ 7

Funktion, Pflichten und Rechte des Zustellungsvertreters

(1) An den Zustellungsvertreter erfolgen die Zustellungen, solange derjenige, welchem zugestellt werden soll, nicht ermittelt ist.

(2) Der Zustellungsvertreter ist zur Ermittlung und Benachrichtigung des Vertretenen verpflichtet. Er kann von diesem eine Vergütung für seine Tätigkeit und Ersatz seiner Auslagen fordern. Über die Vergütung und die Erstattung der Auslagen entscheidet das Vollstreckungsgericht.

(3) Für die Erstattung der Auslagen haftet der Gläubiger, soweit der Zustellungsvertreter von dem Vertretenen Ersatz nicht zu erlangen vermag; die dem Gläubiger zur Last fallenden Auslagen gehören zu den Kosten der die Befriedigung aus dem Grundstück bezweckenden Rechtsverfolgung.

Literatur: *Drasdo*, Die Vergütungs- und Auslagenerstattungsanspruchs des Zustellungsvertreters, ZfIR 2013, 5.

Übersicht

I. Funktion des § 7 ZVG

Während § 6 ZVG beschreibt, unter welchen Voraussetzungen ein Zustellungsvertreter durch das Vollstreckungsgericht bestellt (und ggf. abberufen) wird,[1] hat § 7 ZVG andere Aufgaben. 1

Er regelt nämlich 2

- **die Dauer** der Aufgabe des Zustellungsvertreters (bis zur Ermittlung des Zustellungsadressaten bzw. dessen Aufenthaltsort und der entsprechenden Mitteilung an das Vollstreckungsgericht), § 7 Abs. 1 ZVG,
- die sachlichen **Aufgaben** des Zustellungsvertreters, seine **Entgeltansprüche** und deren **Festsetzung**, § 7 Abs. 2 ZVG,
- die subsidiäre **Haftung des Gläubigers** für die **Auslagen**, nicht die Vergütungsansprüche des Zustellungsvertreters nebst deren Charakter als Kosten der Rechtsverfolgung (nach § 10 Abs. 2 ZVG in der entsprechenden Rangklasse und in der Rangordnung nach § 12 Nr. 1 ZVG), § 7 Abs. 3 ZVG.

Das Gesetz regelt die Funktion, die Amtsstellung und die Auslagen sowie die Vergütungen des Zustellungsvertreters freilich nur **rudimentär.** 3

II. Dauer der Ausübung des privaten Amtes als Zustellungsvertreter gemäß § 7 Abs. 1 ZVG

Die Dauer der Tätigkeit des Zustellungsvertreters ist durch seine Aufgabe beschränkt, den Zustellungsadressaten alsbald zu ermitteln. Ist dies geschehen oder unmöglich geworden und hat er das Vollstreckungsgericht unterrichtet, endet das Amt[2] bzw. die Beendigung des Amtes ist vom Gericht (jedenfalls deklaratorisch) zu beschließen. 4

Vor der Reform des Vormundschafts- und Betreuungsrechts zum 1.1.2023 (u. a. Aufhebung der §§ 1889–1921 BGB a. F.)[3] galt: Dasselbe wie oben ausgeführt traf zu, wenn ein **Pfleger** vom zuständigen Amtsgericht bestellt wurde (vgl. die §§ 1909 ff. BGB a. F., insbesondere die Abwesenheitspflegschaft nach § 1911 BGB a. F., die Pflegschaft für unbekannte Beteiligte nach § 1913 BGB a. F. und gilt unverändert für die Nachlasspflegschaft nach § 1960 Abs. 1 Satz 2 BGB für die unbekannten Erben),[4] der in seinem Wirkungskreis gesetzlicher Vertreter ist.[5] An die Stelle der vorstehenden Regelungen des BGB sind für die hier interessierenden Fälle der 5

1) Siehe § 6 Rz. 13, 14 [*Cranshaw*].
2) A. A. zur Funktion als Amtsinhaber *Drasdo*, ZfIR 2013, 5 ff., 7, der von einem Vertrag ausgeht; ebenso siehe § 6 ZVG [*Cranshaw*].
3) Gesetz v. 4.5.2021, BGBl. I 2021 S. 882, bis zum Gesetz v. 24.6.2022, BGBl. I 2022, S. 959.
4) Dassler/Schiffhauer/u. a.-*Rellermeyer*, ZVG, § 7 Rz. 7 m. w. N., zur bisherigen Gesetzeslage; allg. Meinung in der Kommentarliteratur.
5) Grüneberg/*Götz*, BGB, Vor § 1909 BGB a. F., Rz. 3.

Parallelität zu §§ 6, 7 ZVG die §§ 1882 ff. BGB über die „sonstige Pflegschaft“ getreten.

6 Damit steht ein Zustellungsadressat zur Verfügung; maßgeblicher Zeitpunkt ist die **Kenntnis des Vollstreckungsgerichts** von der Pflegerbestellung (die in die Zuständigkeit der Amtsgerichte als Betreuungsgerichte fällt, vgl. §§ 340, 341 FamFG). Das Amt des Zustellungsvertreters endet damit eo ipso. Diese Folge ist von der Frage zu unterscheiden, die der Wortlaut des § 7 Abs. 1 ZVG primär beantwortet, wie lange nämlich das Gericht an ihn zustellen darf. Diese Möglichkeit wirksamer Zustellung endet, sobald dem Gericht, woher auch immer, der Zustellungsadressat bzw. sein Aufenthaltsort mit zustellfähiger Anschrift bekannt wird.[6)] An den Zustellungsvertreter darf nicht mehr zugestellt werden, sobald die Akten auch nur eine Information über ein Postfach des Zustellungsadressaten enthalten.[7)]

III. Pflichten und Rechte des Zustellungsvertreters gemäß § 7 Abs. 2 ZVG

1. Pflichten des Zustellungsvertreters gemäß § 7 Abs. 2 Satz 1 ZVG

7 Die Pflichten des Zustellungsvertreters folgen aus § 7 Abs. 2 ZVG, auf die Bestimmungen des Auftrags- bzw. des Rechts der entgeltlichen Geschäftsbesorgung muss daher insoweit nicht zurückgegriffen werden.

8 Er muss

– den **Aufenthaltsort**, ggf. auch die Person des Zustellungsadressaten, **ermitteln**[8)] und zwar zunächst auf seine Kosten. Gegenüber Dritten, die er einschaltet, um den Aufenthaltsort zu eruieren (Bsp.: gebührenpflichtige Auskunft aus Melderegistern usw.), hat er die Kosten zu tragen.

– der als Zustellungsadressat ermittelten Person **Mitteilung** von an ihn ergangenen Zustellungen machen und ihnen die zugestellten **Schriftstücke** zur Verfügung stellen. Ferner hat er dem Vollstreckungsgericht selbstverständlich unverzüglich Mitteilung zu machen, sobald ihm der Aufenthaltsort zuverlässig bekannt geworden ist, auch wenn dies nicht ausdrücklich in der Norm des § 7 ZVG geregelt ist. Es gehört aber selbstverständlich zu dem Inhalt der Aufgabe, den Zustellungsadressaten zu ermitteln, dass das bestellende Gericht Nachricht erhält, denn die Bestellung erfolgt gerade, um spätere Zustellungen an den Zustellungsadressaten zu ermöglichen.

9 Der Zustellungsvertreter muss dabei alle sachgerechten und zumutbaren Anstrengungen unternehmen, die auch einem Beauftragten mit dem Inhalt eines Auftrags, wie ihn das Vollstreckungsgericht in dem Bestellungsbeschluss (unter Hinweis auf § 7 Abs. 2 Satz 1 ZVG) erteilt hat, auferlegt sind. Bei schuldhafter Verletzung dieser Pflicht bzw. schuldhaftem Unterlassen der gebotenen Ermittlungen ist er dem Zustellungsadressaten und wohl auch gegenüber anderen geschädigten Beteiligten gegenüber ersatzpflichtig, da die Funktion gerade ordnungsgemäße Zustellung er-

6) BGH, Beschl. v. 14.6.2012 – V ZB 182/11, juris Rz. 7 = Rpfleger 2012, 702 ff. = NJW-RR 2012, 1012 f.

7) BGH, Beschl. v. 14.6.2012 – V ZB 182/11, juris Rz. 7, 9.

8) So muss er etwa die unbekannten Erben ermitteln nebst deren Anschrift.

möglichen soll, deren Fehler sich bis zur Zuschlagsversagung oder zur erfolgreichen Zuschlagsbeschwerde auswirken.[9] Haftungsmaßstab ist jedes Verschulden, Haftungsgrundlage ist nach der hier vertretenen Ansicht § 280 BGB.[10] Nach anderer Meinung in der Literatur und Judikatur (siehe das folgende Fallbeispiel) sind die §§ 1915, 1833 BGB zur Haftung des Abwesenheitspflegers heranzuziehen.

Fallbeispiel: Einen sehr plastischen Fall hat das LG Potsdam mit Urteil vom 29.2.2016 weitgehend zulasten des Zustellungsvertreters entschieden.[11] Kläger in dem Rechtsstreit ist ein US-amerikanischer Staatsbürger, der aufgrund eines im Dezember 1992 eröffneten Testaments seiner inländischen Großtante im August 1993 als Eigentümer von Grundbesitz im Bezirk des Amtsgerichts/Grundbuchamts Zossen in Rangsdorf (Brandenburg) eingetragen wurde. Später kam es zu einer offenbar fehlerhaften, aber unaufklärbaren Änderung des Geburtsdatums des Klägers. 1995 teilte er dem Amt Rangsdorf seine genaue Anschrift in den USA im Bundesstaat Maryland mit und erteilte Einzugsermächtigung für ein Bankkonto (offenbar in Deutschland). In den Jahren 2008–2010 führte das Amtsgericht Luckenwalde ein Zwangsversteigerungsverfahren in diesen mit einem Ferienhaus bebauten Grundbesitz auf Antrag der Stadt Freiburg/Breisgau durch. Hintergrund war eine durch (bestandskräftigen) Bescheid vom April 2001 festgesetzte Rückforderung der Stadt Freiburg in Höhe von 6.765 DM (= ca. 3.460 €) eines Lastenausgleichsbetrages, welcher der Erblasserin gewährt worden war und den man von dem Kläger zurückforderte. Die Schreiben der Stadt Freiburg waren jedoch an eine andere Anschrift des Klägers in den USA gerichtet, nicht an die dem Amt Rangsdorf bekanntgegebene. Das Amtsgericht Luckenwalde verließ sich auf die Angabe der Stadt Freiburg über den unbekannten Aufenthalt des Klägers, machte den Bescheid durch öffentliche Zustellung bekannt, ebenso den Anordnungsbeschluss. Während des Versteigerungsverfahrens gelangte im Jahr 2008 ein Einheitswertbescheid des FA Luckenwalde zur Vollstreckungsakte, welches dieselbe Adresse des Klägers auswies wie seine Angaben dem Amt Rangsdorf gegenüber. Im Januar 2009 bestellte das Vollstreckungsgericht den späteren Beklagten zum Zustellungsvertreter. Im April 2010 wurde der Grundbesitz des Klägers der Meistbietenden zugeschlagen, die das Ferienhaus abreißen und ein selbstgenutztes Einfamilienhaus darauf errichten ließ, das sie mit einem Darlehen in Höhe von 280.000 € finanzierte, welches auf dem Grundbesitz durch eine Grundschuld der finanzierenden Sparkasse abgesichert wurde. Der Kläger legte danach zu einem nicht näher genannten Zeitpunkt Zuschlagsbeschwerde ein, worauf das LG Potsdam (zu 1 T 103/13 und siehe § 6 ZVG [*Cranshaw*]) den Zuschlagsbeschluss aufgehoben hat, da die Zustellung an den Beklagten als Zustellungsvertreter unwirksam gewesen sei. Aus dem vorstehend geschilderten Sachverhalt hätten sowohl das Amtsgericht als auch der Beklagte die Erreichbarkeit des Klägers erkennen können. Dies habe man (pflichtwidrig) unterlassen. Darauf, dass 10

9) Vgl. BGH, Beschl. v. 14.6.2012 – V ZB 182/11, Rpfleger 2012, 702 ff. = NJW-RR 2012, 1012 f.

10) Haftung in Anlehnung an diejenige des Geschäftsbesorgers, vgl. zu dieser der dem Geschäftsbesorger ähnlichen Haftung Grüneberg/*Sprau*, BGB, § 675 Rz. 40 f.

11) LG Potsdam, Urt. v. 29.2.2016 – 4 O 360/14, juris = ZfIR 2016, 361 ff. m. Besprechung *Schmidberger/Traub*, ZfIR 2016, 339 ff., siehe zu diesem Urteil auch § 6 [*Cranshaw*].

auch das Amt Rangsdorf Probleme mit der Erreichbarkeit des Klägers hatte und schließlich Grundsteuerbescheide öffentlich zugestellt hat, ist vorliegend nicht einzugehen. Auf Antrag des Klägers hat das LG Potsdam (zu 1 O 93/14) die Eintragung eines Widerspruchs im Grundbuch des verfahrensgegenständlichen Grundstücks gegen die *„Richtigkeit der Eintragung der Ersteherin als Eigentümerin"* angeordnet.

11 Das LG Potsdam hat dem Kläger Schadenersatz i. H. v. 2.478 € zugesprochen und festgestellt, der Beklagte habe zudem jeden weiteren etwaigen Schaden zu ersetzen, der dem Kläger durch die Zwangsversteigerung erwachse. Zu ergänzen ist, dass vorliegend der Grundstückswert mit 50.000 € festgesetzt wurden war und tatsächlich ein Steigerlös von 51.323 € erzielt wurde, sodass der Schaden überschaubar bleibt.

12 Der Kern der Urteilsbegründung geht dahin, dass das ZVG die Haftung des Zustellungsvertreters zwar nicht regelt. Es gebe dazu auch keine Rechtsprechung. Dennoch bestehe eine entsprechende Haftung, die die Kammer auf die §§ 1915, 1833 BGB a. F. i. V. m. § 7 Abs. 2 ZVG stützt;[12] der Zustellungsvertreter sei dem Abwesenheitspfleger vergleichbar. Er habe *„jedenfalls […] sinnvolle, naheliegende und zumutbare Ermittlungsmöglichkeiten wahrzunehmen."* Die Kammer führt weiter aus: *„Zunächst erscheint es sinnvoll, dass der Zustellungsvertreter überprüft, welche Ermittlungsansätze das Gericht verfolgt hat, bevor es zu der Feststellung gelangt ist, dass der Aufenthalt des Empfängers unbekannt ist. Hierzu hätte der Beklagte in eigenem Interesse jedenfalls die Vollstreckungsakte einsehen müssen, um herausfinden zu können, welche Ermittlungen des Gerichts nicht zum Erfolg führten. Das hat er unstreitig nicht getan."*[13] Auf weitere Details ist vorliegend nicht einzugehen.

13 Das Fallbeispiel zeigt anschaulich, welche Pflichten der Zustellungsvertreter hat und welche Risiken entstehen können. Die Problemfälle sind eben gerade diejenigen, wie der vom LG Potsdam entschiedene Fall, die aus dem alltäglichen Rahmen fallen. Gerade bei Eigentümern im Ausland, insbesondere außerhalb des Raums der EU und dem EWR sowie der Schweiz, dürften die potentiellen Probleme der Erreichbarkeit des Schuldners den Kern der kritischen Fälle darstellen. Der Zustellungsvertreter hat daher eine durchaus komplexe und kritische Aufgabe. Eine andere Frage ist, ob dieses Risiko auch durch die Vergütung abgedeckt ist.

2. Vergütung, Auslagenersatz und Festsetzung gemäß § 7 Abs. 2 Satz 2 ZVG

a) Vergütung und Auslagenersatz

14 Etwas unsystematisch regelt § 7 Abs. 2 ZVG die Entgeltansprüche des Zustellungsvertreters zusammen mit der Aufgabenbeschreibung desselben. Die Regelungen sind sehr knapp ausgefallen, sodass Unklarheiten zur Höhe und zum Vergütungsmaßstab[14] überhaupt bleiben. Daher ist die Übernahme der Funktion ökonomisch

---

12) Vgl. Dassler/Schiffhauer/u. a.-*Rellermeyer*, ZVG, § 7 Rz. 2.

13) LG Potsdam, Urt. v. 29.2.2016 – 4 O 360/14, juris Rz. 75 f.

14) Das RVG ist auf jeden Fall nicht anwendbar, da es sich nicht um eine anwaltliche Tätigkeit handelt, sondern um ein besonderes privates Amt (siehe oben); die Anwendung des RVG verneint u. a. auch *Drasdo*, ZfIR 2013, 5 ff., 7 m. w. N.; ferner LG Saarbrücken, Beschl. v. 7.8.2019 – 5 T 293/19, juris Rz. 6.

betrachtet unattraktiv.[15] In der Literatur wird im Ergebnis vertreten, die Höhe der Vergütung sei anhand der Gesamtwürdigung aller relevanten **Umstände des Einzelfalls** festzusetzen.[16] Das ist letzten Endes eine Leerformel. Als Maßstab kann man hilfsweise andere, wenn auch nicht aufeinander abgestimmte Regelwerke heranziehen, nämlich die Vergütung des Betreuers nach dem *„Vormünder- und Betreuervergütungsgesetz“*[17] bzw. die Vergütung der Gläubigerausschussmitglieder im Insolvenzverfahren nach der InsVV, der *„Insolvenzrechtlichen Vergütungsverordnung“*. Hier wie dort ist eine **Vergütung nach Stundensätzen** vorgesehen (§§ 3–5 VBVG, §§ 17 f. InsVV), die auch beim Zustellungsvertreter der richtige Ausgangspunkt ist. Die Vergütung reicht von 19,50 € bis 44 € pro Stunde beim Vormund bzw. Betreuer und von 35 € bis 95 € beim Gläubigerausschuss. Beim Zustellungsvertreter, der in seiner Haupttätigkeit meist freiberuflich tätig sein dürfte (Anwalt, Steuerberater usw., Zwangsverwalter), erscheint eine Vergütung an der Obergrenze dieser gesetzlichen Wertungen in anderen Verfahren sachgerecht, ggf. auch deutlich darüber, abhängig von der Komplexität der Materie; ob bei sonstigen Vertretern (z. B. vom Gericht zum Zustellungsvertreter bestellten Gerichtsmitarbeitern) die Vergütungssätze ggf. tiefer angesetzt werden können, mag hier offenbleiben. Zu den **Auslagen** wird man **Kosten** einer entsprechenden Vermögensschadenversicherung rechnen müssen (Argumentation aus dem Rechtsgedanken der §§ 4 Abs. 3, 18 InsVV). Systematisch zutreffender erschiene es aber vielleicht doch, die Vergütung an den §§ 17, 19, 21, 22 ZwVwV zu orientieren, wie dies der Reformvorschlag in dem wissenschaftlichen Gutachten aus dem Jahr 2017 vorsieht.[18]

b) Schuldner der Entgeltansprüche des Zustellungsvertreters

Schuldner der Vergütung und der Auslagen ist der **Zustellungsadressat** (§ 7 Abs. 2 Satz 2 ZVG). Teil der Vergütung ist auch die Umsatzsteuer, falls der Vertreter eine umsatzsteuerpflichtige Tätigkeit ausübt.[19] Er haftet auch dann, wenn die Bestellung fehlerhaft war, mag aber dann einen Amtshaftungsanspruch gegenüber dem Vollstreckungsgericht haben. Der Schuldner, wenn er nicht der Zustellungsadressat ist (was meist der Fall sein dürfte), haftet nicht, ebenso wenig die Landeskasse. Der betreibende Gläubiger haftet nicht für die Vergütung, sondern nur subsidiär für die Auslagen (§ 7 Abs. 3 Satz 1 ZVG, siehe Rz. 19). Ansprüche gegen den Schuldner dürften aber regelmäßig aus wirtschaftlichen Gründen ins Leere gehen. 15

15) Siehe *Drasdo*, ZfIR 2013, 5 ff. und *Drasdo*, NJW-Spezial 2017, 417.

16) *Drasdo*, ZfIR 2013, 5 ff., 7 m. w. N.; Maßstab sind danach z. B. der Umfang der Tätigkeit, die Schwierigkeit derselben, die Bedeutung für den Vertretenen.

17) VBVG v. 21.4.2005, BGBl. 2005 I S. 1073, 1076 bis zum Gesetz v. 17.12.2008, BGBl. 2008 I S. 2586; neu gefasst durch das gleichnamige Gesetz als Art. 10 d. Gesetzes v. 4.5.2021 BGBl. I 2021 S. 882, in Kraft seit 1.1.2023.

18) Siehe *Böttcher/Keller/Schneider/Beeneken*, Abschlussbericht, Das ZVG auf dem Prüfstand, https://www.bmj.de/SharedDocs/Downloads/DE/Themen/Nav_Themen/ZVG_Abschlussbericht_Langfassung_Teil1.pdf (Stand: 31.10.2023), S. 136 ff., 430 ff., 432 ff.

19) Eingehend *Drasdo*, ZfIR 2013, 5 ff., 7 m. w. N.

c) Festsetzung der Vergütung und der Auslagen

16 Die Festsetzung von Vergütung und Auslagen erfolgt nach Beendigung der Tätigkeit des Zustellungsvertreters durch das Vollstreckungsgericht (§ 7 Abs. 2 Satz 3 ZVG) durch Beschluss, der als Folge der Anfechtbarkeit (siehe unten) auch zu begründen ist.[20] Er wird dem Zustellungsvertreter nach § 329 Abs. 2 ZPO mitgeteilt bzw. – bei **Abweichung von seinem Antrag** auf Vergütung und Auslagen – zugestellt. Er wird ferner dem Zustellungsadressaten und Kostenschuldner zugestellt (dieser ist ja bekannt, soweit nicht eine Abberufung auf Antrag des Zustellungsvertreters ohne Kenntnis des Adressaten der Zustellungen oder seines Aufenthalts zustande kommt, siehe zu Bestellung und Abberufung § 6 Rz. 13 [*Cranshaw*]). Gegen den Festsetzungsbeschluss ist die **Rechtspflegererinnerung** gemäß § 11 Abs. 2 RPflG zulässig, bei Überschreitung der Beschwerdesumme für Kostenbeschwerden von 200 € die **sofortige Beschwerde** (§ 567 Abs. 2 ZPO).

17 Als Entscheidung, gegen die die sofortige Beschwerde statthaft ist, stellt der Beschluss zugleich einen **Vollstreckungstitel** gegen den **Kostenschuldner** dar (§ 794 Abs. 1 Nr. 3 ZPO), nicht aber gegen den subsidiär auf die Auslagen haftenden Gläubiger, wenn er nicht der Kostenschuldner ist.[21] Auf das Erreichen der Beschwerdesumme nach § 567 Abs. 2 ZPO kommt es im Rahmen des § 794 Abs. 1 Nr. 3 ZPO in diesem letzteren Fall daher nicht an.[22] Ansprüche gegen den Gläubiger sind vor dem Prozessgericht durchzusetzen.

18 Ferner handelt es sich als Folge der Systematik des § 7 Abs. 2, 3 ZVG nicht um vorrangig zu befriedigende **Verfahrenskosten** (vgl. § 109 ZVG), wenn auch die Tätigkeit des Vertreters allen Beteiligten Nutzen bringt.

IV. Subsidiärhaftung des betreibenden Gläubigers gemäß § 7 Abs. 3 ZVG

19 Soweit die Auslagen, nicht indes die Vergütung, vom Zustellungsadressaten als Kostenschuldner nicht zu erlangen sind oder voraussichtlich keine Aussicht darauf besteht,[23] so haftet der betreibende Gläubiger subsidiär. Mehrere betreibende Gläubiger haften nach der Literatur als Gesamtschuldner;[24] die Gesamtschuld folgt aus den §§ 421 ff. BGB, nicht aus § 7 Abs. 3 ZVG. Die Beiträge der Gläubiger haften an dem Recht bzw. dem Anspruch, aus dem sie in das Grundstück betreiben (§ 7 Abs. 3 Halbs. 2 und § 10 Abs. 2 ZVG), sodass aufgrund verschiedener Rangklassen und Ränge der Forderungen innerhalb der Klasse Verwerfungen bei der Forderungsrealisierung entstehen können. Neben § 7 Abs. 3 ZVG dürfte der Gesamtschuldnerausgleich gemäß § 426 BGB zu beachten sein. Unbefriedigend ist

---

20) Zu einem Vorschlag zur Formulierung des Beschlusses vgl. Stöber/*Keller* ZVG, § 7 Rz. 14.
21) Dassler/Schiffhauer/u. a.-*Rellermeyer*, ZVG, § 7 Rz. 15 m. w. N., zur Durchsetzung von Ansprüchen gegen den Gläubiger.
22) Thomas/Putzo-*Seiler*, ZPO, § 794 Rz. 43.
23) *Jaeckel/Güthe*, ZVG, 4. Aufl., § 7 Rz. 7, dem Böttcher/*Böttcher*, ZVG, § 7 Rz. 13 folgt, leitet das aus § 773 Abs. 1 Nr. 4 BGB ab.
24) Böttcher/*Böttcher*, ZVG, §§ 6, 7 Rz. 13; Stöber/*Keller*, ZVG, § 7 Rz. 11 m. w. N.

freilich, dass der Gläubiger nicht auch für das Entgelt des Zustellungsvertreters haftet, wie in der Literatur *Drasdo* zu Recht moniert.[25)]

Die aufgrund der Subsidiärhaftung von den Gläubigern aufgebrachten Beträge hat der Schuldner nach § 788 ZPO zu tragen; meist dürfte dieser Anspruch wirtschaftlich ins Leere gehen. 20

Die **Durchsetzung der Auslagenforderung** leidet an zwei Paradoxien: Zum einen ist sie nach herrschender Literaturmeinung vor den Prozessgerichten durchzusetzen (siehe oben), nicht durch Festsetzung gegen den Gläubiger. und zum anderen ist das Prozessgericht an die Festsetzung des Vollstreckungsgerichts (gegen den Vertretenen) nicht gebunden.[26)] Damit wird der Zustellungsvertreter in praxi nahezu rechtlos; als Lösungsmöglichkeit, die mit dem Wortlaut des § 7 Abs. 2 Satz 3, Abs. 3 ZVG harmonieren würde, erscheint die Festsetzung gegen den Gläubiger denkbar unter der Bedingung des Beweises des Ausfalls oder des voraussichtlichen Ausfalls der Rechtsverfolgung gegen den Zustellungsadressaten und Primärschuldner, § 726 Abs. 1 ZPO analog. 21

V. Reformvorschläge

Mit der Einführung einer Verfahrenspflegschaft als § 5 ZVG n. F. (Reformvorschlag) sollen § 6 ZVG „Bestellung eines Zustellungsvertreters" und § 7 ZVG „Funktion, Pflichten und Rechte des Zustellungsvertreters" nach den Reformvorschlägen des vom BMJV beauftragten Forschungsberichts aus 2017[27)] **wegfallen.** Für die Begründung wird auf die Kommentierung zu § 5 Rz. 9 ff. [*Cranshaw*] im vorliegenden Kommentar verwiesen sowie auf den zitierten Forschungsbericht von *Böttcher/Keller/Schneider/Beeneken.*[28)] An die Stelle des Zustellungsvertreters tritt ein **Verfahrenspfleger** mit weitreichenderen Befugnissen (siehe § 5 Rz. 9 [*Cranshaw*]). Damit würde zugleich eine gewisse Annäherung an die Pflegschaft für unbekannte Beteiligte bzw. die Abwesenheitspflegschaft (§§ 1882, 1884 BGB n. F.) geschaffen, wenn auch mit systematischen Unterschieden zu den erwähnten Pflegschaften des BGB, die den verfahrensrechtlichen Funktionen des Verfahrenspflegers geschuldet sind. 22

---

25) *Drasdo*, ZfIR 2013, 5 ff., 7 f. Er hat dabei auch den Fall im Auge, dass der Vertretene überhaupt nicht ermittelt werden kann, sodass der Zustellungsvertreter keinerlei Vergütung erhält.

26) Literaturmeinung schon seit *Jaeckel/Güthe*, ZVG, 4. Aufl., § 7 Rz. 7 a. E. Für die Praxis sind Erwägungen, der Zustellungsvertreter könne seine Forderung nach Titulierung gegen den Gläubiger durch Pfändung des Erlösanteils desselben am Steigerlös befriedigen (*Jaeckel/Güthe*, ZVG, 4. Aufl., § 7 Rz. 7; Dassler/Schiffhauer/u. a.-*Rellermeyer*, ZVG, § 7 ZVG Rz. 13, 15 m. w. N.) meist wenig hilfreich. Der Zustellungsvertreter wird regelmäßig den dafür nötigen Aufwand nicht eingehen.

27) Siehe dazu den vom BMJV beauftragten Forschungsbericht von *Böttcher/Keller/Schneider/Beeneken,* Das ZVG auf dem Prüfstand, S. 180 – 185 mit dem Ziel der Vereinfachung der Zustellungsvorschriften des ZVG und Angleichung an die §§ 166 ff. ZPO (S. 180); https://www.bmj.de/SharedDocs/Downloads/DE/Themen/Nav_Themen/ZVG_Abschlussbericht_Langfassung_Teil1.pdf (Stand: 31.10.2023); Rpfleger 2023, 259 ff.

28) *Böttcher/Keller/Schneider/Beencken,* Das ZVG auf dem Prüfstand, S. 180 ff., 182.

§ 8

Zustellung an den Schuldner nach der ZPO

Die Vorschriften der §§ 4 bis 7 finden auf die an den Schuldner zu bewirkende Zustellung des Beschlusses, durch welchen die Zwangsvollstreckung angeordnet oder der Beitritt eines Gläubigers zugelassen wird, keine Anwendung.

Literatur: *Thiemann*, Zur Zustellung des Zwangsversteigerungsbeschlusses im Insolvenzeröffnungsverfahren bei Anordnung einer vorläufigen Postsperre, DZWiR 2001, 256.

Übersicht

I. § 8 ZVG als Ausnahmeregelung der Zustellungserleichterungen der §§ 4–7 ZVG

1 § 8 ZVG bestimmt von den Zustellungserleichterungen der §§ 4–7 ZVG **Ausnahmen** dahingehend, dass sie nicht auf Zustellungen an den Schuldner anzuwenden sind, dem ein Anordnungsbeschluss oder Beitrittsbeschluss zugestellt werden soll. In diesen Fällen verbleibt es also bei der Zustellung nach § 3 Sätze 2 und 3 ZVG i. V. m. den §§ 166 ff. ZPO, wobei § 3 ZVG im Wortlaut und inhaltlich mit § 175 ZPO identisch ist.[1)]

2 Die ratio legis ist evident: Die **wesentlichen Beschlüsse**, die ein Verfahren einleiten (vgl. §§ 15, 20 ZVG) oder den Beitritt eines Gläubigers zu einem bereits laufenden Verfahren anordnen (§ 27 ZVG), sollen dem Schuldner selbst förmlicher zugeleitet und deren Inhalt bekannt gegeben werden, als es den Erleichterungen der §§ 4–7 ZVG entspricht. Diese Lösung ist auch richtig, wird doch (erst) durch die Zustellung die **Beschlagnahme des Grundstücks** (oder des sonstigen Gegenstandes der Vollstreckung nach dem ZVG) wirksam (vgl. §§ 20 Abs. 1, 22 Abs. 1 Satz 1 ZVG), von der Ausnahmeregelung für das Wirksamwerden des Anordnungsbeschlusses nach § 22 Abs. 1 Satz 2 ZVG abgesehen. Die Beschlagnahme wird danach bereits mit Eingang des Ersuchens des Vollstreckungsgerichts um Eintragung des Verstei-

1) Siehe § 3 Rz. 5 [*Cranshaw*].

vor allem Schiffe mit komplexen oder unklaren Rechtsverhältnissen, die beschlagnahmt werden sollen.[18)]

Für die Versteigerung **ausländischer Schiffe im Inland** gilt § 171 ZVG (siehe § 171 ZVG [*Wedekind*]), für die Versteigerung **inländischer Schiffe im Ausland** aber aufgrund des Territorialitätsgrundsatzes der Zwangsvollstreckung stets nur das ausländische Vollstreckungsrecht einschließlich des Zustellungsrechts; **§ 8 ZVG bleibt unanwendbar.** Nach h. M. fallen Schiffe im Schiffsregister auch nicht unter den ausschließlichen dinglichen Gerichtsstand des Art. 24 Nr. 1 Unterabs. 1 Brüssel I-VO (EuGVVO, Verordnung (EU) Nr. 1215/2012), sodass danach anders als bei Immobilien die Duldungsklage des Schiffspfandgläubigers auch im Ausland zulässig ist.[19)] Die Zustellungen bei der Versteigerung ausländischer Schiffe im Inland richten sich innerhalb der EU nach der EuZustVO (Verordnung (EU) Nr. 1393/2007, seit 1.7.2022 nach der VO 2020/1784/EU) i. V. m. § 1069 ZPO. 10

c) Versteigerung von Luftfahrzeugen

Schließlich ist § 8 ZVG auch bei der Versteigerung von **Luftfahrzeugen** heranzuziehen (vgl. § 171a ZVG). 11

d) Nachlassversteigerung

In der **Nachlassversteigerung** ist an alle Miterben zuzustellen, denn die Erbengemeinschaft ist Eigentümer des Versteigerungsgegenstandes (§ 2032 BGB). Alle Erben haften den Gläubigern gegenüber gesamtschuldnerisch (§ 2058 BGB) und jeder der Miterben ist allein befugt, den Antrag nach § 175 Abs. 1 Satz 1 ZVG zu stellen, da er auch den Antrag auf das Aufgebot der Nachlassgläubiger stellen kann (§ 1970 BGB, §§ 454 Abs. 1, 455 Abs. 1 FamFG). Stellt ein Miterbe den Antrag allein, so sind die anderen Erben Beteiligte nach § 9 ZVG; die Miterben befinden sich im Nachlassversteigerungsverfahren bei wertender Betrachtung in vergleichbarer Position wie der Schuldner im Vollstreckungsversteigerungs- oder im Insolvenzverwalterversteigerungsverfahren, sodass § 8 ZVG heranzuziehen ist.[20)] 12

e) Teilungsversteigerung

In der **Teilungsversteigerung** findet nach zutreffender Meinung von *Huber*[21)] § 8 Anwendung auf die Zustellung an den Antragsgegner (§ 180 Abs. 1 ZVG), der bei wertender Betrachtung wie der Schuldner der Vollstreckungsversteigerung zu sehen ist. 13

---

18) Vgl. zu einem wohl eher typischen Sachverhalt im Seehandel den Sachverhalt des Urt. des EuGH v. 28.6.2017 – Rs C-436/16, RIW 2017, 507 ff., dazu *Cranshaw*, jurisPR-HaGesR 2/2018, Anm. 3.

19) Vgl. Zöller/*Geimer*, ZPO, Anh. 1, Art. 24 EuGVVO Rz. 1c a. E., zur h. M. und zur gegenteiligen des Kommentators.

20) So im Wesentlichen BeckOK-*Ahrens*, ZVG, § 175 Rz. 1 – 3, § 176 Rz. 1 – 3 m. w. N.

21) BeckOK-*Huber*, ZVG, § 8 Rz. 3.

f) Postsperre im Insolvenzverfahren

14 Im **Insolvenzeröffnungsverfahren** ist trotz Postsperre an den Schuldner zuzustellen.[22] Damit dürften in der Praxis im Einzelfall erhebliche Probleme verbunden sein, wenn die Postsperre konsequent ausgeführt wird.

2. Nachteile für die Gläubiger bei Verzögerung der Zustellung nach § 8 ZVG?

15 Nachteile für die Gläubiger und andere Beteiligte in den Sonderverfahren sind nicht zu besorgen, u. a., weil die Beschlagnahme nicht zwingend von der Zustellung abhängt, sondern ggf. bereits früher eintritt (§ 22 Abs. 1 Satz 2 ZVG; vgl. auch § 146 Abs. 1 ZVG für die Zwangsverwaltung).

16 Für die Vollstreckung in **Schiffe und Schiffsbauwerke** siehe §§ 162, 163 Abs. 2, 165 Abs. 1 Satz 2, 166 Abs. 1 (mit Einschränkungen siehe oben), 170a Abs. 1 ZVG.

17 Bezüglich der Vollstreckung in **Luftfahrzeuge** ist auf die §§ 171a, 171c Abs. 2 Satz 2 ZVG zu verweisen. Ein Nachteil für die Gläubiger kann daher auch für diese Vollstreckungen verneint werden.

III. Folgen des § 8 ZVG für die Praxis

1. Keine Anwendung der §§ 4–7 ZVG

18 Die vereinfachten Möglichkeiten der Zustellung nach den §§ 4 ff. ZVG scheiden daher aus. Somit kann eine Zustellung nicht bewirkt werden

- durch *„Aufgabe zur Post"* mittels gewöhnlichen Einschreibens (§ 4),
- durch Zustellung an den Zustellungsbevollmächtigten des § 5,
- durch Bestellung eines Zustellungsbevollmächtigten gemäß § 6 Abs. 1, 2 ZVG bzw. die Zustellung an die zuständige Behörde in *„den Fällen prozessunfähiger Personen"* (§ 6 Abs. 3 ZVG).
- Ferner ist daher auch die Vorschrift des § 7 ZVG über den Zeitraum, innerhalb dessen an den *„Zustellungsvertreter"* zugestellt werden kann, über die Verpflichtung des Zustellungsvertreters gegenüber dem von ihm Vertretenen sowie seine Vergütung und die Haftung dafür nicht anwendbar.

  Hätte also ein Zustellungsvertreter Aufwand bei fehlerhafter Zustellung an ihn, wäre das nach dem Wortlaut der Norm nicht vergütungspflichtig seitens des Schuldners. Ein Verstoß gegen § 8 ZVG kann in praxi versehentlich sicher bei Beitrittsanordnungen nach § 27 ZVG auftreten.

2. Durchführung der Zustellung in den Fällen des § 8 ZVG

19 Ist als Folge des § 8 ZVG nach der ZPO zuzustellen (siehe § 3 Rz. 5 f. [*Cranshaw*]), so bedeutet das u. a., dass

- bei nicht prozessfähigen Personen an den gesetzlichen Vertreter zuzustellen ist, § 170 ZPO;

---

22) OLG Braunschweig, Urt. v. 11.1.2001 – 2 U 120/00, Rpfleger 2001, 254 = DZWiR 2001, 256 = ZInsO 2001, 627 f., dazu Anm. *Thiemann*, DZWiR 2001, 256 f.

ersichtlichen Berechtigten die Beteiligteneigenschaft ohne eigenes aktives Handeln. Die Gruppe ist durch die Eintragung jederzeit leicht zu identifizieren und klar von anderen abgegrenzt, die ebenfalls Rechte gegen den Schuldner im Verfahren geltend machen können oder die sich gegen den betreibenden Gläubiger wenden, weil sie insoweit *„ein der Zwangsvollstreckung entgegenstehendes Recht“* (§ 9 Nr. 2 Var. 1 ZVG) oder weil sie eine andere Berechtigung nach § 9 Nr. 2 Var. 2–5 ZVG innehaben.

Die **zweite Gruppe** ist als Folge der verschiedenen Berechtigungen, die nicht aus dem Grundbuch ersichtlich sind, zunächst unbestimmt und für das Vollstreckungsgericht nicht zu identifizieren. Daher müssen die Beteiligten dieser Gruppe ihre Berechtigung anmelden und ggf. sogar glaubhaft machen (§ 294 ZPO). Den vollen Beweis für eine streitige Berechtigung müssen die Betroffenen ggf. außerhalb des Vollstreckungsverfahrens vor dem Prozessgericht führen. Erst mit der Anmeldung entsteht die Beteiligteneigenschaft. 6

II. Anwendungsbereich des § 9 ZVG

§ 9 ZVG ist in **allen unter das ZVG fallenden Verfahren** heranzuziehen. 7

Die **Beteiligungsfähigkeit** ist jedoch für jedes Verfahren in Abhängigkeit von der spezifischen Position der Berechtigten gesondert zu bestimmen. Das gilt bereits für ein Versteigerungsverfahren mit paralleler Zwangsverwaltung in ein- und denselben Grundbesitz.[8] 8

Bei den **eingetragenen Schiffen** und **Schiffsbauwerken** sind die besonderen Rechte der Schiffsgläubiger nach den §§ 102 ff. BinSchG (Binnenschiffe) bzw. nach den §§ 596 ff. HGB (Seeschiffe) neben den im Schiffsregister/Schiffsbauregister eingetragenen **Schiffshypotheken** (§§ 24 ff., 76 ff. SchRG) zu beachten,[9] vgl. die §§ 162, 163 Abs. 2, 170a Abs. 1, Abs. 2 Satz 2 ZVG. 9

Bei den eingetragenen Luftfahrzeugen sind neben den **Registerpfandrechten** (§§ 24 ff. LuftFzgG) die Inhaber der Rechte nach den §§ 75–77 LuftfzgG sowie nach den §§ 103 ff. ZVG, jeweils i. V. m. Art. IV des **Genfer Abkommens**[10] beteiligungsfähig (vgl. §§ 171a, 171b Abs. 2, 171h, 171k ZVG).[11] 10

III. Schuldner und Gläubiger

Verfahrensbeteiligte der Natur der Sache nach sind die jeweils **vollstreckenden Gläubiger** aus Anordnungs- und Beitrittsbeschluss sowie der **Schuldner.** 11

Mit dem Zuschlag ist auch der Ersteher im Zwangsverwaltungsverfahren Beteiligter im Verhältnis zum Zwangsverwalter i. S. d. § 9 ZVG, wie das OLG Braunschweig 12

---

8) BeckOK-*Rachlitz*, ZVG, § 9 Rz. 1 m. w. N.

9) Siehe § 11 Rz. 27 ff. [*Cranshaw*].

10) Genfer Abkommen vom 19.6.1948 über die internationale Anerkennung von Rechten an Luftfahrzeugen; vgl. das deutsche Zustimmungsgesetz und den Text des Abkommens in den verbindlichen Sprachen englisch, französisch und spanisch mit deutscher Übersetzung, BGBl. 1959 II S. 129 ff.; ebenso siehe § 171n Rz. 3 [*Cranshaw*]; zum Text siehe auch das Portal der Schweizer Regierung, 0,748.271.1 (deutsche Übersetzung des Abkommens), https://www.admin.ch/opc/de/classified-compilation/19480165/index.html (Stand: 18.4.2023).

11) Siehe § 11 Rz. 33 f. [*Cranshaw*].

2018 entschieden hat.[12] Im Versteigerungsverfahren ist der Ersteher freilich kein Beteiligter i. S. d. § 9 ZVG, denn nach zutreffender Meinung von *Keller* ist das Grundstück nach dem Zuschlag nicht mehr Verfahrensgegenstand (soweit nicht der Zuschlag aufgehoben wird, vgl. § 90 Abs. 1 ZVG), der Steigerlös gebührt als Surrogat des Eigentumsersatzes dem Vollstreckungsschuldner bzw. er wird im Teilungsplan den Berechtigten zugeordnet.[13]

1. Beteiligteneigenschaft des Gläubigers

a) Der Gläubiger als Beteiligter

13 Für den **betreibenden Gläubiger**[14] ist ohne Belang, ob er eine dingliche Forderung, eine persönliche Forderung oder beides verfolgt.[15] Entsprechend der Gesetzessystematik spielt es ferner keine Rolle, ob der Gläubiger Anordnungs- oder Beitrittsgläubiger ist (vgl. § 27 Abs. 2 ZVG). Der Grundschuldgläubiger, der sowohl aus dem dinglichen als auch parallel aus dem persönlichen Titel dieselbe besicherte Darlehensforderung verfolgt, ist mehrfach beteiligt (in der Rangklasse 4 und in der Rangklasse 5). Zudem ist er beteiligt als Inhaber eines aus dem Grundbuch ersichtlichen Rechts nach § 9 Nr. 1 ZVG.

b) Beteiligteneigenschaft des Konsortial- bzw. Poolführers bei Parallel-Debt-Strukturen

14 Beim Außenkreditkonsortium mit einem Konsortialführer, der zugleich Sicherheitentreuhänder der Grundpfandrechte ist, dient eine abstrakte parallele schuldrechtliche Verpflichtung des Schuldners gegenüber dem Konsortialführer (sog. „*parallel debt*" oder „Parallelverpflichtung"),[16] unabhängig von der darlehensvertraglichen Verpflichtung gegenüber jedem der beteiligten Konsortialpartner bezüglich deren Darlehens(teil)betrag als Darlehensgeber dazu, dass der Konsortialführer die Dar-

---

12) OLG Braunschweig, Urt. v. 11.5.2018 – 9 U 18/17, NZI 2018, 575 ff., Zwangsverwalterhaftung.

13) AG Mönchengladbach-Rheydt, Beschl. v. 4.11.2021 – 503 L 1/21, NZI 2022, 241 ff., Rz. 46; Stöber/*Keller*, ZVG, § 9 Rz. 27.

14) Der nicht betreibende Gläubiger fällt unter § 9 ZVG, Nr. 1 oder Nr. 2; er wird daher amtswegig (Nr. 1) oder auf Anmeldung oder mangels einer solchen überhaupt nicht berücksichtigt, bei verspäteter Anmeldung nachrangig (vgl. § 110 ZVG) in „Rangklasse 9", siehe § 110 Rz. 1 [*Bachmann*]; der ausschließlich persönliche Gläubiger muss begriffsnotwendig immer betreibender Gläubiger infolge Anordnung oder Beitritts sein.

15) Typisch für den letzteren Fall ist die in der Praxis häufige Konstellation, dass der Gläubiger einer Sicherungsgrundschuld nicht nur die vollstreckbare Ausfertigung einer notariellen Urkunde gemäß § 794 Abs. 1 Nr. 5 ZPO mit der Unterwerfung nach § 800 ZPO in Händen hat, wenn der Eigentümer und Grundschuldschuldner zugleich Schuldner der besicherten persönlichen Forderung ist. Die Urkunde enthält in diesen Fällen üblicherweise auch die abstrakte persönliche Haftung (§§ 780 f. BGB) für eine dem Grundschuldbetrag entsprechende Geldsumme, bezüglich derer sich der Schuldner ebenfalls der Zwangsvollstreckung unterworfen hat (siehe § 16 Rz. 82 f. [*Cranshaw*]).

16) Siehe zur Struktur *Müller*, Die parallel debt bei der Übertragung von Konsortialkreditanteilen sowie *Josenhans/Danzmann*, WM 2017, 1588 ff. und *Weber/Häusermann*, in: Reutter/Werlen, Kapitalmarkttransaktionen, S. 9 ff.; ferner *Ganter*, in: Ellenberger/Bunte, Bankrechts-Handbuch, § 69 Rz. 50 zur „Parallelverbindlichkeit" (parallel debt) in Abgrenzung zu dem „Future-Pledgee-Konzept", das denselben Zweck verfolgt, aber weniger rechtssicher im Hinblick auf Prioritätsprinzip und Akzessorietät erscheint (zutreffend *Ganter*).

lehensforderung und die Grundschuld durchsetzen kann, obwohl er darlehensrechtlich nur Gläubiger seiner eigenen (Teil-)Forderung ist. Die Parallel-Debt-Struktur[17] als abstrakte Schuldverpflichtung (vgl. § 780 BGB) wird besichert durch die zugunsten des Konsortialführers eingetragenen Sicherungsgrundpfandrechte als Buchrechte bzw. die abgetretenen Briefrechte, d. h., sie ist schuldrechtlich durch die Sicherungsvereinbarung unterlegt. Mit dieser Lösung wird zugleich die vom Bundesgerichtshof abgelehnte Vollstreckungsstandschaft[18] vermieden, denn der Konsortialführer hat einen eigenen schuldrechtlichen Anspruch, einen auf ihn lautenden Titel nebst Klausel, und er betreibt daher die Immobiliarvollstreckung aus eigenem Recht. Im Verhältnis zu den Konsorten ist er treuhänderisch aufgrund der Regelungen des Konsortialvertrags im Innenverhältnis gebunden. Ein Kondiktionsanspruch steht dem Schuldner daher bis zur Tilgung der abstrakten Schuldverpflichtung, die mit derjenigen der kausalen Darlehensschuld gegenüber allen eingebundenen Konsorten faktisch einhergeht, nicht zu. Er kann also nicht etwa mit der Vollstreckungsabwehrklage erfolgreich gegen die Immobiliarvollstreckung des Konsortialführers vorgehen mit der Begründung, dieser sei nur im Hinblick auf seine Teilforderung berechtigt. Die Gestaltung einer Vertragsdokumentation mit *„parallel debt"* kommt auch in Poolverträgen in Frage und wird dort angewandt. Der Umstand, dass damit gleichzeitig die Kreditforderung handelbar wird, betrifft eine andere hier nicht zu vertiefende Thematik.

c) Beteiligtenrechte und einstweilige Einstellung bzw. Verfahrensaufhebung

Die Beteiligtenrechte werden durch die einstweilige Einstellung des Verfahrens 15
nicht berührt, durch die **Verfahrensaufhebung** (im Verfahren des jeweiligen Gläubigers) gehen sie indes verloren, beides begriffsnotwendig als Konsequenz von Sinn und Zweck dieser beiden verfahrensrechtlich unterschiedlichen Schritte. Erfolgt die einstweilige Einstellung, tritt zunächst nur eine vorübergehende „Verfahrensunterbrechung" ein, wobei die Beschlagnahmewirkung und der Rang des betreffenden Gläubigers aufrechterhalten bleiben.[19] Im Falle der Aufhebung kann der bisher betreibende Gläubiger gleichwohl weiter Beteiligter aus einem der Gründe des § 9 Nrn. 1, 2 ZVG sein (typisch als Grundpfandgläubiger).

Ist auf der Seite des Gläubigers **Einzel- oder Gesamtrechtsnachfolge** eingetreten 16
(z. B. durch gesellschaftsrechtliche Umwandlung infolge Verschmelzung zweier Gläubigerbanken, durch Abtretung aller Ansprüche des Gläubigers gegen den Schuldner, der persönlichen und dinglichen einschließlich derer aus dem Titel oder durch die Pfändung im entsprechenden Umfang beim Gläubiger selbst), ändert sich der **materiellrechtliche** Status sofort. Der **verfahrensrechtliche Status** als Beteiligter geht erst durch Anmeldung nach § 9 Nr. 2 ZVG auf den neuen Gläubiger über. Die

---

17) Zur Parallel-Debt-Struktur siehe die kritische Betrachtung des AG Gifhorn/Insolvenzgericht, Beschl. v. 13.9.2012 – 35 IE 4/12, juris = ZInsO 2012, 1907 ff.

18) Vgl. dazu Thomas/Putzo-*Seiler*, ZPO, § 727 Rz. 3, 3a m. w. N., auch zu Gegenstimmen; zur Verneinung der Möglichkeit der isolierten Vollstreckungsstandschaft siehe BGH, Urt. v. 26.10.1984 – V ZR 218/83, BGHZ 92, 347 ff. = ZIP 1985, 247 f.; vgl. auch LG Frankfurt, Urt. v. 8.6.2015 – 2-26 O 343/14, juris; zur Abgrenzung von der Vollstreckung aufgrund materiellrechtlicher Ermächtigung vgl. LG Essen, Urt. v. 1.12.2016 – 6 O 391/16, juris.

19) Vgl. dazu Dassler/Schiffhauer/u. a. *Rellermeyer*, ZVG, § 9 Rz. 5.

in der Literatur umstrittene Frage, ob es der Klauselumschreibung auf den neuen Gläubiger und der Zustellung des Titels bedarf, ist vom BGH dahingehend entschieden worden, dass die gesetzlichen Vollstreckungsvoraussetzungen über den gesamten Zeitraum des Verfahrens bestehen müssen und daher Klauselumschreibung und erneute Zustellung bei einer Rechtsnachfolge auf Gläubigerseite notwendig sind.[20)]

2. Beteiligteneigenschaft des Schuldners und Insolvenzverfahren über das Vermögen des Schuldners

17 In der **Insolvenz des Vollstreckungsschuldners**, der dinglicher oder auch persönlicher Schuldner des Gläubigers (in diesem Fall der Rangklasse 5) sein kann, tritt an seine Stelle der Insolvenzverwalter (§ 80 InsO) als Beteiligter,[21)] soweit nicht die **Eigenverwaltung** (§§ 270 ff. InsO) angeordnet ist. Dann bleibt der Schuldner Beteiligter. Bei der insolvenzrechtlich zulässigen unbedingten Freigabe aus der Masse erlischt der Insolvenzbeschlag und der Schuldner ist ohne weitere Förmlichkeiten wieder Beteiligter.[22)]

18 Im **Regelinsolvenzverfahren** mit Insolvenzverwalter ist der Schuldner eingeschränkt beteiligungsfähig, soweit er den Antrag gemäß § 765a ZPO wegen Gefahr für Leib oder Leben seiner Person oder naher Angehöriger stellt.[23)] Der Antragsbefugnis entspricht die entsprechende Beteiligungsfähigkeit.

19 Bei **Gesamtrechtsnachfolge** auf der Seite des Schuldners treten an seine Stelle die Erben (§§ 1922, 203 ff. BGB), an deren Stelle wiederum als Organ kraft Amtes der Testamentsvollstrecker (§§ 2197, 2205 BGB), der Nachlassverwalter (§§ 1981 ff., 1984 BGB) bzw. der Nachlassinsolvenzverwalter (§§ 1980 BGB, 315 ff., § 80 InsO), soweit der Schuldner natürliche Person war.[24)] Bei juristischen Personen und Personengesellschaften treten die Nachfolgegesellschaften (z. B. als Folge einer Verschmelzung nach dem UmwG) an deren Stelle.

20 Bei der extrem seltenen **Aufgabe des Eigentums** (Dereliktion) und der Besitzaufgabe (§§ 928, 959 BGB) ist der Grundbesitz herrenlos, der bisherige Eigentümer bleibt nicht Beteiligter,[25)] nicht einmal bis zur Aneignung durch den Fiskus.

---

20) BGH, Beschl. v. 25.1.2007 – V ZB 47/06, Rpfleger 2007, 331 ff. = NJW 2007, 3357 ff. = JurionRS 2007, 10715, Rz. 9–12; Verschmelzung zweier Genossenschaftsbanken, die betreibende Gläubigerin war übertragender Rechtsträger.

21) BGH, Beschl. v. 18.12.2008 – V ZB 57/08, Rz. 7, 11 m. w. N., ZIP 2009, 781 ff. = ZInsO 2009, 254 f. = Rpfleger 2009, 259 ff.

22) BGH, Vers. Urt. v. 22.1.2009 – III ZR 172/08, Rpfleger 2009, 335 ff. = NJW-RR 2009, 601 ff. = JurionRS 2009, 10617 Rz. 11; Amtshaftung des Vollstreckungsgerichts bei fehlerhaft unterbliebener Zustellung des Wertfestsetzungsbeschlusses an den Schuldner nach Freigabe aus der Masse.

23) BGH, Beschl. v. 18.12.2008 – V ZB 57/08, Rpfleger 2009, 335 ff. = NJW-RR 2009, 601 ff. = JurionRS 2009, 10617 Rz. 12–15.

24) Grund ist die Fortsetzung der vor dem Tod des Erblassers begonnenen Vollstreckung, siehe § 779, 869 ZPO; vgl. Thomas/Putzo-*Seiler*, ZPO, § 779 Rz. 1; BGH, Beschl. v. 29.5.2008 – V ZB 6/08, NJW 2008, 33632 f., 3363.

25) Stöber/*Keller*, ZVG, § 9 Rz. 34.

IV. Die aus dem Grundbuch ersichtlichen Beteiligten gemäß § 9 Nr. 1 ZVG

1. Abhängigkeit der Gruppenzugehörigkeit von der Grundbucheintragung

Zur Gruppe der Beteiligten nach § 9 Nr. 1 ZVG gehören alle im Grundbuch eingetragenen Berechtigten, gleich, ob sich ihre Rechte aus Abt. II oder Abt. III des Grundbuchs ergeben. Dazu gehören insbesondere die dinglichen Rechtspositionen des Immobiliarsachenrechts des BGB[26] einschließlich der eingetragenen Rechte daran,[27] aber auch die aufgrund sonstiger Rechtsgrundlagen des EGBGB i. V. m. dem Landesrecht oder die aufgrund sonstigen Bundesrechts in den Grundbüchern[28] verlautbarten Rechte. Dabei gibt es Überschneidungen zwischen § 9 Nr. 1 ZVG und § 9 Nr. 2 ZVG, soweit dingliche Berechtigungen bestehen, die aber noch nicht eingetragen sind oder nicht eintragungsfähig sind. Der Bodenschutzlastvermerk zur Sicherung des Ausgleichsanspruchs der zuständigen Behörde gemäß § 25 BBodSchG kann nach § 25 Abs. 6 Satz 2 i. V. m. § 93b Grundbuchverfügung (GBV) in das Grundbuch eingetragen werden und fällt ab diesem Augenblick unter § 9 Nr. 1 ZVG. Bereits ab Wirksamwerden der Festsetzung ist er aber als öffentliche Last entstanden (§ 25 Abs. 6 Satz 1 i. V. m. Abs. 3 BBodSchG) und nach § 9 Nr. 2 ZVG anzumelden. Ab dem jeweiligen Zeitpunkt ist die Behörde Beteiligte. Des Weiteren ist der Eigentümer oder Miteigentümer[29] unter § 9 Nr. 1 ZVG zu subsumieren, soweit er nicht der Vollstreckungsgläubiger ist. Das ist der Fall bei wirksamer Veräußerung nach Beschlagnahme in den Fällen des § 26 ZVG. Maßgeblich ist nach der strikt verfahrensrechtlichen und formellen Betrachtungsweise des ZVG nicht die materielle Inhaberschaft der Rechtsposition, sondern ausschließlich die **Eintragung im Grundbuch**. Mangels Kenntnis des Vollstreckungsgerichts von den Grundbucheintragungen muss sich dieses auf die Erkenntnisse des Grundbuchamts stützen; daraus folgt die Notwendigkeit des § 19 ZVG, der die Grundlagen der Berücksichtigung der Beteiligung durch die dortigen Pflichten des Grundbuchamts (vgl. insbesondere § 19 Abs. 2 ZVG) generiert. Maßgeblich ist der **Grundbuchinhalt**, nicht der Grundbuchauszug oder -ausdruck. 21

Eigentümerrechte sind gleichfalls unter § 9 Nr. 1 ZVG zu subsumieren.[30] 22

---

26) Siehe die verschiedenen Dienstbarkeiten einschließlich des Nießbrauchs und der in der Praxis wichtigen beschränkten persönlichen Dienstbarkeiten (§§ 1018–1093 BGB), dingliche Vorkaufsrechte (§§ 1094 ff. BGB), Reallasten (§§ 1105 ff. BGB), die drei Grundpfandrechte (§§ 1113–1203 BGB), die eingetragenen Pfandrechte an Rechten, die Vormerkung mit ihren Wirkungen.

27) Zur Auflassungsvormerkung vgl. BGH, Beschl. v. 9.5.2014 – V ZB 123/13, juris Rz. 8 = ZInsO 2014, 1573 ff. = NJW 2014, 2445 ff.

28) Beispielsweise Grundstücksgrundbuch, Erbbaurechtsgrundbuch, Wohnungsgrundbuch.

29) Für den Miteigentümer siehe Dassler/Schiffhauer/u. a.-*Rellermeyer*, ZVG, § 9 Rz. 11.

30) Böttcher/*Böttcher*, ZVG, § 9 Rz. 8, 8a, 8b; bei der Eigentümergrundschuld ist § 1197 BGB zu beachten; zur Judikatur zur Beteiligteneigenschaft beim Bruchteilseigentum siehe BGH, Beschl. v. 22.9.2022 – V ZB 8/22, ZfIR 2023, 35 ff.

2. Besonderheiten bei Grundpfandrechten

23 Beim **Wechsel des Grundpfandgläubigers** einer (Sicherungs-)Briefgrundschuld durch Abtretung und Briefübergabe (vgl. §§ 1154 Abs. 1, 1117, 1192 Abs. 1, 1a BGB)[31] ist unverändert der ursprünglich bei der Bestellung des Grundpfandrechts eingetragene Gläubiger weiterhin Beteiligter, bis der materiellrechtlich tatsächlich Berechtigte seine Beteiligung nach § 9 Nr. 2 ZVG anmeldet und glaubhaft macht. Verwaltet ein eingetragener Gläubiger der Briefgrundschuld das Recht treuhänderisch für andere Gläubiger aufgrund schuldrechtlicher Treuhandabrede,[32] ändert sich materiellrechtlich nichts. Der eingetragene Gläubiger bleibt Beteiligter. Tritt er die Grundschuld an den neuen materiell-berechtigten Gläubiger ab, verwaltet er sie aber unverändert aufgrund Treuhandabrede für diesen, wird im Verfahren ggfs. nie bekannt, dass er nicht (mehr) materiellrechtlich berechtigt ist.

3. Besonderheiten bei Wohnungs- und Teileigentum

24 Wird Wohnungs- und Teileigentum nach § 19 WEG a. F. (bis 30.11.2020) aufgrund vorausgehenden „Entziehungsurteils", das die Grundlage der Versteigerung darstellt, versteigert, hängt die Eigenschaft als Beteiligter nach einer jüngeren Gerichtsentscheidung von der konkreten Konstellation ab, wohingegen[33] eine ältere ebenfalls instanzgerichtliche, in der Literatur zitierte Entscheidung, die Miteigentümer nach WEG generell als Beteiligte (wohl nach § 9 Nr. 1 ZVG) betrachtet.[34] Können die anderen Wohnungs- und Teileigentümer bei der Vollstreckungs- und Insolvenzverwalterversteigerung materiellrechtlich **keinen Einfluss** auf die Versteigerung ausüben, sind sie nach dem LG Bielefeld nicht zu beteiligen, obwohl sie Miteigentümer (§ 3 WEG) und aus dem Grundbuch ersichtlich sind. Damit wird das Problem des Zustimmungserfordernisses zur Veräußerung nach Maßgabe der Teilungserklärung oder der Gemeinschaftsordnung berührt, das auch für den Fall der Zwangsvollstreckung mit dinglicher Wirkung vorgesehen werden kann (§ 12 Abs. 2 Satz 2 WEG).[35] Bei der Versteigerung nach § 19 WEG a. F. sind die Miteigentümer wohl Beteiligte nach § 9 Nr. 1 ZVG, die insoweit aktiv legitimierte Gemeinschaft ist „Gläubiger", sofern die Versteigerung nach § 19 Abs. 1 Satz 2 Halbs. 1 WEG a. F. durchgeführt wird; ansonsten ist der betreibende Wohnungseigentümer *„Gläubiger"*; der andere Eigentümer der Zweiergemeinschaft ist als „Schuldner" notwendig Beteilig-

---

31) Dies geschieht z. B. bei Verkauf und Abtretung der besicherten Forderung nebst der Sicherungsgrundschuld durch den Darlehensgeber und Grundpfandgläubiger, vgl. dazu *Cranshaw*, in: Problematische Firmenkundenkredite, S. 686 ff. zur Vertragsgestaltung.

32) BGH, Urt. v. 21.2.2008 – IX ZR 255/06, ZIP 2008, 703 ff. = NJW-RR 2008, 780 ff. Beispiel: Sicherheitentreuhänder bei Konsortialfinanzierungen.

33) LG Bielefeld, Beschl. v. 29.5.2012 – 23 T 186/12, rkr., ZfIR 2012, 659 f.

34) OLG Stuttgart, Beschl. v. 27.8.1965 – 8 W 147/65, NJW 1966, 1036 f. = Rpfleger 1966, 113; die Zustellungen können nach OLG Stuttgart aber an den Verwalter nach WEG erfolgen; dem wird man zustimmen, mit Böttcher/*Böttcher*, ZVG, § 9, freilich nur, wenn nicht Interessenkollisionen desselben bestehen.

35) Für die Finanzierung bzw. Beleihung eines Wohnungs- oder Teileigentums stellt ein solcher Zustimmungsvorbehalt ein Hindernis dar, das im Versteigerungsverfahren aber erst beim Zuschlag zu beachten ist, BGH, Beschl. v. 8.7.1960 – V ZB 8/59, BGHZ 33, 86 ff., Ls. 3., S. 89 ff.; Grüneberg/*Wicke*, BGB, 2023, § 12 WEG Rz. 9 ff., 13 m. w. N. zur Zustimmungserteilung.

ter analog § 9 Halbs. 1 ZVG. Die Regelung des § 19 Abs. 1 Satz 2 WEG a. F. will zusammen mit § 18 Abs. 1 Satz 2 WEG a. F. klarstellen, dass die Wohnungs- bzw. Teileigentümergemeinschaft Klägerin und *„Ausübungsbefugte"* der Zwangsvollstreckung in der „Entziehungsversteigerung" ist, nicht aber die Gesamtheit der Eigentümer bei der Zweiergemeinschaft.[36] Der Wortlaut der Norm des § 19 Abs. 1 Satz 1 WEG a. F. war jedoch offenkundig verunglückt. Die Vollstreckung erfolgt in der Rangklasse 5.

Ein Problem ensteht dann, wenn man es für zulässig hält, wenn die Teilungserklärung bzw. die Vereinbarung der Wohnungseigentümer die Entziehung des Wohnungs-/Teileigentums durch **Zwangsversteigerung** ausschließt, da § 19 Abs. 1 WEG a. F. insoweit dispositiv sei, als eine andere Verwertungsart dort vorgesehen werden kann.[37] Bejaht man den teilweise dispositiven Charakter der Norm, ist auch der Klageantrag nach § 18 WEG a. F. entsprechend zu fassen. Wird mit dem Titel dennoch die Zwangsversteigerung betrieben, ist das Verfahren wohl letztlich nach § 28 ZVG aufzuheben. 25

Die **Neufassung der Regelungen** über die Entziehung des Wohnungs- bzw. Teileigentums durch Urteil (= § 17 WEG n. F. i. d. F. v. 12.1.2021 lautet in Auszügen): 26

„§ 17
Entziehung des Wohnungseigentums

(1) Hat ein Wohnungseigentümer sich einer so schweren Verletzung der ihm gegenüber anderen Wohnungseigentümern oder der Gemeinschaft der Wohnungseigentümer obliegenden Verpflichtungen schuldig gemacht, dass diesen die Fortsetzung der Gemeinschaft mit ihm nicht mehr zugemutet werden kann, so kann die Gemeinschaft der Wohnungseigentümer von ihm die Veräußerung seines Wohnungseigentums verlangen.

[(2), (3)]

(4) [1]Das Urteil, durch das ein Wohnungseigentümer zur Veräußerung seines Wohnungseigentums verurteilt wird, berechtigt zur Zwangsvollstreckung entsprechend den Vorschriften des Ersten Abschnitts des Gesetzes über die Zwangsversteigerung und die Zwangsverwaltung. [2]Das Gleiche gilt für Schuldtitel im Sinne des § 794 der Zivilprozessordnung, durch die sich der Wohnungseigentümer zur Veräußerung seines Wohnungseigentums verpflichtet."

Aktivlegitimiert ist allein die Gemeinschaft, die Norm ist zwingend (§ 17 Abs. 3 WEG) und kann durch Vereinbarung der Wohnungseigentümer nicht abgeändert werden. Das gilt auch – anders als bisher – für die Zweiergemeinschaft, bei der aber aus Sicht des BGH ein Eigentümerbeschluss entbehrlich sei.[38] Nach Absatz 4 Satz 2 WEG besteht aber insoweit Dispositivität, als sich der betroffene Wohnungseigen- 27

---

36) Vgl. Palandt/*Wicke*, BGB, 2020, § 19 WEG Rz. 1; siehe auch die Begründung zu den §§ 18, 19 WEG zu der seinerzeitigen Neufassung im Entwurf eines Gesetzes zur Änderung des Wohnungseigentumsgesetzes und anderer Gesetze, BT-Drucks. 16/3843 v. 13.12.2006, S. 25.

37) So Palandt/*Wicke*, BGB, 2020, § 19 WEG a. F., Rz. 3; a. A. *Geiben*, in: Herberger/Martinek/Rüßmann u. a., jurisPK-BGB Band 3, § 19 WEG aF Rz. 21 (§ 19 WEG ist danach wohl uneingeschränkt zwingend).

38) Grüneberg/*Wicke*, BGB, 2023, § 17 Rz. 4, 5 unter b).

tümer zur Veräußerung verpflichten und sich der Vollstreckung unterwerfen kann, d. h. in notarieller Urkunde nach § 794 Abs. 1 Nr. 5 ZPO.

28 Die Beteiligteneigenschaft nach § 9 ZVG kommt nicht dem einzelnen Eigentümer zu, sondern allein der Gemeinschaft, die auch klagebefugt i. S. d. § 17 Abs. 1 WEG ist.

29 Die bloße Funktion als Miteigentümer verschafft die Beteiligteneigenschaft nicht, wie der BGH zur Zwangsversteigerung in Miteigentumsanteile entschieden hat, wenn die anderen Miteigentümer kein weitergehendes rechtliches Interesse haben wie etwa die Belastung mit einer Gesamtgrundschuld.[39]

30 Die Verfolgung der Hausgeld-/Wohngeldansprüche nach den §§ 16, 28 WEG ist Angelegenheit der Eigentümergemeinschaft (§ 10 Abs. 6 Satz 1–3, Satz 5, Abs. 7 Satz 1), die damit bei Versteigerung des Wohnungseigentums des betroffenen Miteigentümers aus Rangklasse 2 oder 5 des § 10 ZVG Gläubiger ist, die einzelnen Miteigentümer sind nicht Beteiligte nach § 9 Nr. 1 und 2 ZVG. Weitere klärende Judikatur bleibt abzuwarten.

V. Beteiligte aufgrund Anmeldung des Beteiligungsrechts gemäß § 9 Nr. 2 ZVG, Organisationsfragen

31 Während die Beteiligten gemäß § 9 Nr. 1 ZVG **amtswegig** zu berücksichtigen sind, müssen die unter § 9 Nr. 2 ZVG zu subsumierenden Berechtigten ihr Recht bzw. ihren Anspruch anmelden.

1. Beteiligte aufgrund eines der Zwangsvollstreckung entgegenstehenden Rechts, § 9 Nr. 2 Var. 1 ZVG

a) Dingliche Rechte und schuldrechtliche Ansprüche

32 Der Versteigerung stehen **im Allgemeinen ausschließlich dingliche Rechte** Dritter entgegen, die Gegenstände betreffen, die im Versteigerungsverfahren zugeschlagen werden, sofern der Berechtigte das nicht hinzunehmen hat.[40] Das sind die gemäß § 90 Abs. 2 ZVG mitversteigerten Gegenstände (Sachen, Forderungen, vgl. die §§ 1120 ff. BGB), bei denen der wahre Berechtigte nach § 37 Nr. 5 ZVG aufgefordert wird, die Verfahrensaufhebung oder die einstweilige Einstellung vor dem Zuschlag zu veranlassen, ansonsten das Recht verloren ist (siehe die §§ 91, 55, 90 ZVG). Der Rechtsinhaber ist daher dann am Verfahren nach § 9 Nr. 2 ZVG zu beteiligen, wenn das Recht durch die Vollstreckung beeinträchtigt werden und verloren gehen kann. Das ist der Fall bei rechtlich selbstständigen Mobilien als nicht wesentlicher Bestandteil im Eigentum Dritter (= ein anderer als der Vollstreckungsschuldner) oder beim Zubehör.[41] Zutreffend erwähnt die Literatur Sicherungseigentum und Eigentumsvorbehaltsrechte,[42] was aber nur dann richtig ist,

---

39) Vgl. BGH, Beschl. v. 22.9.2022 – V ZB 8/22, Rpfleger 2023, 118 ff. = ZfIR 2023, 35 ff. m. Anm. *Hintzen*.

40) Dassler/Schiffhauer/u. a.-*Rellermeyer*, ZVG, § 9 Rz. 14 (Überblick über die Voraussetzungen des der Vollstreckung entgegenstehenden Rechts).

41) BGH, Beschl. v. 18.7.2013 – V ZB 29/12, ZfIR 2013, 873 ff. = Rpfleger 2014, 324 ff.

42) Dassler/Schiffhauer/u. a. *Rellermeyer*, ZVG, § 9 Rz. 15.

wenn das Eigentum an den betreffenden Sachen nicht gemäß § 946 ff. BGB untergegangen ist. Dies ist in praxi insbesondere beim Zubehör nicht der Fall. In der Praxis spielen **Scheinbestandteile** (§ 95 BGB) eine bedeutende Rolle und zwar dann, wenn dem Rechtsinhaber kein gesondertes dingliches Recht am Grundstück eingeräumt worden ist.[43)] Dem betroffenen Rechtsinhaber steht die Drittwiderspruchsklage gemäß § 771 ZPO[44)] zu; er muss also seine behaupteten Rechte im Erkenntnisverfahren vor den ordentlichen Gerichten durchsetzen und ggf. zur Rechtswahrung einstweilige Anordnungen gemäß den §§ 771 Abs. 3, 769, 779 ZPO beantragen.

§ 772 ZPO eröffnet die Drittwiderspruchsklage auch, soweit für den Berechtigten ein **Veräußerungsverbot** nach Maßgabe der §§ 135, 136 BGB besteht. Die §§ 773 f. ZPO setzen diese Linie des Schutzes vor Vollstreckungsmaßnahmen zum Schutz der Rechte Dritter zugunsten des Nacherben (§ 773 ZPO) und des anderen Ehegatten/Lebenspartners[45)] in den seltenen Fällen der Vollstreckung in das Gesamtgut gegen den nicht (allein) verwaltenden Ehegatten/Lebenspartner nach den §§ 774, 741 ZPO fort. 33

Schuldrechtliche Rechtspositionen, wie Herausgabe- und sonstige Verschaffungsansprüche, begründen im Allgemeinen keine Beteiligteneigenschaft.[46)] Soweit jedoch – i. S. d. insolvenzrechtlichen Terminus – ein **Aussonderungsrecht** (vgl. zum Begriff § 47 InsO) des Berechtigten besteht, ist er auch Beteiligter kraft Anmeldung. Auch wenn nur ein schuldrechtlicher (vertraglicher) Anspruch auf Herausgabe des betroffenen Gegenstandes der Aussonderung besteht, so gehört dieser doch dinglich nicht zur Vermögensmasse des Vollstreckungsschuldners, denn nur diese steht dem Vollstreckungsgläubiger zur Befriedigung zur Verfügung.[47)] Daraus folgt, dass der vertragliche Herausgabeanspruch des Vermieters, Verpächters, Leasinggebers (auch beim Finanzierungsleasing), Verleihers, Auftraggebers des Auftrags bzw. der entgeltlichen Geschäftsbesorgung (§ 675 BGB) und des Hinterlegers (vgl. z. B. die §§ 1142, 1171 BGB) sowie bestimmte Herausgabeansprüche aus Treuhand- 34

43) Typisch sind das Erbbaurecht oder die beschränkte persönliche Dienstbarkeit. Die nur vorübergehende Verbindung mit Grund und Boden oder einem Gebäude nach § 95 BGB führt in den Fällen des § 95 BGB nicht dazu, dass die sonderrechtsfähigen Sachen Eigentum des Grundstückseigentümers werden. Sie werden auf Anmeldung auch nicht in der Versteigerung dem Ersteher zugeschlagen. Beispiele sind Leichtbauhallen, Windkraftanlagen, Solaranlagen u. Ä.; siehe dazu Grüneberg/*Ellenberger*, BGB, § 95 Rz. 2, 3 m. w. N.

44) Siehe im Einzelnen zu dem *„die Veräußerung hinderndes Recht"* nach § 771 ZPO den Überblick bei Zöller/*Herget*, ZPO, § 771 Rz. 14, 14.1 – 14.29.

45) §§ 6 f. LPartG, bis zur Fassung d. Art. 2 Abs. 1 d. Gesetzes v. 20.7.2017, BGBl. 2017 I S. 2787.

46) Differenzierend mit Ausnahmen für Aussonderungsrechte Dassler/Schiffhauer/u. a.-*Rellermeyer*, ZVG, § 9 Rz. 15 a. E. m. w. N.

47) Dieser Umstand rechtfertigt sowohl im Insolvenzverfahren („Gesamtvollstreckung") als auch in der Einzelvollstreckung das berechtigte Herausgabeverlangen des Rechtsinhabers. Siehe zu den darunter fallenden Rechtsverhältnissen Böttcher/*Böttcher*, ZVG, § 9 Rz. 11 a. E; Dassler/Schiffhauer/u. a.-*Rellermeyer*, ZVG, § 9 ZVG Rz. 15 a. E.

verhältnissen[48] die Eigenschaft als Beteiligter nach § 9 Nr. 2 ZVG vermitteln können.[49]

b) Anfechtungsrechtliche Rückgewähr nach Insolvenzordnung und Duldung der Zwangsvollstreckung nach Anfechtungsgesetz

35 Für die Praxis besonders aktuell dürfte die insolvenzrechtliche Anfechtung u. a. der Eintragung eines sich später als **anfechtbar herausstellenden Grundpfandrechts** sein, aus dem dann die Versteigerung betrieben wird. Den schuldrechtlichen Rückgewähranspruch gemäß § 143 InsO kann der Insolvenzverwalter u. a. dadurch durchsetzen, dass er die Löschungsbewilligung bezüglich des anfechtbar erlangten Rechts vom Gläubiger verlangt.[50] Dabei handelt es sich um ein der Veräußerung entgegenstehendes Recht i. S. d. § 771 ZPO. Die Versteigerung kann dann aus dem anfechtbaren Grundpfandrecht nicht fortgesetzt bzw. durchgeführt werden.[51] Der BGH hat darauf erkannt, dass der Insolvenzverwalter, der im Wege der Anfechtung gegen den Grundpfandgläubiger vorgeht, Beteiligter gemäß § 9 ZVG ist und ihm namentlich gegen den Teilungsplan die Widerspruchsklage gemäß den §§ 115 Abs. 1 ZVG, 878 Abs. 1 ZPO zusteht.[52] Während des laufenden Versteigerungsverfahrens ist die Klage des Insolvenzverwalters bei anfechtbarem Erwerb des Grundpfandrechts gemäß § 771 ZPO begründet.[53] Zwar ist der Anspruch nach § 143 InsO schuldrechtlicher Natur, dennoch hat er aussonderungsähnlichen Charakter, wenngleich der BGH diese Frage früher verneint, sie in der neueren Judikatur

48) Beispielsweise bei Zugriff des Gläubigers des Treuhänders auf das von diesem treuhänderisch gehaltene Grundpfandrecht. Zur treuhänderischen Verwahrung und Verwaltung eines Grundpfandrechts vgl. BGH, Urt. v. 21.2.2008 – IX ZR 255/06, ZIP 2008, 703 ff. = ZInsO 2008, 317 ff., dazu *Cranshaw*, jurisPR-InsR 11/2008, Anm. 2 sowie BGH, Beschl. v. 15.5.2014 – IX ZR 257/13, juris Rz. 3 f. = ZInsO 2014, 1331.

49) Zu schuldrechtlichen Positionen, die aussonderungsfähig sind bzw. die die Klage nach § 771 ZPO begründen, siehe Zöller/*Herget*, ZPO, § 771 Rz. 14.1 ff. „*Einzelheiten*"; vgl. zu § 47 InsO den auch vorliegend heranzuziehenden Überblick von MünchKomm-*Ganter*, InsO, § 47 Rz. 340–436a (zur Treuhand Rz. 354–390d).

50) Siehe dazu Rattunde/Smid/Zeuner-*Zeuner*, InsO, § 143 Rz. 12 unter Hinweis auf RG, Urt. v. 24.6.1902 – Rep. VII 143/02, 82 ff., 83, 85, Klageänderung – Forderung nach Zuteilung des Erlöses aus der Zwangsversteigerung anstelle der Löschungsbewilligung. Aus der versteigerungsrechtlichen Literatur siehe Böttcher/*Böttcher*, ZVG, § 9 Rz. 11; Dassler/Schiffhauer/u. a.-*Rellermeyer*, ZVG, § 9 Rz. 15, u. a. zum Anfechtungsrecht des Insolvenzverwalters als der Zwangsvollstreckung entgegenstehendes Recht.

51) Siehe dazu die von Böttcher/*Böttcher*, § 9 Rz. 11, zitierte Entscheidung des Reichsgerichts, Urt. v. 9.5.1887 – Rep. VI 59/87, 393 f., 394, die ohne weitere Begründung die Anfechtbarkeit durch den Konkursverwalter als ein die Veräußerung hinderndes Recht betrachtet.

52) BGH, Urt. v. 26.4.2001 – IX ZR 53/00, juris Rz. 20 = NJW 2001, 2477 ff. = Rpfleger 2001, 443 ff. = ZIP 2001, 933 ff., siehe dazu *Marotzke*, EWiR 2001, 695 f.; Stöber/*Nicht*, ZVG, § 115 Rz. 23 ff., Widerspruchsberechtigte.

53) So im Ergebnis wohl die zwangsversteigerungsrechtliche Literatur, siehe Böttcher/*Böttcher*, ZVG, § 9 Rz. 11; Dassler/Schiffhauer/u. a.-*Rellermeyer*, ZVG, § 9 Rz. 15 m. w. N., dort u. a. mit dem Hinweis auf BGH, Urt. v. 26.4.2001 – IX ZR 53/00, juris Rz. 20 = NJW 2001, 2477 ff. = Rpfleger 2001, 443 ff. = ZIP 2001, 933 ff.

ausdrücklich offengelassen[54] und nur in Sonderfällen (Insolvenz des Anfechtungsgegners) bejaht hat.[55] Daher ist der Anfechtungsanspruch nicht unter § 9 Nr. 2 Alt. 4 ZVG zu subsumieren (siehe unten), sondern ein der Zwangsversteigerung entgegenstehendes Recht. Für den Sachwalter in der **Eigenverwaltung** gilt das entsprechend (§ 280 InsO).

Mit der Rechtskraft des Anfechtungsurteils verliert der betroffene Gläubiger die Beteiligteneigenschaft. 36

Der Anfechtungsberechtigte kann nach § 59 ZVG eine Änderung der Versteigerungsbedingungen als Beteiligter verlangen, sofern die anfechtbare Rechtshandlung zu einem im Verfahren bestehen bleibenden Recht führt.[56] 37

Dasselbe gilt für die Anfechtung des Gläubigers nach dem AnfG, wobei hier der Anspruch nicht wie bei § 143 InsO auf Rückgewähr des Gegenstandes, sondern auf Duldung der Zwangsvollstreckung in den Gegenstand der Anfechtung gerichtet ist (§ 11 AnfG).[57] 38

2. Beteiligte aufgrund eines Rechts an dem Grundstück oder einem das Grundstück belastenden Recht gemäß § 9 Nr. 2 Var. 2 und 3 ZVG

Beteiligter im Sinne dieser Teilgruppen ist z. B. (auch) im Zwangsverwaltungsverfahren der **neue Eigentümer**, soweit er während des laufenden Verfahrens im Grundbuch eingetragen wurde. Die der Eintragung des Vollstreckungsvermerks nachfolgende Eintragung als neuer Eigentümer ist ohne Bedeutung, wenn nicht – ebenfalls vor dem Vollstreckungsvermerk – eine Auflassungsvormerkung eingetragen war (vgl. § 9 Nr. 1 ZVG). Er hat im Zwangsverwaltungsverfahren auch keinen Anspruch gegen den Zwangsverwalter auf Auskehrung des Zwangsverwaltungsüberschusses, sofern er nicht während des Verfahrens Eigentümer geworden ist und sich nach „*§ 9 ZVG gemeldet hat.*“[58] Bei dieser letzteren Konstellation meint § 9 Nr. 1 ZVG den Zwangsverwaltungsvermerk. 39

Beteiligter ist ferner der **wahre Grundstückseigentümer**, der im Grundbuch nicht oder nicht mehr vermerkt ist, nicht aber der Grundstückskäufer als Eigenbesitzer nach Auflassung und Besitzübergabe, aber vor Eintragung im Grundbuch, sodass der bloße Besitz nicht zur Position als Beteiligter führt; auf die Auflassung kommt es nicht an.[59] Nach dem Zuschlag droht dem Besitzer die Räumung aus dem Zu- 40

54) BGH, Urt. v. 24.6.2003 – IX ZR 228/02, BGHZ 155, 199 ff., 199; bei Doppelinsolvenz von Anfechtungsgegner und Anfechtungsberechtigtem bejaht der BGH in dem Urt. v. 27.4.2017 – IX ZR 198/16, ZIP 2017, 1336 ff., ebenfalls die Aussonderungswirkung des Anspruchs nach § 143 Abs. 1 InsO.

55) BGH, Urt. v. 23.10.2003 – IX ZR 252/01, BGHZ 156, 350 ff.; 358, 361.

56) BGH, Beschl. v. 12.9.2013 – V ZB 195/12, ZfIR 2014, 19, Rz. 12 ff. = JurionRS 2012, 47862 = NJW-RR 2014, 81 f., siehe dazu *Böttcher*, ZfIR 2014, 21 f. bzw. *Keller*, NZI 2014, 118 f.

57) BGH, Urt. v. 13.7.1995 – IX ZR 81/94, BGHZ 130, 314 ff.

58) OLG Dresden, Urt. v. 23.11.2011 – 13 U 1137/11, Rz. 8, 25 = NJW-RR 2012, 590 f.

59) Zunächst gegenteilig in RG, Urt. v. 21.3.1927 – V 381/26, RGZ 116, 363 ff., 367 f., aufgegeben und unter Verneinung des § 771 ZPO (und damit der Eigenschaft als Beteiligter nach § 9 ZVG) RG, Urt. v. 15.1.1930 – V 271/29, RGZ 127, 8 ff.

schlagsbeschluss.[60] Dasselbe gilt für alle eintragungsfähigen Rechte des wahren Berechtigten, die zum Zeitpunkt der Eintragung des Vollstreckungsvermerks (noch) nicht für ihn eingetragen[61] oder fehlerhaft gelöscht waren.[62]

41 Erst recht sind Beteiligte gemäß § 9 Nr. 2 ZVG die Rechtsinhaber **verdinglichter Positionen**, die nicht im Grundbuch verlautbart werden. Dazu gehören u. a. die verdinglichten Rechte nach dem BauGB, dem Flurbereinigungsgesetz (FlurbG), die seltenen Überbau- und Notwegrenten gemäß §§ 912, 917 BGB, die verdinglichten öffentlichen Lasten, die Sicherungshypothek nach den §§ 1287 Satz 2 BGB, 848 Abs. 2 ZPO[63] und altrechtliche Dienstbarkeiten gemäß Art 187 EGBGB (i. V. m. landesrechtlichen Vorschriften).[64] Zu der Gruppe der durch Anmeldung Beteiligten gehört auch der Gläubiger eines Pfandrechts an einem Recht am Grundstück[65] sowie der Pfandgläubiger des Rechtes auf Auskehrung des Erlösüberschusses.[66]

42 Diskutiert wird der in der Praxis wichtige Fall, ob der durch Abtretung **Inhaber** des schuldrechtlichen **Rückgewähranspruchs** auf Rückgewähr der Grundschuld gewordene Dritte diesen anmelden und dadurch als Zessionar den Beteiligtenstatus

---

60) § 93 ZVG, siehe auch *Cranshaw/Gietl*, Räumung gegen Mit"besitzer" nach § 93 ZVG, ZfIR 2010, 753 ff.

61) Vgl. dazu u. a. BeckOK-*Rachlitz*, ZVG, § 9 Rz. 26, der übergreifend auf die Unrichtigkeit des Grundbuchs hinweist, das mit *„der wirklichen Rechtslage nicht im Einklang"* (§ 894 BGB) steht, sodass der materiellrechtlich wahre Berechtigte den Anspruch aufgrund Buchberichtigung nach dieser Norm hat. Anders, wenn der gutgläubige Erwerb eines Dritten hinzutritt, Böttcher/*Böttcher*, ZVG, § 9 Rz. 12 a. E.

62) Hierauf weist Böttcher/*Böttcher*, § 9 Rz. 12 m. w. N., zu Recht hin; siehe auch zu den von § 9 Nr. 2 ZVG umfassten Rechten nach dem vormaligen Zivilrecht der ehemaligen DDR (vgl. Art. 233 EGBGB).

63) Siehe Böttcher/*Böttcher*, ZVG, § 9 Rz. 12; ebenso siehe § 11 Rz. 24 [*Cranshaw*] (§ 1287 BGB) und § 10 Rz. 149 [*Cranshaw*].

64) Grüneberg/*Herrler*, BGB, Art. 187 EGBGB Rz. 1, 3 (altrechtliche Dienstbarkeiten); Dassler/Schiffhauer/u. a.-*Rellermeyer*, ZVG, § 9 Rz. 18 m. w. N., weist im gegebenen Zusammenhang auf den seltenen Nießbrauch an einer unverzinslichen Forderung nach § 1075 BGB i. V. m. § 1074 BGB hin; zum Zusammenhang mit Grundstücken siehe den Überblick bei Prütting/Wegen/Weinreich-*Ahrens* BGB, § 1075 Rz. 3 a. E., 4.

65) Dassler/Schiffhauer/u. a.-*Rellermeyer*, ZVG, § 9 Rz. 18 m. w. N.; das Pfändungspfandrecht an einem Grundpfandrecht steht dem rechtsgeschäftlichen Pfandrecht gleich, siehe dazu die §§ 857 Abs. 6, 830 ZPO; dazu Thomas/Putzo-*Seiler*, ZPO, § 830 Rz. 1 f., 2a, 3, 11 (zur Buchhypothek); zur Verpfändung der Grund- bzw. Rentenschuld siehe § 1291 BGB i. V. m. den §§ 1273 ff., 1279 ff. BGB; Böttcher/*Böttcher*, ZVG, § 9 Rz. 13, weist darauf hin, dass unter § 9 Nr. 2 ZVG derjenige Pfandrechtsinhaber zu subsumieren sei, dessen Recht erst nach dem Versteigerungsvermerk im Grundbuch eingetragen worden sei. Das trifft zu, gilt aber nur für Pfandgläubiger an Buchrechten, deren Recht im üblichen Grundbuchverfahren einzutragen ist. Bei der Verpfändung oder Pfändung der Briefhypothek bedarf es eben nur der Übergabe des Briefs an den Pfandgläubiger oder der Wegnahme durch den Gerichtsvollzieher (siehe § 830 Abs. 1 ZPO).

66) Dassler/Schiffhauer/u. a.-*Rellermeyer*, ZVG, § 9 Rz. 18 m. w. N.; ist z. B. die Zwangsverwaltung *„uneingeschränkt"* aufgehoben, steht der Erlösüberschuss nicht mehr den Grundpfandgläubigern, sondern dem Eigentümer, in dessen Insolvenz der Masse zu, auch wenn ein Grundpfandgläubiger diesen Anspruch pfändet; § 89 Abs. 1 InsO steht dem entgegen, BGH, Beschl. v. 10.10.2013 – IX ZB 197/11, ZIP 2013, 2331 f. = Rpfleger 2014, 97 f., dazu *Cranshaw*, jurisPR-InsR 1/2014, Anm. 1.

erlangen kann.[67] Der BGH hat die Beteiligungsfähigkeit des Zessionars entgegen anderweitiger Literatur und instanzgerichtlicher Rechtsprechung (bei einer Einmalvalutierungsabrede zwischen dem Inhaber der Grundschuld und dem Zessionar des Rückgewähranspruchs) bejaht. Der Rückgewähranspruch auf nicht valutierte Grundschuldteile begründe ein Widerspruchsrecht gegen den Teilungsplan; dies gelte auch dann, wenn bei der Erlösverteilung ein Beteiligter hinter den Widersprechenden zurücktreten müsse. Die Einmalvalutierungsabrede sei zugleich der Verzicht auf dingliche Ansprüche, die über den davon betroffenen Betrag hinausgingen. Der als Folge der Einmalvalutierungsabrede entstehende Übererlös stehe dem Zessionar zu. Damit sei auch der Widerspruch gegen den Teilungsplan begründet, der Zessionar sei Beteiligter nach § 9 Nr. 2 ZVG.[68]

In diesem Kontext ist ferner zu bemerken, dass Rückgewährberechtigter der Grund- 43
schuld, auch ohne dass eine Abtretung des Anspruchs erfolgt ist, nicht grundsätzlich der Grundstückseigentümer ist, sondern stets derjenige, der aufgrund des mit dem Grundschuldgläubiger zustande gekommenen Sicherungsvertrags dazu berechtigt ist.[69]

Beispiel: E. hat an einem ihm gehörenden Grundstück eine erstrangige Sicherungs- 44
grundschuld für die Bank B. bestellt, um eine Finanzierung (die nichts mit der Immobilie, die belastet wird, zu tun haben muss) zu besichern. Er zahlt das Darlehen zurück und belässt die Grundschuld bei der Bank für etwa künftige Finanzierungen. Später verkauft er die Immobilie zu einem Preis i. H. v. x € an K., wobei der Käufer die Grundschuld „übernimmt", die einen Teil des Restkaufpreises decken soll, der in Raten bezahlt werden soll. Rückgewährberechtigter im Verhältnis zu B. bleibt E. Im Fall der Versteigerung, z. B. durch einen Dritten, ist E. angesichts der nichtvalutierten Grundschuld Inhaber des Rückgewähranspruchs und Beteiligter. B. muss die Grundschuld auf dessen Wunsch an E. abtreten. Der Käufer und neue Eigentümer ist hier vor Zahlung des Restkaufpreises nicht rückgewährsberechtigt.

3. Beteiligte aufgrund eines Rechts auf Befriedigung aus dem Grundstück gemäß § 9 Nr. 2 Var. 4 ZVG

Die Bestimmung des § 9 Nr. 2 Var. 4 ZVG beschreibt persönliche Ansprüche, die 45
zum Zweck der Versteigerung verdinglicht werden und die die Beteiligteneigenschaft erst durch Anmeldung vermitteln. Es handelt sich dabei um die Ansprüche

---

67) Bei der Grundschuldbestellung von Sicherungsgrundschulden ist die Abtretung der schuldrechtlichen Rückgewähransprüche Standard in der Formularpraxis der Kreditwirtschaft, vgl. z. B. bei *Gladenbeck/Samhat*, Kreditsicherung durch Grundschulden, Anhang 6 („Zweckerklärung für Grundschulden – Sicherung der Geschäftsverbindung" mit weitem Sicherungszweck), Ziff. 2 des Mustervertrags, S. 747–752 mit Anm.; vgl. im Text Teil 2, Kap. 20.1–20.5, S. 349–386 zu Standardfällen der durch Grundschulden gesicherten Forderungen; siehe auch *Epp*, in: Ellenberger/Bunte, Bankrechts-Handbuch, Anhang zu § 73 (Grundpfandrechte), Mustervertrag 2. „Sicherungsvereinbarung für eine Grundschuld mit Abtretung der Rückgewähransprüche".

68) BGH, Urt. v. 20.12.2001 – IX ZR 419/98, NJW 2002, 1578 ff., 1579.

69) BGH, Urt. v. 19.10.2017 – IX ZR 79/16, ZfIR 2018, 145 ff. Rz. 13 = ZIP 2017, 2395 ff., ohne Übertragung des Rückgewähranspruchs an ihn kann der Erwerber eines mit einem Grundpfandrecht (Sicherungsgrundschuld) belasteten Grundstücks keine Einreden aus dem Sicherungsvertrag geltend machen.

der Rangklassen gemäß § 10 Nrn. 1–3 und 7 ZVG. Die Rangklasse 4 ist nach § 9 Nr. 1 ZVG von Amts wegen, weil aus dem Grundbuch ersichtlich, zu berücksichtigen. Die Rangklasse 5 betrifft betreibende Gläubiger, die nach § 9 Halbs. 1 ZVG als beteiligt gelten. Die Rangklasse 6 erfasst die gegenüber dem jeweiligen betreibenden Gläubiger als Folge der Beschlagnahme (§§ 22, 23 ZVG) relativ unwirksamen Ansprüche der Rangklasse 4, die daher nach § 37 Nr. 4 ZVG anzumelden sind, sofern nicht der Sonderfall des § 45 ZVG bejaht werden kann. Die Rangklasse 8 ist aus dem Grundbuch ersichtlich.

4. Beteiligte aufgrund eines Miet- oder Pachtrechts gemäß § 9 Nr. 2 Var. 5 ZVG

46 Der Schutz des Mieters oder Pächters setzt nicht nur ein obligatorisches Miet- oder Pachtverhältnis voraus, sondern das Gesetz fordert die **Überlassung**[70] **des Besitzes** (vgl. §§ 535 Abs. 1, 581 Abs. 1, 585 Abs. 1 BGB) des Grundstücks (Wohnung, Haus, sonstige bebaute/unbebaute Grundstücke aller Art usw.) an den Mieter oder Pächter als Voraussetzung der Beteiligteneigenschaft. Der bloße Abschluss des schuldrechtlichen Vertrags genügt damit nicht. Der Mieter bzw. Pächter muss damit **berechtigter Besitzer** auf der Basis eines wirksamen Miet-/Pachtverhältnisses sein. Den Beginn der Beteiligtenposition kennzeichnet die Besitzübertragung, ihr Ende tritt mit der Räumung, d. h. der Besitzaufgabe, ein.[71] Die Rechte des Mieters im Versteigerungsverfahren sind dadurch gekennzeichnet, dass er nach Anmeldung die Abänderung der Versteigerungsbedingungen betreiben kann, § 59 Abs. 1 Satz 1 ZVG, sodass ggf. ein Doppelausgebot nach § 59 Abs. 2 ZVG die Folge ist.[72] Siehe ferner §§ 57–57b [*Bachmann*].

47 Dem Miet- oder Pachtverhältnis in diesem Sinne stehen die diesem ähnlichen schuldrechtlichen Rechtsverhältnisse gleich (z. B. das **Immobilienleasing** bei der Vollstreckung gegen den Leasinggeber oder sonstige schuldrechtliche Nutzungsverhältnisse).

48 Umstritten ist die Beteiligtenfähigkeit des **„Untermieters"**. Der BGH hat für das Zwangsverwaltungsverfahren darauf erkannt, die Erinnerung eines Untermieters oder Unterpächters gegen die Anordnung der Zwangsverwaltung sei unzulässig. Dem Untermieter fehle das Rechtsschutzinteresse. Seine Rechtsstellung werde dadurch nicht unmittelbar tangiert.[73] Die Frage der Beteiligungsfähigkeit für das Zwangsversteigerungsverfahren hat der Senat offengelassen. Die Tendenz geht aber

70) Die Gebrauchsgewährung durch Besitzübertragung (vgl. § 854 BGB) ist Hauptleistungspflicht bei Miete und Pacht, vgl. Grüneberg/*Weidenkaff*, BGB, § 535 Rz. 14, § 581 Rz. 7.

71) Zum „*Umzug*" und dem damit verbundenen Verlust der Beteiligtenfähigkeit siehe Böttcher/*Böttcher*, ZVG, § 9 Rz. 15.

72) Siehe hierzu einen Fall zulässiger Kündigung gemäß § 57a ZVG bei Versteigerung eines Wohnungseigentums, das zugleich Teil eines aus mehreren Einheiten bestehenden Gesamtmietobjektes ist, BGH, Urt. v. 30.10.2013 – XII ZR 113/12, ZfIR 2014, 193 ff. = BGHZ 198, 337 ff. = Rpfleger 2014, 144 ff., m. Anm. *Meller-Hannich/Häntschel*, WuB VI E § 57a ZVG 1.14.

73) BGH, Beschl. v. 7.7.2011 – V ZB 9/11, Rz. 7 f. = Rpfleger 2011, 39 f. = ZInsO 2011, 1170 f.

dort doch wohl dahin, die Beteiligungsfähigkeit entgegen Stimmen in der Literatur[74]) zu verneinen.

5. Sonstige Beteiligte nach dem ZVG im „weiteren Sinne" und Abgrenzung zu § 9 ZVG, sowie Fälle fehlender Beteiligteneigenschaft

§ 9 ZVG erfasst nur die originären Beteiligtengruppen mit den spezifischen Beteiligtenrechten. **Nicht** umfasst werden von dieser Norm diejenigen, die erst später im Verfahren hinzutreten oder die aus sonstigen Gründen kraft ihrer Stellung nur eingeschränkte Teilnahme im Verfahren beanspruchen können. 49

Dazu gehört z. B. das „Jedermannsrecht" auf Akteneinsicht in die Mitteilungen des Grundbuchamts (§ 42 Abs. 1 ZVG i. V. m. § 19 Abs. 2, 3 ZVG) sowie in die weiteren „Nachweisungen" und „Abschätzungen" nach § 42 Abs. 2 ZVG. Von erheblicher Bedeutung ist dabei das Recht auf Einsichtnahme in das **Verkehrswertgutachten**, das insbesondere dem Interesse von Bietinteressenten dient. Bei dieser Regelung handelt es sich um einen Wertungskompromiss des Gesetzgebers, da Gerichtsakten im Allgemeinen nicht öffentlich zugänglich sind. Bei Verweigerung des Rechts steht dem Interessenten die Erinnerung nach § 766 ZPO zu. Gegen die Entscheidung im Erinnerungsverfahren ist die sofortige Beschwerde statthaft (vgl. § 793 ZPO).[75]) Auch aus dem **Akteneinsichtsrecht** gemäß § 299 ZPO ergibt sich eine insoweit beschränkte Position als Beteiligter in einem weiteren Sinne als er § 9 ZVG innewohnt (siehe § 42 [*Bachmann*]). 50

Von größerer Bedeutung sind die **Positionen**[76]) 51

- des **Bieters** (vgl. §§ 66 ff. ZVG),
- des **Meistbietenden** (§ 81 Abs. 1 ZVG) und **des Zessionars des Meistbietenden** (§ 81 Abs. 2 ZVG) sowie des vom Meistbietenden **Vertretenen** (bei verdecktem Gebot, § 81 Abs. 3 ZVG),
- des **Erstehers** (§§ 81, 82 ZVG), der nicht i. S. d. § 9 ZVG beteiligt ist,
- des **mithaftenden Meistbietenden** und des **mithaftenden Bankbürgen** (§§ 82, 81 Abs. 4, 69 Abs. 3 Satz 1 ZVG), denen wie dem Ersteher auch die Terminsbestimmung zur Erlösverteilung zuzustellen ist (§ 105 Abs. 2 ZVG),
- des im Termin nicht erschienenen **wirklichen Berechtigten** (§ 117 Abs. 2 Satz 1), bzw. der Begünstigten nach den §§ 120 ff. ZVG), in der Zwangsverwaltung des unbekannten Berechtigten (§ 57 ZVG)

---

74) Vgl. Böttcher/*Böttcher*, ZVG, § 9 Rz. 15; Stöber/*Keller*, ZVG, § 9 Rz. 17; BeckOK-*Rachlitz*, ZVG, § 9 Rz. 55, 55.1 mit der Einschränkung, die Untervermietung müsse gestattet sein, was freilich selbstverständlich erscheint. Der Untermieter muss seine Berechtigung „auf Verlangen" glaubhaft machen. Im Zwangsverwaltungsverfahren ist er nicht i. S. d. § 9 ZVG beteiligt, siehe BGH, Beschl. v. 7.7.2011 – V ZB 9/11, juris = Rpfleger 2012, 39 f.; ihm fehlt für eine Erinnerung das Rechtsschutzinteresse. In praxi ist freilich auch die recht weite Ermöglichung der Untervermietung durch die Judikatur zu beachten, die faktisch meist dazu führen dürfte, dass der Untermieter keine Kenntnis vom Verfahren erlangt.

75) Zöller/*Herget*, ZPO, § 766 Rz. 36.

76) Die folgende Aufzählung orientiert sich an der Übersicht von Böttcher/*Böttcher*, ZVG, § 9 Rz. 1; ebenso siehe Rz. 75 (Tabelle).

– und des **Zwangsverwalters** (§§ 146 ff., § 150 ZVG).

52 Daneben steht die Gruppe derer, die ein rechtliches Interesse an dem Verfahren und seinem Ausgang haben (und ihn ggf. auch tatsächlich beeinflussen können), aber keine verfahrensrechtliche Rechtsposition haben.

53 Schuldrechtliche Forderungen gegen den Vollstreckungsschuldner ohne Verfahrensbeteiligung als betreibender Gläubiger vermögen nach einer Entscheidung des LG Bielefeld aus dem Jahr 2022 die Beteiligung i. S. d. § 9 ZVG ersichtlich nicht zu begründen.[77)]

54 Verfahrensbeteiligt ist aber nach einem Beschluss des LG Heilbronn aus dem Jahr 2022 der an einem Teilungsversteigerungsverfahren beteiligte Testamentsvollstrecker (vgl. §§ 2204 Abs. 1, 2205 BGB), sofern er seine Verwaltungs- und Verfügungsbefugnis durch ein Testamentsvollstreckerzeugnis (§ 2368 BGB) nachweist.[78)]

6. Verfahrensbeteiligte nach Normen außerhalb des ZVG

55 § 9 ZVG ist nicht abschließend, vielmehr gibt es für spezifische Vollstreckungsgegenstände Sonderregelungen in Normen außerhalb des ZVG. Zu **Schiffen,** Schiffsbauwerken/Schwimmdocks und Luftfahrzeugen siehe oben, zum **Erbbaurecht** siehe Rz. 75 (Tabelle). Zur Beteiligteneigenschaft bei der Versteigerung von **Bergwerkseigentum** als grundstücksgleiches Recht (vgl. § 9 Abs. 1 Satz 1 BBergG) gilt dasselbe wie für Grundstücke.[79)]

56 Die Frage der Beteiligung des Steuerfiskus als Beteiligter i. S. d. § 9 ZVG im Hinblick auf einkommensteuerrechtliche Pflichten des Zwangsverwalters für den Vollstreckungsschuldner hat das LG Dortmund in einer Entscheidung aus dem Jahr 2020 verneint.[80)] Das Land Nordrhein-Westfalen sei weder nach § 9 ZVG noch nach

---

77) LG Bielefeld, Beschl. v. 9.8.2022 – 23 T 379/22, juris = ECLI:DE:LGBI:2022:0809.23T379.22.00.

78) LG Heilbronn, Beschl. v. 19.4.2022 – Wo 1 T 97/22, juris Rz. 2 = ZD 2023, 43 f.; Böttcher/*Böttcher*, ZVG, § 9 Rz. 9.

79) Zu sehr seltenen weiteren landesrechtlich determinierten Vollstreckungsgegenständen und den daraus abzuleitenden Beteiligten siehe Dassler/Schiffhauer/u. a.-*Rellermeyer*, ZVG, § 9 Rz. 26 f., § 2 EGZVG Rz. 2–5, 9 und die dort in Rz. 15 ff. beschriebenen Rechte nach altem Landesrecht nach dem EGBGB und Ausführungsvorschriften von Bundesländern; zur Salzabbaugerechtigkeit vgl. höchstrichterlich zuletzt BGH, Beschl. v. 13.12.2012 – V ZB 49/12, Rpfleger 2013, 260 ff. = NJW-RR 2013, 588 f. = JurionRS 2012, 31289; zum Früchtepfandrecht nach dem DüngMSaatG (Gesetz zur Sicherung der Düngemittel- und Saatgutversorgung v. 19.1.1949, WiGBl. S. 8, BGBl. III S. 403–11); ebenso siehe § 10 Rz. 11 [*Cranshaw*]; siehe auch *Schlimpert*, Integrale und funktionale Verbindungen aus Sachen im französischen und deutschen Recht, S. 161; aus der Judikatur OLG Brandenburg, Urt. v. 9.6.2009 – 6 W 87/09, juris = Recht der Landwirtschaft (RdL) 2010, 100 f. = Agrar- und Umweltrecht (AUR) 2010, 136 f.; der Senat will wie das OLG Karlsruhe, Urt. v. 18.3.1992 – 1 U 267/90, juris = AgrarR 1993, 61 f. (heute AUR Agrar- und Umweltrecht), das Pfandrecht auf alle Früchte des Betriebs erstrecken, unabhängig, ob diese mit Hilfe des gekauften Düngers oder des Saatguts angebaut wurden, Rz. 15; das erscheint in dieser Absolutheit jedenfalls nicht vollständig überzeugend. Der Streit darüber wäre aber vor den ordentlichen Gerichten auszutragen, der Prätendent des Pfandrechts bis dahin als Beteiligter anzusehen, denn er kann sein Recht angesichts dieser Judikatur jedenfalls glaubhaft machen.

80) Vgl. LG Dortmund, Beschl. v. 6.7.2020 – 9 T 286/20, juris = ECLI:DE:LGDO:2020:0706.9T286.20.00.

legt werden. Anträge in anderen Kommunikationsformen entgegen der Nutzungspflicht sind unzulässig.[101] Diese Übergangsregelungen sind erledigt, mittlerweile ist § 130d ZPO im Zwangsversteigerungsverfahren anzuwenden. Im Zustellungsrecht sind Änderungen durch das Gesetz zum Ausbau des elektronischen Rechtsverkehrs mit den Gerichten und zur Änderung weiterer Vorschriften v. 5.10.2021 (BGBl. I 2021 S. 4607) zum 1.1.2022 bzw. 1.1.2023 und 1.1.2024 erfolgt (§ 173 ZPO n. F., § 173 ZPO a. F. wird § 174 ZPO n. F., § 175 ZPO „Zustellung von Schriftstücken gegen Empfangsbekenntnis" ist ebenfalls neu gefasst worden). Wird der vorgeschriebene elektronische Weg nicht gewählt, ist die Prozesshandlung unwirksam, versäumte Fristen können im Allgemeinen auch nicht durch einen Wiedereinsetzungsantrag „gerettet" werden,[102] u. a. eine Haftungsfalle für Anwälte auch in Zwangsversteigerungs-/Zwangsverwaltungssachen. Nur bei technischen Störungen sind Ausnahmen von der elektronischen Form möglich, § 130d Sätze 2, 3 ZPO, auf die Einhaltung der vorgeschriebenen elektronischen Form kann nicht verzichtet werden.[103]

Fazit: Mit der fortschreitenden Digitalisierung der Justiz ist ein fundamentaler Wandel der Kommunikation verbunden, der für die unter § 130d ZPO subsumierten professionellen Verpflichteten bereits eingetreten ist; Verstöße gegen diese Formvorschriften führen zu prozessualen Rechtsverlusten, zu materiellrechtlichen Einbußen und wirtschaftlichen Verlustrisiken. Beispiel: Die öffentlichrechtliche Sparkasse muss § 130d ZPO bei Beteiligung an einem Verfahren nach dem ZVG einhalten, die private Bank (noch) nicht. 66

Bei Anmeldung durch einen Bevollmächtigten muss dieser wie auch sonst seine **Vertretungsmacht** nachweisen, ggf. durch Prozessvollmacht (§ 80 ZPO), falls sich der Berechtigte bei der Anmeldung durch einen Rechtsanwalt vertreten lässt, auch wenn anwaltliche Vertretung nicht notwendig ist. 67

c) Beteiligteneigenschaft nur durch wirksame Anmeldung/Glaubhaftmachung

Die Eigenschaft als Beteiligter tritt **kraft Gesetzes** mit Wirkung für den künftigen Zeitraum nach wirksamer Anmeldung ein und bedarf keiner bestätigenden gerichtlichen Entscheidung,[104] sodass auch – umgekehrt – ein Beschluss, der die Anmeldung abweist/zurückweist, nicht ausdrücklich vorgesehen ist. Der Anmeldende muss das Verfahren in dem Stand hinnehmen, in dem es sich zum Beitrittszeitpunkt befindet, sodass **frühzeitige Anmeldung**[105] im Interesse desjenigen ist, der 68

101) Vgl. Zöller/*Greger*, ZPO, § 130d vor Rz. 1 und Rz. 1.

102) Zur Pflicht zur Nutzung der elektronischen Form und den Folgen der Nichteinhaltung (des § 130d ZPO) gibt es bereits eine Fülle von Entscheidungen, siehe beispielsweise nur BGH, Beschl. v. 24.11.2022 – IX ZB 11/22, ZRI 2023, 59 ff. (Rechtsmittel im Insolvenzverfahren durch anwaltlichen Insolvenzverwalter); BGH, Beschl. v. 21.6.2023 – V ZB 15/22, NJW 2023, 2883 ff.

103) Siehe nur Thomas/Putzo-*Seiler*, ZPO, § 130d Rz. 1, 2.

104) BeckOK-*Rachlitz*, ZVG, § 9 Rz. 58.

105) BeckOK-*Rachlitz*, ZVG, § 9 Rz. 58; auch hier gilt wie überall im Vollstreckungsrecht das von *Depré/Bachmann*, Das 1x1 der Lohnpfändung, S. 1 (Vorwort), aktuell zu Recht an den Anfang gestellte Zitat aus den Digesten, wonach das Recht für die Aufmerksamen geschaffen wurde, die ihre Rechte auch wahren, denn *„ius civile vigilantibus scriptum est"* (D. 42.8.24 a. E.), ein allgemeiner Rechtssatz, der auch in Verfahren vor den Unionsgerichten immer wieder einmal zitiert wird.

seine rechtlichen Interessen verteidigen will. Völlig bedeutungslos ist nämlich die Kenntniserlangung von dem betroffenen Recht seitens des Vollstreckungsgerichts auf anderem Wege als dem der förmlichen Anmeldung.[106] Es kommt nämlich primär zunächst nicht auf Kenntnis des Gerichts an, sondern auf die Geltendmachung des Rechts durch den Betroffenen.

69 Die von BeckOK-*Rachlitz* *„als actus contrarius"* thematisierte *„Abmeldung"* ist bzw. entspricht eine(r) Antragsrücknahme.[107]

70 Die Wirkung ex nunc begrenzt gleichzeitig die Möglichkeit der erfolgreichen Anmeldung, für die eine zeitliche Grenze im Gesetz nicht besteht, sodass sie bis zum Verfahrensende möglich ist.[108]

71 **Problematisch sind zwei Fälle:** Der eine Fall betrifft die unterbliebene oder inhaltlich erfolglose Glaubhaftmachung trotz Aufforderung dazu, insbesondere wenn ein anderer Beteiligter sie begehrt. Der andere ist dadurch gekennzeichnet, dass das Gericht die Glaubhaftmachung schon gar nicht verlangt, weil es das Fehlen der Eigenschaft als Beteiligter auf der Basis des bisherigen Vortrags des Anmeldenden für evident hält. Der in diesen Fällen gebotene Hinweis nach § 139 ZPO auf die Möglichkeit der Rücknahme der Anmeldung (zur „Abmeldung" siehe Rz. 69) zur Klarstellung ist nicht hinreichend, wenn der Anmeldende dies verweigert. Daher ist in beiden Fällen, zumal im Interesse des die Glaubhaftmachung verlangenden Gläubigers, ein konstitutiv wirkender Gerichtsbeschluss möglich und richtig.[109] Davon betroffen ist auch der Fall, dass der die Glaubhaftmachung fordernde Gläubiger der Auffassung ist, die Glaubhaftmachung sei misslungen, wohingegen das Gericht vom Gegenteil ausgeht.

72 Zwar ist die Entscheidung nicht selbstständig angreifbar (Folge des § 95 ZVG)[110], aber immerhin Basis des Widerspruchs gegen den Teilungsplan (vgl. § 115 Abs. 2 ZVG) mit den dortigen Folgen.[111]

73 Das Verlangen nach **Glaubhaftmachung** der der Anmeldung zugrunde gelegten Tatsachen liegt im Ermessen des Gerichts; es kann sich aller Beweismittel des § 294 ZPO bedienen. Die Glaubhaftmachung vermittelt eine geringere Wahrscheinlichkeit als der Strengbeweis.[112] Die Folge der unterlassenen Glaubhaftmachung ist u. a., dass der Antrag des Betroffenen auf abweichende Versteigerungsbedingungen nach § 59 ZVG zurückgewiesen werden muss; er ist dann nie Beteiligter geworden.[113]

---

106) Illustrativ in der Entscheidung BGH, Urt. v. 30.5.1956 – V ZR 200/54, BGHZ 21, 30 ff.

107) BeckOK-*Rachlitz*, ZVG, § 9 Rz. 63; die „Abmeldung" entspricht der „Antragsrücknahme".

108) Böttcher/*Böttcher*, ZVG, § 9 Rz. 18; so schon *Jaeckel/Güthe*, ZVG, 4. Aufl., § 9 Rz. 9 m. w. N.

109) Zuvor ist rechtliches Gehör zu gewähren.

110) Die Zuschlagsbeschwerde ist unter den Voraussetzungen der Verletzung der in § 100 Abs. 1 ZVG zusammengefassten Vorschriften begründet.

111) Böttcher/*Böttcher*, ZVG, § 9 Rz. 19 a. E.; ebenso siehe § 115 Rz. 7 ff. [*Bachmann*].

112) Siehe den Überblick bei Thomas/Putzo-*Reichold*, ZPO, § 294 Rz. 1–3.

113) Hierzu und zum Ermessen des Gerichts vgl. BGH, Beschl. v. 6.6.2013 – V ZB 7/12, ZfIR 2013, 608 = Rpfleger 2013, 692 ff., Rz. 16 f.

§ 150a	Institutszwangsverwaltung bei den dort genannten Beteiligten des § 9 ZVG (eingeschränktes Beteiligungsrecht) auf deren Antrag hin.[123)]
§ 150b	Anhörung der Beteiligten des § 9 zur Zwangsverwaltung durch den Schuldner bei landwirtschaftlichem/forstwirtschaftlichem/gärtnerischem Grundbesitz.
§ 154	Verantwortlichkeit des Zwangsverwalters gegenüber den Beteiligten des § 9; der Zwangsverwalter ist selbst Beteiligter in einem weiteren Sinn, siehe oben.
§ 156 Abs. 2	Zustellung der Terminbestimmung für den Teilungsplan an die Beteiligten des § 9.
§ 159	Klagebefugnis der Beteiligten des § 9 auf Änderung des Teilungsplans.
§ 163	Beteiligteneigenschaft der Sozialversicherungsträger einschließlich der BA auch ohne Anmeldung nach § 9 Nr. 2 bei der Versteigerung von Schiffen; Verfahrensregelung dazu.
§ 166	**Schiffer des Binnenschiffs** als Beteiligter bei der Versteigerung von Schiffen (auf Antrag eines Schiffsgläubigers); die Vorschrift ist obsolet, da gegen den Schiffer die Versteigerung nicht mehr angeordnet werden kann, siehe § 619 HGB n. F. seit dem Gesetz zur Reform des Seehandelsrechts; dasselbe gilt für den **Kapitän** eines Seeschiffes.
§ 171 Abs. 3	Zustellung der Bestimmung des Versteigerungstermins bei der Versteigerung eines ausländischen Schiffs an die Schiffsgläubiger in den Schiffspapieren und die *„sonstigen Beteiligten"*, soweit dies im Hinblick auf Verfahrensverzögerungen noch *„tunlich"* ist.
§ 171 l Abs. 2	Zustellung der Terminsbestimmung an ausländische Beteiligte bei Versteigerung eines ausländischen Luftfahrzeugs.
§ 24 ErbbauRG	**Grundsatznorm**: Der Grundstückseigentümer „gilt" als Beteiligter bei der Versteigerung des Erbbaurechts; im Versteigerungsverfahren des Grundstücks ist umgekehrt der Erbbauberechtigte Beteiligter nach § 9 Nr. 1 ZVG i. V. m. § 10 Abs. 1 ErbbauRG.
§ 9 ErbbauRG	**Keine Beteiligteneigenschaft** des Grundstückseigentümers nach § 9 Nr. 1 ZVG, wenn nur ein schuldrechtlicher Erbbauzins vereinbart wurde.[124)]

3. Verfahrensbeteiligung und Zwangsverwaltung

76 Spezifische Fragen der Verfahrensbeteiligung wirft die Zwangsverwaltung auf. Der Zwangsverwalter ist nur Verfahrensbeteiligter im weiteren Sinne hinsichtlich der ihn berührenden Interessen und Gegenstände, ansonsten Dritter.

77 Der **Beteiligtenkreis** des Zwangsverwaltungsverfahrens ist nicht identisch mit dem des Zwangsversteigerungsverfahrens über denselben Vollstreckungsgegenstand.

123) Das Institut der Institutszwangsverwaltung ist insgesamt problematisch, es sollte bei einer Reform des ZVG aufgehoben werden.

124) Grüneberg/*Wicke*, BGB, § 9 ErbbauRG Rz. 1 unter b).

Vielmehr sind die Beteiligten des § 9 ZVG und die *„weiteren* Beteiligten" für das jeweilige Verfahren getrennt festzustellen.

78 Ein hier nicht im Einzelnen abzuhandelndes Thema betrifft die Frage, wie weit die Haftung des Zwangsverwalters reicht und ob sie auf die Beteiligten des § 9 ZVG beschränkt ist.[125] Für Einzelheiten siehe Rz. 75 und § 154 Rz. 2 f. [*Depré*].

79 Zum **Untermieter/-pächter** und vergleichbaren schuldrechtlichen Nutzungsverhältnissen siehe Rz. 46 ff., 48.

VII. Reformvorschläge

80 § 9 ZVG „Beteiligte" soll nach den Reformvorschlägen des vom BMJV beauftragten Forschungsberichts aus 2017[126] an der bisherigen Stelle wegfallen und in § 3 ZVG n. F. (Reformvorschlag) „verortet" werden. Inhaltlich soll dabei nichts verändert werden, die Änderungen im Wortlaut betreffen allein die vorgeschlagene Überschrift („Beteiligte des Verfahrens"). Änderungen der Begrifflichkeit seien nicht erforderlich, vielmehr sei der Wortlaut offen für „vielfältige Anwendungen".[127]

---

125) Vgl. zu der Diskussion der Haftung des Zwangsverwalters (Haftung für Pflichtwidrigkeit gemäß § 154 ZVG) z. B. BGH, Urt. v. 15.10.2015 – IX ZR 44/15, ZfIR 2016, 110 ff., siehe u. a. dazu bei *Schmidt-Räntsch*, ZfIR 2016, 589 ff.; OLG Frankfurt, Urt. v. 10.9.2008 – 7 U 272/07, juris Rz. 16 ff. = ZfIR 2008, 804 ff., Rz. 16 ff.; OLG Saarbrücken, Urt. v. 23.2.2010 – 4 U 140/09, ZInsO 2010, 967 ff., Rz. 52, u. a. dazu umfassend *Keller*, ZfIR 2011, 345 ff.

126) Siehe dazu den vom BMJV beauftragten Forschungsbericht von *Böttcher/Keller/Schneider/Beeneken*, Das ZVG auf dem Prüfstand, S. 180–185 mit dem Ziel der Vereinfachung der Zustellungsvorschriften des ZVG und Angleichung an die §§ 166 ff. ZPO (S. 180); https://www.bmj.de/SharedDocs/Downloads/DE/Themen/Nav_Themen/ZVG_Abschlussbericht_Langfassung_Teil1.pdf. (Stand: 31.10.2023); *Keller*, Rpfleger 2023, 259 ff.

127) Siehe den Forschungsbericht von *Böttcher/Keller/Schneider/Beeneken*, S. 184.

§ 10

Rangklassen der Gläubigerbefriedigung

(1) Ein Recht auf Befriedigung aus dem Grundstück gewähren nach folgender Rangordnung, bei gleichem Rang nach dem Verhältnis ihrer Beträge:

1. der Anspruch eines die Zwangsverwaltung betreibenden Gläubigers auf Ersatz seiner Ausgaben zur Erhaltung oder nötigen Verbesserung des Grundstücks, im Falle der Zwangsversteigerung jedoch nur, wenn die Verwaltung bis zum Zuschlag fortdauert und die Ausgaben nicht aus den Nutzungen des Grundstücks erstattet werden können;

1a. im Falle einer Zwangsversteigerung, bei der das Insolvenzverfahren über das Vermögen des Schuldners eröffnet ist, die zur Insolvenzmasse gehörenden Ansprüche auf Ersatz der Kosten der Feststellung der beweglichen Gegenstände, auf die sich die Versteigerung erstreckt; diese Kosten sind nur zu erheben, wenn ein Insolvenzverwalter bestellt ist, und pauschal mit vier vom Hundert des Wertes anzusetzen, der nach § 74a Abs. 5 Satz 2 festgesetzt worden ist;

2. bei Vollstreckung in ein Wohnungseigentum die daraus fälligen Ansprüche auf Zahlung der Beiträge zu den Lasten und Kosten des gemeinschaftlichen Eigentums oder des Sondereigentums, die nach § 16 Abs. 2, § 28 Absatz 1 und 2 des Wohnungseigentumsgesetzes geschuldet werden, einschließlich der Vorschüsse und Rückstellungen sowie der Rückgriffsansprüche einzelner Wohnungseigentümer. Das Vorrecht erfasst die laufenden und die rückständigen Beträge aus dem Jahr der Beschlagnahme und den letzten zwei Jahren. Das Vorrecht einschließlich aller Nebenleistungen ist begrenzt auf Beträge in Höhe von nicht mehr als 5 vom Hundert des nach § 74a Abs. 5 festgesetzten Wertes. Die Anmeldung erfolgt durch die Gemeinschaft der Wohnungseigentümer. Rückgriffsansprüche einzelner Wohnungseigentümer werden von diesen angemeldet;
3. die Ansprüche auf Entrichtung der öffentlichen Lasten des Grundstücks wegen der aus den letzten vier Jahren rückständigen Beträge; wiederkehrende Leistungen, insbesondere Grundsteuern, Zinsen, Zuschläge oder Rentenleistungen, sowie Beträge, die zur allmählichen Tilgung einer Schuld als Zuschlag zu den Zinsen zu entrichten sind, genießen dieses Vorrecht nur für die laufenden Beträge und für die Rückstände aus den letzten zwei Jahren. Untereinander stehen öffentliche Grundstückslasten, gleichviel ob sie auf Bundes- oder Landesrecht beruhen, im Range gleich. Die Vorschriften des § 112 Abs. 1 und der §§ 113 und 116 des Gesetzes über den Lastenausgleich vom 14. August 1952 (Bundesgesetzbl. I S. 446) bleiben unberührt;
4. die Ansprüche aus Rechten an dem Grundstück, soweit sie nicht infolge der Beschlagnahme dem Gläubiger gegenüber unwirksam sind, einschließlich der Ansprüche auf Beträge, die zur allmählichen Tilgung einer Schuld als Zuschlag zu den Zinsen zu entrichten sind; Ansprüche auf wiederkehrende Leistungen, insbesondere Zinsen, Zuschläge, Verwaltungskosten oder Rentenleistungen, genießen das Vorrecht dieser Klasse nur wegen der laufenden und der aus den letzten zwei Jahren rückständigen Beträge;
5. der Anspruch des Gläubigers, soweit er nicht in einer der vorhergehenden Klassen zu befriedigen ist;
6. die Ansprüche der vierten Klasse, soweit sie infolge der Beschlagnahme dem Gläubiger gegenüber unwirksam sind;
7. die Ansprüche der dritten Klasse wegen der älteren Rückstände;
8. die Ansprüche der vierten Klasse wegen der älteren Rückstände.

(2) Das Recht auf Befriedigung aus dem Grundstück besteht auch für die Kosten der Kündigung und der die Befriedigung aus dem Grundstück bezweckenden Rechtsverfolgung.

(3) Für die Vollstreckung mit dem Range nach Absatz 1 Nummer 2 genügt ein Titel, aus dem die Verpflichtung des Schuldners zur Zahlung, die Art und der Bezugszeitraum des Anspruchs sowie seine Fälligkeit zu erkennen sind. Soweit die Art und der Bezugszeitraum des Anspruchs sowie seine Fälligkeit nicht aus dem Titel zu erkennen sind, sind sie in sonst geeigneter Weise glaubhaft zu machen.

Literatur: *Becker*, Kommunale Abgaben als öffentliche Lasten des Wohnungseigentums, ZfIR 2012, 403; *Böttcher*, Aktuelle Rechtsprechung zur Zwangsversteigerung im Jahr 2012, ZfIR 2013, 157; *Büchler*, Befriedigung von Immobiliargläubigern (Anmerkung zu BGH, ZInsO 2010, 764 und ZInsO 2010, 914), ZInsO 2011, 718; *Comanns*, Die Zwangsversteigerung von Wohnungseigentum wegen Wohngeldrückständen und die Problematik des Einheitswertbescheids, ZfIR 2009, 489; *Cranshaw*, Der Fall der „verzögerten Kommunalabgaben“ in der Insolvenz des Abgabenpflichtigen, KKZ 2023, 37–45; *Cranshaw*, Strafrechtliche Vermögensabschöpfung, ZfIR 2021, 102–119; *Cranshaw*, Immaterialgüterrechte als Kreditsicherheit, ihre Behandlung in Zwangsvollstreckung und Insolvenz, in: FCH-Sicherheitenkompendium, 6. Aufl., 2021, S. 817–1032; *Cranshaw*, Anm. zu BGH, Urt. v. 19.10.2017 – IX ZR 289/14, „Richtiger Anfechtungsgegner bei Insolvenzanfechtung nach Ende der Zwangsverwaltung“, NZI 2018, 214 ff., 216 (Anm.); *Cranshaw*, Tendenzen im Internationalen Insolvenzrecht, DZWiR 2018, 1 ff.; *Cymutta*, Anm. zu dem Urteil des BGH v. 8.12.2017 zu V ZR 82/17, Insolvenzeröffnung als Beschlagnahme i. S. d. § 10 Abs. 1 Nr. 2 ZVG, IMR 2018, 2422; *Drischler*, Das Früchtepfandrecht nach dem Gesetz zur Sicherung der Düngemittel- und Saatgutversorgung, Rpfleger 1948/1949, 499; *P. Fischer*, Der lange Weg der verbrauchsabhängigen Benutzungsgebühren im Rahmen der öffentlichen Lasten nach § 10 Abs. 1 Nr. 3 ZVG (zugleich Besprechung von BGH, Beschl. v. 30.3.2012 – V ZB 185/11, ZfIR 2012, 504), ZfIR 2012, 489; *P. Fischer*, Verbrauchsabhängige Benutzungsgebühren als unbegrenztes Vorrecht in der Zwangsversteigerung? – ein Beitrag zur „Last mit den öffentlichen Lasten“ in Rangklasse 3 des Zwangsversteigerungsrechts; *Gehrlein*, Notwendigkeit eines Doppelausgebots bei nachrangigem Altenteil; *Helwich*, Immobiliarvollstreckung in der Praxis, JurBüro 2012, 175; *Keller*, Altlastensanierung durch den Zwangsverwalter bei gleichzeitiger Insolvenz des Grundstückseigentümers, Rpfleger 2010, 568; *Lieder*, Schornsteinhypothek und Lästigkeitsprämie, NZI 2016, 105 ff.; *Oldenburg*, Das Schicksal des Vorrechts der Wohnungseigentümergemeinschaft bei der rechtsgeschäftlichen Veräußerung von Wohnungseigentum, ZfIR 2017, 563 ff.; *Rellermeyer*, Zwangsversteigerung und Zwangsverwaltung von Bergwerkseigentum, unbeweglichen Bergwerksanteilen und Salzabbaugerechtigkeiten, Rpfleger 2008, 462; *Röder-Persson*, Das Privileg der öffentlichen Grundstückslast im Zwangsversteigerungsgesetz im Lichte der Abschaffung des fiskalischen Konkursprivilegs, Diss., Berlin 2003; *Stöber*, Erlöschen der Auflassungsvormerkung und der Erbbauzins-Reallast bei der Insolvenzverwalterversteigerung, NJW 2000, 3600; *Traub*, Anmerkung zu BGH, Urt. v. 11.5.2010 – IX ZR 127/09, ZfIR 2010, 696. (zu § 6 Abs. 5 KAG Nordrhein-Westfalen), ZfIR 2010, 699.

Übersicht

hat das nichts zu tun, eher etwas mit der Auslegung der Ausfallbürgschaft. Dispositiv ist allerdings § 12 ZVG.[6] Wie stets unterliegen solche Abreden in der Insolvenz eines Beteiligten ggf. der Insolvenzanfechtung, §§ 129 ff. InsO.

II. Anwendungsbereich

7 Entsprechend seiner Funktion ist die Vorschrift in allen auf Versteigerung gerichteten Immobiliarvollstreckungsverfahren heranzuziehen, gleich, um welchen Versteigerungsgegenstand es sich handelt.

8 Besonderheiten gelten bei der **Zwangsverwaltung.**

9 Die Rangklassen bei der Versteigerung von **Schiffen, Schiffsbauwerken** und **Luftfahrzeugen** weichen von denjenigen der Vollstreckung in Immobilien und immobiliengleiche Rechte ab. Zu Einzelheiten siehe Rz. 176 ff.

III. Die sogenannte Rangklasse „0“

1. Verfahrenskosten

10 Zur in der Literatur sog. Rangklasse 0 (keine gesetzliche Terminologie) gehören die Kosten des Verfahrens, die *„aus dem Versteigerungserlös vorweg zu entnehmen“* sind, im Zwangsverwaltungsverfahren in der Abwandlung nach § 155 Abs. 1 ZVG.[7] Im Rahmen der Zwangsverwaltung ist ferner zu beachten, dass die Insuffizienz der Zwangsverwaltungsmasse zu einem Anspruch des Zwangsverwalters gegen den Gläubiger führt, § 12 Abs. 3 Satz 2 ZwVwV.[8]

2. „Früchtepfandrecht“

11 In der Literatur wird in dieser „Rangklasse ferner ein für die Praxis im Allgemeinen eher selteneres Befriedigungsrecht“ diskutiert, nämlich das **Früchtepfandrecht** nach dem DüngMSaatG (auch „SaatVersSiG“).[9]

12 Dieses Pfandrecht[10] ist allein für **landwirtschaftliche** und vergleichbare Betriebe von Bedeutung. Es beruht auf dem Gesetz zur Sicherung der Düngemittel- und Saatgutversorgung (DüngMSaatG).[11] Nach § 1 dieses Gesetzes haben die **Liefe-**

---

6) Siehe § 12 Rz. 5 [*Cranshaw*].

7) Siehe BeckOK-*Fischinger*, ZVG, § 10 Rz. 10, der das Recht nicht der Rangklassse „0“ zuordnet, sondern der Rangklasse „3/4“, siehe Fn. 11.

8) Vgl. BGH, Urt. v. 19.10.2017 – I X ZR 289/14, ZIP 2018, 290 ff. Rz. 24.

9) Siehe BeckOK-*Fischinger*, ZVG, § 10 Rz. 11, 76 ff.

10) Siehe *Drischler*, Rpfleger 1948/1949, 499 f.

11) DüngMSaatG – Gesetz zur Sicherung der Düngemittel- und Saatgutversorgung v. 19.1.1949, WiGBl. 1949, S. 8, BGBl. III S. 403–11, unbefristet verlängert d. d. Gesetz v. 30.7.1951, BGBl. 1951 I S. 476. Vor dem Hintergrund der heutigen Agrarwirtschaft, der geänderten Finanzierungsgepflogenheiten und des europäischen Agrarbinnenmarktes mag dieses Gesetz eher obsolet sein. Es ist primär vor dem Hintergrund der nachkriegsbedingten Mängel im Jahre 1949 zu sehen. In der Literatur wird es auch unter *„Düngemittelsicherungsgesetz“* (*„DüngMSichG“* oder „SaatVersSiG“) behandelt, siehe BeckOK-*Fischinger*, ZVG, § 10 Rz. 93 ff. bzw. unter *„Düngemittelgesetz“*, Stöber/*Drasdo*, ZVG, § 155 Rz. 19, 71 zu § 155 Abs. 4 ZVG, eingehend Stöber/*Achenbach*, ZVG, § 10 Rz. 8 ff. („vor Rangklasse 1“), Früchtepfandrecht.

ranten von Düngemitteln und *„anerkanntem"* bzw. *„zugelassenem"* Saatgut[12] (ausgenommen ist *„Zuckerrübensamen"*) sowie die **Finanzierer** solcher Lieferungen ein **gesetzliches Pfandrecht** an den getrennten sowie ungetrennten Früchten der nächsten Ernte, die mit dem gekauften oder finanzierten Dünger- und Saatgut gefördert bzw. erzeugt worden ist, soweit die Beschaffungs- und Finanzierungsvorgänge nach dem 31. Juli eines Jahres vorgenommen worden sind. Für die Lieferanten ist das Pfandrecht im Ergebnis Ersatz oder eine Verlängerung eines etwa bei Lieferung vereinbarten Eigentumsvorbehalts, da die gelieferten Düngemittel und das gelieferte Saatgut bestimmungsgemäß mit ihrer Verwendung ihre Sonderrechtsfähigkeit verlieren (§ 946 BGB), sodass dem Lieferanten nur der Anspruch aus § 951 BGB verbliebe. Das Gesetz erleichtert als Folge eines gesetzlichen Pfandrechts natürlich den Einkauf der für die landwirtschaftliche Produktion so wichtigen Güter.[13] Vorausgesetzt wird der Einsatz dieser Lieferungen im Rahmen einer ordnungsmäßigen Wirtschaft und der Beschaffung in einem üblichen Rahmen. Das Pfandrecht ist gemäß § 2 Abs. 4 DüngMSaatG vorrangig gegenüber allen anderen dinglichen Belastungen der Früchte (zum Begriff vgl. § 99 Abs. 1 BGB).

13 Schuldner dieses **gesetzlichen Pfandrechts** ist der Unternehmer des landwirtschaftlichen Betriebs, gleich, ob er Eigentümer ist oder sonst aufgrund eines dinglichen oder schuldrechtlichen Rechts die landwirtschaftliche Fläche nutzt.[14] Der Vorrang bezieht sich auf die Ernte ebenso wie auf die noch nicht abgeernteten Früchte *(„Frucht auf dem Halm")*, soweit diese mit den erworbenen oder finanzierten Düngemitteln bzw. dem Saatgut erzeugt wurden. Umstritten ist, ob § 2 Abs. 4 DüngMSaatG tatsächlich einer Rangklasse „0" mit folglich absolutem Vorrang zuzuordnen ist oder doch eher einem Zwischenrang zwischen den Rangklassen 3 und 4, weil die zitierte Norm des DüngMSaatG vom Vorrang gegenüber *„dinglichen Rechten"* spricht.[15] Das Erlöschen des Pfandrechts ist demjenigen des Vermieterpfandrechts nachgebildet (§ 562a BGB = § 560 a. F. BGB). Das Früchtepfandrecht ist daher gegenstandslos, wenn der landwirtschaftliche Unternehmer die Früchte erntet und veräußert, da diese Vorgehensweise geradezu das typische Beispiel der ordnungsmäßigen Wirtschaftsweise darstellt, die zur Enthaftung der Früchte führt.[16] Soll eine Kreditfi-

---

12) Dassler/Schiffhauer/u. a.-*Rellermeyer*, ZVG, § 10 Rz. 4. Diese Regelung bedeutet zugleich, dass die Regelwerke des inländischen und des europäischen Sortenschutzrechts bzw. – ggf. – des Patentrechts eingehalten sein müssen, vgl. dazu *Cranshaw*, in: FCH-Sicherheitenkompendium, S. 817 ff. (S. 919 ff. zum inländischen und europäischen Sortenschutz).

13) Vgl. dazu *Drischler*, Rpfleger 1948/1949, 499.

14) Verbreitet ist in der vollberuflichen Landwirtschaft das Hinzupachten von Nachbarflächen, die für einen eigenständigen Anbau nicht die heute erforderliche Größe haben oder die von den Eigentümern nicht mehr bewirtschaftet werden. Der Pächter fiele dann als solcher unter das DüngMSaatG.

15) Dazu eingehend BeckOK-*Fischinger*, ZVG, § 10 Rz. 93 ff.; für einen Zwischenrang zwischen Rangklasse 3 und 4; a. A. Dassler/Schiffhauer/u. a.-*Rellermeyer*, ZVG, § 10 Rz. 4 m. w. N., der das Recht einer „Rangklasse „0" zuordnet.

16) So zu Recht BGH, Urt. v. 7.12.1992 – II ZR 261/91, BGHZ 120. 368 ff., Ls. a), b), S. 370 f., der auf die aus seinem Blick hinreichenden Sicherungsmöglichkeiten z. B. nach § 3 Abs. 1 DüngMSaatG hinweist, welche die das Pfandrecht aufrecht erhaltende Kennzeichnung der Früchtemenge vorsehen, die zur Besicherung des Anspruchs des Lieferanten oder Finanziers nötig ist.

nanzierung damit besichert werden, dürfte das „Früchtepfandrecht" nur greifen, wenn der Kredit zweckgebunden gewährt wurde; bei einer üblichen Betriebsmittelfinanzierung ohne konkretere Zweckbindung für einzelne Betriebsaufwendungen fehlt es an der Bestimmtheit der Zuordnung zwischen Kredit und Pfandrecht.[17)]

Das Recht ist aus dem Grundbuch nicht ersichtlich, es bedarf daher zur Durchset- 14
zung der **Anmeldung** und ggf. der **Glaubhaftmachung** (§ 37 Nr. 4 ZVG), sodass in diesem Fall das Recht bestehen bleibt (bzw. sich am Surrogat fortsetzt). Der Beschlagnahme in der Versteigerung unterliegen die Früchte allerdings nur vor der Ernte (Folge aus § 21 Abs. 1 ZVG), nicht die bereits eingebrachte Ernte. Erntegut kann auch zum Zubehör werden, beispielsweise bei Anbau zu eigenem Futtermittelgebrauch, als eigenes Saatgut, aber auch für Erzeugnisse, die der Führung eines landwirtschaftlichen Nebenbetriebs dienen (§ 3 Abs. 3 HGB) wie der Hopfen für die eigene Bierbrauerei, die Obst – oder Gemüseernte für die Herstellung von Veredelungsprodukten usw. In diesen Fällen sind die vom Boden getrennten Früchte, weil Zubehör, der Beschlagnahme unterworfen (§ 21 Abs. 1 ZVG), die Mobiliarvollstreckung scheidet aus (§ 865 Abs. 2 Satz 1 ZPO), ebenso das **Früchtepfandrecht**, da § 1 Abs. 1 Satz 1 DüngMSaatG im Ergebnis auf § 865 Abs. 2 Satz 1 ZPO verweist. Diese Norm verzahnt den Haftungsverband der Hypothek u. a. im Hinblick auf die Erzeugnisse mit dem ZVG insoweit, als auch die vom Boden getrennten Erzeugnisse (= Ernte) unter den Voraussetzungen der §§ 1120 ff. BGB, insbesondere des § 1120 Abs. 1 BGB, der hypothekarischen Haftung unterliegen. Sie sind pfändbar, solange sie nicht nach den Normen des ZVG beschlagnahmt sind. Damit bleiben **getrennte Früchte**, soweit sie nicht als Zubehör unpfändbar sind, der Mobiliarvollstreckung unterworfen. Das Früchtepfandrecht ist durch Veräußerung des Pfandgegenstands gefährdet.

Neben den vorstehend behandelten Erntefrüchten stehen bei der landwirtschaft- 15
lichen Nutztierhaltung die **Sachfrüchte** (Milch, Eier, Wolle, Jungtiere, Obst, Pflanzen usw.), die von den Zuchttieren, die Zubehör sind, unterschieden werden müssen. Zubehör sind Masttiere bzw. Schlachtvieh, solange sie nicht zum Verkauf bereitstehen.[18)]

Zu differenzieren ist auch danach, ob ein vermieteter oder verpachteter landwirt- 16
schaftlicher Betrieb vorliegt, da in diesem Fall die Beschlagnahme nicht den Pächter und sein Fruchtziehungsrecht berührt (§ 21 Abs. 3 ZVG; ebenso siehe § 21 Rz. 1 [*Cranshaw*]).

Anders ist die Situation in der **Zwangsverwaltung**, da dort die Beschlagnahme auch 17
die vom Boden getrennten Früchte erfasst (§ 148 Abs. 1 ZVG). Der Schuldner darf ferner nicht mehr im Rahmen ordnungsmäßiger Wirtschaft verfügen (§ 148 Abs. 1 Satz 2, 23 Abs. 1 Satz 2 ZVG). Damit sind auch die geernteten Früchte beschlag-

17) Die Geschäftsbanken (Privatbanken, Kreditinstitute der Sparkassenfinanzgruppe, Genossenschaftsbanken) sind auf das DüngMSaatG angesichts anderweitiger Sicherungsinstrumente heute nicht angewiesen, anders ggf. die Genossenschaften der Landwirtschaft (außerhalb des Bankensektors).

18) Vgl. Grüneberg/*Ellenberger*, BGB, § 98 Rz. 4 (unter Hinweis auf die im Folgenden zitierte Entscheidung), § 99 Rz. 2 f.; zu Mastvieh siehe RG, Urt. v. 12.12.1933 – III 186/33, RGZ 142, 382.

nahmt und der Mobiliarpfändung nicht mehr unterworfen. Im Ergebnis kann es wohl nicht selten nur um das Surrogat gehen, da der Zwangsverwalter häufig bzw. im Allgemeinen veranlasst sein wird, die Ernteerträge zur Werterhaltung zu veräußern. Die besicherte Forderung muss nach § 37 Nr. 4 ZVG angemeldet werden. Im Einzelfall erweist sich die Verwertung der Früchte und die Frage, wer welche Verwertungsbefugnisse hat und wem der Erlös zusteht, als äußerst komplex, Einzelheiten können in dem hier möglichen Rahmen nicht dargestellt werden.[19)]

18 Bei der Durchsetzung der durch das Früchtepfandrecht besicherten Forderungen besteht die etwas paradoxe, aber der Gesetzessystematik geschuldete Situation, dass der durch das dingliche Pfandrecht geschützte Lieferant seine Verwertungsaussichten – anders als die Gläubiger der Rangklassen 6–8[20)] – nicht dadurch verbessern kann, dass er sich einen Titel (z. B notarielles Schuldanerkenntnis mit Vollstreckungsunterwerfung gemäß § 794 Abs. 1 Nr. 5 ZPO) beschafft und aufgrund dessen die Immobiliarvollstreckung betreibt. Er würde dann in Rangklasse 5 betreiben, also aus einem Rang, der deutlich ungünstiger ist als der des Früchtepfandrechts.

3. Vorrang der Rangklasse „0" aufgrund bauordnungsrechtlicher Vorschriften

19 Im **Berliner Landesrecht** hatte sich über die Artikel 28 ff., Art. 30 des dortigen ZVG-Ausführungsgesetzes[21)] a. F. (= früheres preußisches AGZVG) ein vorrangiger Anspruch des Fiskus (Ordnungsbehörde) für Verwendungsersatzansprüche nach § 43 Teil 1 Titel 8 des Allgemeinen (preußischen) Landrechts[22)] erhalten. Der Anspruch betrifft Aufwendungen, die die öffentliche Hand (als kommunale Ordnungsbehörde im Rahmen des Bauordnungsrechts) getätigt hat, um Gefahren abzuwenden, die von einsturzgefährdeten oder sonst Gefährdungen für die Öffentlichkeit hervorrufenden Gebäuden ausgehen und die der verpflichtete Eigentümer nicht beseitigt. Im Ergebnis ist das die Sicherung der Kosten, die für die Ersatzvornahme aufgewendet wurden. Die Ordnungsbehörde kann deswegen die Versteigerung betreiben, Art. 29 ZVGAG Berlin. Offen mag die Streitfrage bleiben, ob der Vorrang nur in dem von der Behörde nach dieser Vorschrift betriebenen Zwangsversteigerungsverfahren Platz greift oder in allen Verfahren. Die zitierten Regelungen des ZVGAG sind nicht auf andere polizeirechtliche bzw. ordnungsbehördliche Ersatzvornahmen nach allgemeinem Polizeirecht oder nach leges speciales anzuwenden. Auf die in der Rangklasse 3 abgehandelten Fälle der öffentlichen Last wird

---

19) Für weitere Einzelheiten ist auf die ausführliche Darstellung von *Depré/Mayer*, Rz. 171–182 hinzuweisen.

20) Zu den Rangklassen 5–8 siehe Rz. 163–174.

21) Ausführungsgesetz zum Gesetz über die Zwangsversteigerung und die Zwangsverwaltung v. 23.9.1899 i. d. F. v. 1.7.1964, bis zur Änderung d. Art. 4 Nr. 3 d. Gesetzes v. 1.2.1979, GVBL. Sb I 3210-2 bzw. GVBl. 1979, 348 (ZVGAG Berlin), https://gesetze.berlin.de (Stand: 28.2.2018), gültig bis 31.7.2021, mit Übergangsvorschrift für „Altfälle".

22) Zum Gesetzestext des § 43 Teil I Titel 8 siehe https://opinioiuris.de/quelle/1622#Achter_Titel._Vom_Eigenthum (Stand: 31.10.2023).

verwiesen (siehe Rz. 79 zum BBodSchG).[23] Das Gesetz ist für „Neufälle" am **31.7.2021 außer Kraft** getreten. Die Nachfolgeregelungen zum ZVGAG, die §§ 54–56 des JustG Bln[24], enthalten die vorstehenden Regelungen des bisherigen ZVG AG BE nicht mehr.

IV. Die bevorrechtigte Rangklasse 1 im Interesse der Zwangsverwaltung

1. Funktion der Bevorzugung der Vorschüsse, Nachweis der Voraussetzungen

Die Funktion der Rangklasse 1 ist der Ausgleich der **Zwangsverwaltungsvorschüsse** des die Zwangsverwaltung betreibenden Gläubigers, die der „*Erhaltung oder nötigen Verbesserung*" des Vollstreckungsgegenstands tatsächlich und nachweislich gedient haben, also nicht aller Aufwendungen des Gläubigers.[25] Eine zweite Beschränkung enthält der zweite Halbsatz des § 10 Abs. 1 Nr. 1 ZVG insoweit, als die Verwaltung bis zum Zuschlag fortgesetzt worden sein muss und die **Zwangsverwaltungserlöse** geringer als die Ausgaben sind. Die der ersten Rangklasse zugeordneten Nettoausgaben der Zwangsverwaltung kommen als Folge der engen Definition des Vorzugsrechts allen Gläubigern zugute. Im Verfahren sind die Ansprüche der Rangklasse 1 anzumelden und ggf. glaubhaft zu machen (§§ 37 Nr. 4, 45 Abs. 1 ZVG). 20

Die Notwendigkeit der Fortdauer der Zwangsverwaltung bis zum Zuschlag in der Versteigerung als Voraussetzung der Berücksichtigung der Rangklasse 1 bringt es mit sich, dass der die Zwangsverwaltung betreibende Gläubiger abwägen muss, ob er die Zwangsverwaltung bei bevorstehender oder erfolgter Vorschussanforderung durch den Zwangsverwalter fortführt, den Antrag zurücknimmt oder schlicht den Vorschuss nicht bezahlt; in den beiden letzteren Fällen wird das Zwangsverwaltungsverfahren eingestellt (§ 161 Abs. 3, 4 ZVG) und eben gerade nicht i. S. d. Rangklasse 1 bis zum Zuschlag fortgeführt. Der Gläubiger wird dabei auch § 12 Abs. 3 Satz 2 ZwVwV (Rückgriff des Zwangsverwalters auf den betreibenden Gläubiger der Zwangsverwaltung unter bestimmten Voraussetzungen) berücksichtigen.[26] Entscheidend werden bei der wie üblich parallel laufenden Versteigerung der erwartete Steigerlös und die Position des auch die Versteigerung betreibenden Gläubigers sein. 21

Außerhalb der Merkmale der Werterhaltung oder Werterhöhung liegende Zwangsverwaltungsvorschüsse genießen den Vorzug der Rangklasse 1 nicht. Anknüpfungs- 22

---

23) Siehe im Einzelnen dazu BeckOK-*Fischinger*, ZVG, § 10 Rz. 12 m. w. N., der den Vorrang nur in dem konkreten Verfahren der Behörde nach dem AGZVG anwenden will; der Hinweis auf die Geltung dieser Regelungen u. a. in Nordrhein-Westfalen ist durch die zwischenzeitliche Aufhebung des AGZVG dort überholt; ablehnend gegenüber einem allgemeinen Vorrecht auch Dassler/Schiffhauer/u. a.-*Rellermeyer*, ZVG, § 10 Rz. 5, Art. 2 EGZVG Rz. 17 ff.; a. A. LG Berlin, Beschl. v. 14.8.1991 – 81 T 586/91, Rpfleger 1991, 518.

24) Gesetz über die Justiz im Land Berlin – Justizgesetz/JustG Bln – v. 22.1.2021, gültig ab 1.8.2021, GVBl. 2021, 75, Kap. 9 „Ausführungsbestimmungen zu verfahrensrechtlichen Vorschriften der ordentlichen Gerichtsbarkeit, https://gesetze.berlin.de/perma? j=JustizG_BE_Kap._9; siehe auch Abgeordnetenhaus Berlin, Drucks. 18/2863 v. 7.8.2020 zum „Gesetz über die Modernisierung und Bereinigung von Justizgesetzen im Land Berlin, S. 88 f.

25) Siehe beispielhaft BGH, Urt. v. 10.4.2003 – IX ZR 106/02, BGHZ 154, 386 ff., 389 = Rpfleger 2003, 454 ff. = ZfIR 2003, 788 ff.

26) Siehe zu diesem Problemfeld BGH, Urt. v. 19.10.2017 – IX ZR 289/14, ZIP 2018, 290 ff.

punkt seien die nützlichen Verwendungen (*„impensae utiles"*), die zur Werterhöhung führen.[27] Erforderlich ist dazu aus dem Blick des BGH ein „Mehr" an Zwangsverwaltungsaktivitäten als üblich. Die Aufwendungen müssen zudem zweckentsprechend der Wertverbesserung gedient haben. Der Gläubiger, der diese Kosten in der Rangklasse verfolgt, muss diese Tatbestandsmerkmale darlegen und beweisen.[28] Die Systematik des Gesetzes belegt ferner, dass die eingetretene Wertsteigerung nicht dauernd Bestand haben muss, so kann sie etwa beim Zuschlag bereits **nicht mehr** bestehen.[29] Ansonsten würde der Gläubiger, der den Vorschuss leistet, für die Werterhaltung einschließlich der Marktentwicklung mittelbar einstehen müssen.

2. Voraussetzungen des Vorzugsrechts, Beispiele und die besondere Rolle der Vorfinanzierung von Baumaßnahmen an Gebäuden

23 Nicht berücksichtigungsfähig im Hinblick auf das Vorzugsrecht sind beispielsweise bei der Zwangsverwaltung von Wohnungs- oder Teileigentum angefallene Wohngelder (laufende Betriebskosten ohne Instandsetzung von Betriebseinrichtungen der Wohn-/Teileigentumsanlage) mit Ausnahme der darin enthaltenen anteiligen Kosten der **Feuerversicherung** (generell dürfte das neben der Brandversicherung für alle Elementarschadenversicherungen gelten) und der **gebotenen** Instandsetzung oder Instandhaltung der vorstehend erwähnten Betriebseinrichtungen der Anlage (Heizung, Klima/Belüftung, Gemeinschaftsanlagen für Strom und Wasser usw., Gartenarbeiten zur Verhinderung von Schäden und von Verschlechterungen des Gemeinschaftsgrundstücks), weil nur diese werterhaltend wirken. Davon zu unterschieden sind Maßnahmen wie eine Erneuerung der Heizanlage, einer Hebeanlage für Abwasser, neue Stromleitungen usw., die **nicht** aus den **laufenden Wohngeldern**, sondern aus den **Rücklagen** der Gemeinschaft oder mittels einer **Sonderumlage** finanziert werden. Die vom Zwangsverwalter aufzubringende anteilige Sonderumlage ist ebenfalls unter § 10 Abs. 1 Nr. 1 ZVG zu subsumieren, nicht jedoch die Entnahme aus der Rücklage, stets unter der Voraussetzung, dass die Maßnahmen erforderlich und nicht nur nützlich waren. Im Einzelfall ist die Abgrenzung problematisch, ggf. wird der Zwangsverwalter veranlasst sein, gegen einen Beschluss der Eigentümerversammlung mit der Klage gemäß § 46 WEG vorzugehen.

24 Die bevorschusste Zwangsverwaltervergütung wiederum kann nur insoweit berücksichtigt werden, als der Verwalter werterhaltend oder wertsteigernd im vorstehenden Sinne tätig wird. Die Grundsteuer gehört systematisch nicht zu diesen begünstigten Aufwendungen, auch wenn der Gläubiger hierfür Vorschüsse leistet.

---

27) BGH, IX ZR 106/02, juris Rz. 20 = NJW 2001, 2477 ff. = Rpfleger 2001, 443 ff. = ZIP 2001, 933 ff.; siehe auch bei *Jaeckel/Güthe*, ZVG, 4. Aufl., § 10 Rz. 3, S. 53 m. w. N.: die Erhaltungsaufwendungen (*impensae necessariae*) sind von den wertverbessernden nützlichen Aufwendungen (*impensae utiles*) zu unterscheiden; zur parallelen Wertung im Eigentümer-Besitzer-Verhältnis vgl. die §§ 994, 996 BGB sowie § 93 Abs. 2 ZVG; dazu BeckOK-*Cranshaw*, ZVG, § 93 Rz. 72 ff. (Verwendungsersatz nach § 93 Abs. 2 ZVG), Rz. 82 ff. („Eigentümer-Besitzer-Verhältnis zwischen Versteigerungsschuldner und Ersteher bei rechtskräftiger Aufhebung des Zuschlags"); zur Differenzierung siehe auch RGZ 73, 400, das Gegenstück sind die dort genannten *„unnötigen Verbesserungen"* (*impensae voluptuariae*).

28) BGH, IX ZR 106/02, BGHZ 154, 391 m. w. N.

29) Böttcher/*Böttcher*, ZVG, § 10 Rz. 8; RG zu Rep. V 221/09, RGZ 73, 397 ff.

fangen" werden, ist es daher sinnvoll, Regelungen zu haben, die gewährleisten, dass im Ergebnis das Wohnungs- bzw. Teileigentum stets für etwaige Hausgeldansprüche haftet. In der Literatur wird z. B. eine Verdinglichung der Haftung für Wohngeldansprüche in der Gemeinschaftsordnung und Eintragung in das Grundbuch vorgeschlagen (§§ 5 Abs. 4, 10 Abs. 3 WEG).[62] Auf den Streit, ob die Eintragung schuldrechtlich oder sachenrechtlich wirkt oder ob man von einer gemischten schuldrechtlich-sachenrechtlichen Betrachtung ausgehen muss, kommt es nicht an, da die Haftung des Sondereigentums auf der Grundlage des § 10 Abs. 3 WEG mit Eintragung im Grundbuch begründet werden kann; der „sichere" Weg dahin dürfte allerdings bei bereits bestehender Gemeinschaft kaum möglich sein, da nicht nur die Zustimmung aller Miteigentümer nötig ist, sondern auch diejenigen der betroffenen weiteren Berechtigten im Grundbuch, namentlich der Grundpfandgläubiger.[63] Deren Einverständnis dürfte aber eher unproblematisch sein. Zwar mindert die Haftung den potentiellen Kauferlös der betroffenen Wohnungs- bzw. Teileigentumseinheit, aber der Verkauf wird erheblich erschwert, wenn der Verkäufer/Eigentümer oder dessen Insolvenzverwalter die Übernahme vom Käufer verlangen wird, um Masseverbindlichkeiten abzubauen. Die Möglichkeit einer solchen Regelung der Gemeinschaftsordnung mit Eintragung im Grundbuch macht aber dennoch die Rangklasse 2 nicht entbehrlich. Zu weiteren Einzelheiten siehe Rz. 50 ff.

3. Voraussetzungen der Zuordnung der Ansprüche der Wohnungseigentümergemeinschaft zur Rangklasse 2 sowie die rechtliche Struktur des Anspruchs

a) Kein dinglicher Charakter des Anspruchs der Gemeinschaft aus Rangklasse 2

Der BGH hat sich u. a. mit der Frage befasst, wie sich die Rangklasse 2 auf den 49
freihändigen Verkauf von Wohnungseigentum vom Insolvenzverwalter auswirkt.[64] Die gegen den Käufer gerichtete Klage auf Ausgleich der Rückstände des Insolvenzschuldners hatte die Rechtsaufassung vertreten, der Erwerber hafte mit dem Wohnungseigentum für die Rückstände, § 10 Abs. 1 Nr. 2 ZVG generiere ein dingliches Recht am Wohnungseigentum.[65] Nach dieser Meinung entsteht eine dingliche Haftung außerhalb des Grundbuchs, die den Eigentümer zur Duldung der Zwangsvollstreckung verpflichtet. Die bisherige Judikatur des Senats hatte dieser Auffassung Auftrieb gegeben, denn für das Insolvenzverfahren ist geklärt (siehe Rz. 59), dass der Eigentümergemeinschaft ein Absonderungsrecht zur Seite steht und zwar als Folge des Verweises in § 49 InsO auf das ZVG (also auch auf § 10 Abs. 1 Nr. 2 ZVG). Entgegen anderen Stimmen in der Rechtsprechung vertritt der BGH in der Entscheidung vom September 2013 den Standpunkt, es handele sich bei den unter die Rangklasse 2 zu subsumierenden Ansprüchen der insoweit rechts-

---

62) Vgl. *Oldenburg*, ZfIR 2017, 563 ff.

63) Vgl. zu dem Problemfeld Grüneberg/*Wicke*, BGB, § 5 WEG Rz. 14 f., 12, § 10 WEG Rz. 5 ff., 7.

64) BGH, Urt. v. 13.9.2013 – V ZR 209/12, juris = ZfIR 2013, 806 ff. = ZIP 2013, 2122 ff. = NJW 2013, 3515 ff.; zu den Folgen der Insolvenz siehe Rz. 59.

65) Siehe dazu Dassler/Schiffhauer/u. a.-*Rellermeyer*, ZVG, § 10 Rz. 21.1 m. w. N. aus Literatur und Judikatur, vom BGH in der Entscheidung V ZR 209/12 v. 13.9.2013, juris Rz. 5 m. w. N. = Rpfleger 2014, 31 ff., als „weit überwiegende Ansicht" bezeichnet; in der 15. Aufl., wird die Auffassung des BGH referiert.

fähigen (und aktivlegitimierten) Wohnungseigentümergemeinschaft (§ 10 Abs. 6 und Abs. 7 WEG) um einen allerdings privilegierten *„schuldrechtlichen Anspruch"*. Ein *„neues dingliches Recht"* sei nicht begründet worden.[66] Ein Duldungsanspruch der Gemeinschaft gegen den **Erwerber**, die Zwangsvollstreckung zu dulden, besteht daher nicht.[67] Die in der Literatur vertretene Meinung vom dinglichen Charakter der Ansprüche der Rangklasse 2 ist als Folge der BGH-Judikatur überholt.[68] Gegenüber einer Auflassungsvormerkung ist der Anspruch der Gemeinschaft in Rangklasse 2 nach der Judikatur des BGH stets vorrangig. Sie ist im geringsten Gebot nicht zu berücksichtigen und erlischt aus dem Blick des Senats mit dem Zuschlag. Erfolgt noch während des Verfahrens, also nach der Beschlagnahme, die Eigentumsumschreibung auf den vormerkungsberechtigten Erwerber, wird das Verfahren fortgesetzt und nicht etwa nach § 28 Abs. 1 Satz 1 ZVG eingestellt, wie der BGH zudem judiziert hat. Grund ist die Zugehörigkeit der Auflassungsvormerkung zur Rangklasse 4, diejenige des Anspruchs der Gemeinschaft zur Rangklasse 2, nicht ein dinglicher Charakter des Anspruchs.[69]

b) Zu den Voraussetzungen der Subsumtion der Ansprüche der Gemeinschaft unter die Rangklasse 2 und ihrer Durchsetzung im Verfahren

50 Die Voraussetzungen der Subsumtion der Forderungen der Eigentümergemeinschaft unter die Rangklasse 2 regelt § 10 Abs. 1 Nr. 2 Sätze 2, 3 ZVG. Die Sätze 4 und 5 befassen sich mit der verfahrensrechtlichen Durchsetzung.

aa) Zeitliche Schranke des Vorrechts

51 Satz 2 beschreibt eine **zeitliche Schranke**: Die laufenden Beträge werden ohne zeitliche Schranke geschuldet, die **rückständigen** hingegen nur *„aus dem Jahr der Beschlagnahme und den letzten zwei Jahren"*. Die zeitliche Abgrenzung der laufenden von den rückständigen Beträgen wird nach den Grundsätzen des § 13 ZVG vorgenommen.[70] Zugleich steht damit fest, dass Beträge dann „laufend" sind, wenn sie entweder nach der Beschlagnahme fällig geworden sind oder wenn es sich um den letzten vor der Beschlagnahme fällig gewordenen Betrag handelt, § 13 Abs. 1 Satz 1 ZVG. Früher fällig gewordene Beträge sind Rückstände, § 13 Abs. 1 Satz 2 ZVG. „Jahr" i. S. d. Rangklasse

---

66) BGH, IX ZR 209/12, juris Rz. 8 ff.; dazu *Smid*, jurisPR-InsR 3/2014, Anm. 3 und *Dötsch*, jurisPR-MietR 22/2013, Anm. 6; nur im Insolvenzverfahren bleibt es infolge des § 49 InsO bei einem Absonderungsrecht, BGH, Urt. v. 21.7.2011 – IX ZR 120/10, NJW 2011, 3098 ff. = ZfIR 2011, 825 ff. a. A. noch LG Heilbronn, Beschl. v. 21.12.2012 – 1 T 231/12, ZfIR 2012, 111 ff. bzw. das ältere Urteil des LG Berlin v. 28.9.2010 – 55 S 87/10 WEG, juris Rz. 28 ff., 32 ff. (u. a. zu § 10 Abs. 3 ZVG).

67) BGH, IX ZR 209/12, juris Rz. 2, 4.

68) Siehe den Überblick bei Böttcher/*Böttcher*, ZVG, § 10 Rz. 19 m. w. N. aus Literatur und instanzgerichtlicher Rechtsprechung bis dahin.

69) BGH, Beschl. v. 9.5.2014 – V ZB 123/13, juris Rz. 12, 14–19, 23 = ZInsO 2014, 1573 ff. = NJW 2014, 2445 ff.

70) BT-Drucks. 16/887, S. 45; BGH, Urt. v. 21.7.2011 – IX ZR 120/10, ZfIR 2012, 825 ff., Rz. 31 = ZIP 2011, 1723 ff. = ZInsO 2011, 1649 ff.; siehe auch § 13 Rz. 31 ff. [*Cranshaw*].

Für die **Zeit bis zum Zuschlag** erlischt die dingliche Haftung, soweit die Forderung nicht in das geringste Gebot fällt (§§ 52 Abs. 1, 44, 45 ZVG). Ein Grund dafür kann die fehlende Anmeldung nach § 37 Nr. 4 ZVG sein.[102] Diese Anmeldung führt dann auch über § 110 ZVG zum Nachrang der eigentlich vorrangigen Forderung. Die öffentliche Last fällt auch dann nicht in das geringste Gebot und erlischt demgemäß gemäß § 52 ZVG, wenn es einen betreibenden Gläubiger gibt, der dem Anspruch der Rangklasse 3 vorgeht, aber auch wenn der Gläubiger der Rangklasse 3 das Verfahren selbst betreibt. Im Allgemeinen ist der betreibende Gläubiger der Rangklasse 3 „bestbetreibend". **Ausnahme** ist die Zwangsversteigerung in Wohnungs- und Teileigentum aus der Rangklasse 2 in dem dortigen Umfang, auch wenn der Anspruch der Rangklasse 2 nach neuerer Meinung des BGH gerade nicht dinglicher Natur ist.[103] Die Ansprüche aus den Rangklassen 1 und 1a[104] sollen der Natur der Sache nach nicht die Zwangsvollstreckung in den Grundbesitz ermöglichen. Im Hinblick auf die Rangklasse 1a, die in praxi wiederum kaum eine bedeutende Rolle spielt, ist diese rechtliche Beurteilung zwar richtig. Sie geht aber an der Sache vorbei, wenn der Insolvenzverwalter nach § 174a ZVG vorgeht (siehe Rz. 38 f.) und damit ein abweichendes geringstes Gebot erreicht; so kann er auch vorgehen, wenn es ihm allein darum geht, den Anspruch aus der Rangklasse 1a zu befriedigen, weil er sonst als Folge der Belastungen in den anderen Rangklassen keinen Beitrag für die Insolvenzmasse aus der Verwertung der Immobilie erwarten darf.[105] Damit erlöschen die Ansprüche aus der Rangklasse 3 und werden nicht Teil des geringsten Gebots. Anders bei freihändiger Veräußerung. 77

Unbeachtlich ist, wenn mehrere Gläubiger aus der Rangklasse 3 betreibende Gläubiger sind, da unter ihnen insoweit **Gleichrang** besteht. 78

c) Keine generelle Verlautbarung der öffentlichen Last im Grundbuch und Sicherungsmöglichkeiten der Gläubiger der Rangklasse 3 im Grundbuch

Von der nur ausnahmsweise bestehenden Möglichkeit der Verlautbarung einer öffentlichen Last im Grundbuch (§ 54 GBO)[106] hat der Bundesgesetzgeber durch den **Bodenschutzlastvermerk** Gebrauch gemacht (§ 25 Abs. 6 BBodSchG, § 93b 79

---

102) Siehe dazu für die erst nach dem Zuschlag für den Zeitraum davor festgesetzte Grundsteuer BVerwG, Urt. v. 7.9.1984 – 8 C 30/82, NJW 1985, 756 f.

103) BGH, Urt. v. 13.9.2013 – V ZR 209/12, juris Ls. und Rz. 4, 8 ff. (freihändige Veräußerung im Insolvenzverfahren).

104) Zu Rangklasse 1 vgl. Dassler/Schiffhauer/u. a.-*Rellermeyer*, ZVG, § 10 Rz. 11, zu Rangklasse 1a vgl. *Rellermeyer*, ZVG, § 10 Rz. 18 m. w. N. auch zu Gegenstimmen; bezüglich der Rangklasse 1 verweist *Rellermeyer „Bei Vorliegen der Vollstreckungsvoraussetzungen…"* auf die Rangklasse 5, eine für die dem Anwendungsbereich der Rangklasse 1 unterfallende Forderung nicht zielführende Lösung.

105) Diese Auffassung stützt der Beschl. des BGH v. 26.4.2012 – V ZB 181/11, ZIP 2012, 1426 ff. = Rpfleger 2012, 644 = ZInsO 2013, 256 ff., Rz. 17 f.; Voraussetzung ist, dass Feststellungskosten überhaupt anfallen können.

106) Vgl. zu § 54 GBO BGH Beschl. v. 4.1.1955 – V ZB 7/53, BGHZ 16, 101 ff., 103, zur (weil öffentliche Last) nicht eintragungsfähigen damaligen Hypothekengewinnabgabe nach dem heute überholten Lastenausgleichsgesetz, wenn auch § 20 Abs. 1 Nr. 3 Satz 3 ZVG noch die §§ 112 Abs. 1, 113, 116 LAG erwähnt; siehe dazu Dassler/Schiffhauer/u. a.-*Rellermeyer*, ZVG, § 10 Rz. 31 (Verlautbarung im Grundbuch nur in Ausnahmen), 48 (Gleichrang der öffentlichen Lasten), jeweils m. w. N.

GBV).[107] Generell sind ausnahmsweise zur Eintragung vorgesehene öffentliche Lasten in Abt. II des Grundbuchs eingetragen (§ 93a GBV).

80 **§ 54 GBO** ist nicht analogiefähig (und daher z. B. nicht auf titulierte Hausgeldforderungen der Rangklasse 2 anzuwenden, wenn eine Zwangshypothek wegen solcher Forderungen unbedingt und nicht nur aufschiebend bedingt auf den Wegfall des Vorrechts eingetragen werden soll).[108] Eine Sicherung der unter Rangklasse 3 zu subsumierenden Ansprüche durch eine Zwangshypothek, aus der dann nur nach Rangklasse 5 betrieben werden könnte, ist sinnwidrig. Dennoch kann der Anspruch grundpfandrechtlich besichert werden, beispielsweise an einem anderen Grundstück des Abgaben-, Gebühren bzw. Beitragsschuldners. Ferner ist es möglich, eine durch den Wegfall des Vorrechts der Rangklasse aufschiebend bedingte Sicherungshypothek einzutragen. Für Geldforderungen, auf die die Abgabenordnung anwendbar ist, gleich, ob unmittelbar oder durch Verweisung in dem die öffentliche Last begründenden Regelwerk, folgt diese Möglichkeit aus § 322 Abs. 5 AO. Auch sonst spricht gegen diese Möglichkeit jedenfalls nicht § 54 GBO.[109] Die Eintragung des Sicherungsrechts soll Rangverluste verhindern, wenn die Fristen der Rangklasse 3 nicht eingehalten werden können und der Anspruch verjähren oder bezüglich älterer Rückstände in die Rangklasse 7 fallen würde. Das OLG Dresden weist in der zitierten Entscheidung zu 17 W 1165/10 ferner darauf hin, dass typischer und verbreiteter Fall des Anwendungsbereiches des § 322 Abs. 5 AO die öffentlichen Lasten nach den Kommunalabgabengesetzen der Länder sind.

d) Festsetzung und Durchsetzung des Anspruchs

81 Der öffentliche Anspruchsinhaber setzt den Anspruch durch Verwaltungsakt fest und vollstreckt ihn nach den Vorschriften des Verwaltungsvollstreckungsrechts gegen den Verpflichteten. Ferner haftet ihm vorrangig die jeweils betroffene Immobilie nach § 10 Abs. 1 Nr. 3 ZVG. Bei Kollision mit anderen Gläubigern ist der Konflikt prozessual im Rahmen der **ordentlichen Gerichtsbarkeit** auszutragen. In der Praxis geht es meist um den Widerspruch gegen den Teilungsplan gemäß § 115 ZVG i. V. m. dem Vorgehen gemäß §§ 876 ff. ZPO, d. h. die Teilungsklage der §§ 878 ff. ZPO.

82 Besteht ein entsprechendes dingliches Recht, kann der Gläubiger aus der Rangklasse 3 aufgrund seines vollzugsfähigen Bescheides die **Zwangsversteigerung** bzw. die **Zwangsverwaltung** betreiben. Zu beachten ist, dass die öffentliche Last zwar kraft öffentlichen Rechts entsteht, „ihr weiteres Schicksal bzw. ihre weitere Behandlung [richtet] sich aber nach Privatrecht".[110]

---

107) Verordnung über die Eintragung des Bodenschutzlastvermerks v. 18.3.1999, BGBl. 1999 I S. 497; BodSchVermV (= § 93b GBV; GBV v. 18.3.1999, bis zur Änderung d. Art. 17 d. Ges. v. 19.12.2022, BGBl. I 2022 S. 2606).

108) OLG Dresden, Beschl. v. 22.11.2010 – 17 W 1165/10, JurionRS 2010, 37631, Rz. 11.

109) Vgl. zu der Thematik OLG Dresden zu 17 W 1165/10, JurionRS 2010, 37631, Rz. 11; zur Darstellung der Verwaltungsvollstreckungsgesetze von Bund und Ländern siehe § 16 Rz. 23–51 [*Cranshaw*].

110) VG Schwerin, Urt. v. 18.4.2018 – 4 A 3063/16 SN, juris Rz. 101, Möglichkeit des Erlöschens der öffentlichen Last durch den Zuschlagsbeschluss; OVG Lüneburg, Urt. v. 3.4.2017 – 9 LC 31/16, juris Rz. 43 m. w. N. = NVwZ-RR 2017, 709 ff.

e) Schwerpunkt der öffentlichen Last nach Bundesrecht: Grundsteuer

aa) Grundsteuer als öffentliche Last in der Versteigerung

Einen wesentlichen Schwerpunkt der öffentlichen Lasten bildet im Bundesrecht die Grundsteuer, für die nach § 12 GrStG auf dem Grundstück als Steuergegenstand (§ 2 GrstG) eine entsprechende **öffentliche Last** ruht, sodass eine dingliche Haftung des Steuerobjektes und nicht nur eine persönliche Haftung des Steuerschuldners besteht.[111)] Der Eigentümer muss die Vollstreckung in den Grundbesitz dulden, §§ 77 Abs. 2 AO, 12 GrstG. Ansonsten ist die Haftung für persönliche Steuerschulden nicht generell mit einer dinglichen Haftung verbunden, die im Rahmen des ZVG zur Befriedigung des Fiskus führt. Die wichtige Einkommens- und die Körperschaftssteuer sowie die Umsatzsteuer kennen keine dingliche (pfandrechtsähnliche) Haftung, ebenso wenig sonstige personen- oder betriebsbezogene Steuern. 83

Infolge der Neuregelung der Grundsteuer aufgrund der Entscheidung des BVerfG (Urt. v. 10.4.2018 – 1 BvL 11/14 u. a., BVerfGE 148, 147 ff. = juris) hat der Gesetzgeber das GrStG (i. V. m. dem BewG) neu gefasst und eine Grundsteuerwertfeststellung auf den 1.1.2022 und eine Hauptveranlagung der Grundsteuermessbeträge auf den 1.1.2025 angeordnet. Damit werden sich voraussichtlich vielfach Änderungen bei der Grundsteuer ergeben; im Kontext mit der Erhöhung der kommunalen Hebesätze für die Grundsteuer kann die Grundsteuer in wohl vielen Fällen als öffentliche Last im Zwangsversteigerungs- wie im Zwangsverwaltungsverfahren (im Rahmen des § 156 Abs. 1 ZVG[112)] steigende Bedeutung erlangen. 84

Das Privileg der öffentlichen Last gilt indes nicht unbegrenzt, wie auch das VG Schwerin in der oben zitierten Entscheidung zu 4 A 3063/16 SN zum Ausdruck gebracht hat. Das VG Wiesbaden hat in einer Entscheidung vom 14.11.2022 darauf erkannt, der Ersteher in der Zwangsversteigerung hafte nicht für Grundsteuerrückstände, die schon vor dem Zuschlag als öffentliche Last bestanden und im geringsten Gebot nicht berücksichtigt wurden.[113)] Das dingliche Verwertungsrecht, so die Kammer, als Folge der öffentlichen Last, sei durch den Zuschlag erloschen, wie aus den §§ 91 Abs. 1, 52, 59 ZVG folge. Da der Zuschlagsbeschluss keine abweichenden Versteigerungsbedingungen ausweise, gälten die gesetzlichen Versteigerungsbedingungen nach den §§ 52 Abs. 1, 44 ZVG. Der Erwerb durch Zuschlag führt also für rückständige Grundsteuer, die allein der Rechtsvorgänger und Vollstreckungsschuldner „schuldet" zum Verlust der dinglichen Haftung für Rückstände. Beim rechtsgeschäftlichen Erwerb haftet der Erwerber jedoch dinglich ebenso wie schuldrechtlich im Rahmen des Zeitraumes nach § 11 Abs. 2 GrStG. Zu der Frage der dinglichen Haftung meint *Keller* unter Hinweis auf *Gojowczyk*, das Erlöschen 85

---

111) Abhängig von Bundesländern und den Kirchen nach Art. 137 ff. werden Ortskirchensteuern in Höhe eines Prozentsatzes auf den Grundsteuermessbetrag erhoben, die in Baden-Württemberg öffentliche Last sind, vgl. § 31 Abs. 2 Nr. 2 AGGVG BW, worauf Böttcher/*Böttcher*, ZVG, § 10 Rz. 31, zutreffend hinweist.

112) Siehe nur AG Darmstadt, Beschl. v. 11.11.2015 – 61 L 11/15, juris.

113) VG Wiesbaden, Urt. v. 14.11.2022 – 1 K 2154/18.WI, juris.

der dinglichen Haftung folge bereits aus § 56 Abs. 2 ZVG.[114] Natürlich ist es richtig, dass der Verkäufer bei der rechtsgeschäftlichen Veräußerung nach § 436 Abs. 2 BGB nicht für öffentliche Abgaben und „andere" öffentliche Lasten außerhalb des Grundbuchs haftet, sondern allein für Erschließungs- und Anliegerbeiträge i. S. d. § 436 Abs. 1 BGB, sodass die Risiken ab der Übergabe (§ 446 BGB) beim Erwerber liegen. § 436 Abs. 2 BGB ist aber dispositiv, sodass der Käufer auf entsprechende Haftung im Kaufvertrag drängen wird.

86 Ebenfalls im Zusammenhang mit der Grundsteuer hatte das AG Mönchengladbach-Rheydt über folgenden Sachverhalt zu entscheiden: Eine Bankgläubigerin betrieb ab Ende Januar 2021 die Institutszwangsverwaltung und die Zwangsversteigerung eines Gewerbeanwesens der Schuldnerin. Der Grundbesitz wurde versteigert und zugeschlagen. Die Schuldnerin begehrte im Rahmen der Schlussrechnung der Zwangsverwalterin u. a. die Erstattung der von ihr bezahlten Grundsteuer mit der Begründung, die Verwalterin hätte die Grundsteuer vorweg aus der Zwangsverwaltungsmasse bezahlen müssen. Für weitere Einzelheiten des Sachverhalts und der Anträge an das Vollstreckungsgericht wird auf die zitierte Entscheidung verwiesen; das Amtsgericht war von den Beteiligten um verschiedene – gegenteilige – Weisungen nach § 153 ZVG gebeten worden. Das Amtsgericht Mönchengladbach-Rheydt hat zu der hier relevanten Frage darauf erkannt, die Schuldnerin haftet (neben der dinglichen Haftung des Grundbesitzes nach § 12 GrStG, § 10 Abs. 1 Nr. 3 ZVG) persönlich für die Steuerschuld nach § 10 GrstG, § 151 Abs. 2 Nr. 2 BewG i. V. m. § 39 Abs. 1 AO. Sie habe daher auf ihre eigene Steuerschuld bezahlt (als sie, ihrer Meinung nach, für die Zwangsverwalterin in Vorlage getreten sei). Unerheblich sei, ob die Grundsteuer aus der Zwangsverwaltungsmasse hätte bezahlt werden können. Auch wenn man eine persönliche Haftung der Schuldnerin verneinen würde, sei die kommunale Forderung nicht auf die Schuldnerin übergegangen, weil es hierzu an den dazu notwendigen Voraussetzungen der §§ 268 Abs. 3, 412, 401 BGB fehle; die Schuldnerin sei „hinsichtlich der dinglichen Forderung nicht Dritte i. S. d. § 268 Abs. 3 BGB, denn die Zwangsverwalterin sei nicht Rechtsnachfolgerin der Schuldnerin.[115]

bb) Freihändiger Verkauf durch den Insolvenzverwalter

87 Die dingliche Haftung nach dem **Grundsteuergesetz** kann allerdings nicht bei freihändigem Verkauf aus der Insolvenz heraus gegen den Insolvenzverwalter am Kauferlös durchgesetzt werden. Die öffentliche Last erlischt nicht, soweit vor dem Verkauf die Steuerforderung festgesetzt wurde, fällig und vollstreckbar ist.[116]

---

114) Stöber/*Gojowczyk*, ZVG, § 56 Rz. 10 m. w. N.; *Keller*, Teilnehmerskript zu seinem Vortrag anlässlich des Zwangsverwaltertags 2023, S. 12; zu § 436 BGB siehe auch Grüneberg/*Weidenkaff*, BGB, § 436 Rz. 10; zur Dispositivität siehe Erman/*Grunewald*, BGB, § 436 Rz. 10.

115) AG Mönchengladbach-Rheydt, Beschl. v. 4.11.2021 – 503 L 1/21, NZI 2022, 241 ff. m. w. N. = juris = ECLI:DE:AGMG2:2021:1104.503L001.21.00.

116) BGH, Urt. v. 18.2.2010 – IX ZR 101/09, ZInsO 2010, 914, m. Hinweis auf BVerwG, Urt. v. 13.2.1987 – 8 C 25/85, NJW 1987, 2098 ff., 2099.

Gegen den neuen Eigentümer muss der Fiskus mittels eines Duldungsbescheids vorgehen (§ 191 Abs. 1 AO).[117)]

cc) Schnittstellen zwischen Grundsteuer, ZVG und Internationalem Insolvenzrecht – die „Senior Home"-Entscheidung des EuGH

Eine wichtige Schnittstelle zwischen Immobiliarvollstreckung nach dem ZVG und dem internationalen Insolvenzrecht der Union bildet die „Senior Home"-Entscheidung des EuGH ab.[118)] Über das Vermögen der *„Senior Home"*, eine französische *Société civile immobilière*, war am 6.5.2013, das französische Insolvenzverfahren der *procédure de redressement judiciaire* eröffnet worden. Dieses Verfahren führt zu einem Vollstreckungsverbot für alle Gläubiger (Artikel L 613-14, 622-21 Abs. 1 Code de Commerce (Frankreich). Dieses Vollstreckungsverbot erfasst über Art. 4 Abs. 2 lit. f) Halbs. 1 EuInsVO a. F.[119)] i. V. m. Artikel 16, 17 EuInsVO a. F. auch Vollstreckungen ausländischer Gläubiger im Ausland (dasselbe gilt nach Art. 7 Abs. 2 lit. f) Halbs. 1, Art. 19, 20 EuInsVO 2015). Die französische Insolvenzschuldnerin war Eigentümerin einer Immobilie in Deutschland, bei der Grundsteuerrückstände aufgelaufen waren. Die Gemeinde leitete daher die Zwangsversteigerung in der Rangklasse 3 des § 10 Abs. 1 Nr. 3 ZVG ein. Die Schuldnerin trat dem im Hinblick auf das auch in Deutschland zu beachtende Vollstreckungsverbot des französischen Rechts entgegen, sodass sich die Frage stellte, ob die Versteigerung zulässig sei – trotz § 49 InsO und § 10 Abs. 1 Nr. 3 ZVG. Im Zentrum stand dabei die Frage, ob die öffentliche Last nach § 10 Abs. 1 Nr. 3 ZVG ein dingliches Recht i. S. d. Art. 5 EuInsVO a. F. (= Art. 8 EuInsVO 2015) ist, welches von der Eröffnung des Insolvenzverfahrens in einem Staat der EuInsVO unberührt bleibt. Der EuGH hat das bejaht, obwohl die öffentliche Last ein Recht sui generis ist, das nach dem inländischen Insolvenzrecht der InsO gerade nicht unter den Begriff des Pfandrechts oder ein Recht nach § 51 Nr. 4 InsO subsumiert werden kann. Der EuGH hat die in dem vorliegenden Fall verfahrensgegenständliche Grundsteuer unter autonomer unionsrechtlicher Auslegung des Begriffs des dinglichen Rechts eines Gläubigers in Art. 5 EuInsVO a. F. (= Art. 8 EuInsVO 2015) dennoch als ein solches dingliches Recht angesehen. Merkmale eines solchen Rechts sind danach (1) die unmittelbare Belastung des haftenden Gegenstands, die (2) gegen jedermann wirkt und (3) von der Vermögenszuordnung des Gegenstands unabhängig ist, d. h., das Recht richtet sich gegen jeden Eigentümer. Lediglich schuldrechtliche Positionen sind nicht hinreichend. Die Grenzen der Auslegung des dinglichen Rechts 88

117) BGH, Urt. v. 18.2.2010 – IX ZR 101/09, ZInsO 2010, 914, Rz. 11; siehe auch BGH, Urt. v. 11.3.2010 – IX ZR 34/09, ZInsO 2010, 764 f., Ls., vgl. *Büchler*, ZInsO 2011, 718 ff.

118) EuGH, Urt. v. 26.10.2016 – Rs C-195/15, ZfIR 2017, 8 ff. = ZIP 2016, 2175 ff., dazu Anm. von *Cranshaw*, ZfIR 2017, 10 ff.; Vorlage des BGH an den EuGH im Vorabentscheidungsverfahren gemäß Art. 267 AEUV, Beschl. v. 12.3.2015 – V ZB 41/14, ZIP 2015, 1134 ff. = Rpfleger 2015, 569 ff.; dem EuGH nachgehend BGH, Beschl. v. 8.12.2016 – V ZB 41/14, ZIP 2017, 535 ff. = Rpfleger 2017, 294 f., dazu Anm. von *Mankowski*, NZI 2017, 458 f.

119) Verordnung (EG) Nr. 1346/2000 des Rates vom 29.5.2000 über Insolvenzverfahren (EuInsVO), abgelöst seit 26.6.2017 durch die EuInsVO 2015, die Verordnung (EU) 2015/848 des Europ. Parlaments und des Rates v. 20.5.2015 über Insolvenzverfahren, ABl. (EU) L 141 v. 5.6.2015, S. 19 ff.

markieren die ausdrücklich aufgeführten Beispiele des Art. 5 Abs. 2 EuInsVO a. F. (= Art. 8 Abs. 2 EuInsVO 2015). Das Ergebnis dieser Entscheidung des EuGH bedeutet, dass aus der Grundsteuer als öffentliche Last im Rang des § 10 Abs. 3 ZVG weiterhin auch gegen ausländische Eigentümer aus dem Raum der EuInsVO vollstreckt werden darf, unabhängig von der für deren Insolvenzverfahren geltenden lex fori concursus. Die gegenteilige Auffassung hätte den inländischen Gesetzgeber im Interesse des Gemeindefiskus veranlassen müssen, die öffentliche Last gegen Insolvenzeröffnungen zu immunisieren. Eine Ausnahme stellen wie stets die Bestimmungen dar, die die Benachteiligung der Gesamtheit der Insolvenzgläubiger egalisieren sollen, in Deutschland das Insolvenzanfechtungsrecht (Art. 5 Abs. 4 EuInsVO a. F. (= Art. 8 Abs. 4 EuInsVO 2015). Entsprechend hat der BGH mit dem zitierten Beschluss vom 8.12.2016 die Rechtsbeschwerde der französischen Schuldnerin gegen die Anordnung der Zwangsversteigerung und die Eintragung des Versteigerungsmerks im Grundbuch zurückgewiesen. Die Entscheidung des EuGH hat angesichts der zunehmend auch ausländischen Grundstückseigentümer wegweisenden Charakter. Zum einen gilt sie über die Grundsteuer hinaus für alle unter § 10 Abs. 1 Nr. 3 ZVG fallenden öffentlichen Lasten, sofern die Kriterien eines dinglichen Rechts nach dem Urteil des EuGH zu bejahen sind. Zum anderen dürfte die Entscheidung im Zusammenwirken mit derjenigen des BGH vom 8.12.2016 (siehe oben) zugleich prägend für die Auslegung des § 351 InsO sein, der Art. 5 EuInsVO/Art. 8 EuInsVO 2015 inhaltlich mindestens ganz ähnlich ist.

f) Probleme als Folge der „Rangklassenfindung" durch die Kommunalabgabengesetze der Länder

89 Im Landesrecht bilden u. a. die Kommunalabgabengesetze der Länder (KAG) systematisch Tatbestände ab, die unter den Begriff der öffentlichen Last subsumiert werden können, soweit das Gesetz dies vorsieht. Dabei geht es nicht nur um länderspezifische Unterschiede, vielmehr hängt die Eigenschaft als öffentliche Last nicht selten davon ab, dass eine **Kommune** oder ein **Kommunalverband** eine entsprechende Satzung erlässt, die auf der gesetzlichen Grundlage des jeweiligen KAG aufbaut und die gesetzlichen Möglichkeiten ausfüllt. Ausgangspunkte sind die Gesetzgebungskompetenz der Länder, die Rechtssetzungsbefugnis der Kommunen nach Landesrecht und der Grundsatz der Gesetzmäßigkeit der Verwaltung. Voraussetzung ist ferner, dass die öffentliche Verwaltung selbst oder durch einen Eigenbetrieb die Infrastrukturaufgabe ausführt. Die Einschaltung einer privatrechtlichen Gesellschaft dürfte, auch als Beliehener, ausscheiden.[120)] Anders wohl, wenn das private Unternehmen lediglich die tatsächliche Leistung im Verhältnis zur Kommune übernimmt.

90 Im jeweils zu **überprüfenden Einzelfall** – nach Bundesland und kommunalem Träger – können Gegenstand öffentlicher Grundstückslasten aufgrund des jeweiligen KAG die Abgaben, Gebühren und Beiträge für die Neuinvestition, die Verbesserung, die Erweiterung oder die Erneuerung von kommunalen Infrastrukturen sein. Daneben stehen die Abgaben für den Anschluss des einzelnen Grundbesitzes

120) Zur in Bundesländern vorgesehenen Verwaltungsvollstreckung für bestimmte Entgelte siehe § 16 Rz. 23 – 28 [*Cranshaw*].

- Frischwasserversorgung und Abwasserentsorgung (Kanalisation).[126)]
- Müllentsorgung. Auch wenn sie gerade dort häufig von Privatunternehmen nach Ausschreibung durchgeführt wird, so bleibt sie doch als öffentliche Aufgabe regelmäßig bei den Kommunen oder Kommunalverbänden, um die Gebührenthematik „im Griff" zu behalten.
- Straßenreinigung.

Beispiele für Beiträge für Infrastrukturerrichtung und -erneuerung sind 94

- die Erschließungskosten der erstmaligen Erschließung.
- die Straßenerneuerung bzw. generell die Verbesserung der Straßeninfrastruktur.[127)]
- alle mit Beiträgen finanzierten öffentlichen Infrastrukturen, auch wenn sie sehr spezifischen Zwecken dienen, wie der „Innovation" von Stadtteilen oder Gewerbearealen.

Abgaben-, gebühren- bzw. beitragspflichtig sind die jeweils betroffenen Eigentümer, die Erbbauberechtigten und die Wohnungs- bzw. Teileigentümer nach WEG. Auf Eigentumsformen nach Art. 233 EG BGB (ebenso § 9a EG ZVG) wird nicht eingegangen.

2. Öffentliche Lasten im Bundesrecht

Zu den öffentlichen Lasten nach Bundesrecht gehört/gehören z. B. 95

- die **Grundsteuer** (siehe Rz. 83 f.);
- der Anspruch auf **Wertausgleich nach § 25** BBodSchG, der nach Absatz 6 Satz 1 der Norm als öffentliche Last auf dem betroffenen Grundbesitz ruht (siehe Rz. 79);
- die **Zahlungspflichten** von Eigentümer und Erbbauberechtigtem nach den §§ 57 ff. BauGB in Umlegungsfällen; vgl. § 64 Abs. 3 BauGB sowie die Geldleistungspflichten nach § 81 Abs. 2 Satz 2 BauGB bei der vereinfachten Umlegung. Von hoher Bedeutung ist der **Erschließungsbeitrag** nach den §§ 127 ff. BauGB, der ebenfalls als öffentliche Last auf dem Grundstück ruht, § 134 Abs. 2 BauGB. Bei Wohnungs- und Teileigentum haftet der Miteigentümer nur anteilig. Auf § 135a Abs. 3 Satz 4 BauGB (Kosten für Ausgleichsmaßnahmen für den Naturschutz), § 154 Abs. 4 BauGB (Ausgleichsbetrag im Sanierungsgebiet) und § 179 Abs. 4 BauGB (Rückbau, Beseitigungskosten) ist nur am Rande hinzuweisen;[128)]

---

126) Vgl. OLG Stuttgart, Urt. v. 17.3.2014 – 5 U 126/13, juris = ZfIR 2014, 791 = BWGZ 2014, 754 f.; Erlöschen der öffentlichen Last (Abwasserbeiträge) durch Zuschlag, Fortsetzung der öffentlichen Last am Steigerlös auf dem Weg der Surrogation; nach KAG gestundete Beträge stellen bis zum Zuschlag keinen Rückstand nach Maßgabe des § 10 Abs. 1 Nr. 3 ZVG dar; siehe auch Sächs. OVG, Urt. v. 7.3.2013 – 5 A 278/10, juris.

127) Vgl. BayVGH, Urt. v. 6.11.2017 – 6 ZB 17.1011, juris, Heranziehung zur Straßenausbaubeiträgen für eine Ortsstraße für drei Flurstücke im Umfang von ca. 95.000 €; Versagung der Zulassung der Berufung gegen das verwaltungsgerichtliche Urteil.

128) Siehe im Einzelnen die jeweils spezifischen Kommentare zum BauGB sowie den Überblick bei Dassler/Schiffhauer/u. a.-*Rellermeyer*, ZVG, § 10 Rz. 34, 38 f., 41.

- die Zahlungspflichten bei der Neustrukturierung landwirtschaftlichen Grundbesitzes im Rahmen der Flurbereinigung. Dazu gehört die **Beitrags- und Vorschusspflicht** nach § 20 Sätze 1 und 2 FlurBG, die auf den betroffenen Grundstücken anteilig lastet. Diese Norm wird in § 20 Satz 3 FlurBG auf die *„Ausgleichs- und Erstattungspflicht in den Fällen des § 44 Abs. 3 Satz 2, des § 50 Abs. 2 Satz 1 und des § 51 Abs. 2"* FlurBG erstreckt. Öffentliche Last sind für die betroffenen Grundstücke ferner die *„gemeinschaftlichen Anlagen"* (§ 42 Abs. 3 FlurBG), die Abfindungen in Geld (§ 72 Abs. 1 FlurBG) bzw. die Vorteilsausgleichungen des § 106 FlurBG;[129]
- die (nicht nachvollziehbare) Regelung über die Kosten der **„bevollmächtigten Bezirksschornsteinfegermeister"** nach § 20 SchfHwG.[130] Die Gebühren werden für die „Feuerstättenschau" und die weiteren Leistungen gemäß den §§ 15 ff. SchfHwG entrichtet;
- die Verbandsbeiträge für die Mitgliedschaft im **Wasser- und Bodenverband** nach § 29 WVG.[131]

3. Öffentliche Lasten nach Landesrecht

a) Vorbemerkung

96 Sind die bundesrechtlichen Regelwerke mit öffentlichen Lasten für den einzelnen Gläubiger außerhalb der Rangklasse 3 nur schwer in ihrem Umfang und ihrer Tragweite übersehbar, so gilt das umso mehr für den schlechterdings nicht mehr überschaubaren bereits erwähnten Flickenteppich der öffentlichen Lasten nach Landesrecht. Zudem sind diese gerade im Bereich der **Kommunalabgabengesetze** einem dynamischen Prozess des Zuwachses unterworfen. Die Spanne der Regelwerke geht von den bereits mehrfach erwähnten Kommunalabgabengesetzen über altrechtliche Regelungen zu Ausführungsgesetzen zum BGB, zum ZVG, zahlreichen Landesausführungsgesetzen zu weiteren Bundesgesetzen und einer Fülle länderspezifischer kommunaler Vorschriften.[132] Neben das Kommunalabgabengesetz als Ermächtigungsgrundlage zur Begründung öffentlicher Lasten im dortigen Kontext muss eine **kommunale Satzung** als Rechtsgrundlage der Erhebung der Benutzungsgebühren und der Beiträge treten. Daraus wiederum wird der beitrags- bzw. gebüh-

---

129) Siehe im Einzelnen die Kommentare zum Flurbereinigungsgesetz.

130) SchfHwG – Schornsteinfeger-Handwerksgesetz v. 26.11.2008, BGBl. 2008 I S. 2242 i. d. F. bis Art. 2 Abs. 10 d. Gesetzes v. 20.12.2022, BGBl. I 2022 S. 2752, siehe im Einzelnen bei Dassler/Schiffhauer/u. a.-*Rellermeyer*, ZVG, § 10 Rz. 40.

131) Siehe § 29 Gesetz über Wasser- und Bodenverbände (WVG) v. 12.2.1991, BGBl. 1991 I S. 405, i. d. F. bis zum Gesetz v. 15.2.2002, BGBl. 2002 I S. 1578; belastet sind Grundstücke, Bergwerke und Anlagen, *„mit denen die dinglichen Verbandsmitglieder an dem Verband teilnehmen."* (= Eigentümer, Erbbauberechtigte, Inhaber von Bergwerkseigentum, § 4 Abs. 1 Nr. 1), https://www.gesetze-im-internet.de (Stand: 31.10.2023); siehe auch Dassler/Schiffhauer/u. a.-*Rellermeyer*, ZVG, § 10 Rz. 42.

132) Siehe die verdienstvolle und umfassende Einzeldarstellung bei Dassler/Schiffhauer/u. a.-*Rellermeyer*, ZVG, § 10 Rz. 32–42.1 mit dem gleichzeitigen Verweis auf heute obsolete öffentliche Lasten in früheren Auflagen, Rz. 32; die dortigen Gesetzesquellen lassen sich auf den Internetseiten der Bundesländer im Bedarfsfalle aktualisiert nachlesen.

- Die Ausgleichsabgaben für Stellplätze und Fahrradplätze nach § 49 **Abs. 3 Hamburgische Bauordnung.**[154)]
- Das „Gesetz über die Ent- und Bewässerung im Marschgebiet“ (§ **10 MarschG**).[155)]
- Maßnahmen auf Kosten von Grundstückseigentümern) sowie diverse Leistungspflichten nach dem „Sielabgabengesetz“ (§ **23 SielabgabenG**).[156)]
- Das „Hamburgische Verwaltungsvollstreckungsgesetz“ (§ **32 Abs. 3 HmbVwVG**) mit dinglicher Haftung für alle öffentlich-rechtlichen Abgaben, die mit einer öffentlichen Last verbunden sind.[157)]
- Das „Hamburgische Wegegesetz“ (§ **33 Abs. 2 HWG**, Wegereinigungsgebühren, §§ **66 Abs. 6, 67 Abs. 1 HWG**, Pflichten aus Wegebaulasten).[158)]
- Das „Gesetz zur Stärkung von Wohnquartieren durch private Initiativen“ (§ **7 Abs. 8 GSW**; Vorteilsausgleichsabgaben im Zusammenhang mit *„Einrichtung …[…] und Maßnahmen des Innovationsquartiers“*), außer Kraft seit 1.4.2022 mit Fortgeltensregelung für Altfälle in § 11 Abs. 2 GSPI;[159)] ersetzt seit 1.4.2022 durch das umfassendere **„Gesetz zur Stärkung von Standorten durch private Initiativen“ (GSPI)**, welches das GSW und das „Gesetz zur Stärkung der Einzelhandels-, Dienstleistungs- und Gewerbezentren vom 28. Dezember 2004, GSED, (HmbGVBl. S. 525)“ zusammenfasst. § 9 Abs. 11 GSPI bestimmt, dass die Abgaben nach § 11 Abs. 1 öffentliche Last sind (Textauszug: *„(1) Zum Ausgleich des Vorteils, der durch die Einrichtung und die Maßnahmen einer Standortinitiative entsteht, werden von den Abgabenpflichtigen der im Bereich der Standortinitiative belegenen Grundstücke Abgaben erhoben* […].“[160)]
- Das „Hamburgische AG ZVG“ (Beiträge für die Wasserversorgung durch die Hamburger Wasserwerke GmbH, also eine öffentliche Last zugunsten eines privatrechtlich organisierten Versorgers (§ **3 HmbAGZVG**).[161)]
- Das „Gesetz zur Stärkung der Einzelhandels-, Dienstleistungs- und Gewerbezentren“ (§ **7 Abs. 8 GSED**, Vorteilsausgleich wie in § 7 GWS), aufgehoben mit

---

154) Hamburgische Bauordnung v. 14.12.2005, HmbgGVBl. 2005, S. 535, bis zu Art. 2 d. Gesetzes v. 20.2.2020, HmbgGVBl. 2020, S. 148, 155.

155) MarschG HA v. 7.3.1936, HmbBL I 232-q, bis zum Gesetz v. 17.3.1969, HmbgGVBl. 1969, S. 33, https://www.landesrecht-hamburg.de/bsha/document/jlr-MarschGHApP1 (Stand: 31.10.2023).

156) SielAbg HA v. 12.7.2005, HmbgGVBl. 2005, S. 291 i. d. F. v. 20.4.2012, HmbgGVBl. 2012, S. 149 (Stand: 31.10.2023).

157) HmbgVwVG v. 4.12.2012, HmbgGVBl. 2012, S. 510, bis zu Art. 1 d. Gesetz v. 21.5.2013, HmbgGVBl. 2013, S. 210 (Stand: 31.10.2023).

158) HWG v. 22.1.1974, HmbgGVBl. 1974, S. 41, 83, bis zu d. Gesetz v. 6.12.2022, HmbgGVBl. 2022, S. 605 (Stand: 31.10.2023).

159) GSW v. 20.11.2007, HmbgGVBl. 2007, S. 393, bis zur Änderung d. Art. 2 d. Gesetzes v. 1.10.2013, HmbgGVBl. 2013, S. 424, außer Kraft.

160) GSPI v. 8.3.2022, HmbGVBl. 2022, S. 169, ab 1.4.2022 (Stand: 31.10.2023).

161) HmbAGZVG v. 17.3.1969, bis zur Änderung d. d. Gesetz v. 1.2.1979, HmbgGVBl. 1979, S. 127.

Wirkung zum 1.4.2022 mit Übergangsregelung für „Altfälle" siehe oben zu § 11 Abs. 2 GSPI).[162]

h) Hessen[163]

110 Das Gesetz über kommunale Abgaben (KAG)[164] sieht in § 10 Abs. 6 **grundstücksbezogene Benutzungsgebühren** als öffentliche Last vor. Ebenso sind **Beiträge**, die für Investitionen in öffentliche Infrastrukturen erhoben werden sollen oder erhoben werden können (vgl. zur Differenzierung bei den verschiedenen öffentlichen Einrichtungen und Verkehrsanlagen § 11 Abs. 1 KAG), öffentliche Lasten (§ 11 Abs. 11 KAG). Wohnungs- und Teileigentümer sind bzgl. der Beiträge gemäß § 11 mit ihrer Quote nach dem jeweiligen MEA betroffen (§ 11 Abs. 7 Satz 3, Abs. 11), wie stets bei dergleichen Regelwerken auch Erbbauberechtigte.

111 Aus den **außerhalb des KAG** stehenden Regelwerken ist hinzuweisen auf die Sicherung des Anspruchs auf Erstattung der Kosten der öffentlichen Hand für Ersatzvornahmen in Fällen der Altlastensanierung, die zudem ins Grundbuch eingetragen werden können (§ 54 GBO), § 13 Abs. 2–4 HAltBodSchG.[165] Ferner sind erwähnenswert das „Gesetz zur Stärkung von innerstädtischen Geschäftsquartieren" (§ 7 Abs. 6 INGE; Vorteilsausgleich für Maßnahmen des Innovationsbereichs gemäß § 7 Abs. 1 INGE)[166] sowie das „Hessische Wassergesetz" (§ 59 Abs. 5 HWG; Ausgleichspflichten gemäß § 59 HWG als Vorteilsausgleich aufgrund Werterhöhung des Grundbesitzes i. V. m. § 90 Wasserhaushaltsgesetz sowie § 57 Abs. 1 HWG für Gewässerschäden).[167] Eine generalisierende Norm enthält das „Hessische Ausführungsgesetz zur Zivilprozessordnung und zum Gesetz über die Zwangsversteigerung und die Zwangsverwaltung"[168] (Art. 2 Abs. 1 ZPOAG HE 1960; Legaldefinition: öffentliche Lasten stellen alle öffentlich-rechtlichen Abgaben und Leistungen dar, die auf dem Grundstück lasten. Art. 2 Abs. 2 beschreibt an Regelbeispielen die öffentlichen Lasten – *„Zu den öffentlichen Lasten gehören insbesondere* […]").

---

162) GSED v. 28.12.2004, HmbgGVBl. 2004, S. 525, bis zur Änderung d. d. Gesetz v. 28.5.2018, HmbgGVBl. 2017, S. 225, außer Kraft.

163) Siehe zum Hessischen Recht im Folgenden das Internetportal https://www.rv.hessenrecht.hessen.de (Stand: 31.10.2023).

164) KAG v. 24.3.2013, GVBl. 2013, 134, bis zur Änderung d. Art. 4 d. Gesetzes v. 20.7.2023, GVBl. 2023, S. 582.

165) Hess. Gesetz zur Ausführung des Bundes-Bodenschutzgesetzes und zur Altlastensanierung v. 28.9.2007, GVBl. I 2007, 652, bis zur Änderung d. Art. 5 d. Gesetzes v. 30.9.2021, GVBl. 2021, S. 602, 701), Gliederungs-Nr. 89-32 (Stand: 31.10.2023).

166) INGE v. 21.12.2005, GVBl. I S. 867, bis zum Gesetz v. 4.2.2021, GVBl. 2021, S. 54, Gliederungs-Nr. 50-41, gültig bis 31.12.2027 (Stand: 31.10.2023).

167) HWG v. 14.12.2010, GVBl. I 2010, S. 548, bis zur Änderung d. Art. 3 d. Gesetzes v. 28.6.2023, GVBl. S. 473, 475.

168) ZPOAG HE 1960, Gesetz v. 20.12.1960, GVBl. 1960, S. 238, bis zu Art. 3 d. Gesetzes v. 27.2.1998, GVBl. I, S. 34, 36.

i) Mecklenburg-Vorpommern[169]

Das Kommunalabgabengesetz[170] (KAG) ordnet in § 6 Abs. 4 an, dass **Benutzungsgebühren** öffentliche Lasten sind, soweit sie grundstücksbezogen sind. In Frage kommen Gebühren der Wasserversorgung, der Abwasserbeseitigung, der Abfallentsorgung und der Straßenreinigung (§ 6 Abs. 4 Sätze 2 und 3 KAG). **Beiträge** für Investitionen in kommunale Infrastrukturen sind wie in anderen Bundesländern ebenfalls öffentliche Last (§ 7 Abs. 6 KAG). Die Beitragspflichtigen müssen dauernde Vorteile von den Infrastrukturen haben. Wohnungs- und Teileigentümer haften auch dinglich nur quotal mit ihrem MEA (§ 7 Abs. 2 Satz 5, Abs. 6 KAG; das gilt ebenso nach § 8 Abs. 7 Satz 2 für bestimmte Straßenausbaubeiträge unter Verweisung auf § 7); anders ist dies bei den Benutzungsgebühren – soweit sie nicht grundstücksbezogen sind, ruhen sie auch nicht als öffentliche Last auf dem Grundbesitz. Abgrenzungsprobleme liegen bei derartigen Normen auf der Hand.[171] 112

Zu erwähnen ist außerhalb des KAG die auf dem Grundstück lastende öffentliche Last nach § 16 Abs. 3 Landesbodenschutzgesetz Mecklenburg-Vorpommern;[172] sie sichert Kostenerstattungsansprüche des Landes, wenn Ersatzvornahmen nach § 70a Sicherheits- und Ordnungsgesetz M–V durchgeführt wurden. Sie kann im Grundbuch eingetragen werden (nach der Verordnung über den Bodenschutzlastvermerk). 113

j) Niedersachsen[173]

Das niedersächsische Kommunalabgabengesetz (NKAG)[174] bestimmt ebenfalls, dass **Beitragspflichten für kommunale Infrastrukturen** öffentliche Lasten sind (§ 6 Abs. 9 NKAG), Wohnungs- und Teileigentümer haften nur quotal mit ihrem MEA (§ 6 Abs. 8 Satz 4 Halbs. 2 NKAG). Bestimmte grundstücksbezogene Nutzungsgebühren stellen ebenfalls öffentliche Lasten dar (§ 5 Abs. 9 KAG). 114

Sehr spezifisch ist das **Realverbandsgesetz,**[175] dessen § 29 Abs. 4 vorsieht, dass die Verbandsbeiträge der Mitglieder öffentliche Last sind, soweit ein unselbständiger Verbandsanteil betroffen ist, der mit einem Grundstück verbunden ist. Die Realverbände sind Körperschaften des öffentlichen Rechts i. S. d. §§ 1, 2 RealVerbG, „Zu- 115

---

169) Zum Internetportal des Landesrechts siehe https://www.landesrecht-mv.de (Stand: 31.10.2023).

170) KAG M-V v. 12.4.2005, GVOBl. M-V 2005, S. 146, bis zur Fassung d. d. Gesetz v. 26.5.2023, GVOBl. M-V 2023, S. 650.

171) Siehe auch BGH, Urt. v. 11.5.2010 – IX ZR 127/09, ZfIR 2010, 696, 697, Rz. 11.

172) LBodSchG M-V v. 4.7.2011, GVOBl. M-V, S. 759, 764, bis zu Art. 1 d. Gesetzes v. 5.7.2018, GVOBl. M-V 2018, S. 219 (Stand: 31.10.2023).

173) Niedersächsisches Landesrecht ist über das Internetportal Niedersächsisches Vorschrifteninformationssystem (NI-VORIS) zugänglich, https://voris.wolterskluwer-online.de/ (Stand: 24.4.2023).

174) NKAG i. d. Fassung d. Bekanntmachung v. 20.4.2017, Nds. GVBl. 2017, S. 121 Gliederungs-Nr. 2031001, bis zur Änderung d. Art. 4 d. Gesetzes v. 22.9.2022, Nds. GVBL. 2022, S. 589 (Stand: 31.10.2023).

175) RealvG NI v. 4.11.1969, Nds. GVBl. 1969, 187, i. d. F. d. Gesetzes v. 29.9.2012, Nds. GVBl. 2012, S. 395, bis zu Art. 5 d. Gesetzes v. 7.12.2021, Nds. GVBl.2021, S. 830, Gliederungs-Nr. 7831001 (Stand: 31.10.2023).

sammenschlüsse/Genossenschaften“ (wie Forst- und Wegegenossenschaften usw.) nach früheren fortgeltendem Recht, weitgehend nach ursprünglichem Recht von Ende des 19. Jahrhunderts (§§ 1–4 RealverbG NI), die ihre gemeinschaftlichen Angelegenheiten und ihr sonstiges nicht zweckgebundenes Vermögen für ihre Mitglieder „im Einklang mit den Interessen der Allgemeinheit“ verwalten (§ 3 Abs. 1 RealVerbG NI).

k) Nordrhein-Westfalen[176)]

116 Das Kommunalabgabengesetz für das Land Nordrhein-Westfalen (KAG)[177)] schreibt in § 6 Abs. 5 vor, dass **grundstücksbezogene** öffentlich-rechtliche **Benutzungsgebühren** für die Nutzung von Einrichtungen oder Anlagen zum Vorteil von einzelnen Personen oder von Personengruppen als öffentliche Last auf dem Grundstück ruhen. Für privatrechtlich erhobene Entgelte gilt das nicht. Die Tragweite des Kommunalabgabenrechts zeigt sich an einem Urteil des OLG Hamm aus dem Jahr 2013, wo es um „*Wasser-, Schmutz- und Regenwassergebühren*“ ging, die von einem kommunalen Eigenbetrieb gegen eine Grundpfandgläubigerin geltend gemacht wurden.[178)] Das KAG NRW war zudem Gegenstand der Entscheidung des BGH vom 11.5.2010 mit der Bejahung der umfassenden dinglichen Haftung des einzelnen Wohnungs- bzw. Teileigentums für alle MEA.[179)] Die **Beiträge für Infrastrukturen,**), stellen ebenfalls eine öffentliche Last dar, § 8 Abs. 9 i. V. m. § 8 Abs. 1, 2 KAG NRW. Voraussetzung ist wie stets, dass den Beitragspflichtigen (auf Dauer) wirtschaftliche Vorteile durch die Infrastruktur geboten werden und keine privatrechtlichen Entgelte erhoben werden. Bezüglich der Beiträge für Verkehrsanlagen (§ 8 Abs. 1 Satz 2 KAG NRW) gilt Folgendes: „*Bei dem öffentlichen Verkehr gewidmeten Straßen, Wege und Plätze sollen Beiträge erhoben werden, soweit nicht das Baugesetzbuch anzuwenden ist*“.

117 An versteckter Stelle findet sich wie in anderen Landesrechten, hier in § 60 Justizgesetz NRW[180)], eine Generalklausel, wonach alle öffentlich-rechtlichen Abgaben und Leistungen, „*die auf dem Grundstück lasten*“ eine öffentliche Last gemäß § 10 Abs. 1 Nr. 3, 156 Abs. 1 ZVG sind. Die Regelung ist subsidiär gegenüber anderen Gesetzen, die den jeweiligen Gegenstand behandeln. Nach § 61 JustG NRW bleiben die im Grundbuch nicht eintragungsfähigen Rechte auch außerhalb des geringsten Gebots bestehen („*Rechte […], die […] zur Wirksamkeit gegenüber dem öffentlichen Glauben des Grundbuchs der Eintragung nicht bedürfen* […].“).

176) Siehe das Internetportal https://recht.nrw.de/lmi/owa/br_inhalt (Stand: 31.10.2023).

177) KAG v. 21.10.1969, GV NW 1969, S. 712, bis zur Fassung d. Art. 1 d. Gesetzes v. 25.4.2023, GV. NRW 2023, S. 233.

178) OLG Hamm, Urt. v. 14.8.2013 – 11 U 27/12, JurionRS 2013, 46344.

179) BGH, Urt. v. 11.5.2010 – IX ZR 127/09, ZfIR 2010, 696 ff.; angesichts der Fassung des § 6 Abs. 5 KAG hat der BGH darauf erkannt, dass die öffentliche Last für das gesamte Grundstück der WEG auf dem einzelnen MEA ruht und nicht nur in Höhe der dem einzelnen MREA entsprechenden Quote, also eine andere Rechtslage als in anderen Bundesländern, siehe oben sowie BGH, Urt. v. 11.5.2010 – IX ZR 127/09, ZfIR 2010, 696 ff. Rz. 2, 11 f.

180) JustG NRW v. 26.1.2010, GV NRW 2010, S. 30, bis zur Änderung d. d. Art. 1 d. Gesetzes v. 6.12.2022, GV NRW 2022, S. 1072. Die §§ 60 ff. JustG sind Ausführungsbestimmungen des Landes zum ZVG.

Nur am Rande zu erwähnen sind die zahlreichen als öffentliche Lasten konzipierten **Verbandsbeiträge** zu den Wasserverbänden in Nordrhein-Westfalen, für die jeweils gesonderte **Gesetze** bestehen (Aggerverband/Aggerverbandsgesetz, 1992; Wasserverband Eifel-Rur/Eifel-Rur-Verbandsgesetz, 1990, Emschergenossenschaftsgesetz, 1990; Gesetz über den Erftverband, 1986; LINEGG/Gesetz über die Linksniederheinische Entwässerungs-Genossenschaft, 1990; Gesetz über den Lippeverband, 1990; Gesetze über den Niersverband (1992), Ruhrverband (1990), Wupperverband (1992) und Biggetalsperre/Gesetz betreffend den Bau der Biggetalsperre (1956)).[181)] Ebenfalls nur am Rande zu erwähnen ist die öffentliche Last zur Sicherung der Abgabe der Gemeinde für standortbezogene Maßnahmen im Rahmen von Immobilien und Standortgemeinschaften nach dem Gesetz über Immobilien- und Standortgemeinschaften (ISSG NRW) v. 10.6.2008[182)] (§ 4 Abs. 10 ISGG NRW). Auf das Gesetz über die durch ein Auseinandersetzungsverfahren begründeten gemeinwirtschaftlichen Angelegenheiten v. 9.4.1956[183)] ist vorliegend nicht weiter einzugehen (zur Beitrags- und Kostenpflicht nach diesem Gesetz als öffentliche Last siehe § 8 Abs. 1). 118

l) Rheinland-Pfalz[184)]

Das Kommunalabgabengesetz (KAG)[185)] bestimmt, dass **grundstücksbezogene Nutzungsgebühren und Beiträge** als **öffentliche Last** auf dem Grundstück ruhen, § 7 Abs. 7 KAG i. V. m. § 7 Abs. 1 KAG (Benutzungsgebühren) und § 7 Abs. 2 KAG (Beiträge für Investitionen in Infrastrukturen). Werden alternativ privatrechtliche Entgelte erhoben, fällt die öffentlich-rechtliche Last weg (Folge aus den Begrifflichkeiten des § 7 Abs. 9 KAG RLP). Eine Einschränkung bei Eigentümern nach WEG auf die Quote am MEA findet nicht statt.[186)] 119

Zu **weiteren öffentlichen Lasten** nach rheinland-pfälzischem Recht kann Folgendes zusammengefasst werden:[187)] Der Beitrag für die Landwirtschaftskammer nach dem **Gesetz über die Landwirtschaftskammer Rheinland-Pfalz** (LwKG 1970)[188)] ist öffentliche Last (§ 18 Abs. 1, § 15 Abs. 2 LwKG), die aber auf dem **Betrieb** ruht, also ausdrücklich nicht am Grundstück haftet (kein Fall der Rangklasse 3). Das **Landesverwaltungsvollstreckungsgesetz** (LVwVG, Stand: 3.6.2020, GVBl. 2020, S. 209) enthält in § 23 Abs. 2 eine Generalklausel, wonach der Eigentümer die 120

---

181) Siehe im Einzelnen, auch zur Reihenfolge bei Dassler/Schiffhauer/u. a.-*Rellermeyer*, ZVG, § 10 Rz. 37, „Nordrhein-Westfalen"; aktuelle Gesetze siehe https://www.recht.nrw.de > „Suche" bzw. „Suche in den Überschriften" zu den einzelnen Gesetzen (Stand: 31.10.2023).

182) GV NRW 2008, S. 474, bis zu d. Gesetz v. 17.6.201, GV NRW 2014, S. 347; siehe https://www.recht.nrw.de (Stand: 31.10.2023).

183) GV NW 1956 S. 134/740, bis zu Art. 3 d. Gesetzes v. 1.10.2015, GV NRW 2015, 701, siehe https://www.recht.nrw.de (Stand: 31.10.2023).

184) Siehe das Internetportal https://www.landesrecht.rlp.de (Stand: 24.4.2023).

185) Gesetz v. 20.6.1995, GVBl. 1995, S. 175, bis zu d. Gesetz v. 19.5.2022, GVBl. 2022, S. 207, Gliederungs-Nr. 610-10 (Stand: 31.10.2023).

186) So auch BGH, IX ZR 127/09, ZfIR 2010, 697, Rz. 11.

187) Zu den einschlägigen Gesetzen siehe das Internetportal https://www.landesrecht.rlp.de (Stand: 31.10.2023).

188) LwKG v. 28.7.1970, GVBl. 1970, S. 309, bis zu Art. 46 d. Gesetzes v. 15.9.2009, GVBl. 2009, S. 333 (Stand: 31.10.2023).

Vollstreckung in den Grundbesitz dulden muss, wenn auf diesem öffentliche Lasten ruhen, wenn also eine dingliche Haftung nach dem Gesetz vorliegt. Wann eine solche Last vorliegt, ist dort (wie in anderen Landesrechten mit einer solchen Norm) nicht bestimmt. Eine öffentliche Last definiert § 99 **Abs. 2 Landeswassergesetz** (LwG)[189] für bestimmte Kosten der Gewässeraufsicht sowie zugehöriger Kosten nach dem POG (Polizeirecht) einschl. der Ersatzvornahme. Ein rheinland-pfälzisches Spezifikum, das ebenfalls nur am Rande zu erwähnen ist, stellen die **Beiträge** an die „Wiederaufbaukasse" zur Förderung des Weinbaus nach dem **Weinbergsaufbaugesetz** dar, die nach § 8 auf dem *„weinbaulich genutzten Grundeigentum erhoben"* werden (§ 8 Abs. 4, §§ 1, 2 WeinAufbauG RP).[190]

m) Saarland[191]

121 Das saarländische Kommunalabgabengesetz[192] sieht wie auch die anderen Landesrecht für Investitionsaufwendungen in Infrastrukturen **Beiträge** der Grundstückseigentümer vor, die als öffentliche Last auf dem Grundstück ruhen, § 8 Abs. 12 KAG; das gilt auch für den wiederkehrenden Beitrag für Verkehrsanlagen (§ 8a Abs. 1, 6, § 8 Abs. 12 KAG). Die Vorschrift gilt auch für die Stundungsvorschrift für landwirtschaftlich genutzte Grundstücke und für Wald, § 8 Abs. 11. Wohnungs- und Teileigentümer haften (auch dinglich) nur quotal mit ihrem MEA. Benutzungsgebühren sind nach saarländischem KAG keine öffentlichen Lasten (§ 6 KAG).

122 Zu weiteren **Spezialgesetzen**, die durch öffentliche Lasten öffentlich-rechtliche Forderungen absichern, gehört das Gesetz zur Ausführung bundesrechtlicher Justizgesetze (**AGJusG** v. 5.2.1997),[193] das in § 42 die auch in anderen Ländern geltende Generalklausel enthält, dass alle öffentlich-rechtlichen Abgaben und Leistungen, sofern sie auf dem Grundstück lasten und nicht schon nach anderen Vorschriften als solche bestimmt sind, öffentliche Lasten sind. Öffentliche Last ist auch die Abwassergebühr für die angeschlossenen Grundstücke nach § 50a Abs. 4 SWG (**Saarländisches Wassergesetz**).[194] Ferner ist auf die Sicherung der Kosten der öffentlichen Hand im Kontext mit Ersatzvornahme und sonstigen Maßnahmen zur Bekämpfung von Altlasten (§§ 24, 25 BBodSchG) gemäß § 13 Abs. 1 **Saarländisches Bodenschutzgesetz** (2002) hinzuweisen.[195] Das Saarland hat sich ferner für den Erlass eines **Gesetzes Nr. 1010 über Spielplätze (1974)** entschieden, deren Anlage durch Beiträge refinanziert werden kann, die ebenfalls öffentliche Last sind

189) LwG in der Fassung v. 30.7.2015, GVBl. 2015, S. 127, bis zur Änderung d. Art. 2 d. Gesetzes v. 8.4.2022, GVBl. 2022, S. 118 (Stand: 31.10.2023).

190) Weinbergsaufbaugesetz (WeinAufbauG RP) v. 12.5.1953, GVBl. 1953, 54, Gliederungs-Nr. 7821-1, bis zu Art. 200 d. Ges. v. 12.10.1999, GVBl. 1999, S. 325 (Stand: 31.10.2023).

191) Siehe das Internetportal https://www.recht.saarland.de/bssl/search mit weiteren Links (Stand: 31.10.2023).

192) Gesetz Nr. 1074, KAG v. 26.4.1978 i. d. F. d. Bek. v. 29.5.1998, Amtsbl. 1998, S. 691, bis zur Änderung d. d. Gesetz v. 16.2.2022, Amtsbl. I 2022, S. 534 (Stand: 31.10.2023).

193) AGJusG v. 5.2.1997, bis zur Fassung d. d. Gesetz v. 8.12.2021, Amtsbl. I 2021, S. 2629 (Stand: 31.10.2023).

194) Gesetz Nr. 714 v. 38.6.1960 i. d. F. d. Bek. v. 30.7.2004, Amtsbl. S. 1994 i. d. F. bis zu Art. 173 d. Gesetzes v. 8.12.2021, Amtsbl. I 2021, S. 2629 (Stand: 31.10.2023).

195) SBodSchG v. 20.3.2002, bis zur Änderung d. Art. 3 d. Gesetzes v. 21.11.2007, Amtsbl. 2007, S. 2393 (Stand: 31.10.2023).

(§ 16 Abs. 1, 3 Gesetz über Spielplätze).[196] **Abfallentsorgungsgebühren** sind nach § 8 Abs. 5 Satz 5 **Saarländisches Abfallwirtschaftsgesetz** (SAWG)[197] ebenfalls **öffentliche Lasten** auf den Anschlussgrundstücken. Eine Haftungsbeschränkung für Wohnungs- und Teileigentümer auf den Miteigentumsanteil ist dort nicht vorgesehen. Für das nordrhein-westfälische Landesrecht ist das bei gleicher Regelung zu grundstücksbezogenen öffentlich-rechtlichen Nutzungsgebühren vom BGH so entschieden worden; die Entscheidung ist verallgemeinerungsfähig, soweit nicht eine entsprechende nur anteilige Haftung auf den jeweiligen Anteil vorgesehen ist (BGH, IX ZR 127/09, juris Rz. 11).[198] Es haftet also nicht die Gemeinschaft der Wohnungs- und Teileigentümer, § 9a WEG ist nicht anwendbar.[199]

n) Sachsen

Das sächsische **Kommunalabgabengesetz** (SächsKAG)[200] qualifiziert **Beitragsforderungen** im Zusammenhang mit Investitionen in kommunale Infrastrukturen ebenfalls als öffentliche Last (§§ 17 ff. SächsKAG, § 24 SächsKAG). Dasselbe gilt für Verkehrsanlagen nach §§ 26 ff. SächsKAG, § 31 SächsKAG. Benutzungsgebühren gemäß den §§ 9 ff. SächsKAG generieren keine öffentlichen Lasten. 123

o) Sachsen-Anhalt

Beiträge für Investitionsaufwendungen in kommunale Infrastrukturen sind auch in Sachsen-Anhalt eine öffentliche Last auf dem betroffenen Grundstück, § 6 Abs. 9 Kommunalabgabengesetz Sachsen-Anhalt.[201] Benutzungsgebühren stellen keine öffentlichen Lasten dar (vgl. § 5 KAG LSA). 124

p) Schleswig-Holstein

Nach dem Kommunalabgabengesetz des Landes Schleswig-Holstein (KAG)[202] stellen **Benutzungsgebühren** für öffentliche Einrichtungen, soweit sie **grundstücksbezogen** sind, öffentliche Lasten dar (§ 6 Abs. 7 KAG). Eine Beschränkung auf MEA bei Wohnungs- und Teileigentümern findet nicht statt (Gebührenschuld und dingliche Haftung sind identisch, vgl. § 6 Abs. 5 KAG). Bei **Beiträgen für kommunale Infrastrukturen** gilt dasselbe (§ 8 Abs. 1, 5, 7 KAG). 125

---

196) SpielPLG v. 6.11.1974, ABl. 1974, 1008, bis zur Änderung d. d. Ges. v. 27.3.1996, ABl. 1966, S. 477 (Stand: 31.10.2023).

197) Gesetz v. 26.11.1997, ABl. 1997, 1353, bis zur Fassung d. Art. 170 d. Gesetzes v. 8.12.2021, ABl. I, 2021, S. 2629 (Stand: 31.10.2023).

198) Vgl. BGH, Urt. v. 11.5.2010 – IX ZR 127/09, ZfIR 2010, 696 ff., Rz. 6 ff., 11 ff.

199) Siehe zur Abgrenzung jurisPK-BGB/*Lafontaine*, § 9a WEG Rz. 253, 254 (öffentlich-rechtliche Lasten) m. w. N. (Stand: 15.3.2023).

200) Zum sächsischen Recht siehe https://www.revosax.sachsen.de: Sächsisches Kommunalabgabengesetz i. d. F. d. Bek. v. 9.3.2018, SächsGVBl. 2018, S. 116, bis zu Art. 2 Abs. 17 d. Gesetzes v. 5.4.2019, SächsGVBl. 2019, S. 245 (Stand: 31.10.2023).

201) Zum Landesrecht von Sachsen-Anhalt siehe https://www.landesrecht.sachsen-anhalt.de; siehe auch das KAG-LSA v. 13.12.1996, GVBl. LSA 1996, 405, Gliederungs-Nr. 2022.1, i. d. F. bis zur Änderung d. Art. 1 d. Gesetzes v. 15.12.2020, GVBl. LSA 2020, S. 712 (Stand: 31.10.2023).

202) Zu den Gesetzen von Schleswig-Holstein siehe das Portal https://www.gesetze-rechtsprechung.sh.juris.de/; siehe auch das KAG v. 10.1.2005, GVOBl. 2005, S. 27, bis zur Änderung d. d. Gesetz v. 4.5.2022, GVOBl. 2022, S. 564, Gliederungs-Nr. 6140-1 (Stand: 31.10.2023).

126 Zum früheren „Ausführungsgesetz zum Reichsgesetz über die Zwangsversteigerung und die Zwangsverwaltung“[203] wird auf § 10 Rz. 115 [*Cranshaw*] (2. Aufl. dieses Kommentars) verwiesen.[204]

127 Ausführungsbestimmungen zum ZVG enthalten die §§ 44–48 Landesjustizgesetz Schleswig-Holstein (LJG)[205]; das Gesetz definiert wie in anderen Bundesländern die öffentlichen Lasten als *„Abgaben oder Leistungen, die nach Gesetz oder Verfassung auf dem Grundstück lasten und nicht auf einer privatrechtlichen Verpflichtung beruhen“* (§ 44 LJG).

q) **Thüringen**[206]

128 Das Thüringer Kommunalabgabengesetz (ThürKAG)[207] bestimmt in § 7 Abs. 11, dass wie durchgängig in anderen Landesrechten öffentlich-rechtliche **Beiträge** für Investitionen in kommunale Infrastrukturen öffentliche Lasten sind. Die Last erlischt nicht, solange die persönliche Schuld besteht. Wohnungs- und Teileigentümer haften nur quotal mit ihrem MEA, § 7 Abs. 11 i. V. m. Abs. 10 Satz 3 Halbs. 2. Die **Benutzungsgebühren** gemäß § 12 ThürKAG stellen keine öffentlichen Lasten dar.

129 Das „Thüringer Gesetz zur Ausführung des Gesetzes über die Zwangsversteigerung und die Zwangsverwaltung“ (ThürAGZVG)[208] erklärt in §. 1 wie eine Reihe anderer Ausführungsgesetze alle auf öffentlichem Recht beruhende öffentlich-rechtliche Abgaben- und Leistungsforderungen zu öffentlichen Lasten, die an dem Grundstück haften und die nicht schon in anderen Gesetzen als öffentliche Last bestimmt wurden.

130 Im Zusammenhang mit § 7 Abs. 11 Satz 1 ThürKAG hatte sich der BGH in einer Entscheidung vom 26.1.2023[209] mit der Frage auseinanderzusetzen, unter welchen Voraussetzungen ein ursprünglich rechtswidriger, später geheilter Betragsbescheid über Entwässerungsbeiträge eines Thüringer kommunalen Trink- und Abwasserverbandes unter das Privileg des vierjährigen Vorrangs für Rückstände einmaliger Leistungen als öffentliche Last nach § 10 Abs. 1 Nr. 3 ZVG zu subsumieren ist. Die

---

203) ZVGAG SH v. 23.9.1899 i. d. F. d. Bek. v. 31.12.1971, GVOBl. 1971, S. 182, Gliederungs-Nr. B 310-2, bis zur Änderung d. d. BundesbergG v. 13.8.1980.

204) Siehe den Text dieses Reichsgesetzes vom 23.9.1899 unter dieser Bezeichnung unter https://recht.nrw.de/lmi/owa/br_bes_text, in NRW aufgehoben d. Art. 2 Nr. 43 d. Ges. v. 26.1.2010, GV.NW. S. 30, ab 1.1.2011; siehe auch preuß. GS 1899, S. 291 ff., https://www.reichsgesetzblatt.de/D/Länder/Preussen/1899/index.html (Stand:5.12.2023).

205) Gesetz v. 17.4.2018, GVOBl. 2018, 231, 441, bis zu Art. 1 d. Gesetzes v. 17.3.2022, GVOBl. 2022, S. 301 (Stand: 31.10.2023); zur Pflicht, aus der dinglichen Haftung aufgrund der öffentlichen Lasten die Vollstreckung in den belasteten Grundbesitz zu dulden, vgl. § 264 Abs. 3 Landesverwaltungsgesetz SH v. 2.6.1992, GVOBl. 1992, S. 243, 534, bis zu Art. 2 d. Ges. v. 29.4.2022, GVOBl. 2022, S. 549.

206) Siehe das Internetportal https://landesrecht.thueringen.de (Stand: 31.10.2023).

207) ThürKAG v. 19.9.2000, GVBl. 2000, 301, Gliederungs-Nr. 610-1, bis zur Änderung d. d. Gesetz v. 10.10.2019, GVBl. 2019, S. 396 (Stand: 31.10.2023).

208) ThürAGZVG v. 3.12.2002, GVBl. 2002, S. 424, bis zur Änderung d. Art. 17 d. Gesetzes v. v. 18.12.2018, GVBl. 2018, S. 731, 745 (Stand: 31.10.2023).

209) BGH, Beschl. v. 26.1.2023 – V ZB 37/21, juris = WM 2023, 571 ff. = ZfIR 2023, 277 ff., m. Anm. *Cranshaw*, ZfIR 2023, 277 ff.

betroffene Eigentümerin, Rechtsnachfolgerin des früheren Eigentümers, hatte 2009 einen Bescheid über Entwässerungsbeiträge erhalten. 2016 wurde die Entwässerungsbeitragssatzung des Verbandes (aus 2005) über die erstmalige Herstellung bzw. Beschaffung der entsprechenden Infrastrukturen vom OVG Weimar[210)] für unwirksam erklärt; der Verband erließ daraufhin noch im Jahr 2016 eines neue Satzung, setzte sie – zulässig – rückwirkend auf den 1.1.2007 in Kraft und heilte damit die alten, bis dahin rechtswidrigen – nicht bezahlten und damit rückständigen – Beitragsbescheide über Entwässerungsbeiträge. Später nahm der Verband die Eigentümerin durch Duldungsbescheid auf Duldung der Zwangsvollstreckung aus einer öffentlichen Last in Anspruch, denn der Verband hatte in Einklang mit dem vorerwähnten § 7 Abs. 11 Satz 1 ThürKAG in seiner Beitragssatzung (§ 4 Abs. 4) bestimmt, der Beitrag ruhe als öffentliche Last auf dem Grundbesitz.[211)] Erst Anfang 2021 beantragte der Verband wegen der rückständigen Beiträge die Zwangsversteigerung in der Rangklasse 3 des § 10 ZVG. Das AG Eisenach ordnete die Versteigerung antragsgemäß an, aber nicht in der Rangklasse 3. Das dagegen gerichtete Rechtsbehelfsverfahren des Verbandes war bis zur Rechtsbeschwerde zum BGH erfolglos. Maßgeblich für den Beginn der Vierjahresfrist des § 10 Abs. 1 Nr. 3 Satz 1 Halbsatz 1 ZVG ist aus dem Blick des BGH in Fällen wie hier, ob die Forderung aus dem Beitragsbescheid (nicht der Duldungsbescheid als bloßer Titel des verfolgten Anspruchs!) **vor dem Zeitpunkt der Rückwirkungsanordnung** der heilenden Satzung **fällig** wurde (also vor dem 1.1.2007) oder **danach**. Im letzteren Fälle richtet sich die Fälligkeit nach den Vorgaben des Beitrags-/Leistungsbescheides, vorliegend aufgrund der Beitragssatzung drei Monate nach Bekanntgabe des Bescheids, hier am 27.8.2009, sodass zwischen Fälligkeit zu jenem Datum und dem für die Subsumtion unter das Privileg des § 10 Abs. 1 Nr. 3 ZVG maßgeblichen Versteigerungsantrag mehr als vier Jahre lagen. Damit war eine Versteigerung in der Rangklasse 3 hier nicht möglich. Der BGH stellt dazu fest, es sei Sache des kommunalen Gläubigers bei dergleichen Konstellationen, wie er die Heilung seiner Satzungen und Bescheide konzipiere; entscheide er sich für die Rückwirkung, trage er auch die Risiken des Rangverlustes. Im konkreten Fall kann der Verband nur in der in praxi meist aussichtslosen Rangklasse 7 vorgehen. Ein Vorgehen aus der – aber auch häufig kaum aussichtsreichen – Rangklasse 5 dürfte dem Verband ebenfalls versagt bleiben, da die Eigentümerin als Rechtsnachfolgerin nicht „persönlich", sondern eben nur dinglich haftet (OVG Weimar, Urt. v. 9.12.2013 – 4 EO 827/12, ZInsO 2014, 1293 ff.). Ergänzend sei erwähnt, dass der Duldungsbescheid Voraussetzung der dinglichen Vollstreckung ist. Sie beruht hier – wie in Rechten der anderen Bundesländer – auf einer recht komplexen Kette von „Kaskadenverweisen", vorliegend auf den §§ 38 Abs. 1 Nr. 4 ThürKAG i. V. m. § 191 Abs. 1 Satz 1 AO

210) OVG Weimar, Urt. v. 14.4.2016 – 4 KO 452/15, juris.

211) Siehe im Einzelnen die Beitragssatzung des betreffenden kommunalen Verbandes (Trink- und Abwasserverband Eisenach-Erbstromtal) unter https://www.tavee.de/ueber-uns/satzungen zu den Satzungen; siehe dort die Beitragssatzung zur Entwässerungssatzung (BS-EWS) i. d. F. v. 7.10.2016 und aktuell die Beitragssatzung zur Entwässerungssatzung 01/2018 (BS-EWS 01/2018) v. 11.12.2017 (Stand: 31.10.2023).

sowie in weiterer Verbindung mit den §§ 77 Abs. 2, 322, 323 AO und § 15 Abs. 1 Nr. 4 Buchst. b), ff) ThürKAG.[212)]

4. Der Umfang des Vorrangs der Rangklasse 3

131 Der Vorrang der Rangklasse 3 besteht für die laufenden und die **rückständigen Beträge** der letzten vier Jahre. § 10 Abs. 1 Nr. 3 ZVG beantwortet aber nicht, wie dieser Zeitraum berechnet werden muss. Dabei wird man mit *Böttcher* entgegen anderen Stimmen in der Literatur und mit dem BGH differenzieren müssen, ob es sich um einen einmaligen oder wiederkehrenden Betrag handelt. **Einmalige Beträge** sind danach (zutreffend) der Rangklasse 3 zuzuordnen, wenn der öffentliche Gläubiger innerhalb eines Vierjahreszeitraumes nach Fälligkeit die Zwangsversteigerung oder den Beitritt (§ 27 Abs. 2 ZVG) wegen eben jenes Anspruchs beantragt hat oder wenn er seinen Anspruch (§ 37 Nr. 4 ZVG) angemeldet hat.[213)] Auf **wiederkehrende Leistungen** ist § 13 ZVG anzuwenden;[214)] sie sind in der Rangklasse nur für laufende Beträge und bezüglich der Rückstände nur für die letzten beiden Jahre zu berücksichtigen. Anders als in Rangklasse 4 (siehe Rz. 160) sind Tilgungsanteile, die mit den Zinsen als gemeinsamer Bestandteil („annuitätische Tilgung") bezahlt werden, nicht privilegiert; sie können vielmehr nur wie wiederkehrende Leistungen berücksichtigt werden.

132 **Nebenansprüche** wie Zinsen und Säumniszuschläge werden mit dem Hauptanspruch in Rangklasse 3 befriedigt; es handelt sich dabei um steuerliche Nebenleistungen gemäß § 3 Abs. 4 AO.[215)]

133 Zu dem Verhältnis der einzelnen Ansprüche aus dem jeweiligen Recht untereinander vgl. § 12 ZVG.

134 Zu den wiederkehrenden Leistungen zählt § 10 Abs. 3 Nr. 3 ZVG im Rahmen eines nicht abgeschlossenen Regelfallkatalogs die „*Grundsteuer, Zinsen, Zuschläge oder Rentenleistungen*" sowie die vorstehend erwähnten „annuitätischen" Tilgungsanteile.

135 Zwischen den der Rangklasse angehörenden Ansprüchen besteht **Gleichrang** (§ 10 Abs. 1 Nr. 3 Satz 2 ZVG). Reicht der Steigerlös nicht einmal aus, um alle Forderungen der Rangklasse zu befriedigen, wird daher der zur Verfügung stehende Betrag quotal den einzelnen angemeldeten (§ 37 Nr. 4 ZVG, soweit nicht die Ausnahme des § 114 Abs. 1 Satz 2 ZVG bejaht werden kann) und berücksichtigungsfähigen Forderungen ohne Rücksicht auf ihren Charakter als Hauptforderung, Nebenleistungen und Kosten zugeordnet. Die Verteilung innerhalb desselben Rechts folgt

---

212) Zur Thematik der dinglichen Vollstreckung durch Kommunen und kommunale Verbände siehe auch *Cranshaw*, KKZ 2023, 37 ff., 39.

213) Böttcher/*Böttcher*, ZVG, § 10 Rz. 45 m. w. N., u. a. zur Gegenmeinung; eingehend Dassler/Schiffhauer/u. a.-*Rellermeyer*, ZVG, § 10 Rz. 45, anders noch 13. Aufl., Rz. 35 (ab der Beschlagnahme); BGH, Beschl. v. 20.12.2007 – V ZB 89/07, Rpfleger 2008, 213 f. = WM 2008, 740 ff. = JurionRS 2007, 45221, Rz. 12 f. m. w. N.

214) Zu weiteren Einzelheiten siehe § 12 Rz. 10 f., 19 ff. [*Cranshaw*].

215) Dassler/Schiffhauer/u. a.-*Rellermeyer*, ZVG, § 10 Rz. 44 ff., krit. (Rz. 44 m. w. N.) zu den Säumniszuschlägen aufgrund deren bloßer Funktion, die Zahlung der Abgabe durch Druck zu fördern, entgegen BGH, Urt. v. 19.11.2009 – IX ZR 24/09, ZfIR 2010, 154 = MDR 2010, 411 = NJW-RR 2010, 671 f. = JurionRS 2009, 30550, Ls., Rz. 11 f.

dann nach § 12 ZVG (siehe oben). So kann es geschehen, dass das eine Recht einschließlich aller Nebenforderungen befriedigt wird, das andere hingegen nicht.

Die Bestimmung des § 10 Abs. 1 Nr. 3 Satz 3 ZVG, wonach die Regelungen der §§ 112 Abs. 1, 113, 116 **Lastenausgleichsgesetz** unberührt bleiben, ist im Ergebnis obsolet.[216] 136

VIII. Die Rangklasse 4 – Befriedigung der dinglichen Rechte und Dominanz der Grundpfandgläubiger

1. Eingetragene und nicht eingetragene Rechte als Gegenstand der Rangklasse 4

Die Rangklasse 4 ist entscheidend für die Befriedigung der Grundpfandrechte der 137 Kreditwirtschaft und daher von großer Bedeutung für die **Immobilienfinanzierung.** Zu befriedigen sind in dieser Rangklasse aber auch alle anderen im Grundbuch eingetragenen Rechte. Die Grundpfandgläubiger sind die sicher bedeutendsten Protagonisten der Rangklasse 4, aber nicht die einzigen Beteiligten. Vielmehr gehören sämtliche Inhaber dinglicher Rechte in Abt. II und III des Grundbuchs in diese Rangklasse. Sie betrifft *„Ansprüche aus Rechten am Grundstück"*, die unter diese Rangklasse zu subsumieren sind, wenn sie nicht i. S. d. § 23 Abs. 1 Satz 2 ZVG gegenüber einem betreibenden Gläubiger (auch einem beitretenden Gläubiger gemäß § 27 Abs. 2 ZVG) relativ unwirksam sind (und daher in die Rangklasse 6 verwiesen sind).

Wenn auch sämtliche im Grundbuch eingetragenen Rechte zur Rangklasse 4 gehören, 138 so gibt es dennoch nicht grundbuchgebundene dingliche Rechte. Die fehlende Eintragung im Grundbuch schließt also nicht den Charakter eines Rechts als dingliches Recht in dieser Rangklasse aus. Hierzu gehören beispielsweise die **Überbau- und Notwegrenten** gemäß den §§ 912 Abs. 2, 914, Abs. 1, 2, 917 Abs. 2 Satz 2 BGB. Zu erwähnen sind auch die Rechte nach § 9 EG ZVG, hier insbesondere auch die **Altenteilsrechte** mit ihren verschiedenen rechtlichen Ausprägungen und Bezeichnungen.[217]

Da sich eingetragene und nicht eingetragene Rechte in Rangklasse 4 mischen, sind 139 zwei Fragen zu lösen. Die eine betrifft das Rangverhältnis untereinander. Bei den eingetragenen Rechten beantwortet § 879 BGB diese Frage materiellrechtlich. In derselben Abteilung des Grundbuchs eingetragene Rechte haben den Rang der Reihenfolge der Eintragungen, wobei der strikten Befolgung des § 17 GBO durch das Grundbuchamt eine entscheidende Rolle zufällt. Bei der Eintragung in verschiedene Abteilungen ist der Tag der Eintragung maßgeblich; bei gleichem Eintragungsdatum besteht Gleichrang. Verfahrensrechtlich ordnet § 11 Abs. 1 ZVG den Rang nach dem materiellen Recht.[218]

---

216) Gesetz v. 14.8.1952, BGBl. 1952 I S. 446 ff. i. d. F. v. 2.6.1993, BGBl. 1993 I S. 845, 1995, S. 248, bis zu Art. 211 d. Verordnung v. 19.6.2020, BGBl. 2020 I S. 1328. Das LAG ist ein Gesetz, das *„Ausgleichsabgaben und Ausgleichsleistungen"* enthielt, es sollte Kriegsfolgen des 2. Weltkriegs im Ergebnis abfedern (vgl. §§ 1, 2 LAG). Abgabenschulden nach den §§ 111, 112, 113 LAG sind/waren öffentliche Last mit bestimmtem Vorrang. Die Normen der §§ 16–227 LAG über die Ausgleichsabgaben sind konsequent in dem Internetportal https://www.gesetze-im-internet.de auch nicht mehr abgebildet.

217) Vgl. dazu *Gehrlein*, ZInsO 2010, 1970 ff.

218) Zu weiteren Einzelheiten siehe § 11 Rz. 16 ff. [*Cranshaw*].

140 § 879 BGB beantwortet indes nicht die Frage, wie der Rang bei Konkurrenz zwischen eingetragenen und nicht eingetragenen Rechten zu ermitteln ist. § 11 Abs. 1 ZVG erfasst zwar verfahrensrechtlich auch diese Konstellation, die aber von § 879 BGB nicht geregelt wird. Daher bleibt nur übrig, auf den Zeitpunkt der früheren Entstehung des Rechts als entscheidendes Kriterium des Vorrangs zurückzugreifen.[219] Bei den nicht eintragungsfähigen Überbau- und Notwegrenten (§§ 914 Abs. 2 Satz 1, 917 Abs. 2 Satz 2 BGB) besteht dieses Problem aus den Gründen des § 914 Abs. 1 Satz 1 BGB mit dem dortigen Vorrang vor *„allen Rechten an dem belasteten Grundstück“* (= Rechte der Rangklasse 4) nicht.

2. Eingetragene Rechte der Rangklasse 4

141 Teilt man die Rechte der **Rangklasse 4** nach ihrer Abfolge im BGB sowie nach ihrer Verlautbarung im Grundbuch ein, so gehören dazu von den eingetragenen Rechten in Abt. II:

- die **Grunddienstbarkeit** (§§ 1018 ff. BGB) einschließlich der **beschränkten persönlichen Dienstbarkeit** (§§ 1090 ff.) und einschließlich des **dinglichen Wohnungsrechts** (§ 1093 BGB);
- der **Nießbrauch** (§§ 1030 ff. BGB);
- das **dingliche Vorkaufsrecht**, auch für alle Verkaufsfälle (§§ 1094 ff. BGB, 1097 Halbs. 2 BGB) sowie
- die **Reallast**, §§ 1105 ff. BGB, der strukturell auch die Erbbauzinsreallast (siehe im Folgenden) entspricht;
- der **Erbbauzins** nach § 9 ErbbauRG („Erbbauzinsreallast“, siehe oben)[220] als dingliche Belastung des Erbbaurechts mit dem besonderen Inhalt des Bestehenbleibens in der Versteigerung nach § 9 Abs. 3 Nr. 1 ErbbauRG, soweit dinglich als Inhalt des Erbbaurechts vereinbart und der weiteren Option des § 9 Abs. 2 Nr. 2 ErbbauRG, das Erbbaurecht vorrangig vor der „Erbbauzinsreallast“ mit Grundpfandrechten zu belasten;
- ebenso aus dem Wohnungseigentumsgesetz folgerichtig das **Wohnungs- bzw. Teilerbbaurecht nach § 30 WEG** sowie das **Dauerwohnrecht bzw. das Dauernutzungsrecht nach § 31 WEG**;[221]
- die **Auflassungsvormerkung**.[222]

142 Neben diesen Rechten in Abt. II stehen die in der Praxis der Zwangsversteigerung besonders wichtigen **Grundpfandrechte in Abt. III** des Grundbuchs in Gestalt

- der **Hypothek** (§§ 1113 ff. BGB) einschließlich ihrer besonderen Erscheinungsformen, wie
  - die **Zwangshypothek** (§§ 867 f. ZPO, „auch „Zwangssicherungshypothek“), die in der Praxis, wenn auch als regelmäßig nachrangiges Grundpfandrecht,

219) Vgl. dazu z. B. Böttcher/*Böttcher*, ZVG, § 10 Rz. 54.
220) Grüneberg/*Wicke*, BGB, § 9 ErbbauRG Rz. 2.
221) Stöber/*Achenbach*, ZVG, § 10 Rz. 83.
222) BGH, Beschl. v. 9.5.2014 – V ZB 123/13, juris Rz. 8 ff., 18 ff. = ZInsO 2014, 1573 ff. = NJW 2014, 2445 ff. – Vorrang der Rangklasse 2 gegenüber der Auflassungsvormerkung.

große Bedeutung als Vollstreckungsmittel der Finanzbehörden und der Kommunen zur Beitreibung öffentlich-rechtlicher Forderungen hat, im Wesentlichen, wenn diese nicht die Qualifikation als dinglich wirkende öffentliche Last mit dem Vorrang der Zeiträume des § 10 Abs. 1 Nr. 3 ZVG haben (siehe oben zur Rangklasse 3);

- die **Arresthypothek** (§ 932 ZPO), die Sicherungshypothek ist; sie spielt aktuell eine bedeutsame Rolle bei der strafrechtlichen Vermögensabschöpfung und dort bei der strafprozessualen Sicherung nach den §§ 111e, 111f Abs. 2 StPO (Vollzug des Vermögensarrestes in Grundbesitz bzw. sonstiges unbewegliches Vermögen zur Sicherung der materiell-rechtlichen Wertersatzeinziehung nach den §§ 73 ff. StGB);
- die streng akzessorische **Sicherungshypothek** (§ 1184 BGB)[223] und
- die **Höchstbetragshypothek** nach § 1190 BGB, die als Sicherungshypothek gilt, auch wenn sie als solche nicht im Grundbuch eingetragen ist, wie aus § 1190 Abs. 3 BGB hervorgeht. Wird die durch die Höchstbetragshypothek besicherte Forderung nach § 1190 Abs. 4 Satz 1 BGB durch Abtretungsvertrag nach §§ 398 ff. BGB „isoliert" übertragen, geht die Hypothek nach Satz 2 der zitierten Norm nicht mit über, die Höchstbetragshypothek wird dann zur Eigentümergrundschuld. Sie wirft im Versteigerungsverfahren bzw. in der Erlösverteilung besondere Probleme auf, auf die hier im Einzelnen nicht einzugehen ist.[224]

- der **Grundschuld** (§§ 1191 ff. BGB) einschließlich
  - ihrer besonderen Ausprägung der **Eigentümergrundschuld** (§ 1196 f. BGB);

  In der modernen Kreditsicherungspraxis wird seit Jahrzehnten nahezu ausschließlich die abstrakte Grundschuld eingesetzt (vgl. auch § 1192 Abs. 1a BGB zur Legaldefinition der Sicherungsgrundschuld, die mit dem MoMiG zum 19.8.2008 in das BGB eingefügt wurde, wobei die Definition letztlich deklaratorisch war, anders als die Rechtsfolgen der Sicherungsgrundschuld nach § 1192 Abs. 1a BGB sowie § 1193 Abs. 2 Satz 2 BGB zur zwingend notwendigen Kündigung der Sicherungsgrundschuld vor Durchführung der Zwangsverwertung). Nicht selten sind Gegenstand der Kreditsicherung auch Eigentümerbriefgrundschulden, die an den dritten Kreditgeber abgetreten wurden (vgl. §§ 1192 Abs. 1 i. V. m. §§ 1154, 1155 BGB (analog).

  - der in der Praxis seltenen **Rentenschuld** (§§ 1199 ff. BGB).

Die **Eigentümergrundschuld** generiert zwar nur Zinsen im Rahmen der Zwangsverwaltung, auch kann der Eigentümer als Inhaber nicht die Immobiliarvollstreckung betreiben (§ 1197 BGB bzw. § 1177 i. V. m. § 1197 BGB). Allerdings entsteht dann ein Problem, wenn die Grundschuld an einen Dritten übertragen oder gepfändet 143

223) Dazu gehört auch die eher exotische Hypothek nach § 1187 BGB zur Sicherung von Forderungen aus Inhaberschuldverschreibungen oder durch Indossament übertragbarer Wertpapiere.

224) Stöber/*Nicht*, ZVG, § 114 Rz. 54 ff. m. w. N.

wird und damit die Wirkungen einer Fremdgrundschuld eintreten (zu Einzelheiten siehe § 23 Rz. 32 [*Cranshaw*]).

144 Auch der Insolvenzverwalter kann aus der Eigentümergrundschuld, die Teil der Insolvenzmasse (§ 35 InsO) ist, die Vollstreckungsversteigerung – neben der Verwalterversteigerung nach den §§ 165 InsO, 172 ff. ZVG – betreiben. Die Beschränkung des § 1197 Abs. 1 BGB, der die Zwangsvollstreckung aus der Eigentümergrundschuld untersagt, hat als ratio legis den Schutz der Grundpfandgläubiger im Auge, da der Grundschuldschuldner und Eigentümer die anderen Grundpfandgläubiger eher leicht benachteiligen könnte, indem er aus vorrangigem Eigentümerrecht selbst die Versteigerung betreibt. Diese Einschränkung gilt für den Insolvenzverwalter nicht, wenn der Eigentümer und spätere Insolvenzschuldner das Eigentümergrundpfandrecht an einen Dritten abgetreten hatte, sodass es zur Fremdgrundschuld wurde und der „Fremdgläubiger" später (etwa wegen Erledigung des Sicherungszwecks) auf das Recht nach § 1168 BGB verzichtet hat (oder das Recht auf den Eigentümer zurückübertragen hat). Die ratio legis des § 1197 Abs. 1 BGB gilt nicht für den Insolvenzverwalter, dessen Zielsetzung ja gerade auf die Befriedigung der Gläubiger gerichtet ist, insoweit ist § 1197 Abs. 1 ZVG teleologisch zu reduzieren.[225)]

145 Neben der Eigentümergrundschuld stehen die weiteren im Grundbuch eingetragenen **Eigentümerrechte**, die im Hinblick auf § 889 BGB (kein Erlöschen des Rechts, wenn der Eigentümer das im Grundbuch eingetragene Recht oder der Rechtsinhaber das Grundstück erwirbt) ohne Weiteres möglich sind (z. B. die Eigentümergrunddienstbarkeit, der Eigentümernießbrauch, die Eigentümerreallast und das Eigentümererbbaurecht).[226)] Deren Rolle in Rangklasse 4 ist im vorliegenden Rahmen nicht zu besprechen.

146 Außerhalb des **BGB** stehende, im **Grundbuch eingetragene Rechte** betreffen

- das im Grundstücksgrundbuch stets erstrangige **Erbbaurecht** (§§ 1, 10 ErbbauRG),
- das **Wohnungs- und Teileigentum** nach dem WEG (§§ 1, 5, 7 WEG),
- das Dauerwohnrecht nach den §§ 31 ff. WEG sowie
- das gesondert strukturierte **Wohnungs- bzw. Teileigentumserbbaurecht** gemäß § 30 WEG.

147 Im Rahmen der Rangklasse 4 ist auch die **Vormerkung** zur Sicherung eintragungsfähiger Rechte der Rangklasse 4 zu beachten (§§ 883 ff., 888 BGB), desgleichen der Widerspruch (§§ 899, 894 BGB). Die Zugehörigkeit zur Rangklasse folgt verfahrensrechtlich aus § 48 Halbs. 2 ZVG.

---

225) Stöber/*Keller*, ZVG, § 15 Rz. 78, mit dem Argument, die Anwendung in der Insolvenz gegen den Insolvenzverwalter würde dem Schuldner gegen diesen systemwidrig Vollstreckungsschutz gewähren; ein offener Widerspruch zu § 80 InsO wäre die Folge. Siehe zu der Thematik bzw. einem solchen Sachverhalt auch LG Potsdam, Beschl. v. 28.9.2022 – 14 T 62/22, ZRI 2022, 907 f. = NZI 2022, 950 f.; dazu *Cranshaw*, jurisPR-HaGesR 12/2022, Anm. 1, unter C II.

226) Vgl. nur den Hinweis bei Grüneberg/*Herrler*, BGB, Einl vor § 854 Rz. 6 sowie bei BeckOK-*Fischinger*, ZVG, § 10 Rz. 101 m. w. N. und bei Stöber/*Achenbach*, ZVG, § 10 Rz. 82.

Nur am Rande zu erwähnen sind aus dem interlokalen Recht die verschiedenen Rechte nach dem ZGB der vormaligen DDR sowie die Regelungen des Art. 233 EG BGB in diesem Kontext,[227] auf die hier nicht weiter einzugehen ist, ebenso wenig auf die Eigentümerrechte (zur Eigentümergrundschuld siehe oben). 148

3. Rechte der Rangklasse 4 außerhalb des Grundbuchs und weitere Konstellationen der Rangklasse sowie die im Grundbuch vermerkte besondere Sicherungshypothek des § 848 Abs. 2 ZPO

Ferner gehören zur Rangklasse 4 die ebenfalls nur der Vollständigkeit halber zu erwähnenden **altrechtlichen Grunddienstbarkeiten** und ähnliche außerhalb des Grundbuchs stehenden Rechte (Art. 187, Art. 189 EG BGB). Auf § 9 EGZVG ist bereits oben hingewiesen worden.[228] 149

Zu diesen Rechten zählt aber auch die (wie § 1187 BGB)[229] gleichfalls etwas „exotisch" erscheinende, in der Praxis seltene im Grundbuch deklaratorisch einzutragende Sicherungshypothek gemäß **§ 848 Abs. 2 ZPO**, die bei Pfändung eines *„Anspruchs, der eine unbewegliche Sache betrifft"* nach § 848 Abs. 1 ZPO („Herausgabeanspruch auf eine unbewegliche Sache) entsteht.[230] Die Sicherungshypothek entsteht nur dann, wenn der gepfändete Anspruch auf Übereignung gerichtet ist und das Eigentum auf den Vollstreckungsschuldner übergegangen ist, der sodann eine Sicherungshypothek „erlangt". Die Bewilligung hat durch den Sequester zu erfolgen (§ 848 Abs. 2 Satz 3 ZPO). Der Regelung des § 848 Abs. 2 BGB liegen Konstellationen wie die folgende zugrunde, mit der sich das Brandenburgische OLG in einer Grundbuchbeschwerdesache (Jahr 1027) auseinanderzusetzen hatte:[231] 150

Den Gegenstand des Verfahrens umreißt der Leitsatz des Gerichts: 151

> „Der Inhaber einer gem. § 848 Abs. 2 Satz 2 ZPO entstandenen Sicherungshypothek kann die Zwangsversteigerung analog § 867 Abs. 3 ZPO aufgrund des der Hypothekeneintragung zugrunde liegenden Titels betreiben […]."

Die Antragstellerin hat den Auflassungsanspruch der Vollstreckungsschuldner gegen den/die Drittschuldner auf Eigentumsübertragung des betroffenen Grundbesitzes durch Pfändungs- und Überweisungsbeschluss (§§ 829 ff. ZPO) gepfändet und dadurch eine – hier – erstrangige Sicherungshypothek (Abs. III Nr. 1) erworben. Sie hat beim Grundbuchamt beantragt, die Sicherungshypothek auf dem Vollstreckungstitel, mittels dessen sie die Vollstreckung in den Auflassungsanspruch bewirkt hatte, zu vermerken. Das Grundbuchamt hat das abgelehnt mit der Begründung diese Sicherungshypothek des § 848 Abs. 2 Satz 2 ZPO sei keine Zwangshypothek 152

---

227) Siehe dazu den Überblick bei BeckOK-*Fischinger*, ZVG, § 10 Rz. 100 sowie bei Dassler/Schiffhauer/u. a.-*Rellermeyer*, ZVG, § 10 Rz. 49 und bei Stöber/*Achenbach*, ZVG, § 10 Rz. 81 a. E., 82 m. w. N.

228) Eingehend Dassler/Schiffhauer/u. a.-*Hintzen*, ZVG, § 9 EGZVG Rz. 1–7, 15 f. m. w. N.

229) Vgl. dazu z. B. Böttcher/*Böttcher*, ZVG, § 10 Rz. 54, die Konkurrenz zwischen eingetragenem und nicht eingetragenem Recht löst danach § 12 ZVG.

230) Siehe im Einzelnen dazu Zöller/*Herget*, ZPO, § 848 Rz. 7 f.; BeckOK-*Fischinger*, ZVG, § 10 Rz. 99.

231) Brandenburgisches OLG, Beschl. v. 26.7.2017 – 5 W 43/17, Rpfleger 2018, 17, Anschluss an LG Stuttgart, Beschl. v. 8.9.2003 – 1 T 58/03, juris.

i. S. d. § 867 ZPO und daher sei auch dessen Absatz 3 nicht anwendbar, sodass für die Zwangsversteigerung nicht das dortige Verfahren gelte, wonach es für die Immobiliarvollstreckung nach dem ZVG ausreicht, wenn auf dem Vollstreckungstitel seitens des Grundbuchamts die Eintragung der Zwangshypothek vermerkt ist; der Vermerk ersetzt den Duldungstitel.[232] Das OLG Brandenburg schließt sich derjenigen Meinung an, die § 867 Abs. 1 Satz 1 Halbs. 2, Abs. 3 ZPO analog auf die Sicherungshypothek nach § 848 Abs. 2 Satz 3 ZPO anwendet. Es sei „planwidrig" den Gläubiger der Sicherungshypothek nach § 848 Abs. 2 Satz 2 ZPO auf die Beschaffung eines Duldungstitels nach § 1147 BGB zu verweisen. In einer früheren Entscheidung aus 2013 hat das OLG Naumburg darauf erkannt, wenn der Auflassungsanspruch des Schuldners gegen den Drittschuldner gepfändet werde (nach den §§ 829 ff. ZPO durch PfuÜB), entstehe mit dem Eigentumserwerb durch den Vollstreckungsschuldner eine Sicherungshypothek des Vollstreckungsgläubigers, deren Eintragung im Grundbuch freilich deklaratorisch sei und somit Grundbuchberichtigung (§ 894 BGB). Die Eintragung dieser Sicherungshypothek könne alternativ aufgrund Eintragungsbewilligung des Sequesters (vgl. § 848 Abs. 2 Satz 1 ZPO) oder aufgrund Antrag des Vollstreckungsgläubigers vorgenommen werden, der die Unrichtigkeit des Grundbuchs nachweisen müsse und zwar durch Vorlage des PfuÜB, der Zustellung und des Nachweises der Eintragung des Vollstreckungsschuldners als Eigentümer.[233]

153 Der „Herausgabeanspruch auf ein (im inländischen Schiffsregister für Seeschiffe bzw. Binnenschiffe eingetragenes) Schiff" nach § 847a ZPO gehorcht denselben Strukturprinzipien wie § 848 ZPO; an die Stelle der dortigen „Sicherungshypothek" tritt hier die „Schiffshypothek" (§ 8 SchiffsRG).

154 Eine weitere Kategorie stellen die zu Unrecht **gelöschten** oder – umgekehrt – die **unzutreffend eingetragenen Rechte** dar. Die erste Fallgruppe bedarf der Anmeldung (§ 37 Nr. 4 ZVG), der Status ist im ordentlichen Prozess zu klären. Die zweite Fallgruppe ist in derjenigen Rangklasse zu berücksichtigen, der die angeblich unrichtig eingetragenen Rechte zuzuordnen wären, wären sie zu Recht eingetragen. Probleme sind ebenfalls vor den ordentlichen Gerichten auszuprozessieren; in der Literatur wird hierzu eine Ausnahme insbesondere bei Offenkundigkeit der Unzulässigkeit der Eintragung gemacht.[234] Dem ist nicht zu widersprechen, da dem Vollstreckungsgericht damit die Last der Feststellung der Offenkundigkeit materieller Rechtsverhältnisse systemfremd auferlegt würde.

---

232) Thomas/Putzo/*Seiler*, ZPO, § 867 Rz. 7 – 8a.

233) OLG Naumburg, Beschl. v. 2.9.2013 – 12 Wx 41/13 (Ls.), juris = KKZ 2014, 184 f.

234) Siehe dazu den Überblick bei Böttcher/*Böttcher*, ZVG, § 10 Rz. 48, der bei den *„zu Unrecht gelöschten Rechten"* u. a. auf § 875 BGB hinweist, wobei es indes mehr Gründe als dort erfasst sind, gibt, die fehlerhaft zur Löschung geführt haben. Ob bei den unzutreffend eingetragenen Rechten „Offenkundigkeit" aus dem Blick des Vollstreckungsgerichts hinreichend ist oder ob urkundlicher Nachweis gegenüber dem Vollstreckungsgericht ausreicht muss hier offenbleiben.

Konsequent muss man ferner die **Rechte an Rechten** der Rangklasse 4 ebenfalls darunter subsumieren, weil sonst das Befriedigungsrecht z. B. des Pfandrechtsgläubigers an einer Grundschuld (§ 1291 BGB) ins Leere ginge.[235] 155

Zu der Rangklasse gehören auch die von Stöber/*Achenbach*[236] zutreffend aufgeführten Ansprüche auf Leistung von **Überbaurenten** bei entsprechenden Überbauduldungspflichten bei „unrechtmäßigem" Überbau (§ 912 Abs. 2 BGB, §§ 913–916 BGB) bzw. **„Notwegrenten"** nach § 917 Abs. 2, §§ 912 ff. BGB. Überbau- und Notwegrente sind vorrangig – außerhalb des Grundbuchs stehende – Renten-Rechte (§ 914 Abs. 1 Satz 1 BGB), die nicht eintragungsfähig sind, aber anzumelden sind (vgl. § 37 ZVG); Rückstände sind vorrangig in den Teilungsplan aufzunehmen. Das Notwegrecht unterliegt nicht der Verjährung (§ 924 BGB). 156

Praktisch gegenstandslos sind die in der Literatur zutreffend nur der Vollständigkeit halber erwähnten dinglichen Rechte ausländischen Rechts, die bei völkerrechtlichen Verträgen mit Grenzkorrekturen von Staatsgrenzen gegenseitig zu Rechten im Grundbuch führen könnten (§ 2 EGZVG).[237] 157

4. Durchsetzung der Rechte der Rangklasse 4 (im Verfahren) und Bedeutung der Beschlagnahmewirkung

Soweit das Recht der Rangklasse 4 zur Zeit der Eintragung des Vollstreckungsvermerks (§ 19 ZVG) im Grundbuch eingetragen, aus ihm also *„ersichtlich"* ist, muss es zur Durchsetzung nicht gemäß § 37 Nr. 4 ZVG angemeldet werden. Ansonsten bedarf es zur Vermeidung des Rangverlustes (§ 110 ZVG) der **Anmeldung**; nur so kann auch verhindert werden, dass das Recht nicht im geringsten Gebot berücksichtigt wird (§§ 44, 45 ZVG). Eine Ausnahme bilden die Rechte, aus denen die Vollstreckung betrieben wird, denn sie gelten als angemeldet (§ 114 Abs. 1 Satz 2 ZVG; dies kann aber nur im Umfang des ausdrücklich gestellten Versteigerungs- oder Beitrittsantrags zutreffen). 158

5. Umfang der Rangklasse 4, wiederkehrende Leistungen sowie Schnittstellen zwischen den Rangklassen 4, 6, 8 und 5

Selbstverständlich ist, dass der **Vorrang der Rangklasse 4** nur gegenüber demjenigen betreibenden Gläubiger gilt, dem gegenüber die Beschlagnahme wirksam ist, § 10 Abs. 1 Nr. 3 Halbs. 1 Alt. 1; andernfalls gehört das jeweilige Recht zur Rangklasse 6.[238] Es muss bei mehreren betreibenden Gläubigern (§ 27 Abs. 2 ZVG) gegenüber jedem Gläubiger gesondert geprüft werden, wann die Beschlagnahme wirksam geworden ist oder ob Vollstreckungsgläubiger oder Rechtsinhaber den „Vorrang" haben. 159

---

235) Siehe den Hinweis auf Pfandrecht einschl. Pfändungspfandrecht sowie den Nießbrauch an Rechten bei Böttcher/*Böttcher*, ZVG, § 10 Rz. 50 sowie bei BeckOK-*Fischinger*, ZVG, § 10 Rz. 102.

236) Stöber/*Achenbach*, ZVG, § 10 Rz. 81.

237) Siehe dazu Dassler/Schiffhauer/u. a.-*Rellermeyer*, ZVG, § 2 EGZVG Rz. 22 mit Hinweis auf Verordnungen von NRW, Niedersachsen, RP und dem Saarland im Zusammenhang mit Ermächtigungen des Bundes dazu im Kontext mit Verträgen mit den Niederlanden von 1960 und mit Luxemburg 1988.

238) Zu dieser Problematik im Einzelnen siehe § 23 Rz. 43 [*Cranshaw*].

160 In § 10 Abs. 1 Nr. 3, Halbs. 1 Var. 3 werden die *„zur allmählichen Tilgung"* neben den Zinsen auf die Finanzierung gezahlten Tilgungsanteile der im Rang zeitlich unbegrenzten Zahlung der Hauptforderung zugeordnet, nicht den wiederkehrenden Leistungen nach Halbs. 2.[239)] Das ist folgerichtig, da es sich um Tilgungsanteile und nicht um Zinsen handelt. Die in der Literatur diskutierten **Tilgungs- und Abzahlungshypotheken** nach dem Lastenausgleichsgesetz („LAG")[240)] sind obsolet. Die dort im Ergebnis ebenfalls angesprochene (echte) „Tilgungshypothek"[241)] mit stets gleichen Darlehensraten, deren Tilgungsanteil (mit z. B. anfänglich 1 % des Darlehenskapitals jährlich) sich ständig durch den infolge „ersparter Zinsen" reduzierten Zinsanteil an dem Gesamtbetrag erhöht, gibt es in der Finanzierungspraxis gleichfalls nicht mehr.[242)] Üblich ist vielmehr in der Finanzierungspraxis der Immobilienfinanzierung heute seit Langem die abschnittsweise Finanzierung über einen Zeitraum mit festen Darlehenszinsen (z. B. fünf Jahre oder zehn Jahre) sowie festen Zins- und Tilgungsraten während dieses Zeitraums und mit dem beschriebenen Effekt der annuitätischen Tilgung. Die Besicherung erfolgt aber durch Sicherungsgrundschuld (§ 1192 Abs. 1a BGB), nicht durch Hypothek. Die anteilige Tilgung bleibt daher stets in der Rangklasse 4 angesiedelt. Ein Tilgungsrückstand kann schon angesichts der abstrakten Besicherung durch eine Grundschuld nicht eintreten. Ist der schuldrechtliche Anspruch verjährt, hemmt das die Verwertung des Kapitalbetrags des Grundpfandrechts nicht (§ 216 Abs. 1 BGB).

161 **Wiederkehrende Leistungen**, in der Praxis insbesondere die (dinglichen) Zinsen der Grundpfandrechte, fallen in Rangklasse 4 nur, soweit sie „laufend" sind. Rückstände werden der Rangklasse nur aus den letzten beiden Jahren (vor Beschlagnahme) zugeordnet. Maßgeblich ist die Fälligkeit, Stichtag ist der Beschlagnahmezeitpunkt § 13 Abs. 1 ZVG. Mit der unbeschränkten zeitlichen Berücksichtigung der Tilgungsbeträge unterscheidet sich die Rangklasse 4 von der Rangklasse 3, die das Vorrecht nur für die laufenden Beträge und die Rückstände bis zu zwei Jahren gewährt. Die aus der Rangklasse 4 herausfallenden Ansprüche auf wiederkehrende Leistungen können in der Rangklasse 8 verfolgt werden.

---

239) Für die *„amortisierbaren Darlehen"* hat das für die Grundbucheintragung schon sehr früh das Reichsgericht zutreffend entschieden, Beschl. v. 4.3.1903 – Beschw.-Rep. V 37/03, RGZ 54, 88 ff.

240) Eingehend dazu BeckOK-*Fischinger*, ZVG, § 10 Rz. 107–109 sowie Stöber/*Achenbach*, ZVG, § 10 Rz. 86 f.

241) Unter Verwendung einer anderen Terminologie handelt es sich hierbei um ein „echtes" Annuitätendarlehen, die Art der Tilgung wird als *„annuitätisch"* bezeichnet.

242) Die seit Jahren anhaltende Niedrigzinsphase der Darlehenszinsen führte bis Anfang/Mitte 2022 dazu, dass die Tilgungsanteile nur sehr geringfügig bei dieser Finanzierungsart zunahmen. Daher ist es eine gute Risikostrategie für alle Darlehensnehmer und auch die Darlehensgeber, die Tilgungssätze soweit ökonomisch möglich im Einzelfall anzuheben und damit die Gesamtlaufzeit auf einen sachgerechten Zeitraum zu beschränken. Zugleich wird damit dem Risiko vorgebeugt, dass bei erheblichem Zinsanstieg nach Ablauf der ersten Zinsbindungsperiode die monatlichen oder quartalsmäßigen Lasten der Darlehensnehmer erheblich bzw. unvertretbar steigen. Berät der Darlehensgeber nicht über diese Zusammenhänge, kann er Ersatzrisiken auf sich ziehen, die bei den Sicherungsgrundschulden über § 1192 Abs. 1a BGB auf die Durchsetzung der Grundschuld durchschlagen können.

Wenn indes spezifisch wegen der aus der Rangklasse 4 herausfallenden Ansprüche der Rangklassen 6 und 8 die Versteigerung oder Zwangsverwaltung **betrieben** wird, erfolgt eine Aufstufung in die Rangklasse 5. Ob das im Einzelfall ökonomisch sinnvoll erscheint, ist eine ganz andere Frage, die man regelmäßig wird verneinen dürfen. 162

IX. Die Rangklasse 5 – Auffangtatbestand und Basis zur immobiliarvollstreckungsrechtlichen Verfolgung persönlicher Forderungen

Rangklasse 5 umfasst die **persönlichen Gläubiger**, die Forderungen ohne eine dingliche Rechtsposition verfolgen. Ihre Position ist deutlich schwächer, da ihre Forderungen im Rahmen des Wasserfalls des § 10 Abs. 1 ZVG erst dann befriedigt werden, wenn die Kosten, die Rangklassen 1, 1a und 2 sowie die öffentlichen Lasten und die **dinglichen Gläubiger** der Rangklasse 4 vollständig befriedigt sind (soweit diese nicht in die Rangklassen 6–8 fallen). 163

Rangklasse 5 ist zugleich ein mögliches „Sammelbecken" für die weiteren nachrangigen Ansprüche der Rangklassen 7 und 8, soweit einer der dortigen Anspruchsinhaber gerade spezifisch wegen dieser Ansprüche die Versteigerung in die Wege leitet (§ 27 Abs. 2 ZVG) und damit eine Rangverbesserung herbeiführt. Ob dies eine im Einzelfall attraktive Vollstreckungsmaßnahme sein kann (siehe oben), hängt von der ökonomischen Bewertung des Vollstreckungsgegenstands und der Vorlasten ab; die Kosten nach dem GKG wird man dabei den kalkulierten Erlösen gegenüberstellen. Der Gläubiger der Rangklasse 5 kann jedoch, worauf *Stöber* zutreffend hinweist, seine Position nicht dadurch verbessern, dass er zunächst aus einem persönlichen Titel die Versteigerung beantragt bzw. ihr beitritt, um dann mit demselben Titel die Eintragung einer Zwangshypothek herbeizuführen (§ 867 Abs. 1 ZPO), aufgrund derer er dann unmittelbar die Zwangsversteigerung aus Rangklasse 4 durch Beitritt verfolgt.[243] Es verbleibt dabei, dass jede Beteiligung an der Versteigerung gesondert zu betrachten ist, sodass im Hinblick auf § 23 ZVG zwischenzeitliche Rangverluste zwischen den verschiedenen Anordnungs-/Beitrittsanträgen des hier vorgestellten Gläubigers verbunden sein können. Er muss dann in seiner Forderungsanmeldung entscheiden, mit welchem Betrag er in welcher Rangklasse befriedigt werden will oder ob ggf. seine Zwangshypothek Teil des geringsten Gebots wird.[244] 164

Eine Konkurrenz besteht zwischen den Rangklassen 5 und 8: In die Rangklasse 8 fallen „die Ansprüche der vierten Klasse wegen der älteren Rückstände" als in den Zeiträumen der Rangklasse 4 vorgesehen, also alle Rechte, die nach § 10 Abs. 1 Nr. 4 Halbs. 2 nicht in der Rangklasse zu berücksichtigen sind. Anders ist dies aber, wenn der Gläubiger gesondert wegen dieser älteren Rückstände vollstreckt; diese Konstellationen gehören zur Rangklasse 5.[245] 165

---

243) Vgl. zu dieser auf § 867 Abs. 3 ZPO beruhenden Option Zöller/*Seibel*, ZPO, § 867 Rz. 20 f. sowie eingehend zur Konkurrenz der Rangklassen 4 und 5 Stöber/*Achenbach*, ZVG, § 10 Rz. 92.

244) Vgl. Stöber/*Achenbach*, ZVG, § 10 Rz. 92; Zöller/*Seibel*, ZPO, § 867 Rz. 21 m. w. N.

245) Vgl. Dassler/Schiffhauer/u. a.-*Hintzen*, ZVG, § 10 Rz. 52; siehe BGH, Beschl. v. 21.10.2021 – V ZB 52/20, ZfIR 2022, 198 ff. = Rpfleger 2022, 307 ff. mit Zustimmung *Keller*, FGPrax 2022, 53 f.

X. Die Rangklasse 6 – Abbildung der aus Rangklasse 4 herausfallenden, gegenüber anderen Gläubigern relativ unwirksamen Ansprüche und Rechte

166 In **Rangklasse 6** fallen die Ansprüche dinglicher Gläubiger der Rangklasse 4, die „*infolge der Beschlagnahme dem Gläubiger gegenüber unwirksam sind*". Die Rangklasse 6 ist unmittelbare Folge der **Beschlagnahmewirkung** des § 23 ZVG.[246] Das dortige Veräußerungsverbot, das tatsächlich ein relatives Verfügungsverbot i. S. d. §§ 136, 135 BGB darstellt, betrifft Verfügungen des Eigentümers/Vollstreckungsschuldners, die nach der Beschlagnahme vorgenommen werden. Sie sind dem jeweils durch § 23 ZVG geschützten betreibenden Gläubiger gegenüber unwirksam (richtiger: sie sind „schwebend" wirksam, soweit nicht der betroffene Gläubiger die Unwirksamkeit ihm gegenüber geltend macht). § 23 ZVG bewirkt keine Grundbuchsperre, sodass ein beschlagnahmewidrig bewilligtes Recht dennoch eingetragen wird. Ist es Grundpfandrecht, so ist die Eintragung gegenüber dem betreibenden Gläubiger (Anordnungs- oder Beitrittsgläubiger, vgl. §§ 23, 27 Abs. 2 ZVG) relativ unwirksam, soweit die Beschlagnahmewirkung im Verhältnis zu dem jeweiligen Gläubiger vor der Eintragung dieses späteren Rechts eingetreten ist (vgl. dazu die §§ 20, 22, 23 ZVG). Es ist also die Rangklasse 6 bezüglich jedes betreibenden Gläubigers gesondert zu betrachten. Ist der betreibende Gläubiger aber selbst eingetragener Gläubiger der Rangklasse 4, geht er begriffsnotwendig dem beschlagnahmewidrig eingetragenen späteren Gläubiger der Rangklasse 4 vor. In diesem Fall besteht keine relative Unwirksamkeit der späteren Eintragung, da das Recht bzw. der Rang des betreibenden Gläubigers unbeeinträchtigt bleibt. Der „neue" Gläubiger, der nach Beschlagnahme eingetragen wird, wird bei einer solchen Konstellation in der Rangklasse 4 befriedigt, nicht in der Rangklasse 6. In der Rangklasse 4 wird nämlich die Verteilung nach dem Rang der Eintragung im Grundbuch vorgenommen (§ 879 BGB, 10 Abs. 1 Nr. 4, 11 Abs. 1 ZVG); der betreibende Gläubiger muss keinen Nachteil befürchten. § 23 ZVG ist insoweit teleologisch zu reduzieren.

167 Das nach der Beschlagnahme eingetragene Grundpfandrecht wird in **Rangklasse 4** befriedigt, wenn der Erwerber nach § 878 BGB wirksam gegenüber dem jeweils betreibenden Gläubiger erworben hat oder wenn ein Fall des gutgläubigen Erwerbs zu bejahen ist (§ 892 BGB i. V. m. §§ 136, 135 Abs. 2 BGB).

168 Bei mehreren betreibenden Gläubigern können im Hinblick auf die Subsumtion unter die Rangklassen 4 und 6 differenzierende Verteilungsregelungen bestehen. Im Ergebnis sind ggf. verschiedene Teilungsmassen zu bilden.

169 Betreiben die Gläubiger aus den „schwebend" wirksamen Rechten, so rücken sie von der Rangklasse 6 in die **Rangklasse 5** vor und stehen im Rang zusammen mit den persönlichen Gläubigern der Rangklasse 5. Deren Rang **untereinander** bestimmt sich nach dem Eintritt der Beschlagnahmewirkung, § 11 Abs. 2 ZVG.[247]

170 Verfahrensrechtlich ist zwischen der Behandlung im **Zwangsversteigerungs-** und im **Zwangsverwaltungsverfahren** zu unterscheiden. In der Zwangsversteigerung werden diese Rechte, weil sie nicht gemäß § 37 Nr. 4 ZVG aus dem Grundbuch zum Zeit-

246) Siehe § 23 Rz. 42 f. [*Cranshaw*].
247) Siehe § 11 Rz. 25 ff. [*Cranshaw*].

punkt des Versteigerungsvermerks erkennbar waren, nur auf Anmeldung berücksichtigt (§ 45 Abs. 1 ZVG). Im Zwangsverwaltungsverfahren erfolgt auf die Rechte in der Rangklasse 6 keine Verteilung von Überschüssen (§ 155 Abs. 2 Satz 1 ZVG).

XI. Die Rangklasse 7 – Nachrang der „älteren Rückstände" der Rangklasse 3

Angesichts der Strukturen der Rangklassen 3–6 erscheint es konsequent, dass die Rückstände auf **Forderungen** der Rangklasse 3, die **älter** sind **als vier Jahre** (Rückstände, die sich nicht auf wiederkehrende Leistungen beziehen) bzw. zwei Jahre (rückständige wiederkehrende Leistungen) den Rangklassen 5 und 6 hintangesetzt werden. Eine Rangverschiebung ist jedoch möglich, wenn die Gläubiger wegen dieser älteren Forderungen gesondert die Versteigerung betreiben. Der Beitritt (§ 27 Abs. 2 ZVG) führt dann zur Heraufstufung in die Rangklasse 5 mit den weiteren dortigen Gläubigern. Als Folge des § 11 Abs. 2 ZVG richtet sich dann der Rang nach dem früheren Beschlagnahmezeitpunkt gegenüber dem Schuldner (§ 22 Abs. 1 ZVG). Es kann daher im Einzelfall attraktiv sein, auch aus älteren Rückständen der Rangklasse 3 zu vollstrecken. Der Anspruch aus der Rangklasse 7, weil nicht aus dem Grundbuch ersichtlich, muss angemeldet werden, da ansonsten **Rangverlust** droht (§§ 37 Nr. 4, 45 Abs. 1, 110, 114 ZVG). Bei der zur Aufstufung in Rangklasse 5 führenden Betreibung wegen solcher Ansprüche ist freilich die Anmeldung entbehrlich, da sie durch den Versteigerungsantrag als angemeldet fingiert werden, soweit dieser die Ansprüche hinreichend beschreibt (§ 114 Abs. 1 Satz 2 ZVG). 171

Im **Zwangsverwaltungsverfahren** erfolgen keine Zuteilungen auf die Rangklasse 7 (§ 155 Abs. 2 Sätze 1, 2 ZVG), die älteren Rückstände aus der Rangklasse 3, sodass es hier im Einzelfall für einen Gläubiger wie erwähnt zweckmäßig sein kann, aus seinen der Rangklasse 7 eigentlich angehörenden Forderungen zu betreiben, wiederum zum Zwecke der Heraufstufung in die Rangklasse 5. 172

Die **Anordnung** der Versteigerung oder der **Beitrittsbeschluss** oder auch nur der Antrag des Gläubigers führen gemäß § 212 Abs. 1 Nr. 2 BGB zum **Neubeginn der Verjährung**, sodass Verjährungsprobleme auch wegen der älteren Rückstände nicht bestehen. Auf den Umstand, dass ältere Rückstände der Rangklasse 7 zugeordnet sind, kommt es nicht an. Die spätere Verfolgung dieser Altrückstände in Rangklasse 5 bedeutet nicht, dass die Verjährung erst mit dem späteren Beitrittsbeschluss neu beginnen würde. Es genügt, wenn die Versteigerung wegen des gesamten Anspruchs in unverjährter Zeit betrieben worden ist. Hingegen vermag die Zwangsverwaltung im Hinblick auf die Forderungen der Rangklasse 7 die Verjährungsfrist nicht neu beginnen zu lassen, da sie insoweit nicht zur Vollstreckung zu führen vermag (Folge aus § 155 Abs. 2 ZVG). 173

XII. Die Rangklasse 8 – der letzte Rang für die „älteren Rückstände" der Rangklasse 4

Eine konsequente Wertung des Gesetzgebers ist es, die älteren Rückstände der **wiederkehrenden Leistungen** aus der Rangklasse 4 den Rangklassen 4–7 als letzte gesetzliche Rangklasse 8 nachzuordnen. Betroffen sind nur Zinsen und sonstige wiederkehrende Leistungen, nicht jedoch Hauptsachebeträge, auch nicht Tilgungs- 174 zuschläge bei den (unechten) Annuitätendarlehen; diese sind Hauptsachebeträge, soweit es dinglich hierauf überhaupt ankommt (siehe oben).

XIII. Die letzte Rangklasse außerhalb des Katalogs des § 10 ZVG und die nachrangigen Forderungen des § 37 Nr. 4 ZVG (auch sog. „Rangklasse 9“)

175 In der Literatur wird zur *Illustration* von Ansprüchen, die weder aus dem Grundbuch erkennbar sind noch rechtzeitig nach § 37 Nr. 4 ZVG *„spätestens im [Termin] vor der Aufforderung zur Abgabe von Geboten“* angemeldet worden sind oder die nicht glaubhaft gemacht werden konnten, von Ansprüchen in *„Rangklasse 9“*[248] gesprochen. Sie bleiben bei der Feststellung des geringsten Gebots unberücksichtigt (§§ 37 Nr. 4, 45 ZVG) und sie sind allen anderen Forderungen gegenüber im Teilungsplan nachrangig (§§ 37 Nr. 4, 110 ZVG).

XIV. Rangklassen bei der Vollstreckung in eingetragene Schiffe, Schiffsbauwerke und Luftfahrzeuge

1. Überblick

176 Strukturell bedeutet die Frage nach Rangklassen bei den hier betroffenen Gegenständen der Vollstreckung diejenige nach dem Anwendungsbereich des § 10 ZVG. Generell ist festzuhalten, dass die Rangklassen 1, 2 und 3 und in der Folge die Rangklasse 7 der Natur der Sache nach bei Schiffen und Luftfahrzeugen nicht herangezogen werden können; die Rangklasse 1 besteht nicht, weil es keine Zwangsverwaltung gibt (§§ 165 Abs. 1, 170a Abs. 2, 171c Abs. 2 ZVG). Damit bleiben aus § 10 ZVG die Rangklassen 1a, 4, 5, 6 und 8.[249] Bezüglich der Rangklassen 1a, 5, 6 und 8 ist auf die vorstehenden Ausführungen zu verweisen.

177 Allerdings besteht eine Analogie sowohl zur „Rangklasse 0“ zur Zwangsverwaltung insoweit, als Kosten des Verfahrens und Kosten der Verwahrung und Bewachung (§ 165 Abs. 1 ZVG) vorrangig sind. Ebenso wird man mit Dassler/Schiffhauer/u. a.-*Rellermeyer*[250] (2020) auch eine Analogie zu Rangklasse 1 in der Erstattung der Kosten des Gläubigers sehen, der im Fall der einstweiligen Einstellung des Verfahrens die Bewachung und Verwahrung durch einen Treuhänder angeregt hat (§ 165 Abs. 2 ZVG). Stimmt man dieser Analogiebildung zu, für die viel spricht, müssen aber auch die weiteren Voraussetzungen des § 10 Abs. 1 Nr. 1 ZVG entsprechend herangezogen werden, da sonst Nachteile für die damit nachrangigen Gläubiger der weiteren Rangklassen entstehen können.

178 Die **Analogie** zu den Rangklassen „0“ und „1“ gilt entsprechend auch bei den eingetragenen Luftfahrzeugen.[251]

---

248) Vgl. dazu, u. a. zu der Begrifflichkeit Stöber/*Achenbach*, ZVG, § 10 Rz. 13.

249) Mangels einer spezifischen Regelung mit der Bezeichnung von Rangklassen, wie es sie für die Grundstücke in § 10 ZVG gibt, sind die in der Literatur formulierten Rangklassen für die hier behandelten Vollstreckungsgegenstände (siehe im Folgenden) zutreffende Ableitungen, die aber keine formale gesetzliche Grundlage haben.

250) Dassler/Schiffhauer/u. a.-*Rellermeyer*, ZVG, § 162 Rz. 24, 35, getrennt nach Seeschiffen und Binnenschiffen m. w. N.

251) Dassler/Schiffhauer/u. a.-*Rellermeyer*, ZVG, § 171a Rz. 13 f. m. w. N. („im Wesentlichen entsprechende Anwendung der §§ 10–13 ZVG) und Rz. 20 („vor Rangklasse 1“).

Insgesamt sind aber die Rangklassen als Folge der verschiedenen rechtsgeschäftlichen und gesetzlichen Pfandrechte an Schiffen, Schiffsbauwerken und Luftfahrzeugen anders strukturiert als bei den Grundstücken. 179

Zur Rangklasse 4 (bzw. der nach der jeweiligen Definition zu einer der Rangklasse 4 entsprechenden Rangklasse) gehören die rechtsgeschäftlichen Pfandrechte an Schiffen, Schiffsbauwerken bzw. Luftfahrzeugen. 180

Bei den Schiffen und Schiffsbauwerken handelt es sich um die **Schiffshypothek** (§§ 8 ff. SchRG);[252] zu den Schiffshypotheken an Schiffsbauwerken und Schwimmdocks vgl. die §§ 76 ff. SchRG. Zum Nießbrauch an Schiffen und seinem Rangverhältnis zur Schiffshypothek siehe § 82 SchRG. 181

2. Rangklassen bei eingetragenen Schiffen und Schiffsbauwerken[253]

Dassler/Schiffhauer/u. a.-*Rellermeyer* (2020) weist unter zutreffender Differenzierung nach **Seeschiffen** und **Binnenschiffen** 11 bzw. 12 Rangklassen nach.[254] Maßgeblich sind die Bestimmungen des HGB zum Seehandelsrecht[255] bzw. das Binnenschifffahrtsgesetz[256] sowie das Schiffsrechtegesetz. 182

Bei den **Binnenschiffen** stehen im Mittelpunkt die Schiffsgläubigerrechte des § 102 Nrn. 1–6 BinSchG, die ein Pfandrecht an dem Schiff nebst Zubehör generieren (§ 103 BinSchG) und die nach § 107 BinSchG jeweils eine eigene Rangklasse darstellen mit weiteren Rangbestimmungen nach Maßgabe der §§ 108 ff. BinSchG. Das Schiffsgläubigerpfandrecht hat Vorrang gegenüber allen anderen Pfandrechten an dem Schiff (§ 109 Abs. 1 BinSchG). Bei Konkurrenz der Pfandrechte nach den §§ 102 Nr. 4–6, 103 BinSchG mit anderen Pfandrechten an dem Schiff entscheidet jedoch über den Rang die frühere Entstehung des konkurrierenden Rechts (§ 109 Abs. 1 Halbs. 2 BinSchG). 183

Bei den **Seeschiffen** bestimmen ebenfalls die allen anderen Pfandrechten gegenüber vorrangigen Schiffsgläubigerrechte gemäß § 596 ff. HGB (§ 596 Abs. 1 Nr. 1–5 HGB, zum Vorrang § 602 Satz 1 HGB) wesentlich die Rangklassen. Sie haben Vorrang vor *„allen anderen Pfandrechten am Schiff"*. Weitere Rangbestimmungen enthalten die §§ 603 ff. HGB. Dadurch werden auch die Rangklassen bestimmt. 184

Das Rang- und Rangklassenverhältnis dieser Rechte zu **Schiffshypotheken** und dem **Nießbrauch** an Schiffen bestimmen die Pfandrechte der Schiffsgläubiger (siehe oben). 185

252) Gesetz über Rechte an eingetragenen Schiffen und Schiffsbauwerken v. 15.11.1940 BGBl. III S. 403-4, bis zur Fassung d. d. Gesetz v. 21.1.2013, BGBl. 2013 I S. 91.

253) Für Details wird auf die §§ 162 ff., 171a ff. [*Popp*] verwiesen; eingehend zu der Thematik äußert sich Dassler/Schiffhauer/u. a.-*Rellermeyer*, ZVG, § 162 Rz. 22 ff., 34 ff., 45 m. w. N., § 171a Rz. 14.

254) Dassler/Schiffhauer/u. a.-*Rellermeyer*, ZVG, § 162 Rz. 22–33 (Seeschiffe) und Rz. 34–44 (Binnenschiffe).

255) Gesetz zur Reform des Seehandelsrechts v. 20.4.2013, BGBl. 2013 I S. 831 ff.

256) BinSchG v. 15.6.1895, BGBl. III S. 4103-1, bis zur Fassung d. d. Art. 55 d. Gesetzes v. 10.8.2021, BGBl. I 2021 S. 3436.

3. Rangklassen der Rechte an eingetragenen Luftfahrzeugen

186 Maßgeblich sind hier die **Registerpfandrechte** an Luftfahrzeugen nach dem LuftFzgG[257)] (§§ 1–74) sowie die vorrangigen Rechte aus „Bergungs- und Erhaltungsmaßnahmen“ gemäß den §§ 75 ff. LuftFzgG i. V. m. Art. IV des Genfer Abkommens v. 19.6.1948[258)] über die internationale Anerkennung von Rechten an Luftfahrzeugen.[259)]

187 Für **ausländische Luftfahrzeuge** sind die §§ 103 ff. LuftFzgG zu beachten.

188 Hieraus wiederum ergeben sich die **Rangklassen** bei der Versteigerung gemäß den §§ 171a ff. ZVG (inländische) bzw. den §§ 171c ff. ZVG (ausländische Flugzeuge). Dassler/Schiffhauer/u. a.-*Rellermeyer* leitet aus diesem Befund zutreffend im Ergebnis 12 Rangklassen „*Vor Rangklasse 1*“ (= Rangklasse „0“ nach der Terminologe bei den Grundstücken) bis „*Nach Rangklasse 8*“ (= Rangklasse „9“ nach der Begrifflichkeit bei den Grundstücken in der Literatur) ab, die von den Kosten bis zu nachrangigen nicht ordnungsgemäß angemeldeten Rechten reichen. Die dinglichen Rechte an Flugzeugen nach § 75 LuftFzgG und dem Genfer Abkommen ordnet er einem Zwischenrang zwischen Rangklasse 3 und 4 zu. Wie bei den Schiffen muss man auch hier die Zuordnung der Kosten für die Verwahrung und Bewachung nach § 171c Abs. 1 ZVG zu einer Rangklasse „0“ analog den Verfahrenskosten (§ 109 ZVG) vornehmen. Die Kosten der auf Anregung des Gläubigers zustande kommenden Bewachung und Verwahrung durch den Treuhänder bei einstweiliger Einstellung wird man systematisch richtig – wie ebenfalls bei den Schiffen (siehe oben) – der Rangklasse 1 zuordnen. Inwieweit dies freilich mit dem völkerrechtsvertraglichen Rang des § 76 Satz 2 i. V. m. Art. IV Genfer Abkommen harmoniert,[260)] erscheint nicht vollständig zweifelsfrei.

XV. Befriedigung von Kosten der Rechtsverfolgung gemäß § 10 Abs. 2 ZVG[261)]

189 Kernaussage des § 10 Abs. 2 ZVG ist die materiellrechtliche Haftung für die Kosten der Kündigung (des dinglichen Rechts) und der Rechtsverfolgung, soweit sie der Durchsetzung allein der dinglichen Haftung dient. Diese Kosten sind anzumelden und ggf. glaubhaft zu machen (§§ 37 Nr. 4, 45 Abs. 1 ZVG).

190 § 10 Abs. 2 ZVG unterscheidet zwischen den **Kosten der Kündigung**[262)] und den Kosten der Rechtsverfolgung gegen den Schuldner, soweit diese notwendig sind, um spezifisch Befriedigung aus dem Grundstück oder dem anderweitigen Gegens-

257) Gesetz über Rechte an Luftfahrzeugen v. 26.2.1959, BGBl. I S. 1959, BGBl. III S. 403-9, bis zur Änderung d. Art. 15 Abs. 19 d. Gesetzes v. 4.5.2021, BGBl. I 2021 S. 882.

258) Zum Genfer Abkommen siehe BGBl. 1959 II S. 129.

259) Siehe zum Text des Abkommens unter https://www.fedlex.admin.ch/eli/cc/1960/1268_1324_1322/de (Stand: 23.4.2023).

260) Siehe zu den Rangklassen eingehend Dassler/Schiffhauer/u. a.-*Rellermeyer*, ZVG, § 171a Rz. 20–27.

261) Siehe § 12 Rz. 6 ff. [*Cranshaw*].

262) Siehe § 12 Rz. 7 f. [*Cranshaw*].

tand der Immobiliarvollstreckung zu erlangen.[263] So gehören generell Kosten der persönlichen Klage oder der Mobiliarvollstreckung nicht zu den Kosten, die unter § 10 Abs. 2 ZVG subsumiert werden können, ebenso wenig Kosten des Rettungserwerbs des Grundstücks, seiner Erhaltung[264] oder Kosten des Bieters bzw. Kosten redundanter Vollstreckung.[265]

Zu den Kosten der Rechtsverfolgung nach § 10 Abs. 2 ZVG gehören nach der neueren Rechtsprechung des BGH auch die von dem Gläubiger aufgewendeten Kosten für das Zwangsversteigerungsverfahren, sofern er wegen dieser *„Kosten der gegenwärtigen Rechtsverfolgung"* das Verfahren betreibt.[266] 191

XVI. Besonderheiten der Vollstreckung in Wohnungseigentum zur Verfolgung der Ansprüche der Wohnungseigentümergemeinschaft gemäß § 10 Abs. 3 ZVG

1. Voraussetzungen der Vollstreckung aus Rangklasse 2 nach § 10 Abs. 3 ZVG a. F.

Fassung des § 10 Abs. 3 ZVG bis zum 30.11.2020:[267] 192

> „(3) Zur Vollstreckung mit dem Range nach Absatz 1 Nr. 2 müssen die dort genannten Beträge die Höhe des Verzugsbetrages nach § 18 Abs. 2 Nr. 2 des Wohnungseigentumsgesetzes übersteigen; liegt ein vollstreckbarer Titel vor, so steht § 30 der Abgabenordnung einer Mitteilung des Einheitswerts an die in Absatz 1 Nr. 2 genannten Gläubiger nicht entgegen. Für die Vollstreckung genügt ein Titel, aus dem die Verpflichtung des Schuldners zur Zahlung, die Art und der Bezugszeitraum des Anspruchs sowie seine Fälligkeit zu erkennen sind. Soweit die Art und der Bezugszeitraum des Anspruchs sowie seine Fälligkeit nicht aus dem Titel zu erkennen sind, sind sie in sonst geeigneter Weise glaubhaft zu machen."

Die nachfolgende Kommentierung bezieht sich auf § 10 Abs. 3 ZVG a. F., die Normen des WEG sind diejenigen vor der Reform des WEG (seit 1.12.2020, WEMoG – Wohnungseigentumsmodernisierungsgesetz), das Gesetz wurde neu bekanntgemacht durch die Bek. v. 12.1.2021, BGBl. I 2021 S. 34. 193

Die Verfolgung der Ansprüche der **Wohnungseigentümergemeinschaft in Rangklasse 2** hat eine Reihe von Voraussetzungen. Neben die zeitliche Beschränkung in 194

---

263) Siehe § 12 Rz. 7 f., 9 [*Cranshaw*]; siehe auch den Überblick bei Böttcher/*Böttcher*, ZVG, § 10 Rz. 71, 74–107, u. a. zur Abgrenzung der „berücksichtigungsfähigen" zu den „nicht berücksichtigungsfähigen Kosten" (Rz. 93 ff.).

264) Zu den hier einschlägigen Maßnahmen gemäß § 1134 Abs. 2 BGB vgl. RG, Urt. v. 22.12.1909 – Rep. V 18/09, RGZ 72, 332 ff.; nicht überzeugend erscheint indes die Ausnahme, dass Kosten i. S. v. § 10 Abs. 2 ZVG vorliegen, wenn *„unmittelbar nach"* den vom Gläubiger bezahlten Maßregeln nach § 1134 Abs. 2 BGB die Immobiliarvollstreckung folgt, Böttcher/*Böttcher*, ZVG, § 10 Rz. 99; das Reichsgericht, RGZ 72, 334, siehe oben, hat offengelassen, ob die „Sicherungskosten" des § 1134 Abs. 2 BGB zu berücksichtigen sind, wenn mit dem dahingehenden Antrag derjenige nach § 1133 BGB wegen Gefährdung der Hypothek parallel gestellt wird; sach- und praxisgerecht ist in solchen Fällen die Beantragung der Zwangsverwaltung.

265) Illustrativ zu „nicht berücksichtigungsfähigen Kosten" siehe Böttcher/*Böttcher*, ZVG, § 10 Rz. 93–107.

266) BGH, Beschl. v. 12.9.2013 – V ZB 161/12, ZfIR 2013, 869 ff., Rz. 8 = Jurion 2013, 46816, zur Ablösung gemäß § 268 BGB.

267) Geändert durch das WEMoG, das Gesetz zur Förderung der Elektromobilität und zur Modernisierung des Wohnungseigentumsgesetzes v. 16.10.2020, BGBl. I 2020 S. 2182.

§ 10 Abs. 1 Nr. 2 Satz 2 ZVG und die volumenmäßigen Begrenzung auf den Höchstbetrag von 5 % des festgesetzten Verkehrswerts in § 10 Abs. 1 Nr. 2 Satz 3 ZVG tritt als weitere Begrenzung die Untergrenze des § 10 Abs. 3 Satz 1 Halbs. 1 ZVG a. F. i. V. m. § 18 Abs. 2 Nr. 2 WEG a. F. hinzu; die Norm enthält zugleich eine zeitliche Komponente. Der Wohnungseigentümer muss sich im Hinblick auf seine Zahlungspflichten gemäß § 16 Abs. 2 WEG in Höhe von mindestens 3 % des steuerlichen Einheitswertes länger als drei Monate in Verzug befinden, § 18 Abs. 2 Nr. 2 WEG a. F. Hat die aktivlegitimierte Wohnungs- bzw. Teileigentümergemeinschaft (§ 10 WEG a. F., § 9a WEG n. F.) einen vollstreckbaren Titel wegen ihrer Ansprüche erstritten, so kann sie daraus die Vollstreckung aus der Rangklasse 2 betreiben. Verfahrensrechtlich hat das Vollstreckungsgericht die Aufgabe und die Kompetenz, zu prüfen, ob die Hausgeldforderung den privilegierten Rang nach § 10 Abs. 1 Nr. 2 ZVG beanspruchen kann oder auf die Rangklasse 5 mit ihrer persönlichen Forderung zu verweisen ist. Hierbei handelt es sich nicht um die materielle Prüfung des Vollstreckungstitels.[268)]

2. Anforderungen an den Titel (§ 10 Abs. 3 ZVG a. F., bis 30.11.2020)

195 Der Titel muss ein **Zahlungstitel** sein, der den Anspruch hinreichend spezifiziert, damit im Hinblick auf § 10 Abs. 1 Nr. 2 ZVG festgestellt werden kann, ob der titulierte Anspruch unter § 16 Abs. 2, 28 Abs. 2, 5 WEG subsumiert werden kann. Der „*Bezugszeitraum*" muss ebenfalls daraus zu erkennen sein, um die zeitlichen Grenzen der laufenden und der rückständigen Beträge beurteilen zu können; das ist zugleich die Abgrenzung zwischen den Rangklassen 2 und 5. Ferner muss aus demselben Grund die Fälligkeit festgestellt werden (§ 10 Abs. 3 Satz 2 ZVG). Die Wiederholung des Fälligkeitskriteriums nimmt § 10 Abs. 1 Nr. 2 Halbs. 1 ZVG („*daraus fällige Ansprüche*") auf, denn es soll vermieden werden, dass die Gemeinschaft Ansprüche in Rangklasse 2 geltend macht, die eine andere Teileigentumseinheit des Vollstreckungsschuldners in derselben WEG-Anlage betreffen.[269)] Möglich sind diese Angaben im **Vollstreckungsbescheid** oder im **Urteil**,[270)] allerdings nicht notwendig im Urteilstenor. Vielmehr können sich die Angaben aus den Gründen ergeben. Die Prüfung der Voraussetzungen erfolgt im Erkenntnisverfahren und ist nicht Aufgabe des Vollstreckungsgerichts. Zugleich verbindet der Gesetzgeber damit die Klarstellung, dass es keines Duldungstitels bedarf (zu Besonderheiten in der Insolvenz des Wohnungseigentümers siehe Rz. 199), um aus Rangklasse 2 zu vollstrecken. Im beschleunigt ablaufenden Mahnverfahren könnte ein Duldungstitel ohnehin nicht erstritten werden (§ 688 Abs. 1 ZPO).[271)] Sind die maßgeblichen Kriterien, nämlich die Art des Anspruchs, der Bezugszeitraum oder die Fälligkeit dem Titel nicht zu entnehmen, muss der Gläubiger sie „*in sonst geeigneter Weise*" glaubhaft machen (§ 10 Abs. 3 Satz 3 ZVG). Strukturell bedeutet dieser Ansatz, dass die erwähnten Merkmale generell glaubhaft zu machen sind (§ 294 ZPO), entweder eben durch

---

268) LG Stuttgart, Beschl. v. 20.3.2018 – 2 T 442/17, juris Rz. 6 f. m. w. N.

269) BT-Drucks. 16/887, S. 45.

270) Vgl. dazu die Gesetzesbegründung des § 10 Abs. 3 ZVG in dem Regierungsentwurf eines Gesetzes zur Änderung des Wohnungseigentumsgesetzes und anderer Gesetze, BT-Drucks. 16/887 v. 9.3.2006, S. 45 f.

271) BT-Drucks. 16/887, S. 46.

Vorlage des die Angaben enthaltenden Titels oder auf *„sonst geeignete Weise“*. Die vom Gesetzgeber angedachten Fallkonstellationen sind *„Versäumnis-, Anerkenntnis- und Verzichtsurteile“*[272] (§§ 331, 307, 306 ZPO), die nach § 313b ZPO ohne Tatbestand und Entscheidungsgründe abgesetzt werden dürfen. Dasselbe gilt für Urteile, gegen die ein Rechtmittel nicht zulässig ist, z. B. wegen Fehlens einer Beschwer für die Berufung (§ 511 Abs. 1 ZPO), vgl. § 313a ZPO.[273] In der Praxis dürfte die Absetzung des Versäumnis- oder Anerkenntnisurteils nach § 313b Abs. 2 ZPO dennoch die unproblematischste Lösung darstellen, da das Urteil *„auf die Urschrift oder Abschrift der Klageschrift oder ein damit zu verbindendes Blatt gesetzt werden“* kann. Das echte Versäumnisurteil bzw. das Anerkenntnisurteil können sogar in der Urteilsformel auf die Klageschrift Bezug nehmen, Klageschrift und Urteil sind jedenfalls miteinander zu verbinden (§ 313b Abs. 2 Sätze 4, 5 ZPO). In diesen Fällen geht die Vorlage des Urteils, dessen Gegenstand die vollständige Klageschrift ist, über die Glaubhaftmachung hinaus. Die Judikatur des BGH zu IX ZR 120/10 (Rz. 25 ff., 27, ebenso siehe Rz. 197) zeigt aber ohnedies, dass die notwendigen Merkmale zur Rechtsverfolgung in der Rangklasse 2 durchaus im **Tenor** des Vollstreckungstitels untergebracht werden können.

3. Untergrenze der Vollstreckung aus der Rangklasse gemäß § 10 Abs. 3 Satz 1 ZVG (für Altfälle bis 30.11.2020)

Die **Untergrenze** bzw. der **Mindestbetrag** gemäß § 10 Abs. 3 Satz 1 Halbs. 1 ZVG 196
beruht darauf, dass § 18 Abs. 2 Nr. 2 WEG a. F. die Wertung enthält, das Entziehungsrecht nach § 18 Abs. 1 WEG a. F., d. h., das prozessual durchsetzbare Verlangen an den betroffenen Eigentümer, sein Wohnungs- oder Teileigentum zu veräußern, setze erst ein, wenn der Betroffene länger als drei Monate mit Zahlungsverpflichtungen gemäß § 16 Abs. 2 WEG in Verzug ist, die höher sind als 3 % des steuerlichen Einheitswerts. § 10 Abs. 3 ZVG spiegelt die zitierte Norm des § 18 WEG a. F. wider, um Wertungswidersprüche zu vermeiden. Der Gesetzgeber meinte sogar, Entziehungen von Wohnungseigentum würden sich vornehmlich als Folge von Rückständen aus Versteigerungen nach der Rangklasse 2 abspielen, da § 18 a. F. WEG ansonsten die Versteigerung nur aus Rangklasse 5 ermöglicht.[274] Die Untergrenze spielt indes zutreffend keine Rolle, wenn ein dritter Gläubiger das Verfahren betreibt und die Gemeinschaft ihren Anspruch lediglich im Verfahren anmeldet (§ 37 Nr. 4 ZVG).[275]

Die Gemeinschaft wird regelmäßig den steuerlichen Einheitswert (§ 19 Bewertungs- 197
gesetz, § 180 Abs. 1 Nr. 1 AO) nicht kennen und daher an dieser zwingenden von ihr zu beweisenden Voraussetzung scheitern, wenn sie nicht vom Schuldner oder dem Finanzamt oder einer sonstigen öffentlichen Stelle den Einheitswert erfährt.[276]

---

272) BT-Drucks. 16/887, S. 46.

273) Die Fallkonstellationen des § 313a ZPO decken zugleich die „Bagatellverfahren“ des § 495a ZPO vor dem Amtsgericht ab, Zöller/*Herget*, ZPO, § 495a Rz. 12.

274) BT-Drucks. 16/887, S. 45.

275) BT-Drucks. 16/887, S. 46.

276) Siehe zu der Problematik umfassend *Comanns*, ZfIR 2009, 489 ff., kritisch zu einer Pflicht des FA zur Angabe des Einheitswertes; die Autorin befürwortet die Anwendung von § 792 ZPO.

Der Preisgabe dieser Information an die Gemeinschaft, die aus der Rangklasse 2 betreibt, steht das sehr weitgehende **Steuergeheimnis** entgegen (§ 30 AO). Deshalb befreit § 10 Abs. 3 Satz 1 Halbs. 2 ZVG a. F. bzw. § 18 Abs. 2 Nr. 2 WEG a. F. vom Steuergeheimnis.[277)] Die Mitteilung des Einheitswerts ist dann nicht mehr unbefugt i. S. d. § 30 Abs. 2 AO, sondern zulässig nach § 30 Abs. 4 Nr. 2 AO. Entscheidend ist der Einheitswert zum **Zeitpunkt der Beschlagnahme**[278)] (für die betreibende Gemeinschaft, vgl. §§ 22, 27 Abs. 2 ZVG). Der Zustimmung des Schuldners zur Auskunft bedarf es aufgrund dieser Änderung nicht mehr,[279)] wenn die Gemeinschaft dem Finanzamt den Titel vorlegt, der den Anforderungen des § 10 Abs. 3 Sätze 2, 3 ZVG genügt. Der BGH lässt auch 3 % des gerichtlich festgesetzten Verkehrswerts (§ 74a Abs. 5 ZVG) ausreichend sein, da dieser den Einheitswert regelmäßig (erheblich) übersteigt.[280)]

4. Vereinfachte Neufassung des § 10 Abs. 3 n. F. zum 1.12.2020

198 Nach der redaktionellen Anpassung des § 10 Abs. 1 Nr. 2 ZVG (wie auch § 156 Abs. 2 Satz 2) an die geänderten Vorschriften des WEG wurde § 10 Abs. 3 ZVG ebenfalls angepasst. Die Vollstreckung aus der Rangklasse 2 erfordert „nur" noch einen Zahlungstitel gegen den Schuldner zugunsten der Gemeinschaft als Gläubiger (§ 9a ZVG) über den ausgeurteilten Betrag. Dieser muss (i) die Art des Anspruchs und (ii) dessen Bezugszeitraum sowie (iii) dessen Fälligkeit erkennen lassen, damit das Vollstreckungsrecht die Prüfung der Rangklasse vornehmen kann, aus der vollstreckt wird (Rangklasse 2 oder 5?), dass also privilegierte „Wohngeldansprüche" in den relevanten Zeiträumen vollstreckt werden sollen und ob laufende oder rückständige Beträge verfolgt werden. Sind diese drei letzteren Daten dem Titel selbst nicht zu entnehmen, kann der Gläubiger diese Tatsachen anderweitig dem Vollstreckungsgericht gegenüber glaubhaft machen (§ 10 Abs. 3 Satz 2 ZVG, § 294 ZPO). Die Gemeinschaft sollte im Rahmen der Titulierung des Anspruchs den entsprechenden Prozessantrag stellen, aus dem sich die für die Wahrung der Rangklasse notwendigen Daten ergeben. Die Verweisungen in § 10 Abs. 1 Nr. 2 Satz 1 und in § 156 Abs. 1 Satz 2 ZVG seien, so die Gesetzesbegründung, Anpassung an die Änderungen des WEG; wegen Aufhebung des § 18 Abs. 2 Nr. 2 WEG (den § 10 Abs. 3 ZVG a. F. inhaltlich spiegelte) sei § 10 Abs. 3 Satz 1 ZVG ebenfalls aufzuheben, die Vollstreckung mit dem Rang nach § 10 Abs. 1 Nr. 2 ZVG sei **ohne betragsmäßige**

277) § 10 Abs. 3 Satz 1 Halbs. 2 ZVG a. F. wurde in das ZVG eingefügt durch Art. 8 Gesetz zur Reform des Kontopfändungsschutzes v. 7.7.2009, BGBl. 2009 I S. 1707; siehe zur Begründung, den Finanzbehörden zu ermöglichen, den Einheitswert der Wohnungseigentümergemeinschaft mitzuteilen, die BT-Drucks. 16/12714 v. 22.4.2009, S. 18, 22 f. (§ 10 Abs. 3 ZVG; entsprechend wurde § 18 WEG durch Art. 9 desselben Gesetzes ergänzt, in Kraft seit 11.7.2009.

278) BGH, Urt. v. 21.7.2011 – IX ZR 120/10, ZfIR 2011, 825 ff., Rz. 36 f. = ZIP 2011, 1723 ff. = Rpfleger 2011, 686 ff., zu Hausgeldansprüchen in der Insolvenz des Wohnungseigentümers.

279) Der Schuldner ist zur Angabe des Einheitswerts nicht verpflichtet, BGH, Beschl. v. 22.10.2009 – V ZR 137/09, Umdruck Rz. 5 = NZM 2010, 129 = JurionRS 2009/25044; BGH, Beschl. v. 16.7.2008 – V ZR 57/09, NJW-RR 2009, 1613 = JurionRS 2009, 20559.

280) BGH, Beschl. v. 2.4.2009 – V ZB 157/08, Rpfleger 2009, 399 ff. = ZfIR 2009, 477 ff., Ls., eingehend Rz. 10 ff.

Beschränkung möglich.[281] Dem wird man zustimmen. Veröffentlichte Entscheidungen zu § 10 Abs. 3 ZVG n. F. sind nicht ersichtlich.

5. Besonderheiten im Insolvenzverfahren des Wohnungs-/Teileigentümers

Im Insolvenzverfahren über das Vermögen des Wohnungs-/Teileigentümers[282] kann 199
aus der Rangklasse 2 nur bezüglich der **vor der Verfahrenseröffnung** fällig gewordenen Forderungen der Gemeinschaft die Versteigerung betrieben werden, da nur insoweit ein Absonderungsrecht nach § 49 InsO infolge des dortigen Verweises auf das ZVG besteht.[283] Dieses Absonderungsrecht entsteht unabhängig von der Beschlagnahme.[284] Die betroffenen Forderungen sind Insolvenzforderungen, da Absonderungsrechte sich nur darauf beziehen können. Die Durchsetzung des Anspruchs erfolgt durch Duldungsklage analog § 1147 BGB, deren Tenor die Beschränkungen des § 10 Abs. 1 Nr. 2 ZVG aufzuweisen habe.[285]

Nach Verfahrenseröffnung fällige Beträge oder erst danach entstehende Forde- 200
rungen sind oktroyierte Masseverbindlichkeit nach § 55 Abs. 1 Nr. 1 Fall 2 InsO i. V. m. § 90 Abs. 1 InsO, aus denen die Gemeinschaft nach Titulierung gegen den Insolvenzverwalter (bei Eigenverwaltung gegen den Schuldner) die Versteigerung in der Rangklasse 5 betreiben kann. Ein Absonderungsrecht hat sie als Folge des § 91 Abs. 1 InsO nicht mehr auf ihrer Seite.[286] Diese Möglichkeit besteht erst für Zeiträume nach Ablauf von sechs Monaten nach Insolvenzeröffnung, soweit nicht

---

281) BT-Drucks. 19/18791 v. 27.4.2020 zu Art. 5 Nrn. 1, 2 WeMoG, S. 20 (Text), S. 91 (Begründung).

282) Den umgekehrten Fall der Insolvenz der Eigentümergemeinschaft gibt es nicht; diese kann zwar als solche zahlungsunfähig werden, aber sie ist nicht insolvenzfähig (§ 9a Abs. 5 WEG n. F.). Der Eigentümer, der aufgrund einer zu seinen Gunsten aus der Jahresabrechnung (§ 28 WEG) resultierenden Abrechnungsspitze einen mangels Zahlungsfähigkeit des Gemeinschaftsvermögens (früher „Verwaltungsvermögens", vgl. § 10 Abs. 7 WEG a. F.; aktuell „Gemeinschaftsvermögen", § 9a Abs. 3 WEG) nicht erfüllbaren Anspruch hat, kann weder gegen einzelne Miteigentümer im Umfang ihrer Quote vorgehen (Grüneberg/*Wicke,* § 9a Rz. 15, 18 Rz. 18) und erst recht steht ihm kein Anspruch aus der Rangklasse 2 des § 19 ZVG zu. Er kann aus solchen „Sozialverbindlichkeiten" nur gegen die Gemeinschaft auf ordnungsgemäße Verwaltung klagen und aus künftigem Gemeinschaftsvermögen (infolge Erhöhung der Vorauszahlungen) Befriedigung erlangen, ggf. mit seinen Haus- bzw. Wohngeldvorauszahlungen aufrechnen. Siehe zu der Thematik grundlegend BGH, Urt. v. 26.10.2018 – V ZR 279/17 (zu § 10 Abs. 8 WEG a. F.; bis auf § 10 Abs. 8 Satz 4 wortidentische Nachfolgeregelung: § 9a WEG), ZfIR 2019, 415 ff. = NZM 2019, 415 ff.

283) BGH, Urt. v. 21.7.2011 – IX ZR 120/10, Rpfleger 2011, 686 ff. = ZfIR 2011, 825 ff., Rz. 17 ff., u. a. zur *„Abrechnungsspitze"* (= Differenz zwischen den Wohngeldvorauszahlungen und den tatsächlichen Kosten aufgrund der Jahresabrechnung), die Masseverbindlichkeit ist, wenn über die Abrechnung erst nach Insolvenzeröffnung beschlossen wurde (BGH, BGH, Urt. v. 21.7.2011 – IX ZR 120/10, Rpfleger 2011, 686 ff. = ZfIR 2011, 825 ff., Rz. 10.). Grundlegend bereits BGH, Beschl. v. 12.2.2009 – IX ZB 112/06, ZIP 2009, 818 ff., Rz. 7 = Rpfleger 2009, 407 ff.

284) BGH, Urt. v. 21.7.2011 – IX ZR 120/10, Rz. 19, 21 f., m. w. N.

285) BGH, Urt. v. 21.7.2011 – IX ZR 120/10 Rz. 24 ff.

286) BGH, Urt. v. 21.7.2011 – IX ZR 120/10, Rz. 7, 33 f. m. w. N.; siehe HK-*Lohmann,* InsO, § 55 Rz. 8 zu diesen oktroyierten Masseverbindlichkeiten.

Masseunzulänglichkeit angezeigt wurde (§§ 90 Abs. 1, 210, 209 Abs. 1 Nr. 3 InsO). Ansonsten ist die Leistungsklage unzulässig.[287)]

287) BGH, Urt. v. 21.7.2011 – IX ZR 120/10, Rz. 7 m. w. N.; BGH, Urt. v. 3.4.2003 – IX ZR 101/02, BGHZ 154, 358 ff., Ls. c) und S. 360 f.; gibt der Insolvenzverwalter das Wohnungseigentum trotz Masseunzulänglichkeit längere Zeit nicht aus dem Insolvenzbeschlag frei, entstehen durch Leistungsklage durchsetzbare Neumasseverbindlichkeiten gemäß § 209 Abs. 2 Nr. 3 InsO, OLG Düsseldorf, Beschl. v. 28.4.2006 – I-3 Wx 299/05, ZInsO 2007, 154 ff.

§ 11

Rangordnung mehrerer Rechte in derselben Klasse

(1) Sind Ansprüche aus verschiedenen Rechten nach § 10 Nr. 4, 6 oder 8 in derselben Klasse zu befriedigen, so ist für sie das Rangverhältnis maßgebend, welches unter den Rechten besteht.

(2) In der fünften Klasse geht unter mehreren Ansprüchen derjenige vor, für welchen die Beschlagnahme früher erfolgt ist.

Literatur: *Peters/Michaelsen/Waechter*, Besicherung der Finanzierung von Erneuerbare Energien-Anlagen: Wind – Solar – Energiespeicher – Stromlieferungsverträge (Direktvermarktung und PPAs), in: FCH-Sicherheitenkompendium, 6. Aufl., 2021, S. 1035 – 1196.

Übersicht

I. Funktion der Norm des § 11 Abs. 1 ZVG und Anwendungsbereich

1. Aufgabe des § 11 Abs. 1 ZVG

1 § 11 Abs. 1 ZVG enthält eine Kernaussage mit zwei Folgen, die nicht unmittelbar aus dem Wortlaut, wohl aber aus Sinn und Zweck der Norm sowie einem Umkehrschluss aus dem Text erkennbar sind. Die Vorschrift ergänzt § 10 ZVG dadurch, dass dort zwar die Rangfolge der aus dem Vollstreckungsgegenstand zu befriedigenden Ansprüche allgemein bestimmt ist, seien sie dinglicher oder persönlicher Natur. Die früheren acht Rangklassen wurden durch die Rangklasse 1a ergänzt. Die Kosten des Versteigerungsverfahrens kann man, u. a. im Hinblick auf § 109 ZVG, wie eine Rangklasse „0“ ansehen. Mit *Rellermeyer* verbleibt es daher im Hinblick auf § 10 Abs. 1 Nr. 1a natürlich bei neun Rangklassen; unter Berücksichtigung der

richtigen Erwägung von *Stöber/Achenbach*[1] kann man sich aber zur besseren Anschaulichkeit zehn Rangklassen vorstellen. § 10 ZVG behandelt aber nicht das Problem mehrerer Rechte in einer Rangklasse.

§ 11 Abs. 1 ZVG befasst sich daher mit dem **Rangverhältnis** verschiedener Rechte innerhalb jeweils derselben Rangklasse. 2

In den **Rangklassen 4, 6 und 8** ist daher die Rangklasse des jeweiligen Rechts innerhalb derselben Gruppe nach dem anzuwendenden materiellen Recht zu bestimmen; das ist die erste Aussage des § 11 Abs. 1 ZVG. 3

Die **Rangklasse 5** bedarf in Abs. 1 keiner Erwähnung, da für sie als lex specialis § 11 Abs. 2 besteht (siehe Rz. 25 ff.). Die Kosten nach der **Rangklasse „0"** bedurften aufgrund ihres Vorrangs ebenfalls keiner Erwähnung (vgl. § 109 ZVG). Die individuellen Kosten jeden Gläubigers, die durch Kündigung und Rechtsverfolgung entstehen, sind Gegenstand von § 10 Abs. 2 ZVG und von § 12 ZVG. 4

Über die **Rangklassen 1–3 ZVG** trifft § 11 Abs. 1 ZVG keine ausdrückliche Aussage. Da offenkundige Zielsetzung des § 11 Abs. 1 ZVG eine „Wasserfall"-Regelung (zu dem Begriff siehe § 10 Rz. 1 [*Cranshaw*]) im Hinblick auf eine Mehrzahl von Rechten in derselben Rangklasse ist, folgt aus dem Schweigen zu den Rangklassen 1–3, dass dort gerade nicht die Sonderregelung des § 11 Abs. 1 ZVG greifen sollte. Das Problem der Befriedigung mehrerer Rechte in derselben Rangklasse ist in allen Rangklassen gleich. Der Umkehrschluss aus § 11 Abs. 1 ZVG zeigt daher, dass der Gesetzgeber (unverändert, verglichen mit dem Zeitpunkt des Inkrafttretens des ZVG) für die Rechte in § 10 Abs. 1 Nrn. 1 und 3 ZVG nicht die Rangfolge nach den jeweiligen Rechten wollte, sondern Gleichrang. § 10 Abs. 1 Halbs. 1 ZVG enthält keine ausdrückliche Regelung zu dieser Problematik, sondern er geht vom Bestehen des Gleichrangs aus, soweit nichts anderes bestimmt ist. Davon geht auch die Literatur wohl unangefochten aus.[2] 5

Die **Rangklasse** 7 musste der Gesetzgeber nicht ansprechen, da für diese im hier relevanten Zusammenhang unmittelbar die für die Rangklasse 3 geltende Rechtslage (= Gleichrang) gilt. 6

Die **Rangklasse 1a** und die **Rangklasse 2** des § 10 Abs. 1 ZVG (zusammen mit § 10 Abs. 3 ZVG) sind im vorliegenden Zusammenhang gleichfalls ohne Bedeutung, da es dort nicht Ansprüche aus verschiedenen Rechten gibt, sondern nur einen einzigen Anspruch (Rangklasse 1a) oder mehrere Wohngeldansprüche (Rangklasse 2), die aber immer nur einen zusammengefassten Anspruch ein- und derselben Wohnungseigentümergemeinschaft betreffen können. 7

Hat der Wohnungs- bzw. Teileigentümer nach WEG mehrere Wohn-/Teileigentumseinheiten in ein- und derselben Gemeinschaft, so ist jedes Wohnungseigentum/Teileigentum getrennt zu betrachten, wie aus dem Wortlaut des § 10 Abs. 1 Nr. 2 ZVG („*bei Vollstreckung in ein Wohneigentum die* **daraus** *fälligen Ansprüche auf* 8

---

1) Siehe Dassler/Schiffhauer/u. a.-*Rellermeyer*, ZVG, § 11 Rz. 1 sowie auch zur Begrifflichkeit einer Art. „Rangklasse 0", Stöber/*Achenbach*, ZVG, § 10 Rz. 7.

2) Siehe Dassler/Schiffhauer/u. a.-*Rellermeyer*, ZVG, § 11 Rz. 2 m. w. N.; ebenso Stöber/*Achenbach*, ZVG, § 11 Rz. 4, 5.

Zahlung der Beiträge zu den Lasten und *Kosten* […]") hervorgeht. Das ist dieselbe Wertung, die auch der Entziehungsklage gemäß § 18 WEG a. F. innewohnte, die u. a. wegen bestimmter Wohngeldrückstände möglich war (§ 18 Abs. 2 Nr. 2 WEG). § 17 WEG n. F. (seit 1.12.2020) hat diese Variante der „Entziehungsklage", der Klage auf Titulierung des Anspruchs der Gemeinschaft gegen den Mit- und Sondereigentümer auf Veräußerung seines Wohnungs- bzw. Teileigentums, nicht übernommen und zwar aus den Gründen des § 10 Abs. 1 Nr. 2 ZVG.[3] Die Vollstreckung des Entziehungsurteils bzw. einer vollstreckbaren notariellen Urkunde nach § 17 Abs. 4 WEG n. F. soll nach einer Rechtsmeinung in der Rangklasse 5 des § 10 ZVG erfolgen. Dem tritt *Keller*[4] mit dem Argument entgegen, anzuwenden sei der Dritte Abschnitt des ZVG (Zwangsversteigerung und Zwangsverwaltung in besonderen Fällen, §§ 172 ff.) mit der zutreffenden Folgerung, dass damit alle Ansprüche des § 10 Abs. 1 ZVG Gegenstand des geringsten Gebots werden. Dem ist zuzustimmen, entgegen der Auffassung des Gesetzgebers anlässlich der WEG-Novelle 2007.[5] Der Vorschlag der Einbindung der „Entziehungsvollstreckung infolge des § 17 Abs. 4 WEG in gesonderte Regelungen des Abschnitts 3 des ZVG entspricht der Empfehlung des Abschlussberichtes des vom BMJV beauftragten Forschungsprojektes zu Stand und Reformbedarf des ZVG („Das ZVG auf dem Prüfstand Teil I", 2017, S. 345) von *Böttcher/Keller/Schneider/Beeneken* (dortige Paragrafen entsprechen den Vorschriften des WEG über die Entziehung des Wohnungseigentums i. d. F. v. 26.3.2007 vor der Reform durch das WEMoG v. 16.10.2020, BGBl. I 2020 S. 2187).[6] Von der Konstellation des § 10 Abs. 1 Nr. 2 ZVG zu unterscheiden sind des Weiteren Ansprüche anderer Wohnungseigentümergemeinschaften gegen den Eigentümer einer Wohnung, die versteigert wird. In den beiden letzten Fallkonstellationen kann die jeweilige Wohnungseigentümergemeinschaft keine Rechte aus der Rangklasse 2 des § 10 ZVG geltend machen. Die betroffene Gemeinschaft muss vielmehr aufgrund des jeweils spezifisch auf die Vollstreckung des konkreten Zahlungsrückstands gerichteten Titels die Zwangsvollstreckung betreiben, d. h., sie muss dem laufenden Versteigerungsverfahren aus der **Rangklasse 5** beitreten, da sie nur einen persönlichen nicht unter Rangklasse 2 fallenden Anspruch geltend machen kann. Natürlich kann jede Gemeinschaft ihren vollstreckbaren Wohngeldanspruch durch den Antrag auf Zwangsversteigerung jeder Immobilie im Eigentum des betroffenen Wohnungs- bzw. Teileigentümers durchsetzen, aber eben außerhalb des § 10 Abs. 1 Nr. 2 ZVG nur aus der Rangklasse 5; faktisch wird ein solches Vorgehen daher meist nicht sinnvoll sein. Damit gilt für diese Ansprüche von Wohnungseigentümergemeinschaften die Regelung des § 11 Abs. 2 ZVG.

---

3) Vgl. Grüneberg/*Wicke*, BGB, § 17 WEG Rz. 2; siehe auch BR-Drucks. 168/20, S. 61.

4) *Keller*, Vortragsskript zum Zwangsverwaltertag 2023 in Berlin.

5) *Keller*, Vortragsskript zum Zwangsverwaltertag 2023 in Berlin, S. 52 unter III./2.

6) *Böttcher/Keller/Schneider/Beeneken*, Das ZVG auf dem Prüfstand, S. 345; siehe https://www.bmj.de/SharedDocs/Downloads/DE/Themen/Nav_Themen/ZVG_Abschlussbericht_Langfassung_Teil1.pdf (Stand: 31.10.2023); WEG i. d. F. d. Bek. v. 12.1.2021, BGBl. I 2021 S. 34, bis zur Änderung durch Art. 7 d. Ges. v. 7.11.2022, BGBl. I 2022 S. 1982.

2. Anwendungsbereich der Vorschrift

Entsprechend seiner systematischen Stellung gilt die Vorschrift des § 11 Abs. 1 ZVG in allen Versteigerungsverfahren nach dem ZVG. § 11 Abs. 2 hat keinen Anwendungsbereich in der Teilungsversteigerung, da es dort keine Beschlagnahme für einen betreibenden Gläubiger im Rahmen einer Vollstreckungsversteigerung gibt. 9

In der Zwangsverwaltung sind aber die §§ 155 ff. ZVG (hier: § 155 Abs. 2 ZVG) entsprechend der anderen Zielsetzung und Verteilungsregelung im Zwangsverwaltungsverfahren maßgebend und als leges speciales vorrangig (vgl. § 146 Abs. 1 ZVG). 10

II. Rangbestimmung

1. Sonstige Beteiligte nach dem ZVG im „weiteren Sinne" und Abgrenzung zu § 9 ZVG

§ 9 ZVG erfasst nur die originären Beteiligtengruppen mit den spezifischen Beteiligtenrechten. Nicht umfasst werden von dieser Norm diejenigen, die erst später im Verfahren hinzutreten oder die aus sonstigen Gründen kraft ihrer Stellung nur eine eingeschränkte Teilnahme im Verfahren beanspruchen können. 11

Dazu gehört z. B. das „Jedermannsrecht" auf Akteneinsicht in die Mitteilungen des Grundbuchamts (§ 42 Abs. 1 ZVG i. V. m. § 19 Abs. 2, 3 ZVG) sowie in die weiteren „Nachweisungen" und „Abschätzungen" nach § 42 Abs. 2 ZVG; *„Abschätzungen"* sind natürlich insbesondere die zu den Akten gelangten Wertgutachten über den betroffenen Grundbesitz, u. a. das Verkehrswertgutachten und die Wertfestsetzung gemäß § 74a Abs. 5 ZVG; die in dieser Norm nur *„nötigenfalls"* vorgesehene *„Anhörung von Sachverständigen"* ist der Regelfall. Von hoher praktischer Relevanz ist beispielsweise das Recht auf Einsichtnahme in das Verkehrswertgutachten, das insbesondere dem Interesse von Bietinteressenten dient. Bei dieser Regelung handelt es sich um einen Wertungskompromiss des Gesetzgebers, da Gerichtsakten im Allgemeinen nicht öffentlich zugänglich sind. Bei Verweigerung des Rechts steht dem Interessenten die Erinnerung nach § 766 ZPO zu, gegen die ablehnende Entscheidung die sofortige Beschwerde gemäß § 793 ZPO, eine in praxi freilich sicher eher theoretische Handlungsalternative. Auch aus dem **Akteneinsichtsrecht** gemäß § 299 ZPO ergibt sich eine insoweit beschränkte Position als Beteiligter in einem weiteren Sinne als er § 9 ZVG innewohnt.[7)] 12

§ 11 Abs. 1 ZVG verweist für die Rangbestimmung in den Rangklassen 4, 6 und 8 des § 10 ZVG auf das **materielle Recht**, sodass die Spezifika des jeweiligen dinglichen Rechts in der Rangklasse entscheidend sind. Systematisch ist damit zwischen im Grundbuch eingetragenen und nicht eingetragenen Rechten zu unterscheiden; bei weitem am bedeutendsten sind hier die eingetragenen Rechte. 13

2. Im Grundbuch eingetragene Rechte

a) Rechtsgrundlage und Rolle der Vormerkung

Die **Rangfolge eingetragener Rechte** resultiert aus § 879 BGB mit dem im Grundbuch zu wahrenden Rangvorbehalt bei Bestellung eines Rechts (vgl. § 880 BGB zur 14

7) Im Einzelnen siehe § 42 Rz. 1–7 [*Bachmann*].

nachträglichen Rangänderung). Der Anwendungsbereich des § 879 BGB erfasst die Rechte in den Abteilungen II und III des Grundbuchs, die rangfähig sind, wozu auch eingetragene Nebenrechte[8] in der Veränderungsspalte des Grundbuchs[9] gehören. Das Eigentum steht nicht in einem Rangverhältnis in diesem Sinne, ebenso wenig Verfügungsbeschränkungen.[10]

15 Der Rangwahrung dient auch die **Vormerkung** mit ihrer Sicherungsfunktion (§§ 883 ff. BGB; vgl. § 883 Abs. 3 BGB zur Rangwahrung, § 888 BGB zum Anspruch gegen den Erwerber eines vormerkungswidrig eingetragenen Rechts).[11] Im Versteigerungsverfahren ist § 48 ZVG anzuwenden, die dingliche Belastungen erhöhende Vormerkung bleibt nach höchstrichterlicher Judikatur bestehen oder erlischt entsprechend ihrem Rang. Vormerkungen ohne diesen Inhalt (wie solche, deren Gegenstand etwa eine Rangänderung betrifft) fallen nicht darunter, sie teilen das Schicksal des Rechts, das von ihnen betroffen ist. Maßgeblich ist daher die Sicherung der Bestellung eines neuen Rechts[12] (oder die Erhöhung eines bestehenden, die richtigerweise der Bestellung eines neuen Rechts gleichsteht; im Fokus steht die Erhöhung der Belastung des betroffenen Grundbesitzes). Die Vormerkung sichert wirksam entstandene schuldrechtliche Ansprüche, deren Gegenstand dingliche Rechtsänderungen sind. Sie ist nach Maßgabe des § 106 InsO „insolvenzfest", sofern sie bei Eröffnung des Insolvenzverfahrens im Grundbuch eingetragen ist, nach diesem Zeitpunkt scheitert sie an § 91 Abs. 1 InsO. Der Verwalter verliert infolge der insolvenzfest (im Einklang mit § 91 InsO und sofern keine Insolvenzanfechtungstatbestände festzustellen sind) eingetragenen Vormerkung sein „Erfüllungswahlrecht" für die Erfüllung der eingegangenen schuldrechtlichen Erfüllungspflicht des Insolvenzschuldners nach § 103 InsO.[13]

b) Strukturen der Rangfolge nach § 879 BGB

16 § 879 BGB enthält differenzierende Regelungen, die sich nach § 11 Abs. 1 ZVG auswirken. Das System des § 879 BGB baut auf der Struktur des Grundbuchs und den dafür geltenden Vorschriften der Grundbuchordnung auf. Im Kern der Vorschrift steht das **Prioritätsprinzip,**[14] allerdings nicht im Sinne einer **zeitlichen Priorität,** die aber verfahrensrechtlich in der Grundbuchordnung gewahrt wird.

---

8) Grüneberg/*Herrler*, BGB, § 879 Rz. 1, 4.

9) Böttcher/*Böttcher*, ZVG, § 11 Rz. 11 m. w. N.; BeckOK-*Fischinger*, ZVG, § 11 Rz. 10 m. w. N.; die Literatur bezieht sich u. a. auf RG, Beschl. v. 14.3.1931 – V B 2/31, RGZ 132, 106 ff., 112, das den Nebenrechten den Rang des Rechts in der Hauptspalte zuerkennt, Beschluss zu Hypothekenzinsen; siehe ferner den Überblick bei Böttcher/*Böttcher*, ZVG, § 11 Rz. 11 m. w. N. zu älterer Judikatur. Eigentum ist als *„Vollrecht [...] nicht rangfähig"*, BGH, Beschl. v. 25.1.2007 – V ZB 125/05, juris Rz. 16 = BGHZ 170, 378 ff. = ZfIR 2007, 549 f. = Rpfleger 2007, 333 ff.

10) BeckOK-*Fischinger*, ZVG, § 11 Rz. 7.

11) Siehe zu den Funktionen der Vormerkung, auch in der Zwangsversteigerung, die Übersicht bei Grüneberg/*Herrler*, BGB, § 883 Rz. 23 ff., 29 f. (*„Rangwirkung"*).

12) BGH, Urt. v. 7.11.1969 – V ZR 85/66, BGHZ 53, 47 ff., Ls. 1, S. 49; ebenso siehe § 48 Rz. 1, 4, 8 ff. [*Bachmann*] sowie den Überblick bei Böttcher/*Böttcher*, ZVG, § 48 Rz. 3 m. w. N.

13) Braun/*Fehl-Weileder*, InsO, § 106 Rz. 2–6, 6.

14) BeckOK-*Fischinger*, ZVG, § 11 Rz. 8.

Bei Rechten in ein- und derselben Abteilung des Grundbuchs bestimmt sich der Rang nach der **Reihenfolge** der **Eintragungen**. Dies gilt auch dann, wenn die Einigung nach § 873 BGB erst nach der Eintragung vorliegt. Bestimmt also das materielle Recht, dass die verfahrensrechtliche Erledigung des Eintragungsantrags für den Rang entscheidend ist, nicht etwa die Vorstellungen die Parteien oder der Zeitpunkt des Eingangs des Antrags beim Grundbuchamt, so stellt sich die Frage der Sicherung der zeitlichen Priorität. 17

Diese wird zum einen bewirkt durch **§ 17 GBO**, der vorschreibt, dass bei Eintragungsanträgen, die dasselbe Recht betreffen, der zeitlich frühere Antrag zuerst erledigt werden muss. Zum anderen bestimmt § 45 Abs. 1 Satz 1 GBO, dass mehrere Anträge zur Eintragung in ein- und dieselbe Abteilung des Grundbuchs nach ihrer **zeitlichen Reihenfolge** abzuarbeiten sind. Wurden sie gleichzeitig eingereicht, ist Gleichrang der Eintragungen im Grundbuch zu vermerken, § 45 Abs. 1 Satz 2 GBO. 18

Sind **verschiedene Abteilungen** des Grundbuchs betroffen und werden am gleichen Tage Eintragungen vorgenommen, die zeitlich unterschiedlich eingegangene Anträge zum Gegenstand haben, führt der früher eingegangene Antrag zum besseren Rang, der im Grundbuch vermerkt wird (§ 45 Abs. 2 GBO). Bei gleichzeitiger Antragstellung ist Gleichrang einzutragen. § 45 Abs. 2 GBO hat materiellrechtliche Wirkung.[15)] Für fehlende Rangverhältnisse oder abweichende Rangbestimmungen im Eintragungsantrag enthält § 45 Abs. 3 GBO eine Öffnungsklausel, die dem Parteiwillen der Antragsteller Rechnung trägt. § 44 GBO schreibt vor, dass der **Eintragungstag** im Grundbuch angegeben werden soll. Verstöße gegen die §§ 17, 45 GBO führen als Folge der konstitutiv wirkenden Eintragung des Rangs (siehe § 879 BGB) gerade nicht zur Unrichtigkeit des Grundbuchs,[16)] sondern zu einem Amtshaftungsanspruch gegen das Grundbuchamt (§ 839 BGB, Art. 34 GG). 19

Materiellrechtlich löst neben § 45 Abs. 2 GBO die Bestimmung des § 879 Abs. 1 Satz 2 BGB die Problematik der Rangkonkurrenzen der Eintragungen in den verschiedenen Abteilungen des Grundbuchs. Vorrang hat das an einem früheren Tag eingetragene Recht; am selben Tage eingetragene Rechte stehen im Gleichrang, soweit die Beteiligten nicht eine Rangbestimmung gemäß § 879 Abs. 3 BGB getroffen haben. 20

Bei Eintragungen in der Veränderungsspalte vertritt *Böttcher*[17)] anders als die wohl h. M., die Auffassung, der Rang bemesse sich dort in analoger Anwendung von 21

---

15) Siehe Grüneberg/*Herrler*, BGB, § 879 Rz. 9.

16) Zutreffend Böttcher/*Böttcher*, ZVG, § 11 Rz. 6 m. w. N.; siehe auch OLG Brandenburg, Beschl. v. 3.9.2001 – 8 Wx 218/00, Rpfleger 2002, 135. Ausnahme von diesem Grundsatz ist die Bestimmung einer Rangfolge in Bewilligung und Antrag gleichzeitig beantragter Eintragungen, OLG Brandenburg, Beschl. v. 3.9.2001 – 8 Wx 218/00, II 2e) der Gründe.

17) Böttcher/*Böttcher*, ZVG, § 11 Rz. 11 m. w. N., wobei er eine Ausnahme in den (seltenen, kaum praxisrelevanten) Fällen des § 1119 BGB sieht (Erhöhung des Zinssatzes einer unverzinslichen bzw. unter fünf Prozentpunkten p. a. verzinsten Hypothek bzw. Grundschuld auf höchstens 5 Prozentpunkte p. a.); vgl. dazu auch RGZ 132, 106 ff. sowie BayObLG, Beschl. v. 22.12.1959 – BReg 2 Z 192/59, NJW 1960, 1153 ff.; aus der Lit. siehe zur h. M. Dassler/Schiffhauer/u. a.-*Rellermeyer*, ZVG, § 11 Rz. 3, 4 m. w. N.

§ 879 Abs. 1 Satz 2 BGB nicht nach dem Rang des „Hauptrechts“, sondern nach dem **Eintragungsdatum** des Nebenrechts in der Veränderungsspalte.

22 Der in der Literatur behandelte Sonderfall der **Grundstücksvereinigung** gemäß § 890 Abs. 1 BGB (die auch grundstücksgleiche Rechte umfasst) führt nicht zu Rangänderungen. Vielmehr bleiben die Rechte, die auf dem durch Vereinigung grundbuchrechtlich als selbstständiges Grundstück untergegangenem Grundbesitz lasten, auf dem neuen Grundstück unverändert bestehen; nach dem BGH *„ruhen* [sic] *auf dem Teil [...], der bereits vor der Vereinigung Belastungsgegenstand war.“*[18] Eine Sonderregelung gilt für die Fälle der Zuschreibung gemäß § 890 Abs. 2 BGB, in denen § 1131 Satz 2 BGB für Hypotheken und Grundschulden sowie Rentenschulden eine Rangbestimmung als Konsequenz der Haftungserstreckung des § 1131 Satz 1 BGB vorsieht. **Grundpfandrecht**liche Belastungen (nur diese!) des zugeschriebenen Grundstücks gehen denjenigen des *„Hauptgrundstücks“*, die auf das zugeschriebene Grundstück erstreckt werden, vor.[19]

23 Ist ein **eingetragenes Recht fälschlich gelöscht** worden, ändert das der Natur der Sache nach seinen Rang nicht, da es zwar formell untergegangen ist, materiellrechtlich hingegen fortbesteht. § 892 BGB kann als Folge der Fiktion der Richtigkeit und Vollständigkeit des Grundbuchs zugunsten des gutgläubigen Erwerbers eines eigentlich rangschlechteren Rechts gleichwohl zu einem Rangverlust des gelöschten Rechts führen.[20] Voraussetzung ist der rechtsgeschäftliche Erwerb des Dritten.[21]

3. Nicht eingetragene Rechte

24 Von dem fehlerhaft nicht mehr eingetragenen Recht (siehe oben) abgesehen, handelt es sich bei den nicht eingetragenen Rechten um mehrere Fallgruppen. Der Rang dieser Rechte richtet sich grundsätzlich nach der zeitlichen **Priorität ihres Entstehens.** Fallgruppen dieser Rechte bilden:

- **Altrechtliche** vor dem 1.1.1900 begründete **Grunddienstbarkeiten**, die inhaltlich der Grunddienstbarkeit i. S. d. §§ 1018 ff. BGB entsprechen.[22]
- **Sicherungshypotheken** gemäß § 1287 Satz 2 Halbs. 1 BGB zugunsten des Pfandgläubigers, wenn der Schuldner nach den §§ 1281 ff. BGB leistet und die

---

18) BGH, Beschl. v. 24.11.2005 – V ZB 23/05, juris, Ls. 1 und Rz. 14 = ZfIR 2006, 220 ff. = Rpfleger 2006, 150 f. = NJW 2006, 1000 f.; Beitritt des Grundpfandgläubigers, der auf dem früheren Grundstücks ein Grundpfandrecht innehatte, zum Versteigerungsverfahren über das neue Gesamtgrundstück (§ 27 ZVG); siehe auch KG, Beschl. v. 27.6.1989 – 1 W 2309/89, juris Rz. 14 = Rpfleger 1989, 500 ff. = NJW-RR 1989, 1360 ff., Vereinigung von Wohnungseigentumsrechten; siehe aus der Kommentarliteratur Grüneberg/*Herrler*, BGB, § 890 Rz. 4 m. w. N. zur Wirkung der Vereinigung bzw. Zuschreibung; ferner Böttcher/*Böttcher*, ZVG, § 11 Rz. 10 f. m. w. N.

19) Grüneberg/*Herrler*, BGB, § 1131 Rz. 1, 2 m. w. N. und dem Hinweis auf die Übergangsvorschrift des Art. 229 § 18 Abs. 3 EG BGB; Böttcher/*Böttcher*, ZVG, § 11 Rz. 10 m. w. N.

20) BeckOK-*Fischinger*, ZVG, § 11 Rz. 17; Grüneberg/*Herrler*, BGB, § 892 Rz. 15 m. w. N.

21) BeckOK-*Fischinger*, ZVG, § 11 Rz. 17; Dassler/Schiffhauer/u. a.-*Rellermeyer*, ZVG, § 11 Rz. 6 a. E.; Stöber/*Achenbach*, ZVG, § 11 Rz. 9.

22) Grüneberg/*Herrler*, BGB, Art. 187 EG BGB Rz. 1 m. w. N.; vgl., auch zu den im Einzelfall komplexen Auslegungsproblemen BayObLG, Beschl. v. 3.3.1997 – 1Z RR 464/95, juris Ls. 1., Rz. 16 ff. = BayObLGZ 1997, 98 ff. m. w. N.

Leistung in der Übereignung des Eigentums an einem Grundstück besteht. Unter denselben Voraussetzungen entsteht bei der Übereignung eines Schiffs oder Schiffsbauwerks eine Schiffshypothek, § 1287 Satz 2 Halbs. 2 BGB. Für weitere Einzelheiten wird auf die Kommentarliteratur zum BGB verwiesen.[23]

– Weitere in der Literatur behandelte Fallgruppen sind diejenigen des zu **duldenden Überbaus** oder des **Notwegerechts** (§§ 912 ff., 914, 917 BGB), die im Hinblick auf die Überbaurente (§ 913 BGB) bzw. die Notwegrente (§ 917 Abs. 2 BGB) ein vorrangiges Recht am Grundstück außerhalb des Grundbuchs generieren (§§ 914, 917 Abs. 2 Satz 2, 1105 ff. BGB).[24] Ob im Zuge der Umsetzung der Dämmung von Gebäudeaußenfassaden im Interesse der „Energiewende" oder des Zugangs zu Anlagen erneuerbarer Energie außerhalb öffentlicher Wege diese Vorschriften, ggf. im Zusammenwirken mit dem Landesrecht, eine gewisse Bedeutung erlangen, mag offenbleiben.[25]

III. Differenzierungen in der Rangklasse 5 gemäß § 11 Abs. 2 ZVG

1. Verteilungsregelung des § 11 Abs. 2 ZVG

In der Rangklasse 5 hat sich der Gesetzgeber bei den *„Beschlagnahmerechten"*[26] in seiner Wertung dafür entschieden, für den „Wasserfall" der Befriedigung den jeweiligen **Beschlagnahmezeitpunkt** als Maßstab zu wählen. Es ist daran zu erinnern, dass zu der Rangklasse 5 die Forderungen der dinglich nicht besicherten Gläubiger gehören, bei denen erst die Beschlagnahme die Möglichkeit der Befriedigung aus dem Versteigerungsgegenstand erzeugt. 25

2. Anwendungsbereich des § 11 Abs. 2 ZVG

a) Grundstücke und grundstücksgleiche Rechte

Im Bereich der Immobiliarversteigerung ist § 11 Abs. 2 ZVG generell heranzuziehen, für die Zwangsverwaltung siehe die §§ 155 ff. ZVG. 26

---

23) Vgl. Grüneberg/*Wicke* BGB, § 1287 Rz. 1, 3–6, 7; Prütting/Wegen/Weinreich-*Nobbe*, BGB, § 1287 Rz. 1, 7; aus der Kommentarliteratur zum ZVG vgl. insbesondere BeckOK-*Fischinger*, ZVG, § 11 Rz. 15, 16 m. w. N., der zugleich zutreffend auf die Parallele des § 848 Abs. 2 Satz 2 ZPO hinweist sowie auf den Vorrang des Sicherungsrechts vor den vom Schuldner zuvor bewilligten Rechten in Abt. III unter bestimmten Voraussetzungen, dazu BGH, Beschl. v. 18.12.1967 – V ZB 6/67, BGHZ 49, 197 ff., u. a. Ls. 2.

24) Siehe dazu BeckOK-*Fischinger*, ZVG, § 11 Rz. 16. Die Bedeutung des von *Fischinger* gleichfalls erwähnten gesetzlichen Pfandrechts an den Früchten (der Ernte) eines landwirtschaftlichen Betriebs nach § 2 Abs. 4 DüngMSaatG zugunsten des Lieferanten oder Finanzierers von *„Düngemitteln und [....] Saatgut [....]"* sollte sich angesichts der Agrarmarktentwicklung seit seinem Inkrafttreten 1949 bzw. 1964 auf der Zeitachse erledigen. Zu Überbau- und Notwegrente siehe auch Dassler/Schiffhauer/u. a.-*Rellermeyer*, ZVG, § 11 Rz. 6.

25) Siehe zu den Anlagen zur Erzeugung erneuerbarer Energien *Peters/Michaelsen/Waechter*, in: FCH-Sicherheitenkompendium, S. 1033 ff. (Windparks), 1107 ff. (Solarenergie), 1163 ff. (Energiespeicher).

26) *Jaeckel/Güthe*, ZVG, 4. Aufl., § 11 ZVG Rz. 5.

b) Schiffe und Schiffsbauwerke

27 Bei der Schiffsversteigerung bzw. derjenigen von Schiffsbauwerken im inländischen Register bestehen andere Rangfolgen, die dazu führen, dass § 11 Abs. 2 ZVG hier nicht herangezogen werden kann.

28 Bei den **Schiffshypotheken** (§ 10 ZVG Rangklasse 4, § 11 Abs. 1 ZVG) ergibt sich der Rang zunächst aus der Reihenfolge der Eintragungen (§ 25 Abs. 1 Satz 1 SchRG,[27] eine Parallele zu § 879 Abs. 1 BGB für die Grundpfandrechte). Die §§ 25 ff. SchRG enthalten detaillierte Regelungen über deren Rang, auf deren Darstellung im vorliegenden Rahmen verzichtet wird. Für Schiffsbauwerke sind ergänzend die §§ 76 ff. SchRG heranzuziehen.

29 Bei den weiteren Pfandrechten an Schiffen ist nach Binnenschiffen und Seeschiffen zu unterscheiden:

30 Bei **Binnenschiffen** beschreiben die §§ 102 ff. BinschG[28] bevorrechtigte Forderungen der Schiffsgläubiger, das daraus resultierende gesetzliche Pfandrecht an Schiff und Zubehör, die Rangfolge untereinander sowie den Umfang des Vorrechts des Pfandrechts des Schiffsgläubigers (§§ 105, 107–109 BinSchG).

31 Für **Seeschiffe** regeln die §§ 596 ff. HGB[29] die Rechte der Schiffsgläubiger, die gesetzliche Pfandrechte an dem Schiff haben (vgl. § 597 HGB). Die Rangordnung dieser gesetzlichen Pfandrechte untereinander und ihr Vorrang gegenüber anderen Pfandrechten an dem Schiff wird durch die Sondervorschriften der §§ 602–604 HGB bestimmt. **§ 11 Abs. 2 ZVG** ist wie bei den Binnenschiffen auch hier **nicht anwendbar**, die sonstigen Rangfolgen der §§ 10 ff. ZVG werden insgesamt durch die schifffahrtsrechtlichen Bestimmungen modifiziert.

32 Die Zwangsverwaltung von Schiffen oder Schiffsbauwerken ist ausgeschlossen (§ 870a ZPO, §§ 165 Abs. 1 Satz 1, 170a Abs. 2 ZVG), sodass **§ 11 ZVG** generell **keinen Anwendungsbereich** hat; an die Stelle der Zwangsverwaltung tritt eine Art „Quasi-Zwangsverwaltung" (§ 165 Abs. 2 ZVG), die § 25 ZVG ähnelt (siehe § 165 Rz. 4, 5, 12 [*Popp*])

c) Luftfahrzeuge

33 Auf in der Luftfahrzeugrolle eingetragene Luftfahrzeuge ist die Bestimmung des § 11 Abs. 2 ZVG gleichermaßen unanwendbar. Sondervorschriften enthalten die §§ 24 ff. LuftFzgG[30] über das Registerpfandrecht an einem Luftfahrzeug, wobei die §§ 25 ff. LuftFzgG das Rangverhältnis regeln. Daneben besteht ein vorrangiges dingliches Recht an dem Luftfahrzeug zur Sicherung von im Ausland entstandenen

---

27) SchRG, Gesetz über Rechte an eingetragenen Schiffen und Schiffsbauwerken v. 15.11.1940 BGBl. III S. 403–4, bis zur Fassung d. Art. 2 d. Gesetzes v. 21.1.2013, BGBl. 2013 I S. 91.

28) BinSchG, Binnenschifffahrtgesetz, Gesetz betreffend die privatrechtlichen Verhältnisse der Binnenschifffahrt v. 15.6.1895, BGBl. III S. 4103-1, bis zur Fassung d. Art. 55 d. Gesetzes v. 10.8.2021, BGBl. 2021 I S. 3436.

29) Handelsgesetzbuch i. d. F. des Gesetzes zur Reform des Seehandels v. 20.4.2013, BGBl. 2013 I S. 831 ff., nach Art. 15 d. Gesetzes in Kraft seit 25.4.2013; HGB i. d. F. bis zu Art. 1 d. Gesetzes v. 19.6.2023, BGBl. 2023 I Nr. 154.

30) LuftFzgG, Gesetz über Rechte an Luftfahrzeugen, v. 26.2.1059, BGBl. III S. 403-9, bis zur Fassung d. Art. 15. Abs. 19 d. Gesetzes v.4.5.2021, BGBl. 2021 I S. 882.

Ansprüchen auf Entschädigung in Bergungsfällen bzw. für „*außerordentliche*“ Erhaltungsaufwendungen, sofern das anzuwendende ausländische Recht ein solches Recht und einen entsprechenden Vorrang kennt (§§ 75–77 LuftFzgG, Art. IV Genfer Abkommen).[31)]

Die **Zwangsverwaltung eines Luftfahrzeugs** scheidet aus (§ 99 Abs. 1 LuftFzgG, § 870a Abs. 1 ZPO), möglich ist die Bewachung und Verwahrung nach § 171c Abs. 3 ZVG durch einen Treuhänder, der auch ermächtigt werden kann, das „Luftfahrzeug für Rechnung und im Namen des Schuldners zu nutzen“, eine „Quasi-Zwangsverwaltung“ (siehe § 171c Rz. 25 [*Popp*]). 34

31) Genfer Abkommen = Abkommen über die internationale Anerkennung von Rechten an Luftfahrzeugen v. 19.6.1948, siehe das deutsche Zustimmungsgesetz v. 26.2.1959, BGBl. 1959 II S. 129 ff; zum Text des Abkommens vgl. dort auf den S. 130 ff. in den Vertragssprachen der Konvention und in deutscher Übersetzung; siehe den Text auch im Portal der Schweizer Regierung, siehe https://www.fedlex.admin.ch/eli/cc/1960/1268_1324_1322/de, Stand: 7.8.2019 (Stand: 5.12.2023).

§ 12

Rangordnung innerhalb desselben Rechts

Die Ansprüche aus einem und demselben Recht haben untereinander folgende Rangordnung:

1. die Ansprüche auf Ersatz der im § 10 Abs. 2 bezeichneten Kosten;

2. die Ansprüche auf wiederkehrende Leistungen und andere Nebenleistungen;

3. der Hauptanspruch.

Literatur: *Böttcher*, Unterschiedliche Rangverhältnisse innerhalb einer Reallast? RpflStud 2005, 24; *Böttcher*, Die Reallast in der Immobilienfinanzierung, ZNotP 2011, 122 ff.; *Holzer*, EWiR 2004, 431, Anm. zu BGH, Beschl. v. 2.10.2003 – V ZB 38/02, BGHZ 156, 274/ZfIR 2004, 68; *Häublein*, Zur Frage der Verjährungsfrist für Ansprüche auf Wohngeldvorauszahlungen an Wohnungseigentümergemeinschaften, ZfIR 2005, 829; *Oppermann*, Erhalt der Reallast trotz Zwangsversteigerung – zugleich Anmerkung zum Beschluss des BGH – V ZB 38/02, RNotZ 2004, 84 ff.

Übersicht

I. Funktion des § 12 ZVG und Zusammenwirken mit den §§ 497, 503, 511 BGB

1. Struktur

1 Während § 10 ZVG die verschiedenen Rangklassen des „Wasserfalls" umfasst (den diese Norm in Abs. 1 mit den Besonderheiten der Absätze 2 bzw. 3 darstellt) und § 11 Sonderregelungen der Rangklassen 4, 6, 8 sowie der Rangklasse 5 festlegt, befasst sich § 12 ZVG mit der Rangordnung *„ein- und desselben"* Rechtes. Die Vorschrift gilt für **alle Versteigerungsverfahren** nach dem ZVG, wie aus den jeweiligen Verweisungsregeln auf den Ersten Abschnitt des ZVG folgt, soweit keine Sondervorschriften bestehen. Abweichend hiervon geht § 155 Abs. 2 Satz 2 ZVG im Zwangsverwaltungsverfahren vor, eine Bestimmung, die sachgerecht den Besonderheiten der auf die Erträge der Immobilie gerichteten Zwangsverwaltung Rechnung trägt.

2. § 12 ZVG und materielles Recht

2 § 12 ZVG ist die vollstreckungsrechtliche Parallele zu den materiellrechtlichen Bestimmungen des § 367 BGB, der seinerseits für **Verbraucherdarlehensverträge** durch die zwingende Vorschrift des § 497 BGB (vgl. § 511 BGB a. F., Verbot abweichender Vereinbarungen von den §§ 491–510 BGB (Fassung bis zum 20.3.2016) zum Nachteil des Verbrauchers (= § 512 BGB n. F. seit dem 21.3.2016, Änderung infolge des WoImmobKrRL-UG)[1]) modifiziert wird (Tilgungsreihenfolge nach § 497 Abs. 3 BGB bei Teilleistungen: Kosten der Rechtsverfolgung; Hauptsacheforderung = fälliger Kapitalbetrag; Verzugszinsen). § 497 Abs. 2 und Abs. 3 Sätze 1, 2, 4, 5 gelten nicht für Immobiliar-Verbraucherdarlehensverträge (zur Definition siehe § 491 Abs. 1, 3 BGB n. F. seit dem WoImmobKrRL-UG), wie aus § 497 Abs. 4 Satz 2 BGB n. F. hervorgeht[2], eine wichtige Einschränkung aufgrund der großen praktischen Bedeutung der darunter fallenden Finanzierungen (in der Praxis die

1) § 497 Abs. 3 BGB entspricht inhaltlich im Ergebnis § 11 Abs. 3 des zum 1.1.2002 außer Kraft getretenen Verbraucherkreditgesetzes, das nach Art. 229 § 5 EG BGB für Altfälle vor dem 1.1.2002 weiterhin gilt; eine inhaltliche Rechtsänderung ist damit für jene Fälle durch das Schuldrechtsmodernisierungsgesetz nicht eingetreten; § 497 Abs. 3 BGB ist von den Änderungen des Verbraucherkreditrechts durch das Gesetz zur Umsetzung der Wohnimmobilienkreditrichtlinie und zur Änderung handelsrechtlicher Vorschriften (WoImmobKrRL-UG) v. 11.3.2016, BGBl. 2016 I S. 396, in Kraft seit 21.3.2016 unberührt geblieben.

2) § 497 Abs. 4 Satz 2 BGB n. F. war bis zum WoImmobKrRL-UG in § 503 Abs. 1 Satz 1 BGB a. F. enthalten.

weitaus meisten Finanzierungen für Private zum Erwerb von Wohneigentum).[3] Der Verzugszins beträgt in diesen Fällen 2,5 Prozentpunkte über dem Basiszinssatz (§ 497 Abs. 4 Satz 1 BGB n. F. = § 503 Abs. 2 BGB a. F. bis zum WoImmobKrRL-UG). Vollstreckt ein Gläubiger aus einem ausschließlich auf Zinsen gerichteten Titel, gilt die besondere Tilgungsreihenfolge des § 497 BGB nicht (§ 497 Abs. 3 Satz 5) – soweit keine Immobiliar-Verbraucherdarlehensverträge vorliegen.

Von der Vollstreckung aus einem Titel, der auf Zahlung von Zinsen als Hauptforderung gerichtet ist, muss eine Konstellation unterschieden werden, die dadurch geprägt ist, dass der Grundpfandgläubiger aus einer sofort vollstreckbaren Notarurkunde gemäß § 800 ZPO (vgl. § 794 Abs. 1 Nr. 5 ZPO) lediglich aus den dinglichen – unverjährten – Grundschuldzinsen vollstreckt. Nach einem Beschluss des BGH v. 30.3.2017 muss er hier dennoch die Grundschuld unter Fristwahrung kündigen oder die Zwangsversteigerung androhen und die Sechsmonatsfrist des § 1193 Abs. 1 Satz 3 einhalten.[4] Vor Ablauf der Sechsmonatsfrist ist die Zwangsversteigerung (oder Zwangsverwaltung) nicht zulässig und der Antrag des Gläubigers ist zurückzuweisen. Eine vorher eingeleitete Versteigerung ist aufzuheben (§ 28 ZVG). 3

3. Lösung der Konkurrenzsituation zwischen Haupt- und Nebenforderung bei Teilzahlungen

§ 12 ZVG löst wie die Vorschriften des bürgerlichen Rechts das Konkurrenzproblem zwischen der Befriedigung der Hauptforderung und den Nebenforderungen bzw. Nebenleistungen, wenn keine vollständige, sondern nur eine Teilbefriedigung erfolgt. Die verbraucherrechtlich zwingenden Normen sind auch im **Vollstreckungs-** 4

3) Definition des bisherigen Immobiliendarlehens (§ 503 Abs. 1 BGB a. F.) = Darlehen gegen Grundpfandrecht zu marktüblichen Bedingungen für derartige Finanzierungen bzw. Zwischenfinanzierungen; von der Sicherheit kann nach § 7 Abs. 3 – 5 Bausparkassengesetz abgesehen werden. Das Immobiliar-Verbraucherdarlehen (§ 491 Abs. 3 BGB n. F.) wird durch folgende Merkmale geprägt: (1) Entgeltliches Darlehen mit einem Verbraucher als Darlehensnehmer – (2) Besicherung durch Grundpfandrecht oder Reallast (Letzteres ist in der Praxis vernachlässigbar) – (3) alternativ zu (2): Verwendungszweck des Darlehens sind der Erwerb oder die Erhaltung von Grundstückseigentum bzw. grundstücksgleichen Rechten oder Erwerb und Erhaltung des Eigentums an bestehenden oder zu errichtenden Gebäuden. Arbeitgeberdarlehen mit diesem Zweck sind aber keine Immobiliar-Verbraucherdarlehensverträge, ebenso wenig die neu eingeführten Immobilienverzehrkreditverträge (siehe § 491 Abs. 3 Sätze 2, 4 BGB n. F., Schlagwort: „Rückwärtshypothek", „Rente aus dem Eigenheim", „Rentenhypothek" u. Ä., siehe im Einzelnen Gabler Wirtschaftslexikon, Stichwort: Rückwärtshypothek, online im Internet: https://wirtschaftslexikon.gabler.de/Archiv/1057738/rueckwaertshypothek-v3.html (Stand: 2.3.2018). Der Finanzier und Inhaber des Sicherungsgrundpfandrechts (in der Praxis nahezu ausschließlich die Sicherungsgrundschuld (§ 1192 Abs. 1a BGB) muss bei der Durchsetzung seiner Ansprüche die spezifischen Regelungen jeder dieser Finanzierungstypen beachten, will er nicht erfolgreiche Einwendungen des Darlehensnehmers riskieren, die sich auch gegen die Durchsetzbarkeit des Sicherungsrechts wenden. Förderdarlehen (der Förderbanken der Länder bzw. der KfW) fallen in den Anwendungsbereich der §§ 491 Abs. 3 Satz 3, 491 Abs. 2 Satz 2 Nr. 5, und 491a Abs. 4 BGB.

4) BGH, Beschl. v. 30.3.2017 – V ZB 84/16, ZfIR 2017, Rz. 15 = Rpfleger 2017, 567 ff.

verfahren zu beachten,[5] wenn auch mit dem bedeutsamen Unterschied, dass der Titel diese Reihenfolge ausweisen muss.[6] In der notariellen Urkunde nach § 794 Abs. 1 Nr. 5 ZPO ist die gesetzliche Rangfolge nach der hier vertretenen Ansicht zwingend vorzusehen, ansonsten kann der Schuldner sich mit der Vollstreckungsgegenklage wehren, die nicht gemäß § 767 Abs. 2 ZPO präkludiert ist (vgl. § 797 Abs. 4 ZPO). Ist der Titel ein Duldungstitel als Folge des § 1147 BGB, obliegt es dem Schuldner, im Erkenntnisverfahren dem Duldungsanspruch insoweit entgegenzutreten, als die Rangordnung des § 12 ZVG im Klageantrag des Gläubigers zugrunde gelegt und die vorerwähnten spezifisch verbraucherrechtlichen Vorschriften nicht berücksichtigt sind; diese stellen Einreden i. S. d. § 1157 BGB dar. Bei den in praxi bei Finanzierungsgrundpfandrechten der letzten Jahrzehnte nahezu ausschließlich verwendeten **Sicherungsgrundschulden** folgen die Vollstreckungsmodifizierungen durch das Verbraucherkreditrecht zwanglos aus § 1192 Abs. 1a i. V. m. § 1157 Satz 1 BGB; für Grundschulden, die bis zum 19.8.2008 ordnungsgemäß bestellt wurden (Art. 229 § 18 EGBGB)[7], ist die Rechtslage dennoch dieselbe (§ 1192 Abs. 1, 1157 Satz 1 BGB). § 1157 Satz 2 BGB scheidet bei Grundschulden zugunsten einer finanzierenden Bank aus (Folge aus § 1192 Abs. 1a Satz 1, letzter Halbs. BGB). Die Bestimmungen der §§ 491–510 BGB sind zugunsten des Verbrauchers zwingend, vertragliche Abweichungen und Umgehungen zu seinen Lasten sind nichtig (§ 512 BGB).[8]

5 § 12 ZVG ist, von den verbraucherrechtlich zwingenden Normen abgesehen, dispositiv, d. h., die Beteiligten können die Rangfolge ändern. So hat das BayObLG entschieden, bei einer Reallast könne der Vorrang des Stammrechts vor einzelnen Leistungen daraus mit **dinglicher Wirkung** vereinbart werden.[9] Der BGH hat die Eintragungsfähigkeit eines solchen Ranges im Grundbuch später verworfen,[10] weil das **materielle Recht** der Reallast dies nicht ermögliche, allerdings im Hinblick auf die verfahrensrechtliche Norm des § 12 ZVG keine gegenteilige Aussage getroffen.

II. Kosten gemäß § 10 Abs. 2 ZVG

1. Kosten nach den §§ 10 Abs. 2, 12 Nr. 1 ZVG

a) Überblick

6 § 12 Abs. 2 ZVG folgt der bereits oben erwähnten bürgerlichrechtlichen Norm des § 367 BGB, ist aber versteigerungsspezifisch anders konzipiert und beschränkt sich

---

5) Dassler/Schiffhauer/u. a.-*Rellermeyer*, ZVG, § 12 Rz. 6; vgl. BeckOK-*Fischinger*, ZVG, § 12 Rz. 3 zum Verbraucherkreditrecht, das ständigem Wandel durch europäische Gesetzgebung, Umsetzungsnormen und Judikatur unterliegt. Fischinger hebt hervor, dass die verbraucherkreditrechtliche Rangfolge nur anzuwenden ist, wenn der Titel dies auch ausweist; lautet die Hauptforderung des Titels auf Zinsen, § 497 Abs. 3 Satz 5 BGB gilt diese Rangfolge selbstredend ebenfalls nicht, ebenso *Fischinger* in § 12 Rz. 4 a. E.

6) Zöller/*Seibel*, ZPO, § 753 Rz. 8.

7) Regelungen nach dem Risikobegrenzungsgesetz v. 12.8.2008, BGBl. 2008 I S. 1666.

8) Prütting/Wegen/Weinreich-*Pöschke*, BGB, § 512 Rz. 1, 2, 4.

9) BayObLG, Beschl. v. 11.10.1990 – BReG 2 Z 114/90, Rpfleger 1991, 50 = NJW-RR 1991, 407 f. m. zust. Anm. *Joost*, EWiR 2003, 161 f., Anm. zu OLG Hamm, Beschl. v. 11.7.2002 – 15 W 144/02, ZfIR 2002, 994, entgegen dem BayObLG.

10) BGH, Beschl. v. 2.10.2003 – V ZB 38/02, BGHZ 156, 274 ff. = ZfIR 2004, 68 ff. = Rpfleger 2004, 92 f. m. zustimmender Anm. *Böttcher*, RpflStud 2005, 24 f.; zust. auch *Holzer*, EWiR 2004, 431 f.

ebenfalls schon sehr früh judiziert hat.[28] Danach fehlt es im BGB an einer einheitlichen Begriffsbildung für „Nebenleistungen", sodass jede Norm, die den Begriff verwendet, „isoliert" dahingehend zu analysieren ist, welchen Zweck der Gesetzgeber damit verbunden hat.[29] Hieraus hat das Reichsgericht zutreffend gefolgert, dass sich bei der Hypothek als Folge des § 1115 BGB der Umfang der hypothekarischen Haftung aus dem Grundbuch ergeben soll und daher alle Leistungen, die außerhalb der Zinsen geschuldet werden, anzugeben sind. Die **Tilgungsbeträge**, die (bei annuitätischen oder ähnlich strukturierten Darlehen) vertragsgemäß neben den Zinsen geschuldet werden, weil sie die Kapitalrückzahlung betreffen, können daher nicht im Grundbuch eingetragen werden.[30] Für die Grundschuld gilt das entsprechend (vgl. § 1191 Abs. 2 BGB).[31]

---

28) RG, Beschl. v. 4.3.1903 – Besch.-Rep. V. 37/03, RGZ 54, 88 ff., 89, 91.

29) RG, Beschl. v. 4.3.1903 – Besch.-Rep. V. 37/03, RGZ 54, 88 ff., 91.

30) RG, Beschl. v. 4.3.1903 – Besch.-Rep. V. 37/03, RGZ 54, 88 ff., 91 ff.

31) Das durch Hypothek abgesicherte echte Amortisationsdarlehen („Annuitätendarlehen", siehe bei Stöber/*Achenbach*, ZVG, § 10 Rz. 86 f. *„Tilgungshypothek"* und *„Abzahlungshypothek"* sowie Stöber/*Gojowczyk*, „§ 49 Rz. 21 ff.), das einen einheitlichen Zinssatz von Beginn bis zum Ende der Finanzierung vorsah (also der Kapitalrückzahlung) mit einem Aufschlag auf den Zinssatz zur Tilgung (*„x % Zinsen + y % anfängliche Tilgung jährlich zzgl. ersparter Zinsen"* oder ähnliche Formulierungen im Darlehensvertrag), gibt es seit Jahrzehnten nicht mehr. Die in RGZ 54, 88 ff. in Rede stehende Finanzierung sah einen Tilgungszeitraum von 41 Jahren vor ohne jegliche Zinsanpassung. An Stelle dieser Darlehensform ist eine ähnliche Finanzierung getreten, die in Abschnitten konzipiert ist. Es besteht „Zinsbindung" für einen bestimmten Zeitraum, z. B. bis zu fünf oder zehn Jahren mit Anpassung der Zinsen danach und damit der Annuitätsrate in den Folgezeiträumen. Das ist die sog. *„unechte Abschnittsfinanzierung"*, siehe zu der Systematik bei *Krepold*, Vergütungen, in: Schimansky/Bunte/Lwowski, Bankrechts-Handbuch, Band I, 5. Aufl., § 78 Rz. 67 ff., 96 ff. Der Darlehensnehmer zahlt in der jeweiligen Periode in vereinbarten periodischen Abständen (meist vierteljährlich oder monatlich) einen festen Betrag, der von einem anfänglichen Tilgungsbetrag ausgeht und einen Tilgungsanteil enthält. Mit der zunehmenden Tilgung wird der Zinsanteil geringer, der Tilgungsanteil mit jeder Darlehensrate etwas höher, abhängig von der Zinshöhe (*„ersparter Zins"*). Zur Absicherung von Darlehensansprüchen für den Fall, dass der dingliche Rahmen der heute fast ausschließlich verwendeten Grundschuld nicht ausreicht, um die schuldrechtliche Forderung abzudecken, z. B. im Hinblick auf eine etwaige Vorfälligkeitsentschädigung, werden Nebenleistungen zur Grundschuld neben den Zinsen vereinbart (Bsp.: *„15 % Zinsen jährlich nebst einer einmaligen Nebenleistung von 5 % des Darlehenskapitals"*). Ob und wie sich die 2014 verabschiedete „Hypothekarkreditrichtlinie" („Richtlinie 2014/17/EU des Europ. Parlaments und des Rates vom 4.2.2014 über Wohnimmobilienkreditverträge für Verbraucher und zur Änderung der Richtlinien 2008/48/EG und 2013/36/EU und der Verordnung (EU) Nr. 1093/2010", ABl. EU L 60 v. 28.2.2014, S. 34 ff.) hierauf in praxi auswirken wird, bleibt zwar zukünftig noch abzuwarten, auch angesichts der historischen Niedrigzinsphase, die bei in jenem Zeitraum bestellten Grundschulden auch zu niedrigere dinglichen Zinsen geführt haben mag. Ergänzend ist auf das in Rz. 2 erwähnte WoImmobKrRL-UG, das Umsetzungsgesetz der europäischen Richtlinie vom 11.3.2016, hinzuweisen. Insbesondere ist dort auf die Art. 18 ff. über die *„Kreditwürdigkeitsprüfung"* sowie die Art. 25 – 28 über die *„Vorzeitige Rückzahlung"* und die *„Zahlungsrückstände* und *„Zwangsvollstreckung"* (Art. 28) hinzuweisen. Einflüsse auf die Gestaltung der Sicherungsgrundpfandrechte erscheinen denkbar. Die in der Literatur thematisierte *„Abzahlungshypothek"* – siehe zu Einzelheiten Stöber/*Achenbach*, ZVG, § 10 Rz. 86 f. sowie Stöber/*Gojowczyk*, ZVG, § 49 Rz. 21 ff., – ist in der Praxis der Immobilienfinanzierer ohne Relevanz und obsolet. Die „Abzahlungshypothek" bzw. „Tilgungshypothek" nach dem insoweit in praxi vollständig überholten Lastenausgleichsgesetz (LAG) v. 14.8.1952 BGBl. 1952 I S. 446, i. d. F. d. Bekanntmachung v. 2.6.1993, BGBl. 1993 I S. 845, 847 ff., BGBl. 1995 I S. 248, bis zu Art. 32 d. Gesetzes v. 23.7.2013, BGBl. 2013 I S. 2586 ist damit ebenfalls obsolet. Zur Tilgungs- und Abzahlungshypothek siehe bei BeckOK-*Fischinger*, ZVG, § 10 Rz. 107 – 109.

Dass *„wiederkehrende Leistungen"* nicht zwingend *„Nebenleistungen"* sein müssen, zeigen anschaulich Reallast und Rentenschuld. Gegenstand der Reallast sind gerade wiederkehrende Leistungen (§ 1105 Abs. 1 Satz 1 BGB), die aber keine Nebenleistung sind. Die Einzelleistungen stehen zum Stammrecht in Beziehung wie die Zinsen zur Hypothek (§ 1107 BGB). Für die **Rentenschuld** gilt das in ähnlicher Weise (siehe die §§ 1199 Abs. 1, 1200 Abs. 1 BGB).[32] Die Einordnung als wiederkehrende Leistung hat die Konsequenz, dass diese Ansprüche unter § 12 Nr. 2 ZVG zu subsumieren sind. Der § 12 Nr. 2 ZVG zuzuordnende Hauptanspruch ist bei der Rentenschuld der Ablösebetrag (§ 1199 Abs. 2 BGB), bei der Reallast der Ersatzbetrag (§ 92 ZVG).[33]

2. Wiederkehrende Leistung und Nebenleistung im Gefüge des ZVG

a) Wiederkehrende Leistungen

11 Die wiederkehrende Leistung ist begrifflich dadurch gekennzeichnet, dass sie eine regelmäßig oder unregelmäßig zu zahlende **wiederholte Geldleistung**[34] zum Gegenstand hat, im Unterschied zur „einmaligen" Leistung.[35]

12 Die „wiederkehrenden Leistungen" spricht das Gesetz an verschiedenen Stellen an, so in § 10 ZVG in der Rangklasse 2 (dort als laufende bzw. rückständige „Beträge", wenn auch nicht mit dem Terminus „wiederkehrende Leistung") sowie z. T. mittelbar in Abgrenzung zu den Rückständen in den Rangklassen 3, 4, 6, 7, 8. Ferner sind sie zu beachten beim geringsten Gebot (vgl. § 45 Abs. 2 ZVG zu aus dem Grundbuch erkennbaren Leistungen; siehe zur Rangklasse 2 in § 45 Abs. 3 ZVG), bei der Erlösverteilung, wo laufende wiederkehrende aus dem Grundbuch ersichtliche Leistungen nicht angemeldet werden müssen (§ 114 Abs. 2 ZVG) und bei der Rangregelung für die Sicherungshypotheken des § 129 ZVG.

13 In der **Zwangsverwaltung** regelt § 155 Abs. 2 ZVG systemgerecht die Behandlung der Ansprüche auf laufende wiederkehrende Leistungen, § 156 Abs. 1 ZVG die laufenden Beträge öffentlicher Lasten.

b) Nebenleistungen

14 Die Nebenleistung ist eine parallel zu dem Stammrecht und von ihm abhängige Leistung, die aber wiederum selbst einmalig oder wiederkehrend (*„bedingt oder befristet"*)[36] sein kann (siehe oben). Angesichts der Uneinheitlichkeit der Terminologie in den verschiedenen gesetzlichen Regelwerken (ZVG, BGB usw. siehe oben) unter-

---

32) Vgl. dazu bereits *Jaeckel/Güthe*, ZVG, 4. Aufl., § 12 Rz. 3 a. E.

33) Dassler/Schiffhauer/u. a.-*Hintzen*, ZVG, § 92 Rz. 24.

34) Andere als Geldleistungen sind umzurechnen, so Dassler/Schiffhauer/u. a.-*Hintzen*, ZVG, § 47 Rz. 2.

35) Stöber/*Achenbach*, ZVG, § 10 Rz. 73 bzgl. der wiederkehrenden Leistungen der Rangklasse 3; Dassler/Schiffhauer/u. a.-*Rellermeyer*, ZVG, § 10 Rz. 45 f., in Abgrenzung zu den einmaligen Leistungen; wohl missverständlich zum Verhältnis der einmaligen zur wiederkehrenden Leistung bei Dassler/Schiffhauer/u. a.-*Hintzen*, ZVG, § 47 Rz. 2.

36) Böttcher/*Böttcher*, ZVG, § 12 Rz. 7, 8.

scheidet man mit *Böttcher* bzw. in Anlehnung an die dortige Auffassung[37] – hier ausgehend von dem Kriterium der „Nebenleistung" – zweckmäßig zwischen

- Nebenleistungen, die zugleich wiederkehrende Leistungen sind,
- Nebenleistungen, die nicht „wiederkehrend" sind, also einmalige Leistungen darstellen,
- den umgekehrten Fall der wiederkehrenden Leistung, die keine Nebenleistung ist und
- dem „Hauptanspruch".

3. Keine Bedeutung des Begriffs des Rückstandes oder der laufenden wiederkehrenden Leistung im Rahmen des § 12 ZVG

Systematisch kommt es in § 12 **Nr. 2** (anders als in § 13 ZVG) nicht auf die Frage an, ob die *„wiederkehrende Leistung"*, der besondere Regelungsgegenstand des § 13 ZVG, *„laufend"* oder *„rückständig"* ist. Der Wasserfall, den die Rangfolge des § 12 ZVG bewirkt, betrachtet nur den Betrag, der nach den weiteren Vorschriften auf das Hauptrecht an wiederkehrenden Leistungen und an Nebenleistungen entfällt. Daher spielt die Frage, wie die wiederkehrenden Leistungen zeitlich entstanden sind, keine Rolle. In der Praxis werden Rückstände der Rangklassen 7 und 8 meist nicht befriedigt werden können. 15

Entscheidend ist für § 12 Nr. 2 ZVG vielmehr, dass ein- und dasselbe Recht betroffen ist, wobei zwei Aspekte zu berücksichtigen sind. § 12 ZVG regelt die Rangfolge, soweit auf das betreffende Stammrecht (den „Hauptanspruch") überhaupt Leistungen nach **Maßgabe der Rangfolge des § 10 ZVG** erfolgen. So werden Ansprüche der Rangklassen 7 und 8 richtigerweise erst dann befriedigt, wenn die vorherigen Rangklassen auch mit ihrem Hauptanspruch befriedigt worden sind. § 12 ZVG ändert hieran nichts.[38] 16

Wird nur ein Teil der unter § 12 Nr. 2 ZVG fallenden Ansprüche befriedigt, wird in der Literatur zutreffend vorgeschlagen, § 366 Abs. 2 BGB anzuwenden (= analoge Anwendung des § 366 Abs. 2. Fall 4).[39] 17

Besonders komplex gestaltet sich die Lage, wenn **mehrere Berechtigte** aus demselben Recht infolge Rechtsübergangs Teilansprüche nach § 12 Nr. 2 ZVG haben. Der u. a. von *Fischinger* zutreffend vorgeschlagene Gleichrang[40] besteht aber naturgemäß dann nicht, wenn die Forderung eines der betroffenen Gläubiger nachrangig gegenüber einem anderen Teilgläubiger ist, z. B. als Konsequenz der Rangfolge der Gläubigerforderung beim gesetzlichen Forderungsübergang nach § 774 Abs. 1 Satz 2 18

37) Siehe zu den „wiederkehrenden Leistungen" und deren Rangfolge bzw. zum Rang des „Hauptanspruchs" Stöber/*Achenbach*, ZVG, § 12 Rz. 6–12.

38) Böttcher/*Böttcher*, ZVG, § 12 Rz. 6–8 (zu den „wiederkehrenden Leistungen").

39) Dassler/Schiffhauer/u. a.-*Rellermeyer*, ZVG, § 12 Rz. 4.; BeckOK-*Fischinger*, ZVG, § 12 Rz. 7 a. E.

40) BeckOK-*Fischinger*, ZVG, § 12 Rz. 7 m. w. N.

BGB, wenn der Bürge den Gläubiger nur teilweise befriedigt, oder in den Fällen des Gesamtschuldnerausgleichs gemäß § 426 Abs. 2 Satz 2 BGB.[41)]

4. Beispiele wiederkehrender Leistungen und von Nebenleistungen

a) Wiederkehrende Leistungen

19 In der von der **Rangklasse 1** betroffenen Zwangsverwaltung gelten die dortigen Sonderregelungen mit den Verweisen in den §§ 155 Abs. 1, 156 1 ZVG. **Rangklasse 1a** kennt keine wiederkehrenden Leistungen und Nebenleistungen.

20 In **Rangklasse 2** ist die Begrifflichkeit problematisch, wenn man Hauptanspruch und wiederkehrende Leistung abgrenzen will, was mit der Reichweite der Ansprüche der Rangklasse zu tun hat, die innerhalb ihres zeitlichen Rahmens alle fälligen Ansprüche der Wohnungs-/Teileigentümergemeinschaft nach Maßgabe der §§ 16 Abs. 2, 28 Abs. 2, 5 WEG sowie des § 21 Abs. 5 Nr. 4 WEG („Instandhaltungsrückstellung“, i. V. m. § 28 Abs. 1 Nr. 3 WEG)[42)] und den Regressanspruch nach § 16 Abs. 2 WEG bei einer Zweiergemeinschaft umfassen.[43)] Das sind alle fälligen Ansprüche, die die Gemeinschaft gegen den säumigen Miteigentümer hat. Die Begründung des Regierungsentwurfes des Gesetzes zur Änderung des Wohnungseigentumsgesetzes und anderer Gesetze[44)] unterscheidet laufende bzw. rückständige Leistungen sowie ohne nähere Bezugnahme auf die weitere Systematik des ZVG wiederkehrende Leistungen, Nebenleistungen (wo als Beispiel Kosten nach § 10 Abs. 2 ZVG zugeordnet werden) und den Hauptanspruch.[45)] Die der Gemeinschaft zustehenden Leistungen sind die titulierten rückständigen Beträge sowie die aufgrund des Wirtschaftsplans beschlossenen Vorschussleistungen, die der BGH als „wiederkehrend“ nach § 197 BGB a. F. betrachtet hat.[46)] Ob wie üblich Vorschüsse von der Gemeinschaft gefordert werden oder ob der Betrag nach dem Wirtschaftsplan in einer Summe fällig wird, ist Sache der jeweiligen Gemein-

---

41) BeckOK-*Fischinger*, ZVG, § 12 Rz. 15 m. w. N. unter zutreffendem Hinweis auf Fälle der Teilablösung nach § 268 BGB (bzw. § 1150 BGB); siehe dazu auch Dassler/Schiffhauer/u. a.-*Rellermeyer*, ZVG, § 12 Rz. 7 m. w. N. Das von BeckOK-*Fischinger*, ZVG, § 12 Rz. 15 herangezogene Urteil des OLG Celle v. 29.2.1968 – 7 U 64/67, NJW 1968, 1139 f. betrifft § 268 Abs. 3 Satz 2 BGB. Der Beklagte hatte Pachtzinsforderungen des Klägers teilweise abgelöst und damit Forderung und Verpächterpfandrecht bei der Landpacht (vormals § 585 BGB, heute § 592 BGB) gegenüber dem Schuldner erworben (§§ 1257, 1249, 412, 1250 BGB). Gegenüber dem Verpächter wurde das Recht des Erwerbers als nachrangig betrachtet. Zur Pfändung verhält sich die Entscheidung indes nicht.

42) Die „Instandhaltungsrückstellung“ ist nicht mit dem bilanzrechtlichen Begriff der Rückstellung zu verwechseln, die bei bereits bekannten Risiken von Unternehmen zu bilden ist. Es handelt sich eher um eine Rücklage, um eine Kapitalansammlung, um künftige Ausgaben zu decken, insbesondere für Investitionen der Gemeinschaft, die aus der laufenden Liquidität nicht gedeckt werden können.

43) Begründung des unverändert übernommenen Regierungsentwurfs zu § 10 Abs. 1 Nr. 2, Abs. 3 WEG; siehe die BT-Drucks. 16/887 v. 9.3.2006, S. 44 f.

44) Das gleichnamige Gesetz v. 26.3.2007. BGBl. 2007 I S. 370 ff., ist am 1.7.2007 in Kraft getreten.

45) BT-Drucks. 16/887 v. 9.3.2006, S. 44 f.

46) BGH, Urt. v. 24.6.2005 – V ZR 350/03, juris, Ls. = ZfIR 2005, 827 ff. = NJW 2005, 3146 ff.

schaft.[47] Die Klage auf Zahlung der fälligen Ansprüche ist übliche Zahlungsklage, die damit ggf. verbundene Klage auf die nach dem Wirtschaftsplan beschlossenen Vorschüsse (vgl. § 28 Abs. 2 WEG) ist Klage auf künftige (wiederkehrende) Leistung gemäß § 258 ZPO.[48] Fasst man zusammen, gehören zu den wiederkehrenden Leistungen der Rangklasse 2, die indes keineswegs Nebenleistungen sind, die Vorschussanforderungen, die sämtliche beschlossenen Betriebskosten enthalten sowie die im Titel des Urteils tenorierten Zinsen.[49] Die mittels der Klage nach § 258 ZPO (auf künftige Entrichtung wiederkehrender Leistungen) titulierten Vorschüsse sind zugleich Hauptanspruch der Gemeinschaft im Rahmen der Rangklasse 2. Sie sind dennoch im Interesse der Gemeinschaft (die zugleich Rückstände im selben Rahmen des § 10 Abs. 1 Nr. 2, Abs. 3 ZVG tituliert hat) nicht § 12 Nr. 3 zuzuordnen, sondern § 12 Nr. 2. Die Kosten der Titulierung und der Verfolgung der Forderung innerhalb der Rangklasse 2 sind hingegen nicht „Nebenleistung“,[50] sondern unter § 12 Nr. 1 ZVG einzuordnende Kosten gemäß § 10 Abs. 2 ZVG. Ohne Bedeutung in diesem Zusammenhang ist die jüngste Judikatur des BGH, wonach § 10 Abs. 1 Nr. 2 ZVG zwar einen Vorrang der Eigentümergemeinschaft in der Zwangsversteigerung bzw. im Insolvenzverfahren generiert, der aber schuldrechtlich, nicht dinglich sei.[51]

In der **Rangklasse 3** sind die wiederkehrenden Leistungen u. a. die dort genannten 21 *„Grundsteuern, Zinsen, Zuschläge oder Rentenleistungen“*; die „annuitätischen“ Zuschläge zu den Zinsen zur *„allmählichen Tilgung“* sind weder wiederkehrende Leistung noch Nebenleistung und daher wie die annuitätische Darlehenstilgung Hauptleistung nach § 12 Nr. 3 ZVG.

Soweit es sich um künftig fällige Steuern, Abgaben oder Beiträge handelt, die zu- 22 gleich öffentliche Last sind, wird die künftige Leistung regelmäßig durch kraft Gesetzes vollziehbaren Verwaltungsakt festgesetzt (vgl. § 80 Abs. 2 VwGO). Die (künftig) wiederkehrende (= laufende Forderung) steht in Konkurrenz mit den

---

47) BGH, Urt. v. 24.6.2005 – V ZR 350/03, juris Rz. 12 f., 16, Ls. = ZfIR 2005, 827 ff. = NJW 2005, 3146 ff.

48) Zöller/*Greger*, ZPO, § 258 Rz. 1, 2 m. w. N., u. a. BGH, Urt. v. 2.12.1981 – IVb ZR 638/80, BGHZ 82, 246 ff., 258, Unterhaltsklage nach § 323 ZPO; AG Heilbronn, Urt. v. 27.5.2009 – 17 C 976/09, ZMR 2010, 325. Ohne Bedeutung ist, dass der BGH in dem Urteil zu V ZR 350/03 die Ziele des § 197 BGB a. F. und des § 258 ZPO als nicht deckungsgleich bezeichnet hat. Der prozessökonomische Zweck des § 258 ZPO, die Vermeidung mehrerer Prozesse mit identischem Streitstoff, ist gerade Ziel der Klage der Gemeinschaft. Der Anspruch ist zudem (im Allgemeinen) nicht von einer Gegenleistung der klagenden Gemeinschaft abhängig, vgl. zu der Problematik BGH, Urt. v. 18.7.2005 – V ZR 275/02, juris Rz. 14 = NZM 2003, 912 f.

49) Auf die von BeckOK-*Fischinger*, ZVG, § 12 Rz. 8 ff., genannten einzelnen Positionen, wie *„Hausmeister“*, *„Straßenreinigung…“*, *„…Instandhaltungsrückstellung…“* kommt es daher nicht an, zu den *„titulierten Zinsen“* siehe dort. Auch von der Gemeinschaft wirksam beschlossene Sonderumlagen (vgl. dazu Grüneberg/*Wicke*, BGB, § 28 WEG Rz. 21), die ratierlich fällig werden sollen, und zwar zur Ansammlung eines Betrages für größere Instandsetzungen usw., sind wiederkehrende Leistungen in diesem Sinne.

50) So wohl aber die Begründung in der BT-Drucks. 16/887, S. 45.

51) BGH, Urt. v. 13.9.2013 – V ZR 209/12, juris Rz. 8 ff. = WM 2013, 1949 ff., keine dingliche Haftung des Erwerbers bei rechtsgeschäftlichem Erwerb vom Insolvenzverwalter.

Rückständen aus demselben öffentlich-rechtlichen Verhältnis, sodass bei bloßer Teilbefriedigung des Anspruchs die wiederkehrenden Leistungen ebenfalls wohl unter § 12 Nr. 2 ZVG eingeordnet werden können.

23 In **Rangklasse 4** sind wiederkehrende Leistungen die Teilleistungen aus Rentenschuld und Reallast (§§ 1105 Abs. 1, 1199 Abs. 1 BGB, siehe oben) sowie sich wiederholende Leistungen auf *„Wohnung und Unterhalt"* im Zusammenhang mit Altenteilsrechten, die sich aus einem Konglomerat von Dienstbarkeiten und Reallasten zusammensetzen; dabei fehlt es an einer gesetzlichen Definition des Altenteilsrechts, da es sich um einen *„historisch gewachsenen Rechtsbegriff"* handelt.[52)]

b) Nebenleistungen

24 Nebenleistungen sind die dem Hauptanspruch anhängenden Leistungen, die ihrerseits nach der obigen Systematik wiederkehrend sein können oder nicht. Unter „Nebenleistung" sind einzuordnen die nicht unter § 10 Abs. 2 ZVG zu subsumierenden **Kosten** der Rechtsverfolgung der persönlichen Forderung, beispielsweise bei der Verfolgung in der Rangklasse 5. Typisch sind die **dinglichen Zinsen** von Hypothek und Grundschuld sowie die dort als solche ausdrücklich eingetragenen Nebenleistungen. Ferner gehören dazu Zinsansprüche (gesetzliche, vertragliche, Verzugszins, Zinseszins in den zugelassenen Fällen des Kontokorrents). Darunter gehören ferner sämtliche mit dem Hauptanspruch verbundenen Provisionsansprüche des Gläubigers und ähnliche Entgelte.[53)]

25 Unter Nebenleistungen sind ferner auch **sämtliche Ansprüche der finanzierenden Banken** außerhalb des Kapitalrückzahlungsanspruchs einzuordnen, wobei der eine oder andere teilweise aus der älteren Judikatur von *Fischinger*[54)] herausgearbeitete Anspruch in praxi überwiegend keine Anwendung mehr finden und durch andere Instrumente bzw. Verfahrensweisen abgelöst wurden oder – wie Entgeltansprüche der Banken – von der Rechtsprechung des XI. Zivilsenats des BGH zurückgedrängt worden sind, sowohl im Verhältnis zu Verbrauchern als auch zu Unternehmen

52) Siehe zur Zugehörigkeit zu Rangklasse 4 BeckOK-*Fischinger*, ZVG, § 12 Rz. 11; zu Inhalt, Umfang und Begriff (*„Leibgedinge"*) vgl. *Gehrlein*, ZInsO 2010, 1970 ff.; aus der Judikatur vgl. BGH, Beschl. v. 3.2.1994 – V ZB 31/93, BGHZ 125, 69 ff. = NJW 1994, 1158 f., Ls., u. a. zum Begriff *„Leibzucht"* oder *„Auszug"*; die einzelnen Leistungen ergeben sich aus der Eintragungsbewilligung; siehe zu diesen Rechten auch Art. 9 EG ZVG sowie landesrechtliche Vorschriften, die eine Eintragung nicht fordern, z. B. Art. 30 AG GVG Bayern; siehe den Überblick bei Dassler/Schiffhauer/u. a.-*Hintzen*, ZVG, § 9 EG Rz. 4–7. Aus der Rechtsprechung siehe zur historischen Begriffsentwicklung BGH, Beschl. v. 4.7.2007 – VII ZB 86/06, juris = NJW-RR 2007, 1390 ff., mit dem richtigen Hinweis, dass auch städtischer, nicht nur agrarischer Grundbesitz, Gegenstand des Altenteilsrechts sein kann, juris Rz. 8.

53) BeckOK-*Fischinger*, ZVG, § 12 Rz. 12.

54) BeckOK-*Fischinger*, ZVG, § 12 Rz. 12 m. w. N; zu einzelnen Nebenleistungen in diesem Kontext siehe ferner Grüneberg/*Herrler*, BGB, § 1115 Rz. 9 ff., 15, 21.

(„Bearbeitungsgebühren“ usw.).[55] Für diese Fälle muss auf die einschlägige bankrechtliche Literatur verwiesen werden. Von Bedeutung ist heute vornehmlich auch die **Vorfälligkeitsentschädigung** („VFE“, vgl. zu diesem schuldrechtlichen Anspruch die Legaldefinition in § 490 Abs. 2 Satz 3 BGB sowie § 502, siehe auch § 500 BGB und § 505d Abs. 1 Satz 3 BGB), die nach einem komplexen IT-gestützten Verfahren ermittelt wird und die die Vermögensnachteile ausgleicht, die der Bank dann entstehen, wenn der **Vertrag seitens des Verbrauchers** (Darlehensnehmers) vorzeitig beendet wird.

Wird die notleidende Finanzierung durch die Bank (außerordentlich) gekündigt und muss sie durch den Versteigerungserlös zurückgeführt werden, kann die Bank nach den §§ 280 Abs. 1 und 3, 281 BGB Ersatz des Auflösungsschadens zu fordern, ein über den Nachteilsausgleich (Gegenstand der Vorfälligkeitsentschädigung) hinausgehender Anspruch verlangen.[56] Ist zum maßgeblichen Zeitpunkt die Zinsbindung der Finanzierung noch nicht abgelaufen, steht der Bank eine Entschädigung bis zum Ende dieses Zeitraumes zu. Ist das betroffene Recht keine Hypothek, sondern Grundschuld, ergibt sich der Anspruch aus dem Sicherungsvertrag, der Anspruch und Grundschuld schuldrechtlich verbindet. 26

IV. Hauptanspruch gemäß § 12 Nr. 3 ZVG

Der Hauptanspruch gemäß § 12 Nr. 3 ZVG[57] betrifft in **Rangklasse 1** die Vorschüsse in der Zwangsverwaltung, in **Rangklasse 2** die geltend gemachten Forderungen, soweit sie nicht § 12 Nr. 2 ZVG zuzuordnen sind; dasselbe gilt für die **Rangklasse 3**. In **Rangklasse 4** besteht, wie bereits erwähnt, der Hauptanspruch in dem eingetragenen Kapitalbetrag des Rechts (Hypothek, Grundschuld) bzw. dem Wertersatz (vgl. § 92 ZVG). Der „Hauptbetrag“ der **Rangklasse 5** ist die geltend 27

---

55) Vgl. BGH, Urt. v. 17.10.2017 – XI ZR 157/16, ZIP 2017, 2343 ff.; Unzulässigkeit einer laufzeitabhängigen „Kostenbeteiligung“ des Kreditnehmers von 1 % der Darlehenssumme; anders bei Förderdarlehen der KfW, Urt. v. 16.2.2016 – XI ZR 454/14, BGHZ 209, 71 ff. = ZIP 2016, 810 ff.; unwirksam ist auch die Vereinbarung eines formularmäßigen Bearbeitungsentgelts („für Vertragsschluss“) mit einem Unternehmer, BGH, Urt. v. 4.7.2017 – XI ZR 562/15, ZIP 2017, 1610 ff. = NJW 2017, 2986 ff. Grundsätzlich geht die Rechtsprechung etwa des XI. „Banken“-Senats des BGH dahin, Vereinbarungen der Kreditinstitute mit Darlehensnehmern, die Entgelte neben den Zinsen vorsehen (Bearbeitungsentgelte usw.), insbesondere im Verbraucherbereich, kritisch zu betrachten, siehe zu der Thematik *von Spannenberg*, in: Ellenberg/Bunte, Bankrechts-Handbuch, § 53 „Vergütungen“, Rz. 126–170, Entgeltklauseln im Kreditgeschäft.

56) Siehe zur **Vorfälligkeitsentschädigung** *Münscher/Peters/Jungmann*, in: Ellenberger/Bunte, Bankrechts-Handbuch, § 56, Verbraucherdarlehensrecht, Rz. 737–760 *(Jungmann)* m. w. N. zum Anspruch der Bank bei berechtigter ao. Kündigung durch die Bank bei Vertragsverletzung durch den Kunden (Verzug usw.); siehe zum **„Auflösungsschaden“** *Münscher/Peters/Jungmann*, in: Ellenberger/Bunte, Rz. 719 f. *(Jungmann)*, ferner Rz. 739 *(Jungmann)*, zum **„Vorfälligkeitsentgelt“**, das als „Kompensationsleistung“ des Darlehensnehmers frei aushandelbar ist (§ 138 BGB ist zu beachten), wenn die Bank innerhalb von Zinsbindungsfristen außerordentliche Tilgungen des Darlehensnehmers ohne vertragliche Verpflichtung entgegennimmt. Die verschiedenen Ansprüche sind zu unterscheiden, sie fallen aber auch bei enger Zweckerklärung der Sicherungsgrundschuld der Bank unter den Sicherungszweck der Grundschuld und können nach dem ZVG durchgesetzt werden.

57) Siehe den Überblick bei BeckOK-*Fischinger*, ZVG, § 12 Rz. 14 sowie bei Böttcher/*Böttcher*, ZVG, § 12 Rz. 9.

gemachte persönliche Forderung des Gläubigers. Ein- und derselbe Gläubiger kann mit seinen Forderungen in verschiedenen Rangklassen vertreten sein.

28 Zu beachten ist im Rahmen des § 12 freilich, dass diese Rangordnung insoweit dispositiv ist, als zwischen Schuldner und dem (Zuteilungs-)Berechtigten eine von § 12 ZVG abweichende Rangordnung verabredet werden kann.[58)]

58) Siehe im Einzelnen Böttcher/*Böttcher*, ZVG, § 12 Rz. 4; zu Rangfragen, wenn das betroffene Recht mehreren zusteht, siehe Rz. 2, 3.

§ 13
Laufende wiederkehrende Beträge und Rückstände

(1) Laufende Beträge wiederkehrender Leistungen sind der letzte vor der Beschlagnahme fällig gewordene Betrag sowie die später fällig werdenden Beträge. Die älteren Beträge sind Rückstände.

(2) Absatz 1 ist anzuwenden, gleichviel ob die Ansprüche auf wiederkehrende Leistungen auf öffentlichem oder privatem Recht oder ob sie auf Bundes- oder Landesrecht beruhen oder ob die gesetzlichen Vorschriften andere als die in § 10 Abs. 1 Nr. 3 und 4 bestimmten Fristen festsetzen; kürzere Fristen als die in § 10 Abs. 1 Nr. 3 und 4 bestimmten werden stets vom letzten Fälligkeitstag vor der Beschlagnahme zurückgerechnet.

(3) Fehlt es innerhalb der letzten zwei Jahre an einem Fälligkeitstermin, so entscheidet der Zeitpunkt der Beschlagnahme.

(4) Liegen mehrere Beschlagnahmen vor, so ist die erste maßgebend. Bei der Zwangsversteigerung gilt, wenn bis zur Beschlagnahme eine Zwangsverwaltung fortgedauert hat, die für diese bewirkte Beschlagnahme als die erste.

Übersicht

I. Normfunktion und Bedeutung der Beschlagnahme gemäß § 13 Abs. 1, Abs. 4 ZVG

1. Normfunktion

In einer Reihe von Bestimmungen des ZVG wird zwischen laufend zu entrichtenden Beträgen der wiederkehrenden Leistungen[1] und deren Rückständen differenziert, die ganz unterschiedlich zu befriedigen sind. In § 10 Abs. 1 ZVG erstreckt sich in der **Rangklasse 2** das Vorrecht der Ansprüche der Wohnungs-/Teileigentümergemeinschaft auf laufende und rückständige Beträge in dem dortigen Zeitraum. Entsprechend konkurrieren in **Rangklasse 3** in ein- und demselben Recht laufende Beträge und Rückstände aus den letzten zwei Jahren; dasselbe gilt für die **Rangklasse 4**. Die älteren Rückstände erfassen die **Rangklassen** 7 und 8. Aus dem Grundbuch erkennbare wiederkehrende Leistungen müssen nicht angemeldet bzw. – als Rückstände – nicht glaubhaft gemacht werden (§ 45 Abs. 2 ZVG). Die aus dem Grundbuch erkennbaren laufenden Beträge wiederkehrender Leistungen, müssen nicht zur Aufnahme in den Teilungsplan angemeldet werden (§ 114 Abs. 2 ZVG). Die Sicherungshypothek, die bei der Übertragung der Forderung u. a. für die Ansprüche auf wiederkehrende Leistungen nach der **Rangklasse 4** eingetragen wird (vgl. § 128 ZVG), darf nicht *„zum Nachteil* bestehen [gebliebener Rechte…] *geltend gemacht werden*", soweit nicht der Sicherungshypothekar fristgerecht die Versteigerung beantragt (§ 129 Satz 2 ZVG). 1

Die „laufenden wiederkehrenden Leistungen" der zweiten bis vierten Rangklasse sind von erheblicher Bedeutung für die Überschussverteilung in der Zwangsverwaltung (§ 155 Abs. 1 ZVG), ebenso die „laufenden Beträge" der öffentlichen Lasten der **Rangklasse 3** (§ 156 Abs. 1 ZVG). 2

Der Vollständigkeit halber sei auch auf die Übergangsvorschrift des § 3 Satz 2 i. V. m. § 2 Abs. 2 EG ZVG und i. V. m. Art. 167 EG BGB hingewiesen.[2] 3

§ 13 ZVG hat, wie Absatz 1 zeigt, die Funktion, für alle Bestimmungen im ZVG (aber nur dort) für den Begriff der laufenden und der rückständigen wiederkehrenden Leistung einheitliche Kriterien festzulegen. Dieser Systematik folgend ist § 13 ZVG in allen Verfahren, die nach dem ZVG durchgeführt werden, anzuwenden. 4

---

1) Für den Begriff der „wiederkehrenden Leistung" siehe § 12 Rz. 10 ff., 15 ff. [*Cranshaw*].

2) Dabei geht es um den Wegfall von Vorrechten für landschaftliche oder ritterschaftliche Kreditanstalten vor den Rangklassen 16 auf ältere Rückstände von wiederkehrenden Leistungen als zwei Jahre. Es besteht danach aber ein Vorrecht vor den Rangklassen 7 und 8. Die zitierten Bestimmungen betreffen nur ganz wenige heute noch existierende kleinere Realkreditinstitute, das Ritterschaftliche Kreditinstitut, in Stade (https://www.rki-stade.de [Stand: 20.4.2023] und den Calenberger Kreditverein, Hannover (https://www.calenberger.de [Stand: 20.4.2023]); siehe dazu auch den Bundesverband Öffentlicher Banken (https://www.voeb.de/wer-wir-sind/mitglieder/C [Stand: 20.4.2023]); vgl. zu unter § 13 ZVG fallende Banken die Anlage der 32. Verordnung [zu] Art. 131 GG, BGBl. 1967 I S. 1167, 1171. Die danach in anderen Banken aufgegangenen Institute dürften die geringen Privilegien nicht mehr innehaben. Die beiden o. g. Banken sind Pfandbriefbanken; sie vergeben grundpfandrechtlich besicherte langfristige Finanzierungen im lokalen Immobilienbereich sowie für die Land- und Forstwirtschaft mit Bilanzsummen zwischen über 300 bis etwa 450 Mio. € (2020/2021). Das Institut in Stade bietet auch in geringem Umfang Kommunalfinanzierungen an.

5 **Modifizierungen** enthalten die §§ 172 ff. ZVG (Insolvenzverwalterversteigerung) und 176 ZVG (Nachlassversteigerung). Da dort keine uneingeschränkte Beschlagnahme stattfindet, bedarf es zur Feststellung des jeweils maßgeblichen Zeitpunktes für die wiederkehrenden Leistungen der Sonderregelung des § 173 Satz 2 ZVG, der neben § 13 ZVG als lex specialis zu beachten ist. Diese Norm fingiert die Beschlagnahmewirkung für die Zwecke des § 13 ZVG und legt als maßgeblichen Termin die Zustellung an den Insolvenzverwalter (§ 173 ZVG) bzw. den Antragsteller im Nachlassversteigerungsverfahren (§ 176 i. V. m. § 173 ZVG) fest.[3)]

6 Die in der Kommentarliteratur angesprochenen **Besonderheiten bei Schiffen**[4)] betreffen die Vorrangrechte des Schiffsgläubigers nach § 109 Binnenschifffahrtsgesetz[5)] bzw. an Seeschiffen nach Maßgabe der §§ 596 ff., 602–604 HGB.[6)] Die *„öffentlichen Schiffs-, Schifffahrts- und Hafenabgaben sowie Lotsengelder“* (§ 596 Abs. 1 Nr. 2 n. F. HGB) bzw. die *„öffentlichen Schiffs- und Schifffahrtsabgaben, insbesondere die Brücken-, Schleusen- Kanal- und Hafengelder“* (§ 102 Nr. 1 BinSchG) und ähnliche Forderungen sind weitgehend keine wiederkehrende Leistung nach § 13 ZVG.

2. Maßgeblichkeit des Beschlagnahmezeitpunkts gemäß § 13 Abs. 1 ZVG

a) Beschlagnahme und Fälligkeit als Abgrenzungskriterien der laufenden und der rückständigen Forderungen

7 Das Prinzip der Abgrenzung der laufenden wiederkehrenden von der rückständigen Leistung ist der **Grundsatz der Maßgeblichkeit des Zeitpunkts der Beschlagnahme**, § 13 Abs. 1 Satz 1 ZVG, ergänzt um die Voraussetzung der Fälligkeit der Leistung. Das letztere Kriterium ist zur Bestimmung des „laufenden“ Betrages nicht zwingend, aber eine sachgerechte wertende Entscheidung des Gesetzgebers, da die Beschlagnahmewirkung im Allgemeinen nicht mit einem Fälligkeitsdatum zusammentrifft. Der zu jenem Zeitpunkt noch nicht bezahlte, aber fällige Betrag ist zivil- wie öffentlich-rechtlich „rückständig“, aber mangels Beschlagnahme nicht rückständig i. S. d. ZVG.

8 Alle nach der Beschlagnahme, also künftig fällig werdende Leistungen, stellen zwangsversteigerungsrechtlich laufende Forderungen dar. Alle älteren Beträge sind Rückstände, § 13 Abs. 1 Satz 2 ZVG.

b) Beschlagnahmezeitpunkt

aa) Eintritt der Beschlagnahmewirkung mit Zustellung

9 Der relevante Beschlagnahmezeitpunkt folgt aus § 22 Abs. 1 ZVG sowie aus § 13 Abs. 4 ZVG sowie den Sonderregelungen bei der Insolvenzverwalter- und der

3) Stöber/*Gojowczyk*, ZVG, § 176 Rz. 1, 3.

4) Siehe § 162 Rz. 4 ff. [*Wedekind*] sowie bei Dassler/Schiffhauer/u. a.-*Rellermeyer*, ZVG, § 162 Rz. 16 f.

5) BinSchG, Binnenschifffahrtgesetz, Gesetz betreffend die privatrechtlichen Verhältnisse der Binnenschifffahrt v. 15.6.1895, BGBl. III S. 4103–1, bis zur Fassung d. Art. 55 d. Gesetzes v. 10.8.2021, BGBl. 2021 I S. 3436.

6) Handelsgesetzbuch i. d. F. d. Gesetzes zur Reform des Seehandels v. 20.4.2013, BGBl. 2013 I S. 831 ff., nach Art. 15 d. Gesetzes in Kraft seit 25.4.2013, bis zur Änderung d. Art. 1 d. Ges. v. 19.6.2023, BGBl. 2023 I Nr. 154.

Nachlassversteigerung (siehe oben). Die Beschlagnahmewirkung tritt danach mit **Zustellung des Anordnungsbeschlusses** an den Schuldner[7] ein bzw. mit Eingang des Ersuchens auf Eintragung des Versteigerungsvermerks im Grundbuch, sofern die Eintragung *„demnächst erfolgt"*, § 22 Abs. 1 Satz 2 ZVG i. V. m. § 167 ZPO.[8] Der BGH hat für die Rangklasse 2 zwar darauf erkannt, § 167 ZPO sei nicht anwendbar, soweit es um die Rückwirkung des Antrags auf Anordnung der Versteigerung gehe;[9] im Rahmen des § 22 Abs. 1 Satz 2 ZVG ist § 167 ZPO freilich weiterhin heranzuziehen.

Zu Insolvenzverwalter- und Nachlassversteigerung siehe bei § 173 ZVG. 10

Für **Schiffe** wird die Beschlagnahme auch mit Vollziehung der Anordnung zur Bewachung und Verwahrung des Schiffs bewirkt (§ 165 Abs. 1 Satz 2 ZVG). Für **Schiffsbauwerke** gilt das entsprechend (§ 170a Abs. 2 Satz 1, § 165 ZVG). 11

Für **Luftfahrzeuge** enthält § 171c Abs. 2 Satz 2 ZVG eine inhaltlich identische Regelung. Mit der Vollziehung der Anordnung zur Bewachung und Verwahrung des Flugzeugs tritt dort ebenfalls bereits die Beschlagnahmewirkung ein, ohne dass es auf die Zustellung des Anordnungsbeschlusses an den Schuldner ankäme. Für **ausländische Luftfahrzeuge** gilt diese Regelung gleichermaßen (§ 171h ZVG i. V. m. § 171c Abs. 2 Satz 2 ZVG). 12

bb) Beitritt zum anhängigem Verfahren

Eine komplexere Situation entsteht dann, wenn neben den Anordnungsbeschluss auf der Zeitachse Beitrittsbeschlüsse aufgrund weiterer Versteigerungsanträge von Gläubigern treten (vgl. § 27 ZVG)[10]. Ungeachtet dessen, dass jedes Verfahren ein gesondertes Schicksal hat, die Verfahren also jeweils selbstständig sind, kann doch der Vollstreckungsgegenstand nur ein einziges Mal versteigert werden, sodass insgesamt gleichwohl ein **einheitliches Verfahren** vorliegt. Damit bedarf es einer Regelung, die den relevanten Beschlagnahmezeitpunkt, u. a. für die Zwecke der zeitlichen Abgrenzung der wiederkehrenden Leistungen, festlegt. Diese Aufgabe erfüllt § 13 Abs. 4 Satz 1 ZVG, wonach bei mehreren Beschlagnahmen die erste entscheidend ist. War vor der ersten Beschlagnahme im Versteigerungsverfahren bereits ein Zwangsverwaltungsverfahren anhängig, so wird die Beschlagnahme in diesem Verfahren als erste Beschlagnahme fingiert (§ 13 Abs. 4 Satz 2 ZVG). 13

cc) Mehrheit von Schuldnern

Ein weiteres Problem stellt sich, wenn es um die Beschlagnahmewirkung gegenüber einer Mehrheit von Schuldnern geht. 14

Für **Gesamthandsgemeinschaften** soll nach einhelliger Meinung die Beschlagnahmewirkung erst mit der Zustellung an den letzten Gesamthänder eintreten. Richtig ist das bei der Erbengemeinschaft. 15

---

7) Siehe § 8 Rz. 1 – 3 [*Cranshaw*].

8) Siehe § 22 Rz. 21, § 26 Rz. 1 [Cranshaw], § 151 Rz. 3 [Depré].

9) BGH, Beschl. v. 22.7.2010 – V ZB 178/09, ZfIR 2010, 863 f. = Rpfleger 2011, 40 f. = NJW 2011, 528 f.

10) Im Einzelnen siehe § 27 Rz. 1 f. [*Cranshaw*].

16 Anders liegen die Dinge, soweit es sich um **Personenhandelsgesellschaften** handelt (OHG, KG; vgl. § 124 HGB bzw. §§ 161 Abs. 2 i. V. m. § 124 HGB, Fassung bis 31.12.2023). Dort ist an den im Handelsregister eingetragenen organschaftlichen Vertreter zuzustellen; auch bei Gesamtvertretung genügt die Zustellung an einen der verschiedenen Vertreter (§ 125 Abs. 2 Satz 4 HGB a. F. = § 124 Abs. 6 HGB ab 1.1.2024).[11)]

17 Bei der **BGB-Gesellschaft** (hier die rechtsfähige BGB-Außengesellschaft)[12)] genügt nach neuerer Judikatur die Zustellung an einen zur Geschäftsführung und Vertretung befugten Gesellschafter, es muss nicht zwingend an alle Gesellschafter zugestellt werden.[13)] Mit dem 1.1.2024 (Inkrafttreten des MoPeG) führt § 720 Abs. 1 BGB n. F. zur gemeinsamen Vertretung der rechtsfähigen BGB-Gesellschaft durch sämtliche Gesellschafter, soweit nicht der Gesellschaftsvertrag anderes bestimmt; zur Ermächtigung einzelner Gesellschafter zur Vertretung in bestimmten Geschäften durch die zur Gesamtvertretung befugten Gesellschafter siehe § 720 Abs. 2 BGB n. F. Eine Änderung zur zitierten Judikatur des BGH tritt damit nach der hier vertretenen Meinung nicht ein, wobei die Zustellung aber auch an alle Gesellschafter erfolgen kann.

18 Betrifft das Versteigerungsverfahren ideelles Miteigentum nach Bruchteilen (§§ 1008 ff., 741 ff. BGB), so stellt jeder Miteigentumsanteil einen eigenen Vollstreckungsgegenstand dar,[14)] bei dem die Beschlagnahmewirkung mit Zustellung an den einzelnen Bruchteilseigentümer nur im Hinblick auf dessen Miteigentumsanteil eintritt, sodass der Beschlagnahmezeitpunkt für jeden der diversen Anteile ein anderer sein kann.

dd) Leistungszeitraum und Gläubigerwechsel bei wiederkehrenden Leistungen

19 Ohne Bedeutung für die Beschlagnahme ist der Zeitraum, für welchen die Leistung geschuldet wird.[15)] Erfasst werden daher nachträglich zu zahlende Beträge ebenso wie vorschüssige, entscheidend ist hier allein das Rechtsverhältnis zwischen Gläubiger und Schuldner.

---

11) Hopt-*Roth*, HGB, § 125 HGB Rz. 18; die Bestimmung des § 125 Abs. 2 Satz 3 HGB über die zwingende Einzelvertretung bei Passivvertretung umfasst auch die Zustellung im gerichtlichen Verfahren (vgl. § 170 ZPO).

12) Siehe dazu aber im Wesentlichen die ab 1.1.2024 in Kraft tretende Reform des Personengesellschaftsrechts nach dem MoPeG v. 10.8.2021, BGBl. I 2021 S. 3436 ff., dort die §§ 705 Abs. 2, 706 ff. BGB n. F. („Rechtsfähige Gesellschaft").

13) BGH, Beschl. v. 2.12.2010 – V ZB 84/10, BGHZ 187, 344 ff., 349 Rz. 17 = ZfIR 2011, 147 ff.

14) Stöber/*Keller*, ZVG, Einleitung Rz. 34 ff.

15) Zum Eintritt der Beschlagnahmewirkung siehe Dassler/Schiffhauer/u. a.-*Hintzen*, ZVG, § 22 Rz. 2, 4 (Ersuchen an das Grundbuchamt als frühester Zeitpunkt der Beschlagnahmewirkung); siehe auch § 22 Rz. 2 f., 21 ff. [*Cranshaw*].

Ohne Einfluss ist ferner, wenn ein Gläubigerwechsel stattfindet,[16] ansonsten würde der Realkreditgeber benachteiligt,[17] der darauf vertrauen darf, dass ältere Rückstände als die in den einzelnen Rangklassen genannten in der 7. und 8. Rangklasse befriedigt werden. Der Gläubigerwechsel könnte bei anderer Betrachtung ständig einen neuen Vorrang „laufender Beträge" generieren. 20

II. Fälligkeit als Abgrenzungskriterium der laufenden Beträge und der Rückstände gemäß § 13 Abs. 1, Abs. 3 ZVG

1. Grundsatz

Die laufenden wiederkehrenden Leistungen sind **zwei Fallgruppen** zuzuordnen, die durch ihre jeweilige Fälligkeit bestimmt werden. 21

Die **eine Fallgruppe** besteht aus den Ansprüchen, die am letzten Fälligkeitstermin vor der Beschlagnahme fällig geworden sind. Die **zweite Fallgruppe** betrifft die künftigen Leistungen, die nach dem Beschlagnahmezeitpunkt fällig werden und die in der Rangklasse 5 beispielsweise ggf. nach § 258 ZPO zu titulierende, künftig fällig werdende Zahlungsansprüche betreffen. 22

Mit dieser Definition in § 13 Abs. 1 Satz 1 ZVG ist zugleich die Abgrenzung zu den Rückständen bewirkt, die nach Satz 2 der Norm eben diejenigen Ansprüche betreffen, die weiter zurückliegen als das letzte vor der Beschlagnahme liegende Fälligkeitsdatum. 23

2. Fälligkeitsbegriff, Sonderfälle und keine Anwendung des § 13 ZVG auf Rückstände einmaliger Leistungen der Rangklasse 3

Fraglich ist, ob die Fälligkeitszeitpunkte durch Parteivereinbarung verschoben werden können, insbesondere durch eine ausdrückliche Stundungsvereinbarung, die materiellrechtlich den Bestand und die Erfüllbarkeit des Anspruchs nicht berührt, aber die Fälligkeit hinausschiebt.[18] Bürgerlichrechtlich beginnt dann die Verjährung nicht zu laufen.[19] Damit könnte wiederum durch Abrede des Schuldners mit einem Gläubiger die Rangfolge der Befriedigung wiederkehrender Leistungen zulasten anderer Beteiligter verschoben werden, z. B. zulasten der Realkreditgeber. Die Rangklassen 7 und 8 könnten gegenstandslos gemacht werden. **Stundungen** sind daher ohne Wirkung. Das gilt auch für die ihnen entsprechenden anderweitigen Abreden, die dieselbe Wirkung haben. Dazu gehören **Stillhalteabkommen**, aber auch Vereinbarungen über die Tilgung fälliger Beträge in Raten, **Teilzahlungsver-** 24

---

16) Stöber/*Achenbach*, ZVG, § 13 Rz. 3 unter Hinweis auf RG, Urt. v. 12.12.1917 – Rep. V 227/17, RGZ 91, 297, das festgehalten hat, eine Leistung sei rückständig, wenn *„der Termin für ihre Fälligkeit vorübergegangen ist, ohne daß der Anspruch auf sie getilgt wurde oder sonst erlosch."*, S. 301. Ein Gläubigerwechsel ohne Tilgungsleistungen ist für die Frage, ob ein Rückstand besteht, ohne Belang.

17) RG, Urt. v. 12.12.1917 – Rep. V 227/17, RGZ 91, 303.

18) Grüneberg/*Grüneberg*, BGB, § 271 Rz. 12 ff. m. w. N.; BGH, Urt. v. 6.4.2000 – IX ZR 2/98, juris Rz. 23 = ZIP 2000, 962 ff. = NJW 2000, 2580 ff.

19) BGH, Urt. v. 8.7.2008 – XI ZR 230/07, ZIP 2008, 1762 ff. Rz. 17 = NJW-RR 2009, 378 ff.

einbarungen und ähnliche Instrumente,[20] soweit die Stundungen und weiteren Absprachen oder einseitigen Zugeständnisse des Gläubigers nachträglich in Abweichung von der ursprünglichen vertraglichen oder gesetzlichen Fälligkeit erfolgten.[21] Mit der höchstrichterlichen Rechtsprechung stellt eine zeitliche Staffelung der geschuldeten Leistung (Teilzahlung, Stundung usw.) als Folge des Rechtsinstruments, das den Anspruch begründet, weder eine Stundung dar noch einen Umstand, der für den Betrag der wiederkehrenden Leistung zum Verlust der Rangklasse 3 oder 4 führt.[22]

25 **Beispiel** (fiktiver Sachverhalt in Anlehnung an eine in RGZ 83, 87 ff. geschilderte nach dem dortigen Sachverhalt mögliche Konstellation, vgl. dazu die Möglichkeit nach § 135 Abs. 2, Abs. 3 Satz 4 BauGB):

– Eine durch Bescheid der Kommune K. gegen das Unternehmen S. festgesetzte öffentlich-rechtliche Beitragsforderung unter § 10 Abs. 1 Nr. 3 ZVG in Höhe von 1.000.000 € wäre am 15.2.2016 fällig, soweit der Schuldner nicht Teilzahlungen vorzieht. Die zugrunde liegende Satzung lässt dem jeweiligen Schuldner nach, diesen Betrag in zehn gleichen Jahresraten (im Beispiel zu je 100.000 €) zu tilgen, beginnend am 15.5.2016; Folgezahlungen sind dann fällig jeweils am 15.5. des Folgejahres bis 15.5.2025. In diesem Falle sind aus dem jeweils offenen Betrag Zinsen von zwei Prozentpunkten über dem Hauptrefinanzierungssatz der EZB (§ 247 BGB) zu zahlen, die ebenfalls jährlich zu entrichten sind. Satzung und Bescheid sind rechtmäßig. S. entscheidet sich für die Ratenzahlung, entrichtet aber bereits die Rate zum 15.5.2018 nicht mehr, ebenso wenig Zinsen. Am 20.2.2022 wird die Beschlagnahme des betroffenen betrieblichen Grundstücks aufgrund Versteigerungsantrags eines Grundpfandgläubigers G. wirksam, die Kommune K. tritt am 20.6.2022 bei (§ 27 ZVG). Am 15.9.2023 wird das Grundstück in der Versteigerung einem Erwerber zugeschlagen. Damit stellt sich die Frage, wie die unbezahlten Forderungen der Kommune K. im Hinblick auf § 13 ZVG einzuordnen sind. Nach der hier vertretenen Meinung ist die Lage wie folgt zu beurteilen: Maßgeblicher Beschlagnahmezeitpunkt ist der

---

20) Siehe dazu, auch zu den Beispielen, BeckOK-*Fischinger*, ZVG, § 13 Rz. 9–14 m. w. N., mit Hinweis auf die historische Auslegung hiervon; eingehend zu der Fälligkeitsthematik i. S. d. § 13 ZVG Stöber/*Achenbach*, ZVG, § 13 Rz. 4–12, m. w. N. Die von der Literatur herangezogene Judikatur des Reichsgerichts (zu unter § 10 Nr. 3 ZVG fallenden Straßenanliegerbeiträgen nach vormaligem preußischem Recht, deren „*Veranlagungen und Zahlungsfristen*" weitgehend außerhalb der Zweijahresfrist der Rangklasse 3 lagen) steht im Ergebnis auf dem Standpunkt, durch nachträgliche Abreden könne das Vorrecht des § 10 Abs. 1 Nr. 3 ZVG nicht generiert werden, siehe RG, Urt. v. 11.7.1913, Rep V. 60/13, RGZ 83, 87 ff., 91. Zu die Fälligkeit beeinflussenden Instrumenten vgl. Grüneberg/*Grüneberg*, BGB, § 271 Rz. 13 ff.

21) Siehe Stöber/*Achenbach*, ZVG, § 13 Rz. 11 f., wonach es auf den Zeitpunkt der Stundung nicht ankomme; vielmehr solle im Einklang mit der Denkschrift zum ZVG im Rahmen der Fristen des ZVG in der jeweiligen Rangklasse eine Stundung möglich sein, aber nicht darüber hinaus. Durch Stundung, so diese Kommentierung, könnten Gemeinde oder Finanzamt die öffentlichen Lasten nicht in den Vorrangzeitraum der Rangklasse 3 hineinretten.

22) So im Ergebnis RG, Urt. v. 11.7.1913, Rep V. 60/13, RGZ 83, 90; BGH, Urt. v. 2.4.2004 – V ZR 105/03, juris 8 f. Ls. 2 = DNotZ 2005, 375 ff. (keine Stundung bei Zug-um-Zug-Vereinbarung); BGH, Urt. v. 1.2.2007 – III ZR 159/06, NJW 2007, 1581 ff., 1582, Rz. 16, 17.

20.2.2022 (§§ 13 Abs. 4 Satz 1, 27 Abs. 2 ZVG). Die öffentlich-rechtlichen Forderungen von K. sind wiederkehrende Leistungen als Folge der satzungsmäßigen Strukturierung des Anspruchs, sodass § 10 Abs. 1 Nr. 3 Satz 1 Halbs. 1 ZVG nicht anzuwenden ist (ansonsten fielen die unbezahlten Forderungen in die Rangklasse 7). Der letzte Fälligkeitstermin vor der Beschlagnahme war der 15.5.2021. Die Raten nebst den **Zinsen als Nebenleistungen**[23] einschließlich der zu jenem Zeitpunkt fälligen Forderungen sind in der Rangklasse 3 als laufende Forderungen zu befriedigen (§ 10 Abs. 1 Nr. 3 Satz 1 Halbs. 2 ZVG, § 13 Abs. 1 Satz 1 ZVG). Die drei unbezahlten Raten und Zinsen vom 15.5.2018, 15.5.2019 und 15.5.2020 sind unter zwangsversteigerungsrechtlichem Blick Rückstände (§ 13 Abs. 1 Satz 2 ZVG); davon fallen die beiden letzten rückständigen Raten nebst Zinsen in die Rangklasse 3. Die Rate zum 15.5.2018 fällt in die Rangklasse 7 einschließlich der bis dahin aufgelaufenen Zinsen und der danach auf diesen Teilbetrag anfallenden Zinsen.

– Enthielten Satzung und Bescheid eine „*Verfallklausel*“[24], die bei Nichtzahlung einer Rate automatisch Fälligkeit des gesamten noch offenen Betrages auslösen würde, wäre der offene Betrag am 15.5.2018 fällig geworden, bei Nichtbezahlung wäre der gesamte Betrag gemäß § 10 Abs. 1 Nr. 3 ZVG rückständig. In diesem Falle muss man eine **einmalige Leistung** i. S. d. § 10 Abs. 1 Nr. 3 Satz 1 Halbs. 1 ZVG bejahen, die das Vorrecht der Rangklasse 3 nur genießt, wenn der Rückstand höchstens vier Jahre alt ist. Da der Beitritt erst am 20.6.2022 wirksam wurde und § 13 ZVG ebenso wie § 10 Abs. 1 Nr. 3 Satz 1 Halbs. 1 ZVG keine Aussage darüber trifft, wann der Zeitpunkt liegt, ab dem für die einmalige Leistung der Vierjahreszeitraum zurückzurechnen ist, stellt sich die Frage woran anzuknüpfen ist. Der BGH hat darauf erkannt, dass die Fälligkeit zum Zeitpunkt der Beantragung der Versteigerung durch den Gläubiger oder zum Zeitpunkt seines Beitritts bzw. der Anmeldung im Verfahren nicht länger als vier Jahre zurückliegen darf.[25] Vorliegend hätte also K. die Rangklasse verloren.

– Bei den Erschließungsbeiträgen stellt sich angesichts des § 135 Abs. 3 Satz 4 BauGB[26] jedenfalls bei der Alternative der Verrentung nach § 135 Abs. 2 BauGB **nicht** die Frage, ob bei derartigen Teilzahlungsregelungen eine wiederkehrende oder eine einmalige Leistung zu bejahen ist. Fehlt es an einer positiven Norm, spricht bei anfänglich bereits nur in **Teilbeträgen** zu zahlenden Leistungen nach Maßgabe der Rechtsgrundlage des geltend gemachten Anspruchs sehr viel dafür, eine wiederkehrende und nicht eine einmalige Leistung anzunehmen, sodass § 10 Abs. 1 Nr. 3 Satz 1 Halbs. 1 ZVG keine Anwendung findet,

---

23) Siehe § 12 Rz. 11 ff. [*Cranshaw*].

24) Eingehend zu Begriff und Inhalt von Verfallklauseln bei Stöber/*Achenbach*, ZVG, § 13 Rz. 9.

25) BGH, Beschl. v. 20.12.2007 – V ZB 89/07, Rpfleger 2008, 213 = NVwZ-RR 2008, 43, III 2c) der Gründe (Schmutzwasserbeitrag), ebenso BGH, Urt. v. 24.5.2012 – IX ZR 175/11, juris Rz. 15 ff. = ZfIR 2012, 713 ff. = ZIP 2012, 1629 ff. (Erschließungsbeitrag nach § 135 BauGB).

26) Die „Verrentung“ der Beitragsleistung nach § 135 Abs. 2 BauGB darf zu höchstens zehn Jahresleistungen führen, die wiederkehrende Leistungen i. S. d. § 10 Abs. 1 Nr. 3 ZVG sind, also zugleich öffentliche Last mit Vorrang über vier Jahre.

da von Anfang an keine Fälligkeit bestand.[27] Gestattet die Gemeinde die Ratenzahlung nach der weiteren Alternative des § 135 Abs. 2 BauGB, ist zwar § 135 Abs. 3 Satz 3 BauGB mit Verweis auf die wiederkehrenden Leistungen nicht anwendbar, dennoch handelt es sich auch bei der Ratenzahlung nach der hier vertretenen Auffassung um eine wiederkehrende Leistung, denn für die Verrentung bedurfte es eines entsprechenden Hinweises auf § 10 ZVG, weil bei der Verrentung der Anspruch durch Bescheid aufzuspalten ist, sodass eine Novation des Beitragsanspruchs stattfindet (§ 135 Abs. 3 Satz 1 BauGB), die ohne Weiteres zu dem Vorrang des § 10 Abs. 1 Nr. 3 ZVG als „einmalige Leistung" führt.

3. Fälligkeitszeitpunkte

26 Die Fälligkeit einer Forderung hat entscheidende Bedeutung für die Befriedigung der Forderungen in der **Rangklasse 1** (Zwangsverwaltung, § 155 Abs. 2 ZVG, *„laufende wiederkehrende Leistungen"*, siehe oben) sowie in den Rangklassen 2–4 und den **Rangklassen 7 und 8**. Das ZVG definiert den Begriff aber nicht, sondern setzt ihn voraus. Fälligkeit ist damit ein Begriff des materiellen Rechts, gleichgültig ob des Zivilrechts oder des öffentlichen Rechts (§ 13 Abs. 2 Halbs. 1 ZVG und siehe Rz. 32 ff.).

27 Die Fälligkeit kennzeichnet den Zeitpunkt, ab dem der Gläubiger die Leistung fordern kann.[28] Sie ist einer der beiden Aspekte der Leistungszeit gemäß § 271 BGB, der auf der Seite des Schuldners die Leistungsbefugnis, die Erfüllbarkeit der Leistung, entspricht;[29] es handelt sich um eine im Zivilrecht wie im öffentlichen Recht gleiche Begrifflichkeit.[30] Wann im Einzelfall die Fälligkeit eintritt, bestimmt sich nach dem konkreten Rechtsverhältnis. Betrachtet man unter diesem Aspekt die Rangklassen des § 10 Abs. 1 ZVG, so resultiert folgendes:

28 In der **Rangklasse 2** resultiert die Fälligkeit der Ansprüche der Wohnungseigentümergemeinschaft entweder aus einer fälligkeitsbestimmenden allgemeinen Regelung in der Teilungserklärung/Gemeinschaftsordnung oder einer Beschlussfassung der Mehrheit der Wohnungseigentümer (§ 21 Abs. 7 WEG a. F., ähnlich nunmehr § 28 Abs. 3 WEG n. F. nach dem WoMEG)[31] bzw. aus § 28 Abs. 2, 3 WEG n. F. für die Vorschüsse auf das Hausgeld/Wohngeld (i. V. m. § 271 BGB), falls nichts

---

27) A. A. Stöber/*Achenbach*, ZVG, § 10 Rz. 52 ff., 56, 70, 73 zu Erschließungsbeiträgen. Im hier verstandenen Sinne aber wohl RG, Urt. v. 11.7.1913, Rep V. 60/13, RGZ 83, 87 ff., 90. Zu der Frage, ob die Leistung einmalig oder wiederkehrend ist, verhält sich der Beschluss des BGH zu V ZB 89/07 nicht, ebenso wenig das BGH-Urt. v. 24.5.2012 – IX ZR 175/11, juris Rz. 15 ff. = ZfIR 2012, 713 ff. = ZIP 2012, 1629 ff. (Erschließungsbeitrag nach § 135 BauGB).

28) Vgl. statt aller BGH, Urt. v. 1.2.2007 – III ZR 159/06, juris Rz. 16 = NJW 2007, 1581 ff. Rz. 16 m. w. N. = ZIP 2007, 1114 ff.

29) Prütting/Wegen/Weinreich-*Zöchling-Jud*, BGB, § 271 Rz. 1; Grüneberg/*Grüneberg*, BGB, § 271 Rz. 1 m. w. N.

30) Prütting/Wegen/Weinreich-*Zöchling-Jud*, BGB, § 271 Rz. 2.

31) Siehe Grüneberg/*Wicke*, BGB, § 28 WEG Rz. 1, 3, 15 f., 17 f.; Prütting/Wegen/Weinreich-*Elzer/Riecke*, BGB, § 28 WEG Rz. 39, 43 (zu § 28 Abs. 2 Satz 1 WEG), Rz. 45–47 (zu § 28 Abs. 3, Fälligkeit/Erfüllung).

anderes vereinbart ist oder beschlossen wird.[32)] Dies entspricht im Ergebnis auch der BGH-Judikatur. Der Senat hat im Grundsatz ferner gestattet, die Jahresbeiträge auf das Hausgeld in einem Beschluss über den konkreten Wirtschaftsplan im Voraus zu fordern und den Eigentümern die Zahlung in Raten nachzulassen. Mittels einer Verfallklausel kann dann die *„Gesamtfälligkeit wiederhergestellt werden"*, sobald ein Rückstand auftritt. In der Teilungserklärung wäre diese Vorgehensweise wohl auch generell zulässig.[33)] Bei solchen Fallkonstellationen ist auf die einzelnen Teilleistungen § 13 Abs. 1, Abs. 4 ZVG anwendbar, begrenzt durch § 10 Abs. 1 Nr. 2 Satz 3 ZVG. Mit Verfallklausel treten Fälligkeiten früher ein und ein teilweiser Verlust der Rangklasse wird wahrscheinlicher.

In der **Rangklasse 3** resultiert die Fälligkeit aus dem zugrunde liegenden öffentlich- 29
rechtlichen Rechtsverhältnis, dem Gesetz, der Satzung bzw. dem darauf gestützten wirksamen Bescheid, der die Fälligkeit des Anspruchs bestimmt und der nicht bestandskräftig, aber vollziehbar sein muss. Bei öffentlichen Abgaben und Kosten ist dies stets der Fall (vgl. § 80 Abs. 2 Nr. 1 VwGO). In die Rangklasse 3 fallen diese Ansprüche freilich nur, wenn sie öffentliche Grundstückslast sind.[34)] Fehlt es an einer Fälligkeitsangabe, tritt als Folge des § 271 BGB (analog) sogleich mit Bekanntgabe Fälligkeit ein (siehe oben). Im Steuerrecht sowie im Recht der Abgaben und Beiträge ist in denjenigen Regelwerken, auf die die AO anwendbar ist, § 220 Abs. 2 AO heranzuziehen, sodass der Anspruch mit seiner Entstehung fällig wird, sofern es an einer gesetzlichen Fälligkeitsangabe in dem jeweiligen Gesetz fehlt, das Grundlage des Anspruchs ist (§ 220 Abs. 1 AO). Ggf. tritt Fälligkeit erst mit der Festsetzung des Anspruchs (§ 220 Abs. 1 Satz 1 Halbs. 2 AO) ein, aus dem Blick des ZVG indes nicht erst mit Ablauf der Zahlungsfrist des § 254 AO i. V. m. § 220 Abs. 2 Satz 2 AO (siehe oben zu Stundungs- und ähnlichen Effekten). Der BGH hat in einer frühen Entscheidung zur Fälligkeit nach damaligem Umsatzsteuerrecht die nach dem maßgeblichen Steuerrecht eintretende Fälligkeit auch für den seinerzeitigen Vorrang des Fiskus gemäß § 61 Abs. 2 KO im Konkursverfahren ausreichen lassen;[35)] für die Verfahren nach dem ZVG gilt dasselbe.

In **Rangklasse 4** (und in den Rangklassen 6 und 8) ergibt sich die Fälligkeit der 30
wiederkehrenden Leistungen aus der Grundbucheintragung bzw. der dieser zugrunde liegenden Eintragungsbewilligung mit der Bestellung des Rechts und der Angaben von Zinsen und Nebenleistungen (vgl. §§ 1115, 1191 Abs. 2, 1192 Abs. 2 BGB). Dasselbe gilt für die Rangklassen 6 und 8 (wobei dort häufig Verjährung eingetreten sein wird, deren Fristen mit dem erfolgreichen Versteigerungsantrag und dem

32) Zu den Vorschüssen siehe auch BeckOK-*Fischinger*, ZVG, § 13 Rz. 11 sowie Prütting/Wegen/Weinreich-*Elzer-Riecke*, BGB, § 28 WEG Rz. 13 m. w. N., auch zur Frage der Verjährung, wenn der Rückstand nochmals zum Beschlussgegenstand gemacht wird, die erneute Beschlussfassung über nicht entrichtete Vorschüsse als „Nachschüsse" beeinflusst die Verjährung nicht (unter Hinweis auf BGH, NJW 2012, 2797 Rz. 12); zur Immobiliarzwangsvollstreckung von Hausgeld siehe Prütting/Wegen/Weinreich-*Elzer-Riecke*, BGB, § 28 WEG Rz. 3–6 m. w. N.

33) Siehe BGH, Urt. v. 24.6.2005 – V ZR 350/03, ZfIR 2005, 827 ff. = NJW 2005, 3146 ff.

34) Siehe § 10 Rz. 95 ff. [*Cranshaw*].

35) BGH, Urt. v. 28.11.1955 – III ZR 181/54, BGHZ 19, 163 ff., 171 f.

Beitritt neu zu laufen beginnen, § 212 Abs. 1 Nr. 2 BGB)[36] Beim Fehlen eines Zinsbeginns bleibt nach der Judikatur nur die Auslegung der Grundbucheintragung bzw. der Eintragungsbewilligung.[37] Die in der Literatur thematisierte Frage, ob bei der „*Darlehenshypothek*" anstelle der Eintragung der Zinsfälligkeit im Grundbuch die schuldrechtliche Norm des § 488 Abs. 2 BGB (Fälligkeit der Zinsen von Darlehen mit Laufzeiten von mehr als einem Jahr mangels weiterer Absprache jeweils nach Ablauf eines Jahres) treten könne,[38] ist in der Praxis ohne Bedeutung. Bei den institutionellen Gläubigern, den Banken usw., kann ein solcher Fall nur bei erheblichen Bearbeitungsmängeln vorkommen.

III. Gleichstellung von Ansprüchen und ähnliche Sachverhalte gemäß § 13 Abs. 2 ZVG

31 § 13 Abs. 1 ZVG ist nach § 13 Abs. 2 ZVG auf alle Forderungen und ungeachtet anderweitiger anderer Fristen als in den Rangklassen 3 und 4 anzuwenden.

32 § 13 Abs. 2 ZVG vereinheitlicht im Ergebnis die Durchsetzung der Ansprüche auf wiederkehrende Leistungen,[39] indem

- der Rechtscharakter des jeweiligen Anspruchs (privat- oder öffentlich-rechtlich) gleichgültig ist,
- ebenso seine Rechtsgrundlage (Bundes- oder Landesrecht) und auch
- längere Fristen als sie in den Rangklassen 3 oder 4 vorgesehen sind.

33 Die Gläubiger werden also bei den wiederkehrenden Leistungen außerhalb des „Wasserfalls" der Rangklassen nicht noch einmal einer weiteren Rangfolge als Konsequenz außerhalb des ZVG stehender Vorschriften unterworfen. Eine Abweichung sieht § 13 Abs. 2 letzter Halbs. allerdings vor. Sind die Fristen der auf den

---

36) Bei der Sicherungsgrundschuld (§ 1192 Abs. 1a BGB) wird (wie bei der Hypothek) die Rangklasse 8 meist ohnehin ökonomisch keine Rolle spielen, weil keine Zuteilungen erwartet werden können oder der Anspruch verjährt ist (§§ 195, 197 Abs. 2, 201, 216 Abs. 3 BGB). Dieser Umstand kann dem Gläubiger bei der Rechtsverfolgung gemäß § 1157 BGB entgegengehalten werden. Vgl. zur Verjährung der dinglichen Zinsen BGH, Urt. v. 28.9.1999 – XI ZR 90/98, ZfIR 1999, 836 f. = BGHZ 142, 332 ff., Ls., st. Rspr.; BGH, Urt. v. 30.3.2010 – XI ZR 200/09, juris Rz. 42, 44 = ZfIR 2010, 454 ff. = NJW 2010, 2041 ff.

37) Böttcher/*Böttcher*, ZVG, § 13 Rz. 11 f. m. w. N. (siehe die nachfolgende Judikatur) mit dem Hinweis auf die Möglichkeit der Trennung von Grundschuldfälligkeit und Zinsansprüchen; zu der Thematik siehe auch BeckOK-*Fischinger*, ZVG, § 13 Rz. 12; siehe aus der Rechtsprechung OLG Köln, Beschl. v. 2.11.1959 – 8 W 169/59, NJW 1960, 1108 f.; regelmäßig sei eine Eintragungsbewilligung bei Grundschulden ohne Zinsangabe dahingehend auszulegen, dass der Zinslauf mit Eintragung beginne; dahingestellt lässt das OLG Köln, ob dies auch für die Hypothek gelte und ob die Angabe des Zinsbeginns in Grundbuch und Bewilligung überhaupt nötig sei; im Ergebnis für die Grundschuld ebenso RG, Urt. v. 23.4.1932 – V 3/32, RGZ 136, 232 ff., 235.

38) Siehe zu der Problematik eingehend bei BeckOK-*Fischinger*, ZVG, § 13 Rz. 115 f. (zu § 13 Abs. 3); ebenso Böttcher/*Böttcher*, ZVG, § 13 Rz. 10.

39) Die Bestimmung des § 13 Abs. 2 ZVG ist durch das Gesetz über Maßnahmen auf dem Gebiete der Zwangsvollstreckung v. 20.8.1953, BGBl. 1953 I S. 952, in das ZVG aufgenommen worden, ausgehend von der Regelung in einer Verordnung v. 31.3.1936; die dortige Bestimmung wird als zweckmäßig und beizubehalten bezeichnet. Eine nähere Begründung enthält der Gesetzentwurf der Bundesregierung nicht, siehe BT-Drucks. 3668, 1. Wahlperiode, S. 14.

konkreten Anspruch anzuwendenden Norm kürzer als diejenigen der Rangklassen 3 und 4, werden diese für die Befriedigung *„vom letzten Fälligkeitstag vor der Beschlagnahme zurückgerechnet"*, eine im Ergebnis klarstellende Regelung.

IV. Auffanglösung bei fehlendem Fälligkeitstermin gemäß § 13 Abs. 3 ZVG

Fehlt ein Fälligkeitszeitpunkt innerhalb der letzten beiden Jahre vor der Beschlagnahme bzw. kann ein solcher nicht festgestellt werden, ist der Tag der Beschlagnahme entscheidend. Der historische Gesetzgeber des ZVG wollte bei solchen Sachverhalten aus praktischen Erwägungen die laufenden wiederkehrenden Leistungen **am Tag der Beschlagnahme** beginnen lassen, die davor fälligen Beträge sollten Rückstände sein.[40] Erst recht gilt das, wenn die erste Fälligkeit nach der Beschlagnahme liegt.[41] Die Norm hat Bedeutung für **Zinsen** jeglicher Art (als wiederkehrende Nebenleistungen), soweit sie keinen fest bestimmten Fälligkeitstermin haben. Die Folge ist dann die „tägliche", d. h. jederzeitige Fälligkeit, als Konsequenz des § 271 BGB. Hierzu zählen beispielsweise Verzugszinsen, Prozesszinsen, in dem gesetzlich zulässigen Umfang Zinseszinsen (vgl. § 248 Abs. 2 BGB) und daher auch die Zinsen aus Zwangssicherungshypotheken.[42] 34

40) Vgl. *Jaeckel/Güthe*, ZVG, 4. Aufl., § 13 Rz. 3, unter Zitierung der diese Erwägungen darstellenden Motive und zur weiteren Normentwicklung bis zum Erlass des Gesetzes; häufig werden bei solchen Konstellationen die Ansprüche in die Rangklassen 7 oder 8 fallen, siehe das Beispiel einer Rentenschuld bei *Jaeckel/Güthe*, ZVG, 4. Aufl., § 13 Rz. 3.

41) Dassler/Schiffhauer/u. a.-*Rellermeyer*, ZVG, § 13 Rz. 5 a. E. m. w. N.; das ist ebenfalls zwangsläufige Folge des § 271 BGB, siehe oben.

42) Zu dem hier relevanten Katalog von Zinsen und zur Zwangssicherungshypothek siehe Dassler/Schiffhauer/u. a.-*Rellermeyer*, ZVG, § 13 Rz. 5 sowie BeckOK-*Fischinger*, ZVG, § 13 Rz. 15 f.; vgl. dort jeweils auch die Hinweise auf Zinsen im Zusammenhang mit Wechseln und Schecks (Art. 48, 49 WG, Art. 45, 46 SchG), die als Folge der geänderten Zahlungsverkehrsmodalitäten und gewandelter Finanzierungsstrukturen wesentlich an Bedeutung eingebüßt haben.

§ 14
Ansprüche von unbestimmtem Betrag

Ansprüche von unbestimmtem Betrag gelten als aufschiebend bedingt durch die Feststellung des Betrags.

Literatur: *Gaßner*, Erloschene Rechte „von unbestimmtem Betrag", Rpfleger 1988 51; *Gehrlein*, Notwendigkeit eines Doppelausgebots bei nachrangigem Altenteil, ZInsO 2010, 1970; *Teufel*, Gedanken zu § 14 ZVG, Rpfleger 1977, 193.

Übersicht

I. Normfunktion

1 § 14 ZVG regelt die Frage, was mit Ansprüchen geschieht, die der Höhe nach noch nicht geldmäßig beziffert werden können, die also noch unbestimmt sind. Systematisch ist zu differenzieren zwischen **zwei Fallgruppen:**[1]

2 Zu der einen Gruppe gehören Ansprüche aus Rechten, die auf Geld gerichtet sind und deren Betrag lediglich noch nicht beziffert werden kann.

3 Die zweite Fallgruppe bilden Ansprüche, die grundsätzlich keinen Geldanspruch zum Gegenstand haben, die daher in Geld noch festzustellen bzw. umzurechnen sind.

4 Ohne Belang i. S. d. § 14 ZVG ist, ob ein Geldbetrag auf eine (zugelassene) Fremdwährung lautet (für die Grundstücksvollstreckung siehe § 145a Rz. 1 – 12 [*Cranshaw*]), da der Betrag jederzeit in einen bestimmten Geldbetrag in inländischer Währung umrechenbar ist; er ist damit nicht unbestimmt (siehe §§ 158a, 168c und 171e [*Cranshaw*]).

5 Die unter § 14 ZVG zu subsumierenden Ansprüche, deren Geldbeträge noch nicht feststehen, sind strukturell keineswegs aufschiebend bedingt, sie werden lediglich als solche fingiert, bis der Betrag „festgestellt" werden kann, ab welchem Zeitpunkt sie „bestimmt" sind.

6 Die Regelung spielt eine Rolle für die Feststellung des geringsten Gebots, in welches die Ansprüche nach § 14 ZVG aufgenommen werden, und zwar nach Maßgabe der §§ 46, 48, 50 Abs. 2 Nr. 1 ZVG.[2] Bei der **Erlösverteilung** sind die §§ 119 ff. ZVG zu beachten, sodass eine Zahlung an den Berechtigten nur dann vorgenommen wird, wenn der Anspruch gegen den Ersteher festgestellt werden kann. Bis dahin ist der Betrag zu hinterlegen und Vorsorge zu treffen, an wen zu verteilen ist, wenn die Bedingung endgültig nicht eintritt. Ist der Betrag festgestellt, ist der Zweck des § 14 ZVG erreicht.[3]

II. Abgrenzung zwischen betragsmäßig unbestimmten und „bestimmten" Rechten

1. Schnittstelle: Abgrenzung zu den Rechten mit bestimmtem Betrag

7 Die entscheidende Schnittstelle der Norm des § 14 ZVG ist die Abgrenzung von Rechten mit unbestimmtem Geldbetrag von denen mit bestimmtem Betrag.

8 „Bestimmt" sind **alle Grundpfandrechte** einschließlich der Sicherungshypothek (§ 1184 BGB), der Zwangssicherungshypothek (§ 866 ZPO, § 1184 BGB), der Höchstbetragshypothek (§ 1190 BGB) und der Arresthypothek (§§ 932, 923 ZPO).

---

1) BeckOK-*Fischinger*, ZVG, § 14 Rz. 3.

2) Mit Stöber/*Achenbach*, ZVG, § 14 Rz. 6 ist davon auszugehen, dass § 50 Abs. 2 Nr. 1 ZVG im Zusammenhang mit § 14 ZVG keinen Anwendungsbereich hat, denn § 50 Abs. 2 ZVG hat die eingetragenen Grundpfandrechte des § 50 Abs. 1 ZVG im Blick, deren Betrag stets bestimmt ist; für Abs. 2 dieser Vorschrift gilt das nicht minder. Daher ist auch § 51 Abs. 1 ZVG nicht anwendbar, worauf die Literatur zu Recht hinweist, siehe BeckOK-*Fischinger*, ZVG, § 14 Rz. 7 m. w. N.; Böttcher/*Böttcher*, ZVG, § 14 Rz. 14 a. E.

3) Siehe Dassler/Schiffhauer/u. a.-*Rellermeyer*, ZVG, § 14 Rz. 1.

Die Hypothek (§ 1113 Abs. 1 BGB), die Grundschuld (§ 191 Abs. 1 BGB) und die Rentenschuld (§ 1199 Abs. 1 BGB) enthalten bereits nach ihrer Legaldefinition das Kriterium einer *„bestimmten Geldsumme“*. 9

Die Schiffshypothek (§ 8 Abs. 1 SchiffsRG) einschließlich der Höchstbetragsschiffshypothek (§ 75Abs. 1 SchiffsRG) ebenso wie das Registerpfandrecht an Luftfahrzeugen (§ 1 LuftFzgG) tragen ebenfalls bereits in der Legaldefinition den Begriff eines „bestimmten Betrages“. Sie sind daher gleichfalls **nicht** unter § 14 ZVG zu subsumieren. 10

In der Literatur werden ferner **Unterhaltsansprüche** und vergleichbare Forderungen thematisiert, die auf einen Geldbetrag lauten, aber an den Eintritt eines bestimmten Ereignisses geknüpft sind oder Forderungen, welche mit einer Wertindexierung versehen sind. Auch sie gehören nicht zu den Fällen des § 14 ZVG, da sich die **Höhe des Anspruchs jederzeit ermitteln** lässt, also i. S. d. Norm „nicht unbestimmt“ ist.[4] Betagte unverzinsliche Ansprüche, die bestehen, aber deren Fälligkeit noch nicht eingetreten ist, sind ebenfalls „bestimmt“ und nicht unbestimmt nach § 14 ZVG.[5] 11

Ebenso besteht weitgehend – und zutreffend – Einigkeit darüber, dass § 14 ZVG nicht ausdehnend ausgelegt werden kann und daher nicht heranzuziehen ist, wenn nicht geklärt ist, wer Gläubiger oder Schuldner des Anspruchs ist oder wenn die Tatbestandsvoraussetzungen des Anspruchs streitig sind.[6] Ein argumentum a minore ad maius, erst recht müsse die Norm herangezogen werden, wenn nicht nur der Betrag, sondern auch schon Beteiligte oder seine Grundlagen streitig seien, ist hier nicht zulässig. Derlei Fragestellungen sind regelmäßig außerhalb des Zwangsversteigerungsverfahrens zu klären, nämlich im Prozessverfahren. 12

2. Ansprüche unbestimmten Betrages

Zu den unter § 14 ZVG zu subsumierenden Rechten bzw. Ansprüchen gehört/gehören: 13

– Die **Grunddienstbarkeit** (§§ 1018 ff. BGB).

– Die **beschränkte persönliche Dienstbarkeit** (§§ 1090 ff. BGB), einschließlich des dem Nießbrauch ähnelnden Wohnungsrechts nach § 1093 BGB.

– Das Dauerwohn- bzw. Dauernutzungsrecht (§§ 31 ff. WEG).

---

4) Einhellige Meinung, vgl. Dassler/Schiffhauer/u. a.-*Rellermeyer*, ZVG, § 14 Rz. 2–4; Böttcher/*Böttcher*, ZVG, § 14 Rz. 11; BeckOK-*Fischinger*, ZVG, § 14 Rz. 3.

5) So zutreffend Dassler/Schiffhauer/u. a.-*Rellermeyer*, ZVG, § 14 Rz. 6 mit dem Hinweis auf § 111 ZVG, wonach der betagte Anspruch bei ungewissem Fälligkeitstermin als aufschiebend bedingt fingiert wird.

6) Siehe dazu BeckOK-*Fischinger*, ZVG, § 14 Rz. 6 m. w. N., auch zur Gegenmeinung von *Teufel*, Rpfleger 1977, 193 ff.; Böttcher/*Böttcher*, ZVG, § 14 Rz. 2 a. E. m. w. N.; Dassler/Schiffhauer/u. a.-*Rellermeyer*, ZVG, § 14 Rz. 2; ausführlich auch Stöber/*Achenbach*, ZVG, § 14 Rz. 5.

- Ansprüche aus **Reallasten** (§§ 1105 ff. BGB), die auf unbestimmte Zeit laufen und die nicht in Geldzahlungen bestehen, sondern in sonstigen Leistungen.[7] Sie können nach § 1105 Abs. 1 Satz 2 BGB indexiert werden.
- Der **Nießbrauch** (vgl. die §§ 1030, 1031 BGB und die weiteren für den Nießbrauch an Grundstücken und grundstücksgleichen Rechten geltenden Vorschriften).
- Ansprüche auf **Leistungen aufgrund eines Altenteils** (auch Leibgedinge, Leibzucht, Auszug, vgl. § 9 EGZVG), das ohne gesetzliche Definition bei entsprechender Eintragung im Grundbuch als Konglomerat von beschränkter persönlicher Dienstbarkeit bzw. Reallast auftritt oder das im Einklang mit dem Landesrecht überhaupt nicht im Grundbuch eingetragen ist. Dennoch bleibt das Recht auch dann bestehen, wenn es nicht in das geringste Gebot fällt (§ 9 Abs. 1 EG ZVG i. V. m. entsprechenden landesrechtlichen Vorschriften).[8] In diesen Fällen, die sich durch unbestimmte Dauer auszeichnen, sind die regelmäßig zu erbringenden Leistungen unter die §§ 14 und 92 Abs. 2 ZVG zu subsumieren. Das nach den §§ 119–121 i. V. m. § 92 Abs. 1 ZVG zu bildende *„Deckungskapital"* ist kein Anwendungsfall des § 14 ZVG.[9] Erst mit Feststellung der Höhe der Geldrente kann diese gezahlt werden.
- **Höchstbeträge für den Wertersatz** (§ 92 ZVG) im Falle des Erlöschens von nicht auf Kapitalleistung gerichteten Rechten, die nicht ablösbar sind, § 882 BGB. Der eingetragene Wert stellt lediglich die Obergrenze dar, der auf Widerspruch gegen den Teilungsplan (§ 115 ZVG) noch auf den tatsächlichen Wert reduziert werden kann.[10]
- Der Gesetzessystematik entsprechend Ansprüche, die durch **Vormerkung** (§§ 883 ff. BGB) bzw. **Widerspruch** (§§ 894, 899 BGB) **besichert** sind, der Natur der Sache nach aber nur, wenn der besicherte Anspruch selbst unter § 14 ZVG als unbestimmter Betrag zu subsumieren ist.[11]
- Das **dingliche Vorkaufsrecht** für alle Verkaufsfälle (§§ 1094 ff. BGB).[12]

---

7) Vgl. den Überblick bei Grüneberg/*Herrler*, BGB, § 1105 Rz. 1 ff., 4 ff. m. w. N.

8) Eingehend dazu *Gehrlein*, ZInsO 2010, 1970 ff. Die Bestellung eines lebenslangen Wohnrechts (bzw. einer beschränkten persönlichen Dienstbarkeit oder Reallast) an einer städtischen Immobilie (Grundstück, grundstücksgleiches Recht) für den bisherigen Eigentümer nach lebzeitiger Übertragung an Angehörige (Kinder) ist nach zutreffender Würdigung von *Gehrlein*, ZInsO 2010, 1971, ein Altenteilsrecht i. S. d. § 9 EG ZVG.

9) Böttcher/*Böttcher*, ZVG, § 14 Rz. 8.

10) Grüneberg/*Herrler*, BGB, § 882 Rz. 1 m. w. N.

11) So BeckOK-*Fischinger*, ZVG, § 14 Rz. 4 m. w. N.

12) Vgl. in diesem Sinne Böttcher/*Böttcher*, ZVG, § 14 Rz. 6 m. w. N. zum erloschenen Vorkaufsrecht, bei dem der Wertersatzanspruch nach § 92 Abs. 1 ZVG unbestimmt sei; siehe dort Rz. 5 auch zu Erbbaurechten vor dem 22.1.1919; das einmalige Vorkaufsrecht erlischt ohne Wertersatz, Stöber/*Becker*, ZVG, § 92 Rz. 44.

Zweiter Titel
Zwangsversteigerung

I.
Anordnung der Versteigerung

§ 15
Anordnung der Versteigerung

Die Zwangsversteigerung eines Grundstücks wird von dem Vollstreckungsgericht auf Antrag angeordnet.

Literatur: *Alff*, Rpfleger 2002, 90, Anm. zu LG Halle, Beschl. v. 20.9.2001 – 2 T 151/01, Rpfleger 2002, 89 *(Anwendung des § 727 ZPO auf den vorläufigen starken Insolvenzverwalter)*; *Becker*, ZfIR 2013, 738, Anmerkung zu BGH, Beschl. v. 13.9.2013 – V ZB 198/12, ZfIR 2013, 734; *Bärwaldt/Hoefling*, Grenzüberschreitender Formwechsel: Das Urteil des EuGH in der Rs. „Polbud" in der praktischen Anwendung, DB 2017, 3051 ff.; *Clemente*, Vollstreckbare Ausfertigung der Grundschuldbestellungsurkunde und Verwertungsreife der Sicherungsgrundschuld – zugleich Besprechung von BGH, Beschl. v. 30.3.2017 – V ZB 84/16, ZfIR 2017, 523 ff.; *Cranshaw*, Problemlösungen durch Verkauf von Darlehensforderungen, in: Problematische Firmenkundenkredite, 6. Aufl., 2023, S. 649–777; *Cranshaw*, Nachweisverzicht und Klauselerinnerung, DZWiR 2021, 8–15; *Cranshaw*, Strafrechtliche Vermögensabschöpfung, ZfIR 2021, 103; *Cranshaw*, Effizientes Zwangsverwaltungs- und Zwangsversteigerungsmanagement – Perspektiven aus Gläubigersicht (Teil 1), ZfIR 2013, 345; *Cranshaw*, jurisPR-HaGesR 3/2013, Anm. 3 zu OLG München 34 Wx 461/12, *(Eintragung der inländischen Zweigniederlassung einer polnischen AG in das Grundbuch)*; *Cranshaw*, jurisPR-InsR 17/2011, Anm. 1 zu BGH, Urt. v. 13.1.2011 – I ZR 53/09, ZInsO 2011, 389. *(zur fehlenden Bindung des Insolvenzverwalters an einer vollstreckungsbeschränkenden Abrede mit einem Grundpfandgläubiger)*; *Cranshaw*, Insolvenz- und finanzrechtliche Perspektiven der Insolvenz von juristischen Personen des öffentlichen Rechts, insbesondere Kommunen, 2007; *Cranshaw*, ZfIR 2014, 530, Anm. zu BGH, Urt. v. 20.3.2014 – IX ZR 80/13, ZfIR 2014, 528; *Cranshaw*, Problemlösungen durch Verkauf von Darlehensforderungen, in: Problematische Firmenkundenkredite, 5. Aufl. 2026, S. 595; *Epp*, Grundpfandrechte, in: Bankrechts-Handbuch, 6. Aufl., 2022, Band II, § 73; *Hermann*, jurisPR-InsR 12/2008, Anm. 3, Anm. zu BGH, Beschl. v. 20.3.2008 – IX ZR 68/06, juris, *(„Anspruch gegen Inhaber wertloser Grundpfandrechte auf Erteilung der Löschungsbewilligung")*; *Hesse, Konrad*, Grundzüge des Verfassungsrechts der Bundesrepublik Deutschland, 1999; *Hintzen*, EWiR 2001, 1151, Anm. zu LG Halle, Beschl. v. 20.9.2001 – 2 T 151/01, Rpfleger 2002, 89; *Mock*, Verfahrensgebühr kann in der Zwangsversteigerung mehrfach anfallen, VE Vollstreckung effektiv 2020, 041–046; *Noé*, Anordnung der Zwangsversteigerung ohne Anhörung des Schuldners, VE Vollstreckung effektiv 2019, 059, Anm. zu LG Heidelberg 5 T 3/19; *Schneider*, Zur Löschung des Insolvenzvermerks als ausreichendem Nachweis der Freigabe eines Grundstücks aus dem Insolvenzbeschlag bei beantragter Klauselumschreibung – Anm. zum Beschl. des BGH v. 30.8.2017 – VII ZB 23/14; *Storz*, EWiR 2017, 253 f., Anm. zu BGH, Urt. v. 21.10.2016 – V ZR 230/15 *(„Zum Rechtsschutzbedürfnis für die Vollstreckungsabwehrklage")*; *Terner*, ZfIR 2008, 32, Anm. zu BGH, Beschl. v. 14.6.2007 – V ZB 102/06, ZfIR 2008, 28 *(„Zulässiger Antrag auf Teilungsversteigerung nur mit Zustimmung des Ehegatten bei das ganze Vermögen darstellendem Miteigentumsanteil am Grundstück")*; *Wozniak*, jurisPR-InsR 23/2017, Anm. 2 – zu BGH Beschl. v. 30.8.2017 zu VII ZB 23/14; *Zimmer*, Die Anwendung des § 1365 BGB in der Teilungsversteigerung, NJW 2007, 3104; *Zimmer*, Anmerkung zu BGH, Beschl. v. 11.4.2013

– V ZB 109/12, ZfIR 2013, 550 *(Löschung eines durch Zeitablauf erloschenen Erbbaurechts nur gegen zeit- und ranggerechte Eintragung der Entschädigungsforderung)*, ZfIR 2013, 552.

Übersicht

I. Normfunktion und Anwendungsbereich

1. Antragsgrundsatz

1 Die Norm des § 15 ZVG steht im Zentrum des ZVG und beschreibt zwei entscheidende Verfahrensgrundsätze. **Zwangsversteigerung** und **Zwangsverwaltung** (§ 146 Abs. 1 ZVG verweist auf die Vorschriften über die Anordnung der Versteigerung) sind der Natur der Sache nach keine amtswegigen Verfahren, sondern sie werden nur auf Antrag angeordnet. Zugleich wird damit eine Dispositionsmaxime in die Ver-

tungsmacht. Dabei besteht beispielsweise keineswegs Sicherheit für die Beteiligten, dass z. B. die inländische Niederlassung eines ausländischen Schuldners im inländischen Handelsregister (oder Grundbuch) eingetragen ist. Relevant werden diese Fragen, wenn ein ausländischer Gläubiger im Inland nach dem ZVG vollstreckt oder gegen einen ausländischen Schuldner in einen dem ZVG unterliegenden und im Inland belegenen Vollstreckungsgegenstand[6] vollstreckt werden soll. Dem Vollstreckungsgericht obliegt es wie jedem Gericht, innerhalb des bei ihm anhängigen Verfahrens, die Bedeutung der in jenem Verfahren heranzuziehenden Vorschriften des ausländischen Rechts fehlerfrei zu ermitteln (§ 293 ZPO).[7] Das Gericht ist in diesem Rahmen auch verpflichtet, die **Judikatur der betroffenen ausländischen Rechtsordnung** zu ermitteln und zu berücksichtigen.[8] Das ausländische Recht ist allerdings nach ganz überwiegender Rechtsprechung nicht revisibel.[9] Die Verantwortung liegt damit bei den Instanzgerichten.

8 Ein in praxi ganz außerordentlich seltenes Problem ist die Frage der Unterstellung unter die deutsche Gerichtsbarkeit, die zu verneinen ist, wenn der Schuldner ein ausländischer Staat ist, in dessen hoheitliches genutztes Eigentum vollstreckt werden soll. Der völkerrechtliche Grundsatz der – hier vollstreckungsrechtlichen – **Staatenimmunität** hindert die Vollstreckungsmaßnahme.[10] Ebenso siehe § 16 Rz. 21 [*Cranshaw*].

II. Allgemeine Verfahrensvoraussetzungen und Gegenstände der Vollstreckung in das unbewegliche Vermögen, Rechtsschutzinteresse des Gläubigers

1. Rechtsschutzinteresse des Gläubigers (Vollstreckungsversteigerung)

a) Allgemeines Rechtsschutzinteresse

9 Das allgemeine Rechtsschutzinteresse des Klägers, Antragstellers bzw. Gläubigers muss bei jeder Verfahrensart und bei jeder Inanspruchnahme der Gerichte vorliegen

---

6) Vgl. paradigmatisch die Diskussion um die Eintragung der Zweigniederlassung einer polnischen Aktiengesellschaft im Grundbuch neben der ausländischen Hauptniederlassung. Das OLG München hat die Zweigniederlassung im Inland als eintragungsfähig betrachtet und die Verlautbarung der Hauptniederlassung (des Gesellschaftssitzes) im Ausland als fakultativ angesehen, wobei das Grundbuchamt ein Ermessen hat (siehe OLG München, Beschl. v. 18.12.2012 – 34 W 461/12, juris Rz. 11 = ZIP 2013, 884 f.). Die Zweigniederlassung muss bei einer solchen Konstellation natürlich gemäß § 13d HGB im inländischen Handelsregister eingetragen sein. Der Gläubiger, der die Vollstreckung in die Immobilie betreibt, kann ggf. die Anschrift des Sitzes aus dem Handelsregister eruieren. Siehe zu dem Beschluss des OLG München auch *Cranshaw*, jurisPR-HaGesR 3/2013, Anm. 3.

7) Vgl. BGH, Beschl. v. 4.7.2013 – V ZB 197/12, Rpfleger 2014, 71 ff. = ZIP 2013, 2173 ff. = NJW 2013, 2656 ff.; Zöller/*Geimer*, ZPO, § 293 Rz. 1, 6–8a, 9, 10, 14 f.

8) BGH, Urt. v. 14.3.2014 – II ZR 192/13, ZIP 2014, 394 ff. = ZInsO 2014, 452 ff., Rz. 14, 15.

9) BGH, II ZR 192/13, ZIP 2014, 394 ff. = ZInsO 2014, 452 ff., Rz. 14 m. w. N.

10) Beispiel wäre der Versuch der Beschlagnahme zum Zwecke der Versteigerung des Passagierflugzeugs eines ausländischen Staates, das zu privaten Zwecken von dem Staatsoberhaupt oder Regierungschef für eine Reise nach Deutschland benutzt wurde, das aber z. B. der Luftwaffe dieses Staates zugeordnet ist. Der antragstellende Gläubiger hat gegen diesen Staat rechtskräftig titulierte Ansprüche aus Staatsanleihen. Die Vollstreckung ist völkerrechtlich unzulässig.

und damit auch im Zwangsvollstreckungsverfahren, wobei das allgemeine Rechtsschutzinteresse nicht identisch ist, sondern von Verfahrensart zu Verfahrensart Spezifizierungen aufweist. Ohne rechtlich geschütztes Interesse kann kein staatlich-hoheitliches Handeln begehrt werden, zumal dieses in die grundrechtlich (durch das Eigentumsrecht geschützte) Sphäre der anderen Partei (z. B. des Schuldners in der Zwangsvollstreckung) eingreift. Das Zwangsvollstreckungsverfahren muss daher verhältnismäßig sein und die gleichermaßen geschützten Rechte von Schuldnern und Gläubigern in „praktischer Konkordanz“[11] miteinander vereinen.

10 Eine der zu stellenden Fragen ist diejenige nach einer **Bagatellgrenze** (siehe unten), unterhalb derer staatlicher Eingriff nicht zulässig ist, rechtliche Einbußen daher hingenommen werden müssen. Das eine Beispiel ist die Anforderung des Mindestbetrages einer Zwangshypothek von **mehr als** 750 € (§ 866 Abs. 3 ZPO).[12]

11 Ein weiteres Beispiel ist die Judikatur des BGH, nach welcher Gläubiger, deren Forderungen dinglich **offensichtlich** vollständig werthaltig (und rechtlich einwandfrei) besichert sind, **keinen Insolvenzantrag** stellen können, weil ihnen bei einem so weitgehenden Eingriff das Rechtsschutzinteresse im Allgemeinen fehlt.[13] Im Umkehrschluss bedeutet diese Entscheidung, dass der Grundpfandgläubiger den Antrag auf Zwangsversteigerung/Zwangsverwaltung stets stellen können muss. Die am meisten in die Gläubigerrechte eingreifende Regelung des Vollstreckungsrechts im Verhältnis zum Schuldner ist die Restschuldbefreiung der natürlichen Person (§§ 286 ff. InsO i. d. F. d. Reform d. d. Gesetz v. 22.12.2020, siehe auch Art. 103k

---

11) Zur praktischen Konkordanz siehe *Konrad Hesse*, Grundzüge des Verfassungsrechts der Bundesrepublik Deutschland, S. 28 Rz. 73; das OLG Brandenburg sieht die *„Funktion* [der] *praktischen Konkordanz zwischen Bestands- und Verkehrsschutz“* angesiedelt, Urt. v. 28.6.2012 – 5 U 151/09, NZI 2012, 774 ff., Rz. 2 (*zur Versteigerung schuldnerfremden Eigentums*). Der BGH hat das Urteil aufgehoben und zurückverwiesen, der Zuschlag ist unwirksam, wenn der „verständige Eigentümer“ anhand der publizierten Terminsbestimmung seine Betroffenheit nicht zu erkennen und demgemäß seine Rechte nicht zu wahren vermochte, BGH, Urt. v. 8.11.2013 – V ZR 155/12, ZfIR 2014, 155 ff. = NJW 2014, 636 ff.

12) Ziel sei die Wahrung der Übersichtlichkeit des Grundbuchs sowie der Schutz der Immobilie als meist sehr wichtigem Vermögensbestandteil vor der Durchsetzung von *„Kleinforderungen“*, siehe Thomas/Putzo-*Seiler*, ZPO, § 866 Rz. 3, was angesichts der flächendeckend elektronisch geführten Grundbücher und angesichts des Umstandes, dass der persönliche Gläubiger ohne diese Untergrenze die Versteigerung bzw. die Zwangsverwaltung aus der Rangklasse 5 des § 10 ZVG betreiben kann, nicht vollends zu überzeugen vermag. Ferner gilt die Untergrenze nicht für andere Sicherungshypotheken als die in Durchführung der Zwangsvollstreckung eingetragenen Rechte und naturgemäß auch nicht für die anderen rechtsgeschäftlich bestellten Grundpfandrechte. Es ist daran zu erinnern, dass die streng akzessorische Sicherungshypothek des § 1184 BGB rechtsgeschäftlich wie gesetzlich (vgl. §§ 1287 Satz 2 BGB, § 848 Abs. 2 ZPO) entstehen kann bzw. auf dem Wege der Zwangsvollstreckung vgl. §§ 866, 867, 932 ZPO (Arresthypothek), § 322 Abs. 1 Satz 2 AO. Nur für die auf dem Wege der Zwangsvollstreckung entstehenden Sicherungshypotheken gilt § 866 Abs. 3 ZPO für die Verkehrshypothek eben nicht, vgl. dazu Grüneberg/*Herrler*, BGB, § 1184 Rz. 6 f. sowie BGH, Beschl. v. 21.10.2021 – V ZB 52/20. ZfIR 2022, 282 ff. Rz. 28 f.

13) BGH, Beschl. v. 29.11.2007 – IX ZB 12/07, ZInsO 2008, 103 f. = Rpfleger 2008, 220 f., bestätigt von BGH, Beschl. v. 5.5.2011 – IX ZB 250/10, juris = NZI 2011, 632 f. und AG Montabaur, Beschl. v. 7.3.2013 – 14 IN 345/12, juris; vgl. zu der Thematik auch *Cranshaw*, ZfIR 2013, 345 ff.

EG InsO), eine Konstellation, bei der der Gesetzgeber bereits aus Gründen des Sozialstaatsprinzips den rechtlichen Schutz des Schuldners über das Vermögensinteresse (Art. 14 GG) des Gläubigers nachvollziehbar und angemessen gestellt hat (wenn auch die Neufassung der Restschuldbefreiung Ende 2020 durch die europäische Richtlinie 2019/1023/EU veranlasst wurde). Evident wird diese Abwägung der Rechtssphären in der Zwangsvollstreckung bei der Betrachtung des § 765a ZPO in der Ausprägung durch die Judikatur in den letzten etwa 40 Jahren.[14] Die Entscheidung zu IX ZB 12/07 hat der BGH zwischenzeitlich dahin abgeändert, dass auch der völlig zweifelsfrei grundpfandrechtlich besicherte Gläubiger ein rechtlich geschütztes Interesse an der Stellung eines Insolvenzantrages hat, wenn *„eine Befriedigung im Wege der Zwangsversteigerung wegen der Suizidalität des Schuldners unsicher ist“* […], weil die höchstrichterliche Rechtsprechung dem Lebens- und Gesundheitsschutz im Rahmen des § 765a ZPO Vorrang gegenüber dem Forderungsinteresse des Gläubigers gibt. Daher kann die Gesamtverwertung des Schuldnervermögens im Rahmen eines Insolvenzverfahrens weniger belastend sein, wenn für den Schuldner das Suizidrisiko von dem Verlust des Wohnens in der ansonsten zu versteigernden Immobilie ausgeht, aber diese in Eigentumswohnungen vom Insolvenzverwalter umgewandelt werden und diese unter Aufrechterhaltung der vom Schuldner bewohnten Wohnung als Wohneigentum verkauft werden, wobei durch den Teilverkauf die Schulden getilgt werden können.[15]

b) Verfolgung von „Bagatellforderungen“ und „aussichtslose Vollstreckungsmaßnahmen“

12 Die Frage des **Rechtsschutzinteresses** oder der **Sittenwidrigkeit** der in Angriff genommenen Maßnahme der Immobiliarvollstreckung stellt sich bei der Verfolgung von Bagatellforderungen ebenso wie bei der Frage der offenkundigen Aussichtslosigkeit der Zwangsvollstreckung.

13 Extremes Beispiel, das diese Fragestellungen in sich vereinen soll: Gläubiger G. verfolgt aus einer Zwangshypothek, die im Grundbuch an offenkundig völlig aussichtsloser Stelle eingetragen ist, eine Teilforderung von 200 € und beantragt die Versteigerung des vom Schuldner selbst genutzten Einfamilienhauses. Der Gläubiger erspart hierdurch keine Kosten (§§ 7, 54 Abs. 1 GKG und KV Ziff. 2210 zum GKG); der Antrag bringt ihm keinen wirtschaftlichen Vorteil und er ist aussichtslos.

14 Von der Frage, ob bei sehr geringen Forderungen des Gläubigers von der Vollstreckung (**„Bagatellforderung“**), z. B. aus sozialen Gründen, abzusehen ist – und ggf. schon von der Titulierung –, ist die völlig andere Frage zu unterscheiden, ob der

---

14) Siehe BeckOK-*Cranshaw*, ZVG, § 93 Rz. 86–230 sowie Zöller/*Seibel*, ZPO, § 765a Rz. 1–7; siehe auch BeckOK-*Cranshaw*, ZVG, § 93 Rz. 86–230.

15) BGH, Beschl. v. 10.1.2020 – IX ZB 24/20, ZInsO 2021, 250 f. = NJW 2021, 1325 f., Ls. (Mehrfamilienhaus einer Schuldnerin, das in Eigentumswohnungen aufgeteilt werden konnte).

Gläubiger, um ggf. Kosten zu sparen, von einer größeren Titelsumme beliebig Kleinstbeträge abspalten darf.[16)]

15 Bei der **Mobiliarpfändung** untersagt § 803 Abs. 2 ZPO die **aussichtslose Pfändung** durch den Gerichtsvollzieher, wenn ein Überschuss für den Gläubiger nicht erwartet werden kann, wenn sie sich als offenbar sinnlos herausstellt. Davon ist wiederum zu unterscheiden, ob der ins Auge gefasste Gegenstand überhaupt pfändbar ist.

16 Zur **aussichtslosen Pfändung** ist Folgendes festzuhalten: Eine Regelung wie § 803 Abs. 2 ZPO gibt es für die Verfahren nach dem ZVG **nicht**. Allerdings gibt es eine Schnittstelle mit dieser Thematik mit einem scheinbar ganz anderen Thema. Will nämlich der Schuldner einer grundpfandrechtlich belasteten Immobilie den Grundbesitz „freihändig" veräußern, so wurden und werden regelmäßig auch Forderungen nach Erlösbeteiligung von Grundpfandgläubigern (meist Inhaber von Zwangshypotheken) geltend gemacht, die bei wirtschaftlicher Betrachtung keinerlei Aussicht haben, in einem Zwangsversteigerungsverfahren irgendeinen Anteil am Steigerlös zugeteilt zu bekommen. Sie erhalten dann regelmäßig dennoch einen gewissen Geldbetrag, damit sie Löschungsbewilligung für ihr an aussichtsloser Rangstelle befindliches Recht erteilen (sog. „Lästigkeitsprämie"). Als Folge mittlerweile wieder aufgegebener Judikatur des BGH zu dieser „Lästigkeitsprämie" wurde in der Instanzrechtsprechung z. T. eine Verpflichtung für den offensichtlich an aussichtsloser Stelle im Grundbuch positionierten Gläubiger aus § 242 BGB abgeleitet, sein Grundpfandrecht gegen Zahlung seiner Auslagen für die Löschung freizugeben.[17)] Seine in dem Urteil

---

16) Es ist völlig in Ordnung, wenn der Gläubiger aus einer Sicherungsgrundschuld in Millionenhöhe nur die Zwangsverwaltung betreibt und dort nur wegen der dinglichen (unverjährten) Zinsen; allerdings muss er dazu die Grundschuld kündigen und die Sechsmonatsfrist des § 1193 Abs. 2 Satz 2 BGB abwarten oder die Vollstreckung aus den Zinsen androhen und den Ablauf desselben Zeitraums abwarten, vgl. BGH, Beschl. v. 30.3.2017 – V ZB 84/16, ZfIR 2017, 545 ff. Unbedenklich ist auch, wenn der Gläubiger die Pfändung durch den Gerichtsvollzieher aus einem Titel über 100.000 € wegen einer Zinsforderung von 1.000 € betreibt, weil er annimmt, es könne ohnehin kein größerer Betrag beigetrieben werden oder weil er Ratenzahlung vermeiden will, um nicht in der Insolvenz des Schuldners später mit § 133 InsO konfrontiert zu werden.

17) BGH, Beschl. v. 20.3.2008 – IX ZR 68/06, ZIP 2008, 884 f. = Rpfleger 2008, 440 f. = NJW-RR 2008, 1074 f. (zur Insolvenzzweckwidrigkeit der Zahlung einer „Lästigkeits-prämie" an nachrangigen Grundpfandgläubiger mit evident aussichtsloser Rechtsposition) m. Anm. *Hermann*, jurisPR-InsR 12/2008, Anm. 3; BeckOK-*Cranshaw*, ZVG, § 9 Rz. 104–288; LG Regensburg, Urt. v. 21.9.2009 – 4 O 1442/09, ZIP 2008, 2165 f. = ZInsO 2009, 2015 ff.; OLG Schleswig, Beschl. v. 23.2.2011 – 5 W 8/11, juris Rz. 14 ff. = ZIP 2011, 1254 ff. = ZInsO 2011, 1745 ff. (Schadenersatzpflicht einer Bank durch Verhinde-rung des freihändigen Verkaufs infolge Beharrung auf einer nicht gerechtfertigten Lästig-keitsprämie); OLG Nürnberg, Urt. v. 19.11.2013 – 4 U 994/13, ZIP 2013, 2471 = ZfIR 2014, 28 (Zwangssicherungshypothek im Insolvenzverfahren). Der BGH hat mit Urteil v. 20.3.2014 – IX ZR 80/13, ZIP 2014, 978 f. = ZfIR 2014, 528 ff. = ZInsO 2014, 1009 ff. = juris Rz. 23, seine Rechtspr. aus dem Jahr 2008 dahingehend präzisiert, dass eine Insolvenzzweckwidrigkeit dann nicht bejaht werden kann, wenn der an aussichtloser Stelle im Grundbuch positionierte Grundpfandgläubiger eine Lästigkeitsprämie erhält, deren *„Be-trag ausschließlich zu Lasten eines damit einverstandenen vorrangigen Grundpfandgläubigers geht"*, wenn also die Lästigkeitsprämie unmittelbar aus dem Kaufpreis ohne den „Umweg" über die Masse bezahlt wird, z. B. vom Notartreuhandkonto an den betreffenden nachran-gigen Gläubiger gegen Löschungsbewilligung seines Rechts. Vgl. zu dem Urteil IX ZR 80/13 die Anm. von *Cranshaw*, ZfIR 2014, 530 ff.

zu IX ZR 80/13 bereits abgemilderte Rechtsprechung zu der Problematik hat der BGH später ganz aufgegeben; kein *„nachrangig gesicherter“* Grundpfandgläubiger muss im Insolvenzverfahren des Eigentümers die Löschung seines Rechts bewilligen, um die freihändige lastenfreie Veräußerung zu ermöglichen.[18)]

Vollstreckungsanträgen der öffentlichen Hand nach **Verwaltungsvollstreckungsrecht** (im Einzelnen siehe § 16 Rz. 23–51 [*Cranshaw*]), denen die das Vollstreckungsgericht bindende Bestätigung der Vollstreckungsbehörde, die Voraussetzungen der Vollstreckung seien gegeben, nicht beigefügt wird oder bei denen offenkundig ist, dass der Subsidiaritätsgrundsatz des Vorrangs der Mobiliarvollstreckung nicht beachtet wurde, fehlt es am Rechtsschutzinteresse. Sie sind **unzulässig.** 17

Eine **allgemeine Subsidiarität** des Zwangsversteigerungs- bzw. Zwangsverwaltungsverfahrens zugunsten einer zuvor in Angriff zu nehmenden „schonenderen“ Vollstreckungsmaßnahme, wie die Mobiliarpfändung durch den Gerichtsvollzieher, gibt es für Gläubiger außerhalb des § 322 Abs. 4 AO (in Fällen der Verwaltungsvollstreckung) nicht, auch nicht, wenn die verfolgte Forderung geringfügig ist. Die Grenzen für den Gläubiger bilden die Fälle des § 765a ZPO ab, materiell steht der Vollstreckung in den entsprechenden Fällen auch das **Schikaneverbot** (§ 226 BGB) als seltene Ausnahme entgegen oder ein ebenfalls seltener Anspruch aus § 826 BGB. 18

2. Rechtsschutzinteresse und Antragsbefugnis außerhalb der gläubigergetriebenen Verfahren nach dem ZVG

a) Insolvenzverwalterversteigerung (§§ 172–174a ZVG, § 165 InsO)

Der Insolvenzverwalter leitet sein Rechtsschutzinteresse sowie seine Antragsbefugnis allein aus den §§ 172 ff. ZVG i. V. m. § 80 InsO bzw. i. V. m. § 35 InsO her. Die Versteigerung durch ihn ist Ausdruck seiner **Pflicht zur Verwertung** der Masse (vgl. insbesondere § 159 InsO). Hat er den Vollstreckungsgegenstand aus der Masse freigegeben, entfällt die Befugnis des Insolvenzverwalters zur Versteigerung als Folge des Wegfalls des Insolvenzbeschlags ebenfalls. Der Gegenstand ist nicht mehr massezugehörig. 19

Entsprechend hat der Eigenverwalter (§ 270 InsO) aufgrund seiner Pflicht gegenüber den Gläubigern, die Massegegenstände zu verwerten, auch ein Rechtsschutzinteresse, den Versteigerungsantrag nach § 172 ZVG stellen zu können. 20

b) Nachlassversteigerung (§§ 175–179 ZVG)

Die Nachlassversteigerung ist eine Ergänzung der im BGB vorgesehenen Verfahrensweisen zur Beschränkung der Haftung der Erben für die Nachlassverbindlichkeiten (vgl. die §§ 1970 ff., 1971, 1973, 1975, 1990 BGB). Ratio legis ist, die Basis für die Beantwortung der Frage zu schaffen, in welchem Umfang der Erbe, der die Erbschaft angenommen hat, der aber nicht unbeschränkt haftet, die Nachlassgläubiger befriedigen muss. Die Gläubiger, die über Absonderungsrechte an dem Vollstreckungsgegenstand verfügen, sind von dem Ausschluss im Aufgebotsverfahren (§§ 1971, 1973 BGB) nicht betroffen. Der haftende Erbe kann ihre Befriedigung daher 21

---

18) BGH, Urt. v. 30.4.2015 – IX ZR 301/13, ZIP 2015, 1131 ff. = Rpfleger 2015, 588 ff.

nicht verweigern, wenn der Nachlass zugunsten der anderen Gläubiger erschöpft ist.[19] **Antragsbefugt** sind daher die Erben (§ 175 Abs. 1 Satz 1 ZVG), aber auch diejenigen, die befugt sind, das Aufgebotsverfahren der Nachlassgläubiger zu beantragen (§ 175 Abs. 2 Satz 2 ZVG); das sind ebenfalls wieder die Erben (nach Annahme der Erbschaft), aber auch der Nachlasspfleger, Nachlassverwalter bzw. der Testamentsvollstrecker (ebenfalls erst nach Annahme der Erbschaft), soweit „ihnen die Verwaltung des Nachlasses zusteht" (§ 455 FamFG). Ist das Nachlassinsolvenzverfahren beantragt, soll ein Aufgebotsverfahren nicht mehr stattfinden, es endet mit der Eröffnung des Insolvenzverfahrens (vgl. § 457 FamFG), das ja seinerseits die Sondermasse „Nachlass" im Rahmen des § 35 InsO vollständig den Gläubigern zur Verfügung stellt.

c) Teilungsversteigerung (§§ 180 ff. ZVG)

22 Die Antragsbefugnis zur **Teilungsversteigerung** (§ 180 ZVG) ist abhängig von dem für die jeweilige Gemeinschaft geltenden Regelwerk. Dabei ist zu beachten, dass bei den Personen- und Personenhandelsgesellschaften (insbesondere BGB-Gesellschaft, OHG) die Teilungsversteigerung nur dann zulässig ist, wenn die Gesellschaft nicht nach den allgemeinen gesetzlichen Regelungen auseinandergesetzt wird, sondern wenn unter den Gesellschaftern diese Art der Verwertung des Immobiliarvermögens als eine andere Art der Auseinandersetzung (§ 145 Abs. 1 HGB direkt oder analog) gewählt worden ist (im Gesellschaftsvertrag oder durch gesonderte Beschlussfassung). Wer dann antragsbefugt ist (alle Gesellschafter gemeinsam, die geschäftsführenden bzw. die vertretungsberechtigten Gesellschafter, die Liquidatoren), hängt ebenfalls von den Regelungen des Gesellschaftsvertrags ab mit entsprechenden Folgen für die jeweilige Antragsbefugnis. Der BGH steht bei der **BGB-Gesellschaft** auf dem Standpunkt, dass nach der Kündigung der Gesellschaft jeder Gesellschafter befugt ist, die Teilungsversteigerung zu beantragen, die Rechtsfähigkeit der BGB-Gesellschaft steht dem nicht entgegen. Einer vorherigen Klage gegen die anderen Gesellschafter zur Durchsetzung des Anspruchs auf Versteigerung des Gesellschaftsgrundstücks bedarf es nicht. Die Teilungsversteigerung ist hier die Folge des § 731 BGB, der auf § 753 Abs. 1 BGB verweist und damit den Weg der Teilungsversteigerung eröffnet.[20] Als Folge der Rechtsfähigkeit der Außen-GbR ist daher auch § 180 ZVG „nicht mehr unmittelbar" die Grundlage der Teilungsversteigerung, sondern dies sind die §§ 731, 753 BGB i. V. m. den §§ 180 ff. ZVG (analog).[21] Diese Rechtslage ändert sich ab dem 1.1.2024 mit dem Inkrafttreten des MoPeG, des Personengesellschaftsrechtsmodernisierungsgesetzes; damit wird die Rechtslage insoweit der Lage bei den Personenhandelsgesellschaften angeglichen; die Zulässigkeit der Teilungsversteigerung besteht nur dann, wenn die Gesellschafter anstelle der Liquidation eine andere Art. der Abwicklung vereinbaren (§ 735 Abs. 2 BGB n. F., ab 1.1.2024).

---

19) Dassler/Schiffhauer/u. a.-*Rellermeyer*, ZVG, § 175 Rz. 1; *Jaeckel/Güthe*, ZVG, 4. Aufl., § 175 Rz. 1.

20) BGH, Beschl. v. 16.5.2013 – V ZB 198/12, ZfIR 2013, 734 ff. = Rpfleger 2013, 694 ff. = ZIP 2013, 1763 ff.

21) BGH, V ZB 198/12, ZfIR 2013, 734 ff., Rz. 7, 8.

3. Vollstreckungsgegenstände nach dem ZVG

a) Vollstreckungsgegenstand

Vollstreckungsgegenstand[22] der Verfahren nach dem ZVG sind **Grundstücke** (mit eigenem Grundbuchblatt, § 3 Abs. 1 GBO); siehe aber auch den grundbuchfreien Grundbesitz,[23] bei dem die Eintragung im Grundbuch nur fakultativ ist, § 3 Abs. 2 GBO). Zu den Grundstücken gehört auch das **ideelle Miteigentum nach Bruchteilen** (§§ 1008 ff., 741 ff. BGB). 23

b) Besonderheiten bei Gesamthandsgemeinschaften

Besonderheiten sind bei Grundbesitz von **Gesamthandsgemeinschaften** zu beachten, wenn der Gläubiger einen Anspruch nur gegen einen einzigen oder einen Teil der Gesamthänder hat; er muss dann dessen Anteil pfänden (§ 859 ZPO, GbR-Anteil und Anteile an einer Personenhandelsgesellschaft), um danach im Wege der Teilungsversteigerung vorzugehen, soweit diese zulässig ist.[24] Hintergrund ist der Umstand, dass der einzelne Gesamthänder nicht über Gesamthandseigentum verfügen kann; siehe im Einzelnen für die BGB-Gesellschaft die §§ 717, 718, 719 BGB a. F. (bis 31.12.2023),[25] für die Erbengemeinschaft § 2040 Abs. 1 BGB (Verfügung über Nachlassgegenstände nur „gemeinschaftlich"), für die in praxi unbedeutende Gütergemeinschaft § 1419 Abs. 1 BGB (nahezu wörtlich übereinstimmend mit § 719 BGB). Sind **ausländische Güterstände** maßgeblich, sind deren Spezifika zu beachten. Die Neuregelung des Personengesellschaftsrechts ab 1.1.2024 durch das MoPeG führt dazu, dass jedenfalls 24

---

22) Siehe den Überblick bei Löhnig/*Gietl*, ZVG, 2010, Gegenstände der Zwangsversteigerung und -verwaltung, S. 37 ff.; siehe ferner BeckOK-*Gietl*, ZVG, § 16 Rz. 38–58.

23) Text des § 3 Abs. 2 GBO: *„Die Grundstücke des Bundes, der Länder, der Gemeinden und anderer Kommunalverbände, der Kirchen, Klöster und Schulen, die Wasserläufe, die öffentlichen Wege, sowie die Grundstücke, welche einem dem öffentlichen Verkehr dienenden Bahnunternehmen gewidmet sind, erhalten ein Grundbuchblatt nur auf Antrag des Eigentümers oder eines Berechtigten."* Sollte einmal die Versteigerung in ein solches Grundstück erfolgen, wäre § 17 ZVG teleologisch zu reduzieren.

24) Vgl. Löhnig/*Gietl*, ZVG, 2010, Gegenstände der Zwangsversteigerung und -verwaltung, S. 37 ff., Rz. 8; siehe ferner BeckOK-*Gietl*, ZVG, 2010, § 16 Rz. 45.

25) Durch das MoPeG, das Gesetz zur Modernisierung des Personengesellschaftsrechts v. 10.8.2021, BGBl. I 2021 S. 3436 ff., im Wesentlichen in Kraft ab 1.1.2024, ändert sich das Konzept der GbR (Art. 1 MoPeG) mit Folgen für die Regelungen der §§ 717–719 BGB. Im Hinblick auf die rechtsfähige Gesellschaft (des bürgerlichen Rechts) gilt Folgendes: Die Übertragung von Gesellschaftsanteilen bedarf der Zustimmung der anderen Gesellschafter, § 711 Abs. 1 Satz 1 BGB n. F., eine Neuregelung, die aber der gesellschaftsvertraglichen Praxis Rechnung trägt. Die Rechte der Gesellschafter aus dem Gesellschaftsverhältnis sind, von Ausnahmen abgesehen, nicht übertragbar, § 711a BGB n. F.; die Norm entspricht im Wesentlichen § 717 BGB a. F. Die rechtsfähige BGB-Gesellschaft nach § 706 Abs. 2 Fall 1 BGB ist entsprechend der seit Langem bestehenden Entwicklung in der Judikatur zur BGB-Außengesellschaft nun auch durch den Gesetzgeber als **rechtsfähige Personengesellschaft** anerkannt (vgl. 706 Abs. 1, 713 BGB n. F.), nachdem sie als Gesellschaft ohne Rechtspersönlichkeit schon seit dem 1.1.1999 in § 11 Abs. 2 Nr. 1 InsO insolvenzfähig geworden war, was nichts anderes als eine Vorstufe zur vollständigen Rechtsfähigkeit war. Die Streichung des § 719 BGB a. F. ist eine Folge der Rechtsfähigkeit, sodass es der Figur der gesamthänderischen Beteiligung an den einzelnen Gegenständen des Gesellschaftsvermögens nicht mehr bedurfte; die Vorschrift war nach zwischenzeitlich h. M. zum Gesellschaftsvermögen der GbR-Außengesellschaft überholt. Auf die weiteren Regelungen des MoPeG, u. a. des HGB (Art. 51 MoPeG) ist vorliegend nicht einzugehen.

im Außenverhältnis der Gesellschaft zu Dritten die Rechtsfigur der Gesamthandsgemeinschaft als Folge der Rechtsfähigkeit der Personengesellschaft gegenstandslos ist.

c) Vollstreckungsrechtliche Fragen bei der BGB-Gesellschaft

25 Besteht ein vollstreckbarer Anspruch gegen alle an der Gesamthand Beteiligten, muss erheblich differenziert werden (Rechtslage bis 31.12.2023 und Rechtslage ab 1.1.2024):

26 Bei der **BGB-Gesellschaft** (als Außengesellschaft) bedarf es zur Vollstreckung in das Gesellschaftsvermögen (bis 31.12.2023, ab 1.1.2024 sind die Vorschriften des MoPeG anzuwenden, siehe im Folgenden) eines Titels gegen alle Gesellschafter (§ 736 ZPO) oder gegen die Gesellschaft selbst, da diese nach bisheriger Rechtslage (partiell) rechtsfähig ist, vergleichbar und in Analogie zur OHG (zur Rechtsänderung ab 1.1.2024 siehe Fn. 26).[26] Die Problematik des fortlaufend möglichen Gesellschafterwechsels bei der BGB-Gesellschaft (Ausscheiden von Gesellschaftern, Übertragung von Gesellschaftsanteilen, soweit der Gesellschaftsvertrag oder Gesellschafterbeschlüsse Letzteres zulassen, ein Standard bei der Publikums-GbR als vermögensverwaltende Anlagegesellschaft für geschlossene Immobilienfonds u. Ä.), versucht das Gesetz bisher (bis 31.12.2023) mit der Vermutung gemäß § 899a BGB (fällt mit dem MoPeG weg) i. V. m. § 47 Abs. 2 Satz 1 GBO zu lösen bzw. mit der Struktur des § 47 GBO insgesamt. Damit wird die Immobiliarvollstreckung in Grundbesitz der BGB-Gesellschaft auch dann möglich, wenn im Grundbuch eingetragene Gesellschafter nicht mehr Gesellschafter sind oder wenn neu hinzugetretene Gesellschafter nicht eingetragen wurden. Das ist deswegen von Belang, weil der Übergang der Beteiligung sich materiellrechtlich außerhalb des Grundbuchs vollzieht und auch keiner gesetzlichen Form bedarf. Eine Sonderfrage betrifft den Fall des **Eintritts eines neuen Gesellschafters** in eine bestehende BGB-Gesellschaft. Er haftet wie der persönlich haftende Gesellschafter der OHG und der KG akzessorisch für die Gesellschaftsverbindlichkeiten (§§ 128, 130 HGB a. F., bei der BGB-Gesellschaft analog; ab 1.1.2024, §§ 126, 128, 129 HGB n. F.), auch für die vor seinem Eintritt entstandenen „Altverbindlichkeiten" (künftig §§ 721, 721a BGB n. F. nach dem MoPeG, § 127 HGB n. F.). Ein Titel gegen die Gesellschaft ermöglicht auch nach Änderungen im Gesellschafterbestand nach Rechtshängigkeit die Vollstreckung in das Gesellschaftsvermögen. Um in das Vermögen des Beigetretenen zu vollstrecken, bedarf es indes eines gesonderten Titels gegen diesen, der zuvor gegen alle anderen Gesellschafter erstrittene Titel (vgl. § 736 ZPO a. F. bis 31.12.2023) reicht nicht aus.

27 Nach § 732 BGB n. F. nach dem MoPeG bedarf es grundsätzlich eines Titels gegen die Gesellschaft, um in deren Vermögen zu vollstrecken, aus diesem Titel kann **nicht gegen die Gesellschafter** vollstreckt werden. § 736 ZPO n. F. nach dem MoPeG ist eine Sondervorschrift zur Vollstreckung gegen eine rechtsfähige GbR bei nachträglicher Eintragung in das Gesellschaftsregister, vgl. §§ 707–707d BGB n. F., da die Eintragung nach § 707 Abs. 1 BGB n. F. optional ist.

28 Die neue Rechtslage nach dem MoPeG schließt in der Praxis zudem die gängige Teilungsversteigerung bei der rechtsfähigen GbR aus. Scheidet ein Gesellschafter aus (z. B.

---

26) BGH, Urt. v. 29.1.2001 – II ZR 331/00, BGHZ 146, 341 ff.; Zöller/*Stöber*, ZPO, § 736 Rz. 2; Zöller/*Althammer*, ZPO, § 50 Rz. 17.

bei Insolvenz, Kündigung, Ausschließung, vgl. § 723 Abs. 1, 2 BGB n. F.), so wächst sein Anteil den anderen Gesellschaftern zu (§ 712 BGB n. F.). Die Gesellschaft besteht fort. Der Ausgeschiedene hat lediglich einen Abfindungsanspruch. Scheidet aus der zweigliedrigen GbR der vorletzte Gesellschafter aus, erlischt die Gesellschaft ohne Liquidation und ihr Vermögen geht durch Universalsukzession auf den „verbliebenen" Gesellschafter über. Wird die Gesellschaft aus den Gründen des § 729 BGB n. F. aufgelöst, ist sie zu liquidieren (§§ 735 ff. BGB n. F.); in der Insolvenz gehen die insolvenzrechtlichen Vorschriften vor. Der Gesellschaftsvertrag kann all dieses anders regeln. Die bisher auf §§ 731 Satz 1, 753 Abs. 1 Satz 1 Halbs. 2 BGB a. F. gestützte Möglichkeit der Teilungsversteigerung ist nur noch bei entsprechender Gestaltung des Gesellschaftsvertrags möglich (siehe zur von der Liquidation abweichenden Regelung der Abwicklung der rechtsfähigen GbR § 735 Abs. 2 BGB n. F.). Hinzu kommt, dass die GbR als Eigentümerin einer Immobilie faktisch im neuen Gesellschaftsregister eingetragen werden muss (§§ 707–707d BGB n. F.), da die GbR mit einem Recht im Grundbuch (wozu auch das Eigentum oder dessen Übertragung durch die GbR gehört) nur eingetragen wird, wenn sie im Gesellschaftsregister eingetragen ist (§ 47 Abs. 2 GbO n. F. ab 1.1.2024); entsprechend müssen im Grundbuch Name, Sitz und Registergericht nebst Registerblatt im Grundbuch eingetragen werden (§ 15 Abs. 1 Nr. 2 GBV n. F. ab 1.1.2024). Zu dem hier nicht im Einzelnen zu behandelnden Übergangsrecht zu einzelnen Aspekten des neuen Rechts der BGB-Gesellschaft wird auf Art. 229 §§ 21, 61 EGBGB n. F. (ab 1.1.2024) verwiesen. Die Neuregelung dürfte die Vollstreckung in das Gesellschaftsvermögen erleichtern.

d) Erben- und Gütergemeinschaft

Für die **Erbengemeinschaft** siehe Rz. 89, für die **Gütergemeinschaft** siehe Rz. 89, 173. 29

e) Wohnungs- bzw. Teileigentum nach dem WEG und grundstücksgleiche Rechte (§ 870 ZPO)

Vollstreckungsgegenstand sind ferner das **Wohnungs- und Teileigentum** nach dem 30
WEG, die **grundstücksgleichen Rechte** nach § 870 ZPO[27] („für welche die sich auf Grundstücke beziehenden Vorschriften gelten"), darunter die wichtigen **Erbbaurechte** nach dem ErbbauRG sowie das eher seltenere Wohnungserbbaurecht (§ 30 WEG), das Bergwerkseigentum und altrechtliche Berechtigungen nach Landesrecht i. V. m. dem EGBGB (wie etwa eine Salzabbaugerechtigkeit.[28], [29] Soweit relevant werden einzelne Rechte in den jeweiligen Vorschriften behandelt.

---

27) Vgl. Zöller/*Seibel*, ZPO, § 870, Rz. 1, § 864 Rz. 2; der Kommentar erwähnt auch das Bergwerkseigentum (§ 9 Abs. 1 Satz 1 BBergG bzw. § 149 BBegG und Art. 67 EGBGB), Mineralgewinnungsrechte nach § 68 EGBGB, Fischereirechte bzw. Jagdrechte nach Landesrecht (vgl. Art. 69 EGBGB); zu Altenteilsrechten der agrarischen Wirtschaft siehe Dassler/Schiffhauer/u. a.-*Hintzen*, ZVG, § 9 EG ZVG Rz. 4–14, zur unscharfen Begrifflichkeit vgl. Rz. 4–7.

28) BGH, Beschl. v. 13.12.2012 – V ZB 49/12 (Grundbuchsache) Ls. („*Teilung einer Salzabbaugerechtigkeit*"), Rpfleger 2013, 260 ff. = NJW-RR 2013, 588 f.

29) Zu weiteren grundstücksgleichen Rechten, die in der Praxis freilich von nur sehr geringer Bedeutung sind sowie zum Gebäudeeigentum der DDR, das vorliegend nicht behandelt wird, vgl. auch den Überblick bei Löhnig/*Gietl*, ZVG, 2010, Gegenstände der Zwangsversteigerung und -verwaltung, S. 37 f., 39–42, Rz. 9–16.

f) Eingetragene Schiffe und Luftfahrzeuge sowie Eisenbahnen

31 Einen gesonderten Vollstreckungsgegenstand bilden **eingetragene Schiffe** und **Schiffsbauwerke** (SchiffsRG, BinSchG, §§ 162–171 ZVG, § 870a ZPO) sowie **eingetragene Luftfahrzeuge** (LuftFzgG, §§ 171a–n ZVG). Auf die Kommentierung dazu im vorliegenden Kommentar wird verwiesen.

32 Auf die praktisch wenig bedeutende Vorschrift des § 871 ZPO über landesrechtliche Vorbehalte im Kontext mit der Zwangsvollstreckung in Eisenbahnen/Kleinbahnen ist nur der Vollständigkeit halber hinzuweisen. Das „Gesetz über Maßnahmen zur Aufrechterhaltung des Betriebs von Bahnunternehmen des öffentlichen Verkehrs" (BahnG) will den Eisenbahnverkehr als wichtige Infrastruktur möglichst gegen Insolvenz und Zwangsversteigerung der dem Bahnbetrieb auch nur mittelbar zu dienen bestimmten **unbeweglichen Gegenstände** abschirmen, solange die Betriebsgenehmigung besteht (vgl. die §§ 1, 3 des Gesetzes).[30] Die Zwangsversteigerung bedarf während der Dauer der Betriebsgenehmigung der Zustimmung der Aufsichtsbehörde (§ 3 Abs. 1 Satz 1 des Gesetzes). Weitergehende Bestimmungen des Landesrechts (für die dem Landesrecht unterstehenden Eisenbahngesellschaften) gehen dem Bundesgesetz vor (§ 3 Abs. 4 des Gesetzes). Ob das Gesetz aufgrund von Erwägungen, den Verkehr wieder verstärkt auf die Schiene zu bringen, revitalisiert werden wird, mag man abwarten.

g) Grundstücksvereinigungen

33 Zu den Fällen der **Grundstücksvereinigung** bzw. der Zuschreibung gemäß § 890 BGB siehe § 16 Rz. 68 ff. [*Cranshaw*].

III. Beteiligte – Schuldner und Gläubiger

1. Beteiligung und Beteiligteneigenschaft

a) Verfahrensbeteiligte

34 Die Eigenschaft als **Verfahrensbeteiligter** an Verfahren nach dem ZVG ergibt sich aus § 9 ZVG, die daraus resultierenden Beteiligungsrechte finden sich in einer Reihe von Normen des ZVG. Daneben stehen die Beteiligten in einem weiteren Sinne, deren Funktionen und „Beteiligungsrechte" ebenfalls in einer Reihe von Vorschriften des ZVG angesprochen sind (siehe im Einzelnen § 9 [*Cranshaw*]). Die Wahrnehmung von Beteiligungsrechten setzt stets Beteiligungsfähigkeit (ein mit der Parteifähigkeit des § 50 ZPO identischer Begriff) und Verfahrensfähigkeit (= Prozessfähigkeit) voraus Die Rolle des Betroffenen im Verfahren ist dabei ohne Belang, vielmehr handelt es sich um Voraussetzungen, die in jedem gerichtlichen Verfahren vorliegen müssen.

b) Beteiligungsfähigkeit

35 Entspricht die Beteiligungsfähigkeit der Parteifähigkeit, so ist wie in jedem gerichtlichen Verfahren, somit auch im Vollstreckungsverfahren, die Parteifähigkeit im ge-

30) Gesetz der Reichsregierung v. 7.3.1934, bereinigte Fassung in BGBl. III. Gliederungsnummer 932-1, i. d. F. bis zur Änderung d. Art. 101 d. Gesetzes v. 8.12.2010, BGBl. 2010 I S. 1864 (unverändert bis zum Redaktionsschluss dieser Auflage des vorliegenden Kommentars). Das Gesetz hat strukturell durch die Privatisierung im Eisenbahnsektor sicherlich an Bedeutung gewonnen. Zu weiteren Einzelheiten zu der Immobiliarvollstreckung in Eisenbahnvermögen vgl. Dassler/Schiffhauer/u. a.-*Hintzen*, ZVG, Vor § 15 Rz. 65; Dassler/Schiffhauer/u. a.-*Rellermeyer*, ZVG, Vor § 172 Rz. 2, 8 und § 2 EG ZVG Rz. 9.

gesellschaft.[38] Einer Umschreibung nach § 727 ZPO auf die „eingetragene" GmbH, AG usw. bedarf es nicht, da kein Identitätswechsel zwischen Vorgesellschaft und eingetragener Gesellschaft besteht.[39]

gg) Nachtragsliquidation

Hat die als vermögenslos gelöschte Gesellschaft, die unter § 394 FamFG zu subsumieren ist, wider Erwarten doch noch Vermögensgegenstände, kann ggf. eine **Nachtragsliquidation** stattfinden, da die Gesellschaft **formell** erloschen ist, aber **nicht materiell**.[40] Ist diese Gesellschaft auf dem Wege der Nachtragsliquidation erst wieder im Handelsregister eingetragen, kann gegen sie aus den bestehenden Titeln vollstreckt werden und auch sie selbst ist wieder uneingeschränkt rechts-, partei- und prozessfähig. Für sie handelt der Nachtragsliquidator. Da die Identität der Gesellschaft aufrechterhalten geblieben ist, bedarf es weder irgendeiner Neutitulierung noch einer Klauselumschreibung. Gegebenenfalls betreiben Gläubiger die Nachtragsliquidation auch, um ein Insolvenzverfahren mit Verteilung der noch vorhandenen Vermögenswerte der betroffenen Gesellschaft nach den Vorschriften der Insolvenzordnung in Gang zu setzen (Ziel der „geordneten Abwicklung" des Restvermögens). 44

hh) Juristische Personen und sonstige rechtsfähige Organisationsformen nach ausländischem Recht

Die rechtsfähige Organisation nach **ausländischem Recht** ist ebenfalls uneingeschränkt beteiligungsfähig, unabhängig davon, ob sie ihren Sitz in der EU, dem EWR oder in einem Drittstaat hat. Ihre Rechtsfähigkeit folgt stets aus den Bestimmungen des ausländischen Rechts. 45

(1) „Scheinauslandsgesellschaften" aus EU, EWR und bestimmten Drittstaaten

Davon zu unterscheiden ist ein anderes Phänomen, das in der Praxis meist mit dem Stichwort der „Limited" (= „Private Company Limited by Shares" nach dem Recht von England und Wales, Irland oder Zypern) verbunden wird, nämlich die Einschaltung einer Gesellschaft, die in der **Europäischen Union** oder anderen Staaten, die mit der EU oder einzelnen Mitgliedstaaten (hier: mit Deutschland) durch entsprechende bilaterale Abkommen verbunden sind, gegründet wurde, dort ihren statutarischen Sitz hat, aber ihre sämtlichen wirtschaftlichen Aktivitäten außerhalb ihres Gründungsstaats in einem anderen Staat (hier: Bundesrepublik) betreibt und in diesem zweiten Staat auch ihren tatsächlichen Verwaltungssitz hat (früher sog. „Scheinauslandsgesellschaft"). Diese Gesellschaft wird nach **Internationalem Gesellschaftsrecht** 46

---

38) Vgl. BGH, Urt. v. 24.10.1988 – II ZR 176/88, juris Rz. 9 = BGHZ 105, 300 ff.

39) Siehe Prütting/Gehrlein-*Hanewinkel*, ZPO, § 727 Rz. 4, m. w. N.; BayObLG, Beschl. v. 12.12.1987 – BReg 3 Z 145/87, BayObLGZ 19897, 446 ff. = JurBüro 1988, 641 f.; OLG Stuttgart, Beschl. v. 2.11.1988 – 2 W 5/88, NJW-RR 1989, 637 f. *(Anordnung eines Ordnungsmittels als Folge eines einstweiligen Verfügungsverfahrens gegen eine GmbH, wobei die Klausel auf die Vorgesellschaft lautete)*.

40) Siehe BGH, Beschl. v. 16.1.2014 – IX ZB 122/12, juris Rz. 7 m. w. N. = ZInsO 2014, 340 *(Nachtragsverteilung im Insolvenzverfahren gemäß § 203 InsO trotz Löschung als vermögenslos)*; BGH, Urt. v. 18.1.1994 – XI ZR 95/93, NJW-RR 1994, 542; siehe ferner OLG Düsseldorf, Beschl. v. 26.7.2023 – I 3 Wx 72/23, NZG 2023, 1228; dazu *Cranshaw*, jurisPR-HaGesR 10/2023, Anm. 3.

der Union insgesamt nach dem Gesellschaftsrecht ihres Gründungsstaats behandelt (sog. „Gründungstheorie“).[41] Das betrifft gerade auch die Rechtsfähigkeit und die Prozessfähigkeit (siehe Rz. 50 ff., 60 ff.). Diese Rechtsauffassung ergibt sich aus der Judikatur des EuGH und des BGH. Zu Gesellschaften aus Staaten außerhalb der EU, bei denen diese Grundsätze ebenfalls Anwendung finden, zählen die Staaten des EWR (also Liechtenstein, Norwegen, Island) und die USA sowie auch Kanada.

(2) Schweiz und weitere Drittstaaten

47 Diese Judikatur gilt indes nicht für die Schweiz, da diese nicht Mitglied von EU und EWR ist; gegenüber den dortigen Gesellschaften wendet der BGH unverändert die „Sitztheorie“ an,[42] wenn eine solche Gesellschaft ihren tatsächlichen Sitz im Inland nimmt. Die juristische Person (schweizerische AG, siehe das Urteil „Trabrennbahn“) wird ohne Neugründung in der Bundesrepublik zur rechtsfähigen Personengesellschaft mit Auswirkungen auf die Haftung der Gesellschafter (materiellrechtlich) und prozessrechtlich auf die Beteiligungsfähigkeit im Verfahren nach dem ZVG. Das gilt auch für die entsprechenden Gesellschaften aus dem Vereinigten Königreich seit dem Brexit (ab 31.12.2020).

(3) Rechtsverfolgung gegen die in ihrem Herkunftsstaat nicht mehr bestehende Auslandsgesellschaft

48 Während die Begründung eines Grundpfandrechts und seine Verfolgung sowie auch aller anderen Ansprüche gegen eine Auslandsgesellschaft unter Beachtung der vorstehend beschriebenen Rechtsverhältnisse vonstatten geht, ergeben sich besondere Probleme, wenn die betroffene Organisation in ihrem Herkunftsstaat erloschen ist. Ist die **Scheinauslandsgesellschaft** nach ihrem Gründungsstatut im Register des Staates des statutarischen Sitzes gelöscht und als rechtsfähiger Verband erloschen, kommt – sofern dies nach der betroffenen Rechtsordnung möglich ist – zunächst eine „Nachtragsliquidation“ nach dem Recht dieses Staates infrage, die von einem interessierten Gläubiger dann unter den Voraussetzungen des dortigen Rechtes ggf. in Angriff genommen werden könnte. Bis dahin fehlt es an Partei- und Prozessfähigkeit im Inland, ein Grundpfandrecht könnte damit zunächst nicht mehr verwertet werden, ein **Antrag nach § 15 ZVG wäre unzulässig**, ganz abgesehen davon, dass eine **Zustellung nicht** ohne Weiteres möglich wäre. Die Praxis der Rechtsprechung behilft sich daher im Einzelfall mit der Figur der **„Rest“- oder „Spaltgesellschaft“**, die für den im Inland belegenen Vermögensrest und die bestehenden Altverbindlichkeiten (vor

---

41) Abzulehnen ist daher die Meinung von Dassler/Schiffhauer/u. a.-*Hintzen*, ZVG, Vor § 15 Rz. 23, wonach die Sitztheorie für die Frage der Rechtsfähigkeit von Auslandsgesellschaften generell bestimmend sei.

42) BGH, Urt. v. 27.10.2008 – II ZR 60/08, *„Trabrennbahn“*, BGHZ 178, 192 ff. = ZIP 2008, 2411 ff. = Rpfleger 2009, 222 ff., st. Rspr., im Anschluss an EuGH, Urt. v. 30.9.2003 – Rs C-167/01, *„Inspire Art“*, Slg. 2003 I-10155 = ZIP 2003, 1885; EuGH, Urt. v. 5.11.2002 – Rs C-280/00, *„Überseering“*, Slg. 2002 I-9919 = ZIP 2002, 2037, st. Rspr.

dem Erlöschen im Ausland) als fortbestehende Rechtspersönlichkeit fingiert wird.[43] Da sich auch bei dieser Konstruktion die **Identität nicht ändert**, bedarf es **keiner Klauselumschreibung** nach § 727 ZPO.

(4) Grenzüberschreitende Umwandlung durch Rechtsformwechsel in der EU

Gelegentlich lässt sich beobachten, dass Gesellschaften ausländischen Rechts, die in einem Mitgliedstaat der EU gegründet wurden, in einen anderen Mitgliedstaat übersiedeln und ihre Rechtsform in eine des dortigen Gesellschaftsrechts ändern und im Register eingetragen werden. Eine gesetzliche Norm dafür besteht nicht. Die Problematik betrifft sowohl die ausländische Gesellschaft, die in eine inländische Rechtsform wechselt (GmbH) als auch eine inländische, die eine ausländische Rechtsform annimmt („Herein"- bzw. „Herausformwechsel"). Der EuGH hat diese Vorgehensweise in seiner neueren Judikatur für zulässig gehalten und in jüngster Judikatur (2017) befestigt.[44] Soll gegen eine solche Gesellschaft nach Formwechsel in eine Immobilie im Inland vollstreckt werden, bedarf es keiner Umschreibung der Vollstreckungsklausel nach § 727 ZPO, weil sich die Identität der Gesellschaft nicht geändert hat. Zustellungen haben allerdings dann an die neue inländische Geschäftsanschrift zu erfolgen (sofern dort der tatsächliche Verwaltungssitz errichtet wurde) und zwar nach dem ZVG ohne Anwendung der Europäischen Zustellungsverordnung Nr. 1393/2007. 49

---

43) Siehe zu dieser Thematik den Beispielsfall der englischen „Limited", die im Companies House gelöscht ist und deren Vermögen anders als im deutschen Recht herrenlos ist *(„bona vacantia")* und daher (ggf. vorübergehend) auf die Krone und andere englische Hoheitsträger übergeht, die im Ausland nicht tätig werden dürfen. Die Löschung kann rückgängig gemacht werden, was aber Aktivitäten Beteiligter erfordert. Hier hilft eben die Theorie der Rest- oder Spaltgesellschaft, die das Fortbestehen in Deutschland fingiert. Damit können Rechts-, Partei- und Prozessfähigkeit sowie Vertretungsmacht weiter für die Zwecke der Vermögensabwicklung (z. B. Versteigerung einer Immobilie) als aufrechterhalten angesehen werden. Ggf. kann ein Notvertretungsorgan eingesetzt werden (analog § 29 BGB, problematisch vor dem Brexit im Hinblick auf die Gründungstheorie), jedenfalls aber ein Verfahrenspfleger gemäß den §§ 57 f. ZPO (Achtung: kein Fall des § 787 ZPO, da das Grundstück oder das Schiff gerade nicht in diesem Sinne herrenlos ist). Erwirken Gesellschafter oder Gläubiger die Wiederaufnahme in das Register, treten die „Directors" wieder an die Stelle der bestellten Pfleger usw. Vgl. zu einem solchen Fall, bei dem aber die Geschäfte nach Löschung im englischen Register fortgeführt wurden, sodass die Theorie der Restgesellschaft obsolet war, OLG Celle, Beschl. v. 29.5.2012 – 6 U 15/12, juris Rz. 8 m. w. N. = NJW-RR 2012, 738 m. Anm. *Cranshaw*, jurisPR-HaGesR 8/2012, Anm. 4 m. w. N. zur Rest- und Spaltgesellschaft unter dem dortigen Abschnitt C. Zum Fortbestehen bzw. zu dessen Fiktion einer im Heimatstaat im Register gelöschten Gesellschaft für Zwecke der Abwicklung vorhandenen Vermögens in Deutschland vgl. BGH, Urt. v. 20.11.2016 – II ZB 19/15, ZIP 2017, 421 ff. = Rpfleger 2017, 287 ff., m. Anm. *Hippeli*, jurisPR-HaGesR 6/2017, Anm. 5. Siehe ferner OLG Celle, Beschl. v. 5.9.2022 – 9 W 73/22, WM 2022, 1978 = Rpfleger 2023, 182 f. (zur engl. Limited). Für die irische bzw. zypriotische Limited verbleibt es natürlich bei der Gründungstheorie.

44) EuGH, Urt. v. 25.10.2017 – Rs C-106/16, *„Polbud"*- ZIP 2017, 2145 ff. = NJW 2017, 3639 ff.; vgl. dazu *Bärwaldt/Hoefling*, DB 2017, 3051 ff.

c) Verfahrens- und Prozessfähigkeit

aa) Grundsatz und juristische Personen und Personengesellschaften

50 Für die **Prozessfähigkeit** (§ 52 ZPO) gelten im Wesentlichen dieselben Erwägungen wie für die Parteifähigkeit. Auch hier darf ebenfalls kein Zweifel über das Vorliegen dieser Voraussetzung über das gesamte Verfahren hinweg bestehen. Vor der notwendigen positiven Sachverhaltsaufklärung, um etwaige Zweifel auszuräumen, sind die Anberaumung des Versteigerungstermins und demgemäß erst recht der Zuschlag nicht zulässig.[45] Sie ist mit der Parteifähigkeit identisch, soweit die betroffene Partei sich selbstständig „durch Verträge" verpflichten kann.

51 Die rechtsfähigen juristischen Personen des privaten und des öffentlichen Rechts können in einem engen Sinne nicht selbst handeln, sondern sie müssen sich durch ihre **Organe** vertreten lassen; diese wiederum können sich rechtsgeschäftlicher Vertreter (§§ 164 ff. BGB, Vertretungsmacht nach Handelsrecht wie die Prokura) bedienen. Im gerichtlichen Verfahren müssen sie sich im Anwaltsprozess durch einen Rechtsanwalt vertreten lassen (vgl. § 78 ZPO), außerhalb der Verfahren mit Anwaltszwang kann die Partei das Verfahren selbst führen.

52 Dasselbe gilt für die (bis 31.12.2023 nur partiell) **rechtsfähigen Personengesellschaften**, die ebenfalls durch ihre organschaftlichen Vertreter (vgl. die §§ 125 ff. HGB a. F., §§ 124 ff. HGB n. F., ab 1.1.2024) handeln, die ihrerseits von rechtsgeschäftlichen Vertretern vertreten werden können.

53 In den Verfahren nach dem ZVG besteht **kein Anwaltszwang** (§ 13 RPflG, § 153 GVG, § 569 Abs. 3 ZPO)[46] mit Ausnahme des Rechtsbeschwerdeverfahrens vor dem BGH (§ 78 Abs. 1 Satz 3 ZPO).

bb) Natürliche Personen

54 Die Problematik der **Prozessunfähigkeit** betrifft daher nur natürliche Personen, die geschäftsunfähig sind, als Minderjährige beschränkt geschäftsfähig oder die trotz bestehender Prozessfähigkeit eines Betreuers bedürfen, entweder wegen Abwesenheit (§ 1884 BGB, „Abwesenheitspflegschaft") oder infolge Anordnung der Betreuung aus den Gründen der §§ 1814, 1815, 1823, 1835 ff. BGB (Betreuung in Vermögensangelegenheiten).

55 Der jeweilige (gesetzliche) Vertreter ist in diesen Fällen **Zustellungsadressat**, aber nicht Titelschuldner, Titelgläubiger oder sonst am Verfahren Beteiligter; diese Rolle verbleibt bei dem verfahrensbeteiligten Minderjährigen, Geschäftsunfähigen und dem Betreuten.

56 Wer jeweils **Vertreter** ist, richtet sich nach den materiellrechtlichen Vorschriften des Familienrechts des BGB.[47]

---

45) OLG Stuttgart, Beschl. v. 31.5.1995 – 8 W 127/95, Rpfleger 1996, 36 f.

46) Zur Beschwerde ohne Anwaltszwang vgl. Thomas/Putzo-*Seiler*, ZPO, § 569 Rz. 9, 11, 13.

47) Bei Einschlag ausländischen Rechts können auch auf diesem Feld Abweichungen infolge der Regelungen des hier nicht zu diskutierenden Internationalen Privatrechts eintreten.

bzw. das Betreuungsgericht einschaltet.[55] *Hintzen* schlägt die Bestellung eines Beistandes vor, sofern der Schuldner seine Rechte nicht ordnungsgemäß wahren könne.[56]

2. Schuldner

a) Person des Schuldners

Wer Schuldner und Gläubiger ist, muss sich jeweils aus dem **Titel** ergeben (siehe Rz. 76 ff.). Im Allgemeinen ist im Vollstreckungsverfahren weder die Person des Schuldners noch des Gläubigers zweifelhaft, ebenso wenig seine zutreffende Bezeichnung.[57] Das Vollstreckungsverfahren steht regelmäßig am Ende der rechtlichen Auseinandersetzung der Beteiligten. Mängel in der Person der jeweils betroffenen Partei oder ihrer Bezeichnung sollten im Erkenntnisverfahren auftreten und sich im Vollstreckungsverfahren eigentlich verbieten. Anders ist dies freilich, wenn sich die Beteiligten entweder nach rechtskräftigem Abschluss des Erkenntnisverfahrens oder nach Erstellung einer vollstreckbaren Urkunde (§ 794 Abs. 1 Nr. 5 ZPO) ändern, z. B. durch Rechtsnachfolge oder wenn sich deren Bezeichnung ändert (z. B. durch Umfirmierung, die die Identität des Beteiligten aber unberührt lässt). Ein Fall ist derjenige der gesellschaftsrechtlichen Umwandlung nach dem UmwG, insbesondere durch Fusion oder Spaltung des Schuldners als übertragender Rechtsträger. Erschwert wird die Sachlage für einen Gläubiger, wenn der Schuldner grenzüberschreitend innerhalb der EU fusioniert oder seinen Sitz und seine Rechtsform grenzüberschreitend formwechselnd ändert (siehe Rz. 49). Außerhalb des Erkenntnisverfahrens können derartige Konstellationen auftreten, wenn – wie häufig – aus einer Grundschuld dinglich vollstreckt werden soll und es einen (schon etliche Jahre bestehenden) notariellen Titel nach § 794 Abs. 1 Nr. 5 ZPO mit Unterwerfung nach § 800 ZPO gibt, der Schuldner aber gesellschaftsrechtlich umgewandelt wurde (auch grenzüberschreitend) oder den Grundbesitz veräußert hat. Im letzteren Beispielsfall stimmt im Hinblick auf § 17 ZVG der Titel auch nicht mehr mit dem Grundbucheintrag überein. Änderungen sind erforderlich. 63

Mängel der *„namentlichen"* Bezeichnung des Schuldners begegnet § 750 Abs. 1 ZPO durch die Aufnahme der Bezeichnung des Schuldners in die Klausel. Das Vollstreckungsgericht ist freilich nicht an die Wertung des Gerichts des Erkenntnisverfahrens gebunden, sondern hat die Verfahrensvoraussetzungen eigenständig zu prüfen. Anlass gibt es regelmäßig nur bei Änderungen nach Abschluss des Erkenntnisverfahrens bzw. nach Entstehung des Titels. 64

b) Sonderfragen bei Schuldnern bestimmter Rechtsform

Dazu siehe Rz. 81 ff. 65

---

55) Vgl. zu der Thematik Zöller/*Seibel*, ZPO, Vor § 704 Rz. 16 m. w. N.; BGH, Urt. v. 22.12.1982 – V ZR 89/80, BGHZ 86, 184 ff., 189.

56) Dassler/Schiffhauer/u. a.-*Hintzen*, ZVG, Vor § 15 Rz. 22 unter Verweis auf LG Ellwangen, Rpfleger 2011, 25.

57) Siehe dazu aber Dassler/Schiffhauer/u. a.-*Hintzen*, ZVG, Vor § 15 Rz. 31 ff.

3. Gläubiger

66 Für den Gläubiger bestehen dieselben Problemfelder wie für den Schuldner. Zu Einzelheiten hier wie dort zur Bezeichnung von Schuldner und Gläubiger im Titel (§ 750 Abs. 1 Satz 1 ZPO) siehe Rz. 81 ff.

IV. Titel, Klausel, Zustellung

1. Vollstreckungsvoraussetzungen

67 Voraussetzungen der Immobiliarvollstreckung sind dieselben wie auch bei Vollstreckungen in andere Vermögenswerte des Schuldners, nämlich ein **Vollstreckungstitel**, eine vollstreckbare Ausfertigung dieses Titels mit der **Vollstreckungsklausel** (§ 724 f. ZPO; § 725 ZPO: „Vorstehende Ausfertigung wird dem usw. (Bezeichnung der Partei) zum Zwecke der Zwangsvollstreckung erteilt") und die **Zustellung** an den Schuldner (§ 750 ZPO).

2. Vollstreckungstitel und Rangklassen, Zahlungs- und Duldungstitel

68 Die Zwangsversteigerung bzw. die Zwangsverwaltung verfolgen das Ziel, Geldforderungen eines Gläubigers durch Verwertung des Grundbesitzes zu befriedigen. Dabei sind jedoch systematisch zwei Gläubigergruppen zu unterscheiden, die **persönlichen** Gläubiger, die nur einen schuldrechtlichen Anspruch haben und die **dinglichen** Gläubiger, die einen dinglichen oder jedenfalls verdinglichten Anspruch haben. Das Innehaben eines dinglichen Anspruchs bedeutet nicht zugleich, dass diesem Gläubiger kein paralleler persönlicher Anspruch zur Seite stehe. Das Gegenteil ist im Allgemeinen richtig. Der dingliche Anspruch dient zur Besicherung des persönlichen Anspruchs, der dadurch verstärkt, aber **nicht erweitert** wird. Der Charakter als dinglicher Anspruch hat Bedeutung für die Befriedigungsreihenfolge in den Rangklassen des § 10 Abs. 1 ZVG, aber den Vorrang vor den dinglichen Ansprüche haben schuldrechtliche Ansprüche der Rangklassen „0" (Verfahrenskosten), der Rangklassen 1, 1a und 2 sowie die „verdinglichten" außerhalb des Grundbuchs stehenden öffentlich-rechtlichen oder ihnen gleichgestellten Forderungen der Rangklasse 3.

69 Der **persönliche Anspruch** wird auf der Grundlage eines Zahlungstitels durchgesetzt, der **dingliche Anspruch** ebenso wie der kraft Verwaltungsrechts verdinglichte Anspruch durch einen Duldungstitel. Für die Grundpfandrechte ist auf § 1147 BGB hinzuweisen. Die Duldungsklage muss wie der Duldungstitel auf ein ganz bestimmtes Grundstück lauten, sodass es im Vollstreckungsverfahren aus dem Titel selbst heraus identifiziert werden kann.

70 Jeder Titel bildet einen eigenständigen **vollstreckungsrechtlichen Anspruch** ab, der Grundpfandgläubiger der Sicherungsgrundschuld kann daher wegen seines dinglichen und zudem wegen seines persönlichen Anspruchs, sofern tituliert, Zwangsversteigerung oder Zwangsverwaltung beantragen, dies freilich in verschiedenen Rangklassen (Grundpfandrecht in Rangklasse 4, persönliche Forderung in Rangklasse 5). Er kann auch das in der Formularpraxis der Banken meist zusätzlich bestehende abstrakte notarielle Schuldanerkenntnis (§§ 780 f. BGB) in Höhe der Grundschuldsumme, bezüglich dessen sich der Schuldner der sofortigen Vollstreckung in sein gesamtes Vermögen unterworfen hat, zur Grundlage der Vollstreckung in das Grundstück (in Rangklasse 5) nehmen. Allerdings kann er natürlich nur ein

einziges Mal Zahlung fordern, sodass er sich im weiteren Verfahrenslauf entscheiden muss, woraus er letzten Endes Befriedigung begehrt.

3. Geeignete Titel, Vollstreckbarkeit mit und ohne Sicherheitsleistung

a) Geeignete Vollstreckungstitel

Geeignete Titel zur Durchführung der Zwangsversteigerung und der Zwangsverwaltung sind beispielsweise: 71

- gerichtliche Urteile als Zahlungs- oder Duldungstitel, auch Anerkenntnis- und Versäumnisurteile, rechtskräftige und nur vorläufig vollstreckbare,
- gerichtliche Vorbehaltsurteile im Urkundenprozess (§§ 592, 599 ZPO), der sich auch für Duldungsklagen gemäß § 1147 BGB eignet, da diese auf die Duldung im Hinblick auf den Betrag eines konkreten Grundpfandrechts gerichtet sind,[58)]
- Vollstreckungsbescheide (persönliche Zahlungstitel, Rangklasse 5),
- gerichtliche Vergleiche, auch gemäß § 278 Abs. 6 ZPO,
- notarielle Urkunden mit Vollstreckungsunterwerfung, § 794 Abs. 1 Nr. 5 ZPO,
- Kostenfestsetzungsbeschlüsse,
- für vollstreckbar erklärte Schiedssprüche,
- **ausländische Zahlungstitel** nach Maßgabe unionsrechtlicher Rechtsinstrumente (u. a. Brüssel Ia-VO), des Luganoübereinkommens (II, 2007) und der Urteile von Drittstaaten nach deren Vollstreckbarerklärung durch Vollstreckungsurteil (§§ 722, 723 ZPO i. V. m. § 328 ZPO).

Darauf, ob der Titel rechtskräftig oder nur vorläufig vollstreckbar ist, kommt es nicht an (ausgenommen ausländische Zahlungstitel i. S. d. § 723 Abs. 2 ZPO, anders EU-Zahlungstitel, die keiner Rechtskraft bedürfen, um vollstreckt werden zu können). Auf die Darstellung der Vollstreckung aus **Wechsel- und Scheckurteilen** wird aus Gründen der Änderung der Refinanzierung der Unternehmen ebenso wie des Zahlungsverkehrs und damit des entscheidenden Rückgangs der Bedeutung dieser Finanzierungs-/Zahlungsverkehrsinstrumente verzichtet (der Scheck ist in praxi verschwunden, siehe die Ausnahme der Bundesbankschecks und der Verrechnungsschecks in § 69 Abs. 2 ZVG), ebenso auf den sicherlich praktisch einmaligen Fall der Zug-um-Zug-Verurteilung und -Vollstreckung gegen Aushändigung von **Inhaberschuldverschreibungen** (auf das Urteil des BGH zu VII ZB 64/07 wird verwiesen).[59)] 72

b) Vollstreckung gegen Sicherheitsleistung

Ist ein Urteil nur gegen **Sicherheitsleistung** vorläufig vollstreckbar (vgl. §§ 708 ff. ZPO, einschließlich der Abwendungsbefugnis nach § 709 ZPO und des Schutzantrags des Schuldners gemäß § 712 ZPO), so sind im Vollstreckungsverfahren die §§ 751 Abs. 2, 752 ZPO (Sicherheitsleistung bei Teilvollstreckung) zu beachten. 73

58) Grüneberg/*Grüneberg*/, BGB, § 1147 Rz. 3; siehe als Beispiel den Antrag auf Erlass des Duldungsurteils bei Böttcher/*Böttcher*, ZVG, §§ 15, 16 Rz. 28 a. E.

59) BGH, Beschl. v. 8.7.2008 – VII ZB 64/07, juris = BGHZ 177, 178 ff. = Rpfleger 2008, 448 ff.

Die Art der Sicherheit wird nach § 108 Abs. 1 ZPO vom Prozessgericht bestimmt und steht in dessen Ermessen. Allgemein üblich ist die Erbringung der Sicherheitsleistung gemäß § 108 Abs. 1 Satz 2 Alt. 1 ZPO durch *„schriftliche, unwiderrufliche, unbedingte und unbefristete Bürgschaft eines […] Kreditinstituts"*. Die Bürgschaft muss auf die Einrede der Vorausklage (§ 771 BGB i. V. m. § 773 Abs. 1 Nr. 1 BGB) verzichten; die Bürgschaft einer Bank ist aber kraft Gesetzes bereits „selbstschuldnerisch", da der Bank die Einrede der Vorausklage nicht zusteht, denn die Bürgschaft ist für sie „Handelsgeschäft" i. S. d. § 349 HGB i. V. m. § 344 HGB. Da aus Gründen des europäischen Rechts auch Banken, die innerhalb der EU zugelassen sind, grundsätzlich taugliche Bürgen der **Prozessbürgschaft** sind und im Allgemeinen unter den Voraussetzungen der europäischen bankaufsichtsrechtlichen Voraussetzungen auch im Inland ihren Geschäften nachgehen dürfen, wird man auch darauf achten müssen, dass die Bürgschaft **deutschem Recht** untersteht. Der Hinweis auf ein im Inland zum Geschäftsbetrieb befugtes Kreditinstitut nach § 108 Abs. 1 Satz 2 ZPO erstreckt sich aufgrund der aufsichtsrechtlich EU-weit zugelassenen Institute auch auf Banken im gesamten EU-Raum. Üblich und zulässig ist als Inhalt der Bürgschaft ferner, dass sie mit Rückgabe an den Bürgen durch den Bürgschaftsnehmer, den nach § 108 ZPO Berechtigten, erlischt.[60] Die **Bürgschaftsurkunde** muss dem Begünstigten zugestellt oder ausgehändigt und dies durch öffentliche oder öffentlich beglaubigte Urkunde nachgewiesen werden, § 751 Abs. 2 ZPO. Damit scheidet im Ergebnis die Übergabe zugunsten der Zustellung durch den Gerichtsvollzieher aus, wie *Seibel* zutreffend feststellt.[61] Der BGH hat auch im Anwaltsprozess die Zustellung an den Begünstigten selbst – anstelle des Prozessbevollmächtigten – für hinreichend gehalten.[62] Da die ordnungsgemäße Erbringung der Sicherheit Voraussetzung des Beginns der Vollstreckung nach § 751 Abs. 2 ZPO ist, muss das Vollstreckungsgericht diese Voraussetzung von Amts wegen berücksichtigen.

74 Die in derselben Norm (§ 108 Abs. 1 Satz 2 Alt. 2) zugelassene **Sicherheit durch Hinterlegung von Geld** oder bestimmten **Wertpapieren** nach § 234 Abs. 1, 3 BGB ist ganz unüblich. Die Hinterlegung von Geld beeinträchtigt meist die Liquidität erheblich, bei den Wertpapieren ist trotz des Wertabschlags von 25 % nach § 234 Abs. 3 BGB das Volatilitätsrisiko für den Begünstigten meist nicht akzeptabel.

75 Bei den nur gegen Sicherheitsleistung vollstreckbaren Titeln, die auf Zahlung eines Geldbetrages gerichtet sind, ist ferner § 720a Abs. 1 Satz 1 lit. b) über die Sicherungsvollstreckung zu beachten. Danach ist zwar die **Sicherungsvollstreckung** in eine Immobilie oder ein Schiff durch Eintragung einer entsprechenden Sicherungshypothek bzw. Schiffshypothek zulässig. Die **Befriedigung** daraus bedarf aber der Erbringung der Sicherheit, der Antrag auf Versteigerung **ohne Sicherheit** wäre abzuweisen. Für Teilvollstreckungen gilt dies entsprechend, hier ist § 752 ZPO anzuwenden.

---

60) Zöller/*Herget*, ZPO, § 108 Rz. 9 f., m. w. N.

61) Zöller/*Seibel*, ZPO, § 751 Rz. 6 m. w. N; zur Berechnung der Sicherheitsleistung bei Teilvollstreckung siehe Zöller/*Seibel*, ZPO, § 752 Rz. 2; die Problematik betrifft die persönliche Vollstreckung aus einem Zahlungstitel in die Immobilie nach dem ZVG in der Rangklasse 5.

62) BGH, Beschl. v. 10.4.2008 – I ZB 14/07, Rpfleger 2008, 653 = NJW *2008, 3220 (presserechtliche Unterlassungserklärung)*.

4. Inhalt des Titels – die Parteibezeichnungen

a) Schuldner, Gläubiger und Gläubigerwechsel

Der Zwangseingriff des Staates zugunsten des Gläubigers auf dem Wege der Zwangsvollstreckung macht es erforderlich, dass das Vollstreckungsrecht mit sehr strikten Förmlichkeiten des Verfahrens einhergeht, das zugleich vermeiden muss, das abgeschlossene Erkenntnisverfahren unter anderem Vorzeichen zu wiederholen, ohne jedoch aus dem Auge zu verlieren, dass ausschließlich der titulierte Anspruch gegen den genau bezeichneten Schuldner für den ebenfalls genau bezeichneten Gläubiger durchgesetzt werden darf. Daher sind zwar im Allgemeinen die Beteiligten nach dem Inhalt des Titels dieselben, die sich als Antragsteller und Antragsgegner, als Gläubiger und Schuldner, im Vollstreckungsverfahren begegnen. Dennoch entbindet dieser rechtstatsächliche Umstand angesichts potentieller Änderungen auf der Ebene der Beteiligten das Vollstreckungsgericht nicht, eigenständig zu prüfen, ob die nach dem Titel aktiv- und passivlegitimierten Parteien auch diejenigen des Vollstreckungsverfahrens sind. 76

Ein sehr praxisnaher Sachverhalt geht mit der **Änderung des Titelgläubigers** einher: Verkauft eine Bank eine Not leidende grundpfandrechtlich besicherte Forderung und überträgt sie dem Käufer das Grundpfandrecht, verliert sie nicht formell, aber materiell ihre Befugnis zur Zwangsvollstreckung, so lange der Titel nicht auf den Erwerber als Rechtsnachfolger umgeschrieben worden ist.[63] Das laufende Verfahren wird von dem bisherigen Gläubiger bis dahin fortgesetzt. 77

b) Genaue Bezeichnung Beteiligter und Transkriptionsfragen

§ 750 Abs. 1 ZPO fordert, dass „die Personen, für und gegen die sie [die Zwangsvollstreckung] stattfinden soll, in dem Urteil oder in der ihm beigefügten Vollstreckungsklausel namentlich bezeichnet sind […]". Die Norm gilt auch für alle anderen Vollstreckungstitel (siehe § 794 ZPO). Damit kommt der **genauen Bezeichnung** der Beteiligten entscheidende Bedeutung zu. Gläubiger und Schuldner müssen danach identifiziert werden können. Dabei ist bei der Art der Angaben nach **natürlichen Personen** und **Verbänden** bzw. **Personengesellschaften** zu unterscheiden.[64] 78

Zu beachten ist dabei, dass die Bezeichnung der Beteiligten (Namen, Anschriften usw.) häufig Sprachen zuzuordnen sind, die vom lateinischen Standardalphabet abweichen. Die deutsche Sprache trägt ihren Teil durch die Umlaute bei, auf die Sonderzeichen der slawischen und nordeuropäischen Sprachen sowie auf das Türkische wird hingewiesen. Es ist daher im Interesse des ordnungsgemäßen Ablaufs der Immobilienvollstreckung wesentlich, dass solche Aspekte sorgfältig beachtet werden. 79

Deutlich schwieriger wird diese Problematik, wenn die Namen, Anschriften und sonstigen Bezeichnungen aus einer Sprache stammen, die sich ganz fremder Zeichen bedient. Innerhalb der EU sind dabei das griechische Alphabet (Griechenland) und 80

---

63) Vgl. dazu *Cranshaw*, in: FCH-Praktikerhandbuch, Problematische Firmenkundenkredite, S. 649–777, 692–722 („Veräußerungshindernisse), 747–777 („Vertragsgestaltung").

64) Siehe im Einzelnen die „Kataloge" der Parteibezeichnungen bzw. die Übersichten bei Zöller/*Seibel*, 2022, § 750 Rz. 4–14; Böttcher/*Böttcher*, ZVG, §§ 15, 16 Rz. 23 ff., 75 ff.; Dassler/Schiffhauer/u. a.-*Hintzen*, ZVG, Vor § 15 Rz. 31–42.

das kyrillische (Bulgarien) zu nennen; man darf als weitere aleatorische Beispiele für Drittstaaten die Schriftzeichen der chinesischen und japanischen Sprache, der Sprachen des indischen Subkontinents (soweit dort nicht auch englisch Staatssprache ist) und die arabische Sprache nennen. Die zur Beteiligung an einem inländischen gerichtlichen Verfahren notwendige korrekte Umschreibung in das lateinische Alphabet bedarf eines für diese Sprachen geeigneten Dolmetschers. Unionsrechtliche Titel in Griechisch oder Kyrillisch müssen ebenfalls ordnungsgemäß transkribiert werden (Synonym für „Transkription“ ist „Transliteration“). Fehler in diesem Kontext gefährden auch Einleitung und Fortgang des Verfahrens nach dem ZVG.[65)]

aa) Natürliche Personen – Verbraucher und Freiberufler

81 Bei **natürlichen Personen** muss zwischen Verbrauchern, Freiberuflern und Gewerbetreibenden ohne Registereintrag einerseits und im Handelsregister eingetragenen Kaufleuten andererseits unterschieden werden.

82 Der Titel muss **Namen, Vornamen** und **Anschrift der Beklagten** bzw. des Vollstreckungsschuldners enthalten, ggf. sogar „Stand oder Gewerbe“ (vgl. § 130 Nr. 1 ZPO). Zur Identifizierung kann natürlich auch das Geburtsdatum dienen, im Passivrechtsstreit wird es häufig nicht zur Verfügung stehen, im Rubrum wird es im Allgemeinen nicht angegeben. Die richtige Anschrift ist entscheidend dafür, ob an den Schuldner zugestellt werden und damit das Verfahren durchgeführt werden kann oder nicht, von der öffentlichen Zustellung mit ihren nicht einfach zu erfüllenden Voraussetzungen (siehe § 185 ZPO) einmal abgesehen.

bb) Natürliche Personen – Einzelunternehmer

83 Die im **Handelsregister** als eingetragener Kaufmann eingetragenen **Einzelkaufleute** (§ 19 HGB) führen eine Firma als Namen, unter dem das einzelkaufmännische Unternehmen betrieben wird (§ 17 Abs. 1 HGB) und unter dem der Kaufmann klagen und verklagt werden kann. Daraus ergeben sich einige potentielle Komplikationen, wobei auf firmenrechtliche Details hier nicht eingegangen werden soll. Ausgangspunkt ist, dass es haftungsrechtlich kein Firmenvermögen des Kaufmanns gibt, das vom „privaten“ Vermögen zu unterscheiden wäre, sodass nur eine **einheitliche Haftungsmasse** besteht. Im Grundbuch ist daher folgerichtig nicht die Firma des Kaufmanns, sondern sein „bürgerlicher Name“ (Vorname, Familienname, Geburtsname, ggf. akademische Grade und frühere Familiennamen) angegeben, § 15 Abs. 1 lit. a) GBV a. F. (Grundbuchverfügung = § 15 Abs. 1 Nr. 1 GBV n. F., ab 1.1.2024). Die „Privatanschrift“ des Kaufmanns ist zudem häufig bzw. regelmäßig nicht die Anschrift der „Firma“, deren Betrieb wiederum ggf. die „Firmenimmobilie“ zugeordnet ist, oft der bedeutendste Vermögenswert des Kaufmanns. Die Realkreditgläubiger, denen Grundpfandrechte bestellt worden sind, sollten in der Praxis keine Probleme mit dieser Konstellation haben, da Sicherungsgeber/Grundpfandrechtsschuldner

65) Zur Transliterations-/Transkriptionsproblematik bspw. *Cranshaw*, jurisPR-IWR 5/2018, Anm. 3 zu OLG Hamburg, Urt. v. 25.5.2018 – 8 U 51/17, juris = IPRax 2019, 527 ff. (deutsch-ägyptischer Streitfall mit erheblichen Zustellungsproblemen, siehe auch Rz. 20, 53 mit streitiger Bedeutung der z. T. fehlerhaft im Arabischen bezeichneten beklagten ägyptischen Partei).

der Kaufmann mit seinem „bürgerlichen Namen“ sein wird (sachgerechte Folge aus § 15 Abs. 1 lit. a) GBV/§ 15 Abs. 1 Nr. 1 GBV n. F.) und damit auch dessen „private“ Anschrift sich aus dem Vollstreckungstitel bzw. der Klausel ergeben sollte. Hier bestehen Probleme beim Wohnsitzwechsel, die der Gläubiger, will er versteigern, beheben muss. Für Gläubiger aus dem unternehmerischen Bereich des Kaufmanns, die regelmäßig ohnehin nur persönliche Titel der Rangklasse 5 in Händen halten und die ggf. nur die Geschäftsanschrift kennen, ist das schwieriger, sollte der Betrieb aufgegeben worden sein und damit eine Zustellung am Geschäftslokal faktisch ausscheiden. Zudem kann der auf die Firma lautende Titel (§ 17 Abs. 2 HGB) nicht im Wege des Klauselverfahrens auf den bürgerlichen Namen nach § 727 ZPO umgeschrieben werden, es sei denn, die Firma sei erloschen.[66] Für den eingetragenen Kaufmann als Gläubiger besteht freilich dasselbe Problem.

cc) Personengesellschaften, juristische Personen und andere „Personenzusammenschlüsse“

Personengesamtheiten als Beteiligte müssen namentlich und mit ihrer Anschrift aufgeführt werden. Die frühere bedeutende praktische Problematik bei der BGB-Gesellschaft sowie der Wohnungs-/Teileigentümergemeinschaft ist indes weitgehend aufgelöst (siehe dazu im Folgenden). 84

(1) BGB-Gesellschaft

Die **BGB-Gesellschaft** ist (als Außengesellschaft) rechtsfähig (bis 31.12.2023: siehe oben und § 124 Abs. 1 HGB analog, ab 1.1.2024 nach Art. 1 MoPeG: § 705 Abs. 2 Halbs. 1 BGB n. F., §§ 706 ff. BGB n. F. zur rechtsfähigen Gesellschaft; vgl. im Einzelnen Rz. 26) und kann unter dem von ihr geführten Namen und ihrer Adresse bzw. derjenigen des vertretungsberechtigten Gesellschafters erreicht werden (zu den Personenhandelsgesellschaften siehe im Folgenden). Ihre Besonderheit besteht in der nach bisherigem Recht bis 31.12.2023 allerdings teleologisch zu reduzierenden Norm des § 736 ZPO a. F. (siehe oben), sodass auch ein Titel gegen die GbR als solche hinreichend ist, um in das Gesellschaftsvermögen zu vollstrecken. Allerdings reicht ein nur gegen die Gesellschaft gerichteter Titel nicht aus, um gegen die Gesellschafter zu vollstrecken (§ 124 Abs. 2 HGB a. F. analog). Dagegen hat der Titel nach § 736 ZPO a. F. den Vorteil, in diverse Vermögensmassen vollstrecken zu können, nach zutreffender Meinung auch wegen Forderungen, für die die Gesellschafter gesamtschuldnerisch haften, auch wenn dies nicht Verbindlichkeiten der Gesellschaft sind.[67] Allerdings darf nicht übersehen werden, dass die BGB-Gesellschaft nicht zwingend nur zwischen natürlichen Personen bestehen muss, sondern dass auch jede Gesellschaft zugleich Gesellschafter einer GbR sein kann. Ein nicht ganz seltenes Praxisproblem entsteht dann, wenn genau derselbe Gesellschafterkreis bei verschiedenen Immobilien engagiert ist, dann kann es sich um ein- und dieselbe, aber auch um eine andere BGB-Gesellschaft handeln, wenn nicht die Bezeichnung der Gesellschaft ganz 85

66) Zöller/*Seibel*, ZPO, § 727 Rz. 34.

67) Zutreffend zur Gesamtproblematik Zöller/*Seibel*, ZPO, 2022, § 736 Rz. 2, 3 m. w. N. zur bisherigen Rechtslage bis 31.12.2023, insbesondere auch zu gegenteiliger Judikatur des BGH, Urt. v. 25.1.2008 – V ZR 63/07, NJW 2008, 1378 = Rpfleger 2008, 365.

eindeutig ist (Bsp.: „BGB-Gesellschaft X.-Stadt, A-straße 31", „BGB-Gesellschaft X-Stadt, B-platz 42").

86 Die bisherige Problematik des § 736 ZPO a. F. löst § 736 ZPO n. F. (ab 1.1.2024, hier i. V. m. der Übergangsvorschrift in § 45 EG ZPO § 45 = Artt. 33 MoPeG) dahin, dass § 722 BGB n. F. bestimmt, dass zur Zwangsvollstreckung in das Gesellschaftsvermögen der rechtsfähigen GbR ein Titel gegen die Gesellschaft selbst notwendig ist (Abs. 1), der aber eine Vollstreckung gegen die Gesellschafter nicht ermöglicht (Abs. 2). § 736 ZPO n. F. befasst sich nur noch mit der Vollstreckung im Kontext mit einer erst **nachträglich** in das Gesellschaftsregister eingetragenen rechtsfähigen GbR.

87 Das Problem der undeutlich bzw. verwirrend bezeichneten rechtsfähigen BGB-Gesellschaften ein- und derselben Personen löst § 707 BGB n. F., weitgehend auf und zwar mit der scheinbar nur eine Option darstellenden Eintragung der rechtsfähigen BGB-Gesellschaft in das neue Gesellschaftsregister (§§ 707a ff. BGB n. F.), die aber bei der Immobilien-GbR faktisch zwingend ist, da § 47 Abs. 2 GBO n. F. (ab 1.1.2024, Art. 40 Nr. 2 MoPeG) die Eintragung im Grundbuch trotz des Charakters der Norm als Sollvorschrift erst ermöglicht, wenn sie im Gesellschaftsregister ordnungsgemäß eingetragen ist; ferner fordert § 15 Abs. 1 Nr. 2 GBV n. F. u. a. die Angabe des Registergerichts und Registerblatts auch bei rechtsfähigen Personengesellschaften (Art. 41 Nr. 2 MoPeG, ebenfalls ab 1.1.2024).

(2) Wohnungseigentümergemeinschaft

88 Die **Wohnungseigentümergemeinschaft** als Antragstellerin (siehe unten) ist rechtsfähig (vgl. § 9a WEG nach der WEG-Reform 2020 durch das WEMoG), wenn auch nicht insolvenzfähig (§ 9a Abs. 5 WEG), sie kann unter der Bezeichnung „Wohnungseigentümergemeinschaft (zzgl. genaue Angabe des Grundstücks)" handeln (§ 9a Abs. 1 Satz 3 WEG), wobei jedoch die in den Teilungserklärungen/Gemeinschaftsordnungen verbreiteten „Untergemeinschaften"[68] nicht rechtsfähig sind. Von entscheidender Bedeutung ist das für die Verfolgung von Wohngeldforderungen (Vorschüsse nach dem Wirtschaftsplan, Ansprüche auf die Abrechnungsspitze und Umlagen, aber auch im Hinblick auf Ansprüche der Eigentümer).

(3) Erbengemeinschaft und Gütergemeinschaft

89 Bei **Erbengemeinschaft** und **Gütergemeinschaft** sind die einzelnen Beteiligten sämtlich persönlich zu bezeichnen, ebenso wenn in anderen Fällen eine Mehrheit von Personen betroffen ist. Aus dem Titel muss sich auch das Beteiligungsverhältnis der Beteiligten ergeben, worauf in der Literatur u. a. *Bluhm* und *Böttcher*[69] zutreffend hinweisen. Ohne diese Angabe kann nicht beurteilt werden, in welchem Umfang gegen Beteiligte vollstreckt werden kann. Das bisherige Güterrechtsregister (§§ 1558 ff. BGB a. F.) ist zum 1.1.2023 abgeschafft worden, zum Übergangsrecht siehe Art. 229, § 64 EGBGB (vgl. einschl. § 1412 BGB Grüneberg/*Siede*, BGB, Art. 229 EGBGB Rz. 1, 2).

---

68) Die Untergemeinschaften werden insbesondere zur Aufspaltung von Kostentragungspflichten gebildet.

69) Siehe Böttcher/*Böttcher*, ZVG, §§ 15, 16 Rz. 25 m. w. N.

(4) Nicht rechtsfähiger Verein

Eine ähnliche Konstellation wie bei der BGB-Gesellschaft bestand beim **nicht rechtfähigen Verein**, der über § 54 BGB a. F. (bis 31.12.2023) der GbR angenähert ist/war. Vollstreckungsrechtlich ist der nicht rechtfähige Verein jedoch als Verband passivlegitimiert, wie aus § 735 ZPO a. F. (aufgehoben zum 1.1.2024, Art. 34 Nr. 3 MoPeG) hervorgeht. Die Regelung ist bzw. war kaum praxisrelevant, da nicht rechtsfähige Vereine mit Grundvermögen, gegen die zu vollstrecken ist, selten sind. Altruistisch tätige Organisationen bedienen sich stattdessen des in das Vereinsregister eingetragenen Idealvereins (§§ 21 ff. BGB) oder der ihm wiederum angenäherten privatrechtlichen Stiftung (§§ 80 ff. BGB a. F./n. F.), die beide juristische Personen sind. Die nach dem Wortlaut des § 54 BGB a. F. denkbare Anwendung des § 736 ZPO a. F. (bis 31.12.2023) scheitert heute aber schon daran, dass die Vereinsmitglieder nach der höchstrichterlichen Rechtsprechung nicht haften, sondern generell die Bestimmungen der §§ 21 ff. BGB auch für den nicht rechtsfähigen Verein gelten bzw. angewandt werden, sodass lediglich die Handelndenhaftung des § 54 Satz 2 BGB eine Ausnahme bildet.[70] 90

(5) Personenhandelsgesellschaften

Personenhandelsgesellschaften (oHG, KG) und ihnen vergleichbare Gesellschaften sind partiell rechtsfähig (ab 1.1.2024 nach §§ 105 ff. HGB nach dem MoPeG fällt die Einschränkung „partiell" weg), sie sind nach ihrer Firma zu bezeichnen. Anzugeben sind ihre Anschrift und die vertretungsbefugten Personen, bei der GmbH & Co. KG auch die organschaftlichen Vertreter der Komplementär-GmbH (Folge aus deren Organstellung, vgl. §§ 162 Abs. 2, 125–127, 170 HGB a. F., ab 1.1.2024 die §§ 124, 125, 170 HGB n. F.; Art. 51 MoPeG).[71] Um in (Immobilien)Vermögen der Gesellschaft zu vollstrecken, bedarf es eines Titels gegen die **Gesellschaft** (§ 124 Abs. 2 HGB a. F., § 129 HGB n. F.), der nicht die Vollstreckung gegen die Gesellschafter ermöglicht. Auskunft gibt das Handelsregister (vgl. §§ 9, 106 HGB a. F. bzw. § 106 HGB n. F. an 1.1.2024). 91

(6) Juristische Personen

Bei den **juristischen Personen** des **privaten** und des **öffentlichen Rechts** ist der Name oder die Firma der juristischen Person anzugeben, deren Anschrift sowie die Namen der organschaftlichen Vertreter, Letzteres ist allerdings nicht zwingend. Diese Angaben sind den entsprechenden Registern zu entnehmen, d. h. dem Handelsregister und dem Genossenschaftsregister. In das erstere (Abt. A) sind auch die öffentlichen Banken eingetragen. 92

---

70) Siehe dazu Grüneberg/*Ellenberger*, 2023, § 54 Rz. 12, 13 sowie § 16 Rz. 73 [*Cranshaw*] des vorliegenden Kommentars.

71) Diese Regelungen gelten für alle „Mischformen" der KG, unabhängig davon wer Komplementär ist, also etwa für die „AG & Co. KG", die „Limited & Co. KG" usw.

(7) Firmenänderung ohne Identitätswechsel und Umwandlungsprozesse mit Identitätswechsel

93 Ändert sich die Firma eines Unternehmens oder der Name einer natürlichen Person, aber nicht die Identität, so ändert dies nichts an der Geeignetheit des Vollstreckungstitels, wenn auch die Vollstreckung allein aufgrund des Titels vorgenommen können werden muss, ohne dass andere Urkunden hinzugezogen werden.[72)]

94 Bei **Identitätsänderungen** (z. B. bei Verschmelzung nach dem Umwandlungsgesetz durch Schuldner oder Gläubiger als übertragender Rechtsträger) bedarf es bei eingetretener Gesamtrechtsnachfolge der Umschreibung der Vollstreckungsklausel auf den Rechtsnachfolger; die Rechtsnachfolge ist durch öffentliche oder öffentlich-beglaubigte Urkunden nachzuweisen, § 727 Abs. 1 ZPO. **Keinen Identitätswechsel** stellt die formwechselnde Umwandlung nach den §§ 190, 202 Abs. 1 Nr. 1, 266 UmwG dar, sodass der auf die bisherige Gesellschaft vor dem Formwechsel lautende Titel nicht umzuschreiben ist. Vielmehr ist in diesen Fällen der Änderung **ohne Identitätswechsel** ein „klarstellender Klauselvermerk" erforderlich, aber auch hinreichend.[73)]

95 Auch die innerhalb der Union zulässige[74)] grenzüberschreitende formwechselnde Umwandlung ist kein Identitätswechsel (siehe im Einzelnen die vorstehenden Ausführungen).[75)]

5. Vollstreckungsklausel gemäß § 724 ZPO

a) Erforderlichkeit der Vollstreckungsklausel

aa) Klauselerteilungsverfahren als wesentlicher Bestandteil der Zwangsvollstreckung

96 Die Klauselerteilung ist wesentlicher Bestandteil der Zwangsvollstreckung (zu den §§ 724 f. ZPO siehe oben). Grundsätzlich muss jeder Titel die Vollstreckungsklausel enthalten, denn erst die vollstreckbare Ausfertigung desselben belegt die Existenz des Titels sowie die Vollstreckungsreife.[76)] **Ausnahmen** bestehen für

- **Vollstreckungsbescheide**, es sei denn, es habe ein Wechsel auf der Schuldner- bzw. Gläubigerseite stattgefunden, der generell zu einer Klauseländerung Anlass gibt (§ 727 ZPO, Rechtsnachfolge; § 728 ZPO, Nacherbe, Testamentsvollstrecker; § 729 ZPO, Vermögens-[77)] und Firmenübernehmer),

---

72) Dassler/Schiffhauer/u. a.-*Hintzen*, ZVG, Vor § 15 Rz. 43.

73) Zöller/Seibel, ZPO, § 727 Rz. 31–33; OLG Köln, Urt. v. 5.8.2003 – 3 U 30/03, juris Rz. 34 = ZIP 2004, 238 ff.

74) Siehe dazu das „Gesetz zur Umsetzung der Umwandlungsrichtlinie und zur Änderung weiterer Gesetze" v. 22.2.2023, BGBl. I 2023 Nr. 51, in Kraft ab 1.3.2023, sowie die „Richtlinie (EU) 2019/2121 des Europäischen Parlaments und des Rates v. 27.11.2019 zur Änderung der Richtlinie (EU) 2017/1132 in Bezug auf grenzüberschreitende Umwandlungen, Verschmelzungen und Spaltungen, ABl. EU L 321 v. 12.12.2019 S. 1 und v. 24.1.2020, S. 24.

75) Vgl. EuGH, Urt. v. 12.7.2012 – Rs C-778/10, „*Vale*" – ZIP 2012, 1394 ff. = NJW 2012, 2715 ff., dazu *Cranshaw*, jurisPR-InsR 2012/Anm. 1 sowie EuGH, Urt. v. 16.12.2008 – Rs C-210/06, „*Cartesio*" – Slg. 2008 I-9641; zur formwechselnden Umwandlung einer luxemburgischen „GmbH" in eine inländische GmbH siehe OLG Nürnberg, Beschl. v. 19.6.2013 – 12 W 520/13, ZIP 2014, 128 ff. m. Anm. *Wittmann/Molitor*, jurisPR-HaGesR 2014, Anm. 1.

76) Siehe statt aller Thomas/Putzo-*Seiler* ZPO, § 724 Rz. 3.

77) In praxi überholt, da nur die Fälle des aufgehobenen § 419 BGB a. F. betreffend.

- vollstreckbare **Arreste** und **einstweilige Verfügungen** (§§ 929 Abs. 1, 936 ZPO) sowie
- **Kostenfestsetzungsbeschlüsse**, die auf das Urteil gesetzt worden sind, §§ 795a, 105 ZPO; zugleich entfällt in diesen Fällen die Wartefrist des § 798 ZPO.

bb) Klauselerteilung als dem Vollstreckungsgericht vorgelagerter Verfahrensschritt

Das **Klauselerteilungsverfahren** ist nicht Teil des Verfahrens des Vollstreckungsgerichts, sondern vorgelagerte Voraussetzung der Vollstreckung und als solche der Prüfung der Klauselerteilung durch die dafür zuständigen Stellen überantwortet. 97
Die Klausel wird bei „gerichtlichen Urkunden" (vollstreckbare Urteile usw.) durch den Urkundsbeamten der Geschäftsstelle erteilt, § 724 Abs. 2 ZPO, § 797 Abs. 1 ZPO. Bei Notarurkunden ist der Urkundsnotar zur Klauselerteilung berufen bzw. derjenige, der die Urkunde verwahrt (wenn der Urkundsnotar nicht mehr im Amt ist, § 797 Abs. 2 ZPO) oder die entsprechende Behörde. Hoheitlich agierende öffentlich-rechtliche Gläubiger erteilen sich die vollstreckbare Entscheidung selbst. Das Vollstreckungsgericht überprüft diejenigen Gegenstände, die Teil des Klauselverfahrens sind, nicht.[78] Schwerwiegende Mängel des Titels, der Klausel oder des materiellen Anspruchs schlagen aber durch, wenn sie evident oder unstreitig sind.[79]

cc) Vollstreckung ohne Vollstreckungsklausel bei Entscheidungen auf der Basis unionsrechtlicher Verordnungen

Der Grundsatz, dass es zur Vollstreckung der Vollstreckungsklausel bedarf, muss mit Einschränkungen versehen werden, soweit die Vollstreckung aus bestimmten unionsrechtlich determinierten Titel betrieben wird. Die **Klausel** wird im Ergebnis durch die Mechanismen des jeweiligen europäischen Regelwerks **ersetzt**, das auf Bescheinigungen und Formblattsystemen beruht, die dem Regelwerk, einer europäischen Verordnung, als Anhang beigefügt sind oder von der EU-Kommission als Durchführungsverordnung erlassen werden. In Deutschland wird die Anerkennung und Vollstreckung dieser europäischen Titel aus den teilnehmenden Mitgliedstaaten (Dänemark und das Vereinigte Königreich (bis 31.12.2020) nehmen im Regelfall jeweils nur aufgrund gesonderter Erklärung oder Vereinbarung an diesen Regelwerken zum Internationalen Privat- und Verfahrensrechts des Unionsrechs teil) durch die Durchführungsbestimmungen des 11. Buchs der ZPO über die justizielle Zusammenarbeit in der Europäischen Union gesteuert. Großbritannien ist nicht mehr Teil dieses Systems, auf vollstreckbare Entscheidungen aus Großbritannien aus der Zeit nach dem Brexit und den Übergangsfristen sind die §§ 722, 723 ZPO anzuwenden. 98

---

78) Vgl. BGH, Beschl. v. 16.5.2012 – I ZB 65/11, Rz. 7, Rpfleger 2012, 639 f. = NJW 2012, 3518 f. (*Überprüfung einer Vollmacht zur Vollstreckungsunterwerfung nur im Klauselverfahren, analoge Anwendung von § 726 ZPO*); Dassler/Schiffhauer/u. a.-*Hintzen*, ZVG, Vor § 15 Rz. 44 spricht anschaulich von einem *„Grundsatz der Formalisierung der Zwangsvollstreckung"*.

79) Zutreffend in diesem Sinne Dassler/Schiffhauer/u. a.-*Hintzen*, ZVG, Vor § 15 Rz. 44.

99 **Keiner Vollstreckungsklausel** bedarf danach die **Vollstreckung ausländischer Titel**

- aus Entscheidungen nach der wichtigen **EuGVVO**, der Verordnung (EU) Nr. 1215/2012 […] über die gerichtliche Zuständigkeit und die Anerkennung und Vollstreckung von Entscheidungen von Zivil- und Handelssachen (Brüssel Ia-VO), vgl. **§ 1112 ZPO**. Die Verordnung umfasst auch ausländische öffentliche Urkunden und Vergleiche. Soweit Entscheidungen zu vollstrecken sind, die aus der **EuInsVO** hervorgehen (Verordnung (EU) 2015/848 […] über Insolvenzverfahren) gilt dasselbe, da der dortige Art. 32 EuInsVO auf die Vollstreckung nach der Brüssel Ia-VO verweist;
- aus Entscheidungen nach der **EuVTVO**, der Verordnung 805/2004 […] zur Einführung eines europäischen Vollstreckungstitels für unbestrittene Forderungen, vgl. § 1082 ZPO;
- aus Entscheidungen nach der **EuMVVO**, der Verordnung (EG) Nr. 1896/2006 […] zur Einführung eines Europäischen Mahnverfahrens, vgl. § 1093 ZPO;
- und aus Entscheidungen nach der **EuGFVO**, der Verordnung (EG) Nr. 861/2007 […] zur Einführung eines europäischen Verfahrens für geringfügige Forderungen, vgl. § 1107 ZPO.

100 Inwieweit diese Regelungen in der inländischen Immobiliarvollstreckung im einen oder anderen Fall relevant sein werden, bleibt abzuwarten. Der europäische Zahlungsbefehl nach der EuMVVO bzw. der Titel nach der EuGFVO dürften für die Immobiliarvollstreckung in der Praxis eher ganz ausscheiden. Da es sich generell ausschließlich um Zahlungstitel handelt, kann der Titelgläubiger mit diesen Instrumenten nur in **Rangklasse 5** vollstrecken.[80] Dingliche Klagen im Ausland nach der EuGVVO, betreffend inländische Immobilien – gerichtet etwa auf die Duldung der Zwangsvollstreckung (§ 1147 BGB) – scheitern an dem Grundsatz der lex rei sitae, verfahrensrechtlich in der Union daher an der ausschließlichen Zuständigkeit der Gerichte des Belegenheitsstaats, Art. 24 Nr. 1 Brüssel Ia-VO. Einer dem zuwider ergangenen ausländischen Entscheidung wird aber nur auf Antrag die Anerkennung, aber auch die Vollstreckung versagt, Art. 45 Abs. 1 lit. e) ii), Art. 46 Brüssel Ia-VO. Zuständig für die Versagung der Vollstreckung ist aber nicht das Vollstreckungsgericht, sondern der Vorsitzende der Zivilkammer des Landgerichts des Wohnorts bzw. des Sitzes des Schuldners; fehlt ein solcher ist das Landgericht zuständig, in dessen Bezirk vollstreckt werden soll, vgl. § 1115 ZPO.

b) Änderungen auf Gläubiger- und Schuldnerseite nach Entstehung des (rechtskräftigen) Titels

101 Nach rechtskräftiger Titulierung können sich Änderungen auf beiden Seiten, bei Schuldner und Gläubiger, ergeben, wenn beispielsweise:

- Die **„Bezeichnungen"** der Beteiligten (§ 750 ZPO) ohne Identitätsänderung gewechselt haben. Hierzu gehört bei den juristischen Personen und den Gesellschaften die Firma oder der Name, bei den natürlichen Personen der Namens-

80) Zu Einzelheiten dieser Instrumente siehe § 16 Rz. 49–56, Rz. 57–59; vgl. auch *Cranshaw*, ZInsO 2018, 1333–1351, 1346 f.; *ders.*, ZInsO 2018, 1382–1392, 1385–1388.

wechsel, z. B. infolge Annahme eines Ehenamens. Hier ist ein der Klarstellung dienender Klauselvermerk angezeigt (siehe oben).[81]

– Die **Identität** sich geändert hat, typisch bei Umwandlungsvorgängen in Gestalt der **Verschmelzung** (wohl nicht in den Fällen des Formwechsels!)[82] mit dem Schuldner oder Gläubiger des Verfahrens nach dem ZVG als übertragender Rechtsträger (einschließlich der grenzüberschreitenden Fusion) oder der Spaltung mit dem Schuldner/Gläubiger als übertragender Rechtsträger (siehe oben). In diesen Fällen ist die Klausel umzuschreiben, § 727 ZPO.

c) Klauselerteilung bei der Sicherungsgrundschuld und Rechtsnachfolgefragen

aa) Klauselerteilung bei Rechtsnachfolge auf Gläubigerseite

Eine besondere Problematik ergibt sich für das **Klauselerteilungsverfahren**, wenn 102
eine Sicherungsgrundschuld abgetreten wird. Der damit verbundene Gläubigerwechsel bedarf einer **Umschreibung der Vollstreckungsklausel** nach § 727 ZPO. Daraus ergeben sich einige Probleme.[83] Nach der Judikatur des XI. Zivilsenats des BGH muss der Zessionar, will er aus einer bestehenden Unterwerfungserklärung gemäß § 800 ZPO (zur notariellen Urkunde siehe auch im Folgenden) gegen den Schuldner vorgehen, in den **Sicherungsvertrag** zwischen Schuldner und Gläubiger **eintreten.**[84] Eine Zustellung der Unterlagen über den Eintritt des neuen Gläubigers in den Sicherungsvertrag ist nicht erforderlich, § 750 Abs. 2 ZPO erfasst ein solches Erfordernis nicht.[85] Eine Entscheidung des V. Zivilsenats des BGH (v. 6.7.2018) hat dahin geurteilt, die Vollstreckung gegen den Schuldner durch den Zedenten einer Grundschuld sei infolge Einziehungsermächtigung durch den Zessionar auch dann möglich, wenn der Zessionar nicht in den Sicherungsvertrag eingetreten sei; er müsse sich

---

81) OLG Köln, Urt. v. 5.8.2003 – 5 U 30/03, juris Rz. 34 = ZIP 2004, 238 ff., zur formwechselnden Umwandlung siehe oben.

82) Siehe dazu in dem Fall einer „Limited" nach englischem Recht; dort war eine Rechtsnachfolgeklausel gegen den Alleingesellschafter der „Limited" nach dem Brexit am 29.2.2022 erteilt „als Rechtsnachfolger der … T. Services Limited." Das LG Berlin, Urt. v. 28.11.2022 – 101 O 57/22, juris = NZG 2023, 706 ff. hat in der dort erhobenen Klauselklage darauf erkannt, die Limited bestehe nach dem Brexit und dem Übergangszeitraum (bis 31.12.2020) in Deutschland nicht mehr als Vollstreckungsschuldner. Kraft „kollisions-rechtlicher Angleichung/Anpassung (wandele sie sich) ex lege als Einpersonengesellschaft in ein einzelkaufmännisches Unternehmen. Eines Nachweises nach § 727 ZPO bedürfe es nicht. Die Limited sei aus britischer Sicht „weiterhin … Limited, aus deutscher Sicht – bei einer Einmanngesellschaft – ein einzelkaufmännisches Unternehmen."

83) Siehe dazu und zu Folgendem eingehend Gladenbeck/Samhat, Kreditsicherung durch Grundschulden, Kap. 11 Rz. 304–309, zur Umschreibung siehe Rz. 306–306.9, S. 155–1621; die Bundesnotarkammer behandelt die Problematik unter „Umschreibung der Vollstreckungsklausel auf einen neuen Gläubiger nach Abtretung einer Grundschuld" auf ihrer Internetseite http://www.bnotk.de/Bundesnotarkammer/Aufgaben-und-Taetigkeiten/Rundschreiben/-2010-20.php (Stand: 4.6.2023); eingehend: Gutachten des DNotI, in: DNotI-Report 11/2010, 93 ff., http://www.dnoti.de/dnoti-report/ (Stand: 4.6.2023).

84) BGH, Versäumnisurt. v. 30.3.2010 – XI ZR 200/09, BGHZ 185, 133 ff. = Rpfleger 2010, 414 ff. = ZfIR 2010, 454 ff.; BGH, Urt. v. 11.5.2012 – V ZR 237/11, ZfIR 2012, 407 ff. = ZInsO 2012, 1427 ff. = NJW 2012, 2354 ff.

85) BGH, Urt. v. 18.10.2018 – V ZA 22/18, juris = DNotZ 2020, 20 ff., Rz. 11.

jedoch alle Einwendungen und Einreden des Schuldners aus dem Sicherungsvertrag entgegenhalten lassen.[86] Welche Bedeutung das im Einzelnen hat und ob darunter nur Fälle des Verkaufs der Forderung nebst Sicherungsgrundschuld an einen neuen Gläubiger fallen, nicht aber Umschuldungen und Neuvalutierungen, ist streitig.[87] Aus dem Blick des Vollstreckungsgerichts ist diese Frage der Klauselerteilung vorbehalten; liegt die Klausel vor, kann das Verfahren angeordnet werden. Der Schuldner kann sich gegen die Klauselerteilung durch die **Klauselerinnerung** gemäß § 732 ZPO bzw. die **Klauselabwehrklage** nach § 768 ZPO zur Wehr setzen und im Verfahren selbst eine einstweilige Anordnung des Prozessgerichts oder „in dringenden Fällen" des Vollstreckungsgerichts herbeiführen (§ 769 Abs. 1, 2 ZPO).

bb) Aktuellere Judikatur des BGH zur Vollstreckung aus der Sicherungsgrundschuld

103 In seiner Entscheidung vom 16.3.2017 hat der BGH in diesem Kontext darauf erkannt, die Versagung des Zuschlags könne **nicht** auf § 83 Nr. 6 ZVG mit der Begründung gestützt werden, der betreibende Gläubiger der Sicherungsgrundschuld sei nicht in den Sicherungsvertrag eingetreten und deshalb habe die **Klausel** nicht erteilt werden dürfen. Dieser materiellrechtliche Einwand könne nur mit der Klauselgegenklage (§ 768 ZPO) erhoben werden[88] – die natürlich bei Erfolg doch zur Aufhebung des eingeleiteten Verfahrens führt.

104 Soweit die Vollstreckung aus **verjährten dinglichen Zinsen** betrieben wird (Motiv könnte die Vermeidung der Kündigungsfrist für die Grundschuld sein, siehe im Folgenden), steht dem Schuldners nach einer weiteren Entscheidung des BGH gleichfalls die Vollstreckungsabwehrklage zu;[89] anders ist dies, wenn der Gläubiger nicht aus den verjährten Zinsen betreibt und bei einer Gesamtabwägung erkennbar ist, dass die Klage ausschließlich prozessfremden Zwecken dienen soll. Die Klauselproblematik spielte hier keine Rolle.

105 Von erheblicher Bedeutung ist die weitere Entscheidung des BGH vom 30.3.2017,[90] deren Verfahrensgegenstand die Versagung der Anordnung der Versteigerung war, weil der Gläubiger, der die Vollstreckung aus rückständigen dinglichen Zinsen in Angriff genommen hatte, **weder die Grundschuld gekündigt** hatte (§ 1193 Abs. 1 BGB) **noch die Versteigerung aus den dinglichen Zinsen angedroht** und die **Wartefrist von sechs Monaten** (§ 1193 Abs. 1 Satz 3 BGB) abgewartet hatte. Der BGH hat die Zurückweisung des Versteigerungsantrags als durch § 751 Abs. 1 ZPO begründet erachtet (Abhängigkeit der Geltendmachung des vollstreckungsrechtlichen Anspruchs von einem Kalendertag, hier also vom Ablauf der Sechsmonatsfrist des § 1193 Abs. 1 BGB). Der BGH stellt fest, das Risikobegrenzungsgesetz (2008), welches das Erfordernis der Kündigung für alle nach dem 19.8.2008 erworbenen Sicherungsgrund-

86) BGH, Urt. v. 6.7.2018 – V ZR 115/17, ZfIR 2019, 20 ff. = Rpfleger 2019, 438 ff., Ls. bzw. Rz. 17.

87) *Gladenbeck/Samhat*, Kreditsicherung durch Grundschulden, Rz. 306.1, 306.2.

88) BGH, Beschl. v. 16.3.2017 – V ZA 11/17, juris Rz. 5 = ZfIR 2017, 368.

89) BGH, Urt. v. 21.10.2016 – V ZR 230/15, ZfIR 2017, 282 ff., dazu *Clemente*, ZfIR 2017, 523 ff., *Storz*, EWiR 2017, 253 f., *Würdinger*, NJW 2017, 676 f.

90) BGH, Beschl. v. 30.3.2017 – V ZB 84/16, ZfIR 2017, 545 ff. = Rpfleger 2017, 567 ff.

schulden zwingend vorschreibt, enthalte für den Fall der Vollstreckung aus den dinglichen Zinsen eine nach Maßgabe der §§ 1234, 1193 BGB analog zu schließende planwidrige Regelungslücke. Der Grundpfandgläubiger kann aus dem Blick des Senats diese Voraussetzung der Versteigerung auch dann **nicht umgehen**, wenn er die Versteigerung aus einem parallelen **abstrakten vollstreckbaren Schuldanerkenntnis** als persönliche Forderung betreibt; der BGH verweist hier auf § 307 BGB (unangemessene Benachteiligung des Vertragspartners entgegen Treu und Glauben in AGB).

Die obigen Entscheidungen haben **Folgen für die unter das Risikobegrenzungsgesetz fallenden Sicherungsgrundschulden.** Im Hinblick auf § 1193 Abs. 2 BGB enthalten übliche Grundschuldbestellungen heute keine der früheren Klauseln dahingehend, die Grundschuld sei fällig,[91] sehr wohl aber das abstrakte Schuldanerkenntnis; diese Grundschuldbestellungen mit ihren weiteren Regelungen stellen AGB dar. 106

Die Judikatur eröffnet – z. T. erneut – weitere Zweifelsfragen. In den Grundschuldbestellungsurkunden ist vorgesehen, dass der Notar *„sofort eine vollstreckbare Ausfertigung [der] Urkunde erteilt, ohne dass es des Nachweises der Fälligkeit der Grundschuld bedarf"* (Abschnitt IV Unterabs. 2 Satz 1 des in der Fußnote zitierten Beispiels einer Grundschuldbestellungsurkunde). Nach *Epp*[92] steht diese Vorgehensweise der Regelung des § 1193 Abs. 2 BGB nicht entgegen. Der Gesetzgeber habe damit die Zwangsvollstreckung nicht unmittelbar beeinträchtigen wollen. Vielmehr werde der Schuldner durch § 769 Abs. 1 ZPO (einstweilige Anordnung im Rahmen der Vollstreckungsabwehrklage) bzw. durch § 799a ZPO (Schadenersatzanspruch des Schuldners gegen den Rechtsnachfolger des Gläubigers, der aus der vollstreckbaren an ihn „übertragenen" Urkunde unzulässig vollstreckt) geschützt. Im Mittelpunkt steht die Frage des nach h. M. zulässigen sog. „Nachweisverzichtes". Der BGH hat in einer Leitsatzentscheidung darauf erkannt, dass Kündigungserfordernis sei Vollstreckungsbedingung i. S. d. § 726 Abs. 1 ZPO, bei Nachweisverzicht auf „Bestehen und Fälligkeit der Zahlungsverpflichtung begründenden Tatsachen" sei auf Antrag eine einfache Vollstreckungsklausel nach § 724 Abs. 1 BGB zu erteilen. Die etwa materiellrechtlich unwirksame Nachweisverzichtsklausel sei im Klauselerteilungsverfahren nicht zu prüfen, mit Klauselerinnerung (§ 732 ZPO) könne der Schuldner diese Einwendungen nicht geltend machen.[93] 107

Für weitere Einzelheiten siehe Rz. 197 ff., hier zum Prüfungsumfang und zur Beschlussfassung des Vollstreckungsgerichts. 108

---

91) Siehe *Epp*, in: Ellenberger/Bunte, Bankrechts-Handbuch, § 73 Anhang, 1. („Fassung" 2008 einer Buchgrundschuld des Bankverlages).

92) Siehe *Epp*, in: Ellenberger/Bunte, Bankrechts-Handbuch, § 73 Rz. 227 und Anh. 1. (Bestel-lung einer Buchgrundschuld), Kap. IV. (Aufträge an den Notar) und Anm. 12 des Mustervertrags.

93) BGH, Beschl. v. 7.10.2020 – VII ZB 56/18, BGHZ 227, 154 ff., Ls. 1–3, Rz. 14, 17, 20 = ZfIR 2021, 179 ff. = Rpfleger 201, 180 ff. = NJW 2020, 3600 ff.; dazu *Cranshaw*, DZWiR 2021, 8; *Samhat*, EWiR 2020, 739 f.; *Reymann*, DNotZ 2021, 697 ff.; *Clemente*, ZfIR 2021, 166 ff. (kritisch zu dem inländischen Verständnis des Nachweisverzichts im Hinblick auf die RL 93/13/EWG).

6. Notarielle Urkunden als Vollstreckungstitel und Fragen der Unterwerfungserklärung

109 In der **Finanzierungspraxis** ist die Titulierung durch vollstreckbare Notarurkunde gemäß § 794 Abs. 1 Nr. 5 ZPO Standard. Dabei entstehen verschiedene Fragestellungen, von denen nachfolgend auf besonders praxisrelevante einzugehen ist.

110 Entgegen der Formulierung in den §§ 794 Abs. 1 Nr. 5, 800 ZPO („Unterwerfung unter die sofortige Zwangsvollstreckung") ist die **Wartefrist** von zwei Wochen gemäß § 798 ZPO nach Zustellung einzuhalten.

111 Die **Unterwerfungserklärung** kann auch durch rechtsgeschäftlich ermächtigte Vertreter abgegeben werden, sogar durch den Gläubiger selbst.[94] Die Vollmacht bedarf nicht der notariellen Beurkundung. Die Vollstreckungsklausel wird aber nur erteilt, sofern die Vollmachtserteilung „in öffentlicher oder öffentlich beglaubigter Urkunde nachgewiesen wird", § 726 ZPO analog.[95] Die Vollmacht bzw. deren Genehmigung müssen ferner dem Schuldner nach § 750 Abs. 1, 2 ZPO zugestellt werden.[96] Nur dadurch sieht der BGH einen effizienten Schutz des Schuldners gewährleistet, der die Möglichkeit zur Überprüfung der Rechtmäßigkeit der bevorstehenden Zwangsvollstreckung erhalten muss (Ausprägung des Grundsatzes des rechtlichen Gehörs).

112 Der **Insolvenzverwalter** kann den Schuldner aber **nicht** in persönlicher Hinsicht der Zwangsvollstreckung unterwerfen, sondern nur sich selbst (für die Masse) als Partei kraft Amtes.[97]

7. Zustellung gemäß § 750 ZPO

113 Voraussetzung der Vollstreckung ist schließlich die Zustellung an den Schuldner, spätestens mit Beginn der Vollstreckung, d. h. dem Erlass der Anordnung gemäß § 15 ZVG,[98] vgl. **§ 750 Abs. 1 ZPO**. Davon zu unterscheiden ist die Zustellung im Verfahren nach dem ZVG gemäß den §§ 3 ff. ZVG.

---

94) Zöller/*Geimer*, ZPO, § 794 Rz. 33 m. w. N.; aus der Rechtspr. siehe BGH, Beschl. v. 16.7.2004 – IXa ZB 326/03, juris Rz. 9 = ZfIR 2004, 964 ff. = NJW-RR 2004, 1718 ff. = Rpfleger 2005, 33 f.; BGH, Urt. v. 10.3.2004 – IV ZR 143/03, juris Rz. 12 f. = ZfIR 2004, 808 ff. = NJW-RR 2004, 1275 ff.; BGH, Beschl. v. 16.5.2012 – I ZB 65/11, Rz. 7, Rpfleger 2012, 639 f. = NJW 2012, 3518 f., im Ergebnis gefestigte Judikatur mehrerer Senate des BGH.

95) Zur Judikatur siehe BGH, Beschl. v. 16.7.2004 – IXa ZB 326/03, juris Rz. 9 = ZfIR 2004, 964 ff. = NJW-RR 2004, 1718 ff. = Rpfleger 2005, 33 f. sowie BGH, Beschl. v. 17.4.2008 – V ZB 146/07, Ls. und Rz. 9, 14, ZfIR 2008, 512 = Rpfleger 2008, 505 ff. = NJW 2008, 2266 f.; BGH, Beschl. v. 21.9.2006 – V ZB 76/06, Rz. 15, 16 m. w. N. = ZfIR 2007, 110 f. = Rpfleger 2007, 37 f. = NJW-RR 2007, 358 f., h. M.

96) Siehe dazu BGH, Beschl. v. 17.4.2008 – V ZB 146/07, Ls. und Rz. 9, 14, ZfIR 2008, 512 = Rpfleger 2008, 505 ff. = NJW 2008, 2266 f.; BGH, Beschl. v. 21.9.2006 – V ZB 76/06, Rz. 15, 16 m. w. N. = ZfIR 2007, 110 f. = Rpfleger 2007, 37 f. = NJW-RR 2007, 358 f., h. M.; ablehnend Dassler/Schiffhauer/u. a.-*Hintzen*, ZVG, Vor § 15 Rz. 50.

97) OLG Hamm, Urt. v. 3.12.2012 – I-5 U 42/12, juris Rz. 30, 31, 33 = ZIP 2013, 788 f. = ZInsO 2013, auch zur Möglichkeit der Vollstreckungsunterwerfung aufgrund Vollmacht. Die Restschuldbefreiung hilft dem Schuldner nicht gegen die Immobiliarvollstreckung durch einen Absonderungsberechtigten (vgl. §§ 49, 301 Abs. 2 Satz 1 InsO).

98) Siehe § 20 Rz. 1, 3 [*Cranshaw*] m. w. N.

In denjenigen Fällen, in denen die vollstreckbare Ausfertigung gemäß § 726 Abs. 1[99] ZPO (Zug-um-Zug-Leistungen, bedingte Leistungen) erteilt wurde oder die Klausel zur Vollstreckung 114

- gegen Rechtsnachfolger (§ 727 ZPO),
- bei Nacherbschaft bzw. bei Testamentsvollstreckung (Konstellationen des § 728 ZPO),
- gegen Firmenübernehmer (§ 729 ZPO),
- gegen Nießbraucher (§ 738 ZPO),
- in Fällen der Gütergemeinschaft (§§ 742, 744, 745 Abs. 2 ZPO)
- bzw. gegen Testamentsvollstrecker (§§ 748, 749 ZPO)

dienen soll, muss auch die Klausel selbst sowie eine Abschrift der zur Erteilung dienenden öffentlich oder öffentlich beglaubigten Urkunden zugestellt werden, § 750 Abs. 2 ZPO.

Zu § 750 Abs. 3 ZPO i. V. m. § 720a ZPO (Abhängigkeit der Vollstreckung von vorheriger Sicherheitsleistung) siehe Rz. 73 ff. Im Sozialrecht können die Behörden gemäß § 66 Abs. 4 SGB X die Vollstreckung auch analog der ZPO durchführen; in diesen Fällen haben die Behörden die §§ 704 ff. ZPO zu beachten. Die Zustellung kann in diesen Fällen nach dem LG Potsdam durch ein Übergabeeinschreiben nach den §§ 65 SGB X, 4 VwZG erfolgen. Der „Nachweis der Zustellung wird [...] durch den Vermerk über die Abgabe bei der Post“ geführt.[100] 115

8. „Vollstreckungshindernisse“, Fälle hinausgeschobener Vollstreckung, Vollstreckungsabsprachen zwischen Gläubiger und Schuldner

a) Vollstreckungshindernisse nach § 775 ZPO und nach Strafprozessrecht

Die Zwangsvollstreckung ist trotz Vorliegens der formellen Voraussetzungen („Titel, Klausel, Zustellung“) „einzustellen oder zu beschränken“, wenn einer der Gründe des **§ 775 Nrn. 1–5 ZPO** zu bejahen ist. Die Norm gilt für alle Vollstreckungen. Folgen ergeben sich aus § 776 ZPO, sie reichen von der Aufhebung der „getroffenen Vollstreckungsmaßregeln“ (in den Fällen des § 775 Nrn. 1 und 3) bis zum vorläufigen Fortbestand der Vollstreckungsmaßnahmen in den Fällen des § 775 Nr. 2, 4, 5 mit einer Besonderheit im Falle der Nr. 2. Der Wortlaut des § 775 ZPO zeigt bereits, dass bei Bekanntwerden eines der Vollstreckungshindernisse der Nrn. 1–5 (durch Vorlage einer jeweils dahingehenden Entscheidung, Urkunde oder eines sonstigen Beleges) das Vollstreckungsgericht von Amts wegen entscheiden muss. Eines formellen Antrages, gerichtet auf „Einstellung“ bezogen auf die gesamte Voll- 116

---

99) Ein praxisrelevanter Fall des § 726 Abs. 1 ZPO ist nach der zutreffenden Darstellung von Löhnig/*Bluhm*, ZVG, 2010, § 15 Rz. 31 u. a. der folgende: Bestellung eines Grundpfandrechts mit Vollstreckungsunterwerfung gemäß § 800 ZPO gemeinsam durch Käufer und Verkäufer von Wohnimmobilien als Finanzierungsgrundpfandrecht im Interesse des Käufers, wobei gegen den Käufer als künftigen Eigentümer die vollstreckbare Ausfertigung erst nach „*Entstehung des Anspruchs*“ erteilt werden könne. Siehe dazu auch BGH, Beschl. v. 6.6.2013 – V ZB 117/12, juris = ZfIR 2013, 566 (red. Ls.), Auslegung einer Vorbelastungsvollmacht in einem Bauträgervertrag.

100) Siehe im Einzelnen LG Potsdam, Beschl. v. 3.4.2017 – 14 T 11/17, juris.

streckung), „Beschränkung“ (bezogen auf einzelne Maßnahmen) oder „Aufhebung“ bedarf es daher nicht.

117 Nicht unter § 775 ZPO sind die Fälle zu subsumieren, in denen strafverfahrensrechtliche Bestimmungen die Vollstreckung unzulässig machen, vgl. dazu § 111h Abs. 2 StPO. zur Unzulässigkeit der Zwangsvollstreckung in Gegenstände, über die ein Vermögensarrest in den Fällen der strafrechtlichen Wertersatzeinziehung zur Vermögensabschöpfung (vgl. nur § 73c StGB)[101)] angeordnet ist. Die Anordnung und die Vollziehung des Vermögensarrestes nach den §§ 111e, 111f Abs. 2–4, 111h StPO (n. F.) sind Maßnahmen der strafrechtlichen Vermögensabschöpfung. Die Vollziehung des Vermögensarrestes hat gemäß § 111h Abs. 1 StPO n. F. die Wirkung eines Veräußerungsverbots gemäß § 136 BGB. Dennoch hindert die Norm jedenfalls nicht die Versteigerung aus einem Grundpfandrecht, das vorrangig gegenüber der Sicherungshypothek ist, die zugunsten der Staatsanwaltschaft nach § 111f Abs. 2 StPO (n. F.) zum Zweck des Vollzugs des Arrestes eingetragen wurde.[102)]

b) „Zeitlich beschränkender Vollstreckungsvertrag“[103)]

118 Nicht selten vereinbaren Gläubiger und Schuldner einen **„befristeten Vollstreckungsverzicht“**. Es handelt sich nicht um einen materiellrechtlichen Erlassvertrag (§ 397 BGB) und auch nicht um ein in der Praxis verbreitetes „Stillhalteabkommen“, das meist als materiellrechtliche Stundung anzusehen ist, welche die Fälligkeit der Forderung entfallen lässt (vgl. § 271 BGB). Eine Vereinbarung, eine bestimmte Zeit von Vollstreckungsmaßnahmen Abstand zu nehmen, ist aber kein materiellrechtliches „pactum de non petendo“. Fälligkeit und Verzug bleiben unberührt, darauf beruhende Zahlungsunfähigkeit (§ 17 InsO) bleibt ebenfalls aufrechterhalten. Im Einzelnen ist eine derartige Verabredung nach den §§ 133, 157 BGB auszulegen. Sie hat nach der Rechtsprechung allein vollstreckungsrechtlichen Charakter.[104)]

119 Die **Gründe** in der Immobiliarvollstreckungspraxis hierfür können vielfältig sein, dazu die folgenden Beispiele:

120 Der Gläubiger ermöglicht dem Schuldner einen auskömmlichen Zeitraum zur **freihändigen Veräußerung**, welche die Versteigerung und deren ökonomische Risiken vermeiden soll.

101) Siehe das Gesetz zur Reform der strafrechtlichen Vermögensabschöpfung v. 13.4.2017, BGBl. I 2017 S. 872 ff.; StPO i. d. F. d. Bek. v. 7.4.1987 bis zu Art. 2 d. Gesetzes v. 25.3.2022, BGBl. I 2022 S. 571; siehe dazu *Cranshaw*, ZfIR 2021, 103 ff. Zu kritischen Fragen des Konfliktpotentials zwischen zivilprozessualer Vollstreckung und strafprozessuale Vermögensabschöpfung siehe den Kurzbericht über den Vortrag von *Bittmann*, „Vermögensabschöpfung und ihr Echo in der Zwangsverwaltung“ anlässlich des Zwangsverwaltertags der Arbeitsgruppe Zwangsverwaltung der Arge Insolvenz und Sanierung im DAV am 22.3.2023 in Berlin siehe *Cranshaw*, INDAT Report 03_2023, 48–51, 50 f.

102) So jedenfalls AG Alzey, Beschl. v. 7.12.2017 – 1 K 37/17, juris = Rpfleger 2018, 400 f.

103) Vgl. zur Zulässigkeit solcher Abreden Prütting/Gehrlein-*Hanewinkel*, ZPO, Vor §§ 704 ff. Rz. 19 f. (Parteiabreden).

104) Vgl. BGH, Urt. v. 12.12.1967 – III ZR 115/67, NJW 1968, 700 f. m. w. N.; der Senat spricht unter Hinweis auf das Schrifttum von einem *„zeitlich beschränkende[n] Vollstreckungsvertrag“*.

Droht ein vom Gläubiger als aussichtsreich angesehener Antrag des Schuldners gemäß § 765a ZPO,[105] kann es sich empfehlen, dieses Ergebnis durch vorübergehenden „Verzicht", also eine vollstreckungsbeschränkende Vereinbarung, auf die Fortführung des Versteigerungsverfahrens herbeizuführen, sodass es nicht zu einer aus dem Blick des Gläubigers negativen Gerichtsentscheidung kommt. 121

Diese Konstellation ist nach der hier vertretenen Meinung ein Anwendungsfall des § 775 Nr. 4 ZPO (analog), wenn die Norm dort auch nur von „Stundung", also einem materiellrechtlichen Einwand spricht. 122

Weder diese Norm noch § 766 ZPO (Folge der Ablehnung des § 775 Nr. 4 ZPO)[106] ist aus dem Blick der frühen Judikatur des BGH heranzuziehen, wenn der Gläubiger entgegen diesem Vertrag vollstreckt. Vielmehr steht dem Schuldner nach höchstrichterlicher Rechtsprechung die **Vollstreckungsabwehrklage** analog § 767 Abs. 1 ZPO zu.[107] 123

An eine solche vor der Eröffnung des Insolvenzverfahrens getroffene Vereinbarung mit dem Gläubiger ist aber der **Insolvenzverwalter nicht** gebunden. Er kann dennoch z. B. die eigengenutzte Immobilie verwerten, auch nach § 172 ZVG, da dies seine Aufgabe als Verwalter ist.[108] Im Falle der Vollstreckung durch den Verwalter steht aber dem Eigentümer als natürliche Person der Antrag auf **Vollstreckungsschutz** gemäß § 765a ZPO zur Seite, dem das Vollstreckungsgericht insbesondere bei schwerwiegenden Gefahren für Gesundheit oder Leben für den Schuldner und nahe Angehörige entsprechen wird. Dem Schuldner steht trotz des eröffneten Insolvenzverfahrens die Antragsbefugnis zu,[109] notfalls auch gegenüber dem Insolvenzverwalter.[110] 124

Außerhalb dieses Umfeldes unmittelbarer Betroffenheit von Leben oder Gesundheit wird **ein Antrag nach § 765a ZPO**[111] kaum Erfolg haben. Die Veräußerung 125

105) Zur Tragweite des § 765a ZPO siehe BeckOK-*Cranshaw*, ZVG, § 93 Rz. 86–230; zu den hier relevanten Fallgruppen des § 765a ZPO (Gesundheitsgefahren u. a. des Schuldners, Verschleuderung) siehe Rz. 119–205a.

106) Auch die sofortige Beschwerde (§ 793 ZPO) scheidet damit aus; siehe zu den Rechtsbehelfen in den Fällen des § 775 ZPO Thomas/Putzo-*Seiler*, ZPO, § 775 Rz. 18, 19.

107) BGH, III ZR 115/67, NJW 1968, 700; vgl. aus der Judikatur ferner BGH, Urt. v. 12.7.1955 – V ZR 11/53, NJW 1955, 1556; BGH, Urt. v. 2.4.1991 – VI ZR 241/90, ZIP 1991, 611 ff. = NJW 1991, 2295 f.; BGH, Beschl. v. 20.10.2005 – I ZB 3/05, juris Rz. 2, 9 = Rpfleger 2006, 139 f. = NJW-RR 2006, 645 f.

108) BGH, Urt. v. 13.1.2011 – I ZR 53/09, ZInsO 2011, 389 f. = ZIP 2011, 387 ff. m. Anm. *Cranshaw*, jurisPR-InsR 17/2011, Anm. 1 (*keine Zwangsvollstreckung in eigengenutztes Grundstück des schwer erkrankten Schuldnerehepaars, solange keine anderen Gläubiger vollstreckten*).

109) BGH, Beschl. v. 18.12.2008 – V ZB 57/08, Rpfleger 2009, 259 ff. = ZInsO 2009, 254 f.

110) BGH, Beschl. v. 16.10.2008 – IX ZB 77/08, juris Rz. 17 f. = Rpfleger 2009, 105 ff. = ZIP 2008, 2441 ff. = NJW 2009, 78 ff.; zu § 765a ZPO siehe erneut BVerfG, 2. Senat, 2. Kammer, einstweilige Anordnung v. 3.5.2023 – 2 BvQ 52/23, juris; erfolgreicher Eilantrag nach § 32 Abs. 1 BVerfGG wegen Suizidgefahr der Schuldnerin bei Räumung infolge Zuschlags, Aussetzung des Zwangsversteigerungstermins in einem Teilungsversteigerungsverfahren.

111) § 765a ZPO bleibt aber auch dann eine restriktiv zu handhabende Ausnahmeregelung! Sie erscheint deshalb elegant aus dem Blick des Vollstreckungsschuldners, weil sie vom Vollstreckungsgericht als Vollstreckungsorgan beachtet werden muss, wenn ihre engen Voraussetzungen vorliegen.

der Immobilie, in der der Schuldner seine freiberufliche Praxis betreibt, durch den Insolvenzverwalter ist keine (insolvenzuntypische) Härte nach § 765a ZPO.[112] Der Verwalter darf daher auch die Versteigerung gemäß § 172 ZPO durchführen.

126 Nur sehr gelegentlich führt auch der Aspekt der **Verschleuderung** zu einstweiliger Einstellung als Folge des § 765a ZPO, so wenn eine baurechtliche Umwidmung mit erheblicher Wertsteigerung bevorsteht.[113] Grundsätzlich hat der BGH dazu judiziert, „*dass Vollstreckungsschutz nach § 765a ZPO wegen der sittenwidrigen Verschleuderung eines Grundstücks nur dann zu gewähren ist, wenn zum Zeitpunkt der Erteilung des Zuschlags konkrete Umstände vorliegen, die mit Wahrscheinlichkeit ein wesentlich höheres Gebot in einem Fortsetzungstermin erwarten lassen*".[114]

c) Befristeter Eintritt der Vollstreckbarkeit, Vollstreckung bei Verurteilung Zug-um-Zug

127 Von der unter den Parteien getroffenen vollstreckungsbeschränkenden Abrede (siehe oben) sind die aus dem Gesetz resultierenden Folgen des § 751 Abs. 1 ZPO (Abhängigkeit der Durchsetzung des zu vollstreckenden Anspruchs vom Eintritt eines Kalendertags) ebenso zu unterscheiden wie Urteile, die Leistungen Zug-um-Zug vorsehen (§ 765 ZPO).

128 In den Fällen des **§ 751 Abs. 1 ZPO** wird die **Klausel** erteilt, das Vollstreckungsgericht muss aber von Amts wegen beachten, ob der Termin eingetreten ist, bei Verstößen kann nach § 766 ZPO vorgegangen werden. Maßgeblich ist der kalendermäßig bestimmte Termin, wobei Bestimmbarkeit hinreichend sei.[115]

129 **§ 765 ZPO** erfordert, dass die Zug-um-Zug-Leistung aus dem Titel unmittelbar und eindeutig hervorgeht.[116] Voraussetzung der Vollstreckung ist der Nachweis der Befriedigung des Schuldners oder dessen Annahmeverzug. Dieser Nachweis ist durch öffentliche oder öffentlich beglaubigte Urkunden zu führen. Einzelheiten sind streitig. Im Immobiliarbereich mag Gegenleistung eine **Löschungsbewilligung**[117] sein, ggf. auch die Aushändigung der Urkunden gemäß § 1144 BGB „gegen Befriedigung des Gläubigers".[118]

---

112) AG Hamburg, Beschl, v. 9.10.2017 – 67g IN 137/15, juris = NZI 2017, 819 ff., dazu *Cranshaw*, jurisPR-InsR 20/2017, Anm. 6.

113) AG Dieburg, Beschl. v. 4.11.2016 – 30 K 11/15, juris.

114) BGH, Beschl. v. 27.6.2003 – IXa ZB 21/03, juris Rz. 10 = Rpfleger 2003, 604 f.; siehe auch BeckOK-*Cranshaw*, ZVG, § 93 Rz. 206 ff., 208 (zwecklose Vollstreckung), 210 (Zuschlagsbeschwerde mittels Vollstreckungsschutzantrags bei „unrichtigem" Verkehrswert aus dem Blick des Schuldners nach Wegfall der Grenzen der §§ 74a, 85a).

115) Thomas/Putzo-*Seiler*, ZPO, § 751 Rz. 1–3; eingehend zu Ratenvereinbarungen und Verfallklauseln Dassler/Schiffhauer/u. a.-*Hintzen*, ZVG, Vor § 15 Rz. 53 m. w. N.; siehe zu Verfallklauseln auch RG, Urt. v. 12.11.1931 – VI 225/31, RGZ 134, 156 ff., 159, 160.

116) Zöller/*Seibel*, ZPO, § 756 Rz. 3 ff., Rz. 4 (Beispiele); § 765 Rz. 3.

117) Thomas/Putzo-Seiler, ZPO, § 751 Rz. 5 ff. zur Sicherheitsleistung.

118) Dabei handelt es sich um einen Fall der Zug-um-Zug-Verurteilung, da dem Eigentümer vor der Befriedigung des Gläubigers ein Zurückbehaltungsrecht gemäß §§ 273, 274 BGB zustehe, Grüneberg/*Herrler*, BGB, § 1144 Rz. 2; siehe auch den Überblick bei Dassler/Schiffhauer/u. a.-*Hintzen*, ZVG, Vor § 15 Rz. 59, 60, m. w. N.; so im Ergebnis auch RG, Urt. v. 27.6.1903 – Rep. V 76/03, RGZ 55, 224 ff., 227.

d) Vollstreckungshemmnisse durch BauGB und Flurbereinigungsgesetz?[119]

Die Sicherung städtebaulicher Maßnahmen nach dem BauGB oder Maßnahmen im Interesse der Strukturverbesserung von Land- und Forstwirtschaft nach dem FlurBG stehen der Versteigerung nicht entgegen. Ob diese im Einzelfall wirtschaftlich sinnvoll ist, steht auf einem anderen Blatt.[120] 130

V. Einige Sonderfragen der Immobiliarvollstreckung

1. Fälligkeit des Sicherungsgrundpfandrechts

a) Ausgangslage

Mit dem **Risikobegrenzungsgesetz**[121] (siehe oben) (2008) hat der Gesetzgeber auf- 131
grund einer Reihe in der Öffentlichkeit diskutierter Fälle der damals nicht ganz unbegründeten Sorge Rechnung getragen, bei einem Gläubigerwechsel, insbesondere bei einem zulässigen Verkauf von notleidenden Darlehnsforderungen nebst den zugehörigen Grundpfandrechten (sog. Non Performing Loans) durch Realkreditgeber, drohe dem Schuldner ungerechtfertigt die Versteigerung.[122] Im hier interessierenden Kontext hat das Risikobegrenzungsgesetz den Begriff der **Sicherungsgrundschuld** in § 1192 Abs. 1a BGB legaldefiniert und dem Eigentümer die bestehenden Einreden gegen die Grundschuld aus dem Sicherungsvertrag gegenüber dem Grundschulderwerber zuerkannt (vgl. auch § 1157 Satz 1 BGB). Ferner bestimmt § 1193 Abs. 2 Satz 2 BGB seitdem, dass die Notwendigkeit der Kündigung der Grundschuld mit einer Frist von sechs Monaten für Sicherungsgrundschulden nicht (nach § 1193 Abs. 2 Satz 1 BGB) abbedungen werden kann. Diese Regelungen gelten allerdings nur für Grundschulden, die nach dem 19.8.2008 bestellt wurden (Art. 229 § 18 Abs. 3 EGBGB).

119) Siehe § 17 Rz. 21–23 und § 10 Rz. 95 [*Cranshaw*].

120) Vgl. den Kurzüberblick zum BauGB/FlurbG bei Dassler/Schiffhauer/u. a.-*Hintzen*, ZVG, Vor § 15 Rz. 67, 75.

121) Gesetz zur Begrenzung der mit Finanzinvestitionen verbundenen Risiken v. 12.8.2008, BGBl. 2008 I S. 1666 ff.

122) *Siehe Cranshaw*, Problemlösungen durch Verkauf von Darlehensforderungen, in: Problematische Firmenkundenkredite, 647 ff., 651–664, 676–678. Die Europäische Bankaufsichtsbehörde EBA hatte im März 2017 einen „Leitfaden für Banken zu notleidenden Krediten heerausgegeben", der unter Tz. 6.2.4 ausführt, dass Banken Schätzungen zu künftigen Zahlungsströmen aus der Kreditabwicklung anstellen sollten, entsprechend ihrer NPL-Strategie zu den notleidenden Krediten, den (Non Performing Loans). Ende Oktober 2018 wurde dieser Leitfaden durch die Guidelines EBA/GL/2018/06 abgelöst, siehe jeweils www.eba.europa.eu, die einen solchen Hinweis auf erwünschte Kreditverkäufe zur Risikolinderung nicht mehr in dieser Form enthalten, die in Tz. 238 aber davon sprechen, die Aufsichtsbehörden sollten die Geschäftsmodelle der Institute bei ihren Bewertungen des Managements von NPLs insbesondere berücksichtigen, wenn das Geschäftsmodell „allein im Kauf und Verkauf von notleidenden Risikopositionen entsteht". Die EU hat ferner die Richtlinie 2021/2167/EU über Kreditdienstleister und Kreditkäufer v. 24.11.2021 erlassen, ABL. EU L 438 v. 8.12.2021 (umzusetzen bis 30.12.2023), deren Gegenstand die Vollendung der Bankenunion ist und der Abbau von notleidenden Krediten, hier durch die Förderung des Verkaufs notleidender Positionen, siehe nur Erwägungsgründe 1, 2, 4, 7 der Richtlinie.

b) Seitherige Entwicklung und aktueller Stand

aa) Sofortige Erteilung der vollstreckbaren Ausfertigung (= Vollstreckungsklausel) und Nachweisverzicht auf den Nachweis der Fälligkeit der Grundschuld

132 Allerdings durfte die Grundschuld nach bisher h. M. bereits nach ihrer Bestellung gekündigt werden können, also **vor Vollstreckungsreife.**[123] Aus vollstreckungsrechtlichem Blick ist zu beachten, dass der sofortigen Erteilung einer vollstreckbaren Ausfertigung der in der Finanzierungspraxis üblichen notariellen Grundschuldbestellungsurkunde mit Vollstreckungsunterwerfung (§§ 794 Abs. 1 Nr. 5, 800 ZPO) nach ihrer Erstellung vollstreckungsrechtlich wohl nichts entgegensteht, auch wenn zugleich auf den Nachweis der Kündigung nach § 726 Abs. 1 ZPO verzichtet wird.[124]

133 Die in der Kreditwirtschaft verwendeten **Mustergrundschuldbestellungsurkunden** sehen den Verzicht auf den Nachweis nach § 726 Abs. 1 ZPO bisher vor. Für diese Möglichkeit spricht u. a. mit *Gladenbeck*[125] (dort unter Hinweis auf BGH IX ZR 120/00), zwar dass die Norm des § 726 ZPO, die eine Regelung zum Klauselerteilungsverfahren darstellt, materiellrechtlich keine Konsequenz hat. Der Eigentümer kann trotz der vollstreckbaren Ausfertigung, die der Urkundsnotar gemäß § 797 Abs. 2 Satz 1 ZPO erteilt, ohne Weiteres **erfolgreich Vollstreckungsabwehrklage** erheben, sollte die Grundschuld nicht ordnungsgemäß gekündigt und die Kündigungsfrist von sechs Monaten (§ 1193 Abs. 1 Satz 3 BGB) bei Androhung der Vollstreckung oder bei Stellung des Versteigerungsantrags noch nicht abgelaufen sein (siehe oben). Der Abwehrklage steht § 767 Abs. 2 ZPO bei den Titeln gemäß § 794 Abs. 1 Nr. 5 ZPO nicht entgegen, wie aus § 797 Abs. 4 ZPO folgt. Der Eigentümer kann ferner nach § 769 ZPO vorgehen und eine einstweilige Anordnung beantragen, die in „dringenden Fällen" auch vom Vollstreckungsgericht anstelle des Prozessgerichts unter Fristsetzung zur Beibringung einer Entscheidung des Prozessgerichts erlassen werden kann (§ 769 Abs. 2 ZPO). Im Zwangsversteigerungsverfahren ist der Eigentümer bei einer solchen Konstellation auf die Abwehrklage verwiesen, ansonsten auf den Nachweis des § 726 ZPO, um die Vollstreckungsklausel zu erlangen.

---

123) Vgl. dazu und zu der Gegenmeinung Grüneberg/*Herrler*, BGB, § 1193 Rz. 3; in der Praxis werden Kreditinstitute diese Möglichkeit bei Verbrauchern schon aus wirtschaftspsychologischen Gründen eher nicht wählen, da innerhalb der Kundschaft u. a. Reputationsrisiken befürchtet werden müssten.

124) Grüneberg/*Herrler*, BGB, § 1193 Rz. 3 m. w. N., auch zur Gegenmeinung.

125) Siehe *Gladenbeck/Samhat*, Kreditsicherung durch Grundschulden, S. 160 f., Rz. 309 m. w. N.; siehe ferner am Ende des Buchs S. 734–738 Anhang 3 (Mustervertrag „Bestellung einer Buchgrundschuld mit Übernahme der persönlichen Haftung und mit Unterwerfung unter die sofortige Zwangsvollstreckung"); in diesem Mustervertrag siehe Ziff. IV. Abs. 2 („Aufträge an den Notar", Nachweisverzicht) und die Anmerkungen 11, 11a zu Ziff. IV außerhalb des Mustervertrags auf S. 738; so im Ergebnis auch *Epp*, in: Bankrechts-Handbuch, § 73 Rz. 227 sowie Anhang zu § 73, Bestellung einer Buchgrundschuld, Kap. IV., Rz. 12; siehe zum Nachweisverzicht u. a. auch *Samhat*, EWiR 2020, 739, *Cranshaw*, DZWiR 2021, 8 ff., *Reymann*, DNotZ 2021, 697 ff. zu BGH, Beschl. v. 7.10.2020 – VII ZB 56/18, ZfIR 2021, 179 ff. = BGHZ 227, 154 ff.

Im Rahmen der **Duldungsklage** nach § 1147 BGB scheitert der Kläger, wenn er den Nachweis der Kündigung nicht führen kann, denn nur dann hat er einen Anspruch auf Duldung der Zwangsvollstreckung im Hinblick auf das Grundschuldkapital.[126] 134

bb) Kritik und offene Fragen

Berücksichtigt man die oben angesprochene Judikatur des BGH[127] (siehe Rz. 103 ff. zu aktueller Judikatur zur Vollstreckung aus der Sicherungsgrundschuld) so ergeben sich dennoch mit *Clemente* nochmals dieselben Fragestellungen wie schon zur Zeit der Verabschiedung des Risikobegrenzungsgesetzes.[128] Die Fälligkeit der Grundschuld als materielle Voraussetzung dürfte nach dieser Judikatur als Vollstreckungsbedingung unter § 726 ZPO zu subsumieren sein.[129] Folgt man diesem Ansatz, muss die Fälligkeit durch öffentliche bzw. öffentlich beglaubigte Urkunden nachgewiesen werden. Damit kann entweder die Kündigung nachgewiesen werden, sodass der **Urkundsnotar** zur Erteilung der **vollstreckbaren Ausfertigung** das Ablaufdatum der Sechsmonatsfrist nach Wirksamwerden der Kündigung der Grundschuld vermerken kann oder es kann der Ablauf der Wartefrist von sechs Monaten (ohne Kündigung) vermerkt werden, wodurch nur die Vollstreckung aus den unverjährten dinglichen Zinsen erfolgreich durchgeführt werden könnte.[130] Es spricht daher vor dem erwähnten Hintergrund der Rechtsprechung des BGH sehr viel dafür, dass die bisherige Praxis des Nachweisverzichts und der sofortigen Erteilung der vollstreckbaren Ausfertigung nicht beibehalten werden sollte.[131] Vielmehr sollten die Grundpfandgläubiger die vollstreckbare Ausfertigung erst dann beantragen, wenn die Grundschuld gekündigt und die Sechsmonatsfrist abgelaufen ist. Der Vorteil der Vollstreckung nur aus den dinglichen Zinsen ist durch die Judikatur des BGH obsolet, denn sie diente dem Zweck, die Sechsmonatsfrist für die Kündigung zu vermeiden. Zudem sollte darauf geachtet werden, dem Notar die Kündigung mit dem Zugangsnachweis zuzuleiten, damit die vollstreckbare Ausfertigung mit dem Ablaufdatum der Kündigungsfrist versehen werden kann (§ 751 Abs. 1 ZPO). Sofern noch nicht nachweisbar geschehen, sollte zugleich das **Darlehen** gekündigt werden, da ansonsten über die Verknüpfung der dinglichen Forderung mit dem Sicherungsvertrag und der schuldrechtlichen Forderung Störungen in den Ablauf des Versteigerungsverfahrens über eine **Vollstreckungsabwehrklage** des Schuldners hineingetragen werden (können).[132] Die vor dem Risikobegrenzungsgesetz gelegentlich geäußerte Auffassung, die Einleitung der Versteigerung stelle zugleich die konkludente Kündigung des schuldrechtlichen Darlehens dar, war schon damals unrichtig und ist heute erst recht nicht aufrechtzuerhalten. Es kommt aus der Sicht der Praxis nicht einmal entscheidend darauf an, ob man die sofortige Erteilung der Klausel unter Nachweisverzicht für rechtens hält 135

126) Grüneberg/*Herrler*, BGB, § 1147 Rz. 3.
127) BGH, ZfIR 2017, 367; ZfIR 2017, 202; ZfIR 2017, 545.
128) *Clemente*, ZfIR 2017, 523 ff.
129) *Clemente*, ZfIR 2017, 523 ff., 526 f.
130) *Clemente*, ZfIR 2017, 523 ff., 527, m. w. N.
131) *Clemente*, ZfIR 2017, 523 ff., 527.
132) *Clemente*, ZfIR 2017, 523 ff., 527.

oder gar im Gegenteil nach einer Literaturstimme unter § 134 BGB[133]) subsumieren will. Entscheidend ist vielmehr, dass vermeidbare Verwertungsrisiken, die auf die Zuschlagserteilung durchschlagen können, auch tatsächlich vermieden werden. Der Schaden durch ein abgebrochenes Versteigerungsverfahren ist regelmäßig höher als eine Änderung der Verfahrensabläufe. Im Ergebnis muss jedes Kreditinstitut entscheiden, wie es angesichts der bestehenden Imponderabilien vorgehen will. Es spricht aber auch Einiges dafür, dass die **Notare** künftig diese Zusammenhänge nochmals in den Blick nehmen und die Vollstreckungsgerichte bei unklaren vollstreckbaren Ausfertigungen, die den Anforderungen der zitierten Judikatur des BGH nicht standhalten, Versteigerungsanträge zurückweisen, soweit sie als Vollstreckungsgericht dazu berufen sind. Die Gläubiger können ungeachtet des bisherigen Inhalts der Grundschuldbestellungen mit Nachweisverzicht unproblematisch die Maßgaben des BGH einhalten und die erforderlichen Nachweise erbringen und auch bei den Zustellungen auf die Zustellung der Abschrift der Kündigung (§§ 795 Satz 1, 750 Abs. 2 ZPO[134]) achten.

136 Eine Hilfe dürfte – auch unter zeitlichem Aspekt – der kommende bzw. in Gang gesetzte elektronische Rechtsverkehr sein, der Verfahrensabläufe verschlanken könnte und damit der Befürchtung zeitlicher Verzögerung, wenn man nicht sofort die vollstreckbare Ausfertigung in Händen hat, entgegenwirken. Kreditnehmer mit entsprechender Bonität, insbesondere Gewerbe- oder Unternehmenskunden, werden ohnehin nicht mit der sofortigen Erteilung der vollstreckbaren Ausfertigung einverstanden sein.

2. Eigentümergrundschulden im Verfahren gemäß § 1197 BGB

137 Die Eigentümergrundschuld (§ 1197 BGB) ist im Interesse der nachrangigen Gläubiger im Zwangsversteigerungsverfahren nicht vollstreckbar (§ 1197 Abs. 1 BGB), wenngleich die BGH-Rechtsprechung die Vollstreckungsunterwerfung gegen den jeweiligen Eigentümer zulässt. § 1197 Abs. 1 BGB stellt lediglich eine „persönliche Beschränkung der verfahrensrechtlichen Rechtsstellung des Eigentümers als Inhaber der Grundschuld dar".[135])

138 Er kann nach § 1197 Abs. 2 BGB allerdings dingliche Zinsen aus der Grundschuld geltend machen, aber gerade nicht aufgrund eines Titels, sondern als Folge der von einem anderen Gläubiger herbeigeführten Beschlagnahme im Zwangsverwaltungsverfahren und während dieser Zwangsverwaltung.

---

133) Siehe *Clemente*, ZfIR 2017, S. 527 unter Hinweis auf Zöller/*Stöber*, ZPO, 31. Aufl., § 797 Rz. 12, eingehend zu der Problematik Zöller/*Geimer*, ZPO, Rz. 12–12b m. w. N., siehe dazu auch die Gesetzesbegründung, BT-Drucks. 16/9821 S. 17. Das Verbot der sofortigen Fälligkeit der Grundschuld in § 1193 BGB in Abweichung von der üblichen Praxis früherer Grundschuldbestellungsformulare vor dem Risikobegrenzungsgesetz soll nach kritischen Literaturstimmen auch auf die Nachweispflicht ausstrahlen, sodass eine Befreiung davon gesetzwidrig und nach § 134 BGB (analog) nichtig wäre. Dem kann nicht gefolgt werden, vollstreckungsrechtlich hat der BGH die Frage als für das Klauselerteilungsverfahren irrelevante materiell-rechtliche Thematik offengelassen, BGH, Beschl. v. 7.10.2020 – VII ZB 56/18, NJW 2020, 3600.

134) *Clemente*, ZfIR 2017, 523 ff., 527.

135) BGH, Urt. v. 16.5.1975 – V ZR 24/74, BGHZ 64, 316 ff. = NJW 1975, 1356 ff., 1356 = JZ 1975, 487 f.; Grüneberg/*Herrler*, BGB, § 1197 Rz. 1, 2.

Da § 1197 BGB allein den Eigentümer persönlich in seinen Verfahrensrechten einschränkt, ist es sachlogisch, dass dieses Hindernis wegfällt, sobald die Grundschuld in die Hand eines Dritten gelangt, da sie dann die Eigenschaft als Grundpfandrecht des Eigentümers an seinem eigenen Grundstück verliert und zur Fremdgrundschuld wird. Aufgrund dieser Zusammenhänge kann der Eigentümer das Recht schon von Anfang an vollstreckbar (als künftiges Fremdrecht) ausgestalten.136) Auch derjenige Dritte, der Rechte an der Grundschuld erwirbt, ist den Beschränkungen des Eigentümers zu Recht nicht ausgesetzt. In der Insolvenz gilt diese Beschränkung weder für den Insolvenzverwalter137) noch den Eigenverwalter. 139

3. Wohnungs- und Teileigentum sowie die weiteren Rechte nach dem WEG in den Verfahren nach dem ZVG

a) Immobiliarvollstreckung durch dritte Gläubiger, Veräußerungsbeschränkung

Bei der Zwangsversteigerung bzw. der Zwangsverwaltung von Wohnungs- und Teileigentum nach dem WEG sind zwei grundsätzlich voneinander zu trennende Konstellationen zu unterscheiden. Die eine Thematik betrifft die Immobiliarvollstreckung durch außerhalb der Eigentümergemeinschaft stehende Gläubiger aufgrund persönlicher oder dinglicher Forderung (z. B. aus dem Finanzierungsgrundpfandrecht). Die Versteigerung (anders bei der Zwangsverwaltung) kann durch eine Veräußerungsbeschränkung in der Teilungserklärung/Vereinbarung der Eigentümer beeinträchtigt sein, wenn diese als (dinglicher) Inhalt des Wohnungs- oder Teileigentums im Grundbuch eingetragen worden ist (§ 12 Abs. 1, Abs. 3 Satz 2 WEG). Die Folge ist, dass **Verpflichtungs- und Verfügungsgeschäft** vor der Zustimmung (Genehmigung) der Wohnungs-/Teileigentümer (selten eines „anderen Dritten") **schwebend unwirksam** sind.138) Der rechtsgeschäftlichen Veräußerung steht nach dieser Norm die Veräußerung im Wege der Zwangsvollstreckung gleich. Eine solche Regelung ist aus dem Blick der anderen Wohnungs- bzw. Teileigentümer nachvollziehbar, denn sie soll nicht erwünschte Erwerber fernhalten, insbesondere bonitätsmäßig schwache Käufer, die nicht die Gewähr für die Bezahlung der anteiligen laufenden Lasten zu bieten scheinen oder Meistbietende, die offenbar den Steigerlös nicht zahlen können und daher das Risiko permanenter Weiterversteigerung hervorrufen.139) Allerdings mildert § 12 Abs. 2 WEG die aus Gläubigersicht/Finanzierungssicht kritische Regelung ab, da ein Anspruch auf Zustimmung besteht, wenn kein wichtiger Grund dagegen spricht. Ferner kann ein ausdrückliches gesondertes Zustimmungsrecht als Inhalt der Beschränkung der Veräußerung eingetragen 140

136) BGH, BGHZ 64, 316 ff., Grüneberg/*Herrler*, BGB, § 1197 Rz. 1, 2.

137) BGH, Urt. v. 24.3.2016 – IX ZR 259/13, ZIP 2016, 828 ff.

138) Siehe zur schwebenden Unwirksamkeit, die nicht nur relativ ist, BGH, Beschl. v. 8.7.1960 – V ZB 8/59, BGHZ 33, 76 ff. (*zu der Frage der Erteilung der Zustimmung nach § 7 ErbbauRG (früher ErbbauVO) bei Vereinbarung des Zustimmungserfordernisses gemäß § 5 ErbbauRG (ErbbauVO), eine Parallele zu § 12 WEG*); siehe ferner Grüneberg//*Herrler*, BGB, § 12 WEG Rz. 3, 14–16 m. w. N.

139) Der BGH spricht von dem Fernhalten *„störender oder zahlungsunfähiger Personen"* von der Gemeinschaft, Urt. v. 27.4.2012 – V ZR 211/11, ZfIR 2012, 558 ff. = Rpfleger 2012, 430 f. = NJW 2012, 2434 f. = WM 2013, 485 f.

werden; § 12 Abs. 2 WEG, die Vorschrift ist zwingendes Recht. Ferner kann die Veräußerungsbeschränkung durch Mehrheitsbeschluss der Eigentümer aufgehoben werden (§ 12 Abs. 4 WEG). Dasselbe gilt für das **Wohnungserbbaurecht** (§ 30 Abs. 3 Satz 2 i. V. m. § 12 WEG) sowie das **Dauerwohnrecht** (§§ 32 Abs. 1, 35 WEG i. V. m. § 12 WEG). Bei Teilung durch den Eigentümer nach den §§ 3, 8 WEG soll aus einer vollstreckbaren Urkunde, die das noch ungeteilte Grundstück betrifft, nach der Aufteilung nach dem WEG ohne Klauselumschreibung die Vollstreckung in die nach der Teilung entstandenen Wohnungs- bzw. Teileigentumseinheiten möglich sein.[140)]

b) „Gemeinschaftsinterne" Immobiliarvollstreckung

aa) Immobiliarvollstreckung aufgrund von Wohn-/Hausgeldrückständen

141 Von der Immobiliarvollstreckung durch „außenstehende Gläubiger" ist die Immobiliarvollstreckung gegen den Wohnungs-/Teileigentümer durch die Gemeinschaft oder einzelne Miteigentümer in dieser Eigenschaft zu unterscheiden. Dabei geht es zum einen um die Rechte und Forderungen der Gemeinschaft der Wohnungseigentümer gemäß § 9a WEG, in deren Rahmen die Gemeinschaft parteifähig und prozessfähig ist (§ 9a Abs. 1 Satz 1, Abs. 2 WEG).[141)] Die Gemeinschaft handelt durch den Verwalter als Organ nach Maßgabe der §§ 9b Abs. 1, 27 Abs. 1 WEG.[142)] Es handelt sich nach BGH V ZR 145/10 (siehe unten) nicht um einen Fall gewillkürter Prozessstandschaft.

142 **Betroffene Ansprüche**, die von der Gemeinschaft als Verband durchgesetzt werden, sind die Ansprüche auf die „Wohn-/Hausgelder" auf der Grundlage entsprechender Beschlussfassung der Eigentümergemeinschaft und zwar die Abschlagszahlungen (= Vorschüsse auf den Wirtschaftsplan), die Forderungen im Zusammenhang mit der Jahresabrechnung (sog. „Abrechnungsspitze", §§ 28 Abs. 1–3 WEG[143)] und § 16 Abs. 2 WEG) und die den Wirtschaftsplan ergänzenden Sonderumlagen sowie der Anspruch auf Einzahlung des den jeweiligen Eigentümer treffenden anteiligen Betrages der „Instandhaltungsrückstellung".[144)] Im Rahmen der Zwangsversteigerung

---

140) Dassler/Schiffhauer/u. a.-*Hintzen*, ZVG, Vor § 15 Rz. 46; LG Berlin, Beschl. v. 16.5.1984 – 84 AR 23/84, Rpfleger 1985, 159 (umstr.).

141) BT-Drucks. 16/3843 v. 13.12.2006 (Rechtsausschuss), Begründung zu § 10 WEG der damaligen Neufassung, S. 5 (Gesetzestext), S. 24 (Begründung) sowie die BT-Drucks. 16/887, S. 56–59. Die normierte partielle Rechtsfähigkeit (damit Parteifähigkeit und Prozessfähigkeit) der Gemeinschaft nach WEG geht zurück auf BGH, Beschl. v. 2.6.2005 – V ZB 32/05 Ls. a), S. 159 ff.; zum Handeln berufenes Organ der Gemeinschaft ist hier der WEG-Verwalter, BGH, BGH, Beschl. v. 2.6.2005 – V ZB 32/05 Ls. e) und S. 162 m. w. N. aus der Judikatur des Senats. Mittlerweile ist das Wohnungseigentums durch das WEMoG, das Gesetz zur Förderung der Elektromobilität und zur Modernisierung des Wohnungseigentumsgesetzes […] v. 16.10.2020, BGBl. I 2020 S. 2187 ff., in Kraft ab 1.12.2020, erheblich novelliert worden. Die hier angegebenen Vorschriften sind diejenigen des WEG nach dem WEMoG. Zu den Normen der Fassung des WEG vor dem 1.12.202 siehe die Vorauflage Rz. 135 ff.

142) BGH, Beschl. v. 28.1.2011 – V ZR 145/10, BGHZ 188, 157 ff., 161 f., Rz. 10 ff.; siehe auch BT-Drucks. 16/887, S. 75 und BT-Drucks. 16/3843, S. 28 zur früheren Reform des WEG nach dem Gesetzentwurf aus 2006.

143) Im Rahmen der „Jahresabrechnung" entscheidet die Gemeinschaft der Eigentümer „nur" noch über die Abrechnungsspitze, § 28 Abs. 2 Satz 1 WEG.

144) Zu den Sonderumlagen vgl. Grüneberg/*Wicke*, BGB, § 28 WEG Rz. 19 m. w. N., zur Instandhaltungsrückstellung siehe § 21 WEG Rz. 18 m. w. N.

bzw. der Zwangsverwaltung genießen diese Ansprüche unter den Voraussetzungen des § 10 Abs. 1 Nr. 2, Abs. 3 ZVG den Vorrang der Rangklasse 2. Des Weiteren ist der vorzulegende Titel nach § 10 Abs. 3 Sätze 2, 3 ZVG privilegiert. Außerhalb der engen Voraussetzungen der die Gemeinschaft favorisierenden Normen kann der Anspruch der Gemeinschaft nur in Rangklasse 5 geltend gemacht werden. Außerdem kann der Anspruch nur in das jeweils betroffene Wohnungseigentum in derselben Gemeinschaft mit den Vorteilen des § 10 Abs. 1 Nr. 2, Abs. 3 ZVG durchgesetzt werden.[145)]

bb) Zwangsversteigerung aufgrund „Entziehungsurteils" nach § 17 WEG (§ 18, 19 WEG a. F. vor dem WEMoG 2020)

Ein weiterer hier betroffener Anspruch ist derjenige auf **Veräußerung des Wohnungseigentums** nach § 17 WEG n. F. nach dem WEMoG. Das Recht wird von der Gemeinschaft aufgrund Beschlusses der Eigentümer nach den §§ 23 Abs. 1, 25 Abs. 1 WEG ausgeübt (vgl. § 17 Abs. 1 WEG)[146)]; Ausnahme ist die Zweiergemeinschaft, bei der das Recht dem anderen Miteigentümer zusteht und von diesem ausgeübt wird.[147)]). Vgl. auch § 10 Abs. 6 Satz 3 Alt. 1 WEG. Die Norm des § 18 WEG hat mit dem späteren etwaigen Versteigerungsverfahren nichts zu tun, sie generiert als Erkenntnisverfahren den Titel („Veräußerungsurteil") für die Vollstreckung, die die Entziehung des Wohnungseigentums umsetzt. Die **Antragsbefugnis** für die Versteigerung bildet § 19 WEG ab; antragsbefugt ist nach dieser Norm die Wohnungs-/Teileigentümergemeinschaft, bei der Zweiergemeinschaft jedoch jeder der beiden Miteigentümer. Da aber die **Gemeinschaft** selbst Titelgläubiger ist (mit der Bezeichnung nach § 9a Abs. 1 Satz 1 WEG (2020)), muss ihr auch die **Vollstreckungsklausel** erteilt werden. Der Schuldner von Wohngeldansprüchen (siehe oben), die zur Klage gemäß § 17 Abs. 1 WEG geführt haben, weil erheblicher Verstoß gegen die Miteigentümerpflichten bei erheblichen Wohngeldrückständen,[148)] kann den Zuschlag in der Versteigerung dadurch abwenden, dass er den offenen Betrag nebst Kosten und etwa weiter aufgelaufenen Rückstände bis zum Zuschlag bezahlt (und dies nachweist). Der Zuschlag ist dann zu versagen (§ 83 Nr. 6 ZVG) mit der Folge der Verfahrensaufhebung bei Rechtskraft (§ 86 ZVG). Gegen die Fortführung des Verfahrens nach Bezahlung kann sich der Schuldner wie auch sonst mit der Vollstreckungsabwehrklage (§ 767 ZPO) zur Wehr setzen. 143

4. Erbbaurechte im Verfahren, Heimfallproblematik, Übernahme der Grundpfandrechte

Die **Immobiliarvollstreckung** in das Erbbaurecht wirft **Besonderheiten** im Hinblick auf die Rechte des Grundstückseigentümers auf. Regelmäßig wird eine Vereinbarung über eine dingliche Veräußerungsbeschränkung des Erbbaurechts zwischen Grund- 144

---

145) Zu weiteren Details der Durchsetzung der Ansprüche der Gemeinschaft in diesem Kontext siehe § 10 Rz. 43 ff., 194 ff. [*Cranshaw*].

146) Vgl. Grüneberg/*Wicke*, BGB, § 17 WEG Rz. 4 m. w. N. sowie die Begründung des Regierungsentwurfes, BT-Drucks. 19/18791 v. 27.4.2020, S. 56–58.

147) Vgl. Grüneberg/*Wicke*, BGB, § 17 WEG Rz. 4, 5 m. w. N.

148) Vgl. LG Frankfurt, Urt. v. 4.10.2021 – 2-13 S 9/21, NJW 2022, 85 ff. = Grundeigentum 2021, 1503 f.

stückseigentümer und Erbbauberechtigtem getroffen und im Erbbaurechtsgrundbuch eingetragen (§ 5 Abs. 1 ErbbauRG). Die Veräußerung ist bis zur Zustimmung des Grundstückseigentümers oder deren Ersetzung schwebend unwirksam.[149)] Zur parallelen Problematik bei der Wohnungseigentümergemeinschaft siehe Rz. 140. Die Veräußerungsbeschränkung soll der Einhaltung des Zwecks der Einräumung des Erbbaurechts dienen und verhindern, dass an die Stelle des Erbbaurechtsinhabers unzuverlässige und/oder zahlungsunfähige Erbbaurechtsinhaber treten, die das berechtigte Interesse des Erbbaurechtsausgebers (= Grundstückseigentümers) beeinträchtigen. Die Veräußerungsbeschränkung gilt nach § 8 ErbbauRG auch für Verfügungen im Rahmen der Zwangsvollstreckung, der Arrestvollziehung oder bei Veräußerung durch den Insolvenzverwalter. Sie sind damit ohne Zustimmung des Grundstückseigentümers unwirksam, wenn sie die Rechte aus § 5 ErbbauRG „vereiteln oder beeinträchtigen würden." Der Erbbaurechtsinhaber hat nach Maßgabe des § 7 Abs. 1, 3 ErbbauRG einen Anspruch des Grundstückseigentümers auf Zustimmung, die durch das Amtsgericht des belegenen Grundstücks ersetzt werden kann. Die Zustimmung des Grundstückseigentümers muss vor dem Zuschlag „erteilt oder ersetzt sein." Die Ersetzung wird mit Rechtskraft des entsprechenden Gerichtsbeschlusses wirksam (§ 7 Abs. 3 Satz 2 ErbbauRG, 40 Abs. 3 Satz 1 FamFG). Damit scheidet der Zuschlag ohne das Vorliegen der Zustimmung des Eigentümers aus.

a) **Erlöschen des Erbbaurechts durch Fristablauf**

145 Erlischt das Erbbaurecht durch Zeitablauf (§ 27 ErbbauRG), steht dem Erbbauberechtigten ein **Entschädigungsanspruch** zu, welcher bei Antrag der Löschung des Erbbaurechts durch den Grundstückseigentümer im Wege der Grundbuchberichtigung gleichzeitig mit der Löschung (§§ 13, 22 GBO) im Rang des erlöschenden Erbbaurechts (§ 28 ErbbauRG) auf weiteren Antrag einzutragen ist.[150)] Der Anspruch ist ein eintragungsfähiges „dingliches Sicherungsrecht" sui generis, welches einer Reallast vergleichbar ist.[151)] Er wird daher wie eine Reallast und wie das Erbbaurecht selbst in Abt. II des Grundstücksgrundbuchs eingetragen. Die Grundpfandgläubiger des Erbbaurechts und die Reallastberechtigten sind ihrerseits aus diesem Entschädigungsanspruch, der sich gegen den Eigentümer richtet, zu befriedigen (§ 29 ErbbauRG).[152)] Sie werden so behandelt, als ob bei Zeitablauf des Erbbaurechts ein Zuschlag in der Zwangsversteigerung erfolgt wäre (vgl. §§ 91, 92 ZVG). Die Befriedigung aus dem Entschädigungsrecht richtet sich nach den §§ 1277, 1282 BGB und in der Rangfolge, als ob ein Fall des § 10 ZVG zu bejahen wäre.[153)] Der Eintragung eines konkreten Betrages bedarf es nicht zwingend, wenn dessen Höhe noch nicht feststeht,[154)]

---

149) BGH, Beschl. v. 8.7.1960 – V ZB 8/59, BGHZ 33, 76 ff., Ls. 2a), b), 3.

150) BGH, Beschl. v. 11.4.2013 – V ZB 109/12, ZfIR 2013, 550 ff., Rz. 11, 13 ff. m. Anm. *Zimmer*, ZfIR 2013, 552 f. = NJW-RR 2013, 1102. Wird der Antrag auf Eintragung des Entschädigungsantrags nicht gestellt, wird das Erbbaurecht nicht gelöscht.

151) BGH, V ZB 109/12, Rz. 17 m. w. N.

152) Siehe dazu OLG Hamm, Beschl. v. 15.3.2007 – 15 W 404/06, Rpfleger 2007, 541 = DNotZ 2007, 750.

153) OLG Hamm, Beschl. v. 15.3.2007 – 15 W 404/06, Rpfleger 2007, 541 = DNotZ 2007, 750, II. der Gründe, Rz. 19 ff.; Grüneberg/*Wicke*, BGB, § 28 ErbbauRG Rz. 1, § 29 ErbbauRG Rz. 1.

154) BGH, V ZB 109/12, ZfIR 2013, 551 Rz. 18; OLG Hamm, 15 W 404/06, NRWE Rz. 24.

wobei im Zwangsversteigerungsverfahren über das Grundstück dann allerdings Problemlagen für alle Beteiligten entstehen.[155] Das Erlöschen des Erbbaurechts durch Zeitablauf hat damit erhebliche Auswirkungen für die dort eingetragenen Realgläubiger.

b) Erledigung des Erbbaurechts durch Heimfall

Übt der Eigentümer das **Heimfallrecht** (Heimfallanspruch) aus (§§ 2 Nr. 4, 5, 32 f. 146
ErbbauRG), bleiben die Fremdgrundpfandrechte und Fremdreallasten aufrechterhalten, alle anderen Rechte erlöschen, § 33 Abs. 1 ErbbauRG. Haftet der Erbbauberechtigte persönlich, ist er also nicht nur Drittsicherungsgeber einer das Erbbaurecht belastenden Sicherungsgrundschuld, sondern auch persönlicher Schuldner, so findet eine **privative Schuldübernahme** nach Maßgabe des § 416 BGB kraft Gesetzes statt (§ 33 Abs. 2 ErbbauRG), die zwingendes Recht ist.[156] Die Zwangsversteigerung bzw. Zwangsverwaltung aus den bestehen bleibenden Rechten nach § 33 Abs. 1 ErbbauRG richtet sich nach Vollzug des Heimfalls gegen den Grundstückseigentümer als Erbbauberechtigten (Folge aus den §§ 2 Nr. 4, 11 ErbbauRG, denn der Heimfallanspruch verpflichtet zur Übertragung des Erbbaurechts) bzw. gegen den von ihm benannten Dritten in der Fällen des § 3 Halbs. 2 ErbbauRG. Dementsprechend muss die Titulierung erfolgen. Die Klausel muss auf den neuen Erbbaurechtsinhaber lauten; ist ein Titel, z. B. eine vollstreckbare Notarurkunde vorhanden, ist die Vollstreckungsklausel nach Maßgabe des § 727 ZPO „umzuschreiben".

5. Schnittstellen zwischen Immobiliarvollstreckungsverfahren und Insolvenzverfahren[157]

a) Vollstreckungsverbote und Anfechtung

Zwischen dem Insolvenzverfahren (als Gesamtvollstreckung, siehe § 1 InsO) und der 147
Einzelvollstreckung nach dem ZVG in Grundbesitz des Insolvenzschuldners besteht eine Reihe von Schnittstellen. Dabei geht es zum einen darum, dass nur noch der absonderungsberechtigte Gläubiger, der ein anfechtungsfestes dingliches Recht an dem betroffenen Grundbesitz im eröffneten Insolvenzverfahren innehat, vollstrecken darf (§ 49 InsO). Alle anderen Vollstreckungsmaßnahmen aus persönlichen Titeln unterliegen dem **Vollstreckungsverbot** des § 89 InsO, der **Rückschlagsperre** des § 88 InsO und dem **Risiko** der **Anfechtung** nach Maßgabe der §§ 129 ff. InsO. Das im Eröffnungsverfahren beantragte Zwangsversteigerungs- oder Zwangsverwaltungsverfahren kann nach § 30d Abs. 4 ZVG einstweilen eingestellt werden. Dasselbe gilt in der vorläufigen Eigenverwaltung (§ 30d Abs. 4 Satz 2 ZVG), ein vorläufiger Sachwalter ist stets zu bestellen (§§ 270b Abs. 1 Satz 1 InsO). Ein Vollstreckungsverbot gemäß § 21 Abs. 2 Satz 1 Nr. 3 InsO lässt die Immobiliarvollstreckung unberührt.[158]

155) So zutreffend *Zimmer*, ZfIR 2013, 552 f., 503.

156) Grüneberg/*Wicke*, BGB, § 33 ErbbauRG Rz. 2.

157) Im Einzelnen siehe § 22 Rz. 7–20 [*Cranshaw*].

158) Die Immobiliarvollstreckung kann aber nach § 30d ZVG eingeschränkt werden, vgl. dazu Ahrens/Gehrlein/Ringstmeier-*Sander*, Insolvenzrecht, § 21 Rz. 37 m. w. N.; Dassler/Schiffhauer/u. a.-*Hintzen*, ZVG, Vor § 15 Rz. 78–81.

b) Vollstreckungsklausel im Insolvenzverfahren

aa) Anordnung der Versteigerung vor Eröffnung des Insolvenzverfahrens

148 Ist das Insolvenzverfahren noch nicht eröffnet, reicht ein auf den Insolvenzschuldner lautender Titel nebst Vollstreckungsklausel aus. Das bereits anhängige Verfahren wird mit Eröffnung fortgesetzt. Eine Unterbrechung nach § 240 ZPO tritt nicht ein, denn diese Bestimmung ist auf Vollstreckungsmaßnahmen nicht anwendbar.[159)] In den Fällen der Eigenverwaltung erübrigt sich die Klauselumschreibung der Natur der Sache nach, da der Schuldner unverändert verwaltungs- und verfügungsbefugt bleibt.

bb) Beantragung der Versteigerung im Eröffnungsverfahren bei Einsetzung eines starken vorläufigen Insolvenzverwalters

149 Die (umstrittene) Frage ist, wie sich die in praxi seltene Bestellung eines **„starken" vorläufigen Insolvenzverwalters** auswirkt (§ 21 Abs. 2 Satz 1 Nr. 2 Alt.1 InsO, § 22 Abs. 1 InsO). Die Verwaltungs- und Verfügungsbefugnis über das Vermögen, die werdende Insolvenzmasse (vgl. § 35 InsO), geht auf den vorläufigen „starken" Verwalter über. Dennoch ist das Verfahren nicht eröffnet. Andererseits treten im Ergebnis dieselben Folgen ein wie nach § 80 InsO im eröffneten Verfahren. Der vorläufige Verwalter nach § 22 Abs. 1 InsO handelt als Partei kraft Amtes „aus eigenem Recht",[160)] als ob also das Verfahren eröffnet worden wäre. Der Schuldner bzw. seine Organe verlieren die entsprechenden Befugnisse. Daher ist es gerechtfertigt, auch schon im Eröffnungsverfahren die Klausel gemäß § 727 ZPO auf den starken vorläufigen Insolvenzverwalter umzuschreiben (zum eröffneten Verfahren siehe im Folgenden).[161)] Er ist i. S. d. § 727 ZPO „Rechtsnachfolger" des Schuldners.[162)]

cc) Durchführung der Versteigerung durch den Grundpfandgläubiger im eröffneten Verfahren (§ 49 InsO) in Rangklasse 4

150 Nach Eröffnung des Insolvenzverfahrens muss die **Vollstreckungsklausel** gemäß § 727 ZPO auf den Insolvenzverwalter umgeschrieben werden. Er ist Rechtsnachfolger des Schuldners in diesem Sinne.[163)] Ein Rechtsschutzinteresse besteht dabei allein für die Gläubiger mit einem Absonderungsrecht am Grundstück (Folge aus § 49 InsO), die „persönlichen" Gläubiger können ihre Forderungen nur nach § 87 InsO i. V. m. den §§ 174 ff. InsO durch Forderungsanmeldung im Insolvenzverfahren geltend machen. Dies gilt auch für die persönliche Forderung des Darlehensgläubigers, der durch Grundpfandrecht besichert ist und in dessen Grundschuldbestellungsurkunde parallel ein abstraktes Schuldanerkenntnis enthalten ist, bezüglich dessen

159) BGH, Beschl. v. 28.3.2007 – VII ZB 25/05, BGHZ 172, 16 ff., 18–20, Rz. 7–12.

160) MünchKomm-*Haarmeyer/Schildt*, InsO, § 22 Rz. 23 f.

161) So LG Cottbus, Beschl. v. 20.4.2000 – 7 T 548/99, ZInsO 2000, 337 f. = Rpfleger 2000, 465 f.; a. A. für die Zwangsverwaltung LG Halle, Beschl. v. 20.9.2001 – 2 T 151/01, Rpfleger 2002, 89 f.; zutreffend dagegen kritisch *Hintzen*, EWiR 2001, 1151 f., ebenso *Alff*, Rpfleger 2002, 90 f.

162) So zutreffend MünchKomm-InsO/*Ganter*, Vor §§ 49–52 Rz. 165a, siehe auch § 47 Rz. 492 (zur Aussonderung). A. A. Zöller/*Seibel*, ZPO, § 727 Rz. 18 m. w. N., ebenso Stöber/*Keller*, ZVG, § 15 Rz. 189.

163) Zöller/*Seibel*, ZPO, § 727 Rz. 18 m. w. N.; vgl. BGH, Beschl. v. 14.4.2005 – V ZB 25/05, Rpfleger 2006, 423 f. = WM 2005, 1324 ff.

der Schuldner sich der sofortigen Zwangsvollstreckung gemäß § 800 ZPO unterworfen hat, Insoweit darf die Umschreibung der Klausel nicht erfolgen, dem Antrag fehlt das Rechtsschutzbedürfnis. Die Verfolgung der persönlichen Forderung wäre nur durch Vollstreckung in der Rangklasse 5 des § 10 Abs. 1 ZVG möglich, die aber am Vollstreckungsverbot des § 89 InsO scheitert.

dd) Vollstreckung in die inländische Immobilie eines im Ausland eröffneten Hauptinsolvenzverfahrens (Art. 3 Abs. 1, 21 Abs. 1 EuInsVO n. F.)

(1) Europäische Union

Die vorstehenden Ausführungen gelten auch für den verwaltungs- und verfügungsbefugten **ausländischen Insolvenzverwalter** eines im Ausland eröffneten grenzüberschreitenden Insolvenzverfahrens (im Bereich der EuInsVO) für in Deutschland belegenen Grundbesitz, sodass auch auf den ausländischen Verwalter umzuschreiben und an ihn zuzustellen ist.[164)] Maßgeblich für die Beantwortung der Frage der Verwaltung- und Verfügungsbefugnis ist das Recht des Eröffnungsstaats des Insolvenzverfahrens (Art. 7 Abs. 2 Satz 2 lit. c) EuInsVO). Zustellungen sind nach der EuZustVO vorzunehmen (Verordnung (EG) Nr. 1393/2007 bis 30.6.2022; ab 1.7.2022 ist die neue EuZuStVO anzuwenden, die Verordnung (EU) Nr. 2020/1784 v. 25.11.2020, ABl. EU L 405 v. 2.12.2020, S. 40) i. V. m. §§ 1067–1070. Seit der *„Senior Home"*-Entscheidung des EuGH[165)] ist auch eindeutig, dass **der Zwangsversteigerungsantrag** bzw. der Zwangsverwaltungsantrag an Vollstreckungsverboten des Staats der Verfahrenseröffnung nicht scheitert, wenn der Gläubiger Inhaber eines dinglichen oder eines entsprechend verdinglichten Vorrechts nach § 10 Abs. 1 Nr. 3, 4 ZVG ist; die Rangklasse 2 muss hier offen bleiben. 151

(2) Drittstaaten

Ist das Insolvenzverfahren in einem Drittstaat außerhalb der Europäischen Union eröffnet, gilt im Ergebnis dasselbe wie nach der EuInsVO, wie aus den §§ 335, 343 Abs. 1, 351 InsO hervorgeht; allerdings ist hier auch die Versteigerung in der Rangklasse 2 gegenüber Vollstreckungsverboten des maßgeblichen ausländischen Insolvenzrechts des Drittstaats „vollstreckungsfest" (Folge aus § 351 Abs. 1 InsO), nicht nur die Versteigerungen aus den Rangklassen 3 und 4 des § 10 ZVG. Für die Rangklasse 5 verbleibt es bei etwaigen Vollstreckungsverboten der ausländischen lex fori concursus für persönliche Forderungen. 152

ee) Freigabe des Grundbesitzes aus der Masse nach Umschreibung auf den Verwalter und Folgen für die Vollstreckungsklausel

Gibt der Verwalter den Grundbesitz aus der Masse frei, ist aber bereits zuvor die Klausel auf ihn gemäß § 727 ZPO umgeschrieben worden, kann die Vollstreckung ohne erneute Umschreibung auf den Schuldner fortgeführt werden, da zwar der Insolvenzverwalter insoweit Rechtsnachfolger des Schuldners ist, dies aber nicht 153

---

164) BGH, Beschl. v. 3.2.2011 – V ZB 54/10, juris = BGHZ 188, 177 ff. = ZfIR 2011, 618 ff. *(englischer Insolvenzverwalter)*.

165) EuGH, Urt. v. 26.10.2016 – Rs C_195/15, ZfIR 2017, 8–10 = ZIP 2016, 2175 ff., siehe dazu *Cranshaw*, ZfIR 2017, 8–10.

umgekehrt gilt, denn der Schuldner war stets Eigentümer des betroffenen Grundbesitzes.[166]

154 Details sind umstritten, z. B., ob beim Verwalterwechsel der an seine Stelle tretende Verwalter dessen Rechtsnachfolger sei.[167]

155 Dagegen ist der originär gegen den Verwalter gerichtete Titel nach Ausscheiden des Grundstücks aus der Masse oder Beendigung des Insolvenzverfahrens auf den Schuldner umzuschreiben.[168] Zum Nachweis der Tatsache, dass ein Grundstück nicht mehr zur Insolvenzmasse gehört, genügt die Vorlage eines Grundbuchauszugs mit der Löschung des Insolvenzvermerks. Einer öffentlich beglaubigten Freigabeerklärung des Insolvenzverwalters bedarf es bei einer Freigabe nicht.

c) Titulierung gegen den Insolvenzverwalter

156 **Fehlt** es an einem **Titel**, muss der Grundpfandgläubiger den Insolvenzverwalter zur Vollstreckungsunterwerfung wegen des dinglichen Rechts auffordern (ansonsten droht die Kostenfolge des § 93 ZPO, sollte der Verwalter anerkennen) und erst nach Erfolglosigkeit der Aufforderung gemäß § 1147 BGB auf Duldung der Zwangsvollstreckung klagen. Ist die Eigenverwaltung angeordnet, tritt der Schuldner in den Unternehmensinsolvenzfällen an die Stelle des Insolvenzverwalters (§ 270 Abs. 1 Sätze 1, 2 InsO). Die Mitwirkung des Sachwalters zur Vollstreckungsunterwerfung ist nach der hier vertretenen Meinung erforderlich, soweit eine entsprechende Anordnung nach § 277 Abs. 1 InsO getroffen worden ist.

d) Vollstreckungsschutz des Schuldners gegen den Insolvenzverwalter

157 Im Vollstreckungsverfahren kann der Schuldner als natürliche Person auch einen gegen den Insolvenzverwalter gerichteten **Vollstreckungsschutzantrag** gemäß § 765a ZPO stellen, soweit die vom Verwalter ausgehende Vollstreckung zu Gefahren für Leib oder Leben des Schuldners oder naher Familienangehöriger führt.[169]

6. Immobiliarvollstreckung in den Nachlass, Beschränkung der Erbenhaftung, internationales Erbrecht

a) Durchführung des Verfahrens nach dem ZVG gegen den Erblasser in Vollstreckungsgegenstände aus dem Nachlass

158 Für die Vollstreckung nach dem ZVG in Gegenstände, die zu einem Nachlass gehören, ist entscheidend, wann der Erblasser verstorben ist, ob dies vor Erlass des Anordnungs- bzw. Beitrittsbeschlusses geschehen ist oder danach. Auf erloschene bzw. im jeweiligen Register gelöschte juristische Personen oder sonstige Personenverbände sind die nachfolgenden Erwägungen der Natur der Sache nach nicht einmal analog anwendbar, sondern allein auf natürliche Personen. Ist der Grundstückseigentümer und **Vollstreckungsschuldner** vor der Anordnung der Versteigerung oder der

166) BGH, Beschl. v. 14.4.2005 – V ZB 25/05, juris Rz. 9 ff.

167) Hierzu und zu der Situation, wenn die Masse selbst einen titulierten Anspruch hat, den der Verwalter erstritten hat, siehe im Einzelnen Zöller/*Seibel*, ZPO, § 727 Rz. 18 m. w. N.

168) BGH, Beschl. v. 30.8.2017 – VII ZB 23/14, ZfIR 2017, 707 f. m. Anm. *Schneider*, ZfIR 2017, 708 f. = ZIP 2017, 1919 f.; siehe dazu auch *Wozniak*, jurisPR-InsR 23/2017, Anm. 2.

169) Siehe BeckOK-*Cranshaw*, ZVG, § 93 Rz. 105 m. w. N.

Zwangsverwaltung bzw. dem Beitritt **verstorben**, dann kann ein Vollstreckungsverfahren gegen ihn nicht mehr durchgeführt werden. Zutreffend empfiehlt *Bluhm* im Ergebnis, das Vollstreckungsgericht möge bei entsprechenden Anhaltspunkten das zuständige Standesamt um Auskunft im Wege der Amtshilfe ersuchen.[170] Zuzustimmen ist auch der dortigen Anregung an den Antragsteller, den damit aus formellen Gründen aussichtslosen Vollstreckungsantrag zurückzunehmen. Schnittstelle ist für die Bejahung des Erlasses der Anordnung oder der Bewilligung des Beitritts die Herausgabe des vom Rechtspfleger unterschriebenen Beschlusses in den äußeren Geschäftsgang, das Gericht hat sich dann der Anordnung bzw. Entscheidung „entäußert" (siehe oben).[171] Hier hat dieses Kriterium der Anordnung wesentliche Bedeutung im Verfahren: Ist der Schuldner zur Zeit der Anordnung verstorben, darf die Vollstreckungsmaßnahme gegen ihn eben nicht mehr angeordnet werden, eine bereits laufende Maßnahme ist aufzuheben. Das Verfahren ist neu gegen die an seine Stelle tretenden Erben, Nachlassinsolvenzverwalter, Nachlasspfleger, den Nachlassverwalter, oder den Testamentsvollstrecker durchzuführen (siehe Rz. 165 f.).

Ist aber zum Zeitpunkt des Erbfalles (§ 1922 BGB) das Verfahren angeordnet oder der Beitritt bewilligt, gilt Folgendes: Das Verfahren wird nach § 779 Abs. 1 ZPO in den Nachlass fortgesetzt. Die Klauselumschreibung auf die Erben als Gesamtrechtsnachfolger (vgl. § 1922 BGB) oder die (erneute) Titelzustellung (§ 750 ZPO) entfallen. Die weiteren Zustellungen im Verfahren müssen gleichwohl an die Erben vorgenommen werden. 159

b) Zeitraum zwischen Erbfall und Annahme der Erbschaft oder Ablauf der Ausschlagungsfrist

Haben die Erben die Erbschaft noch nicht angenommen oder ist der Erbe unbekannt bzw. bestehen Zweifel über die Annahme, bestellt das Vollstreckungsgericht auf Antrag des Gläubigers einen *„einstweiligen besonderen Vertreter"* für den unbekannten Erben, § 779 Abs. 2 Satz 1 ZPO. Diese Maßnahme ist obsolet und unterbleibt, wenn ein **Nachlasspfleger** bestellt ist oder **Testamentsvollstreckung** besteht (vgl. § 779 Abs. 2 Satz 2 ZPO). Das Vollstreckungsgericht hat die Bestellung dieses Vertreters aufzuheben, wenn ihm bekannt wird, dass die Voraussetzungen für seine Einsetzung entfallen sind, das Amt endet mit konstitutiv wirkendem Aufhebungsbeschluss.[172] 160

Zum **Testamentsvollstrecker** siehe Rz. 165. 161

Bis zur Annahme der Erbschaft kann das Betreuungsgericht (§ 340 FamFG „betreuungsgerichtliche Zuweisungssache", § 342 Abs. 1 Nr. 2 FamFG)[173] einen **Nachlasspfleger** bestellen (§§ 1960 f. BGB zur „Sicherung des Nachlasses", bzw. wenn der „Erbe unbekannt oder wenn ungewiss ist, ob er die Erbschaft angenommen hat"), dessen Person und Amt von dem **Nachlassverwalter** (§§ 1975, 1981 ff. BGB) zu unterscheiden ist. Der Nachlasspfleger der §§ 1960 f. BGB ist in dem ihm zugewie- 162

170) Löhnig/*Bluhm*, ZVG, 2010, § 15 Rz. 71.

171) A. A. Böttcher/*Böttcher*, ZVG, §§ 15, 16 Rz. 69, *„Unterzeichnung des Anordnungsbeschlusses"*.

172) BGH, Beschl. v. 23.9.2009 – V ZB 60/09, BGHZ 182, 293 ff. = Rpfleger 2010, 40 ff. = ZfIR 2009, 887.

173) Grüneberg/*Weidlich*, BGB, § 1960 Rz. 8, 9.

senen Bereich gesetzlicher Vertreter der Erben.[174)] Die Klausel ist auf die Erben, vertreten durch den Nachlasspfleger umzuschreiben; an ihn ist zuzustellen.[175)]

c) Vollstreckung gegen die Erben bei Anordnungs-/Beitrittsbeschluss nach dem Tod des Erblassers

163 Die Erbschaft fällt kraft Gesetzes an, unbeschadet der Möglichkeit, sie auszuschlagen, § 1942 Abs. 1 BGB. Aus diesem Grunde kann eine längere Frist verstreichen, bis die Erbschaft angenommen worden ist (vgl. §§ 1943, 1944 BGB). Für diesen Zwischenzeitraum ordnet § 778 ZPO an, dass **vor der Annahme** wegen der Schulden des Erblassers nur in den Nachlass vollstreckt werden darf (Abs. 1), wegen eigener Schulden des Erben nur in dessen Vermögen (Abs. 2).[176)] Damit wird der Vermögensvermischung ebenso entgegengewirkt wie der Durchbrechung der Möglichkeit der beschränkten Erbenhaftung. Erst **nach der Erbschaftsannahme** kann wegen aller Schulden sowohl gegen den Erben als auch in den Nachlass vollstreckt werden. Der Erbe macht die beschränkte Erbenhaftung nach Maßgabe der §§ 780 ff. ZPO geltend.

164 Bei der **Erbengemeinschaft** (§ 2032 BGB) wird der Nachlass „gemeinschaftliches Vermögen", den **Nachlassgläubigern gegenüber haften die Erben gesamtschuldnerisch (§ 2058 BGB). Damit bedarf es eines gegen jeden der Erben gerichteten Titels, um in den ungeteilten Nachlass vollstrecken** zu können (vgl. §§ 2059 ff. BGB). Dem Gläubiger des Erben bleibt nur der Weg der Pfändung des Miterbenanteils (§§ 857, 859 Abs. 2 ZPO a. F., § 859 ZPO n. F., ab 1.1.2024).[177)]

165 Ist **Testamentsvollstreckung** angeordnet (§§ 2197 ff. BGB) bedarf es zur Zwangsvollstreckung eines Titels gegen den Testamentsvollstrecker, §§ 2211 BGB, 748 Abs. 1, 749 ZPO. Ist der Testamentsvollstrecker nur **für einzelne Nachlassgegenstände** eingesetzt (§§ 2208 Abs. 1 Satz 2, 2205 Satz 2 BGB), z. B. für den Immobilienbesitz des Erblassers, bedarf es eines **Leistungstitels** gegen den Erben und **eines Duldungstitels** gegen den Testamentsvollstrecker, § 748 Abs. 2, 749 ZPO. Ein vorhandener Titel ist nach § 727 ZPO „umzuschreiben" und zuzustellen.

166 Bei Anordnung der **Nachlassverwaltung** (§§ 1981 ff. BGB) tritt der Nachlassverwalter an die Stelle der Erben insoweit, soweit auf ihn die Verwaltungs- und Verfügungsbefugnis des Nachlasses übergeht (§ 1984 Abs. 1 BGB). Er ist Partei kraft

---

174) Siehe aus der Judikatur des BGH das Urt. v. 26.10.1967 – VII ZR 86/65, BGHZ 49, 1 ff., 4 f. (*Nachlasspflegschaft über im Inland belegenen Vermögen eines nach ausländischem Recht im Ausland beerbten Erblassers*).

175) Zöller/*Seibel*, ZPO, § 727 Rz. 18; unklar BayObLG, Beschl. v. 18.7.1991 – BReg 3Z 82/91, juris Rz. 11 = Rpfleger 1992, 28 (der Senat will auf den Nachlasspfleger „umstellen"); wie hier, § 727 ZPO ablehnend, Prütting/Gehrlein-*Hanewinkel*, ZPO, 2022, § 727 Rz. 2.

176) Das gilt selbstverständlich nur, soweit nicht wechselseitige Haftungen zwischen Erblasser und Erben zugunsten eines Gläubigers bestehen, denn § 778 ZPO betrachtet die Vollstreckung allein unter dem Blickwinkel der Erbenhaftung und des Nachlasses als Sondervermögen. Hatte der Erblasser eine Sicherungsgrundschuld auf seinem Grundbesitz bewilligt, um persönliche Verbindlichkeiten des Erben zu besichern, dann liegt das außerhalb des § 778 Abs. 2 ZPO bzw. es handelt sich um einen gegen den Nachlass gerichteten Anspruch aus § 1147 BGB nach § 778 Abs. 1 ZPO.

177) Siehe Dassler/Schiffhauer/u. a.-*Hintzen*, ZVG, Vor § 15 Rz. 39.

Amtes und ist insoweit mit dem Insolvenzverwalter vergleichbar.[178] Die Vollstreckungsklausel wird daher gegen den Nachlassverwalter erteilt (umstr.).[179]

d) Internationales Erbrecht[180]

Ein materiellrechtliches Problem kann bei Einwirkungen eines ausländischen Erbstatuts eintreten. Das Internationale Erbrecht der Europäischen Union (ohne Dänemark, Vereinigtes Königreich, Irland) ist mittels der **Europäischen Erbrechtsverordnung (EuErbVO)**, die ab dem **17.8.2015** anzuwenden ist, unionsrechtlich bestimmt.[181] Nach Art. 20 EuErbVO kann das anzuwendende Erbstatut auch das Erbrecht eines Drittstaates sein. Grundsatz ist, dass die Erbfolge sich nach dem Recht des Staates des gewöhnlichen Aufenthaltes des Erblassers richtet, unabhängig von der Staatsangehörigkeit des Erblassers. Dies gilt auch dann, wenn etwa der Drittstaat für das in seinem Gebiet befindliche Vermögen des Erblassers das danach z. B. anzuwendende deutsche Erbrecht nicht als verbindlich anerkennt oder umgekehrt. Für **Immobilienvermögen im Inland** spielt das nur eingeschränkt eine Rolle, da sich alle diesbezüglichen Rechte nach der lex rei sitae (Art. 43 EGBGB) und die Vollstreckung nach inländischem Vollstreckungsrecht richten. Allerdings muss das inländische Recht auch ausländische Erbstatute mit Strukturen beachten, die den erbrechtlichen Eigentumserwerb an Immobilien ganz anders als das deutsche Erbrecht mit Weiterungen für das inländische Immobiliarsachenrecht regeln. So etwa hat der EuGH entschieden, dass das **polnische Vindikationslegat**, das dem Vermächtnisnehmer mit dem Erbfall das Eigentum an dem Vermächtnisgegenstand unmittelbar verschafft und dem deutschen Recht unbekannt ist, das nur den „Vermächtnisanspruch" (§ 2174 BGB), also das schuldrechtliche **Damnationslegat**, kennt, auch in Deutschland anzuwenden ist. In dem polnischen Fall hatte die Verfahrensbeteiligte, die in Deutschland lebt, in Polen ein Vindikationslegat zugunsten Angehöriger testamentarisch in notariellem Testament verfügen wollen. Vermächtnisgegenstand war ein eigengenutztes Einfamilienhaus in Brandenburg. Der polnische Notar verwies auf die herrschende Meinung in Deutschland, ein Vindikationslegat sei nicht möglich, sodass die Testamentserrichtung insoweit scheitern müsse. Im weiteren Rechtszug hat 167

---

178) Grüneberg/*Weidlich*, BGB, § 1985 Rz. 1, 2, 4–6, m. w. N.; Zöller/*Althammer*, ZPO, § 51 Rz. 7 m. w. N.; BGH, Urt. v. 28.11.1962 – V ZR 9/61, BGHZ 38, 281 ff., 284 ff.

179) Zöller/*Seibel*, ZVG, § 727 Rz. 18; Prütting/Gehrlein-*Hanewinkel*, ZPO, § 727 ZPO Rz. 2 unter Hinweis auf BGHZ 113, 132 ff. (nachfolgend); so wohl auch BGH, Urt. v. 10.12.1990 – II ZR 256/89, BGHZ 113, 132 ff., 133, 136 f.; a. A. Grüneberg/*Weidlich*, BGB, § 1984 Rz. 4 m. w. N.

180) Die bisher geltende Rechtslage nach dem inländischen Internationalen Erbrecht (Art. 25, 26 EGBGB) wird im vorliegenden Rahmen nicht angesprochen.

181) Verordnung (EU) 650/12 des Europäischen Parlaments und des Rates v. 4.7.2012 über die Zuständigkeit, das anzuwendende Recht, die Anerkennung und Vollstreckung von Entscheidungen und die Annahme und Vollstreckung öffentlicher Urkunden in Erbsachen sowie zur Einführung eines Europäischen Nachlasszeugnisses, ABl. EU L 201 v. 27.7.2012, S. 107 ff.; siehe dazu auch die Durchführungsverordnung (EU) Nr. 1329/2014 der EU-Kommission vom 9.12.2014 zur Festlegung der Formblätter (nach Maßgabe der EuErbVO), ABl. (EU) L 359 v. 16.12.2014, S. 30–84 sowie das deutsche Gesetz zum Internationalen Erbrecht und zur Änderung von Vorschriften zum Erbschein sowie zur Änderung sonstiger Vorschriften v. 29.6.2015, BGBl. 2015 I S. 1042. Im Kern des inländischen Regelwerks steht das „Internationale Erbrechtsverfahrensgesetz" (IntErbRVG) als Art. 1 des Gesetzes.

das zuletzt damit befasste polnische Gericht dem EuGH vorgelegt (Art. 267 AEUV), der zutreffend darauf erkannt hat, die Errichtung eines Vindikationslegats, das in Polen neben dem Damnationslegat bekannt ist, sei auch zulässig, soweit eine ausländische Immobilie betroffen ist.[182] Die Auslegung der einschlägigen Art. 1 Abs. 2 lit. k), l) und Art. 31 („Anpassung dinglicher Rechte“) EuErbVO geht dem deutschen Recht vor. Insoweit wirkt das ausländische Erbstatut auch auf die Immobiliarvollstreckung nach dem ZVG ein, denn der Antrag nach § 15 ZVG muss sich gegen den Eigentümer zum Antragszeitpunkt richten.

168 Damit kann die Immobiliarvollstreckung nach dem Eintritt des Erbfalls nur dadurch tangiert sein, dass der Erblasser seinen gewöhnlichen Aufenthalt nicht in Deutschland hatte oder ein ausländisches Erbstatut testamentarisch verfügt hat, sodass sich die Frage nach dem anzuwendenden Erbstatut oder der Wirksamkeit der testamentarischen Verfügung stellt.

169 Schwierig dürften die Fälle werden, bei denen der Erblasser in Deutschland und in einem anderen Staat mit nahezu gleicher Verbundenheit und Zeitanteilen lebte mit jeweils entsprechendem, insbesondere eigengenutzem Grundbesitz, wenn beispielsweise in den inländischen Grundbesitz oder eine im inländischen Schiffsregister eingetragene Jacht wegen Nachlassverbindlichkeiten oder Erbenschulden vollstreckt werden soll. Dabei ist eben zu beachten, dass der Erblasser durch letztwillige Verfügung nach Art. 22 EurErbVO als Erbstatut, abweichend von dem Erbstatut seines gewöhnlichen Aufenthaltsorts (Art. 21 Abs. 1 EuErbVO als Kollisionsnorm), das Recht des Staates wählen kann, dessen Staatsangehöriger er ist oder des Rechtes eines der betroffenen Staaten, wenn er mehrere Staatsangehörigkeiten hat. Dem gewählten **Erbstatut** unterfallen sämtliche erbrechtlichen Verhältnisse, Art. 23 EurErbVO. Die Folge dieser Rechtslage ist, dass die Anordnung der Versteigerung in inländische Grundstücke bzw. sonstige Gegenstände der Vollstreckung nach dem ZVG nach Eintritt des Erbfalls von einer **vorherigen Prüfung** des anzuwendenden **Erbstatuts** und der daraus **resultierenden Folgen** abhängig ist. Das gilt im Wesentlichen auch für die Frage des Eintritts des Erbfalls. Die vorstehenden Regelungen der ZPO sind in diesen Fällen ebenfalls nur modifiziert anwendbar. Die zu klärenden Fragen sind im Wesentlichen Bestandteil des Erkenntnis- bzw. des Klauselerteilungsverfahrens. Das Urteil „"Kubicka“ des EuGH bestätigt diese Einschätzung.

170 Ein weiteres Problem gilt dem Nachweis der Fakten, die das Europäische Nachlasszeugnis bestätigt, nämlich u. a. die Rechtsstellung als Erbe oder Vermächtnisnehmer, die Zuweisung von Vermögenswerten oder die Position als Testamentsvollstrecker oder als Verwalter des Nachlasses (**Art. 62**, 63, 69 **EuErbVO**). All das sind wichtige Fakten auch für ein potentielles Immobiliarvollstreckungsverfahren, u. a. für die Frage, wer Antragsgegner (Eigentümer, Schuldner) oder Adressat der Klauselerteilung und der Zustellung ist. Ungeklärt ist dabei bereits, ob beim Antrag auf Erteilung des Nachlasszeugnisses (Artikel 65, 63 Abs. 1 EuErbVO) das von der EU-Kommission vorgeschriebene Formblatt obligatorisch zu verwenden ist. Das OLG Köln hatte

---

182) Vgl. EuGH, Urt. v. 12.10.2017 – Rs C-218/16, *„Aleksandra Kubicka“*, juris = DNotI-report 2017, 66 = FamRZ 2017, 2057 ff. = NJW 2017, 3767 ff., dazu *Cranshaw*, jurisPR-IWR 6/2017, Anm. 5.

diese Frage dem EuGH 2018 vorgelegt.[183] Der EuGH hat in dem Urteil *„Brisch“* (2019) entschieden, die Verwendung des Formblatts IV in Anhang 4 der Durchführungsverordnung Nr. 1329/2014 sei fakultativ.[184] Im Kontext mit dem europäischen Nachlasszeugnis hat der EuGH in dem weiteren Urteil „R.J.R./Registru centras Vj“ (2023) in einem litauisch-deutschen Erbfall darauf erkannt, dass ein europäisches Nachlasszeugnis nicht ausreicht, um einen Erben in das Grundbuch des Erblassers als neuen Eigentümer einzutragen, wenn in dem europäischen Nachlasszeugnis der „unbewegliche Gegenstand nicht identifiziert“ wurde und das Nachlasszeugnis das einzige Schriftstück ist, das bei der Antragstellung vorgelegt wurde.[185] Es empfiehlt sich dennoch, aus Gründen der Klarheit und der Fehlerminimierung den Vordruck aus der Durchführungsverordnung 1329/2014/EU zu verwenden und Grundbesitz in dem europäischen Nachlasszeugnis möglichst identifizieren zu lassen.

7. Folgen des Güterstandes für die Immobiliarvollstreckung, internationales Familienrecht

a) Gesetzlicher Güterstand und Gütertrennung

aa) Vollstreckungsversteigerung

Vollstreckungsrechtlich sind der in Deutschland geltende gesetzliche Güterstand der Zugewinngemeinschaft (§§ 1363 ff. BGB) und der vertragliche Güterstand der Gütertrennung (§§ 1408 ff., 1414 BGB) weitgehend unproblematisch. Die **Immobiliarvollstreckung** ist nur mittels eines Titels gegen den jeweiligen Ehegatten oder Partner nach dem LPartG (§§ 6, 7) als Titelschuldner zulässig. In der Praxis sind wohl statistisch weitaus am häufigsten aber diejenigen Fallkonstellationen, bei denen Ehegatten das eigengenutzte Einfamilienhaus oder die Eigentumswohnung in Bruchteilseigentum zu je ½ erworben haben (§§ 1008 ff., 741 ff. BGB) und für die dafür notwendige Finanzierung auch gemeinsam als Gesamtschuldner einstehen. Die damit üblicherweise verbundene grundpfandrechtliche Sicherung am Beleihungsobjekt lastet in der Praxis in voller Höhe und an derselben Rangstelle auf beiden Miteigentumsanteilen (strukturell als Gesamtgrundpfandrecht/-grundschuld i. S. d. § 1132 BGB i. V. m. § 1192 BGB). Der schuldrechtliche Anspruch des Grundpfandgläubigers wie der dingliche und persönliche Titel betrifft beide Ehegatten, der Versteigerungsantrag **betrifft in praxi** stets **beide Miteigentumsanteile**. Ohne die Versteigerung der gesamten Immobilie ist eine sachgerechte Belastung und Finanzierung für den Gläubiger unter Risikogesichtspunkten in der Finanzierungspraxis nicht darstellbar. Die Thematik der rechtlich getrennten Betrachtung der Miteigentumsanteile der beiden Ehegatten spielt dann im Ergebnis keine entscheidende Rolle mehr. 171

bb) Teilungsversteigerung

Eine (weitere) Ausnahme von der getrennten Betrachtung des jeweiligen Ehegatten hinsichtlich der Versteigerung von Immobilienvermögen stellt die **Teilungsversteige-** 172

183) Vgl. OLG Köln, Beschl. v. 6.2.2018 – I-2 Wx 276/17, juris.

184) EuGH, Urt. v. 17.1.2019, *„Klaus Manuel Maria Brisch“* (Testamentsvollstrecker der Erblasserin Maria Therese Trenk), ECLI:EU:C:2019:34.

185) EuGH, Urt. v. 9.3.2023, „R.J.R.“, ECLI:EU:C:2023:184.

rung (§ 180 ZVG) bei gesetzlichem Güterstand dar, eine Folge des Veräußerungsverbotes des § 1365 Abs. 1 BGB, der daran hindert, dass ein Ehegatte über sein Vermögen als Ganzes verfügt oder sich dazu verpflichtet, ohne dass die Einwilligung des anderen Ehepartners vorliegt. Die **Vollstreckungsversteigerung** durch einen Gläubiger gegen Ehegatten im gesetzlichen Güterstadt (siehe Rz. 171) wird durch § 1365 BGB zwar nicht beeinträchtigt.[186] Bei der Teilungsversteigerung wendet der BGH jedoch in seiner neueren Rechtsprechung § 181 Abs. 2 Satz 2 ZVG analog an, denn er geht von einer planwidrigen Regelungslücke aus, wenn der „Miteigentumsanteil" das ganze Vermögen des betroffenen Ehegatten bildet.[187] Der BGH setzt also die Interessenlage des Mündels bzw. des Betreuten – dessen Vormund bzw. Betreuer (heute nach den §§ 1814 BGB n. F. ab 1.1.2023 aufgrund des Gesetzes zur Reform des Vormundschafts- und Betreuungsrechte vom 4.5.2021)[188] der Genehmigung des Familien- bzw. des Betreuungsgerichts bedarf, um die Teilungsversteigerung zu beantragen (§ 181 Abs. 2 Satz 2 ZVG) – der Interessenlage des anderen Ehegatten der Zugewinngemeinschaft gleich. Diese Judikatur entspricht im Ergebnis der ganz überwiegenden Rechtsmeinung der Oberlandesgerichte. Der betroffene Ehegatte wendet § 1365 Abs. 1 BGB verfahrensrechtlich durch Drittwiderspruchsklage gemäß § 771 ZPO (vor dem Familiengericht) gegen den antragstellenden anderen Ehegatten ein bzw. durch die Erinnerung gemäß § 766 ZPO (i. V. m. § 28 Abs. 2 ZVG), wenn die tatsächlichen Voraussetzungen des § 1365 Abs. 1 BGB im Versteigerungsverfahren offenkundig oder unstreitig sind oder während des Verfahrens unstreitig werden.[189]

b) Gütergemeinschaft

173 Die heute äußerst seltene Gütergemeinschaft mit ihren beiden Formen der Verwaltung des Gesamtguts, des gemeinschaftlichen Vermögens (§ 1416 BGB, das vom Sondergut des § 1417 BGB und dem Vorbehaltsgut des § 1418 BGB zu unterscheiden ist), durch entweder einen der Ehegatten (§ 1421, 1422 ff. BGB) bzw. durch beide Ehegatten gemeinsam (§§ 1450 ff. BGB) wirft **Sonderprobleme** auf. Dabei kommt es nicht darauf an, ob der Güterstand im Güterrechtsregister (vgl. § 1412 BGB) eingetragen worden ist;[190] das **Güterrechtsregister** ist zum **1.1.2023 aufgehoben**

186) Siehe dazu den Überblick zu § 1365 BGB bei Grüneberg/*Götz*, BGB, § 1365 Rz. 1, 9, 26 (zur Teilungsversteigerung); BGH, Beschl. v. 20.12.2005 – VII ZB 50/05, NJW 2006, 849 f., Rz. 8; Hinweis auf BGH., Urt. v. 2.2.2000 – XII ZR 25/98, BGHZ 143, 356 ff., 361 = NJW 2000, 1947; *Zimmer*, NJW 2007, 3106; siehe auch § 180 ff. [*Popp*].

187) BGH, Beschl. v. 14.6.2007 – V ZB 102/06, Rz. 11 ff. = ZfIR 2008, 28 ff. m. Anm. *Terner*, ZfIR 2008, 32 f. = Rpfleger 2007, 558 ff. = NJW 2007, 3124 ff. m. Anm. *Zimmer*, NJW 2007, 3104 ff.; wie der BGH zuletzt auch OLG Köln, Senat für Familiensachen, Beschl. v. 6.3.2012 – II-4 UF 156/11, juris Rz. 3 ff., 8 = FamRZ 2012, 1568. Das „gesamte" Vermögen ist danach berührt, wenn ein einzelner Vermögensgegenstand mindestens 85 % des Vermögens des betroffenen Ehegatten ausmacht (sog. „*Einzeltheorie*"), OLG Köln, Senat für Familiensachen, Beschl. v. 6.3.2012 – II-4 UF 156/11, juris Rz. 8.

188) Gesetz v. 4.5.2021, BGBl. I 2021 S. 882 ff.; siehe den Kurzüberblick zu der Refirm bei Grüneberg/*Götz*, BGB, Vor § 1773 Rz. 5.

189) *Zimmer*, NJW 2007, 3104 ff., 3105 f.; BGH, Beschl. v. 14.6.2007 – V ZB 102/06, ZfIR 2008, 28; OLG Köln, II-4 UF 156/11, Rz. 5 ff.

190) Thomas/Putzo-*Seiler*, ZPO, § 740 Rz. 1. Auf die Eintragung in das Güterechtsregister kommt es nicht an, da § 1412 BGB a. F. (bis 31.12.2022) in der Vollstreckung nicht gilt.

worden (zu den Folgen siehe in der nachfolgenden Fußnote).[191)] § 1412 BGB n. F. (ab 1.1.2023) fasst die Voraussetzungen von Einwendungen zusammen, die Ehegatten gegenüber Dritten aus einem Ehevertrag mit Änderung des gesetzlichen Güterstandes geltend machen können. Aufgrund von etwaigen Schutzlücken, die durch den Wegfall des Güterrechtsregisters entstehen, können Ehegatten nach § 313 BGB (Störung der Geschäftsgrundlage) i. V. m. Art. 229 § 64 Abs. 3 EG BGB Anpassungen verlangen, z. B. durch den Ersatz von Verfügungsbeschränkungen durch die Vereinbarung von Bruchteilsgemeinschaften. Solche Änderungen haben bei Immobilieneigentum Folgen für die Rechtsverfolgung der Gläubiger, sodass auf die Besonderheiten der Gütergemeinschaft zu achten ist.

aa) Alleinverwaltung des Gesamtguts

Verwaltet ein Ehegatte das Gesamtgut allein, bedarf es eines Titels gegen den verwaltenden Ehegatten, um in das Gesamtgut vollstrecken zu können, § 740 Abs. 1 ZPO. 174

bb) Gemeinschaftliche Verwaltung des Gesamtguts

Bei gemeinschaftlicher Verwaltung, von der mangels ausdrücklicher Bestimmung im Ehevertrag auszugehen ist (§ 1421 Satz 2 BGB), bedarf es eines Titels gegen beide Ehegatten, § 740 Abs. 2 ZPO. Grundsätzlich kann von gemeinschaftlicher Verwaltung ausgegangen werden, sodass der Gläubiger die Verwaltung durch einen Ehegatten, wenn dieser sein Titelschuldner ist, nachweisen muss.[192)] 175

cc) Vorbehaltsgut

Die Vollstreckung in Vorbehaltsgut (vgl. § 1418 BGB) bedarf des Titels gegen den Ehegatten, dem das Vorbehaltsgut zuzurechnen ist, der sein Eigentümer ist; vollstreckungsrechtlich gilt dabei die Gewahrsamsvermutung des § 739 ZPO auch für das „erwiesene" Vorbehaltsgut.[193)] 176

Komplexer wird die Situation noch, wenn (bei beiden Spielarten der Gütergemeinschaft) einer der Ehegatten mit Einwilligung des anderen ein „selbstständiges Erwerbsgeschäft" betreibt (§§ 1431, 1456 BGB). In diesen Fällen bedarf es allein eines Titels gegen den Ehegatten, der Betriebsinhaber ist, § 741 ZPO n. F. ab 1.1.2023 (Art. 7 (2) Gesetz zur Abschaffung des Güterrechtsregisters), wenn nicht (nach § 741 ZPO a. F. bis 31.12.2022) zum Zeitpunkt der Rechtshängigkeit der andere Ehegatte Einspruch gegen die Betriebstätigkeit erhoben oder seine frühere Einwilligung widerrufen hat. Dieser Umstand muss zum Zeitpunkt der Rechtshängigkeit des zu 177

---

191) Gesetz zur Abschaffung des Güterrechtsregisters und zur Änderung des COVID-19-Insolvenzaussettungsgesetzes v. 31.10.2022, BGBl. I 2022 S. 1966 ff., Art. 1 Nr. 3 d. Gesetzes mit Aufhebung der §§ 1558 – 1563. Übergangsvorschriften in Art. 229 § 64 EG BGB n. F. (Art. 2, 3 des Gesetzes) sehen Übergangsfristen bis 2028 bzw. bis zum 31.12.2037 vor; während dieser Zeit ist die Berufung auf Eintragungen im Güterrechtsregister im Rahmen des § 64 möglich.

192) Thomas/Putzo-*Seiler* ZPO, § 740 Rz. 2.

193) Siehe BeckOK-*U. Goldbach*, ZVG, § 15 Rz. 264. Gegenüber Dritten ist das Vorbehaltsgut aber nur nach Maßgabe des § 1412 BGB wirksam, § 1418 Abs. 4 BGB; zur Anwendung des § 739 ZPO auf das Vorbehaltsgut siehe Thomas/Putzo-*Seiler*, ZPO, § 739 Rz. 2.

titulierenden Anspruchs des Gläubigers oder bei Errichtung des Titels (z. B. vollstreckbare Notarurkunde zur Ermöglichung der Vollstreckung in das Betriebsgrundstück) in das Güterrechtsregister eingetragen sein, § 741 ZPO a. F.[194)]

c) Lebenspartnerschaft und „Altgüterstände" nach interlokalem Güterrecht

178 Für Lebenspartnerschaften nach dem Gesetz über die Eingetragene Lebenspartnerschaft (LPartG)[195)] gelten die ehegüterrechtlichen Bestimmungen entsprechend (§§ 6, 7 LPartG).

179 Zu dem früheren interlokalen Güterrecht der DDR in „Altfällen" siehe Art. 234 § 4 Abs. 2 EGBGB.[196)]

d) Ausländisches Ehegüterrecht

aa) Rechtslage bis 28.1.2019

180 Für „Altfälle" bis Anfang 2019 wird die folgende Kommentierung in dieser Auflage noch (unverändert) aufrechterhalten. Zu den Anpassungen des damaligen inländischen Rechts siehe das „Gesetz zum internationalen Güterrecht und zur Änderung von Vorschriften des Internationalen Privatrechts" (v. 17.12.2018).[197)]

181 Das Internationale Ehegüterrecht war 2018/Anfang 2019 noch nicht unionsrechtlich determiniert. Insoweit galten die Art. 15, 16 EGBGB a. F., die vergleichbare Optionen enthalten, wobei insbesondere auf Art. 15 Abs. 2 Nr. 3 EGBGB hinzuweisen ist, wonach Ehegatten für ihr unbewegliches Vermögen das Güterrecht des Lageorts (für inländische Grundstücke deutsches Recht) wählen können.[198)] Der jeweilige ausländische Güterstand wirft nach der seinerzeitigen Rechtslage ebenso wie die inländischen Güterstände (siehe oben) spezifische Fragen und Probleme auf, sodass im Rahmen der Immobiliarvollstreckung (einschließlich der Sonderverfahren) in inländischen Grundbesitz oder in Gegenstände, die der Vollstreckung nach dem ZVG unterliegen, das ausländische Güterrechtsstatut zu beachten und daher zuvor zu analysieren ist. Aus dem Blick des Vollstreckungsgerichts besteht diese Problematik im Allgemeinen indes nur, wenn Zweifel an der Zulässigkeit der Vollstreckungsmaßnahme offensichtlich oder unstreitig sind. Ansonsten steht auch hier dem anderen Ehegatten die Drittwiderspruchsklage zur Seite.[199)] Ein weitergehendes Problem entsteht zusätzlich dann, wenn ein ausländischer Titel unter den Ehegatten in Rangklasse 5 zur Vollstreckung in ein inländisches Grundstück genutzt werden soll. Unabhängig vom Güterrechtsstatut ist aber die Frage der Vollstreckungsversteigerung durch einen externen Gläubiger, die unberührt bleibt, soweit nicht dem Titel ein dem Ehegüterrecht entspringender Mangel (z. B. fehlende Zustimmung des anderen Ehe-

194) Vgl. den Überblick bei Zöller/*Seibel*, ZPO, § 741 Rz. 1, 4–6, zum bisherigen Recht vor der Aufhebung des Güterrechtsregisters.

195) LPartG v. 16.2.2001, BGBl. 2001 I S. 266 bis Art. 7 Abs. 6 d. Gesetzes v. 31.10.2022, BGBl. 2022 I S. 1966; siehe zum dortigen Güterrecht die §§ 6, 7 LPartG.

196) Zu Einzelheiten siehe Löhnig/*Bluhm*, ZVG, 2010, § 15 Rz. 70.

197) BGBl. I 2018 S. 2573 ff., dort u. a. Art. 1 das Internationale Güterrechtsverfahrensgesetz (IntGüRVG).

198) Siehe dazu Grüneberg/*Thorn*, BGB, Art 15 EGBGB Rz. 22 m. w. N.

199) Siehe oben zu BGH, Beschl. v. 14.6.2007 – V ZB 102/06, ZfIR 2008, 28 ff.

gatten) besteht und sich durchsetzt. Auch in diesen Fällen ist das aber eine Thematik des § 767 ZPO auf der Seite des Vollstreckungsschuldners.[200)]

bb) Rechtslage ab 29.1.2019 nach Inkrafttreten unionsrechtlicher Regelwerke zum Internationalen Ehegüterrecht

Die nachfolgenden Regelwerke des Unionsrechts zum Internationalen Ehegüterrecht sind ab 29.1.2019 anzuwenden. 182

(1) Verordnung (EU) 2016/1103[201)]

Dabei handelt es sich zum einen um die „Verordnung (EU) 2016/1103 des Rates vom 24.6.2016 zur Durchführung einer Verstärkten Zusammenarbeit im Bereich der Zuständigkeit, des anzuwendenden Rechts und der Anerkennung und Vollstreckung in Fragen des ehelichen Güterstandes". Die Verordnung setzt dabei den Begriff der „Ehe" nach dem Verständnis des mitgliedstaatlichen Rechts voraus, definiert ihn aber nicht selbst autonom (Erwägungsgrund 17). Gegenstand der Verordnung sind Verwaltung und Auseinandersetzung des Güterstandes (Erwägungsgrund 18). Die Art der dinglichen Rechte am Vermögen ist aber nicht Gegenstand des Regelwerks (Art. 1 lit. g). Entscheidend sind für die hier interessierenden Themen die Artikel 20 ff. über die universelle Geltung des nach der Verordnung bestehenden Ehegüterrechtsstatuts, unabhängig, ob es sich um das Recht eines Mitgliedstaats oder Drittstaats handelt. Art. 22 ermöglicht eine beschränkte Rechtswahl, Art. 26 bestimmt das anzuwendende Güterrechtsstatut, wenn keine Wahl getroffen wurde. Dingliche Rechte des Ehegüterrechtsstatuts beeinflussen dingliche Rechte in einem anderen Staat dahingehend, dass diese soweit möglich an das Recht des Staates des Ehegüterrechts angeglichen werden. Das ist derselbe Vorgang wie in dem oben angesprochenen Beispiel des polnischen Vindikationslegats zur EuErbVO, das eben dann in Deutschland unmittelbar zur Eigentumsumschreibung auf den Legatar führt. 183

Wie stets bei unionsrechtlichen Regelungen des internationalen Verfahrensrechts werden ausländische Entscheidungen anerkannt und vollstreckt, vorbehaltlich von Gründen für die Nichtanerkennung (Art. 36, 37, 42 der Verordnung), Ein Anerkennungsverfahren muss hier aber durchlaufen werden. 184

Die Vollstreckungsgerichte haben daher auch diese Verordnung zu beachten, die als Verordnung des Unionsrechts (Art. 288 AEUV) unmittelbar in allen Mitgliedstaaten gilt. 185

(2) Verordnung (EU) 2016/1104[202)]

Komplementär zur Verordnung (EU) 2016/1103 wurde die „Verordnung (EU) 2016/1104 vom 24.6.2016 des Rates zur Durchführung der Verstärkten Zusammenarbeit im Bereich der Zuständigkeit, des anzuwendenden Rechts und der Anerkennung und Vollstreckung von Entscheidungen in Fragen güterrechtlicher Wirkungen eingetragener Partnerschaften" geschaffen. 186

---

200) Zur Vollstreckung aus ausländischem Titel siehe § 16 Rz. 52 ff. [*Cranshaw*].
201) ABl. (EU) L 183 v. 8.7.2016, S. 1 ff.
202) ABl. (EU) L 183 v. 8.7.2016, S. 30 ff.

(3) **IntGüRVG**

187 Das Internationale Güterrechtsverfahrensgesetz zur Durchführung der Verordnungen (EU) 2016/1103 und 2016/1104 von Entscheidung aus Mitgliedstaaten nach diesen Verordnungen enthält in Abschnitt 3 Unterabschnitt 3 §§ 4 ff. Regelung über die Vollstreckbarkeit ausländischer Titel von der Zuständigkeit des Amtsgerichts für die Vollstreckbarerklärung über die Zulassung der Vollstreckung bis zur Formel der Vollstreckungsklausel (§ 9). Vollstreckbare Entscheidungen aus einem EU-Mitgliedstaat werden durch Anbringung der Vollstreckungsklausel zur Vollstreckung zugelassen. Die Zwangsvollstreckung außerhalb von Sicherungsmaßnahmen bedarf zudem der Vorlage eines Zeugnisses über die unbeschränkte Zulässigkeit der Zwangsvollstreckung.

188 Soweit der Titel auf Leistung von Geld lautet, kann auch die Immobiliarvollstreckung relevant sein, die allerdings bei den infrage kommenden Titeln nur aus Rangklasse 5 des § 10 ZVG betrieben können werden dürfte.

8. **Immobiliarvollstreckung auf Antrag der öffentlichen Hand**

189 Die Durchführung von Zwangsversteigerung und Zwangsverwaltung auf Antrag der öffentlichen Hand, beispielsweise auf Antrag einer Gemeinde (wegen Grundbesitzabgaben), des Finanzamts (Steuern) oder der Einzugsstelle der Sozialversicherung (AOK, Sozialversicherungsbeiträge von Unternehmen) hat hohe praktische Relevanz. Den Titelgläubigern stehen als Zahlungstitel vollstreckbare Leistungsbescheide zur Seite, soll dinglich vollsteckt werden, weil der Abgabenanspruch als öffentliche Last auf dem Grundstück ruht, bedarf es eines gesonderten Duldungsbescheides (vgl. §§ 77, 191 AO und entsprechende landesrechtliche Vorschriften, z. B. Verweisungsnormen auf die Abgabenordnung, vgl. auch § 322 AO und die dortige Subsidiarität der Immobiliarvollstreckung, die erst bei Fruchtlosigkeit der Mobiliarpfändung unternommen werden soll). Nicht selten haben die öffentlich-rechtlichen Titelgläubiger auch (regelmäßig nachrangige) Zwangssicherungshypotheken eintragen lassen, aus denen sie dann in Rangklasse 4 die Versteigerung betreiben können.

190 Dabei ist zu beachten, dass eine Fülle öffentlich-rechtlicher Forderungen privilegierte öffentliche Grundstückslasten sind, die vorrangig in der Rangklasse 3 zu befriedigen sind.[203] Auf die Kommentierung zu § 10 Abs. 1 Nr. 3 ZVG[204] im vorliegenden Kommentar zu den öffentlichen Lasten der Rangklasse 3 wird verwiesen, ebenso auf die Kommentierung zur Verwaltungsvollstreckung nach Bundes- und Landesrecht in § 16 ZVG.[205]

9. **Beschränkte Vollstreckung gegen Gebietskörperschaften und andere juristische Personen des öffentlichen Rechts**

191 Der **„persönliche“** Anwendungsbereich der in der Überschrift umrissenen Thematik betrifft die Gebietskörperschaften, die kommunalen Zweckverbände, alle anderen Körperschaften, Anstalten und Stiftungen des öffentlichen Rechts einschließlich der öffentlich-rechtlich verfassten Kirchen (Folge aus den Artikeln 140 GG, 137 Abs. 5

203) Siehe § 10 Rz. 73 ff. [*Cranshaw*].
204) Siehe § 10 Rz. 73 ff. und Rz. 96 ff. [*Cranshaw*] (zu Beispielen).
205) Siehe § 16 ZVG Rz. 20 ff. [*Cranshaw*].

WRV) und ihrer entsprechend konzipierten Verbände. Uneingeschränkt kann indes gegen öffentliche Unternehmen in den Formen des Privatrechts vollstreckt werden sowie gegen öffentlich-rechtliche Kreditinstitute (und Versicherungen).

Der **„sachliche"** Anwendungsbereich der Vollstreckungsbeschränkung betrifft die Vollstreckung aus schuldrechtlichen Ansprüchen. Dingliche Ansprüche sind ohne solche Beschränkungen durchsetzbar sind (vgl. § 882a Abs. 1 Halbs. 2 ZPO a. F./ n. F. (ab 1.12.2021 mit redaktionellen klarstellenden Änderungen), 192

Im Fokus **gesetzlicher Regelungen** in diesem Kontext steht zunächst der erwähnte **§ 882a ZPO**, der die Vollstreckung gegen Bund und Länder (Abs. 1) bzw. gegen alle anderen Körperschaften, Anstalten und Stiftungen des öffentlichen Rechts (Abs. 3) erst vier Wochen nach der Anzeige gemäß § 882a Abs. 1 ZPO gegenüber der zuständigen Stelle erlaubt. Für die Vollstreckung gegen Kommunen und Gemeindeverbände gilt § 15 Nr. 3 EGZPO, der mit Ausnahme dinglicher Ansprüche auf das Landesrecht verweist. 193

Zudem ist die Vollstreckung in öffentlichen Zwecken gewidmete Gegenstände oder an denen ein öffentliches Interesse besteht unzulässig (vgl. § 882a Abs. 2 ZPO). 194

Wirkliche praktische Bedeutung haben diese Vollstreckungen oder deren Beschränkungen nicht, da Vollstreckungen, auch solche aufgrund dinglicher Ansprüche, bisher so gut wie nicht aufgetreten sind oder von den Schuldnern abgewendet werden konnten.[206] 195

VI. Entscheidungen des Vollstreckungsgerichts

1. Anordnungs- und Beitrittsbeschluss

Dem Anordnungsbeschluss (§ 15 ZVG) bzw. dem Beitrittsbeschluss (§ 27 ZVG) geht wie auch sonst im gerichtlichen Verfahren die Prüfung der Voraussetzungen der vom Antragsteller begehrten Entscheidung voraus. Dabei unterscheidet sich das Vollstreckungs-, hier das Versteigerungsverfahren, vom gerichtlichen Erkenntnisverfahren durch die **Beschränkung der Prüfungen** auf die verfahrensrechtlichen Zulässigkeitsvoraussetzungen des betroffenen Antrags und die weiteren vollstreckungsrechtlichen Voraussetzungen, die indes keine Prüfung etwa des materiellrechtlichen Anspruchs, der durch Vollstreckung befriedigt werden soll, zum Gegenstand haben. Auch der titulierte, aber inzwischen erfüllte oder verjährte Anspruch steht aus formeller vollstreckungsrechtlicher Sicht der Anordnung der Versteigerung nicht entgegen, sofern nicht das materiellrechtliche Hindernis offenkundig oder unstreitig ist. Der Schuldner muss sich daher regelmäßig auf anderem Wege als nur mit Einwendungen oder Rechtsbehelfen im Vollstreckungsverfahren zur Wehr setzen, nämlich insbesondere mit der **Vollstreckungsabwehrklage** gemäß § 767 ZPO.[207] 196

---

206) Siehe zur Thematik den Überblick bei *Cranshaw*, Insolvenz- und finanzrechtliche Perspektiven der Insolvenz von juristischen Personen des öffentlichen Rechts, insbesondere Kommunen, S. 144–153, Rz. 183–193.

207) Siehe BeckOK-*Cranshaw/Kuhn*, ZVG, § 95 Rz. 42 ff., 52–221j, Rechtsbehelfe im ZVG-Verfahren; zu § 767 ZPO und zur Titelgegenklage vgl. § 95 Rz. 73–93.7 (§ 767 ZPO), Rz. 94 (Titelgegenklage), Rz. 95–102 (Entbehrlichkeit der Klage nach § 767 ZPO und Herausgabeklage analog § 371 BGB), siehe dazu OLG München, Urt. v. 28.9.2022, 7 U 3328/20, juris, Rz. 10, 41 ff.

197 Zusammenfassend lässt sich in Anlehnung an die nahezu einhellige Kommentarliteratur festhalten, dass das Vollstreckungsgericht im Wesentlichen von Amts wegen prüft:[208)]

- seine Zuständigkeit;
- das Vorliegen eines hinreichend substantiierten Antrags (ohne Belang ist, ob Anordnung oder Beitritt beantragt wurde);
- die Parteifähigkeit und die Prozessfähigkeit der beteiligten Parteien (Schuldner und Gläubiger);
- die ordnungsgemäße (gesetzliche) Vertretung der Parteien, Nachweis der Vollmacht der rechtsgeschäftlichen Vertreter. Bei Anwälten sollte die anwaltliche Versicherung der Vertretung hinreichend sein, wobei es aber durchaus üblich ist, dass Anwälte ihre Vollmacht in Kopie dem Antrag als Anlage beifügen;
- die Voraussetzungen des weiteren Antragsinhalts gemäß § 16 ZVG;
- die Voraussetzungen der §§ 17, 18 ZVG;
- die Beifügung des Titels (in Ausfertigung !), der Klausel, der Zustellungsnachweise und aller anderen etwa notwendigen Urkunden (siehe § 16 Rz. 88 ff. [*Cranshaw*]);
- die Beachtung der Voraussetzungen der Vollstreckung bei Rechtsnachfolge;
- etwaige Wartefristen oder Zug-um-Zug-Leistungen, deren Erbringung nicht nachgewiesen wurde;
- der Vollstreckung entgegenstehende Rechte nach § 28 ZVG;
- aus den eingereichten Unterlagen und dem Antrag erkennbare offenbare Vollstreckungshindernisse und ähnliche Hemmnisse;
- bei Anwälten und Behörden die Einhaltung der elektronischen Form (bei Anwälten über das beA), § 130d ZPO; der Verstoß dagegen führt zur Unwirksamkeit der Prozesshandlung.

198 Die verschiedenen o. g. Aspekte, die die (sofortige) Anordnung beeinträchtigen können, können sich überschneiden.

199 Die Entscheidung ergeht im **Beschlusswege** (§ 764 Abs. 3 ZPO) ohne vorherige Anhörung des Schuldners,[209)] um nicht den Vollstreckungserfolg zu beeinträchtigen. Eine mündliche Verhandlung ist nicht vorgesehen, sodass die Beschlüsse nicht verkündet werden. Da sie aber rechtsbehelfsfähig sind, werden sie den Beteiligten zugestellt, § 329 Abs. 2 Satz 2 ZPO, §§ 3, 8 ZVG i. V. m. der Beschlagnahmewirkung des § 22 ZVG.

---

208) Siehe den Prüfungskatalog bei Böttcher/*Böttcher*, ZVG, §§ 15, 16 Rz. 99 f. sowie bei Dassler/Schiffhauer/u. a.-*Hintzen*, ZVG, § 15 Rz. 3, mit dem zutreffenden Hinweis mit Böttcher/Böttcher, ZVG, §§ 15, 16 Rz. 100, dass auch die Verjährung nicht vom Vollstreckungsgericht zu beachten sei, sondern nur im Wege der Klage gemäß § 767 ZPO. Da die Verjährung eine peremptorische Einrede des materiellen Rechts darstellt und keine Verfahrensregelung, erscheint dieses Ergebnis zwingend.

209) Siehe BGH, Beschl. v. 3.5.1984 – IX ARZ 5/84, juris Rz. 7 = Rpfleger 1984, 363 = ZIP 1984, 886 f. = NJW 1984, 2166 f. (*Bestimmung der Zuständigkeit gemäß § 2 ZVG*); siehe auch LG Heidelberg, Beschl. v. 31.1.2019 – 5 T 3/19, ZfIR 2019, 250 f.; dazu *Noé*, VE Vollstreckung effektiv 2019, 059.

Neben dem Tenor enthält der Beschluss eine kurze Darstellung der tragenden **Gründe** nebst dem maßgeblichen Sachverhalt, da jedenfalls rechtsbehelfsfähige gerichtliche Entscheidungen begründet werden müssen.[210] 200

2. Zwischen-/Aufklärungsverfügungen zur Aufklärung und Behebung von Beanstandungen

Weist der Antrag Mängel auf, die innerhalb angemessener Zeit behoben werden können, bedarf es der Zurückweisung nicht, vielmehr bedarf ein solcher Antrag der **„Zwischenverfügung“** („Aufklärungsverfügung“), mittels der das Gericht (vgl. § 139 ZPO analog) den Antragsteller auf behebbare Mängel hinweist und unter Setzung einer angemessenen Frist deren Behebung anheimstellt. Geschieht das, Fristverlängerung ist möglich, kann die Versteigerung angeordnet werden. Ansonsten ist der Antrag zurückzuweisen. Zutreffend weist Dassler/Schiffhauer/u. a.-*Hintzen* u. a. darauf hin, die nach Behebung des Mangels ergangene Anordnung des Verfahrens wahre keinen Rang, die Beseitigung der Beanstandung wirke nur ex nunc.[211] Es liegt also im wohlverstandenen Interesse des Adressaten der Verfügung, schnellstmöglich den Mangel zu beheben. 201

3. Rechtsbehelfsverfahren

a) Anordnungs-/Beitrittsentscheidungen ohne Anhörung des Schuldners

Wird der **Anordnungs- oder Beitrittsbeschluss** erlassen, steht dem Schuldner, soweit er nicht zuvor angehört worden ist, die unbefristete **Vollstreckungserinnerung** nach § 766 ZPO zu (nicht indes die Rechtspflegererinnerung gemäß § 11 RPflG, da es sich hierbei nicht um eine Entscheidung i. S. d. § 793 ZPO handelt). Der Rechtsbehelf richtet sich gegen die fehlerhafte Würdigung der vom Vollstreckungsgericht zu beachtenden Verfahrensweisen und Voraussetzungen der Zwangsvollstreckung (siehe Rz. 67 ff. zu Titel, Klausel, Zustellung). 202

Der Rechtspfleger kann und **muss** der von ihm als **begründet** angesehenen Erinnerung abhelfen, wenn es auch keine ausdrückliche Norm dazu gibt; Dassler/Schiffhauer/u. a.-*Hintzen* will offenbar § 572 Abs. 1 Satz 1 ZPO analog anwenden, wofür vieles spricht.[212] Der Rechtspfleger darf aber **nicht** zurückweisen, wenn er die Erinnerung 203

---

210) Das ist eine Folge des Rechtsstaatsprinzips; eine ordnungsgemäße Rechtsverteidigung seitens des Rechtsbehelfsführers ist nicht möglich, wenn es an jeder Begründung fehlt. Das übergeordnete Gericht kann dann erst recht keine sachgerechte Überprüfung der angefochtenen Entscheidungen vornehmen. Zur Begründungspflicht vgl. statt aller Zöller/*Feskorn*, ZPO, § 329 Rz. 24 m. w. N. Der BGH hat beispielsweise entschieden, Beschlüsse, gegen die die Rechtsbeschwerde statthaft sei, müssten den *„maßgeblichen Sachverhalt“* wiedergeben, ansonsten seien sie nicht ordnungsgemäß nach den gesetzlichen Bestimmungen begründet, BGH, Beschl. v. 20.6.2002 – IX ZB 56/01, ZInsO 2002, 724 = NJW 2002, 2648 f. In dem fraglichen Fall fehlte es sogar an der Darstellung des Streitgegenstandes, auch der Antrag des Gläubigers war nicht zu erkennen (siehe II. der Gründe).

211) Dassler/Schiffhauer/u. a.-*Hintzen*, ZVG, § 15 Rz. 11.

212) Dassler/Schiffhauer/u. a.-Hintzen, ZVG, § 15 Rz. 19, siehe BeckOK-*Cranshaw/Kuhn*, ZVG, § 95 Rz. 117 – 126 zur Erinnerung nach § 755 ZPO; Zöller/*Herget*, ZPO, § 766 Rz. 24, m. w. N., geht von der Abhilfeberechtigung und -verpflichtung als h. M. aus. Vor Aufhebung einer Zwangsvollstreckungsmaßnahme i. S. d. § 766 ZPO ist dem betroffenen Gläubiger rechtliches Gehör zu gewähren.

für unbegründet hält, sondern muss nach § 20 Abs. 1 Nr. 17 RPflG[213)] dem zur Entscheidung befugten Richter vorlegen, der seinerseits ebenfalls abhelfen kann. Ansonsten weist der Richter zurück, eine Entscheidung, gegen die die **sofortige Beschwerde** gemäß § 793 ZPO zum Landgericht zulässig ist. Der Rechtsweg ist mit der Beschwerdeentscheidung des Landgerichts meist ausgeschöpft, da die **Rechtsbeschwerde** (§ 574 ZPO) zum BGH gegen diese Entscheidung nur statthaft ist, wenn sie vom Landgericht zugelassen worden ist. Eine Nichtzulassungsbeschwerde gegen die Versagung der Rechtsbeschwerde ist nicht vorgesehen und nicht statthaft.[214)]

b) Rechtsbehelfe nach Anhörung des Schuldners vor der Entscheidung

204 Wurde der Schuldner angehört, ist statthafter Rechtsbehelf die **sofortige Beschwerde,** § 793 ZPO i. V. m. § 11 Abs. 1 RPflG, da mit der Anordnung der Maßnahme nach Anhörung, d. h. mit der Gewährung rechtlichen Gehörs, eine der Beschwerde unterliegende Entscheidung vorliegt. Dieser kann der Rechtspfleger abhelfen (siehe oben) oder sie dem Beschwerdegericht vorlegen, § 572 Abs. 1 Halbs. 2 ZPO.[215)]

c) Ablehnung des Anordnungs- bzw. Beitrittsantrags

205 Weist der Rechtspfleger die Anordnung oder den Beitritt zurück, steht dem Antragsteller die **sofortige Beschwerde** zu, § 793 ZPO, die bei Nichtabhilfe durch den Rechtspfleger vom Landgericht zu entscheiden ist. Gegen dessen Entscheidung ist auch hier nur die Zulassungsrechtsbeschwerde zum BGH zulässig.

d) Anwendungsbereich der Vollstreckungsabwehrklage

206 Einwendungen gegen die Vollstreckbarkeit des Titels bzw. für und gegen die Klauselerteilung sind insbesondere im Wege der **Vollstreckungsgegenklage**/-abwehrklage bzw. mit den Rechtsbehelfen im **Klauselerteilungsverfahren** geltend zu machen.[216)]

VII. Kosten des Verfahrens

207 Auf eine Darstellung der Verfahrenskosten (Gericht), der Anwaltskosten sowie der Voraussetzungen der Prozesskostenhilfe wird vorliegend verzichtet und auf die einschlägige Literatur zum Kostenrecht, zum RVG und zum Prozesskostenhilferecht verwiesen.[217)]

---

213) RPflG i. d. F. des Art. 20 d. Gesetzes v. 22.2.2023, BGBl. 2023 I Nr. 51, § 20 Abs. 1 Nr. 17 i. d. F. d. Art. 9 Nr. 2 d. Gesetzes v. 7.7.2021, BGBl. I 2021 S. 2363 (ab 1.8.2022).

214) Siehe BeckOK-*Cranshaw/Kuhn*, ZVG, § 95 Rz. 168; der Gesetzgeber des ZPO-Reformgesetzes (ZPO-RG v. 27.7.2001, BGBl. I 2002 S. 52) wollte mit der Versagung der Nichtzulassungsbeschwerde in diesen Fällen der Nichtzulassung der Rechtsbeschwerde u. a. den BGH entlasten, vgl. die BT-Drucks. 14/4722 v. 24.11.2000, S. 116 zu § 574 Abs. 1 Nr. 2 RegE ZPO-Reformgesetz.

215) Diese Darstellung (siehe Rz. 202 – 205 f.) entspricht der vom BGH als herrschend angesehenen Meinung, siehe BGH, Beschl. v. 30.9.2010 –V ZB 219/09, juris Rz. 7 ff. = BGHZ 187, 132 ff. = Rpfleger 2011, 97 ff. = NJW 2011, 525 ff.

216) Siehe im Einzelnen BeckOK-*Cranshaw/Kuhn*, ZVG, § 95 Rz. 52 ff. (Rechtsbehelfe im ZVG-Verfahren); zu § 767 ZPO und zur Titelklage, vgl. § 95 Rz. 73 – 102, zur Klauselabwehrklage und zur Klauselerinnerung siehe § 95 Rz. 127 – 135, zur Klauselerteilungsklage, § 731 ZPO siehe § 95 Rz. 136 ff.

217) Für einen ersten Überblick vgl. auch Dassler/Schiffhauer/u. a.-*Hintzen*, ZVG, § 15 Rz. 23 – 37 (einschließlich der Ausführungen zur PKH); siehe zur Verfahrensgebühr *Mock*, VE Vollstreckung effektiv 2020, 041 – 046.

§ 16
Zulässigkeit und Inhalt des Antrags

(1) Der Antrag soll das Grundstück, den Eigentümer, den Anspruch und den vollstreckbaren Titel bezeichnen.

(2) Die für den Beginn der Zwangsvollstreckung erforderlichen Urkunden sind dem Antrag beizufügen.

Literatur: *Cranshaw*, jurisPR-HaGesR 1/2011, Anm. 4, Anmerkung zu OLG Düsseldorf, Hinweisbeschl. v. 10.5.2010 – I-24 U 160/09, ZIP 2010, 1852 f.; *Cranshaw*, jurisPR-HaGesR 8/2012 Anm. 4, Anmerkung zu OLG Celle, Beschl. v. 29.5.2012 – 6 U 15/12, NJW-RR 2012, 1065; *Cranshaw*, Insolvenz- und finanzrechtliche Perspektiven der Insolvenz von juristischen Personen des öffentlichen Rechts, 2007; *Cranshaw*, Anerkennung und Vollstreckung auf internationaler und europäischer Ebene – Standards und Reformüberlegungen, in: BMJV, Zwangsvollstreckung und Zwangsversteigerung aktuell, 2018, S. 191–215; *Jaeger*, KO, 6./7. Aufl., Bd. 1, 1931; Bd. 2, 1936; *Kroiß/Seiler* (Hrsg.), FamFG Kommentiertes Verfahrensformularbuch, 2014; *Rauscher*, Europäisches Zivilprozess- und Kollisionsrecht EuZPR/EuIPR, 5. Aufl., 2022; *Reul*, Anmerkung zu OLG Hamm v. 3.12.2013 – I-5 U 42/12, MittBayNot 2013, 408 410; *Schreiber*, jurisPR-MietR 14/2005, Anm. 5, Anmerkung zu OLG Stuttgart, Beschl. v. 19.1.2005 – 8 W 411/04, NJW-RR 2005, 814; *Wilske/Nettlau*, LMK 2013, 345597, Anmerkung zu BGH, Beschl. v. 30.1.2013 – III ZR 40/12, NJW 2013, 3184 = WM 2013, 1903.

Übersicht

I. Normfunktion und Anwendungsbereich

1. Gegenstand und Reichweite der Norm

1 Das Vollstreckungsverfahren ist ein **Antragsverfahren**. Dieser Grundsatz ist in § 15 ZVG normiert.[1] Es unterliegt daher der freien Disposition des Vollstreckungsgläubigers, ob er überhaupt aus einem Titel vollstreckt oder in welchem Umfang er die Vollstreckung betreibt. Einer der wesentlichen Prinzipien ist dabei wie im Erkenntnisverfahren der Grundsatz des ne ultra petita, wie er in § 308 ZPO seinen Ausdruck gefunden hat. Davon zu unterscheiden ist, inwieweit dem Antrag des Gläubigers seitens des Vollstreckungsorgans entsprochen werden kann. Der staatliche Vollstreckungseingriff berührt rechtsstaatliche Verfahrensgrundsätze, also **Verfahrensgrundrechte** ebenso wie die verfassungsrechtlich geschützten **Eigentumsrechte** des Art. 14 GG. Schuldner und Gläubiger (dieser in Gestalt seiner Forderungsrechte) sind gleichermaßen betroffen. Das Vollstreckungsorgan (hier das Amtsgericht als Vollstreckungsgericht) muss daher die Rechtmäßigkeit der vom Gläubiger beantragten Vollstreckungsmaßnahme prüfen. Dem Gericht müssen der Natur der Sache nach ferner die Tatsachen bekannt gemacht werden, die erforderlich sind, um die begehrte Vollstreckung überhaupt anordnen zu können. Ferner müssen der Vortrag bzw. die Behauptungen des Gläubigers belegt werden. Diese Funktion füllt § 16 ZVG aus. Dabei darf nicht übersehen werden, dass der Versteigerungsantrag einer Behörde nicht nur eine „vollstreckungsrechtliche Verfahrenshandlung" nach § 16 ZVG darstellt; vielmehr ist er selbst Verwaltungsakt i. S. d. Verwaltungsverfahrensgesetzes, der dem Schuldner bekanntzugeben ist und der daher auch dem Angriff durch die Rechtsbehelfe des Verwaltungsrechts ausgesetzt ist. So kann die Behörde verwaltungsgerichtlich zur Antragsrücknahme verpflichtet werden.[2]

2 Während § 16 Abs. 1 ZVG den Inhalt des Antrags beschreibt und **Sollvorschrift** ist, handelt es sich bei § 16 Abs. 2 ZVG um eine „Muss-Vorschrift". Der Gläubiger muss seinem Antrag **zwingend Urkunden** beifügen, die seinen Vollstreckungsan-

1) Im Einzelnen siehe § 15 Rz. 1 – 6 [*Cranshaw*].
2) Vgl. OVG Berlin-Brandenburg, Beschl. v. 16.3.2018 – OVG 5 S 57.17, juris Rz. 7 ff.

trag stützen. Dabei müssen nicht sämtliche Unterlagen des Gläubigers mit dem Antrag vorgelegt werden, sondern nur solche mit dem Charakter einer Urkunde und zwar nur diejenigen Urkunden, die für den *„Beginn der Zwangsvollstreckung erforderlich"* sind.

Die elektronische Einreichung von Unterlagen unterliegt den hierfür spezifischen Vorschriften.[3)] Der elektronische Rechtsverkehr mit den Gerichten ist seit Jahren fakultativ eröffnet, spätestens ab 1.1.2022, ggf. landesrechtlich auch früher, war er obligatorisch. Anwälte müssen sich des Systems des beA, des besonderen elektronischen Anwaltspostfachs bedienen, wollen sie Anträge in zivilrechtlichen Verfahren wirksam einreichen (§ 130d ZPO). 3

Fehlen Unterlagen, so dürfte vor der Zurückweisung des Antrags regelmäßig ein Hinweis gemäß § 139 ZPO unter Fristsetzung angezeigt sein. 4

§ 16 ZVG **ist** in allen Verfahren nach dem ZVG **anwendbar**, z. T. den verschiedenen Verfahrensarten bzw. Vollstreckungsgegenständen (Schiffe, Luftfahrzeuge) angepasst. 5

So **entfällt** in der **Teilungsversteigerung** die Vorlage eines Vollstreckungstitels und es besteht auch **kein vollstreckbarer Anspruch**. Grundlage ist hier nämlich die „Auseinandersetzung einer Gemeinschaft" (§ 180 Abs. 1 ZVG), die neben dem Grundstück und der Eigentumslage daher zu bezeichnen ist. Im Kern ist das bereits der Kern des **Antragstenors** i. S. d. §§ 15, 16 Abs. 1 ZVG.[4)] 6

---

3) Vgl. die §§ 130a, 130d ZPO sowie die Verordnung über die technischen Rahmenbedingungen des elektronischen Rechtsverkehrs und über das besondere elektronische Behördenpostfach, ERVV v. 24.11.2017, BGBl. 2017 I S. 3833, BGBl. 2018 I S. 200 bis zu Art. 6 d. Gesetzes v. 5.10.2021, BGBl. I 2021 S. 4607.

4) Vgl. Stöber/*Kiderlen*, ZVG, § 180 Rz. 26 ff. (zu den einzelnen „Gemeinschaftsfällen", die der Teilungsversteigerung bzw. „Aufhebungsversteigerung" unterliegen) und 58 zum Anordnungsbeschluss), *Stöber*, ZVG, 20. Aufl., 2012, Rz. 10.1 (Muster des Antrags und Tenor), wobei es richtig ist, die aufzulösende *„Gemeinschaft"* genau zu bezeichnen; ebenso siehe § 180 Rz. 3 [*Popp*]. Welche „Gemeinschaft" nach § 180 ZVG auseinandergesetzt werden kann, folgt aus dem materiellen Recht. So sind hier zu nennen die Abwicklung der Bruchteilsgemeinschaft nach ideellen Miteigentumsanteilen (§§ 1008 ff, 741 ff., 753 Abs. 1 Satz 1 Halbs. 2 BGB), ggf. sogar die BGB-Gesellschaft (§§ 731, Abs. 1 Satz 2, 753 Abs. 1 Satz 1 Halbs. 2 BGB, bis 31.12.2023, siehe unten und § 15 Rz. 26), ganz subsidiär bei entsprechender Vereinbarung die Personenhandelsgesellschaften (§§ 145 Halbs. 2 Alt. 1, 161 Abs. 2 HGB), die Erbengemeinschaft (§§ 2042 Abs. 2, 753 Abs. 1 BGB) und ebenfalls nur subsidiär die Abwicklung der heute seltenen Gütergemeinschaft (§§ 1477 Abs. 1, 753 BGB). Der Einschlag ausländischen Güterrechts mag ebenfalls zur Teilungsversteigerung führen, siehe zum Internationalen Ehegüterrecht der Europäischen Union die Verordnung EU 2016/1103 des Rates v. 24.6.2016, ABl. EU L 183 v. 8.7.2016, S. 1 ff., die im Wesentlichen ab 29.1.2019 anzuwenden ist. Für eingetragene Partnerschaften wurde ebenfalls ein Regelwerk zum Internationalen Güterrecht durch die Verordnung EU 2016/1104 des Rates v. 24.6.2016, ABl. EU L 183 v. 8.7.2016, S. 30 ff. geschaffen, die gleichfalls ab 29.1.2019 gilt (jeweils Art. 70 der Verordnungen).

Hinsichtlich der BGB-Gesellschaft ändert sich zum 1.1.2024 die Rechtslage durch das MoPeG, das Gesetz zur Modernisierung des Personengesellschaftsrechts v. 10.8.2021, BGBl. I 2021 S. 3436 ff., insoweit, als die rechtsfähige Gesellschaft (= BGB-Außengesellschaft) ohne die Möglichkeit zur Teilungsversteigerung (wie bisher die OHG bzw. KG) zu liquidieren ist, sofern nicht eine andere Art der Liquidation gewählt wird und die Voraussetzungen des § 735 Abs. 2 BGB n. F. dazu eingehalten sind.

2. Sonderfälle Insolvenzverfahren und Nachlassversteigerung

7 Auch im Rahmen der **Insolvenzverwalterversteigerung** (§ 172 ZVG) gibt es weder einen vollstreckbaren Titel noch einen Vollstreckungsanspruch. Die Legitimation des Verfahrens folgt aus § 172 ZVG i. V. m. § 80 InsO und den §§ 159, 165 InsO. Seine Handlungsbefugnis gemäß § 80 InsO als **Partei kraft Amtes** (er ist nach h. M. nicht Vertreter der verwalteten Masse oder des Insolvenzschuldners) weist der Insolvenzverwalter nach § 56 Abs. 2 InsO durch Vorlage seiner Bestellungsurkunde nach.

8 In der **Eigenverwaltung** gilt dasselbe für den **Schuldner**, der die Versteigerung ebenfalls in die Wege leiten kann, wie jedenfalls aus § 270 Abs. 1 Sätze 1 und 2 InsO hervorgeht.[5] Seine Aufgabe ist die Befriedigung der Gläubiger (§ 1 InsO) und zwar durch Verwertung der Masse, falls nicht vom Regelverfahren abweichend ein Sanierungsinsolvenzplan zustande kommt, aufgrund dessen etwa eine Immobilie im Eigentum des Schuldners gerade beibehalten und nicht verwertet wird. Der BGH geht den dogmatisch zutreffenden Weg, wenn er Verwertungshandlungen des Insolvenzverwalters jeweils als Vollstreckungshandlung betrachtet (die Insolvenzordnung ist eben ein Regelwerk zur „Gesamtvollstreckung") und daher in dem Sonderfall einer bestehenden Eigentümergrundschuld den Insolvenzverwalter dem zur Verwertung berechtigten Pfändungspfandgläubiger der Eigentümergrundschuld gleichstellt.[6] § 1197 Abs. 1 InsO bleibt dann unanwendbar; der Verwalter muss sich in solchen Fällen nicht einmal des Instruments der §§ 165 InsO, 172 ZVG bedienen, sondern er kann eine Versteigerung wie ein Vollstreckungsgläubiger durchführen (§ 49 InsO i. V. m. ZVG).

9 Dasselbe gilt für den eigenverwaltenden Schuldner. Dieser muss mittels des Eröffnungsbeschlusses die Eigenverwaltung nachweisen; die handelnden gesetzlichen Akteure rechtsfähiger Verbände und Gesellschaften bzw. diesen gleichgestellter Organisationen weisen ihre Vertretungsmacht in der üblichen Weise nach.

---

5) Vgl. K. Schmidt/*Undritz*, InsO, § 270 Rz. 2, der zutreffend argumentiert, die Eigenverwaltung sei *„keine besondere Form des Insolvenzverfahrens"*; das folgt bereits aus dem Gesetzeswortlaut mit der Anwendbarkeit der allgemeinen Regelungen (§ 270 Abs. 1 Satz 2 InsO), soweit nichts anderes bestimmt ist und daraus folgt auch die analoge Anwendung des § 172 ZVG. § 172 ZVG kann auch aus der Vorschrift des § 282 InsO abgeleitet werden (vgl. HK-Brünkmans, InsO, § 282 Rz. 1. Eine Kollision mit dem anderweitigen Grundsatz, dass der Eigentümer (als Gläubiger) keine Zwangsversteigerung seines eigenen Grundbesitzes beantragen kann, hängt mit individualvollstreckungsrechtlichen Erwägungen zusammen (niemand kann gegen sich selbst vollstrecken). Vgl. § 1197 Abs. 1 BGB zur Eigentümergrundschuld; die Norm verhindert, dass der Eigentümer den Ausfall nachrangiger Gläubiger generiert, vgl. Grüneberg/*Herrler*, BGB, § 1197 Rz. 2 m. w. N. und Ausnahmen. Die Norm des § 165 InsO, die die Insolvenzverwalterversteigerung insolvenzrechtlich trägt, also die Komplementärnorm des § 172 ZVG, entspricht § 126 KO a. F., vgl. dazu die BT-Drucks. 12/2443 v. 15.4.1992, S. 176, Begründung zu § 186 InsO-RegE = § 165 InsO. Hierzu hat *Jaeger*, KO, 6./7. Aufl., § 126 Anm. 1 überzeugend ausgeführt, der Konkursverwalter führe die Zwangsversteigerung aufgrund seiner Pflicht zur Verwertung der Konkursmasse (Insolvenzmasse) durch (damals § 117 KO, dessen Satz 1 inhaltlich die Regelung des § 159 InsO spiegelt) und *„nicht in Ausübung des in der Eigentümergrundschuld ruhenden Wertrechts."*

6) BGH, Urt. v. 24.3.2016 – XI ZR 259/13, ZIP 2016, 828 ff., Rz. 14 f., m. w. N.

Auch bei der **Nachlassversteigerung** entfällt strukturell ein Vollstreckungsanspruch ebenso wie ein vollstreckbarer Titel. Der antragstellende Erbe (§ 175 Abs. 1 Satz 1 ZVG) oder der an seine Stelle tretende Testamentsvollstrecker, Nachlassverwalter oder Nachlasspfleger weist seine Rechtsposition und die weiteren Voraussetzungen gemäß § 177 ZVG urkundlich nach,[7] beispielsweise durch europäisches Nachlasszeugnis nach Art. 65 Abs. 2 EuErbVO. 10

II. Inhalte des Anordnungsantrags als Voraussetzung der Vollstreckung gemäß § 16 Abs. 1 ZVG

1. Charakter des § 16 Abs. 1 ZVG als Ordnungsvorschrift

Der Vollstreckungsantrag ist als verfahrensrechtlicher Akt eine **Prozesshandlung.** 11
§ 16 Abs. 1 ZVG befasst sich nicht mit den allgemeinen Voraussetzungen einer Prozesshandlung, sondern setzt diese voraus. Das Vollstreckungsgericht muss daher neben den spezifischen Antragsvoraussetzungen in § 16 Abs. 1 ZVG die generellen Voraussetzungen an die Zulässigkeit des Antrags prüfen. Der Charakter des § 16 Abs. 1 ZVG als Sollvorschrift vermeidet das Verdikt der Nichtigkeit des Antrags, wenn sein formaler Inhalt nicht beachtet worden sein sollte, die Bestimmung hat also bloßen Charakter als Ordnungsvorschrift.[8] Der Antrag verlangt hinlängliche Angaben zum Grundstück (ohne die schlechterdings keine Anordnung der Versteigerung oder der Zwangsverwaltung möglich ist), zum Eigentümer (zwingend im Hinblick auf § 17 Abs. 1 ZVG), zu dem Anspruch, der auf dem Vollstreckungswege durchgesetzt werden soll (mit dem Titel ist er nicht zwingend identisch) und zum Titel (als Vollstreckungsgrundlage).

2. Allgemeine prozessrechtliche Voraussetzungen des Antrags[9]

Der Vollstreckungsantrag ist unter Beachtung allgemeiner prozessrechtlicher Voraussetzungen zulässig. 12

Der Antrag muss unbedingt gestellt werden, da Prozesshandlungen grundsätzlich **bedingungsfeindlich** sind, soweit es sich um außerprozessuale Bedingungen handelt.[10] Prozessuale Hilfs- und Eventualanträge sind zulässig.[11] 13

Ferner muss der Antrag inhaltlich **hinreichend bestimmt** sein, denn das Gericht darf nur nach Maßgabe der Reichweite des Antrags entscheiden und nicht darüber hinausgehen (vgl. § 308 ZPO). Dabei kann die prozessuale Erklärung ausgelegt werden.[12] 14

---

7) Dassler/Schiffhauer/u. a.-*Hintzen*, ZVG, § 177 Rz. 1 f., 4 (s. auch § 175 Abs. 2 ZVG); ebenso siehe §§ 175, 177 Rz. 1–3 [*Popp*].

8) Vgl. bereits *Jaeckel/Güthe*, ZVG, 4. Aufl., § 16 Rz. 2, 6.

9) Vgl. den Überblick zu allgemeinen und besonderen Voraussetzungen der Zwangsvollstreckung z. B. bei BeckOK-*U. Goldbach*, ZVG, § 15 Rz. 46–116 („Allgemeine Vollstreckungsvoraussetzungen"), Rz. 117–128 („Besondere Vollstreckungsvoraussetzungen"); ebenso bei Böttcher/*Böttcher*, ZVG, §§ 15, 16 Rz. 2–7, 19–57.

10) Zöller/*Greger*, ZPO, Vor § 128 Rz. 20 m. w. N.; siehe auch BVerfG, Beschl. v. 17.10.1984 – 1 BvR 620/78 u. a., NJW 1985, 846; Bedingungsfeindlichkeit als anerkannter Grundsatz für Prozesshandlungen.

11) Für das Erkenntnisverfahren siehe Zöller/*Greger*, ZPO, Vor § 128 Rz. 20 m. w. N.

12) Zöller/*Greger*, ZPO, Vor § 128 Rz. 25 m. w. N.

15 Da es sich um einen verfahrenseinleitenden Antrag in einem von dem Dispositionsgrundsatz beherrschten Verfahren handelt (siehe § 15 ZVG), ist der Nachweis erforderlich, dass der Antrag von dem dazu befugten Gläubiger gestellt worden ist. Eine besondere Form ist allerdings nicht vorgeschrieben. Grundsätzlich kann er schriftlich oder zu Protokoll der Geschäftsstelle gestellt werden. Im ersteren Falle muss der Antrag unterschrieben werden und zwar eigenhändig. Faksimilierte Unterschriften genügen nicht; zu unterscheiden hiervon ist ein per Fax gestellter Antrag, der im Übrigen eine Originalunterschrift trägt (vgl. § 130 Nr. 6 ZPO). Die elektronische Form, u. a. nach Maßgabe von § 130a ZPO, wird künftig in praxi die alleinige Form sein, für Rechtsanwälte ist das infolge des § 130d ZPO bereits heute der Fall, ebenso für Behörden i. S. d. zitierten Norm. Die zunehmende Digitalisierung des Rechtsverkehrs (mit den Gerichten), namentlich die dortige elektronische Akte, wird die bisherigen Verfahrensweisen mit „Print"-Unterlagen in überschaubarer Zeit wohl gänzlich ersetzen.

16 Von der im Ergebnis nicht möglichen telefonischen Antragstellung ist die (meist mühsame) telefonische Überprüfung zu unterscheiden, ob ein Antrag von dem befugten Gläubiger oder seinem Vertreter gestellt worden ist. **Vertretung** ist durch gesetzliche/-organschaftliche und gewillkürte Vertreter (aufgrund Vollmacht) möglich. Die Vertretungsmacht/Vollmacht ist ihrerseits nachzuweisen und im Antrag darzulegen.[13] Bei ausländischen Gesellschaften als Antragsteller wird die Vertretungsregelung nach Maßgabe der Bestimmungen des ausländischen Rechts nachgewiesen. Bei Eintragung einer inländischen Zweigniederlassung im inländischen Handelsregister, zumal, wenn in den Titel die inländische Niederlassung aufgenommen wurde, genügt die Publizität des Handelsregisters (vgl. §§ 15 HGB i. V. m. den §§ 13d ff. HGB), auch wenn die Angaben zur Vertretungsmacht nach ausländischem Recht materiell nicht richtig wären oder das ausländische Recht einen Registereintrag mit den Folgen des § 15 HGB nicht kennt.[14]

---

13) Bei den gesetzlichen bzw. organschaftlichen Vertretern der in öffentlichen Registern eingetragenen Verbände und Gesellschaften (HReg, Genossenschafts-, Vereins-, Partnerschaftsgesellschaftsregister) wird der Nachweis durch aktuellen „beglaubigten" Registerauszug bzw. (richtiger: *„Amtlicher Ausdruck"*) geführt (§ 9 Abs. 4, § 10, § 30a Handelsregisterverordnung, HRV bis zur Fassung d. Art. 2 d. Gesetzes v. 22.2.2023, BGBl. 2023 I Nr. 51). Zum Vereinsregister siehe die §§ 17, 32 Vereinsregisterverordnung, zum Genossenschaftsregister (vgl. zu dem hier interessierenden Gegenstand § 1 GenRegV, der – subsidiär – auf das Handelsregister verweist), zur Partnerschaftsgesellschaft siehe § 1 Partnerschaftsregisterverordnung, die ebenfalls subsidiär auf die Handelsregisterverordnung verweist. Achtung: Für Stiftungen gibt es bislang kein öffentliches Stiftungsregister, allerdings in den Bundesländern jeweils ein Stiftungsverzeichnis. Das Gesetz zur Vereinheitlichung des Stiftungsrechts und zur Änderung des Infektionsschutzgesetzes v. 18.7.2021, BGBl. I 2021 S. 2947 („Vereinheitlichungsgesetz") sieht in Art. 3 mittels der neu in das BGB eingefügten §§ 82b – 82d, 85b, 86i, 87d BGB n. F. Vorschriften zur Errichtung eines Stiftungsregisters und zu obligatorischen Anmeldungen nach Anerkennung der Stiftung durch die Stiftungsbehörde nach Landesrecht (§ 80 Abs. 2 BGB n. F.) vor. Einzelheiten folgen aus dem Stiftungsregistergesetz (Art. 4 des „Vereinheitlichungsgesetzes"). Das geänderte „materielle" Stiftungsrecht (Art. 1) tritt zwar am 1.7.2023 in Kraft (Art. 11 Abs. 2 des „Vereinheitlichungsgesetzes"), die Vorschriften zum Stiftungsregister zu den hier relevanten Aspekten aber erst am 1.1.2026 (Art. 11 Abs. 1 „Vereinheitlichungsgesetz").

14) Siehe § 15 Abs. 4 HGB, sodass sich die Publizität des Handelsregisters in ihrer jeweiligen Tragweite auch auf die ausländische Gesellschaft erstreckt. Angesichts der zunehmend grenzüberschreitend tätigen Unternehmen ist jeweils auf etwaige Eintragung einer inländischen Zweigniederlassung im Grundbuch zu achten, vgl. dazu OLG München, Beschl. v. 18.12.2012 – 34 Wx 461/12, ZIP 2013, 884 f., dazu *Cranshaw*, jurisPR-HaGesR 3/2013, Anm. 2.

Anwaltliche Vertretung ist nicht geboten, da das Verfahren in die Zuständigkeit der Amtsgerichte fällt (§ 78 Abs. 1 ZPO). Der Antragsteller kann sich indes nach § 79 Abs. 2 Satz 1 ZPO anwaltlich vertreten lassen. Fehlt es an einer wirksamen Vollmacht, so hat das auf die Wirksamkeit der Prozesshandlung keine Auswirkungen (§ 79 Abs. 3 Satz 2 ZPO). Erst im Rechtsbeschwerdeverfahren ist eine Vertretung durch einen beim BGH zugelassenen Rechtsanwalt erforderlich. 17

Der Antragsteller muss **parteifähig** (§ 50 Abs. 1 ZPO) und **prozessfähig** (§ 51 ZPO) sein,[15] ansonsten ist der Antrag nicht zulässig. Diese Voraussetzungen prüft das Gericht von Amts wegen (§ 56 Abs. 1 ZPO). Problemfälle der Parteifähigkeit kann es infolge des regelmäßig auf den Antragsteller lautenden Titels nur mehr eingeschränkt geben. Zweifel können sich ergeben, wenn nicht der Titelgläubiger den Versteigerungs- oder Beitrittsantrag stellt, sondern ein Rechtsnachfolger, sei es infolge Singularsukzession bei Abtretung der vollstreckungsrechtlichen Ansprüche, sei es als Folge einer Universalsukzession wie bei einer gesellschaftsrechtlichen Umwandlung oder im Falle der Erbfolge nach dem Gläubiger. Ergibt sich aus dem Antrag, dass der Gläubiger selbst insolvent ist, muss durch dessen **Insolvenzverwalter seine Position als Partei kraft Amtes** nachgewiesen werden (siehe die Urkunde gemäß § 56 Abs. 2 Satz 1 InsO). 18

Sollte der Gläubiger wie aus dem Antrag bzw. den dortigen Ausführungen erkennbar als Gesellschaft im Handelsregister erloschen sein, stellt sich die Frage der Fortführung, die der **Nachtragsliquidation**[16] bedarf. In allen Fällen kommt es also auf die genaue Bezeichnung des Gläubigers an, der sich des zu vollstreckenden Anspruchs berühmt. 19

Bei **ausländischen Antragstellern** ist das Recht des Herkunftsstaats für die Partei- und Prozessfähigkeit entscheidend. Für Gesellschaften ausländischen Rechts in der Rechtsform juristischer Personen, die ihren tatsächlichen Verwaltungssitz in Deutschland haben, gilt das uneingeschränkt nur, wenn die Gründungstheorie heranzuziehen ist; dies gilt für Gesellschaften aus der Europäischen Union und dem EWR (Norwegen, Island, Liechtenstein) sowie anderen Staaten mit Freundschafts- und ähnlichen Abkommen wie den USA;[17] ansonsten sind juristische Personen ausländischen Rechts nach der sog. (modifizierten) **Sitztheorie** lediglich rechtsfähige Personengesellschaften (so bei der Schweizer AG). 20

Ein im Vollstreckungsrecht weniger relevantes Thema ist die Frage der **internationalen Zuständigkeit** der inländischen Gerichte. Es gilt der Grundsatz, dass Vollstreckungshandlungen der Individualvollstreckung ausschließlich auf dem Gebiet des Staates stattfinden, dessen Vollstreckungsorgane sie angeordnet haben und zwar 21

15) Siehe dazu z. B. *Zöller/Althammer*, ZPO, § 50 Rz. 1–3, § 51 Rz. 1–3a.

16) Zur Nachtragsliquidation der GmbH siehe Bork/Schäfer-*Roth*, GmbHG, § 60 Rz. 33 ff.; Bork/Schäfer-*Servatius*, § 74 Rz. 14–21.

17) Für die juristischen Personen aus Mitgliedstaaten der EU siehe EuGH, Urt. v. 30.9.2003 – Rs C-167/01, *„Inspire Art"*, Slg. I-2003, 10155 = ZIP 2003, 1885 ff. st. Rspr.; BGH, Urt. v. 1.7.2002 – II ZR 380/00, BGHZ 151, 204 ff. = NJW 2002, 3539 ff. („Limited Company" nach dem Recht der Kanalinsel Jersey); BGH, Urt. v. 19.9.2005 – II ZR 372/03, BGHZ 164, 148 ff. = Rpfleger 2006, 20 f., *„liechtensteinische AG"*; BGH, Urt. v. 27.10.2008 – II ZR 158/06, BGHZ 178, 192 ff. = ZIP 2008, 2411 ff., *„Trabrennbahn"*, schweizerische AG, st. Rspr.

nach dem Rechts **dieses Staates**, der lex loci executionis.[18] Aufgrund eines inländischen Titels kann also nicht etwa im Inland die Versteigerung eines Feriengrundstücks in Spanien angeordnet werden, aus einem spanischen Titel von einem spanischen Gericht nicht die Vollstreckung in ein Grundstück in Deutschland; vielmehr erfordert die Vollstreckung einem in dem jeweiligen Staat anerkannten und vollstreckbaren Titel, aus dem dann nach dem erwähnten Vollstreckungsrecht des Vollstreckungsstaats vollstreckt wird. Auch Rechtsbehelfe aller Art im Kontext mit der Zwangsvollstreckung können nur im Vollstreckungsstaat geführt werden.[19]

22 Ein ähnliches, von dieser Konstellation aber zu unterscheidendes Problem, ist die Zuständigkeit der **inländischen Gerichtsbarkeit** zur Vollstreckung von Titeln gegen ausländische Staaten oder deren hoheitliches Sondervermögen im Inland. In diesem Zusammenhang kommen gelegentlich Fälle vor. Ohne dies hier zu vertiefen, kann zusammengefasst bemerkt werden, dass der gegen einen ausländischen Staat gerichtete vollstreckbare Titel im Inland nicht zur Vollstreckung in Vermögenswerte genutzt werden kann, die der hoheitlichen Tätigkeit (sog. „acta iure imperii") dieses Staates gewidmet sind.[20), 21] Anders ist dies, wenn der betreffende Staat auf

---

18) Eine Ausnahme stellt der Europäische Beschluss zur vorläufigen Kontenpfändung als Sicherungsmaßnahme dar; vgl. dazu die Verordnung EU Nr. 655/2014 des Europäischen Parlaments und des Rates v. 15.5.2014, ABl. EU L 189 v. 27.6.2014, S. 59 ff.; die Verordnung tritt im hier interessierenden Kontext am 18.1.2017 in Kraft; ebenso siehe § 15 [*Cranshaw*].

19) Vgl. die dortige ausschließliche internationale Zuständigkeit in Zivil- und Handelssachen nach Art. 1 Abs. 1, 24 Nr. 5 Brüssel Ia-VO (= EuGVVO ab 10.1.2015).

20) Im Insolvenzverfahren Walter-Bau hatte der Insolvenzverwalter im Jahre 2011 in ein angeblich hoheitlichen Zwecken gewidmetes Flugzeug des damaligen thailändischen Kronprinzen (heutigen Königs, 2023) vollstreckt, das dann ggf. versteigert worden wäre (§§ 171h ff. ZVG). Ob das im konkreten Fall möglich ist, müssen die Vollstreckungsgerichte im Instanzenzug entscheiden. Ist die Vollstreckung nach internationalen Standards (siehe Art. 25 GG) rechtmäßig, so sind die übergeordneten außenpolitischen Interessen Deutschlands im Verhältnis zum Gläubiger bzw. dessen Insolvenzverwalter vollstreckungsrechtlich ohne jegliche Bedeutung. Im Falle Walter-Bau kam es damals zur Flugzeugfreigabe gegen Sicherheitsleistung, siehe dazu Focus Online v. 10.8.2011 (Stand: 24.1.2014); OLG München, Beschl. v. 4.7.2011 – 34 Sch 20/11, IPrax 2011, 811 ff.; KG Beschl. v. 4.6.2012 – 20 Sch 10/11, SchiedsVZ 2013, 112 ff.; BGH, Beschl. v. 30.1.2013 – III ZR 40/12, NJW 2013, 3184 ff. = WM 2013, 1903 ff., m. Anm. *Wilske/Nettlau*, LMK 2013, 345597.

21) Aus rechtlichem Blick handelt es sich dabei um das Problem der vollstreckungsrechtlichen Staatenimmunität, die von der Immunität im Erkenntnisverfahren zu unterscheiden ist; zur Problematik der fehlenden Gerichtsbarkeit infolge der Staatenimmunität siehe *Cranshaw*, Insolvenz- und finanzrechtliche Perspektiven der Insolvenz von juristischen Personen des öffentlichen Rechts, 2007, Rz. 78 ff., Rz. 89 (zur vollstreckungsrechtlichen Immunität); wegweisend BVerfG, Beschl. v. 13.12.1977 2 BvM 1/76, BVerfGE 46, 342 ff. = NJW 1978, 485 „Philippinen-Beschluss"; BGH, Beschl. v. 28.5.2003 – IXa ZB 19/03, juris Rz. 9 ff., 12 = Rpfleger 2003, 518 ff. = NJW-RR 2003, 1218 ff. = WM 2003, 1388 ff., unzulässiger Versteigerungsantrag in ausländisches Botschaftsgebäude; die Immobilie muss sich nicht auf „Botschaftsgelände" befinden, hinreichend ist das im Grundbuch ausgewiesene Eigentum der öffentlichen Hand des fremden Staates und die nachgewiesene Widmung zu hoheitlichen Zwecken desselben; siehe dazu BGH, Beschl. v. 4.7.2013 – VII ZB 30/12, Währungsreserven eines fremden Staates bei der Bundesbank – juris = DÖV 2014, 48; vgl. aus der Literatur zum ZVG bei Dassler/Schiffhauer/u. a.-*Hintzen*, ZVG, § 16 Rz. 4; vgl. dazu auch *Cranshaw*, Anerkennung und Vollstreckung auf internationaler und europäischer Ebene – Standards und Reformüberlegungen, in: BMJV, Zwangsvollstreckung und Zwangsversteigerung aktuell, 2018, S. 214, https://www.bmj.de (Stand: 1.6.2023).

die vollstreckungsrechtliche **Staatenimmunität in kommerziellen Geschäften verzichtet** hat.[22)]

3. Sonderfälle der Vollstreckung I – Verwaltungsvollstreckung durch inländische Behörden

a) Verwaltungsvollstreckung aufgrund Bundesrechts, VwVG (Bund)

aa) Grundlegende Bedeutung des (jeweiligen) VwVG als Grundlage der Verwaltungsvollstreckung

Besonderheiten für die Vollstreckung einschließlich der Immobiliarvollstreckung bestehen, wenn Verwaltungsbehörden auf der Grundlage öffentlich-rechtlicher Ansprüche die Immobiliarvollstreckung betreiben.[23)] Grundlagen sind das Verwaltungsvollstreckungsgesetz des Bundes[24)] und die entsprechenden Ländergesetze, d. h. die dortigen Vorschriften über die Vollstreckung von Geldforderungen.[25)] Wesentliches Merkmal des VwVG ist, dass die Einleitung der Vollstreckung durch „Vollstreckungsanordnung“ (§ 3 Abs. 1 VwVG) erfolgt und ein vollstreckbarer Titel nicht notwendig ist. Voraussetzungen sind aber ein Leistungsbescheid (= Aufforderung zur Leistung), die Fälligkeit der Forderung und der Ablauf einer Wochenfrist nach Bekanntgabe des Leistungsbescheids oder der etwa späteren Fälligkeit; ferner soll der Schuldner vor der Anordnung der Vollstreckung nochmals mit einer Schonfrist von einer Woche gemahnt werden (§ 3 Abs. 2, 3 VwVG). Vollstreckungsschuldner ist neben dem, der die Leistung schuldet oder demjenigen, der dafür haftet, auch derjenige, der verpflichtet ist, die Vollstreckung zu dulden. (§ 2 Abs. 2 VwVG). Die **Duldungspflicht** selbst ergibt sich **nicht** aus dem VwVG, sondern aus anderen Regelwerken. 23

bb) Zuständige Behörden, Antragsinhalte

Zuständige Vollstreckungsbehörden sind die im Einzelnen auf Bundesebene bestimmten Bundesbehörden, die Vollstreckungsstellen der Bundesfinanzverwaltung oder Länderbehörden im Wege der Amtshilfe, wobei dann das Landesrecht einschlägig ist (§§ 4, 5 Abs. 2 VwVG). Die Zwangsversteigerung und Zwangsverwaltung wird aufgrund Antrages oder Beitritts der Vollstreckungsbehörden vom zuständigen Vollstreckungsgericht nach Maßgabe des ZVG durchgeführt. Daher muss, wenn auch mit den hier umrissenen Besonderheiten, der Antrag den Anforderungen des § 16 ZVG genügen. Dazu gehört u. a. die genaue Bezeichnung der zuständigen Behörde und der von ihr darzulegenden formalen Vollstreckungsvoraussetzungen. Ein Bestandteil hiervon ist die ordnungsgemäße Vertretung der Behörde nach den einschlägigen Vorschriften hierfür, die ihrerseits die Frage beantworten, ob die An- 24

---

22) Siehe zur Thematik im Zusammenhang mit Schiedssprüchen BGH, Beschl. v. 30.1.2013 – III ZB 40/12, WM 2013, 1903 ff. = NJW 2013, 3184 ff.= SchiedsVZ 2013, 110 ff.

23) Zu den öffentlichen Lasten (Rangklasse 3) siehe § 10 Rz. 73 ff., 95 ff. [*Cranshaw*].

24) VwVG v. 27.4.1953, BGBl. III S. 201–4 bis zur Änderung d. Art. 5 d. Gesetzes v. 10.8.2021, BGBl. I 2021 S. 3536.

25) Neben dem VwVG stehen die Regelungen der Abgabenordnung, der gesetzlichen Sozialversicherung und der Vorschriften über die Beitreibung von Forderungen der Justiz nach der Justizbeitreibungsordnung, § 1 Abs. 3 VwVG.

bringung des Dienstsiegels auf dem Antrag erforderlich ist oder nicht. Für zivilprozessrechtliche Klagen, Anträge und Erklärungen ist die Frage nach dem Siegel als Folge des Gebots der Einreichung als elektronisches Dokument nach § 130d ZPO gegenstandslos,[26] soweit nicht die elektronische Einreichung „vorübergehend" unmöglich ist und daher die sog. „Ersatzeinreichung" (§ 130d Satz 2 ZPO) nach den „allgemeinen Vorschriften" erforderlich wird; in diesen Fällen bleibt es bei den allgemeinen Vorgaben zur Siegelung.

b) Abgabenordnung und Verwaltungsvollstreckung

25 Das Verfahren der Bundesbehörden richtet sich nach den einschlägigen Vorschriften der Abgabenordnung.

aa) Duldung der Zwangsvollstreckung

26 § 77 Abs. 1 AO regelt generell, dass derjenige, der eine Steuer aus den seiner Verwaltung unterliegenden Mitteln zu entrichten hat, die Vollstreckung in diese Vermögenswerte zu dulden hat. Als lex specialis bestimmt § 77 Abs. 2 AO die Duldungspflicht des Eigentümers von Grundbesitz wegen Steuern, die als öffentliche Last auf dem Grundstück ruhen. Als Eigentümer gegenüber der Finanzverwaltung gilt derjenige, der als solcher im Grundbuch eingetragen ist. Die tatsächliche Eigentumslage spielt daher keine Rolle. Durch Verweisungen in anderen Vorschriften, etwa in den Kommunalabgabengesetzen, ist die Durchschlagskraft dieser Norm beachtlich.

bb) Immobiliarvollstreckung und Abgabenordnung

27 Das Verfahren der Vollstreckung in das unbewegliche Vermögen bestimmt § 322 AO. Die Norm erfasst in den Absätzen 1 und 2 alle Gegenstände der Vollstreckung, in die im Verfahren nach dem ZVG vollstreckt werden kann. Wesentliche Verfahrensbestimmung ist zum einen § 322 Abs. 1 Abs. 1 Satz 2 AO, wonach die Vollstreckung nach der ZPO (§§ 864 ff. ZPO) und dem ZVG durchzuführen ist. Die Verwaltungsvollstreckung geht in die gerichtliche Vollstreckung durch das Vollstreckungsgericht nach den für alle Immobiliarvollstreckungen geltenden Normen über. Die andere weitreichende Bestimmung ist § 322 Abs. 3 Sätze 1–3 AO. Die Antragsbefugnis nach § 16 ZVG hat die zuständige Vollstreckungsbehörde nach Bundesrecht (siehe § 4 VwVG) oder Landesrecht, soweit die Landesrechte auf die AO verweisen, § 322 Abs. 3 Satz 1 AO. Der Antrag (i. S. d. § 16 ZVG) muss die Bestätigung enthalten, dass die „gesetzlichen Voraussetzungen für die Vollstreckung vorliegen", § 322 Abs. 3 Satz 2 AO. Damit sind alle einschlägigen verfahrensrechtlichen Bestimmungen der AO bzw. des VwVG gemeint, mittelbar aber auch die materiellrechtlichen Vorausset-

---

26) Vgl. dazu BeckOK-*Ertle*, ZVG, § 16 Rz. 3; Stöber/*Becker*, ZVG, § 16 Rz. 5 m. w. N. Das Vollstreckungsgericht entscheidet über die Formalien des Antrags (Urschrift des Antrags, keine Ausfertigung, wie Stöber/*Becker*, ZVG, § 16 Rz. 5 zutreffend feststellt), aber das Behördenorganisationsrecht über die weiteren Formalien wie Dienstsiegel, Vertretungsmacht usw. Zur Entbehrlichkeit des Dienstsiegels in den Fällen des § 130d ZPO siehe BGH, Beschl. v. 6.4.2023 – I ZB 115/22, juris Rz. 13 ff., 17, 21; LG Heidelberg, Beschl. v. 9.10.2023 – 2 T 31/23, juris Rz. 9 f. Beide zitierten Entscheidungen sind nicht zu Zwangsvollstreckungen nach dem ZVG ergangen, sie gelten aber als Folge der §§ 130d, 864 ff., 869 ZPO natürlich auch für die Immobiliarvollstreckung.

zungen. Das Vollstreckungsgericht hat diese Bestätigung inhaltlich ebenso wenig wie das Grundbuchamt (bei Beantragung einer Zwangshypothek durch das Finanzamt beispielsweise) zu überprüfen, § 322 Abs. 3 Satz 3 AO. Mit anderen Worten: Das Vollstreckungsgericht prüft, ob dem Antrag die Bestätigung beigefügt oder im Antrag enthalten ist und ob die Erklärungen in der gehörigen Form von den organisationsrechtlich zuständigen Stellen abgegeben wurde, mehr nicht. Da Zwangsversteigerung und Zwangsverwaltung nur **subsidiär** nach Fruchtlosigkeit der Pfändung in das bewegliche Vermögen des Vollstreckungsschuldners eingesetzt werden **sollen** (vgl. **§ 322 Abs. 4 AO**), hat die Vollstreckungsbehörde die Tatsache der Erfolglosigkeit der Beitreibung in das bewegliche Vermögen vor dem Antrag nach § 16 ZVG festzustellen. Ob dies zutrifft, hat das Vollstreckungsgericht nicht zu prüfen, der Antrag muss diese Angabe auch nicht enthalten, denn auch § 322 Abs. 4 AO ist eine der Vollstreckungsvoraussetzungen des § 322 Abs. 3 Satz 2 AO. Die Auseinandersetzung über die Zulässigkeit der Vollstreckung und ggf. die materielle Berechtigung dazu ist somit nicht Sache des Vollstreckungsgerichts. Hierfür sind vielmehr Verfahren und Instanzenzug der Finanzgerichtsbarkeit oder der allgemeinen Verwaltungsgerichtsbarkeit bzw. der Sozialgerichtsbarkeit zuständig, abhängig von der beigetriebenen Forderung und ihrer öffentlich-rechtlichen Grundlage.

c) Rangklassenproblematik?

Als Folge der erleichterten Vorgehensweise der verwaltungsbehördlichen Vollstreckung zur Durchsetzung von Geldforderungen muss seitens der Behörde angegeben werden, ob Anordnung oder Beitritt zur Versteigerung aus der Rangklasse 3 (öffentliche Lasten), 4 oder 5 erfolgen. Sie muss also beim Antrag erklären, ob sie aus der öffentlich-rechtlichen (schuldrechtlichen) Forderung vorgeht oder ob sie aus dinglichem Duldungsanspruch Befriedigung begehrt.[27] Die sachliche Überprüfung der Berechtigung hierzu liegt außerhalb der Kompetenz des Vollstreckungsgerichts. 28

d) Vollstreckung von Sozialversicherungsforderungen und Justizforderungen

Forderungen der **Sozialversicherungsträger** sowie der anderen Träger von Sozialleistungen werden nach § 66 SGB X vollstreckt. Die Vollstreckung erfolgt gemäß § 66 Abs. 1 Satz 2, Absätze 2 und 3 SGB X nach Maßgabe des VwVG[28] bzw. der Verwaltungsvollstreckungsgesetze der Länder, sodass wiederum mittelbar eine Verweisung u. a. auf § 322 AO besteht. Alternativ kann die Vollstreckung nach § 66 Abs. 4 SGB X auch analog gemäß den Vorschriften der ZPO durchgeführt werden; am Immobiliarvollstreckungsverfahren und am Antrag gemäß § 16 ZVG ändert sich nichts. Die gerichtliche Auseinandersetzung über den materiellrechtlichen Anspruch und das Verfahren ist vor den **Verwaltungsgerichten** bzw. vor den **Sozialgerichten** zu führen, abhängig von der jeweiligen Rechtsmaterie nach den einzelnen Büchern des SGB. 29

---

27) Stöber/*Keller*, ZVG, § 15 Rz. 316 ff., 316, 319–322 unter Hinweis auf RG, Urt. v. 15.2.1916 – Rep. VII 212/15, RGZ 88, 99 ff.

28) So etwa ist es bei einem Insolvenzantrag der gesetzlichen Krankenkasse hinreichend, wenn Vollstreckungsersuchen an die *„zuständige Vollstreckungsstelle"* mit Darstellung der fraglichen Beträge vorgelegt werden, weitergehender Nachweise bedarf es nicht, LG Freiburg, Beschl. v. 23.1.2003 – 4 T 260/02, Rpfleger 2003, 380 f.

30 Eigene **Forderungen der Justiz** (§ 1 Abs. 1 Justizbeitreibungsordnung) werden u. a. nach Maßgabe der §§ 841–886 (also einschließlich der §§ 864 ff. ZPO über die Vollstreckung in das unbewegliche Vermögen und des § 869 ZPO i. V. m. dem ZVG) vollstreckt, § 6 Abs. 1 Nr. 1 Justizbeitreibungsordnung). Die Antragsvoraussetzungen nach § 16 ZVG sind zu beachten.

e) Verwaltungsvollstreckungsrecht der Länder

31 Die Verwaltungsvollstreckungsgesetze der Länder bzw. die in anderen Gesetzen kodifizierten Bestimmungen über die Verwaltungsvollstreckung enthalten dem VwVG des Bundes vergleichbare Regelungen. **Länderübergreifend** kann eine inländische Vollstreckungsbehörde eines Landes die Immobiliarvollstreckung nur nach verwaltungsvollstreckungsrechtlichen Grundsätzen des anderen Bundeslandes durchführen und zwar nur mit dessen Amtshilfe. Ansonsten verbleibt es bei der Vollstreckung nach ZPO und ZVG; § 16 ZVG gilt in derartigen Fällen uneingeschränkt.

32 Zu der **Gesetzeslage in den einzelnen Bundesländern** siehe die nachfolgende Darstellung.

aa) Baden-Württemberg

33 Das Landesverwaltungsvollstreckungsgesetz **Baden-Württemberg**[29] verweist in § 15 Abs. 1 über die Vollstreckung von Geldforderungen u. a. auf die §§ 316–327 AO und somit auch auf § 322 AO über die Immobiliarvollstreckung (siehe Rz. 27).

bb) Bayern

34 Das **Bayerische Verwaltungszustellungs- und Vollstreckungsgesetz**[30] unterscheidet in den Artt. 23 ff. über die Vollstreckung von Verwaltungsakten, die Geldleistungen fordern, zwischen Forderungen des Landes, der kommunalen Gebietskörperschaften bzw. der Zweckverbände und der sonstigen juristischen Personen des öffentlichen Rechts (Art. 25–27). Auf die Vollstreckung der Forderungen des Landes ist die Abgabenordnung entsprechend anzuwenden (Art. 25 Abs. 2), damit auch § 322 AO. Kommunale (Gebiets)Körperschaften und Zweckverbände vollstrecken ihre Verwaltungsakte mit verschiedenen Ausnahmeregelungen über die ordentlichen Gerichte (Art. 26 Abs. 2 Satz 1); bei der Immobiliarvollstreckung verbleibt es bei dem Verweis auf die entsprechende Anwendung des 8. Buchs der ZPO und damit auch auf das ZVG (Art. 26 Abs. 7). Die sonstigen juristischen Personen des öffentlichen Rechts vollstrecken ihre Verwaltungsakte wie die Kommunen, sie müssen allerdings zusätzlich noch zur Anbringung der Vollstreckungsklausel durch Rechtsverordnung ermächtigt worden sein (Art. 27 Abs. 1 Satz 1, Abs. 2). Bei der Entscheidung über den Versteigerungsantrag einer öffentlich-rechtlichen Organisation aus Bayern müssen die formalen Kriterien der Art. 23 ff. des Gesetzes vom Vollstreckungsgericht beachtet werden, soweit sie den Antragsinhalt betreffen.

---

29) LVwVG v. 12.3.1974 Gliederungs-Nr. 201, GBl. 1974, 93 bis zur Änderung d. Art. 5 der Verordnung v. 23.2.2017, GBl. 2017, S. 99, http://www.landesrecht-bw.de (Stand: 1.6.2023).

30) VwZVG v. 11.11.1970, BayRS 2010-2-I (BayRS II, S. 232) bis zur Änderung d. § 4 d. Gesetzes v. 23.12.2022, GVBl. 2022, 718, https://www.gesetze-bayern.de/Content/Document/BayVwZVG/true (Stand: 1.6.2023).

cc) Berlin

Das mit Wirkung zum 1.5.2016 neu gefasste **Gesetz über das Verfahren der Berliner Verwaltung**[31)] (VwVfG BE) verweist in § 8 „Vollstreckung" in Abs. 1 auf das VwVG des Bundes (siehe oben). 35

dd) Brandenburg

Das Verwaltungsvollstreckungsgesetz für das **Land Brandenburg**[32)] behandelt die Vollstreckung von öffentlich-rechtlichen Geldforderungen in den §§ 17 ff. VwVGBbg. Ländergrenzenüberschreitend[33)] vollziehen die brandenburgischen Behörden auch Verwaltungsakte im Wege der Vollstreckungshilfe, soweit nicht Bundesrecht greift (§§ 1 Abs. 1 Satz 1 Nr. 2, 4 VwVGBrBg). Zum Vollstreckungsschuldner und zur Duldungspflicht siehe § 6 VwVGBbg. Zu den Voraussetzungen der Beitreibung von Geldforderungen siehe § 19 VwVGBbg. Das Verfahren der Beitreibung in das unbewegliche Vermögen erfolgt gemäß § 22 Abs. 1 Nr. 4 VwVGBbg nach den §§ 77 Abs. 2, 322 f. AO (siehe oben). Bestimmte bürgerlichrechtliche Geldforderungen der Kommunen können ebenfalls öffentlich-rechtlich beigetrieben werden (vgl. § 25 VwVGBbg), sodass auch insoweit die Prüfungskompetenzen des Vollstreckungsgerichts beim Antrag beschränkt bleibt. Ob das im Einzelnen der Gesetzgebungskompetenz des Landes unterfällt, darf hinterfragt werden. 36

ee) Bremen

Das **Bremische Gesetz über die Vollstreckung von Geldforderungen im Verwaltungswege** (**BremGVG**, aufgehoben d. d. Gesetz v. 29.9.2015, Brem. GBl. S. 251)[34)] umfasst nach § 1 öffentlich-rechtliche Geldforderungen der bremischen Behörden, aber auch bestimmte privatrechtliche Geldforderungen. Zum Vollstreckungsschuldner siehe § 3 BremGVG, zum Duldungsanspruch siehe § 3 Abs. 2 BremGVG. Bezüglich des Verfahrens verweist § 2 Abs. 1 BremGVG u. a. auf die §§ 77 und 281 – 327 AO, damit auf die dortigen Vorschriften über die Immobiliarvollstreckung (siehe zu § 322 AO). Für Auseinandersetzungen über die Berechtigung ist nach § 12 BremGVG der Finanzrechtsweg zulässig (§ 1 Abs. 1, FG Bremen), soweit öffentlich-rechtliche Forderungen betroffen sind, ansonsten die ordentlichen Gerichte (§ 1 Abs. 2). Das Vollstreckungsgericht ist auf die ihm durch das BremGVG und § 322 AO zugewiesene Funktion beschränkt. 37

Das gleichnamige neue BremGVG nach dem Gesetz v. 5.10.2015 ist am 30.12.2020 in Kraft getreten.[35)] Inhaltlich hat sich zu den hier relevanten Themen keine Änderung ergeben. 38

---

31) Gesetz v. 21.4.2016, GVBl. 2016, 218, Gliederungs-Nr. 2010-1, bis zur Änderung d. Art. 13 d. Gesetzes v. 27.9.2021, GVBl. S. 1117; https://gesetze.berlin.de (Stand: 1.6.2023).

32) VwVGBbg v. 16.5.2013, GVBl. I/13 [Nr. 18], bis zu Art. 15 d. Gesetzes v. 15.10.2018, GVBl. I/18 [Nr. 22, S. 29], https://bravors.brandenburg.de/gesetze/vwvgbbg (Stand: 1.6.2023).

33) Vollstreckungshilfe für ausländische Behörden bedarf der völkerrechtlichen Vereinbarung oder eines wirksamen europäischen Rechtsaktes (§ 4 Abs. 1 Satz 2 VwVGBbg).

34) BremGVG, HB v. 29.9.2015, Brem. GBl. S. 448, SA BremR 202-b-2, Aufhebung des gleichnamigen Gesetzes v. 15.12.1981 bis zur Änderung durch das Ges. v. 22.12.2020, Brem. GBl. S. 1715; https://www.transparenz.bremen.de (Stand: 28.10.2023).

35) Brem. GBL. 2015, S. 448, geändert d. d. Gesetz v. 22.12.2020, BremGBL. S. 1715); siehe https://www.transparenz.bremen.de (Stand: 1.6.2023).

ff) Hamburg

39 Das **Hamburgische Verwaltungsvollstreckungsgesetz**36) regelt in den §§ 30–37 die Beitreibung von Geldforderungen einschließlich der „länderübergreifende(n) Vollstreckungsmaßnahmen" (§ 36; die länderübergreifende Immobiliarvollstreckung nach dem Verwaltungsvollstreckungsrecht anderer Bundesländer wird dadurch aber nicht ermöglicht) und die Beitreibungshilfe privatrechtlicher Geldforderungen zugunsten bestimmter hamburgischer Behörden (§ 37 HmbVwVG; erforderlich ist hierzu eine gesonderte Rechtsverordnung des Senats). Zum Vollstreckungsschuldner und zur Duldung der Vollstreckung als Folge dinglicher Haftung siehe § 32 HmbVwVG). Da auch das Hamburgische Gesetz in **§ 35 Abs. 1** u. a. die §§ 191 Abs. 1 Sätze 2, 3 AO (Duldungsbescheid) sowie die §§ 286–327 AO analog anwendet, gilt auch **§ 322 AO** mit den oben umrissenen Folgen.

gg) Hessen

40 Das **Hessische Verwaltungsvollstreckungsgesetz**37) regelt in den §§ 58 f. die Vollstreckung in das unbewegliche Vermögen zur Durchsetzung von Geldforderungen. Anstelle der Verweisung auf die AO enthält § 58 HessVwVG eine klare inhaltliche Regelung dahingehend, dass die Vollstreckung nach den §§ 864–870a ZPO und dem ZVG erfolgt. Die Immobiliarvollstreckung soll nur nachrangig beantragt werden (§ 58 Abs. 2), „wenn der Geldbetrag durch Pfändung nicht beigetrieben werden kann." Öffentliche Lasten der Rangklasse 3 des § 10 ZVG können durch aufschiebend bedingte Sicherungshypothek für den Fall des Wegfalls des Vorrechts besichert werden (§ 58 Abs. 3 Satz 1). Selbstgenutzte „Ackernahrung, Kleinsiedlung oder Kleinwohnung" dürfen aus offenkundig sozialen Gründen nur mit Zustimmung des Schuldners zwangsversteigert oder zwangsverwaltet werden (§ 58 Abs. 3 Satz 2). Der Rechtsnachfolger muss bei Eintragung einer Sicherungshypothek die Vollstreckung daraus dulden (§ 59). Das Vollstreckungsgericht ist hinsichtlich der Prüfung des Antrags beschränkt; die Vollstreckbarkeit des zugrunde liegenden Verwaltungsakts darf es nicht prüfen (§ 58 Abs. 4).

hh) Mecklenburg-Vorpommern

41 Das in **Mecklenburg-Vorpommern** einschlägige Gesetz ist das Verwaltungsverfahrens-, Zustellungs- und Vollstreckungsgesetz.38) Die Systematik des Gesetzes ist übersichtlich: Es verweist in seiner einzigen Vorschrift (§ 111 VwVfG M-V) über die Vollstreckung der öffentlich-rechtlichen Geldforderungen auf die §§ 1 bis 3 VwVG (Bund) und auf § 5 Abs. 1 VwVG mit den dortigen Verweisungen auf die Abgabenordnung; mithin ist **§ 322 AO** ebenfalls Inhalt des Landesrechts in Mecklenburg-Vorpommern (zu den Einzelheiten und Folgen siehe oben).

---

36) HmbVwVG v. 4.12.2012, HmbGVBl. 2012, S. 510 bis zur Änderung d. d. Gesetz v. 21.5.2013, HmGVBl. 2013, S. 210, https://www.landesrecht-hamburg.de (Stand: 1.6.2023).

37) HessVwVG v. 12.12.2008, GVBl. I 2009, 2, Gliederungs-Nr. 304-12, bis zur Änderung d. Art. 3 d. Gesetzes v. 12.9.2018, GVBl. 2018, S. 570, https://www.rv.hessenrecht.hessen.de (Stand: 1.6.2023).

38) Verwaltungsverfahrens-, Zustellungs- und Vollstreckungsgesetz des Landes Mecklenburg-Vorpommern (Landesverwaltungsverfahrensgesetz) VwVfG M-V i. d. F. d. Bek. v. 6.5.2020, GVOBl. M-V 2020, 410, https://www.landesrecht-mv.de (Stand: 1.6.2023).

ii) Niedersachsen

Das **Niedersächsische Verwaltungsvollstreckungsgesetz**[39] entspricht gesetzessystematisch der hessischen Lösung (siehe oben), vgl. §§ 58 f. NVwVG. § 58 Abs. 1, 2 NVwVG unterstellt die Vollstreckung öffentlich-rechtlicher Geldforderungen in das unbewegliche Vermögen den §§ 864–871 ZPO und dem ZVG, bei ausländischen Luftfahrzeugen zudem § 106 Abs. 1, 2 des Gesetzes über Rechte an Luftfahrzeugen. 42

Wesentlich für den Antrag ist die Antragsbefugnis der jeweiligen Vollstreckungsbehörde; sie muss bestätigen, dass die Vollstreckungsvoraussetzungen vorliegen (§ 58 Abs. 3 Satz 2 NVwVG). Eine Überprüfung hiervon durch das Vollstreckungsgericht bzw. das Grundbuchamt findet nicht statt (§ 58 Abs. 3 Satz 3 NVwVG). § 58 Abs. 5 NwVG ermöglicht wie in Hessen die Eintragung einer aufschiebend bedingten Sicherungshypothek zur Sicherung einer vorrangigen öffentlichen Last bei Wegfall des Rangklassenvorrechts der Klasse 3. Ist eine Sicherungshypothek, eine Schiffshypothek oder ein Registerpfandrecht an Luftfahrzeugen eingetragen worden, bedarf es zur Versteigerung daraus (und damit aus der Rangklasse 4) keines Duldungsbescheids, wenn nicht nach Eintragung ein Eigentumswechsel eingetreten ist (§ 59 NVwVG). 43

jj) Nordrhein-Westfalen

Das Verwaltungsvollstreckungsgesetz für das **Land Nordrhein-Westfalen**[40] regelt umfassend die Vollstreckung öffentlich-rechtlicher Geldforderungen oder solcher, die durch Rechtsverordnung den öffentlich-rechtlichen Ansprüchen gleichgestellt werden (§ 1 VwVG NRW). Der Vollstreckung in das unbewegliche Vermögen ist die Norm des § 51 VwVG NRW gewidmet. § 51 Abs. 1 verweist für das Verfahren auf die „gerichtlichen Zwangsvollstreckungen" (d. h. auf ZPO und ZVG), antragsbefugt sind die zuständigen Vollstreckungsbehörden. Wie in anderen Bundesländern kann für vorrangige öffentliche Lasten der Rangklasse 3 eine aufschiebend bedingte Sicherungshypothek eingetragen werden, für die u. a. die Untergrenze des § 866 Abs. 3 ZPO gilt. Zwangsversteigerung und Zwangsverwaltung sind auch in NRW subsidiär (§ 51 Abs. 2). Vollstreckungsgericht und Grundbuchamt überprüfen die Vollstreckbarkeit der Forderung nicht, § 51 Abs. 3. Sonderrechte der Kreditverbände bleiben unberührt (die Norm dürfte im Ergebnis gegenstandslos sein), § 51 Abs. 4. Rechtsnachfolger des Schuldners und Grundstückseigentümers müssen die Vollstreckung dulden, wenn eine Sicherungshypothek eingetragen wurde, § 52. 44

kk) Rheinland-Pfalz

Das **rheinland-pfälzische Recht** schließt sich der Systematik von Bundesländern wie Nordrhein-Westfalen bzw. Niedersachsen an. Die §§ 59 f. Landesverwaltungsvoll- 45

---

39) NVwVG i. d. F. v. 14.11.2019, Nds. GVBl. 2019, S. 316 bis zu Art. 1 d. Gesetzes v. 22.9.2022, GVBl. 2022, S. 589, http://www.lexsoft.de (Stand: 6.1.2024).

40) VwVG NRW i. d. F. d. Bek. v. 19.2.2003, GV NRW 2003, S. 156 ber. 2005, S. 818, bis zur Fassung d. Änderung d. Art. 1 d. Gesetzes v. 25.4.2023, GV NRW 2023, S. 230, https://recht.nrw.de (Stand: 1.6.2023).

streckungsgesetz (RP)[41)] regeln die Vollstreckung in das unbewegliche Vermögen. Inhaltlich entsprechen diese Normen den Bestimmungen der §§ 58 f. NVwVG oder § 51 f. VwVG NRW (mit Ausnahme der Bestimmung zu Kreditverbänden), sodass hierauf verwiesen werden kann.

ll) Saarland

46 Das **Recht des Saarlandes** folgt mit den §§ 69, 70 SVwVG[42)] den Ländern, die die Vollstreckung in das unbewegliche Vermögen im Verwaltungsvollstreckungsgesetz ganz allgemein den „Vorschriften für gerichtliche Zwangsvollstreckungen" zuweisen. Die Antragsbefugnis steht den für die Vollstreckung zuständigen Verwaltungsbehörden zu; die Zwangsversteigerung-/Zwangsverwaltung soll nur subsidiär angewendet werden (§ 69 Abs. 1, 3 SvwVG, *„wenn feststeht, dass der Geldbetrag durch Pfändung nicht beigetrieben werden kann"*). Die Vollstreckbarkeit bzw. die Zulässigkeit der Vollstreckung ist der Prüfung durch das Gericht entzogen (§ 69 Abs. 4 SVwVG); wie in anderen Landesrechten ist der Wortlaut zu weit, gemeint ist, dass nur das Vollstreckungsgericht nicht zur Prüfung befugt ist (und die gerichtliche Überprüfung in der zuständigen Verwaltungsgerichtsbarkeit stattfindet).

mm) Sachsen

47 Der **Freistaat Sachsen** folgt in § 15 Abs. 2 Nr. 3 SächsVwVG[43)] den Landesrechten (siehe oben zu Bremen und Hamburg bzw. zum VwVG des Bundes), die für die Beitreibung von Geldforderungen durch Vollstreckung in das unbewegliche Vermögen auf die §§ 322, 323 AO verweisen (siehe oben Einzelheiten zu § 322 AO).

nn) Sachsen-Anhalt

48 Das Verwaltungsvollstreckungsgesetz des **Landes Sachsen-Anhalt**[44)] regelt die Vollstreckung in das unbewegliche Vermögen zur Durchsetzung öffentlich-rechtlicher Forderungen oder diesen aufgrund einer Rechtsverordnung gleichgestellten bestimmten privatrechtlicher Forderungen (vgl. § 2 VwVG LSA) nahezu wörtlich wie das Land Niedersachsen in den §§ 58 f. VwVG LSA (siehe auch die §§ 58 f. NVwVG) mit geringfügigen redaktionellen Unterschieden. § 58 Abs. 3a VwVG LSA bestimmt jedoch, dass in den Fällen der Vollstreckungshilfe die §§ 866–871 ZPO analog anzuwenden sind (und damit auch § 869 ZPO und das ZVG) und die Antragsbefugnis dem Forderungsgläubiger zusteht. In diesen Fällen findet die erleichterte Vollstreckung auf der Grundlage des Ersuchens der Vollstreckungsbehörde nach § 58 Abs. 3 VwVG LSA nicht statt; somit gibt es auch keine Bestätigung über das Vorliegen

---

41) LVwVG v. 8.7.1957, GVBl. 1957, 101 Gliederungs-Nr. 2010-2, bis zur Änderung d. Art. 1 d. Gesetzes v. 3.6.2020, GVBl. 2020, S. 209, https://landesrecht.rlp.de (Stand: 1.6.2023).

42) Gesetz Nr. 990 – Saarländisches Verwaltungsvollstreckungsgesetz v. 27.3.1974, ABl. I 1974, S. 430, Gliederungs-Nr. 2010-3, zuletzt geändert d. d. Gesetz v. 16.6.2021, ABl. I 2021, S. 2140, https://recht.saarland.de/bssl/document/jlr-VwVGSLrahmen (Stand: 1.6.2023).

43) Verwaltungsvollstreckungsgesetz für den Freistaat Sachsen (SächsVwVG) v. 10.9.2003, SächsGVBl. 2003, S. 614, 913, Fsn-Nr.: 210-1 bis zu Art. 2 Abs. 1 d. Gesetzes v. 5.4.2019, SächsGVBl. 2019, S. 246, https://www.revosax.sachsen.de (Stand: 1.6.2023).

44) VwVG LSA i. d. F. v. 20.2.2015, GVBl. LSA 2015, 50, 51, Gliederungs-Nr. 2011.1, bis zur Änderung d. Art. 2, 3 d. Gesetzes v. 27.2.2023, GVBl. LSA 2023, S. 50, https://www.landesrecht.sachsen-anhalt.de (Stand: 1.6.2023).

der Vollstreckungsvoraussetzungen, die das Vollstreckungsgericht nicht überprüft. Bei Vollstreckungshilfe ist daher § 16 ZVG uneingeschränkt anzuwenden.

oo) Schleswig-Holstein

Schleswig-Holstein hat die Verwaltungsvollstreckung im **Allgemeinen Verwaltungsgesetz für das Land Schleswig-Holstein**[45] kodifiziert. Die §§ 313, 314 LVwVG entsprechen inhaltlich im Ergebnis den Rechten der anderen Bundesländer. § 313 LVwVG regelt das Verfahren mit dem Verweis auf ZPO und ZVG (§ 313 Abs. 1), der Antragsbefugnis der Vollstreckungsbehörde (§ 313 Abs. 2 Satz 1). Nach dieser Norm besteht die Möglichkeit der Eintragung einer aufschiebend bedingten Sicherungshypothek zur Sicherung von Ansprüchen im Zusammenhang mit öffentlichen Lasten (§ 313 Abs. 2 Satz 2). Die Vollstreckung nach dem ZVG ist subsidiär (§ 313 Abs. 3). Die Prüfung (des Antrags) durch das Vollstreckungsgericht ist wie in anderen Bundesländern eingeschränkt (vgl. § 313 Abs. 4). § 314 LVwVG ermöglicht die Vollstreckung gegen den Rechtsnachfolger, wenn eine Zwangssicherungshypothek eingetragen ist. Zum Vollstreckungsschuldner siehe § 264 LVwVG. 49

pp) Thüringen

Das einschlägige Regelwerk in **Thüringen** ist das **Thüringer Verwaltungszustellungs- und Vollstreckungsgesetz.**[46] Zum Vollstreckungsschuldner einschließlich der Duldung der Zwangsvollstreckung siehe § 20 ThürVwZVG, zur Vollstreckungshilfe siehe § 22 ThürVwZVG. Zur Vollstreckung, um Ansprüche auf öffentlich-rechtliche Geldleistungen durchzusetzen, siehe die §§ 20 ff. ThürVwZVG. Bei der Struktur des Vollstreckungsverfahrens folgt Thüringen wie andere Bundesländer der Verweisung auf die Abgabenordnung. Die Vollstreckung in das unbewegliche Vermögen wegen der öffentlich-rechtlichen Forderungen der verschiedenen Vollstreckungsgläubiger des Landes (Land Thüringen, kommunale Gläubiger, sonstige Personen des öffentlichen Rechts nach Landesrecht) richtet sich nach § 38 Abs. 1 Nr. 4 ThürVwZVG; die Vorschrift verweist auf die §§ 77 Abs. 2, 322, 323 AO. 50

f) Allgemeine Verwaltungsvorschriften zur Verwaltungsvollstreckung

Neben die **gesetzlichen Regelwerke** der Verwaltungsvollstreckung tritt in den **Vollstreckungsverfahren** durch die Bundes- und Landes**finanz**behörden als allgemeine verwaltungsinterne Regelung[47] die „Allgemeine Verwaltungsvorschrift über die Durchführung der Vollstreckung nach der Abgabenordnung (Vollstreckungsan- 51

45) Landesverwaltungsgesetz – LVwG i. d. F. d. Bek. v. 2.6.1992, GVOBl. 1992, S. 243, 543, Gliederungs-Nr. 20-1, bis zur Änderung d. Art. 2 d. Gesetzes v. 29.4.2022, GVOBl. 2022, S. 549, https://www.gesetze-rechtsprechung.sh.juris.de (Stand: 1.6.2023).

46) ThürVwZVG i. d. F. d. Bek. v. 5.2.2009, GVBl. 2009, S. 24, Gliederungs-Nr. 2010-2 bis zur Änderung d. Art. 5 d. Gesetzes v. 22.9.2015, GVBl. 2015, S. 131, 133, https://landesrecht.thueringen.de (Stand:1.6.2023).

47) Allgemeine Verwaltungsvorschriften sind behördeninterne Regelwerke, hier mit Gültigkeit für alle Behörden, die die Vollstreckung im Anwendungsbereich der VollstrA (siehe unten) betreiben. Gegenüber dem Bürger im Außenverhältnis binden sie das Verwaltungshandeln und das Ermessen der Behörde, das Verfahren führt zur „*Selbstbindung*“.

weisung – VollstrA).[48] Die Vollstreckung in das **unbewegliche Vermögen** regeln die Abschnitte 45–51 VollstrA. Abschnitt 46 beschreibt das einzuhaltende Verfahren, auf die einschlägigen Normen der ZVG wird dort verwiesen. Ist ein Eigentumswechsel nach Eintragung eines Sicherungsrechts (Sicherungshypothek, Schiffshypothek, Registerpfandrecht an Luftfahrzeug) zu verzeichnen, muss erst ein **Duldungsbescheid** gegen den Rechtsnachfolger erlassen werden (Abschnitt 48 VollstrA). Abschnitt 50 VollstrA schreibt vor, wie bei **öffentlichen Lasten** vorzugehen ist.

4. Sonderfälle der Vollstreckung II – Vollstreckung aufgrund ausländischer Titel und Vollstreckung aus Titeln, die unter unionsrechtliche Regelwerke subsumiert werden

52 Wird ein **ausländischer Vollstreckungstitel** zur Antragstellung vorgelegt, so muss bei der Entscheidung über den Antrag danach differenziert werden, ob es sich

(1) um einen Titel handelt, der unter die EuGVVO oder ein sonstiges europäisches Regelwerk fällt,

(2) um einen Titel handelt, der unter das Luganoübereinkommen II aus dem Jahr 2007 (EU-Staaten einschl. Dänemark, Schweiz, Norwegen, Island) fällt, oder

(3) um einen Titel aus einem Staat handelt, mit dem die EU oder die Bundesrepublik durch ein Abkommen über die Behandlung gerichtlicher Entscheidungen bzw. notarielle und vergleichbare Urkunden als Vollstreckungstitel verbunden ist, oder

(4) um einen Staat handelt, mit dem weder internationale noch bilaterale Abkommen bestehen. In diesem Fall sind die §§ 722, 723 ZPO anzuwenden, das ausländische Urteil ist erst nach Erwirkung eines inländischen Vollstreckungsurteils vollstreckbar.

53 Die ausländischen Titel ermöglichen stets nur die Vollstreckung nach dem ZVG aus der Rangklasse 5.

54 Soll aus einem Titel vollstreckt werden, der der Fallgruppe (1) angehört, muss weitergehend differenziert werden:

a) Titel nach der EuGVVO (Brüssel I-VO bis 9.1.2015, Brüssel Ia-VO seit 10.1.2015)

55 Die **Titel nach der EuGVVO**[49] (Brüssel I-VO) in ihrer bis **9.1.2015** geltenden Fassung wurden nach Maßgabe der Artt. 38 ff. EuGVVO vollstreckt. Ausgenommen

---

48) VollStrA v. 13.3.1980, BStBl. I 1980, S. 112 ff. bis zur Änderung d. Art. 1 der Verwaltungsvorschrift v. 23.10.2017, BStBl. I, S. 1374; Grundlage ist Art. 108 Abs. 7 GG; siehe auch die BR-Drucks. 575/17 v. 19.7.2017 zur Änderung der VollstrA. Anhang 35 zu BMF Amtliches AO-Handbuch, verfügbar unter https://ao.bundesfinanzministerium.de/ao/2020/Anhaenge/Gesetze-Verordnungen-Verwaltungsvorschriften/Anhang-35/inhalt.html (Stand: 1.6.2023); siehe in der VollstrA Dritter Teil den Abschnitt „Vollstreckung in das unbewegliche Vermögen", Tz. 45–51 (Stand: 28.10.2023).

49) Verordnung EG Nr. 44/2001 des Rates v. 22.12.2000 über die gerichtliche Zuständigkeit und die Anerkennung und Vollstreckung von Entscheidungen in Zivil- und Handelssachen, ABl. EG L 12 v. 16.1.2001, S. 1 ff, bis zur Änderung d. d. Verordnung EU Nr. 566/2013 v. 18.6.2013 zur Änderung des Anhangs 1 der Verordnung EG Nr. 44/2001 […], ABl. EU L 167 v. 19.6.2013, S. 29. Ab 10.1.2015 wird die EuGVVO ersetzt durch die Verordnung EU Nr. 1215/2012 v. 12.12.2012, ABl. EU L 351 v. 20.12.2012, S. 1 ff.

sind dort Titel im engen Zusammenhang mit Konkursen, Vergleichen und ähnlichen Verfahren, die der EuInsVO zuzuordnen sind (Art. 1 Abs. 2 lit. b) EuGVVO).[50] Öffentlich-rechtliche Ansprüche sind gleichermaßen nicht in ihren Geltungsbereich einbezogen (Art. 1 Abs. 1 Satz 2 und Abs. 2 lit. c), Abs. 2 enthält weitere Ausnahmen. Klagen, die unmittelbare **dingliche (= gegen jedermann wirkende) Rechte** an unbeweglichen Gegenständen (einschl. eingetragener Schiffe und Luftfahrzeuge) zum Streitgegenstand haben,[51] sind ausschließlich den Gerichten des **Belegenheitsstaats** zugeordnet (Art. 22 EuGVVO = Art. 24 VO (EU) 1215/2012). Damit kann die Zwangsvollstreckung nach dem ZVG **unmittelbar** aus einem **dinglichen Recht** (auf Duldung der Zwangsvollstreckung) immer nur ein inländischer Titel sein. Demgemäß kommen nur Titel im Zusammenhang mit schuldrechtlichen Zahlungsansprüchen der Rangklasse 5 in Frage. Die Bereichsausnahmen der Brüssel I-VO haben sich bis zur Brüssel Ia-VO (siehe im Folgenden) nicht geändert. Wesentliche Änderungen betreffen dort die Vollstreckbarkeit, die erheblich erleichtert worden ist.

Eine Ausnahme könnte nach der Brüssel I/Ia-VO bestehen, wenn eine **inländische Wohnungseigentümergemeinschaft** eine Wohngeldklage gegen einen **im Ausland lebenden Miteigentümer** führen muss und die **internationale Zuständigkeit ausländischer Gerichte** zu bejahen wäre. Dann würde ein ausländisches Urteil zu einer Vollstreckung in Rangklasse 2 führen können, sofern die Voraussetzungen des § 10 Abs. 1 Nr. 2, Abs. 2 ZVG eingehalten werden. Die Frage der internationalen Zuständigkeit ist nicht abschließend geklärt und nicht unumstritten.[52] Übereinstimmung scheint dahingehend zu bestehen, dass jedenfalls die Belegenheit des Wohnungseigentums entscheidend für das anzuwendende Recht und mit verschiedener Begründung des internationalen Gerichtsstandes ist. In der inländischen Judikatur hat das OLG Stuttgart aufgrund der „starken Ortsbezogenheit des Wohngeldanspruchs" den „Ort der Wohnanlage" als Erfüllungsort der Wohngeldverbindlichkeit gesehen und daher die internationale Zuständigkeit der deutschen Gerichte aus dem Gerichtsstand des Vertrages gemäß Art. 5 Nr. 1 lit. a) EuGVVO (= Art. 7 Nr. 1 VO (EU) 56

50) Entscheidungen im Zusammenhang mit *„Konkursen, Vergleichen und ähnlichen Verfahren"* müssen nach der Rechtsprechung des EuGH *„unmittelbar aus diesen Verfahren hervorgehen und sich eng innerhalb des Rahmens eines Konkurs- oder Vergleichsverfahrens […] halten"*, EuGH, Urt. v. 22.2.1979 – Rs 133/88, Slg. 1979, S. 734 ff., 742 ff., 744, Rz. 4 der Entscheidungsgründe, st. Rspr.

51) Siehe dazu Rauscher/*Mankowski*, Europäisches Zivilprozess- und Kollisionsrecht EuZPR/EuIPR, Art. 22 Brüssel I-VO, S. 463 ff.; aus der Rechtsprechung siehe BGH, Urt. v. 4.8.2004 – XII ZR 28/01 Ls. a), NJW-RR 2005, 72; zu Art. 24 Brüssel Ia-VO siehe Thomas/Putzo-*Nordmeier*, Art. 24 EuGVVO Rz. 1, 4 4b.

52) Vgl. dazu Grüneberg/*Wicke*, BGB, § 43 WEG Rz. 1 c) m. w. N.; Zöller/*Geimer*, ZPO, Anh I Art. 24 EuGVVO (= Brüssel Ia-VO) Rz. 2 m. w. N. (= Art. 22 Brüssel I-VO = Art. 22 LugÜ II – 2007).

1215/2012) abgeleitet.[53] Das LG Frankfurt hat in einer Entscheidung aus dem Jahr 2014 die internationale Zuständigkeit am Ort der Anlage nach dem WEG zutreffend aus Art. 5 Nrn. 1a), c) Brüssel I-VO abgeleitet (= Art. 7 Nrn. 1a, c) Brüssel Ia-VO), dem Erfüllungsort der Wohngeldverbindlichkeit.[54] Da der Erfüllungsort der Ort der Belegenheit der Anlage nach WEG ist, ist auch die Durchsetzung des Vorrechts nach § 10 Abs. 1 Nr. 2 WEG gesichert. Die örtliche Zuständigkeit folgt aus § 43 WEG.

57 **Vollstreckung nach der bis 9.1.2015 geltenden Fassung der EuGVVO a. F./ Brüssel I-VO.** Die gerichtlichen Entscheidungen, öffentlichen Urkunden (Art. 57 Brüssel I-VO) und Prozessvergleiche (Art. 58 Brüssel I-VO) wurden unter der EuGVVO a. F. nach Maßgabe der Artt. 38 ff. EuGVVO nach einem vorausgehenden Vollstreckbarerklärungsverfahren vollstreckt, Art. 38 Abs. 1 EuGVVO i. V. m. §§ 1, 3 ff. AVAG.[55],[56]

58 **Brüssel Ia-VO.** Mit dem **Inkrafttreten der VO (EU) 1215/2012** ab dem 10.1.2015 fällt das Verfahren der vorherigen Vollstreckbarerklärung weg (Art. 39 ff. VO (EU) 1215/2012). Der Gläubiger muss weder eine Anschrift noch einen Vertreter im Vollstreckungsstaat haben (Art. 41 Abs. 3). Der Gläubiger, der die Vollstreckung betreibt, muss dem Vollstreckungsorgan die Unterlagen gemäß Art. 42 der Verordnung vorlegen, nämlich eine Ausfertigung des Titels, die die notwendigen Beweisfunktionen erfüllt nebst einer Bescheinigung gemäß Art. 53 der Verordnung. Die Bescheinigung wird nur auf Antrag ausgestellt, sie muss dem Formblatt I entsprechen, das der Verordnung beigefügt ist. Das Vollstreckungsorgan darf nur ausnahmsweise eine

---

53) OLG Stuttgart, Beschl. v. 19.1.2005 – 8 W 411/04, juris Rz. 16 ff. = NJW-RR 2005, 814 f. = NZM 2005, 430 f., unter Hinweis auf entsprechende Rechtsprechung des EuG, m. Anm. *Schreiber*, jurisPR-MietR 14/2005, Anm. 5; im Ergebnis ebenso OLG Düsseldorf, Urt. v. 14.1.2003 – I-4 U 158/01, juris Rz. 4 f. = VersR 2003, 1324 f.; Ableitung der internationalen Zuständigkeit der niederländischen Gerichte für eine „Wohngeldklage" einer niederländischen „Wohnungseigentümergemeinschaft" gegen den in Deutschland lebenden Beteiligten aber aus Art. 16 Abs. 1 lit. a) a. F. EuGVÜ (dem Brüsseler Abkommen als Vorgänger der EuGVVO) = Art. 22 EuGVVO (dem „dinglichen Gerichtsstand", nunmehr Art. 24 Brüssel Ia-VO). Das OLG Düsseldorf hat die Frage des Art. 22 EuGVVO (= Art. 24 Brüssel Ia-VO) offengelassen (juris Rz. 9). Es ist mehr als fraglich, ob die Einordnung unter den dinglichen Gerichtsstand richtig ist.

54) LG Frankfurt, Urt. v. 25.3.2014 – 2-09 S 63/12, juris Rz. 22 f. = NJW-RR 2014, 907 ff.; der Wohngeldanspruch ist ein schuldrechtlicher, kein dinglicher Anspruch i. S. d. Art. 24 Brüssel Ia-VO; vgl. auch EuGH, Urt. v. 16.11.2016 – Rs C-417/15, *„Wolfgang Schmidt/Christiane Schmidt"* – juris = NJW 2017, 315 ff. Die Aufhebung eines Schenkungsvertrages über ein bereits übereignetes Grundstück fällt unter Art. 7 Nr. 1a) Brüssel Ia-VO, die Klage auf Löschung der Eintragung des Beschenkten im Grundbuch aber unter den dinglichen Gerichtsstand des Art. 24 Brüssel Ia-VO.

55) Anerkennungs- und Vollstreckungsausführungsgesetz i. d. F. d. Bek. v. 30.11.2015, BGBl. I 2015 S. 2146, bis zur Änderung d. Art. 1 d. Gesetzes v. 7.11.2022, BGBl. I 2022 S. 1982 Das AVAG ist durch Bek. v. 30.11.2015 neu gefasst worden; es ist nur noch auf **wenige zwischenstaatliche Abkommen** und die Durchführungen zweier Abkommen der Union anzuwenden (§ 1), nicht jedoch auf die unionsrechtlichen Verordnungen, deren Durchführungsbestimmungen nunmehr im Buch 11 der ZPO („Justizielle Zusammenarbeit in der Europäischen Union") angesiedelt sind. §§ 1067 – 1109 ZPO).

56) Die Ausführungen zur Brüssel I-VO, deren Gültigkeit am 9.1.2015 endete, werden in dieser Auflage nochmals im Hinblick auf Altfälle mit etwa schwebenden Vollstreckungen auf dieser Grundlage berücksichtigt, zumal Versteigerungsverfahren sich über etliche Jahre hinziehen können.

Übersetzung oder Transliteration[57] fordern (Art. 42 Abs. 3, 4, Art. 57), wenn nämlich ansonsten das Verfahren (an den sprachlichen Kompetenzen des Gerichts bzw. weiterer Beteiligter scheitert). Für das Vollstreckungsgericht fällt damit für Entscheidungen nach dem 9.1.2015 der Filter der vorgeschalteten Vollstreckbarkeitserklärung weg und es muss selbstständig die Antragsvoraussetzungen des § 16 ZVG anhand des ausländischen Titels prüfen. Zugleich ist damit die Rangklasse vorgezeichnet; die Zahlungstitel nach der EuGVVO (alte und neue Fassung) werden in der Rangklasse 5 als persönliche Titel durchgesetzt. Die Durchführungsbestimmungen zum Vollzug der Brüssel Ia-VO im Inland ergeben sich aus den §§ 1110–1117 ZPO, nicht mehr aus dem AVAG a. F. (siehe oben).

Nach der Brüssel Ia-VO werden die gerichtlichen Entscheidungen, öffentlichen Urkunden (Art. 58 EuGVVO) und Prozessvergleiche (Art. 59 EuGVVO) nach den Artikeln 39 ff. Brüssel Ia-VO zwar ohne Exequaturverfahren (Vollstreckbarerklärungsverfahren) in dem jeweils anderen Mitgliedstaat vollstreckt, an dessen Stelle aber ein eingeschränktes Verfahren zur Versagung der Vollstreckung getreten ist (Art. 46 i. V. m. Art. 45 Brüssel Ia-VO, dessen Gegenstand die Versagung bereits der Anerkennung der Entscheidung aufgrund bestehender enumerativer Anerkennungshindernisse ist). 59

b) Weitere unionsrechtliche Titel

Neben der EuGVVO stehen **weitere Rechtsinstrumente des Unionsrechts**, die ebenfalls **ohne Vollstreckbarerklärung** vollstreckt werden und die sich auf die Prüfungspflichten des Vollstreckungsgerichts auswirken: 60

- Der **Europäische Zahlungsbefehl**[58] kommt ebenfalls ohne Vollstreckbarerklärungsverfahren aus (Artt. 18 f. der Verordnung), sodass der erlangte Titel unmittelbar zur Immobiliarvollstreckung nach dem ZVG in Rangklasse 5 verwendet werden kann. Für den Inhalt des Antrags und die notwendigen Unterlagen ist auf die Artt. 21 ff. der Verordnung zu verweisen.
- Demselben System ohne Vollstreckbarkeitsverfahren folgt die **Europäische Verordnung über geringfügige Forderungen 861/2007**[59] (siehe zur Vollstreckung die Artt. 15, 20 ff. der Verordnung).

---

57) Synonym ist die Transkription; beides meint die Umsetzung der einen Sprache in die Schriftzeichen einer anderen, z. B. vom lateinischen Alphabet in das griechische oder kyrillische (Bulgarien). Insbesondere im Vollstreckungsverfahren kann die ungenaue Transliteration zu erheblichen Problemen bei dem Namen beteiligter Parteien, von Schuldner bzw. Gläubiger, von Adressen, geographischen Bezeichnungen und ähnlichen Identifizierungsmerkmalen führen. Fehler können zu Verzögerungen oder zur Unwirksamkeit von Verfahrenshandlungen führen.

58) Verordnung EG Nr. 1896/2006 des Europ. Parl. und des Rates v. 12.12.2006 zur Einführung eines Europ. Mahnverfahrens („EuMVVO"), ABl. EG L 399 v. 31.12.2006, S. 1 ff. bis zur Änderung d. d. Delegierte VO EU Nr. 2017/1260/EU d. Kommission v. 19.6.2017, ABl. EU L 182 v. 13.7.2017, S. 20; Durchführungsbestimmungen: §§ 1087–1096; die konsolidierte Fassung v. 14.7.2017 ist verfügbar unter ELI: http://data.europa.eu (Stand: 1.6.2023).

59) Verordnung EG Nr. 861/2007 des Europ. Parl. und des Rates v. 11.7.2007 zur Einführung eines europ. Verfahrens für geringfügige Forderungen („EuGFVO"), ABl. EU L 199 v. 31.7.2007, S. 1 ff. bis zur Änderung d. d. Delegierte Verordnung EU 2017/1259 der Kommission v. 19.6.2017, ABl. EU L 182 v. 13.7.2017, S. 1; betroffen sind Forderungen in Zivil- und Handelssachen bis 5.000 €. Durchführungsbestimmungen: §§ 1097–1109 ZPO; die konsolidierte Fassung der VO 861/2007/EG v. 14.7.2027 ist verfügbar unter https://eur-lex.europa.eu (Stand: 1.6.2023).

– Die Titel aufgrund der **Europäischen Unterhaltsverordnung**[60)] bedürfen ebenfalls **keiner** Vollstreckbarerklärung, soweit Mitgliedstaaten, die durch das **Haager Protokoll**[61)] **gebunden** werden, beteiligt sind (Art. 16, 17–22). Hingegen bedarf es in Fällen von Entscheidungen aus Mitgliedstaaten ohne Bindung an das Haager Protokoll der Vollstreckbarerklärung (Artt. 16, 26 ff.), sodass das Vollstreckungsgericht je nach Herkunft des Titels den Antrag nach § 16 ZVG weitergehend oder weniger weitergehend nach Maßgabe der §§ 30 ff. AUG (Fälle ohne Exequaturverfahren) zu prüfen hat. Siehe auch § 1 Abs. 2, Abs. 3 AVAG (2015).
– Ebenfalls ohne Exequatur kommt die Vollstreckung von Titeln nach der **Verordnung zur Einführung eines europäischen Vollstreckungstitels für unbestrittene Forderungen** aus;[62)] zur Vollstreckung siehe die Artt. 5, 20 ff. Die Verordnung ist auch auf gerichtliche oder gerichtlich bestätigte Vergleiche und öffentliche Urkunden anwendbar (Art. 4 Nrn. 2, 3 und Artt. 24, 25 der Verordnung).
– Entscheidungen im Rahmen von **grenzüberschreitenden Insolvenzverfahren** innerhalb der Union (ohne Dänemark) werden nach der **EuGVVO** vollstreckt (siehe oben), vgl. Art. 25 EuInsVO a. F. (Verordnung (EG) Nr. 1346/2000 v. 29.5.2000, für bis zum 25.6.2017 eröffnete Insolvenzverfahren) sowie Art. 32 EuInsVO (2015) für Verfahren ab dem 26.6.2017.[63)]

c) Luganer Übereinkommen

61 Das Luganer Übereinkommen (II) v. 30.10.2007[64)] folgt der EuGVVO in der Fassung der Brüssel I-VO bis 9.1.2015. Die Vollstreckung aus den dem Übereinkom-

60) Verordnung EG Nr. 4/2009 d. Rates v. 18.12.2008 über die Zuständigkeit, das anwendbare Recht, die Anerkennung und Vollstreckung von Entscheidungen und die Zusammenarbeit in Unterhaltssachen („EuUntVO"), ABl. EU L 7 v. 10.1.2009, S. 1 ff., bis zur Änderung d. d. Durchführungsverordnung EU 2018/1937 der Kommission v. 10.12.2018, ABl. EU L 314 v. 11.12.2018, S. 36; Durchführungsbestimmungen: vgl. § 1 Abs. 1 Nr. 1 AUG; die konsolidierte Fassung der VO 4/2009/EG v. 31.12.2018 ist verfügbar unter https://eur-lex.europa.eu (Stand: 1.6.2023).

61) Zum Haager Protokoll v. 23.11.2007 siehe die Hinweise bei Zöller/*Geimer*, ZPO, 2022, Art. 1 EuUnterhVO Rz. 1, 5, 12 ff. sowie das AUG, das Gesetz zur Geltendmachung von Unterhaltsansprüchen im Verkehr mit ausländischen Staaten (AUG) v. 23.5.2011 BGBl. 2011 I S. 898 bis zur Änderung d. Art. 4 d. Gesetzes v. 10.8.2021, BGBl. I 2021 S. 3424; zur Vollstreckung siehe die §§ 30 ff., 36 ff. AUG.

62) Verordnung EG Nr. 805/2004 des Europ. Parl. und des Rates v. 21.4.2004 zur Einführung eines europäischen Vollstreckungstitels für unbestrittene Forderungen („EuVTVO"), ABl. EG L 143 v. 30.4.2004, S. 15 ff., EG bis zur Änderung d. d. Verordnung 2022/2040/EU des Europ. Parlaments und des Rates v. 19.10.2022 […]; Durchführungsbestimmungen: §§ 1079–1086 ZPO; die konsolidierte Fassung v. 26.10.2022 ist verfügbar unter https://eur-lex.europa.eu (Stand: 1.6.2023).

63) Verordnung EU 2015/848 […] v. 20.5.2015 über Insolvenzverfahren, ABl. EU L 141 v. 5.6.2015, S. 19 ff.

64) Übereinkommen über die gerichtliche Zuständigkeit und die Anerkennung und Vollstreckung von Entscheidung in Zivil- und Handelssachen, ABl. EG L 339 v. 21.12.2007, 3 ff.; Ratsbeschluss v. 27.11.2008 zu 2009/430/EG über die Zustimmung zu dem Übereinkommen seitens der EU, ABl. EU L 147 v. 10.6.2009, S. 1 ff.; https://eur-lex.europa.eu (Stand: 1.6.2023.

men unterliegenden Titeln in Immobilien usw. und die weiteren Vollstreckungsgegenstände nach dem ZVG erfolgt in Rangklasse 5. Zu Einzelheiten siehe die Artt. 32, 38 ff. Luganer Übereinkommen. i. V. m. den §§ 1 Abs. 1 Nr. 2 lit. a) AVAG und den §§ 55–57 AVAG mit Verweisen auf nicht anwendbare Vorschriften des AVAG.

d) Drittstaaten

Vereinbarungen mit Drittstaaten. Die vollstreckungsrechtliche Behandlung von vollstreckbaren Entscheidungen aus Drittstaaten richtet sich nach den §§ 722 f. ZPO (Notwendigkeit eines „Vollstreckungsurteils" bzgl. der ausländischen Entscheidung durch das Amts- oder Landgericht des allgemeinen inländischen Gerichtsstands des Beklagten oder des Gerichtsstands des Vermögens oder Gegenstands gemäß § 23 ZPO). Das Vollstreckungsgericht hat dann im Rahmen des Antrags nach § 16 ZVG nicht mehr die Rechtmäßigkeit und Vollstreckbarkeit des ausländischen Titels zu prüfen. Die Vollstreckung kommt auch hier nur in Rangklasse 5 in Frage (siehe ansonsten zur dinglichen Klage § 24 ZPO, Art. 43 EG BGB und Art. 22 EuGVVO). Völkerrechtliche Abkommen mit Drittstaaten haben Vorrang. Zu Drittstaatenabkommen siehe auch § 1 Nr. 1 lit. c) – e)AVAG (2015). 62

5. Spezifische Angaben im Antrag auf Zwangsversteigerung und Zwangsverwaltung gemäß § 16 Abs. 1 ZVG – Grundstück bzw. sonstige Vollstreckungsgegenstände

a) Angaben zum Grundstück bzw. dem sonstigen Vollstreckungsgegenstand unter dem ZVG

Wesentlich ist die **genaue Angabe des Grundbesitzes**, in den vollstreckt werden soll, da ansonsten eine Vollstreckung ausscheidet. Die **Identität des Grundbesitzes** muss zudem im Hinblick auf das Erfordernis der Eintragung des Vollstreckungsschuldners als Eigentümer im Grundbuch (§ 17 ZVG) nachgewiesen werden.[65] Bei den **Duldungsklagen** muss die Grundbuchbezeichnung, die für die Identifizierung des Vollstreckungsgegenstandes entscheidend ist, mit den Angaben im dinglichen Titel **übereinstimmen.** Selbstverständlich muss bei der Versteigerung von Miteigentumsanteilen auch der konkret betroffene MEA angegeben werden.[66] 63

Dabei können sich insbesondere bei der Durchsetzung von **Duldungstiteln** nach Titulierung, aber vor Beschlagnahme (siehe § 23 ZVG), Komplikationen ergeben, wenn sich den Grundbesitz betreffende Sachverhalte ändern.[67] Solche Änderungen beeinträchtigen ggf. die Rechtsverfolgung. 64

---

65) Vgl. dazu auch BGH, Urt. v. 8.11.2013 – V ZR 155/12, juris Rz. 18 = BGHZ 199, 31 ff. = Rpfleger 2014, 216 ff. = NJW 2014, 636 ff., zur Auslegung des Zuschlagsbeschlusses und zur ordnungsgemäßen Bezeichnung des Versteigerungsgrundstücks in der Terminsbestimmung, ohne die schuldnerfremdes Eigentum nicht wirksam versteigert werden kann.

66) BeckOK-*Ertle*, ZVG, § 16 Rz. 5.

67) Bei Zahlungstiteln geht es im Ergebnis vorrangig um die richtige Bezeichnung des Vollstreckungsgegenstandes, die bei Unklarheiten durch Aufklärungsverfügung des Gerichts gerügt und vom Titelgläubiger durch Einblick in Grundbuch und ggf. Kataster, wozu er aufgrund des Titels berechtigt ist, bereinigt werden können.

65 Ein **spezifisches „Grundstücksproblem“** sind daher die in der Literatur deshalb auch diskutierten, in der Praxis eher seltenen, Fälle der **Grundstücksvereinigung** oder der **Grundstückszuschreibung** gemäß § 890 BGB.[68] Davon zu unterscheiden ist die **Grundstücksaufteilung**, die ebenfalls Probleme bei der Versteigerung generieren kann (vgl. z. B. etwaige bauplanungsrechtliche Genehmigungserfordernisse der Teilung).

b) Grundstücksvereinigung und Grundstücksteilung

aa) Kategorien

66 Zu unterscheiden sind

- die **Grundstücksvereinigung/-verschmelzung**, § 890 Abs. 1 BGB, § 5 GBO,
- die **Zuschreibung**, § 890 Abs. 2 BGB, § 6 GBO und
- die **Grundstücksteilung**; sie ist nicht ausdrücklich im Sachenrecht des BGB geregelt und Folge der Befugnisse des Eigentümers aus § 903 BGB; bei beabsichtigter Belastung eines Grundstücks**teiles** ist die Teilung zwingend, wie aus § 7 Abs. 1, 2 GBO hervorgeht.

67 Die verschiedenen Konstellationen müssen im Hinblick auf ihre zivil- und grundbuchrechtlichen Wirkungen und verfahrensrechtliche Folgen auseinandergehalten werden.

bb) Vereinigung/Verschmelzung und Zuschreibung

(1) Vereinigung/Verschmelzung:

68 Die **Grundstücksvereinigung** oder **-verschmelzung** (= Sonderfall der Vereinigung mit katastertechnischer Umsetzung unter Entstehung eines einzigen Flurstücks)[69] erfolgt durch Eintragung im Grundbuch aufgrund entsprechender Erklärung des Eigentümers der beteiligten Grundstücke (vgl. § 873 BGB). Mit einer katastermäßigen Vereinigung der vor der Verschmelzung rechtlich selbstständigen Grundstücke ist der Vorgang nicht zwangsläufig verbunden. Wie die Zuschreibung oder die Teilung, so steht auch die Grundstücksvereinigung nicht nur für Grundstücke, sondern auch für **grundstücksgleiche Rechte** zur Verfügung (Erbbaurecht, Wohnungseigentum usw.). Die Rechte müssen allerdings **zwingend gleichartig** sein.[70] Die Verschmelzung ist **grundbuchrechtlich** nur zulässig, wenn davon „Verwirrung nicht zu besor-

---

68) Eingehend dazu BeckOK-*Gietl*, ZVG, § 16 Rz. 41 („Vereinigung“), Rz. 42 („Zuschreibung“); zu § 890 BGB siehe § 2 Rz. 13, § 16 Rz. 66 ff. und § 27 Rz. 21 [*Cranshaw*].

69) Die vorliegende Darstellung folgt hier der überzeugenden, von Dassler/Schiffhauer/u. a.-*Hintzen*, ZVG, Vor § 15 Rz. 4, 6 ff., m. w. N. vertretenen Terminologie.

70) So zutreffend Grüneberg/*Herrler*, BGB, § 890 Rz. 2 m. w. N., u. a. unter Hinweis auf OLG Jena, siehe unten; ebenso Prütting/Wegen/Weinreich-*Huhn*, BGB, 17. Aufl., § 890 Rz. 3; umstritten ist danach wohl die Vereinigung von Grundstücken und grundstücksgleichen Rechten, Prütting/Wegen/Weinreich-*Huhn*, BGB, § 890 Rz. 3, die Verbindung bejahend m. w. N.; nicht möglich ist jedenfalls die Vereinigung von Grundstück und grundstücksgleichem Recht, welches das Grundstück belastet, da es sich hierbei nach zutreffender Meinung um wechselseitige Bestandteilszuschreibung handelt, OLG Jena, Beschl. v. 4.12.1997 – 6 W 608/97, Rpfleger 1998, 195 f. = JurionRS 1997, 23145, Rz. 8 m. w. N.; keine Zuschreibung von Gebäudeeigentum nach Art. 233 § 4 EGBGB zu dem belasteten Grundstück und umgekehrt; damit kann auch nicht etwa das Erbbaurecht dem Grundstück auf dem es lastet, zugeschrieben werden und umgekehrt. Unzulässig ist auch die Zuschreibung des Erbbaugrundstücks zu dem das Grundstück belastenden Erbbaurecht, Prütting/Wegen/Weinreich-*Huhn*, BGB, § 890 Rz. 3 m. w. N.

träger bis zur Liquidation fort), sondern im Register gelöscht worden ist. Ein Beispiel ist die **Löschung wegen Vermögenslosigkeit** (§ 394 FamFG) oder aus sonstigen Gründen der §§ 393 ff. FamFG. Mit einer solchen Löschung (beispielsweise eben nach § 394 FamFG, anwendbar auf die GmbH, AG, KGaA, Genossenschaft, Personenhandelsgesellschaft ohne natürliche Person als persönlich unbeschränkt haftender Gesellschafter) besteht die Gesellschaft materiell im Hinblick auf die etwa doch vorhandenen Vermögenswerte fort,[93)] formell hingegen ist sie erloschen. Die Grundsätze der **Spalt- oder Restgesellschaft**[94)] sind bei der **inländischen Gesellschaft nicht** anzuwenden, vielmehr muss eine **Nachtragsliquidation**[95)] stattfinden. Die Gesellschaft muss wieder im Handelsregister eingetragen und durch den Nachtragsliquidator vertreten werden. Der Antrag auf Versteigerung oder Zwangsverwaltung ist vorher nicht zulässig.

Ergänzend ist darauf hinzuweisen, dass Stiftungen bisher nicht in öffentlichen Registern, vergleichbar dem Vereinsregister oder Handelsregister, eingetragen sind. § 86 BGB, der auf Vorschriften des Vereinsrechts verweist, die auf die bürgerlichrechtliche Stiftung anzuwenden sind, verweist nicht auf § 79 BGB, die Eintragung in das Vereinsregister. Das „Gesetz zur Vereinheitlichung des Stiftungsrechts […]" (v. 16.7.2021, in Kraft ab 1.7.2023)[96)] ändert das Recht der Stiftung des bürgerlichen Rechts, §§ 80 ff. BGB n. F. und führt in §§ 82b ff. BGB n. F. ein Stiftungsregister ein, dessen Gegenstand in dem neuen Stiftungsregistergesetz (StiftRG) geregelt ist mit Pflichtanmeldung der Stiftung nach landesbehördlicher Anerkennung; die registerrechtlichen Bestimmungen der Art. 3, 4 des treten aber erst am 1.1.2026 in Kraft. 75

Nichtrechtsfähiger Verein, Rechtslage bis 31.12.2023. Dasselbe gilt für den ebenfalls in keinem Register eingetragenen **nichtrechtsfähigen Verein**, der aber gleichwohl – wie die BGB-Gesellschaft – partiell rechtsfähig und grundbuchfähig ist (vgl. § 54 BGB).[97)] Nach der hier vertretenen Auffassung ist daher auch beim nicht rechtsfähigen Verein § 47 Abs. 1 Fall 2 GBO analog anzuwenden, aufgrund der körperschaftlichen Struktur aber nicht § 47 Abs. 1 Fall 1 GBO und auch nicht Abs. 2 der Norm. Die Rechtsprechung sieht das allerdings **nicht** so. Das Kammergericht fordert die Lö- 76

93) Grund dafür ist, dass es nach inländischem Recht kein herrenloses Vermögen geben soll.

94) Vgl. dazu bei einer ausländischen Gesellschaft, die im dortigen Register gelöscht und damit erloschen ist, OLG Celle, Beschl. v. 29.5.2012 – 6 U 15/12, juris Rz. 7, 8 = NJW-RR 2012, 1065, engl. Limited, Fortexistenz als Personengesellschaft (GbR oder oHG), mit Anm. *Cranshaw*, jurisPR-HaGesR 8/2012, Anm. 4; OLG Düsseldorf, Hinweisbeschl. v. 10.5.2010 – I-24 U 160/09, juris = ZIP 2010, 1852 f., mit Anm. *Cranshaw*, jurisPR-HaGesR 1/2011, Anm. 4; BGH, Urt. v. 31.3.1971 – VIII ZR 40/69, BGHZ 56, 66 ff.

95) Vgl. für die AG § 273 Abs. 4 AktG, aus der Judikatur siehe OLG Düsseldorf, Beschl. v. 2.4.2013 – I-3 Wx 171/12, juris Rz. 48 m. w. N. = ZIP 2013, 887 ff. = Rpfleger 2013, 458 ff. Wird die Nachtragsliquidation abgelehnt, kann auch keine Vollstreckung stattfinden. Die Voraussetzung der Existenz von Aktivvermögen, das noch nicht abgewickelt ist (z. B. ein noch nicht verwertetes Grundstück, das versteigert werden soll), wird innerhalb des Registerverfahrens und im dortigen Instanzenzug geprüft. Zur Nachtragsliquidation bei einer Genossenschaft siehe BGH, Urt. v. 24.7.2012 – II ZR 117/110, ZIP 2012, 1855 ff., Rz. 17.

96) BGBl. I 2021 S. 2947 ff., Art. 3, 4, S. 2952 ff.

97) Grüneberg/*Ellenberger*, BGB, § 54 Rz. 7 f. bejaht zu Recht die Gleichstellung zwischen BGB-Gesellschaft und dem nicht rechtsfähigen Verein; auch der Natur der Sache nach nicht eingetragene Verein ausländischen Rechts ist danach zutreffend grundbuchfähig, jedenfalls ein Verein aus einem Mitgliedstaat der Europäischen Union.

schung des nicht eingetragenen Vereins im Grundbuch von Amts wegen als inhaltlich unzulässig, wenn der nicht rechtsfähige Verein nach dem 18.9.2009 (Inkrafttreten des § 47 GBO 2009) „allein unter seinem Namen eingetragen wurde“[98] – mit den entsprechenden verfahrensrechtlichen Erschwernissen für die Durchführung der Immobiliarvollstreckung. Das Kammergericht folgt dem BGH, der ebenfalls darauf erkannt hat, der nichtrechtsfähige Verein könne nicht allein unter seinem Namen im Grundbuch eingetragen werden.[99] Der Senat hat dabei auch die Frage der Rechtsfähigkeit des nichtrechtsfähigen Vereins dahinstehen lassen, der eben infolge seiner Konzeption nach dem Muster der BGB-Gesellschaft (vgl. § 54 Satz 1 BGB) und dem Wandel des Verständnisses der partiellen eigenen Rechtsfähigkeit dort gerade nicht mehr als „nicht rechtsfähig“ angesehen werden kann. Die Praxis wird allerdings angesichts der vorstehend umrissenen – freilich nicht überzeugenden – Judikatur darauf achten, die Namen der Vereinsmitglieder entsprechend § 47 Abs. 2 GBO ebenfalls eintragen zu lassen.

77 **Nicht rechtsfähiger Verein, Rechtslage nach dem MoPeG, ab 1.1.2024.** Das MoPeG, das Gesetz zur Modernisierung des Personengesellschaftsrechts v. 10.8.2021 (BGBl. I 2021 S. 3436 ff.) ändert auch das Recht des nicht rechtsfähigen Vereins. § 54 BGB a. F. (bis 31.12.2023) verweist für den „nicht rechtsfähigen“ Verein auf das Recht der BGB-Gesellschaft (§§ 705 ff. BGB a. F.). Die Neufassung des § 54 Abs. 1 Satz 1 (ab 1.1.2024) durch Art. 1 Nr. 2 MoPeG lautet:

„§ 54
Vereine ohne Rechtspersönlichkeit

(1) [1]Für Vereine, deren Zweck nicht auf einen wirtschaftlichen Geschäftsbetrieb gerichtet ist und die nicht durch Eintragung in das Vereinsregister Rechtspersönlichkeit erlangt haben, sind, die Vorschriften der §§ 24 bis 53 entsprechend anzuwenden. *[betrifft den Wirtschaftsverein] [Abs. 2 betrifft die Handelndenhaftung]*.“

78 Der Begriff „nicht rechtsfähiger Verein“ verschwindet ganz.

79 Auf die Wirtschaftsvereine sind unverändert die Bestimmungen zur (BGB-)Gesellschaft anzuwenden, hier aber nach den §§ 705 ff. BGB n. F. (ab 1.1.2024). Damit ist § 47 GBO n. F. (2024), dessen Absatz 2 in Art. 40 Nr. 2 MoPeG ebenfalls geändert wurde, auf den Verein ohne Rechtspersönlichkeit nicht anzuwenden.

80 Die Gesetzesänderung wird zutreffend damit begründet, sie passe die Norm der „seit langem bestehenden Rechtslage“ zum nicht rechtsfähigen Verein an, wie sie schon in der Judikatur des Reichsgerichts zum Ausdruck gekommen sei und wie sie der BGH, *„beginnend mit den Gewerkschaften fortgeschrieben“* habe.[100]

98) KG, Beschl. v. 29.11.2016 – 1 W 442/16, juris Rz. 9 = Rpfleger 2017, 143, *„nicht im Vereinsregister eingetragener und nicht konzessionierter Verein“* als Inhaber einer Grundschuld.

99) BGH, Beschl. v. 21.1.2016 – V ZB 19/15, juris Rz. 8 = ZIP 2016, 1163 ff. = Rpfleger 2016, 470 ff.; kritisch *Prütting*, EWiR 2016, 361 f.

100) Siehe die Begründung des Regierungsentwurfs zu § 54 BGB n. F., BT-Drucks. 19/27635 v. 17.3.2021, S. 14 (Text), S. 123, 124 (Begründung zu § 54 Abs. 1), BGH, Urt. v. 11.7.1968 – VII ZR 63/66, juris Rz. 9 f. = BGHZ 50, 325. Aus der Rechtsprechung des Reichsgerichts wird auf zwei Entscheidungen aus 1926 und 1934 verwiesen: RG, Urt. v. 15.3.1926 – IV 604/24, RGZ 113, 125 ff., 135; „Schlesische Franziskanerprovinz“ (S. 135: der Verweis auf das Gesellschaftsrecht in § 54 Satz 1 BGB ist danach dispositiv, die Regelung kann durch die Vereinssatzung stillschweigend ausgeschlossen sein; das sei der Regelfall) und RG, Urt. v. 18.1.1934 – IV 369/33, RGZ 143, 212, 215; Dispositivität des § 708 BGB a. F. i. V. m. § 54 Satz 1 BGB a. F.

7. Vollstreckungsrechtlicher Anspruch

a) Auswahlentscheidung des Gläubigers sowie Vollstreckung aus dinglichem Zinsanspruch

Der Gläubiger ist keineswegs gezwungen, den gesamten ihm zustehenden persönlichen oder dinglichen Anspruch geltend zu machen. Er ist nicht einmal veranlasst, den Hauptanspruch auf dem Vollstreckungsweg zu verfolgen, er kann sich beispielsweise darauf beschränken, wegen **rückständiger Zinsen**[101] zu vollstrecken. Da das Vollstreckungsgericht den Antrag zwar auslegen, aber **nicht** den Inhalt bestimmen kann, muss sich aus dem **Antrag** ergeben, wegen welchen titulierten Anspruchs oder Anspruchsteils der Gläubiger **konkret vollstreckt** (Folge aus § 308 ZPO). Bei Vollstreckung aus den **dinglichen Zinsen** aus einer Sicherungsgrundschuld ist allerdings entweder die Grundschuld ordnungsgemäß zu kündigen oder der Gläubiger muss die Versteigerung androhen und eine Wartezeit von sechs Monaten vor dem Versteigerungsantrag einhalten (Analogie zu den §§ 1234, 1193 Abs. 1 Satz 3 BGB).[102] Der zunächst unbemerkte Verstoß dagegen führt bei späterer Rüge letztlich zur Verfahrensaufhebung (vgl. § 28 Abs. 2 ZVG), ggf. auch erst auf Zuschlagsbeschwerde. Wird die Nichteinhaltung dieser Voraussetzung bereits bei der Antragstellung durch den Schuldner beanstandet, wird der Versteigerungsantrag zurückgewiesen. 81

b) Beispiele

(1) Ein Gläubiger legt eine nach § 800 ZPO vollstreckbare notarielle Grundschuldbestellungsurkunde vor (vgl. § 794 Abs. 1 Nr. 5 ZPO), wonach ihm im Grundbuch von D-Stadt, Blatt 0000, in Abt. III Nr. 1 eine Grundschuld in Höhe von x € nebst y% Zinsen (ab Eintragung) sowie v% einmaliger dinglicher Nebenleistung an dem Grundstück A. des Schuldners Z. zusteht. Beantragt er, ohne weitere Ausführungen, die Vollstreckung aus dieser Urkunde „wegen der besagten Grundschuld“, so ergibt die Auslegung ohne Weiteres, dass der Gläubiger die Vollstreckung aus dem gesamten Grundschuldbetrag nebst Zinsen und Nebenleistung betreiben will. 82

Zur Beschreibung des Anspruchs gehört auch die Angabe, ob ein **persönlicher** oder ein **dinglicher** Anspruch verfolgt wird oder in welcher Rangklasse (bei mehreren in Frage kommenden Rangklassen) der Gläubiger vollstrecken will. So hat der Grundschuldgläubiger einer Sicherungsgrundschuld, dem gegenüber eine Unterwerfungserklärung in notarieller Urkunde gemäß § 800 ZPO im Hinblick auf den **dinglichen Anspruch** besteht und dem gegenüber parallel die Unterwerfung unter die sofortige Zwangsvollstreckung wegen eines **persönlichen Anspruchs** in Höhe der Grund- 83

---

101) Zweckmäßig vollstreckt er dann nur wegen der nicht verjährten dinglichen Zinsen (vgl. zu deren Verjährung § 216 Abs. 3 BGB), will er nach der Erhebung der Einrede der Verjährung nicht letztlich die Aufhebung des Vollstreckungsverfahrens riskieren, im Vorfeld dessen einstweilige Einstellung auf Einreichung der Vollstreckungsabwehrklage (§ 767 ZPO) durch den Schuldner hin. Er kann dann aber auch die verjährten Zinsen von dem Versteigerungsantrag ausnehmen, vgl. BGH, Urt. v. 21.10.2016 – V ZR 230/15, ZfIR 2017, 282 ff., Rz. 23 = NJW 2017, 674 ff.

102) Vgl. BGH, Beschl. v. 20.3.2017 – V ZB 84/15, ZfIR 2017, 545 ff., Rz. 15 = Rpfleger 2017, 567 ff.

schuldsumme nach den §§ 780 f. BGB[103)] abgegeben wurde, mehrere Optionen. Er kann sowohl aus der Rangklasse 4 als auch aus der Rangklasse 5 vorgehen, wegen älterer Zinsen könnte er aus der Rangklasse 8 vollstrecken.

84 (2) Werden **Nebenforderungen** und **Kosten** geltend gemacht, sind diese hinreichend zu identifizieren, soweit aus ihnen betrieben werden soll. Damit ist beispielsweise auch der Zinsbeginn anzugeben (auch wenn ein fehlender Zinsbeginn nur die Beteiligung am Steigerlös betrifft).[104)]

85 (3) Die **Eigentümergemeinschaft nach WEG** kann wegen ihrer Wohngeldansprüche aus Rangklasse 2 bzw. aus der Rangklasse 5 vollstrecken. Die Angaben im Antrag müssen daher so strukturiert sein, dass das Vollstreckungsgericht eben erkennen kann, in welcher Weise der Gläubiger vollstrecken will; dazu gehört auch die Bestimmtheit der Rangklasse, wenn dem Gläubiger eine Alternative zur Verfügung steht.[105)]

8. Titel

86 Ohne Nachweis und Vorlage eines für die Vollstreckung geeigneten Titels scheidet die Vollstreckung der Natur der Sache nach aus. Vollstreckungsvoraussetzungen sind „Titel, „Klausel", „Zustellung" (vgl. 724, 750 ZPO), deren Vorliegen dem Vollstreckungsgericht nachzuweisen ist. Zur Vollstreckung ohne Titelnachweis gegen Bestätigung des Gläubigers, dass die Vollstreckungsvoraussetzungen vorliegen, siehe Rz. 23 f., 27 zur Verwaltungsvollstreckung. Keiner Erörterung bedarf daher die Feststellung, dass ein Duldungstitel alle Tatsachen enthalten muss, die zur Identifizierung des Grundstückes als Vollstreckungsgegenstand und des Eigentümers notwendig sind.[106)]

---

103) Seit Jahrzehnten übliche Vertragsgestaltung der Banken, wenn der Vollstreckungsschuldner zugleich Darlehensnehmer ist, siehe beispielsweise bei *Gladenbeck/Samhat*, Kreditsicherung durch Grundschulden, Anhang 4 (Musterbestellungsurkunde einer Grundschuld) am Ende des Buchs, S. 739 ff. Ziff. 4.1 dieser Musterurkunde enthält die persönliche Haftungsübernahme für den Betrag der Grundschuld nebst Zinsen und Nebenleistungen, Anm. 14 zu dem Muster enthält eine Erläuterung dazu. Zur dinglichen Unterwerfung des Eigentümers unter die Zwangsvollstreckung siehe Ziff. 2 der Musterurkunde und die Erläuterung dazu in Anm. 7. Siehe zu der Thematik der Vollstreckungsunterwerfung im Text des Buchs Kap. 10 Rz. 291–301 (S. 142–152, zur persönlichen Haftung) und Kap. 11.1 Rz. 304–313 (S.154–162, zur dinglichen Vollstreckungsunterwerfung durch den Eigentümer). Im Konsortialkreditgeschäft wird die persönliche Unterwerfung ebenso wie die Grundschuld zugunsten des Konsortialführers oder des Sicherheitentreuhänders bestellt, der die Sicherheiten für das Konsortium treuhänderisch hält; die persönliche abstrakte Haftung (§§ 780 f. BGB) und Unterwerfung wird im internationalen Geschäft auch als *„Parallel Debt"* bezeichnet. Siehe dazu ferner Epp, Grundpfandrechte, in: Ellenberger/Bunte, Bankrechts-Handbuch, § 73 Rz. 237 ff., 245 ff. sowie Anhang zu § 73, Bestellung einer Buchgrundschuld, Kap. V. und Rz. 13 der Erläuterungen. Damit ist dem Sicherungstreuhänder sowohl die dingliche (Rangklasse 4) als auch die persönliche Vollstreckung in sämtliche Vermögenswerte parallel möglich; er wird jedoch insoweit nicht die Versteigerung oder Zwangsverwaltung aus Rangklasse 5 des § 10 ZVG wählen.

104) Siehe auch BeckOK-*Ertle*, ZVG, § 16 Rz. 10, 12. Das gilt insbesondere, wenn der Gläubiger nur Teilforderungen betreibt, beispielsweise dingliche Zinsen aus der Grundschuld, die mit *Ertle* „genau zu bezeichnen sind".

105) Siehe § 10 Rz. 163 ff. [*Cranshaw*].

106) Siehe BeckOK-*Ertle*, ZVG, § 16 Rz. 5, 6–9.

Der Titel muss vollstreckbar sein, Vollstreckungshemmnisse dürfen nicht entgegenstehen.[107)] Die Bestimmung der **Sicherheitsleistung** obliegt dem Prozessgericht (§ 108 ZPO), üblich sind Bankbürgschaften. Dabei wird man angesichts der Grundfreiheiten im Binnenmarkt der EU alle Banken als taugliche Bürgen zulassen müssen, soweit sie nicht konkret als in Schwierigkeiten befindlich identifiziert worden sind.[108)] Im Antrag anzugeben (wie stets zum Sachverhaltsvortrag bei gerichtlichen Anträgen, die aus sich selbst heraus verständlich sein müssen, ohne außerhalb des Antrages stehende Umstände zu berücksichtigen), sind die folgenden Tatsachen: 87

- Die **Art des Titels** (z. B. Urteil, Beschluss, Kostenfestsetzungsbeschluss, notarielle Urkunde).
- Die **ausstellende Stelle** (wie Gericht, Notar, ausländisches Gericht); die Anschrift der ausstellenden Stelle ist indes nicht geboten, vielmehr sind dazu die Angaben auf dem Titel selbst zu verwenden, um ihn eindeutig zu beschreiben.
- Das **Datum** der vollstreckbaren Entscheidung oder der Urkunde.
- Die **Geschäftsnummer**/Aktenzeichen/Urkundenrollen-Nr. usw.

III. Notwendige Unterlagen für den Beginn der Vollstreckung

§ 16 Abs. 3 ZVG stellt eine „Muss-Vorschrift" dar. Die **„erforderlichen Urkunden"** (= notwendige Urkunden) sind dem Antrag beizufügen. Damit sind Originale bzw. Urschriften oder die an ihre Stelle tretenden **Ausfertigungen** gemeint. Das Gericht muss sich anhand der Originalunterlagen vergewissern. Sie können dann dem Gläubiger **vorübergehend** für etwa weitere Vollstreckungsmaßnahmen zurückgegeben werden, sofern das Gericht Kopien (richtiger: beglaubigte Abschriften) zu den Akten nimmt.[109)] Zu wesentlichen Verfahrensschritten müssen jedoch die Verfahrensvoraussetzungen jeweils nachgewiesen sein, sodass auch die Originalunterlagen vorliegen müssen. Andernfalls drohen Verfahrensaufhebung oder Zuschlagsversagung bzw. -aufhebung. 88

Dazu gehören **beispielsweise**: 89

- der Titel nebst der Vollstreckungsklausel,
- der Zustellungsnachweis,
- die Urkunden nach § 750 Abs. 2 ZPO,
- bei notariellen Urkunden mit Vollstreckungsunterwerfung **durch Vertreter** auch die Vollmacht nebst Zustellung derselben,[110)]

---

107) Es muss daher erkennbar sein, dass die im Urteil zur Vollstreckungsvoraussetzung gemachte Sicherheitsleistung kein Vollstreckungshindernis mehr darstellt, §§ 709 ff. ZPO; das Vollstreckungsgericht muss sich die Erbringung der Sicherheitsleistung urkundlich nachweisen lassen und prüfen, ob die Abschrift der Urkunde zugestellt ist, § 751 Abs. 2 ZPO; siehe dazu Zöller/*Seibel* ZPO, § 751 Rz. 3 – 6; Dassler/Schiffhauer/u. a.-*Hintzen*, ZVG, Vor § 15 Rz. 55 ff.

108) Wohl kritischer Dassler/Schiffhauer/u. a.-*Hintzen*, ZVG, Vor § 15 Rz. 58.

109) Beglaubigte Abschriften fordert zutreffend bzw. lässt deren Vorlage genügen Böttcher/*Böttcher*, ZVG, §§ 15, 16 Rz. 18 m. w. N.; siehe dort auch zur Notwendigkeit des Vorliegens der Unterlagen z. B. bei der Terminsbestimmung, beim Versteigerungstermin und beim Erlösverteilungstermin, jeweils m. w. N.

110) Zur unzulässigen Unterwerfung des Schuldners (ohne dessen Vollmacht) durch den Insolvenzverwalter, der insoweit gerade nicht nur für die Masse (§ 80 InsO) handelte, vgl. OLG Hamm, Urt. v. 3.12.2012 – I-5 U 42/12, ZIP 2013, 788 f. mit zust. Anm. *Reul*, MitBayNotZ 2013, 408 ff.

- ggf. weitere Unterlagen über Vollstreckungskosten u. Ä.,
- ggf. Urkunden zum Nachweis der Rechtsnachfolge, z. B. im Erbfall (siehe § 17 Abs. 3 ZVG),
- der **Einheitswertbescheid** des betroffenen Wohnungs- bzw. Teileigentums, wenn die Wohnungseigentümergemeinschaft aus Rangklasse 2 ihre Wohngeldansprüche verfolgen will.[111)]

90 Hohe praktische Bedeutung hat die ebenfalls in der Literatur thematisierte Frage, ob bei der dinglichen Vollstreckung aufgrund eines Duldungstitels der **Hypotheken- oder Grundschuldbrief** bei Briefrechten im Verfahren vorgelegt werden muss. Die wohl unangefochtene Meinung verneint das, soweit ersichtlich, überwiegend ohne weitere Begründung.[112)] Richtig ist, dass der Schuldner sich der Geltendmachung des Rechts entgegenstellen kann, wenn der Brief nicht vorgelegt wird, vgl. § 1160 Abs. 1 BGB, bzw. wenn er auch zur Verfahrensanordnung nicht vorgelegt werden muss.[113)] Sogar die Kündigung der Grundschuld kann dann unwirksam werden (§ 1160 Abs. 2 BGB). Voraussetzung ist die unverzügliche Rüge (§ 121 BGB) des Mangels durch den Eigentümer und Vollstreckungsschuldner. Aus dem Blick der Praxis ist es daher im Ergebnis auch dann geboten, den Brief vorzulegen, wenn man der Kommentarliteratur insoweit nicht folgt, sofern **nicht § 1160 BGB abbedungen** ist.[114)] Verfahrensrechtlich macht der Schuldner den Widerspruch schließlich durch Vollstreckungserinnerung gemäß § 766 ZPO geltend. In diesem Falle ist die Kündigung der Grundschuld unwirksam (vgl. auch § 1193 Abs. 1, Abs. 2 Satz 2 BGB). Banken und Versicherungen als Kreditgeber werden § 1160 BGB im Allgemeinen in ihren Grundschuldbestellungsformularen abbedingen,[115)] um derartige Imponderabilien auszuschließen.

---

111) Siehe § 10 Rz. 197 [*Cranshaw*]).

112) Vgl. statt aller Böttcher/*Böttcher*, ZVG, §§ 15, 16 Rz. 18; eingehend aber Stöber/*Becker*, ZVG, § 16 Rz. 16, der zutreffend die Meinung vertritt, der Brief sei entbehrlich, da der Gläubiger ausschließlich durch den Titel identifiziert werde.

113) Stöber/*Becker*, ZVG, § 16 Rz. 4.4; Dassler/Schiffhauer/u. a.-*Hintzen*, ZVG, § 16 Rz. 24.

114) Hierauf weist Stöber/*Becker*, ZVG, § 16 Rz. 25 zu Recht hin; zum dispositiven Charakter der Schuldnerschutzvorschrift des § 1160 BGB siehe Prütting/Wegen/Weinreich-*Waldner*, BGB, § 1160 Rz. 1 m. w. N.; streitig ist, ob der Brief im Erkenntnisverfahren (außerhalb des Urkundenprozesses) zur Schlüssigkeit der Klage vorgelegt werden muss, Prütting/Wegen/Weinreich-*Waldner*, BGB, 2022, § 1160 Rz. 2; kann danach ohne Briefvorlage ein Versäumnisurteil ergehen, dann ist es konsequent, dass auch im Vollstreckungsverfahren der Brief nur auf Rüge vorgelegt werden muss. Im Urkundenprozess ist der Brief sonach vorzulegen.

115) In der Praxis der institutionellen Gläubiger vermeidet man die ganze Problematik durch den Verzicht des Schuldners auf die Vorlage gemäß § 1160 BGB in den einschlägigen Formularwerken, siehe *Gladenbeck/Sambat*, Kreditsicherung durch Grundschulden, Anhang 1 des Buches (Musterurkunde, Bestellung einer Briefgrundschuld), S. 724–729; Ziff. 4 des Mustervertrags enthält den Verzicht auf die Vorlage des Grundschuldbriefes und sonstigen Durchsetzung der Grundschuld; siehe auch https://www.volksbank-ulrichstein.de/content/dam/f1920-0/pdf/formulare/grundschuldbestellung1008.pdf, zu „Weitere Bedingungen" Abschnitt C, Allgemeine Verpflichtungen Nr. 6 („*6. Der Eigentümer verzichtet für sich und seine Rechtsnachfolger im Falle der Mahnung, der Kündigung und der Geltendmachung der Grundschuld auf die Vorlage des Grundschuldbriefs und der sonstigen in § 1160 BGB genannten Urkunden.*") (Stand: 1.6.2023).

§ 17

Bucheigentum des Vollstreckungsschuldners als Versteigerungsvoraussetzung

(1) Die Zwangsversteigerung darf nur angeordnet werden, wenn der Schuldner als Eigentümer des Grundstücks eingetragen oder wenn er Erbe des eingetragenen Eigentümers ist.

(2) Die Eintragung ist durch ein Zeugnis des Grundbuchamts nachzuweisen. Gehören Vollstreckungsgericht und Grundbuchamt demselben Amtsgericht an, so genügt statt des Zeugnisses die Bezugnahme auf das Grundbuch.

(3) Die Erbfolge ist durch Urkunden glaubhaft zu machen, sofern sie nicht bei dem Gericht offenkundig ist.

Literatur: *Cranshaw,* Der insolvente Ersteher im Zwangsversteigerungsverfahren, AnwZert InsR 19/2019 Anm. 2 (Teil 1), AnwZert InsR 20/2019, Anm. 2, juris; *Cranshaw,* Insolvenz- und finanzrechtliche Perspektiven der Insolvenz von juristischen Personen des öffentlichen Rechts, insbesondere Kommunen, 2007; *Ebeling,* Verfügungsverbot bei Flurbereinigung und Zwangsversteigerung; *Faltin,* Reform der Grundbuchämter – Das nächste Amt liegt 60 km entfernt, Stuttgarter Zeitung v. 11.5.2017; *Rehle,* Zur Bezeichnung des Grundstücks nach vorläufiger Besitzeinweisung im Flurbereinigungsverfahren, MittBayNot 1980, 160.

Übersicht

I. Normfunktion und Bedeutung der Eigentümerposition

1. Grundsatz der Buchposition als Eigentümer als Voraussetzung der Anordnung der Versteigerung gemäß § 17 Abs. 1 Alt. 1 ZVG

1 Die Kernaussage zum Zweck der Norm enthält § 17 Abs. 1 Halbs. 2 Alt. 1 ZVG, der sicherstellen soll, dass die Versteigerung allein gegen den Grundstückseigentümer durchgeführt wird, denn er ist der Vollstreckungsschuldner, in dessen Eigentumssubstanz eingegriffen wird. Das Versteigerungsgericht **darf** die Versteigerung nur anordnen, wenn diese Voraussetzung erfüllt ist. Dabei stellt das Gesetz indes nicht auf den materiellrechtlichen Begriff der Eigentümerposition ab, vielmehr muss der Vollstreckungsschuldner lediglich als **Eigentümer im Grundbuch** eingetragen sein. Damit wird dem Umstand Rechnung getragen, dass die Eintragung eines aus einem dinglichen Recht an Grundstücken Berechtigten aus verschiedenen Gründen nicht zwingend die materiellrechtliche Lage widerspiegeln muss, mithin das Grundbuch von der wirklichen Rechtslage abweichen kann, eine Situation, die auch das Eigentumsrecht betreffen kann. § 17 Abs. 1 ZVG muss zusammen mit den Bestimmungen der §§ 873 ff. BGB betrachtet werden, namentlich auch im Kontext mit § 891 BGB über die – wenn auch widerlegbare – Vermutung der Rechtsinhaberschaft des eingetragenen Berechtigten.[1] Ihre Fortsetzung findet diese Struktur dogmatisch in den Bestimmungen über den gutgläubigen Erwerb nach Maßgabe der §§ 892 ff. BGB. Daraus ergibt sich das Bedürfnis, dass auch im förmlichen Vollstreckungsverfahren diese Erwägungen Eingang finden, sodass das Vollstreckungsgericht **keine materiellrechtliche Prüfung** der Eigentümerposition anzustellen hat, sondern allein die grundbuchrechtliche Lage – hier im Hinblick auf die Eintragung als Eigentümer – hinreichend, aber naturgemäß auch erforderlich ist.[2] Allerdings muss das Vollstreckungsgericht offenkundigem Rechtsmissbrauch, der ihm während des Verfahrens zur Kenntnis gelangt, berücksichtigen, da Rechtsmissbrauch „von Amts wegen zu beachten" ist.[3] In der Literatur wird zutreffend darauf hingewiesen, dass Basis der Versteigerung des Weiteren die Anlage eines Grundbuchblattes des betroffenen Grundbesitzes ist. Diese selbstverständliche Voraussetzung ist dann nicht gegeben, wenn der spätere Vollstreckungsschuldner ein erst noch aus einem anderen Grundstück heraus zu messendes Teilgrundstück erwirbt, das dann erst Grundstücksqualität erreicht, wenn ein Grundbuchblatt angelegt und der Erwerber und spätere Vollstreckungsschuldner dort als Eigentümer eingetragen ist. Komplex wird die Situation, wenn Ansprüche aus solchen Verträgen weiter übertragen werden und schließlich Irrtümer bei der Anlage und Eintragung zu Abweichungen der materiellen Rechtslage von der Grundbuchlage führen. In dem Falle des (noch) nicht angelegten Grundbuchs, dessen Eigentümer der Schuldner ist, soll der Vollstreckungsgläubiger mittels seines Titels zunächst über § 14 GBO i. V. m. § 3 Abs. 1 GBO die Eintragung im

---

1) Grüneberg/*Herrler*, BGB, § 891 Rz. 1.

2) Siehe zu der Problematik schon *Jaeckel/Güthe*, ZVG, 4. Aufl., § 17 Rz. 1; Böttcher/*Böttcher*, ZVG, § 17 Rz. 3; Dassler/Schiffhauer/u. a.-*Hintzen*, ZVG, § 17 Rz. 1 f.; BeckOK-*Müller*, ZVG, § 17 Rz. 2 f.

3) So zutreffend LG Mühlhausen, Beschl. v. 26.10.2017 – 1 T 231/17, juris Rz. 12 ff., 14, Vollstreckung durch den Grundpfandgläubiger ohne Vorliegen des Sicherungsfalls.

Grundbuch betreiben,[4] ein in der Praxis eher mühsames und nicht zwingend erfolgversprechendes Vorgehen. Hier empfiehlt sich für den Gläubiger eher der Insolvenzantrag gegen seinen Schuldner anstelle der Immobiliarvollstreckung in ein noch nicht existentes Grundstück, soweit nicht sichergestellt ist, dass er an dem neu einzutragenden Grundbesitz ein (insolvenzfestes) Grundpfandrecht erwerben wird. Der Weg über die §§ 3, 14 GBO steht in allen Fällen offen, in denen der Vollstreckungsschuldner (noch) nicht eingetragen ist, aber materiellrechtlich einzutragen wäre.

2. Die Position als Erbe gemäß § 17 Abs. 1 Alt. 2 ZVG

Der Eigentümerposition steht folgerichtig die Position des Erben des eingetragenen Schuldners gleich, § 17 Abs. 1 Halbs. 2, Alt. 2 ZVG i. V. m. § 17 Abs. 3 ZVG. 2
Die Vollstreckung betrifft diejenige gegen den Erben als Schuldner in den betroffenen Grundbesitz, wobei der Gläubiger sowohl dinglich Berechtigter als auch Inhaber eines persönlichen Titels gegen den Erben sein kann. Es kann aber auch die Vollstreckung gegen den Erblasser in Nachlassschulden berührt sein (§ 1967 BGB), denn der Erbe haftet für dieselben. Der Umstand, dass gegen den Erben in das Grundstück vollstreckt werden kann, folgt ohne Weiteres aus der Gesamtrechtsnachfolge gemäß § 1922 BGB. Eine wesentliche Ausnahme gilt für die Erbengemeinschaft als Erbe, deren Mitglieder zwar nach § 2058 BGB für die Nachlassverbindlichkeiten gesamtschuldnerisch haften, sodass die Verfolgung von Nachlassverbindlichkeiten in den Grundbesitz unproblematisch ist. Die Durchsetzung von Forderungen gegen den einzelnen Erben, insbesondere aus mit dem Nachlass nicht im Zusammenhang stehenden Verbindlichkeiten in den Grundbesitz, der Gegenstand des Nachlasses ist, scheidet jedoch vor Teilung und Zuordnung an den Erben als Schuldner aus. Der Erbanteil des einzelnen Erben ist zwar pfändbar (§§ 859, 857 ZPO),[5] aber der Miterbe ist wie bei jeder Gesamthand nicht befugt, über einzelne Vermögensgegenstände derselben zu verfügen (§ 2033 Abs. 2 BGB), sodass auch die Vollstreckung in einzelne Nachlassgegenstände durch den Gläubiger des Miterben ausscheidet.[6] Dem Gläubiger des Erben bleibt nur die Pfändung dessen Erbteils (§§ 857 Abs. 2, 859 Abs. 2, 829 Abs. 1 ZPO), die aber nicht die Verwertung des zum Nachlass gehörenden Grundbesitzes unmittelbar ermöglicht. Vielmehr muss der Gläubiger die Erbauseinanderset-

4) Siehe Böttcher/*Böttcher*, ZVG, § 17 Rz. 7, das Vollstreckungsgericht weist den Gläubiger auf diesen Umstand nach § 139 ZPO hin; vgl. im Einzelnen die Kommentierung des § 14 GBO in den einschlägigen Kommentaren zur GBO; praxisrelevant ist/war das in den Fällen der Vollstreckung gegen die GbR mit ihrem oft wechselnden Gesellschafterbestand geworden, siehe OLG Schleswig, Beschl. v. 6.4.2011 – 2 W 60/10, juris = Rpfleger 2011, 368 ff. = NJW-RR 2011, 1033 ff., das § 14 GBO (mangels Titels gegen die eingetragenen Gesellschafter) analog angewandt hat; nach Inkrafttreten des § 899a BGB a. F. (fällt ab 1.1.2024 infolge des MoPeG weg), flankiert durch § 47 Abs. 2 Satz 2 GBO (geändert ab 1.1.2024 durch das MoPeG, die Eintragung einer BGB-Gesellschaft soll danach nur erfolgen, wenn sie im neuen Gesellschaftsregister eingetragen ist), eingeführt durch das Gesetz zur Einführung des elektronischen Rechtsverkehrs und der elektronischen Akte im Grundbuchverfahren sowie zur Änderung weiterer grundbuch-, register- und kostenrechtlicher Vorschriften (ERVGBG) v. 11.8.2009, BGBl. I S. 2009 S. 2713 ff., hat sich die Lage entspannt; siehe dazu auch die Übergangsvorschrift des Art. 229 § 21 EG BGB. Die Thematik ist für die GbR weiterhin relevant, wenn sie als solche nicht eingetragen ist.

5) Zöller/*Herget*, ZPO, § 859 Rz. 15–17.

6) Grüneberg/*Weidlich*, BGB, § 2033 Rz. 19 m. w. N.; § 2032 Rz. 1 m. w. N.

zung betreiben und auf Befriedigung seiner Forderungen danach. An der Veräußerung von einzelnen Nachlassgegenständen muss bis dahin der Miterbe und Vollstreckungsschuldner mitwirken.[7] Strukturell ist hiervon der Nachweis der Erbfolge zu unterscheiden, den § 17 Abs. 3 ZVG regelt. Die Formulierung, dass die Versteigerung auch gegen den Erben „des eingetragenen Eigentümers" zulässig ist, belegt, dass nicht nur die Erbenposition nach § 17 Abs. 3 ZVG glaubhaft zu machen ist oder offenkundig sein muss, sondern dass der Erblasser selbst als Eigentümer eingetragen sein muss (vgl. zum Nachweis § 17 Abs. 2 ZVG, der im Rahmen des § 17 Abs. 1 Halbs. 2 Alt. 2 ZVG ebenfalls heranzuziehen ist).

3 Nach Sinn und Zweck der Bestimmung des § 17 Abs. 1 ZVG zum Erben muss die Norm auch dann greifen, wenn der Erbe eines Erben betroffen ist („Erbeserben-Thematik").[8]

II. Reichweite des § 17 ZVG und das Verhältnis zwischen Zwangsversteigerung und Zwangsverwaltung

1. Grundstücke und grundstücksgleiche Rechte

4 Als Norm des Ersten Abschnitts im Zweiten Titel des ZVG ist § 17 ZVG in allen Versteigerungsfällen unter dem ZVG anzuwenden, soweit nicht spezifische Sonderregelungen bestehen. Erfasst sind damit **Grundstücke** und **grundstücksgleiche Rechte**, also einschließlich des Wohnungs- und Teileigentums nach dem WEG und Erbbaurechte (§ 11 ErbbauRG, auch Wohnungs- und Teileigentumserbbaurechte, §§ 1 Abs. 6, 30 WEG) sowie die in der Praxis außerordentlich wichtigen ideellen Miteigentumsanteile (§§ 1008 ff. BGB, „Bruchteilseigentum"; §§ 741 ff. BGB, § 864 Abs. 2 ZPO).[9]

2. Betroffene Versteigerungsverfahren und Besonderheiten

5 Verfahrensbezogen ist § 17 ZVG somit anzuwenden auf:

– Die **Vollstreckungsversteigerung** des Gläubigers.

---

7) Siehe OLG Köln, Beschl. v. 25.8.2014 – I-2 Wx 230/14, Rpfleger 2015, 94 = NJW-RR 2014, 310 ff.

8) *Stöber/Becker*, ZVG, § 17 Rz. 4 13 ff.

9) Grüneberg/*Herrler*, BGB, § 1008 Rz. 1 f.; Ehegatten, die gewerblich Immobilienvermietung oder -handel gemeinsam betreiben, bilden andererseits nicht selten eine Gesellschaft des bürgerlichen Rechts, und zwar nach Praxisbeobachtungen wohl für jede Immobilie gesondert eine eigene Gesellschaft. Solche und ähnliche personenidentischen BGB-Gesellschaften führen, insbesondere an ein- und demselben Ort und bei Eintragung unter derselben Bezeichnung bezüglich verschiedener Immobilien, ungeachtet der § 47 GBO (Fassung bis 31.12.2023) und des § 899a BGB a. F. (bis 31.12.2023), tendenziell zu erheblichen Verwerfungen für den Gläubiger. Mit § 707 BGB n. F. i. V. m. § 47 Abs. 2 GBO und i. V. m. § 15 Abs. 1 Nr. 1 GBV n. F. (faktischer Zwang der Immobilien-GbR zur Eintragung im Gesellschaftsregister ab 1.1.2024) dürfte sich das Problem erledigt haben, da auch für das Gesellschaftsregister und den Namen der GbR (§ 707 Abs. 2 N. 1 Buchst. a) BGB das Kriterium der konkreten Unterscheidbarkeit der Firma des § 30 HGB entsprechend geltend dürfte *(Beispiel: „Ricarda Hansen und Jeff Hansen-Miller BGB-Gesellschaft Parkstraße 4" in S-Stadt und „Ricarda Hansen und Jeff Hansen-Miller BGB-Gesellschaft Am Donauufer 12" in _S-Stadt: Ohne die Grundbesitz-Adresse wäre Eintragungsfähigkeit aufgrund von Verwechslungsgefahr zu verneinen, denn die beiden GbR bilden trotz Personenidentität der Gesellschafter zwei verschiedene rechtsfähige BGB-Gesellschaften. Grundpfandgläubiger müssen hierauf achten, auch bei Altfällen, um nicht den Erfolg ihres Verfahrens zu riskieren.)*.

- Die **Insolvenzverwalterversteigerung** (Folge der Verweisung in § 172 ZVG).

  Versteigert ein Gläubiger aus einem dinglichen Titel (dies ermöglicht § 49 InsO) gegen den Insolvenzverwalter, muss dieser Titel gegen den Insolvenzverwalter als Partei kraft Amtes lauten. Nach Erledigung des Insolvenzverfahrens ist die gegen den Insolvenzverwalter gerichtete Klausel[10)] (wieder) auf den früheren Insolvenzschuldner umzuschreiben.[11)] Gleichwohl ist der Insolvenzverwalter nicht als Eigentümer im Grundbuch eingetragen, wenn auch der Insolvenzvermerk (§ 32 Abs. 1 InsO) zur Massesicherung daraus erkennbar ist; der Schuldner bleibt Eigentümer.[12)] Die Versteigerung nach den Grundsätzen der Insolvenzverwalterversteigerung ist auch in der Eigenverwaltung möglich (vgl. § 270 Abs. 1 Satz 2 InsO i. V. m. § 165 InsO) und im Hinblick auf § 17 ZVG problemlos. Die Eintragung des Insolvenzvermerks im Grundbuch (vgl. § 32 Abs. 1 InsO) ändert daran nichts.
- Die **Nachlassversteigerung** (vgl. § 176 ZVG).
- Die **Teilungsversteigerung** (vgl. 180 ZVG mit der abweichenden Regelung des § 181 Abs. 2 ZVG). Danach muss der Antragsteller der Teilungsversteigerung Eigentümer sein oder Erbe eines eingetragenen Eigentümers oder „Erbeserbe" bzw. er muss alternativ das „Recht des Eigentümers oder des Erben auf Aufhebung der Gemeinschaft" ausüben.[13)] Eine Besonderheit gilt für den Vormund bzw. Betreuer eines Miteigentümers, die der Genehmigung des Familien- bzw. Betreuungsgerichts bedürfen (§ 181 Abs. 2 Satz 2 ZVG). § 181 Satz Abs. 2 Satz 1 ZVG ergänzt § 17 ZVG auf der Ebene des Antragstellers. § 181 Abs. 2 Satz 2 ZVG weist keinen Zusammenhang mit § 17 ZVG auf.
- Die Versteigerung von **eingetragenen Schiffen** und **Schiffsbauwerken** (§§ 162, 163 Abs. 2, 170a Abs. 2 Satz 2 ZVG) mit dem Schiffs- und Schiffsbauregister anstelle des Grundbuchs.

  Allerdings gibt es wesentliche Ausnahmen.

  (1) Die eine Ausnahme betrifft im **inländischen Register** eingetragene **Binnenschiffe**, bei denen § 17 ZVG unanwendbar ist, wenn sich anderes aus dem Binnenschifffahrtsgesetz[14)] ergibt (§ 164 Halbs. 1 Alt. 2 ZVG); zum Schiffseigner siehe § 1 BinSchG. Schlüsselnorm ist § 103 BinSchG, wonach die Schiffsgläubiger mit ihren spezifischen Ansprüchen ein Pfandrecht an dem Schiff nebst Zubehör haben (vgl. die §§ 102, 103 BinSchG). Dieses Recht wird durch Zwangsvollstreckung durchgesetzt (vgl. § 103 Abs. 3 BinSchG, §§ 864, 870a ZPO). § 103 Abs. 2 BinSchG ermöglicht dann die Anordnung der

---

10) Zöller/*Seibel*, ZPO, § 727 Rz. 18 m. w. N.

11) Zöller/*Seibel*, ZVG, § 727 Rz. 18 m. w. N.; BGH, Beschl. v. 30.8.2017 – VII ZB 23/14, ZfIR 2017, 707 f. = ZIP 2017, 1919 f. m. Anm. *Schneider*, ZfIR 2017, 708 f. sowie *Wozniak*, jurisPR-InsR 23/12017, Anm. 2.

12) HK-*Kayser*, InsO, § 80 Rz. 18 f.

13) Im Einzelnen siehe § 181 Rz. 1 f. [*Popp*].

14) Gesetz betreffend die privatrechtlichen Verhältnisse der Binnenschifffahrt (BinSchG) v. 15.6.1896, BGBl. III S. 4103-1, i. d. F. v. 21.4.1986, BGBl. 1986 I S. 551 bis zur Fassung d. Art. 55 d. Gesetzes v. 10.8.2021, BGBl. 2021 I S. 3436.

Versteigerung gegen „jeden dritten Besitzer des Schiffes", die der Eigentümer (Schiffseigner) zu dulden hat.[15] Die Duldungsklage kann dem Schiffer (= Schiffsführer) zugestellt werden, § 619 HGB n. F.

(2) Eine parallele Ausnahme besteht im Seehandelsrecht für **im inländischen Register eingetragene Seeschiffe.** Die Schiffsgläubiger mit ihren „gesicherten Forderungen" (vgl. § 596 HGB n. F., seit 25.4.2013, Gesetz zur Reform des Seehandelsrechts) haben auch hier ein Pfandrecht an dem Schiff, das sie gegen „jeden Besitzer „verfolgen können (vgl. §§ 597, 598 HGB n. F.). Die Durchsetzung erfolgt im Wege der Zwangsvollstreckung (§§ 601 Abs. 1 HGB n. F., 864 ZPO), u. a. mit der Besonderheit des § 870a Abs. 1 Satz 2 ZPO n. F., wonach die Anordnung der Versteigerung in ein auf der Reise befindliches Seeschiff nicht zulässig ist.[16] Die Duldungsklage kann gegen den Eigentümer (bzw. Reeder, siehe § 476 HGB n. F.) und auch gegen den Schiffsausrüster gerichtet werden, der das ihm nicht gehörende Schiff „zum Erwerb durch Seefahrt" betreibt (§§ 477 Abs. 1, 601 Abs. 2 HGB n. F.). § 601 Abs. 3 Satz 1 HGB n. F. entspricht § 891 BGB. Die Duldungsklage kann dem Schiffskapitän zugestellt werden.

(3) Eine weitere Ausnahme betrifft die **Versteigerung ausländischer Schiffe** gemäß § 171 ZVG, die zunächst voraussetzt, dass das Schiff, wäre es ein deutsches Schiff, ins Schiffsregister eintragungspflichtig wäre, soweit nicht Sonderregelungen in § 171 ZVG dagegen stehen. § 171 Abs. 2 Satz 2 setzt für die Anordnung der Versteigerung voraus, dass der Schuldner das Schiff in Eigenbesitz hat, vorbehaltlich der Sonderregelungen im HGB oder im BinSchG (siehe oben). § 870a ZPO stellt seit der Reform des Seehandelsrechts (2013) klar, dass Seeschiffe generell erst versteigert werden können, wenn sie in einem **inländischen Hafen** liegen. Ausländische Schiffe, ob Binnen- oder Seeschiffe, unterliegen der Zwangsvollstreckung nicht, wenn sie öffentlichrechtlichen Zwecken gewidmet sind, da dann die Staatenimmunität gegen Vollstreckungsmaßnahmen eingreift.[17]

– Die Versteigerung von in der Luftfahrzeugrolle eingetragenen Luftfahrzeugen; die Rolle des Grundbuchs übernimmt hier das Register für Pfandrechte an Luftfahrzeugen (§§ 171a, 171b Abs. 2 ZVG).

15) Siehe BGH, Urt. v. 16.12.1996 – II ZR 268/95, juris Rz. 9 = NJW-RR 1997, 538 f.; OLG Hamburg, Urt. v. 6.12.2012 – 6 U 182/11, juris Rz. 26 ff. = Recht der Transportwirtschaft 2013, 144 ff.

16) Die zit. Neufassung betrifft das Gesetz zur Reform des Seehandelsrechts des HGB v. 20.4.2013, BGBl. 2013 I S. 831 ff.

17) Dassler/Schiffhauer/u. a.-*Rellermeyer*, ZVG, § 171 Rz. 6, 2; *Cranshaw*, Insolvenz- und finanzrechtliche Perspektiven der Insolvenz von juristischen Personen des öffentlichen Rechts, insbesondere Kommunen, Rz. 81 ff., 89; vgl. zur vollstreckungsrechtlichen Immunität BGH, Beschl. v. 4.7.2013 – VII ZB 30/12, juris; keine Vollstreckung in Währungsreserven eines ausländischen Staates auf Konten bei der Bundesbank; auf Immobilien bezogen: keine Vollstreckung in ein zu diplomatischen Zwecken gewidmetes Gebäude durch Gläubiger.

§ 17 ZVG ist auch auf das **Zwangsverwaltungsverfahren** anzuwenden (§ 146 Abs. 1 ZVG). Der wichtigste Ausnahmefall von § 17 Abs. 1 ZVG in der Zwangsverwaltung findet sich in § 147 Abs. 1 ZVG, wonach die Zwangsverwaltung auch gegen den Eigenbesitzer durchgeführt werden kann, obwohl dieser nicht als Eigentümer im Grundbuch eingetragen ist. Voraussetzung ist die Vollstreckung aus einem dinglichen Recht im Grundbuch (Grundpfandrecht, Reallast).[18] Eigenbesitz, § 872 BGB, setzt die Erlangung der tatsächlichen Sachherrschaft voraus sowie den Willen, die Sache (hier den Grundbesitz) wie ein Eigentümer zu besitzen.[19] 6

3. Besonderheiten der Eigentümerposition und Ausnahmen von dem Eintragungserfordernis des § 17 Abs. 1 ZVG

a) Die Außengesellschaft des bürgerlichen Rechts

Wie oben erwähnt (siehe § 15 Rz. 26), bereitet die BGB-Gesellschaft als Außengesellschaft nach der **Rechtslage bis 31.12.2023** besondere Probleme, da sie zum einen längst als (partiell) rechtsfähig, nämlich als „Gesellschaft ohne Rechtspersönlichkeit" identifiziert worden war, bevor die Grundbuchfähigkeit mit dem ERVGBG hergestellt wurde und weil die Probleme des sich ggf. ständig ändernden Gesellschafterbestands zu bewältigen sind.[20] Der Wechsel der Gesellschafterposition durch Abtretung, §§ 398 ff. BGB, vollzieht sich materiellrechtlich außerhalb des Grundbuchs. Hinzu kommt, dass die BGB-Gesellschaft für die Grundbucheintragung ihre Identität nachzuweisen hat,[21] ein Problem, das sogar bei Gesellschafteridentität auftritt, wenn nicht erkennbar ist, ob nun dieselbe BGB-Gesellschaft erwirbt oder die Gesellschafter eben dieser „ersten" GbR eine **weitere** BGB-Gesellschaft gegründet haben, wofür beim Erwerb voneinander unabhängiger Grundstücke vieles sprechen mag. Stellt man sich vor, die Gründer verfolgten mit der jeweiligen BGB-Gesellschaft letztlich die Auflegung jeweils eines Immobilienfonds in dieser Rechtsform und wollen sie nach Platzierung aus der Gesellschaft ausscheiden, wird das Anliegen, jeweils eine gesonderte Gesellschaft zu gründen plausibel; in der Praxis ist das auch so geschehen. § 899a BGB hilft insoweit weiter, als widerlegbar vermutet wird, die nach § 47 GBO eingetragenen Gesellschafter hätten diese Rechtsposition inne und es gebe darüber hinaus keine weiteren Gesellschafter. Die Judikatur des BGH hat für die Eigentumsumschreibung auf die BGB-Gesellschaft die Erklärungen der beteiligten Gesellschafter im notariellen Kaufvertrag über die rechtlichen Verhältnisse der Gesellschaft ausreichen lassen.[22] Gegen das Identitätsproblem leisten § 899a BGB bzw. die zitierte Rechtsprechung keine Hilfestellung; diese Problematik ist durch Eintragung des in den notariellen 7

18) Siehe BeckOK-*Bäuerle*, ZVG, § 147 Rz. 1, 2, 4–5, 6, 7.

19) BeckOK-*Bäuerle*, ZVG, § 147 Rz. 4; Hinweis auf BGH, Urt. v. 29.3.1996 – V ZR 326/94, juris Rz. 26 = BGHZ 132, 245 ff. = ZIP 1996, 1059 ff., zur Verneinung von Eigenbesitz im bürgerlichrechtlichen Sinne für das vormalige Volkseigentum in der DDR.

20) BGH, Urt. v. 29.1.2001 – II ZR 331/00, BGHZ 146, 341 ff. = ZIP 2001, 330 ff.

21) BGH, Beschl. v. 12.8.2011 – V ZB 113/11, NJW-RR 2012, 86 f.

22) Grüneberg/*Herrler*, BGB, § 899a Rz. 5–8; vgl. BGH, Beschl. v. 28.4.2011 – V ZB 232/10, juris bzw. den Parallelbeschl. v. 28.4.2011 – V ZB 234/10, juris.

Verträgen meist gewählten Namens und des Sitzes der Gesellschaft zu lösen (§ 15 Abs. 1 lit. c) GBV).[23]

8 Ab **1.1.2024**[24] ändert sich bei der BGB-Gesellschaft die Rechtslage insbesondere durch Art. 1 des MoPeG, das Gesetz zur Modernisierung des Personengesellschaftsrechts (v. 10.8.2021, BGBl. I 2021 S. 3436 ff.). Die §§ 705 ff. BGB werden umfassend umstrukturiert. Die BGB-Außengesellschaft wird „rechtsfähige Gesellschaft", § 705 Abs. 2 Alt. 1 BGB. Sie hat u. a. einen Sitz und sie kann (optional) in das neu konzipierte Gesellschaftsregister (außerhalb des Handelsregisters) eingetragen werden (§ 707 BGB), womit sie zur eingetragenen BGB-Gesellschaft wird („eGbR", siehe auch § 707a BGB n. F.), Ihre Anschrift und ihr Verwaltungssitz können im Ausland (jedenfalls der EU und des EWR) liegen mit entsprechenden Folgen etwa für Zustellungen im Zwangsversteigerungsverfahren in Grundbesitz der GbR. Die Namen der Gesellschafter, Geburtsdatum und Anschrift werden eingetragen, bei juristischen Personen oder rechtsfähigen Personengesellschaften (bisher: „Gesellschaften ohne Rechtspersönlichkeit) die entsprechenden Daten über Firma/Namen, Rechtsform, Sitz nebst Registerangaben (§ 707 Abs. 2 BGB n. F.). Änderungen im Gesellschafterbestand sind bei der eingetragenen GbR ebenfalls zum Gesellschaftsregister anzumelden (§ 707 Abs. 3 BGB n. F.). Haftet keine natürliche Person als Gesellschafter, ist dies zu kennzeichnen (§ 707a Abs. 2 Satz 2 BGB n. F.; sind also ausschließlich juristische Personen Gesellschafter oder rechtsfähige Personengesellschaften, entsteht eine Art „GbR [...] mit Haftungsbeschränkung"). Die Übertragung eines Gesellschaftsanteils bedarf wie bisher der Zustimmung der „anderen" Gesellschafter (§ 711 Abs. 1 Satz 1 BGB n. F.); die Übertragung ist auf dieser Grundlage als Übertragung eines Bündels von Rechten („gesellschaftsrechtliche Beteiligung") durch Abtretung (§§ 398 ff. BGB) zu vollziehen. Die Gesellschafter haften für die Verbindlichkeiten der GbR persönlich und gesamtschuldnerisch, auch neu eintretende Gesellschafter (§§ 721, 721a BGB n. F.), die bis dahin noch sachgerechte Analogie zu den Haftungsregelungen für die OHG-Gesellschafter (§ 128 HGB a. F. bis 31.12.2023) fällt weg, eine inhaltliche Änderung ist damit nicht verbunden. Aus dem Blick des Gesetzgebers ist die fakultative Eintragung in das Gesellschaftsregister allerdings mit einem mittelbaren Eintragungszwang (faktisch) verbunden, als die „Verfügung über registrierte Rechte" insbesondere verfahrensrechtlich die Eintragung in das Gesellschaftsregister zur Voraussetzung habe.[25] § 899a BGB, eine Sondervorschrift für die GbR mit der Vermutung, die im Grundbuch eingetragenen Gesellschafter seien die einzigen Gesellschafter der GbR, fällt weg, da er infolge der fakultativen Eintragung der GbR in das Gesellschaftsregisters und der Neufassung des § 47 GBO n. F. (ab 1.1.2024) gegenstandslos geworden ist.[26] Da die Gesellschaft künftig nur noch unter ihrem Namen im Grundbuch einzutragen sei (nach § 15 Abs. 1 Nr. 2 Grundbuchverfügung n. F., siehe bis 31.12.2023 die Norm des § 15 Abs. lit. c) GBV a. F. zur Bezeichnung

---

23) Verordnung zur Durchführung der Grundbuchordnung i. d. F. d. Bek. V. 24.1.1995, BGBl. 1995 I S. 114 bis zu Art. 11 Abs. 19 d. Gesetzes v. 28.7.2017, BGBl. 2017 I S. 2745.

24) Art. 137 Satz 1 MoPeG.

25) Gesetzentwurf der Bundesregierung zum Entwurf eines MoPeG, S. 145, verfügbar unter https://www.bmj.de (Stand: 6.5.2023).

26) Gesetzentwurf der Bundesregierung zum Entwurf eines MoPeG, S. 225, siehe vorstehende Fn.

der Gesellschafter) sei auch das Regelungsmodell des bisherigen § 47 Abs. 2 GBO a. F. wie auch § 899a BGB gegenstandslos (bis 31.12.2023). Die entscheidende Passage ist die Sollvorschrift des § 47 Abs. 2 GBO n. F. (ab 1.1.2024):

„(2) Für eine Gesellschaft bürgerlichen Rechts soll ein Recht nur eingetragen werden, wenn sie im Gesellschaftsregister eingetragen ist.“[27)]

In Art. 40 des Regierungsentwurfes zum MoPeG (= Art. 41 MoPeG) ist § 15 Abs. 1 Grundbuchverfügung u. a. dahingehend geändert worden, dass § 15 Abs. 1 lit. b) zu einer neuen Nummer 2 wird mit folgendem Wortlaut, der wie § 47 Abs. 2 GBO n. F. zur BGB-Gesellschaften mit Immobilieneigentum die Eintragung in das Register faktisch zwingend ist, wenn dort formuliert wird: 9

„2. bei juristischen Personen und rechtsfähigen Personengesellschaften der Name oder die Firma und der Sitz; angegeben werden sollen zudem das Registergericht und das Registerblatt der Eintragung des Berechtigten in das Handels-, Genossenschafts-, Gesellschafts-, Partnerschafts- oder Vereinsregister, wenn sich diese Angaben aus den Eintragungsunterlagen ergeben oder dem Grundbuchamt anderweitig bekannt sind.“

§ 15 Abs. 1 lit. c) GBV fällt weg.

Die Durchsetzung von Gläubigeransprüchen gegen die GbR durch Zwangsvollstreckung bedarf nach § 722 Abs. 1 BGB eines **Titels gegen die Gesellschaft**, gegen die einzelnen Gesellschafter kann daraus **nicht** vollstreckt werden (§ 722 Abs. 2 BGB n. F.). Mit diesem Paradigmenwechsel ist auch eine Umkehrung des § 736 ZPO verbunden, der ab 1.1.2024 in neuer Fassung nur noch Konstellationen erfasst, die erst nachträglich in das Gesellschaftsregister eingetragen wurde (§ 736 ZPO n. F. nach Art. 34 Nr. 4 MoPeG). 10

b) Grundbesitz ohne Eigentümer („herrenlose Grundstücke“) und Versteigerung

Die in der Literatur aufgeführten Fragestellungen zum eigentümerlosen Grundbesitz sind nachvollziehbar außergewöhnlich selten. Der einzige Anwendungsfall ist die Dereliktion nach § 928 Abs. 1 BGB, die dem weichenden Eigentümer keinen Vorteil bringt, insbesondere kann er sich dadurch nicht öffentlichrechtlichen Verpflichtungen entziehen, z. B. im Hinblick auf ökologische Altlasten, für die er trotz zivilrechtlich wirksamer Dereliktion haftet,[28)] wenn er sich als Verhaltensstörer erweist. Das Aneignungsrecht des Fiskus gemäß § 928 Abs. 2 BGB wird dieser nur dann ausüben, wenn er ohnehin die öffentlichrechtlich gebotene Beseitigung bestehender Altlasten aus wirtschaftlichen Gründen selbst finanzieren müsste. In derartigen Fällen wird auch die weiter **bestehende Haftung** für die dinglichen Lasten seitens der Gläubiger im Allgemeinen aus wirtschaftlichen Gründen nicht mehr aufgegriffen werden. Die Eigentumsaufgabe von ideellen Miteigentumsanteilen (und damit auch des Sonder- 11

---

27) Art. 39 Nr. 2 Gesetzentwurf des Bundesregierung eines MoPeG zur Änderung der Grundbuchordnung, vorstehende Fn., S. 241–244 (Begründung), S. 44 (Text des § 47 Abs. 2 GBO n. F.) = Art. 40 Nr. 2 MoPeG (unverändert zum Regierungsentwurf).

28) Vgl. dazu Grüneberg/*Herrler*, BGB, § 928 Rz. 1 m. w. N.; siehe auch Dassler/Schiffhauer/u. a.-*Hintzen*, ZVG, § 17 Rz. 6 ff. („*herrenloses Grundstück*“); *Hintzen* weist zu Recht auf die Unzulässigkeit der Dereliktion von Wohnungs- (und Teileigentum) als Folge des § 11 WEG hin.

eigentums nach dem WEG, siehe oben) ist nach der Judikatur des BGH aber unzulässig.[29)]

12 Auf die Problematik, dass vom Vollstreckungsgericht auf Antrag des Vollstreckungsgläubigers zur Ermöglichung der Vollstreckung ein Vertreter nach § 787 ZPO zu bestellen ist, der die Rechte und Pflichten aus dem Eigentum bis zur Eintragung eines neuen Eigentümers im Zwangsvollstreckungsverfahren wahrnimmt, wird es nur dann ankommen, wenn der Gläubiger Interesse an der Versteigerung des eben meist problembeladenen Grundstücks hat und die Kosten und Risiken für den Vertreter trägt.[30)]

13 Ein entsprechendes Problem generiert **§ 7 SchiffsRG**, der ebenfalls die Dereliktion ermöglicht. Die Parallele zu den Grundstücken stellt § 58 Abs. 2 ZPO (Prozesspflegschaft) bzw. § 787 Abs. 2 ZPO her. Die Wahrscheinlichkeit, dass in solchen bislang wohl kaum praktisch gewordenen Fällen ein Gläubiger kosten- und risikoträchtige Bemühungen entfaltet, erscheinen doch sehr gering, es sei denn es geht um die Herstellung einer rechtlichen Grundlage, um das Abwracken zu ermöglichen.

14 Mangels Eintragung eines Eigentümers scheidet in allen diesen Fällen die Zwangsversteigerung bzw. Zwangsverwaltung wegen einer „persönlichen" Forderung aus den Gründen des § 17 Abs. 1 ZVG aus. Bei der Durchsetzung eines dinglichen Rechts geht es aber um die **Haftung des Grundbesitzes**, nicht um die persönliche Schuld des früheren Eigentümers. Daher ist in diesen letzteren Fällen die Vollstreckung aufgrund des jeweils bestehenden Anspruchs auf Duldung der Zwangsvollstreckung möglich (vgl. für die Grundpfandrechte und die Reallast § 1147 BGB), wenn man sich dazu des Instrumentariums des § 787 ZPO bedient.

15 Ist das Aneignungsrecht ausgeübt worden, ist gleichfalls nur der Inhaber des dinglichen Rechts in der Lage, die Vollstreckung durchzusetzen. Die Vollstreckungsklausel ist nach § 727 ZPO gegen den Aneignungsberechtigten zu erteilen. Der persönliche Gläubiger kann seine Forderung auch dann nicht mehr durch Vollstreckung in den Grundbesitz verfolgen.

c) Die Vollstreckung in Anfechtungsfällen nach Anfechtungsgesetz und Insolvenzordnung

16 In der Kommentarliteratur wird unter den **Ausnahmen vom Eintragungsgrundsatz** des § 17 Abs. 1 ZVG auch die Anfechtung der Übertragung des Eigentums (der Auffassung) nach dem Anfechtungsgesetz bzw. der Insolvenzordnung angesprochen.[31)]

---

29) BGH, Beschl. v. 10.5.2007 – V ZB 6/07, ZfIR 2008, 19 = BGHZ 172, 209 ff. = Rpfleger 2007, 457; BGH, Urt. v. 7.6.1991 – V ZR 175/90, BGHZ 115, 1 ff., 7. Der BGH meint, die Eigentumsaufgabe stehe in diesen Fällen nicht *„mit den […] sachen- und schuldrechtlichen Regelungen über das Miteigentum an Grundstücken in Einklang"*, BGHZ 172, 209 ff., 213 Rz. 10 ff.

30) Siehe dazu Zöller/*Geimer*, ZPO, § 787 Rz. 1 unter Hinweis auf die Bestellung des Prozesspflegers durch das Prozessgericht nach § 58 ZPO in den Fällen des herrenlosen Grundstücks. Der Pfleger könne dann auch als Vertreter nach § 787 ZPO tätig werden, gegen den sich die Versteigerung (ohne Eintragung) richtet. Ebenso Dassler/Schiffhauer/u. a.-*Hintzen*, ZVG, § 17 Rz. 8.

31) Vgl. BeckOK-*Müller*, ZVG, § 17 Rz 10 m. w. N. und Rz. 11, die sich mit der Differenzierung zur bürgerlichrechtlichen Anfechtung nach den §§ 119, 123 BGB befasst, die vor der Anordnung der Zwangsversteigerung die Grundbuchberichtigung voraussetzt. Dies wird im Allgemeinen zuvor eines Rechtsstreits vor dem Prozessgericht bedürfen. Siehe auch Böttcher/*Böttcher*, ZVG, § 17 Rz. 4 unter Hinweis auf reichsgerichtliche Rechtsprechung, u. a. RG, Urt. v. 29.10.1907 – Rep. VII 44/07, RGZ 67, 20 ff., 22 m. w. N.

Wenn § 17 Abs. 1 ZVG die Eintragung des Vollstreckungsschuldners als Eigentümer im Grundbuch fordert, so stellt das Anfechtungsrecht keine Ausnahme hiervon dar. Die Anfechtung nach dem Anfechtungsgesetz ist auf Duldung der Zwangsvollstreckung in den anfechtbar übertragenen Grundbesitz wegen der Forderung des Gläubigers gegen den ursprünglichen Schuldner gerichtet, der sich des Grundbesitzes anfechtbar entäußert hat.[32] Vollstreckungsschuldner des Anfechtungsurteils ist aber der Anfechtungsgegner, der den Grundbesitz erworben hat und der im Grundbuch eingetragen ist (wohl einhellige Meinung in Literatur und Rechtsprechung) Die Vollstreckung richtet sich nicht gegen den früheren Eigentümer und Schuldner der Vollstreckungsforderung, § 17 Abs. 1 ZVG ist überhaupt nicht berührt. Einer „Rückauflassung" an den Schuldner und ursprünglichen Eigentümer bedarf es nicht. Der dingliche Gläubiger kann sein Recht aber ohnedies ohne jede Anfechtung verfolgen, er muss „lediglich" die Klauselerteilung gegen den neuen Eigentümer gemäß § 727 ZPO bewirken. Häufiger als die Anfechtung nach dem AnfG durch einen Gläubiger ist in praxi diejenige nach der Insolvenzordnung durch den Insolvenzverwalter (§ 129 Abs. 1 InsO) oder den Sachwalter der Eigenverwaltung (§ 280 InsO).

Die etwas andere Konstruktion der **Insolvenzanfechtung** nach den §§ 129 ff. InsO hat als Rechtsfolge des anfechtbaren Eigentumserwerbs die **Rückgewähr des Eigentums in Natur zur Masse** zum Gegenstand, § 143 Abs. 1 Satz 1 InsO; dabei handelt es sich um einen schuldrechtlichen Rückübertragungsanspruch. Der Insolvenzverwalter (bzw. Sachwalter, vgl. § 280 InsO) hat hier zwei Alternativen. Er kann auf Rückgewähr des Eigentums klagen, dann ist der Schuldner als Folge des erfolgreich gewonnenen Anfechtungsprozesses wieder im Grundbuch einzutragen.[33] Die Insolvenzverwalterversteigerung kann erst beginnen, wenn die Wiedereintragung vollzogen ist (§§ 172, 17 Abs. 1 ZVG). Der Insolvenzverwalter kann aber im Rahmen der Anfechtungsklage prozessual auch auf Duldung der Zwangsvollstreckung gegen den Anfechtungsbeklagten als neuen Eigentümer klagen, der wiederum im Grundbuch eingetragen ist, sodass im Ergebnis § 17 Abs. 1 ZVG erfüllt ist. Der Verwalter kann also auch so vorgehen wie der Anfechtungsberechtigte nach dem Anfechtungsgesetz.[34] In den Fällen des in der Praxis verbreiteten freihändigen Verkaufs durch den Insolvenzverwalter wird er vom Anfechtungsgegner die Rückauflassung verlangen.[35] 17

Die Rechtsposition des **dinglichen Gläubigers** bleibt auch bei dieser Konstellation unberührt: Gegen den neuen Eigentümer und Anfechtungsgegner (im Verhältnis zum Insolvenzverwalter) kann er als Folge des Anspruchs auf Duldung der Zwangsvollstreckung ohne Weiteres die Zwangsversteigerung (bzw. Zwangsverwaltung) betreiben. Mit dem Anfechtungsrechtsstreit des Insolvenzverwalters hat er nichts zu tun. 18

---

32) Vgl. zur Durchsetzung des Anfechtungsanspruchs Cranshaw/Hinkel-*Cranshaw*, AnfG, § 11 Rz. 9 f.

33) Es handelt sich dabei nicht um eine Grundbuchberichtigung (§ 894 BGB), denn der Anfechtungsgegner ist im Allgemeinen zivilrechtlich wirksam Eigentümer geworden.

34) Siehe HK-*Thole*, InsO, § 143 Rz. 5 a. E., 11 m. w. N.; BGH, Urt. v. 23.2.1984 – IX ZR 26/83, BGHZ 90, 207 ff., Ls. b), anfechtbare Übertragung eines Miteigentumsanteils, ebenso BGH, Urt. v. 17.7.2008 – IX ZR 245/06, ZIP 2008, 2136 ff. = ZInsO 2008, 910 ff.

35) Siehe BeckOK-*Müller*, ZVG, § 17 Rz 11 m. w. N.; zur Rückgewähr des Eigentums an Grundstücken bei Insolvenzanfechtung siehe auch MünchKomm-*Kirchhof/Pieckenbrock*, InsO, § 143 Rz. 49–52.

Hat der Gläubiger einen Duldungstitel gegen den ursprünglichen Eigentümer in Händen, muss er zunächst die Klauselumschreibung (§ 727 ZPO) gegen den neuen Eigentümer verfolgen. Wird der Schuldner nach gewonnenem Anfechtungsprozess des Insolvenzverwalters wieder eingetragen, so tangiert das die laufende Vollstreckungsversteigerung des dinglichen Gläubigers gleichfalls nicht (Folge aus § 49 InsO).

19 Bei anfechtbar weggegebenem Miteigentum ist die Duldung der Zwangsvollstreckung auf den gesamten Grundbesitz gerichtet, wobei der Gläubiger Befriedigung nur aus dem Teil des Steigerlöses fordern kann, der auf den anfechtbar übertragenen Anteil entfällt. Auch hier ist § 17 Abs. 1 ZVG nicht berührt, wenn man von der Alternative des Vollzugs der Rückübertragung des Eigentums in Natur auf den Insolvenzschuldner absieht.

d) Anfechtung der Eigentumsübertragung nach bürgerlichem Recht gemäß §§ 119 ff., 141 Abs. 1 BGB

20 In der Literatur wird zutreffend darauf hingewiesen, dass bei der Anfechtung nach bürgerlichem Recht eine Grundbuchberichtigung notwendig ist.[36] Die Versteigerung kann erst beginnen, wenn der Vollstreckungsschuldner wieder im Wege der Grundbuchberichtigung (§ 894 BGB) eingetragen wurde;[37] § 17 Abs. 1 ZVG ist dann erfüllt. Grund ist die Nichtigkeit der anfechtbaren Eigentumsübertragung (§ 142 Abs. 1 BGB). Diese Konstellation ist indes aufgrund des Abstraktionsprinzips auf die extrem seltenen Fälle der „Fehleridentität" beschränkt.[38]

e) Neuordnung ländlichen Grundbesitzes im Interesse der land- und forstwirtschaftlichen Betriebe sowie der Landeskultur und Landesentwicklung

21 Eine Schnittstelle zwischen § 17 Abs. 1 ZVG und den Regelungen des Flurbereinigungsgesetzes (FlurBG)[39], dessen Gegenstand die in der vorstehenden Überschrift genannten Zielsetzungen sind, besteht in mehrfacher Hinsicht. Gegenstand des Flurbereinigungsverfahrens ist die öffentlichrechtliche **Neuordnung der Eigentümerstrukturen** im Wesentlichen land- und forstwirtschaftlicher Nutzungsflächen (auch nur verpachteter),[40] insbesondere durch Flächenzusammenlegungen, sodass im Kern der Flurbereinigung, sachen- und grundbuchrechtlich betrachtet, eine Fülle von Eigentumsänderungen im Flurbereinigungsgebiet steht. Hinzu kommen Flächen, die für

36) Böttcher/*Böttcher*, ZVG, § 17 Rz. 4.

37) Vgl. Dassler/Schiffhauer/u. a.-*Hintzen*, ZVG, § 17 Rz. 16; anders als in den Anfechtungsfällen nach AnfG und InsO hat der Gegner der Anfechtung in den Fällen der §§ 119, 123 BGB niemals das Eigentum rechtswirksam erworben (§ 142 Abs. 1 BGB).

38) Vgl., auch zur Begrifflichkeit, Grüneberg/*Ellenberger*, BGB, Vor § 104 Rz. 22 f., m. w. N.

39) FlurBG v. 14.7.1953 i. d. F. d. Bekanntmachung v. 16.3.1976, BGBl. 1976 I S. 546 bis zur Fassung d. Art. 17 d. Gesetzes v. 19.12.2008, BGBl. 2008 I S. 2794; zu den Zielen siehe § 1 FlurBG, unverändert seitdem.

40) Siehe zur Einbeziehung auch anderer Flächen in die Flurbereinigung, z. B. Sportanlagen, Hof- und Gebäudeflächen, Gärtnereien, dem Bergrecht unterliegende Betriebe, Energieversorgungsanlagen § 45 Abs. 1 FlurBG. Damit können auch Gläubiger mit Grundpfandrechten auf einem Golfplatz, den Grundstücken eines gärtnerischen Betriebs oder einer Anlage zur Förderung erneuerbarer Energien (Wind, Solaranlage) tendenziell vom FlurBG berührt sein.

„gemeinschaftliche und öffentliche Anlagen" benötigt werden. Das Flurbereinigungsverfahren dauert zudem regelmäßig Jahre von Beginn bis zum Abschluss. Die Schnittstelle zwischen Flurbereinigung und Zwangsversteigerung berührt demgemäß die Immobiliarvollstreckung in land- bzw. forstwirtschaftlich ausgewiesene Grundstücke. Ein Gläubiger wird abwägen, inwieweit er beantragt, der Flurbereinigung unterworfene Grundstücke wegen seiner Forderungen zu versteigern.

Die Beteiligten an der Flurbereinigung ergeben sich aus den Grundbuchdaten über die Eigentümer im Flurbereinigungsgebiet (§§ 10 Nr. 1, 11, 12 Abs. 1 FlurBG). Das Grundbuchamt wird von der Flurbereinigungsbehörde über wesentliche Daten des Verfahrens unterrichtet (§ 12 Abs. 2 FlurBG). Umgekehrt informiert das Grundbuchamt die Flurbereinigungsbehörde von allen Grundbucheintragungen (§ 12 Abs. 3 FlurBG) bis zur sog. Schlussfeststellung, dass das Verfahren ordnungsgemäß abgeschlossen ist (Einzelheiten siehe § 149 FlurBG). Ergebnis der Flurbereinigung ist der **Flurbereinigungsplan** (§ 58 FlurBG), der Rechtsverhältnisse und Land- bzw. Geldabfindungen für verloren gehenden Grundbesitz regelt. Nach **Bestandskraft des Plans** wird seine Ausführung angeordnet (§§ 61 ff. FlurBG). Der „neue Rechtszustand", der den bisherigen ersetzt, wird wirksam mit dem Zeitpunkt, den die Ausführungsanordnung bestimmt, § 61 Satz 2 FlurBG; dieser wird öffentlich bekanntgemacht (vgl. §§ 62 Abs. 1; 110 FlurBG), u. a. im Internet[41]. Materiellrechtlich tritt die „Landabfindung" (§ 44 FlurBG) an die „Stelle der alten Grundstücke", § 66 Abs. 1 FlurBG, der sog. „Einlagegrundstücke". Erst danach sind die „öffentlichen Bücher zu berichtigen", § 79 ff. FlurBG. Für das Grundbuch sind die §§ 80–83 FlurBG über die **Voraussetzungen der Grundbuchberichtigung** maßgeblich. Der Eigentumswechsel vollzieht sich außerhalb des Grundbuchs aufgrund Verwaltungsaktes, sodass zwischen der Bestandskraft des Flurbereinigungsplans, dem Zeitpunkt seiner Ausführung nach der Ausführungsanordnung (bzw. der vorzeitigen Ausführungsanordnung nach § 63 Abs. 1 FlurBG) und dem Vollzug der Berichtigung im Grundbuch zeitliche Lücken klaffen. § 17 Abs. 1 ZVG ist insoweit nicht eingehalten, als der Vollstreckungsschuldner materiell nicht mehr Eigentümer des Einlagegrundstückes ist, aber noch Bucheigentümer, während er bei der Landabfindung nach dem Surrogationsprinzip des § 68 FlurBG materiell Eigentümer des Abfindungsgrundstücks ist, aber nicht Bucheigentümer.[42] Ist **kein** Ersatzgrundstück zu- 22

41) Vgl. nur als beliebiges Beispiel die Bekanntmachung des in Rheinland-Pfalz zuständigen Dienstleistungszentrums Ländlicher Raum v. 20.1.2012 zu einer Flurbereinigung *„Maikammer X"* im Internet, parallel zu der im Gesetz vorgeschriebenen Bekanntmachung in den Gemeindeblättern der betroffenen und der angrenzenden Gemeinden, http://www.dlr-rheinpfalz.rlp.de/Internet/lew/ (Stand: 20.10.2013); die Weiterverfolgung dieses aleatorisch gewählten Flurbereinigungsverfahrens führt zu folgendem Ergebnis: Unter dem 8.8.2017 hat die Behörde festgestellt, dass (1) die Schlussfeststellung rechtskräftig geworden ist, (2) die Grundbücher berichtigt sind, (3) das Liegenschaftskataster bereinigt wurde, (4) die gemeinschaftlichen Anlagen der Ortsgemeinde zur Unterhaltung übergeben wurden und somit (5) die Teilnehmergemeinschaft sowie das Bodenordnungsverfahren abgeschlossen ist, https://www.am.rlp.de/Internet/global/inetcntr.nsf/ (Stand: 4.3.2018), Internetseite des „Dienstleistungszentrum Ländlicher Raum Rheinland-Pfalz"; Verfahrensdauer vom Änderungsbeschluss (11.10.2007) bis zur Schlussfeststellung (8.8.2017): ca. zehn Jahre.

42) Vgl. OLG Frankfurt, Beschl. v. 25.9.2001 – 20 W 458/00, juris = Rpfleger 2002, 73, Ls.; Amtslöschung eines Nießbrauchs bei dessen Eintragung am Einlagegrundstück nach Ausführungsanordnung.

gewiesen, werden die Grundpfandgläubiger und die Gläubiger bestimmter öffentlicher Lasten auf den Geldabfindungsanspruch verwiesen (§ 72 FlurBG). Den Schutz der Inhaber der Rechte bewirkt § 53 Abs. 2 FlurBG mit der Übernahme der persönlichen Schuld des Eigentümers durch die Teilnehmergemeinschaft und deren Befriedigung aus dem Betrag der Geldabfindung, der nicht an den Eigentümer ausbezahlt wird, soweit man ihn für die eingetragenen Gläubiger benötigt. Die Ausführungsanordnung hat keine rechtliche Grundbuchsperre zur Konsequenz, wohl aber eine tatsächliche, denn die außerhalb des Grundbuchs bewirkte Rechtsänderung kann erst nach dem Grundbuchberichtigungsersuchen der Flurbereinigungsbehörde eingetragen werden (§ 79 FlurGB).[43] Der Surrogationsgrundsatz des § 68 FlurBG hat zugleich zur Konsequenz, dass auch nach Einleitung des Flurbereinigungsverfahrens die **Versteigerung der Einlagegrundstücke** angeordnet werden kann (bis zur Rechtsänderung), da der „Alteigentümer" im Grundbuch eingetragen ist (die Regelung über die Eintragung des Erben gilt selbstverständlich in derselben Weise).[44] Beteiligt am Flurbereinigungsverfahren sind u. a. die im Grundbuch eingetragenen Gläubiger (siehe im Einzelnen § 10 Nr. 2 lit. d) FlurBG) sowie weitere Berechtigte, die insbesondere nach den Eintragungen im Grundbuch ermittelt werden (§§ 11, 12 ff. FlurBG) und die das Verfahren so hinnehmen müssen, wie sie es bei Erwerb ihrer Rechtsposition vorfinden (§ 15 FlurBG).

f) Städtebauliche Neuordnung

23 Neben der Neuordnung landwirtschaftlicher und ähnlicher Flächen nach dem FlurBG steht die **städtebauliche Neustrukturierung** durch **Umlegung** gemäß §§ 45 ff. BauGB.[45] Mit der Flurbereinigung bestehen auf den jeweiligen Gemeindegebieten ggf. erhebliche Schnittstellen, sodass beide Regelwerke zu beachten sind (siehe nur beispielsweise § 187 Abs. 2, 3, §§ 188 ff. BauGB; ggf. Einleitung einer Flurbereinigung im Kontext eines kommunalen Bauleitplanes). Vgl. auch die zulässige Übertragung der Durchführung der Umlegung auf die Flurbereinigungsbehörde, § 46 Abs. 4 BauGB). Der weichende Eigentümer des in die Umlegung einbezogenen Grundbesitzes erhält eine **Zuteilung** aus den in die Umlegungsmasse (Verteilungsmasse) eingeworfenen Grundstücken oder einen **Ausgleich in Geld** (§ 59 BauGB) bzw. in Grundstücken, ideellen Miteigentumsanteilen oder (beliebigen) dinglichen Rechten; Letzteres innerhalb oder außerhalb des Umlegungsgebiets (§ 59 Abs. 4 BauGB). Rechtsänderungen werden durch den **Umlegungsplan** bewirkt (§ 61 ff. BauGB). Wie im FlurBG treten die neu zugeteilten Grundstücke an die Stelle der Einwurfgrundstücke (vgl. dazu und zu Geldabfindungen die §§ 63 ff. BauGB). Die Rechtsänderung wird mit der ortsüblichen Bekanntmachung darüber, wann der Umlegungsplan bestandskräftig geworden ist, wirksam (§§ 72 Abs. 1, 71 BauGB). Die Umlegungsstelle der Gemeinde ersucht u. a. das Grundbuchamt, die notwendige Grundbuchberichtigung vorzunehmen, § 74 Abs. 1 BauGB. Auch die Umlegung vollzieht sich durch einen Eigentumswechsel außerhalb des Grundbuchs, die Thematik ist gesetzessystematisch

---

43) OLG Frankfurt, Beschl. v. 25.9.2001 – 20 W 458/00, juris Rz. 7 = Rpfleger 2002, 73, Ls.

44) *Stöber/Becker*, ZVG, § 17 Rz. 11.

45) Baugesetzbuch i. d. F. d. Bekanntmachung v. 3.11.2017, BGBl. 2017 I S. 3634 bis zu Art. 2 d. G. v. 4.1.2023, BGBL. 2023 I Nr. 6.

konsequent dieselbe wie bei der Flurbereinigung. Die Versteigerung wird durch die Umlegung nicht behindert, der Vollstreckungsschuldner muss eingetragener Eigentümer der Einwurfgrundstücke zum Zeitpunkt der Einleitung der Umlegung sein (vgl. § 47 BauGB).[46]

g) Ersteher als Zwangsversteigerungsschuldner gemäß § 133 ZVG

24 Zahlt der Ersteher nicht das Bargebot, wird die Forderung gegen ihn nach § 118 Abs. 1 ZVG auf „die Berechtigten übertragen". Die Befriedigungsfiktion des § 118 Abs. 2 Satz 1 ZVG tritt jedoch nicht ein, wenn der Berechtigte fristgerecht nach § 118 Abs. 2 Satz 2 ZVG die **Wiederversteigerung**[47] beantragt. Auch hier besteht eine Schnittstelle zu § 17 ZVG insoweit, als es nach § 133 Satz 2 ZVG des Zeugnisses des Grundbuchamtes nach § 17 Abs. 2 ZVG nur bedarf, wenn das Grundbuchamt noch nicht um Eintragung des Erstehers als Eigentümer gemäß § 130 Abs. 1 ZVG ersucht worden ist. Zugleich folgt aus § 133 Satz 1 Halbs. 2 ZVG, dass es der Eintragung des Erstehers als Eigentümer in das Grundbuch nicht bedarf, um die Versteigerung anzuordnen. Ungeachtet der etwas komplexen Gesetzestechnik des § 118 Abs. 2 ZVG ist das Wiederversteigerungsverfahren keine Fortsetzung des bisherigen Verfahrens gegen den „Alteigentümer", sondern ein gesondertes neues Verfahren gegen den Ersteher.[48]

III. Nachweis der Voraussetzungen des § 17 Abs. 1 ZVG

25 Der Nachweis der Eigentümerposition des Schuldners obliegt dem antragstellenden Gläubiger. Das geschieht durch ein Zeugnis des Grundbuchamtes gemäß § 17 Abs. 2 Satz 1 ZVG. Dieses Zeugnis muss das Grundstück und den Eigentümer eindeutig identifizieren (also u. a. nach dem Grundbuchblatt). In der Kommentarliteratur[49] wird zwar im Ergebnis zutreffend herausgearbeitet, dass es keine spezifischen Vorschriften für die Erstellung dieses Zeugnisses gibt, es müsse aber die klare Identifizierung ermöglichen. Wünschenswert seien auch Angaben zu Verfügungsbeschränkungen im Hinblick auf § 28 ZVG sowie die Aktualität des Zeugnisses. An seine Stelle könne auch ein **beglaubigter Grundbuchauszug** treten. Sogar die Frage, ob es der Anbringung des Dienstsiegels des Grundbuchamtes bedürfe oder nicht, wird diskutiert, ebenso die Entscheidungskompetenz des Vollstreckungsgerichts, ob es die gemachten Angaben als hinreichend akzeptiert und ob sie ihm aktuell genug sind. Nach § 17 Abs. 2 Satz 2 ZVG ist der Verweis auf das Grundbuch (im Versteigerungsantrag) hinreichend, wenn Grundbuchamt und Vollstreckungsgericht bei ein und demselben Amtsgericht angesiedelt sind.[50] Diese Erwägungen sind richtig,

---

46) Vgl. Stöber/*Becker*, ZVG, § 17 Rz. 12.

47) Stöber/*Nicht*, ZVG, § 133 Rz. 3, spricht zutreffend von „*Wiedervollstreckung*", der Terminus „*Wiederversteigerung*" sei der Begrifflichkeit des Gesetzes unbekannt; siehe im Einzelnen dort auch Rz. 4–6.

48) So bereits *Jaeckel/Güthe*, ZVG, 4. Aufl., § 133 Rz. 11–13; siehe Dassler/Schiffhauer/u. a.-*Hintzen*, ZVG, § 133 Rz. 2, 4, 7 f., 13; siehe auch *Cranshaw*, AnwZert InsR 19/2019 Anm. 2 (Teil 1), AnwZert InsR 20/2019, Anm. 2, juris.

49) Siehe Dassler/Schiffhauer/u. a.-Hintzen, ZVG, § 17 Rz. 9 f.; ebenso BeckOK-*Müller*, ZVG, § 17 Rz. 13 ff.

50) Siehe Dassler/Schiffhauer/u. a.-Hintzen, ZVG, § 17 Rz. 9 f.; ebenso BeckOK-*Müller*, ZVG, § 17 Rz. 13 ff., jeweils m. w. N., u. a. Hinweis auf LG Stuttgart, Beschl. v. 4.6.1991 – 2 T 352/91.

sie haben aber nicht Schritt gehalten mit der Entwicklung der Kommunikationsmedien, namentlich u. a. des elektronischen Grundbuchs.[51] Der erfahrene Gläubiger bzw. sonstige Antragsteller wird einen **beglaubigten Grundbuchauszug** beschaffen und ihn dem Antragsschriftsatz beifügen oder ihn im Antrag ankündigen. Soweit vorgesehen, kann er wie in Baden-Württemberg **Ausdrucke aus dem elektronischen Grundbuch** erhalten (§ 149 GBO, ab 1.1.2018), die an die Stelle auch beglaubigter Ausdrucke treten. Die „klassische" Erstellung eines Auszuges durch Kopie oder Papierausdruck ist unabhängig von der Art des Grundbuchs und der Grundbuchbeschaffenheit ein einfacher Routinevorgang, der sehr schnell binnen weniger Tage zum Erfolg führt, sodass die in der Literatur angegebene Zeitspanne zwischen dem Datum des Zeugnisses und dem Antrag („nicht älter als 3–4 Wochen") regelmäßig deutlich unterschritten werden kann. Damit wächst die Rechtssicherheit, nachdem auch Eintragungsanträge abhängig von dem Grundbuchamt und den Details des Einzelfalls durchaus sehr schnell vollzogen werden.

26 Für weitere Einzelheiten zum elektronischen Grundbuchverkehr, namentlich zur „Internetgrundbucheinsicht" wird auf das internetgeführte „Justizportal des Bundes und der Länder", „Internet-Grundbucheinsicht" verwiesen.[52] In allen Bundesländern besteht die Möglichkeit der Einsichtnahme in das Grundbuch auf elektronischem Weg, das Portal Internet-Grundbucheinsicht enthält für alle Bundesländer die jeweiligen Einzelheiten. Mit dem Fortschreiten des elektronischen Grundbuchs und der Grundbuchauskunft entschärfen sich die Fragen im Zusammenhang mit § 17 Abs. 2 ZVG entscheidend.

27 Die bisherigen Sonderregelungen für Baden-Württemberg in der Grundbuchordnung (§ 1 Abs. 1 Satz 3 GBO a. F., §§ 149 f. GBO a. F., bis 31.12.2017) sind ab 1.1.2018 gegenstandslos (siehe die Neufassung zum 1.1.2018). Die Landesregierung hat die Planung umgesetzt, bis Ende 2017 alle 662 Grundbuchämter des Landes, die sich in Baden bis 31.12.2017 auch bei den bis dahin staatlichen Notariaten befanden, auf 13 Grundbuchämter bei grundbuchführenden Amtsgerichten zu konzentrieren.[53] Neben einer Grundbuchdatenzentrale, die für das Archivsystem landesweit zuständig ist, aber keine Grundbuchauskünfte erteilt, stehen die erwähnten 13 grundbuchführenden Amtsgerichte. Eine der Grundlagen ist die seit 1.7.2012 eingeführte elektronische Grundakte (elGA).[54] Die Möglichkeit einer Bezugnahme nach § 17 Abs. 2 Satz 2

51) Siehe dazu z. B. für Baden-Württemberg die Internetinformationen des Ministeriums für Justiz und für Migration „Fragen zur Neuordnung des Grundbuchwesens" unter https://notariatsreform.justiz-bw.de (Stand: 31.10.2023); siehe auch zu Details der Grundbuchdatenzentrale, Funktionen usw. https://grundbuch-bw.justiz-bw.de/pb/,Lde/Startseite (Stand: 31.10.2023). Das Zeugnis ist obsolet, soweit die Vollstreckungsgerichte zunehmend das elektronische Grundbuch nutzen, siehe BeckOK-*Müller*, ZVG, § 17 Rz. 14 a. E.

52) Siehe http://www.grundbuch-portal.de in dem „Justizportal des Bundes und der Länder"; https://www.justiz.de/onlinedienste/internet_grundbucheinsicht/index.php (Stand: 30.10.2023).

53) Vgl. zu dieser umfassenden Reform *Faltin*, Stuttgarter Zeitung v. 11.5.2017, https://www.stuttgarter-zeitung.de/inhalt.reform-der-grundbuchaemter-das-naechste-amt-liegt-60-kilometer-entfernt.36876958-91ee-43d8-9bfd-3b2309cbb111.html (Stand: 5.3.2018).

54) Die früheren detaillierten Angaben im Justizportal des Landes, https://www.justizportal-bw.de sind nicht mehr verfügbar; siehe die aktuelle Übersicht „Fragen zur Neuordnung des Grundbuchwesens", unter https://notariatsreform.justiz-bw.de/pb/,Lde/Startseite/Grundbuchamtsreform (Stand: 31.10.2023).

ZVG auf das Grundbuch ist damit in Baden-Württemberg nach dem Wortlaut der Norm nicht möglich; dessen bedarf es aber im Hinblick auf die elektronische Führung und Auskunft ohnehin eigentlich nicht mehr. Aufgrund der Zentralisierung nach der vorstehend beschriebenen Reform des Grundbuchwesens ist ein Grundbuchausdruck problemlos schnell zu beschaffen. Welche Konsequenzen die Amtsgerichtskonzentration nach § 1 Abs. 2 ZVG i. V. m. dem Verweis nach § 17 Abs. 2 Satz 2 ZVG unter Berücksichtigung der elektronischen Grundbuchführung konkret in der Praxis mit sich bringen wird, muss aber wohl noch abgewartet werden. Die Norm wird in praxi jedenfalls überflüssig werden, sie ist, wie das Beispiel Baden-Württemberg zeigt, obsolet, mindestens ergänzungsbedürftig.

IV. Glaubhaftmachung und Offenkundigkeit der Position als Erbe oder „Erbeserbe" gemäß § 17 Abs. 3 ZVG

1. Offenkundigkeit und Glaubhaftmachung

28 Die Erbfolge muss entweder durch Vorlage von Urkunden glaubhaft gemacht werden oder sie muss offenkundig sein.

29 Der Antragsteller hat daher, wenn gegen einen Erben die Immobiliarvollstreckung durchgeführt werden soll (siehe oben), zwei Hürden zu überwinden, diejenige des § 17 Abs. 2 ZVG und diejenige des § 17 Abs. 3 ZVG.

30 **„Glaubhaftmachung"** ist in § 17 Abs. 3 ZVG wie in § 294 ZPO zu verstehen, allerdings sind die Beweismittel beschränkt auf vorzulegende Urkunden;[55] § 17 Abs. 3 ZVG ist also enger als § 294 ZPO, der alle präsenten Beweismittel (vgl. § 294 Abs. 2 ZPO) und die Versicherung an Eides statt erlaubt. Aus diesen Unterlagen muss sich die Erbenposition ergeben, wenn auch nicht mit den Anforderungen an den Beweismaßstab nach Maßgabe der §§ 355 ZPO. Vielmehr ist hier eine überwiegende Wahrscheinlichkeit hinreichend, dass die vorgetragene Tatsache richtig ist.[56]

31 Ferner ist die Glaubhaftmachung nur dann nötig, wenn die Erbfolge bei dem Gericht nicht offenkundig ist. Der prozessrechtliche Terminus der „Offenkundigkeit" ist in § 17 ZVG so zu verstehen wie in § 291 ZPO. Ist eine Tatsache – hier die Erbfolge – mindestens am Gerichtsort allgemein bekannt,[57] bedarf sie keines Beweises mehr. Private Kenntnis des Richters oder Gerichtsbekanntheit sind im Allgemeinen nicht hinreichend. Bei einer Erbfolge wird selten Offenkundigkeit zu bejahen sein.

32 Damit kommt es in der Praxis auf die Frage der Glaubhaftmachung an. Als Folge der zunehmenden grenzüberschreitenden Mobilität der künftigen Erblasser und der Erben ist die Situation im Vergleich zu der Situation noch vor wenigen Jahrzehnten

---

55) Hierauf weist Stöber/*Becker*, ZVG, § 17 Rz. 14 zu Recht hin.

56) Dazu Zöller/*Greger*, ZPO, § 294 Rz. 1, 6, der kritisch gegenüber der Judikatur mehr fordert als eine überwiegende Wahrscheinlichkeit, nämlich eine Betrachtung, die das geforderte Maß der Wahrscheinlichkeit von den Konsequenzen der darauf gestützten Entscheidung abhängig macht. Bei der Zwangsversteigerung gegenüber dem Erben wird man eher einen solchen Maßstab anwenden, wie ihn *Greger* vorschlägt. Der BGH vertritt die Formel von der überwiegenden Wahrscheinlichkeit, siehe BGH, Beschl. v. 11.9.2003 – IX ZB 37/03, BGHZ 156, 139 ff., 141 f.

57) Dazu Zöller/*Greger*, ZPO, § 291 Rz. 1, 1a, 1b, 2, 4, m. w. N.

angesichts des Einschlags ausländischen Erb- und Familienrechts deutlich schwieriger geworden.

2. Urkunden, die zur Glaubhaftmachung geeignet sind

33 Zur Glaubhaftmachung können vorgelegt werden:

- Der **Erbschein** (§§ 2353 ff. BGB), auch der gemeinschaftliche Erbschein nach § 2358 BGB bzw. der auf inländische Nachlassgegenstände bezogene gegenständlich beschränkte Erbschein nach § 2369 BGB a. F. (bis 16.8.2015, hier den Grundbesitz) bzw. nach § 352c Abs. 1 FamFG, wenn zum Nachlass auch im Ausland belegene Vermögensgegenstände gehören. Der gegenständlich beschränkte Erbschein kann daher für die Versteigerung in den Fällen des § 17 Abs. 3 ZVG dienlich sein. Die Antragsbefugnis des Gläubigers, der ein Nachlassgrundstück versteigern will, folgt aus § 792 ZPO.[58] Der Erbschein muss in Urschrift oder Ausfertigung vorliegen.[59] Seine Wirkung beruht auf der gesetzlichen Vermutung, dass derjenige, der im Erbschein als Erbe benannt ist, tatsächlich Erbe ist (§ 2365 BGB). Zum europäischen Nachlasszeugnis siehe im Folgenden.
- Ein **Testament** oder ein Erbvertrag mit Eröffnungsverhandlung/Eröffnungsprotokoll, entsprechend § 35 Abs. 1 Satz 2 GBO.
- Ausländische **behördliche Bescheinigungen, sonstige öffentliche Urkunden** usw.[60]
- Privaturkunden? Umstritten ist, inwieweit **Privaturkunden** (privatschriftliche Testamente usw.) geeignet sind; meist wird das Vollstreckungsgericht in diesen Fällen auf jeden Fall eine eidesstattliche Versicherung über die Echtheit der vorgelegten Urkunde fordern.[61]
- Ab 17.8.2015 das **Europäische Nachlasszeugnis**[62] gemäß Artt. 62 ff. Europäische Erbrechtsverordnung.[63] Dessen Wirkung besteht u. a. darin, dass die dort als Erbe bezeichnete Person als Erbe anzusehen ist. Das Nachlasszeugnis ist ferner

58) Zöller/*Geimer*, ZPO, § 792 Rz. 1 m. w. N.

59) Stöber/*Becker*, ZVG, § 17 Rz. 14.

60) Siehe hierzu und zum Testament und Erbvertrag bei Dassler/Schiffhauer/u. a.-*Hintzen*, ZVG, § 17 Rz. 11; siehe auch BeckOK-*Müller*, ZVG, § 17 Rz. 13 ff., 16.

61) Dafür Dassler/Schiffhauer/u. a.-*Hintzen*, ZVG, § 17 Rz. 11 m. w. N.; dagegen (nur in Ausnahmefällen sind Privaturkunden tauglich) *Stöber/Becker*, ZVG, § 17 Rz. 14 ff., siehe zu der Thematik ferner BeckOK-*Müller*, ZVG, § 17 Rz. 13 ff., 16, da sie nicht denselben Beweiswert wie andere Urkunden haben und andere Beweismittel zur Glaubhaftmachung ausgeschlossen seien.

62) Siehe den Überblick bei Grüneberg/*Weidlich*, BGB, Anhang zu § 2370 BGB Art. 62, 63 EuErbVO Rz. 1 – 10, Art. 69 EuErbVO, Rz. 1, 2.

63) Verordnung (EU) Nr. 650/2012 des Europ. Parlamentes und des Rates v. 4.7.2012 über die Zuständigkeit, das anzuwendende Recht, die Anerkennung und Vollstreckung von Entscheidungen und die Annahme und Vollstreckung öffentlicher Urkunden in Erbsachen sowie zur Einführung eines Europäischen Nachlasszeugnisses („EuErbVO“), ABl. (EU) L 201 v. 27.7.2012, S. 107 ff. Die EU-Kommission hat dazu die Durchführungsverordnung (EU) Nr. 1329/2014 […] v. 9.12.2014 zur Festlegung der Formblätter nach Maßgabe der Verordnung (EU) Nr. 650/2012 […], ABl. (EU) L 359 v. 16.12.2014, S. 30 ff. erlassen.

die Basis für Eintragungen (des Erben) in öffentliche Register (Art. 69 Abs. 1, 4 EuErbVO). Grobe Fahrlässigkeit schadet dem Gutglaubensschutz, (Art. 69 Abs. 3 Europ. ErbrechtsV). Im Verfahren vor dem Vollstreckungsgericht ist nur eine **beglaubigte Abschrift** vorzulegen, da die Urschrift bei der ausstellenden Behörde des jeweiligen Mitgliedstaates verbleibt, die den Berechtigten beglaubigte Abschriften erteilt (Art. 70 Abs. 1 EuErbVO). Deren Wirksamkeit besteht nach Art. 70 Abs. 3 der Verordnung für eine Zeitdauer von sechs Monaten, das Ablaufdatum ist in dem Zeugnis zu nennen. Das Zeugnis ist ohne weitere Verfahrensschritte in allen Unionsstaaten (ohne Dänemark, das sich an der Verordnung nicht beteiligt) anerkannt, Art. 69 Abs. 1 der Verordnung. Beim Antrag auf das Nachlasszeugnis sollte zur Vermeidung von Verfahrensverzögerungen bei dessen Erteilung, die dann wiederum das in Angriff zu nehmende Versteigerungsverfahren verzögern, darauf geachtet werden, dass der dafür in der zitierten Durchführungsverordnung der EU-Kommission vorgesehenen Vordruck („Formblatt IV", Anhang 4) verwendet wird. Das OLG Köln hat 2018 die Frage, ob die Verwendung **verpflichtend** ist, dem EuGH im Vorabentscheidungsverfahren nach Art. 267 AEUV vorgelegt.[64] Der EuGH hat mit Urteil vom 17.1.2019 zwar zutreffend darauf erkannt, die Verwendung des Formblatts IV sei fakultativ,[65] dennoch sollte insbesondere aus Gründen beschleunigter Erledigung das Formblatt verwendet werden. Die Erledigung dürfte angesichts zunehmender Vernetzung und Digitalisierung justizieller Vorgänge deutlich vereinfacht werden, wenn zur Beantragung des europäischen Nachlasszeugnisses standardmäßig das Formblatt eingesetzt wird, wodurch zudem Fehlerrisiken des Antragstellers minimiert werden dürften.

---

64) OLG Köln, Vorlagebeschl. an den EuGH v. 6.2.2018 – I-2 Wx 276/17, juris = FGPrax 2018, 37 ff.

65) EuGH, Urt. v. 17.1.2019 – Rs C-102/18, „Erbsache Trenk/Testamentsvollstrecker Brisch/Congreziane Benedettina Sublacenze", ECLI:EU:C:2019:34 = juris = Rpfleger 2019, 395 f., in Italien belegenes Vermögen der Erblasserin, zu Art. 65 EuErbVO und zu Art. 1 Abs. 4 DurchführungsVO 1329/2014.

§ 18

Verfahrensverbindung

Die Zwangsversteigerung mehrerer Grundstücke kann in demselben Verfahren erfolgen, wenn sie entweder wegen einer Forderung gegen denselben Schuldner oder wegen eines an jedem der Grundstücke bestehenden Rechts oder wegen einer Forderung, für welche die Eigentümer gesamtschuldnerisch haften, betrieben wird.

Literatur: *Clemente*, (Sicherungs-)Grundschuld, in: Assies/Beule/Heise/Strube (Hrsg.), Handbuch des Fachanwalts, Bank- und Kapitalmarktrecht, 3. Aufl., 2012, Kap. 5, Kreditsicherungsrecht, S. 1108; *Cranshaw/Portisch/Rösler*, IQS MaInsO Regelwerk der Mindestanforderungen an die Insolvenzverwaltung, 2014; „Denkschrift zum ZVG" = Denkschrift zu dem Entwurf eines Gesetzes über die Zwangsversteigerung und die Zwangsverwaltung nebst dem Entwurf eines Einführungsgesetzes, in: Hahn/Mugdan, Die gesamten Materialien zu den Reichs-Justizgesetzen, Band 5, 1897; *Hasselblatt/Wojtkowiak*, Anm. zu BGH, Beschl. v. 22.3.2007 – V ZB 138/06, NJW 2007, 2998; *Keller*, Die zeitgleiche Versteigerung mehrerer Grundstücke, ZfIR 2007, 729; *Muth*, Versteigerung mehrerer Grundstücke, Rpfleger 1993, 268; *Traub*, § 18 ZVG – Eine bekannte/unbekannte Vorschrift? ZfIR 2011, 857.

Übersicht

I. Zielsetzung der Bestimmung des § 18 ZVG

1 Das Zwangsversteigerungsgesetz geht zutreffend von dem generellen Prinzip aus, dass jeder Gegenstand im Rahmen einer Einzelzwangsvollstreckung einzeln zu verwerten ist. Jeder Gegenstand der Zwangsversteigerung und der Zwangsverwaltung bildet daher jeweils ein eigenes Immobiliarvollstreckungsverfahren mit Geschäftsnummer, Aktenführung,[1)] Ablauf und Ergebnis ab. Also auch dann, wenn verschiedene Versteigerungsverfahren in Gegenstände der Immobiliarvollstreckung ein- und desselben Schuldners oder (aus dinglichem Recht) Eigentümers stattfinden, handelt es sich um jeweils getrennte Verfahren. Dies gilt infolge des § 864 Abs. 2 ZPO auch für ideelle Miteigentumsanteile.[2)] Das Gesetz geht davon als selbstverständlich aus (Argument aus § 15 ZVG),[3)] zumal ansonsten die Sondervorschriften über die Versteigerung mehrerer Immobilien nicht nachvollziehbar wären, insbesondere nicht § 18 ZVG selbst, aber auch nicht die §§ 63, 112, 122 ZVG. Mit anderen Worten stellt § 18 ZVG eine **Ausnahme** vom Grundsatz der Einzel(immobiliar)vollstreckung dar. In der Kommentarliteratur wird zur Darstellung des Normzwecks auf die Denkschrift zum ZVG[4)] Bezug genommen und als Normzweck die Kostenersparnis ebenso herangezogen wie die potentielle Verbesserung des Steigerlöses bei

---

1) Siehe zu den Interdependenzen zwischen Aktenführung nach der Aktenordnung der einzelnen Bundesländer, der Verfahrenstrennung oder Verfahrensverbindung und dem Pensenschlüssel (also dem Maßstab, der die Arbeitsbelastung des Gerichts determiniert) die aufschlussreiche Darstellung von *Traub*, ZfIR 2011, 857 ff., 859 f. Es handelt sich damit zugleich um eine Schnittstelle zwischen der sachlichen Unabhängigkeit des Rechtspflegers und verfahrensökonomischer Behandlung der entsprechenden Konstellationen des § 18 ZVG aus dem insbesondere auch dem Haushaltsrecht gewidmeten Blick der Justizverwaltung.

2) *Traub*, ZfIR 2011, 857; Zöller/*Seibel*, ZPO, § 864 Rz. 5–7 m. w. N.; siehe auch BGH, Beschl. v. 29.10.2020 – V ZB 13/20, Rpfleger 2021, 300 ff. = juris Rz. 3.

3) Hierauf weist u. a. zutreffend BeckOK-*Müller*, ZVG, § 18 Rz. 6 hin.

4) „Denkschrift zum ZVG" = Denkschrift zu dem Entwurf eines Gesetzes über die Zwangsversteigerung und die Zwangsverwaltung nebst dem Entwurf eines Einführungsgesetzes, in: Hahn/Mugdan, Die gesamten Materialien zu den Reichs-Justizgesetzen, 1897, Nachdruck 1983, S. 39. Die Versteigerung „mehrerer Grundstücke wegen einer Forderung gegen denselben Schuldner" kann danach „aus Gründen der Zweckmäßigkeit", insbesondere zur Kostenersparnis zweckmäßig sein.

entsprechendem Ausgebot und die Zweckmäßigkeit einer Verfahrensverbindung.[5] Die frühe Kommentierung von *Jaeckel/Güthe* erwähnt eine ratio legis nur beiläufig mittelbar insoweit, als er die Anordnung nach § 18 ZVG für zwingend hält, wenn ein *„betreibender Gesamtgläubiger […] ein Interesse daran hat, dass die mehreren ihm verhafteten Grundstücke zu einem Gesamtgebot ausgeboten werden."*[6]

Keiner weiteren Vertiefung bedarf die selbstverständliche Voraussetzung, dass ein Grundstück im Rechtssinne in einem eigenen Grundstücksblatt bzw. im Bestandsverzeichnis eines Grundstücksblatts vermerkt sein muss.[7] 2

II. Anwendungsbereich

Entsprechend seiner im Ergebnis bestehenden Funktion, die wirtschaftliche Einheit von Grundbesitz und grundstücksgleichen Rechten zu wahren, ist die Verfahrensverbindung gemäß § 18 ZVG in allen Versteigerungs- und Zwangsverwaltungsverfahren zulässig. Dazu gehört auch die gemeinsame Zwangsverwaltung von mehreren Wohnungseigentumseinheiten in einer Wohnanlage. Es handelt sich dabei um eine typische Konstellation, wenn nach Umwandlung einer Wohnimmobilie oder einer gemischt genutzten Immobilie durch ein Immobilienunternehmen in Wohnungs- und Teileigentum entweder alle Einheiten zwangsversteigert werden müssen oder wenn ein Teil verkauft wurde und die unveräußerten Sondereigentumseinheiten zwangsverwertet werden müssen.[8] Allerdings stellt sich die – mit *Eickmann* zu verneinende – Frage, ob mehrere Eigentumswohnungen oder Teileigentumsrechte automatisch verbunden werden könnten.[9] 3

Voraussetzung der Verfahrensverbindung ist freilich, dass es sich jeweils um Verfahren beim selben Amtsgericht handelt (ggf. bedarf es einer Entscheidung nach § 2 Abs. 2 ZVG).[10] 4

Ferner können nur **„gleichartige" Verfahren** miteinander verbunden werden,[11] d. h. die Vollstreckungsversteigerung durch einen Gläubiger mit anderen Vollstreckungsversteigerungen, Teilungsversteigerungen (§ 180 ZVG) mit Teilungsversteigerungen, Insolvenzverwalterversteigerung (§ 172 ZVG) mit Insolvenzverwalterversteigerung und Nachlassversteigerung mit Nachlassversteigerung (§ 175 f. ZVG). Selbstverständlich ist die Versteigerung eines Grundstücks nicht über § 18 ZVG mit derjenigen eines Schiffs-, Schiffsbauwerks oder Flugzeugs zu verbinden. 5

---

5) Siehe Stöber/*Becker*, ZVG, § 18 Rz. 1; Böttcher/*Böttcher*, ZVG, § 18 Rz. 1 (ohne Bezug auf Gesetzesmaterialen); siehe auch BeckOK-*Müller*, ZVG, Rz. 18 Rz. 11 ff. zum Ermessen des Vollstreckungsgerichts; siehe ferner Dassler/Schiffhauer/u. a.-*Hintzen*, ZVG, § 18 Rz. 1 f.

6) *Jaeckel/Güthe*, ZVG, 4. Aufl., § 18 ZVG Anm. 3.

7) Siehe den Hinweis bei Böttcher/*Böttcher*, ZVG, § 18 Rz. 2.

8) Vgl. BGH, Beschl. v. 20.11.2008 – V ZB 81/08, juris = Rpfleger 2009, 163 ff. = ZInsO 2009, 205 ff. = ZMR 2009, 294 f. (keine Zahlung von Hausgeld aus den Erträgen der einen Einheit zugunsten einer anderen, Rz. 7 f.).

9) Unentschieden hier *Traub*, ZfIR 2011, 858.

10) Siehe § 2 Rz. 14 [*Cranshaw*].

11) Einhellige Meinung, siehe Stöber/*Becker*, ZVG, § 18 Rz. 7; BeckOK-*Müller*, ZVG, § 18 Rz. 5 – 8.

6 Ansonsten ist der Anwendungsbereich des § 18 ZVG für die Versteigerung sämtlicher Grundstücke und grundstücksgleicher Rechte (etwa ideelles Miteigentum, Wohnungs-/Teileigentum, Erbbaurechte usw.) eröffnet, vorausgesetzt, die materiellen Voraussetzungen des § 18 ZVG liegen vor und das zuständige Vollstreckungsgericht übt sein pflichtgemäßes Ermessen (§ 18 ZVG ist „Kannvorschrift") i. S. d. Verfahrensverbindung aus. Einigkeit besteht in der Literatur dahingehend, dass das Gericht nach Wegfall der Voraussetzungen oder wenn es sonst sachgerecht erscheint, die verbundenen Verfahren wieder trennen kann.[12]

III. Zeitgleiche Versteigerung und deren Problematik

7 Entsprechend der Funktion der Verfahrensverbindung, die Optimierung des Steigerlöses zu unterstützen, findet die Versteigerung aller verbundenen Einheiten in einem **einheitlichen Versteigerungstermin** statt. Der BGH hat sogar die *„zeitgleiche Versteigerung mehrerer Grundstücke"* außerhalb der Verbindung der Verfahren gemäß § 18 ZVG gebilligt und sich dabei auch mit den Problemen auseinandergesetzt, die die Verfahrensverbindung für die Praxis generiert.[13] Kritisch ist vor allem die Kürze der Bietzeit nach § 73 ZVG[14], auf die *Keller* in seiner Anmerkung zu der zitierten Entscheidung des BGH zu V ZB 138/06 zutreffend hinweist. Folge der Verbindung von Verfahren nach § 18 ZVG ist u. a. die komplexe Regelung des § 63 ZVG mit grundsätzlichem Einzelausgebot der versteigerten Grundstücke (§ 63 Abs. 1 Satz 1 ZVG) und den verschiedenen Optionen des gemeinsamen Ausgebots (§ 63 Abs. 1 Satz 2 ZVG), des Gesamtausgebots (§ 63 Abs. 2 Satz 1 ZVG) und des Gruppenausgebots (§ 63 Abs. 2 Satz 2 ZVG) sowie des möglichen Verzichtes auf das Einzelausgebot unter den Voraussetzungen des § 63 Abs. 4 ZVG. Die Komplexität wird durch die differenzierte Lösung über die Erhöhung des geringsten Gebots und den Zuschlag (vgl. § 63 Abs. 3 ZVG) noch gesteigert. Auf die weitere Folge der einstweiligen Verfahrenseinstellung nach § 76 ZVG in den Fällen der Gläubigerversteigerung ist hier nur am Rande hinzuweisen, auf die Kommentierung der Norm in dem vorliegenden Kommentar wird verwiesen. Der BGH hebt in dem Beschluss zu V ZB 138/06 hervor, dass die Deckung des Anspruchs aus einem Einzelausgebot nach § 76 ZVG zur **Einstellung für alle Grundstücke** führt (§ 76 Abs. 1 Halbs. 1 ZVG).[15] Ferner ist beim Gesamtausgebot bei der Verteilung § 112 ZVG ebenso zu beachten wie § 122 ZVG. Der BGH arbeitet die Problematik der mehreren Versteigerungen in den Fällen des § 18 ZVG heraus: Die (im Termin anwesenden) Beteiligten, das Vollstreckungsgericht und die Bietinteressenten hätten die gesamte Palette der Optionen des § 63 ZVG und deren Folgen im Auge zu behalten. In praxi ist das wohl insbesondere ein Problem des Vollstreckungsgerichts, das über die Folgen der einen oder anderen Maßnahme die Bietinteressenten und die anwesenden Beteiligten unterrichten wird – eine Folge der richterlichen Auf-

12) Siehe *Traub*, ZfIR 2011, 858 m. w. N.; Dassler/Schiffhauer/u. a.-*Hintzen*, ZVG, § 18 Rz. 15.

13) BGH, Beschl. v. 22.3.2007 – V ZB 138/06, Rpfleger 2007, 410 ff. = ZfIR 2007, 725 ff. m. krit. Anm. *Keller*, ZfIR 2007, 729 f. = NJW 1995, 2995 ff. mit ebenfalls krit. Anm. von *Hasselblatt/Wojtkowiak*, NJW 2007, 2998 f.

14) Siehe § 73 Rz. 2 f. [*Bachmann*].

15) BGH, Beschl. v. 22.3.2007 – V ZB 138/06, juris Rz. 17 = Rpfleger 2007, 410 ff.; zur Problematik der Behandlung verschiedener Ansprüche vgl. *Muth*, Rpfleger 1993, 268 ff.

klärungspflicht nach § 139 ZPO.[16] Der Ablauf einer Versteigerung nach § 18 ZVG ist damit (wie stets) in Abhängigkeit vom Einzelfall außerordentlich komplex, zeitlich gerafft und fehler-, jedenfalls irrtumsanfällig. All das habe jedoch der (historische) Gesetzgeber des ZVG hingenommen, um wirtschaftliche Einheiten nicht auseinanderzureißen und damit ein besseres Ergebnis des Versteigerungserlöses zu erzielen.[17] Neben der zitierten Feststellung von *Hintzen* über das Versteigerungsrecht als sperrige Spezialmaterie muss man auch *Traub*[18] beipflichten, dass den Kreditinstituten, also den institutionellen Gläubigern und den Stakeholdern des Versteigerungsverfahrens die Norm des § 18 ZVG weitgehend unbekannt ist, eine auch für den anwesenden Gläubigervertreter des Kreditinstituts im Versteigerungstermin risikogeneigte Situation, wenn es in der knappen Terminsituation zu Anträgen nach § 63 ZVG kommt. In der Judikatur werden die Probleme der gemeinsamen Versteigerung mehrerer Grundstücke – die „Verfahrensverbindung" des § 18 ZVG – offenbar.[19] Im Übrigen siehe § 63 ZVG [*Bachmann*]. In der Literatur wird darauf hingewiesen, dass die Belastung mit einem **Gesamtgrundpfandrecht** die gleichzeitige Verwertung aller belasteten Immobilien durch das Gesamtausgebot nach §§ 18, 63 Abs. 2 Satz 2 ZVG gewährleiste, wobei sich eben die Frage stellt, wann das wirtschaftlich vernünftig ist und ob das Procedere es rechtfertigt, die formellen Verfahrensrisiken, die mit einem komplexeren Verfahren verbunden sind, einzugehen.[20]

---

16) Vgl. dazu eingehend BGH, Beschl. v. 22.3.2007 – V ZB 138/06, juris Rz. 20 unter Hinweis auf die „Denkschrift zum Gesetzentwurf des ZVG" = Denkschrift zu dem Entwurf eines Gesetzes über die Zwangsversteigerung und die Zwangsverwaltung nebst dem Entwurf eines Einführungsgesetzes, in: Hahn/Mugdan, Die gesamten Materialien zu den Reichs-Justizgesetzen, S. 49 f.; vgl. dazu auch Dassler/Schiffhauer/u. a.-*Hintzen* ZVG, § 66 Rz. 42 f., wo der Autor zutreffend im Ergebnis hervorhebt, dass das Zwangsversteigerungsrecht eine „Spezialmaterie" sei, die ständige Befassung damit notwendig mache, ansonsten werde sie nicht beherrscht. Diese Feststellung gilt insbesondere auch für die unter § 18 ZVG fallenden Versteigerungen. Die Pflichten des Gerichts nach § 139 ZPO sind daher dort noch erheblich gesteigert.

17) BGH, Beschl. v. 22.3.2007 – V ZB 138/06, juris Rz. 20 a. E. m. w. N. sowie dem Hinweis auf die Denkschrift zum Entwurf des ZVG (1897).

18) *Traub*, ZfIR 2011, 857 ff., 857.

19) (1) LG Bonn, Beschl. v. 10.6.2013 – 6 T 116/13, juris: Aufhebung eines Zuschlagsbeschlusses, wenn die *„gemeinsame Versteigerung der Grundstücke isoliert ohne das Eigentum an den anderen Grundstücken […] aus anderen Verfahren […] ermesssensfehlerhafter Verstoß gegen § 18 ZVG"* ist. Das ist dann der Fall, wenn (bei einem großen Objekt mit etlichen Versteigerungsverfahren gegen denselben Eigentümer) die isolierte Versteigerung wirtschaftlich nicht sinnvoll ist, sondern eine Verbindung aller Verfahren bzw. eine *„Päckchenbildung"* angezeigt erscheint. Diese Meinung des LG Bonn ist einleuchtend. (2) BGH, Beschl. v. 18.10.2012 – V ZB 13/12, ZfIR 2012, 108 f. = Rpfleger 2013, 106 f.; wird bei Mehrfachversteigerung sowohl ein Einzelausgebot als auch ein Gesamtausgebot zugelassen und muss *„dem nach § 63 Abs. 3 Satz 2 ZVG günstigeren Gesamtmeistgebot der Zuschlag [nach] § 85a ZVG versagt werden"*, so muss auf die Einzelausgebote zurückgegriffen werden. Dem ist zuzustimmen. (3) BGH, Beschl. v. 18.9.2008 – V ZB 18/08, juris = Rpfleger 2009, 95 f.; bei zeitgleicher Versteigerung mehrerer Grundstücke bedarf es nach dem BGH keiner Verlängerung der Bietzeit (§ 73 ZVG) in Verfahren mit Geboten, wenn in den anderen Verfahren keine abgegeben werden; anders soll dies – nachvollziehbar – sein, wenn der *„geordnete Ablauf der Versteigerung gestört ist, wie z. B. bei der gleichzeitigen Abgabe von Geboten in verschiedenen Verfahren"* (BGH, Rz. 12). Angesichts der ohnehin eher kurzen Mindestbietzeit erscheint diese Betrachtung kritisch.

20) Vgl. zur Gesamtgrundschuld *Gladenbeck/Samhat*, Kreditsicherung durch Grundschulden, Kap. 13, S. 197 ff., Rz. 385 ff.

IV. Materielle Voraussetzungen der Verfahrensverbindung

8 § 18 ZVG gestattet die Verfahrensverbindung in drei Fällen.

1. Zwangsversteigerung bzw. -verwaltung gegen den „denselben Schuldner" wegen derselben Forderung gemäß § 18 ZVG, Variante 1 ZVG

9 Die Verfahrensverbindung ist nach der 1. Variante des § 18 ZVG dann zulässig, wenn der betreibende Gläubiger gegen den Schuldner wegen derselben Forderung bzw. denselben Forderungen bei Forderungsmehrheiten in alle in die Versteigerung einbezogenen Immobilien vollstreckt.

10 **Beispiel:** Ein Gläubiger hat drei titulierte Forderungen (x., y., z.), der Schuldner drei voneinander unabhängige Grundstücke (A., B., C.). Der erwähnte Titelgläubiger kann also mit seinen Forderungen über x. T€, y. T€ und z. T€ in alle Grundstücke A., B. und C. vollstrecken und die Verbindung beantragen, sodass es zu einem einheitlichen Verfahren kommt (wenn das Gericht die Verbindung für sachgerecht hält). Er kann jedoch nicht mit dem Antrag, alle folgenden Verfahren zu verbinden, mit der Forderung x. in das Grundstück A., mit der Forderung y. in das Grundstück B. und mit den Forderungen x. und z. in das Grundstück C. vollstrecken. Die Vollstreckung muss also mit **derselben Forderung** erfolgen.

11 Zu Recht ist daher nach *Hintzen* davon auszugehen, dass der **dingliche Anspruch** und der (hierdurch besicherte) **persönliche Anspruch** verschiedene Forderungen sind, die eine Verbindung nicht tragen.[21] Für den Gläubiger mag es zweckmäßig sein, in das eine Grundstück des Schuldners wegen des persönlichen Anspruchs vorzugehen (weil es beispielsweise dinglich nicht belastet ist) und in ein anderes Grundstück aus dem die Forderung sichernden Grundpfandrecht die Versteigerung zu betreiben.[22] Eine Verbindung dieser Verfahren scheidet jedoch aus.

21) Dassler/Schiffhauer/u. a.-*Hintzen*, ZVG, § 18 Rz. 3.

22) In der Praxis der Kreditwirtschaft unterwirft sich der Schuldner/Kreditnehmer in notarieller Urkunde (§ 794 Abs. 1 Nr. 5 ZPO) standardmäßig wegen der gegen ihn gerichteten Darlehensforderung der Vollstreckung sowohl in sein gesamtes „persönliches" Vermögen als auch in die belastete Immobilie. Allerdings muss er sich die Erlöse der Vollstreckung jeweils anrechnen lassen, da die persönliche Unterwerfung darlehensrechtlich nicht selbstständig neben der dinglichen Unterwerfung steht, sondern die dingliche Besicherung nur verstärkt. Grundlage der persönlichen Vollstreckung ist ein in der Grundschuldbestellungsurkunde als weiteres selbstständiges Element enthaltenes abstraktes Schuldanerkenntnis, Grundlage der dinglichen Vollstreckung (nach § 800 ZPO) ist eine Sicherungsgrundschuld. Die Verbindung zwischen den abstrakten Sicherungsrechten, der Titulierung derselben in notarieller Urkunde und dem schuldrechtlichen Anspruch aus dem Darlehensvertrag stellt der Sicherungsvertrag („*Sicherungszweckerklärung*") zwischen Darlehensgläubiger und Darlehensnehmer/Eigentümer der Immobilie bzw. mit dem Drittsicherungsgeber her, der allerdings mit dem Grundstück nur dinglich haftet. Siehe auch *Epp*, Grundpfandrechte, in: Ellenbeger/Bunte, Bankrechts-Handbuch, § 73; zur Gesamtgrundschuld und zur vollstreckungsrechtlichen Motivation (§§ 18, 63 Abs. 2 ZVG) siehe Rz. 169 f., 174/176; als „Hauptanwendungsfall" wird völlig zutreffend die Bauträgerfinanzierung beschrieben, Rz. 170, 175 (dort wird auch von „*Globalgrundschuld*" gesprochen). Die schon nach dem WEG aufgeteilte Bauträgerimmobilie, die in der Krise des Bauträgers warum auch immer versteigert werden muss und nicht freihändig veräußert werden kann, wird man meist nicht sinnvoll durch Einzelversteigerung und Einzelausgebot verwerten können. Hier haben die §§ 18, 63 Abs. 2 ZVG ihren berechtigten Standort.

2. Zwangsversteigerung bzw. Zwangsverwaltung bei „Identität" eines Rechts, § 18 Variante 2 ZVG

Die 2. Variante des § 18 ZVG fordert ein **einheitliches dingliches Recht** an allen Grundstücken, bei denen die Verfahren verbunden werden sollen. Diese „Identität"[23] des Rechts bezieht sich auf die Art des Rechts und seinen Betrag. Auf den **Rang** hingegen kommt es nicht an, ebenso wenig, ob der Gläubiger aus dem „identischen" Recht bestrangig betreibt.[24] Die klare Abgrenzung liegt darin, dass entscheidendes Merkmal das Recht ist und nicht der Eigentümer. Es ist somit möglich, nicht nur Grundstücke eines einzigen Eigentümers, die mit **Gesamtgrundpfandrechten** belastet sind, zusammen zu versteigern, also im Kernbereich, den der historische Gesetzgeber des ZVG im Auge hatte, sondern auch Grundstücke, die verschiedenen Eigentümern gehören. 12

Beispiel: Das Grundstück des Darlehensschuldners und dasjenige des Drittsicherungsgebers sind mit einer Gesamtsicherungsgrundschuld (§§ 1132, 1192 Abs. 1a BGB) belastet. 13

Keine Identität des Rechts liegt der Natur der Sache nach vor, wenn der Gläubiger auf dem einen Grundstück Inhaber einer Hypothek, auf dem anderen Inhaber einer Grundschuld ist. Das einheitliche dingliche Recht i. S. d. Norm setzt voraus, dass es sich entweder um eine **einheitliche** Hypothek, Grundschuld, Rentenschuld oder Reallast handelt. Einigkeit besteht ferner, dass **einheitliche öffentliche Lasten** auf dem gesamten Versteigerungsobjekt ruhen (typisch bei Bruchteilseigentum), § 10 Abs. 1 Nr. 3 ZVG.[25] Richtig ist es, wenn die Kommentarliteratur die Verbindung für unzulässig hält, wenn eine Zwangssicherungshypothek mehrere Grundstücke belasten soll und daher eine summenmäßige Verteilung nach § 867 Abs. 2 ZPO erfolgen muss. In diesem Fall liegt schon nach dem Wortlaut des § 18 ZVG kein Recht vor, das an „jedem der Grundstücke" besteht. 14

3. Gesamtschuldnerische Haftung der Eigentümer für eine persönliche Forderung gemäß § 18 Variante 3 ZVG

a) Normhintergrund

Die 3. Variante des § 18 ZVG war in der ursprünglichen Fassung des ZVG (1897) nicht enthalten.[26] Sie ist erst mit dem Gesetz zur Änderung zwangsvollstreckungsrechtlicher Vorschriften in die ZVG inkorporiert worden.[27] Grund war nach der zitierten Gesetzesbegründung der als unbefriedigend empfundene Umstand, dass das ZVG bis dahin nur die Verfahrensverbindung der Versteigerung in Miteigentumsanteile ermöglichte, wenn einer der beiden anderen oben erörterten Fallkonstellationen 15

---

23) Siehe (auch zur Begrifflichkeit) Stöber/*Becker*, ZVG, § 18 Rz. 5.

24) Zum fehlenden Erfordernis, dass der Gläubiger bestrangig betreibt, siehe Dassler/Schiffhauer/u. a.-*Hintzen*, ZVG, § 18 Rz. 4 f. m. w. N.

25) Vgl. statt aller bei Dassler/Schiffhauer/u. a.-*Hintzen*, ZVG, § 18 Rz. 4, der § 18 ZVG immer dann anwendet, wenn dingliche Ansprüche den Gegenstand der Immobiliarvollstreckung *„insgesamt belasten"*, wobei die Grundstückslasten der Rangklasse 3 nur ein Beispiel sind.

26) Vgl. den Text schon bei *Jaeckel/Güthe*, ZVG, 4. Aufl., § 18 (Gesetzestext).

27) Siehe BT-Drucks. 7/3838 v. 1.7.1975, S. 4 (Text), S. 11 (Begründung) sowie das Gesetz v. 1.2.1979, BGBl. 1979 I S. 127.

vorlag, nicht jedoch, wenn – bei verschiedenen Eigentümern – nur eine gesamtschuldnerische Haftung bestand. Die Verfahrensverbindung ist damit trotz Schuldnerverschiedenheit und fehlender Identität eines die betroffenen Grundstücke belastenden Rechtes möglich, wenn die verschiedenen Schuldner dem betreibenden Gläubiger gegenüber für eine schuldrechtliche Forderung **gesamtschuldnerisch** haften. Die Gesamtschuld ergibt sich **nicht** aus § 18 ZVG, sondern der Begriff wird dort vorausgesetzt und folgt aus den §§ 421 ff. BGB.

b) **Beispiele**

16 aa) Der in der Literatur für diese Variante des § 18 ZVG meist herangezogene Praxisfall ist folgender:

17 Die Finanzierung von Ehepaaren oder sonstigen Lebensgemeinschaften, die am finanzierten gemeinsam genutzten Familienheim je 1/2-Miteigentumsanteil halten (und für das Finanzierungsdarlehen üblicherweise gesamtschuldnerisch haften), wird notleidend. Die Bank möchte versteigern. Potentielle Bieter wollen aber natürlich im Regelfall die gesamte Immobilie erwerben, nicht den ideellen Miteigentumsanteil (§§ 741 ff., 1008 ff. BGB). Damit wäre dieser nur versteigerungsfähig, wenn die beiden Verfahren über die Miteigentumsanteile verbunden werden und zwar unter Nutzung der gesamtschuldnerischen Darlehenshaftung, denn der Eintritt des Sicherungsfalls berührt beide Darlehensnehmer und beide Miteigentumsanteile. In der Praxis kommt dieser Fall dennoch so gut wie nie vor, weil die Finanzierer nicht nur beide Partner gesamtschuldnerisch verpflichten, sondern auch beide Miteigentumsanteile einheitlich mit dem Finanzierungsgrundpfandrecht belasten und zudem beide Partner der persönlichen und dinglichen Zwangsvollstreckung unterwerfen. Die hier besprochene 3. Variante des § 18 ZVG liegt in der Praxis nur dann vor, wenn eine unglückliche Finanzierungsstruktur seitens des Finanzierers akzeptiert wurde oder wenn der Gläubiger der Gesamtschuld überhaupt keine Möglichkeit hatte, dingliche Sicherheiten zu erlangen. Im Fall der insoweit missglückten Finanzierung der (eigengenutzten) Immobilie von Ehegatten (oder Lebenspartnern) schlägt *Hintzen* für den weiteren Sonderfall des Bestehens eines Titels nur gegen einer der Schuldner vor, den Auseinandersetzungsanspruch (vgl. § 749 BGB) zu pfänden und im Wege der Teilungsversteigerung vorzugehen.[28)]

18 Zu den Änderungen des Rechts der Personengesellschaften durch das MoPeG, das Gesetz zur Modernisierung des Personengesellschaftsrechts (v. 10.8.2021, BGBl. I 2021 S. 3436 ff.) siehe § 15 Rz. 26, § 17 Rz. 7 ff. [*Cranshaw*].

19 **bb) Weiteres Beispiel** zur 3. Variante des § 18 ZVG: Der Insolvenzverwalter einer BGB-Gesellschaft, OHG oder KG geht gegen die persönlich unbeschränkt und gesamtschuldnerisch haftenden Gesellschafter vor (§§ 128 HGB, 93 InsO) Er erwirkt einen vollstreckbaren Zahlungstitel gegen die Gesellschafter (wegen derselben Forderung) und will nun in Grundbesitz im Eigentum der Gesellschafter (in der Rangklasse 5) vollstrecken.

20 Dasselbe gilt natürlich für den Gläubiger (der nicht notwendig Immobilienfinanzierer ist) der OHG, KG oder GbR außerhalb eines Insolvenzverfahrens. Ob die

28) Dassler/Schiffhauer/u. a.-*Hintzen*, ZVG, § 18 Rz. 6.

bekannt ist. Statt der Erteilung einer beglaubigten Abschrift der Urkunden genügt die Beifügung der Grundakten oder der Urkunden.

(3) Eintragungen im Grundbuch, die nach der Eintragung des Vermerks über die Anordnung der Zwangsversteigerung erfolgen, soll das Grundbuchamt dem Gericht mitteilen.

Literatur: *Aufdendaar/Jaeger*, Gesetzliche Neuregelung zur Modernisierung des Grundbuchverfahrens, ZfIR 2009, 681; *Demharter*, Anmerkung zu OLG Saarbrücken, Beschl. v. 16.1.1995 – 5 W 331/94 – 186; 5 W 331/94, Rpfleger 1995, 404 = FGPrax 1995, 135, EWiR 1995, 447; *Wilsch*, Die Grundbuchverfügung (GBV) im Lichte des Datengrundbuchs, ZfIR 2020, 175 ff.

Übersicht

I. Normfunktion

Die Eintragung des Vollstreckungsvermerks (Zwangsversteigerungsvermerk, Zwangsverwaltungsvermerk) im Grundbuch hat **erhebliche Folgen**. Sie macht die Einleitung des Immobiliarvollstreckungsverfahrens und damit die Beschlagnahme bekannt mit den Folgen des § 23 ZVG. Der gutgläubige Erwerb scheidet aus. Wird der Vollstreckungsvermerk oder der Insolvenzvermerk (vgl. § 32 InsO) im Grundbuch gelöscht, so ist er gleichwohl noch zu erkennen, da der Eintrag nach der Terminologie 1 der Grundbuchverfügung nur „gerötet" wird,[1), 2)] um deutlich zu machen, dass die mit dem Vermerk verbundenen und beabsichtigten Verlautbarungen der Beeinträchtigungen der Verkehrsfähigkeit durch die Vollstreckungsverfahren und die Eröffnung des Insolvenzverfahrens im Interesse des Rechtsverkehrs nicht mehr bestehen. Eine Ausnahme besteht nach § 108 Abs. 4 GBV, wenn nach Umstellung von Grundbüchern die zweite oder dritte Abteilung nur gelöschte Eintragungen enthält; dann kann sich die Eintragung auf die Angabe der erledigten Nummern ohne weiteren Inhalt mit dem Vermerk „Gelöscht" begnügen und darauf, dass das Grundbuchblatt mit der Umstellung neu gefasst worden sei. Das gilt nicht, wenn die *„Übernahme der gelöschten Eintragungen zum Verständnis noch gültiger Eintragungen erforderlich ist"*.

2 Die als negativ empfundene Grundbuchhistorie mit Versteigerungsvermerken usw. führt zu dem Bedürfnis Beteiligter, die etwa Grundbesitz aus der Versteigerung erworben haben, durch Umschreibung des Grundbuchblatts auf ein neues „unbelastetes" eine sog. „Grundbuchwäsche" herbeizuführen.[3)] In dem zitierten Beschluss hat das OLG Düsseldorf einen solchen Antrag zurückgewiesen. Der von den Antragstellern und Beschwerdeführern vorgestellte Anspruch wird vom OLG Düsseldorf verneint. Die Rechtsbeschwerde zum BGH wurde nicht zugelassen. In dem dort entschiedenen Fall enthält das Grundbuch eine Eintragung der antragstellenden Eheleute als Eigentümer in BGB-Gesellschaft, einen gelöschten Zwangsversteigerungsvermerk, ebenfalls gelöschte Zwangssicherungshypotheken sowie eine Fülle von Grundschulden mit Änderungsvermerken. Die Verfahrensbeteiligte beantragte ein neues Grundbuchblatt ohne diese Eintragungen. Dritte sollten ihre damaligen Geschäftsbeziehungen und weitere Umstände nicht erkennen können. Der Senat hat entschieden, die Grundbuchverfügung sehe einen solchen Anspruch nicht vor, aus den Grundrechten bzw. aus dem allgemeinen Persönlichkeitsrecht (unter dem Aspekt der informationellen Selbstbestimmung) lasse sich ferner ein solcher Anspruch ebenso wenig ableiten wie aus dem Eigentumsrecht des Grundgesetzes oder dem Gleichbehandlungsgrundsatz. Das OLG Düsseldorf hat vorliegend das durchaus verständliche Interesse des Eigentümers dem Verkehrsinteresse zutreffend untergeordnet.[4)]

---

1) GBV – Grundbuchverfügung, Verordnung zur Durchführung der Grundbuchordnung, i. d. F. d. Bek. v. 24.1.1995, BGBl. 1995 I S. 114 bis zur Änderung d. Art. 17 d. Gesetzes v. 19.12.2022, BGBl. I 2022, S. 2606.

2) Die Löschungen sind „rot zu unterstreichen", vgl. in der GBV die folgenden Vorschriften: § 13 Abs. 1 – 4; § 14 Abs. 1, 2; 16; § 17 Abs. 2 (vollständige Löschungen in Abt. II und III), Abs. 3; § 19 Abs. 2; § 33 Abs. 2b; § 36 lit. b) (Schließung des Grundbuchblatts), § 48 Abs. 1 (Teillöschung auf dem Hypothekenbrief); § 56 Abs. 5; § 71 Satz 4 Nrn. 1, 2, jeweils Satz 2 des Freigabevermerks (Freigabe des maschinell geführten Grundbuchs; *„In dem* [bisherigen Grundbuch-] *Blatt enthaltene Rötungen sind schwarz sichtbar."*), § 76a Abs. 1 Nr. 2 (Eintragungen in das Datenbankgrundbuch; Satz 2 der Norm lautet: *„Aktualisierung und Rötung sollen automatisiert erfolgen."*); § 91 (Verhandlung von Verweisungen, Löschungen; Unterstreichungen usw. können in den in § 91 geregelten Fällen in dem maschinell geführten Grundbuch schwarz dargestellt werden), § 108 Abs. 2 (Umstellung von Grundbüchern unter Verwendung von Ablichtungen, Rötungen werden in schwarz sichtbar). Zum maschinell geführten Grundbuch siehe Abschnitt XIII GBV, §§ 61 – 93, zu Eintragungen in das Datengrundbuch siehe § 76a GBV.

3) Vgl. OLG Düsseldorf, Beschl. v. 15.2.2017 – I-3 Wx 297/16, juris Rz. 22 = Rpfleger 2017, 385 ff.

4) OLG Düsseldorf, Beschl. v. 15.2.2017 – I-3 Wx 297/16, juris Rz. 22 ff., 30.

bensschutzes seine pflichtwidrig unterbliebene oder verzögerte Eintragung zu Amtshaftungsrisiken des Grundbuchamtes führt. Umgekehrt gilt das auch für das Vollstreckungsgericht bei fehlerhaften Angaben im Ersuchen bzw. bei Unterbleiben des Monitoring bezüglich des Eingangs des Ersuchens beim Grundbuchamt, der Erledigung der Eintragung und deren Richtigkeit.

Auch an dieser Stelle ist an die gebotenen Anpassungen der früheren Abläufe aufgrund des elektronischen Rechtsverkehrs zu erinnern. 15

b) Eintragungsinhalt

Der Eintragungsinhalt entspricht dem Ersuchen. Umstritten ist, ob der Anordnungsbeschluss in der üblichen Weise (nach Gericht, Datum und Geschäftsnummer) identifizierbar im Grundbuch wiederzugeben ist.[27] Die Angaben sind jedenfalls unschädlich, wenn auch das Grundbuch nicht überfrachtet werden und unübersichtlich werden sollte. Sachgerecht ist sicherlich, das zuständige Gericht und dessen Geschäftsnummer/Aktenzeichen anzugeben.[28] 16

4. Verfahrensweise des Grundbuchamts, Prüfungspflichten

a) Schnittstellen zwischen Grundbuch- und Vollstreckungsverfahren

Das Eintragungsersuchen des Vollstreckungsgerichts und der Eintragungsvorgang bilden eine Schnittstelle zwischen Immobiliarvollstreckungsverfahren und Grundbuchverfahren ab. Daher bestehen für das Grundbuchamt prinzipiell dieselben Fragen wie bei jedem Eintragungsantrag, die sich insbesondere mit den Stichworten „Ordnungsmäßigkeit des Antrags", „Prüfung der Eintragungsvoraussetzungen", „zeitlich vorausgehende unerledigte andere Eintragungsanträge" und „Rang" beschreiben lassen. 17

b) Rangfragen?

Dabei ist hier aber das Rangthema ohne Bedeutung, da der Vollstreckungsvermerk **nicht** i. S. d. § 879 BGB **rangfähig** ist. Sein Ziel ist allein die Verlautbarung der Verfügungsbeschränkung gemäß § 23 ZVG. Diese vermittelt aber kein Recht am Grundstück.[29] Daher ist lediglich ein **deklaratorischer Wirksamkeitsvermerk** möglich, wenn dadurch bei mehreren gleichzeitigen Eintragungen die Verfügungsbeschränkung gegenüber den anderen Eintragungen zu wahren ist.[30] Hintergrund ist § 45 GBO, der bei mehreren noch zu bewirkenden Eintragungen im Grundbuch die Rangfolge bestimmt. Mangels „Rangfähigkeit" des Vollstreckungsvermerks ist § 45 GBO nur analog heranzuziehen, indes bedarf es als Folge der Bedeutung des Eintritts 18

---

27) Nach BeckOK-*Gietl*, ZVG, § 19 Rz. 17 a. E. zum zutreffenden Text der Eintragung: „*Die Zwangsversteigerung des Grundstücks ist angeordnet durch das AG X (Az.: Y)*".

28) A. A., entgegen dem Muster GBV Anlage 2a, Stöber/*Becker*, ZVG, § 19 Rz. 18–23; dafür Dassler/Schiffhauer/u. a.-*Hintzen*, ZVG, § 19 Rz. 10 und Fn. 14 dort m. w. N., mit der überzeugenden Begründung, auf die Akte des Vollstreckungsgerichts ohne Einblick in die Verfahrensakte des Grundbuchamts zugreifen zu können.

29) Grüneberg/*Herrler*, BGB, § 879 Rz. 6 m. w. N., der zu Recht davon spricht, aus Verfügungsbeschränkungen könne keine Befriedigung resultieren.

30) BeckOK-*Gietl*, ZVG, § 19 Rz. 18; siehe auch BayObLG, Beschl. v. 4.9.2003 zu 2Z BR 171/03; zu Wirksamkeitsvermerken vgl. u. a. OLG Saarbrücken, Beschl. v. 16.1.1995 – 5 W 331/94 – 186; 5 W 331/94, Rpfleger 1995, 404 ff. = FGPrax 1995, 135 f. m. Anm. *Demharter*, EWiR 1995, 447 f.

der Beschlagnahmewirkung (§ 23 ZVG) des sachgerechten Wirksamkeitsvermerks (vgl. § 22 Abs. 1 Satz 2 ZVG).[31)]

c) Prüfung und Entscheidung des Grundbuchamtes

19 Eine **Sachprüfung** des Eintragungsersuchens seitens des Grundbuchamtes findet nicht statt,[32)] sondern lediglich eine formelle Überprüfung nach Maßgabe des Grundbuchverfahrensrechts. In diesem Rahmen ist auch eine Zwischenverfügung gemäß § 18 Abs. 1 GBO möglich.[33)] Zum einen geht es um die Ordnungsmäßigkeit des Ersuchens (§ 29 Abs. 3 GBO), z. B. fehlende Unterschrift oder das Fehlen des Siegels.

20 Da die Eintragung des Vermerks aufgrund des Ersuchens einer Behörde nach § 38 GBO stattfindet, muss auch geprüft werden, inwieweit die Behörde innerhalb ihrer sachlichen Zuständigkeit gehandelt hat. Das Vorliegen der inhaltlichen Vollstreckungsvoraussetzungen ist allerdings für das Grundbuchamt „*bindend*".[34)]

21 Zur Prüfungspflicht des Grundbuchamts gehört auch die Ordnungsmäßigkeit des Inhalts des Eintragungsersuchens wie die Nachvollziehbarkeit und Richtigkeit zu den Angaben über den Vollstreckungsgegenstand (§ 28 Satz 1 GBO) und die Frage, wie bei mehreren unerledigten Anträgen vorzugehen ist (vgl. die §§ 17, 45 GBO). Materielle Fragen wie diejenige, ob der Schuldner (noch) Eigentümer ist oder die insolvenzrechtlichen Voraussetzungen beim Antrag auf Eintragung des Insolvenzvermerks bestehen, unterliegen nicht der Prüfungskompetenz des Grundbuchamts.

22 Diskutiert wird im Hinblick auf die §§ 17, 45 GBO, wie vorzugehen ist, wenn bei mehreren zeitlich unterschiedlich gestellten Eintragungsanträgen **unterschiedliche Erledigungsreife** besteht.

23 Davon kann auch das früher eingegangene, aber mit einem behebbarem Mangel behaftete Ersuchen um Eintragung des Vollstreckungsvermerks betroffen sein. Die Literatur spricht sich dafür aus, in diesen Fällen einen **Amtswiderspruch** einzutragen.[35)] Dem ist insoweit zuzustimmen, als die Beschlagnahmewirkung jedenfalls mit dem Eingang des Ersuchens beim Grundbuchamt eintritt (§ 22 Abs. 1 Satz 2 ZVG) und die Eintragung des Vollstreckungsvermerks diese bereits davor eingetretene Wirkung dokumentiert.

---

31) Vgl. BeckOK-*Gietl*, ZVG, § 19 Rz. 17 ff. zum Verfahren beim Grundbuchamt mit Verweisen auf die Kommentierungen zur GBO; siehe ferner Löhnig/*Bluhm*, ZVG, 2010, § 19 Rz. 12 ff., auch zur analogen Anwendung des § 45 GBO und zum Schutzzweck der Eintragung zugunsten des betroffenen Gläubigers bzw. Beteiligten.

32) Vgl. aus der Judikatur OLG Hamm, Beschl. v. 17.3.2011 – I-15 W 706/10, juris Rz. 2 ff. m. w. N. = Rpfleger 2011, 453 ff. = NJW-RR 2011, 741 f.; Antrag nach § 130 ZVG.

33) Allein schon die als solche begründete Zwischenverfügung löst Amtshaftungsrisiken des Vollstreckungsgerichts aus.

34) Zu der Bindungswirkung für das Grundbuchamt im Hinblick auf die Vollstreckungsvoraussetzungen für den Antrag auf Eintragung einer Zwangshypothek durch das Finanzamt vgl. OLG München, Beschl. v. 21.9.2012 – 34 Wx 202/12, juris Rz. 10 = ZInsO 2012, 2202 ff. Zur Eintragung des Sonderinsolvenzeröffnungsvermerks vgl. KG, Beschl. v. 26.8.2012 – 1 W 72/12, ZIP 2012, 1817 f. = Rpfleger 2013, 84 f. = jurisPR-InsR 18/2013, Anm. 4 (*Smid*).

35) Böttcher/*Böttcher*, ZVG, § 19 Rz. 9; *Stöber*, ZVG, 20. Aufl., § 19 Rz. 4.5a m. w. N; siehe auch Stöber/*Becker*, ZVG, § 19 Rz. 18–23; *Jaeckel*/*Güthe*, ZVG, 4. Aufl., § 19 Rz. 3 a. E., der zutreffend daraus hinweist, dass es sich materiell um eine den §§ 894, 899 BGB unterliegende Grundbuchberichtigung handelt; siehe auch Grüneberg/*Herrler*, BGB, § 894 Rz. 2.

Schwieriger ist vor dem Hintergrund der von dem Vollstreckungsvermerk gespiegelten Interessenlage (§ 23 ZVG) zu entscheiden, wie mit anderweitigen Eintragungsanträgen umzugehen ist, die dem Ersuchen des Vollstreckungsgerichts zwar zeitlich vorgehen, ihrerseits aber wieder noch nicht erledigungsreif sind. Richtig ist dabei zunächst diejenige Auffassung, die § 17 GBO einhalten will; der zwingende Charakter dieser Norm wird durch das Interesse der Berechtigten an der Eintragung des Vollstreckungsvermerks nicht ausgehebelt. In der Literatur wird zutreffend in diesem Kontext darauf hingewiesen, dass dem Antragsteller des zeitlich früheren Antrags nicht die Möglichkeit des gutgläubigen Erwerbs genommen werden darf, Folge aus § 892 Abs. 1 Satz 2 BGB.[36)] § 17 ZVG ist auch auf die Eintragung von Verfügungsbeschränkungen wie hier anzuwenden.[37)] Damit bleibt die Alternative einer Vormerkung für diesen noch zu erledigenden Antrag nach § 18 Abs. 2 GBO und die anschließende Eintragung des Vollstreckungsvermerks vor dem zeitlich vorgehenden anderweitigen Eintragungsantrag.[38)] Allerdings bewahrt die Vormerkung den Berechtigten aus dem früher gestellten Antrag nicht davor, dass sein **guter Glaube** an die Verfügungsbefugnis als Folge des nunmehr vor seinem Recht eingetragenen Vollstreckungsvermerks zerstört wird.[39)] Im Hinblick auf die Schutzwirkungen zugunsten des aus dem früheren Eintragungsantrag Berechtigten nach den §§ 892 BGB, § 23 ZVG ist aber der Mehrheitsmeinung zuzustimmen und die Anwendung des § 18 Abs. 2 GBO abzulehnen.[40)] Der Vollstreckungsvermerk ist daher u. a. mit *Hintzen* im Einklang mit den §§ 17, 45 GBO einzutragen.[41)] 24

d) Rechtsbehelfe

Gegen die **Ablehnung der Eintragung** des Vollstreckungsvermerks steht dem **Vollstreckungsgericht** ebenso wie dem betroffenen betreibenden Gläubiger gegen das Grundbuchamt zunächst die Erinnerung zu (§ 12c Abs. 4 Satz 1 GBO), soweit der Urkundsbeamte der Geschäftsstelle nach § 12c Abs. 2 Nr. 3 GBO entschieden hat.[42)] Soweit er nicht abhilft (§ 75 GBO) und auch der Richter sich der Abhilfe verschließt, ist die Grundbuchbeschwerde gemäß § 71 Abs. 1 GBO an das gemäß 25

---

36) Vgl. dazu Böttcher/*Böttcher*, ZVG, § 18 Rz. 7.

37) Eingehend zu § 17 GBO, der befolgt werden müsse, Stöber/*Becker*, ZVG, § 19 Rz. 18.

38) Gegen die Möglichkeit der Vormerkung Böttcher/Böttcher, ZVG, § 19 Rz. 9; dagegen auch Dassler/Schiffhauer/u. a.-*Hintzen*, ZVG, § 19 Rz. 12 m. w. N.; dafür *Stöber*, ZVG, 20. Aufl., § 19 Rz. 4.5b m. w. N.; siehe ferner Stöber/*Becker*, ZVG, § 19 Rz. 18 ff.

39) Böttcher/*Böttcher*, ZVG, § 19 Rz. 9; Dassler/Schiffhauer/u. a.-*Hintzen*, ZVG, § 19 Rz. 12. Dies verkennt auch die die Vormerkung befürwortende Meinung von *Stöber*, ZVG, 20. Aufl., § 19 Rz. 4.5c nicht, der zugleich detailliert auf die §§ 892, 878 BGB eingeht. Dennoch sei die Vormerkung für den Berechtigten nicht ohne Wert, wobei er auf die Berücksichtigung der Vormerkung im geringsten Gebot nach § 48 ZVG und bei der Erlösverteilung nach § 119 ZVG verweist. Vgl. auch Stöber/*Becker*, ZVG, § 19 Rz. 18 ff.

40) Siehe Böttcher/*Böttcher*, ZVG, § 19 Rz. 9; § 19 Rz. 16; Dassler/Schiffhauer/u. a.-*Hintzen* ZVG, § 19 Rz. 12 a. E.

41) Dassler/Schiffhauer/u. a.-*Hintzen*, ZVG, § 19 Rz. 12 a. E.

42) Zur Befugnis zur Einlegung des Rechtsbehelfs siehe Dassler/Schiffhauer/u. a.-*Hintzen*, ZVG, § 19 Rz. 19 a. E. m. w. N.; zur Beschwerdebefugnis des Vollstreckungsgerichts gegen eine Zwischenverfügung, die das Eintragungsersuchen „*beanstandet*", siehe OLG Hamm, Beschl. v. 17.3.2011 – I-15 W 706/10, juris Rz. 2 ff. m. w. N. = Rpfleger 2011, 453 ff. = NJW-RR 2011, 741 f.; Antrag nach § 130 ZVG.

§ 72 GBO zuständige OLG zulässig.[43] Hat der Rechtspfleger entschieden, ist die Beschwerde gemäß § 11 Abs. 1 RPflG, § 71 f. GBO zulässig. Die Rechtsbeschwerde zum BGH ist als Zulassungsrechtsbeschwerde statthaft.

e) Löschung des Vermerks

26 Das Vollstreckungsgericht muss bei Verfahrensaufhebung das Grundbuchamt um Löschung des Vermerks ersuchen, § 34 ZVG. Dasselbe gilt nach Rechtskraft des Zuschlagsbeschlusses und Ausführung des Teilungsplans, § 130 ZVG.[44]

27 Für die **Zwangsverwaltung** folgt diese Verpflichtung aus dem Verweis in **§ 146 Abs. 1 ZVG.**

III. Aufgaben des Grundbuchamts im Zusammenhang mit der Eintragung des Vollstreckungsvermerks gemäß § 19 Abs. 2 ZVG

28 Das Grundbuchamt hat die Pflicht, nach der Eintragung des Versteigerungs- oder Zwangsverwaltungsvermerks dem Vollstreckungsgericht unverzüglich die in § 19 Abs. 2 ZVG erwähnten **Unterlagen** und **Auskünfte** zu erteilen. Die Gesetzesfassung hat noch die vom Grundbuchamt in körperlicher Form („Papier") erstellte Urkunde im Fokus; zum späteren „maschinellen" (heute besser: elektronischen bzw. digitalen) Grundbuch siehe Rz. 30.

1. Erfordernis der Übersendung eines beglaubigten Grundbuchauszugs

29 Die Pflicht des Grundbuchamts umfasst zunächst nach § 19 Abs. 2 Satz 1 ZVG die Erteilung einer **beglaubigten Abschrift** des (um den Vollstreckungsvermerk) aktualisierten Grundbuchblatts, die vom Urkundsbeamten der Geschäftsstelle unterschrieben und mit dem Dienstsiegel oder dem Stempelabdruck des Grundbuchamtes versehen sein muss.

30 Auch hier hat die digitale Entwicklung den Gesetzeswortlaut überholt oder sie ist jedenfalls dabei. An die Möglichkeit, in jedem Bundesland elektronisch Grundbucheinsicht zu nehmen, wird erinnert.[45] Wird das Grundbuch elektronisch geführt (siehe Rz. 3 ff. und § 18 Rz. 7 [*Cranshaw*]), wird die herkömmliche beglaubigte Abschrift durch einen Ausdruck ersetzt, der nicht nur wie bei der unbeglaubigten Variante das Abrufdatum trägt, sondern zusätzlich die Bezeichnung *„amtlicher Ausdruck"*. Er enthält ferner den Beglaubigungsvermerk (der nicht unterschrieben werden muss und auch nicht unterschrieben ist!) und auf dem das Siegel beigefügt

---

43) Zum Verfahrensablauf siehe auch OLG Frankfurt, Beschl. v. 22.6.2010 – 20 W 231/10, juris Rz. 15 f.

44) Im Einzelnen siehe § 130 Rz. 11, 17, 19 [*Bachmann*]; zur Beschwerde des Vollstreckungsgerichts im Zusammenhang mit § 130 ZVG vgl. OLG Hamm, I-15 W 706/10, juris Rz. 2 f. und Ls. 1 = Rpfleger 2011, 453 ff.

45) Im Justizportal des Bundes und der Länder siehe http://www.grundbuch-portal.de/, „Internet-Grundbucheinsicht" mit der Deutschlandkarte mit den eingedruckten Links auf die einzelnen Bundesländer (Stand: 28.5.2023). Der Online-Zugang besteht für alle Bundesländer mit den jeweiligen Links „Informationen", Zulassung", Zugang".

ist. Der **Siegelabdruck** kann maschinell eingedruckt sein.[46)] Mit anderen Worten wird durch „Anklicken" oder ein ähnliches technisches Verfahren der Antrag auf eine beglaubigte Abschrift ebenso generiert wie die Erteilung der „Abschrift" selbst. Voraussetzung ist die Zulassung zu einem elektronischen Abrufverfahren. Neben den zitierten Beispielen ist auf die weiteren vielfältigen Verlautbarungen der Bundesländer zum elektronischen Grundbuch zu verweisen, auf die einzugehen im vorliegenden Rahmen weitgehend verzichtet werden muss.[47)] Die Erteilung der Grundbuchabschrift wird durch die Zurverfügungstellung der Abrufmöglichkeit einer beglaubigten Abschrift ersetzt, da ansonsten der durch das elektronische Grundbuch geschaffene Effektivitäts- und Aktualitätsvorteil ins Leere geht, was gerade beim dienstlichen Verkehr unter Amtsgerichten, also justizintern, paradox wäre. § 19 Abs. 2 Satz 1 ZVG muss daher im Lichte der Möglichkeiten des elektronischen Grundbuchs gelesen und der Terminus der Erteilung einer beglaubigten Abschrift i. S. d. elektronischen Zugriffs interpretiert werden. Rechtsgrundlage sind Rechtsverordnungen der Landesregierungen oder der Landesjustizverwaltungen nach Maßgabe der §§ 126 ff. GBO im Hinblick auf das maschinelle Grundbuch. § 127 Abs. 2 GBO (Umfang der Verpflichtung des Grundbuchamts nach Bundesrecht zur Mitteilung über Eintragungen an Gerichte und Behörden) enthält mittelbar auch den Verweis auf § 19 Abs. 2 ZVG. § 131 Abs. 1 GBO fingiert das Zustandekommen der beglaubigten Abschrift durch den *„amtlichen Ausdruck"* mit *„Dienstsiegel oder -stempel"*, wenn das maschinelle Grundbuch *„als automatisierte Datei"* geführt wird (§ 131 Abs. 1 Satz 1 GBO), der an die Stelle der Abschrift tritt. Zur Teilnahme am automatisierten Abrufverfahren bedarf es der Genehmigung gegenüber der zur Abrufung zugelassenen Stelle, zu denen u. a. Gerichte gehören. Die Datenübermittlung muss unter *„Berücksichtigung der schutzwürdigen Interessen der dinglich Berechtigten und wegen der Vielzahl der Übermittlungen oder wegen ihrer besonderen Eilbedürftigkeit angemessen"* sein (§ 133 Abs. 2 Satz 2 Nr. 1 GBO, nach Maßgabe der dortigen weiteren Voraussetzungen). Wie Auskunft erteilt und Mitteilungen gemacht werden, ergibt sich aus der jeweiligen Landesverordnung (§ 131 Abs. 2 Satz 1 Nr. 2 GBO). Einzelheiten können z. T. der Internetseite zum elektronischen Rechtsverkehr entnommen werden.[48)] Die Eintragung wird nach unveränderlicher Aufnahme in den Datenspeicher des maschinell geführten Grundbuchs wirksam, § 129 Abs. 1 GBO. Nach vollständiger Umsetzung der elektronischen Grundbuchverfahren wird das elektronische Verfahren das allein zugelassene und auch faktisch nur noch allein mögliche sein.

---

46) Vgl. dazu schon 2014 die Verlautbarung zum Grundbuchverfahren in Nordrhein-Westfalen, http://www.jm.nrw.de/Gerichte_Behoerden/ordentliche_gerichte/FGG/Einzelverfahren/Grundbuchverfahren/index.php (Stand: 26.8.2014, nicht mehr abrufbar) sowie aktuell u. a. https://www.justiz.nrw/Gerichte_Behoerden/ordentliche_gerichte/FGG/faq/faq_grundbuch/index.php mit Beispielen und weiteren Links (Stand: 28.5.2023); zur Internet-Grundbucheinsicht in NRW siehe unter diesem Stichwort https://www.grundbuch.nrw.de (Stand: 28.5.2023).

47) Siehe das erwähnte bundesweite Portal http://www.grundbuch-portal.de (Stand: 28.5.2023). Es enthält unter dem weiteren Link http://www.grundbuch-portal.de/allg-infos.htm *„Allgemeine Hinweise zur Internet-Grundbucheinsicht"*, Infos über *„Leistungen im Automatisierten Abrufverfahren"*, Angaben zu den Zulassungsvoraussetzungen zu dem Verfahren und zu Gebühren sowie Hinweise zur Vollprotokollierung und zum Datenschutz (Stand: 28.5.2023).

48) Siehe http://www.grundbuch-portal.de mit Links in jedes Bundesland (Stand: 28.5.2023).

31 Ergänzend ist auf die §§ 135–141 GBO über den elektronischen Rechtsverkehr und die elektronische Grundakte hinzuweisen, u. a. auf § 139 Abs. 1 GBO, der eine Abschrift aus der Grundakte durch den Ausdruck und die beglaubigte Abschrift durch den amtlichen Ausdruck ersetzt.

2. Beglaubigte Abschriften der Urkunden, auf die das Grundbuchblatt Bezug nimmt, und Übersendung der Grundakten

32 § 19 Abs. 2 Satz 1 Halbs. 2 ZVG **verpflichtet** das Grundbuchamt, neben dem beglaubigten Grundbuchauszug auch eine Abschrift aller Urkunden zu übermitteln, auf die in den Eintragungen Bezug genommen wird. Dadurch erlangt das Vollstreckungsgericht die notwendige Kenntnis über den Grundbuchinhalt und Beteiligte, die es zur Durchführung der Versteigerung benötigt. Die Regelung ist Konsequenz des Umstandes, dass im Grundbuch zur Vermeidung der Unübersichtlichkeit der Grundbuchblätter materiellrechtlich weitgehend auf die **Eintragungsbewilligung** Bezug genommen werden darf, vgl. die §§ 874, 885 Abs. 1, 1115 Abs. 1 Halbs. 2 BGB, wobei die Reichweite von § 1115 BGB durch Verweisungen erweitert ist.[49)]

33 Die Lösung, beglaubigte Abschriften der Bezugsurkunden nur auf Anforderung des Vollstreckungsgerichts dorthin zu übersenden, ist praxisgerecht;[50)] sie steht aber nicht im Einklang mit dem Gesetzeswortlaut. Dasselbe gilt für die alternativ in § 19 Abs. 2 Satz 2 ZVG vorgesehene *„Beifügung der Grundakten oder Urkunden"* (§ 19 Abs. 2 Satz 1 ZVG); die von *Stöber* und *Böttcher* thematisierte Verlustgefahr bei Versendung von Originalunterlagen ist richtig, aber für die einzelnen Bezugsurkunden nicht anders als für die gesamte Grundbuchakte, sieht man einmal von dem Schadensumfang ab, sollte die Akte insgesamt verloren gehen.[51)] Die Unterlagen mögen in diesem ersten Verfahrensstadium nach dieser Auffassung für das Vollstreckungsgericht nicht sehr hilfreich sein, es mag auch erhebliche Kopierarbeit bzgl. der Bezugsurkunden entstehen,[52)] die Übersendung mag auch *„unzweckmäßig"* „[…] *nicht üblich und auch sachlich nicht geboten* […]" sein.[53)] Das Abwarten einer Anforderung durch das Vollstreckungsgericht **widerspricht** aber dem **Gesetz**, so sehr sie auch aus praktischer Bewertung sinnvoll ist.[54)]

---

49) Zur Begründung der Möglichkeiten der Bezugnahme vgl. Grüneberg/*Herrler*, BGB, § 874 Rz. 1–3 zum zulässigen Umfang der Bezugnahme, m. w. N.

50) Böttcher/*Böttcher*, ZVG, § 19 Rz. 17.

51) Stöber/*Becker*, ZVG, § 19 Rz. 33; Böttcher/*Böttcher*, ZVG, § 19 Rz. 17.

52) Böttcher/*Böttcher*, ZVG, § 19 Rz. 17.

53) Stöber/*Becker*, ZVG, § 19 Rz. 33.

54) Vgl. bereits *Jaeckel/Güthe*, ZVG, 4. Aufl., § 19 Rz. 12; im Ergebnis wie hier Dassler/Schiffhauer/u. a.-*Hintzen*, ZVG, § 19 Rz. 13. Kommen keine auf die Nichtübersendung dieser Unterlagen zurückzuführende Schäden Berechtigter vor, hat diese praxisorientierte Vorgehensweise keine Folgen und der formelle Gesetzesverstoß bleibt ungerügt. Dennoch kann man nicht sehenden Auges als staatliche Justizverwaltung das Gesetz bewusst nicht einhalten. Der richtige Weg ist daher der Versuch der Veranlassung einer Gesetzesänderung, die angesichts des Fortschreitens des elektronischen Verkehrs naheliegt.

3. Information über Zustellungsbevollmächtigte, „Wohnort und Wohnung der eingetragenen Beteiligten und deren Vertreter" gemäß § 19 Abs. 2 Satz 1 letzter Halbs. ZVG

Die Informationen über die Beteiligten nach § 19 Abs. 2 Satz 1 letzter Halbs. ZVG schuldet das Grundbuchamt ebenfalls dem Vollstreckungsgericht, soweit sie bei ihm vorhanden bzw. bekannt sind. Aktualisierung und Recherchen obliegen gleichfalls dem **Grundbuchamt**. Vertreter sind gesetzliche bzw. organschaftliche Vertreter sowie die rechtsgeschäftlichen Vertreter einschließlich der Prozessbevollmächtigten, die dem Grundbuchamt bekannt gemacht wurden.[55] 34

Bei **juristischen Personen und Personengesellschaften** tritt an die Stelle des Wohnsitzes der statutarische oder der tatsächliche Sitz oder Firmensitz, falls der letztere vom satzungsmäßigen bzw. gesellschaftsrechtlichen Sitz abweicht.[56] 35

4. Folgeverpflichtung des Vollstreckungsgerichts in der Zwangsverwaltung, §§ 19 Abs. 2, 146 Abs. 2 ZVG

Ziel des § 19 Abs. 2 ZVG und Folge der Informationen durch das Grundbuchamt ist die **Kenntnis des Vollstreckungsgerichts** über die eingetragenen oder durch Vormerkung besicherten Beteiligten des § 9 Nr. 1 ZVG. In der Zwangsverwaltung resultiert aus dieser Kenntnis die Pflicht, die Beteiligten über das Bestehen des Zwangsverwaltungsverfahrens zu unterrichten, § 146 Abs. 2 ZVG.[57] Diese Benachrichtigungspflicht des Vollstreckungsgerichts besteht nicht gegenüber dem Anordnungsgläubiger, dem Schuldner bzw. dessen Insolvenzverwalter (§ 80 InsO) und dem Zwangsverwalter, da ihnen die Anordnung der Zwangsverwaltung bereits bekannt ist. Dasselbe gilt für später beitretende Gläubiger (§ 27 ZVG).[58] Eine Benachrichtigung der Beteiligten nach § 9 Nr. 2 ZVG scheidet ebenfalls aus, weil sich diese Gruppe Beteiligter naturgemäß nicht aus dem Grundbuch ergibt; sie erlangen den Status als Beteiligte zudem erst mit der Anmeldung, sodass ihnen das Verfahren bekannt ist, vgl. § 9 Abs. 2 Nr. 4 i. V. m. § 37 ZVG.[59] Die diesen Beteiligten gegenüber gleichwohl erfolgte Unterrichtung ist aber selbstverständlich unschädlich. 36

IV. Weitere Pflichten des Grundbuchamts bei Eintragungen in das Grundbuch nach der Beschlagnahme gemäß § 19 Abs. 3 ZVG

Das Grundbuchamt ist im Rahmen der Sollvorschrift des § 19 Abs. 3 ZVG zudem angehalten, die zeitlich nach der Eintragung des Vollstreckungsvermerks liegenden weiteren Eintragungen dem Vollstreckungsgericht ebenso mitzuteilen. Es ist nicht 37

---

55) Zur Bedeutung der Informationen über die Vertreter siehe § 5 Rz. 5–7 und § 6 Rz. 1, 4 [*Cranshaw*].

56) Das gilt auch für Beteiligte mit Hauptsitz im Ausland, siehe OLG München, Beschl. v. 18.12.2012 – 34 Wx 461/12, ZIP 2012, 884 f., Eintragungsfähigkeit der inländischen Zweigniederlassung einer polnischen Aktiengesellschaft in das Grundbuch; dazu jurisPR-HaGesR 3/2013, Anm. 2 (*Cranshaw*).

57) Siehe § 146 Rz. 25–27 [*Depré*].

58) Vgl. BeckOK-*Bäuerle*, ZVG, § 146 Rz. 55–57.

59) BeckOK-*Bäuerle*, ZVG, § 146 Rz. 31; Böttcher/*Keller*, ZVG, § 146 Rz. 68, u. a. unter Hinweis auf die Informationspflichten des Zwangsverwalters gegenüber Beteiligten gemäß § 4 ZwVwV.

erkennbar, wo in der Praxis der Unterschied zwischen der „Mussvorschrift" des § 19 Abs. 2 ZVG und der „Sollbestimmung" des § 19 Abs. 3 ZVG liegen soll. Das Ermessen des Grundbuchamts zur Erteilung dieser Information ist weitgehend so gebunden, dass eine nicht darunter zu subsumierende Fallgruppe kaum vorstellbar sein dürfte. § 19 Abs. 3 ZVG ist erst durch das Gesetz über Maßnahmen auf dem Gebiete der Zwangsvollstreckung v. 20.8.1952 in das ZVG eingefügt worden.[60] Die gesetzgeberische Begründung hatte insbesondere Sicherstellungen von Bauhandwerkerforderungen *„im letztmöglichen Augenblick"* im Auge, die den Beteiligten bzw. Bietinteressenten im Interesse ihres Gebots bekannt werden sollten. Ferner wollte man einen „Gesichtsverlust" des Vollstreckungsgerichts vermeiden, das ggf. keine Kenntnis von aktuellen Eintragungen habe und darauf evtl. erst von im Versteigerungstermin Anwesenden davon unterrichtet werde.[61] Nach vollständiger Umsetzung des elektronischen Grundbuchs, kann § 19 Abs. 3 ZVG zugunsten des Abrufs der Grundbucheintragungen ersetzt werden. Der Rechtspfleger des Versteigerungsgerichts könnte noch im Versteigerungstermin generell bei zwingendem Bedarf die Daten abrufen und Unstimmigkeiten aufklären. Voraussetzung ist, dass er Zugang zum Abrufsystem hat.

60) BGBl. 1953 I S. 952.
61) BT-Drucks. 3668 v. 5.9.1952, 1. Wahlperiode 1949, S. 15.

§ 20
Wirkungen des Anordnungsbeschlusses

(1) Der Beschluß, durch welchen die Zwangsversteigerung angeordnet wird, gilt zugunsten des Gläubigers als Beschlagnahme des Grundstücks.

(2) Die Beschlagnahme umfaßt auch diejenigen Gegenstände, auf welche sich bei einem Grundstück die Hypothek erstreckt.

Literatur: *Cranshaw*, Anerkennung und Vollstreckung auf internationaler und europäischer Ebene – Standards und Reformüberlegungen, in: BMJV (Hrsg.), Zwangsvollstreckung und Zwangsversteigerung aktuell, 2018, S. 191–215; *Cranshaw*, Insolvenzrechtliche Fragestellungen bei Spezialfinanzierungen, in: Sladek/Heffner/Graf Brockdorff, Insolvenzrecht 2013/2014, 3. Aufl., 2013, S. 31 ff.; *Flatow*, jurisPR-MietR 15/2013, Anm. 6 (Anm. zu BGH Urt. v. 25.4.2013 – IX ZR 62/12, ZIP 2013, 1082 ff.); *Franke*, *„Anwendbarkeit des § 110 InsO auf Sale-and-lease-back-Verträge und rechtliche Bestimmung der vorausabgetretenen Mietforderungen beim Forfaitierungsvertrag"* (Anm. zu BGH IX ZR 62/12, ZfIR 2013, 542 ff.), ZfIR 2013, 547 ff.; *Ganter*, Die Sicherungsübereignung von Windkraftanlagen als Scheinbestandteil eines fremden Grundstücks, WM 2002, 105; *Götting*, ZfIR 2006, 762, Anmerkung zu BGH – V ZR 35/05 (ZfIR 2006, 762); *Gratias*, Vorrang des Grundpfandgläubigers bei Beschlagnahme nach Abtretung des Mietzinses, BGHReport 2005, 1231; *Kappler*, Photovoltaikanlagen auf fremdem Grund und Boden – Sicherheit für alle Zeiten? ZfIR 2012, 264; *Kappler*, ZfIR 2012, 602, Anm. zu OLG München, Beschl. v. 18.4.2012 – 34 Wx 35/12, ZfIR 2012, 601; *Klindworth*, Eintrittsrecht bei der EE-Projektfinanzierung, ForderungsPraktiker (FP) 2013, 262; *Michaelsen/Peters*, Anlagen der erneuerbaren Energien als Kreditsicherheit, in: FCH-Sicherheitenkompendium, 5. Aufl., 2015, 897–1111; *Schmidt-Burgk/Schölermann*, Flugzeuge als Kreditsicherheit, WM 1990, 1137; *Steffen-Taege*, Das EEG 2017 und seine neuen Risiken, ForderungsPraktiker (FP) 2018, 59; *van Aken*, Kreditsicherheiten bei der Finanzierung von Biogasanlagen, FP 2013, 109; *Zimmer*, Anmerkung zu BGH, Urt. v. 13.3.2008 – IX ZR 199/06, NJW 2008, 1599; *Zipperer*, Die Pfändung von

Miet- und Pachtforderungen aus dinglichen Titeln – die ewig junge Frage der Pfändungsbeschlagnahme, ZfIR 2006, 395.

Übersicht

I. Normfunktion

1 Die §§ 20 ff. ZVG regeln die **Beschlagnahme** als wesentliche Folge der Anordnung der Versteigerung durch das Vollstreckungsgericht (vgl. §§ 15 ff. ZVG). § 20 ZVG stellt systematisch den Ausgangspunkt dar, indem er in Absatz 1 nach seinem Wortlaut die Beschlagnahme als Folge des Anordnungsbeschlusses **fingiert**. Tatsächlich handelt es sich aber nicht um eine Fiktion, da die Beschlagnahmewirkungen **nicht** mit der Anordnung als solcher (= Verlassen des inneren Bereichs des Gerichts[1]) eintreten, sondern nach Maßgabe der Detailregelungen des § 22 ZVG. Die Ausgangslage in Absatz 1 ist im Hinblick auf die Grundpfandrechte und die weiteren dinglich wirkenden Belastungen die Folge der Duldungshaftung, die dem Gläubiger das Recht gibt, sich durch Maßnahmen der Immobiliarvollstreckung aus dem Grundstück zu befriedigen. Vgl. für die Grundpfandrechte die §§ 1113, 1192, 1199, 1147 BGB, für die öffentlichen Lasten der Rangklasse 3 insbesondere § 77 Abs. 2 AO.[2] § 20 **Abs. 2** ZVG beschreibt im Rahmen einer generalklauselartigen Regelung, dass die Beschlagnahme nicht nur den eigentlichen Vollstreckungsgegenstand erfasst, sondern auch alle Gegenstände (= Sachen und Rechte), die bei Grundstücken dem **Haftungsverband der Hypothek** gemäß den §§ 1120 ff. BGB unterliegen. Diese Einbeziehung der §§ 1120 ff. BGB führt über § 1147 BGB zugleich zu dem dort verwendeten Begriff der Beschlagnahme als wesentliches Merkmal, ob der betreffende Gegenstand im Verfahren nach dem ZVG mit verwertet wird oder nicht, weil er von der Haftung frei geworden ist (vgl. §§ 1121, 1122 BGB). Praxisrelevant ist der Unterschied in der Kreditpraxis, in der Individualzwangsvollstreckung und der Insolvenzpraxis bei der Frage der gesonderten, außerhalb der §§ 1120 ff. BGB stehenden Sicherungsübereignung von Zubehörstücken bzw. der Sicherungszession von Miete und Pacht. Dreh- und Angelpunkt ist aber materiellrechtlich der Haftungsverband der Hypothek nach den §§ 1120 ff. BGB, der für die Grundschuld bzw. die Rentenschuld in derselben Weise besteht, nicht indes für die Reallast. In den Verfahren nach dem ZVG ist es für die Frage des Haftungsumfangs jedoch ohne Bedeutung, auf welcher vollstreckungsrechtlichen Grundlage der Gläubiger seinen Anspruch verfolgt; auch die Versteigerung aus der Rangklasse 5 mittels eines persönlichen Titels führt zur Beschlagnahme der Gegenstände die der hypothekarischen Haftung unterliegen, wie der Wortlaut des § 20 Abs. 2 ZVG i. V. m. § 10 Abs. 1 Halbs. 1 ZVG[3] bereits zeigt.

2 Dabei darf nicht verkannt werden, dass die Immobiliarvollstreckung neben den Verfahren nach dem ZVG sowohl die Zwangssicherungshypothek als weitere zulässige Vollstreckungsart kennt (vgl. § 866 ZPO) als auch die dingliche Pfändung von Gegenständen, auf die sich der Haftungsverband der Hypothek erstreckt (§ 865 Abs. 1 ZPO). Ausnahme ist das Zubehör, das der dinglichen Pfändung nicht unterliegt, § 865 Abs. 2 Satz 1 ZPO. Umstritten ist, ob die Enthaftung auch durch einstweilige Verfügung bewirkt werden kann, die die Separierung bereits veräußerter Gegenstände bewirken soll.[4]

---

1) Siehe § 22 Rz. 1 [*Cranshaw*], Hinweis auf BGH, Urt. v. 1.4.2004 – IX ZR 117/03, NJW-RR 2004, 1575.
2) Siehe § 10 Rz. 83 f. [*Cranshaw*].
3) Dassler/Schiffhauer/u. a.-*Hintzen*, ZVG, § 20 Rz. 3.
4) Vgl. Grüneberg/*Herrler*, BGB, § 1121 Rz. 3 m. w. N.; siehe auch RG, Urt. v. 14.3.1934 – V 352/33, RGZ 144, 152 ff. Das RG bejaht dort die Enthaftung als Folge der Beschlagnahme vorausgegangenen einstweiligen Verfügung.

Der Umfang der Beschlagnahme beschreibt zugleich den **Gegenstand der Versteigerung** und damit auch den Umfang dessen, was dem Ersteher **zugeschlagen** wird (§ 90 ZVG). Über § 74a Abs. 5 ZVG ist damit auch der Gegenstand des Wertfestsetzungsgutachtens umrissen bis hin zur Auswahl des Gutachters, wenn Spezialkenntnisse zur Bewertung von Grundstück, Bestandteilen und Zubehör benötigt werden und daher „allgemeine" Grundstücksgutachten den Anforderungen nicht genügen. 3

§ 21 ZVG regelt den weiteren Umfang der Beschlagnahme und Ausnahmen, § 22 den Eintritt der Beschlagnahmewirkung. Die Wirkung selbst handelt § 23 ZVG ab. Neben der Anordnung der Versteigerung (vgl. § 15 ZVG) steht der Beitritt (vgl. § 27 ZVG) und damit die „Vervielfältigung" des Verfahrens in so viele Einzelverfahren wie es betreibende Gläubiger gibt. Alle diese Einzelverfahren werden zwar unter dem Dach des einheitlichen Versteigerungsverfahrens abgewickelt, können aber verschiedene Teilschicksale haben. Im Fokus steht dabei die Beschlagnahmewirkung nach den §§ 20 ff. ZVG, die für jeden der betreibenden Gläubiger gesondert zu beurteilen ist (Folge aus § 27 Abs. 2 ZVG).[5] 4

II. Anwendungsbereich und Wirkungen

1. Versteigerungsformen – Grundstücke und grundstücksgleiche Rechte

§ 20 ZVG ist in allen Fällen der **Gläubigervollstreckung** heranzuziehen, nicht aber in allen Versteigerungsfällen. Im Rahmen der Zwangsverwaltung gilt ein anderer Inhalt der Beschlagnahme (vgl. die §§ 146, 148 Abs. 1, 150d, 151, 152a ZVG). 5

In der **Insolvenzverwalterversteigerung** gibt es **keine Beschlagnahme**, die Zustellung des Anordnungsbeschlusses **gilt** aber als Beschlagnahme für die Zwecke des **§ 55 ZVG** (Versteigerungsumfang, Erstreckung auf Fremdzubehör, wenn der Berechtigte seinen Anspruch nicht anmeldet) und des **§ 13 ZVG** (wiederkehrende Leistungen), siehe § 173 Satz 2 ZVG. 6

Dasselbe gilt für die **Nachlassversteigerung** (§§ 175 ff., 176, 173 ZVG), wobei § 178 ZVG anordnet, dass die Zwangsversteigerung nicht angeordnet werden soll, wenn das **Nachlassinsolvenzverfahren beantragt** wurde. Mit anderen Worten soll der Insolvenzbeschlag der Nachlassgegenstände dem Zwangsversteigerungsverfahren vorgehen. 7

In der **Teilungsversteigerung** ist § 20 ZVG **eingeschränkt** anzuwenden. Da die Beteiligten (Miteigentümer, Mitglieder einer Gesamthandsgemeinschaft) stets nur gemeinsam verfügen könnten, entfällt die Enthaftung nach den §§ 1121 f. BGB, sodass auch eine Beschlagnahme der Zubehörstücke und der anderen dort erfassten Gegenstände ins Leere geht.[6] 8

2. Modifizierungen bei Schiffen, Schiffsbauwerken und Luftfahrzeugen

a) Versteigerung

Auf die Versteigerung von **Schiffen** (§ 162 ZVG), **Schiffsbauwerken/Schwimmdocks** (§ 170a ZVG) und **Luftfahrzeugen** (§ 171a ZVG) ist § 20 ZVG anwendbar. Das **Schiffsregister** (§ 163 Abs. 2 ZVG), das **Schiffsbauregister** (§ 170a Abs. 2 Satz 2) 9

5) Im Einzelnen siehe §§ 22, 23 und § 27 Rz. 1 – 3, 19 ff. [*Cranshaw*].

6) So zutreffend Dassler/Schiffhauer/u. a.-*Hintzen*, ZVG, § 180 Rz. 68 f.

und das **Register für Pfandrechte an Luftfahrzeugen** (§ 171b Abs. 2 ZVG) treten an die Stelle des **Grundbuchs.**

10 Begrifflich umfasst jedoch die Beschlagnahme dort **nicht die Gegenstände des § 21 Abs. 1, 3 ZVG**, da es der Natur der Sache nach bei diesen Vollstreckungsgegenständen keine land- oder forstwirtschaftlichen Erzeugnisse und auch keine Früchte i. S. d. landwirtschaftlichen Pacht gibt.[7)]

11 Erweitert man **§ 21 Abs. 3 ZVG** auf die *„mittelbaren Sach- und Rechtsfrüchte"* (§ 99 Abs. 3 BGB), die auch Miete, Pacht und Untermiete sowie Entschädigungen bei Auflösung des Nutzungsverhältnisses umfassen,[8)] so hat **§ 21 Abs. 3 ZVG** bei Schiffen als Folge des Schiffsmietvertrages (§§ 553 ff. HGB) und des Zeitchartervertrages (§§ 557 ff. HGB)[9)] dennoch einen Anwendungsbereich: Die Beschlagnahme beeinträchtigt den Mieter/Charterer nicht. Über Schiffsbauwerke gibt es keinen Nutzungsvertrag, sodass hier § 21 Abs. 1, 3 ZVG generell nicht gelten kann. Für **Luftfahrzeuge** gilt dasselbe wie für Schiffe.

12 § 20 **Abs. 2** muss bei Schiffen/Schiffsbauwerken und Luftfahrzeugen **modifiziert** betrachtet werden, da sich der Beschlagnahmeumfang naturgemäß anders darstellt als bei Grundstücken und grundstücksgleichen Rechten. Der Schlüssel sind die §§ 163 Abs. 2, 170a Abs. 2 Satz 2, 171b Abs. 2 ZVG mit den Verweisen auf die an die Stelle des Grundbuchs tretenden **spezifischen Register**. Bei **Schiffen** richtet sich die Haftung inhaltlich nach den §§ 31 ff. SchiffsRG im Hinblick auf die Gläubiger von Schiffshypotheken[10)] sowie nach den §§ 596 ff., 598 HGB bzgl. der **Schiffsgläubiger.** Für **Schiffsbauwerke** bzw. **Schwimmdocks** siehe die §§ 76 ff. SchiffsRG. Für Binnenschiffe vgl. die §§ 102 ff. BinSchG, zum Rang bzw. Vorrang der Schiffsgläubiger siehe die §§ 108 f. BinSchG. Bei **Luftfahrzeugen** ergibt sich der **Haftungsumfang** aus den **§§ 31 ff. LuftFzgG.**[11)]

b) Bewahrung und Bewachung durch Treuhänder anstelle der Zwangsverwaltung

13 Eine **Beschlagnahme** zum Zwecke der Zwangsverwaltung entfällt, da es **keine Zwangsverwaltung** bei den Schiffen und Luftfahrzeugen gibt, sondern lediglich die Bewachung und Verwahrung durch einen Treuhänder, der das Schiff unter den gesetzlichen Voraussetzungen *„für Rechnung und im Namen des Schuldners"* nutzen

---

7) So zu Recht Dassler/Schiffhauer/u. a.-*Rellermeyer*, ZVG, § 162 ZVG, Rz. 50; Dassler/Schiffhauer/u. a.-*Rellermeyer*, § 171a Rz. 30.

8) Siehe insgesamt Grüneberg/*Ellenberger*, BGB, § 99 Rz. 4 m. w. N.

9) Die zitierten Bestimmungen des HGB gelten nach § 27 BinSchG (Gesetz betreffend die privatrechtlichen Verhältnisse der Binnenschiffe, Binnenschifffahrtsgesetz) auch für Binnenschiffe i. d. F. bis zu Art. 55 d. Gesetzes v. 10.8.2021, BGBl. I 2021 S. 3436.

10) Siehe BeckOK-*Cranshaw*, ZVG, § 93 Rz. 1, 28 f., 48, 52 ff.

11) Man darf dabei nicht verkennen, dass die §§ 68 ff. LuftFzgG die Erweiterung des Registerpfandrechts auf gesondert lagernde Ersatzteile von Luftfahrzeugen ermöglichen. Zu diesen Ersatzteilen gehören auch die besonders wichtigen Triebwerke und Flugzeugmotoren (vgl. § 68 Abs. 1 Satz 2 LuftfzgG), die sonderrechtsfähig sind und keine wesentlichen Bestandteile des Flugzeugs darstellen. Sie müssen keineswegs dem Flugzeugeigentümer gehören, stellen einen erheblichen Wert dar und können Gegenstand eigener Pfandrechte sein, vgl. dazu Grüneberg/*Ellenberger*, BGB, § 94 Rz. 5 a. E.; siehe BeckOK-*Cranshaw*, ZVG, § 93 Rz. 29, 53, 54.1, 54.2; siehe zu dem Thema im Einzelnen *Schmidt-Burgk/Schölermann*, WM 1990, 1137 ff.

kann (§§ 165, 171c Abs. 3 ZVG). Die Verteilung des „Reinertrages" durch das Gericht soll nach den zitierten Vorschriften freilich regelmäßig nach den „*Grundsätzen des § 155 ZVG*" erfolgen, also wie in der Zwangsverwaltung; maßgeblich ist der Rang nach den für Schiffe und Luftfahrzeuge geltenden Vorschriften.[12)]

3. Begriff der Beschlagnahme und deren Tragweite

Die vollstreckungsrechtliche Beschlagnahme bedeutet systematisch in allen Zwangsvollstreckungsfällen nach der ZPO dasselbe und damit als Folge des § 869 ZPO auch in der Zwangsversteigerung, obwohl Umfang und Inhalte von der jeweiligen Vollstreckungshandlung abhängig sind. Sie bewirkt grundsätzlich die **öffentlich-rechtliche Verstrickung,**[13)] die von dem durch die Beschlagnahme **ggf. entstehenden Pfändungspfandrecht** des Gläubigers scharf zu unterscheiden ist. Sie ist Ausdruck der hoheitlichen Staatstätigkeit, die auf die eigentumsrechtlich geschützten Vermögenswerte des Vollstreckungsschuldners zugreift und Ausdruck staatlicher Souveränität ist; der Schuldner darf über den Gegenstand nicht mehr verfügen.[14)] Die Differenzierung spielt bei der Rücknahme des Versteigerungs- oder Zwangsverwaltungsantrags eine Rolle;[15)] der BGH fordert in diesem Zusammenhang einen konstitutiv wirkenden Gerichtsbeschluss. 14

---

12) Siehe § 10 Rz. 176 ff. [*Cranshaw*].

13) Zöller/*Herget*, ZPO, § 804 Rz. 1.

14) Deshalb ist bei aller Anerkennung und Vollstreckbarkeit ausländischer Gerichtsentscheidungen nach dem Recht der Europäischen Union, z. B. nach der EuGVVO (= Brüssel I/Ia-VO) und anderen Rechtsinstrumenten (siehe § 15 Rz. 93), die tatsächliche Vollstreckung unverändert mitgliedstaatlichen Vollstreckungsbehörden, insbesondere den Gerichten, nach mitgliedstaatlichem Recht zugewiesen, mag auch der Vollstreckungstitel selbst unionsrechtlich determiniert sein, wobei insoweit freilich kein ausländischer dinglicher Duldungstitel infrage kommt, um z. B. die Immobiliarvollstreckung durchzuführen. Der Grund ist die ausschließliche Zuständigkeit der Gerichte des Belegenheitsstaats für Rechtsstreite, die „*dingliche Rechte an unbeweglichen Sachen […] zum Gegenstand haben* […]", wie aus Art. 24 Nr. 1 Unterabs. 1 Brüssel Ia-VO hervorgeht (= EuGVVO 2012). (Für das Lugano-Übereinkommen II (2007, ABl. EU L 339 v. 21.12.2007, S. 119 ff.) gilt dasselbe, siehe dort Art. 22 Nr. 1 Lugano-Übereinkommen). Allerdings muss der Beklagte und Vollstreckungsschuldner einwenden, das ausländische Urteil, das die Duldung der Zwangsvollstreckung wegen eines dinglichen Rechts an inländischem Grundbesitz anordnet, sei nicht anerkennungsfähig nach Art. 45 Abs. 1 lit. e) (2), Abs. 2, Abs. 3 Satz 1 Brüssel Ia-VO; soll aus einem solchen etwaigen Urteil vollstreckt werden, kann der Schuldner denselben Einwand gegen das Vollstreckungsverfahren geltend machen. Allerdings ist für die Entscheidung über die Rechtsbehelfe nach Art. 45 bzw. Art 46 Brüssel Ia-VO nicht das Vollstreckungsgericht zuständig, sondern das Landgericht im Bezirk des Wohnsitzes bzw. Firmensitzes des inländischen Schuldners bzw. bei Schuldnern ohne Sitz bzw. Wohnsitz im Inland das Landgericht im Bezirk des Vollstreckungsgerichts. Das Landgericht entscheidet durch den Vorsitzenden der Zivilkammer (§ 1115 Abs. 1, 2, 4 ZPO). Wurde die bis zur gegenteiligen Entscheidung des Landgerichts zulässige Zwangsvollstreckung eingeleitet, entscheidet das Landgericht durch unanfechtbare einstweilige Anordnung (§ 1115 Abs. 6 Satz 2 ZPO). Vgl. zu der Thematik der Vollstreckung aus ausländischen Titeln (der Union) auch *Cranshaw*, Anerkennung und Vollstreckung auf internationaler und europäischer Ebene – Standards und Reformüberlegungen, in: BMJV (Hrsg.), Zwangsvollstreckung und Zwangsversteigerung aktuell, 2017, S. 191 ff., 194 – 196, 203 f., 214, https://www.bmj.de (Stand: 23.5.2023).

15) Siehe § 23 Rz. 23 [*Cranshaw*]; vgl. BGH, Beschl. v. 10.7.2008 – V ZB 130/07, juris Rz. 11 f. = BGHZ 177, 218 ff.

15 In der Literatur weist u. a. *Böttcher* darauf hin, dass die Beschlagnahme ein Vorzugsrecht auf Befriedigung an dem Grundstück generiert, soweit ein persönlicher Gläubiger die Immobiliarvollstreckung nach dem ZVG betreibt. Ein dinglicher Gläubiger *„aktualisiere"* danach sein Befriedigungsrecht (vielleicht kann man eher sagen, der dingliche Gläubiger aktiviere sein bereits bestehendes Befriedigungsrecht).[16] Diese Erwägung stützt sich auf die Judikatur des Reichsgerichts (allerdings für die Zeit vor Erlass des ZVG auf der Basis des preußischen Vorgängerregelwerks), das mit nachvollziehbaren und mit der Rechtslage nach dem ZVG in Einklang stehenden Gründen bei der Vollstreckung mit dem Instrumentarium des ZVG die Entstehung eines Pfändungspfandrechts verneint,[17] das bei der Mobiliarvollstreckung kraft Gesetzes ohne Weiteres entsteht (vgl. § 804 Abs. 1 ZPO).[18] Letztlich ohne besondere Relevanz ist für die Praxis auch, dass das durch die Beschlagnahme erzeugte oder aktivierte Befriedigungsrecht ein Sondervermögen des Schuldners herstellt, an dem nur die am Verfahren (kraft Gesetzes oder Anmeldung) beteiligten Gläubiger teilnehmen.[19] Die Befriedigung in der Zwangsvollstreckung und deren Rangfolge als Folge eines hoheitlichen Aktes unterliegt stets allein den gesetzlichen Vorschriften dazu. Jeder Zwangsvollstreckungsgegenstand bildet in diesem Sinne bei jeder Vollstreckung eine Sondermasse der Vollstreckungsgläubiger ab, sobald der vollstreckungsrechtliche Zugriff erfolgt ist. Auch im Insolvenzverfahren gibt es im Einzelfall Sondermassen (z. B. als Folge des § 93 InsO).

16 Eine eigenständige Bedeutung dürfte die Verstrickung als Beschlagnahmefolge zum **Zeitpunkt der Anordnung** der Zwangsversteigerung oder Zwangsverwaltung nicht haben (wohl aber bei ihrer Beendigung, siehe oben), denn die Beschlagnahmewirkungen (§§ 20 Abs. 1, 21, 22 Abs. 2, 23 ZVG) treten erst nach dem Erlass nach näherer Bestimmung des § 22 ZVG ein. Allenfalls strafrechtlich (vgl. insbesondere § 136 Abs. 1 StGB, Verstrickungsbruch) wäre denkbar, dass der Schuldner vor der Zustellung des Anordnungs- oder Beitrittsbeschlusses (§ 22 Abs. 1 ZVG) tatbestandsmäßig handelt, weil ihm der Erlass des Beschlusses im vorstehend umrissenen Sinne bekannt, aber noch nicht zugestellt worden ist.[20]

---

16) Böttcher/*Böttcher,* ZVG, § 20 Rz. 4.

17) RG, Urt. v. 26.10.1883 – Rep. V 178/87, RGZ 19, 295 ff., 299 f. Das RG hat zu dem vormaligen (preußischen) Gesetz, betreffend die Zwangsvollstreckung in das unbewegliche Vermögen v. 13.7.1883, Gesetz-Sammlung für die Königlichen Preußischen Staaten v. 23.8.1883, PrGS 1883, S. 131 ff., entschieden. Der dortige § 16 Abs. 1 entspricht § 20 ZVG, wenn auch mit dem Unterschied, dass dort die Beschlagnahme noch ausdrücklich auszusprechen gewesen ist.

18) Zöller/*Herget*, ZPO, § 804 Rz. 1 f., 3, § 829 Rz. 16.

19) Böttcher/*Böttcher*, ZVG, § 20 Rz. 4; RG, Urt. v. 20.10.1933 – II 30/33, RGZ 142, 85 ff., 98 f. (keine Schaffung einseitiger Vorrangstellung in der Zwangsverwaltung allein durch Vertragsbedingungen eines Wasserversorgers).

20) Kennt der Schuldner den erlassenen Beschluss nicht, kann er nicht vorsätzlich handeln und den nur vorsätzlich begehbaren Straftatbestand nicht verwirklichen (vgl. §§ 15, 16 Abs. 1 Satz 1 StGB). Erforderlich ist daher die Zustellung. Die Problematik des § 136 Abs. 1 StGB besteht darin, dass die Versteigerung (ebenso wie die Eröffnung des Insolvenzverfahrens) keine tatsächliche Inbesitznahme des Vollstreckungsgegenstandes fordert, eine Folge des § 20 ZVG, die aber auch nicht *„zwingend erforderlich ist"*; vgl. insgesamt dazu Satzger/Schluckebier/Widmaier/*Geneuss*, StGB, § 136 StGB Rz. 2, 4 ff., Rz. 7 (Beschlagnahme, Hinweis auf § 20 ZVG), Rz. 8, 9; BGH, Urt. v. 11.10.1960 – 5 StR 333/60, BGHSt. 15, 149 f. Die Verstrickung ohne Besitznahme tritt auch bei der Anordnung der Zwangsverwaltung ein, wie aus den §§ 146 Abs. 1, 20 Abs. 1 ZVG abzuleiten ist.

- der Beschlagnahme im Rahmen der **Zwangsverwaltung**,
- der Beschlagnahme zugunsten eines Gläubigers, der aufgrund **persönlichen Titels** gepfändet hat, und schließlich
- in Konkurrenz zu einem etwa bereits bestehenden oder künftig eröffneten **Insolvenzverfahren**.

In **Konkurrenz** stehen damit (1) das **Ausscheiden der rechtsgeschäftlich zedierten** oder verpfändeten **Forderung** aus dem **haftenden Vermögen** des Zedenten (solange der Sicherungszweck nicht erledigt ist), (2) das (vollstreckungsrechtliche) **Prioritätsprinzip**, (3) die Folgen des **Haftungsverbands** der Hypothek (sowie der Grundschuld und der Rentenschuld), **§ 865 ZPO**, und das (4) **insolvenzrechtliche Vollstreckungsverbot** des § 89 InsO, (5) die **Rückschlagsperre** gemäß § 88 InsO sowie (6) im Ergebnis auch das **Insolvenzanfechtungsrecht** (§§ 129 ff. InsO). Dort ist insbesondere § 141 Fall 2 InsO zu erwähnen, wonach eine Rechtshandlung auch dann angefochten werden kann, wenn sie durch **Zwangsvollstreckung** bewirkt worden ist, sogar dann, wenn die Vollstreckung auf einem selbst wiederum nicht anfechtbaren Titel beruht. Im Verhältnis zum Zessionar stellt sich die Frage der zeitlichen Priorität und deren Folgen. 28

Diese **Konkurrenzen** sind, u. a. unter Beachtung des § 49 ZVG, wie folgt **aufzulösen**:[28)] 29

(1) Der **Mietzessionar** hat bei einer Gesamtbetrachtung der Konkurrenzen die **relativ schwächste Position**. Im eröffneten **Insolvenzverfahren** wird die Mietabtretung spätestens in dem der Insolvenzeröffnung folgenden Monat unwirksam, §§ 1124 Abs. 2 BGB, 110 Abs. 1 InsO;[29)] diese Vorschrift **verdrängt** in ihrem **Anwendungsbereich** § 91 InsO, sodass die Unwirksamkeit der Mietzession nach Ablauf des dortigen begünstigten Zeitraums eintritt.[30)] Unabhängig davon ist die etwa mögliche Insolvenzanfechtung zu betrachten.[31)] Im Verhältnis zur Pfändung der Miete/Pacht aufgrund **persönlichen Titels** ist die zeitliche Priorität entscheidend, sodass der vorausschauende Zessionar **insoweit** erfolgreich ist. Bei **Zwangsverwaltung** oder **dinglicher Pfändung** ist die Mietzession ab Anordnung erfolglos (siehe auch im Folgenden). Sogar der Mietzessionar, der **zugleich** Grundpfandgläubiger ist,[32)] kann dadurch insolvenzrechtlich keinen Vorteil für sich geltend machen. Ihm bleiben, soweit nicht darüber hinaus anfechtbar, die Mieten bis höchstens dem auf die Beschlagnahme folgenden Monat (§ 1124 Abs. 2 BGB). Wann das Grundpfandrecht im Grundbuch eingetragen worden ist, vor oder nach

---

28) Vgl. den Überblick bei HK-*Lohmann*, InsO, § 49 Rz. 5–18, zu Miet- und Pachtforderungen siehe Rz. 12–14; vgl. ferner bei MünchKomm-*Ganter*, InsO, § 49 Rz. 13 f., 25; zu Miet- und Pachtforderungen siehe Rz. 26–30a.

29) Vgl. BGH, Urt. v. 9.6.2005 – IX ZR 160/04, BGHZ 163, 201 ff., Ls. a), b), vgl. u. a. die Anm. *Gratias*, BGHReport 2005, 1231 f.

30) BGH, Urt. v. 25.4.2013 – IX ZR 62/12, ZfIR 2013, 542 ff., Rz. 25 m. w. N., Rz. 27 = ZIP 2013, 1082 ff. = ZInsO 2013, 1081 ff., m. Anm. *Flatow*, jurisPR-MietR 15/2013, Anm. 6.

31) Vgl. OLG Brandenburg, Urt. v. 21.11.2007 – 7 U 67/07, juris Rz. 17, 22 ff. m. w. N. = ZInsO 2008, 211 ff. m. Anm. *Cranshaw*, jurisPR-InsR 6/2008, Anm. 5.

32) Gerade gegenteilig noch BGH, Urt. v. 9.11.2006 – IX ZR 133/05, ZfIR 2007, 465 f. = Rpfleger 2007, 219 f. = ZIP 2007, 35 ff., Rz. 9, ff.; die Beschlagnahme war nach dieser Entscheidung nicht ausschlaggebend für die hypothekarische Haftung.

der Abtretung, spielt ebenfalls keine Rolle.[33] Ausgenommen sind die **Miet-/Pachtrückstände**, die unter **§ 1123 BGB** subsumiert werden können. Wird die Zwangsverwaltung aufgehoben, entfaltet die Mietzession wieder Wirksamkeit, da die Beschlagnahme endet, allerdings nicht bezüglich der vom Zwangsverwalter bereits vereinnahmten Beträge, die (ggf.) dem Schuldner zustehen.[34]

(2) Die Sicherung der **laufenden schuldrechtlichen Nutzungsentgelte wie** Miete und Pacht durch **Zwangsverwaltung** auf der Basis eines **Duldungstitels**, dem ein **insolvenzfestes dingliches Recht** am Grundstück zugrunde liegt, ist als Folge des § 49 ZVG **unproblematisch** und das geeignetste Verfahren, die Miete sicherzustellen; § 1124 Abs. 2 BGB *„schränkt das Prioritätsprinzip ein."*[35] Der Gläubiger ist bei konkurrierenden Grundpfandrechten an die Rangfolge des § 10 ZVG außerhalb der Wertungen des § 155 Abs. 2 ZVG gebunden.[36]

(3) Die **dingliche Pfändung** von Miete/Pacht aufgrund **Duldungstitels** durch Pfändungs- und Überweisungsbeschluss **obsiegt** gegenüber der **Zession und** gegenüber der **Mietpfändung** aufgrund **persönlichen Zahlungstitels**, unabhängig von der zeitlichen Abfolge der konkurrierenden Maßnahmen der verschiedenen Gläubiger, da sich insoweit die Haftung nach den §§ 1123, 1124 BGB durchsetzt.[37] Das Prioritätsprinzip gilt angesichts der hypothekarischen Haftung **nicht** (siehe oben).[38] Gegenüber der **Zwangsverwaltung versagt** das Instrument der „Mietpfändung" generell, unabhängig, ob ein dinglicher[39] oder (erst recht) ein persönlicher Titel deren Grundlage ist.[40] Ebenso ist es im **Insolvenzverfahren erfolglos**, weil § 49 InsO die Einzelvollstreckung trotz eröffneten Insolvenzverfahrens und entgegen

33) BGHZ 163, 203 ff.

34) A. A. Dassler/Schiffhauer/u. a.-*Engels*, ZVG, § 148 Rz. 16; das dort zutreffend herangezogene Urteil des BGH v. 13.10.2011 – IX ZR 188/10, ZInsO 2012, 43 ff. = Rpfleger 2012, 163 ff. = ZfIR 2012, 68 ff., trägt aber nur für die beim Zwangsverwalter vorhandenen Überschüsse, nachdem die Zwangsverwaltung zurückgenommen wurde, nicht für die Mietabtretung künftig entstehender Mietansprüche, vgl. BGH, IX ZR 188/10, Rz. 24 ff. Ähnlich wie hier hat der BGH in dem Urteil v. 18.4.2013 – IX ZR 165/12 – ZIP 2013, 1181 ff. bzgl. künftig entstehender Forderungen aus einer Sicherungszession der Honoraransprüche eines Arztes die Konvaleszenz der Abtretung bejaht, nachdem die selbstständige Tätigkeit nach § 35 Abs. 2 InsO freigegeben war. Für die relative Unwirksamkeit nach Maßgabe der Beschlagnahme im Verfahren nach dem ZVG kann kein weitergehender Maßstab der Unwirksamkeit gelten.

35) BGHZ 163, 201 ff., 206, 208.

36) Zu den Rangklassen 3 und 4 siehe § 10 Rz. 79, 89, 96 ff., 131 [*Cranshaw*].

37) Auf den Umstand, dass beide Pfändungstypen solche in das bewegliche Vermögen des Schuldners sind und nach den Vorschriften über die Forderungspfändung gemäß den §§ 829 ff. ZPO bewirkt werden, kommt es nicht an. Zum Vorrang der dinglichen Pfändung gegenüber der Pfändung aufgrund persönlichen Titels vgl. BGH, Urt. v. 13.3.2008 – IX ZR 119/06, NJW 2008, 1599 ff.

38) BGHZ 163, 201 ff., 208, siehe oben, unter Hinweis auf RG, Urt. v. 4.11.1921 – VII 134/21, RGZ 103, 137 ff., 139 f.; mehrere Beschlagnahmen führen zum Rangverhältnis des § 879 BGB; ebenso OLG Saarbrücken, Beschl. v. 24.6.1992 – 5 W 184/91, juris Rz. 21 = Rpfleger 1993, 80 f.

39) BGH, Beschl. v. 13.7.2006 – IX ZB 301/04, BGHZ 168, 339 ff. = ZfIR 2007, 206 ff. = Rpfleger 2006, 549 ff.

40) LG Braunschweig, Urt. v. 6.10.1995 – 1 O 194/95, ZIP 1996, 193 f. (Folgerung aus § 1124 Abs. 2 BGB).

Für **gewerbliche Betriebe** definiert § 98 Nr. 1 BGB sehr lückenhaft Zubehörstücke als die in einem für den dauernden Betrieb eingerichteten Gebäude zur Verfügung stehenden *„Maschinen oder sonstigen Gerätschaften"* des Betriebs 66

- einer Mühle,
- einer Schmiede,
- einer Fabrik und
- eines Brauhauses.

Die relevanten Merkmale sind aus § 97 BGB zu gewinnen, da der Terminus *„Fabrik"* heute keine konkret verwendbare Aussage enthält und von den anderen Begriffen von Gewerbebetrieben allenfalls der der Brauerei (*„Brauhaus"*) spezifisch erscheint. Unter „Maschinen und Gerätschaften" lassen sich jedoch auch sämtliche modernen betrieblichen Einrichtungen wie die Anlagen und Einrichtungen der digitalisierten Betriebe und Unternehmen subsumieren, nach der hier vertretenen Meinung u. a. vom IT-Zentrum bis hin zu den NoteBooks, Smartphones, Monitoren, Druckern usw. der Organmitglieder und Mitarbeitenden der Unternehmen im Eigentum des Unternehmensträgers. Die Nutzung im Homeoffice der Organmitglieder und Mitarbeiter ändert daran nichts. 67

Die Enthaftung des Zubehörs ist nach § 1122 Abs. 2 BGB auch ohne Veräußerung und Entfernung durch bloße Trennung **vor der Beschlagnahme** möglich, wenn dies **ordnungsgemäßer Bewirtschaftung** entspricht (z. B. im Rahmen der Ersatzbeschaffung).[75] 68

bb) Zubehör im Fremdeigentum

Bedeutender ist der Umstand, dass „Zubehör" i. S. d. §§ 97 f. BGB ebenso wenig wie i. S. d. §§ 1120–1122 BGB notwendig im Eigentum des Eigentümers der Hauptsache stehen muss, dem es gewidmet ist. Auch im **fremden Eigentum stehende Zubehörstücke** sind der **Beschlagnahme und Versteigerung** unterworfen. 69

Es ist **nicht** einmal vollständig ausgeschlossen, dass **Scheinbestandteile** (§ 95 BGB) im Einzelfall **Zubehörstücke** sind. 70

Verfahrensrechtlich findet das seinen Niederschlag in **§ 55 ZVG.** Die Versteigerung umfasst nach **§ 55 Abs. 1 ZVG** alle zum Termin noch wirksam beschlagnahmten Gegenstände, nach **§ 55 Abs. 2 ZVG** auch Zubehörstücke im Eigentum eines Dritten, wenn nur der Schuldner oder der an seine Stelle getretene neue Eigentümer Besitzer sind; dem **Dritten** obliegt es, sein Eigentumsrecht nach **§ 37 Nr. 5 ZVG** als ein der Versteigerung entgegenstehendes Recht anzumelden. Unterbleibt die Anmeldung, 71

---

75) Prütting/Wegen/Weinreich-*Waldner*, BGB, § 1122 Rz. 3, der zu dem Stichwort „Ehemaliges Zubehör" zutreffend herausarbeitet, dass es nicht darauf ankommt, ob der als Ersatz beschaffte Gegenstand (z. B. Maschine, Traktor des landwirtschaftlichen Betriebs usw.) im Eigentum des Grundstückseigentümers steht und ob der Grundpfandgläubiger darauf Zugriff nehmen könnte als Folge der Zubehörhaftung. Eigentumsvorbehalt und Finanzierungsleasing seien dafür Beispiele, Verweis auf *Reischl*, AgrarR 1997, 277. Allerdings gilt das auch für das verbreitete Operate Lease für die i. d. R. kurzfristigere Nutzung des geleasten Gegenstandes.

tritt Eigentumsverlust ein, der durch Teilhabe am Steigerlös als dingliches Surrogat des Eigentums kompensiert wird.[76)]

cc) Die sog. „Anwartschaften"

72 In der Literatur werden **Anwartschaften** auf den Eigentumserwerb insbesondere von Zubehör im Rahmen des § 20 ZVG diskutiert. Der wesentliche Sachverhalt betrifft die heute nahezu ausnahmslose Lieferung von beweglichen Wirtschaftsgütern unter Eigentumsvorbehalt (§ 449 BGB), der üblicherweise Teil der Verkäufer-AGB ist. Wird das Betriebsgrundstück versteigert und stellt die gelieferte Sache (Maschine usw.) ein Zubehörstück dar, bezüglich dessen der Kaufpreis noch nicht bezahlt ist, so gilt Folgendes: Der Schuldner hat aufschiebend bedingtes Eigentum erworben, dessen Erstarkung zum Volleigentum ihm der Lieferant nur streitig machen kann, indem er vom Kaufvertrag zurücktritt, § 449 Abs. 2 BGB. Im eröffneten Insolvenzverfahren muss der Insolvenzverwalter des Käufers (= Vollstreckungsschuldner der Versteigerung) sein Wahlrecht, den Kaufvertrag zu erfüllen (§ 103 InsO), im Allgemeinen erst nach dem Berichtstermin (§ 29 Abs. 1 Nr. 1 InsO) ausüben (§ 107 Abs. 2 Satz 1 InsO). Bis zur effektiven Beendigung des Kaufvertrages hat der Käufer und Vollstreckungsschuldner ein durch den **Verkäufer nicht mehr entziehbares Anwartschaftsrecht** auf den Eigentumserwerb des Zubehörstücks. Dieses Anwartschaftsrecht wird mit versteigert, da es Gegenstand des Haftungsverbands der Hypothek ist.

73 **Beispiel:** Ein typisches **Beispiel** aus der Judikatur des BGH, das sehr praxisnah ist, lässt sich wie folgt umreißen:[77)] Ein Hotelgebäude wird für den Eigentümer (und Hotelbetreiber) von einer Bank gegen Sicherheit durch Grundpfandrecht finanziert. Das Inventar (= Zubehör des Hotels) liefert danach ein Möbelhaus (oder Möbelhersteller) unter üblichem Eigentumsvorbehalt. Der Schuldner zahlt später den Kaufpreis aus von derselben Bank gewährten Finanzierungsmitteln. Ein anderer Gläubiger gewährt ihm ebenfalls Kredit und erhält die Sicherungsübereignung des Inventars und zwar noch vor Kaufpreiszahlung. Die finanzierende Bank betreibt die Zwangsversteigerung und stellt sich auf den Standpunkt, das Inventar sei mit zu versteigern. Der Sicherungseigentümer verfolgt gegen die Bank die Klage auf Unzulässigkeit der Zwangsversteigerung in das Zubehör nach **§ 771 ZPO**.

74 Die Problematik dieser Konkurrenz zweier Prätendenten ist aus dem Blick des BGH wie folgt zu lösen: Der Sicherungseigentümer erwirbt das Anwartschaftsrecht des Grundstückseigentümers zwar, aber mit der Haftung nach den §§ 1120 ff. BGB belastet, sodass die Klage des Sicherungseigentümers erfolgslos bleiben musste.[78)]

75 Dem **Vorbehaltseigentümer**, dessen Kaufpreis nicht bezahlt wurde, steht im Versteigerungsverfahren auf Anmeldung aber ein die Versteigerung hinderndes Recht zur Seite, nämlich sein (vorbehaltenes) Eigentum. Die Klage nach § 771 ZPO gegen den betreibenden Gläubiger, der sich der „Freigabe" verweigert, gewinnt er.

---

76) BeckOK-*Huber*, ZVG, § 37 Rz. 44 ff. („Rechte Dritter") und Rz. 42 f.

77) Der Sachverhalt entspricht demjenigen, der dem Urteil des BGH v. 10.4.1961 – VIII ZR 68/60, BGHZ 35, 85 ff. zugrunde lag.

78) BGHZ 35, 85 ff. (siehe Fn. 77).

dd) Probleme des Rechtsstreits um die Zubehöreigenschaft für das Versteigerungsverfahren

Verfahrensunökonomisch aus dem Blick des Versteigerungsverfahrens ist unbefriedigend, dass der Streit um die Zubehöreigenschaft, also um die grundpfandrechtliche Haftung bzw. den Eigentumserwerb des Erstehers (und dessen Gebot), vor dem **Prozessgericht** nach § 771 ZPO zu führen ist, woraus im Einzelfall Unsicherheiten im Versteigerungstermin resultieren. Dem Vollstreckungsgericht bleibt nur im Ausnahmefall die einstweilige Anordnung zum Schutz des Klägers der Drittwiderspruchsklage des § 771 ZPO (siehe § 769 Abs. 2 ZPO), die ansonsten dem Prozessgericht obliegt (§§ 771 Abs. 3, 769 Abs. 1, 770 ZPO).[79] 76

f) Beispiele von Bestandteilen, Erzeugnissen und Zubehör[80]

aa) Kurzüberblick

Kommentarliteratur und Judikatur zeigen, dass klar abgegrenzte Fallgruppen kaum gebildet werden können. Die technische sowie die ökonomische Entwicklung der Wirtschaft einschließlich der Fertigungstechniken führen zur Veränderung der überkommenen Betrachtung der verschiedenen Begrifflichkeiten. Die zunehmende Digitalisierung wird zu weiteren Umwälzungen führen. Insbesondere dann, wenn **Gebäude** zu einem bestimmten Zweck errichtet und mit evtl. **angepassten Einrichtungen** versehen werden, ist die Frage des Bestandteils oder Zubehörs häufig nicht eindeutig zu beurteilen. Die einschlägige Kasuistik kann dann nach der hier vertretenen Auffassung nur Anhaltspunkte liefern. Die Rechtsprechung steht seit dem Reichsgericht zudem nicht ohne Grund auf dem Standpunkt, der Tatrichter habe ein weites Ermessen bei der Frage, *„was im Einzelfall als Zubehör anzusehen“* sei.[81] Der Grundpfandgläubiger wird daher unabhängig von der Streitfrage der Sonderrechtsfähigkeit oder der Zubehöreigenschaft beweglicher Sachen regelmäßig die Sicherungsübereignung dieser Sachen anstreben, ungeachtet dessen, ob sie vielleicht unwirksam ist oder erfolglos bleiben wird.[82] Damit wird jedenfalls eine Rechtsposition geschaffen, die im Verfahren gemäß § 37 Nr. 5 ZVG genutzt werden kann. 77

bb) Mobilienleasing

Hinzu kommt die weite Verbreitung von **Mobilienleasing**, wobei seitens der (Grundpfand)Gläubiger des Leasingnehmers keineswegs stets mit einem Anwartschafts- 78

---

79) Siehe den Überblick bei Böttcher/*Böttcher*, ZVG, § 29 Rz. 21 m. w. N. aus der Judikatur.

80) Der folgende Überblick anhand von Beispielen folgt den Katalogen bei Grüneberg/*Ellenberger*, BGB, § 93 Rz. 5 ff., § 95 Rz. 3 ff.; § 96, § 97 Rz. 2 ff., 11; § 98 Rz. 4, § 99 Rz. 3, 4, § 100 Rz. 1; Prütting/Wegen/Weinreich-*Völzmann-Stickelbrock*, BGB, jeweils Beispiele aus der Rechtsprechung, § 93 Rz. 7 ff.; 94 Rz. 8–10; 95 Rz. 6; 97 Rz. 10 f.; 99 Rz. 2–6 (zu den Sach- und Rechtsfrüchten); siehe auch BeckOK-*Cranshaw*, ZVG, § 93 Rz. 38–45 (zum Zubehör); Dassler/Schiffhauer/u. a.-*Hintzen*, ZVG, § 20 Rz. 7–23, 49–52, zu Fremdzubehör siehe Rz. 53–55.

81) Siehe dazu BGH, Urt. v. 14.12.2005 – IV ZR 45/05, BGHZ 165, 261 ff., 265 (Einrichtung eines Gebäudes für einen gewerblichen Betrieb); BGH, Vers. Urt. v. 20.11.2008 – IX ZR 180/07, Rpfleger 2009, 253 = NJW 2008, 1078, Rz. 15 (Zubehöreigenschaft einer Einbauküche, siehe oben).

82) Er wird sie allerdings als Folge unklarer Rechtslage intern nicht gesondert als werthaltig bewerten.

recht des Leasingnehmers und Grundstückseigentümers auf Erwerb der geleasten Mobilien durch Vereinbarung einer Kaufoption mit dem Leasinggeber gerechnet werden darf. Damit geht es beim Zubehör und den nicht wesentlichen Bestandteilen sehr häufig um Gegenstände im **fremden Eigentum.**

cc) Beispiele wesentlicher Bestandteile

79 Als **wesentliche Bestandteile** wurden in der Praxis z. B. angesehen bzw. können angesehen werden:

- **Infrastrukturnetze** von Strom, Gas, Fernwärme, Wasser, Abwasser, Glasfaserkabelnetze usw. **auf eigenem Grund und Boden** des Infrastrukturbetreibers zur Weiterleitung an Endnutzer („öffentliche Netze").
- **Versorgungsleitungen** auf Grundstücken bei Eigenerzeugung von Energie[83] (und Prozessdampf[84] für eigene betriebliche Zwecke sowie Transportbänder u. Ä. (etwa auf einem Flughafen, der ohne solche Transportbänder nicht betrieben werden kann), soweit nicht ausnahmsweise Zubehör.
- **Schiffsantriebe** (umstritten) analog § 94 Abs. 2 BGB (Grundstücke); bei den Antriebspods moderner Schiffe kann man davon nicht mehr ausgehen, es handelt sich vielmehr um Zubehör (siehe dort).[85]
- Ob das **Notstromaggregat** in einer Diskothek (Krankenhaus, Bank, Hotel usw.) wirklich wesentlicher Bestandteil sein muss oder ob es nicht ggf. Zubehör ist, ist allein wertender Betrachtung (des § 94 Abs. 2 BGB) geschuldet.[86]
- **Zentralheizungsanlagen** und **Warmwasserspeicher, Stromspeicher, Wärmespeicher,** einschließlich einer zugehörigen (sogar etwas entfernten) **Wärmepumpenanlage**[87] in (modernen) Wohngebäuden[88] und erst recht in zu öffentlichen Zwecken oder Gewerbezwecken genutzten Gebäuden (z. B. Bürogebäude, Krankenhäuser, Altenheime, Schul- und Gerichtsgebäude). Die aktuelle Gesetzgebung (Frühjahr 2023) setzt insbesondere auch auf Wärmepumpenanlagen zur energetischen Sanierung von Wohngebäuden, der Bedarf danach steigt erheblich an.

---

83) Grüneberg/*Ellenberger*, BGB, § 93 Rz. 6b a. E. m. w. N.

84) Der BGH hat bei einer Dampferzeugungsanlage, die insbesondere Energie für die Produktion erzeugte (und nur z. T. für die Heizung), die Eigenschaft als wesentlicher Bestandteil verneint, BGH, Urt. v. 31.1.1986 – V ZR 166/85, juris = JZ 1987, 675 ff. = WM 1987, 47 f. Prozessdampf ist u. a. von entscheidender Bedeutung für Produktionsprozesse u. a. in der chemischen Industrie, Papierindustrie usw.

85) Siehe ferner BeckOK-*Cranshaw*, ZVG, § 93 Rz. 53 m. w. N.

86) BGH, Urt. v. 10.7.1987 – V ZR 285/86, juris Rz. 10 f. = NJW 1987, 3178 ff.; *„großes Hotel"*. Argument ist die Notwendigkeit der ununterbrochen aufrechtzuerhaltenden Stromversorgung durch das gelieferte Diesel-Notstromaggregat im Hinblick auf Notbeleuchtung und Notrufanlagen; das Gebäude sei ohne diese Anlage nicht als fertiggestellt zu betrachten. Das OLG Saarbrücken, Urt. v. 2.5.2001 – 1 U 682/00, juris Rz. 15 = NJW-RR 2001, 1632 f., *Diskothek,* verwendet dieselbe Argumentation wie der BGH.

87) BGH, Urt. v. 15.11.1989 – IVa ZR 212/88, juris = NJW-RR 1990, 158 f.

88) OLG Saarbrücken, 1 U 682/00, juris Rz. 13, unter Zitierung der vorausgehenden BGH-Judikatur; bei *„Warmwasserspeichern"* gelte das nur *„in einigen Gegenden"*. Heute gehört Zentralheizung mit Warmwasserversorgung zum Standard, anders ausgerüstete neuere Gebäude gibt es nicht, sodass Heizung-/Warmwasseranlagen stets wesentliche Bestandteile sind.

- **Ein Überbau**, sofern er nach § 912 BGB **geduldet** werden muss.[89)]
- Bei **Gebäuden generell alle Bauteile**, ohne die das Bauwerk nicht als **betriebsfertig** angesehen werden kann, § 94 BGB.[90)]
- Bei **Gebäuden** daher auch **Leuchtanlagen, Belüftungs-/Klimatechnik** und **Überwachungstechnik**, jedenfalls bei spezifischer Zurüstung für das Gebäude, abhängig von seiner Zweckbestimmung.[91)]

dd) Beispiele nicht wesentlicher Bestandteile

Als **nicht wesentliche Bestandteile** wurden u. a. beurteilt bzw. darf man beurteilen: 80

- **Triebwerke** und sonstige Antriebe von Flugzeugen, soweit man sie nicht dem Zubehör zuordnet,[92)]
- **Bierausschank** in Restaurant, Imbiss, Bar usw.; **Brauanlage** auf einem Kreuzfahrtschiff
- **Gastank,**
- **Serieneinbaumöbel.**

ee) Scheinbestandteile

Als **Scheinbestandteile** wurden außerhalb der rechtssicheren Begründung von Scheinbestandteilen aufgrund dinglicher Rechte (§ 95 Abs. 1 Nr. 2 BGB) beispielsweise betrachtet bzw. sind zu betrachten: 81

- **Infrastrukturnetze** von Strom,[93)] Gas, Wasser,[94)] Abwasser, Telekommunikation[95)] (Glasfaser usw.), Fernwärme, Sendemasten usw. **auf fremdem Grund und Boden**, z. B. aufgrund (obligatorischen) Rechtsverhältnisses des Berechtigten. Bei Versorgungsleitungen von öffentlichen Versorgern auf Nutzergrundstücken sorgen die einschlägigen Verordnungen über Allgemeine Bedingungen für die Versorgung für die Scheinbestandteilseigenschaft.[96)]

---

89) Dassler/Schiffhauer/u. a.-*Hintzen*, ZVG, § 20 Rz. 10; Prütting/Wegen/Weinreich-*Lemke*, BGB, § 912 Rz. 2 f., 8 f., 13–15.

90) Vgl. Grüneberg/*Ellenberger*, BGB, § 94 Rz. 5–7; ob dies der Fall ist, beantwortet sich anhand einer Wertung des Einzelfalls.

91) Z. T. abgeleitet aus den Beispielen bei Grüneberg/*Ellenberger*, BGB § 93 Rz. 5–8 m. w. N.

92) Vgl. BeckOK-*Cranshaw*, ZVG § 93 Rz. 54; *Schmidt-Burgk/Schölermann*, WM 1990, 1143.

93) Vgl. RG, Urt. v. 2.6.1915 – Rep V 19/15, RGZ 87, 43 ff., 50.

94) BGH, Urt. v. 2.12.2005 – V ZR 35/05, BGHZ 165, 184 ff. = ZfIR 2006, 762 f. m. Anm. *Götting*, ZfIR 2006, 762 = NJW 2006, 990 ff. Grund war der Wechsel des Versorgungsträgers, die Wasserleitung befand sich vor dem Wechsel in einem Eigentumsgrundstück des früheren Versorgers, einer Kommune; BGH, Urt. v. 11.7.1962 – V ZR 175/60, BGHZ 37, 353 ff., „*Ruhrschnellweg*".

95) OLG Stuttgart, Urt. v. 1.10.2012 – 5 U 180/11, WKRS 2012, 25080 = VersR 2013, 638.

96) Siehe im Einzelnen Grüneberg/*Ellenberger*, BGB, § 95 Rz. 6 m. w. N. zu den einzelnen Regelungen, z. B. § 8 AVBWasserV, BGBl. 1980 I S. 750 bis zur Verordnung v. 11.12.2014, BGBl. 2014 I S. 2010 oder § 8 NADV (Gasversorgung in Niederdruck), BGBl. 2006 I S. 2477, 2485 bis zu Art. 1 d. Verordnung v. 1.11.2021 BGBl. I 2021 S. 4786 bzw. § 8 NAV (Elektrizitätsversorgung), BGBl. 2006 I S. 2477 bis zu Art. 3 d. Gesetzes v. 19.7.2022, BGBl. I 2022 S. 1214.

- **Leichtbauhallen, Gebäude**, die vom Mieter/Pächter bzw. sonstigen Nutzer aufgrund schuldrechtlicher Befugnis errichtet wurden; auf eine nicht massive Bauweise kommt es aber **nicht** an. Umgekehrt mag massive Bauart freilich Indiz dafür sein, dass man in Wahrheit gerade nicht den Abbau nach Beendigung der Nutzungsfrist im Auge hatte. In der Praxis handelt(e) es sich häufig um Leichtbauhallen in Hafenbetrieben.
- **Wochenendhaus** nach vorheriger Umwidmung eines dauerhaften Gebäudes zu vorübergehendem Zweck.[97]
- **Kritisch** ist die Eintragung einer **beschränkten persönlichen Eigentümerdienstbarkeit** zum Zwecke der **nachträglichen Umwidmung** eines wesentlichen Bestandteils (Solaranlage) in einen **Scheinbestandteil.**[98]
- **Windkraftanlage;**[99] das OLG Schleswig hat es für unbeachtlich gehalten, ob eine beschränkte persönliche Dienstbarkeit zur (dinglichen) Sicherung der Scheinbestandteilseigenschaft der Anlage bereits eingetragen war, wenn dies nur *„von vornherein gewollt und notariell vereinbart war und im Ergebnis auch erfolgt ist."*[100]
- Bei der **nachträglichen** *„Umwidmung"* ist allerdings zu beachten, dass sie als Folge des § 1121 BGB für den Hypothekar bzw. den Gläubiger, der Befriedigung mit den Instrumenten des ZVG sucht, ohne Folgen bleibt, wenn nicht der frühere wesentliche Bestandteil vor der Beschlagnahme entfernt wird; die Veräußerung genügt nicht.

ff) Zubehör

82 Als **Zubehör** wurden etwa gewertet bzw. sind zu werten:

- **Einbauküchen**, die sowohl im privaten Bereich eine Rolle spielen als auch im gewerblichen Bereich („Teeküchen", „Betriebsrestaurants", „Cafeteria" und „Kantine"). Im **Privatbereich** können regionale Unterschiede bestehen, einer verbreiteten Auffassung, der der BGH zu IX ZR 180/07 nicht entgegengetreten ist. Gewerbliche Kücheneinrichtungen sind natürlich wie die **Büroeinrichtung** Zubehör des Gebäudes, im Regelfall aber wohl nicht wesentlicher Bestandteil. Hier wird man insgesamt dieselben Maßstäbe anlegen wie bei Maschinenanlagen.

---

97) OLG Celle, Beschl. v. 22.5.2007 – 4 U 41/07, juris = ZfIR 2007, 774 = ZMR 2007, 691 f.

98) Ablehnend OLG München, Beschl. v. 30.9.2011 – 34 Wx 328/11, juris = DNotI-Report 2011, 172 ff. = ZfIR 2011, 839 (Ls.) = BauR 2012, 142 (Ls.). Der Eigentümer verfolgte die Eintragung einer Eigentümerdienstbarkeit, um die auf dieser Grundlage errichtete Solaranlage zu finanzieren. Die Bank sollte die Sicherungsübereignung der Solaranlage erhalten sowie eine Vormerkung für eine beschränkte persönliche Dienstbarkeit, um den Betrieb der Solaranlage und den Erhalt der Einspeisevergütung nach dem EEG zu sichern, sollte der Anlagenbetreiber insolvent werden. Zur Besicherung von Finanzierungen für derartige Anlagen erneuerbarer Energie, die im Konkurrenzverhältnis zum Grundpfandrecht und den §§ 1120 ff. BGB stehen, siehe den Überblick bei *Cranshaw*, in: Sladek/Heffner/Graf Brockdorff, S. 31 ff., 63–68, Tz. 371, 373 m. w. N.

99) OLG Schleswig, Urt. v. 26.8.2005 – 14 U 9/05, juris = WM 2005, 1909 ff.; *Cranshaw*, in: Sladek/Heffner/Graf Brockdorff, S. 64, Tz. 3.7.1.1.

100) OLG Schleswig, Urt. v. 26.8.2005 – 14 U 9/05, juris Rz. 58 f.; *Cranshaw*, in: Sladek/Heffner/Graf Brockdorff, S. 64.

für den Pächterschutz des Absatzes 3, wenn auch die Pacht nach Bürgerlichem Recht weiter ausgreift (vgl. § 581 BGB), wobei jedoch der Landpachtvertrag (§§ 585 ff. BGB) breiten Raum einnimmt. § 21 Abs. 2 BGB nimmt die Miet- und Pachtforderungen sowie die dem Eigentümer als solchem zustehenden wiederkehrenden Leistungen von der Beschlagnahme in der Versteigerung aus. § 21 ZVG muss parallel zu § 20 ZVG betrachtet werden, der bestimmt, dass mit dem Anordnungsbeschluss (dasselbe gilt gemäß § 27 ZVG für den Beitrittsbeschluss) der Grundbesitz als beschlagnahmt fingiert wird („*Der Beschluss* [...] *gilt zugunsten* des Gläubigers als Beschlagnahme", § 20 Abs. 1 ZVG). § 20 ZVG ist etwas unglücklich formuliert, da die Beschlagnahmewirkung keineswegs bereits dann eintritt, wenn der Anordnungsbeschluss aus dem inneren Bereich des Versteigerungsgerichts nach außen gelangt ist,[1] sondern erst, wenn die Beschlagnahme nach § 22 Abs. 1 ZVG wirksam geworden ist. Die **Beschlagnahmewirkung** wiederum folgt aus § 20 Abs. 2 ZVG, der seinerseits normativ auf den Umfang der hypothekarischen Haftung des materiellen Rechts verweist. Die Beschlagnahme umfasst danach alle Gegenstände nach den §§ 1120 ff. BGB. Der grundpfandrechtlichen Haftung unterliegen „*Erzeugnisse, Bestandteile, Zubehör*" (§ 1120 BGB, §§ 94 ff. BGB), die „*Miet- oder Pachtforderung*" (§ 1123 BGB), Ansprüche des Eigentümers in dieser Funktion auf „*wiederkehrende Leistungen*" (§ 1126 BGB) und Versicherungsforderungen (§§ 1127 ff. BGB).[2] Spiegelt man den Text des § 21 ZVG an § 20 ZVG, so zeigt sich, dass § 21 ZVG weitgehende Ausnahmen von der Beschlagnahme des § 20 ZVG in sich birgt. Der Zweck des § 21 ZVG zeigt sich allerdings erst, wenn man die Vorschrift des § 24 ZVG heranzieht, wonach dem Eigentümer und Vollstreckungsschuldner der Besitz des Vollstreckungsgegenstandes bleiben soll. Damit würde eine umfassende Beschlagnahme nicht harmonieren. Aus diesem Grunde enthält § 21 ZVG einen Kompromiss mit Ausnahmen von der Beschlagnahme. Weitere Ausprägungen zeigen die §§ 24, 25 ZVG, die dem Schuldner die Nutzung nur im Rahmen ordnungsmäßiger Wirtschaft belassen, wobei § 25 ZVG im Fall des Missbrauchs oder des Versagens des Schuldners (entgegen einer für das konkrete Grundstück ordnungsmäßigen Wirtschaft) gerichtliches Eingreifen auf Gläubigerantrag hin ermöglicht.[3] Will der Gläubiger dem Schuldner die Nutzung des Grundstücks insgesamt entziehen lassen, muss er die Zwangsverwaltung beantragen.

b) Forderungen aus einer Versicherung der Erzeugnisse und des Zubehörs

Eine Versicherung der Erzeugnisse wird von der Beschlagnahme ebenfalls nur umfasst, 2
wenn eben jene Erzeugnisse noch ungetrennt vom Boden sind oder wenn es sich um **Zubehör** handelt. Derartige Versicherungen sind für landwirtschaftliche Betriebe von nicht unerheblicher Bedeutung. Im Zwangsverwaltungsverfahren sind auch diese Forderungen der Beschlagnahme unterworfen.[4] Materiellrechtliche Grundlage ist § 1127 BGB (einer der seltenen Fälle der „dinglichen Surrogation")[5] zusammen

1) Vgl. Zöller/*Feskorn*, ZPO, § 329 Rz. 6 f., 19 f. m. w. N.; BGH, Urt. v. 19.10.2005 – VIII ZR 217/04, BGHZ 164, 347 ff., 354 = NJW 2005, 3724 ff., 3726.
2) Im Einzelnen siehe § 20 Rz. 89 ff. [*Cranshaw*].
3) Siehe im Einzelnen §§ 24, 25 [*Cranshaw*].
4) So BeckOK-*Fischinger*, ZVG, § 21 Rz. 3 – 6.
5) Grüneberg/*Herrler*, BGB, § 1126,§ 1127 Rz. 1.

mit den Regelungen der §§ 1128–1130 BGB einschließlich der Schadensversicherung außerhalb der Gebäudeversicherung. Der Enthaftungstatbestand des § 1123 Abs. 2 Satz 1 BGB sowie § 1124 Abs. 1, 3 BGB sind zu beachten (§ 1129 BGB). Betroffen sind alle Versicherungen, die der Eigentümer für die Gegenstände abgeschlossen hat, die unter § 21 Abs. 1 ZVG zu subsumieren sind.[6)] Eine Wiederherstellungsklausel im Versicherungsvertrag bindet auch den Grundpfandgläubiger, § 1130 BGB.

2. Anwendungsbereich

3 § 21 ZVG gilt in allen Fällen der **Vollstreckungsversteigerung.** In der Zwangsverwaltung ist ausschließlich § 21 Abs. 3 ZVG heranzuziehen (Folge aus § 148 Abs. 1 Satz 1 ZVG).

4 In der **Insolvenzverwalterversteigerung** fehlt es an der Beschlagnahmewirkung (ausgenommen sind die Wirkungen der §§ 13, 55 ZVG) als Konsequenz der Verwaltungs- und Verfügungsbefugnis des Insolvenzverwalters (§ 80 InsO), wie aus § 173 Satz 1 ZVG hervorgeht.[7)] Dasselbe gilt bei der Versteigerung durch den Eigenverwalter auf der Grundlage des § 270 Abs. 1 InsO i. V. m. § 165 InsO und i. V. m. §§ 172 f. ZVG analog. Ist eine Eigentümergrundschuld eingetragen, kann aber der Insolvenzverwalter wie der Eigenverwalter auch die Vollstreckungsversteigerung betreiben, da der Insolvenzverwalter vom BGH wie ein Pfandgläubiger des Eigentümerrechts behandelt wird.[8)] Dann ist der Anwendungsbereich des § 21 ZVG eröffnet.

5 Der Verweis in § 176 ZVG auf § 173 ZVG hat u. a. zur Konsequenz, dass auch in der **Nachlassversteigerung** § 21 ZVG nicht anzuwenden ist. Für die Teilungsversteigerung gilt § 21 ZVG nach einhelliger Meinung nur eingeschränkt. Der Grund liegt in der Zielsetzung der Teilungsversteigerung, nämlich der Auseinandersetzung einer Gemeinschaft (§ 180 Abs. 1 ZVG, § 753 Abs. 1 Satz 1 BGB). Der Anordnungsbeschluss bewirkt keine Verfügungsbeschränkung durch die Gesamtheit der „Teilhaber", § 747 Satz 2 BGB. Begriffsnotwendig geht damit die auf die Vollstreckungsversteigerung ausgerichtete Norm des § 20 Abs. 2 ZVG ins Leere und damit fehlt es an einem Anwendungsbereich für die §§ 1120 ff. BGB. Die Folge davon ist, dass auch § 21 ZVG nicht einschlägig ist. Allenfalls klarstellend ist daher § 21 Abs. 3 ZVG im Interesse des Pächterschutzes heranzuziehen.[9)]

---

6) Grüneberg/*Herrler*, BGB, §§ 1126, 1127 Rz. 1b, Rz. 2b; unter die Gebäudeversicherung (§ 1128 BGB) fallen die Gegenstände des § 21 Abs. 1 BGB, soweit dies der Versicherungsvertrag vorsieht, vgl. Prütting/Wegen/Weinreich-*Waldner*, BGB, § 1128 Rz. 2 m. w. N. unter Hinweis auf RG, Urt. v. 13.5.1938 – VII 6/38, RGZ 157, 314 ff., 316 f., st. Rspr.; siehe ferner die unterschiedlichen Auszahlungsmodalitäten der Versicherungsleistungen nach den §§ 1128, 1129 BGB.

7) So Denkschrift zum ZVG, in: Hahn/Mugdan, Die gesamten Materialien zu den zu den Reichsjustizgesetzen, S. 67 ZVG; *Stöber/Gojowczyk*, ZVG, § 173 Rz. 2 u. Fn. 1.

8) BGH, Urt. v. 24.3.2016 – IX ZR 259/13, juris Rz. 14 f. = ZIP 2016, 828 ff. = Rpfleger 2016, 490 ff., im Anschluss an BGH, Urt. vom 18.12.1987 – V ZR 163/86, BGHZ 103, 30 ff./36 f.

9) Zur nur eingeschränkten Bedeutung in der Teilungsversteigerung siehe Stöber/*Becker*, ZVG, § 21 Rz. 2; zum Umfang des Pächterschutzes siehe BeckOK-*Fischinger*, ZVG, § 21 Rz. 10 f.

Außerhalb der Immobiliarvollstreckung hat § 21 ZVG ebenfalls nur ein begrenztes Anwendungsspektrum. Bei der **Versteigerung von Schiffen** (§ 162 ZVG) mag neben § 21 Abs. 2 ZVG allerdings auch Absatz 3 anwendbar sein, denn das Argument in der Literatur, mangels entsprechender Früchte sei Abs. 3 nicht einschlägig, könnte angesichts der Reichweite des § 581 BGB, der auch die Rechtsfrüchte erfasst, etwas zu kurz gegriffen sein.[10] 6

Dasselbe gilt für die **Versteigerung von Luftfahrzeugen** (§ 171a ZVG). 7

II. Beschlagnahme land- und forstwirtschaftlicher Erzeugnisse und der Surrogate gemäß § 21 Abs. 1 ZVG

Land- und forstwirtschaftliche Erzeugnisse nach § 21 Abs. 1 Alt. 1 ZVG unterliegen der Beschlagnahme nicht schlechthin, sondern nur unter zwei Voraussetzungen. Sie müssen entweder noch mit dem Boden verbunden oder Zubehör sein. Ob einer dieser beiden Sachverhalte zu bejahen ist, richtet sich nach materiellem Recht. Die Trennung führt zum Wegfall der Beschlagnahme in der Versteigerung, soweit das getrennte Erzeugnis nicht Zubehör ist. Die Bestimmung korrespondiert mit § 94 Abs. 1 Satz 1 BGB, wonach die mit dem Boden verbundenen Erzeugnisse des Grundstücks (§ 99 BGB) dessen wesentlicher Bestandteil sind. Damit ist zunächst die „Frucht auf dem Halm" gemeint und im etwas weiteren Sinne alle (ggf. schon erntereifen) landwirtschaftlichen Produkte vor der Ernte.[11] In der Forstwirtschaft gehören dazu die (zum Schlagen bestimmten) Bäume vor der Abholzung.[12] Die Kommentarliteratur zum BGB führt hierzu auch weitere Produkte in Abhängigkeit von der Nutzungsart auf, wie Tierprodukte oder Jungtiere sowie Pflanzen[13] (die als solche abgeerntet werden, wenn man etwa an Futtermittelpflanzen deckt oder an solche, die zur Erzeugung von Bioenergie verwendet werden). Des Weiteren werden unter § 99 Abs. 1 bzw. Abs. 2 BGB auch Erzeugnisse wie Sände (Tone), Mineralwässer, die Ergebnisse der Jagd auf bejagbarem Grundstück und die Kohle subsumiert, nicht jedoch das Fleisch des Schlachttiers (da dies einen „Verbrauch" der Sache bedeutet)[14] oder der auf dem 8

10) Vgl. dazu Dassler/Schiffhauer/u. a.-*Rellermeyer*, ZVG, § 162 Rz. 50.

11) Zu den *„Erzeugnissen"* und *„Früchten"* vgl. Grüneberg/*Ellenberger*, BGB, § 94 Rz. 3 a. E., § 99 Rz. 2.

12) Zum „Holz auf dem Stamm" als Erzeugnis siehe RG, Urt. v. 16.10.1912 – Rep. V 110/12, RGZ 80, 229 ff., 232 sowie RG, Urt. v. 15.11.1924 – I 678/23, RGZ 109, 190 ff., 192.

13) Siehe diese Beispiele bei Grüneberg/*Ellenberger*, BGB, § 99 Rz. 2.

14) Grüneberg/*Ellenberger*, BGB, § 99 Rz. 2; Schlachttiere sind daher z. B. als „Mastvieh" Zubehör, und zwar bis zur Bereitstellung zum Verkauf, Grüneberg/*Ellenberger*, § 98 BGB Rz. 4 unter Hinweis auf RG, Urt. v. 12.12.1933 – III 186/33, RGZ 142, 379 ff./381 f.; für die Frage der Abgrenzung zwischen dem Zubehör des Landwirtschaftsbetriebs und den Früchten kommt es darauf an, inwieweit die Erzeugnisse zur Betriebs(fort)führung erforderlich sind; in diesen letzteren Fällen gelten auch die Erzeugnisse als Zubehör (Bsp.: Erzeugung eigener Futtermittel, vgl. § 98 Nr. 2 BGB).

Grundstück erzeugte Strom.[15] Bei all diesen besonderen Gegenständen wie Mineralwasser, Strom usw. gibt es jedoch keine Situation, bei der man von Trennung oder Nichttrennung vom Grundstück sprechen könnte, denn hierfür ist § 94 BGB der Maßstab. Demgemäß unterliegen diese Gegenstände nur der Beschlagnahme, wenn es sich um **Zubehör** i. S. d. § 97 BGB handelt; ob sie unter diesen Begriff fallen, ist Sache der Verkehrsauffassung (§ 97 Abs. 1 Satz 2 BGB), beim **landwirtschaftlichen Grundbesitz** unterstützt von § 98 Nr. 2 BGB, der Beispiele für Zubehörstücke aufzählt. Der Begriff des Landguts nach dieser Norm umfasst alle Betriebe der Land- und Forstwirtschaft einschl. der Viehwirtschaft;[16] nach der hier vertretenen Meinung gehören dazu auch Gartenbaubetriebe. Der schmale Beispielskatalog des § 98 BGB ist angesichts der heute völlig anderen Produktionsmethoden der Landwirtschaft im Vergleich zur Zeit des Inkrafttretens des BGB bzw. des ZVG nicht sehr hilfreich. Man wird mit der Kommentarliteratur zum Zubehör Pflanzen und Ernteerzeugnisse zählen, die im Betrieb unmittelbar verbraucht werden, bei Betrieben der Viehwirtschaft die Zuchttiere und das Milchvieh, nicht aber die zum Verkauf bestimmten Tiere.[17] Großbetriebe der Geflügelzucht und vergleichbare Unternehmen dürften kaum unter § 21 Abs. 1 ZVG subsumiert werden können, sodass dort eine Beschränkung der Beschlagnahme nicht eintreten dürfte.

---

15) Siehe diese Beispiele bei Grüneberg/*Ellenberger*, BGB, 99 Rz. 2, 3 sowie bei Prütting/Wegen/Weinreich-*Völzmann-Stickelbrock*, BGB, § 99 Rz. 2 f.; Die Ablehnung von mittels Solaranlage, Windkraftanlage, Biogasanlage oder eine ähnliche Produktionstechnik erneuerbarer Energie erzeugtem Strom (oder von Wärmeenergie) als bestimmungsgemäßes Erzeugnis des Grundstücks in der Kommentarliteratur erscheint heute entgegen der jedenfalls (ganz) überwiegenden Meinung überholt. Der Verkauf jedenfalls überschüssig erzeugter elektrischer Energie ist unter den Begriff der Frucht nach § 99 BGB zu subsumieren. Wird eine landwirtschaftliche Fläche beispielsweise mit einer Solaranlage bebaut, um daraus gerade zum Verkauf bestimmten Strom zu erzeugen, ist das ein Zweig des landwirtschaftlichen Betriebes, die Fläche ist kraft der ihr vom Eigentümer verliehenen Bestimmung der Energiegewinnung gewidmet. Bei einer Biogasanlage eines landwirtschaftlichen Betriebes ist die Subsumtion der erzeugten Gasmenge unter § 99 BGB sogar evidenter, denn die verwendeten Ausgangsstoffe (Gülle, Energiepflanzen) wären bei Verkauf Früchte, bei Verwendung im eigenen Betrieb zur Weiterverarbeitung bzw. Umwandlung in Biomasse Zubehör. Das Biogas hat ein speicherbares und messbares Volumen, der erzeugte Strom in Solar- und Windkraftanlagen ist ebenfalls messbar. Die Energiegewinnung ist aufgrund der gewandelten Strukturen in der Landwirtschaft durchaus eine bestimmungsgemäße Verwendung. Zur allerdings unsicheren Frage, ob das Ausgangsmaterial der Biogasanlage Zubehör ist, siehe *Peters/Michaelsen/Waechter*, in: FCH-Sicherheitenkompendium, S. 1033 ff., 1144 f., Rz. 3291–3293, kritisch zu der Frage der Zubehöreigenschaft; anders als die h. M. auch *Roth*, ZfIR 2015, 635.

16) Siehe Prütting/Wegen/Weinreich-*Völkmann-Stickelbrock*, BGB, § 99 Rz. 3.

17) Vgl. hierzu und zur Kritik an § 98 BGB Grüneberg/*Ellenberger*, BGB, § 98 Rz. 1; regional anderweitige Auffassungen in Norddeutschland zur rechtlichen Eigenschaft des Viehbestandes dürften mit Dassler/Schiffhauer/u. a.-*Hintzen*, ZVG, § 20 Rz. 20 und Fn. 58 (dort zu OLG Oldenburg, Rpfleger 1976, 243) durch mittlerweile gewandelte Verkehrsauffassung überholt sein.

III. Behandlung von Miet- und Pachtforderungen sowie der Rechte des Eigentümers auf wiederkehrende Leistungen gemäß § 21 Abs. 2 ZVG

1. Miet- und Pachtforderungen

Die Beschlagnahme in der Zwangsversteigerung umfasst Miet- und Pachtforderungen nicht.[18)] Insoweit muss sich der Gläubiger zur Ertragssicherung der Zwangsverwaltung bedienen,[19),20),21)] denn § 21 Abs. 2 ZVG ist im Zwangsverwaltungsverfahren nicht anzuwenden (§ 148 Abs. 1 Satz 1 ZVG). Von § 21 Abs. 2 ZVG werden auch Rechtsverhältnisse umfasst, die ein miet- oder pachtähnliches Nutzungsverhältnis außerhalb der gesetzlichen Typologie der §§ 535 ff., 581 ff. BGB darstellen (z. B. Immobilienleasing auf der Seite des Leasinggebers als Vollstreckungsschuldner). 9

2. Wiederkehrende Leistungen

Dasselbe gilt für Rechte auf wiederkehrende Leistungen, die mit dem Eigentum des herrschenden Grundstücks an einem anderen, dem beherrschten Grundbesitz verbunden sind (vgl. § 96 BGB). Dazu gehören die dem Haftungsverband der Grundpfandrechte unterliegenden Ansprüche auf Leistungen aus **Reallasten** einschließlich der **Erbbauzinsreallast** (§§ 1126, 1105 BGB, § 9 ErbbauRG) sowie **Überbau-** und **Notwegrenten** (§§ 912 Abs. 2, 917 Abs. 2 BGB);[22)] die beiden letzten Ansprüche betreffen in praxi seltene Konstellatio- 10

---

18) Vgl. zu der Thematik den Überblick von *Eickmann*, ZfIR 2006, 273 ff.

19) Vgl. §§ 146 Abs. 1, 20 Abs. 1 ZVG. Ohne Belang ist an dieser Stelle, ob ein Gläubiger aus dinglichem Recht oder persönlicher Forderung vollstreckt, siehe BGH, Urt. v. 9.6.2005 – IX ZR 160/04, BGHZ 163, 201 ff., 204. Materiellrechtlich ist daneben die Enthaftungsgrenze des § 1123 Abs. 2 Satz 1 BGB zu beachten. Miet-/Pachtrückstände, die älter als ein Jahr sind, werden nicht von der Beschlagnahme erfasst, soweit sie nicht zuvor beschlagnahmt wurden. Sehr wohl aber werden erfasst Miet-/Pachtvorauszahlungen, die länger rückständig sind, bei denen aber der Vorauszahlungszeitraum über den Beschlagnahmezeitpunkt hinausreicht (§ 1123 Abs. 2 Satz 2 BGB). Daneben ist auf die Beschränkung der Vorausverfügung bis längstens zu dem auf die Beschlagnahme folgenden Monat gemäß §§ 1124 BGB zu achten; siehe dazu BGH, Urt. v. 30.4.2014 – VIII ZR 103/13, juris = BGHZ 201, 91 ff. = ZfIR 2014, 710 ff.

20) Im Insolvenzverfahren über das Vermögen des Schuldners kann sich nur der Inhaber eines Absonderungsrechts gemäß § 49 InsO über die Zwangsverwaltung aus dem Mieterttrag der Immobilie befriedigen. Die dingliche Pfändung der Miete ist ihm aus den Gründen des § 865 Abs. 2 Satz 2 ZPO sowie als Konsequenz des § 110 Abs. 2 Satz 2 i. V. m. Abs. 1 InsO verwehrt, BGH, Beschl. v. 13.7.2006 – IX ZB 301/04, NJW 2006, 3356 ff., 3356 f., Rz. 4 f.; „*Vorrang der Zwangsverwaltung gegenüber der Forderungspfändung*"; dazu Anm. *Tetzlaff*, jurisPR-InsR 21/2006, Anm. 2; ebenso BGH, BGH, Beschl. v. 26.10.2006 – IX ZB 155/05, juris – Nachlassinsolvenzverfahren. Der persönliche Gläubiger scheitert in beiden Fällen an dem Vollstreckungsverbot des § 89 InsO, ggf. bereits an der Rückschlagsperre gemäß § 88 InsO oder an der Insolvenzanfechtung gemäß § 131 InsO. Außerhalb des Insolvenzverfahrens führt die dingliche Pfändung der Mieten auf der Basis eines Duldungstitels nach § 1147 BGB nach den §§ 828 ff. ZPO zur Beschlagnahme für den dinglichen Gläubiger zulasten eines Sicherungszessionars, BGH, Urt. v. 9.6.2005 – IX ZR 160/04, ZIP 2005, 1452 ff. = ZfIR 2005, 655 ff. Zur Pfändung aufgrund eines dinglichen Titels vgl. *Zipperer*, ZfIR 2006, 395 ff. sowie BGH, Urt. v. 17.9.2009 – IX ZR 106/08, BGHZ 182, 264 Rz. 17, ergänzt von BGH, Urt. v. 30.4.2020 – IX ZR 162/16, ZfIR 2020, 627 ff., Ls. 1 und Rz. 37, 41, 44, zur Gläubigerbenachteiligung in der Insolvenz; zur dingl. Mietpfändung siehe Rz. 44, die nach Insolvenzeröffnung unzulässig ist, BGH, Beschl. v. 13.7.2006 – IX ZB 301/04, BGHZ 168, 339 ff.

21) Siehe den Überblick über die Optionen für eine Vorgehensweise der Gläubiger, die sich die Miete (Pacht) sichern wollen, bei *Mylich*, WM 2010, 1923 ff.

22) Vgl. Grüneberg/*Herrler*, BGB, § 1126 Rz. 1 sowie Grüneberg/*Ellenberger*, BGB, § 96 Rz. 2; allgemein zu wiederkehrenden Leistungen siehe § 12 Rz. 10 ff. [*Cranshaw*].

nen. Auch hier sichert sich der Gläubiger die Erträge daraus durch die Zwangsverwaltung (siehe Rz. 1, 12). Dabei sind die Sonderregelungen des **§ 1126 Satz 3 BGB** für die Beschlagnahme nach Maßgabe des dortigen Verweises auf die §§ 1123 Abs. 2 Satz 1, 1124 Abs. 1, 3 BGB ebenso zu beachten wie das gegen den Mieter bzw. Pächter gerichtete Aufrechnungsverbot gemäß § 1125 BGB. Anstelle von § 1124 BGB steht § 1126 Satz 3 BGB, die Vorausverfügung überdauert die Beschlagnahme bis zu drei Monaten.

3. Zwischen- und Untermietverhältnisse, entsprechende Pachtverhältnisse

11 Eine Sonderrolle spielen **Zwischen- und Untermietverhältnisse** bzw. entsprechende Pachtverhältnisse. Sie werden von der Beschlagnahme im Allgemeinen nicht umfasst, da nicht der Eigentümer und Vollstreckungsschuldner der Inhaber des Anspruchs auf Miete oder Pacht ist, sondern der Mieter bzw. Pächter selbst gegenüber dem Untermieter. Da diese Rechtsverhältnisse offenbar nicht selten zur Schädigung der Gläubiger des Eigentümers missbraucht werden und zugleich Versteigerungshindernisse zur Blockade der Zwangsverwertung aufgebaut werden, hat die Rechtsprechung darauf erkannt, in Fällen offenbaren Missbrauchs umfasse die Beschlagnahme auch den Anspruch des Mieters („Hauptmieter") gegen den Untermieter.[23] Im Mittelpunkt solcher Strukturen steht die Vermietung bzw. Verpachtung des Grundbesitzes durch den Eigentümer zu einem extrem niedrigen Miet-/Pachtzins an den im Zweifel bonitätsschwachen Hauptmieter/Hauptpächter, der zur Abschirmung gegen Gläubiger des Vermieters zudem eine Scheinvereinbarung über erbrachte Leistungen („Baukostenzuschüsse" u. Ä.) mit dem Vermieter verabredet (so in dem vom OLG Celle und dem BGH entschiedenen Fall). Derartige missbräuchliche Hauptmiet- bzw. Pachtverträge sind sittenwidrig und nichtig (§ 138 BGB).[24]

IV. Pächterschutz durch § 21 Abs. 3 ZVG

12 Der Pächter hat das Recht zur Fruchtgewinnung; beim Landpachtvertrag darf er „pflanzliche und tierische Erzeugnisse" gewinnen wie auch „die gartenbauliche Erzeugung" betreiben (§ 585 Abs. 1 BGB). Eigentümer wird der Pächter nach § 956 BGB. Damit diese Berechtigung aus einem obligatorischen Recht (Pachtvertrag) nicht unterlaufen wird, bedarf es des § 21 Abs. 3 ZVG. *Hintzen* weist zu Recht darauf hin, dass der Pächter eine bessere Rechtsposition innehat als der Nießbraucher. Das Äquivalent für den Gläubiger ist der Anspruch auf die Pacht, die er sich durch Zwangsverwaltung sichern kann.[25] Die Beschlagnahme erfasst bei Bestehen eines Pachtverhältnisses die Grundstückserzeugnisse überhaupt nicht. Soweit sie nicht vom Boden getrennt sind, scheidet die Beschlagnahme nach § 21 Abs. 3 ZVG aus, ansonsten – nach Trennung – gemäß § 21 Abs. 1 ZVG.

13 Es ist daher auch richtig, wenn die Gläubiger des Pächters umgekehrt auf die Früchte zugreifen können (§ 810 ZPO).[26]

---

23) OLG Celle, Urt. v. 8.3.2012 – 2 U 102/11, juris Rz. 3 bzw. ZfIR 2012, 335 (Ls. der Zeitschrift).

24) BGH, Urt. v. 4.2.2005 – V ZR 294/03, ZfIR 2005, 737 ff. = Rpfleger 2005, 323 f.

25) Dassler/Schiffhauer/u. a.-*Hintzen*, ZVG, § 21 Rz. 12; zutreffend hält BeckOK-*Fischinger* ZVG, § 21 Rz. 10 fest, dass diese Beschlagnahmebeschränkung sich nicht auf den Pächter des Nießbrauchers bezieht, denn dieser habe ein vom Nießbraucher abgeleitetes und kein originäres Recht; dem Gläubiger des Eigentümers haftet allerdings die Pachtforderung, Dassler/Schiffhauer/u. a.-*Hintzen*, ZVG, § 21 Rz. 12 m. w. N.

26) Vgl. BeckOK-*Fischinger*, ZVG, § 21 Rz. 10; siehe auch Zöller/*Herget*, ZPO, § 810 Rz. 8 ff.

des Grundbuchamts tritt das Schiffsregister bzw. Schiffsbauregister, §§ 163 Abs. 2, 170a Abs. 2 Satz 2 ZVG.

Zum anderen bewirkt nach dem insoweit nicht glücklichen Wortlaut des § 166 Abs. 1 ZVG die Zustellung der **Anordnung der Versteigerung an den Schiffer** (des Binnenschiffs oder an den Kapitän des Seeschiffs) die Beschlagnahme gegenüber dem Eigentümer des Schiffes. Mit dem Gesetz zur Reform des Seehandelsrechts[33] ist jedoch die Passivlegitimation des Schiffers oder Kapitäns weggefallen (Wegfall des § 760 HGB a. F.). § 166 ZVG hat insoweit keinen unmittelbaren Anwendungsbereich mehr.[34] Die Vorschrift ist allerdings (analog) anwendbar auf den **Ausrüster** (das ist derjenige, der in fremdem Eigentum stehende Seeschiffe in eigenem Namen gewerblich zum Seehandel betreibt, § 477 n. F. HGB), jedoch nur insoweit, als die Schiffsgläubiger (nicht die Schiffshypothekargläubiger) mit den spezifischen Rechten der §§ 596 ff. n. F. HGB, 601 n. F. HGB gegen den Ausrüster vorgehen können.[35] 30

Die Beschlagnahme wird damit wirksam zum Zeitpunkt der **Zustellung an den Schuldner**, zum Zeitpunkt des **Eintragungsersuchens beim Schiffs-/Schiffsbauregister** (§§ 19 Abs. 1, 162, 163 Abs. 2 170a Abs. 2 Satz 2 ZVG), bei **Vollziehung der Bewachungs- und Verwahrungsanordnung** sowie für **die Schiffsgläubiger** auch durch **Zustellung beim Ausrüster.** 31

§ 22 ZVG ist auch bei der Versteigerung von **Luftfahrzeugen** heranzuziehen. Die **Beschlagnahmewirkung** tritt wie bei den Schiffen zusätzlich neben den anderen in § 22 Abs. 1 ZVG geregelten Zeitpunkten mit der **Vollziehung der Anordnung der Bewachung und Verwahrung** des Luftfahrzeugs ein, §§ 171c Abs. 2 Satz 2, 171a ZVG. 32

Die insolvenzrechtliche Schnittstellenproblematik ist dieselbe wie bei der Grundstücksversteigerung (siehe Rz. 7 ff.).[36] 33

IV. Beschlagnahme einer Forderung gemäß § 22 Abs. 2 ZVG

1. Beschlagnahmeumfang

Dem Haftungsverband der Hypothek bzw. Grundschuld (§§ 1120 BGB ff.) unterliegen: 34

- Die **Miet- und Pachtforderung** nach Maßgabe des § 1123 BGB. Die Beschlagnahme in der Versteigerung umfasst jedoch nicht die Mietforderung; dies bleibt der Zwangsverwaltung vorbehalten (§§ 21 Abs. 2, 148 Abs. 1 Satz 1 ZVG).
- Die Ansprüche auf **wiederkehrende Leistungen**,[37] die mit dem Grundstückseigentum verbunden sind (§§ 96, 1126 BGB);[38] auch diese werden erst von der Beschlagnahme in der Zwangsverwaltung erfasst.

---

33) Gesetz zur Reform des Seehandelsrechts v. 20.4.2013, BGBl. 2013 I S. 831 ff.

34) So Stöber/*Gojowczyk*, ZVG, § 166 Rz. 2, auch gegen die hier vertretene Ansicht, die Norm sei auf den Ausrüster anzuwenden, denn dieser werde in § 166 ZVG nicht erwähnt.

35) Siehe § 8 Rz. 7 f. [*Cranshaw*].

36) Siehe Rattunde/Smid/Zeuner-*Smid*, InsO§ 80 Rz. 89.

37) Siehe im Einzelnen bei § 12 [*Cranshaw*].

38) Betroffen hiervon sind beispielsweise die Ansprüche aus Reallasten (§ 1105 BGB), aus Rentenschulden (§ 1199 BGB) sowie die Ansprüche auf den Erbbauzins aus der Erbbauzinsreallast (§ 9 ErbbauRG); siehe Grüneberg/*Herrler*, BGB, § 1126 Rz. 1.

- **Versicherungsforderungen, §§ 1127 ff. BGB.**[39]
- Eine Reihe von **Ansprüchen auf Entschädigung** nach öffentlich-rechtlichen Anspruchsgrundlagen[40] des Bundesrechts i. V. m. den Artikeln 52, 53 (diese i. V. m. Art. 67 EG BGB), 53a EGBGB[41] bzw. des Landesrechts (Art. 67, 109 EG BGB). Entsprechende Entschädigungen sieht ferner § 63 Abs. 2 BauGB für Umlegungsnachteile des Eigentümers vor; die dinglich Berechtigten werden auf die Wertausgleichsansprüche des Eigentümers für Wertunterschiede bzw. den Abfindungsanspruch[42] der §§ 59 ff. BauGB verwiesen. Dasselbe gilt für die Geldabfindung im landwirtschaftlichen Flurbereinigungsverfahren, wenn ein „Teilnehmer nur in Geld abgefunden" wird, § 72, 73 ff. FlurBG.[43]

Gegenstand der hier gemeinten Entschädigungen sind aber **nicht deliktische Schadenersatzansprüche** wegen Grundstücksschädigungen durch Dritte, eine allgemeine „dingliche Surrogation" besteht nicht; § 1127 BGB (siehe oben) ist kein zu verallgemeinerndes Beispiel, sondern Ausnahme.[44]

2. Wirksamkeit der Beschlagnahme gegenüber dem Drittschuldner

35 Ist der Anspruch Gegenstand der dinglichen Haftung, so haftet er im Verhältnis zum Vollstreckungsschuldner den Gläubigern gegenüber mit der Beschlagnahme (§ 22 Abs. 1 ZVG), im Versteigerungsverfahren mit den Einschränkungen des § 21 Abs. 2 ZVG bei Miete, Pacht und wiederkehrenden Leistungen. So etwa gilt das Veräußerungsverbot (= Verfügungsverbot) des § 23 ZVG. Diese Selbstverständlichkeit regelt § 22 Abs. 2 ZVG nicht, er setzt vielmehr die dingliche Haftung voraus. Eine völlig andere Thematik ist diejenige, ab wann die Beschlagnahme dem Drittschuldner gegenüber Wirkungen entfaltet. Dies ist dann der Fall, wenn dem Drittschuldner ein Zahlungsverbot zugestellt wurde oder ihm die Beschlagnahme auf sonstige Weise bekannt geworden ist (§ 22 Abs. 2 Satz 2 ZVG). Hinreichend ist die **Kenntnis des Versteigerungsantrags** (§ 23 Abs. 2 Satz 1 letzter Halbs. ZVG). Dadurch wird der gute Glaube des Drittschuldners an die Empfangszuständigkeit

39) Siehe § 20 Rz. 89 ff. [*Cranshaw*].

40) Vgl. den Überblick bei Dassler/Schiffhauer/u. a.-*Hintzen*, ZVG, § 20 Rz. 44 m. w. N. sowie bei BeckOK-*Fischinger*, ZVG, § 20 Rz. 57, ohne „Ersatzansprüche des Eigentümers wegen Grundstücksbeschädigung", Bezugnahme auf BGH NJW 1989, 2123.

41) Beispiel ist hier die Entschädigung nach § 117 Bundesberggesetz (BBergG), ggf. i. V. m. landesrechtlichem Bergrecht (Art. 67 EGBGB); siehe dazu LG Saarbrücken, Urt. v. 18.5.1998 – 1 O 401/97, Rpfleger 1998, 532 f.; der Anspruch unterliegt nach § 117 Abs. 3 BBergG dem Haftungsverband der Hypothek bzw. Grundschuld, die Pfändung der Ansprüche nach Beschlagnahme *„geht ins Leere"*; siehe ferner LG Duisburg, Urt. v. 3.4.2012 – 1 O 565/03; vgl. *Müggenborg*, NuR 2013, 326–337; dazu gehören auch Enteignungsentschädigungen als Folge des Art. 14 Abs. 3 GG; Art. 53a EGBGB bezieht sich auf eingetragene Schiffe und Schiffsbauwerke; die §§ 32, 33 SchRG (Gesetz über Rechte an eingetragenen Schiffen und Schiffsbauwerken, BGBl. III S. 403-4) sind analog heranzuziehen, sie beziehen u. a. die Entschädigungsforderung in den Haftungsverband der Schiffshypothek (§§ 24 ff. SchRG) ein.

42) Siehe Dassler/Schiffhauer/u. a.-*Hintzen*, ZVG, § 20 Rz. 44 bzw. BeckOK-*Fischinger*, ZVG, § 20 Rz. 57 zu §§ 61 Abs. 3, 63 Abs. 2 BauGB.

43) FlurBG = Flurbereinigungsgesetz v. 16.3.1976, BGBl. 1976 I S. 546 bis zu Art. 17 d. Gesetzes v. 19.12.2008, BGBl. 2008 I S. 2794.

44) BGH, Urt. v. 11.5.1989 – IX ZR 278/88, BGHZ 107, 255–257.

I. Zentrale Bedeutung des § 23 ZVG in der Immobiliarvollstreckung

1 Die Beschlagnahme ist methodisch ein ganz zentraler Terminus des gesamten Zwangsversteigerungs- bzw. Zwangsverwaltungsverfahrens mit materiellrechtlicher und verfahrensrechtlicher Wirkung. Während § 20 ZVG die Anordnung der Versteigerung als Beschlagnahme fingiert, § 21 ZVG von der umfassenden Beschlagnahme des § 20 ZVG Ausnahmen bestimmt und § 22 ZVG sich mit dem Eintritt der Beschlagnahmewirkung befasst (Abs. 1) bzw. mit dem Beschlagnahmeverfahren und den Folgen u. a. bei beweglichen Sachen (Abs. 2), ist Gegenstand des § 23 ZVG die **rechtliche Wirkung der Beschlagnahme** und deren Folgen (Abs. 1) bzw. der **Schutz Dritter bei Verfügungen**, die nach wirksamer Beschlagnahme vorgenommen werden (Abs. 2).

2 Zu unterscheiden ist daher der **Umfang der Beschlagnahme**, der sich aus materiellem Recht (z. B. bei Grundpfandrechten nach dem Haftungsverband der Hypothek, §§ 1120 ff. BGB) i. V. m. den Bestimmungen der §§ 20, 21 ZVG bzw. des § 148 ZVG (für die Zwangsverwaltung) ergibt, von der rechtlichen Wirkung der Beschlagnahme, § 23 Abs. 1 Satz 1 ZVG. Diese wird als **„Veräußerungsverbot"** definiert. Die Vorschrift muss zusammen mit § 20 Abs. 1 ZVG betrachtet werden, dort gilt die Anordnung des Verfahrens als Beschlagnahme „zugunsten des Gläubigers": Das ist derjenige Gläubiger, auf dessen Antrag hin die Vollstreckung angeordnet wurde bzw. derjenige Gläubiger, der später beigetreten ist (Folge aus § 27 Abs. 2 ZVG). § 23 Abs. 1 Satz 1 ZVG nimmt die Formulierung des § 20 Abs. 1 ZVG mit den Worten „Die Beschlagnahme…hat die Wirkung…" auf. Mit anderen Worten entfalten die **Anordnung** und **jeder Beitritt** (§ 27 ZVG) jeweils eine **erneute gesonderte Be-**

schlagnahme. Diese wirkt sich sowohl zeitlich als auch im Umfang der Beschlagnahme aus, wenn nämlich beispielsweise seit der ersten Beschlagnahme ein Eigentümerwechsel des Grundbesitzes stattgefunden hat oder Zubehörstücke von der Beschlagnahme frei geworden sind. Eine Ausnahme besteht allerdings für die wiederkehrenden Leistungen gemäß § 13 Abs. 4 ZVG, der insoweit auf die erste Beschlagnahme abstellt, sodass in diesem Fall ausnahmsweise die Beschlagnahme für den Anordnungsgläubiger Wirkungen für alle später Beitretenden hervorruft.[1] Zugleich zeigt die Verknüpfung mit § 20 ZVG, dass das Veräußerungsverbot des § 23 ZVG lediglich ein **relatives Verbot** zugunsten des jeweiligen Gläubigers bedeutet.[2]

II. Anwendungsbereich des § 23 ZVG

1. Vollstreckungsversteigerung und Zwangsverwaltung

3 Die Norm des § 23 ZVG ist in allen Fällen der Zwangsversteigerung bzw. Zwangsverwaltung von Grundstücken und grundstücksgleichen Rechten anzuwenden, die auf **Antrag eines Vollstreckungsgläubigers** angeordnet worden ist.

2. Sonderversteigerungsverfahren

a) Insolvenzverwalterversteigerung, Versteigerung in Eigenverwaltung

4 § 23 ZVG ist indes nicht heranzuziehen in den Fällen der Insolvenzverwalterversteigerung, da der Anordnungsbeschluss dort keine Beschlagnahme bewirkt, von den Besonderheiten der §§ 13, 55 ZVG abgesehen, vgl. § 173 Satz 1 ZVG. Der Insolvenzverwalter ist als Folge des § 80 Abs. 1 InsO keinem Veräußerungsverbot ausgesetzt, Verfügungen des Schuldners hindert bereits der Insolvenzbeschlag, vgl. § 81 InsO.[3] Beantragt nach Anordnung der Insolvenzverwalterversteigerung aber ein Vollstreckungsgläubiger die Zwangsversteigerung, der hierzu aufgrund eines bei Insolvenzeröffnung zu seinen Gunsten bestehenden Absonderungsrechtes an dem Grundbesitz dazu berechtigt ist (§ 49 InsO), dann ist wieder der Anwendungsbereich des § 23 ZVG eröffnet, der nunmehr gegen den Insolvenzverwalter wirkt.[4] In der Eigenverwaltung (vgl. §§ 270 Abs. 1 Satz 2 InsO i. V. m. §§ 165, 282 Abs. 1 Satz 1 InsO) gilt das entsprechend;[5] die Reform des Insolvenzrechts durch das SanInsFoG (seit 1.1.2021) hat hieran nichts geändert, durch die Stärkung der Eigenverwaltung eher die Position des eigenverwaltenden Schuldners zur Verwertung auch der Immobilien nach § 165 InsO gestärkt, sodass man von einer „Schuldnerversteigerung" sprechen könnte. Mit dem Sachwalter soll er sich abstimmen (§ 282 Abs. 2 InsO). Der Schuldner kann dabei einerseits die Verwertung im Wesentlichen sogar dem Sachwalter überlassen, andererseits aber auch entgegen dessen Votum vorgehen. § 282 Abs. 2 InsO entfaltet keine Außenwirkung.[6] Das Versteigerungsgericht hat aufgrund

---

1) Siehe § 27 Rz. 1, 2, 19 ff. [*Cranshaw*].

2) Siehe *Jaeckel/Güthe*, ZVG, 4. Aufl., § 23 Rz. 2; ein Hinweis in § 23 ZVG auf den bloß relativen Charakter des Veräußerungsverbots, wie im Entwurf des ZVG vorgesehen, war aus den genannten Gründen nicht erforderlich, *Jaeckel/Güthe*, ZVG, 4. Aufl., § 23 Rz. 2 m. w. N.

3) So im Ergebnis bereits zur Wechselwirkung zwischen § 23 ZVG und Konkursordnung *Jaeckel/Güthe*, ZVG, 4. Aufl., § 23 Rz. 1.

4) *Jaeckel/Güthe*, ZVG, 4. Aufl., § 23 Rz. 1.

5) MünchKomm-*Kern*, InsO, § 282 Rz. 18.

6) Braun/*Riggert*, InsO, § 282 Rz. 6f., m. w. N.

fehlender Außenwirkung der Norm weder Prüfungspflichten hinsichtlich der Herstellung eines Einvernehmens mit dem Sachwalter noch die Befugnis, den Versteigerungsantrag des eigenverwaltenden Schuldners nach § 172 ZVG i. V. m. § 165 InsO wegen fehlenden Nachweises jedenfalls des Versuchs des Einvernehmens mit dem Sachwalter zurückzuweisen. Es ist auch nicht veranlasst, fehlendes Einvernehmen mit dem Sachwalter, das ihm bekannt ist, dem Insolvenzgericht mitzuteilen. Wendet der Sachwalter sich gegen den Antrag nach § 172 ZVG, so hat er seine Bedenken nach § 274 Abs. 3 InsO dem Gläubigerausschuss und/oder den Absonderungsberechtigten sowie dem Insolvenzgericht mitzuteilen, das ggf. die Eigenverwaltung nach § 272 Abs. 1 Nrn. 1, 4 InsO aufheben mag.

Von der vorstehend umrissenen Insolvenzverwalterversteigerung ist die Fallkonstella- 5
tion zu unterscheiden, dass zur Masse eine Eigentümergrundschuld gehört (vgl. § 1196 BGB), aus der der Eigentümer im Grundsatz *„nicht die Zwangsvollstreckung zum Zwecke seiner Befriedigung betreiben“* darf (§ 1197 Abs. 1 BGB). Der BGH hat hierzu aber im Anschluss an Erwägungen einer früheren Entscheidung aus dem Jahr 1987 zur Vollstreckung durch den Pfändungspfandgläubiger einer Eigentümergrundschuld mit Urteil vom 24.3.2016 darauf erkannt, der Insolvenzverwalter könne auch aus der massezugehörigen Eigentümergrundschuld die Zwangsvollstreckung zum Zweck der Befriedigung (der dinglichen Forderung) betreiben.[7] Der Insolvenzverwalter steht damit dem Pfändungspfandgläubiger gleich, er sei wie ein Gläubiger der Einzelvollstreckung zu betrachten. § 1197 Abs. 1 BGB ist daher im Insolvenzverfahren nicht anzuwenden, weder auf den Insolvenzverwalter[8] noch – wie vorstehend dargelegt – auf den Eigenverwalter. § 23 ZVG ist anwendbar, aber wohl ohne praktische Wirkung.

Ist zum Zeitpunkt der Antragstellung durch den Verwalter bereits die Beschlagnahme 6
nach § 23 ZVCG für einen Fremdgrundpfandgläubiger eingetreten, stellt sich die Frage, ob das Folgen für die Zinsen hat; hierzu siehe Rz. 32.

b) Nachlassversteigerung

Infolge der Verweisung des § 176 ZVG auf § 173 ZVG findet § 23 ZVG ferner im 7
Verfahren der **Nachlassversteigerung** keine Anwendung.

c) Teilungsversteigerung

aa) Miteigentumsanteile

In der **Teilungsversteigerung** ist § 23 ZVG zwar grundsätzlich heranzuziehen, 8
seine Wirkungen sind jedoch modifiziert bzw. die Bestimmung geht aus Gründen des materiellen Rechts ins Leere. Bemerkenswert ist dabei freilich, dass die Versteigerung eines Miteigentumsanteils durch einen Gläubiger und auch die Pfändung des Rechts

7) BGH, Urt. v. 24.3.2016 – IX ZR 259/13, juris Rz. 14 – 16 = ZIP 2016, 828 ff. = Rpfleger 2016, 490 ff. = NJW 2016, 3239 ff., dazu *Ganter*, WuB 2016, 409 f.; *Madaus*, NotBZ 2016, 416 f., Bezugnahme auf BGH, Urt. v. 18.12.1987 – V ZR 183/86, BGHZ 103, 30 ff., Zwangsversteigerung durch den Pfändungspfandgläubiger.

8) Vgl. die Kommentarliteratur in der Entscheidung des BGH, Rz. 15 sowie Grüneberg/*Herrler*, BGB, § 1197 Rz. 2.

eines Teilhabers diesen nicht an der Beantragung der Teilungsversteigerung hindert.[9] Konsequenz ist, dass es insoweit an der Wirkung eines Verfügungsverbots gegenüber dem Schuldner fehlt.[10]

9 Bei der **Bruchteilsgemeinschaft** nach den §§ 741 ff., 1008 ff. BGB ändert die Teilungsversteigerung somit nichts an der Verfügungsbefugnis über den ideellen Miteigentumsanteil. Nach der zitierten Rechtsprechung des BGH gilt das sogar, wenn der Gläubiger eines Bruchteilseigentümers dessen Anspruch auf Aufhebung der Gemeinschaft („und auf Teilung sowie Auszahlung des Erlöses") pfändet; die Verfügungsbefugnis des Bruchteilseigentümers wird auch nicht dadurch beeinträchtigt, wenn als Folge der Verfügung der durch das Pfandrecht besicherte Anspruch untergeht.[11] Die Teilungsversteigerung berührt die gemeinsame Verfügung der „Teilhaber zur Veräußerung" nicht, die Beschlagnahme wirkt daher nur insoweit, als dies zur „Durchführung des Verfahrens" notwendig ist.[12]

bb) Gesamthandsgemeinschaften

10 Das vorstehend umrissene Verständnis des § 23 ZVG für die Bruchteilsgemeinschaften gilt ebenso für die Gesamthandsgemeinschaften.

11 Bei den **Gesamthandsgemeinschaften** kann keiner der beteiligten Gesamthänder über den Vollstreckungsgegenstand allein verfügen[13] (vgl. z. B. für die BGB-Gesellschaft § 719 Abs. 1 BGB; zur Teilungsversteigerung dort siehe die §§ 731 Satz 2, 753 Abs. 1 Satz 1 BGB).

12 (1) Zu den **Rechtsänderungen durch das MoPeG**, das Gesetz zur Modernisierung des Personengesellschaftsrechts (v. 10.8.2021, BGBl. I 2021 S. 3436 ff.), das die §§ 705 ff. BGB mit Wirkung zum 1.1.2024 umfassend umstrukturiert, wird auf die Anmerkungen zu §§ 15 Rz. 26, 17 Rz. 7 ff. [*Cranshaw*] verwiesen. Die BGB-Außengesellschaft wird zur rechtsfähigen GbR (§§ 705 ff. BGB n. F.), auf entsprechende Änderungen im Recht der Personenhandelsgesellschaften (Art. 51 MoPeG) ist hier nicht weiter einzugehen und auf die einschlägigen diesbezüglichen Kommentarwerke zu verweisen; siehe auch nachfolgend Rz. 15 a. E.

13 (2) Die Zulassung der **Teilungsversteigerung als Auseinandersetzungsinstrument** bei den Gesamthandsgemeinschaften[14] hat daher zur Konsequenz, dass die Beschlagnahme nach § 23 ZVG auch hier sachlogisch kein Veräußerungsverbot darstellt. Dies

---

9) Vgl. BGH, Beschl. v. 29.6.2017 – IX ZB 98/16, juris Rz. 23 ff., 43 = NJW 2017, 2768 ff. = Rpfleger 2017, 720 ff. = ZInsO 2017, 1884 ff.

10) Vgl. BGH, Beschl. v. 15.9.2016 – V ZB 183/14, ZfIR 2016, 759 ff. = ZIP 2016, 2085 ff. = Rpfleger 2017, 102 ff., Rz. 19, m. w. N. Hinweis auf BGH, Beschl. v. 25.2.2010 – V ZB 92/09, NJW-RR 2010, 1098.

11) BGH, Beschl. v. 25.2.2010 – V ZB 92/09, juris = Rpfleger 2010, 439 = NJW-RR 2010, 1098 = WM 2010, 860, Veräußerung des Miteigentumsanteils an die Ehefrau nach Pfändung des Auseinanderanspruchs durch das Finanzamt.

12) BGH – V ZB 92/09, Rz. 13 unter Hinweis auf BGH, Urt. v. 29.11.1951 – IV ZR 40/50, BGHZ 4, 84 ff., 90.

13) Dazu Dassler/Schiffhauer/u. a.-*Hintzen*, ZVG, § 180 Rz. 65, 66, z. T. zum Recht vor dem MoPeG.

14) Zu den hiervon betroffenen „Personenzusammenschlüssen" siehe § 180 ZVG Rz. 3 [*Popp*], „Betroffene Gemeinschaften und Gesellschaften".

gilt nach der bereits zitierten Rechtsprechung des BGH auch dann, wenn das Grundstück einer BGB-Gesellschaft zum Zwecke der Auseinandersetzung im Rahmen einer Teilungsversteigerung versteigert wird, die der Gläubiger eines Gesellschafters eingeleitet hat, der dessen Gesellschaftsanteil sowie den Auseinandersetzungsanspruch gepfändet hat (vgl. § 857 ZPO).[15]

(3) Aus Sicht der Praxis geht dann die Vollstreckung durch den Gesellschaftsgläubiger in die Immobilie ins Leere, wie der der Entscheidung des **BGH zu V ZB 183/14** zugrunde liegende Fall (nach bisherigem Recht der GbR-Außengesellschaft mit Immobilieneigentum) zeigt: Eine zweigliedrige BGB-Gesellschaft war Eigentümerin von Wohnungseigentum. Die Gläubigerin pfändete die Beteiligung eines der beiden BGB-Gesellschafter ebenso wie den Auseinandersetzungsanspruch und ließ sich diesen zur Einziehung überweisen. Sodann kündigte sie die Gesellschaft (vgl. § 725 Abs. 1 BGB, zur Kündigung durch den Gesellschaftergläubiger siehe § 723 Abs. 1 Halbs. 1 und Halbs. 2 Nr. 4, Abs. 3 BGB n. F. ab 1.1.2024, der nunmehr aber zum Ausscheiden des Gesellschafters führt, wenn nicht der Gesellschaftsvertrag die Auflösung der Gesellschaft vorsieht) und betrieb anschließend die Teilungsversteigerung. Der Versteigerungsvermerk wurde ins Wohnungsgrundbuch eingetragen. Daraufhin veräußerte die BGB-Gesellschaft den Grundbesitz an einen Dritten, der auch ins Grundbuch als neuer Eigentümer eingetragen wurde.[16] Das Amtsgericht hat das Versteigerungsverfahren aufgehoben. Das LG Bonn als Beschwerdegericht hat das anders gesehen und an das Amtsgericht zur Fortführung des Verfahrens zurückverwiesen. Der BGH hat die Beschwerdeentscheidung des Landgerichts, wie dargestellt, korrigiert und im Ergebnis dem Amtsgericht zugestimmt. Ausgangspunkt ist, dass jeder Gesellschafter der BGB-Gesellschaft bzw. Gesamthandsgemeinschaft nach dem bisherigen Recht bis 31.12.2023 befugt ist, die Teilungsversteigerung zu beantragen;[17] folgerichtig gilt das auch für dessen Pfändungspfandgläubiger (und damit im Ergebnis auch für den Pfandgläubiger des Vertragspfandrechts im Rahmen der Verwertung und den Zessionar oder Sicherungszessionar). Dabei ist § 180 ZVG nur entsprechend über die Verweisung in den §§ 731 (a. F.), 753 BGB anzuwenden, wie der BGH zutreffend hervorhebt.[18] Scheidet die Immobilie aus dem Vermögen der BGB-Gesellschaft aus, wird das Teilungsversteigerungsverfahren gegenstandslos. Es ist daher nach § 28 ZVG aufzuheben.[19] Der Grund für diese Wertung liege, so der BGH in den unterschiedlichen Funktionen der Teilungsversteigerung und der Vollstreckungsversteigerung durch einen Gläubiger. Die Teilungsversteigerung bereite die Auseinandersetzung durch Generierung eines *„verteilungsfähigen Erlöses“* vor und ziele nicht auf Gläubigerbefriedigung.[20] Die Erlösverteilung richte sich nach anderen gesetzlichen oder vertraglichen Regelungen. 14

15) BGH, Beschl. v. 15.9.2016 – V ZB 183/14, ZfIR 2016, 759 ff., Rz. 19.
16) BGH, Beschl. v. 15.9.2016 – V ZB 183/14, ZfIR 2016, 759 ff., Rz. 1, 2.
17) Vgl. BGH, Beschl. v. 16.5.2013 – V ZB 198/12, BGHZ 197, 262 ff., Rz. 10 ff. = ZfIR 2013, 734 ff., m. Anm. *Kesseler*, EWiR 2014, 39 f., *Ruhwinkel*, MittBayNot 2014, 277 f. sowie *Meller-Hannich*, WuB VI E § 181 ZVG 1.13; der Senat wiederholt diesen Ansatz in der oben umrissenen Entscheidung zu V ZB 183/14, Rz. 13.
18) BGHZ 197, 262 ff., Rz. 7.
19) BGH, Beschl. v. 15.9.2016 – V ZB 183/14, Rz. 15.
20) BGH, Beschl. v. 15.9.2016 – V ZB 183/14, Rz. 21.

15 Der Lösung des BGH ist sowohl für die Bruchteilsgemeinschaften als auch die Gesamthandsgemeinschaften zuzustimmen. Sie findet ihre Parallele und Bestätigung in § 84 InsO. Auch dort findet die Auseinandersetzung zwischen den Beteiligten in der Insolvenz eines Gemeinschafters oder Gesamthänders außerhalb des Insolvenzverfahrens statt.

16 (4) **Rechtsänderungen durch das MoPeG.** Das obige Beispiel zur Teilungsversteigerung des Grundstücks einer BGB-Gesellschaft ist unter dem MoPeG (ab 1.1.2024) nach der dortigen gesetzlichen Grundstruktur ausgeschlossen. Zwar kann bei der rechtsfähigen BGB-Gesellschaft nach § 705 Abs. 2 Halbs. 1 BGB n. F. (die nicht-rechtsfähige Gesellschaft hat kein Vermögen, § 740 Abs. 1 BGB n. F.) der Gesellschafter wie bisher weder ohne Zustimmung der Mitgesellschafter über seine Beteiligung an der GbR verfügen, § 711 Abs. 1 BGB n. F., noch kann er Rechte aus dem Gesellschaftsverhältnis nur eingeschränkt übertragen, § 711a Abs. 1 BGB, oder über einzelne Vermögensgegenstände der GbR verfügen (als Folge deren Rechtsfähigkeit). Die Kündigung durch den Privatgläubiger eines Gesellschafters nach § 726 BGB, flankiert von § 723 Abs. 1 Nr. 4 BGB n. F., führt zum Ausscheiden des Gesellschafters, wenn nicht der Gesellschaftsvertrag anderes bestimmt. Der Gläubiger kündigt nach dem gesetzlichen Leitbild des § 726 BGB n. F. nicht mehr wie nach § 725 BGB a. F. (bis 31.12.2023) die Gesellschaft, sondern die Mitgliedschaft des Gesellschafters in derselben. Voraussetzung ist die Pfändung des Gesellschaftsanteils nach § 857 ZPO und u. a. die vorausgehende fristgerechte Fahrnispfändung in das Vermögen des Gesellschafters. § 731 Satz 2 BGB a. F. hat keine Entsprechung im MoPeG gefunden. Die Auseinandersetzung richtet sich nach dem Liquidationsverfahren der §§ 735 ff. BGB n. F., wenn die Gesellschaft aufgelöst wurde. Wie bei der OHG und KG ist danach die Teilungsversteigerung von Grundbesitz der BGB-Außengesellschaft (rechtsfähige GbR) nur möglich, wenn der Gesellschaftsvertrag das zulässt, § 735 Abs. 2 Satz 1, 2 BGB n. F. („andere Art der Abwicklung“) und der Privatgläubiger bzw. sein Insolvenzverwalter dem zustimmt (bei Eigenverwaltung tritt der Schuldner an die Stelle des Insolvenzverwalters). Kündigt also der Privatgläubiger des Gesellschafters, der nach § 857 ZPO i. V. m. § 726 BGB n. F. dessen „Mitgliedschaft“ gepfändet hat, so ist die Folge ein Abfindungsanspruch des Gesellschafters gegen die Gesellschaft in angemessenem Umfang, § 728 Abs. 1 Satz 1, Abs. 2 BGB n. F. An diesem Anspruch besteht ein Pfändungspfandrecht des Gläubigers des Gesellschafters (§ 728 Abs. 1 BGB n. F.), das ihm allerdings nicht unmittelbar die Teilungsversteigerung des Grundbesitzes ermöglicht. Er muss vielmehr, falls die Gesellschaft die Abfindung nicht bezahlt, den Abfindungsanspruch gegen die Gesellschaft titulieren (§ 722 Abs. 1 BGB) und dann gegen die Gesellschaft vollstrecken. Geht der Gläubiger dabei den Weg der Immobiliarvollstreckung in das Gesellschaftsvermögen wegen des Abfindungsanspruchs, so betreibt er wegen dieses Anspruchs die Gläubigervollstreckung in Rangklasse 5 des § 10 ZVG.

17 Anders ist dies nur, wenn der Gesellschaftsvertrag in Abweichung von dem dispositiven gesetzlichen Leitbild nach den Vorgaben der §§ 723 Abs. 1, 729 Abs. 4, 735 Abs. 2, 4 BGB n. F. bei Kündigung der Mitgliedschaft eines Gesellschafters durch dessen Privatgläubiger (§§ 723, 726 BGB) die Auflösung der Gesellschaft vorsieht und zudem eine andere Art der Liquidation, nämlich nach den Vorgaben der §§ 741 ff., 753 Abs. 1 Satz 2 BGB, womit die Teilungsversteigerung eröffnet wird. Verkürzt

ausgedrückt, ist diese Abwicklungsvariante möglich, wenn die Gesellschafter mit Zustimmung des Gläubigers des Gesellschafters eine Regelung entsprechend § 731 Satz 2 BGB a. F. (bis 31.12.2023) getroffen haben.[21)]

18 Die Vollstreckung in das Immobiliarvermögen des Gesellschafters durch dessen Gläubiger setzt einen Titel gegen den Gesellschafter voraus (§ 722 Abs. 2 BGB).

3. Schiffe und Schiffsbauwerke sowie Luftfahrzeuge

19 § 23 ZVG ist auf die Versteigerung von **eingetragenen Schiffen** und **Schiffsbauwerken** anwendbar, jedoch mit **Ausnahme** des § 23 Abs. 1 Satz 2 ZVG, denn die Anordnung der Bewachung und Verwahrung schließt die Möglichkeit aus, über „einzelne Stücke [beschlagnahmter] beweglicher Sachen innerhalb der ordnungsmäßigen Wirtschaft auch dem Gläubiger gegenüber wirksam (zu) verfügen", wie dies die Bestimmung des § 23 Abs. 1 Satz 2 ZVG vorsieht (vgl. §§ 162 Satz 1, 165 Abs. 1 Satz 1, 170a Abs. 2 Satz 1 ZVG).[22)]

20 Dasselbe wie bei Schiffen gilt im Wesentlichen auch bei der **Versteigerung von eingetragenen Luftfahrzeugen.** § 23 ZVG ist daher bei Luftfahrzeugen, die in der inländischen Luftfahrzeugrolle eingetragen sind, heranzuziehen Eine **Ausnahme** gilt für § 23 Abs. 1 Satz 2 ZVG, der aus den Gründen der §§ 171a Satz 1, 171c Abs. 2 Satz 1 ZVG nicht anwendbar ist, da das Gericht die Bewachung und Verwahrung anordnet, sodass dem Schuldner nicht die Verfügungsmacht über die „einzelnen Stücke" des § 23 Abs. 1 Satz 2 ZVG zusteht Für **ausländische Luftfahrzeuge** ist § 171k ZVG und damit auch Art. VI des Genfer Abkommens vom 19.6.1948[23)] zu beachten, wonach abweichend von § 23 ZVG die Wirksamkeit der Veräußerung und Belastung nach Beschlagnahme anzuerkennen ist, sofern dem Schuldner die Beschlagnahme bei der Veräußerung unbekannt war.

III. Wirkungen der Beschlagnahme gemäß § 23 Abs. 1 Satz 1 ZVG

1. Rechtscharakter der Beschlagnahme als relatives Veräußerungsverbot

21 § 23 Abs. 1 Satz 1 ZVG verweist durch die verwendete Begrifflichkeit („Veräußerungsverbot") zugleich auf das Veräußerungsverbot der §§ 135 f. BGB. Das hier gemeinte gerichtliche Veräußerungsverbot nach § 136 BGB steht dem (seltenen) gesetzlichen Veräußerungsverbot des § 135 Abs. 1 BGB gleich mit der Folge, dass auch § 135 Abs. 2 BGB mit dem dortigen Schutz des gutgläubigen Erwerbs analog anzu-

---

21) Zu der Möglichkeit der Teilungsversteigerung infolge der Option in § 735 Abs. 4 BGB n. F. äußert sich die Gesetzesbegründung nicht, nur dazu, dass § 731 Satz 2 BGB a. F. wegen der Umsetzung der Vermögenswerte in der Liquidation der GbR in Geld umzusetzen, § 736d Abs. 2 Satz 1 BGB n. F., keinen „Anknüpfungspunkt" habe. Dem ist angesichts der Dispositivität der Liquidationsregelung, § 735 Abs. 2 2. Halbs. BGB n. F., zu widersprechen.

22) Vgl. Dassler/Schiffhauer/u. a.-*Rellermeyer*, ZVG, § 162 Rz. 50 f. zur eingeschränkten Anwendung der §§ 20 bis 26 ZVG.

23) Genfer Abkommen vom 19.6.1948 über die internationale Anerkennung von Rechten an Luftfahrzeugen; vgl. das deutsche Zustimmungsgesetz und den Text des Abkommens in den verbindlichen Sprachen englisch, französisch und spanisch mit deutscher Übersetzung, BGBl. 1959 II S. 129 ff.; siehe § 171n Rz. 3 [*Cranshaw*].

wenden ist.[24)] Dabei ist der Terminus „Veräußerungsverbot“ in § 135 BGB zu eng, vielmehr handelt es sich um ein Verfügungsverbot, das alle Verfügungen umfasst.[25)]

22 Die bloß relative Wirkung des Verfügungsverbots bedeutet gerade nicht die grundsätzliche Unwirksamkeit der verbotswidrigen (hier: beschlagnahmewidrigen) Verfügung, die getroffene Verfügung ist vielmehr zunächst sogar schwebend wirksam. Erst dann, wenn der betroffene Gläubiger sich auf die Unwirksamkeit beruft, wird sie nach zutreffender Meinung relativ unwirksam.[26)] Die Unwirksamkeit besteht nur gegenüber dem jeweils betreibenden Gläubiger. Das hat mehrere Konsequenzen: Die Beschlagnahme bewirkt folgerichtig keine Grundbuchsperre. Der Erwerber wird Rechtsinhaber; der Eigentümer kann trotzdem zugunsten eines Dritten verfügen, wenn auch nicht „endgültig“ wirksam.[27)] Nach *Böttcher* verliert der Eigentümer bei dieser Konstellation nicht sein Verfügungsrecht, aber er dürfe es nicht (zuungunsten des Begünstigten) ausüben.[28)]

2. Wirksamwerden der beschlagnahmewidrigen Verfügung

23 Die Konsequenz dieser Struktur ist ferner, dass der Gläubiger, zugunsten dessen die Beschlagnahme erfolgt ist, in die ihm gegenüber unwirksame Verfügung des Eigentümers (= Vollstreckungsschuldner) einwilligen (§ 185 Abs. 1 BGB) oder sie nachträglich genehmigen kann (§ 185 Abs. 2 Satz 1 Alt. 1 BGB), wobei es sich nach der zutreffenden Judikatur des BGH im Zwangsvollstreckungsverfahren um eine analoge Anwendung des § 185 BGB handelt.[29)] Die Genehmigung wirkt zurück (analog § 184 BGB). Bei der Einwilligung (§§ 182, 183 BGB analog) spielt die generell diskutierte Frage, ob sie wie die Genehmigung selbst eine Verfügung darstellt oder nicht und daher bei Vornahme der eigentlichen Verfügung der Einwilligende selbst die notwendige Rechtsmacht haben muss,[30)] keine Rolle. Ist nämlich die Beschlagnahme weggefallen, entfaltet § 23 ZVG keine Wirkung mehr. Die **Einwilligung** des betreibenden Gläubigers hat keine Bedeutung mehr, soweit die Verfügung nicht noch während des Beschlagnahmezeitraums vollzogen wurde. Bei mehreren betreibenden Gläubigern (siehe § 27 Abs. 2 ZVG) muss ohnehin jeder einzelne einwilligen (oder genehmigen). Mit dem Wegfall der Beschlagnahme entfällt die relative Unwirksamkeit zwischenzeitlicher beschlagnahmewidriger Verfügungen, die ohne Weiteres end-

---

24) Grüneberg/*Ellenberger*, BGB, §§ 135, 136 Rz. 1 ff., 3 f., zu dem Inhalt der §§ 135 f. BGB allgemein, Rz. 9 zum gutgläubigen Erwerb.

25) Grüneberg/*Ellenberger*, BGB, §§ 135, 136 Rz. 3, 4 zu den relativen Verfügungsverboten aufgrund behördlicher bzw. gerichtlicher Anordnung, m. w. N.; Rz. 6 f. zur relativen Unwirksamkeit.

26) BeckOK-*Fischinger*, ZVG, § 23 Rz. 2; Böttcher/*Böttcher*, ZVG, § 23 Rz. 4; Prütting/Wegen/Weinreich-*Ahrens*, BGB, § 136 Rz. 7; siehe aus der älteren Literatur *Larenz*, Allgemeiner Teil des deutschen bürgerlichen Rechts, 1967, § 29 IV, S. 459 ff., 460.

27) Prütting/Wegen/Weinreich-*Ahrens*, BGB, § 136 Rz. 7; BGH, Urt. v. 20.2.1997 – III ZR 209/85, juris Rz. 14 f. = ZfIR 1997, 204 ff. = NJW 1997, 1581 ff., 1582, durch die Beschlagnahme wird keine Grundbuchsperre generiert; BGH, Urt. v. 7.6.1990 – IX ZR 237/89, juris Rz. 28 = BGHZ 111, 364 ff., 367, 369 = NJW 1990, 2459 f.

28) Böttcher/*Böttcher*, ZVG, § 23 Rz. 3 m. w. N.

29) Grüneberg/*Ellenberger*, BGB, § 185 Rz. 4; BGH, Urt. v. 5.7.1971 – II ZR 176/68, BGHZ 56, 339 ff., 351, zur Sachpfändung von Mobilien, keine Anwendung des § 185 Abs. 2 BGB auf die Forderungspfändung.

30) Vgl. Grüneberg/*Ellenberger*, BGB, Überbl. Vor § 104 Rz. 16 m. w. N.

Abs. 1 ZVG; der Duldungsanspruch nach § 1147 BGB besteht materiell als Inhalt des Grundpfandrechts. § 800 ZPO wird daher vom BGH zutreffend als ausschließlich prozessrechtliche Erklärung betrachtet, die den Inhalt des Grundpfandrechts nicht ändert und auch nicht am öffentlichen Glauben des Grundbuchs teilnimmt.[65)]

Gegenstände, die nicht der Beschlagnahme unterworfen sind, fallen vollständig aus dem Anwendungsbereich des § 23 Abs. 1 ZVG. Hierzu gehört als Folge des § 1197 Abs. 1 BGB die **Eigentümergrundschuld.** Wird die Grundschuld übertragen oder belastet, so fällt der allein den Eigentümer beschränkende Vollstreckungsausschluss gemäß § 1197 Abs. 1 BGB ebenso weg wie die Limitierung des Anspruchs auf die dinglichen Zinsen in § 1197 Abs. 2 BGB. Ist zum Zeitpunkt der Abtretung des Rechts oder der Belastung mit einem Pfandrecht Beschlagnahmewirkung bezüglich des Grundbesitzes eingetreten, so verkürzt die weiterhin mögliche Verfügung über das Grundpfandrecht die geschützten Interessen des betreibenden Gläubigers als Folge der wegfallenden Zinsbeschränkung. Die „relative Unwirksamkeit" zeigt sich dann insoweit, als der Anspruch auf die Zinsen nur in der Rangklasse 6 des § 10 ZVG zu befriedigen ist.[66)] 32

Rein **tatsächliches Handeln** des Schuldners, das den Gläubiger benachteiligt, fällt generell nicht unter § 23 ZVG. Schädliche Maßnahmen des Schuldners oder das Unterlassen gebotener Handlungen, die der „ordnungsmäßigen Wirtschaft" entgegenstehen, können verfahrensrechtlich nur durch Anordnungen nach § 25 ZVG oder die Zwangsverwaltung unterbunden werden; die Systematik des ZVG belässt dem Schuldner ansonsten bis zum Zuschlag Besitz und Nutzung des Gegenstandes (im Einzelnen siehe § 24 Rz. 1 f. (Normzweck) und § 25 Rz. 1 (Gefahrenabwehr als Normzweck des § 25) [*Cranshaw*]). 33

4. Exkurs: Steuer- bzw. verwaltungsrechtliche Folgen der Beschlagnahme

a) Steuerrecht

Die **relative Unwirksamkeit** (anstelle absoluter Unwirksamkeit oder Nichtigkeit mit den Folgen des § 134 BGB) der beschlagnahmewidrigen Verfügung hat weitgreifende Folgen, die bis in das Steuerrecht (in dem nachfolgend zitierten Fall des FG Thüringen 34

65) BGH, Beschl. v. 28.9.1989 – V ZB 17/88, BGHZ 108, 372 ff., 375 f. = NJW 1990, 258 ff.; Dassler/Schiffhauer/u. a.-*Hintzen*, ZVG, § 23 Rz. 17.

66) Siehe BeckOK-*Fischinger*, ZVG, § 23 Rz. 6 zur bereits lange gefestigten Meinung; zur Gegenmeinung; vgl. BGH, Urt. v. 16.5.1975 – V ZR 24/74, BGHZ 64, 316 ff., 320 = NJW 1975, 1356 ff. = JZ 1975, 487 f., 488 (zur Tragweite der Auflassungsvormerkung, da sie durch die Zession der Eigentümergrundschuld nicht beeinträchtigt wird und zur Wandlung derselben, die *„in der Hand des Zessionars die vollen Wirkungen […] einschließlich Vollstreckbarkeit und Verzinslichkeit entfaltet"*) = juris Rz. 14. Die Verweisung der Zinsansprüche des Zessionars in die Rangklasse 6 lehnt aber bereits die ganz frühe Kommentarliteratur ab, siehe *Jaeckel/Güthe*, ZVG, 4. Aufl., § 23 Rz. 3, S. 126; dasselbe soll nach der dortigen Meinung auch gelten, wenn der Schuldner die Immobilie nach Eintritt der Beschlagnahmewirkung veräußere und ein Eigentümerrecht bei ihm verbleibe (unterstellt, die Veräußerung selbst sei oder werde während des Verfahrens endgültig wirksam). Zu den Be-sonderheiten der Vollstreckung in die Eigentümergrundschuld gemäß § 857 Abs. 6 ZPO siehe Zöller/*Herget*, ZPO, § 857 Rz. 18 ff.

das Einkommensteuerrecht) hineinreichen.[67] Im Hinblick auf die Anordnung der Zwangsverwaltung hat das FG Baden-Württemberg darauf erkannt, mit der Besitzergreifung durch den Zwangsverwalter ende bei der eingegliederten Organgesellschaft die wichtige umsatzsteuerliche Organschaft.[68] Damit können nicht unerhebliche negative steuerliche Effekte verbunden sein. Der EuGH hat mit Parallelurteilen vom 1.12.2022[69] die deutsche Umsatzsteuerorganschaft im Grundsatz gebilligt, allerdings mit Abweichungen vom deutschen Steuerrecht; wesentlich dabei ist, dass neben einer Mehrheitsbeteiligung des Organträgers an der Organgesellschaft keine Stimmrechtsmehrheit mehr erforderlich ist und die eingegliederten unternehmerischen Einheiten (Gesellschaften) eine selbstständige Wirtschaftstätigkeit ausüben. Die Auswirkungen auf fortbestehende Organschaften bei bevorstehender Insolvenz bzw. bei Einleitung lediglich der Zwangsversteigerung müssen hier offenbleiben.

35 Für erhebliche Probleme in der **Zwangsverwaltung** sorgt die Entscheidung des BFH vom 10.2.2015, der darauf erkannt hat, dass der Zwangsverwalter in Anwendung des § 34 AO als Vermögensverwalter die Pflicht zur Entrichtung der Einkommensteuer des Schuldners hat, soweit sich diese aus der zwangsverwalteten Immobilie ergibt.[70] Das BMF hat in einem Schreiben vom 3.5.2017 eine entsprechende Verwaltungsweisung herausgegeben.[71] Die steuerlichen Pflichten beginnen mit der Beschlagnahme, §§ 148, 23 ZVG.

---

67) Das FG Thüringen, Urt. v. 26.7.2007 – I 189/05, juris Rz. 21 ff., 28 f. = EFG 2008, 1777 ff., hat zum Eigenheimzulagengesetz 2003 (siehe FNA 2230-30) entschieden, die Zulage sei beim Erwerb des MEA des Ehegatten zur Abwendung der Versteigerung nicht zu gewähren, weil trotz der Wirkung des § 23 Abs. 1 Satz 1 ZVG die Verfügungsbefugnis über das Grundstück nicht auf einen anderen übergegangen sei. Die betreibende Gläubigerin hatte der Verfügung des nicht (mehr) berechtigten Ehemannes gemäß § 185 BGB zugestimmt. Der BFH hat diese Rechtsmeinung des FG Thüringen gebilligt, Urt. v. 19.8.2008 – IX R 6/08, juris Rz. 11.

68) FG Baden-Württemberg, Urt. v. 18.7.2007 – 3 K 107/03, juris Rz. 33 ff. = EFG 2007, 1906 ff.; der BFH (Urt. v. 29.1.2009 – V R 67/07, BStBl. II 2009 S. 1029) hat darauf erkannt, die notwendige wirtschaftliche Eingliederung entfalle (jedenfalls) dann, wenn Zwangsversteigerung und Zwangsverwaltung parallel angeordnet würden, weil dann klar sei, dass der betroffene Grundbesitz künftig nicht mehr der Organgesellschaft „*dauerhaft* […] *zur Verfügung stehe*" (BFH, juris Rz. 28; siehe zur parallelen Problematik in der Insolvenz *Cranshaw*, in: *Mönning*, Betriebsfortführung in der Insolvenz, S. 835 ff. Rz. 117; zur umsatzsteuerlichen Organschaft siehe *Englisch* in: Tipke/Lang, Steuerrecht, Kap. 17 Rz. 17.61 – 17.65; zur umsatzsteuerlichen Organschaft siehe ferner UStAE, v. 1.10.2010, BStBl. I 2010, 846, in der aktuellen konsolidierten Fassung v. 10.10.2023, https://www.bundesfinanzministerium.de/UStAE dort unter Tz. 2.8 (12) (S. 60 ff., 64); siehe zur Beendigung der umsatzsteuerlichen Organschaft im Insolvenzverfahren.

69) EuGH, Urt. v. 1.12.2022 – Rs C-141/20, „FA Kiel/Norddeutsche Gesellschaft für Diakonie GmbH", ECLI:EU:C:2022:943 = ZInsO 2023, 162 ff., dem folgend BFH, Urt. v. 18.1.2023 – XI R 29/22, juris = DStR 2023, 638 ff.; siehe auch EuGH, Urt. v. 1.12.2022 – Rs C-269/20, „FA T./S", ECLI:EU:C:2022:944 = juris = ZIP 2023, 691 ff.

70) BFH, Urt. v. 10.2.2015 – IX R 23/14, BStBl. II 2017, 367 = ZfIR 2015, 573 ff. = Rpfleger 2015, 574 ff.

71) BMF-Schreiben. v. 3.5.2017, BStBl. I 2017 S. 718, Einkommensteuerliche Pflichten des Zwangsverwalters, IV A 3 – S 0550/15/10028, zum BFH-Urteil v. 10.2.2015 – IX R 23/14, https://www.bundesfinanzministerium.de/Content/DE/Downloads/BMF_Schreiben (Stand: 1.8.2018); siehe aus der Literatur zum BMF-Schreiben *Kahlert*, ZfIR 2017, 649 ff.; siehe auch BMF, Amtliches AO-Handbuch, Anhang 73, https://ao.bundesfinanzministerium.de/ao/2021/Anhaenge/BMF-Schreiben-und-gleichlautende-Laendererlasse/Anhang-73/inhalt.html (Stand: 18.5.2023).

Der vom BFH entschiedene Fall betraf die Abgrenzung zwischen Zwangsverwaltung und Insolvenzverwaltung, das Urteil ist damit zugunsten des Insolvenzverwalters ausgefallen, der für die zwangsverwalteten Objekte keine Leistungen aus der Masse schuldet. 36

Offen ist die gewerbesteuerliche Behandlung. 37

b) Allgemeines Verwaltungsrecht

Auch im **allgemeinen Verwaltungsrecht** wirkt sich die Beschlagnahme mit ggf. brisanten Folgen aus. So schuldet beispielsweise der Insolvenzverwalter bzw. das Unternehmen in Eigenverwaltung (vgl. §§ 270 ff. InsO) nicht die Kosten der Ersatzvornahme für die Sicherung gegen ökologische Risiken, die von dem betroffenen Grundbesitz ausgehen, wenn schon bei „Beginn der Ersatzvornahme" die Zwangsverwaltung bestanden hat.[72] Diese Kosten trägt dann der Zwangsverwalter zulasten der dortigen Masse, ggf. mit Hilfe von Kostenvorschüssen des betreibenden Gläubigers. Hat dieser eine Institutszwangsverwaltung in die Wege geleitet (vgl. § 150a ZVG), kann im Einzelfall, unabhängig von dem Ausgleichsbetrag als öffentliche Last gemäß § 25 Abs. 6 BBodSchG, dem Gläubiger die Haftung nach § 4 Abs. 3 BBodSchG als Inhaber der tatsächlichen Gewalt drohen, wenn die Grenzen zwischen Zwangsverwaltung und Gläubigerposition nicht gewährt werden. 38

Eine Besonderheit stellt die **öffentlichrechtliche Baulast** nach Landesrecht dar, Löhnig/*Fischinger* weist (als Beispiel) zu Recht auf § 86 LBO Rheinland-Pfalz hin,[73] wonach die ins Baulastenverzeichnis eingetragene Baulast auch den Rechtsnachfolger im Eigentum bindet. Siehe im Einzelnen auch die hier nicht zitierten Landesbauordnungen anderer Bundesländer. 39

5. Behandlung beschlagnahmter Forderungen

Nach § 20 ZVG ist die Beschlagnahme, soweit nicht Ausnahmen wie in § 21 ZVG bestehen, umfangreich. Sie umfasst auch Forderungen, wie der Verweis in § 20 Abs. 2 ZVG auf das materielle Recht der §§ 1120 ff. BGB ebenso zeigt wie die Ausnahmeregelungen des § 21 ZVG und die Norm des § 148 Abs. 1 ZVG. In § 23 ZVG bedarf es indes keiner Erwähnung der „mit beschlagnahmten" Forderungen, weil das inländische Recht den gutgläubigen Erwerb von Forderungen nicht kennt. Der Eigentümer/Vollstreckungsschuldner und Inhaber der beschlagnahmten Forderung 40

72) VG Dresden, Urt. v. 19.6.2003 – 13 K 863/02, ZIP 2004, 373 ff.

73) Vgl. bereits BeckOK-*Fischinger*, ZVG, § 23 Rz. 4 unter Hinweis auf die Entscheidung des VG Neustadt v. 4.9.2008 zu 4 K 571/08, juris Rz. 29 f. m. w. N. aus der Judikatur des VGH Kassel und des OVG Nordrhein-Westfalen (NJW 1996, 1362); das VG Neustadt weist ferner auf den Verfügungscharakter der Widmung einer Straße in das private Eigentum nach Landesrecht zu einer öffentlichen Straße hin, vgl. BGH, Urt. v. 4.5.1987 – II ZR 211/86 BGHZ 101, 24 ff., 26 f. = NJW 1987, 3177 f.; siehe die ganz ähnlichen Regelungen z. B. auch in § 75 Abs. 1 Hessische Bauordnung bzw. § 83 BauO NRW; siehe zum Landesrecht NRW das Urteil des OVG Münster v. 18.7.1995 – 11 A 11/94, NJW 1996, 1362 f., Ls. und S. 1363; wurde die Baulast nach Eintragung des Versteigerungsvermerks im Grundbuch bewilligt, ist ihre Übernahme *„auch gegenüber dem späteren Ersteigerer des Grundstücks nicht wirksam"* m. w. N.; dieser kann die Löschung im Baulastenverzeichnis durch verwaltungsgerichtliche Klage gegen die durch Verwaltungsakt erfolgte Versagung der beantragten Löschung erzwingen.

kann daher nicht mehr wirksam gegenüber dem betreibenden Gläubiger verfügen. Der Drittschuldner andererseits wird durch § 22 ZVG geschützt, solange ihm die Beschlagnahme unbekannt geblieben ist. Er kann sich dem Beschlagnahmegläubiger gegenüber auf die analoge Anwendung der §§ 407, 408 BGB stützen.[74] Allerdings kommt man auch ohne die Analogie zu § 407 BGB aus, wenn man § 22 Abs. 2 Satz 2 ZVG nach dem Wortlaut unter Hinzunahme des § 23 Abs. 1 Satz 1 auslegt. Ist die Beschlagnahme dem Drittschuldner gegenüber mangels Kenntnis derselben oder mangels Zustellung des Zahlungsverbots (§ 22 Abs. 2 Satz 2 ZVG) nicht wirksam, fehlt es am Veräußerungsverbot nach § 23 Abs. 1 Satz 1 i. V. m. den §§ 135 f. BGB. Somit hat der Drittschuldner an den aus seinem Blick Berechtigten geleistet.

41 Ist die Beschlagnahme gegenüber dem Eigentümer/Vollstreckungsschuldner nach einer solchen Konstellation wirksam, gegenüber dem Drittschuldner aber nicht und hat dieser die von ihm geschuldete Leistung schuldbefreiend erbracht, steht dem Gläubiger nach Geltendmachung der relativen Unwirksamkeit gegen seinen Schuldner der Anspruch aus Eingriffskondiktion gemäß § 816 Abs. 2 BGB zu.[75] Wirtschaftlich werthaltig wird ein solcher Anspruch im Allgemeinen nicht sein.

6. Verfahrensrechtliche Durchsetzung des „Verfügungsverbots“ sowie Ansprüche des Gläubigers und Behandlung im Grundbuchverfahren

a) Verfahrensrechtliche Durchsetzung des relativen Verfügungsverbots und Rangfragen

aa) Verfahrensrechtliche Durchsetzung

42 Eine andere Frage betrifft das Thema, wie die relative Unwirksamkeit verfahrensrechtlich durchgesetzt wird. Den umgekehrten Fall des Einwandes der Zustimmung des Gläubigers hat der BGH dahingehend entschieden, dass nicht im Grundbuch gemäß § 28 Abs. 1 ZVG **vor der Beschlagnahme** verlautbarte Umstände unberücksichtigt bleiben, soweit sie nicht angemeldet worden sind.[76] Die Folge des relativen Verfügungsverbots, das eben tatsächlich zu „schwebender Wirksamkeit“ führt, ist, dass der Begünstigte sich auf seine Rechtsposition berufen und sie mangels Ersichtlichkeit aus dem Grundbuch nach § 37 Nr. 4 ZVG anmelden und ggf. gemäß § 294 ZPO glaubhaft machen muss. Das von dem Dritten behauptete der Versteigerung entgegenstehende Recht muss er, wie der BGH zu V ZB 103/11[77] entschieden hat, im Prozessweg vor den ordentlichen Gerichten nach §§ 771, 772 ZPO durchsetzen; dem Vollstreckungsgericht ist das Urteil oder eine einstweilige Anordnung vorzulegen (vgl. § 771 Abs. 3, 769, 770 ZPO).

---

74) Grüneberg/*Ellenberger*, BGB, §§ 135, 136 Rz. 9, Hinweis auf BGH, Urt. v. 26.1.1983 – VIII ZR 258/81, BGHZ 86, 338 ff., 339 f. zu dem hier relevanten § 407 Abs. 1 BGB; ist ein Rechtsstreit zwischen Vollstreckungsschuldner und Drittschuldner über die Forderung anhängig, gilt § 407 Abs. 2 BGB, siehe BGHZ 86, 339.

75) Grüneberg/*Sprau*, BGB, § 816 Rz. 18 ff., m. w. N.

76) Siehe Rz. 19 f. (Aufteilung in Wohnungseigentum).

77) BGH, Beschl. v. 29.3.2012 – V ZB 103/11, ZfIR 2012, 441, Rz. 9.

bb) Rangfragen

Da die lediglich gegenüber dem begünstigten Anordnungs- oder Beitrittsgläubiger bestehende relative Unwirksamkeit bei Beschlagnahmewidrigkeit die Verfügung nicht insgesamt wirkungslos macht, ist die Frage zu beantworten, **an welcher Rangstelle des § 10 Abs. 1 ZVG** derartige Rechte zu befriedigen sind. Die Antwort gibt § 10 Abs. 1 Nr. 6 ZVG (Rangklasse 6): Im Zusammenwirken mit § 10 Abs. 1 Nr. 4 ZVG ordnet die Norm diejenigen „Ansprüche aus [dinglichen] Rechten an dem Grundstück" (= alle Rechte im Grundbuch sowie außerhalb desselben, z. B. Ansprüche auf Überbau- und Notwegrenten, vgl. § 914 Abs. 1 Satz 1, Abs. 2 BGB; § 917 Abs. 2 BGB), die dem jeweiligen betreibenden Gläubiger gegenüber infolge der Beschlagnahmewirkung unwirksam sind (vgl. § 23 ZVG), einer eigenen **Rangklasse** 6 zu. Das Problem der Praxis bei mehreren gleichzeitig vorliegenden Fällen beschlagnahmewidriger oder der mit der Eintragung des Vollstreckungsvermerks zeitlich zusammenfallenden Eintragung anderer Rechte ist weniger die Frage, ob und unter welchen Voraussetzungen die Befriedigung in der Rangklasse 4 oder in der Rangklasse 6 erfolgt.[78] Vielmehr ist diese Frage und damit diejenige der **Teilhabe an der Erlösverteilung** für **jeden** der beteiligten Gläubiger gesondert zu entscheiden, sodass sich der Teilungsplan (bei hinreichender Masse) als ungewöhnlich komplex erweisen kann. In der Praxis dürften solche Fälle indes eher selten sein. 43

b) Weitergehende Ansprüche von Gläubigern gegen den Schuldner bzw. den Dritten?

Soweit in der Literatur im Verhältnis zum Schuldner schadenersatzrechtliche Forderungen (u. a. aus § 823 Abs. 2 BGB i. V. m. strafrechtlichen Schutzvorschriften wie § 136 Abs. 1 StGB, Verstrickungsbruch) ins Auge gefasst werden, ist dies hier nicht weiter zu vertiefen.[79] In der Praxis der Gläubiger spielt das keine wirkliche Rolle, zumal bei dem betroffenen Schuldner, wie bereits die Zwangsvollstreckung gegen ihn in die Immobilie zeigt, ganz selten ein weitergehender Anspruch ökonomisch durchzusetzen sein dürfte. Es bleibt dann nur noch, in einem etwaigen Insolvenzverfahren die Versagung der Restschuldbefreiung auf dem dornenvollen und regelmäßig nicht sehr erfolgversprechenden Weg der Anmeldung einer Insolvenzforderung wegen vorsätzlich unerlaubter Handlung (§ 174 Abs. 2 InsO) zu betreiben, der ökonomisch in aller Regel wirtschaftlich ebenfalls kaum aussichtsreich ist. Dasselbe gilt bei Forderungen für den Anspruch nach § 816 Abs. 1 BGB, wenn der Berechtigte die Verfügung genehmigen und ex tunc endgültig wirksam machen würde (analog § 185 Abs. 2 Satz 1 i. V. m. § 184 BGB), soweit nicht ein Anspruch gegen einen Dritten nach Satz 2 dieser Norm bei unentgeltlicher Verfügung bestehen sollte. Für 44

78) Vgl. BeckOK-*Fischinger*, ZVG, § 23 Rz. 18 – 20 zur „Wirkung des Verfügungsverbots".

79) Vgl. zu der Problematik den Überblick bei Dassler/Schiffhauer/u. a.-*Hintzen*, ZVG, § 23 Rz. 26 f. zu Ansprüchen gegen den Dritten sowie BeckOK-Fischinger, ZVG, § 23 Rz. 24 zu dem strafrechtlichen Aspekt des § 136 StGB. Regelmäßig wird es dabei um den Generaltatbestand des § 136 StGB gehen, die Verstrickungsentziehung *„in anderer Weise"*. Bei den mit beschlagnahmten Mobilien steht im Vordergrund ggf. die Rückdatierung einer Sicherungsübereignung vor den Beschlagnahmezeitpunkt, die zugleich den Tatbestand des § 288 StGB (Vereiteln der Zwangsvollstreckung) darstellt, siehe BGH, Beschl. v. 20.3.2000 – 2 ARs 489/99 u. a., juris Rz. 1, 4, 24, 27 – 29 = wistra 2000, 311 ff.

die Eingriffskondiktion des § 816 Abs. 2 BGB bei den Forderungen (siehe unten) gilt nichts anderes. Anders mag das wirtschaftlich sein, wenn im Insolvenzverfahren über das Vermögen des Eigentümers der Insolvenzverwalter beschlagnahmewidrig verfügen sollte und damit in das Absonderungsrecht des Gläubigers eingreift.

45 Bei **kollusivem Zusammenwirken** des Dritten („Versteigerungsverhinderer") mit dem Schuldner mögen die zugrunde liegenden Geschäfte an den §§ 138, 134 BGB im Einzelfall scheitern, evtl. sogar das dingliche Geschäft. Gegen den Dritten bestehen dann naturgemäß deliktische Ersatzansprüche, z. B. gemäß § 823 Abs. 2 BGB i. V. m. strafrechtlichen Normen oder gemäß § 826 BGB.

46 Zu beachten ist ferner die Regelung des **§ 888 Abs. 2 BGB**, die den durch ein relatives Veräußerungsverbot Begünstigten (hier: der betreibende Gläubiger) dem Inhaber einer Vormerkung gleichstellt und ihm gegen den Dritten den Anspruch auf Zustimmung „zur Eintragung oder Löschung" zuerkennt (§ 888 Abs. 1 BGB), um seine geschützten Gläubigerrechte im Verfahren durchsetzen zu können.[80)]

47 Bei **beweglichen Sachen** erinnert *Hintzen* zutreffend an die Judikatur des Reichsgerichts, welches bei beschlagnahmewidriger Verfügung dem Beschlagnahmegläubiger sowie später dem Ersteher die Klage auf „Rückschaffung" des Gegenstandes auf den zu versteigernden Grundbesitz zuerkannt hatte. Das ist bei Bejahung eines Schadenersatzanspruchs zugleich Naturalrestitution gemäß § 249 Abs. 1 BGB.[81)]

c) Behandlung der Thematik im Grundbuchverfahren

48 Im Grundbuchverfahren ist die Reihenfolge, die § 17 GBO vorgibt, einzuhalten. Es gibt keinen ersichtlichen Grund, anstehende Eintragungen nur gleichzeitig oder erst nach dem Vollstreckungsvermerk oder nur nach vorheriger Zustimmung des betreibenden Gläubigers (siehe § 19 Rz. 24 (*Cranshaw*)) vorzunehmen.[82)]

IV. Verfügung über bewegliche Sachen im Rahmen ordnungsmäßiger Wirtschaft gemäß § 23 Abs. 1 Satz 2 ZVG

49 § 23 Abs. 1 Satz 2 ZVG stellt eine Ausnahme von dem relativen Verfügungsverbot im Hinblick auf die mitbeschlagnahmten beweglichen Sachen dar. Die dort relevanten beschlagnahmewidrigen Verfügungen sind die Übereignung bzw. die Belastung mit Pfandrechten, auch mit dem **besitzlosen Pfandrecht der Sicherungsübereignung** (vgl. die Legaldefinition des § 51 Nr. 1 InsO i. V. m. § 50 InsO). Der von *Böttcher*

---

80) Vgl. Grüneberg/*Herrler*, BGB, § 888 Rz. 10 m. w. N.; Grüneberg/*Ellenberger*, BGB, §§ 135, 136 Rz. 7; um einen Grundbuchberichtigungsanspruch im eigentlichen Sinne, wie BeckOK-*Fischinger*, ZVG, § 23 Rz. 9, meint, geht es dabei nicht.

81) Dassler/Schiffhauer/u. a.-*Hintzen*, ZVG, § 23 Rz. 27 mit Fn. 26 m. w. N. zur reichsgerichtlichen Judikatur; den Rückverschaffungsanspruch bejaht eine einzige Entscheidung, RG, Urt. v. 11.3.1909 – Rep. V 245/08, RGZ 70, 378 f., 379; die ebenfalls dort in Fn. 26 – 27 zitierten Urteile v. 17.6.1906 – Rep. V 629/07, RGZ 69, 85 ff. sowie v. 7.5.1910 – Rep. V 354/09, RGZ, 73, 333 ff.) befassen sich mit geltend gemachten Ersatzansprüche gegen Werkunternehmer nach Entfernung von zu Bestandteilen gewordenen Sachen (RGZ 73, 333) bzw. mit Herausgabeansprüchen auf Verkaufserlöse von Zubehör durch den Konkursverwalter (RGZ 69, 85); siehe zu der Thematik auch die eingehende unverändert zutreffende Darstellung bei BeckOK-*Fischinger*, ZVG, § 23 Rz. 21 – 24.

82) So Böttcher/*Böttcher*, ZVG, § 23 Rz. 12 m. w. N.; dieser Meinung wird man zustimmen.

zutreffend genannte Nießbrauch dürfte in der Praxis eher selten sein. Der Umfang der Beschlagnahme der in § 23 Abs. 1 Satz 2 ZVG angesprochenen beweglichen Sachen folgt aus § 21 Abs. 1 ZVG.[83] Erfasst sind insbesondere die Zubehörstücke und die mit dem Boden verbundenen Erzeugnisse, soweit darüber verfügt werden kann oder soweit sie gesondert belastet werden können. Nach dem Inhalt des § 23 Abs. 1 Satz 2 ZVG verfügt der Eigentümer/Vollstreckungsschuldner gegenüber dem betreibenden Gläubiger wirksam nur dann, wenn es sich um „einzelne Stücke" handelt. Das Gegenstück ist die Verfügung über Sachmehrheiten oder Sachgesamtheiten (z. B. eine pauschale Veräußerung „des gesamten Zubehörs" o. ä.), die relativ unwirksam sein soll. Die Verfügung bedarf daher, um endgültig wirksam zu werden, der Zustimmung der betroffenen betreibenden Gläubiger. Eine weitere Schranke bestimmt die Norm dadurch, dass auch bei der Verfügung über ein einzelnes Zubehörstück die Grenzen der ordnungsmäßigen Wirtschaft (= ordnungsgemäße Bewirtschaftung des Grundstücks in seinem aktuellen Zustand) eingehalten werden müssen. Der Begriff der ordnungsmäßigen Wirtschaft ist derselbe wie in den §§ 24, 25 ZVG, auf die dortige Kommentierung im vorliegenden Kommentar wird daher verwiesen. Der Schuldner behält außerhalb der Zwangsverwaltung Besitz und Nutzen des Grundbesitzes (§§ 24 f. ZVG); im selben Rahmen soll er auch über bewegliche und mit beschlagnahme Sachen verfügen können. Die Ersatzbeschaffung muss ebenso möglich sein wie die betrieblich veranlasste Außerdienststellung und Veräußerung von Zubehör (von der Maschine über die Produktionsstraße bis zum im Einzelfall als Zubehör zu wertenden LKW), soweit der Betrieb fortgeführt wird und sich die Maßnahme als betriebsüblich, ggf. auch branchenüblich, qualifizieren lässt. Sind die Voraussetzungen des § 23 Abs. 1 Satz 2 ZVG zu bejahen, hat der Eigentümer des Grundstücks und Vollstreckungsschuldner gegenüber jedermann wirksam verfügt, auf etwaigen guten Glauben eines Erwerbers kommt es dann nicht (mehr) an, denn die Verfügung ist nicht beschlagnahmewidrig.

V. Wirksamer Erwerb eines Dritten trotz eingetretener Beschlagnahmewirkung

1. Wirksamer Erwerb nach Beschlagnahme ohne das Erfordernis guten Glaubens

Der Erwerb des Eigentums an dem **beschlagnahmten Grundbesitz** oder der Erwerb von Rechten daran als Folge von Verfügungen (siehe Rz. 25) ist trotz der relativen Unwirksamkeit gegenüber dem betreibenden Gläubiger in einem regelmäßig schmalen Zeitfenster unter den Voraussetzungen des § 878 BGB möglich. Voraussetzung ist, dass der betroffene Eigentümer/Vollstreckungsschuldner die Verfügung zugunsten des dritten Empfängers getätigt hat, wobei die entsprechende Erklärung für ihn bindend geworden sein muss (vgl. §§ 873 Abs. 2, 875 Abs. 2, 877 BGB i. V. m. § 873 Abs. 2 BGB). Ferner muss der Antrag auf Eintragung beim Grundbuchamt gestellt worden sein; der Begünstigte ist freilich nur dann geschützt, wenn der Antrag vom Verfügenden nicht zurückgenommen werden kann. Sind diese Voraussetzungen zu bejahen, wenn es also zum Rechtserwerb ausschließlich noch der Eintragung bedarf, die von Unwägbarkeiten beim Grundbuchamt abhängig sind, 50

83) Im Einzelnen siehe § 21 Rz. 1, 8 [*Cranshaw*].

kann der Erwerber rechtswirksam gegenüber dem betreibenden Gläubiger erwerben, obwohl die Beschlagnahmewirkung eingetreten ist. Auf den guten Glauben des Dritten (an die uneingeschränkte Verfügungsberechtigung des Eigentümers/Vollstreckungsschuldners) kommt es nicht an. Zum gutgläubigen Erwerb siehe Rz. 53 ff.

51 Dasselbe gilt für **eingetragene Binnenschiffe** nach § 3 Abs. 3 SchiffsRG (der §§ 873 Abs. 2, 878 BGB entspricht) bzw. für alle Schiffe nach den dortigen Vorschriften über den gutgläubigen Erwerb (§ 16 Abs. 1 Satz 2 SchiffsRG bezüglich des Schiffs selbst, § 4 Abs. 2 SchiffsRG, 932 ff. BGB für Zubehörstücke).

52 Bei in der Luftfahrzeugrolle **eingetragenen Luftfahrzeugen** enthält § 5 Abs. 3 i. V. m. Abs. 2 LuftfzG im Hinblick auf die Wirksamkeit der Eintragung eines Registerpfandrechts in das Register für Pfandrechte an Luftfahrzeugen eine den §§ 878, 873 Abs. 2 BGB vergleichbare Regelung, wenn die Verfügungsbeschränkung (z. B. die Beschlagnahme zum Zwecke der Versteigerung) vor Eintragung, aber nach Bindungswirkung der Bestellung für den Eigentümer eintritt. § 16 LuftFzgG stellt – ähnlich § 892 BGB – den Gutglaubensschutz im Hinblick auf das Registerpfandrecht her.

2. Guter Glaube des Dritten bei Verfügungen des Schuldners nach Beschlagnahme gemäß § 23 Abs. 2 ZVG

a) § 23 Abs. 2 Satz 1 ZVG

53 Der Dritte, zu dessen Gunsten verfügt wurde, hat auch außerhalb des § 878 BGB eine davon zu unterscheidende zweite „Verteidigungslinie". § 23 Abs. 2 Satz 1 ZVG nimmt Bezug auf § 135 Abs. 2 BGB und dieser wiederum auf die Vorschriften über den (gutgläubigen) Erwerb vom Nichtberechtigten. Wie § 23 Abs. 2 Satz 2 ZVG belegt, bezieht sich Satz 1 auf die Immobilie selbst wie auch auf die mit beschlagnahmten beweglichen Sachen. Bei der Immobilie bezieht sich die Norm auf die Bestimmung des § 892 Abs. 1 BGB, den „öffentlichen Glauben" des Grundbuchs. Es geht dabei um den guten Glauben des Erwerbers gemäß § 892 Abs. 1 Satz 2 BGB daran, dass eine (hier durch die Beschlagnahme bewirkte) Verfügungsbeschränkung nicht besteht. Dies ist dann der Fall, wenn er die Beschlagnahme nicht kennt und wenn sie nicht aus dem Grundbuch (in Gestalt des Vollstreckungsvermerks) erkennbar ist. Dabei ist zwischen dem Zwangsversteigerungsvermerk und dem Zwangsverwaltungsvermerk zu unterscheiden. Der gute Glaube ist spätestens dann zerstört, wenn der Vollstreckungsvermerk im Grundbuch eingetragen ist (vgl. § 19 Abs. 1 ZVG). Im Hinblick auf die verschiedenen Zeitpunkte der Beschlagnahmewirkung (siehe § 22 ZVG) hat der Gesetzgeber die Bösgläubigkeit aber nicht allein von der Eintragung des Vermerks im Grundbuch abhängig gemacht. Vielmehr ist jegliche Kenntnis von der Beschlagahme schädlich, sogar schon die positive Kenntnis des **Versteigerungsantrags.**

b) Bösgläubigkeit bei Erwerb von Rechten an den „mithaftenden beweglichen Sachen"

54 Bei den mit beschlagnahmten beweglichen Sachen (d. h. im Wesentlichen das Zubehör) wird die Kenntnis von der Beschlagnahme fingiert, sobald der Versteigerungsvermerk eingetragen ist, § 23 Abs. 2 Satz 2 ZVG, soweit sie nicht schon früher bekannt geworden ist.

Fehlt es an der Kenntnis von der Beschlagnahme, führt § 135 Abs. 2 BGB zu den Bestimmungen der §§ 932 ff. BGB über den gutgläubigen Erwerb und den verschiedenen Verweisungen auf diese Regelungen in den Vorschriften über die Übertragung oder Belastung von Mobilien. Der gutgläubige Erwerb ist dort, insbesondere auch bei den **Zubehörstücken** (§§ 97, 98 BGB) oder **Erzeugnissen** (§ 99 Abs. 1 BGB),[84] differenziert gestaltet. Im Fokus befindet sich die grundpfandrechtliche Haftung nach den §§ 1120 ff. BGB. Neben der Begrenzung der Beschlagnahmewirkung bei den Erzeugnissen steht die geminderte Einbindung der Erzeugnisse und der „sonstigen Bestandteile" nach den §§ 1120 ff. BGB i. V. m. den §§ 954 ff. BGB in den Haftungsverband der Grundpfandrechte. 55

Die betroffenen Gegenstände, in der Praxis insbesondere das Zubehör, werden bei der Veräußerung von der grundpfandrechtlichen Haftung **nach Eintritt der Beschlagnahmewirkung nur** wie nachfolgend dargestellt frei. 56

Zu differenzieren ist dabei, ob die beschlagnahmewidrige Verfügung mit der **Veräußerung** (dann § 1121 Abs. 2 BGB) oder der **Entfernung** eingeleitet wurde:[85] 57

Wurde die **Veräußerung vor der Entfernung**, also noch auf dem betroffenen Grundbesitz vorgenommen, kann sich der Erwerber nicht auf fehlende Unkenntnis hinsichtlich des Bestehens des Grundpfandrechts berufen (§ 1121 Abs. 1 Satz 1 BGB). Er soll jedoch nicht vollständig vom gutgläubigen Erwerb abgeschnitten werden. Er muss aber dazu beim letzten Teilakt, der Entfernung, gutgläubig im Hinblick auf das Fehlen der Beschlagnahme sein. Es spielt dabei keine Rolle, ob die Beschlagnahme vor oder nach der Veräußerung eingetreten ist, solange sie nur bei der „Entfernung" bestanden hat. 58

Ist hingegen die **Zugehörigkeit** zu dem Vollstreckungsgrundstück gelockert und wurde die **bewegliche Sache vor der Veräußerung vom Grundstück getrennt**, so ist § 1121 BGB nach seinem Wortlaut nicht anwendbar. Vielmehr sind die §§ 932 ff., 135 Abs. 2 BGB, § 23 Abs. 2 ZVG unmittelbar heranzuziehen. Ob die Beschlagnahme vor oder nach der Entfernung liegt, ist auch bei dieser Konstellation ohne Bedeutung. 59

In allen Fällen genügt grob fahrlässige Unkenntnis vom Bestehen der Beschlagnahme, während § 892 BGB positive Kenntnis verlangt. 60

Daneben ist für die Zubehörstücke das Erlöschen der Haftung nach § 1122 BGB zu beachten. 61

VI. Dauer der Beschlagnahme

Die Beschlagnahme dauert von der Wirksamkeit ihrer Anordnung aufgrund Anordnungs- oder Beitrittsbeschluss bis zur **Aufhebungsentscheidung** fort.[86] Das 62

---

84) Zum Umfang der Erzeugnisse siehe zu den land- und forstwirtschaftlichen Erzeugnissen § 21 Rz. 1 [*Cranshaw*] sowie den Überblick bei Prütting/Wegen/Weinreich/*Völzmann-Stickelbrock*, BGB, § 99 Rz. 2–4; im Hinblick auf § 21 Abs. 1 ZVG ist die Thematik des gutgläubigen Erwerbs begrenzt, da der Beschlagnahme in der Zwangsversteigerung nur die nicht vom Boden getrennten Erzeugnisse unterworfen sind; anders in der Zwangsverwaltung, § 148 Abs. 1 Satz 1 ZVG.

85) Bzgl. der Darstellung/Aufstellung – siehe Rz. 58 f. – vgl. die Übersicht/Struktur bei Grüneberg/*Herrler*, BGB, § 1121 Rz. 4–8.

86) BGH, Beschl. v. 10.7.2008 – V ZB 130/07, u. a. NJW 2008, 3067 f. (zur Zwangsverwaltung, verallgemeinerungsfähig).

Gesetz enthält keine Regelung zur Beschlagnahmedauer, sie folgt aber der Natur der Sache nach grundsätzlich aus der Dauer des Verfahrens (siehe § 34 Rz. 2 f. [*Popp*], „Löschung des Versteigerungsvermerks" sowie § 27 Rz. 30 [Cranshaw], „Beitritt bis zur Verfahrensaufhebung"). Dieses wiederum ist nach den Motiven erst dann aufhebungsfähig, wenn „die Anträge endgültig erledigt sind."[87] Demgemäß bleibt auch das **Veräußerungsverbot** bis dahin aufrechterhalten, es setzt sich im Ergebnis bei Wegfall des ursprünglichen Vollstreckungsgegenstandes am Surrogat fort, am Versteigerungserlös (vgl. für die durch den Zuschlag erloschenen Rechte § 92 Abs. 1 ZVG) ebenso wie an den verteilungsfähigen Erlösen der Zwangsverwaltung und an dem Erlös aus der Verwertung von Mobilien.[88]

87) Zit. nach *Jaeckel/Güthe*, ZVG, 4. Aufl., § 34 Rz. 1.

88) Zum Steigerlös als Surrogat vgl. BeckOK-*Fischinger*, ZVG, § 23 Rz. 8; zu den Mobilien vgl. bzgl. der Rechte am bzw. auf den Erlös nach beschlagnahmewidriger Zubehörverwertung durch den Konkursverwalter RG, Urt. v. 17.6.1908 – Rep. V 629/07, RGZ 69, 85 ff., 91 ff.

§ 24

Verwaltung und Benutzung innerhalb ordnungsmäßiger Wirtschaft

Die Verwaltung und Benutzung des Grundstücks verbleibt dem Schuldner nur innerhalb der Grenzen einer ordnungsmäßigen Wirtschaft.

Literatur: *Beuermann*, Grundeigentum 2013, 1312, Anm. zu einer Entscheidung des LG Berlin (Beschl. v. 19.7.2013 – 65 S 515/12) zum Besitzrecht des Mieters in Zwangsverwaltung und Zwangsversteigerung bei relativer Unwirksamkeit des Mietvertrags; *Cranshaw/Welsch*, Kalte bzw. stille Zwangsverwaltung – Vorteile und Zweifelsfragen, DZWiR 2017, 101–133; *Gaier*, Rechtsfolgen des Rücktritts vom Grundstückskaufvertrag bei Belastung des Leistungsgegenstandes, ZfIR 2002, 608 ff.; *Kirsch*, Wiederbepflanzungsrecht in der Zwangsversteigerung, Rpfleger 1998, 192; *Schmidberger*, Der Besitz und die Immobiliarvollstreckung, Rpfleger 2008, 105 ff.; *Schmidberger*, Anweisungen nach § 153 ZVG, Anm. zu AG Mönchengladbach-Rheydt, Beschl. v. 14.1.2022, 503 L 1/21, jurisPR-InsR 6/2022, Anm. 5; *Strauß*, Anmerkung zu LG Freiburg, Urt. v. 2.9.2015 – 4 T 116/15, ZfIR 2016, 151 f.

Übersicht

I. Zweck der Norm

1 § 24 ZVG ist eine der vielen Normen, die seit dem Inkrafttreten des ZVG unverändert geblieben sind. Daher kann auch die historische Begründung der Norm herangezogen werden, die, wie zu zeigen sein wird, unverändert Sinn und Zweck der Regelung und ihrer systematischen Stellung im Gesetz entspricht. *Jaeckel/Güthe* zitiert aus den Motiven zur „Rechtsstellung des Schuldners und des Gläubigers nach § 24“:

> „Die Mot. bemerken: „Der Zweck der ZwVerst. erfordert nicht, dem Schuldner schon vor dem Zuschlage die Inhabung und Verwaltung des Grundstücks zu entziehen. Von einer Analogie des Konkursverfahrens kann hier keine Rede sein. Wenn einmal das Gesetz die ZwVerst. und die ZwVerw. als voneinander unabhängige VollstrMaßregeln behandelt (§ 866 ZPO.), so darf es diesen Standpunkt nicht dadurch verdunkeln, daß es das Verst. Verfahren mit Momenten beschwert, welche der ZwVerw. angehören. Wird eine solche nicht eingeleitet, so ist davon auszugehen, daß der Gläubiger kein berechtigtes Interesse an der Befriedigung seines Anspruchs aus den Nutzungen des Grundstücks hat. Die Befugnis, das Grundstück zu nutzen und zu bewirtschaften, kann daher dem Schuldner belassen werden. Das Gesetz hat nur die Grenzen zu bestimmen, in welchem sich diese Befugnis zu halten hat“.[1]

2 Die historische Interpretation der Vorschrift zeigt danach mehrerlei, nämlich

- Die strikte Trennung von Zwangsversteigerung und Zwangsverwaltung als unterschiedliche Vollstreckungsmaßnahmen (vgl. §§ 866, 869 ZPO) erfordert es, den Schuldner im Besitz des zu versteigernden Grundstücks zu belassen, wenn nicht aufgrund gesonderter Beantragung die Zwangsverwaltung als weiterer Vollstreckungsakt durchgeführt werden soll (§§ 146 ff. ZVG).
- Bereits der historische Gesetzgeber hat anerkannt, dass die Verwaltung des Grundbesitzes und dessen Nutzung durch den Schuldner den Wert des Versteigerungsobjektes erheblich beeinflussen kann, namentlich eine nicht mehr *„ordnungsgemäße“* Verwaltung und Nutzung (*„Verwahrlosung“* des Grundstücks) das Bietergebnis für den Gläubiger erheblich beeinträchtigt. Es spielt dabei keine Rolle, dass sich der Schuldner zugleich massiv selbst schädigt. Die Frage, ob eine nicht mehr ordnungsgemäße „Verwaltung und Benutzung“ Verschulden voraussetzt, dürfte angesichts des Wortlauts des § 24 ZVG (siehe § 25 Rz. 1 [*Cranshaw*]) wie auch nach Sinn und Zweck der Vorschrift zu verneinen sein; regelmäßig wird Verschulden vorliegen[2].
- Die Innehabung des Vollstreckungsgrundstücks erhält dem Versteigerungsschuldner die Verwaltung des Grundbesitzes ebenso wie die Nutzungen (§ 100 BGB), der Begriff der **„Benutzung“** meint eben die Nutzungen i. S. d. BGB einschließlich der Gebrauchsvorteile.

  Dabei hindert § 24 ZVG nicht die Nutzung des Grundbesitzes als **Kreditunterlage**[3] gegen Besicherung durch Eintragung eines Grundpfandrechts. Die Verhinderung von Nachteilen für den betreibenden Gläubiger, auf dessen Antrag

---

1) *Jaeckel/Güthe*, ZVG, 4. Aufl., § 24 Rz. 2.

2) Siehe zum Verschulden bei Böttcher/*Böttcher*, ZVG, § 25 Rz. 2 m. w. N.; die Lage ist bei § 25 ZVG insoweit dieselbe wie bei § 24 ZVG.

3) Zu diesem Aspekt des § 100 BGB siehe Grüneberg/*Ellenberger*, BGB, § 100 Rz. 1; *Gaier*, ZfIR 2002, 612.

hin das Verfahren angeordnet und die Beschlagnahme bewirkt wurde, sichert das in § 23 ZVG geregelte „Veräußerungsverbot" (§§ 135 f. BGB), das nach allgemeiner Meinung ein Verfügungsverbot darstellt.[4] Erst recht nicht beeinträchtigt wird die Befugnis des Schuldners, die **schuldrechtlichen Sicherungszweckabreden** von Grundpfandrechten mit einem Finanzier abzuändern, denn hierdurch wird nicht die dingliche Position des eingetragenen oder noch einzutragenden Grundpfandrechts berührt. Störungen in diesem Zusammenhang muss mit anderen Rechtsinstrumenten begegnet werden, beispielsweise mit denjenigen des AnfG bzw. der §§ 129 ff. InsO über die Insolvenzanfechtung.

– Der Schuldner hat keine Verpflichtung, das Grundstück zu bewirtschaften, sondern nur die **Berechtigung** dazu. Dazu ist allerdings zu bemerken, dass der Wert des Grundbesitzes gerade nicht nur durch aktive schädigende Maßnahmen beeinträchtigt werden kann, sondern auch durch einfaches Unterlassen. Will der Gläubiger in derartigen Fällen für Wertstabilität und Aufrechterhaltung der Versteigerungsfähigkeit sorgen, obliegt es ihm, die **Zwangsverwaltung** zu beantragen, die auch als Sicherungsmaßnahme möglich ist, sogar wenn kein Ertrag zu erwarten ist.[5] Dem Gläubiger steht ferner die Möglichkeit des Antrags gemäß § 25 ZVG zur Seite.

– Überschreitet der Schuldner die Grenzen einer „ordnungsmäßigen Wirtschaft", dann, so der Wortlaut der Norm, überschreitet er eben zugleich die Grenzen seiner Befugnisse, denn die Verwaltung und Benutzung ist ihm nicht schlechthin, sondern „nur" im Rahmen einer ordnungsmäßigen Bewirtschaftung gestattet. Ist auch nur zu besorgen, dass er sich nicht daran hält und dadurch die durch § 24 ZVG gezogenen Grenzen ordnungsgemäßer Wirtschaft überschritten werden, kann gemäß § 25 ZVG durch Maßnahmen des Vollstreckungsgerichts auf Antrag des betreibenden Gläubigers Sorge getragen werden, dass die Gefährdung abgestellt wird.[6] Diese Lösung ist systematisch richtig, es fragt sich natürlich nur, ob nicht das Gericht den Gläubiger gemäß § 139 ZPO im Sinne verfahrensökonomischen Vorgehens auf die Möglichkeit des Zwangsverwaltungsverfahrens

---

4) Siehe § 23 Rz. 21 f. [*Cranshaw*] sowie bei BeckOK-*Fischinger*, ZVG, § 23 Rz. 2–6; vgl. auch das Beispiel einer Eigentumsumschreibung, die vor Beschlagnahme erfolgt und den Beitritt zu einem bereits laufenden Versteigerungsverfahren vereitelt, bei Dassler/Schiffhauer/u. a.-*Hintzen*, ZVG, § 23 Rz. 3 f. mit Hinweis auf BGH, Urt. v. 31.5.1988 – IX ZR103/87, Rpfleger 1988, 543 = NJW-RR 1988, 1274.

5) § 803 Abs. 2 ZPO, der die *„zwecklose Pfändung"* unterbindet, vgl., auch zum Begriff, Zöller/*Herget*, ZPO, § 803 ZPO, Rz. 9, ist im Zwangsversteigerungsverfahren nicht anzuwenden, BGH, Beschl. v. 30.1.2004 – IXa ZB 233/03, ZfIR 2004, 440 ff. = Rpfleger 2004, 302. Damit ist der Gedanke des § 803 Abs. 2 ZPO auch nicht in der Zwangsverwaltung heranzuziehen. So im Ergebnis auch Dassler/Schiffhauer/u. a.-*Engels*, ZVG, § 146 Rz. 58, wenn auch wohl mit der Einschränkung, dass dort *„besondere Gründe"* für die Anordnung der Zwangsverwaltung gefordert werden, wenn auf *„absehbare Zeit"* nicht mit Erlösen gerechnet werden darf. Nach hier vertretener Ansicht steht es dem Gläubiger frei, zur Verhinderung der Verwahrlosung der Immobilie oder des Eintritts vergleichbarer Umstände wahlweise nach § 25 ZVG vorzugehen oder die Zwangsverwaltung zu beantragen, auch wenn längerfristig mit Sicherheit kein Ertrag zu erwarten ist. Das Rechtsschutzinteresse des Gläubigers ist dann gleichwohl für keinen der beiden Vorgehensweisen zu verneinen.

6) Siehe § 25 Rz. 1, 3, 5, 9 ff. [*Cranshaw*].

aufmerksam macht. Was „Grenzen einer ordnungsmäßigen Wirtschaft" bedeuten, ist eine andere Frage, die von der Eigenart des jeweiligen Versteigerungsobjektes abhängt.

- § 24 ZVG entspricht im Insolvenzverfahren dem Fall des „Debtor in Possession" durch Eigenverwaltung, wo Nachteile für die Gläubiger durch die Handlungen des Schuldners nach Maßgabe des § 272 InsO zur Aufhebung der Eigenverwaltung und zur Einsetzung eines Insolvenzverwalters führen. Der eigenverwaltende Insolvenzschuldner übt seine Verwaltungsbefugnis im Interesse der Ziele des Insolvenzverfahrens aus. Die Versteigerung ist Einzelverwertung einer Immobilie i. S. d. § 159 InsO durch den **eigenverwaltenden Insolvenzschuldner** nach §§ 270, 282 Abs. 1 Satz 1, 165 InsO i. V. m. § 172 InsO,[7] sodass der Schuldner erst recht im Besitz des Gegenstandes bleiben muss, wenn auch im Verfahrensinteresse in dem vom Gesetz umrissenen beschränkten Umfang „ordnungsmäßiger Wirtschaft". Die Zielrichtung ist in beiden Fällen durchaus ähnlich. Die Insolvenzverwalterversteigerung ist jedoch als solche keine Einzelvollstreckungsmaßnahme (anders bzw. unklar noch die Vorauflage; siehe auch § 173 ZVG; die Verfügungsbefugnis des Insolvenzverwalters nach § 80 InsO bzw. der „Insolvenzbeschlag" machen die Beschlagnahmewirkung im Verfahren nach dem ZVG gegenstandslos, die Versteigerung durch den Insolvenzverwalter bzw. Eigenverwalter ist Teil der Gesamtvollstreckung nach dem System der Insolvenzordnung.)
- Die Erwägungen des historischen Gesetzgebers erweisen sich bei ökonomischer wie rechtlicher Betrachtung unverändert als aktuell und zutreffend.

II. Anwendungsbereich des § 24 ZVG

Die Bestimmung des § 24 ZVG hat Relevanz allein für die **Vollstreckungsversteigerung.** 3 In den Sonderverfahren nach den §§ 172 ff. ZVG ist § 24 ZVG weitgehend gegenstandslos; diese Meinung entspricht der Kommentarliteratur. Entgegen der dortigen Meinung ist der Grund indes nicht der Besitz des Vollstreckungsgegenstandes,[8] der dem Schuldner auch in der Vollstreckungsversteigerung gerade bleibt, sondern das Fehlen eines zu schützenden betreibenden Gläubigers bzw. das Bestehen anderweitiger Schutzmechanismen, sodass es auch der analogen Anwendung des § 24 ZVG nicht bedarf. Bei der **Insolvenzverwalterversteigerung** nach § 172 ZVG gibt es begrifflich keinen Gläubiger, den die §§ 24, 25 ZVG voraussetzen; dies gilt auch dann, wenn der Schuldner selbst als Debtor in Possession im Rahmen der Eigenverwaltung nach § 282 InsO i. V. m. § 172 ZVG wie vorstehend erwähnt vorgeht. Die Schutzmechanismen für die Gläubiger sind dort andere als die §§ 24, 25 ZVG, nämlich diejenigen der Insolvenzordnung, u. a. das Einvernehmen mit dem Sachwalter bei der Verwertung und die Anzeige des Sachwalters gemäß § 274 Abs. 3 InsO an Gläubigerausschuss, Insolvenzgericht bzw. die Gläubiger nach Maßgabe des § 274 Abs. 3 Satz 2 InsO, wenn Einvernehmen mit dem Sachwalter nicht erzielt werden konnte.

---

7) MünchKomm-*Kern*, InsO, § 282 Rz. 18.
8) Vgl. BeckOK-*Fischinger*, ZVG, § 24 Rz. 2; Böttcher/*Böttcher*, ZVG, § 24 Rz. 1; Stöber/*Becker*, ZVG, § 24 Rz. 1.2.

4 Für die Versteigerung von **Schiffen und Luftfahrzeugen** bestehen Sonderregelungen, die § 24 ZVG ausschließen.[9)]

5 Für die Zwangsverwaltung bestehen ohnehin die dortigen Sonderregelungen, sodass § 24 ZVG keinen Anwendungsbereich hat.

III. Ordnungsmäßige Wirtschaft bei Verwaltung und Benutzung

1. Überblick und Folgen des Überschreitens der gezogenen Grenzen durch den Schuldner

6 Im Kernbereich der Bestimmung steht die Frage, was im Einzelfall „ordnungsmäßige" Wirtschaft bedeutet und wo ihre Grenzen liegen. Dabei ist zunächst festzuhalten, dass eine **Fortsetzung bestehender Nutzung/Bewirtschaftung** außerhalb des Anwendungsbereiches des § 24 ZVG liegt. Will der Gläubiger hier ggf. etwas erreichen, kann er dies allenfalls im Rahmen der Zwangsverwaltung bewirken, die zwar ebenfalls darauf ausgerichtet ist, den bestehenden Zustand aufrechtzuerhalten und nur ausnahmsweise Änderungen in der Nutzung erlaubt (vgl. 5 Abs. 1 ZwVwV mit der ausdrücklichen Ausnahme in § 5 Abs. 3 ZwVwV, „begonnene Bauvorhaben fertigzustellen").[10)] § 5 ZwVwV ist eine Sollvorschrift, die Abweichungen gestattet, wenn dies erforderlich ist, um einen für eine ordnungsgemäße Bewirtschaftung tauglichen Zustand herbeizuführen. Mit anderen Worten ist eine Änderung des vom Zwangsverwalter vorgefundenen Zustands geboten, wenn dies notwendig ist, um im Ergebnis erst eine ordnungsmäßige Nutzung herzustellen.[11)] Erst recht muss dann für den das Grundstück besitzenden Vollstreckungsschuldner gelten, dass er nichts unternehmen muss, um die bestehende Nutzung positiv zu verändern.

7 Überschreitet er die ihm gezogenen Grenzen, mag das im Einzelfall, wie in der Literatur angemerkt wird, zur Strafbarkeit gemäß § 136 Abs. 1 StGB führen, wenn der Vollstreckungsgegenstand „zerstört, beschädigt, unbrauchbar…" gemacht wird. Diese Erwägung erscheint jedoch ebenso wie diejenige, der Vollstreckungsschuldner schulde ggf. dem Gläubiger (deswegen) Schadenersatz gemäß § 823 Abs. 2

9) Stöber/*Becker*, ZVG, § 24 Rz. 2, Stöber/*Gojowczyk* § 162 Rz. 36 und Rz. 171a Rz. 7 ff.

10) BGH, Beschl. v. 10.12.2004 – IXa ZB 231/03, BGHZ 161, 336 ff. = ZfIR 2005, 886 ff. = Rpfleger 2005, 210 – Grenze der Maßnahmen ist der Eingriff in „*die vom Schuldner dem Objekt zugedachte Nutzung in einer Weise einzugreifen, die die wirtschaftliche Beschaffenheit des Grundstücks in ihrem Gesamtcharakter berührt*", den das Gericht nicht genehmigen darf; siehe auch § 152 Rz. 8 [Depré].

11) Stöber/*Drasdo*, ZVG, § 152 Rz. 19 f. unter Bezugnahme auf BGH zu IXa ZB 231/03 und auf RGZ 73, 397; Dassler/Schiffhauer/u. a.-*Engels*, ZVG, § 152 Rz. 10 ff., 14 f., 17 m. w. N.

BGB,[12] mangels Rechtspflicht des Schuldners zur „Bewirtschaftung“ nur relevant, soweit vorsätzliches aktives Tun zu bejahen ist. Ökonomisch ist sie auch nicht weiterführend, weil die Immobiliarvollstreckung, von den Teilungsversteigerungen abgesehen, durchgängig nur deshalb betrieben wird, weil der Schuldner nicht mehr hinreichend liquide ist, seine Gläubiger zu befriedigen. Unterlässt der Schuldner gebotene Maßnahmen, ist das straflos, da die Voraussetzungen der Strafbarkeit wegen eines unechten Unterlassungsdelikts (§§ 13, 136 StGB) nicht bestehen, ein Ersatzanspruch wegen Delikts scheidet ebenfalls von vornherein aus,[13] und zwar schon deshalb, weil sich das Unterlassen rechtlich allein gegen das Eigentum des Schuldners selbst richtet. Überschreitet dieser die Grenzen ordnungsgemäßer Wirtschaft („Raubbau“ als Schlagwort für alle extensiven Überschreitungen, ansonsten „Misswirtschaft“) mag mit *Schmidberger*[14] Strafbarkeit gemäß § 136 StGB infrage kommen, aber auch ein entsprechender Ersatzanspruch nach den §§ 823 Abs. 2 BGB, 136 StGB. In solchen Fällen kann auch ein Anspruch nach § 826 BGB bestehen. Anspruchsinhaber sind die geschädigten Gläubiger. Abgesehen von Evidenzfällen dürfte ein Nachweis nicht leicht zu führen sein. Wirtschaftlich dürften dergleichen tendenziell hypothetische Ansprüche nahezu durchgehend völlig wertlos sein, allenfalls eine Hoffnung, wenn sie in der Insolvenz des Schuldners als Ansprüche aus unerlaubter Handlung erfolgreich durchgesetzt werden konnten und daher nicht an der Restschuldbefreiung natürlicher Personen teilnehmen (vgl. §§ 302 Nr. 1, 174 Abs. 2 InsO). Reicht der Steigerlös aus, um die betreibenden Gläubiger zu befriedigen, haben diese schon gar keinen ersatzfähigen Schaden, sodass die Misswirtschaft des Schuldners für die Gläubiger ergebnislos bleibt.

---

12) So zu beidem Dassler/Schiffhauer/u. a.-*Hintzen*, ZVG, § 24 Rz. 1; ebenso bei aktivem Tun, Böttcher/*Böttcher*, ZVG, § 24 Rz. 1; BeckOK-*Fischinger*, ZVG, § 24 Rz. 8. Soweit *Fischinger* (ZVG, § 24 Rz. 7 m. w. N.) auf die Möglichkeit der Unterlassungsklage bzw. der Anordnung durch das Prozessgericht wegen Verschlechterung des Grundpfandrechts bzw. des Zubehörs nach den §§ 1134 f. sowie auf die Möglichkeit der Sequestration nach § 938 Abs. 2 ZPO durch einstweilige Verfügung hinweist, ist das zwar strukturell richtig, geht aber in der Versteigerungspraxis ins Leere; hier wird man den Weg des § 25 ZVG bzw. der Zwangsverwaltung gehen müssen; ferner stellt sich schon die Frage, ob bei bereits angeordneter Beschlagnahme im Versteigerungsverfahren noch das Rechtsschutzinteresse für die als Alternativen vorgeschlagenen Rechtsinstrumente bejaht werden kann; für eine Sequestration nach § 938 Abs. 2 ZPO dürfte es auch am Verfügungsgrund fehlen, zumal eine andauernd ungünstige Vermögenslage für sich betrachtet, die die Ursache sein mag, dass sich der Schuldner nicht um die Erhaltung kümmert, grundsätzlich keinen Verfügungsgrund darstellt, Zöller/*Vollkommer*, ZPO, § 917 Rz. 9 m. w. N., zum Arrestgrund (hier i. V. m. § 936 ZPO); das in Bezug genommene Urt. d. BGH v. 19.10.1995 – IX ZR 82/94, BGHZ 131, 95 ff. = NJW 1996, 321 ff. stellt fest, dass Gläubigerkonkurrenz keinen Arrestgrund darstellt. Die Sequestration würde allerdings nur das Grundstück als solches und die beschlagnahmten Gegenstände umfassen, nicht den gesamten Gewerbebetrieb. Dassler/Schiffhauer/u. a.-*Hintzen*, ZVG, § 25 Rz. 3, hält den Weg über die §§ 1134, 1135 BGB, 938 ZPO für unzulänglich und betrachtet die Lösung über das Vollstreckungsgericht nach § 25 ZVG für eleganter, schneller und kostengünstiger als die (kostenträchtige) Zwangsverwaltung. Dem ist zu widersprechen, da die §§ 24, 25 ZVG sicher nur in Extremfällen greifen, bei denen der objektive Missbrauch durch den Schuldner evident ist und weitgehende Sequestrationslösungen geboten sein dürften, die ebenfalls kostenauslösend sind, zu Letzterem siehe § 25 Rz. 23–26 [*Cranshaw*].

13) So auch Böttcher/*Böttcher*, ZVG, § 24 Rz. 1.

14) Vgl. *Schmidberger*, Rpfleger 2008, 105 ff.

8 Die **Nutzung durch den Schuldner** umfasst, wie die §§ 99, 100 BGB belegen, die Sach- und Rechtsfrüchte und die Gebrauchsvorteile. Von den spezifisch gärtnerisch, land- und forstwirtschaftlich genutzten Grundstücken und Grundstücksteilen ebenso abgesehen wie von denjenigen, die bergrechtlich ausgebeutet werden (generell Bodenschätze, u. a. Kiesgewinnung), ist dies

- die Nutzung des Grundbesitzes zum **persönlichen Wohnen** (das sind die Fälle der Versteigerung des eigengenutzten Familienheimes oder der Eigentumswohnung bzw. ideeller Miteigentumsanteile daran; dazu gehört auch die selbstgenutzte Ferienwohnung);
- die Nutzung des Versteigerungsgegenstandes zur **Ausübung eines Gewerbes** oder einer **freiberuflichen Tätigkeit** (aleatorisch ausgewählte Beispiele: Ärztehaus einer GbR; Anwaltskanzlei; Ladenlokal; Recyclingunternehmen; Tankstellenbetrieb);
- die Nutzung des Versteigerungsobjektes zur Erzielung von **Miete oder Pacht** (= Rechtsfrucht nach § 99 Abs. 3 BGB[15]);
- die Nutzung der **beweglichen Gegenstände und Forderungen**, auf die sich die Beschlagnahme erstreckt (vgl. §§ 20 Abs. 2, 21 ZVG, §§ 1120 ff. BGB).

2. Eigenwirtschaftliches Handeln des Schuldners

9 Der Vollstreckungsschuldner übt diese Nutzung nicht im Gläubigerinteresse aus; er muss damit auch weder Rechnung legen noch irgendwelche Gewinne, Überschüsse usw. abführen. Die ökonomischen Ergebnisse der Verwaltung und Nutzung haben die betreibenden Gläubiger und das Vollstreckungsgericht nicht zu kümmern. Der Schuldner ist auch nicht auskunftspflichtig. Umgekehrt haben die Gläubiger ihm auch keine Leistungen zu erbringen, wenn das gewerblich genutzte Grundstück den alleinigen Lebensunterhalt des Schuldners und seiner Familie erbringt und die Erträge nicht ausreichen (siehe dazu die gerade anderweitige Situation in der Zwangsverwaltung in den Fällen des § 149 Abs. 1, 3 ZVG). Die Folge des § 24 ist damit zugleich, dass der Schuldner, dessen Finanzierung Not leidend geworden ist und dessen selbstgenutztes Haus versteigert wird, bis zum Zuschlag ohne jede Leistung an den betreibenden Gläubiger, dem er aus persönlicher (Darlehens)Schuld verpflichtet ist, dort wohnt. Allerdings gehen die Betriebskosten zu seinen Lasten aufgrund anderweitiger Pflichten gegenüber Kommunen oder kommunalen Verbänden (Grundbesitzabgaben, Abwasser, Frischwasser) bzw. privaten Energieversorgern (Strom, Erdgas). Mit anderen Worten führt allein die tatsächlich erfolgende Wirtschaftsführung, nicht deren Unterlassen, zu der Problematik einer etwaigen Überschreitung der Grenzen der „ordnungsmäßigen Wirtschaft".[16]

3. Einzelfälle

a) Zubehör gemäß §§ 20 Abs. 1 ZVG, 1120, 97 BGB

10 Problematisch ist zunächst die Nutzung der Gegenstände des Zubehörs über Gebühr, also ein typischer Verstoß gegen eine „ordnungsmäßige Wirtschaft". Dabei

15) Grüneberg/*Ellenberger*, BGB, § 99 Rz. 4 m. w. N. (dort: „mittelbare Sach- u. Rechtsfrüchte").
16) Dassler/Schiffhauer/u. a.-*Hintzen*, ZVG, § 24 Rz. 7, 8.

Für **gärtnerische und forstwirtschaftliche Betriebe** gilt das entsprechend, zumal häufig land- und forstwirtschaftliche Mischbetriebe anzutreffen sind. Wann aufgrund divergierender Ernteerträge oder aufgrund der Art des Anbaus, auch im Jahresablauf (verbreitet ist Mehrfachanbau, gerade bei Spezialkulturen), eine Überschreitung der Grenzen der ordnungsgemäßen Bewirtschaftung vorliegt, ist wiederum quaestio facti und nur einzelfallbezogen zu bestimmen.

EU-Agrarpolitik und Auswirkungen: Die andere Problematik ist der **gemeinsame Agrarmarkt der Europäischen Union bzw. die Gemeinsame Agrarpolitik („GAP")** der auf den Artikel 38–44 AEUV beruht und der bekanntlich auf Erzeugung und Absatz landwirtschaftlicher Betriebe (noch) erheblichen bzw. entscheidenden Einfluss nimmt. Damit wird auch das Verhalten der Betriebsinhaber als Vollstreckungsschuldner mit bestimmt, sodass Fälle des § 24 ZVG auch unter diesem Blick gesehen werden müssen. In der Kommentarliteratur wurde bisher zutreffend insbesondere die frühere gemeinsame Milchmarktorganisation (bis 31.3.2015) paradigmatisch behandelt, da sie auf Quotenregelungen mit weitreichenden Eingriffen in den Wettbewerb beruhte.[34] Die marktregulierenden Regelwerke der Union, die in Gestalt von Verordnungen unmittelbar im nationalen Recht (ohne weitere Umsetzungsakte) gelten, gehen jedoch weit darüber hinaus und erstrecken sich im Ergebnis auf praktisch den gesamten Agrarsektor. Daneben stehen nationale Regelwerke wie das Weingesetz (siehe unten). Die zahlreichen Regelungen für Landwirte beeinflussen die Betriebsführung und sind im Einzelfall auch **Maßstab einer ordnungsmäßigen Wirtschaft gemäß § 24 ZVG.** 24

- Agrarpolitische Ziele der EU sind die Gegenstände des Art. 39 AEUV, nämlich die Steigerung der Produktivität der Landwirtschaft, eine angemessene Lebenshaltung der in der Landwirtschaft tätigen Personen, die Marktstabilisierung, die Sicherstellung der Versorgung und die Belieferung der Verbraucher zu angemessenen Preisen (Art. 39 Abs. 1 lit. a)–e) AEUV). Umgesetzt werden diese Ziele durch die Schaffung einer „*gemeinsamen Organisation der Agrarmärkte*" (Art. 40 Abs. 1 AEUV). Art. 38 Abs. 3 i. V. m. Anhang I zum AEUV enthält eine „*Liste zu Artikel 38 AEUV*" (ABl. EU C 326 v. 26.10.2012, S. 333–335) mit einer Fülle von Waren- bzw. Produktbezeichnungen, die den Agrarmarkt betreffen. Vergleiche zu Beispielen sekundärrechtlicher Regelwerke im Folgenden:
- **Grundlegende Verordnungen der Europäischen Union.** Paradigmatisch darf auf die wichtige „Verordnung (EU) Nr. 1308/2013 des Europäischen Parlaments und des Rates v. 17.12.2013 […] *über die gemeinsame Marktorganisation für*

34) Siehe dazu Dassler/Schiffhauer/u. a.-*Hintzen*, ZVG, § 55 Rz. 2 zur seinerzeitigen deutschen Milchquotenverordnung und den Details der dortigen Regelung; die nachfolgend zitierten Regelwerke des Unionsrechts und die Umsetzungsvorschriften beruhen auf dem jeweils angegebenen Stand der Gesetzgebung; die jeweils aktuelle Fassung ist den Internetpublikationen des Unionsrechts (https://eur-lex.europa.eu, Amtsblatt der EU) zu entnehmen, die bei Auftreten einer solchen Thematik jeweils überprüft werden sollten. Die Änderungen erfolgen nicht selten kurzfristig.

landwirtschaftliche Erzeugnisse und zur Aufhebung der Verordnungen […]"[35] ebenso verwiesen werden wie auf die *„Verordnung (EU) Nr. 1307/2013 des Europ. Parlaments und des Rates v. 17.12.2013 mit Vorschriften über Direktzahlungen an Inhaber landwirtschaftlicher Betriebe im Rahmen von Stützungsregelungen der Gemeinsamen Agrarpolitik und zur Aufhebung* [verschiedener Verordnungen]".[36] Damit wurde die Agrarreform der EU umgesetzt. Die Verordnung (EU) 1308/2013 wurde geändert und liegt in konsolidierter Fassung vor, die Verordnung (EU) 1307/2013 wurde ersetzt bzw. aufgehoben durch die VO (EU) 2021/2115 „mit Vorschriften für die Unterstützung der von den Mitgliedstaaten im Rahmen der Gemeinsamen Agrarpolitik zu erstellenden […] zu finanzierenden Strategiepläne (GAP-Strategiepläne) und zur Aufhebung der Verordnung (EU) Nr. 1305/2013 und […] Verordnung (EU) Nr. 1307/2013".

– **Milchquotenregelung (aufgehoben).** Die Passage über die Milchquotenregelung im vorliegenden Kommentar wird für Nachschlagezwecke bei schwebenden Auseinandersetzungen trotz Erledigung der Milchquote in dieser Auflage wie in der Vorauflage noch beibehalten. Die (ebenfalls fortgeltende) **Milchquotenverordnung**[37] prägte über die wichtigen Referenzmengen („Milchkontingente") den Wert des landwirtschaftlichen Grundbesitzes 31 Jahre lang seit 1984 die milcherzeugenden Betriebe.[38] Die dortigen Referenzmengen sind öffent-

35) Die Verordnung (EU) Nr. 1308/2013, ABl. (EU) L 347 v. 20.12.2013, S. 671 – 854 löst die Verordnung (EG) Nr. 1234/2007 des Rates v. 22.10.2007 über die gemeinsame Organisation der Agrarmärkte und mit Sondervorschriften für bestimmte landwirtschaftliche Erzeugnisse (Verordnung über die einheitliche GMO), ABl. (EU) L 299 v. 16.11.2007 ab. Die Verordnung 1308/2013 ist unverändert in Kraft (Mai 2023) und zwar in der konsolidierten Fassung zum 1.1.2023, d. h. bis zur Änderung d. d. Verordnung (EU) 2021/2117 […] v. 2.12.2021, ABl. EU L 435 v. 6.12.2021, S. 262, http://data.europa.eu/eli/reg/2013/1308/oj (Stand: 26.5.2023).

36) Die Verordnung (EU) Nr. 1307/2013 v. 17.12.2013, ABl. (EU) L 347 v. 20.12.2013, S. 608 – 670, löst die Verordnung (EG) Nr. 73/2009 des Rates v. 19. Januar 2009 mit gemeinsamen Regeln für Direktzahlungen im Rahmen der gemeinsamen Agrarpolitik und mit bestimmten Stützungsregelungen für Inhaber landwirtschaftlicher Betriebe und zur Änderung der Verordnungen […] ab. Die Verordnung wurde mit Wirkung vom 1.1.2023 an aufgehoben durch Art. 154 Abs. 2 Verordnung (EU) 2021/2115 des Europäischen Parlaments und des Rates v. 2.12.2021 mit Vorschriften für die Unterstützung der von den Mitgliedstaaten im Rahmen der Gemeinsamen Agrarpolitik zu erstellenden und durch den Europäischen Garantiefonds für die Landwirtschaft (EGFL) und den Europäischen Landwirtschaftsfonds für die Entwicklung des ländlichen Raums (ELER) zu finanzierenden Strategiepläne (GAP-Strategiepläne) und zur Aufhebung der Verordnung (EU) Nr. 1305/2013 sowie der Verordnung (EU) Nr. 1307/2013, ABl. EU L 435 v. 6.12.2021, S. 1 – 186.

37) Verordnung zur Durchführung der EU-Milchquotenregelung (MilchQuotV) i. d. F. Bek. v. 3.5.2011, BGBl. 2011 I S. 775 i. d. F. von Art. 9Abs. 12 d. Gesetzes v. 3.12.2015, BGBl. 2015 I S. 2178.

38) BGH, Urt. v. 5.6.1992 – Lw ZR 11/91, BGHZ 118, 351; BGH, Urt. v. 25.4.1997 – Lw ZR 4/96, NJW 1997, 2316; BGH, Urt. v. 26.4.1991 – V ZR 53/90, BGHZ 114, 277 = Rpfleger 1991, 429; BGH, Beschl. v. 19.7.1991 – Lw ZR 3/90, BGHZ 115, 162 = NJW 1991, 3279, jeweils zu den früheren Regelungen über Milchreferenzmengen vor der MilchQuotV; siehe die Veröffentlichung des Bundesministeriums für Ernährung und Landwirtschaft BEML, Paradigmenwechsel am Milchmarkt – von der Milchquotenregelung zu mehr Verantwortung der Marktakteure, https://www.bmel.de/DE/themen/landwirtschaft/agrarmaerkte/auswirkungen-ende-milchquote.html (Stand: 26.5.2023).

lich-rechtliche personengebundene „betriebsakzessorische" Rechte. Sie unterfallen weder § 96 BGB noch werden sie von der Beschlagnahme umfasst. Mit Verpachtung, auch in der Zwangsverwaltung, geht die Referenzmenge über.[39] An dieser Rechtslage hat sich im Ergebnis durch die MilchQuotV nichts geändert. Der Betriebsinhaber kann die Quote bei Übertragung des Betriebes auf Dauer oder zeitweilig ebenfalls mit übertragen (§ 22 Abs. 1 MilchQuotV), was unvermeidbar ist, wenn der Übernehmer Milcherzeuger ist. Die Übertragung der Quote ist nach § 26 MilchQuotV „insbesondere" im Rahmen der Einzelzwangsvollstreckung oder eines Insolvenzverfahrens möglich, wenn der Inhaber der Quote dieselbe nicht mehr „zur Milcherzeugung" benötigt. Das ist nach der zitierten Norm dann der Fall, wenn er keinen Milcherzeugungsbetrieb hat oder wenn dieser aufgelöst oder nach § 22 MilchQuotV übertragen wird. Ein Fall des § 24 ZVG liegt daher nur vor, wenn der Betrieb nach Beschlagnahme aufgelöst oder vom Zwangsverwalter verpachtet würde, wobei aber die Pacht wiederum den Wert des Betriebs und damit der Referenzmenge widerspiegelt (siehe die zitierte Rechtsprechung des BGH). Die enorme Bedeutung der Milchreferenzmengen für milcherzeugende Betriebe ist abhängig von dem gemeinsamen europäischen Milchmarkt. **Am 31.3.2015 hat die Milchquotenregelung geendet.**[40] Die landwirtschaftlichen Betriebe sollen sich nach Maßgabe der zitierten unionsrechtlichen Regelwerke auf die Entwicklungen einstellen. Für weitere Einzelheiten wird auf die zitierte Verlautbarung des Bundesministeriums für Ernährung und Landwirtschaft (BMEL) *„Das Ende der Milchquote – Auswirkungen auf den Milchmarkt"* verwiesen, die u. a. zum Ausdruck bringt, dass den Betrieben weiterhin ein Maßnahmenbündel staatlicher Unterstützung zur Verfügung stünden.[41]

– **Weinbaubetriebe und EU-Weinmarkt.** Ein weiteres in der Literatur zutreffend behandeltes und wichtiges Beispiel ist der ebenfalls einer strikten gemeinsamen Marktorganisation der Union unterliegende Sektor der Weinerzeugung. Das deutsche **Weingesetz**[42] ist gegenüber den europäischen Rechtsakten nachrangig (§ 1 Abs. 1 WeinG).[43] Zu dem **Wiederanpflanzungsrecht** (Art. 7 der

---

39) BGH, V ZR 53/90, BGHZ 114, 277 ff., Ls. c), S. 281–283; Dassler/Schiffhauer/u. a.-*Hintzen*, ZVG, § 55 Rz. 2.

40) Siehe Art. 66 Verordnung (EG) Nr. 1234/2007 über die gemeinsame Organisation der Agrarmärkte und mit Sondervorschriften für bestimmte landwirtschaftliche Erzeugnisse (Verordnung über die einheitliche GMO, ABl. EU L 299 v. 16.11.2007, S. 1 – einzelstaatliche Quoten Milch- und Milcherzeugnisse (aufgehoben zum 31.12.2013) siehe oben; vgl. dazu auch Erwägungsgrund 9 Sätze 7, 8 Verordnung (EG) Nr. 73/2009 v. 19.1.2009 über „gemeinsame Regelungen für Direktzahlung im Rahmen der gemeinsamen Agrarpolitik […]", ABl. EU L 30 v. 11.1.2009, S. 16 ff; die Mitgliedstaaten sollten nach Aufhebung der Milchquotenregelungen für ihre Milchsektoren eine „sanfte Landung" sicherstellen.

41) Siehe ferner die vom Bundesministerium für Ernährung und Landwirtschaft herausgegebene Broschüre „Milchbericht 2017" sowie die Ausgabe 2015 der weiteren Broschüre des Ministeriums „Umsetzung der EU-Agrarreform in Deutschland", http://www.bemel.de mit weiteren Links (Stand: 29.10.2023).

42) Weingesetz v. 8.7.1994 i. d. F. der Bekanntmachung vom 18.1.2011, BGBl. 2011 I S. 66 bis zur Fassung durch Art. 2 Abs. 4 des Gesetzes v. 20.12.2022, BGBl. I 2022 S. 2752.

43) Eingehend zu einem Fall des § 24 ZVG im Weingesetz (zur Wiederanpflanzung nach § 6 Weingesetz) Dassler/Schiffhauer/u. a.-*Hintzen*, ZVG, § 24 Rz. 6, dazu auch BeckOK-*Fischinger*, ZVG, § 24 Rz. 5.

vormaligen Verordnung (EWG) Nr. 822/87 des Rates v. 16. März 1987 über die gemeinsame Organisation für Wein, ABl. (EWG) L 84 v. 27.3.1987, S. 1 ff. mit Änderungen seitdem) hat der BGH in ähnlicher Weise wie zu den Milchreferenzmengen entschieden, es handele sich ebenfalls um ein „betriebsakzessorisch ausgestaltetes Wiederanpflanzungsrecht“.[44] Wie die Milchreferenzmenge handelt es sich um ein persönliches Recht, das von der Beschlagnahme nicht umfasst ist und auch nicht dem Haftungsverband der Hypothek unterliegt. **Rodet der Weinbergeigentümer** und Betriebsinhaber die zuvor zulässig bepflanzte Rebfläche, so darf er wiederbepflanzen (§ 6 Abs. 2 WeinG); eine Betriebsaufgabe und eine nicht ordnungsgemäße Nutzung muss darin **nicht** liegen. Die Übertragung des Rechts ist möglich, aber nach § 6 Abs. 2 WeinG auf dasselbe Anbaugebiet und im Hinblick auf die Hangneigung des Weinbergs beschränkt. Die **Veräußerung des Wiederanpflanzungsrechts** ist stets eine nicht mehr ordnungsgemäße Bewirtschaftung. Sie steht der i. S. d. § 24 ZVG schädlichen Betriebsaufgabe gleich. In der Literatur wird das enger gesehen, es handele sich nur möglicherweise um einen Fall des § 24 ZVG;[45] angesichts der Spezialität des Weinanbaus erscheint dieser engere Auffassung problematisch. Zu § 6 WeinG siehe auch die Neufassung des § 6 Abs. 6, 7 WeinG ab 27.1.2021.

– **Weitere landwirtschaftliche Marktorganisationen.** Auf die weiteren landwirtschaftlichen Marktorganisationen der Union, die sämtlich den Wert des landwirtschaftlichen Grundbesitzes beeinflussen, ist im Rahmen dieser Kommentierung nicht weiter einzugehen. Hierfür wird auf die oben zitierten Broschüren bzw. Verlautbarungen des BMEL verwiesen, für die aktuelle Rechtslage auf die folgenden Ausführungen unter Rz. 25.[46]

dd) GAP seit 1.1.2023

25 Die im steten Wandel begriffene Gemeinsame Agrarpolitik hat ab 1.1.2023 einen weiteren Entwicklungsschritt zu verzeichnen. Das Bundesministerium für Ernährung und Landwirtschaft („BMEL“) drückt das in der Publikation „Im Überblick: Die Gemeinsame Agrarpolitik (GAP) der Europäischen Union wie folgt aus (Auszüge):[47]

> „Dem Wandel der Lebensverhältnisse in Europa wurde die GAP immer wiederangepasst. […]
>
> Die EU-Agrarpolitik ab 2023 wird auf der Basis eines Strategieplans umgesetzt, der ausgehend von gemeinsamen Zielen wie insbesondere Sicherstellung gerechter Ein-

---

44) BGH Urt. v. 16.6.2000 – LwZR 22/99, NJW-RR 2001, 271, 2a der Entscheidungsgründe.

45) Dassler/Schiffhauer/u. a.-*Hintzen*, ZVG, § 24 Rz. 6; BeckOK-*Fischinger*, ZVG, § 24 Rz. 5.

46) Siehe auch den Überblick in der oben zitierten Verordnung (EU) Nr. 1308/2013, Erwägungsgrund 3, 4 mit dem Hinweis auf die Gemeinsame Marktorganisation für landwirtschaftliche Erzeugnisse im Anhang I zum EUV bzw. AEUV nach Art. 40 AEUV; Art 1 Abs. 1 der Verordnung bestimmt die Errichtung einer Gemeinsamen Marktorganisation für landwirtschaftliche Produkte, die Absatz 2 lit. a) – x) der Norm aufführt und die in XXIV Teilen eingehend beschrieben werden; Beispiele unter Angabe der Ordnungsnummer: Getreide (I); Zucker (III); Saatgut (V); Hopfen (VI); Obst und Gemüse (IX); Wein (XII); Milch und Milcherzeugnisse (XVI); Eier (XIX); Fleisch verschiedener Tiere (XV, XVII, XVIII, XX).

47) Siehe https://www.bmel.de/DE/themen/landwirtschaft/eu-agrarpolitik-und-foerderung/gap/gap_node.html (Stand: 26.5.2023); auf die dort wiedergegebenen weiteren Informationen, Verlautbarungen und Broschüren zum Herunterladen wird verwiesen.

Firmenbestattung vor. Die Situation ist dort regelmäßig dadurch gekennzeichnet, dass der alleinige Gesellschafter (meist auch der Alleingeschäftsführer) einer insolvenzreifen GmbH den Sitz der Gesellschaft verlegt, einen Strohmann als Geschäftsführer einsetzt und möglichst die Wohnsitze beider ebenso wie die neue Geschäftsanschrift der GmbH verschleiert. An der dem Handelsregister noch bekannten Adresse ist niemand aufzufinden, der Geschäftsbetrieb ist eingestellt, die angebliche neue Anschrift existiert nicht oder befindet sich ebenso unerreichbar im Ausland. Diese Vorgehensweise soll nicht nur das Insolvenzverfahren verunmöglichen, sondern auch jegliche Einzelvollstreckungsmaßnahme der Gläubiger. Hat die betroffene Gesellschaft irgendwelchen Grundbesitz, droht sofort Verwahrlosung. Damit handelt es sich um einen Anwendungsfall des § 25 ZVG. Zudem besteht eine Schnittstelle zu den §§ 3 – 8 ZVG über die Zustellung gerichtlicher Anordnungen an den Schuldner.16)

2. Antragsverfahren

Der Antrag nach § 25 ZVG kann nach zutreffender einhelliger Meinung zugleich 4
mit dem Versteigerungsantrag bzw. dem Antrag auf Beitritt (§ 27 ZVG) gestellt werden; nach einer Literaturmeinung ist er zudem zulässig bis zur **Rechtskraft** des Zuschlagsbeschlusses und nicht nur, wie die Mehrheitsmeinung vertritt, bis zur **Verkündung des Zuschlags.**17) Endet die Reichweite des § 25 ZVG, kommt die gerichtliche Verwahrung nach § 94 ZVG in Frage (siehe unten). Zwar ist die Sicherungsmaßnahme aus dem Blick des Gläubigers erst mit der Rechtskraft endgültig erledigt. Bereits mit der Zuschlagsverkündung ist der Ersteher aber Eigentümer geworden (§ 90 ZVG) und er bleibt es, sofern der Zuschlagsbeschluss nicht aufgehoben wird. Die Problematik der divergierenden Meinungen zur Reichweite des § 25 ZVG besteht damit in der Lücke, die entsteht, wenn zwischen Zuschlag und dessen Rechtskraft eine längere Periode liegt, währenddessen der besitzende Vollstreckungsschuldner fortan die ordnungsgemäße Wirtschaftsführung beeinträchtigt und der Zuschlag später aufgehoben wird.18) Ob der Vollstreckungsgläubiger nach der Zuschlags-

---

16) Siehe §§ 3 ff., § 6 Rz. 20, Zustellung an juristische Personen und rechtsfähige Personengesellschaften [*Cranshaw*]; zum typischen Sachverhalt einer Firmenbestattung vgl. z. B. AG Magdeburg, Beschl. v. 12.12.2012 – 340 IN 687/12, 381, jurisPR-InsR 12/2013, Anm. 3, *Cranshaw*; siehe auch LG Lübeck, Beschl. v. 27.3.2023 – 6 Qs 33/22 – 720 Js 4897/20, juris.

17) Zur Zulässigkeit ab dem Versteigerungs-/Beitrittsantrag siehe die nachfolgenden Zitate; zur Zulässigkeit des Antrags bis zur Zuschlagsverkündung siehe Stöber/*Drasdo*, ZVG, § 25 Rz. 10; Böttcher/*Böttcher*, ZVG, § 25 Rz. 3; *Schmidberger*, Rpfleger 2008, 105 ff., 108; wohl offen BeckOK-*Fischinger*, ZVG, § 25 Rz. 5 m. w. N; die Zulässigkeit des Antrags bis zur Rechtskraft des Zuschlagsbeschlusses vertritt Dassler/Schiffhauer/u. a.-*Hintzen*, ZVG, § 25 Rz. 5. Über die Heranziehung des § 94 ZVG nach Wegfall der Mög-lichkeiten des § 25 ZVG besteht Einigkeit. Allerdings wird man BeckOK-*Fischinger*, ZVG, § 25 Rz. 5 zu den Folgen derjenigen Auffassung beipflichten, welche die Befugnis zum Antrag nach § 25 ZVG mit Verkündung des Zuschlags enden lässt: Gegen den Ersteher kann man dann nach § 94 ZVG vorgehen, gegen den Schuldner, der sein Eigen-tum durch den Zuschlag verloren hat und „das Grundstück gefährdende Handlungen" vornimmt, nur noch mit einstweiliger Verfügung (nach Auffassung des hiesigen Verf. ist diese aber vor dem Prozessgericht, nicht dem Vollstreckungsgericht zu betreiben).

18) Weitere tatsächliche Voraussetzung ist, dass der Ersteher nicht die bereits vor Rechtskraft des Zuschlags zulässige Räumungs- oder Herausgabevollstreckung gegen den bisherigen Vollstreckungsschuldner nach § 93 in die Wege geleitet hat oder damit erfolglos war, vgl. BeckOK-*Cranshaw*, ZVG, § 93 Rz. 63.

verkündung an einen (dritten) Ersteher überhaupt noch Interesse an einer Maßnahme gemäß § 25 ZVG gegen den Schuldner hat oder ob ihm die notwendige Tatsachenkenntnis vorliegt, darf mit einem Fragezeichen versehen werden. Eine Schnittstelle zu § 94 ZVG besteht dennoch nicht, denn diese Norm betrifft nicht den Schutz des Gläubigers gegen den Schuldner zur Abwehr des Wertverfalls des Grundbesitzes infolge des Verhaltens desselben, sondern den **Schutz gegen den Ersteher**, der sich den Besitz des ersteigerten Grundstücks verschafft und dann das Gebot nicht bezahlt. In praxi mag die gerichtliche Verwahrung nach § 94 ZVG beiden Interessen des Gläubigers gerecht werden können. Der Antrag setzt aber voraus, dass das Bargebot nicht bezahlt wurde oder Zahlungen daraus nicht mindestens zur Befriedigung des Antragstellers und der ihm gegenüber vorrangigen Gläubiger ausreichen.[19)] Lässt man den Antrag nach § 25 ZVG nur bis zur Zuschlagsverkündung zu, so hat das zwei Konsequenzen. Zum einen wird man dann auch erlassene Maßregeln aufheben oder sie gegenstandslos werden lassen, obwohl der Schuldner noch faktisch bis auf weiteres die Verwaltung des Grundbesitzes innehat. Zum Weiteren kann man bis zur Rechtskraft gegen ihn nach dem Vorschlag von *Fischinger*[20)] nur mit einer einstweiligen Verfügung vorgehen; diesen Weg wird in der Praxis ein Gläubiger kaum jemals in Erwägung ziehen. Die weiteren strafrechtlichen Folgen für den Schuldner, auf die *Fischinger*[21)] hinweist, sind eine stumpfe Waffe. Es spricht daher aus praktischer Sicht sehr viel für die oben zitierte Meinung von *Hintzen*.[22)]

II. Gefährdung der ordnungsmäßigen Wirtschaft

5 Der Begriff der „ordnungsmäßigen Wirtschaft" ist der Natur der Sache nach identisch mit demselben Begriff in § 24 ZVG, sodass auf die dortigen Ausführungen neben den Beispielen verwiesen werden kann. Besteht die ordnungsgemäße Bewirtschaftung bereits nicht mehr, ist ein Eingreifen des Gerichts ohne Weiteres erforderlich. Dessen Maßnahmen können aber bereits viel früher einsetzen, wenn nämlich lediglich eine **Gefährdung** der ordnungsmäßigen Wirtschaft auch nur „zu besorgen" ist.[23)]

III. Anwendungsbereich des § 25 ZVG

6 § 25 ZVG ist zunächst auch unmittelbare Ausprägung des § 24 ZVG, sodass zur Frage der Reichweite auch auf die dortige Kommentierung verwiesen werden kann. In der Zwangsverwaltung ist die Heranziehung der Norm umstritten, aber wohl zu bejahen.[24)] Die Struktur der Norm belegt, dass sie im Rahmen der Vollstreckung

19) Siehe zur Problematik des § 94 ZVG auch BeckOK-*Cranshaw*, ZVG, § 94 Rz. 1 ff; Dassler/Schiffhauer/u. a.-*Hintzen*, ZVG, § 94 Rz. 2 – 4; siehe § 94 Rz. 3, 5 [*Bachmann*].

20) BeckOK-*Fischinger*, ZVG, § 25 Rz. 5 m. w. N.

21) BeckOK-*Fischinger*, ZVG, § 24 Rz. 5.

22) Siehe Dassler/Schiffhauer/u. a.-*Hintzen*, ZVG, § 25 Rz. 5.

23) Vgl. zu Beispielen der *„Besorgnis der Gefährdung" Ertle*, ZfIR 2016, 385 ff., 386 unter IV. 1.

24) Dafür Dassler/Schiffhauer/u. a.-*Engels*, ZVG, § 146 Rz. 52, der § 25 ZVG über § 146 Abs. 1 ZVG (analog) heranziehen will; offen bei BeckOK-*Fischinger*, ZVG, § 25 Rz. 3, der gerade umgekehrt meint, die Zwangsverwaltung biete die besseren Handlungsalternativen, sodass die Bestimmung des § 25 ZVG dort gegenstandslos sei. Dassler/Schiffhauer/u. a.-*Hintzen*, ZVG, § 25 Rz. 3 a. E., meint zur Abwehr von Gefährdungen, die Zwangsverwaltung sei hierfür zwar der geeignete Weg, aber sie sei doch *„mit nicht unerheblichen Kosten verbunden"*; dafür auch *Bergsdorf*, ZfIR 2009, 430 f.

im Ergebnis der Zwangsverwaltung entspricht. Der Beauftragte kann dann die einzelnen Maßnahmen durchführen, wie die „Wintersicherung" der Immobilie,[47] die Wahrung der Verkehrssicherungspflicht, die Vornahme gebotener Reparaturen bzw. Instandhaltungen und – ggf. – die Mieteinziehung[48] sowie die Zahlung der notwendigen Beträge für die Betriebskosten der Immobilie. Bei landwirtschaftlich, forstwirtschaftlich oder gärtnerisch genutzten Grundstücken geht es um die jeweils im Einzelfall notwendigen jahreszeitlichen Arbeiten (z. B. Einbringung der Ernte). Die Beispiele zeigen die Schwierigkeit der Abgrenzung zur Zwangsverwaltung, die präferiert werden sollte. Warum der „Sequester" innerhalb seines übertragenen Aufgabenbereiches nicht nach den §§ 823, 836 BGB haften soll,[49] erscheint nicht nachvollziehbar. Hat er Rechtspflichten in diesem Umfeld übernommen, wird er sich versichern müssen und auch dafür haften; die Kosten muss letztlich der Gläubiger tragen.

Der Sequester hat dem Gericht auf Anforderung und bei Beendigung der Tätigkeit Rechnung zu legen, da er von ihm bestellt worden ist und damit seiner Aufsicht unterliegt. 16

c) Anordnung der Maßnahmen

Die Maßnahmen werden durch Gerichtsbeschluss (§§ 764 Abs. 3, 128 Abs. 4 ZPO) angeordnet, der ohne mündliche Verhandlung ergeht, wie dies bei Vollstreckungsmaßnahmen, die zur Sicherung gegen den Schuldner ohne Vorankündigung geschehen müssen, erforderlich ist. Dagegen ist die Vollstreckungserinnerung gemäß § 766 ZPO zulässig; wurde dem Schuldner rechtliches Gehör gewährt, ist die sofortige Beschwerde der zutreffende Rechtsbehelf. Dem Gläubiger steht bei (auch teilweiser) Ablehnung seines Antrags die sofortige Beschwerde zu, § 793 ZPO. § 95 ZVG steht nicht entgegen, da die Maßnahme nicht i. S. d. § 95 ZVG im Zusammenhang mit dem Zuschlag gesehen werden muss.[50] Wie stets bei Entscheidungen, die mit Rechtsbehelfen angegriffen werden können, muss das Gericht die tragenden Gründe seiner Beschlussfassung begründen. Im Tenor des Beschlusses muss die konkret beschlossene Maßnahme benannt werden, bei Bestellung eines Sequesters unter genauer Angabe seines Pflichtenkreises. In den Gründen des Beschlusses ist dann darauf einzugehen. 17

Der Beschluss ist **ohne Vollstreckungsklausel** sofort vollstreckbar, wobei eine Vollstreckung durch das Gericht gegen den Vollstreckungsschuldner nicht stattfindet, sofern ein **Sequester bestellt** wurde und die zu vollziehende Maßnahme in dessen Aufgabenbereich fällt.[51] 18

---

47) Hierauf weist *Meerhoff*, ZfIR 2017, 180 ff., 182, in seinem Beitrag zur Gebäudeversicherung in der Immobiliarvollstreckung hin (*„Leitungswssserschäden … durch Kälte bedingte Rohrbrüche…*)" und regt an, sich der Möglichkeiten des § 25 ZVG zu bedienen.

48) Vgl. hierzu Dassler/Schiffhauer/u. a.-*Hintzen*, ZVG, § 25 Rz. 8; BeckOK-*Fischinger*, ZVG, § 25 Rz. 10 m. w. N, auch zu § 150c ZVG; zur Mieteinziehung umstr., siehe *Schmidberger*, Rpfleger 2008, 105 ff., 108; BeckOK-*Fischinger*, ZVG, § 25 Rz. 10.

49) Dassler/Schiffhauer/u. a.-*Hintzen*, ZVG, § 25 Rz. 8.

50) KG, Beschl. v. 14.2.1966 – 1 W 195/66, NJW 1966, 1273 f.; siehe dazu auch BeckOK-*Cranshaw/Kuhn*, ZVG, § 95 Rz. 117 ff. (zur Vollstreckungserinnerung), Rz. 138 ff. (zur sofortigen Beschwerde nach § 793 ZPO).

51) Gericht und Sequester können sich dabei des Gerichtsvollziehers bedienen (§ 892 ZPO analog), so zutreffend Böttcher/*Böttcher*, ZVG, § 25 Rz. 7; ebenso bereits *Jaeckel/Güthe*, ZVG, 4. Aufl., § 25 Rz. 5 a. E. zum Gerichtsvollzieher.

d) Aufhebung der Anordnungen und Erledigung gemäß § 25 Satz 2 ZVG

19 Die Aufhebung des Beschlusses ist ebenfalls nicht von Amts wegen vorgesehen, sondern nur auf **Gläubigerantrag** (Umkehrschluss aus dem Antragsprinzip für die Anordnung sowie aus § 25 Satz 2 ZVG).[52] Soweit der Schuldner betroffen ist, wird man unterscheiden müssen. Hat er keinen Rechtsbehelf gegen die Entscheidung eingelegt, wird die Maßnahme für ihn unanfechtbar. Sie erwächst indes **nicht in materielle Rechtskraft** und kann bei veränderter Sachlage aufgehoben werden. Der Gläubiger wird im Allgemeinen keinen dahingehenden Antrag stellen, sodass man dem Schuldner nicht nur die Möglichkeit geben muss, die Aufhebung der Anordnungen anzuregen, sondern man muss ihm ein **Antragsrecht** zubilligen, soweit er ein im Allgemeinen zu bejahendes rechtliches Interesse an der Aufhebung hat.[53] Dem Gläubiger ist zuvor rechtliches Gehör zu gewähren.[54]

20 Die Maßnahmen, die gegen den Schuldner gerichtet sind, enden ohne Weiteres mit der **Rechtskraft des Zuschlagsbeschlusses**, der **Aufhebung des Versteigerungsverfahrens** oder mit dem **endgültigen Vollzug** der Anordnung. Mindestens ein deklaratorischer Beschluss erscheint aber sachgerecht und auch praxisorientiert.[55]

21 Die angeordneten Maßnahmen sind aus dem Blick der Literatur auch dann aufzuheben, wenn der Schuldner **Sicherheit** leistet, die das Gericht zur Abwehr des Vollzugs der Anordnungen zugelassen hat.[56] Der Anwendungsbereich hiervon ist schmal und hängt davon ab, dass der Schuldner z. B. gerade über flüssige Mittel verfügt oder einen bonitätsmäßig einwandfreien Bürgen zur Seite hat. Ansonsten dient eine solche Beschlussformulierung nur der Förderung der „Beschwerdefestigkeit" der Entscheidung, weil damit der Verhältnismäßigkeitsgrundsatz eingehalten ist. Die Einräumung der Befugnis an den Schuldner, die (zunächst in Vollzug zu setzende) Maßnahme durch Sicherheitsleistung abzuwenden, sollte immer angeordnet werden (Heranziehung des Gedankens aus § 711 ZPO), soweit nicht evident ist, der Schuldner werde Sicherheit nicht leisten können.[57]

---

52) Gegen eine „*automatisierte*" Aufhebung auch *Drasdo*, ZfIR 2015, 423 ff., 425–426 mit verschiedenen Beendigungstatbeständen; ebenso *Ertle*, ZfIR 2016, 385 ff., 387–388.

53) Für ein generelles Antragsrecht im Ergebnis BeckOK-*Fischinger*, ZVG, § 25 Rz. 12; amtswegige Aufhebung nur, wenn der Gläubiger den Vorschuss nicht leistet (§ 25 Satz 2 ZVG oder wenn der Schuldner Sicherheit nach Maßgabe des Gerichtsbeschlusses nach § 25 ZVG leistet (Rz. 9).

54) Dassler/Schiffhauer/u. a.-*Hintzen*, ZVG, 14. Aufl., § 25 Rz. 11 spricht noch davon, der Gläubiger „*sollte*" angehört werden.

55) Eine ausdrückliche Aufhebung hält u. a. BeckOK-*Fischinger*, ZVG, § 25 Rz. 12 m. w. N. für entbehrlich.

56) Böttcher/*Böttcher*, ZVG, § 25 Rz. 8; BeckOK-*Fischinger*, ZVG, § 25 Rz. 9, 12 m. w. N.; Dassler/Schiffhauer/u. a.-*Hintzen*, ZVG, § 25 Rz. 11.

57) Die Abwendungsbefugnis des Schuldners lehnt *Drasdo*, ZfIR 2015, 423 ff., 426 m. w. N., mit beachtenswerten Gründen ab, z. B. wegen der etwaigen Möglichkeit eines Insolvenzverwalters des Schuldners, den Betrag der Sicherheit „*zurückzufordern*" (z. B. nach § 91 InsO oder durch Insolvenzanfechtung).

Eine amtswegige Aufhebung enthält § 25 Satz 2 ZVG, wenn der Antragsteller (Gläubiger) nicht die notwendigen Kosten vorschießt; dies setzt natürlich voraus, dass das Gericht einen Kostenvorschuss angefordert hat.[58) 22

Unter diese Vorschrift sind auch **Kostenvorschüsse** zu subsumieren, die der Sequester benötigt und die auf seinen Antrag vom Vollstreckungsgericht wie bei der Zwangsverwaltung festzusetzen sind (vgl. für die Zwangsverwaltung die mit § 25 Satz 2 ZVG nicht deckungsgleiche Vorschrift des § 161 Abs. 3 ZVG); im Einzelnen siehe Rz. 24 ff. 23

V. Kostentragung

1. Kosten der Durchführung der angeordneten Maßnahmen

Der Gläubiger hat die Kosten der Maßnahmen zu bevorschussen und fällt ggf. später mit seinen Rückgriffsforderungen (Kosten analog § 10 Abs. 2 ZVG) gegen den Schuldner aus. Der in § 25 Satz 2 ZVG erwähnte Vorschuss betrifft nur die Kosten des Gerichts, **nicht** aber die Kosten zur Durchführung von Maßnahmen durch einen Sequester bzw. Verwalter, dem konkrete Teilaufgaben der Grundstücksbewirtschaftung übertragen wurden. Diesem stehen nämlich nicht gegen die Staatskasse, sondern nur gegen den Gläubiger Ansprüche zu, einschließlich Kostenvorschüsse auf von dem „Sequester" vorzunehmende Maßnahmen, soweit er nicht auf Erträge zugreifen kann. Die Nähe zur Zwangsverwaltung (man kann den bestellten Sequester vielleicht in Anlehnung an in der Praxis verwendete Begrifflichkeiten des Insolvenzrechts als „schwachen Verwalter" bezeichnen) rechtfertigt die analoge Anwendung der entsprechenden Vorschriften der Zwangsverwaltung im ZVG sowie der ZwVwV. Der Schuldner hat diese Kosten dann nach § 788 ZPO zu tragen, soweit sie notwendig waren. 24

2. Vergütung und Auslagen des Sequesters

Für die Entgeltansprüche (Vergütung und Auslagen) des Sequesters sind ebenfalls die einschlägigen Normen der ZwVwV heranzuziehen.[59) Diese Ansprüche werden für den **Sequester des § 848 ZPO** auf Zeithonorarbasis vom Vollstreckungsgericht festgesetzt (vgl. § 19 ZwVwV). Die BGH-Rechtsprechung zu V ZB 55/05 ist aufgrund der Nähe des **Sequesters des § 25 ZVG** zum Zwangsverwalter erst recht heranzuziehen. Die Höhe des Stundensatzes orientiert sich an der konkreten Aufgabe und sollte im oberen Bereich von aktuell (2023) bis zu 95 €/Stunde liegen; ferner sollte § 20 ZwVwV über die Mindestvergütung bei (Teil)Inbesitznahme analog angewandt werden. Die Vergütung und die Auslagen werden dann zweckmäßig entsprechend § 22 ZwVwV festgesetzt, nachdem der Sequester Rechnung und Schlussrechnung gelegt hat (vgl. §§ 22, 14 ZwVwV). Die im Spätsommer 2023 in die Wege geleitete Reform der Zwangsverwaltervergütung (geplant ab 1.1.2024) wird sich auch hier mit entsprechender Erhöhung der Vergütungssätze auswirken. Ob die Sätze nach 25

---

58) Diese Möglichkeit bejaht auch *Ertle*, ZfIR 2016, 385, 387 m. w. N.

59) Siehe Dassler/Schiffhauer/u. a.-*Hintzen*, ZVG, 25 Rz. 8 a. E.; *Schmidberger*, Rpfleger 2008, 105 ff., 109; BeckOK-*Fischinger*, ZVG, § 25 Rz. 16; die Literatur folgt dabei einer Entscheidung des BGH zu dem Sequester nach § 848 ZPO, BGH, Beschl. v. 14.4.2005 – V ZB 55/05, ZIP 2005, 1295 f. = Rpfleger 2005, 549 f. = ZInsO 2005, 869 f.

§ 20 ZwVwV für den Sequester zu halbieren sind (s. dazu bei BeckOK-*Fischinger*, ZVG, § 25 Rz. 15), erscheint fraglich.[60)]

26 Zu bemerken ist, dass die Stundenvergütung nach § 19 ZwVwV ebenso wie die ZwVwV (v. 19.12.2003, BGBl. I 2003 S. 2804) sich aktuell (November 2023) auf dem Stand vom 19.12.2003 befinden. Die Stundenvergütung ist seitdem ebenso wie die Mindestvergütung nach § 20 ZwVwV nicht nach oben angepasst worden, sodass insbesondere die Stundensätze nach § 19 ZwVwV im Jahr 2023 bei richtiger betriebswirtschaftlicher Sicht der Zwangsverwalter und Sequester nicht mehr angemessen sind. Im September 2023 hat das BMJ einen Referentenentwurf zur Stellungnahme an die beteiligten Kreise versandt, der sich mit Kostenrechtsänderungen für Zwangsverwalter in der ZwVwV befasst, die ab 1.1.2024 in Kraft treten sollen (siehe dazu die Stellungnahme des Deutschen Anwaltsvereins (DAV)/Ausschuss Insolvenzrecht Nr. 72/23 v. 16.10.2023, unter https://arge-insolvenzrecht.de mit weiteren Links (Stand: 29.10.2023).

27 Gegen die **Kostenentscheidung** ist unter den Voraussetzungen der Erreichung des Beschwerdewertes nach § 567 Abs. 2 ZPO die sofortige Beschwerde statthaft.

VI. Praxisrelevanz des § 25 ZVG

28 In der Literatur (2017) wird aus der Praxis betont, dass die Anträge nach § 25 ZVG stetig seltener geworden seien, die Grundpfandgläubiger hätten offenbar andere Wege der Sicherung gefunden. Der Grund seien die *„verschärften Obliegenheitspflichten des Versicherungsnehmers im gestörten Sicherungsverhältnis“*, die zum Wegfall der Gläubigeransprüche geführt hätten;[61)] dieses letztere Argument erscheint bezweifelbar. Andererseits wird auch herausgearbeitet, dass das Verfahren nach § 25 ZVG zwar selten sei, aber ungenutzte Potentiale enthalte, die eine (sachgerechte) Alternative zur Zwangsverwaltung seien;[62)] dem wird man zustimmen. Tatsache ist, dass § 25 ZVG in der Praxis ein völliges Schattendasein führt.

60) Zu der (geplanten) Reform der Zwangsverwaltervergütung siehe den Referentenentwurf der Verordnung zur Änderung der Zwangsverwalterverordnung v. 18.8.2023, https://www.bmj.de/SharedDocs/Gesetzgebungsverfahren/DE/2023_AendVO_ZwangsverwalterVO.html (Stand: 8.12.2023); siehe ferner dazu etwa die Stellungnahme des DAV 72/2023 v. 16.10.2023, https://www.bmj.de/SharedDocs/Downloads/DE/Gesetzgebung/Stellungnahmen/2023/1016_Stellungnahme_DAV_ZwVwV_AendVO.pdf (Stand: 8.12.2023).

61) Siehe zu diesem Fazit *Meerhoff*, ZfIR 2017, 180 ff., 182.

62) So *Ertle*, ZfIR 2016, 385 ff., 391 f.; *Drasdo*, ZfIR 2015, 423 ff., 429, sieht das in seinem Fazit genauso, das Verfahren sei *„wohl nicht unbekannt, aber dennoch selten.“* Der Verfasser der vorliegenden Kommentierung ist in drei Jahrzehnten unmittelbarer Praxis in der Kreditwirtschaft mit keinem einzigen Antrag nach § 25 ZVG konfrontiert worden, auch nicht auf Verbandsebene. Die Institute ziehen eher die Zwangsverwaltung vor oder man würdigt die Norm des § 25 ZVG nicht im Einzelnen.

§ 26

Fortsetzung des Verfahrens nach Beschlagnahme trotz wirksamer Veräußerung

Ist die Zwangsversteigerung wegen des Anspruchs aus einem eingetragenen Recht angeordnet, so hat eine nach der Beschlagnahme bewirkte Veräußerung des Grundstücks auf den Fortgang des Verfahrens gegen den Schuldner keinen Einfluß.

Literatur: *Böttcher*, Anm. zu BGH V ZB 125/05, ZfIR 2007, 551; *Dötsch*, Anm. zu BGH V ZR 209/12, jurisPR-MietR 22/2013, Anm. 6; *Ganter*, Anm. zu BGH V ZB 25/05, WuB VI A § 80 InsO 1.05; *Gerhardt*, Anm. zu BGH IX ZR 103/87, EWiR 1988, 1039; *Hintzen*, Anm. zu BGH V ZB 125/05, WuB VI E § 26 ZVG 1.07; *Keller*, Aktuelle Rechtsprechung zur Zwangsverwaltung im Jahre 2016, ZfIR 2017, 297 ff.; *Oldenburg*, Das Schicksal des Vorrechts der Wohnungseigentümergemeinschaft bei der rechtsgeschäftlichen Veräußerung von Wohnungseigentum, ZfIR 2017, 563 ff.; *Reithmann*, Anm. zu BGH IX ZR 103/87, WuB IV A § 878 BGB 1.88.

Übersicht

I. Funktion der Norm und Sachverhaltskonstellationen

1. Ausgangslage, Veräußerungszeitpunkt und relatives Veräußerungsverbot

1 Nach § 17 ZVG bedarf die Anordnung der Zwangsversteigerung der Eintragung des Schuldners als Eigentümer im Grundbuch. Die Beschlagnahme des Grundbesitzes hat die Wirkung eines Veräußerungsverbotes,[1] § 23 Abs. 1 Satz 1 ZVG. Sie wird wirksam nach § 22 Abs. 1 ZVG mit Zustellung des Anordnungsbeschlusses an den Schuldner bzw. mit Eingang des Ersuchens des Versteigerungsgerichts an das Grundbuchamt, den Versteigerungsvermerk einzutragen, wenn die Eintragung „demnächst“[2] vorge-

1) Siehe §§ 17 und 23 Rz. 2, 21 f. [*Cranshaw*].
2) Siehe § 8 Rz. 2, § 13 Rz. 9, § 22 Rz. 22 [*Cranshaw*].

nommen wird. Für **jeden betreibenden oder beitretenden Gläubiger** ist der relevante Zeitpunkt gesondert festzustellen mit den entsprechenden Auswirkungen auf die Wirkungen des § 26 ZVG.[3)]

2 Die „Veräußerung" des betroffenen Grundbesitzes, d. h. die **Eigentumsumschreibung** auf einen anderen Eigentümer, kann im unmittelbaren zeitlichen Zusammenhang mit dem Versteigerungsantrag eines Gläubigers zu mehreren Zeitpunkten erfolgen: Erfolgt sie vor dem Eingang des Versteigerungsantrags beim Vollstreckungsgericht, darf kein Anordnungsbeschluss ergehen. Erlässt das Vollstreckungsgericht den Beschluss in Unkenntnis des Eigentumswechsels, ist nach § 28 Abs. 1 ZVG vorzugehen. Bei Umschreibung nach dem Anordnungsbeschluss, aber vor der Zustellung desselben bzw. vor der Wirksamkeit der Beschlagnahme nach § 22 Abs. 1 Satz 2 ZVG, ist ebenfalls § 28 Abs. 1 ZVG heranzuziehen. Geht das Eigentum aber erst nach der Beschlagnahme über, ist die Veräußerung, d. h. die Verfügung über das Eigentum durch den Veräußerer, gegenüber dem betreibenden Gläubiger relativ unwirksam, § 23 Abs. 1 Satz 1 ZVG i. V. m. § 135 Abs. 1, 136 BGB.[4)] Die Folge des § 23 Abs. 1 ZVG ist ein gerichtliches Verfügungsverbot i. S. d. § 136 BGB, da nicht das Gesetz, sondern die Beschlagnahme als Folge des Anordnungsbeschlusses das relative Verfügungsverbot erzeugt. Ausnahmsweise kann die Übereignung nach Beschlagnahme dennoch wirksam sein, siehe Rz. 11 – 13, 26.

3 § 26 ZVG betrifft damit eine begrenzte Ausnahme von der Wirkung des Verbots insoweit, als die **trotz Beschlagnahme wirksame Veräußerung** des betroffenen Grundbesitzes auf den weiteren Fortgang des Verfahrens keinen Einfluss haben soll. Voraussetzung ist, dass die Versteigerung „wegen des Anspruchs aus einem **eingetragenen Recht** angeordnet" worden ist. Die Versteigerung aus einem Titel, der einen „persönlichen" Anspruch vollstreckungsfähig macht, ist nicht unter § 26 ZVG zu subsumieren. Ohne § 26 ZVG müsste das Verfahren in derartigen Fällen gemäß § 28 ZVG aufgehoben werden, sobald eine dem betreibenden Gläubiger gegenüber wirksame Eigentumsumschreibung erfolgt ist.

4 Das Versteigerungsverfahren wird ungeachtet des Eigentumswechsels fortgesetzt und zwar auch dann, wenn die Änderung des Eigentums auf *„einem vorgemerkten Anspruch"* beruht, soweit die Versteigerung aus einem der Vormerkung gegenüber vorrangigem Recht betrieben wird (ein Standardfall der Praxis). Darauf, ob der Eigentumswechsel nach der Beschlagnahme gemäß § 23 Abs. 1 Satz 1 ZVG im Verhältnis zum Vollstreckungsgläubiger unwirksam ist, kommt es nicht an.[5)]

---

3) Vgl. BGH, Urt. v. 31.5.1988 – IX ZR 103/87, juris Rz. 20 = WM 1988, 1388 ff. = Rpfleger 1988, 543 f. = ZIP 1988, 543 f. m. Anm. *Gerhardt*, EWiR 1988, 1039 f. sowie zustimmende Anm. von *Reithmann*, WuB IV A § 878 BGB 1.88.

4) Zu den Wirkungen des „Veräußerungsverbots" nach den §§ 135 f. BGB i. V. m. § 23 ZVG siehe Grüneberg/*Ellenberger*, BGB, §§ 135, 136 Rz. 4 m. w. N. Zu den verschiedenen Zeitpunkten des Eigentumsübergangs auf den Erwerber und die Konsequenzen für § 26 ZVG siehe Böttcher/*Böttcher*, ZVG, § 26 Rz. 4 f. mit zutreffender Differenzierung zwischen dinglichem und persönlichem Gläubiger, welcher eben die Privilegierung des § 26 ZVG nicht genießt.

5) Vgl. zu diesen Kriterien BGH, Urt. v. 23.6.2017 – V ZR 39/16, ZfIR 2017, Rz. 13 = WM 2017, 1448 ff. = ZInsO 2017, 1663 ff. m. Anm. *Kesseler*, ZfIR 2017, 662 ff.

2. Voraussetzungen wirksamer Eigentumsübertragung trotz Beschlagnahme

Wirksamkeit der Verfügung nach und trotz Beschlagnahme setzt voraus, dass die Verfügungsbeschränkung als Folge eben jener Beschlagnahme erst eingetreten ist, als der bisherige Eigentümer bereits gemäß § 878 BGB die ihn bindende Erklärung abgegeben hatte und der Antrag auf Eigentumsumschreibung dem Grundbuchamt vorgelegt worden war. Die **Auflassung** gemäß §§ 873, 925 BGB muss also in gehöriger Form (im Allgemeinen vor einem Notar, siehe im Einzelnen Text und Kommentierungen zu § 925 BGB) erklärt worden sein und dem Grundbuchamt vorliegen. 5

Alternativ[6] kommt gutgläubiger (hier: „beschlagnahmefreier") **Erwerb nach § 892 Abs. 1 Satz 2 BGB** in Frage, wenn die Beschlagnahmewirkung nach der bindenden Erklärung der Auflassung eintritt, aber vor Stellung des Antrags auf Eigentumsumschreibung im Grundbuch. Der Erwerber muss zum Zeitpunkt seines Eintragungsantrags im Hinblick auf eine Verfügungsbeschränkung seines Veräußerers gutgläubig sein. Das ist er nicht mehr, wenn er den Versteigerungsantrag kennt (§ 23 Abs. 2 Satz 1 ZVG) bzw. der Versteigerungsvermerk im Grundbuch eingetragen worden ist; naturgemäß genügt auch die Kenntnis des Eintragungsersuchens des Vollstreckungsgerichts beim Grundbuchamt.[7] Die Versteigerung durch den **persönlichen Gläubiger** scheitert dann endgültig. 6

3. Privilegierung des dinglichen Gläubigers als Normzweck

§ 26 ZVG **begünstigt** also **nur den dinglichen Gläubiger**, dessen Recht aus dem Grundbuch ersichtlich ist und das seinerseits vor der Beschlagnahme eingetragen worden ist. Die Regelung korrespondiert, wie in der Literatur zutreffend herausgearbeitet wird, mit § 325 Abs. 3 ZPO bzw. mit der Norm des § 265 ZPO[8] im Erkenntnisverfahren (siehe dort insbesondere § 265 Abs. 2 ZPO, Fortführung des Verfahrens trotz Veräußerung nach Rechtshängigkeit). Diese Bestimmung erstreckt die Rechtskraft eines Urteils aus einem eingetragenen Grundpfandrecht bzw. aus einer Reallast auf den Rechtsnachfolger des Beklagten, auch wenn dieser die Rechtshängigkeit des geltend gemachten dinglichen Anspruchs nicht kannte. Einen dem gutgläubigen Erwerb vergleichbaren Schutz des Erwerbers des betroffenen Grundbesitzes gibt es nicht. Eine gewisse Einschränkung enthält § 325 Abs. 3 Satz 2 ZPO zugunsten eines Erstehers in der Zwangsversteigerung insoweit, als die Rechtshängigkeit vor der Abgabe von Geboten im Termin „angemeldet" worden sein muss. 7

Normzweck des § 26 ZVG ist daher wie häufig im ZVG insbesondere der **Schutz des Realkreditgebers.**[9] Es handelt sich dabei um eine wertende Entscheidung des Gesetzgebers, die das Interesse des Erwerbers am ungehinderten Eigentumserwerb hintanstellt, ihn aber naturgemäß sogar bei wirksamem Erwerb gegenüber dem betreibenden Gläubiger nur eingeschränkt schützen kann. Das den erworbenen Grund- 8

6) Grüneberg/*Herrler*, BGB, § 878 Rz. 3 m. w. N.

7) Zum gutgläubigen Erwerb siehe Dassler/Schiffhauer/u. a.-*Hintzen*, ZVG, § 23 Rz. 20; Stöber/*Becker*, ZVG, § 23 Rz. 23, 25–27; Grüneberg/*Herrler*, BGB, § 892 Rz. 17, 19, 24 f. m. w. N.

8) Dassler/Schiffhauer/u. a.-*Hintzen*, ZVG, § 26 Rz. 1; Zöller/*Greger*, ZPO, § 265 Rz. 1, 5, 5b, 6; siehe ferner BeckOK-*Fischinger*, ZVG, § 26 Rz. 1 m. w. N.; eingehend BeckOK-*Fischinger*, ZVG, § 26 Rz. 5–8.

9) So bereits *Jaeckel/Güthe*, ZVG, 4. Aufl., 1912, § 26 Rz. 4 a. E.

besitz belastende und eingetragene Recht bleibt weiterhin aufrechterhalten und ist von ihm zu dulden.[10] Plastischen Ausdruck findet diese Rechtslage in dem Umstand der Fortsetzung des Verfahrens, wenn die Vollstreckung eines dinglichen Gläubigers zunächst ins Leere geht, weil der Eigentumswechsel nach dem Anordnungsbeschluss, aber vor Beschlagnahme vonstattenging und der Gläubiger seinen Titel nach den §§ 727 Abs. 1, 750 ZPO umschreiben und sodann an den neuen Eigentümer zustellen lässt, nachdem das Gericht nach § 28 Abs. 1 ZVG einstweilen eingestellt hat.[11] In der Formularpraxis der Immobilienfinanzierung ist die Problematik, vom Zeitfaktor und den daraus resultierenden wirtschaftlichen Risiken und Schäden einmal abgesehen, kein wirkliches rechtliches Problem. Vielmehr sind die Institute regelmäßig im Besitz der vollstreckbaren Ausfertigung einer Grundschuldbestellungsurkunde mit Vollstreckungsunterwerfung gemäß § 800 ZPO, die sich gegen den jeweiligen Eigentümer richtet und im Grundbuch eingetragen ist (§ 800 Abs. 1 Satz 2 ZPO).[12]

9 Mit dieser ratio legis ist es mit *Keller* nicht recht zu vereinbaren, wenn das LG Tübingen darauf erkannt hat, § 26 ZVG sei auch dann anwendbar, wenn eine Eigentümergemeinschaft die Immobiliarvollstreckung wegen Hausgeldrückständen betreibe. Die Schuldnerin, eine C. Inc., gegen die das Versteigerungsverfahren aus der Rangklasse 2 des § 10 ZVG von der Eigentümergemeinschaft betrieben wurde, hatte das betroffene Hotelappartement veräußert, zugunsten des Erwerbers war eine Auflassungsvormerkung eingetragen. Der Eigentumswechsel war nach Beschlagnahme vollzogen worden.[13] § 26 ZVG hat nach Wortlaut, Sinn und Zweck allein den eingetragenen Gläubiger im Fokus, **nicht** den nach § 10 ZVG **vorrangig Berechtigten.**[14] Das Vollstreckungsgericht hätte daher, wie *Keller* zutreffend ausgeführt hat, nach § 28 ZVG einstweilen einstellen und dem betreibenden Gläubiger aufgeben müssen, einen Titel gegen den neuen Eigentümer vorzulegen. Mindestens habe der vorliegende Titel nach § 727 ZPO umgeschrieben werden müssen. Da der Einzelrechtsnachfolger in das Wohnungs- und Teileigentumsrecht nach dem WEG regelmäßig für Wohngeldrückstände **nicht** haftet, dürfte allerdings die Titelbeschaffung in der Praxis für die Gemeinschaft weitgehend ohne Erfolg sein.[15] Für die Wohngeldschulden gilt, dass der Erwerber nur für diejenigen rückständigen und vor seinem Erwerb entstandenen Wohngeldansprüche einzustehen hat, die nach der Eigentumsumschreibung auf ihn **fällig** geworden sind, unabhängig davon, wann sie begründet

---

10) Siehe dazu Zöller/*Vollkommer*, ZPO, § 325 Rz. 49.

11) Böttcher/*Böttcher*, ZVG, § 26 Rz. 3.

12) Siehe dazu *Gladenbeck/Samhat*, Kreditsicherung durch Grundschulden, am Ende des Buchs Anh. 1 (Mustervertrag „Grundschuldbestellung"), S. 724 ff.; Ziff. 2 des Mustervertrags regelt die „Dingliche Zwangsvollstreckungsunterwerfung". Im Text des Buches befasst sich Kap. 11.1 („Unterwerfung durch den Grundstückseigentümer") Rz. 304 ff. (= S. 154 ff.) mit den einschlägigen Fragen der dinglichen Unterwerfung durch den Eigentümer und der Rechtsverfolgung durch den Gläubiger." Siehe ferner *Epp*, in: Ellenberger/Bunte, Bankrechts-Handbuch, Anhang zu § 73, Bestellung einer Buchgrundschuld, S. 562 und § 73 Rz. 224 ff.

13) LG Tübingen, Beschl. v. 22.4.2016 – 5 T 72/16, ZfIR 2016, 638 f., m. Anm. *Chermiti*, ZfIR 2016, 640 f.

14) Völlig zu Recht lehnt *Keller*, ZfIR 2017, 297 ff., 298, daher die Heranziehung des § 26 ZVG auf diese Konstellationen ab.

15) Vgl. zur Problematik der Haftung des Erwerbers bei rechtsgeschäftlicher Veräußerung *Oldenburg*, ZfIR 2017, 653 ff.

(BGB-)Gesellschaft siehe die §§ 735 ff. BGB n. F. § 735 Abs. 2 BGB n. F. ermöglicht unter den dortigen Voraussetzungen eine andere Art der Abwicklung und damit auch eine Lösung, wie sie nach aktuellem Recht § 731 Satz 2 BGB a. F. (bis 31.12.2023) unter Verweis auf die Vorschriften über die Gemeinschaft vorsieht mit der Folge des § 753 Abs. 1 Satz 1 letzter Halbs. BGB, d. h. die Abwicklung von Immobilieneigentum der Gesellschaft durch Teilungsversteigerung.

In der Insolvenz eines **Gesellschafters** bleibt es – von einer redaktionellen Ergänzung des § 84 InsO durch Art. 35 Nr. 7 Buchst. b) MoPeG abgesehen – inhaltlich bei der bisherigen Regelung des § 84 InsO, wonach die Auseinandersetzung u. a. der rechtsfähigen BGB-Gesellschaft außerhalb des Insolvenzverfahrens durchzuführen ist. Das bedeutet, dass auch hier die Teilungsversteigerung von der Einhaltung des § 735 Abs. 2 BGB n. F. abhängig ist. In der **Insolvenz der rechtsfähigen BGB-Gesellschaft** ergeben sich keine Besonderheiten, hier steht insbesondere die Option der Insolvenzverwalterversteigerung nach den §§ 165 InsO, 172 ff. ZVG zur Verfügung. 24

III. Voraussetzungen der Fortführung der Versteigerung gegen den bisherigen Eigentümer in Sonderfällen und Rechtsbehelfe des Erwerbers

1. Vorgehensweise des Vollstreckungsgerichts und Rechtsbehelfe des Erwerbers bei Eigentumsumschreibung zu den verschiedenen Zeitpunkten

a) Eigentumserwerb nach Anordnungsbeschluss, aber vor Beschlagnahme[35)]

Die Umschreibung wirkt gegenüber dem **persönlichen Gläubiger** mit der Folge der vollständigen Verfahrensaufhebung (§ 28 Abs. 1 Satz 1 Alt. 1 ZVG). Gegenüber dem **dinglichen Gläubiger** kommt es zur einstweiligen Einstellung unter angemessener Fristsetzung, § 28 Abs. 1 Satz 1 Alt. 2 ZVG. Nach Erteilung der Klausel gegen den Erwerber – wenn eine dingliche Vollstreckungsunterwerfung gemäß § 800 ZPO vorliegt (siehe oben) – und erneuter Zustellung an diesen wird das Verfahren nunmehr gegen ihn fortgesetzt. Nach vergeblichem Fristablauf hingegen wird das Verfahren aufgehoben (§ 28 Abs. 1 Satz 2 ZVG).[36)] 25

b) Fortsetzung des Verfahrens trotz wirksamer Veräußerung an einen Dritten nach Beschlagnahme

Beim dinglichen Gläubiger ist diese Konstellation der typische Anwendungsfall des § 26 ZVG. Die Eigentumsübertragung ist gegenüber dem jeweiligen dinglichen Gläubiger in einem ersten Schritt in Abhängigkeit von dem Eintritt der Beschlagnahmewirkung zu betrachten. Ist der Eigentumsübergang danach gegenüber dem einzelnen dinglichen Gläubiger relativ unwirksam (§ 23 ZVG, § 135 f. BGB), so kann er gleichwohl unter den Voraussetzungen der §§ 878, 892 BGB wirksam sein. An der Fortsetzung des Verfahrens gegen den bisherigen Eigentümer und Vollstreckungsschuldner ändert sich als Folge des § 26 ZVG dennoch nichts. 26

---

35) Voraussetzung ist stets, dass das dingliche Recht, aus dem vollstreckt wird, seinerseits vor der Beschlagnahme eingetragen worden ist.

36) Böttcher/*Böttcher*, ZVG, § 26 Rz. 3; siehe zu der Gesamtthematik auch die dortige instruktive graphische Übersicht, Rz. 9.

c) Sonderfall des persönlichen Gläubigers bei Veräußerung nach Beschlagnahme

27 Der Eigentumserwerb des Dritten ist relativ unwirksam, das Verfahren gegen den bisherigen Eigentümer fortzusetzen, sofern nicht einer der Fälle der §§ 878, 892 BGB zu bejahen ist. Es kommt also auf die rechtliche Position des Erwerbers im Einzelnen an, eine Konstellation, die beim dinglichen Gläubiger aufgrund des § 26 ZVG im Ergebnis belanglos ist. Hat der neue Eigentümer trotz des relativen Verfügungsverbots das Eigentum wirksam gegenüber dem jeweiligen Gläubiger erworben, ist nach überwiegender Meinung das Verfahren gegen den Vollstreckungsschuldner und früheren Eigentümer dennoch fortzusetzen, bis der neue Eigentümer seine Position gemäß § 37 Nr. 5 ZVG als ein der Versteigerung entgegenstehendes Recht anmeldet und mit der **Drittwiderspruchsklage** gemäß § 771 ZPO gegen den Gläubiger obsiegt. Durch den Antrag nach den §§ 771 Abs. 3, 769 f., 775 f. ZPO[37)] kann dann auf den Fortgang des Zwangsversteigerungs- bzw. Zwangsverwaltungsverfahrens eingewirkt werden. Nach *Böttcher* soll es für die Fortsetzung des Verfahrens darauf ankommen, ob aus dem Grundbuch (oder den Grundakten) die Voraussetzungen des § 878 BGB bzw. des § 892 BGB i. S. d. § 28 ZVG erkennbar sind oder nicht.[38)] Diese Meinung will § 28 Abs. 1 Satz 1 Alt. 2 ZVG analog anwenden und damit unter Fristsetzung einstweilen einstellen, wenn die materielle Rechtslage aus dem Grundbuch für das Vollstreckungsgericht „eindeutig" erkennbar ist. Das gilt danach sowohl für die Fälle des § 878 BGB als auch für § 892 BGB.[39)] Die wohl ganz überwiegende Meinung geht von der Fortsetzung des Verfahrens gegen den bisherigen Eigentümer aus, bis der neue Eigentümer gemäß § 771, 769 ZPO vorgeht und eine entsprechende gerichtliche Anordnung vorlegt, die die (ggf. einstweilige) Verfahrenseinstellung bestimmt.[40)] Dieser Meinung ist beizupflichten. Sie argumentiert damit, die tatsächlichen Voraussetzungen der §§ 878, 892 BGB seien dem Grundbuch nicht zu entnehmen; dem wird man für den Regelfall zustimmen müssen. Übereinstimmung besteht freilich zutreffend darin, dass das Vollstreckungsgericht nicht die Aufgabe der Klärung des materiellen Rechts habe. Ist freilich der **Versteigerungsvermerk** bei Eigentumsumschreibung bereits eingetragen, so sind der Natur der Sache nach sowie nach einhelliger Meinung die §§ 878, 892 BGB nicht mehr einschlägig, sodass das Verfahren gegen den bisherigen Eigentümer fortzusetzen ist. Die Option für den persönlichen Gläubiger der Rangklasse 5, der die Vorteile des § 26 ZVG ggf. für sich fruchtbar machen will, besteht darin (sofern dies zeitlich hinreicht), eine **Zwangssicherungshypothek** gemäß §§ 866 f. ZPO eintragen zu lassen und

37) Zu den §§ 775 f. ZPO siehe Böttcher/*Böttcher*, ZVG, § 26 Rz. 4 a. E.

38) Siehe bei Böttcher/*Böttcher*, ZVG, § 26 Rz. 4, 5 unter Hinweis und Zitat von *Eickmann*, Zwangsversteigerungs- und Zwangsverwaltungsrecht, „9 IV 2 b" sowie die Übersicht Rz. 9, wo allerdings etwas missverständlich ein Hinweis auf § 892 BGB bei der Darstellung der Eigentumsumschreibung nach Eintragung des Versteigerungsvermerks mit der Folge der Fortsetzung des Verfahrens gegen den bisherigen Vollstreckungsschuldner enthalten ist; zutreffend und klarstellend aber Rz. 5.

39) Böttcher/*Böttcher*, ZVG, § 26 Rz. 4 f., 9. Diese Auffassung argumentiert allerdings durchaus berechtigt, das „*Verfahrensrecht* [diene…] *nicht der Verhinderung des materiellen Rechts*", wenn die materielle Lage „*eindeutig feststellbar*" sei, Böttcher/*Böttcher*, ZVG, § 26 Rz. 5.

40) BeckOK-*Fischinger*, ZVG, § 26 Rz. 8; Dassler/Schiffhauer/u. a.-*Hintzen*, ZVG, § 26 Rz. 5.

dann aus dieser in der Rangklasse 4 die Zwangsversteigerung oder -verwaltung zu betreiben.[41)]

2. Fortsetzung des Verfahrens in Fällen mit Auflassungsvormerkung

Wird die Zwangsversteigerung in Grundbesitz angeordnet, der bereits mit einer 28
Auflassungsvormerkung zugunsten des Erwerbers belastet ist, stellt sich die Frage nach der Bedeutung der zeitlichen Reihenfolge: „Eintragung eines Rechts i. S. d. § 26 ZVG im Grundbuch – Erklärung der Auflassung durch den Schuldner an einen dritten Erwerber – Eintragung der Auflassungsvormerkung zur Sicherung der Eigentumsumschreibung auf den Erwerber – Antrag auf Versteigerung aus dem o. g. eingetragenen Grundpfandrecht bzw. der Reallast – Anordnungsbeschluss/Beschlagnahmewirkung – Eigentumsumschreibung auf den Vormerkungsberechtigten." In einem Beschluss gemäß § 91a ZPO hat der BGH mit dem LG Hagen als Beschwerdegericht darauf erkannt, das Versteigerungsverfahren in einen Miteigentumsanteil sei fortzusetzen, obwohl vor der Beschlagnahme für den künftigen Erwerber eine Auflassungsvormerkung eingetragen war, wobei die Eigentumsumschreibung aber nach der Beschlagnahme erfolgte.[42)] Voraussetzung ist dabei, dass das Recht, aus dem betrieben wird, der Auflassungsvormerkung im Rang vorgeht. Diese hat zwar infolge des § 883 Abs. 2 BGB die Wirkung, dass die nachfolgende **spätere Beschlagnahme** dem Eigentumserwerb nicht entgegensteht. § 23 Abs. 1 Satz 1 i. V. m. den §§ 135 f. BGB entfaltet somit keine Wirkung. Die Vormerkung hindert aber dennoch nicht an der Fortsetzung des laufenden Versteigerungsverfahrens, denn mit einem rangbesseren Recht (im Fall des BGH zwei Zwangssicherungshypotheken an einem Miteigentumsanteil an Wohnungseigentum) muss sich der Erwerber abfinden.[43)] § 883 Abs. 3 BGB ist nicht anwendbar, da das Eigentum nach der Judikatur zutreffend nicht rangfähig ist.[44)]

3. § 26 ZVG in der Insolvenz nach Beendigung des Insolvenzbeschlags

Nicht selten kommt es vor, dass Zwangsversteigerungen in unbewegliche Gegenstände 29
der Insolvenzmasse nach Eröffnung des Insolvenzverfahrens durchgeführt werden (vgl. § 49 InsO). Dazu ist die Erteilung der **Klausel gegen den Insolvenzverwalter** erforderlich.[45)] Dieser kann Grundbesitz wie jeden anderen Gegenstand aus der

---

41) *Jaeckel/Güthe*, ZVG, 4. Aufl., 1912, § 26 Rz. 4 a. E.; die Untergrenze der Sicherungshypothek von 750 € ist zu beachten, § 866 Abs. 3 ZPO, siehe im Einzelnen Zöller/*Seibel*, ZPO, 2022, § 866 Rz. 5 m. w. N.

42) BGH, Beschl. v. 25.1.2007 – V ZB 125/05, BGHZ 170, 378 ff., Rz. 12 f. = ZfIR 2007, 549 f. = Rpfleger 2007, 333 ff.; zustimmend *Hintzen*, Anm. zu BGH V ZB 125/05, WuB VI E § 26 ZVG 1.07; siehe zu der Thematik auch *Böttcher*, Anmerkung zu BGH V ZB 125/05, ZfIR 2007, 551 ff.; daran festhaltend BGH, Beschl. v. 23.6.2017 – V ZR 39/16, juris Rz. 13 = ZfIR 2017, 677 ff., Fn. 5; im Mittelpunkt dieser Entscheidung stand aber nicht § 26 ZVG, sondern die Einwilligung zur Schuldübernahme nach § 418 Abs. 1 Satz 3 BGB durch den eingetragenen Eigentümer.

43) BGH, Beschl. v. 25.1.2007 – V ZB 125/05, BGHZ 170, 378 ff., Rz. 12 f.; BGHZ 170/378 ff., 383 ff., Rz. 13 – 15, 17 f.

44) BGH, Beschl. v. 25.1.2007 – V ZB 125/05, BGHZ 170, 378 ff., Rz. 12 f.; BGHZ 170, 385 Rz. 16 m. w. N.

45) Anders in den Fällen der Eigenverwaltung, denn dort wird kein Insolvenzverwalter bestellt. Der Sachwalter hat insoweit keine vergleichbare Funktion (vgl. §§ 270, 270a, 270b, 274 f. InsO).

Masse freigeben (vgl. § 32 Abs. 3 InsO für Grundbesitz und § 33 InsO für Schiffe, Schiffsbauwerke und Luftfahrzeuge). Damit endet der Insolvenzbeschlag.[46] Dasselbe gilt, wenn das Insolvenzverfahren beendet worden ist, auch durch Insolvenzplan, soweit dieser nicht in die Rechte des Inhabers eines Grundpfandrechts oder einer Reallast eingreift (vgl. §§ 49, 223 Abs. 1 Satz 1, Abs. 2, 227 InsO).

30 Der BGH hat bei dieser Konstellation darauf erkannt, eine **erneute** Umschreibung auf den Schuldner (§ 727 ZPO) und die Zustellung des Titels an ihn seien **nicht** erforderlich.[47] Er hat sich mit der Frage der etwaigen analogen Anwendung des § 26 ZVG auseinandergesetzt und diese abgelehnt, denn die Freigabe aus der Masse (im Ergebnis muss dies auch für die Beendigung des Insolvenzverfahrens gelten) sei der Veräußerung i. S. d. § 26 ZVG nicht gleichzusetzen. Es handele sich lediglich um den Rückfall der Verwaltungs- und Verfügungsbefugnis auf den Schuldner nach vorherigem Übergang auf den Verwalter gemäß § 80 InsO. Sei die Versteigerung bereits **vor der Eröffnung** des Insolvenzverfahrens eingeleitet worden, bleibe sie von derselben unberührt (§ 80 Abs. 2 Satz 2 InsO); eine Titelumschreibung auf den Verwalter entfalle dann. Dies gelte auch für den umgekehrten Fall des „Rückfalls der Verwaltungs- und Verfügungsbefugnis."[48]

4. § 26 ZVG in der „Verwaltungsvollstreckung" (Rangklasse 3 des § 10 ZVG) – analoge Anwendung auf die Rangklasse 2?

31 Die „Verwaltungsvollstreckung", d. h. die Vollstreckung einer öffentlich-rechtlichen **Geldforderung**, die als öffentliche Last auf dem Grundbesitz liegt[49] und der Rangklasse 3 des § 10 ZVG zugeordnet werden muss, ist nach Kommentarstimmen den Ansprüchen aus einem eingetragenen Recht nach § 26 ZVG gleichzusetzen.[50] Dem ist, wie oben zu der vom VG Schwerin vertretenen Meinung dargelegt (siehe Rz. 8–10), zu widersprechen.

32 Auf die Versteigerung in der Rangklasse 2 ist § 26 ZVG hingegen nicht anwendbar, auch nicht analog, wenn man von der Judikatur des BGH ausgeht, wonach der Gesetzgeber mit der Rangklasse 2 keineswegs ein dingliches Recht der Wohnungseigentümergemeinschaft geschaffen hat.[51] Daher ist auch der Auffassung des LG Tübingen, das in der oben zitierten Entscheidung (siehe Rz. 9) ebenfalls § 26 ZVG anwenden will, mit *Keller* entgegenzutreten.[52]

---

46) Vgl. statt aller MünchKomm-*Peters*, InsO, § 35 Rz. 98, 99 ff.

47) BGH, Beschl. v. 25.1.2007 – V ZB 125/05, BGHZ 170, 378 ff., Rz. 12 f., zustimmend *Ganter*, WuB VI A § 80 InsO 1.05.

48) BGH, Beschl. v. 25.1.2007 – V ZB 125/05, BGHZ 170, 378 ff., Rz. 12 f.

49) Vgl. z. B. § 23 Abs. 2 LVwVG Rheinland-Pfalz v. 8.7.1957, Gliederungs-Nr. 2010-2 bis zur Änderung d. Art. 1 d. Gesetzes v. 3.6.2020, GVBl. S. 209, (Stand: 27.5.2023); siehe auch § 16 Rz. 32 ff., 45 [*Cranshaw*].

50) Dazu Stöber/*Keller*, ZVG, § 26 Rz. 8, 11; Dassler/Schiffhauer/u. a.-*Hintzen*, ZVG, § 26 Rz. 3.

51) BGH, Urt. v. 13.9.2013 – V ZR 209/12, Rz. 8 = ZInsO 2013, 2122 ff. = ZIP 2013, 2122 ff. Im Insolvenzverfahren hat der „privilegierte schuldrechtliche Anspruch", so der BGH im Ergebnis in der zitierten Entscheidung, Rz. 9, allerdings den Charakter eines Absonderungsrechts (Folge aus § 49 InsO), siehe dazu *Dötsch*, jurisPR-MietR 22/2013, Anm. 6.

52) *Keller*, ZfIR 2017, 297 ff., 298 f.

auf den im Zweifel als Anordnungsantrag umzudeutenden Beitrittsantrag erneut die Versteigerung anzuordnen und das Eintragungsersuchen an das Grundbuchamt zur richten ist.[16] Richtiger erscheint allerdings, den Antragsteller, der den Beitritt begehrt, nach § 139 ZPO auf die geänderte Sachlage hinzuweisen und die Anpassung seines Antrags anheim zu stellen.

Das Verfahren ist so lange anhängig, als der Zuschlag noch nicht rechtskräftig geworden ist. 16

c) Folgen der Antragsrücknahme des Anordnungsgläubigers nach Beitrittsanordnung

Der Rücknahmeantrag des „Anordnungsgläubigers", der nach dem Erlass des Beitrittsbeschlusses eingeht und über den erst danach entschieden wird, berührt aber den wirksamen Beitritt nicht. Es bedarf dann – im Hinblick auf § 27 Abs. 1 Satz 2 ZVG – ebenfalls mit *Stöber* auch nicht der Eintragung des Beitritts im Grundbuch, der bereits eingetragene Vollstreckungsvermerk wird trotz der Aufhebung nicht gelöscht, um dann als Folge des „Beitritts" neu eingetragen zu werden.[17] Die Folge des § 27 Abs. 1 Satz 2 ZVG ist allerdings, dass die Beschlagnahmewirkung (§ 23 ZVG, §§ 135 f. BGB, §§ 878, 892 BGB) zugunsten dieses Beitritts erst mit der Zustellung an den Schuldner eintritt, § 22 Abs. 1 Satz 1 ZVG. 17

d) Einstweilige Einstellung des Verfahrens des Anordnungsgläubigers

Die **einstweilige Einstellung** des Verfahrens führt nicht zu dessen Aufhebung, sodass auch während des Einstellungszeitraums der Beitritt zulässig ist und angeordnet werden kann. Der Grund der Einstellung ist gleichgültig. 18

IV. Verfahrensrechtliche Gleichbehandlung aller betreibenden Gläubiger gemäß § 27 Abs. 2 ZVG

1. Grundsatz der verfahrensrechtlichen Gleichstellung

Die verfahrensrechtliche Gleichbehandlung aller betreibenden Gläubiger stellt § 27 Abs. 2 ZVG sicher. Die Norm gewährt zu diesem Zweck allen Gläubigern dieselben verfahrensrechtlichen Beteiligungsrechte, gleichgültig, ob es sich um den Gläubiger handelt, auf dessen Antrag hin das Verfahren angeordnet worden ist oder ob er im Lauf des Verfahrens „Beitrittsgläubiger" geworden ist. Er muss allerdings den Verfahrensstand als auch sich gegenüber weitgehend bindend hinnehmen, der zum Zeitpunkt der Beitrittsentscheidung erreicht worden ist (siehe Rz. 27 ff.). Diese Rechtsfolge ist die Konsequenz aus der Einheitlichkeit des Versteigerungsverfahrens über das Vollstreckungsobjekt. 19

---

16) Stöber/*Keller*, ZVG, § 27 Rz. 8; das von *Stöber* zu Recht als unzulässig angesehene Procedere, zunächst den Beitritt zuzulassen, um dann erst über die Aufhebung zu entscheiden, würde gesetzeswidrig die Beschlagnahme aufrechterhalten, die Neuanordnung aufgrund des als Anordnungsantrag auszulegenden „Beitrittsantrags" verdecken und somit § 23 ZVG die volle Wirksamkeit insbesondere im Hinblick auf den Gutglaubensschutz nehmen; im Einzelnen siehe § 23 Rz. 1 f., 21–23, 50 ff. [*Cranshaw*].

17) Stöber/*Keller*, ZVG, § 27 Rz. 9.

20 § 27 Abs. 2 ZVG hat auch die Funktion des Schutzes Dritter als Folge des im Rahmen des § 27 Abs. 2 ZVG anzuwendenden § 23 ZVG. Der **Anordnungsbeschluss** entfaltet aber in keinem Falle die Wirkung eines Veräußerungsverbotes nach Maßgabe des § 23 ZVG zugunsten des später Beitretenden. Der Beitritt hat also **keine Rückwirkung** und zwar konsequent auch dann nicht, wenn der mit einem anderen Recht Beitretende zugleich der anfängliche Antragsteller ist, auf dessen Betreiben das Verfahren angeordnet worden ist.[18]

21 Gelegentlich hat das auch Vorteile für den Beitrittsgläubiger. So etwa kann er bei einer Grundstücksvereinigung (§ 890 BGB) dem Versteigerungsverfahren über das vereinigte Grundstück beitreten, wobei es unerheblich ist, ob das bisherige Grundstück, das mit dem Recht des Beitretenden belastet ist, als selbstständiges Flurstück fortbesteht oder untergegangen ist. Im letzteren Fall soll sich aus der „*Genese*" der Vereinigung der belastete „Flächenabschnitt" ergeben.[19] Dem Beitretenden haftet nur das – ggf. sogar nicht mehr existente – Flurstück. Probleme entstehen in solchen Fällen u. a. bei der Frage der Wertbemessung, der Wertfestsetzung und der Erlöszuteilung. Diese Problematik ist aber nicht den Strukturen des ZVG geschuldet, sondern Folge der materiellen Regelung des § 890 BGB.

2. Folgen des § 27 ZVG im Einzelnen

a) Gleichzeitig gestellte, zeitlich unterschiedlich eingegangene und gleichzeitig entschiedene Anträge

22 In der Literatur wird diskutiert, wie die Problematik der **parallel zu entscheidenden Beitrittsanträge** zu lösen ist; betroffen sind hiervon insbesondere die Anträge von Gläubigern, deren Rechte nicht im Grundbuch eingetragen sind, namentlich diejenigen der Rangklasse 5.[20] In praxi wird es gleichzeitig beim Gericht eingehende Anträge – über die dann gleichzeitig und einheitlich zu entscheiden ist – seltener geben, sondern eher Anträge, über die das Gericht gleichzeitig entscheidet. Literaturstimmen gehen – zwar praxisgerecht – dahin, dass Anträge, über die gleichzeitig entschieden wird, auch wenn sie zu verschiedenen Zeitpunkten eingegangen sind, gleichrangig werden, weil „die Beschlagnahme gleichzeitig wirksam" werde;[21] es gebe anders als im Grundbuchrecht (vgl. § 17 GBO) keine Rangfolge der Erledigung des Antrags. Man darf aber in diesem Kontext nicht „Zwischenverfügungen" im Immobiliarvollstreckungsverfahren übersehen, die dem Antragsteller Gelegenheit geben, etwaige heilbare Mängel seines Antrags zu beheben. Dabei handelt es sich nicht um Zwischenverfügungen wie in § 18 GBO, sondern um Hinweise nach § 139 ZPO. Wird über diesen zeitlich früher vorliegenden Antrag später (oder gleichzeitig) als über

---

18) BGH, Urt. v. 31.5.1988 – IX ZR 103/87, Rpfleger 1988, 543 f. = ZIP 1988, 1612 ff. = WM 1988, 1388 ff.

19) BGH, Beschl. v. 24.11.2005 – V ZB 23/05, ZfIR 2006, 220 ff. = Rpfleger 2006, 150 f. = NJW 2006, 1000 f.

20) Das Problem ist letztlich dasselbe wie bei „Erstanträgen", die auf Anordnung gerichtet sind, vgl. die Kommentierung zu den §§ 15, 16 ZVG im vorliegenden Kommentar. Bei verschiedenen Entscheidungszeitpunkten ist auf den ersten Antrag das Verfahren (jeweils zu unterscheiden nach Zwangsversteigerung bzw. Zwangsverwaltung) anzuordnen oder auf spätere Anträge der Beitritt zu beschließen.

21) Dassler/Schiffhauer/u. a.-*Hintzen*, ZVG, § 27 Rz. 3.

erst danach eingegangene Anträge entschieden, geht dem früheren Antragsteller seine durch den Antrag begründete Rechtsposition verloren. Durch die Vorgehensweise der einheitlichen und parallelen Entscheidung sollen ferner zufällige Ergebnisse bei der Beschlagnahme (und dem daraus resultierenden Rang) vermieden werden.[22] Teilweise wird darauf hingewiesen, man solle über die Anträge möglichst umgehend entscheiden, um Probleme der gleichzeitigen Beschlussfassung zu vermeiden.[23] Die Praxis der einheitlichen Entscheidung über zeitlich divergierende Anträge ist für das Vollstreckungsgericht haftungsträchtig und abzulehnen, sie verstößt, wie *Knoche/Biersack*, die auch von der zitierten Literatur als Gegenmeinung erwähnt werden, herausgearbeitet haben, gegen das Prioritätsprinzip, welches das Einzelvollstreckungsverfahren bestimmt. Stöber/*Keller* sieht dies wohl ähnlich, wenn er äußert, jeder Antrag müsse „sofort verbeschieden" werden.[24] Bei systematischer Betrachtung darf auch ein Blick auf § 17 GBO geworfen werden, denn hier wie dort geht es um den Rang der Rechtsstellung, die durch die Eintragung im Grundbuch oder das Versteigerungs-/Zwangsverwaltungsverfahren verschafft wird. Mit Pfändungsmaßnahmen durch den Gerichtsvollzieher, die Gegenstand der Erwägungen zur Hintansetzung des Prioritätsprinzips (oder „*Präventionsprinzips*") sind,[25] ist die besondere Konstellation der Immobiliarvollstreckung wohl nicht zu vergleichen.

Die in den obigen Fällen zwangsläufig **auseinandergezogene Zustellung** der Entscheidung über den einzelnen Beitrittsantrag (vgl. § 22 Abs. 1 Satz 1 ZVG) lässt die Problematik des zwischenzeitlichen Erwerbs oder der Belastung des Vollstreckungsgegenstandes durch einen Dritten virulent werden (vgl. § 23 ZVG). Sie ist trotz des bereits aufgrund der früheren Anordnung des Verfahrens eingetragenen Vollstreckungsvermerks (vgl. §§ 19, 23, insb. § 23 Abs. 2, 27 Abs. 1 Satz 2 ZVG) nach Stöber/*Keller* zutreffend nicht zu verneinen, wenn auch der Zwangsvollstreckungsvermerk zugunsten des Beitretenden Wirkung entfaltet[26] (wobei hier wieder zwischen Zwangsversteigerung und Zwangsverwaltung differenziert werden muss). Der Schutz des eingetragenen Vollstreckungsvermerks greift erst **nach der Zustellung**. Es könnte fraglich sein, ob der Gesetzgeber diese Lücke zugunsten der zwischenzeitlich vor der Zustellung des Beitrittsbeschlusses eingetragenen Gläubiger der Rangklasse 4[27] 23

---

22) Vgl. BeckOK-*Fischinger*, ZVG, § 27 Rz. 12 m. w. N. So auch Böttcher/*Böttcher*, ZVG, § 27 Rz. 11.

23) BeckOK-*Fischinger*, ZVG, § 27 Rz. 12 m. w. N.

24) *Knoche/Biersack*, NJW 2003, 476 ff., 480; Stöber/*Keller*, ZVG, § 27 Rz. 25 f.; die Folge hiervon ist, dass auch in der richtigen Reihenfolge zugestellt werden muss.

25) Siehe *Knoche/Biersack*, NJW 2003, 476 ff., 480; Stöber/*Keller*, ZVG, § 27 Rz. 25 f.; die Folge hiervon ist, dass auch in der richtigen Reihenfolge zugestellt werden muss; zur a. A. zum Eingang des Pfändungsauftrags beim Gerichtsvollzieher vgl. Zöller/*Herget*, ZPO, § 804 Rz. 5 m. w. N., § 808 Rz. 25; diese Auffassung geht bis auf die reichsgerichtliche Rechtsprechung zurück.

26) Den Schutz des Beitrittsgläubigers gegen gutgläubigen Erwerb bejaht zutreffend Böttcher/*Böttcher*, ZVG, § 27 Rz. 12, ebenso BeckOK-*Fischinger*, ZVG, § 27 Rz. 13; a. A. nur scheinbar Stöber/*Keller*, ZVG, § 27 Rz. 33, vor dem Hintergrund, dass § 23 ZVG die Beschlagnahme voraussetzt, die freilich erst mit der Zustellung eintritt.

27) Stöber/*Keller*, ZVG, § 27 Rz. 33.

wollte,[28] zumal beim Beitritt der Eintritt der Beschlagnahmewirkung – dank des Eingangs des Eintragungsersuchens im Grundbuch nach § 22 Abs. 1 Satz 2 ZVG – infolge des § 27 Abs. 1 Satz 2 ZVG fehlt.

24 Man muss unter Betrachtung der gesetzlichen Systematik differenzieren: **Vor der Beschlagnahme** besteht wie auch sonst kein Schutz gegen Verfügungen über den Vollstreckungsgegenstand zulasten der Gläubiger;[29] das ist die Folge der selbstständigen Teilverfahren der betreibenden Gläubiger. Der Anordnungsbeschluss entfaltet keine Rückwirkung mit Ausnahme der Bestimmung des § 13 Abs. 4 ZVG für die wiederkehrenden Leistungen.[30] Ist die Beschlagnahme wirksam, streitet für denjenigen, dessen Rechte noch nicht eingetragen sind, die Regelung des § 878 BGB, die die Vollendung seines Erwerbs trotz wirksamer Beschlagnahme unter den dortigen besonderen Voraussetzungen ermöglicht.[31] Den guten Glauben nach § 892 BGB, also den Fall des Erwerbs nach Beschlagnahme außerhalb der Voraussetzungen des § 878 BGB, zerstört freilich der bereits eingetragene Vollstreckungsvermerk.

25 Daher kann die Lösung des beschriebenen Dilemmas der zeitlich verschiedenen Beitrittsanträge wohl zudem so gelöst werden, dass das Eingangsdatum im einheitlichen Beitrittsbeschluss in den Gründen vermerkt wird, sodass in entsprechender Weiterführung der Erwägungen des BGH zu den Folgen des fehlerhaften Beitritts der Erlös materiellrechtlich nach der Rangfolge des Antragseingangs verteilt wird, soweit nicht der grundbuchmäßige Rang bei den eingetragenen Rechten anderes vorsieht.

26 Der Berechtigte muss sein Recht freilich nach § 37 Nr. 4 ZVG **anmelden.**[32] Dies ist aber bereits mit dem Beitrittsantrag geschehen (Folge aus § 114 Abs. 1 Satz 2 ZVG).[33]

b) Bindung des Beitretenden an den erreichten Verfahrensstand und zeitliche Grenzen des Beitritts?

27 Den **erreichten** Verfahrensstand muss der Beitretende weitgehend hinnehmen, da ansonsten Nachteile für die anderen bisher betreibenden Gläubiger das Resultat wären. **Ausnahmen** hiervon ergeben sich aus seiner Stellung als Beteiligter (vgl. §§ 9, 27 Abs. 2 ZVG) und zwar als „Gläubiger", eine Rechtsposition, die durch den Beitritt erlangt wird. Für die im **Grundbuch eingetragenen** Berechtigten, die mit ihrem Recht beitreten, folgen die Beteiligtenrechte aber schon aus § 9 Nr. 1 ZVG.[34]

28 Die Konsequenz hiervon ist etwa die Notwendigkeit der **Zustellung des Wertfestsetzungsbeschlusses** (§ 74a Abs. 5 ZVG) an den Beitretenden, dem die Verkehrs-

---

28) *Jaeckel/Güthe*, ZVG, 4. Aufl., § 27 Rz. 4 a. E., beschränkt sich ebenfalls auf die lapidare Feststellung, der eingetragene Versteigerungsvermerk wirke *„auch zugunsten des beitretenden Gläubigers."*

29) BGH, Urt. v. 31.5.1988 – IX ZR 103/87, juris Rz. 16 f., 20 = Rpfleger 1988, 543 f. = ZIP 1988, 1612 ff.

30) BGH – IX ZR 103/87, juris Rz. 20.

31) Grüneberg/*Herrler*, BGB, § 878 Rz. 3 m. w. N.; *Rahn*, NJW 1959, 97.

32) Siehe den Hinweis von Stöber/*Keller*, ZVG, § 27 Rz. 33.

33) Siehe dazu BGH, Beschl. v. 28.2.2013 – V ZB 18/12, ZfIR 2013, 432 ff., Rz. 18.

34) Siehe § 9 Rz. 21 [*Cranshaw*].

wertbeschwerde eröffnet ist, auch wenn die Wertfestsetzung gegenüber den weiteren Beteiligten bereits unanfechtbar geworden ist.[35] Das führt im Einzelfall zu Komplikationen.

Weitere Konsequenz ist die **Zustellung** der Beschlussfassung über den **Versteigerungstermin** (§ 41 ZVG); das Dilemma der Fristen, wenn der Beitritt erst nach Terminsbestimmung erfolgt ist, löst die Praxis auf, indem eine Terminverschiebung zutreffend abgelehnt wird.[36] Einen Ausweg zeigt § 43 Abs. 2 ZVG auf, da der Beitretende, der erst nach der Terminsbestimmung den Beitritt beantragt hat und der auch sonst nicht i. S. d. § 9 ZVG beteiligt war, keinen Anlass dafür bietet, den Termin aufzuheben. Der Beteiligte ist dem Gericht nicht i. S. d. § 43 Abs. 2 ZVG bekannt. Der Beitritt ist dann aber auch in das geringste Gebot nicht einzubeziehen,[37] Folge aus § 44 Abs. 2 ZVG.[38] 29

Die oben umrissene Teilproblematik (siehe Rz. 29) führt zugleich zu der Frage, **bis wann** der Beitritt zulässig ist. Dies setzt, wie bereits erwähnt (siehe Rz. 14), voraus, dass ein Verfahren anhängig ist. Das bedeutet, dass der Antrag zulässig ist, auch wenn der „Anordnungsgläubiger" seinen Antrag zurückgenommen hat oder wenn das Verfahren einstweilen eingestellt worden sein sollte. Erst die konstitutiv wirkende Verfahrensaufhebung durch das Gericht[39] beendet (jedenfalls mit Eintritt der Rechtskraft) nämlich die Anhängigkeit und die Zulässigkeit des Beitritts, die bloße Rücknahme des Anordnungsantrags genügt nicht. Ein erst danach eingehender Antrag ist als ein solcher auf Neuanordnung des Verfahrens zu werten, ggf. erst nach einer „Zwischenverfügung", d. h. einem Hinweis gemäß § 139 ZPO. 30

c) Kritische Zeitpunkte

Neuralgisch im laufenden Verfahren ist der Zeitpunkt 31

- nach rechtskräftiger Wertfestsetzung, siehe Rz. 28;
- nach erfolgter Terminsbestimmung, siehe Rz. 29;
- des Versteigerungstermins, § 44 Abs. 2 ZVG;
- nach Beendigung der Versteigerung, aber vor Erteilung des Zuschlags (§ 73 Abs. 2 ZVG); die Möglichkeit des Beitritts bleibt unberührt;[40]
- nach Erteilung des Zuschlags, aber vor Rechtskraft des Zuschlagsbeschlusses. Seit der frühen Literatur zum ZVG wird die Zulässigkeit des **aufschiebend** bedingten Beitrittsbeschlusses in diesen Fällen diskutiert.[41] Nach anderer Meinung soll der Beitritt nur **auflösend** bedingt möglich sein, wobei der Beitritt unwirksam werde,

35) Stöber/*Keller*, ZVG, § 27 Rz. 35.
36) BeckOK-*Fischinger*, ZVG, § 27 Rz. 16 m. w. N.; eingehend Stöber/*Keller*, ZVG, § 27 Rz. 34 f.
37) BeckOK-*Fischinger*, ZVG, § 27 Rz. 9; Stöber/*Keller*, ZVG, § 27 Rz. 34 f.
38) Siehe BeckOK-*R. Goldbach*, ZVG, § 44 Rz. 45–47 zu der Problematik des geringsten Gebots bei mehreren betreibenden Gläubigern.
39) BGH, Beschl. v. 10.7.2008 – V ZB 130/07, juris Rz. 10 f. = BGHZ 177, 218 ff. = ZfIR 2008, 876 ff. = Rpfleger 2008, 586 (zur Zwangsverwaltung, für die Zwangsversteigerung gilt nichts anderes).
40) *Jaeckel/Güthe*, ZVG, 4. Aufl., 2012, § 27 Rz. 3.
41) *Jaeckel/Güthe*, ZVG, § 27 Rz. 3, wo im Ergebnis der Hinweis im Beitrittsbeschluss vorgeschlagen wird, er werde erst mit Aufhebung des Zuschlagsbeschlusses wirksam.

aber gleichwohl aufgehoben werden müsse.[42)] Der bei *Stöber*[43)] und *Jaeckel/Güthe*[44)] erwogenen Aussetzung der Entscheidung über den Beitritt bis zur Rechtskraft oder Aufhebung des Zuschlags steht man zu Recht ablehnend gegenüber, da ansonsten zwischenzeitlich eingetragene dingliche Rechte zugunsten eines Dritten den Antragsteller auf Beitritt beeinträchtigen könnten. Der BGH steht auf dem Standpunkt, ein Gläubiger könne dem Zwangsversteigerungsverfahren *„beitreten, solange noch nicht rechtskräftig über den Zuschlag entschieden worden ist."*[45)]

– nach Rechtskraft des Zuschlags über die Immobilie selbst in den seltenen Fällen des § 65 ZVG[46)] (gesonderte Versteigerung bzw. Verwertung von beweglichen Gegenständen und Forderungen).

d) Fehlerhaftigkeit des Beitritts und Beitrittswirkungen

32 Der fehlerhafte, aber nicht nichtige Beitritt, ist für die erlangte Rechtsposition verfahrensrechtlich wirksam, er berechtigt freilich nicht materiell zur Teilhabe am Versteigerungserlös.[47)]

e) Beschlagnahme des Zubehörs

33 Das Zubehör wird von der Beschlagnahme nach den allgemeinen Regelungen umfasst. Die vorherige Freigabe durch den Gläubiger des Anordnungsbeschlusses spielt keine Rolle, sodass auch **nicht gesondert** über die Beschlagnahme des Zubehörs zu beschließen ist.[48)] Voraussetzung ist natürlich, dass der Gegenstand des Zubehörs noch „beschlagnahmefähig" ist (§§ 1120 BGB, 20 ZVG) und nicht von der Zubehörhaftung nach den §§ 1121, 1122 BGB frei geworden ist.[49)]

f) Rechtsnachfolgeprobleme?

34 In dem Zeitraum zwischen Anordnung und Beitritt kann der Natur der Sache nach ein **Eigentümerwechsel** eingetreten sein. Unbeachtlich ist insoweit, ob es sich um

---

42) Stöber/*Keller*, ZVG, § 27 Rz. 10, BeckOK-*Fischinger*, ZVG, § 27 Rz. 9, beide unter Hinweis auf OLG Stuttgart, Rpfleger 1970, 102 (Beschl. v. 4.12.1069 – 8 W 299/69.

43) Stöber/*Keller*, ZVG, § 27 Rz. 10.

44) Stöber/*Keller*, ZVG, § 27 Rz. 10.

45) BGH, Beschl. v. 17.9.2009 – V ZB 44/09, juris Rz. 9 unter Hinweis auf OLG Stuttgart, Rpfleger 1970, 102 (siehe oben) und Kommentarliteratur.

46) Vgl. Stöber/*Keller*, ZVG, § 27 Rz. 11; siehe § 65 Rz. 1, 4, 6–8 [*Bachmann*].

47) BGH, Urt. v. 5.12.1969 – V ZR 159/66, BGHZ 53, 110 ff., Ls 2 (ggf. missverständlich), S. 116/117.

48) BeckOK-*Fischinger*, ZVG, § 27 Rz. 16, unter zutreffendem Hinweis auf OLG Zweibrücken, Urt. v. 4.6.1976 – 1 U 239/75, juris Rz. 40, 42 = OLGZ 1977, 212 ff. (zur Frage der Beschlagnahme eines vor dem Beschlagnahmezeitpunkt sicherungsübereigneten Zubehörstücks nach Veräußerung an einen im Hinblick auf das Eigentum des Grundstückseigentümers gutgläubigen Dritten, der aber die Beschlagnahme kennt oder kennen müsste; der Senat hat eine Beschlagnahmewirkung verneint).

49) Böttcher/*Böttcher*, ZVG, § 27 Rz. 17, ebenfalls unter Hinweis auf OLG Zweibrücken zu I U 239/75. Der Senat hat sehr sorgfältig – und zu Recht – die verschiedenen Positionen des dortigen Beklagten auseinander gehalten, der zunächst Sicherungseigentümer einer Maschine war, die als Zubehör zu qualifizieren war. Er war ferner Grundpfandgläubiger (insoweit haftete ihm die Maschine nach den §§ 1120 ff. BGB) und schließlich Ersteigerer des Grundbesitzes, einer Schuhfabrik (zu der die Maschine gehörte).

einen Fall der Singularsukzession oder der Universalsukzession handelt.[50] Da der Beitrittsbeschluss nicht auf den Zeitpunkt der Anordnung zurückwirkt (BGH zu IX ZR 103/07), müssen gegen den Eigentümer zum Zeitpunkt des Beitritts die Vollstreckungsvoraussetzungen vorliegen. Die Gläubiger der Rangklassen 2 oder 5, die keinen Titel gegen den Eigentümer zum maßgeblichen Zeitpunkt haben, können damit den Beitritt nicht mehr erfolgreich betreiben. Die dinglichen Gläubiger, insbesondere diejenigen der Rangklasse 4, benötigen den auch für die Anordnung erforderlichen Duldungstitel, wobei man von einem Vorsprung der institutionellen Gläubiger (insbesondere der Banken) ausgehen darf, die einen vollstreckbaren Titel gegen den jeweiligen Eigentümer nach Maßgabe der §§ 794 Abs. 1 Nr. 5, 800 ZPO regelmäßig, mindestens aber häufig, bereits in Händen haben oder doch die Klauselumschreibung auf den neuen Eigentümer nach § 727 ZPO umgehend in die Wege leiten können.

Beim **Gläubigerwechsel vor Beantragung** des Beitritts bedarf es der Klauselumschrei- 35
bung gemäß § 727 ZPO.[51] Ein Gläubigerwechsel **nach dem Beitritt**, beispielsweise nach Verkauf einer Darlehensforderung, die durch eine Sicherungsgrundschuld besichert ist, welche gleichfalls mit übertragen wurde, bedarf keines erneuten Beitrittsbeschlusses, da die vollstreckbare Forderung nach den §§ 412, 401 BGB auf den Zessionar übergeht.[52] Davon zu unterscheiden ist wiederum die Notwendigkeit der Klauselumschreibung nach § 727 ZPO und das Erfordernis der Zustellung der Urkunde nach § 750 Abs. 2 ZPO.[53]

V. Rechtsbehelfe

Gläubigerebene: Bei den Rechtsbehelfen bestehen keine Besonderheiten. Der Gläu- 36
biger kann gegen die Zurückweisung seines Antrags auf Beitritt befristete **sofortige Beschwerde** einlegen (§§ 11 Abs. 1 RpflG, 793 ZPO). Soweit eine Zwischenverfügung zur Klärung behebbarer Mängel i. S. d. § 139 ZPO vorausgeht, kann diese, sofern der Gläubiger dazu nicht angehört wurde, ebenfalls wie auch sonst mit der Vollstreckungserinnerung nach § 766 ZPO angegriffen werden.[54] Der Rechtspfleger kann jeweils, ebenso wie der zuständige Abteilungsrichter, abhelfen. Die Rechtsbeschwerde ist nur als Zulassungsrechtsbeschwerde zum BGH statthaft (§ 574 ZPO).

Schuldnerebene: Dasselbe gilt für den Schuldner, der bei unterbliebener Anhörung 37
vor dem Beitrittsbeschluss die unbefristete Vollstreckungserinnerung einlegt, nach Anhörung die befristete sofortige Beschwerde.

---

50) Die Umwandlung eines Vollstreckungsschuldners in der Rechtsform einer juristischen Person oder Personengesellschaft nach dem UmwG durch Rechtsformwechsel ist aber keine Identitätsänderung und daher auch keine Änderung des Eigentümers. Dasselbe gilt natürlich auch bei Umfirmierungen. Beide Fälle sind keine Rechtsnachfolge gemäß § 727 ZPO. Vgl. zu diesen und ähnlichen Konstellationen Thomas/Putzo-*Seiler*, ZPO, § 727 Rz. 4. Die Änderung der Parteibezeichnung des Schuldners erfolgt lediglich durch Vermerk in der Klausel, Thomas/Putzo-*Seiler*, ZPO, § 727 Rz. 4, § 750 Rz. 2.

51) Zöller/*Seibel*, ZPO, § 727 Rz. 6 m. w. N.

52) Dassler/Schiffhauer/u. a.-*Hintzen*, ZVG, § 27 Rz. 8 a. E.; BeckOK-*Fischinger*, ZVG, § 27 Rz. 10.

53) Siehe BeckOK-*Fischinger*, ZVG, § 27 Rz. 10; eingehend dazu *Gladenbeck/Samhat*, Kreditsicherung durch Grundschulden, Rz. 306–306.3 (= S. 155–158) m. w. N. zur Umschreibung der Vollstreckungsklausel infolge Abtretung der Grundschuld bzw. beim Eigentümerwechsel, hier in den Fällen des § 800 ZPO.

54) Dassler/Schiffhauer/u. a.-*Hintzen*, ZVG, § 27 Rz. 11.

II.
Aufhebung und einstweilige Einstellung des Verfahrens

§ 28
Entgegenstehende Rechte

(1) Wird dem Vollstreckungsgericht ein aus dem Grundbuch ersichtliches Recht bekannt, welches der Zwangsversteigerung oder der Fortsetzung des Verfahrens entgegensteht, so hat das Gericht das Verfahren entweder sofort aufzuheben oder unter Bestimmung einer Frist, binnen welcher der Gläubiger die Hebung des Hindernisses nachzuweisen hat, einstweilen einzustellen. Im letzteren Fall ist das Verfahren nach dem Ablauf der Frist aufzuheben, wenn nicht inzwischen der Nachweis erbracht ist.

(2) Wird dem Vollstreckungsgericht eine Verfügungsbeschränkung oder ein Vollstreckungsmangel bekannt, ist Absatz 1 entsprechend anzuwenden.

Literatur: *Böttcher, Roland*, Der Ablauf eines Teilungsversteigerungsverfahrens, FPR 2013, 345; *Franck, Sebastian*, Zwangsversteigerungsrecht – Probleme in der Vertragsgestaltung – (Teil II); MittBayNot 2012, 439; *Kesseler, Christian*, Vormerkungsgestützter Eigentumserwerb im Zwangsversteigerungsverfahren, DNotZ 2010, 404.

Übersicht

I. Regelungsinhalt

1 Die Vorschrift regelt, dass ein dem Vollstreckungsgericht aus dem Grundbuch ersichtliches Recht, das der Zwangsversteigerung oder Fortsetzung des Verfahrens entgegensteht, dazu führt, dass das Gericht das Verfahren entweder sofort aufzuheben oder unter Bestimmung einer Frist binnen derer die Behebung des Hindernisses nachgewiesen werden muss, einstweilen einzustellen hat. Entsprechendes gilt für dem Vollstreckungsgericht bekannt gewordene Verfügungsbeschränkungen und Vollstreckungsmängel.

II. Entgegenstehende Rechte

2 Nur aus dem Grundbuch ersichtliche entgegenstehende Rechte sind von Amts wegen zu berücksichtigen.[1] Das Vollstreckungsgericht hat ebenso wie im Rahmen des § 17 ZVG keine umfassende Prüfung der materiellen Rechtslage vorzunehmen

1) Stöber/*Nicht*, ZVG, § 28 Rz. 2.

und ist an die Grundbuchlage gebunden.[2] Soweit entgegenstehende Rechte aus dem Grundbuch nicht ersichtlich sind, muss der Inhaber diese vor dem Prozessgericht geltend machen und sie sind erst bei Vorliegen einer entsprechend positiven Entscheidung zu berücksichtigen.[3] Ob grundbuchrechtliche Rechte entgegenstehen, hängt im Rahmen dieser Norm zunächst davon ab, ob es sich um solche handelt, die sich aus dem Grundbuch ergeben und dem Vollstreckungsgericht bekannt werden. Zum anderen ist entscheidend, welchen Zweck und Inhalt die entsprechenden Rechte haben. Maßgeblich ist insbesondere auch, ob das Recht der Beschlagnahme gegenüber wirksam ist.[4]

3 Der Versteigerung entgegenstehen insbesondere Drittrechte. Klassisches Beispiel hierfür ist das Eigentum eines Dritten, welches bereits vor Einleitung des Zwangsversteigerungsverfahrens bestanden hat.

4 Später erworbenes Eigentum, d. h., nach Verfahrensanordnung, aber vor Beschlagnahme, steht der Zwangsversteigerung insoweit entgegen, als der Antrag eines persönlichen Gläubigers vorliegt.[5] Nach Wirksamkeit der Beschlagnahme verstößt der Eigentumserwerb eines Dritten gegen das Veräußerungsverbot und ist entsprechend §§ 135 Abs. 1, 136 ZVG unwirksam.[6] Das Verfahren wird gegen den Grundstückseigentümer bei Beschlagnahme fortgesetzt.[7] Anders ist dies nur bei gutgläubigem Eigentumserwerb oder einem Fall des § 878 BGB.[8]

5 Erfolgt die Versteigerung wegen dinglicher Ansprüche ergibt sich bereits aus § 26 ZVG, dass die Veräußerung nach Beschlagnahme kein hinderndes Recht darstellt.[9]

III. Verfügungsbeschränkungen und Vollstreckungsmängel

6 Absatz 2 sieht die entsprechende Anwendung für bekannt gewordene Verfügungsbeschränkungen oder Vollstreckungsmängel vor. Auch hier muss wie bei Absatz 1 hinzukommen, dass diese der Versteigerung bzw. Fortsetzung des Verfahrens entgegenstehen.[10] Es kommt freilich aber nicht darauf an, ob die Mängel oder Beschränkungen aus dem Grundbuch ersichtlich sind, sondern nur auf die Kenntnis des Vollstreckungsgerichts. Klassische Fälle für Verfügungsentziehungen oder -beschränkungen[11] sind zum Beispiel die Insolvenzeröffnung, die Testamentsvollstreckung, Nachlassverwaltung oder die Regelung der Zustimmungspflicht von Ehegatten nach § 1365 BGB.[12]

---

2) Dassler/Schiffhauer/u. a.-*Hintzen*, ZVG, § 28 Rz. 4.
3) BGH, Beschl. v. 29.3.2012 – V ZB 103/11, ZWE 2012, 270, 271.
4) Dassler/Schiffhauer/u. a.-*Hintzen*, ZVG, § 28 Rz. 12.
5) Stöber/*Nicht*, ZVG, § 28 Rz. 7.
6) Stöber/*Nicht*, ZVG, § 28 Rz. 8.
7) Stöber/*Nicht*, ZVG, § 28 Rz. 8.
8) Stöber/*Nicht*, ZVG, § 28 Rz. 9.
9) BGH, Beschl. v. 29.3.2012 – V ZB 103/11, ZEW 2012, 270.
10) OLG Karlsruhe, Beschl. v. 24.3.2000 – 11 W 32/00, Rpfleger 2000, 405, 406.
11) Zur Terminologie vgl. Dassler/Schiffhauer/u. a.-*Hintzen*, ZVG, § 28 Rz. 9.
12) Dassler/Schiffhauer/u. a.-*Hintzen*, ZVG, § 28 Rz. 9.

Erfolgt die Anordnung der Testamentsvollstreckung nach Beschlagnahme ist dies unerheblich, das Verfahren ist fortzusetzen.[51)] 28

Darüber hinaus ist zu beachten, dass der Tod des Schuldners dazu führt, dass die Voraussetzungen der Zwangsvollstreckung nicht mehr vorliegen und das Verfahren einstweilen nach § 28 Abs. 2 ZVG einzustellen ist. Der Titel muss zur Fortsetzung auf die Erben umgeschrieben werden.[52)] 29

9. Verfügungsverbot

Ein eingetragenes Verfügungsverbot aufgrund einstweiliger Verfügung ist nur dann ein entgegenstehendes Recht, wenn die Beschlagnahme für den persönlichen Gläubiger erst nach Wirksamwerden des Verfügungsverbotes Wirksamkeit erlangt oder wenn ein dinglicher Gläubiger aus einem Recht die Vollstreckung betreibt, welches nach dem Verfügungsverbot erst entstanden ist.[53)] Zudem hängt die konkrete Wirkung und Reichweite vom Inhalt der einstweiligen Verfügung ab, hierbei hat das Prozessgericht ein breites Ermessen (vgl. § 938 BGB). 30

10. Vorkaufsrechte

Vorkaufsrechte stellen keine hindernde Rechte gemäß § 28 ZVG dar.[54)] Das Vorkaufsrecht wirkt nur schuldrechtlich, sofern es nicht durch eine Vormerkung gesichert ist.[55)] Im letzteren Fall gelten die Ausführungen zur Auflassungsvormerkung entsprechend. 31

11. Widerspruch

Auch hier gilt, dass die Betreibung durch einen dinglichen Gläubiger oder einen persönlichen Gläubiger, wenn die Beschlagnahme erst nach der Eintragung erfolgt bzw. wenn das eingetragene Recht erst nach dem Widerspruch eingetragen wurde, nach § 28 ZVG unzulässig ist.[56)] 32

V. Verfahren und Entscheidung

Sofern ein aus dem Grundbuch ersichtliches, der Zwangsversteigerung entgegenstehendes Recht, dem Vollstreckungsgericht bekannt ist hat es das Verfahren entweder aufzuheben oder bei einem behebbaren Hindernis eine Frist zu bestimmen binnen derer das Hindernis beseitigt werden kann und vorab eine Einstellung zu verfügen.[57)] 33

Gleiches gilt bei einer bekannt gewordenen Verfügungsbeschränkung oder einem Vollstreckungsmangel. 34

---

51) Böttcher/*Böttcher*, ZVG, § 28 Rz. 26.

52) AG Crailsheim, Beschl. v. 22.6.2022, 31 K 21/21, BeckRS 2022, 33964.

53) Böttcher/*Böttcher*, ZVG, § 28 Rz. 28.

54) Böttcher/*Böttcher*, ZVG, § 28 Rz. 34.

55) Stöber/*Keller*, ZVG, § 15 Rz. 370.

56) Böttcher/*Böttcher*, ZVG, § 28 Rz. 36.

57) Böttcher/*Böttcher*, ZVG, § 28 Rz. 37.

VI. Rechtsbehelfe

35 Die Entscheidung ergeht durch Beschluss, als Rechtsbehelf – auch gegen die Ablehnung –[58] kommt die sofortige Beschwerde in Betracht,[59] nach Zulassung auch die Rechtsbeschwerde.

58) BGH, Beschl. v. 29.3.2012 – V ZB 103/11, ZWE 2012, 270.
59) Böttcher/*Böttcher*, ZVG, § 28 Rz. 38.

§ 29
Antragsrücknahme

Das Verfahren ist aufzuheben, wenn der Versteigerungsantrag von dem Gläubiger zurückgenommen wird.

Literatur: *Heggen, Marc*, Zum Verkauf von Grundstücken aus der Zwangsversteigerung oder Zwangsverwaltung – Überlegungen zu den Auswirkungen der Entscheidung des BGH vom 10.7.2008 auf die notarielle Beurkundungspraxis, RNotZ 2009, 384.

Übersicht

I. Regelungsinhalt

1 Bis unmittelbar vor der Verkündung der Zuschlagsentscheidung kann der Versteigerungsantrag vom Gläubiger zurückgenommen werden.[1] Die Möglichkeit der Rücknahme ist Ausdruck des Prinzips, dass der Gläubiger „Herr des Verfahrens" ist.[2] Diese Gläubigerautonomie durchzieht das ZVG.

2 Die Rücknahme ist auch nach Schluss der Versteigerung möglich mit Folge der Zuschlagsversagung nach § 33 ZVG. Nach Zuschlagsverkündung hingegen ist eine Rücknahme nicht mehr möglich, auch nicht im Beschwerdeverfahren.[3] Hintergrund ist, dass durch die entsprechende Zuschlagsverkündung das Objekt der Verfügungsgewalt des Schuldners entzogen wird.[4]

3 Jeder Gläubiger kann, was an sich selbstverständlich ist, nur sein eigenes Verfahren zurücknehmen. Auf die Anträge bzw. Verfahren anderer Gläubiger hat dies keinen Einfluss. Dementsprechend kann durch einen entsprechenden Beitritt eine einseitige Rücknahme im Hinblick auf einen weiteren Gläubiger verhindert werden. Gläubigern, gerade auch der öffentlichen Hand, ist daher zu empfehlen einen Beitritt zu erklären, um selbst das Verfahren mitgestalten zu können. Dies führt vielfach praktisch auch dazu, dass bei etwaigen parallelen Verkaufsbemühungen es früher zur Kontaktaufnahme mit dem beigetretenen Gläubiger kommt, gerade wenn dessen Rechte nicht aus dem Grundbuch ersichtlich sind (zum Beispiel: öffentliche Lasten).

4 Für die Rücknahmeerklärung gelten die allgemeinen Grundsätze für Prozesshandlungen, insbesondere ist diese schriftlich oder zu Protokoll der Geschäftsstelle ab-

1) Dassler/Schiffhauer/u. a.-*Hintzen*, ZVG, § 29 Rz. 11.
2) Dassler/Schiffhauer/u. a.-*Hintzen*, ZVG, § 29 Rz. 1.
3) Stöber/*Nicht*, ZVG, § 29 Rz. 9.
4) Stöber/*Nicht*, ZVG, § 29 Rz. 9.

zugeben.[5] Nicht eindeutig gerichtlich entschieden ist bislang, ob für Rechtsanwälte, Behörden etc. hinsichtlich solcher Prozesshandlungen im Rahmen des ZVG die Vorschriften über den elektronischen Rechtsverkehr (§ 130d ZPO) gelten, sodass wirksam nur eine Erklärung über das elektronische Anwaltspostfach (beA) erfolgen könnte. Dies wird mit der Argumentation bejaht, dass außerhalb von Spezialnormen (z. B. §§ 3–8 ZVG) die vom Gesetzgeber der ZPO vorgegebenen Bestimmungen zur digitalen Kommunikation gelten würden.[6] Der Grund für die Anwendung sei rechtssystematisch. § 130d ZPO gehört zu Buch I ZPO „Allgemeine Vorschriften", dort zu Abschnitt 3 „Verfahren". Auf Buch 8 „Zwangsvollstreckung" seien daher die Vorschriften von Buch 1 anzuwenden, soweit Buch 8 keine vorgehende Sonderregel enthält. Über die §§ 864 Abs. 1, 867 Abs. 1, 869 ZPO würden Zwangsversteigerung und Zwangsverwaltung als Teil der Vollstreckung des Titels 3 dem ZVG zugewiesen, sodass Verfahrensregelungen über diese Kaskadenverweise auch im ZVG-Verfahren heranzuziehen seien.[7] Entsprechend sei auch im insolvenzrechtlichen Beschwerdeverfahren entschieden worden.[8] Dies erscheint überzeugend und sollte überdies schon aus Vorsichtsgründen beachtet werden.

5 Möglich ist auch eine Teilrücknahme, wenn sich das Zwangsversteigerungsverfahren oder das Zwangsverwaltungsverfahren auf mehrere Grundstücke oder Grundstücksbruchteile oder sonst mehrere Beschlagnahmeobjekte erstreckt.[9]

II. Verfahren und Rechtsbehelfe

6 Die Aufhebung des Verfahrens erfolgt durch Beschluss. Der Beschluss wirkt grundsätzlich konstitutiv, soweit nicht eine Fiktion der Rücknahme durch Gesetz bestimmt ist.[10] Auch der Bundesgerichtshof geht davon aus, dass nicht schon mit Eingang der Rücknahmeerklärung sondern erst mit Aufhebungsbeschluss die Vollstreckung endet.[11]

7 Gegen die Aufhebung ist zwar grundsätzlich die sofortige Beschwerde möglich. Soweit tatsächlich ein wirksamer Rücknahmeantrag des Gläubigers vorliegt fehlt diesem aber das Rechtschutzbedürfnis,[12] der Gläubiger kann ggf. auch einen neuen Verfahrensantrag stellen. Der Schuldner ist durch die Aufhebung nicht beschwert, seine Zustimmung wird auch, anders als zum Beispiel nach § 269 ZPO gerade nicht vorausgesetzt.[13] Wird die Rücknahme missachtet, besteht die Beschwerdemöglichkeit nach §§ 100, 83 Nr. 6 ZVG.[14]

---

5) Stöber/*Nicht*, ZVG, § 29 Rz. 4.

6) So auch § 8 Rz. 23 [*Cranshaw*]; ohne nähere Begründung ebenfalls für die Anwendung von § 130 d ZPO Stöber/*Becker*, ZVG, § 16 Rz. 4.

7) So auch § 9 Rz. 23 [*Cranshaw*].

8) Siehe auch § 9 Rz. 23 [*Cranshaw*]; vgl. BGH, Beschl. v. 24.11.2022 – IX ZB 11/22, ZinsO 2023, 139 ff.

9) Stöber/*Nicht*, ZVG, § 29 Rz. 16.

10) Dassler/Schiffhauer/u. a.-*Hintzen*, ZVG, § 29 Rz. 9.

11) BGH, Beschl. v. 10.7.2008 – V ZB 130/07, Rpfleger 2008, 586, 587; zu den Folgen für die notarielle Praxis vgl. *Heggen*, RNotZ 2009, 384 ff.

12) Dassler/Schiffhauer/u. a.-*Hintzen*, ZVG, § 29 Rz. 18.

13) LG Neubrandenburg, Beschl. v. 27.5.2013 – 4 T 93/13, ZfIR 2013, 659, 661.

14) Dassler/Schiffhauer/u. a.-*Hintzen*, ZVG, § 29 Rz. 18.

§ 30

Einstweilige Einstellung durch Bewilligung des Gläubigers

(1) Das Verfahren ist einstweilen einzustellen, wenn der Gläubiger die Einstellung bewilligt. Die Einstellung kann wiederholt bewilligt werden. Ist das Verfahren auf Grund einer Bewilligung des Gläubigers bereits zweimal eingestellt, so gilt eine erneute Einstellungsbewilligung als Rücknahme des Versteigerungsantrags.

(2) Der Bewilligung der Einstellung steht es gleich, wenn der Gläubiger die Aufhebung des Versteigerungstermins bewilligt.

Literatur: *Böttcher, Roland*, Der Ablauf eines Teilungsversteigerungsverfahrens, FPR 2013, 345; *Storz, Karl-Alfred*, Die einstweilige Einstellung der Teilungsversteigerung, FPR 2013, 356.

Übersicht

I. Regelungsinhalt

1 § 30 ZVG gewährt eine Einstellungsmöglichkeit auf Bewilligung eines Gläubigers. Dies kann auch wiederholt geschehen, wobei Vorsicht für den Gläubiger insoweit geboten ist, als Absatz 1 Satz 2 vorsieht, dass die dritte Bewilligung als Rücknahme gilt.

2 Auch hier gelten hinsichtlich des Inhaltes bzw. der Auslegung der Bewilligungserklärung die allgemeinen Grundsätze. So regelt bereits Absatz 2, dass auch die Bewilligung der Aufhebung des Versteigerungstermins als Billigung der Einstellung auszulegen ist.[1)] Dementsprechend sind Erklärungen, die in Richtung Einstellung gehen vom Vollstreckungsgericht auszulegen, im Zweifel ist eine Rückfrage bzw. ein Hinweis geboten (§ 139 ZPO). Im Einzelfall kann auch fraglich sein, ob eine Rücknahme nach § 29 ZVG oder eine Einstellung nach § 28 Abs. 2 ZVG gewollt ist. Dies ist durch Auslegung, ggf. auch durch entsprechenden Hinweis oder entsprechende Nachfrage zu klären.[2)]

3 Die Einstellungsbewilligung ist bedingungsfeindlich, die Einräumung einer befristeten Bewilligung ist mithin nicht möglich. Dies entspricht dem allgemeinen Grundsatz, dass prozessuale Erklärungen bedingungsfeindlich sind, soweit es sich nicht um innerprozessuale Bedingungen handelt. Die Nennung einer Frist gilt aber nicht als Bedingung, sondern als unbedingte Einstellungsbewilligung verbunden mit einem Hinweis auf den zeitlich in Aussicht genommenen Verfahrensfortgang.[3)] Auch dies ist die Konsequenz einer sachgerechten Auslegung, wonach der Erklärende im Zweifel eine wirksame Erklärung abgeben will.

1) Weitere Auslegungsbeispiele siehe Böttcher/*Böttcher*, ZVG, § 30 Rz. 2.
2) Vgl. zu einer Einstellung § 13 Abs. 1 Nr. 3 VwWGBbg: BGH, Beschl. v. 2.9.2019, 19 U 174/18, Rpfleger 2022, 92.
3) Stöber/*Nicht*, ZVG, § 30 Rz. 8.

Auch Auflagen sind nicht möglich, Gegenleistungen des Antragsgegners für die Einstellung, wie zum Beispiel Zahlungen von Nutzungsentschädigungen o. Ä., wären außerhalb des Versteigerungsverfahrens zu vereinbaren.[4] Nicht zulässig ist hingegen dass der Meistbietende außerhalb des Verfahrens eine Zahlung an den betreibenden Gläubiger leistet, um zu verhindern, dass dieser einen Einstellungsantrag stellt. Derartige Vereinbarungen zwischen Gläubiger und Bietenden sind nicht mit einem ordnungsgemäßen Verfahren vereinbar, schon da sie die Regelungen zur Abgabe von Geboten und dem Verteilungsverfahren verletzen.[5] 4

Bei der Einstellungsbewilligung handelt es sich um eine Prozesshandlung.[6] Gleichwohl ist die Rechtsprechung großzügig was die Form anbelangt und lässt unter Umständen auch eine telefonische Bewilligung zu.[7] Für Rechtsanwälte und Behörden gilt die Form des § 130d ZPO. 5

II. Zeitliche Begrenzung

Zeitlich kann eine Einstellung bis zur Zuschlagsverkündung bewilligt werden.[8] Dies entspricht den Grundsätzen, wie sie auch bei der Rücknahme gelten. Nach der Zuschlagsverkündung ist eine Einstellungsbewilligung bereits schon deshalb nicht mehr möglich, weil mit Verkündung das Versteigerungsobjekt der Verfügungsgewalt des Schuldners und des betreibenden Gläubigers entzogen ist.[9] Vor Verfahrensanordnung kann ein Einstellungsbeschluss nicht erlassen werden, da es an dem notwendigen Zwangsversteigerungsverfahren fehlt.[10] 6

III. Wirksamkeit der Bewilligung

Wirksam ist die Einstellungsbewilligung mit Eingang bei Gericht. Erst der Einstellungsbeschluss führt aber zum Verfahrensstillstand[11] und ist somit konstitutiv.[12] 7

IV. Wirkung für die einzelnen Verfahren und Gläubiger

Grundsätzlich ist jedes Verfahren separat zu betrachten. Dies gilt sowohl für mehrere Verfahren eines Gläubigers wie selbstverständlich auch für mehrere betreibende Gläubiger in einem Verfahren. Wenn der Gläubiger die Zwangsversteigerung aus mehreren Beschlüssen betreibt muss für jedes Einzelverfahren geprüft werden, ob eine Einstellungsbewilligung vorliegt und demnach auch, ob in dem jeweiligen Verfahren eine Rücknahmefiktion nach § 30 Abs. 1 Satz 3 ZVG vorliegt.[13] Bei einer künstlichen Aufsplittung kann jedoch im Ausnahmefall ein Rechtsmissbrauch 8

---

4) *Storz*, FPR 2013, 356, 358.
5) BGH, Beschl. v. 31.5.2012 – VZB207/11, Rpfleger 2012, 640.
6) Stöber/*Nicht*, ZVG, § 30 Rz. 6.
7) Stöber/*Nicht*, ZVG, § 30 Rz. 6, noch weitergehend *Böttcher*, FPR 2013, 345: „keine Formerfordernisse".
8) Böttcher/*Böttcher*, ZVG, § 30 Rz. 5; BGH, Beschl. v. 15.3.2007 – V ZB 95/06, Rpfleger 2007, 414.
9) Stöber/*Nicht*, ZVG, § 30 Rz. 15, auch zum Begriff der Verkündung.
10) Böttcher/*Böttcher*, ZVG, § 30 Rz. 5.
11) Stöber/*Nicht*, ZVG, § 30 Rz. 10.
12) Dassler/Schiffhauer/u. a.-*Hintzen*, ZVG, § 30 Rz. 9.
13) BGH, Beschl. v. 26.1.2012 – V ZB 220/11, BeckRS 2012, 05310.

vorliegen, insbesondere wenn durch entsprechende Verfahrensaufteilung und wiederholte Einstellung und Fortsetzung ohne ernsthafte Versteigerungsabsicht ein permanenter Zahlungsdruck auf den Schuldner aufgebaut werden soll.[14)] Hierbei ist allerdings Zurückhaltung geboten, nicht jede Aufteilung der Forderung ist etwa rechtsmissbräuchlich.[15)] Sollte eine solche Konstellation allerdings ausnahmsweise vorliegen, insbesondere also keine ernsthafte Versteigerungsabsicht bestehen, läge wohl auch bereits ein Fall des § 28 Abs. 2 ZVG vor, da das Rechtschutzbedürfnis für ein solches Verfahren fehlt.

9 Bei der dritten Einstellungsbewilligung wird die Antragsrücknahme fingiert. Auch insoweit muss die Erklärung des Gläubigers ausgelegt werden, wobei wegen der gravierenden Folgen Sorgfalt erforderlich ist und im Zweifel auch hier eine Nachfragepflicht besteht.[16)]

V. Rechtsbehelfe

10 Als Rechtsbehelfe kommen grundsätzlich die sofortige Beschwerde oder (bei nicht erfolgter vorheriger Anhörung) die Vollstreckungserinnerung in Betracht. Wie bei der Rücknahme fehlt dem Gläubiger bei Abgabe einer wirksamen Einstellungsbewilligung aber regelmäßig das Rechtschutzbedürfnis.[17)]

---

14) BGH, Beschl. v. 26.1.2012 – V ZB 220/11, BeckRS 2012, 05310.

15) BGH, Beschl. v. 26.1.2012 – V ZB 220/11, BeckRS 2012, 05310, bei der Aufteilung in Grundschuldhauptforderung und Zinsen.

16) Näher Dassler/Schiffhauer/u. a.-*Hintzen*, ZVG, § 30 Rz. 22 ff.

17) Dassler/Schiffhauer/u. a.-*Hintzen*, ZVG, § 30 Rz. 38.

§ 30a

Einstweilige Einstellung auf Antrag des Schuldners

(1) Das Verfahren ist auf Antrag des Schuldners einstweilen auf die Dauer von höchstens sechs Monaten einzustellen, wenn Aussicht besteht, daß durch die Einstellung die Versteigerung vermieden wird, und wenn die Einstellung nach den persönlichen und wirtschaftlichen Verhältnissen des Schuldners sowie nach der Art der Schuld der Billigkeit entspricht.

(2) Der Antrag ist abzulehnen, wenn die einstweilige Einstellung dem betreibenden Gläubiger unter Berücksichtigung seiner wirtschaftlichen Verhältnisse nicht zuzumuten ist, insbesondere ihm einen unverhältnismäßigen Nachteil bringen würde, oder wenn mit Rücksicht auf die Beschaffenheit oder die sonstigen Verhältnisse des Grundstücks anzunehmen ist, daß die Versteigerung zu einem späteren Zeitpunkt einen wesentlich geringeren Erlös bringen würde.

(3) Die einstweilige Einstellung kann auch mit der Maßgabe angeordnet werden, daß sie außer Kraft tritt, wenn der Schuldner die während der Einstellung fällig werdenden wiederkehrenden Leistungen nicht binnen zwei Wochen nach Eintritt der Fälligkeit bewirkt. Wird die Zwangsversteigerung von einem Gläubiger betrieben, dessen Hypothek oder Grundschuld innerhalb der ersten sieben

Zehntel des Grundstückswertes steht, so darf das Gericht von einer solchen Anordnung nur insoweit absehen, als dies nach den besonderen Umständen des Falles zur Wiederherstellung einer geordneten wirtschaftlichen Lage des Schuldners geboten und dem Gläubiger unter Berücksichtigung seiner gesamten wirtschaftlichen Verhältnisse, insbesondere seiner eigenen Zinsverpflichtungen, zuzumuten ist.

(4) Das Gericht kann ferner anordnen, daß der Schuldner Zahlungen auf Rückstände wiederkehrender Leistungen zu bestimmten Terminen zu bewirken hat.

(5) Das Gericht kann schließlich die einstweilige Einstellung von sonstigen Auflagen mit der Maßgabe abhängig machen, daß die einstweilige Einstellung des Verfahrens bei Nichterfüllung dieser Auflagen außer Kraft tritt.

Literatur: *Böttcher, Roland*, Der Ablauf eines Teilungsversteigerungsverfahrens, FPR 2013, 345; *Kaiser, Jan*, Räumung und Vollstreckungsschutz bei Suizidgefahr, NJW 2011, 2412.

Übersicht

I. Normzweck und Regelungsinhalt

1 Die Regelung dient dem Schuldnerschutz im Versteigerungsverfahren. Daneben kann insbesondere ein Antrag nach § 765a ZPO treten, wobei auch dann, wenn dies nicht ausdrücklich ausgeführt wird, in einem Einstellungsantrag nach § 30a ZVG ein solcher auch nach § 765a ZPO liegen kann.[1]

2 Die Regelung des § 30a ZVG gilt für die Vollstreckungsversteigerung, nicht für die Zwangsverwaltung.[2] Besondere Regelungen gelten für den Fall der Eröffnung des Insolvenzverfahrens über das Vermögen des Schuldners, insoweit sind die §§ 30d bis 30f ZVG einschlägig.[3] Im Teilungsversteigerungsverfahren finden anstatt § 30a ZVG die Regelungen der §§ 180 Abs. 2 und 3 ZVG Anwendung.[4]

II. Die Regelung des Absatzes 1 und seine Voraussetzungen

3 Absatz 1 regelt die Möglichkeiten der Verfahrenseinstellung auf Antrag des Schuldners. Voraussetzung ist zunächst die sog. Sanierungsfähigkeit.[5] Nur dann, wenn durch die Einstellung die Versteigerung vermieden wird, kann eine Einstellung erfolgen. Sie dient damit dem Eigentumsschutz.[6] Die genannte Sechs-Monats-Frist, die entsprechend § 30c ZVG im Ergebnis verdoppelt werden kann, gibt zugleich auch die Grenze für den Gesichtspunkt der Sanierungsfähigkeit vor. Die Sanie-

1) Stöber/*Nicht*, ZVG, § 30a Rz. 27.
2) Stöber/*Nicht*, ZVG, § 30a Rz. 2.
3) Stöber/*Nicht*, ZVG, § 30a Rz. 2.
4) Stöber/*Nicht*, ZVG, § 30a Rz. 2.
5) Stöber/*Nicht*, ZVG, § 30a Rz. 6.
6) Stöber/*Nicht*, ZVG, § 30a Rz. 6.

rungsmöglichkeiten müssen in einem Zeitrahmen von sechs bis zwölf Monaten möglich sein. Es muss dementsprechend eine Prognose des Vollstreckungsgerichts gestellt werden, aus der sich ergibt, dass die Befriedigung des Gläubigers oder die Einigung innerhalb dieses Zeitraums mit Aussicht auf Erfolg abgeschlossen werden können.[7] Pauschale Behauptungen ohne Konkretisierungen reichen hierfür nicht aus. Auch der Hinweis auf Ablösemöglichkeiten hinsichtlich der Forderung darf sich nicht auf allgemeine (theoretische) Möglichkeiten beschränken, vielmehr muss die Möglichkeit hinreichend konkret aufgezeigt und dargelegt werden.

4 Weitere Voraussetzung ist, dass die Einstellung nach den persönlichen und wirtschaftlichen Verhältnissen sowie der Art der Schuld der Billigkeit entspricht. Diese Generalklausel hat der Schuldner durch den Vortrag entsprechender Umstände, die er auf Anforderung glaubhaft zu machen hat, zu untermauern. Das Vollstreckungsgericht muss eine umfassende Würdigung sämtlicher Umstände des Einzelfalls vornehmen.[8]

5 Insoweit kommt es – vorbehaltlich der Sanierungsfähigkeit – nicht darauf an, ob die Umstände vorübergehend oder auf Dauer angelegt sind.[9] Zu den persönlichen Verhältnissen gehören insoweit z. B. Arbeitslosigkeit, Krankheit, Scheidung, Tod des Ehepartners oder des mitarbeitenden Kindes.[10]

6 Die wirtschaftlichen Verhältnisse sind ebenfalls zu berücksichtigen. Hier kommt es auf allgemeine wirtschaftliche Umstände ebenso an, wie auf individuelle. Gerade bei allgemeinen wirtschaftlichen Umständen ist der Schuldner in der Regel schutzwürdig.[11] Als Beispiele für Umstände werden genannt, die für alle oder eine bestimmt Berufsgruppe bestehenden oder örtlich begrenzten wirtschaftlichen Schwierigkeiten sowie eine unverschuldete und vorübergehende wirtschaftliche Bedrängnis; hingegen sollen unwirtschaftliches Fehlverhalten oder unwirtschaftliche Fehlentscheidungen nicht genügen.[12]

7 Zu weiteren Merkmalen zählt die Art der Schuld. Insoweit sind besondere Arten der Forderungen, z. B. unerlaubte Handlungen oder Unterhaltsforderungen (vgl. auch die Privilegierungen dieser Forderungen in §§ 850d und 850f Abs. 2 ZPO, 302 InsO) eher geeignet gegen eine Einstellung zu sprechen, als rein vertragliche Ansprüche aus Kreditgeschäften, erst recht, wenn diese in Kenntnis schlechter wirtschaftlicher Lage des Schuldners gewährt wurde.[13]

8 Insgesamt muss die Einstellung der Billigkeit entsprechen, was letztlich zu einer Gesamtabwägung führt.

---

7) Dassler/Schiffhauer/u. a.-*Hintzen*, ZVG, § 30a Rz. 6; vgl. LG Rostock, Beschl. v. 31.1.2003 – 2 T 23/03, InVo 2003, 379.

8) *Kindl/Meller-Hannich-Noethen*, Gesamtes Recht der Zwangsvollstreckung, § 30a Rz. 7.

9) Stöber/*Nicht*, ZVG, § 30a Rz. 11.

10) Stöber/*Nicht*, ZVG, § 30a Rz. 9.

11) Kindl/Meller-Hannich-*Noethen*, Gesamtes Recht der Zwangsvollstreckung, § 30a Rz. 11.

12) Kindl/Meller-Hannich-*Noethen*, Gesamtes Recht der Zwangsvollstreckung, § 30a Rz. 11.

13) Stöber/*Nicht*, ZVG, § 30a Rz. 12.

III. Die Gläubigerinteressen (Abs. 2)

Absatz 2 berücksichtigt demgegenüber die entgegenstehenden Gläubigerinteressen, die im Zweifel vorrangig sind. Im Interesse des Gläubigerschutzes ist der Antrag nach Absatz 2 abzulehnen, wenn die Einstellung dem beitreibenden Gläubiger unter Berücksichtigung seiner wirtschaftlichen Verhältnisse nicht zuzumuten ist, insbesondere ihm einen unverhältnismäßigen Nachteil bringt oder mit Rücksicht auf die Beschaffenheit oder sonstigen Verhältnisse des Grundstücks anzunehmen ist, dass die Versteigerung zu einem späteren Zeitpunkt einen wesentlich geringeren Erlös erbringen würde. Auch diese Gründe sind zu berücksichtigen, ggf. sind sie glaubhaft zu machen (§ 30b Abs. 2 Satz 3 ZVG). 9

Für den Gläubiger angeführt werden das Vorliegen eigener gewichtiger Verpflichtungen, das Anwachsen der Zinsrückstellungen beim Schuldner, die Verringerung der Sicherheiten des Gläubigers sowie die Art der Forderung.[14] Ein weiterer Gesichtspunkt ist, ob die spätere Versteigerung einen wesentlich geringeren Erlös bringt. Insoweit kann ein Aspekt, nämlich die Änderungen der Geldmarktlage, der Verfall des Grundstückes und des Wertes, aber auch besondere Umstände durch die Lage oder die örtlichen Verhältnisse, entscheidend sein.[15] 10

Ist einer der Umstände nach Absatz 2 erfüllt, ist der Einstellungsantrag abzulehnen.[16] 11

IV. Verfahren

Die Entscheidung ergeht durch Beschluss, in dem die Einstellungsfrist möglichst genau, insbesondere durch Datumsangabe zu bestimmen ist.[17] Die Einstellung kann für maximal sechs Monate angeordnet werden (§ 30a Abs. 1 Satz 1 ZVG), vorbehaltlich der Verlängerungsmöglichkeit nach § 30c ZVG. 12

V. Die Anordnung von Auflagen (Absatz 3–5)

Entsprechend Absatz 3 bis 5 kann das Gericht Auflagen anordnen. Insoweit entscheidet das Gericht nach pflichtgemäßem Ermessen.[18] 13

Sofern die Zwangsversteigerung von einem Gläubiger aus einem Grundpfandrecht betrieben wird das innerhalb von 7/10 des Grundstückswertes liegt, muss unter Auflagen eingestellt werden. Ein Absehen ist nur möglich, sofern dies nach den besonderen Umständen des Falles zur Wiederherstellung einer geordneten wirtschaftlichen Lage des Schuldners geboten und dem Gläubiger unter Berücksichtigung seiner gesamtwirtschaftlichen Verhältnisse, insbesondere seiner eigenen Zinsverpflichtung, zuzumuten ist. 14

Damit wird an sich allerdings nur der best- bzw. besserrangige Gläubiger geschützt.[19] Als Auflage ist dann die Zahlung der während der Dauer der Einstellung 15

---

14) Vgl. Stöber/*Nicht*, ZVG, § 30a Rz. 17.
15) Stöber/*Nicht*, ZVG, § 30a Rz. 18.
16) Stöber/*Nicht*, ZVG, § 30a Rz. 19.
17) *Kindl/Meller-Hannich-Noethen*, Gesamtes Recht der Zwangsvollstreckung, § 30a Rz. 16.
18) Dassler/Schiffhauer/u. a.-*Hintzen*, ZVG, § 30a Rz. 15.
19) Vgl. Dassler/Schiffhauer/u. a.-*Hintzen*, ZVG, § 30a Rz. 16.

fällig werdenden wiederkehrenden Leistungen binnen zwei Wochen nach Fälligkeit anzuordnen.

16 Ferner hat das Gericht die Möglichkeit nach Absatz 4 anzuordnen, dass der Schuldner Zahlungen auf rückständige wiederkehrende Leistungen zu erbringen hat, auch können weitere Auflagen gemacht werden, z. B. Zahlungen auf das Kapital, öffentliche Lasten, Steuern, Versicherungen etc.[20] Die Auflage muss zum einen dem Schuldner die Sanierung ermöglichen, aber gleichzeitig die Interessen des Gläubigers wahren, seine Befriedigungschancen sollen nicht verschlechtert werden.[21]

17 Absatz 5 bestimmt schließlich, dass die einstweilige Einstellung des Verfahrens bei Nichterfüllung der Auflage außer Kraft tritt. Dies stellt das Gericht von Amts wegen fest. Darauf, ob die Auflage schuldhaft oder unverschuldet nicht erfüllt ist, kommt es nicht an.[22]

VI. Einstellung der Vollstreckung nach § 765a ZPO

18 Während die Einstellung nach § 30a ZVG fristgebunden ist (§ 30b Abs. 1 ZVG), besteht die unbefristete Möglichkeit (Ausnahme: § 765a Abs. 3 ZPO) des Antrags nach § 765a ZPO, wenn die Vollstreckung eine sittenwidrige Härte darstellt. Die Möglichkeit eines entsprechenden Antrags besteht bei allen Arten der Versteigerung.[23]

19 Häufiger praktischer Fall ist die Geltendmachung von tatsächlich oder vermeintlich lebensbedrohlichen Erkrankungen bis hin zum drohenden Suizid. Die Gefährdung des Grundrechts auf Leben und körperliche Unversehrtheit ist insoweit von Amts wegen zu berücksichtigen.[24] Dies setzt zunächst eine sorgfältige Prüfung unter Einschaltung von Gutachtern voraus[25], ob tatsächlich eine konkrete Gefahr besteht oder ob diese nur vorgespiegelt und instrumentalisiert wird.[26] Das Gericht muss sich mithin regelmäßig mittels sachverständiger Hilfe ein genaues und nicht nur an der Oberfläche haftendes Bild davon verschaffen, welche gesundheitlichen Folgen im Einzelnen mit einem Umzug verbunden sind, insbesondere welchen Schweregrad zu erwartende Gesundheitsbeeinträchtigungen voraussichtlich erreichen werden und mit welcher Wahrscheinlichkeit dies eintreten kann.[27]

20 Auch wenn eine konkrete Gefahr für Leib oder Leben des Schuldners besteht, ist freilich eine Maßnahme der Zwangsvollstreckung nicht ohne Weiteres einzustellen. Vielmehr ist der Lebensschutz des Betroffenen aus Art. 2 Abs. 2 Satz 1 GG und das Vollstreckungsinteresse des Gläubigers, dem das Grundrecht nach Art. 14 GG zur Seite steht, mit den Interessen und betroffenen Grundrechtspositionen des Schuldners

20) Kindl/Meller-Hanich-Noethen, Gesamtes Recht der Zwangsvollstreckung, § 30a Rz. 21.
21) Dassler/Schiffhauer/u. a.-*Hintzen*, ZVG, § 30a Rz. 18.
22) Dassler/Schiffhauer/u. a.-*Hintzen*, ZVG, § 30a Rz. 19.
23) Dassler/Schiffhauer/u. a.-*Hintzen*, ZVG, § 30a Rz. 20.
24) BVerfG, Beschl. v. 11.7.2007 – 1 BvR 501/07, NJW 2007, 2910.
25) BGH, Beschl. v. 16.12.2010 – V ZB 215/09, NJW-RR 2011, 423, 424 Rz. 11 f.
26) *Kaiser*, NJW 2011, 2412, 2413; BVerfG, Beschl. v. 11.7.2007 – 1 BvR 501/07, NJW 2007, 2910, 2911; BGH, Beschl. v. 22.11.2007 – I ZB 104/06, NJW 2008, 1000; BGH, Beschl. v. 16.12.2010 – V ZB 215/09, NJW-RR 2011, 423, 424.
27) BverfG, Beschl. v. 17.5.2022 – 2 BvR 661/22, NJW 2022, 2537, 2538, Rz. 23 m. w. N.

§ 30d Abs. 4 i. V. m. § 30e Abs. 2 e ZVG eine Sonderregelung darstellt.[8] Die letztgenannte Auffassung erscheint vorzugswürdig, da nur diese Ansicht wirtschaftlich sinnvoll erscheint und ein Einstellungsantrag des vorläufigen Verwalters für das Entstehen vorausgesetzt wird. Er hat es daher in der Hand, ob (künftige) Masseverbindlichkeiten entstehen.

---

8) Näher Dassler/Schiffhauer/u. a.-*Hintzen*, ZVG, § 30e Rz. 20.

§ 30f

Aufhebung der einstweiligen Einstellung

(1) Im Falle des § 30d Abs. 1 bis 3 ist die einstweilige Einstellung auf Antrag des Gläubigers aufzuheben, wenn die Voraussetzungen für die Einstellung fortgefallen sind, wenn die Auflagen nach § 30e nicht beachtet werden oder wenn der Insolvenzverwalter, im Falle des § 30d Abs. 2 der Schuldner, der Aufhebung zustimmt. Auf Antrag des Gläubigers ist weiter die einstweilige Einstellung aufzuheben, wenn das Insolvenzverfahren beendet ist.

(2) Die einstweilige Einstellung nach § 30d Abs. 4 ist auf Antrag des Gläubigers aufzuheben, wenn der Antrag auf Eröffnung des Insolvenzverfahrens zurückgenommen oder abgewiesen wird. Im übrigen gilt Absatz 1 Satz 1 entsprechend.

(3) Vor der Entscheidung des Gerichts ist der Insolvenzverwalter, im Falle des § 30d Abs. 2 der Schuldner, zu hören. § 30b Abs. 3 gilt entsprechend.

Übersicht

I. Regelungsinhalt

1 Die Regelung sieht die Aufhebung der Einstellung für den Insolvenzverwalter vor, wenn die Voraussetzungen weggefallen sind oder Auflagen nicht beachtet werden oder wenn der Insolvenzverwalter – im Falle des § 30d Abs. 2 ZVG der Schuldner – der Aufhebung zustimmt. Voraussetzung ist stets ein Antrag, von Amts wegen erfolgt keine Aufhebung. Die Voraussetzungen sind auch insoweit glaubhaft zu machen.[1] Eine Aufhebung auf Antrag erfolgt auch dann, wenn das Insolvenzverfahren beendet ist (Abs. 1 Satz 2), dann sind die Voraussetzungen offensichtlich nicht mehr gegeben. Es endet dann ohnehin die Verwaltungs- und Verfügungsbefugnis.

II. Anforderungen für den Nachweis

2 Strittig ist, ob eine Glaubhaftmachung ausreichend ist[2] oder ob ein Vollbeweis des Wegfalls der Voraussetzung zu führen ist.[3] Richtigerweise wird man eine Glaub-

---

1) Dassler/Schiffhauer/u. a.-*Hintzen*, ZVG, § 30f Rz. 2.
2) Dassler/Schiffhauer/u. a.-*Hintzen*, ZVG, § 30f Rz. 2.
3) Für Vollbeweis Stöber/*Nicht*, ZVG, § 30f Rz. 9; Böttcher/*Böttcher*, ZVG, § 30f Rz. 7; Kindl/Meller-Hannich-*Noethen*, ZVG, § 30f Rz. 10.

haftmachung genügen lassen. Wenn es bereits für die Einstellung selbst genügt, eine Glaubhaftmachung zu verlangen, wird man auch bei Aufhebung umgekehrt nicht mehr verlangen können. Bleibt auch nach Glaubhaftmachung, ggf. mit wechselseitigem Vortrag, offen, ob die Voraussetzungen entfallen sind, ist allerdings der Antrag auf Aufhebung abzulehnen.

III. Freigabe als Aufhebungsgrund

3 Sofern das Grundstück vom Insolvenzverwalter freigegeben wird, kann ebenfalls ein Fortsetzungsantrag vom Gläubiger gestellt werden, die Gründe für die Einstellung sind dann entfallen.[4)]

IV. Aufhebung im Hinblick auf vorläufiges Verfahren

4 Sofern nach § 30d Abs. 4 ZVG bereits für den vorläufigen Insolvenzverwalter eine Einstellung bewilligt wurde, ist diese aufzuheben, wenn der Antrag auf Eröffnung des Insolvenzverfahrens zurückgenommen oder abgewiesen wurde. Auch hier sind damit die Voraussetzungen entfallen.

V. Verfahren

5 Nach Absatz 3 ist vor der Entscheidung der Insolvenzverwalter und im Falle des § 30d Abs. 2 ZVG der Schuldner zu hören.

VI. Rechtsbehelfe

6 Auch hier ist entsprechend § 30b Abs. 3 ZVG (siehe Abs. 3 Satz 2) die sofortige Beschwerde zulässig.

4) Dassler/Schiffhauer/u. a.-*Hintzen*, ZVG, § 30f Rz. 8.

§ 30g

Vollzug der Vollstreckungssperre bei Stabilisierungsmaßnahmen

(1) [1]Hat das Restrukturierungsgericht eine Vollstreckungssperre nach § 49 Absatz 1 Nummer 1 des Unternehmensstabilisierungs- und -restrukturierungsgesetzes angeordnet, die auch unbewegliches Vermögen des Schuldners erfasst, so ist das Verfahren auf Antrag des Schuldners einstweilen einzustellen. [2]Der Antrag ist abzulehnen, wenn die Einstellung dem betreibenden Gläubiger unter Berücksichtigung seiner wirtschaftlichen Verhältnisse nicht zuzumuten ist.

(2) [1]Die einstweilige Einstellung ist mit der Auflage anzuordnen, dass dem betreibenden Gläubiger laufend die geschuldeten Zinsen zu zahlen sind und ein durch die Nutzung entstehender Wertverlust durch laufende Zahlungen auszugleichen ist. [2]Dies gilt nicht, soweit nach der Höhe der Forderung sowie dem Wert und der sonstigen Belastung des Grundstücks nicht mit einer Befriedigung des Gläubigers aus dem Versteigerungserlös zu rechnen ist.

(3) [1]Das Verfahren wird auf Antrag des Gläubigers fortgesetzt, wenn die Voraussetzungen für die einstweilige Einstellung entfallen sind, wenn die Auflagen nach

Absatz 2 nicht beachtet werden oder der Schuldner der Fortsetzung zustimmt. ²Vor der Entscheidung des Gerichts ist der Schuldner zu hören.

Diese Vorschrift ist durch Art 4 SanInsFoG mit Wirkung zum 1.1.2021 eingeführt 1
worden. Es soll eine Ergänzung der Vollstreckungssperre nach § 49 Abs. 1 Nr. 1 StaRUG sein.[1] Da § 49 Abs. 1 Nr. 1 StaRUG aber auch das unbewegliche Vermögen erfasst, ist die Vollstreckungssperre von Amts wegen zu beachten, ein Schuldnerantrag ist nicht erforderlich.[2] Angesichts der nachteiligen Folgen einer Antragsstellung (Zins- und Wertausgleichsansprüche nach Absatz 2) hat der Schuldner hierzu auch keinen Anlass.[3] Vor diesem Hintergrund hat § 30g ZVG derzeit keine praktische eigenständige Bedeutung.[4]

---

1) Böttcher/*Böttcher*, ZVG, § 30g Rz. 1; Stöber/*Nicht*, ZVG, § 30g Rz. 2.
2) Böttcher/*Böttcher*, ZVG, § 39g Rz. 1; Stöber/*Nicht*, ZVG, § 30gRz. 3.
3) Böttcher/*Böttcher*, ZVG, § 30g Rz. 1; Stöber/*Nicht*, ZVG, § 30g Rz. 3.
4) Böttcher/*Böttcher*, ZVG, § 30g Rz. 1.

§ 31
Fortsetzung auf Antrag des Gläubigers

(1) Im Falle einer einstweiligen Einstellung darf das Verfahren, soweit sich nicht aus dem Gesetz etwas anderes ergibt, nur auf Antrag des Gläubigers fortgesetzt werden. Wird der Antrag nicht binnen sechs Monaten gestellt, so ist das Verfahren aufzuheben.

(2) Die Frist nach Absatz 1 Satz 2 beginnt

a) im Falle des § 30 mit der Einstellung des Verfahrens,

b) im Falle des § 30a mit dem Zeitpunkt, bis zu dem die Einstellung angeordnet war,

c) im Falle des § 30f Abs. 1 mit dem Ende des Insolvenzverfahrens, im Falle des § 30f Abs. 2 mit der Rücknahme oder der Abweisung des Antrags auf Eröffnung des Insolvenzverfahrens,

d) wenn die Einstellung vom Prozeßgericht angeordnet war, mit der Wiederaufhebung der Anordnung oder mit einer sonstigen Erledigung der Einstellung.

(3) Das Vollstreckungsgericht soll den Gläubiger auf den Fristbeginn unter Bekanntgabe der Rechtsfolgen eines fruchtlosen Fristablaufs hinweisen; die Frist beginnt erst zu laufen, nachdem der Hinweis auf die Rechtsfolgen eines fruchtlosen Fristablaufs dem Gläubiger zugestellt worden ist.

Übersicht

I. Regelungsinhalt

1 Die Norm regelt die Möglichkeit zur Fortsetzung des Verfahrens nach einstweiliger Einstellung. Dies setzt entsprechend dem Wortlaut ausdrücklich einen Antrag voraus. Von Amts wegen werden lediglich Verfahren fortgesetzt, sobald ein Hindernis beseitigt ist (z. B. §§ 28, 766, 769, 771 ZPO).[1] Diese Fälle erfasst § 31 ZVG nicht.

II. Antragsberechtigung

2 Antragsberechtigt ist der Gläubiger des Verfahrens und dessen Rechtsnachfolger, sofern der Vollstreckungstitel auf ihn umgeschrieben und entsprechend § 750 Abs. 2 ZPO zugestellt ist.[2] Die Fortsetzung muss binnen sechs Monaten beantragt werden. Hierdurch soll eine übermäßige Dauer der Unterbrechung des Verfahrens im Interesse der anderen Beteiligten verhindert werden.[3]

III. Fristbeginn

3 Absatz 2 regelt den Fristbeginn. Im Fall des § 30 ZVG beginnt dieser mit Zustellung des Einstellungsbeschlusses.[4] Bei Zuschlagsversagung (§ 33 ZVG) beginnt die Frist mit der Rechtskraft (§ 86 ZVG).[5]

4 Bei einer Einstellung entsprechend § 30a ZVG ist der Zeitpunkt maßgeblich, bis zu dem die Einstellung angeordnet war, es muss also die Einstellungsdauer abgelaufen sein. Dies gilt auch dann, wenn die angeordneten Auflagen nicht erfüllt worden sind und die Aufhebung vorher erfolgte.[6]

5 Im Fall des § 30f Abs. 1 ZVG ist für den Fristbeginn das Ende des Insolvenzverfahrens bzw. im Fall des § 30f ZVG Ab. 2 die Rücknahme oder die Abweisung des Antrags auf Eröffnung des Insolvenzverfahrens maßgeblich.

6 Für die Fälle, dass die Einstellung vom Prozessgericht angeordnet worden war, beginnt die Frist mit der Wiederaufhebung der Anordnung oder mit einer sonstigen Erledigung der Einstellung zu laufen. Abweichend von der Regelung des § 31 ZVG sieht § 76 Abs. 2 Satz 2 ZVG vor, dass ein wegen Deckung aus einem Einzelgrundstück eingestelltes Verfahren nur innerhalb von drei Monaten fortgesetzt werden kann.[7]

IV. Belehrung

7 Absatz 3 sieht eine Belehrung des Gläubigers durch das Vollstreckungsgericht über den Fristbeginn und die Rechtsfolgen eines fruchtlosen Fristablaufes vor, Voraussetzung für den Fristbeginn ist die entsprechende Belehrung. Sofern der Gläubiger bereits einen Fortsetzungsantrag gestellt hat ist eine Belehrung nicht vonnöten, Gleiches gilt, wenn eine Fortsetzung von Amts wegen zu erfolgen hat.[8]

---

1) Dassler/Schiffhauer/u. a.-*Hintzen*, ZVG, § 31 Rz. 2.
2) Dassler/Schiffhauer/u. a.-*Hintzen*, ZVG, § 31 Rz. 3.
3) Stöber/*Nicht*, ZVG, § 31 Rz. 6.
4) Stöber/*Nicht*, ZVG, § 31 Rz. 12.
5) Böttcher/*Böttcher*, ZVG, § 31 Rz. 11.
6) Dassler/Schiffhauer/u. a.-*Hintzen*, ZVG, § 31 Rz. 14.
7) Dassler/Schiffhauer/u. a.-*Hintzen*, ZVG, § 31 Rz. 8.
8) Böttcher/*Böttcher*, ZVG, § 31 Rz. 18.

§ 32

Zustellung des Aufhebungs- oder Einstellungsbeschlusses

Der Beschluß, durch welchen das Verfahren aufgehoben oder einstweilen eingestellt wird, ist dem Schuldner, dem Gläubiger und, wenn die Anordnung von einem Dritten beantragt war, auch diesem zuzustellen.

Die Bestimmung regelt, dass Beschlüsse, durch die die Verfahren aufgehoben oder einstweilen eingestellt werden, dem Schuldner, dem Gläubiger und, wenn die Anordnung von einem Dritten beantragt wurde, auch diesem zuzustellen ist. Die Zustellung erfolgt von Amts wegen. Dies gilt unabhängig davon, ob der Beschluss verkündet wurde oder nicht.[1) 1

An Dritte wird nur zugestellt, wenn diese die Verfahrenshemmung beantragt haben. 2 Gläubiger ist nur der betreibende Gläubiger des Einzelverfahrens, welches aufgehoben bzw. eingestellt wurde, an die übrigen betreibenden Gläubiger wird nicht zugestellt.[2)]

1) Dassler/Schiffhauer/u. a.-*Hintzen*, ZVG, § 32 Rz. 2.
2) Böttcher/*Böttcher*, ZVG, § 32 Rz. 3; Dassler/Schiffhauer/u. a.-*Hintzen*, ZVG, § 32 Rz. 4.

§ 33

Entscheidung durch Versagung des Zuschlags

Nach dem Schluß der Versteigerung darf, wenn ein Grund zur Aufhebung oder zur einstweiligen Einstellung des Verfahrens oder zur Aufhebung des Termins vorliegt, die Entscheidung nur durch Versagung des Zuschlags gegeben werden.

Übersicht

I. Regelungsinhalt und Normzweck

1 Grund für die Regelung ist, dass bei einer Einstellung bzw. Aufhebung nach Schluss der Versteigerung das Meistgebot erlöschen würde (§ 72 Abs. 3 ZVG). Bei einer Verfahrensaufhebung würde sogar die Beschlagnahme wegfallen. Der entsprechende Verlust wäre unwiederbringlich und könnte nicht durch Rechtsmittel verhindert werden.[1)] Um dies zu verhindern besteht die Regelung des § 33 ZVG, wonach nur der Zuschlag zu versagen ist.[2)]

2 Für alle Aufhebungen und Einstellungsgründe mit Ausnahme von § 77 ZVG gilt § 33 ZVG.[3)] Unter Schluss der Versteigerung ist derjenige zu verstehen, der in § 73

1) Dassler/Schiffhauer/u. a.-*Hintzen*, ZVG, § 33 Rz. 1.
2) Dassler/Schiffhauer/u. a.-*Hintzen*, ZVG, § 33 Rz. 1.
3) Dassler/Schiffhauer/u. a.-*Hintzen*, ZVG, § 33 Rz. 2.

Abs. 2 Satz 1 ZVG normiert ist.[4] Demnach hat das Gericht den Schluss der Versteigerung zu verkünden. Bis diesem Zeitpunkt ist § 33 ZVG anwendbar, nach Verkündung des Zuschlages selbst gilt § 33 ZVG nicht. Allerdings gilt die Norm auch im Rechtsmittelverfahren.[5] Demnach muss das Beschwerdegericht den Zuschlag versagen, wenn ein Aufhebungs- oder Einstellungsgrund bei der Zuschlagserteilung übersehen wurde.[6] Wird auf eine Vollstreckungsgegenklage des Schuldners hin die Zwangsversteigerung nach Erteilung des Zuschlags für unzulässig erklärt, so kommt jedenfalls nach rechtskräftig erteiltem Zuschlag eine Aufhebung oder Einstellung des Verfahrens nicht mehr in Betracht, die Entscheidung hat aber für die Erlösverteilung nach § 105 ff. ZVG Bedeutung.[7]

3 Für den Fall, dass nach dem Versteigerungsende (§ 73 Abs. 2 ZVG) aber vor Zuschlagsverkündung die Einstellung der Zwangsvollstreckung gemäß § 769 Abs. 2 ZPO beantragt wird, ist der Verkündungstermin bis zur Entscheidung des Prozessgerichtes zu verlegen.[8]

II. Verfahren bei mehreren Gläubigern

4 Strittig ist, wie bei mehreren betreibenden Gläubigern zu verfahren ist. Wenn alle Gläubiger bewilligen, ist die Sachlage klar. Dann ist durch Zuschlagsversagung insgesamt zu entscheiden.

5 Sofern nachrangige Gläubiger betroffen sind, gilt § 33 ZVG nicht. Die Einzelverfahren werden eingestellt oder aufgehoben.[9]

6 Sofern der bestrangige Gläubiger betroffen ist und weitere Gläubiger vorhanden sind, ist strittig, wie zu verfahren ist. Einigkeit besteht noch darin, dass keine neue Bietzeit abgehalten werden kann, schon weil es sich um einen Versteigerungstermin handelt, der vorher bekannt gegebenen werden müsste.[10] Erschwerend kommt hinzu, dass das geringste Gebot durch den Wegfall des bestrangigen Gläubigers im Nachhinein unrichtig geworden ist, so dass an sich der Zuschlag nach § 83 Nr. 1 ZVG zu versagen wäre.[11] Dies gilt dann nicht, wenn das Recht der Beteiligten durch den Zuschlag nicht beeinträchtigt wird oder wenn der Beteiligte das Verfahren genehmigt (§ 84 ZVG).[12]

7 Eine Beeinträchtigung soll bereits vorliegen, wenn das abgegebene Meistgebot niedriger ist als das neue aufzustellende geringste Gebot.[13] Auch dann, wenn alle betroffenen Beteiligten voll befriedigt werden, kann eine Beeinträchtigung gegeben sein, soweit Beteiligte sich nicht mit einer Barzahlung zufriedenzugeben brauchen,

4) Stöber/*Nicht*, ZVG, § 33 Rz. 3.
5) Stöber/*Nicht*, ZVG, § 33 Rz. 7.
6) Böttcher/*Böttcher*, ZVG, § 33 Rz. 3.
7) BGH, Beschl. v. 20.2.2020 – V ZB 131/19, NKW-RR 2020, 694.
8) Böttcher/*Böttcher*, ZVG, § 33 Rz. 6.
9) Böttcher/*Böttcher*, ZVG, § 33 Rz. 11.
10) Böttcher/*Böttcher*, ZVG, § 33 Rz. 12.
11) Böttcher/*Böttcher*, ZVG, § 33 Rz. 12.
12) Böttcher/*Böttcher*, ZVG, § 33 Rz. 12; Dassler/Schiffhauer/u. a.-*Hintzen*, ZVG, § 33 Rz. 9.
13) Böttcher/*Böttcher*, ZVG, § 33 Rz. 12.

sondern das Bestehenbleiben ihrer Rechte verlangen können.[14] Keine Beeinträchtigung dürfte denjenigen gegenüber eintreten, die ohnehin nur Barzahlung verlangen können, wenn diese durch das Meistgebot gedeckt sind (§ 10 Abs. 1–3, 5 ZVG).[15]

Einigkeit besteht im Grundsatz auch darin, dass der Schuldner beeinträchtigt sein kann, insbesondere ist nicht ausgeschlossen, dass bei der Neufeststellung des geringsten Gebots kein Gebot abgegeben worden und es damit nicht zum Zuschlag gekommen wäre oder ein höheres Meistgebot vorgelegen hätte.[16] Hierfür wird aber eine ernsthafte Möglichkeit und mithin eine gewisse Wahrscheinlichkeit verlangt.[17] 8

Der Zuschlag kann letztlich nur erteilt werden, wenn die möglicherweise Beeinträchtigten Ihre Genehmigung erklären und der Meistbietende damit einverstanden ist, dass ihm der Zuschlag mit dem Bestehenbleiben des erlöschenden Rechts erteilt werden soll.[18] 9

Strittig ist schließlich, ob selbst dann nicht Versagungsgründe nach § 86 Nr. 6 ZVG vorhanden sind, die nicht heilbar sind. Richtigerweise liegt die Voraussetzung des § 83 Nr. 6 ZVG aber nur in der Person des bestrangig betreibenden Gläubigers nicht aber in der Person der weiteren nachrangig betreibenden Gläubiger vor.[19] 10

III. Verfahren und Entscheidung

Die Entscheidung nach § 33 ZVG ergeht durch Beschluss. Diese wirkt materiell als Einstellung bzw. Aufhebung erst mit Rechtskraft (§ 86 ZVG).[20] 11

Der Versagungsbeschluss wirkt prozessual hingegen im Hinblick auf die Beschwerdefrist bereits mit Verkündung (§ 98 ZVG).[21] 12

Der Versagungsbeschluss wird verkündet (§ 87 ZVG). Solange eine Fortsetzungsmöglichkeit besteht muss die Zustellung der Belehrung entsprechend § 31 Abs. 3 ZVG erfolgen.[22] 13

Wenn wegen Zuschlagsversagung zusätzlich die einstweilige Einstellung erklärt wird, so soll dies nur als Hinweis auf § 86 ZVG zu verstehen sein.[23] Insoweit wird man davon ausgehen müssen, dass im Zweifel nur die Zuschlagsversagung gewollt ist, zumal dies auch der Rechtslage entspricht. 14

---

14) Böttcher/*Böttcher*, ZVG, § 33 Rz. 12.
15) Böttcher/*Böttcher*, ZVG, § 33 Rz. 12.
16) Böttcher/*Böttcher*, ZVG, § 33 Rz. 12.
17) Dassler/Schiffhauer/u. a.-*Hintzen*, ZVG, § 33 Rz. 11.
18) Böttcher/*Böttcher*, ZVG, § 33 Rz. 12.
19) Böttcher/*Böttcher*, ZVG, § 33 Rz. 12; Dassler/Schiffhauer/u. a.-*Hintzen*, ZVG, § 33 Rz. 10.
20) Dassler/Schiffhauer/u. a.-*Hintzen*, ZVG, § 33 Rz. 14.
21) Dassler/Schiffhauer/u. a.-*Hintzen*, ZVG, § 33 Rz. 14.
22) Böttcher/*Böttcher*, ZVG, § 33 Rz. 13.
23) OLG Stuttgart, Beschl. v. 22.4.1997 – 8 W 50/97, Rpfleger 1997, 397, 398; Stöber/*Nicht*, ZVG, § 33, Rz. 2.7; Böttcher/*Böttcher*, ZVG, § 33 Rz. 13; anders Dassler/Schiffhauer/u. a.-*Hintzen*, ZVG, § 33 Rz. 15 der darauf abstellt, dass diese Auslegung gegen § 72 Abs. 3 verstößt.

§ 34
Löschung des Versteigerungsvermerks

Im Falle der Aufhebung des Verfahrens ist das Grundbuchamt um Löschung des Versteigerungsvermerks zu ersuchen.

Übersicht

I. Regelungsinhalt

1 Wenn ein Verfahren aufgehoben worden ist, ist auch der Versteigerungsvermerk zu löschen. Diese Löschung kann das Vollstreckungsgericht allerdings nicht selbst vornehmen. Dies geschieht über ein entsprechendes Ersuchen an das Grundbuchamt (§ 38 GBO). Die Form des § 29 Abs. 3 GBO ist einzuhalten.[1]

II. Voraussetzungen

2 Voraussetzung ist, dass das Verfahren aufgehoben wurde, und zwar für alle oder den (einzigen) betreibenden Gläubiger. Keine Löschung ist möglich bei mehreren betreibenden Gläubigern, wenn nur für einen Gläubiger eine Aufhebung erfolgt. Gleiches gilt auch, wenn anstelle der Verfahrensaufhebung nach § 33 ZVG der Zuschlag versagt wird.[2]

3 Eine Löschung hat in jedem Fall schließlich zu erfolgen, wenn der Zuschlag rechtskräftig versagt und die Fortsetzung des Verfahrens nicht zulässig ist (§ 86 ZVG).[3]

III. Prüfungsumfang des Grundbuchamtes

4 Das Grundbuchamt prüft entsprechend der Aufgabenteilung nur die formelle, nicht die sachliche Richtigkeit.[4]

5 Erfolgt das Ersuchen vor Eintragung des Vermerks, z. B. insbesondere wegen Antragsrücknahme, so unterbleibt die Eintragung.[5]

---

1) Dassler/Schiffhauer/u. a.-*Hintzen*, ZVG, § 34 Rz. 2.
2) Böttcher/*Böttcher*, ZVG, § 34 Rz. 2; Stöber/*Nicht*, ZVG, § 34 Rz. 2.
3) Stöber/*Nicht*, ZVG, § 34 Rz. 2.
4) Böttcher/*Böttcher*, ZVG, § 34 Rz. 3.
5) Stöber/*Nicht*, ZVG, § 34 Rz. 3.

III.
Bestimmung des Versteigerungstermins

§ 35
Versteigerung durch Vollstreckungsgericht

Die Versteigerung wird durch das Vollstreckungsgericht ausgeführt.

Im Zeitpunkt des Inkrafttretens des ZVG bestanden noch landesrechtliche Besonderheiten, die einen „Versteigerungsbeamten" zuließen.[1] Da diese Vorbehalte aber inzwischen beseitigt worden sind, ist § 35 ZVG bedeutungslos geworden. Die Zuständigkeit des Vollstreckungsgerichts für das gesamte Versteigerungsverfahren – und damit auch für die eigentliche Versteigerung – ergibt sich schon aus § 1 ZVG. 1

§ 35 ZVG sollte deshalb bei nächster Gelegenheit ersatzlos gestrichen werden. 2

1) Vgl. *Riedel*, JurBüro 1974, 421.

§ 36
Bestimmung des Versteigerungstermins

(1) Der Versteigerungstermin soll erst nach der Beschlagnahme des Grundstücks und nach dem Eingang der Mitteilungen des Grundbuchamts bestimmt werden.

(2) Der Zeitraum zwischen der Anberaumung des Termins und dem Termin soll, wenn nicht besondere Gründe vorliegen, nicht mehr als sechs Monate betragen. War das Verfahren einstweilen eingestellt, so soll diese Frist nicht mehr als zwei Monate, muß aber mindestens einen Monat betragen.

(3) Der Termin kann nach dem Ermessen des Gerichts an der Gerichtsstelle oder an einem anderen Ort im Gerichtsbezirk abgehalten werden.

Literatur: *Büchmann*, Schuldnerschutz bei der Vorbereitung des Zwangsversteigerungstermins, ZIP 1985, 138; *Papke*, Wirtschaftliche Bedeutung der Terminsbestimmung im Zwangsversteigerungsverfahren, KTS 1965, 140.

Übersicht

I. Zweck der Norm

1 Die Vorschrift regelt:

– die **Zeit** der Terminsbestimmung (Abs. 1),

– die **Frist** zwischen Terminsbestimmung und Termin (Abs. 2),

– den **Ort** der Versteigerung (Abs. 3).

2 Aus der Formulierung „soll" ist ersichtlich, dass es sich um eine Ordnungsvorschrift handelt, deren Verletzung nicht zur Unwirksamkeit, aber zur Anfechtbarkeit führt.

3 Die Vorschrift gilt für alle Versteigerungsarten des ZVG.

4 Die Terminsbestimmung erfolgt durch Beschluss, dessen Inhalt durch die §§ 37, 38 ZVG vorgeschrieben ist. Deshalb muss der zuständige Rechtspfleger den Beschluss auch mit vollem Namen unterschreiben.[1)]

II. Überprüfung des bisherigen Verfahrens

5 Bevor das Gericht den Versteigerungstermin bestimmt, ist das gesamte **bisherige Verfahren daraufhin zu überprüfen**, ob es ordnungsgemäß verlaufen ist. Etwaige Fehler sind zu korrigieren, Versäumnisse nachzuholen.

6 Die wichtigsten Punkte in Stichworten:

– Ist das **Verfahren terminreif**? Das ist dann gegeben, wenn wenigstens für einen betreibenden Gläubiger ein Beschlagnahmebeschluss (Anordnungs- oder Beitrittsbeschluss) dem Schuldner wirksam zugestellt, dieses (Einzel-) Verfahren nicht (mehr) eingestellt oder ein etwaiger Einstellungsantrag rechtskräftig zurückgewiesen ist.

– Die **Vollstreckungsvoraussetzungen** der einzelnen Beschlagnahmebeschlüsse **sollten nochmals überprüft werden**: Stimmen die Beschlüsse mit den entsprechenden Versteigerungsanträgen überein? Liegen die allgemeinen und besonderen Vollstreckungsvoraussetzungen (Titel, Klausel, Zustellung usw.) vor? Sind die Vollstreckungsunterlagen noch bei den Akten? Wenn Vollstreckungstitel zurückgegeben worden sind, diese erst wieder anfordern; denn Terminbestimmung ist „Fortsetzung der Vollstreckung".

– Spätestens jetzt das **Beteiligtenverzeichnis** anlegen (siehe hierzu § 9 ZVG).

– Die Abschrift des Grundbuchblatts und die eingegangenen Grundbuchmitteilungen nochmals überprüfen! Sind **Hindernisse gemäß § 28 Abs. 1 ZVG** ersichtlich?

– Sind **Verfügungsbeschränkungen und Vollstreckungsmängel bekannt**, die nach § 28 Abs. 2 ZVG zu beachten sind?

– Sind die vorgeschriebenen **Belehrungen erfolgt**? Auf § 30b Abs. 1 Satz 2 und § 31 Abs. 3 ZVG wird hingewiesen.

– Ist der **Verkehrswert festgesetzt** und der Beschluss allen Beteiligten wirksam zugestellt worden? Die Rechtskraft des Verkehrswertbeschlusses ist zwar nicht

---

1) Stöber/*Gojowczyk*, ZVG, § 36 Rz. 2 m. w. N.

erforderlich; aber als sinnvoll hat es sich in der Praxis erwiesen, zumindest die formelle Rechtskraft hinsichtlich des Schuldners abzuwarten (Stichwort: relative Rechtskraft); siehe § 74a Rz. 27 [*Bachmann*].

III. Bestimmung des Versteigerungstermins

1. Zeitpunkt der Terminsbestimmung (Abs. 1)

Der Versteigerungstermin soll erst bestimmt werden: 7

- **nach der Beschlagnahme**,
- **nach Eingang der Grundbuchmitteilung** gemäß § 19 Abs. 2 ZVG,
- **nach Rechtskraft** einer die Einstellung ablehnenden Entscheidung (§ 30b Abs. 4 ZVG).

Dagegen hindert ein Antrag gemäß § 765a ZPO, der an keine bestimmte Frist gebunden ist, die Bestimmung des Versteigerungstermins nicht. Gleiches gilt für eine Erinnerung gemäß § 766 ZPO gegen den Beschlagnahmebeschluss. Diese in der Praxis immer wieder anzutreffenden Anträge des Schuldners, die häufig nur das Ziel verfolgen, die Versteigerung zu verhindern oder zumindest zu verzögern, haben keinen unmittelbaren Einfluss auf die Terminsbestimmung. 8

2. Zeitraum zwischen Terminsbestimmung und Termin (Abs. 2)

Das ZVG bestimmt Mindest- und Höchstfristen, die zwischen der Terminsbestimmung und dem Versteigerungstermin liegen sollen. Hierbei sind zwei Fälle zu unterscheiden: 9

a) Regelfall gemäß Absatz 2 Satz 1

Der Zeitraum zwischen Terminsbestimmung und dem Termin soll **nicht mehr als sechs Monate** betragen, falls keine besonderen Gründe vorliegen. Die Bitte des Schuldners um Fristverlängerung, um das Grundstück freihändig zu veräußern, ist kein „besonderer Grund" i. S. d. § 36 Abs. 2 Satz 1 ZVG.[2] 10

b) Sonderfall gemäß Absatz 2 Satz 2

Wenn das Verfahren einstweilen eingestellt war, soll ein Zeitrahmen **von zwei Monaten nicht überschritten** werden. Die im Gesetz genannte Mindestfrist von einem Monat kann in diesem Zusammenhang vernachlässigt werden, da die Einhaltung der Ladungsfrist des § 43 Abs. 2 ZVG (= vier Wochen) praktisch immer dazu führt, dass mehr als ein Monat zwischen Terminsbestimmung und Termin liegt. Absatz 2 Satz 2 kommt bei allen Arten von Einstellungen in Betracht, gleich ob ihr Grund im ZVG (z. B. §§ 30 ff., 75, 76, 77, 86, 180 Abs. 2 und Abs. 3) oder in der ZPO (z. B. §§ 765a, 707, 719, 769) liegt. 11

Wenn mehrere Gläubiger das Verfahren betreiben, ist für die Frage, ob die Frist des Satzes 1 oder des Satzes 2 maßgeblich ist, auf den **bestrangig betreibenden** Gläubiger abzustellen.[3] 12

---

2) Stöber/*Gojowczyk*, ZVG, § 36 Rz. 11.

3) Böttcher/*Böttcher*, ZVG, § 36 Rz. 7; Stöber/*Gojowczyk*, ZVG, § 36 Rz. 13a; a. A. Steiner-*Teufel*, ZVG, § 36 Rz. 31.

3. Ort der Versteigerung (Abs. 3)

13 Es liegt im Ermessen des Versteigerungsrechtspflegers, den Termin an der Gerichtsstelle oder an einem anderen Ort im Gerichtsbezirk abzuhalten. Maßgebliches Kriterium sollte hierbei die Überlegung sein: An welchem Ort verspricht die Versteigerung voraussichtlich den größeren Erfolg? Hierfür können keine starren Regeln aufgestellt werden, da jeder Fall anders liegen kann. Aber die Erfahrung lehrt, dass die Versteigerung auf dem zu versteigernden Grundstück oder in einem Gasthaus in der Nähe des Grundstücks, wie es früher häufig praktiziert wurde, nicht besonders sinnvoll ist, da Störungen des Sitzungsablaufs nicht auszuschließen sind. Eher in Betracht kommen Säle im Rathaus, in einer Schule, in einem Gemeinde- oder Pfarrgemeindezentrum. Wenn große Besuchermengen zu erwarten sind, muss der Saal ausreichend Platz für alle Bietinteressenten bieten. Notfalls muss in einen größeren Saal „umgezogen“ werden.[4)]

14 Die Frage der Sicherheit darf nicht vernachlässigt werden (Wachtmeister, Alarmanlage, Polizei). Und gerade dieser Aspekt spricht häufig für die Versteigerung im Gericht. Bei einem zentralen Versteigerungsgericht (vgl. § 1 Abs. 2 ZVG i. V. m. landesrechtlichen Vorschriften) kann die Versteigerung natürlich auch im Saal eines zugeordneten Amtsgerichts stattfinden.

IV. Rechtsbehelf

15 § 36 ZVG ist eine Ordnungsvorschrift; ein Verstoß dagegen macht das Verfahren nicht unzulässig, aber anfechtbar. Als Rechtsbehelf kommt § 766 ZPO in Betracht; die sofortige Beschwerde scheidet aus (§ 95 ZVG).

V. Kostenvorschuss

16 Spätestens bei der Bestimmung des Versteigerungstermins ist vom Gericht ein Gebühren- und Auslagenvorschuss zu erheben (§§ 15 Abs. 1, 17 Abs. 3 GKG). Die Terminsbestimmung darf aber nicht von der Zahlung abhängig gemacht werden.

17 Die Gebühr beträgt 1/1 aus dem festgesetzten Verkehrswert (GKG KV 2213). An Auslagen kommen insbesondere die Kosten für die Einschaltung des Sachverständigen und die Kosten für die Zustellungen in Betracht.

18 Der Kostenvorschuss wird vom Antragsteller angefordert (§ 26 Abs. 1 GKG). Bei mehreren Antragstellern (auf den Zeitpunkt der Terminsbestimmung bezogen) erfolgt regelmäßig eine Aufteilung des Vorschusses im Verhältnis der geltend gemachten Forderungen. Den gezahlten Vorschuss erhält der vorschießende Gläubiger auch ohne entsprechende Anmeldung bei der Verteilung des Erlöses wieder zurück, und zwar in der Rangklasse der Gerichtskosten (vgl. § 109 ZVG).

VI. Besonderheit

19 Wenn aufgrund einer Zuschlagsversagung gemäß § 74a Abs. 3 oder gemäß § 85a Abs. 2 ZVG ein neuer Versteigerungstermin von Amts wegen bestimmt wird, ist eine andere Frist zu beachten: Nach § 74a Abs. 3 Satz 2 ZVG soll der Zeitraum

---

4) Stöber/*Gojowczyk*, ZVG, § 37 Rz. 21 ff. Wegen der Einzelheiten, die bei einem solchen „Umzug“ zu beachten sind, wird auf Stöber/*Becker*, ZVG, § 66 Rz. 5 verwiesen.

zwischen den beiden Terminen **mindestens drei Monate** betragen, darf aber sechs **Monate nicht überschreiten.** § 36 Abs. 2 ZVG gilt neben dieser Sonderregelung nicht.

§ 37
Wesentlicher Inhalt der Terminsbestimmung

Die Terminsbestimmung muss enthalten:

1. die Bezeichnung des Grundstücks;

2. Zeit und Ort des Versteigerungstermins;

3. die Angabe, dass die Versteigerung im Wege der Zwangsvollstreckung erfolgt;

4. die Aufforderung, Rechte, soweit sie zur Zeit der Eintragung des Versteigerungsvermerks aus dem Grundbuch nicht ersichtlich waren, spätestens im Versteigerungstermin vor der Aufforderung zur Abgabe von Geboten anzumelden und, wenn der Gläubiger widerspricht, glaubhaft zu machen, widrigenfalls die Rechte bei der Feststellung des geringsten Gebots nicht berücksichtigt und bei der Verteilung des Versteigerungserlöses dem Anspruch des Gläubigers und den übrigen Rechten nachgesetzt werden würden;

5. die Aufforderung an diejenigen, welche ein der Versteigerung entgegenstehendes Recht haben, vor der Erteilung des Zuschlags die Aufhebung oder einstweilige Einstellung des Verfahrens herbeizuführen, widrigenfalls für das Recht der Versteigerungserlös an die Stelle des versteigerten Gegenstandes treten würde.

§ 38
Weitere Angaben in der Terminsbestimmung

(1) Die Terminsbestimmung soll die Angabe des Grundbuchblatts, der Größe und des Verkehrswerts des Grundstücks enthalten. Ist in einem früheren Versteigerungstermin der Zuschlag aus den Gründen des § 74a Abs. 1 oder des § 85a Abs. 1 versagt worden, so soll auch diese Tatsache in der Terminsbestimmung angegeben werden.

(2) Das Gericht kann Wertgutachten und Abschätzungen in einem für das Gericht bestimmten elektronischen Informations- und Kommunikationssystem öffentlich bekannt machen.

Literatur: *Helwich*, Immobiliarvollstreckung in der Praxis, Teil 11: Verkehrswertfestsetzung und Terminsanberaumung, JurBüro 2011, 175.

Übersicht

I. Allgemeines

1 Die Terminsbestimmung erfolgt durch einen **Beschluss** des Vollstreckungsgerichts, dessen wesentlicher Inhalt durch die §§ 37, 38 ZVG vorgegeben wird. Verfolgt werden in erster Linie zwei Ziele:[1]

- Diejenigen, deren Rechte durch die Zwangsversteigerung betroffen werden können, sollen in die Lage versetzt werden, ihre Rechte wahrzunehmen.
- Die Öffentlichkeit soll über das Versteigerungsobjekt und den Versteigerungstermin informiert werden, um möglichst viele Bietinteressenten anzusprechen, damit durch die Bieterkonkurrenz ein möglichst dem Grundstückswert entsprechendes Gebot erreicht wird.

II. Inhalt der Terminsbestimmung

2 Beim Inhalt der Terminsbestimmung unterscheidet das Gesetz zwischen dem „wesentlichen Inhalt" (= § 37 ZVG) und den „weiteren Angaben" (= § 38 ZVG). Die Terminsbestimmung **muss** enthalten:

- das Grundstück,
- Zeit und Ort des Versteigerungstermins,
- Art der Versteigerung,
- Aufforderung, nicht grundbuchersichtliche Rechte rechtzeitig anzumelden,
- Aufforderung, der Versteigerung entgegenstehende Rechte rechtzeitig geltend zu machen.

3 Daneben **soll** die Terminsbestimmung enthalten:

- Angabe des Grundbuchblatts,
- die Größe des Grundstücks,
- Verkehrswert des Grundstücks,
- Hinweis auf eine frühere Zuschlagsversagung nach § 74a Abs. 1 oder § 85a Abs. 1 ZVG.

---

1) Vgl. BGH, Beschl. v. 29.9.2011 – V ZB 65/11, Rpfleger 2012, 93 = ZfIR 2011, 840; BGH, Beschl. v. 17.1.2013 – V ZB 53/12, Rpfleger 2013, 403 = ZfIR 2013, 217.

1. Bezeichnung des Grundstücks (§ 37 Nr. 1, 38 Abs. 1 Satz 1 ZVG)

Das Versteigerungsobjekt (Grundstück(e), Wohnungs- bzw. Teileigentum, Erbbaurecht, Miteigentumsbruchteil) muss so genau bezeichnet werden, dass keine Zweifel über die Identität besteht und jegliche **Verwechslungsgefahr ausgeschlossen** wird.[2] Wie das genau zu geschehen hat, entscheidet das Gericht nach pflichtgemäßen Ermessen (str.).[3] Nach § 38 Abs. 1 Satz 1 ZVG soll das Grundbuchblatt und die Größe angegeben werden. Deshalb ist es sinnvoll, die Bezeichnung des Grundstücks zunächst in entsprechender Anwendung des § 28 Satz 1 Halbs. 2 GBO wie folgt zu bezeichnen: 4

Grundbuchblatt, Gemarkung, Flurstücksnummer, Wirtschaftsart, Lage und Größe. Hierbei ist jedoch zu bedenken, dass die Angaben zur Wirtschaftsart im Grundbuch häufig nur mit einem Oberbegriff (z. B. Landwirtschaftsfläche, Hof- und Gebäudefläche) aufgeführt und oft auch überholt sind. Daher muss der Versteigerungsrechtspfleger insoweit auch andere Unterlagen heranziehen, um das Grundstück genauer zu beschreiben. Hier kommt in erster Linie das Gutachten des Sachverständigen in Betracht. Wird in der Veröffentlichung darauf hingewiesen, dass die vom Grundbuchbeschrieb abweichende Nutzungsart oder Lagebezeichnung durch den Sachverständigen festgestellt ist („laut Gutachten nun …"), dann ist dadurch deutlich gemacht, dass diese Angaben durch das Gericht nicht abschließend geprüft worden sind. Dies halten *Böttcher*[4] und *Hintzen*[5] für zulässig; *Stöber*[6] dagegen rät von einer solchen Verfahrensweise dringend ab und verweist in diesem Zusammenhang auf § 404a Abs. 3 ZPO, wonach Tatsachenfeststellung Aufgabe des Gerichts sei. Wie das Vollstreckungsgericht diese Tatsachen jedoch feststellen soll, erschließt sich aus der Kommentierung nicht. Die Mehrzahl der Versteigerungsgerichte hält sich an die Angaben im Gutachten und bringt dies in der Terminsbestimmung auch zum Ausdruck (z. B. „angeblich bebaut mit einem Einfamilienwohnhaus mit Einliegerwohnung"). 5

Inzwischen sind zur Frage der richtigen Bezeichnung des Versteigerungsobjekts schon verschiedene Entscheidungen veröffentlicht worden. Die Tendenz dabei geht dahin, dass sehr strenge Maßstäbe anzulegen sind, damit Haftungsfälle vermieden werden. Deshalb sollten die Gerichte zumindest die wichtigsten Entscheidungen kennen. 6

Folgende Angaben zur Grundstücksbezeichnung sollen **nicht ausreichend** sein: 7

– Nur Angabe des Grundbuchblatts und der lfd. Nr. im Bestandsverzeichnis dieses Blattes.[7]

---

2) OLG Nürnberg, Urt. v. 9.11.2005 – 4 U 920/05, Rpfleger 2006, 215 = MDR 2006, 656.

3) So Dassler/Schiffhauer/u. a.-*Hintzen*, ZVG, § 37 Rz. 4; a. A. Böttcher/*Böttcher*, ZVG, §§ 37, 38 Rz. 2 m. w. N.

4) Böttcher/*Böttcher*, ZVG, §§ 37, 38 Rz. 2 unter Hinweis auf OLG Hamm, Beschl. v. 23.12.199 – 15 W 453/99, Rpfleger 2000, 172 = ZfIR 2000, 907.

5) Dassler/Schiffhauer/u. a.-*Hintzen*, ZVG, § 37 Rz. 7.

6) Stöber/*Gojowczyk*, ZVG, § 37 Rz. 5.

7) RG, Urt. v. 16.3.1904 – V 388/03, RGZ 57, 200.

- Die Bezeichnung „mehrere Flurstücke verschiedener Wirtschaftsart und Lage" bei einem Grundstück, das bebaut war mit einem Wohnhaus mit zwei Wohnungen, einer Reithalle mit eingebauten Pferdeställen und zwei Remisen.[8)]
- Nur „Gebäude- und Freifläche", wenn auf dem Grundstück ein Hotel betrieben wird.[9)]
- „Wiese" (so lautete die Bezeichnung im Grundbuch), wenn auf dem Grundstück ein teilweise fertiges Wohnhaus steht.[10)]
- „Ackerland", wenn das Grundstück mit einem Wohn- und Geschäftshaus bebaut ist und als Gärtnereibetrieb benutzt wird.[11)]
- Fehlender Hinweis, dass ein Gebäude sich zum Teil auf einem anderen Grundstück befindet (Stichwort: Überbau).[12)]
- „Hof- und Gebäudefläche, Grünland, Wald, Weg ...", wenn es sich um ein schlossähnliches Gebäude aus der Barockzeit handelt.[13)]
- Angabe eines falschen Stockwerks der zu versteigernden Eigentumswohnung.[14)]
- Falsche Wohnflächenangabe bei einer Eigentumswohnung.[15)]
- Bei einer Arztpraxis als Teileigentum in einem mehrgeschossigen Haus muss die Anzahl der Räume und die Geschossbezeichnung angegeben werden.[16)]
- Bezeichnung des Grundstücks nach Gemarkung, Flur und Flurstücksnummer sowie Angabe der Straße und Hausnummer reicht dann **nicht** aus, wenn die bloße Angabe für eine ortsunkundige Person ohne Heranziehung weiterer Informationsquellen keine Rückschlüsse auf den Ortsnamen zulässt. Wenn also Gemarkung und Ortsname nicht identisch sind, ist auch noch der Ortsname anzugeben.[17)]
- Greift ein Zuschlag in schuldnerfremdes Eigentum ein, so ist er unwirksam, wenn ein verständiger Eigentümer nach dem Inhalt der veröffentlichten Terminsbestimmung seine Betroffenheit nicht erkennen und deshalb auch bei Beachtung gehöriger Sorgfalt seine Rechte nicht wahren konnte.[18)]

---

8) LG Oldenburg, Beschl. v. 29.11.1978 – 5 T 254/78, Rpfleger 1979, 115.

9) OLG Nürnberg, Urt. v. 9.11.2005 – 4 U 920/05, Rpfleger 2006, 215 = MDR 2006, 656; hierzu auch *Storz/Kiderlen*, Rpfleger 2006, 615 (Urteilsanm.).

10) LG Kaiserslautern, Beschl. v. 8.3.1963 – 1 T 242/63, Rpfleger 1964, 120 mit zust. Anm. *Stöber*.

11) LG Frankenthal, Beschl. v. 7.3.1984 – 1 T 49/84, Rpfleger 1984, 326 mit Anm. *Meyer-Stolte*.

12) LG Oldenburg, Beschl. v. 7.3.1980 – 5 T 39/80, Rpfleger 1980, 306.

13) OLG Hamm, Beschl. v. 23.12.1999 – 15 W 453/99, Rpfleger 2000, 172 = ZfIR 2000, 907.

14) LG Augsburg, Beschl. v. 8.12.1998 – 4 T 4878/98, Rpfleger 1999, 232 = JurBüro 1999, 323.

15) BGH, Beschl. v. 30.9.2010 – V ZB 160/09, Rpfleger 2011, 173 = MDR 2011, 130; hierzu auch *Traub*, ZfIR 2011, 577 (Urteilsanm.).

16) LG Rostock, Beschl. v. 24.3.2011 – 3 T 343/10, Rpfleger 2011, 625.

17) BGH, Beschl. v. 17.1.2013 – V ZB 53/12, Rpfleger 2013, 403 = ZfIR 2013, 217.

18) BGH, Urt. v. 8.11.2013 – V ZR 155/12, Rpfleger 2014, 216.

Dagegen wurden für **ausreichend** gehalten folgende Bezeichnungen: 8

- „Gebäude- und Freifläche“ ohne Zusatz, dass es sich um ein Mehrfamilienhaus handelt.[19)]
- „Bebaut mit einem Einfamilienhaus“ reicht auch dann, wenn einige Räume als Ingenieurbüro genutzt werden.[20)]

Unrichtige, unvollständige oder ungenaue Grundstücksbezeichnungen können zu Missverständnissen führen und damit **Amtshaftungsansprüche** auslösen.[21)] Auch wenn man nicht alle Entscheidungen, die in diesem Bereich ergangen sind, richtig nachvollziehen kann, sollte die Devise immer lauten: Im Zweifel lieber nochmals anhand des Sachverständigengutachtens oder der Grundakten (sofern sie „greifbar“ sind) nachprüfen, ob das zu versteigernde Grundstück vielleicht nicht doch noch näher bezeichnet werden könnte. Notfalls sollten beim Katasteramt oder der Gemeinde weitere Auskünfte eingeholt werden. Aber die Angaben des Sachverständigen zu überprüfen,[22)] halte ich für übertrieben. 9

In diesem Zusammenhang möchte ich auf die notarielle bzw. grundbuchamtliche Praxis hinweisen: Wenn schon im „strengen“ Grundbuchrecht die Angabe der Flurstücksnummer zur Kennzeichnung eines Grundstücks genügt (vgl. § 28 GBO), dann muten manche Entscheidungen der Obergerichte zu § 37 ZVG doch schon etwas übertrieben an. 10

Wenn **mehrere Grundstücke** in einem Verfahren versteigert werden (vgl. § 18 ZVG), dann muss jedes Grundstück genau bezeichnet werden. 11

Wenn nur ein **Miteigentumsbruchteil** versteigert wird (vgl. § 864 Abs. 2 ZPO), muss neben dem Grundstück auch der genaue Bruchteil (also die Anteilsgröße) und der Name des Bruchteilseigentümers angegeben werden; die Neufassung des § 38 ZVG durch Art. 10 Nr. 1 des 1. Justizmodernisierungsgesetzes vom 24.8.2004 (BGBl. I S. 2198, 2206) steht dem nicht entgegen. Wenn jedoch **sämtliche** Miteigentumsbruchteile an dem Grundstück versteigert werden sollen, müssen die Miteigentumsanteile in der Terminsbestimmung nicht gesondert ausgewiesen werden. Wird aber nach der Bekanntmachung des auf die Versteigerung sämtlicher Miteigentumsanteile bezogenen Versteigerungstermins hinsichtlich eines Miteigentumsanteils das Zwangsversteigerungsverfahren einstweilen eingestellt, bedarf es einer **neuen Bekanntmachung**, in der die noch zu versteigernden Miteigentumsanteile zu bezeichnen sind.[23)] 12

Wird ein **Erbbaurecht** versteigert, ist es nach seiner Bezeichnung im Erbbaugrundbuch zu bezeichnen. Dazu gehören auch Angaben zum Bauwerk und zur Dauer des Erbbaurechts. Nach *Stöber*[24)] sollte aus Gründen einer fairen Verfahrensgestaltung bereits in der Terminsbestimmung auf die Notwendigkeit der Zustimmung des 13

---

19) OLG Düsseldorf, Beschl. v. 20.12.1996 – 3 W 502/96, Rpfleger 1997, 225 = ZfIR 1997, 112.

20) BGH, Beschl. v. 29.9.2011 – V ZB 65/11, Rpfleger 2012, 93 = ZfIR 2011, 840.

21) Vgl. OLG Koblenz, Urt. v. 18.1.2000 – 1 U 1429/96, Rpfleger 2000, 342 (mit Anm. *Storz*).

22) So aber offensichtlich Stöber/*Gojowczyk*, ZVG, § 37 Rz. 5.

23) BGH, Beschl. v. 29.10.2020 – V ZB 13/20, Rpfleger 2021, 300 = MDR 2021, 386.

24) Stöber/*Gojowczyk*, ZVG, § 37 Rz. 17.

Grundstückseigentümers hingewiesen werden, wenn die Veräußerung nur mit Zustimmung des Eigentümers zulässig ist. Ich halte dies für zu weit gehend; schließlich ist die Zustimmung erst zum Zuschlag erforderlich und kann darüber hinaus auch ersetzt werden.

14 Die Versteigerung eines **Wohnungs- bzw. Teileigentums** erfordert neben der Angabe des betreffenden Grundstücks die Angabe des Bruchteils sowie der mit dem Sondereigentum verbundenen Räume – am besten übereinstimmend mit den Angaben im Bestandsverzeichnis des Grundbuchblatts. Angabe der Wohn- bzw. Nutzfläche und Anzahl der Räume gehören nicht hierzu (str.).[25] Wenn sie jedoch angegeben sind, dann dürfen sie nicht falsch oder irreführend sein.

2. Zeit und Ort (§ 37 Nr. 2 ZVG)

15 In der Terminsbestimmung muss die **Zeit nach Jahr, Monat, Tag, Stunde und Minute** genannt werden. Zur eigenen Sicherheit sollte man den Wochentag auch benennen, sodass etwaige Fehler (Widerspruch zwischen Datum und Wochentag) auffallen und rechtzeitig beseitigt werden können. Bei der Festlegung der Zeit sollte auch darauf Rücksicht genommen werden, dass die Beteiligten auch ohne größere Schwierigkeiten am Termin teilnehmen können. So ist es nicht angebracht, den Termin ganz **früh morgens oder erst in die Abendstunden zu verlegen, wenn Beteiligte von außerhalb anreisen müssen.**

16 **Der Ort der Versteigerung ist nach Ort, Straße, Hausnummer und Zimmer- bzw. Saalnummer so zu bezeichnen, dass sowohl die Beteiligten als auch die Bietinteressenten** ihn zuverlässig finden können.

17 Wird der Termin verlegt (auf eine andere Zeit oder an einen anderen Ort), gelten grundsätzlich dieselben Erfordernisse. Für eine etwa notwendige kurzfristige Änderung des Terminsortes (z. B. anderer Gerichtssaal, weil der ursprünglich vorgesehene Saal belegt oder zu klein ist) genügt ein schriftlicher Hinweis an dem in der Terminsbestimmung genannten Saal und Unterrichtung der Justizwachtmeisterei.[26] Die weitergehenden Maßnahmen, welche das OLG Hamm[27] für erforderlich hält, sind zum Teil völlig lebensfremd; die Entscheidung wurde deshalb auch heftig angegriffen[28] und ist in der Praxis auf einhellige Ablehnung gestoßen.

---

25) Böttcher/*Böttcher*, ZVG, §§ 37, 38 Rz. 4a, meint dazu zu Recht: „Der Praxis ist zu empfehlen, die Wohnfläche nicht in die Terminsbestimmung aufzunehmen, wenn sie nicht zweifelsfrei bekannt ist"; a. A. Stöber/*Gojowczyk*, ZVG, § 37 Rz. 18 unter Hinweis auf den Beschluss des BGH vom 30.9.2010 – V ZB 160/09, Rpfleger 2011, 173 = WM 2010, 2365 und der Entscheidung des OLG Karlsruhe vom 31.12.1992 – 18a W 30/92, Rpfleger 1993, 256. Wenn *Stöber* hierzu bemerkt: „ mit zust. Anm. *Meyer-Stolte*", dann unterschlägt er, was *Meyer-Stolte* weiter ausgeführt hat: „Dem Rechtspfleger des Vollstreckungsgerichts ist nicht zuzumuten…, derartige Angaben im Sachverständigengutachten zu überprüfen und ggf. in einem Besichtigungstermin die Wohnfläche nachzumessen. …Es ist allerdings zu befürchten, dass sich diese Sichtweise nicht durchzusetzen vermag. Dies liegt nämlich auf der Linie der Entwicklung der Rechtsprechung zum Immobilarvollstreckungsrecht, deren Äußerungen aus der Sicht der Praxis eher ein wenig theoretisch und wirklichkeitsfremd anmuten."

26) So auch Stöber/*Becker*, ZVG, § 66 Rz. 5; a. A. nunmehr Böttcher/*Böttcher*, ZVG, § 66 Rz. 5.

27) OLG Hamm, Beschl. v. 7.9.1978 – 15 W 40/78, Rpfleger 1979, 29 = NJW 1979, 1720.

28) Für viele *Schiffhauer*, Rpfleger 1985, 312 (Urteilsanm.).

In diesem Zusammenhang soll auch auf eine Entscheidung des LG Memmingen[29] verwiesen werden. Darin hat das Gericht ausgeführt, dass die wesentlichen Anforderungen an die Größe eines Gerichtssaals bei der Versteigerung sei, dass allen ernsthaft Interessierten die Teilnahme an dem Versteigerungstermin möglich sein muss. Im konkreten Fall war ein Wechsel in einen größeren Gerichtssaal nicht möglich, weil es sich bei dem betreffenden Saal bereits um den größten Sitzungssaal des Gerichtsgebäudes handelte. Und deshalb hatte der Versteigerungsrechtspfleger nur solchen Bietinteressenten Zutritt gewährt, die Sicherheit geleistet hatten oder einen entsprechenden Bankscheck zur Sicherheitsleistung mitgeführt hatten. Das Landgericht sah in der Sicherheitsleistung ein sachgerechtes Kriterium für einen bevorzugten Einlass in den Sitzungssaal. 18

3. Angabe der Art der Versteigerung (§ 37 Nr. 3 ZVG)

Aus der Terminsbestimmung muss sich ergeben, dass die Versteigerung im Wege der Zwangsvollstreckung erfolgt. Bei den besonderen Versteigerungsarten des ZVG ist anzugeben, um welche Art es sich im konkreten Fall handelt: 19

- Versteigerung auf Antrag des Insolvenzverwalter (auch „Insolvenzverwaltungsversteigerung" genannt), § 172 ZVG;
- Versteigerung auf Antrag des Erben (auch „Nachlassversteigerung" genannt), § 176 ZVG;
- Versteigerung zum Zwecke der Aufhebung einer Gemeinschaft (auch „Teilungsversteigerung" genannt), § 180 ZVG.

4. Aufforderung gemäß § 37 Nr. 4 ZVG

Die Terminsbestimmung **muss** weiter die Aufforderung enthalten, zum Zeitpunkt der Eintragung des Versteigerungsvermerks nicht aus dem Grundbuch ersichtliche Rechte anzumelden und notfalls glaubhaft zu machen. 20

a) Was ist anzumelden?

- Ansprüche der **Rangklassen 1, 1a, 2 und 3 bzw. 7** (siehe § 10 ZVG), 21
- **Rechte**, die erst **nach dem Zwangsversteigerungsvermerk** eingetragen wurden;

  Rechte, die in Abt. III des Grundbuchs am **gleichen Tag** wie der Versteigerungsvermerk eingetragen worden sind (Hinweis: Im Grundbuch wird nur das Datum, nicht aber die Uhrzeit vermerkt), müssen **nicht angemeldet** werden, da sie nicht „nach" dem Versteigerungsvermerk eingetragen worden sind (Stichwort: Tempusprinzip).
- **Rechte**, die im Grundbuch **zu Unrecht gelöscht** worden sind, materiellrechtlich aber noch bestehen.
- **Rechte**, die **ohne Grundbucheintragung** (als „außerhalb des Grundbuchs") **entstanden** sind (z. B. Sicherungshypothek nach § 1287 BGB oder Sicherungshypothek nach § 848 Abs. 2 ZPO, Nießbrauch nach § 1075 BGB).

29) LG Memmingen, Beschl. v. 20.5.2015 – 44 T 510/15, Rpfleger 2015, 720.

– Ansprüche auf **rückständige wiederkehrende Leistungen** (§§ 45 Abs. 2, 114 Abs. 2 ZVG).
– Nach dem Versteigerungsvermerk eingetragene **Rangänderungen.**
– Ein nicht grundbuchersichtlicher **Rechts- oder Vorrangerwerb**, der auf § 878 BGB oder auf §§ 136, 135, 892 BGB beruht (wegen der Einzelheiten hierzu siehe § 23 Rz. 50 ff. [*Cranshaw*]).
– **Kosten gemäß § 10 Abs. 2** (= Kosten der Kündigung und der dinglichen Rechtsverfolgung).
– Persönliche Haftung des Schuldners bei einer bestehen bleibenden Grundschuld mit dem Ziel, dass der Ersteher neben Grundschuld (= „dingliche Forderung") (auch) die persönliche Schuld (§ 53 Abs. 2 ZVG) übernehmen muss.
– Kündigung eines Grundpfandrechts, damit die bereits erfolgte Kündigung auch gegenüber dem Ersteher wirkt (§ 54 ZVG).

b) Was muss nicht angemeldet werden?

22 – Rechte, die zum Zeitpunkt der Eintragung des Versteigerungsvermerks aus dem Grundbuch ersichtlich sind (Hauptanspruch, laufende wiederkehrende Leistungen, einmalige Nebenleistungen), § 45 Abs. 1 und 2, § 114 Abs. 1 und 2 ZVG.
– Ansprüche, wegen deren das Verfahren betrieben wird, § 114 Abs. 1 Satz 2 ZVG.
– Rechte, die „außerhalb des geringsten Gebots" bestehen bleiben (z. B. Überbau- und Notwegrente, §§ 912 ff. BGB; Erbbaurecht, § 25 ErbbauRG; Altenteil bzw. Leibgeding, § 9 Abs. 1 EGZVG; Dauerwohnrecht, §§ 31 ff. WEG).
– Wertersatz für ein durch Zuschlag erlöschendes Recht, § 92.
– Wechsel des Berechtigten bzw. Gläubigers eines Rechts (infolge Abtretung, Pfändung oder Verpfändung); dazu zählt auch das Entstehen einer Eigentümergrundschuld aus einem Fremdrecht.
– Kosten des laufenden Versteigerungsverfahrens, die nach § 109 ZVG vorweg aus dem Erlös zu entnehmen sind (dazu zählt auch der Kostenvorschuss des betreibenden Gläubigers).

c) Wie muss angemeldet werden?

23 Die Anmeldung kann **schriftlich oder zu Protokoll der Geschäftsstelle oder mündlich in einem Termin** (insbesondere im Versteigerungstermin) erfolgen. Aber auch per Fax oder als Telebrief kann die Anmeldung vorgenommen werden. Wegen der Erklärung durch elektronisches Dokument wird auf § 130a ZPO verwiesen. Wenn ein betreibender Gläubiger widerspricht, muss der Anmeldende sein Recht noch glaubhaft machen.

24 Als **Prozesshandlung** hat die Anmeldung nur für das Verfahren Wirkung für das konkrete Verfahren, in dem die Anmeldung erfolgt. Wegen der näheren Einzelheiten wird auf die Kommentierung zu § 45 ZVG Bezug genommen.

d) Bis zu welchem Zeitpunkt muss angemeldet werden?

Die Anmeldung muss spätestens im Versteigerungstermin bis zum Beginn der Bietstunde (die mit **Aufforderung zur Abgabe von Geboten** beginnt, § 66 Abs. 2 ZVG) erfolgen. 25

e) Wirkung einer rechtzeitigen Anmeldung

Das angemeldete Recht wird im Verfahren (insbesondere bei der Aufstellung des geringsten Gebots und im Teilungsplan) **berücksichtigt,** §§ 45, 114 ZVG. Der Anmeldende wird Beteiligter des Verfahrens, § 9 Nr. 2 ZVG. 26

f) Wirkung einer verspäteten Anmeldung

- Bei der Feststellung des geringsten Gebots wird das Recht **nicht berücksichtigt.** Daraus folgt weiter, dass das Recht grundsätzlich mit dem Zuschlag erlischt (§ 91 Abs. 1 ZVG). 27
- Im Teilungsplan wird das Recht an **letzter Stelle** berücksichtigt (§ 110 ZVG). Unter mehreren verspätet angemeldeten Rechten gilt dann wieder die Rangfolge des § 10 ZVG.
- Ab der Anmeldung ist der Betreffende Beteiligter, § 9 Nr. 2 ZVG.

g) Wirkung einer fehlenden Anmeldung

Das betreffende Recht wird in diesem Fall weder im geringsten Gebote (§ 45 Abs. 1 ZVG) noch im Teilungsplan (§ 114 ZVG) berücksichtigt. Der Inhaber des Rechts ist kein Beteiligter und nimmt deshalb am Verfahren überhaupt nicht teil (§ 9 Nr. 2 ZVG). 28

h) Sonstige Hinweise

- Die Anmeldung gilt für das gesamte Verfahren, also auch für spätere Termine. 29
- Umgekehrt kann eine Anmeldung für den 1. Versteigerungstermin verspätet sein (mit der Folge, dass das Recht im geringsten Gebot für diesen Termin nicht berücksichtigt wird). Für einen weiteren Termin ist diese Anmeldung jedoch rechtzeitig (mit der Folge der Berücksichtigung bei der Aufstellung des neuen geringsten Gebots und im Teilungsplan – jeweils ohne Rangverlust). Dies gilt auch, wenn nach Beginn der Bietstunde infolge Antragsrücknahme des bestbetreibenden Gläubigers u. U. ein neues geringstes Gebot festgestellt werden muss und daraufhin eine neue Bietstunde in Gang gesetzt wird (die wiederum mit der „Aufforderung zur Abgabe von Geboten" beginnt); denn auch hier ist die ursprünglich verspätete Anmeldung dann auch „rechtzeitig" i. S. v. §§ 37 Nr. 4, 45 Abs. 1 ZVG.
- Mitteilungen des Grundbuchamts über vorgenommene Eintragungen (vgl. § 19 Abs. 3 ZVG) oder sonstige Kenntnis des Vollstreckungsgerichts machen eine Anmeldung nicht überflüssig. Diese Fehleinschätzung ist in der Praxis immer wieder festzustellen.
- Fehlt in der Terminsbestimmung die Aufforderung nach § 37 Nr. 4 ZVG, dann tritt der Rangverlust nach § 110 ZVG nicht ein.[30)]

---

30) Stöber/*Gojowczyk*, ZVG, § 37 Rz. 23.

5. Aufforderung gemäß § 37 Nr. 5 ZVG

30 Die Terminsbestimmung muss weiter die Aufforderung enthalten, wegen eines die Versteigerung entgegenstehenden Rechts die Aufhebung oder einstweilige Einstellung des Verfahrens herbeizuführen.

a) Rechte, die der Versteigerung entgegenstehen

31 Es muss sich um Rechte handeln, die der Versteigerung entgegenstehen, aber nicht aus dem Grundbuch ersichtlich sind;[31)] denn letztere muss das Vollstreckungsgericht schon von Amts wegen berücksichtigen. Unter Nr. 5 fällt insbesondere das Eigentum eines Dritten am Grundstück, an einem Grundstücksbruchteil oder hinsichtlich eines grundstücksgleichen Rechts; aber auch Eigentum eines Dritten an mithaftenden und mit zu versteigernden Gegenständen (vgl. §§ 55, 91 ZVG) zählen hierunter. Als immer wiederkehrender Praxisfall zu nennen ist hier das schuldnerfremde Zubehör, das zwar nicht der Hypothekenhaftung unterliegt und damit nicht beschlagnahmt ist (§ 20 Abs. 2, §§ 1120 ff. BGB), aber gemäß § 55 Abs. 2 ZVG mitversteigert und vom Ersteher zu Eigentum erworben werden kann, § 90 Abs. 2 ZVG.

b) Geltendmachung der Rechte

32 Entgegenstehende Rechte muss der Dritte geltend machen. Die bloße Anmeldung genügt hierfür nicht;[32)] vielmehr muss der Dritte die Aufhebung oder einstweilige Einstellung herbeiführen:

- durch Einstellungsbewilligung sämtlicher betreibender Gläubiger, § 30 ZVG;
- durch Rücknahme des Versteigerungsantrags durch sämtliche betreibende Gläubiger, § 29 ZVG;
- durch Einstellungsbeschluss des Prozessgerichts, §§ 771 Abs. 3, 769 Abs. 1 ZPO;
- durch Einstellungsbeschluss des Vollstreckungsgerichts, §§ 771 Abs. 3, 769 Abs. 2 ZPO.

c) Wirkung bei rechtzeitiger Geltendmachung

33 Wird das Verfahren aufgrund der Antragsrücknahme sämtlicher betreibenden Gläubiger hinsichtlich eines Zubehörgegenstandes **aufgehoben**, dann ist die Beschlagnahme insoweit erloschen. Ein etwaiger Ersteher erwirbt das Grundstück – aber ohne das betreffende Zubehörstück.

34 War das Verfahren nur **einstweilen eingestellt**, dann kommt es darauf an, wie sich das Verfahren weiter gestaltet:

- Wird das eingestellte Verfahren fortgesetzt (vgl. § 31 ZVG), dann erstreckt sich auch (wieder) die Versteigerung und der Zuschlag auf den betr. Gegenstand.
- Wurde die Fortsetzung nicht oder nicht rechtzeitig beantragt, dann wird das Verfahren insoweit aufgehoben – mit den eingangs geschilderten Konsequenzen.

---

31) So auch Dassler/Schiffhauer/u. a.-*Hintzen*, ZVG, § 37 Rz. 23; a. A. Stöber/*Gojowczyk*, ZVG, § 37 Rz. 41 und Böttcher/*Böttcher*, ZVG, §§ 37, 38 Rz. 19.

32) Eine in der Praxis immer wieder anzutreffende Fehleinschätzung vieler „Drittberechtigten".

d) **Wirkung bei nicht rechtzeitiger Geltendmachung**

In diesem Fall hat der Dritte mit dem Zuschlag sein Eigentum an dem Grundstück und den mitversteigerten Gegenständen verloren; denn mit dem Zuschlag ist der Ersteher Eigentümer geworden, § 91 ZVG. Das Recht des Dritten setzt sich aber im Wege der **dinglichen Surrogation** am Versteigerungserlös fort. Dies bedeutet: 35

- Bezog sich das bisherige Recht auf das **Eigentum** an dem Grundstück, dann kann der Dritte den Versteigerungserlös (nach Abzug „vorgehender" Ansprüche) für sich in Anspruch nehmen.
- Bezog sich das bisherige Eigentum auf ein **Zubehörstück**, dann kann der Dritte einen verhältnismäßigen Anteil am Erlös beanspruchen.[33)]

Den entsprechenden Anspruch kann der Dritte im Versteigerungsverfahren, sofern er Beteiligter ist (vgl. § 9 Nr. 2 ZVG), durch **Widerspruch** geltend machen, § 115 ZVG. Dieser Widerspruch richtet sich im Ergebnis gegen den bzw. die Letzt-Zuteilungsberechtigten; denn bei einem erfolgreichen Widerspruch verringert sich die zu verteilende Teilungsmasse. Zum Widerspruchsverfahren selbst siehe bei § 115.

Macht der Dritte sein Recht im Versteigerungsverfahren überhaupt nicht geltend, dann kann er auch nicht im Teilungsplan berücksichtigt werden. Er kann dann nur noch aus **ungerechtfertigter Bereicherung** (vgl. §§ 812 ff. BGB) gegen den bzw. die Zuteilungsempfänger vorgehen, die „auf seine Kosten bereichert" sind; gegen den Ersteher dagegen hat er keinerlei Ansprüche.

6. **Angabe des Verkehrswertes und Hinweis auf eine frühere Zuschlagsversagung gemäß § 38 Abs. 1 ZVG**

Nach § 38 Abs. 1 Satz 1 ZVG soll der **Verkehrswert des Grundstücks** angegeben werden. Werden mehrere Grundstücke in einem Verfahren (vgl. § 18 ZVG) versteigert, dann muss der Verkehrswert jedes einzelnen Grundstücks aufgeführt werden. Wenn der Verkehrswert nachträglich geändert wird, muss auch die Terminsbestimmung nachträglich geändert werden und noch innerhalb der Sechs-Wochen-Frist des § 43 Abs. 1 ZVG neu zugestellt werden. Davon kann nach überwiegender Ansicht nur abgesehen werden, wenn die Änderung nur unwesentlich von dem ursprünglich mitgeteilten Wert abweicht (Abweichung von weniger als 10 % wird angenommen).[34)] Das Landgericht Rostock[35)] ging noch einen Schritt weiter: Durch die Verfahrenseinstellung hinsichtlich des Inventars (hier: Mobiliar einer Zahnarztpraxis) im Versteigerungstermin und die daraus resultierende Änderung des Verkehrswertes von 125.000 € auf 95.000 € sei eine wesentliche Änderung des Verkehrswertes eingetreten und deshalb sei § 43 Abs. 1 ZVG verletzt. Dieser Ansicht kann 36

33) Verhältnis: VKW des Gesamtobjekts : VKW des Zubehörstücks = Versteigerungsgesamterlös : x.

34) BGH, Beschl. v. 19.6.2008 – V ZB 129/07, Rpfleger 2008, 588 = ZfIR 2009, 685 mit Anm. *Böttcher;* BGH, Beschl. v. 29.10.2020 – V ZB 13/20, Rpfleger 2021, 300 = MDR 2021, 386; Stöber/*Gojowczyk*, ZVG, § 38 Rz. 7 Böttcher/*Böttcher*, ZVG, §§ 37, 38 Rz. 27; Dassler/Schiffhauer/u. a.-*Hintzen*, ZVG, § 38 Rz. 7.

35) LG Rostock, Beschl. v. 24.3.2011 – 3 T 343/10, Rpfleger 2011, 625; Böttcher/*Böttcher*, ZVG, §§ 37, 38 Rz. 28a.

nicht zugestimmt werden: Gerade im Versteigerungstermin selbst finden häufig Änderungen statt, gerade auch im Hinblick auf den „Umfang der Versteigerung". Wenn das Vollstreckungsgericht bei diesen Änderungen (z. B. aufgrund eines Einstellungsantrags gemäß § 771 Abs. 3, 769 Abs. 2 ZPO oder aufgrund einer entsprechenden Einstellungsbewilligung des bestbetreibenden Gläubigers) sich immer sofort mit der Frage konfrontiert sehen müsste, ob der Termin dann überhaupt noch weiter durchgeführt werden könne, dann wird den Belangen der Beteiligten (wozu die Bieter nicht gehören!) nicht genügend Rechnung getragen. Aber mit dem Hinweis auf „die mit der Bekanntmachung des Verkehrswertes verfolgte gesetzgeberische Anliegen" lässt sich so manches begründen. Hierbei sei die Frage gestattet: Warum hat der Gesetzgeber für den Inhalt der Terminsbestimmung eigentlich **zwei** Vorschriften gewählt, eine mit dem „wesentlichen Inhalt" und eine mit „weiteren Angaben"?

37 Wenn in einem früheren Versteigerungstermin der Zuschlag aus den Gründen des § 74a Abs. 1 (= 7/10-Grenze) oder des § 85a Abs. 1 ZVG (= 5/10-Grenze) versagt worden ist, so **soll** dies in der Terminsbestimmung angegeben werden. Dieser Hinweis ist für die Bietinteressenten insoweit von Bedeutung, als in einem weiteren Termin das Nichterreichen dieser Grenzen nicht mehr zur Zuschlagsversagung führt. Wenn *Böttcher*[36)] meint, dass auf diese Rechtsfolge in der Terminsbestimmung auch hingewiesen werden sollte, dann halte ich dies nicht für gerechtfertigt. Die Erfahrung der Praxis lehrt, dass viele Bietinteressenten diese (die o. a. Folge) nachgerade „verinnerlicht" haben und nur in solche Versteigerungstermine kommen, bei denen die „Grenzen gefallen sind", ohne dass dies in der Terminsbestimmung ausdrücklich betont worden ist.

III. Weitere Angaben

38 Neben den in §§ 37, 38 ZVG vorgesehenen Angaben soll die Terminsbestimmung in bestimmten Fällen noch weitere Angaben enthalten:

- Bei Grundpfandrechten in einer nach § 28 Satz 2 GBO zugelassenen Währung (Mitgliedstaaten der EU mit noch eigener Währung, Schweiz, USA) hat die Terminsbestimmung einen entsprechenden Hinweis zu enthalten (§ 145a Nr. 1 ZVG).
- Wenn das beschlagnahmte Grundstück in ein Flurbereinigungsverfahren einbezogen ist, dann muss in der Terminsbestimmung auf das betreffende Flurbereinigungsverfahren und den Verfahrensstand hingewiesen werden.[37)]
- Dasselbe muss auch für ein beschlagnahmtes Grundstück gelten, das in ein Umlegungsverfahren einbezogen ist; denn auch hier tritt der Ersteher als Beteiligter in das Umlegungsverfahren ein – und zwar in dem Stadium, in dem es sich zum Zeitpunkt des Zuschlags befindet, § 49 BauGB.

36) Böttcher/*Böttcher*, ZVG, §§ 37, 38, Rz. 23.
37) Stöber/*Gojowczyk*, ZVG, § 37 Rz. 52.

IV. Mängel

Verstößt die Terminsbestimmung gegen § 37 ZVG, dann muss der Versteigerungstermin aufgehoben werden, wenn der Mangel nicht innerhalb der Bekanntmachungsfrist des § 43 Abs. 1 ZVG behoben wird. Wird der Mangel erst später bemerkt, ist der Zuschlag zu versagen, § 83 Nr. 7 ZVG i. V. m. § 43 Abs. 1 ZVG. 39

Obwohl § 38 ZVG nur eine Ordnungsvorschrift ist, muss die Terminsbestimmung die darin vorgeschriebenen Angaben enthalten. Wenn durch fehlende oder unrichtige Angaben Unklarheiten oder Missverständnisse entstehen, dann führt dies ebenfalls zur Terminsaufhebung bzw. Zuschlagsversagung.[38] 40

V. Rechtsbehelf

Gegen eine unrichtige oder unvollständige Terminsbestimmung ist die (unbefristete) Erinnerung gemäß § 766 ZPO zulässig. 41

Mängel der Terminsbestimmung können auch noch mit der Zuschlagsbeschwerde geltend gemacht werden, § 83 Nr. 7 ZVG. 42

VI. Sonstiges

In vielen Terminsbestimmungen liest man immer noch den **Namen des** „zur Zeit der Eintragung des Versteigerungsvermerks eingetragenen **Eigentümers**". Dies ist auf die frühere Fassung des § 38 ZVG zurückzuführen. Durch Art. 10 Nr. 1 des 1. Justizmodernisierungsgesetzes vom 24.8.2004 (BGBl. I S. 2198) ist die Angabe des Eigentümernamens in § 38 ZVG ersatzlos gestrichen worden, weil dies dem Datenschutz widerspreche.[39] Auch wenn *Stöber*[40] und *Böttcher*[41] dies bedauern, halte ich die gesetzliche Regelung für eindeutig. Deshalb sollte sich die Praxis an die geänderte Gesetzeslage anpassen; denn die Belange des Datenschutzes können nicht gering erachtet werden. 43

Das Gericht **kann** Wertgutachten und Abschätzungen in einem für das Gericht bestimmten elektronischen Informations- und Kommunikationssystem öffentlich bekannt machen, § 38 Abs. 2 ZVG. Hierbei ist dem Datenschutz Rechnung zu tragen (keine Namensnennung des Schuldners); aber auch das Steuergeheimnis muss gewahrt bleiben (keine Angabe des Einheitswertes). Da die Veröffentlichung des Gutachtens im Internet nicht vorgeschrieben ist, kann das Unterbleiben auch nicht mit Erinnerung nach § 766 ZPO oder mit Zuschlagsbeschwerde angefochten werden. 44

VII. Muster einer Terminsbestimmung

Muster einer Terminsbestimmung können den amtlichen Vordrucken, welche landesrechtlich den Gerichten zur Verfügung gestellt werden, entnommen werden (heute auch als Dokumentenvorlage für den PC vorhanden). 45

Aber auch die Handbücher enthalten entsprechende Muster.[42] 46

---

38) BGH, Beschl. v. 19.6.2008 – V ZB 129/07, Rpfleger 2008, 588 = ZfIR 2008, 685; OLG Karlsruhe, 31.12.1992 – 18a W 30/92, Rpfleger 1993, 256.
39) So die amtliche Begründung des Gesetzentwurfs (BT-Drucks. 15/1508, S. 36).
40) Stöber/*Gojowczyk*, ZVG, § 38, Rz. 11.
41) Böttcher/*Böttcher*, ZVG, §§ 37, 38 Rz. 6.
42) Z. B. *Stöber*, ZVG-Handbuch, Rz. 216; *Hintzen/Wolf*, Rz. 15.43; *Knees*, ZVG, S. 364 f.

§ 39
Bekanntmachung der Terminsbestimmung

(1) Die Terminsbestimmung muss durch einmalige Einrückung in das für Bekanntmachungen des Gerichts bestimmte Blatt oder in einem für das Gericht bestimmten elektronischen Informations- und Kommunikationssystem öffentlich bekanntgemacht werden.

(2) Hat das Grundstück nur einen geringen Wert, so kann das Gericht anordnen, dass die Einrückung oder Veröffentlichung nach Absatz 1 unterbleibt; in diesem Fall muss die Bekanntmachung dadurch erfolgen, daß die Terminsbestimmung in der Gemeinde, in deren Bezirk das Grundstück belegen ist, an die für amtliche Bekanntmachungen bestimmte Stelle angeheftet wird.

Literatur: *Böttcher*, Aktuelle Rechtsprechung zur Zwangsversteigerung im Jahr 2014, ZfIR 2015, 45; *Oestreich*, Öffentliche Bekanntmachung im Amtsblatt, Rpfleger 1988, 302.

Übersicht

I. Allgemeines

1 Damit die Öffentlichkeit über den Versteigerungstermin unterrichtet wird, muss die Terminsbestimmung öffentlich bekannt gemacht werden. Dies geschieht einmal durch Veröffentlichung im „Amtsblatt“ oder im Internet (§ 39 Abs. 1 ZVG), die zwingend vorgeschrieben ist. Weiter sieht § 40 Abs. 1 ZVG noch die Anheftung der Terminsbestimmung an der Gerichtstafel vor; und weitere Veröffentlichungen kann das Gericht nach § 40 Abs. 2 ZVG zusätzlich veranlassen.

II. Veröffentlichung im Amtsblatt oder im Internet (Abs. 1)

2 Die Terminsbestimmung muss einmal im **„Amtsblatt“** veröffentlicht werden. Was unter dem „Amtsblatt“ zu verstehen ist, wird durch Landesrecht bestimmt.[1] Ebenfalls landesrechtlich bestimmt ist die als Alternative genannte Internet-Veröffentlichung. Das Gericht kann also ohne diese Ermächtigung diese Bestimmung nicht von sich aus treffen.[2] Der BGH[3] hatte ursprünglich einige Bedenken, ob die alleinige Veröffentlichung in dem Justizportal den Bietinteressenten und den Gläubigern tatsächlich einen einfachen und effektiven Zugang zu den Terminsbestimmungen gewährt. Diese Bedenken hat der BGH inzwischen aufgegeben.[4] In dem Bekanntmachungsportal https://www.justiz.de sind unterschiedliche Portale der Justizverwaltungen des Bundes und der Länder zusammengefasst. Zu diesen Diensten

---

1) So ist z. B. in Rheinland-Pfalz der (wöchentlich erscheinende) Staatsanzeiger das maßgebliche Veröffentlichungsorgan.

2) Stöber/*Gojowczyk*, ZVG, § 39 Rz. 5.

3) BGH, Beschl. v. 16.10.2008 – V ZB 94/08, Rpfleger 2009, 99 = NJW 2008/3708.

4) BGH, Beschl. v. 3.4.2014 – V ZB 41/13, ZfIR 2014, 603 (mit Anm. *Strauß*, S. 605) = Rpfleger 2014, 531.

Gegen die Anordnung, die Terminsbestimmung (nur) an der Gemeindetafel anzu- 10
heften, kann Erinnerung nach § 766 ZPO eingelegt werden. Beruht diese Anordnung aber auf dem Umstand, dass das Gericht fälschlicherweise einen geringen Wert angenommen hat, dann soll die Terminsbestimmung nicht ordnungsgemäß bekannt gemacht sein – und somit § 43 Abs. 1 ZVG verletzt sein (mit der Folge der Zuschlagsversagung bzw. Zuschlagsbeschwerde).[13]

V. Kosten

Die Kosten für die Veröffentlichung sind kostenrechtlich als Auslagen des Gerichts 11
gemäß GKG KVNr. 9004 zu werten. Versteigerungsrechtlich gehören sie zu den Kosten des Verfahrens, die nach § 109 ZVG aus dem Erlös vorweg zu entnehmen sind. Einen entsprechenden Kosten- bzw. Auslagenvorschuss bekommt der vorschießende Gläubiger in der sog. Rangklasse 0 wieder zurück.

---

13) So Stöber/*Gojowczyk*, ZVG, § 39 Rz. 14.

§ 40
Gerichtstafel und andere Veröffentlichungen

(1) Die Terminsbestimmung soll an die Gerichtstafel angeheftet werden. Ist das Gericht nach § 2 Abs. 2 zum Vollstreckungsgericht bestellt, so soll die Anheftung auch bei den übrigen Gerichten bewirkt werden. Wird der Termin nach § 39 Abs. 1 durch Veröffentlichung in einem für das Gericht bestimmten elektronischen Informations- und Kommunikationssystem öffentlich bekannt gemacht, so kann die Anheftung an die Gerichtstafel unterbleiben.

(2) Das Gericht ist befugt, noch andere und wiederholte Veröffentlichungen zu veranlassen; bei der Ausübung dieser Befugnis ist insbesondere auf den Ortsgebrauch Rücksicht zu nehmen.

Literatur: *Hornung*, Die Zwangsvollstreckungsnovelle 1979 (II), Rpfleger 1979, 321.

Übersicht

I. Allgemeines

§ 40 ZVG ergänzt den § 39 ZVG dahingehend, dass neben den notwendigen Be- 1
kanntmachungen auch noch die Anheftung an der Gerichtstafel erfolgen soll (Abs. 1) und weitere Veröffentlichungen möglich sind (Abs. 2). Die Vorschrift gilt für alle Versteigerungsarten; Besonderheiten gelten aber für die Versteigerung von Schiffen (siehe § 168 ZVG) und von Luftfahrzeugen (siehe § 171d ZVG).

II. Anheftung an die Gerichtstafel (Abs. 1)

2 Die Terminsbestimmung **soll an die Gerichtstafel angeheftet werden.** Unterbleibt dies versehentlich, dann wird das Verfahren dadurch nicht fehlerhaft, da es sich nur um eine Ordnungsvorschrift handelt. Eine bestimmte Frist ist hierbei nicht vorgesehen; jedoch sollte die Geschäftsstelle den Tag der Anheftung und den Tag der Abnahme vermerken und den entsprechenden Aushang dann zu den Gerichtsakten nehmen.

3 Ist das Versteigerungsgericht nach § 2 Abs. 2 ZVG vom gemeinsamen Obergericht bestimmt worden (siehe § 2 Rz. 9 und Rz. 14 ff. [*Cranshaw*]), dann soll nach Abs. 1 Satz 2 die Anheftung nicht nur bei dem Gericht erfolgen, das die Zwangsversteigerung durchführt, sondern auch bei den anderen Gerichten, in dessen Bezirk betroffene Grundstücke liegen. Dasselbe gilt auch für den Fall, dass aufgrund landesrechtlicher Regelungen ein zentrales Versteigerungsgericht für mehrere Amtsgerichte zuständig ist. Dies ist zwar nicht ausdrücklich gesetzlich geregelt, aber h. M.[1)]

4 Wenn die Terminsbestimmung im Internet veröffentlicht worden ist (siehe § 39 Rz. 2, 3 [*Bachmann*]), dann kann die Anheftung an die Gerichtstafel unterbleiben, § 40 Abs. 1 Satz 3 ZVG. Für sinnvoll halte ich diese Regelung nicht, da erfahrungsgemäß viele Bietinteressenten immer wieder an der Gerichtstafel vorbeischauen, um dann anschließend auf der Geschäftsstelle nähere Einzelheiten zu erfragen (vgl. hierzu § 42 ZVG). Aber da es sich hierbei um eine Entscheidung handelt, die im Ermessen des Vollstreckungsgerichts liegt, braucht diese Frage nicht näher vertieft zu werden.

III. Weitere Veröffentlichungen (Abs. 2)

5 Das Vollstreckungsgericht ist **weiter befugt, noch andere und wiederholte Veröffentlichungen zu veranlassen, Abs. 2.** Hierbei ist auf den Ortsgebrauch Rücksicht zu nehmen. Zu denken ist in diesem Zusammenhang an Anzeigen in den örtlichen Tages- oder Wochenzeitungen, bei größeren Objekten auch in einer überregionalen Zeitung, bei besonderen Objekten (z. B. Versteigerung eines Fabrikgeländes oder eines Hotels) auch in Fachzeitschriften. Bei der Gestaltung dieser Anzeigen ist das Gericht nicht an den Wortlaut der amtlichen Terminsbestimmung gebunden; vielmehr sollte ein werbewirksamer Text gewählt werden, der sich auf das für die Bieter Wesentliche beschränkt.

6 Im Zeitalter des Internets haben sich auch im Immobilienbereich einige **Privatfirmen darauf spezialisiert, Versteigerungstermine im Internet zu veröffentlichen.** Mitarbeiter dieser Firmen versuchen die Versteigerungsrechtspfleger zu animieren, eine Veröffentlichung auf ihrem Portal vorzunehmen. Hierbei kann es sich nur um eine sonstige Veröffentlichung i. S. d. § 40 Abs. 2 ZVG handeln. Da diese Veröffentlichung nicht mit geringen Kosten verbunden ist und im Übrigen nach dem gleichen Schema abläuft wie die Internetveröffentlichung auf dem gemeinsamen Justizportal (siehe § 39 Rz. 2 [*Bachmann*]), sollten zumindest die Gerichte, bei denen eine Veröffentlichung im Internet schon nach § 39 Abs. 1 ZVG erfolgt, von

---

1) Beispielsweise Böttcher/*Böttcher*, ZVG, § 39, 40 Rz. 5; Dassler/Schiffhauer/u. a.-*Hintzen*, ZVG, § 40 Rz. 4; Stöber/*Gojowczyk*, ZVG, § 40 Rz. 4.

einer weiteren Veröffentlichung im Internet bei Privatanbietern absehen. Bei den übrigen Gerichten sollte darauf geachtet werden, dass

– die Belange des Datenschutzes ausreichend beachtet werden,
– die Kosten sich in einem annehmbaren Rahmen bewegen.

IV. Sonstiges

1. Private Veröffentlichungen

Neben den durch das ZVG vorgeschriebenen bzw. vorgesehenen Veröffentlichungen ist es nach überwiegender Ansicht auch den Beteiligten erlaubt, durch eigene Veröffentlichungen auf einen bevorstehenden Versteigerungstermin hinzuweisen. In der Praxis kommen insbesondere **Veröffentlichungen der Gläubigerbanken** in Betracht; Veröffentlichungen des Schuldners sind zwar auch möglich, aber äußerst selten. Solche Veröffentlichungen kann das Vollstreckungsgericht nicht unterbinden. Aber die entsprechenden Anzeigen müssen unmissverständlich **erkennen lassen, dass es sich nicht um Veröffentlichungen durch das Vollstreckungsgericht handelt.** Etwaige Fehler stellen aber keinen Verstoß gegen §§ 37, 39 ZVG dar und führen deshalb nicht zu einer Zuschlagsversagung bzw. Zuschlagsaufhebung. Jedoch sollten Unklarheiten spätestens im Versteigerungstermin durch das Vollstreckungsgericht beseitigt werden. 7

2. Kosten der Veröffentlichungen

Kosten für die weiteren Veröffentlichungen, welche das Vollstreckungsgericht veranlasst, sind **Kosten des Verfahrens** und nach § 109 ZVG aus der Teilungsmasse vorweg zu entnehmen. Die hierfür anfallenden Kosten sind als Auslagen des Gerichts in voller Höhe anzusetzen (GKG-KVNr. 9004). 8

Kosten für private Veröffentlichungen gehören jedoch nicht zu den Gerichtskosten; damit können sie auch nicht dem Erlös entnommen werden. Ob sie der Gläubiger als Kosten der Zwangsvollstreckung (§ 788 ZPO i. V. m. § 91 ZPO) im Range seines Anspruchs anmelden kann (vgl. § 10 Abs. 2 ZVG), hängt davon ab, ob die Veröffentlichung „notwendig" war. Dies bedeutet: Es müssten schon besondere Umstände dafür sprechen, dass neben den amtlichen Veröffentlichungen auch eine private Anzeige notwendig war. 9

§ 41

Zustellung an die Beteiligten

(1) Die Terminsbestimmung ist den Beteiligten zuzustellen.

(2) Im Laufe der vierten Woche vor dem Termin soll den Beteiligten mitgeteilt werden, auf wessen Antrag und wegen welcher Ansprüche die Versteigerung erfolgt.

(3) Als Beteiligte gelten auch diejenigen, welche das angemeldete Recht noch glaubhaft zu machen haben.

Übersicht

I. Allgemeines

1 Die **Terminsbestimmung muss** sämtlichen Beteiligten **zugestellt werden** (Abs. 1). Mit dieser Vorschrift korrespondiert der § 43 Abs. 2 ZVG, der eine Zustellungsfrist von vier Wochen vorsieht. Außerdem sind die **Beteiligten darüber zu informieren**, auf wessen Antrag und wegen welcher Ansprüche die Versteigerung erfolgt (Abs. 2). Diese Unterrichtung ist im Hinblick auf § 44 Abs. 2 ZVG von Bedeutung; denn aufgrund dieser Mitteilung können die Beteiligten feststellen, wie hoch das niedrigste geringste Gebot in dem anberaumten Versteigerungstermin sein wird.[1)]

2 Sowohl Absatz 1 als auch Absatz 2 gelten für alle Versteigerungsarten.

II. Zustellung der Terminsbestimmungen an die Beteiligten (Abs. 1)

3 Die Terminsbestimmung **muss** allen Beteiligten von Amts wegen zugestellt werden (§§ 3 ff. ZVG i. V. m. §§ 166 ff. ZPO). Zu den Beteiligten im Sinne dieser Vorschrift gehören auch (schon) diejenigen, die ihren angemeldeten Anspruch noch glaubhaft machen müssen (Abs. 3 als Besonderheit zu § 9 Nr. 2).

4 Die Zustellung erfolgt **an alle Beteiligte**, die im Zeitpunkt der Veranlassung dem Gericht bekannt sind, wobei hier die Frist des § 43 Abs. 2 ZVG zu beachten ist. An Beteiligte, die erst nachträglich hinzukommen, muss grundsätzlich auch noch zugestellt werden – ohne dass insoweit die Vier-Wochen-Frist eingehalten werden müsste. Davon will *Stöber*[2)] jedoch absehen, wenn der Beteiligte bereits Kenntnis von der Terminsbestimmung hat. Diese Kenntnis kann z. B. angenommen werden, wenn die Gemeinde Ansprüche der Rangklasse 3 bzw. 7 (z. B. rückständige und/oder laufende Grundsteuer) zu einem bestimmten Versteigerungstermin anmeldet. Dieser Ansicht ist uneingeschränkt zuzustimmen; denn:

- Die Terminsbestimmung ist der Gemeinde schon bekannt gegeben, wenn auch nicht durch Zustellung (siehe Rz. 12).
- In der Anmeldung kann man konkludent auch die Genehmigung der fehlenden Zustellung sehen (vgl. §§ 83 Nr. 1, 84 ZVG).
- Die nachträgliche Zustellung wäre reine Förmelei, da ohne Kenntnis der Terminsbestimmung ja auch keine Anmeldung zu dem bestimmten Termin erfolgt wäre.

---

1) Durch Veränderungen bei den betreibenden Gläubigern innerhalb der Vier-Wochen-Frist kann sich das geringste Gebot zwar erhöhen, aber nicht verringern; Einzelheiten hierzu bei § 44 ZVG.

2) Stöber/*Gojowczyk*, ZVG, § 41 Rz. 3a.

Wenn die Beteiligtenstellung nach erfolgter Zustellung wechselt (z. B. durch Rechtsnachfolge), muss an den **Rechtsnachfolger** nicht nochmals zugestellt werden.[3)] 5

Bei der Versteigerung eines **Erbbaurechts** ist der Grundstückseigentümer immer Beteiligter (§ 24 ErbauRG); deshalb ist auch ihm die Terminsbestimmung zuzustellen. 6

Bei der Versteigerung von **Wohnungs- oder Teileigentum**, sind die anderen Wohnungs- bzw. Teileigentümer ebenfalls Beteiligte. Deshalb müsste die Terminsbestimmung auch ihnen zugestellt werden. Wenn jedoch ein Verwalter bestellt ist, genügt die Zustellung an diesen; denn er ist nach § 27 Abs. 2 Nr. 1 WEG berechtigt, alle Zustellungen entgegenzunehmen, die an die Wohnungseigentümer gerichtet sind.[4)] 7

Wenn über das Vermögen des Schuldners das **Insolvenzverfahren eröffnet** ist, gehört der Insolvenzschuldner nicht zu den Beteiligten; vielmehr ist dem Insolvenzverwalter die Terminsbestimmung zuzustellen. Im Hinblick darauf, dass der Insolvenzverwalter das Grundstück aus der Masse freigeben kann oder das Insolvenzverfahren aufgehoben wird, ist es aber sinnvoll, die Terminsbestimmung vorsorglich auch an den Insolvenzschuldner selbst zuzustellen.[5)] 8

III. Mitteilung an die Beteiligten (Abs. 2)

In der vierten Woche vor dem Versteigerungstermin soll den Beteiligten mitgeteilt werden, auf wessen Antrag und wegen welcher Ansprüche die Versteigerung erfolgt. Diese Mitteilung erhalten alle Beteiligten, auch die erst nach der Terminsbestimmung hinzugekommenen. Auch die Beteiligten, die zwar angemeldet aber noch nicht glaubhaft gemacht haben, erhalten diese Mitteilung (§ 41 Abs. 3 ZVG). Zu den Beteiligten gehören auch der Schuldner und die betreibenden Gläubiger, auch wenn deren Verfahren z. Zt. eingestellt ist (siehe § 9 Halbs. 1 ZVG). 9

Inhaltlich soll die Mitteilung den Beteiligten die Möglichkeit geben, die für die Berechnung des geringsten Gebots maßgeblichen Punkte festzustellen. Deshalb muss sich – zumindest schlüssig – auch der vom betreibenden Gläubiger beanspruchte **Rang aus der Mitteilung ergeben.** Aufgenommen werden aber nur solche Ansprüche, wegen deren tatsächlich betrieben wird, dies bedeutet im Umkehrschluss: 10

- Ansprüche, die dem Berechtigten aufgrund der Grundbucheintragung oder aufgrund einer vorgenommenen Anmeldung zustehen, gehören **nicht** hierher.
- Gläubiger, deren Verfahren eingestellt ist, kommen als bestbetreibende Gläubiger für die Feststellung des geringsten Gebots **nicht** in Betracht. Deshalb werden sie in die Mitteilung nicht mit aufgenommen (str.).[6)]

---

3) Böttcher/*Böttcher*, ZVG, § 41 Rz. 3; Dassler/Schiffhauer/u. a.-*Hintzen*, ZVG, § 41 Rz. 5. Stöber/*Gojowczyk*, ZVG, § 41 Rz. 3b hält jedoch eine nochmalige Zustellung für zulässig; sie sollte aber den Hinweis enthalten, dass die Fristwahrung bereits mit der Zustellung an den Rechtsvorgänger erfolgt ist.

4) OLG Stuttgart, Beschl. v. 27.8.1965 – 8 W 147/65, Rpfleger 1966, 113 = NJW 1966, 1036.

5) Am besten mit dem Hinweis: „Zustellen trotz Postsperre gemäß § 99 InsO".

6) So Stöber/*Gojowczyk*, ZVG, § 41 Rz. 15; Böttcher/*Böttcher*, ZVG, § 41 Rz. 6; a. A. z. B. Steiner-*Teufel*, ZVG, § 41 Rz. 14.

– Dasselbe gilt für die dem Schuldner verspätet zugestellten Beitritts- bzw. Fortsetzungsbeschlüsse, weil sie gemäß § 44 Abs. 2 ZVG dem geringsten Gebot nicht zugrunde gelegt werden können (h. M.).

11 Ebenso die Frage, ob die Mitteilungen auch Hinweise auf die erste Beschlagnahme (bzw. auf die einzelnen Beschlagnahmezeitpunkte) und den voraussichtlich bestbetreibenden Gläubiger enthalten sollen, wird nicht einheitlich beantwortet: Nach einer Ansicht sollen diese Angaben nicht aufgenommen werden;[7] die Gegenmeinung hält es für erforderlich, die (erste) Beschlagnahme ebenso anzugeben wie den Gläubiger, der für die Berechnung des geringsten Gebots voraussichtlich maßgebend ist.[8] Ich halte diese Angaben für nicht erforderlich; auch die Übersendung von Kopien des Anordnungs- und der Beitrittsbeschlüsse ist gesetzlich nicht vorgeschrieben – und sollte deshalb unterbleiben.[9]

IV. Sonstige Mitteilungen

12 Neben den in § 41 ZVG vorgesehenen Zustellungen und Mitteilungen sieht die MiZi[10] weitere Mitteilungen vor, insbesondere die Bestimmung des Versteigerungstermins an die Gemeindeverwaltung. Diese MiZi enthält auch einen landesrechtlichen Abschnitt, in dem noch weitere (formlose) Mitteilungen vorgesehen sind. So sehen manche Länder z. B. eine Mitteilung an die zuständige Brandversicherungsanstalt, an die zuständige Flurbereinigungsbehörde, an das zuständige Finanzamt und an das Hauptzollamt vor.

V. Rechtsbehelf

1. Verstoß gegen Absatz 1

13 Wenn die Zustellung der Terminsbestimmung nicht ordnungsgemäß oder gar nicht erfolgt ist, kann dies mit **Erinnerung gemäß § 766 ZPO** beanstandet werden, Ziel dieser Erinnerung ist:

– Zustellungsmängel zu beseitigen bzw. die Zustellung ordnungsgemäß nachzuholen (wenn die Frist des § 43 Abs. 2 ZVG gewahrt wird);

– den Versteigerungstermin aufzuheben (wenn die Zustellungsfrist des § 43 Abs. 2 ZVG nicht gewahrt wird).

14 Ein trotz Verletzung der §§ 41 Abs. 1, 43 Abs. 2 ZVG erteilter Zuschlag kann mit der Zuschlagsbeschwerde angefochten werden (§§ 83 Nr. 1, 100 ZVG). Hinzuweisen ist in diesem Zusammenhang aber auch auf § 84 ZVG, wonach ein solcher Mangel geheilt werden kann.

---

7) So Stöber/*Gojowczyk*, ZVG, § 41, Rz. 14; diese Ansicht wird auch in der gerichtlichen Praxis vertreten.

8) So Böttcher/*Böttcher*, ZVG, § 41 Rz. 6.

9) So aber Böttcher/*Böttcher*, ZVG, § 41, Rz. 6.

10) MiZi = Mitteilungen in Zivilsachen – 3. Abschnitt Teil VII, Mitteilungen in Zwangsversteigerungssachen.

2. Verstoß gegen Absatz 2

Wenn die Mitteilung nach Absatz 2 unterlassen oder verspätet erfolgt, wenn sie unvollständig oder falsch ist, wirkt sich dies nach überwiegender Ansicht auf das Verfahren selbst nicht aus; denn Absatz 2 stellt nur eine Ordnungsvorschrift dar.[11] Mit anderen Worten: Der Versteigerungstermin muss nicht aufgehoben werden, der Zuschlag muss nicht versagt werden; eine Zuschlagsbeschwerde wäre nicht erfolgreich. 15

Jedoch können wegen einer Amtspflichtverletzung Schadensersatzansprüche entstehen.[12] 16

VI. Sonstiges

Die Mitteilung nach Absatz 2 bezieht sich auf die vorhandenen Beschlüsse über die Anordnung bzw. Beitritte, aber ohne Angabe eines bestimmten Ranges.[13] 17

Muster für die Mitteilung gemäß § 41 Abs. 2 ZVG enthalten die Handbücher.[14] 18

---

11) So Böttcher/*Böttcher*, ZVG, § 41 Rz. 7; Stöber/*Gojowczyk*, ZVG, § 41 Rz. 12; a. A. BeckOK-*Huber*, ZVG, § 41 Rz. 20; *Steiner/Teufel*, ZVG, § 41 Rz. 15; ausdrücklich offen gelassen: BGH, Beschl. v. 16.3.2017 – V ZA 11/17, openJur 2018, 2334.

12) OLG Düsseldorf, Urt. v. 14.5.1981 – 18 U 245/80, VersR 1982, 102.

13) A. A. Böttcher/*Böttcher*, ZVG, § 41 Rz. 6.

14) Beispielsweise *Stöber*, ZVG-Handbuch, Rz. 224; *Hintzen/Wolf*, Rz. 15.44; *Knees*, ZVG, S. 374 ff.

§ 42
Gestattung von Akteneinsicht

(1) Die Einsicht der Mitteilungen des Grundbuchamts sowie der erfolgten Anmeldungen ist jedem gestattet.

(2) Das gleiche gilt von anderen das Grundstück betreffenden Nachweisungen, welche ein Beteiligter einreicht, insbesondere von Abschätzungen.

Literatur: *Helwich*, Immobiliarvollstreckung in der Praxis, Teil 12, JurBüro 2011, 625; *Schmidt-Wudy*, Aktuelle Fragen zu § 42 ZVG unter besonderer Berücksichtigung der Sicht von Bietinteressenten, Rpfleger 2014, 293.

Übersicht

I. Allgemeines

§ 42 ZVG gewährt für alle Versteigerungsverfahren ein **erweitertes Akteneinsichtsrecht**. Bietinteressenten sollen Kenntnis von den Unterlagen erlangen können, welche für einen beabsichtigten Erwerb des Grundstücks wichtig sind. Durch § 42 ZVG wird einerseits der Kreis der Einsichtsberechtigten erweitert (jedermann); andererseits wird der Umfang der Einsicht auf bestimmte Teile beschränkt. 1

2 Neben § 42 ZVG besteht das allgemeine Einsichtsrecht des § 299 ZPO, der nach § 869 ZPO auch im Versteigerungsverfahren gilt.

II. Akteneinsicht nach § 42 ZVG

3 Jeder (egal ob Beteiligter oder nicht) kann **ohne Darlegung eines rechtlichen Interesses** Einsicht in die Gerichtsakten nehmen. Hierzu ist weder Ausweis noch Vollmacht erforderlich.[1] Dieses Einsichtsrecht gilt nur für die Versteigerungsakten und nur bis zum Schluss der Versteigerung.[2] Wenn *Hintzen*[3] meint, dass es für diese Ansicht keine plausible Begründung gebe, dann kann dem nicht gefolgt werden: Nach dem Schluss der Versteigerung kann (in diesem Versteigerungstermin) nicht mehr geboten werden; somit fehlt die Begründung für ein weiteres Einsichtsrecht. Sollte es zu keinem Zuschlag kommen, dann geht das Verfahren meistens weiter – mit neuer Möglichkeit der Einsichtnahme. Wenn schon die zeitliche Dauer des Einsichtsrechts hinausgeschoben werden sollte, dann wäre die **Rechtskraft des Zuschlagsbeschlusses** der geeignetere Zeitpunkt; denn erst danach ist (für die Bietinteressenten wohlgemerkt!) das Verfahren wirklich beendet.

4 Die Einsicht nach § 42 ZVG beschränkt sich auf folgende Akteneteile:

- Mitteilungen des Grundbuchamts (siehe § 19 Abs. 2 und 3).
- Anmeldungen der Gläubiger, Mieter und sonstiger Beteiligter (siehe § 9 Nr. 2 ZVG). Hinzuweisen ist auf § 114 Abs. 1 Satz 2 ZVG, wonach Betreiben als Anmeldung gilt; somit erstreckt sich das Einsichtsrecht auch auf die Versteigerungs- und Beitrittsanträge.
- Andere das Grundstück betreffende Nachweisungen, insbesondere Schätzungen, das Verkehrswertgutachten, Brandversicherungsurkunde.

5 Nicht eingesehen dürfen andere Nachweise und Unterlagen (z. B. Anordnungs- und Beitrittsbeschlüsse, Vollstreckungstitel, Abtretungsurkunden, Vollmachten, Erbscheine, Vollstreckungsschutzunterlagen. Die Frage, ob der vom Finanzamt mitgeteilte Einheitswertbescheid der Einsicht unterliegt, wird streitig beantwortet: Während *Böttcher*[4] diesen Bescheid unter die „Nachweisungen" einordnet, die dem Einsichtsrecht unterliegen, verneint *Stöber*[5] dieses Recht. Im Hinblick auf die Wahrung des Steuergeheimnisses, ist der Ansicht *Stöbers* zuzustimmen.

6 Die Akten können grundsätzlich nur während der Dienststunden auf der Geschäftsstelle eingesehen werden. Ein Anspruch auf Übersendung der Akten besteht nicht – auch nicht für einen Rechtsanwalt.[6] Der Einsichtnehmende kann Aufzeichnungen oder Abschriften fertigen; das Vollstreckungsgericht ist dazu nicht

---

1) LG Berlin, Beschl. v. 14.12.2005 – 81 T 1056/05, Rpfleger 2006, 274 = ZInsO 2011, 1175.
2) So Böttcher/*Böttcher*, ZVG, § 42 Rz. 4; Stöber/*Gojowczyk*, ZVG, § 42 Rz. 2.
3) Dassler/Schiffhauer/u. a.-*Hintzen*, ZVG, § 42 Rz. 6; so auch BeckOK-*Huber*, ZVG, § 42 Rz. 10: bis zur Zuschlagsverkündung.
4) Böttcher/*Böttcher*, ZVG, § 42 Rz. 3; so auch Dassler/Schiffhauer/u. a.-*Hintzen*, ZVG, § 42 Rz. 3, der sich hierbei (zu Unrecht) auf *Stöber*, ZVG, 22. Aufl., § 42 Rz. 2.2 beruft.
5) Stöber/*Gojowczyk*, ZVG, § 42 Rz. 5 und Stöber/*Becker* § 66 Rz. 20.
6) BGH, Urt. v. 12.12.1960 – III ZR 191/59, Rpfleger 1961, 190 = NJW 1961, 559.

verpflichtet.[7] In der Praxis üblich ist aber die Erteilung einer Ablichtung des Verkehrswertgutachtens gegen Zahlung der entsprechenden Auslagen.

III. Akteneinsicht nach § 299 ZPO

Soweit § 42 ZVG nicht zutrifft, kann sich ein Einsichtsrecht nur aus §§ 299, 869 ZPO ergeben. Hiernach können die „Parteien" den gesamten Inhalt der Versteigerungsakten einsehen und sich aus ihnen Ausfertigungen, Auszüge und Abschriften erteilen lassen (§ 299 **Abs. 1 ZPO**). Über diese Anträge entscheidet das Vollstreckungsgericht (regelmäßig der Urkundsbeamte der Geschäftsstelle). 7

Dritte können nur mit Erlaubnis des **Vorstands des Gerichts** die Akten einsehen; hierzu müssen sie ein rechtliches Interesse glaubhaft machen (§ 299 **Abs. 2 ZPO**). In der Praxis wird diese Befugnis oft auf die Person des Versteigerungsrechtspflegers (aber in seiner Funktion als Beamter des gehobenen Justizdienstes!) übertragen. Da es sich im Fall des § 299 Abs. 2 ZPO um eine **Aufgabe der Justizverwaltung** handelt (siehe Rz. 17) ist dies zulässig. 8

Von der Akteneinsicht nach § 42 ZVG oder § 299 ZPO zu unterscheiden ist die Frage, welche rechtlichen Voraussetzungen für die Überlassung anonymisierter Entscheidungsabschriften an Dritte gelten. Der Bundesgerichtshof[8] setzt sich mit den verschiedenen Ansichten auseinander und kommt zu folgendem Schluss: Die Weitergabe anonymisierter Entscheidungsabschriften an Dritte ist kein Fall der Akteneinsicht, sondern Teil der öffentlichen Aufgaben der Gerichte. Aus dem Rechtsstaatsgebot einschließlich der Justizgewährungspflicht, dem Demokratiegebot und dem Grundsatz der Gewaltenteilung folgt grundsätzlich eine Rechtspflicht zur Publikation veröffentlichungswürdiger Gerichtsentscheidungen. Soweit ausnahmsweise überwiegende Rechte der Parteien durch Weitergabe einer Abschrift trotz Anonymisierung verletzt sein können, kann dem im Einzelfall durch eine weitergehende „Schwärzung" oder im Extremfall durch den Ausschluss der Weitergabe von Abschriften und damit auch einer sonstigen Veröffentlichung Rechnung getragen werden. 9

IV. Auskunft

Neben der Akteneinsicht (sei sie nach § 42 ZVG oder § 299 ZPO) sieht das ZVG keinen Anspruch auf Erteilung einer Auskunft vor. In diesem Bereich kommen immer wieder die folgenden Fragen vor (oft nur telefonisch gestellt): 10

- Sachstandsanfrage (In welchem Stadium befindet sich das Versteigerungsverfahren? Lohnt es sich, dem Verfahren beizutreten?)
- Versteigerungsergebnis (Wie hoch war das Meistgebot?)

Eine Sachstandsanfrage zu beantworten sollte eine Selbstverständlichkeit sein, soweit sie mit dem Einsichtsrecht des § 42 ZVG korrespondiert. Die Frage nach einem möglichen Beitritt dagegen dürfte zwar unbedenklich sein, soweit es nur um den Aspekt geht, ob ein Beitritt (zeitlich) überhaupt noch möglich ist. Die Frage, ob ein solcher Beitritt auch erfolgversprechend ist, sollte dagegen nicht beantwor- 11

7) LG Berlin, Beschl. v. 14.12.2005 – 81 T 1056/05, Rpfleger 2006, 274 = ZInsO 2011, 1175.
8) BGH, Beschl. v. 5.4.2017 – IV AR (VZ) 2/16, NJW 2017, 1819 = VersR 2017, 905.

tet werden, weil sie eine rechtliche Würdigung darstellt – und dadurch zu einer verbotenen Rechtsberatung führen kann. Hinsichtlich der Auskunft nach der Höhe des Meistgebots gibt es verschiedene Ansichten:

12 *Hintzen*[9] meint, dass es „kaum einen wirklich vernünftigen Grund gebe, diese Einfachst-Auskunft zu verweigern". *Stöber*[10] dagegen vertritt die Ansicht, dass es sich hierbei um eine weitergehende Auskunft handele, die nur durch den Gerichtsvorstand nach entsprechender Glaubhaftmachung eines rechtlichen Interesses genehmigt werden könne. Ich halte die Einwände *Stöbers* für stichhaltig, denn:

- Ob die Auskunft über die Höhe des Meistgebots einfach ist, hängt vom konkreten Fall ab (Stichwort: **Meistgebot** einschließlich bestehen bleibender Rechte, oder **Meistbargebot, fiktive Befriedigung** des Erstehers). Wird die Auskunft von der **Geschäftsstelle** oder vom **Versteigerungsrechtspfleger** erteilt?
- Telefonische Auskünfte sind äußerst zurückhaltend zu handhaben, da man nie genau feststellen kann, wer eigentlich die Auskunft begehrt.

13 Aber wenn man von der bereits geschilderten Praxis der Übertragung der Genehmigungsbefugnis vom Gerichtsvorstand auf den Versteigerungsrechtspfleger (siehe oben) Gebrauch macht, dann kann dieser den oben dargestellten Bedenken Rechnung tragen.

V. Besichtigung des Grundstücks

14 Das Vollstreckungsgericht kann die **Besichtigung** des beschlagnahmten Grundstücks **nicht erlauben oder erzwingen**. Eine Besichtigung ist nur möglich, wenn der Schuldner damit einverstanden ist. Die Besichtigung von Wohn- und Geschäftsräumen kann gegen den Willen des Schuldners auch nicht der Zwangsverwalter ermöglichen. In der Praxis herrscht zwar zum Teil die Ansicht vor, der Zwangsverwalter könne die Besichtigung in jedem Fall gestatten. Das ist aber nicht richtig. Dies trifft nur zu bei leer stehenden Gebäuden und nicht vermieteten bzw. verpachteten Grundstücken. Hier kann der Zwangsverwalter die Besichtigung gestatten; ein Anspruch des Bietinteressenten darauf besteht aber nicht.[11]

VI. Rechtsbehelf

15 Welcher Rechtsbehelf in Betracht kommt, hängt zum einen davon ab, um welche Vorschrift es sich handelt, zum anderen wer über die Gewährung der Einsicht entschieden hat.

1. Einsicht nach § 42 ZVG oder § 299 Abs. 1 ZPO

16 Wird die Einsicht durch den Urkundsbeamten der Geschäftsstelle verweigert, dann ist die **befristete Erinnerung gemäß § 573 ZPO** zulässig.[12] Hat dagegen der Rechtspfleger entschieden, ist die **sofortige Beschwerde** nach § 11 Abs. 1 RPflG,

---

9) Dassler/Schiffhauer/u. a.-*Hintzen*, ZVG, § 42 Rz. 7 unter Hinweis auf *Meyer-Stolte*, Rpfleger 1992, 267 (Urteilsanm.).

10) Stöber/*Gojowczyk*, ZVG, § 42 Rz. 5; so auch Böttcher/*Böttcher*, ZVG, § 42 Rz. 7.; a. A. Dassler/Schiffhauer/u. a.-Hintzen, ZVG, § 42 Rz. 7.

11) Stöber/*Gojowczyk*, ZVG, § 42 Rz. 11.

12) Dassler/Schiffhauer/u. a.-*Hintzen*, ZVG, § 42 Rz. 8 m. w. N.

§ 567 ZPO gegeben[13]. Die Entscheidung unterliegt auch nicht der Einschränkung des § 95 ZVG; denn Entscheidungen des Vollstreckungsgerichts, die mit dem Zuschlag nicht in unmittelbarem Zusammenhang stehen, sind durch § 95 ZVG nicht beschränkt.[14]

2. Einsicht nach § 299 Abs. 2 ZPO

Bei der Entscheidung nach § 299 Abs. 2 ZPO handelt es sich um einen Justizverwaltungsakt.[15] Deshalb richtet sich der Rechtsmittelweg nach § 23 EGGVG. 17

---

13) So Dassler/Schiffhauer/u. a.-*Hintzen*, ZVG § 42 Rz. 8; so jetzt auch: Böttcher/*Böttcher*, ZVG, § 42 Rz. 4 und BeckOK-*Huber*, ZVG, § 42 Rz. 15.

14) Vgl. Stöber/*Gojowczyk*, ZVG, § 42 Rz. 10.

15) Böttcher/*Böttcher*, ZVG, § 42 Rz. 6; Dassler/Schiffhauer/u. a.-*Hintzen*, ZVG, § 42 Rz. 9; OLG Düsseldorf, Beschl. v. 8.1.1993 – 3 Va 6/92, Rpfleger 1993, 354 = JurBüro 1993, 550.

§ 43
Aufhebung des Versteigerungstermins

(1) Der Versteigerungstermin ist aufzuheben und von neuem zu bestimmen, wenn die Terminsbestimmung nicht sechs Wochen vor dem Termin bekanntgemacht ist. War das Verfahren einstweilen eingestellt, so reicht es aus, dass die Bekanntmachung der Terminsbestimmung zwei Wochen vor dem Termin bewirkt ist.

(2) Das gleiche gilt, wenn nicht vier Wochen vor dem Termin dem Schuldner ein Beschluss, auf Grund dessen die Versteigerung erfolgen kann, und allen Beteiligten, die schon zur Zeit der Anberaumung des Termins dem Gericht bekannt waren, die Terminsbestimmung zugestellt ist, es sei denn, dass derjenige, in Ansehung dessen die Frist nicht eingehalten ist, das Verfahren genehmigt.

Übersicht

I. Allgemeines

Um den Beteiligten Zeit zur Vorbereitung des Versteigerungstermins zu geben, sieht § 43 ZVG **Mindestfristen** für die öffentliche Bekanntmachung (Abs. 1) und für die Zustellung der Terminsbestimmung und der Beschlagnahmebeschlüsse (Abs. 2) vor. Diese Vorschrift gilt für alle Versteigerungsarten; jedoch ist bei der Versteigerung eines Schiffsbauwerks (nicht eines Schiffes!) § 170a Abs. 2 Satz 4 ZVG zu beachten. 1

II. Bekanntmachungsfrist (Abs. 1)

2 Die **Bekanntmachung** der Terminsbestimmung **muss sechs Wochen vor dem Versteigerungstermin erfolgen** (Satz 1). Diese Frist setzt voraus, dass die Bekanntmachung auch ordnungsgemäß erfolgte – dass also §§ 37, 38 ZVG beachtet sind.[1] Unter Bekanntmachung ist hier die i. S. d. § 39 Abs. 1 ZVG (Amtsblatt, Internet-Veröffentlichung) oder die nach § 39 Abs. 2 ZVG (Gemeindetafel bei geringwertigem Versteigerungsobjekt) zu verstehen. Für die weiteren Veröffentlichungen (§ 40 Abs. 2 ZVG) gilt die Frist nicht. Eine fehlerhafte Veröffentlichung muss ebenfalls in der Frist des § 43 Abs. 1 ZVG durch eine (richtige) Veröffentlichung ersetzt werden.

3 War das Verfahren schon einmal **eingestellt** worden, dann beträgt die Bekanntmachungsfrist **nur zwei Wochen** (Satz 2). Ob von dieser abgekürzten Frist Gebrauch gemacht werden kann, hängt davon ab, ob das Verfahren des **bestbetreibenden Gläubigers** eingestellt war.[2] Für die Praxis hat dieser Streit keine große Bedeutung, da die Versteigerungsgerichte von der verkürzten Bekanntmachungsfrist in Anlehnung an die Ausführungen von *Stöber*[3] grundsätzlich keinen Gebrauch machen; denn die Gefahr, dass durch plötzliche „Verfahrensänderungen" (der voraussichtlich bestbetreibende Gläubiger fällt weg, aus welchen Gründen auch immer) der Versteigerungstermin wieder aufgehoben werden muss, ist groß.[4]

III. Beschlusszustellungsfrist (Abs. 2 Alt. 1)

4 Der Versteigerungstermin darf nur durchgeführt werden, wenn ein „Beschluss, aufgrund dessen die Versteigerung erfolgen kann", mindestens **vier Wochen vor dem Termin an den Schuldner zugestellt** worden ist. Unter einem solchen Beschluss sind zu verstehen:

– der Anordnungsbeschluss,
– jeder Beitrittsbeschluss,
– jeder Fortsetzungsbeschluss.

5 Wenn das Verfahren von mehreren Gläubigern betrieben wird, muss zumindest für einen Gläubiger diese Frist gewahrt sein. Die Zustellung muss ordnungsgemäß erfolgt sein. Werden Mängel bekannt, ist der Termin von Amts wegen aufzuheben, wenn eine ordnungsgemäße (neue) Zustellung nicht mehr rechtzeitig nachgeholt werden kann. Jedoch ist auf die Möglichkeit des § 189 ZPO (Heilung von Zustellungsmängeln) und auf die Möglichkeit der Genehmigung der Nichteinhaltung der Frist (durch den Schuldner) nach § 43 Abs. 2, letzter Halbsatz ZVG hinzuweisen.

---

1) BGH, Beschl. v. 19.6.2008 – V ZB 129/07, Rpfleger 2008, 588 = ZfIR 2008, 685 mit Anm. *Böttcher*.

2) So Stöber/*Gojowczyk*, ZVG, § 43 Rz. 9; Böttcher/*Böttcher*, ZVG, § 43 Rz. 2; a. A. Steiner-*Teufel*, ZVG, § 43 Rz. 12.

3) Stöber/*Gojowczyk*, ZVG, § 43 Rz. 23. Die weitere Alternative, dass alle betreibenden Gläubiger bereits eingestellt hatten, kann hier vernachlässigt werden.

4) Siehe hierzu das Beispiel bei Dassler/Schiffhauer/u. a.-*Hintzen*, ZVG, § 43 Rz. 5.

IV. Terminszustellungsfrist (Abs. 2 Alt. 2)

6 Die **Terminsbestimmung muss allen Beteiligten**, die dem Vollstreckungsgericht bei Anberaumung des Termins bekannt waren, **vier Wochen vor dem Termin zugestellt** sein. Wer Beteiligter ist, ergibt sich aus § 9 ZVG. Ob hierzu auch derjenige gehört, der sein angemeldetes Recht noch glaubhaft machen muss, wird im Schrifttum nicht einheitlich beantwortet: Eine Ansicht[5] verweist auf § 41 Abs. 3 ZVG und meint, dass § 43 Abs. 1 ZVG den § 41 ZVG vervollständige; somit müsse der Beteiligtenbegriff in beiden Vorschriften derselbe sein. Die Gegenansicht[6] hat die weitreichenden Auswirkungen eines Verstoßes gegen § 43 Abs. 2 ZVG im Auge (Aufhebung des Termins bzw. Zuschlagsversagung) und meint, dass eine noch unvollständige Anmeldung diese Folge nicht haben könne. Ich stimme der letztgenannten Ansicht zu: § 9 Nr. 2 ZVG steht im allgemeinen Teil des ZVG und schreibt vor, dass der Anmeldende auf Verlagen sein Recht noch glaubhaft machen muss. Kommt er diesem Verlangen nicht nach, wird er nicht Beteiligter bzw. verliert er seine Beteiligtenstellung wieder.[7] In bestimmten Fällen wird er aber doch schon wie ein Beteiligter behandelt; dies wird im Gesetz aber immer ausdrücklich gesagt (z. B. in §§ 41 Abs. 3, 88 Satz 2, 105 Abs. 2 Satz 2, 156 Abs. 2 Satz 4 ZVG). In § 43 Abs. 2 ZVG fehlt ein entsprechender Hinweis; es erfolgt auch keine Verweisung auf § 41 Abs. 3 ZVG. Folglich kann der Beteiligtenbegriff des § 43 ZVG nur i. S. d. § 9 ZVG aufgefasst werden.

7 Unter der Terminsanberaumung ist der Zeitpunkt gemeint, in dem die Terminsbestimmung den inneren Geschäftsbereich des Vollstreckungsgerichts verlassen hat (= also nicht identisch mit dem Zeitpunkt der Unterschrift des Rechtspflegers). Beteiligte, die erst nach diesem Zeitpunkt (durch Beitritt oder Anmeldung) bekannt werden, haben keinen Anspruch auf Einhaltung der Frist des § 43 Abs. 2 ZVG.

V. Mängel

8 Nach § 43 ZVG muss der Versteigerungstermin aufgehoben und ein **neuer Termin** bestimmt werden, wenn die gesetzlichen Fristen nicht eingehalten werden. Im Einzelnen gibt es aber Unterschiede:

9 Ein **Verstoß gegen Abs. 1 ist unheilbar**, er führt zur Terminsaufhebung bzw. zur Zuschlagsversagung (§ 83 Nr. 7 ZVG) bzw. zur Aufhebung des Zuschlags im Beschwerdeweg (siehe § 100 Abs. 3 ZVG).

10 Ein **Verstoß gegen Absatz 2 führt zwar grundsätzlich auch zur Aufhebung des Termins** bzw. zur Zuschlagsversagung (jetzt aber nach § 83 Nr. 1 ZVG) bzw. zur Zuschlagsaufhebung (§ 100 Abs. 1 ZVG). Jedoch ist in diesem Fall eine **Heilung möglich**; die einschlägigen Kommentare verweisen hierzu (nur) auf § 84 ZVG. Die entsprechenden Ausführungen sind im Hinblick auf die Zuschlagsentscheidung sicher richtig. Voraussetzung hierfür ist aber, dass der Versteigerungstermin überhaupt stattfindet. Jedoch verlangt § 43 Abs. 2 ZVG (zeitlich schon früher!) die Aufhebung des Versteigerungstermins, sodass § 84 ZVG eigentlich gar nicht mehr zum

5) Böttcher/*Böttcher*, ZVG, § 43 Rz. 3; Dassler/Schiffhauer/u. a.-*Hintzen*, ZVG, Rz. 10.
6) Stöber/*Gojowczyk*; ZVG, § 43 Rz. 17; BeckOK-*Huber*, ZVG, § 43 Rz. 16.
7) So für viele Dassler/Schiffhauer/u. a.-*Hintzen*, ZVG, § 9 Rz. 22.

Tragen kommen kann. Deshalb wäre zunächst auf § 43 Abs. 2, letzter Halbsatz ZVG hinzuweisen. Hiernach kann der Termin doch stattfinden, wenn derjenige, in Ansehung dessen die Frist nicht eingehalten ist, das Verfahren genehmigt. Mit anderen Worten: Wenn der Betreffende die Nichteinhaltung der Frist des Absatzes 2 genehmigt, dann muss der Termin nicht aufgehoben werden; dann liegt aber auch kein Zuschlagsversagungsgrund vor, und folglich stellt sich die Frage der Genehmigung oder Nichtbeeinträchtigung (siehe § 84 ZVG) auch nicht mehr. Aber eine andere Frage wäre dann zu beantworten: In welcher Form muss die Genehmigung nach § 43 Abs. 2 erfolgen? Bedarf sie der öffentlich beglaubigten Form (wie bei § 84 Abs. 2 ZVG) oder genügt eine privatschriftliche Erklärung? Da **Prozesshandlungen grundsätzlich formlos** möglich sind, halte ich die öffentlich beglaubigte Form für nicht erforderlich.

VI. Aufhebung und Bestimmung eines neuen Termins

11 Wenn die **Frist nicht eingehalten** wird, **muss der Versteigerungstermin aufgehoben** und **ein neuer Termin bestimmt werden.** Die Aufhebung kann, aber muss nicht mit der Neubestimmung eines Termins verbunden werden. Wenn sie gesondert erfolgt, ist der entsprechende Beschluss den Beteiligten nach § 329 Abs. 2 ZPO mitzuteilen. Bei der neuen Terminsbestimmung sind alle einschlägigen Vorschriften (erneut) zu beachten:

- Sie muss die Angaben nach §§ 37 und 38 ZVG enthalten.
- Die Frist des § 36 Abs. 2 ZVG gilt auch hier.
- Sie ist nach § 39 ZVG bekannt zu machen und soll nach § 40 Abs. 1 ZVG an die Gerichtstafel angeheftet werden; anderweitige Veröffentlichungen können veranlasst werden (§ 40 Ab. 2).
- Die Zustellung der Terminsbestimmung an die Beteiligten (§ 41 Abs. 1), die Übersendung der Mitteilung nach § 41 Abs. 2 müssen auch hier erfolgen; dabei sind die Fristen des § 43 zu beachten.

VII. Sonstiges

1. Aufhebung, Verlegung und Vertagung nach § 227 ZPO

12 Auf Antrag oder von Amts wegen kann der **Versteigerungstermin aufgehoben, verlegt oder vertagt werden,** wenn erhebliche Gründe vorliegen (§§ 869, 227 ZPO). Die Gründe müssen also zwingender Natur sein; in Betracht kommen z. B.:

- Verhinderung des zuständigen Rechtspflegers und seines Vertreters. Die Verhinderung des Schuldners oder seines Bevollmächtigten an der Teilnahme am Termin ist kein Grund zur Terminsverlegung.[8)]
- Fehlen der Versteigerungsakten (weil sie beim Rechtsmittelgericht sind).
- Der vorgesehene Sitzungssaal steht nicht zur Verfügung (bei Brand im Gebäude) oder bei einem unvorhergesehenen großen Bieterandrang reicht der Sitzungs-

---

8) BVerfG, Beschl. v. 22.1.1988 – 1 BVerfG 33/88, Rpfleger 1988, 156 = KTS 1988, 564; BGH, Beschl. v. 30.1.2004 – IXa ZB 196/03, Rpfleger 2004, 434 = ZfIR 2004, 1033.

saal nicht aus und kurzfristig kann auch nicht in einen größeren Saal ausgewichen werden.

2. Begriffsbestimmungen

Verlegung ist die Aufhebung des Versteigerungstermins vor Beginn unter gleichzeitiger **Bestimmung eines neuen Termins.** Hierbei sind alle einschlägigen Vorschriften (erneut) zu beachten.[9] 13

Vertagung ist die Beendigung eines bereits begonnenen Termins **vor dessen Schluss unter gleichzeitiger Bestimmung eines neuen Termins.** Erfordert also Aufhebung des Termins durch (verkündeten) Beschluss. Daneben muss ein neuer Termin unter Einhaltung aller einschlägigen Vorschriften bestimmt werden. 14

Unterbrechung eines Versteigerungstermins liegt dann vor, wenn zwischen einzelnen Verfahrensabschnitten **eines einheitlichen Termins** ein **verhandlungsfreier Zwischenraum** geschaltet wird. Die Fortsetzung kann am demselben Tag oder am Tag später (auch Vertagung von Freitag auf Montag möglich) erfolgen. Unterbrechung für mehrere Tage ist aber bedenklich.[10] 15

3. Fristberechnung

Für die **Fristberechnungen** gelten über § 869 ZPO i. V. m. § 222 ZPO die Vorschriften des BGB (**§§ 186 ff. BGB**). Dies bedeutet: Der Tag des Ereignisses (Bekanntmachung, Zustellung) rechnet für den Beginn der Frist nicht mit (§ 187 BGB). Das Fristende fällt somit auf den gleich lautenden Tag wie der Tag der Bekanntmachung bzw. Zustellung (da § 43 ZVG Wochenfristen enthält). War dies ein Samstag, Sonntag oder Feiertag, dann verlängert sich die Berechnung gemäß § 193 BGB. Beispiel hierzu: Ereignis am Samstag oder Sonntag; Fristende ist dann Montag (24:00 Uhr); Versteigerungstermin demnach frühestens am Dienstag möglich. 16

9) Siehe Rz. 11.

10) Zum gesamten Komplex siehe OLG Köln, Beschl. v. 13.2.1984 – 2 W 179/83, Rpfleger 1984, 280 mit Anm. *Weber* = OLGZ 1984, 245.

IV.
Geringstes Gebot Versteigerungsbedingungen

§ 44
Geringstes Gebot

(1) Bei der Versteigerung wird nur ein solches Gebot zugelassen, durch welches die dem Anspruch des Gläubigers vorgehenden Rechte sowie die aus dem Versteigerungserlös zu entnehmenden Kosten des Verfahrens gedeckt werden (geringstes Gebot).

(2) Wird das Verfahren wegen mehrerer Ansprüche von verschiedenem Rang betrieben, so darf der vorgehende Anspruch der Feststellung des geringsten Gebots nur dann zugrunde gelegt werden, wenn der wegen dieses Anspruchs ergangene Beschluß dem Schuldner vier Wochen vor dem Versteigerungstermin zugestellt ist.

Literatur: *Drischler*, Das geringste Gebot in der Zwangsversteigerung, RpflJahr 1960, 347; *Eickmann*, Der Rang der Grundstücksrechte, RpflStud. 1982, 74 und 85; *Hagemann*, Die Tilgungshypothek im geringsten Gebot und Teilungsplan, RpflStud. 182, 25; *Hagemann*, Die Zwangshypothek im Zwangsversteigerungsverfahren, Rpfleger 1982, 165; *Helwich*, Immobiliarvollstreckung in der Praxis, Teile 13 und 14, JurBüro 2012, 175 und 283; *Schalhorn*, Der Rang der Grundpfandrechtszinsen im geringsten Gebot der Zwangsversteigerung, JurBüro 1971, 121; *Schiffhauer*, Die Wirkung des Rangvorbehalts in der Zwangsversteigerung, BlGrBW; *Schmidt*, Das geringste Gebot bei Fortsetzung eingestellter Zwangsversteigerungsverfahren, DRiZ 1959, 119; *Steffen*, Die Zwangssicherungshypothek in der Zwangsversteigerung, RpflStud. 1996, 129.

Übersicht

I. Allgemeines

1. Übersicht zum IV. Unterabschnitt (§§ 44 bis 65) des ZVG

1 Der IV. Unterabschnitt des ZVG (§§ 44 bis 65 ZVG) enthält die Regelungen zum geringsten Gebot und zu den Versteigerungsbedingungen: § 44 ZVG behandelt den Deckungsgrundsatz, definiert das geringste Gebot und erläutert, wie es gebildet wird. Die Vorschrift wird ergänzt durch § 45 ZVG, der regelt, welche Ansprüche hierbei berücksichtigt werden müssen. Die §§ 46 bis 48 ZVG behandeln die Frage, wie bestimmte Ansprüche im geringsten Gebot zu behandeln sind. In § 49 ZVG (Bargebot) und § 52 ZVG (bestehen bleibende Rechte) wird die Zweiteilung des geringsten Gebots näher dargestellt. Die weiteren Bestimmungen regeln im Wesentlichen die Versteigerungsbedingungen; hervorzuheben ist hierbei der § 59 ZVG, der es zulässt, unter bestimmten Voraussetzungen von den gesetzlichen Versteigerungsbedingungen abzuweichen. § 62 ZVG eröffnet die Möglichkeit, das geringste Gebot und die Versteigerungsbedingungen bereits vor dem eigentlichen Versteigerungstermin zu erörtern.

2. Übersicht zu § 44 ZVG

2 Das geringste Gebot wird vom Deckungsgrundsatz geprägt: Nach § 44 Abs. 1 ZVG wird nur ein Gebot zugelassen, durch welches die dem Anspruch des betreibenden Gläubigers vorgehenden Rechte sowie die aus dem Versteigerungserlös zu entnehmenden Kosten des Verfahrens gedeckt werden. Das geringste Gebot bildet somit für die im Versteigerungstermin abzugebenden Gebote die Untergrenze; Gebote unter dem geringsten Gebot sind gemäß § 71 Abs. 1 ZVG als unzulässig zurückzuweisen. Das geringste Gebot orientiert sich also nicht am festgesetzten Verkehrswert, sondern nur am betreibenden Gläubiger.[1] Und da nur die seinem Anspruch vorgehenden Ansprüche gedeckt sein müssen, trägt er auch das wirtschaftliche Risiko der Zwangsversteigerung.

3. Definitionen

3 In diesem Abschnitt sollen einige wichtige Begriffe des Zwangsversteigerungsrechts kurz erläutert werden:

- **Geringstes Gebot** = das Gebot, das erreicht werden muss, wenn es nicht von vornherein als unwirksam zurückgewiesen werden soll, § 44 Abs. 1 ZVG.
- **Mindestbargebot** (auch geringstes Bargebot genannt) = der Teil des geringsten Gebots, der bar zu zahlen ist, § 49 Abs. 1 ZVG.

---

1) Also anders als bei der Mobiliarvollstreckung durch den Gerichtsvollzieher, wo nach § 817a Abs. 1 ZPO das Mindestgebot die Hälfte des gewöhnlichen Verkehrswertes erreichen muss.

- **Bestehen bleibende Rechte** = Teil des geringsten Gebots, welcher die Rechte enthält, die der Ersteher übernehmen muss (so wie sie im Grundbuch eingetragen sind), § 52 ZVG.
- **Bargebot** = der Teil des Gebots, der (spätestens im Verteilungstermin) zu zahlen ist, also ohne die bestehen bleibenden Rechte, § 49 Abs. 1 ZVG; im Versteigerungstermin wird von den Bietern nur dieser Betrag genannt.
- **Meistbargebot** (auch bares Meistgebot genannt) = der Teil des höchsten Gebots, der vom Meistbietenden zu zahlen ist, § 49 Abs. 1 ZVG; daneben muss er noch die bestehen bleibenden Rechte übernehmen.
- **Meistgebot** = das höchste im Versteigerungstermin abgegebene Gebot, bestehend aus dem barem Meistgebot und den bestehen bleibenden Rechten, § 81 Abs. 1 ZVG.
- **Mindestgebot** = das Gebot, das erreicht werden muss, damit der Zuschlag auch erteilt werden kann. Hierbei unterscheidet man:
  - **Absolutes Mindestgebot** des § 85a ZVG: Hierbei muss das Meistgebot mindestens **5/10 des Verkehrswertes** erreichen. Diese Grenze muss das Vollstreckungsgericht von Amts wegen berücksichtigen.
  - **Relatives Mindestgebot** des § 74a ZVG: Hier beträgt die Grenze **7/10 des Verkehrswertes**, wird aber nur auf entsprechenden Antrag berücksichtigt.
- **Einzelgebot** = ein Gebot auf das Einzelausgebot, wenn auf eines von mehreren in demselben Verfahren zu versteigernden Objekten (Grundstücke, Miteigentumsanteile usw.) geboten wird, § 63 Abs. 1 ZVG.
- **Gesamtgebot** = ein Gebot auf das Gesamtausgebot, wenn auf alle in demselben Verfahren zu versteigernde Objekte geboten wird, § 63 Abs. 2 ZVG.
- **Gruppengebot** = ein Gebot auf das Gruppenausgebot, wenn auf einige von mehreren in demselben Verfahren zu versteigernde Objekte geboten wird, § 63 Abs. 2 ZVG. Im Verhältnis zum Einzelgebot wird das Gruppenausgebot wie ein Gesamtgebot behandelt, im Verhältnis zum Gesamtgebot stellt es sich wie ein Einzelgebot dar.
- **Übergebot** = ein Gebot, welches das vorherige Gebot übersteigt, § 72 Abs. 1 ZVG.
- **Untergebot** = ein Gebot, welches das vorherige Gebot nicht übersteigt und deshalb regelmäßig unwirksam ist.
- **Versteigerungserlös** (§ 105 Abs. 1 ZVG) besteht aus dem Meistbargebot zuzüglich der Bargebotszinsen (§ 49 Abs. 2 ZVG); hinzukommen u. U. noch der Erlös aus einer abgesonderten Verwertung nach § 65 ZVG und Beträge, die nach §§ 50, 51 ZVG zusätzlich vom Ersteher zu zahlen sind.

II. Das geringste Gebot

1. Deckungsgrundsatz

4 Die Versteigerung zum Zwecke der Zwangsvollstreckung wird vom Deckungsgrundsatz beherrscht: Neben den Verfahrenskosten des § 109 Abs. 1 ZVG müssen alle Rechte bzw. Ansprüche gedeckt werden, die dem Anspruch des betreibenden Gläubigers im Range vorgehen. Diese Deckung geschieht einerseits durch **Übernahme der bestehen bleibenden Rechte** (§ 52 ZVG), andererseits durch **Zahlung** (§ 49 Abs. 1 ZVG). Maßgeblich für die Rangordnung ist § 10 ZVG (Einzelheiten siehe dort). Durch den Deckungsgrundsatz wird sichergestellt, dass kein Berechtigter durch einen rangschlechteren Gläubiger aufgrund dessen Betreiben der Zwangsversteigerung beeinträchtigt wird.

2. Inhalt des geringsten Gebots

5 Ausgehend von der Rangstelle des bestbetreibenden Gläubigers gliedert sich das geringste Gebot in zwei Teile:

a) Bestehen bleibende Rechte (§ 52 Abs. 1 ZVG)

6 Hier werden alle Rechte aufgeführt, die dem betreibenden Gläubiger im Range vorgehen.

b) Mindestbargebot (§ 49 Abs. 1 ZVG)

7 Hier werden die Ansprüche aufgeführt, die dem betreibenden Gläubiger im Range vorgehen, aber bar zu bezahlen sind; das sind:

1. Verfahrenskosten, die aus dem Versteigerungserlös vorweg zu entnehmen sind (§ 109 Abs. ZVG 1) – immer.
2. Zwangsverwaltungsvorschüsse (§ 10 Abs. 1 Nr. 1 ZVG) – falls rechtzeitig angemeldet.
3. Feststellungskosten zugunsten des Insolvenzverfahrens (§ 10 Abs. 1 Nr. 1a ZVG) – falls rechtzeitig angemeldet.
4. Hausgeldansprüche der Wohnungseigentümergemeinschaft (§ 10 Abs. 1 Nr. 2 ZVG) – falls rechtzeitig angemeldet, glaubhaft gemacht sowie dem betreibenden Gläubiger vorgehend.
5. Öffentliche Grundstückslasten (§ 10 Abs. 1 Nr. 3 ZVG) – falls rechtzeitig angemeldet und dem betreibenden Gläubiger vorgehend.
6. Kosten der dinglichen Rechtsverfolgung (§ 10 Abs. 2 ZVG), wiederkehrende Leistungen und andere Nebenleistungen aus den bestehen bleibenden Rechten (also aus Rechten, die dem betreibenden Gläubiger im Range vorgehen); Kosten und rückständige wiederkehrende Nebenleistungen nur, wenn sie rechtzeitig angemeldet worden sind.

8 Besonders hinzuweisen ist auf den Umstand, dass im Versteigerungstermin immer nur auf den **bar zu zahlenden Teil** des geringsten Gebots geboten wird. Mit anderen Worten: Die Bieter müssen die Summe der bestehen bleibenden Rechte immer mit-

kalkulieren, um ihre wirtschaftliche Belastung zu erkennen.[2] Darauf muss das Vollstreckungsgericht die Bietinteressenten ausdrücklich hinweisen.[3]

III. Grundlage des geringsten Gebots

1. Anspruch des betreibenden Gläubigers als Ausgangspunkt

Unter Gläubiger versteht das ZVG nicht den Gläubiger im schuldrechtlichen Sinn 9
(§ 241 BGB); vielmehr ist Gläubiger i. S. d. ZVG derjenige, welcher einen Anordnungs- (§ 15 ZVG) oder Beitrittsbeschluss (§ 27 ZVG) erwirkt hat. In dem entsprechenden Beschluss sind die Rechtsnatur und die Rangklasse anzugeben. Hierbei ist das Rangsystem der §§ 10–12 ZVG maßgeblich. Ausgehend von diesem Anspruch sind dann alle die Ansprüche zu decken, welche rangmäßig vor dem betreibenden Gläubiger einzuordnen sind. Der Anspruch des Gläubigers selbst, gleichrangige und nachrangige Ansprüche bleiben unberücksichtigt.

2. Ein Gläubiger betreibt die Zwangsversteigerung (§ 44 Abs. 1 ZVG)

- Der Gläubiger betreibt aus § 10 Abs. 1 Nr. 1 ZVG (= äußerst selten). 10

  Nur die Verfahrenskosten (§ 109 ZVG) kommen in das geringste Gebot (Abschnitt Mindestbargebot).
- Betreibt ein Gläubiger der Rangklasse des § 10 Abs. 1 Nr. 2 ZVG,[4]

  kommen neben den Verfahrenskosten (§ 109 ZVG) noch die Ansprüche nach § 10 Abs. 1 Nr. 1 und Nr. 1a ZVG in das Mindestbargebot – falls sie rechtzeitig angemeldet wurden.
- Der Gläubiger betreibt aus § 10 Abs. 1 Nr. 3 ZVG.

  Neben den Verfahrenskosten (§ 109 ZVG) kommen noch die Ansprüche des § 10 Abs. 1 Nr. 1, 1a und 2 ZVG – falls sie rechtzeitig angemeldet sind – ins Mindestbargebot.
- Der Gläubiger betreibt aus § 10 Abs. 1 Nr. 4 ZVG.

  Neben den Verfahrenskosten (§ 109 ZVG) kommen die Ansprüche des § 10 Abs. 1 Nr. 1 bis 3 ZVG ins Mindestbargebot; daneben kommen die Ansprüche des § 10 Abs. 1 Nr. 4 ZVG ebenfalls ins geringste Gebot, soweit sie dem betreibenden Gläubiger im Range vorgehen – mit dem Kapital bzw. dem Recht selbst in den Abschnitt „bestehen bleibende Rechte", mit den Kosten und Nebenleistungen in das Mindestbargebot.

---

2) *Bartels*, Dogmatik und Effizienz im Recht der Zwangsversteigerung, S. 254 schlägt unter Hinweis auf die Praxis beim Amtsgericht Bremen vor, das ZVG dahingehend zu ergänzen, dass beim Bieten die bestehen bleibenden Rechte immer ausdrücklich mit einzubeziehen sind. Diesen Vorschlag halte ich nicht für sinnvoll, da dadurch die Belehrung der Bieter nicht etwa ersetzt würde (wie *Bartels* offenbar meint); vielmehr müsste die zur Zeit vorzutragende Belehrung durch eine andere Belehrung ersetzt werden (dass nämlich die bestehen bleibenden Rechte nicht an das Versteigerungsgericht gezahlt werden müssten usw.).

3) Dies kann nicht eindringlich genug geschehen; vgl. hierzu BGH, Beschl. v. 5.6.2008 – V ZB 150/07, Rpfleger 2008, 515 = NJW 2008, 442.

4) Der Fall, dass ein Gläubiger aus dem Anspruch nach § 10 Abs. 1 Nr. 1a betreibt, kann nicht vorkommen; vgl. hierzu Böttcher/*Böttcher*, ZVG, § 10 Rz. 14g; Stöber/*Achenbach*, ZVG, § 10 Rz. 28; Dassler/Schiffhauer/u. a.-*Rellermeyer*, § 10 Rz. 18 m. w. N.

– Der Gläubiger betreibt aus § 10 Abs. 1 Nr. 5 ZVG.

Alle Ansprüche der Rangklassen des § 10 Abs. 1 bis 4 ZVG kommen in das geringste Gebot. Hierbei kommen die Rechte der Rangklasse 4 mit ihrem Kapital bzw. mit der „Hauptsache" in den Abschnitt „bestehen bleibende Rechte".

– Der Gläubiger betreibt aus mehreren Ansprüchen mit verschiedenem Rang (z. B. aus der eingetragenen Hypothek Abt. III Nr. 1 und der eingetragenen Grundschuld Abt. III Nr. 4; aus „dem dinglichen Anspruch der Hypothek Abt. III Nr. 1" = Rangklasse 4 und wegen der dieser Hypothek zu Grunde liegenden persönlichen Forderung = Rangklasse 5).[5)]

Für das geringste Gebot ist vom bestrangigen Anspruch auszugehen (also in beiden Beispielen vom Recht Abt. III Nr. 1).

– Der Gläubiger betreibt nur aus Rangklasse des § 10 Abs. 1 Nr. 5 ZVG, obwohl ihm hinsichtlich dieser persönlichen Forderung auch eine Hypothek oder Grundschuld zusteht.

Die Hypothek oder Grundschuld kommt in das geringste Gebot (Kapital in den Abschnitt „bestehen bleibende Rechte"; Kosten und Nebenleistungen in das Mindestbargebot).

3. Mehrere Gläubiger betreiben die Zwangsversteigerung (Abs. 2)

11 Wenn mehrere Gläubiger die Zwangsversteigerung betreiben, richtet sich das geringste Gebot nach dem Gläubiger, welcher den besten Rang hat; deshalb nennt man diesen Gläubiger den „bestbetreibenden Gläubiger". Hierbei ist jedoch die Frist des § 44 Abs. 2 zu beachten. Danach ist ein Gläubiger nur dann für die Feststellung des geringsten Gebots maßgeblich, wenn der entsprechende Beschlagnahmebeschluss oder Fortsetzungsbeschluss dem Schuldner spätestens vier Wochen vor dem Versteigerungstermin zugestellt worden ist.

12 Absatz 2 ist auch anzuwenden, wenn innerhalb der Vier-Wochen-Frist eine Rangänderung im Grundbuch eingetragen (und angemeldet)[6)] worden ist, die zu einem **niedrigeren** geringsten Gebot führen würde.[7)] Im umgekehrten Fall, wenn also die (angemeldete!) Rangänderung zu einem höheren geringsten Gebot führt, gilt dies nicht. Grund hierfür: Vier Wochen vor dem Versteigerungstermin muss das geringste aller denkbaren geringsten Gebote feststehen; durch Änderungen, die zu einer Verringerung führen würden, könnte ein Beteiligter beeinträchtigt werden. Dies darf ohne seine Zustimmung nicht geschehen. Es besteht aber auch die Möglichkeit, dass der Betreffende die Nichteinhaltung der Vier-Wochen-Frist genehmigt (vgl. §§ 83 Nr. 1, 84 ZVG).

---

5) Sodass im Normalfall „alle Rechte bestehen bleiben" (sofern sie vor dem Versteigerungsvermerk eingetragen worden sind).

6) Wegen § 45 Abs. 1; siehe Rz. 22.

7) Böttcher/*Böttcher*, ZVG, §§ 44, 45 Rz. 15; Stöber//*Gojowczyk*, ZVG, § 44 Rz. 49; Dassler/Schiffhauer/u. a.-*Hintzen*, ZVG, § 44 Rz. 110; Schneider-*Schneider*, ZVG, § 44 Rz. 52.

4. Ein Gläubiger betreibt die Zwangsversteigerung wegen eines Teilanspruchs

Wird nur wegen eines Teils eines Anspruchs betrieben (z. B. wegen eines Teilbetrags von 10.000 € einer Grundschuld, deren Kapital 100.000 € beträgt, oder nur wegen der Zinsen), dann kommt der gesamte Anspruch nicht in das geringste Gebot. 13

Betreibt der Gläubiger die Zwangsversteigerung wegen älterer öffentlicher Grundstückslasten, dann rückt er insoweit von der Rangklasse 7 in die Rangklasse 5 vor. Der Teil der Ansprüche, welcher in Rangklasse 3 (nur) angemeldet ist, kommt in das Mindestbargebot, da insoweit kein einheitlicher Rang vorliegt. Dasselbe gilt für ältere Zinsen eingetragener Rechte, welche aufgrund einer Anmeldung nur in Rangklasse 8 berücksichtigt werden. Wenn der Gläubiger (nur) wegen dieser Zinsen die Versteigerung betreibt, wird er in Rangklasse 5 eingestuft. Dann bleibt sein Recht (= Rangklasse 4) bestehen (§ 52 Abs. 1 ZVG); die Kosten und die Nebenleistungen, soweit sie ebenfalls in Rangklasse 4 berücksichtigt werden können, kommen in das Mindestbargebot. 14

Wenn nach einer Teilablösung (siehe §§ 268 Abs. 3 Satz 2, 1150 BGB) nur aus dem nachrangigen Teil des Ablösenden die Versteigerung betrieben wird, dann kommt der vorrangige Restbetrag in das geringste Gebot. 15

Dasselbe gilt bei einer Teilabtretung mit einer Rangbestimmung.[8] So wird oft der Teil eines Rechts „mit Rang nach dem Rest" abgetreten. Wenn der Zessionar dann die Zwangsversteigerung beantragt und bestbetreibender Gläubiger ist, kommt der Restbetrag in das geringste Gebot. 16

5. Antragsrücknahme, Aufhebung und Einstellung des Verfahrens

Wenn der Gläubiger seinen Versteigerungsantrag zurückgenommen hat oder sein Verfahren aus sonstigen Gründen aufgehoben worden ist, scheidet er als „betreibender Gläubiger" aus und kann demnach nicht mehr dem geringsten Gebot zugrunde gelegt werden. Dasselbe gilt für den Gläubiger, dessen Verfahren einstweilen eingestellt ist. Geschieht dies vor dem Schluss der Versteigerung (siehe § 73 Abs. 2 ZVG) und ist ein weiterer betreibender Gläubiger vorhanden, bei dem die Frist des § 44 Abs. 2 ZVG eingehalten ist, muss ein neues geringstes Gebot aufgestellt werden. Hatte die Bietstunde vorher bereits begonnen, muss eine neue Bietstunde eröffnet werden. Hat dieser „ausscheidende Gläubiger" einen besseren Rang als der neue bestrangig betreibende Gläubiger, dann ist er jetzt (falls überhaupt) im geringsten Gebot zu berücksichtigen. Erfolgt die Einstellung oder Antragsrücknahme bzw. Aufhebung erst nach dem Schluss der Versteigerung, dann ist grundsätzlich der Zuschlag zu versagen, § 33 ZVG. 17

Haben nur zwei persönliche Gläubiger die Zwangsversteigerung betrieben und der besserrangige bewilligt die einstweilige Einstellung, dann ist der andere Gläubiger der „bestbetreibende Gläubiger". Somit kommt der Anspruch des ersten Gläubigers in das geringste Gebot – und zwar mit seinem gesamten Anspruch in das Mindestbar- 18

8) Ohne Rangbestimmung haben die Teile untereinander Gleichrang.

gebot. Hierbei ist zu beachten, dass die Zinsen hier bis zum voraussichtlichen Verteilungstermin[9] zu berechnen sind; § 56 Satz 2 ZVG ist hier nicht einschlägig.

IV. Rangfragen

1. Allgemeines

19 Der Rang des Gläubigeranspruchs ist für die Aufstellung des geringsten Gebots äußerst wichtig; denn es kommen nur die Ansprüche ins geringste Gebot, welche dem bestbetreibenden Gläubiger im Range vorgehen. Maßgeblich für den Rang sind die Vorschriften der §§ 10, 11 ZVG und der §§ 879–881 BGB. Die Rangordnung der Rangklassen 4, 6 und 8 richtet sich gemäß § 11 Abs. 1 ZVG nach dem materiellen Recht. Und so ist grundsätzlich § 879 BGB anzuwenden. Daraus folgt:

– Bei in **derselben Abteilung** des Grundbuchs eingetragenen Rechten gilt das **Locusprinzip** (§ 879 Abs. 1 Satz 1 BGB). Dies bedeutet: Die Reihenfolge der Eintragungen ist für den Rang entscheidend, nicht der Tag der Eintragung.

– Bei Eintragungen in **verschiedenen Abteilungen** gilt dagegen das **Tempusprinzip**[10] (§ 879 Abs. 1 Satz 2 BGB). Mit anderen Worten: Das früher eingetragene Recht hat Vorrang; sind die Rechte am gleichen Tag eingetragen worden, haben sie Gleichrang. Hier kommt es also auf das Datum der Eintragung an (vgl. hierzu § 44 Abs. 1 Satz 1 GBO). Diese Rangfolge ist für das Vollstreckungsgericht auch maßgeblich, wenn das Grundbuchgericht die Eintragungen unter Verletzung der §§ 17, 45 GBO vorgenommen hat. Wenn vereinzelt die Meinung vertreten wird,[11] dass es Sache der Beteiligten sei, die materiellrechtlich richtige Rangfolge im Widerspruchsverfahren bzw., soweit das geringste Gebot betroffen ist, im Wege der Zuschlagsbeschwerde klären zu lassen, dann kann dem nicht gefolgt werden:

  Einerseits wird das Grundbuch durch Verletzung der §§ 17, 45 GBO grundsätzlich **nicht unrichtig;**[12] der Rang entsteht mit der Eintragung, auch wenn er von den Beteiligten nicht so gewollt war. Eine „Richtigstellung" des Rangs ist hier nur durch die Beteiligten möglich, z. B. durch eine Rangänderung. Dass solche Fehler des Grundbuchgerichts zu Amtshaftungsfällen führen können, ist sicher richtig.[13] Und deshalb sollte das Vollstreckungsgericht bekannt werdende Unstimmigkeiten hinsichtlich des Rangs dem Grundbuchgericht auch frühzeitig mitteilen, damit dieses die Möglichkeit hat, im Einvernehmen mit den Beteiligten das „Rangproblem zu beseitigen", bevor durch eine Zuschlagserteilung Fakten geschaffen werden, welche zu den o. a. Schadensersatzansprüchen führen können.

  Wenn das Vollstreckungsgericht an die aus dem Grundbuch ersichtliche Rangfolge gebunden ist, dann kann die nach Ansicht der Beteiligten „falsche Rangfolge" auch nicht per Zuschlagsbeschwerde oder im Widerspruchsverfahren geklärt werden; denn das Verfahren des Vollstreckungsgerichts ist ja richtig.

---

9) Präziser: bis einen Tag vor dem voraussichtlichen Verteilungstermin (einschließlich).

10) Manche nennen es auch „Datumsprinzip".

11) So z. B. BeckOK-*Fischinger*, ZVG, § 11 Rz. 8 m. w. N.

12) So auch Böttcher/*Böttcher*, ZVG, § 11 Rz. 6.

13) So schon RG, Urt. v. 13.4.1904 – V 414/03, RGZ 57, 277.

Hinzuweisen ist noch auf folgende Punkte: 20

- Eintragungen in der Veränderungsspalte der Abt. II bzw. Abt. III des Grundbuchs haben grundsätzlich den Rang der Hauptspalte, es sei denn, in der Veränderungsspalte selbst würde etwas anderes ausdrücklich gesagt werden. Dies hat insbesondere Bedeutung für den Fall der **Nachverpfändung** (auch Pfanderstreckung genannt); mangels einer anderslautenden Eintragung gilt das auf dem bereits belasteten Grundstück bestehende Rangverhältnis auch für das nachträglich verpfändete Grundstück.
- Von Bedeutung kann auch eine **Bestandteilszuschreibung** sein (siehe hierzu §§ 890 Abs. 2, 1131 BGB).
- Für nicht im Grundbuch eingetragene Rechte wie eine **altrechtliche Dienstbarkeit** (Art. 187 EGBGB) oder eine **Sicherungshypothek** nach § 1287 BGB kommt es auf das Entstehen des Rechts an. Nicht eingetragene Überbaurenten (§ 912 BGB) und die Notwegrente (§ 917 BGB) haben Rang vor allen Rechten (§§ 914 Abs. 1, 917 Abs. 2 Satz 2 BGB).
- Hat ein Gläubiger den Eigentumsverschaffungsanspruchs oder das **Anwartschaftsrecht** des Grundstückskäufers nach §§ 857, 829 ZPO **gepfändet**, dann entsteht mit der Umschreibung des Eigentums auf den Pfändungsschuldner eine Sicherungshypothek in Höhe der titulierten Forderung (§ 848 Abs. 2 Satz 2 ZPO). Diese **Sicherungshypothek** entsteht außerhalb des Grundbuchs und hat Rang vor etwaigen Finanzierungsgrundpfandrechten (aber nicht vor den Rechten, welche sich der Verkäufer als Gegenleistung hat bestellen lassen).

Die ursprünglich maßgeblichen Rangverhältnisse können nachträglich geändert werden (durch Rangänderung, siehe Rz. 22 ff.; der Eigentümer kann aber auch einen bestimmten Rang „freihalten" (durch Eintragung eines Rangvorbehalts, siehe Rz. 45 ff.). 21

2. Rangänderung

Eine nachträglich im Grundbuch eingetragene Rangänderung[14)] ist vom Vollstreckungsgericht **von Amts wegen** zu beachten, wenn diese Eintragung vor Eintragung des Zwangsversteigerungsvermerks vorgenommen worden ist. Erfolgte die Eintragung erst nach Eintragung dieses Vermerks, dann muss sie **angemeldet** werden, damit sie im Versteigerungsverfahren Berücksichtigung findet (§ 37 Nr. 4 ZVG). Wenn sich durch diese Anmeldung das geringste Gebot verringert, dann müssen die Eintragung und Anmeldung (entgegen dem Wortlaut des § 37 Nr. 4 ZVG) mindestens vier Wochen vor dem Versteigerungstermin erfolgen (analog § 44 Abs. 2 ZVG). Die meisten Kommentare[15)] verlangen in diesem Zusammenhang die Einhaltung der Vier-Wochen-Frist nur für die Eintragung der Rangänderung. Dies kann nicht ganz richtig sein: § 44 Abs. 2 ZVG ist im Zusammenhang mit § 43 Abs. 2 ZVG dahin zu interpretieren, dass spätestens vier Wochen vor dem Termin das **niedrigste** aller denkbaren ge- 22

14) Für die materiellrechtliche Wirksamkeit der Rangänderung kommt es allein auf die Eintragung beim zurücktretenden Recht an; formellrechtlich ist die Rangänderung aber an beiden Rechten zu vermerken (§ 18 GBV).

15) Beispielsweise Böttcher/*Böttcher*, ZVG, §§ 44, 45 Rz. 15; Stöber/*Gojowczyk*, ZVG, § 44 Rz. 649; BeckOK-*R. Goldbach*, ZVG, § 44 Rz. 49.

ringsten Gebote feststehen soll. Darauf sollen sich die Beteiligten einstellen können. Wenn man nun eine Rangänderung, die nach dem Versteigerungsvermerk eingetragen worden ist, mangels entsprechender Anmeldung in der Mitteilung nach § 41 Abs. 2 ZVG nicht aufführen kann, dann aber im Versteigerungstermin bei der Aufstellung des geringsten Gebots doch berücksichtigt, weil zwar bzgl. der Eintragung die Vier-Wochen-Frist gewahrt ist, aber nicht hinsichtlich der Anmeldung, dann ist damit der Schutz der Beteiligten, den § 44 Abs. 2 ZVG eigentlich bezweckt, nicht mehr gewährleistet.[16)]

23 Für die Auswirkungen einer Rangänderung kommt es darauf an, ob die beteiligten Rechte unmittelbar aufeinander folgen oder ob sog. Zwischenrechte bestehen:

a) Rangänderung ohne Zwischenrechte

24 Da die beteiligten Rechte einfach ihre Plätze tauschen, bereitet dieser Fall keine Schwierigkeiten.

b) Rangänderung mit Zwischenrechten

25 Anders ist es dagegen, wenn die an der Rangänderung beteiligten Rechte nicht unmittelbar hintereinander stehen, sondern Zwischenrechte beteiligt sind; denn diese dürfen gemäß § 880 Abs. 5 BGB durch die Rangänderung nicht berührt werden (also weder einen Vor- noch einen Nachteil haben).

26 **Beispiel 1:**

Folgende Rechte sind in Abt. III eingetragen:

III/1 – 100.000 € für *Anton*

III/2 – 70.000 € für *Bruno*

III/3 – 40.000 € für *Claus*

Folgende Rangänderung ist im Grundbuch (in der Veränderungsspalte bei beiden Rechten) eingetragen: III/1 hat III/3 den Vorrang eingeräumt.

Der Rangstatus (einen solchen sollte man bei der Vorbereitung des geringsten Gebots bei mehreren Rechten immer aufstellen!) sieht dann folgendermaßen aus:

III/3 – 40.000 € für *Claus*

III/1a – 60.000 € für *Anton*

III/2 – 70.000 € für *Bruno*

III/1b – 40.000 € für *Anton*

Unterfall 1: Anton ist bestbetreibender Gläubiger

Bestehen bleibende Rechte:	(nur) III/3 – 40.000 € für *Claus*
Mindestbargebot enthält:	Kosten gemäß § 109 ZVG (von Amts wegen)
	Rangklasse 1–3 (falls angemeldet)
	Kosten und Zinsen des Rechts III/3

16) So auch Schneider-*Schneider*, ZVG, § 44 Rz. 52.

Unterfall 2: Bruno ist bestbetreibender Gläubiger

Bestehen bleibende Rechte:	III/3 – 40.000 € für *Claus*
	III/1a – 60.000 € für *Anton*
Summe:	100.000 €
Mindestbargebot enthält:	Kosten gemäß § 109 ZVG (von Amts wegen)
	Rangklasse 1–3 (falls angemeldet)
	Kosten und Zinsen von III/3 und III/1a

Unterfall 3: Claus ist bestbetreibender Gläubiger

Bestehen bleibende Rechte:	Keine
Mindestbargebot:	Kosten gemäß § 109 ZVG (von Amts wegen)
	Rangklasse 1–3 (falls angemeldet)

Hinweise:

Hinsichtlich der **Kosten** gemäß § 10 Abs. 2 ZVG muss darauf geachtet werden, dass die Kosten beim Rangtausch zwar rangmäßig „mitgehen", aber nur soweit sie für den rangtauschenden Teil des Rechts entstanden sind.[17)] 27

Schwierigkeiten kann es hinsichtlich der **Zinsen** geben, wenn die Zinssätze der beteiligten Rechte unterschiedlich hoch und/oder die zum Verfahren angemeldeten Zeiträume dieser Rechte unterschiedlich lang sind.[18)] 28

Wenn **mehrere Rechte** im Rang **zurücktreten**, behalten diese Rechte untereinander ihren bisherigen Rang; hierbei ist es gleichgültig, ob diese Rangrücktritte gleichzeitig oder zu unterschiedlichen Zeitpunkten im Grundbuch eingetragen werden.[19)] 29

Wenn **mehrere Rechte** im Rang **vortreten**, dann kommt es auf den Zeitpunkt der Eintragung[20)] an: 30

- Bei gleichzeitiger Eintragung wird das Rangverhältnis der vortretenden Rechte zueinander nicht geändert.
- Bei zeitlich unterschiedlicher Eintragung geht das zuerst aufgerückte Recht dem später aufgerückten im Range vor, auch wenn es ursprünglich einen schlechteren Rang hatte als dieses.

---

17) Stöber/*Gojowczyk*, ZVG, § 44 Rz. 50; Berechnungen bei Dassler/Schiffhauer/u. a.-*Hintzen*, ZVG, § 44 Rz. 66–69.

18) Wegen der Einzelheiten hierzu wird auf Dassler/Schiffhauer/u. a.-*Hintzen*, ZVG, § 44 Rz. 70–76 verwiesen.

19) Böttcher/*Böttcher*, ZVG, §§ 44, 45 Rz. 22; Dassler/Schiffhauer/u. a.-*Hintzen*, ZVG, § 44 Rz. 77 mit Beispiel.

20) Die ja konstitutiv wirkt (§ 880 Abs. 2 BGB).

31 Wenn an der Rangänderung bisher gleichrangige Rechte beteiligt sind, dann ergeben sich weitere Schwierigkeiten. Zur Verdeutlichung das folgende

32 **Beispiel 2** (das vortretende Recht hatte Gleichrang mit einem anderen Recht):

Folgende Rechte sind in Abt. III eingetragen:

III/1 – 100.000 € für *Anton*

III/2 – 70.000 € für *Bruno* im Gleichrang mit III/3

III/3 – 40.000 € für *Claus* im Gleichrang mit III/2

Folgende Rangänderung ist im Grundbuch (in der Veränderungsspalte bei beiden Rechten) eingetragen: III/1 hat III/3 den Vorrang eingeräumt.

Der Rangstatus sieht dann folgendermaßen aus:

III/3 – 40.000 € für *Claus*

III/1a – 60.000 € für *Anton*

III/2 – 70.000 € für *Bruno* im Gleichrang mit III/1b

III/1b – 40.000 € für *Anton* im Gleichrang mit III/2

Unterfall 1: Anton ist bestbetreibender Gläubiger

Bestehen bleibende Rechte: III/3 – 40.000 € für *Claus*

Unterfall 2: Bruno ist bestbetreibender Gläubiger

Bestehen bleibende Rechte:	III/3 – 40.000 € für *Claus*
	III/1a – 60.000 € für *Anton*
Summe:	100.000 €

Unterfall 3: Claus ist bestbetreibender Gläubiger

Bestehen bleibende Rechte: Keine

33 **Beispiel 3** (das zurücktretende Recht hatte Gleichrang mit einem anderen Recht)

Folgende Rechte sind in Abt. III eingetragen:

III/1 – 30.000 € für *Anton* im Gleichrang mit III/2

III/2 – 50.000 € für *Bruno* im Gleichrang mit III/1

III/3 – 70.000 € für *Claus*

Folgende Rangänderung ist im Grundbuch (in der Veränderungsspalte bei beiden Rechten) eingetragen: III/1 hat III/3 den Vorrang eingeräumt.

Der Rangstatus sieht dann folgendermaßen aus:

III/3a – 30.000 € für *Claus* im Gleichrang mit III/2

III/2 – 50.000 € für *Bruno* im Gleichrang mit III/3a

III/3b – 40.000 € für *Claus*

III/1 – 30.000 € für *Anton*

Unterfall 1: Anton ist bestbetreibender Gläubiger

Bestehen bleibende Rechte: III/3a – 30.000 € für *Claus*
III/2 – 50.000 € für *Bruno*
III/3b – 40.000 € für *Claus*

Summe: 120.000 €.

Unterfall 2: Bruno ist bestbetreibender Gläubiger

Bestehen bleibende Rechte: keine

Unterfall 3: Claus ist bestbetreibender Gläubiger

Bestehen bleibende Rechte: Keine

Bei den bisherigen Beispielen zur Rangänderung waren nur Grundpfandrechte beteiligt, deren Kapitalwert bekannt ist. Ist an der Rangänderung aber ein Recht der Abt. II beteiligt, dann ergeben sich für die richtige Anwendung des § 880 Abs. 5 BGB erhebliche Schwierigkeiten: 34

– Für bestehen bleibende **Rechte der Abt. II** ist zwar bei der Aufstellung des geringsten Gebots ein sog. Zuzahlungsbetrag festzusetzen ist (siehe hierzu bei § 51 Abs. 2 ZVG); dagegen wird bei erlöschenden Rechten ein Ersatzwert nach § 92 ZVG gebildet. Dies geschieht erst bei der Aufstellung des Teilungsplans und setzt u. U. entsprechende Anmeldungen voraus (siehe hierzu weiter bei § 92 ZVG). Auch ist die Ausgangslage der beiden Berechnungen völlig unterschiedlich.
– Das nicht auf Zahlung gerichtete Recht ist rechnerisch nicht teilbar, so dass ein korrekter Rangstatus wie bei den Rechten der Abt. III gar nicht dargestellt werden kann.

Somit kann bei der Aufstellung des geringsten Gebots[21)] nicht genau gesagt werden, ob der Zwischenberechtigte durch die Rangänderung berührt wird oder nicht. Im Schrifttum werden hierzu zum Teil unterschiedliche Ansichten vertreten. Dazu folgendes 35

Beispiel: 36

Im Grundbuch sind folgende Rechte eingetragen (in dieser Rangfolge):

Abt. II/1 – Nießbrauch für *Anton*

Abt. III/1 – 60.000 € für *Bruno*

Abt. III/2 – 40.000 € für *Claus*

Der Berechtigte des Nießbrauchs (*Anton*) hat dem Recht III/2 den Vorrang eingeräumt.

Vor der Rangänderung waren folgende Konstellationen denkbar:

Anton **kann** die Zwangsversteigerung **nicht betreiben**; denn er hat kein Verwertungsrecht. 37

21) Mangels „hellseherischer Fähigkeiten" des Rechtspflegers.

38 Wenn *Bruno* bestbetreibender Gläubiger ist, bleibt (nur) das Recht Abt. II für *Anton* bestehen. Hierfür muss das Gericht einen sog. Zuzahlungsbetrag nach § 51 Abs. 2 ZVG festsetzen (angenommen: 50.000 €).

39 Wenn *Claus* bestbetreibender Gläubiger ist, bleiben die Rechte Abt. II/1 und III/1 bestehen (rechnerische Summe: 50.000 € + 60.000 € = 110.000 €).

Unter **Berücksichtigung der Rangänderung** sieht dies folgendermaßen aus:

40 *Anton* kann die Zwangsversteigerung **nicht betreiben**; denn er hat kein Verwertungsrecht.

41 Wenn *Bruno* bestbetreibender Gläubiger ist, dann geht ihm infolge der Rangänderung auf alle Fälle III/2 – 40.000 € vor. Da ihm aber vor der Rangänderung ein Recht „im Wert von 50.000 €" vorging und er keinen Vorteil haben darf (§ 880 Abs. 5 BGB), entfällt (aber nur rechnerisch!) noch ein Betrag von 10.000 € auf den Nießbrauch. Da dieser Nießbrauch aber nicht rechtlich geteilt werden kann, ist nach einer Ansicht[22] ein **Doppelausgebot erforderlich**: Einmal unter Berücksichtigung der Rangänderung (das Recht III/2 bleibt bestehen); einmal ohne Rangänderung (mit bestehen bleibendem Nießbrauch). Auf welche Ausgebotsart dann der Zuschlag erteilt wird, ist zum Teil auch wieder streitig.[23] *Stöber*[24] wendet dagegen ein, dass nicht auf das Versteigerungsergebnis abzustellen sei; vielmehr müsse bereits bei der Aufstellung des geringsten Gebots klar sein, welche Rechte bestehen bleiben und welche erlöschen. Diesen Einwand *Stöbers* halte ich nicht für stichhaltig, da es im ZVG noch weitere Fälle gibt, wo erst durch ein Doppelausgebot endgültig festgestellt wird, welche Rechte bestehen bleiben (vgl. hierzu z. B. § 59 ZVG oder § 9 EGZVG – siehe bei § 59 ZVG).

42 Wenn *Claus* bestbetreibender Gläubiger ist, kann das Recht II/1 aufgrund des Rangrücktritts nicht bestehen bleiben. Hinsichtlich des Zwischenrechts III/1 gilt Folgendes: Vor der Rangänderung musste es nicht mit einem Erlöschen rechnen, denn der vorgehende Nießbraucher *Anton* konnte die Zwangsversteigerung nicht betreiben. Da *Bruno* durch die Rangänderung nicht benachteiligt werden soll (§ 880 Abs. 5 BGB), darf sein Recht auch nach der Rangänderung nicht erlöschen. III/1 wird also in das geringste Gebot aufgenommen, obwohl der bestbetreibende Gläubiger *Claus* ihm jetzt eigentlich im Range vorgeht. Dies dürfte allgemeine Meinung sein.[25]

43 Wenn das **zurückgetretene Recht** durch Rechtsgeschäft aufgehoben wird, bleibt dem vortretenden Recht der Vorrang erhalten (§ 880 Abs. 4 BGB). Im Umkehrschluss bedeutet das: Erlischt das zurückgetretene Recht aus anderen Gründen (z. B. durch den Tod des Berechtigten – beim Nießbrauch, § 1061 BGB oder bei der beschränkten persönlichen Dienstbarkeit, §§ 1090 Abs. 2, 1061 BGB), dann geht der Vorrang verloren. Somit tritt das Recht wieder an seine „alte Rangstelle". Da der Grund der

---

22) So Böttcher/*Böttcher*, ZVG, §§ 44, 45 Rz. 20; Dassler/Schiffhauer/u. a.-*Hintzen*, ZVG, § 44 Rz. 84 m. w. N.

23) Wegen der unterschiedlichen Fallgestaltungen wird auf *Böttcher*, ZVG-Handbuch, §§ 44, 45 Rz. 20 verwiesen.

24) Stöber/*Gojowczyk*, ZVG, § 44 Rz. 53 und 53a.

25) Mit Stöber/*Gojowczyk*, ZVG, § 44 Rz. 52 kann festgestellt werden, dass Rechtsprechung zu diesem Problem nicht bekannt ist.

Löschung eines Rechts aber im Grundbuch nicht vermerkt wird,[26] kann diese ursprüngliche Rangordnung vom Vollstreckungsgericht nur berücksichtigt werden, wenn dies ausdrücklich angemeldet wird (§ 45 Abs. 1 ZVG).

Wenn dagegen das **vortretende Recht erlischt**, tritt in jedem Fall die bisherige Rangordnung wieder ein. Somit tritt das zurückgetretene Recht ab diesem Zeitpunkt wieder vor das Zwischenrecht; andernfalls wäre das Zwischenrecht indirekt durch die Rangänderung begünstigt, was § 880 Abs. 5 BGB aber ausschließt. Für das Zwangsversteigerungsverfahren folgert *Böttcher*[27] daraus Folgendes: „Wurde das Recht vor der Eintragung des Zwangsversteigerungsvermerks gelöscht, muss die alte Rangordnung von Amts wegen berücksichtigt werden; bei Löschung danach nur auf Anmeldung." Das erscheint inkonsequent, da das Grundbuchgericht die nach Eintragung des Zwangsversteigerungsvermerks erfolgte Löschung eines Rechts dem Vollstreckungsgericht nach § 19 Abs. 3 ZVG mitzuteilen hat. Es ist wohl einhellige Meinung, dass das Vollstreckungsgericht diese Löschung dann auch beachten muss, da erloschene Rechte im geringsten Gebot nicht berücksichtigt werden dürfen. Die Löschung beachten, für die dadurch eingetretene Rangverschiebung aber eine Anmeldung zu verlangen, dürfte von den Betroffenen (in Wahrheit ja Begünstigten) wohl als Haarspalterei betrachtet werden. 44

3. Rangvorbehalt

Nach § 881 BGB kann sich der Eigentümer bei der Belastung des Grundstücks mit einem Recht die Befugnis vorbehalten, ein anderes Recht mit dem Rang vor jenem Recht einzutragen. Dieser sog. Rangvorbehalt muss bei dem belasteten Recht eingetragen werden: 45

- In der Hauptspalte bei dem Recht selbst, wenn er bei der Bestellung des Rechts gleich mitbegründet wird.
- In der Veränderungsspalte zu dem betroffenen Recht, wenn er später eingetragen wird.

Der Rangvorbehalt wird als ein Stück „vorbehaltenes Eigentum" aufgefasst und geht demnach mit dem Eigentum am Grundstück auf einen neuen Eigentümer mit über. Für die Behandlung des Rangvorbehalts im Zwangsversteigerungsverfahren ist zunächst Folgendes zu klären: 46

Fall 1:

Der Rangvorbehalt ist noch gar **nicht ausgenutzt** (das vorbehaltene Recht ist noch nicht eingetragen; ein nach dem Versteigerungsvermerk eingetragene Ausnutzung des Rangvorbehalts ist nicht rechtzeitig angemeldet worden). 47

Der Rangvorbehalt ist Teil des belasteten Rechts. Wenn dieses Recht erlischt, dann erlischt auch der Rangvorbehalt. Wenn das Recht bestehen bleibt, dann geht auch der Rangvorbehalt mit dem Eigentum am Grundstück auf den Ersteher über (§ 90 Abs. 1, § 881 Abs. 3 BGB). 48

26) Die Eintragung lautet regelmäßig: „Gelöscht am ...".
27) Böttcher/*Böttcher*, ZVG, §§ 44, 45 Rz. 29.

Fall 2:

49 Der Rangvorbehalt ist bereits **ausgeübt**, die beiden Rechte folgen aber **unmittelbar hintereinander.**

50 Hier ist der Rangvorbehalt wie eine Rangänderung (ohne Zwischenrecht) zu behandeln – also als bloßer Rangtausch. Daraus folgt für die Aufstellung des geringsten Gebots: Wenn das mit dem Rangvorbehalt belastete Recht die Zwangsversteigerung betreibt, bleibt das vorbehaltene Recht bestehen. Wenn dagegen der Gläubiger des vorbehaltenen Rechts bestbetreibender Gläubiger ist, dann bleibt keines der beiden Rechte bestehen.

Fall 3:

51 Der Rangvorbehalt ist bereits **ausgeübt** und vom Vollstreckungsgericht zu beachten (da grundbuchersichtlich bzw. rechtzeitig angemeldet), aber zwischen dem belasteten und dem begünstigten Recht ist ein (oder sind mehrere) **Zwischenrecht(e)** eingetragen.

52 Hier ist § 881 Abs. 4 BGB zu beachten. Hiernach hat der Vorrang insoweit keine Wirkung, als das mit dem Vorbehalt eingetragene Recht infolge des Zwischenrechts eine über den Vorbehalt hinausgehende Beeinträchtigung erleiden würde. Ist das Zwischenrecht größer als das vorbehaltene Recht, geht das vorbehaltene Recht ihm nicht vor. Ist das Zwischenrecht kleiner, geht das vorbehaltene Recht nur mit dem Differenzbetrag vor. Je nach Fallgestaltung hat dies in einem Zwangsversteigerungsverfahren demnach unterschiedliche Auswirkungen. Dies soll das nachfolgende Beispiel verdeutlichen:

53 **Beispiel:**

Folgende Rechte sind in Abt. III eingetragen:

III/1 – 40.000 € für *Anton* mit Rangvorbehalt: Vorrang für 70.000 €

III/2 – 100.000 € für *Bruno*

III/3 – 70.000 € für *Claus* unter Ausnutzung des Rangvorbehalts im Rang vor III/1

54 Wegen der oben erwähnten Stellung des Zwischenrechts lässt sich hier nun kein „absolutes Rangverhältnis“ darstellen. Vielmehr kann man immer nur das Verhältnis zweier Rechte zueinander erörtern; dies nennt man dann **„relatives Rangverhältnis“**. Dieses wirkt sich bei der Feststellung des geringsten Gebots folgendermaßen aus:

Unterfall 1: Anton ist bestbetreibender Gläubiger

Es bleibt kein Recht bestehen:

55 III/1 nicht, da *Anton* betreibt; III/2 nicht, da dieses Recht dem Recht III/1 nicht im Rang vorgeht; III/3 nicht, da dieses Recht kleiner als das Zwischenrecht III/2 ist (Differenz: III/3: 70.000 € – III/2: 100.000 € = <0).

Unterfall 2: Claus ist bestbetreibender Gläubiger

Auch hier bleibt kein Recht bestehen:

56 III/1 nicht, da es infolge der Ausnutzung des Rangvorbehalts dem betreibenden Gläubiger aus III/3 (= *Claus*) im Rang nachgeht; III/2 nicht, da *Claus* infolge des

Rangvorbehalts auch (zumindest in Höhe eines Teils – wie bei der Rangänderung) im Range vorgeht; III/3 nicht, da *Claus* betreibt.

Unterfall 3: Bruno (also der Zwischenberechtigte) ist bestbetreibender Gläubiger

Es bleibt das Recht III/3, aber nur in Höhe von 40.000 €, bestehen. III/1 nicht, da es infolge der Ausübung des Rangvorbehalts dem Recht III/3 den Vorrang eingeräumt hat; III/2 nicht, da *Bruno* betreibt. III/3 nicht in voller Höhe, da sich wegen § 881 Abs. 4 ZVG das Zwischenrecht nur 40.000 € (= ursprüngliches Recht III/1) vorgehen lassen muss. 57

Diese Ansicht, die *Böttcher*[28] vertritt, ist nicht ganz unbestritten. Nach anderer Ansicht[29] soll der Betrag von 40.000 € zwar in das geringste Gebot eingestellt werden. Da jedoch nicht genau feststehe, wem der Betrag tatsächlich zusteht, könnte dem Deckungsgrundsatz des § 44 ZVG am besten dadurch Rechnung getragen werden, dass der entsprechende Betrag in den Abschnitt „Mindestbargebot" eingesetzt würde. An wen dann die Zuteilung schließlich erfolge, hänge vom Ergebnis der Versteigerung ab. Diese letztgenannte Ansicht hat zwar den Vorteil, dass man mangels bestehen bleibender Rechte (auf die 3 vom Rangvorbehalt unmittelbar oder mittelbar berührten Rechte bezogen) die Erlösverteilung unter den drei beteiligten Gläubigern nach der *Herfurth'schen* Formel[30] leichter berechnen kann, als wenn dabei noch bestehen bleibende Rechte mit zu berücksichtigen wären. Doch wird dadurch auf jeden Fall § 52 Abs. 1 ZVG verletzt, wonach ein Recht insoweit bestehen bleibt, als es bei der Feststellung des geringsten Gebots berücksichtigt wird. Für die Praxis bietet es sich an, das Problem über abgeänderte Versteigerungsbedingungen nach § 59 ZVG zu entschärfen.[31] 58

V. Rechtsbehelf

Gegen die Feststellung des geringsten Gebots gibt es keinen Rechtsbehelf. Dies ergibt sich aus § 95 ZVG; aber auch § 766 ZPO ist nicht einschlägig, da das geringste Gebot keine Vollstreckungsmaßnahme darstellt. Auch die befristete Rechtspflegererinnerung nach § 11 Abs. 2 RPflG ist nicht gegeben, da es sich bei der Aufstellung des geringsten Gebots nur um eine unselbstständige Zwischenentscheidung handelt, welche die eigentliche Entscheidung (Zuschlagsentscheidung) vorbereitet. Gegen die Zuschlagsentscheidung kann jedoch Beschwerde eingelegt werden mit der Begründung, das geringste Gebot sei falsch (§§ 83 Nr. 1, 100 Abs. 1 ZVG). 59

---

28) Böttcher/*Böttcher*, ZVG, §§ 44, 45 Rz. 31.

29) Dassler/Schiffhauer/u. a.-*Hintzen*, ZVG, § 44 Rz. 97 bis 106 m. w. N.; so offenbar auch Stöber/*Gojowczyk*, ZVG, § 44 Rz. 654 der aber nur von der Aufnahme in das geringste Gebot spricht (in welchen Teil dieses geringsten Gebots, bleibt offen).

30) MünchKomm/*Kohle*, BGB, § 881 Rz. 18 ff.; Dassler/Schiffhauer/u. a.-*Hintzen*, ZVG, § 44 Rz. 102.

31) Daran dürfte auch der Beschluss des BGH v. 19.7.2012 – V ZB 265/11, Rpfleger 2012, 704 nichts ändern. Im Übrigen ist der Fall, dass der Zwischenberechtigte bestbetreibender Gläubiger ist, sehr selten.

VI. Einzelprobleme

60 Rechte, die dem bestbetreibenden Gläubiger im Range vorgehen, kommen in das geringste Gebot (§ 44 Abs. 1 ZVG); dort werden sie regelmäßig als bestehen bleibende Rechte behandelt (§ 52 Abs. 1 ZVG), die der Ersteher übernehmen muss. Manchmal gelten aber auch Besonderheiten, die nachfolgend kurz skizziert werden.

1. Altenteil (Leibgeding, Leibzucht oder Auszug)

61 Hierbei handelt es sich nicht um ein bestimmtes Recht, das im BGB geregelt ist; vielmehr ist es ein Sammelbegriff für verschiedene Einzelrechte (beschränkte persönliche Dienstbarkeit, Reallast, Nießbrauch), welche der Versorgung des Berechtigten dienen. § 49 GBO lässt die Eintragung unter dieser Sammelbezeichnung im Grundbuch ausdrücklich zu. Wenn das Altenteil dem bestbetreibenden Gläubiger im Rang vorgeht, dann bleibt es bestehen (§ 52 Abs. 1 ZVG); insoweit gelten keine Besonderheiten. Da es sich hierbei nicht um ein Grundpfandrecht handelt, muss nach § 51 Abs. 2 ZVG ein Zuzahlungsbetrag festgesetzt werden. Kosten gemäß § 10 Abs. 2 ZVG und wiederkehrende Leistungen (§ 46 ZVG) werden – falls überhaupt – im Mindestbargebot berücksichtigt. Geht das **Altenteil** dem bestbetreibenden Gläubiger jedoch **im Range nach** und würde deshalb nach § 91 Abs. 1 ZVG erlöschen, dann muss **§ 9 EGZVG** beachtet werden. Nach Landesrecht kann das Altenteil u. U. „außerhalb des geringsten Gebots" bestehen bleiben. Einzelheiten hierzu siehe bei § 52 und § 59 ZVG.

2. Auflassungsvormerkung

62 Geht die Auflassungsvormerkung dem bestbetreibenden Gläubiger im Range vor, dann bleibt sie **bestehen** und wird gemäß § 48 ZVG wie ein Vollrecht behandelt. Dies bedeutet praktisch ein Versteigerungshindernis, da ein Ersteher immer damit rechnen muss, dass er das Grundstück an den Vormerkungsberechtigten herauszugeben hat (vgl. § 888 BGB). Zu beachten ist in diesem Zusammenhang aber auch, dass der BGH die Eintragung eines sog. **Wirksamkeitsvermerks** im Grundbuch zulässt.[32] Durch einen solchen Vermerk kann die Wirksamkeit eines nachrangigen Grundpfandrechts (auch) dem Berechtigten der zuvor eingetragenen Auflassungsvormerkung gegenüber[33] grundbuchersichtlich gemacht werden. Erlangt das Vollstreckungsgericht von diesem Vermerk Kenntnis, dann wird die Auflassungsvormerkung behandelt wie eine nachrangig eingetragene Auflassungsvormerkung. Somit kommt sie nicht in das geringste Gebot; sie erlischt durch den Zuschlag (§ 91 Abs. 1 ZVG).[34] Zu Einzelheiten siehe § 48 Rz. 10 [*Bachmann*].

3. Baulast

63 Die Baulast ist kein (im Grundbuch eingetragenes) Recht; deshalb kann sie auch **nicht in das geringste Gebot** aufgenommen werden. Sie kann auch nicht als öffentliche Grundstückslast i. S. d. § 10 Abs. 1 Nr. 3 ZVG angemeldet werden. Ob sie mit

32) BGH, Beschl. v. 25.3.1999 – V ZB 34/98, Rpfleger 1999, 383 = ZfIR 1999, 358.

33) Aufgrund der Zustimmung des Vormerkungsberechtigten zur nachrangigen Belastung (vgl. § 182 Abs. 1 bzw. § 185 BGB).

34) Stöber/*Gojowczyk*, ZVG, § 48 Rz. 11 m. w. N.

dem Zuschlag erlischt oder nicht, wird äußerst kontrovers erörtert: Der Ansicht des Bundesverwaltungsgerichts,[35] dass die Baulast als öffentlich dingliches Recht gegenüber jedem Rechtsnachfolger wirke und damit auch gegenüber dem Ersteher, wird in der vollstreckungsrechtlichen Literatur vehement widersprochen. In Detailfragen besteht aber auch hier Uneinigkeit. Mit *Alff*[36] bin ich der Meinung, dass die Baulast nach Zuschlag nur dann bestehen bleibt (und damit gegenüber dem Ersteher wirkt), wenn die Inhaber der bei Bestellung der Baulast vorhandenen Rechte der Übernahme der Baulast zugestimmt haben (was sie aber nicht müssen).[37]

4. Beschränkte persönliche Dienstbarkeit

Wenn ein nachrangiger Gläubiger die Zwangsversteigerung betreibt, kommt die beschränkte persönliche Dienstbarkeit (§§ 1090 ff. BGB; dazu zählt auch das Wohnungsrecht gemäß § 1093 BGB) in das geringste Gebot. Gemäß § 51 Abs. 2 ZVG ist ein **Zuzahlungsbetrag** festzusetzen. Wenn die Dienstbarkeit dem betreibenden Gläubiger im Rang nachgeht, erlischt sie mit dem Zuschlag (§ 91 Abs. 1 ZVG). Jedoch muss darauf hingewiesen werden, dass es sich bei einem im Grundbuch als Wohnungsrecht (oder Nießbrauch oder Reallast) eingetragenen Recht u. U. auch um ein Altenteil handeln kann.[38] Dann gelten die landesrechtlichen Besonderheiten zum Altenteil (siehe Näheres bei §§ 52 und 59 ZVG). 64

Häufig sind Versorgungsleitungsrechte (Gas-, Wasser-, Elektrizitäts-Versorgung) im Grundbuch nachrangig eingetragen. Die Berechtigten haben hier ein Interesse an dem Bestehenbleiben dieser Rechte. Dies kann über abweichende Versteigerungsbedingungen erreicht werden. Einzelheiten hierzu siehe bei § 59 ZVG. 65

5. Dauerwohnrecht und Dauernutzungsrecht

Wenn das Dauerwohn- oder Dauernutzungsrecht (§ 31 WEG) dem bestbetreibenden Gläubiger im Range vorgeht, bleibt es bestehen (§ 52 Abs. 1 ZVG). Dadurch wirkt es faktisch wie ein Versteigerungshindernis; denn Bieter werden kaum Interesse an einem solchen Objekt haben.[39] Wenn es dem Gläubiger im Range nachgeht, kommt es darauf an, ob eine Vereinbarung nach § 39 WEG getroffen worden ist. Einzelheiten hierzu siehe bei § 52 ZVG. 66

6. Eigentümergrundschuld

Ein Eigentümerrecht (meistens wird es sich hierbei um eine Eigentümergrundschuld handeln), welches dem bestbetreibenden Gläubiger im Rang vorgeht, kommt in das geringste Gebot, mit dem Kapitalbetrag in den Abschnitt bestehen bleibende Rechte. Hinsichtlich der Zinsen muss unterschieden werden: 67

---

35) BVerwG, Beschl. v. 29.10.1992 – 4 B 218/92, Rpfleger 1993, 208 = NJW 1993, 480; hierzu auch *Alff*, Rpfleger 1993, 361 (Beschlussanm.).

36) *Alff*, Rpfleger 1993, 361.

37) So auch Böttcher/*Böttcher*, ZVG, §§ 44, 45 Rz. 60 und § 56 Rz. 7.

38) So z. B. BGH, Beschl. v. 1.12.2011 – V ZB 186/11, Rpfleger 2012, 331 mit zust. Anm. *Hintzen* = ZfIR 2012, 369 mit Anm. *Alff*.

39) In der grundbuchrechtlichen Praxis ist dieses Recht nicht besonders häufig anzutreffen; deshalb spielt es auch in der Zwangsversteigerung keine große Rolle.

68 **Zinsen** aus einer Eigentümergrundschuld kommen **nicht in das Mindestbargebot** (§ 1197 Abs. 2 BGB). Ob dies auch für den Pfandgläubiger oder den Insolvenzverwalter gilt, ist umstritten: *Stöber*[40] verneint dies mit der Begründung, dass der Pfändungsgläubiger bzw. der Insolvenzverwalter nur das erhalten könne, was auch der Pfändungs- bzw. Insolvenzschuldner geltend machen könne. Und wenn diesem in der Zwangsversteigerung keine Zinsen zustünden, dann könne auch der Pfändungsgläubiger bzw. der Insolvenzverwalter keine Zinsen beanspruchen. Nach anderer Ansicht[41] soll die Zinsbeschränkung des § 1197 Abs. 2 BGB beim Pfändungsgläubiger und dem Insolvenzverwalter nicht gelten, weil bei diesen Personen der Zweck der Vorschrift nicht greife. Etwas anderes gilt natürlich, wenn aus dem Eigentümerrecht infolge Abtretung ein Fremdrecht geworden ist. Der Zessionar kann im Zwangsversteigerungsverfahren auch die Zinsen „seit Eintragung“[42] anmelden, wenn ihm diese Zinsen mit abgetreten worden sind.

69 Sofern es sich um eine **verschleierte Eigentümergrundschuld** (in den seltensten Fällen ist es eine Eigentümerhypothek) handelt, dann spielt dies zunächst bei der Feststellung des geringsten Gebots keine Rolle. Es ist insbesondere nicht Aufgabe des Vollstreckungsgerichts zu ermitteln, ob ein noch als Fremdrecht eingetragenes Grundpfandrecht rechtlich bereits eine Eigentümergrundschuld oder Eigentümerhypothek geworden ist. Stellt sich später heraus, dass an die Stelle des (eingetragenen) Fremdrechts tatsächlich ein Eigentümergrundpfandrecht entstanden ist, dann bleibt dieses Eigentümerrecht auch bestehen und wird mit dem Zuschlag wieder zum Fremdrecht (zugunsten des Vollstreckungsschuldners als bisherigem Grundstückseigentümer).

7. Erbbaurecht

70 Das Erbbaurecht gibt dem Berechtigten das Recht, auf oder unter der Oberfläche des belasteten Grundstücks ein Bauwerk zu errichten und zu haben (§ 1 Abs. 1 ErbbauRG). Auf das Erbbaurecht finden die Vorschriften über Grundstücke entsprechende Anwendung (§ 11 Abs. 1 Satz 1 ErbbauRG). Dieses Erbbaurecht hat grundbuchrechtlich immer die 1. Rangstelle zu erhalten (§ 10 Abs. 1 ErbbauRG). Damit soll sichergestellt werden, dass das Erbbaurecht bei Versteigerung des Grundstücks nicht erlischt. Dies gilt insoweit aber nur, wenn der bestbetreibende Gläubiger der Rangklasse 4 oder 5 des § 10 ZVG angehört. Wenn jedoch aus der Rangklasse 2 oder 3 betrieben wird,[43] würde das Erbbaurecht erlöschen. Das will **§ 25 ErbbauRG** verhindern, indem er bestimmt, dass das **Erbbaurecht** „kraft Gesetzes“, also **„außerhalb des geringsten Gebots“, bestehen bleibt**.

---

40) Stöber/*Gojowczyk*, ZVG, § 44 Rz. 19 und Stöber/*Nicht*, ZVG, § 114 Rz. 121 und 122.

41) Böttcher/*Böttcher*, ZVG, §§ 44, 45 Rz. 62; Dassler/Schiffhauer/u. a.-*Hintzen*, ZVG, § 44 Rz. 16 m. w. N.

42) Gemeint ist damit regelmäßig „ab Eintragung des Rechts“ nicht „ab Eintragung der Abtretung“.

43) Betreiben aus Rangklasse 1 ist nach überwiegender Ansicht ausgeschlossen; vgl. Stöber/*Achenbach*, ZVG, § 10 Rz. 28m. w. N.; Böttcher/*Böttcher*, ZVG, § 10 Rz. 12.

8. Erbbauzins-Reallast

Hierbei handelt es sich um eine Belastung des Erbbaurechts, die in Abt. II des Erbbaugrundbuchs eingetragen ist. Da auch ein Erbbaurecht Versteigerungsobjekt sein kann, stellt sich die Frage, ob diese Erbbauzins-Reallast bestehen bleibt oder nicht. Wenn sie dem bestbetreibenden Gläubiger im Range vorgeht, wird sie gemäß §§ 44, 52 Abs. 1 Satz 1 ZVG berücksichtigt. Geht sie dem betreibenden Gläubiger im Range nach, erlischt sie (§ 91 Abs. 1 ZVG), so dass der Ersteher ein erbbauzinsloses Erbbaurecht erwirbt. Dies konnte früher nur durch abweichende Versteigerungsbedingungen nach § 59 ZVG oder durch eine Vereinbarung nach § 91 Abs. 2 ZVG verhindert werden. Seit Inkrafttreten des Sachenrechtsänderungsgesetzes[44] besteht die Möglichkeit, als Inhalt des Rechts zu vereinbaren, dass die Reallast abweichend von § 52 Abs. 1 ZVG mit ihrem Hauptanspruch bestehen bleibt, wenn der Grundstückseigentümer aus der Reallast oder der Inhaber eines vorgehenden oder gleichstehenden Rechts die Zwangsversteigerung betreibt. Diese Vereinbarung kann sowohl bei der Bestellung des Rechts, aber auch nachträglich getroffen werden und muss im Grundbuch eingetragen werden. Ist eine solche Vereinbarung getroffen, dann bleibt die **Erbbauzinsreallast „außerhalb des geringsten Gebots"** bestehen.[45] Zu beachten ist jedoch, dass die bis zum Zuschlag (bzw. beim geringsten Gebot bis 14 Tage nach dem Versteigerungstermin, § 47 ZVG) entstehenden wiederkehrenden Leistungen nicht in das Mindestbargebot aufzunehmen sind; denn sie behalten nach wie vor ihren Grundbuchrang. Das heißt: Sie werden im Teilungsplan an der Rangstelle eingesetzt, die sie tatsächlich haben (also in Rangklasse 4 nach dem bestbetreibenden Gläubiger; ältere Rückstände in Rangklasse 8). Hinzuweisen ist auch auf den Umstand, dass die o. a. Regelung nicht gilt, wenn ein Gläubiger der Rangklasse 3 die Zwangsversteigerung betreibt.[46] 71

9. Gesamtgrundpfandrecht

Wenn Gesamtgrundpfandrechte bestehen bleiben, werden sie **bei jedem Grundstück** in voller Höhe berücksichtigt (§ 1132 Abs. 1 Satz 1 BGB). Ausnahmen hiervon gibt es im Falle des § 64 Abs. 1 ZVG; zu Einzelheiten siehe § 64 Rz. 4–13. 72

10. Höchstbetragshypothek

Sie belastet das Grundstück in Höhe des eingetragenen Höchstbetrags. Unbestimmt ist nur die Frage, wem (dem eingetragenen Gläubiger oder dem Eigentümer) welcher Betrag zusteht. Dies ist aber für die Frage, ob das Recht bestehen bleibt, ohne Belang. Wenn die Höchstbetragshypothek dem betreibenden Gläubiger im Range vorgeht, ist sie mit **vollem Betrag** als bestehen bleibendes Recht zu berücksichtigen (§ 52 Abs. 1 ZVG). Da die Zinsen gemäß § 1190 Abs. 2 BGB in dem Höchstbetrag enthalten sind, können solche auch nicht im Mindestbargebot berücksichtigt werden. Aber 73

---

44) SachenrRÄndG v. 21.9.1994 (BGBl. I S. 2457, 2489).

45) So Böttcher/*Böttcher*, ZVG, § 52 Rz. 7; so offenbar auch Dassler/Schiffhauer/u. a.-*Hintzen*, ZVG, § 44 Rz. 21; a. A. Stöber/*Gojowczyk*, ZVG, § 52 Rz. 36.

46) Zwar ist § 9 Abs. 3 ErbbauRG dahingehend erweitert worden, dass ein Schutz vor dem Erlöschen in der Zwangsversteigerung auch bei Betreiben aus der Rangklasse 2 möglich ist; die Rangklasse 3 ist aber nicht erwähnt.

Kosten der dinglichen Rechtsverfolgung (§ 10 Abs. 2 ZVG) sind auf entsprechende Anmeldung hin ins Mindestbargebot aufzunehmen.

11. Reallast

74 Wenn ein nachrangiger Gläubiger die Zwangsversteigerung betreibt, ist die Reallast in das geringste Gebot aufzunehmen. Hierbei ist ein **Zuzahlungsbetrag** nach § 51 Abs. 2 ZVG zu bestimmen. Kosten gemäß § 10 Abs. 2 ZVG, wiederkehrende Leistungen und andere Nebenleistungen werden im Mindestbargebot berücksichtigt: Endzeitpunkt: § 47 ZVG; Bewertung von Naturalleistungen nach § 46 ZVG.

12. Sanierungsvermerk

75 Der Sanierungsvermerk (§ 143 Abs. 4 BauGB) ist **kein Grundstücksrecht**; somit kommt er auch nicht in das geringste Gebot. Er erlischt aber auch nicht durch den Zuschlag; deshalb kann nach Erteilung des Zuschlags auch nicht um seine Löschung ersucht werden.

76 Dasselbe gilt für den **Umlegungsvermerk** (§ 54 Abs. 1 BauGB).

13. Sicherungsgrundschuld

77 Die sog. Sicherungsgrundschuld ist **sachenrechtlich unabhängig** von der persönlichen Forderung; die Sicherungsvereinbarungen haben nur schuldrechtliche Wirkungen. Somit wird die Sicherungsgrundschuld wie jede andere (abstrakte) Grundschuld behandelt: Geht sie dem betreibenden Gläubiger im Rang vor, wird sie mit dem im Grundbuch **eingetragenen Betrag** berücksichtigt. Daran ändern auch nichts Aussagen des Gläubigers, die sich auf die persönliche Forderung beziehen (z. B. die Forderung sei nicht entstanden, sie sei schon erloschen oder er verzichte auf die Forderung). Laufende Zinsen werden von Amts wegen, bis zwei Jahre rückständige auf entsprechende Anmeldung im Mindestbargebot berücksichtigt.

14. Tilgungshypothek

78 Bei der Tilgungshypothek (auch Annuitätenhypothek genannt)[47] zahlt der Schuldner **gleich bleibende Raten**, die sich aus Zinsen und Tilgungsleistungen (als Zuschläge zu den Zinsen) zusammensetzen. Da die Zinsen jeweils nur aus dem Restkapital berechnet werden, verschiebt sich das Verhältnis innerhalb der Raten immer mehr zugunsten der Tilgung. Dies kann anhand eines Tilgungsplans dargestellt werden, der über die Bezugnahme auf die Eintragungsbewilligung auch Bestandteil der Grundbucheintragung sein kann.

79 Versteigerungsrechtlich bereitet diese Tilgungshypothek einige Schwierigkeiten, da das Schrifttum einzelne Fragen unterschiedlich beantwortet. Die wichtigsten Punkte sollen kurz erläutert werden:

- **Zahlungen von Tilgungsbeträgen** außerhalb der Vollstreckung lassen eine **Teileigentümergrundschuld** entstehen, §§ 1163 Abs. 1 Satz 2, 1177 BGB. Ab dem

47) Die Einschätzung *Hagemanns* (RpflStud.), dass die Tilgungshypothek in der Praxis eine große Rolle spiele, kann ich nicht bestätigen. Weder in meiner Tätigkeit als Grundbuchrechtspfleger noch in der Zwangsversteigerungsabteilung habe ich mich damit näher befassen müssen. Trotzdem sollen die Hauptprobleme dargestellt werden.

Zuschlag hat sie der Ersteher zu verzinsen, da ab diesem Zeitpunkt eine Fremdgrundschuld besteht. Für das geringste Gebot spielt diese Eigentümergrundschuld keine besondere Rolle, da es nicht Aufgabe des Vollstreckungsgerichts ist, festzustellen, ob und in welcher Höhe eine solche Eigentümergrundschuld entstanden ist.

- **Leistungen aus dem Versteigerungserlös** führen dagegen zum (teilweisen) **Erlöschen der Hypothek,** § 1181 Abs. 1 BGB. Dies ist im geringsten Gebot insofern zu beachten, als die Tilgungsbeträge, welche in das Mindestbargebot eingestellt werden (siehe unten), beim Kapital des bestehen bleibenden Rechts abgezogen werden müssen; derselbe Betrag darf also nicht zweimal im geringsten Gebot berücksichtigt werden. *Hagemann*[48)] meint, dass dieser Betrag mangels Feststehen des Zuschlagszeitpunktes nicht genau angegeben werden könne; er schlägt deshalb vor, das Recht im geringsten Gebot mit dem vollen Kapitalbetrag anzusetzen mit dem Zusatz: „… abzüglich der aus dem Versteigerungserlös zur Hebung kommenden Tilgungsbeträge". Im Verteilungstermin erfolge dann der rechnerische Ausgleich. Die überwiegende Meinung dagegen zieht genau den Betrag vom Kapital ab, der im Mindestbargebot aufgeführt ist.[49)] Die Einwände *Hagemanns* sind zwar nicht ganz von der Hand zu weisen, haben aber nur die Belange des Erstehers im Auge.[50)] Die Nachteile dürften überwiegen; insbesondere ist die Feststellung des relativen Mindestgebots (5/10-Grenze, 7/10-Grenze) dann nicht präzise möglich. Deshalb bin ich der Ansicht, dass genau der Betrag beim Kapital abgezogen werden muss, der im Mindestbargebot als Tilgungsleistung aufgeführt wird.
- **Zinsen** und sonstige Nebenleistungen **„altern"**. Sie werden nur mit den laufenden Beträgen (von Amts wegen) und zwei Jahren Rückständen (auf entsprechende Anmeldung) in Rangklasse 4 berücksichtigt; ältere kommen in Rangklasse 8 – und spielen deshalb im geringsten Gebot **keine Rolle**. Als Endzeitpunkt gilt für das geringste Gebot § 47 ZVG – also Berechnung bis zwei Wochen nach dem Versteigerungstermin.
- Die in den Annuitäten enthaltenen **Tilgungsleistungen** dagegen **„altern nicht"**. Somit werden sie ohne diese zeitliche Beschränkung in das Mindestbargebot genommen. Nach h. M. findet hierbei auch § 47 ZVG keine Anwendung; vielmehr werden nur die vor dem Versteigerungstermin fällig gewordenen Beträge im Mindestbargebot berücksichtigt.[51)]

---

48) *Hagemann*, RpflStud. 1982, 25, 30.

49) So Böttcher/*Böttcher*, ZVG, §§ 44, 45 Rz. 71 und 73; Dassler/Schiffhauer/u. a.-*Hintzen*, ZVG, § 44 Rz. 28.

50) BeckOK-*Pestel*, ZVG, § 91 Rz. 57 betrachtet dies offenbar sogar als Vorteil; er konstatiert: „…so hat der Ersteher das Recht, unter der Maßgabe der zwischenzeitlich gegen ihn eingetretenen Fälligkeit diese zu übernehmen."

51) Böttcher/*Böttcher*, ZVG, §§ 44, 45 Rz. 70; Stöber/*Gojowczyk*, ZVG, § 49 Rz. 22; Steiner-*Eickmann*, ZVG, § 47 Rz. 8; a. A. *Hagemann*, RpflStud. 1982, 25, 29; Dassler/Schiffhauer/u. a.-*Hintzen*, ZVG, § 44 Rz. 28.

– Einer weiteren Forderung *Hagemanns*,[52)] dass nämlich die im Mindestbargebot enthaltenen **Tilgungsbeträge** mit dem im Darlehensvertrag vereinbarten Zinssatz vom Zuschlag (bzw. dem nach § 47 ZVG maßgeblichen Zeitpunkt) bis zum voraussichtlichen Verteilungstermin zu **verzinsen** sei, ist nur *Hintzen* gefolgt.[53)] Diese Ansicht erscheint im Hinblick auf die Ausführungen *Hagemanns* zu § 56 Satz 2 ZVG doch etwas widersprüchlich. Deshalb ist ihr nicht zu folgen.
– Auch bei der Frage, ob die **Zinsen vom noch offenen Restkapital**[54)] zu berechnen sind oder ob der ursprünglich vereinbarte Tilgungsplan maßgeblich sei, ist das Schrifttum nicht einheitlich. Die überwiegende Ansicht[55)] geht von dem **Tilgungsplan** aus, weil nur diese Auslegung mit den vereinbarten und im Grundbuch eingetragenen Zahlungsbestimmungen übereinstimmen. Dem ist zuzustimmen.

80 **Beispiel** zur Tilgungshypothek (auf die wesentlichen Punkte reduziert):

Tag der ersten Beschlagnahme: 14.2.2022

Versteigerungstermin: 16.12.2022

Bestbetreibender Gläubiger: persönlicher Gläubiger (Rangklasse 5)

Bestehen bleibt (nur) das folgende Recht: Abt. III Nr. 1 = Tilgungshypothek in Höhe von 100.000 €, wiederkehrende Leistungen in Höhe von 12 %, kalenderjährlich nachträglich zahlbar, die sich wie folgt zusammensetzen: 10 % Zinsen, 2 % Tilgung zuzüglich der durch die Zinsen ersparten weiteren Beträge. Der Hypothekengläubiger hat alle in Rangklasse 4 berücksichtigungsfähigen Ansprüche angemeldet.

Der Tilgungsplan lautet (auszugsweise) wie folgt:

Fälligkeit	**Annuität**	**Zinsanteil**	**Tilgungsanteil**	**Restkapital**
31.12.2017	12.000 €	10.000,00 €	2.000,00 €	98.000,00 €
31.12.2018	12.000 €	9.800,00 €	2.200,00 €	95.800,00 €
31.12.2019	12.000 €	9.580,00 €	2.420,00 €	93.380,00 €
31.12.2020	12.000 €	9.338,00 €	2.662,00 €	90.718,00 €
31.12.2021	12.000 €	9.071,80 €	2.928,20 €	87.789,80 €
31.12.2022	12.000 €	8.778,98 €	3.221,02 €	84.568,78 €

Das geringste Gebot lautet wie folgt:

a) **Bestehen bleibende Rechte (§ 52 Abs. 1 ZVG)**

81 Abt. III Nr. 1 – Tilgungshypothek

(100.000 € abzgl. 12.230,20 €) **87.769,80 €**

52) *Hagemann*, RpflStud. 1982, 25, 29.
53) Dassler/Schiffhauer/u. a.-*Hintzen*, ZVG, § 44 Rz. 28.
54) So Dassler/Schiffhauer/u. a.-*Hintzen*, ZVG, § 44 Rz. 28; auch *Hagemann*, RpflStud. 1982, 25, 29.
55) So z. B. Stöber/*Gojowczyk*, ZVG § 49 Rz. 23 und 24.

b) Mindestbargebot (§ 49 Abs. 1 ZVG) – auszugsweise

1. Verfahrenskosten 82
2. Rangklasse 3: ......
3. Bar-Ansprüche des Rechts III/1

a)	Kosten – keine angemeldet	
b)	lfd. Zinsen vom 1.1.2021 – 30.12.2022 (§ 47 ZVG)	
	9.071,80 € + 8.778,98 €	= 17.850,78 €
c)	Zwei Jahre Rückstände vom 1.1.2019 – 31.12.2020	
	9.580 € + 9.338 €	= 18.918,00 €
	zusammen	36.768,78 €
d)	Tilgungsanteile vom 1.1.2017 bis 31.12.2021 (= letzte Fälligkeit vor dem Versteigerungstermin):	
	2.000 €+ 2.220 € + 2.420 € + 2.662 € + 2.928,20 €	12.230,20 €[56), 57)]
	Gesamtanspruch III/1	**48.998,98 €**

15. Verfügungsbeschränkungen

Verfügungsbeschränkungen (Nacherbenvermerk, Testamentsvollstreckervermerk, Insolvenzvermerk usw.) sind keine Rechte; somit kommen sie auch **nicht in das geringste Gebot**. Da diese (persönlichen) Verfügungsbeschränkungen sich aber nicht auf den Ersteher beziehen, sind sie grundsätzlich auf Ersuchen des Vollstreckungsgerichts zu löschen. Einzelheiten bei § 130 ZVG. Ob eine solche Verfügungsbeschränkung die Anordnung der Zwangsversteigerung hindert, siehe bei § 28 ZVG. 83

16. Vorkaufsrecht

Das für **mehrere Verkaufsfälle** bestellte Vorkaufsrecht bleibt bestehen, wenn es dem bestbetreibenden Gläubiger im Rang vorgeht (§§ 44 Abs. 1, 52 Abs. 1 ZVG). Uneinheitlich ist die Literatur bei der Frage, ob auch das **für nur einen Verkaufsfall bestellte Vorkaufsrecht** in das geringste Gebot aufgenommen werden muss: Nach Ansicht *Böttchers*[58)] kann es nicht im geringsten Gebot berücksichtigt werden, da feststehe, dass es nicht bestehen bleibe; denn § 471 BGB schließe aus, dass das Vorkaufsrecht in der Zwangsversteigerung ausgeübt werde.[59)] Nach anderer An- 84

56) Nach a. A. müsste hier noch der Betrag für das Jahr 2022 berücksichtigt werden, da bei Anwendung des § 47 auch noch diese Jahresrate (am 31.3.2022) fällig ist. Wenn man dieser Ansicht folgt, müsste noch ein Betrag von 3.221,02 € hinzugerechnet werden, so dass die Tilgungsbeträge insgesamt 15.451,22 € betragen würden.

57) Vereinzelt wird auch die Ansicht vertreten, dass v. 1.1.2023 bis zum voraussichtlichen Verteilungstermin noch 10 % Zinsen aus dem gesamten Tilgungsbetrag zu berechnen seien. Das wären hier bei einem angenommenen Zeitraum von einem Monat noch 10 % aus 15.451,22 € = 128,76 €. Dieser Betrag wäre ebenfalls im Mindestbargebot aufzuführen.

58) Böttcher/*Böttcher*, ZVG, §§ 44, 45 Rz. 74.

59) So auch OLG Zweibrücken, Beschl. v. 16.3.2011 – 3 W 28/11, Rpfleger 2011, 491; am Rande auch BGH, Beschl. v. 21.1.2016 – V ZB 43/15, MDR 2016, 703.

sicht[60] sei es nicht Sache des Vollstreckungsgerichts festzustellen, ob das Recht durch den Zuschlag tatsächlich erlösche, da es sich hierbei um eine materiellrechtliche Frage handle. Ich neige der Ansicht *Böttchers* zu, da es unstreitig ist, dass sog. löschungsreife Rechte im geringsten Gebot nicht berücksichtigt werden sollen.[61] Die von *Stöber*[62] dargestellte Fallkonstellation ist doch etwas außergewöhnlich und erinnert an die Frage aus dem Grundbuchrecht, ob bei einer Auflassungsvormerkung Rückstände möglich sind und deshalb im Grundbuch eine Vorlöschungsklausel nach § 23 GBO eingetragen werden könne.

17. Zwangssicherungshypothek

85 Wenn die Zwangshypothek dem betreibenden Gläubiger im Range vorgeht (das ist auch der Fall, wenn der Hypothekengläubiger aufgrund seines Zahlungstitels die Zwangsversteigerung nur aus Rangklasse 5 betreibt), bleibt sie bestehen: Mit dem eingetragenen Kapitalbetrag wird sie bei den bestehen bleibenden Rechten aufgeführt; die Nebenleistungen kommen in das Mindestbargebot. Folgende Punkte sind zu beachten:

- Nach überwiegender Ansicht gilt **§ 13 Abs. 3 ZVG** für die Abgrenzung zwischen den laufenden und den rückständigen Zinsen; dies bedeutet, dass die Zinsen ab der ersten Beschlagnahme von Amts wegen berücksichtig werden (§ 45 Abs. 2 ZVG), ältere müssen angemeldet werden.
- Die **Kosten der dinglichen Rechtsverfolgung gemäß § 10 Abs. 2 ZVG** müssen ebenfalls angemeldet werden. Und hierzu zählen u. a. auch die Kosten für die Eintragung der Zwangshypothek (sowohl die Eintragungskosten als auch die Kosten des Rechtsanwalts, der die Zwangshypothek beantragt hat). Dafür haftet das Grundstück zwar bereits kraft Gesetzes (§ 867 Abs. 1 Satz 2 ZPO); und deshalb dürfen sie nicht im Grundbuch mit eingetragen werden. Aber damit sind sie auch nicht grundbuchersichtlich – und müssen angemeldet werden.[63]

VII. Beispiel für ein geringstes Gebot:

86 *Sachverhalt:*

Im Grundbuch von Neustadt (Amtsgericht Neustadt) Blatt 1000 ist der Schuldner Stefan Müller als Eigentümer des folgenden Grundstücks eingetragen:

Lfd. Nr. 1 – Fl.Nr. 5567/13 – Gebäude- und Freifläche, Im Erbisch 22–24 zu 25,30 Ar

Das Grundstück ist wie folgt belastet (**Rangstatus**):

III/1 – 300.000 € – Grundschuld ohne Brief für die Sparkasse Rhein-Pfalz in …, 15 % Zinsen, kalenderjährlich nachträglich; … eingetragen am 20.5.2000.

---

60) So Dassler/Schiffhauer/u. a.-*Hintzen*, ZVG, § 44 Rz. 34; im Ergebnis gleich, aber mit etwas anderer Begründung Stöber/*Gojowczyk*, ZVG, § 44 Rz. 43a.

61) So auch Stöber/*Gojowczyk*, ZVG, § 45 Rz. 30.

62) Stöber/*Gojowczyk*, ZVG, § 44 Rz. 43a und § 45 Rz. 37.

63) Die Notwendigkeit dieser Anmeldung wird in der Praxis von den Gläubigern bzw. ihren Prozessbevollmächtigten oft übersehen.

II/1 – beschränkte persönliche Dienstbarkeit (Stromleitungsrecht) für die Stromwerke AG in Ludwigshafen; … eingetragen am 30.9.2000.

III/2 – 500.000 € – Grundschuld für den Eigentümer *Stefan Müller*, Neustadt; 10 % Jahreszinsen, monatlich nachträglich zahlbar; … eingetragen am 22.5.2001.

III/3 – 20.000 € – Zwangssicherungshypothek für *Gustav Globisch* in Mannheim, 10 % Zinsen jährlich;… eingetragen am 30.11.2021.

II/2 – Zwangsversteigerungsvermerk –2 K 16/22. Eingetragen am 6.2.2022.

III/4 – 10.000 € – Zwangssicherungshypothek für *Xaver Geiger*, Karlsruhe; 5 %-Punkte über dem jeweiligen Basiszins aus 9.700 € seit dem 1.1.2021; … eingetragen am 1.3.2022.

Bestbetreibender Gläubiger: *Claus Behrentz* wegen eines titulierten **Zahlungsanspruchs** von 80.000 € nebst 4 % Zinsen seit 1.1.2018.

Tag der 1. Beschlagnahme:	1.2.2022
Versteigerungstermin:	16.9.2022
Verkehrswert gemäß § 74a ZVG festgesetzt auf:	700.000 €
Die Gerichtskosten sind vorläufig berechnet auf:	7.700,00 €

Folgende **Anmeldungen** liegen vor:

- Stadtkasse Neustadt:
  Grundsteuer in Höhe von 100 €/pro Monat, rückständig seit dem 1.1.2019.
- Sparkasse Rhein-Pfalz Gläubigerin des Rechts III/1):
  15 % Zinsen aus 300.000 € seit 1.1.2018.
- *Gustav Globisch* (Gläubiger III/3):
  - Kosten für die Eintragung der Zwangshypothek 72,00 €
    10 % Zinsen aus 20.000 € seit 1.1.2022

Das geringste Gebot für den Versteigerungstermin am 16.9.2022 sieht wie folgt aus:

1. Bestehen bleibende Rechte (§ 52 Abs. 1 ZVG):

Abt. II Nr. 1 – beschränkte persönliche Dienstbarkeit (Stromleitungsrecht) für die Pfalzwerke AG. 87

Zuzahlungsbetrag gemäß § 51 Abs. 2 ZVG:	500,00 €
Abt. III Nr. 1 – Grundschuld ohne Brief für die Sparkasse Rhein-Pfalz	300.000,00 €
Abt. III Nr. 2 – Eigentümergrundschuld für *Stefan Müller*	500.000,00 €
Abt. III Nr. 3 – Zwangssicherungshypothek für *Gustav Globisch*	20.000,00 €
Summe der bestehen bleibenden Rechte:	**820.500,00 €**

2. **Mindestbargebot (§ 49 Abs. 1 ZVG):**

88 – Gerichtskosten (§ 109 ZVG) laut Sachverhalt	7.700,00 €
– Stadtkasse Neustadt, Grundsteuer (Rangklasse 3)	
Lfd. vom 1.10.2021 – 30.9.2022	1.200,00 €
Rst. vom 1.10.2019 – 30.9.2021	2.400,00 €
insgesamt	3.600,00 €
Die Grundsteuer vom 1.1.2019 – 30.9.2019 kommt in Rangklasse 7 (§ 10 Abs. 1 Nr. 7 ZVG)	
– Sparkasse Rhein-Pfalz, Ansprüche aus der Grundschuld III/1	
15 % Zinsen aus 300.000 €	
Lfd. vom 1.1.2021 – 30.9.2022 (21 Mon.)	78.750,00 €
Rst. vom 1.1.2019 – 31.12.2020 (2 Jahre)	90.000,00 €
insgesamt	168.750,00 €
Die Zinsen vom 1.1.2018 – 31.12.2018 kommen in Rangklasse 8 (§ 10 Abs. 1 Nr. 8 ZVG)	
– Eigentümergrundschuld III/2	
erhält weder Kosten noch Zinsen (§ 1197 Abs. 2 BGB)	0
– Gustav Globisch, Ansprüche aus der Zwangshypothek III/3	
Kosten gemäß §§ 10 Abs. 2, 12 Nr. 1 ZVG	72,00 €
10 % Zinsen aus 20.000 €	
Lfd. vom 1.2.2022 – 30.9.2022 (8 Mon.)[64]	1.333,33 €
Rst. vom 1.1.2022 – 31.1.2022 (1 Mon.)	166,67 €
insgesamt	1.572,00 €
Summe des Mindestbargebots	**181.622,00 €**
Zusammenfassung:	
Summe der bestehen bleibenden Rechte:	820.500,00 €
Summe des Mindestbargebots:	181.622,00 €
Gesamtsumme (wirtschaftliches Gebot)	**1.002.122,00 €**

Anmerkungen zu diesem geringsten Gebot:

– Das Recht III/4 ist **nach dem Zwangsversteigerungsvermerk eingetragen** worden und wird mangels Anmeldung **nicht berücksichtigt** (§ 45 Abs. 1 ZVG). Aber auch bei entsprechender (rechtzeitiger) Anmeldung könnte das Recht nur in Rangklasse 6 eingestuft werden (§ 10 Abs. 1 Nr. 6 ZVG). Da ein Gläubiger

64) Nach der h. M. gilt bei der Zwangshypothek § 13 Abs. 3 ZVG; somit ist die erste Beschlagnahme der maßgebliche Zeitpunkt für die Trennung zwischen laufenden und rückständigen Zinsen.

– zu Unrecht **gelöschte Rechte;**

– eine **Vorfälligkeitsentschädigung.**

2. Anmeldung

Die Anmeldung ist eine **Prozesshandlung,** setzt deshalb Partei- und Prozessfähigkeit voraus. Ein Vertreter muss eine Vollmacht vorlegen (§ 80 ZPO) bzw. seine gesetzliche Vertretungsmacht nachweisen. Die Vollmacht des Vertreters wird von Amts wegen geprüft, wenn als Bevollmächtigter nicht ein Rechtsanwalt auftritt (§ 88 Abs. 2 ZPO). 10

Eine bestimmte Form ist für die Anmeldung nicht vorgeschrieben. Sie kann also **schriftlich, zu Protokoll der Geschäftsstelle** oder **mündlich im Termin** (dann wird sie protokolliert) erfolgen. Auch telegrafische, fernmündliche Erklärung, Telefax oder Telebrief werden für zulässig gehalten.[4] Wegen der Möglichkeit, eine Anmeldung mittels eines elektronischen Dokuments bei Gericht einzureichen, wird auf § 130a ZPO verwiesen. 11

Inhaltlich muss sich aus der Anmeldung ergeben, dass ein Recht bzw. ein Anspruch bei der Feststellung des geringsten Gebots berücksichtigt werden soll. Sie muss den Rechtsgrund, den Rang und bei Zahlungsansprüchen auch einen bestimmten Geldbetrag bzw. die maßgeblichen Berechnungsmerkmale (z. B. bei Zinsansprüchen) enthalten. 12

Die Anmeldung ist nach § 37 Nr. 4 ZVG nur dann **rechtzeitig,** wenn sie bis spätestens vor der Aufforderung zur Abgabe des Gebots (siehe hierzu § 66 Abs. 2 ZVG) erfolgt. Eine verspätete Anmeldung kann bei der Feststellung des geringsten Gebots nicht berücksichtigt werden. Wenn jedoch ein neuer Versteigerungstermin notwendig wird (weil z. B. das Verfahren eingestellt oder der Zuschlag versagt wird), dann ist diese Anmeldung für den weiteren Termin rechtzeitig und bei der Feststellung des neuen geringsten Gebots zu berücksichtigen. 13

Eine einmal erfolgte **Anmeldung** gilt für das **gesamte Verfahren,** in der sie erfolgt ist. Sie muss also nicht für einen neuen Versteigerungstermin wiederholt werden. *Stöber*[5] empfiehlt jedoch, Ansprüche zu einem späteren Termin neu zu berechnen und wieder anzumelden. Dies ist auch in der Praxis üblich, kann aber u. U. auch zu Unklarheiten führen, weil nicht immer eindeutig zu erkennen ist, was eigentlich gelten soll. Deshalb folgende Faustregel: 14

– Bei mehreren Anmeldungen ist grundsätzlich die **letzte Anmeldung** maßgeblich, frühere Anmeldungen gelten als zurückgenommen.

– Bei Anmeldung von Ansprüchen in verschiedenen Schriftstücken, die sich ergänzen, sind die Anmeldungen mit ihrem zusammengefassten Inhalt zu berücksichtigen.

– Bestehende Unklarheiten sollten (möglichst noch vor dem Versteigerungstermin, notfalls noch im Versteigerungstermin) mit dem Anmeldenden geklärt werden.

---

4) Vgl. Stöber/*Gojowczyk*, ZVG, § 37 Rz. 34 m. w. N.

5) Stöber/*Gojowczyk*, ZVG, § 45 Rz. 8.

15 Die Anmeldung kann jederzeit zurückgenommen werden. Mit Eingang der Rücknahme kann die betr. Anmeldung nicht mehr im geringsten Gebot berücksichtigt werden. Aber wenn die Rücknahme im Versteigerungstermin nach Beginn der Bietstunde erfolgt, dann ist das kein Grund zur Änderung des geringsten Gebots oder Abbruch der Bietstunde. Auch eine Zuschlagsversagung bzw. Aufhebung des Zuschlags im Beschwerdeweg (wegen § 83 Nr. 1 ZVG) kommt nicht in Betracht.

3. Minderanmeldung

16 Unter einer Minderanmeldung versteht man eine Anmeldung, in der ein Berechtigter **weniger geltend macht** als ihm von Amts wegen zusteht. Somit bildet die Anmeldung die oberste Grenze eines Anspruchs, der im Verfahren berücksichtigt werden kann; denn über seinen Antrag hinaus darf dem Berechtigten nicht mehr zugesprochen werden (vgl. § 308 Abs. 1 ZPO). Nach h. M. gilt diese Minderanmeldung sowohl bei der Feststellung des geringsten Gebots als auch für den Teilungsplan.[6] Wenn der Berechtigte zum Verteilungstermin wieder weiter gehende Ansprüche anmeldet, dann ist dies möglich, da mit der Minderanmeldung keine Verfügung über den Anspruch selbst erfolgte; aber der entsprechende Teil ist nun verspätet angemeldet und kann deshalb nur an letzter Stelle (vgl. § 110 ZVG) berücksichtigt werden.

4. Unzulässige Anmeldung

17 Eine Anmeldung ist unzulässig, wenn sie von einem hierzu nicht Berechtigten abgegeben wird (z. B. der Insolvenzschuldner meldet anstelle des Insolvenzverwalters an) oder wenn sie einen Anspruch betrifft, der gar nicht „anmeldefähig" ist (z. B. ein persönlicher Gläubiger meldet seinen titulierten Anspruch an anstatt die Zwangsversteigerung zu betreiben). Die Frage, wie solche Anmeldungen zu behandeln sind, wird unterschiedlich behandelt:

- *Stöber* (und mit ihm ein großer Teil der Praxis) meint, eine solche Anmeldung bleibt einfach unberücksichtigt.[7]
- *Böttcher* dagegen fordert die förmliche Zurückweisung einer unzulässigen Anmeldung.[8] Er beruft sich hierbei auf § 115 Abs. 2 ZVG und meint damit wohl, dass (auch hier) die nicht berücksichtigte Anmeldung als Widerspruch gelte – mit den weiteren Konsequenzen des § 115 Abs. 1 i. V. m. §§ 876 ff. ZPO.
- Die überwiegende Praxis sieht das jedoch nicht so eng und behandelt die unzulässige Anmeldung auch nicht als Widerspruch gegen den Teilungsplan. In der Praxis hat sich m. E. folgendes Verfahren bewährt: Der Anmeldende wird durch ein formloses Schreiben darauf hingewiesen, dass und warum seine Anmeldung

---

6) Teilweise etwas anders: LG Frankenthal, Beschl. v. 27.11.1985 – 1 T 329/85, Rpfleger 1986, 232 mit Anm. *Meyer-Stolte* (232, 233). Zur Kritik an der h. M. siehe Schneider-*Schneider*, ZVG, § 45 Rz. 17. Da sich diese jedoch nur auf die Begründung, nicht aber auf das Ergebnis dieser h. M. bezieht, soll eine Auseinandersetzung damit hier unterbleiben.

7) Stöber/*Gojowczyk*, ZVG, § 37 Rz. 39; Dassler/Schiffhauer/u. a.-*Hintzen*, ZVG, § 45 Rz. 17.

8) Böttcher/*Böttcher*, ZVG, §§ 44, 45 Rz. 46; Schneider-*Schneider*, ZVG, § 45 Rz. 65.

unzulässig ist und dass sie deshalb nicht berücksichtigt werden könne. Gleichzeitig wird ihm anheimgestellt, die Anmeldung wieder zurückzunehmen.[9)]

5. Glaubhaftmachung

Ansprüche, die nur auf Anmeldung hin berücksichtigt werden können, müssen auch glaubhaft gemacht werden, **wenn ein betreibender Gläubiger widerspricht** (Abs. 1 letzter Halbs.). Hiervon macht Absatz 2 letzter Halbs. eine Ausnahme: Rückständige Beträge wiederkehrender Leistungen, die grundbuchersichtlich sind, müssen nicht glaubhaft gemacht werden. Die Glaubhaftmachung kann nur ein betreibender Gläubiger verlangen (also anders als bei § 9 Nr. 2 ZVG!), bei mehreren betreibenden Gläubigern kann es jeder verlangen. Wie bei § 44 Abs. 2 ZVG setzt das Widerspruchsrecht voraus, dass der betreffende Gläubiger als bestbetreibender Gläubiger in Betracht kommen könnte; d. h., sein Verfahren darf nicht eingestellt sein, sein Anordnungs- bzw. Beitrittsbeschluss oder Fortsetzungsbeschluss muss mindestens vier Wochen vor dem Versteigerungstermin zugestellt sein. 18

Der **Widerspruch** kann **formlos** erhoben werden und bedarf keiner Begründung. Nach Ansicht *Böttchers* kann ein betreibender Gläubiger aber nur widersprechen, wenn der Anmeldende Rang vor ihm oder zumindest Gleichrang mit ihm habe; ansonsten fehle ihm das Rechtsschutzbedürfnis.[10)] Das halte ich nicht für richtig, da in § 45 ZVG keinerlei Einschränkung des Widerspruchsrechts ersichtlich ist und der Widerspruch des Gläubigers in dieser Vorschrift (außer dem Namen) nichts mit dem Widerspruch nach § 115 ZVG gemein hat. 19

Die Glaubhaftmachung selbst erfolgt **nach § 294 ZPO**. Neben den klassischen Beweismitteln kommt hier insbesondere die eidesstattliche Versicherung in Betracht. Bei einem Recht, welches nach dem Zwangsversteigerungsvermerk eingetragen worden ist, genügt zur Glaubhaftmachung der Verweis auf das Grundbuch oder auf die Grundbuchmitteilung an das Vollstreckungsgericht. 20

IV. Nicht zu berücksichtigende Rechte

Trotz Grundbucheintragung bzw. trotz rechtzeitiger Anmeldung können nichtige, erloschene oder löschungsreife Rechte nicht berücksichtigt werden. 21

1. Nichtige Rechte

Die Nichtigkeit kann sich aus dem Grundbuch selbst ergeben (bei einer Zwangshypothek ist der Mindestbetrag des § 866 Abs. 3 ZPO nicht erreicht; der Berechtigte eines Rechts ist nicht eingetragen; bei einer Dienstbarkeit fehlt die schlagwortartige Bezeichnung des Rechts; die Eintragung ist im Grundbuch nicht unterschrieben). Oder die Nichtigkeit ist zwar nicht grundbuchersichtlich, wird aber durch ein rechtskräftiges Urteil nachgewiesen. In all diesen Fällen kann das betreffende **Recht nicht im geringsten Gebot** berücksichtigt werden. 22

---

9) Ggfls. auch mit dem Zusatz: „Wenn ich bis zum … nichts Gegenteiliges von Ihnen höre, gehe ich davon aus, dass Sie Ihre Anmeldung nicht aufrechterhalten."

10) Böttcher/*Böttcher*, ZVG, §§ 44, 45 Rz. 49; Dassler/Schiffhauer/u. a.-*Hintzen*, ZVG, § 37 Rz. 18; Schneider-*Schneider*, ZVG, § 45 Rz. 70.

2. Erloschene Rechte

23 Ein bereits (materiellrechtlich) erloschenes Recht wird **nicht im geringsten Gebot** berücksichtigt, **wenn sein Erlöschen feststeht.** Folgende Fälle sind denkbar:

- Erlöschen eines Grundpfandrechts mit Zahlung durch den Zwangsverwalter (§ 1181 Abs. 2 BGB);
- Erlöschen einer Auflassungsvormerkung, wenn feststeht, dass der vorgemerkte Anspruch durch vollständige Erfüllung nicht mehr besteht.
- Aber Vereinigung eines Rechts mit dem Eigentum in einer Person (Eigentümergrundschuld bzw. Eigentümerhypothek) führt nicht zum Erlöschen; deshalb muss das betreffende Recht im geringsten Gebot berücksichtigt werden.
- Rechte, die auf die Lebensdauer des Berechtigten beschränkt sind – entweder kraft Gesetzes oder durch rechtsgeschäftliche Vereinbarung (z. B. Nießbrauch, § 1061 BGB; beschränkte persönliche Dienstbarkeit, §§ 1090 Abs. 2, 1061 BGB; Wohnungsrecht, § 1093 BGB; Reallast auf Lebenszeit; Altenteil) erlöschen mit dem Tod des Berechtigten. Wenn dem Vollstreckungsgericht der **Todesnachweis** vorliegt, wird **das betreffende Recht nicht mehr im geringsten Gebot** berücksichtigt. Handelt es sich hierbei jedoch um ein Recht, bei dem Rückstände möglich sind, kommt es nach *Böttcher*[11)] darauf an, ob eine sog. Vorlöschungsklausel gemäß §§ 23, 24 GBO eingetragen ist oder nicht: Wenn eine solche Klausel eingetragen ist, ist aufgrund des Todesnachweises beim Grundbuchgericht die Löschung des Rechts ohne Weiteres möglich. Damit kann das Erlöschen dieses Rechts auch vom Vollstreckungsgericht beachtet werden; somit kommt das Recht nicht mehr in das geringste Gebot. Wenn dagegen ein solcher Vermerk nicht eingetragen ist, müsse das Sperrjahr des § 23 Abs. 1 GBO abgewartet werden. Und wenn der Berechtigte widersprochen habe, dann müsste sogar noch nach Ablauf des Sperrjahres das Recht im geringsten Gebot berücksichtigt werden. Das kann nicht richtig sein, weil es hier nicht um die Löschung durch das Grundbuchgericht geht, sondern um die Frage, ob das Recht materiellrechtlich erloschen ist. Sollten tatsächlich Rückstände bestehen, dann haftet dafür auch nicht der Ersteher; deshalb kann er das – erloschene – Recht auch nicht gemäß § 52 ZVG übernehmen.[12)]

3. Löschungsreife Rechte

24 Unter einem löschungsreifen Recht versteht man ein Recht, für welches **sämtliche Unterlagen** vorliegen, **die dem Grundbuchgericht ausreichen**, damit es die Löschung des betreffenden Rechts im Grundbuch vornehmen würde. Es wäre übertriebene Förmelei, wenn die entsprechenden Unterlagen erst an das Grundbuchgericht weitergeleitet werden müssten, das die Löschung vornehmen müsste, die Eintragung dem Vollstreckungsgericht dann nach § 19 Abs. 3 ZVG mitteilen müsste. Somit müssen dem Vollstreckungsgericht vorliegen:

---

11) Böttcher/*Böttcher*, ZVG, §§ 44, 45 Rz. 54.

12) So auch Stöber/*Gojowczyk*, ZVG, § 45 Rz. 35; Dassler/Schiffhauer/u. a.-*Hintzen*, ZVG, § 45 Rz. 6.

- (schriftlicher) Antrag (§ 13 GBO);[13)]
- Löschungsbewilligung des Betroffenen (§ 19 GBO) in beurkundeter oder öffentlich beglaubigter Form (§ 29 GBO);
- Zustimmung (= Mitbewilligung) etwaiger mittelbar Betroffener; hierzu zählt auch die Zustimmung des Eigentümers zur Löschung eines Grundpfandrechts (§ 27 GBO);
- evtl. Vorlage des Hypotheken- oder Grundschuldbriefs (§§ 41, 42 GBO).[14)]

4. Verfügungsbeschränkungen

Eingetragene Verfügungsbeschränkungen (z. B. Testamentsvollstreckervermerk, 25 Nacherbenvermerk; Insolvenzvermerk; Vermerk über eine Nachlassverwaltung, Zwangsverwaltungsvermerk, Verfügungsverbote aufgrund einer einstweiligen Verfügung oder aufgrund eines Pfändungsbeschlusses) betreffen die Verfügungsbefugnis des eingetragenen Eigentümers. Diese sind bei der Frage, ob bzw. unter welchen Voraussetzungen die Zwangsversteigerung angeordnet werde kann, zu prüfen. Ein „Recht", das nach §§ 45, 52 ZVG vom Ersteher zu übernehmen sei, stellen sie nicht dar. Deshalb kommen sie nicht in das geringste Gebot.[15)]

Wenn eine solche Verfügungsbeschränkung jedoch bei einem Recht der Abt. II oder 26 III des Grundbuchs, welches bestehen bleibt, (regelmäßig in der Veränderungsspalte) eingetragen ist, dann ist sie natürlich auch vom Ersteher zu beachten. Und deshalb sollte eine entsprechende Eintragung auch beim geringsten Gebot bei dem betreffenden Recht kurz vermerkt werden.

V. Sonderfall: Ansprüche der Wohnungseigentümer (Abs. 3)

Hausgeldansprüche (Wohngeld) der Wohnungseigentümergemeinschaft, die in Rang- 27 klasse 2 berücksichtigt werden können, sind nicht grundbuchersichtlich. Deshalb müssen sie **rechtzeitig angemeldet werden** (Abs. 1). Absatz 3 Satz 2 schreibt für diese Anmeldung weitere Angaben vor; aus der Anmeldung müssen sich ergeben:

- Zahlungspflicht,
- die Art und der Bezugszeitraum des Anspruchs,
- die Fälligkeit des Anspruchs.

Diese Angaben sind erforderlich, damit geprüft werden kann, ob die geltend ge- 28 machten Ansprüche tatsächlich zur Rangklasse 2 gehören. Bei der Anmeldung wird die Wohnungseigentümergemeinschaft durch den Verwalter vertreten (§ 9b Abs. 1 Satz 1 WEG[16)]). Den Nachweis seiner Vertretungsmacht kann er durch Vorlage der Niederschrift über den Bestellungsbeschluss führen (§§ 24 Abs. 6, 26 Abs. 4 WEG).

---

13) So Stöber/*Gojowczyk*, ZVG, § 45 Rz. 30; a. A. Böttcher/*Böttcher*, ZVG, §§ 44, 45 Rz. 56 und Schneider/*Schneider*, ZVG, § 45 Rz. 44.

14) Diese Unterlagen müssen später dem Grundbuchersuchen nach § 130 ZVG nicht beigefügt werden; denn das Vollstreckungsgericht ersucht um Löschung.

15) So auch Böttcher/*Böttcher*, ZVG, §§ 44, 45 Rz. 52 m. w. N.

16) Neugefasst durch Bek. v. 12.1.2021 BGBl. I S. 34; zuletzt geändert durch Artikel 7 G. v. 7.11.2022 (BGBl. I S. 1982).

29 Als weitere Besonderheit schreibt Abs. 3 Satz 2 vor, dass diese angemeldeten Ansprüche bereits bei der Anmeldung (also ohne dass ein betreibender Gläubiger widersprechen müsste) **glaubhaft gemacht werden** müssen. Erfolgen kann die Glaubhaftmachung durch einen entsprechenden Vollstreckungstitel, durch Vorlage der Niederschrift über die Beschlüsse der Wohnungseigentümerversammlung samt Anlagen oder in sonstiger Weise. Für die Glaubhaftmachung ist keine öffentlich beglaubigte Niederschrift über die Beschlüsse (§ 24 Abs. 6 WEG) notwendig. Wenn die Glaubhaftmachung fehlt oder nicht ausreichend ist, ergeht eine entsprechende Aufklärungsverfügung. Wird der Anspruch nicht bis zur Aufforderung zur Gebotsabgabe (siehe § 66 Abs. 2 ZVG) noch glaubhaft gemacht, dann kann der Anspruch im geringsten Gebot nicht berücksichtigt werden. Abs. 3 ist durch Art. 2 Nr. 1a WEGuaÄndG neu eingefügt worden und gilt seit dem 1.7.2007.

VI. Rechtsbehelfe

30 Das geringste Gebot ist selbstständig **nicht anfechtbar** (§ 95 ZVG). Dies betrifft damit auch jede berücksichtigte oder nicht berücksichtigte Anmeldung. Ist das geringste Gebot aber fehlerhaft, kann der Zuschlag mit **sofortiger Beschwerde** angefochten werden (§§ 83 Nr. 1, 100 ZVG).

31 Wenn aufgrund eines fehlerhaften geringsten Gebots kein Gebot abgegeben wurde und deshalb das Verfahren nach eingestellt (§ 77 Abs. 1 ZVG) oder aufgehoben (§ 77 Abs. 2 ZVG) werden muss, dann kann der entsprechende Beschluss mit sofortiger Beschwerde angefochten werden, § 95, § 793 ZPO.

§ 46
Wiederkehrende Naturalleistungen

Für wiederkehrende Leistungen, die nicht in Geld bestehen, hat das Gericht einen Geldbetrag festzusetzen, auch wenn ein solcher nicht angemeldet ist.

Übersicht

I. Allgemeines

1 Bleiben Rechte bestehen, die **nicht auf Geldleistungen** gerichtet sind, dann ist für sie im geringsten Gebot nach § 51 Abs. 2 ZVG ein sog. Zuzahlungsbetrag festzusetzen (Einzelheiten bei § 51 ZVG). Sind nach dem Inhalt eines solchen Rechts **wiederkehrende Leistungen** zu entrichten, gilt insoweit auch § 45 Abs. 2 ZVG; demnach sind die laufenden wiederkehrenden Leistungen von Amts wegen, die rückständigen auf entsprechende Anmeldung in das Mindestbargebot einzustellen. Da hierbei naturgemäß nur ein Geldbetrag aufgenommen werden kann, sind die (wiederkehrenden) **Sachleistungen in Geld umzurechnen**. Und genau dies regelt § 46 ZVG. Daraus folgt mittelbar weiter: Wiederkehrende Leistungen von Rechten, die nicht bestehen bleiben, werden nicht durch § 46 ZVG erfasst.

2 Die Vorschrift gilt für alle Versteigerungsarten des ZVG.

Ansprüche bis zum Zuschlag (genau: bis 1 Tag vor dem Zuschlag einschließlich) zur Schuldenmasse gehören. Deshalb werden diese Ansprüche im Teilungsplan auch bis zu diesem Zeitpunkt berechnet. Da bei der Aufstellung des geringsten Gebots der Zeitpunkt des Zuschlags aber nicht feststeht, schreibt § 47 ZVG vor, dass diese Ansprüche bis zum **Ablauf von zwei Wochen nach dem Versteigerungstermin** berechnet werden müssen. Dadurch soll sichergestellt werden, dass der Deckungsgrundsatz des § 44 Abs. 1 ZVG gewahrt bleibt. Da der Zuschlag im Versteigerungstermin oder in einem besonderen Verkündungstermin, der nicht über eine Woche hinaus bestimmt werden soll, erteilt wird, kann diesem Deckungsgrundsatz meistens auch Rechnung getragen werden. Wenn der Zuschlag aber ausnahmsweise später als zwei Wochen nach dem Versteigerungstermin erteilt wird (z. B. durch das Beschwerdegericht gemäß §§ 101 Abs. 1, 104 ZVG), dann wird dadurch das geringste Gebot **nicht nachträglich unrichtig.** Somit ist damit auch kein Zuschlagsversagungsgrund zu sehen; demnach kann insoweit auch nicht erfolgreich Zuschlagsbeschwerde eingelegt werden. Dies gilt sogar für den Fall, dass nur das geringste Gebot geboten worden ist und durch die (infolge des gemäß § 56 Satz 2 ZVG längeren Berechnungszeitraums) höheren Vorlasten ein Ausfall für den im geringsten Gebot an letzter Stelle stehen Berechtigten eintritt. Das Gesetz nimmt die Verletzung des Deckungsgrundsatzes insoweit in Kauf.[1)]

II. Wiederkehrende Geldleistungen

Zunächst ist zwischen regelmäßig wiederkehrenden und nicht regelmäßig wiederkehrenden Leistungen zu unterscheiden. 2

1. Regelmäßig wiederkehrende Leistungen (Satz 1)

Solche Leistungen sind mit dem Betrag im Mindestbargebot zu berücksichtigen, der bis zwei Wochen nach dem Versteigerungstermin reicht. Dieser Endzeitpunkt ist für die Berechnung maßgeblich; hierbei spielt die Fälligkeit keine Rolle. 3

Gemäß Satz 1 zu berechnen sind z. B.: 4

- die Grundsteuer (§ 10 Abs. 1 Nr. 3 ZVG);
- Zinsen, Verwaltungskostenbeiträge, Geldbeschaffungskosten sowie Vorfälligkeitsentschädigungen bestehen bleibender Rechte;
- Hauptleistungen einer bestehen bleibenden Reallast;
- Altenteilsleistungen eines bestehen bleibenden Altenteils;
- fällige Hausgeldforderungen (§ 10 Abs. 1 Nr. 2 ZVG).

Häufig melden Gemeinden die Grundsteuer nur bis zum Versteigerungstermin (bzw. 1 Tag davor) an.[2)] In diesem Fall sind noch **15 Tage** (nicht nur 14 Tage!) hinzu zu rechnen.[3)] 5

---

1) Böttcher/*Böttcher*, ZVG, § 47 Rz. 1; Dassler/Schiffhauer/u. a.-*Hintzen*, ZVG, § 47 Rz. 6.

2) Dies offenbar in der Hoffnung, dass im Versteigerungstermin der Zuschlag erfolgt und demnach ab diesem Tag der Ersteher die Grundsteuer nach § 56 Satz 2 ZVG zahlen muss.

3) Stöber/*Gojowczyk*, ZVG, § 47 Rz. 7.

2. **Nicht regelmäßig wiederkehrende Leistungen (Satz 2)**

6 Sie werden mit den Beträgen berücksichtigt, welche vor dem Ablauf der nach Satz 1 berechneten Frist **fällig** werden.

III. Sonderfälle

7 § 47 ZVG ist im Zusammenhang mit § 56 Satz 2 ZVG zu sehen (siehe Rz. 1). Somit regelt die Vorschrift Ansprüche, die ab dem Zuschlag der Ersteher tragen muss. Ausnahmsweise kommen in das geringste Gebot aber auch Ansprüche, die den Ersteher überhaupt nicht betreffen, aber gedeckt sein müssen und deshalb im Mindestbargebot aufzuführen sind. Im Einzelnen handelt es sich um folgende Ansprüche:

- Persönlicher Anspruch eines **Gläubigers der Rangklasse 5**, der dem bestbetreibenden Gläubiger im Range vorgeht, aber selbst nicht als solcher in Betracht kommt, da sein Verfahren z. Zt. eingestellt oder nicht rechtzeitig fortgesetzt worden ist;
- **Sicherungshypotheken gemäß § 128 ZVG**, die nach Abs. 4 dieser Vorschrift bei einer Wiederversteigerung als Teil des Bargebots zu berücksichtigen sind (also nicht bestehen bleiben dürfen);
- Zinsen eines **Zwangsverwaltungsvorschusses** nach § 155 Abs. 3 ZVG.

8 Die entsprechenden wiederkehrenden Leistungen (z. B. Zinsen des persönlichen Gläubigers, Zinsen der Sicherungshypothek gemäß § 128 ZVG) müssen gedeckt sein bis zur tatsächlichen Befriedigung des betreffenden Gläubigers. Diese erfolgt erst im Verteilungstermin. Deshalb sind diese Ansprüche im geringsten Gebot bis zum **voraussichtlichen Verteilungstermin** zu berechnen. Im Teilungsplan werden diese Ansprüche dann aber (jetzt genau!) bis 1 Tag vor dem Verteilungstermin (einschließlich) berechnet.

§ 48
Bedingte Rechte

Bedingte Rechte sind wie unbedingte, Rechte, die durch Eintragung eines Widerspruchs oder einer Vormerkung gesichert sind, wie eingetragene Rechte zu berücksichtigen.

Literatur: *Buchinger/Jagusch*, Wiederaufladbare Vormerkung-Weiterverwendung einer „alten" Vormerkung?, ZfIR 2016, 126; *Dr. Reymann*, Das Aufladen bzw. Wiederverwenden der Vormerkung ist tot, es lebe das Kongruieren, MittBayNot 2013, 456; *Stöber*, Wirksamkeitsvermerk und Zwangsversteigerung, MittBayNot 1997, 143.

Übersicht

merkung zwar kein „rechtliches Versteigerungshindernis" darstellt, aber sehr wohl ein **wirtschaftliches Hindernis** ist.

Wenn die Auflassungsvormerkung dem bestbetreibenden Gläubiger **im Range nachgeht**, dann erlischt sie mit dem Zuschlag (§ 91 Abs. 1 ZVG). Dies ist auch der Fall, wenn wegen Ansprüchen der Wohnungseigentümergemeinschaft aus Rangklasse 2 (§ 10 Abs. 1 Nr. 2) betrieben wird.[8)] Wegen der Behandlung im Teilungsplan siehe § 92 ZVG.

Wenn im Rang nach der Auflassungsvormerkung Rechte eingetragen worden sind, sind diese dem Vormerkungsberechtigten gegenüber unwirksam (§ 883 Abs. 2 BGB). Ein solches Recht kann aber doch wirksam sein bzw. werden, wenn der Vormerkungsberechtigte dieser Verfügung zustimmt oder sie nachträglich genehmigt.[9)] Durch Eintragung eines sog. **Wirksamkeitsvermerks**[10)] kann diese Wirksamkeit eines nachrangigen Grundpfandrechts auch grundbuchersichtlich dargestellt werden.[11)] Wenn das Vollstreckungsgericht von einem solchen Wirksamkeitsvermerk Kenntnis bekommt, wird es die Auflassungsvormerkung im geringsten Gebot nicht berücksichtigen.[12)] Sie ist so zu behandeln wie die dem bestbetreibenden Gläubiger im Rang nachgehende Auflassungsvormerkung.[13)]

Eine Auflassungsvormerkung, die dem bestbetreibenden Gläubiger im Rang vorgeht, findet doch **keine Berücksichtigung im geringsten Gebot**, wenn der durch sie gesicherte Anspruch nicht besteht, weil er erloschen ist oder weil er unwirksam ist. Das Vollstreckungsgericht kann dies aber nur dann annehmen, wenn die Nichtigkeit des Anspruchs sicher feststeht oder alle Löschungsunterlagen vorliegen. Im Normalfall wird das Vollstreckungsgericht also von der Eintragung im Grundbuch ausgehen müssen und die Auflassungsvormerkung deshalb im geringsten Gebot berücksichtigen.

Jedoch kann eine nicht entstandene oder erloschene Auflassungsvormerkung durch erneute Bewilligung ohne Grundbucheintragung zur Sicherung eines neuen deckungsgleichen Anspruchs verwendet werden („Novation" genannt).[14)] Durch Bewilligung kann ohne gesonderte Grundbucheintragung der durch Vormerkung gesicherte Anspruch auch erweitert oder ausgetauscht werden („Extension").[15)] Jedoch bestimmt sich in beiden Fällen der Rang nach dem Zeitpunkt der neuen

---

8) BGH, Beschl. v. 9.5.2014 – V ZB 123/13, Rpfleger 2014, 613 = NJW 2014, 2445.

9) Siehe hierzu Stöber/*Gojowczyk*, ZVG, § 48 Rz. 9 m. w. N.

10) Die h. M. hält einen solchen Vermerk für zulässig; vgl. BGH, Beschl. v. 25.3.1999 – V ZB 34/98, Rpfleger 1999, 383 = NJW 1999, 2275.

11) Dies geschieht wie bei der Eintragung einer Rangänderung durch entsprechende Vermerke bei der Vormerkung und dem Grundpfandrecht; vgl. § 18 GBV.

12) Böttcher/*Böttcher*, ZVG, § 52 Rz. 3 ff.; Stöber/*Gojowczyk*, ZVG § 48 Rz. 11.

13) Auf den Theorienstreit darüber, ob eine Auflassungsvormerkung überhaupt rangfähig ist, soll hier nicht näher eingegangen werden.

14) Zur Zulässigkeit der „Novation" siehe BGH, Urt. v. 26.11.1999 – V ZR 432/92, Rpfleger 2000, 153 = ZfIR 2000, 121 mit Anm. *Vollmer* (S. 207); auch BGH, Beschl. v. 3.5.2012 – V ZB 258/11, Rpfleger 2012, 558 = ZfIR 2012, 598; BGH, Beschl. v. 21.3.2013 – V ZB 72/12, FamRZ 2013, 1038.

15) Vgl. BGH, Beschl. v. 21.3.2013 – V ZB 74/12, FamRZ 2013, 1038.

Bewilligung, nicht nach dem Datum der Eintragung der „alten" Vormerkung.[16] Die praktischen Schwierigkeiten, die eine solche Konstruktion mit sich bringt, hat *Stöber* zwar versucht, auf ein vertretbares Maß zu reduzieren.[17] Konkret bedeutet dies: Das Vollstreckungsgericht kann (und muss) bei der Aufstellung des geringsten Gebots nur vom Grundbuchstand ausgehen. Die Auflassungsvormerkung, die nach ihrer Eintragung im Grundbuch dem bestbetreibenden Gläubiger vorgeht, wird als bestehen bleibend berücksichtigt. Ein aus dem Grundbuch nicht ersichtlicher Nachrang (aufgrund einer späteren Novation oder Extension) müsste daher angemeldet und glaubhaft gemacht werden. Doch ist mit *Böttcher*[18] zu hoffen, dass der V. Zivilsenat des BGH ähnlichen Mut aufbringt wie der IX. Zivilsenat bei der Rechtsprechung zum gesetzlichen Löschungsanspruch nach § 1179a BGB und seine Rechtsprechung aufgibt. Etwas optimistischer ist offenbar *Schneider*, der ein vorsichtiges Abrücken von der unglücklichen „Recyclingrechtsprechung" festgestellt haben will.[19] Einen neuen Denkansatz möchte ich hier kurz vorstellen:

Man könnte das Problem auch dadurch entschärfen, wenn man die Möglichkeit des Wirksamkeitsvermerks (vgl. oben) auf den Fall der Novation übertragen würde. Dann würde das Grundbuch durch zwei Vermerke (die wie Rangvermerke bei der Auflassungsvormerkung und bei dem äußerlich nachrangigen Grundpfandrecht in der Veränderungsspalte eingetragen werden) deutlich machen, dass die Auflassungsvormerkung, welche den **neuen** Anspruch sichert, im Versteigerungsverfahren auf Betreiben dieses Grundpfandrechtsgläubigers erlischt. Und die verfahrensrechtliche Prüfung ist auf das Grundbuchamt verlagert (Stichwort: Nachweis der Wirksamkeit bzw. Unwirksamkeit der Auflassungsvormerkung in der Form des § 29 GBO gegenüber der nachrangig eingetragenen Grundpfandrecht, bzw. die entsprechenden Unterlagen sind dem Grundbuchamt offenkundig, wenn sie sich bei den Grundakten befinden).

V. Betagte Ansprüche

11 Unter betagten Ansprüchen versteht man Ansprüche, deren **Fälligkeit hinausgeschoben** ist. Das Recht selbst ist aber unbedingt. Deshalb fallen solche Rechte auch nicht unter § 48 ZVG. Bei den bestehen bleibenden Rechten wird ein solcher Anspruch in voller Höhe aufgenommen. Im Mindestbargebot muss bei einem unverzinslichen Anspruch der sog. Zwischenzins abgezogen werden, da der Gläubiger vor der tatsächlichen Fälligkeit befriedigt wird (Einzelheiten hierzu bei § 111 ZVG).

---

16) BGH, Urt. v. 26.11.1999 – V ZR 432/92, Rpfleger 2000, 153 = ZfIR 2000, 121 mit Anm. *Vollmer* (S. 207); auch BGH, Beschl. v. 10.5.2012 – V ZB 156/11, Rpfleger 2012, 558 = ZfIR 2012, 598. Kritisch hierzu besonders Böttcher/*Böttcher*, ZVG, § 52 Rz 3a ff.

17) Stöber/*Gojowczyk*, ZVG, § 48 Rz. 19; ähnlich Schneider-*Schneider*, ZVG, § 48 Rz. 17 ff.

18) *Böttcher*, ZfIR 2012, 655 (Beschlussanm.).

19) Schneider-*Schneider*, ZVG, § 48 Rz. 20.

1. Hinterlegung des Meistbargebots

Der Ersteher kann sich von seiner **Zahlungspflicht befreien**, indem er das Bargebot einschließlich der bis zur Hinterlegung aufgelaufenen Zinsen bei der Hinterlegungsstelle hinterlegt. Die Aufgaben der Hinterlegungsstelle ist den Amtsgerichten übertragen (z. B. HintO RP, § 2 Abs. 1; BayHintG, Art. 2 Abs. 2). Eine örtliche Zuständigkeit ist weder in § 49 Abs. 4 ZVG noch in den einschlägigen Hinterlegungsgesetzen bestimmt; deshalb kann der Ersteher die Hinterlegungsstelle frei wählen. **Zweckmäßig ist jedoch die Hinterlegung bei dem Amtsgericht vorzunehmen, zu dem auch das Vollstreckungsgericht gehört.** Neben der Hinterlegungsstelle sehen die meisten Hinterlegungsgesetze noch eine Hinterlegungskasse vor; dieser obliegen die Kassengeschäfte im Zusammenhang mit einer Hinterlegung.[12)] Die Befreiung von der Verbindlichkeit tritt an dem Tag ein, an dem die Hinterlegung ordnungsgemäß erfolgt ist und der Ersteher auf das Recht der Rücknahme verzichtet hat. Aber der Nachweis, dass dies alles erfolgt ist, muss spätestens im Verteilungstermin dem Vollstreckungsgericht vorliegen. Erfolgt dieser Nachweis nicht, muss das Vollstreckungsgericht nach § 118 ZVG die Forderungsübertragung(en) vornehmen. 12

2. Hinterlegung der Sicherheitsleistung

Die Pflicht des Erstehers zur Verzinsung des anteiligen Bargebots endet auch, wenn der Meistbietende **Sicherheit durch Überweisung auf ein Konto** der Gerichtskasse geleistet hat (§ 69 Abs. 4 ZVG).[13)] 13

---

12) Beispielsweise ist in Bayern die Landesjustizkasse Bamberg zuständig, Art. 2 Abs. 3 BayHintG; in Rheinland-Pfalz sind die Aufgaben der Hinterlegungskasse der Landesjustizkasse Mainz übertragen, § 2 Abs. 1 LHintG. Hinzuweisen ist in diesem Zusammenhang auch auf § 11 Nr. 1 LHintG; danach wird die Hinterlegung bei Geldsummen vollzogen durch Gutschrift auf dem Konto der Landesjustizkasse Mainz oder in Eilfällen durch Bareinzahlung bei einer zuständigen Zahlstelle.

13) So Stöber/*Gojowczyk*, ZVG, § 49 Rz. 18; auch Böttcher/*Böttcher*, ZVG, § 49 Rz. 9 m. w. N.; so auch Schneider-*Goldbach*, ZVG, § 49 Rz. 10; a. A. Dassler/Schiffhauer/u. a.-*Hintzen*, ZVG, § 49 Rz. 16, der aber gleichzeitig fordert, dass das Gesetz dahingehend ergänzt werden sollte, dass der hinterlegte Betrag „kraft Gesetzes eine Teilzahlung auf das Bargebot darstellt“. In der Praxis wird oft noch nach der Ansicht von *Hintzen* verfahren; dies hängt wohl damit zusammen, dass teilweise noch die „alte“ Vorschrift zur Sicherheitsleistung angewandt wird. In diesen Altfällen musste der Meistbietende im Versteigerungstermin zu Protokoll erklären, dass seine Sicherheitsleistung (Bargeld) als Anzahlung auf das Meistgebot zu behandeln und unter Verzicht auf das Recht der Rücknahme hinterlegt werden solle. Nur unter diesen Voraussetzungen konnte er die entsprechenden Bargebotszinsen einsparen. Wenn *Hintzen* in seiner Fn. 13 dem Bearbeiter (und *Stöber*, a. a. O.) vorwirft, er würde den „Mangel des Gesetzgebers rechtfertigen“, dann möchte ich hierzu bemerken, dass es in einem für die Praxis konzipierten Kommentar darum geht, dem Praktiker einen gangbaren Weg aufzuzeigen und nicht um justizpolitische Aspekte.

§ 50

Erhöhung des zu zahlenden Betrags

(1) Soweit eine bei der Feststellung des geringsten Gebots berücksichtigte Hypothek, Grundschuld oder Rentenschuld nicht besteht, hat der Ersteher außer dem

Bargebot auch den Betrag des berücksichtigten Kapitals zu zahlen. In Ansehung der Verzinslichkeit, des Zinssatzes, der Zahlungszeit, der Kündigung und des Zahlungsorts bleiben die für das berücksichtigte Recht getroffenen Bestimmungen maßgebend.

(2) Das gleiche gilt:

1. **wenn das Recht bedingt ist und die aufschiebende Bedingung ausfällt oder die auflösende Bedingung eintritt;**
2. **wenn das Recht noch an einem anderen Grundstück besteht und an dem versteigerten Grundstück nach den besonderen Vorschriften über die Gesamthypothek erlischt.**

(3) Haftet der Ersteher im Falle des Absatzes 2 Nr. 2 zugleich persönlich, so ist die Erhöhung des zu zahlenden Betrags ausgeschlossen, soweit der Ersteher nicht bereichert ist.

Literatur: *Eickmann*, Gläubigerbefriedigung und Grundpfandrecht, RpflStud. 1981, 73; *Mayer*, Nicht entstandene und erloschene Rechte im geringsten Gebot, RpflStud. 1980, 49; *Rogler*, Zuzahlungsansprüche in der Zwangsversteigerung: Bereicherungsrecht (insbesondere § 816 Abs. 2 BGB oder § 50 ZVG analog?, ZNotP 2007, 322.

Übersicht

I. Allgemeines

1 Das geringste Gebot zerfällt in Bargebot (§ 49 Abs. 1 ZVG) und bestehen bleibende Rechte (§ 52 ZVG). Diese Rechte muss der Ersteher übernehmen; sie sind damit neben seinem Bargebot Teil seines „wirtschaftlichen Gebots“ und damit auch Gegenleistung für das erworbene Eigentum am Grundstück. Wenn nun ein solches Recht zum Zeitpunkt des Zuschlags materiellrechtlich nicht besteht, wäre der Ersteher bereichert. Deshalb sieht § 50 Abs. 1 Satz 1 ZVG vor, dass er zu seinem Bargebot **zusätzlich noch etwas zahlen muss;** dies nennt man Zuzahlung (früher auch als „Ausgleichszahlung“ oder „Nachzahlung“ bezeichnet). Dasselbe gilt, wenn das Recht aufgrund des Ausfalls einer aufschiebenden Bedingung oder durch Eintritt einer auflösenden Bedingung nachträglich wegfällt (Abs. 2 Nr. 1) oder wenn das Recht nach den besonderen Vorschriften über die Gesamthypothek erlischt (Abs. 2 Nr. 2).

2 Der Vorteil, der im Nichtbestehen oder Erlöschen eines Rechts ohne Zutun des Erstehers besteht, darf diesem nicht zugutekommen; denn er hat das Recht bei seiner Bietentscheidung mitkalkuliert. Dieser Vorteil muss vielmehr jenen zufallen, die auf

Unterfall bb): Der Eigentümer hat **einen Ersatzanspruch** gegen den anderen Eigentümer:

Die Hypothek erlischt an dem Grundstück des Eigentümers, aus dessen Erlös der Gläubiger befriedigt wurde (§ 1181 Abs. 1 BGB). Am Grundstück des Ersatzpflichtigen geht die **Hypothek** auf den anderen Eigentümer über – aber nur in Höhe des Ersatzbetrags (§ 1182 Satz 1 BGB); im Übrigen **erlischt** sie auch hier (§ 1181 BGB). Bei nur teilweiser Befriedigung ist hinsichtlich des Rangs dieser Teil-Hypothek § 1182 Satz 2 BGB zu beachten.

3. Einzelfälle der Zuzahlung

Ein Gesamtrecht erlischt (ganz oder teilweise) und führt zur Zuzahlung in folgenden Fällen: 22

- **Verteilung** gemäß § 1172 Abs. 2 BGB (siehe Rz. 17, *Fall 2a*).

  Der Zuzahlungsbetrag entspricht der Differenz des bestehen gebliebenen Gesamtrechts zum Betrag der nach Verteilung auf dem ersteigerten Grundstück verbleibenden Einzelgrundschuld.
- Befriedigung durch einen der **Eigentümer** der **keinen Ersatzanspruch** gegen den anderen Eigentümer hat, § 1173 Abs. 1 Satz 1 BGB (siehe Rz. 17, *Fall 2a Unterfall aa)*.

  Der Zuzahlungsbetrag entspricht dem ganzen Betrag des Rechts, das als bestehen bleibend im geringsten Gebot stand, aber tatsächlich ohne Zutun des Erstehers erloschen ist.

  Wenn ein **Miteigentümer** eines mit einer Gesamthypothek belasteten Grundstücks den Gläubiger befriedigt und das Recht nach den Versteigerungsbedingungen bestehen bleibt, so hat er gegen den Ersteher keinen Zuzahlungsanspruch nach § 50 ZVG oder § 812 BGB, sondern nur einen Anspruch auf Duldung der Zwangsvollstreckung in seinen früheren Miteigentumsanteil.[16)]
- Befriedigung durch einen mit dem persönlichen Schuldner **identischen Eigentümer**, der einen teilweisen Ersatzanspruch gegen den anderen Eigentümer hat, § 1173 Abs. 2 BGB (siehe Rz. 17, *Fall 2a Unterfall bb)*.
- Befriedigung durch einen **Eigentümer**, der **nicht** persönlich **haftet**, §§ 1143 Abs. 2, 1173 BGB (siehe Rz. 18, *Fall 2b*).
- Befriedigung durch den (nur) **persönlich haftenden Schuldner**, der keinen Ersatzanspruch hat, § 1172 BGB. Durch Aufteilung gemäß § 1172 Abs. 2 BGB entstehen Einzelgrundschulden in Höhe eines Teilbetrags; im Übrigen erlischt die Hypothek (siehe Rz. 19, *Fall 2c Unterfall aa)*.
- Befriedigung durch den (nur) **persönlich haftenden Gläubiger**, der einen Ersatzanspruch gegen *einen* Eigentümer hat, § 1174 Abs. 1 BGB (siehe Rz. 19, *Fall 2c Unterfall 2cc)*. Hat er dagegen einen Ersatzanspruch gegen alle, geht gemäß § 1164 BGB die Gesamthypothek in voller Höhe auf den zahlenden Schuldner

16) OLG Düsseldorf, Urt. v. 15.1.1996 – 9 U 98/95, Rpfleger 1996, 298.

über (siehe Rz. 19, *Fall 2c Unterfall bb*). Da hier kein Erlöschen eintritt, stellt dies auch keinen Zuzahlungsfall dar.

– Befriedigung des **Gesamtgläubigers** aus einem der belasteten Grundstücke nach §§ 1181, 1182 BGB (also durch Zwangsversteigerung, Zwangsverwaltung oder Vollstreckung in mithaftende Gegenstände), siehe Rz. 20 und 21, *Fall 3 und 4*.

Hierzu ist vor allem auch folgende Fallgestaltung zu zählen: Wenn bei der Versteigerung mehrerer Grundstücke der Zuschlag auf das Gesamtausgebot erfolgt und das Gesamtrecht aus dem Versteigerungserlös befriedigt wird, weil es bei einem oder mehreren Grundstücken ein erlöschendes Recht war, dann erlischt dieses Recht auch bei dem bzw. den Grundstücken, bei denen es als bestehen bleibendes Recht im geringsten Gebot aufgeführt worden ist. Somit liegt auch hier ein Zuzahlungsfall vor.[17]

V. Ausschluss der Zuzahlungspflicht (Abs. 3)

23 Abs. 3 ergänzt den Abs. 2 Nr. 2 dahingehend, dass die Zuzahlungspflicht ausgeschlossen ist, wenn der Ersteher trotz erlöschender Gesamthypothek zugleich auch persönlich haftet. Damit ist er **nicht bereichert**, weil seine persönliche Haftung trotz Erlöschen des Rechts weiter besteht. Eine solche persönliche Haftung des Erstehers kann aber nur unter der Voraussetzung des § 53 ZVG entstehen (Einzelheiten hierzu bei § 53 ZVG). Aber auch hier kann der Fall eintreten, dass der Ersteher bereichert wäre, dann nämlich, wenn der Gläubiger durch einen anderen Schuldner befriedigt würde, der ebenfalls mithaftet. Dann verbleibt es bei der Zuzahlungspflicht des § 50 Abs. 2 Nr. 2 ZVG. Ob ein Fall des § 50 Abs. 3 ZVG vorliegt, **entscheidet** bei Streit das **Prozessgericht**, nicht das Vollstreckungsgericht.

VI. Zuzahlungsbetrag

1. Höhe, Zins- und Zahlungsbedingungen (Abs. 1 Satz 2)

24 Die Zuzahlungspflicht besteht in der Höhe des im geringsten Gebot aufgeführten Kapitals der bestehen bleibenden Hypothek oder Grundschuld, in der das Grundpfandrecht tatsächlich nicht oder nicht mehr besteht. Die im Mindestbargebot aufgeführten Zinsen und andere Nebenleistungen spielen hierbei keine Rolle; denn diese muss der Ersteher in jedem Fall zahlen. Hinsichtlich der Verzinslichkeit, des Zinssatzes, der Zahlungszeit, der Kündigung usw. bleiben die Bestimmungen des Rechts maßgeblich; denn diese würden auch bei Fortbestehen des Rechts gelten.

2. Behandlung des Zuzahlungsbetrags im Verteilungsverfahren

25 Der Zuzahlungsbetrag ist also nicht vor dem Verteilungstermin an das Vollstreckungsgericht zu überweisen. Die Verteilung des Zuzahlungsbetrags erfolgt nach § 125 ZVG, wenn das Vorliegen eines Zuzahlungsfalles dem Vollstreckungsgericht bis spätestens im Verteilungstermin bekannt geworden ist. Folgende Fallgestaltungen sind denkbar:

---

17) So zumindest BGH, Urt. v. 9.12.1966 – V ZR 12/64, Rpfleger 1967, 211 = MDR 1967, 292; vgl. auch BGH, Urt. v. 17.5.1988 – IX ZR 5/87, Rpfleger 1988, 495 = MDR 1988, 860.

3. Sonstiges

Soweit der Ersteher die persönliche Forderung übernimmt, gehen auch die Rückgewähransprüche auf ihn über. Dies gilt aber nur, soweit das Recht noch valutiert ist. Soweit die Forderung bereits vor dem Zuschlag erloschen ist, verbleibt der Rückgewähranspruch beim Vollstreckungsschuldner als „altem“ Eigentümer.[26] 17

IV. Keine Anwendung des § 53 ZVG

§ 53 ZVG gilt weder unmittelbar noch analog für die **Reallast**. Der Ersteher haftet ab dem Zuschlag dem Berechtigten der Reallast nicht nur dinglich, sondern gemäß § 1108 BGB auch persönlich. Im Außenverhältnis haften hier also Schuldner und Ersteher als Gesamtschuldner.[27] Im Innenverhältnis haftet der Ersteher für die nach dem Zuschlag fällig werdenden Leistungen allein (§ 56 Satz 2 ZVG).[28),29] 18

§ 53 ZVG gilt auch nicht bei der Versteigerung von **herrenlosen Grundstücken**; denn hier ist kein persönlicher Schuldner vorhanden.[30] 19

---

26) Wegen der Einzelheiten wird auf Böttcher/*Böttcher*, ZVG, § 53 Rz. 13 verwiesen.

27) BGH, Urt. v. 25.2.1972 – V ZR 27/70, BGHZ 58, 191 = NJW 1972, 814 und BGH, Urt. v. 12.7.1991 – V ZR 204/90, MDR 1992, 260.

28) BGH, Urt. v. 8.7.1993 – IX ZR 222/92, Rpfleger 1993, 503 = NJW 1993, 2617; siehe auch BGH, Urt. v. 18.5.2017 – IX ZR 51/15, ZIP 2017, 813.

29) Wegen Einzelheiten hierzu siehe auch Stöber/*Gojowczyk*, ZVG, § 56 Rz. 3.6.

30) Stöber/*Gojowczyk*, ZVG, § 53 Rz. 10.

§ 54
Kündigung von Grundpfandrechten

(1) Die von dem Gläubiger dem Eigentümer oder von diesem dem Gläubiger erklärte Kündigung einer Hypothek, einer Grundschuld oder einer Rentenschuld ist dem Ersteher gegenüber nur wirksam, wenn sie spätestens in dem Versteigerungstermin vor der Aufforderung zur Abgabe von Geboten erfolgt und bei dem Gericht angemeldet worden ist.

(2) Das gleiche gilt von einer aus dem Grundbuch nicht ersichtlichen Tatsache, in Folge deren der Anspruch vor der Zeit geltend gemacht werden kann.

Übersicht

I. Allgemeines

§ 54 ZVG ist eine Vorschrift zum Schutz des Erstehers und gleichzeitig Ausfluss des öffentlichen Glaubens des Grundbuchs: Das was aus dem Grundbuch ersichtlich ist, braucht nicht angemeldet zu werden; umgekehrt sind Umstände und Tatsachen, die nicht aus der Grundbucheintragung (einschließlich der in Bezug genommenen 1

Eintragungsbewilligung) ersichtlich sind, ausdrücklich anzumelden, wenn sie auch dem Ersteher gegenüber wirksam sein sollen.

2 § 54 ZVG, der für alle Versteigerungsarten gilt, wird ergänzt durch § 325 Abs. 3 ZPO.

II. Anmeldung der Kündigung (Abs. 1)

3 § 54 Abs. 1 ZVG setzt eine **wirksame Kündigung** einer bestehenbleibenden Hypothek, Grund- oder Rentenschuld voraus (vgl. § 1141, 1193, 1202 BGB). Diese Kündigung kann auch nur vom Gläubiger des Grundpfandrechts oder vom Eigentümer (nicht vom persönlichen Schuldner) erklärt worden sein. Damit die tatsächlich erfolgte (und wirksame) Kündigung auch gegen den Ersteher wirkt, muss sie spätestens im Versteigerungstermin vor der Aufforderung zur Abgabe von Geboten (vgl. § 66 Abs. 2 ZVG) angemeldet werden.

4 Diese Anmeldung kann schriftlich oder zur Protokoll der Geschäftsstelle, aber auch noch im Versteigerungstermin mündlich erfolgen (und ist dann natürlich zu protokollieren, § 78 ZVG). Die Anmeldung kann vom Gläubiger des betr. Grundpfandrechts, vom Vollstreckungsschuldner, sogar von einem Dritten, der ein rechtliches Interesse daran hat (z. B. Pfandgläubiger, Nießbraucher)[1] vorgenommen werden. Eine Glaubhaftmachung dieser Anmeldung ist im Gesetz nicht vorgesehen, ebenso wenig eine Prüfung durch das Vollstreckungsgericht. Die Anmeldung ist jedoch gemäß § 66 Abs. 1 ZVG bekannt zu machen. Unterbleibt diese Bekanntmachung, so tritt die Wirkung des § 54 Abs. 1 ZVG trotzdem ein, da in dieser Vorschrift nur von der Anmeldung die Rede ist.[2]

5 Eine nicht angemeldete Kündigung bleibt dem Ersteher gegenüber unwirksam, auch wenn er sie bei der Abgabe seines Gebots gekannt hat. Diese Ansicht *Stöbers*[3] wird von den anderen Kommentatoren[4] abgelehnt mit dem Hinweis, dass Sinn und Zweck der Norm dem Schutz des Erstehers diene, den dieser bei Kenntnis der Kündigung nicht brauche. Mit *Stöber* bin ich der Ansicht, dass das Gesetz selbst Grundlage der Versteigerungsbedingungen sein soll; und dieses Gesetz spricht von der (erforderlichen) **Anmeldung.** Eine Auslegung nach dem „Sinn und Zweck" einer Vorschrift sollte erst dann erfolgen, wenn eine versehentliche Lücke im Gesetz zu erkennen ist. Und bevor eine solche Lücke konstatiert wird, sollte der klassische Umkehrschluss gezogen werden. Und der lautet hier ganz einfach: Ohne entsprechende Anmeldung keine Wirkung gegen den Ersteher.

III. Anmeldung von nicht grundbuchersichtlichen Tatsachen (Abs. 2)

6 Kann der dingliche Anspruch aus einem Grundpfandrecht aufgrund einer anderen Tatsache als der Kündigung vorzeitig geltend gemacht werden, dann müssen diese

---

1) Stöber/*Gojowczyk*, ZVG, § 54 Rz. 4 m. w. N.

2) So auch Stöber/*Gojowczyk*, ZVG, § 54 Rz. 4; a. A. Böttcher/*Böttcher*, ZVG, § 54 Rz. 3; Dassler/Schiffhauer/u. a.-*Hintzen*, ZVG, § 54 Rz. 4; BeckOK-*U. Goldbach*, ZVG, § 54 Rz. 3.

3) Stöber/*Gojowczyk*, ZVG, § 54 Rz. 5.

4) Beispielsweise Böttcher/*Böttcher*, ZVG, § 54 Rz. 4; Dassler/Schiffhauer/u. a.-*Hintzen*, ZVG, § 54 Rz. 4; BeckOK-*U. Goldbach*, ZVG, § 54 Rz. 3; Schneider-*Goldbach*, ZVG, § 54 Rz. 7.

Tatsachen ebenfalls vor der Aufforderung zur Abgabe von Geboten **angemeldet werden** (Abs. 2). Diese Anmeldung ist aber entbehrlich, wenn sich die entsprechende Tatsache bereits aus dem Grundbuch oder aus der Eintragungsbewilligung, auf die bei der Grundbucheintragung Bezug genommen ist (vgl. § 874 BGB), ersichtlich ist. Zu nennen ist hier eine Vereinbarung, dass das Grundpfandrecht sofort bei Einleitung eines Zwangsversteigerungs- oder Zwangsverwaltungsverfahrens oder bei Eröffnung des Insolvenzverfahrens fällig wird (ohne dass es hierzu noch einer ausdrücklichen Kündigung bedarf).

Wenn sich die Geltendmachung nach einem nicht grundbuchersichtlichen Ereignis 7
bestimmt (z. B. Lebensalter, Verheiratung, Tod des Gläubigers), dann bewirkt zwar der Eintritt des entsprechenden Ereignisses die Fälligkeit. Dies ist dann aber nicht „vor der Zeit"; somit trifft hier § 54 Abs. 2 ZVG nicht zu.

Der Anwendungsbereich des Absatzes 2 beschränkt sich deshalb in erster Linie auf 8
die sog. **„kassatorische Klausel"** und die Anwendung der §§ 1133, 1135 BGB. Ob die Kenntnis des Erstehers die Anmeldung überflüssig macht, ist auch hier umstritten.[5]

IV. Anmeldung von rechtshängigen Ansprüchen (§ 325 Abs. 3 ZPO)

Wenn ein Grundpfandrechtsgläubiger seinen dinglichen Anspruch (§ 1147 BGB) 9
gegen den Vollstreckungsschuldner gerichtlich geltend gemacht hat, wirkt das Urteil gegen den Ersteher nur dann, wenn die Rechtshängigkeit des Anspruchs spätestens im Versteigerungstermin vor der Aufforderung zur Abgabe von Geboten angemeldet worden ist (§ 325 Abs. 3 Satz 2 ZPO). Die Kenntnis des Erstehers genügt hierfür nicht.[6] Wenn das Urteil bereits vor der dem Versteigerungstermin rechtskräftig geworden ist, verlangen manche Kommentatoren, dass nicht die Rechtshängigkeit, sondern die Rechtskraft anzumelden sei.[7] Mit *Stöber*[8]bin ich der Ansicht, dass der Umweg über § 54 Abs. 2 ZVG, wonach die Rechtskraft als sonstige Tatsache anzumelden sei, eine völlig überflüssige Förmelei darstellt. § 325 Abs. 3 ZPO verlangt die Anmeldung der Rechtshängigkeit; dass dieses Verfahren mit einem rechtskräftigen Urteil enden kann, ist nichts „anderes", sondern die Folge der Rechtshängigkeit. Und deshalb muss auch hier die Anmeldung der Rechtshängigkeit genügen.[9]

Hat der Gläubiger eine erforderliche **Anmeldung nicht rechtzeitig vorgenommen,** 10
kann das gegen den „alten" Eigentümer erstrittene Urteil nicht gegen den Ersteher umgeschrieben werden. In diesem Fall muss der Gläubiger gegen den Ersteher (erneut) klagen.

5) Vgl. Stöber/*Gojowczyk*, ZVG, § 54 Rz. 10; a. A. Böttcher/*Böttcher*, ZVG, § 54 Rz. 6.
6) So RG, Urt. v. 23.10.1928 – VII 198/28, RGZ 122, 156.
7) So Böttcher/*Böttcher*, ZVG, § 54 Rz. 7; Dassler/Schiffhauer/u. a.-*Hintzen*, ZVG, § 54 Rz. 5; BeckOK-*U. Goldbach*, ZVG, § 54 Rz. 7.
8) Stöber/*Gojowczyk*, ZVG, § 54 Rz. 13, 14.
9) Schneider-*Goldbach*, ZVG, § 54 Rz. 21 geht dem Problem dadurch aus dem Weg, als die entsprechende Anmeldung einer Auslegung unterzogen werden sollte, ob das Eine oder das Andere gemeint sei.

§ 55
Gegenstand der Versteigerung

(1) Die Versteigerung des Grundstücks erstreckt sich auf alle Gegenstände, deren Beschlagnahme noch wirksam ist.

(2) Auf Zubehörstücke, die sich im Besitz des Schuldners oder eines neu eingetretenen Eigentümers befinden, erstreckt sich die Versteigerung auch dann, wenn sie einem Dritten gehören, es sei denn, daß dieser sein Recht nach Maßgabe des § 37 Nr. 5 geltend gemacht hat.

Literatur: *Achenbach/Becker*, Mitzubehör mehrerer Grundstücke in der Zwangsversteigerung, ZfIR 2017, 660; *Dorn*, Bestandteile und Zubehör in der Zwangsversteigerung, Rpfleger 1987, 143; *Eckardt*, Das Grundstückszubehör in der Zwangsvollstreckung, ZJS 2012, 467; *Graba/Teufel*, Anwartschaftsrecht am Zubehör in der Zwangsversteigerung, Rpfleger 1979, 401; *Meerhoff*, Probleme bei der Mitversteigerung von Grundstückszubehör, ZfIR 2016, 556; *Mümmler*, Bestandteil und Zubehör im Zwangsversteigerungsverfahren, JurBüro 1971, 805; *Weimar*, Die mithaftenden Gegenstände bei den Grundpfandrechten, MDR 1979, 464.

Übersicht

I. Allgemeines

1 Nach § 90 Abs. 2 ZVG erwirbt der Ersteher neben dem Grundstück zugleich die Gegenstände, auf welche sich die Versteigerung erstreckt. Und die Gegenstände, auf welche sich die Versteigerung erstreckt, sind in § 55 ZVG näher dargestellt: Nach Absatz 1 erstreckt sich die Versteigerung auf die **Gegenstände**, deren **Beschlagnahme noch wirksam ist**. Damit wird auf § 20 Abs. 2 und § 21 ZVG verwiesen. Die Versteigerung erstreckt sich aber gemäß Abs. 2 auch auf **Zubehörstücke**, die sich im Besitz des Schuldners oder eines neu eingetretenen Eigentümers befinden, auch wenn sie einem Dritten gehören, wenn dieser nicht rechtzeitig interveniert hat.

2 Die Vorschrift gilt für alle Versteigerungsarten. Bei der Insolvenzverwalterversteigerung ist aber als Besonderheit § 173 Satz 2 ZVG zu beachten: Da es hier keine Beschlagnahme i. S. d. §§ 20 Abs. 1, 23 Abs. 1 ZVG gibt (§ 173 Satz 1 ZVG),[1)]

1) Die Verfügungsbefugnis über die Insolvenzmasse – und damit auch über das Grundstück – ist bereits mit der Insolvenzeröffnung auf den Insolvenzverwalter übergegangen (§ 80 Abs. 1 InsO). Für eine Verfügungsbeschränkung des Schuldners ist damit kein Raum mehr.

stellt Satz 2 des § 173 ZVG klar, dass für die Abgrenzung zwischen rückständigen und laufenden wiederkehrenden Leistungen (siehe § 13 ZVG) und wegen des Gegenstands der Zwangsversteigerung (siehe § 55 ZVG) die Zustellung des Anordnungsbeschlusses an den Insolvenzverwalter als maßgeblicher Zeitpunkt anzusehen ist. Auch bei der Nachlassversteigerung gibt es keine Beschlagnahme; § 176 ZVG verweist auf § 173 ZVG.

II. Beschlagnahmte Gegenstände (Abs. 1)

Die Versteigerung erstreckt sich auf die **Gegenstände**, deren **Beschlagnahme** bei Beginn der Versteigerung **noch wirksam ist (Abs. 1)**. Auszugehen ist hier also von § 20 Abs. 2 ZVG, wonach die durch Anordnung der Zwangsversteigerung bewirkte Beschlagnahme eines Grundstücks (§ 20 Abs. 1 ZVG) auch diejenigen Gegenstände umfasst, auf welche sich die Hypothek erstreckt. Damit wird auf die §§ 1120 ff. BGB verwiesen. Auf dieser Bestimmung baut die Regelung des § 55 Abs. 1 ZVG auf, wonach sich die Versteigerung des Grundstücks auf alle Gegenstände erstreckt, deren Beschlagnahme noch wirksam ist. An die Bestimmung des § 55 ZVG knüpft dann wieder § 90 Abs. 2 ZVG an, der besagt, dass der Ersteher durch den Zuschlag mit dem Grundstück auch diejenigen Gegenstände erwirbt, auf die sich die Versteigerung erstreckt. Welche Gegenstände im Einzelnen beschlagnahmt sind, ist bei § 20 ZVG ausführlich dargestellt. Hier sollen nur einige wichtige Punkte wiederholt werden. Beschlagnahmt sind im Wesentlichen: 3

1. Grundstücke und grundstücksgleiche Rechte

- Grundstücke (§ 864 Abs. 1 ZPO), 4
- Grundstücksbruchteile (§ 864 Abs. 2 ZPO),
- Wohnungs- und Teileigentum (§ 864 Abs. 2 ZPO i. V. m. §§ 1, 6 WEG),
- Erbbaurecht und Wohnungserbbaurecht (§ 11 Abs. 1 ErbbauRG; § 864 Abs. 2 ZPO i. V. m. §§ 1, 6 WEG),
- Schiffe und Schiffsbauwerke (vgl. §§ 162 ff. ZVG),
- Luftfahrzeuge (§§ 171a ff. ZVG).

2. Bestandteile

Nur die wesentlichen Bestandteile einer Sache sind nicht sonderrechtsfähig; dagegen sind die nicht wesentlichen Bestandteile sonderrechtsfähig. Dies bedeutet: Nur die **wesentlichen Bestandteile des Grundstücks** sind mit diesem beschlagnahmt – und werden damit mitversteigert. Was wesentliche Bestandteile des Grundstücks sind, ergibt sich aus §§ 93, 94 BGB. Einige wichtige sollen hier kurz dargestellt werden:[2] 5

- Das auf dem Grundstück stehende Gebäude (§ 94 Abs. 1 Satz 1 BGB).
- Mit dem Grund und Boden fest verbundene Sachen (§ 94 Abs. 1 Satz 1 BGB).
- Die mit dem Boden „zusammenhängenden Erzeugnisse" des Grundstücks (§ 94 Abs. 1 Satz 1 BGB).

2) Weitere Einzelheiten hierzu bei § 20 ZVG.

– Die zur Herstellung des Gebäudes eingefügten Sachen (§ 94 Abs. 2 BGB); hinzuweisen ist hier besonders auf Folgendes: Einbauküchen sind grundsätzlich keine wesentlichen Bestandteile. Nur wenn ihre Einfügung dem Gebäude ein bestimmtes Gepräge gibt oder wenn sie dem Baukörper besonders angepasst ist und deswegen mit ihm eine Einheit bilden, ist die Einbauküche ausnahmsweise als wesentlicher Bestandteil **anzusehen.**[3)]

6 **Scheinbestandteile** (§ 95 BGB) sind weder Bestandteile noch Zubehör und sind demnach nicht von der Beschlagnahme erfasst; somit werden diese auch nicht mitversteigert. Zur Windkraftanlage hat der Bundesgerichtshof wie folgt entschieden: Eine Verbindung nur zu einem vorübergehenden Zweck i. S. d. § 95 Abs. 1 Satz 1 BGB ist nicht deshalb ausgeschlossen, weil die Sache für ihre gesamte Lebensdauer auf dem Grundstück verbleiben soll. Demnach sei eine Windkraftanlage im konkreten Fall weder beschlagnahmt, noch versteigert, noch vom Ersteher zu Eigentum erworben worden.[4)]

7 Ähnliches muss dann auch für die Aufdach-Fotovoltaikanlage gelten. Das OLG Nürnberg[5)] hat hierzu entschieden, dass eine Aufdach-Solaranlage, die auf dem Dach eines Wohngebäudes montiert ist, weder einen wesentlichen Bestanteil noch Zubehör des Grundstücks sei, wenn sie ohne einen verhältnismäßigen Aufwand und ohne Beschädigungen vom Gebäude getrennt werden und andernorts wieder installiert werden kann. *Goldbach* kommt in seiner Anmerkung zu diesem Urteil[6)] zum Ergebnis, dass eine solche Anlage als „sonstiger Bestandteil" i. S. d. § 1120 BGB anzusehen sei und deshalb von der Beschlagnahme erfasst und mitversteigert würde, wenn sie sich im Eigentum des Schuldners befinde. Ob sich diese Ansicht durchsetzen wird, bleibt abzuwarten.[7)]

---

3) BGH, Urt. v. 12.12.1989 – VI ZR 311/88, Rpfleger 1990, 218 = MDR 1990, 613 und Urt. v. 1.2.1990 – VI ZR 230/89, MDR 1990, 815.

4) BGH, Urt. v. 7.4.2017 – V ZR 52/16, MDR 2017, 758 = NJW 2017, 2099.

5) OLG Nürnberg, Urt. v. 10.10.2016 – 14 U 1168/15, ZfIR 2017, 151 = MDR 2017, 24. Der BGH hat die Beschwerde gegen die Nichtzulassung der Revision im Urteil des OLG Nürnberg mit Beschl. v. 12.6.2018 – XI ZR 579/16, openJur 2018, 6078 zurückgewiesen, weil die tatrichterliche Würdigung des Berufungsgerichts keinen zulassungsrelevanten Rechtsfehler enthält.

6) *Goldbach*, ZfIR 2017, 155, 157.

7) Vgl. hierzu auch Stöber/*Gojowczyk*, ZVG, § 20 Rz. 28. Darin folgert er im Umkehrschluss, dass die gerade bei Privateigentümern vorkommenden kleineren Aufdach-Fotovoltaikanlagen, die der eigenen Stromversorgung dienen, in der Regel als Zubehör zu klassifizieren seien - und demnach mitversteigert werden. Nachdem inzwischen sog. Balkon-Solaranlagen zur Stromgewinnung für den eigenen Bedarf auch von Mietern angebracht werden können, erscheint mir dieser Umkehrschluss von Stöber/*Gojowczyk* nicht unbedingt zwingend. Als sog. Scheinzubehör unterliegt diese Anlage weder der Beschlagnahme, noch wird sie nach § 55 Abs. 2 mitversteigert, da es am Besitz des Schuldners (= Grundstückseigentümer) fehlt. Hinsichtlich einer Freiland-Fotovoltaikanlage hat der BGH durch Urt. v. 22.10.2021 – V ZR 69/20, NJW 2022, 614 = MDR 2922, 197 entschieden: Sie ist nicht als wesentlicher Bestandteil des Grundstücks zu werten, weil sie nur zu einem vorübergehenden Zweck mit dem Grundstück verbunden ist. Sie sei nur ein Scheinbestandteil i. S. d. § 95 BGB.

Rechtsbestandteile (§ 96 BGB)[8] gelten als Bestandteile des Grundstücks. Damit sind sie mit beschlagnahmt und **werden mitversteigert.** 8

Getrennte Erzeugnisse und Bestandteile unterliegen grundsätzlich weiter der Hypothekenhaftung (§ 1120 BGB), sind demnach mit beschlagnahmt und werden somit nach § 55 Abs. 1 ZVG mitversteigert. 9

3. Zubehör des Grundstückseigentümers

Die Zubehöreigenschaft richtet sich nach §§ 97, 98 BGB. Zubehör sind bewegliche Sachen, die auf Dauer dem wirtschaftlichen Zweck der Hauptsache zu dienen bestimmt sind und zu ihr in einem diesem Zweck entsprechenden räumlichen Verhältnis stehen (§ 97 Abs. 1 Satz 1 BGB). Die bloß vorübergehende Nutzung für den Zweck der Hauptsache begründet die Zubehöreigenschaft nicht (§ 97 Abs. 2 Satz 1 BGB). Dies ist insbesondere dann von Bedeutung, wenn die Zweckbestimmung nicht vom Grundstückseigentümer, sondern von einem Mieter oder Pächter ausgeht.[9] Hinzuweisen ist noch auf folgende Punkte: 10

- Die bloß **vorübergehende Trennung** von der Hauptsache hebt die Zubehöreigenschaft nicht auf (§ 97 Abs. 2 Satz 2 BGB).
- Eine Sache ist dann **nicht Zubehör**, wenn sie im Verkehr nicht als Zubehör angesehen wird (§ 97 Abs. 1 Satz 2 BGB).[10]

Zubehör unterliegt aber nur dann der Beschlagnahme in der Zwangsversteigerung, wenn es **im Eigentum des Grundstückseigentümers** gestanden hat (§ 1120 BGB). Nach § 1121 Abs. 1 BGB werden Zubehörstücke von der Haftung frei, wenn sie veräußert und vom Grundstück entfernt werden, bevor sie zugunsten des Gläubigers in Beschlag genommen worden sind. Wenn die Gegenstände zwar veräußert, aber nicht vom Grundstück entfernt worden sind, werden sie von der Haftung nicht frei. Wenn die Zubehöreigenschaft aber in den Grenzen einer ordnungsgemäßen Wirtschaft vor der Beschlagnahme aufgehoben worden ist, dann wird der betreffende Gegenstand auch ohne Veräußerung von der Haftung frei (§ 1122 Abs. 2 BGB). 11

Ist streitig, ob eine bewegliche Sache von der Beschlagnahme erfasst und somit nach § 55 Abs. 1 ZVG mitversteigert wird, kann dies nicht vom Vollstreckungsgericht entschieden werden; hierzu ist vielmehr das **Prozessgericht** anzurufen.[11] Trotzdem muss das Vollstreckungsgericht versuchen, etwaige Zweifel aufzuklären bzw. im Versteigerungstermin auf solche hinzuweisen. Eine bestimmte Rechtsansicht des Versteigerungsgerichts ist aber nicht verbindlich.[12] Auch die Einordnung eines bestimmten Gegenstands als Zubehör im Sachverständigengutachten oder im Zuschlags- 12

---

8) Beispielsweise Grunddienstbarkeit, subjektiv-dingliches Vorkaufsrecht, Überbau- und Notwegrente.

9) BGH, Urt. v. 20.11.2008 – IX ZR 180/07, Rpfleger 2009, 253 = NJW 2009, 1078.

10) Wichtiger Praxisfall hierzu: Eine Einbauküche wird in Süddeutschland nicht als Zubehör angesehen; vgl. hierzu z. B. BGH, Urt. v. 20.11.2008 – IX ZR 180/07, Rpfleger 2009, 253 = NJW 2009, 1078.

11) RG, Urt. v. 28.4.1897 – V 417/96, RGZ 39, 292; vgl. hierzu *Meerhoff*, ZfIR, 2016, 556 ff.

12) *Dorn*, Rpfleger 1987, 143 m. w. N.; so auch *Meerhoff*, ZfIR 2016, 556 ff.

beschluss gibt dem Ersteher keine Gewähr dafür, dass er den betreffenden Gegenstand als Zubehör tatsächlich miterworben hat.[13), 14)]

13 Gehört ein Zubehörstück zu mehreren Grundstücken (sog. „Mitzubehör"), dann sollte nach *Stöber*[15)] eine abgesonderte Verwertung nach § 65 ZVG erfolgen, um den Erlös entsprechend verteilen zu können. Dies betrifft aber nur den Aspekt; die wichtigsten verfahrensrechtlichen Fragen sind damit eigentlich nicht beantwortet. Mit *Achenbach/Becker*[16)] bin ich der Ansicht, die gemeinschaftliche Zuordnung des wirtschaftlichen Wertes an die jeweiligen Grundstücke ist am sachgerechtesten. Daraus ergeben sich für das Versteigerungsgericht folgende Schlussfolgerungen:

- Bei der Festsetzung des Verkehrswertes kann der betreffende Zubehörgegenstand bei den mehreren Grundstücken nur anteilig[17)] berücksichtigt werden.
- Das Gericht sollte Bietinteressenten darauf hinweisen, dass sie (zusammen mit dem Grundstück) nur einen Miteigentumsanteil an dem Zubehörstück erwerben.
- Die infolge des Zuschlags an verschiedene Bieter entstehende Bruchteilsgemeinschaft an dem Zubehörgegenstand müsste dann noch auseinandergesetzt werden – aber außerhalb des Versteigerungsverfahrens.

III. Fremdes Zubehör (Abs. 2)

14 Die Versteigerung erstreckt sich aber auch auf nicht beschlagnahmte Zubehörstücke, die einem Dritten gehören, wenn sich dieses Zubehör im Besitz des Schuldners oder eines neu eingetretenen Eigentümers befindet und der Dritte seine Rechte nicht nach § 37 Nr. 5 ZVG rechtzeitig geltend macht. Der Sinn dieser in § 55 Abs. 2 ZVG niedergelegten Regelung ist ähnlich wie bei der Mobiliarvollstreckung[18)]: Dem Vollstreckungsgericht soll die Prüfung der Eigentumsverhältnisse hinsichtlich dieser beweglichen Sachen erspart werden. Gleichzeitig dient die Vorschrift dem Schutz des Bieters bzw. Erstehers. Er soll die Gewissheit haben, dass er alle Zubehörstücke auf dem Grundstück mit ersteigert (und damit mit erwirbt) und zwar unabhängig von der Frage, wem diese im konkreten Fall gehören.[19)]

1. Besitz des Schuldners

15 Grundvoraussetzung[20)] für die Anwendung des § 55 Abs. 2 ZVG ist der Besitz des Schuldners oder des neu eingetretenen Eigentümers an dem Zubehörgegenstand.

13) BGH, Urt. v. 25.5.1984 – V ZR 149/83, NJW 1984, 2277 = MDR 1985, 131.

14) Dass sich diese Ungewissheit auf das Bietgeschäft oft nachteilig auswirkt und den Versteigerungsrechtspfleger manchmal auch in Erklärungsnöte bringt, soll nicht unerwähnt bleiben.

15) Stöber/*Gojowczyk*, ZVG, § 55 Rz. 17.

16) *Achenbach/Becker*, ZfIR, 660 ff.

17) *Achenbach/Becker*, ZfIR, 662 m. w. N hinsichtlich der anderen Ansichten: Im Verhältnis der Anzahl der betreffenden Grundstücke, nicht im Verhältnis der Grundstückswerte oder der Grundstücksgröße; a. A. *Meerhoff*, ZfIR 2016, 563: Im Verhältnis der Grundstückswerte.

18) Vgl. hierzu § 808 ZPO: Der Gerichtsvollzieher hat nicht das Eigentum, nur den Gewahrsam zu prüfen.

19) BGH, Urt. v. 30.5.1969 – V ZR 67/66, NJW 1969, 2135 = MDR 1969, 743.

20) Neben der Zubehöreigenschaft.

Hierunter zählt neben dem unmittelbaren auch der mittelbare Besitz, aber nicht die bloße Besitzdienerschaft (§ 855 BGB) oder der fehlerhafte Besitz (§ 858 Abs. 2 BGB).[21] Auch wenn sich der Gegenstand erkennbar für einen Bieter im Besitz eines Dritten befindet, trifft § 55 Abs. 2 ZVG nicht zu.

2. Maßgeblicher Zeitpunkt

Für die Frage, zu welchem Zeitpunkt der Gegenstand im Besitz des Schuldners sein muss, damit § 55 Abs. 2 ZVG zutrifft, ist auf den **Beginn der Versteigerung** abzustellen. Damit ist die Aufforderung zur Abgabe von Geboten maßgeblich (vgl. § 66 Abs. 2 ZVG). Dies bedeutet umgekehrt: 16

- Der Besitz zum Zeitpunkt der Beschlagnahme reicht nicht aus, wenn er zu Beginn der Versteigerung nicht mehr vorliegt; denn hinsichtlich des § 55 Abs. 2 ZVG kommt es auf die Beschlagnahme überhaupt nicht an.
- Wegschaffen des Zubehörs nach Beginn der Versteigerung, aber vor Zuschlagserteilung ändert nichts daran, dass der Gegenstand mitversteigert wurde; und damit wird der Ersteher mit dem Zuschlag auch Eigentümer dieses Gegenstandes (§ 90 Abs. 2 ZVG).[22]

3. Geltendmachung nach § 37 Nr. 5 ZVG

Voraussetzung für die Versteigerung und den Eigentumserwerb des Erstehers ist weiter, dass der Dritte sein Recht nicht rechtzeitig nach § 37 Nr. 5 ZVG geltend gemacht hat. Geltendmachung bedeutet, dass der Dritte die Aufhebung oder Einstellung des Versteigerungsverfahrens hinsichtlich des betreffenden Gegenstandes für alle betreibenden Gläubiger[23] erwirkt hat. Gibt ein betreibender Gläubiger den Gegenstand nicht frei[24], so muss der Dritte im Wege der Drittwiderspruchsklage (§ 771 ZPO) seine Rechte geltend machen. Auf die Möglichkeit einer Einstellung nach § 771 Abs. 3 ZPO i. V. m. § 769 ZPO wird ausdrücklich hingewiesen. Eine bloße Anmeldung genügt auf keinen Fall. 17

Aus der Verweisung auf § 37 Nr. 5 ZVG ergeben sich u. U. einige Probleme; denn rechtzeitig im Sinne dieser Vorschrift bedeutet, dass die Geltendmachung vor dem Zuschlag erfolgt sein muss. Geschieht dies noch vor der Aufforderung zur Abgabe von Geboten, dann verhindert dies die Mitversteigerung nach § 55 Abs. 2 ZVG. Geschieht dies aber erst nach dem Beginn der Versteigerung, aber vor dem Schluss der Versteigerung, dann sollen nach einer Ansicht die bisherigen Gebote erlöschen und eine neue Bietstunde eröffnet werden;[25] nach a. A. soll der Zuschlag versagt werden, wenn nicht der Meistbietende die Herausnahme des Gegenstandes ausdrücklich genehmigt.[26] Aus der Systematik des ZVG, insbesondere auch aus dem Wortlaut des § 59 ZVG ist 18

---

21) Böttcher/*Böttcher*, ZVG, § 55 Rz. 7 m. w. N.

22) BGH, Urt. v. 19.4.1972 – VIII ZR 24/70, BGHZ 58, 309 = MDR 1972, 685.

23) Für die der Termin stattfindet; Einzelheiten hierzu bei § 66 ZVG.

24) Indem er seinen Versteigerungsantrag insoweit zurücknimmt (§ 29 ZVG) bzw. die Einstellung des Verfahrens bewilligt (§ 30 ZVG).

25) So Böttcher/*Böttcher*, ZVG, § 55 Rz. 12; Dassler/Schiffhauer/u. a.-*Hintzen*, ZVG, § 55 Rz. 18; BeckOK-*U. Goldbach*, ZVG, § 55 Rz. 30.

26) So Stöber/*Gojowczyk*, ZVG, § 55 Rz. 13.

ersichtlich, dass spätestens im Versteigerungstermin vor der Aufforderung zur Abgabe von Geboten die Versteigerungsbedingungen feststehen müssen. Die Beteiligten müssen auf die festgestellten und verlesenen Versteigerungsbedingungen vertrauen können, auf die sich dann auch ihre Gebotsabgabe gründet. Da auch § 55 ZVG zu den Versteigerungsbedingungen gehört, kann nur die Ansicht von *Stöber* überzeugen. Erfolgen Aufhebung oder Einstellung erst nach dem Schluss der Versteigerung, muss der Zuschlag grundsätzlich insgesamt versagt werden[27)]; mit Genehmigung des Erstehers ist aber der Zuschlag ohne das Zubehörstück möglich (§ 84 Abs. 1 ZVG).

4. Eigentumsvorbehalt und Anwartschaftsrecht

19 Hat der Grundstückseigentümer ein Zubehörstück unter Eigentumsvorbehalt gekauft, dann fällt sein **Anwartschaftsrecht** an diesem Gegenstand in den Hypothekenhaftungsverband und ist nach § 20 Abs. 2 ZVG beschlagnahmt. Somit erstreckt sich auch die Versteigerung auf dieses Anwartschaftsrecht (§ 55 Abs. 1 ZVG), und der Ersteher erwirbt gemäß § 90 Abs. 2 ZVG dieses Anwartschaftsrecht. Mit Eintritt der Bedingung (Zahlung der letzten Kaufpreisrate) erwirbt dann der Ersteher auch das Eigentum an dem betreffenden Gegenstand. Der **Vorbehaltseigentümer** kann sein der Versteigerung entgegenstehendes Recht nur hinsichtlich des **Eigentums an dem Zubehörgegenstand**, nicht aber hinsichtlich des beschlagnahmten Anwartschaftsrechts geltend machen. Grund: Nur hinsichtlich des Gegenstands gilt § 55 Abs. 2 ZVG i. V. m. § 37 Nr. 5 ZVG; bezüglich des Anwartschaftsrechts ist jedoch § 55 Abs. 1 ZVG einschlägig. Daraus folgt: Wenn es nicht zu einer Aufhebung oder Einstellung[28)] hinsichtlich des Zubehörgegenstands selbst kommt, kann der Ersteher, der mit dem Zuschlag das Anwartschaftsrecht erworben hat, den Bedingungseintritt herbeiführen; damit erwirbt er dann auch den Gegenstand selbst.[29)]

5. Eigentumserwerb des Erstehers

20 Mit Erteilung des Zuschlags wird der **Ersteher** auch **Eigentümer des Fremdzubehörs** (§ 90 Abs. 2 ZVG). Da es sich hierbei um einen originären Eigentumserwerb handelt, kommt es auf die Gut- bzw. Bösgläubigkeit des Erwerbers überhaupt nicht an.

6. Ersatzanspruch des bisherigen Eigentümers

21 Der Eigentumserwerb des Erstehers bewirkt auf der Gegenseite den Eigentumsverlust des bisherigen Eigentümers, obwohl er gar nicht der Vollstreckungsschuldner ist. Als Ausgleich für diesen Rechtsverlust kann er nur **Ersatz aus dem Versteigerungserlös** verlangen. Der anteilige Wertersatz für das Zubehörstück wird nach der folgenden Formel errechnet:

22 Meistgebot (= Meistbargebot + bestehen bleibende Rechte) x Wert des Zubehörgegenstandes: (Verkehrswert des Grundstücks + Wert des Zubehörstücks) = Erlösanteil des Dritten.

---

27) Wegen mangelnder Identität zwischen Versteigerungs- und Zuschlagsobjekt.

28) Freiwillig durch Antragsrücknahme oder Einstellungsbewilligung oder erzwungenermaßen über einen Einstellungsbeschluss des Vollstreckungs- oder des Prozessgerichts.

29) Siehe hierzu *Meerhoff*, ZfIR, 556, 560 auch hinsichtlich der praktischen Probleme während des Versteigerungsverfahrens.

wurden, mussten bis spätestens 31.12.2020 auf Antrag des Erzeugers in Genehmigungen für Wiederbepflanzungen nach dem neuen System umgewandelt werden.

Für das Zwangsversteigerungsverfahren bedeutet dies: 33

Weder das Wiederbepflanzungs- noch das Anpflanzungsrecht spielt in der Zwangsversteigerung eine Rolle; denn die etwaige Genehmigung wird „dem Erzeuger"[43] erteilt. Damit ist es kein mit dem Eigentum verbundenes Recht (§ 96 BGB); es ist auch kein Zubehör. Somit erstreckt sich weder die Beschlagnahme (§ 20 ZVG) noch die Versteigerung (§ 55 ZVG) auf das Pflanzrecht.

Hinweis: Solange die Rebstöcke noch im Boden sind, handelt es sich um wesentliche Bestandteile des Grundstücks (§ 94 Abs. 1 BGB). Als solche sind sie mit beschlagnahmt und werden nach § 55 Abs. 1 ZVG mit versteigert. Und bei der Bewertung des Verkehrswertes spielen die Pflanzen selbst eine Rolle, nicht ein etwaiges Wieder- bzw. Anpflanzungsrecht. 34

5. Betriebslieferungsrecht

Ein schuldrechtliches Lieferrecht (z. B. Betriebslieferungsrecht für Zuckerrüben) ist kein mit dem Eigentum am Grundstück verbundenes Recht und auch kein Zubehör.[44] Damit erstreckt sich weder die Beschlagnahme noch die Versteigerung auf dieses Recht. Damit spielt dieses Recht in der Zwangsversteigerung keine Rolle. 35

43) § 6 WeinG.
44) BGH, Urt. v. 30.3.1990 – V ZR 113/89, NJW 1990, 1723 = MDR 1990, 908.

§ 56

Gefahrübergang auf den Ersteher

Die Gefahr des zufälligen Unterganges geht in Ansehung des Grundstücks mit dem Zuschlag, in Ansehung der übrigen Gegenstände mit dem Schluß der Versteigerung auf den Ersteher über. Von dem Zuschlag an gebühren dem Ersteher die Nutzungen und trägt er die Lasten. Ein Anspruch auf Gewährleistung findet nicht statt.

Literatur: *Drischler*, Die Grundsteuer in der Zwangsversteigerung, Rpfleger 1984, 340; *Drischler*, Baulasten in der Zwangsversteigerung, Rpfleger 1986, 289; *Ebeling*, Hausgeldrückstände in der Zwangsversteigerung des Wohnungseigentums, Rpfleger 1986, 125; *Grziwotz*, „Wucherzinsen" nach einer Zwangsversteigerung?, ZfIR 2012, 774; *Maletz/Probst*, Rechtsfragen im Umgang mit der öffentlichrechtlichen Baulast, ZfIR 2007, 777; *Sauren*, Das System der Haftung für Wohngeld im WEG, Rpfleger 1991, 288.

Übersicht

I. Allgemeines

1 § 56 ZVG regelt

- den Gefahrübergang,
- den Übergang der Nutzungen,
- den Übergang der Lasten und
- den Ausschluss von Gewährleistungsansprüchen.

2 Die Vorschrift, die zu den gesetzlichen Versteigerungsbedingungen gehört, gilt für **alle Versteigerungsverfahren.**

II. Gefahrübergang (Satz 1)

1. Grundstück und wesentliche Bestandteile

3 Unter dem „zufälligen[1] **Untergang**" des Grundstücks ist Folgendes zu verstehen:

- tatsächlicher Untergang (z. B. Verschwindung von der Erdoberfläche durch Überschwemmung),
- rechtlicher Untergang (z. B. durch Enteignung),
- wirtschaftlicher Untergang (z. B. durch Feuer, Erdbeben, Erdrutsch).

4 Von diesem Untergang zu unterscheiden ist die (bloße) **Verschlechterung**, die eine Veränderung der Beschaffenheit bewirkt.[2] Diese trifft den Ersteher in jedem Fall; denn Gewährleistungsansprüche sind nach Satz 3 ausgeschlossen (zu Einzelheiten siehe Rz. 24). Ob ein teilweise Untergang oder eine Verschlechterung vorliegt, muss das Vollstreckungsgericht vor der Zuschlagserteilung bzw. im Rahmen einer Zuschlagsbeschwerde entscheiden.

5 Die Gefahr des zufälligen Untergangs geht hinsichtlich des Grundstücks mit dem Zuschlag auf den Ersteher über; d. h. mit der Verkündung des Zuschlagsbeschlusses (§ 89 ZVG) bzw. mit der Zustellung des Zuschlagsbeschlusses im Beschwerdeverfahren (§ 104 ZVG).

6 Die nicht getrennten Erzeugnisse und die sonstigen wesentlichen Bestandteile teilen das rechtliche Schicksal des Grundstücks (vgl. § 93 BGB). Wenn durch ein zufälliges Ereignis diese Bestandteile betroffen werden (z. B. Vernichtung der Ernte durch Hagel oder Sturm), dann stellt sich dies regelmäßig nur als Verschlechterung des Grundstücks dar; denn das Grundstück selbst ist in einem solchen Fall nicht untergegangen.

2. Mitversteigerte Gegenstände

7 Hinsichtlich der übrigen mitversteigerten Gegenstände (vgl. § 55 Abs. 1 und 2 ZVG) geht die Gefahr des zufälligen Untergangs bereits mit dem Schluss der Versteigerung auf den Ersteher über. Mit dem Ende der Bietstunde (siehe § 73 Abs. 2 ZVG) geht insoweit also bereits die Gefahr auf den Ersteher über. Hinzuweisen ist auf den

---

1) Wann ein Untergang als „zufällig" anzusehen ist, wird in den Kommentaren etwas unterschiedlich beantwortet; vgl. hierzu die Zusammenstellung bei BeckOK-*Gietl*, ZVG, § 56 Rz. 5 und 5.1 m. w. N.

2) Insbesondere bei teilweisem Untergang (z. B. Vernichtung des Dachstuhls durch Brand; Wasserschaden an einem Gebäude; Erkrankung des Baumbestandes eines Waldes).

Umstand, dass die wesentlichen Bestandteile des Grundstücks nicht dazu zählen: Sie teilen das Schicksal des Grundstücks; deshalb gilt für sie als Zäsur (erst) die Zuschlagserteilung.

3. Auswirkungen

Je nachdem, wann genau der Untergang des Grundstücks oder eines mitversteigerten Gegenstandes erfolgt, hat dies unterschiedliche Auswirkungen auf das Versteigerungsverfahren: 8

- Untergang erfolgt **vor dem Beginn der Bietstunde.**

  Dann werden die (untergegangenen) Gegenstände auch nicht versteigert. Somit erübrigen sich weitere Gedanken zum Gefahrübergang.

- Untergang des Grundstücks **zwischen Beginn der Bietstunde und Zuschlagsentscheidung.**

  Dann muss der Zuschlag versagt werden (§ 83 Nr. 6 ZVG) bzw. im Beschwerdeverfahren wieder aufgehoben werden (vgl. § 100 Abs. 3 ZVG). Aber wenn der Zuschlag erteilt und auch rechtskräftig geworden ist, dann hat der Ersteher trotzdem das Meistgebot voll zu erfüllen.[3]

- Untergang von mitversteigerten Gegenständen **zwischen Beginn und Ende der Bietstunde**

  Das oben Gesagte gilt hier nur dann, wenn der Untergang dieser Gegenstände als ganzer oder teilweiser (wirtschaftlicher) Untergang des Grundstücks selbst zu werten ist.[4]

- Zufälliger **Untergang** des Grundstücks oder eines mitversteigerten Gegenstandes nach dem in § 56 Satz 1 ZVG genannten Zeitpunkt.

  Dies hat keinerlei Auswirkungen auf die Wirksamkeit oder die Höhe des Meistgebots; es liegt dann auch kein Zuschlagsversagungsgrund vor.

III. Übergang von Nutzungen und Lasten (Satz 2)

1. Maßgeblicher Zeitpunkt

Die Nutzungen und Lasten gehen gemäß § 56 Satz 2 ZVG mit dem Zuschlag auf den Ersteher über. Die Zäsur ist also der Tag, an dem der Zuschlag wirksam wird (0:00 Uhr). Einmalige Leistungen treffen denjenigen, in dessen Zeitraum sie fallen. Wiederkehrende Leistungen (z. B. Grundsteuer) entfallen auf den Schuldner bis einen Tag vor dem Zuschlag; ab dem Zuschlag hat sie der Ersteher zu tragen. 9

2. Übergang der Nutzungen

Unter Nutzungen sind die Früchte und Gebrauchsvorteile zu verstehen (§§ 99, 100 BGB). Darunter fallen auch Rechtsfrüchte (z. B. Mietzins, Pachtzins); diese stehen ab dem Zuschlag dem Ersteher zu (vgl. § 101 Nr. 2 Halbs. 2 BGB). Die §§ 566, 566c, 578 BGB stehen dem nicht entgegen.[5] 10

---

3) Stöber/*Gojowczyk*, ZVG, § 56 Rz. 5.

4) Dies dürfte aber regelmäßig zu verneinen sein.

5) OLG Celle, Urt. v. 27.1.1978 – 2 U 112/77, Rpfleger 1979, 32 = MDR 2009, 1068.

3. Übergang der Lasten

11 Sowohl öffentlichrechtliche als auch privatrechtliche Lasten treffen ab dem Zuschlag den Ersteher. Regelmäßig wiederkehrende Verpflichtungen sind nach dem Verhältnis der Dauer der Verpflichtung aufzuteilen (§ 103 BGB).[6]

Öffentliche Grundstückslasten

12 Solche Lasten hat der Ersteher ab dem Zuschlag zu tragen (§ 56 Satz 2 ZVG); für die Zeit vorher haftet er nicht.

13 Die **Grundsteuer** ruht als öffentliche Last auf dem Grundstück (§ 12 GrStG). Bis zum Ende des Kalenderjahres, in dem der Zuschlag erteilt wurde, haftet der Ersteher nicht persönlich, sondern nur dinglich. Der Steuergläubiger kann diese Haftung durch einen sog. Duldungsbescheid geltend machen.[7] Diese Haftung erstreckt sich jedoch nicht auf einen vor dem Zuschlag entstandenen Anspruch der Gemeinde auf höhere Grundsteuern, den die Gemeinde nicht angemeldet hat.[8]

14 **Einmalige Lasten** (z. B. Erschließungskosten, Anschlusskosten, Straßenkostenbeiträge usw.) treffen grundsätzlich denjenigen, der im Zeitpunkt der Bekanntgabe des Beitragsbescheids Eigentümer des Grundstücks ist. Der Beitrag ruht als öffentliche Last auf dem Grundstück (bzw. Erbbaurecht, Wohnungseigentum, Teileigentum, Wohnungserbbaurecht). Der Ersteher trägt die Erschließungskosten, die nach dem Zuschlag fällig werden auch dann, wenn der Schuldner (und bisherige Eigentümer) zur Vorausleistung verpflichtet war, diesen Betrag aber nicht bezahlt hat. Grund: Für diese Vorausleistung haftet neben dem Schuldner (persönlich) auch das Grundstück (dinglich) – und damit der Ersteher.

15 **Privatrechtliche Lasten** sind vom Ersteher ebenfalls ab dem Zuschlag zu tragen. Dazu zählen in erster Linie die wiederkehrenden Leistungen aus den bestehen bleibenden Grundpfandrechten. Aber auch die wiederkehrenden Leistungen einer bestehen bleibenden Reallast trägt der Ersteher ab diesem Zeitpunkt – im Außenverhältnis als Gesamtschuldner, im Innenverhältnis der Ersteher allein (wegen § 1108 BGB). Zahlt der Ersteher, steht ihm gegen den Schuldner kein Anspruch zu. Zahlt der Schuldner, kann er vom Ersteher Ausgleich verlangen.[9]

16 Ob sich der Ersteher wegen der Höhe der (dinglichen) Zinsen einer bestehen gebliebenen Grundschuld wehren kann, ist bisher noch nicht höchstrichterlich geklärt. Nach *Grziwotz*[10] soll der Ersteher eine Anpassung an den angemessenen, also an den marktüblichen Zins verlangen können. Die Einwände von *Grziwotz* sind zwar verständlich; sie lassen aber außer Acht, dass weder das Versteigerungsrecht noch das Sachenrecht solche Diskrepanzen beseitigen kann. Und etwaige Ansprüche aus dem Schuldrecht können im Rahmen des § 56 ZVG nicht berücksichtigt werden; hierüber kann nur in einem Erkenntnisverfahren entschieden werden.

---

6) BGH, Urt. v. 19.5.2009 – IX ZR 89/08, Rpfleger 2009, 635 = NJW-RR 2010, 214.
7) BVerwG, Urt. v. 14.8.1992 – 8 C 15/90, Rpfleger 1992, 443 = NJW 1993, 871.
8) Vgl. BVerwG, Urt. v. 7.9.1984 – 8 C 30/82, Rpfleger 1985, 35 = NJW 1985, 756.
9) BGH, Urt. v. 8.7.1993 – IX ZR 222/92, Rpfleger 1993, 503 = NJW 1993, 2617.
10) *Grziwotz*, ZfIR 2012, 7674.

Versicherungen, die mit dem Grundstück zusammenhängen, sind in den §§ 95 ff. VVG geregelt, die auch bei einem Erwerb im Wege der Zwangsversteigerung entsprechend anzuwenden sind. Dies bedeutet: Für den Beitrag des zur Zeit des Zuschlags laufenden Versicherungszeitraums haften dem Versicherungsunternehmen gegenüber Schuldner und Ersteher als Gesamtschuldner (§ 95 Abs. 2 VVG). Im Innenverhältnis gilt jedoch § 56 Satz 2 ZVG i. V. m. § 103 BGB.[11] 17

(Sonstige) Steuern und Abgaben: Der Ersteher ist nicht Rechtsnachfolger des Schuldners. Deshalb tritt er auch nicht in rückständige steuerliche Verpflichtungen des Schuldners ein. Auch haftet er nicht für rückständige Abgaben aus dem Bezug von Gas, Strom, Wasser usw. Auch für einen vor dem Zuschlag erstellten Hausanschluss, für den der Schuldner einen Baukostenzuschuss oder Anschlusskosten zahlen muss, kann der Ersteher nicht in Anspruch genommen werden. 18

Öffentliche Baulasten werden begründet durch eine vom Grundstückseigentümer gegenüber der Bauaufsichtsbehörde in notariell beurkundeter Form abgegebene Erklärung, durch die sich der Eigentümer öffentlichrechtlichen Beschränkungen unterwirft. In einigen Kommentaren wird die Baulast auch bei § 56 ZVG angeführt und darauf verwiesen, dass solche Baulasten durch den Zuschlag nicht erlöschen und deshalb den Ersteher treffen.[12] Diese Behauptung kann nicht unwidersprochen bleiben. Mit *Alff*[13] bin ich der Ansicht, dass eine Baulast nur dann bestehen bleibt und vom Ersteher zu übernehmen ist, wenn die Inhaber der bei der Bestellung der Baulast bereits vorhandenen und im Zeitpunkt des Zuschlags noch bestehenden Rechte der Bestellung zugestimmt haben.[14] Trotzdem sollte das Vollstreckungsgericht spätestens im Versteigerungstermin auf die abweichende Rechtsprechung von Verwaltungsgerichten und auf den Umstand hinweisen, dass eine Klärung und Entscheidung durch das Vollstreckungsgericht nicht möglich ist.[15] 19

Wohnungseigentum

Erwirbt der Ersteher im Zwangsversteigerungsverfahren Wohnungs- oder Teileigentum, hat er die Kosten der Instandhaltung, Instandsetzung, sonstige Verwaltung des gemeinschaftlichen Eigentums (§ 16 Abs. 2 WEG) ab dem Zuschlag zu tragen (§ 56 Satz 2 ZVG). Von da ab hat er auch das Hausgeld als Vorschuss zu leisten (§ 28 Abs. 2 WEG). Er haftet also für die Beträge, die nach dem Zuschlag fällig werden. 20

Er ist jedoch nicht verpflichtet, die auf die Zeit vor dem Zuschlag entfallenden Hausgelder zu zahlen.[16] Daran ändert auch nichts eine entsprechende Klausel in der Teilungserklärung oder ein Eigentümerbeschluss, der eine Haftung des Erstehers für Hausgeldrückstände vorsieht; denn beide sind nichtig.[17] 21

---

11) Stöber/*Gojowczyk*, ZVG, § 56 Rz. 14.

12) Vgl. Dassler/Schiffhauer/u. a.-*Hintzen*, ZVG, § 56 Rz. 18; BeckOK-*Gietl*, ZVG, § 56 Rz. 13 und 13.1 und BeckOK-*Pestel*, ZVG, § 90 Rz. 60 ff.

13) *Alff*, Rpfleger 1993, 361.

14) So auch Böttcher/*Böttcher*, ZVG, § 56 Rz. 7; vgl. auch *Stöber/Becker*, ZVG, § 66 Rz. 36; Schneider-Schneider, ZVG, § 44 Rz. 135.

15) So zu Recht Stöber/*Gojowczyk*, ZVG, § 66 Rz. 37, 38.

16) BGH, Beschl. v. 22.1.1987 – V ZB 3/86, Rpfleger 1987, 208 = NJW 1987, 1638.

17) Vgl. Stöber/*Gojowczyk*, ZVG, § 56 Rz. 21 m. w. N.

22 Wenn jedoch die Wohnungseigentümergemeinschaft erst nach dem Zuschlag über diese Beträge oder über eine Nachforderung beschließt, betrifft dieser Beschluss unter Umständen auch den Ersteher: Wenn im Rahmen eines erneuerten Wirtschaftsplans für vergangene Jahre auch Beitragsrückstände des Vollstreckungsschuldners dem Ersteher auferlegt werden, dann ist dies zwar unzulässig.[18] Etwas anderes gilt jedoch für die den Haushaltsplan übersteigenden Ausgaben (Abrechnungsspitze).[19]

23 Der Ersteher haftet auch für eine vor dem Versteigerungstermin beschlossene, aber erst nach dem Zuschlag fällig werdende Sonderumlage.[20]

IV. Gewährleistungsausschluss (Satz 3)

24 Ein Gewährleistungsanspruch hat der Ersteher nicht (§ 56 Satz 3 ZVG). Dies bezieht sich sowohl auf Sach- als auch auf Rechtsmängel und betrifft sowohl das ersteigerte Grundstück als auch die mit erworbenen Gegenstände (§ 90 Abs. 2 ZVG).

25 Damit scheidet auch eine Anfechtung wegen Irrtums über eine verkehrswesentliche Eigenschaft des Grundstücks aus (z. B. wegen Abweichung der Fläche); denn die Zulassung einer solchen Anfechtung würde zu einer Umgehung des § 56 Satz 3 ZVG führen.[21]

26 Der Ersteher hat auch keinen Bereicherungsanspruch gegen den Vollstreckungsgläubiger. Auch wenn der Schuldner vor dem Versteigerungstermin die zu versteigernden Gebäude bzw. Grundstücke beschädigt, hat der Ersteher keine Schadensersatzansprüche, weil zu diesem Zeitpunkt der Schuldner noch, der Ersteher aber noch kein Eigentümer war.[22]

---

18) Vgl. BGH, Beschl. v. 23.9.1999 – V ZB 17/99, Rpfleger 2000, 78 = ZfIR 1999, 914.

19) Vgl. BGH, Urt. v. 2.12.2011 – V ZR 113/11, openJur 2012, 129; Stöber/*Gojowczyk*, ZVG, § 56 Rz. 20.

20) OLG Köln, Urt. v. 31.8.2001 – 16 Wx 137/01, NZM 2002, 351.

21) Wenn man die Anfechtung des Gebots überhaupt für zulässig hält; Einzelheiten hierzu bei § 71 ZVG.

22) Jedoch können betreibende Gläubiger etwaige Ansprüche gegen den Schuldner an den Ersteher abtreten; vgl. Stöber/*Gojowczyk*, ZVG, § 56 Rz. 27.

§ 57

Mieter und Pächter

Ist das Grundstück einem Mieter oder Pächter überlassen, so finden die Vorschriften der §§ 566, 566a, 566b Abs. 1, §§ 566c und 566d des Bürgerlichen Gesetzbuchs nach Maßgabe der §§ 57a und 57b entsprechende Anwendung.

§ 57a

Kündigungsrecht des Erstehers

Der Ersteher ist berechtigt, das Miet- oder Pachtverhältnis unter Einhaltung der gesetzlichen Frist zu kündigen. Die Kündigung ist ausgeschlossen, wenn sie nicht für den ersten Termin erfolgt, für den sie zulässig ist.

§ 57b
Vorausverfügungen über Miet- oder Pachtzins

(1) Soweit nach den Vorschriften des § 566b Abs. 1 und der §§ 566c, 566d des Bürgerlichen Gesetzbuchs für die Wirkung von Verfügungen und Rechtsgeschäften über die Miete oder Pacht der Übergang des Eigentums in Betracht kommt, ist an dessen Stelle die Beschlagnahme des Grundstücks maßgebend. Ist dem Mieter oder Pächter der Beschluß, durch den die Zwangsversteigerung angeordnet wird, zugestellt, so gilt mit der Zustellung die Beschlagnahme als dem Mieter oder Pächter bekannt; die Zustellung erfolgt auf Antrag des Gläubigers an die von ihm bezeichneten Personen. Dem Beschluß soll eine Belehrung über die Bedeutung der Beschlagnahme für den Mieter oder Pächter beigefügt werden. Das Gericht hat auf Antrag des Gläubigers zur Feststellung der Mieter und Pächter eines Grundstücks Ermittlungen zu veranlassen; es kann damit einen Gerichtsvollzieher oder einen sonstigen Beamten beauftragen, auch die zuständige örtliche Behörde um Mitteilung der ihr bekannten Mieter und Pächter ersuchen.

(2) Der Beschlagnahme zum Zwecke der Zwangsversteigerung steht die Beschlagnahme zum Zwecke der Zwangsverwaltung gleich, wenn sie bis zum Zuschlag fortgedauert hat. Ist dem Mieter oder Pächter der Beschluß, durch den ihm verboten wird, an den Schuldner zu zahlen, zugestellt, so gilt mit der Zustellung die Beschlagnahme als dem Mieter oder Pächter bekannt.

(3) Auf Verfügungen und Rechtsgeschäfte des Zwangsverwalters finden diese Vorschriften keine Anwendung.

Literatur: *Abramenko*, Die Auferstehung einer Toten? Die Mietvorauszahlung nach Abschaffung der §§ 57c, d ZVG, ZfIR 2014, 833; *Klawikowski*, Die Auswirkungen der Grundstücksversteigerung auf Miet- und Pachtverhältnisse, Rpfleger 1997, 418; *Mayer*, Verkürzt § 57a ZVG die gesetzliche Kündigungsfrist?, Rpfleger 1999, 210; *Schmidberger-Weis*, Mietvorauszahlungen und doch kein Ende?, ZfIR 2008, 170; *Wedekind*, Baukostenzuschüsse/Mieterinvestitionen in der aktuellen Rechtsprechung des BGH, ZfIR 2009, 841; *Witthinrich*, Kündigungsschutz in der Zwangsversteigerung, Rpfleger 1987, 98; *Zipperer*, Der Anspruch des Mieters auf Rückerstattung der Kaution – eine Risikobetrachtung für Erwerber und Gläubiger des Vermieters, ZfIR 2007, 388.

Übersicht

I. Allgemeines

1 In den §§ 57 bis 57b ZVG sind die Auswirkungen des Zwangsversteigerungsverfahrens auf Miet- und Pachtverhältnisse hinsichtlich des versteigerten Grundstücks geregelt. Die Vorschriften gelten für die Versteigerung zum Zwecke der Zwangsvollstreckung, für die Insolvenzverwalterversteigerung (§ 172 ZVG) und für die Nachlassversteigerung (§ 175 ZVG). In der Teilungsversteigerung gilt nur § 57 ZVG, nicht jedoch die §§ 57a und 57b ZVG (§ 183 ZVG). In der Zwangsverwaltung sind die §§ 57 bis 57b ZVG nicht anwendbar.

2 Nach § 57 ZVG bleibt das Miet- oder Pachtverhältnis von der Versteigerung unberührt; der Ersteher hat aber nach § 57a ZVG ein **außerordentliches Kündigungsrecht.** Und § 57b ZVG befasst sich mit Vorausverfügungen und Rechtsgeschäften hinsichtlich des Miet- oder Pachtzinses.

3 Das außerordentliche Kündigungsrecht des Erstehers war bis zum 31.1.2007 durch die Vorschriften der §§ 57c und 57d ZVG eingeschränkt. Beide Vorschriften wurden durch das 2. Justizmodernisierungsgesetz vom 22.12.2006[1] aufgehoben. Die Gründe für diese Aufhebung sollen hier nicht näher dargestellt werden. Jedoch muss mit *Wedekind*[2] festgestellt werden, dass die Streichung der §§ 57c, 57d ZVG zu einer erheblichen Verunsicherung der Praxis und zu einem Abbau des rechtsstaatlichen Schutzes im Zwangsversteigerungsverfahren geführt hat; denn Risikoabschläge der Bieter senken den Wert der eingetragenen Grundpfandrechte und schaden deshalb diesen Grundpfandrechtsgläubigern.

II. Fortbestehen des Miet- oder Pachtverhältnisses (§ 57 ZVG, § 566 BGB)

4 Durch die Verweisung auf § 566 BGB wird der Ersteher als Grundstückserwerber zunächst wie ein Käufer der Mietsache behandelt. Also gilt auch hier der Satz: **Zuschlag bricht nicht Miete.**

1. Voraussetzungen

5 Grundvoraussetzung ist das Vorliegen eines **wirksamen Miet- oder Pachtverhältnisses,** welches zum Zeitpunkt des Eigentumserwerbs durch den Ersteher (Zuschlag) noch besteht. Hierbei spielt es grundsätzlich keine Rolle, wer den Vertrag abgeschlossen hat. Hinzuweisen ist auf folgende Punkte:

– Auch nach der Beschlagnahme im Zwangsversteigerungsverfahren kann der Schuldner noch Miet- oder Pachtverträge abschließen (§ 24 ZVG).

---

1) Veröffentlicht im BGBl. I S. 3416, 3421.
2) *Wedekind*, ZfIR 2009, 841.

- Wenn der Nießbraucher vermietet hat, dessen Recht durch den Zuschlag erlischt, gilt auch hier § 57 ZVG.[3)]
- Der Mietvertrag kann auch vom Zwangsverwalter oder einem Voreigentümer des Vollstreckungsschuldners abgeschlossen sein.
- Der Mietvertrag muss **wirksam** sein. Gerade im Hinblick auf die Tatsache, dass die Vollstreckungsschuldner im Versteigerungstermin oft Mietverträge mit nahen Angehörigen vorlegen oder (nur) behaupten und gleichzeitig auf geleistete Baukostenzuschüsse hinweisen, sollte diesem Punkt eine besondere Beachtung geschenkt werden. Wenn der Mietvertrag als Scheingeschäft (§ 117 BGB) oder mangels Ernstlichkeit (§ 118 BGB) nichtig ist oder bereits wirksam angefochten ist (§§ 119 ff. BGB), dann trifft § 57 ZVG nicht zu. Wenn der Mietvertrag zwar anfechtbar ist, diese Anfechtung aber noch nicht erfolgt ist, dann tritt der Ersteher in das Mietverhältnis ein, kann jedoch anfechten.
- Zu den Anforderungen an den Nachweis eines behaupteten, für den Ersteher einer Wohnung nachteiligen Mietvertrags, der diesem von einem nahen Angehörigen des Schuldners entgegengehalten wird, hat der Bundesgericht bereits mehrere Entscheidungen getroffen.[4)]

Weitere Voraussetzung für die Anwendung der §§ 57 ff. ZVG ist der Umstand, dass das **Grundstück** dem Mieter bzw. Pächter vom Vollstreckungsschuldner **bereits überlassen** worden ist. Unter Überlassung versteht man die Besitzverschaffung des Mieters durch den Vermieter (z. B. durch Schlüsselaushändigung). Die Überlassung muss nach h. M.[5)] bis zur Aufforderung zur Abgabe von Geboten erfolgt sein. Wenn dies nicht der Fall ist oder der Besitz bis zu diesem Zeitpunkt wieder freiwillig aufgegeben worden ist, gilt § 57 ZVG nicht. 6

2. Stellung des Vollstreckungsschuldners als bisheriger Vermieter/Verpächter

Nach Erteilung des Zuschlags ist der Vollstreckungsschuldner nicht mehr der Vertragspartner aus dem Miet- bzw. Pachtvertrag. Für die Verpflichtungen aus dem Vertrag, die vor dem Zuschlag entstanden sind, haftet der Schuldner aber weiter. Erfüllt der Ersteher die ihm aus dem Mietvertrag abliegenden Verpflichtungen nicht, so 7

3) Wenn der Nießbrauch bestehen bleibt, dann bleibt ein v. Nießbraucher abgeschlossener Miet- oder Pachtvertrag als „Bestandteil" des übernommenen Nießbrauchs sowieso bestehen; hierzu bedarf es nicht der Vorschrift des § 57 ZVG (vgl. hierzu auch §§ 1056, 1059d BGB).

4) BGH, Urt. v. 18.9.2013 – VIII ZR 297/12, MDR 2013, 1335; BGH, Urt. v. 21.9.2016 – VIII ZR 188/15, MDR 2016, 1402; BGH, Urt. v. 21.9.2016 – VIII ZR 277/15, MDR 2016, 1373.

5) So z. B. Stöber/*Gojowczyk*, ZVG, § 57 Rz. 8; Böttcher/*Böttcher*, ZVG, §§ 57–57b Rz. 3; a. A. offenbar Steiner-*Teufel*, ZVG, § 57 Rz. 22: bei Aufstellen der Versteigerungsbedingungen im Termin; ähnlich auch Dassler/Schiffhauer/u. a.-*Hintzen*, ZVG, § 57 Rz. 8; a. A. auch BeckOK-*Gietl*, ZVG, § 57, § 57a, § 57b Rz. 3: Die Überlassung muss vor dem Zuschlag erfolgt sein. Der hierzu angeführte Beschluss des BGH v. 14.2.2008 – V ZB 108/07, openJur 2011, 6096, belegt diese Ansicht jedoch nicht. In der Begründung der Entscheidung ist nur am Rande festgestellt worden:"… denn § 57 ZVG will allein den im Zeitpunkt des Zuschlags bereits besitzenden Mieter vor einer nachfolgenden Räumung schützen.". Aber wann genau die Überlassung erfolgt sein muss, um die Voraussetzung des § 57 ZVG zu bejahen, dazu sagt die Entscheidung eigentlich nichts.

haftet der Schuldner für den vom Ersteher zu ersetzenden Schaden wie ein selbstschuldnerischer Bürge (§ 57 ZVG, § 566 Abs. 2 Satz 1 BGB). Auf die Möglichkeit des § 566 Abs. 2 Satz 2 BGB, wonach der Schuldner unter bestimmten Voraussetzungen frei wird, sei hingewiesen.

3. Stellung des Erstehers

8 Der Ersteher tritt ab Wirksamwerden des Zuschlags in das Mietverhältnis auf der Vermieterseite mit **allen vertraglichen Rechten und Pflichten ein** (§ 57 ZVG, § 566 Abs. 1 BGB). In Rechte und Pflichten, die nur aus Anlass des Mietvertrags getroffen worden sind oder mit ihm in einem nur wirtschaftlichen Zusammenhang stehen, tritt der Ersteher jedoch nicht ein.[6] Der Ersteher muss dem Mieter den Gebrauch gewähren, das Grundstück im vertragsgemäßen Zustand erhalten und entsprechende Ausbesserungen vornehmen. Für Mängel der Mietsache haftet er wie der vorherige Vermieter. Die von diesem Vor-Vermieter übernommene Verpflichtung zur Übernahme von Gegenständen, die der Mieter eingebaut hat (z. B. Nachtstromspeicher-Heizungsanlage) geht ebenfalls auf den Ersteher mit über.[7] In diesem Zusammenhang muss aber auch auf das sog. Wegnahmerecht des Mieters (§ 539 Abs. 2 BGB) hingewiesen werden, das auch gegenüber dem Ersteher wirkt; dieser kann dieses Recht aber durch Zahlung einer angemessenen Entschädigung abwenden (§ 552 Abs. 1 BGB).

9 Wenn das Mietverhältnis bereits gekündigt ist, die Kündigungsfrist bei Zuschlagserteilung jedoch noch nicht abgelaufen ist, dann stehen die Ansprüche aus § 546a BGB (z. B. Nutzungsentschädigung) dem Ersteher zu.

10 An eine Erlaubnis zur Untervermietung durch den bisherigen Vermieter ist auch der Ersteher gebunden. Wenn aber das Hauptmietverhältnis endet, endet auch das Besitzrecht des Untermieters.[8] Deshalb kann der Ersteher die untermieteten Räume herausverlangen (§ 546 Abs. 2 BGB).

4. Stellung des Mieters/Pächters

11 Durch den Zuschlag ändert sich an den Rechten und Pflichten des Mieters grundsätzlich nichts. Insbesondere gibt der Zuschlag dem Mieter **keinen Grund zur Kündigung des Miet- bzw. Pachtverhältnisses**. Kündigt er (vertragsgemäß) gegenüber dem Ersteher, dann bleibt diese Kündigung auch wirksam, wenn der Zuschlagsbeschluss aufgehoben wird.

12 Ab dem Zuschlag kann der Mieter mit befreiender Wirkung an den Ersteher zahlen. Dies gilt nach überwiegender Ansicht auch dann, wenn der Zuschlagsbeschluss wieder aufgehoben wird; denn das Vertrauen des Mieters auf die Wirksamkeit des Zuschlags ist schutzwürdig.[9]

---

6) BGH, Urt. v. 22.5.1967 – VIII ZR 25/65, NJW 1967, 2258 = MDR 1967, 1002.

7) LG Hamburg, Urt. v. 5.11.1976 – 11 S 141/76, ZMR 1977, 210 = WuM 1977, 141.

8) BGH, Rechtsentscheid v. 21.4.1982 – VIII ARZ 16/81, Rpfleger 1982, 303 = NJW 1982, 1696.

9) So z. B. Stöber/*Gojowczyk*, ZVG, § 57 Rz. 12; Böttcher/*Böttcher*, ZVG, §§ 57–57b Rz. 5; Dassler/Schiffhauer/u. a.-*Hintzen*, ZVG, § 57 Rz. 11; a. A. Steiner-*Teufel*, ZVG, § 57 Rz. 35; etwas differenzierter Schneider-*Abramenko*, ZVG, § 57 Rz. 36–38.

III. Sonderkündigungsrecht des Erstehers (§ 57a ZVG)

1. Berechtigung zur Kündigung

Da der Ersteher in das Miet- bzw. Pachtverhältnis eintritt, kann er dieses wie der bisherige Vermieter auch gemäß der vertraglichen Regelung kündigen. Daneben steht ihm aber nach § 57a ZVG auch noch ein **Sonderkündigungsrecht** zu; dies gilt aber nicht in der Versteigerung zum Zwecke der Aufhebung einer Gemeinschaft (Teilungsversteigerung), § 183 ZVG. Das außerordentliche Kündigungsrecht hat nur der Ersteher, nicht der Mieter bzw. Pächter, aber auch nicht der für mithaftend erklärte Meistbietende (§ 81 Abs. 2 bis 4 ZVG). Wenn der Ersteher das Versteigerungsobjekt weiterveräußert, geht das Recht aus § 57a ZVG auf den Erwerber über, soweit Frist und Termin noch eingehalten werden können.[10] 13

Sowohl ordentliche als auch außerordentliche Kündigungen durch den Ersteher bleiben auch dann wirksam, wenn der Zuschlagsbeschluss nachträglich wieder aufgehoben wird.[11] 14

2. Form der Kündigung

Für die Kündigung eines Mietverhältnisses über Wohnraum sieht § 568 Abs. 1 BGB **Schriftform** vor. Dies gilt nach § 594f BGB auch für die Kündigung eines Landpachtvertrags; für die Kündigung eines Kleingartenpachtvertrags sieht § 7 BKleingG[12] ebenfalls die Schriftform vor. Dies bedeutet im Umkehrschluss: Alle anderen Mietverhältnisse (z. B. über Geschäftsräume, über unbebaute Grundstücke) können formlos gekündigt werden, was aber aus Beweisgründen nicht zu empfehlen ist. 15

Stöber[13] empfiehlt, **die Kündigung durch den Gerichtsvollzieher** zustellen zu lassen; denn nur die Zustellung durch einen Gerichtsvollzieher bewirkt die Fiktion des Zugangs der Kündigung (§ 132 Abs. 1 Satz 1 BGB).[14] 16

3. Frist der Kündigung

Das außerordentliche Kündigungsrecht darf nicht mit einer fristlosen Kündigung verwechselt werden. § 57a ZVG bestimmt, dass diese Kündigung unter Einhaltung der **gesetzlichen Frist** erfolgen muss. Hierbei muss zwischen verschiedenen Vertragsformen unterschieden werden, wobei auf die tatsächlichen Verhältnisse abzustellen ist; denn die Kündigungsfristen sind zum Teil unterschiedlich geregelt. 17

a) Mietverhältnisse über Wohnraum

Hier gilt § 573d Abs. 2 BGB bzw. bei Zeitmietverträgen § 575a Abs. 3 f. ZVG: Spätestens am **3. Werktag eines Monats** zum Ablauf des übernächsten Monats. 18

---

10) Stöber/*Gojowczyk*, ZVG, § 57a Rz. 8.

11) Stöber/*Gojowczyk*, ZVG, § 57a Rz. 11 m. w. N.; Böttcher/*Böttcher*, ZVG, §§ 57–57b Rz. 9; Dassler/Schiffhauer/u. a.-*Engels*, § 57a Rz. 12; mit etwas anderer Begründung und teilweise anderer Rechtsfolge: BeckOK-*Gietl*, ZVG, § 57a Rz. 6.

12) Bundeskleingartengesetz v. 28.2.1983 (BGBl. I S. 210), zuletzt geändert durch Art. 11 des Gesetzes v. 19.9.2006 (BGBl. I S. 2146).

13) Stöber/*Gojowczyk*, ZVG, § 57a Rz. 14.

14) BGH, Urt. v. 3.11.1976 – VIII ZR 140/75, Rpfleger 1977, 54 = NJW 1977, 194.

19 Für möblierten Wohnraum nach § 549 Abs. 2 Nr. 2 BGB sieht § 573d Abs. 2 Satz 1 letzter Halbs. BGB die Kündigung spätestens am 15. eines Monats zum Ablauf dieses Monats vor. Dieser Fall hat aber für das Versteigerungsverfahren keine große praktische Bedeutung.

b) **Mietverhältnis über Geschäftsräume**

20 Hier gilt § 580a Abs. 2und 1 BGB: Spätestens am **3. Werktag eines Kalendervierteljahres** zum Ablauf des nächsten Kalendervierteljahres.

c) **Mietverhältnis über Grundstücke und Räume – keine Geschäftsräume**

21 Hier gilt § 580a Abs. 1 Nr. 3, und Abs. 4 ZVG: Spätestens am 3. Werktag eines Kalendermonats zum Ablauf des übernächsten Monats.[15)]

d) **Pachtverhältnisse**

22 Hier ist die Kündigung gemäß § 584 BGB halbjährlich zum Schluss des **Pachtjahres** zulässig. Sie muss bis **spätestens am 3. Werktag des Halbjahres erfolgen, mit dessen Ablauf das Pachtverhältnis enden soll.**

23 Für die Kündigung eines Landpachtvertrags sieht § 594a Abs. 2 BGB im Ergebnis dieselbe Kündigungsfrist vor.[16)]

4. **Zeitliche Beschränkung der Kündigung**

24 Die außerordentliche Kündigung durch den Ersteher kann nur zum erstzulässigen Termin nach dem Zuschlag erfolgen (§ 57a Satz 2 ZVG). Hierbei kommt es auf die Wirksamkeit des Zuschlags (§ 89 bzw. § 104 ZVG), nicht auf seine Rechtskraft an. Unter dem erstzulässigen Termin ist der Termin zu verstehen, an welchem dem Ersteher die Kündigung ohne schuldhaftes Zögern möglich ist. Hierbei muss ihm auch eine gewisse Überlegungsfrist zugebilligt werden. Hierfür ist die Frist von einem Tag zu kurz, eine Woche wird als noch ausreichend angesehen.[17)]

5. **Mieterschutz**

25 § 57a ZVG gibt dem Ersteher nur ein Sonderkündigungsrecht, aber keine weiteren Rechte. Dies bedeutet im Umkehrschluss, dass alle weiteren Bestimmungen des Mietrechts Anwendung finden; dies gilt insbesondere auch für den Mieterschutz bei Wohnraum. Konkret bedeutet dies:

26 Der Ersteher kann nur kündigen, wenn er ein **berechtigtes Interesse** an der Beendigung des Mietverhältnisses hat (§ 573 Abs. 1 BGB). Die Gründe sind im Kündigungsschreiben anzugeben (§ 573 Abs. 3 Satz 1 BGB). Als Hauptfälle sind hier zu nennen: Eigenbedarf und wirtschaftliches Nutzungsinteresse.[18)]

---

15) Die Fälle des § 580a Abs. 1 Nr. 1 und 2 BGB können vernachlässigt werden, da sie in der Praxis keine große Rolle spielen. Auch die Mietverhältnisse über bewegliche Sachen (§ 580a Abs. 3 BGB) haben in diesem Zusammenhang keine Bedeutung.

16) Auch wenn der Wortlaut der Vorschrift von § 584 Abs. 1 BGB abweicht.

17) OLG Oldenburg, Urt. v. 17.12.2001 – 11 U 63/01, Rpfleger 2002, 325 = ZfIR 2002, 1027.

18) Vgl. hierzu BVerfG, Urt. v. 14.2.1989 – 1 BVR 308/88, BVerfGE 79, 292 = NJW 1989, 970 = MDR 1989, 516-

Nach § 574 BGB kann der Mieter auch der Kündigung durch den Ersteher widersprechen, wenn die dort genannten Voraussetzungen vorliegen. Werden vom Mieter für den Fall eines erzwungenen Wohnungswechsels substantiiert ihm drohende schwerwiegende Gesundheitsgefahren geltend gemacht, haben sich die Gerichte regelmäßig mit sachverständiger Hilfe mit der Frage zu beschäftigen, welche mit einem Umzug einhergehenden Folgen sich durch begleitende ärztliche bzw. therapeutische Behandlungen mindern lassen.[19] Deshalb ist regelmäßig von Amts wegen ein Sachverständigengutachten einzuholen. Nur so ist das Gericht in der Lage, eine angemessene Abwägung bei der Härtefallprüfung des § 574 Abs. 1 Satz 1 BGB vorzunehmen.[20] 27

Die Kündigungsschutzbestimmung des § 577a BGB gilt auch gegenüber dem Ersteher. Erster Kündigungstermin ist damit der Termin, zu dem das Mietverhältnis erstmals nach Ende der Sperrfrist (mit gesetzlicher Frist) gekündigt werden kann.[21] 28

Gesetzliche Beschränkungen des Kündigungsrechts enthält auch das Wohnungsbindungsgesetz,[22] z. B. Vermietung nur an bestimmte Personen, Beschränkung von Kündigung und Mietpreis bei Sozialwohnungen, solange deren Förderung besteht. Nach § 17 Abs. 1 WoBindG gelten die Wohnungen, für die öffentliche Mittel als Darlehen bewilligt worden sind, bis zum Ablauf des dritten Kalenderjahres nach dem Kalenderjahr der Zuschlagserteilung als öffentlich gefördert, wenn die für die öffentlichen Mittel eingetragenen Grundpfandrechte mit dem Zuschlag erlöschen. Sind diese Grundpfandrechte mit dem Zuschlag nicht erloschen, so gelten die Wohnungen bis zu dem sich aus §§ 15, 16 WoBindG ergebenden Zeitpunkt als öffentlich gefördert (§ 17 Abs. 2 WoBindG); dies kann dann noch länger dauern. Sind die öffentlichen Mittel lediglich als Zuschüsse bewilligt worden, so gelten die Wohnungen bis zum Zuschlag als öffentlich gefördert. Damit ist dieser Fall für den Ersteher am günstigsten. 29

Wenn im Mietvertrag ausdrücklich ein Kündigungsausschluss vereinbart ist, stellt sich die Frage, ob auch der Ersteher diesen gegen sich gelten lassen muss. Der BGH hat inzwischen entschieden, dass die Regelung des § 57a ZVG „vorgeht", der Ersteher also nicht an den vertraglichen Kündigungsausschluss gebunden ist, soweit es sich um die Ausübung des einmaligen Sonderkündigungsrechts geht.[23] 30

6. Sicherheitsleistung des Mieters

Nach § 57 ZVG i. V. m. § 566a Satz 1 BGB tritt der Ersteher auch in die durch eine Sicherheitsleistung des Mieters bzw. Pächters für die Erfüllung seiner Verpflichtungen begründeten Rechte ein. Ist die Kaution noch nicht geleistet, hat der Ersteher 31

---

19) BGH, Urt. v. 15.3.2017 – VIII ZR 270/15, NJW 2017, 1474.

20) BGH, Urt. v. 22.5.2019 – VIII ZR 180/18 und VIII ZR 167/17, NJW 2019, 2765.

21) BayObLG, Entsch. v. 10.6.1992, Rpfleger 1992, 531 = MDR 1992, 1149.

22) Wohnungsbindungsgesetz (WoBindG) in der Fassung der Bekanntmachung vom 13.9.2001 (BGBl. I S. 2404), zuletzt geändert durch Art. 161 der Verordnung vom 19.6.2020 (BGBl. I S. 1328).

23) BGH, Urt. v. 15.9.2021 – VIII ZR 76/20, NJW 2022, 473.

den entsprechenden Anspruch gegen den Mieter. Ist sie bereits geleistet, dann tritt der Ersteher in die entsprechenden Rechte ein:

- Rechte aus einer Bürgschaft gehen auf ihn über.
- Bei Anlage auf einem Sonderkonto findet ein Inhaberwechsel statt.

32 Der Ersteher kann vom Vollstreckungsschuldner die Herausgabe der Sicherheitsleistung verlangen.[24)]

33 Der Mieter hat gegen den Ersteher bei Beendigung des Mietverhältnisses einen **Anspruch auf Rückgewähr der Mietkaution** und zwar ohne Rücksicht darauf, ob er diese vom früheren Vermieter ausgehändigt bekommen hat oder noch erhalten kann. Damit übernimmt er auch das Insolvenzrisiko des früheren Vermieters, wenn dieser die Mietsicherheit weder insolvenzfest angelegt hat noch an den Erwerber ausgehändigt hat.[25)] Kann der Mieter vom Ersteher die Sicherheit nicht zurückerlangen, so ist der Vollstreckungsschuldner als früherer Vermieter weiterhin zur Rückgewähr verpflichtet (§ 566a Satz 2 BGB).

IV. Vorausverfügungen über Miet- und Pachtzinse (§ 57b ZVG)

1. Vorausverfügungen über die Miete (§ 566b Abs. 1 BGB)

34 Unter Vorausverfügungen des Vermieters bzw. Verpächters über den Mietzins sind solche zu zählen, die mit einem Dritten getroffen worden sind. Dazu gehören:

- Abtretung durch den Vermieter
- Verpfändung durch den Vermieter
- Pfändung durch Gläubiger des Vermieters
- Aufrechnung durch den Vermieter (die Aufrechnung durch den Mieter regelt § 566d BGB, siehe Rz. 42 und 43).

35 Im Kontext besagen die beiden Vorschriften Folgendes: Hat der Vermieter vor dem Übergang des Eigentums (hier: also vor Zuschlag) über die Miete, die auf die Zeit der Berechtigung des Erwerbers (hier also auf die Zeit nach dem Zuschlag) entfällt, verfügt, so ist diese Verfügung insoweit wirksam, als sie sich für den zur Zeit der Beschlagnahme laufenden Kalendermonat bezieht. Wenn dieser Zeitpunkt nach dem 15. des Monats liegt, ist die Verfügung auch noch wirksam, soweit sie sie sich auf die Miete für den folgenden Monat bezieht.

36 Im Umkehrschluss heißt das: Da zwischen der (ersten) Beschlagnahme und dem Zuschlag regelmäßig mehr als 1 ½ Monate liegen,[26)] kommt § 56 Satz 2 ZVG praktisch immer zum Tragen; somit steht dem Ersteher die Miete oder Pacht auch dann ab dem Zuschlag zu, wenn der Vermieter durch Vorausverfügungen anderweitig verfügt hat.

---

24) BGH, Urt. v. 7.3.2012 – XII ZR 13/10, Rpfleger 2012, 399 = ZfIR 517.

25) BGH, Urt. v. 7.3.2013 – XII ZR 13/10, Rpfleger 2012, 399 = ZfIR 2012, 517 = NJW 2012, 1353.

26) Vgl. hierzu z. B. die Bekanntmachungsfrist von sechs Wochen (§ 43 Abs. 1 Satz 1 ZVG).

Hinzuweisen ist noch auf folgende Punkte: 37

- Da die Miet- und Pachtzinsforderungen nicht von der Zwangsversteigerungsbeschlagnahme erfasst werden, kommt es in diesem Zusammenhang auch nicht darauf an, ob die Verfügung vor oder nach der Beschlagnahme erfolgte.[27)]
- Liegen mehrere Beschlagnahmen vor, kann sich der Ersteher auf jede von ihnen berufen; sinnvoll ist es natürlich, die erste Beschlagnahme zu nehmen (vgl. hierzu § 13 Abs. 4 Satz 1 ZVG).
- Der Beschlagnahme zum Zwecke der Zwangsversteigerung steht die Beschlagnahme in der Zwangsverwaltung gleich, wenn diese bis zum Zuschlag fortgedauert hat (§ 57b Abs. 2 Satz 1 ZVG).
- Der Ersteher muss eine Verfügung auch dann nur in den Grenzen der § 57b, § 566b BGB gegen sich gelten lassen, wenn er diese gekannt hat; denn § 566b Abs. 2 BGB findet keine Anwendung (§§ 57, 57b Abs. 1 Halbs. 1 ZVG).
- Den Verfügungen des Vermieters stehen solche eines Nießbrauchers, dessen Recht durch den Zuschlag erlischt, des Insolvenzverwalters, des Testamentsvollstreckers oder eines Pfandgläubigers gleich.

Dagegen hat die Beschlagnahme im Hinblick auf Verfügungen des Zwangsverwalters keine Bedeutung (§ 57b Abs. 3 ZVG). Hier gilt § 566b BGB ohne die Besonderheit des § 57b Abs. 1 ZVG. Somit kann der Mieter oder Pächter an den Zwangsverwalter zahlen, bis er Kenntnis vom Zuschlag erlangt. Der Zwangsverwalter muss mit dem Ersteher abrechnen (Einzelheiten bei § 161 ZVG). 38

2. Vereinbarungen zwischen Mieter und Vermieter über die Miete (§ 566c BGB)

Unter § 566c BGB fallen insbesondere: 39

- Erfüllung (also Zahlung der Miete bzw. Pacht), § 362 BGB,
- Erlass der Forderung, § 397 BGB,
- Annahme an Zahlungs statt, § 364 BGB,
- Stundung,
- Vorauszahlung,
- Vergleich.

Gemäß § 566c Satz 1 BGB ist ein solches Rechtsgeschäft über die Mietforderung, die dem Ersteher zusteht (§ 56 Satz 2 ZVG), diesem gegenüber wirksam, soweit es sich nicht auf die Miete für eine spätere Zeit als den Kalendermonat bezieht, in dem der Mieter von der Beschlagnahme **Kenntnis** erhält. Wenn er diese Kenntnis erst nach dem 15. Tag des Monats erlangt, dann ist sie auch noch für den folgenden Kalendermonat wirksam, § 566c Satz 2 BGB. Wenn das Rechtsgeschäft erst nach dem Zuschlag vorgenommen wird, ist es unwirksam, wenn der Mieter bzw. Pächter bei dessen Vornahme von der Beschlagnahme Kenntnis hatte, § 566c Satz 3 BGB. 40

27) Stöber/*Gojowczyk*, ZVG, § 57b Rz. 11; Böttcher/*Böttcher*, ZVG, §§ 57–57b Rz. 23.

41 Hinzuweisen ist noch auf folgende Punkte:

- Die Zeit der Fälligkeit der Miete bzw. Pacht hat für die Wirksamkeit eines Rechtsgeschäfts keine Bedeutung. Eine Vorauszahlung der nach bestimmten Zeitabschnitten (regelmäßig nach Monaten) bemessenen Miete bzw. Pacht ist dem Ersteher gegenüber nur in den Grenzen der §§ 57, 57c ZVG, § 566c BGB wirksam, wenn dies schon im Mietvertrag vereinbart und fällig gestellt worden ist.[28] Dies gilt **aber nicht für den sog. Baukostenzuschuss** (zu Einzelheiten siehe Rz. 44 ff.).
- Nicht angewandt wird § 566c BGB auch, wenn nach dem Miet- bzw. Pachtvertrag die gesamte Miete bzw. Pacht durch eine einmalige Leistung zu tilgen ist.[29]
- § 566c BGB bzw. § 57c ZVG verlangen **positive Kenntnis des Mieters** (hinsichtlich der Beschlagnahme). Fahrlässige Unkenntnis ist nicht ausreichend. Die Zustellung des Anordnungs- oder Beitrittsbeschlusses an den Mieter bewirkt diese Kenntnis (als Fiktion) ebenfalls, § 57b Abs. 1 Satz 2 ZVG. Diese Zustellung erfolgt aber nur auf entsprechenden **Antrag** des Anordnungs- oder Beitrittsgläubigers an die von diesem als Mieter bezeichnete Person.[30] Zu weiteren Einzelheiten siehe Rz. 50 ff.
- Ist dem Mieter ein Zahlungsverbot zugestellt worden (vgl. § 22 Abs. 2 ZVG), so gilt mit dieser Zustellung auch die Beschlagnahme als bekannt, § 57b Abs. 2 Satz 2 ZVG.

3. Aufrechnung durch den Mieter (§ 566d BGB)

42 Soweit die Entrichtung der Miete bzw. Pacht an den Vermieter (Verpächter) nach § 566c BGB dem Ersteher gegenüber wirksam ist, kann der **Mieter** gegen die Miet- bzw. Pachtforderung des Erstehers auch mit einer ihm gegen den Vermieter (= Vollstreckungsschuldner) zustehenden Forderung aufrechnen, § 566d Satz 1 BGB.

43 Die Aufrechnung ist aber ausgeschlossen, wenn der Mieter (Pächter) die Gegenforderung erst erworben hat, nachdem er von der Beschlagnahme des Grundstücks Kenntnis erlangt hat oder wenn die Gegenforderung erst nach Erlangung der Kenntnis oder später als der Mietzins fällig geworden ist, § 57b Abs. 1 Satz 1 ZVG i. V. m. § 566d Satz 2 BGB.[31]

---

28) BGH, Urt. v. 11.7.1962 – VIII ZR 98/61, NJW 1962, 1860 = BGHZ 37, 346.

29) BGH, Urt. v. 5.11.1997 – VIII ZR 55/97, ZfIR 1998, 292 = NJW 1998, 595.

30) Obwohl durch die Zustellung die Rechtsstellung des (künftigen) Erstehers gestärkt werden soll, liegt es auch im Interesse der betreibenden Gläubiger, den Mieter „bösgläubig zu machen"; denn auf die Höhe der späteren Gebote hat die Wirksamkeit bzw. Unwirksamkeit einer Vorausverfügung des Mieters erhebliche Auswirkungen. Deshalb ist es nicht recht nachvollziehbar, dass Gläubiger in der Praxis von der Möglichkeit des § 57b Abs. 1 Satz 2 ZVG so selten Gebrauch machen.

31) Stöber/*Gojowczyk*, ZVG, § 57 Rz. 9; Böttcher/*Böttcher*, ZVG, §§ 57–57b Rz. 26; missverständlich insoweit BeckOK-*Gietl*, ZVG, § 57, § 57a, § 57b Rz. 5.

4. Baukostenzuschuss

Für den sog. Baukostenzuschuss gelten nach wie vor Besonderheiten.[32] Die als Baukostenzuschuss geleistete Vorauszahlung eines Mieters soll nach der Rechtsprechung des BGH dem Erwerber gegenüber wirksam sein. Dies bedeutet, dass sowohl Ersteher als auch Zwangsverwalter solche Mietleistungen gegen sich gelten lassen müssen.[33] 44

Die Rechtsnatur des Baukostenzuschussvertrags ist schon vielfach erörtert worden.[34], [35] Man kann im Wesentlichen folgende Fallgruppen unterscheiden: 45

- **Baukostenzuschuss** durch **Vorausentrichtung der Miete** zur Schaffung oder Instandsetzung der Mieträume.
- **Baukostenzuschuss** durch **Verrechnung der Miete** mit einem zur Schaffung oder Instandsetzung der Mieträume geleisteten sonstigen Beitrag.
- **Verlorener Baukostenzuschuss** durch Zurverfügungstellung von Geld, Materialien oder Arbeitskraft zur Schaffung oder Instandsetzung der Mieträume, ohne dass sich an der Höhe der Miete etwas ändert.[36]

Der Bundesgerichtshof hat die Voraussetzungen für die Berücksichtigungsfähigkeit eines abwohnbaren Baukostenvorschusses in seiner Entscheidung[37] wie folgt dargestellt: 46

- Es muss eine Abrede vorliegen, dass die als Vorauszahlung zu erbringenden Leistungen vom Mieter mit Rücksicht auf das Mietverhältnis aufgebracht und zum Auf- oder Ausbau des Mietgrundstücks verwendet werden sollen.
- Unter Zugrundelegung einer wirtschaftlichen Betrachtungsweise müssen die erbrachten Leistungen tatsächlich – wenn auch nur mittelbar – zur Schaffung oder Instandsetzung des Mietobjekts verwandt worden sein, und dies aus dem eigenen Vermögen des Mieters.

Das Vorliegen von Baukostenzuschüssen[38] hat für den Ersteher folgende Konsequenzen: 47

Die für die Zeit nach Beendigung des Mietverhältnisses voraus entrichtete Miete hat der Vermieter mit Zinsen zurückzuerstatten (§ 547 BGB). Somit **haftet der Er-** 48

---

32) Daran hat auch die Streichung der §§ 57c und § 57d ZVG nichts geändert. Vielmehr hat diese Gesetzesänderung in Wahrheit zu einer Verschlechterung der Stellung der Ersteher und damit auch zu einer Verringerung der Gläubigerchancen auf Befriedigung ihrer Forderung im Zwangsversteigerungsverfahren geführt.

33) Z. B. BGH, Urt. v. 25.4.2007 – VIII ZR 234/06, ZfIR 2008, 207 und *Schmidberger/Weis*, ZfIR 2008, 170 (Urteilsanm.).

34) Für viele BGH, Urt. v. 6.6.1952 – V ZR 79/51, Rpfleger 1952, 411 = BGHZ 6, 202 mit teilweise abl. Anm. *Bruhn*.

35) Kommentierungen zu §§ 57c, 57d in älteren Auflagen von ZVG-Kommentaren.

36) Deshalb „verlorener" Zuschuss. In Wahrheit hatte (nach „altem" Recht) dadurch der Mieter u. U. doch etwas „gewonnen" – nämlich „Mietzeit" durch Hinausschieben des Kündigungsrechts seitens des Vermieters.

37) BGH, Urt. v. 15.2.2012 – VIII ZR 166/2010, Rpfleger 2012, 454 = MDR 2012, 393; so auch LG Neubrandenburg, Urt. v. 3.7.2013 – 1 S 140/12, Rpfleger 2013, 701.

38) Die in der Praxis von „Versteigerungsverhinderern" immer noch gerne vorgeschoben werden; daran hat eben die Streichung der § 57c, 57d ZVG nichts geändert.

steher als Erwerber bei Beendigung des Rückzahlungsanspruchs dann, wenn die Vorauszahlung ihm gegenüber wirksam ist. Dies ist grundsätzlich für den noch nicht „abgewohnten" Teil des Baukostenzuschusses der Fall. Dies gilt auch für die außerordentliche Kündigung des Erstehers. Der BGH hat in jüngster Zeit diesen Anspruch zwar etwas „relativiert". In seinem Urteil vom 29.4.2009[39] kommt der BGH zum Ergebnis, dass bei einem Vermieterwechsel im Wege der Zwangsversteigerung nicht derjenige Bereicherungsschuldner ist, der im Zeitpunkt der Vornahme der Investitionen Vermieter war, sondern der Ersteigerer, der die Mietsache vorzeitig zurückerhält. Daraus ergibt sich eine andere Form der Berechnung:[40] Es kommt nicht mehr auf den Wert der vom Mieter getätigten Investitionen an, sondern ausschließlich darauf, inwieweit diese den **Ertragswert der Immobilie** erhöht haben. Dies bedeutet, dass maßgebliches Kriterium ist, ob die Wohnung (wegen der Investitionen) zu besseren Konditionen vermietet werden **kann**.

49 Ein **verlorener Baukostenzuschuss** ist bei Beendigung des Mietverhältnisses nach Art. VI § 1 des Gesetzes vom 21.7.1961[41] **zurückzuerstatten**, soweit er nicht durch die Dauer des Mietverhältnisses als getilgt anzusehen ist.

V. Verfahrensfragen

1. Stellung des Mieters im Versteigerungsverfahren

50 Meldet ein Mieter bzw. Pächter seine Rechtsstellung an, dann wird er gemäß § 9 Nr. 2 ZVG **Beteiligter des Verfahrens**. (Erst) dann kann er bestimmte Anträge stellen, welche nur den Beteiligten vorbehalten sind (z. B. Antrag auf abgeänderte Versteigerungsbedingungen, § 59 ZVG). Ihm sind bestimmte Entscheidungen zuzustellen (z. B. Terminsbestimmung, § 43 Abs. 2 ZVG; Zuschlagsbeschluss, § 88 ZVG).

51 Im Hinblick auf bestimmte Geschäfte, die in § 57b ZVG genannt sind, kommt es auf die Kenntnis des Mieters bzw. Pächters hinsichtlich der Beschlagnahme des Grundstücks an. Wenn dem Mieter bzw. Pächter der Anordnungsbeschluss (bzw. Beitrittsbeschluss) zugestellt ist, dann gilt ihm die Beschlagnahme als bekannt (§ 57b Abs. 1 Satz 2 Halbs. 1 ZVG). Aber diese Zustellung erfolgt **nur auf Antrag** des Gläubigers an die von ihm benannten Personen (§ 57b Abs. 1 Satz 2 Halbs. 2 ZVG). Dem Beschluss soll eine Belehrung über die Bedeutung der Beschlagnahme für den Mieter beigefügt werden (§ 57b Abs. 1 Satz 3 ZVG).

52 Das Vollstreckungsgericht hat auf entsprechenden Antrag des Gläubigers zur Feststellung der Mieter und Pächter eines Grundstücks Ermittlungen anzustellen (§ 57b Abs. 1 Satz 4 ZVG). Hierzu kann es einen Gerichtsvollzieher oder einen sonstigen Beamten (z. B. Gemeindeamt, Meldeamt) beauftragen. Diese Zustellung und Er-

---

39) BGH, Urt. v. 29.4.2009 – XII ZR 66/07, ZfIR 2009, 607 mit Anm. *Jaeger*; BGH, Urt. v. 16.9.2009 – XII ZR 71/07, NJW-RR 2010, 86.

40) Worauf *Wedekind*, ZfIR 2009, 841 zu Recht hinweist.

41) Gesetz zur Änderung des Zweiten Wohnungsbaugesetzes, anderer wohnungsbaurechtlicher Vorschriften und über die Rückerstattung von Baukostenzuschüssen (WoBauG2-ÄndG) v. 21.7.1961, zuletzt geändert durch Art. 7 Abs. 9 des Gesetzes v. 19.6.2001 (BGBl. I S. 1149). Siehe hierzu auch BGH, Urt. v. 25.1.1967 – VIII ZR 207/64, MDR 1967, 488 = NJW 1967, 561.

mittlung stellen eine dem (antragstellenden) Gläubiger gegenüber bestehende Amtspflicht dar, deren schuldhafte Verletzung zu Amtshaftungsfällen führen können.

Im Rahmen der allgemein bestehenden Hinweispflichten hat das Gericht auf die unterschiedlichen Fallgestaltungen und Rechtsfolgen hinzuweisen. Jedoch ist es nicht befugt, Beweise zu erheben und Entscheidungen zu treffen. **Streitfragen** müssen vor dem Prozessgericht ausgetragen werden. 53

2. Verhältnis zwischen Zwangsverwalter und Ersteher

Für die Wirkung von Verfügungen und Rechtsgeschäften des Zwangsverwalters hat die Beschlagnahme keine Bedeutung (§ 57b Abs. 3 ZVG). Maßgeblich ist hier der Zeitpunkt des Eigentumsübergangs, also der Zuschlag. War aber über das vermietete Objekt auch Zwangsverwaltung angeordnet, endet diese nicht automatisch mit Zuschlagserteilung; erst mit dem **Aufhebungsbeschluss** nach § 161 ZVG endet die Beschlagnahme in der Zwangsverwaltung und das Amt des Zwangsverwalters. Somit hat der Zwangsverwalter die Verwaltung gleichsam „für den Ersteher" fortzuführen. Nach Aufhebung hat der Zwangsverwalter das Grundstück an den Ersteher herauszugeben. Diesem gebühren auch schon ab dem Zuschlag die Nutzungen; er trägt ab diesem Tag auch die Lasten. Soweit der Verwalter Mietzinsen eingenommen hat, die auf den Zeitraum nach dem Zuschlag entfallen, muss er diese dem Ersteher herausgeben. Nach dem Zuschlag kann auch nur noch der Ersteher auf der Vermieterseite eine Kündigung aussprechen. 54

Wegen der Einzelheiten siehe § 152 ZVG Rz. 48 und § 161 ZVG Rz. 36 ff. [*Depré*]. 55

3. Abweichende Versteigerungsbedingungen

Bei den Vorschriften §§ 57–57b ZVG handelt es sich um (gesetzliche) Versteigerungsbedingungen. Diese können nach § 59 ZVG abgeändert werden. So können Mieter bzw. Pächter nach § 59 ZVG z. B. folgende Abweichungen beantragen: 56

- Die §§ 57 ff. ZVG sollen auch zutreffen, obwohl der Mietgegenstand noch nicht überlassen ist bzw. obwohl der Besitz inzwischen schon wieder freiwillig aufgegeben worden ist;[42]
- Das **Sonderkündigungsrecht** des Erstehers nach § 57a ZVG soll **ausgeschlossen** werden. Wenn bei dem danach erforderlichen Doppelausgebot beim abweichenden Ausgebot ein geringeres Meistgebot erzielt wird als beim Ausgebot mit gesetzlicher Versteigerungsbedingung, muss der Zuschlag auf das gesetzliche Ausgebot erfolgen.[43]
- Der gesetzliche Mieterschutz kann über § 59 ZVG nicht beseitigt werden.[44]

---

42) Dassler/Schiffhauer/u. a.-*Hintzen*, ZVG, § 57 Rz. 8.

43) Dassler/Schiffhauer/u. a.-*Hintzen*, ZVG, § 59 Rz. 35 f.; Stöber/*Gojowczyk*, ZVG, § 57a Rz. 34.

44) BGH, Urt. v. 15.9.2021 – VIII ZR 76/20, MDR 2022, 230 = NJW 2022, 473; Stöber/*Gojowczyk*, ZVG, § 57a Rz. 34; Schneider-*Abramenko*, ZVG, § 57a Rz. 34.

VI. Sonstiges

1. Untermiete/Unterpacht

57 Der Ersteher ist an die vom Vorvermieter erteilte Erlaubnis zur Untervermietung (§§ 540, 566 BGB, § 57 ZVG) gebunden. Aber mit Beendigung des Hauptmietverhältnisses **verliert** der Untermieter **das Recht zum Besitz** der Mietsache. Deshalb kann der Ersteher die untervermieteten Räume vom Untermieter herausverlangen (§ 546 Abs. 2 BGB). Wenn der Untermieter nicht freiwillig räumt, muss ihn der Ersteher auf Räumung verklagen; der Zuschlagsbeschluss ist hierfür kein Räumungstitel, weil das Besitzrecht des Untermieters nicht durch den Zuschlag erloschen ist.

58 Eine Ausnahme von diesem Grundsatz gilt aber, wenn die Voraussetzungen des § 565 BGB vorliegen: Bei einer gewerblichen Weitervermietung von Wohnraum rückt der Erwerber im Falle der Beendigung des Hauptmietverhältnisses als Vermieter in das Mietverhältnis mit dem Endmieter ein. Demnach kann der Ersteher einer vermieteten Wohnung zwar den Hauptmietvertrag gemäß § 57a ZVG mit gesetzlicher Frist kündigen. Mit dieser wirksamen Kündigung verliert aber in diesem Fall der Endmieter nicht sein Recht zum Besitz und zur Nutzung der Wohnung. Auf die Kenntnis der Zwischenvermietung kommt es hierbei nicht an.[45]

2. Ersteher eines Grundstücksbruchteils

59 Bei der Versteigerung eines Miteigentumsanteils (vgl. hierzu § 864 Abs. 2 ZPO) kann nur die Gemeinschaft der Miteigentümer (gemeinsam) kündigen. Dieser Gemeinschaft steht jedoch kein Sonderkündigungsrecht nach § 57a ZVG zu; sie ist nicht Ersteherin. Aber auch der Ersteher des Miteigentumsanteils kann nicht (allein) kündigen.[46]

3. Nießbrauch/Dauerwohnrecht

60 Auf einen Nießbrauch (§§ 1030 ff. BGB) oder ein Dauerwohnrecht (§§ 31 ff. WEG) finden die Vorschriften §§ 57 bis 57b ZVG keine Anwendung:

61 Wenn der Nießbraucher das Grundstück über die Dauer seines Rechts hinaus vermietet hat und der Nießbrauch nach § 52 ZVG bestehen bleibt, hat der Zuschlag auf den mit dem Nießbraucher geschlossenen Mietvertrag keine Auswirkungen.[47] Erlischt dagegen der Nießbrauch mit dem Zuschlag, dann tritt der Ersteher in die sich aus dem Mietvertrag ergebenen Rechte und Pflichten ein. § 57 ZVG findet aber auch hier keine Anwendung:[48] Der „Übergang" beruht in erster Linie auf dem Umstand, dass der Nießbrauch erlischt; der Zuschlag ist nur mittelbare Ursache.

62 Das Dauerwohnrecht stellt kein Mietrecht, sondern ein dingliches Wohnrecht dar, für das besondere gesetzliche Regelungen (hier: WEG) gelten.

---

45) Vgl. BGH, Urt. v. 30.10.2013 – XII ZR 113/12, Rpfleger 2014, 144 = MDR 2014, 207.

46) Dassler/Schiffhauer/u. a.-*Hintzen*, ZVG, § 57a Rz. 25; Schneider-*Abramenko*, ZVG, § 57a Rz. 8.

47) Stöber/*Gojowczyk*, ZVG, § 57 Rz. 30.

48) So Stöber/*Gojowczyk*, ZVG, § 57 Rz. 30; a. A. Böttcher/*Böttcher*, ZVG, §§ 57–57b Rz. 2; Dassler/Schiffhauer/u. a.-*Hintzen*, ZVG, § 57 Rz. 3.

4. Jagdrecht

Das Jagdrecht ist im Bundesjagdgesetz[49] geregelt. Nach § 14 Abs. 1 Satz 2 BJagdG findet § 57 ZVG Anwendung, wenn ein **Eigenjagdbezirk** versteigert wird. Das Kündigungsrecht des Erstehers ist jedoch ausgeschlossen, wenn nur ein Teil des Jagdbezirks versteigert wird und dieser Teil nicht allein schon die Erfordernisse eins Eigenjagdbezirks erfüllt. 63

Wird ein Grundstück versteigert, welches zu einem **Gemeinschaftsjagdbezirk** gehört (z. B. alle Grundstücke einer Gemeinde oder einer Gemarkung), hat dies auf den Jagdpachtvertrag keinen Einfluss; der Ersteher wird ab dem Zuschlag Mitglied der Jagdgenossenschaft (§ 14 Abs. 2 Satz 2 BJagdG). 64

49) Bundesjagdgesetz (BJagdG) in der Fassung v. 29.9.1976 (BGBl. I S. 2849), zuletzt geändert durch Art. 291 der VO v. 19.6.2020 (BGBl. I S. 1328).

§§ 57c, 57d

(weggefallen)

Durch das 2. Justizmodernisierungsgesetz vom 22.12.2006 (BGBl. I 3416) mit Wirkung ab 01.02.2007 aufgehoben.

§ 58

Kosten des Zuschlagsbeschlusses

Die Kosten des Beschlusses, durch welchen der Zuschlag erteilt wird, fallen dem Ersteher zur Last.

Übersicht

I. Allgemeines

Dass die **Kosten des Zuschlagsbeschlusses der Ersteher zu tragen hat** (§ 58 ZVG), entspricht der Regelung in § 448 Abs. 2 BGB für den rechtsgeschäftlichen Erwerb. Deshalb dürfen diese Kosten auch nicht aus dem Versteigerungserlös vorweg entnommen werden, was § 109 Abs. 1 ZVG ausdrücklich bestätigt. Die Vorschrift gilt für alle Versteigerungsarten. 1

II. Kosten des Zuschlagsbeschlusses

1. Gebühr

Die Gebühr für die Erteilung des Zuschlags beträgt 0,5 der vollen Gebühr (KV GKG 2214). Im Umkehrschluss bedeutet dies, dass für die Versagung des Zuschlags keine 2

Gebühr erhoben wird. Und wenn der Zuschlagsbeschluss wieder aufgehoben wird, dann entfällt auch die Gebühr KV GKG 2214 wieder und ist an den Ersteher zurückzuerstatten bzw. im Kostensoll zu löschen.

2. Wert

3 Die Gebühr für die Erteilung des Zuschlags bestimmt sich gemäß § 54 Abs. 2 GKG nach dem **Gebot ohne Zinsen**, für das der Zuschlag erteilt ist, einschließlich des Werts der nach den Versteigerungsbedingungen bestehen bleibenden Rechte zuzüglich des Betrags, in dessen Höhe der Ersteher nach § 114a des Gesetzes über die Zwangsversteigerung und die Zwangsverwaltung als aus dem Grundstück befriedigt gilt. Nicht eingerechnet werden also Rechte, die außerhalb des geringsten Gebots bestehen bleiben und Rechte, die aufgrund einer nachträglichen Vereinbarung gemäß § 91 Abs. 2 ZVG bestehen bleiben. Die nach den Versteigerungsbedingungen bestehen bleibenden Rechte werden mit ihrem Nominalbetrag angesetzt, bei Rechten ohne einen Kapitalbetrag ist von den Zuzahlungsbeträgen auszugehen (vgl. § 51 ZVG).

4 Im Fall der Zwangsversteigerung zur Aufhebung einer Gemeinschaft vermindert sich gemäß § 54 Abs. 2 Satz 2 GKG der Wert um den Anteil des Erstehers an dem Gegenstand des Verfahrens, den er bereits vor dem Zuschlag hatte; bei Gesamthandeigentum ist jeder Mitberechtigte wie ein Miteigentümer nach dem Verhältnis seines Anteils anzusehen. Grund hierfür ist der Umstand, dass der Ersteher in diesem Fall schon teilweise „wirtschaftlicher (Mit-)Eigentümer" war.

5 Bei Zuschlägen an **verschiedene Ersteher** wird gemäß § 54 Abs. 5 GKG die Gebühr für die Erteilung des Zuschlags von jedem Ersteher nach dem Wert der auf ihn entfallenden Gegenstände erhoben. Eine Bietergemeinschaft gilt als ein Ersteher. Deshalb ist es üblich und auch sinnvoll, bei der Versteigerung mehrerer Grundstücke oder sonstiger Versteigerungsobjekte so viele Zuschlagsbeschlüsse zu erlassen wie Ersteher vorhanden sind.

3. Fälligkeit

6 Fällig wird die Gebühr **mit der Verkündung des Zuschlagsbeschlusses** (§ 89 ZVG) bzw. mit der Zustellung dieses Beschlusses, wenn ihn das Beschwerdegericht erteilt hat (§ 104 ZVG), § 7 Abs. 1 Satz 2 GKG.

4. Kostenschuldner

7 Der **Ersteher haftet** (endgültig) für die Kosten des Zuschlagsbeschlusses (§ 58 ZVG). Er ist aber auch alleiniger Kostenschuldner i. S. d. GKG, wie § 26 Abs. 2 Satz 1 GKG feststellt.

8 Im Fall der Abtretung der Rechte aus dem Meistgebot (§ 81 Abs. 2 ZVG) oder bei der Erklärung, für einen Dritten geboten zu haben (§ 81 Abs. 3 ZVG), haften der **Ersteher und der Meistbietende** als Gesamtschuldner (§ 81 Abs. 4 ZVG), § 26 Abs. 2 Satz 2 GKG. Mitglieder einer Bietergemeinschaft haften ebenfalls als Gesamtschuldner, § 31 Abs. 1 GKG.

9 Die Aufgliederung in Erst- und Zweischuldnerhaftung (vgl. hierzu § 31 Abs. 2 GKG) spielt bei der Zuschlagsgebühr keine Rolle, da es nur eine Haftungsgrundlage gibt.

5. Zustellungsauslagen

Unter dem Begriff „Kosten" versteht das Kostenrecht nicht nur Gebühren; dazu gehören vielmehr auch Auslagen. Und da der Zuschlagsbeschluss nach § 88 ZVG an den Ersteher sowie an den für mithaftend erklärten Bürgen und an den Meistbietenden zugestellt werden muss, darüber hinaus im Fall des § 104 ZVG der Eigentumsübergang erst mit der Zustellung an den Ersteher stattfindet, stellt sich die Frage, ob die Auslagen für diese Zustellungen auch unter § 58 ZVG fallen. *Stöber*[1] hat hierzu zutreffend festgestellt, dass diese **Zustellungsauslagen** zu den Kosten des Zwangsversteigerungsverfahrens gehören, die der Antragsteller zu tragen hat (vgl. § 26 Abs. 1 GKG), soweit sie nicht aus dem Erlös vorweg entnommen werden können. Eine praktische Lösung schlägt *Goldbach*[2] vor: Mit der Zustellung des Zuschlagsbeschlusses sollte die Zustellung der Terminsbestimmung für den Verteilungstermin (§ 105 Abs. 2 ZVG) verbunden werden. Dann bestehen auch bei strenger Auslegung keine Bedenken, diese Auslagen zu den Kosten des Verfahrens i. S. d. § 109 ZVG zu rechnen. 10

III. Sonstiges

Neben den Kosten für die Erteilung des Zuschlags muss der Ersteher noch weitere Kosten berücksichtigen, die nachfolgend kurz dargestellt werden sollen. 11

1. Eintragungskosten beim Grundbuchamt

Nach § 130 ZVG muss das Vollstreckungsgericht nach Ausführungen des Teilungsplans und Rechtskraft des Zuschlagsbeschlusses das zuständige Grundbuchamt ersuchen, das Ergebnis des Versteigerungsverfahrens einzutragen. Ein Teil dieser Eintragungen ist gebührenfrei. Ausgenommen von der Gebührenfreiheit sind die Eintragung des Erstehers als Eigentümer und die Eintragung der Sicherungshypotheken für die Forderung gegen den Ersteher (Vorbemerkung 1.4 Abs. 2 Nr. 2 in der Anlage 1 zu § 3 Abs. 2 GNotKG).[3] 12

Für die Eintragung des Erstehers wird grundsätzlich **eine volle Gebühr** erhoben (GNotKG KVNr. 14110, früher § 60 Abs. 1 KostO). Der Wert dieser Gebühr richtet sich nach § 46 Abs. 1 GNotKG (früher: § 19 KostO) und wird grundsätzlich bestimmt durch den Preis, der im gewöhnlichen Geschäftsverkehr nach der Beschaffenheit der Sache unter Berücksichtigung aller den Preis beeinflussenden Umstände bei einer Veräußerung zu erzielen wäre. In Betracht kommen hier folgende Werte: 13

- Meistgebot (also Meistbargebot + bestehen bleibende Rechte) und
- festgesetzter Verkehrswert (§ 74a Abs. 5 ZVG).

1) Stöber/*Gojowczyk*, ZVG, § 58 Rz. 3; so auch Dassler/Schiffhauer/u. a.-*Hintzen*, ZVG, § 58 Rz. 2; Schneider-*Strauß*, ZVG, § 58 Rz. 12.
2) BeckOK-*Siwonia*, ZVG, § 58 Rz. 4.
3) Gesetz über Kosten der freiwilligen Gerichtsbarkeit für Gerichte und Notare v. 23.7.2013 (BGBl Teil I S. 2586 ff.), in Kraft getreten am 1.8.2013, zuletzt geändert durch Art. 5 des das Gesetzes vom 31.10.2022 (BGBl. I S. 1966) – mit Wirkung ab 1.1.2023. Dieses Gesetz hat die frühere Kostenordnung (KostO) abgelöst.

14 Das Grundbuchamt wird regelmäßig den **höheren der beiden Beträge** als maßgeblichen Wert der Gebührenberechnung zugrunde legen. Deshalb sollten beide Beträge an das Grundbuchamt mitgeteilt werden.

15 Für die Eintragung von Sicherheitshypotheken gemäß § 128 ZVG werden Gebühren nach GNotKG KVNr. 14121 (früher: §§ 62 Abs. 1, 63 KostO) erhoben. Die volle Gebühr ist für jede Hypothek gesondert zu berechnen. Der Wert richtet sich nach dem **Nennbetrag** der Schuld (§ 53 Abs. 1 GNotKG, früher § 23 Abs. 2 KostO).

16 Hinsichtlich der **Kostenhaftung** bestimmt § 23 Nr. 12 GNotKG (früher: § 4 KostO): Die Gebühr für die Eintragung des Erstehers als Eigentümer wird nur von diesem erhoben; für die Gebühren, die durch die Eintragung der Sicherungshypotheken für Forderungen gegen den Ersteher erwachsen, haftet neben den Gläubigern auch der Ersteher (§ 23 Nr. 13 GNotKG). Mehrere Kostenschuldner haften gemäß § 32 Abs. 1 GNotKG als Gesamtschuldner.

2. Grunderwerbsteuer

17 Die Grunderwerbsteuer gehört ebenfalls zu den Kosten, welche den Ersteher treffen. Früher betrug die Grunderwerbsteuer bundeseinheitlich 3,5 % (§ 11 Abs. 1 GrEStG); mittlerweile ist der Steuersatz landesrechtlich geregelt und hat zwischenzeitlich unterschiedliche Änderungen erfahren.[4)] Der Grunderwerbsteuer unterliegen folgende Erwerbsvorgänge, die im Zwangsversteigerungsverfahren eine Rolle spielen können:

– Das **Meistgebot** (§ 1 Abs. 1 Nr. 4 GrEStG).

  Die Steuer bemisst sich nach dem Meistgebot einschließlich der bestehen bleibenden Rechte (§ 9 Abs. 1 Nr. 4 GrEStG).

– Ein Rechtsgeschäft, das den Anspruch auf **Übertragung** eines Übereignungsanspruchs oder der Rechte aus einem Meistgebot begründet (§ 1 Abs. 1 Nr. 5 GrEStG) oder

  die Abtretung einer der in Nr. 5 bezeichneten Rechte, wenn kein Rechtsgeschäft vorausgegangen ist, das den Anspruch auf Abtretung der Rechte begründet (§ 1 Abs. 1 Nr. 7 GrEStG).

  Bei der Abtretung der Rechte aus dem Meistgebot (§ 81 Abs. 2 ZVG) wird die Steuer aus der Summe der übernommenen Verpflichtungen berechnet. Dies entspricht grundsätzlich dem o. a. Meistgebot. Zusätzliche Leistungen, die der Erwerber gegenüber dem Meistbietenden übernimmt, sind hinzuzurechnen; Leistungen, die der Meistbietende gegenüber dem Erwerber übernimmt, sind abzusetzen.

---

4) Z. Zt. (Stand: 2023) gelten folgende Sätze: Bayern: 3,5 %; Baden-Württemberg: 5 %; Berlin: 6 %; Brandenburg: 6,5 %; Bremen: 5 %; Hamburg: 5,5 %; Hessen: 6 % Mecklenburg-Vorpommern: 6 %; Niedersachsen: 5 %; Nordrhein-Westfalen: 6,5 %; Rheinland-Pfalz: 5 %: Saarland: 6,5 %; Sachsen: 3,5 %; Sachsen-Anhalt: 5,0 %; Schleswig-Holstein: 6,5 %; Thüringen: 6,5 %.
Diese Steuer hat sich für die Länder zu einer wichtigen Geldquelle entwickelt: 2022 sollen die Einnahmen insgesamt 17,1 Milliarden € betragen haben (Quelle: www.statista.com/statistik).

- Rechtsvorgänge, die es einem anderen ohne Begründung eines Anspruchs auf Übereignung rechtlich oder wirtschaftlich ermöglichen, ein inländisches Grundstück auf eigene Rechnung zu verwerten (§ 1 Abs. 2 GrEStG). Dazu zählt auch das **Bieten in verdeckter Vertretung** (§ 81 Abs. 3 ZVG).

Die **Steuer** wird nach dem Meistgebot (einschließlich der bestehen bleibenden Rechte) berechnet. 18

In diesem Zusammenhang muss darauf hingewiesen werden, dass sowohl bei § 81 Abs. 2 ZVG als auch bei § 81 Abs. 3 ZVG die **Grunderwerbsteuer** damit doppelt anfällt. Darüber sollte der Versteigerungsrechtspfleger die Bietinteressenten im Versteigerungstermin ausdrücklich belehren. 19

Steuerschuldner ist der Meistbietende (§ 13 Nr. 4 GrEStG), auch wenn er seine Rechte abgetreten oder als verdeckter Vertreter geboten hat. Die (weitere) Steuer für die Abtretung der Rechte aus dem Meistgebot bzw. für die Verschaffung der Rechte nach § 81 Abs. 3 ZVG schuldet neben dem Vertreter bzw. dem Meistbietenden auch der Ersteher (vgl. § 13 Nr. 1 GrEStG). 20

Damit die Grunderwerbsteuer berechnet werden kann, ist dem zuständigen Finanzamt vom Zuschlag Anzeige zu erstatten. Dies geschieht mit einem amtlich vorgeschriebenen Vordruck (§ 18 Abs. 1 Nr. 3 GrEStG).[5] 21

Manche Fälle sind auch von der Grunderwerbsteuer befreit. Zu nennen wären insbesondere die folgenden Erwerbsvorgänge (§ 3 GrEStG): 22

- Freigrenze von 2.500 EUR (§ 3 Nr. 1 GrEStG),
- Grundstückserwerb durch den Ehegatten oder Lebenspartner (§ 3 Nr. 4 GrEStG) und
- Grundstückserwerb durch Verwandte in gerader Linie, z. B. Kinder, Enkel sowie Eltern, Großeltern usw. (§ 3 Nr. 6 GrEStG)

3. Umsatzsteuer

Zunächst ist festzuhalten, dass Erwerbsvorgänge, die der Grunderwerbsteuer unterliegen, von der Zahlung der Umsatzsteuer befreit sind (§ 4 Nr. 9a UStG). Im Übrigen führt umsatzsteuerrechtlich die Zwangsversteigerung des Grundstücks eines Unternehmers nur bei Umsatz im Rahmen seines Unternehmens zu einer „Lieferung" des Vollstreckungsschuldners (unmittelbar) an den Ersteher. Der Vollstreckungsschuldner kann als Unternehmer auf die Steuerfreiheit nach § 9 Abs. 1 UStG verzichten. Dies ist aber nur möglich, wenn auch der Ersteher Unternehmer ist und der Umsatz an ihn für sein Unternehmen ausgeführt wird.[6] Der Zweck eines solchen Verzichts liegt vor allem in der Vermeidung der Vorsteuerberichtigung nach § 15a UStG. 23

---

5) Siehe hierzu auch MiZi (Mitteilungen in Zivilsachen = eine bundeseinheitliche Anordnung) Abschnitt VII Nr. 2 vom 29.4.1998, zuletzt geändert am 9.8.2021 (BAnz AT 16.9.2021 B3).

6) Wegen der Einzelheiten hierzu wird auf die steuerrechtliche Literatur und Stöber/*Gojowczyk*, ZVG, § 81 Rz. 741 ff. und Dassler/Schiffhauer/u. a.-*Hintzen*, ZVG, § 58 Rz. 21 ff. verwiesen.

24 Für das Vollstreckungsgericht von Bedeutung sind in diesem Zusammenhang (nur) folgende Punkte:

– Das vom Ersteher zu zahlende **Meistbargebot** (§ 49 Abs. 1 ZVG) ist ein **Nettobetrag**; Umsatzsteuer ist in ihm nicht enthalten.[7)]
– Deshalb muss der Ersteher in jedem Fall das **volle Meistbargebot** an das Vollstreckungsgericht entrichten. Darauf hat also die Option des Schuldners zur Umsatzsteuerpflicht keine Auswirkungen.

---

7) BGH, Beschl. v. 3.4.2003 – IX ZR 93/02, Rpfleger 2003, 450 = NJW 2003, 2238; mit Anm. *Hintzen*, ZfIR 2003, 653.

§ 59

Abweichende Feststellung des geringsten Gebots

(1) Jeder Beteiligte kann spätestens im Versteigerungstermin vor der Aufforderung zur Abgabe von Geboten eine von den gesetzlichen Vorschriften abweichende Feststellung des geringsten Gebots und der Versteigerungsbedingungen verlangen. Der Antrag kann spätestens zu dem in Satz 1 genannten Zeitpunkt zurückgenommen werden. Wird durch die Abweichung das Recht eines anderen Beteiligten beeinträchtigt, so ist dessen Zustimmung erforderlich.

(2) Sofern nicht feststeht, ob das Recht durch die Abweichung beeinträchtigt wird, ist das Grundstück mit der verlangten Abweichung und ohne sie auszubieten.

(3) Soll das Fortbestehen eines Rechts bestimmt werden, das nach § 52 erlöschen würde, so bedarf es nicht der Zustimmung eines nachstehenden Beteiligten.

Literatur: *Alff*, Versteigerungsrechtliche Probleme beim Altenteil, RpflStud. 2009, 65; *Alff*, Zuschlagsentscheidung bei Doppelausgebot nach § 9 EGZVG, Rpfleger 2010, 467; *Drischler*, Das Altenteil in der Zwangsversteigerung, Rpfleger 1983, 229 und RpflJB 1991, 200; *Drischler*, Gesetzliche und abgeänderte Versteigerungsbedingungen in der Immobiliarvollstreckung, RpflJB 1974, 335; *Hagena*, Probleme des Doppelausgebots nach § 9 Abs. 2 EGZVG, Rpfleger, 1975, 73; *Hellwich*, Immobiliarvollstreckung in der Praxis – Teil 15: Altenteilsrechte in der Zwangsversteigerung, JurBüro 2013, 120; *Kahlke*, Erlöschen des Altenteils in der Zwangsversteigerung, Rpfleger 1990, 233; *Mayer*, Ist § 59 Abs. 3 ZVG wirklich verfassungswidrig?, Rpfleger 2003, 281; *Muth*, Änderungen der Versteigerungsbedingungen, Rpfleger 1987, 397; *Schiffhauer*, § 59 ZVG – eine Crux ohne Ende?, Rpfleger 1986, 326; *Stöber*, Änderung der Versteigerungsbedingungen während der Bietstunde, ZIP 1981, 944.

Übersicht

I. Allgemeines

Der IV. Unterabschnitt des ZVG trägt den Titel „Geringstes Gebot, Versteigerungsbedingungen" und umfasst die §§ 44 bis 65 ZVG. Diese Vorschriften sind aber nicht zwingender Natur. Deshalb lässt § 59 ZVG, der für alle Versteigerungsarten des ZVG gilt, Abweichungen zu; diese können aber nicht von Amts wegen durchgeführt werden, sondern setzen das **Verlangen eines Beteiligten** voraus (Abs. 1 Satz 1). § 59 ZVG ist mit dem Gedanken verknüpft, durch abweichende Versteigerungsbedingungen ein möglichst gutes Versteigerungsergebnis zu erzielen. Ein durch die Abweichung Beeinträchtigter muss der Abweichung zustimmen (Abs. 1 Satz 3). Sofern die Beeinträchtigung nicht von vornherein feststeht, erfolgt ein **Doppelausgebot** (Abs. 2), um festzustellen, ob und wer durch die Abweichung betroffen ist. Soll das Fortbestehen eines Rechts bestimmt werden, dann bedarf es nach dem Gesetzeswortlaut in Abs. 3 nicht der Zustimmung eines nachstehenden Beteiligten. 1

§ 59 ZVG bereitet in der Praxis häufig Schwierigkeiten und wird manchmal auch missbraucht, um eine Versteigerung zu verzögern oder Bietinteressenten abzuschrecken oder zu verwirren. Dies hat in der Vergangenheit auch schon zur Forderung geführt, § 59 ZVG ersatzlos zu streichen.[1] Dies hängt zum Teil aber auch damit zusammen, dass sowohl Schrifttum als auch Rechtsprechung in Teilaspekten von unterschiedlichen Voraussetzungen ausgehen. Schon bei der Frage, welche Änderung zulässig sind, bestehen unterschiedliche Auffassungen: Während manche den Begriff „Versteigerungsbedingungen" weit auslegen, sprechen sich andere für eine restriktive Auslegung aus.[2] Nachdem das Gesetz selbst den Begriff der Versteigerungsbedingung indirekt durch die Überschrift des IV. Unterabschnitts bestimmt hat, kann nur eine enge Auslegung vor ausufernden Anträgen schützen. 2

1) So *Schiffhauer*, Rpfleger 1986, 326.
2) Fundstellen für beide Ansichten bei Stöber/*Gojowczyk*, ZVG, § 59 Rz. 4 mit Fn. 4.

3 Einigkeit besteht zumindest darüber, dass zwingende Verfahrensbestimmungen nicht geändert werden können. Hier können z. B. folgende Fälle als unstreitig dargestellt werden:

- Bindung des Bieters an sein Gebot (§ 71 ZVG),
- Erlöschen von Geboten (nur) nach § 72 ZVG,
- Zuschlag an den Meistbietenden (§ 81 ZVG),
- Eigentumsübergang erfolgt mit Zuschlag (§ 90 ZVG),
- Vollstreckbarkeit des Zuschlagsbeschlusses (§§ 93, 132 ZVG),
- Erleichterte Voraussetzungen für eine Wiederversteigerung (§ 133 ZVG),
- Rangfolge der Befriedigungsberechtigten (§§ 10–12 ZVG),
- Mindestdauer der Bietzeit (§ 73 ZVG),
- Beschränkungen nach dem WoBindG.[3)]

II. Abweichungsverlangen (Abs. 1 Satz 1)

4 Abweichende Versteigerungsbedingungen setzen das „Verlangen" eines Beteiligten voraus. Nach überwiegender Ansicht ist dies die stärkste Form des Antrags und bedeutet, dass das Gericht dem Verlangen nachkommen muss, wenn die gesetzlichen Voraussetzungen vorliegen. *Eickmann* hat in seinem Lehrbuch[4)] festgestellt, dass zwischen Verlangen und Antrag gar kein Unterschied bestehe. Seine entsprechenden Ausführungen sind überzeugend. Für die praktische Arbeit ist dieser Theorienstreit aber völlig belanglos. Eine Ablehnung des Verlangens kommt nur dann in Frage, wenn die Voraussetzungen nicht vorliegen oder wenn das Verlangen rechtsmissbräuchlich ist. Die Zurückweisung eines entsprechenden Antrags sollte in Beschlussform erfolgen.[5)]

5 Nicht zulässig ist es, wenn das Gericht von Amts wegen eine Abänderung berücksichtigt, auch dann nicht, wenn diese aus Sicht des Vollstreckungsrechtspflegers sinnvoll erscheint. Somit ist es auch nicht möglich, das Erlöschen eines Wege- oder Leitungsrechts der Abt. II „aus praktischen Gründen" ohne Doppelausgebot „mit unterstellter Zustimmung des Wege- bzw. Leitungsberechtigten" zu verhindern.[6)]

III. Verfahren des Vollstreckungsgerichts

1. Antrag

6 Jeder **Beteiligte** kann eine abweichende Feststellung verlangen (Abs. 1 Satz 1). Antragsberechtigt sind auch Mieter bzw. Pächter, nicht aber ein (bloßer) Bietinteressent. Es gilt der Beteiligtenbegriff des § 9 ZVG.

---

3) Weitere Fälle: vgl. Schneider-*Strauß*, ZVG, § 59 Rz. 4.

4) *Eickmann*, § 13 Abschn. II.

5) Böttcher/*Böttcher*, ZVG, § 59 Rz. 7; Dassler/Schiffhauer/u. a.-*Hintzen*, ZVG, § 59 Rz. 15; BeckOK-*R. Goldbach*, ZVG, § 59 Rz. 7; a. A. Stöber/*Gojowczyk*, ZVG, § 59 Rz. 12a, der eine (ausdrückliche) Zurückweisung für nicht erforderlich hält.

6) Diese Verfahrensweise hat *Storz/Kiderlen*, Praxis des Zwangsversteigerungsverfahrens, S. 545 (Rz. D2.2.1) zu Recht angeprangert.

2. Form

Das Abweichungsverlangen kann **schriftlich**, zu Protokoll des Urkundsbeamten der Geschäftsstelle oder im Versteigerungstermin mündlich erklärt werden. Dann ist es gemäß § 78 ZVG „durch das Protokoll festzustellen". Wenn ein Vortermin stattfindet (vgl. § 62 ZVG), dann kann (und sollte) der Antrag auch schon dort erklärt werden. 7

3. Zeitliche Zulässigkeit

Der Antrag muss bis spätestens im Versteigerungstermin vor der Aufforderung zur Abgabe von Geboten (§ 66 Abs. 2 ZVG) gestellt werden. Ein erst nach diesem Zeitpunkt gestellter Antrag ist als unzulässig zurückzuweisen.[7] 8

4. Mehrere Abweichungen

Es ist auch möglich, mehrere Abänderungen zu beantragen – durch denselben oder verschiedene Beteiligte. Auf alle Fälle ist **jeder Antrag gesondert zu behandeln.** Jedem Antrag muss stattgegeben werden, wenn die entsprechenden Voraussetzungen vorliegen. Wenn durch die Anträge niemand beeinträchtigt wird[8] oder wenn den Abweichungen alle Beteiligten zugestimmt haben, wird nur ein Ausgebot mit allen Abweichungen vorgenommen. Wenn eine Beeinträchtigung ungewiss ist, sind mehrfache Ausgebote erforderlich: 9

- Ausgebote mit den einzelnen Abweichungen und
- Ausgebot ohne die einzelnen Abweichungen.

Auf Antrag können die verschiedenen Abweichungen in einem Ausgebot zusammengefasst werden.[9] 10

5. Rücknahme des Antrags

Das Abweichungsverlangen ist eine prozessuale Erklärung, die grundsätzlich wieder zurückgenommen werden kann. Aber gemäß Absatz 1 Satz 2 ist diese Zurücknahme nur **bis zur Aufforderung zur Abgabe von Geboten** möglich. Wenn die Bietstunde bereits begonnen hatte, können die Versteigerungsbedingungen nicht mehr geändert werden, auch wenn noch keine Gebote abgegeben worden sind.[10] 11

6. Unterbrechung/Vertagung des Termins

Die Abweisungsverlangen sind mit den anwesenden Beteiligten zu erörtern; ihnen ist rechtliches Gehör zu gewähren. Oft wird es gar nicht möglich sein, über die einzelnen Anträge sofort zu entscheiden, weil insbesondere die Fragen zu klären sind, wer beeinträchtigt ist und ob ein Doppelausgebot notwendig ist. In einem solchen 12

---

7) Böttcher/*Böttcher*, ZVG, § 59 Rz. 7; Schneider-*Strauß*, ZVG, § 59 Rz. 20; a. A. Stöber/*Gojowczyk*, ZVG, § 59 Rz. 12a: protokollieren, aber nicht gesondert zurückweisen.
8) Was in den seltensten Fällen gegeben sein wird.
9) So Stöber/*Gojowczyk*, ZVG, § 59 Rz. 16; Schneider-*Strauß*, ZVG, § 59 Rz. 22 mit Beispiel.
10) Dies war bis zur Änderung des § 59 ZVG zum 1.8.1998 streitig.

Fall sollte eine Terminsunterbrechung angeordnet werden; eine Vertagung dagegen wird nur in den seltensten Fällen gerechtfertigt sein.[11)]

7. Sicherheitsleistung

13 Findet ein Doppelausgebot statt und wird von einem Bieter Sicherheit verlangt (§ 67 ZVG), hat der Bieter, der sowohl auf die gesetzlichen als auch auf die abweichenden Versteigerungsbedingungen bietet, **nur einmal Sicherheit zu leisten**. Ziel der Sicherheitsleistung ist es, die aus dem Bargebot zu befriedigenden Gläubiger davor zu schützen, dass der Zuschlag an einen zahlungsunfähigen oder zahlungsunwilligen Bieter erteilt wird. Da nur auf ein Gebot der Zuschlag erteilt werden kann, ist die Sicherheit auch nur einmal zu leisten.

IV. Beeinträchtigung des Rechts eines anderen

1. Allgemeines

14 Wenn der Antrag auf eine abgeänderte Versteigerungsbedingung zulässig ist, muss als nächstes untersucht werden, ob durch dieses Verlangen „das Recht eines anderen beeinträchtigt" wird. Nach h. M. ist ein Beteiligter dann beeinträchtigt, wenn sein Recht gegenüber den Versteigerungsbedingungen zu seinen Ungunsten verändert wird. Diese Beeinträchtigung braucht nicht materieller Natur zu sein; es genügt schon eine Benachteiligung der formellen Rechtsposition.[12)] Beeinträchtigung liegt z. B. vor, wenn das Recht eine andere „Deckungsform" erhält (also Barzahlung statt Bestehenbleiben bzw. umgekehrt). Beeinträchtigt ist auch der Beteiligte, der durch das Meistgebot auf das abweichende Ausgebot weniger Erlös erhalten würde. Der Schuldner ist dann beeinträchtigt, wenn durch die abweichende Versteigerungsbedingung weniger Schulden getilgt werden (weil auf die Abweichung entweder weniger oder gar nichts geboten wurde) oder er einen geringeren Übererlös erhält. Die Beeinträchtigung liegt auch schon vor, wenn das geringste Gebot bei der Abweichung so hoch wird, dass niemand bietet.[13)] Mieter (Pächter) sind nur beeinträchtigt, wenn ihre Rechtsstellung als Mieter nachteilig berührt wird.

2. Beeinträchtigung steht fest (Abs. 1 Satz 3)

15 Wenn von vornherein feststeht, dass das Recht eines anderen betroffen ist, dann kann dem Antrag nur entsprochen werden, wenn der beeinträchtigte Beteiligte der Abänderung zustimmt. Stimmt dieser Beteiligte zu, dann erfolgt nur ein Ausgebot mit abgeänderter Versteigerungsbedingung. Erfolgt diese Zustimmung nicht, dann

---

11) Zur Unterscheidung zwischen Unterbrechung und Vertagung siehe nachfolgend bei § 66 ZVG Rz. 10 und bei Stöber/*Gojowczyk*, ZVG, § 43 Rz. 26–31 und Stöber/*Becker*, ZVG, § 66 Rz. 78–71.

12) Stöber/*Gojowczyk*, ZVG, § 59 Rz. 20; Böttcher/*Böttcher*, ZVG, § 59 Rz. 9; BeckOK-*R. Goldbach*, ZVG, § 59 Rz. 13; Dassler/Schiffhauer/u. a.-*Hintzen*, ZVG, § 59 Rz. 52; Schneider-*Strauß*, ZVG, § 59 Rz. 28 ff.

13) BGH, Beschl. v. 8.12.2011 – V ZB 197/11, Rpfleger 2012, 236 = ZfIR 2012, 331 mit Anm. *Böttcher*.

muss der Abweichungsantrag zurückgewiesen werden; dies geschieht durch Beschluss.[14] Ein **Doppelausgebot erfolgt hier also nicht.**

Die Zustimmung kann von anwesenden Beteiligten im Termin mündlich erklärt werden und ist dann ins Protokoll aufzunehmen (§ 78 ZVG). Stillschweigen ist keine Zustimmung. Die Zustimmung eines nicht Erschienenen kann in Schriftform erfolgen.[15] Öffentliche Beglaubigung ist hierfür nicht erforderlich;[16] denn als Prozesshandlung unterliegt diese Zustimmung keiner besonderen Formvorschrift und § 84 Abs. 2 ZVG betrifft einen völlig anderen Fall. Diese Zustimmung kann bis zum Beginn der Bietstunde (Aufforderung zur Abgabe von Geboten) widerrufen werden. 16

3. Beeinträchtigung steht nicht fest (Abs. 2)

a) Doppelausgebot

Kann nicht von vornherein festgestellt werden, ob eine Beeinträchtigung vorliegt oder nicht, dann erfolgt ein Doppelausgebot: 17

- Ausgebot mit den **gesetzlichen** Versteigerungsbedingungen,
- Ausgebot mit der **verlangten Abweichung.**

Wenn also eine Beeinträchtigung ungewiss ist,[17] dann soll durch das Doppelausgebot festgestellt werden, ob ein Beteiligter benachteiligt wird; denn das Versteigerungsergebnis zeigt dann eine solche Beeinträchtigung auf. Ziel dieses Doppelausgebots ist es also, aus den möglicherweise Beeinträchtigten die **tatsächlich Beeinträchtigten** herauszufiltern. Deshalb ist nach überwiegender Ansicht die Beeinträchtigung nur dann i. S. d. § 59 Abs. 2 ZVG zweifelhaft, wenn sie nur von der Höhe der abgegebenen Gebote abhängt.[18] Somit ist hier ausschließlich nach der Höhe der Meistgebote zu entscheiden, ob und wer beeinträchtigt ist. Wenn der bzw. die möglicherweise Beeinträchtigte(n) aber von vornherein[19] zustimmen, dann erfolgt nur das Ausgebot mit den abweichenden Bedingungen.[20] 18

Die **Versteigerung** mit Doppelausgeboten erfolgt am besten gleichzeitig; denn dies wird dem Verfahrensziel, ein möglichst günstiges Versteigerungsergebnis zu erzielen, am besten gerecht. Außerdem können die Bieter auch reagieren, wenn auf die andere Ausgebotsart geboten worden ist. Der Beginn der Bietstunde ist dann gleich; dass die Mindestdauer der Bietzeit für beide Ausgebotsarten eingehalten werden muss, versteht sich von selbst. Das Ende der Bietstunde sollte ebenfalls gleich sein. Für den ähnlichen Fall mehrerer Ausgebotsarten bei der Versteigerung mehrerer Grundstücke (§ 63 Abs. 2 ZVG) sollen den Bietern alle Ausgebotsarten bis zum Schluss der 19

---

14) Böttcher/*Böttcher*, ZVG, § 59 Rz. 11; BeckOK-*R. Goldbach*, ZVG, § 59 Rz. 16; Stöber/*Gojowczyk*, ZVG, § 59 Rz. 21; Schneider-*Strauß*, ZVG, § 59 Rz. 50.

15) So z. B. Böttcher/*Böttcher*, ZVG, Rz. 11; Dassler/Schiffhauer/u. a.-*Hintzen*, ZVG, § 59, Rz. 55; BeckOK-*R. Goldbach*, ZVG, § 59 Rz. 14 und 14.1; Schneider-*Strauß*, ZVG, § 59 Rz. 55.

16) So aber Stöber/*Gojowczyk*, ZVG, § 59 Rz. 21 unter Hinweis auf § 84 Abs. 2; ebenfalls Steiner-*Storz*, ZVG, § 59 Rz. 42.

17) Was der Regelfall sein dürfte.

18) Beispielsweise Böttcher/*Böttcher*, ZVG, § 59 Rz. 12; *Schiffhauer*, Rpfleger 1986, 326.

19) Also praktisch prophylaktisch.

20) Stöber/*Gojowczyk*, ZVG, § 59 Rz. 22.

Versteigerung offenstehen; dies könne nur durch einen gemeinsamen Schluss der Versteigerung für alle Ausgebotsformen erreicht werden.[21)] Dieselben Argumente treffen auch hier zu.[22)]

b) **Zuschlagsentscheidung**

20 Erfolgte **nur ein Ausgebot** mit den gesetzlichen Versteigerungsbedingungen, dann kann auch nur auf das entsprechende Meistgebot zugeschlagen werden.[23)] Wenn nur mit der verlangten Abweichung ausgeboten wurde, kann ebenfalls nur so zugeschlagen werden. Voraussetzung ist aber, dass durch die Abweichung niemand beeinträchtigt oder der Beeinträchtigte zustimmt. Dies ist im Rahmen der Zuschlagsentscheidung nochmals zu prüfen; ein Fehler bei der Feststellung der (abweichenden) Versteigerungsbedingungen müsste zur Zuschlagsversagung gemäß § 83 Nr. 1 ZVG führen.

21 Bei Durchführungen eines **Doppelausgebots** kommt es auf den Ausgang der Versteigerung an:

aa) Es wurde nur auf das Ausgebot mit **gesetzlichen Versteigerungsbedingungen** geboten:

Dann ist auf dieses Ausgebot zuzuschlagen.

bb) Es wurde nur auf das Ausgebot mit abweichenden Versteigerungsbedingungen geboten:

Wie hier zu verfahren ist, wird in Rechtsprechung und Schrifttum unterschiedlich beantwortet. Es werden hierzu drei Ansichten vertreten:

- Nach überwiegender Meinung muss hier der **Zuschlag auf das abweichende Ausgebot** erteilt werden, weil damit die Frage der Beeinträchtigung geklärt ist.[24)]
- Nach anderer Ansicht muss der Zuschlag versagt werden, wenn eine Beeinträchtigung möglich erscheint und keine Zustimmung vom möglicherweise Beeinträchtigten vorliegt.[25)]
- Andere meinen, für die Zuschlagserteilung sei erforderlich aber auch ausreichend, dass die Beeinträchtigung jedenfalls nicht sicher feststehe.[26)] Dieser Ansicht hat sich der Bundesgerichtshof angeschlossen und kommt zum Ergebnis, dass der Zuschlag nur versagt werden darf, wenn konkrete Anhaltspunkte für die Beeinträchtigung eines Beteiligten (hier: des Schuldners) durch

---

21) BGH, Beschl. v. 9.5.2003 – IXa ZB 25/03, Rpfleger 2003, 452 = ZfIR 2003, 743; vgl. auch Stöber/*Gojowczyk*, ZVG, § 59 Rz. 22 und Stöber/*Becker*, ZVG, § 73 Rz. 6.

22) Vgl. auch BeckOK-*R. Goldbach*, ZVG, § 59 Rz. 17.

23) Wenn keine Zuschlagsversagungsgründe vorliegen.

24) LG Arnsberg, Beschl. v. 10.7.1984 – 5 T 241/84, Rpfleger 1984, 427; *Eickmann*, § 13 II 3 c; *Stöber*, ZVG, bis zu 19. Aufl., § 59 Rz. 6.3; Jaeckel/*Güthe*, ZVG, 4. Aufl., § 59 Rz. 5; Böttcher/*Böttcher*, ZVG, § 59 Rz. 14; *Muth*, Rpfleger 1987, 397, 401.

25) LG Rostock, Beschl. v. 26.4.2001 – 2 T 144/00, Rpfleger 2001, 509.

26) LG Berlin, Beschl. v. 28.9.2005 – 81 T 766/05, Rpfleger 2006, 93, 94; Dassler/Schiffhauer/u. a.-*Hintzen*, ZVG, § 59 Rz. 69; BeckOK-*R. Goldbach*, ZVG, § 59 Rz. 19; nun offenbar auch Stöber/*Gojowczyk*, ZVG, § 59 Rz. 46.

die abweichenden Bedingungen bestehen. Dafür spreche die Überlegung, dass ein genereller Vorrang der gesetzlichen Bedingungen nicht anzunehmen ist und es der Funktion des Doppelausgebots entspreche, den Nachweis der Beeinträchtigung zu ermöglichen.[27)]

Wenn *Stöber*[28)] nunmehr auch als Vertreter der dritten Ansicht dargestellt ist, dann muss dies etwas näher begründet werden: Grund für eine etwaige Zuschlagsversagung ist für ihn dann der Umstand, dass die Versteigerung mit der verlangten Abweichung (also ein Doppelausgebot) schon gar nicht hätte erfolgen dürfen, da die Voraussetzungen hierfür – Feststellung der Beeinträchtigung durch das Doppelausgebot – ja gerade nicht hätte erbracht werden können. Und wenn man die Beeinträchtigung nur unter wirtschaftlichen Gesichtspunkten betrachtet – und somit die Höhe des Meistgebots entscheidend ist, dann hat hierbei das Ausgebot zu den gesetzlichen Versteigerungsbedingungen einen „Wert 0". Konsequenz kann dann nur sein: Die Beteiligten sind durch das Meistgebot mit den abweichenden Bedingungen nie beeinträchtigt, allenfalls begünstigt. Alle anderen Überlegungen haben „in sich" einen Bruch und bringen Überlegungen aus der Frage, ob ein Doppelausgebot überhaupt stattfinden soll, nochmals bei der Frage der Zuschlagserteilung „ins Spiel". Natürlich muss das Vollstreckungsgericht bei der Zuschlagsentscheidung sämtliche Versagungsgründe des § 83 ZVG überprüfen. Aber das sollte nicht dazu führen, dass man dasselbe Problem einmal so und einmal so löst. Deshalb ist der Hinweis von *Stöber*[29)] gerechtfertigt, aber auch dahingehend zu interpretieren, dass eben der Zuschlag nicht wegen fehlender Zustimmung zu versagen ist, sondern weil die Voraussetzungen des Doppelausgebots schon gar nicht vorgelegen haben. Aus der Entscheidung des Bundesgerichtshofes[30)] lassen sich nach m. E. dagegen keine grundsätzlichen Schlussfolgerungen ziehen, da die Frage, wieso sich im Einzelfall Anhaltspunkte für die Beeinträchtigung eines Beteiligten ergeben sollen, nicht näher erörtert worden sind. Überdies ist nach dem Wortlaut des § 59 Abs. 3 ZVG die Zustimmung des Schuldners im vorliegenden Fall sowieso nicht erforderlich. Wegen der Einzelheiten siehe Rz. 39 ff.

cc) Es wurde sowohl auf das **Ausgebot mit gesetzlichen Versteigerungsbedingungen** als auch auf das **Ausgebot mit den Abweichungen** geboten:

Hier sind die beiden Meistgebote zu vergleichen, um zu klären, ob durch die Abweichung ein Beteiligter beeinträchtigt wird; denn das Doppelausgebot wurde

27) BGH, Beschl. v. 8.12.2011 – V ZB 197/11, Rpfleger 2012, 336 = ZfIR 2012, 331 mit Anm. *Böttcher*. Zu Recht hat *Böttcher* in seiner Anmerkung darauf hingewiesen, dass der BGH in seiner Entscheidung § 59 Abs. 3 ZVG gar nicht erwähnt hat. Deshalb hätte der BGH sich eigentlich zunächst mit dem Problem befassen müssen, ob diese Vorschrift verfassungswidrig ist oder nicht; vgl. auch Böttcher/*Böttcher*, ZVG, § 59 Rz. 14. Siehe hierzu auch LG Duisburg, Beschl. v. 6.9.2013 – 11 T 59-60/13, openJur.de 2014, 19270.

28) Stöber/*Gojowczyk*, ZVG, § 59 Rz. 46.

29) Stöber/*Gojowczyk*, ZVG, § 59 Rz. 47.

30) BGH, Beschl. v. 8.12.2011 – V ZB 197/11, Rpfleger 2012, 336 = ZfIR 2012, 331; BGH, Beschl. v. 6.6.2013 – V ZB 7/12, Rpfleger 2013, 692.

nur durchgeführt, um diese Frage (Beeinträchtigung ja oder nein) zu beantworten. Hierzu ist es notwendig, zwei vorläufige Teilungspläne aufzustellen:

- mit dem Meistgebot mit gesetzlichen Versteigerungsbedingungen,
- mit dem Meistgebot mit den abweichenden Versteigerungsbedingungen.

Nun ist zu prüfen, ob und ggf. welche Beteiligte beim Meistgebot mit den abweichenden Versteigerungsbedingungen (wirtschaftlich) beeinträchtigt sind. In diesen Vergleich mit einzubeziehen sind auch die bestehen bleibenden Rechte. Nach überwiegender Ansicht sind dabei die Rechte der Abt. II, soweit sie bestehen bleiben, mit ihrem Zuzahlungsbetrag gemäß § 51 Abs. 2 ZVG zu berücksichtigen.

Ergebnis des Vergleichs kann sein:

- Beim Meistgebot mit den abweichenden Bedingungen ist **niemand** (wirtschaftlich) **benachteiligt**. Dann erfolgt der **Zuschlag** auf die abweichenden Bedingungen.
- Durch das abweichende Gebot ist wenigstens ein Beteiligter benachteiligt, weil er weniger erhält als beim Ausgebot mit den gesetzlichen Bedingungen. In diesem Fall kann der Zuschlag auf die abweichenden Bedingungen nur erteilt werden, wenn der bzw. die beeinträchtigten Beteiligten alle zustimmen. Diese Zustimmung ist im Versteigerungstermin oder im besonderen Verkündungstermin (§ 87 ZVG) zu Protokoll zu erklären; ansonsten bedarf diese Erklärung nach § 84 Abs. 2 ZVG der **öffentlich beglaubigten Form**. Wenn nicht alle Beeinträchtigten zustimmen, muss der Zuschlag auf das Mistgebot mit den gesetzlichen Versteigerungsbedingungen erfolgen.

Die Frage, ob jemand beeinträchtigt ist, kann nur unter wirtschaftlichen Aspekten geprüft werden, ausgehend von der Höhe der abgegebenen Meistgebote.[31] Aber für die tatsächliche Zuschlagserteilung kommt es dann nicht mehr darauf an, welches Meistgebot höher war; denn stimmt nur einer von mehreren beeinträchtigten Beteiligten nicht zu, dann muss dem Meistgebot mit den gesetzlichen Versteigerungsbedingungen der Zuschlag erteilt werden, auch wenn dieses Meistgebot niedriger war als das mit den abgeänderten Versteigerungsbedingungen.

4. Es liegt keine Beeinträchtigung vor

22 Wenn von vornherein feststeht, dass durch die Abweichung kein Beteiligter beeinträchtigt ist, erfolgt nur das **Ausgebot mit der verlangten Änderung.** Dies trifft auch zu, wen durch die Abweichung nur das Recht des Antragstellers selbst betrifft; denn es wird in Abs. 1 Satz 3 nur vom Recht eines anderen Beteiligten gesprochen; im Übrigen könnte man die etwa erforderliche Zustimmung auch konkludent in seinem Abänderungsantrag erblicken.

V. Verstoß gegen § 59 ZVG und Anfechtung

23 Wenn eine verlangte Abweichung nicht zugelassen worden ist, obwohl die begehrte Abweichung zulässig war, dann ist der Zuschlag gemäß § 83 Nr. 1 ZVG zu versa-

31) So z. B. Böttcher/*Böttcher*, ZVG, § 59 Rz. 15 m. w. N.

gen bzw. wieder aufzuheben (§ 100 ZVG). Trotz dieses Mangels kann der Zuschlag doch erteilt werden, wenn das Recht des (antragstellenden) Beteiligten nicht beeinträchtigt wird oder wenn dieser Beteiligte das Verfahren nach § 84 ZVG genehmigt.

Wenn ein Doppelausgebot unterblieben ist, obwohl es hätte stattfinden müssen, 24
kann dies jeder durch den Zuschlag benachteiligte Beteiligte, welcher der Abweichung nicht zugestimmt hatte, nach §§ 83 Nr. 1, 96 ZVG geltend machen.

Wird ein Grundstück doppelt ausgeboten, obwohl die verlangten Abweichungen den 25
gesetzlichen Bedingungen inhaltlich entsprechen,[32)] ist der Zuschlagsversagungsgrund des § 83 Nr. 1 ZVG gegeben.[33)]

VI. Einzelfälle (alphabetisch)

1. Ansprüche persönlicher Gläubiger

Persönliche Gläubiger, welche das Verfahren nicht betreiben, können nicht in Rang- 26
klasse 5 berücksichtigt werden. Sie gehören aber auch keiner anderen Rangklasse an und sind damit weder Beteiligte noch Befriedigungsberechtigte. Daran kann auch über § 59 ZVG nichts geändert werden; denn die Befriedigungsreihenfolge des § 10 ZVG ist zwingendes Recht und kann deshalb nicht verändert werden.[34)]

2. Befriedigungsreihenfolge

Im Zwangsversteigerungsverfahren gibt es eine gesetzliche **Rangordnung der Rechte**, 27
die in §§ 10–12 ZVG unveränderlich festgelegt ist. Diese Rangordnung kann auch nicht über einen Antrag nach § 59 ZVG verändert werden.[35)] Dies soll aber dann nicht gelten, wenn ein anfechtbar erlangtes Recht abweichend von § 44 Abs. 1 nicht in das geringste Gebot aufgenommen werden soll. Diesen Antrag könne der Anfechtungsgläubiger verlangen, wenn der Anfechtungsgegner verurteilt worden ist, von seinem Recht gegenüber dem nachrangigen Grundpfandrecht keinen Gebrauch zu machen; einer Zustimmung des Anfechtungsgegners als Rechtsinhaber des vorgehenden Rechts bedürfe es für diese abweichende Feststellung nicht.[36)]

Ich halte die Entscheidung des BGH für nicht einleuchtend, weil er die Ausgangs- 28
frage, ob die **Rangfolge** über § 59 ZVG geändert werden könne, gar nicht näher untersucht hat – offenbar in dem Glauben, dass es „nur" darum gehe, über § 59 ZVG ein Recht, das bestehen bliebe, doch zum Erlöschen zu bringen. Aber im „Normalfall" des § 59 ZVG bedeutet dies nur, dass das (ausnahmsweise) erlöschende Recht nicht in den Abschnitt „bestehen bleibende Rechte" kommt, dagegen immer noch

---

32) Hier: kein Sonderkündigungsrecht des Erstehers in der Teilungsversteigerung = schon gesetzliche Versteigerungsbedingung (§ 183 ZVG).

33) BGH, Beschl. v. 19.7.2012 – V ZB 265/11, Rpfleger 2012, 704 = ZfIR 2012, 661; siehe hierzu auch Böttcher/*Böttcher*, ZVG, § 59 Rz. 8a und Stöber/*Gojowczyk*, ZVG, § 59 Rz. 9.

34) Stöber/*Gojowczyk*, ZVG, § 59 Rz. 33; Dassler/Schiffhauer/u. a.-*Hintzen*, ZVG, § 59 Rz. 28; BeckOK-*R. Goldbach*, ZVG, § 59 Rz. 28.

35) Böttcher/*Böttcher*, ZVG, § 59 Rz. 8; Dassler/Hintzen/u. a.-*Hintzen*, ZVG, § 59 Rz. 34; Stöber/*Gojowczyk*, ZVG, § 59 Rz. 8 und 33.

36) So BGH, Urt. v. 12.9.2013 – V ZB 195/12, MDR 2013, 1489 = ZfIR 2014, 19 mit zust. Anm. *Böttcher*; vgl. auch Böttcher/*Böttcher*, ZVG, § 59 Rz. 16a und Stöber/*Gojowczyk*, ZVG, § 59 Rz. 25a.

als im Range vorgehend im „Mindestbargebot" aufzuführen ist. Dennoch ist dieses Ergebnis offensichtlich nicht gewollt; vielmehr wird eine Rangänderung über § 59 ZVG durchgeführt. Diese Verfahrensweise widerspricht eigentlich dem Sachenrecht und sollte nicht ohne nähere Auseinandersetzung mit dem eigentlichen Problem aufgegeben werden. Sinnvoller wäre es deshalb, über eine die Anfechtung „erzwungene Rangänderung" (vgl. § 894 ZPO) den gewünschten Erfolg herbeizuführen.[37)]

3. Beschränkung des Bieterkreises

29 Die Beschränkung auf einen bestimmten Personenkreis, der bieten darf, würde gegen zwingende Verfahrensvorschriften verstoßen, da die Versteigerung eo ipso auf die Konkurrenz (möglichst) vieler Bieter ausgerichtet ist. Davon kann auch nicht über § 59 ZVG abgewichen werden.

30 Dieser Fall darf aber nicht mit der Regelung des § 753 Abs. 1 Satz 2 BGB verwechselt werden. Wenn die Veräußerung eines gemeinschaftlichen Grundstücks an einen Dritten unstatthaft ist, dann ist das Grundstück unter den Teilhabern zu versteigern. Bei dieser Versteigerung zum Zwecke der Auseinandersetzung einer Gemeinschaft (§§ 180 ff. ZVG) ist dann die Beschränkung auf die Teilhaber gesetzliche Versteigerungsbedingung und als solche auch bekannt zu geben.[38)]

4. Bestehen bleibendes Recht soll erlöschen

31 Wenn ein nach den gesetzlichen Versteigerungsbestimmungen bestehen bleibendes Recht (§ 52 Abs. 1 ZVG) erlöschen soll, dann ist ein solches **Verlangen zulässig.** Das führt aber nicht dazu, dass das betreffende Recht im geringsten Gebot überhaupt nicht mehr berücksichtigt würde. Das Recht muss dann ins Mindestbargebot übernommen werden; § 44 Abs. 1 ZVG gilt also nach wie vor. Dies hat noch weitere Auswirkungen auf dieses Mindestbargebot: Die Zinsen erlöschender Rechte werden bis zum voraussichtlichen Verteilungstermin berechnet. Da die Zinsen bestehen bleibender Rechte nur bis zwei Wochen nach dem Versteigerungstermin berechnet werden (§ 47 ZVG), ändert sich also auch die Gesamtsumme des geringsten Gebots. Unter diesen Bedingungen kann das Meistgebot geringer ausfallen; darüber hinaus kann der Erlös für nachrangige Berechtigte geringer sein. Da diese Frage aber erst am Schluss der Versteigerung korrekt beantwortet werden kann, ist grundsätzlich ein **Doppelausgebot** vorzunehmen.

32 **Ausnahmen** hiervon:

- Wenn die Zustimmung des Berechtigten des betreffenden Rechts (welches erlöschen soll) fehlt, dann ist der **Antrag zurückzuweisen**; denn seine Beeinträchtigung steht von vornherein fest. Somit erfolgt hier nur ein Ausgebot mit den gesetzlichen Versteigerungsbedingungen.
- Wenn die Zustimmungen aller eventuell Beeinträchtigten vorliegen (also des Berechtigten, dessen Recht erlöschen soll, und aller nicht im geringsten Gebot ste-

---

37) Dadurch würde auch das Vollstreckungsgericht vor der misslichen Aufgabe verschont, gerichtliche Entscheidungen durch sehr weitgehende Auslegungen doch noch zum „gewünschten Erfolg zu verhelfen".

38) Stöber/*Gojowczyk*, ZVG, § 59 Rz. 26 und Stöber/*Kiderlen*, ZVG, § 180 Rz. 91.

henden nachrangigen Berechtigten sowie des Schuldners), dann erfolgt nur ein **Ausgebot** mit der abgeänderten Bedingung, dass das Recht erlischt.

5. Dauerwohnrecht

Wenn das Dauerwohnrecht nach WEG Rang vor dem bestbetreibenden Gläubiger hat, bleibt es bestehen (§§ 44, 52 ZVG). Dadurch wirkt es faktisch wie ein Versteigerungshindernis; denn Bieter werden kein Interesse an einem solchen Objekt haben. Ein Antrag gemäß § 59 ZVG auf Erlöschen dieses Rechts wird regelmäßig nicht erfolgreich sein, da der Berechtigte sicher nicht zustimmen wird. 33

Wenn das Dauerwohnrecht dem bestbetreibenden Gläubiger im Rang nachgeht, kommt es darauf an, ob eine Vereinbarung nach § 39 WEG getroffen worden ist oder nicht (wegen der Einzelheiten siehe § 52 Rz. 15 [*Bachmann*]). Daneben hat der Berechtigte auch die Möglichkeit, einen Antrag nach § 59 ZVG zu stellen.[39] 34

6. Erbbaurecht

Als mögliche Abweichungsverlangen kommen in Betracht: 35

- Verzicht auf die nach § 8 ErbbauRG auch in der Zwangsvollstreckung erforderlichen Zustimmung des Grundstückseigentümers, die zur Zuschlagserteilung erforderlich ist. Dies kommt nur in Betracht, wenn eine solche Veräußerungsbeschränkung als Inhalt des Erbbaurechts vereinbart und im Grundbuch eingetragen ist.

  Die entsprechende Abweichung, dass der Zuschlag auch ohne die eigentlich nach § 8 ErbbauRG erforderliche Zustimmung erfolgen kann, bedarf der Zustimmung des Grundstückseigentümers. Wenn er dem Abweichungsverlangen zustimmt, dann erfolgt das Ausgebot mit der Versteigerungsbedingung, dass dem Meistbietenden der Zuschlag ohne die nach §§ 5, 8 ErbbauRG ansonsten erforderliche (materiellrechtliche) Zustimmung des Grundstückseigentümers erteilt werden kann. Wenn der Grundstückseigentümer nicht zustimmt, muss der entsprechende Abänderungsantrag zurückgewiesen werden (vgl. § 59 Abs. 1 Satz 3 ZVG).
- Erlöschen eines Erbbaurechts entgegen § 25 ErbbauRG. Dies setzt voraus, dass der Erbbauberechtigte selbst und alle am Erbbaurecht eingetragenen dinglichen Berechtigten zustimmen. Wenn nur einer nicht zustimmt, ist das Abänderungsverlangen zurückzuweisen.
- Ein nach den gesetzlichen Versteigerungsbedingungen erlöschendes Erbbaurecht soll bestehen bleiben. Siehe Rz. 39 ff.

7. Erhöhte Verzinsung des Bargebots

Nach § 49 Abs. 2 ZVG ist das Meistbargebot vom Zuschlag bis zum Verteilungstermin (genauer: einen Tag vor dem Verteilungstermin einschließlich) zu verzinsen. Der Zinssatz hierfür richtet sich nach § 246 BGB und beträgt demnach grundsätzlich 4 %. Dieser Zinssatz kann im Rahmen des § 59 ZVG geändert werden – also insbesondere auch erhöht werden. Der Schuldner und jeder der nicht im geringsten 36

39) Stöber/*Gojowczyk*, ZVG, § 59 Rz. 27 m. w. N.

Gebot stehenden Befriedigungsberechtigten kann dadurch beeinträchtigt werden. Wenn also ihre Zustimmung bereits zum Beginn der Bietstunde vorliegt, wird nur mit der entsprechenden Abänderung ausgeboten. Andernfalls muss ein Doppelausgebot erfolgen. Beim Vergleich der Gebote sind die **Meistgebote ohne jegliche Zinsen** miteinander zu vergleichen, da sich der Ersteher in beiden Fällen gemäß § 49 Abs. 4 ZVG durch Hinterlegung des Bargebots von der Zinspflicht befreien kann.[40] Wenn die Beteiligten hierauf hingewiesen werden, dürfte in den meisten Fällen ein entsprechender Antrag nicht aufrechterhalten bleiben.

8. Erhöhter Zinssatz bei der Forderungsübertragung

37 Die Zinsen (und damit auch der Zinssatz) der nach § 128 ZVG einzutragenden Sicherungshypotheken gehören zu den Versteigerungsbedingungen. Ein Abweichungsverlangen auf einen höheren Zinssatz ist somit zulässig.[41] Ob jedoch Sicherheitshypotheken überhaupt eingetragen werden müssen, entscheidet sich erst im Verteilungstermin – also erst nach der Zuschlagserteilung. Trotzdem kann diese Frage Einfluss auf die Gebote im Versteigerungstermin haben. Regelmäßig wird deshalb **ein Doppelausgebot nötig** sein. Und bei der Frage der Zuschlagserteilung ist hier ausnahmsweise nicht auf die wirtschaftliche Beeinträchtigung abzustellen, weil die im Zeitpunkt der Zuschlagserteilung gerade noch nicht feststeht. Deshalb müssen hier alle möglicherweise Beeinträchtigten zustimmen, damit auf das Ausgebot mit den abweichenden Versteigerungsbedingungen zugeschlagen werden kann. Das sind grundsätzlich:

- Alle Inhaber bestehen bleibender Rechte; denn ihnen gehen u. U. Sicherungshypotheken in einem größeren Umfang (wegen des höheren Zinssatzes) im Range vor.
- Alle nicht ins geringste Gebot fallende Befriedigungsberechtigte; für die vorgehenden Ansprüche werden Sicherungshypotheken in einem größeren Umfang eingetragen.
- Der Schuldner; durch die höheren Zinsen der Sicherungshypothekengläubiger haftet der Schuldner für einen höheren Betrag insgesamt.

38 Auch hier kann man in der Praxis feststellen: Wenn die Beteiligten im Versteigerungstermin auf diese Konsequenzen hingewiesen werden, erfolgt meistens die Rücknahme des Abweichungsantrags.

9. Erlöschendes Rechts soll bestehen bleiben

39 Mit dem Antrag, ein erlöschendes Recht soll (doch) bestehen bleiben, soll von § 52 Abs. 1 ZVG abgewichen werden. Da diese Vorschrift zu den Versteigerungsbedingungen gehört, ist ein solches Verlangen auch zulässig. Dies wird mittelbar auch durch § 59 Abs. 3 ZVG bestätigt. Beeinträchtigt durch einen solchen Antrag ist der Berechtigte des betreffenden Rechts in jedem Fall; deshalb muss er zustimmen, wenn

40) LG Münster, Beschl. v. 3.3.1981 – 5 T 843/80, Rpfleger 1982, 77 mit Anm. *Schiffhauer*; a. A. LG Freiburg, Beschl. v. 18.9.1974 – 4 T 93/74, Rpfleger 1975, 105 mit abl. Anm. *Schiffhauer*.

41) Böttcher/*Böttcher*, ZVG, § 59 Rz. 19; Stöber/*Gojowczyk*, ZVG, § 59 Rz. 45; Dassler/Schiffhauer/u. a.-*Hintzen*, ZVG, § 59 Rz. 25; Schneider-*Strauß*, ZVG, § 59 Rz. 5.

er nicht selbst den Antrag gestellt hat. Fehlt diese Zustimmung, ist der **Antrag zurückzuweisen.** Beeinträchtigt durch diesen Antrag können aber auch die vor-, gleich- und nachrangigen Berechtigten außerhalb des geringsten Gebots und der Schuldner sein. Nach § 59 Abs. 3 ZVG bedarf es der Zustimmung eines nachstehenden Beteiligten aber (ausnahmsweise) nicht. Hierzu soll auch der Schuldner zählen. Zu Abs. 3 werden **unterschiedliche Ansichten** vertreten. Die wichtigsten sollen kurz dargestellt werden:

- Die Zustimmung nachfolgender Beteiligter soll nur dann nicht erforderlich sein, wenn es sich um ein Recht der Abt. II handelt. Wenn das betr. Recht jedoch ein ansonsten erlöschendes Grundpfandrecht wäre, müssten auch die nachrangigen Berechtigten zustimmen.[42)]
- Wörtliche Auslegung des § 59 Abs. 3 ZVG sei verfassungswidrig.[43)]
- Die Entstehungsgeschichte des § 59 Abs. 3 ZVG spreche für die wörtliche Anwendung der Vorschrift.[44)]

Nach m. A. kann nur die von *Stöber* dargestellte Lösung überzeugen. Dies auch aus 40
einem nahe liegenden Grund: Solange eine gesetzliche Vorschrift nicht aufgehoben oder vom Bundesverfassungsgericht für verfassungswidrig erklärt worden ist, sollte sie auch beachtet werden. Es kann nicht sein, dass jeder Rechtsanwender sich auf eine angebliche Verfassungswidrigkeit beruft und dann eigene Regeln aufstellt. Wer eine Änderung des Gesetzes (hier: Streichung des § 59 Abs. 3 ZVG) für erforderlich hält, sollte die hierfür vorgesehenen Wege beschreiten: Anregungen einer Gesetzesinitiative[45)] oder Vorlage an das Bundesverfassungsgericht.[46)] Die nachfolgenden Ausführungen basieren deshalb auf der wörtlichen Anwendung des § 59 Abs. 3 ZVG.

Wenn die evtl. Beeinträchtigten (das sind Gläubiger des Rechts selbst; Zwischenbe- 41
rechtigte,[47)] gleichrangige Gläubiger; nicht nachrangige Gläubiger, nicht der Schuldner) zugestimmt haben, wird nur mit der abweichenden Bedingung ausgeboten, dass das Recht bestehen bleibt. Wird hierauf ein Meistgebot abgegeben, wird ihm der Zuschlag erteilt. Ein Doppelausgebot muss erfolgen, wenn ein Zwischenberechtigter oder ein Gleichrangiger (beide sind in Absatz 3 nicht erwähnt) nicht zugestimmt hat. Hier kann auf das Meistgebot bzgl. der abweichenden Versteigerungsbedingung nur zugeschlagen werden, wenn niemand beeinträchtigt ist oder der bzw. die Beeinträchtigten zugestimmt haben. Beeinträchtigt sein können nur der Berechtigte eines Rechts, welches an dem (jetzt) bestehen bleibenden Recht besteht, und jeder nicht

---

42) So z. B. *Eickmann*, § 13 II 2 d; Böttcher/*Böttcher*, ZVG, § 59 Rz. 20; *Böttcher* ZfIR 2007, 791 und ZfIR 2012, 332 (Urteilsanm.); so offenbar auch *Mayer*, Rpfleger 2003, 281.

43) So *Muth*, JurBüro 1985, 13, 22 und Rpfleger 1987, 397; *Schiffhauer*, Rpfleger 1986, 326, 336.

44) Stöber/*Gojowczyk*, ZVG, § 59 Rz. 54 m. w. N.; BeckOK-*R. Goldbach*, ZVG, § 59 Rz. 27, aber mit der Einschränkung, dass der Schuldner nicht zu den nachstehenden Beteiligten i. S. v. Abs. 3 zählen soll (also seine Zustimmung nicht entbehrlich sei).

45) Bei der Streichung der §§ 57c, 57d ZVG hat dieser Weg funktioniert.

46) Eine Vorlage an das BVerfG ist zwar für den Rechtspfleger nicht möglich. Jedoch dürfte diese „Zugangssperre" leicht zu überwinden sein.

47) Darunter sind solche Rechte zu verstehen, die rangmäßig zwischen den nach den gesetzlichen Versteigerungsbedingung bestehen bleibenden Rechten und dem nach der abgeänderten Versteigerungsbedingung ebenfalls bestehen bleibenden Recht einzuordnen sind.

im geringsten Gebot stehende Zwischenberechtigte oder gleichrangige Gläubiger. Nicht dazu zählen die nachrangigen Beteiligten und der Schuldner (Abs. 3). Wird einer der genannten Beteiligten durch das auf die Abweichung abgegebene Meistgebot voll oder gleich hoch wie beim gesetzlichen Ausgebot gedeckt, dann ist er nicht beeinträchtigt und seine Zustimmung entbehrlich.

42 Der Antrag, dass ein erlöschendes Recht doch bestehen bleiben soll, bewirkt nur, dass dieses Recht im geringsten Gebot bei den bestehen bleibenden Rechten mit seinem Hauptanspruch berücksichtigt wird. Hinsichtlich der **Nebenleistungen** (also laufende und rückständige wiederkehrende Leistungen, Kosten der Rechtsverfolgung) ändert sich dadurch jedoch nichts. Sie kommen also nicht in das Mindestbargebot. Jedoch wäre eine entsprechende – weitere! – Änderung möglich. Bei einem solchen Antrag würde Absatz 3 jedoch nicht gelten; somit müssten hier auch die nachrangigen Berechtigten (und der Schuldner) zustimmen.[48]

10. Rechtsstellung des Erstehers gegenüber Mieter/Pächter

43 Die §§ 57 bis 57b ZVG können gemäß § 59 ZVG abgeändert werden. So können z. B. Mieter bzw. Pächter beantragen, dass das Sonderkündigungsrecht des Erstehers ausgeschlossen wird.[49] Wenn nicht sämtliche Beteiligte (einschließlich Schuldner) dem Abweichungsverlangen zustimmen, muss ein Doppelausgebot erfolgen.

44 Ein solche „Änderung" ist aber in der Teilungsversteigerung nicht möglich, da gemäß § 183 ZVG die Vorschrift des § 57a ZVG nicht gilt – und somit der Ausschluss des Kündigungsrechts gesetzliche Versteigerungsbedingung ist.[50]

11. Sicherheitsleistung

45 Fragen der Sicherheitsleistung sind in den §§ 67 ff. ZVG geregelt; diese gehören nicht zu den Versteigerungsbedingungen. Deshalb können sie auch nicht über § 59 ZVG geändert werden.[51]

12. Übergang von Gefahr und Nutzungen

46 Die Rechtsfolgen des § 56 Satz 2 ZVG können über § 59 ZVG geändert werden.[52] Darüber kann z. B. erreicht werden, dass der Ersteher auch für Hausgeldrückstände haftet. Wenn nicht alle Beteiligte (einschließlich Schuldner) zustimmen, muss ein Doppelausgebot erfolgen.

13. Übergebote

47 Eine Abänderung dahingehend, dass die Höhe der Bietschritte vorgeschrieben wird,[53] verstößt gegen die §§ 72 Abs. 1 und § 81 Abs. 1 ZVG. Da diese Vorschriften nicht

---

48) Stöber/*Gojowczyk*, ZVG, § 59 Rz. 55.
49) Damit melden sie gleichzeitig ihre Beteiligtenstellung i. S. v. § 9 Nr. 2 ZVG an.
50) Vgl. BGH, Beschl. v. 19.7.2012 – V ZB 265/11, Rpfleger 2012, 704 = ZfIR 2012, 661.
51) Böttcher/*Böttcher*, ZVG, § 59 Rz. 8; Stöber/*Gojowczyk*, ZVG, § 59 Rz. 38; Dassler/Schiffhauer/u. a.-*Hintzen*, ZVG, § 59 Rz. 37; BeckOK-*R. Goldbach*, ZVG, § 59 Rz. 30.
52) Böttcher/*Böttcher*, ZVG, § 59 Rz. 23; a. A. Schneider-*Strauß*, ZVG, § 59 Rz. 6 unter „Hausgeld" mit gewichtigen Argumenten.
53) Beispielsweise „Ein Übergebot ist nur zulässig, wenn es das vorgehende wirksame Höchstgebot um … € übersteigt".

beiden Meistgebote eine Beeinträchtigung, so wird der Zuschlag auf das Ausgebot mit erlöschendem Altenteil erteilt. Wird auf das Ausgebot mit bestehen bleibendem Recht kein Gebot abgegeben, ergibt sich die Beeinträchtigung schon aus der Tatsache, dass hier kein Gebot abgegeben wurde. Deshalb ist in diesem Fall der Zuschlag auf das Ausgebot mit erlöschendem Altenteil der Zuschlag zu erteilen.[62] Entgegen einer vereinzelt gebliebenen Ansicht[63] erfolgt hier auch keine Abwägung der Interessen zwischen den Belangen des Altenteilers und des Antragstellers; vielmehr bestimmt sich die Entscheidung allein danach, ob der betroffene Gläubiger bei einem Ausgebot unter Fortbestehen des Altenteils keine oder eine schlechtere Deckung erreicht als bei einem Ausgebot ohne Fortbestehen dieses Rechts.[64]

VIII. Beispiele für die Zuschlagsentscheidung beim Doppelausgebot

1. Zuschlagsentscheidung gemäß § 59 Abs. 2 ZVG

Vorbemerkungen:

Die Gerichtskosten (= Rangklasse 0), die öffentlichen Grundstückslasten (= Rangklasse 3) und die Nebenleistungen der dinglichen Rechte sollen hier ausgeklammert werden (außer den Zinsen des Rechts III/2, wegen derer auch die Versteigerung betrieben wird), damit der Blick auf die eigentliche Problematik nicht verbaut wird. 55

Sachverhalt:

Rangstatus laut Grundbuch des beschlagnahmten Grundstücks: 56

III/1 – 100.000 € – Grundschuld für die Kreissparkasse A

III/2 – 100.000 € – Hypothek für die Stadtsparkasse B

II/1 – Grunddienstbarkeit (Geh- und Fahrrecht), Berechtigter = C

III/3 – 120.000 € – Hypothek für D

Bestbetreibender Gläubiger ist B, der aus seinem Recht III/2 wegen 100.000 € Kapital und 7.000 € Zinsen die Zwangsversteigerung betreibt. Nach den gesetzlichen Versteigerungsbedingungen würde nur das Recht III/1 bestehen bleiben. Der Berechtigte des Geh- und Fahrrechts (= C) beantragt im Versteigerungstermin die abgeänderte Versteigerungsbedingung, dass seine Grunddienstbarkeit bestehen bleibt.

Erste Überlegung des Vollstreckungsgerichts:

Wer ist durch diese Änderung **unzweifelhaft beeinträchtigt**?

Beeinträchtigt ist sicher C; denn Bestehenbleiben des Rechts ist gegenüber Erlöschen etwas anderes. Da jedoch C selbst den Antrag gestellt hat, braucht er nicht auch noch zuzustimmen.

Zweite Überlegung: Wer ist von der Änderung **sicher nicht betroffen**?

Die Kreissparkasse **A ist nicht betroffen**; ihr Recht bleibt in jedem Fall bestehen.

---

62) Stöber/*Keller*, ZVG, § 9 EGZVG Rz. 38a.

63) *Kahlke*, Rpfleger 1990, 233.

64) So BGH, Beschl. v. 1.12.2011 – V ZB 186/11, Rpfleger 2012, 331 = ZfIR 2012, 369 mit Anm. *Alff*.; teilw. a. A. OLG Celle, Urt. v. 20.5.2009 – 3 U 268/08, Rpfleger 2010, 532 mit Anm. *Alff*.

Nach § 59 Abs. 3 brauchen die nachstehenden Beteiligten ebenfalls nicht zuzustimmen; hierzu zählt nach überwiegender Ansicht auch der Schuldner. Wenn man dieser Ansicht folgt, brauchen also auch D und der Schuldner nicht zuzustimmen. Ob diese Ansicht richtig ist, soll hier noch nicht näher untersucht werden.

Dritte Überlegung: Wer könnte **eventuell beeinträchtigt** sein?

Es könnte die Stadtsparkasse B beeinträchtigt sein, da bei bestehen bleibender Grunddienstbarkeit vielleicht weniger geboten wird und damit der bestbetreibende Gläubiger weniger (oder sogar gar nichts) bekommt. Deshalb muss der Versteigerungsrechtspfleger den Vertreter der Stadtsparkasse B fragen, ob er der Abweichung zustimmt oder nicht.

Unterfall 1:

Gläubigerin III/2 **stimmt ordnungsgemäß zu.**

Dann wird das Grundstück nur mit der beantragten Abweichung ausgeboten (also mit bestehen bleibender Grunddienstbarkeit); **kein Doppelausgebot.**

Unterfall 2:

Gläubigerin III/2 **stimmt nicht zu.**

Hier (und nur hier!) muss ein **Doppelausgebot** erfolgen, damit anhand etwaiger Meistgebote festgestellt werden kann, ob die Stadtsparkasse B durch die Abweichung (mit bestehen bleibender Grunddienstbarkeit) tatsächlich beeinträchtigt wird.

Bei der Frage der Zuschlagserteilung können unterschiedliche Konstellationen vorliegen, je nachdem welche Meistgebote am Ende der Bietstunde vorhanden sind:

Unterfall a):

Gesetzliche Versteigerungsbedingung	120.000 €
Abweichende Versteigerungsbedingung	100.000 €

Es erfolgt der **Zuschlag auf das Meistgebot von 120.000 €** (gesetzliche Versteigerungsbedingung); denn der Gläubiger B ist durch die abgeänderte Versteigerungsbedingung beeinträchtigt: Während bei dem Gebot von 120.000 € ihr gesamter Anspruch von 107.000 € (Kapital und Zinsen) befriedigt werden kann, würde sie bei dem Gebot von 100.000 € mit 7.000 € ausfallen.

Unterfall b):

Gesetzliche Versteigerungsbedingung	140.000 €
Abweichende Versteigerungsbedingung	130.000 €

Es erfolgt der **Zuschlag auf die abgeänderte Versteigerungsbedingung**, obwohl das andere Gebot höher ist. **Grund:** Da die Gläubigerin III/2 bei einem Bargebot von 130.000 € voll befriedigt wird, ist sie durch die Abweichung nicht beeinträchtigt. Die anderen – nachfolgenden – Beteiligten (einschließlich des Schuldners) interessieren wegen § 59 Abs. 3 ZVG nicht. So zumindest die in der Praxis vorherrschende Ansicht.[65] Da es sich bei dem Recht, das bestehen bleiben soll, um ein **Recht der**

65) So auch Stöber/*Gojowczyk*, ZVG, § 59 Rz. 54.

Abt. II handelt, kommt auch *Böttcher*[66] zu demselben Ergebnis. Wenn man dagegen der Mindermeinung folgt und § 59 Abs. 3 ZVG insgesamt für verfassungswidrig hält, dann müsste der Zuschlag auf das Meistgebot von 140.000 € (also auf das gesetzliche Ausgebot) erfolgen; denn sowohl der Gläubiger III/3 als auch der Schuldner wären ebenfalls beeinträchtigt.[67]

Unterfall c):

gesetzliche Versteigerungsbedingung	kein Gebot
Abweichende Versteigerungsbedingung	80.000 €

Nach der h. M., die auch in der Praxis am weitesten verbreitet ist, wird der Zuschlag auf das Meistgebot von 80.000 € erteilt, wenn keine Zuschlagsversagungsgründe vorliegen (z. B. §§ 74a, 85a ZVG).[68] Nach a. A. müsste der Zuschlag versagt werden, wenn eine Beeinträchtigung möglich erscheint und keine Zustimmung vorliegt.[69] Hier könnte der Zuschlag also nur erteilt werden, wenn der Gläubiger B zustimmen würde; denn er bekommt beim Zuschlag nicht seinen vollen Anspruch zugeteilt, was aber bei einem eventuellen Meistgebot auf das gesetzliche Ausgebot möglich wäre (deshalb: „mögliche Beeinträchtigung"). Nach einer dritten Meinung darf der Zuschlag nur versagt werden, wenn bei fehlender Zustimmung eines Beteiligten konkrete Anhaltspunkte für die Beeinträchtigung dieses Beteiligten durch die abweichende Bedingung bestehen.[70] Der BGH[71] hat sich der dritten Ansicht angeschlossen und darauf hingewiesen, dass der Zuschlag nur versagt werden könne, wenn konkrete Anhaltspunkte für die Beeinträchtigung des Beteiligten (hier: des Schuldners) durch die abweichenden Bedingungen bestünden. Er kommt zum Schluss, dass der Zuschlag zu Recht erteilt worden ist, weil keine Anhaltspunkte dafür bestanden, dass ohne Bestehenbleiben des Rechts ein besseres Versteigerungsergebnis erzielt worden wäre.

Unterfall d):

Gesetzliche Versteigerungsbedingung	kein Gebot
Abweichende Versteigerungsbedingung	120.000 €

Hier erfolgt die **Zuschlagserteilung** auf das Meistgebot zu 120.000 €. Dies auch unter Zugrundelegung der bei Unterfall c) genannten anderen Ansichten; denn bei einer Teilungsmasse von 120.000 € ist der Gläubiger B unzweifelhaft nicht beeinträchtigt und muss deshalb nicht zustimmen. Der nachfolgende Gläubiger D und der Schuldner müssen gemäß Absatz 3 nicht zustimmen.

66) Böttcher/*Böttcher*, ZVG, § 59 Rz. 20; Schneider-*Schneider*, ZVG, § 59 Rz. 67; so auch *Mayer*, Rpfleger 2003, 283.

67) So *Muth*, Rpfleger 1987, 397.

68) LG Arnsberg, Beschl. v. 10.7.1984 – 5 T 241/84, Rpfleger 1984, 427; Böttcher/*Böttcher*, ZVG, § 59 Rz. 14; Stöber/*Gojowczyk*, ZVG, § 59 Rz. 53; *Muth*, Rpfleger 1987, 397, 401.

69) So LG Rostock, Beschl. v. 26.4.2001 – 2 T 144/00, Rpfleger 2001, 509.

70) So LG Berlin, Beschl. v. 28.9.2005 – 81 T 766/05, Rpfleger 2006, 93; Dassler/Schiffhauer/u. a.-*Hintzen*, ZVG, § 59 Rz. 69.

71) BGH, Beschl. v. 8.12.2011 – V ZB 197/11, Rpfleger 2012, 336 = ZfIR 2012, 331 mit zust. Anm. *Böttcher*.

Unterfall e):

Gesetzliche Versteigerungsbedingung	80.000 €
Abweichende Versteigerungsbedingung	kein Gebot

Der Zuschlag wird auf das Meistgebot von 80.000 € erteilt, falls keine Zuschlagsversagungsgründe vorliegen (z. B. §§ 74a, 85a ZVG). Mit dieser Ausgebotsart (gesetzliche Versteigerungsbedingungen) muss jeder Beteiligte „leben". Dass hier der bestbetreibende Gläubiger B nicht voll befriedigt wird, ist keine Folge des Antrags auf abgeänderte Versteigerungsbedingungen bzw. des Doppelausgebots, sondern in jedem Versteigerungsverfahren denkbar.

2. Zuschlagsentscheidung gemäß § 9 Abs. 2 EGZVG[72)]

Vorbemerkungen:

57 Die Gerichtskosten (= Rangklasse 0, die öffentlichen Grundstückslasten (= Rangklasse 3) und die Nebenleistungen der dinglichen Rechte sollen hier ausgeklammert werden, damit der Blick auf die eigentliche Problematik nicht verbaut wird. Dies bedeutet: Die nachfolgend aufgeführten Gebote wären jeweils um die entsprechenden (immer gleich bleibenden!) Beträge zu erhöhen.

Sachverhalt:

58 Rangstatus laut Grundbuch des beschlagnahmten Grundstücks:

1. Rang:	III/1 –	130.000 € für A
2. Rang:	III/2 –	160.000 € für B
3. Rang:	II/1 –	Altenteil für C
4. Rang:	III/3 –	50.000 € für D

Bestbetreibender Gläubiger ist A, der aus seinem Recht III/1 die Zwangsversteigerung betreibt. Der Gläubiger B (= III/2) stellt den Antrag gemäß § 9 Abs. 2 EGZVG.

59 **Hinweis:** D (= III/3) kann diesen Antrag nicht stellen, weil er dem Altenteil im Range nachgeht.

Es erfolgt ein Doppelausgebot:

- Gesetzliche Versteigerungsbedingung: Das Altenteil bleibt außerhalb des geringsten Gebots bestehen (§ 9 Abs. 1 EGZVG),
- Abweichende Versteigerungsbedingung: Das Altenteil erlischt (§ 9 Abs. 2 EGZVG)

Unterfall 1: Zum Schluss der Bietstunde liegen folgende Meistgebote vor:

Auf das Ausgebot mit bestehen bleibendem Altenteil:	300.000 €
Auf das Ausgebot mit erlöschendem Altenteil	350.000 €

72) Nachgebildet dem Beispiel von *Drischler*, RpflJB 1983, 229, das im RpflJB 1991, 200 nur noch ansatzweise vorhanden ist.

Der Zuschlag wird auf das Ausgebot mit der gesetzlichen Versteigerungsbedingung (Altenteil bleibt bestehen), also auf das Meistgebot zu 300.000 € erteilt; denn bei diesem Meistgebot würden erhalten (beachte Vorbemerkungen):

A (= III/1) 130.000 €, B (= III/2) 160.000 €; D (= III/3) 10.000 €.

Da der Antragsteller B **(und nur der interessiert hier!)** voll befriedigt wird, ist er durch das bestehen bleibende Altenteil auch nicht beeinträchtigt; und somit ist dem gesetzlichen Ausgebot der Zuschlag zu erteilen. Dass dieses Gebot niedriger ist als das Meistgebot bei der abgeänderten Versteigerungsbedingung, ist hier ohne Bedeutung.

Unterfall 2: Zum Schluss der Bietstunde liegen folgende Meistgebote vor:

Auf das Ausgebot mit bestehen bleibendem Altenteil: 280.000 €

Auf das Ausgebot mit erlöschendem Altenteil 320.000 €

Der Zuschlag wird auf das Ausgebot mit der abweichenden Versteigerungsbedingung (Altenteil erlischt), also auf das Meistgebot zu 320.000 € erteilt; denn bei dem Meistgebot mit bestehen bleibendem Altenteil (= 280.000 €) würde die Zuteilung wie folgt aussehen (beachte Vorbemerkungen):

A (= III/1) 130.000 €, B (= III/2) 150.000 € (sein Ausfall betrüge 10.000 €

Bei der Teilungsmasse von 320.000 € dagegen wird die Teilungsmasse folgendermaßen verteilt:

A (= III/1) 130.000 €, B (= III/2) 160.000 €; C (= II/1) 30.000 €.

Somit war B durch das Ausgebot mit bestehen bleibendem Altenteil beeinträchtigt. Folglich ist der Zuschlag auf das Ausgebot mit erlöschendem Altenteil zu erteilen. Mit dem Betrag, der auf das Altenteil entfällt, wird für C ein Deckungskapital gebildet; das weitere Verfahren richtet sich nach §§ 92 Abs. 2, 121 ZVG.

Unterfall 3: Zum Schluss der Bietstunde liegen folgende Meistgebote vor:

Auf das Ausgebot mit bestehen bleibendem Altenteil: 290.000 €

Auf das Ausgebot mit erlöschendem Altenteil 320.000 €

Der Zuschlag wird auf das Ausgebot mit der gesetzlichen Versteigerungsbedingung (Altenteil bleibt bestehen), also auf das Meistgebot zu 290.000 € erteilt; denn bei diesem Meistgebot würde B schon volle Zuteilung erhalten (beachte Vorbemerkungen); somit ist er nicht beeinträchtigt.

Unterfall 4:

Auf das Ausgebot mit bestehen bleibendem Altenteil: kein Gebot

Auf das Ausgebot mit erlöschendem Altenteil 200.000 €

Der Zuschlag ist auf das Meistgebot zu 200.000 € zu erteilen (falls keine Zuschlagsversagungsgründe wie z. B. § 85a ZVG vorliegen). Obwohl hier eine echte Vergleichsmöglichkeit fehlt, steht fest, dass B durch die gesetzliche Versteigerungsbedingung benachteiligt wäre; denn in diesem Fall erhielte er gar keine Zuteilung mangels Zuschlags. Bei dem Ausgebot auf die abweichende Versteigerungsbedingung bekommt er wenigstens 70.000 €. Diese Ansicht wird überwiegend vertreten.[73)]

---

73) Stöber/*Keller*, ZVG, § 9 EGZVG Rz. 38a m. w. N.

§ 60 (aufgehoben)

Zusammenfassung:

60 Der Zuschlag ist auf die Ausgebotsart zu erteilen, welche demjenigen, der den Antrag nach § 9 Abs. 2 EGZVG gestellt hat, „mehr bringt". Bei gleich hohem Ausfall bzw. gleich hoher Deckung ist **auf das gesetzliche Ausgebot** (also mit bestehen bleibendem Altenteil) **zuzuschlagen.** Und hieran kann man deutlich den Unterschied zu § 59 ZVG erkennen; dort „geht" die Abweichung vor. Wenn nur auf das Ausgebot mit erlöschendem Altenteil geboten wird, ist der Zuschlag trotz fehlender Vergleichsmöglichkeit auf dieses Ausgebot zu erteilen.

§ 60

Aufgehoben durch Gesetz vom 01.02.1979 (BGBl. I 127)

§ 61

Aufgehoben durch das Gesetz vom 01.02.1979 (BGBl. I 127)

(keine Änderung)

§ 62

Erörterungen über das geringste Gebot

Das Gericht kann schon vor dem Versteigerungstermin Erörterungen der Beteiligten über das geringste Gebot und die Versteigerungsbedingungen veranlassen, zu diesem Zweck auch einen besonderen Termin bestimmen.

Übersicht

I. Allgemeines

1 Das Gesetz eröffnet in § 62 ZVG die Möglichkeit, zur Entlastung des eigentlichen Versteigerungstermins einen **Erörterungstermin** zu bestimmen. Dies gilt für alle Verfahrensarten. Ein solcher Termin ist vor allen Dingen geeignet, spezielle Rechtsfragen schon vorab zu klären. Als Beispiele kommen in Betracht:

- Klärung von Eigentumsverhältnissen an Zubehörstücken.
- Klärung über das genaue Versteigerungsobjekt bei einem Überbau.
- Rangfragen hinsichtlich der eingetragenen Rechte (insbesondere bei sog. relativen Rangverhältnissen).
- Festsetzung eines Zuzahlungswertes für bestehen bleibende Rechte der Abt. II (§ 51 ZVG).
- Abweichende Versteigerungsbedingungen.
- Bei Versteigerung mehrerer Grundstücke:

  Welche Ausgebotsarten sollen erfolgen?
- Bei einer Versteigerung zur Aufhebung einer Gemeinschaft:

  Versuch einer vergleichsweisen Regelung.

II. Erörterungstermin

Die Entscheidung, ob ein Erörterungstermin (auch Vortermin genannt) stattfinden soll, liegt im Ermessen des Vollstreckungsgerichts. In der Praxis wird von dieser Möglichkeit nur ganz selten Gebrauch gemacht. Wenn ein solcher Termin jedoch vorgesehen wird, sollte Folgendes beachtet werden: 2

- Der Termin ist im Gegensatz zum Versteigerungstermin **nicht öffentlich.**
- Die Beteiligten werden nur **formlos geladen.**
- Die Namen der Teilnehmer und alle Vorkommnisse (Anträge, Prozesserklärungen, Entscheidungen und Vergleiche) sind zu **protokollieren.**
- Bei einem Vergleichsabschluss hat das Vollstreckungsgericht die gleiche **Aufklärungs- und Belehrungspflicht wie ein Notar.**
- Das Ergebnis eines Vortermins ist nicht bindend, außer wenn die Beteiligten dies ausdrücklich beantragt haben oder wenn Anträge gestellt werden, die bereits vor dem Termin (ansonsten schriftlich) gestellt werden können.
- Besondere **Kosten** für die Durchführung des Erörterungstermins fallen nicht an.

§ 63
Einzel-, Gesamt- und Gruppenausgebot mehrerer Grundstücke

(1) Mehrere in demselben Verfahren zu versteigernde Grundstücke sind einzeln auszubieten. Grundstücke, die mit einem einheitlichen Bauwerk überbaut sind, können auch gemeinsam ausgeboten werden.

(2) Jeder Beteiligte kann spätestens im Versteigerungstermin vor der Aufforderung zur Abgabe von Geboten verlangen, daß neben dem Einzelausgebot alle Grundstücke zusammen ausgeboten werden (Gesamtausgebot). Sofern einige Grundstücke mit einem und demselben Recht belastet sind, kann jeder Beteiligte auch verlangen, daß diese Grundstücke gemeinsam ausgeboten werden (Gruppenausgebot). Auf Antrag kann das Gericht auch in anderen Fällen das Gesamtausgebot einiger der Grundstücke anordnen (Gruppenausgebot).

(3) Wird bei dem Einzelausgebot auf eines der Grundstücke ein Meistgebot abgegeben, das mehr beträgt als das geringste Gebot für dieses Grundstück, so erhöht sich bei dem Gesamtausgebot das geringste Gebot um den Mehrbetrag. Der Zuschlag wird auf Grund des Gesamtausgebots nur erteilt, wenn das Meistgebot höher ist als das Gesamtergebnis der Einzelausgebote.

(4) Das Einzelausgebot unterbleibt, wenn die anwesenden Beteiligten, deren Rechte bei der Feststellung des geringsten Gebots nicht zu berücksichtigen sind, hierauf verzichtet haben. Dieser Verzicht ist bis spätestens vor der Aufforderung zur Abgabe von Geboten zu erklären.

Literatur: *Alff*, Einzelversteigerungsgebot bei Bruchteilseigentum – inhaltslose Förmelei oder legitimes taktisches Instrument für den Schuldner?, RpflStud. 2004, 33; *Bachmann*, Zuschlagsentscheidung bei Gesamtausgebot, Rpfleger 1992, 3 und 1993, 12; *Heidrich*, Zuschlagsentscheidung bei Gesamtausgebot, Rpfleger 1993, 11; *Muth*, Anzahl zulässiger Ausgebotsarten, Rpfleger 1990, 502.

Übersicht

I. Allgemeines

1 Die Versteigerung mehrerer Grundstücke kann unter den Voraussetzungen des § 18 ZVG in demselben Verfahren erfolgen, wenn die dort genannten Voraussetzungen vorliegen. § 63 ZVG regelt die Frage, wie die mehreren Grundstücke dann versteigert werden. Absatz 1 Satz 1 sieht als **Regelfall das Einzelausgebot** vor. Ausnahmsweise kann auf entsprechenden Antrag ein Gesamtausgebot (alle Grundstücke zusammen) oder ein Gruppenausgebot (einige Grundstücke gemeinsam) erfolgen (Abs. 2). Die Einzelausgebote unterbleiben nur ausnahmsweise (Abs. 4). So ergibt sich u. U. eine Vielzahl von Ausgebotsarten. Die daraus resultierenden Schwierigkeiten bei der Zuschlagsentscheidung regelt Absatz 3 Satz 2 ZVG.

2 § 63 ZVG gilt auch bei der Versteigerung von Wohnungs- oder Teileigentum und von grundstücksgleichen Rechte, aber auch bei der Zwangsversteigerung von Grundstücksbruchteilen.

3 § 63 ZVG gilt für **alle Versteigerungsarten** des ZVG. Bei der Versteigerung zum Zwecke der Aufhebung einer Bruchteilsgemeinschaft ist jedoch zu beachten, dass die „kleinste" Versteigerungseinheit hier das Grundstück (nicht ein Grundstücksbruchteil) darstellt; denn es würde dem Zweck dieses Versteigerungsverfahrens widersprechen, wenn es die Gemeinschaft nicht auflösen würde, sondern nur die Bruchteilseigentümer ausgewechselt würden.[1]

II. Einzelausgebot

1. Grundsatz (Abs. 1 Satz 1)

4 Wenn mehrere Grundstücke oder andere Versteigerungsobjekte (z. B. grundstücksgleiche Rechte, Grundstücksbruchteile) in einem nach § 18 ZVG verbundenen Verfahren versteigert werden, muss jedes von ihnen einzeln ausgeboten werden, Absatz 1

1) BGH, Beschl. v. 7.5.2009 – V ZB 12/09, Rpfleger 2009, 579 = ZfIR 2010, 79 mit Anm. *Bräuer*. So auch Böttcher/*Böttcher*, ZVG, § 180 Rz. 94; Stöber/*Kiderlen*, ZVG, § 180 Rz. 90; Dassler/Schiffhauer/u. a.-*Hintzen*, ZVG, § 180 Rz. 122; BeckOK-*R. Goldbach*, ZVG, § 63 Rz. 6; Schneider-*Strauß*, ZVG, § 53 Rz. 5.

Satz 1. Das Einzelausgebot ist also die **gesetzliche Regel**; davon abgewichen werden darf nur unter den Voraussetzungen des Absatzes 4. Wird dagegen verstoßen, ist dies ein Zuschlagsversagungsgrund gemäß § 83 Nr. 2 ZVG.

2. Verzicht auf Einzelausgebote (Abs. 4)

Nach Abs. 4 Satz 1 **unterbleibt das Einzelausgebot** dann, wenn die anwesenden Beteiligten, deren Rechte bei der Feststellung des geringsten Gebots nicht zu berücksichtigen sind, hierauf verzichtet haben. Dazu zählt auch der Vollstreckungsschuldner.[2] Dagegen fallen nicht hierunter die Beteiligten, welche im geringsten Gebot stehen. Aber auch Mieter bzw. Pächter müssen nicht zustimmen, da sie kein Recht auf Befriedigung aus dem Grundstück haben.[3] 5

Der Verzicht muss **ausdrücklich** erklärt werden.[4] Schweigen ist nicht als Verzicht zu interpretieren;[5] aber auch ein Verzicht durch schlüssiges Handeln kommt nicht in Betracht.[6] Wurde ein Verzicht bereits vor dem Versteigerungstermin oder in einem gemäß § 62 ZVG abgehaltenen Vortermin erklärt, muss er im Versteigerungstermin ausdrücklich bestätigt werden; denn das Gesetz spricht von den im Versteigerungstermin „anwesenden Beteiligten".[7] 6

Der Verzicht kann nach Absatz 4 Satz 2 nur **bis zur Aufforderung zur Abgabe von Geboten** erklärt werden. Dies bedeutet, dass Beteiligte, die erst nach diesem Zeitpunkt erscheinen, nicht noch (nachträglich) verzichten müssen; damit müssen sie auch nicht mehr gefragt werden, ob sie verzichten.[8] Wenn der Beteiligte jedoch nach Verkündung des Beschlusses, dass Einzelausgebote unterbleiben, aber noch vor Aufforderung zur Abgabe von Geboten erscheint, dann ist auch seine Zustimmung erforderlich; denn erst nach Aufforderung zur Abgabe von Geboten wird der Verzicht auf das Einzelausgebot bindend.[9] In diesem Zusammenhang muss jedoch darauf hingewiesen werden, dass ein Beteiligter, der nach Aufruf der Sache, erst dann als „anwe- 7

2) BGH, Beschl. v. 30.10.2008 – V ZB 41/08, Rpfleger 2009, 158 = ZfIR 2009, 111; BGH, Beschl. v. 1.7.2010 – V ZB 94/10, Rpfleger 2011, 41; OLG Saarbrücken, Beschl. v. 26.8.1991 – 5 W 124/91, Rpfleger 1992, 123; Böttcher/*Böttcher*, ZVG, § 63 Rz. 3; Stöber/*Gojowczyk*, ZVG, § 63 Rz. 3.

3) Böttcher/*Böttcher*, ZVG, § 63 Rz. 3; Stöber/*Gojowczyk*, ZVG, § 63 Rz. 3b; Dassler/Schiffhauer/u. a.-*Hintzen*, ZVG, § 63 Rz. 8; BeckOK-*R. Goldbach*, ZVG, § 63 Rz. 9; Schneider-*Strauß*, ZVG, § 63 Rz. 78.

4) BGH, Beschl. v. 30.10.2008 – V ZB 41/08, Rpfleger 2009, 158 = ZfIR 2009, 111.

5) OLG Jena, Beschl. v. 10.7.2000 – 6 W 433/00, Rpfleger 2000, 509, Böttcher/*Böttcher*, ZVG, § 63 Rz. 3.

6) BGH, Beschl. v. 30.10.2008 – V ZB 41/08, Rpfleger 2009, 158 = ZfIR 2009, 111; doch „Nicken" als „positives Tun mit eindeutigem Erklärungsgehalt" genügt; vgl. BGH, Beschl. v. 1.7.2010 – V ZB 94/10, Rpfleger 2011, 41.

7) So auch Böttcher/*Böttcher*, ZVG, § 63 Rz. 3; Stöber/*Gojowczyk*, ZVG, § 63 Rz. 4; Dassler/Schiffhauer/u. a.-*Hintzen*, ZVG, § 63 Rz. 9; BeckOK-*R. Goldbach*, ZVG, § 63 Rz. 10.

8) So auch Böttcher/*Böttcher*, ZVG, § 63 Rz. 3a; Stöber/*Gojowczyk*, ZVG, § 63 Rz. 4a; BeckOK-*R. Goldbach*, ZVG, § 63 Rz. 10.

9) So BGH, Beschl. v. 2.2.2012 – V ZB 6/11, ZfIR 2012, 52; und BVerfG, Beschl. v. 26.9.2012 – 2 BvR 938/12, ZfIR 2012, 881 mit Anm. *Ertle/Strauß*. Deshalb sollte im Protokoll angegeben werden, in welchem Verfahrensabschnitt (genau!) ein Beteiligter (nachträglich) erschienen ist.

send" gelten kann, wenn er sich gegenüber dem Gericht zu erkennen gibt oder vom Gericht aus Anlass einer Frage oder eines Antrags erkannt wird.[10]

8 Der **Verzicht** auf Einzelausgebot **kann** bis zur Aufforderung zur Abgabe von Geboten **zurückgenommen** werden, danach nicht mehr; denn mit dem Eintritt in die Bietzeit wird der Verzicht bindend.[11]

3. Geringste Gebote für die Einzelausgebote

9 Bei der Berechnung der geringsten Gebote für die Einzelausgebote werden **alle Belastungen und Barbeträge** eingesetzt, die das einzelne Grundstück (mit-) betreffen. Gesamtbelastungen sind bei jedem Grundstück voll anzusetzen; Ausnahme hiervon unter den Voraussetzungen des § 64 ZVG (siehe dort). Die nach § 109 ZVG vorweg zu entnehmenden Verfahrenskosten sind nach dem Verhältnis der festgesetzten Grundstückswerte auf die einzelnen Grundstücke zu verteilen.[12] Dies gilt auch für die Ansprüche der Rangklassen 1 bis 3, wenn sie alle bzw. mehrere Grundstücke belasten und keine anderweitige Anmeldung der Berechtigten vorliegen.[13]

III. Sonderfall: Einheitlich überbaute Grundstücke (Abs. 1 Satz 2)

10 Nach Absatz 1 Satz 2 können Grundstücke, die mit einem einheitlichen Bauwerk überbaut sind, auch ohne Antrag – also von Amts wegen – **gemeinsam ausgeboten** werden. Die Entscheidung hierüber liegt im Ermessen des Gerichts. Wenn nur einige Grundstücke mit einem einheitlichen Bauwerk überbaut sind, dann können auch nur diese Grundstücke gemeinsam ausgeboten werden. Auch das Gesamtausgebot nach Absatz 1 Satz 2 verdrängt die Einzelausgebote nicht.[14] Einzelausgebote unterbleiben also auch hier nur unter den Voraussetzungen des Absatzes 4.[15] Die gemeinsame Versteigerung ist als Versteigerungsbedingung vor der Aufforderung zur Abgabe von Geboten festzustellen und kann danach nicht mehr abgeändert werden.[16]

11 Ob ein einheitliches Bauwerk vorliegt, lässt sich regelmäßig aus dem Sachverständigengutachten entnehmen. Darunter ist eine in sich zusammenhängende bauliche Anlage auf mehreren Grundstücken zu verstehen.[17] Mehrere Bauwerke, die (lediglich) eine wirtschaftliche Einheit darstellen, fallen nicht hierunter.[18]

---

10) Stöber/*Gojowczyk*, ZVG, § 66 Rz. 4a; Böttcher/*Böttcher*, ZVG, § 63 Rz. 3a, der jedoch empfiehlt vor der Aufforderung zur Gebotsabgabe nochmals die Anwesenden nach ihrem Beteiligtenstatus zu befragen; *Ertle*, ZfIR 2017, 329; a. A. LG Arnsberg, Beschl. v. 27.10.2016 – 5 T 60/16 mit abl. Anm. *Ertle*; a. A. jetzt auch Dassler/Schiffhauer/u.-*Hintzen*, ZVG, § 63 Rz. 8, etwas anders aber bei § 66 Rz. 24;

11) Stöber/*Gojowczyk*, ZVG, § 63 Rz. 5; BGH, Beschl. v. 2.2.2012 – V ZB 6/11, ZfIR 2012, 252.

12) Böttcher/*Böttcher*, ZVG, § 63 Rz. 2; Stöber/*Gojowczyk*, ZVG, § 63 Rz. 7.

13) Stöber/*Gojowczyk*, ZVG, § 63 Rz. 7, fordert jedoch ergänzend hierzu auf, auf getrennte Anmeldung hinzuwirken.

14) Böttcher/*Böttcher*, ZVG, § 63 Rz. 3b; Stöber/*Gojowczyk*, ZVG, § 63 Rz. 9 m. w. N.

15) BGH, Beschl. v. 30.10.2008 – V ZB 41/08, Rpfleger 2009, 98 = MDR 2009, 158 und BGH, Beschl. v. 1.7.2010 – V ZB 94/10, Rpfleger 2011, 41.

16) So Stöber/*Gojowczyk*, ZVG, § 63 Rz. 11.

17) Vgl. *Hornung*, NJW 1999, 460.

18) Böttcher/*Böttcher*, ZVG, § 63 Rz. 3b; Stöber/*Gojowczyk*, ZVG, § 63 Rz. 10.

Bruchteile eines Grundstücks sind grundsätzlich einzeln auszubieten (§ 864 Abs. 2 ZPO, § 63 Abs. 1 Satz 1 ZVG). Steht ein Bauwerk auf dem betr. Grundstück, dann liegen die Voraussetzungen des Absatzes 1 Satz 2 vor. Und so kann das Grundstück (auch als Ganzes) im Gesamtausgebot ausgeboten werden. 12

IV. Gesamt- und Gruppenausgebot (Abs. 2)

1. Besondere Ausgebotsarten

Jeder Beteiligte kann gemäß Absatz 2 Satz 1 verlangen, dass neben den Einzelausgeboten auch alle Grundstücke gemeinsam ausgeboten werden; dies nennt man **Gesamtausgebot**. Außer diesem Antrag ist keine weitere Voraussetzung erforderlich. Die Einzelausgebote können aber nur unterbleiben, wenn die Voraussetzungen des Absatzes 4 vorliegen. 13

Wenn mehrere Grundstücke, aber nicht alle, gemeinsam ausgeboten werden, dann spricht man vom **Gruppenausgebot**. Wenn diese Grundstücke mit einem Gesamtrecht belastet sind, dann kann jeder Beteiligte dieses Gruppenausgebot verlangen (Abs. 2 Satz 2). Aber auch in anderen Fällen kann das Vollstreckungsgericht ein Gruppenausgebot zulassen; doch auch hier ist ein entsprechender Antrag erforderlich (Abs. 2 Satz 3). Der Hauptunterschied zwischen Satz 2 und Satz 3 ergibt sich aus der Formulierung: Wird nach Satz 2 ein entsprechendes „Verlangen" vorgebracht, dann ist diesem Antrag zu entsprechen (wenn die weitere Voraussetzung „Gesamtrecht" gegeben ist); das Gericht hat hier keinen Ermessensspielraum. Bei Satz 3 dagegen wird das Gericht dem „Antrag" (nur) stattgegeben, wenn das Gruppenausgebot sinnvoll erscheint. 14

Im Verhältnis zum Gesamtausgebot ist ein Gruppenausgebot wie ein Einzelausgebot zu behandeln, im Verhältnis zu den Einzelausgeboten der Grundstücke, welche im Gruppenausgebot zusammengefasst sind, stellt sich dieses wie ein Gesamtausgebot dar.[19] 15

2. Antrag

Während Absatz 1 Satz 2 (siehe oben) ein Gesamtausgebot von Amts wegen zulässt, ist in allen anderen Fällen ein **Antrag erforderlich** (Abs. 2). Antragsberechtigt sind alle Beteiligten i. S. v. § 9 ZVG, also auch der Schuldner sowie Mieter und Pächter. Da keine bestimmte Form vorgeschrieben ist, kann der Antrag schriftlich oder zu Protokoll der Geschäftsstelle sowie im Versteigerungstermin mündlich gestellt werden. In einem „Verzicht auf die Einzelausgebote" ist ein Antrag auf das Gesamtausgebot zu erblicken. Aber die Einzelausgebote unterbleiben auch hier nur, wenn alle nach Abs. 4 vorgesehenen Beteiligten hierauf verzichten. 16

Der Antrag bzw. das Verlangen muss bis **spätestens vor der Aufforderung zur Abgabe von Geboten** erfolgt sein (Abs. 2 Satz 1). Bis zu diesem Zeitpunkt kann der Antrag auch wieder zurückgenommen werden.[20] Wenn eine bereits begonnene Versteigerung abgebrochen (z. B. durch „Wegfall" des bestbetreibenden Gläubigers) und 17

---

19) RG, Urt. v. 19.10.1907 – V 44/07, RGZ 66, 391; OLG Koblenz, Beschl. v. 12.11.1962 – 5 W 229/62, Rpfleger 1963, 53.

20) Stöber/*Gojowczyk*, ZVG, § 63 Rz. 17.

(nach Berechnung eines neuen geringsten Gebots) eine neue Bietstunde in Lauf gesetzt werden muss, dann gilt Folgendes:

18 Ein bereits früher gestellter Antrag auf Gesamt- oder Gruppenausgebot ist weiter zu beachten; ein solcher Antrag kann aber auch wieder zurückgenommen werden. Es kann auf die Einzelausgebote verzichtet oder ein vorheriger Verzicht wieder zurückgenommen werden. Grund: Es erfolgt eine erneute Aufforderung zur Abgabe von Geboten.[21)]

3. Anzahl der Ausgebotsarten insgesamt

19 Nach *Muth*[22)] lässt sich die Summe aller denkbaren Ausgebote (Gesamtausgebot, Gruppenausgebot, Einzelausgebote) nach folgender Formel berechnen:

$$X = 2^{\text{Anzahl der Grundstücke}} - 1.$$

20 Bei vier Grundstücken sieht die Berechnung folgendermaßen aus: $X = 2^4 - 1 = 15$ Höchstmögliche Anzahl von Ausgeboten hier also: Ein Gesamtausgebot (Grundstücke 1, 2, 3, 4); Vier Einzelausgebote für jedes Grundstück; Sechs Gruppenausgebote mit je zwei Grundstücken: 1 + 2; 1 + 3; 1 + 4; 2 + 3; 2 + 4; 3 + 4; Vier Gruppenausgebote mit je drei Grundstücken: 1 + 2 + 3; 1 + 2 + 4; 1 + 3 + 4; 2 + 3 + 4. Schon an dieser Zahl lässt sich erkennen, dass ein Termin mit mehreren Grundstücken gut vorbereitet sein muss, wenn mit Anträgen nach Absatz 2 zu rechnen ist. Deshalb ist es hilfreich, schon im Vorfeld auf klare Verhältnisse hinzuwirken; denn gerade die verschiedensten Gruppenausgebote können zu erheblichen Verwirrungen unter den Bietinteressenten führen, Schwierigkeiten bei der Protokollierung der einzelnen Gebote bereiten und insbesondere bei der Frage, welchem Gebot der Zuschlag zu erteilen ist, rechtliche Probleme aufwerfen.

V. Geringstes Gebot für das Gesamt- und das Gruppenausgebot

1. Grundsatz

21 Das geringste Gebot beim Gesamtausgebot ist nicht grundsätzlich die Summe der geringsten Gebote der Einzelausgebote. Deshalb ist das geringste Gebot für jede Ausgebotsart einzeln festzustellen. Nur wenn keine Gesamtbelastungen zu berücksichtigen sind, entspricht das Gesamtausgebot rechnerisch der Summe der Einzelausgebote; denn Gesamtrechte werden zwar beim Gesamtausgebot bei den bestehen bleibenden Rechten und im Mindestbargebot nur einmal berücksichtigt. Aber in jedem **Einzel-** oder Gruppenausgebot werden sie jeweils voll angesetzt, soweit das betreffende Grundstück oder die Gruppe mit diesem Gesamtrecht belastet ist. Hierbei ist zu beachten, dass ein Gruppenausgebot im Verhältnis zum Gesamtausgebot wie ein Einzelausgebot, im Verhältnis zu den Einzelausgeboten jedoch als Gesamtausgebot zu behandeln ist.[23)]

---

21) Vgl. hierzu ähnliche Regelung für die Frage der Rechtzeitigkeit einer Anmeldung; siehe hierzu auch Stöber/*Gojowczyk*, ZVG, § 63 Rz. 17 und 17a.

22) *Muth*, Rpfleger 1990, 502.

23) Vgl. OLG Koblenz, Beschl. v. 12.11.1962 – 5 W 229/62, Rpfleger 1963, 53.

Alle Ausgebote haben **gleichzeitig zu beginnen** und sind auch **gleichzeitig zu beenden.** Deshalb sind Gebote für alle Ausgebotsarten solange entgegenzunehmen, bis die Versteigerung insgesamt geschlossen wird. Die Reihenfolge steht also nicht im Ermessen des Gerichts. Andererseits können die Bieter während der gesamten Bietzeit zwischen den einzelnen Gebotsarten „wählen“, müssen aber auch deutlich erklären, auf welches Ausgebot ihr Gebot abgegeben wird. Diese gemeinsame Durchführung der Versteigerung macht es erforderlich, dass das Gericht dauernd mitrechnet und die Auswirkungen von abgegebenen Gebote auf die anderen Ausgebotsformen – insbesondere die Erhöhung des geringsten Gebots gemäß Abs. 3 Satz 1 – beachtet und bekannt gibt.[24] 22

2. Erhöhung des geringsten Gebots (Abs. 3 Satz 1)

Wenn bei einem Einzelausgebot ein Gebot abgegeben wird, das höher ist, als das 23 geringste Gebot für dieses Grundstück, dann muss sofort das geringste Gebot (Abschn. Mindestbargebot) des Gruppenausgebots und des Gesamtausgebots um diesen Mehrbetrag erhöht werden (Abs. 3 Satz 1). Dadurch soll erreicht werden, dass ein Berechtigter, der bei einem Einzelausgebot Befriedigung erlangen würde, auch bei einer anderen Ausgebotsart Deckung erfährt.[25] Die Erhöhung des geringsten Gebots beim Gesamtausgebot tritt kraft Gesetzes ein; dadurch wird das betreffende Mindestbargebot ex nunc erhöht. Dies bedeutet, dass die Erhöhung nur für die weiter abzugebenden Gebote gilt; die bereits abgegebenen Gebote werden dadurch nicht rückwirkend unwirksam.[26]

VI. Zuschlagsentscheidung (Abs. 3 Satz 2)

Eine Zuschlagserteilung setzt voraus, dass ein Meistgebot abgegeben wurde und 24 keine Zuschlagsversagungsgründe vorliegen (vgl. hierzu §§ 74a, 85a, 83 ZVG). Denkbar sind folgende Konstellationen

1. Zuschlag auf das Gesamtausgebot

Auf das Gesamtausgebot kann der Zuschlag erteilt werden: 25

- wenn nur das Gesamtausgebot erfolgt ist,
- wenn auf die Einzelausgebote keine Gebote abgegeben worden sind,
- wenn das Meistgebot **höher ist als die Summe der Einzelausgebote** (Abs. 3 Satz 2).

Für den Vergleich der Meistgebote sind nicht nur die Bargebote zu berücksichtigen; vielmehr sind auch die bestehen bleibenden Rechte mit einzubeziehen.[27] Das gilt auch für den Fall, dass Gesamtrechte zu berücksichtigen sind, welche nicht nach § 64 ZVG verteilt worden sind. Dieser Gebotsvergleich ist auch vorzunehmen, wenn einzelne Grundstücke infolge eines entsprechenden (teilweisen) Verzichts 26

---

24) Stöber/*Gojowczyk*, ZVG, § 63 Rz. 18 und 22 und Stöber/*Becker*, ZVG, § 73 Rz. 13.

25) Vgl. hierzu Böttcher/*Böttcher*, ZVG, § 63 Rz. 12; Stöber/*Gojowczyk*, ZVG, § 63 Rz. 21.

26) Böttcher/*Böttcher*, ZVG, § 63 Rz. 12; Stöber/*Gojowczyk*, ZVG, § 63 Rz. 22 und 23; a. A. LG Bielefeld, Beschl. v. 16.9.1987 – 3 T 720/87, Rpfleger 1988, 32 mit Anm. *Hagemann*.

27) BGH, Beschl. v. 28.9.2006 – V ZB 55/06, Rpfleger 2007, 95 = ZfIR 2007, 147 mit Anm. *Böttcher*.

gar nicht im Einzelausgebot ausgeboten wurden oder wenn auf eines oder mehrere dieser Einzelausgebote gar keine Gebote abgegeben wurden. In diesen Fällen werden die betreffenden Grundstücke bei dem Summenvergleich mit jeweils „0" angenommen.[28] Hinsichtlich der Gruppenausgebote gilt auch hier der Grundsatz: Im Verhältnis zu den Einzelausgeboten ist das Gruppenausgebot ein Gesamtausgebot; im Verhältnis zum Gesamtausgebot stellt es ein Einzelausgebot dar. Ergibt sich bei dem Vergleich der Meistgebote, dass sie gleich hoch sind, dann ist der Zuschlag auf die Einzelausgebote zu erteilen (Abs. 3 Satz 2). Aus dem Wortlaut dieser Vorschrift lesen die meisten Kommentatoren und auch der BGH einen „Vorrang" der Einzelausgebote gegenüber dem Gesamtausgebot heraus.[29] Wegen der Einzelheiten siehe Rz. 29.

2. Zuschlag auf die Einzelausgebote

27 Auf die Einzelausgebote wird der Zuschlag erteilt:

- wenn nur Einzelausgebote erfolgt sind (Abs. 1),
- wenn auf das Gesamtausgebot kein Gebot abgegeben wurde,
- wenn beim Gesamtausgebot kein das Gesamtergebnis der Einzelausgebote übersteigendes Meistgebot erzielt wurde (also auch bei gleich hohem Ergebnis).

3. Problemfälle

a) Einstweilige Einstellung bzw. Rücknahme des Versteigerungsantrags

28 Wenn der bestbetreibende Gläubiger nach dem Schluss der Versteigerung, aber vor Verkündung der Zuschlagsentscheidung die **einstweilige Einstellung** hinsichtlich (auch nur) eines Grundstücks bewilligt oder seinen **Versteigerungsantrag** insoweit zurücknimmt, dann kann selbstverständlich hinsichtlich dieses Grundstücks kein Zuschlag erfolgen – und zwar weder im Einzelausgebot noch im Gesamtausgebot; denn dies wäre eine unzulässige Fortsetzung der Zwangsvollstreckung. Aber auch auf die von der Einstellung bzw. Aufhebung nicht betroffenen Grundstücke kann nach h. M. kein Zuschlag erfolgen; denn es kann nun kein korrekter Gebotsvergleich i. S. v. Abs. 3 Satz 2 durchgeführt werden.[30] Eine Ausnahme soll nur gelten, wenn nur noch ein Grundstück „übrig bleibt" – wenn also hinsichtlich aller anderen

---

28) Es können dann also nicht etwa „wenigstens" die bestehen bleibenden Rechte berücksichtigt werden; denn es ist kein potentieller Ersteher vorhanden, der diese übernehmen würde. Das Versteigerungsergebnis ist somit zu Recht mit „0" zu bewerten. Vgl. hierzu auch BGH, Beschl. v. 28.9.2006 – V ZB 55/06, Rpfleger 2007, 95 = ZfIR 2007, 147; OLG Frankfurt, Beschl. v. 19.5.1995 – 15 W 25/95, Rpfleger 1995, 512; OLG Hamm, Beschl. v. 14.7.1958 – 15 W 311, 332, 333/58, Rpfleger 1959, 57.

29) Z. B. Böttcher/*Böttcher*, ZVG, § 63 Rz. 16; Stöber/*Gojowczyk*, ZVG, § 63 Rz. 25; BeckOK-*R. Goldbach*, ZVG, § 63 Rz. 27; Schneider-*Strauß*, ZVG, § 63 Rz. 143; BGH, Beschl. v. 18.10.2012 – V ZB 13/12, ZfIR 2013, 108 mit zust. Anm. *Steffen*.

30) OLG Hamm, Beschl. v. 16.12.1971 – 15a W 578/71, Rpfleger 1972, 149; OLG Stuttgart, Beschl. v. 31.10.2001 – 8 W 427/01, Rpfleger 2002, 165; Böttcher/*Böttcher*, ZVG, § 63 Rz. 16; Stöber/*Gojowczyk*, ZVG, § 63 Rz. 31; Dassler/Schiffhauer/u. a.-*Hintzen*, ZVG, § 63 Rz. 42; BeckOK-*R. Goldbach*, ZVG, § 63 Rz. 31; Schneider-*Strauß*, ZVG, § 63 Rz. 152 ff.; a. A. OLG Köln, Beschl. v. 31.3.1971 – 2 W 18/71, Rpfleger 1971, 326 mit abl. Anm. *Stöber*.

Grundstücke die Einstellung bewilligt oder der Versteigerungsantrag zurückgenommen wurde; denn in diesem Fall wäre ein „Gebotevergleich" schon vom Ansatz her nicht nachvollziehbar. Und somit könnte dann der Zuschlag auf dieses Einzelgebot erteilt werden.[31)]

b) Nachträglicher Fall des Absatzes 3 Satz 1

Fällt der Gebotevergleich zugunsten des Gesamtausgebots aus, dann ist nach h. M. noch zu prüfen, ob dieses Meistgebot auch den nach Absatz 3 Satz 1 vorgesehenen Mehrbetrag übersteigt. Zwar wird das ursprünglich wirksam auf das Gesamtausgebot abgegebene Gebot durch eine nachträgliche Erhöhung nicht unwirksam, da diese nur für spätere Gebote gilt. Trotzdem ist nach h. M. erforderlich, dass das Meistgebot das um den Mehrbetrag erhöhte geringste Gebot übersteigt.[32)] Wenn dies nicht der Fall ist, müsste dem Gesamtausgebot der Zuschlag nach § 83 Nr. 1 ZVG versagt werden; der Zuschlag könnte dann auf die Einzelausgebote erteilt werden. Nur am Rande sei hier erwähnt, dass hinsichtlich der Grundstücke, bei denen auf das Einzelausgebot keine Gebote abgegeben wurden, natürlich konsequenterweise das Verfahren nach § 77 Abs. 1 einzustellen, ggf. nach § 77 Abs. 2 ZVG aufzuheben wäre. Oder geht hier hinsichtlich dieser Grundstücke aus der Zuschlagsversagung auf das Gesamtausgebot indirekt eine Einstellung gemäß § 86 ZVG vor?[33)] Oder bewilligt der bestbetreibende Gläubiger rechtzeitig insoweit die Einstellung nach § 30 ZVG mit der Folge, dass dann gar kein Vergleich mehr möglich wäre und somit auch auf die Einzelausgebote kein Zuschlag mehr möglich wäre (vgl. oben Rz. 28 mit Fn. 30). 29

Deshalb halte ich trotz der Einwände insbesondere von *Stöber*[34)] an meiner gegenteiligen Auffassung fest. Zur Begründung darf ich auf folgende Punkte hinweisen: 30

- Die Vertreter der h. M., die einen „Vorrang" für das Einzelausgebot aus dem Wortlaut des § 63 Abs. 3 Satz 2 ZVG herauslesen, müssen sich aber genau über diesen Wortlaut hinwegsetzen, wenn sie das **höhere** Meistgebot als nicht zuschlagsfähig ansehen. Da § 63 ZVG (insgesamt!) zu den Versteigerungsbedingungen gehört, wäre der Zuschlag auf die Einzelausgebote eigentlich gemäß § 83 Nr. 1 ZVG zu versagen, da die Summe ja **geringer** ist als beim Gesamtausgebot.[35)] Und so hätten die „Geschützten" eigentlich „Steine statt Brot".

---

31) Böttcher/*Böttcher*, ZVG, § 63 Rz. 16 m. w. N.; Dassler/Schiffhauer/u. a.-*Hintzen*, ZVG, § 63 Rz. 43.

32) BGH, Beschl. v. 28.9.2006 – V ZB 55/06, Rpfleger 2007, 95 = ZfIR 2007, 147 mit Anm. *Böttcher*; BGH, Beschl. v. 18.10.2012 – V ZB 13/12, Rpfleger 2013, 106; OLG Frankfurt, Beschl. v. 19.5.1995 – 15 W 25/95, Rpfleger 1995, 512; Böttcher/*Böttcher* ZVG, § 63 Rz. 17; Stöber/*Gojowczyk*, ZVG, § 63 Rz. 27; BeckOK-*R. Goldbach*, ZVG, § 63 Rz. 28; a. A. *Bachmann*, Rpfleger 1992, 3 Steiner-*Storz*, ZVG, § 63 Rz. 45; etwas differenziert: Dassler/Schiffhauer/u. a.-*Hintzen*, ZVG, § 63 Rz. 27 ff.;

33) So offensichtlich Stöber/*Gojowczyk*, ZVG, § 63 Rz. 27.

34) Stöber/*Gojowczyk*, ZVG, § 63 Rz. 27 und 27a (auch im Hinblick auf das Beispiel am Schluss).

35) A. A. z. B. Böttcher/*Böttcher*, ZVG, § 63 Rz. 17: Zuschlag ist dann auf die Einzelausgebote zu erteilen.

– Wenn der Bundesgerichtshof einwendet, dass bei der abweichenden Ansicht die Schnelligkeit und die Reihenfolge der Abgabe der Gebote darüber entscheiden würde, ob auf das Gesamtausgebot zugeschlagen werden könne, dann übersieht er, dass solche Umstände bei jeder Versteigerung eine Rolle spielen können. Und die Ausführungen der zweiten Kommission[36] gehen ersichtlich davon aus, dass die Einzelausgebote **zeitlich vor dem Gesamtausgebot** erfolgen sollten, da „sich erst alsdann übersehen lässt, ob auf das Einzelausgebot überhaupt ein Gebot erfolgt ..." Dann stellt sich das aufgezeigte Problem auch nicht. Die Möglichkeit, die Ausgebotsarten zeitlich zu staffeln, gibt es inzwischen nicht mehr, da nach Ansicht des BGH der Schluss der Versteigerung für alle Ausgebotsarten gleich sein muss.[37] Da die zeitliche Staffelung aber vom früheren Gesetzgeber für den vorliegenden Sachverhalt offensichtlich vorgesehen war, wäre der einfachste Weg, das Problem aus der Welt zu schaffen, indem man den (im Gesetz bisher nicht vorgeschriebenen) „Gleichklang" nicht anwendet, sondern **hier zuerst die Einzelausgebote aufruft und erst anschließend eine neue Bietstunde für das Gesamtausgebot**, bei dem dann das durch die vorgehenden Erhöhungen „korrekte" Mindestbargebot bekannt gemacht werden könnte. Nur so kann sichergestellt werden, dass auch wirklich niemand durch den Zuschlag beeinträchtigt würde. Bei der bisher h. M. sind zumindest der Schuldner (er „verliert" weniger Schulden) und bestimmte Gläubiger (welche bei der Erlösverteilung nur deshalb nicht berücksichtigt werden, weil auf „ihre" Grundstücke nichts geboten worden ist) benachteiligt.[38]

– Sinn und Zweck der Vorschrift des § 63 Abs. 2 ZVG ist nach allgemeiner Ansicht u. a., dass ein besseres Versteigerungsergebnis erzielt werden soll. Dieser Zweck wird ins Gegenteil verkehrt, wenn man der h. M. folgt, die einseitig die Belange des durch Absatz 3 Satz 1 profitierenden Berechtigten schützt.

c) Einstellung gemäß § 76 ZVG

31 Auch wenn aufgrund des Gebotevergleichs der Zuschlag eigentlich auf das Gesamtausgebot erfolgen müsste, ist dies aber dann nicht möglich, wenn die Gebote auf einzelne Grundstücke so hoch sind, dass der Anspruch des Gläubigers gedeckt wird. Dann muss das Verfahren hinsichtlich der „nicht benötigten" Grundstücke nach § 76 ZVG eingestellt werden. Damit scheidet auch ein Zuschlag auf das Gesamtausgebot aus; denn dies wäre eine unzulässige Fortsetzung des Verfahrens.[39]

d) Zuschlagsversagung gemäß § 85a ZVG

32 Wenn bei dem Gebotevergleich der Zuschlag eigentlich auf das Gesamtausgebot erfolgen müsste, aber wegen § 85a Abs. 1 ZVG hierauf der Zuschlag zu versagen

36) Abgedruckt in *Jakobs/Schubert*, Die Beratung des BGB, S. 937 f.; werden aber auch in den Gründen des in der obigen Fn. 32 angeführten Beschlusses des BGH vom 28.9.2006 wörtlich zitiert.

37) Vgl. BGH, Beschl. v. 9.5.2003 – IXa ZB 25/03, NJW-RR 2003, 1077 = ZfIR 2003. 1077.

38) Zu ähnlichen Überlegungen mit dem Ruf nach einer Regelung durch den Gesetzgeber siehe Dassler/Schiffhauer/u. a.-*Hintzen*, ZVG, § 63 Rz. 24 ff., besonders Rz. 30.

39) Böttcher/*Böttcher*, ZVG, § 63 Rz. 18; Schneider-*Strauß*, ZVG, § 63 Rz. 149.

wäre, kann nach h. M. auf die Einzelausgebote zurückgegriffen werden.[40] Der Zuschlag erfolgt dann auf die Einzelausgebote, obwohl der Gebotsvergleich nach Absatz 3 Satz 2 nicht zugunsten der Einzelausgebote ausgefallen ist. Damit hat der Bundesgerichtshof seine bisherige Rechtsprechung weiter verfolgt, dass die Einzelausgebote im Verhältnis zu den Gesamtausgeboten zu bevorzugen sind.[41] Soll die Zuschlagsversagung auf Antrag eines Gläubigers wegen Nichterreichens der 7/10-Grenze erfolgen (siehe § 74a ZVG), dann sind die vorstehenden Grundsätze entsprechend anzuwenden. Hierbei muss jedoch beachtet werden, dass derjenige, welcher die Zuschlagsversagung beantragt, auch ein entsprechendes Antragsrecht hat. Dies kann dazu führen, dass der Betreffende z. B. hinsichtlich des Gesamtausgebots (wirksam) einen Versagungsantrag stellen kann, jedoch bzgl. einzelner Grundstücke vielleicht nicht (weil er dort gar kein Zuteilungsberechtigter ist). Bei konsequenter Anwendung der h. M. führt dies dann zur Versagung des Zuschlags im Gesamtausgebot, jedoch zur (teilweisen) Erteilung des Zuschlags auf die Einzelausgebote.[42]

Hinzuweisen ist noch auf folgende Punkte: 33

- Sowohl § 74a ZVG als auch § 85a ZVG spielen nur dann eine Rolle, wenn auch tatsächlich Gebote abgegeben werden. Wenn dies nicht der Fall ist, muss das betreffende Verfahren gemäß § 77 Abs. 1 ZVG eingestellt werden.
- Eine Zuschlagsversagung gemäß § 74a ZVG oder § 85a ZVG auf Einzelausgebote hat keine Auswirkungen auf ein Gesamt- bzw. Gruppenausgebot, auf das überhaupt kein Gebot abgegeben wird oder das erstmals in einem späteren Termin vorgenommen wird; denn insoweit ist es dann ein „erster Termin".[43]

VII. Beispiel

Anhand des nachfolgenden Beispiels sollen die bisherigen Ausführungen kurz dargestellt werden.[44] 34

Sachverhalt:

Ein persönlicher Gläubiger betreibt die Zwangsvollstreckung der nachfolgend genannten Grundstücke. Die Gerichtskosten sollen insgesamt 3.500 € betragen. Ansprüche der Rangklassen 1–3 sind nicht angemeldet. Die Nebenleistungen der bestehen bleibenden Rechte sollen mit jeweils 10 % für ein Jahr Berücksichtigung finden. Neben den Einzelausgeboten soll **ein Gesamtausgebot** und ein **Gruppenausgebot** bzgl. der Grundstücke 2 und 3 erfolgen. 35

40) BGH, Beschl. v. 18.10.2012 – V ZB 13/12, ZfIR 2013, 108 mit zust. Anm. *Steffen*; a. A: OLG Hamm, Beschl. v. 14.7.1958 – 15 W 311, 332, 333/58, Rpfleger 1959, 57.

41) So *Steffen* als Fazit seiner Anmerkung in ZfIR 2013, 110. Dem ist nur hinzuzufügen: Überzeugend begründet ist dieser „Vorrang" der Einzelausgebote genau so wenig wie bei der nachträglichen Erhöhung des Mindestbargebots (siehe Rz. 29).

42) So *Steffen*, ZfIR 2013, 110 (Entscheidungsanm.).

43) Siehe hierzu Dassler/Schiffhauer/u. a.-*Hintzen*, ZVG, § 63 Rz. 45–47 (mit Beispiel).

44) Das Beispiel lehnt sich an die Ausführungen von *Knees*, ZVG, S. 120 ff. an.

Berechnung der geringsten Gebote

36 Belastungsübersicht und gleichzeitig Darstellung der **bestehen bleibenden Rechte**

Grundstücke **VKW**	Grst. 1 50.000 €	Grst. 2 100.000 €	Grst. 3 200.000 €	Gesamtausg. 1 + 2 + 3 350.000 €	Gruppenausg. 2 + 3 300.000 €
III/1	10.000 €	–	–	10.000 €	–
III/2	–	30.000 €	–	30.000 €	30.000 €
III/3	–	20.000 €	20.000 €	20.000 €	20.000 €
III/4	20.000 €	20.000 €	20.000 €	20.000 €	20.000 €
III/5	–	–	60.000 €	60.000 €	60.000 €
Summe der bestehen bleibenden Rechte	30.000 €	70.000 €	100.000 €	140.000 €	130.000 €

Mindestbargebote

Betrifft	Grst. 1	Grst. 2	Grst. 3	Grst. 1 + 2 + 3	Grst. 2 + 3
Gerichtskosten	500 €	1.000 €	2.000 €	3.500 €	3.000 €
Zinsen III/1	1.000 €	–	–	1.000 €	–
Zinsen III/2	–	3.000 €	–	3.000 €	3.000 €
Zinsen III/3	–	2.000 €	2.000 €	2.000 €	2.000 €
Zinsen III/4	2.000 €	2.000 €	2.000 €	2.000 €	2.000 €
Zinsen III/5	–	–	6.000 €	6.000 €	6.000 €
Summe MBG	3.500 €	8.000 €	12.000 €	17.500 €	16.000 €
Summe des ger. Gebot	33.500 €	78.000 €	112.000 €	157.500 €	146.000 €

37 **Erhöhung der geringsten Gebote** beim Gesamt- und Gruppenausgebot (§ 63 Abs. 3 Satz 1 ZVG)

Ausgebot	Grst. 1	Grst. 2	Grst. 3	Grst. 1 + 2 + 3	Grst. 2 + 3
Best. bleibende Rechte	30.000 €	70.000 €	100.000 €	140.000 €	130.000 €
Mindestbargebot	3.500 €	8.000 €	12.000 €	17.500 €	16.000 €

Folgende Gebote werden abgegeben:

A bietet auf das Einzelausgebot Grundstück 2: 9.000 €

B bietet auf das Einzelausgebot Grundstück 1: 4.000 €

C bietet auf das Gruppenausgebot (Grst. 2 + 3): 20.000 €

Auswirkungen des 1. Gebots gemäß § 63 Abs. 3 Satz 1 ZVG:

Das Mindestbargebot im Gruppen- und im Gesamtausgebot erhöht sich um (9.000 – 8.000) = 1.000 €.

Somit beträgt das Mindestbargebot beim Gesamtausgebot nun: 18.500 €

Im Gruppenausgebot beträgt das Mindestbargebot nun: 17.000 €

Auswirkungen des 2. Gebots gemäß § 63 Abs. 3 Satz 1 ZVG:

Das Mindestbargebot im Gesamtausgebot erhöht sich um weitere (4.000 – 3.500) = 500 € auf 19.000 €

Das Gruppenausgebot ist hier nicht betroffen, da das Grundstück 1 nicht Bestandteil dieses Gruppenausgebots ist.

Auswirkungen des 3. Gebots gemäß § 63 Abs. 3 Satz 1 ZVG:

Das Mindestbargebot im Gesamtausgebot erhöht sich um weitere (20.000 – 16.000) = 4.000 € auf 23.000 €

Zuschlagsentscheidung bei unterschiedlichen Ausgeboten (§ 63 Abs. 3 Satz 2 ZVG)

Am Schluss der Bietzeit (die gleichzeitig beendet wurde) liegen folgende Meistbargebote vor: 38

Ausgebot	Grst. 1	Grst. 2	Grst. 3	Grst. 1 + 2 + 3	Grst. 2 + 3
VKW	50.000 €	100.000 €	200.000 €	350.000 €	300.000 €
Bestehen bleibende Rechte	30.000 €	70.000 €	100.000 €	140.000 €	130.000 €
Meistbargebote	4.000 €	9.000 €	15.000 €	100.000 €	65.000 €
Meistgebot inkl. Rechte	34.000 €	79.000 €	115.000 €	240.000 €	195.000 €

Schritt 1:

Es erfolgt ein Vergleich der Einzelausgebote 2 und 3 mit dem Gruppenausgebot, das **insoweit wie ein Gesamtausgebot zu behandeln ist:**

79.000 € + 115.000 € = 194.000 € verglichen mit 195.000 € ergibt, dass das Gruppenausgebot für die weitere Prüfung maßgeblich ist.

Schritt 2:

Es erfolgt der Vergleich der Summe des Einzelausgebots 1 und des Gruppenausgebots, das hier wie ein Einzelausgebot zu behandeln ist, mit dem Gesamtausgebot:

34.000 € + 195.000 € = 229.000 € verglichen mit 240.000 € des Gesamtausgebots.

Fazit: Der Zuschlag ist auf das Gesamtausgebot zu erteilen.

Beachte: Wäre das Ergebnis im Gesamtausgebot auch 229.000 € (weil auf das Gesamtausgebot nur 89.000 € geboten worden sind), dann müsste auf die Einzelausgebote zugeschlagen werden; denn auf das Gesamtausgebot kann nur zugeschlagen werden, wenn das Meistgebot **höher** ist als das Gesamtergebnis der Einzelausgebote (§ 63 Abs. 3 Satz 2 ZVG).

39 **Abwandlung** hinsichtlich der abgegebenen Meistgebote:

Ausgebot	Grst. 1	Grst. 2	Grst. 3	Grst. 1 + 2 + 3	Grst. 2 + 3
VKW	50.000 €	100.000 €	200.000 €	350.000 €	300.000 €
Bestehen bleibende Rechte	30.000 €	70.000 €	100.000 €	140.000 €	130.000 €
Meistbargebote	4.000 €	9.000 €	Kein Gebot	30.000 €	Kein Gebot
Meistgebot	34.000 €	79.000 €	0	170.000 €	0

Schritt 1:

Es erfolgt ein Vergleich der Einzelausgebote 2 und 3 mit dem Gruppenausgebot, das insoweit wie ein Gesamtausgebot zu behandeln ist:

79.000 € + 0 € = 79.000 € verglichen mit 0 € ergibt, dass die Einzelgebote für die weitere Prüfung maßgeblich ist.

Schritt 2:

Es erfolgt der Vergleich der Summe der Einzelausgebote 1, 2 und 3 mit dem Gesamtausgebot:

34.000 € + 79.000 € = 113.000 € verglichen mit 170.000 € des Gesamtausgebots.

40 **Fazit:** Der Zuschlag wäre somit eigentlich auf das Gesamtausgebot zu erteilen. Da dieses Gebot aber nicht die Hälfte des Verkehrswertes (= 175.000 €) erreicht, ist der **Zuschlag gemäß § 85a Abs. 1 ZVG zu versagen.** Nach Ansicht des Bundesgerichtshofes[45] kann jedoch auf die Einzelausgebote zurückgegriffen werden. Im vorliegenden Fall würde das bedeuten, dass hinsichtlich der Grundstücke 1 und 2 auf die Meistgebote von 34.000 € und 79.000 € zugeschlagen werden muss; bei beiden Meistgeboten ist die 5/10-Grenze überschritten. Ein Antrag nach § 74a ZVG ist auch nicht gestellt worden.[46] Für das Grundstück 3 würde aber kein Einstellungsbeschluss nach § 77 ZVG verkündet; denn im Versteigerungstermin wurde auf dieses Grundstück sehr wohl ein Gebot abgegeben – zwar nicht im Einzelgebot, aber als Bestandteil des Gesamtausgebots. Dies bedeutet: Für das Grundstück 3 ist nach § 85a Abs. 2 i. V. m. § 74a Abs. 3 Satz 1 ZVG von Amts wegen ein neuer Termin zu bestimmen. In diesem weiteren Termin würden dann die Grenzen der §§ 74a, 85a ZVG für das Grundstück 3 nicht mehr gelten.[47]

---

45) BGH, Beschl. v. 18.10.2012 – V ZB 13/12, ZfIR 2013, 108.

46) Hinsichtlich des Grundstücks 1 wäre ein solcher Antrag denkbar; denn die 7/10-Grenze beträgt 35.000 €, geboten wurden aber nur 34.000 €.

47) So *Steffen*, ZfIR 2013, 110 (Beschlussanm.) unter Hinweis auf Böttcher/*Böttcher*, ZVG, § 85a Rz. 7; Stöber/*Gojowczyk*, ZVG, § 74a Rz. 28.

§ 64

Berücksichtigung der Gesamthypothek

(1) Werden mehrere Grundstücke, die mit einer dem Anspruche des Gläubigers vorgehenden Gesamthypothek belastet sind, in demselben Verfahren versteigert, so ist auf Antrag die Gesamthypothek bei der Feststellung des geringsten Gebots für das einzelne Grundstück nur zu dem Teilbetrag zu berücksichtigen, der dem Verhältnis des Wertes des Grundstücks zu dem Wert der sämtlichen Grundstücke entspricht; der Wert wird unter Abzug der Belastungen berechnet, die der Gesamthypothek im Range vorgehen und bestehen bleiben. Antragsberechtigt sind der Gläubiger, der Eigentümer und jeder dem Hypothekengläubiger gleich- oder nachstehende Beteiligte.

(2) Wird der im Absatz 1 bezeichnete Antrag gestellt, so kann der Hypothekengläubiger bis zum Schluß der Verhandlung im Versteigerungstermin verlangen, daß bei der Feststellung des geringsten Gebots für die Grundstücke nur die seinem Anspruch vorgehenden Rechte berücksichtigt werden; in diesem Fall sind die Grundstücke auch mit der verlangten Abweichung auszubieten. Erklärt sich nach erfolgtem Ausgebot der Hypothekengläubiger der Aufforderung des Gerichts ungeachtet nicht darüber, welches Ausgebot für die Erteilung des Zuschlags maßgebend sein soll, so verbleibt es bei der auf Grund des Absatzes 1 erfolgten Feststellung des geringsten Gebots.

(3) Diese Vorschriften finden entsprechende Anwendung, wenn die Grundstücke mit einer und derselben Grundschuld oder Rentenschuld belastet sind.

Übersicht

I. Allgemeines

Wenn in einem nach § 18 ZVG verbundenen Verfahren Einzelausgebote gemäß § 63 Abs. 1 ZVG[1] erforderlich sind, dann werden **Gesamtrechte**, welche im geringsten Gebot zu berücksichtigen sind, bei jedem mitbelasteten Grundstück mit ihrem **vollen Betrag berücksichtigt**. Dies führt oft dazu, dass die geringsten Gebote bei den Einzelausgeboten sehr hoch werden und deshalb hierauf keine Gebote abgegeben werden. 1

1) Dies gilt auch für Gruppenausgebote nach § 63 Abs. 2 Satz 2 und 3 ZVG, die im Hinblick auf ein Gesamtausgebot wie ein Einzelausgebot behandelt werden.

2 § 64 Abs. 1 und 3 ZVG gibt bestimmten Beteiligten eine Möglichkeit, wie diese Gesamtrechte auf die einzelnen Grundstücke aufgeteilt werden können. Dies ist auch gegen den Willen des Gesamtrechtsgläubigers möglich, dessen Recht dadurch zu Einzelrechten umgewandelt wird. Deshalb sieht § 64 Abs. 2 Satz 1 ZVG vor, dass dieser Gesamtrechtsgläubiger durch einen sog. Gegenantrag erreichen kann, dass die **Grundstücke doppelt ausgeboten werden** – und zwar auch mit geringsten Geboten, bei denen das betreffende (verteilte) Grundpfandrecht die Rolle des bestbetreibenden Gläubigers übernimmt. Damit bleibt dieses Recht überhaupt nicht bestehen, wenn der Zuschlag auf das abgeänderte geringste Gebot erfolgt. Folglich würden er und andere dem tatsächlich bestbetreibenden Gläubiger vorgehende Berechtigte (vgl. § 83 Nr. 3 ZVG) durch Zuteilung aus dem Bargebot befriedigt werden. Das Recht würde mit dem Zuschlag erlöschen; und deshalb wäre es in diesem Fall gleichgültig, ob das Recht als Gesamtrecht oder als (aufgeteiltes) Einzelrecht befriedigt wird. Die „Steuerung", welche Gebote für die Zuschlagserteilung überhaupt infrage kommen, hat der Gesamtrechtsberechtigte in der Hand (§ 64 Abs. 2 Satz 2 ZVG). Deshalb ist es für den Gläubiger eines bestehen bleibenden Gesamtrechts wichtig, am Versteigerungstermin teilzunehmen, damit er auf Anträge gemäß § 64 Abs. 1 ZVG richtig reagieren kann.

3 § 64 ZVG gilt für alle Versteigerungsarten des ZVG. Die Vorschrift ist anwendbar für Gesamthypotheken (Abs. 1) sowie für Gesamtgrundschulden und Gesamtrentenschulden (Abs. 3). Dies bedeutet im Umkehrschluss, dass andere Gesamtrechte (z. B. die Gesamt-Reallast) nicht hierunter fallen. Eine von § 64 Abs. 1 ZVG abweichende Verteilung kann nach § 59 ZVG verlangt werden. Aber wenn bereits ein Antrag nach § 64 Abs. 1 ZVG gestellt ist, geht dieser vor.[2)]

II. Verteilung eines Gesamtgrundpfandrechts (Abs. 1 und 3)

1. Voraussetzungen

4 Grundvoraussetzung des § 64 ZVG ist das Vorliegen **eines Gesamtgrundpfandrechts**, welches bestehen bleibt und auf einzelnen Grundstücken lastet, die in einem nach § 18 ZVG verbundenen Verfahren (auch) im **Einzelausgebot** ausgeboten werden. Bei anderen Gesamtrechten (z. B. bei der Reallast) gilt § 64 ZVG nicht; damit wird ein solches Recht bei jedem Grundstück voll berücksichtigt. Erfolgt nur ein Gesamtausgebot, kommt eine Verteilung auf die einzelnen Grundstücke nicht in Betracht. Das Gesamtrecht muss nicht auf allen zur Versteigerung anstehenden Grundstücken lasten; es genügt die Belastung von einigen Grundstücken. Es kann auch noch an anderen Grundstücken eingetragen sein, die nicht versteigert werden.[3)]

5 Die Verteilung erfolgt nur **auf Antrag** (Abs. 1 Satz 1), nicht von Amts wegen. Das Gericht kann jedoch eine entsprechende Antragstellung anregen. Mehrere Gesamtrechte können alle oder einzeln – je nach Antrag – verteilt werden. Die Verteilung beginnt dann beim rangbesten Recht.

---

2) So Stöber/*Gojowczyk*, ZVG, § 64 Rz. 17; jetzt auch Böttcher/*Böttcher*, ZVG, § 64 Rz. 1; Schneider-*Strauß*, ZVG, § 64 Rz. 17.

3) Stöber/*Gojowczyk*, ZVG, § 64 Rz. 7 m. w. N.

2. Antrag

Nach Abs. 1 Satz 2 sind **antragsberechtigt:** 6

- jeder betreibende **Gläubiger,**
- der **Eigentümer,**
- jeder **Beteiligte,** der dem (zu verteilenden Recht) gleich- oder nachsteht.

Nicht antragsberechtigt sind somit diejenigen Berechtigten, welche dem Gesamtrecht im Range vorgehen, die Mieter und Pächter sowie der Gesamtrechtsgläubiger selbst. Für diesen gilt aber folgende Ausnahme: Wenn er eine weitere Position innehat, welche in Abs. 1 Satz 2 erwähnt ist, ist er doch antragsberechtigt. ***Beispiele:*** Das Gesamtrecht ist eine Eigentümergrundschuld; dann ist er als Eigentümer antragsberechtigt. Es steht ihm ein weiteres Recht zu, das im Rang gleich- oder nachstehend ist; dann ist er als Beteiligter dieses weiteren Rechts antragsberechtigt. 7

Da für den Antrag keine besondere Form vorgeschrieben ist, kann er vor dem Termin **schriftlich** eingereicht oder zu **Protokoll der Geschäftsstelle** erklärt werden. Er kann aber auch **im Versteigerungs- oder in einem Vortermin** (vgl. § 62 ZVG) **mündlich** erklärt werden; dann ist er durch das Protokoll festzustellen (§ 78 ZVG). Zulässig ist der Antrag nur **bis zur Aufforderung zur Abgabe von Geboten** (§ 66 Abs. 2 ZVG).[4] Zurückgenommen werden kann der Antrag nach h. M. auch nur bis zu diesem Zeitpunkt.[5] Wenn der Gläubiger des Gesamtgrundpfandrechts selbst eine Verteilung nach § 1132 BGB vorgenommen hat oder über einen Teilverzicht dieselbe Rechtsfolge (Einzelrechte anstatt eines Gesamtrechts) erreicht hat, ist ein Antrag nach § 64 Abs. 1 ZVG nicht mehr möglich. 8

3. Folgen

Wenn ein Gesamtrecht nach Absatz 1 verteilt werden soll, dann wird es bei jedem Einzelausgebot zu dem Teilbetrag berücksichtigt, welcher dem Verhältnis des Wertes des betreffenden Grundstücks zum Wert der gesamten (mit dem Gesamtrecht belasteten) Grundstücke entspricht (Abs. 1 Satz 1 Halbs. 1). Hierbei ist von den nach § 74a Abs. 5 ZVG festgesetzten Grundstückswerten auszugehen.[6] Von diesen Werten sind die dem Gesamtgrundpfandrecht vorgehenden Rechte abzuziehen, die (ebenfalls) bestehen bleiben (Abs. 1 Satz 1 Halbs. 2). Soweit es sich hierbei um Grundpfandrechte handelt, wird der **Kapitalbetrag** abgezogen, bei Rechten der Abt. II ist der nach § 51 Abs. 2 ZVG festgesetzte **Zuzahlungsbetrag** maßgeblich. Nebenleistungen und Kosten bleiben aber unberücksichtigt; denn diese „bleiben nicht beste- 9

---

4) So Böttcher/*Böttcher*, ZVG, § 64 Rz. 2; Stöber/*Gojowczyk*, ZVG, § 64 Rz. 10 Dassler/Schiffhauer/u. a.-*Hintzen*, ZVG, § 64 Rz. 8; BeckOK-*R. Goldbach*, ZVG, § 64 Rz. 5; Schneider-*Schneider*, ZVG, § 64 Rz. 19; a. A. Steiner-*Storz*, ZVG, § 64 Rz. 11: bis zum Schluss der Versteigerung.

5) So Böttcher/*Böttcher*, ZVG, § 64 Rz. 2; Stöber/*Gojowczyk*, ZVG, § 64 Rz. 11; Dassler/Schiffhauer/u. a.-*Hintzen*, ZVG, § 64 Rz. 8; BeckOK-*R. Goldbach*, ZVG, § 64 Rz. 5; a. A. Steiner-*Storz*, ZVG, § 64 Rz. 12: bis zur Gebotsabgabe auf das Ausgebot gemäß § 64 Abs. 1 ZVG; anders auch *Drischler*, Rpfleger 1967, 357, 363 m. w. N.: bis zum Schluss der Versteigerung.

6) Böttcher/*Böttcher*, ZVG, § 64 Rz. 3; Stöber/*Gojowczyk*, ZVG, § 64 Rz. 20; Dassler/Schiffhauer/u. a.-*Hintzen*, ZVG, § 64 Rz. 12; BeckOK-*R. Goldbach*, ZVG, § 64 Rz. 7.

hen", sondern werden im Mindestbargebot erfasst. Dasselbe gilt für die Gerichtskosten und die Ansprüche der Rangklassen 1 bis 3. Soweit (andere) Gesamtrechte im Rang vorgehen, die mangels eines entsprechenden Antrags nicht verteilt werden, sind diese bei jedem Einzelgrundstück in voller Höhe abzusetzen.

10 In demselben Verhältnis wie der Kapitalbetrag des (verteilten) Gesamtgrundpfandrechts werden auch die Zinsen, sonstigen Nebenleistungen und die Kosten dieses Rechts verteilt. Diese werden aber nach wie vor in das Mindestbargebot eingesetzt. Für die Verfahrenskosten und die Ansprüche der Rangklasse 3 gilt dies nicht. Soweit hier eine Verteilung notwendig wird, richtet sich die Berechnung nach den „reinen" Verkehrswerten (vgl. hierzu § 63 ZVG).

11 Bezieht sich der Aufteilungsantrag auf **mehrere Gesamtrechte**, so sind diese in der Rangfolge des Grundbuchs (siehe § 879 BGB) aufzuteilen. Das heißt, mit dem bestrangigen Recht wird begonnen; bei den nachfolgenden Verteilungen sind die vorgehenden (ursprünglichen) Gesamtbelastungen nur mit den vorher ermittelten Teilbetragen in Abzug zu bringen.

12 Nach Abzug der Vorbelastungen müssen wenigstens **noch zwei Grundstücke** mit positivem Wert vorhanden sein; denn nur dann kann man von einer „Verteilung" sprechen. Wenn nur noch ein Grundstück oder gar kein Grundstück mit positivem Wert ermittelt wird, muss der Verteilungsantrag als unzulässig zurückgewiesen werden.[7] Dies geschieht durch unanfechtbaren (wegen § 95 ZVG) Beschluss.

13 Aufgrund der Verteilung bleibt das betreffende Recht nicht als Gesamt-, sondern als Einzelrecht im geringsten Gebot des betreffenden Einzelausgebots bestehen. Wenn auf dieses Einzelausgebot dann der Zuschlag erfolgt, erlischt das Recht in Höhe der nicht im geringsten Gebot stehenden Beträge und wandelt sich in ein Einzelrecht um. Soweit aber auf bestimmte Einzelausgebote kein Zuschlag erteilt wird, bleibt auf den betreffenden Grundstücken dieses Recht weiterhin ein Gesamtrecht – und zwar in voller Höhe.

III. Gegenantrag des Gesamtrechtsgläubigers (Abs. 2 Satz 1)

1. Voraussetzungen

14 Die Aufteilung eines bestehen bleibenden Gesamtrechts nach Abs. 1 setzt eine Mitwirkung des Gläubigers nicht voraus; sie kann sogar gegen seinen Willen durchgeführt werden. Durch die Aufteilung geht sein auf § 1132 Abs. 1 Satz 2 BGB basierendes Recht, nach seinem Belieben aus jedem der Grundstücke seine volle Befriedigung zu suchen, verloren. Deshalb gibt ihm Absatz 2 das Recht, sich mit einem Gegenantrag zu wehren. Nach Satz 1 kann der Gläubiger des verteilten Gesamtrechts verlangen, dass bei der Feststellung des geringsten Gebots für die einzelnen Grundstücke nur die Rechte berücksichtigt werden, die seinem Anspruch im Range vorgehen. Dieser Gegenantrag kann also nur gestellt werden, wenn ein Antrag nach Abs. 1 gestellt ist. Er ist auch nicht möglich, wenn der entsprechende Verteilungsantrag wirksam zurückgenommen worden ist.

---

7) Böttcher/*Böttcher*, ZVG, § 64 Rz. 3; Stöber/*Gojowczyk*, ZVG, § 64 Rz. 16; Dassler/Schiffhauer/u. a.-*Hintzen*, ZVG, § 64 Rz. 16.

2. Antrag

Ebenso wie der Antrag nach Abs. 1 ist auch der formlos möglich. Entgegen dem Gesetzeswortlaut kann dieser Antrag auch nur **bis zur Aufforderung zur Abgabe von Geboten** gestellt werden.[8] Bis zu diesem Zeitpunkt kann der Gegenantrag auch wieder zurückgenommen werden.[9] 15

3. Folgen

Liegt ein Gegenantrag vor, dann muss nach Abs. 2 Satz 1 Halbs. 2 ein **Doppelausgebot** erfolgen: 16

- Einzelausgebote mit dem bestehen bleibenden, aber verteilten Gesamtgrundpfandrecht (Abs. 1).
- Einzelausgebote nur mit den dem Gesamtrecht vorgehenden Belastungen als bestehen bleibende Rechte; hier wird also der Gläubiger des Gesamtrechts wie ein (fiktiver) bestbetreibender Gläubiger behandelt (Abs. 2 Satz 1 Halbs. 1).

Die Bietzeit ist nach h. M. einheitlich für alle Ausgebotsarten zu beginnen und auch gleichzeitig zu beenden.[10] 17

IV. Wahlrecht des Gesamtrechtsgläubigers (Abs. 2 Satz 2)

Nach dem Schluss der Versteigerung hat der **Gesamtgläubiger**, der den Gegenantrag gestellt hat, ein **Wahlrecht** (Abs. 2 Satz 2). Er muss sich nach Aufforderung durch das Gericht dahingehend erklären, welche Ausgebotsart für die Zuschlagserteilung maßgeblich sein soll. Folgende Konstellationen sind denkbar: 18

- Der Gesamtgläubiger gibt **keine Erklärung** ab oder er wählt die Einzelausgebote nach Absatz 1.

  Dann erlöschen alle Gebote, die auf die Einzelausgebote gemäß Absatz 2 abgegeben worden sind. Sodann kann der Zuschlag auf die Einzelausgebote erfolgen, wenn keine Versagungsgründe vorliegen.
- Der Gesamtgläubiger wählt die **Einzelausgebote nach Absatz 2**.
  Dann erlöschen alle Gebote, die auf die Einzelausgebote nach Abs. 1 abgegeben worden sind. Bei der Frage, ob auf diese Einzelausgebote sodann der Zuschlag erteilt werden kann, ist insbesondere der Zuschlagsversagungsgrund des § 83 Nr. 3 ZVG zu beachten (siehe Rz. 22).

In diesem Zusammenhang muss noch auf folgende Punkte hingewiesen werden: 19

Wie die vom Gesetz verlangte „Aufforderung durch das Gericht" erfolgen soll, wenn der betreffende Gesamtrechtsgläubiger den Versteigerungstermin schon verlassen hat, darüber bestehen unterschiedliche Ansichten: Nach einer Ansicht muss der Gläu-

---

8) So Böttcher/*Böttcher*, ZVG, § 64 Rz. 5; Stöber/*Gojowczyk*, ZVG, § 64 Rz. 23 mit gewichtigen Argumenten; Dassler/Schiffhauer/u. a.-*Hintzen*, ZVG, § 64 Rz. 8; BeckOK-*R. Goldbach*, ZVG, § 64 Rz. 11, unter Aufgabe der früheren Ansicht.

9) Böttcher/*Böttcher*, ZVG, § 64 Rz. 5; Stöber//*Gojowczyk*, ZVG, § 64 Rz. 24a; Dassler/Schiffhauer/u. a.-*Hintzen*, ZVG, § 64 Rz. 22; a. A. Steiner-*Storz*, ZVG, § 64 Rz. 35.

10) Stöber/*Gojowczyk*, ZVG, § 64 Rz. 23.

biger **schriftlich** aufgefordert werden.[11] Die gegenteilige Meinung, dass die Aufforderung **nur mündlich im Termin** erfolgen kann,[12] erscheint sachgerechter; denn durch sein Verlassen des Versteigerungstermins gibt der Gesamtrechtsgläubiger zumindest konkludent kund, dass er seinen Gegenantrag nicht weiter verfolge.

20 Mehrere ranggleiche Gläubiger müssen das Wahlrecht gemeinsam ausüben; dies kann nicht per Mehrheitsbeschluss geschehen. Wenn sie sich nicht einigen, sind die Einzelausgebote nach Abs. 1 maßgeblich.[13]

V. Zuschlag

21 War neben den Einzelausgeboten auch ein Gesamtausgebot zugelassen, dann muss immer noch § 63 Abs. 3 Satz 2 ZVG geprüft werden. Wegen der Auswirkungen des § 63 Abs. 3 Satz 1 ZVG siehe Rz. 24 ff.

22 Scheidet bei diesem (Summen-) Vergleich ein Zuschlag auf das Gesamtausgebot aus und hat der Gesamtrechtsgläubiger die Einzelausgebote nach Absatz 2 gewählt, dann muss weiter geprüft werden, ob alle dem Gesamtrecht im Range gleich- oder nachgehende Rechte gedeckt sind, die aber dem tatsächlich bestbetreibenden Gläubiger im Range vorgehen. Wenn dies nicht der Fall ist, muss der Zuschlag nach § 83 Nr. 3 ZVG versagt werden, es sei denn alle Berechtigten würden das Verfahren nach § 84 ZVG genehmigen.

VI. Rechtsbehelf

23 Die Zurückweisung eines Antrags nach Absatz 1 oder nach Absatz 2 ist wegen § 95 ZVG **nicht selbstständig anfechtbar.**[14] Wegen einer (angeblich) unrichtigen Feststellung des geringsten Gebots kann jedoch der Zuschlag angefochten werden (§ 83 Nr. 1 ZVG).

VII. Sonstiges

1. Mehrbetrag nach § 63 Abs. 3 Satz 1 ZVG

24 § 64 ZVG betrifft nur Besonderheiten im Zusammenhang mit Gesamtrechten, die in den geringsten Geboten für die einzelnen Grundstücke zu berücksichtigen sind. Die Frage, ob daneben auch noch Gesamt- oder Gruppenausgebote erfolgen, regelt dagegen § 63 ZVG.

25 Deshalb gilt auch Absatz 3 dieser Vorschrift. Und so führt auch ein Gebot auf ein Einzelausgebot mit verteiltem Gesamtrecht (§ 64 Abs. 1 ZVG) zur Erhöhung im Gesamtausgebot.[15] Beim abweichenden Ausgebot gemäß § 64 Abs. 2 ZVG deckt der

---

11) So Böttcher/*Böttcher*, ZVG, § 64 Rz. 10; Steiner-*Storz*, ZVG, § 64 Rz. 39; Schneider-*Schneider*, ZVG, § 64 Rz. 63 ff.; Storz/*Kiderlen*, Praxis des Zwangsversteigerungsverfahrens, D.2.6.2.1.

12) So Stöber/*Gojowczyk*, ZVG, § 64 Rz. 29; Dassler/Schiffhauer/u. a.-*Hintzen*, ZVG, § 64 Rz. 31; BeckOK-*R. Goldbach*, ZVG, § 64 Rz. 15.

13) Böttcher/*Böttcher*, ZVG, § 64 Rz. 10; Stöber/*Gojowczyk*, ZVG, § 64 Rz. 28.

14) Nach Stöber/*Gojowczyk*, ZVG, § 64 Rz. 39 ist ein Zurückweisungsbeschluss nicht erforderlich.

15) Böttcher/*Böttcher*, ZVG, § 64 Rz. 9, Stöber/*Gojowczyk*, ZVG, § 64 Rz. 25; BeckOK-*R. Goldbach*, ZVG, § 64 Rz. 13; *Bachmann*, Rpfleger 1992, 3 und 12.

Mehrbetrag eines Gebots zunächst die nach der abweichenden Feststellung nicht mehr im (abweichenden) geringsten Gebot stehenden Ansprüche, die aber beim Einzelausgebot nach § 64 Abs. 1 ZVG enthalten sind (vgl. hierzu auch § 83 Nr. 3 ZVG). Diese Ansprüche enthält aber das geringste Gebot des Gesamtausgebots (zum Teil als bestehen bleibende Rechte, teilweise als Bestandteil des Mindestbargebots). Darum kann insoweit von vornherein keine Erhöhung gemäß § 63 Abs. 3 Satz 1 ZVG eintreten. Eine Erhöhung des geringsten Gebots beim Gesamtausgebot kommt nur in Betracht, wenn bei einem Einzelausgebot nach § 64 Abs. 2 ZVG ein Gebot abgegeben wird, welches das nach Absatz 1 für das betreffende Grundstück festgestellte geringste Gebot übersteigt. Erst dann tritt eine zusätzliche Deckung ein, die auch bei einem etwaigen Zuschlag auf das Gesamtausgebot erhalten bleiben soll.[16] Hierbei ist jedoch zu beachten, dass bei der Ermittlung des Erhöhungsbetrags nicht nur auf die entsprechenden Mindestbargebote abzustellen ist, sondern auf das jeweilige geringste Gebot (also bestehen bleibende Rechte und Mindestbargebot).

26 Nach *Stöber*[17] steht beim Doppelausgebot der bei einem Einzelausgebot erzielte Mehrbetrag unter dem Vorbehalt der Wahl des Gesamtgläubigers gemäß Absatz 2 Satz 2 (siehe Rz. 18 ff.). Die Erhöhung des geringsten Gebots beim Gesamtausgebot kann sich nur nach dem für den Zuschlag maßgeblichen Gebot richten. Somit müssen die (nicht gewählten und damit) erlöschenden Gebote unberücksichtigt bleiben. Bis mit der Gläubigerwahl die Summe der für den Zuschlag maßgeblichen Einzelmeistgebote feststeht, sind daher Gebote unter Zugrundelegung des bei Beginn der Versteigerung festgestellten geringsten Gebote zuzulassen. Erst aufgrund der Prüfung der Zuschlagsfähigkeit des Meistgebots im Gesamtausgebot muss die Frage des Erhöhungsbetrags geklärt werden. Und die Ermittlung dieses Betrags richtet sich dann (nur) nach den Einzelausgeboten, die der Gläubiger gewählt hat bzw. die ohne entsprechende Wahl maßgeblich sind. Diese Problematik ist in den anderen Kommentaren nicht näher untersucht worden.[18]

2. Verteilung des Gesamtrechts nach § 1132 BGB

27 Ein Gesamtgrundpfandrecht kann auch **außerhalb des Zwangsversteigerungsverfahrens** verteilt werden. Nach § 1132 Abs. 2 BGB ist der Gläubiger berechtigt, den Betrag der Forderung auf die einzelnen Grundstücke so zu verteilen, dass jedes Grundstück nur (noch) für den zugeteilten Betrag haftet.[19] Auf diese Verteilung

16) Böttcher/*Böttcher* ZVG, § 64 Rz. 9; Stöber/*Gojowczyk*, ZVG, § 64 Rz. 26; BeckOK-*R. Goldbach*, ZVG, § 64 Rz. 13; *Heidrich*, Rpfleger 1993, 11; so nun auch *Bachmann* unter (teilweiser) Aufgabe seiner bisherigen Ansicht (Rpfleger 1992, 3 und 1992, 12).

17) Stöber/*Gojowczyk*, ZVG, § 64 Rz. 27; so auch Schneider-*Schneider*, ZVG, § 64 Rz. 59.

18) Ich stimme *Stöber* zu. Hierdurch wird auch meine in Fn. 16 dargestellte Einschränkung („teilweise") verständlich. Interessant ist in diesem Zusammenhang aber doch die Tatsache, dass im Endergebnis der Erhöhungsbetrag hier (ausnahmsweise!) erst bei der Zuschlagsentscheidung – gleichsam rückwirkend – untersucht wird. So stellt sich das betreffende Gebot als „schwebend wirksam" bzw. „schwebend unwirksam" dar. Nachdem dies von der h. M. offensichtlich angenommen wird, sind meine früheren Einwände zum Teil gegenstandslos. Wegen eines „Auswegs" aus dem aufgezeigten Dilemma verweise ich auf meine Ausführungen in § 63 Rz. 29.

19) Nach § 1192 Abs. 1 bzw. § 1200 Abs. 1 BGB findet diese Vorschrift auch bei der Grundschuld oder Rentenschuld Anwendung.

sind die §§ 875, 876, 878 BGB entsprechend anzuwenden. In diesem Zusammenhang ist besonders auf § 875 Abs. 1 Satz 1 BGB hinzuweisen; somit wird die Verteilung materiellrechtlich erst wirksam, wenn die entsprechende **Eintragung im Grundbuch** erfolgt ist. Deshalb muss der Gesamtrechtsgläubiger dem Vollstreckungsgericht bis spätestens vor der Aufforderung zur Gebotsabgabe nachweisen, dass die entsprechenden Eintragungen im Grundbuch erfolgt sind, wenn er will, dass „seine Verteilung" bei der Feststellung des geringsten Gebots berücksichtigt wird. Geschieht dies nicht oder verspätet, verbleibt es bei den bisherigen geringsten Geboten.[20]

3. Ansprüche der Rangklasse 5 im geringsten Gebot

28 Gläubiger, die wegen eines Zahlungsanspruchs aus Rangklasse 5 betreiben, können wegen ihres gesamten Anspruchs in jedes Grundstück des Schuldners „voll betreiben". Durch die Beschlagnahme erhalten sie somit ein **„Gesamtbefriedigungsrecht"**, das in seinen Wirkungen einer Gesamthypothek ähnelt (vgl. § 1132 Abs. 1 Satz 2 BGB). Da sich das geringste Gebot nach dem bestbetreibenden Gläubiger richtet (§ 44 Abs. 2 ZVG), wird ein Anspruch aus Rangklasse 5 nur dann im geringsten Gebot berücksichtigt, wenn ein rangschlechterer persönlicher Gläubiger dieser bestbetreibende Gläubiger ist. Dies kann nur der Fall sein, wenn das Verfahren des besserrangigen persönlichen Gläubigers eingestellt ist.[21] Dann ist dieser Gläubiger mit seinem Gesamtanspruch im Abschnitt **„Mindestbargebot"** des geringsten Gebots zu berücksichtigen, und zwar bei jedem Einzelausgebot in voller Höhe. Nach allgemeiner Ansicht ist hier § 64 ZVG entsprechend anzuwenden.[22]

VIII. Beispiel

29 Anhand des nachfolgenden Beispiels sollen die bisherigen Ausführungen kurz dargestellt werden.[23]

Sachverhalt:

30 Ein persönlicher Gläubiger betreibt die Zwangsvollstreckung der nachfolgend genannten Grundstücke. Die Gerichtskosten sollen insgesamt 3.500 € betragen. Aufgrund der Hinweise des Gerichts hat die zuständige Stadtkasse Ansprüche der Rangklasse getrennt angemeldet: 50 € bei Grundstück 1,100 € bei Grundstück 2 und 200 € bei Grundstück 3. Die Nebenleistungen der bestehen bleibenden Rechte sollen jeweils mit 10 % für 1 Jahr Berücksichtigung finden. Neben den Einzelausgeboten soll ein **Gesamtausgebot** erfolgen.

---

20) Also u. U. mit einer Verteilung gemäß § 64 Abs. 1.

21) Wenn er noch betreibt, ist er selbst bestbetreibender Gläubiger; wenn sein Verfahren aufgehoben ist (z. B. durch Antragsrücknahme), kann er überhaupt nicht mehr berücksichtigt werden; wenn er deshalb nicht bestbetreibender Gläubiger ist, weil die Frist des § 44 Abs. 2 ZVG nicht gewahrt ist, dann ist diese Frist hinsichtlich des rangschlechteren persönlichen Gläubigers wegen § 11 Abs. 2 ZVG auch nicht gewahrt.

22) Böttcher/*Böttcher*, ZVG, § 64 Rz. 2; Stöber/*Gojowczyk*, ZVG, § 64 Rz. 5 m. w. N.; Dassler/Schiffhauer/u. a.-*Hintzen*, ZVG, § 64 Rz. 39; BeckOK-*R. Goldbach*, ZVG, § 64 Rz. 18, Schneider-*Schneider*, ZVG, § 64 Rz. 7.

23) Ähnliche Beispiele bei Böttcher/*Böttcher*, ZVG, § 64 Rz. 4, 8, 12; *Stöber*, ZVG-Handbuch, Rz. 385; BeckOK-*R. Goldbach*, ZVG, § 64, Rz. 20 bis 28; *Knees*, ZVG, S. 129 f.

Belastungsübersicht: 31

Grundstücke	Grst. 1	Grst. 2	Grst. 3
Verkehrswert	50.000 €	100.000 €	200.000 €
III/1	27.000 €	–	–
III/2	–	50.000 €	–
III/3	–	20.000 €	20.000 €
III/4	–	–	23.000 €
III/5	20.000 €	20.000 €	20.000 €

Für die **Gesamtrechte III/3 und III/5** wurde der Antrag nach § 64 Abs. 1 ZVG gestellt.

Diese Aufteilung wird wie folgt berechnet: 32

Grundstücke	Grst. 1	Grst. 2	Grst. 3
Verkehrswert	50.000 €	100.000 €	200.000 €
abzüglich III/1	27.000 €	–	–
abzüglich III/2	–	50.000 €	–
Restwerte:	**23.000 €**	**50.000 €**	**200.000 €**
III/3 wird (nur) auf die Grundstücke 2 und 3 im Verhältnis 1 : 4 verteilt	–	4.000 €	16.000 €
abzüglich III/4	–	–	23.000 €
Restwerte:	**23.000 €**	**46.000 €**	**161.000 €**
III/5 wird auf die 3 Grundstücke verteilt im Verhältnis 1 : 2 : 7	2.000 €	4.000 €	14.000 €

Damit sehen die geringsten Gebote wie folgt aus: 33

Bestehen bleibende Rechte:

Recht	Grst. 1	Grst. 2	Grst. 3	Gesamtausgebot 1 + 2 + 3
III/1	27.000 €	–	–	27.000 €
III/2	–	50.000 €	–	50.000 €
III/3	–	4.000 €	16.000 €	20.000 €
III/4	–	–	23.000 €	23.000 €
III/5	2.000 €	4.000 €	14.000 €	20.000 €
Summe	29.000 €	58.000 €	53.000 €	140.000 €

Mindestbargebot:

Anspruch	Grst. 1	Grst. 2	Grst. 3	Gesamtausgebot
Gerichtskosten[24)]	500 €	1.000 €	2.000 €	3.500 €
Rangklasse[25)]	50 €	100 €	200 €	350 €
Nebenleist. III/1	2.700 €	–	–	2.700 €
Nebenleist. III/2	–	5.000 €	–	5.000 €
Nebenleist. III/3[26)]	–	400 €	1.600 €	2.000 €
Nebenleist. III/4	–	–	2.300 €	2.300 €
Nebenleist. III/5	200 €	400 €	1.400 €	2.000 €
Summe	**3.450 €**	**6.900 €**	**7.500 €**	**17.850 €**

34 Der Gläubiger des Rechts **III/5 stellt rechtzeitig den Gegenantrag** gemäß § 64 Abs. 2 ZVG.[27)] Dies führt hinsichtlich der Einzelausgebote zu einem Doppelausgebot. Das Gesamtausgebot ist hiervon nicht betroffen.

35 Die geringsten Gebote für die drei (weiteren!) Einzelausgebote werden so berechnet, als wenn der Gläubiger III/5 der bestbetreibende Gläubiger wäre. Damit sehen diese geringsten Gebote wie folgt aus:

Bestehen bleibende Rechte:

Recht	Grst. 1	Grst. 2	Grst. 3
III/1	27.000 €	–	–
III/2	–	50.000 €	–
III/3	–	4.000 €	16.000 €
III/4	–	–	23.000 €
Summe	**27.000 €**	**54.000 €**	**39.000 €**

24) Die Aufteilung der Gerichtskosten erfolgt im Verhältnis der Verkehrswerte.

25) Ohne getrennte Anmeldung würde dieser Anspruch ebenfalls im Verhältnis der Verkehrswerte aufgeteilt werden.

26) Die Aufteilung erfolgt in demselben Verhältnis wie beim Kapital, da Nebenleistungen das Schicksal der Hauptsache teilen.

27) Auch der Gesamtgläubiger III/3 könnte einen solchen Gegenantrag stellen. Dieser kann sich natürlich nur auf die Grundstücke 2 und 3 beziehen, da nur diese beiden Grundstücke mit seinem Gesamtrecht belastet sind. Deshalb würde hier ein Doppelausgebot auch nur hinsichtlich der beiden Grundstücke 2 und 3 erfolgen; hinsichtlich des Grundstücks 1 verbliebe es bei dem Einzelausgebot nach § 64 Abs. 1.

Mindestbargebot:

Anspruch	Grst. 1	Grst. 2	Grst. 3
Gerichtskosten[28)]	500 €	1.000 €	2.000 €
Rangklasse[29)]	50 €	100 €	200 €
Nebenleist. III/1	2.700 €	–	–
Nebenleist. III/2	–	5.000 €	–
Nebenleist. III/3[30)]	–	400 €	1.600 €
Nebenleist. III/4	–	–	2.300 €
Summe	**3.250 €**	**6.500 €**	**6.100 €**

Am Schluss der Versteigerung liegen folgende **Meistbargebote** vor: 36

Ausgebotsart	Grst. 1	Grst. 2	Grst. 3
§ 64 Abs. 1 ZVG	7.000 €	14.000 €	50.000 €
§ 64 Abs. 2 ZVG	20.000 €	30.000 €	70.000 €

Im Gesamtausgebot sind 71.000 € geboten worden.

Unterfall 1: Der Gläubiger III/5 wählt die Ausgebotsart gemäß § 64 Abs. 1 ZVG oder gibt keine Erklärung ab.

37 Nach § 63 Abs. 3 Satz 2 ZVG ist die Summe der Einzelausgebote gemäß § 64 Abs. 1 ZVG mit dem Ergebnis im Gesamtausgebot zu vergleichen. Die Einzelausgebote nach § 64 Abs. 2 ZVG erlöschen.

Grundstück	Grst. 1	Grst. 2	Grst. 3	1 + 2 + 3
Meistbargebot	7.000 €	14.000 €	50.000 €	71.000 €
Summe der bestehenbl. Rechte	29.000 €	58.000 €	53.000 €	140.000 €
Meistgebot	36.000 €	72.000 €	103.000 €	211.000 €

38 Da die Summe der Einzelausgebote gleich hoch ist wie das Ergebnis im Gesamtausgebot, ist nach § 63 Abs. 3 Satz 2 ZVG der **Zuschlag auf die Einzelausgebote** zu erteilen, falls keine Zuschlagsversagungsgründe vorliegen. Solche sind nicht ersichtlich: Die Grenze des § 85a ZVG ist bei allen Grundstücken erreicht. Hinsichtlich des Grundstücks 3 könnte ein Antrag nach § 74a ZVG gestellt werden, da die 7/10-Grenze dort nicht erreicht ist.

28) Die Aufteilung der Gerichtskosten erfolgt im Verhältnis der Verkehrswerte.

29) Ohne getrennte Anmeldung würde dieser Anspruch ebenfalls im Verhältnis der Verkehrswerte aufgeteilt werden.

30) Die Aufteilung erfolgt in demselben Verhältnis wie beim Kapital, da Nebenleistungen das Schicksal der Hauptsache teilen.

Unterfall 2: Der Gläubiger III/5 wählt die Ausgebotsart gemäß § 64 Abs. 2 ZVG

39 Nach § 63 Abs. 3 Satz 2 ZVG ist die Summe der Einzelausgebote gemäß § 64 Abs. 2 ZVG mit dem Ergebnis im Gesamtausgebot zu vergleichen. Die Einzelausgebote nach § 64 Abs. 1 ZVG erlöschen.

Grundstück	**Grst. 1**	**Grst. 2**	**Grst. 3**	**1 + 2 + 3**
Meistbargebot	20.000 €	30.000 €	70.000 €	71.000 €
Summe der bestehen bleibenden Rechte	27.000 €	54.000 €	39.000 €	140.000 €
Meistgebot	47.000 €	84.000 €	109.000 €	211.000 €

40 Da die Summe der Einzelausgebote höher ist als das Ergebnis des Gesamtausgebots, erfolgt gemäß § 63 Abs. 3 Satz 2 ZVG der **Zuschlag auf die Einzelausgebote**, wenn keine Zuschlagsversagungsgründe vorliegen.[31)] Die Grenze des § 85a ZVG ist bei allen Grundstücken erreicht. Hinsichtlich des Grundstücks 3 könnte ein Antrag nach § 74a ZVG gestellt werden, da die 7/10-Grenze dort nicht erreicht ist.

41 Darüber hinaus ist jetzt zu prüfen, ob nicht der **Versagungsgrund des § 83 Nr. 3 ZVG** vorliegt. Es muss also geprüft werden, ob der Anspruch des Gläubigers III/5 aus der Summe der Meistgebote gedeckt wird. Hierzu ist ein (auszugsweiser) vorläufiger Teilungsplan aufzustellen:

Bezeichnung	**Grst. 1**	**Grst. 2**	**Grst. 3**
Teilungsmasse	20.000 €	30.000 €	70.000 €
Gerichtskosten	500 €	1.000 €	2.000 €
Rangklasse 3	50 €	100 €	200 €
Nebenleist. III/1	2.700 €	–	–
Nebenleist. III/2	–	5.000 €	–
Nebenleist. III/3	–	400 €	1.600 €
Nebenleist. III/4	–	–	2.300 €
Restl. Teilungsmasse	16.750 €	23.500 €	63.900 €

42 Hieraus ist ersichtlich, dass der Anspruch des Gläubigers III/5 mit insges. 22.000 € (20.000 Kap. und 2.000 Zinsen) gedeckt ist. Weitere Gläubiger i. S. d. § 83 Nr. 3 ZVG sind nicht vorhanden. Deshalb kann auch eine (rechnerische) Aufteilung des Gesamtrechts III/5 unterbleiben. Würden jedoch nach dem Recht III/5 noch weitere Ansprüche dem tatsächlich bestbetreibenden Gläubiger im Range vorgehen, die gemäß § 83 Nr. 3 ZVG ebenfalls gedeckt sein müssen, dann müsste in dem obigen

31) Anmerkung: Ob § 63 Abs. 3 Satz 1 ZVG erfüllt ist, soll hier nicht näher untersucht zu werden, da das Gesamtausgebot nicht für die Zuschlagserteilung in Betracht kommt. Ob der Erhöhungsbetrag beim Gesamtausgebot berücksichtigt worden ist, wird unterstellt. Zu Einzelheiten siehe Rz. 24 ff.

Teilungsplan diese Verteilung nach § 122 ZVG vorgenommen werden – also im Verhältnis der Resterlöse.[32)]

32) Deshalb ist das Beispiel bei Beck-*R. Goldbach*, ZVG, § 64 bei Rz. 27 und 28 nach m. A. nicht ganz richtig: Der Anspruch des Gläubigers III/4 darf nicht nach § 64 Abs. 1 ZVG auf die einzelnen Grundstücke verteilt werden. Dieser Anspruch betrifft infolge des Zuschlags auf die Gebote nach § 64 Abs. 2 ZVG ein erloschenes Gesamtrecht deshalb richtet sich die Verteilung nach § 122 ZVG (nicht nach § 64 Abs. 1 oder § 112 ZVG) Und bei einer Verteilung im Verhältnis der Resterlöse würde auch der Gläubiger III/4 noch voll befriedigt. Und da das Recht III/6 ein Gesamtrecht ist und die Erlösreste bei den Grundstücken 1 und 2 auch hierfür ausreichen, stellt sich das Problem gar nicht, ob der Zuschlag nur an einem Grundstück oder bei allen Grundstücken zu versagen ist; denn § 83 Nr. 3 ZVG ist hier überhaupt nicht verletzt.

§ 65
Besondere Versteigerung

(1) Das Gericht kann auf Antrag anordnen, daß eine Forderung oder eine bewegliche Sache von der Versteigerung des Grundstücks ausgeschlossen und besonders versteigert werden soll. Auf Antrag kann auch eine andere Art der Verwertung angeordnet, insbesondere zur Einziehung einer Forderung ein Vertreter bestellt oder die Forderung einem Beteiligten mit dessen Zustimmung an Zahlungs Statt überwiesen werden. Die Vorschriften der §§ 817, 820, 835 der Zivilprozeßordnung finden entsprechende Anwendung. Der Erlös ist zu hinterlegen.

(2) Die besondere Versteigerung oder die anderweitige Verwertung ist nur zulässig, wenn das geringste Gebot erreicht ist.

Übersicht

I. Allgemeines

§ 55 ZVG bestimmt den Umfang der Gegenstände, auf die sich regelmäßig die Versteigerung erstreckt. Hiervon macht § 65 ZVG eine Ausnahme. Hiernach können bewegliche Sachen und Forderungen von der Grundstücksversteigerung ausgenommen werden. Somit sind insoweit abweichende Versteigerungsbedingungen nach § 59 ZVG ausgeschlossen; § 65 ZVG geht als Sonderregelung vor.[1)] 1

Wird ein **Zubehörgegenstand** nicht mitversteigert, weil das Verfahren hinsichtlich dieses Gegenstandes einstweilen eingestellt worden ist (vgl. §§ 30, 37 Nr. 5 ZVG), kann nach Wegfall des Einstellungsgrundes und auf rechtzeitigen Fortsetzungsantrag des Gläubigers dieser Gegenstand nach § 65 ZVG abgesondert verwertet werden. Wird das Verfahren hinsichtlich dieses Gegenstandes aber aufgehoben (z. B. durch 2

1) Stöber/*Gojowczyk*, ZVG, § 65 Rz. 2; Dassler/Schiffhauer/u. a.-*Hintzen*, ZVG § 65 Rz. 1; BeckOK-*R. Goldbach*, ZVG, § 65, Rz. 1.

Teilrücknahme sämtlicher betreibenden Gläubiger), dann erstreckt sich weder Beschlagnahme noch Versteigerung auf den Gegenstand. Somit kann insoweit auch keine abgesonderte Versteigerung oder anderweitige Verwertung erfolgen. Dem Gläubiger bleibt nach Erteilung des Zuschlags (hinsichtlich des Grundstücks) nur noch die Mobiliarvollstreckung in diesen Gegenstand.[2)]

II. Andere Verwertungsarten

3 Absatz 1 sieht als mögliche Sonderverwertungen vor:

- Besondere Versteigerung (Satz 1) und
- eine andere Art der Verwertung (Satz 2).

III. Antrag

4 Die besondere Versteigerung sowie die anderweitige Verwertung setzen einen entsprechenden Antrag voraus. In diesem Antrag muss angegeben werden, welche Art der Verwertung erfolgen soll; denn das Gericht ist bei seiner Anordnung an die beantragte Verwertungsart gebunden. Antragsberechtigt sind grundsätzlich alle Beteiligten, soweit die Höhe der Teilungsmasse (vgl. § 107 Abs. 1 ZVG) für sie Bedeutung hat. Dazu gehört auch der Vollstreckungsschuldner, nicht aber Mieter und Pächter.[3)] Ob Beteiligte, deren Ansprüche bereits durch das geringste Gebot gedeckt sein müssen, antragsberechtigt sind, wird unterschiedlich beantwortet. Da das Gesetz selbst keine Einschränkung macht, sind alle Beteilige, die einen Erlösanspruch haben, antragsberechtigt.[4)]

5 Eine besondere Form ist für den Antrag nicht vorgesehen. Somit kann er bereits vor dem Termin **schriftlich** oder zu **Protokoll der Geschäftsstelle** erklärt werden. Er kann aber auch in einem Vortermin oder im Versteigerungstermin mündlich gestellt werden und ist dann zu protokollieren. Nach der Aufforderung zur Abgabe von Geboten kann der Antrag nicht mehr gestellt werden.[5)] Zurückgenommen werden kann der Antrag bis zur Anordnung der besonderen Verwertung.

IV. Anordnung

6 Eine Anordnung nach § 65 ZVG kann erfolgen; d. h., das Vollstreckungsgericht entscheidet nach pflichtgemäßem Ermessen. Sinnvoll erscheint eine entsprechende Anordnung nur dann, wenn hierdurch ein höherer Gesamterlös zu erwarten ist. In der Praxis spielt deshalb die Vorschrift keine große Rolle.

---

2) OLG Hamm, Beschl. v. 26.10.1993 – 15 W 272/93, Rpfleger 1994, 176.

3) Böttcher/*Böttcher*, ZVG, § 65 Rz. 3; Stöber/*Gojowczyk*, ZVG, § 65 Rz. 3; Dassler/Schiffhauer/u. a.-*Hintzen*, ZVG, § 65 Rz. 5; BeckOK-*R. Goldbach*, ZVG, § 65 Rz. 4; Schneider-*Strauß*, ZVG, § 65 Rz. 28.

4) So Böttcher/*Böttcher*, ZVG, § 65 Rz. 3; Stöber/*Gojowczyk*, ZVG, § 65 Rz. 3; a. A. Dassler/Schiffhauer/u. a.-*Hintzen*, ZVG, § 65 Rz. 5; BeckOK-*R. Goldbach*, ZVG, § 65 Rz. 4; Schneider-*Strauß*, ZVG, § 65 Rz. 28.

5) So Böttcher/*Böttcher*, ZVG, § 65 Rz. 3; Stöber/*Gojowczyk*, ZVG, § 65 Rz. 4; Dassler/Schiffhauer/u. a.-*Hintzen*, ZVG, § 65 Rz. 6; BeckOK-*R. Goldbach*, ZVG, § 65 Rz. 5; Schneider-*Strauß*, ZVG, § 65 Rz. 31; a. A. Steiner-*Storz*, ZVG, § 65 Rz. 15: bis zur Verkündung des Schlusses der Versteigerung.

7 Zwar hat das Gericht die Interessen der Grundpfandrechtsgläubiger schon von Amts wegen zu berücksichtigen.[6] Gläubiger, deren Rechte bestehen bleiben, soll im Hinblick auf ihr Widerspruchsrecht (vgl. §§ 1134, 1135 BGB) jedoch auch rechtliches Gehör gewährt werden.[7]

8 Die Anordnung erfolgt durch **Beschluss** und ist bis zur Aufforderung zur Abgabe von Geboten zulässig. Im Zuschlagsbeschluss ist ausdrücklich zu vermerken, dass die Gegenstände, die gemäß § 65 ZVG gesondert verwertet werden, nicht mitversteigert worden sind – und sich somit der Zuschlag nicht auf diese Gegenstände erstreckt.

V. Durchführung

9 Eine angeordnete andere Verwertung darf erst dann ausgeführt werden, wenn auf das Grundstück ein wirksames Gebot abgegeben wurde, welches das **geringste Gebot** erreicht (Abs. 2). Der Schluss der Versteigerung (hinsichtlich des Grundstücks) muss nicht abgewartet werden.[8] Liegt ein wirksames Gebot nicht vor bzw. ist Absatz 2 nicht erfüllt, entfällt die Anordnung des Gerichts ohne Weiteres; es ist also kein Aufhebungsbeschluss erforderlich.[9]

10 Durchgeführt wird die besondere Versteigerung entweder durch das **Vollstreckungsgericht** selbst oder durch einen vom Gericht beauftragten **Gerichtsvollzieher**. Hierbei richtet sich das Verfahren dann nach ZPO-Vorschriften (insbesondere §§ 817, 817a ZPO). Der Eigentumsübergang erfolgt hier auch nicht mit dem Zuschlag, sondern mit der „Ablieferung" an den Ersteher (vgl. § 817 Abs. 2 ZPO). Der Erlös aus der gesonderten Versteigerung ist zu hinterlegen (Abs. 1 Satz 4); er ist später Bestandteil der (Gesamt-) **Teilungsmasse**, aus der dann die Gläubiger befriedigt werden (§ 107 Abs. 1 Satz 2 ZVG).

11 Eine andere Art der Verwertung ist auch der freihändige Verkauf durch den Gerichtsvollzieher (vgl. § 825 ZPO) oder die Überweisung einer Forderung an Zahlungs statt (vgl. § 835 ZPO, bes. Abs. 2). Wenn eine Brandversicherungssumme zur Verfügung des Vollstreckungsgerichts hinterlegt ist, kann diese Versicherungssumme

---

6) Böttcher/*Böttcher*, ZVG, § 65 Rz. 4; Stöber/*Gojowczyk*, ZVG, § 65 Rz. 8; BeckOK-*R. Goldbach*, ZVG, § 65 Rz. 7; Schneider-*Strauß*, ZVG, § 65 Rz. 40.

7) Böttcher/*Böttcher*, ZVG, § 65 Rz. 3; Stöber/*Gojowczyk*, ZVG, § 65 Rz. 8: BeckOK-*R. Goldbach*, ZVG, § 65 Rz. 7; etwas differenzierter Schneider-*Strauß*, ZVG, § 65 Rz. 43: Anhörung der anwesenden Beteiligten zum Antrag, der erst im Termin gestellt wird.

8) So Böttcher/*Böttcher*, ZVG, § 65 Rz. 5; Stöber/*Gojowczyk*, ZVG, § 65 Rz. 9; a. A. Dassler/Schiffhauer/u. a.-*Hintzen*, ZVG, § 65 Rz. 13; BeckOK-*R. Goldbach*, ZVG, § 65 Rz. 8: Ausführung darf erst nach dem Schluss der Versteigerung und auch nur dann erfolgen, wenn mindestens das geringste Gebot erreicht ist. Da aber u. U. der Zuschlag auf das Grundstück auch bei einem Gebot über dem geringsten Gebot versagt werden müsse (vgl. §§ 74a, 85a ZVG), könnte es passieren, dass der Gegenstand übereignet werde, ein Zuschlag hinsichtlich des Grundstücks aber nicht zustande käme. Diesem Argument muss entgegengehalten werden, dass zum einen der Wortlaut des § 65 Abs. 2 ZVG eindeutig ist, zum anderen der Zuschlag auch aus anderen Gründen versagt werden könnte (siehe § 83 ZVG); a. A. auch Schneider-*Strauß*, ZVG, § 65 Rz. 50 f. (aber mit einer anderen Begründung).

9) Böttcher/*Böttcher*, ZVG, § 65 Rz. 5, Stöber/*Gojowczyk*, ZVG, § 65 Rz. 13; BeckOK-*R. Goldbach*, ZVG, § 65 Rz. 8; a. A. Steiner-*Storz*, ZVG, § 65 Rz. 18.

gemäß § 65 ZVG von der Versteigerung ausgenommen werden und (unmittelbar) für das Verteilungsverfahren zur Teilungsmasse genommen werden.[10)]

12 Wenn die betreibenden Gläubiger bereits aus der Versteigerung des Grundstücks befriedigt werden können, oder als befriedigt gelten (§ 114a ZVG), entfällt die Anordnung gemäß § 65 ZVG nicht automatisch; aber dann ist die besondere Verwertung gemäß § 775 Nr. 5 ZPO einstweilen einzustellen.[11)]

VI. Kosten

13 Besondere **Gerichtsgebühren** entstehen durch die abgesonderte Versteigerung bzw. anderweitige Verwertung **nicht**; die Verfahrensgebühr GKG KVNr. 2211 deckt diese Tätigkeit mit ab. Zu beachten ist jedoch, dass bei der Gebühr GKG KVNr. 2215 auch der Erlös aus der Verwertung gemäß § 65 ZVG bei der Wertberechnung miteinbezogen werden muss (§ 54 Abs. 3 Satz 2 GKG).

14 Die Gebühren und Auslagen des vom Vollstreckungsgericht beauftragten Gerichtsvollziehers richten sich nach dem GVKostG und gehören zu den „Kosten des Verfahrens" i. S. v. § 109 ZVG.

VII. Rechtsbehelfe

15 Gegen die **Anordnung** nach § 65 ZVG ist die **Erinnerung** nach § 766 ZPO möglich. Diese kann z. B. der Gläubiger eines bestehen bleibenden Rechts einlegen mit der Begründung, durch die Anordnung sei die Sicherheit seines Rechts beeinträchtigt, weil der Umfang seiner Hypothekenhaftung (§ 1120 BGB) damit geschmälert werde. Dagegen ist der angebliche Eigentümer des Gegenstandes nicht beschwerdeberechtigt; sein Eigentum kann er nur mit der Drittwiderspruchsklage gemäß § 771 ZPO geltend machen.

16 Es kann aber **auch Zuschlagsbeschwerde** eingelegt werden (§§ 83 Nr. 1, 100 ZVG).[12)] Wird der Antrag abgelehnt, gibt es nur die Zuschlagsbeschwerde nach §§ 83 Nr. 1, 100 ZVG.

---

10) So Stöber/*Gojowczyk*, ZVG, § 65 Rz. 12.

11) So Stöber/*Gojowczyk*, ZVG, § 65 Rz. 13; a. A. Böttcher/*Böttcher*, ZVG, § 65 Rz. 5; Dassler/Schiffhauer/u. a.-*Hintzen*, ZVG, § 65 Rz. 17; BeckOK-*R. Goldbach*, ZVG, § 65 Rz. 9; unentschieden Schneider-*Strauß*, ZVG, § 65 Rz. 52.

12) Vgl. LG Frankenthal, Beschl. v. 22.11.1985 – 1 T 341/85, Rpfleger 1986, 146; Stöber/*Gojowczyk*, ZVG, § 65 Rz 19.

V.
Versteigerung

§ 66

Verfahrensablauf im Versteigerungstermin

(1) In dem Versteigerungstermin werden nach dem Aufruf der Sache die das Grundstück betreffenden Nachweisungen, die das Verfahren betreibenden Gläubiger, deren Ansprüche, die Zeit der Beschlagnahme, der vom Gericht festgesetzte Wert des Grundstücks und die erfolgten Anmeldungen bekanntgemacht, hierauf das geringste Gebot und die Versteigerungsbedingungen nach Anhörung der anwesenden Beteiligten, nötigenfalls mit Hilfe eines Rechnungsverständigen, unter Bezeichnung der einzelnen Rechte festgestellt und die erfolgten Feststellungen verlesen.

(2) Nachdem dies geschehen, hat das Gericht auf die bevorstehende Ausschließung weiterer Anmeldungen hinzuweisen und sodann zur Abgabe von Geboten aufzufordern.

Literatur: *Dorn*, Bestandteile und Zubehör in der Zwangsversteigerung, Rpfleger 1987, 143; *Drischler*, Zur Frage der Durchführung mehrerer voneinander unabhängiger Zwangsversteigerungsverfahren in einem Termin, KTS 1985, 31; *Hagemann*, Gleichzeitige Abhaltung mehrerer Versteigerungstermine durch denselben Rechtspfleger, Rpfleger 1984, 256; *Klawikowski*, Vertretung von Beteiligten und Bietern im Zwangsversteigerungsverfahren, Rpfleger 2008, 404; *Witte/Jähne*, Terminswahrnehmung in der Zwangsversteigerung durch Mitarbeiter eines Rechtsanwalts, Rpfleger 2010, 65.

Übersicht

I. Allgemeines

1. Übersicht zum V. Unterabschnitt (§§ 66–78 ZVG)

1 Im V. Unterabschnitt des ZVG wird die **eigentliche Versteigerung** geregelt:

- §§ 66, 73 ZVG behandeln den grundsätzlichen Ablauf des Versteigerungstermins.
- §§ 67–70 ZVG regeln Fragen der Sicherheitsleistung durch die Bieter.
- §§ 71, 72 ZVG behandeln Wirksamkeit und Erlöschen von Geboten.
- §§ 74–74b ZVG erörtern die Verhandlung über den Zuschlag mit dem besonderen Versagungsgrund wegen Nichterreichens der 7/10-Grenze.
- §§ 75–77 ZVG sehen verschiedene Einstellungsgründe vor.
- § 78 ZVG ergänzt Vorschriften der ZPO hinsichtlich der Protokollführung.

2. § 66 ZVG

2 § 66 ZVG regelt den Ablauf des Versteigerungstermins von Beginn bis zur Aufforderung zur Abgabe von Geboten. Die Vorschrift gilt für alle Versteigerungsarten des ZVG.

II. Der Versteigerungstermin

1. Vorbereitung des Termins durch das Vollstreckungsgericht

3 Das Vollstreckungsgericht muss sich rechtzeitig und gewissenhaft auf den Versteigerungstermin vorbereiten, um Haftungsgefahren zu vermeiden. Hierzu gehört auch die Überprüfung des bisherigen Verfahrens (siehe § 36 Rz. 5 und 6 [*Cranshaw*]). Folgende weitere Fragen sind zu prüfen:

- Ist die Terminsbestimmung ordnungsgemäß bekannt gemacht und zugestellt?
- Sind die Mitteilungen nach § 41 Abs. 2 ZVG ordnungsgemäß erfolgt?
- Welche Beschlagnahmebeschlüsse sind rechtzeitig (siehe § 43 Abs. 2 ZVG) zugestellt worden?
- Wurde auch den verspätet hinzugekommenen Beteiligten der Verkehrswertbeschluss noch zugestellt? Wurde ihnen auch noch die Terminsbestimmung zugestellt?
- Ist der Einheitswert mitgeteilt worden? Ist die Brandversicherungssumme mitgeteilt worden?
- Enthalten Anmeldungen Fehler oder Widersprüche, die noch nicht bereinigt sind?

- Liegen Erklärungen von Mietern oder Pächtern vor?
- Vorläufiges geringstes Gebot berechnen! Falls nötig, die Festsetzung eines Zuzahlungsbetrags vorbereiten!
- Bei einem „ersten Termin" die Grenzen der §§ 74a, 85a ZVG errechnen!
- Feststellung der Beteiligten, die Sicherheit verlangen können (durch einen auszugsweisen Teilungsplan)!
- Sollen die Grundakten zum Termin beigezogen werden? Ist über Baulasten etwas bekannt (ins Sachverständigengutachten schauen!)?

2. Zeit und Ort der Versteigerung

Die **Zeit des Versteigerungstermins** muss mit der Angabe in der Terminsbestimmung 4 (§ 37 Nr. 2 ZVG) übereinstimmen. Zu einer früheren Zeit kann der Termin nicht beginnen; dies wäre ein (unheilbarer!) Zuschlagsversagungsgrund gemäß § 83 Nr. 6 ZVG. Wird der Beginn nach hinten verschoben, dann muss sichergestellt werden, dass alle bereits Erschienenen und die später Erscheinenden zuverlässig unterrichtet werden.[1] Ein Beteiligter hat aber keinen Anspruch auf einen verzögerten Terminsbeginn, auch wenn er seine Verspätung telefonisch angekündigt hat.[2] Eine „Verschiebung" auf einen anderen Tag fällt nicht hierunter; diese ist als Terminsverlegung zu behandeln, sodass alle Vorschriften und Fristen zu beachten sind; denn hierbei handelt es sich um die Bestimmung eines neuen Versteigerungstermins (siehe § 43 Rz. 13 [*Bachmann*]).

Auch der **Ort der Versteigerung** muss grundsätzlich mit der Angabe in der Ter- 5 minsbestimmung (§ 37 Nr. 2 ZVG) übereinstimmen. Die Verlegung in einen anderen Gerichtssaal ist möglich. Dann muss das Gericht aber Vorkehrungen treffen, dass Beteiligte und Biet- und sonstige Interessenten zum richtigen Saal finden. Wie dies genau geschieht, richtet sich nach den örtlichen Verhältnissen. Allgemein muss es genügen, wenn in beiden Saalaushangkästen oder an der Tür deutliche Hinweise angebracht werden.[3] Wenn der Termin in ein anderes Gebäude verlegt wird, gilt dasselbe; jedoch sollten hier zusätzlich deutliche Hinweise im Eingangsbereich des

1) Stöber/*Becker*, ZVG, § 66 Rz. 6, hält es nur in außergewöhnlichen Fällen für erforderlich, an der Terminsstelle einen Wachtmeister aufzustellen, der den Erscheinenden die Verzögerung bekanntzugeben hat. Im Übrigen genügt Anwesenheit des Urkundsbeamten oder Anbringung eines Hinweises am Terminsaushang oder ein Anschlag an der Tür des Terminsortes.

2) Vgl. hierzu OLG Hamm, Beschl. v. 7.4.1994 – 15 W 53/94, Rpfleger 1994, 428 = KTS 1995, 63.

3) Vgl. LG Essen, Beschl. v. 20.1.2006 – 7 T 574/05, Rpfleger 2006, 665; LG Oldenburg, Beschl. v. 16.8.1990 – 6 T 497/90, Rpfleger 1990, 470; Stöber/*Becker*, ZVG, § 66 Rz. 5; Dassler/Schiffhauer/u. a.-*Hintzen*, ZVG, § 66 Rz. 7; a. A. OLG Hamm, Beschl. v. 7.9.1978 – 15 W 40/78, Rpfleger 1979, 29 = NJW 1979, 1720; Böttcher/*Böttcher*, ZVG, § 66 Rz. 5: Während der gesamten Dauer des Versteigerungstermins müsse ein Angehöriger des Gerichts (z. B. Wachtmeister) den ursprünglichen Sitzungssaal im Auge haben, damit eine zuverlässige Unterrichtung aller Erscheinenden gewährleistet sei. Diese überspannte Ansicht hat sich in der Praxis nie durchgesetzt – und wird jetzt auch von den meisten Gerichten und Kommentatoren nicht mehr vertreten.

Gerichts angebracht werden und der an der Pforte diensthabende Wachtmeister entsprechend unterrichtet werden.

6 Sowohl ein verzögerter Versteigerungsbeginn als auch eine Verlegung des Termins in einen anderen Raum muss mit Gründen **im Protokoll vermerkt** werden. Auch die getroffenen Vorkehrungen sollten sich aus dem Protokoll ergeben.

3. Sitzungsleitung und Protokoll

7 Der Versteigerungstermin ist ein Gerichtstermin i. S. d. GVG. Deshalb übt der Versteigerungsrechtspfleger auch die **sitzungspolizeiliche Gewalt** aus. Er kann vor allem Personen von der Terminsteilnahme ausschließen; er ist auch befugt, besondere Schutzmaßnahmen durch die Wachtmeisterei zu veranlassen. Wegen Ungebühr kann er ein Ordnungsgeld bis zu 1.000 € verhängen (§ 178 Abs. 1 GVG). Wo jedoch eine Ordnungshaft nötig wird, muss wegen § 4 Abs. 2 RPflG ein Richter eingeschaltet werden. Gegen angeordnete Ordnungsmittel kann sofortige Beschwerde eingelegt werden (§ 11 Abs. 1 RPflG, § 181 GVG). Die Frist hierzu beträgt eine Woche (§ 181 Abs. 1 GVG).[4)]

8 Über alle Vorgänge im Termin ist ein umfassendes Protokoll aufzunehmen (vgl. § 78 ZVG). Da sich dieses sehr umfangreich gestaltet, ist es sinnvoll, möglichst immer einen Protokollführer hinzuzuziehen (§ 159 Abs. 1 Satz 2 ZPO). Hiervon sollte auch in Zeiten der Personalknappheit nicht ohne Not abgesehen werden. Die Frage der Beiziehung eines Rechnungsbeamten ist mittlerweile eher theoretischer Natur.[5)]

4. Öffentlichkeit

9 Der Versteigerungstermin ist öffentlich (§ 169 GVG). Zwar ist das Vollstreckungsgericht kein „erkennendes Gericht"; doch aus dem Sinn und Zweck einer Versteigerung, die darauf ausgerichtet ist, möglichst viele Bietinteressenten anzusprechen, ergibt sich die Öffentlichkeit. Dass öffentlich versteigert wurde, muss sich aus dem Protokoll ergeben (§ 160 Abs. 1 Nr. 5 ZPO).

5. Terminsunterbrechung

10 Ein bereits begonnener Termin kann aus besonderen Gründen unterbrochen werden.[6)] Bei der Unterbrechung wird zwischen Teilen eines zusammenhängenden Versteigerungstermins **eine Pause** eingelegt.[7)] Wie lang diese Unterbrechung dauern darf, hängt vom Verhandlungszusammenhang und erinnerungsmäßiger Überschau-

---

4) Vgl. hierzu auch OLG Koblenz, Beschl. v. 28.1.2013 – 4 W 669/12, Rpfleger 2013, 565, mit Anm. *Traub*.

5) Ob dies möglich ist, ergibt sich aus landesrechtlichen Vorschriften. Besondere Kosten dürfen hierfür aber nicht angesetzt werden; vgl. Stöber/*Becker* ZVG, § 66 Rz. 67 und Stöber/*Keller*, ZVG, Einl. 473b.

6) Böttcher/*Böttcher*, ZVG, § 66 Rz. 9; Stöber/*Becker*, ZVG, § 66 Rz. 78; Dassler/Schiffhauer/u. a.-*Hintzen*, ZVG, § 66 Rz. 11; BeckOK-*Steffen*, ZVG, § 66 Rz. 10; Schneider-*Traub*, ZVG, § 66 Rz. 29 ff.

7) Damit unterscheidet sich die Unterbrechung von der Vertagung; denn bei der Vertagung wird ein laufender Termin abgebrochen und ein neuer Termin bestimmt. Hierbei sind alle Fristen zu beachten auch beginnt der neue Versteigerungstermin ganz von vorn.

barkeit des Verfahrensablaufs ab. Eine Terminsunterbrechung mit Fortsetzung am folgenden Tag oder von Freitag auf Montag, wird allgemein für zulässig erachtet.[8)]

In Betracht kommt eine Unterbrechung z. B. wenn ein neues geringstes Gebot be- 11
rechnet werden muss, wenn schwierige Rechtsfragen überprüft werden müssen, bei fortgeschrittener Zeit (insbesondere bei Dienstschluss) oder bei einem Ablehnungsantrag. Nicht hierunter fallen aber Umstände, die im Verantwortungsbereich eines Anwesenden liegen. So kommt eine Unterbrechung zur Besorgung einer erforderlichen Bietsicherheit nicht in Frage.[9)] Ob der Termin unterbrochen wird, entscheidet der Rechtspfleger nach pflichtgemäßem Ermessen. Kommt es zu einer Unterbrechung, ist dies mit Angabe der genauen Zeit (Beginn der Unterbrechung, Fortsetzung des Termins) im Protokoll zu vermerken. Während der Unterbrechung muss sichergestellt werden, dass die in der verhandlungsfreien Zeit Erscheinenden von der Zeit der Fortsetzung des Termins Kenntnis erhalten.

Weitergeführt wird ein unterbrochener Termin an der Stelle, wo er unterbrochen 12
worden ist; die bisherigen **Verfahrensteile brauchen somit nicht wiederholt werden.** Bereits abgegebene Gebote bleiben wirksam; die Bieter bleiben daran gebunden. Die bereits vor der Unterbrechung erfolgte Ausschließung weiterer Anmeldungen bleibt ebenfalls bestehen. Wenn das geringste Gebot bereits festgestellt war, muss es im Hinblick auf § 47 ZVG nicht mehr neu berechnet werden, wenn die Fortsetzung an einem späteren Tag erfolgt. Wenn jedoch das geringste Gebot erst nach Fortsetzung an einem späteren Tag endgültig festgestellt wird, dann ist die Zwei-Wochen-Frist des § 47 ZVG nach diesem späteren Tag zu berechnen.[10)]

6. Befangenheitsantrag

Der **Rechtspfleger kann** wie der Richter auch wegen Besorgnis der Befangenheit 13
abgelehnt werden (§ 10 RPflG i. V. m. §§ 42 ff. ZPO). Besorgnis der Befangenheit ist gegeben, wenn ein Grund vorliegt, der geeignet ist, Misstrauen gegen die Unparteilichkeit des Rechtspflegers zu rechtfertigen.[11)] Über das Ablehnungsgesuch entscheidet der Richter des Vollstreckungsgerichts (§ 10 Satz 2 RPflG). Erfolgt die Ablehnung während der Bietzeit oder kurz davor, kann der Rechtspfleger gemäß § 47 Abs. 2 ZPO den Versteigerungstermin einstweilen fortführen.[12)] Die Zuschlagsentscheidung darf dann jedoch nicht mehr in diesem Termin erfolgen; hierfür ist gemäß § 87 ZVG ein besonderer Verkündungstermin anzuberaumen.[13)] Wenn der Ablehnungsantrag jedoch offensichtlich rechtsmissbräuchlich ist, kann der Rechtspfleger

8) Vgl. OLG Köln. Beschl. v. 13.2.1984 – 2 W 179/83, Rpfleger 1984, 280.
9) Dies zumindest, seit die Höhe der Sicherheit mit 10 % v. Verkehrswert (§ 68 Abs. 1) von vornherein feststeht.
10) So Stöber/*Becker*, ZVG, § 66 Rz. 79.
11) BGH, Beschl. v. 14.3.2003 – IXa ZB 27/03, Rpfleger 2003, 453.
12) BGH, Beschl. v. 21.6.2007 – V ZB 3/07, Rpfleger 2007, 619; BGH, Beschl. v. 15.11.2018 – V ZB 71/18, openJur 2019, 103; a. A. LG Konstanz, Beschl. v. 4.8.1983 – 1 T 167/83, Rpfleger 1983, 490.
13) BGH, Beschl. v. 14.4.2005 – V ZB 7/05, Rpfleger 2005, 415; BGH, Beschl. v. 21.6.2007 – V ZV 3/07, Rpfleger 2007, 619; siehe auch Stöber/*Keller*, ZVG, Einl. Rz. 84.

selbst darüber entscheiden.[14] Dann kann er außerdem im Anschluss an die Zurückweisung des Antrags über den Zuschlag entscheiden.[15]

7. Ein Termin für mehrere Verfahren

14 In der Praxis ist es zum Teil üblich geworden, mehrere nicht verbundene Verfahren gleichzeitig oder mit kurzer zeitlicher Verzögerung nacheinander abzuhalten. Solche **„überlappende Termine"** hält auch der Bundesgerichtshof für **zulässig**, wenn sie aus besonderen Gründen gerechtfertigt erscheinen.[16] Von einer solchen Verfahrensweise raten die meisten Kommentatoren zu Recht ab.[17] Die Einwände, die gegen überlappende Versteigerungstermine sprechen, sind überzeugend.[18] Und so empfiehlt *Stöber*,[19] die Rechtsprechung des Bundesgerichtshofs zur Zulässigkeit zeitgleicher Termine „der Wohltat des Vergessens anzuvertrauen".[20]

8. Dreiteilung des Termins

15 Der Versteigerungstermin besteht aus drei Teilen:

- **Bekanntmachungsteil** (Abs. 1), der mit der Aufruf der Sache beginnt und mit der Aufforderung zur Abgabe von Geboten endet.
- Die **Bietzeit** (§ 73 ZVG), die mindestens 30 Minuten dauern muss und mit der Verkündung des Schlusses der Versteigerung endet.[21]
- **Verhandlung über den Zuschlag**, in dem mit den Beteiligten über das Ergebnis der Versteigerung „verhandelt" wird (§ 74 ZVG).

---

14) BVerfG, Beschl. v. 14.11.2007 – 2 BvR 1849/07, Rpfleger 2008, 124; BGH, Beschl. v. 14.4.2005 – V ZB 7/05, Rpfleger 2005, 415; OLG Koblenz, Beschl. v. 22.5.1985 – 4 W 276/85, Rpfleger 1985, 368 = MDR 1985, 850; vgl. Schneider-*Traub*, ZVG, § 66 Rz. 47.

15) BGH, Beschl. v. 14.4.2005 – V ZB 7/05, Rpfleger 2005, 415; BGH, Beschl. v. 21.6.2007 – V ZV 3/07, Rpfleger 2007, 619; a. A. Dassler/Schiffhauer/u. a.-*Hintzen*, ZVG, § 66 Rz. 23: Der abgelehnte Rechtspfleger soll nach erfolgter Zurückweisung auch hier nicht selbst über den Zuschlag entscheiden.

16) BGH, Beschl. v. 22.3.2007 – V ZB 138/06, Rpfleger 2007, 410 = ZfIR 2007, 725; auch BGH, Beschl. v. 18.9.2008 – V ZB 18/08, Rpfleger 2009, 95 = NJW 2008, 3710.

17) Böttcher/*Böttcher*, ZVG, § 66 Rz. 10; Stöber/*Becker*, ZVG, § 66 Rz. 76 f.; Schneider-*Traub*, ZVG, § 66 Rz. 36–42 mit Fn. 50, in der *Stöber* etwas missverständlich zitiert wird; offenbar etwas weniger eng sehend: Dassler/Schiffhauer/u. a.-*Hintzen*, ZVG, § 66 Rz. 18; BeckOK-*Steffen*, ZVG, § 66 Rz. 17 f.

18) So auch OLG Köln, Beschl. v. 8.1.1987 – 2 W 279/86, Rpfleger 1987, 167 mit Anm. *Meyer-Stolte* = ZIP 1987, 320; OLG Oldenburg, Beschl. v. 22.3.1988 – 2 W 110/87, NJW-RR 1988, 1468; *Hasselblatt* und *Wojtkowiak*, NJW 2007, 2998.

19) Stöber/*Becker*, ZVG, § 66 Rz. 77 mit Fn. 46.

20) Ergänzend zu den Ausführungen von *Böttcher* (§ 66 Rz. 10) möchte ich noch darauf hinweisen, dass sich wohl niemand aus der Justizverwaltung „vor den Versteigerungsrechtspfleger stellen" wird, wenn bei der Abhaltung von überlappenden Versteigerungsterminen ein Fehler passiert, der zu Amtshaftungsansprüchen führt.

21) Da früher diese Zeit mindestens eine Stunde dauern musste, wurde sie auch „Bietstunde" genannt. Dieser Begriff ist trotz der Verkürzung der Bietzeit auf 30 Minuten teilweise auch weiterhin noch gebräuchlich.

III. Aufruf der Sache und Feststellung der anwesenden Beteiligten

Der **Versteigerungstermin beginnt mit dem Aufruf der Sache. Dieser erfolgt** im Sitzungssaal bzw. im Flur vor dem Sitzungssaal, wenn sich dort noch Personen befinden. Dass der Aufruf erfolgt ist, muss sich aus dem Protokoll ergeben. 16

Es schließt sich die **Feststellung der erschienenen Beteiligten** (vgl. § 9 ZVG) und ihrer Vertreter an; dies muss ebenfalls im Protokoll vermerkt werden. Nur wenn sich ein Beteiligter als solcher zu erkennen gibt, ist er aufzunehmen; Ermittlungen des Gerichts sind nicht vorgesehen. Bietinteressenten und Zuschauer bzw. Zuhörer werden nicht aufgeführt. 17

Soweit **Beteiligtenvertreter** auftreten, haben sie ihre Berechtigung nachzuweisen (Vollmacht; Bestallungsurkunde; aktueller Handelsregisterauszug; gerichtliche oder eine u. U. erforderliche behördliche Bescheinigung). Diese Unterlagen sind im **Original bzw. in Ausfertigung** vorzulegen; eine Abschrift bzw. Kopie ist zu den Akten zu nehmen. Ein Nachweis der Vertretungsmacht ist entbehrlich beim Auftreten eines Rechtsanwalts (§ 88 Abs. 2 ZPO). Vom Beteiligtenvertreter zu unterscheiden ist ein Beistand i. S. v. § 90 ZPO. Dieser ist nicht als Vertreter, sondern zusätzlich zum Beteiligten selbst anwesend. Für diesen ist eine besondere Vollmacht nicht erforderlich, da eine evtl. Erklärung vom Beteiligten (unmittelbar oder durch entsprechende Bestätigung) abgegeben wird. 18

Das Rechtsdienstleistungsgesetz[22)] hat auch im Versteigerungsverfahren zu einigen wichtigen Neuerungen geführt, die in diesem Zusammenhang kurz erläutert werden sollen: Ein Rechtsanwalt kann in Untervollmacht nur (noch) einen bei ihm beschäftigten **Referendar** auftreten lassen; alle sonstigen Angestellten scheiden damit aus (§ 157 ZPO). Im Übrigen ist § 79 ZPO zu beachten. Nach Absatz 2 dieser Vorschrift können Banken und Versicherungen nur noch durch eigene Beschäftigte oder Beschäftigte eines mit ihnen verbunden Unternehmens vertreten werden. Ob jemand unter die betreffende Personengruppe fällt, ist von ihm darzulegen und vom Gericht im Weg des Freibeweises festzustellen. Die Verbundenheit i. S. v. § 15 AktG ist nachzuweisen. Damit sind „freiberufliche" Terminsvertreter, die in der Vergangenheit oft Banken und Versicherungen vertreten haben, nun nicht mehr zulässig. Behörden und juristische Personen des öffentlichen Rechts (also auch die Sparkassen) können sich durch Beschäftigte anderer Behörden oder juristische Personen des öffentlichen Rechts vertreten lassen (§ 79 Abs. 2 Nr. 1 ZPO). Volljährige Familienangehörige (z. B. Verlobte, Ehegatten, Verwandte und Verschwägerte in gerader Linie; Geschwister und ihre Kinder; Ehegatten von Geschwistern; Geschwister der Eltern; Pflegekinder, Pflegeeltern)[23)] können als Terminsvertreter auftreten (§ 79 Abs. 2 Nr. 2 ZPO). Besonders hinzuweisen ist auf § 79 Abs. 2 Nr. 4 ZPO: Hiernach sind (registrierte) **Inkassounternehmen** zwar vertretungsbefugt im zivilgerichtlichen Mahnverfahren bis zur Abgabe an das Streitgericht. Dies gilt auch für Vollstreckungsanträge im Mobiliarvollstreckungsverfahren. Im Umkehrschluss bedeutet dies 19

---

22) RDG, eingeführt durch das Gesetz zu Neuregelung des Rechtsberatungsgesetzes v. 12.12.2007 (BGBl. I S. 2007, 2840), in Kraft seit 1.7.2008, zuletzt geändert durch Gesetz vom 10.3.2023 (BGBl. I S. 64) m. W. v. 16.3.2023.

23) Vgl. hierzu § 15 AO und § 11 LPartG.

aber auch, dass sie im Zwangsversteigerungsverfahren nicht zur Vertretung berechtigt sind.

20 Nicht geeignete Vertreter sind gemäß § 79 Abs. 3 ZPO durch Beschluss zurückzuweisen. Dieser Beschluss ist grundsätzlich unanfechtbar (§ 79 Abs. 3 Satz 1 ZPO). Beim Rechtspfleger gilt aber § 11 Abs. 2 RPflG; hiernach ist die befristete Erinnerung gegeben. Nach der Zurückweisung ist eine Terminswahrnehmung durch den Zurückgewiesenen nicht mehr möglich. Prozesshandlungen ungeeigneter Vertreter sind aber erst ab dem Ausschließungsbeschluss unwirksam (§ 79 Abs. 3 Satz 2 ZPO).

21 **Bietvollmachten** fallen nach überwiegender Ansicht nicht unter die oben dargestellten Beschränkungen. Da Bieter keine Beteiligten des Verfahrens sind und die Abgabe eines Gebots auf den Grundstückserwerb zielt, richtet sich die Vertretungsmacht nur nach § 71 ZVG i. V. m. materiellrechtlichen Vorschriften.[24)]

22 Wer als Beteiligter oder Vertreter **verspätet erscheint** und sich als solcher dem Gericht zu erkennen gibt, wird nachträglich als anwesend im Protokoll vermerkt – am besten unter Angabe der genauen Uhrzeit, wann der Betreffende erschienen ist. Aber erst ab diesem Zeitpunkt kann er als Beteiligter berücksichtigt werden.[25)] Wenn jemand den Termin vorzeitig verlässt, wird dies nicht im Protokoll vermerkt. Wo die Stellungnahme eines bestimmten Beteiligten erforderlich ist, genügt die Feststellung, dass der Betreffende mangels Anwesenheit nicht mehr befragt werden konnte.[26)]

IV. Bekanntmachungen (Abs. 1)

23 Das Gericht hat die Beteiligten und die Bietinteressenten über das Versteigerungsobjekt und die wesentlichen Punkte des Zwangsversteigerungsverfahrens zu informieren. Diese Bekanntmachungen müssen so klar und verständlich sein, dass auch ungeübte Terminsteilnehmer sie verstehen und beurteilen können.

1. Grundstücksnachweisungen

24 Bekanntzugeben sind die „das Grundstück betreffenden Nachweise". Darunter ist zunächst der Inhalt des Grundbuchs und der Brandversicherungsurkunde zu verstehen. Ob auch der Einheitswert mitgeteilt werden soll, wird unterschiedlich beantwortet: Nach Ansicht *Stöbers*[27)] gehört der Einheitswert nicht zu den Grundstücksnachweisungen; er unterliege im Übrigen auch dem Steuergeheimnis (§ 30 AO). Deshalb sei die Einsicht in die Mitteilung des Einheitswertes nur mit Zustimmung des Eigentümers möglich. Dagegen halten *Böttcher*[28)] und *Storz*[29)] eine entsprechende

---

24) BeckOK-*Steffen*, ZVG, § 66 Rz. 23; Schneider-*Traub*, ZVG, § 66 Rz. 60; a. A. *Klawikowski*, Rpfleger 2008, 404.

25) Böttcher/*Böttcher*, ZVG, § 66 Rz. 13; Dassler/Schiffhauer/u. a.-*Hintzen*, ZVG, § 66 Rz. 24; Stöber/*Becker*, ZVG, § 66 Rz. 14; a. A. LG Arnsberg, Beschl. v. 27.10.2016 – 5 T 60/16, ZfIR 2017, 327 mit abl. Anm. *Ertle* (329 f.).

26) So Böttcher/*Böttcher*, ZVG, § 66 Rz. 14; Stöber/*Becker*, ZVG, § 66 Rz. 14; geringfügig anders: BeckOK-*Steffen*, ZVG, § 66 Rz. 24: Der Protokollvermerk ist zwar nicht notwendig, kann aber sinnvoll sein; Schneider-*Traub*, ZVG, § 66 Rz. 51.

27) Stöber/*Becker*, ZVG, § 66 Rz. 20; so auch BeckOK-*Steffen*, ZVG, § 66 Rz. 30.

28) Böttcher/*Böttcher*, ZVG, § 66 Rz. 16; Schneider-*Traub*, ZVG, § 66 Rz. 70 – in Übereinstimmung mit der überwiegenden Praxis.

29) Steiner-*Storz*, ZVG, § 66 Rz. 96.

Bekanntgabe für zulässig. Nach dem Wegfall der Monopolversicherung[30] kann die Vorlage einer Brandversicherungsurkunde weder vom Gericht noch vom Sachverständigen erzwungen werden. Deshalb dürfte auch die Bekanntgabe des Inhalts einer solchen Urkunde nicht mehr zeitgemäß sein.[31]

2. Festgesetzter Grundstückswert

Auch der vom Gericht nach § 74a Abs. 5 ZVG festgesetzte Verkehrswert des Versteigerungsobjekts ist bekannt zu geben. Der Wert von mitversteigerten Zubehörstücken ist ebenfalls bekannt zu machen. Wenn sich aus dem Sachverständigengutachten, welches der Wertfestsetzung zugrunde liegt, Besonderheiten ergeben (z. B. Altlasten, Baumängel, Baulasten), ist darauf hinzuweisen. Dass Einsicht in das entsprechende Gutachten auch im Termin gewährt werden kann, sei nur am Rande erwähnt. 25

3. Betreibende Gläubiger

Die das Verfahren betreibenden Gläubiger und ihre Ansprüche sind ebenfalls bekannt zu machen. Dies geschieht am besten anhand der Mitteilung gemäß § 41 Abs. 2 ZVG. Hierbei sollten nachträgliche Veränderungen (z. B. die Einstellung des Verfahrens oder die Antragsrücknahme durch einzelne Gläubiger) ebenfalls angegeben werden. 26

4. Erste Beschlagnahme

Anzugeben ist auch „die Zeit der Beschlagnahme". Hierbei ist grundsätzlich der Tag der ersten Beschlagnahme gemeint, der für die Abgrenzung zwischen laufenden und rückständigen wiederkehrenden Leistungen von Bedeutung ist (§ 13 Abs. 1 und Abs. 4 Satz 1 ZVG). Ein hiervon abweichender Beschlagnahmezeitpunkt für andere Gläubiger ist nur dann anzugeben, wenn dies aus besonderem Grund wichtig ist (z. B. für die Abgrenzung zwischen Rangklassen 5 und 6; bei einem während des Verfahrens erfolgten Eigentumswechsel). 27

5. Anmeldungen

Alle erfolgten Anmeldungen sind bekannt zu geben. Hierbei spielt es keine Rolle, ob die angemeldeten Ansprüche begründet sind oder nicht, ob sie bereits glaubhaft gemacht sind oder nicht, ob sie Einfluss auf das geringste Gebot haben oder nicht. 28

6. Weitere Hinweise

Im Rahmen seiner Aufklärungspflicht gemäß § 139 ZPO hat das Gericht noch weitere für das Verfahren wichtige Hinweise zu geben. Solche Aufklärungen und Hinweise sind neben den o. a. Bekanntmachungen auch ins Protokoll aufzunehmen; denn nur dann kann nachgewiesen werden, dass sie auch tatsächlich erfolgt sind. In Betracht kommen z. B. folgende Fälle: 29

---

30) Durch das Gesetz zur Überleitung landesrechtlicher Gebäudeversicherungsverhältnisse wurde es möglich, die bestehenden gesetzlichen Versicherungsverhältnisse ab 1.7.1994 kraft Gesetzes in vertragliche Versicherungsverhältnisse zu überzuführen, auf die das Versicherungsvertragsgesetz Anwendung findet (§§ 142 ff. VVG).

31) Vgl. Schneider-*Traub*, ZVG, § 66 Rz. 69.

a) Altenteil und altrechtliche Grunddienstbarkeiten

30 Das Gericht muss hier darauf hinweisen, dass ein solches Recht außerhalb des geringsten Gebots bestehen bleibt. Es muss aber auch die Möglichkeit darstellen, dass durch entsprechende Antragstellung ein solches Recht ausnahmsweise doch zum Erlöschen gebracht werden kann (§ 9 Abs. 2 EGZVG i. V. m. Landesrecht).[32] Zu Einzelheiten siehe § 59 ZVG Rz. 50 ff.

b) Altlasten

31 Wenn dem Vollstreckungsgericht bekannt ist, dass Altlasten vorhanden sind (z. B. aus dem Sachverständigengutachten), hat es die erforderliche Sachverhaltsaufklärung vorzunehmen.[33] Feststellungen, die das Vollstreckungsgericht getroffen hat, gehören ebenfalls zu den Nachweisungen, welche im Versteigerungstermin gemäß § 66 Abs. 1 ZVG bekannt zu machen sind.[34]

c) Baulasten

32 Soweit Baulasten dem Vollstreckungsgericht zur Kenntnis gelangt sind (z. B. aus dem Sachverständigengutachten), sind diese bekanntzugeben. Hinsichtlich der weiteren Behandlung einer Baulast siehe § 44 Rz. 63 und § 56 Rz. 19 [*Bachmann*].

d) Dauerwohnrecht

33 Ein Dauerwohnrecht nach § 39 WEG bleibt unter bestimmten Umständen auch dann bestehen, wenn es dem bestbetreibenden Gläubiger im Range gleichsteht oder nachgeht. Die Einzelheiten hierzu sind mit den Beteiligten zu erörtern. Zu Einzelheiten siehe § 52 Rz. 14 ff. [*Bachmann*].

e) Denkmal

34 Für Bau- und Bodendenkmäler gelten landesrechtliche Bestimmungen, die dem Eigentümer – und damit auch dem Ersteher – Nachteile bringen können (z. B. Erhaltungsgebot, Veräußerungsverbot, Beschränkung durch ein Vorkaufsrecht). Sofern dem Vollstreckungsgericht solche Besonderheiten bekannt sind (z. B. durch Hinweis im Sachverständigengutachten), hat es ebenfalls darauf hinzuweisen.

f) Energieausweis

35 Da die Zwangsversteigerung eines mit einem Gebäude bebauten Grundstücks keinen Verkauf im Sinne des Gebäudeenergiegesetzes[35] darstellt (§ 80 Abs. 3 GEG), spielt der sog. Energieausweis im Zwangsversteigerungsverfahren auch keine Rolle. Wenn jedoch ein solcher Ausweis vom Schuldner oder dem Sachverständigen zu den Ver-

---

32) Vgl. BGH, Urt. v. 21.3.1991 – III ZR 118/89, Rpfleger 1991, 329 = NJW 1991, 329.

33) OLG Karlsruhe, Urt. v. 30.7.2010 – 12 U 245/09, Rpfleger 2010, 688 = VersR 2011, 498; Oberverwaltungsgericht Bautzen, Urt. v. 11.9.2019 – 4 A 148/18 und BVerwG, Beschl. v. 9.6.2020 – BverwG 7 B 16.19, BVerwGE 2020, 090620B7B16.19.0.

34) Stöber/*Becker*, ZVG, § 66 Rz. 28 ff., (besonders Rz. 31).

35) Gesetz zur Einsparung von Energie und zur Nutzung erneuerbarer Energien zur Wärme- und Kälteerzeugung in Gebäuden – Gebäudeenergiegesetz vom 8.8.2020 (BGBl. I S. 1728), zuletzt geändert durch Art. 18a Gesetz vom 20.7.2022 (BGBl. I S. 1237).

steigerungsakten eingereicht worden ist, dann ist dies mit den Grundstücksnachweisungen auch bekannt zu geben.

g) Erbbaurecht

Ist für die Erteilung des Zuschlags die Zustimmung des Eigentümers erforderlich (§§ 5, 8 ErbbauRG), muss hierauf ausdrücklich hingewiesen werden. 36

h) Flurbereinigung/Umlegung

Wenn Grundstücke versteigert werden, die in ein Flurbereinigungs- oder Umlegungsverfahren einbezogen sind, so muss das Vollstreckungsgericht die entsprechenden Besonderheiten bekannt geben. Hierbei ist insbesondere auf die Tatsache hinzuweisen, dass u. U. ein sog. Einlagegrundstück versteigert wird, der Ersteher aber ein Ersatzgrundstück erwirbt. 37

i) Gesamtausgebot

Bei der Versteigerung mehrerer Grundstücke bzw. Grundstücksbruchteile in einem verbundenen Verfahren (§ 18 ZVG) hat das Vollstreckungsgericht auf die Möglichkeit eines Gesamt- bzw. Gruppenausgebots hinzuweisen (§ 63 Abs. 2 ZVG). Ein entsprechender Antrag ist entgegenzunehmen und zu protokollieren. Mit den anwesenden Beteiligten ist die Frage zu erörtern, ob auf die Einzelausgebote verzichtet wird (§ 63 Abs. 4 ZVG). 38

j) Gesamtgrundpfandrechte

Nach § 64 Abs. 1 ZVG können Gesamtgrundpfandrechte auf die belasteten Grundstücke verteilt werden. Auf diese Möglichkeit und die Notwendigkeit einer entsprechenden Antragstellung muss das Vollstreckungsgericht hinweisen. Aber auch die Handhabe des Gegenantrags (§ 64 Abs. 2 ZVG) ist darzustellen. Entsprechende Anträge sind entgegenzunehmen und zu protokollieren. 39

k) Mieter/Pächter

Falls dem Vollstreckungsgericht bekannt ist, dass Miet- oder Pachtverhältnisse bestehen, muss es darauf hinweisen, dass diese grundsätzlich weiter bestehen (§ 57 ZVG i. V. m. § 566 BGB), aber der Ersteher ein Sonderkündigungsrecht hat (§ 57a ZVG). 40

l) Teilungsversteigerung

Bei einer Versteigerung zum Zweck der Auseinandersetzung einer Gemeinschaft ist es sinnvoll, auftretende Missverständnisse schon in diesem Stadium des Verfahrens auszuräumen; denn häufig hat das Vollstreckungsgericht die Mitglieder der aufzulösenden Gemeinschaft im Versteigerungstermin zum ersten Mal gemeinsam „vor seinem Tisch". Deshalb sollte insbesondere darauf hingewiesen werden, dass es grundsätzlich nicht Aufgabe des Vollstreckungsgerichts ist, den Versteigerungserlös unter den Mitgliedern der Gemeinschaft aufzuteilen. Wegen der Einzelheiten hierzu wird auf die Ausführungen zu §§ 180 ff. ZVG verwiesen. 41

m) Wohnungs- und Teileigentum

Unter Umständen ist für die Veräußerung von Wohnungs- oder Teileigentum die Zustimmung des Verwalters, der anderen Wohnungseigentümer oder eines Dritten 42 erforderlich (§ 12 WEG). Dieses Zustimmungserfordernis ist dann auch im Zwangsversteigerungsverfahren zu beachten (§ 12 Abs. 3 Satz 2 WEG). Wenn dies zutrifft, muss das Vollstreckungsgericht darauf hinweisen.

7. Entgegennahme von weiteren Anmeldungen, Anträgen und Erklärungen

43 Anmeldungen, Anträge und Erklärungen zur Sache können **mündlich** im Versteigerungstermin abgegeben werden. Das Gericht muss sie entgegennehmen und ins **Protokoll aufnehmen** (§ 160 Abs. 3 ZPO).

8. Hinweise für Bietinteressenten

44 Allgemeine Hinweise, die sich insbesondere an die Bietinteressenten wenden, sind zwar während des gesamten Versteigerungstermins möglich. Sinnvoll ist es aber, diese Hinweise bereits im ersten Terminsabschnitt mit zu erledigen. In Betracht kommen z. B. die folgenden:

a) Bargebot

45 Geboten wird immer nur das Bargebot. Der Bieter muss die nach dem geringsten Gebot bestehen bleibenden Rechte „in Gedanken" mit berücksichtigen, bei seinem Gebot also mit einkalkulieren.

b) Bestehen bleibende Rechte

46 Die bestehen bleibenden Rechte sind bei der Feststellung des geringsten Gebots bekannt gemacht worden. Jeder Bieter muss sie bei seinem Gebot mitberücksichtigen. Da sie für alle Bieter gleich sind, werden sie nicht ausdrücklich mitgeboten.

c) Identitätsnachweis

47 Der Bieter muss sich bei seinem ersten Gebot ausweisen. Wie dies im Einzelnen geschieht, ist nicht ausdrücklich geregelt. Üblich erfolgt der Nachweis durch Vorlage des Personalausweises oder des Reisepasses; Führerschein oder ein sonstiger Ausweis werden nur ausnahmsweise akzeptiert.

d) Bietvollmacht

48 Eine Bietvollmacht muss in öffentlich beglaubigter Form vorgelegt werden (§ 71 Abs. 2 ZVG). Der Nachweis der Befugnis, eine Firma, Gesellschaft oder Genossenschaft zu vertreten, muss durch ein Zeugnis des Registergerichts oder durch Vorlage eines Registerauszugs neueren Datums geführt werden.

e) Bietergemeinschaft

49 Eigentum an einem Grundstück können auch mehrere Personen gemeinschaftlich erwerben. Ein Gebot mehrerer Personen ist daher möglich; wenn nur einer handelt, muss er bzgl. der anderen eine entsprechende Bietvollmacht vorlegen. Hierbei muss auch das maßgebliche Gemeinschaftsverhältnis angegeben werden (die Höhe der Bruchteile bei der Bruchteilsgemeinschaft; das maßgebliche Gesamthandsverhältnis). Bei Eheleuten ist der Güterstand anzugeben, da sich die Frage des richtigen Gemeinschaftsverhältnisses hieraus ergibt (z. B. Gütergemeinschaft nur, wenn dies durch Ehevertrag vereinbart ist).

f) Sicherheitsleistung

In diesem Stadium genügt in aller Regel der allgemeine Hinweis, dass eine Sicherheitsleistung nicht von Amts wegen verlangt wird, sondern nur auf entsprechendes Verlangen, dass die Sicherheit grundsätzlich 10 % des bekanntgemachten Verkehrswertes beträgt, die Sicherheit sofort erbracht werden muss und dass Sicherheitsleistung durch Geld mittlerweile nicht mehr möglich ist. 50

g) 5/10- und 7/10-Grenze

Es sind Hinweise auf die 5/10-Grenze des § 85a ZVG, die von Amts wegen zu beachten ist, und die 7/10-Grenze, die nur auf entsprechenden Antrag berücksichtigt wird, zu geben. Wenn beide Grenzen keine Rolle mehr spielen (vgl. §§ 74a Abs. 4, 85a Abs. 2 Satz 2 ZVG), sollte dies auch erwähnt werden. Gleichzeitig sollte aber dann auch auf die Möglichkeit hingewiesen werden, dass der Schuldner bei zu geringen Geboten über einen Antrag nach § 765a ZPO u. U. die Zuschlagserteilung verhindern könne. 51

An dieser Stelle ist es auch angebracht, auf die Rechtsprechung des BGH zu den Eigengeboten eines Bankenvertreters[36)] oder eines Beauftragten des Gläubigers[37)] hinzuweisen. Einzelheiten hierzu siehe bei § 71 und § 85a ZVG. 52

h) Anfechtbarkeit von Geboten

Unabhängig von der Frage, ob ein Gebot grundsätzlich angefochten werden kann (zu Einzelheiten siehe § 71 Rz. 18–20), sollte an dieser Stelle vorsorglich schon darauf hingewiesen werden, dass ein Gebot auf keinen Fall mit der Begründung angefochten werden kann, dass der Bieter sich verrechnet habe, dass er die bestehen bleibenden Rechte nicht mit kalkuliert habe oder dass er sich über eine verkehrswesentliche Eigenschaft geirrt habe. 53

i) Eintragung des Erstehers im Grundbuch

Der Ersteher wird zwar bereits mit dem Zuschlag Eigentümer des ersteigerten Grundbesitzes (§ 90 Abs. 1 ZVG). Trotzdem muss er auch in das Grundbuch eingetragen werden. Dies darf aber erst erfolgen, wenn die steuerliche Unbedenklichkeitsbescheinigung des Finanzamtes vorliegt (§ 22 Abs. 1 GrEStG). 54

j) Zusätzliche Kosten

Neben dem Meistbargebot, das der Ersteher an das Vollstreckungsgericht überweisen muss (§ 107 Abs. 2 ZVG), kommen auf ihn noch weitere Kosten hinzu: 55

- Die **Grunderwerbsteuer** (§§ 1 Ab. 1 Nr. 4, 11 Abs. 1 GrEStG), die inzwischen in den einzelnen Bundesländern unterschiedlich hoch ist (siehe § 58 Rz. 17–20).
- Die **Gebühr** für die Erteilung des **Zuschlags** (0,5 Gebühr gemäß GKG KV Nr. 2214 aus dem Meistgebot – inkl. bestehen bleibende Rechte); zu Einzelheiten siehe § 58 Rz. 2 ff.

---

36) Z. B. BGH, Beschl. v. 10.5.2007 – V ZB 83/06, Rpfleger 2007, 483 = ZIP 2007, 2192; BGH, Urt. v. 22.2.2019 – V ZR 244/17, NJW 2019, 2638; vgl. z. B. auch Stöber/*Becker*, ZVG, § 85a Rz. 36 ff. m. w. N und Schneider-*Traub*, ZVG, § 85a Rz. 16 ff.

37) BGH, Beschl. v. 17.7.2008 – V ZB 1/08, Rpfleger 2008, 587; vgl. Stöber/*Becker*, ZVG, § 85 a Rz. 39.

- Die Gebühr für die Eintragung des Erstehers im Grundbuch (1,0-Gebühr aus dem Meistgebot – inkl. bestehen bleibende Rechte); zu Einzelheiten siehe § 58 Rz. 12 ff.

V. Feststellung und Verlesen des geringsten Gebots und der Versteigerungsbedingungen

56 Im Versteigerungstermin werden die anwesenden Beteiligten zum geringsten Gebot und zu den Versteigerungsbedingungen gehört. Danach werden sie festgestellt und verlesen; beides muss im Protokoll vermerkt werden.

1. Geringstes Gebot

57 Das geringste Gebot wird nach den Regeln der §§ 44–49 ZVG aufgestellt. Nach dem Verlesen steht es endgültig fest; und so wird unter den festgestellten und verlesenen Bedingungen zur Abgabe von Geboten aufgefordert. Spätere Einschränkungen oder Rücknahme von Anmeldungen führen nicht mehr zu einer Änderung des geringsten Gebots.[38] In einem etwa erforderlichen weiteren Versteigerungstermin (mit neuem geringsten Gebot) und bei der Erlösverteilung sind diese jedoch zu berücksichtigen.

58 Das geringste Gebot ändert sich auch nicht dadurch, dass ein betreibender Gläubiger, der nicht als bestbetreibender Gläubiger dem geringsten Gebot zugrunde liegt, seinen Versteigerungsantrag zurücknimmt (§ 29 ZVG) oder die Einstellung bewilligt (§ 30 ZVG). Wenn jedoch der **bestbetreibende Gläubiger** die Einstellung bewilligt oder seinen Antrag zurücknimmt, wird das festgestellte geringste Gebot unrichtig. Damit muss die Bietzeit abgebrochen werden; die bereits abgegebenen Gebote erlöschen; geleistete Sicherheiten müssen zurückgegeben werden. Wenn noch ein weiterer Gläubiger vorhanden ist, der dem geringsten Gebot zugrunde gelegt werden kann, kann ein neues geringstes Gebot berechnet, festgestellt und verlesen werden. Ein Verstoß gegen § 66 Abs. 1 ZVG ist ein Zuschlagsversagungsgrund nach § 83 Nr. 1 ZVG.[39] Ob hier noch rangwahrende (neue) Anmeldungen nachgeholt werden können, ist umstritten. Nach h. M. sind solche nachträglichen Anmeldungen nicht rangwahrend, da der einmal erfolgte Ausschluss gemäß § 66 Abs. 2 ZVG für den gesamten Termin gilt.[40] Diese rein formale Betrachtungsweise halte ich nicht für richtig: Nachdem nach der Neufeststellung des geringsten Gebots auch wieder neu zur Abgabe von Geboten aufzufordern ist (dies ist unstreitig), ist vorher auch nochmals auf die bevorstehende Ausschließung weiterer Anmeldungen (für diese neue Bietzeit) hinzuweisen. § 66 Abs. 2 ZVG kann also nicht „aufgesplittet" werden in mehrere Bietzeiten; aber hinsichtlich der rechtzeitigen Anmeldung wird auf die Einmaligkeit des Ausschlusses weiterer Anmeldungen abgestellt. Dies erscheint auch im Hinblick auf folgenden Gesichtspunkt inkonsequent: Es ist allgemein anerkannt, dass beim Wegfall des bestbetreibenden Gläubigers der laufende Versteigerungs-

---

38) Stöber/*Becker*, ZVG, § 66 Rz. 62.

39) BGH, Beschl. v. 18.7.2013 – V ZB 13/13, WM 2013, 1867.

40) So Böttcher/*Böttcher*, ZVG, § 66 Rz. 34; Dassler/Schiffhauer/u. a.-*Hintzen*, ZVG, § 66 Rz. 49; a. A. Steiner-*Storz*, ZVG, § 66 Rz. 133; BeckOK-*Steffen*, ZVG, § 66 Rz. 48.1; Stöber/*Becker*, ZVG, § 66 Rz. 63; Schneider-*Traub*, ZVG, § 66 Rz. 88; *Muth*, Rpfleger 1987, 397.

termin auch beendet und ein neuer Termin bestimmt werden kann. Für diesen neuen Termin ist die von der h. M. als „verspätet" eingestufte Anmeldung dann „rechtzeitig" mit der Folge, dass das geringste Gebot unterschiedlich ausfallen würde – je nachdem, ob ein laufender Termin (u. U. nach Unterbrechung zu Berechnung des neuen geringsten Gebots) fortgesetzt wird oder ob von vornherein ein neuer Termin bestimmt wird.

2. Versteigerungsbedingungen

Auch die Versteigerungsbedingungen werden im ersten Terminsabschnitt festgestellt, verlesen und im Protokoll vermerkt. Dazu gehören 59

- Bezahlung und Verzinsung des Meistbargebots (§ 49 ZVG),
- Zuzahlungspflichten des Erstehers (§§ 50, 51 ZVG),
- bestehen bleibende Rechte mit ihrem wesentlichen Inhalt (§ 52 ZVG),
- Schuldübernahme und Fälligkeit bei Grundpfandrechten (§§ 53, 54 ZVG),
- Übergang von Nutzungen und Lasten, Ausschluss von Gewährleistungsansprüchen (§ 56 ZVG),
- Behandlung von Mietverhältnissen (§§ 57, 57a ZVG),
- Zuschlagskosten (§ 58 ZVG),
- Verfahren bei mehreren Grundstücken und bei Beteiligung von Gesamtgrundpfandrechten (§§ 63, 64 ZVG),
- abgesonderte Versteigerung und anderweitige Verwertung (§ 65 ZVG).

Auch § 55 ZVG gehört zu den Versteigerungsbedingungen. Der Umfang der Versteigerung richtet sich also nach den Verhältnissen zum Zeitpunkt der Aufforderung zur Abgabe von Geboten. Falls Zubehör von der Versteigerung ausgenommen worden ist, muss dies bei den Versteigerungsbedingungen ausdrücklich aufgeführt werden. **Abweichende Versteigerungsbedingungen** (§ 59 ZVG) sind genau zu formulieren; ihre Folgen sowie erforderliche Doppelausgebote sind ebenfalls festzustellen und zu verlesen. 60

Im Protokoll werden nicht alle Versteigerungsbedingungen namentlich erwähnt; insoweit genügt der Hinweis: „Im Übrigen gelten die gesetzlichen Versteigerungsbedingungen". Die wichtigsten sollten jedoch schon ausdrücklich aufgeführt werden.[41] 61

VI. Ausschließung weiterer Anmeldungen und Aufforderung zur Abgabe von Geboten (Abs. 2)

Rangwahrende Anmeldungen können nur bis zur Aufforderung zur Abgabe von Geboten erfolgen; hierauf ist schon in der Terminsbestimmung hinzuweisen (§ 37 Nr. 4 ZVG). **Verspätete Anmeldungen** sind nicht unwirksam, erleiden aber einen Rangverlust; sie sind gemäß § 110 ZVG hinter allen Ansprüchen des § 10 ZVG einzuordnen. Auf diese (rangmäßige) Ausschließung hat das Vollstreckungsgericht am Ende des ersten Terminsabschnitts ausdrücklich hinzuweisen. Dies ist im Protokoll zu vermerken. Unterbleibt der Hinweis auf die bevorstehende Ausschließung von 62

41) Siehe hierzu die in Fn. 43 aufgeführten Muster.

Anmeldungen, dann ist dies ein Zuschlagsversagungsgrund gemäß §§ 83 Nr. 4, 100 ZVG. Erfolgt der Hinweis und kommen danach weitere Anmeldungen, dann sind diese noch rechtzeitig und müssen somit berücksichtigt werden.

63 Der erste Abschnitt des Versteigerungstermins **endet** mit der **Aufforderung zur Abgabe von Geboten.** Dieser Zeitpunkt ist auf die Minute genau zu protokollieren.[42] Daran schließt sich unmittelbar der zweite Abschnitt an, die Bietzeit.

VII. Muster eines Terminprotokolls

64 Verschiedene Kommentare und Handbücher enthalten Muster eines Terminsprotokolls.[43]

---

42) Stöber/*Becker*, ZVG, § 66 Rz. 71; Dassler/Schiffhauer/u. a.-*Hintzen*, ZVG, § 66 Rz. 53; Schneider-*Traub*, ZVG, § 66 Rz. 105.

43) Stöber/*Becker*, ZVG, § 66 Rz. 74; *Stöber*, ZVG-Handbuch, Rz. 302; *Hintzen*/Wolf, Rz. 15.45; *Knees*, ZVG, S. 382 ff. (Hinweis: Hinsichtlich der geleisteten Sicherheit nicht mehr ganz zutreffend).

§ 67

Verlangen einer Sicherheitsleistung durch Beteiligten

(1) Ein Beteiligter, dessen Recht durch Nichterfüllung des Gebots beeinträchtigt werden würde, kann Sicherheitsleistung verlangen, jedoch nur sofort nach Abgabe des Gebots. Das Verlangen gilt auch für weitere Gebote desselben Bieters.

(2) Steht dem Bieter eine durch das Gebot ganz oder teilweise gedeckte Hypothek, Grundschuld oder Rentenschuld zu, so braucht er Sicherheit nur auf Verlangen des Gläubigers zu leisten. Auf Gebote des Schuldners oder eines neu eingetretenen Eigentümers findet diese Vorschrift keine Anwendung.

(3) Für ein Gebot des Bundes, der Deutschen Bundesbank, der Deutschen Genossenschaftsbank, der Deutschen Girozentrale (Deutsche Kommunalbank) oder eines Landes kann Sicherheitsleistung nicht verlangt werden.

Literatur: *Böttcher*, Schuldner-, Bieter- und Ersteherzahlungen im Versteigerungsverfahren, ZfIR 2007, 597; *Drischler*, Die Sicherheitsleistung im Zwangsversteigerungsverfahren, JurBüro 1965, 329; *Hornung*, Sicherheitsverlangen des Schuldners im Zwangsversteigerungstermin, Rpfleger 2000, 529; *Klawikowski*, Die Sicherheitsleistung im Zwangsversteigerungsverfahren, Rpfleger 1996, 265; *Klawikowski*, Die besondere Sicherheitsleistung im Zwangsversteigerungsverfahren, Rpfleger 1997, 202; *Mayer*, Gläubigermehrheit im Zwangsversteigerungsverfahren, Rpfleger 1983, 265; *Pöschl*, Die Sicherheitsleistung in der Zwangsversteigerung, BB 1963, 957.

Übersicht

Bund verkaufte seine Anteile an der DSL Bank; neue Eigentümerin wurde die Deutsche Postbank AG. Innerhalb des Konzerns Deutsche Postbank AG stellt die DSL Bank seitdem einen Unternehmensbereich dar. Damit ist auch die Befreiung von der Sicherheitsleistung entfallen.

§ 68
Höhe der Sicherheitsleistung

(1) Die Sicherheit ist für ein Zehntel des in der Terminsbestimmung genannten, anderenfalls des festgesetzten Verkehrswerts zu leisten. Übersteigt die Sicherheit nach Satz 1 das Bargebot, ist der überschießende Betrag freizugeben. Ist die Sicherheitsleistung durch Überweisung auf das Konto der Gerichtskasse bewirkt, ordnet das Gericht die Auszahlung des überschießenden Betrags an.

(2) Ein Beteiligter, dessen Recht nach § 52 bestehenbleibt, kann darüber hinausgehende Sicherheitsleistung bis zur Höhe des Betrags verlangen, welcher zur Deckung der seinem Recht vorgehenden Ansprüche durch Zahlung zu berichtigen ist.

(3) Bietet der Schuldner oder ein neu eingetretener Eigentümer des Grundstücks, so kann der Gläubiger darüber hinausgehende Sicherheitsleistung bis zur Höhe des Betrags verlangen, welcher zur Deckung seines Anspruchs durch Zahlung zu berichtigen ist.

(4) Die erhöhte Sicherheitsleistung nach den Absätzen 2 und 3 ist spätestens bis zur Entscheidung über den Zuschlag zu erbringen.

Übersicht

I. Allgemeines

Die Vorschrift regelt die **Höhe der Sicherheit**; sie gilt für alle Versteigerungsarten, 1
auch für die Teilungsversteigerung. Das Gesetz wurde in der jüngsten Vergangenheit mehrmals geändert, sodass viele ältere Entscheidungen und auch die unter § 67 ZVG zitierten Aufsätze zum Teil überholt sind:

Seit dem 1.8.1998 richtet sich die Höhe der Regelsicherheit nicht mehr nach der Höhe 2
des Gebots (ursprünglich 10 % des Bargebots), sondern nach dem **Verkehrswert.** Damit ist die früher erforderliche Nachschusspflicht der Bieter entfallen. Durch das 2. JuModG vom 22.12.2006[1] ist seit dem 1.1.2007 die Möglichkeit der Sicherheitsleistung durch Barzahlung im Versteigerungstermin beseitigt worden. Durch das Gesetz vom Gesetz zur Reform der Sachaufklärung in der Zwangsvollstreckung vom

1) Zweites Gesetz zur Modernisierung der Justiz (2. Justizmodernisierungsgesetz – 2. JustizModG), BGBl. I S. 3416; zuletzt geändert durch Art. 8b G. v. 12.12.2007 BGBl. I S. 2840.

29.7.2009 (BGBl. I S. 2258 (Nr. 48) ist der frühere Satz 2 in § 68 ZVG Abs. 1 ZVG ersatzlos gestrichen worden. Somit spielen die aus dem Versteigerungserlös zu entnehmenden Kosten (§ 109 ZVG) bei der Höhe der Sicherheit keine Rolle mehr.

II. Regelsicherheit (Abs. 1)

1. Höhe der Sicherheit

3 Die Höhe der regulären Sicherheit orientiert sich am Verkehrswert; sie beträgt **1/10 des** in der Terminsbestimmung genannten **Verkehrswertes.** Dieser Wert ist selbst dann maßgeblich, wenn er vom tatsächlich festgesetzten Wert abweicht oder wenn der festgesetzte Verkehrswert nachträglich geändert wurde.[2)] Die Höhe von 1/10 des in der Terminsbestimmung genannten Verkehrswertes ist auch dann maßgeblich, wenn das abgegebene Gebot niedriger ist.[3)]

2. Freigabe der nicht benötigten Sicherheit

4 Da sich die Höhe der Sicherheit (nur) am Verkehrswert orientiert, kann es vorkommen, dass die geleistete Sicherheit höher ist als das tatsächlich abgegebene Gebot. In diesem Fall muss das Vollstreckungsgericht den überschießenden Betrag „freigeben" (Abs. 1 Satz 2). In den Fällen, in denen die Sicherheitsleistung durch Überweisung auf ein Konto der Gerichtskasse bewirkt worden ist, muss die Rücküberweisung des überschießenden Betrags veranlasst werden (Abs. 1 Satz 3). Zur Sicherheit vorgelegte Schecks sind, sofern sie „gestückelt" sind, insoweit zurückzugeben, als sie nicht benötigt werden. In anderen Fällen ist der Scheck über die Gerichtskasse einzulösen und der nicht benötigte Betrag an den Sicherheitsleistenden zu überweisen.

5 Wie in diesem Fall hinsichtlich der Bargebotszinsen zu verfahren ist, ergibt sich nicht aus dem Gesetz. Sofern Bargebotszinsen noch weiterlaufen und der Zuschlag erteilt wird, sind diese Zinsen zum Bargebot hinzuzurechnen und nicht freizugeben.[4)] Aber bei der Sicherheitsleistung durch **Überweisung** auf das Konto der Gerichtskasse trifft dies nicht zu; denn die Überweisung wird wie eine Hinterlegung behandelt, sodass insoweit auch keine Zinsen mehr anfallen können.[5)]

III. Erhöhte Sicherheit auf Verlangen des Berechtigten eines bestehen bleibenden Rechts (Abs. 2)

6 Ein **Beteiligter**, dessen Recht nach § 52 ZVG bestehen bleibt, kann **erhöhte Sicherheit** verlangen bis zur Höhe der Deckung der ihrem Recht vorgehenden Ansprüche im

---

2) Böttcher/*Böttcher*, ZVG, §§ 67–70 Rz. 21; Stöber/*Becker*, ZVG, § 68 Rz. 3; Dassler/Schiffhauer/u. a.-*Hintzen*, ZVG, § 68 Rz. 3; BeckOK-*Steffen*, ZVG, § 68 Rz. 2; Schneider-*Traub*, ZVG, § 68 Rz. 5, 7.

3) Böttcher/*Böttcher* ZVG, §§ 67–70 Rz. 21; Stöber/*Becker*, ZVG, § 68 Rz. 5; BeckOK-*Steffen*, ZVG, § 68 Rz. 3; Schneider-*Traub*, ZVG, § 67 Rz. 52. Dassler/Schiffhauer/u. a.-*Hintzen*, ZVG, § 68 Rz. 5 f.

4) So Stöber/*Becker*, ZVG, § 68 Rz. 7; dies erscheint im Hinblick auf die Ausführungen von *Gojowczyk* in § 49 Rz. 18 doch teilweise etwas widersprüchlich. Dort wird die Ansicht vertreten, dass die Pflicht des Erstehers zur Verzinsung des Bargebots bereits endigt mit Sicherheitsleistung durch Überweisung auf ein Konto der Gerichtskasse (§ 69 Abs. 4). Somit kann das Problem hinsichtlich der Bargebotszinsen zumindest bei dieser Art der Sicherheitsleistung eigentlich nicht auftreten. So aber auch BeckOK-*Steffen*, ZVG, § 68 Rz. 4.

5) So offenbar auch Schneider-*Traub*, ZVG, § 68 Rz. 19.

(4) Die Sicherheitsleistung kann durch Überweisung auf ein Konto der Gerichtskasse bewirkt werden, wenn der Betrag der Gerichtskasse vor dem Versteigerungstermin gutgeschrieben ist und ein Nachweis hierüber im Termin vorliegt.

Literatur: *Klawikowski*, Die Sicherheitsleistung im Zwangsversteigerungsverfahren, Rpfleger 1996, 265; *Klawikowski*, Die besondere Sicherheitsleistung im Zwangsversteigerungsverfahren, Rpfleger 1997, 202; *Rellermeyer*, Der Scheckausstellungszeitraum des § 69 ZVG, Rpfleger 2012, 181.

Übersicht

I. Allgemeines

1 In § 69 ZVG ist die Art, wie in allen Zwangsversteigerungsverfahren des ZVG **Sicherheit geleistet werden kann**, abschließend geregelt. Da dieser Paragraf nicht zu den Vorschriften über das geringste Gebot oder die Versteigerungsbedingungen gehört, ist nach überwiegender Ansicht auch keine Abweichung über § 59 ZVG möglich.[1] Auch § 108 ZPO ist nicht anzuwenden, da § 69 ZVG die spezielle Vorschrift ist.

II. Arten der Sicherheitsleistung

1. Keine Barzahlung (Abs. 1)

2 Durch das 2. JuModG[2] ist § 69 ZVG in einem wesentlichen Punkt geändert worden. Seit dem 1.2.2007 ist eine Sicherheitsleistung durch Barzahlung ausdrücklich ausgeschlossen (Abs. 1). Damit ist auch die Hinterlegung von Geld als Sicherungsmittel nicht mehr möglich; denn gleichzeitig wurde auch der frühere Abs. 3 gestrichen.

2. Bundesbank- und Verrechnungsscheck (Abs. 2)

3 Zur Sicherheit geeignet sind Bundesbankschecks[3] und Verrechnungsschecks,[4] die frühestens am dritten Werktag vor dem Versteigerungstermin ausgestellt worden sind. (Abs. 2 Satz 1). Dies gilt aber nur, wenn sie von einem im Geltungsbereich des ZVG

1) Stöber/*Becker*, ZVG, § 69 Rz. 26; Dassler/Schiffhauer/u. a.-*Hintzen*, ZVG, § 69 Rz. 26; BeckOK-*Steffen*, ZVG, § 69 Rz. 1; Schneider-*Traub*, ZVG, § 69 Rz. 1; *Klawikowski*, Rpfleger 1997, 202.

2) 2. Justizmodernisierungsgesetz v. 22.12.2006 (BGBl. I S. 3416).

3) Bis zum Jahr 2002 waren die Landeszentralbanken (LZB) die Zentralbanken der einzelnen Länder der Bundesrepublik Deutschland. Seit dem Jahr 1992 wurden Landesbanken zusammengelegt und somit waren die Verwaltungsbereiche der einzelnen Landeszentralbanken nicht mehr mit den jeweiligen Ländern identisch. Es gab nur noch neun Landeszentralbanken für 16 Bundesländer. Durch eine umfassende Strukturreform der Deutschen Bundesbank im Jahr 2002 fiel der Name Landeszentralbank weg. Die regionalen Hauptverwaltungen (in Stuttgart, München, Berlin, Hannover, Hamburg, Frankfurt am Main, Düsseldorf, Mainz und Leipzig) sind jetzt nicht selbständige Verwaltungseinheiten der Deutschen Bundesbank.

4) Verrechnungsschecks sind Schecks, die nur bargeldlos eingelöst werden können (Art. 39 Abs. 1 ScheckG).

zum Betreiben von Bankgeschäften berechtigten Kreditinstitut oder der Bundesbank ausgestellt und im Inland zahlbar sind (Abs. 2 Satz 2). Die früher erforderliche Bestätigung durch die Bundesbank, dass sie sich dem Inhaber gegenüber zur Einlösung verpflichte (§ 23 Abs. 1 BundesbankG) ist nicht mehr erforderlich.

4 Für alle Schecks wird abgestellt auf den **Tag der Ausstellung**, der frühestens am dritten Werktag vor dem Versteigerungstermins liegen darf. Bei der Ausstellung des Schecks an einem Donnerstag endet diese Frist nicht am Samstag, sondern erst mit Ablauf des nächsten Werktags (also regelmäßig am Montag, wenn dieser nicht ein Feiertag ist). Die Berechnung der Frist richtet nach § 222 ZPO.[5]

5 Neben dem Bundesbankscheck sind auch Verrechnungsschecks als Sicherheit zugelassen, wenn sie von einem Kreditinstitut auf ein anderes Kreditinstitut ausgestellt sind.[6] Die ausstellende Bank muss in Deutschland zum Betreiben von Bankgeschäften berechtigt sein. Als hierzu berechtigt gelten solche Kreditinstitute, die in der nach Abs. 2 Satz 3 genannten Liste aufgeführt sind. Aber auch Schecks von in dieser Liste nicht aufgeführte Banken sind zuzulassen, wenn sie zum Betreiben von Bankgeschäften berechtigt sind. Dann muss aber der Bieter, welcher mit einem solchen Scheck Sicherheit leisten will, den entsprechenden Nachweis im Versteigerungstermin führen.[7] Kann dieser Nachweis nicht erbracht werden, ist das Gebot mangels Sicherheitsleistung zurückzuweisen (§ 70 Abs. 2 Satz 3 ZVG).

6 Leistet ein Bieter Sicherheit mit einem Verrechnungsscheck, dessen Betrag höher ist als die erforderliche Sicherheitsleistung, dann kann er bestimmen, in welcher Höhe die Sicherheit erbracht werden soll. Fehlt eine solche Erklärung des Bieters, ist anzunehmen, dass er Sicherheit nur in Höhe des nach § 68 ZVG erforderlichen Betrags leisten will. Ein Bieter kann deshalb mit einem Scheck mehrfach Sicherheit leisten, wenn im Versteigerungstermin ohne Weiteres festgestellt werden kann, dass der Scheck den gesetzlichen Anforderungen entspricht und einen unverbrauchten Wert in ausreichender Höhe verkörpert.[8]

---

5) So z. B. Böttcher/*Böttcher*, ZVG, §§ 67–70 Rz. 40; Stöber/*Becker*, ZVG, § 69 Rz. 5; so im Ansatz auch BeckOK-*Steffen*, ZVG, § 69 Rz. 6–8.2, aber mit einer teilweise anderen Berechnung; *Rellermeyer*, Rpfleger 2012, 181: Der Scheckausstellungszeitraum verlängert sich nicht um einen weiteren Werktag, wenn einer der drei Tage vor dem Versteigerungstermin ein Sonnabend ist; denn der Sonnabend ist i. S. v. § 69 Abs. 2 als Werktag anzusehen; so auch Schneider-*Traub*, ZVG, § 69 Rz. 9: Obwohl Samstag kein Bankarbeitstag ist, bleibe es bei der Definition in § 193 BGB, wonach der Samstag ein Werktag sei. Ein am Donnerstag ausgestellter Scheck könne nur bei einem Versteigerungstermin am Montag, nicht mehr aber am Dienstag als Sicherheit anerkannt werden. Das Problem könne man aber dadurch umgehen, dass die Bank als Ausstellungstag den Terminstag angebe (vgl. Art. 28 Abs. 2 ScheckG).

6) In der Praxis muss hier immer wieder gegen das Missverständnis angekämpft werden, dass ein Privatscheck des Bieters, bezogen auf seine Hausbank, als Sicherheit geeignet sei.

7) In Betracht kommt die Vorlage der Erlaubnisurkunde der Bundesanstalt für Finanzdienstleistungsaufsicht gemäß § 32 KWG.

8) Stöber/*Becker*, ZVG, § 69 Rz. 10; BGH, Beschl. v. 15.5.2008 – V ZB 122/07, Rpfleger 2008, 515 = MDR 2008, 944.

3. Bankbürgschaft (Abs. 3)

Nach Abs. 3 kann Sicherheit auch durch eine Bankbürgschaft geleistet werden. Die Bürgschaft muss folgende Voraussetzungen erfüllen: 7

- Sie muss von einem im Inland zum Betreiben von Bankgeschäften berechtigten Kreditinstitut stammen (Abs. 3 Satz 1),
- unbefristet,
- unbedingt,
- selbstschuldnerisch und
- im Inland zu erfüllen sein.

Bei einem Kaufmann entfällt die nach § 766 BGB verlangte Schriftform (§ 350 HGB). 8 Dies ist bei den o. a. Kreditinstituten regelmäßig der Fall. Deshalb kann der im Versteigerungstermin anwesende Bankenvertreter[9] eine Bürgschaftserklärung auch mündlich abgeben. Sie ist dann zu protokollieren, muss aber nicht unterschrieben werden. Im Übrigen genügt die Vorlage einer schriftlichen Bürgschaftserklärung; sie ist jedoch im Original zu den Versteigerungsakten zu reichen.

Der **Vollstreckungsschuldner** oder der **neu eingetretene Eigentümer** (§ 26 ZVG) 9 kann für sein Gebot **keine Sicherheit durch Bankbürgschaft** leisten (Abs. 3 Satz 2). Diese Einschränkung ist eigentlich nur im Hinblick auf die frühere Möglichkeit der Bürgschaft durch einen „tauglichen" Bürgen[10] zu verstehen. Bei der Änderung des § 69 ZVG, wonach nur noch eine Bankbürgschaft zulässig ist, wurde offenbar übersehen, diese Einschränkung zu streichen.[11] Aber solange Absatz 3 Satz 2 Gesetz ist, muss dieser Ausschluss beachtet werden. Ob mit Einverständnis des Sicherheit verlangenden Berechtigten auch der Schuldner Sicherheit durch Bankbürgschaft leisten kann (siehe Rz. 13 ff.), ist bisher nicht thematisiert worden. Ich würde diese Möglichkeit im Hinblick auf das oben Gesagte aber bejahen.

4. Überweisung auf ein Konto der Gerichtskasse (Abs. 4)

Die Sicherheit kann auch durch Überweisung auf das Konto der Gerichtskasse be- 10 wirkt werden, wenn der Betrag vor dem Versteigerungstermin gutgeschrieben ist und ein Nachweis hierüber im Termin vorliegt (Abs. 4). Diese Art der Sicherheits-

9) Unter Vorlage einer (auch) hierzu ermächtigenden Vollmacht.

10) Hier konnten auch Privatleute eine entsprechende Bürgschaft abgeben. Und so war die Gefahr des „Zusammenwirkens" von Schuldner und Bürgen zum Nachteil der Zuteilungsberechtigten nicht auszuschließen. Um dies zu verhindern, war die Bürgschaft für Gebote des Vollstreckungsschuldners von vornherein ausgeschlossen.

11) Vgl. Schneider-*Traub*, ZVG, § 69 Rz. 18.

leistung bereitet in der Praxis manchmal doch erhebliche Probleme.[12)] Da der Bieter das Risiko für den rechtzeitigen Nachweis der Gutschrift seiner Sicherheitsleistung auf dem richtigen Konto („der Gerichtskasse") trägt, sollte er bei der Überweisung möglichst präzise und umfassende Angaben machen, damit ihm keine Nachteile entstehen. Als sinnvoll haben sich folgende Daten erwiesen:

- Name des Amtsgerichts, für das die Sicherheit gedacht ist.
- Aktenzeichen des Verfahrens, in dem die Sicherheit verwendet werden soll.
- Datum des Zwangsversteigerungstermins.
- Name des Bieters als Überweisender. Wenn Überweisender und Bieter verschiedene Personen sind, sollte eine entsprechende Zweckerklärung erfolgen.
- Wird in der Zahlungsanzeige beim Verwendungszweck eine vom Kontoinhaber bzw. Einzahler abweichende Person genannt, ist dies nach Ansicht des Bundesgerichtshofes dahingehend zu verstehen, dass diese Person im Versteigerungstermin als Bieter auftreten wird und die Sicherheitsleistung verwenden wird.[13)]
- Enthält die Zahlungsanzeige keine eindeutige Verwendungsbeschränkung, hat das Vollstreckungsgericht davon auszugehen, dass die genannte Person entscheiden darf, ob sie die Sicherheitsleistung für ein Gebot im eigenen oder im fremden Namen einsetzt. Der Versteigerungsrechtspfleger ist nicht verpflichtet zu prüfen, ob der Gerichtskasse weitere Informationen vorliegen, die sich nicht aus der Zahlungsanzeige ergeben.[14)]

11 Nach Ansicht des Bundesgerichtshofes[15)] kann die Sicherheitsleistung auch durch eine **Bareinzahlung auf ein bei einem Kreditinstitut geführten Konto** der Gerichts-

---

12) Offenbar hat *Steffen* in Nordrhein-Westfalen hierzu jedoch positive Erfahrungen gemacht (vgl. BeckOK-*Steffen*, ZVG, § 69 Rz. 19 ff. Vielleicht könnten sich andere Justizverwaltungen an dem Procedere von NRW orientieren und das zum Teil doch recht umständliche Verfahren „entschlacken". So auch Böttcher/*Böttcher*, ZVG, §§ 67 – 70, Rz. 45 und 45a. In diesem Zusammenhang wird auf das Gesetz über den Zahlungsverkehr mit Gerichten und Justizbehörden (ZahlVGJG) vom 22.12.2006 (BGBl. I S. 1474), geändert durch Art. 175 V v. 31.8.2015 (BGBl. I S. 1474) hingewiesen. In § 1 Abs. 1 werden die Landesregierungen ermächtigt, durch Rechtsverordnung zu bestimmen, in welchen Fällen Zahlungen an Gerichte und Justizbehörden der Länder unbar zu leisten sind. Davon hat z. B. Bayern durch die Gerichtszahlungsverordnung vom 12.9.2017 (GVBl. 491) Gebrauch gemacht. Interessant ist in diesem Zusammenhang § 1 Abs. 3 Satz 2 ZahlVGJG, der wie folgt lautet: „Die Barzahlung ist zu gewährleisten, wenn dem Zahlungspflichtigen eine unbare Zahlung nicht möglich oder wenn Eile geboten ist". Inhaltlich hat dies auch § 1 Abs. 2 Nr. 1 bzw. Nr. 3 der Bayr.GerZahlV übernommen. Inzwischen hat auch Berlin durch die Berliner Gerichtszahlungsverordnung vom 1.9.2020 von der Ermächtigung Gebrauch gemacht und u. a. bestimmt, dass die Barzahlung möglich ist, wenn dem Zahlungspflichtigen eine unbare Zahlung nicht möglich ist oder wenn Eile geboten ist (= Auszug aus § 1 Abs. 2 dieser Verordnung).

13) BGH, Beschl. v. 12.1.2017 – V ZB 96/16, MDR 2017, 667 = ZfIR 2017, 259.

14) BGH, Beschl. v. 12.1.2017 – V ZB 96/16, MDR 2017, 667 = ZfIR 2017, 259.

15) BGH, Beschl. v. 15.5.2013 – V ZB 164/12, WM 2013, 922.

2. Abweichende Regelung für die erhöhte Sicherheit (§ 68 Abs. 4 ZVG)

Die erhöhte Sicherheit gemäß § 68 Abs. 2 oder Abs. 3 ZVG ist ausnahmsweise nicht sofort im Versteigerungstermin zu erbringen. Sie kann auch noch später bis zur Entscheidung über den Zuschlag erbracht werden (§ 68 Abs. 4 ZVG). Wegen der Einzelheiten siehe § 68 ZVG Rz. 14 ff. [*Bachmann*]. Jedoch soll hier in Erinnerung gerufen werden: In Höhe der Regelsicherung des § 68 Abs. 1 ZVG gilt das Erfordernis der sofortigen Sicherheitsleistung auch hier; nur hinsichtlich des Differenzbetrags ist der **spätere Zeitpunkt** des § 68 Abs. 4 ZVG maßgeblich. 10

3. Entscheidung des Vollstreckungsgerichts

Wenn der Bieter keine, keine ausreichende oder keine geeignete Sicherheit leistet, ist das Gebot zurückzuweisen (§ 70 Abs. 2 Satz 3 ZVG). Dadurch erlischt das Gebot, wenn nicht der Bieter oder ein Beteiligter widerspricht (§ 72 Abs. 2 ZVG). Durch diesen Widerspruch wird also das Erlöschen des Gebots infolge der Zurückweisung verhindert; es bleibt gleichsam „in der Schwebe" und steht auch für einen eventuellen Zuschlag zur Verfügung. Wenn aber ein Übergebot abgegeben und widerspruchslos[8] zugelassen wird, dann erlischt dadurch das Gebot (§ 72 Abs. 1 ZVG). 11

Wird ein Gebot zugelassen, obwohl die verlangte Sicherheit gar nicht bzw. nicht ordnungsgemäß geleistet wurde, dann gilt das **Sicherheitsverlangen** als zurückgenommen, wenn der Betreffende nicht sofort widerspricht (Abs. 3). Das Gebot ist dann wirksam; für weitere Gebote desselben Bieters gilt dann auch nicht die Regel des § 67 Abs. 1 Satz 2 ZVG. Der Widerspruch muss sofort erfolgen und bewirkt, dass noch nicht endgültig feststeht, ob das Gebot nun wirksam ist oder nicht. Bei der Zuschlagsentscheidung muss über diese Frage dann (nochmals) entschieden werden, wenn das betreffende Gebot nicht durch Übergebote erloschen ist. 12

4. Rechtsbehelf und Gebot ohne Sicherheitsleistung (Abs. 3)

Gegen die Entscheidung über die Sicherheitsleistung gibt es **weder Erinnerung noch Beschwerde**, weil es sich hierbei nicht um eine selbstständige Vorentscheidung handelt (vgl. § 95 ZVG). Auch § 11 Abs. 2 RPflG trifft nicht zu, weil das Gesetz hierfür einen besonderen Rechtsbehelf vorgesehen hat, den Widerspruch. Dieser bewirkt aber nicht die unmittelbare Überprüfung der Entscheidung, der widersprochen wurde. Vielmehr verhindert der Widerspruch nur das Erlöschen des Gebots und hält es somit in der Schwebe; damit steht es auch noch für die Zuschlagsentscheidung zur Verfügung. 13

Wenn also ein Gebot mangels Sicherheitsleistung zurückgewiesen wurde und der Bieter oder ein Beteiligter dieser Zurückweisung widersprochen hat, ist bei der Zuschlagsentscheidung zu prüfen, ob die Zurückweisung zu Recht erfolgt ist. Aber eine nicht geleistete Sicherheit kann dann nicht mehr erbracht werden; sie wäre verspätet.[9] Auf der anderen Seite bleibt ein Gebot wirksam, das ohne Sicherheitsleistung zugelassen wurde, obwohl sie erforderlich war, wenn nicht sofort vom Sicherheitverlangenden 14

---

8) Zu beachten ist, dass hier nur ein Beteiligter, also nicht der vorherige Bieter widersprechen kann.

9) Stöber/*Becker*, ZVG, § 70 Rz. 9; OLG Hamm, Beschl. v. 2.4.1987 – 15 W 76/87, Rpfleger 1987, 469 = WM 1987, 787.

Widerspruch erhoben wird; sein Verlangen gilt ja als zurückgenommen (Abs. 3). Nur bei rechtzeitigem **Widerspruch** kann das Gericht bei seiner Zuschlagsentscheidung auch dieses Gebot (wenn es nicht aus einem anderen Grund schon erloschen ist) daraufhin überprüfen, ob nicht doch Sicherheit notwendig gewesen war. Ohne einen solchen Widerspruch kann der Berechtigte auch eine etwaige Zuschlagsbeschwerde nicht damit begründen, dass die Entscheidung über sein Sicherheitsverlangen falsch gewesen sei.

IV. Behandlung der Sicherheit

15 Wenn ein Bieter, der Sicherheit geleistet hat, von seiner Verpflichtung aus diesem Gebot frei wird, so muss ihm seine Sicherheit wieder zurückgegeben werden. Hinsichtlich des richtigen Zeitpunktes dieser Rückgabe sollte jedoch unterschieden werden:

16 Wenn das Gebot durch (widerspruchslose) Zulassung eines Übergebots, unzweifelhaft erloschen ist, erfolgt die **Rückgabe am Ende des Termins.** Wenn dem Gebot jedoch der Zuschlag versagt wurde, sollte die Rückgabe erst nach **Rechtskraft** dieses Beschlusses vorgenommen werden; denn im Beschwerdeweg könnte auf das Gebot u. U. doch der Zuschlag erteilt werden.

17 War die Sicherheit durch Überweisung auf ein Konto der Gerichtskasse erfolgt, dann hat das Vollstreckungsgericht die Rückzahlung des Betrags zu veranlassen. Deshalb sollte in diesen Fällen auch die Bankverbindung erfragt werden.[10)] Die Rückgabe der Sicherheiten muss mit allen Einzelheiten im Protokoll festgestellt werden.

18 Im Übrigen entscheidet sich die Frage der Rückgabe für die Sicherheiten des Erstehers erst im Verteilungstermin; denn es hängt davon ab, ob der Ersteher seiner Verpflichtung zur Zahlung des Meistgebots nachkommt oder nicht.

19 Eine **Bürgschaftsurkunde**, die der Bieter dem Gericht im Versteigerungstermin übergeben hat, wird zu den Versteigerungsakten genommen. Sie wird also nicht dem Sicherheit Verlangenden ausgehändigt.

20 Übergebene **Verrechnungsschecks** müssen vom Gericht unverzüglich an die Gerichtskasse weitergeleitet werden, damit sie noch rechtzeitig eingelöst werden können. Hierbei ist die **Vorlegungsfrist von acht Tagen** zu beachten (vgl. Art. 29 ScheckG). Ob der entsprechende Betrag anschließend hinterlegt werden muss, um die Zinspflicht des § 49 Abs. 4 ZVG zu vermeiden, wird unterschiedlich beantwortet. Wegen der Einzelheiten siehe § 49 Rz. 13 [*Bachmann*]. Dasselbe gilt für auf das Konto der Gerichtskasse überwiesene Beträge.

21 Wenn ein **Sparbuch** (mit Zustimmung des Sicherheitverlangenden) im Versteigerungstermin übergeben wurde, muss das Vollstreckungsgericht bereits vor dem Verteilungstermin den erforderlichen Betrag abheben.

---

10) Wenn der betr. Bietinteressent gar kein Gebot abgegeben hat und sich auch sonst nicht im Termin geäußert hat, kann die Rückzahlung mit praktischen Schwierigkeiten verbunden sein. Deshalb sollte das Gericht hierauf auch ausdrücklich hinweisen.

eine neue Bietzeit (mit 30 Minuten Mindestzeit) in Gang gesetzt werden. Alle diese Vorgänge sind **minutiös im Protokoll zu vermerken.**

Die 30 Minuten stellen eine **Mindestzeit** dar. Die Bietzeit muss aber solange fortgeführt werden wie noch Gebote abgegeben werden. Deshalb muss auch nach dem dritten Aufruf des letzten Gebots nochmals zur Abgabe von Geboten aufgefordert werden. Erst wenn auch dann kein weiteres Gebot mehr abgegeben wird, kann die Versteigerung geschlossen werden.[7] 4

3. Mehrere Grundstücke

Bei der Versteigerung mehrerer Grundstücke bzw. Grundstücksbruchteile in einem Verfahren (vgl. § 18 ZVG) schreibt das Gesetz keine bestimmte Reihenfolge vor. Aber aus verschiedenen Gerichtsentscheidungen wird deutlich, dass beim Zusammentreffen von Einzel-, Gruppen-, Gesamt- und Doppelausgeboten der **Schluss der Versteigerung gleichzeitig** erfolgen muss. Dies gilt selbst dann, wenn der Beginn der jeweiligen Ausgebotsart unterschiedlich war.[8] Die Mindestzeit berechnet sich dann nach dem spätesten Beginn der einzelnen Bietzeiten. Wenn **nur** Einzelausgebote nach § 63 Abs. 1 Satz 1 ZVG erfolgen, können die Grundstücke gleichzeitig oder nacheinander versteigert werden. Ein einheitlicher Schluss der Bietzeit ist hier nicht zwingend, kann aber sinnvoll sein.[9] 5

4. Verletzung der Vorschrift

Wird gegen die Vorschriften über die Mindestbietzeit verstoßen, dann ist der **Zuschlag zu versagen** (§ 83 Nr. 7 ZVG). Ist er erteilt worden, kann er gemäß §§ 84 Abs. 1, 100 ZVG angefochten werden.[10] Auch mit Zustimmung aller Beteiligten ist eine Verkürzung der Bietzeit nicht zulässig. Ausnahmsweise wurde eine Verkürzung der Bietzeit dann als unschädlich angesehen, wenn der etwas zu frühe Versteigerungsschluss sofort korrigiert wird (durch „Wiedereröffnung" der Bietstunde) und mit Sicherheit feststeht, dass sich dieser Verfahrensablauf nicht auf das Ergebnis ausgewirkt hat, weil niemand in der Zwischenzeit den Sitzungssaal verlassen hat.[11] 6

III. Schluss der Versteigerung (Abs. 2)

Das Gericht muss das **letzte Gebot mittels dreimaligen Aufrufs verkünden** (Abs. 2 Satz 2). Unter dem letzten Gebot ist das noch wirksame höchste Gebot bei jeder Ausgebotsart zu verstehen. Diese Gebote sind unter Nennung des Bieters und der Höhe des Gebots dreimal aufzurufen. Danach ist nochmals zur Abgabe von Geboten 7

---

7) OLG Karlsruhe, Beschl. v. 24.10.1997 – 14 W 45/97, Rpfleger 1998, 79 = MDR 1998, 60.

8) BGH, Beschl. v. 9.5.2003 – IXa ZB 25/03, Rpfleger 2003, 452; LG Kassel, Beschl. v. 3.8.2006 – 3 T 367/06, Rpfleger 2007, 97; Stöber/*Becker*, ZVG, § 73 Rz. 13; Dassler/Schiffhauer/u. a.-*Hintzen*, ZVG, § 73 Rz. 9; Schneider-*Traub*, ZVG, § 73 Rz. 14.

9) Stöber/*Becker*, ZVG, § 73 Rz. 12.; a. A. Schneider-*Traub*, ZVG, § 73 Rz. 14. Bei der Kritik wird übersehen, dass hier **nur** von Einzelausgeboten gemäß § 63 Abs. 1 S. 1 die Rede ist. Und hierbei ist die Forderung nach einem gemeinsamen Schluss der Versteigerung nicht gerechtfertigt.

10) BGH, Beschl. v. 9.5.2003 – IXa ZB 25/03, Rpfleger 2003, 452 = ZfIR 2003, 743.

11) So LG Bonn, Beschl. v. 20.3.1979 – 4 T 26/79, JurBüro 1979, 1235; Böttcher/*Böttcher*, ZVG, § 73 Rz. 3; Stöber/*Becker*, ZVG, § 73 Rz. 16.

aufzufordern. Wird daraufhin nochmals ein Gebot abgegeben, muss auch dieses Gebot wieder dreimal aufgerufen werden. Erst wenn keine Gebote mehr abgegeben werden, ist der Schluss der Versteigerung für alle Ausgebotsarten zu verkünden (Abs. 2 Satz 1).

8 Bei mehreren Ausgebotsarten ist jedes letzte Gebot einzeln aufzurufen. Erst danach und nach der Aufforderung, weitere Gebote abzugeben, wird der Schluss der Versteigerung für alle Ausgebotsarten gemeinsam verkündet.[12)]

9 Nach dem Schluss der Versteigerung kann nicht mehr geboten werden. Trotzdem ist damit der Versteigerungstermin noch nicht beendet; es folgt noch die Verhandlung über den Zuschlag. Darauf sollte rechtzeitig hingewiesen werden, um Störungen durch aufbrechende Sitzungsteilnehmer zu vermeiden.

10 Wenn das letzte Gebot nicht dreimal aufgerufen worden ist (Abs. 2 Satz 2) stellt dies keinen Zuschlagsversagungsgrund dar; denn hier ist nur eine Ordnungsvorschrift („soll") verletzt.[13)] Jedoch liegt ein **unheilbarer Versagungsgrund** gemäß § 83 Nr. 7 ZVG vor, wenn das Gericht es unterlassen hat, nochmals zur Gebotsabgabe aufzufordern (Abs. 1 Satz 2).[14)]

12) BGH, Beschl. v. 9.5.2003 – IXa 25/03, Rpfleger 2003, 452 = NJW 2003, 2753.

13) Stöber/*Becker*, ZVG, § 73 Rz. 17; Dassler/Schiffhauer/u. a.-*Hintzen*, ZVG, § 73 Rz. 12; a. A. Schneider-*Traub*, ZVG, § 73 Rz. 20.

14) Böttcher/*Böttcher*, ZVG, § 73 Rz. 4 m. w. N.; Dassler/Schiffhauer/u. a.-*Hintzen*, ZVG, § 73 Rz. 10; BeckOK-*Steffen*, ZVG, § 73 Rz. 11; Schneider-*Traub*, ZVG, § 73 Rz. 17.

§ 74

Anhörung der Beteiligten über den Zuschlag

Nach dem Schlusse der Versteigerung sind die anwesenden Beteiligten über den Zuschlag zu hören.

Übersicht

I. Allgemeines

1 Nach dem Schluss der Versteigerung (§ 73 ZVG) sind die **anwesenden Beteiligten** über den Zuschlag zu hören. Damit soll den Beteiligten Gelegenheit gegeben werden, Mängel des Verfahrens durch eine Genehmigung (§ 84 ZVG) zu beseitigen, um so eine Zuschlagsanfechtung zu vermeiden. Auf der anderen Seite können dadurch auch Verfahrensfehler aufgedeckt werden, die zu einer Zuschlagsversagung führen.

2 § 74 ZVG gilt für alle Verfahrensarten.

3 Ein Verstoß gegen § 74 ZVG ist grundsätzlich unschädlich. Wird hierdurch jedoch der Anspruch auf Gewährung des rechtlichen Gehörs verletzt, dann rechtfertigt dies eine Zuschlagsanfechtung.[1)]

1) Böttcher/*Böttcher*, ZVG, § 74 Rz. 1 m. w. N.; Stöber/*Becker*, ZVG, § 74 Rz. 3; Dassler/Schiffhauer/u. a.-*Hintzen*, ZVG, § 74 Rz. 11; Schneider-*Traub*, ZVG, § 74 Rz. 2.

det, wenn ein Recht des Beschwerdeführers durch den Zuschlag beeinträchtigt wird und er das Verfahren nicht genehmigt hat.[56)]

– Wenn eine erforderliche **Überprüfung** und **Änderung** des rechtskräftigen Festsetzungsbeschlusses nicht vorgenommen worden ist, dann kann eine Zuschlagsbeschwerde auch nur darauf gestützt werden, dass der Beschwerdeführer in seinem Recht auf Versagung des Zuschlags verletzt sei (§§ 100 Abs. 1, 83 Nr. 5 ZVG).[57)]

III. Zuschlagsversagung nach § 74a ZVG

1. Gebot unter der 7/10-Grenze

Erreicht das abgegebene **Meistgebot** einschließlich der bestehen bleibenden Rechte, 36
nicht 7/10 des festgesetzten Verkehrswertes, ist auf entsprechenden Antrag hin der Zuschlag zu versagen (Abs. 1 Satz 1). Die Bargebotszinsen werden dabei nicht berücksichtigt, da der Ersteher diese Verzinsung durch Hinterlegung des Meistbargebots vermeiden kann.[58)] Die nach den Versteigerungsbedingungen bestehen bleibenden Rechte sind dem Bargebot hinzuzurechnen; denn diese muss der Ersteher auch übernehmen. Bei Hypotheken und Grundschulden wird der im Grundbuch eingetragene Nennbetrag, bei der Rentenschuld die Ablösesumme hinzugerechnet. Bei den übrigen Rechten ist der bei Feststellung des geringsten Gebots nach § 51 Abs. 2 ZVG festgesetzte Zuzahlungsbetrag maßgeblich.[59)] Zu den „nach den Versteigerungsbedingungen bestehen bleibenden Rechten" gehören nach allg. Ansicht auch die „außerhalb des geringsten Gebotes" bestehen bleibenden Rechte wie z. B. das Altenteil oder die nach § 52 Abs. 2 Satz 2 ZVG bestehen bleibende Erbbauzins-Reallast.

2. Zuschlagsversagungsantrag

Der Zuschlag muss versagt werden, wenn ein wirksamer Versagungsantrag vorliegt. 37

a) Antragsberechtigung (Abs. 1 Satz 1)

Antragsberechtigt ist der Antragsteller, wenn sein Anspruch ganz oder teilweise durch 38
das Meistgebot nicht gedeckt ist, aber bei einem Gebot in Höhe von 7/10 des Verkehrswertes voraussichtlich gedeckt sein würde (Abs. 1 Satz 1). Ob der Antragsteller einen Ausfall erleiden würde, muss durch Aufstellung eines fiktiven Teilungsplans festgestellt werden. In diesem Plan ist alles zu berücksichtigen, was nach dem Kenntnisstand des Gerichts zum Zeitpunkt der Antragstellung[60)] bei der Erlösverteilung zu berücksichtigen wäre. Konkret bedeutet dies:

– Bargebotszinsen werden nicht berücksichtigt.

---

56) Stöber/*Becker*, ZVG, § 74a Rz. 100; so auch Böttcher/*Böttcher*, ZVG, § 74a Rz. 45.

57) Stöber/*Becker*, ZVG, § 74a Rz. 101.

58) Böttcher/*Böttcher*, ZVG, § 74a Rz. 2; Stöber/*Becker*, ZVG, § 74a Rz. 11; Dassler/Schiffhauer/u. a.-*Hintzen*, ZVG, § 74a Rz. 11; Schneider-*Traub*, ZVG, § 74a Rz. 7; BeckOK-*Steffen*, ZVG, § 74a Rz. 7.

59) Böttcher/*Böttcher*, ZVG, § 74a Rz. 2; Stöber/*Becker*, ZVG, § 74a Rz. 11; Dassler/Schiffhauer/u. a.-*Hintzen*, ZVG, § 74a Rz. 7; Schneider-*Traub*, ZVG, § 74a Rz. 10; BeckOK-*Steffen*, ZVG, § 74a Rz. 7.

60) LG Frankenthal, Beschl. v. 10.10.1980 – 1 T 260/80, Rpfleger 1981, 20.

- Die Barzahlungsansprüche, welche im Mindestbargebot enthalten sind, werden mit diesen Beträgen übernommen.
- Die erlöschenden Rechte werden mit ihrem Kapital- bzw. Ersatzbetrag (§ 92 ZVG) berücksichtigt. Zinsen und sonstige Nebenleistungen sind bis zum voraussichtlichen Verteilungstermin[61)] zu berechnen. Hierbei ist von den vorliegenden Anmeldungen auszugehen.
- Ansprüche der Rangklasse 5 werden mit ihrem Gesamtanspruch (einschließlich der Zinsen bis zum voraussichtlichen Verteilungstermin) berücksichtigt.

39 Bei der Versteigerung mehrerer Grundstücke in demselben Verfahren (vgl. § 18 ZVG) kommt es darauf an, wie ausgeboten worden ist:

40 Wurden alle **Grundstücke nur einzeln ausgeboten** (§ 63 Abs. 1 Satz 1 ZVG), muss auf einen entsprechenden Versagungsantrag bei jedem einzelnen Grundstück geprüft werden, ob die 7/10-Grenze für dieses Objekt erreicht ist und ob der Antragsteller durch ein niedrigeres Gebot (höher) ausfallen würde als bei einem Gebot in Höhe von 7/10 des Verkehrswertes.

41 Wurden alle Grundstücke **nur im Gesamtausgebot** ausgeboten (§ 63 Abs. 2, 4 ZVG) oder wurde nur auf das Gesamtausgebot geboten, dann wird auch nur hinsichtlich dieses Gebots geprüft, ob es einschließlich der bestehen bleibenden Rechte hinter der 7/10-Grenze bleibt und ob der Antragsteller dabei einen größeren Ausfall hätte als bei einem Gebot in Höhe von 7/10. Hierbei muss jedoch auch § 112 ZVG beachtet werden.

42 Wurden die Grundstücke neben dem Gesamtausgebot auch **im Einzelausgebot** ausgeboten (§ 63 Abs. 2), so muss zunächst nach § 63 Abs. 3 Satz 2 ZVG festgestellt werden, welches Gebot für die Zuschlagserteilung infrage kommt. Ist hiernach der Zuschlag auf die Einzelausgebote zu erteilen, dann ist bei jedem Einzelausgebot zu prüfen, ob die 7/10-Grenze erreicht ist und ob der Antragsteller einen (teilweisen) Ausfall hätte. Ist der Zuschlag auf das Gesamtausgebot zu erteilen, dann ist nur insoweit die 7/10-Grenze von Bedeutung. Bei der Berechnung des eventuellen Ausfalls ist aber auch hier § 112 ZVG zu beachten. Wegen der Möglichkeit eines evtl. „Rückgriffs" auf die Einzelausgebote wird auf die Ausführungen von *Stöber*[62)] verwiesen.

43 Antragsberechtigt nach Absatz 1 ist ein Berechtigter, dessen Anspruch durch das Meistgebot ganz oder teilweise nicht gedeckt ist, aber bei einem Gebot in Höhe von 7/10 des Verkehrswertes voraussichtlich gedeckt sein würde. Somit ist grundsätzlich jeder, dem nach § 10 ZVG ein Recht auf Befriedigung aus dem Grundstück zusteht, auch antragsberechtigt, wenn er bei einem Gebot in Höhe von 7/10 mehr erhalten würde als bei dem tatsächlich abgegebenen Gebot. Wenn mehrere Gläubiger antragsberechtigt sind, muss jeder auch den entsprechenden Antrag (für sich) stellen, damit seine Belange bei der Zuschlagsentscheidung berücksichtigt werden.

---

61) Gebräuchlich: sechs bis zehn Wochen nach dem Versteigerungstermin.

62) Stöber/*Becker*, ZVG, § 74a Rz. 28; Dassler/Schiffhauer/u. a.-*Hintzen*, ZVG, § 74a Rz. 12; Schneider-*Traub*, ZVG, § 74a Rz. 27.

62 Nach **§ 765a ZPO** kann der Schuldner die Einstellung der Zwangsvollstreckung beantragen, wenn die Fortsetzung der Zwangsvollstreckung eine sittenwidrige Härte darstellt. Wegen § 33 ZVG kann die Entscheidung nur durch Versagung des Zuschlags erfolgen, wenn der Grund zur Aufhebung oder zur einstweiligen Einstellung nach dem Schluss der Versteigerung vorliegt. So können im Versteigerungstermin ein Antrag des Schuldners nach § 765a ZPO und ein Antrag des Gläubigers nach § 74a ZVG zusammentreffen, die beide das Ziel haben, den Zuschlag zu versagen. Über beide wird im Rahmen der (einheitlichen) Zuschlagsentscheidung entschieden:

- Ist einer der beiden Anträge begründet, wird der Zuschlag versagt.
- Sind beide nicht erfolgreich, wird der Zuschlag erteilt.

63 In den Gründen des Beschlusses sollte jedoch genauer unterschieden werden, weil sich u. U. unterschiedliche Rechtsfolgen anschließen:

Wird der Zuschlag nach § 74a Abs. 1 ZVG versagt, kann immer noch über den Antrag nach § 765a ZPO weiter verhandelt werden; denn dieser Antrag geht „weiter“: Nicht nur der Zuschlag soll verhindert werden, sondern die Einstellung des Verfahrens ist das erklärte Ziel des Schuldners. Wenn der Zuschlag jedoch aus Gründen des § 765a ZPO versagt wird, dann kann der Antrag nach § 74a ZVG gar nicht mehr weiter geprüft werden; denn dieser setzt begrifflich die Möglichkeit der Zuschlagserteilung voraus, die aber durch eine Einstellungsbewilligung gerade nicht möglich ist (§§ 33, 86 ZVG).[79)]

2. Vertagung des Versteigerungstermins, besonderer Verkündungstermin und vollmachtloser Vertreter

64 Im Zusammenhang mit § 74a ZVG tauchen in der Praxis immer wieder folgende Fragen auf, die nicht selten zu Verunsicherungen führen:

65 ***Fall a):*** Kann bei zu niedrigen Geboten im Interesse eines nach Absatz 1 Antragsberechtigten oder eines durch Ausfall Bedrohten der Versteigerungstermin vertagt werden?

Mit *Stöber*[80)] muss mit aller Deutlichkeit darauf hingewiesen werden, dass eine Vertagung des Versteigerungstermins in diesem Fall nicht in Betracht kommt, da § 227 ZPO als Ausnahmevorschrift eng auszulegen ist. Ein zu niedriges Gebot ist kein „erheblicher Grund“.

66 ***Fall b):*** Wie soll der Versteigerungsrechtspfleger reagieren, wenn ein Antrag nach Absatz 1 verbunden wird mit dem Antrag auf Anberaumung eines besonderen Verkündungstermins?

79) So Stöber/*Becker*, ZVG, § 74a Rz. 107. Dem könnte man zwar entgegenhalten, dass auch hier das Rechtsmittelgericht die Voraussetzungen des § 765a ZPO verneint und dann eigentlich doch noch die Zuschlagsversagung unter dem Gesichtspunkt des § 74a prüfen sollte (vgl. bei § 85a). Doch im Hinblick auf die unterschiedlichen Rechtsfolgen (bei § 765a ZPO: neuer Versteigerungstermin erst nach Fortsetzung des Verfahrens; bei § 74a: neuer Versteigerungstermin von Amts wegen; „Verbrauch des Antrags“) erscheint die unterschiedliche Behandlung der beiden Fälle gerechtfertigt.

80) Stöber/*Becker*, ZVG, § 74a Rz. 108.

Nicht selten stellt ein Terminsvertreter „prophylaktisch" einen Antrag nach Absatz 1.[81] Gleichzeitig bittet er um Bestimmung eines besonderen Verkündungstermins, weil erst mit dem Gläubiger bzw. dem Bankvorstand abgeklärt werden müsse, ob das abgegebene Meistgebot vielleicht doch akzeptiert werden könne. In diesem Fall würde dann der Versagungsantrag rechtzeitig vor dem Verkündungstermin wieder zurückgenommen, sodass der Zuschlag schließlich doch erteilt werden könne.

67 Im Hinblick darauf, dass die Verkündung der Zuschlagsentscheidung im Versteigerungstermin selbst die Regel und der besondere Verkündungstermin die Ausnahme sein soll (vgl. § 87 ZVG), wollen manche Versteigerungsgerichte diesem Begehren nicht entsprechen. Dies hängt zum Teil auch mit den Erfahrungen zusammen, dass nicht selten innerhalb der Zeit zwischen Versteigerungs- und Verkündungstermin der Meistbietende „angeregt" wird, durch freiwillige Zahlungen außerhalb des Versteigerungsverfahrens den Gläubiger zur Rücknahme seines Versagungsantrags zu bewegen. Der Bundesgerichtshof[82] hat hierzu zu Recht festgestellt, dass Zuzahlungsvereinbarungen außerhalb des Verfahrens den grundlegenden Anforderungen widersprechen, die an eine Zwangsversteigerung zu stellen sind. Im Hinblick auf die dem Gericht bekannt gewordene Zuzahlungsvereinbarung müsse der Zuschlag gemäß § 83 Nr. 6 ZVG versagt werden, da eine hieraus folgende Beeinträchtigung des Schuldners nicht auszuschließen sei. Die praktischen Schwierigkeiten bei der Umsetzung dieser Entscheidung bestehen für das Vollstreckungsgericht also darin, ob bzw. wie es Kenntnis von solchen Zuzahlungen erhalten kann.

68 Deshalb sollte das Vollstreckungsgericht in diesen Fällen den Gläubigervertreter eindringlich darauf hinweisen, dass auch in einem besonderen Verkündungstermin trotz Rücknahme eines Versagungsantrags der Zuschlag versagt werde, wenn Zuzahlungsvereinbarungen bekannt würden.

69 *Fall c):* Ein vollmachtloser Terminsvertreter stellt einen Antrag nach § 74a Abs. 1 ZVG:

Nach einer Entscheidung des Bundesgerichtshofes[83] kann zwar der namens eines Berechtigten von einem vollmachtlosen Vertreter gestellte Antrag auch nach dem Schluss der Verhandlung über den Zuschlag mit rückwirkender Kraft genehmigt werden. Dies darf aber nicht darüber hinweg täuschen, dass Anträge, die im Termin durch einen vollmachtlosen Vertreter eines Beteiligten gestellt werden, grundsätzlich zurückzuweisen sind. Darauf hat *Ertle*[84] zu Recht hingewiesen und daran erinnert, dass eine etwa notwendige Vollmacht im Original vorgelegt werden muss.[85]

---

81) Vorsorglich deshalb, weil dieser Antrag nach Abs. 2 nur bis zum Ende der Verhandlung im Versteigerungstermin zulässig ist.

82) BGH, Beschl. v. 31.5.2012 – V ZB 207/11, WM 2012, 1434; BGH, Beschl. v. 12.5.2016 – V ZB 141/15, Rpfleger 2017, 46 = MDR 2016, 907; vgl. hierzu auch Schneider-*Traub*, ZVG, § 74a Rz. 9.

83) BGH, Beschl. v. 16.5.2013 – V ZB 24/12, Rpfleger 2013, 632 = ZfIR 2013, 657.

84) *Ertle*, ZfIR 2013, 658.

85) vgl. BGH, Urt. v. 23.6.1994 – I ZR 106/92, NJW 1994, 2298.

3. Beispiel zur Feststellung der Antragsberechtigung

Sachverhalt:[86] 70

Der Verkehrswert des Grundstücks ist auf 700.000 € festgesetzt worden; 7/10 = 490.000 €. Nach dem geringsten Gebot bleibt das Recht III/1 zu 300.000 € bestehen. Dies bedeutet: Das Bargebot müsste demnach 490.000 – 300.000 = 190.000 € betragen, um die 7/10-Grenze zu erreichen.

Bestbetreibender Gläubiger ist III/2 wegen 20.000 € Kapital, 100 € Kosten und 1.900 € Zinsen. Die Verfahrenskosten betragen 7.700 €. In Rangklasse 3 sind Ansprüche in Höhe von 3.550 € zu berücksichtigen. Der Gläubiger III/1 hat laufende und rückständige Zinsen mit insgesamt 165.625 € rechtzeitig angemeldet, die auch insgesamt in Rangklasse 4 berücksichtigt werden können.

Das abgegebene Meistbargebot beträgt 180.000 €. Wer kann Zuschlagsversagung gemäß § 74a Abs. 1 ZVG beantragen?

Gegenüberstellung des Teilungsplans mit dem fiktiven Teilungsplan: 71

Bezeichnung	tatsächliches	bei 7/10 VKW
Meistbargebot[87]	180.000 €	190.000 €
Zuteilung Verfahrenskosten	7.700 €	7.700 €
Zuteilung auf Rangklasse 3	3.550 €	3.550 €
Zuteilung Nebenleistungen III/1	165.625 €	165.625 €
Zuteilung betr. Gläubiger III/2		
a) Kosten	100 €	100 €
b) Zinsen	1.900 €	1.900 €
c) Hauptanspruch	1.125 €	11.125 €
Summe der Zuteilungen	180.000 €	190.000 €

Ergebnis: 72

Nur der bestbetreibende Gläubiger III/2 kann eine Zuschlagsversagung gemäß § 74a ZVG beantragen.

Wenn ein solcher Antrag wegen § 74a Abs. 4 ZVG nicht mehr möglich sein sollte, könnte er die Zuschlagserteilung u. U. durch Bewilligung der Einstellung gemäß § 30 ZVG verhindern; denn dann müsste gemäß §§ 33, 86 ZVG der Zuschlag ebenfalls versagt werden.

86) Dieser Fall ist eine stark vereinfachte Version des Beispiels zum geringsten Gebot (siehe § 44 ZVG Rz. 86 [*Bachmann*] bzw. zum Teilungsplan siehe § 113 ZVG Rz. 23 ff. [*Bachmann*]).

87) Ohne Bargebotszinsen.

§ 74b
Ausnahme von § 74a

Ist das Meistgebot von einem zur Befriedigung aus dem Grundstück Berechtigten abgegeben worden, so findet § 74a keine Anwendung, wenn das Gebot einschließlich des Kapitalwertes der nach den Versteigerungsbedingungen bestehenbleibenden Rechte zusammen mit dem Betrage, mit dem der Meistbietende bei der Verteilung des Erlöses ausfallen würde, sieben Zehnteilen des Grundstückswertes erreicht und dieser Betrag im Range unmittelbar hinter dem letzten Betrage steht, der durch das Gebot noch gedeckt ist.

Übersicht

I. Allgemeines

1 § 74b ZVG schließt die Anwendung des § 74a ZVG unter bestimmten Voraussetzungen aus. Damit gilt sie auch nur in den Verfahren, in denen § 74a ZVG Anwendung finden könnte (siehe § 74a Rz. 2, 3 [*Bachmann*]).

2 Die Vorschrift hat in der Praxis **keine Bedeutung** erlangt. Im Übrigen wäre die Rechtslage im Prinzip auch nicht anders, wenn es die Vorschrift nicht gäbe.[1] Grund: Der Meistbietende selbst kann einen Antrag gemäß § 74a ZVG gar nicht stellen (siehe § 74a Rz. 45 [*Bachmann*]) und ein nachrangiger Befriedigungsberechtigter ist auch nicht antragsberechtigt, da er außerhalb der 7/10-Grenze wäre. Somit kann die Vorschrift nur dann zutreffen, wenn Meistbietender und ein anderer Zuteilungsberechtigter gleichrangig sind.[2]

II. Einzelheiten

1. Meistbietender ist Befriedigungsberechtigter

3 Das Meistgebot muss von einem zur Befriedigung aus dem Grundstück Berechtigten abgegeben worden sein. Das kann ein dinglicher Gläubiger (Rangklasse 4) oder ein Gläubiger der Rangklassen 1 bis 3 sein, wobei es gleich ist, ob sie die Zwangsversteigerung betreiben oder nicht. Für einen persönlichen Gläubiger trifft dies nur zu, wenn er die Zwangsversteigerung betreibt.

2. Berechnung des Ausfalls

4 Die Berechnung des Ausfalls wird auch hier anhand eines fiktiven Teilungsplans festgestellt. Dabei sind keine Bargebotszinsen zu berücksichtigen; die Nebenleistungen erloschener Rechte sind bis zum voraussichtlichen Verteilungstermin zu berech-

1) Vgl. BGH, Urt. v. 14.10.1966 – V ZR 206/63, Rpfleger 1867, 109 = MDR 1967, 34.
2) Vgl. BGH, Beschl. v. 2.2.2012 – V ZB 159/11, Rpfleger 2012, 456 mit Anm. *Alff* = ZfIR 2012, 512 mit Anm. *Steffen*.

nen. Nur der **Ausfall des Meistbietenden** wird mitgerechnet, nicht der Ausfall eines gleichrangigen Gläubigers.[3)]

3. Rang

Der Rang des **Ausfalls muss unmittelbar hinter** dem letzten Betrag stehen, der durch das Meistgebot noch gedeckt ist. Und deshalb kann es auch keine „Zwischenrechte" geben, die ebenfalls ausfallen und deshalb nach § 74a Abs. 1 ZVG antragsberechtigt wären. 5

4. Beispiele

Ausgangsbeispiel: 6

Festgesetzter Verkehrswert: 100.000 €; 7/10-Grenze damit: 70.000 €.

Verfahrenskosten und Rangklasse 3: insgesamt 6.000 €

A = III/1 – 50.000 € + 5.000 € Zinsen

B = III/2 – 20.000 € + 2.000 € Zinsen

C = III/3 – 20.000 €+ 2.000 € Zinsen

Unterfall a): **B ist** bestbetreibender Gläubiger; er bleibt auch **Meistbietender** mit einem Bargebot in Höhe von 11.000 €.[4)] 7

Es kann **keine Zuschlagsversagung** nach § 74a ZVG erfolgen:

- A ist nicht antragsberechtigt, da er keinen Ausfall erleidet.
- B ist nicht antragsberechtigt, da er selbst Meistbietender ist; ein entsprechender Antrag wäre widersprüchliches Verhalten. Man könnte dieses Ergebnis hier aber auch mit § 74b ZVG begründen; denn zusammen mit seinem Ausfall, der 22.000 € beträgt, ist die 7/10-Grenze überschritten. Berechnung: 50.000 € + 11.000 € + 22.000 € = 83.000 €.
- C ist nicht antragsberechtigt, da er auch bei einem Gebot in Höhe von 7/10 keine Zuteilung erhielte.

Unterfall b): A ist bestbetreibender Gläubiger; C ist **Meistbietender** mit einem Gebot von 61.000 €. 8

- A ist nach § 74a ZVG nicht antragsberechtigt, da er keinen Ausfall erleidet.
- B kann **Zuschlagsversagung gemäß § 74a ZVG** beantragen, da er bei dem abgegebenen Gebot voll ausfällt, bei einem Gebot in Höhe von 7/10 aber eine Zuteilung von 9.000 € bekäme. Der Ausfall des C (22.000 €) darf nicht hinzugerechnet werden, da dieser nicht unmittelbar hinter dem letzten Betrag steht, der durch das Gebot noch gedeckt ist; **§ 74b ZVG trifft also nicht zu.**
- C ist nach § 74a ZVG nicht antragsberechtigt, da er selbst Meistbietender ist; im Übrigen würde er auch bei einem Gebot in Höhe von 70.000 € keine Zuteilung erhalten.

---

3) BGH, Beschl. v. 2.2.2012 – V ZB 159/11, Rpfleger 2012, 456 = ZfIR 2012, 512.

4) Dies entspricht dem Mindestbargebot: Kosten und Rangklasse 3: 6.000 + Zinsen des bestehen bleibenden Rechts III/1 = 5.000 € ergibt zusammen 11.000 €.

9 ***Abänderung:***

Festgesetzter Verkehrswert: 100.000 €; 7/10-Grenze damit: 70.000 €.

Verfahrenskosten und Rangklasse 3: insgesamt 6.000 €

A = III/1 – 50.000 € + 5.000 € Zinsen; dieser ist auch bestbetreibender Gläubiger

B und C als Gläubiger zu je 1/2 = III/2 – 20.000 € + 2.000 € Zinsen.[5)]

B bietet 61.000 €.

– A ist nach § 74a ZVG nicht antragsberechtigt, da er keinen Ausfall erleidet; sein Anspruch ist zusammen mit den vorgehenden Verfahrenskosten und Ansprüchen der Rangklasse 3 (gerade) gedeckt.
– B ist nicht antragsberechtigt, da er selbst Meistbietender ist.
– Aber auch C kann **keinen Antrag nach § 74a Abs. 1 ZVG** stellen, **weil hier § 74b ZVG zutrifft**: Zu dem Gebot von 61.000 ist der Ausfall des Meistbietenden B hinzuzurechnen; dieser beträgt 11.000 € (die Hälfte von 20.000 + 2.000 €). Da dies zusammen (= 72.000 €) sieben Zehnteile des Grundstückswertes (= 70.000 €) erreicht und der Ausfallbetrag unmittelbar hinter dem letzten noch gedeckten Betrag steht, findet § 74a ZVG keine Anwendung.

Und dies ist der eigentliche **Anwendungsfall des § 74b ZVG.**[6)]

---

5) Hinweis: Die gleiche Konstellation würde vorliegen, wenn für B und C je ein Grundpfandrecht in Höhe von 10.000 € + 1.000 € im Gleichrang eingetragen wäre.

6) Wegen der Besonderheiten, wenn eine Ablösung, ein Pfandrecht oder ein Fall des § 81 Abs. 2 oder 3 noch mit zu berücksichtigen ist, wird auf die Beispiele bei Stöber/*Becker*, ZVG, § 74b Rz. 11 bis 14 verwiesen. Weitere Beispiele zu § 74b bei Dassler/Schiffhauer/u. a.-*Hintzen*, ZVG, § 74b Rz. 2 bis 10; BeckOK-*Steffen*, ZVG, § 74b Rz. 6 bis 8; Schneider-*Traub*, ZVG, § 74b Rz. 10 und 11.

§ 75

Einstellung durch Vorlage eines Einzahlungs- oder Überweisungsnachweises

Das Verfahren wird eingestellt, wenn der Schuldner im Versteigerungstermin einen Einzahlungs- oder Überweisungsnachweis einer Bank oder Sparkasse oder eine öffentliche Urkunde vorlegt, aus der sich ergibt, dass der Schuldner oder ein Dritter, der berechtigt ist, den Gläubiger zu befriedigen, den zur Befriedigung und zur Deckung der Kosten erforderlichen Betrag an die Gerichtskasse gezahlt hat.

Literatur: *Böttcher*, Schuldner-, Bieter- und Ersteherzahlungen im Versteigerungsverfahren, ZfIR 2007, 597; *Hagemann*, Einstellung bzw. Aufhebung des Zwangsversteigerungsverfahrens oder Zuschlagsversagung?, RpflStud 1983, 25 und 73; *Meerhoff*, Versagung des Zuschlags wegen Tilgung einer erstrangigen Hypothek, ZfIR 2017, 528; *Storz*, Gläubigerablösung in der Zwangsversteigerung, ZIP 1980, 159.

Übersicht

I. Allgemeines

§ 75 ZVG regelt den Fall, wenn der Schuldner im Versteigerungstermin einen Einzahlungs- oder Überweisungsnachweis einer Bank oder Sparkasse oder eine öffentliche Urkunde vorlegt, aus der sich ergibt, dass der Schuldner oder ein zur Befriedigung berechtigter Dritter den zur Befriedigung des Gläubigers und zur Deckung der Kosten erforderlichen Betrag an die **Gerichtskasse** gezahlt hat. Bis zum 31.1.2007 konnte die Zahlung an das Vollstreckungsgericht selbst erfolgen. Mit der Änderung durch das 2. JuModG[1] wurde die Möglichkeit der Zahlung an das Gericht abgeschafft, die Einzahlung bei der Gerichtskasse aber beibehalten. Ob bei der Gerichtskasse wirklich eine Bareinzahlung möglich ist oder ob nur eine Banküberweisung zulässig ist, wird durch Landesrecht geregelt. 1

Die Vorschrift gilt nur für die **Vollstreckungsversteigerungen**; denn nur dort wird wegen einer (titulierten) Forderung die Versteigerung betrieben. 2

Die Bedeutung des § 75 ZVG für die Praxis ist gering: Da in der Versteigerung auch die Vorschriften des 8. Buches der ZPO gelten, liegt § 775 Nr. 5 ZPO viel näher, denn: 3

- Bei § 775 ZPO muss nur die Forderung des Gläubigers gezahlt werden; bei § 75 ZVG sind dagegen auch die Verfahrenskosten (§ 109 ZVG) mit zu bezahlen. In dem von *Böttcher* dargestellten Beispiel betragen diese fast 4.000 €.[2]
- Da nach Wegfall der Zahlung an das Gericht auch bei § 75 ZVG die Überweisung bereits vor dem Versteigerungstermin vorgenommen werden muss, ist auch kein Zeitgewinn (mit etwaiger Zinsersparnis) mehr gegeben.

Sobald der Schuldner dem Gericht die Urschrift (oder beglaubigte Abschrift) des Einzahlungs- oder Überweisungsnachweises einer Bank oder Sparkasse über die Einzahlung oder Überweisung des zur Befriedigung des Gläubigers erforderlichen Betrags vorlegt, muss das entsprechende Verfahren dieses Gläubigers einstweilen eingestellt werden (§§ 775 Nr. 5, 776 ZPO). Bei einem Widerspruch bzw. Bestreiten seitens des Gläubigers muss das Verfahren jedoch fortgesetzt werden; der Schuldner ist auf den Weg der Vollstreckungsgegenklage zu verweisen.[3] 4

---

1) 2. Justizmodernisierungsgesetz v. 22.12.2006 (BGBl. I S. 3416).

2) Böttcher/*Böttcher*, ZVG, § 75 Rz. 5. In der Praxis fallen häufig noch höhere Beträge an. Jedoch ist zu beachten, dass die Gebühr für das Verteilungsverfahren KV Nr. 2215 nicht in die Berechnung aufzunehmen ist.

3) BGH, Beschl. v. 15.10.2015 – V ZB 62/15, ZfIR 2016, 146 mit Anm. *Traub* (S. 148).

II. Zahlung nach § 75 ZVG

1. Unterschied zur Befriedigung bzw. Ablösung nach BGB-Vorschriften

5 § 75 ZVG unterscheidet sich von der unmittelbaren Befriedigung des Gläubigers durch den Schuldner oder der direkten Ablösung durch einen Dritten. Hier ist nur die Überweisung an die Gerichtskasse – also weder an den betr. Gläubiger noch an das Vollstreckungsgericht – vorgesehen. Zudem müssen neben der Forderung auch die Kosten des Verfahrens gedeckt werden. Die Gerichtskasse ist damit auch verpflichtet, das Geld anzunehmen, wenn ein Versteigerungstermin bevorsteht. Eine Zahlung an den im Versteigerungstermin anwesenden Gläubiger ist ebenfalls möglich. Auch in diesem Fall wird das Verfahren einstweilen eingestellt (§§ 775 Nr. 5, 776 Satz 2 ZPO), wenn nicht der Gläubiger von sich aus schon die Einstellung bewilligt oder seinen Versteigerungsantrag zurücknimmt.

2. Zahlung durch den Schuldner oder einen zur Befriedigung berechtigten Dritten

6 Außer dem Schuldner kann auch ein Dritter an die Gerichtskasse zahlen, wenn er zur Befriedigung des betreibenden Gläubigers berechtigt ist. Wann dies der Fall ist, bestimmt sich nach materiellen Recht:

7 Nach § 268 BGB ist ein Dritter ablösungsberechtigt, wenn er Gefahr läuft, durch die Zwangsversteigerung ein Recht am Grundstück zu verlieren. Dieses Ablösungsrecht besteht also gegenüber dem betreibenden Gläubiger – und zwar unabhängig, aus welcher Rangklasse dieser die Zwangsversteigerung betreibt. Somit ist zur Ablösung berechtigt, wer ein dingliches Recht oder den Besitz an dem beschlagnahmten Grundstück hat, welches durch die Zwangsversteigerung gefährdet ist. Ein Recht oder Anspruch, der im geringsten Gebot steht, muss in jedem Fall gedeckt sein (§ 44 Abs. 1 ZVG); deshalb ist dieses Recht nicht gefährdet – damit hat der betreffende Berechtigte kein Ablösungsrecht. Ein persönlicher Gläubiger kann nur ablösen, wenn er selbst auch die Zwangsversteigerung betreibt; denn erst dann hat er durch „seine" Beschlagnahme ein Befriedigungsrecht erworben (vgl. 20 Abs. 1 ZVG). Wenn er ausnahmsweise in das geringste Gebot aufgenommen worden ist, kann er nicht (mehr) ablösen, da dieses Befriedigungsrecht dann nicht gefährdet ist.[4)]

8 Auch der **Eigentümer**, der nicht (auch) persönlicher Schuldner ist, kann den Gläubiger befriedigen. Ob man dies damit begründet, dass er dieses Recht als „Schuldner der Zwangsversteigerung" hat (vgl. § 362 BGB) oder weil er durch die Zwangsversteigerung sein Recht „Eigentum" verliert – und damit nach § 268 BGB ablösungsberechtigt ist – kann in diesem Zusammenhang offen bleiben.

9 **Mieter und Pächter** sind ebenfalls ablösungsberechtigt, da sie durch die Zwangsversteigerung ihren Besitz verlieren können (§ 268 Abs. 1 Satz 2 BGB).

10 Nicht ablösungs- und damit zahlungsberechtigt i. S. v. § 75 ZVG ist der Gläubiger eines Rückgewähranspruchs an einer Grundschuld; dies ist kein dingliches Recht, sondern lediglich ein schuldrechtlicher Anspruch.

---

4) Vgl. Stöber/*Keller*, ZVG, § 15 Rz. 150; Schneider-*Abramenko*, ZVG, § 75 Rz. 11 Fn. 25.

Sind mehrere Zahlungsberechtigte vorhanden, so schließt der zuerst Zahlende die Übrigen aus. 11

3. Zeitpunkt

Die erfolgte Zahlung an die Gerichtskasse muss im **Versteigerungstermin** nachgewiesen werden. Da ein besonderer Verkündungstermin die Fortsetzung des Versteigerungstermins darstellt (vgl. § 87 ZVG), kann der Nachweis auch im Zeitraum zwischen Versteigerungs- und Verkündungstermin und auch noch im Verkündigungstermin erfolgen. 12

Wird der Zahlungsnachweis aber erst nach Verkündung des Zuschlags vorgelegt, dann trifft § 75 ZVG nicht mehr zu. Damit kann auch der Zuschlag deswegen nicht mehr rückgängig gemacht werden – auch nicht im Beschwerdeweg. Wird jedoch der Zuschlag aus einem anderen Grund angefochten und aufgehoben, dann muss das Beschwerdegericht das Versteigerungsverfahren hinsichtlich des betr. Gläubigers, dessen Forderung bezahlt worden ist, einstweilen einstellen (§ 101 Abs. 1 ZVG).[5] 13

4. Umfang der Zahlung

Der zur Befriedigung des Gläubigers erforderliche Betrag umfasst: 14

- **Kosten** (bisherige Vollstreckungskosten, Kosten des Anordnungs- bzw. Beitrittsbeschlusses, vorläufig zu berechnenden Gerichtskosten des Versteigerungsverfahrens),[6]
- **Zinsen** (berechnet bis einen Tag vor dem Versteigerungstermin einschließlich),
- **Hauptforderung.**

Bei einer Grundschuld ist der **dingliche Anspruch** maßgeblich, weswegen die Versteigerung betrieben wird, nicht die persönliche Forderung.[7] 15

Daneben müssen auch die bis dahin entstandenen **Gerichtskosten**, welche gemäß § 109 Abs. 1 ZVG aus dem Erlös vorweg entnommen werden müssten, bezahlt werden. Dazu zählen die Verfahrens- und Versteigerungsgebühr (jeweils 0,5 aus dem festgesetzten Grundstückswert) sowie die Auslagen (insbesondere Zustellungsauslagen, Veröffentlichungskosten, Sachverständigenvergütung). 16

Teilzahlungen können im Rahmen des § 75 ZVG nicht akzeptiert werden. Dazu gehört auch der Fall, dass die Zahlung zwar die Forderung des Gläubigers umfasst, aber nicht die Gerichtskosten. Hier sollte mit den Beteiligten eine Klärung herbeigeführt werden. Ist dies nicht möglich, müsste die Teilzahlung zurückgewiesen werden. Fehlt jedoch nur ein geringer Fehlbetrag, so kann dies toleriert werden.[8] 17

---

5) Stöber/*Keller*, ZVG, § 75 Rz. 16; Schneider-*Abramenko*, ZVG, § 75 Rz. 31.

6) Böttcher/*Böttcher*, ZVG, § 75 Rz. 4 mit Beispielsrechnung in Rz. 5; Stöber/*Keller*, ZVG, § 75 Rz. 8; Dassler/Schiffhauer/u. a.-*Hintzen*, ZVG, § 75 Rz. 6; Schneider-*Abramenko*, ZVG, § 75 Rz. 37.

7) BGH, Beschl. v. 11.5.2005 – IV ZR 279/04, Rpfleger 2005, 555 = NJW 2005, 2398 = ZfIR 2006, 27.

8) Stöber/*Keller*, ZVG, § 75 Rz. 8; Dassler/Schiffhauer/u. a.-*Hintzen*, ZVG, § 75 Rz. 6; Schneider-*Abramenko*, ZVG, § 75 Rz. 37.

18 **Keine Teilzahlung** liegt jedoch vor, wenn der Gläubiger die Zwangsversteigerung nur wegen eines Teilbetrags betreibt und der Schuldner bzw. der Dritte diesen Teilbetrag einschließlich der Kosten eingezahlt hat. Es stellt auch keine Teilzahlung dar, wenn der Gläubiger aus verschiedenen Rangklassen betreibt (z. B. aus Rangklasse 4 und hinsichtlich der älteren Zinsen der Rangklasse 8, die durch das Betreiben in Rangklasse 5 aufgerückt sind; aus Rangklasse 3 und hinsichtlich der älteren Rückstände der Rangklasse 7, die durch Betreiben ebenfalls in Rangklasse 5 berücksichtigt werden) und der Schuldner bzw. der Dritte nur den besserrangigen Anspruch zahlt.

5. Nachweis gegenüber dem Gericht

19 Die **Zahlung oder Überweisung** muss an die Gerichtskasse erfolgt sein. § 75 ZVG schreibt vor, dass diese Zahlung nachgewiesen wird durch Vorlage eines Einzahlungs- oder Überweisungsbelegs einer Bank oder Sparkasse oder einer öffentlichen Urkunde (z. B. die Zahlungsanzeige der Gerichtskasse). Ein einfacher Überweisungsauftrag reicht dagegen nicht aus, auch wenn er mit dem Eingangsstempel der Bank versehen ist. Ein solcher Auftrag muss aber dann akzeptiert werden, wenn eine Ausführungsbestätigung der Bank beigefügt ist (notfalls per Telefax).

20 Auch der Dritte ist zur Vorlage des Nachweises berechtigt, obwohl er in § 75 ZVG nicht ausdrücklich erwähnt ist.[9] Wenn das Gericht auf andere Weise von der Zahlung erfährt (z. B. durch Eingang einer Zahlungsanzeige zu den Versteigerungsakten), muss das Gericht ebenfalls nach § 75 ZVG verfahren. Etwaige Unklarheiten sind notfalls aufzuklären.

6. Wirkungen

a) Einstellung des Verfahrens

21 Wird im Versteigerungstermin die vollständige Bezahlung der Forderung eines betreibenden Gläubigers (und der Gerichtskosten) ordnungsgemäß nachgewiesen, ist das betreffende **Verfahren gemäß § 75 ZVG einstweilen einzustellen**. Der entsprechende Beschluss ist zu verkünden. Trotzdem muss er auch noch zugestellt werden (§ 32 ZVG), an den Gläubiger mit Belehrung gemäß § 31 Abs. 3 ZVG. Für das weitere Verfahren kommt es darauf an, ob nur ein Gläubiger das Verfahren betreibt oder mehrere betreibende Gläubiger vorhanden sind.

b) Ein Gläubiger betreibt die Zwangsversteigerung

22 Erfolgt der Nachweis **vor Beginn der Bietzeit**, wird der Versteigerungstermin nach Verkündung des Einstellungsbeschluss beendet.

23 Wird der Nachweis **während der Bietstunde** vorgelegt, wird die Bietzeit abgebrochen und der Einstellungsbeschluss verkündet. Auch hier ist damit der Versteigerungstermin zu Ende; bereits abgegebene Gebote erlöschen (§ 72 Abs. 3 ZVG).

9) BGH, Beschl. v. 16.10.2008 – V ZB 48/08, Rpfleger 2009, 96 = ZfIR 2009, 212 mit Anm. *Böttcher*.

Bei Vorlage des Nachweises **nach Schluss der Versteigerung**, wird kein Einstellungsbeschluss verkündet, sondern gemäß § 33 ZVG der **Zuschlag versagt**. Hier erlöschen die Gebote erst mit Rechtskraft dieses Beschlusses (§ 86 ZVG). 24

c) Mehrere Gläubiger betreiben die Zwangsversteigerung

Wenn mehrere Gläubiger die Zwangsversteigerung betreiben, kann die Zahlung oder Ablösung gegenüber jedem erfolgen, auch gegenüber dem Gläubiger eines nachrangigen Anspruchs, der also nicht dem geringsten Gebot zugrunde liegt. Der **Zahlende bestimmt**, auf wessen Forderung die Zahlung erfolgt sein soll. 25

Die Einstellung hinsichtlich aller betreibenden Gläubiger kann nur erfolgen, wenn die Bezahlung für alle diese Gläubiger (und die Verfahrenskosten) ausreicht. Zu den weiteren Folgerungen siehe Rz. 22–24. 26

Reicht die Zahlung zumindest für den **bestbetreibenden Gläubiger** aus, dann ist nur „sein" Verfahren einzustellen. Wenn die Vorlage des Nachweises vor dem Schluss der Versteigerung erfolgte, dann muss ein neues geringstes Gebot berechnet werden; anschließend beginnt eine neue Bietzeit. In diesem Zusammenhang muss darauf hingewiesen werden, dass in das neu zu berechnende geringste Gebot der Anspruch des Gläubigers, dessen Verfahren gemäß § 75 ZVG eingestellt worden ist, mit aufzunehmen ist. Handelt es sich hierbei um ein (abgelöstes) Grundpfandrecht, dann ist dieses als bestehen bleibendes Recht im geringsten Gebot zu berücksichtigen. Nicht gefolgt werden kann dem LG Verden,[10)] dass trotz eines ausreichenden Meistgebots der Zuschlag zu versagen sei, weil der Gläubiger durch das Bestehenbleiben seines Rechts beeinträchtigt wäre. Erfolgt der Nachweis erst nach dem Schluss der Versteigerung, ist auch hier der Zuschlag gemäß § 33 ZVG zu versagen. Bezüglich der übrigen betreibenden Gläubiger wird dann ein neuer Versteigerungstermin bestimmt.[11)] 27

Wenn die Zahlung nicht alle oder den bestbetreibenden Gläubiger betrifft, ergeht zwar hinsichtlich der von der Zahlung begünstigten Gläubiger ein Einstellungsbeschluss gemäß § 75 ZVG. Im Übrigen läuft aber das Verfahren – und damit auch der Versteigerungstermin – ungehindert weiter. Es wird also kein neues geringstes Gebot berechnet, da der bestbetreibende Gläubiger von dieser Einstellung nicht betroffen ist. Und wenn am Schluss der Versteigerung ein zuschlagsfähiges Meistgebot vorliegt, wird der Zuschlag auch erteilt. 28

7. Behandlung des eingezahlten Betrags

Die Gerichtskasse kann den eingezahlten bzw. überwiesenen Betrag nicht von sich aus an den betreffenden Gläubiger überweisen. Vielmehr hat das **Vollstreckungsgericht** zu veranlassen, dass die noch offenen Gerichtskosten endgültig als solche verbucht werden und im Übrigen der zur Befriedigung des Gläubigers bestimmte Betrag 29

10) LG Verden, Beschl. v. 9.9.2016 – 6 T 110/16, ZfIR 2017, 549 mit krit. Besprechung durch *Meerhoff*, ZfIR 2017, 528.

11) So auch Stöber/*Keller*, ZVG, § 75 Rz. 15.

an diesen überwiesen wird. Wenn die Auszahlung bzw. Überweisung nicht erfolgen kann, wird das Vollstreckungsgericht eine entsprechende Hinterlegung veranlassen.[12)]

8. Fortsetzung des Verfahrens

30 Wie jedes andere eingestellte Verfahren erfolgt die Fortsetzung nicht von Amts wegen; vielmehr ist ein entsprechender **Antrag des Gläubigers** erforderlich (§ 31 Abs. 1 ZVG). Dieser Antrag kann auch schon im Versteigerungstermin – also sofort – gestellt werden. Wenn der Fortsetzungsantrag nicht innerhalb von sechs Monaten nach Zustellung der Belehrung gestellt wird, muss das Verfahren gemäß § 31 Abs. 1 Satz 2 ZVG aufgehoben werden.

31 Gegen eine nach seiner Ansicht zu Unrecht erfolgten Fortsetzung des Verfahrens, kann sich der Schuldner nur mit der Klage gemäß § 767 ZPO wehren.

III. Rechtsbehelfe

32 Gegen die Einstellung bzw. Zuschlagsversagung kann sich der betreffende Gläubiger mit **sofortiger Beschwerde** wehren (§ 11 Abs. 1 RPflG, § 793 ZPO, § 95 ZVG).

33 Lehnt das Vollstreckungsgericht die Einstellung nach § 75 ZVG ab und erteilt daraufhin den Zuschlag, dann können Schuldner bzw. kann der zahlungsberechtigte Dritte nur im Rahmen der Zuschlagsbeschwerde dagegen vorgehen (§§ 95 ff. ZVG).

---

12) Entgegen Stöber/*Keller*, ZVG, § 75 Rz. 17, bin ich der Ansicht, dass die Hinterlegung nicht nach § 376 BGB (mit Rücknahmeverzicht), sondern in entsprechender Anwendung des § 117 Abs. 2 Satz 3 (also ohne Rücknahmeverzicht) erfolgt Insofern ist es inkonsequent, wenn Stöber/*Nicht*, ZVG, bei § 117 Rz. 28 darauf hinweist, dass Hinterlegungsgrund § 117 Abs. 2 Satz 3 ZVG sei und deshalb ein Rücknahmeverzicht nicht erforderlich ist.

§ 76
Einstellung wegen Deckung des Gläubigeranspruchs

(1) Wird bei der Versteigerung mehrerer Grundstücke auf eines oder einige so viel geboten, daß der Anspruch des Gläubigers gedeckt ist, so wird das Verfahren in Ansehung der übrigen Grundstücke einstweilen eingestellt; die Einstellung unterbleibt, wenn sie dem berechtigten Interesse des Gläubigers widerspricht.

(2) Ist die einstweilige Einstellung erfolgt, so kann der Gläubiger die Fortsetzung des Verfahrens verlangen, wenn er ein berechtigtes Interesse daran hat, insbesondere wenn er im Verteilungstermin nicht befriedigt worden ist. Beantragt der Gläubiger die Fortsetzung nicht vor dem Ablauf von drei Monaten nach dem Verteilungstermin, so gilt der Versteigerungsantrag als zurückgenommen.

Literatur: *Hagemann*, Einstellung bzw. Aufhebung des Zwangsversteigerungsverfahrens oder Zuschlagsversagung, RpflStud 1983, 25 und 73; *Muth*, Versteigerung mehrerer Grundstücke – Verfahrenseinstellung wegen Anspruchsdeckung, Rpfleger 1993, 268.

Übersicht

I. Allgemeines

§ 76 ZVG dient dem Schutz des Schuldners und will vermeiden, dass ihm durch die Versteigerung mehr Grundbesitz genommen wird als zur Befriedigung des betreibenden Gläubigers notwendig ist. Somit gilt die Vorschrift auch nur für die **Vollstreckungsversteigerungen**, nicht aber bei den Verfahren nach §§ 172, 175, 180 ZVG. 1

II. Deckung des Gläubigers aus einem Einzelausgebot (Abs. 1)

1. Versteigerung mehrerer Grundstücke

Grundvoraussetzung für die Anwendung des § 76 ZVG ist die Versteigerung mehrerer Grundstücke in einem nach § 18 ZVG **verbundenen Verfahren.** Laufen dagegen mehrere Verfahren gegen denselben Schuldner, dann gilt § 76 ZVG nicht.[1] Hier bleibt dem Schuldner nur der Weg einer Klage gemäß § 767 ZPO, wenn nicht der Gläubiger von sich aus die Einstellung oder Aufhebung des Verfahrens bewilligt (§§ 30 bzw. 29 ZVG). Wenn nur ein Gesamtausgebot erfolgt (vgl. § 63 Abs. 4 ZVG), dann kommt § 76 ZVG auch nicht zum Tragen. Wenn die Grundstücke jedoch sowohl im Wege des Einzelausgebots als auch im Gruppen- oder Gesamtausgebot versteigert werden (vgl. § 63 Abs. 2 ZVG), so soll nicht mehr versteigert werden, als zur Befriedigung des betreibenden Gläubigers nötig ist. Das gilt selbst dann, wenn das Gruppen- bzw. Gesamtausgebot höher ist als die Summe der Einzelausgebote; **§ 76 ZVG geht hier** insoweit der Regelung des § 63 Abs. 3 Satz 2 ZVG **vor.** Wenn der Anspruch des Gläubigers schon aus einem oder einigen Grundstücken gedeckt wird, ist das Verfahren hinsichtlich der übrigen Grundstücke nach § 76 Abs. 1 ZVG einzustellen. 2

2. Deckung des Gläubigeranspruchs

Gedeckt werden muss der **Anspruch des betreibenden Gläubigers**[2] und **alles, was seinem Anspruch im Range vorgeht.** Deshalb ist ein vorläufiger Teilungsplan aufzustellen. Hierbei werden aber keine Bargebotszinsen berücksichtigt, da der Ersteher sich gemäß § 49 Abs. 4 ZVG dieser Zinspflicht entledigen kann.[3] Wenn **nur ein Gläubiger** die Zwangsversteigerung betreibt, ist dieser zugleich der bestbetreibende Gläubiger. Somit sind alle vorgehenden Ansprüche schon im Mindestbargebot berechnet. Der Gesamtanspruch des betreibenden Gläubigers müsste noch hinzugerechnet 3

1) Und spätestens dieser Umstand sollte die Verfechter der Unanfechtbarkeit eines Ablehnungsbeschlusses der Verfahrensverbindung zu einem Überdenken ihrer Ansicht bewegen.

2) Betreibende Gläubiger i. S. v. § 76 sind nur solche Gläubiger, deren Verfahren nicht eingestellt und bei denen die Fristen der §§ 43 Abs. 2, 44 Abs. 2 gewahrt sind, vgl. *Mayer*, Rpfleger 1983, 265.

3) So Stöber/*Becker*, ZVG, § 76 Rz. 5; BeckOK-*Steffen*, ZVG, § 76 Rz. 5; a. A. Böttcher/*Böttcher*, ZVG, § 76 Rz. 4; Schneider-*Abramenko*, ZVG, § 76 Rz. 4; Steiner-*Storz*, ZVG, § 76 Rz. 4.

werden: Kosten, Zinsen bis zum voraussichtlichen Verteilungstermin, Hauptanspruch.

4 Wenn **mehrere Gläubiger** die Zwangsversteigerung betreiben, sind ihre gesamten Ansprüche (jeweilige Kosten, Zinsen bis zum voraussichtlichen Verteilungstermin, Hauptanspruch) neben dem Mindestbargebot zu decken. Soweit keine Zwischenberechtigten vorhanden sind, ist dies einhellige Meinung. Wenn jedoch zwischen den verschiedenen betreibenden Gläubiger weitere Berechtigte vorhanden sind, die aber in dem laufenden Versteigerungstermin nicht als betreibende Gläubiger infrage kommen, werden unterschiedliche Ansichten vertreten.[4)] Nach der h. M. müssen die Ansprüche aller betreibenden Gläubiger gedeckt sein. Dies setzt voraus, dass auch etwaige Zwischenberechtigte berücksichtigt werden; denn im endgültigen Teilungsplan kommt ein nachrangiger betreibender Gläubiger auch nur dann zum Zug, wenn vorgehende Berechtigte befriedigt werden.[5)]

3. Keine widersprechenden Interessen des Gläubigers

5 Obwohl die Voraussetzungen des § 76 Abs. 1 ZVG vorliegen, **unterbleibt die Einstellung,** wenn sie dem berechtigten Interesse des Gläubigers widerspricht (Abs. 1 Halbs. 2). Ob ein solches berechtigtes Interesse vorliegt, sollte im Rahmen der Anhörung festgestellt werden. So unterbleibt die Einstellung z. B., wenn mit einer Zuschlagsbeschwerde zu rechnen ist mit der Folge, dass der Gläubiger vielleicht gar nicht (infolge Aufhebung des Zuschlags) oder erst mit erheblicher Verzögerung befriedigt wird.

III. Verfahren bei Absatz 1

6 Wenn die Voraussetzungen des § 76 ZVG bei einem oder mehreren Grundstücken vorliegen, muss das Verfahren hinsichtlich der „nicht benötigten" Grundstücke **einstweilen eingestellt** werden. Dies geschieht **von Amts wegen** und muss auch entgegen dem Willen des Schuldners vorgenommen werden. Deshalb müsste das Gericht während der Bietstunde eigentlich dauernd mitrechnen, um festzustellen, wann die Forderung(en) des bzw. der betreibenden Gläubiger voll gedeckt sind. Sobald dies der Fall ist, könnte das Gericht einen entsprechenden Einstellungsbeschluss verkünden und die Bietstunde nur hinsichtlich des bzw. der anderen Grundstücke fortsetzen.

7 Diese Verfahrensweise hat sich aus verschiedenen Gründen[6)] nicht als besonders praktikabel erwiesen. Deshalb ist es üblich, die **Entscheidung erst nach dem Schluss der Versteigerung** zu treffen. Vor der Entscheidung ist allen Beteiligten Gelegenheit zur Stellungnahme zu geben. Die Frage, ob eine Einstellung dem berechtigten Interesse des Gläubigers widerspricht, kann dann auch leichter geprüft werden. Wenn bei mehreren Grundstücken Meistgebote abgegeben worden sind, die jeweils den

---

4) Einzelheiten hierzu bei Böttcher/*Böttcher*, ZVG, § 76 Rz. 4.

5) So Böttcher/*Böttcher*, ZVG, § 76 Rz. 4; Stöber/*Becker*, ZVG, § 76 Rz. 7; Dassler/Schiffhauer/ u. a.-*Hintzen*, ZVG, § 76 Rz. 5; Schneider-*Abramenko*, ZVG, § 76 Rz. 5.

6) So darf z. B. im Fall des § 64 Abs. 2 die Entscheidung über die Einstellung nicht erfolgen, bevor der Gläubiger erklärt hat, welches Ausgebot maßgeblich sein soll. Vor der Entscheidung über die Einstellung sollten die Beteiligten angehört werden; dies wird in der Bietzeit als störend empfunden.

Anspruch des betreibenden Gläubigers decken, kann mit den anwesenden Beteiligten (insbesondere dem Schuldner) die Frage geklärt werden, auf welches Grundstück der Zuschlag erteilt werden soll.

Zu beachten ist jedoch, dass nach dem Schluss der Versteigerung **statt der Einstellung** nur **die Versagung des Zuschlags** in Betracht kommt (§ 33 ZVG), wenn ein Gebot hinsichtlich des „nicht benötigten" Grundstücks vorliegt. Wenn auf dieses Grundstück aber kein Gebot abgegeben worden ist bzw. alle Gebote erloschen sind, dann konkurrieren insoweit §§ 76 und 77 ZVG. Wegen der unterschiedlichen Rechtsfolgen (siehe Rz. 9) geht aber die Einstellung nach § 76 ZVG vor; somit müsste dann nach § 76 ZVG eingestellt werden. 8

IV. Fortsetzung des Verfahrens (Abs. 2)

Auch nach einer Einstellung gemäß § 76 ZVG wird das Verfahren nur fortgesetzt, wenn der betreibende Gläubiger die Fortsetzung beantragt (Abs. 2). Hierbei muss er aber ein berechtigtes Interesse haben (z. B. wenn er im Verteilungstermin nicht voll befriedigt worden ist). Der Antrag ist möglich innerhalb einer **Frist von drei Monaten**, gerechnet ab dem Verteilungstermin. Nach Ablauf dieser Frist gilt der Antrag als zurückgenommen (Abs. 2 Satz 2); dann ergeht ein (konstitutiver[7]) Aufhebungsbeschluss. 9

Eine Belehrung über diese Rechtsfolgen ist – anders als bei § 31 Abs. 3 ZVG – nicht vorgesehen. Ob sie trotzdem erfolgen sollte,[8] ist noch nicht gerichtlich geklärt worden. 10

V. Rechtsbehelfe

Gegen den Einstellungsbeschluss gemäß § 76 ZVG kann sich der betroffene Gläubiger (nicht ein etwaiger Meistbietender) mit **sofortiger Beschwerde** wehren (§ 95 ZVG) 11

Ein entsprechender **Zuschlagsversagungsbeschluss**, der sich auf § 76 ZVG stützt, kann dagegen auch der Meistbietende mit **sofortiger Beschwerde** anfechten. 12

Gegen eine trotz Vorliegens der Voraussetzungen des § 76 ZVG unterbliebene Einstellung mit **Zuschlagserteilung** kann der Schuldner auch **sofortige Beschwerde** gemäß §§ 83 Nr. 5, 100 ZVG erheben. 13

Gegen den **Fortsetzungsbeschluss** kann sich der Schuldner nach Anhörung mit **sofortiger Beschwerde** wehren;[9] bei Ablehnung des Fortsetzungsantrags steht dem betreibenden Gläubiger die sofortige Beschwerde zu. 14

---

7) Vgl. BGH, Beschl. v. 10.7.2008 – V ZB 130/07, Rpfleger 2008, 586 = NJW 2008, 3067.

8) So Böttcher/*Böttcher*, ZVG, § 76 Rz. 7; Dassler/Schiffhauer/u. a.-Hintzen, ZVG, § 76 Rz. 17; a. A. Stöber/*Becker*, ZVG, § 76 Rz. 12; Schneider-*Abramenko*, ZVG, § 76 Rz. 12.

9) So Böttcher/*Böttcher*, ZVG, § 76 Rz. 7; Dassler/Schiffhauer/u. a.-*Hintzen*, ZVG, § 76 Rz. 17; a. A. Stöber/*Becker*, ZVG, § 76 Rz. 12: nur Vollstreckungsabwehrklage möglich. Dies ist zumindest etwas inkonsequent, da Stöber/*Nicht* bei § 31 Rz. 51 dem vorher nicht gehörten Schuldner die Vollstreckungserinnerung, dem vorher gehörten die sofortige Beschwerde gegen den Fortsetzungsbeschluss zugesteht.

§ 77
Einstellung mangels Geboten

(1) Ist ein Gebot nicht abgegeben oder sind sämtliche Gebote erloschen, so wird das Verfahren einstweilen eingestellt.

(2) Bleibt die Versteigerung in einem zweiten Termin gleichfalls ergebnislos, so wird das Verfahren aufgehoben. Liegen die Voraussetzungen für die Anordnung der Zwangsverwaltung vor, so kann auf Antrag des Gläubigers das Gericht anordnen, daß das Verfahren als Zwangsverwaltung fortgesetzt wird. In einem solchen Fall bleiben die Wirkungen der für die Zwangsversteigerung erfolgten Beschlagnahme bestehen; die Vorschrift des § 155 Abs. 1 findet jedoch auf die Kosten der Zwangsversteigerung keine Anwendung.

Literatur: *Drischler*, Der ergebnislose Versteigerungstermin, JurBüro 1967, 966; *Hagemann*, Einstellung bzw. Aufhebung des Zwangsversteigerungsverfahrens oder Zuschlagsversagung, RpflStud 1983, 25, 73; *Mayer*, Gläubiger-Mehrheit im Zwangsversteigerungsverfahren, Rpfleger 1983, 265.

Übersicht

I. Allgemeines

1 § 77 ZVG regelt die **Folgen ergebnisloser Versteigerungstermine**; denn § 803 ZPO betrifft nur die Mobiliarvollstreckung und gilt in der Zwangsversteigerung nicht. Deshalb darf ein Zwangsversteigerungsantrag auch nicht abgewiesen oder ein bereits laufendes Verfahren aufgehoben werden mit der Begründung, es sei kein Erlös zu erwarten.[1)]

2 Die Vorschrift gilt für alle Versteigerungsarten des ZVG. Die Überleitung des Versteigerungsverfahrens in ein Zwangsverwaltungsverfahren (Abs. 2 Satz 2) kommt jedoch bei der Nachlass- und der Teilungsversteigerung nicht in Betracht.

II. Ergebnisloser erster Versteigerungstermin

1. Ergebnislosigkeit

3 Wenn im ersten Versteigerungstermin **kein Gebot abgegeben** wird **oder sämtliche Gebote wieder erloschen** sind, müssen die Verfahren aller betreibenden Gläubiger, „für die der Termin stattfindet"[2)] nach Abs. 1 eingestellt werden. Ein Gebot erlischt durch die Zulassung eines Übergebots ohne Widerspruch (§ 72 Abs. 1 Satz 1 ZVG); es erlischt auch durch Zurückweisung ohne Widerspruch (§ 72 Abs. 2 ZVG).

---

1) Vgl. BGH, Beschl. v. 30.1.2004 – IXa ZB 233/03, Rpfleger 2004, 302 = ZIP 2004, 1380; OLG München, Beschl. v. 15.6.2016 – 34 Wx 210/16, ZfIR 2016, 546.

2) Vgl. hierzu *Mayer*, Rpfleger 1983, 265.

Bewilligen die Gläubiger vor Verkündung des auf § 77 Abs. 1 ZVG beruhenden Einstellungsbeschlusses ihrerseits die Einstellung, dann ist das Verfahren gemäß § 30 ZVG einzustellen. Dies gilt zumindest, wenn die Einstellung vor dem Schluss der Versteigerung erfolgt. 4

Wenn dagegen mit dem Ende der Bietzeit die Ergebnislosigkeit feststeht, soll nach einer im Vordringen befindlichen Ansicht § 77 ZVG – zumindest hinsichtlich Abs. 2 – „Vorrang vor der Verfahrensherrschaft des Gläubigers" haben.[3), 4)] Dem kann nicht zugestimmt werden: Der Gläubiger ist „Herr des Verfahrens". Wenn er die Einstellung bewilligt, dann ist für eine andere Entscheidung, auch wenn sie von Amts wegen zu treffen wäre, grundsätzlich kein Raum mehr. Der Hinweis des *Landgerichts Mainz* auf § 28 ZVG ist in diesem Zusammenhang wenig hilfreich. § 28 ZVG geht tatsächlich vor – sogar noch dann, wenn ein Einstellungsbeschluss gemäß § 30 ZVG bereits ergangen ist. Die Begründung dafür hat *Stöber*[5)] ausführlich dargestellt. Diese Argumente treffen aber bei § 77 ZVG nicht zu. Im Übrigen lässt gerade das Zwangsversteigerungsverfahren viel Raum für taktisch begründete Anträge. Diese einmal für zulässig, ein anderes Mal für unzulässig zu halten, ist rein willkürlich. Die Grenze bildet natürlich die rechtsmissbräuchliche Ausübung von Rechten. Aber dass es rechtsmissbräuchlich sein soll, der Einstellung des Verfahrens nach § 77 Abs. 1 ZVG bzw. der Aufhebung nach Abs. 2 „zuvorzukommen" mit der Bewilligung der Einstellung, das kann niemand ernstlich behaupten. Und es wäre den Beteiligten sicher nur schwer zu vermitteln, den Gläubiger kurz vor Verkündung des Schlusses der Versteigerung darauf hinzuweisen, dass er jetzt einem Aufhebungsbeschluss gemäß § 77 Abs. 2 ZVG zuvorkommen könne, wenn er die Einstellung bewillige. Wenn er diese Bewilligung aber eine Minute später (nach dem Schluss der Versteigerung) abgebe, werde das Verfahren aufgehoben.[6)] Die Entscheidung des *Landgerichts Mainz* berücksichtigt auch einen anderen Gesichtspunkt nicht, wenn darin behauptet wird, dass die Aufhebung des Termins unter den Voraussetzungen des § 77 Abs. 2 Satz 1 ZVG „zwingend vorgeschrieben" sei. Nach Satz 2 kann der Gläubiger die Zwangsvollstreckung sogar „fortsetzen" – zwar als Zwangsverwaltung, aber dies ist in Bezug auf den Schuldner sicher schwerwiegender als eine Einstellung des Versteigerungs- 5

---

3) So BeckOK-*Steffen*, ZVG, § 77 Rz. 7 – 10 unter Berufung auf die Entscheidung des LG Mainz, Beschl. v. 28.4.1988 – 8 T 9/88, Rpfleger 1988, 376.

4) Während § 30 ZVG im Verhältnis zu § 77 Abs. 1 ZVG einen „Vorrang" habe, soll dies im Verhältnis zu § 77 Abs. 2 ZVG nur bis zum Schluss der Versteigerung gelten. Insoweit habe der Gesetzgeber eine Interessenabwägung gegen den Gläubiger und zugunsten der übrigen Verfahrensbeteiligten getroffen. So z. B. Stöber/*Becker*, ZVG, § 77 Rz. 7; Böttcher/*Böttcher*, ZVG, § 77 Rz. 2. So auch LG Stuttgart, Beschl. v. 2.12.2010 – 10 T 330/10, das sich ebenfalls auf die Entscheidung des LG Mainz beruft, aber im Ergebnis die Einstellung gemäß § 30 ZVG bestätigt, da die entsprechende Bewilligung vor dem (verkündeten) Schluss der Versteigerung erklärt worden ist. Aus der weiteren Begründung der Entscheidung ergeben sich eigentlich Argumente **gegen** die Entscheidung des LG Mainz; diese wurden aber nicht weiter vertieft. A. A. nunmehr auch Dassler/Schiffhauer/u. a.-*Hintzen*, ZVG, § 77 Rz. 7: „Die Bewilligung des Gläubigers geht auch der Einstellung oder Aufhebung des Verfahrens nach § 77 vor. Die Bewilligung ist bis zur Verkündung der Zuschlagsentscheidung zulässig und vorrangig zu beachten. Dies gilt auch für die Verfahrensaufhebung."

5) Stöber/*Nicht*, ZVG, § 30 Rz. 36.

6) So aber im Prinzip der Vorschlag der Schriftleitung in der Anmerkung zum Beschluss des Landgerichts Mainz, Rpfleger 1988, 377; so auch BeckOK-*Steffen*, ZVG, § 77 Rz. 10.1.

verfahrens gemäß § 30 ZVG. Somit ist durch § 77 Abs. 2 ZVG die Beendigung der Zwangsvollstreckung gerade nicht zwingend vorgeschrieben.

2. Einstweilige Einstellung

6 Wenn kein Gebot abgegeben oder alle Gebote erloschen sind, wird das Verfahren hinsichtlich sämtlicher Gläubiger, „für die der Termin stattfindet",[7] **gemäß § 77 Abs. 1 ZVG** einstweilen eingestellt. Der entsprechende Beschluss wird verkündet, muss aber gemäß § 32 ZVG auch an den Schuldner und die betreffenden Gläubiger zugestellt werden. Hierbei sind die Gläubiger über die Fortsetzungsmöglichkeit zu belehren (§ 31 Abs. 3 ZVG).

7 In diesem Zusammenhang muss auch auf ein häufig anzutreffendes **Missverständnis** hingewiesen werden:

– Der „1. Termin i. S. v. § 77 ZVG" muss nicht identisch sein mit dem „1. Versteigerungstermin in diesem Verfahren". Wenn also in einem früheren Termin eine Entscheidung gemäß § 30, 33, 74a, 75, 76, 83, 85a ZVG oder § 765a ZPO getroffen worden ist, hat der betreffende Termin zwar auch nicht zu einer Zuschlagserteilung geführt; er war aber nicht „ergebnislos i. S. v. § 7 ZVG 7".
– Andrerseits ist jeder betreibender Gläubiger gesondert zu betrachten: Was für einen Gläubiger der „1. ergebnislose Termin" ist, kann für einen anderen schon der „2. ergebnislose Termin" sein oder überhaupt nicht zählen.[8]

3. Fortsetzung des Verfahrens

8 Ein eingestelltes Verfahren wird nicht von Amts wegen fortgesetzt. Wie in den anderen Fällen auch muss der Gläubiger gemäß § 31 Abs. 1 ZVG einen entsprechenden **Fortsetzungsantrag** stellen. Dies muss innerhalb einer **Frist von sechs Monaten** ab Zustellung der Belehrung erfolgen (§ 31 Abs. ZVG 3). Nach fruchtlosem Fristablauf muss das betreffende Verfahren aufgehoben werden (§ 31 Abs. 1 Satz 2 ZVG).

III. Ergebnisloser zweiter Versteigerungstermin

1. Erneute Ergebnislosigkeit

9 Wenn nach Fortsetzung auch der **zweite Versteigerungstermin** für denselben Gläubiger **ergebnislos** war, ist sein Verfahren **aufzuheben** (Abs. 2 Satz 1). Beide Termine müssen sich auf dasselbe Versteigerungsobjekt beziehen. Jedoch spielt es keine Rolle, wenn in den beiden Terminen verschiedene Ausgebotsarten oder unterschiedliche geringste Gebote maßgeblich sind.[9] Wenn also im ersten Termin nur ein Gesamtausgebot erfolgt ist (§ 63 Abs. 4 ZVG), im zweiten Termin dagegen nur Einzelausgebote oder Einzelausgebote und ein Gesamtausgebot und beide Termine ergebnislos waren, ist das Verfahren nach Abs. 2 aufzuheben.

---

7) Vgl. hierzu *Mayer*, Rpfleger 1983, 265.

8) Da er in diesem Termin nicht als betreibender Gläubiger auftritt, weil sein Verfahren z. B. noch eingestellt ist oder weil bei ihm die Fristen der §§ 43 Abs. 2 und/oder 44 Abs. 2 nicht gewahrt sind.

9) Böttcher/*Böttcher*, ZVG, § 77 Rz. 5; Stöber/*Becker*, ZVG, § 77 Rz. 14 f.; Dassler/Schiffhauer/u. a.-*Hintzen*, ZVG, § 77 Rz. 11; Schneider-*Abramenko*, ZVG, § 77 Rz. 10.

2. Aufhebung

Auch hier erfolgt die Aufhebung durch verkündeten Beschluss, in dem die betreffenden Gläubiger namentlich aufzuführen sind. Es ist ratsam, die Wirksamkeit des Beschlusses – ausdrücklich! – von seiner Rechtskraft abhängig zu machen, damit bei einer Anfechtung die Beschlagnahme erhalten bleibt. Der Beschluss muss trotz Verkündung an den Schuldner und die betreffenden Gläubiger zugestellt werden (§ 32 ZVG). 10

3. Überleitung in ein Zwangsverwaltungsverfahren

Liegen die Voraussetzungen für die Anordnung der Zwangsverwaltung vor, so kann auf entsprechenden **Antrag des Gläubigers** angeordnet werden, dass das Verfahren als Zwangsverwaltung fortgesetzt wird. Dieser Antrag kann vorsorglich bereits vor dem Versteigerungstermin oder im Versteigerungstermin gestellt werden. Er ist jedoch nicht mehr zulässig nach Verkündung des Aufhebungsbeschlusses. 11

Kommt es zur Überleitung in ein Zwangsverwaltungsverfahren und es läuft bereits ein Zwangsverwaltungsverfahren, dann handelt es sich um den Beitritt zu diesem laufenden Verfahren. Andernfalls wird ein neues **Zwangsverwaltungsverfahren** angeordnet. Hierbei muss ein **Zwangsverwalter** bestellt werden. Ob der Zwangsversteigerungsvermerk in einen Zwangsverwaltungsvermerk umgeschrieben werden muss,[10] ist bisher noch nicht gerichtlich geklärt worden. Gerade im Hinblick darauf, dass das Zwangsversteigerungsverfahren für die Gläubiger, deren Verfahren nicht nach Abs. 2 aufzuheben oder überzuleiten war, als Versteigerungsverfahren weitergeht, erscheint es zweckmäßig, (neben dem Zwangsversteigerungsvermerk) einen neuen **Zwangsverwaltungsvermerk** einzutragen. Auch die Regelung des Abs. 2 Satz 3, wonach die Beschlagnahmewirkung in der Zwangsversteigerung auch weiterhin in der Zwangsverwaltung gilt, ändert nichts an dieser Betrachtungsweise; denn die Funktion beider Vermerke ist die Zerstörung des guten Glaubens. Aber da sie weder ein Recht darstellen noch einen materiellen Rang haben, besteht für einen Vermerk in der Veränderungsspalte eigentlich keine innere Rechtfertigung. 12

IV. Rechtsbehelfe

Gegen den Einstellungs-, Aufhebungs- oder Überleitungsbeschluss ist die **sofortige Beschwerde** zulässig (§ 11 Abs. 1 RPflG, § 95 ZVG). 13

V. Muster eines Überleitungsbeschlusses

Siehe Muster eines Überleitungsbeschlusses gemäß § 77 Abs. 2 Satz 2 ZVG bei *Stöber*.[11] 14

---

10) So Böttcher/*Böttcher*, ZVG, § 77 Rz. 7; Stöber/*Becker*, ZVG, § 77 Rz. 23; Dassler/Schiffhauer/u. a.-*Hintzen*, ZVG, § 77 Rz. 18; Schneider-*Abramenko*, ZVG, § 77 Rz. 17.

11) Stöber/*Becker*, ZVG, § 77 Rz. 29 und ZVG-Handbuch, Rz. 335.

§ 78

Protokoll über Terminsvorgänge

Vorgänge in dem Termin, die für die Entscheidung über den Zuschlag oder für das Recht eines Beteiligten in Betracht kommen, sind durch das Protokoll festzustellen; bleibt streitig, ob oder für welches Gebot der Zuschlag zu erteilen ist, so ist das Sachverhältnis mit den gestellten Anträgen in das Protokoll aufzunehmen.

Übersicht

I. Allgemeines

1 Wie über jeden Termin des Gerichts ist auch über den Versteigerungstermin ein **Protokoll** aufzunehmen. Hierfür gelten zunächst die allgemeinen Vorschriften der ZPO (§ 869 ZPO). Diese sind in den §§ 159–164 ZPO sowie im § 510a ZPO enthalten. Diese Vorschriften werden ergänzt durch § 78. Nach § 159 Abs. 1 Satz 2 ZPO kann für die Protokollführung ein Urkundsbeamter der Geschäftsstelle zugezogen werden, wenn dies aufgrund des zu erwartenden Umfangs des Protokolls, in Anbetracht der besonderen Schwierigkeit der Sache oder aus einem sonstigen wichtigen Grund erforderlich ist. Von dieser Möglichkeit sollte auch regelmäßig Gebrauch gemacht werden, damit sich der Rechtspfleger voll auf das Versteigerungsgeschäft konzentrieren kann.[1)]

II. Protokoll über den Versteigerungstermin

1. Inhalt

2 Zunächst muss das Protokoll die allgemeinen Angaben enthalten, die sich aus § 160 ZPO ergeben. Daneben sind die im ZVG vorgeschriebenen Handlungen und Bekanntmachungen festzuhalten. Auch muss das Protokoll alle Verfahrensvorgänge enthalten, die für die Entscheidung über den Zuschlag oder für das Recht eines Beteiligten in Betracht kommen (§ 78 ZVG).

3 Das Protokoll enthält regelmäßig folgende Angaben:

- **Aktenzeichen** und **Gericht**.
- **Ort** und **Zeit** der Verhandlung.
- Die Tatsache, dass es sich um eine **öffentliche** Verhandlung handelt.
- Namen des **Rechtspflegers**, Name des **Urkundsbeamten** der Geschäftsstelle (falls er als Protokollführer zugezogen).

1) Dass in der Praxis häufig auf die Zuziehung eines Urkundsbeamten verzichtet werden muss, da die personelle Ausstattung der Vollstreckungsgerichte dies nicht zulässt, soll hier aber nicht verschwiegen werden; vgl. hierzu auch Dassler/Schiffhauer/u. a.-*Hintzen*, ZVG, § 78 Rz. 3.

- Bezeichnung der **Versteigerungssache** (Angabe des Versteigerungsobjektes unter Angabe der Grundbuchstelle und des eingetragenen Eigentümers).
- Namen der erschienenen **Beteiligten** und ihrer **Bevollmächtigten** oder gesetzlichen Vertreter (Hinweis auf übergebene Vollmachten oder sonstige Nachweise).
- Die in § 66 Abs. 1 ZVG vorgeschriebenen **Bekanntmachungen.**
- Feststellung und Verlesen des **geringsten Gebots und der Versteigerungsbedingungen.**[2)]
- Verzicht auf Einzelausgebote und die hierzu erforderlichen Zustimmungen.[3)]
- **Hinweise** für die Bietinteressenten.
- **Hinweis** auf die bevorstehende (rangmäßige) Ausschließung weiterer Anmeldungen (§ 66 Abs. 2 Halbs. 1 ZVG).
- **Aufforderung zur Abgabe von Geboten** (§ 66 Abs. 2 Halbs. 2 ZVG).
- Genaue **Uhrzeit des Beginns und des Endes der Bietzeit,** bei etwaiger Unterbrechung auch den genauen Zeitpunkt des Beginns der Unterbrechung und der Fortsetzung der Bietzeit
- Alle **wesentlichen Vorgänge** im Termin (Anträge, Erklärungen, Widersprüche, Genehmigungen, Bewilligungen der Einstellung oder Aufhebung, Entscheidungen, die verkündet wurden, Vergleiche, die zu Protokoll erklärt wurden, etwaige Rechtsmittelverzichte).
- Hinweise und Belehrungen (vgl. § 139 ZPO).
- Gewährung des rechtlichen Gehörs (vgl. hierzu auch § 321a ZPO).
- Bei Versteigerung mehrerer Versteigerungsobjekte Anträge und Verzichtserklärungen zu den verschiedenen Ausgebotsarten.
- Die bei Verlegung des Versteigerungsortes oder bei zeitlicher Verschiebung des Termins getroffenen Maßnahmen, um allen Beteiligten und den Bietinteressenten die Teilnahme am Termin zu ermöglichen.
- Alle **Vorgänge bei der Gebotsabgabe** mit genauer Bezeichnung der Bieter und ihres Gebots, Angabe des Gemeinschaftsverhältnisses bei einer Bietgemeinschaft, Sicherheitsverlangen, Leistung der Sicherheit, Rückgabe der Sicherheit, Zurückweisung, Widerspruch.
- Feststellung, dass ungeachtet der Aufforderung des Gerichts keine Gebote mehr abgegeben wurden, dass das letzte Gebot dreimal aufgerufen und dann die Versteigerung geschlossen wurde (§ 73 Abs. 2 ZVG);
- **Verhandlung über den Zuschlag** (§ 74 ZVG).

---

2) Wenn nach einem Abbruch der Bietzeit ein neues geringstes Gebot berechnet werden muss, müssen auch das geänderte geringste Gebot und die geänderten Versteigerungsbedingungen neu festgestellt und verlesen werden, BGH, Beschl. v. 18.7.2013 – V ZB 13/13, WM 2013, 1867 = Rpfleger 2014, 36.

3) BGH, Beschl. v. 30.10.2008 – V ZB 41/08, Rpfleger 2009, 98 = MDR 2009, 271; BGH, Beschl. v. 1.7.2010 – V ZB 94/10, Rpfleger 2011, 41 = NJW-RR 2010, 1458.

– **Verkündung** der **Zuschlagsentscheidung** oder eines besonderen **Verkündungstermins.**

– **Unterschrift** des Rechtspflegers und des Urkundsbeamten der Geschäftsstelle.

4 Nicht in die Niederschrift aufzunehmen ist eine Erinnerung oder Beschwerde, die schriftlich oder zu Protokoll der Geschäftsstelle einzulegen ist.[4)]

5 Hinsichtlich des Umfangs der Angaben zu den abgegebenen Geboten bestehen sowohl in der Praxis als auch in den Kommentaren teilweise unterschiedliche Vorstellungen. Während *Steffen*[5)] es für ratsam hält, jedes Gebot zu protokollieren, auch wenn anschließend ein Übergebot erfolgt, meint *Stöber*,[6)] dass Terminsvorgänge, die sich auf erloschene Gebote beziehen, durch das Protokoll nicht festzustellen sind. Mit *Steffen* bin ich der Ansicht, dass **alle Gebote protokolliert** werden sollten, da das Gericht bei Abgabe des Gebots regelmäßig noch nicht absehen kann, ob dieses Gebot bei der späteren Zuschlagsentscheidung eine Rolle spielt oder nicht.[7)]

2. Protokollberichtigung

6 Wenn festgestellt wird, dass das Protokoll nicht richtig ist, kann es **gemäß § 164 ZPO berichtigt** werden. Eine Berichtigung kann nicht nur erfolgen, wenn sein Inhalt mit dem wirklichen Terminsablauf nicht übereinstimmt, sondern auch, wenn es unvollständig ist.[8)] Sie erfolgt von Amts wegen, kann aber auch angeregt werden. Die Berichtigung ist auf dem Protokoll zu vermerken und zu unterschreiben (§ 164 Abs. 3 ZPO). Vorher sind aber Gläubiger und Schuldner zu hören (§ 164 Abs. 2 ZPO).

7 Die Berichtigung ist **möglich bis zur Rechtskraft des Zuschlagsbeschlusses.**[9)] Die Rechtsmittelinstanz ist solange an ein Protokoll gebunden, bis es berichtigt ist. Ausgeschlossen ist die Berichtigung, wenn der Rechtspfleger und der Urkundsbeamte nicht mehr die Funktion als Urkundsbeamte ausführen können (z. B. infolge Ausscheidens aus dem Dienst).[10)]

---

4) OLG München, Beschl. v. 11.10.1965 – 14 W 374/65, Rpfleger 1966, 11.

5) BeckOK-*Steffen*, ZVG, § 78 Rz. 3 und 3.1.

6) *Stöber*/Becker, ZVG, § 78 Rz. 9; so auch Böttcher/*Böttcher*, ZVG, § 78 Rz. 2; Schneider-*Abramenko*, ZVG, § 78 Rz. 4.

7) Dies kann auch im EDV-Zeitalter ohne große Schwierigkeiten erfolgen, wo entsprechende Vordruckmuster (Masken) zur Verfügung stehen und viele Rechtspfleger bzw. Protokollführer schon im Sitzungssaal die entsprechenden Daten in den vernetzten PC eingeben. Aber auch eine handschriftliche Bieterliste, die als Anlage zum Protokoll genommen werden kann (vgl. hierzu § 160 Abs. 5 ZPO), reicht hierzu aus. In der Praxis anzutreffen ist auch eine „Mixtur" der beiden Ansichten: Hier werden „im (handschriftlichen) Entwurf" zwar alle Gebote genau vermerkt, im „endgültigen" Protokoll aber nur solche, „auf die es ankommt". Dies ist auch zu überblicken, da das Protokoll erst nach dem Termin „ins Reine geschrieben wird" (vgl. hierzu § 160a ZPO).

8) OLG Hamm, Beschl. v. 7.9.1978 – 15 W 40/71, Rpfleger 1979, 29 = NJW 1979, 1720; Stöber/*Becker*, ZVG, § 78 Rz. 12; Schneider-*Abramenko*, ZVG, § 78 Rz. 10.

9) OLG Hamm, Rpfleger 1979, 29 = NJW 1979, 1720; OLG Karlsruhe, Beschl. v. 30.3.1994 – 11 W 2/94, Rpfleger 1994, 311.

10) OLG München, Beschl. v. 9.10.1980 – 25 W 1709/80, Rpfleger 1981, 67.

3. Beweiskraft

Über Vorgänge im Termin hat das **Protokoll** volle Beweiskraft (§ 165 ZPO). Auch das ordnungsgemäß berichtigte Protokoll hat wieder volle Beweiskraft. Die Vorschrift der ZPO wird durch den § 80 ZVG ergänzt; hiernach wird im Rahmen der Zuschlagsentscheidung angenommen, dass ein nicht protokollierter Vorgang auch nicht stattgefunden hat. 8

III. Rechtsbehelf

Eine Protokollberichtigung kann nicht angefochten werden,[11] auch nicht mit der befristeten Rechtspflegererinnerung des § 11 Abs. 2 RPflG.[12] 9

Auch gegen die Ablehnung einer (angeregten) Berichtigung gibt es keinen Rechtsbehelf. Nur bei Ablehnung der Berichtigung aus formellen Gründen findet die sofortige Beschwerde statt.[13] 10

IV. Muster eines Protokolls

Neben den durch die Justizverwaltungen zur Verfügung gestellten Vordruckmustern und „Masken" gibt es auch noch Muster in geschriebener Form.[14] 11

---

11) BGH, Beschl. v. 14.7.2004 – XII ZB 268/03, MDR 2005, 46.

12) Böttcher/*Böttcher*, ZVG, § 78 Rz. 3; Stöber/*Becker*, ZVG, § 78 Rz. 13; Dassler/Schiffhauer/u. a.-*Hintzen*, ZVG, § 78 Rz. 20; Schneider-*Abramenko*, ZVG, § 78 Rz. 11.

13) OLG Karlsruhe, Beschl. v. 30.3.1994 – 11 W 2/94, Rpfleger 1994, 311.

14) Siehe Stöber/*Becker*, ZVG, § 66 Rz. 74 und *Stöber*, ZVG-Handbuch, Rz. 302; *Hintzen/Wolf*, Rz. 15.45; *Knees*, ZVG, S. 382 ff.

VI.
Entscheidung über den Zuschlag

§ 79
Keine Bindung an vorher getroffene Entscheidungen

Bei der Beschlußfassung über den Zuschlag ist das Gericht an eine Entscheidung, die es vorher getroffen hat, nicht gebunden.

Literatur: *Helwich*, Immobiliarvollstreckung in der Praxis – Teil 16: Die Zusachlagsentscheidung, JurBüro 2014, 451.

Übersicht

I. Allgemeines

1. Übersicht zum VI. Unterabschnitt (§§ 79–94 ZVG)

Die mit der Zuschlagsentscheidung zusammenhängenden Fragen sind im VI. Unterabschnitt geregelt: 1

- § 79 ZVG behandelt die Unabhängigkeit von früheren Entscheidungen.
- § 80 ZVG unterstreicht die Wichtigkeit des Protokolls über den Versteigerungstermin.
- § 81 ZVG behandelt die Frage, wer den Zuschlag bekommt.
- § 82 ZVG legt den wesentlichen Inhalt des Zuschlagsbeschlusses fest.
- § 83 ZVG enthält einen Katalog von Versagungsgründen.
- § 84 ZVG lasst in bestimmten Fällen Heilung von Verfahrensmängeln zu.
- § 85 ZVG regelt den Antrag auf Zuschlagsversagung mit neuer Versteigerung.
- § 85a ZVG sieht die Zuschlagsversagung vor bei einem Gebot unter der Hälfte des Verkehrswertes.
- § 86 ZVG stellt die Folgen einer Zuschlagsversagung dar.
- § 87 ZVG verlangt die Verkündung der Zuschlagsentscheidung.
- § 88 ZVG regelt die Zustellung des Zuschlagsbeschlusses.
- §§ 89, 90 ZVG besagen, dass der Ersteher grundsätzlich mit Verkündung des Beschlusses Eigentum erwirbt.
- §§ 91, 92 ZVG regeln die Frage, welche Rechte erlöschen und welcher Wertersatz ihnen bei der Erlösverteilung zusteht.
- § 93 ZVG verleiht dem Zuschlagsbeschluss die Qualität eines Herausgabetitels.

– § 94 ZVG sieht die gerichtliche Verwaltung für Rechnung des Erstehers vor.

2. § 79 ZVG

2 Bei der Entscheidung über den Zuschlag muss das Vollstreckungsgericht nochmals das gesamte Verfahren auf seine **Rechtmäßigkeit** überprüfen. Dies ist umfassend aber nur möglich, wenn es hierbei an Entscheidungen, die im Laufe des Verfahrens getroffen worden sind, nicht gebunden ist (§ 79 ZVG). Diese Vorschrift ist auch im Zusammenhang mit § 95 ZVG zu sehen; hiernach sind im Interesse der Beschleunigung des Verfahrens Entscheidungen, welche (nur) der Vorbereitung der Zuschlagsentscheidung dienen, nicht selbstständig anfechtbar. Umgekehrt bedeutet dies: In diesen Fällen können Anfechtungsgründe nur mit der Beschwerde gegen die Zuschlagsentscheidung (§ 96 ZVG) geltend gemacht werden.

II. Bedeutung des Zuschlags in der Zwangsversteigerung

3 Mit seinem Zuschlagsbeschluss bewirkt das Vollstreckungsgericht, dass der **Ersteher Eigentum erwirbt** und demgemäß der **Schuldner sein Eigentum verliert**. Es greift somit auch in das Grundrecht „Eigentum“ (Art. 14 GG) ein. Als Vollstreckungsakt ist der Zuschlagsbeschluss ein konstitutiv wirkender Hoheitsakt, der die Bedeutung eines Richterspruchs hat.[1)]

III. Vorentscheidungen

1. Keine Bindung an Vorentscheidung (§ 79 ZVG)

4 Das Vollstreckungsgericht muss wegen der Bedeutung des Zuschlags bei seiner Entscheidung sein gesamtes vorheriges Verfahren daraufhin überprüfen, ob es ordnungsgemäß war.[2)] Dabei ist es **an Entscheidungen**, die es selbst getroffen hat, grundsätzlich **nicht gebunden**. Bindung besteht aber für die im Rechtsmittelverfahren ergangenen Entscheidungen – auch wenn sie die Entscheidung des Rechtspflegers bestätigen.[3)]

5 Es handelt sich bei den Vorentscheidungen zunächst um solche, die gemäß § 95 ZVG selbstständig gar nicht anfechtbar sind. Erkennt das Vollstreckungsgericht, dass eine solche Entscheidung falsch war, dann muss es die Sache im Rahmen der Zuschlagsentscheidung richtigstellen. So erfolgt z. B. trotz Zurückweisung eines Gebots die Zuschlagserteilung auf dieses Gebot, wenn es infolge Widerspruchs nicht erloschen ist und das Gericht jetzt feststellt, dass die Zurückweisung zu Unrecht erfolgt war. Oder das Gericht muss dem Meistgebot den Zuschlag versagen, wenn es jetzt feststellt, dass das geringste Gebot falsch berechnet war oder die Versteigerungsbedingungen verkehrt festgestellt worden waren.

---

1) Umso erstaunlicher ist es, dass bisher alle Forderungen, hier auch das sog. „Spruchrichterprivileg“ i. S. d. § 839 Abs. 2 Satz 1 BGB anzuwenden, gescheitert sind; vgl. z. B. BGH, Urt. v. 3.7.2003 – III ZR 326/02, Rpfleger 2003, 499 = NJW 2003, 3052; BGH, Urt. v. 5.10.2006 – III ZR 283/05, Rz. 25, Rpfleger 2007, 78; BGH, Urt. v. 16.10.2014 – IX ZR 190/13, Rz. 26, Rpfleger 2015, 97.

2) BGH, Beschl. v. 26.10.2006 – V ZB 188/05, Rpfleger 2007, 155 = ZfIR 2007, 506; BGH, Beschl. v. 25.2.2016 – V ZA 35/15, openJur 2016, 5398; siehe auch Stöber/*Becker*, ZVG, § 79 Rz. 4; Dassler/Schiffhauer/u. a.-*Hintzen*, ZVG, § 79 Rz. 4.

3) KG, Beschl. v. 12.5.1966 – 1 W 1119/66, Rpfleger 1966, 310.

Nach der Rechtsprechung des Bundesgerichtshofes[4] erfasst die Vorschrift aber auch alle Vorentscheidungen, die von der Rechtsmittelinstanz nicht überprüft worden sind. Das schließt auch die nach § 95 ZVG anfechtbaren Entscheidungen über die Anordnung, Aufhebung, einstweilige Einstellung und Fortsetzung des Verfahrens ein. Zur Begründung führt der Bundesgerichtshof an, dass die Anfechtbarkeit dieser Zwischenentscheidungen auf ihrer besonderen Bedeutung für das weitere Verfahren beruhe; dies lasse deshalb nicht den Schluss zu, dass die von § 79 ZVG bezweckte Überprüfung der Rechtmäßigkeit des gesamten Verfahrens diese grundlegenden Entscheidungen nicht erfassen solle. Nichts anderes gilt für den Beschluss über die **Versagung des Zuschlags.** 6

Aber nach einer Zuschlagsversagung (z. B. wegen § 85a ZVG) richtet sich das weitere Verfahren nicht danach, wie bei richtiger Beurteilung hätte entschieden werden müssen (z. B. Zurückweisung des Gebots als rechtsmissbräuchlich), sondern nach der formell rechtskräftig gewordenen Entscheidung, auch wenn diese falsch war.[5] In dem geschilderten Fall war also von Amts wegen ein neuer Versteigerungstermin zu bestimmen (§ 85a Abs. 2 i. V. m. § 74a Abs. 3 ZVG). In diesem neuen Termin ist dann das Vollstreckungsgericht aber nicht an die (fehlerhafte) Zulassung des Gebots im 1. Termin mit anschließender Zuschlagsversagung gemäß § 85a Abs. 1 ZVG gebunden (§ 79 ZVG). Weil das unwirksame Gebot des 1. Termins den Wegfall der Wertgrenze des § 85a ZVG nicht hat herbeiführen können, ist der Schuldner in dem neuen Versteigerungstermin durch diese Wertgrenze weiterhin geschützt.[6] Der Bundesgerichtshof geht sogar so weit, dass die erneute Überprüfung der Wirksamkeit des Gebots (im 1. Termin) auch nicht deshalb ausgeschlossen sei, weil die fehlerhafte Versagung des Zuschlags nicht angefochten worden ist; denn nur die Versagung des Zuschlags erwachse in Rechtskraft, nicht aber die ihm zugrunde liegende Beurteilung der Vorfrage nach der Wirksamkeit des missbräuchlich abgegebenen Gebots.[7] Wegen der Einzelheiten zu Eigengeboten des Gläubigervertreters siehe § 85a Rz. 23 f. [*Bachmann*]. 7

2. Bindungswirkung – ausnahmsweise

§ 79 ZVG gilt nach überwiegender Ansicht nicht für Entscheidungen, welche mit einem eigenen Rechtsmittelzug ausgestaltet sind:[8] 8

– Entscheidungen gemäß §§ 30a ff. ZVG (wegen § 30b Abs. 3 ZVG);

4) BGH, Beschl. v. 10.5.2007 – V ZB 83/06, Rpfleger 2007, 483 = ZfIR 2007, 2191.

5) BGH, Beschl. v. 5.7.2007 – V ZB 118/06, Rpfleger 2007, 617 mit Anm. *Alff*; Böttcher/*Böttcher*, ZVG, § 79 Rz. 1; Stöber/*Becker*, ZVG, § 85a Rz. 38.

6) So zumindest die Ansicht des BGH, Beschl. v. 10.5.2007 – V ZB 83/06, Rpfleger 2007, 483 = ZfIR 2007, 2191; so auch, Stöber/*Becker*, ZVG, § 85a Rz. 37, der aber m. E. zu Recht die Rechtsprechung des BGH zur Rechtsmissbräuchlichkeit von Eigengeboten des Gläubigervertreters ablehnt.

7) Diese „juristischen Feinheiten" kann im Versteigerungstermin wohl kein Rechtspfleger dem Gläubigervertreter so vermitteln, dass dieser sie auch nachvollziehen kann.

8) Vgl. hierzu: Böttcher/*Böttcher*, ZVG, § 79 Rz. 4; Stöber/*Becker*, ZVG, § 79 Rz. 6, BeckOK-*Steffen*, ZVG, § 79 Rz. 6 ff.; a. A. Schneider-*Abramenko*, ZVG, § 79 Rz. 8: Die entsprechenden Entscheidungen müssten vor dem Zuschlag bereits rechtskräftig sein.

- Verkehrswertfestsetzungsbeschluss gemäß § 74a ZVG (wegen § 74a Abs. 5 Satz 3 ZVG);
- Einstellungen gemäß § 180 Abs. 2 und Abs. 3 ZVG (wegen § 30b ZVG, auf den in beiden Absätzen verwiesen wird).
- Vollstreckungsschutz gemäß § 765a ZPO.

§ 80
Keine Berücksichtigung nicht protokollierter Vorgänge

Vorgänge in dem Versteigerungstermin, die nicht aus dem Protokoll ersichtlich sind, werden bei der Entscheidung über den Zuschlag nicht berücksichtigt.

Übersicht

I. Allgemeines

1 Das Protokoll über den Versteigerungstermin ist nach § 80 ZVG die maßgebliche **Grundlage für die Zuschlagsentscheidung**. Die Vorschrift gilt für alle Zwangsversteigerungsverfahren des ZVG.

2 Für andere, mit der Zwangsversteigerung zusammenhängende Rechtsstreite (z. B. bei einem Schadensersatzprozess) gilt § 80 ZVG jedoch nicht.[1)]

II. Unterlassene Protokollierung

1. Betroffene Vorgänge

3 Nach § 80 ZVG werden Vorgänge im Versteigerungstermin, die nicht aus dem Protokoll ersichtlich sind, bei der Entscheidung über den Zuschlag nicht berücksichtigt. Nach der Rechtsprechung des Bundesgerichtshofs[2)] soll somit für die Zuschlagsentscheidung nicht das tatsächliche Geschehen im Versteigerungstermin, sondern nur das „protokollierte" maßgeblich sein. Dies bedeutet:

- Aus dem Protokoll nicht hervorgehende Vorgänge dürfen bei der Zuschlagsentscheidung nicht berücksichtigt werden, auch nicht in der Rechtsmittelinstanz.[3)]
- Tatsachen dagegen, die protokolliert sind, müssen so berücksichtigt werden, wie sie in der Niederschrift dargestellt sind, auch wenn das Protokoll insoweit nicht richtig ist.

4 In beiden Fällen ist natürlich eine Protokollberichtigung gemäß § 164 ZPO möglich. Wenn ein fehlerhaftes Protokoll für den Zuschlag entscheidungsrelevant ist, soll die Entscheidung erst ergehen, wenn über einen Antrag (= Anregung) auf Protokollberichtigung entschieden worden ist.

---

1) BGH, Urt. v. 7.2.1963 – III ZR 119/62, NJW 1963, 1060.

2) BGH, Beschl. v. 22.3.2007 – V ZB 138/06, Rpfleger 2007, 410 = ZfIR 2007, 725 mit Anm. *Keller*; kritische Anmerkungen hierzu bei Stöber/*Becker*, ZVG, § 80 Rz. 6.

3) LG Aschaffenburg, Beschl. v. 7.4.2016 – 43 T 41/16, openJur 2020, 63684.

Betroffen von § 80 ZVG sind „Vorgänge"; darunter sind **rechtserhebliche Handlungen** zu verstehen: 5

- Erklärungen, Anträge, Meistgebot(e), nicht erloschene andere Gebote, Widersprüche, Vorlage von Vollmachten und anderen Nachweisen i. S. v. § 71 Abs. 2 ZVG, Verlangen der Sicherheit, Leistung der Sicherheit;
- Änderungen des geringsten Gebots sowie Änderungen der (übrigen) Versteigerungsbedingungen samt ihrer Verlesung;[4)]
- Verzicht gem. § 63 Abs. 4 auf Einzelausgebote;[5)]
- Hinweise nach § 139 ZPO, welche im Versteigerungstermin erteilt werden, müssen sich ebenfalls aus dem Protokoll ergeben. Jedoch wird die Verletzung des Anspruchs auf Gewährung des rechtlichen Gehörs als Zuschlagsversagungsgrund auch dann berücksichtigt, wenn sich dieser Verfahrensmangel nicht aus dem Protokoll ergibt, aber feststeht.[6)]

2. Auslegungsfähigkeit des Protokolls

Das Protokoll ist auslegungsfähig. So kann sich ein Vorgang, obwohl er nicht protokolliert ist, aus dem Gesamtzusammenhang ergeben. Wenn z. B. im Protokoll (nur) die Rückgabe einer Sicherheit an den Bieter vermerkt ist, dann ergibt sich hieraus mittelbar auch die Tatsache, dass die Sicherheit (vorher) auch geleistet worden ist. 6

3. Lückenhaftigkeit

Nach *Stöber*[7)] ist die Beweisregel des § 80 ZVG aber nicht anzuwenden bei einer **offensichtlichen Unvollständigkeit** des Protokolls. Ein solcher Protokollmangel ist durch Berichtigung gemäß § 164 ZPO zu beheben. Vor einer Zuschlagsentscheidung oder einer Beschwerde müssten die Beteiligten hierauf hingewiesen werden. Dem ist uneingeschränkt zuzustimmen. Der von *Stöber* angeführte Beschluss des Bundesgerichtshofes[8)] betrifft zwar in erster Linie die Zulässigkeit sog. überlappender Versteigerungstermine; in den Gründen wird aber unter Hinweis auf eine Entscheidung des Reichsgerichts[9)] auch die Frage des § 80 ZVG gestreift (siehe Rz 24 und 25 der Entscheidung des BGH). 7

---

4) BGH, Beschl. v.18.7.2013 – V ZB 13/13, Rpfleger 2014, 36 = MDR 2013, 1427; vgl. § 66 Rz. 58 [*Bachmann*].

5) BGH, Beschl. v. 30.10.2008 – V ZB 41/08, Rpfleger 2009, 98 = MDR 2009, 271; BGH, Beschl. v. 1.7.2010 – V ZB 94/10, Rpfleger 2011, 41.

6) Stöber/*Becker*, ZVG, § 80 Rz. 3 m. w. N.; so auch BeckOK-*Cranshaw*, ZVG, § 80 Rz. 4; etwas differenzierter Schneider-*Abramenko*, ZVG, § 80 Rz. 7.

7) *Stöber/Becker*, ZVG, § 80 Rz. 6.

8) BGH, Beschl. v. 22.3.2007 – V ZB 138/06, Rpfleger 2007, 410.

9) RG, Urt. v. 13.12.1933 – V 302/33, RGZ 142, 383.

§ 81
Zuschlagsberechtigte

(1) Der Zuschlag ist dem Meistbietenden zu erteilen.

(2) Hat der Meistbietende das Recht aus dem Meistgebot an einen anderen abgetreten und dieser die Verpflichtung aus dem Meistgebot übernommen, so ist, wenn die Erklärungen im Versteigerungstermin abgegeben oder nachträglich durch öffentlich beglaubigte Urkunden nachgewiesen werden, der Zuschlag nicht dem Meistbietenden, sondern dem anderen zu erteilen.

(3) Erklärt der Meistbietende im Termin oder nachträglich in einer öffentlich beglaubigten Urkunde, daß er für einen anderen geboten habe, so ist diesem der Zuschlag zu erteilen, wenn die Vertretungsmacht des Meistbietenden oder die Zustimmung des anderen entweder bei dem Gericht offenkundig ist oder durch eine öffentlich beglaubigte Urkunde nachgewiesen wird.

(4) Wird der Zuschlag erteilt, so haften der Meistbietende und der Ersteher als Gesamtschuldner.

Literatur: *Ebeling*, Abtretung der Rechte aus dem Meistgebot und § 85a Abs. 3 ZVG, Rpfleger 1988, 400; *Eickmann*, Vormundschaftsgerichtliche Genehmigung im Zwangsversteigerungsverfahren, Rpfleger 1983, 199; *Helwich*, Die Mithaft des Meistbietenden in der Zwangsversteigerung, Rpfleger 1988, 167 und Rpfleger 1989, 316; *Krammer/Riedel*, Pfändung des Anspruchs aus dem Meistgebot, Rpfleger 1989, 144; *Strauch*, Die Mithaft des Meistbietenden in der Zwangsversteigerung, Rpfleger 1989, 314; *Stöber*, Vorkaufsrechte in der Zwangsversteigerung, NJW 1988, 3121.

Übersicht

I. Allgemeines

1 Der Zuschlag ist gemäß § 81 ZVG grundsätzlich **dem Meistbietenden** zu erteilen; er hat einen öffentlichrechtlichen Anspruch auf den Zuschlag (Abs. 1). Davon darf nur in zwei Fällen abgewichen werden:

2 Der Zessionar erhält den Zuschlag, wenn der Meistbietende sein Recht aus dem Meistgebot abgetreten und der Zessionar die Verpflichtung aus dem Meistgebot übernommen hat (Absatz 2).

3 Der „wahre Bieter“ erhält den Zuschlag, wenn der Meistbietende in verdeckter Stellvertretung geboten hat (Absatz 3).

4 In beiden Fällen haften aber der Meistbietende und der Ersteher als Gesamtschuldner für die Verpflichtungen aus dem Meistgebot (Absatz 4).

5 Diese Vorschrift gilt für alle Versteigerungsarten des ZVG.

II. Zuschlagserteilung an den Meistbietenden (Abs. 1)

1. Voraussetzungen

Der Zuschlag muss nach Abs. 1 dem Meistbietenden erteilt werden, wenn nicht eine Ausnahme nach Abs. 2 oder 3 vorliegt. Meistbietender ist derjenige, der das höchste wirksame Gebot abgegeben hat.[1)] Hierunter ist das betragsmäßig höchste Gebot zu verstehen, das aus dem Meistbargebot und den bestehen bleibenden Rechten besteht. Nicht mitgerechnet werden darf die nach § 114a vorgesehene Befriedigungsfiktion, wenn ein zur Befriedigung aus dem Grundstück Berechtigter geboten hat.[2)] 6

Der Meistbietende hat einen **öffentlichrechtlichen Anspruch** auf den Zuschlag,[3)] wenn kein Versagungsgrund nach §§ 74a, 83, 85, 85a ZVG vorliegt. Umgekehrt ist der Meistbietende an sein Gebot auch gebunden. Entgegenstehende Vereinbarungen der Beteiligten sind unwirksam. Der Anspruch auf Zuschlagserteilung kann auch abgetreten werden; dann ist aber Abs. 2 zu beachten. 7

Der **Anspruch** kann auch **verpfändet** oder gemäß § 857 Abs. 1, 2 ZPO **gepfändet** werden.[4)] Dabei muss der Pfändungsgläubiger – im Gegensatz zur Abtretung nach Abs. 2 – die Verpflichtungen aus dem Meistgebot auch nicht übernehmen;[5)] denn er erhält durch die wirksame Pfändung (oder Verpfändung) nur ein Pfandrecht an dem Anspruch auf Zuschlag, ihm wird also nicht der Zuschlag erteilt. 8

Die Pfändung ist bis zum Wirksamwerden des Zuschlags (§§ 89 oder 104 ZVG) möglich; sie wird wirksam mit der Zustellung des Pfändungsbeschlusses an den Meistbietenden (§ 857 Abs. 2 ZPO), da es sich um ein drittschuldnerloses Recht handelt.[6)] Die Wirkungen der Pfändung richtet sich nach § 848 Abs. 2 Satz 2 ZPO (bzw. bei der Verpfändung nach § 1287 Satz 2 BGB), der analog angewandt wird: Der Gläubiger erwirbt mit dem Zuschlag eine Sicherungshypothek in Höhe seiner Forderung. Diese hat Rang nach den bestehen bleibenden Rechten, aber auch Rang nach den gemäß § 128 ZVG einzutragenden Sicherungshypotheken. Die Eintragung im Grundbuch erfolgt im Wege der Grundbuchberichtigung und kann vom Pfändungsgläubiger unter Vorlage des Pfändungsbeschlusses samt Zustellungsnachweis beantragt werden (§§ 13, 22 GBO). Das Versteigerungsgericht veranlasst diese Eintragung im 9

---

1) OLG Koblenz, Beschl. v. 28.8.1987 – 4 W 120/87, ZIP 1987, 1531 = NJW-RR 1988, 690; BGH, Beschl. v. 12.1.2017- V ZB 96/16, Rpfleger 2017, 350 = NJW RR 2017, 572.

2) Böttcher/*Böttcher*, ZVG, § 81 Rz. 2; Stöber/*Becker*, ZVG, § 81 Rz. 8; Dassler/Schiffhauer/u. a.-*Hintzen*, ZVG, § 81 Rz. 5; Schneider-*Abramenko*, ZVG, § 81 Rz. 3; *Ebeling*, Rpfleger 1986, 314 (Anm.); a. A. LG Darmstadt, Beschl. v. 28.11.1985 – 5 T 1033/85, Rpfleger 1986, 314 mit abl. Anm. *Ebeling*.

3) BGH, Urt. v. 15.3.1990 – III ZR 131/89, Rpfleger 1990, 471 = NJW 1990, 3141.

4) BGH, Urt. v. 15.3.1990 – III ZR 131/89, Rpfleger 1990, 471 = NJW 1990, 3141.

5) *Kammer/Riedel*, Rpfleger 1989, 144; Böttcher/*Böttcher*, ZVG, § 81 Rz. 4; Stöber/*Becker*, ZVG, § 81 Rz. 16; Schneider-*Abramenko*, ZVG, § 81 Rz. 21; Dassler/Schiffhauer/u. a.-*Hintzen*, Rz. 10; a. A. Steiner-*Storz*, ZVG, § 81 Rz. 8.

6) Das Vollstreckungsgericht ist nicht Drittschuldner; denn es schuldet dem Meistbietenden nichts.

Rahmen seines Ersuchens nach § 130 nicht, da diese Eintragung nicht das Ergebnis des Versteigerungsverfahrens, sondern Folge der Pfändung ist.[7)]

10 Wenn **mehrere Personen gemeinschaftlich** geboten haben, war bereits bei der Gebotsabgabe das maßgebliche Gemeinschaftsverhältnis anzugeben. Im Zuschlagsbeschluss muss dieses Gemeinschaftsverhältnis dann übernommen werden, wenn es sich um ein zulässiges Gemeinschaftsverhältnis handelt; andernfalls wäre das Gebot unwirksam und könnte damit auch nicht den Zuschlag erhalten.

11 Hat der **Bieter in offener Vertretung** für einen anderen geboten, erhält der Vollmachtgeber als Meistbietender den Zuschlag, wenn die Vollmacht ordnungsgemäß nach § 71 Abs. 2 ZVG[8)] nachgewiesen war. Nicht möglich ist es aber, den Zuschlag unter dem Vorbehalt einer noch nachzuweisenden Vertretungsmacht zu erteilen.[9)]

12 Wird der Meistbietende nach Abgabe des Meistgebots **geschäftsunfähig** (und damit auch prozessunfähig), so erhält er trotzdem den Zuschlag. In das weitere Verfahren (auch schon bei der Zustellung des Zuschlagsbeschlusses, § 88 ZVG) muss sein gesetzlicher Vertreter einbezogen werden.

13 Auch eine noch nicht im Handelsregister eingetragene GmbH kann als **Vorgesellschaft** bieten und den Zuschlag erhalten. Wenn sie in der Zwischenzeit jedoch im Handelsregister eingetragen worden ist, wird der Zuschlag der GmbH und nicht mehr der Vor-GmbH erteilt.[10)]

14 Wenn der Meistbietende zwischen Abgabe des Gebots und der Verkündung der Zuschlagsentscheidung **gestorben** ist, ist der Zuschlag nach h. M. den Erben zu erteilen, nicht dem Meistbietenden.[11)] Sind die Erben (noch) unbekannt, so wird der Zuschlag „den unbekannten Erben des am ... verstorbenen ... (Meistbietenden), vertreten durch ...." erteilt.[12)]

15 Ist über das Vermögen des **Meistbietenden das Insolvenzverfahren** eröffnet worden, dann ist der Zuschlag trotzdem dem Insolvenzschuldner – und nicht etwa dem Insolvenzverwalter – zu erteilen. Das Grundstück fällt aber in jedem Fall in die Insolvenzmasse (§ 35 InsO), egal ob der Erwerb vor oder nach Insolvenzeröffnung erfolgte. Deshalb muss der Zuschlagsbeschluss (auch) dem Insolvenzverwalter zugestellt werden. Der Anspruch auf Zahlung des Meistgebots ist eine Insolvenzforderung mit dem Recht auf Vorwegbefriedigung.[13)]

---

7) So auch *Kammer/Riedel*, Rpfleger 1989, 144; Böttcher/*Böttcher*, ZVG, § 130 Rz. 12; Dassler/Schiffhauer/u. a.-*Hintzen*, ZVG, § 81 Rz. 10; so jetzt auch Stöber/*Becker*, ZVG, § 81 Rz. 16 a. A. noch *Stöber*, ZVG, 22. Aufl., § 81 Rz. 3.7; Stöber/*Rellermeyer*, Forderungspfändung, Rz. E.429; a. A. auch Schneider-*Abramenko*, ZVG, § 81 Rz. 21.

8) RGZ 142, 383.

9) OLG Frankfurt, Beschl. v. 18.8.1966 – 6 W 215/66, Rpfleger 1967, 51. Zulässig wird jedoch gehalten das Bieten „für einen noch zu benennenden Dritten"; vgl. Schneider-*Abramenko*, ZVG, § 81 Rz. 24.

10) LG München, Beschl. v. 9.4.1987 – 7 T 431/87, NJW-RR 1987, 1519.

11) So Böttcher/*Böttcher*, ZVG, § 81 Rz. 14; Stöber/*Becker*, ZVG, § 81 Rz. 11; Dassler/Schiffhauer/u. a.-*Hintzen*, ZVG, § 81 Rz. 12.

12) So Böttcher/*Böttcher*, ZVG, § 81 Rz. 14; Stöber/*Becker*, ZVG, § 81 Rz. 11 und § 82 Rz. 6.

13) Stöber/*Becker*, ZVG, § 81 Rz. 12; Dassler/Schiffhauer/u. a.-*Hintzen*, ZVG, § 81 Rz. 13; BeckOK-*Cranshaw*, ZVG, § 81 Rz. 2a; Schneider-*Abramenko*, ZVG, § 81 Rz. 5.

Wenn zur Eigentumsübertragung noch eine **Zustimmung erforderlich** ist (z. B. gemäß § 5 ErbbauRG; § 12 WEG), darf der Zuschlag erst erfolgen, wenn die entsprechende Zustimmung vorliegt oder ersetzt worden ist. 16

Falls ein **Flurbereinigungsverfahren** anhängig ist, kann bis zu dem in der Ausführungsanordnung der Flurbereinigungsbehörde bestimmten Zeitpunkt der Zuschlag auf das sog. Einlagegrundstück erteilt werden, später nur noch auf das Ersatzgrundstück. Unabhängig davon tritt der Ersteher in beiden Fällen in das Flurbereinigungsverfahren ein. Darauf sollte er ausdrücklich hingewiesen werden. 17

2. Wirkungen

Der Zuschlag ist ein **staatlicher Hoheitsakt**, durch den der Ersteher Eigentümer wird (§ 90 Abs. 1 ZVG). Hierbei erwirbt er das **Eigentum originär** – also nicht durch eine Übertragung; er ist somit kein Rechtsnachfolger des Schuldners. Daneben hat der Zuschlagsbeschluss aber noch weitere Wirkungen: 18

- Der Ersteher erwirbt auch Eigentum an den Gegenständen, auf die sich die Versteigerung erstreckte (§ 90 Abs. 2 ZVG).
- Rechte, die nach den Versteigerungsbedingungen nicht bestehen bleiben, erlöschen (§ 91 Abs. 1 ZVG).
- Übernahme der bestehen bleibenden Rechte (§ 52 ZVG).
- Übernahme der persönlichen Schuld bei einer Hypothek, u. U. auch bei einer Grundschuld (§ 53 ZVG).
- Übergang der Gefahr des zufälligen Untergangs (§ 56 Satz 1 ZVG).
- Übergang der Nutzungen und Lasten (§ 56 Satz 2 ZVG).
- Eintritt in bestehende Met- und Pachtverhältnisse (§§ 57 ff. ZVG).

III. Abtretung der Rechte aus dem Meistgebot (Abs. 2)

Wenn der Meistbietende seine Rechte aus dem Meistgebot abgetreten und der Zessionar die Verpflichtungen aus dem Meistgebot übernommen hat, dann erhält anstelle des Meistbietenden der **Zessionar** den Zuschlag (Abs. 2). Beide Erklärungen müssen im Versteigerungstermin zu Protokoll erklärt oder nachträglich durch eine öffentlich beglaubigte Urkunde nachgewiesen werden. Nach allgemeiner Ansicht gehört der (besondere) Verkündungstermin noch zum Versteigerungstermin; deshalb können die Erklärungen auch noch dort zu Protokoll erklärt werden.[14] Beide Erklärungen können weder widerrufen noch zurückgenommen werden. 19

Wurde zwar die Abtretung erklärt, nicht aber die Übernahme der Verpflichtung aus dem Meistgebot, muss der Zuschlag dem Meistbietenden erteilt werden. Wird er dem Zessionar erteilt, dann kann deswegen Beschwerde eingelegt werden. Nach Ansicht des *LG Heilbronn*[15] soll zwar ein Versagungsgrund nach § 83 Nr. 6 ZVG vorlie- 20

14) LG Braunschweig, Beschl. v. 16.6.1999 – 8 T 530/99, Rpfleger 1999, 554; LG Heilbronn, Beschl. v. 22.6.1995 – 1b T 203/95, Rpfleger 1996, 78; so auch Stöber/*Becker*, ZVG, § 81 Rz. 18 f.; Dassler/Schiffhauer/u. a.-*Hintzen*, ZVG, § 81 Rz. 19; a. A. Schneider-*Abramenko*, ZVG, § 81 Rz. 17: Dafür bestehe kein schutzwürdiges Interesse.

15) LG Heilbronn, Beschl. v. 22.6.1995 – 1b T 203/95, Rpfleger 1996, 78.

gen; dieser sei aber vom Beschwerdegericht nicht von Amts wegen zu beachten. Dem kann nicht gefolgt werden, da der Gesetzeswortlaut eindeutig ist.

21 Für das Vollstreckungsgericht und die Beteiligten des Verfahrens sind nur die in Absatz 2 aufgeführten Erklärungen als dingliches Verfügungsgeschäft von Bedeutung. Das dieser Verfügung zugrunde liegende Verpflichtungsgeschäft (z. B. in Form eines Rechtskaufs[16]) betrifft nur das Verhältnis zwischen dem Zedenten und dem Zessionar. Deshalb können diese Erklärungen auch nicht zu Protokoll des Versteigerungsgerichts erklärt werden.

22 Dass im Fall des Zuschlags an den Zessionar die **Grunderwerbsteuer zweimal** anfällt, sei hier nur der Vollständigkeit halber erwähnt (zu Einzelheiten siehe Rz. 29).

23 In diesem Zusammenhang von Bedeutung ist auch die **Frage des § 85a Abs. 3 ZVG.** Hier müssen folgende Fälle unterschieden werden:

Fall 1: Dem Meistbietenden wäre eigentlich der Zuschlag gemäß § 85a Abs. 1 ZVG zu versagen. Er tritt sein Recht aus dem Meistgebot aber an einen aus dem Grundstück Berechtigten ab, bei dem die Voraussetzungen des § 85a Abs. 3 ZVG erfüllt sind.

Nach überwiegender Ansicht[17] kann dem Zessionar der Zuschlag erteilt werden, da bei ihm die Voraussetzungen des § 85a Abs. 3 ZVG vorliegen. Ihn trifft damit auch der Forderungsverlust durch die Befriedigungsfiktion des § 114a ZVG.

Fall 2: Der Meistbietende könnte den Zuschlag gemäß § 85a Abs. 3 ZVG erhalten. Er tritt aber sein Recht aus dem Meistgebot an einen Zessionar ab, der nicht unter § 85a Abs. 3 ZVG fällt.

Dem Zessionar ist trotzdem der Zuschlag zu erteilen; denn der Schuldnerschutz des § 85a ZVG ist insofern gewahrt, als die Befriedigungsfiktion des § 114a ZVG auch hier eintritt – wenn auch in der Person des Zedenten.[18]

IV. Zuschlag bei verdeckter Vertretung bei Gebotsabgabe (Abs. 3)

24 Neben der offenen Vertretung des § 71 Abs. 2 ZVG lässt Absatz 3 auch die **verdeckte Stellvertretung ausdrücklich zu.** Das Vorschieben eines Strohmannes ist in diesem Fall also nicht sittenwidrig, da die Beteiligten keinen Anspruch darauf haben, dass die wirkliche Interessenlage offenbar werde.[19] Der Meistbietende kann auch für sich und einen verdeckten Vollmachtgeber bieten; dann muss aber das maßgebliche Gemeinschaftsverhältnis angegeben werden.

25 Der Vollmachtgeber erhält den Zuschlag, wenn der Meistbietende im Versteigerungstermin oder nachträglich in einer öffentlich beglaubigten Urkunde erklärt, dass er für einen anderen geboten habe. Daneben muss dann aber die Vertretungsmacht des Meistbietenden oder die Zustimmung des Vollmachtgebers bei Gericht offen-

---

16) Vgl. hierzu BeckOK-*Cranshaw*, ZVG, § 81 Rz. 12.

17) Böttcher/*Böttcher*, ZVG, § 85a Rz. 12; Dassler/Schiffhauer/u. a.-*Hintzen*, ZVG, § 85a Rz. 34; so offenbar auch BeckOK-*Cranshaw*, ZVG, § 81 Rz. 16 f.; Schneider-*Traub*, ZVG, § 85a Rz. 58; a. A. OLG Koblenz, Beschl. v. 20.12.1985 – 4 W 506/85, Rpfleger 1986, 233 = MDR 1986, 682; a. A. auch Stöber/*Becker*, ZVG, § 85a Rz. 30.

18) So Böttcher/*Böttcher*, ZVG, § 85a, Rz. 13; so auch Stöber/*Becker*, ZVG, § 85a Rz. 29; Dassler/Schiffhauer/u. a.-*Hintzen*, ZVG, § 85a Rz. 32; Schneider-*Traub*, ZVG, § 85 a Rz. 56.

19) BGH, Urt. v. 14.7.1954 – VI ZR 99/53, DB 1954, 974.

kundig sein oder durch eine öffentlich beglaubigte Urkunde nachgewiesen werden. Sobald die Erklärungen abgegeben sind, können sie nicht mehr widerrufen werden. Fehlt entweder die Erklärung des Meistbietenden oder die Zustimmung bzw. die Vollmacht des Vollmachtgebers, erhält der Meistbietende den Zuschlag.

Auch bei der verdeckten Stellvertretung nach Absatz 3 fällt die **Grunderwerbsteuer** zweimal an (Einzelheiten hierzu siehe unter Rz. 29). 26

V. Gesamtschuldnerische Haftung (Abs. 4)

Für die Verpflichtungen aus dem Meistgebot haften der **Meistbietende und der Ersteher als Gesamtschuldner** (Abs. 4), wenn der Zuschlag im Falle des Abs. 2 an den Zessionar oder im Fall des Abs. 3 dem verdeckten Vollmachtgeber erteilt wird. Konkret bedeutet dies Folgendes: 27

- Für die Verpflichtungen aus dem Meistbargebot und für die Kosten des Zuschlags haften sie gesamtschuldnerisch nach §§ 421 ff. BGB.
- Dagegen haftet nur der Ersteher für eventuelle Zuzahlungspflichten nach §§ 50, 51 ZVG und für die nach § 53 ZVG zu übernehmende persönliche Schuld; denn diese Pflichten treffen schon begrifflich nur den neuen Eigentümer – also den Ersteher.

Bei einer mehrfachen Abtretung nach Abs. 2 haften nach h. M. **alle Zedenten** (zusammen mit dem Ersteher) als Gesamtschuldner.[20] 28

VI. Sonstiges

1. Grunderwerbsteuer, Umsatzsteuer

a) Grunderwerbsteuer

Die **Grunderwerbsteuer** gehört auch zu den Kosten, welche anlässlich des Eigentumsübergangs in der Zwangsversteigerung anfallen. Die Höhe der Grunderwerbsteuer, die früher bundeseinheitlich 3,5 % betragen hat, ist jetzt **landesrechtlich unterschiedlich** geregelt.[21] Hinzuweisen ist auf den Umstand, dass bereits das Meistgebot in der Zwangsversteigerung nach § 1 Abs. 1 Nr. 4 GrEStG der Grunderwerbsteuer unterliegt, nicht (erst) der Eigentumsübergang durch den Zuschlag. In den Fällen des § 81 Abs. 2 und Abs. 3 ZVG, wo also „neben" den Meistbietenden noch ein anderer als Ersteher tritt, fällt deshalb die **Grunderwerbsteuer zweimal** an. Wegen der Einzelheiten siehe § 58 Rz. 17, 20 [*Bachmann*]. 29

b) Umsatzsteuer

Hinsichtlich der **Umsatzsteuer** sind für das Vollstreckungsgericht nur folgende Punkte von Bedeutung: 30

Das vom Ersteher zu zahlende Meistbargebot ist ein Nettobetrag; Umsatzsteuer ist darin nicht enthalten. Folglich muss der Ersteher dem Vollstreckungsgericht das **volle Meistbargebot** überweisen (§ 107 Abs. 2 ZVG). Wegen der Einzelheiten hierzu wird auf § 58 Rz. 23, 24 [*Bachmann*] verwiesen.

---

20) Böttcher/*Böttcher*, ZVG, § 81 Rz. 22; Stöber/*Becker*, ZVG, § 81 Rz. 32; BeckOK-*Cranshaw*, ZVG, § 81 Rz. 21; a. A. Dassler/Schiffhauer/u. a.-*Hintzen*, ZVG, § 81 Rz. 27; Steiner-*Storz*, ZVG, § 81 Rz. 50: Keine Haftung der Zwischenerwerber.

21) Zu Einzelheiten siehe § 58 Rz. 17 ff. [*Bachmann*].

2. Kosten des Zuschlagsbeschlusses

31 Die **Kosten** des Zuschlagsbeschlusses hat gemäß § 58 ZVG der **Ersteher** zu tragen. Diese Vorschrift gehört zu den gesetzlichen Versteigerungsbedingungen; somit stellt der entsprechende Passus im Zuschlagsbeschluss auch keine Kostenentscheidung i. S. v. §§ 91 ff. ZPO dar.[22)]

3. Vorkaufsrechte und Zuschlag

32 Das **dingliche Vorkaufsrecht** (§§ 1094 ff. BGB) ist in der Zwangsversteigerung zum Zwecke der Vollstreckung oder auf Antrag des Insolvenzverwalters ausgeschlossen. Wenn es nur für einen Verkaufsfall bestellt war, wird es mit Erteilung des Zuschlags hinfällig. Dies bedeutet, dass es in jedem Fall erlischt und deshalb auch dann nicht im geringsten Gebot aufzuführen ist, wenn es dem bestbetreibenden Gläubiger im Rang vorgeht (str.).[23)] Wenn das Vorkaufsrecht dagegen für mehrere (oder alle) Verkaufsfälle bestellt ist, wird es in das geringste Gebot aufgenommen, wenn es Rang vor dem bestbetreibenden Gläubiger hat.

33 Ausgeübt werden kann es aber nur bei der Zwangsversteigerung zum Zwecke der Gemeinschaft und bei der Versteigerung auf Antrag des Erben. Die Ausübung erfolgt jedoch **außerhalb des Zwangsversteigerungsverfahrens**; deshalb ist der Zuschlag in jedem Fall dem Meistbietenden zu erteilen.[24)] Im Übrigen belastet natürlich ein bestehen bleibendes Vorkaufsrecht den Ersteher insoweit, als es bei einem späteren Verkaufsfall ausgeübt werden kann.

34 Das **Vorkaufsrecht der Gemeinde** nach dem Baugesetzbuch ist in allen Fällen der Zwangsversteigerung ausgeschlossen, nach inzwischen h. M auch bei der Teilungsversteigerung und der Erbenversteigerung.[25)]

35 **Landesrechtlich geregelte Vorkaufsrechte** (z. B. aufgrund von Denkmalschutzgesetzen oder aus Gründen des Naturschutzes) werden nicht in das Grundbuch eingetragen; sie haben deshalb wie das Vorkaufsrecht nach dem BauGB in der Zwangsversteigerung **keine Bedeutung** für die Zuschlagserteilung.

4. Rechtskraft

36 Der Zuschlagsbeschluss ist der materiellen Rechtskraft fähig und einem Urteil vergleichbar. Der Rechtspfleger übt bei der Zuschlagserteilung Rechtsprechung im materiellen Sinn aus.[26)]

---

22) So auch BeckOK-*Pestel*, ZVG § 81 Rz. 82.

23) Wie hier: Pfälz. OLG Zweibrücken, Beschl. v. 16.3.2011 – 3 W 28/11, Rpfleger 2011, 491 = FGPrax 2011, 177; Böttcher/*Böttcher*, ZVG, §§ 44, 45 Rz. 74; a. A. Stöber/*Gojowczyk*, ZVG, § 44 Rz. 43, § 51 Rz. 24 und Stöber/*Becker*, ZVG, § 81 Rz. 55; Schneider-*Abramenko*, ZVG, § 81 Rz. 13.

24) Wegen der Einzelheiten wird auf *Stöber*, NJW 1988, 3121 und Stöber/*Becker*, ZVG, § 81 Rz. 56 verwiesen.

25) Vgl. hierzu Stöber/*Becker*, ZVG, § 81 Rz. 60.; Böttcher/*Böttcher*, ZVG, § 81 Rz 9 und § 180 Rz. 98.

26) So auch Böttcher/*Böttcher*, ZVG § 81 Rz. 17 und § 90 Rz. 2; Dassler/Schiffhauer/u. a.-*Hintzen*, ZVG, § 82 Rz. 2 und § 90 Rz. 1.

Alle Einwendungen gegen die Zulässigkeit der Zuschlagserteilung sind mit der Rechtskraft des Beschlusses ausgeschlossen. Er gilt also auch, wenn er fehlerhaft ist;[27] er kann nicht mehr geändert oder ergänzt werden. Eine Berichtigung gemäß § 319 ZPO ist jedoch auch dann noch möglich. 37

Wenn jedoch einer **Verfassungsbeschwerde** gegen den (rechtskräftigen!) Zuschlagsbeschluss wegen einer Grundrechtsverletzung stattgegeben wird, hebt das Bundesverfassungsgericht gemäß § 95 Abs. 2 BVerfG den Zuschlagsbeschluss auf und verweist die Sache zur erneuten Entscheidung an das zuständige Gericht zurück.[28] 38

---

27) BGH, Urt. v. 11.3.2009 – VIII ZR 83/08, Rpfleger 2009, 468 = NJW 2009, 2312; vgl. Böttcher/*Böttcher*, ZVG, § 90 Rz. 2; Stöber/*Becker*, ZVG, § 81 Rz. 47; Dassler/Schiffhauer/u. a.-*Hintzen*, ZVG, § 82 Rz. 5.

28) BVerfG, Beschl. v. 8.5.2009 – 2 BvQ 41/19, NJW 2019, 2077.

§ 82
Zuschlagsbeschluss

In dem Beschluss, durch welchen der Zuschlag erteilt wird, sind das Grundstück, der Ersteher, das Gebot und die Versteigerungsbedingungen zu bezeichnen; auch sind im Falle des § 69 Abs. 3 der Bürge unter Angabe der Höhe seiner Schuld und im Falle des § 81 Abs. 4 der Meistbietende für mithaftend zu erklären.

Übersicht

I. Allgemeines

Die Zuschlagsentscheidung ergeht in Beschlussform, wobei der wesentliche Inhalt durch das Gesetz vorgeschrieben ist (§ 82 ZVG). Die Vorschrift gilt für alle Versteigerungsarten. 1

II. Vorgeschriebener Inhalt des Zuschlagsbeschlusses

§ 82 ZVG schreibt den **wesentlichen Inhalt** des Zuschlagsbeschlusses vor. Er muss enthalten: 2

Das versteigerte **Grundstück** ist genau zu bezeichnen, am besten in Übereinstimmung mit dem Grundbuch (Gemarkung, Flur, Flurstück, Wirtschaftsart, Größe).

Der **Ersteher** ist mit Vornamen, Familiennamen, Geburtsdatum, Wohnort anzugeben. Dies gilt auch für den Einzelkaufmann, der im Grundbuch nicht mit seiner Firma eingetragen werden kann (vgl. § 15 Abs. 1a GBV). Handelsgesellschaften und andere juristische Personen sind mit ihrer Firma und dem Sitz aufzuführen. Daneben ist auch der gesetzliche Vertreter anzugeben. Bei einer Bietergemeinschaft ist das maßgebliche **Gemeinschaftsverhältnis** aufzuführen. 3

4 Angegeben werden muss das **Meistbargebot.**

5 Anzuführen sind die **Versteigerungsbedingungen.** Für die gesetzlichen Versteigerungsbedingungen reicht der allgemeine Hinweis: „Im Übrigen gelten die gesetzlichen Versteigerungsbedingungen." Ausdrücklich zu nennen sind aber die festgestellten und verlesenen besonderen Versteigerungsbedingungen. Ob die bestehen bleibenden Rechte ausdrücklich aufgeführt werden müssen, wird streitig beantwortet. Mit *Böttcher* und *Stöber*[1] bin ich der Ansicht, dass diese Rechte im Zuschlagsbeschluss auch aufgeführt werden müssen, schon weil sie auch „Bestandteil des Gebots" sind.

6 **Besonderheiten** sind immer im Beschluss mit **aufzunehmen,** z. B.

- wenn ein Altenteil unter den Voraussetzungen des § 9 Abs. 2 EGZVG erlischt,
- wenn der Zinssatz für die Verzinsung des Bargebots höher als 4 % ist,
- wenn ein Rechte bestehen bleibt, das noch in RM eingetragen ist (unter Angabe des €-Betrags).

7 Wenn für das Meistgebot Sicherheit gemäß § 69 Abs. 3 ZVG durch Bürgschaft geleistet worden ist, ist die **Mithaft des Bürgen** unter Angabe der Höhe seiner Schuld (also der Höhe der Sicherheitsleistung) anzugeben.

8 In den Fällen des § 81 Abs. 4 ZVG muss die **Mithaft des Meistbietenden** angegeben werden.

9 Ein **Kostenausspruch** ist nicht nötig, da die Kostentragungspflicht des Erstehers gemäß § 58 ZVG (schon) Versteigerungsbedingung ist.

10 Wenn **Zubehörstücke** von der Versteigerung ausgeschlossen sind (vgl. § 55 Abs. 2 ZVG), dann sollte dies ebenfalls im Zuschlagsbeschluss erwähnt werden; vorgeschrieben ist es aber nicht.[2]

11 Der Beschluss muss **Datum und Unterschrift** dessen enthalten, der ihn erlassen hat.

12 Ob man die **Uhrzeit** der Verkündung des Zuschlagsbeschlusses im Versteigerungsprotokoll wirklich angeben muss,[3] möchte ich bezweifeln.

III. Begründung des Zuschlagsbeschlusses

13 Sie ist im ZVG nicht ausdrücklich vorgeschrieben. Deshalb wird sie in einfach gelagerten Fällen für nicht erforderlich gehalten. Dagegen hat sich insbesondere *Stöber*[4] ausgesprochen, der unter Berufung auf rechtsstaatliche Verfahrensgrundsätze darauf hinweist, dass von einer Begründung nicht abgesehen werden kann, da der Beschluss

---

1) Böttcher/*Böttcher*, ZVG, § 82 Rz. 5; Stöber/*Becker*, ZVG, § 82 Rz. 8; Dassler/Schiffhauer/u. a.-*Hintzen*, ZVG, § 82 Rz. 11; BeckOK-*Cranshaw*, ZVG, § 82 Rz. 15; Schneider-*Abramenko*, ZVG, § 82 Rz. 6.

2) Böttcher/*Böttcher*, ZVG, § 82 Rz. 2; Stöber/*Becker*, ZVG, § 82 Rz. 9; Dassler/Schiffhauer/u. a.-*Hintzen*, ZVG, § 82 Rz. 9; etwas strenger, „muss": Schneider-*Abramenko*, ZVG, § 82 Rz. 3.

3) So aber Böttcher/*Böttcher*, ZVG, § 78 Rz. 2 auch Stöber/*Becker*, ZVG, § 82 Rz. 16.

4) Stöber/*Becker*, ZVG, § 82 Rz. 19; Dassler/Schiffhauer/u. a.-*Hintzen*, ZVG, § 82 Rz. 13; Schneider/*Abramenko*, ZVG, § 82 Rz. 10.

einem Rechtsmittel unterliege. Die Praxis hält es zwar mit der h. M., wonach eine **Begründung** nur dann erforderlich ist, wenn rechtliche oder tatsächliche Verhältnisse zu erörtern sind. In Wahrheit jedoch enthält auch der „einfache Zuschlag" eine Begründung, die nur auf das Wesentliche reduziert ist („Dem … wird der Zuschlag erteilt, da er mit einem Gebot von … € Meistbietender geblieben ist").[5)]

IV. Berichtigung des Zuschlagsbeschlusses

Der Zuschlagsbeschluss kann wie jede andere gerichtliche Entscheidung unter den Voraussetzungen des § 319 ZPO berichtigt werden. Es muss sich jedoch um eine echte Berichtigung handeln; es darf also keine Ergänzung in der Sache erfolgen. 14

V. Muster eines Zuschlagsbeschlusses

Die meisten Kommentare und Handbücher enthalten Muster eines Zuschlagsbeschlusses.[6)] 15

---

5) Vgl. BeckOK-*Cranshaw*, ZVG, § 82 Rz. 2.

6) Böttcher/*Böttcher*, ZVG, § 82 Rz. 12; Stöber/*Becker*, § 82 Rz. 23; *Stöber*, ZVG-Handbuch, Rz. 347; *Hintzen/Wolf*, Rz. 15.46; *Knees*, ZVG, S. 391.

§ 83

Voraussetzungen für Versagung des Zuschlags

Der Zuschlag ist zu versagen:

1. **wenn die Vorschrift des § 43 Abs. 2 oder eine der Vorschriften über die Feststellung des geringsten Gebots oder der Versteigerungsbedingungen verletzt ist;**
2. **wenn bei der Versteigerung mehrerer Grundstücke das Einzelausgebot oder das Gesamtausgebot den Vorschriften des § 63 Abs. 1, Abs. 2 Satz 1, Abs. 4 zuwider unterblieben ist;**
3. **wenn in den Fällen des § 64 Abs. 2 Satz 1, Abs. 3 die Hypothek, Grundschuld oder Rentenschuld oder das Recht eines gleich- oder nachstehenden Beteiligten, der dem Gläubiger vorgeht, durch das Gesamtergebnis der Einzelausgebote nicht gedeckt werden;**
4. **wenn die nach der Aufforderung zur Abgabe von Geboten erfolgte Anmeldung oder Glaubhaftmachung eines Rechts ohne Beachtung der Vorschrift des § 66 Abs. 2 zurückgewiesen ist;**
5. **wenn der Zwangsversteigerung oder der Fortsetzung des Verfahrens das Recht eines Beteiligten entgegensteht;**
6. **wenn die Zwangsversteigerung oder die Fortsetzung des Verfahrens aus einem sonstigen Grund unzulässig ist;**
7. **wenn eine der Vorschriften des § 43 Abs. 1 oder des § 73 Abs. 1 verletzt ist;**
8. **wenn die nach § 68 Abs. 2 und 3 verlangte Sicherheitsleistung nicht bis zur Entscheidung über den Zuschlag geleistet worden ist.**

Übersicht

I. Allgemeines

1 Vor der Entscheidung über den Zuschlag muss das Vollstreckungsgericht noch einmal das **gesamte Verfahren** daraufhin **überprüfen**, ob es gesetzeskonform verlaufen ist. Die Verfahrensmängel, die zur Versagung des Zuschlags führen, stellt § 83 ZVG fest. Die Aufzählung in dieser Vorschrift ist aber nicht erschöpfend; daneben ist der Zuschlag auch in folgenden Fällen zu versagen:

- wenn es an einem (wirksamen) Meistgebot fehlt (§ 81 ZVG),
- wenn unter den Voraussetzungen des § 85 ZVG ein neuer Versteigerungstermin beantragt wird,
- wenn das Meistgebot unter der Hälfte des festgesetzten Verkehrswertes liegt (§ 85a),
- wenn ein Versagungsantrag gemäß § 74a von einem hierzu Berechtigten gestellt wird.

2 § 83 ZVG gilt für alle Versteigerungsverfahren des ZVG.

II. Versagung des Zuschlags

3 Wenn ein **Versagungsgrund** vorliegt, muss der Zuschlag versagt werden; es gibt hier kein Ermessen des Vollstreckungsgerichts. Dies geschieht durch verkündeten **Beschluss**, der immer zu begründen ist. Mit seiner Rechtskraft (erst dann!) wirkt dieser Beschluss gemäß § 86 ZVG wie eine einstweilige Einstellung, wenn die Fortsetzung des Verfahrens zulässig ist. Wenn eine Fortsetzung nicht zulässig ist, wirkt der Beschluss wie eine Aufhebung. Diese Wirkung ist in die Beschlussformel des Versagungsbeschlusses aufzunehmen und in den Gründen näher darzustellen.[1)]

4 Das Gesetz gliedert die Versagungsgründe in § 83 ZVG in zwei Gruppen:

Die Verfahrensfehler in Nr. 1–5 bezeichnet man oft als **„heilbare“ oder „relative“** Versagungsgründe. Damit soll zum Ausdruck gebracht werden, dass diese Mängel, durch die nur bestimmte Rechte betroffen sind, doch nicht zur Zuschlagsversagung führen, wenn die Voraussetzungen des § 84 ZVG vorliegen (keine Beeinträchtigung oder Genehmigung).

5 Die in Nr. 6 und 7 genannten Versagungsgründe werden als **„unheilbare“ oder „absolute“** eingestuft. In diesen Fällen, die in § 84 ZVG nicht aufgeführt sind, muss also immer der Zuschlag versagt werden. Diese Versagungsgründe hat das Beschwerdegericht stets zu prüfen, auch wenn die eingelegte Beschwerde sich auf andere Gründe beruft (§ 100 Abs. 3 ZVG).

---

1) Böttcher/*Böttcher*, ZVG, § 83 Rz. 1 und § 86 Rz. 1; Stöber/*Becker*, ZVG, § 86 Rz. 3a; Dassler/Schiffhauer/u. a.-*Hintzen*, ZVG, § 86 Rz. 3; Schneider-*Goldbach*, ZVG, § 86 Rz. 5.

Der durch das 2. JModG eingefügte weitere Versagungsgrund Nr. 8 passt aus mehreren Gründen nicht in diese Gliederung (zu Einzelheiten siehe Rz. 23). 6

III. Versagungsgründe des § 83 ZVG

1. Nr. 1

Unter Nr. 1 fallen: 7

- Die unterlassene, nicht rechtzeitige oder unwirksame Zustellung eines Beschlagnahme- oder Fortsetzungsbeschlusses an den Schuldner (§ 43 Abs. 2 ZVG).
- Die unterlassene, nicht rechtzeitige oder unwirksame Zustellung der Terminsbestimmung an die Beteiligten (§ 43 Abs. 2).
- Die Verletzung der Vorschriften über die Feststellung des geringsten Gebots oder der Versteigerungsbedingungen (§§ 45 bis 65 ZVG).

Der unterlassenen Zustellung gleichzustellen ist die Zustellung eines in einem wesent- 8
lichen Punkt unrichtigen oder unvollständigen Beschlagnahmebeschlusses. Eine unwirksame Zustellung kann gemäß § 189 ZPO jedoch inzwischen geheilt sein; dann liegt auch kein Versagungsgrund vor. Ein Beteiligter, der erst nach der Terminsbestimmung bekannt wurde, muss nicht „nachgeladen" werden (vgl. Wortlaut des § 43 Abs. 2 ZVG).

Beispiele für die Verletzung der §§ 45 ff. ZVG: 9

- Dem geringsten Gebot liegt ein falscher bestbetreibender Gläubiger zugrunde.
- Die bestehen bleibenden Rechte sind nicht richtig festgestellt.
- ein erforderlicher Zuzahlungsbetrag ist gar nicht oder falsch festgesetzt.
- Das zunächst richtig festgestellte geringste Gebot ist nachträglich unrichtig geworden (z. B. weil der bestbetreibende Gläubiger noch vor der Zuschlagsentscheidung seinen Versteigerungsantrag zurückgenommen oder die Einstellung bewilligt hat oder die Einstellung zu erfolgen hätte, z. B. infolge Ablösung des bestbetreibenden Gläubigers.[2])
- Verstoß gegen § 66 Abs. 1 ZVG, weil nach Feststellung des geänderten geringsten Gebotes und der Versteigerungsbedingungen unmittelbar erneut zum Bieten aufgefordert wurde, ohne beides nochmals zu verlesen.[3])

2. Nr. 2

Der Zuschlag ist zu versagen, wenn bei der Versteigerung mehrerer Grundstücke in 10
einem verbunden Verfahren:

- **Einzelausgebote** entgegen § 63 Abs. 1 Satz 1 **nicht erfolgt** sind,[4])
- das **Gesamtausgebot bzw. Gruppenausgebot** entgegen § 63 Abs. 2 Sätze 1 und 2 ZVG unterblieben ist.

---

2) LG Verden, Beschl. v. 9.9.2016 – 6 T 110/16, ZfIR 2017, 549 mit Anm. *Meerhoff*, ZfIR 2017, 528.

3) BGH, Beschl. v. 18.7.2013 – V ZB 13/13, WM 2013, 1867.

4) Vgl. hierzu BGH, Beschl. v. 30.10.2008 – V ZB 41/08, Rpfleger 2009, 98 = NJW-RR 2009, 158.

11 Hierbei ist auf folgende Punkte hinzuweisen:

Wenn die Einzelausgebote unterblieben sind, weil die Voraussetzungen des § 63 Abs. 4 ZVG vorlagen, war das Verfahren ordnungsgemäß: Der Zuschlag ist in diesem Fall nicht zu versagen, da § 63 Abs. 4 ZVG dann nicht verletzt ist.

12 Wenn das Vollstreckungsgericht von der Möglichkeit des § 63 Abs. 1 Satz 2 keinen Gebrauch gemacht hat, ist dies **kein Zuschlagsversagungsgrund.** Insoweit ist § 83 Nr. 2 ZVG ungenau bzw. nicht an die in § 63 ZVG vorgenommenen Änderungen angepasst worden.[5)] Ähnliches gilt für das Gruppenausgebot: Nach § 63 Abs. 2 Satz 2 kann ein Beteiligter unter den dort genannten Voraussetzungen verlangen, dass ein Gruppenausgebot erfolgt. Nach Satz 3 dieses Absatzes kann das Gericht auch in anderen Fällen ein Gruppenausgebot anordnen. Auch hier führt die unterbliebene Anpassung des § 83 Nr. 2 ZVG an die Änderungen in § 63 ZVG zu Ungenauigkeiten. Die Kommentarliteratur ist deshalb überwiegend der Ansicht, dass der Zuschlagsversagungsgrund des § 83 Nr. 2 ZVG auch das unterlassene Gruppenausgebot erfasst, wenn es nach § 63 Abs. 2 Satz 2 erfolgen muss, aber nicht das unterlassene Gruppenausgebot, welches nach § 63 Abs. 2 Satz 3 erfolgen kann.[6)]

3. Nr. 3

13 Ein Versagungsgrund nach Nr. 3 liegt vor, wenn bei § 64 Abs. 2 Satz 1 und Abs. 3 ZVG der **Deckungsgrundsatz nicht gewahrt** ist. Wenn also bei den Einzelausgeboten des § 64 Abs. 2 ZVG das Recht eines gleich- oder nachstehenden Beteiligten, der aber dem tatsächlich bestbetreibenden Gläubiger im Range vorgeht, durch das Gesamtergebnis der Einzelausgebote nicht oder nicht vollständig gedeckt ist, muss der Zuschlag auf die Einzelausgebote versagt werden. Der Zuschlag auf daneben gemäß § 64 Abs. 1 ZVG durchzuführenden Ausgeboten kann ebenfalls nicht erteilt werden, da diese Gebote mit dem Wahlrecht des Grundpfandrechtsgläubigers (§ 64 Abs. 2 Satz 2 ZVG) erloschen sind.[7)]

4. Nr. 4

14 Der Zuschlag ist ebenfalls zu versagen, wenn der Hinweis auf die bevorstehende Ausschließung weiterer Anmeldungen entgegen § 66 Abs. 2 ZVG unterblieben und trotzdem eine spätere Anmeldung oder Glaubhaftmachung zurückgewiesen worden ist. Wenn das Gericht nur den Hinweis unterlassen hat, aber gar keine Anmeldungen oder Glaubhaftmachungen erfolgt sind, führt dies nicht zur Zuschlagsversagung nach Nr. 4.

---

5) Einzelheiten hierzu bei Stöber/*Becker*, ZVG, § 83 Rz. 12a; Böttcher/*Böttcher*, ZVG, § 83 Rz. 3; Dassler/Schiffhauer/u. a.-*Hintzen*, ZVG, § 83 Rz. 13; a. A. Schneider-*Schneider*, ZVG, § 63 Rz. 6.

6) Einzelheiten hierzu ebenfalls bei Stöber/*Becker*, ZVG, § 83 Rz. 12 und 12a; Dassler/Schiffhauer/u. a.-*Hintzen*, ZVG, § 83 Rz. 14; BeckOK-*Cranshaw*, ZVG, § 83 Rz. 24 ff.; Schneider-*Abramenko*, ZVG, § 83 Rz. 7.

7) Vgl. hierzu auch § 64 Rz 41, 42; weitere Beispiele bei Dassler/Schiffhauer/u. a.-*Hintzen*, ZVG, § 83 Rz. 15–19.

5. Nr. 5

Nach Nr. 5 ist der Zuschlag zu versagen, wenn der Zwangsversteigerung grundsätzlich oder der Fortsetzung des Verfahrens das Recht eines Beteiligten entgegensteht. Das ist z. B. der Fall, wenn ein eingestelltes Verfahren ohne entsprechenden Antrag fortgesetzt wurde.[8] Darunter fällt aber auch ein nach § 28 ZVG von Amts wegen zu berücksichtigendes oder ein nach § 37 Nr. 5 ZVG geltend gemachtes „Gegenrecht" eines Beteiligten. 15

Eine **unrichtige Festsetzung** des Verkehrswertes kann in folgenden Fällen unter Nr. 5 eingeordnet werden: 16

a) Der Verkehrswertbeschluss ist **noch nicht** (formell) **rechtskräftig.** Nach Rechtskraft ist die Berufung auf die Unrichtigkeit grundsätzlich ausgeschlossen (§ 74a Abs. 5 Satz 4 ZVG); dies kann auch nicht über die Zuschlagsbeschwerde „ausgehebelt" werden.

b) Der Verkehrswert ist überhaupt **nicht festgesetzt** worden.

c) Eine **Überprüfung** des rechtskräftig festgesetzten Verkehrswertes wurde **nicht vorgenommen**, obwohl hierfür Anhaltspunkte vorlagen. Nicht recht nachvollziehbar ist insoweit die Entscheidung des *Oberlandesgerichts Köln*,[9] die in diesem Fall den Zuschlagsgrund nach § 83 Nr. 1 ZVG angenommen hat mit der Begründung, das Vorliegen einer ordnungsgemäßen Wertfestsetzung gehöre zu den gesetzlichen Versteigerungsbedingungen. Dagegen spricht schon die Stellung des § 74a ZVG; denn die Versteigerungsbedingungen enden bereits bei § 65 ZVG.

Stöber[10] ordnet auch den begründeten Antrag eines hierzu Berechtigten auf Versagung des Zuschlags gemäß § 74a Abs. 1 ZVG als Versagungsgrund unter Nr. 5 ein. 17

6. Nr. 6

Nr. 6 erfasst alle Gesetzesverletzungen, bei denen ungewiss ist, wie weit sich ihre Wirkung erstreckt.[11] Damit sind generalklauselmäßig alle Fälle umfasst, die dem Verfahren entgegenstehen. Der *Bundesgerichtshof*[12] geht deshalb auch von einem „Auffangtatbestand" aus. Beispiele für eine Zuschlagsversagung nach § 83 Nr. 6 ZVG: 18

– Unzuständiges Gericht (vgl. § 1 ZVG).
– Fehlende Vollstreckungsvoraussetzungen: Titel, Klausel, Zustellung usw. (vgl. §§ 15, 16 ZVG).
– Antragsrücknahme (vgl. § 29 ZVG).
– Einstellung des Verfahrens, die bereits erfolgt ist oder erfolgen müsste (vgl. §§ 30, 75, 76 ZVG).
– Fehlende Zustimmung gemäß § 5 ErbbauRG oder gemäß § 12 WEG.
– Fehlende Partei- oder Prozessfähigkeit des Schuldners (vgl. § 15 ZVG).

---

8) BGH, Beschl. v. 19.11.2009 – V ZB 118/09, Rpfleger 2010, 226 = NJW 2010, 2217.
9) OLG Köln, Beschl. v. 24.9.1992 – 2 W 151/92, Rpfleger 1993, 258.
10) Stöber/*Becker*, ZVG, § 83 Rz. 16; so auch Schneider-*Abramenko*, ZVG, § 83 Rz. 11.
11) Stöber/*Becker*, ZVG, § 83 Rz. 18 m. w. N.
12) BGH, Beschl. v. 30.1.2004 – IXa ZB 285/03, Rpfleger 2004, 368 = ZfIR 2004, 489.

- Nichtbeachtung oder unbegründete Zurückweisung eines Vollstreckungsschutzantrags (z. B. nach § 765a ZPO).[13]
- Falsch gehende Uhr im Gerichtssaal, wenn sich hierdurch Missverständnisse hinsichtlich der Bietzeit ergeben haben.[14]
- Wenn ein gerichtsbekannter „Nichtzahler" das Meistgebot abgegeben hat, der Zurückweisung seines Gebots widersprochen hat oder die entsprechende Problematik erst später erkannt wird.[15]
- Wenn der Schluss der Versteigerung bei Einzel- und Gesamtausgeboten oder bei Doppelausgeboten nicht gleichzeitig erfolgt.[16]
- Bei Verstoß gegen Garantiefunktionen des GG, z. B.:
  unzureichende Berücksichtigung der Eigentumsgarantie (Art. 14 GG),
  Verstoß gegen die Hinweis- und Belehrungspflicht,[17]

  Verstoß gegen Gewährung des rechtlichen Gehörs (Art. 103 GG),[18]

  Verletzung des effektiven Rechtsschutzes[19] oder des Anspruchs auf eine faire Verfahrensdurchführung,[20]

  Beeinträchtigung des Schuldners durch eine „Zuzahlungsvereinbarung" zwischen dem Meistbietenden und dem betreibenden Gläubiger.[21), 22]

19 Nach Ansicht des *Bundesgerichtshofes*[23] kann ein Verfahrensfehler, der gemäß § 84 ZVG im Umkehrschluss eigentlich nicht heilbar ist, doch zur Zuschlagserteilung führen, wenn die unterbliebene Förmlichkeit nachgeholt wird und Rechte von Beteiligten nicht beeinträchtigt werden.[24] Mittlerweile hat der *Bundesgerichtshof* seine frühere Ansicht in mehrfacher Hinsicht modifiziert, aber die Grundtendenz beibehalten, die da lautet:

---

13) BGH, Beschl. v. 13.10.2016 – V ZB 138/15, MDR 2017, 238 und Beschl. v. 16.3.2017 – V ZB 150/16, NJW-RR 2017, 695; vgl. Stöber/*Becker*, ZVG, § 83 Rz. 28.

14) OLG Frankfurt, JurBüro 1976, 533; vgl. Stöber/*Becker*, ZVG, § 83 Rz. 27.

15) BeckOK-*Cranshaw*, ZVG, § 83 Rz. 74 ff. m. w. N.

16) LG Berlin, Beschl. v. 8.8.1994 – 81 T 346/94, Rpfleger 1995, 80.

17) BGH, Beschl. v. 10.10.2013 – V ZB 181/12, ZfIR 2014, 257 mit Anm. *Ertle*; Pfälz. OLG Zweibrücken, Beschl. v. 29.11.1976 – 3 W 121/76, Rpfleger 1978, 107; OLG Köln, Beschl. v. 1.6.1983 – 2 W 45/83, Rpfleger 1983, 411 = MDR 1983, 761.

18) OLG Köln, Beschl. v. 1.6.1983 – 2 W 45/83, Rpfleger 1983, 411 = MDR 1983, 761.

19) OLG Celle, Beschl. v. 11.1.1979 – 4 W 76/78, Rpfleger 1979, 116 = KTS 1979, 320.

20) Beispielsweise BGH, Beschl. v. 22.3.2007 – V ZB 138/06, Rpfleger 2007, 410 = ZfIR 2007, 725 mit Anm. *Keller*.

21) BGH, Beschl. v. 31.5.2012 – V ZB 207/11, Rpfleger 2012, 640 = ZfIR 2012, 648.

22) Eine umfangreiche Zusammenstellung verschiedener unter Nr. 6 zu subsumierende Fälle bei Dassler/Schiffhauer/u. a.-*Hintzen*, ZVG, § 83 Rz. 22 ff.

23) So BGH, Beschl. v. 10.4.2008 – V ZB 114/07, Rpfleger 2008, 433 = ZfIR 2008, 469 mit Anm. *Zimmer*; BGH, Beschl. v. 16.3.2017 – V ZA 11/17, openJur 2018, 2334.

24) So auch Böttcher/*Böttcher*, ZVG, § 83 Rz. 7; BeckOK-*Cranshaw*, ZVG, § 83 Rz. 48 ff.; a. A. Dassler/Schiffhauer/u. a.-*Hintzen*, ZVG, § 83 Rz. 2; Steiner/*Storz*, ZVG, § 83 Rz. 5.

Aus der Vorschrift des § 84 ZVG lässt sich ein Ausschluss der in § 83 Nr. 6 ZVG bezeichneten Verfahrensfehler nicht ableiten. Ausgeschlossen sei nur die Heilung durch Genehmigung eines Beteiligten (= die 2. Alternative in § 84 Abs. 1).[25]

Beispiele: 20

- Aufgrund eines fehlerhaften Vollstreckungstitels darf der Zuschlag **nicht** erfolgen.
- Die **fehlerhafte Vollstreckungsmaßnahme** kann nur bis zur Erteilung des Zuschlags **geheilt** werden – aber nicht mehr im Beschwerdeverfahren.[26]
- Der Zuschlag ist **rechtmäßig**, wenn das **Hindernis** bei Verkündung **beseitigt** war; denn damit ist die Vollstreckungsmaßnahme in diesem Zeitpunkt gerade nicht mehr fehlerhaft.[27]
- Das Zustellungserfordernis gemäß § 750 Abs. 2 ZPO im Falle einer Rechtsnachfolge gilt nur für die Nachweisurkunde, auf welche sich das Klauselorgan gestützt hat und die ihm als Beweis der Rechtsnachfolge ausgereicht hat.[28]

7. Nr. 7

Nach Nr. 7 ist der Zuschlag zu versagen, wenn **§ 43 Abs. 1 oder § 73 Abs. 1** ZVG **verletzt** ist. Hierunter fällt also die nicht rechtzeitige, nicht richtige oder unvollständige Terminsveröffentlichung. Ein Verstoß gegen die §§ 38, 40, 41 Abs. 2 ZVG zählt grundsätzlich nicht dazu. Jedoch liegt der Versagungsgrund vor, wenn ein in der Veröffentlichung als „unbebaut" bezeichnetes Grundstück tatsächlich bebaut ist.[29] 21

Auch die Nichteinhaltung der Mindestzeit von 30 Minuten führt zur Zuschlagsversagung.[30] 22

8. Nr. 8

Nach Nr. 8 wird der Zuschlag versagt, wenn die nach § 68 Abs. 2 oder Abs. 3 ZVG verlangte (erhöhte!) **Sicherheit nicht** bis zur Entscheidung über den Zuschlag **geleistet** worden ist. Diese durch das 2. JModG eingefügte Regelung wird im Schrifttum zu Recht kritisiert, weil hierbei wichtige Grundsätze des Versteigerungsrechts nicht genügend beachtet sind. Die Vorschrift ist im Zusammenhang mit § 68 Abs. 4 ZVG und mit § 72 Abs. 4 ZVG zu sehen. Als Ergebnis dieser Regelung muss festgehalten werden: 23

Wenn von einem Bieter erhöhte Sicherheit verlangt wird, muss er sofort nur die **Regelsicherheit** (10 % des Verkehrswertes) leisten; deshalb wird sein Gebot auch

---

25) BGH, Beschl. v. 10.4.2008 – V ZB 114/07, Rpfleger 2008, 433, ZfIR 2007, 725.

26) BGH, Beschl. v. 21.11.2013 – V ZB 109/13, Rpfleger 2014, 215 = MDR 2014, 367; BGH, Beschl. v. 16.3.2017 – V ZA 11/17, rechtslupe.de.

27) Einzelheiten hierzu bei Stöber/*Becker*, ZVG, § 83 Rz. 5 f.

28) BGH, Beschl. v. 13.10.2016 – V ZB 174/15, ZIP 2017, 149 = MDR 2017, 111. Damit hat der BGH das LG Detmold, Beschl. v. 24.11.2015 – 3 T 199/15, Rpfleger 2016, 113 im Ergebnis bestätigt und gleichzeitig seine in den Beschlüssen vom 8.11.2012 – V ZB 124/13 und vom 21.11.2013 – V ZB 109/13 vertretene a. A. aufgegeben.

29) LG Kaiserslautern, Beschl. v. 8.3.1963 – 1 T 242, 243/63, Rpfleger 1964, 120 mit Anm. *Stöber*.

30) LG Traunstein, Beschl. v. 14.10.1954 – 4 T 340/54, MDR 1955, 48.

nicht zurückgewiesen, wenn er nur die Regelsicherheit leistet. Sein Gebot bleibt somit bis zur **Zuschlagsentscheidung** wirksam. Wenn der Erhöhungsbetrag nicht bis zur Zuschlagsentscheidung geleistet ist, ist der Zuschlag zu versagen, wenn kein weiteres zuschlagsfähiges Gebot abgegeben worden ist.[31)] Ein vor dem betreffenden Gebot abgegebenes Gebot ist aber nicht erloschen, wenn die erhöhte Sicherheit zum Übergebot nicht bis zur Zuschlagsentscheidung erbracht wird (§ 72 Abs. 4 ZVG). Somit erhält dieses (geringere!) Gebot den Zuschlag, wenn die erhöhte Sicherheit nicht rechtzeitig geleistet wird. § 83 Nr. 8 ZVG trifft für dieses Gebot also nicht zu, nur für das Übergebot, das mangels (erhöhter) Sicherheit eben nicht den Zuschlag erhält.

24 Der Versagungsgrund der Nr. 8 ist zwar nicht heilbar, da nicht in § 84 ZVG genannt. Jedoch gehört er nicht zu den im Beschwerdeverfahren schon von Amts wegen zu prüfenden Versagungsgründen, da diese Nummer in § 100 Abs. 3 ZVG nicht genannt ist.[32)]

31) Dieses Ergebnis würde auch ohne § 83 Nr. 8 ZVG zutreffen; denn das Gebot wäre jetzt als unwirksam zurückzuweisen und damit erloschen. Einem unwirksamen Gebot kann man den Zuschlag aber nicht erteilen; den Umweg über §§ 77, 33 ZVG, den Böttcher/*Böttcher*, ZVG, § 83 Rz. 9, geht braucht man hierfür gar nicht.

32) Die Neuregelung ist damit kein Ruhmesblatt des Gesetzgebers; und so fordern viele Kommentatoren die Aufhebung des § 83 Nr. 8; vgl. Böttcher/*Böttcher*, ZVG, § 83 Rz. 9; Stöber/*Becker*, ZVG § 83 Rz. 34; Dassler/Schiffhauer/u. a.-*Hintzen*, ZVG, § 83 Rz. 38 ff.; BeckOK-*Cranshaw*, ZVG, § 83 Rz. 119 f.

§ 84

Keine Versagung des Zuschlags

(1) Die im § 83 Nr. 1 bis 5 bezeichneten Versagungsgründe stehen der Erteilung des Zuschlags nicht entgegen, wenn das Recht des Beteiligten durch den Zuschlag nicht beeinträchtigt wird oder wenn der Beteiligte das Verfahren genehmigt.

(2) Die Genehmigung ist durch eine öffentlich beglaubigte Urkunde nachzuweisen.

Übersicht

I. Allgemeines

1 Die **Versagungsgründe** Nr. 1 bis 5 in § 83 ZVG bezeichnet man auch als **„relative"** oder **„heilbare"** Versagungsgründe. Dies deshalb, weil diese Versagungsgründe die Zuschlagserteilung dann nicht verhindern, wenn der betreffende Beteiligte nicht beeinträchtigt ist oder wenn dieser das Verfahren genehmigt.

2 Im Umkehrschluss bedeutet dies, dass die übrigen in § 83 ZVG aufgeführten Versagungsgründe nicht geheilt werden können. Hinsichtlich der Nr. 6 muss dies aber

etwas differenziert gesehen werden (zu Einzelheiten siehe § 83 Rz. 18 ff. [*Bachmann*]). Dass auch der Versagungsgrund der Nr. 8 nicht heilbar sein soll, wird in der Literatur als Missgriff des Gesetzgebers bezeichnet (siehe § 83 Rz. 24 [*Bachmann*]).

II. Zuschlag trotz Vorliegens von Versagungsgründen

1. Recht des Beteiligten ist nicht beeinträchtigt (Abs. 1 Halbs. 1)

Wenn positiv feststeht,[1] dass durch die Zuschlagserteilung kein Beteiligter beeinträchtigt wird, dann hindern die Gründe des § 83 Nr. 1–5 ZVG diese Zuschlagserteilung nicht (Abs. 1. Halb. 1). 3

Beispiele: 4

- Der Ersteher wird durch ein unrichtiges geringstes Gebot nicht beeinträchtigt; es fehlt ihm schon die Beteiligtenstellung.
- Eine Beeinträchtigung liegt auch nicht vor, wenn der Anspruch des (durch Nichtberücksichtigung im geringsten Gebot) betroffenen Beteiligten durch das Meistgebot gedeckt ist oder wenn auch bei einem ordnungsgemäßen Verfahren kein anderes Meistgebot abgegeben worden wäre.[2]
- Wenn bei der Abänderung der Versteigerungsbedingungen gegen § 59 ZVG verstoßen wurde, ein nachrangiger Beteiligter auch bei der Versteigerung zu den gesetzlichen Bedingungen sicher keine Zuteilung erhalten hätte, steht § 83 Nr. 1 ZVG der Zuschlagserteilung nicht entgegen.[3]
- Ein Beteiligter, bei dem die Frist des § 43 Abs. 2 ZVG nicht gewahrt ist, der aber doch zuverlässige Kenntnis des Versteigerungstermins erhalten hat, ist durch die Zuschlagserteilung nicht beeinträchtigt.
- Der Rechtsnachteil eines Beteiligten beruht nicht auf dem Verfahrensmangel; dann kann auch der Zuschlag erteilt werden.

Zu **beachten** ist jedoch Folgendes: 5

Für den Ausschluss der Heilung nach der 1. Alternative des § 85 Abs. 1 ZVG genügt schon die Möglichkeit einer Beeinträchtigung. In diesen Fällen kommt also nur die Heilung durch Genehmigung in Betracht (siehe Rz. 7, 8). Eine **mögliche Beeinträchtigung** liegt immer dann vor, wenn das Recht durch das Meistgebot nicht voll gedeckt ist oder wenn der Beteiligte, dessen Recht bei richtiger Feststellung des geringsten Gebots bestehen geblieben wäre, Barzahlung erhält[4] oder umgekehrt.

Der Schuldner kann beeinträchtigt sein: 6

- Wenn ihm bei richtiger Berechnung des geringsten Gebotes das Grundstück erhalten geblieben wäre.[5]

---

1) BGH, Beschl. v. 7.10.2010 – V ZB 37/10, Rpfleger 2011, 171 = MDR 2011, 130.
2) LG Frankfurt, Beschl. v. 27.6.1988 – 2/9 T 663/88, Rpfleger 1988, 494 = NJW-RR 1988, 1276; OLG Köln, Beschl. v. 16.6.1989 – 2 W 47/89, Rpfleger 1990, 176 = ZIP 1989, 1430.
3) OLG Stuttgart, Beschl. v. 14.10.1987 – 8 W 441/87, Rpfleger 1988, 200.
4) BGH, Beschl. v. 10.6.2010 – V ZB 192/09, NJW-RR 2010, 1314.
5) OLG Celle, NdsRpfl. 1956, 33 = WM 1955, 1682.

– Wenn bei richtiger Berechnung des geringsten Gebots ein günstigeres Versteigerungsergebnis erzielt worden wäre.[6] Bei **nachträglicher Unrichtigkeit** des geringsten Gebots aufgrund der Antragsrücknahme oder der Einstellungsbewilligung durch den bestbetreibenden Gläubiger ist der Schuldner ausnahmsweise nicht beeinträchtigt, wenn mit an Sicherheit grenzender Wahrscheinlichkeit anzunehmen ist, dass die Versteigerung bei richtiger Feststellung zum gleichen Ergebnis geführt hätte und der Schuldner auch nicht behaupten kann, dass ihm die Befriedigung des jetzt bestbetreibenden Gläubigers nach Wegfall des ursprünglichen Gläubigers nach § 75 ZVG möglich gewesen wäre.[7]

2. Genehmigung des Beeinträchtigten (Abs. 1 Halbs. 2, Abs. 2)

7 Die Versagungsgründe des § 83 Nr. 1–5 sind auch heilbar, wenn der vom Verfahrensmangel Betroffene das Verfahren genehmigt (Abs. 1 Halbs. 2). Die Genehmigung ist durch eine **öffentlich beglaubigte Urkunde** nachzuweisen (Abs. 2). Hierfür genügt die Erklärung zu Protokoll des Versteigerungsgerichts (also im Termin), nicht dagegen die Erklärung zur Niederschrift des Urkundsbeamten der Geschäftsstelle.

8 Die Genehmigung ist Prozesshandlung,[8] die nicht widerrufen werden kann.[9] Sie kann nur bis zur Verkündung der Zuschlagsentscheidung nachgewiesen werden;[10] im Rechtsmittelverfahren kann sie nicht mehr nachgeholt werden.[11]

9 Die Genehmigung kann auch durch den Prozessbevollmächtigten oder sonstigen Vertreter erklärt werden. Dessen Vollmacht bedarf nicht der öffentlichen Beglaubigung. Der gesetzliche Vertreter braucht hierzu auch keine familien- bzw. betreuungsgerichtliche Genehmigung.[12]

---

6) LG Kassel, Beschl. v. 8.2.2000 – 3 T 2/00, Rpfleger 2000, 408; Einzelheiten hierzu bei Dassler/Schiffhauer/u. a.-*Hintzen*, ZVG § 84 Rz. 10 ff.

7) LG Kassel, Beschl. v. 8.2.2000 – 3 T 2/00, Rpfleger 2000, 408.

8) BGH, Beschl. v. 19.11.2009 – V ZB 118/09, Rpfleger 2010, 226 = NJW 2010, 2217; BGH, Beschl. v. 15.9.2016 – V ZB 136/14, Rz. 36, Rpfleger 2017, 225.

9) Böttcher/*Böttcher*, ZVG, § 84 Rz. 3; Stöber/*Becker*, ZVG, § 84 Rz. 11; Dassler/Schiffhauer/u. a.-*Hintzen*, ZVG, § 84 Rz. 12; BeckOK-*Cranshaw*, ZVG, § 84 Rz. 9; Schneider-*Abramenko*, ZVG, § 84 Rz. 7.

10) OLG Hamm, Beschl. v. 29.11.1999 – 15 W 290/99, Rpfleger 2000, 171; BGH, Beschl. v. 18.3.2010 – V ZB 124/09, Rpfleger 2010, 437 = MDR 2010, 771.

11) OLG Hamm, Beschl. v. 29.11.1999 – 15 W 290/99, Rpfleger 2000, 171; BGH, Beschl. v. 18.3.2010 – V ZB 124/09, Rpfleger 2010, 437 = MDR 2010, 771.

12) Stöber/*Becker*, ZVG, § 84 Rz. 10; Dassler/Schiffhauer/u. a.-*Hintzen*, ZVG, § 84 Rz. 9; Schneider-*Abramenko*, ZVG, § 84 Rz. 8.

§ 85

Versagung bei Antrag auf neuen Versteigerungstermin

(1) Der Zuschlag ist zu versagen, wenn vor dem Schluß der Verhandlung ein Beteiligter, dessen Recht durch den Zuschlag beeinträchtigt werden würde und der nicht zu den Berechtigten des § 74a Abs. 1 gehört, die Bestimmung eines neuen Versteigerungstermins beantragt und sich zugleich zum Ersatz des durch

die Versagung des Zuschlags entstehenden Schadens verpflichtet, auch auf Verlangen eines anderen Beteiligten Sicherheit leistet. Die Vorschriften des § 67 Abs. 3 und des § 69 sind entsprechend anzuwenden. Die Sicherheit ist in Höhe des bis zum Verteilungstermin zu berichtigenden Teils des bisherigen Meistgebots zu leisten.

(2) Die neue Terminsbestimmung ist auch dem Meistbietenden zuzustellen.

(3) Für die weitere Versteigerung gilt das bisherige Meistgebot mit Zinsen von dem durch Zahlung zu berichtigenden Teil des Meistgebots unter Hinzurechnung derjenigen Mehrkosten, welche aus dem Versteigerungserlös zu entnehmen sind, als ein von dem Beteiligten abgegebenes Gebot.

(4) In dem fortgesetzten Verfahren findet die Vorschrift des Absatzes 1 keine Anwendung.

Übersicht

I. Allgemeines

1 Beteiligte, deren Ansprüche innerhalb der 7/10-Grenze des Verkehrswertes liegen, können unter den Voraussetzungen des § 74a ZVG die Zuschlagsversagung beantragen. § 85 ZVG gibt auch den Beteiligten, die nicht zu den Berechtigten des § 74a ZVG gehören, die Möglichkeit, die **Zuschlagserteilung zu verhindern** und einen neuen Versteigerungstermin zu beantragen.

2 § 85 ZVG gilt für alle Versteigerungsverfahren, auch in der Teilungsversteigerung.

3 Wird neben dem Antrag nach § 85 ZVG auch ein Antrag nach § 74a ZVG gestellt, dann kann wegen der unterschiedlichen Rechtsfolgen nur einem Antrag stattgegeben werden. Dies wird regelmäßig der Antrag nach § 74a ZVG sein, weil er von einem rangbesseren Beteiligten ausgeht.[1)]

4 Die Vorschrift spielt aber in der Praxis keine große Rolle, da die Hürden für den Antragsteller doch sehr hoch sind. Deshalb wird z. T. auch für die Aufhebung des § 85 plädiert.[2)] Andere verweisen darauf, dass im Allgemeinen von der Stellung eines Antrags gemäß § 85 ZVG nachdrücklich abgeraten werden muss.[3)]

---

1) So Böttcher/*Böttcher*, ZVG, § 85 Rz. 1; Stöber/*Becker*, ZVG, § 74a Rz. 105 und § 85 Rz. 3; Dassler/Schiffhauer/u. a.-*Hintzen*, ZVG, § 85 Rz. 4; Schneider-*Abramenko*, § 85 Rz. 7; a. A. Steiner-*Storz*, ZVG, § 74a Rz. 63 und BeckOK-*Cranshaw*, ZVG, § 85 Rz. 7: Der Zuschlag wird aus beiden Gründen versagt.

2) Vgl. Dassler/Schiffhauer/u. a.-*Hintzen*, ZVG, § 85 Rz. 1.

3) So BeckOK-*Cranshaw*, ZVG, § 85 Rz. 2 und 8.

II. Voraussetzungen der Zuschlagsversagung (Abs. 1)

1. Antrag

5 Die Zuschlagsversagung nach § 85 ZVG setzt einen entsprechenden Antrag voraus. Diesen Antrag kann nur ein **Beteiligter** stellen, dessen Recht durch den Zuschlag beeinträchtigt werden würde und der nicht zu den Berechtigten des § 74a ZVG gehört. Beeinträchtigt ist ein Zuteilungsberechtigter, der bei dem abgegebenen Meistgebot ganz oder teilweise ausfallen würde. Auch der Schuldner ist – anders als bei § 74a ZVG – antragsberechtigt, wenn der festgesetzte Grundstückswert nicht erreicht ist.

6 Im Hinblick auf die Regelung des Absatzes 3 (siehe Rz. 13) setzt das Antragsrecht voraus, dass der betreffende Beteiligte auch wirksame Gebote abgeben kann. Deshalb benötigt ein Bevollmächtigter zur Antragstellung eine **öffentlich beglaubigte Bietvollmacht**, wenn die Vertretungsmacht nicht offenkundig ist (§ 71 Abs. 2 ZVG).

7 Der Antrag **kann nur in der Verhandlung über den Zuschlag** (siehe § 74 ZVG) gestellt werden: Vor dem Schluss der Versteigerung kann (noch) nicht festgestellt werden, ob der Antragsteller beeinträchtigt – und damit antragsberechtigt – ist. In einem besonderen Verkündungstermin findet keine „Verhandlung" mehr statt.

8 Eltern, Vormund, Pfleger, Betreuer brauchen wegen der Gebotswirkung (Abs. 3) eine familien- bzw. betreuungsgerichtliche **Genehmigung** (§ 1821 Abs. 1 Nr. 5 BGB). Aus demselben Grund ist auch die Rücknahme des Antrags nicht möglich; denn auch Gebote können nicht zurückgenommen oder widerrufen werden.

2. Verpflichtung zum Schadensersatz

9 Nach § 85 Abs. 1 Satz 1 ZVG muss sich der **Antragsteller** zum Ersatz des durch die Zuschlagsversagung entstehenden Schadens verpflichten. Diese Erklärung muss er zugleich mit dem Antrag abgeben; sie kann nicht zurückgenommen werden. Der Schadensersatz besteht darin, dass das bisherige Meistbargebot samt Zinsen (§ 49 Abs. 2 ZVG) zusammen mit den Mehrkosten (neue Veröffentlichungen, neue Zustellungen) als ein vom Antragsteller abgegebenes Gebot gilt (Abs. 3) und von diesem auch erfüllt werden muss, wenn in diesem neuen Termin kein Übergebot abgegeben wird. Darüber hinaus kann ein weiterer Schaden dadurch entstehen, wenn Gläubiger aufgrund eines Meistgebots im zweiten Termin noch weniger erhalten als beim Meistgebot im ersten Termin (z. B. weil durch den späteren Termin die Zinsen weiter ansteigen). Die Durchsetzung des Schadensersatzanspruchs erfolgt im **Klagewege** vor dem Zivilgericht. Dieser Weg muss also beschritten werden, wenn der Antragsteller den Zuschlag erhält, aber ein weitergehender Schaden besteht.

3. Verpflichtung zur Leistung einer Sicherheit

10 Der Antragsteller muss auf Verlangen eines anderen Beteiligten daneben auch noch **Sicherheit leisten** (Abs. 1 Satz 1). Dieses Verlangen muss ebenfalls bis zum Schluss der Verhandlung über den Zuschlag gestellt werden. Antragsberechtigt hierfür ist nach h. M. nur ein Beteiligter, der bei dem abgegebenen Meistgebot eine Zuteilung erwarten konnte, sowie der Schuldner.[4] Wer nach § 67 Abs. 3 ZVG von der Sicherheitsleis-

---

4) Böttcher/*Böttcher*, ZVG, § 85 Rz. 7; Stöber/*Becker*, ZVG, § 85 Rz. 7; Schneider-*Abramenko*, ZVG, § 85 Rz. 13.

tung befreit ist, braucht auch im Rahmen des § 85 ZVG keine Sicherheit zu leisten (Abs. 1 Satz 2). Für die Art der Sicherheit gilt § 69 ZVG (Abs. 1 Satz 2). Die Höhe der Sicherheit bestimmt Abs. 1 Satz 3 dahingehend, dass das (bisherige) Meistgebot – aber ohne Bargebotszinsen – maßgeblich ist. Geleistet werden kann die Sicherheit bis zur Verkündung der Zuschlagsentscheidung also auch noch in einem besonderen Verkündungstermin. Wenn sie bis dahin nicht geleistet ist, wird der Zuschlag auf das abgegebene Meistgebot erteilt.

III. Entscheidung über den Antrag (Abs. 1 und 2)

Ein unzulässiger oder unbegründeter Antrag wird nicht durch einen gesonderten Beschluss zurückgewiesen; vielmehr erfolgt in diesen Fällen die Verkündung eines Zuschlagsbeschlusses, der entsprechend zu begründen ist. Wenn der Zuschlag aus einem anderen Grund zu versagen ist (z. B. wegen § 83 oder § 85a ZVG, oder weil das Meistgebot nicht wirksam war), dann braucht über den Antrag nach § 85 auch nicht entschieden zu werden. 11

Treffen die Voraussetzungen des § 85 ZVG jedoch zu, dann wird der Zuschlag durch begründeten Beschluss versagt. Mit Rechtskraft dieses Beschlusses erlischt damit die Bindung des Meistbietenden an sein Gebot (vgl. § 86 ZVG); an seine Stelle tritt das fingierte Gebot des Antragstellers (siehe Abs. 3). Es ist ein neuer Versteigerungstermin von Amts wegen zu bestimmen. Diese Terminsbestimmung ist neben den in § 43 Abs. 2 ZVG genannten Personen auch dem Meistbietenden zuzustellen.[5] 12

IV. Fortsetzung des Verfahrens (Abs. 3 und 4)

Der neue Versteigerungstermin ist keine Fortsetzung des „alten" Termins, sondern ein selbstständiger neuer Termin, für den nur folgende **Besonderheiten** gelten: 13

- Das **bisherige Meistgebot** zuzüglich der Bargebotszinsen vom früheren bis zum neuen Versteigerungstermin sowie die Mehrkosten, die aus dem Versteigerungserlös gemäß § 109 ZVG zu entnehmen sind, **gilt** als ein vom Antragsteller **abgegebenes Gebot (Abs. 3).**
- Ein **erneuter Antrag** nach § 85 ZVG ist im neuen Termin **nicht mehr möglich.**

Im Übrigen gilt aber auch hier: 14

- Das geringste Gebot richtet sich nach dem jetzt bestbetreibenden Gläubiger. Die „alten" Anmeldungen bleiben wirksam, neue sind zulässig.
- Es können andere Versteigerungsbedingungen gelten als im ersten Termin.

---

5) Wenn Stöber/*Becker* in § 85 Rz. 13 der Ansicht ist, dass mit dem „Meistbietenden" (so ja der Wortlaut des § 85 Abs. 2 ZVG) der Antragsteller gemeint sei, da das bisherige Gebot als sein Gebot gelte (aber erst im neuen Termin), dann übersieht er hierbei, dass diesem Antragsteller als Beteiligten schon nach § 41 Abs. 1 ZVG die Terminsbestimmung zuzustellen ist. Mit dem „Meistbietenden" kann hier also nur der tatsächliche Bieter gemeint sein, der sein Interesse am Erwerb des Beschlagnahmeobjekts durch Abgabe des Meistgebots kundgetan hat und deshalb vielleicht auch im neuen Termin wieder mitbieten will. So wie hier auch BeckOK-*Cranshaw*, ZVG, § 85 Rz. 12, der zu Recht darauf hinweist, dass dem (bisherigen) Meistbietenden die Möglichkeit gegeben wird, erneut ein Gebot abzugeben.

- Neue Gebote müssen mindestens das (neue!) geringste Gebot (Bargebot) erreichen, aber gleichzeitig auch das fingierte Gebot des Antragstellers übersteigen.
- Wenn das fingierte Gebot überboten wird, erlischt es. Dann erhält das neue Meistgebot den Zuschlag, falls keine Zuschlagsversagungsgründe vorliegen.
- Wird das fingierte Gebot dagegen nicht überboten, so erhält das fingierte Gebot – also der Antragsteller aus dem ersten Termin – den Zuschlag. Dies gilt aber nicht, wenn das neuberechnete Mindestbargebot höher ist als das fingierte Gebot. Dann müsste dem fingierten Gebot der Zuschlag versagt werden.[6]

---

6) So Stöber/*Becker*, ZVG, § 85 Rz. 17; Dassler/Schiffhauer/u. a.-*Hintzen*, ZVG, § 85 Rz. 16; a. A. Schneider-*Abramenko*, ZVG, § 85 Rz. 23.

§ 85a

Versagung bei zu geringem Meistgebot

(1) Der Zuschlag ist ferner zu versagen, wenn das abgegebene Meistgebot einschließlich des Kapitalwertes der nach den Versteigerungsbedingungen bestehenbleibenden Rechte die Hälfte des Grundstückswertes nicht erreicht.

(2) § 74a Abs. 3, 5 ist entsprechend anzuwenden. In dem neuen Versteigerungstermin darf der Zuschlag weder aus den Gründen des Absatzes 1 noch aus denen des § 74a Abs. 1 versagt werden.

(3) Ist das Meistgebot von einem zur Befriedigung aus dem Grundstück Berechtigten abgegeben worden, so ist Absatz 1 nicht anzuwenden, wenn das Gebot einschließlich des Kapitalwertes der nach den Versteigerungsbedingungen bestehenbleibenden Rechte zusammen mit dem Betrag, mit dem der Meistbietende bei der Verteilung des Erlöses ausfallen würde, die Hälfte des Grundstückswertes erreicht.

Literatur: *Drischler*, Zuschlagserteilung und Zuschlagsversagung unter Berücksichtigung der §§ 74a, 85a ZVG, JurBüro 1982, 1121; *Ebeling*, Abtretung der Rechte aus dem Meistgebot und § 85a Abs. 3 ZVG, Rpfleger 1988, 400; *Groß*, Das Eigengebot des Terminvertreters ist wirksam, Rpfleger 2008, 545; *Hornung*, Kein Ausschluss der Schutzgrenzen nach ergebnisloser Versteigerung, Rpfleger 2000, 363; *Keller*, Die Erhaltung der „5/10-Grenze" bei ergebnisloser Zwangsversteigerung und die Rechte des insolventen Schuldners, ZfIR 2008, 134; *Keller*, Schuldnerschutz oder Schutz des Rechtsverkehrs? – Zur Unwirksamkeit eines Gebots zur Beseitigung der 5/10-Grenze, ZfIR 2008, 671; *Kirsch*, Ergebnislose Zwangsversteigerung, Rpfleger 2000, 147; *Muth*, Zur Zuschlagserteilung nach § 85a Abs. 3 ZVG, Rpfleger 1986, 417; *Scherer*, Die Anrechnung der Sicherungsgrundschuld bei § 85a ZVG, Rpfleger 1984, 259 und Rpfleger 1985, 181.

Übersicht

I. Allgemeines

1 § 85a ZVG soll die Verschleuderung des Grundstücks in der Zwangsversteigerung verhindern und ein wirtschaftlich vertretbares Ergebnis ermöglichen. Durch das abgegebene Gebot muss mindestens die **Hälfte des Verkehrswertes** erreicht werden. Da diese Vorschrift vom Vollstreckungsgericht von Amts wegen beachtet werden muss, bezeichnet man die 5/10-Grenze auch als **absolutes Mindestgebot.**[1] Damit stellt sie im Gegensatz zu § 74a eine Schuldnerschutzvorschrift dar, auf deren Einhaltung nicht verzichtet werden kann. § 74a ZVG soll dagegen in erster Linie die Befriedigungsberechtigten schützen und erfordert einen entsprechenden Antrag. Deshalb bezeichnet man die 7/10-Grenze des § 74a ZVG auch als **relatives Mindestgebot**, auf deren Schutz die Beteiligten verzichten können – entweder durch Nicht-Antragstellung oder durch (vorherigen) ausdrücklichen Verzicht. Treffen beide Vorschriften zu, wird der Zuschlag gemäß § 85a ZVG versagt. Der Versagungsantrag gemäß § 74a bleibt aber bis zur Rechtskraft des Versagungsbeschlusses bestehen, damit über ihn notfalls noch im Beschwerdeverfahren entschieden werden kann. Wegen des Zusammentreffens mit anderen Vorschriften, die ebenfalls die Zuschlagsversagung als Ziel haben, siehe § 74a Rz. 61 [*Bachmann*].

2 § 85a ZVG gilt für alle Versteigerungsarten des ZVG mit Ausnahme der Versteigerung eines Seeschiffes (§ 169a ZVG).

II. Zuschlagsversagung wegen Nichterreichens der 5/10-Grenze (Abs. 1)

1. Voraussetzungen

3 Der Zuschlag ist nach Absatz 1 zu versagen, wenn das Meistgebot einschließlich des Kapitalwertes der bestehen bleibenden Rechten die **Hälfte des Grundstückswertes nicht erreicht.** Bei den bestehen bleibenden Rechten sind wie bei § 74a ZVG die nach den Versteigerungsbedingungen bestehen bleibenden Rechte zu berücksichtigen, aber auch solche Rechte, die außerhalb des geringsten Gebotes bestehen bleiben (z. B. Altenteil bzw. Leibgeding). Nicht dagegen werden Rechte berücksichtigt, die gemäß § 81 Abs. 2 ZVG liegen belassen werden. Rechte mit Kapitalbetrag werden mit diesem Betrag berücksichtigt; dies gilt auch für die sog. Sicherungsgrundschuld.[2] Bei Rechten, die keinen Kapitalbetrag haben, richtet sich der Wert nach dem nach § 51 Abs. 2 ZVG festgesetzten Zuzahlungsbetrag.

4 Als Grundstückswert, nach dem sich die 5/10-Grenze bemisst, kommt der vom Vollstreckungsgericht nach § 74a Abs. 5 ZVG **festgesetzte Verkehrswert** in Betracht.

5 Die Zuschlagsversagung nach Absatz 1 setzt ein **wirksames Meistgebot** voraus. Ob ein Meistgebot wirksam ist oder nicht, richtet sich nicht nach § 85a ZVG; somit sind Gebote, welche zwar das geringste Gebot erreichen, aber unter der 5/10-Grenze

1) Nicht zu verwechseln mit dem Mindestbargebot gemäß §§ 44, 49 ZVG.
2) Einzelheiten hierzu bei BeckOK-*Cranshaw*, ZVG, § 85a Rz. 9 bis 11.

liegen, auch nicht unwirksam, wenn keine (sonstigen) Unwirksamkeitsgründe vorliegen. Wegen der teilweise anderen Rechtsprechung des BGH zu dieser Frage siehe Rz. 23 ff. Umgekehrt bedeutet dies aber auch: Stellt sich die Unwirksamkeit des Meistgebots erst bei der Entscheidung über den Zuschlag heraus oder liegt ein sonstiger Versagungsgrund des § 83 ZVG vor, dann ist § 85a ZVG nicht anzuwenden; vielmehr wird der Zuschlag dann nach § 83 ZVG versagt.

6 Wenn **mehrere Grundstücke in einem Verfahren** versteigert werden und es erfolgen nur Einzelausgebote (§ 63 Abs. 1 ZVG), dann ist bei jedem Grundstück zu prüfen, ob die Grenze des § 85a ZVG erreicht ist. Erfolgt nur ein Gesamtausgebot (vgl. § 63 Abs. 4 ZVG) oder kommt bei einem Doppelausgebot (vgl. § 63 Abs. 2 und 3 ZVG) das Gesamtausgebot für die Zuschlagserteilung in Betracht, ist § 85a ZVG (zunächst nur) im Hinblick auf das Gesamtausgebot zu prüfen. Wäre hiernach der Zuschlag nach Absatz 1 zu versagen, ist auf die Einzelausgebote zurückzugreifen.[3)]

2. Entscheidung

7 Die Zuschlagsversagung nach Absatz 1 erfolgt durch **Beschluss**, der zu begründen ist. Erst mit der Rechtskraft dieses Beschlusses erlischt das Gebot des Meistbietenden (§ 86 ZVG i. V. m. § 72 Abs. 3 ZVG).

3. Neuer Versteigerungstermin (Abs. 2)

8 Wird der Zuschlag nach Absatz 1 versagt, dann muss nach Absatz 2 Satz 1 i. V. m. § 74a Abs. 3 Satz 1 ZVG von Amts wegen ein **neuer Versteigerungstermin** bestimmt werden. Der Zeitraum zwischen den beiden Terminen soll mindestens drei Monate betragen, soll aber sechs Monate nicht übersteigen (Abs. 2 Satz 1 i. V. m. § 74a Abs. 3 Satz 2 ZVG). Hierzu ist die Terminsbestimmung wieder nach §§ 39, 40 ZVG bekannt zu machen und gemäß § 41 ZVG zuzustellen. Gemäß § 38 ZVG soll in der Terminsbestimmung der **Hinweis** enthalten sein, dass der Zuschlag aus Gründen des § 85a ZVG versagt worden ist.

9 Der neue Termin ist ein selbstständiger Versteigerungstermin, nicht etwa die Fortsetzung des früheren Termins. Deshalb ist auch ein neues geringstes Gebot festzustellen. **Anmeldungen**, die bereits im früheren Termin vorlagen, sind nach wie vor zu beachten. Daneben sind aber zwischenzeitliche weitere Anmeldungen ebenfalls als rechtzeitig zu beachten, sofern sie vor der Aufforderung zur Gebotsabgabe in dem neuen Termin abgegeben werden.

10 In dem neuen Termin darf der Zuschlag aber nicht nochmals nach § 85a ZVG oder erstmals nach § 74a ZVG versagt werden (Absatz 2 Satz 2). Es gilt also auch hier der **Grundsatz der Einmaligkeit** wie bei § 74a ZVG (Einzelheiten siehe dort). Hinzuweisen ist aber auf ein manchmal anzutreffendes Missverständnis: Eine ergebnislose Versteigerung (vgl. § 77 ZVG) schließt die Zuschlagsversagung nach § 85a Abs. 1 ZVG nicht aus, führt also nicht zum Wegfall der Wertgrenzen.[4)] Auch wenn in einem früheren Versteigerungstermin eine Zuschlagsversagung gemäß § 33 ZVG erfolgte,

3) BGH, Beschl. v. 13.10.2012 – V ZB 13/12, Rpfleger 2013, 106 mit Anm. *Alff* = MDR 2013, 58; Stöber/*Becker*, ZVG, § 85a Rz. 10 m. w. N.; ebenso siehe § 74a Rz. 42 [*Bachmann*].

4) LG Mainz, Beschl. v. 22.11.2006 – 8 T 247/06, Rpfleger 2007, 218; a. A. *Kirsch*, Rpfleger 2000, 147.

weil der (best)betreibende Gläubiger die Einstellung des Verfahrens bewilligt hat (§ 30 ZVG), bringt das die Wertgrenze nicht zu Fall.[5]

Wird der Verkehrswert wegen veränderter Umstände nachträglich geändert, dann kommt es darauf an, ob diese Änderung zu einer Erhöhung oder zu einer Verminderung führt: 11

- Wird der Verkehrswert nachträglich erhöht, dann kann in einem späteren Termin nochmals Absatz 1 greifen, weil jetzt die Hälfte des Verkehrswertes höher ist.
- Wird dagegen der Verkehrswert ermäßigt, verbleibt es dabei, dass der Schutz des Absatzes 1 „verbraucht" ist. Hier hilft nur noch ein Antrag nach § 765a ZPO, wenn die entsprechenden (engen) Voraussetzungen vorliegen.

III. Zuschlagserteilung nach Absatz 3

1. Voraussetzungen

Wenn das Meistgebot von einem zur Befriedigung aus dem Grundstück Berechtigten abgegeben worden ist und das Gebot einschließlich der bestehen bleibenden Rechte zusammen mit dem Betrag, mit dem der Berechtigte ausfallen würde, die Hälfte des Verkehrswertes erreicht, ist der **Zuschlag** nach Absatz 3 doch **zu erteilen.** Die Begründung für diese Ausnahme ergibt sich aus der Befriedigungsfiktion des § 114a ZVG; denn das wirtschaftliche Gebot dieses Bieters ist infolge seiner fingierten Befriedigung in diesem Fall höher als die 5/10-Grenze, sodass eine Grundstücksverschleuderung ausgeschlossen ist. Der Schuldner ist also hinreichend geschützt. 12

2. Befriedigungsberechtigter

Als Befriedigungsberechtigter kommt **jeder der in § 10 ZVG aufgeführten Ansprüche** in Betracht. Auf den Rang dieses Rechts auf Befriedigung kommt es in diesem Zusammenhang nicht an; damit kommen auch Berechtigte in Frage, deren Anspruch wegen verspäteter Anmeldung gemäß § 110 ZVG einen Rangverlust erleiden. Auch ein persönlicher Gläubiger fällt unter Absatz 3, wenn er die Zwangsversteigerung betreibt und somit in Rangklasse 5 berücksichtigt wird. Dagegen ist der Gläubiger eines eingetragenen Rechts auch dann zu berücksichtigen, wenn er nicht betreibt. Dazu gehören auch die Hypotheken und Grundschulden. Diese werden mit ihrem eingetragenen Nennbetrag berücksichtigt; dies gilt auch für die Grundschuld. Hierbei ist es gleich, ob es sich um eine sog. „isolierte Grundschuld" oder um eine „Sicherungsgrundschuld" handelt; denn sachenrechtlich können beide Arten nicht mit einer schuldrechtlichen Forderung verbunden werden.[6] Deshalb ist nach inzwischen h. M. eine Grundschuld des Meistbietenden auch dann mit dem Nennbetrag 13

---

5) BGH, Beschl. v. 18.10.2007 – V ZB 141/06, Rpfleger 2008, 146 = ZfIR 2008, 150.

6) Auch bei der Sicherungsgrundschuld beruht die „Verbindung" zwischen der Grundschuld und der durch sie gesicherten Forderung „nur" auf einer schuldrechtlichen Vereinbarung (Sicherungsabrede).

hinzuzurechnen, wenn die gesicherte (schuldrechtliche) Forderung geringer ist.[7] Bleibt der noch valutierte Teil dieses Rechts hinter dem Nominalbetrag zurück, kommt zugunsten des Schuldners (nur) ein **Bereicherungsanspruch** gegen den meistbietenden Grundschuldgläubiger in Betracht. Der rechtsgrundlos erlangte Vorteil des Meistbietenden aus ausfallendem Recht, welches nur noch teilweise valutiert, liegt nach § 85a Abs. 3 ZVG darin, dass er den nicht mehr valutierten Teil seines Rechts nicht ausbieten muss. Denn insoweit enthält das Gesetz keinen materiellen Zuweisungsgrund, sondern nur ein verfahrensrechtliches Ordnungsprinzip.[8]

3. Ausfall des Meistbietenden

14 Bei der Berechnung nach Absatz 3 ist der Ausfall des Meistbietenden anhand eines fiktiven Teilungsplans zu ermitteln. Hierbei ist der Anspruch des Meistbietenden nach Kosten, Zinsen bis zu dem mutmaßlichen Verteilungstermin, Hauptanspruch zu berechnen. Auch hier spielt es aber keine Rolle, in welcher Rangklasse dieser Ausfall anfällt (z. B. Rangklasse 4, aber auch Rangklasse 8).[9] Jedoch muss der (gesamte) Ausfall mit dem Bargebot und den bestehen bleibenden Rechten mindestens die Hälfte des Verkehrswertes erreichen.

4. Zwischenrechte

15 Bei der Feststellung des Ausfalls werden Zwischenrechte nicht berücksichtigt (vgl. § 114a Satz 2 ZVG). Darunter sind die Rechte zu verstehen, die dem Anspruch des Meistbietenden im Range vorgehen oder gleichstehen, erlöschen und bei dem abgegebenen Gebot ebenfalls ausfallen.

16 Und weil solche Zwischenrechte bei der Frage der Zuschlagserteilung nach Absatz 3 keine Rolle spielen, muss der Gläubiger eines solchen Zwischenrechts selbst für „seinen Schutz sorgen".[10] Ein Gläubiger, der den Versteigerungstermin nicht wahrnimmt, riskiert also trotz eines guten Ranges u. U. doch einen teilweisen oder vollen Ausfall, wenn der Zuschlag einem zur Befriedigung Berechtigten unter der 5/10-Grenze zugeschlagen wird.

5. Sonderfälle

a) Abtretung der Rechte aus dem Meistgebot (§ 81 Abs. 2 ZVG)

17 Bei der Abtretung des Rechts aus dem Meistgebot (§ 81 Abs. 2 ZVG) sind für die Frage der Zuschlagserteilung nach Absatz 3 unterschiedliche Fallgestaltungen denkbar:

---

7) BGH, Beschl. v. 27.2.2004 – IX ZB 135/03, Rpfleger 2004, 432 = ZIP 2004, 874 = NJW 2004, 1803; Böttcher/*Böttcher*, ZVG, § 85a Rz. 9; Stöber/*Becker*, ZVG, § 85a Rz. 18; Dassler/Schiffhauer/u. a.-*Hintzen*, ZVG, § 85a Rz. 27; BeckOK-*Cranshaw*, ZVG, § 85a Rz. 37 ff. Anderslautende frühere Entscheidungen und Aufsätze (z. B. *Scherer*, Rpfleger 1985, 181 und 1985, 452 sowie *Ebeling*, Rpfleger 1985, 279) sind damit überholt.

8) BGH, Urt. v. 22.9.2011 – IX ZR 197/10, Rpfleger 2012, 92 = ZfIR 2012, 72 mit zust. Anm. *Hawelka*.

9) Wegen der Frage, unter welchen Voraussetzungen ein Anspruch der Rangklasse 8 in diesem Teilungsplan berücksichtigt werden kann, wird auf Stöber/*Becker*, ZVG, § 85a Rz. 23 verwiesen.

10) In Frage kommen z. B. Antrag gemäß § 74a ZV, als betreibender Gläubiger Bewilligung der Einstellung, Ablösung.

Fall 1: 18

Der **Meistbietende hat kein Recht** auf Befriedigung aus dem Grundstück; er tritt sein Recht aus dem Meistgebot aber an einen Befriedigungsberechtigten ab, bei dem die Voraussetzungen des Absatzes 3 jedoch vorliegen.

Da in der Person des Erstehers die Voraussetzungen des § 114a ZVG vorliegen, kann wegen des inneren Zusammenhangs der beiden Vorschriften (§ 85a Abs. 3 und § 114a ZVG) der **Zuschlag an den Zessionar erfolgen.** Die Befriedigungsfiktion trifft ihn; damit ist der Schutz des Schuldners gewahrt.[11)]

Fall 2: 19

Der **Meistbietende** ist ein zur Befriedigung aus dem Grundstück **Berechtigter,** dem der Zuschlag nach Absatz 3 erteilt werden könnte; dieser tritt sein Recht ab an einen Dritten, bei dem die Voraussetzungen des Absatzes 3 nicht vorliegen.

Da die Befriedigungsfiktion in diesem Fall trotz Abtretung den Zedenten trifft, obwohl er gar nicht den Zuschlag erhält, muss dieser Umstand auch dem Zessionar zugutekommen. Dies bedeutet: Auch hier kann der Zuschlag erteilt werden; der Schutz des Schuldners ist gewahrt.[12)]

Fall 3: 20

Der **Meistbietende** ist ein zur Befriedigung aus dem Grundstück **Berechtigter,** dem der Zuschlag nach Absatz 3 erteilt werden könnte; dieser tritt sein Recht ab an einen ebenfalls unter Absatz 3 fallenden anderen Befriedigungsberechtigten.

Hier stellt sich die Frage, wessen Ausfall dem tatsächlichen Gebot hinzugerechnet werden muss, um zu klären, ob die 5/10-Grenze erreicht ist. Die Antwort hierzu ist noch nicht obergerichtlich geklärt: Nach einer Ansicht muss die Befriedigungsfiktion sowohl der Ansprüche des Zedenten als auch der des Zessionars angenommen werden, allerdings in der Rangfolge des § 10 ZVG.[13)] Nach einer anderen Meinung tritt die Befriedigungsfiktion nur gegenüber dem Ersteher ein, weil der Wortlaut des § 114a ZVG (nur) auf diesen abstelle. Deshalb kann nach dieser Ansicht auch bei der Frage des Absatzes 3 nur der Ausfall des Zessionars hinzugerechnet werden.[14)] Eine vermittelnde Ansicht meint, dass § 114a ZVG zunächst auf die Forderung des Erstehers anzuwenden sei; wenn diese aber hinter 7/10 des Verkehrswertes zurückbliebe, könne auch noch hinsichtlich der Differenz auf den Ausfall des Meistbietenden zurückgegriffen werden.[15)] Dieser letztgenannten Ansicht wird zuzustimmen sein.

---

11) So auch Böttcher/*Böttcher*, ZVG, § 85a Rz. 12; Dassler/Schiffhauer/u. a.-*Hintzen*, ZVG, § 114a Rz. 34; Schneider-*Traub*, ZVG, § 85a Rz. 58; *Eickmann*, KTS 1987, 617; a. A. Stöber/*Becker*, ZVG, § 85a Rz. 30; OLG Koblenz, Beschl. v. 20.12.1985 – 4 W 506/85, Rpfleger 1986, 233 = MDR 1986, 682: Der Zedent könne nicht mehr abtreten als er selbst hat. *Rosenberger*, Rpfleger 1986, 398 (Urteilsanm.).

12) Böttcher/*Böttcher*, ZVG, § 85a Rz. 13; Stöber/*Becker*, ZVG, § 85a Rz. 29; Dassler/Schiffhauer/u. a.-*Hintzen*, ZVG, § 85a Rz. 32; Schneider-*Traub*, ZVG, § 85a Rz. 56.

13) So Dassler/Schiffhauer/u. a.-*Hintzen*, ZVG, § 85a Rz. 33.

14) So *Muth*, ZIP 1986, 350; vgl. hierzu auch Stöber/*Becker*, ZVG, § 85a Rz. 31.

15) So BeckOK-*Riedel*, ZVG, § 114a Rz. 7.

b) Verdeckte Stellvertretung (§ 81 Abs. 3 ZVG)

21 Unter den Voraussetzungen des § 81 Abs. 3 ZVG wird der Zuschlag an den „verdeckten Meistbietenden“ erteilt; somit sind in diesem Fall eigentlich Meistbietender und Ersteher identisch. Für die Frage der Zuschlagserteilung gemäß Absatz 3 ist deshalb auch nur auf die **Person des Vertretenen** abzustellen. Nur wenn dieser ein zur Befriedigung aus dem Grundstück Berechtigter ist, kann sein Ausfall in die Berechnung nach Absatz 3 einbezogen werden.[16)]

6. Aufklärungspflicht

22 Wegen der Tragweite eines Zuschlags an einen Befriedigungsberechtigten auf dessen (vordergründig gesehen) niedriges Meistgebot kommt der Aufklärungspflicht durch das Vollstreckungsgericht (§ 139 ZPO) eine große Bedeutung zu. Ob dies jedoch so weit führt, dass einem abwesenden Gläubiger vor der Erteilung des Zuschlags zumindest das Versteigerungsergebnis mitgeteilt werden muss,[17)] möchte ich bezweifeln. Bei Beteiligten, bei denen aufgrund ihrer zu erwartenden Kenntnisse des Versteigerungsrechts angenommen werden kann, dass sie dem Verfahren gewachsen sind (z. B. Mitarbeiter von Sparkassen, Banken, Vollstreckungsabteilungen der Städte und Gemeinden), besteht eine solche Aufklärungspflicht grundsätzlich nicht – auch nicht, wenn sie am Termin nicht teilnehmen. Wenn jedoch offensichtlich ist, dass ein Beteiligter die sich aus Absatz 3 u. U. ergebenden nachteiligen Rechtsfolgen nicht erkennt oder falsch einschätzt, sollte eine entsprechende **Aufklärung** erfolgen.[18)] Der Bundesgerichtshof[19)] hat in einem ähnlichen gelagerten Fall wie folgt entschieden: *„Soll daher im Wege einer Zwangsversteigerung in das Eigentum an einem Grundstück sowie in daran bestehende nachrangige dingliche Rechte eingegriffen werden, folgt unmittelbar aus Art. 14 GG die Verpflichtung des Vollstreckungsgerichts, die Verhandlung fair zu führen und sämtlichen Verfahrensbeteiligten effektiven Rechtsschutz zu gewähren. Insbesondere muss das Gericht bei der Anwendung des Verfahrensrechts darauf bedacht sein, unverhältnismäßige und durch das wirtschaftliche Interesse des Gläubigers nicht gerechtfertigte Eingriffe in das Grundeigentum sowie in Rechte Dritter zu vermeiden. Zu diesem Zweck ist das Vollstreckungsgericht nach § 139 ZPO gehalten, eine umfassende tatsächliche und rechtliche Klärung aller für die Zuschlagsentscheidung erheblichen Gesichtspunkte herbeizuführen (Stöber, ZVG, 18. Aufl., Einleitung, Anm. 33. 1). Innerhalb dieser Aufklärungspflicht hat es insbesondere auch solche Tatsachen und Beweismittel zu berücksichtigen, die erst nach dem Versteigerungstermin vorgebracht werden. Diese sind nach § 87 Abs. 3 ZVG in dem Verkündungstermin mit den Erschienenen zu erörtern. Darüber hinaus ist das Vollstreckungsgericht im Einzelfall aber auch verpflichtet, Hinweise oder Nachfragen an nicht anwesende Beteiligte zu richten, wenn dies zur Herbeiführung einer gesetzmäßigen Entscheidung notwendig ist (Stöber,*

---

16) So auch Böttcher/*Böttcher*, ZVG, § 85a Rz. 14; Stöber/*Becker*, ZVG, § 85a Rz. 34; etwas anders Dassler/Schiffhauer/u. a.-*Hintzen*, ZVG, § 114a Rz. 35.

17) So Stöber/*Becker*, ZVG, § 85a Rz. 21.

18) Vgl. LG Krefeld, Beschl. v. 31.8.1987 – 6 T 127/87, Rpfleger 1988, 34; Böttcher/*Böttcher*, ZVG, § 85a Rz. 10; BeckOK-*Cranshaw*, ZVG, § 85a Rz. 42.

19) BGH, Beschl. v. 5.10.2006 – V ZB 2/06, Rpfleger 2007, 93 = MDR 2007.

a. a. O., Anm. 33.11). Zu diesem Zweck kann es erforderlich sein, einen anberaumten Termin zu verlegen oder einen bereits begonnenen Termin kurzfristig zu unterbrechen.“

IV. Streitfall: Eigengebot des Gläubigervertreters

Der Bundesgerichtshof hat in mehreren Entscheidungen (mit zum Teil unterschiedlicher Begründung) das Eigengebot des Gläubigervertreters als unwirksam angesehen, da dieser nicht am Grundstückserwerb interessiert sei, sondern das Gebot nur deshalb abgebe, um die Grenze des § 85a Abs. 1 ZVG zu Fall zu bringen.[20] Deshalb sei ein solches Gebot zurückzuweisen. In einem weiteren Beschluss hat der Bundesgerichtshof diese Rechtsprechung sogar auf den Fall ausgeweitet, wenn ein Dritter aus Gefälligkeit auf Bitten des Gläubigervertreters ein Gebot unter der 5/10-Grenze abgibt;[21] damit wäre auch das Gebot dieses Dritten als unwirksam zurückzuweisen. 23

Diese Rechtsprechung des Bundesgerichtshofes ist zu Recht auf nahezu **einhellige Ablehnung** gestoßen.[22] Aber auch die Praxis tut sich schwer mit der Umsetzung dieser Entscheidungen, zumal die Erfahrung gelehrt hat, dass in einem „zweiten Termin“[23] häufig erheblich bessere Versteigerungsergebnisse erzielt werden. Der Grund hierfür liegt darin, dass aufgrund des entsprechenden Hinweises in der Terminsveröffentlichung nicht selten ein größerer Bieterkreis angesprochen wird, was wiederum zu einem „echten Bieterwettstreit“ führt. Deshalb sollte der Bundesgerichtshof seine Rechtsprechung zu diesem Punkt bei nächster Gelegenheit überprüfen. Diese Überprüfung sollte sich aber auch auf die folgenden Aspekte erstrecken: 24

- Nach Ansicht des Bundesgerichtshofes[24] ist ein im eigenen Namen des Gläubigervertreters abgegebenes Gebot unwirksam und deshalb zurückzuweisen. Wenn das Vollstreckungsgericht es jedoch als wirksam behandelt und ihm wegen § 85a Abs. 1 ZVG den Zuschlag versagt. dann führt dies zu einer ergebnislosen Versteigerung und kann deshalb die Rechtswirkungen des § 85a Abs. 2 Satz 2 ZVG nicht auslösen. Mit anderen Worten: Die Wertgrenzen (§§ 74a, § 85a ZVG) gelten deshalb fort. Dies hat zur Konsequenz, dass in einem neuen Termin u. U. der Zuschlag gemäß § 85 Abs. 1 ZVG zu versagen ist.
- Versagt das Vollstreckungsgericht zu Unrecht den Zuschlag nach § 85a Abs. 1 ZVG anstatt das Gebot als unwirksam zurückzuweisen, dann kann der Schuldner diese Entscheidung mit der sofortigen Beschwerde anfechten.[25]

---

20) BGH, Beschl. v. 24.11.2005 – V ZB 98/05, Rpfleger 2006, 144 = ZfIR 2006, 682; BGH, Beschl. v. 10.5.2007 – V ZB 83/06, Rpfleger 2007, 483 = ZfIR 2007, 2191; BGH, Beschl. v. 19.9.2012 – V ZB 90/12, openJur 2012, 130050.

21) BGH, Beschl. v. 17.7.2008 – V ZB 1/08, Rpfleger 2008, 587 = ZfIR 2008, 684; so jetzt auch Dassler/Schiffhauer/u. a.-*Hintzen*, ZVG, § 85a Rz. 8 ff.

22) Beispielsweise Böttcher/*Böttcher*, ZVG, § 85a Rz. 5; Stöber/*Becker*, ZVG, § 85a Rz. 36 ff.; *Wedekind*, ZfIR 2012, 162.

23) Im Sinne des § 85a Abs. 2 Satz 2 ZVG.

24) BGH, Beschl. v. 18.10.2007 – V ZB 141/06, Rpfleger 2008, 146 = ZfIR 2008, 150 = MDR 2008, 105; Dassler/Schiffhauer/u. a.-*Hintzen*, ZVG, § 85a Rz. 12.1.

25) BGH, Beschl. v. 18.10.2008 – V ZB 75/07, Rpfleger 2008, 147 = MDR 2008, 229; Dassler/Schiffhauer/u. a.-*Hintzen*, ZVG, § 85a Rz. 12.2.

– Aber: Ein Gebot, das objektiv nicht geeignet ist, den Schuldnerschutz zu verkürzen, wird nicht dadurch rechtsmissbräuchlich, dass auf der Grundlage rechtsirriger Vorstellungen des Gläubigers von einer Verkürzung des Schuldnerschutzes auszugehen wäre.[26] Im konkreten Fall war im 1. Termin der Zuschlag gemäß § 85a Abs. 1 ZVG zu Unrecht versagt worden; nach Abs. 3 der Vorschrift i. V. m. § 114a ZVG hätte eigentlich der Zuschlag an den meistbietenden Gläubiger erteilt werden müssen. Folglich war dieses Gebot nicht rechtsmissbräuchlich, da es objektiv gesehen den Schuldnerschutz des § 85a ZVG nicht verkürzen konnte. Somit konnte im 2. Termin der Zuschlag gemäß § 85a Abs. 2 Satz 2 ZVG zu Recht erteilt werden.

25 Die Argumente des BGH können an keiner Stelle richtig überzeugen. Darauf hat insbesondere *Stöber* mehrfach hingewiesen.[27] Und die Vollstreckungsgerichte tun sich äußerst schwer, die Rechtsprechung des BGH in die Praxis umzusetzen und vor allen Dingen den Beteiligten nachvollziehbar zu erklären.

V. Beispiel

26 *Sachverhalt:*

Festgesetzter Verkehrswert: 100.000 €; 5/10-Grenze: 50.000 €; 7/10-Grenze: 70.000 €
Verfahrenskosten und Rangklasse 3: insgesamt 3.000 €

A = III/1 – 40.000 € + 4.000 € Zinsen

B = III/2 – 20.000 € + 2.000 € Zinsen

27 *Unterfall a):* **A** ist bestbetreibender **Gläubiger**. Ein nicht beteiligter **Dritter** ist **Meistbietender** mit einem Bargebot von 40.000 €.

Der Zuschlag ist gemäß § 85a Abs. 1 ZVG zu **versagen**, da die Hälfte des Verkehrswertes nicht erreicht ist.

28 *Unterfall b):* **A** ist bestbetreibender **Gläubiger**; er ist auch **Meistbietender** mit einem Bargebot von 40.000 €.

Der Zuschlag ist nach § 85a Abs. 1 ZVG ebenfalls zu **versagen**, obwohl ein zur Befriedigung aus dem Grundstück Berechtigter Meistbietender ist; denn auch unter Hinzurechnung seines Ausfalls wird die 5/10-Grenze nicht erreicht.

Berechnung:	Meistbargebot	40.000 €	
	Bestehen bleibende Rechte	0	
	Ausfall des A	7.000 €	(44.000 € – 37.000 €)
Summe		47.000	(< 50.000)

26) BGH, Beschl. v. 9.10.2008 – V ZB 21/08, Rpfleger 2009, 39 = MDR 2009, 50; Dassler/Schiffhauer/u. a.-*Hintzen*, ZVG, § 85a Rz. 12.2.

27) Beispielsweise Stöber/*Becker*, ZVG, § 85a Rz. 36 ff. *Stöber*, BGH-Report 2007, 1158, 1159.

Unterfall c): B ist bestbetreibender **Gläubiger.** Ein **Dritter** bietet 40.000 € 29

Einschließlich des bestehen bleibenden Rechts III/1 beträgt das Meistgebot damit 80.000 €. Damit kann der **Zuschlag erteilt** werden, wenn nicht sonstige Versagungsgründe (vgl. § 83 ZVG) vorliegen.

Unterfall d): **A** ist bestbetreibender **Gläubiger; B ist Meistbietender** mit einem Bargebot von 40.000 €. 30

Der **Zuschlag kann nach § 85a Abs. 3 ZVG** erteilt werden, da ein zur Befriedigung aus dem Grundstück Berechtigter Meistbietender ist und das Gebot auch unter Hinzurechnung seines Ausfalls die 5/10-Grenze erreicht.

Berechnung:	Meistbargebot	40.000 €	
	Bestehen bleibende Rechte	0	
	Ausfall des B (voll)	22.000 €	
Summe		62.000	(> 50.000)

Im Hinblick auf § 114a ZVG ist dadurch der Schuldner auch nicht beeinträchtigt, da der Ersteher in Höhe von 22.000 € als befriedigt gilt.

Berechnung:	7/10-Grenze	70.000 €
	abzgl. Meistbargebot	– 40.000 €
	abzgl. Bestehen bleib. Rechte	– 0
Rest:		30.000 €.

Im Extremfall könnte also eine Befriedigungsfiktion in Höhe von 30.000 € eintreten. 31
Da der **Anspruch des B** aber insgesamt **nur** 22.000 € beträgt, kann die Befriedigungswirkung auch nur in dieser Höhe eintreten.[28)]

---

28) Weitere Beispiele bei Böttcher/*Böttcher*, ZVG, § 85a Rz. 15.

§ 86
Wirkung der Versagung

Die rechtskräftige Versagung des Zuschlags wirkt, wenn die Fortsetzung des Verfahrens zulässig ist, wie eine einstweilige Einstellung, anderenfalls wie die Aufhebung des Verfahrens.

Übersicht

I. Allgemeines

§ 86 ZVG ist im Kontext mit den §§ 33, 71 Abs. 1 und § 72 Abs. 3 ZVG zu sehen: 1
Nach § 72 Abs. 3 ZVG erlischt ein Gebot, wenn das Verfahren des bestbetreibenden

Gläubigers eingestellt oder der Termin aufgehoben wird. Daran könnte auch ein erfolgreiches Rechtsmittel nichts ändern. Damit dies nicht geschieht, verlangt § 33 ZVG, dass in diesen Fällen nach dem Schluss der Versteigerung die Entscheidung durch Zuschlagsversagung zu erfolgen hat; dies auch deshalb, weil der Meistbietende einen Anspruch darauf hat, dass über sein Gebot entschieden wird. Und bei § 86 ZVG schließt sich dann der Kreis: Diese Vorschrift befasst sich mit der **Wirkung der Zuschlagsversagung**, die aber erst mit **Rechtskraft** eintritt. Damit ist sichergestellt, dass die Gebote erst erlöschen, wenn der Versagungsbeschluss rechtskräftig geworden ist.

2 Je nachdem, ob die Fortsetzung des Verfahrens zulässig ist oder nicht, unterscheidet sich auch die Wirkung:

- Wenn die Fortsetzung möglich ist, wirkt die Versagung wie eine **einstweilige Einstellung.**
- Wenn die Fortsetzung dagegen unzulässig ist, wirkt sie wie eine Verfahrensaufhebung.

3 Die im konkreten Fall zutreffende Wirkung ist im Versagungsbeschluss in der Beschlussformel anzugeben und in den Gründen näher erörtern.

4 Wenn entgegen § 33 ZVG ein Einstellungs- oder Aufhebungsbeschluss ergeht, erlöschen alle Gebote mit Erlass des Beschlusses. Ob man in diesem Fall die Einstellung auch als „bloßen Hinweis auf § 86 ZVG" einstufen kann,[1] erscheint bedenklich.

5 § 86 ZVG gilt für alle Versteigerungsarten und betrifft hierbei mit Ausnahme der Versagung nach §§ 74a, 85, 85a ZVG[2] alle übrigen Fälle einer Zuschlagsversagung.

II. Wirkung der Zuschlagsversagung

1. Formelle Rechtskraft des Versagungsbeschlusses

6 Die Wirkung der Zuschlagsversagung tritt erst **mit der Rechtskraft** des Versagungsbeschlusses ein. Die formelle Rechtskraft dieses Beschlusses tritt ein, wenn kein Rechtsmittel mehr zulässig ist. Das ist der Fall:

- wenn gegen den Beschluss nicht fristgemäß sofortige Beschwerde eingelegt worden ist (§ 96 ZVG, § 793 ZPO) oder
- wenn die eingelegte Beschwerde zurückgewiesen und die Rechtsbeschwerde nicht zugelassen worden ist oder
- wenn die Rechtsbeschwerde vom BGH zurückgewiesen worden ist.

2. Fortsetzung des Verfahrens ist zulässig

7 Wenn die Fortsetzung des Verfahrens möglich ist, wirkt die Zuschlagsversagung wie eine einstweilige Einstellung des Verfahrens. Die Fortsetzung des Verfahrens ist zulässig bei einer Zuschlagsversagung gemäß § 83 Nr. 1 bis 4 ZVG,[3] in den

1) So OLG Hamm, Beschl. v. 12.7.1965 – 15 W 237/65, NJW 1965, 2410; v vgl. hierzu Stöber/*Becker*, ZVG, § 86 Rz. 11; BeckOK-*Cranshaw*, ZVG, § 86 Rz. 2.

2) In diesen drei Fällen (§§ 74a, 85, 85a ZVG) sehen die betreffenden Vorschriften eine andere Schlussfolgerung vor: Ein neuer Versteigerungstermin ist zu bestimmen.

3) Wegen der Heilungsmöglichkeit gemäß § 84 ZVG.

Fällen der §§ 28, 30, 30a, 30c, 30d, 75, 76, 77 ZVG[4] und in den Fällen der §§ 765a, 769 Abs. 2, 775 ZVG.[5] Wie bei den Versagungsgründen des § 83 Nr. 5 bis 8 ZVG zu verfahren ist, wird nicht ganz einheitlich beantwortet. Richtigerweise wird man bei Nr. 5 und 6 auf den Einzelfall abstellen müssen, je nachdem ob eine Heilung inzwischen stattgefunden hat oder nicht (siehe § 83 Rz. 19 ff. [*Bachmann*]). Bei § 83 Nr. 8 ist die Fortsetzung möglich, da dies eigentlich ein Sonderfall zu § 77 Abs. 1 ZVG darstellt. Und dass bei § 83 Nr. 7 ebenfalls eine Fortsetzung möglich ist, kann schon dem Text der Vorschrift mittelbar entnommen werden.[6]

In den meisten der genannten Fälle wird das Verfahren nicht von Amts wegen fort- 8
gesetzt. Deshalb muss der Gläubiger einen entsprechenden **Fortsetzungsantrag** stellen (vgl. § 31 Abs. 2 ZVG). Darüber soll der von der Einstellungswirkung betroffene Gläubiger gemäß § 31 Abs. 3 ZVG belehrt werden. Eine Ausnahme hiervon gilt nur bei § 76 ZVG, bei dem keine Belehrung vorgeschrieben ist. Die Frist für den Fortsetzungsantrag beträgt in nahezu allen Fällen sechs Monate, bei § 76 ZVG nur drei Monate.

Diese Frist für den Fortsetzungsantrag beginnt grundsätzlich mit der Rechtskraft 9
des Versagungsbeschlusses, frühestens jedoch mit der Zustellung der Belehrung (§ 31 Abs. 3 Halbs. 2 ZVG). Deshalb sollte diese Belehrung gesondert zugestellt werden.[7] Auch hier macht § 76 Abs. 2 Satz 2 ZVG eine Ausnahme: Dort beginnt die Frist mit dem Verteilungstermin.

Ausnahmsweise ist **kein Fortsetzungsantrag** erforderlich, wenn es sich um Hinder- 10
nisse nach § 28 ZVG handelt und bei einer Einstellung gemäß § 769 Abs. 2 ZPO. In bestimmten Fallgestaltungen kann auch bei einer Einstellung nach § 765a ZPO eine Fortsetzung von Amts wegen erfolgen.

3. Fortsetzung des Verfahrens ist unzulässig

Wenn die Fortsetzung des Verfahrens unzulässig ist, wirkt die Zuschlagsversagung wie 11
eine **Aufhebung des Verfahrens**. Unzulässig ist eine Fortsetzung z. B. in folgenden Fällen:

- Bei § 28 ZVG, wenn der Mängel nicht behebbar ist.
- Bei Antragsrücknahme durch den Gläubiger (§ 29 ZVG).
- Bei mehr als zwei Einstellungen (§ 30 Abs. 1 Satz 3 ZVG).
- Bei Versäumung der Fortsetzungsfrist (§§ 31 Abs. 1 Satz 2, 76 Abs. 2 Satz 2 ZVG).
- Bei bestimmten Fallgestaltungen in den Fällen des § 83 Nr. 5 oder 6 ZVG.

---

4) Bei denen gemäß § 33 ZVG nach dem Schluss der Versteigerung der Zuschlag versagt wird.
5) Bei denen gemäß § 33 ZVG nach dem Schluss der Versteigerung ebenfalls der Zuschlag versagt wird.
6) Vgl. hierzu LG Augsburg, Beschl. v. 8.12.1998 – 4 T 4878/98, Rpfleger 1999, 232 = JurBüro 1999, 214.
7) Stöber/*Becker*, ZVG, § 86 Rz. 10; BeckOK-*Cranshaw*, ZVG, § 86 Rz. 10; vgl. hierzu die Erläuterung bei Schneider-*Goldbach*, ZVG, § 86 Rz. 20.

III. Einzelverfahren und Gesamtverfahren

12 Im Zwangsversteigerungsverfahren muss man unterscheiden:

- Unter dem Gesamtverfahren versteht man das im Vollstreckungsregister unter einem Aktenzeichen eingetragene Verfahren, in dem ein oder mehrere Versteigerungsobjekte versteigert werden; dabei können ein oder mehrere betreibende Gläubiger vorhanden sein.
- Mit dem Einzelverfahren dagegen bezeichnet man das Verfahren eines bestimmten Gläubigers, der einen Beschlagnahmebeschluss erwirkt hat.

13 Die Wirkung des Zuschlagsversagungsbeschlusses betrifft nicht das Gesamtverfahren (also alle betreibenden Gläubiger), sondern nur das **Einzelverfahren** eines Gläubigers, der durch den Einstellungs- bzw. Aufhebungsgrund betroffen ist. Dies bedeutet:

Wenn nach dem Schluss der Versteigerung, aber vor Verkündung der Zuschlagsentscheidung nur der bestbetreibende Gläubiger seinen Antrag zurücknimmt (§ 29 ZVG) oder die Einstellung bewilligt (§ 30 ZVG), dann erfolgt eine Zuschlagsversagung. Diese wirkt aber nur für diesen Gläubiger; hinsichtlich der übrigen Gläubiger geht das Verfahren weiter. Wenn für diese das (Gesamt-)Verfahren terminsreif ist, wird von Amts wegen ein neuer Versteigerungstermin anberaumt.

14 Wenn nach dem Schluss der Versteigerung aber ein Gläubiger, der nicht der bestbetreibende ist, seinen Antrag zurücknimmt oder die Einstellung bewilligt, dann wird hinsichtlich dieses Gläubigers ein Aufhebungs- bzw. Einstellungsbeschluss verkündet. Ein Fall des § 86 ZVG ist das nicht.

15 Liegen bei Gläubigern, für die der Versteigerungstermin nicht stattfindet,[8] auch Aufhebungs- oder Einstellungsgründe vor (z. B. aus §§ 28, 29 oder §§ 765a, 775 ZPO), dann ergeht hinsichtlich dieser Gläubiger ein Aufhebungs- bzw. Aufhebungsbeschluss. Ein Fall des § 86 ZVG liegt insoweit nicht vor.

8) Vgl. *Mayer*, Rpfleger 1983, 265.

§ 87
Verkündungstermin

(1) Der Beschluß, durch welchen der Zuschlag erteilt oder versagt wird, ist in dem Versteigerungstermin oder in einem sofort zu bestimmenden Termin zu verkünden.

(2) Der Verkündungstermin soll nicht über eine Woche hinaus bestimmt werden. Die Bestimmung des Termins ist zu verkünden und durch Anheftung an die Gerichtstafel bekanntzumachen.

(3) Sind nachträglich Tatsachen oder Beweismittel vorgebracht, so sollen in dem Verkündungstermin die anwesenden Beteiligten hierüber gehört werden.

Übersicht

I. Allgemeines

Gemäß § 87 ZVG muss die **Zuschlagsentscheidung** – gleich ob der Zuschlag erteilt oder versagt wird – verkündet werden. Die Vorschrift gilt für alle Versteigerungsarten des ZVG. 1

II. Verkündung der Zuschlagsentscheidung (Abs. 1)

Die Verkündung der Zuschlagsentscheidung erfolgt durch **Verlesen** des ganzen Beschlusses oder durch **Bekanntgabe** seines wesentlichen Inhalts (Beschlussformel und Gründe). Im Protokoll muss die Tatsache der Verkündung vermerkt werden. Die Entscheidung selbst kann als Anlage zum Protokoll beigefügt werden. 2

Die Zuschlagsentscheidung kann auch von einem anderen Rechtspfleger verkündet werden, der nicht den Versteigerungstermin abgehalten hat.[1] Unterschreiben muss den Beschluss derjenige, der ihn erlassen hat.[2] Die Verkündung der Zuschlagsentscheidung ist öffentlich, auch wenn dies in einem besonderen Verkündungstermin geschieht; denn dieser ist Fortsetzung des (öffentlichen!) Versteigerungstermins. 3

Der Versagungsbeschluss wird nur verkündet, nicht zugestellt. Der Zuschlagsbeschluss wird dagegen neben der Verkündung auch an bestimmte Personen zugestellt (§ 88 ZVG). Die Entscheidung des Beschwerdegerichts wird nur zugestellt (§ 103 ZVG). 4

Wenn entgegen § 87 ZVG der Zuschlagsbeschluss nicht verkündet wird, dann ist er gleichwohl wirksam, wenn das Versteigerungsgericht ihn den Verfahrensbeteiligten zum Zwecke der Verlautbarung förmlich zugestellt hat. Der Verfahrensfehler führt aber zur Aufhebung der Entscheidung im Beschwerdeverfahren, wenn sie auf der Verletzung des Verfahrensrechts beruht, ohne den Fehler also anders ausgefallen wäre.[3] 5

Wird der Versagungsbeschluss nicht verkündet, sondern nur **zugestellt**, dann beginnt die Anfechtungsfrist nicht wie gewöhnlich mit der Verkündung zu laufen (vgl. § 98 Satz 1 ZVG), sondern erst mit der Zustellung des Beschlusses.[4] 6

---

1) BGH, Beschl. v. 10.12.2009 – V ZB 111/09, Rpfleger 2010, 277; LG Aachen, Beschl. v. 5.8.1985 – 3 T 318/85, Rpfleger 1986, 59; vgl. Stöber/*Becker*, ZVG, § 87 Rz. 23; Dassler/Schiffhauer/u. a.-*Hintzen*, ZVG, § 87 Rz. 10; BeckOK-*Pestel*, ZVG, § 87 Rz. 26; Schneider-*Goldbach*, ZVG, § 87 Rz. 28.

2) Stöber/*Becker*, ZVG, § 87 Rz. 23.

3) BGH, Beschl. v. 15.12.2011 – V ZB 124/11, Rpfleger 2012, 337 = ZfIR 2012, 205; so auch Böttcher/*Böttcher*, ZVG, § 87 Rz. 3a; Dassler/Schiffhauer/u. a.-*Hintzen*, ZVG, § 87 Rz. 15; a. A. Stöber/*Becker*, ZVG, § 87 Rz. 9; Schneider-*Goldbach*, ZVG, § 87 Rz. 9.

4) OLG Hamm, Beschl. v. 12.7.1965 – 15 W 237/65, NJW 1965, 2410.

III. Besonderer Verkündungstermin (Abs. 2 und 3)

1. Grundsatz

7 Die **Zuschlagsentscheidung** wird entweder im **Versteigerungstermin** oder in einem **besonderen Termin** verkündet. Von welcher Möglichkeit der Rechtspfleger Gebrauch macht, entscheidet er nach pflichtgemäßem Ermessen.[5] Die Beteiligten haben keinen unmittelbaren Einfluss darauf, auch wenn in der Praxis immer wieder Anträge auf Anberaumung eines besonderen Verkündungstermins gestellt werden.

8 Notwendig ist ein besonderer Verkündungstermin z. B.:

- um dem Meistbietenden Gelegenheit zu geben, die erhöhte Sicherheit nach § 68 Abs. 4 ZVG zu erbringen,[6]
- um dem nicht anwesenden Schuldner die Möglichkeit zu eröffnen, einen Antrag gemäß § 765a ZPO zu stellen, damit eine drohende Grundstücksverschleuderung verhindert wird,[7]
- wenn noch erforderliche Genehmigungen ausstehen (z. B. nach § 5 ErbbauRG, § 12 WEG)[8].

9 Aber auch in anderen Fällen kann es sinnvoll sein, einen besonderen Verkündungstermin zu bestimmen, insbesondere wenn die Sach- oder Rechtslage kompliziert ist. Die fehlende Abwesenheit des Schuldners im Versteigerungstermin allein ist aber kein zwingender Grund, einen besonderen Verkündungstermin zu bestimmen.[9] Der Antrag eines Terminsvertreters, er müsse erst noch in der „Chefetage seines Hauses" nachfragen, ob der Zuschlag zu dem abgegeben Meistgebot „akzeptiert werde", rechtfertigt ebenfalls nicht die Anberaumung eines besonderen Verkündungstermins.[10]

2. Wochenfrist (Abs. 2 Satz 1)

10 Nach Abs. 2 Satz 1 soll der Verkündungstermin nicht über eine Woche hinaus angesetzt werden. Ein Verstoß gegen diese Ordnungsvorschrift ist jedoch unschädlich. In manchen Fällen ist ein größerer Zeitraum zwischen Versteigerungs- und Verkündungstermin sogar notwendig (z. B. wenn die Zustimmung des Grundstückseigentümers oder die Ersetzung dieser Zustimmung erforderlich ist, § 15 ErbbauG).[11] Es ist auch möglich, den Verkündungstermin zu verlegen, u. U. sogar mehrmals. Dies

---

5) BGH, Beschl. v. 31.5.2012 – V ZB 207/11, Rpfleger 2013, 41 = MDR 2012, 998.

6) So Böttcher/*Böttcher*, ZVG, § 87 Rz. 3a; Stöber/*Becker*, ZVG, § 87 Rz. 4; Dassler/Schiffhauer/u. a.-*Hintzen*, ZVG, § 87 Rz. 15; BeckOK-*Pestel*, ZVG, § 87 Rz. 18; etwas anders Schneider-*Goldbach*, ZVG, § 87 Rz. 9: nicht unbedingt nötig, jedoch möglich.

7) BVerfG, Beschl. v. 7.12.1977 – 1 BvR 734/77, Rpfleger 1978, 206 = NJW 1978, 368; BGH, Beschl. v. 5.11.2004 – IXa ZB 27/04, Rpfleger 2005, 151 = ZfIR 2005, 213 und Beschl. v. 15.12.2011 – V ZB 124/11, Rpfleger 2012, 337 = MDR 2012, 430.

8) Beachte hierbei aber auch BGH, Beschl. v. 13.7.2017 – V ZB 186/15, Rpfleger 2018, 40 = MDR 2017, 1236.

9) BGH, Beschl., v. 30.1.2004 – IXa ZB 196/03, Rpfleger 2004, 434 = ZfIR 2004, 1033.

10) Der „Umweg" über einen Antrag gemäß § 74a ZVG, verbunden mit der Anregung auf einen besonderen Verkündungstermin soll jedoch nicht verschwiegen werden. Grund: Der Versagungsantrag kann bis zur Entscheidung (auch in einem besonderen Verkündungstermin) wieder zurückgenommen werden.

11) BGH, Beschl. v. 8.7.1960 – V ZB 8/59, Rpfleger 1961, 92 = NJW 1960, 2003.

kann auch im Verkündungstermin geschehen – durch verkündeten Vertagungsbeschluss.[12] Dies darf aber nur aus zwingenden Gründen erfolgen; „erhebliche" Gründe i. S. d. § 227 Abs. 1 ZPO reichen hierzu nicht aus; denn im Verhältnis zu § 227 ZPO ist § 87 Abs. 1 ZVG (über § 869 ZPO) „lex specialis". Und diese Vorschrift enthält die Forderung nach unverzüglicher Verkündung der Zuschlagsentscheidung, da jede Vertagung das Recht des Meistbietenden gefährdet.[13]

Oberstes Prinzip sollte jedoch sein: Grundsätzlich wird die **Zuschlagsentscheidung im Versteigerungstermin** verkündet; der besondere Verkündungstermin sollte die Ausnahme sein. Vor allem sollte vermieden werden, dass der Deckungsgrundsatz des § 44 Abs. 1 ZVG ohne Not verletzt wird. Zwar stellt der entstehende Ausfall des Rangletzten des geringsten Gebots, der dadurch entstanden ist, dass der Zuschlag erst nach der Frist des § 47 ZVG erfolgt, keinen Zuschlagsversagungsgrund dar.[14] Doch das Recht auf eine faire Verfahrensgestaltung gilt auch für die Berechtigte, welche im geringsten Gebot erfasst sind und deren Rechte dadurch eigentlich gedeckt sein müssten. 11

3. Verkündung und Bekanntmachung (Abs. 2 Satz 2)

Die Bestimmung eines besonderen Verkündungstermins geschieht durch einen **verkündeten Beschluss** am Ende des Versteigerungstermins. Es ist also nicht zulässig, einen Beschluss zu verkünden, in dem lediglich angegeben wird, dass ein Verkündungstermin (später) von Amts wegen angesetzt werde. Daneben ist die Terminsbestimmung an die Gerichtstafel anzuheften (Abs. 2 Satz 2). Eine Zustellung an die Beteiligten ist nicht vorgesehen. 12

Ein Verstoß gegen Abs. 2 Satz 2 ZVG ist aber unschädlich.[15] Ist der Verkündungstermin nicht im Versteigerungstermin verkündet worden, dann müssen alle im Versteigerungstermin anwesenden Beteiligte und der Meistbietende entsprechend benachrichtigt werden; dies geschieht am besten durch förmliche Zustellung. 13

4. Nachträgliche Tatsachen und Beweismittel (Abs. 3)

Aus Abs. 3 ergibt sich, dass auch noch im Verkündungstermin Tatsachen und Beweismittel vorgebracht werden können. Die im Verkündungstermin anwesenden Beteiligten sind hierüber zu hören. 14

Es ist jedoch darauf zu achten, dass bestimmte Erklärungen im Verkündungstermin nicht mehr beachtet werden können, wenn das Gesetz selbst einen früheren Endzeitpunkt vorschreibt. So können im Verkündungstermin z. B. folgende Anträge nicht mehr gestellt werden: 15

– Sicherheit kann gemäß § 67 Abs. 1 ZVG nur sofort nach Abgabe des Gebots verlangt werden, also nicht mehr im Verkündungstermin.

---

12) Wegen der Einzelheiten wird auf Stöber/*Becker*, ZVG, § 87 Rz. 15 m. w. N. verwiesen.

13) BGH, Beschl. v. 12.5.2016 – V ZB 141/15, MDR 2016, 907 = Rpfleger 2016, 597.

14) So Böttcher/*Böttcher*, ZVG, § 47 Rz. 1; Stöber/*Gojowczyk*, ZVG, § 47 Rz. 6; Dassler/Schiffhauer/u. a.-*Hintzen*, ZVG, § 47 Rz. 6; Schneider-*Schneider*, ZVG, § 47 Rz. 16.

15) BGH, Beschl. v. 15.12.2011 – V ZB 124/11, Rpfleger 2012, 337 = ZfIR 2012, 205; OLG Köln, Beschl. v. 19.8.1996 – 2 W 165/96, Rpfleger 1997, 34 = InVo 1996, 277.

- Widerspruch gegen die Zulassung eines Gebots ohne Sicherheitsleistung ist nicht mehr möglich (vgl. § 70 Abs. 3 ZVG).
- Widerspruch gegen die Zulassung eines Übergebots (§ 72 Abs. 1 ZVG) oder gegen die Zurückweisung eines Gebots (§ 72 Abs. 2 ZVG) ist jetzt ebenfalls nicht mehr möglich.
- Der Antrag auf Zuschlagsversagung gemäß § 74a ZVG ist nur bis zum Schluss der Verhandlung über den Zuschlag möglich; das Gleiche gilt für die Erklärung des Widerspruchs (§ 74a Abs. 2 ZVG).

16 Dagegen sind **zulässig:**
- Erklärungen gemäß § 81 Abs. 2 oder Abs. 3 ZVG,
- Erklärungen gemäß §§ 29 oder 30 ZVG,
- Anträge gemäß § 30d Abs. 2, § 765a ZPO,
- Vortrag über Versagungsgründe gemäß § 83 ZVG, aber auch Genehmigungen nach § 84 ZVG,
- Vorlage einer zum Zuschlag erforderlichen Genehmigung.

§ 88
Zustellung des Beschlusses

Der Beschluß, durch welchen der Zuschlag erteilt wird, ist den Beteiligten, soweit sie weder im Versteigerungstermine noch im Verkündungstermin erschienen sind, und dem Ersteher sowie im Falle des § 69 Abs. 3 dem für mithaftend erklärten Bürgen und im Falle des § 81 Abs. 4 dem Meistbietenden zuzustellen. Als Beteiligte gelten auch diejenigen, welche das angemeldete Recht noch glaubhaft zu machen haben.

Übersicht

I. Allgemeines

1 § 88 ZVG befasst sich mit der **Zustellung** des Zuschlagsbeschlusses. Während der Versagungsbeschluss nur verkündet wird, muss der Zuschlagsbeschluss neben der Verkündung auch bestimmten Personen zugestellt werden (§ 88 ZVG). Dies nicht nur wegen der Wichtigkeit dieser Entscheidung, sondern auch um die Rechtsmittelfrist für diese Personen in Lauf zu setzen (vgl. § 98 ZVG).

2 Die Vorschrift gilt für alle Versteigerungsarten.

II. Zustellung des Zuschlagsbeschlusses

3 Die Zuschlagsentscheidung muss verkündet werden (§ 87 Abs. 1 ZVG), gleich ob diese Entscheidung positiv ausfällt (= Zuschlagsbeschluss) oder negativ (= Zuschlagsversagung). Daneben muss der Zuschlagsbeschluss gemäß § 88 ZVG auch noch bestimmten Personen zugestellt werden:

Allen Beteiligten, die weder im Versteigerungs- noch im Verkündungstermin erschienen waren, muss der Beschluss zugestellt werden. Zu diesen Beteiligten gehören nach Satz 2 auch diejenigen, die ihr Recht schon angemeldet, aber noch nicht glaubhaft gemacht haben. Ob der Beteiligte bzw. sein Vertreter in einem der beiden Termine anwesend war, lässt sich aus dem Protokoll ersehen. Es genügt eine Anwesenheit in einem der beiden Termine, auch wenn sie noch so kurz war. Für die erschienen Beteiligten beginnt die Frist für die sofortige Beschwerde gegen den Zuschlagsbeschluss in jedem Fall mit der Verkündung des Beschlusses (§ 98 Satz 2 ZVG), auch wenn ihnen – überflüssigerweise – der Beschluss zugestellt worden ist.

Der Zuschlagsbeschluss ist auch dem **Ersteher** zuzustellen. Wenn der Zuschlag an eine Bietergemeinschaft erfolgte, muss die Zustellung an **alle Mitglieder** dieser Gemeinschaft erfolgen. 4

Wenn in den Fällen des § 81 Abs. 2 oder 3 ZVG der Zuschlag nicht dem Meistbietenden, sondern dem Zessionar oder dem verdeckten Vollmachtgeber erteilt wurde, ist der Zuschlagsbeschluss auch dem **Meistbietenden** zuzustellen. Er ist in diesem Beschluss gemäß § 81 Abs. 4 ZVG für mithaftend erklärt worden. 5

Wenn Sicherheit für das Gebot des Erstehers durch Bürgschaft geleistet worden ist (vgl. § 69 Abs. 3 ZVG), dann muss der Zuschlagsbeschluss auch dem **Bürgen** zugestellt werden. Er ist in diesem Beschluss ebenfalls für mithaftend erklärt worden (§ 82 Halbs. 2 ZVG). 6

Der Zuschlagsbeschluss ist in beglaubigter Abschrift[1] **von Amts wegen** zuzustellen. Bei Beteiligten, die durch einen Prozessbevollmächtigten vertreten sind, erfolgt die Zustellung an diesen (§ 172 ZPO). Bei Tod des Zustellungsadressaten erfolgt die Zustellung an die Erben bzw. den Testamentsvollstrecker oder Nachlassverwalter. Befindet sich der Zustellungsempfänger in Insolvenz, dann erfolgt die Zustellung an den Insolvenzverwalter. Im Hinblick auf eine etwaige Freigabe sollte aber vorsorglich auch dem Insolvenzschuldner zugestellt werden. 7

Ein **Verzicht** auf die Zustellung des Beschlusses soll zulässig sein. Das hat zur Folge, dass in diesem Fall die Rechtsmittelfrist bereits mit der Verkündung zu laufen beginnt.[2] 8

III. Formlose Mitteilung des Beschlusses

Außer den in § 88 ZVG vorgeschriebenen Zustellungen ist der Zuschlagsbeschluss noch an andere Stellen formlos mitzuteilen: 9

Das **Finanzamt**, in dessen Bezirk das Grundstück (Erbbaurecht) oder der wertvollste Teil des Grundstücks liegt, erhält unter Beifügung einer Abschrift des Zuschlags-

1) Vgl. hierzu BGH, Beschl. v. 27.1.2016 – XII ZB 684/14, Rpfleger 2016, 431 = MDR 2016, 667, unter Hinweis auf die Neufassung des § 317 Abs. 2 S. 1 ZPO, wonach Ausfertigungen nur noch auf Antrag erteilt werden; siehe auch Dassler/Schiffhauer/u. a.-*Hintzen*, ZVG, § 88 Rz. 5.

2) So Böttcher/*Böttcher*, ZVG, § 88 Rz. 1; Dassler/Schiffhauer/u. a.-*Hintzen*, ZVG, § 88 Rz. 3; BeckOK-*Pestel*, ZVG, § 88 Rz. 4; Stöber/*Becker*, ZVG, § 88 Rz. 10 rät jedoch, sich an die gesetzliche Regel zu halten. Dem kann nur zugestimmt werden.

beschlusses die Mitteilung anhand eines amtlich vorgeschriebenen Vordrucks.[3] Dies dient einerseits der Festlegung und Anforderung der Grunderwerbsteuer. Auf der anderen Seite ist die Zahlung der Grunderwerbsteuer wiederum Voraussetzung für die Erteilung der Unbedenklichkeitsbescheinigung, welche das Vollstreckungsgericht seinem Ersuchen an das Grundbuchamt (§ 130 ZVG) beifügen muss.

10 Der Zuschlagsbeschluss ist auch dem **Gutachterausschuss** mitzuteilen (§ 195 Abs. 1 Satz 2 ZVG).[4]

11 Üblicherweise erhält auch das zuständige **Grundbuchamt** eine Abschrift des Zuschlagsbeschlusses zur Kenntnis. Wenn *Pestel*[5] meint, dass das Vollstreckungsgericht zur Übersendung einer Ausfertigung des Zuschlagsbeschlusses verpflichtet sei, dann muss dem widersprochen werden. In den meisten Fällen hängt die Verzögerung des Eintragungsersuchens vom Verhalten des Erstehers ab; denn ohne die steuerliche Unbedenklichkeitsbescheinigung kann die Eintragung nicht veranlasst werden. Und diese Unbedenklichkeitsbescheinigung erteilt das Finanzamt erst, wenn die Grunderwerbsteuer bezahlt ist. Auch der Hinweis auf die Entscheidung des Landgerichts Lahn-Gießen[6] vermag nicht zu überzeugen, da diese Entscheidung die Bedeutung des § 39 GBO nicht hinreichend berücksichtigt hat.

---

3) Einzelheiten hierzu unter Ziffer VII. Nr. 2 der MiZi = Neufassung der Anordnung über die Mitteilungen in Zivilsachen v. 29.4.1998, zuletzt geändert am 23.11.2018 – mit teilweise landesrechtlichen Besonderheiten.

4) Auch hier sind die Einzelheiten in Abschn. VII Nr. 3 der MiZi geregelt.

5) Dassler/Schiffhauer/u. a.-*Hintzen*, ZVG, § 88 Rz. 9; BeckOK-*Pestel*, ZVG, § 88 Rz. 22 – jeweils unter Hinweis auf *Hornung* (Rpfleger 1979, 279). Ähnlich Schneider/*Goldbach*, ZVG, § 88 Rz. 19, der jedoch zu Recht darauf hinweist, dass der Ersteher mangels Voreintragung keine Rechte eintragen lassen kann. Eine dagegen verstoßende Eintragung wäre spätestens im Rahmen der Erledigung des Ersuchens gemäß § 130 ZVG zu löschen.

6) LG Lahn-Gießen, Beschl. v. 24.1.1979 – 7 T 26/79, Rpfleger 1979, 352 mit abl. Anm. *Schiffhauer*; ablehnend auch Stöber/*Becker*, ZVG, § 88 Rz. 13.

§ 89

Wirksamwerden des Zuschlags

Der Zuschlag wird mit der Verkündung wirksam.

Übersicht

I. Allgemeines

1 Während die Zuschlagsversagung gemäß § 86 ZVG erst mit der Rechtskraft des entsprechenden Beschlusse wirksam wird, legt § 89 ZVG fest, dass der Zuschlagsbeschluss (bereits) mit der Verkündung wirksam wird.

2 § 89 ZVG gilt für alle Versteigerungsverfahren des ZVG.

II. Wirksamwerden des Zuschlags

3 Der Zuschlagsbeschluss wird sofort **mit Verkündung** wirksam (§ 89 ZVG). Ist die Verkündung versehentlich unterblieben, der Beschluss aber dem Ersteher zugestellt,

dann hat dies nicht die Unwirksamkeit des Beschlusses zur Folge, sondern bedeutet (nur) einen Verfahrensmangel.[1] Mit anderen Worten: Wird der Beschluss nicht angefochten, so wird er mit Zustellung wirksam. Er kann aber erfolgreich angefochten werden mit der Begründung, § 87 ZVG sei verletzt worden.

Der Zuschlagsbeschluss wird mit der Verkündung wirksam und hängt insoweit auch 4
von keiner Bedingung ab. Die Zahlung oder Nichtzahlung des Meistbargebots hat auf die Wirksamkeit des Zuschlags keine Auswirkungen. Auch die Rechtskraft des Beschlusses spielt weder als aufschiebende noch als auflösende Bedingung eine Rolle. Solange ein Beschwerdeverfahren läuft, ist der Zuschlag wirksam. Erst mit seiner rechtskräftigen Aufhebung tritt die Wirkung des Zuschlags außer Kraft. Einen Schutz gegen zwischenzeitliche Verfügungen des Erstehers bietet § 94 ZVG.

Wenn der Zuschlag erst vom Beschwerdegericht erteilt wird, nachdem das Vollstre- 5
ckungsgericht den Zuschlag versagt hatte, wird er erst mit der **Zustellung** an den Ersteher wirksam (§ 104 ZVG).

Wird der Zuschlagsbeschluss des Vollstreckungsgerichts vom Beschwerdegericht 6
aufgehoben und nach § 101 Abs. 2 ZVG vom Rechtsbeschwerdegericht wieder „hergestellt“, so ist er vom Zeitpunkt der ursprünglichen Verkündung (§ 89 ZVG) an wirksam. Das Rechtsbeschwerdegericht trifft hier zwar eine eigene Sachentscheidung, muss aber den Zuschlag nicht nochmals erteilen.[2]

1) BGH, Beschl. v. 15.12.2011 – V ZB 124/11, Rpfleger 2012, 337 unter Hinweis auf OLG Köln, MDR 1982, 330; Dassler/Schiffhauer/u. a.-*Hintzen*, ZVG, § 89 Rz. 2; BeckOK-*Pestel*, ZVG, § 89 Rz. 5 und 5.1; so jetzt auch Böttcher/*Böttcher*, ZVG, § 89 Rz. 1; a. A. (nach wie vor) Stöber/*Becker*, ZVG, § 87 Rz. 9 und § 89 Rz. 3: Zuschlag ist nicht wirksam geworden.

2) Böttcher/*Böttcher*, ZVG, § 101 Rz. 3; Stöber/*Becker*, ZVG, § 89 Rz. 5 und Stöber/*Achenbach*, ZVG, § 101 Rz. 11.

§ 90

Eigentumserwerb durch Zuschlag

(1) Durch den Zuschlag wird der Ersteher Eigentümer des Grundstücks, sofern nicht im Beschwerdewege der Beschluß rechtskräftig aufgehoben wird.

(2) Mit dem Grundstück erwirbt er zugleich die Gegenstände, auf welche sich die Versteigerung erstreckt hat.

Übersicht

I. Allgemeines

1 Die Vorschrift legt fest, dass der Ersteher mit dem Zuschlag das Eigentum erwirbt:

- am **Grundstück** (Abs. 1),
- an allen **Gegenständen, auf die sich** gemäß § 55 ZVG **die Versteigerung erstreckt** (Abs. 2).

2 Der Zuschlag verschafft dem Ersteher **originäres Eigentum** durch den staatlichen Hoheitsakt des Zuschlagsbeschlusses.[1] Damit soll zum Ausdruck gebracht werden, dass das Eigentum in der Person des Erstehers (neu) entsteht, er also nicht Rechtsnachfolger des „alten" Eigentümers ist; dessen Eigentum geht somit mit dem Zuschlag unter. Für diesen Eigentumserwerb spielt es keine Rolle, ob der Zuschlagsbeschluss mit dem Gesetz in Einklang steht, ob der Ersteher seiner Zahlungspflicht nachkommt und ob dieser im Grundbuch eingetragen wird. Auch Fragen des guten bzw. bösen Glaubens sind nicht relevant, da § 892 BGB ein Rechtsgeschäft voraussetzt.

3 § 90 ZVG gilt für alle Versteigerungsverfahren des ZVG.

II. Eigentumserwerb durch Zuschlag

1. Erwerb des Grundstücks (Abs. 1)

4 Durch den Zuschlag wird der Ersteher Eigentümer des versteigerten Grundstücks (Abs. 1). Dies trifft auch zu, wenn der Vollstreckungsschuldner gar nicht der wahre Eigentümer war.[2] Wenn bei der Abgabe von Geboten Willensmängel bestanden, hat dies auf den Eigentumserwerb ebenfalls keine Auswirkungen.[3] Das Fehlen von etwaigen Zustimmungen (z. B. nach § 5 ErbbauRG, § 12 WEG) hindert diesen Eigentumserwerb ebenfalls nicht.[4] Der Bundesgerichtshof hat seine Ansicht jedoch zum Teil etwas „aufgeweicht" und entschieden,[5] dass ein Zuschlagsbeschluss dann unwirksam ist und nicht zum Entzug schuldnerfremden Eigentums führt, wenn das zu versteigernde Grundstück in der Terminsbestimmung derart fehlerhaft oder unzureichend gekennzeichnet ist, dass der nicht am Verfahren beteiligte wahre Eigentümer seine Betroffenheit nicht erkennen konnte und daher keine Veranlassung hatte, seine Rechte geltend zu machen.[6]

5 Auch der Schuldner erwirbt, falls er Ersteher ist, das Eigentum völlig neu – und zwar zu den im Beschluss aufgeführten Versteigerungsbedingungen (also u. U. lastenfrei).

---

1) Die Streitfrage, ob § 90 ZVG zur Rechtsprechung im materiellen Sinn gehört, die unter Art. 92 GG fällt, soll hier nicht vertieft werden. In diesem Sinn aber Böttcher/*Böttcher*, ZVG, § 1 Rz. 7 und § 90 Rz. 2 m. w. N.; Dassler/Schiffhauer/u. a.-*Hintzen*, ZVG, § 82 Rz. 2 und § 90, Rz. 1; a. A. BGH, Beschl. v. 10.12.2009 – V ZB 111/09, Rpfleger 2010, 277.

2) Böttcher/*Böttcher*, ZVG, § 90 Rz. 3; Stöber/*Becker*, ZVG, § 90 Rz. 4 und 9; Dassler/Schiffhauer/u. a.-*Hintzen*, ZVG, § 90 Rz. 2; Schneider-*Achenbach*, ZVG, § 90 Rz. 2.

3) OLG Karlsruhe, Beschl. v. 3.10.1953 – 3 W 9/53, MDR 1954, 112.

4) Stöber/*Becker*, ZVG, § 90 Rz. 4.

5) BGH, Urt. v. 8.11.2013 – V ZR 155/12, ZfIR 2014, 155 mit zust. Anm. *Becker* (S. 159) = Rpfleger 2014, 216.

6) Zur berechtigten Kritik an der Entscheidung des BGH siehe Böttcher/*Böttcher*, ZVG, § 90 Rz. 3a; Stöber/*Becker*, ZVG, § 90 Rz. 11 und Schneider-*Achenbach*, ZVG, § 90 Rz. 25 f.

Ist das versteigerte Grundstück irrtümlich auf dem Grundbuchblatt des Schuldners, aber auch auf dem Grundbuchblatt des wahren Eigentümers gebucht (= Doppelbuchung), dann soll es zum Eigentumserwerb des Erstehers zumindest dann kommen, wenn der Zuschlag nicht deshalb mit Erfolg angefochten wird.[7] 6

2. Erwerb der mitversteigerten Gegenstände (Abs. 2)

Außer dem Grundstück erwirbt der Ersteher mit dem Zuschlag auch **Eigentum an allen Gegenständen**, auf die sich die Versteigerung erstreckte (Abs. 2). Dies sind nach § 55 ZVG alle Gegenstände, die von der Beschlagnahme erfasst sind: 7

- Bestandteile,
- (schuldnereigenes) Zubehör,
- Versicherungsforderungen,
- daneben auch schuldnerfremdes Zubehör, sofern es sich im Besitz des Schuldners befindet (§ 55 Abs. 2 ZVG). Wegen der Einbeziehung des Anwartschaftsrechts an einem Zubehörgegenstand siehe § 55 Rz. 19 [*Bachmann*].

Auch diese Gegenstände erwirbt der Ersteher durch den Zuschlag, wobei es hierzu keines besonderen Ausspruchs im Zuschlagsbeschluss bedarf. Auch die nach § 929 Abs. 1 BGB vorgesehene Übergabe von beweglichen Sachen ist nicht erforderlich. 8

III. Folgen der rechtskräftigen Aufhebung des Zuschlags

1. Eigentumsverhältnisse

Die im Abs. 1 enthaltene Einschränkung („sofern nicht im Beschwerdeweg der Beschluss rechtskräftig aufgehoben wird") **ist keine Bedingung** i. S. d. §§ 158 ff. BGB, sondern „Tatbestandsmerkmal" des § 90 ZVG. Wird also der Zuschlag wieder aufgehoben, dann fällt das Eigentum ex tunc wieder weg.[8] Damit leben sowohl das Eigentum des Schuldners als auch die durch den Zuschlag erloschenen Rechte (vgl. § 91 Abs. 1 ZVG) wieder auf. 9

Wird der Zuschlagsbeschluss aufgehoben und gleichzeitig der Zuschlag einem anderen erteilt, dann verliert der im (1.) Zuschlagsbeschluss genannte Ersteher das Eigentum rückwirkend auf den Zeitpunkt des Wirksamwerdens des (1.) Zuschlagsbeschlusses; der neue Ersteher wird aber erst Eigentümer mit der Zustellung des (2.) Zuschlagsbeschlusses; denn nach § 104 ZVG wird ein Zuschlagsbeschluss des Beschwerdegerichts erst mit Zustellung wirksam. In dem „Zwischenraum" ist der 10

---

7) So Böttcher/*Böttcher*, § 90 Rz 3 m. w. N.; a. A. offenbar noch Stöber/*Gojowczyk*, ZVG § 37 Rz. 48 und Stöber/*Becker*, ZVG, § 90 Rz. 10 m. w. N.; vgl. hierzu auch BeckOK-*Pestel*, ZVG, § 90 Rz. 65–67.
Hinweise:
(1) Soweit Becker die Entscheidung des BGH kritisiert (vgl. Fn. 6), ist dies etwas inkonsequent.
(2) Wenn die Doppelbuchung bereits während des Versteigerungsverfahrens bemerkt wird, sollte beim zuständigen Grundbuchamt die Beseitigung der Doppelbuchung angeregt werden. Das dortige Verfahren richtet sich nach § 38 GBV.

8) BGH, Urt. v. 5.3.2010 – V ZR 106/09, Rpfleger 2010, 384 = ZfIR 2010, 374.

Schuldner Eigentümer geblieben.[9] Wenn der „erste" Ersteher das Grundstück weiter nutzt, hat der neue (2.) Ersteher einen Anspruch auf Herausgabe der Nutzungen (analog § 987 BGB) – und zwar ab dem Zeitpunkt der Zustellung der Beschwerdeentscheidung an den (1.) Ersteher, bis dahin an den Vollstreckungsschuldner.[10] Etwaige Streitfragen sind außerhalb des Versteigerungsverfahrens – notfalls im Prozessweg – zu klären.

2. Rechtshandlungen des Erstehers

11 Obwohl das Eigentum des Erstehers mit rechtskräftiger Aufhebung des Zuschlagsbeschlusses rückwirkend wieder entfällt, bleiben Verfügungen und Verwaltungshandlungen, die der Ersteher in der Zwischenzeit vorgenommen hat, unter bestimmten Voraussetzungen wirksam. Sofern nicht § 185 BGB zutrifft, sind die Vertragspartner des (früheren) Erstehers durch die Gutglaubensvorschriften des BGB (§§ 892, 893, 932 ff., 1155, 1207 BGB) geschützt. Die Gutgläubigkeit muss sich auf die Anfechtbarkeit des Zuschlagsbeschlusses beziehen.[11] Durch den Ersteher vorgenommene Kündigungen von Mietverträgen bleiben wirksam.[12] Auch neu vereinbarte Mietverträge fallen nicht rückwirkend wieder weg.

12 Einen „Schutz" gegen Verfügungen im Rahmen des Immobiliarsachenrechts bietet **§ 39 GBO**. Hiernach dürfen Eintragungen im Grundbuch grundsätzlich nur erfolgen, wenn der Betroffene voreingetragen ist. Das Grundbuchamt wird nach § 130 Abs. 1 ZVG aber erst nach Rechtskraft des Zuschlagsbeschlusses um Eintragung des Erstehers ersucht.

13 Einen Schutz gegen alle rechtlichen und tatsächlichen Handlungen des Erstehers bietet die gerichtliche Verwaltung, die gemäß **§ 94 ZVG** auf Antrag vom Vollstreckungsgericht angeordnet wird. Wegen der Einzelheiten siehe § 94 Rz. 9–11 [*Bachmann*].

3. Nutzungen und Lasten

14 Wenn der Zuschlag rechtskräftig aufgehoben wird, sind die Lasten und Nutzungen zwischen dem Vollstreckungsschuldner (= Grundstückseigentümer) und dem Ersteher (der aufgrund der Aufhebung des Beschluss doch kein Eigentümer ist) abzurechnen:

- Hat der Ersteher Lasten getragen, so kann er sie vom Schuldner nach §§ 994, 995 BGB ersetzt verlangen.
- Hat er zwischenzeitlich Nutzungen gezogen, muss er diese nach den Grundsätzen der §§ 988, 101 BGB an den Schuldner herausgeben.[13]

---

9) BGH, Urt. v. 5.3.2010 – V ZR 106/09, Rpfleger 2010, 384 = ZfIR 2010, 374 mit krit. Anm. *Heinemann*.

10) BGH, Urt. v. 5.3.2010 – V ZR 106/09, Rpfleger 2010, 384 = ZfIR, 2010, 374 mit krit. Anm. *Heinemann*; *Stöber*, ZVG, § 90 Rz. 35.

11) Böttcher/*Böttcher*, ZVG, § 90 Rz. 6; Stöber/*Becker*, ZVG, § 90 Rz. 38; Schneider-*Achenbach*, ZVG, § 90 Rz. 6.

12) Stöber/*Gojowczyk*, ZVG, § 57a Rz. 11 m. w. N.

13) BGH, Urt. v. 5.3.2010 – V ZR 106/09, ZfIR 2010, 374 und Urt. v. 2.10.2015 – V ZR 221/14, NJW 2016, 495.

IV. Sonstiges

1. Rechtsnachfolge

Zwar gehen mit dem Zuschlag viele Rechte und Pflichten des Schuldners auf den 15
Ersteher über; Rechtsnachfolger des Schuldners wird der Ersteher dadurch aber nicht; denn das Eigentum wird in seiner Person durch den staatlichen Hoheitsakt neu begründet.[14] Er ist auch nicht Rechtsnachfolger des Zwangsverwalters, wenn neben der Zwangsversteigerung auch ein Zwangsverwaltungsverfahren anhängig gewesen war.[15] Hat der Zwangsverwalter gegen den Mieter bereits einen Räumungstitel erstritten, kann der Ersteher diesen Titel nicht auf sich „als Rechtsnachfolger gemäß § 727 ZPO“ umschreiben lassen, nachdem die Zwangsverwaltung aufgehoben worden ist.[16] Dies ist auch gar nicht erforderlich; denn nach § 93 Abs. 1 Satz 1 bildet der Zuschlagsbeschluss für den Ersteher einen Herausgabetitel gegen den Besitzer.

2. Versicherungen

Forderungen aus der Versicherung von Gebäuden und Früchten (z. B. Feuer-, Hagel-, 16
Sturm-, Hochwasser-Versicherungen) unterliegen grundsätzlich der Beschlagnahme und werden deshalb mitversteigert (§ 55 Abs. 1 ZVG). Somit erwirbt der Ersteher auch **Versicherungsentschädigungen** aus den Versicherungsverträgen, die sich auf das Grundstück und die mitversteigerten Gegenstände beziehen.

Sachversicherungsverträge, die sich auf das Grundstück und die mitversteigerten 17
Grundstücke beziehen, gehen nach § 99 VVG auf den Ersteher über. Der Versicherer kann gemäß § 96 Abs. 1 VVG, der Ersteher gemäß § 96 Abs. 2 VVG kündigen. Der Eigentumswechsel ist vom Ersteher und/oder vom Vollstreckungsschuldner dem Versicherer unverzüglich anzuzeigen. Eine Anzeige durch das Vollstreckungsgericht ist nicht vorgesehen.

3. Dritteigentum

Der Ersteher wird Eigentümer des Grundstücks und der mitversteigerten Gegen- 18
stände auch dann, wenn diese gar nicht im Eigentum des Vollstreckungsschuldners standen. Damit geht mit dem Zuschlag auch das Eigentum eines Dritten an diesen Gegenständen unter. An die Stelle des versteigerten Gegenstandes tritt aber der Versteigerungserlös. Das der Versteigerung entgegenstehende **Recht eines Dritten** setzt sich am **Versteigerungserlös** fort:

Wenn das Grundstück einem Dritten gehörte, gehört der gesamte Versteigerungs- 19
erlös dem Dritten. Aber dieser Erlös unterliegt nach wie vor der Beschlagnahme. Deshalb muss der Dritte sein Recht geltend machen. Die Gläubiger, welche kein Recht auf Befriedigung haben,[17] sind dem ursprünglichen Eigentümer des Grundstücks gegenüber zur Freigabe verpflichtet.

---

14) BGH, Urt. v. 29.6.2004 – IX ZR 258/02, Rpfleger 2004, 644 = ZfIR 2005, 33.

15) BGH, Urt. v. 7.4.1978 – V ZR 154/75, BGHZ 71, 216.

16) BGH, Beschl. v. 14.6.2012 – VII ZB 47/10, Rpfleger 2012, 706.

17) Dazu zählen neben den Gläubigern, die nicht gutgläubig ein Recht am Grundstück erworben haben, auch alle persönlichen Gläubiger; denn im Wege der Zwangsvollstreckung kann man nicht gutgläubig (ein Befriedigungsrecht) erwerben.

20 Ist mit dem Grundstück, welches dem Schuldner gehört, auch ein Gegenstand versteigert worden, der einem Dritten gehörte, dann tritt der (gesamte) Versteigerungserlös als Surrogat an die Stelle des (gesamten) Versteigerungsobjekts. Dieser Erlös steht dem bisherigen Grundstückseigentümer und dem Dritteigentümer des Gegenstandes im Verhältnis der Verkehrswerte zu. Als maßgebliche Werte sind hier die nach § 74a ZVG festgesetzten Verkehrswerte anzunehmen. Der Dritte erhält also nicht den Verkehrswert des Gegenstandes; er nimmt vielmehr am Ergebnis der Versteigerung insoweit teil, als der Versteigerungserlös (also Meistbargebot + bestehen bleibende Rechte) im Verhältnis der beiden Verkehrswerte aufgeteilt wird.

21 Die Gleichung[18] lautet wie folgt:

$$X = \frac{\text{Meistgebot} \times \text{Verkehrswert des Gegenstandes}}{\text{VKW des Grundstücks} + \text{VKW des Gegenstandes}}$$

22 Dieses Recht muss der Dritte aber mit Widerspruch gegen den Teilungsplan geltend machen.[19] Die Anmeldung des (anteiligen) Erlösanspruchs gilt gemäß § 115 Abs. 2 ZVG als Widerspruch. Der Widerspruch betrifft den nach dem Teilungsplan zuletzt zum Zuge kommenden Zuteilungsberechtigten; denn diesen trifft der Umstand, dass der zu verteilende Betrag durch die Geltendmachung des Anspruchs auf einen Teil dieses Erlöses geringer ausfällt.[20] Wegen der weiteren Behandlung des Widerspruchs wird auf die §§ 115, 120, 124 ZVG verwiesen.

23 Nach der Erlösverteilung hat der Dritte nur noch einen Bereicherungsanspruch nach § 812 Abs. 1 BGB.[21]

4. Grundstücksüberbau

24 Beim rechtmäßigen (entschuldigten) Überbau ist Eigentümer des ganzen Gebäudes grundsätzlich der Eigentümer des Stammgrundstücks, von dem aus das Grundstück überbaut worden ist.[22] Somit erfasst die Versteigerung des Stammgrundstücks auch den Überbau; der Ersteher wird damit auch Eigentümer des Überbaus. Das Recht auf Duldung des Überbaus (gegenüber dem Nachbarn) geht als Rechtsbestandteil mit dem Eigentum auf den Ersteher mit über.[23] Dasselbe gilt für den sog. Eigengrenzüberbau.

25 Umgekehrt muss der Ersteher des überbauten Grundstücks auch weiterhin den (rechtmäßigen) Überbau durch den Nachbarn dulden (§ 912 BGB).

26 Beim unentschuldigten Überbau teilt die Grundstücksgrenze das überbaute Grundstück. Das heißt: Die beiden durch die Grenze geteilten Gebäudeteile gehören verschiedenen Eigentümern. Versteigerungsobjekt ist dann nur der dem Versteigerungs-

18) Die Gleichung ist bereits abgeleitet.
19) Stöber/*Becker*, ZVG, § 92 Rz. 61.
20) OLG Celle, Urt. v. 8.12.1992 – 4 U 194/91, Rpfleger 1993, 363 = KTS 1994, 85.
21) BGH, Urt. v. 23.5.1962 – V ZR 238/60, NJW 1962, 1498 = MDR 1962, 726.; vgl. Stöber/*Becker*, ZVG, § 92 Rz. 62.
22) BGH, Urt. v. 12.10.2001 – V ZR 268/00, Rpfleger 2002, 71 = ZfIR 2001, 997.
23) RG, Urt. v. 30.3.1939 – J 121/38; RGZ 160, 166; vgl. hierzu auch BGH, Urt. v. 12.7.1984 – IX ZR 124/83, NJW 1985, 789; siehe Dassler/Schiffhauer/u. a.-*Hintzen*, ZVG, § 90 Rz. 9 – 12.

schuldner gehörende Gebäudeteil. Und so erwirbt der Ersteher auch nur diesen Gebäudeteil.

§ 91
Erlöschen von Rechten

(1) Durch den Zuschlag erlöschen unter der im § 90 Abs. 1 bestimmten Voraussetzung die Rechte, welche nicht nach den Versteigerungsbedingungen bestehenbleiben sollen.

(2) Ein Recht an dem Grundstück bleibt jedoch bestehen, wenn dies zwischen dem Berechtigten und dem Ersteher vereinbart ist und die Erklärungen entweder im Verteilungstermin abgegeben oder, bevor das Grundbuchamt um Berichtigung des Grundbuchs ersucht ist, durch eine öffentlich beglaubigte Urkunde nachgewiesen werden.

(3) Im Falle des Absatzes 2 vermindert sich der durch Zahlung zu berichtigende Teil des Meistgebots um den Betrag, welcher sonst dem Berechtigten gebühren würde. Im übrigen wirkt die Vereinbarung wie die Befriedigung des Berechtigten aus dem Grundstück.

(4) Das Erlöschen eines Rechts, dessen Inhaber zur Zeit des Erlöschens nach § 1179a des Bürgerlichen Gesetzbuchs die Löschung einer bestehenbleibenden Hypothek, Grundschuld oder Rentenschuld verlangen kann, hat nicht das Erlöschen dieses Anspruchs zur Folge. Der Anspruch erlischt, wenn der Berechtigte aus dem Grundstück befriedigt wird.

Literatur: *Drischler*, Der Einfluss einer Vereinbarung gemäß § 91 Abs. 2 ZVG auf den Teilungsplan, NJW 1966, 766; *Eickmann*, Vormundschaftsgerichtliche Genehmigung im Zwangsversteigerungsverfahren, Rpfleger 1983, 199; *Mayer*, Die Behandlung einer Vereinbarung über das Bestehenbleiben von Rechten (§ 91 ZVG) im Verteilungstermin, Rpfleger 1969, 3; *Muth*, Zum Befriedigungsumfang bei einer Liegenbelassung, Rpfleger 1992, 2; *Scholz*, Schuldübernahme in der Zwangsversteigerung, ZfIR 1999, 165.

Übersicht

I. Allgemeines

In § 52 ZVG ist festgelegt, welche Rechte bestehen bleiben und welche Rechte erlöschen. § 91 Abs. 1 ergänzt diese Vorschrift dahingehend, dass dieses Erlöschen eintritt mit dem Zuschlag, sofern der Beschluss nicht im Beschwerdeweg aufgehoben 1 wird – also zu demselben Zeitpunkt, in dem der Ersteher Eigentümer wird (vgl. § 90 Abs. 1 ZVG).

2 Die Absätze 2 und 3 sehen die Möglichkeit vor, dass ein nach den Versteigerungsbedingungen erlöschendes Recht doch bestehen bleibt. Und Absatz 4 enthält eine **Sonderregelung** für den gesetzlichen Löschungsanspruch gemäß § 1179a BGB.

3 Die Vorschrift gilt für alle Versteigerungsarten des ZVG.

II. Erlöschen von Rechten (Abs. 1)

4 Durch den Zuschlag erlöschen alle Rechte, die nicht nach den Versteigerungsbedingungen bestehen bleiben (§ 52 Abs. 1 Satz 2 ZVG). Maßgeblicher Zeitpunkt ist das Wirksamwerden des Zuschlagsbeschlusses, also die **Verkündung** (§ 89 ZVG) bzw. die **Zustellung**, wenn der Zuschlag durch das Beschwerdegericht erteilt wird (§ 104). Durch die Verweisung auf § 90 Abs. 1 ZVG wird deutlich gemacht, dass dieses Erlöschen nicht eintritt, wenn der Zuschlagsbeschluss im Beschwerdeweg aufgehoben wird. Bei Aufhebung des Zuschlags sind die Rechte – rückwirkend auf den Zeitpunkt des Zuschlags – also nicht erloschen.

5 Ob ein Recht erlischt oder nicht, muss sich grundsätzlich aus dem **Zuschlagsbeschluss** ergeben (vgl. § 82 ZVG). Ein Recht erlischt also auch dann, wenn es im Zuschlagsbeschluss nicht als bestehen bleibendes Recht aufgeführt worden ist. Soweit ein Bestehenbleiben nur aus dem Terminsprotokoll ersichtlich ist (z. B. aufgrund eines Antrags gemäß § 59), kann dies nicht berücksichtigt werden.[1)]

6 Mit den Rechten am Grundstück erlöschen auch die Rechte an den mitversteigerten Gegenständen. Unter Umständen tritt an Stelle des versteigerten Gegenstandes aber ein Anspruch gegen den zuletzt aus dem Meistbargebot zu befriedigenden Berechtigten (siehe § 90 Rz. 20–23 [*Bachmann*]).

7 Die persönliche Forderung erlischt nur dann und nur in dem Umfang, in dem der Gläubiger tatsächlich **Befriedigung aus dem Versteigerungserlös** erlangt. Ist dies nicht der Fall, so besteht seine Forderung gegen den bisherigen Schuldner weiter.[2)]

8 Wenn ein dingliches Recht durch den Zuschlag erlischt, setzt sich dieses „Recht" am Surrogat – also am Versteigerungserlös – mit dem bisherigen Rang und Umfang fort. Das bisherige Grundstücksrecht betraf den Grundstückseigentümer und Vollstreckungsschuldner; der Ersatzanspruch richtet sich ebenfalls gegen den Vollstreckungsschuldner, dem das **Surrogat Versteigerungserlös** zusteht. Daraus folgt:

– Mit der Befriedigung aus dem Erlös erlischt das Ersatzrecht
– Kann auf das Recht keine Zuteilung erfolgen, weil der Erlös hierfür nicht ausreicht, wird es gegenstandslos.
– Da das Ersatzrecht kein dingliches Grundstücksrecht mehr ist, kann es nach den allgemeinen Vorschriften des BGB übertragen werden (§§ 398 ff. BGB).[3)]

---

1) RG, Urt. v. 20.1.1937 – V 194/36, RGZ 153, 252.
2) BGH, Urt. v. 2.10.1990 –XI ZR 306/89, Rpfleger 1991, 74 = NJW 1991, 286.
3) BGH, Urt. v. 6.11.1963 – V ZR 55/62, NJW 1964, 813 = MDR 1964, 308; OLG Brandenburg, Urt. v. 12.6.2019 – 7 U 16/17, Rz. 28, openJur 2020, 38795.

– Das Ersatzrecht kann somit wie eine gewöhnliche Forderung gemäß § 857 i. V. m. §§ 829 ff. ZPO gepfändet werden. Steht der Anspruch einem Dritten zu, ist der bisherige Eigentümer Drittschuldner; somit wird diese Pfändung wirksam mit der Zustellung an den (bisherigen) Eigentümer, § 829 Abs. 3 ZPO. Wenn der Anspruch dem bisherigen Eigentümer zusteht (z. B. als Surrogat für eine erloschene Eigentümergrundschuld; am Erlösrest als Surrogat für das versteigerte Grundstück), gibt es keinen Drittschuldner;[4] somit wird die Pfändung wirksam mit der Zustellung an den Schuldner (§ 857 Abs. 2 ZPO). Wegen der Einzelheiten siehe § 117 Rz. 60, 61 [*Bachmann*].

III. Liegenbelassung von Rechten (Abs. 2 und 3)

1. Betroffene Rechte

Zwischen dem Berechtigten des Rechts und dem Ersteher kann nach Abs. 2 das **Liegenbelassen des Rechts** vereinbart werden. Diese Vereinbarung kann sich auf alle durch den Zuschlag erloschenen Rechte beziehen, also auch auf die Rechte der Abt. II. Das betreffende Recht wird dann so behandelt, als ob es durch den Zuschlag nicht erloschen wäre – die Vereinbarung wirkt also auf den Zuschlag zurück. 9

Liegen belassen kann man die **Hauptsache** des dinglichen Rechts in den vollen Umfang. Ist das Recht teilbar (Grundpfandrecht, Geld-Reallast), dann kann sich die Vereinbarung auch auf einen **Teil** beziehen. Es ist auch möglich, nur die Hauptsache eines Rechts (also ohne alle Nebenleistungen) oder das Recht ohne (genau) bestimmte Nebenleistungen bestehen zu lassen. Nicht möglich ist es jedoch, den Inhalt des Rechts zu ändern. Dies geht nur über § 877 BGB i. V. m. § 873 BGB durch Einigung und Eintragung. Die einmalige Nebenleistung einer Grundschuld kann nicht mit dem Hauptanspruch bestehen bleiben; damit kann sie auch nicht über § 91 Abs. 2 ZVG „bestehen bleiben".[5] Ebenfalls nicht liegen belassen kann man die sog. Vorfälligkeitsentschädigung; denn diese Nebenleistung kann nur den Schuldner treffen – und muss daher aus dem Bargebot befriedigt werden. Das muss nach *Stöber*[6] auch dann gelten, wenn das Recht bestehen bleibt. Damit erlischt diese Nebenleistung durch den Zuschlag in jedem Fall und ist auf Ersuchen des Vollstreckungsgerichts zu löschen, wenn das Recht selbst bestehen bleibt.[7] 10

2. Vereinbarung

Die Vereinbarung nach § 91 Abs. 2 ZVG muss zwischen dem **Berechtigten** des betreffenden Rechts und dem **Ersteher** getroffen werden. Der Berechtigte muss seine Rechtsinhaberschaft nachweisen; hierzu gehört bei einem Briefrecht auch die Vorlage des Grundpfandrechtsbriefs (§ 1160 BGB), u. U. auch Vorlage der entsprechenden Abtretungserklärungen (vgl. § 1155 BGB). Will anstelle des Berechtigten ein 11

---

4) A. A. Schuldner und Drittschuldner sind identisch, was aber „unter dem Strich" keinen Unterschied macht. Aber in keinem Fall kommen Ersteher oder Vollstreckungsgericht als Drittschuldner in Betracht.

5) Stöber/*Becker*, ZVG, § 91 Rz. 14 und 25; a. A. Dassler/Schiffhauer/u. a.-*Hintzen*, ZVG, § 91 Rz. 35.

6) Stöber/*Gojowczyk*, ZVG, § 49 Rz. 7 und Stöber/*Becker*, ZVG, § 91 Rz. 23.

7) Dieses Problem wird von einem Großteil der Praxis einfach „ausgeblendet".

Pfandgläubiger die Vereinbarung treffen, dann ist er hierzu nur dann berechtigt, wenn ihm das Recht oder (nach dem Zuschlag) der Ersatzanspruch an Zahlungsstatt überwiesen worden ist. Bevollmächtigte müssen eine Vollmacht vorlegen, wobei nach h. M. die Prozessvollmacht ausreicht.[8] Wenn dem Ersteher selbst ein Recht am Grundstück zusteht, ist nur die Erklärung des Erstehers erforderlich.[9]

12 Wann eine **Genehmigung** des Familien- oder Betreuungsgerichts erforderlich ist, wird nicht ganz einheitlich beantwortet. Nachfolgend wird die h. M. dargestellt:

13 *Fall 1:*

Auf der **Gläubigerseite** tritt ein minderjähriges Kind, ein Mündel, ein Vormund, ein Betreuer oder Pfleger auf:

a) Bei dem Recht handelt es sich um ein Recht der Abt. II: Es ist in jedem Fall eine **Genehmigung** nach § 1850 Nr. 1 (Betreuer), § 1643 (Eltern) bzw. § 1799 (Vormund), § 1813 bzw. § 1888 (Pfleger) BGB – jeweils mit Verweis auf § 1850 Nr. 1 BGB – erforderlich.[10]

b) Bei dem Recht handelt es sich um ein Grundpfandrecht: Hier benötigen die Eltern **keine Genehmigung** (§ 11643 Abs. 2 BGB).

Hinsichtlich eines Vormunds, eines Betreuers bzw. Pflegers gelten dagegen hier § 1849 Abs. 1 (Betreuer), § 1799 (Vormund), § 1813 bzw. § 1888 (Pfleger) BGB, wonach eine Genehmigung erforderlich ist.[11]

14 *Fall 2:*

Auf der **Ersteherseite** tritt ein minderjähriges Kind, ein Mündel, ein Vormund, ein Betreuer oder Pfleger auf:

Da bereits für die Abgabe des Gebots eine gerichtliche Genehmigung erforderlich war (§ 1850 Nr. 4 oder Nr. 6 BGB, § 1643 BGB), ist **keine weitere Genehmigung** mehr erforderlich, wenn das liegen belassene Recht volle Deckung aus dem Meistbargebot erlangen würde und in der Genehmigung die zu übernehmenden Belastungen nicht ausdrücklich begrenzt hat.[12]

---

8) Böttcher/*Böttcher*, ZVG, § 91 Rz. 7; Stöber/*Becker*, ZVG, § 91 Rz. 16; Dassler/Schiffhauer/u. a.-*Hintzen*, ZVG, § 91, Rz. 23; BeckOK-*Pestel*, ZVG, § 91 Rz. 66; Schneider-*Achenbach*, ZVG, § 91 Rz. 16.

9) BGH, Urt. v. 5.11.1975 – V ZR 145/73, Rpfleger 1976, 10 = NJW 1976, 805; BGH, Urt. v. 23.10.1980 – III ZR 100/79, ZIP 1981, 161; so auch Stöber/*Becker*, ZVG, § 91 Rz. 15.

10) So Böttcher/*Böttcher*, ZVG, § 91 Rz. 8 m. w. N.; so auch *Eickmann*, Rpfleger 1983, 199; Schneider-*Achenbach*, ZVG, § 91 Rz. 17; a. A. Dassler/Schiffhauer/u. a.-*Hintzen*, ZVG, § 91 Rz. 21; Stöber/*Becker*, ZVG, § 91 Rz. 17; so auch BeckOK-*Pestel*, ZVG, § 91 Rz. 80: Eltern brauchen auch bei einem Recht der Abt. II keine Genehmigung, da es hier **nicht** um das **Grundstücksrecht** selbst, sondern um das Surrogat „Recht am Versteigerungserlös" gehe.

11) Böttcher/*Böttcher*, ZVG, § 91 Rz. 8; Stöber/*Becker*, ZVG, § 91 Rz. 17; Dassler/Schiffhauer/u. a.-*Hintzen*, ZVG, § 91 Rz. 21; BeckOK-*Pestel*, ZVG, § 91 Rz. 67; Schneider-*Achenbach*, ZVG, § 91 Rz. 18.

12) Böttcher/*Böttcher*, ZVG, § 91 Rz. 9; Dassler/Schiffhauer/u. a.-*Hintzen*, ZVG, § 91 Rz. 20; Schneider-*Achenbach*, ZVG, § 91 Rz. 19; *Eickmann*, Rpfleger 1983, 199; a. A. Stöber/*Becker*, ZVG, § 91 Rz. 18; so auch BeckOK-*Pestel*, ZVG, § 91 Rz. 85: Die Vereinbarung ist eine Verfügung über das Grundstück und deshalb gemäß § 1850 Nr. 1 i. V. m. § 1643 BGB bzw. den anderen Verweisvorschriften) in jedem Fall genehmigungspflichtig.

Wenn für die Belastung des Grundstücks die Zustimmung eines Dritten erforderlich ist (z. B. nach § 5 ErbbauRG oder nach § 12 WEG), dann ist für die Vereinbarung nach § 91 Abs. 2 **keine (erneute) Zustimmung** erforderlich; denn diese war bereits zur Eintragung des Rechts selbst erforderlich.[13] 15

Die Erklärungen müssen entweder **mündlich** im Verteilungstermin abgegeben oder vor dem Eingang des Ersuchens gemäß § 130 ZVG beim Grundbuchamt in **öffentlich beglaubigter Urkunde** nachgewiesen werden. Da die Vereinbarung auch schon vor dem Zuschlag (dann mit dem künftigen Ersteher) möglich ist, kann sie auch im Versteigerungs- oder Verkündungstermin erfolgen. In allen Fällen der Erklärung vor dem Gericht ist diese zu protokollieren, vorzulesen und genehmigen zu lassen; die Unterschrift der Erklärenden ist aber nicht erforderlich (vgl. § 78 ZVG; §§ 162, 163 ZPO). Gleichzeitige Anwesenheit beider Teile im Termin ist nicht erforderlich. Es ist auch möglich, dass der Ersteher seine Erklärung zu Protokoll erklärt, der Berechtigte dagegen in öffentlich beglaubigter Urkunde oder umgekehrt. 16

Spätester Zeitpunkt, bis zu dem die Vereinbarung getroffen werden kann, ist der **Eingang des Grundbuchersuchens** beim Grundbuchamt. Bei Eingang der Vereinbarung nach dem Verteilungstermin wird eine etwaige Forderungsübertragung (§ 118 ZVG) gegenstandslos, soweit sich durch die Vereinbarung die Zahlungspflicht des Erstehers mindert (siehe Rz. 21). Demgemäß wird insoweit auch keine Sicherungshypothek nach § 128 ZVG mehr eingetragen.[14] Ein bereits abgesandtes Ersuchen ist zu berichtigen: Es wird dann **nicht um Löschung** des betreffenden Rechts ersucht; es wird nicht um Eintragung einer Sicherungshypothek gemäß § 128 ZVG ersucht.[15] 17

Es ist auch möglich, eine vereinbarte **Liegenbelassung wieder aufzuheben.** Dies muss in derselben Form wie die Vereinbarung selbst und spätestens bis zum Eingang des Ersuchens beim Grundbuchamt erfolgt sein.[16] 18

3. Wirkungen

a) Recht bleibt bestehen (Abs. 2)

Das von der Vereinbarung betroffene Recht bleibt mit dem bisherigen Inhalt und Rang bestehen; es erlischt also durch den Zuschlag nicht. Wenn die Vereinbarung bereits vor dem Zuschlag getroffen worden ist, dann wird sie ab dem Zuschlag wirksam, so dass insoweit § 91 Abs. 1 ZVG nicht gilt. Eine erst nach dem Zuschlag erklärte Vereinbarung wirkt zurück (ex tunc) auf den Zuschlag, so dass es ohne Unterbrechung Bestand hat.[17] 19

---

13) LG Detmold, Beschl. v. 2.3.2001 – 3 T 46/01, Rpfleger 2001, 312; Böttcher/*Böttcher*, ZVG, § 91 Rz. 7; Dassler/Schiffhauer/u. a.-*Hintzen*, ZVG, § 91 Rz. 22; BeckOK-*Pestel*, ZVG, § 91 Rz. 89; a. A. Stöber/*Becker*, ZVG, § 91 Rz. 19: Zustimmung ist nach dem Wortlaut und gleichermaßen nach Sinn und Zweck von § 5 Abs. 2 ErbbauRG (§ 12 WEG) erforderlich.

14) LG Frankfurt, Beschl. v. 4.10.1979 – 2/9 T 952/79, Rpfleger 1980, 30.

15) So Dassler/Schiffhauer/u. a.-*Hintzen*, ZVG, § 91 Rz. 25.

16) BeckOK-*Pestel*, ZVG, § 91 Rz. 99; Dassler/Schiffhauer/u. a.-*Hintzen*, ZVG, § 91 Rz. 27.

17) BGH, Urt. v. 11.10.1984 – IX ZR 111/82, Rpfleger 1985, 74 = MDR 1985, 405.

20 Der **Rang** des liegen belassenen Rechts richtet sich nach dem bisherigen Grundbuchrang. Konkret bedeutet dies: Wenn alle vorrangigen Rechte nach den Versteigerungsbedingungen erlöschen und laut Teilungsplan auch voll befriedigt werden, bleibt das Recht an (nunmehr) erster Rangstelle im Grundbuch. Wenn an Stelle dieser vorrangigen Rechte infolge Nichtzahlung eine Forderungsübertragung erfolgt (§ 118 ZVG) und um Eintragung von Sicherungshypotheken gemäß § 128 ZVG zu ersuchen ist, so erhalten diese Sicherungshypotheken Rang vor dem über § 91 Abs. 2 ZVG bestehen bleibenden Recht. Dies muss **im Grundbuch** gemäß § 879 Abs. 3 BGB (ausdrücklich) **eingetragen** werden; deshalb ist das Ersuchen gemäß § 130 ZVG auch darauf zu erstrecken. Sicherungshypotheken für nachrangige Gläubigeransprüche haben jedoch Rang nach dem bestehen bleibenden Recht.

b) Meistbargebot wird vermindert (Abs. 3 Satz 1)

21 Nach Abs. 3 Satz 1 vermindert sich durch die Liegenbelassungsvereinbarung der durch Zahlung zu berichtigende Teil des Meistgebots um den Betrag, welcher sonst dem Berechtigten gebühren würde. Nach der mittlerweile h. M[18] bedeutet dies für den (teilweise) neu aufzustellenden Teilungsplan Folgendes:

– Im Abschnitt „Teilungsmasse" sind folgende Beträge abzuziehen:
  Die **Zinsen** (und etwaige andere wiederkehrende Leistungen) für den Zeitraum vom Zuschlag (einschließlich) bis zum Verteilungstermin (ausschließlich),[19]
  der **Hauptsachebetrag.**[20]
  Diese Beträge können jedoch nur abgezogen werden, wenn bzw. soweit auf das betreffende Recht bei dem ursprünglichen Teilungsplan eine Zuteilung möglich gewesen wäre.
– An den **Bargebotszinsen** ändert sich nichts; sie sind nach wie vor aus dem ungekürzten Meistbargebot zu berechnen.
– Im Abschnitt „Schuldenmasse" (und bei der Zuteilung) ist das Recht nur noch mit den Kosten und den Zinsen bis zum Zuschlag (ausschließlich) zu berücksichtigen. Wie diese Zinsen muss auch die **Vorfälligkeitsentschädigung**, für die der Ersteher nicht haftet, aus der Teilungsmasse bezahlt werden. Deshalb wird insoweit auch die Teilungsmasse nicht gekürzt; vielmehr erscheint dieser Posten bei der Schuldenmasse.[21]

22 Zur Verdeutlichung wird auf das nachfolgende Beispiel (siehe Rz. 35 ff.) verwiesen.

c) Befriedigungswirkung (Abs. 3 Satz 2)

23 Die Liegenbelassungsvereinbarung wirkt nach Abs. 3 Satz 2 „im Übrigen" wie eine Befriedigung des Gläubigers aus dem Grundstück. Dadurch erlischt aber nicht das

18) Vgl. Böttcher/*Böttcher*, ZVG, § 91 Rz. 14; Dassler/Schiffhauer/u. a.-*Hintzen*, ZVG, § 91 Rz. 33; Stöber/*Becker*, ZVG, § 91 Rz. 23; BeckOK-*Pestel*, ZVG, § 91 Rz. 106 ff. mit Beispiel; Schneider-*Achenbach*, ZVG, § 91 Rz. 27.

19) Weil für diesen Zeitraum infolge des Bestehenbleiben des Rechts (nur) der Ersteher haftet.

20) Weil auch hierfür nunmehr der Ersteher – und nicht mehr der Versteigerungsschuldner – haftet.

21) So Stöber/*Becker*, ZVG, § 91 Rz. 23 m. w. N., auch zur Gegenansicht.

eine entsprechende (Löschungs-)**Vormerkung** eingetragen wird (siehe Einzelheiten hierzu bei § 130a).

V. Sonstiges

1. Dienstbarkeiten bei Bruchteilseigentum

Bei der **Versteigerung eines Grundstücksbruchteils** erlischt eine Grunddienstbarkeit oder eine beschränkte persönliche Dienstbarkeit an diesem Bruchteil, wenn sie dem bestbetreibenden Gläubiger im Rang nachgeht. Dies hat jedoch eine weitere Konsequenz: Da ein solches Recht nicht an dem bzw. den restlichen Bruchteil(en) bestehen kann,[32)] muss es an diesen anderen Bruchteilen gemäß § 53 GBO von Amts wegen gelöscht werden.[33)] Das Ersuchen des Vollstreckungsgerichts darf sich jedoch nicht auf diese Löschung erstrecken, da diese anderen Bruchteile nicht Gegenstand der Versteigerung waren. 30

Bei der **Versteigerung von Wohnungseigentum**[34)] kann dies zu besonders unliebsamen Konsequenzen führen. Hier muss zunächst unterschieden werden, ob die Dienstbarkeit ein einzelnes Wohnungs- oder Teileigentum belastet (z. B. Wohnungsrecht) oder ob das Grundstück als Ganzes belastet ist (z. B. Geh- und Fahrtrecht, Leitungs- und Versorgungsrechte, Bebauungsverbot). Die Dienstbarkeit, welche nur ein einzelnes Wohnungs- oder Teileigentum belastet, erlischt gemäß § 91 Abs. 1 ZVG an dieser Einheit, wenn es in der Versteigerung dem bestbetreibenden Gläubiger im Rang nachgeht. Auf die anderen WEG-Einheiten hat dies keine Auswirkungen. Dagegen hat das **Erlöschen einer** auf dem Grundstück als Ganzes haftenden **Dienstbarkeit** auf einer Einheit auch das Erlöschen an den nicht versteigerten Miteigentumsanteilen der anderen Miteigentümer zur Folge. 31

Deshalb bestimmt § 52 Abs. 2b ZVG, dass ein solches Recht dann bestehen bleibt, wenn in ein Wohnungseigentum aus dem Rang nach § 10 Abs. 1 Nr. 2 ZVG vollstreckt wird und diesem Anspruch kein anderes Recht der Rangklasse 4 vorgeht, aus dem die Versteigerung betrieben werden kann. Dadurch wird zumindest in diesem Fall vermieden, dass das betreffende Recht an allen Wohn- bzw. Teileinheiten erlischt. Für alle übrigen Fälle bleibt nur der Weg über abgeänderte Versteigerungsbedingungen (§ 59 ZVG) oder über eine Vereinbarung gemäß § 91 Abs. 2 ZVG. 32

2. Sicherungsgrundschuld

Hat sich der Darlehensnehmer bei der Bestellung einer Sicherungsgrundschuld der sofortigen Zwangsvollstreckung in sein gesamtes Vermögen unterworfen, so wird diese Zwangsvollstreckung (in sein restliches Vermögen) nicht unzulässig, wenn die dafür betr. Grundschuld im Zwangsversteigerungsverfahren erlischt, ohne dass der Gläubiger befriedigt worden ist.[35)] 33

---

32) Vgl. KG, Beschl. v. 10.8.1973 – 1 W 955/73, Rpfleger 1975, 68 = MDR 1975, 151.
33) Vgl. OLG Frankfurt, Beschl. v. 11.7.1978 – 20 W 126/78, Rpfleger 1979, 149.
34) Welches auch – nur besonders ausgestaltetes – Bruchteilseigentum ist.
35) BGH, Urt. v. 2.10.1990 – XI ZR 306/89, Rpfleger 1991, 74 = NJW 1991, 286.

34 Wenn jedoch eine **Liegenbelassungsvereinbarung** getroffen wurde, dann „verwertet" der Gläubiger hiermit die Grundschuld; denn gemäß Abs. 3 Satz 2 wirkt diese Vereinbarung wie die Befriedigung aus dem Grundstück. Damit endet der Sicherungsvertrag mit dem Sicherungsgeber.[36] Im Verhältnis zum Berechtigten eines Rückgewähranspruchs muss sich der Grundschuldgläubiger so behandeln lassen, als hätte er den Betrag der Grundschuld (deren Liegenbelassen vereinbart worden ist) aus dem Versteigerungserlös erhalten. Soweit dieser Betrag die gesicherte (schuldrechtliche) Forderung übersteigt, verwandelt sich der Rückgewähranspruch in einen Rückzahlungsanspruch in Höhe dieses Überschusses.[37]

VI. Beispiel: Auswirkungen einer Vereinbarung nach Absatz 2 auf den Teilungsplan

35 *Sachverhalt:*

Tag der 1. Beschlagnahme	1.2.2022
Zuschlagsverkündung:	16.9.2022
Verteilungstermin bestimmt auf:	16.12.2022
Verkehrswert gemäß § 74a ZVG festgesetzt auf	700.000 €
Meistbargebot des Erstehers B:	500.000 €

36 Keine bestehen bleibenden Rechte, da Gläubiger III/1 best- (und allein) betreibender Gläubiger ist. Im Grundbuch war nur dieses Recht eingetragen:

III/1 – 300.000 € – Grundschuld ohne Brief für die Sparkasse A, 15 % Jahreszinsen, kalenderjährlich nachträglich zahlbar; ... eingetragen am 20.5.2006.

37 Folgende (rechtzeitige) Anmeldungen sind im Teilungsplan zu berücksichtigen:

1. Stadtkasse Neustadt, Grundsteuer in Höhe von insgesamt 3.600 €.
2. Sparkasse A, 15 % Zinsen aus 300.000 seit dem 1.1.2019.

Kosten hat die Sparkasse A nicht angemeldet.

Die gemäß § 109 ZVG zu berücksichtigenden Gerichtskosten sind mit 7.700 € festgestellt worden.

Im Verteilungstermin ist zwischen dem Ersteher B und der Sparkasse A das **Liegenbelassen des Rechts III/1** hinsichtlich eines Teilbetrags von 200.000 € samt den entsprechenden Zinsen vereinbart worden.

38 *Lösung:*

A. Teilungsplan **ohne Liegenbelassung des Rechts III/1**, um festzustellen, inwieweit aus dem ungekürzten Bargebot eine Zuteilung möglich gewesen wäre.

36) BGH, Urt. v. 11.10.1984 – IX ZR 111/82, Rpfleger 1985, 74 = NJW 1985, 388; Stöber/*Becker*, ZVG, § 91 Rz. 29.

37) BGH, Urt. v. 11.10.1984 – IX ZR 111/82, Rpfleger 1985, 74 = NJW 1985, 388; Stöber/*Becker*, ZVG, § 91 Rz. 29.

I. Teilungsmasse:

1. Meistbargebot 500.000 €
2. 4 % Zinsen hieraus vom 16.9.–15.12.2022 (= 3 Monate)[38)] 5.000 €

Summe: 505.000 €

II. Bestehen bleibende Rechte: Keine

III. Schuldenmasse:

1. Gerichtskosten laut Sachverhalt 7.700 €
2. Grundsteuer laut Sachverhalt 3.600 €
3. Gläubigerin III/1
   a) 15 % Zinsen aus 300.000 € vom 1.1.2019–15.12.2022 (1.425/360 Tage) = 178.125 €
   b) Kapital = 300.000 €

   Summe 478.125 €

Gesamtsumme der Schuldenmasse 489.425 €

IV. Zuteilung:

1. Gerichtskasse[39)] 7.700 €
2. Stadtkasse Neustadt 3.600 €
3. Sparkasse A insgesamt 478.125 €
4. Der Schuldner den Erlösrest mit 15.575 €

B. Teilungsplan **nach teilweiser Liegenbelassung des Rechts III/1:**

I. Teilungsmasse:

1. Meistbargebot 500.000 €
2. 4 % Zinsen hieraus vom 16.9.–15.12.2022 (= 3 Monate) aus (nach wie vor) 500.000 € 5.000 €

abzüglich aus III/1:

15 % Zinsen aus 200.000 € vom 16.9.–15.12.2022 (91/360) – 7.583,33 €

(Teil-) Hauptsache – 200.000 €

Restliche Teilungsmasse: 297.416,67 €

II. Bestehen bleibende Rechte:

III/1 – 200.000 € – Grundschuld ohne Brief für die Sparkasse A, 15 % Jahreszinsen, kalenderjährlich nachträglich zahlbar – aufgrund Vereinbarung gemäß § 91 Abs. 2 ZVG.

---

38) Der Einfachheit halber hier mit drei Monaten berechnet; richtig wären 91 Tage/von 365 Tagen = 4.986,30 €. Eine bankmäßige Berechnung (wären hier 91/360 Tage = 5.055,56 €) ist nach überwiegender Ansicht bei den Bargebotszinsen nicht angebracht.

39) Den vom Gläubiger geleisteten Vorschuss erhält dieser in Rangklasse „0" zurück; dies wird hier aber nicht dargestellt. Einzelheiten zum Teilungsplan bei der Kommentierung des § 113 ZVG.

III. Schuldenmasse:

1.	Gerichtskosten laut Sachverhalt		7.700 €
2.	Grundsteuer laut Sachverhalt		3.600 €
3.	Gläubigerin III/1		
	a)	15 % Zinsen aus 200.000 € vom 1.1.2019–15.9.2022[40] (1.334/360 Tage)	= 111.166,67 €
	b)	15 % Zinsen aus 100.000 € vom 1.1.2019–15.12.2022 (1.425/360 Tage)	= 59.375 €
	c)	Kapitalrestbetrag (soweit nicht liegen belassen)	100.000 €
		Summe	270.541,67 €
	Gesamtsumme der Schuldenmasse		281.841,67 €

IV. Zuteilung:

1.	Gerichtskasse	7.700 €
2.	Stadtkasse Neustadt	3.600 €
3.	Sparkasse A insgesamt	270.541,67 €
4.	Der Schuldner den Erlösrest mit	15.575 €

39 *Anmerkung:*

Nur bei dieser Art der Berechnung ist sichergestellt, dass nachfolgende Gläubiger bzw. wie hier der Schuldner durch die Vereinbarung zwischen einem vorgehenden Gläubiger und dem Ersteher weder einen Vor- noch einen Nachteil haben.

40 Weitere Beispiele bei *Böttcher*, ZVG, § 91 Rz. 15; Dassler/Schiffhauer/u. a.-*Hintzen*, ZVG, § 91 Rz. 34; BeckOK-*Pestel*, ZVG, § 91 Rz. 113 ff.

---

40) Jetzt nur noch bis zum Zuschlag, da das Recht insoweit bestehen bleibt.

§ 92

Anspruch auf Wertersatz

(1) Erlischt durch den Zuschlag ein Recht, das nicht auf Zahlung eines Kapitals gerichtet ist, so tritt an die Stelle des Rechts der Anspruch auf Ersatz des Wertes aus dem Versteigerungserlös.

(2) Der Ersatz für einen Nießbrauch, für eine beschränkte persönliche Dienstbarkeit sowie für eine Reallast von unbestimmter Dauer ist durch Zahlung einer Geldrente zu leisten, die dem Jahreswert des Rechts gleichkommt. Der Betrag ist für drei Monate vorauszuzahlen. Der Anspruch auf eine fällig gewordene Zahlung verbleibt dem Berechtigten auch dann, wenn das Recht auf die Rente vor dem Ablauf der drei Monate erlischt.

(3) Bei ablösbaren Rechten bestimmt sich der Betrag der Ersatzleistung durch die Ablösungssumme.

Literatur: *Drischler*, Das Altenteil in der Zwangsversteigerung, Rpfleger 1983, 229; *Gaßner*, Erloschene Rechte „von unbestimmten Betrag“, Rpfleger 1988, 51; *Schiffhauer*, Die Grunddienstbarkeit in der Zwangsversteigerung, Rpfleger 1975, 187; *Schubert/Czub*, Die Grunddienstbarkeit in der Zwangsversteigerung, ZIP 1982, 266; *Streuer*, Bewertung des Erbbauzinses und des „reinen“ Erbbaurechts in der Zwangsversteigerung des Erbbaurechts, Rpfleger 1997, 141.

Übersicht

I. Allgemeines

Durch den Zuschlag erlöschen gemäß § 91 Abs. 1 ZVG alle Rechte am Grundstück, 1
welche nicht nach den Versteigerungsbedingungen bestehen bleiben. Anstelle des versteigerten Grundstücks tritt im Wege der **Surrogation** der Versteigerungserlös: An ihm setzen sich die erloschenen Rechte mit dem bisherigen Rang fort; deshalb bleibt der Erlös auch zu Gunsten der Berechtigten von der Beschlagnahme erfasst. Rechte, die an dem erloschenen Recht bestanden haben (z. B. Pfandrechte, Nießbrauch), setzen sich ebenfalls am Erlösanspruch fort.

Soweit es sich bei den erloschenen Rechten um ein auf Kapitalzahlung gerichtetes 2
Recht handelt[1], richtet sich der aus dem Versteigerungserlös zu befriedigende Betrag nach dem im Grundbuch eingetragenen Kapital (vgl. § 1147 BGB). Für erloschene Rechte, welche nicht auf die Zahlung eines Kapitals gerichtet sind,[2] sieht § 92 Abs. 1 ZVG eine **weitere Surrogation** vor: Das Recht selbst wandelt sich ebenfalls um, von einem Nutzungsrecht in einen Geldanspruch (Wertersatz). Für bestimmte Rechte wird dieser Wertersatz in Absatz 2 etwas modifiziert; und Absatz 3 bestimmt, dass bei ablösbaren Rechten die Ablösesumme als Wertersatz maßgeblich ist.

---

1) Das sind die in Abt. III des Grundbuchs eingetragenen Grundpfandrechte.

2) Das sind die in Abt. II des Grundbuchs eingetragenen Rechte.

3 Der mit dem Zuschlag entstandene Anspruch auf **Wertersatz** ist wie eine Geldforderung übertragbar und pfändbar, auch wenn das ursprüngliche Recht nicht übertragbar war (z. B. Wohnungsrecht).[3] Übertragungs- und Pfändungsbeschränkungen, welche sich auf das erloschene Recht selbst bezogen haben, behindern die Übertragung bzw. Pfändung des Ersatzanspruchs nicht.[4] Aber Zessionar bzw. Pfändungsgläubiger[5] können den Erlösanspruch nur in dem Umfang geltend machen, der dem Berechtigten selbst zusteht.[6]

4 § 92 ZVG gilt für alle Versteigerungsarten des ZVG.

II. Bestimmung des Wertersatzes

1. Allgemeines

5 § 92 ZVG unterscheidet die nicht auf Kapitalzahlung gerichteten Rechte, für die Wertersatz zu leisten ist, in folgende zwei Gruppen:

- Rechte mit dem Anspruch auf eine einmalige Geldabfindung (Abs. 1).[7]
- Rechte mit dem Anspruch auf Zahlung einer Geldrente (Abs. 2).

2. Einmaliger Wertersatz (Abs. 1)

6 Anspruch auf einmaligen Wertersatz haben solche Rechte, die nicht auf wiederkehrende Leistungen gerichtet sind. Hierunter fallen z. B.: Auflassungsvormerkung (etwas str.), Dauerwohn- bzw. Dauernutzungsrecht nach WEG (str.), Erbbauzins-Reallast; Grunddienstbarkeit, Reallast von bestimmter Dauer, das nicht nur für einen Verkaufsfall bestellte dingliche Vorkaufsrecht.

7 Der Betrag des einmaligen Wertersatzes richtet sich nach dem **Wert**, den das **Recht für den Berechtigten** hat. Dieser Wert ist also nicht identisch mit dem nach § 51 Abs. 2 ZVG festzusetzenden Zuzahlungsbetrag, der sich nach der Werterhöhung des Grundstücks richtet, wenn ein bestehen bleibendes Recht tatsächlich nicht besteht.

8 Bei einem bestimmten Anspruch (z. B. Reallast von bestimmter Dauer, Erbbauzins-Reallast) können die **maßgeblichen Geldleistungen** anhand der Grundbucheintragungen ermittelt werden. Bei ablösbaren Rechte ist nach Absatz 3 die Ablösesumme maßgeblich. In allen anderen Fällen kann der Wertersatz im Teilungsplan nur berücksichtigt werden, wenn der entsprechende Betrag oder zumindest die für eine Berechnung notwendigen Angaben angemeldet werden. Da es sich bei dieser Anmeldung nicht um die Anmeldung des Rechts selbst handelt,[8] spielt insoweit auch § 110 ZVG keine Rolle.

---

3) Vgl. OLG Schleswig, Urt. v. 22.1.1997 – 2 W 142/96, Rpfleger 1997, 256 = KTS 1997, 604.

4) BGH, Urt. v. 13.7.1995 – IX ZR 81/94, MDR 1996, 412 = NJW 1995, 2846.

5) Dem der gepfändete Anspruch auch zur Einziehung überwiesen ist.

6) Dies bedeutet: Bei einem Recht des Absatzes 2 erhält auch der Zessionar bzw. Pfändungsgläubiger nur die jeweilige Vierteljahresrente ausgezahlt.

7) Einen Unterfall dieser Gruppe bilden die ablösbaren Rechte des Absatzes 3.

8) Dieses wird von Amts wegen berücksichtigt, wenn es vor dem Versteigerungsvermerk eingetragen ist; vgl. Böttcher/*Böttcher*, ZVG, § 92 Rz. 10; Dassler/Schiffhauer/u. a.-*Hintzen*, ZVG, § 92 Rz. 35; Stöber/*Becker*, ZVG, § 92 Rz. 11;

3. Dienstbarkeit, Nießbrauch und Reallast von unbestimmter Dauer (Abs. 2)

Bei einem erloschenen Nießbrauch, bei einer beschränkten persönlichen Dienstbarkeit[9] und bei einer Reallast von unbestimmter Dauer erfolgt die Zahlung nicht in Form einer einmaligen Abfindung; vielmehr muss hier nach Absatz 2 eine **Geldrente** festgelegt werden, die aus einem zu berechnenden Deckungskapital einschließlich Zinsen zu zahlen ist. 9

Dieses **Deckungskapital**, welches in den Teilungsplan (Abschnitt: Schuldenmasse) aufzunehmen ist, richtet sich gemäß § 121 Abs. 1 ZVG nach der Summe aller künftigen Leistungen, darf jedoch den 25-fachen Jahresbetrag nicht überschreiten. Ist das Recht auf die Lebenszeit begrenzt, ist nach h. A. von der voraussichtlichen Lebensdauer des Berechtigten auszugehen, die sich an der statistischen Lebenserwartung (siehe die Sterbetafel im Anhang) orientiert.[10] Wenn der Berechtigte zwischen Zuschlag und Verteilungstermin gestorben ist, ist für die Berechnung des Ersatzwertes die Zeit zwischen dem Zuschlag und dem Ende des Vierteljahres, in welches das Todesdatum fällt, maßgeblich; denn nach Absatz 2, Satz 3 verbleibt dem Berechtigten der Anspruch auf eine bereits fällige Zahlung auch dann, wenn das Recht vor Ablauf des Vierteljahres erlischt.[11] 10

Aus den Zinsen des hinterlegten Deckungskapitals (vgl. § 121 Abs. 2 ZVG i. V. m. § 120 ZVG) und dem Deckungskapital selbst erhält der Berechtigte eine fortlaufende **Geldrente.** Diese Geldrente steht dem Berechtigten während der gesamten Dauer seines Rechtes zu, bei auf Lebenszeit beschränkten Rechten also bis zu dessen Tod. Ausbezahlt wird diese Rente in **Vierteljahresraten** im Voraus (Abs. 2 Satz 2). Der Anspruch auf eine bereits fällige Vierteljahresrate bleibt auch bestehen, wenn das Recht vor dem Ablauf dieser drei Monate wieder erlischt.[12] Da die erste Rate bereits mit dem Zuschlag fällig geworden ist, erfolgt im Verteilungstermin auch die Auszahlung der ersten Vierteljahresrate an den Berechtigten.[13] Im Hinblick darauf, dass möglicherweise der Anspruch des Berechtigten erlischt, bevor das Deckungskapital aufgebraucht ist, sieht § 121 Abs. 2 ZVG i. V. m. §§ 119, 120 ZVG vor, dass eine Hilfszuteilung vorgenommen wird und das Deckungskapital für den Zuteilungsberechtigten und den Eventualberechtigten unter der jeweils entgegengesetzten Bedingung hinterlegt wird (siehe Einzelheiten hierzu bei § 121). 11

---

9) Dazu zählt auch das Wohnungsrecht gemäß 1093 BGB.

10) Böttcher/*Böttcher*, ZVG, § 92 Rz. 17; Stöber/*Becker*, ZVG, § 92 Rz. 18; Dassler/Schiffhauer/u. a.-*Hintzen*, ZVG, § 92 Rz. 12; BeckOK-*Pestel*, ZVG, § 92 Rz. 27; Schneider-*Achenbach*, ZVG, § 92 Rz. 39; a. A. OLG Oldenburg, Urt. v. 19.6.1963 – 2 U 64/63, Rpfleger 1965, 80 = JurBüro 1964, 55 mit Anm. *Drischler*; HansOLG Hamburg, Urt. v. 9.3.1961 – 6 U 225/60, MDR 1961, 696.

11) BGH, Urt. v. 23.6.1972 – V ZR 125/70, WM 1972, 1032.

12) Dies bedeutet: Wenn das Recht durch Tod erlischt, müssen die Erben des Berechtigten die bereits zu Lebzeiten fällig gewordene Rate nicht zurückzahlen.

13) Wenn zwischen Zuschlag und Verteilungstermin mehr als drei Monate liegen, ist auch die 2. Vierteljahresrate auszuzahlen.

4. Ablösesumme (Abs. 3)

12 Bei einem ablösbaren Recht wird der Ersatzbetrag gemäß Absatz 3 durch die Ablösesumme bestimmt. Zu Recht weist *Stöber*[14)] darauf hin, dass die **Rentenschuld** nicht unter diese Vorschrift fällt; denn hier wird zwar im Grundbuch nach § 1199 Abs. 2 Satz 2 BGB eine Ablösesumme eingetragen. Da nach § 1200 Abs. 1 ZVG für die Ablösesumme aber die Vorschriften über das Grundschuldkapital Anwendung finden, ist insofern gar keine Sonderregelung in § 92 ZVG erforderlich.

13 Somit bleiben für die Anwendung des Absatzes 3 nur die nach landesrechtlichen Vorschriften (vgl. Art. 113 EGBG) ablösbaren Dienstbarkeiten und Reallasten übrig.[15)]

5. Eingetragener Höchstbetrag (§ 882 BGB)

14 Ist nach § 882 Satz 2 BGB bei einem Recht der Höchstbetrag des Wertersatzes eingetragen,[16)] dann wird grundsätzlich dieser Wert in den Teilungsplan aufgenommen. Wenn der Berechtigte jedoch einen niedrigeren Wert anmeldet, dann ist der angemeldete Wert maßgeblich.[17)] Eine höhere Anmeldung dagegen wird nicht berücksichtigt. Wenn sich jemand gegen den im Teilungsplan aufgenommenen Betrag des Wertersatzes wehren will, muss er dagegen Widerspruch nach § 115 erheben.

6. Empfangsberechtigung

15 Empfangsberechtigter für den Ersatzbetrag eines erloschenen Rechts der Abt. II des Grundbuchs ist bei subjektiv-persönlichen Rechten der zuletzt im Grundbuch eingetragene Berechtigte. Wenn ein Zessionar den Betrag beansprucht, muss er die ordnungsgemäße Abtretung des Rechts nachweisen.

16 Bei subjektiv-dinglichen Rechten (z. B. bei der Grunddienstbarkeit) steht der Ersatzwert dem **Eigentümer** des herrschenden Grundstücks zum Zeitpunkt des Zuschlags zu; denn zu diesem Zeitpunkt wechselt der Haftungsgegenstand vom Grundstück zum Versteigerungserlös.[18)] Wenn am herrschenden Grundstück Grundpfandrechte oder Reallasten eingetragen sind, erstreckt sich die Hypothekenhaftung gemäß § 1120 ZVG auch auf den Anspruch auf Wertersatz (§ 96 BGB). Somit sind die Gläubiger dieser Rechte mit dem Eigentümer des herrschenden Grundstücks gemeinsam

---

14) Stöber/*Becker*, ZVG, § 92 Rz. 33 a. A. Böttcher/*Böttcher*, ZVG, § 92 Rz. 4; Dassler/Schiffhauer/u. a.-*Hintzen*, ZVG, § 92 Rz. 17; BeckOK-*Pestel*, ZVG, § 92 Rz. 34; Schneider-*Achenbach*, ZVG, § 92 Rz. 38.

15) Diese spielen aber in der Praxis keine große Rolle (mehr).

16) Das ist in der Praxis äußerst selten. Dies hängt sicher auch mit folgendem psychologischen Aspekt zusammen: Welcher Eigentümer denkt bei der Bestellung eines Rechts bereits an eine mögliche Zwangsversteigerung seines Grundstücks?

17) So Böttcher/*Böttcher*, ZVG, § 92 Rz. 5, Dassler/Schiffhauer/u. a.-*Hintzen*, ZVG, § 92 Rz. 20; BeckOK-*Pestel*, ZVG, § 92 Rz. 36; Schneider-*Achenbach*, ZVG, § 92 Rz. 13; a. A. Steiner-*Eickmann*, ZVG, § 92 Rz. 7.

18) So LG Ellwangen, Urt. v. 18.12.1964 – II O 109/64, BWNotZ 1965, 41; Stöber/*Becker*, ZVG, § 92 Rz. 39; a. A. Böttcher/*Böttcher*, ZVG, § 92 Rz. 3; Dassler/Schiffhauer/u. a.-*Hintzen*, ZVG, § 117 Rz. 7; BeckOK-*Pestel*, ZVG, § 92 Rz. 53: Der Eigentümer z. Zt. der **Erlösverteilung** ist als Zuteilungsberechtigter anzusehen. Vgl. hierzu auch Depré/*Bachmann*, ZVG, § 117 Rz. 15 mit Fn. 8.

empfangsberechtigt. Können sie sich nicht darüber einigen, wem der Betrag zugeteilt werden soll, dann muss der entsprechende Betrag für alle hinterlegt werden.[19)]

III. Anmeldung des Wertersatzes

1. Allgemeines

Kann die Höhe des Ersatzbetrags nach dem Inhalt des Grundbuchs festgestellt werden, dann ist zur Aufnahme eines entsprechenden Betrags im Teilungsplan **keine Anmeldung** erforderlich; vielmehr berechnet das Vollstreckungsgericht anhand der vorliegenden Unterlagen den Wertersatz. Das ist der Fall: 17

- bei einer Reallast von bestimmter Dauer, wenn die wiederkehrenden Leistungen in Geld bestehen; dazu zählt auch die Erbbauzins-Reallast,
- wenn ein Ersatzbetrag gemäß § 882 BGB im Grundbuch eingetragen ist,
- wenn ein Ablösungsbetrag im Grundbuch eingetragen ist.

In allen anderen Fällen kann vom Vollstreckungsgericht ein Ersatzbetrag nur berücksichtigt werden, wenn eine entsprechende Anmeldung erfolgt. Mangels Anmeldung wird ansonsten das Recht „mangels Anmeldung mit 0" bewertet.[20)] 18

2. Anmeldeberechtigter

Der Berechtigte des erloschenen Rechts ist berechtigt, den Ersatzwert anzumelden. Bei mehreren Berechtigten muss nach Art der Gemeinschaft unterschieden werden: 19

- Bei einer **Bruchteilsgemeinschaft** ist nur eine gemeinsame Anmeldung durch sämtliche Mitberechtigte möglich (§ 747 Satz 2 BGB).
- Bei einer **Gesamthandsgemeinschaft** müssen auch alle Berechtigten anmelden.
- Bei der **Gesamtgläubigerschaft** gemäß § 428 BGB dagegen genügt die Anmeldung durch einen der Berechtigten.

3. Inhalt

Der notwendige Inhalt der Anmeldung sollte sich daran orientieren, das Vollstreckungsgericht in die Lage zu versetzen, den Ersatzbetrag festzulegen, ohne eigene Ermittlungen anstellen zu müssen. Konkret bedeutet dies: 20

- Der monatlich oder jährlich zu berücksichtigende **Betrag** ist anzumelden, wenn er nicht grundbuchersichtlich ist.
- Die voraussichtliche **Dauer des Rechts** ist nur dann anzugeben, wenn sie sich nicht aus der Eintragung des Rechts bzw. aus allgemein bekannten Umständen ergibt. So muss z. B. das Lebensalter bzw. das Geburtsdatum des Berechtigten nur angemeldet werden, wenn es sich nicht aus dem Grundbuch ergibt; dagegen

---

19) Böttcher/*Böttcher*, ZVG, § 92 Rz. 3; Dassler/Schiffhauer/u. a.-*Hintzen*, ZVG, § 117 Rz. 7; Schneider-*Achenbach*, ZVG, § 92 Rz. 24; BeckOK-*Pestel*, ZVG, § 92 Rz. 53.

20) So auch Stöber/*Becker*, ZVG, § 92 Rz. 24 m. w. N.; etwas missverständlich Böttcher/*Böttcher*, ZVG, § 92 Rz. 7: Mangels Anmeldung, könne das Recht nicht berücksichtigt werden. In der Praxis hat sich folgende Verfahrensweise bewährt: Als grundbuchersichtliches Recht wird das Recht von Amts wegen (auch im Teilungsplan) berücksichtigt, aber mit dem Zusatz: „Ersatzbetrag mangels Anmeldung 0 €".

braucht die statistische Lebenserwartung bei einem auf Lebenszeit beschränkten Recht nicht angemeldet zu werden, da sie aus einer allgemein zugänglichen Tabelle abgelesen werden kann.

4. Form und Zeitpunkt

21 Da keine besondere Form vorgeschrieben ist, kann die Anmeldung schriftlich, zu Protokoll der Geschäftsstelle oder mündlich im Termin erfolgen. Da für die Anmeldung des Ersatzbetrags § 37 Nr. 4 ZVG nicht einschlägig ist, kann die Anmeldung noch im Verteilungstermin erfolgen.

5. Behandlung der Anmeldung im Verteilungsverfahren

a) Keine Bindung des Vollstreckungsgerichts

22 Das Vollstreckungsgericht wird sich bei der Festlegung des Ersatzbetrags grundsätzlich an die Anmeldung halten; diese ist jedoch nicht verbindlich. Wenn also das Vollstreckungsgericht der Ansicht ist, dass die Anmeldung zu hoch ist, kann es einen niedrigeren Betrag festsetzen. Dann ist jedoch die Anmeldung als Widerspruch gemäß § 115 Abs. 2 ZVG zu behandeln.[21)]

b) Feststellung des Ersatzbetrags

23 Die Anmeldung des Berechtigten und die Festlegung des Wertersatzes ersetzen die Feststellung i. S. v. § 14 ZVG nicht. Dies bedeutet: Der Vollstreckungsschuldner und der Berechtigte müssen den Ersatzbetrag noch feststellen, entweder durch eine Vereinbarung oder durch ein entsprechendes Prozessurteil. Weder die Anmeldung des Berechtigten noch das Schweigen des Schuldners zu dieser Anmeldung sind als „Vereinbarung" zu werten; vielmehr müssen übereinstimmende Willenserklärungen der beiden vorliegen. Diese können auch im Verteilungstermin erklärt werden und sind dann zu protokollieren.

24 Solange der Wertersatz nicht festgestellt ist, muss er gemäß § 14 ZVG als aufschiebend bedingter Betrag behandelt werden. Dies hat zur Folge, dass im Teilungsplan gemäß § 119 ZVG eine Eventualzuteilung an die nächstausfallenden Berechtigten vorzunehmen ist und der entsprechende Betrag für beide zu hinterlegen ist (§ 120 ZVG). Wenn der Ausfallgläubiger widerspricht, dann erfolgt die Zuteilung und Hinterlegung unter der „doppelten Bedingung" – also sowohl nach §§ 119, 120 ZVG als auch nach §§ 115, 124 ZVG.

c) Widerspruch

25 Gläubiger, die mit ihrem Anspruch ganz oder teilweise ausfallen, können sich gegen einen nach ihrer Ansicht überhöhten Wertersatz mit Widerspruch nach § 115 ZVG wehren. Sie sind grundsätzlich widerspruchsberechtigt, da die Feststellung eines überhöhten Betrags eine Umfangserweiterung darstellt, die zu ihren Lasten geht. Verfahrensrechtlich muss aber unterschieden werden:[22)]

---

21) Böttcher/*Böttcher*, ZVG, § 92 Rz. 12; Stöber/Becker, ZVG, § 92 Rz. 12; Dassler/Schiffhauer/u. a.-*Hintzen*, ZVG, § 92 Rz. 37; BeckOK-*Pestel*, ZVG, § 92 Rz. 42; Schneider-*Achenbach*, ZVG, § 92 Rz. 16.

22) So *Gaßner*, Rpfleger 1988, 51.

- Wenn die **Feststellung** des Ersatzbetrags durch Einigung zwischen Schuldner und Berechtigten **bereits erfolgt** ist (siehe oben), dann kann der Ausfallgläubiger ohne Weiteres gemäß § 115 ZVG widersprechen.
- Ist eine solche **Feststellung noch nicht erfolgt**, muss er sich zuerst in die Position des Schuldners versetzen, um den Berechtigten notfalls auf Feststellung zu verklagen. In diese Position kommt er durch Übertragung oder Pfändung und Überweisung des Feststellungsanspruchs (§§ 857 Abs. 1, 829, 836 ZPO). Die Pfändung wird gemäß § 829 Abs. 3 ZPO wirksam mit der Zustellung des Pfändungsbeschlusses an den Berechtigten als Drittschuldner.

IV. Einzelfälle (alphabetisch)

1. Altenteil

Das Altenteil (auch Leibgeding, Leibzucht, Auszug genannt) ist ein Sammelbegriff 26 für verschiedene Rechte, die der allgemeinen Versorgung des Berechtigten dienen. Regelmäßig wird das Altenteil aus einer auf die Lebenszeit beschränkten Reallast und/oder einer beschränkten persönlichen Dienstbarkeit bestehen. Deshalb ist gemäß Absatz 2 ein **Deckungskapital** zu bilden, aus dem dann die Vierteljahresrenten bei Fälligkeit zu entrichten ist. Der Betrag dieses Deckungskapitals setzt sich aus den Beträgen der jeweiligen Einzelrechte zusammen. Falls die hierfür erforderlichen Berechnungsmerkmale nicht grundbuchersichtlich sind,[23] ist eine entsprechende Anmeldung erforderlich. Falls diese nicht erfolgt, ist der Ersatzwert mit 0 € anzusetzen.

Manchmal ist als Inhalt des Altenteils auch **einmalige Leistung** vereinbart (z. B. 27 Pflicht, die Beerdigungskosten zu tragen). Dieser Anspruch unterliegt nicht der Regelung des Absatzes 2; für ihn gilt vielmehr Absatz 1. Somit ist der entsprechende (einmalige) Betrag, welcher mangels Grundbuchersichtlichkeit der Anmeldung bedarf, als aufschiebend bedingter Anspruch gemäß §§ 119, 120 ZVG zu behandeln.[24]

2. Auflassungsvormerkung (Eigentumsvormerkung)

Die durch Zuschlag erloschene Auflassungsvormerkung wird in Rechtsprechung 28 und Schrifttum sehr unterschiedlich behandelt. Nach der inzwischen wohl überwiegenden Ansicht[25] handelt es sich hierbei nicht um ein „Recht am Grundstück“. Deshalb begründet die Auflassungsvormerkung auch keinen Anspruch auf einen Wertersatz nach Abs. 1 – auch nicht einen Befriedigungsanspruch von unbestimmtem Betrag i. S. v. § 14 ZVG. Vielmehr setzt sich der vorgemerkte Auflassungsanspruch mit dem Erlöschen der Auflassungsvormerkung aufgrund der Zuschlagserteilung „rangidentisch“ am Zwangsversteigerungserlös fort.[26]

Dies bedeutet, dass der sog. Resterlös – also der Erlös nach Berücksichtigung der 29 Kosten und der vorrangigen Ansprüche – dem Berechtigten des vorgemerkten Ei-

---

23) Wozu auch die Eintragungsbewilligung gehört, auf die zulässigerweise Bezug genommen worden ist (§ 874 BGB).

24) Vgl. hierzu Stöber/*Becker*, ZVG, § 92 Rz. 34.

25) Vgl. hierzu Stöber/*Becker*, ZVG, § 92 Rz. 48 m. w. N.

26) Siehe BGH, Urt. v. 24.5.2012 – IX ZR 175/11, NJW 2012, 2504 = ZIP 2012, 1629; damit sind entgegenstehende frühere Entscheidungen überholt; so schon *Stöber*, ZVG, in der 20. Auflage.

gentumsverschaffungsanspruchs gebührt. Weil dieser Berechtigte aber noch nicht Eigentümer ist, besteht sein Anspruch auch nur aufschiebend bedingt. Bedingung ist die Feststellung, dass der gesicherte Anspruch durchsetzbar besteht.[27)]

30 Der dem Vormerkungsberechtigten zustehende Resterlös mindert sich nicht um eine von diesem zu erbringende Gegenleistung (z. B. Kaufpreis- bzw. Kaufpreisrestanspruch). Damit ist die „Differenztheorie“, der schadensersatzrechtliche und wirtschaftliche Erwägungen zugrunde lagen, nicht mehr haltbar.[28)]

31 Für das Verteilungsverfahren bedeutet dies im Wesentlichen Folgendes:[29)]

- Der Resterlös muss dem durch die Auflassungsvormerkung gesicherten Berechtigten bedingt zugeteilt werden; Bedingung ist die Feststellung, dass der gesicherte (schuldrechtliche) Übertragungsanspruch durchsetzbar bestehe.
- Die anderweitige Verteilung dieses Betrags (§ 119 ZVG) erfolgt auf die infolge Verfügung nach Eintragung der Vormerkung im Hinblick auf § 883 Abs. 2 BGB (relativ) unwirksam begründeten Rechte am Grundstück.
- Der entsprechende Betrag ist nach § 120 ZVG zu hinterlegen; bei Nichtzahlung des Bargebots sind entsprechende Forderungsübertragungen vorzunehmen und eine Sicherungshypothek einzutragen (§ 128 ZVG).
- Es ist dann Sache der Beteiligten zu klären, wem der Betrag schließlich zusteht. Hierbei sind folgende Fallgestaltungen denkbar:
- Wenn der durch die Auflassungsvormerkung gesicherte Anspruch nicht besteht, gebührt der hinterlegte Betrag dem bzw. den **Hilfsberechtigten**. Deshalb können diese vom Auflassungsvormerkungsberechtigten die Zustimmung zur Auszahlung verlangen und notfalls im Prozessweg durchsetzen.
- Wenn der gesicherte Anspruch durchsetzbar besteht, gebührt der Übererlös dem **Vormerkungsberechtigten**. Dann kann dieser vom Hilfsberechtigten die Zustimmung zur Auszahlung verlangen und notfalls im Prozessweg durchsetzen.

3. Beschränkte persönliche Dienstbarkeit

32 Beschränkte persönliche Dienstbarkeiten (§§ 1090 ff. BGB) fallen unter die Regelung des Absatzes 2. Sie erlöschen grundsätzlich mit dem Tod des Berechtigten bzw. mit dem Ende der juristischen Person (§ 1090 i. V. m. § 1061 BGB). Das nach § 121 Abs. 1 zu bildende Deckungskapital richtet sich nach dem Jahreswert, multipliziert mit der statistischen Lebenserwartung,[30)] höchstens jedoch mit 25. Bei juristischen Personen wird man immer den 25-fachen Jahresbetrag nehmen.

---

27) Stöber/*Becker*, ZVG, § 92 Rz. 49.

28) Einzelheiten siehe BGH, Urt. v. 24.5.2012 – IX ZR 175/11, NJW 2012, 2504 = ZIP 2012, 1629.

29) Stöber/*Becker*, ZVG, § 92 Rz. 48 – 52; Beck/OK ZVG/*Pestel*, § 92 Rz. 74 ff.; Schneider-*Achenbach*, ZVG, § 92 Rz. 18 f.

30) Hinweis: Wenn die statistische Lebenserwartung z. B. 19,32 beträgt, dann ist dies auch der maßgebliche Multiplikator. Es wird dann nicht etwa auf 19 Jahre ab- oder auf 20 Jahre aufgerundet; und schon gar nicht wird der Betrag von 32/100 (= Zahl hinter dem Komma) in eine bestimmte Zahl von Tagen eines Jahres (x/365) umgerechnet.

Der Jahreswert richtet sich nach dem Wert der gesicherten Nutzungen, bei Wohnungsrechten also nach der ortsüblichen Miete, bei einer Tankstellendienstbarkeit nach dem Pachtzins. 33

4. Dauerwohnrecht

Die Behandlung des durch den Zuschlag erloschenen Dauerwohnrechts nach § 31 WEG ist im Schrifttum recht umstritten. Die überwiegende Ansicht[31)] will für das Dauerwohnrecht einen einmaligen Wertersatz nach Absatz 1 festlegen, der aber noch unbestimmt i. S. v. § 14 ZVG ist. 34

Nach einer im Vordringen befindlichen Ansicht soll das erlöschende Dauerwohnrecht nach Absatz 2 behandelt werden, da es am ehesten mit dem Wohnungsrecht gemäß § 1093 BGB vergleichbar sei.[32)] Dies bedeutet, dass ein Deckungskapital gebildet werden muss, welches sich aus dem Jahreswert und der voraussichtlichen Dauer des Rechts (begrenzt auf den 25-fachen Jahresbetrag) errechnet. Als Jahreswert kann die ortsübliche Miete für vergleichbare Wohnungen der entsprechenden Anmeldung zugrunde gelegt werden. Diese Ansicht erscheint mir einleuchtender zu sein, wenn man daran denkt, dass durch Absatz 2 dem Versorgungscharakter der darin genannten Rechte Rechnung getragen werden soll. 35

Im Hinblick darauf, dass es beim Inkrafttreten des ZVG das Wohnungseigentumsgesetz noch nicht gegeben hat, sollte bei einer beabsichtigten Reform des Zwangsversteigerungsrechts auch diese Streitfrage in der einen oder anderen Richtung geklärt werden. 36

5. Erbbaurecht, Erbbauzins-Reallast

Das **Erbbaurecht** selbst kann nicht erlöschen (siehe § 51 Rz. 20 [*Bachmann*]); deshalb spielt § 92 ZVG insoweit auch keine Rolle. 37

Dagegen kann eine **Erbbauzins-Reallast** erlöschen. Da es sich hierbei um eine Reallast von bestimmter Dauer handelt, ist nach Absatz 1 ein einmaliger Wertersatz festzulegen. Die Dauer des Rechts richtet sich nach der Restlaufzeit des Erbbaurechts; der Jahresbetrag wird mit der Restnutzungsdauer und unter Abzug von Zwischenzinsen (§ 111 Satz 2 ZVG) errechnet;[33)] hierbei spielt die 25-Jahresgrenze keine Rolle. Da sowohl Jahreswert als auch Restdauer grundbuchersichtlich sind, ist insoweit auch keine Anmeldung erforderlich. 38

Bei der wertgesicherten Erbbauzins-Reallast ist von der Höhe der Einzelleistungen zum Zeitpunkt des Zuschlags auszugehen; künftig mögliche Erhöhungen oder Ver- 39

31) Stöber/*Becker*, ZVG, § 92 Rz. 8 und 36; Dassler/Schiffhauer/u. a.-*Hintzen*, ZVG, § 92 Rz. 11; Schneider-*Achenbach*, ZVG, § 92 Rz. 6.

32) So Böttcher/*Böttcher*, ZVG, § 92 Rz. 23; BeckOK-*Pestel*, ZVG, § 92 Rz. 69; a. A. Stöber/*Becker*, ZVG, § 92 Rz. 8 und 36: Dauerwohnrecht bzw. Dauernutzungsrecht nach WEG ist nach § 92 **Abs. 1** zu bewerten.

33) So Böttcher/*Böttcher*, ZVG, § 92 Rz. 28; BeckOK-*Pestel*, ZVG, § 92 Rz. 80 etwas anders Stöber/*Becker*, ZVG, § 92 Rz. 38; Schneider-*Achenbach*, ZVG, § 92 Rz. 23: Kapitalisierung erfolgt nach finanzmathematischen Grundsätzen; so auch *Streuer*, Rpfleger 1997, 141.

minderungen bleiben außer Betracht.[34)] Dasselbe gilt für die Erbbauzins-Reallast mit „automatischer Anpassung". Soweit bereits erfolgte Anpassungen nicht grundbuchersichtlich sind, muss insoweit eine entsprechende Anmeldung erfolgen.

6. Grunddienstbarkeit

40 Das Recht fällt unter die Regelung des Absatzes 1. Die Höhe des Ersatzbetrags richtet sich nach dem Wert, den das Recht für das herrschende Grundstück darstellte. Der Anspruch ist nach § 14 ZVG von unbestimmtem Betrag und ist noch festzustellen. Der Ersatzbetrag steht dem Eigentümer des herrschenden Grundstücks im Zeitpunkt des Zuschlags zu.[35)]

7. Nießbrauch

41 Unter dem Nießbrauch versteht man das höchstpersönliche Recht, grundsätzlich sämtliche Nutzungen aus dem belasteten Gegenstand zu ziehen (§ 1030 BGB). Nach dem ausdrücklichen Wortlaut der Vorschrift ist gemäß Absatz 2 ein Deckungskapital zu bilden. Als Anhaltspunkt für den Jahreswert kommt die tatsächlich erzielbare Nettomiete bzw. bei gewerblich genutzten Grundstücken der Pachtzins in Betracht.[36)] Da der Nießbrauch nach § 1061 BGB mit dem Tod des Berechtigten endigt, wird der Jahresbetrag mit der statistischen Lebenserwartung multipliziert (Höchstbetrag: 25-fache Jahresbetrag). Bei einem Nießbrauch für eine juristische Person ist der 25-fache Jahresbetrag maßgeblich.

8. Rangvorbehalt

42 Der Rangvorbehalt nach § 881 BGB ist **kein eigenständiges Recht**; er wird bei dem belasteten Grundstück eingetragen und wirkt wie ein Platzhalter. Wenn dieses Recht erlischt, dann erlischt auch das „Nebenrecht" Rangvorbehalt. Da es keinen eigenen „Wert" hat, kann der nicht ausgeübte Rangvorbehalt auch nicht mit einem Ersatzwert nach § 92 ZVG berücksichtigt werden.[37)]

9. Reallast

43 Bei einer erloschenen Reallast muss zunächst unterschieden werden, ob sie von bestimmter oder unbestimmter Dauer ist.

a) Von unbestimmer Dauer

44 Wenn die Reallast von unbestimmter Dauer ist, weil sie z. B. mit dem Tod des Berechtigten erlischt,[38)] dann ist nach § 121 Abs. 1 ZVG ein **Deckungskapital** zu berechnen, aus welchem die nach Absatz 2 zu zahlende Vierteljahresrente zu zahlen

34) Stöber/*Becker*, ZVG, § 92 Rz. 38; a. A. Böttcher/*Böttcher*, ZVG, § 92 Rz. 21, 28. für den vergleichbaren Fall der Reallast von unbestimmter Dauer: Es ist vom Zeitpunkt der Berechnung (also vom Verteilungstermin) auszugehen.

35) LG Ellwangen, Urt. v. 18.12.1964 – II O 109/64, BWNotZ 1965, 41; Stöber/*Becker*, ZVG, § 92 Rz. 39; a. A. Böttcher/*Böttcher*, ZVG, § 92 Rz. 3; BeckOK-*Pestel*, ZVG, § 92 Rz. 53. Der Eigentümer z. Zt. des **Verteilungstermins** ist als Zuteilungsberechtigter anzusehen.

36) OLG Karlsruhe, Urt. v. 28.6.2005 – 17 U 201/04, Rpfleger 2005, 686.

37) So auch Stöber/*Becker*, ZVG, § 92 Rz. 42.

38) Beispielsweise bei einer Reallast, die „Bestandteil" eines Altenteils ist.

ist. Der Jahreswert wird bei einer natürlichen Person mit der statistischen Lebenserwartung, höchstens mit 25 multipliziert; bei einer juristischen Person kommt nur der 25-fache Jahresbetrag in Betracht. Handelt es sich bei der nach § 1105 BGB zu entrichtende Leistung um eine Geldleistung, dann ist der Jahresbetrag grundbuchersichtlich und muss deshalb nicht angemeldet werden. In diesem Fall ist dieser Betrag auch schon „festgestellt" i. S. v. § 14 ZVG. Anders verhält es sich bei Naturalleistungen: Hier ist eine entsprechende Anmeldung durch den Berechtigten erforderlich; diese sollte sich an den ortsüblichen Preisen orientieren. Dann ist aber auch § 14 ZVG zu beachten.

Ist eine sog. **Wertsicherungsklausel** vereinbart, ist der Jahreswert nach dem aktuellen Wert im Zeitpunkt der Berechnung maßgeblich; zukünftige Erhöhungen oder Verminderungen können nicht berücksichtigt werden.[39] 45

Ist die **Reallast für Eheleute** bestimmt, dann muss getrennt berechnet werden; denn: 46

- Die Jahresleistung kann unterschiedlich hoch sein.
- Die statistische Lebensdauer ist regelmäßig unterschiedlich. Ist das Recht auf die Lebensdauer des Erstversterbenden beschränkt, dann ist auf die Lebensdauer des Älteren abzustellen. Endet das Recht erst mit dem Tod des Längerlebenden, dann ist die statistische Lebenserwartung des jüngeren Ehegatten maßgeblich.[40]

b) Von bestimmter Dauer

Ist die Dauer der Reallast bestimmt, dann ist nach Absatz 1 ein **einmaliger Wertersatz** festzulegen. Dieser errechnet sich aus dem Jahresbetrag, multipliziert mit der Restlaufzeit des Rechts; hierbei gilt die Höchstgrenze von 25 Jahren nicht, weil § 121 ZVG nur auf die Rechte des Absatzes 2 verweist. Jedoch sind nach § 111 ZVG Zwischenzinsen in Höhe von 4 % jährlich (§ 246 BGB) abzuziehen.[41] 47

10. Vorkaufsrecht

Das nur für einen Verkaufsfall bestellte Vorkaufsrecht erlischt im Zwangsversteigerungsverfahren ersatzlos – unabhängig davon, ob es dem bestbetreibenden Gläubiger vorgeht oder nicht. Deshalb ist für dieses Recht auch **kein Ersatzwert** zu bestimmen. 48

Wenn das für mehrere (oder alle) Verkaufsfälle bestellte Vorkaufsrecht durch den Zuschlag erloschen ist, ist hierfür ein **einmaliger Ersatzbetrag** nach Absatz 1 festzusetzen. 2 bis 3 % des Verkehrswertes werden als angemessen angesehen.[42] 49

---

39) Böttcher/*Böttcher*, ZVG, § 92 Rz. 21; Stöber/*Becker*, ZVG, § 92 Rz. 38 (für die wertgesicherte Erbbauzins-Reallast); Dassler/Schiffhauer/u. a.-*Hintzen*, ZVG, § 92 Rz. 23; BeckOK-*Pestel*, ZVG, § 92 Rz. 63.

40) Ausführliche Darstellung mit Beispielen siehe *Drischler*, Rpfleger 1983, 229.

41) Böttcher/*Böttcher*, ZVG, § 92 Rz. 28; Dassler/Schiffhauer/u. a.-*Hintzen*, ZVG, § 92 Rz. 23; BeckOK-*Pestel*, ZVG, § 92 Rz. 71.

42) LG Hildesheim, Urt. v. 31.8.1989 – 5 O 66/89, Rpfleger 1990, 87 = ZIP 1990, 200; Böttcher/*Böttcher*, ZVG, § 92 Rz. 29; Stöber/*Becker*, ZVG, § 92 Rz. 44; Dassler/Schiffhauer/u. a.-*Hintzen*, ZVG, § 92 Rz. 28; BeckOK-*Pestel*, ZVG, § 92 Rz. 73; Schneider-*Achenbach*, ZVG, § 92 Rz. 27.

11. Vereinbarung nach § 1010 BGB

50 Hier müssen zwei Fälle unterschieden werden:

- Wenn das belastete Grundstück als Ganzes versteigert wird, endet die Bruchteilsgemeinschaft an diesem Grundstück; damit wird die Vereinbarung nach § 1010 BGB gegenstandslos. Somit kann für dieses erloschene „Recht“ auch **kein Ersatzwert** festgesetzt werden.
- Wenn aber nur ein **Miteigentumsanteil** versteigert und nach den Versteigerungsbedingungen erlischt die Vereinbarung nach § 1010 BGB, dann haben die übrigen Miteigentümer einen Anspruch auf **Wertersatz**. Die Höhe dieses Ersatzes richtet sich nach dem Nutzen, den die Belastung für die übrigen Miteigentümer hatte.[43)]

12. Vormerkung und Widerspruch

51 Ein durch Vormerkung oder Widerspruch gesicherter Anspruch auf Einräumung eines Rechts ohne Kapitalbetrag begründet einen aufschiebend bedingten Anspruch auf Befriedigung aus dem Grundstück und ist im Verteilungsverfahren nach §§ 119, 120 ZVG zu behandeln. Sichert die Vormerkung bzw. der Widerspruch ein Recht auf einmaligen Wertersatz (z. B. Grunddienstbarkeit), dann findet dieser Berücksichtigung – aber nur mit der entsprechenden aufschiebenden Bedingung. Sichert die Vormerkung bzw. der Widerspruch dagegen die Eintragung eines Rechts, das in Absatz 2 aufgeführt ist, dann richtet sich auch der Ersatzanspruch für die erloschene Vormerkung nach Absatz 2. Jedoch ist auch hier die aufschiebende Bedingung zu beachten. Wenn das vorgemerkte Recht ein solches von unbestimmten Betrag ist, ist auch noch § 14 ZVG zu beachten. Dies bedeutet, dass der aufschiebend bedingte Betrag „nochmals“ bedingt ist durch die Feststellung des Betrags.

52 Hinsichtlich der Auflassungsvormerkung siehe Rz. 28–31. Hinsichtlich der Löschungsvormerkung siehe § 114 Rz. 89 ff. [*Bachmann*].

13. Wiederkaufsrecht

53 Das BGB kennt nur das schuldrechtliche Wiederkaufsrecht (§ 456 BGB); dieses spielt bei der Zwangsversteigerung keine Rolle.

54 Dagegen kann nach § 20 RSG[44)] ein Wiederkaufsrecht als Grundstücksbelastung im Grundbuch eingetragen werden. Wenn dieses Wiederkaufsrecht durch den Zuschlag erlischt, erhält es nach Absatz 1 **Wertersatz.**[45)] Steht aber fest, dass das Wie-

---

43) Stöber/*Becker*, ZVG, § 92 Rz. 40; Schneider-*Achenbach*, ZVG, § 92 Rz. 26.

44) § 20 des Reichssiedlungsgesetzes in der im Bundesgesetzblatt Teil III, Gliederungsnummer 2331-1, veröffentlichten bereinigten Fassung, das zuletzt durch Art. 8 Absatz 2 des Gesetzes v. 29.7.2009 geändert worden ist, lautet wie folgt:

„(1) Das gemeinnützige Siedlungsunternehmen hat ein Wiederkaufsrecht für die von ihm begründete Ansiedlerstelle, wenn der Ansiedler sie ganz oder teilweise veräußert oder aufgibt, oder wenn er sie nicht dauernd bewohnt oder bewirtschaftet. Die Vorschriften des § 4 Abs. 2 gelten entsprechend. (2) Die Dauer des Wiederkaufsrechts, der Preis und die näheren Bedingungen sind in dem Ansiedlungsvertrage festzusetzen. Das Recht ist als Belastung des Grundstücks im Grundbuch einzutragen. Im übrigen bleiben die Vorschriften der Landesgesetzgebung unberührt.“

45) So Stöber/*Becker*, ZVG, § 92 Rz. 47 m. w. N.

derkaufsrecht bereits vor dem Zuschlag ausgeübt worden war, dann wird es wie eine Auflassungsvormerkung behandelt (Einzelheiten siehe Rz. 28 ff.).

V. Sonstiges

1. Rechte Dritter am Versteigerungserlös

Nach § 37 Nr. 5 ZVG muss die Terminsbestimmung die Aufforderung an diejenigen enthalten, die ein der Versteigerung entgegenstehendes Recht haben, vor der Erteilung des Zuschlags die Einstellung oder Aufhebung des Verfahrens herbeizuführen, widrigenfalls für das Recht der Versteigerungserlös an die Stelle des versteigerten Gegenstands treten würde. Hat der Dritte sein Recht nicht rechtzeitig geltend gemacht, dann tritt mit dem Zuschlag der Versteigerungserlös an die Stelle des versteigerten Gegenstandes. 55

Wenn das Grundstück selbst einem Dritten gehört hat, dann ist dieser auch Eigentümer des (gesamten) Versteigerungserlöses, der aber (immer noch) beschlagnahmt ist. Aus dem Erlös können deshalb solche Ansprüche befriedigt werden, die auch materiellrechtlich Bestand haben (z. B. infolge des gutgläubigen Erwerbs oder weil der Dritte zugestimmt hat). 56

Ist mit dem Grundstück des Schuldners ein Gegenstand (z. B. Grundstückszubehör) versteigert worden, der einem Dritten gehört, dann ist der Ersteher auch Eigentümer dieses Gegenstandes geworden (§ 90 Abs. 2 ZVG i. V. m. § 55 ZVG). Der Versteigerungserlös steht dann aber dem Schuldner und dem Dritten gemeinsam zu, und zwar in folgendem Verhältnis: 57

Verkehrswert des gesamten Objekts: Verkehrswert des Zubehörstücks =
= Versteigerungserlös (einschließlich bestehen bleibender Rechte): X[46)]

Der Dritte erhält also nicht den Verkehrswert seines Gegenstandes, sondern nimmt an einem „guten" oder „schlechten" Versteigerungsergebnis teil. 58

Das sich am (anteiligen) Versteigerungserlös fortsetzende Recht des Dritten stellt aber keinen Befriedigungsanspruch i. S. v. § 10 ZVG dar. Deshalb wird der Dritte im Teilungsplan auch nicht als Zuteilungsberechtigter berücksichtigt. Der Dritte kann aber verlangen, dass sein Anteil an der Teilungsmasse nicht an die Gläubiger des Vollstreckungsschuldners verteilt wird, sondern ihm herausgegeben wird. Um dies aber verfahrensmäßig zu erreichen, muss der Dritte sein am Erlös fortbestehendes Recht geltend machen. Und dies kann in diesem Verfahrensabschnitt nur durch **Erhebung des Widerspruchs** nach § 115 ZVG erfolgen. Der Widerspruch muss erkennen lassen, welchen Betrag der Dritte für sich beansprucht. Er richtet sich gegen die zuletzt zum Zuge kommenden Befriedigungsberechtigten; denn das „Ausscheiden" eines Teils des Versteigerungserlöses geht zu ihren Lasten. Die „Anmeldung" des Erlös-Anteils ist als Widerspruch zu behandeln. 59

Das weitere Verfahren im Verteilungstermin richtet sich nach § 115 ZVG i. V. m. §§ 876 ff. ZPO und § 124 ZVG: 60

46) X ist der gesuchte Wert, welcher dem Dritten als Surrogat für sein verlorenes Eigentum zusteht.

- **Verhandlung** über den Widerspruch.
- Falls keine Einigung zustande kommt, **Hilfszuteilung** und **Hinterlegung** des streitigen Betrags für Berechtigte und Hilfsberechtigte.
- Notfalls muss das **Prozessgericht** über das Bestehen und die Höhe des Erlösanspruchs entscheiden.

61 Wenn der gesamte Versteigerungserlös jedoch bereits verteilt ist, kann der Dritte seinen Anspruch nur noch mit einer Klage gegen den bzw. die zuletzt befriedigten Gläubiger geltend machen; Anspruchsgrundlage: §§ 812, 816 Abs. 2 BGB.

2. Tabelle der durchschnittlichen Lebenserwartung

62 Siehe hierzu die Sterbetafel im **Anhang**.

§ 93
Zuschlagsbeschluss als Vollstreckungstitel

(1) Aus dem Beschluß, durch welchen der Zuschlag erteilt wird, findet gegen den Besitzer des Grundstücks oder einer mitversteigerten Sache die Zwangsvollstreckung auf Räumung und Herausgabe statt. Die Zwangsvollstreckung soll nicht erfolgen, wenn der Besitzer auf Grund eines Rechts besitzt, das durch den Zuschlag nicht erloschen ist. Erfolgt gleichwohl die Zwangsvollstreckung, so kann der Besitzer nach Maßgabe des § 771 der Zivilprozeßordnung Widerspruch erheben.

(2) Zum Ersatz von Verwendungen, die vor dem Zuschlag gemacht sind, ist der Ersteher nicht verpflichtet.

Literatur: *Bauer*, Die Zwangsvollstreckung aus dem Zuschlagsbeschluss (§ 93 ZVG), JurBüro 1998, 400; *Cranshaw/Gietl*, Titel oder Klausel – Räumung gegen Mit„besitzer" nach § 93 ZVG?, ZfIR 2010, 753; *Eickmann*, Probleme der Vollstreckung von Zuschlagsbeschlüssen über Miteigentumsanteile, DGVZ 1979, 177; *Schmidt-Futterer*, Die Räumungsfrist in der Zwangsvollstreckung aus Zuschlags- und Konkurseröffnungsbeschlüssen, NJW 1068, 143; *Schumacher*, Zur Vollstreckung aus dem Zuschlagsbeschluss, DGVZ 1956, 52.

Übersicht

I. Allgemeines

1 Der Ersteher, welcher bereits mit dem Zuschlag Eigentümer geworden ist (§ 90 ZVG), kann sich aufgrund des Zuschlagsbeschlusses auch den Besitz verschaffen. Gegen den Besitzer des Grundstücks oder einer mitversteigerten Sache kann er die **Räumungs- bzw. Herausgabevollstreckung** betreiben (Abs. 1 Satz 1). Hierzu bedarf

er keines besonderen Titels; der Zuschlagsbeschluss ist der Titel. Wenn das Besitzrecht aber auf einem Recht beruht, welches durch den Zuschlag nicht erloschen ist, soll die Zwangsvollstreckung jedoch nicht erfolgen (Abs. 1 Satz 2). Wenn sie trotzdem betrieben wird, kann sich der Besitzer nach § 771 ZPO dagegen wehren (Abs. 1 Satz 3).

Nach Absatz 2 ist ein Verwendungsersatz für die Zeit vor dem Zuschlag ausgeschlossen. 2

§ 93 ZVG gilt für alle Versteigerungsverfahren des ZVG. 3

II. Räumungs- bzw. Herausgabevollstreckung (Abs. 1 Satz 1)

1. Voraussetzungen

Wie zu jeder Vollstreckung müssen auch bei der Räumungsvollstreckung (§ 885 ZPO) 4
oder bei der Herausgabevollstreckung (§ 883 ZPO) neben dem Vollstreckungsauftrag des Gläubigers die allgemeinen Voraussetzungen der Zwangsvollstreckung vorliegen, also Titel, Klausel, Zustellung.

a) Titel

Der **Zuschlagsbeschluss** ist gemäß Abs. 1 Satz 1 für den Ersteher ein Vollstreckungs- 5
titel auf Räumung und Herausgabe des Grundstücks und der mit versteigerten Gegenstände. Die Vollstreckung ist möglich ab Wirksamwerden des Beschlusses; seine Rechtskraft ist nicht erforderlich. Es kommt auch nicht darauf an, ob das Meistbargebot bereits bezahlt ist oder nicht. Im Zuschlagsbeschluss muss zwar das zu räumende Grundstück genau bezeichnet sein (vgl. hierzu schon § 82 ZVG), aber nicht die heraus zu gebenden (beweglichen) Gegenstände.

Der Zuschlagsbeschluss ist ein Herausgabetitel **gegen den bisherigen Eigentümer,** 6
also gegen den Versteigerungsschuldner (§ 885 ZPO). Dieser hat mit Erteilung des Zuschlags sein Eigentum und damit auch sein Recht zum Besitz verloren – sowohl an dem versteigerten Grundstück als auch an den nach § 55 ZVG mit versteigerten Gegenständen. Da diese Gegenstände im Zuschlagsbeschluss regelmäßig nicht aufgeführt sind, muss sie der mit der Vollstreckung beauftragte Gerichtsvollzieher im Wege der Auslegung bestimmen. Zu den mitversteigerten Gegenständen gehören auch Kauf-, Miet-, Pacht- und Versicherungsverträge über das Grundstück, aber auch Grundsteuerbescheide, Einheitswertbescheide, Grundbuchauszüge sowie Katasterunterlagen.

Hinsichtlich des **Ehegatten und** der **Familienangehörigen** des Schuldners muss zu- 7
nächst auf Folgendes hingewiesen werden:

Der Zuschlagsbeschluss richtet sich als Räumungstitel gegen den Schuldner; von einer Räumung betroffen sind jedoch auch seine Familienangehörigen und eventuelle weitere Personen (Hausangestellte usw.).[1] Nach Ansicht des Bundesgerichtshofes ist ein eigener Vollstreckungstitel erforderlich, wenn Angehörige ihr Besitzrecht von dem-

1) Vgl. hierzu OLG Frankfurt, Urt. v. 31.7.1987 – 20 W 251/87, Rpfleger 1989, 209.

jenigen ableiten, gegen den der Titel erlassen wurde.[2] Dies trifft in der Praxis häufig zu bei Eheleuten, eingetragenen Lebenspartnern, aber auch bei der nichtehelichen Lebensgemeinschaft.[3]

Da solche Personen in aller Regel Mitgewahrsam haben und gemäß § 750 Abs. 1 ZPO die Zwangsvollstreckung nur gegen Personen begonnen werden kann, die im Vollstreckungstitel oder in der Vollstreckungsklausel bezeichnet sind, bedarf es auch zur Räumung aufgrund eines Zuschlagsbeschlusses eines eigenen Titels gegen die Mitbesitzer.

Da man einem Ersteher nicht zumuten kann, nach Erteilung des Zuschlags erst noch den bzw. die Mitbesitzer, die aber ihren Besitz vom Schuldner „ableiten", auf Räumung zu verklagen, hat sich die Kommentarliteratur und die überwiegende Praxis dahingehend entschieden, das Problem in das Klauselerteilungsverfahren zu verlagern (siehe Rz. 8 ff.).

b) Vollstreckungsklausel

8 Wie jeder andere Vollstreckungstitel auch[4] bedarf auch der Zuschlagsbeschluss einer Vollstreckungsklausel (§ 724 Abs. 1 ZPO). In ihr müssen der Ersteher als Gläubiger und als Schuldner die Person(en) namentlich bezeichnet werden, gegen die vollstreckt werden soll. Die Klausel wird nur auf Antrag des Erstehers erteilt. Ein Rechtsnachfolger des Erstehers kann die Umschreibung der Klausel auf sich verlangen; § 727 ZPO ist hier zu beachten.[5]

9 Hinzuweisen ist in diesem Zusammenhang jedoch darauf, dass der **Ersteher kein Rechtsnachfolger** des Zwangsverwalters ist.[6] Hat also der Zwangsverwalter gegen einen Mieter hinsichtlich des Beschlagnahmeobjekts einen Räumungstitel erwirkt, kann der Ersteher nach Beendigung der Zwangsverwaltung nicht die Umschreibung der Vollstreckungsklausel auf sich beantragen. Hierzu besteht auch keine Notwendigkeit, da er die Räumungsvollstreckung aufgrund des Zuschlagsbeschlusses beantragen kann.

10 Die Vollstreckungsklausel gegen den bisherigen Eigentümer erfordert keine besonderen Nachweise. Deshalb ist hier auch der Urkundsbeamte der Geschäftsstelle zur Klauselerteilung zuständig.

11 Der **Besitz eines Dritten** (auch eines Familienangehörigen oder des Lebensgefährten) muss analog § 726 ZPO[7] durch öffentliche oder öffentlich beglaubigte Urkunden

2) BGH, Beschl. v. 18.7.2003 – IXa ZB 116/03, Rpfleger 2003, 596 = ZfIR 2008, 472; BGH, Beschl. v. 25.6.2004 –IXa ZB 29/04, Rpfleger 2004, 640 = NJW 2004, 1257; OLG Oldenburg, Beschl. v. 3.2.1994 – 2 W 100/93, Rpfleger 1994, 366; Dassler/Schiffhauer/u. a.-*Hintzen*, ZVG, § 93 Rz. 11.

3) Vgl. BGH, Beschl. v. 19.3.2008 – 1 ZB 56/07, NJW 2008, 1959 = ZfIR 2008, 472.

4) Von wenigen Ausnahmen abgesehen (z. B. § 795a ZPO, § 796 Abs. 1 ZPO).

5) LG Göttingen, Beschl. v. 29.1.1996 – 6 T 183/95, Rpfleger 1996, 300 = KTS 1996, 539.

6) BGH, Urt. v. 29.6.2004 – IX ZR 258/02, Rpfleger 2004, 644 = ZfIR 2005, 33 mit Anm. *Eickmann*; Beschl. v. 14.6.2012 – VII ZB 47/10, NJW-RR 2012, 1297 = WM 2012, 1439.

7) So Stöber/*Becker*, ZVG, § 93 Rz. 9, Schneider-*Achenbach*, ZVG, § 93 Rz. 8; a. A. *Cranshaw/Gietl*, ZfIR 2010, 753 und BeckOK-*Cranshaw*, ZVG, § 93 Rz. 32, wollen § 727 ZPO analog anwenden. Im Ergebnis macht dies aber keinen Unterschied; denn auch in diesem Fall muss der Besitz, wenn er nicht offenkundig oder zugestanden ist, durch öffentliche oder öffentlich beglaubigte Urkunden nachgewiesen werden.

nachgewiesen werden, wenn er (der Besitz) nicht bei Gericht offenkundig ist oder im Klauselverfahren ausdrücklich zugestanden wird. Da es sich hierbei um eine qualifizierte Klausel handelt, ist nach § 20 Nr. 12 RPflG der Rechtspfleger zuständig. Der Dritte **kann** vor Erteilung der Klausel gemäß § 730 ZPO gehört werden.[8] Kann der Besitz nicht oder nicht in der richtigen Form nachgewiesen werden, muss der Ersteher nach § 731 ZPO auf Erteilung der Vollstreckungsklausel klagen.

Einzelne Fälle: 12

- Wenn auch der **Miteigentumsanteil** des Ehegatten (mit-)versteigert worden ist, dann gilt für beide Ehegatten § 93 ZVG unmittelbar. Es ist die einfache Vollstreckungsklausel erforderlich, die vom UdG erteilt wird.
- Wenn der Schuldner dagegen **Alleineigentümer** des versteigerten Grundstücks war, auf dem sich die Ehewohnung befindet, dann ist der andere Ehegatte regelmäßig **Mitbesitzer** gemäß § 866 BGB.[9] *Stöber*[10] meint, dass der Besitz des Ehegatten oder eines sonstigen Dritten die Vollstreckungsklausel gegen diesen nicht entbehrlich mache, auch wenn er „sein Recht zum Besitz vom Schuldner ableite" oder „allein aufgrund der ehelichen Lebensgemeinschaft Mitbesitzer sei".[11] Dieser Ansicht ist zuzustimmen, auch wenn sie sich in der Praxis bisher noch nicht durchgesetzt haben dürfte.
- Auch der **nichteheliche Lebensgefährte** hat regelmäßig Mitbesitz. Deshalb ist er (unabhängig von den bisherigen Eigentumsverhältnissen) in der Vollstreckungsklausel mit zu bezeichnen.[12] Nur kurzfristige „Aufnahme" eines Dritten begründet dagegen keine gemeinsame Sachherrschaft an den Räumen; deshalb ist in diesem Fall keine Klausel gegen diesen Dritten erforderlich.[13]
- Ein **minderjähriges Kind** ist weder Besitzer noch Mitbesitzer, auch wenn es ein „eigenes Zimmer" hat. Deshalb ist nur ein Titel gegen die Eltern oder den Elternteil als Besitzer erforderlich;[14] eine Aufführung des Kindes in der Vollstreckungsklausel ist somit nicht erforderlich.[15]
- Auch das **volljährige Kind**, das noch bei seinen Eltern wohnt, hat nach überwiegender Ansicht keinen eigenen Besitz. Deshalb ist auch hier keine Bezeichnung in der Vollstreckungsklausel erforderlich.[16]

---

8) Stöber/*Becker*, ZVG, § 93 Rz. 9: **kann** gehört werden; ähnlich: BeckOK-*Cranshaw*, ZVG, § 93 Rz. 33: Anhörung ist **zweckmäßig**; a. A. Böttcher/*Böttcher*, ZVG, § 93 Rz. 10 m. w. N.: Dem Dritten **muss** gemäß Art. 103 Abs. 1 GG, § 730 ZPO rechtliches Gehör gewährt werden.

9) Stöber/*Becker*, ZVG, § 93, Rz. 4; Zöller/*Stöber*, ZPO, § 885 Rz. 7; Prütting/Gehrlein-*Lugani*, ZPO § 885 Rz. 15.

10) Stöber/*Becker*, ZVG, § 93 Rz. 4.

11) So im Ergebnis auch *Cranshaw/Gietl*, ZfIR 2010, 753 und BeckOK-*Cranshaw*, ZVG, § 93 Rz. 32.

12) BGH, Beschl. v. 19.3.2008, 1 ZB 56/07, NJW 2008, 1959 = ZfIR 2008, 472.

13) BGH, Beschl. v. 19.3.2008, 1 ZB 56/07, NJW 2008, 1959 = ZfIR 2008, 472.

14) BGH, Beschl. v. 19.3.2008, 1 ZB 56/07, NJW 2008, 1959 = ZfIR 2008, 472.

15) So auch Stöber/*Becker*, ZVG, § 93 Rz. 5; hinsichtlich eines Kindes über 14 Jahren etwas a. A. Dassler/Schiffhauer/u. a.-*Hintzen*, ZVG, § 93 Rz. 13.

16) So auch Stöber/*Becker*, ZVG, § 93 Rz. 5; a. A. Dassler/Schiffhauer/u. a.-*Hintzen*, ZVG, § 93 Rz. 13.

- Ein vorübergehend aufgenommener Angehöriger oder **Gast** ist nicht Besitzer. Deshalb ist auch kein Hinweis in der Klausel notwendig.
- Dagegen begründet die dauerhafte **Aufnahme eines Angehörigen** Teilbesitz gemäß § 865 BGB oder Mitbesitz gemäß § 866 BGB.[17] Deshalb ist hier die Aufnahme in der Vollstreckungsklausel erforderlich; dann aber kann auch die Vollstreckung aus dem Zuschlagsbeschluss gemäß § 93 ZVG erfolgen.
- Ein im Haus oder im Erwerbsgeschäft tätiger **Dritter** (z. B. Hausangestellter, Arbeitnehmer, Lehrling) ist nur Besitzdiener gemäß § 855 BGB. Deshalb ist keine Aufnahme in der Vollstreckungsklausel erforderlich.[18]
- Ein **Untermieter** ist Besitzer der überlassenen Räume. Deshalb kann gegen ihn nur mit einem eigenen Vollstreckungstitel die Räumung betrieben werden; der Zuschlagsbeschluss ist hierfür nicht geeignet.[19]

c) Zustellung

13 Der Zuschlagsbeschluss muss vor Beginn der Zwangsvollstreckung oder spätestens bei Beginn der Vollstreckung zugestellt werden (§ 750 Abs. 1 ZPO). Die Zustellung von Amts wegen (vgl. §§ 88, 103 ZVG) genügt. In den Fällen des § 726 ZPO müssen jedoch auch die Vollstreckungsklausel und ggf. auch die ihr zugrunde liegenden Urkunden zugestellt werden (§ 750 Abs. 2 ZPO). Diese Zustellungen müssen im Parteibetrieb erfolgen. Wegen des hierbei zu beachtenden Verfahrens wird auf §§ 191 ff. ZPO verwiesen.

2. Durchführung der Vollstreckung

a) Räumungsvollstreckung

14 Die Räumungsvollstreckung erfolgt nach § 885 ZPO. Der Gerichtsvollzieher hat im Auftrag des Gläubigers den zu **Räumenden** aus dem Besitz zu setzen und den **Ersteher** in den Besitz einzuweisen.[20] Für die Räumungsvollstreckung aus dem Zuschlagsbeschluss ist keine richterliche Anordnung erforderlich (§ 758a Abs. 2 ZPO), obwohl der Rechtspfleger den Zuschlag erteilt hat.

---

17) Zöller/*Stöber*, ZPO, § 885 Rz. 8; Prütting/Gehrlein-*Lugani*, ZPO, § 885 Rz. 20.

18) Stöber/*Becker*, ZVG, § 93 Rz. 8; Zöller/*Seibel* ZPO, § 885 Rz. 13; Prütting/Gehrlein-*Lugani*, ZPO, § 885 Rz. 22.

19) BGH, Beschl. v. 18.7.2003 – IXa ZB 116/03, Rpfleger 2003, 596 = ZfIR 2003, 1450.

20) Durch das am 1.5.2013 in Kraft getretene Mietrechtsänderungsgesetz vom 11.3.2013 (BGBl. 2013 I S. 434) ist u. a. § 885a in die ZPO eingefügt worden. Hierdurch wurde das vorher nur durch Rechtsprechung zugelassene Modell der sog. „Berliner Räumung" gesetzlich verankert. Somit ist nunmehr auch bei Räumung aus einem Zuschlagsbeschluss eine beschränkte Vollstreckung möglich. Hiernach kann der Gläubiger seinen Vollstreckungsauftrag darauf beschränken, den Schuldner aus dem Besitz zu setzen und den Gläubiger (hier: Ersteher) in den Besitz einzuweisen. Damit ist auch der Beschluss des BGH vom 6.6.2013 – I ZB 78/11, in welchem die „Berliner Räumung" für die Vollstreckung aus einem Zuschlagsbeschluss für unzulässig erklärt wurde, durch die veränderte Gesetzgebung überholt worden. So auch BGH, Beschl. v. 2.3.2017 – I ZB 66/16, NJW-RR 2017, 1158 = Rpfleger 2017, 570.

b) Herausgabevollstreckung

Die Herausgabe der versteigerten beweglichen Sachen wird nach § 883 ZPO vollstreckt. Der Gerichtsvollzieher nimmt diese Sachen dem Schuldner weg und übergibt sie dem Ersteher (§ 883 Abs. 1 ZPO). Erfolgt diese Wegnahme in der Wohnung, ist hierzu aber die Einwilligung des Schuldners oder eine richterliche Durchsuchungsanordnung erforderlich (§ 758a Abs. 1 ZPO). Wenn die betreffenden Gegenstände in der Vollstreckungsklausel nicht ausdrücklich aufgeführt sind, kann der Gerichtsvollzieher nur das **gesetzliche Zubehör**[21] wegnehmen. Will der Ersteher weitere (mit versteigerte) Gegenstände wegnehmen lassen, so müssen diese auf Antrag des Erstehers in der Vollstreckungsklausel aufgeführt werden. Dieser Weg ist aber nur gangbar, wenn die Eigentumsverhältnisse im Klauselverfahren geklärt werden können. Notfalls muss der Ersteher den Schuldner auf Herausgabe verklagen; Anspruchsgrundlage: § 985 BGB. Wird eine herauszugebende Sache beim Schuldner nicht vorgefunden, kann der Ersteher vom Schuldner die **eidesstattliche Versicherung** gemäß § 883 Abs. 2 ZPO verlangen. 15

c) Besonderheit

Während einer gerichtlichen Verwaltung gemäß § 94 ZVG darf dem Ersteher keine vollstreckbare Ausfertigung des Zuschlagsbeschlusses erteilt werden; die Ausfertigung ist (nur) dem Verwalter zu erteilen. Wenn dem Ersteher bereits eine vollstreckbare Ausfertigung erteilt worden ist, darf dieser nicht ohne Zustimmung des Verwalters vollstrecken; denn dem Verwalter steht gemäß § 94 Abs. 2 ZVG die alleinige Verwaltung über das Grundstück zu. 16

III. Recht zum Besitz (Abs. 1 Satz 2)

Nach Abs. 1 Satz 2 soll nicht vollstreckt werden, wenn der Besitzer aufgrund eines Rechtes besitzt, das durch den Zuschlag nicht erloschen ist. Eine trotzdem erfolgte Vollstreckung ist zwar nicht unwirksam; der Besitzer kann sich dagegen aber mit der Klage gemäß § 771 ZPO wehren (Abs. 1 Satz 3). Nach allgemeiner Ansicht darf in einem solchen Fall auch nicht die Vollstreckungsklausel erteilt werden.[22] 17

Das Besitzrecht kann auf einem durch den Zuschlag nicht erloschenen dinglichen Recht beruhen oder sich auf eine schuldrechtlichen Berechtigung stützen. In Betracht kommen: 18

- **ein bestehen gebliebenes Recht**, das zum Besitz berechtigt (z. B. Wohnungsrecht, Altenteil, Nießbrauch),
- ein **Miet- oder Pachtverhältnis**, in welches der Ersteher gemäß § 57 ZVG i. V. m. § 566 Abs. 1, 578 BGB eingetreten ist.

Ist das Wohnungsrecht, das Altenteil oder der Nießbrauch durch den Zuschlag jedoch erloschen, entfällt mit dem Zuschlag auch das Besitzrecht des Berechtigten. Damit kann gegen diesen Berechtigten auch die Herausgabevollstreckung gemäß Absatz 1 Satz 1 betrieben werden. 19

---

21) Welches nach § 55 Abs. 1 bzw. Abs. 2 mit versteigert wurde.

22) Stöber/*Becker*, ZVG, § 93 Rz. 17; Böttcher/*Böttcher*, ZVG, § 93 Rz. 6; Schneider-*Achenbach*, ZVG, § 93 Rz. 13.

20 Dasselbe gilt, wenn der Miet- oder Pachtvertrag zwar vor Zuschlagserteilung abgeschlossen wurde, der Mieter aber erst nach dem Zuschlag Besitz an der Mietsache erlangte; denn hier tritt der Ersteher nicht in die Vermieter- bzw. Verpächterstellung ein (vgl. § 57 ZVG). Wenn das Miet- oder Pachtverhältnis bereits vor dem Zuschlag erloschen ist, der Mieter bzw. Pächter aber noch Besitzer ist, soll der Zuschlagsbeschluss als Räumungstitel gemäß Absatz 1 Satz 1 geeignet sein.[23)] War das Miet- bzw. Pachtverhältnis bereits vor dem Zuschlag gekündigt worden, die Kündigungsfrist aber noch nicht abgelaufen, kann erst nach Ablauf der Kündigungsfrist aus dem Zuschlagsbeschluss vollstreckt werden.[24)]

21 Vollstreckt der Ersteher aus einer Teilungsversteigerung gegen einen Miterben, welcher aufgrund eines Mietverhältnisses mit der Erbengemeinschaft Besitzer ist, dann kann dieser Miterbe hiergegen Widerspruchsklage erheben (§ 771 ZPO). Das soll aber dann nicht gelten, wenn er selbst die Teilungsversteigerung betrieben hat.[25)]

22 Ob ein die Räumung hinderndes Recht vorliegt, soll bereits im Verfahren der Klauselerteilung geprüft werden. Hierbei genügen nach allgemeiner Ansicht „ernsthafte Anhaltspunkte, die ein nicht erloschenes Besitzrecht nahelegen".[26)] In Betracht kommen z. B. Kenntnis des Gerichts von Urkunden aus dem Versteigerungsverfahren, Vorlage eines Mietvertrags oder Anmeldung durch den Berechtigten im Verfahren. Beweis für sein durch den Zuschlag nicht erloschenes Besitzrecht muss der Besitzer nicht erbringen. Aber wenn ein Mietvertrag vorgelegt wird, der offenbar eine Scheinvereinbarung ist (vgl. § 117 BGB)[27)] oder wegen mangelnder Ernsthaftigkeit (vgl. § 118 BGB)[28)] nichtig ist oder wenn der vorgelegte Mietvertrag ein Mietverhältnis nicht hinreichend ausweist,[29)] ist die Vollstreckungsklausel zu erteilen. Der Besitzer muss hier sein Besitzrecht mit Klage nach § 771 ZPO geltend machen. Ob ein Mietvertrag mit einem nahen Angehörigen nach § 138 BGB sittenwidrig – und damit nichtig ist, kann nicht so ohne Weiteres angenommen werden.[30)]

---

23) Böttcher/*Böttcher*, ZVG, § 93 Rz. 7 m. w. N.; a. A. Stöber/*Becker*, ZVG, § 93 Rz. 18: Der Ersteher muss seinen Anspruch auf Herausgabe der Mieträume bzw. Mietsache im ordentlichen Rechtsstreit geltend machen.

24) Böttcher/*Böttcher*, ZVG, § 93 Rz. 7 m. w. N.; a. A. Stöber/*Becker*, ZVG, § 93 Rz. 3.2: Der Ersteher muss seinen Anspruch auf Herausgabe der Mieträume bzw. Mietsache im ordentlichen Rechtsstreit geltend machen.

25) Stöber/*Becker*, ZVG, § 93 Rz. 319 m. w. N. – auch zur Gegenansicht.

26) BGH, Beschl. v. 27.2.2004 – IXa ZB 269/03, Rpfleger 2004, 368 = ZfIR 2004, 561; so auch Stöber/*Becker*, ZVG § 93 Rz. 18.

27) LG Freiburg, Beschl. v. 26.6.1989 – 4 T 90/88, Rpfleger 1990, 266; LG Köln, Beschl. v. 9.10.1995 – 12 T 214/95, Rpfleger 1996, 121 = KTS 1996, 388.

28) OLG Frankfurt, Beschl. v. 31.7.1987 – 20 W 251/87, Rpfleger 1989, 209; OLG Köln, Entsch. v. 7.2.1994 – 2 W 117/93, WuM 1994, 285.

29) LG Wuppertal, Beschl. v. 14.9.1992 – 6 T 693/92, Rpfleger 1993, 81.

30) OLG Düsseldorf, Urt. v. 22.1.1996 – 9 U 115/95, Rpfleger 1996, 299 = InVo 1997, 134. Diese Entscheidung ist in der Praxis überwiegend auf Ablehnung gestoßen, weil sie fingierte Mietverträge geradezu provoziert, um eine Räumung durch den Ersteher zu verhindern.

IV. Rechtsbehelfe

1. Schuldner

23 Gegen die Vollstreckung aus dem Zuschlagsbeschluss kann sich der Schuldner mit **Erinnerung nach § 766 ZPO** wehren. Dieser Rechtsbehelf trifft auch zu, wenn der Gerichtsvollzieher nicht versteigerte Sachen im Rahmen der Herausgabevollstreckung weggenommen hat; denn § 771 ZPO trifft für den Schuldner nicht zu, da er nicht „Dritter" ist.

24 Einwendungen gegen die Zulässigkeit der Vollstreckungsklausel kann der Schuldner mit **Erinnerung gemäß § 732 ZPO** geltend machen.

25 Materiellrechtliche Einwendungen (z. B. eingeräumter Räumungsaufschub; Mietvertrag mit dem Ersteher) kann der Schuldner mit **Klage gemäß § 767 ZPO** geltend machen. Ob hierbei die Präklusionswirkung des § 767 Abs. 2 ZPO gilt, wird uneinheitlich beantwortet: Für Präklusion z. B. *Stöber*,[31] gegen Präklusion z. B. *Böttcher*.[32]

2. Dritter

26 Das Fehlen von Voraussetzungen für die Klauselerteilung (z. B. fehlender Nachweis des Besitzes durch den Dritten) kann der hiervon betroffene Dritte – der insoweit ja auch Schuldner ist – mit **Erinnerung nach § 732 ZPO** geltend machen. Möglich ist auch die Klage nach § 768 ZPO.

27 Materielle Einwände (z. B. sein Recht zum Besitz) muss der Drittbesitzer mit **Klage gemäß § 771 ZPO** verfolgen.

28 Eine Klage mit dem Ziel, den Zuschlagsbeschluss aufzuheben, ist jedoch unzulässig; denn der Zuschlag ist (auch) der materiellen Rechtskraft fähig (vgl. Ausführungen zu § 81 ZVG).

V. Vollstreckungsschutz

29 Dem Schuldner kann auf entsprechenden Antrag Vollstreckungsschutz nach § 765a ZPO gewährt werden. Dieser Antrag muss nach § 765a Abs. 3 ZPO spätestens zwei Wochen vor dem festgesetzten Räumungstermin gestellt werden.[33]

30 Nach überwiegender Ansicht kann eine Räumungsfrist nach § 721 ZPO bei der Vollstreckung aus dem Zuschlagsbeschluss nicht gewährt werden.[34]

VI. Verwendungsersatz (Abs. 2)

31 Sind **vor dem Zuschlag** Verwendungen auf das Grundstück oder die mit versteigerten Gegenstände gemacht worden, dann ist der Ersteher gemäß § 93 Abs. 2 ZVG nicht zum Ersatz verpflichtet; denn der Ersteher trägt die Lasten des Grundstücks gemäß § 56 Satz 2 erst ab dem Zuschlag.

---

31) Stöber/*Becker*, ZVG, § 93 Rz. 27.

32) Böttcher/*Böttcher*, ZVG, § 93 Rz. 15 m. w. N.; so auch Schneider-*Achenbach*, ZVG, § 93 Rz. 23.

33) Zur aktuellen Entwicklung der Judikatur siehe BeckOK-*Cranshaw*, ZVG, § 93 Rz. 214 ff.

34) OLG München, OLGZ 1969, 43; LG Kiel, Beschl. v. 11.2.1992 – 1 T 137/91, NJW 1992, 1174; so auch Schneider-*Achenbach*, ZVG, § 93 Rz. 21; a. A. LG Mannheim, Beschl. v. 17.3.1967 – 12 T 7/67, MDR 1967, 1018.

32 Verwendungen, die der Besitzer erst **nach dem Zuschlag** gemacht hat, sind ihm jedoch gemäß §§ 994 ff. BGB zu ersetzen. Wenn der Ersteher ersatzpflichtig ist, hat der Besitzer ein Zurückbehaltungsrecht gemäß § 1000 Satz 1 BGB. Die Geltendmachung dieses Rechts erfolgt durch Klage gemäß § 771 ZPO.

§ 94
Gerichtliche Verwaltung

(1) Auf Antrag eines Beteiligten, der Befriedigung aus dem Bargebot zu erwarten hat, ist das Grundstück für Rechnung des Erstehers in gerichtliche Verwaltung zu nehmen, solange nicht die Zahlung oder Hinterlegung erfolgt ist. Der Antrag kann schon im Versteigerungstermin gestellt werden.

(2) Auf die Bestellung des Verwalters sowie auf dessen Rechte und Pflichten finden die Vorschriften über die Zwangsverwaltung entsprechende Anwendung.

Literatur: *Steffen*, Die Ersteherverwaltung nach § 94 ZVG, ZfIR 2016, 92; *Trauth*, Quo vadis gerichtliche Verwaltung (§ 94 ZV)?, ZfIR 2015, 273.

Übersicht

I. Allgemeines

1 Der Ersteher wird bereits mit dem Zuschlag Eigentümer des Grundstücks und der mitversteigerten Gegenstände (§ 90 ZVG). Er kann sich gemäß § 93 ZVG mit Hilfe des Zuschlagsbeschlusses auch den Besitz verschaffen – sogar im Wege der Herausgabevollstreckung. Auf der anderen Seite muss das Meistbargebot erst „vor dem Verteilungstermin" berichtigt werden (§ 49 Abs. 1 ZVG). Dies kann dazu führen, dass der Ersteher vor Bezahlung oder Hinterlegung des Meistbargebots über das Grundstück und/oder die mit versteigerten Gegenstände verfügt oder die Nutzungen zieht. Um dieser Gefahr vorzubeugen, sieht § 94 ZVG die Möglichkeit vor, die **gerichtliche Verwaltung** für Rechnung des Erstehers zu beantragen.

2 Die Vorschrift gilt für fast alle Versteigerungsarten, auch für die Teilungsversteigerung; ausgenommen sind die Versteigerung von Schiffen (siehe Sondervorschrift des § 170 ZVG) und die Versteigerung von Luftfahrzeugen (siehe Sondervorschrift § 171g ZVG).

II. Anordnung der gerichtlichen Verwaltung (Abs. 1)

1. Voraussetzungen

Die gerichtliche Verwaltung wird nicht von Amts wegen angeordnet; sie setzt vielmehr einen **Antrag** voraus. Antragsberechtigt ist jeder Beteiligte, der eine Zuteilung aus dem abgegebenen Bargebot zu erwarten hat (Abs. 1 Satz 1). Ob diese Voraussetzung vorliegt, ist anhand eines vorläufigen Teilungsplans festzustellen. Beteiligte, die voraussichtlich keine Zuteilung erhalten, sind demnach nicht antragsberechtigt. Aber auch Beteiligte, deren Anspruch durch eine geleistete Bietsicherheit voll gedeckt ist, können den Antrag nicht stellen; denn im Verteilungstermin werden sie aus der Sicherheit befriedigt. Nicht antragsberechtigt ist auch der Schuldner als bisheriger Eigentümer; nur wenn er eine Zuteilung als Inhaber eines Eigentümerrechts oder einen Erlösüberschuss erwarten kann, steht auch ihm ein Antragsrecht zu. 3

Der Antrag kann nach Absatz 1 Satz 2 schon im Versteigerungstermin gestellt werden – aber naturgemäß erst nach Abgabe eines Gebots; denn erst dann kann die Antragsberechtigung geprüft werden.[1] Eine bestimmte Form ist nicht vorgeschrieben; deshalb kann der Antrag **schriftlich, zu Protokoll der Geschäftsstelle** oder im Versteigerungs- bzw. Verkündungstermin **zur Niederschrift des Gerichts** erklärt werden. Der Antrag kann auch jederzeit wieder – formlos – zurückgenommen werden. 4

Angeordnet werden kann die gerichtliche Verwaltung nur, wenn der Ersteher das Bargebot noch nicht gezahlt oder hinterlegt hat. Bei einer Teilzahlung kommt es darauf an, ob diese ausreicht, um den Anspruch des Antragstellers (und natürlich auch die im Rang vorgehenden Ansprüche) zu decken. Wenn dies zutrifft, fehlt ihm das Antragsrecht (siehe oben); wenn sein Anspruch dagegen nicht gedeckt werden kann, ist er nach wie vor antragsberechtigt, und es kann die Anordnung erfolgen. 5

2. Anordnungsbeschluss

Über den Antrag entscheidet das **Vollstreckungsgericht (Rechtspfleger)** durch Beschluss. Dieser kann erst nach dem Wirksamwerden des Zuschlags (§§ 89, 104 ZVG) erlassen werden; denn erst da steht der Ersteher fest, auf dessen Rechnung die Verwaltung erfolgen soll. Der Beschluss wird gemäß § 329 Abs. 3 ZPO dem Ersteher zugestellt; dem Antragsteller wird der Beschluss formlos mitgeteilt (§ 329 Abs. 2 ZPO). Die übrigen Beteiligten brauchen nicht benachrichtigt zu werden;[2] dies gilt auch für den Vollstreckungsschuldner als bisherigen Eigentümer.[3] 6

In dem Beschluss ist nach § 94 Absatz 2, § 150 Absatz 1 ZVG ein **Verwalter** zu bestellen. Wenn bereits eine Zwangsverwaltung läuft,[4] ist es sinnvoll, den dortigen Zwangsverwalter auch zum gerichtlichen Verwalter nach § 94 ZVG zu bestellen. 7

---

1) Böttcher/*Böttcher*, ZVG, § 94 Rz. 2; Stöber/*Drasdo*, ZVG, § 94 Rz. 10; Dassler/Schiffhauer/u. a.-*Hintzen*, ZVG, § 94 Rz. 2; BeckOK-*Cranshaw*, ZVG, § 94 Rz. 11; Schneider-*Schmidberger*, ZVG, § 94 Rz. 3; a. A. *Steffen*, ZfIR 92, 94.

2) Stöber/*Drasdo*, ZVG, § 94 Rz. 14; Schneider-*Schmidberger*, § 94 Rz. 12; a. A. *Jaeckel/Güthe*, ZVG, 4. Aufl., § 94 Rz. 6.

3) So Stöber/*Drasdo*, ZVG, § 94 Rz. 14; *Steffen*, ZfIR 2016, 92, 95; a. A. Böttcher/*Böttcher*, ZVG, § 94 Rz. 4; Dassler/Schiffhauer/u. a.-*Hintzen*, ZVG, § 94 Rz. 7; Schneider-*Schmidbauer*, ZVG, § 94 Rz. 12.

4) Sei es gegen den „alten" Eigentümer oder bereits gegen den Ersteher als „neuen" Eigentümer.

Hierbei sollte jedoch ausdrücklich darauf hingewiesen werden, dass es sich um verschiedene Verfahren handelt. Hierbei gilt Folgendes:

- Eine noch **fortlaufende Zwangsverwaltung** (gegen den Vollstreckungsschuldner) geht in ihrer Wirkung der Sicherungsverwaltung nach § 94 ZVG vor. Beide Verwaltungsmassen sind voneinander getrennt zu halten und getrennt abzurechnen.[5)]
- Auch die Zwangsverwaltung gegen den Ersteher und die gerichtliche Verwaltung nach § 94 ZVG müssen voneinander getrennt durchgeführt werden. Hier gebührt aber der **gerichtlichen Verwaltung** nach § 94 ZVG, soweit ihre Wirkungen reichen, der „Vorrang". Konkret bedeutet dies, dass nur solche Einnahmen, die in der Verwaltung nach § 94 ZVG nicht zu verteilen sind, in die Zwangsverwaltungsmasse einfließen und dort ausgeschüttet werden können.[6)]

3. Rechtsbehelf

8 Ist der Ersteher vor der Anordnung nicht angehört worden, kann er sich mit der (unbefristeten) **Erinnerung** nach § 766 ZPO wehren. Wurde er vorher gehört, ist die **sofortige Beschwerde** der richtige Rechtsbehelf. Dies gilt auch für die Zurückweisung eines Antrags auf Anordnung der gerichtlichen Verwaltung.

III. Durchführung der gerichtlichen Verwaltung (Abs. 2)

1. Allgemeines

9 Auf die Verwaltung sind nach Absatz 2 alle Vorschriften aus dem Zwangsverwaltungsrecht anzuwenden, die sich mit der Bestellung des Verwalters und mit seinen Rechten und Pflichten befassen. Somit sind folgende Vorschriften entsprechend anwendbar:

- § 150 ZVG – Bestellung des Verwalters; Übergabe des Grundstücks.
- § 151 Abs. 3 ZVG – Zahlungsverbot an den Drittschuldner.
- § 152 ZVG – Ansprüche und Nutzungen ab dem Zuschlag sind vom Verwalter geltend zu machen.
- § 153 ZVG – Anordnungen und Aufsicht durch das Gericht.
- § 154 ZVG – Haftung und Rechnungslegung des Verwalters.
- § 155 ZVG – Verteilung der Nutzungen.
- § 161 ZVG – Aufhebung des Verfahrens; Vorschusspflicht.

2. Rechtsstellung des gerichtlichen Verwalters

10 Der Verwalter ist nicht Vertreter des Erstehers, aber für dessen Rechnung tätig aufgrund des ihm übertragenen Amtes; somit ist er **„Partei kraft Amtes"** und damit im Rahmen seiner Tätigkeit auch prozessführungsbefugt.

---

5) Stöber/*Drasdo*, ZVG, § 94 Rz. 21.

6) Stöber/*Drasdo*, ZVG, § 94 Rz. 24; so auch Böttcher/*Keller*, ZVG, § 146 Rz. 9a; etwas anders. Schneider-*Schmidbauer*, ZVG, § 94 Rz. 42.

3. Aufgaben des gerichtlichen Verwalters

Der Verwalter hat alle Handlungen vorzunehmen, die erforderlich sind, um das verwaltete Grundstück in seinem wirtschaftlichen Bestand zu erhalten. Er hat also die **Nutzungen** des Grundstücks (z. B. Mietzins) einzuziehen. Er kann Miet- und Pachtverhältnisse auch kündigen, sogar neue Mietverträge abschließen.[7] Aus den Einnahmen hat der Verwalter die **laufenden Ausgaben** zu erfüllen: Rangklasse 3 ab Zuschlag; Rangklasse 4 nur die wiederkehrenden Leistungen bestehen gebliebener Rechte ab Zuschlag; Zinsen übertragener Forderungen (§ 118 ZVG) ab dem Verteilungstermin. Hierbei ist es u. U. notwendig, einen **Teilungsplan** zur Verteilung der Überschüsse aufzustellen (§§ 94 Abs. 2, 156 ZVG). Verbleibt hiernach noch ein Überschuss, so ist dieser dem Ersteher zu überlassen; er kann auf keinen Fall zum Versteigerungserlös genommen werden. 11

4. Kosten der gerichtlichen Verwaltung

a) Gerichtskosten

Das GKG sieht hierfür keine gesonderten Gebühren vor. Unter Umständen können jedoch Auslagen entstehen (z. B. Zustellungsauslagen). Zu Recht fordert *Steffen* eine Anpassung der Vorschriften dahingehend, dass sowohl eine statistische Erfassung der gerichtlichen Tätigkeit erfolgt als auch durch eine Festgebühr die gerichtliche Tätigkeit honoriert wird.[8] 12

b) Vergütung des Verwalters

Der gerichtlich bestellte Verwalter hat Anspruch auf eine Vergütung und auf Ersatz seiner Auslagen. Die Höhe richtet sich nach Art und Umfang der Aufgabe (§ 17 Abs. 1 ZwVwVO). Eine vom Verwalter zu zahlende Umsatzsteuer wird zusätzlich vergütet (§ 17 Abs. 2 ZwVwVO). 13

c) Kostentragung

Der **Ersteher** hat die Kosten der gerichtlichen Verwaltung zu tragen Wenn sie nicht aus den Erträgnissen der Verwaltung gedeckt werden können, kann der Verwalter seinen Vergütungsanspruch gegen den Ersteher gerichtlich geltend machen.[9] 14

d) Vorschuss

Vom **Antragsteller** kann gemäß § 94 Absatz 2 ZVG i. V. m. § 161 Absatz 3 ZVG ein entsprechender Vorschuss angefordert werden. Diesen Vorschuss kann der Antragsteller als „Kosten der dinglichen Rechtsverfolgung" gemäß § 10 Abs. 2 ZVG 15

---

7) Vgl. hierzu Stöber/*Drasdo*, ZVG, § 94 Rz. 19 und BeckOK-*Cranshaw*, ZVG, § 94 Rz. 40 f.; hinsichtlich des Abschlusses neuer Mietverträge zum Teil einschränkend OLG Düsseldorf, NJW-RR 1997, 1100.

8) Vgl. *Steffen*, ZfIR 2016, 92, 96.

9) BGH, Urt. v. 26.2.2015 – IX ZR 172/14, ZfIR 2015, 299 mit Bespr. *Traub* ZfIR 2015, 273.

geltend machen.[10] Ordnet das Gericht die Verwaltung ohne Vorschusszahlung an, findet aber eine Ausfallhaftung des Antragstellers für die Vergütung des Verwalters nicht statt.[11]

IV. Aufhebung des Verfahrens

16 Aufgehoben wird die gerichtliche Verwaltung durch Beschluss des Vollstreckungsgerichts, wenn die Voraussetzungen entfallen:

- bei Antragsrücknahme,
- bei Befriedigung des Antragstellers (auch bei einer solchen nach § 118 Abs. 2 Satz 1 ZVG),
- bei rechtskräftiger Aufhebung des Zuschlags,
- bei Zahlung oder Hinterlegung des Meistbargebots,
- wenn ein angeordneter Vorschusse nicht geleistet wird (§§ 94 Abs. 2 ZVG i. V. m. 161 Abs. 3 ZVG).

10) Mangels rechtzeitiger Anmeldung dürfte aber regelmäßig der Rangverlust des § 110 ZVG eintreten. Um dies zu verhindern sollten bei der (rechtzeitigen) Anmeldung einer Kostenpauschale diese evtl. entstehenden Kosten bereits mit berücksichtigt werden. Die entsprechende „Spezifizierung" kann dann noch zum Verteilungstermin erfolgen – ohne Rangverlust. Vgl. hierzu Stöber/*Drasdo*, ZVG, § 94 Rz. 47 und BeckOK-*Cranshaw*, ZVG, § 94 Rz. 24 f.

11) BGH, Urt. v. 26.2.2015 – IX ZR 172/14, ZfIR 2015, 299 mit Anm. *Böttcher*, ZfIR 2016 157, 160; vgl. Böttcher/*Böttcher*, ZVG, § 94 Rz. 7; a. A. offenbar Stöber/*Drasdo*, ZVG, § 94 Rz. 44 für den Fall, dass der Zuschlagsbeschluss später aufgehoben wird.

VII.
Beschwerde

§ 95

Zulässigkeit der sofortigen Beschwerde

Gegen eine Entscheidung, die vor der Beschlußfassung über den Zuschlag erfolgt, kann die sofortige Beschwerde nur eingelegt werden, soweit die Entscheidung die Anordnung, Aufhebung, einstweilige Einstellung oder Fortsetzung des Verfahrens betrifft.

Übersicht

I. Normzweck und Regelungsinhalt

Die Regelung dieser Norm dient der Beschleunigung des Verfahrens.[1] Entscheidungen des Vollstreckungsgerichts vor Zuschlagserteilung sollen nur eingeschränkt anfechtbar sein. Insbesondere kann die sofortige Beschwerde nur eingelegt werden, soweit die Entscheidung die Anordnung, Aufhebung, einstweilige Einstellung oder Fortsetzung des Verfahrens betrifft. 1

II. Reichweite der Einschränkung

Die übrigen Beschlüsse dienen nur der Vorbereitung des Zuschlagsbeschlusses oder der Zuschlagsversagung und könnten nicht selbstständig angefochten werden.[2] 2

Nicht ausgeschlossen ist durch § 95 ZVG die Vollstreckungserinnerung (§ 766 ZPO) für Schuldner, Gläubiger und sonstige Beteiligte gegen Vollstreckungsmaßnahmen des Vollstreckungsgerichts. Dies gilt auch gegen Verfahrensmaßnahmen/Vollstreckungshandlungen, die vor der Beschlussfassung über den Zuschlag erfolgen.[3] 3

Auch bei Zwischenverfahren mit eigenem Rechtszug gilt § 95 ZVG nicht.[4] Selbstständig anfechtbar sind daher z. B. die Entscheidungen über einen Einstellungsantrag des Schuldners/Antragsgegners nach § 30b Abs. 3 Satz 1, § 180 Abs. 2 ZVG und dem Wertfestsetzungsverfahren (§ 74a Abs. 5 Satz 3 ZVG).[5] Dies ergibt sich schon aus der ausdrücklichen gesetzlichen Zulassung dieser Beschwerden. 4

Ebenso wenig ist die befristete Erinnerung nach § 11 RpflegerG ausgeschlossen,[6] soweit diese im konkreten Fall zulässig ist. Diese findet statt, wenn gegen die rich- 5

1) Böttcher/*Böttcher*, ZVG, § 95 Rz. 1.
2) Stöber/*Achenbach*, ZVG, § 95 Rz. 13; vgl. Parallelen in § 305 StPO.
3) Stöber/*Achenbach*, ZVG, § 95 Rz. 27.
4) Böttcher/*Böttcher*, ZVG, § 95 Rz. 12.
5) Böttcher/*Böttcher*, ZVG, § 95 Rz. 12.
6) Dassler/Schiffhauer/u. a.-*Hintzen*, ZVG, § 95 Rz. 12.

terliche Entscheidung an sich kein Rechtsmittel gegeben ist und dient dem Justizgewährungsanspruch.

6 § 95 ZVG beschränkt auch nicht die Anfechtbarkeit von selbstständigen Nebenverfahren, z. B. Kostenfestsetzungsbeschlüsse, Ablehnungsgesuche, Vergütungsansprüche etc.[7] Diese tangieren die Grundidee des § 95 ZVG nicht.

7 Für Entscheidungen, die nach dem Zuschlag ergehen, gilt § 95 ZVG ebenfalls nicht.[8] Die Beschwerde gegen den Zuschlag ist in §§ 96 ff. ZVG näher geregelt.

8 Materielle Einwendungen schließlich sind regelmäßig durch die Vollstreckungsabwehrklage und die Drittwiderspruchsklage zu verfolgen.[9] § 95 ZVG hat insofern keine Bedeutung.

9 Angesichts der Regelungen der § 95 ff. ZVG besteht für eine wettbewerbsrechtliche Unterlassungsklage gegen Handlungen im Rahmen des Verfahrens regelmäßig kein Rechtschutzbedürfnis.[10]

III. Zulässigkeit und Abgrenzung der Rechtsbehelfe

10 Zulässig ist die sofortige Beschwerde in den in § 95 ZVG genannten Fällen. Anfechtbar ist hiermit die Entscheidung über die Anordnung, auch des Beitritts, sowie über die Aufhebung oder Einstellung bzw. Fortsetzung des Verfahrens. In jedem Fall ist die sofortige Beschwerde auch dann zulässig, wenn sie im Gesetz ausdrücklich angeordnet worden ist.

11 Soweit eine Beschwerde zulässig ist, gelten die allgemeinen Voraussetzungen. Abzugrenzen ist die Beschwerde insoweit gegenüber der Vollstreckungserinnerung. Hierbei ist zwischen einer Vollstreckungsentscheidung und einer Vollstreckungsmaßnahme abzugrenzen. Nur gegen eine Entscheidung ist die Beschwerde zulässig, gegen eine Vollstreckungsmaßnahme findet Vollstreckungserinnerung nach § 766 ZPO statt.[11]

12 Hat das Vollstreckungsgericht und das Vorbringen beider Parteien tatsächlich und rechtlich vor Erlass des Beschlusses gewürdigt, so liegt eine Entscheidung vor, wobei es nicht darauf ankommt, ob sich der Antragsgegner tatsächlich geäußert hat, es genügt die entsprechende Möglichkeit durch die Gewährung rechtlichen Gehörs.[12] Es ist dann die sofortige Beschwerde zulässig, fehlt es an einer solchen Entscheidung kommt die Vollstreckungserinnerung in Betracht.

13 Soweit ein Vollstreckungsantrag des Gläubigers oder ein Antrag des Schuldners zurückgewiesen wurde, ist das zulässige Rechtsmittel, sofern es § 95 ZVG überhaupt zulässt, stets die sofortige Beschwerde und nicht die Vollstreckungserinnerung.[13]

---

7) Stöber/*Achenbach*, ZVG, § 95 Rz. 4.7.
8) Dassler/Schiffhauer/u. a.-*Hintzen*, ZVG, § 95 Rz. 61.
9) Dassler/Schiffhauer/u. a.-*Hintzen*, ZVG, § 95 Rz. 7.
10) BGH, Urt. v. 15.11.2012 – I ZR 128/11, Rpfleger 2013, 467, 468 f.
11) Dassler/Schiffhauer/u. a.-*Hintzen*, ZVG, § 95 Rz. 9 f.
12) Dassler/Schiffhauer/u. a.-*Hintzen*, ZVG, § 95 Rz. 10.
13) Dassler/Schiffhauer/u. a.-*Hintzen*, ZVG, § 95 Rz. 11.

Demgegenüber ist die befristete Rechtspflegererinnerung gemäß § 11 Abs. 2 RpflegerG nur in den Fällen zulässig, in denen nach den allgemeinen verfahrensrechtlichen Vorschriften gegen die Entscheidung kein Rechtsmittel gegeben wäre. Grund für diese Regelung ist der Justizgewährungsanspruch. Es soll bei Entscheidungen des Rechtspflegers, die angegriffen werden, ein Richter auf entsprechenden Rechtsbehelf hin die Entscheidung überprüfen.[14] 14

IV. Beschwerderegelungen und Verfahren

Hinsichtlich der formellen Voraussetzungen und Wirkungen der Beschwerde gelten die allgemeinen Regelungen (vgl. § 793 ZPO) soweit sich aus den §§ 95 ff. ZVG nichts anderes ergibt.[15] Die sofortige Beschwerde kann schriftlich zu Protokoll der Geschäftsstelle eingelegt werden, insoweit gelten die allgemeinen Grundsätze zur Schriftform bei prozessualen Handlungen. § 130d ZPO findet Anwendung, schon wegen des ausdrücklichen Verweises auf die ZPO-Bestimmungen in § 96 ZVG. Es ist auch möglich, die Beschwerde beim Beschwerdegericht einzureichen (§ 569 Abs. 1 Satz 1 ZPO). Die Beschwerde hat grundsätzlich keine aufschiebende Wirkung (§ 570 ZPO), jedoch können sowohl das Beschwerdegericht, als auch das Vollstreckungsgericht den Vollzug der angefochtenen Entscheidung aussetzen (§ 570 Abs. 2 ZPO).[16] Die Beschwerde ist mit einer Notfrist von zwei Wochen einzulegen, der Beginn richtet sich nach § 569 Abs. 1 Satz 2 und 3 ZPO. Einer Begründung bedarf es an sich nicht, praktisch ist sie aber zumeist unerlässlich. 15

Die Entscheidung über die Beschwerde ergeht durch Beschluss. Wenn die Beschwerde des Schuldners gegen einen Anordnungs- oder Beitrittsbeschluss teilweise begründet ist, darf das Beschwerdegericht nicht die Beschlagnahme mit Beschluss aufheben und an das Vollstreckungsgericht zurückverweisen, weil damit die Beschlagnahmewirkung endgültig entfallen würde.[17] 16

Die Rechtsbeschwerde ist nur zulässig, wenn sie zugelassen wird. Eine ausdrückliche gesetzliche Bestimmung im Rahmen des ZVG, wonach die Rechtsbeschwerde statthaft ist, ist nicht getroffen worden.[18] Die Voraussetzungen für eine Zulassung ergeben sich aus § 574 Abs. 2 ZPO. Es muss demnach eine grundsätzliche Bedeutung gegeben sein oder die Rechtsbeschwerde muss zur Fortbildung des Rechts oder zur Sicherung einer einheitlichen Rechtsprechung erforderlich sein. Insoweit gelten dieselben Kriterien wie bei der Revisionszulassung.[19] Eine Nichtzulassungsbeschwerde sieht das Gesetz im Rahmen der Rechtsbeschwerde nicht vor.[20] 17

V. Rechtsbehelfsbelehrung

Zu beachten ist schließlich, dass mit Wirkung vom 1.1.14 jede anfechtbare gerichtliche Entscheidung im Zivilprozess eine Rechtsmittelbelehrung erfordert, soweit 18

14) Dassler/Schiffhauer/u. a.-*Hintzen*, ZVG, § 95 Rz. 12.
15) Dassler/Schiffhauer/u. a.-*Hintzen*, ZVG, § 95 Rz. 1, 5.
16) Böttcher/*Böttcher*, ZVG, § 95 Rz. 24.
17) Stöber/*Achenbach*, ZVG, § 95 Rz. 24.
18) Dassler/Schiffhauer/u. a.-*Hintzen*, ZVG, § 95 Rz. 41.
19) Musielak/Voit-*Ball*, ZPO, § 574 Rz. 6.
20) Musielak/Voit-*Ball*, ZPO, § 574 Rz. 9.

nicht Anwaltszwang besteht (vgl. näher § 232 ZPO). Im Rahmen des ZVG ist nach der Gesetzesbegründung neben den zur Anwendung kommenden Rechtsbehelfen der ZPO über das Recht der Zuschlagsbeschwerde zu belehren (siehe § 98 Rz. 6 [*Popp*]).[21] Keine Belehrungspflicht besteht im Hinblick auf die ohne Anhörung getroffene Anordnung der Zwangsversteigerung oder Zwangsverwaltung.[22]

21) BT-Drucks. 17/10490, S. 14.
22) BT-Drucks. 17/10490, S. 14.

§ 96
Anzuwendende Vorschriften

Auf die Beschwerde gegen die Entscheidung über den Zuschlag finden die Vorschriften der Zivilprozeßordnung über die Beschwerde nur insoweit Anwendung, als nicht in den §§ 97 bis 104 ein anderes vorgeschrieben ist.

1 Die Regelung bestimmt, dass grundsätzlich die §§ 569 ff. ZPO auch für die Beschwerde gegen die Entscheidungen über den Zuschlag gelten, sofern sich nicht aus den nachfolgenden Bestimmungen (§§ 97–104 ZVG) etwas anderes ergibt. Insoweit wird auf die nachfolgenden Kommentierungen verwiesen. Mithin gilt für Rechtsanwälte, Behörden etc. die Formvorschrift des § 130d ZPO.

2 Strittig ist, ob eine Wiederaufnahme des Verfahrens nach den § 578 ff. ZPO erfolgen kann. Zum Teil wird die Auffassung vertreten, dass Rechtssicherheit keine Rückabwicklung erlaube.[1] Richtigerweise wird man aber eine entsprechende außerordentliche Beschwerde (§ 569 Abs. 1 Satz 3 ZPO) zulassen, wenn die Voraussetzungen der Nichtigkeit oder Restitutionsklage vorliegen und ein Beschwerdegrund nach § 100 ZVG, als zweite Einschränkung, gegeben ist.[2] Mittlerweile hat der BGH entschieden, dass die Rechtsfrage dahingehend zu entscheiden sei, dass gegen einen rechtskräftigen Zuschlagsbeschluss eine Wiederaufnahme des Verfahrens analog § 578 ff. ZPO statthaft ist, wenn es sich bei dem Wiederaufnahmegrund um einen Zuschlagsversagungsgrund i. S. v. § 100 ZVG handelt, da die Vorschriften über die Anfechtung des Zuschlagsbeschlusses gemäß §§ 96 ff. ZVG insoweit eine planwidrige Regelungslücke enthalten.[3] Auch schon zuvor ging er davon aus, dass eine außerordentliche Beschwerde zulässig ist, wobei dies nach seiner Ansicht nicht zu einer Ausdehnung der Beschwerdegründe des § 100 ZVG führen darf.[4] Für zulässig erachtet hat der BGH eine außerordentliche Beschwerde gerade bei Beteiligung eines prozessunfähigen Schuldners.[5] Erlangt ein Verfahrensbeteiligter für den ein besonderer Vertreter nach § 57 ZPO bestellt worden ist seine Prozessfähigkeit im

1) OLG Stuttgart, Beschl. v. 25.2.1975 – 8 W 8/75, NJW 1976, 1324.
2) Stöber/*Achenbach*, ZVG, § 96 Rz. 7; Böttcher/*Böttcher*, ZVG, § 96 Rz. 3 m. w. N.
3) BGH, Beschl. v. 5.3.2020 – V ZB 20/19, NJOZ 2020, 1231, 1232f. Rz. 15 ff.
4) BGH, Beschl. v. 5.11.2004 – IXa ZB 76/04, NJOZ 2005, 77, 79 f.
5) BGH, Beschl. v. 5.11.2004 – IXa ZB 76/04, NJOZ, 2005, 77, 79 f.

Laufe des Verfahrens wieder, so endet das Amt des Prozesspflegers nicht von selbst, sondern erst mit Wirksamwerden der gerichtlichen Entscheidung der Aufhebung.[6] Vorher löst die Zustellung an den Prozesspfleger die Frist zur Beschwerdeeinlegung aus. Auch ein Nichtigkeitsgrund nach § 579 Abs. 1 Nr. 4 ZPO liegt dann nicht vor, weil der Beteiligte wirksam vertreten war.[7]

Letztendlich ist im Falle des Erfolgs der Beschwerde dann der Zuschlag aufzuheben 3 und der frühere Zustand wieder herzustellen, soweit nicht ein gutgläubiger Erwerb von Rechten oder dem Grundstück vorliegt.[8] Ist die Wiederherstellung nicht möglich, besteht ggf. ein Schadenersatzanspruch.[9] Ebenfalls denkbar sind Ansprüche des Erstehers gegenüber dem „früheren" Ersteher nach den Grundsätzen des Eigentümer-Besitzer-Verhältnisses.[10]

6) BGH, Beschl. v. 10.12.2020 – V ZB 128/19, NJOZ 2021, 755, 756 Rz. 20 ff.
7) BGH, Beschl. v. 10.12.2020 – V ZB 128/19, NJOZ 2021, 755, 756 Rz. 28.
8) Stöber/*Achenbach*, ZVG, § 96 Rz. 19; Dassler/Schiffhauer/u. a.-*Hintzen*, ZVG, § 96 Rz. 3.
9) Dassler/Schiffhauer/u. a.-*Hintzen*, ZVG, § 96 Rz. 3.1.
10) BGH, Urt. v. 5.3.2010 – V ZR 106/09, RPfleger 2010, 384, 385 f.

§ 97
Beschwerdeberechtigte

(1) Die Beschwerde steht im Falle der Erteilung des Zuschlags jedem Beteiligten sowie dem Ersteher und dem für zahlungspflichtig erklärten Dritten, im Falle der Versagung dem Gläubiger zu, in beiden Fällen auch dem Bieter, dessen Gebot nicht erloschen ist, sowie demjenigen, welcher nach § 81 an die Stelle des Bieters treten soll.

(2) Im Falle des § 9 Nr. 2 genügt es, wenn die Anmeldung und Glaubhaftmachung des Rechts bei dem Beschwerdegericht erfolgt.

Übersicht

I. Regelungsinhalt

Die Norm regelt abschließend[1] den Kreis der Beschwerdeberechtigten. Hierbei 1 handelt es sich um diejenigen, die jedenfalls nach Ansicht des Gesetzgebers ein berechtigtes Interesse an der Abänderung der Entscheidung haben könnten.[2]

II. Beschwerdeberechtigte

Beschwerdeberechtigt sind im Falle der Erteilung des Zuschlags zunächst alle Be- 2 teiligten. Wer dies ist ergibt sich aus § 9 ZVG. Insoweit genügt es im Fall des § 9 Nr. 2 ZVG, wenn die Anmeldung und Glaubhaftmachung des Rechts beim Beschwerdegericht erfolgt (Abs. 2). Hierbei gilt der Grundsatz, dass auch bei Gemeinschaften jeder Einzelne berechtigt ist. So ist bei Gesamtheitsgemeinschaften jeder Gesamt-

1) Böttcher/*Böttcher*, ZVG, § 97 Rz. 1.
2) Stöber/*Achenbach*, ZVG, § 97 Rz. 2.

händer und bei Ehegatten ungeachtet des Güterstandes jeder Ehegatte berechtigt. Gleiches gilt bei der Pfändung.[3] Der Verpfänder ist neben dem Pfandrechtsinhaber berechtigt.[4] Die Beteiligtenstellung muss bereits zum Zeitpunkt der Verkündung der Zuschlagserteilung gegeben sein.[5]

3 Weiter berechtigt ist der in Abs. 1 ausdrücklich genannte Ersteher und der für zahlungspflichtig erklärte Dritte (§ 82 ZVG). Beim Versagen des Zuschlags ist auch der Gläubiger beschwerdeberechtigt.

4 In beiden Fällen, d. h. sowohl bei Versagung als auch Erteilung des Zuschlags, ist auch der Bieter dessen Gebot nicht erloschen ist (vgl. § 72 ZVG) wie derjenige, der nach § 81 ZVG an die Stelle des Bieters treten sollte, beschwerdebefugt (sowie § 81 Rz. 19 ff., 24 ff. [*Bachmann*]). Beschwerdeberechtigt ist demnach insbesondere auch der Zessionar oder der verdeckte Vollmachtgeber (§ 81 Abs. 2 und 3 ZVG).

---

3) Böttcher/*Böttcher*, ZVG, § 97 Rz. 2.
4) Böttcher/*Böttcher*, ZVG, § 97 Rz. 2.
5) OLG Hamm, Beschl. v. 24.4.1989 – 15 W 162/89, Rpfleger 1989, 421; Böttcher/*Böttcher*, ZVG § 97 Rz. 2.

§ 98
Beginn der Beschwerdefrist

Die Frist für die Beschwerde gegen einen Beschluß des Vollstreckungsgerichts, durch welchen der Zuschlag versagt wird, beginnt mit der Verkündung des Beschlusses. Das gleiche gilt im Falle der Erteilung des Zuschlags für die Beteiligten, welche im Versteigerungstermin oder im Verkündungstermin erschienen waren.

Übersicht

I. Normzweck

1 Die Regelung legt – abweichend von § 569 Abs. 1 S. 2 ZPO – den Beginn der Beschwerdefrist fest. Die Norm gilt für alle Versteigerungsverfahren des ZVG, Abweichungen ergeben sich bei Luftfahrzeugen aus §§ 171a, 171m ZVG.[1]

II. Fristbeginn

2 Maßgeblich ist bei der Versagung des Zuschlages die Verkündung (§ 87 Satz 1 ZVG).

3 Bei Zuschlagserteilung beginnt die Frist bereits mit der Erteilung des Zuschlages für diejenigen, welche im Versteigerungstermin oder im Verkündungstermin erschienen sind. Bei den anderen Beteiligten beginnt diese erst mit der Zustellung.[2] Anwesend bedeutet insoweit nicht, dass man von Beginn bis Ende anwesend war, auch der verspätete Beteiligte und derjenige der vor Schluss der Verhandlung den Termin

---

1) Böttcher/*Böttcher*, ZVG, § 98 Rz. 1.
2) Böttcher/*Böttcher*, ZVG, § 98 Rz. 3.

verlassen hat, gilt als anwesend.[3] Für die anwesenden Berechtigten beginnt die Frist auch dann mit Verkündung, wenn der Beschluss ihnen nochmals zugestellt wird.[4]

Für die mithaftenden Bürgen, Zessionare und verdeckten Bevollmächtigten, beginnt die Frist zur Anfechtung – selbst bei Anwesenheit im Termin – im Hinblick auf § 88 ZVG mit der Zustellung des Zuschlages, als Maximalfrist gilt die Fünf-Monats-Frist nach Verkündung (§ 569 Abs. 1 Satz 2 ZPO).[5] Gleiches gilt für den Ersteher.[6] 4

Nach Auffassung des BGH soll die Frist für die Beschwerde gegen den Zuschlag analog § ZVG § 98 Satz 2 ZVG auch für einen Beteiligten gelten, der sein Recht gemäß § 97 Abs. 2 ZVG nachträglich im Beschwerdeverfahren anmeldet.[7] 5

III. Rechtsbehelfsbelehrung

Nach dem Beschluss des BGH vom 26.3.2009[8] ergibt sich für die gemäß §§ 869, 793 ZPO befristeten Rechtsmittel im Zwangsversteigerungsverfahren unmittelbar aus der Verfassung das Erfordernis einer Rechtsmittelbelehrung. Einfach gesetzlich gilt nunmehr auch § 232 ZPO. Unterbleibt diese, steht dies allerdings nach Ansicht des BGH nicht der Wirksamkeit der gerichtlichen Entscheidung und dem Lauf der Fristen entgegen, ist aber im Rahmen der Wiedereinsetzung zu berücksichtigen.[9] Dort ist dann das fehlende Verschulden des Rechtsmittelführers unwiderleglich zu vermuten. Der Beginn der Frist bei einem anwesenden Berechtigten soll so fernliegend sein, dass der Schuldner ohne eine Belehrung hiermit nicht rechnen kann.[10] Die entsprechende Vermutung soll aber nur beim anwaltlich nicht vertretenen Berechtigten bestehen,[11] auch § 232 Satz 2 ZPO zeigt indirekt auf, dass auch der Gesetzgeber bei einer anwaltlich vertretenen Partei von einer geringeren Schutzbedürftigkeit ausgeht. 6

Auch der Gesetzgeber hat sich nunmehr für eine Wiedereinsetzungslösung entschieden (vgl. näher § 233 Satz 2 ZPO). Das fehlende Verschulden bei mangelnder oder fehlerhafter Belehrung wird insoweit im Rahmen der Wiedereinsetzung nur vermutet. Es ist davon auszugehen, dass bei anwaltlich vertretenen Parteien weiterhin eine Wiedereinsetzung abgelehnt wird. Das Anwaltsverschulden wird der Partei entsprechend § 85 Abs. 2 ZPO zugerechnet. Dies gilt zumindest wenn die anwaltliche Vertretung sich auf das konkrete Verfahren bezieht.[12] 7

---

3) Dassler/Schiffhauer/u. a.-*Hintzen*, ZVG, § 98 Rz. 4.

4) Böttcher/*Böttcher*, ZVG, § 98 Rz. 3; OLG Celle, Beschl. v. 3.9.1986 – 4 W 191/86, Rpfleger 1986, 489, 490.

5) Böttcher/*Böttcher*, ZVG, § 98 Rz. 3.

6) Stöber/*Achenbach*, ZVG, § 98 Rz. 5.

7) BGH, Beschl. v. 5.7.2007 – V ZB 48/06, Rpfleger 2007, 675, 677.

8) BGH, Beschl. v. 26.3.2009 – V ZB 174/08, Rpfleger 2009, 405, 406.

9) BGH, Beschl. v. 26.3.2009 – V ZB 174/08, Rpfleger 2009, 405, 406.

10) BGH, Beschl. v. 26.3.2009 – V ZB 174/08, Rpfleger 2009, 405, 406.

11) BGH, Beschl. v. 26.3.2009 – V ZB 174/08, Rpfleger 2009, 405, 406; Musielak/Voit-*Grandel*, ZPO, § 232 Rz. 9; LG Frankenthal, Beschl. v. 6.7.2009 – 1 T 114/09 (n. v.).

12) So differenzierend BGH, Beschl. v. 1.3.2023, XII ZB 18/22, BeckRS 2023, 9665.

8 Zum Fristbeginn lauten die üblichen Belehrungen wie folgt:

9 Die Frist beginnt:

- Für Beteiligte, die im Zwangsversteigerungstermin *oder* im Verkündungstermin erschienen oder vertreten waren, mit der Verkündung des Zuschlagsbeschlusses.
- Für Beteiligte, die nicht im Zwangsversteigerungstermin *und* nicht im Verkündungstermin erschienen oder vertreten waren mit der Zustellung des Zuschlagsbeschlusses.
- Für den Ersteher mit der Zustellung des Zuschlagsbeschlusses.

§ 99

Gegner des Beschwerdeführers

(1) Erachtet das Beschwerdegericht eine Gegenerklärung für erforderlich, so hat es zu bestimmen, wer als Gegner des Beschwerdeführers zuzuziehen ist.

(2) Mehrere Beschwerden sind miteinander zu verbinden.

Übersicht

I. Gegenerklärung

1 Zur Wahrung des rechtlichen Gehörs sieht die Regelung vor, dass das Beschwerdegericht eine Gegenerklärung einzuholen hat, wenn es eine solche für erforderlich hält. Insoweit besteht ein Ermessen.[1] Der hinzugezogene Gegner ist keine Partei im engeren Sinne und kann keine Anträge stellen, auch eine Kostenentscheidung kann gegen oder für ihn nicht ergehen.[2] Sollte das Gericht hiervon abweichen wollen und zum Beispiel einer Mindermeinung folgend darauf abstellen, ob der Gegner Anträge gestellt hat, besteht in jedem Fall eine vorherige ausdrückliche Hinweispflicht in der Hinzuziehungsentscheidung.[3]

2 Soweit die Beschwerde nicht offensichtlich unzulässig oder unbegründet ist, dürfte die Gewährung rechtlichen Gehöres in jedem Fall erforderlich sein. Dies gilt erst Recht, wenn es um die Stellungnahme zu Tatsachen geht.[4]

3 Sieht das Gericht von einer Zuziehung gemäß § 99 Abs. 1 ab, liegt darin allerdings kein neuer Beschwerdegrund.[5]

1) Stöber/*Achenbach*, ZVG, § 99 Rz. 2.
2) Böttcher/*Böttcher*, ZVG, § 99 Rz. 2.
3) BVerfG, Beschl. v. 12.1.2005, 1 BvR 328/04 u. 1 BvR 1092/94, NJW-RR 2005, 936, 937; BverfG, Beschl. v. 19.7.2019, 2 BvR 2293/18, NJW 2019, 3294 Rz. 27.
4) Stöber/*Achenbach*, ZVG, § 99 Rz. 2; *Böttcher*, ZVG, § 99 Rz. 2.
5) Böttcher/*Böttcher*, ZVG, § 99 Rz. 2 m. w. N.

II. Verbindung

Nach Absatz 2 sind mehrere Beschwerden miteinander zu verbinden. Hierdurch werden widersprechende Entscheidungen vermieden.[6] Es handelt es sich nach allgemeiner Meinung nur um eine Ordnungsvorschrift auf die ein Rechtsmittel nicht gestützt werden kann[7]. 4

6) Böttcher/*Böttcher*, ZVG § 99 Rz. 3.
7) Böttcher/*Böttcher*, ZVG, § 99 Rz. 3; Stöber/*Achenbach*, ZVG, § 99 Rz. 3.

§ 100
Beschwerdegründe

(1) Die Beschwerde kann nur darauf gestützt werden, daß eine der Vorschriften der §§ 81, 83 bis 85a verletzt oder daß der Zuschlag unter anderen als den der Versteigerung zugrunde gelegten Bedingungen erteilt ist.

(2) Auf einen Grund, der nur das Recht eines anderen betrifft, kann weder die Beschwerde noch ein Antrag auf deren Zurückweisung gestützt werden.

(3) Die im § 83 Nr. 6, 7 bezeichneten Versagungsgründe hat das Beschwerdegericht von Amts wegen zu berücksichtigen.

Übersicht

I. Normzweck

Die Regelung sieht eine Beschränkung der Beschwerdegründe vor, die abschließend ist.[1] Zu prüfen ist aber zusätzlich stets das Rechtschutzbedürfnis. Dieses fehlt dann, wenn feststeht, dass sich ein Verfahrensverstoß auf das Recht des Beschwerdeführers nicht ausgewirkt hat.[2] 1

Die Anfechtung des Zuschlages kann ferner nur auf die explizit im Gesetz genannten Gründe (§§ 81, 83 bis 85a ZVG oder Erteilung des Zuschlag abweichend von den Versteigerungsbedingungen) gestützt werden, anderenfalls ist sie unbegründet.[3] Für die Vorgänge im Versteigerungstermin ist der Inhalt des Protokolls entscheidend.[4] 2

Zeitlich ist abweichend von § 571 Abs. 2 ZPO nur auf den Sachverhalt bzw. die Tatsachen abzustellen die dem Vollstreckungsgericht bekannt waren, neue Tatsachen können nicht berücksichtigt werden.[5] Einschränkungen sind bei erheblichen Grundrechtsbelangen, zum Beispiel im Rahmen des Lebensschutzes, etwa bei Er- 3

1) Stöber/*Achenbach*, ZVG, § 100 Rz. 2.
2) BGH, Beschl. v. 20.7.2006 – V ZB 168/05, Rpfleger 2006, 665.
3) Böttcher/*Böttcher*, ZVG, § 100 Rz. 2.
4) Stöber/*Achenbach*, ZVG, § 100 Rz. 10; Böttcher/*Böttcher*, ZVG, § 100 Rz. 2.
5) Dassler/Schiffhauer/u. a.-*Hintzen*, ZVG, § 100 Rz. 2 und 6; einschränkend Böttcher/*Böttcher*, ZVG, § 100 Rz. 3 für nachträglich bekannt gewordene Zuschlagsversagungsgründe.

krankungen oder Suizidgefahr im Wege der verfassungskonformen Auslegung zu machen.[6)]

II. Rechte anderer

4 Sofern das Recht eines anderen betroffen ist, besteht kein rechtliches Interesse an einer Beschwerde. Absatz 2 sieht ausdrücklich vor, dass hierauf weder eine Beschwerde noch ein Antrag auf deren Zurückweisung gestützt werden kann. Letzten Endes handelt es sich lediglich um eine gesetzliche Ausprägung der notwendigen Beschwer. Anders ist dies nur, wenn es sich von Amts wegen zu beachtende Umstände handelt.[7)]

III. Amtsprüfung

5 Die von Amts wegen zu berücksichtigenden Versagungsgründe sind in § 100 Abs. 3 ZVG geregelt (§ 83 Nr. 6[8)] + 7 ZVG). Voraussetzung für eine Amtsprüfung ist aber, die Einlegung einer entsprechend fristgerechten Beschwerde.[9)]

---

6) Böttcher/*Böttcher*, ZVG, § 100 Rz. 3; BGH, Beschl. v. 18.9.2008 – V ZB 22/08, NZM 09, 43; BGH, Beschl. v. 15.7.2021 – V ZB 13/21, openJur 2021, 34194.

7) Stöber/*Achenbach*, ZVG, § 100 Rz. 16; OLG Koblenz, Beschl. v. 6.2.1959 – 5 W 457/58, NJW 1959, 1833, 1834.

8) Ein sonstiger Grund i. S. d. § 83 Nr. 6 ZVG ist auch ein Verstoß gegen den Öffentlichkeitsgrundsatz entsprechend § 169 GVG, LG Hildesheim, Beschl. v. 24.8.2021 – 5 T 166/21, BeckRS 2021, 34554, Rz. 4.

9) Stöber/*Achenbach*, ZVG, § 100 Rz. 7.

§ 101

Begründete Beschwerde

(1) Wird die Beschwerde für begründet erachtet, so hat das Beschwerdegericht unter Aufhebung des angefochtenen Beschlusses in der Sache selbst zu entscheiden.

(2) Wird ein Beschluß, durch welchen der Zuschlag erteilt ist, aufgehoben, auf Rechtsbeschwerde aber für begründet erachtet, so ist unter Aufhebung des Beschlusses des Beschwerdegerichts die gegen die Erteilung des Zuschlags erhobene Beschwerde zurückzuweisen.

Übersicht

I. Besonderheiten des Beschwerdeverfahrens

1 Anders als üblicherweise besteht für das Beschwerdegericht nicht die Möglichkeit das Verfahren an das Ausgangsgericht zurückzuverweisen, sondern es ist stets eine Entscheidung in der Sache selbst erforderlich.[1)]

---

1) Dassler/Schiffhauer/u. a.-*Hintzen*, ZVG, § 101 Rz. 4.

Das Beschwerdegericht muss somit den Zuschlag selbst erteilen oder versagen.[2] Eine unzulässige Beschwerde ist zu verwerfen. Eine unbegründete Beschwerde ist zurückzuweisen, die Entscheidung ergeht durch Beschluss.[3] 2

Im Falle der Zurückverweisung, die an sich unstatthaft ist, ist das Erstgericht gleichwohl an diese gebunden. Hiergegen soll aber die Vollstreckungserinnerung gemäß § 766 ZPO zum Landgericht gegeben sein.[4] Das Landgericht hat dann in der Sache selbst zu entscheiden.[5] 3

II. Besonderheiten beim Rechtsbeschwerdeverfahren

In Absatz 2 ist der Fall geregelt, dass der Beschluss, durch den der Zuschlag erteilt worden ist, aufgehoben wurde, die Rechtsbeschwerde insoweit hiergegen aber erfolgreich war. Dann ist unter Aufhebung des Beschlusses des Beschwerdegerichts die gegen die Erteilung des Zuschlags erhobene Beschwerde zurückzuweisen. Der Berechtigte wird so gestellt, als ob der Zuschlag nie aufgehoben worden wäre.[6] 4

Auch im Rahmen der Rechtsbeschwerde gilt ausnahmsweise das Gebot der eigenen Sachentscheidung.[7] Ausnahmen sind bei schwerwiegenden Verfahrensverstößen denkbar.[8] 5

2) Dassler/Schiffhauer/u. a.-*Hintzen*, ZVG, § 101 Rz. 4.
3) Böttcher/*Böttcher*, ZVG, § 101 Rz. 2.
4) OLG Hamm, Beschl. v. 30.1.1970 – 15 W 2 u. 30/70, OLGZ 1970, 189, 192 f.; Böttcher/*Böttcher*, ZVG, § 101 Rz. 2.
5) OLG Hamm, Beschl. v. 30.1.1970 – 15 W 2 u. 30/70, OLGZ 1970, 189, 190.
6) Stöber/*Achenbach*, ZVG, § 101 Rz. 11.
7) Stöber/*Achenbach*, ZVG, § 101 Rz. 10.
8) Dann ggf. Zurückverweisung, Stöber/*Achenbach*, ZVG, § 101 Rz. 10.

§ 102
Berechtigte für weitere Beschwerde

Hat das Beschwerdegericht den Beschluß, durch welchen der Zuschlag erteilt war, nach der Verteilung des Versteigerungserlöses aufgehoben, so steht die Rechtsbeschwerde, wenn das Beschwerdegericht sie zugelassen hat, auch denjenigen zu, welchen der Erlös zugeteilt ist.

Die Regelung betrifft den Fall, dass das Landgericht die Zuschlagserteilung des Vollstreckungsgerichts aufgehoben hat und dies nach Verteilung des Erlöses geschieht.[1] In diesem Fall steht die Rechtsbeschwerde auch denjenigen zu, welchen der Erlös zugeteilt ist. Insoweit tritt eine Erweiterung des Kreises der Beschwerdeberechtigten ein.[2] Voraussetzung ist aber auch insoweit, dass die Rechtsbeschwerde 1

1) Böttcher/*Böttcher*, ZVG, § 102 Rz. 1.
2) Stöber/*Achenbach*, ZVG, § 102 Rz. 2.

zugelassen wurde und dass Beschwerdegründe nach § 100 Abs. 1 und 3 ZVG vorliegen.[3]

2 Die praktische Bedeutung der Vorschrift ist gering, weil das Vollstreckungsgericht regelmäßig erst nach Rechtskraft der Zuschlagserteilung den Erlös verteilt.[4] In jedem Fall ist das Vollstreckungsgericht im Fall der Aufhebung des Zuschlags gehalten alles zu tun, um die Folgen der Zuschlagserteilung rückgängig zu machen. Nicht ausbezahlte Beträge sind zurückzuhalten, hinterlegte Beträge sind an die Hinterleger zurückzuzahlen.[5]

---

3) Dassler/Schiffhauer/u. a.-*Hintzen*, ZVG, § 102 Rz. 6.
4) Böttcher/*Böttcher*, ZVG, § 102 Rz. 1; ebenso Dassler/Schiffhauer/u. a.-*Hintzen*, ZVG, § 102 Rz. 2 „nicht praxisrelevant".
5) Stöber/*Achenbach*, ZVG, § 102 Rz. 4.

§ 103

Zustellung der Beschwerdeentscheidung

Der Beschluß des Beschwerdegerichts ist, wenn der angefochtene Beschluß aufgehoben oder abgeändert wird, allen Beteiligten und demjenigen Bieter, welchem der Zuschlag verweigert oder erteilt wird, sowie im Falle des § 69 Abs. 3 dem für mithaftend erklärten Bürgen und in den Fällen des § 81 Abs. 2, 3 dem Meistbietenden zuzustellen. Wird die Beschwerde zurückgewiesen, so erfolgt die Zustellung des Beschlusses nur an den Beschwerdeführer und den zugezogenen Gegner.

1 Die Bestimmung regelt, wem die Beschwerdeentscheidung zuzustellen ist. Im Falle der Zurückweisung ist der Beschluss nur an den Beschwerdeführer und die hinzugezogenen Gegner (vgl. § 99 Abs. 1 ZVG) zuzustellen (Satz 2).

2 Im Falle einer Aufhebung oder Abänderung muss die Beschwerdeentscheidung an die Beteiligten und demjenigen Bieter, welcher der Zuschlag verweigert oder erteilt wird, sowie in den Fällen der §§ 69 Abs. 3, 81 Abs. 2 und 3 ZVG den mithaftenden Bürgen und dem Meistbietenden zugestellt werden.

3 Die Zustellung erfolgt von Amts wegen.[1] Ein Verzicht auf die Zustellung ist möglich, allerdings nicht für den Ersteher, dem erst durch die Beschwerdeentscheidung der Zuschlag erteilt wird, da die Zustellung Wirksamkeitsvoraussetzung für den Zuschlag ist (§ 104 ZVG).[2]

---

1) Stöber/*Achenbach*, ZVG, § 103 Rz. 5.
2) Stöber/*Achenbach*, ZVG, § 103 Rz. 6; Dassler/Schiffhauer/u. a.-*Hintzen*, ZVG, § 103 Rz. 4.

§ 104

Wirksamwerden der Zuschlagserteilung in der Beschwerde

Der Beschluß, durch welchen das Beschwerdegericht den Zuschlag erteilt, wird erst mit der Zustellung an den Ersteher wirksam.

Soweit das Beschwerdegericht den Zuschlag erteilt, wird dies mit Zustellung an den Erwerber wirksam. Da die Zustellung gemäß § 104 Wirkung für alle Beteiligten entfaltet, kann der Ersteher nicht auf sie verzichten.[1] Bei der Zuschlagsversagung gilt § 86 ZVG (siehe § 86 Rz. 2 [*Bachmann*]). 1

Für den Fall, dass der Zuschlag vom Beschwerdegericht aufgehoben wird, aber durch die Entscheidung in der Rechtsbeschwerde wiederhergestellt wird, bleibt diese ab Verkündung wirksam und wirkt so als ob er nicht aufgehoben gewesen wäre.[2] 2

Sofern der Bundesgerichtshof den Zuschlag einem Bieter erteilt, ist dieser erst mit Zustellung wirksam.[3] 3

1) Böttcher/*Böttcher*, ZVG, § 104 Rz. 1.
2) Stöber/*Achenbach*, ZVG, § 104 Rz. 4.
3) Dassler/Schiffhauer/u. a.-*Hintzen*, ZVG, § 104 Rz. 2.

VIII.
Verteilung des Erlöses

§ 105
Bestimmung des Verteilungstermins

(1) Nach der Erteilung des Zuschlags hat das Gericht einen Termin zur Verteilung des Versteigerungserlöses zu bestimmen.

(2) Die Terminsbestimmung ist den Beteiligten und dem Ersteher sowie im Falle des § 69 Abs. 3 dem für mithaftend erklärten Bürgen und in den Fällen des § 81 Abs. 2, 3 dem Meistbietenden zuzustellen. Als Beteiligte gelten auch diejenigen, welche das angemeldete Recht noch glaubhaft zu machen haben.

(3) Die Terminsbestimmung soll an die Gerichtstafel angeheftet werden.

(4) Ist die Terminsbestimmung dem Ersteher und im Falle des § 69 Abs. 3 auch dem für mithaftend erklärten Bürgen sowie in den Fällen des § 81 Abs. 2, 3 auch dem Meistbietenden nicht zwei Wochen vor dem Termin zugestellt, so ist der Termin aufzuheben und von neuem zu bestimmen, sofern nicht das Verfahren genehmigt wird.

Literatur: *Drischler*, Die Verteilung des Versteigerungserlöses, RpflJB 1962, 322; *Helwich*, Immobiliarvollstreckung in der Praxis – Teil 17: Die Erlösverteilung (Teil I), JurBüro 2015, 228; *Helwich*, Immobiliarvollstreckung in der Praxis – Teil 18: Die Erlösverteilung (Teil II), JurBüro 2015, 620.

Übersicht

I. Allgemeines

Nach Erteilung des Zuschlags hat das Gericht von Amts wegen einen **Termin** zur Verteilung des Versteigerungserlöses zu bestimmen (Abs. 1). Zweck dieses Termins ist also die Aufstellung eines Teilungsplans, Entgegennahme und Verteilung des Erlöses und bei Nichtzahlung die Übertragung der Forderung, die dem Vollstreckungsschuldner gegen den Ersteher zusteht (Zahlung des Meistbargebots an das Vollstreckungsgericht), auf die Zuteilungsberechtigten zu übertragen. 1

Dieser Verteilungstermin ist nicht öffentlich; an ihm dürfen neben den Beteiligten nur der Ersteher sowie ein für mithaftend erklärter Bürge sowie ein vom Ersteher abweichender Meistbietender (vgl. § 81 Abs. 2 bis 4 ZVG) teilnehmen. 2

Über den Verteilungstermin muss ein **Protokoll** aufgenommen werden. 3

Die Vorschrift gilt für alle Versteigerungsarten des ZVG. Hinsichtlich der Zwangsverwaltung gilt die Sondervorschrift des § 156 ZVG. 4

II. Terminsbestimmung

1. Zeitpunkt

5 Nach der Erteilung des Zuschlags muss das Vollstreckungsgericht gemäß Absatz 1 den Verteilungstermin bestimmen. Die **Rechtskraft** des Zuschlagsbeschlusses muss hierfür also **nicht abgewartet** werden. Da der Zuschlagsbeschluss gemäß § 88 ZVG einem bestimmten Personenkreis zugestellt werden muss und auch die Terminsbestimmung nach Absatz 2 zugestellt wird, ist es in der Praxis üblich, beide Zustellungen zu verbinden, um Kosten zu sparen. Deshalb erfolgt die Terminsbestimmung meistens unmittelbar im Anschluss an die Verkündung des Zuschlags.

6 Wenn gegen den Zuschlagsbeschluss Beschwerde eingelegt wird, kann das Vollstreckungs- oder das Beschwerdegericht gemäß § 570 Abs. 2 oder 3 ZPO den Verteilungstermin aufheben bzw. den Verteilungstermin aussetzen. Im Übrigen hat auch der Ersteher bzw. der für mithaftend erklärte Bürge oder in den Fällen des § 81 Abs. 2 oder 3 ZVG der Meistbietende gemäß § 116 ZVG die Möglichkeit, die Aussetzung der Ausführung des Teilungsplans bis zur Rechtskraft des Zuschlagsbeschlusses zu beantragen.

2. Inhalt

7 Über den Inhalt der Terminsbestimmung enthält das ZVG keine Angaben. Die **Terminsbestimmung** sollte jedoch enthalten:

- Bezeichnung des Gerichts,
- Bezeichnung des Verfahrens,
- Terminszweck,
- Ort und Zeitpunkt des Termins.

8 Daneben ist es sinnvoll, weitere Hinweise zu geben, z. B.:

- Hinweis auf die Folgen einer Nichtanmeldung (§ 114 ZVG),
- Hinweis auf die Notwendigkeit der Vorlage von Legitimationspapieren (Grundpfandrechtsbriefe, Abtretungserklärungen, Pfändungsbeschlüsse usw.),
- Hinweis auf Mitteilung der Bankverbindung, da Barauszahlung im Verteilungstermin nicht (mehr) möglich ist.

9 Häufig werden die Beteiligten gebeten, eine Berechnung ihrer Ansprüche einzureichen. Es ist auch üblich, dem Ersteher ein Merkblatt mit zuzustellen, in dem die Pflichten eines Erstehers näher erläutert sind.

3. Zustellung

10 Die Terminsbestimmung muss nach Absatz 2 **von Amts wegen** zugestellt werden an:

- alle Beteiligte (§ 9 ZVG), auch an solche, welche ihr angemeldetes Recht noch glaubhaft machen müssen (Abs. 2 Satz 2),
- den Ersteher,
- den für mithaftend erklärten Bürgen,
- den Meistbietenden in den Fällen des § 81 Abs. 2 oder 3 ZVG.

Für die Beteiligten ist im Gesetz keine Frist vorgesehen; jedoch muss die Zustellung so rechtzeitig sein, dass sie ihre Rechte im Termin ordnungsgemäß wahrnehmen können. Dagegen sieht Absatz 4 für den Ersteher und die weiter Mithaftenden eine **Ladungsfrist von zwei Wochen** vor. Wird diese Frist nicht eingehalten, ist der Termin aufzuheben und ein neuer Termin zu bestimmen. Dies gilt jedoch nicht, wenn der Betreffende das Verfahren genehmigt. Diese Genehmigung ist formlos möglich; sie kann auch konkludent erfolgen (widerspruchslose Teilnahme am Termin; rechtzeitige Überweisung oder Hinterlegung des Meistbargebots). Es ist auch möglich, auf die Einhaltung der Frist im Voraus zu verzichten.[1)] 11

4. Aushang

Die Terminsbestimmung soll nach Absatz 3 an die **Gerichtstafel angeheftet** werden. Da es sich hierbei um eine Ordnungsvorschrift handelt, ist ein Verstoß unschädlich. Weitere Veröffentlichungen sind nicht vorgesehen, auch nicht notwendig, da es sich um einen nicht öffentlichen Temin handelt. 12

III. Rechtsbehelfe

Die Verzögerung der Terminsbestimmung kann mit der **Erinnerung** gemäß § 766 ZPO gerügt werden; daneben ist hier auch die Dienstaufsichtsbeschwerde möglich. 13

Wurde die zweiwöchige Ladungsfrist des Absatzes 4 nicht beachtet, kann dies **mit sofortige Beschwerde** (§ 793 ZPO) gerügt werden. Das Beschwerdegericht kann unter Aufhebung der schon erfolgten Verteilung das Vollstreckungsgericht anweisen, einen neuen Verteilungstermin zu bestimmen. Darin wäre dann ein neuer Teilungsplan zu erstellen. 14

Zu beachten ist hierbei Folgendes: Hat der Ersteher oder sonstige Zahlungspflichtige im (ersten) Verteilungstermin bezahlt bzw. das Meistgebot rechtzeitig überwiesen, dann kann darin die Genehmigung erblickt werden (siehe Rz. 11). Somit hätte in diesem Fall die Beschwerde keinen Erfolg. 15

IV. Sonstiges

1. Verlegung und Vertagung

Die Verlegung oder Vertagung[2)] des Verteilungstermins ist gemäß § 227 ZPO nur aus **erheblichen Gründen** möglich (weil z. B. der zuständige Rechtspfleger plötzlich erkrankt ist). Zu beachten ist hierbei, dass u. U. ein neuer Teilungsplan aufgestellt werden muss, in dem die Zinsen bei der Teilungsmasse ggf. neu berechnet werden müssen (vgl. § 49 Abs. 2 ZVG). Nachteilig für den an letzter Stelle stehenden Zuteilungsberechtigten kann sich auswirken, dass auch die Zinsen der meisten Ansprüche weiter anwachsen werden, da sich der Endzeitpunkt der Zinsberechnung auf den neuen (späteren) Verteilungstermin verschiebt.[3)] 16

---

1) Böttcher/*Böttcher*, ZVG, § 105 Rz. 4; Stöber/*Nicht*, ZVG, § 105 Rz. 16 und 27; Schneider-*Schneider*, ZVG, § 105 Rz. 10.

2) Zu den Begriffen siehe § 43 Rz. 13–15 [*Bachmann*].

3) Für die Zinsen bestehen bleibender Rechte gilt dies nicht, da der Ersteher diese Zinsen gemäß § 56 Satz 2 ab dem Zuschlag zahlen muss. Demnach werden diese Zinsen in der Schuldenmasse nur bis einen Tag vor dem Zuschlag berechnet; durch die Verlegung des Verteilungstermins ändert sich an der Zinshöhe damit nichts.

2. Muster einer Terminsbestimmung

17 Muster einer Terminsbestimmung können den amtlichen Vordrucken entnommen werden (inzwischen auch als Dokumentvorlagen für den PC vorhanden).

18 Außerdem enthalten auch die Handbücher entsprechende Muster.[4)]

4) Beispielsweise *Stöber*, ZVG-Handbuch, Rz. 403; *Knees*, ZVG, S. 394.

§ 106

Vorläufiger Teilungsplan

Zur Vorbereitung des Verteilungsverfahrens kann das Gericht in der Terminsbestimmung die Beteiligten auffordern, binnen zwei Wochen eine Berechnung ihrer Ansprüche einzureichen. In diesem Fall hat das Gericht nach dem Ablauf der Frist den Teilungsplan anzufertigen und ihn spätestens drei Tage vor dem Termin auf der Geschäftsstelle zur Einsicht der Beteiligten niederzulegen.

Übersicht

I. Allgemeines

1 Nach § 106 ZVG kann das Vollstreckungsgericht die Beteiligten auffordern, eine Berechnung ihrer Ansprüche einzureichen. In diesem Fall muss das Gericht einen **Teilungsplan anfertigen** und diesen spätestens drei Tage vor dem Termin auf der Geschäftsstelle zur Einsicht der Beteiligten **niederlegen**.

2 Die Vorschrift gilt für alle Versteigerungsarten des ZVG. Sie hat aber keine praktische Bedeutung und sollte bei nächster Gelegenheit ersatzlos gestrichen werden.

3 In der Praxis hat sich folgende Verfahrensweise bewährt: Das Vollstreckungsgericht bittet die Beteiligten in der Terminsbestimmung, eine genaue Berechnung ihrer Ansprüche vorzulegen. Zur Vorbereitung des Verteilungstermins wird auch hier ein Teilungsplan entworfen. Dabei handelt es sich aber nur um einen Entwurf i. S. v. § 299 Abs. 4 ZPO, sodass die Beteiligten keinen Anspruch auf Einsicht oder Abschriften haben.

II. Vorläufiger Teilungsplan

4 Das Gericht wird in jedem Fall einen vorläufigen Teilungsplan erstellen. Endgültig wird der Teilungsplan erst im Verteilungstermin nach Anhörung der anwesenden Beteiligten vom Gericht aufgestellt (§ 113 Abs. 1 ZVG). Der Inhalt des vorläufigen Teilungsplans orientiert sich deshalb an diesem endgültigen Plan (zu Einzelheiten siehe § 113 Rz. 6 ff. [*Bachmann*]).

5 Das Vollstreckungsgericht kann den Teilungsplan zur Vorbereitung des Verteilungstermins als Entwurf aufstellen, wenn es nicht nach § 106 ZVG verfährt. In diesem Fall muss der Teilungsplan dann auch nicht vor dem Termin zur Einsicht der Betei-

ligten niedergelegt werden. Dies trifft auch für den Fall zu, dass die Beteiligten nur gebeten wurden, eine Berechnung vorzulegen.

Dagegen muss das Gericht einen solchen Plan anfertigen und ihn spätestens drei Tage vor dem Verteilungstermin in der Geschäftsstelle zur Einsicht der Beteiligten niederlegen, wenn es in der Terminsbestimmung die Beteiligten auffordert, binnen zwei Wochen[1] eine Berechnung ihrer Ansprüche vorzulegen (Satz 2). 6

III. Aufforderung zur Einreichung einer Berechnung

Die Aufforderung zur Vorlage einer Forderungsberechnung gibt dem Beteiligten **keine neue Anmeldemöglichkeit** i. S. v. § 37 Nr. 4 ZVG. Ob also eine Anmeldung rechtzeitig war oder verspätet ist, richtet sich nach wie vor danach, ob sie im Versteigerungstermin vor der Aufforderung zur Abgabe von Geboten erfolgt ist oder danach. Die Einreichung der Berechnung soll dem Vollstreckungsgericht nur bei der Vorbereitung des Verteilungstermins helfen; so können z. B. etwaige Unklarheiten noch vor dem Termin selbst geklärt werden. Für die Beteiligten entstehen aber keine Nachteile, wenn sie die angeforderte Berechnung nicht oder nicht rechtzeitig einreichen. Sie können auch jederzeit eine geänderte Berechnung einreichen. Das Gericht muss bei der Aufstellung des Teilungsplanes in jedem Fall die einzelnen Ansprüche richtig berechnen und kann sich nicht auf die eingereichte Berechnung verlassen. 7

---

1) Diese Frist kann auch verlängert oder verkürzt werden.

§ 107
Teilungsmasse

(1) In dem Verteilungstermin ist festzustellen, wieviel die zu verteilende Masse beträgt. Zu der Masse gehört auch der Erlös aus denjenigen Gegenständen, welche im Falle des § 65 besonders versteigert oder anderweit verwertet sind.

(2) Die von dem Ersteher im Termin zu leistende Zahlung erfolgt an das Gericht. § 49 Abs. 3 gilt entsprechend.

(3) Ein Geldbetrag, der zur Sicherheit für das Gebot des Erstehers bei der Gerichtskasse einbezahlt ist, wird auf die Zahlung nach Absatz 2 Satz 1 angerechnet.

Literatur: *Rellermeyer*, Varianten der landesrechtlichen Hinterlegungsgesetze, Rpfleger 2011, 129; *Rellermeyer* und *Hintzen*, Die Behandlung der Hinterlegungszinsen in der Zwangsversteigerung, Rpfleger 2011, 473; *Steffen*, Die Behandlung der „neuen" Hinterlegungszinsen im Teilungsplan der Zwangsversteigerung, Rpfleger 2011, 360.

Übersicht

I. Allgemeines

1 § 107 ZVG regelt die Feststellung der Teilungsmasse und bestimmt, an wen der Ersteher wie zu zahlen hat. Die Teilungsmasse ist an die Stelle des versteigerten Grundstücks getreten und steht damit dem Schuldner zu. Da sich die Beschlagnahme jedoch an dem Surrogat fortsetzt, kann der Schuldner nicht selbst über die Teilungsmasse verfügen. Es ist vielmehr Aufgabe des Vollstreckungsgerichts, die Teilungsmasse festzustellen (Abs. 1), die „Zahlungen" entgegenzunehmen (Abs. 2) und die Verteilung vorzunehmen (§ 109 ZVG).

2 Die Vorschrift gilt für alle Versteigerungsarten des ZVG.

II. Feststellung der Teilungsmasse (Abs. 1)

1. Feststellung

3 Im Verteilungstermin muss das Vollstreckungsgericht feststellen, wie viel die zu verteilende Masse beträgt (Abs. 1 Satz 1). Dies erfolgt im Rahmen der Aufstellung des Teilungsplans (Einzelheiten hierzu bei § 113).

2. Umfang

4 Die Teilungsmasse setzt sich regelmäßig wie folgt zusammen:

– **Meistbargebot** (§ 49 Abs. 1 ZVG).

  Wegen des Begriffs siehe § 44 Rz. 3 [*Bachmann*].

– **Zinsen** des Bargebots (§ 49 Abs. 2 ZVG).

  Hierbei handelt es sich um die Bargebotszinsen, die vom Zuschlag (einschließlich) bis einen Tag vor dem Verteilungstermin (einschließlich) zu berechnen sind. Wenn das Bargebot (oder ein Teil davon) unter Verzicht auf das Recht der Rücknahme hinterlegt worden ist, werden diese Zinsen bis einen Tag vor dem Wirksamwerden der Hinterlegung berechnet.[1] Der Zinssatz beträgt grundsätzlich 4 % (§ 246 BGB).

5 Im Einzelfall können noch weitere Posten hinzukommen. In Betracht kommen:

– **Erlös** aus einer besonderen Versteigerung oder einer anderweitigen Verwertung gemäß § 65 ZVG.

  Nach der ausdrücklichen Regelung in Absatz 1 Satz 2 gehört der Erlös aus einer gesonderten Versteigerung oder anderweitigen Verwertung ebenfalls zur Teilungsmasse. Dies gilt auch, wenn ein Gegenstand nachträglich versteigert wird, weil das Verfahren insoweit einstweilen eingestellt war und nun wieder fortgesetzt wird. Wenn sich dadurch die Abhaltung des Verteilungstermins über Gebühr verzögert, kann ausnahmsweise die Verteilung hinsichtlich des Grundstückserlöses vor der Versteigerung des einzelnen Gegenstandes erfolgen. In diesem Fall findet dann eine Nachtragsverteilung statt, die eigentlich im ZVG nicht vorgesehen ist.[2]

---

1) Wegen der (unterschiedlichen) Art der Berechnung siehe § 49 Rz. 7 mit Fn. 4 [*Bachmann*].

2) So auch Stöber/*Nicht*, ZVG, § 107 Rz. 6; Dassler/Schiffhauer/u. a.-*Hintzen*, ZVG, § 107 Rz. 6; offenbar etwas weniger streng: Böttcher/*Böttcher*, ZVG, § 107 Rz. 5.

– **Hinterlegungszinsen**

Wenn Geld hinterlegt war, konnten hierfür früher Zinsen anfallen. Da mittlerweile alle (landesrechtlichen) Hinterlegungsgesetze inzwischen keine Hinterlegungszinsen mehr vorsehen,[3] sind entsprechende Ausführungen in älteren Auflagen der ZVG-Kommentare weitgehend überholt. Im Hinblick darauf wird von Ausführungen zur Behandlung von Hinterlegungszinsen abgesehen.

– **Versicherungsgelder**

Zur Teilungsmasse gehören auch Versicherungsgelder, wenn sie zwar beschlagnahmt, aber nicht mitversteigert worden sind.

– **Zuzahlungen** gemäß §§ 50, 51 ZVG.

Zuzahlungsbeträge gemäß §§ 50, 51 ZVG gehören nur dann zur Teilungsmasse, wenn die Zuzahlungspflicht bereits im Verteilungstermin feststeht. Dies trifft meistens jedoch nicht zu; vielmehr erfolgt die Ausführung der Zuteilung durch Forderungsübertragung (§ 124 Abs. 1 Satz 2 ZVG und nicht durch Überweisung eines Betrags.

3. Minderung

Bei einer Vereinbarung gemäß § 91 Abs. 2 ZVG verringert sich die Teilungsmasse um den Betrag, der sonst dem Berechtigten gebühren würde. Wegen der Einzelheiten siehe § 91 Rz. 21 [*Bachmann*]. 6

Nicht hierunter zählt jedoch die Befriedigungserklärung des Erstehers oder eines Zuteilungsberechtigten. Diese wird erst bei der Ausführung des Teilungsplans berücksichtigt und stellt nur eine vereinfachte Form der Erlöszahlung dar. Wegen der Einzelheiten siehe § 117 Rz. 45–47 [*Bachmann*]. 7

4. Rechtsbehelf

Die Feststellung der Teilungsmasse kann nach Ansicht des BGH mit der **sofortigen Beschwerde** (§ 793 ZPO) angefochten werden.[4] *Stöber und die meisten Kommentatoren*[5] vertreten dagegen mit überzeugenden Argumenten die Ansicht, dass als alleiniger Rechtsbehelf gegen den Teilungsplan nur der **Widerspruch** nach § 115 ZVG in Betracht kommt.[6] Im Übrigen ist eine fehlerhafter Berechnung der Teilungsmasse schon von Amts wegen oder auf Anregung hin zu berichtigen (§ 319 ZPO). 8

3) Das Hinterlegungsgesetz von Rheinland-Pfalz vom 3.4.2014 (GVBl. v. 17.4.2014, S. 34) sieht in § 12 Abs. 3 vor, dass hinterlegtes Geld nicht verzinst wird.

4) BGH, Urt. v. 31.3.1977 – VII ZR 336/75, Rpfleger 1977 246 = NJW 1977, 1287; BGH, Beschl. v. 19.2.2009 – V ZB 54/08, Rpfleger 2009, 401 = MDR 2009, 769; BeckOK-*Riedel*, ZVG, § 107 Rz. 28.

5) Stöber/*Nicht*, ZVG, § 107 Rz. 11 und § 115 Rz. 18; Dassler/Schiffhauer/u. a.-*Hintzen*, ZVG, § 107 Rz. 21; so jetzt auch Böttcher/*Böttcher*, ZVG, § 107 Rz. 12; Schneider-*Schneider*, ZVG, § 107 Rz. 14 und § 115 Rz. 6 ff.

6) Auch die gerichtliche Praxis konnte sich nicht mit der Ansicht des Bundesgerichtshofes anfreunden, zumal sie auch „praktische Schwierigkeiten“ mit sich bringt: Wann beginnt die Beschwerdefrist? Was muss wem zugestellt werden? Wie gestaltet sich das Verteilungsverfahren nach Einlegung einer Beschwerde? Es ist zu hoffen, dass der Bundesgerichtshof seine Rechtsprechung überdenkt und sie wieder an den verfahrensrechtlichen Sonderregelungen des ZVG ausrichtet.

III. Zahlung des Erstehers (Abs. 2)

1. Zahlung an das Gericht

9 Die Zahlung des Erstehers hat nach Absatz 2 an das Gericht zu erfolgen. Das Gericht nimmt den Erlös in amtlicher Eigenschaft entgegen; es ist nicht etwa Gläubiger des Erstehers. Damit kommt das Vollstreckungsgericht auch nicht als Drittschuldner einer Pfändung des Erlösanspruchs in Betracht.[7)] Nach Absatz 2 Satz 2 gilt § 49 Abs. 3 ZVG entsprechend. Dies bedeutet, dass der Ersteher seiner Zahlungspflicht dadurch nachkommt, dass er das Bargebot samt Zinsen rechtzeitig auf ein Konto der Gerichtskasse überweist oder einzahlt. Der Betrag muss der Gerichtskasse vor dem Verteilungstermin gutgeschrieben sein und der entsprechende **Nachweis im Verteilungstermin** vorliegen. Wird dieser Nachweis nicht geführt, wird der Teilungsplan durch Forderungsübertragung ausgeführt (§ 118 ZVG).

2. Hinterlegung gemäß § 49 Abs. 4 ZVG

10 Der Ersteher kann seiner Zahlungspflicht auch durch Hinterlegung des Bargebots nachkommen, wenn er hierbei auf das **Recht der Rücknahme** verzichtet. Die Hinterlegung ist bewirkt, wenn die Annahme der Hinterlegung durch die Hinterlegungsstelle verfügt und das Meistgebot bei der Hinterlegungskasse einbezahlt oder überwiesen worden ist; hierbei ist der Tag der Gutschrift maßgeblich. Die Tatsache der Hinterlegung unter Rücknahmeverzicht muss im Verteilungstermin nachgewiesen werden.

11 Erfolgt die Hinterlegung ohne diesen Rücknahmeverzicht, bringt sie die Zahlungspflicht des Erstehers nicht zum Erlöschen.

3. Behandlung eines Schecks

12 Manchmal werden dem Vollstreckungsgericht zur Berichtigung des Meistbargebots Schecks übergeben. Richtigerweise muss die Annahme eines Schecks verweigert werden, weil Barzahlung nicht mehr möglich ist und im Übrigen die Einlösung über die Gerichtskasse nicht mehr rechtzeitig erfolgen kann. Wegen der Einzelheiten siehe § 49 Rz. 10 [*Bachmann*].

IV. Sicherheitsleistung (Abs. 3)

13 Absatz 3 stellt klar, dass ein zum Nachweis der Sicherheitsleistung auf dem Konto der Gerichtskasse überwiesener Betrag als **Zahlung auf das Meistbargebot** angerechnet wird. Die Frage, ob dadurch auch eine Minderung der Zinspflicht eintritt, wird unterschiedlich beantwortet: *Stöber*[8)] und *Böttcher*[9)] vertreten übereinstimmend zu Recht die Ansicht, dass die Überweisung der Sicherheitsleistung auf ein Konto der Gerichtskasse von der Verpflichtung zur Verzinsung des Meistbargebots befreit. *Hintzen*[10)] und *Riedel*[11)] dagegen meinen, dass die Überweisung der Sicherheit (noch)

---

7) Hierbei handelt es sich um ein drittschuldnerloses Recht. Somit wird die Pfändung wirksam mit der Zustellung des Beschlusses an den Schuldner (§ 857 Abs. 2 ZPO).

8) Stöber/*Nicht*, ZVG, § 49 Rz. 18.

9) Böttcher/*Böttcher*, ZVG, § 49 Rz. 9; *Böttcher*, ZfIR, 2007, 597, 602; so auch Schneider-*Schneider*, ZVG, § 107 Rz. 19.

10) Dassler/Schiffhauer/u. a.-*Hintzen*, ZVG, § 49 Rz. 16 und § 107 Rz. 19.

11) BeckOK-*Riedel*, ZVG, § 107 Rz. 26.

keine Hinterlegungswirkung entfalte und somit auch keine Minderung der Zinspflicht nach § 49 Abs. 4 ZVG eintrete.

V. Sonstiges

1. Aufrechnung des Erstehers

Wenn dem Ersteher gegen den Schuldner eine Forderung zusteht, kann er erst aufrechnen, wenn an den Schuldner eine **Zuteilung** (Erlösüberschuss oder als Inhaber eines Eigentümerrechts) erfolgt. Vorher kann der Schuldner über diese Forderung gar nicht verfügen, da sie als Surrogat des Grundstücks beschlagnahmt war.[12] 14

Wenn der Ersteher eine Forderung gegen einen sonstigen Zuteilungsberechtigten hat, kann er erst aufrechnen, wenn diesem die Forderung des Schuldners gegen den Ersteher (auf Zahlung des Meistgebots) gemäß § 118 ZVG übertragen worden ist; denn vorher hat der Zuteilungsberechtigte noch keine Forderung gegen den Ersteher.[13] 15

2. Anhängiges Zwangsverwaltungsverfahren

Überschüsse aus einem gleichzeitig laufenden Zwangsverwaltungsverfahren gehören nicht zur Teilungsmasse. Die jeweiligen Massen sind getrennt zu halten und nach den Regeln des entsprechenden Verfahrens zu verteilen. Auch ein etwaiger Überschuss in der Zwangsverwaltung kommt nicht zu der Teilungsmasse der Zwangsversteigerung, sondern gebührt dem Vollstreckungsschuldner. Zahlungen an einen Gläubiger sind jedoch im jeweils anderen Verfahren zu berücksichtigen. 16

---

12) Dassler/Schiffhauer/u. a.-*Hintzen*, ZVG, § 107 Rz. 17; BeckOK-*Riedel*, ZVG, § 107 Rz. 24.

13) BGH, Urt. v. 9.4.1987 – IX ZR 146/86, Rpfleger 1987, 381; BGH, Urt. v. 20.2.2008 – XII ZR 58/04, Rpfleger 2008, 379.

§ 108
(weggefallen)

durch Art. 1 des Gesetzes zur Änderung des ZVG und anderer Gesetze vom 18.02.1998 (BGBl. I 866).

§ 109
Kosten des Verfahrens und Überschuss

(1) Aus dem Versteigerungserlös sind die Kosten des Verfahrens vorweg zu entnehmen, mit Ausnahme der durch die Anordnung des Verfahrens oder den Beitritt eines Gläubigers, durch den Zuschlag oder durch nachträgliche Verteilungsverhandlungen entstehenden Kosten.

(2) Der Überschuß wird auf die Rechte, welche durch Zahlung zu decken sind, verteilt.

Übersicht

I. Allgemeines

1 § 109 ZVG ergänzt § 10 ZVG und bestimmt, dass die **Kosten** des Verfahrens aus dem Versteigerungserlös vorweg zu entnehmen sind (Abs. 1). Deshalb umschreibt man diese Kosten oft auch als „Rangklasse 0", um zu verdeutlichen, dass die Kosten im Rang vor den Rangklassen des § 10 (Rang 1 ff.) zu berücksichtigen sind. Der **Überschuss** wird auf die Rechte, welche durch Zahlung zu decken sind, verteilt (Abs. 2). Hier gilt dann die Rangordnung des § 10 ZVG.

2 Die Vorschrift gilt für alle Versteigerungsarten des ZVG.

II. Kosten des Verfahrens (Abs. 1)

1. Unter § 109 ZVG fallende Kosten

3 Zu den Kosten, die nach Abs. 1 **vorweg zu entnehmen** sind gehören folgende Gebühren und Auslagen:

- GKG KVNr. 2211 – 0,5 Gebühr für das Verfahren im Allgemeinen aus dem festgesetzten Verkehrswert (§ 54 Abs. 1 Satz 1 GKG).
- GKG KVNr. 2213 – 0,5 Gebühr für die Abhaltung eines Versteigerungstermins aus dem festgesetzten Verkehrswert (§ 54 Abs. 1 Satz 1 GKG).
- GKG KVNr. 2215 – 0,5 Gebühr für das Verteilungsverfahren aus dem Meistgebot ohne Zinsen einschließlich des Wertes der bestehen bleibenden Rechte (§ 54 Abs. 3 GKG). Rechte, die außerhalb des geringsten Gebots (z. B. § 9 EGZVG) oder die aufgrund einer Vereinbarung nach § 91 Abs. 2 ZVG bestehen bleiben, werden bei der Wertberechnung nicht berücksichtigt.[1] Hinzugerechnet wird jedoch nach § 54 Abs. 3 Satz 2 GKG der Erlös aus einer gesonderten Verwertung nach § 65 ZVG.
- GKG KVNr. 9002 – Zustellungsauslagen.[2]
- GKG KVNr. 9004 – Auslagen für die öffentliche Bekanntmachung in voller Höhe.
- GKG KVNr. 9005 – Nach dem JVEG zu zahlende Beträge (= Sachverständigenkosten) in voller Höhe.
- GKG KVNr. 9006 – Kosten, die für Auswärtstermine angefallen sind (Reisekosten, Auslagenersatz, Kilometergeld).

---

1) Böttcher/*Böttcher*, ZVG, § 109 Rz. 2; Stöber/*Keller*, ZVG, Einl. 447; Dassler/Schiffhauer/u. a.-*Hintzen*, ZVG, § 109 Rz. 3; Schneider-*Schneider*, ZVG, § 109 Rz. 6; so jetzt auch LG Krefeld, Beschl. v. 17.12.1976 – 1 T 114/76, Rpfleger 1978, 392 unter Aufgabe seiner früheren Ansicht.

2) Zurzeit je 3,50 € Pauschale, aber erst ab der 11. Zustellung, da die Verfahrensgebühr nach einem Streitwert berechnet wird.

2. Nicht unter § 109 ZVG fallende Kosten

Ausdrücklich von der Berücksichtigung in den bevorrechtigten Rang **ausgenommen sind** folgende Kosten: 4

- GKG KVNr. 2210 – Festgebühr von 110,00 €[3)] für die Entscheidung über die Anordnung der Zwangsversteigerung oder die Zulassung des Beitritts samt den entsprechenden Zustellungsauslagen. Der Gläubiger kann diese Kosten gemäß § 10 Abs. 2 ZVG im Range seines Anspruchs geltend machen; hierzu ist aber rechtzeitige Anmeldung erforderlich.
- GKG KVNr. 2214 – 0,5 Gebühr für die Erteilung des Zuschlags. Diese Kosten[4)] hat gemäß § 58 ZVG der Ersteher zu tragen; dieser ist nach § 26 Abs. 2 Halbs. 1 GKG auch alleiniger Kostenschuldner.
- Kosten nachträglicher Verteilungsverhandlungen; diese sind aus der Sondermasse dieser nachträglichen Verteilung zu entnehmen.
- Kosten, die nur bestimmte Personen betreffen (Beschwerdeverfahren; Pauschalen für die Herstellung und Überlassung von Dokumenten; Vergütung und Auslagen eines Zustellungsvertreters oder eines Vertreters nach § 135 ZVG).

3. Vorwegentnahme

Die unter § 109 Abs. 1 ZVG fallenden Kosten sind dem Versteigerungserlös vorweg zu entnehmen. Soweit sie nicht durch einen Vorschuss gedeckt sind, werden die Kosten an die Staatskasse zugeteilt. 5

Wenn ein Gläubiger einen **Vorschuss** auf diese Kosten entrichtet hat, erhält er den entsprechenden Betrag im Rang des § 109 Abs. 1 ZVG wieder zurück. Die Erstattung setzt voraus, dass ein entsprechender Zahlungsnachweis geführt wird bzw. sich ein solcher bei den Akten befindet. Haben mehrere Gläubiger einen Vorschuss geleistet, haben sie untereinander Gleichrang. 6

Wenn das Meistbargebot nicht gezahlt wird, erfolgt gemäß § 118 ZVG eine Forderungsübertragung; anschließend sind Sicherungshypotheken nach § 128 ZVG einzutragen. Hierbei sind die Rangverhältnisse aus dem Teilungsplan zu berücksichtigen (§ 128 Abs. 1 Satz 1 ZVG). Die Frage, ob der Restanspruch hinsichtlich der Kosten, welcher der Staatskasse zusteht, Rang vor dem Vorschuss des Gläubigers hat, wird unterschiedlich beantwortet: Nach der h. M. hat der **Anspruch der Staatskasse** Rang vor dem Erstattungsanspruch des Vorschuss Leistenden.[5)] 7

---

3) Zur Gebührenhöhe: Bis zum 31.12.2020:100,00 €; seit 1.1.2021: 110,00 €.

4) Ob hierzu auch die Auslagen für die Zustellung des Zuschlagsbeschlusses gehören, wird nicht ganz einheitlich beantwortet; siehe § 58 Rz. 10 m. w. N. [*Bachmann*].

5) So Böttcher/*Böttcher*, ZVG, § 109 Rz. 3; Stöber/*Nicht*, ZVG, § 109 Rz. 6; a. A. Dassler/Schiffhauer/u. a.-*Hintzen*, ZVG, § 109 Rz. 8: „Der Restanspruch des Staates hat gleichen Rang wie der Vorschuss des Gläubigers, insbes. für die gemäß § 128 einzutragenden Sicherungshypotheken."

III. Verteilung des Überschusses

8 Der Teil des Versteigerungserlöses, der nach Abzug der vorrangigen Kosten verbleibt, ist nach Absatz. 2 auf die Berechtigten zu verteilen, die einen Zahlungsanspruch haben. Hierbei sind die §§ 10, 110 ff. ZVG zu beachten.

IV. Besonderheiten

1. Erlösüberschuss

9 Soweit nach Vorwegentnahme der Kosten und nach Berücksichtigung aller Ansprüche noch ein **Erlösrest** übrig bleibt, gebührt dieser Erlösüberschuss dem **Schuldner** als Surrogat für sein verlorenes Eigentum am Grundstück. Mehreren Schuldnern steht dieser Überschuss gemeinsam zu. Das Gemeinschaftsverhältnis ist aber nicht mit dem früheren Gemeinschaftsverhältnis am Grundstück identisch; vielmehr wird als Gemeinschaftsverhältnis das des § 432 BGB anzunehmen sein. Dies bedeutet, dass sich die Vollstreckungsschuldner über die Auszahlung dieses Überschusses einigen müssen. Wird dem Vollstreckungsgericht eine Einigung nicht nachgewiesen, ist der Betrag für alle Vollstreckungsschuldner zu hinterlegen. Falls infolge Nichtzahlung des Meistgebots die Eintragung von Sicherungshypotheken nach § 128 ZVG veranlasst werden muss, ist bei der Sicherungshypothek für die bisherigen Eigentümer als Gemeinschaftsverhältnis „Mitberechtigte gemäß § 432 BGB" anzugeben.

2. Pfändung des Erlösüberschusses

10 Der Anspruch des Schuldners auf den Erlösüberschuss ist **als Geldforderung pfändbar.** Da aber vor dem Zuschlag als Vollstreckungsobjekt (noch) das Grundstück vorhanden ist, kann die Forderung auf den Erlösüberschuss **erst nach** Wirksamwerden des **Zuschlags** gepfändet werden. Hier ist auch die Pfändung dieses Anspruchs als bedingte Forderung nicht möglich, da dies zu einer Umgehung des § 866 ZPO führen würde.[6)]

11 Nach dem Zuschlag ist die Pfändung gemäß §§ 829, 857 ZPO möglich. Da es hier **keinen Drittschuldner** gibt, wird die Pfändung wirksam mit der Zustellung des Pfändungsbeschlusses an den Schuldner. Damit die Pfändung im Verteilungsverfahren berücksichtigt werden kann, muss der Pfändungsgläubiger den Beschluss samt Zustellungsnachweis spätestens im Verteilungstermin vorlegen und sein Recht anmelden. Je nachdem, ob nur ein Pfändungsbeschluss oder ein Pfändungs- und Überweisungsbeschluss vorliegt, ist der Betrag dem Pfändungsgläubiger und dem Vollstreckungsschuldner gemeinsam (es liegt nur ein Pfändungsbeschluss vor) oder dem Pfändungsgläubiger allein (wenn auch der Überweisungsbeschluss vorliegt) zuzuteilen.

3. Erlösüberschuss bei einem herrenlosen Grundstück

12 Wenn ein herrenloses Grundstück versteigert wurde,[7)] hat der gemäß § 787 ZPO bestellte Vertreter den Erlösüberschuss nach Abzug seiner Vergütung und Auslagen

---

6) Böttcher/*Böttcher*, ZVG, § 117 Rz. 16, 17; Stöber/*Nicht*, ZVG, § 114 Rz. 77, 78 m. w. N.; Dassler/Schiffhauer/u. a.-*Hintzen*, ZVG, § 109 Rz. 14; BeckOK-*Riedel*, ZVG, § 109 Rz. 10; Schneider-*Schneider*, ZVG, § 109 Rz. 14.

7) Zu den Voraussetzungen für die Anordnung des Verfahrens siehe Stöber/*Keller*, ZVG, § 15 Rz. 173 ff.

als herrenloses Gut zu hinterlegen (§ 372 BGB). Das Aneignungsrecht, welches sich gemäß § 928 Abs. 2 BGB auf das aufgegebene Grundstück bezieht, setzt sich am Surrogat „Erlösüberschuss" fort. Somit kann sich der Landesfiskus den hinterlegten Betrag aneignen.

§ 110
Nachstehende Rechte

Rechte, die ungeachtet der im § 37 Nr. 4 bestimmten Aufforderung nicht rechtzeitig angemeldet oder glaubhaft gemacht worden sind, stehen bei der Verteilung den übrigen Rechten nach.

Literatur: *Traub*, Die Krux mit § 110 ZVG, ZfIR 2010, 273.

Übersicht

I. Allgemeines

1 Damit die Beteiligten spätestens zu Beginn der Bietstunde feststellen können, welche Ansprüche ihrem eigenen Recht äußerstenfalls im Range vorgehen, enthält die Terminsbestimmung gemäß § 37 Nr. 4 ZVG die Aufforderung, nicht grundbuchersichtliche Rechte rechtzeitig anzumelden und auf Verlangen eines betreibenden Gläubigers glaubhaft zu machen. § 110 ZVG ergänzt diese Vorschrift, indem sie für verspätet angemeldete oder glaubhaft gemachte Rechte einen **Rangverlust** vorsieht. Da diese Rechte im Rang nach allen der in § 10 ZVG aufgeführten 8 Klassen berücksichtigt werden, bezeichnet man ihre Rangklasse manchmal auch als „Rangklasse 9".

II. Voraussetzungen des Rangverlustes

1. Betroffene Rechte

2 Eine Anmeldung nach § 37 Nr. 4 ZVG ist nur notwendig für Rechte, die zur Zeit der Eintragung des Zwangsversteigerungsvermerks nicht aus dem Grundbuch ersichtlich sind. Zu Einzelheiten siehe §§ 37, 38 Rz. 20 ff. [*Bachmann*].

3 Nicht unter § 110 ZVG fällt die Anmeldung eines Ersatzbetrags für ein nach § 92 ZVG erloschenes Recht der Abt. II.

2. Aufforderung gemäß § 37 Nr. 4 ZVG

4 Voraussetzung des § 110 ZVG ist, dass die Terminsbestimmung tatsächlich die Aufforderung des § 37 Nr. 4 ZVG enthalten hat, einschließlich der Androhung des Rangverlusts. Wenn in der Terminsbestimmung § 37 Nr. 4 ZVG nicht oder nicht richtig angewandt worden ist, stellt dies einen Zuschlagsversagungsgrund gemäß § 83 Nr. 7 ZVG i. V. m. § 43 Abs. ZVG dar. Wenn trotzdem der Zuschlag erteilt

und rechtkräftig geworden ist, tritt der Rangverlust gemäß § 110 ZVG nicht ein. In diesem Fall sind also alle Anmeldungen nach ihrem Rang gemäß § 10 ZVG zu berücksichtigen.[1]

3. Verspätete Anmeldung oder Glaubhaftmachung

5 Wenn eine Anmeldung nicht rechtzeitig erfolgt, tritt der Rangverlust ein. Rechtzeitig ist eine Anmeldung, wenn sie im Versteigerungstermin vor der Aufforderung zur Abgabe von Geboten erfolgte. Vorher hatte das Gericht gemäß § 66 Abs. 2 ZVG auf die bevorstehende Ausschließung weiterer Anmeldungen hinzuweisen. Mit dem Versteigerungstermin ist bei Abhaltung mehrerer Termine der gemeint, der Grundlage für die Zuschlagserteilung ist.

6 Wenn **Glaubhaftmachung** notwendig ist, muss auch diese **rechtzeitig** erfolgt sein. Glaubhaftmachung ist hier in folgenden Fällen von Bedeutung:

- Nur wenn ein **betreibender Gläubiger** widerspricht, muss der Anmeldende glaubhaft machen (§ 37 Nr. 4 ZVG).[2]
- Ansprüche der Wohnungseigentümer nach § 10 Abs. 1 Nr. 2 ZVG sind bei der Anmeldung gemäß § 45 Abs. 3 ZVG von Amts wegen (auf bestimmte Weise) glaubhaft zu machen.

7 Hinzuweisen ist in diesem Zusammenhang auch auf § 114 Abs. 1 Satz 2 ZVG. Hiernach gelten die Ansprüche des Gläubigers als angemeldet, soweit sie sich aus dem Versteigerungsantrag ergeben. Zu Einzelheiten siehe § 114 Rz. 20 [*Bachmann*].

III. Folgen

8 Rechte, die nur auf entsprechende Anmeldung berücksichtigt werden, können ohne Anmeldung im Verteilungsverfahren überhaupt nicht berücksichtigt werden. Wenn sie trotz ordnungsgemäßer Aufforderung in der Terminsbestimmung verspätet angemeldet oder glaubhaft gemacht werden, erleiden sie einen **Rangverlust**; sie werden an letzter Stelle berücksichtigt. Zwischen mehreren verspätet angemeldeten Ansprüchen richtet das Rangverhältnis dann wieder nach § 10 ZVG, nicht etwa nach dem Zeitpunkt der verspäteten Anmeldung.

IV. Sonstiges

1. Nichtberücksichtigung trotz Anmeldung

9 Wenn ein rechtzeitig angemeldeter Anspruch nicht berücksichtigt wurde, liegt kein Fall des § 110 ZVG vor. Der Berechtigte, dessen Recht bei der Aufstellung des geringsten Gebots nicht berücksichtigt wurde, kann gemäß §§ 83 Nr. 1, 100 ZVG den Zuschlag anfechten.[3]. Im **Verteilungstermin** kann er Berücksichtigung seines Rechts im ursprünglichen Rang seines Rechts verlangen. Dies bedeutet: Handelt es sich hierbei um ein Recht, das im geringsten Gebot als bestehen bleibend hätte berücksichtigt werden müssen, muss zwar der Berechtigte das Erlöschen seines Rechtes gegen

---

1) Dies kann zu eventuellen Schadensersatzansprüchen gegen das Land führen.
2) Also etwas anders als bei § 9 Nr. 2 ZVG.
3) So auch Böttcher/*Böttcher*, ZVG, § 83 Rz. 2 und § 110 Rz. 3; Dassler/Schiffhauer/u. a.-*Hintzen*, ZVG, § 110 Rz. 8, der als Versagungsgrund aber § 83 Nr. 7 ZVG nennt.

sich gelten lassen, er kann aber Zuteilung im Rang seines Rechts verlangen. Wenn der Versteigerungserlös hierfür nicht ausreicht, kann er nur Schadensersatzansprüche gegen das betreffende Land geltend machen.[4)]

2. Minderanmeldung

Wenn ein Gläubiger weniger laufende wiederkehrende Leistungen angemeldet hat, 10
als von Amts wegen zu berücksichtigen wären (vgl. §§ 45 Abs. 2, 114 Abs. 2 ZVG), spricht man von Minderanmeldung. Als Prozesshandlung hat diese Minderanmeldung nur für das Vollstreckungsverfahren Bedeutung; die materiellrechtliche Berechtigung des Gläubigers wird dadurch nicht berührt. Jedoch ist in diesem Zusammenhang auch § 110 ZVG zu beachten. Demnach kann zwar eine vor der Aufforderung zur Gebotsabgabe vorgenommene Minderanmeldung nachträglich wieder erweitert werden. Mit dem Differenzbetrag zwischen nachträglicher Anmeldung und rechtzeitiger Minderanmeldung erleidet der Berechtigte aber den **Rangverlust** des § 110 ZVG.[5)]

3. Rechtsverfolgungskosten

Auch die Kosten der Rechtsverfolgung, die gemäß §§ 10 Abs. 2, 12 ZVG im Rang des 11
Hauptanspruchs berücksichtigt werden können, müssen angemeldet werden. Auch diese Anmeldung muss nach § 110 ZVG rechtzeitig erfolgen. Da manche Kosten aber zum diesem Zeitpunkt noch gar nicht entstanden sind, hat hier der Gläubiger die Möglichkeit, solche Kosten in Form eines **Pauschbetrags anzumelden**; dabei muss aber angegeben werden, worauf sich dieser Pauschbetrag beziehen soll (z. B. Vertretungskosten, Reisekosten). Spätestens zum Verteilungstermin müssen auch hier die Kosten dann noch spezifiziert werden. Hierbei kann es zu dem misslichen Ergebnis kommen, dass die tatsächlichen Gesamtkosten höher sind als der angemeldete Pauschbetrag. Dann können die Kosten nur in Höhe des Pauschbetrags in der Rangklasse des Hauptanspruchs berücksichtigt werden; in Höhe des überschießenden Betrags tritt der **Rangverlust** des § 110 ZVG ein.

---

4) Vgl. hierzu BGH, Urt. v. 23.3.2000 – III ZR 152/99, Rpfleger 2000, 403 = NJW 2000, 3358; so auch Dassler/Schiffhauer/u. a.-*Hintzen*, ZVG, § 110 Rz. 8. Die o. a. Entscheidung behandelt zwar die Nichtberücksichtigung eines Nacherbenvermerks im geringsten Gebot, kann aber ohne Weiteres auf den hier geschilderten Fall übertragen werden. Die Entscheidung des Bundesgerichtshofs ist aber auch in einem weiteren Punkt von großer Bedeutung; das Gericht hat u. a. auch Folgendes ausgeführt: *„Das Spruchrichterprivileg in § 839 Abs. 2 BGB gilt nicht für Entscheidungen in der Zwangsvollstreckung (vgl. Senatsurteil v. 17.10.1985 – III ZR 105/84 – WM 1986, 331, 333). Der Kläger hätte zwar außerdem gegen den fehlerhaften Zuschlagsbeschluß gemäß §§ 95 ff. ZVG, 11 RPflG a. F. befristete Erinnerung einlegen können, um den Schaden abzuwenden (§ 839 Abs. 3 BGB). Dass er dies versäumt hat, kann ihm aber nicht als Verschulden angelastet werden.“* So auch BGH, Urt. v. 5.10.2006 – III ZR 283/05, Rpfleger 2007, 78 = ZIP 2006, 2312 und Urt. v. 22.1.2009 – III ZR 172/08, Rpfleger 2009, 335 = MDR 2009, 593 unter Berufung auf BVerfG, Beschl. v. 20.1.1981 – 2 BvL 2/80, Rpfleger 1981, 181 und Beschl. v. 18.1.2000 – 1 BvR 321/96, Rpfleger 2000, 205 = MDR 2000, 653.

5) Stöber/*Nicht*, ZVG, § 110 Rz. 8; Böttcher/*Böttcher*, ZVG, §§ 44, 45 Rz. 45; Dassler/Schiffhauer/u. a.-*Hintzen*, ZVG, § 45 Rz. 9; Schneider-*Schneider*, ZVG, § 110 Rz. 18.

§ 111
Betagter Anspruch

Ein betagter Anspruch gilt als fällig. Ist der Anspruch unverzinslich, so gebührt dem Berechtigten nur die Summe, welche mit Hinzurechnung der gesetzlichen Zinsen für die Zeit von der Zahlung bis zur Fälligkeit dem Betrag des Anspruchs gleichkommt; solange die Zeit der Fälligkeit ungewiß ist, gilt der Anspruch als aufschiebend bedingt.

Übersicht

I. Allgemeines

1 Die Vorschrift regelt die Behandlung **betagter Ansprüche im Teilungsplan**. Damit scheiden bestehen bleibende Rechte von vornherein aus; denn obwohl gemäß § 113 Abs. 2 ZVG im Teilungsplan auch die bestehen bleibenden Rechte aufzunehmen sind, trifft § 111 ZVG nur für die auf Kapitalzahlung gerichteten erlöschenden Rechte zu.[1)] Nach Satz 1 sind somit die im Verteilungstermin noch nicht fälligen Grundpfandrechte wie fällige zu behandeln, also an den Gläubiger (unbedingt) zuzuteilen und auszuzahlen. Da der Gläubiger in diesem Fall sein Kapital aber vorzeitig erhält, muss er bei unverzinslichen Rechten nach Satz 2 Halbs. 1 den Abzug der gesetzlichen Zinsen in Kauf nehmen. Bei verzinslichen Rechten, werden die Zinsen bis zum Verteilungstermin (ausschließlich) berechnet. Wenn die Fälligkeit des Rechts ungewiss ist, wird der Anspruch als aufschiebend bedingt behandelt (Satz 2 Halbs. 2); damit gelten insoweit §§ 119, 120 ZVG.

2 Die Vorschrift gilt für alle Versteigerungsarten des ZVG.

II. Betagte und bedingte Ansprüche

1. Betagter Anspruch

3 Unter einem betagten Anspruch versteht man einen Anspruch, dessen Fälligkeit von einem zukünftigen **gewissen Ereignis** abhängig ist. Diese Fälligkeit kann an einem bestimmten Kalendertag eintreten (z. B. am 1.8.2016). Dann ist nicht nur der Eintritt des Ereignisses, sondern auch der Tag dieses Ereignisses gewiss.

4 Die Fälligkeit kann aber auch von einem gewissen Ereignis abhängen, dessen **Eintritt** aber noch **ungewiss** ist (z. B. vom Tod einer bereits lebenden Person).

2. Bedingter Anspruch

5 Hängt dagegen die Fälligkeit von einem **ungewissen Ereignis** ab (z. B. Geburt eines Kindes, Heirat einer Person), dann ist dieser **Anspruch** nicht betagt, sondern be-

---

1) Stöber/*Nicht*, ZVG, § 111 Rz. 2 m. w. N.; Schneider-*Schneider*, ZVG, § 111 Rz. 3.

dingt. Hier steht noch gar nicht fest, ob dieses Ereignis jemals eintritt. Ein solcher Anspruch kann dabei aufschiebend bedingt sein; dann tritt die Fälligkeit mit dem Eintritt des Ereignisses ein (§ 158 Abs. 1 BGB). Der Anspruch kann aber auch auflösend bedingt sein; dann endet der Anspruch mit dem Eintritt des Ereignisses (§ 158 Abs. 2 BGB). Im Teilungsplan werden bedingte Ansprüche nach §§ 119, 120 ZVG behandelt (siehe Einzelheiten bei §§ 119, 120).

III. Behandlung eines betagten Anspruchs im Teilungsplan

1. Verzinslicher Anspruch (Satz 1)

Ein verzinslicher, betagter Anspruch gilt nach Satz 1 als **fällig.** Er wird in den Tei- 6
lungsplan aufgenommen mit dem **Kapital und den vereinbarten Zinsen** bis zum Verteilungstermin (ausschließlich). Auch wenn der vereinbarte Zinssatz niedriger als der gesetzliche Zins ist, erfolgt keine Abzinsung; denn § 111 Satz 2 ZVG spricht von einem „unverzinslichen" Anspruch.[2)]

2. Unverzinslicher Anspruch (Satz 2 Halbs. 1)

Auch ein unverzinslicher, betagter Anspruch gilt nach Satz 1 als fällig. Weil der ent- 7
sprechende Anspruch aber vorzeitig im Verteilungstermin fällig wird, muss nach Satz 2 Halbs. 1 der Zwischenzins abgezogen werden. Abzuziehen sind die gesetzlichen Zinsen[3)] für die Zeit von Verteilungstermin (einschließlich) bis zum Tag der tatsächlichen Fälligkeit (ausschließlich). Nur der Restbetrag darf an den Berechtigten ausgezahlt werden.

Der Ersteher wird von dieser Abzinsung nicht betroffen; denn die Teilungsmasse 8
wird durch § 111 ZVG nicht berührt. Von dem errechneten Zwischenzins profitiert also der nächstausfallende Berechtigte; denn der Zwischenzins verringert die „vorgehende Schuldenmasse".

3. Ungewisse Fälligkeit (Satz 2 Halbs. 2)

Wenn zwar gewiss ist, dass das Ereignis eintritt, aber der Zeitpunkt dieses Eintritts 9
ungewiss ist (z. B. Tod einer bestimmten Person), dann können weder vertragliche Zinsen berechnet werden noch kann eine Abzinsung erfolgen.[4)] Deshalb sieht Satz 2 Halbs. 2 vor, dass dieser Anspruch als **aufschiebend bedingt gilt.** Damit gelten für diese Rechte die §§ 119, 120 ZVG (siehe §§ 119, 120).

IV. Beispiel der Berechnung eines unverzinslichen, betagten Rechts

Die Berechnung des Zwischenzinses erfolgt nach der Hoffmann'schen Formel.[5)] 10

---

2) So auch Böttcher/*Böttcher*, ZVG, § 111 Rz. 11; Stöber/*Nicht*, ZVG, § 111 Rz. 10; Dassler/Schiffhauer/u. a.-*Hintzen*, ZVG, § 111 Rz. 6; BeckOK-*Riedel*, ZVG, § 111 Rz. 7.

3) Gemäß § 246 BGB beträgt der gesetzliche Zinssatz zurzeit 4 %.

4) Es fehlt an einem festen Endpunkt dieser Berechnungen.

5) Stöber/*Nicht*, ZVG, § 111 Rz. 13 und Anhang Tab 3; Böttcher/*Böttcher*, ZVG, § 111 Rz. 8 und 9; Dassler/Schiffhauer/u. a.-*Hintzen*, ZVG, § 111 Rz. 5; BeckOK-*Riedel*, ZVG, § 111 Rz. 9 ff.; Schneider-*Schneider*, ZVG, § 111 Rz. 17 ff.

Beispiel:

Im Teilungsplan ist eine unverzinsliche (erloschene) Sicherungshypothek zu berücksichtigen, deren Kapital in Höhe von 100.000 € am 1.7.2024 fällig ist. Der Verteilungstermin ist auf den 1.7.2022 bestimmt.

Um den gesuchten (abgezinsten) Kapitalbetrag zu ermitteln, sind 4 % Zinsen für den Zeitraum vom 1.7.2022 (einschließlich) bis 1.7.2024 (ausschließlich) bzw. 30.6.2024 (einschließlich) = 2 Jahre abzuziehen. Die Berechnung nach der *Hoffmann'schen* Formel sieht folgendermaßen aus:

$$K = \frac{100 \times 100.000}{100 + (4 \times 2)} \qquad K = \frac{10.000.000}{108} \qquad K = 92.592{,}59\ €$$

Anmerkung:

Bei der Berechnung nach Tagen ist darauf zu achten, dass sowohl im Zähler als auch im Nenner noch der Faktor 360 (bei bankmäßiger Berechnung) bzw. 365 oder 366 (bei Berechnung nach dem Kalender) aufgeführt werden muss. Die Berechnung im obigen Beispiel würde bei bankmäßiger Berechnung dann folgendermaßen aussehen:

$$K = \frac{360 \times 100 \times 100.000}{360 \times 100 + (4 \times 720)}$$

Ergebnis:

Der Gläubiger der Sicherungshypothek erhält im Verteilungsplan anstelle von 100.000 € nur 92.592,59 € zugeteilt. Der Zwischenzins in Höhe von 7.407,41 € käme dem nächstausfallenden Berechtigten zugute. Wenn ein solcher nicht vorhanden ist, würde der Betrag dem Vollstreckungsschuldner als Übererlös zustehen.

§ 112
Gesamtausgebot

(1) Ist bei der Versteigerung mehrerer Grundstücke der Zuschlag auf Grund eines Gesamtausgebots erteilt und wird eine Verteilung des Erlöses auf die einzelnen Grundstücke notwendig, so wird aus dem Erlös zunächst der Betrag entnommen, welcher zur Deckung der Kosten sowie zur Befriedigung derjenigen bei der Feststellung des geringsten Gebots berücksichtigten und durch Zahlung zu deckenden Rechte erforderlich ist, für welche die Grundstücke ungeteilt haften.

(2) Der Überschuß wird auf die einzelnen Grundstücke nach dem Verhältnis des Wertes der Grundstücke verteilt. Dem Überschuß wird der Betrag der Rechte, welche nach § 91 nicht erlöschen, hinzugerechnet. Auf den einem Grundstück zufallenden Anteil am Erlös wird der Betrag der Rechte, welche an diesem Grundstück bestehen bleiben, angerechnet. Besteht ein solches Recht an mehreren der versteigerten Grundstücke, so ist bei jedem von ihnen nur ein dem Verhältnis des Wertes der Grundstücke entsprechender Teilbetrag in Anrechnung zu bringen.

(3) Reicht der nach Absatz 2 auf das einzelne Grundstück entfallende Anteil am Erlös nicht zur Befriedigung derjenigen Ansprüche aus, welche nach Maßgabe des geringsten Gebots durch Zahlung zu berichtigen sind oder welche durch das bei dem Einzelausgebot für das Grundstück erzielte Meistgebot gedeckt werden, so erhöht sich der Anteil um den Fehlbetrag.

Übersicht

I. Allgemeines

§ 112 ZVG regelt die **rechnerische Verteilung des Versteigerungserlöses**, wenn mehrere Grundstücke bzw. Grundstücksbruchteile im Gesamtausgebot zugeschlagen werden und die Verteilung des Erlöses auf die einzelnen Grundstücke erforderlich ist. Die sich bei dieser Berechnung ergebenen Einzelmassen sind dann nach den allgemeinen Regeln auf die Berechtigten zuzuteilen. Hierbei ist zu beachten, dass hinsichtlich erloschener Gesamtrechte eine Verteilung des Rechts auf die Sondermassen zu erfolgen hat; diese richtet sich dann jedoch nach § 122 ZVG. Weiter ist zu beachten, dass sich durch die Verteilung des Erlöses auf die einzelnen Grundstücke an der Rangordnung des § 10 ZVG nichts ändert. Wenn der Versteigerungserlös insgesamt vorhanden ist und die einschlägigen Vorschriften beachtet sind, kann dieser Gesichtspunkt jedoch vernachlässigt werden, da sich die Berechnung nach § 112 ZVG nur auf solche Ansprüche bezieht, die durch das geringste Gebot gedeckt sind. Sogenannte notleidende Sondermassen werden durch die anderen Sondermassen gemäß Absatz 3 ausgeglichen. 1

§ 112 ZVG findet auch Anwendung, wenn der **Zuschlag auf ein Gruppenausgebot** erfolgt ist; denn im Verhältnis zu den Einzelausgeboten stellt sich das Gruppenausgebot als Gesamtausgebot dar (zu Einzelheiten siehe § 63 Rz. 15, 38 [*Bachmann*]). 2

Die Vorschrift gilt für alle Versteigerungsarten des ZVG, also auch bei der Teilungsversteigerung nach §§ 180 ff. ZVG, wenn die Anteile der Miteigentümer unterschiedlich belastet sind. 3

II. Voraussetzungen

1. Zuschlag auf das Gesamtausgebot

Es müssen Grundstücke bzw. Grundstücksbruchteile in einem gemäß § 18 ZVG verbundenen Verfahren im Gesamtausgebot bzw. Gruppenausgebot zugeschlagen worden sein. (Abs. 1 Satz 1). 4

2. Notwendigkeit der Verteilung

5 Weitere Voraussetzung ist, dass eine Verteilung auf die einzelnen Grundstücke notwendig ist. Grundsätzlich notwendig ist eine **Verteilung bei unterschiedlichen Belastungen der Versteigerungsobjekte**. Nicht notwendig ist eine Verteilung aber in folgenden Fällen:

- Es wurde nur das geringste Gebot geboten.
- Es sind nur Gesamtrechte aus dem Erlös zu befriedigen.
- Sämtliche Beteiligte (einschließlich des Schuldners) haben sich über eine andere Verteilung geeinigt.
- Der Versteigerungserlös reicht zur Deckung aller Ansprüche aus, und die betreffenden Grundstücke gehören demselben Schuldner.[1]

III. Vornahme der Verteilung

1. Vorwegentnahme (Abs. 1)

6 Dem Versteigerungserlös sind nach Absatz 1 folgende Ansprüche vorweg zu entnehmen:

- Die **Gerichtskosten** gemäß § 109 ZVG.
- Die Ansprüche aus dem Mindestbargebot, für welche die Grundstücke bzw. Bruchteile ungeteilt haften. Hierbei handelt es sich in erster Linie um die **Kosten und Zinsen** bestehen bleibender Gesamtrechte. Auch Ansprüche der Rangklassen 1 und 3 können darunter fallen.[2] Und wenn ausnahmsweise ein Anspruch der Rangklasse 5 im geringsten Gebot berücksichtigt wurde, dann ist auch dieser Anspruch (Kosten, Zinsen, Hauptforderung) wie eine Gesamtbelastung abzuziehen, wenn der betreffende Gläubiger die Beschlagnahme sämtlicher im Gesamtausgebot enthaltenen Grundstücke bewirkt hat.

  Es muss aber darauf hingewiesen werden, dass diese Vorwegentnahme an der **Rangordnung der §§ 10 ff. ZVG** nichts ändert. D. h.: Die tatsächliche Zuteilung erfolgt in der richtigen Reihenfolge. Dies bereitet auch keine Schwierigkeiten, wenn der Versteigerungserlös insgesamt vorhanden ist. Wenn der Ersteher jedoch nur eine Teilleistung erbracht hat (z. B. nur die Sicherheitsleistung), kann dies zu Schwierigkeiten führen. Über die richtige Berechnungsart in diesem Fall gibt

---

1) So auch Stöber/*Nicht*, ZVG, § 112 Rz. 6; Böttcher/*Böttcher*, ZVG, § 112 Rz. 2; Schneider-*Schneider*, ZVG, § 112 Rz. 12; a. A. offenbar Dassler/Schiffhauer/u. a.-*Hintzen*, ZVG, § 112 Rz. 7.

2) So z. B. Stöber/*Nicht*, ZVG, § 112 Rz. 10; Dassler/Schiffhauer/u. a.-*Hintzen*, ZVG, § 112 Rz. 8; BeckOK-*Riedel*, ZVG, § 112 Rz. 8; Schneider-*Schneider*, ZVG, § 112 Rz. 18; teilweise a. A. Böttcher/*Böttcher*, ZVG, § 112 Rz. 3: Ansprüche der Rangklassen 1 bis 3 sind nicht als Gesamtbelastungen zu behandeln, da sie bereits in den geringsten Geboten auf die einzelnen Grundstücke aufgeteilt worden sind. Dem kann man entgegenhalten, dass eine solche Aufteilung dann nicht notwendig war, wenn neben dem Gesamtausgebot gar keine Einzelausgebote erfolgten (vgl. § 63 Abs. 4). Aber im Hinblick darauf, dass die Gerichte insbesondere bei der Anmeldung von Ansprüchen der Rangklasse 3 auf getrennte Anmeldung drängen (so auch Böttcher/*Böttcher* in § 63 Rz. 2), ist es etwas inkonsequent, diese Ansprüche im Rahmen des § 112 plötzlich als „Gesamtanspruch" einzuordnen.

es unterschiedliche Ansichten. Nach *Stöber*[3] entnimmt man in einem solchen Fall gemäß Absatz 1 nur die Verfahrenskosten, evtl. auch noch gesamtschuldnerische Ansprüche der Rangklassen 1 und 3, aber nicht die Barzahlungsansprüche der Gesamtrechte aus Rangklasse 4. Dann wird der Erlös gemäß Absatz 2 auf die Grundstücke aufgeteilt, um die Kosten und Zinsen der Einzelrechte am jeweils belasteten Grundstück im richtigen Rangverhältnis zu entnehmen. Bevor als nächstes das Gesamtrecht zu berücksichtigen wäre, werden die (restlichen) Einzelmassen wieder zusammengerechnet, um nun die Kosten und Zinsen dieses Gesamtrechts zu entnehmen usw.[4]

2. Hinzurechnung der bestehen bleibenden Rechte (Abs. 2 Satz 2)

Der nach Absatz 1 berechneten **Restteilungsmasse**[5] sind die bestehen bleibenden Rechte hinzuzurechnen. Das sind die Rechte, welche nach den Versteigerungsbedingungen (seien es die nach den gesetzlichen (§ 52 ZVG) oder die nach § 59 ZVG abgeänderten Bedingungen) bestehen bleiben. Nicht hinzugerechnet werden Rechte, die gemäß § 91 Abs. 2 oder aufgrund einer besonderen Vorschrift (z. B. gemäß § 9 Abs. 1 EGZVG) bestehen bleiben. 7

Bei Grundpfandrechten ist der jeweilige **Kapitalbetrag** maßgeblich; bei Rechten der Abt. II ist der gemäß § 51 Abs. 2 ZVG festgesetzte **Zuzahlungsbetrag** hinzuzurechnen. Ein bestehen bleibendes Gesamtrecht, das alle Grundstücke belastet, kann bei der Berechnung nach Absatz 2 außer Betracht bleiben. 8

3. Verteilung im Verhältnis der Grundstückswerte (Abs. 2 Satz 1)

Der errechnete Betrag[6] wird auf die einzelnen Grundstücke im Verhältnis der Grundstückswerte aufgeteilt. Dieser Berechnung sind nach übereinstimmender Ansicht die nach § 74a Abs. 5 ZVG festgesetzten Grundstückswerte zugrunde zu legen. 9

4. Abzug der bestehen bleibenden Rechte (Abs. 2 Sätze 3 und 4)

Da in den jetzt ermittelten Einzelmassen die bestehen bleibenden Rechte mit enthalten sind, müssen diese wieder nach Absatz 2 Satz 3 abgezogen werden. Besteht ein solches Recht an mehreren der versteigerten Grundstücke, so ist dieses nach Absatz 2 Satz 4 im Verhältnis der damit belasteten Grundstücke aufzuteilen und nur der entsprechende Teilbetrag abzuziehen. Eine Gesamtbelastung, die bei dem o. a. zweiten Schritt nicht hinzugerechnet worden ist (siehe Rz. 8), kann jetzt selbstverständlich auch nicht wieder (teilweise) abgezogen werden.[7] 10

5. Weitere Verteilung

Die bei den einzelnen Grundstücken errechneten Erlösüberschüsse werden nun auf die übrigen Ansprüche entsprechend ihrer Rangstelle zugeteilt. Sind hierbei (erlö- 11

---

3) Stöber/*Nicht*, ZVG, § 112 Rz. 11 bis 13 (mit Beispiel).

4) A. A. Böttcher/*Böttcher*, ZVG, § 112 Rz. 3; Dassler/Schiffhauer/u. a.-*Hintzen*, ZVG, § 112 Rz. 9; Schneider-*Schneider*, ZVG, § 112 Rz. 20.

5) Im Gesetz als „Überschuss" bezeichnet.

6) Im Gesetz auch wieder als „Überschuss" bezeichnet.

7) Zur Kontrolle: Die Summe der Abzüge (Abs. 2 Satz 3) muss genau so hoch sein wie die Summe der Hinzurechnungen (Abs. 2 Satz 2).

schende) Gesamtrechte zu berücksichtigen, muss eine Aufteilung gemäß § 122 ZVG vorgenommen werden (Einzelheiten hierzu siehe bei § 122 ZVG).

IV. Notleidende Einzelmasse (Abs. 3)

12 Sind die bestehen bleibenden Rechte bei einem Grundstück sehr hoch, kann dies bei der nach den Absätzen 1 und 2 vorzunehmenden Berechnung dazu führen, dass kein oder ein unzureichender Erlös verbleibt; der errechnete Betrag kann sogar ins Minus gehen. In diesen Fällen spricht man von einer „notleidenden Masse". Damit sichergestellt ist, dass alle im Mindestbargebot enthaltenen Ansprüche sowie die nach § 63 Abs. 4 Satz 1 ZVG das Mindestbargebot beim Gesamtausgebot erhöhenden Beträge auch tatsächlich befriedigt werden können, sieht Absatz 3 einen Ausgleich vor.

13 Der notleidende Anteil wird um den Fehlbetrag erhöht. Diese Erhöhung geht zulasten der anderen Einzelmassen; damit vermindern sich diese insgesamt um diesen Fehlbetrag. Die Aufteilung auf einzelnen Massen geschieht nach h. M. im Verhältnis der festgesetzten Verkehrswerte.[8)]

V. Rechtsbehelfe

14 Die Frage, welches der richtige Rechtsbehelf ist, wird unterschiedlich beantwortet: Nach Meinung des Bundesgerichtshofs können sich die Beteiligten gegen die nach ihrer Ansicht nach falsche oder unterlassene Anwendung des § 112 ZVG mit **sofortiger Beschwerde** wehren.[9)] Fast sämtliche Kommentatoren meinen dagegen, dass als alleiniger Rechtsbehelf gegen den Teilungsplan nur der **Widerspruch** infrage kommt.[10)] Da in § 115 ZVG nur vom Widerspruch die Rede ist, kann nur die zweite Ansicht überzeugen. Wegen der Einzelheiten siehe § 115 Rz. 7 ff. [*Bachmann*].

VI. Beispiele

1. Beispiel

Sachverhalt:

15 In einem verbundenen Versteigerungsverfahren sind drei Grundstücke im Gesamtausgebot zugeschlagen worden. Die Gerichtskosten (§ 109 ZVG) sind mit 7.000 €

---

8) Böttcher/*Böttcher*, ZVG, § 112 Rz. 7; Stöber/*Nicht*, ZVG, § 112 Rz. 28; Dassler/Schiffhauer/u. a.-*Hintzen*, ZVG, § 112 Rz. 15; BeckOK-*Riedel*, ZVG, § 112 Rz. 17; Schneider-*Schneider*, ZVG, § 112 Rz. 36.

9) Z. B. BGH, Beschl. v. 19.2.2009 – V ZB 54/08, Rpfleger 2009, 401 = MDR 2009, 769: *„Im Gesetz ausdrücklich geregelt ist mit dem Widerspruch… zwar nur der Rechtsbehelf für materiell-rechtliche Einwendungen gegen den Teilungsplan. Dies schließt die Geltendmachung von Verfahrensverstößen bei dessen Aufstellung aber nicht aus. Sie können nach allgemeinen Grundsätzen mit der sofortigen Beschwerde gerügt werden."* Auch das LG Tübingen hält die sofortige Beschwerde für statthat und bezeichnet dies als *„wohl herrschende Meinung"*; LG Tübingen, Beschl. v. 22.4.2016 – 5 T 73/16, openJur 2016, 7651; BeckOK-Riedel, ZVG, § 112 Rz. 18 und 113 Rz. 14.

10) So z. B. Stöber/*Nicht*, ZVG, § 112 Rz. 31 und § 115 Rz. 17 ff.; jetzt auch Dassler/Schiffhauer/u. a.-*Hintzen*, ZVG, § 112 Rz. 21 und § 115 Rz. 12 ff.; Böttcher/*Böttcher*, ZVG, § 113 Rz. 10 und 10a; Schneider-*Schneider*, ZVG, § 112 Rz. 38, der in seiner Fn. 26 jedoch zu Unrecht *Depré/Bachmann* als Vertreter der a. A. bezeichnet; denn bereits in der 2. Auflage sind die oben aufgeführten Sätze enthalten.

errechnet worden. In Rangklasse 3 sind öffentliche Grundstückslasten getrennt angemeldet worden:

auf dem Grundstück 1: 50,00 €,

auf dem Grundstück 2: 100,00 €,

auf dem Grundstück 3: 200,00 €.

Die Nebenleistungen der bestehen bleibenden Rechte sind jeweils mit 10 % für 1 Jahr zu berücksichtigen.

Die Belastungsübersicht hinsichtlich der **bestehen bleibenden Rechte** sieht folgendermaßen aus: 16

Belastung	Grundstück 1 VKW: 50.000 €	Grundstück 2 VKW: 100.000 €	Grundstück 3 VKW: 200.000 €
III/1	27.000 €	–	–
III/2	–	50.000 €	–
III/3	–	20.000 €	20.000 €
III/4	–	–	23.000 €
III/5	20.000 €	20.000 €	20.000 €

Die Teilungsmasse beträgt insgesamt: 110.00 €.

Eine **Verteilung** nach § 112 ZVG **ist erforderlich** (z. B. weil der Erlös nicht für alle Berechtigte ausreicht, da mehrere persönliche Gläubiger betreiben; weil die Grundstücke verschiedenen Eigentümern gehören). 17

Berechnung gemäß § 112:

Teilungsmasse	110.000 €
Abzüglich Gerichtskosten	7.000 €
Abzgüglich Nebenleistung des Gesamtrechts III/5	2.000 €
Rest („Überschuss" i. S. v. § 112 Abs. 2)	101.000 €
Zuzüglich der bestehen bleibenden Rechte[11)] III/1 III/2 III/3 III/4	 + 27.000 € + 50.000 € + 20.000 € + 23.000 €
Summe	221.000 €

11) Hier ohne das Gesamtrecht III/5, da dies rechnerisch im Ergebnis nichts ändert; denn bei dem nachfolgenden Rechenschritt (siehe Rz. 18) müsste dieses Recht (aufgeteilt im Verhältnis der Verkehrswerte) von allen Grundstücken wieder abgezogen werden.

18 Dieser Betrag wird gemäß § 112 Abs. 2 Satz 1 ZVG im Verhältnis der Verkehrswerte auf die drei Grundstücke verteilt.

	Grundstück 1	Grundstück 2	Grundstück 3
Anteiliger Betrag	31.571,42 €	63.142,86 €	126.285,72 €
Abzgl. III/1	– 27.000,00 €	–	–
Abzgl. III/2	–	– 50.000,00 €	–
Abzgl. III/3 (aufgeteilt)	–	– 6.666,67 €	– 13.333,33 €
Abzgl. III/4	–	–	– 23.000,00 €
Bar-Erlösanteile	**4.571,42 €**	**6.476,19 €**	**89.952,39 €**

Zuteilung noch offener Ansprüche			
Rangklasse 3	50,00 €	100,00 €	200,00 €
Zinsen III/1	2.700,00 €		
Zinsen III/2		5.000,00 €	
Zinsen III/3		666,67 €	1.333,33 €
Zinsen III/4			2.300,00 €
Rest	**1.821,42 €**	**709,52 €**	**86.119,06 €**

19 Die Ansprüche aus dem geringsten Gebot sind damit alle gedeckt. Aus den verbleibenden Restbeträgen (zusammen: 88.650 €) sind die weiteren Ansprüche aus der Schuldenmasse zu befriedigen.[12)]

2. Beispiel mit notleidender Einzelmasse:

20 Dasselbe Beispiel wie oben mit nur **einer Änderung**:

21 Das bestehen bleibende Recht III/2 beträgt jetzt: 60.000 €, die Zinsen somit 6.000 €.

Berechnung gemäß § 112 ZVG:

Teilungsmasse	110.000 €
Abzüglich Gerichtskosten	7.000 €
Abzgüglich Nebenleistung des Gesamtrechts III/5	2.000 €
Rest („Überschuss" i. S. v. § 112 Abs. 2)	101.000 €

12) Sind nur noch betreibende Gläubiger von Gesamtansprüchen vorhanden (hierzu zählen auch Gläubiger der Rangklasse 5, die in alle Grundstücke betreiben) und gehören die Grundstücke demselben Eigentümer, dann wäre die Berechnung überflüssig gewesen.

Zuzüglich der bestehen bleibenden Rechte[13)]	
III/1	+ 27.000 €
III/2	+ 60.000 €
III/3	+ 20.000 €
III/4	+ 23.000 €
Summe	231.000 €

Dieser Betrag wird gemäß § 112 Abs. 2 Satz 1 ZVG im Verhältnis der Verkehrswerte auf die drei Grundstücke verteilt. 22

	Grundstück 1	Grundstück 2	Grundstück 3
Anteiliger Betrag	33.000,00 €	66.000,00 €	132.000,00 €
Abzgl. III/1	– 27.000,00 €	–	–
Abzgl. III/2	–	– 60.000,00 €	–
Abzgl. III/3 (aufgeteilt)	–	– 6.666,67 €	– 13.333,33 €
Abzgl. III/4	–	–	– 23.000,00 €
Bar-Erlösanteile	**6.000,00 €**	**– 666,67 €**	**95.666,67 €**
Zuteilung noch offener Ansprüche			
Rangklasse 3	50,00 €	100,00 €	200,00 €
Zinsen III/1	2.700,00 €		
Zinsen III/2		6.000,00 €	
Zinsen III/3		666,67 €	1.333,33 €
Zinsen III/4			2.300,00 €
Rest	**3.250,00 €**	**– 7.433,34 €**	**91.833,34 €**
Ausgleich des Fehlbetrags[14)]	1.486,67 €	+ 7.433,34 €	5.946,67 €
Resterlöse:	**1.763,33 €**	0	**85.886,67 €**

Die Ansprüche aus dem geringsten Gebot sind damit alle gedeckt. Aus den verbleibenden Restbeträgen (zusammen: 87.650 €) sind die weiteren Ansprüche aus der Schuldenmasse zu befriedigen. Wenn ein Beteiligter, der nur ein Befriedigungsrecht an Grundstück 1 oder 3 hat, nur infolge des Ausgleichs des Fehlbetrags einen Ausfall erleidet, hat er keinen Bereicherungsanspruch gegen den Berechtigten, der von dem 23

13) Hier ohne das Gesamtrecht III/5, da dies rechnerisch im Ergebnis nichts ändert (vgl. Fn. 11).

14) Dieser Ausgleich erfolgt nach h. M. im Verhältnis der Verkehrswerte der beiden anderen Grundstücke.

Ausgleich profitiert hat. Dieser hat die Zuteilung nicht ohne Rechtsgrund erhalten; sie beruht auf Gesetz (auf §§ 44, 112 ZVG).[15]

15) So Dassler/Schiffhauer/u. a.-*Hintzen*, ZVG, § 112 Rz. 20; Schneider-*Schneider*, ZVG, § 112 Rz. 37; offengelassen bei Stöber/*Nicht*, ZVG, § 112 Rz. 30.

§ 113
Aufstellung des Teilungsplans

(1) In dem Verteilungstermin wird nach Anhörung der anwesenden Beteiligten von dem Gericht, nötigenfalls mit Hilfe eines Rechnungsverständigen, der Teilungsplan aufgestellt.

(2) In dem Plan sind auch die nach § 91 nicht erlöschenden Rechte anzugeben.

Literatur: *Perger*, Zustellung des Teilungsplanes und Auszahlung des Versteigerungserlöses, Rpfleger 1991, 45.

Übersicht

I. Allgemeines

1 Im Termin zur Verteilung des Erlöses (§ 105 ZVG) muss festgestellt werden, wie der Versteigerungserlös an wen und in welcher Höhe verteilt wird. Zur Vorbereitung des Verfahrens kann das Gericht gemäß § 106 Satz 1 ZVG die Beteiligten förmlich auffordern, eine Berechnung ihrer Ansprüche einzureichen. In diesem Fall muss das Gericht einen vorläufigen Teilungsplan anfertigen und ihn spätestens drei Tage vor dem Termin auf der Geschäftsstelle zur Einsicht der Beteiligten niederlegen (§ 106 Satz 2 ZVG).

2 Aber auch wenn das Gericht die Beteiligten nicht nach § 106 ZVG auffordert,[1] wird es vor dem Verteilungstermin einen **Entwurf des Teilungsplans** erstellen. Endgültig wird er erst im Verteilungstermin nach Anhörung der Beteiligten aufgestellt (Abs. 1). Dies geschieht grundsätzlich durch einen entsprechenden Beschluss. Dieser hat zwar nicht die Bedeutung eines Richterspruchs wie der Zuschlag; er stellt jedoch die Grundlage für die Verteilung des Erlöses an die Berechtigten dar.

1) In der Praxis wird von der Möglichkeit des § 106 ZVG meistens kein Gebrauch gemacht.

Da Nachtragsverteilungen grundsätzlich unzulässig sind,[2] müssen in diesem Teilungsplan auch eventuell in Frage kommende weitere Zuteilungen mit geregelt werden; dies geschieht durch Hilfszuteilungen.[3] 3

II. Teilungsplan

1. Aufstellung

Der Teilungsplan kann erst im Verteilungstermin nach Anhörung der Beteiligten endgültig festgestellt werden. Durch weitere Anmeldungen, durch Erhebung von Widersprüchen oder durch sonstige Prozesshandlungen der Beteiligten (z. B. Geltendmachung eines Zuzahlungsanspruchs, vgl. § 125 ZVG) kann es erforderlich werden, den Entwurf des Teilungsplans zu ändern oder zu ergänzen. Die Beteiligten können sich im Rahmen der Anhörung auch über streitige Punkte vergleichen.[4] Die Wahrnehmung des Verteilungstermins durch die Beteiligten ist nicht vorgeschrieben.[5] Jedoch ist es gerade im Hinblick auf die Anhörung sinnvoll, zumindest in nicht ganz eindeutigen Fällen am Verteilungstermin teilzunehmen.[6] 4

Ob der **Teilungsplan** an die Beteiligten **zuzustellen** ist, ist sehr **umstritten.** Mit *Stöber*[7] bin ich der Ansicht, dass eine Zustellung des Teilungsplans an die Beteiligten und den Ersteher nicht vorgeschrieben ist.[8] Auch wenn man die Zulässigkeit einer sofortigen Beschwerde bejaht,[9] besagt dies allein noch nichts über die Notwendigkeit der Zustellung des Teilungsplans aus. die Beschwerdefrist beginne nach einer weit verbreiteten Meinung mit Verkündung des Teilungsplans im Verteilungstermin.[10] 5

---

2) Vgl. hierzu Stöber/*Nicht*, ZVG, § 113 Rz. 7; so auch Dassler/Schiffhauer/u. a.-*Hintzen*, ZVG, § 113 Rz. 3.

3) Oft auch als „Eventualzuteilung" oder „bedingte Zuteilung" bezeichnet.

4) Nach Stöber*Nicht*, ZVG, § 113 Rz. 6 kann sich dieser Vergleich auch auf verfahrensfremde Gegenstände beziehen.

5) In der Praxis finden die meisten Verteilungstermine statt, ohne dass jemand von den Beteiligten anwesend ist.

6) Beispielsweise wenn mit Widerspruch gegen den eigenen Anspruch zu rechnen ist oder wenn man selbst noch Widerspruch erheben möchte; zur Geltendmachung einer Zuzahlungspflicht; zur Stellung eines Antrags gemäß § 130a usw.

7) Stöber/*Nicht*, ZVG, § 113 Rz. 22: Für die Zustellung des Teilungsplans gibt es keine gesetzliche Grundlage.

8) So z. B. OLG Stuttgart, Beschl. v. 25.11.1999 – 8 W 140/99, Rpfleger 2000, 226; OLG Koblenz, InVo 1998, 81; OLG Karlsruhe, Beschl. v. 16.12.1994 – 11 W 182/94, Rpfleger 1995, 427; a. A. BGH, Beschl. v. 19.2.2009 – V ZB 54/08, Rpfleger 2009, 401; OLG Hamm, Beschl. v. 15.4.1985 – 15 W 75/85, Rpfleger 1985, 483; unentschieden BeckOK-*Riedel*, ZVG, § 113 Rz. 11.

9) *Stöber* hält die sofortige Beschwerde zu Recht für nicht zulässig, Stöber/*Nicht*, ZVG, § 115 Rz. 18; deshalb kommt für ihn auch § 329 Abs. 3 ZPO überhaupt nicht in Betracht; so jetzt auch Dassler/Schiffhauer/u. a.-*Hintzen*, ZVG, § 113 Rz. 12–14; Böttcher/*Böttcher*, ZVG, § 113 Rz. 10; Schneider-*Schneider*, ZVG, § 113 Rz. 24.

10) So OLG Stuttgart, Beschl. v. 25.11.1999 – 8 W 140/99, Rpfleger 2000, 226; OLG Koblenz, InVo 1998, 81; OLG Karlsruhe, Beschl. v. 16.12.1994 – 11 W 182/94, Rpfleger 1995, 427; a. A. BGH, Beschl. v. 19.2.2009 – V ZB 54/08, Rpfleger 2009, 401; OLG Hamm, Beschl. v. 15.4.1985 – 15 W 75/85, Rpfleger 1985.

2. Inhalt

6 Der Inhalt eines Teilungsplans ist im Gesetz nur teilweise festgelegt. In der Praxis hat sich folgende Gliederung bewährt:

a) Vorbemerkungen

7 In diesem Abschnitt werden **stichwortartig bestimmte Daten** zusammengestellt, welche für die weiteren Berechnungen im Teilungsplan von Bedeutung sind,[11] z. B.

- Bezeichnung des betroffenen Grundstücks (zur näheren Bezeichnung des nachfolgenden Teilungsplans),
- Meistbargebot (für die Teilungsmasse, § 107 ZVG),
- Zuschlagsdatum (für Beginn der Bargebotszinsen, für Ende der Zinsen bestehen bleibender Rechte),
- Datum des Verteilungstermins (für Ende der Bargebotszinsen, für Ende der Zinsen erlöschender Rechte),
- bestbetreibender Gläubiger (für Abgrenzung zwischen bestehen bleibenden und erlöschenden Rechten, § 44 ZVG),
- festgesetzter Verkehrswert (für die Berechnung der Kosten),
- Tag der ersten Beschlagnahme (für Trennung zwischen laufenden und rückständigen wiederkehrenden Leistungen, § 13 ZVG).

b) Teilungsmasse

8 Die Teilungsmasse setzt sich zusammen aus dem **Meistbargebot** (§ 49 Abs. 1 ZVG) und den **Meistbargebotszinsen** (§ 49 Abs. 2 ZVG) vom Zuschlag (einschließlich) bis zum Verteilungstermin (ausschließlich). Unter Umständen sind gar keine Zinsen oder weniger Zinsen zu berücksichtigen; siehe hierzu § 49 Abs. 4 ZVG.

c) Bestehen bleibende Rechte

9 Nach der ausdrücklichen Regelung in Absatz 2 sind die bestehen bleibenden Rechte **im Teilungsplan anzugeben**. Aufzuführen sind die Rechte, die nach § 52 ZVG oder aufgrund abweichender Versteigerungsbedingungen (§ 59 ZVG) bestehen bleiben. Soweit das Liegenbelassen eines Rechts nach § 91 Abs. 2 ZVG vereinbart ist, muss nach h. M. auch dieses Recht aufgeführt werden.[12] Nicht anzugeben sind die Rechte, die „außerhalb des geringsten Gebots" bestehen bleiben (z. B. Altenteil oder altrechtliche Grunddienstbarkeit nach § 9 EGZVG i. V. m landesrechtlichen Vorschriften). Zu Einzelheiten siehe § 52 Rz. 9 ff. [*Bachmann*].

---

11) Stöber/*Nicht*, ZVG, § 113 Rz. 9 hält diesen Abschnitt zwar für überflüssig; in der Praxis hat sich diese Kurzdarstellung jedoch bewährt – gleichsam als Gedankenstütze. Ähnlich auch Böttcher/*Böttcher*, ZVG, § 113 Rz. 2; Schneider-*Schneider*, ZVG, § 113 Rz. 14.

12) Vgl. Stöber/*Nicht*, ZVG, § 113 Rz. 14; Böttcher/*Böttcher*, ZVG, § 113 Rz. 4; Dassler/Schiffhauer/u. a.-*Hintzen*, ZVG, § 113 Rz. 11; Schneider-*Schneider*, ZVG, § 113 Rz. 15.

d) Schuldenmasse

In diesem Abschnitt sind neben den nach § 109 ZVG vorweg zu entnehmenden Verfahrenskosten **alle Ansprüche aufzuführen**, für die ein **Recht auf Befriedigung** aus dem Versteigerungserlös besteht (§ 114 ZVG). Diese werden entsprechend ihrer Rangfolge (§§ 10 bzw. 110 ZVG) einzeln aufgeführt, wobei gemäß § 12 ZVG die Reihenfolge Kosten, Nebenleistungen, Hauptanspruch eingehalten werden sollte. 10

Die Praxis vieler Versteigerungsgerichte ist hier teilweise anders: Meistens werden in der Schuldenmasse nur die Ansprüche aufgeführt, die dann bei der Zuteilung auch tatsächlich zum Zuge kommen. Insbesondere im Hinblick auf etwa erforderliche Hilfszuteilungen (z. B. gemäß §§ 50, 51, 125 ZVG) sollten in der Schuldenmasse aber **alle Ansprüche** aufgeführt werden.[13] Hierbei genügt es jedoch, wenn sicher ausfallende Ansprüche unter allgemeiner Bezeichnung aufgeführt werden; Kosten, Zinsen und sonstige Nebenleistungen brauchen dann **nicht ausgerechnet** zu werden. Wenn die Höhe des Anspruchs dann wider Erwarten doch eine Rolle spielt, kann dies anhand der bereits vorgetragenen Daten leicht nachgeholt werden.[14] 11

e) Zuteilung

In diesem Abschnitt wird festgestellt, **wer und in welcher Höhe** ein Anspruch aus der Schuldenmasse zum Zuge kommt. Während bei der Schuldenmasse der Anspruch und seine genaue Höhe im Vordergrund steht, ist hier auch festzustellen, wem genau der entsprechende Anspruch zusteht; hier steht also der **Berechtigte** bzw. ein empfangsberechtigter Vertreter im Vordergrund. Deshalb sind hier auch Abtretungen, Pfandrechte und sonstige Verfügungsbeschränkungen zu beachten; aber auch eine Beschränkung der Berechtigung (z. B. infolge einer Sicherungsvollstreckung, § 720a ZPO) ist zu berücksichtigen. 12

Nach *Stöber*[15] hat die Zuteilung des Meistbargebots einschließlich Bargebotszinsen und die Zuteilung eines etwaigen Zuzahlungsbetrags (§ 125 ZVG) gesondert zu erfolgen. 13

Der **Ausfall** eines Berechtigten oder die Art der Planausführung gehören **nicht** in den **Teilungsplan.** 14

f) Hilfszuteilung

In manchen Fällen ist eine Hilfszuteilung erforderlich. Diese sind ebenfalls im Teilungsplan unter **Angabe der entsprechenden Bedingung** und der jeweiligen Höhe der Zuteilung darzustellen. 15

Hilfszuteilungen kommen in Betracht bei §§ 119, 120, 121 Abs. 2, § 123, 124, 125 Abs. 2, 126 ZVG. 16

---

13) So auch Böttcher/*Böttcher*, ZVG, § 113 Rz. 5; Stöber/*Nicht*, ZVG, § 113 Rz. 11 und § 114 Rz. 7; Dassler/Schiffhauer/u. a.-*Hintzen*, ZVG, § 113 Rz. 4; Schneider-*Schneider*, ZVG, § 113 Rz. 18.

14) So Stöber/*Nicht*, ZVG, § 114 Rz. 7; Dassler/Schiffhauer/u. a.-*Hintzen*, ZVG, § 113 Rz. 4.

15) Stöber/*Nicht*, ZVG, § 113 Rz. 12.

3. Ausführung

17 Die Ausführung des Teilungsplans ist bei **Zahlung des Meistbargebots** in § 117 ZVG geregelt. Ergänzt wird diese Vorschrift durch §§ 120, 124 Abs. 2 ZVG. Soweit das Bargebot **nicht berichtigt** wird, richtet sich die **Ausführung nach § 118 ZVG.** Wegen der Einzelheiten wird auf die Kommentierung dieser Vorschriften verwiesen.

18 Die Art der Planausführung ist im Protokoll über den Verteilungstermin festzustellen. Ein insoweit verkündeter Beschluss ist nach Ansicht des Bundesgerichtshofes zuzustellen.[16)] Hierbei wird zum einen aber übersehen, dass für die Ausführung des Teilungsplans regelmäßig gar kein besonderer Beschluss notwendig ist. Wenn es z. B. in § 117 Abs. 2 Satz 1 ZVG heißt, dass die Auszahlung anzuordnen ist, dann heißt dies nicht, dass ein entsprechender „Anordnungsbeschluss" ergehen müsste. Vielmehr richtet sich diese „Anordnung" an das Gericht selbst, im Anschluss an den Termin die Überweisung zu veranlassen, also eine Auszahlungsanordnung zu erlassen. Dasselbe gilt für die Anordnung der Hinterlegung (z. B. gemäß § 117 Abs. 2 Satz 3 ZVG). Zum anderen wird zu Unrecht davon ausgegangen, dass bei verfahrensrechtlichen Fehlern bei der Planaufstellung als Rechtsbehelf die sofortige Beschwerde in Frage komme.

III. Rechtsbehelfe

1. Widerspruch (§ 115 ZVG)

19 Mit dem Widerspruch gemäß § 115 ZVG wird geltend gemacht, dass der Teilungsplan **unrichtig** ist. Dies ist z. B. der Fall, wenn bei der Schuldenmasse, beim Rang, bei der empfangsberechtigten Person Fehler gemacht worden sind.

2. Sofortige Beschwerde (§ 793 ZPO)

20 Nach Ansicht des Bundesgerichtshofes beruft, sei jedoch sofortige Beschwerde gemäß § 793 ZPO einzulegen, wenn **gegen Verfahrensvorschriften verstoßen** wurde.[17)] Hierbei werden folgende Beispiele genannt:

- fehlerhafte Berechnung der Teilungsmasse,
- Nichtberücksichtigung einer Liegenbelassungserklärung,
- Nichtbeachtung eines Widerspruchs usw.

21 Wegen Beginn der Beschwerdefrist siehe Rz. 5.

22 Dem hat *Stöber*[18)] zu Recht widersprochen und darauf hingewiesen, dass der Widerspruch nach § 115 ZVG als lex specialis als einziger Rechtsbehelf gegen den Teilungsplan infrage komme. Inzwischen haben sich auch *nahezu alle Kommentatoren* dieser Ansicht angeschlossen.

---

16) BGH, Beschl. v. 19.2.2009 – V ZB 54/08, Rpfleger 2009, 401.

17) Beispielsweise BGH, Beschl. v. 1.2.2007 – V ZB 80/06, Rpfleger 2007, 336 = MDR 2007, 796; BGH, Beschl. v. 19.2.2009 – V ZB 54/08, Rpfleger 2009, 401 = MDR 2009, 769.

18) Stöber/*Nicht*, ZVG, § 113 Rz. 18 und § 115 Rz. 18 ff.; Böttcher/*Böttcher*, ZVG, § 113 Rz. 10; Dassler/Schiffhauer/u. a.-*Hintzen*, ZVG, § 113 Rz. 14; Schneider-*Schneider*, ZVG, § 113 Rz. 24; zu Einzelheiten siehe § 115 Rz. 7 ff. [*Bachmann*]; a. A. (noch) BeckOK-*Riedel*, ZVG, § 113 Rz. 14.

3. Klage

Auch wenn kein Widerspruch erhoben worden ist oder nach einem eingelegten Widerspruch nicht rechtzeitig die Klageerhebung nachgewiesen worden ist, kann trotzdem noch eine Bereicherungsklage erhoben werden (§ 812 BGB); denn das einem Gläubiger zustehende materielle Recht geht durch das Versäumnis nicht verloren (§ 878 Abs. 2 ZPO). 23

IV. Sonstiges

1. Beispiel eines Teilungsplans

Sachverhalt:

Im Grundbuch von Neustadt (Amtsgericht Neustadt) Blatt 1000 ist der Schuldner *Stefan Müller* als **Eigentümer** des folgenden Grundstücks eingetragen: 24

Lfd. Nr. 1 – FlNr. 5567/13 – Gebäude- und Freifläche, Im Erbisch 22–24 zu 25,30 Ar.

Das Grundstück ist wie folgt belastet **(Rangstatus)**:

III/1 – 300.000 € – Grundschuld ohne Brief für die Sparkasse Rhein-Haardt, 15 % Zinsen, kalenderjährlich nachträglich; … eingetragen am 20.5.2000.

II/1 – beschränkte persönliche Dienstbarkeit (Stromleitungsrecht) für die Pfalzwerke AG in Ludwigshafen; … eingetragen am 30.9.2000. Im Versteigerungstermin ist für dieses Recht ein Zuzahlungsbetrag in Höhe von 500 € festgesetzt worden (§ 51 Abs. 2 ZVG).

III/2 – 50.000 € – Grundschuld für den Eigentümer *Stefan Müller*, Neustadt; 10 % Jahreszinsen, monatlich nachträglich zahlbar; … eingetragen am 22.5.2001.

III/3 – 20.000 € – Zwangssicherungshypothek für *Gustav Globisch* in Mannheim, 10 % Zinsen jährlich; … eingetragen am 30.11.2021.

II/2 – Zwangsversteigerungsvermerk – 2 K 16/13. Eingetragen am 5.2.2022.

III/4 – 10.000 € – Sicherungshypothek für Xaver Geiger, Karlsruhe; 10 % Zinsen seit dem 1.1.2019; … eingetragen am 1.3.2022.

Betreibende Gläubiger:

1. *Claus Behrentz* wegen eines titulierten Zahlungsanspruchs von 10.000 € nebst 4 % Zinsen seit 1.1.2021. Zustellung des AO-Beschlusses an den Schuldner: 1.2.2022
2. *Xaver Geiger* wegen des dinglichen Anspruchs aus der Sicherungshypothek Abt. III Nr. 4 in Höhe von 300,00 € Kosten, 10 % Zinsen aus 10.000 € seit 1.1.2022 und 10.000 € Kapital. Zustellung des Beitrittsbeschlusses an den Schuldner: 26.2.2022

Tag der 1. Beschlagnahme:	1.2.2022
Versteigerungstermin:	16.9.2022
Verkehrswert gemäß § 74a festgesetzt auf:	700.000 €
Meistbargebot:	200.000 €
Die Gerichtskosten sind endgültig berechnet auf:	7.700,00 €
Verteilungstermin:	16.12.2022

Folgende **rechtzeitigen Anmeldungen** sind zu berücksichtigen:

1. Stadtkasse Neustadt: Grundsteuer in Höhe von 100 €/pro Monat, rückständig seit dem 1.1.2019;
2. Sparkasse Rhein-Haardt Gläubigerin des Rechts III/1: 15 % Zinsen aus 300.000 € seit 1.1.2018;
3. *Gustav Globisch* (Gläubiger III/3):

a)	Kosten für die Eintragung der Zwangshypothek	72,00 €
b)	10 % Zinsen aus 20.000 € seit 1.1.2022	
c)	Kapital	10.000 €

25 Im Verteilungstermin meldet der Gläubiger Geiger seinen gesetzlichen Löschungsanspruch gegen die Eigentümergrundschuld III/2 an und beantragt, das Grundbuchersuchen gemäß § 130a ZVG auch auf die Eintragung einer Vormerkung bei dem Recht III/2 zu erstrecken.

I. Teilungsmasse:

1. Meistbargebot	200.000,00 €
2. 4 % Zinsen vom 16.9.22 – 15.12.22 (3 Mon.)	2.000,00 €
Summe:	202.000,00 €

II. Bestehen bleibende Rechte (§ 52 Abs. 1 ZVG):

Abt. II Nr. 1 – beschränkte persönliche Dienstbarkeit (Stromleitungsrecht) für die Pfalzwerke AG; Zuzahlungsbetrag gemäß § 51 Abs. 2 ZVG festgesetzt auf	500,00 €
Abt. III Nr. 1 – Grundschuld ohne Brief für die Sparkasse Rhein-Haardt	300.000,00 €
Abt. III Nr. 2 – Eigentümergrundschuld für Stefan Müller	50.000,00 €
Abt. III Nr. 3 – Zwangssicherungshypothek für Gustav Globisch	20.000,00 €
Summe der bestehen bleibenden Rechte:	**370.500,00 €**

III. Schuldenmasse

1. Gerichtskosten (§ 109 ZVG) laut Sachverhalt	7.700,00 €
2. Stadtkasse Neustadt, Grundsteuer (Rangklasse 3)	
Lfd. vom 1.10.2021 – 15.9.2022	1.150,00 €
Rst. vom 1.10.2019 – 30.9.2021	2.400,00 €
insgesamt	3.550,00 €
Die Grundsteuer vom 1.1.2019 – 30.9.2019	
kommt in Rangklasse 7 (§ 10 Abs. 1 Nr. 7 ZVG)	
3. Sparkasse Rhein-Haardt, Ansprüche aus der Grundschuld III/1	
15 % Zinsen aus 300.000 €	
Lfd. vom 1.1.2021 – 15.9.2022 (605 Tage)	75.625,00 €
Rst. vom 1.1.2019 – 31.12.2020 (2 Jahre)	90.000,00 €
insgesamt	165.625,00 €

	Die Zinsen vom 1.1.2018–31.12.2018	
	kommen in Rangklasse 8 (§ 10 Abs. 1 Nr. 8 ZVG)	
4.	Eigentümergrundschuld III/2	
	erhält weder Kosten noch Zinsen (§ 1197 Abs. 2 BGB)	0 €
5.	Gustav Globisch, Ansprüche aus der Zwangshypothek III/3	
	Kosten gemäß §§ 10 Abs. 2, 12 Nr. 1 ZVG	72,00 €
	10 % Zinsen aus 20.000 €	
	Lfd. vom 1.2.2022–15.9.2022 (225 Tage)	1.250,00 €
	Rst. vom 1.1.2022–31.1.2022 (30 Tage)	166,67 €
	insgesamt	1.488,67 €
6.	Claus Behrentz wegen des persönlichen Anspruchs	
	Kosten mangels Anmeldung	0 €
	4 % Zinsen aus 10.000 €	
	vom 1.1.2021–15.12.2022 (705 Tage)	783,33 €
	Hauptforderung	10.000,00 €
	insgesamt	10.783,33 €
7.	Xaver Geiger aus dem Recht III/4, aber in **Rangklasse 5** zu berücksichtigen	
	Kosten gemäß § 10 Abs. 2 ZVG	300,00 €
	10 % Zinsen aus 10.000 €	
	vom 1.1.2022–15.12.2022 (345 Tage)	958,33 €
	Hauptforderung	10.000,00 €
	insgesamt	11.258,33 €
8.	Ältere Grundsteuer (**Rangklasse 7**)	
	vom 1.1.2019–30.9.2019	900,00 €
9.	Ältere Zinsen des Rechts III/1 (**Rangklasse 8**)	
	vom 1.1.2018–31.12.2018 (1 Jahr)	45.000,00 €
Summe der Schuldenmasse:		246.305,33 €
IV.	**Zuteilung**	
1.	Landesjustizkasse Mainz	7.700,00 €
2.	Stadtkasse Neustadt, Liquidat III/2 voll	3.550,00 €
	Liquidat III/8 voll	900,00 €
3.	Sparkasse Rhein-Haardt, Liquidat III/3 voll	165.625,00 €
	Liquidat III/9 teilweise	694,67 €

4.	Gustav Globisch, Liquidat III/5	1.488,67 €
5.	Claus Behrentz, Liquidat III/6	10.783,33 €
6.	Xaver Geiger, Liquidat III/7	11.258,33 €
Damit ist die Teilungsmasse erschöpft.		202.000,00 €

26 **Anmerkungen** zu diesem Teilungsplan:

- Das Recht III/4 ist nach dem Zwangsversteigerungsvermerk eingetragen worden und würde deshalb mangels Anmeldung gar nicht berücksichtigt (§ 45 Abs. 1 ZVG). Bei rechtzeitiger Anmeldung könnte das Recht nur in **Rangklasse 6** ein gestuft werden (§ 10 Abs. 1 Nr. 6 ZVG). Da der Hypothekengläubiger jedoch die **Zwangsversteigerung betreibt, ist er in Rangklasse 5** zu berücksichtigen. Nach § 11 Abs. 2 ZVG richtet sich der Rang mehrerer betreibender Gläubiger nach dem Zeitpunkt der Beschlagnahme. **Also hat *Geiger* Rang nach *Behrentz*.**
- Auf eine **Eigentümergrundschuld** (hier Abt. III Nr. 2) können in der Zwangsversteigerung weder Kosten noch Zinsen zugeteilt werden (§ 1197 Abs. 2 BGB).
- Bei den **Zinsen einer Zwangssicherungshypothek** nimmt die h. M. für die Trennung zwischen laufenden und rückständigen Zinsen den Tag der 1. Beschlagnahme an (§ 13 Abs. 3 ZVG). Hinsichtlich der Eintragungskosten der Sicherungshypothek ist auf Folgendes hinzuweisen: Da für diese Kosten das Grundstück gemäß § 867 Abs. 1 Satz 3 ZPO bereits kraft Gesetzes haftet, ist eine entsprechende Eintragung im Grundbuch auch nicht zulässig. Somit sind diese Kosten aber nicht grundbuchersichtlich und müssen deshalb angemeldet werden, damit sie in der Zwangsversteigerung berücksichtigt werden können. Dies wird in der Praxis von den Gläubigern sehr oft übersehen. Laut Sachverhalt liegt rechtzeitige Anmeldung vor.
- Der Gläubiger *Geiger* hat im Teilungsplan seinen gesetzlichen Löschungsanspruch angemeldet und den Antrag nach § 130a ZVG gestellt. Beiden Begehren kann nicht entsprochen werden, da Geiger im Zwangsversteigerungsverfahren laut Teilungsplan voll befriedigt worden ist und damit sein Löschungsanspruch erloschen ist (§ 91 Abs. 4 Satz 2 ZVG). Die entsprechende „Anmeldung", die darauf abzielt, eine Zuzahlungspflicht des Erstehers festzustellen, wird der Gläubiger sicher auf entsprechende Belehrung hin zurückziehen. Auch der Antrag nach § 130a Abs. 2 ZVG braucht nicht förmlich zurückgewiesen werden; aber auch hier sollte man den Antragsteller im Rahmen des Art. 103 GG darauf hinweisen, dass dem Antrag nicht entsprochen werden kann.
- Hinsichtlich der bestehen bleibenden **Dienstbarkeit** ist im Versteigerungstermin zu Recht ein Zuzahlungsbetrag festgesetzt worden. Aber da sich aus dem Sachverhalt keine Anhaltspunkte ergeben, dass dieses Recht bei Zuschlagserteilung schon erloschen war, kommt auch hier keine Ergänzung des Teilungsplans i. S. d. § 125 Abs. 2 ZVG in Betracht.

2. Muster für ein Terminsprotokoll und einen Teilungsplan

Muster eines Protokolls über den Verteilungstermin können nachgelesen werden bei *Stöber* und *Schneider*.[19] 27

Muster eines weiteren Teilungsplans[20]

---

19) Stöber/*Nicht*, ZVG, § 113 Rz. 15 ff.; Schneider-*Schneider*, ZVG, § 113 Rz. 27.

20) Böttcher/*Böttcher*, ZVG, § 113 Rz. 12; BeckOK-*Sievers*, ZVG, § 114 Rz. 1 ff.

§ 114

Aufnahme angemeldeter Ansprüche

(1) In den Teilungsplan sind Ansprüche, soweit ihr Betrag oder ihr Höchstbetrag zur Zeit der Eintragung des Versteigerungsvermerks aus dem Grundbuch ersichtlich war, nach dem Inhalt des Buches, im übrigen nur dann aufzunehmen, wenn sie spätestens in dem Termin angemeldet sind. Die Ansprüche des Gläubigers gelten als angemeldet, soweit sie sich aus dem Versteigerungsantrag ergeben.

(2) Laufende Beträge wiederkehrender Leistungen, die nach dem Inhalt des Grundbuchs zu entrichten sind, brauchen nicht angemeldet zu werden.

Literatur: *Alff*, Der gesetzliche Löschungsanspruch im Verteilungsverfahren nach §§ 105 ff. ZVG, Rpfleger 2006, 241; *Drischler*, Die Verteilung des Versteigerungserlöses, RpflJB 1962, 322; *Drischler*, Das Altenteil in der Zwangsversteigerung, Rpfleger 1983, 229; *Eickmann*, Der Rang der Grundstücksrechte, RpflStud 1982, 74, 85; *Hagemann*, Die Tilgungshypothek im geringsten Gebot und Teilungsplan, RpflStud 1982, 25; *Hagemann*, Die Zwangssicherungshypothek in der Zwangsversteigerung, Rpfleger 1982, 165; *Keller*, Der Löschungsanspruch in der Zwangsversteigerung, RpflJB 1993, 213; *Limberger*, Die Zwangshypothek und die Arresthypothek im Zwangsversteigerungsverfahren, RpflStud 2002, 63; *Mayer*, Der gesetzliche Löschungsanspruch und der BGH, RpflStud 2005, 41; *Ripfel*, Zur Löschungsvormerkung im Zwangsversteigerungsverfahren, JurBüro 1970, 121; *Schiffhauer*, Die Grunddienstbarkeit in der Zwangsversteigerung, Rpfleger 1975, 187; *Stöber*, Der Streit um die Löschungsvormerkung nach § 1179 BGB in der Zwangsversteigerung, Rpfleger 1957, 205; *Stöber*, Löschungsvormerkung und gesetzlich vorgemerkter Löschungsanspruch, Rpfleger 1977, 399, 435; *Thöne*, Die isolierte Sicherungsgrundschuld – ein Geschenk des Himmels für den Schuldner?, ZfIR 2010, 448.

Übersicht

I. Allgemeines

1 § 114 ZVG regelt die Voraussetzungen, unter denen die einzelnen Ansprüche in den Teilungsplan aufgenommen werden. Die Vorschrift gilt für alle Versteigerungsarten des ZVG; jedoch trifft Absatz 1 Satz 2 bei der Teilungsversteigerung nicht zu, da es in diesem Verfahren keine betreibenden Gläubiger gibt.

2 Falls der Zuschlag auf Einzelausgebote erteilt worden ist, ist für jedes versteigerte Zuschlagsobjekt (Grundstück, Grundstücksbruchteil) grundsätzlich eine gesonderte Berechnung anzustellen.

3 In den Teilungsplan (Abschnitt: Schuldenmasse) werden alle Ansprüche aufgenommen, die entweder **grundbuchersichtlich sind oder angemeldet** worden sind. Hinsichtlich der Anmeldung muss jedoch unterschieden werden:

– Bei anmeldebedürftigen Ansprüchen bedeutet „rechtzeitige" Anmeldung, dass sie gemäß § 37 Nr. 4 ZVG bis spätestens im Versteigerungstermin vor der Aufforderung zur Abgabe von Geboten vorliegt. Eine Anmeldung nach diesem Zeitpunkt ist verspätet und führt zu einem Rangverlust nach § 110 ZVG. Ohne Anmeldung wird das betreffende Recht überhaupt nicht berücksichtigt.

– Die Anmeldung in § 114 ZVG, die noch bis zum Verteilungstermin möglich ist, sagt über die Rangfolge nichts aus; sie hat zunächst lediglich die Aufnahme eines Anspruchs im Teilungsplan im Sinn, an welcher Rangstelle auch immer. Gleichzeitig wird die Frage geregelt, unter welchen Voraussetzungen für ein aufzunehmendes Recht ein bestimmter Betrag angesetzt werden kann. Auch insoweit gilt der Grundsatz: Was nicht grundbuchersichtlich ist, muss angemeldet werden.

4 Die zu berücksichtigenden Ansprüche sind **alle in den Teilungsplan aufzunehmen**, ohne Rücksicht darauf, ob eine Zuteilung in Frage kommt oder nicht. Bei einem sicheren Ausfall[1] kann eine Berechnung der Einzelposten unterbleiben; jedoch sollten auch bei solchen Ansprüchen nach Kosten, Zinsen, Hauptanspruch unterschieden

1) Wo also kein Wegfall vorrangiger Ansprüche oder ein Zuzahlungsfall zu erwarten ist.

werden und die Berechnungsmerkmale angegeben werden (z. B. Zinssatz, Zinszeitraum).[2]

II. Berücksichtigung im Teilungsplan

1. Von Amts wegen

a) Verfahrenskosten (§ 109 ZVG)

Die nach § 109 ZVG aus dem Versteigerungserlös zu entnehmenden **Kosten des Verfahrens** werden **von Amts wegen** in den Teilungsplan aufgenommen. Sie haben Rang vor allen übrigen Ansprüchen. Zu diesen Kosten gehören aber nicht die Kosten für die Anordnung oder den Beitritt eines Gläubigers, die Kosten für den Zuschlag oder die Kosten von nachträglichen Verteilungsverhandlungen. 5

Soweit der betreibende Gläubiger einen Vorschuss geleistet hat, ist ihm dieser Betrag an dieser Rangstelle zuzuteilen; eine Anmeldung ist hierfür nicht erforderlich. Im Verhältnis zu dem Anspruch der Staatskasse hinsichtlich der restlichen Verfahrenskosten besteht für ihn Nachrang. Dagegen haben mehrere Vorschussgläubiger untereinander Gleichrang.[3] 6

b) Ansprüche, deren Betrag aus dem Grundbuch ersichtlich ist (Abs. 1 Satz 1 Halbs. 1)

Ein Anspruch wird im Teilungsplan dann von Amts wegen berücksichtigt, wenn sein **Betrag oder Höchstbetrag zur Zeit der Eintragung des Versteigerungstermins aus dem Grundbuch ersichtlich ist. Bei Grundpfandrechten ist der Kapital- bzw. Ablösungsbetrag grundbuchersichtlich.** Bei den Rechten in Abt. II des Grundbuchs ergibt sich der Betrag aus dem Grundbuch, wenn der Höchstbetrag des Wertersatzes gemäß § 882 BGB eingetragen ist. Im Übrigen bedarf es der Anmeldung, damit der Wertersatz des Rechts im Teilungsplan berücksichtigt werden kann. Hierbei gibt es Unterschiede: 7

Bei manchen Rechten sind zwar bestimmte Berechnungsmerkmale grundbuchersichtlich, aber nicht alle (z. B. voraussichtliche Dauer des Rechts ist grundbuchersichtlich, aber nicht der Jahreswert). Dann kann der nach § 92 ZVG zu bestimmende Wertersatz nur berechnet werden, wenn dieser Jahreswert angemeldet wird. 8

Wenn sich jedoch aus der **Eintragungsbewilligung** Berechnungsmerkmale ergeben, ist keine Anmeldung erforderlich; denn durch die Bezugnahme auf die Eintragungsbewilligung (§ 874 BGB) gelten diese Angaben als (mit)**eingetragen.** 9

---

2) So auch Stöber/*Nicht*, ZVG, § 114 Rz. 7; Böttcher/*Böttcher*, ZVG, § 113 Rz. 5; Dassler/Schiffhauer/u. a.-*Hintzen*, ZVG, § 113 Rz. 4; Schneider-*Schneider*, ZVG, § 113 Rz. 18.

3) So auch Stöber/*Nicht*, ZVG, § 109 Rz. 6; Böttcher/*Böttcher*, ZVG, § 109 Rz. 3; Schneider-*Schneider*, ZVG, § 114 Rz. 7; a. A. Dassler/Schiffhauer/u. a.-*Hintzen*, ZVG, § 109 Rz. 8; Gerichtskasse und vorschießender Gläubiger haben (auch) Gleichrang.
Dieses Rangverhältnis spielt dann eine wichtige Rolle, wenn der Ersteher nicht zahlt und die Forderung gegen den Ersteher auf die Zuteilungsberechtigten übertragen wird (§ 118 ZVG) sowie anschließend Sicherungshypotheken (§ 128 ZVG) eingetragen werden.

c) **Laufende Beträge wiederkehrender Leistungen (Abs. 2)**

10 Laufende wiederkehrende Leistungen, die nach dem Inhalt des Grundbuchs zu entrichten sind, brauchen nach Absatz 2 nicht angemeldet zu werden. Nach § 13 Abs. 1 Satz 1 ZVG versteht man unter den laufenden Leistungen[4)] den letzten vor der ersten Beschlagnahme fällig gewordenen Betrag und die später fällig werdenden Beträge.

11 Im Umkehrschluss bedeutet dies Folgendes:

- Alle rückständigen wiederkehrenden Leistungen können nur auf Anmeldung berücksichtigt werden.
- Laufende wiederkehrende Leistungen, die nicht nach dem Inhalt des Grundbuchs zu entrichten sind (z. B. Ansprüche der Rangklassen 2 und 3) bedürfen der Anmeldung.

12 Diese Einschränkung hat aber auch Bedeutung für Zinszuschläge:

Wenn Zinsen mit einem Zuschlag wegen **Verzugs** eingetragen sind,[5)] dann stellt sich die Frage, welcher Zinssatz als grundbuchersichtlich von Amts wegen zu berücksichtigen ist. Nach *Stöber*[6)] kommt es darauf an, ob die Zinserhöhung aufgrund eines Verzugs nach den in der Eintragungsbewilligung aufgeführten Bedingungen eingetreten sein kann. Diese Ansicht hat sich auch in der Praxis durchgesetzt.[7)]

13 Bei einem gleitenden Zinssatz kann nach dem Bestimmtheitsgrundsatz des Grundbuchrechts ein Höchstzinssatz eingetragen werden, wenn sich aus der Eintragungsbewilligung die Voraussetzungen für die Berechnung des konkreten Zinssatzes ergeben. Hier ist als grundbuchersichtlich nicht der Höchstzinssatz anzunehmen; vielmehr muss anhand der Eintragungsbewilligung der **tatsächliche Zinssatz** festgestellt werden.[8)] Sind die Zinsen an den Basiszinssatz gekoppelt,[9)] dann ist anhand der entsprechenden Tabelle der konkrete Zinssatz für einen bestimmten Zeitraum zu berechnen.[10)]

2. **Aufgrund einer rechtzeitigen Anmeldung (Abs. 1 Satz 1 Halbs. 2)**

a) **Allgemeines**

14 Ansprüche, die nicht von Amts wegen berücksichtigt werden, müssen spätestens im Verteilungstermin angemeldet werden, damit sie im Teilungsplan berücksichtigt werden (Abs. 1 Satz 1) können. Die **Nichtanmeldung** ist aber nicht als materiellrechtlicher Verzicht auf den Anspruch zu interpretieren; sie hat nur Bedeutung für das Zwangsversteigerungsverfahren mit der Folge, dass das Recht hier nicht be-

4) Im Sinne des ZVG.
5) Die Eintragung lautet z. B.: „14 %, bei Verzug 1 % mehr"; oder „bis zu 15 %".
6) Stöber/*Nicht*, ZVG, § 114 Rz. 20 mit Beispielsfällen.
7) A. A. Steiner-*Teufel*, ZVG, § 110 Rz. 13 und § 114 Rz. 17: Verzug muss immer angemeldet werden, damit die Verzugszinsen berücksichtigt werden können; so auch Schneider-*Schneider*, ZVG, § 114 Rz. 16.
8) Stöber/*Nicht*, ZVG, N§ 114 Rz. 21.
9) Beispielsweise „5 Prozentpunkte über dem jeweiligen Basiszinssatz".
10) Siehe hierzu die Tabellen Basiszinssätze im Anhang.

rücksichtigt wird. Wenn die Anmeldung nicht schon im Versteigerungstermin vor der Aufforderung zur Gebotsabgabe erfolgt war, erleidet das Recht einen Rangverlust (§§ 37 Nr. 4, 110 ZVG). Eine bereits zum Versteigerungstermin erfolgte Anmeldung muss nicht zum Verteilungstermin wiederholt werden. Eine frühere Anmeldung kann jedoch berichtigt oder ergänzt werden. Hierbei ist jedoch zu beachten: Soweit diese Berichtigung bzw. Ergänzung mit einer Erhöhung des Anspruchs verbunden ist, tritt hinsichtlich der Differenz zur früheren Anmeldung der Rangverlust des § 110 ZVG ein.

Die Anmeldung in einem gleichzeitig laufenden **Zwangsverwaltungsverfahren** macht 15
eine Anmeldung für das Zwangsversteigerungsverfahren nicht überflüssig; in beiden Verfahren muss eine entsprechende Anmeldung erfolgen, wenn der Anspruch berücksichtigt werden soll. Eine Anmeldung ist auch nicht entbehrlich, wenn das Vollstreckungsgericht schon Kenntnis hat (z. B. durch eine Mitteilung des Grundbuchamts gemäß § 19 Abs. 3 ZVG).

Die Anmeldung eines Anspruchs, der gar kein Recht auf Befriedigung aus dem Grund- 16
stück gewährt, kann im Teilungsplan nicht berücksichtigt werden. Zum Zwecke der Klarstellung sollte jedoch die Nichtaufnahme dem Anmeldenden – am besten in Form eines Beschlusses – mitgeteilt werden.[11)]

Von dem betragsmäßigen Anspruch zu unterscheiden ist die **Feststellung des Be- 17
rechtigten**. Diese spielt (erst) bei der Zuteilung eine Rolle; denn nur an den wahren Berechtigten darf die Zahlung (§ 117 Abs. 1 ZVG) oder die Forderungsübertragung (§ 118 ZVG) erfolgen. Mit dieser (subjektiven) Berechtigung befasst sich § 114 ZVG nicht; hier sind die §§ 117, 118, 126 ZVG einschlägig. Und so ist unter Umständen auch eine Anmeldung hinsichtlich der Berechtigung erforderlich, sofern sie dem Gericht nicht bekannt ist (z. B. Anmeldung einer Pfändung oder einer Pfändung mit Überweisung eines Rechts oder eines Erlösanspruchs).

b) Anmeldebedürftige Ansprüche

Mangels Grundbuchersichtlichkeit sind folgende Ansprüche **anzumelden:** 18

- Ansprüche der Rangklassen 1 bis 3 (§ 10 Abs. 1 Nr. 1 bis 3 ZVG).
- Kosten der dinglichen Rechtsverfolgung i. S. v. § 10 Abs. 2 ZVG: Wenn im Hinblick auf § 37 Nr. 4 ZVG bereits zum Versteigerungstermin eine Kostenpauschale angemeldet worden war, muss diese zum Verteilungstermin spezifiziert werden. Ist die Summe dieser Kosten höher als der früher angemeldete Pauschbetrag, dann tritt hinsichtlich der Differenz der Rangverlust gemäß § 110 ZVG ein.
- Rückständige wiederkehrende Leistungen, auch dann wenn sie aus dem Grundbuch ersichtlich sind.

---

11) Stöber/*Nicht*, ZVG, § 114 Rz. 12; so auch Dassler/Schiffhauer/u. a.-*Hintzen*, ZVG, § 114 Rz. 61; a. A. Böttcher/*Böttcher*, ZVG, § 114 Rz. 11 und §§ 44, 45 Rz. 46; Schneider-*Schneider*, ZVG, § 114 Rz. 26 i. V. m. § 45 Rz. 64 f.; so auch *Drischler*, RpflJB 1962, 322: Es muss nach § 115 Abs. 2 ZVG entschieden werden durch Zurückweisung. Etwas anders BeckOK-*Riedel*, ZVG, § 114 Rz. 16: Dem Anmeldenden muss die Nichtberücksichtigung und der Grund hierfür mitgeteilt werden.

– Der Wertersatz für Rechte, die nicht auf Kapitalzahlung gerichtet sind (Rechte der Abt. II des Grundbuchs).
– Rechte, die erst nach dem Versteigerungsvermerk in das Grundbuch eingetragen worden sind.

c) Minderanmeldung

19 Die Erklärung eines Berechtigten, dass er weniger beanspruche als von Amts wegen zu berücksichtigen wäre, bezeichnet man als **Minderanmeldung.** Sie entfaltet nur für das Versteigerungsverfahren Wirkung und berührt die materielle Wirksamkeit des Rechts überhaupt nicht. Nach h. M. geht im Verfahren die Minderanmeldung vor und ist deshalb zu berücksichtigen; dies gilt auch für den Teilungsplan.[12)] Wenn eine Minderanmeldung zum Versteigerungstermin vorgenommen worden ist, aber zum Verteilungstermin wieder der von Amts wegen zu berücksichtigende Anspruch (ausdrücklich) angemeldet wird, dann erleidet der Differenzbetrag den Rangverlust gemäß § 110 ZVG.

d) Ansprüche betreibender Gläubiger (Abs. 1 Satz 2)

20 Ansprüche betreibender Gläubiger gelten als angemeldet, soweit sie sie sich aus ihrem Versteigerungsantrag ergeben (Abs. 1 Satz 2). Dies gilt auch, wenn ihr Verfahren z. Zt. eingestellt ist. Wenn das Verfahren jedoch aufgehoben wird oder der Versteigerungsantrag zurückgenommen wird, dann entfällt die Fiktion des Abs. 1 Satz 2. Die Kosten müssen aber detailliert angemeldet werden; insoweit genügt der allgemeine Hinweis im Antrag „zuzüglich der Kosten des Verfahrens" nicht.

III. Einzelfälle (alphabetisch)

1. Altenteil

21 Wenn das Altenteil dem bestbetreibenden Gläubiger im Range vorgeht, bleibt es gemäß § 52 Abs. 1 ZVG bestehen. Aber auch wenn es dem bestbetreibenden Gläubiger im Range gleichsteht oder nachgeht, bleibt es nach § 9 Abs. 1 EGZVG grundsätzlich „außerhalb des geringsten Gebotes" bestehen. Ob in diesen Fällen in der Schuldenmasse von Amts wegen laufende Leistungen einer als Teil des Altenteils vereinbarten Reallast zu berücksichtigen sind, hängt davon ab, ob der entsprechende Betrag grundbuchersichtlich ist oder nicht. Wenn er nicht grundbuchersichtlich ist, können diese Leistungen nur auf entsprechende Anmeldung berücksichtigt werden; Rückstände können in jedem Fall nur auf Anmeldung hin in den Teilungsplan eingestellt werden.

22 Unter den Voraussetzungen des § 9 Abs. 2 EGZVG kann das Altenteil durch den Zuschlag **erlöschen.** Für das erlöschende Recht ist ein Deckungskapital zu bilden, aus dem eine vierteljährlich zahlbare Geldrente zu zahlen ist (§ 92 Abs. 2 ZVG). In die Schuldenmasse ist das nach § 121 Abs. 1 ZVG zu berechnende **Deckungskapital** aufzunehmen, welches der Summe der künftigen Jahresleistungen entspricht,

---

12) Vgl. Böttcher/*Böttcher*, ZVG, § 114 Rz. 10, §§ 44, 45 Rz. 45; Stöber/*Nicht*, ZVG, § 114 Rz. 11, § 45 Rz. 23–26; Dassler/Schiffhauer/u. a.-*Hintzen*, ZVG, § 45 Rz. 9; BeckOK-*Riedel*, ZVG, § 114 Rz. 11; Schneider-*Schneider*, ZVG, § 114 Rz. 27; a. A. LG Frankenthal, Beschl. v. 27.11.1985 – 1 T 329/85, Rpfleger 1986, 232.

den fünfundzwanzigfachen Jahresbetrag aber nicht übersteigen darf. Soweit das für diese Berechnung erforderliche Zahlenwerk nicht grundbuchersichtlich ist (z. B. der Jahresbetrag), ist es nach Absatz 1 Satz 1 anzumelden. Da sich die voraussichtliche Dauer des Rechts nach der statistischen Lebenserwartung richtet, muss auch das Alter des Berechtigten angemeldet werden, wenn es (bzw. das Geburtsdatum) nicht aus der Eintragung bzw. aus der Eintragungsbewilligung ersichtlich ist.

2. Auflassungsvormerkung

23 Wenn die Auflassungsvormerkung dem bestbetreibenden Gläubiger im Rang vorgeht, bleibt sie bestehen. Hierfür ist bereits bei der Aufstellung des geringsten Gebotes gemäß § 51 Abs. 2 ZVG ein Zuzahlungsbetrag festzusetzen. Wegen der Einzelheiten hierzu siehe § 51 Rz. 13–15 [*Bachmann*]. Im Teilungsplan (Abschnitt Zuteilung) spielt dieser Betrag aber keine Rolle.

24 Dagegen ist für die erloschene Auflassungsvormerkung ein **einmaliger Ersatzwert** gemäß § 92 Abs. 1 ZVG zu bestimmen; dieser muss aber, da er nicht grundbuchersichtlich ist, angemeldet werden. Zu Einzelheiten siehe § 92 Rz. 28–31 [*Bachmann*].

3. Beschränkte persönliche Dienstbarkeit

25 Soweit sie dem bestbetreibenden Gläubiger im Range vorgeht, bleibt die Dienstbarkeit bestehen. Für sie ist bei der Feststellung des geringsten Gebots ein Zuzahlungsbetrag gemäß § 51 Abs. 2 ZVG festzusetzen.

26 Dagegen ist für die erloschene Dienstbarkeit im Teilungsplan nach § 121 Abs. 1 ZVG ein **Deckungskapital** zu bilden, aus dem die nach § 92 Abs. 2 ZVG vierteljährliche Geldrente zu zahlen ist. Die zur Berechnung des Deckungskapitals erforderlichen Angaben sind anzumelden, soweit sie nicht grundbuchersichtlich sind. Im Übrigen sind im Teilungsplan die §§ 14, 119, 120 ZVG zu beachten. Zu Einzelheiten siehe § 92 Rz. 32, 33 [*Bachmann*].

4. Dauerwohnrecht und Dauernutzungsrecht

27 Das Dauerwohn- bzw. Dauernutzungsrecht bleibt bestehen, wenn es dem bestbetreibenden Gläubiger im Range vorgeht. Es bleibt ausnahmsweise aber auch bestehen, wenn die Voraussetzungen des § 31 WEG vorliegen. Zu Einzelheiten siehe § 52 Rz. 14–16 [*Bachmann*].

28 Soweit das Dauerwohn- bzw. Dauernutzungsrecht erlischt, ist nach h. M. ein **einmaliger Ersatzwert** nach § 92 Abs. 1 ZVG festzusetzen. Zu Einzelheiten hierzu und zur anderen Ansicht siehe § 92 Rz. 34–36 [*Bachmann*]. Der Ersatzwert kann nur auf entsprechende Anmeldung berücksichtigt werden. Im Übrigen sind im Teilungsplan die §§ 14, 119, 120 ZVG zu beachten.[13)]

5. Grunddienstbarkeit

29 Die Grunddienstbarkeit bleibt bestehen, wenn sie dem bestbetreibenden Gläubiger im Range vorgeht. Hierfür ist bei der Feststellung des geringsten Gebots von Amts

13) So auch Stöber/*Nicht*, ZVG, § 92 Rz. 92 Rz. 8 und 36; Dassler/Schiffhauer/u. a.-*Hintzen*, ZVG, § 92 Rz. 11; a. A. Böttcher/*Böttcher*, ZVG, § 92 Rz. 23, § 114 Rz. 20; Schneider-*Schneider*, ZVG, § 114 Rz. 38.

wegen ein Zuzahlungsbetrag festzusetzen (§ 51 Abs. 2 ZVG). Zu Einzelheiten siehe § 51 Rz. 17 [*Bachmann*].

30 Für eine erloschene Grunddienstbarkeit ist im Teilungsplan nach § 92 Abs. 1 ZVG ein **Wertersatz** zu bestimmen. Mangels Grundbuchersichtlichkeit ist hierfür jedoch eine Anmeldung des Berechtigten erforderlich. Wegen der Einzelheiten siehe § 92 Rz. 40 [*Bachmann*]. Im Übrigen sind im Teilungsplan die §§ 14, 119, 120 ZVG zu beachten.

6. Grundschuld

31 Die Grundschuld ist im Gegensatz zur Hypothek nicht vom Bestehen einer persönlichen Forderung abhängig; sie ist „abstrakt" (§ 1192 Abs. 1 BGB). Soweit eine Grundschuld zur Zeit der Eintragung des Versteigerungsvermerks aus dem Grundbuch ersichtlich ist, wird sie mit dem Kapitalbetrag nach Absatz 1 und mit den laufenden Zinsen nach Absatz 2 von Amts wegen berücksichtigt. Die Kosten der dinglichen Rechtsverfolgung und die rückständigen wiederkehrenden Leistungen dagegen müssen angemeldet werden.

32 Die Behandlung der Grundschuld im Teilungsplan stellt sich deshalb regelmäßig wie folgt dar:

– Wenn sie dem bestbetreibenden Gläubiger im Range vorgeht, bleibt sie **bestehen.** Damit wird das Kapital nach § 113 Abs. 2 ZVG bei den bestehen bleibenden Rechten aufgeführt. In der Teilungsmasse werden die laufenden Zinsen bis einen Tag vor dem Zuschlag von Amts wegen berücksichtigt und an den Gläubiger der Grundschuld zugeteilt. Die Kosten der dinglichen Rechtsverfolgung und die rückständigen Nebenleistungen werden nur auf entsprechende Anmeldung aufgeführt und zugeteilt.
– Wenn die Grundschuld durch den Zuschlag erloschen ist, werden der Grundschuldkapitalbetrag und die laufenden Zinsen (jetzt aber bis einen Tag vor dem Verteilungstermin berechnet) von Amts wegen, die Kosten der dinglichen Rechtsverfolgung und die rückständigen Nebenleistungen nur auf entsprechende Anmeldung in der Teilungsmasse aufgeführt und bei ausreichendem Versteigerungserlös an den Gläubiger der Grundschuld zugeteilt.

a) Isolierte Grundschuld

33 Unter einer isolierten Grundschuld versteht man eine Grundschuld, welche **keine schuldrechtliche Forderung sichert.** Für sie gelten ausschließlich die gesetzlichen Vorschriften der §§ 1191 ff. BGB, also das Sachenrecht. Sie wird zum Beispiel als Sacheinlage in Kapitalgesellschaften bestellt oder um einen bestimmten Rang zu sichern. In der Praxis hat sie keine große Bedeutung, da sie nur selten anzutreffen ist.

34 Für die isolierte Grundschuld gilt das eingangs zur Grundschuld Gesagte uneingeschränkt.

b) Sicherungsgrundschuld

35 In der Praxis werden dagegen regelmäßig Sicherungsgrundschulden bestellt. Dies bedeutet, dass zwar auch in diesem Fall die Grundschuld von einer persönlichen Forderung (sachenrechtlich) unabhängig ist; **dingliche und persönliche Forderungen**

sind aber schuldrechtlich miteinander verknüpft. Dies geschieht durch eine sog. Sicherungsabrede bzw. einen Sicherungsvertrag; und wenn eine solche Vereinbarung nicht besteht, kommen Ansprüche nach §§ 812 ff. BGB in Betracht. Dieser Anspruch ist gerichtet auf **Rückgewähr der Grundschuld** und steht (zunächst nur) dem Sicherungsgeber, also dem Besteller der Grundschuld, als ein durch Wegfall des Sicherungszwecks aufschiebend bedingter schuldrechtlicher Anspruch zu. Verwirklicht werden kann der Anspruch durch:

– Abtretung der Grundschuld gemäß §§ 873, 1154, 1192 Abs. 1 BGB an den Berechtigten des Rückgewähranspruchs.
– Verzicht auf die Grundschuld gemäß §§ 1168, 1192 Abs. 1 BGB.
– Aufhebung der Grundschuld gemäß §§ 875, 1183, 1192 Abs. 1 BGB.[14)]

Welche dieser drei Möglichkeiten in Betracht kommt, entscheidet nach h. M. der 36
Sicherungsgeber, es sei denn im Sicherungsvertrag oder der Sicherungsabrede ist schon eine entsprechende Präzisierung vorgenommen worden. Und in vielen Sicherungsabreden ist das Wahlrecht des Sicherungsgebers sehr oft abbedungen: Meistens steht dem Eigentümer nur der Aufhebungsanspruch zu; der Gläubiger behält sich daneben regelmäßig vor, auf die Grundschuld zu verzichten. Jedoch unterliegen solche Klauseln der richterlichen Inhaltskontrolle: Formularklauseln, welche die Rückgewähr auf den Verzicht reduzieren, sind jedenfalls dann unwirksam, wenn der Rückgewährsberechtigte nicht Eigentümer des durch den Verzicht begünstigten Grundstücks ist und damit von dem Verzicht nicht profitiert (er kann ja dann keine Eigentümergrundschuld erwerben).[15)] Auch eine in den AGB des Sicherungsnehmers enthaltene Klausel, die den Rückgewähranspruch des Schuldners auf die Löschung der Grundschuld beschränkt, ist zumindest dann nicht wirksam, wenn dadurch auch der Fall erfasst werden soll, bei dem der Sicherungsgeber im Zeitpunkt der Rückgewähr nicht mehr Grundstückseigentümer ist.[16)]

In diesem Zusammenhang muss noch auf folgende Punkte hingewiesen werden: 37

– Unverzichtbare Voraussetzung für die Geltendmachung eines Rückgewähranspruchs ist, dass die aufschiebende Bedingung eingetreten ist. Bei einem engen Sicherungszweck, bei dem die Grundschuld nur als Sicherung für eine bestimmte Bedingung dient, tritt diese Bedingung schon mit der Tilgung der Anlassverbindlichkeit ein. Ist dagegen eine Revalutierung der Grundschuld erlaubt, kann Rückgewähr erst dann verlangt werden, wenn eine solche Revalutierung endgültig nicht mehr in Betracht kommt (z. B. weil die Geschäftsbeziehung beendet oder die Sicherungsvereinbarung geändert oder gekündigt worden ist.)[17)]

  Der Rückgewähranspruch kann auch abgetreten und gepfändet bzw. verpfändet werden. In der Praxis wird dieser Anspruch oft an gleich- oder nachrangige Gläubiger abgetreten, weil diese das zu weiteren Sicherungszwecken verlangen. In letzterem Fall hat der Eigentümer dann einen Anspruch auf Rückabtretung

14) Vgl. BGH, Urt. v. 24.3.2016 – IX ZR 259/13, NJW 2016, 3239, Rz 8.
15) BGH, Urt. v. 9.2.1989 – IX ZR 145/87, Rpfleger 1989, 295 = MDR 1989, 630.
16) BGH, Urt. v. 18.7.2014 – V ZR 178/13, Rpfleger 2014, 661 = ZfIR 2014, 772.
17) So BGH, Urt. v. 2.6.2022 – V ZR 132/21, NJW 2022, 5544 = MDR 2022, 1035.

dieses Rückgewähranspruchs, wenn dieser vom nachrangigen Gläubiger nicht mehr benötigt wird.

– Ein Pfändungsgläubiger kann den Anspruch auf Rückgewähr nur in der Form pfänden, wie er nach der Sicherungsvereinbarung besteht. Deshalb kann der Sicherungsgeber trotz der Pfändung des Rückgewähranspruchs die Grundschuld neu valutieren, wenn eine wirksame weite Sicherungsabrede getroffen worden ist. Der Pfändungsgläubiger kann dies auch nicht dadurch verhindern, dass er die Sicherungsvereinbarung oder die Geschäftsbeziehung zum Sicherungsnehmer kündigt.[18)]

  Ist die Grundschuld nur noch teilweise valutiert, hat der Eigentümer (Sicherungsgeber) einen Anspruch auf teilweise Rückgewähr nur dann, wenn der Sicherungszweck insoweit endgültig weggefallen ist (z. B. durch eine eintretende Übersicherung des Sicherungsnehmers bzw. bei einer weiten Sicherungsvereinbarung durch Beendigung der Geschäftsbeziehungen zwischen Sicherungsgeber und Sicherungsnehmer).[19)]

38 Wenn die Grundschuld bestehen bleibt, kann der Rückgewähranspruch nur durch eine entsprechende **Verfügung über die Grundschuld** erfüllt werden. Hierbei ist u. a. Folgendes zu beachten:

– Im Fall der Abtretung oder des Verzichts entsteht eine **Eigentümergrundschuld**, wenn diese Verfügung zugunsten des Eigentümers vorgenommen wird. Somit erlischt der Anspruch auf Kosten und rückständige Zinsen (§ 1178 Abs. 1 BGB). Bei der Aufhebung erlischt das Recht; damit besteht auch kein Zuteilungsanspruch mehr.

– Bei der Abtretung und der Aufhebung muss der Eigentümer mitwirken; beim Verzicht genügt die einseitige Erklärung des Gläubigers.

– Falls es sich um die Abtretung einer Buchgrundschuld handelt, muss die entsprechende Rechtsänderung im Grundbuch eingetragen werden.

39 Im Verteilungsverfahren muss das Vollstreckungsgericht eine dingliche Rechtsänderung jedoch nur beachten, wenn sie ihm in der **richtigen Form nachgewiesen** wird.[20)]

40 Auch der Erlösanspruch, der anstelle einer durch den Zuschlag erloschenen Grundschuld getreten ist, kann von dem Rückgewähranspruch erfasst werden. Das erfordert aber die gleichen Erklärungen wie bei der Verfügung über die Grundschuld selbst; jedoch ist keine Eintragung der Rechtsänderung im Grundbuch erforderlich, da das Recht materiellrechtlich nach dem Zuschlag nicht mehr existiert. Auch die Briefvorlage und die durch die GBO vorgeschriebenen Formvorschriften spielen insoweit keine Rolle mehr.[21)]

---

18) BGH, Urt. v. 19.4.2013 – V ZR 47/12, BGHZ 197, 155; vgl. hierzu auch *Stöber/Rellermeyer*, Forderungspfändung, Rz. F 116 und 118.

19) BGH, Urt. v. 2.6.2022 – V ZR 132/21, NJW 2022, 5544 = MDR 2022, 1035.

20) Bezieht sich die Verfügung auf ein erloschenes Recht, dann muss die entsprechende Verfügung bereits vor dem Zuschlag wirksam geworden sein; Stöber/*Nicht*, ZVG, § 114 Rz. 144.

21) BGH, Urt. v. 29.1.2016 – V ZR 285/14, Rpfleger 2016, 363 = ZfIR 2016, 319; vgl. Böttcher/*Böttcher*, ZVG, § 114 Rz. 54 m. w. N.; Einzelheiten hierzu bei Stöber/*Nicht*, § 114 Rz. 146 ff.

Auch hier muss das Vollstreckungsgericht die entsprechende Rechtsänderung nur beachten, wenn sie ihm bis zum **Verteilungstermin nachgewiesen** oder erst in diesem Termin zu Protokoll erklärt wird. Hierbei muss unterschieden werden, welche Verfügung getroffen worden ist: 41

- Wenn der Erlösanspruch abgetreten worden ist, tritt der Zessionar an die Stelle des bisherigen Gläubigers. Deshalb ist diesem der auf die erloschene Grundschuld entfallende Betrag zuzuteilen.
- Wenn der Gläubiger auf den auf die Grundschuld entfallenden Erlösanspruch verzichtet, steht dieser Anspruch dem Eigentümer (zum Zeitpunkt des Zuschlags) zu; aber wegen § 1178 Abs. 1 BGB ohne Kosten und rückständige Zinsen. Dies bedeutet: Hinsichtlich des Kapitalbetrags erfolgt Zuteilung an den bisherigen Eigentümer; hinsichtlich der Kosten und rückständigen Zinsen kommt der Verzicht den Nächstausfallenden zugute, da die nachfolgenden Berechtigten alle aufrücken.
- Wenn der Gläubiger die **Aufhebung** (des Zuteilungsanspruchs) erklärt und der bisherige Eigentümer zustimmt,[22] wird der auf die Grundschuld ansonsten entfallende Erlösanspruch gar nicht berücksichtigt. Dies hat auch hier zur Folge, dass die nachrangigen Berechtigten aufrücken und so ansonsten Ausfallende zum Zuge kommen.

Aber keine der o. a. dinglichen Verfügungsgeschäfte liegen vor, wenn der Grundschuldgläubiger folgende Erklärungen gegenüber dem Vollstreckungsgericht abgibt: 42

- Anmeldung nur eines Teils des auf die Grundschuld entfallenden Erlösanteils.
- Grundschuld sei nicht bzw. nicht mehr voll bzw. nur noch in Höhe von [...] € valutiert.
- Der Gläubiger erhebe keinen Anspruch auf den Erlös, da die Grundschuld nicht mehr valutiert sei (= sog. Hebeverzicht).[23]

In diesen Fällen bleibt der eingetragene **Grundschuldgläubiger Berechtigter** des Erlösanspruchs; und deshalb ist ihm der entsprechende Betrag zuzuteilen. Wenn er diesen Betrag aber nicht annimmt, ist er nach § 117 Abs. 2 Satz 3 ZVG zu hinterlegen, aber nur für diesen. 43

Zusammenfassend kann festgestellt werden: 44

- Der noch nicht erfüllte **Rückgewähranspruch** ist vom Vollstreckungsgericht **nicht zu berücksichtigen**, da es sich hierbei um einen schuldrechtlichen Anspruch handelt.
- Deshalb spielt auch die Frage, wem dieser Anspruch zusteht, grundsätzlich keine Rolle.
- Jedoch kann nach der inzwischen wohl h. M. derjenige, dem der Rückgewähranspruch zusteht, gegen die Zuteilung an den Grundschuldgläubiger Widerspruch

22) Es sind also zwei Erklärungen erforderlich.

23) Böttcher/*Böttcher*, ZVG, § 114 Rz. 55; Dassler/Schiffhauer/u. a.-*Hintzen*, ZVG, § 114 Rz. 39; Schneider-*Schneider*, ZVG, § 114 Rz. 70; a. A. BGH, Urt. v. 20.3.1986 – IX ZR 118/85, Rpfleger 1986, 312.

erheben.[24] Dem Pfändungsgläubiger des Rückgewähranspruchs steht dieses Widerspruchsrecht ebenfalls zu.[25] Ist aber das Eigentum ohne die Rückgewähransprüche übertragen worden, so ist der neue Eigentümer nicht befugt, Einreden aus dem Sicherungsvertrag zu erheben. Die Rechte aus dem Sicherungsvertrag stehen allein dem Sicherungsgeber oder, wenn dieser seine Ansprüche abgetreten hat, dem Zessionar zu.[26] Ein solcher Widerspruch ist nach § 115 ZVG zu behandeln: Wenn er vom Grundschuldgläubiger als begründet anerkannt wird, ist gemäß § 876 Satz 3 ZPO entsprechend der Einigung zu verfahren. Andernfalls ist gemäß § 124 Abs. 1 ZVG eine Hilfszuteilung vorzunehmen für den Fall, dass der Widerspruch für begründet erklärt wird. Der entsprechende Erlösanteil muss dann hinterlegt werden (§ 124 Abs. 2 ZVG i. V. m. § 120 ZVG).

45 Von der **verfahrensrechtlichen Seite**, die sich nur nach den sachenrechtlichen Vorschriften richtet, zu unterscheiden ist die **schuldrechtliche Seite**, welche die Rechte des Gläubigers dem Sicherungsgeber gegenüber auf den Sicherungszweck beschränkt. Diese spielt für die Tätigkeit des Vollstreckungsgerichts unmittelbar zwar keine Rolle, ist aber für das Verständnis bestimmter Verfahrenshandlungen des Grundschuldgläubigers von Bedeutung.

46 Grundsätzlich darf der Gläubiger die **Grundschuld nur in Anspruch nehmen**, soweit durch sie die gesicherte(n) Forderung(en) gedeckt ist (sind). Für welche Forderung die Grundschuld als Sicherheit dient, richtet sich nach dem zwischen Gläubiger und Eigentümer abgeschlossenen Sicherungsvertrag. Nach überwiegender Ansicht kann der Gläubiger den vollen Nennbetrag geltend machen, auch wenn die schuldrechtliche Forderung nicht mehr bzw. nicht mehr in voller Höhe besteht.[27] Bei der Frage, ob er hierzu auch verpflichtet ist, besteht jedoch zum Teil Uneinigkeit.[28]

47 Laufende und rückständige **Grundschuldzinsen** kann der Gläubiger auch dann geltend machen, wenn ihm auf die gesicherte Forderung bereits Zinsen bezahlt worden sind.[29] Der Gläubiger kann auch Grundschuldzinsen anmelden bzw. geltend machen, wenn

---

24) BGH, Urt. v. 19.10.2017 – IX ZR 79/16, ZIP 2017, 2395 = ZfIR 2018, 145; BGH, Urt. v. 20.12.2001 – IX ZR 419/98, Rpfleger 2002, 273 = ZfIR 2002, 411; Böttcher/*Böttcher*, ZVG, § 114 Rz. 53; Stöber/*Nicht*, ZVG, § 115 Rz. 25; Dassler/Schiffhauer/u. a.-*Hintzen*, ZVG, § 114 Rz. 50; Schneider-*Schneider*, ZVG, § 114 Rz. 97.

25) Vgl. hierzu Dassler/Schiffhauer/u. a.-*Hintzen*, ZVG, § 114 Rz. 51; Stöber/*Nicht*, ZVG, § 115 Rz. 25; Schneider-*Schneider*, ZVG, § 114 Rz. 98.

26) BGH, Urt. v., 19.10.2017 – IX ZR 79/16, ZI 2017, 2395 = WM 2017, 2299; BGH, Urt. v. 21.5.2003 – IV ZR 452/02, Rpfleger 2003, 522 = MDR 2003, 943.

27) BGH, Urt. v. 16.12.2011 – V ZR 52/11, Rpfleger 2012, 269 = ZIP 2012, 269; BGH, Urt. v. 3.2.2012 – V ZR 133/11, Rpfleger 2012, 329 = MDR 2012, 429; Böttcher/*Böttcher*, ZVG, § 114 Rz. 56 m. w. N.; *Eickmann/Böttcher*, ZVG, § 20 Kap. V. Nr. 2 b).

28) Zum Streitstand vgl. Stöber/*Nicht*, ZVG, § 114 Rz. 157 und 159 ff. m. w. N.; siehe auch Böttcher/*Böttcher*, ZVG, § 114 Rz. 56 m. w. N.; Dassler/Schiffhauer/u. a.-*Hintzen*, ZVG, § 114 Rz. 34 ff.; etwas modifiziert *Eickmann/Böttcher*, ZVG, § 20 Kap. V. Nr. 2 c): Zugunsten des Sicherungsgebers besteht keine Liquiditätspflicht, jedoch zugunsten eines Zessionars oder eines Pfandgläubigers hinsichtlich des Rückgewähranspruchs.

29) BGH, Urt. v. 29.6.1965 – V ZR 83/63, DNotZ 1966, 98 = WM 1965, 1197; Stöber/*Nicht*, ZVG, § 114 Rz. 157.

er sie zur Abdeckung seiner persönlichen Forderung gar nicht benötigt.[30] Der Teil, den er aber nicht benötigt, muss er dem Berechtigten des Rückgewähranspruchs herausgeben.[31] Wenn zur Befriedigung des schuldrechtlichen Gesamtanspruchs schon der Kapitalbetrag der Grundschuld (also ohne entsprechende Grundschuldzinsen) ausreicht, ist der Gläubiger berechtigt, nur das Kapital geltend zu machen und auf die Anmeldung der Grundschuldzinsen zu verzichten (bzw. hinsichtlich der laufenden Zinsen eine Minderanmeldung vorzunehmen).[32] Etwas anderes kann nur gelten, wenn sich aus dem Sicherungsvertrag (ausdrücklich) etwas anderes ergibt.[33]

Wenn der auf die Sicherungsgrundschuld entfallende Versteigerungserlös nicht ausreicht, um alle durch diese Grundschuld gesicherten Forderungen zu befriedigen, kann grundsätzlich weder Gläubiger noch Schuldner bestimmen, auf welche Forderung der zugeteilte Betrag zu verrechnen ist.[34] In der Sicherungsvereinbarung kann jedoch eine bestimmte Regelung vorgesehen sein; jedoch ist zu beachten, dass eine formularmäßige Bestimmung, wonach der Gläubiger dieses Bestimmungsrecht hat, nach § 307 BGB unwirksam ist.[35] Wenn keine entsprechende Vereinbarung getroffen worden ist, gilt § 366 Abs. 2 BGB; § 366 Abs. 1 BGB trifft nicht zu, da es sich bei der Zuteilung in einem Zwangsversteigerungsverfahren nicht um „das vom Schuldner Geleistete“ handelt. 48

In diesem Zusammenhang ist auch darauf hinzuweisen, dass der Sicherungsnehmer nach Maßgabe des allgemeinen Schuldrechts zum **Schadensersatz** verpflichtet ist, wenn er den durch den endgültigen Wegfall des Sicherungszwecks aufschiebend bedingten Anspruch auf Rückgewähr einer Sicherungsgrundschuld nach dem Eintritt der Bedingung nicht erfüllt.[36] Ist der Rückgewähranspruch abgetreten worden, so steht dieser Schadensersatzanspruch dem Zessionar zu.[37] 49

c) Eigentümergrundschuld

Wenn sich der Eigentümer selbst gemäß § 1196 BGB eine Grundschuld bestellt, dann wird sie als **„offene Eigentümergrundschuld“** bezeichnet, weil sich aus der Eintragung im Grundbuch ergibt, dass dieses Recht dem Eigentümer zusteht. Die vor der Eintragung des Versteigerungsvermerks eingetragene Eigentümergrundschuld 50

30) BGH, Urt. v. 27.2.1981 – V ZR 9/80, Rpfleger 1981, 292 = NJW 1981, 1505; Stöber/*Nicht*, ZVG, § 114 Rz. 157.

31) Stöber/*Nicht*, ZVG, § 114 Rz. 157 m. w. N.

32) So Stöber/*Nicht*, ZVG, § 114 Rz. 158; Böttcher/*Böttcher*, ZVG, § 114, Rz. 57a.

33) Vgl. hierzu BGH, Urt. v. 4.2.2011- V ZR 132/10, Rpfleger 2011, 390 mit Anm. *Alff* = MDR 2011, 416; BGH, Urt. v. 3.2.2012 – V ZR 133/11, Rpfleger 2012, 329; Dassler/Schiffhauer/u. a.-*Hintzen*, ZVG, § 114 Rz. 37 ff.

34) BGH, Urt. v. 13.11.1990 – XI ZR 217/89, ZIP 1991, 155 = MDR 1991, 756.

35) BGH, Urt. v. 20.6.1984 – VIII ZR 337/82, ZIP 1984, 1236 = MDR 1985, 50; OLG Karlsruhe, Urt. v. 26.11.1987 – 9 U 228/86, NJW-RR 1998, 1337 = WM 1988, 954.

36) BGH, Urt. v. 29.1.2016 – V ZR 285/14, ZfIR 2016, 319 mit Anm. *Wolfsteiner* = Rpfleger 2016, 363.

37) BGH, Urt. v. 29.1.2016 – V ZR 285/14, MDR 2016, 486 = NJW 2016, 2415; BGH, Urt. v. 19.4.2013 – V ZR 47/12, Rpfleger 2013, 55 = ZIP 2013, 1113.

ist von Amts wegen zu berücksichtigen, die erst danach eingetragene Grundschuld kann nur berücksichtigt werden, wenn sie angemeldet wird.

51 Sofern diese **Eigentümergrundschuld** dem bestbetreibenden Gläubiger im Range **vorgeht**, bleibt sie bestehen und ist im Teilungsplan gemäß § 113 Abs. 2 ZVG bei diesen Rechten mit aufzuführen. Da dem Eigentümer aber gemäß § 1197 Abs. 2 BGB keine Zinsen in der Zwangsversteigerung zustehen, dürfen in der Schuldenmasse und bei der Zuteilung auch keine laufenden Zinsen berücksichtigt werden. § 114 Abs. 2 ZVG trifft hier also nicht zu; eine Anmeldung rückständiger Zinsen wäre unzulässig. Aber sobald die Eigentümergrundschuld ein Fremdrecht wird, gilt § 1197 Abs. 2 ZVG nicht mehr. Und ab dem Zuschlag verwandelt sich die bestehen gebliebene Eigentümergrundschuld in eine Fremdgrundschuld. Da die Zinsen ab dem Zuschlag jedoch nach § 56 Satz 2 ZVG der Ersteher trägt, spielen sie im Teilungsplan keine Rolle.

52 Wenn die **Eigentümergrundschuld** dem bestbetreibenden Gläubiger im Range **nachgeht**, erlischt sie mit dem Zuschlag. Dann ist ihr Kapitalbetrag in der Schuldenmasse aufzuführen. Hinsichtlich der Zinsen gilt auch hier: Es können nach § 1197 Abs. 2 ZVG keine Zinsen berücksichtigt werden, auch nicht für den Zeitraum vom Zuschlag bis zum Verteilungstermin.[38)]

53 Wenn die **Eigentümergrundschuld gepfändet** worden ist, gilt für den Pfändungsgläubiger die Einschränkung des § 1197 BGB nicht.[39)] Dies bedeutet:

– Der Pfändungsgläubiger könnte die Zwangsvollstreckung „aus der Grundschuld" betreiben, wenn sie ihm auch überwiesen worden ist.
– Der Pfändungsgläubiger kann auch Zinsen geltend machen. Daneben kann er auch seine Kosten der dinglichen Rechtsverfolgung (§ 10 Abs. 2 ZVG) anmelden.

54 Auch die Frage, ob die Unverzinslichkeit gemäß § 1197 Abs. 2 BGB mit der Eröffnung des **Insolvenzverfahrens** wegfällt, wird unterschiedlich beantwortet. Wenn das Grundstück zusammen mit dem Eigentümerrecht in die Insolvenzmasse fällt[40)], soll nach einer Ansicht der Insolvenzverwalter Zinsen aus diesem Eigentümerrecht für die Masse beanspruchen können.[41)] Nach anderer Ansicht kann der Insolvenzverwalter nicht mehr Rechte haben als der Insolvenzschuldner und deshalb aus der Eigentümergrundschuld keine Zinsen für die Masse geltend machen.[42)]

55 Mit der **Abtretung** wird eine Eigentümergrundschuld zu einem **Fremdrecht**. Für den Zessionar gilt § 1197 BGB nicht. Damit endet auch die Unverzinslichkeit i. S. v.

---

38) So Böttcher/*Böttcher*, ZVG, § 114 Rz. 23; Stöber/*Nicht*, ZVG, § 114 Rz. 128; Dassler/Schiffhauer/u. a.-*Hintzen*, ZVG, § 114 Rz. 53; BeckOK-*Riedel*, ZVG, § 114 Rz. 25; Schneider-*Schneider*, ZVG, § 114 Rz. 106 und 109; a. A. Grüneberg/*Herrler*, BGB, § 1197 Rz. 3.

39) So Böttcher/*Böttcher*, ZVG, § 114 Rz. 23 m. w. N.; Dassler/Schiffhauer/u. a.-*Hintzen*, ZVG, § 114 Rz. 53; a. A. zumindest für den Fall, dass die gepfändete Forderung dem Pfändungsgläubiger (nur) „zur Einziehung überwiesen ist", Stöber/*Nicht*, ZVG, § 114 Rz. 121.

40) Dies gilt auch, wenn infolge teilweiser Freigabe durch den Insolvenzverwalter nur eines der beiden Objekte (also nur Grundstück oder nur Eigentümergrundschuld) dem Insolvenzbeschlag unterliegt.

41) So Böttcher/*Böttcher*, ZVG, § 114 Rz. 23.

42) So Stöber/*Nicht*, ZVG, § 114 Rz. 122.

§ 1197 Abs. 2 BGB; der neue Gläubiger kann Zinsen entsprechend der Grundbucheintragung geltend machen. Hierbei ist jedoch weiter zu beachten, ab wann die Zinsen abgetreten worden sind; dies ergibt sich aus der Abtretungserklärung. Nach inzwischen gefestigter Ansicht können die Zinsen auch mit rückwirkendem Beginn abgetreten werden.[43)]

Eine Eigentümergrundschuld kann aber auch aus einem für einen anderen Gläubiger eingetragenen Grundpfandrecht entstanden sein; dann spricht man von der **„verschleierten Eigentümergrundschuld“**.[44)] Der häufigste Fall ist in § 1163 BGB geregelt:[45)] 56

- Nach Absatz 1 Satz 1 dieser Vorschrift, ergänzt durch § 1177 Abs. 1 ZVG, entsteht eine Eigentümergrundschuld, wenn die Forderung, für welche eine Hypothek bestellt wurde, nicht zur Entstehung gelangt ist.
- Nach Absatz 1 Satz 2, ergänzt durch § 1177 Abs. 1 ZVG, entsteht eine Eigentümergrundschuld, wenn die **Forderung**, für welche die Hypothek bestellt wurde, **erloschen ist.**
- Nach Absatz 2 entsteht eine Eigentümergrundschuld, wenn der Hypothekenbrief dem Gläubiger noch nicht übergeben worden ist.

Da das Vollstreckungsgericht bei der Aufstellung des Teilungsplans grundsätzlich von der Eintragung im Grundbuch ausgeht, kann die noch als Fremdrecht eingetragene „verschleierte“ Eigentümergrundschuld als solche nur berücksichtigt werden, wenn dies dem Vollstreckungsgericht bekannt ist. Nachforschungen stellt das Gericht hierbei nicht an; jedoch sind alle Nachweise zu berücksichtigen und zu prüfen, aus denen das Entstehen einer Eigentümergrundschuld gefolgert werden kann. Soweit das Eigentümerrecht erloschen ist, ist für einen entsprechenden Nachweis öffentliche Beglaubigung oder Beurkundung (§ 29 GBO) nicht erforderlich; es genügt Schriftform oder Erklärung zur Niederschrift des Gerichts. In Betracht kommt z. B. die Erklärung des eingetragenen Hypothekengläubigers, dass die der Hypothek zugrunde liegende Forderung nicht entstanden oder schon erloschen ist.[46)] In Betracht kommt auch eine Verzichtserklärung des Hypotheken- oder Grundschuldgläubigers (vgl. § 1168 BGB). 57

7. Hypothek

a) Verkehrshypothek

Hypotheken kann man unterscheiden in Sicherungs- und Verkehrshypotheken, wobei letztere üblicherweise als die gewöhnliche Hypothek bezeichnet wird. Die 58

---

43) Böttcher/*Böttcher*, ZVG, § 114 Rz. 23; Stöber/*Nicht*, ZVG, § 114 Rz. 124; Dassler/Schiffhauer/u. a.-*Hintzen*, ZVG, § 114 Rz. 54.

44) Manche nennen sie auch „verdeckte Eigentümergrundschuld“. In einigen wenigen Fällen entsteht auch eine Eigentümerhypohek. Dies soll hier aber nicht weiter vertieft werden.

45) Wegen der weiteren Entstehungstatbestände wird verwiesen auf Stöber/*Nicht*, ZVG, § 114 Rz. 99 ff. und Schneider-*Schneider*, ZVG, § 114 Rz. 111 und 112; siehe auch Böttcher/*Böttcher*, ZVG, § 114 Rz. 24.

46) Bei einer Grundschuld wird dies jedoch nicht ausreichen, da wegen fehlender Akzessorietät in diesem Fall nicht schon kraft Gesetzes eine Eigentümergrundschuld entsteht.

beiden Formen unterscheiden sich im Hinblick auf den Umfang des öffentlichen Glaubens des Grundbuches. Bei der Verkehrshypothek muss der Gläubiger nicht nachweisen, dass die persönliche Forderung tatsächlich besteht; vielmehr gelten die §§ 891 bis 899 BGB auch im Hinblick auf diese Forderung.

59 Wenn die Hypothek im Zeitpunkt der Eintragung des Versteigerungsvermerks aus dem Grundbuch ersichtlich ist, wird sie samt den laufenden Zinsen von Amts wegen berücksichtigt (Abs. 1 und 2). Die Kosten der dinglichen Rechtsverfolgung und die rückständigen wiederkehrenden Leistungen müssen jedoch angemeldet werden. Ist die Anmeldung rechtzeitig i. S. v. § 37 Nr. 4 ZVG, dann erfolgt diese Berücksichtigung in Rangklasse 4; bei verspäteter Anmeldung kommt nur die Rangstelle des § 110 ZVG in Betracht.

60 Die laufenden Zinsen einer bestehen bleibenden Hypothek werden bis einen Tag vor dem Zuschlag berechnet, da die späteren Zinsen gemäß § 56 Satz 2 ZVG der Ersteher tragen muss. Dagegen werden die Zinsen bei einer erloschenen Hypothek bis einen Tag vor dem Verteilungstermin berechnet.

b) Sicherungshypothek

61 Wenn die Sicherungshypothek dem bestbetreibenden Gläubiger im Rang vorgeht, bleibt sie bestehen. In diesem Fall sind im Teilungsplan die laufenden Zinsen bis einen Tag vor dem Zuschlag von Amts wegen, die rückständigen Zinsen nur auf rechtzeitige Anmeldung zu berücksichtigen.

62 Die erlöschende Sicherungshypothek wird im Teilungsplan mit dem Kapital und den laufenden Zinsen (jetzt aber berechnet bis einen Tag vor dem Verteilungstermin) von Amts wegen, die Kosten der dinglichen Rechtverfolgung und die rückständigen Kosten nur auf rechtzeitige Anmeldung berücksichtigt. Der auf die (rechtsgeschäftlich bestellte) Sicherungshypothek entfallende Betrag ist grundsätzlich dem eingetragenen Gläubiger zuzuteilen. Daran ändert auch § 1184 Abs. 1 BGB nichts; diese Vorschrift spielt erst in einem etwaigen Widerspruchsprozess eine Rolle.[47)]

c) Zwangshypothek

63 Bei der Zwangshypothek handelt es sich um eine **Sicherungshypothek**, die sich nur in ihrer Entstehung von dieser unterscheidet; deshalb gelten auch die §§ 1184 ff. BGB. Wenn sie dem bestbetreibenden Gläubiger im Range vorgeht, bleibt sie **bestehen.** Im Teilungsplan können die Zinsen bis einen Tag vor dem Zuschlag berücksichtigt werden; ab dem Zuschlag trägt sie gemäß § 56 Satz 2 ZVG der Ersteher. Für die laufenden Zinsen ist nach Absatz 2 keine Anmeldung erforderlich; die rückständigen müssen angemeldet werden. Für die Trennung zwischen laufenden und rückständigen Zinsen gilt nach § 13 Abs. 3 ZVG. Der Zeitpunkt der ersten Beschlagnahme ist maßgeblich.[48)]

---

47) BGH, Urt. v. 30.4.1985 – X ZR 34/84, NJW 1986, 53 = EWiR 1985, 773 mit Anm. *Clemente*; OLG Frankfurt, Urt. v. 1.4.1987 – 17 U 176/85, NJW-RR 1988, 206 = EWiR 1988, 259 mit Anm. *Clemente*.

48) Böttcher/*Böttcher*, ZVG, § 13 Rz. 25; Stöber/*Achenbach*, ZVG, § 13 Rz. 7; Dassler/Schiffhauer/u. a.-*Hintzen*, ZVG, § 114 Rz. 23; BeckOK-Fischinger, ZVG, § 13 Rz. 16 und BeckOK-*Riedel*, ZVG, § 114 Rz. 47; Schneider-*Schneider*, ZVG, § 114 Rz. 137 und 212.

Wenn die **Zwangshypothek** dem bestbetreibenden Gläubiger im Range nachgeht, **erlischt** sie mit dem Zuschlag. Dann sind Kapital und laufende Zinsen (jetzt aber berechnet bis einen Tag vor dem Verteilungstermin) im Teilungsplan von Amts wegen, Kosten der dinglichen Rechtsverfolgung und rückständige Zinsen nur auf rechtzeitige Anmeldung hin zu berücksichtigen. 64

Bei der Zuteilung ist u. U. jedoch auch § 720a Abs. 1 Satz 2 ZPO zu beachten. Hiernach kann sich der Gläubiger aus dem belasteten Gegenstand nur nach Leistung der (im vorläufig vollstreckbaren Urteil) angeordneten Sicherheit befriedigen. Diese Einschränkung trifft aber nicht mehr zu, wenn das Urteil rechtskräftig geworden ist. Diese Umstände sind vom Vollstreckungsgericht **von Amts wegen** zu beachten: 65

- Da der Umstand, dass eine Zwangshypothek im Wege der Sicherungsvollstreckung eingetragen worden ist, sich regelmäßig nicht aus dem Eintragungstext im Grundbuch ergibt,[49] muss das Vollstreckungsgericht anhand der Grundakten überprüfen, aufgrund welchen Titels (genau!) die Eintragung der Zwangshypothek erfolgt ist.
- Wenn die Befriedigungsberechtigung des Gläubigers festgestellt wird, dann wird der auf die Zwangshypothek entfallende Betrag diesem (unbedingt) zugeteilt. Die Feststellung kann darauf basieren, dass der der Zwangshypothek zugrunde liegende Titel inzwischen rechtskräftig geworden ist oder dass der Gläubiger die im zugrunde liegenden Titel angeordnete Sicherheit geleistet und eine der beiden Alternativen dem Vollstreckungsgericht nachgewiesen hat.
- Wenn die Befriedigungsberechtigung jedoch noch **nicht feststeht**, ist gemäß § 119 ZVG eine **Hilfszuteilung** vorzunehmen für den Fall, dass der Gläubiger das Recht, sich aus dem Grundstück zu befriedigen, nicht erlangt. Hinsichtlich der Hilfsberechtigten muss dabei aber unterschieden werden:
  - Hinsichtlich des **Kapitalbetrags** der Zwangshypothek ist Hilfsberechtigter der **Grundstückseigentümer** (vgl. § 868 ZPO).
  - Hinsichtlich der **rückständigen Zinsen** und der **Kosten** tritt nach § 1178 BGB ein **Erlöschen** ein; deshalb kann hier nicht der Eigentümer als Hilfsberechtigter berücksichtigt werden. Der entsprechende Betrag ist dem nächstausfallenden Gläubiger zuzuteilen. Dasselbe gilt für die laufenden Zinsen; denn nach § 1197 Abs. 2 BGB gebühren dem Eigentümer keine Zinsen.
  - Die Ausführung des Teilungsplans erfolgt in diesem Fall gemäß § 120 ZVG i. V. m. § 720a Abs. 1 Satz 2 ZPO durch **Hinterlegung** der entsprechenden Beträge für den Gläubiger der Zwangshypothek und die Hilfsberechtigten unter der jeweiligen **Bedingung.** Mit der Hinterlegung ist die Tätigkeit des Vollstreckungsgerichts beendet.
  - Wenn der Ersteher das Meistbargebot nicht gezahlt hat, erfolgt die Zuteilung gemäß § 118 ZVG durch **Forderungsübertragung** auf den Gläubiger der

49) Die Grundbuchämter sehen zu Recht von der ausdrücklichen Eintragung ab, da dieser Fall in § 1115 BGB nicht erwähnt ist; im Übrigen würde der entsprechende Passus spätestens bei Rechtskraft des Urteils wieder unrichtig und könnte zu entsprechenden Berichtigungsanträgen führen.

Zwangshypothek und die Hilfsberechtigten unter der entsprechenden **Bedingung**. Anschließend sind entsprechende Sicherungshypotheken einzutragen (§ 128 ZVG).

66 Hat der Gläubiger der Zwangshypothek die Zwangsversteigerung nur wegen seiner persönlichen Ansprüche betrieben,[50)] bleibt die Zwangshypothek bestehen, falls keine besserrangigen Gläubiger als bestbetreibende Gläubiger in Betracht kommen. Wenn der Versteigerungserlös ausreicht, um den persönlichen Anspruch des Gläubigers zu decken, hat die entsprechende Zuteilung auch Auswirkungen auf die bestehen gebliebene Zwangshypothek: Sie geht gemäß § 1164 BGB auf den bisherigen Eigentümer über und sichert seine nach § 53 Abs. 1 ZVG übergegangene Forderung gegen den Ersteher. Wegen der Einzelheiten siehe § 53 Rz. 10, 11 [*Bachmann*].

d) **Höchstbetragshypothek**

67 Die Höchstbetragshypothek stellt eine **unbedingte Belastung** des Grundstücks dar; deshalb gilt § 119 ZVG hier nicht. Jedoch steht nicht fest, **wem** der eingetragene Betrag zusteht, dem Gläubiger oder dem Eigentümer (als Eigentümergrundschuld). Dies bedeutet für die Schuldenmasse: Hier wird der im Grundbuch eingetragene **Höchstbetrag** von Amts wegen berücksichtigt.

68 Bei der Zuteilung ist jedoch zu beachten, dass diese an den eingetragenen Gläubiger (allein) nur dann erfolgen darf, wenn dieser durch Anerkenntnis des Schuldners oder durch ein entsprechendes Urteil das Bestehen seiner Forderung nachweist (= „Feststellung" i. S. v. § 1190 Abs. 1 Satz 1, 2. Halbs. BGB). Falls dieser Nachweis noch nicht vorliegt, erfolgt die Zuteilung an den Eigentümer unter der Bedingung, dass die Forderung des Gläubigers nicht nachgewiesen wird, und an den eingetragenen Gläubiger unter der Bedingung, dass er die Feststellung der Forderung durch Anerkenntnis oder durch rechtskräftiges Prozessurteil nachweist.[51)] Der entsprechende Betrag ist dann für beide unter der jeweiligen Bedingung zu hinterlegen.

e) **Arresthypothek**

69 Sie ist eine **Sicherungshöchstbetragshypothek** (§ 932 ZPO). Somit kann auf die Ausführungen zur Höchstbetragshypothek verwiesen werden (siehe oben). Wenn die Arresthypothek zur Zeit der Zuschlagserteilung bereits in eine Zwangssicherungshypothek umgeschrieben worden ist, dann wird das Recht auch im Teilungsplan (nur) als Zwangssicherungshypothek behandelt (siehe oben).

f) **Tilgungshypothek**

70 Bei der Tilgungshypothek sind in den nach dem Tilgungsplan zu zahlenden wiederkehrenden Leistungen nicht nur Zinsen, sondern auch Tilgungsbeträge enthalten. Durch die Zuteilung auf diese wiederkehrenden Leistungen werden deshalb auch Tilgungsbeträge berücksichtigt. Nach § 1181 Abs. 1 BGB bewirkt dies das **Erlöschen der Hypothek**. Deshalb kann dieser Betrag nicht mehr beim Kapital berücksichtigt

---

50) Nachdem inzwischen zur Vollstreckung „aus der Zwangshypothek" nach § 867 Abs. 3 ZPO kein besonderer Duldungstitel mehr erforderlich ist, ist diese Fallgestaltung seltener geworden.

51) Vgl. Böttcher/*Böttcher*, ZVG, § 117 Rz. 12; Stöber/*Nicht*, ZVG, § 114 Rz. 54.

werden, weder bei der bestehen bleibenden Tilgungshypothek noch bei dem aus der Teilungsmasse zuzuteilenden Kapitalbetrag bei der durch Zuschlag erloschenen Tilgungshypothek. Wegen der Einzelheiten siehe § 44 Rz. 78 ff. [*Bachmann*].

8. Nießbrauch

Für einen bestehen bleibenden Nießbrauch ist bei der Feststellung des geringsten Gebots gemäß § 51 Abs. 2 ZVG ein Zuzahlungsbetrag festzusetzen. Wegen der Einzelheiten siehe § 51 Rz. 24 [*Bachmann*]. 71

Wenn das Recht jedoch erloschen ist, muss gemäß §§ 92 Abs. 2, 121 ZVG ein **Deckungskapital** gebildet werden, aus dem die vierteljährlich zahlbare Geldrente entnommen wird. Die für die Berechnung dieses Deckungskapitals erforderlichen Angaben sind anzumelden, soweit sie nicht grundbuchersichtlich sind. Wegen der Einzelheiten siehe § 92 Rz. 41 [*Bachmann*]. Im Übrigen sind im Teilungsplan die §§ 14, 119, 120 ZVG zu beachten. 72

9. Öffentliche Lasten

Da öffentliche Lasten nicht grundbuchersichtlich sind, werden sie nur auf entsprechende **Anmeldung** berücksichtigt: 73

- In Rangklasse 3, falls rechtzeitig angemeldet und soweit die in § 10 Abs. 1 Nr. 3 ZVG aufgeführten Zeitgrenzen gewahrt sind.
- In der Rangklasse 5, wenn wegen dieser Ansprüche die Zwangsversteigerung betrieben wird und Rangklasse 3 nicht zutrifft.
- In Rangklasse 7, falls rechtzeitig angemeldet und die Anmeldung ältere Rückstände betrifft (§ 10 Abs. 1 Nr. 7 ZVG).
- In der Rangklasse des § 110 ZVG, falls sie verspätet angemeldet wurden.

Die öffentlichen Lasten werden berechnet bis einen Tag vor dem Zuschlag; denn nach § 56 Satz 2 ZVG trägt ab dem Zuschlag der Ersteher (auch) diese Lasten. 74

10. Persönliche Ansprüche

Nach Absatz 1 Satz 2 gelten die Ansprüche des betreibenden Gläubigers als angemeldet. Neben dem Betreiben ist also eine gesonderte Anmeldung nicht erforderlich. Dies gilt auch, wenn das Verfahren des betreffenden Gläubigers eingestellt ist. Wenn inzwischen das Verfahren aber aufgehoben worden ist, entfällt damit auch die Wirkung des Absatzes 1 Satz 2. Soweit Kosten des Verfahrens geltend gemacht werden, die nicht unter § 109 ZVG fallen, müssen diese noch betragsmäßig angemeldet werden. Wiederkehrende Leistungen (z. B. Zinsen) werden bis einen Tag vor dem Verteilungstermin berücksichtigt. 75

11. Reallast

Für die **bestehen** bleibende Reallast ist nach § 51 Abs. 2 ZVG ein Zuzahlungsbetrag festzusetzen. Wiederkehrende Leistungen aus dieser (bestehen bleibenden) Reallast werden bis einen Tag vor dem Zuschlag berücksichtigt; denn ab dem Zuschlag trägt sie der Ersteher. 76

77 Bei der durch den Zuschlag **erloschenen** Reallast muss unterschieden werden:

– Reallast von bestimmter Dauer,
– Reallast von unbestimmter Dauer.

78 Eine **erloschene Reallast von bestimmter Dauer** ist mit dem nach § 92 Abs. 1 ZVG zu berechnenden **Wertersatz** zu berücksichtigen. Wenn die wiederkehrenden Leistungen auf Geld gerichtet sind, ist gemäß § 111 ZVG der Zwischenzins abzuziehen.

79 Für die **Reallast von unbestimmter Dauer** dagegen ist gemäß § 121 Abs. 1 ZVG ein **Deckungskapital** zu bilden, aus dem die Vierteljahresraten gemäß § 92 Abs. 2 ZVG zu zahlen sind. Soweit Berechnungsmerkmale nicht grundbuchersichtlich sind, bedarf es einer entsprechenden Anmeldung.

80 Soweit durch die Reallast persönliche Leistungen oder Naturalleistungen gesichert sind, ist auch § 14 ZVG zu beachten; demnach ist dann im Verteilungsverfahren nach §§ 119, 120 ZVG zu verfahren. Wegen der Einzelheiten siehe § 92 Rz. 43–47 [*Bachmann*].

12. Vorkaufsrecht

81 Hier muss zunächst unterschieden werden, ob das Vorkaufsrecht auf einen oder mehrere Verkaufsfälle bestellt worden ist.

82 Das für einen Verkaufsfall bestellte Vorkaufsrecht erlischt mit dem Zuschlag auf jeden Fall, auch wenn es dem bestbetreibenden Gläubiger im Rang vorgeht. Dies ergibt sich aus § 471 BGB; deshalb kommt für dieses Recht auch **kein Wertersatz** nach § 92 ZVG in Betracht. Dies gilt aber nicht bei der Versteigerung zur Aufhebung einer Gemeinschaft; denn hier wird nach h. M. der Erwerb in der Teilungsversteigerung einem freihändigen Kauf gleichgesetzt, so dass auch ein Vorkaufsrecht für den ersten Verkaufsfall ausgeübt werden könnte.[52)] Dies erfolgt zwar außerhalb des Versteigerungsverfahrens (wenn es im konkreten Fall überhaupt ausgeübt werden kann), hat aber zur Konsequenz, dass das Vorkaufsrecht, wenn es im geringsten Gebot zu berücksichtigen ist, auch tatsächlich bestehen bleibt.

83 Dagegen bleibt das für mehrere oder alle Verkaufsfälle bestellte Vorkaufsrecht dann bestehen, wenn es dem bestbetreibenden Gläubiger im Rang vorgeht. In diesem Fall ist bei Feststellung des geringsten Gebots ein Zuzahlungsbetrag festzusetzen. Zu Einzelheiten siehe § 51 Rz. 29 [*Bachmann*].

84 Für das erlöschende Vorkaufsrecht (für mehrere oder alle Verkaufsfälle) ist gemäß § 92 Abs. 1 ZVG ein **Ersatzbetrag** festzustellen. Hierzu ist eine entsprechende Anmeldung erforderlich. Bis zur endgültigen Feststellung i. S. v. § 14 ZVG ist im Verteilungsverfahren nach §§ 119, 120 ZVG zu verfahren. Zu Einzelheiten siehe § 92 Rz. 49 [*Bachmann*].

---

52) BGH, Beschl. v. 21.1.2016 – V ZB 43/15, ZfIR 2016, 496 mit Anm. *Böttcher* = MDR 2016, 703.

IV. Sonstiges

1. Liegenbelassungserklärung gemäß § 91 Abs. 2 ZVG

Wenn die Liegenbelassungsvereinbarung nach § 91 Abs. 2 ZVG bereits **vor Aufstellung des Teilungsplans** im Verteilungstermin erfolgt, wird das betreffende Recht bei den bestehen bleibenden Rechten (mit) aufgeführt (§ 113 Abs. 2 ZVG). Das Gericht hat dann weiter zu prüfen, ob auf dieses Recht ohne Liegenbelassung etwas entfallen würde; dazu ist der Teilungsplan so aufzustellen, als ob das Recht erlöschen würde. Könnte bei diesem fiktiven Teilungsplan auf das betreffende Recht **keine Zuteilung** erfolgen, dann bleibt der (ursprüngliche) Teilungsplan in den Abschnitten Teilungsmasse und Zuteilung unverändert. 85

Entfällt jedoch nach der Berechnung des (fiktiven) Teilungsplans auf das betreffende (erlöschende) Recht eine **Zuteilung** (ganz oder teilweise), dann **ändert sich der Teilungsplan** in folgenden Punkten: 86

- Die Teilungsmasse verringert sich um die Zinsen vom Zuschlag bis zum Verteilungstermin sowie um den Kapitalbetrag, aber nur in Höhe des Betrags, der nach dem fiktiven Teilungsplan dem Berechtigten zugeteilt worden wäre. An den Bargebotszinsen ändert sich nichts; sie werden nach wie vor aus dem ursprünglichen Meistbargebot berechnet.
- In der Schuldenmasse und bei der Zuteilung ist das Recht nur noch mit den Kosten und den Zinsen bis zum Zuschlag zu berücksichtigen.

Wegen der Einzelheiten siehe § 91 Rz. 21 [*Bachmann*] und § 91 Rz. 35 ff. [*Bachmann*] (hier: Beispiel). 87

Wenn die Liegenbelassungsvereinbarung nach § 91 Abs. 2 ZVG aber erst **nach dem Verteilungstermin** vorgelegt wird, dann wird der aufgestellte Teilungsplan nicht mehr verändert. Die durch die oben dargestellten Änderungen betroffenen Beteiligten müssen sich über eine Rückzahlung außerhalb des Zwangsversteigerungsverfahrens einigen. Wegen der weiteren Auswirkungen siehe § 91 Rz. 17 [*Bachmann*]. 88

2. Löschungsanspruch und Löschungsvormerkung

a) Allgemeines

In vielen Fällen besteht ein Anspruch auf Löschung eines Grundpfandrechts, das sich mit dem Eigentum in einer Person vereinigt hat. Dieser sog. Löschungsanspruch kann auf einem Vertrag beruhen oder aufgrund des Gesetzes (§ 1179a BGB) bestehen. Der Anspruch kann gemäß § 1179 BGB[53)] durch eine Löschungsvormerkung oder kraft Gesetzes (§ 1179a Abs. 1 Satz 3 BGB) gesichert sein. 89

Der gesetzliche Löschungsanspruch besteht für Gläubiger gleich- und nachrangiger Grundpfandrechte (§ 1179a Abs. 1 Satz 1 BGB) gegenüber einem vor- oder gleichrangigen Grundpfandrecht, auch wenn es das eigene Recht betrifft (§ 1179b BGB). Auch dem Gläubiger einer Zwangshypothek oder einer nach § 128 ZVG eingetragenen Sicherungshypothek wegen einer übertragenen Forderung steht der Löschungs- 90

53) In der bis zum 31.12.1977 geltenden oder in der ab 1.1.1978 geltenden geänderten Fassung; vgl. hierzu das Gesetz zur Änderung sachenrechtlicher, grundbuchrechtlicher und anderer Vorschriften v. 22.6.1977 (BGBl. I S. 998).

anspruch zu. Dagegen besteht er nicht gegenüber einer ursprünglich offenen Eigentümergrundschuld, die noch nicht zur Fremdgrundschuld geworden ist (§ 1196 Abs. 3 BGB), auch nicht gegenüber der vorläufigen Briefeigentümergrundschuld vor der Briefübergabe (§ 1163 Abs. 2 BGB). Der Anspruch besteht auch nicht für den Gläubiger einer Arresthypothek (§ 932 Abs. 1 Satz 2 ZPO).[54] Auch gegenüber Hypotheken nach §§ 452 ff. ZGB der ehemaligen DDR[55] besteht kein Löschungsanspruch; aus ihnen kann nach § 454 Abs. 2 ZGB kein Eigentümerrecht entstehen.[56] Der Löschungsanspruch kann nach § 1179 Abs. 5 BGB auch ausdrücklich ausgeschlossen werden; dies muss dann im Grundbuch eingetragen werden.

91 Das **Entstehen einer Eigentümergrundschuld** bzw. Eigentümerhypothek durch Übergang aus einer Fremdhypothek oder Fremdgrundschuld[57] wird weder durch den vertraglichen oder gesetzlichen Löschungsanspruch noch durch die Löschungsvormerkung gemäß § 1179 BGB[58] oder durch die in § 1179a Abs. 1 Satz 3 bzw. § 1179b Abs. 2 BGB fingierte Vormerkungswirkung verhindert. Der Gläubiger des Anspruchs kann nur vom verpflichteten Eigentümer verlangen, dass dieser den Löschungsanspruch durch Aufgabe des Eigentümerrechts erfüllt, dass er also die nach § 875 BGB hierzu erforderliche Aufgabeerklärung abgibt und die Löschung im Grundbuch veranlasst. Gibt dieser die Erklärung nicht freiwillig ab, kann er auf Abgabe verklagt werden; mit der Rechtskraft des entsprechenden Urteils gilt dann die Erklärung als abgegeben (§ 894 Abs. 1 ZPO). Wegen der Vormerkungswirkung kann der Berechtigte gemäß § 888 Abs. 1 BGB auch von einem Dritten die Zustimmung zur Löschung verlangen, wenn dieser Rechte am Eigentümergrundpfandrecht erlangt hat, die dem Vormerkungsberechtigten gegenüber (relativ) unwirksam sind.

92 Je nachdem, ob das von dem Löschungsanspruch bzw. der Löschungsvormerkung betroffene Recht nach den Versteigerungsbedingungen erlischt oder bestehen bleibt, sind die Folgen etwas unterschiedlich. Deshalb sollen die einzelnen Fälle getrennt dargestellt werden.

---

54) Wegen der verfassungsrechtlichen Bedenken gegen diese Regelung wird auf Böttcher/*Böttcher*, ZVG, § 114 Rz. 30, Schneider-*Schneider*, ZVG, § 114 Rz. 161 und *Stöber*, Rpfleger 1977, 425 verwiesen; a. A. offenbar Dassler/Schiffhauer/u. a.-*Hintzen*, ZVG, § 114 Rz. 95 Fn. 127.

55) Das Zivilgesetzbuch der Deutschen Demokratischen Republik, abgekürzt ZGB oder ZGB-DDR, war das zentrale Privatrechtsgesetz in der ehemaligen DDR. Es hatte am 1.1.1976 das BGB abgelöst. Das ZGB-DDR trat zwar zum 3.10.1990 außer Kraft, ist aber aufgrund von Regelungen des Einigungsvertrags heute noch für viele Altfälle maßgebend. So lautet z. B. § 354 i. d. F. des Gesetzes v. 28.6.1990 wie folgt: „(1) Die Hypothek ist mit der gesicherten Forderung untrennbar verbunden. Sie besteht nur in der jeweiligen Höhe der Forderung einschließlich Zinsen und Nebenforderungen, Als Inhalt der Hypothek kann auch vereinbart werden, dass diese einen veränderten Zinssatz bis zu einem bestimmten Höchstsatz sichert; die Vereinbarung bedarf der Eintragung in das Grundbuch. (2) Erlischt die Forderung, erlischt auch die Hypothek. Die Bestimmung des § 454a bleibt unberührt. (3) Wird die Forderung durch Vertrag an einen neuen Gläubiger abgetreten, geht auch die Hypothek auf ihn über, Die Abtretung der Forderung und der Übergang der Hypothek werden mit Eintragung des neuen Gläubigers im Grundbuch wirksam."

56) *Keller*, Rpfleger 1992, 501.

57) Die Rentenschuld kann hier vernachlässig werden, da sie in der Praxis nicht vorkommt.

58) Gleich ob nach alter oder neuer Fassung; Zäsur: 1.1.1978.

b) **Bestehenbleiben des betroffenen und begünstigten Rechts**

Der **Löschungsanspruch** bzw. die am betroffenen Recht eingetragene Löschungsvormerkung werden durch den Zuschlag überhaupt **nicht berührt**. Sie bleiben auch grundbuchersichtlich, da der gesetzliche Löschungsanspruch als (ungeschriebener) Inhalt des begünstigten Rechts weiterhin aus dem Grundbuch ersichtlich ist bzw. die Löschungsvormerkung bei dem betroffenen Recht in der Veränderungsspalte der Abt. III ebenfalls eingetragen bleibt. Gesichert sind damit nicht nur die Vereinigungen in der Person des Eigentümers, die bis zum Zuschlag eingetreten sind, sondern auch die künftig entstehenden Eigentümerrechte. Im Zwangsversteigerungsverfahren ist hier nichts Besonderes zu beachten. 93

c) **Bestehenbleiben der Eigentümergrundschuld bei Erlöschen des begünstigten Rechts durch Zuschlag**

Das Erlöschen des begünstigten Recht hat nicht das Erlöschen des durch Löschungsvormerkung oder des mit Vormerkungswirkung ausgestalteten gesetzlichen Löschungsanspruchs zur Folge (§ 91 Abs. 4 Satz 1 ZVG). Der Löschungsanspruch besteht wegen jeder zur Löschung verpflichtenden Vereinigung des betroffenen Rechts mit dem Eigentum in einer Person fort, die **vor dem Zuschlag** eingetreten ist. Vereinigungen, die erst nach dem Zuschlag eintreten, werden jedoch vom Löschungsanspruch nicht mehr erfasst. 94

Der fortbestehende gesetzliche Löschungsanspruch **erlischt** nach § 91 Abs. 4 Satz 2 ZVG, wenn der hieraus **Berechtigte voll befriedigt** wird. Für die Löschungsvormerkung gilt im Ergebnis dasselbe. Die Begründung hierfür ergibt sich aber nicht aus § 91 Abs. 4 ZVG; denn diese Vorschrift gilt nur für den gesetzlichen Löschungsanspruch. Die Geltendmachung des Löschungsanspruchs setzt aber auch ein rechtliches Interesse voraus, welches nach voller Befriedigung des Vormerkungsberechtigten nicht mehr vorliegt.[59] 95

Wird der Löschungsanspruch durchgesetzt, die bestehen gebliebene Eigentümergrundschuld also gelöscht, dann wäre hierdurch der Ersteher bereichert. Deshalb trifft diesen die **Zuzahlungspflicht** nach § 50 Abs. 2 Nr. 1 ZVG. Da diese Zuzahlungspflicht aber noch nicht feststeht, hat eine **bedingte Zuteilung** gemäß § 125 Abs. 2 Satz 1 ZVG zu erfolgen.[60] 96

Mit der Löschung des begünstigten Rechts auf Ersuchen des Vollstreckungsgerichts entfällt gemäß § 130a Abs. 1 ZVG auch die Vormerkungswirkung des § 1179a Abs. 1 Satz 3 BGB. Damit der Anspruch aber auch weiterhin dinglich gesichert bleibt, muss das Vollstreckungsgericht sein Ersuchen an das Grundbuchamt auch darauf erstrecken, dass an dem bestehen bleibenden (betroffenen) Recht eine entsprechende (Löschungs-)**Vormerkung eingetragen** wird (§ 130a Abs. 2 ZVG). Voraussetzung hierfür ist jedoch ein entsprechender **Antrag** des begünstigten Gläubigers. Aber auch diese Vormerkung sichert nur den Löschungsanspruch für Vereinigungen, die **vor** dem Zuschlag eingetreten sind. Zu Einzelheiten siehe § 130a Rz. 17, 18 [*Bachmann*]. 97

---

59) BGH, Urt. v. 12.10.1979 – V ZR 6/78, NJW 1980, 228 = MDR 1980, 216; RG, Urt. v. 11.4.1906 – V 435/05, RGZ 63, 152; Schneider-*Schneider*, ZVG, § 114 Rz. 166.

60) Vgl. Stöber/*Nicht*, ZVG, § 114 Rz. 191.

98 Auch die eingetragene Löschungsvormerkung hindert nicht das Entstehen einer Eigentümergrundschuld. Soweit das mit der Löschungsvormerkung belastete Recht bestehen bleibt, ändert dies nichts an dem Löschungsanspruch und der Löschungsvormerkung. Diese darf deshalb auch nicht gelöscht werden, sondern ist mit dem belasteten Grundpfandrecht auf das Grundbuchblatt des Erstehers mit zu übertragen. Deshalb muss in diesem Fall auch kein besonderer Antrag wie bei § 130a ZVG gestellt werden.

d) Erlöschen beider Rechte durch Zuschlag

99 Auch das Erlöschen beider Rechte hat nicht das Erlöschen des vertraglichen, des durch eine Löschungsvormerkung nach § 1179 BGB gesicherten oder des gesetzlichen Löschungsanspruchs des § 1179a BGB zur Folge. Der Anspruch bezieht sich nun aber auf das Surrogat mit der Folge, dass der **Berechtigte** vom bisherigen Eigentümer verlangen kann, dass dieser ihm den auf die Eigentümergrundschuld entfallenden **Erlösanteil** insoweit überlässt als er ihm zustehen würde, wenn die Löschung der Eigentümergrundschuld schon vor dem Zuschlag erfolgt wäre.[61)] Der Löschungsanspruch besteht auch weiter, wenn der Schuldner (= „alter" Eigentümer) den an die Stelle eines zu löschenden Grundpfandrechts getretenen Erlösanspruch durch Verzicht des Gläubigers oder aufgrund eines anderen Erwerbs (z. B. Abtretung des Erlösanspruchs) erlangt hat. Dann richtet sich der Anspruch darauf, dass der zur Löschung Verpflichtete den auf das Eigentümerrecht entfallenden Erlösanteil dem Vormerkungsberechtigten insoweit überlässt, als er diesem zustehen würde, wenn die Löschung der Eigentümergrundschuld bereits vor dem Zuschlag erfolgt wäre.[62)]

100 Folgt das aus dem Löschungsanspruch begünstigte Recht unmittelbar im Rang nach dem betroffenen Recht, dann hat die Verteilung zur Folge, dass der auf das Eigentümerrecht entfallende Erlös dem Gläubiger des durch den Löschungsanspruch gesicherten Rechts zusteht, nach oben begrenzt durch die Höhe seines eigenen Anspruchs. Ein den Anspruch des Berechtigten übersteigender Betrag verbleibt dem Inhaber der Eigentümergrundschuld (= Eigentümer zur Zeit des Zuschlags). Der Löschungsanspruch kann nicht zugunsten eines hinter dem begünstigten Recht stehenden anderen Rechts geltend gemacht werden.[63)] Mehrere Löschungsansprüche stehen in keinem Rangverhältnis zueinander. Werden sie geltend gemacht, ist für die Zuteilung der Rang der begünstigten Rechte maßgeblich.

101 Wenn **Zwischenrechte** vorhanden sind, dann kommt es zunächst darauf an, ob dieses Zwischenrecht voll befriedigt wird oder nicht. Wenn es voll befriedigt ist, hat dies keine Auswirkungen auf die Geltendmachung des Löschungsanspruchs. Wenn es jedoch voll oder teilweise ausfällt, dann kommt die Geltendmachung des Löschungs-

61) BGH, Urt. v. 23.10.1957 – V ZR 235/56, Rpfleger 1958, 49 mit Anm. *Bruhn* = NJW 1958, 21.

62) Vgl. Stöber/*Nicht*, ZVG, § 114 Rz. 192; nun auch unter ausdrücklicher Aufgabe der früheren Ansicht des BGH, Urt. v. 27.14.2012 – VB ZR 270/10, Rpfleger 2012, 452 = ZIP 2012, 1140; Dassler/Schiffhauer/u. a.-*Hintzen*, ZVG, § 114, Rz. 106 und 107; Schneider-*Schneider*, ZVG, § 114 Rz. 168.

63) Vgl. *Stöber*, Rpfleger 1957, 205.

anspruchs nach h. M. diesem Zwischenberechtigten nicht zugute.[64] Aber rechnerisch müssen solche Zwischenrechte berücksichtigt werden. Dies bedeutet konkret Folgendes:

- Auf das Recht des durch den Löschungsanspruch Begünstigten erfolgt eine Zuteilung, als ob überhaupt kein Eigentümerrecht bestehen würde.
- Auf das bzw. die Zwischenrecht(e) erfolgt eine Zuteilung, als ob kein Löschungsanspruch bestehen würde.
- Auf das durch den Löschungsanspruch betroffene Eigentümerrecht wird der Rest zugeteilt.

Beispiel hierzu:[65]

Folgende Rechte sind im Grundbuch eingetragen, die mit dem Zuschlag erloschen sind:

III/1 – 20.000 €	Eigentümerrecht, gegen das sich der Löschungsanspruch richtet.
III/2 – 40.000 €	Zwischenrecht, für das kein Löschungsanspruch besteht.
III/3 – 30.000 €	Begünstigtes Recht, für das ein Löschungsanspruch (auch) an III/1 besteht; dieser Anspruch wird auch geltend gemacht.

Anteiliger Versteigerungserlös, soweit er für eine Zuteilung auf die drei Rechte zur Verfügung steht:

Unterfall a): 50.000 €

Unterfall b): 60.000 €

Zuteilung (auszugsweise, die drei Rechte betreffend) bei *Unterfall a)*:

Auf das **Recht III/3** (= Begünstigter aus dem Löschungsanspruch) entfällt:

50.000 € (= Erlös) – 40.000 (= III/2) = 10.000 €

Auf das **Zwischenrecht III/2** entfällt:

50.000 € (= Erlös) – 20.000 (= III/1) = 30.000 €

Auf das **Eigentümerrecht III/1** entfällt der Rest:

50.000 € (= Erlös) – 30.000 (= Zuteilung III/2) – 10.000 (= Zuteilung III/3) = 10.000 €

Zuteilung (auszugsweise, die drei Rechte betreffend) bei *Unterfall b)*:

Auf das **Recht III/3** (= Begünstigter aus dem Löschungsanspruch) entfällt:

60.000 € (= Erlös) – 40.000 (= III/2) = 20.000 €

---

64) BGH, Urt. v. 23.10.1957 – V ZR 235/56, Rpfleger 1958, 49 mit Anm. *Bruhn* = NJW 1958, 21; OLG Düsseldorf, Urt. v. 15.2.1989 – 9 U 205/88, Rpfleger 1989, 422 = NJW-RR 1989, 599; Böttcher/*Böttcher*, ZVG, § 114 Rz. 35; Stöber/*Nicht*, ZVG, § 114 Rz. 194 ff.; Dassler/Schiffhauer/u. a.-*Hintzen*, ZVG, § 114 Rz. 105 und 108; Schneider-*Schneider*, ZVG, § 114 Rz. 172 f.

65) Weitere Beispiele hierzu bei Böttcher/*Böttcher*, ZVG, § 114 Rz. 36; Stöber/*Nicht*, ZVG, § 114 Rz. 194a ff.; Dassler/Schiffhauer/u. a.-*Hintzen*, ZVG, § 114 Rz. 108; Schneider-*Schneider*, ZVG, § 114 Rz. 173.

Auf das **Zwischenrecht III/2** entfällt:

60.000 € (= Erlös) – 20.000 (= III/1) = 40.000 €

Auf das **Eigentümerrecht III/1** entfällt der Rest:

50.000 € (= Erlös) – 20.000 (= Zuteilung III/2) – 40.000 (= Zuteilung III/3) = 0 €

e) **Behandlung des Löschungsanspruchs im Verteilungsverfahren**

102 Im Verteilungsverfahren wird der Löschungsanspruch nur berücksichtigt, wenn er geltend gemacht wird; denn es handelt sich hierbei um einen schuldrechtlichen Anspruch, auch wenn er durch eine Löschungsvormerkung oder gemäß § 1179a Abs. 1 Satz 3 BGB gesichert ist. Diese Geltendmachung erfolgt schriftlich oder im Verteilungstermin durch Erklärung zu Protokoll. In der **„Anmeldung"** des Löschungsanspruchs ist die Geltendmachung zu sehen. Ebenso kann der **Antrag** nach § 130a Abs. 2 Satz 1 ZVG auf Eintragung einer Löschungsvormerkung als Geltendmachung des Löschungsanspruchs interpretiert werden.[66)]

103 Aufgrund der Geltendmachung des Löschungsanspruchs muss der auf die Eigentümergrundschuld entfallende Erlösanteil als auflösend bedingter Anspruch behandelt werden. Dies bedeutet, dass neben der Zuteilung auf das Eigentümerrecht gemäß § 119 ZVG eine **Hilfszuteilung** erfolgen muss für den Fall, dass der Löschungsanspruch verwirklicht wird. Da jedoch bei einer auflösenden Bedingung der Plan dadurch ausgeführt wird, dass dem (ursprünglich) Berechtigten der zugeteilte Betrag ausgezahlt wird, muss sich der Berechtigte des Löschungsanspruchs mit einem **Widerspruch** gemäß § 115 ZVG gegen die Planausführung wehren. In der Geltendmachung des **Löschungsanspruchs** ist deshalb auch gleichzeitig ein Widerspruch gegen die Zuteilung an den Berechtigten der Eigentümergrundschuld zu sehen.[67)] Dieser Widerspruch führt dazu, dass der streitige Betrag gemäß § 124 Abs. 2 ZVG i. V. m. § 120 ZVG hinterlegt wird.[68)] Eine Auszahlung an den Begünstigten aus dem Löschungsanspruch kann nur erfolgen, wenn der Berechtigte des Eigentümerrechts (bisherige Eigentümer) den Löschungsanspruch anerkennt oder ein entsprechendes Urteil vorgelegt wird.

104 In vielen Fällen ist die Eigentümergrundschuld noch gar nicht als solche im Grundbuch vermerkt, sondern als Fremdrecht eingetragen (verschleierte Eigentümergrundschuld, siehe Rz. 55, 56). Hier muss der Berechtigte des Löschungsanspruchs bzw. der Löschungsvormerkung neben der Geltendmachung seines Löschungsanspruchs auch noch **Widerspruch gegen die Zuteilung** an den eingetragenen Fremdgläubiger erheben. An diesem Widerspruchsverfahren sind dann beteiligt: Der widersprechende Berechtigte des Löschungsanspruchs, der bisherige Grundstückseigentümer als In-

---

66) Böttcher/*Böttcher*, ZVG, § 114 Rz. 37; Stöber/*Nicht*, ZVG, § 114 Rz. 200 ff.; a. A. Dassler/Schiffhauer/u. a.-*Hintzen*, ZVG, § 114 Rz. 103, 104; BeckOK-*Riedel*, ZVG, § 114 Rz. 34; Schneider-*Schneider*, ZVG, § 114 Rz. 174: Löschungsanspruch ist mit Widerspruch gegen den Teilungsplan zu verfolgen. Im Ergebnis unterscheiden sich die beiden Meinungen nur in Detailfragen.

67) Und spätestens hier schließt sich der Kreis zu der in vorheriger Fn. erwähnten Gegenansicht.

68) Wegen der Formulierung wird auf *Keller*, RpflJB 1993, 213 f. verwiesen.

haber der angeblichen Eigentümergrundschuld, der Hypothekengläubiger als Zuteilungsberechtigter aus der eingetragenen Fremdhypothek. Erfolg hat der Berechtigte des Löschungsanspruchs aber nur, wenn er nachweisen kann, dass das Fremdrecht tatsächlich ein Eigentümerrecht ist und der Erlösanspruch von dem zur Löschung verpflichteten bisherigen Eigentümer tatsächlich in Erfüllung des Löschungsanspruchs dem Widersprechenden überlassen werden muss.

In diesem Zusammenhang muss aber auch darauf hingewiesen werden, dass die bei einer Grundschuld eingetragene **Löschungsvormerkung** (§ 1179 BGB) oder der gegen sie gerichtete gesetzliche Löschungsanspruch (§ 1179a BGB) fast keine praktische Bedeutung hat. Der Grund liegt darin, dass sich eine Fremdgrundschuld nur in ganz wenigen Fällen in eine Eigentümergrundschuld umwandelt. In den meisten Fällen hat der Eigentümer einen (ebenfalls nur) **schuldrechtlichen Rückgewähranspruch**. Diesen sollte sich der nachfolgende Gläubiger abtreten lassen, ihn notfalls pfänden. Jedoch scheidet diese Möglichkeit aus, wenn der Eigentümer den Rückgewähranspruch vorher schon einem anderen abgetreten hat. Zu Einzelheiten zum Rückgewähranspruch siehe Rz. 112 ff. 105

3. Rangordnung

a) Gesetzliche Rangordnung

Im Teilungsplan werden die einzelnen Ansprüche entsprechend ihrer Rangfolge aufgenommen, also: 106

- Verfahrenskosten (§ 109 ZVG),
- Ansprüche der Rangklassen 1 bis 8 (§§ 10–12 ZVG),
- verspätet angemeldete Ansprüche (§ 110 ZVG).

Hinsichtlich der in Rangklasse 4 zu berücksichtigenden Rechte gilt das im Grundbuch zum Zeitpunkt der Eintragung des Versteigerungsvermerks ersichtliche Rangverhältnis. Hat sich der Rang **nachträglich** geändert, dann kann dies nur auf entsprechende Anmeldung hin berücksichtigt werden. 107

b) Rangänderung

Bei einer zu berücksichtigenden Rangänderung muss darauf geachtet werden, dass Zwischenrechte durch die Rangänderung gemäß § 880 Abs. 5 BGB nicht berührt werden dürfen. Wegen Einzelheiten siehe § 44 Rz. 22 ff. [*Bachmann*] (hier: Beispiele). 108

c) Rangvorbehalt

Auch bei einem bereits ausgeübten Rangvorbehalt darf ein Zwischenrecht gemäß § 881 Abs. 4 BGB weder einen Vor- noch einen Nachteil haben. In diesem Fall entsteht ein sogen. **relatives Rangverhältnis**. Dies bedeutet: 109

- Dem Zwischenrecht darf nicht mehr vorgehen, als das zum Zeitpunkt seiner Eintragung vor ihm stehende Recht; der bei diesem Recht eingetragene Rangvorbehalt belastet das Zwischenrecht also nicht.
- Dem belasteten Recht darf aber auch nur das vorgehen, was durch den Rangvorbehalt vereinbart war.

110 Um diesen Erfordernissen gerecht zu werten, ist nach der *Herfurth'schen* Formel[69] in folgenden Schritten vorzugehen:

– Das belastete Recht erhält den Erlös abzüglich dem Anspruch des vorbehaltenen Rechts.
– Das Zwischenrecht erhält den Erlös abzüglich des (vorgehenden) Rechts, bei dem der Rangvorbehalt eingetragen ist.
– Das Recht, welches in den Rangvorbehalt eingewiesen worden ist, erhält den Rest.

Zur Verdeutlichung folgendes **Beispiel:**

Folgende Rechte sind im Grundbuch eingetragen und erlöschen alle durch den Zuschlag:

III/1 – 40.000 € mit Rangvorbehalt: Vorrang für 70.000 €

III/2 – 100.000 €

III/3 – 70.000 € unter Ausnutzung des Rangvorbehalts im Rang vor III/1

Der auf diese drei Rechte entfallende Teil des **Versteigerungserlöses** beträgt:

Unterfall a):	40.000 €
Unterfall b):	110.000 €
Unterfall c):	150.000 €

111 Die Verteilung des entsprechenden Teils des Versteigerungserlöses sieht wie folgt aus:

Bei Unterfall a):

III/1: nichts	Begründung: 40.000 € – 70.000 € weniger als 0
III/2: nichts	Begründung: 40.000 € – 40.000 € = 0
III/3: 40.000 €	Begründung: 40.000 € – 0 € – 0 € = 40.000 €

Bei Unterfall b):

III/1: 40.000 €	Begründung: 110.000 € – 70.000 € = 40.000 €
III/2: 70.000 €	Begründung: 110.000 € – 40.000 € = 70.000 €
III/3: nichts	Begründung: 110.000 € – 40.000 € – 70.000 € = 0

Bei Unterfall c):

III/1: 40.000 €	Begründung: 150.000 € – 70.000 € = 80.000 €; aber **höchstens sein Anspruch = 40.000 €**
III/2: 100.000 €	Begründung: 150.000 € – 40.000 € = 110.000 €; aber **höchstens sein Anspruch = 100.000 €**
III/3: 10.000 €	Begründung: 150.000 € – 40.000 € – 100.000 € = 10.000 €

---

69) MünchKomm/*Lettmaier*, BGB, § 881 Rz. 18 ff. mit Berechnungsbeispiel (Rz. 21); Grüneberg/*Herrler*, BGB, § 881 Rz. 11 und Berechnungsbeispiel (Rz. 12); Böttcher/*Böttcher*, ZVG, § 114 Rz. 45; Stöber/*Gojowczyk*, ZVG, § 44 Rz. 54 und Stöber/*Nicht*, ZVG, § 114, Rz. 81 ff.

4. Rückgewähranspruch

112 Der Sicherungsgeber einer Grundschuld (Eigentümer) hat gegenüber dem Sicherungsnehmer (dem Gläubiger) nach Wegfall des Sicherungszwecks einen Anspruch auf Rückgewähr der Grundschuld. Dieser aufschiebend bedingte Anspruch, der auf der Sicherungsabrede bzw. dem Sicherungsvertrag beruht,[70)] setzt sich nach dem Erlöschen der Grundschuld im Wege der Surrogation am Versteigerungserlös fort.[71)]

113 Der Rückgewähranspruch kann **abgetreten** werden;[72)] er kann auch **gepfändet**[73)] oder **verpfändet** werden. Wenn die Abtretung früher erfolgte, geht eine nachfolgende Pfändung ins Leere.[74)] Wenn der Sicherungsgeber den Rückgewähranspruch mehrfach abtritt, kann nur die erste Abtretung wirksam sein. Bei den weiteren Abtretungen handelt der Eigentümer dann als Nichtberechtigter; somit sind diese unwirksam, wenn sie nicht vom Berechtigten genehmigt werden.

114 Wegen der Erfüllung des Rückgewähranspruchs und der Behandlung im Verteilungsverfahren wird auf die Ausführungen zur Sicherungsgrundschuld (siehe Rz. 34 ff.) verwiesen.

5. Übererlös

115 Unter dem „Übererlös" versteht man **den Teil der Teilungsmasse**, der nach Zuteilung der Verfahrenskosten und aller nach § 10 ZVG zu berücksichtigten Befriedigungsansprüche **übrig bleibt**. Dieser Teil der Teilungsmasse steht dem bisherigen Eigentümer als Surrogat für sein versteigertes Grundstück zu. Wenn es sich hierbei um eine Bruchteilsgemeinschaft handelt, kann dieser Übererlös nur der Gemeinschaft zugeteilt werden. Wenn sich die Mitberechtigten nicht über die Auszahlung einigen, ist der Betrag für sämtliche Miteigentümer (dann aber gemäß § 432 BGB[75)]) zu hinterlegen. Wenn das Grundstück zum Nachlass einer Erbengemeinschaft gehörte, dann fällt der Übererlös als Surrogat in den Nachlass.

116 Ist der Erlösanspruch des Schuldners (nach dem Zuschlag) gepfändet und überwiesen worden, dann wird der entsprechende Betrag dem Pfändungsgläubiger zugeteilt, sofern dieser seine Berechtigung durch Vorlage des **Pfändungs- und Überweisungsbeschlusses** samt Zustellungsnachweis an den Schuldner[76)] nachgewiesen hat. Zu Einzelheiten siehe § 117 Rz. 54–61 [*Bachmann*].

6. Verzicht auf Erlöszuteilung

117 Wenn der Zuteilungsberechtigte auf eine Erlöszuteilung verzichtet, muss man genau unterscheiden, wann dieser Verzicht erklärt wird und welcher Anspruch durch den Verzicht betroffen ist. Wenn der Verzicht erst nach (endgültiger) Aufstellung des

---

70) Notfalls auch mit § 812 BGB begründet werden kann.

71) BGH, Urt. v. 5.11.1976 – V ZR 5/75, Rpfleger 1977, 56 = NJW 1977, 247.

72) BGH, Urt. v. 5.11.1976 – V ZR 5/75, Rpfleger 1977, 56 = NJW 1977, 247; Schleswig-Holsteinisches OLG, Urt. v. 29.1.1985 – 3 U 207/83, WM 1985, 700.

73) BGH, Urt. v. 28.2.1975 – V ZR 146/73, Rpfleger 1975, 219.

74) Manche (z. B. Dassler/Schiffhauer/u. a.-*Hintzen*, ZVG, § 114 Rz. 46) sagen etwas ungenau: „Die Abtretung geht der Pfändung vor".

75) So zumindest die (noch) h. M; Einzelheiten hierzu bei § 128 Rz. 8 [*Bachmann*].

76) Da es sich um ein drittschuldnerloses Recht handelt (§ 857 Abs. 2 ZPO).

Teilungsplans erfolgt, wird der Teilungsplan nicht mehr geändert. Eine noch nicht erfolgte Auszahlung kann jedoch u. U. „umgeleitet" werden, also an den durch den Verzicht Begünstigten erfolgen.

118 **Ansprüche der Rangklassen 1 bis 3 sowie 7 und 8** werden bei der Verteilung nur berücksichtigt, wenn sie (rechtzeitig) angemeldet worden sind. Wird bis zur Verteilung im Verteilungstermin nachträglich auf angemeldete Ansprüche verzichtet oder zum Verteilungstermin weniger als zuvor angemeldet, dann ist dieser Verzicht im Teilungsplan zu berücksichtigen. Der frei werdende Betrag kommt dem nächstausfallenden Zuteilungsberechtigten, nicht dem Schuldner zugute.

119 Verzichtet ein **persönlich betreibender Gläubiger** (Rangklasse 5), dann fällt er weg. Der hierdurch frei werdende Betrag kommt dem bzw. den nächstausfallenden Zuteilungsberechtigten zugute, nicht dem Schuldner.

120 Etwas anderes gilt für Ansprüche der Rangklasse 4, soweit **Hypotheken** und **Grundschulden** betroffen sind:

121 Wird auf das Kapital einer Hypothek oder Grundschuld verzichtet, so steht der entsprechende Erlösanteil dem bisherigen Grundstückseigentümer zu (§ 1168 BGB analog). Jedoch ist auf Folgendes hinzuweisen.

- Die Erklärung „Das Recht ist nicht mehr valutiert" ist **keine Verzichtserklärung** und deshalb unbeachtlich.
- Die Nichtanmeldung (des Kapitals) ist **kein Verzicht.**
- Die Geltendmachung eines geringeren Betrags als des eingetragenen Betrags ist **kein Verzicht.**

122 Da das Grundpfandrecht durch den Zuschlag bereits erloschen ist, ist der Verzicht formlos möglich; er bedarf auch keiner Eintragung im Grundbuch mehr.

123 Bezieht sich der Verzicht auf **laufende** und/oder **rückständige Nebenleistungen,** dann kommt der frei werdende Betrag dem nächstausfallenden Berechtigten, nicht dem Eigentümer zugute. In unklaren Fällen sollte aber zunächst durch Rücksprache mit dem Gläubiger geklärt werden, ob tatsächlich ein Verzicht oder eine Minderanmeldung vorliegt.[77)]

---

77) Stöber/*Nicht*, ZVG, § 114 Rz. 214; Schneider-*Schneider*, ZVG, § 114 Rz. 199.

§ 114a

Kein Anspruch des Erstehers unter 7/10-Grenze

Ist der Zuschlag einem zur Befriedigung aus dem Grundstück Berechtigten zu einem Gebot erteilt, das einschließlich des Kapitalwertes der nach den Versteigerungsbedingungen bestehenbleibenden Rechte hinter sieben Zehnteilen des Grundstückswertes zurückbleibt, so gilt der Ersteher auch insoweit als aus dem Grundstück befriedigt, als sein Anspruch durch das abgegebene Meistgebot nicht gedeckt ist, aber bei einem Gebot zum Betrage der Sieben-Zehnteile-Grenze ge-

deckt sein würde. Hierbei sind dem Anspruch des Erstehers vorgehende oder gleichstehende Rechte, die erlöschen, nicht zu berücksichtigen.

Literatur: *Bauch*, Zur Befriedigungsfiktion nach § 114a ZVG, Rpfleger 1986, 457; *Ebeling*, Befriedigungsfiktion des § 114a ZVG in der Vollstreckungspraxis, Rpfleger 1985, 279; *Keller*, Grundstücksverschleuderung und Befriedigungsfiktion des § 114a ZVG in der Zwangsversteigerung, ZfIR 2005, 859; *Muth*, Alte und neue Fragen zur Befriedigungsfiktion des § 114a ZVG, Rpfleger 1987, 89; *Schiffhauer*, Die Befriedigungsfiktion des § 114a ZVG beim Vorhandensein von Zwischenrechten, Rpfleger 1970, 316.

Übersicht

I. Allgemeines

§ 114a ZVG soll verhindern, dass ein zur Befriedigung aus dem Grundstück Berechtigter günstig das Grundstück erwirbt, aber seine Forderung behält. Wenn dieser nur an die untere Grenze seines Rechts heranbietet, kann dies die übrigen Bietinteressenten vom Mitbieten abhalten; denn diese müssten damit rechnen, dass sie den Zuschlag voraussichtlich nur dann erhalten, wenn das Recht des „Mit-Konkurrenten" durch ihr Gebot voll gedeckt würde. Ohne die Regelung des § 114a ZVG könnte darüber hinaus der Gläubiger das Grundstück günstig erwerben, da er wenig zahlen müsste, infolge seines Ausfalls aber weiterhin seine Forderung behielte. Diese insbesondere für den Schuldner nachteiligen Folgen soll § 114a ZVG verhindern, indem er die **Deckung des Befriedigungsrechts** bis zur 7/10-Grenze vorsieht.[1] Ein Befriedigungsberechtigter braucht also nach wie vor sein Recht bzw. seine Forderung nicht auszubieten. Er gilt dann aber insoweit als befriedigt, als seine Ansprüche bei einem Gebot von 7/10 des Verkehrswertes gedeckt sein würden. Im Ergebnis werden also Ersteher und Eigentümer so gestellt, als ob der Befriedigungsberechtigte ein Gebot in Höhe von 7/10 des Verkehrswertes abgegeben hätte, soweit durch ein solches Gebot sein Anspruch gedeckt wäre. In der gerichtlichen Praxis vermeiden manche Gläubiger den bei anderen Beteiligten und besonders bei Bietinteressenten[2] als „ungerecht" empfundenen „Bietwettbewerb" dadurch, dass sie die **7/10-Grenze** tatsächlich ausbieten. Im Verteilungstermin erklären sie sich dann hinsichtlich des ihnen zustehenden Versteigerungserlöses als befriedigt. Damit vermeiden sie auch hier die Zahlung an das Vollstreckungsgericht. Und für die Frage, inwieweit eine 1

1) Vgl. BGH, Urt. v. 6.7.1989 – IX ZR 4/89, Rpfleger 1989, 421 = NJW 1989, 2396; BG, Beschl. v. 27.2.2004 – IXa ZB 298/03, Rpfleger 2004, 433 = WM 2004, 755.

2) Bietinteressenten, welche die Regelung des § 114a ZVG nicht kennen bzw. verstehen.

(tatsächliche) Befriedigung stattgefunden hat, kann das Vollstreckungsgericht klare Verhältnisse schaffen. Dagegen spricht § 114a ZVG nur von einer fiktiven Befriedigung, die damit zwar materiellrechtliche Auswirkungen auf das Schuldverhältnis zwischen Gläubiger und Schuldner hat. Aber das Vollstreckungsgericht ist damit nicht näher befasst; allenfalls im Rahmen der §§ 74b ZVG oder 85a Abs. 3 ZVG prüft das Vollstreckungsgericht die Höhe des Ausfalls – und damit indirekt auch die Befriedigungsfiktion. Aber ansonsten ist ein Streit vor dem Prozessgericht auszutragen.

2 § 114a ZVG gilt für alle Versteigerungsarten des ZVG; er verstößt auch nicht gegen Grundrechte des Grundgesetzes, weder gegen Artikel 3 Abs. 1 noch gegen Artikel 14 GG.[3)]

II. Voraussetzungen

1. Zuschlag an einen Befriedigungsberechtigten

3 Der Zuschlag muss an einen zur Befriedigung aus dem Grundstück Berechtigten erfolgt sein. Das kann jeder der in § 10 ZVG genannten Berechtigten sein und zwar ohne Rücksicht auf seinen Rang. Der Pfandgläubiger eines eingetragenen Rechts fällt nur hierunter, wenn ihm die gepfändete Forderung auch überwiesen ist. Der Gläubiger eines persönlichen Anspruchs kann in Rangklasse 5 nur berücksichtigt werden, wenn er die Zwangsversteigerung betreibt. Er unterliegt deshalb der Regelung des § 114a ZVG auch nur, wenn er betreibender Gläubiger ist.

2. Meistgebot unter der 7/10-Grenze

4 Das Meistgebot bleibt hinter 7/10 des Verkehrswertes zurück, wenn das **Meistbargebot** einschließlich der bestehen bleibenden Rechte 7/10 des nach § 74a Abs. 5 ZVG festgesetzten Verkehrswertes **nicht erreicht**. Bei der anzustellenden fiktiven Berechnung ist auf folgende Punkte zu achten:

- Es werden keine Bargebotszinsen mit eingerechnet, da der Ersteher einer Verzinsungspflicht nach § 49 Abs. 4 ZVG entgehen kann.[4)]
- Die nach den Versteigerungsbedingungen (auch die nach § 59 abgeänderten Bedingungen) bestehen bleibenden Rechte sind mit ihrem Kapital- bzw. ihrem Zuzahlungsbetrag (§ 51 Abs. 2 ZVG) zu berücksichtigen. Auch die „außerhalb des geringsten Gebots" bestehen bleibenden Rechte (z. B. Altenteil bzw. Leibgeding) sind einzurechnen. Dagegen kann ein Recht, das nach § 91 Abs. 2 ZVG durch Vereinbarung bestehen bleibt, nicht berücksichtigt werden.
- Als Grundstückswert ist der vom Vollstreckungsgericht nach § 74a Abs. 5 ZVG festgesetzte Verkehrswert maßgeblich. Dieser ist grundsätzlich auch für das Prozessgericht bei der gerichtlichen Überprüfung der fiktiven Befriedigung bin-

3) So BVerfG, Beschl. v. 2.2.1999 – 1 BvL 8/97, BVerfGE 100, 195 = NJW 1990, 2357; BGH, Urt. v. 9.1.1992 – IX ZR 165/91, Rpfleger 1992, 264 = NJW 1992, 1702; a. A. *Häusele*, KTS 1991, 47.

4) So auch Böttcher/*Böttcher*, ZVG, § 114a Rz. 8; Stöber/*Nicht*, ZVG, § 114a Rz. 16; Schneider-*Schneider*, ZVG, § 114a Rz. 19; a. A. Steiner-*Eickmann*, ZVG, § 114a Rz. 13; BeckOK-*Riedel*, ZVG, § 114a Rz. 12 und 12.1 unter Hinweis auf den Wortlaut des § 54 Abs. 3 GKG bzw. auf den Umkehrschluss hieraus. Das kann nicht richtig sein; ein Kostengesetz kann keine verfahrensrechtlichen Probleme regeln.

dend.[5] Wenn sich der Grundstückswert während des Verfahrens geändert hat, das Vollstreckungsgericht aber mangels Rechtsschutzbedürfnis keine Änderung der ursprünglichen Wertfestsetzung vorgenommen hat,[6] dann ist die (überholte) Wertfestsetzung für das Prozessgericht nicht bindend.[7]

– Der Wert von mitversteigerten Zubehörstücken ist bei der Ermittlung der 7/10-Grenze mit zu berücksichtigen – ebenfalls mit den vom Vollstreckungsgericht gemäß § 74a Abs. 5 ZVG festgesetzten Beträgen.[8]

3. Ausfall des Erstehers

Um die Höhe der fiktiven Befriedigung festzustellen, muss zunächst geprüft werden, ob der Ersteher durch das Gebot keine oder keine volle Deckung erlangt hat. Danach ist der **Differenzbetrag** zwischen dem **tatsächlichen Meistgebot** (einschließlich der bestehen bleibenden Rechte, siehe oben) und dem **7/10-Betrag** des Verkehrswertes festzustellen. Dieser Differenzbetrag ist für die fiktive Befriedigung maßgeblich; nach oben begrenzt wird diese Befriedigung durch die Höhe des Anspruchs. 5

4. Zwischenrechte (Satz 2)

Die dem Anspruch des Erstehers **vor- oder gleichstehenden Rechte**, die erlöschen, werden hierbei nach Satz 2[9] nicht berücksichtigt. Konkret bedeutet dies Folgendes: 6

– Bei der Zuteilung für diese Rechte ist das tatsächlich abgegebene Meistbargebot maßgeblich. Soweit sie dort infolge ihres besseren Ranges befriedigt werden, stellt sich das in Satz 2 angesprochene Problem überhaupt nicht.

– Wenn sie jedoch bei diesem Gebot ganz oder teilweise ausfallen, dann dürfen sie bei der Berechnung der fiktiven Befriedigung des Erstehers nicht berücksichtigt werden; sonst würde auch deren Ausfall dem Ersteher zugutekommen, da sein Ausfall bis zur 7/10-Grenze dadurch geringer wäre.[10] Deshalb wird der o. a. Differenzbetrag nur dem Ausfall des Erstehers „zugerechnet".

III. Befriedigungsfiktion

1. Umfang

Über die tatsächliche Befriedigung durch Zuteilung aus dem abgegebenen Mistbargebot hinaus **gilt der Ersteher** auch insoweit **als befriedigt**, als er bei einem fiktiven Gebot in Höhe von 7/10 des Verkehrswertes befriedigt würde. Damit erlischt die 7

5) BGH, Urt. v. 13.11.1986 – IX ZR 26/86, Rpfleger 1987, 120 mit Anm. *Ebeling* = NJW 1987, 503.

6) Weil die absolute Mindestgrenze des § 85a ZVG bzw. die relative Grenze des § 74a ZVG bereits „gefallen" waren.

7) BGH, Beschl. v. 27.2.2004 – IXa ZB 298/03, Rpfleger 2004, 433 = NJW-RR 2004, 666.

8) Böttcher/*Böttcher*, ZVG, § 114a Rz. 9; Stöber/*Nicht*, ZVG, § 114a Rz. 15; Dassler/Schiffhauer/u. a.-*Hintzen*, ZVG, § 114a Rz. 4; Schneider-*Schneider*, ZVG, § 114a Rz. 22; BGH, Urt. v. 9.1.1992 – IX ZR 165/91, Rpfleger 1992, 264 = NJW 1992, 1702.

9) Dieser Satz wurde durch das Gesetz v. 1.2.1979 (BGBl. I S. 127) als Reaktion auf das Urteil des BGH v. 29.3.1968 – V ZR 137/67, Rpfleger 1968, 219 = NJW 1968, 1676 in den § 114a ZVG eingefügt.

10) Und eine fiktive Befriedigung des vorgehenden bzw. gleichstehenden Berechtigten kann ja nicht eintreten, da dieser nicht Ersteher ist.

Forderung des Erstehers auch in dieser Höhe. Die Verrechnung auf die Forderung richtet sich auch hier nach den Regeln des BGB.[11)]

2. Zeitpunkt

8 Hinsichtlich des Zeitpunktes, wann genau diese fiktive Befriedigung eintritt, besteht keine Einigkeit. Während eine Ansicht[12)] annimmt, maßgeblich sei der Zuschlag,[13)] meinen andere,[14)] es müsste auf den Verteilungstermin abgestellt werden, da die tatsächliche Befriedigung auch erst zu diesem Zeitpunkt eintrete. Im Hinblick auf die Bedeutung der fiktiven Befriedigung für die Frage der Zuschlagserteilung (§ 85a Abs. 3 ZVG) kann nur der Zeitpunkt der **Zuschlagserteilung maßgeblich** sein; sonst würde man den Schuldner, den § 114a ZVG schützen soll, für die Zwischenzeit bis zum Verteilungstermin ohne Not benachteiligen: Sein Eigentum würde er mit dem Zuschlag verlieren; die Forderung gegen ihn würde aber noch weiterhin bestehen. Gegen etwaige weitere Vollstreckungen wegen dieser Forderung könnte er im Zeitraum von Zuschlag bis Verteilungstermin sich noch nicht einmal wehren.

3. Auswirkungen auf das Versteigerungsverfahren

9 § 114a ZVG ist eine **materiellrechtliche Vorschrift**, über die im Streitfall nicht das Vollstreckungs-, sondern das Prozessgericht entscheiden muss. Deshalb wird die fiktive Befriedigung im Verteilungstermin auch nicht ausdrücklich festgestellt. Auch auf dem Vollstreckungstitel wird kein entsprechender Vermerk angebracht; § 127 Abs. 2 ZVG bezieht sich nur auf die tatsächliche Befriedigung aufgrund einer Zuteilung aus dem Bargebot.[15)] Trotzdem sollten Ersteher und Schuldner auf die Folgen des § 114a ZVG ausdrücklich hingewiesen werden. Ein Vermerk auf einem Grundpfandrechtsbrief ist ebenfalls nicht vorgesehen; denn nach § 127 Abs. 1 ZVG wird auf diesem Brief nur das (volle oder teilweise) Erlöschen des Grundpfandrechts vermerkt. Und bei dieser Frage spielt die tatsächliche oder fiktive Befriedigung keine Rolle.

4. Beispiel

Sachverhalt:

10 Festgesetzter Verkehrswert: 200.000 €; 7/10-Grenze: 140.000 €

Verfahrenskosten und Rangklasse 3: insgesamt 5.000 €

---

11) Also in erster Linie nach § 367 BGB.

12) So Böttcher/*Böttcher*, ZVG, § 114a Rz. 12, Stöber/*Nicht*, ZVG, § 114a Rz. 18; Schneider-*Schneider*, ZVG, § 114a Rz. 28.

13) Mit Verkündung des Zuschlags (§ 89 ZVG) bzw. beim Zuschlag im Beschwerdeverfahren mit der Zustellung des entsprechenden Beschlusses (§ 104 ZVG).

14) Dassler/Schiffhauer/u. a.-*Hintzen*, ZVG, § 114a Rz. 9; BeckOK-*Riedel*, ZVG, § 114a Rz. 19.

15) *Stöber/Nicht*, ZVG, § 114a Rz. 31 und § 127 Rz. 9; Dassler/Schiffhauer/u. a.-*Hintzen*, ZVG, § 114a Rz. 1; Schneider-*Schneider*, ZVG, § 114a Rz. 27; BeckOK-*Riedel*, ZVG, § 114a Rz. 27.

Folgende Rechte sind im Versteigerungsverfahren zu berücksichtigen:

III/1 für A:	40.000 € + 4.000 € Zinsen
III/2 für B:	50.000 € + 5.000 € Zinsen
III/3 für C:	10.000 € + 1.000 € Zinsen
III/4 für D:	50.000 € + 5.000 € Zinsen

B. ist bestbetreibender Gläubiger, sodass das geringste Gebot wie folgt aussieht:

Bestehen bleibende Rechte:	III/1:	40.000 €
Mindestbargebot:	Rangklasse 0 + 3:	5.000 €
	Zinsen III/1:	4.000 €

D. ist Meistbietender mit einem Bargebot in Höhe von **70.000 €**. Da dieses Gebot zusammen mit dem bestehen bleibenden Recht in Höhe von 40.000 € = 110.000 € die Hälfte des Verkehrswertes erreicht und keine sonstigen Zuschlagsversagungsgründe vorliegen, wird D. das Grundstück **zugeschlagen**. 11

Die Verteilung des Meistbargebots von	70.000 €
Rangklassen 0 + 3	– 5.000 €
Zinsen des Rechts III/1	– 4.000 €
Zinsen und Hauptanspruch des B (III/2)	– 55.000 €
Zinsen und Hauptanspruch des C (III/3) teilweise	– 6.000 €

Ausfall: C (III/3) mit 5.000 €; D (III/4) voll (= 55.000 €)

Um die fiktive Befriedigung des Erstehers D. zu berechnen, ist die Differenz zwischen einem Meistbargebot, welches 7/10 des Verkehrswertes beträgt, und dem tatsächlich abgegebenen Gebot zu ermitteln: 12

7/10 VKW = 140.000 €; abzüglich bestehen bleibendes Rechts III/1	= 100.000 €
abzüglich tatsächliches Meistbargebot	– 70.000 €
Differenz:	= 30.000 €

Folge: Da der Ausfall (55.000 €) des Erstehers D höher ist als dieser Betrag, **gilt** er nach § 114a ZVG **in Höhe von 30.000 € als befriedigt**. Er wird also so gestellt, als habe er tatsächlich 100.000 € bar geboten.

Zur Erläuterung des § 114a Satz 2 ZVG eine etwas umfangreichere Darstellung:

Die Verteilung des fiktiven Meistbargebots von	100.000 €
Rangklassen 0 + 3	– 5.000 €
Zinsen des Rechts III/1	– 4.000 €
Zinsen und Hauptanspruch des B (III/2)	– 55.000 €

Zinsen und Hauptanspruch des C (III/3) **teilweise** – **6.000 €**[16)]

Zinsen und Hauptanspruch des D (teilweise) – 30.000 €

IV. Problemfälle

1. Abtretung der Rechte aus dem Meistgebot und verdeckte Vertretung

13 Die Befriedigungsfiktion des § 114a ZVG tritt auch dann ein, wenn Meistbietender und Ersteher nicht identisch sind. Hierbei sind folgende Fälle denkbar:

Fall 1:

14 Der Meistbietende hat kein Recht auf Befriedigung aus dem Grundstück; er tritt sein Recht aus dem Meistgebot aber an einen Befriedigungsberechtigten ab, bei dem die Voraussetzungen des § 114a ZVG jedoch vorliegen.

15 Da in der Person des Erstehers die Voraussetzungen des § 114a ZVG vorliegen, trifft die Vorschrift unmittelbar zu. Die **Befriedigungsfiktion** trifft also den **Ersteher.**[17)]

Fall 2:

16 Der Meistbietende ist ein zur Befriedigung aus dem Grundstück Berechtigter, auf den § 114a ZVG zutrifft; er tritt aber sein Recht ab an einen Dritten, bei dem die Voraussetzungen des § 114a ZVG nicht vorliegen.

17 Die **Befriedigungsfiktion** trifft in diesem Fall trotz Abtretung den **Zedenten**, obwohl er gar nicht den Zuschlag erhält.[18)] Dies bedeutet: Der Meistbietende gilt gemäß § 114a ZVG (weitergehend) als befriedigt, obwohl er gar nicht Ersteher ist.

Fall 3:

18 Der Meistbietende ist ein zur Befriedigung aus dem Grundstück Berechtigter, dem der Zuschlag nach Absatz 3 erteilt werden könnte; dieser tritt sein Recht an einen ebenfalls unter Absatz 3 fallenden anderen Befriedigungsberechtigten ab.

---

16) Und dies ist die Bedeutung des Satzes 2: Bei der Berechnung der fiktiven Befriedigung darf der Ausfall des dem Ersteher D. vorgehenden Anspruchs des C. nicht berücksichtigt werden. Ohne diese Einschränkung würde sonst die Berechnung wie folgt aussehen: Anstelle der tatsächlichen Befriedigung des C. mit 6.000 €, würde dieser bei dem fiktiven Gebot von 100.000 € mit 11.000 € (also einschl. seines Ausfalls i. H. v. 5.000 €) berücksichtigt. Dies hätte die weitere Konsequenz, dass der Ausfall des D. bis zur 7/10-Grenze nur 25.000 € betragen würde. „Unter dem Strich" hätte dann der D. aber nur 70.000 € bar + 25.000 € (über die fiktive Befriedigung) = 95.000 € geboten.

17) So Böttcher/*Böttcher*, ZVG, § 114a Rz. 6; Dassler/Schiffhauer/u. a.-*Hintzen*, ZVG, § 114a Rz. 20; Schneider-*Schneider*, ZVG, § 114a Rz, 8; BeckOK-*Riedel*, ZVG, § 114a Rz. 5; a. A. *Stöber/Nicht*, ZVG, § 114a Rz. 10: „Der Gesetzeszweck gebiete es nicht, den Grundstückserwerb des Zessionars so zu behandeln, als ob er selbst das Meistgebot abgegeben und unmittelbar den wirtschaftlichen Wert des Grundstücks erworben habe." Diese Auslegung widerspricht jedoch dem Wortlaut des Gesetzes; siehe hierzu auch Stöber/*Nicht*, ZVG, § 85a Rz. 30.

18) BGH, Urt. v. 6.7.1989 – IX ZR 4/89, Rpfleger 1989, 421 = NJW 1989, 2396; Böttcher/*Böttcher*, ZVG, § 114a Rz. 6; *Stöber/Nicht*, ZVG, § 114a Rz. 10 und § 85a Rz. 29; Dassler/Schiffhauer/u. a.-*Hintzen*, ZVG, § 114a Rz. 21; Schneider-*Schneider*, ZVG, § 114a Rz. 9; BeckOK-*Riedel*, ZVG, § 114a Rz. 5 ff.

Hier stellt sich die Frage, bei welchem der beiden die Befriedigungsfiktion eintritt. Die Antwort hierzu ist noch nicht obergerichtlich geklärt: Nach einer Ansicht muss die Befriedigungsfiktion sowohl der Ansprüche des Zedenten als auch der des Zessionars angenommen werden, allerdings in der Rangfolge des § 10 ZVG.[19)] Nach einer anderen Meinung tritt die Befriedigungsfiktion nur gegenüber dem Ersteher ein, weil der Wortlaut des § 114a ZVG (nur) auf diesen abstelle.[20)] Eine vermittelnde Ansicht meint, dass § 114a ZVG zunächst auf die Forderung des Erstehers anzuwenden sei; wenn diese aber hinter 7/10 des Verkehrswertes zurückbliebe, könne auch noch hinsichtlich der Differenz auf den Ausfall des Meistbietenden zurückgegriffen werden.[21)] Dieser letztgenannten Ansicht wird zuzustimmen sein. 19

Fall 4: Verdeckte Vertretung gemäß § 81 Abs. ZVG 3 ZVG

Unter den Voraussetzungen des § 81 Abs. 3 ZVG wird der Zuschlag an den „verdeckten Meistbietenden“ erteilt; somit sind in diesem Fall eigentlich Meistbietender und Ersteher identisch. Für die Frage der **Befriedigungsfiktion** ist deshalb auch nur auf die **Person des Vertretenen** abzustellen.[22)] 20

2. Drittsicherung

Die Befriedigungswirkung tritt auch dann ein, wenn dinglicher und persönlicher Schuldner nicht identisch sind.[23)] Bei einer Hypothek geht die (persönliche) Forderung in Höhe des Betrags, in dessen Höhe der Gläubiger gemäß § 114a ZVG als befriedigt gilt, auf den bisherigen Eigentümer über (§ 1143 Abs. 1 Satz 1 BGB analog). 21

3. Gesamtrechte

Wenn das versteigerte Grundstück mit einem Gesamtgrundpfandrecht belastet ist, kommt es zunächst darauf an, ob die anderen belasteten Grundstücke ebenfalls (mit)versteigert werden. Wird nur eines der belasteten Grundstücke versteigert, dann gilt der Gläubiger des Gesamtrechts als aus dem versteigerten Grundstück befriedigt.[24)] 22

Werden alle Grundstücke in einem Verfahren versteigert und der Gläubiger des Gesamtgrundpfandrechts ist der Ersteher hinsichtlich sämtlicher Grundstücke, dann bestehen hinsichtlich der Anwendung des **§ 114a ZVG** keine Besonderheiten. Wenn der Befriedigungsberechtigte jedoch nur eines oder einen Teil der Grundstücke ersteigert hat, dann ist zunächst nach § 114a ZVG festzustellen, in welcher Höhe der 23

19) So Dassler/Schiffhauer/u. a.-*Hintzen*, ZVG, § 114a Rz. 22; unentschieden Schneider-*Schneider*, ZVG, § 114a Rz. 10.

20) So Stöber/*Nicht*, ZVG, § 114a Rz. 10.

21) BeckOK-*Riedel*, ZVG, § 114a Rz. 7.

22) Böttcher/*Böttcher*, ZVG, § 114a Rz. 6; Stöber/*Nicht*, ZVG, § 114a Rz. 12; Schneider-*Schneider*, ZVG, § 114a Rz. 12.

23) Dies nennt man auch „Drittsicherung“; z. B. Eltern bestellen zur Sicherung einer Darlehensforderung ihres Sohnes eine Hypothek an ihrem Grundstück. Dann ist der Sohn der persönliche Schuldner, die Eltern sind (nur) dingliche Schuldner.

24) LG Koblenz, Beschl. v. 18.4.1986 – 4 T 91/86, Rpfleger 1986, 395; Dassler/Schiffhauer/u. a.-*Hintzen*, ZVG, § 114a Rz. 16.

Berechtigte (insgesamt) als befriedigt gilt. Sodann ist eine Aufteilung dieses Betrags auf die einzelnen Grundstücke nach den Regeln des § 122 ZVG vorzunehmen.[25)]

4. Grundschuld

24 Bei der Grundschuld stellt sich im Hinblick auf die Befriedigungsfiktion folgende Frage: Erfasst die Befriedigungsfiktion den dinglichen Anspruch, als eingetragener Kapitalbetrag nebst Zinsen und Kosten, oder wird hierdurch (nur) die persönliche Forderung betroffen, welche durch die Grundschuld abgesichert wird?

25 Für die Frage der Zuschlagserteilung (§ 74a Abs. 1 Satz 1 ZVG bzw. § 85a Abs. 3 ZVG) stellt die überwiegende Meinung auf den Nominalbetrag der Grundschuld ab, da es nicht Aufgabe des Vollstreckungsgerichts sei, über den Bestand der persönlichen Forderung Ermittlungen anzustellen.[26)] Bei der Befriedigungsfiktion dagegen kommt eine Ansicht zum Ergebnis, dass § 114a ZVG nur die **persönliche Forderung** im Auge haben könne, da im Streitfall das Prozessgericht entscheiden müsse. Und dieses Gericht sei sehr wohl in der Lage, die Höhe der persönlichen Forderung zu ermitteln.[27)] Wenn man dieser Meinung folgt, dann hätte dies folgende Konsequenzen: Die Befriedigungsfiktion umfasst (nur) die Forderungen, die nach dem Sicherungsvertrag durch die Grundschuld gesichert sind. Wenn diese persönliche Forderung des Befriedigungsberechtigten, der auch Ersteher ist, geringer ist als 7/10 des festgesetzten Verkehrswertes, steht dem Schuldner kein Bereicherungsanspruch hinsichtlich des Unterschiedsbetrags[28)] zu.[29)]

26 Dagegen spricht sich *Stöber*[30)] dafür aus, dass die Frage der fiktiven Befriedigung nach denselben Kriterien beantwortet werden müsse wie bei § 74a ZVG und § 85a Abs. 3. ZVG. Er kommt deshalb zum Ergebnis, dass sich (auch) die fiktive Befriedigung ausschließlich nach dem **Nominalbetrag** (Nennbetrag) **der Grundschuld** bemesse. Welche Wirkung die Befriedigung des dinglichen Anspruchs aus der Grundschuld für die nach schuldrechtlicher Abrede gesicherte Forderung hat, bestimmt sich (dann) nach dem Sicherungsvertrag.

27 Konkret bedeutet dies:

Ist der Eigentümer zugleich persönlicher Schuldner. Dann wird normalerweise angenommen, dass damit zugleich auch die gesicherte Forderung erfüllt wird. Wenn Eigentümer und (persönlicher) Schuldner nicht identisch sind, berührt die Ablösung

---

25) Böttcher/*Böttcher*, ZVG, § 114a Rz. 15; Dassler/Schiffhauer/u. a.-*Hintzen*, ZVG, § 114a Rz. 17.

26) Vgl. BGH, Beschl. v. 27.2.2004 – IXa ZB 135/03, Rpfleger, 2004, 432 = ZIP 2004, 874; Böttcher/*Böttcher*, ZVG, § 85a Rz. 9; Stöber/*Becker*, ZVG, § 114a Rz. 20; Dassler/Schiffhauer/u. a.-*Hintzen*, ZVG, § 85a Rz. 27.

27) Diese Ansicht kann man wohl als h. M. bezeichnen; vgl. BGH, Urt. v. 13.11.1986 – IX ZR 26/86, Rpfleger 1987, 120 mit Anm. *Ebeling* = MDR 1987, 317 = NJW 1987, 504; LG Hanau, Beschl. v. 16.9.1987 – 3 T 251/87, Rpfleger 1988, 77; Böttcher/*Böttcher*, ZVG, § 114a Rz. 14; Dassler/Schiffhauer/u. a.-*Hintzen*, ZVG, § 114a Rz. 13; BeckOK-*Riedel*, ZVG, § 114a Rz. 22 und 23; etwas anders Stöber/*Nicht*, ZVG, § 114a Rz. 20 f.

28) Also 7/10 VKW abzgl. Höhe der persönlichen Forderung.

29) Vgl. BGH, Urt. v. 13.11.1986 – IX ZR 26/86, Rpfleger 1987, 120 = NJW 1987, 503; a. A. Stöber/*Nicht*, ZVG, § 114a Rz. 20 f.

30) Stöber/*Nicht*, ZVG, § 114a Rz. 25 ff.

der Grundschuld durch den Eigentümer den Bestand der persönlichen Forderung gewöhnlich nicht (es sei denn in der Sicherungsvereinbarung ist etwas anderes bestimmt). Und somit kann festgehalten werden, dass es auf den Sicherungsvertrag abkommt, ob und wieweit eine tatsächliche oder nach § 114a fingierte Befriedigung des (dinglichen) Anspruchs aus der Grundschuld die dadurch gesicherte persönliche Forderung erlöschen lässt.

Die Ausführungen von *Stöber* sind in sich schlüssig; deshalb sollte sich diese Ansicht durchsetzen.[31)] 28

5. Strohmann und Tochtergesellschaft

Wenn der zur Befriedigung Berechtigte einen weisungsgebundenen Strohmann vorschickt, um die Fiktion des § 114a ZVG zu umgehen, dann muss sich der Weisungsgeber so behandeln lassen, als ob er das Gebot selbst abgegeben hätte; d. h., die Befriedigungsfiktion tritt bei ihm ein, obwohl er gar nicht den Zuschlag erhält.[32)] Aber das Bieten durch einen Ehegatten kann nicht von Vornherein als Umgehung des § 114a ZVG gewertet werden.[33)] 29

Dieselben Grundsätze gelten auch bei Geboten eines uneigennützigen Treuhänders oder einer Tochtergesellschaft. Auch dadurch kann die Fiktion des § 114a ZVG nicht ausgeschaltet werden.[34)] 30

V. Ausschließung der Befriedigungsfiktion

Auf die Befriedigungsfiktion gemäß § 114a ZVG kann nach h. M. durch Vertrag verzichtet werden.[35)] Dieser Vertrag zwischen Ersteher und Schuldner muss vor dem Zuschlag abgeschlossen werden und wirkt nur zwischen den Vertragsparteien.[36)] Hinsichtlich der Form dieses Vertrags muss unterschieden werden: 31

– Verspricht der Meistbietende (und künftige Ersteher) dem Schuldner für dessen Verzicht auf die Befriedigungsfiktion **keine Gegenleistung**, dann handelt es sich

---

31) Daran halte ich trotz der Kritik von Dassler/Schiffhauer/u. a.-*Hintzen*, ZVG, § 114a, Rz. 12 in seiner Fn. 32 fest.

32) Das Gebot des Dritten wird dadurch nicht unwirksam; der Dritte erhält den Zuschlag; aber die Befriedigungswirkung tritt bei dem Befriedigungsberechtigten ein; vgl. hierzu BGH, Urt. v. 27.6.1979 – VIII ZR 297/77, MDR 1979, 1018 = WM 1979, 977. Vgl. hierzu Böttcher/*Böttcher*, ZVG, § 114a Rz. 6; Stöber/*Nicht*, ZVG, § 114a Rz. 13; Dassler/Schiffhauer/u. a.-*Hintzen*, ZVG, § 114a Rz. 25; Schneider-*Schneider*, ZVG, § 114a Rz. 14.

33) Böttcher/*Böttcher*, ZVG, § 114a Rz. 6; Dassler/Schiffhauer/u. a.-*Hintzen*, ZVG, § 114a Rz. 25; Schneider-*Schneider*, ZVG, § 114a Rz. 15.

34) Vgl. BGH, Beschl. v. 14.5.2005 – V ZB 9/05, Rpfleger 2005, 554 = ZfIR 2005, 884; BGH, Urt. v. 9.1.1992 – IX ZR 165/91, Rpfleger 1992, 264; LG Landau i. d. Pf., Beschl. v. 8.2.2001 – 3 T 2/01, Rpfleger 2001, 366 = KTS 2002, 581; siehe hierzu auch BFH, Urt. v. 19.6.2013 – II R 5/11, BB 2013, 1877; vgl. Böttcher/*Böttcher*, ZVG, § 114a Rz. 6; Stöber/*Nicht*, ZVG, § 114a Rz. 13; Dassler/Schiffhauer/u. a.-*Hintzen*, ZVG, § 114a Rz. 25; Schneider-*Schneider*, ZVG, § 114a Rz. 14.

35) Böttcher/*Böttcher*, ZVG, § 114a Rz. 16; Stöber/*Nicht*, ZVG, § 114a Rz. 30; Dassler/Schiffhauer/u. a.-*Hintzen*, ZVG, § 114a Rz. 27; Schneider-*Schneider*, ZVG, § 114a Rz. 31; BeckOK-*Riedel*, ZVG, § 114a Rz. 30; a. A. *Muth*, ZIP 1986, 350.

36) Gegen Bürgen und Mitschuldner wirkt dieser Verzicht nur, wenn sie selbst (auch) verzichtet haben; denn Verträge zulasten Dritter kennt das BGB nicht.

seitens des Schuldners um eine Schenkung. Damit ist die Form des § 518 BGB zu wahren; das Versprechen bedarf der **notariellen Beurkundung.**

– Verspricht der Meistbietende (und künftige Ersteher) dem Schuldner eine **Gegenleistung** für diesen Verzicht,[37] dann ist § 518 BGB nicht einschlägig; der entsprechende Vertrag ist damit **formlos** möglich.[38]

---

37) In Betracht kommt hier insbesondere die Anrechnung eines etwaigen Gewinns aus der Weiterveräußerung auf die Forderung des Erstehers.

38) Vgl. Böttcher/*Böttcher*, ZVG, § 114a Rz. 16; Stöber/*Nicht*, ZVG, § 114a Rz. 30; Dassler/Schiffhauer/u. a.-*Hintzen*, ZVG, § 114a Rz. 30; Schneider-*Schneider*, ZVG, § 114a Rz. 31.

§ 115

Widerspruch gegen den Teilungsplan

(1) Über den Teilungsplan wird sofort verhandelt. Auf die Verhandlung sowie auf die Erledigung erhobener Widersprüche und die Ausführung des Planes finden die §§ 876 bis 882 der Zivilprozeßordnung entsprechende Anwendung.

(2) Ist ein vor dem Termin angemeldeter Anspruch nicht nach dem Antrag in den Plan aufgenommen, so gilt die Anmeldung als Widerspruch gegen den Plan.

(3) Der Widerspruch des Schuldners gegen einen vollstreckbaren Anspruch wird nach den §§ 767, 769, 770 der Zivilprozeßordnung erledigt.

(4) Soweit der Schuldner durch Sicherheitsleistung oder Hinterlegung die Befriedigung eines solchen Anspruchs abwenden darf, unterbleibt die Ausführung des Planes, wenn die Sicherheit geleistet oder die Hinterlegung erfolgt ist.

Übersicht

I. Allgemeines

1 In § 113 ZVG ist geregelt, dass der **Teilungsplan im Verteilungstermin** nach Anhörung der Beteiligten aufgestellt wird. Nach § 115 Abs. 1 Satz 1 ZVG wird **über**

den Teilungsplan sofort verhandelt. Dabei können Beteiligte ausdrücklich Widerspruch gegen den Plan erheben. Es können sich aber auch Widersprüche daraus ergeben, dass angemeldete Ansprüche nicht nach Antrag im Plan aufgenommen worden sind (Abs. 2). Auf die Verhandlung und Erledigung dieser Widersprüche verweist Absatz 1 Satz 2 auf Vorschriften der ZPO über das Verteilungsverfahren (§§ 876 bis 882 ZPO). Darüber hinaus sieht § 124 Abs. 1 ZVG vor, dass im Teilungsplan eine Hilfszuteilung vorgenommen wird für den Fall, dass der Widerspruch für begründet erklärt wird. Nach § 124 Abs. 2 ZVG i. V. m. § 120 ZVG wird der entsprechende Betrag bei Ausführung des Plans für beide unter den entsprechenden (gegensätzlichen) Bedingungen hinterlegt.

Hinsichtlich des Widerspruchs seitens des Schuldners gegen einen vollstreckbaren Anspruch verweist Absatz 3 auf die §§ 767, 769 und 770 ZPO. Und Absatz 4 sieht die teilweise Aussetzung der Ausführung des Plans vor, soweit der Schuldner eine zulässige Sicherheitsleistung oder Hinterlegung zur Abwendung der Vollstreckung geleistet hat. 2

Im Protokoll über den Verteilungstermin sind alle wichtigen Punkte genau darzustellen. Dazu gehören auch die Erhebung von Widersprüchen einschließlich der vorgetragenen Gründe, die Stellungnahme(n) der Beteiligten, eine etwaige Einigung oder sonstige Erledigung eines Widerspruchs. 3

Die Vorschrift gilt für alle Versteigerungsarten des ZVG. Bei der Teilungsversteigerung ist jedoch zu beachten, dass ein Widerspruch eines bisherigen Miteigentümers hinsichtlich des Erlösüberschusses unzulässig ist.[1] 4

II. Verhandlung über den Teilungsplan (Abs. 1)

Über den Teilungsplan muss sofort im Termin verhandelt werden (Abs. 1 Satz 1). Auf diese Verhandlung sind nach Absatz 1 Satz 2 die §§ 876 bis 882 ZPO anzuwenden. Wird kein Widerspruch erhoben, ist der Plan sofort auszuführen (§ 876 Satz 1 ZPO). Bei Beteiligten, die im Verteilungstermin nicht erschienen sind und auch nicht vor dem Termin Widerspruch erhoben haben, wird nach § 877 Abs. 1 ZPO angenommen, dass sie mit der Ausführung des Plans einverstanden sind. Aber auch das Schweigen eines im Termin anwesenden Beteiligten ist als Einverständnis zu werten.[2] 5

Erfolgt ein **Widerspruch**, dann muss sich jeder daran Beteiligte sofort erklären (§ 876 Satz 2 ZPO). Wird der Widerspruch von dem oder den hiervon Betroffenen als begründet anerkannt oder kommt eine anderweitige Einigung zustande, dann ist der Plan entsprechend zu berichtigen (§ 876 Satz 3 ZPO). Kann der Widerspruch im Verteilungstermin nicht erledigt werden, wird der Plan insoweit ausgeführt, als er durch den Widerspruch nicht betroffen ist (§ 876 Satz 4 ZPO). Hinsichtlich des vom Widerspruch betroffenen Teils erfolgt gemäß § 124 Abs. 1 ZVG eine Hilfszuteilung; der entsprechende Betrag wird nach § 124 Abs. 2 ZVG i. V. m. § 120 ZVG hinterlegt. 6

1) Stöber/*Nicht*, ZVG, § 115 Rz. 2 und Stöber/*Kiderlen*, ZVG, § 180 Rz. 293 m. w. N.
2) Vgl. Stöber/*Nicht*, ZVG, § 115 Rz. 6; Schneider-*Schneider*, ZVG, § 115 Rz. 4.

III. Widerspruch gegen den Teilungsplan

1. Allgemeines

7 Nach überwiegender Ansicht der Rechtsprechung soll der Widerspruch nach § 115 ZVG nur in Betracht kommen, wenn die **sachliche** Unrichtigkeit des Teilungsplans aus Gründen des **materiellen Rechts** beanstandet wird. Wenn dagegen gerügt wird, dass der Teilungsplan nicht den gesetzlichen Vorschriften entsprechend aufgestellt worden ist, soll die sofortige Beschwerde gegeben sein.[3)] Insbesondere *Stöber*[4)] hat sich gegen diese Unterscheidung gewandt und dies im Wesentlichen mit folgenden Argumenten begründet:

- Da über den Teilungsplan in jedem Fall verhandelt werden muss (§ 115 Abs. 1 Satz 1 ZVG), liegen die **Voraussetzungen des § 793 ZPO** nicht vor; denn dort ist als Voraussetzung u. a. genannt, dass eine mündliche Verhandlung nicht notwendig gewesen sein darf.
- Dass sich der Rechtsbehelf nach der Art der Einwendung bestimmen müsse, ist auch sachlich nicht überzeugend.
- Die **Beschwerde** als Rechtsbehelf ist überdies nicht sachdienlich; denn bei ihr sei weder Hilfsverteilung nach § 124 ZVG oder Forderungsübertragung gemäß § 118 ZVG bei Nichtzahlung des Bargebots noch die Eintragung von Sicherungshypotheken gemäß 128 ZVG möglich.

8 Diese Ausführungen sind überzeugend und werden von der gerichtlichen Praxis auch weitgehend als richtig anerkannt. Ergänzend hierzu möchte ich noch auf folgenden Gesichtspunkt hinweisen: § 115 ZVG ist „lex specialis" und verdrängt damit die Rechtsbehelfe der ZPO.

9 Auch *Hintzen*[5)] und andere Kommentatoren haben sich inzwischen der Ansicht *Stöbers* angeschlossen und in den Neuauflagen ihrer Kommentare dargestellt, dass sich der Widerspruch gegen den **gesamten Inhalt des Teilungsplans** (Teilungsmasse, Schuldenmasse, Zuteilung) richten könne. Bei offensichtlichen formellen Fehlern (z. B. Berechnungsfehler) könne der Plan jederzeit – von Amts wegen oder auf entsprechende Anregung – gemäß § 319 ZPO berichtigt werden. Die sofortige Beschwerde (§ 793 ZPO) bzw. die befristete Erinnerung (§ 11 Abs. 2 RPflG) seien nicht zulässig.

10 Wenn man dieser Ansicht folgt, kann Widerspruch in folgenden Fällen erhoben werden:

- gegen die Höhe der Teilungsmasse,[6)]
- gegen die Feststellung der Schuldenmasse,
- gegen die Zuteilung an die Beteiligten.

3) Vgl. hierzu die Zusammenstellung bei Stöber/*Nicht*, ZVG, § 115 Fn. 17 mit Fn. 21–23.

4) Stöber/*Nicht*, ZVG, § 115 Rz. 18 ff.

5) Dassler/Schiffhauer/u. a.-*Hintzen*, ZVG, § 113 Rz. 12 und § 115 Rz. 3 ff. jetzt auch Böttcher/*Böttcher*, ZVG, § 113 Rz. 9, § 115 Rz. 3; Schneider-*Schneider*, ZVG, § 115 Rz. 7.

6) So Stöber/*Nicht*, ZVG, § 115 Rz. 19; Dassler/Schiffhauer/u. a.-*Hintzen*, ZVG, § 115 Rz. 15; Böttcher/*Böttcher*, ZVG, § 113 Rz. 10; Schneider-*Schneider*, ZVG, § 115 Rz. 8; a. A. BeckOK-*Riedel*, ZVG, § 113 Rz. 12 und § 115 Rz. 6.

Ob die Angabe der bestehen bleibenden Rechte, die nach § 113 Abs. 2 ZVG im Teilungsplan vorgesehen ist, überhaupt anfechtbar ist, erscheint fraglich. *Stöber*[7] hält eine Anfechtung für ausgeschlossen, da diese Angabe keine selbstständige Bedeutung habe. Ähnlich sehen dies auch die anderen Kommentatoren, die jedoch darauf verweisen, dass durch einen „Widerspruch" gegen ein bestehen bleibendes Recht in Wahrheit geltend gemacht werde, dass eine Zuzahlungspflicht nach §§ 50, 51 ZVG bestehe und deshalb die Teilungsmasse erhöht werden müsse.[8] Gegen das Bestehenbleiben eines Rechts aufgrund einer Vereinbarung gemäß § 91 Abs. 2 ZVG kann jedoch Widerspruch erhoben werden mit der Begründung, dass der Erlösanteil des § 91 Abs. 3 Satz 1 ZVG gar nicht diesem Berechtigten zustehe.[9] 11

Wenn ein **Widerspruch** zu Unrecht **zurückgewiesen** wird, kann dieser Zurückweisungsbeschluss mit sofortiger Beschwerde angefochten werden. Auch die Ausführung des Teilungsplans kann mit der sofortigen Beschwerde angefochten werden, da dies nicht den Teilungsplan selbst betrifft. 12

2. Widerspruchsberechtigung

Widerspruchsberechtigt ist grundsätzlich nur ein Beteiligter gemäß § 9 ZVG, der gemäß § 10 ZVG ein Recht auf Befriedigung hat, jedoch von einem anderen Befriedigungsberechtigten „verdrängt" wird.[10] Dieses Verdrängen kann darin bestehen, dass der Gläubiger bei der Verteilung des Erlöses ganz oder teilweise ausfällt, dass er anstelle einer Zahlung „nur" eine Forderungsübertragung gemäß § 118 ZVG erhält oder dass er bei der Forderungsübertragung nur an einer schlechteren Rangstelle berücksichtigt wird. Der Widersprechende muss grundsätzlich ein eigenes rechtliches Interesse haben. Deshalb kann er nicht zugunsten eines „Vormannes" Widerspruch einlegen; auch der Widerspruch gegen einen nachrangigen Berechtigten ist nicht möglich. Fehlt es an dem rechtlichen Interesse des Widersprechenden, ist der Widerspruch vom Vollstreckungsgericht als unzulässig zurückzuweisen.[11] Bei der Beurteilung der Zulässigkeit hat das Vollstreckungsgericht vom Zeitpunkt der Erhebung des Widerspruchs auszugehen.[12] 13

Auch der **Vollstreckungsschuldner** kann Widerspruch erheben, wenn er eine Zuteilung auf eine Eigentümergrundschuld verlangt oder einen Übererlös für sich beansprucht. Er kann seinen Widerspruch aber auch darauf stützen, dass die Zuteilung an einen vorgehenden Anspruch unterbleibt, sodass hier ausnahmsweise ein nachrangiger Gläubiger von dem Widerspruch eines anderen (mit) profitiert. Daneben muss aber auch hier der Schuldner selbst einen Vorteil geltend machen, z. B. dass er 14

---

7) Stöber/*Nicht*, ZVG, § 115 Rz. 20; Schneider-*Schneider*, ZVG, § 115 Rz. 9.

8) Böttcher/*Böttcher*, ZVG, § 115 Rz. 3; Dassler/Schiffhauer/u. a.-*Hintzen*, ZVG, § 115 Rz. 16; a. A. BeckOK-*R. Goldbach*, ZVG, § 125 Rz. 4.

9) So Böttcher/*Böttcher*, ZVG, § 115 Rz. 3; Dassler/Schiffhauer/u. a.-*Hintzen*, ZVG, § 115 Rz. 16; BeckOK-*Riedel*, ZVG, § 115 Rz. 7; Schneider-*Schneider*, ZVG, § 115 Rz. 9.

10) BGH, Urt. v. 23.6.1972 – V ZR 125/70, WM 1972, 1032; BGH, Urt. v. 20.12.1974 – V ZR 72/73, Rpfleger 1975, 84 = MDR 1975, 307.

11) BGH, Urt. v. 28.3.1969 – V ZR 49/68, Rpfleger 1969, 202 mit Anm. *Stöber*.

12) OLG Hamburg, Urt. v. 15.4.1955 – 1 U 171/54, MDR 1955, 492; Böttcher/*Böttcher*, ZVG, § 115 Rz. 7; Stöber/*Nicht*, ZVG, § 115 Rz. 24; Schneider-*Schneider*, ZVG, § 115 Rz. 14.

dem (begünstigten) Berechtigten persönlich haftet. Die Regeln des Absatzes 1 gelten uneingeschränkt aber nur, wenn sich der **Widerspruch** des Schuldners **gegen einen nicht vollstreckbaren Anspruch** richtet; denn für den Widerspruch gegen einen vollstreckbaren Anspruch sieht Absatz 3 eine besondere Regelung vor. Zu Einzelheiten siehe Rz. 44 ff.

15 Wenn nach der Beschlagnahme ein Eigentumswechsel erfolgt ist, wird der **neue Eigentümer** erst nach Anmeldung Beteiligter. Wenn diese Anmeldung vorliegt, kann er unter denselben Voraussetzungen wie der Schuldner Widerspruch erheben. Die Absätze 3 und 4 gelten für ihn ebenfalls, wenn der Vollstreckungstitel gegen den neuen Eigentümer umgeschrieben worden ist (vgl. § 727 ZPO).

16 Widerspruchsberechtigt ist auch ein **Pfandgläubiger**, der ein dingliches Recht oder den Erlösüberschuss gepfändet hat.

17 Der **Ersteher** ist nur ausnahmsweise widerspruchsberechtigt, dann nämlich, wenn er gleichzeitig auch befriedigungsberechtigt ist.

18 **Mieter** bzw. **Pächter** haben kein Befriedigungsrecht i. S. v. § 10 ZVG. Deshalb sind sie nicht widerspruchsberechtigt, auch nicht, wenn sie einen Baukostenzuschuss geleistet haben.[13)]

19 **Schuldrechtliche Ansprüche** berechtigten grundsätzlich nicht zur Erhebung eines Widerspruchs. Wenn dieser Anspruch aber einen zur Befriedigung aus dem Grundstück Berechtigten verpflichtet, den auf sein Recht entfallenden Erlös dem Widersprechenden zu überlassen, dann ist auch der Inhaber dieses Anspruchs zum Widerspruch berechtigt.[14)] Somit begründet der Rückgewähranspruch ein Recht zu Erhebung des Widerspruchs. Damit kann auch der Gläubiger, dem dieser Rückgewähranspruch abgetreten ist oder der diesen Anspruch gepfändet hat, diesen Anspruch mit Widerspruch geltend machen.[15)]

3. Form

20 Da keine bestimmte Form vorgeschrieben ist, kann der Widerspruch **schriftlich**, zu Protokoll der Geschäftsstelle oder **mündlich** im Verteilungstermin erklärt werden. Eine Begründung des Widerspruchs ist nicht vorgeschrieben.

21 Ist ein angemeldeter Anspruch nicht nach dem Antrag im Teilungsplan aufgenommen worden, gilt nach Absatz 2 die Anmeldung als Widerspruch. Dies betrifft auch den Fall des § 114 Abs. 1 Satz 2 ZVG, wonach Ansprüche, welche im Versteigerungsantrag enthalten sind, als angemeldet gelten. Aber auch sonstiges schlüssiges Verhalten kann als Widerspruch ausgelegt werden:

---

13) BGH, Urt. v. 8.1.1971 – V ZR 95/68, Rpfleger 1971, 102; Stöber/*Nicht*, ZVG, § 115 Rz. 38; Böttcher/*Böttcher*, ZVG, § 115 Rz. 17; Dassler/Schiffhauer/u. a. *Hintzen*, ZVG, § 115 Rz. 12; Schneider-*Schneider*, ZVG, § 115 Rz. 20.

14) BGH, Urt. v. 19.10.2017 – IX ZR 79/16, ZIP 2017, 2395; BGH, Urt. v. 20.12.2001 – IX ZR 419/98, Rpfleger 2002, 273 = ZfIR 2002, 411; Böttcher/*Böttcher*, ZVG, § 115 Rz. 18; Stöber/*Nicht*, ZVG, § 115 Rz. 25; Dassler/Schiffhauer/u. a.-*Hintzen*, ZVG, § 115 Rz. 10; Schneider-*Schneider*, ZVG, § 115 Rz. 23.

15) BGH, Urt. v. 21.2.1991 – IX ZR 64/94, Rpfleger 1991, 381 = MDR 1991, 1201; Stöber/*Nicht*, ZVG, § 115 Rz. 25; Dassler/Schiffhauer/u. a.-*Hintzen*, ZVG, § 115 Rz. 10.

- Die Geltendmachung des **Löschungsanspruchs** gemäß § 1179a oder § 1179 BGB ist als Widerspruch gegen die Zuteilung an den Berechtigten des betroffenen Rechts zu behandeln.
- Die Vorlage eines **Pfändungsbeschlusses** mit Zustellungsnachweis stellt einen Widerspruch gegen die Zuteilung an den Pfändungsschuldner dar.

4. Inhalt

Zwar muss der Widerspruch nicht begründet werden. Er muss jedoch erkennen lassen, 22
ob er sich gegen den Bestand oder den Rang eines Befriedigungsrechts richtet. Damit über ihn verhandelt werden kann, muss also feststehen, gegen welche Zuteilung und in welchem Umfang der Widerspruch erhoben wurde. Fehlt es daran, muss der Widerspruch als unzulässig zurückgewiesen werden.

Nach *Böttcher*[16] soll eine Anmeldung, welche einen Anspruch betrifft, der im Zwangs- 23
versteigerungsverfahren gar nicht berücksichtigt werden kann (z. B. hinsichtlich eines persönlichen Anspruchs Anmeldung statt Betreiben), ebenfalls als Widerspruch gewertet werden. Dieser sei dann aber als unzulässig zurückzuweisen. Dieser Ansicht hat *Stöber*[17] zu Recht widersprochen. In der Praxis hat sich die folgende Verfahrensweise bewährt: Auf die Anmeldung hin erlässt das Vollstreckungsgericht eine Aufklärungsverfügung. Darin wird dem Gläubiger anheimgestellt, dem Verfahren beizutreten oder seine Anmeldung innerhalb einer bestimmten Frist wieder zurückzunehmen. Sollte diese Frist ergebnislos verstreichen, gehe das Gericht davon aus, dass die Anmeldung nicht weiter verfolgt werde. Wenn daraufhin der Anmeldende „auf einer beschwerdefähigen Entscheidung besteht", wird die Anmeldung durch Beschluss zurückgewiesen. Dagegen kann dann sofortige Beschwerde eingelegt werden. Bei dieser Verfahrensweise kommt das Gericht gar nicht in die Verlegenheit, die Anmeldung als Widerspruch anzusehen und dann diesen Widerspruch zurückzuweisen.

5. Zeitpunkt

Der Widerspruch kann bereits vor dem Verteilungstermin erhoben werden. Wird er 24
mündlich im Verteilungstermin erklärt, ist er im Protokoll zu vermerken. Nach dem Abschluss der Verhandlung über den Teilungsplan einschließlich der Verhandlung und Erledigung (anderer) Widersprüche sind weitere Widersprüche nicht mehr zulässig; denn mit Ausführung des Teilungsplans wird das Vollstreckungsverfahren fortgesetzt und kann nicht durch weitere Widersprüche wieder „zurückgedreht" werden.[18]

---

16) Böttcher/*Böttcher*, ZVG, § 115 Rz. 19; so auch BeckOK-*Riedel*, ZVG, § 115 Rz. 26.

17) Stöber/*Nicht*, ZVG, § 115 Rz. 50; a. A. Schneider-*Schneider*, ZVG, § 115 Rz. 35 unter Hinweis auf OLG Köln, Urt. v. 30.9.1991 – 2 W 131/91, Rpfleger 1991, 519.

18) So auch Stöber/*Nicht*, ZVG, § 115 Rz. 44; etwas anders BeckOK-*Riedel*, ZVG, § 115 Rz. 27: mit der vollständigen Ausführung des Teilungsplans kommt eine nachträgliche Änderung des Teilungsplans nicht mehr in Betracht; a. A. Böttcher/*Böttcher*, ZVG, § 115 Rz. 21 m. w. N.: Widerspruch ist bis zur Beendigung des Verteilungstermins möglich.

IV. Behandlung des Widerspruchs durch das Vollstreckungsgericht

1. Prüfung der Zulässigkeit

25 Das Vollstreckungsgericht hat nur die Zulässigkeit des Widerspruchs zu prüfen:

- Ist der Widersprechende Beteiligter gemäß § 9 ZVG?
- Würde der Widersprechende bei Erfolg seines Widerspruchs eine Zuteilung bekommen?
- Unter Umständen (z. B. bei einem Widerspruch des Schuldners): Hat der Widersprechende ein eigenes – wenn auch nur mittelbares – Interesse an einer anderweitigen Verteilung?

26 **Unzulässige Widersprüche** weist das Gericht durch Beschluss zurück; dagegen kann sofortige Beschwerde eingelegt werden. Das Gericht entscheidet aber nicht, ob ein zulässiger Widerspruch begründet ist; hierüber kann nur das Prozessgericht entscheiden, wenn sich die Beteiligten nicht einigen.

2. Verhandlung über den zulässigen Widerspruch

27 Über den zulässigen Widerspruch hat das Vollstreckungsgericht mit den Beteiligten zu verhandeln. Gemäß § 115 Abs. 1 Satz 2 i. V. m. § 876 Satz 2 ZPO hat sich jeder anwesende Beteiligte sofort zu erklären. Hinsichtlich eines nicht im Termin erschienen vom Widerspruch betroffenen Beteiligten wird grundsätzlich angenommen, dass er den Widerspruch nicht als begründet anerkenne (§ 115 Abs. 1 Satz 2 i. V. m. § 877 Abs. 2 ZPO). Gleiches gilt für einen Anwesenden, der sich aber nicht erklärt, sondern schweigt.[19] Dieser Ansicht ist der Bundesgerichtshof[20] entgegengetreten und hat festgestellt, dass zwischen zwei unterschiedlichen Fallgestaltungen zu unterscheiden sei:

Fall 1:

28 Beruht die Beteiligung darauf, dass die Ansprüche des Gläubigers von Amts wegen im Teilungsplan aufgenommen worden sind (§ 114 Abs. 1 Satz 1 Fall 1), folgt hieraus kein hinreichender Anlass zur Klageerhebung; denn die Aufnahme erfolgte nach dem Inhalt des Grundbuchs von Amts wegen. Daraus (allein) lässt sich nicht entnehmen, dass der Gläubiger eine Teilhabe am Versteigerungserlös begehre. In diesem Fall besteht regelmäßig nur dann Anlass zur Klageerhebung, wenn der widersprechende Gläubiger den anderen Gläubiger außergerichtlich erfolglos aufgefordert hat, den Widerspruch als berechtigt anzuerkennen.

Fall 2:

29 Anders ist dies aber zu beurteilen, wenn die Ansprüche des Gläubigers aufgrund einer ausdrücklichen Anmeldung in den Teilungsplan aufgenommen worden sind (§ 114 Abs. 1 Satz 1 Fall 2). Hierdurch verlangt er ausdrücklich, bei der Erlösverteilung berücksichtigt zu werden. Wenn er dann nicht im Verteilungstermin erscheint, gibt er im Fall eines Widerspruchs Anlass zu einer Klageerhebung.

---

19) Böttcher/*Böttcher*, ZVG, § 115 Rz. 28.
20) BGH, Beschl. v. 19.12.2019 – IX ZB 41/19, NJW RR 2020, 314 = MDR 2020, 243.

Ob sich diese unterschiedliche Behandlung in der Praxis durchsetzen wird, bleibt abzuwarten. 30

3. Auswirkungen auf das Verteilungsverfahren

Wenn die vom Widerspruch Betroffenen den Widerspruch als begründet anerkennen oder eine anderweitige Einigung erzielt wird, muss der Teilungsplan entsprechend geändert werden (§ 115 Abs. 1 Satz 2 i. V. m. § 876 Satz 3 ZPO). 31

Wenn der Widerspruch sich nicht erledigt, wird der Teilungsplan insoweit ausgeführt, als er durch den Widerspruch nicht betroffen ist (§ 115 Abs. 1 Satz 2 i. V. m. § 876 Satz 4 ZPO). Für den streitigen Betrag ist nach § 124 Abs. 1 ZVG eine **Hilfszuteilung** vorzunehmen für den Fall, dass der Widerspruch für begründet erklärt wird. Hilfsberechtigter ist grundsätzlich der Widersprechende, ohne Rücksicht auf Zwischenberechtigte. Bis zur endgültigen Erledigung des Widerspruchs ist der streitige Betrag für den Erst- und Hilfsberechtigten gemäß § 124 Abs. 2 i. V. m. § 120 ZVG zu hinterlegen, wenn der Versteigerungserlös vorhanden ist. Ist der Ersteher seiner Zahlungspflicht nicht nachgekommen, erfolgt eine Forderungsübertragung (§ 118 ZVG) mit anschließender Eintragung einer Sicherungshypothek (§ 128 ZVG) für den Erst- und Hilfsberechtigten. 32

V. Widerspruchsklage

1. Allgemeines

Über die **Begründetheit** eines Widerspruchs kann im Streitfall nur das **Prozessgericht** entscheiden. Hierzu muss der Widersprechende gegen den betroffenen Gläubiger Widerspruchsklage erheben (§ 115 Abs. 1 Satz 2 i. V. m. § 878 ZPO). Hierfür zuständig ist je nach Streitwert das Amts- oder Landgericht, in dessen Bezirk das Vollstreckungsverfahren anhängig ist (§ 115 Abs. 1 Satz 2 i. V. m. § 879 Abs. 1 ZPO). Nach § 879 Abs. 2 ZPO ist das Landgericht aber für sämtliche Klagen zuständig, wenn seine Zuständigkeit auch nur bei einer Klage gegeben ist. Dies gilt jedoch dann nicht, wenn alle beteiligten Gläubiger vereinbaren, dass das Verteilungsgericht (= Amtsgericht) über alle Widersprüche entscheiden soll. 33

Vorstehendes gilt auch bei einem Widerspruch gegen einen öffentlichrechtlichen Anspruch (z. B. aus Rangklasse 3). Hier muss aber neben der Widerspruchsklage auch noch der entsprechende Rechtsbehelf gegen den Verwaltungsakt eingelegt werden. Das Prozessgericht wird hier, da die Entscheidung des Rechtsstreits ganz oder zum Teil von dem Bestehen oder Nichtbestehen eines Rechtsverhältnisses abhängt, das von einer Verwaltungsbehörde festzustellen ist, anordnen, dass die Verhandlung bis zur Entscheidung der Verwaltungsbehörde auszusetzen ist (§ 148 ZPO). 34

2. Frist

Der widersprechende Gläubiger muss innerhalb einer Frist von **einem Monat** dem Vollstreckungsgericht nachweisen, dass er die Widerspruchsklage erhoben hat (§ 115 Abs. 1 Satz 2 i. V. m. § 878 Abs. 1 Satz 1 ZPO). Die Frist beginnt mit dem Vertei- 35 lungstermin, wobei dieser Tag gemäß § 187 Abs. 2 BGB mitgerechnet wird.[21] Bei der Frist handelt es sich nicht um eine Notfrist; deshalb gibt es bei Versäumnis der Frist keine Wiedereinsetzung nach § 233 ZPO; die Frist kann auch nicht verlängert werden.

3. Nachweis der Klageerhebung

36 Nicht nur die Klageerhebung muss **innerhalb der Frist** erfolgt sein; vielmehr muss innerhalb der Monatsfrist die Klageerhebung dem Vollstreckungsgericht nachgewiesen werden.[22] Zum Nachweis der Klageerhebung genügt es, dass die Klageschrift innerhalb der Frist beim Gericht eingereicht wurde und die fällige Verfahrensgebühr (vorschussweise) bezahlt ist oder ein Gesuch auf Gewährung von Prozesskostenhilfe oder um Stundung der Gebühr eingereicht worden ist (vgl. § 167 ZPO). Die Klageerhebung kann nachgewiesen werden durch Bezugnahme auf die Prozessakten des gleichen Amtsgerichts oder eine Bestätigung des Prozessgerichts (auch durch Eingangsbestätigung auf einer Durchschrift der Klageschrift). Nicht ausreichend ist aber die Übersendung einer einfachen Abschrift der Klageschrift; vielmehr muss die Klageschrift einen anwaltlichen Beglaubigungsvermerk und die Eingangsbestätigung des Prozessgerichts enthalten. Der Nachweis kann auch durch bloße Bezugnahme auf die Akten des Prozessgerichts erfolgen – unabhängig davon, ob das Amtsgericht oder das ihm übergeordnete Landgericht zuständiges Prozessgericht ist.[23] Wenn *Riedel*[24] darüber hinaus auch verlangt, dass nach Fristablauf noch der Nachweis erbracht werden müsse, dass die Zustellung auch tatsächlich „demnächst" erfolgt ist, dann kann dem nicht zugestimmt werden.[25]

4. Parteien und Klageantrag

37 Grundsätzlich hat der Widersprechende Klage gegen alle Beteiligte zu erheben, die den Widerspruch nicht anerkannt haben. Die **Widerspruchsklage** ist eine prozessuale **Gestaltungsklage** und darauf gerichtet, dass der Widerspruch für begründet erklärt wird. Gleichzeitig muss angegeben werden, inwieweit der Teilungsplan geändert werden soll. Hierbei muss sich der Klageantrag mit dem Inhalt des erhobenen Widerspruchs decken.

38 Hat der Vollstreckungsschuldner dem Teilungsplan widersprochen, weil einem außergerichtlich befriedigten Grundpfandrechtsgläubiger das Recht gar nicht zustehe, muss sich die Widerspruchsklage gegen den Ersteher richten.[26]

---

21) Böttcher/*Böttcher*, ZVG, § 115 Rz. 34; Stöber/*Nicht*, ZVG, § 115 Rz. 54; Dassler/Schiffhauer/u. a.-*Hintzen*, ZVG, § 115 Rz. 28; BeckOK-*Riedel*, ZVG, § 115 Rz. 40; a. A. Schneider-*Schneider*, ZVG, § 115 Rz. 50.

22) BGH, Beschl. v. 11.6.2015 – V ZB 160/14, Rpfleger 2015, 717 = ZfIR 2015, 677.

23) BGH, Beschl. v. 11.6.2015 – V ZB 160/14, Rpfleger 2015, 717 = ZfIR 2015, 677 = MDR 2015, 1036.

24) BeckOK-*Riedel*, ZVG, § 115 Rz. 42.

25) So auch BGH, Beschl. v. 11.6.2015 – V ZB 160/14, Rpfleger 2015, 717 = ZfIR 2015, 677 = MDR 2015, 1036; Böttcher/*Böttcher*, ZVG, § 115 Rz. 34; Stöber/*Nicht*, ZVG, § 115 Rz. 59 f.; Schneider-*Schneider*, ZVG, § 115 Rz. 59.

26) BGH, Urt. v. 30.4.1980 – V ZR 159/78, Rpfleger 1980, 339 = NJW 1980, 2586.

5. Auswirkungen des Urteils auf das Verteilungsverfahren

Das **rechtskräftige Urteil** ist dem Vollstreckungsgericht vorzulegen. Dieses ordnet die Auszahlung des hinterlegten Betrags an denjenigen an, der im Widerspruchsprozess gesiegt hat. War der Teilungsplan durch Forderungsübertragung ausgeführt worden, dann wird diese Übertragung nun in eine unbedingte umgewandelt. Sofern bereits eine Sicherungshypothek für beide Berechtigte eingetragen ist, ersucht das Vollstreckungsgericht das Grundbuchamt um entsprechende Berichtigung. 39

Nach dem Inhalt des Urteils kann aber auch die Anfertigung eines neuen Teilungsplans und ein anderweitiges Verteilungsverfahren angeordnet werden (§ 115 Abs. 1 Satz 2 i. V. m. § 880 Satz 2 ZPO). In diesem Fall muss das Vollstreckungsgericht nach Rechtskraft des Urteils zur **Erstellung eines neuen Teilungsplans** einen neuen Verteilungstermin bestimmen, zu dem nur die Prozessbeteiligten geladen werden. Für die neue Verteilung ist ausschließlich das ergangene Urteil maßgeblich. 40

War im Widerspruchsprozess der Kläger säumig, so ergeht das entsprechende Urteil gemäß § 881 ZPO dahingehend, dass der Widerspruch als zurückgenommen anzusehen ist. In diesem Fall kann der Teilungsplan wie ursprünglich vorgesehen ausgeführt werden. 41

Endet der Prozess mit einem Vergleich, so ist der Widerspruch dadurch wie in § 876 Satz 3 ZVG vorgesehen erledigt; dementsprechend ist der Plan so auszuführen, wie es im Vergleich vereinbart ist. 42

6. Versäumnis der Klagefrist

Wenn der Widersprechende die Klageerhebung nicht rechtzeitig nachweist, wird der Teilungsplan nach Ablauf der Monatsfrist gemäß § 115 Abs. 1 Satz 2 i. V. m. § 878 Abs. 1 Satz 2 ZPO ohne Rücksicht auf den Widerspruch ausgeführt. Dies bedeutet: 43

- Soweit der streitige **Betrag hinterlegt** war, ersucht das Vollstreckungsgericht die Hinterlegungsstelle, diesen Betrag dem ursprünglich Berechtigten auszuzahlen.
- War gemäß § 118 ZVG eine **Forderungsübertragung** vorgenommen worden, dann sollte das Vollstreckungsgericht einen Klarstellungsbeschluss erlassen, wonach die übertragene Forderung dem Erstberechtigten nunmehr unbedingt und allein zusteht.
- War für die übertragene Forderung gemäß § 128 ZVG bereits eine **Sicherungshypothek** eingetragen worden, ersucht das Vollstreckungsgericht das Grundbuchamt um Berichtigung des Grundbuchs dahingehend, dass die Sicherungshypothek dem Erstberechtigten nunmehr unbedingt und allein zusteht.

VI. Widerspruch des Schuldners gegen einen vollstreckbaren Anspruch (Abs. 3)

Einem nicht vollstreckbaren Anspruch kann der Schuldner wie jeder andere Beteiligte widersprechen; das hierbei zu beachtende Verfahren richtet sich nach Absatz 1. Der Widerspruch des Schuldners gegen einen vollstreckbaren Anspruch ist dagegen nach den §§ 767, 769, 770 ZPO zu erledigen. Voraussetzung für diese Sonderregelung des § 115 Abs. 3 ZVG ist, dass für den Anspruch, gegen den sich der Widerspruch richtet, ein **Vollstreckungstitel** vorliegt. Ohne Bedeutung ist jedoch, ob aus diesem Titel auch tatsächlich (in diesem Verfahren) vollstreckt wird; deshalb 44 spielt es auch keine Rolle, ob die sonstigen Vollstreckungsvoraussetzungen (Vollstreckungsklausel, Zustellung) vorliegen. Trotz des Wortlauts der Vorschrift ist jedoch zu unterscheiden:

– Der Vollstreckungstitel ist bereits rechtskräftig bzw. es handelt sich um eine **vollstreckbare Urkunde** (§ 794 Abs. 1 Nr. 5 ZPO).

  Der Schuldner kann hier seine Einwände nur durch **Vollstreckungsgegenklage** gemäß § 767 ZPO verfolgen. Um die Ausführung des Teilungsplans zu verhindern, muss der Schuldner gemäß § 769 ZVG eine einstweilige Einstellung der Zwangsvollstreckung erwirken. Da im Falle des Widerspruchs im Verteilungstermin die Dringlichkeit offensichtlich ist, kommt gemäß § 769 Abs. 2 ZPO die Einstellung der Zwangsvollstreckung durch das Vollstreckungsgericht in Betracht. Dass als Vollstreckungsgericht die „allgemeine Vollstreckungsabteilung" gemeint sei, wie *Böttcher*[27] meint, halte ich nicht für zwingend. Gerade der Sachzusammenhang spricht dafür, dass in § 769 Abs. 2 ZPO das betreffende Vollstreckungsorgan „Vollstreckungsgericht" gemeint ist.[28] In dem Widerspruch des Schuldners ist damit auch gleichzeitig ein Antrag gemäß § 769 Abs. 2 ZPO zu erblicken. Der Schuldner muss jedoch in einem solchen Fall die tatsächlichen Behauptungen glaubhaft machen. Erfolgt diese Glaubhaftmachung nicht, dann muss der Einstellungsantrag zurückgewiesen werden. Dann wird der Teilungsplan wie ursprünglich vorgesehen ausgeführt. Entspricht das Vollstreckungsgericht dem Antrag, dann wird das Vollstreckungsgericht die Zwangsvollstreckung einstweilen einstellen und dem Antragsteller eine Frist setzen, eine Entscheidung des Prozessgerichts[29] beizubringen. Nach fruchtlosem Ablauf der gesetzten Frist wird der Teilungsplan wie ursprünglich vorgesehen ausgeführt.

– Es handelt sich um ein **vorläufig vollstreckbares** Urteil, das noch nicht rechtskräftig ist.

  In diesem Fall kann der Schuldner nicht die Vollstreckungsgegenklage nach § 767 ZPO erheben. Vielmehr muss er den anhängigen Rechtsstreit fortsetzen, also **Rechtsmittel** einlegen. Hier kann somit auch nicht nach § 769 Abs. 2 ZPO eine Einstellung der Zwangsvollstreckung durch das Vollstreckungsgericht erfolgen. Vielmehr kann hier eine Einstellung nur durch das Prozessgericht erfolgen (§§ 719 i. V. m. § 707 ZPO).

45 Unterbleibt in den o. a. Fällen die Ausführung des Teilungsplans, dann hat auch hier eine Hilfszuteilung zu erfolgen (§ 124 ZVG analog); der entsprechende Erlösanteil ist zu hinterlegen. Die endgültige Planausführung erfolgt:

– Wenn innerhalb der vom Vollstreckungsgericht gesetzten Frist keine Entscheidung des Prozessgerichts über die weitere Einstellung oder ein rechtskräftiges Urteil über den Hauptanspruch vorgelegt wird, dann wird der Plan wie ursprünglich vorgesehen ausgeführt.

27) Böttcher/*Böttcher*, ZVG, § 115 Rz. 10.
28) So auch Schneider-*Schneider*, ZVG, § 115 Rz. 29.
29) Über die weitere Einstellung, nämlich die nach § 769 Abs. 1 ZPO.

- Wenn die Vollstreckungsgegenklage bzw. das eingelegte Rechtsmittel rechtskräftig zurückgewiesen wurde, wird der Plan auch wie ursprünglich vorgesehen ausgeführt.
- Hat dagegen die Vollstreckungsgegenklage bzw. das Rechtsmittel Erfolg, dann wird der Teilungsplan dadurch ausgeführt, dass das Vollstreckungsgericht die Hinterlegungsstelle ersucht, den hinterlegten Betrag an den Eventualberechtigten auszuzahlen bzw. die Forderungsübertragung an diesen unbedingt anzuordnen; eine schon eingetragene Sicherungshypothek wäre ebenfalls zu berichtigen. Dies wird hinsichtlich des Erlöses, der auf den mit der Vollstreckungsgegenklage erfolgreich angegriffenen Titel entfällt, der Schuldner sein.[30)]

VII. Abwendung der Zwangsvollstreckung durch Sicherheitsleistung oder Hinterlegung (Abs. 4)

Kann der Schuldner wegen eines nicht rechtskräftigen Gläubigeranspruchs die Zwangsvollstreckung gegen Sicherheitsleistung oder Hinterlegung abwenden (vgl. § 707 Abs. 1 Satz 2, § 719 Abs. 1 Satz 2; §§ 711, 712, 720a Abs. 3 ZPO), dann unterbleibt nach Absatz 4 die Ausführung des Teilungsplans, wenn die Sicherheit geleistet oder die Hinterlegung erfolgt ist und dem Vollstreckungsgericht nachgewiesen wird. 46

In diesem Fall ist nach § 124 Abs. 3 ZVG eine **Hilfszuteilung** an den Schuldner vorzunehmen und der Betrag nach § 124 Abs. 2 i. V. m. § 120 Abs. 1 Satz 1 ZVG zu hinterlegen. Wenn der Anspruch des Gläubigers rechtskräftig abgewiesen wird, werden sowohl die geleistete Sicherheit und der hinterlegte Erlösanteil frei. Wird dagegen der Anspruch dem Gläubiger rechtskräftig zuerkannt, stehen ihm nach seiner Wahl der Erlösanteil und die Sicherheit zur Verfügung. Wird der Gläubiger aus der hinterlegten Sicherheit befriedigt, erlischt sein Anspruch. Damit wird der (ebenfalls hinterlegte) Erlösanteil für den Schuldner frei. Die Hinterlegungsstelle ist dann vom Vollstreckungsgericht zu ersuchen, diesen Betrag dem Schuldner auszuzahlen bzw. zu überweisen. 47

VIII. Sonstiges

1. Bereicherungsklage

Außerhalb des gerichtlichen Verteilungsverfahrens kann der Widersprechende seine Rechte nur mit einer **Bereicherungsklage** geltend machen (§ 878 Abs. 2 ZPO, §§ 812 ff. BGB). Diese ist also möglich: 48

- wenn ein Widerspruch überhaupt nicht oder verspätet eingelegt wurde,
- wenn die Frist des § 878 ZPO zum Nachweis der Klageerhebung versäumt wurde,
- wenn das bessere Recht nur auf Tatsachen gestützt werden kann, die erst nach dem Verteilungstermin eingetreten sind.[31)]

---

30) BGH, Beschl. v. 20.2.2020 – V ZB 131/19, MDR 2020, 755 = ZIP 2020, 1632: hinsichtlich einer anderen Fallgestaltung, bei dem der Schuldner Widerspruch auch gegen einen Anspruch eingelegt hatte, aus dem aber die Zwangsversteigerung nicht betrieben worden war.

31) Grund: Im Widerspruchsprozess kann das Prozessgericht seiner Entscheidung nur die Sach- und Rechtslage zum Zeitpunkt des Verteilungstermins zugrunde legen; vgl. BGH, Urt. v. 13.12.1990 – IX ZR 118/90, Rpfleger 1992, 32 = MDR 1991, 529.

2. Schadensersatzansprüche

49 Ein Beteiligter, der durch einen unrichtigen Teilungsplan einen Schaden erlitten hat, kann trotz eines unterlassenen Widerspruchs unter Umständen gegen das Land Schadensersatzansprüche geltend machen (Art. 34 GG, § 839 BGB).

§ 116
Aussetzung der Ausführung des Teilungsplans

ZVG Die Ausführung des Teilungsplans soll bis zur Rechtskraft des Zuschlags ausgesetzt werden, wenn der Ersteher oder im Falle des § 69 Abs. 3 der für mithaftend erklärte Bürge sowie in den Fällen des § 81 Abs. 2, 3 der Meistbietende die Aussetzung beantragt.

Übersicht

I. Allgemeines

1 Die Anberaumung des Verteilungstermins setzt die Rechtskraft des Zuschlagsbeschlusses nicht voraus. Wenn ein Termin abgehalten wird, besteht die Gefahr, dass bei Aufhebung des Zuschlagsbeschlusses im Rechtsmittelweg aber die Ausführung des Teilungsplans wieder rückgängig gemacht werden muss. Um dies zu verhindern, sieht § 116 ZVG die Möglichkeit vor, auf entsprechenden Antrag die **Ausführung des Teilungsplans** bis zur Rechtskraft **hinauszuschieben.**

2 Die Vorschrift, die für alle Versteigerungsarten des ZVG gilt, hat keine praktische Bedeutung, da die Versteigerungsgerichte schon bei Bestimmung des Verteilungstermins darauf achten, dass der Zuschlag bis zur Abhaltung des Verteilungstermins voraussichtlich rechtskräftig ist. Wenn unvermutet doch noch Beschwerde eingelegt wird, dann kann sowohl das Vollstreckungsgericht als auch das Beschwerdegericht von Amts wegen die Aussetzung anordnen (§ 570 Abs. 2 bzw. Abs. 3 ZPO).

II. Verfahren

1. Antrag

3 Die Aussetzung gemäß § 116 ZVG setzt einen entsprechenden Antrag voraus, der formlos bis zur Ausführung des Teilungsplans gestellt werden kann. Antragsberechtigt sind nur:

– der Ersteher,

– der für mithaftend erklärter Bürge,

– der vom Ersteher abweichende Meistbietende (§ 81 Abs. 2, 3 ZVG).

4 Wenn der Zuschlag bereits rechtskräftig ist, ist der Antrag unzulässig.

2. Entscheidung

5 Die Entscheidung ergeht durch **Beschluss**. Ob im Hinblick auf die „Soll-Vorschrift" ein Ermessensspielraum des Gerichts besteht,[1] bedarf keiner näheren Untersuchung. Es sollte schon im eigenen Interesse des Vollstreckungsgerichts liegen, einem zulässigen Antrag auch zu entsprechen.

6 Der Beschluss ist mit **sofortiger Beschwerde** anfechtbar (§ 793 ZPO).

3. Wirkung

7 Wird dem Antrag entsprochen, bewirkt dies zwar unmittelbar nur die **Aussetzung der Ausführung** des Teilungsplans. Da jedoch § 130 ZVG die Ausführung des Teilungsplans voraussetzt, kann auch noch **kein Grundbuchersuchen** ergehen. Auch § 132 ZVG setzt die Ausführung des Teilungsplans voraus; somit kann auch noch **keine Vollstreckung** aus dem Zuschlagsbeschluss durchgeführt werden.

8 Nicht gehindert sind die übrigen Tätigkeiten des Vollstreckungsgerichts. So kann trotz der Aussetzung:

- die Zahlung bzw. Überweisung des Erstehers entgegengenommen werden,
- der Teilungsplan aufgestellt werden,
- über den Teilungsplan verhandelt werden,
- Widersprüche entgegengenommen und erörtert werden.[2]

9 Nach Rechtskraft des Zuschlagsbeschlusses muss das Vollstreckungsgericht einen **neuen Verteilungstermin** zur Ausführung des Teilungsplans bestimmen. Bis zu diesem Termin kann der Ersteher eine bis dahin unterbliebene Zahlung nachholen. Es können noch Anmeldungen vorgenommen werden.[3] Auch Widersprüche können noch erhoben werden, über die dann verhandelt werden muss.[4] Zu beachten ist auch, dass der Teilungsplan in folgenden Punkten geändert werden muss:

- Bei der Teilungsmasse sind die Bargebotszinsen bis zum neuen Verteilungstermin zu berechnen, wenn das Meistbargebot nicht vorher hinterlegt oder überwiesen worden ist.
- Die Zinsen erloschener Ansprüche bzw. der persönlichen Gläubiger (Rangklasse 5) sind bis zu dem neuen Termin zu berechnen.

1) So Böttcher/*Böttcher*, ZVG, § 116 Rz. 3; Stöber/*Nicht*, ZVG, § 116 Rz. 3a und 7; Dassler/Schiffhauer/u. a.-*Hintzen*, ZVG, § 116 Rz. 3; Schneider-*Schneider*, ZVG, § 116 Rz. 6; offengelassen von BeckOK-*Riedel*, ZVG, § 116 Rz. 5.
2) Die Klagefrist nach § 878 ZPO beginnt mit diesem Termin.
3) Aber auch hier mit dem Rangverlust des § 110.
4) Die Klagefrist gemäß § 878 ZPO läuft dann ab diesem (2.) Termin.

§ 117

Ausführung bei Zahlung des Bargebots

(1) Soweit der Versteigerungserlös in Geld vorhanden ist, wird der Teilungsplan durch Zahlung an die Berechtigten ausgeführt. Die Zahlung ist unbar zu leisten.

(2) Die Auszahlung an einen im Termin nicht erschienenen Berechtigten ist von Amts wegen anzuordnen. Die Art der Auszahlung bestimmt sich nach den Landesgesetzen. Kann die Auszahlung nicht erfolgen, so ist der Betrag für den Berechtigten zu hinterlegen.

(3) Im Falle der Hinterlegung des Erlöses kann statt der Zahlung eine Anweisung auf den hinterlegten Betrag erteilt werden.

Literatur: *Sievers*, Sofortige Auszahlung des Versteigerungserlöses?, Rpfleger 1989, 53; *Drischler*, Nochmals: Sofortige Auszahlung des Versteigerungserlöses, Rpfleger 1989, 359; *Perger*, Zustellung des Teilungsplanes und Auszahlung des Versteigerungserlöses, Rpfleger 1991, 45.

Übersicht

I. Allgemeines

1 § 117 ZVG regelt die Ausführung des Teilungsplans, wenn der Ersteher das **Meistbargebot bezahlt oder hinterlegt** hat. Die Ausführung erfolgt grundsätzlich durch Auszahlung bzw. Überweisung (Abs. 1), in einigen Fällen durch Hinterlegung. Wenn der Ersteher seiner Zahlungspflicht nicht nachgekommen ist, wird die Forderung gegen den Ersteher auf die Berechtigte übertragen (§ 118 ZVG).

2 Die Ausführung des Teilungsplans setzt aber in jedem Fall voraus, dass der Teilungsplan aufgestellt, dass die Verhandlung über den Plan beendet und eine etwa erforderliche Behandlung des Widerspruchs erfolgt ist.

3 Die Vorschrift gilt für alle Versteigerungsarten des ZVG.

II. Berechtigter

1. Allgemeines

4 Der Teilungsplan wird durch Zahlung an die Berechtigten ausgeführt (Abs. 1). Berechtigte sind diejenigen, welche nach § 10 ZVG ein Recht auf Befriedigung aus dem Grundstück haben und aus dem Erlös gemäß dem Teilungsplan eine Zuteilung erhalten. Ein etwaiger **Erlösüberschuss** steht demjenigen zu, der im Zeitpunkt des Zuschlags Eigentümer des versteigerten Grundstücks war.

5 Beschränkungen der Verfügungsbefugnis über das Recht des Zuteilungsberechtigten (z. B. Insolvenzeröffnung, Testamentsvollstreckung, Pfändung usw.) sind vom Vollstreckungsgericht zu beachten.

2. Feststellung des Berechtigten

6 Das Vollstreckungsgericht muss den wahren Berechtigten bereits bei der Aufstellung des Teilungsplans feststellen. Da nur der wirklich Berechtigte Anspruch auf eine Zuteilung hat, muss das Gericht die materiellrechtliche Berechtigung feststellen. Deshalb müssen Rechtsänderungen, auch wenn sie erst nach der Eintragung des Zwangsversteigerungsvermerks im Grundbuch erfolgt sind, vom Vollstreckungsgericht berücksichtigt werden. Dies setzt naturgemäß voraus, dass eine solche Änderung dem Vollstreckungsgericht auch bekannt geworden ist. Diese Kenntnis kann beruhen auf einer entsprechenden Grundbuchmitteilung oder einer Anmeldung. Da es sich hierbei nicht um die Berücksichtigung des Rechts selbst, sondern um die Feststellung des wahren Berechtigten geht, finden insoweit die §§ 110, 114 ZVG keine Anwendung. Das heißt:

- Die entsprechende Eintragung (z. B. Abtretung, Gesamtrechtsnachfolge) nach dem Versteigerungsvermerk muss nicht angemeldet werden; sie ist von Amts wegen zu berücksichtigen. Deshalb ist das Vollstreckungsgericht verpflichtet, das Grundbuch nochmals einzusehen; eine bloße Überprüfung der nach § 19 Abs. 3 ZVG erfolgten Eintragungsmitteilungen reicht hierfür nicht aus.[1]
- Die **„Anmeldung"** einer nicht grundbuchersichtlichen Berechtigung kann auch noch im Verteilungstermin erfolgen.

7 Wenn sich die materielle Berechtigung zwischen Aufstellung und Ausführung des Teilungsplans noch ändert, dann muss diese Änderung, sofern sie dem Vollstreckungsgericht bekannt wird, auch beachtet werden.[2] Bei der Prüfung der materiellen Berechtigung kann das Vollstreckungsgericht von Folgendem ausgehen:

- vom Grundbuchstand zur Zeit des Zuschlags (vgl. § 891 BGB),[3]
- von vorliegenden Vollstreckungstiteln (einschließlich Vollstreckungsklausel),
- von vorliegenden Anmeldungen.

---

1) So Stöber/*Nicht*, ZVG, § 117 Rz. 5 und 7; Böttcher/*Böttcher*, ZVG, § 117 Rz. 5.

2) Vgl. Böttcher/*Böttcher*, ZVG, § 117 Rz. 6; Stöber/*Nicht*, ZVG, § 117 Rz. 6.

3) So Stöber/*Nicht*, ZVG, § 117 Rz. 5 und 9; Dassler/Schiffhauer/u. a.-*Hintzen*, ZVG, § 117 Rz. 4; Schneider-*Schneider*, ZVG, § 117 Rz. 3.

8 Wenn das Vollstreckungsgericht irgendwelche – auch noch so geringe – Zweifel an der Berechtigung hat, dann muss es von Amts wegen entsprechende Ermittlungen anstellen. Können hierdurch die Zweifel nicht beseitigt werden, bleibt dem Vollstreckungsgericht nur die Möglichkeit der Hinterlegung nach § 372 BGB.[4)]

3. Einzelfälle

a) Abtretung

9 Hinsichtlich der dinglichen Rechte muss genau unterschieden werden, ob die Abtretung **vor oder nach dem Zuschlag** erfolgt ist:

– Zur Abtretung eines dinglichen Rechts ist grundsätzlich gemäß § 873 BGB Einigung und **Eintragung im Grundbuch** erforderlich. Zu den Besonderheiten bei der Briefhypothek siehe Rz. 11, 12.

– Zur Abtretung des Anspruchs auf den Versteigerungserlös, der an die Stelle eines erloschenen dinglichen Rechts getreten ist, genügt dagegen ein **formloser Abtretungsvertrag** (§§ 399 ff. BGB).

10 Dies bedeutet auch, dass eine Abtretung des Versteigerungserlöses vor der Zuschlagserteilung unwirksam ist und auch nach Erteilung des Zuschlags unwirksam bleibt; denn dies würde zu einer Umgehung der sachenrechtlichen Vorschriften führen.[5)]

b) Briefgrundpfandrechte

11 Bei einem Briefgrundpfandrecht kann der im Grundbuch eingetragene Gläubiger nur dann als Berechtigter berücksichtigt werden, wenn dieser auch den entsprechenden **Grundpfandbrief** vorlegt (§ 126 Abs. 1 ZVG). Da ein solches Recht gemäß § 1155 BGB auch außerhalb des Grundbuchs abgetreten werden kann, muss der Abtretungsempfänger neben dem Grundpfandrechtsbrief auch die **öffentliche beglaubigte Abtretungserklärung** bzw. eine entsprechende Kette von Abtretungserklärungen vorlegen, aus der sich seine Berechtigung ergibt.

12 Wird der Brief nicht vorgelegt, ist nach § 126 ZVG eine Hilfszuteilung vorzunehmen und der Betrag für den unbekannten Berechtigten (und nur für ihn!) zu hinterlegen.

c) Gemeinschaftlich Berechtigte

13 Wenn der Erlösanspruch mehreren Berechtigten gemeinsam zusteht, dann darf die Zahlung nur an alle gemeinsam erfolgen; dies gilt auch bei der Bruchteilsgemeinschaft. Wenn dies nicht möglich ist, weil z. B. keine entsprechende Erklärung sämtlicher Berechtigter vorliegt, dass an einen allein oder an einen gemeinsam Bevollmächtigten gezahlt werden soll, dann muss der entsprechende Betrag gemäß Absatz 2 Satz 3 für alle hinterlegt werden.[6)]

---

4) So Böttcher/*Böttcher*, ZVG, § 117 Rz. 6; so auch BeckOK-*Riedel*, ZVG, § 117 Rz. 12; etwas anders Dassler/Schiffhauer/u. a.-*Hintzen*, ZVG, § 117 Rz. 4.

5) BGH, Urt. v. 6.11.1963 – V ZR 55/62, Rpfleger 1964, 142 mit Anm. *Stöber* = NJW 1964, 813; Böttcher/*Böttcher*, ZVG, § 117 Rz. 16; Stöber/*Nicht*, ZVG, § 114 Rz. 77; Dassler/Schiffhauer/u. a.-*Hintzen*, ZVG, § 117 Rz. 18 und 24; Schneider-*Schneider*, ZVG, § 117 Rz. 5.

6) BGH, Beschl. v. 22.2.2017 – XII ZB 137/16, ZIP 2017, 2172 = MDR 2017, 459.

d) Gesamtrechtsnachfolge

Der Nachweis der Erbfolge wird grundsätzlich durch Vorlage einer **Ausfertigung des Erbscheins** geführt. Die überwiegende Meinung lässt jedoch die Erleichterungen des § 35 GBO auch für das Versteigerungsverfahren zu.[7] Dies bedeutet: Beruht die Erbfolge auf einer Verfügung von Todes wegen, die in einer öffentlichen Urkunde enthalten ist, so genügt es, wenn an Stelle des Erbscheins diese Verfügung und die Niederschrift über die Eröffnung der Verfügung vorgelegt werden. Erachtet das Vollstreckungsgericht die Erbfolge durch diese Urkunden nicht für nachgewiesen, so kann es aber auch hier die Vorlegung eines Erbscheins verlangen. 14

e) Grunddienstbarkeit

Der Wertersatz für eine erloschene Grunddienstbarkeit steht demjenigen zu, der **Eigentümer des herrschenden Grundstücks** zum Zeitpunkt des Zuschlags ist.[8] Alle Rechte, die an dem erloschenen Recht bestanden, setzen sich am Erlös fort. Wenn also das herrschende Grundstück mit Grundpfandrechten oder Reallasten belastet ist, dann sind diese ebenfalls (mit)empfangsberechtigt. Demnach wäre der auf die Grunddienstbarkeit entfallende Betrag dem Eigentümer des herrschenden Grundstücks und den Berechtigten an diesem Grundstück gemeinsam auszuzahlen. Wenn dies nicht möglich ist, weil keine entsprechende Einigung über einen gemeinsamen Empfangsberechtigten erzielt wird, dann muss der Betrag für alle Berechtigten gemäß Absatz 2 Satz 3 hinterlegt werden. 15

f) Höchstbetragshypothek

Bei der Höchstbetragshypothek steht zwar der (Höchst-)Betrag fest, aber nicht in welcher Höhe diese Hypothek dem eingetragenen Gläubiger als Fremdhypothek und dem Grundstückseigentümer als Eigentümergrundschuld zusteht. Zur genauen Festlegung der beiden Forderungen ist eine Einigung zwischen dem Gläubiger und dem Eigentümer erforderlich, die notfalls im Prozesswege erfolgen muss. 16

Wenn zum Zeitpunkt der Ausführung des Teilungsplans diese Feststellung noch nicht erfolgt ist, ist der ganze Betrag an den Gläubiger unter der Bedingung seiner **Forderungsfeststellung** zuzuteilen; an den Eigentümer erfolgt die Zuteilung unter der entgegengesetzten Bedingung. Der Gesamtbetrag ist für beide unter der jeweiligen Bedingung zu hinterlegen.[9] 17

g) Nießbrauch an einem Grundstücksrecht

Ist ein Recht mit einem Nießbrauch belastet (§§ 1068 ff. BGB), darf die Zahlung nur an den Berechtigten des Rechts und den Nießbraucher gemeinsam erfolgen. Kann 18

---

7) So Böttcher/*Böttcher*, ZVG, § 117 Rz. 11; BeckOK-*Riedel*, ZVG, § 117 Rz. 10.

8) So Stöber/*Becker*, ZVG, § 92 Rz. 39 und Stöber/*Nicht*, ZVG, § 117 Rz. 9; a. A. Dassler/Schiffhauer/u. a.-*Hintzen*, ZVG, § 117 Rz. 7.

9) Allgemeine Meinung, jedoch in Detailfragen etwas unterschiedlich: Böttcher/*Böttcher*, ZVG, § 117 Rz. 12: Hinterlegung gemäß § 372 ff. BGB mit Rücknahmeverzicht; Stöber/*Nicht*, ZVG, § 114 Rz. 54 ff.: Hinterlegung für beide unter der jeweiligen Bedingung; so auch BeckOK-*Riedel*, ZVG, § 117 Rz. 13; Schneider-*Schneider*, ZVG, § 117 Rz. 10.

eine gemeinsame Auszahlung nicht erfolgen, ist der Betrag nach Absatz 2 Satz 3 für beide gemeinsam zu hinterlegen.

h) Zwangshypothek gemäß § 720a Abs. 1 ZPO

19 Nach § 720a Abs. 1 ZPO kann **im Wege der Sicherungsvollstreckung** auch eine Zwangssicherungshypothek im Grundbuch eingetragen werden. Der Gläubiger kann sich aus dem belasteten Gegenstand aber nur nach Leistung der Sicherheit befriedigen (§ 720a Abs. 1 Satz 2 ZPO). Wenn der Zahlungstitel inzwischen aber rechtskräftig geworden ist, dann spielt diese Einschränkung keine Rolle mehr. Deshalb muss bei der Zuteilung auf eine Zwangssicherungshypothek zunächst festgestellt werden, ob sie im Rahmen des § 720a ZPO eingetragen worden ist. Da dieser Umstand in aller Regel nicht ausdrücklich ins Grundbuch eingetragen wird, sondern insoweit auf die Eintragsunterlage (hier: Zahlungstitel) Bezug genommen wird, muss das Vollstreckungsgericht anhand der Grundakten feststellen, ob es sich um eine im Rahmen der Sicherungsvollstreckung eingetragene Zwangshypothek handelt. Ist dies der Fall, muss weiter festgestellt werden, ob das zugrunde liegende Urteil bereits rechtskräftig geworden ist oder Sicherheit geleistet wurde. Nur wenn noch keine Rechtskraft eingetreten ist und wenn der Gläubiger keine Sicherheit geleistet hat, gilt das Nachfolgende:

20 Bis zur alleinigen Empfangsberechtigung des Gläubigers ist der auf die Sicherungshypothek entfallende Erlös an den Gläubiger unter der o. a. Bedingung zuzuteilen; als Hilfsberechtigter ist der Eigentümer zum Zeitpunkt des Zuschlags anzugeben. Der Betrag ist für beide zu hinterlegen.[10)]

i) Unbekannter Berechtigter

21 Wenn die Person des Berechtigten unbekannt ist, wird der auf ihn entfallende Betrag gemäß § 126 Abs. 2 Satz 1 ZVG hinterlegt.

III. Zahlung an die Berechtigten

1. Zahlung an anwesende Berechtigte (Abs. 1)

22 Das Vollstreckungsgericht hat die Empfangsberechtigung der im Verteilungstermin anwesenden Beteiligten oder ihrer Vertreter zu überprüfen. Hierbei ist insbesondere auch zu prüfen, ob ein Vertreter eine entsprechende **Geldempfangsvollmacht** vorgelegt hat oder jetzt noch vorlegt. Die gewöhnliche Prozessvollmacht ist hierzu nicht ausreichend.

23 Bei einer gesetzlichen **Vertretungsmacht** muss diese nachgewiesen werden, z. B. durch einen aktuellen Ausdruck aus dem Handelsregister bzw. einen Handelsregisterauszug, durch eine Bestallungsurkunde. Eventuell erforderliche familiengerichtliche oder betreuungsrechtliche Genehmigungen sind zu beachten.[11)]

24 Aber auch bei anwesenden Berechtigten erfolgt die Auszahlung des entsprechenden Betrags nicht in bar; Absatz 1 Satz 2 schreibt vor, dass die **Zahlung unbar** zu leisten ist. Sofern also die Bankverbindung sich nicht aus den bei den Akten be-

---

10) Böttcher/*Böttcher*, ZVG, § 117 Rz. 20 m. w. N.

11) Vgl. hierzu *Eickmann*, Rpfleger 1983, 199.

findlichen Unterlagen befindet, sind die anwesenden Beteiligten nach ihrer Bankverbindung zu befragen.

2. Zahlung an abwesende Berechtigte (Abs. 2 Satz 1)

25 An abwesende Beteiligte ist nach Absatz 2 Satz 1 die Auszahlung von Amts wegen anzuordnen. Die in Absatz 2 Satz 2 angeführten Landesgesetze sind mittlerweile gegenstandslos.[12] Die Auszahlung erfolgt auch hier **unbar mittels Überweisung** bzw. Postanweisung. Die Befriedigungswirkung tritt bereits ein mit der Anordnung der Überweisung durch das Vollstreckungsgericht, nicht erst mit der Gutschrift auf dem Konto des Berechtigten.[13] Nach h. M. muss für die Auszahlung die Rechtskraft des Teilungsplans nicht abgewartet werden.[14]

26 Die Unterscheidung in § 117 Abs. 1 und Abs. 2 ZVG zwischen anwesenden und nicht anwesenden Berechtigten ist nicht mehr gerechtfertigt, da in beiden Fällen keine bare Zahlung erfolgen kann. Deshalb sollte bei einer ins Auge gefassten Änderung des ZVG auch § 117 neu formuliert werden.

3. Zahlung durch Anweisung auf den hinterlegten Betrag (Abs. 3)

27 Wenn der Versteigerungserlös hinterlegt ist (z. B. nach § 49 Abs. 4, § 65 Abs. 1 Satz 4, § 107 Abs. 3, §§ 124, 126 ZVG) kann das Vollstreckungsgericht statt der Zahlung eine Anweisung auf den hinterlegten Betrag erteilen (Abs. 3).

IV. Hinterlegungsfälle

1. Auszahlung kann nicht erfolgen (Abs. 2 Satz 3)

28 Wenn die Auszahlung an einen Berechtigten nicht erfolgen kann, ist der entsprechende Betrag gemäß Absatz 2 Satz 3 für diesen zu hinterlegen. Dies trifft z. B. in folgenden Fällen zu:

– Mehrere **Personen** sind **gemeinsam berechtigt**, können sich aber nicht einigen und nennen auch keinen gemeinsamen Empfangsberechtigten. Dies trifft auch zu, wenn der Erlösüberschuss mehreren Miteigentümern gemeinsam zusteht. Hierbei ist es gleich, ob als ursprüngliche Gemeinschaft eine Bruchteils- oder eine Gesamthandsgemeinschaft eingetragen war. Bei der Gesamthandsgemeinschaft ist die betreffende Gesamthandsgemeinschaft maßgeblich und anzugeben. Bei der Bruchteilsgemeinschaft, die sich im Wege der dinglichen Surrogation an dem Versteigerungserlös fortsetzt, besteht nach h. A. an der Forderung nunmehr eine Mitberechtigung nach § 432 BGB, da jeder Teilhaber vom Ersteher nur Zahlung an alle Teilhaber gemeinsam verlangen kann. Ist der Versteigerungserlös hinterlegt, wandelt sich der ideele Bruchteil des einzelnen Teilhabers an der Forderung gegen die Hinterlegungsstelle erst um, wenn eine entsprechende Vereinbarung zwischen den Teilhabern zustande kommt. Deshalb kann ein Teilha-

12) So Dassler/Schiffhauer/u. a.-*Hintzen*; ZVG, § 117 Rz. 33 m. w. N.

13) So Böttcher/*Böttcher*, ZVG, § 117 Rz. 23; Stöber/*Nicht*, ZVG, § 117 Rz. 12; Schneider-*Schneider*, ZVG, § 117 Rz. 18; a. A. OLG Köln, Beschl. v. 30.9.1991 – 2 W 131/91, Rpfleger 1991, 519 mit Anm. *Meyer-Stolte*; Steiner-*Teufel*, ZVG, § 117 Rz. 33.

14) *Drischler*, Rpfleger 1989, 359; *Perger*, Rpfleger 1991, 45; OLG Köln, Beschl. v. 30.9.1991 – 2 W 131/91, Rpfleger 1991, 519; a. A. *Sievers*, Rpfleger 1989, 53.

ber den auf ihn entfallenden Erlösanteil ohne Mitwirkung des anderen Teilhabers nur erreichen, wenn er die entsprechende Vereinbarung der Hinterlegungsstelle vorlegt.[15)]

- Der **Gläubiger** einer Grundschuld **lehnt** die **Annahme** eines ihm zugeteilten Betrags **ab**.
- Der **Aufenthalt** eines (bekannten) Berechtigten ist **unbekannt**, und es ist auch kein Geldempfangsbevollmächtigter für ihn bekannt.
- Eine **Überweisung** kann **nicht ausgeführt** werden, weil die Bankverbindung nicht (mehr) besteht.

29 Die Hinterlegung erfolgt für den bzw. die Berechtigten. Hinterlegungsgrund ist § 117 Abs. 2 Satz 3 ZVG; deshalb ist auch kein Verzicht auf das Recht der Rücknahme notwendig. Mit der Hinterlegung ist die Aufgabe des Vollstreckungsgerichts erledigt. Das weitere Verfahren, insbesondere die Auszahlung des hinterlegten Betrags einschließlich etwaiger Hinterlegungszinsen richtet sich nach den landesrechtlichen Hinterlegungsgesetzen.[16)]

2. Widerspruch gegen Zuteilung

30 Für den Fall eines Widerspruchs gegen den Teilungsplan muss das Vollstreckungsgericht nach § 124 Abs. 1 ZVG feststellen, wem der streitige Betrag zugeteilt werden soll, wenn der Widerspruch für begründet erklärt wird. Der vom Widerspruch betroffene Teil ist gemäß §§ 124 Abs. 2 i. V. m. § 120 Abs. 1 ZVG zu hinterlegen.

31 Als Hinterlegungsgrund sollten diese beiden Vorschriften angegeben werden. Manchmal wird in diesem Zusammenhang auf die §§ 372, 374, 378 BGB verwiesen. Dies kann nicht richtig sein; denn das Vollstreckungsgericht sollte gerade nicht auf das Recht der Rücknahme verzichten.[17)] Es hat die weitere Ausführung des Teilungsplans nach Erledigung des Widerspruchs vorzunehmen. Somit hat es festzustellen, wem der hinterlegte Betrag endgültig zusteht; und deshalb muss es dann auch die Hinterlegungsstelle ersuchen, den hinterlegten Betrag samt entsprechender Hinterlegungszinsen an den Berechtigten auszuzahlen.

3. Hinterlegung bei aufschiebend bedingtem Anspruch

32 Wenn auf einen aufschiebend bedingten Anspruch eine Zuteilung erfolgt, dann muss gemäß § 119 ZVG festgestellt werden, wer diese Zuteilung erhält, wenn die Bedingung ausfällt. Nach § 120 Abs. 1 ZVG ist der Betrag für den Erst- und den Eventualberechtigten zu hinterlegen. Ansprüche von unbestimmten Betrag sind nach § 14 ZVG wie aufschiebend bedingte Ansprüche zu behandeln.

33 Mit der Hinterlegung ist die Tätigkeit des Vollstreckungsgerichts beendet. Damit ist es Sache der Beteiligten, den Betrag bei der Hinterlegungsstelle herauszuverlangen.

---

15) Vgl. BGH, Beschl. v. 22.2.2017 – XII ZB 137/16, Rpfleger 2017, 409 = MDR 2017, 459. siehe hierzu auch Stöber/*Kiderlen*, ZVG, § 180 Rz. 301; Böttcher/*Böttcher*, ZVG § 180 Rz. 31 und 32; Dassler/Schiffhauer/u. a.-*Hintzen*, ZVG, § 117 Rz. 34.

16) Zu Einzelheiten siehe § 49 Rz. 11 ff. [*Bachmann*].

17) So auch Stöber/*Nicht*, ZVG, § 124 Rz. 12.

Wegen der Einzelheiten des entsprechenden Verfahrens wird auf die landesrechtlichen Hinterlegungsgesetze verwiesen.[18)]

4. Hinterlegung beim Deckungskapital gemäß § 92 Abs. 2 ZVG

Für ein mit dem Zuschlag erloschenes Nießbrauchsrecht, eine erloschene beschränkte persönliche Dienstbarkeit sowie eine erloschene Reallast von unbestimmter Dauer erhält der Berechtigte nach § 90 Abs. 2 ZVG einen Anspruch auf eine vierteljährliche Geldrente. Diese ist aus dem Deckungskapital jeweils bei Fälligkeit zu erbringen. Der Betrag ist deshalb gemäß § 121 Abs. 2 i. V. m. § 120 ZVG zu hinterlegen. Hierbei ist zu bestimmen, dass aus dem Deckungskapital und den entsprechenden Hinterlegungszinsen die jeweiligen Renten bei der entsprechenden Fälligkeit zu entnehmen sind. 34

Die Hinterlegung erfolgt für den Erstberechtigten und den Eventualberechtigten, dem ein nicht verbrauchter Rest des Deckungskapitals (bedingt) zugeteilt wird. Mit der Hinterlegung endigt auch in diesem Fall die Tätigkeit des Vollstreckungsgerichts. Es ist also Aufgabe der Beteiligten, bei der Hinterlegungsstelle die Auszahlung zu beantragen und die entsprechenden Unterlagen dort vorzulegen (z. B. Lebensbescheinigung). 35

5. Hinterlegung bei unbekanntem Berechtigten

Wenn die Person des Berechtigten unbekannt ist (z. B. weil der entsprechende Grundpfandrechtsbrief nicht vorgelegt wird), dann ist der auf dieses Recht entfallende Betrag (nur!) für den unbekannten Berechtigten zu hinterlegen (§ 126 Abs. 2 Satz 1 ZVG). 36

Sobald der Unbekannte ermittelt worden ist, muss das Vollstreckungsgericht die Hinterlegungsstelle ersuchen, den hinterlegten Betrag einschließlich etwaiger Hinterlegungszinsen an den jetzt bekannten Berechtigten zu überweisen. 37

6. Hinterlegung bei materiellem Unbekanntsein

Wenn Ungewissheit darüber besteht, wer genau der Gläubiger eines bestimmten Anspruchs ist, auf den eine Zuteilung entfällt, muss zwar das Vollstreckungsgericht sich um entsprechende Aufklärung bemühen. Ist jedoch auch diese erfolglos, wird der entsprechende Betrag gemäß § 372 BGB für die möglichen Rechtsinhaber hinterlegt. Dies trifft z. B. zu bei einer Höchstbetragshypothek (siehe Rz. 17) oder bei einer Zwangssicherungshypothek, die nach § 720a Abs. 1 ZPO eingetragen worden ist (siehe Rz. 20). 38

Bei dieser Hinterlegung kommt gemäß § 378 BGB auch der Verzicht auf das Recht der Rücknahme in Betracht. Folglich ist mit der Hinterlegung die Aufgabe des Vollstreckungsgerichts beendet. Derjenige, der den hinterlegten Betrag für sich beansprucht, muss gegenüber der Hinterlegungsstelle einen Antrag stellen und seine Berechtigung nachweisen bzw. das Einverständnis der anderen Person vorlegen. Einzelheiten hierzu ergeben sich aus den landesrechtlichen Hinterlegungsgesetzen.[19)] 39

---

18) Zu Einzelheiten siehe § 49 Rz. 11 ff. [*Bachmann*].
19) Näheres siehe § 49 Rz. 11 ff. [*Bachmann*].

7. Hinterlegung bei prozessgerichtlicher Einstellung der Zwangsvollstreckung

40 Wenn die Zwangsvollstreckung hinsichtlich eines betreibenden Gläubigers im Zeitpunkt der Ausführung des Teilungsplans noch durch eine prozessgerichtliche Entscheidung eingestellt ist, darf der auf diesen Gläubiger entfallende Betrag nicht ausgezahlt werden; denn dies wäre (unzulässige!) Fortsetzung der Zwangsvollstreckung. In diesem Fall erfolgt neben der Hilfszuteilung für den Fall, dass die Vollstreckung aufgehoben oder endgültig eingestellt wird, nach § 120 Abs. 1 ZVG eine Hinterlegung des Betrags für den Erst- und Eventualberechtigten unter der jeweiligen Bedingung.

41 Mit der Hinterlegung ist die **Tätigkeit des Vollstreckungsgerichts** beendet. Damit ist es Sache der Beteiligten, den Betrag bei der Hinterlegungsstelle herauszuverlangen. Wegen der Einzelheiten des entsprechenden Verfahrens wird auf die landesrechtlichen Hinterlegungsgesetze verwiesen.

42 In diesem Zusammenhang muss aber darauf hingewiesen werden, dass eine Einstellung des Zwangsversteigerungsverfahren nach den Vorschriften des ZVG (z. B. § 30 oder § 30a ZVG) nicht hierunter fällt; denn nach dem Zuschlag ist das Grundstück der Verfügungsgewalt des Gläubigers entzogen. Deshalb ist ab dem Zuschlag auch kein Fortsetzungsantrag mehr möglich; aber ein solcher auch nicht mehr erforderlich.[20] Dies bedeutet: Der Gläubiger, dessen Verfahren (nur) nach ZVG-Vorschriften eingestellt war, wird im Verteilungsverfahren berücksichtigt. Der auf ihn entfallende Betrag wird auch an ihn ausbezahlt bzw. überwiesen. Hierfür ist kein „Fortsetzungsantrag" oder eine sonstige Erklärung erforderlich.

8. Hinterlegung bei mehreren Pfändungen

43 Bei Vorlage mehrerer Pfändungs- und Überweisungsbeschlüsse, welche denselben Erlösanspruch betreffen, muss das Vollstreckungsgericht entscheiden, an welchen Pfändungsgläubiger die Zuteilung erfolgen soll. Wenn jedoch ein Pfändungsgläubiger nach § 853 ZPO verlangt, dass der entsprechende Betrag hinterlegt wird, dann soll ebenfalls eine **Hinterlegung** erfolgen.[21] Das weitere Verfahren richtet sich dann nach §§ 872 ff. ZPO.

44 Da das Vollstreckungsgericht jedoch nicht Drittschuldner der Pfändungen ist, sind gegen die unmittelbare Anwendung des § 853 ZPO Bedenken angebracht; diese Vorschrift kann allenfalls analog angewandt werden. Denkbar wäre auch eine entsprechende Anwendung von § 115 Abs. 1 ZVG; eine unmittelbare Anwendung scheitert daran, dass der Pfändungsgläubiger kein Beteiligter i. S. d. § 9 ZVG ist und dass es im vorliegenden Fall nicht um die Verdrängung eines Anspruchs, sondern um die Frage geht, wem der (unstreitige) Anspruch zusteht. Aus prozessökonomischen Gründen halte ich eine Behandlung entsprechend § 115 ZVG für sinnvoller; denn eine andere Zuständigkeit[22] und die Tatsache, dass bereits ein Teilungsplan vom Versteigerungsgericht erstellt worden ist, sprechen eigentlich gegen eine Anwendung

---

20) Vgl. hierzu z. B. Stöber/*Nicht*, ZVG, § 31 Rz. 45.

21) Böttcher/*Böttcher*, ZVG, § 117 Rz. 35; Dassler/Schiffhauer/u. a.-*Hintzen*, ZVG, § 117 Rz. 14.

22) Gemäß § 853 ZPO ist für das Verteilungsverfahren das Vollstreckungsgericht zuständig, dessen Pfändungsbeschluss dem Drittschuldner zuerst zugestellt worden ist.

des § 853 ZPO. Für die Frage der Hinterlegung besteht zumindest vordergründig kein Unterschied; denn nach § 124 Abs. 2 i. V. m. § 120 Abs. 1 Satz 1 ZVG ist auch hier zu hinterlegen. Jedoch scheidet eine Eventualzuteilung i. S. v. 124 Abs. 1 ZVG aus.

V. Sonstiges

1. Befriedigungserklärung

Man kann zwei Arten der Befriedigungserklärung unterscheiden: 45

a) Echte Befriedigungserklärung

Wenn der **Ersteher** selbst etwas aus dem Erlös zu bekommen hat, muss er den auf sich entfallenden Erlös nicht erst einzahlen und ihn anschließend wieder zurückzuerhalten. Er kann sich wegen dieses Anspruchs für befriedigt erklären. Diese Erklärung kann im Verteilungstermin abgegeben werden; dann wird sie im Protokoll festgestellt, verlesen und genehmigt (vgl. § 160 Abs. 3 Nr. 1 ZPO analog). Im Übrigen ist die Erklärung in öffentlicher oder öffentlich beglaubigter Urkunde nachzuweisen.[23] Die Befriedigungserklärung des Erstehers stellt nach inzwischen h. M. keine Aufrechnung, sondern eine vereinfachte **Form der Erlöszahlung** dar. Am Teilungsplan ändert sich dadurch nichts; insbesondere verringern sich dadurch nicht etwa die Bargebotszinsen.[24] 46

b) Unechte Befriedigungserklärung

Neben der echten Befriedigungserklärung des Erstehers gibt es auch eine unechte Befriedigungserklärung eines Zuteilungsberechtigten, der nicht Ersteher ist. Sie stellt ebenfalls **keine Aufrechnung** dar; vielmehr macht der Berechtigte durch seine Erklärung kund, dass er das, was er nach dem Teilungsplan zu erhalten hat, bereits erhalten hat. Auch hier gilt: Den Teil des Bargebots, der auf den betreffenden Berechtigten entfällt, braucht der Ersteher nicht (nochmals) an das Vollstreckungsgericht zu überweisen. Der entsprechende Betrag wird an den Berechtigten damit auch nicht mehr ausbezahlt bzw. überwiesen. Wegen der Form und der Behandlung der Zinsen gilt dasselbe wie bei der echten Befriedigungserklärung (siehe Rz. 46). 47

2. Verzicht auf Zuteilung

Wenn ein persönlicher betreibender Gläubiger vor oder im Verteilungstermin auf eine Zuteilung verzichtet, dann ist er so zu behandeln, als ob er seinen Versteigerungsantrag zurückgenommen habe. Er fällt als Zuteilungsberechtigter weg; der frei werdende Teil der Teilungsmasse kommt dem nächstausfallenden Gläubiger zugute. 48

---

23) So Stöber/*Nicht*, ZVG, § 117 Rz. 21; a. A. Böttcher/*Böttcher*, ZVG, § 117 Rz. 26; Dassler/Schiffhauer/u. a.-*Hintzen*, ZVG, § 117 Rz. 10; Schneider-*Schneider*, ZVG, § 117 Rz. 19; BeckOK-*Riedel*, ZVG, § 107 Rz. 20: Schriftform ist ausreichend.

24) So zu Recht Böttcher/*Böttcher*, ZVG, § 117 Rz. 26; Stöber/*Nicht*, ZVG, § 117 Rz. 22 und 24; Schneider-*Schneider*, ZVG, § 117 Rz. 19; a. A. BeckOK-*Riedel*, ZVG, § 107 Rz. 21: Verzinsungspflicht des Erstehers endet einen Tag vor Eingang der Befriedigungserklärung; auch die Verzinsung des Anspruchs des Erstehers endet mit diesem Zeitpunkt. Dies kann nicht richtig sein, weil durch unterschiedliche Zinssätze der zuletzt Zuteilungsberechtigte betroffen wäre; er bekäme u. U. weniger als ohne Befriedigungserklärung.

49 Ansprüche der **Rangklassen 1 bis 3, 7 und 8** kommen nur in Betracht, wenn sie rechtzeitig angemeldet worden sind. Wird auf bereits angemeldete Ansprüche später verzichtet, so kommt dies dem nächstausfallenden Gläubiger zugute. Dasselbe trifft zu, wenn zum Verteilungstermin weniger angemeldet wird als zum Versteigerungstermin.

50 Etwas anderes gilt jedoch für Ansprüche aus Rangklasse 4, soweit Hypotheken und Grundschulden betroffen sind: Verzichtet ein Hypothekengläubiger nach dem Zuschlag auf den auf seine (erloschene) Hypothek entfallenden Betrag hinsichtlich des Kapitalbetrags, dann muss dieser Teil in entsprechender Anwendung des § 1168 BGB dem Eigentümer zur Zeit der Zuschlagserteilung zugeteilt werden. Der Verzicht bedarf hier nicht mehr der Eintragung im Grundbuch; diese ist eigentlich auch gar nicht mehr möglich, da das Recht bereits mit dem Zuschlag erloschen ist. Es genügt somit eine **formlose Erklärung** gegenüber dem Vollstreckungsgericht.

51 Auch wenn ein Gläubiger auf den **Kapitalbetrag** einer erloschenen Grundschuld verzichtet, ist der entsprechende Betrag dem **Eigentümer** zur Zeit des Zuschlags zuzuteilen.

52 Bezieht sich der Verzicht jedoch (auch) auf laufende und rückständige **Nebenleistungen** aus (erloschenen oder bestehen bleibenden) Grundpfandrechten, dann kommt der frei werdende Betrag dem nächstausfallenden Berechtigten zugute.

53 Aber **kein Verzicht** liegt vor, wenn der Hypotheken- oder Grundschuldgläubiger

- erklärt, dass das Recht nicht mehr valutiert sei,
- weniger Kapital anmeldet als im Grundbuch eingetragen ist,
- gar nichts anmeldet.

3. Pfändungen

a) Allgemeines

54 Wird dem Vollstreckungsgericht ein Pfändungsbeschluss vorgelegt, der sich auf die Pfändung eines Rechts bzw. Anspruchs bezieht, dann muss das Vollstreckungsgericht prüfen, ob diese Pfändung wirksam ist. Kommt es bei dieser Überprüfung zum Ergebnis, dass die Pfändung wirksam ist, dann ist Folgendes zu beachten:

- Ist nur die **Pfändung nachgewiesen**, dann sind grundsätzlich nur der Zuteilungsberechtigte und der Pfändungsgläubiger gemeinsam verfügungsbefugt; deshalb erfolgt in diesem Fall die Zuteilung an beide. Für die Ausführung des Teilungsplans bedeutet dies: Falls keine entsprechende Einigung hinsichtlich der Auszahlung vorliegt, ist der Betrag für beide zu hinterlegen (Abs. 2 Satz 3).
- Liegt neben dem Pfändungsbeschluss auch ein wirksamer **Überweisungsbeschluss** vor, ist der Betrag (nur) an den Pfändungsgläubiger zuzuteilen. Hierbei ist die Zuteilung nach oben begrenzt auf den vom Pfändungsgläubiger beanspruchten Betrag.
- Gelangt das Vollstreckungsgericht zum Ergebnis, dass die **Pfändung nicht wirksam** ist, dann liegt in der „Anmeldung" des Pfändungsgläubigers kein Widerspruch i. S. v. § 115 Abs. 2 ZVG vor; denn es handelt sich bei dieser Anmeldung

nicht um die Anmeldung eines Anspruchs, sondern um die Anmeldung der Berechtigung.

Bei der Prüfung der Wirksamkeit der Pfändung ist besonders darauf zu achten, ob die Pfändung vor oder nach dem Zuschlag erfolgt ist. Weiter ist zu prüfen, ob der Pfändungsbeschluss das Drittschuldnerverbot (§ 829 Abs. 1 Satz 1 ZPO) enthält; denn dieser Ausspruch ist für die Wirksamkeit der Forderungspfändung erforderlich. Dies gilt auch für die Pfändung solcher Vermögensrechte, deren Zwangsvollstreckung sich nach § 857 ZPO richtet.[25] 55

b) Pfändungen vor dem Zuschlag

Vor dem Zuschlag kommen als Vollstreckungsobjekte nur das **Grundstück** selbst oder die **Grundstücksrechte** in Betracht. Es kann also nicht der künftige Versteigerungserlös als Surrogat für durch den Zuschlag erlöschende Rechte oder als sog. Übererlös gepfändet werden.[26] 56

Somit kommen hinsichtlich des Grundstücks gemäß § 866 Abs. 1 ZPO nur die Eintragung einer Zwangshypothek, der Beitritt zum laufenden Zwangsversteigerungsverfahren oder Antrag auf Anordnung der Zwangsverwaltung in Betracht. 57

Zur Pfändung eines Briefgrundpfandrechts ist neben dem Pfändungsbeschluss auch die Briefübergabe bzw. Briefwegnahme erforderlich (§ 830 Abs. 1 Sätze 1 und 2 ZPO). Bei der Pfändung einer Buchhypothek ist die Eintragung der Pfändung im Grundbuch erforderlich (§ 830 Abs. 1 Satz 3 ZPO). Diese Grundsätze gelten auch für die Pfändung einer (offenen) Eigentümergrundschuld (§ 857 Abs. 6 i. V. m. § 830 ZPO). Die Zustellung des Pfändungsbeschlusses an den Drittschuldner ist also für die Wirksamkeit einer solchen Pfändung nicht erforderlich. Wenn jedoch (auch) rückständige Nebenleistungen gepfändet werden, ist für die Wirksamkeit dieser Pfändung auf die Zustellung an den Drittschuldner abzustellen (§ 830 Abs. 3 Satz 1 i. V. m. § 829 Abs. 3 ZPO). 58

Wenn der Pfändungsbeschluss hinsichtlich des Grundstücksrechts vor dem Zuschlag erlassen wurde, aber nicht mehr durch Briefwegnahme bzw. Grundbucheintragung vor diesem Zeitpunkt wirksam wurde, dann kann diese Pfändung nach dem Zuschlag durch Zustellung des entsprechenden Beschlusses als Pfändung des aus dem Recht resultierenden Erlösanspruchs wirksam werden. Hierzu ist also kein neuer Pfändungsbeschluss erforderlich; vielmehr wird der „alte“ Beschluss in eine Pfändung des Erlösanspruchs „umgedeutet“. 59

c) Pfändungen nach dem Zuschlag

Der **Erlösanspruch** als Surrogat für ein erloschenes Recht kann gemäß § 857 Abs. 1 i. V. m. § 829 ZPO wie eine gewöhnliche Forderung gepfändet werden. Dies geschieht durch einen Pfändungsbeschluss, der grundsätzlich mit Zustellung an den Drittschuldner wirksam wird.[27] Steht der Anspruch einem Dritten zu, dann ist der bisherige Grundstückseigentümer Drittschuldner; denn aus seinem Vermögen soll 60

25) Vgl. BGH, Beschl. v. 16.12.2020 – VII ZB 9/20, MDR 2021, 321 = WM 2021, 254.
26) Vgl. BGH, Urt. v. 6.11.1963 – V ZR 55/62, Rpfleger 1964, 142 = NJW 1964, 813.
27) Stöber/*Rellermeyer*, Forderungspfändung, Rz. F 86 und F 217 ff.

der Anspruch befriedigt werden. Steht der Anspruch dem bisherigen Eigentümer selbst zu (z. B. als Übererlös oder als Inhaber einer erloschenen Eigentümergrundschuld), dann gibt es keinen Drittschuldner. In diesem Fall wird die Pfändung wirksam mit der Zustellung an den Schuldner (§ 857 Abs. 2 ZPO). Das Versteigerungsgericht ist also in keinem Fall Drittschuldner.

61 Obwohl zur wirksamen Pfändung des Surrogats einer Briefhypothek oder Briefgrundschuld keine Briefübergabe erforderlich ist, muss der Pfändungsgläubiger dafür sorgen, dass im Verteilungstermin der entsprechende **Grundpfandrechtsbrief** vorliegt; denn ansonsten muss das Vollstreckungsgericht den Berechtigten als unbekannt behandeln. Das weitere Verfahren richtet sich dann nach § 126 ZVG.

§ 118
Ausführung bei Nichtzahlung des Versteigerungserlöses

(1) Soweit das Bargebot nicht berichtigt wird, ist der Teilungsplan dadurch auszuführen, daß die Forderung gegen den Ersteher auf die Berechtigten übertragen und im Falle des § 69 Abs. 3 gegen den für mithaftend erklärten Bürgen auf die Berechtigten mitübertragen wird; Übertragung und Mitübertragung erfolgen durch Anordnung des Gerichts.

(2) Die Übertragung wirkt wie die Befriedigung aus dem Grundstück. Diese Wirkung tritt jedoch im Falle des Absatzes 1 nicht ein, wenn vor dem Ablauf von drei Monaten der Berechtigte dem Gericht gegenüber den Verzicht auf die Rechte aus der Übertragung erklärt oder die Zwangsversteigerung beantragt. Wird der Antrag auf Zwangsversteigerung zurückgenommen oder das Verfahren nach § 31 Abs. 2 aufgehoben, so gilt er als nicht gestellt. Im Falle des Verzichts soll das Gericht die Erklärung dem Ersteher sowie demjenigen mitteilen, auf welchen die Forderung infolge des Verzichts übergeht.

Literatur: *Eickmann*, Auswirkungen der neuen Verzugsregeln auf das Zwangsversteigerungsverfahren, ZfIR 2001, 183; *Hannemann*, Die Verzinsung der nach § 118 ZVG übertragenen Forderung, RpflStud 2001, 169; *Helwich*, Die Mithaft des Meistbietenden in der Zwangsversteigerung, Rpfleger 1988, 467 und Rpfleger 1989, 316; *Strauch*, Die Mithaft des Mistbietenden in der Zwangsversteigerung, Rpfleger 1989, 314; *Streuer*, Verzinsung der gemäß § 118 Abs. 1 ZVG übertragenen Forderung und Neuregelung des Schuldnerverzugs im Fall einer Geldforderung, Rpfleger 2001, 401; *Wilhelm*, Zur Neuordnung der Verzugsfolgen durch das Gesetz zur Beschleunigung fälliger Zahlungen, Rpfleger 2001, 166.

Übersicht

I. Allgemeines

Wenn der Ersteher seiner Zahlungspflicht nach § 49 ZVG bis zum Verteilungstermin nicht nachkommt, wird nicht etwa der Eigentumserwerb rückgängig gemacht, der gemäß § 90 ZVG bereits mit dem Zuschlag zustande gekommen ist. Vielmehr sieht § 118 Abs. 1 ZVG für diesen Fall vor, dass die Forderung des Schuldners, die dieser gegen den Ersteher hat, auf die Zuteilungsberechtigten übertragen wird. Anschließend werden für diese am Grundstück des Erstehers Sicherungshypotheken nach § 128 ZVG eingetragen. Bei teilweiser Zahlung (z. B. die Sicherheitsleistung kann gemäß § 107 Abs. 3 ZVG auf die Zahlung angerechnet werden) ist der Teilungsplan teilweise nach § 117 ZVG auszuführen, soweit die Zahlung ausreicht; soweit die Teilungsmasse aber nicht zur Verfügung steht, ist der Plan nach § 118 Abs. 1 ZVG auszuführen. 1

Nach Absatz 2 Satz 1 wirkt die Forderungsübertragung wie eine **Befriedigung aus dem Grundstück**; damit erlöschen die ursprünglichen Forderungen gegen den Vollstreckungsschuldner. Da diese Wirkung aber dem Zuteilungsberechtigten nicht aufgezwungen werden kann, kann er nach Absatz 2 Satz 2 auch andere Möglichkeiten „wählen“: 2

– Wenn er gegenüber dem Gericht innerhalb einer Frist von drei Monaten auf die **Rechte aus der Übertragung** verzichtet, dann verbleibt ihm (nur) seine bisherige Forderung gegen den Vollstreckungsschuldner.
– Wenn er innerhalb dieser Frist die **Wiederversteigerung** beantragt, dann behält der Zuteilungsberechtigte seine bisherige Forderung gegen den Vollstreckungsschuldner; daneben steht ihm die übertragene Forderung gegen den Ersteher zu, die darüber hinaus durch eine Sicherungshypothek gesichert ist.

II. Forderungsübertragung (Abs. 1)

1. Voraussetzungen

Der **Ersteher** hat gegen den Ersteher und im Falle des § 69 Abs. 3 ZVG gegen den mithaftenden Bürgen den **Anspruch**, dass dieser bis zum Verteilungstermin seine **Zahlung** leistet. Das Vollstreckungsgericht ist zwar Empfänger dieser Leistung (§ 107 Abs. 2 ZVG), aber nicht Inhaber der entsprechenden Forderung. Deshalb kann das Vollstreckungsgericht die Zahlung durch den Ersteher auch nicht erzwingen. Aber auch ein Zuteilungsberechtigter kann keine Forderung gegen den Ersteher geltend machen, weil er in keiner Rechtsbeziehung zu diesem steht. Erst nach der gemäß § 118 ZVG erfolgten Forderungsübertragung kann ein Zuteilungsberechtigter gegen den Ersteher – notfalls auch im Vollstreckungswege – vorgehen (vgl. §§ 132, 133 ZVG). 3

Voraussetzung für eine Forderungsübertragung nach § 118 ZVG ist also die **Nichtzahlung** des **Meistbargebots**. Erklärt sich ein Gläubiger im Verteilungstermin insoweit als befriedigt, als er eine Zuteilung bekommen hätte, dann entfällt insoweit eine 4

Forderungsübertragung nach § 118 ZVG.[1] Auch bei einer außergerichtlichen Einigung über die Erlösverteilung (§ 143 ZVG)[2] oder bei einer außergerichtlichen Befriedigung (§ 144 ZVG) kommt eine Forderungsübertragung nicht in Betracht.[3]

2. Zu übertragende Forderung

5 Übertragen wird die **Forderung des Schuldners** gegen den Ersteher auf Zahlung des Meistbargebots und den Bargebotszinsen vom Zuschlag bis zum Verteilungstermin (ausschließlich). Wenn in diesem Verteilungstermin feststeht, dass der Ersteher einen zusätzlichen Betrag gemäß §§ 50, 51 ZVG zahlen muss, dann muss der Teilungsplan insoweit auch durch eine Forderungsübertragung ausgeführt werden, wenn der Ersteher nicht zahlt.[4]

6 Wurde eine erforderliche Sicherheitsleistung durch Bürgschaft geleistet (§ 69 Abs. 3 ZVG), ist auch die Forderung des Schuldners gegen den Bürgen auf die Berechtigten (mit) zu übertragen, die aus dem Betrag der Sicherheit hätten befriedigt werden können. Erst durch die Forderungsübertragung wird eine Rechtsbeziehung zwischen den Zuteilungsberechtigten und dem Bürgen geschaffen.[5]

7 Anders zu beurteilen sind jedoch die Fälle des § 81 Abs. 2 ZVG (Abtretung der Rechte aus dem Meistgebot) und § 81 Abs. 3 ZVG (verdeckte Stellvertretung). Hier haften nach der ausdrücklichen Regelung des § 81 Abs. 4 ZVG Meistbietender und Ersteher als Gesamtschuldner. Die Übertragung der Forderung ermächtigt den Berechtigten, die übertragene Forderung gegen jeden Schuldner (damit also auch gegen den mithaftenden Meistbietenden) geltend zu machen.[6] Somit ist in diesem Fall keine (Mit)Forderungsübertragung wie beim Bürgen erforderlich.[7]

3. Berechtigte der Übertragung

8 Die Forderungsübertragung erfolgt auf alle, die etwas aus der Teilungsmasse zu erhalten haben; dies ergibt sich aus dem Abschnitt „Zuteilung" des Teilungsplans. Jedem Zuteilungsberechtigten ist die **Forderung in Höhe des ihm zustehenden Anspruchs nebst 4 % Zinsen** ab dem Verteilungstermin zu übertragen.[8] Die ursprünglich eine Forderung wird zerlegt in so viele Einzelforderungen, wie Berechtigte vorhanden sind. Außerhalb der einzutragenden Sicherungshypotheken, deren Rang sich nach dem Rang der ursprünglichen Forderungen richtet, stehen die Teilforderungen in keinerlei Rangverhältnis zueinander.

---

1) BGH, Urt. v. 17.5.1988 – IX ZR 5/87, Rpfleger 1988, 495 = MDR 1988, 860.
2) Stöber/*Nicht*, ZVG, § 143 Rz. 13.
3) BeckOK-*Riedel*, ZVG, § 118 Rz. 7.
4) Wozu er regelmäßig in diesem Termin auch noch gar nicht verpflichtet ist; siehe Einzelheiten hierzu bei § 125.
5) Stöber/*Nicht*, ZVG, § 118 Rz. 9; Dassler/Schiffhauer/u. a.-*Hintzen*, ZVG, § 118 Rz. 10; BeckOK-*Riedel*, ZVG, § 118 Rz. 13; Schneider-*Schneider*, ZVG, § 118 Rz. 10.
6) So Stöber/*Nicht*, ZVG, § 118 Rz. 9; Dassler/Schiffhauer/u. a.-*Hintzen*, ZVG, § 118 Rz. 11; BeckOK-*Riedel*, ZVG, § 118 Rz. 14; a. A. Böttcher/*Böttcher*, ZVG, § 118 Rz. 5; *Helwich*, Rpfleger 1988, 467 und 1989, 316; Strauch, Rpfleger 1989, 314.
7) Dies kann man auch unmittelbar aus dem Gesetz ersehen: In § 118 ist nur die Mitübertragung gegen den Bürgen vorgesehen.
8) Böttcher/*Böttcher*, ZVG, § 118 Rz. 6; Stöber/*Nicht*, ZVG, § 118 Rz. 11; Schneider-*Schneider*, ZVG, § 118 Rz. 5.

Steht der Zuteilungsanspruch mehreren Berechtigten zu, dann erfolgt die Forderungsübertragung in demselben Rechtsverhältnis. Bei der **Bruchteilsgemeinschaft** ist jedoch zu beachten, dass jeder Mitberechtigte vom Ersteher nur Zahlung an alle Mitberechtigte gemeinsam verlangen kann. Deshalb wird hier die Übertragung auf die mehreren Berechtigten „gemäß § 432 BGB" vorgenommen.[9)] 9

Ist der **Vollstreckungsschuldner** selbst anspruchsberechtigt, ist eine Forderungsübertragung überflüssig, da ihm die Forderung schon zusteht (siehe Rz. 5). Da aber diese Forderung als Surrogat des Grundstücks auch noch beschlagnahmt ist, muss diese Beschlagnahme beseitigt werden. Dies geschieht dadurch, dass in diesem Fall anstelle der Forderungsübertragung die „Zuweisung des Erlösanteils zur freien Verfügung" tritt.[10)] 10

Auch dem **Ersteher** ist die Forderung zu übertragen, wenn er einen Zuteilungsanspruch hat. Erklärt er sich jedoch für befriedigt, dann stellt dies eine vereinfachte Art der Zahlung dar. Somit scheidet dann insoweit die Forderungsübertragung nach § 118 ZVG aus. 11

Zuteilungsberechtigter kann auch ein nach § 81 Abs. 4 ZVG mithaftender **Meistbietender** sein. In diesem Fall erfolgt auch eine Forderungsübertragung nach § 118 ZVG. Die Zahlungspflicht des Erstehers erlischt damit aber nicht; er gilt durch den Ersteher nicht als befriedigt. Somit ist für ihn auch eine Sicherungshypothek gemäß § 128 ZVG einzutragen. Etwaige Ausgleichsansprüche (vgl. § 426 BGB) betreffen das Innenverhältnis und sind deshalb vom Vollstreckungsgericht nicht zu berücksichtigen.[11)] 12

Ist der ursprüngliche Anspruch des Zuteilungsberechtigten mit einem Recht belastet (z. B. Nießbrauch, Pfandrecht, Pfändungspfandrecht), setzen sich diese an der übertragenen Forderung fort. Zu beachten ist jedoch, dass bei einer erfolgten Pfändung und Überweisung an Zahlungs statt die Forderung gleich auf den Pfändungsgläubiger zu übertragen ist; für ihn wird dann auch die Sicherungshypothek nach § 128 ZVG eingetragen.[12)] 13

---

9) BGH, Beschl. v. 13.11.2013 – XII ZB 333/12, Rpfleger 2014, 277 = MDR 2014, 456; BGH, Beschl. v. 22.2.2017 – XII ZB 137/16, ZIP 2017, 2172.

10) So Dassler/Schiffhauer/u. a.-*Hintzen*, ZVG, § 118 Rz. 14; Stöber/*Nicht*, ZVG, § 118 Rz. 10; Schneider-*Schneider*, ZVG, § 128 Rz. 19; etwas modifiziert dagegen: Böttcher/*Böttcher*, ZVG, § 118 Rz. 7; BeckOK-*Riedel*, ZVG, § 118 Rz. 21 und 22: Zuweisung hinsichtlich des Erlösüberschusses; aber Forderungsübertragung hinsichtlich einer Zuteilung auf ein dem Schuldner zustehendes Recht (z. B. Eigentümergrundschuld). Für diese Unterscheidung besteht keine Veranlassung; denn worauf der Zuteilungsanspruch beruht, spielt zwar eine Rolle für die Höhe der Übertragung oder Zuweisung und auch für den Rang der einzutragenden Sicherungshypotheken. Aber übertragen wird die Forderung des Schuldners auf Zahlung des Meistbargebots; und eine Übertragung dieser Forderung auf dieselbe Person (Schuldner) ist rechtlich nicht möglich (vgl. § 398 BGB).

11) BGH, Beschl. v. 13.11.2013 – XII ZB 333/12, Rpfleger 2014, 277 = MDR 2014, 456; BGH, Beschl. v. 22.2.2017 – XII ZB 137/16, ZIP 2017, 2172; Stöber/*Nicht*, ZVG, § 118 Rz. 10; Dassler/Schiffhauer/u. a.-*Hintzen*, ZVG, § 118 Rz. 12; unentschieden BeckOK-*Riedel*, ZVG, § 118 Rz. 42; teilweise a. A. Böttcher/*Böttcher*, ZVG, § 118 Rz. 12.

12) Böttcher/*Böttcher*, ZVG, § 118 Rz. 10; Stöber/*Nicht*, ZVG, § 118 Rz. 15.

14 Neuer Forderungsinhaber wird der vom Vollstreckungsgericht genannte Berechtigte auch dann, wenn er gar nicht zu den Zuteilungsberechtigten gehört.[13)]

4. Verzinsung und Verzugsschaden

15 Bei der Frage der Verzinsung muss zunächst unterschieden werden:

- Die **Forderung des Schuldners** gegen den Ersteher umfasst auch die Zinsen gemäß § 49 Abs. 2 ZVG vom Zuschlag bis zum Verteilungstermin. Der Zinssatz beträgt hier gemäß § 246 BGB grundsätzlich 4 %, wenn nicht über abgeänderte Versteigerungsbedingungen ein höherer Zinssatz vereinbart worden ist. Diese Forderung wird übertragen auf die Zuteilungsberechtigten.
- Auf der anderen Seite stehen die **Forderungen der Zuteilungsberechtigten**, deren Zinsen im Teilungsplan bis zum Zuschlag (bei bestehen bleibenden Rechten) bzw. bis zum Verteilungstermin (bei erlöschenden Rechten bzw. Ansprüchen persönlicher Gläubiger) berechnet worden sind. Und im Umfang dieser Forderung wird die Forderung des Schuldners gegen den Ersteher übertragen. Da aber § 49 Abs. 2 ZVG hier weiterhin gilt, sind diese Forderungen jeweils mit 4 % ab dem Verteilungstermin zu übertragen; nur so ist sichergestellt, dass die zu verteilende Masse und die Zuteilungen (durch Forderungsübertragung) gleich bleiben. Jedoch ist zu beachten, dass der zuletzt zum Zuge kommende Berechtigte, dessen Zuteilung aus den Bargebotszinsen bedient werden, insoweit keinen verzinslichen Anspruch mehr bekommt; dies würde einem verbotenen Zinseszins i. S. v. § 289 BGB gleichkommen.

16 In der Vergangenheit hat es nicht an Versuchen gefehlt, im Rahmen der Forderungsübertragung einen höheren Zinssatz durchzusetzen.[14)] Nach der Änderung des BGB und der Einführung eines Verzugszinses in Höhe von fünf Prozentpunkten über dem Basiszinssatz (§ 288 BGB) wurde argumentiert, dass der Ersteher durch seine Nichtzahlung im Verteilungstermin in Verzug gerate und dass deshalb gemäß §§ 286, 288 BGB dieser höhere Zinssatz maßgeblich sei.

17 Dem haben bisher alle ZVG-Kommentatoren zu Recht widersprochen.[15)] Die Vorschriften des BGB zum Zahlungsverzug finden auf die Zahlungspflicht des Erstehers nach dem ZVG keine Anwendung. Das ZVG selbst trifft Regeln für den Fall der Nichtzahlung des Meistbargebots. Deshalb beträgt der Zinssatz nach wie vor 4 %.

18 Den Gläubigern bleibt es jedoch unbenommen, nach der Forderungsübertragung den Schuldner in Verzug zu setzen und dann einen erhöhten Zins zu verlangen. Daneben ist es auch möglich, einen etwaigen höheren Verzugsschaden zu verlangen

---

13) Böttcher/*Böttcher*, ZVG, § 118 Rz. 13.

14) LG Wuppertal, Beschl. v. 22.9.2008 – 6 T 610/08, openJur 2011, 60388; LG Hannover, Beschl. v. 11.1.2005 – 13 T 84/04, Rpfleger 2005, 324; LG Augsburg, Beschl. v. 18.2.2002 – 4 T 498/02, Rpfleger 2002, 374; LG Kempten, Beschl. v. 21.8.2000 – 4 T 1648/00, Rpfleger, 2001, 192 = KTS 2001, 192; LG Berlin, Beschl. v. 20.12.2000 – 81 T 912/00, Rpfleger 2001, 192 = KTS 2001, 192.

15) Böttcher/*Böttcher*, ZVG, § 118 Rz. 4; Stöber/*Nicht*, ZVG, § 118 Rz. 32; Dassler/Schiffhauer/u. a.-*Hintzen*, ZVG, § 118 Rz. 18; BeckOK-*Riedel*, ZVG, § 118 Rz. 26; Schneider-*Schneider*, ZVG, § 118 Rz. 5; *Streuer*, Rpfleger 2001, 401; *Wilhelm*, Rpfleger 2001, 166; *Hannemann*, RpflStud 2001, 169.

(§§ 288 Abs. 4, 289 Satz 2 BGB). Beides ist jedoch außerhalb des Versteigerungsverfahrens durchzusetzen.[16)]

5. Anordnung durch das Vollstreckungsgericht

Die Forderungsübertragung erfolgt durch eine ausdrückliche Anordnung des Gerichts, 19
zweckmäßigerweise durch einen verkündeten Beschluss. Dies muss auch im Protokoll des Verteilungstermins festgehalten werden. Eine Zustellung des Beschlusses an die Beteiligten ist nicht vorgesehen.[17)]

6. Rechtsbehelf

Nach Ansicht einiger Kommentatoren kann die Forderungsübertragung mit sofor- 20
tiger Beschwerde (§ 793 ZPO) angefochten werden.[18)] *Stöber* dagegen hält die **Erinnerung** gemäß § 766 ZPO für gerechtfertigt, da die Forderungsübertragung eine Maßnahme des Vollstreckungsgerichts zur Planausführung darstelle.[19)] Nach den grundlegenden Unterscheidungskriterien zwischen Beschwerde und Erinnerung, z. B. je nachdem ob der Betreffende vorher gehört worden ist (Beschwerde) oder nicht (Erinnerung), bin ich mit *Stöber* der Meinung, dass § 766 ZPO der richtige Rechtsbehelf ist. Inzwischen hat sich auch *Hintzen* dieser Ansicht angeschlossen.[20)]

III. Wirkung der Forderungsübertragung

1. Erwerb der Forderung gegen den Ersteher

Die Forderung des Vollstreckungsschuldners gegen den Ersteher und gegen den 21
gesamtschuldnerisch mithaftenden Meistbietenden (§ 81 Abs. 4 ZVG) bzw. gegen den für mithaftend erklärten Bürgen (§ 69 Abs. 2 ZVG) steht infolge der Forderungsübertragung nun den Befriedigungsberechtigten in Teilbeträgen zu. Diese Teilbeträge haben untereinander kein Rangverhältnis, da es sich nun um selbstständige Forderungen handelt, die nicht identisch sind mit den ursprünglichen Forderungen. Diese bestimmen nur den Umfang der Forderung und die Frage, ob wegen der Surrogation auch Drittrechte an der übertragenen Forderung bestehen.

Einreden und **Einwendungen**, welche dem Vollstreckungsschuldner gegen die ur- 22
sprüngliche Forderung zustanden, kann der Ersteher nicht geltend machen.

Für die Berechtigten, auf welche die Forderung übertragen wurde, werden gemäß 23
§ 128 ZVG **Sicherungshypotheken** eingetragen, deren Rang sich aber wieder nach den ursprünglichen Ansprüchen richtet. Nach der Ausführung des Teilungsplans ist die Forderung gegen den Ersteher nach § 132 Abs. 1 ZVG vollstreckbar; die Zwangs-

16) Dassler/Schiffhauer/u. a.-*Hintzen*, ZVG, § 118 Rz. 20; BeckOK-*Riedel*, ZVG, § 118 Rz. 28.

17) So auch Böttcher/*Böttcher*, ZVG, § 118 Rz. 15 und Stöber/*Nicht*, ZVG, § 118 Rz. 14; Schneider-*Schneider*, ZVG, § 118 Rz. 15 und 16, die eine nachträgliche Forderungsübertragung für unzulässig halten; teilweise etwas anders Dassler/Schiffhauer/u. a.-*Hintzen*, ZVG, § 118 Rz. 16; BeckOK-*Riedel*, ZVG, § 118 Rz. 31: Bei einer Übertragung außerhalb des Verteilungstermins ist die Zustellung erforderlich.

18) BeckOK-*Riedel*, ZVG, § 118 Rz. 32.

19) Stöber/*Nicht*, ZVG, § 118 Rz. 31; Schneider-*Schneider*, ZVG, § 118 Rz. 16; so jetzt auch Böttcher/*Böttcher*, ZVG, § 118 Rz. 17.

20) Dassler/Schiffhauer/u. a.-*Hintzen*, ZVG, § 118 Rz. 27.

vollstreckung erfolgt aufgrund einer vollstreckbaren Ausfertigung des Zuschlagsbeschlusses (§ 132 Abs. 2 ZVG).

2. Befriedigungswirkung (Abs. 2 Satz 1)

24 Nach Absatz 2 Satz 1 wirkt die Forderungsübertragung wie die Befriedigung aus dem Grundstück. Die ursprüngliche Forderung gegen den Vollstreckungsschuldner erlischt mit allen Nebenrechten.[21)]

25 Diese Wirkung tritt aber nicht ein, wenn der Berechtigte dem Versteigerungsgericht gegenüber vor dem Ablauf von drei Monaten auf die Rechte aus der Übertragung verzichtet oder die Wiederversteigerung beantragt (Abs. 2 Satz 2).

26 Bis zum Ablauf der Drei-Monats-Frist sind die genauen Folgen noch ungewiss; es besteht gleichsam ein Schwebezustand: Die Befriedigungswirkung ist aufschiebend bedingt, sodass die „alte" Forderung mit der Forderungsübertragung noch nicht gleich erlischt. Zusätzlich hat der Berechtigte in dieser Zeit auch schon die übertragene Forderung.[22)]

IV. Verzicht auf Übertragung (Abs. 2 Satz 2 Alt. 1 ZVG)

1. Allgemeines

27 Der Verzicht kann nur innerhalb der Frist von drei Monaten erklärt werden. Die Frist beginnt mit der Verkündung der Forderungsübertragung. Ein verspäteter Verzicht ist unwirksam und entfaltet deshalb keine Wirkungen. Die Erklärung muss gegenüber dem Vollstreckungsgericht abgegeben werden, entweder schriftlich oder zu Protokoll der Geschäftsstelle. War der Anspruch mit dem Recht eines Dritten belastet, muss der Dritte dem Verzicht zustimmen.

28 Mit dem Verzicht auf das Recht der Übertragung „gewinnt" der Ersteher nichts; denn seine Schuld (Zahlung des Meistbargebots plus Zinsen) wird durch den Verzicht überhaupt nicht berührt. Die „frei gewordene" Forderung geht kraft Gesetzes grundsätzlich auf den nächstausfallenden Berechtigten bzw. den bisherigen Eigentümer über. Für diese beginnt eine neue **Drei-Monats-Frist** zu laufen; deshalb sieht Absatz 2 Satz 4 vor, dass das Gericht den Verzicht dem Ersteher sowie demjenigen mitteilt, auf welchen die Forderung infolge des Verzichts übergeht. Eine besondere (neue) Forderungsübertragung ist hierfür nicht erforderlich.

2. Folgen des Verzichts

29 Mit dem rechtzeitigen Verzicht **verliert** der **Berechtigte** die **Forderung** gegen den Ersteher; damit steht ihm auch eine inzwischen eingetragene Sicherungshypothek nicht mehr zu. Das alte Schuldverhältnis gegen den Vollstreckungsschuldner bleibt dagegen unverändert bestehen.[23)]

---

21) Böttcher/*Böttcher*, ZVG, § 118 Rz. 21.

22) Stöber/*Nicht*, ZVG, § 118 Rz. 27; Dassler/Schiffhauer/u. a.-*Hintzen*, ZVG, § 118 Rz. 30; BeckOK-*Riedel*, ZVG, § 118 Rz. 39; a. A. Böttcher/*Böttcher*, ZVG, § 118 Rz. 23: Die Befriedigungswirkung tritt sofort mit Verkündung der Forderungsübertragung ein.

23) Stöber/*Nicht*, ZVG, § 118 Rz. 21 und 25; so offenbar auch BeckOK-*Riedel*, ZVG, § 118 Rz. 51; etwas anders Böttcher/*Böttcher*, ZVG, § 118 Rz. 25; Dassler/Schiffhauer/u. a.-*Hintzen*, ZVG, § 118 Rz. 34: Das alte Schuldverhältnis würde wieder aufleben.

Der Verzicht bewirkt, dass die Forderung gegen den Ersteher auf den Nächstberechtigten übergeht. Das ist beim Verzicht eines Gläubigers, dem ursprünglich ein Grundpfandrecht zustand, der Grundstückseigentümer zzt. des Zuschlags (§ 1168 BGB analog). Dies gilt aber nur hinsichtlich des Betrags, der aus dem ursprünglichen Kapital des Grundpfandrechts herrührte; hinsichtlich der Kosten, Zinsen und sonstigen Nebenleistungen trifft dies nicht zu (vgl. § 1178 Abs. 1 BGB).[24] Im Übrigen geht die Forderung auf den bzw. die nächstausfallenden Berechtigten über, zuletzt an den bisherigen Grundstückseigentümer zur Zeit des Zuschlags. 30

V. Wiederversteigerung (Abs. 2 Satz 2 Alt. 2)

1. Allgemeines

Ein Antrag auf Versteigerung des Grundstücks innerhalb der Drei-Monats-Frist schließt die Befriedigungswirkung ebenfalls aus (Abs. 2 Satz 2). Diese Wiederversteigerung ist ein neues selbstständiges Verfahren, das sich gegen den Ersteher richtet. Hierfür sehen die §§ 128 Abs. 4, 132, 133 ZVG einige Besonderheiten vor. 31

Nimmt der Gläubiger seinen Versteigerungsantrag wieder zurück oder wird das Verfahren gemäß § 31 Abs. 1 Satz 2 ZVG aufgehoben,[25] gilt der **Versteigerungsantrag** als nicht gestellt (Abs. 2 Satz 3). Dann verbleibt es dabei, dass die Forderungsübertragung wie eine Befriedigung aus dem Grundstück wirkt. 32

2. Folgen der Antragstellung

Wird aber der Versteigerungsantrag rechtzeitig gestellt und nicht wieder zurückgenommen, dann wirkt die Forderungsübertragung nicht wie eine Befriedigung aus dem Grundstück. Der Gläubiger behält demnach neben der Forderung gegen den Ersteher (aus der Forderungsübertragung) auch noch alle **Rechte aus dem früheren Schuldverhältnis** gegen den bisherigen Vollstreckungsschuldner. 33

Erst wenn sein Anspruch in der Wiederversteigerung befriedigt wird, erlöschen seine Rechte aus dem alten Schuldverhältnis. Fällt er bei der Wiederversteigerung aus, bleiben diese Rechte aber auch noch weiterhin bestehen. 34

VI. Sonstiges

1. Aufrechnung des Erstehers

Nach der Forderungsübertragung kann der Ersteher die übertragene Forderung auch durch **Aufrechnung** erfüllen.[26] Vorher bestanden zwischen dem Ersteher und dem Zuteilungsberechtigten keine Rechtsbeziehungen; diese werden erst durch die Forderungsübertragung hergestellt. Ob eine Aufrechnung jedoch wirksam ist oder nicht, kann nur das Prozessgericht entscheiden, nicht das Vollstreckungsgericht. 35

---

24) So Stöber/*Nicht*, ZVG, § 118 Rz. 25; weniger differenziert: Böttcher/*Böttcher*, ZVG, § 118 Rz. 25; Dassler/Schiffhauer/u. a.-*Hintzen*, ZVG, § 118 Rz. 35; BeckOK-*Riedel*, ZVG, § 118 Rz. 52.

25) Wegen des anderslautenden Wortlauts des Gesetzes („§ 31 Abs. 2") siehe § 129 Rz. 2 [*Bachmann*].

26) BGH, Urt. v. 20.2.2008 – XII ZR 58/04, Rpfleger 2008, 379 = MDR 2008, 618; BGH, Urt. v. 9.4.1987 – IX ZR 146/86, Rpfleger 1987, 381 = MDR 1987, 842; vgl. Stöber/*Nicht*, ZVG, § 118 Rz. 29.

2. Liegenbelassung eines Rechts gemäß § 91 Abs. 2 ZVG

36 Auch nach erfolgter Forderungsübertragung, ja sogar noch nach Ablauf der Drei-Monats-Frist des Absatzes 2 ist es noch möglich, das Bestehenbleiben eines Rechts zu vereinbaren. Dies muss gemäß § 91 Abs. 2 ZVG jedoch vor Eingang des Grundbuchersuchens beim Grundbuchamt erfolgen. In einem solchen Fall gelten die Wirkungen der Forderungsübertragung als nicht eingetreten. Somit ist dann auch keine Sicherungshypothek nach § 128 ZVG einzutragen. Dies muss beim Grundbuchersuchen berücksichtigt werden; ein bereits erfolgtes, aber noch nicht beim Grundbuchamt eingegangenes Ersuchen ist zu berichtigen, sofern nicht Rechte Dritter beeinträchtigt werden.[27]

3. Insolvenzschuldner als Ersteher

37 Ist dem Insolvenzschuldner der Zuschlag erteilt worden auf ein Gebot, das er vor der Eröffnung des Insolvenzverfahrens abgegeben hat, so handelt es sich bei der Forderung gegen den Ersteher um eine **Insolvenzforderung**, also nicht um eine Masseschuld. Für diese Forderung bestehen aber Absonderungsrechte nach § 49 InsO. Wenn also der Insolvenzschuldner das Meistbargebot nicht zahlt, ist auch hier die Forderung zu übertragen und es sind entsprechende **Sicherungshypotheken** einzutragen; § 89 InsO ist insoweit nicht einschlägig.[28]

27) LG Frankfurt, Beschl. v. 4.10.1979 – 2/9 T 952/79, Rpfleger 1980, 30; Stöber/*Nicht*, ZVG, § 118 Rz. 36; BeckOK-*Riedel*, ZVG, § 118 Rz. 47.

28) Stöber/*Nicht*, ZVG, § 118 Rz. 35 m. w. N.

§ 119
Aufstellung des Teilungsplans bei bedingtem Anspruch

Wird auf einen bedingten Anspruch ein Betrag zugeteilt, so ist durch den Teilungsplan festzustellen, wie der Betrag anderweit verteilt werden soll, wenn der Anspruch wegfällt.

Übersicht

I. Allgemeines

1 Bedingte Rechte und die durch Eintragung eines Widerspruchs oder einer Vormerkung gesicherten Rechte sind im geringsten Gebot gemäß § 48 ZVG wie unbedingte bzw. wie eingetragene Rechte zu berücksichtigen. Bei der Aufstellung des Teilungsplans muss jedoch berücksichtigt werden, dass sich der Anspruch, auf den ein Betrag zugeteilt wird, durch den Ausfall einer aufschiebenden Bedingung oder durch den

Eintritt einer auflösenden Bedingung erledigen kann. Da das ZVG eine Nachtragsverteilung nicht vorsieht, muss im Teilungsplan dieser Fall gleich mit geregelt werden. Dies geschieht dadurch, dass das Vollstreckungsgericht gemäß § 119 ZVG durch eine **Hilfszuteilung** feststellen muss, wie der betreffende Betrag verteilt wird, wenn der Anspruch wegfällt

Für die Ausführung des Teilungsplans regelt § 120 ZVG nur den Fall der **aufschiebenden Bedingung**. Im Umkehrschluss bedeutet dies, dass bei der auflösenden Bedingung bei der Zuteilung keine Besonderheiten zu beachten sind, sodass hier der entsprechende Betrag dem Erstberechtigten überwiesen bzw. bei Nichtzahlung des Meistbargebots die Forderung gegen den Ersteher (nur) auf den Erstberechtigten übertragen wird. 2

Die Vorschrift gilt für alle Versteigerungsarten des ZVG. 3

II. Betroffene Ansprüche

1. Bedingter Anspruch

Bei einem auf Zahlung gerichteten bedingten Anspruch ist § 119 ZVG zu beachten Dies trifft auch auf die wiederkehrenden Leistungen und die Kosten eines bestehen bleibenden Rechts zu; hinsichtlich des Hauptanspruchs gilt dagegen § 125 i. V. m §§ 50 Abs. 2 Nr. 1, 51 ZVG. 4

Aufschiebend oder auflösend bedingt ist ein Recht, wenn sein Bestehen von einer Bedingung abhängig gemacht ist. Die Tatsache der Bedingung muss grundbuchersichtlich sein; hinsichtlich der Ausgestaltung der Bedingung kann auf die Eintragungsbewilligung Bezug genommen werden (§ 874 BGB). Hierbei ist zwischen einer aufschiebenden und einer auflösenden Bedingung zu unterschieden: 5

- Bei der **aufschiebenden Bedingung** entsteht das Recht erst mit Eintritt der Bedingung (§ 158 Abs. 1 BGB).
- Bei der **auflösenden Bedingung** erlischt das eingetragene Recht mit Eintritt der Bedingung (§ 158 Abs. 2 BGB).

Wenn der Eintritt der auflösenden Bedingung oder der Ausfall der aufschiebenden Bedingung im Verteilungstermin schon feststeht, ist das Recht nicht mehr bedingt; somit finden dann die §§ 119, 120 ZVG auch keine Anwendung. Wenn manche Kommentare in diesem Zusammenhang davon sprechen, dass sofort Zuteilung an den Hilfsberechtigten erfolge,[1] ist das zwar im Ergebnis richtig, aber nicht in der Darstellung: Es gibt hier keinen „Hilfsberechtigten"; vielmehr wird das betreffende Recht im Teilungsplan schon bei der Schuldenmasse nicht mehr berücksichtigt. Die hieraus resultierende Verringerung der Schuldenmasse kommt dann bei der Zuteilung den ansonsten nächst ausfallenden Berechtigten zugute.[2] 6

Die **Höchstbetragshypothek** ist als Belastung des Grundstücks unbedingt; § 119 ZVG findet deshalb auf dieses Recht keine Anwendung. Auch die für eine bedingte Forderung unbedingt bestellte Hypothek (vgl. § 1113 Abs. 2 BGB) ist kein Fall des 7

1) So z. B. Stöber/*Nicht*, ZVG, § 119 Rz. 7; Schneider-*Schneider*, ZVG, § 119 Rz. 12; BeckOK-*R. Goldbach*, ZVG, § 119 Rz. 10 f.
2) So auch Böttcher/*Böttcher*, ZVG, §§ 119, 120 Rz. 8; Schneider-*Schneider*, ZVG, § 119 Rz. 12.

§ 119 ZVG; denn solange die Forderung nicht besteht (vor Eintritt der aufschiebenden Bedingung oder nach Eintritt einer auflösenden Bedingung) steht die Hypothek dem Eigentümer zu.

2. Durch Vormerkung gesicherter Anspruch

8 Ansprüche, welche durch Eintragung einer Vormerkung gesichert sind (vgl. § 883 BGB) werden zwar bei der Aufstellung des geringsten Gebots gemäß § 48 wie eingetragene Rechte behandelt. Soweit im Verteilungsverfahren eine Zuteilung auf einen solchen Anspruch erfolgt, ist aber hier § 119 ZVG anzuwenden. Zu den **aufschiebend bedingten** Ansprüchen gehören nämlich auch durch eine Vormerkung gesicherte Ansprüche auf Eintragung oder Übertragung eines Rechts. Zu den **auflösend bedingten** Ansprüchen gehören die durch Vormerkung gesicherten Ansprüche auf Löschung oder Rangänderung.

3. Durch Widerspruch belasteter Anspruch

9 Auch Rechte, die durch Eintragung eines Widerspruchs gesichert sind (vgl. § 899 BGB), werden bei Aufstellung des geringsten Gebots wie eingetragene Rechte behandelt. Soweit im Verteilungsverfahren eine Zuteilung auf einen solchen Anspruch erfolgt, muss unter Umständen auch hier § 119 ZVG beachtet werden; denn der Widerspruch gegen die Löschung eines Rechts oder gegen die Person des Berechtigten wirkt wie eine **aufschiebende Bedingung**. Der Widerspruch gegen die Eintragung oder den Rang eines Rechts wirkt wie eine **auflösende Bedingung**.

4. Sonstige Ansprüche

10 Als aufschiebend bedingt gelten nach § 14 ZVG die **Ansprüche** von **unbestimmtem Betrag**. Somit sind die §§ 119, 120 ZVG zu beachten. Bedingung ist hier die Feststellung des Betrags gegen den Eigentümer.

11 Betagte, **unverzinsliche Ansprüche**, deren Fälligkeitszeitpunkt ungewiss ist, gelten nach § 111 Satz 2 Halbs. 2 ZVG ebenfalls als aufschiebend bedingt. Nach ungekürzter Zuteilung an den Berechtigten, muss eine Hilfszuteilung nach § 119 ZVG vorgenommen werden und anschließend die Hinterlegung nach § 120 ZVG erfolgen. Erst dann, wenn der genaue Tag der Fälligkeit feststeht, kann der Zwischenzins berechnet werden.

III. Behandlung im Teilungsplan

12 Im Teilungsplan sind die bedingten Ansprüche in der Schuldenmasse wie jeder andere (unbedingte) Anspruch aufzunehmen. Bei der Zuteilung ist jedoch eine **Hilfsverteilung** vorzunehmen. Dies bedeutet, dass schon im Verteilungstermin bestimmt werden muss, wem der entsprechende Betrag zugeteilt wird, wenn der zunächst Berechtigte aus einem bestimmten Grund nicht mehr in Betracht kommt, im Fall des § 119 ZVG also, dass die aufschiebende Bedingung ausfällt oder die auflösende Bedingung eintritt. Als Hilfsberechtigte kommen die zunächst ausfallenden Zuteilungsberechtigten in der Rangfolge ihrer Ansprüche in Betracht. An letzter Stelle wird der bisherige Grundstückseigentümer berücksichtigt. Die Hilfsberechtigten sind im Teilungsplan soweit aufzuführen, als die entsprechende Teilungsmasse voraussichtlich reicht.

IV. Ausführung des Teilungsplans

1. Auflösend bedingte Ansprüche

13 Bei auflösend bedingten Ansprüchen wird der entsprechende Betrag an den Erstberechtigten ausgezahlt. Bei Nichtzahlung des Meistbargebots wird die Forderung gegen den Ersteher auf den Berechtigten bedingungslos übertragen (§ 118 ZVG). Die anschließend einzutragende Sicherungshypothek wird ebenfalls unbedingt nur für den Erstberechtigten eingetragen.

14 Nach dem Eintritt der auflösenden Bedingung hat der Hilfsberechtigte nur einen Anspruch gegen den Erstberechtigten. Diesen kann er nur im Prozessweg verfolgen. Ob der Hilfsberechtigte dieses für ihn missliche Ergebnis dadurch vermeiden kann, dass er gemäß § 115 ZVG Widerspruch gegen die Zuteilung an den Erstberechtigten erhebt,[3)] ist bisher in der Rechtsprechung noch nicht geklärt.

2. Aufschiebend bedingte Ansprüche

15 Für die aufschiebend bedingten Ansprüche sieht § 120 ZVG die Hinterlegung des hierauf entfallenden Anteils vor. Einzelheiten hierzu bei § 120.

---

3) So Böttcher/*Böttcher*, ZVG, §§ 119, 120 Rz. 10; Stöber/*Nicht*, ZVG, § 119 Rz. 12; a. A. Dassler/Schiffhauer/u. a.-*Hintzen*, ZVG, § 119 Rz. 16.

§ 120
Ausführung des Teilungsplans bei aufschiebender Bedingung

(1) Ist der Anspruch aufschiebend bedingt, so ist der Betrag für die Berechtigten zu hinterlegen. Soweit der Betrag nicht gezahlt ist, wird die Forderung gegen den Ersteher auf die Berechtigten übertragen. Die Hinterlegung sowie die Übertragung erfolgt für jeden unter der entsprechenden Bedingung.

(2) Während der Schwebezeit gelten für die Anlegung des hinterlegten Geldes, für die Kündigung und Einziehung der übertragenen Forderung sowie für die Anlegung des eingezogenen Geldes die Vorschriften der §§ 1077 bis 1079 des Bürgerlichen Gesetzbuchs; die Art der Anlegung bestimmt derjenige, welchem der Betrag gebührt, wenn die Bedingung ausfällt.

Übersicht

I. Allgemeines

1 § 120 ZVG ergänzt den § 119 ZVG und bestimmt, dass die Ausführung des Teilungsplans bei aufschiebend bedingten Ansprüchen durch **Hinterlegung** des zugeteilten Betrags für die Berechtigten zu erfolgen hat (Abs. 1 Satz 1). Bei Nichtzahlung des Meistgebots wird die Forderung gegen den Ersteher auf beide Berechtigte übertragen

(Abs. 1 Satz 2). Sowohl Hinterlegung als auch Forderungsübertragung erfolgen unter der entsprechenden Bedingung (Abs. 1 Satz 3).

2 Die Vorschrift gilt für alle Versteigerungsarten des ZVG.

II. Ausführung des Teilungsplans bei aufschiebend bedingten Ansprüchen

1. Hinterlegung (Abs. 1 Satz 1)

3 Soweit der Versteigerungserlös vorhanden ist, muss der auf einen aufschiebend bedingten Anspruch zugeteilte Betrag hinterlegt werden (Abs. 1 Satz 1). Diese Hinterlegung erfolgt grundsätzlich nach den **landesrechtlichen Hinterlegungsgesetzen.**[1] Das Vollstreckungsgericht ersucht die Hinterlegungsstelle um Hinterlegung und gibt bei dem Erstberechtigten die Art der Bedingung an, bei deren Eintritt dieser alleiniger Empfangsberechtigter wird; bei dem Hilfsberechtigten ist die entgegengesetzte Bedingung anzugeben (Abs. 1 Satz 3). Mit der Hinterlegung ist das Verfahren für das Vollstreckungsgericht abgeschlossen. Es ist nun Sache der Beteiligten, nach den Hinterlegungsvorschriften die Auszahlung an sich herbeizuführen.

4 Eine Hinterlegung erfolgt ausnahmsweise nicht, wenn sich der Erst- und der Hilfsberechtigte über die Person und die Auszahlungsart spätestens im Verteilungstermin einigen (mündlich oder schriftlich).

5 Der frühere Streit, wem die Hinterlegungszinsen zustehen, ist mittlerweile gegenstandslos geworden, da sämtliche Hinterlegungsgesetze solche Zinsen nicht (mehr) vorsehen.[2]

2. Forderungsübertragung (Abs. 1 Satz 2)

6 Hat der Ersteher das Meistbargebot nicht rechtzeitig überwiesen, erfolgt gemäß § 118 ZVG eine Forderungsübertragung. Bei einem aufschiebend bedingten Anspruch wird die Forderung gegen den Ersteher auf den Erst- und den Hilfsberechtigten unter der entsprechenden Bedingung übertragen (Abs. 1 Sätze 2 und 3). Diese Forderungsübertragung wirkt auch hier wie eine Befriedigung aus dem Grundstück (§ 118 Abs. 2 Satz 1 ZVG). Die Frist nach § 118 Abs. 2 Satz 2 ZVG beginnt mit Kenntnis vom Eintritt bzw. Ausfall der Bedingung.

7 Nach § 128 ZVG ist für die übertragene Forderung eine **unbedingte Sicherungshypothek** einzutragen.

III. Schwebezeit (Abs. 2)

8 Während der Dauer der Schwebezeit gelten nach Absatz 2 die §§ 1077 bis 1079 BGB. Dies bedeutet u. a. Folgendes:

– Die Berechtigten sind einander verpflichtet, den hinterlegten **Betrag** nach den für die Anlegung von Mündelgeld geltenden Vorschriften **verzinslich anzulegen** (§ 1079 Satz 1 BGB). Die Art der Anlegung bestimmt der Hilfsberechtigte (Abs. 2 Halbs. 2).

---

1) Zur Zusammenstellung siehe § 49 Rz. 11 [*Bachmann*].
2) Vgl. z. B. § 12 Abs. 3 LHintG Rheinland-Pfalz.

– Die Entscheidung über die Art der **Hinterlegung** obliegt demnach **nicht** dem **Vollstreckungsgericht**. Einigen sich die Berechtigten jedoch rechtzeitig über die Art der Anlegung, dann wird das Vollstreckungsgericht den Betrag nicht bei der Hinterlegungsstelle hinterlegen, sondern unmittelbar an die bestimmte Stelle überweisen.

– Während der Schwebezeit können die Berechtigten nur **gemeinsam** über die Forderung gegenüber der Hinterlegungsstelle **verfügen**.

§ 121
Zuteilung auf Ersatzansprüche

(1) In den Fällen des § 92 Abs. 2 ist für den Ersatzanspruch in den Teilungsplan ein Betrag aufzunehmen, welcher der Summe aller künftigen Leistungen gleichkommt, den fünfundzwanzigfachen Betrag einer Jahresleistung jedoch nicht übersteigt; zugleich ist zu bestimmen, daß aus den Zinsen und dem Betrag selbst die einzelnen Leistungen zur Zeit der Fälligkeit zu entnehmen sind.

(2) Die Vorschriften der §§ 119, 120 finden entsprechende Anwendung; die Art der Anlegung des Geldes bestimmt der zunächst Berechtigte.

Literatur: *Drischler*, Das Altenteil in der Immobiliarvollstreckung, Rpfleger 1983, 229; *Gaßner*, Erloschene Rechte „von unbestimmtem Betrag“, Rpfleger 1988, 51.

Übersicht

I. Allgemeines

Für einen **Nießbrauch**, für eine beschränkte persönliche **Dienstbarkeit** sowie für eine **Reallast** von unbestimmter Dauer sieht § 92 Abs. 2 ZVG vor, dass für das erloschene Recht die Zahlung einer Geldrente zu leisten ist, die jeweils für drei Monate im Voraus zu zahlen ist. Damit diese Rente auch bezahlt werden kann, muss nach § 121 Abs. 1 ZVG ein sog. **Deckungskapital** gebildet werden. Die Höhe hierfür richtet sich nach der Summe aller künftigen Leistungen, darf aber den 25-fachen Jahresbetrag nicht übersteigen. Da vom Vollstreckungsgericht grundsätzlich keine Nachtragsverteilung vorgenommen werden kann, ist im Verteilungstermin genau zu bestimmen, wann die einzelnen Vierteljahresraten und an wen sie zu zahlen sind. 1

Der Anspruch des Berechtigten kann aber auch vorzeitig enden (z. B. durch Tod des Berechtigten), ohne dass das Deckungskapital schon voll aufgebraucht ist. Deshalb sieht § 121 Abs. 2 i. V. m. § 119 ZVG eine **Hilfszuteilung** an den Nächstausfallenden vor. Für die Zuteilung gilt nach § 121 Abs. 2 i. V. m. § 120 ZVG: Der gezahlte Betrag ist für den Erst- und den Hilfsberechtigten unter der jeweiligen Bedingung zu hinterlegen. Wenn das Meistbargebot nicht gezahlt ist, ist die Forderung 2 gegen den Ersteher auf die Berechtigten zu übertragen, ebenfalls unter der jeweiligen Bedingung.

3 Die Vorschrift gilt für alle Versteigerungsarten des ZVG.

II. Bildung des Deckungskapitals (Abs. 1)

4 Bei den nach § 92 Abs. 2 ZVG aufgeführten Rechten ist ein Deckungskapital zu bilden. Von dieser Regelung betroffen ist neben Nießbrauch, beschränkter persönlicher Dienstbarkeit und Reallast von unbestimmter Dauer auch das **Altenteil.**[1)] Ob auch das **Dauerwohnrecht** gemäß § 31 WEG unter die Regelung des § 92 Abs. 2 ZVG und damit unter § 121 ZVG fällt, ist umstritten; die überwiegende Ansicht ordnet dieses Recht unter § 92 Abs. 1 ZVG ein.[2)]

5 Die Höhe dieses Deckungskaptals richtet sich nach der Summe aller zukünftigen Leistungen, darf aber den 25-fachen Jahresbetrag nicht überschreiten (Abs. 1 Halbs. 1). Hängt die Dauer von der Lebenszeit des Berechtigten ab, dann wird der Jahresbetrag mit der statistischen Lebenserwartung multipliziert.[3)] Maßgeblicher Zeitpunkt für die Festlegung des Deckungskapitals und die Fälligkeit der ersten Vierteljahresrate ist der **Tag des Zuschlags**, da zu diesem Zeitpunkt das Recht erloschen ist und sich in einen Ersatzbetrag umgewandelt hat. Ist nach § 882 BGB ein Ersatzbetrag im Grundbuch eingetragen, dann ist dieser Betrag maßgeblich. Soweit Berechnungsmerkmale (z. B. der Jahreswert) nicht grundbuchersichtlich sind, müssen diese vom Berechtigten angemeldet werden. Diese Anmeldung fällt nicht unter §§ 37 Nr. 4, 110 ZVG, weil es nicht um die Anmeldung eines Rechts geht.[4)] Die Anmeldung muss aber spätestens im Verteilungstermin vorliegen, sonst wird das Recht „mangels Anmeldung mit 0" bewertet. Zu Einzelheiten siehe § 92 Rz. 26, 32, 41, 44 ff. [*Bachmann*].

6 Hat ein weiteres Recht Gleichrang mit dem Recht, für das ein Deckungskapital gebildet werden muss, dann kommt es darauf an, ob der **Versteigerungserlös** für beide Rechte **ausreicht** oder nicht:

– Wenn der Erlös ausreicht, bestehen keine Besonderheiten.

– Reicht der Erlös jedoch nur zum Teil aus, dann ist sowohl das Deckungskapital als auch der Anspruch des anderen (gleichrangigen) Rechts im Verhältnis ihrer Ansprüche zu kürzen. Aber auf die Höhe der einzelnen Rentenbezüge wirkt sich diese Kürzung nicht aus, nur auf die Dauer des Rentenbezugs, da das (gekürzte) Deckungskapital dann schneller aufgebraucht wird.[5)]

---

1) Zum Teil auch unter den folgenden Bezeichnungen bekannt: „Leibgeding", „Leibzucht" oder „Auszug".

2) So Stöber/*Becker*, ZVG, § 92 Rz. 8 und 36; Dassler/Schiffhauer/u. a.-*Hintzen*, ZVG, § 92 Rz. 11 und § 121 Rz. 1; Schneider-*Achenbach*, ZVG, § 92 Rz. 6; a. A. Böttcher/*Böttcher*, ZVG, § 92 Rz. 23; differenziert: BeckOK-*Pestel*, ZVG, § 92 Rz. 80: Sofern das Recht auf unbestimmte Zeit bestellt wurde, wird es in aller Regel unter Abs. 2 zu erfassen sein.

3) Siehe die Sterbetafel im Anhang.

4) Dieses ist grundbuchersichtlich und muss deshalb nach § 114 Abs. 1 ZVG von Amts wegen berücksichtigt werden.

5) So Böttcher/*Böttcher*, ZVG, § 121 Rz. 3; Stöber/*Nicht*, ZVG, § 121 Rz. 6; Dassler/Schiffhauer/u. a.-*Hintzen*, ZVG, § 121 Rz. 7; BeckOK-*R. Goldbach*, ZVG, § 121 Rz. 7; a. A. *Drischler*, Rpfleger 1983, 229, 233: Auch die Rentenleistung ist zu kürzen.

Ein im Rang nachgehender Berechtigter kann sich gegen die Höhe des Deckungskapitals mit dem Widerspruch gemäß § 115 zur Wehr setzen. 7

Aus dem Deckungskapital und den Zinsen erhält der Berechtigte eine **Geldrente**, die in **Vierteljahresraten** im Voraus zu zahlen ist (§ 92 Abs. 2 ZVG). Die erste Rate ist damit bereits am Tag des Zuschlags fällig geworden; die Auszahlung kann jedoch frühestens im Verteilungstermin erfolgen. Die Rente ist **aufschiebend bedingt**, dass der Berechtigte den Beginn des jeweiligen Vierteljahres erlebt; denn ihm bleibt der Anspruch auch dann, wenn sein Recht vor dem Ablauf der drei Monate erlischt (§ 92 Abs. 2 Satz 3 ZVG). 8

III. Behandlung im Teilungsplan (Abs. 2)

1. Schuldenmasse

In diesem Abschnitt ist das berechnete **Deckungskapital** für den Berechtigten einzustellen. War zur Berechnung eine Anmeldung erforderlich, dann wird das Recht mit „0" bewertet, wenn diese Anmeldung nicht spätestens im Verteilungstermin vorliegt. 9

Das berechnete Deckungskapital steht unter der Bedingung, dass **Jahreswert** und **Dauer** festgestellt wird (§ 14 ZVG). Die einseitige Anmeldung des Berechtigten ist hierfür nicht ausreichend. Die Feststellung muss gegen den Vollstreckungsschuldner notfalls durchgesetzt werden. Für das Verteilungsverfahren bedeutet dies: 10

- Liegt die Zustimmung des Vollstreckungsschuldners im Verteilungstermin vor bzw. wird sie in diesem Termin erklärt oder liegt ein entsprechendes Urteil vor, dann ist der Anspruch nicht mehr bedingt. Dann kann auch unbedingte Zuteilung an den Berechtigten erfolgen – mit den Besonderheiten nach § 121 ZVG.
- Solange jedoch diese Feststellung noch nicht getroffen ist, muss bei der Zuteilung und Ausführung der Zuteilung nach §§ 119, 120 ZVG (unmittelbar) verfahren werden. Dies bedeutet: bedingte Zuteilung an den Berechtigten und an den bzw. die erstausfallenden Berechtigten sowie Hinterlegung für beide unter der entsprechenden Bedingung.[6)]

2. Zuteilung

Bei der Zuteilung ist die Anordnung zu treffen, dass aus den Zinsen und dem festgestellten Deckungskapital die einzelnen **Vierteljahresleistungen** zur Zeit der Fälligkeit zu entnehmen sind (Abs. 1 Halbs. 2). Diese Einzelleistungen bleiben immer unverändert, auch wenn sich dadurch das Deckungskapital (einschließlich Zinsen) vorzeitig erschöpft. 11

3. Hilfszuteilung

Weil der Anspruch des Berechtigten enden kann, bevor das Deckungskapital aufgebraucht ist (z. B. durch Tod des Berechtigten, durch Erlöschen der berechtigten juristischen Person), sieht das Gesetz eine Hilfszuteilung vor, indem Absatz 2 auf 12

---

6) Vgl. Böttcher/*Böttcher*, ZVG, § 92 Rz. 13 und § 121 Rz. 4; Stöber/*Becker*, ZVG, § 92 Rz. 13 und Stöber/*Nicht*, § 121 Rz. 8 ff.; Dassler/Schiffhauer/u. a.-*Hintzen*, ZVG, § 121 Rz. 8; Schneider-*Schneider*, ZVG, § 121 Rz. 6; BeckOK-*R. Goldbach*, ZVG, § 121 Rz. 10.

§ 119 ZVG verweist. Dem **Erstberechtigten** steht der Anspruch für die (ursprünglich vereinbarte) Dauer seines Rechts zu; dem **Hilfsberechtigten** steht der Restbetrag zu, wenn das Recht vor Aufbrauchen des Deckungskapitals vorzeitig endet.

13 Als Hilfsberechtigte sind alle ausfallenden Berechtigten mit der Höhe ihres Anspruchs anzuführen, da ungewiss ist, wie hoch der nicht verbrauchte Teil des Deckungskapitals sein wird und wer überhaupt einen Anspruch hierauf geltend macht.[7] Ihnen ist also für den Fall, dass der Anspruch des Hauptberechtigten nicht besteht, das restliche Deckungskapital bedingt zuzuteilen. **Keine Hilfszuteilung** erfolgt aber für die im Zeitpunkt der Planausführung fällige **Geldrente**,[8] wenn die Berechtigung des Inhabers des Rechts schon feststeht (vgl. § 14 ZVG).

14 Zu beachten ist in diesem Zusammenhang jedoch auch Folgendes: Die in § 121 Abs. 2 ZVG vorgesehene Hilfszuteilung kann mit anderen Hilfszuteilungen zusammentreffen, z. B. der nach §§ 14, 119 ZVG oder der aufgrund eines erhobenen Widerspruchs (§§ 115, 124 Abs. 1 ZVG). Dann müssen bei der Zuteilung bzw. Hilfszuteilung alle in Frage kommenden Bedingungen genau angegeben werden.

IV. Ausführung des Teilungsplans (Abs. 2)

1. Teilungsmasse ist vorhanden

15 Wenn der Ersteher das Meistbargebot rechtzeitig überwiesen hat und der Erlös auch für eine Zuteilung des betreffenden Rechts ausreicht, werden die bereits fälligen Vierteljahresbeträge an den Berechtigten ausbezahlt. Wenn der entsprechende Betrag (der Höhe nach) aber noch nicht i. S. v. § 14 ZVG festgestellt ist, kann nicht ausgezahlt werden; dann erfolgt (auch) insoweit Hinterlegung (§ 120 Abs. 1 ZVG).

16 Hinsichtlich des restlichen Deckungskapitals erfolgt die Hinterlegung mit der Anordnung, dass die Vierteljahresbeträge dem Erstberechtigten für den Fall des Erlebens des Fälligkeitszeitpunktes zusteht, im entgegengesetzten Fall dem Hilfsberechtigten das gesamte nicht verbrauchte Restkapital auf einmal auszuzahlen ist. Die entsprechende Bestimmung im Hinterlegungsantrag des Vollstreckungsgerichts muss so genau formuliert werden, dass die Hinterlegungsstelle genau erkennen kann, **wem, wann, welcher Betrag** auszuzahlen ist; denn mit der Hinterlegung ist die Tätigkeit des Vollstreckungsgerichts beendet.

17 Dies bedeutet für die Beteiligten: Sie müssen sich an die Hinterlegungsstelle wenden, um eine Auszahlung zu erreichen. Für den **Erstberechtigten** heißt das u. a., dass er die jeweilige Vierteljahresrate nur ausbezahlt bekommt, wenn er den Lebensnachweis führt und ggfls. die Feststellung des Betrags gemäß § 14 ZVG nachweist. Der **Hilfsberechtigte** kann Auszahlung an sich nur verlangen, wenn er der Hinterlegungsstelle nachweist (z. B. durch Vorlage einer Sterbeurkunde des Erstberechtigten), dass das Recht des Erstberechtigten erloschen ist. Aber auch er muss, wenn die Feststellung nach § 14 ZVG noch nicht erfolgt ist, auch diese Feststellung nachweisen. Notfalls muss er im Prozesswege seine Ansprüche durchsetzen.

---

7) So Dassler/Schiffhauer/u. a.-*Hintzen*, ZVG, § 121 Rz. 10; Stöber/*Nicht*, ZVG, § 121 Rz. 10.

8) Die erste ist bereits am Tag des Zuschlags fällig. Wenn der Verteilungstermin später als drei Monate nach dem Zuschlag stattfindet, ist auch die zweite Geldrente schon fällig.

2. Teilungsmasse ist nicht vorhanden

18 Ist das Meistbargebot nicht gezahlt worden, wird der Teilungsplan dadurch ausgeführt, dass die Forderung gegen den Ersteher auf den Erst- und Hilfsberechtigten übertragen wird (§ 121 Abs. 2 i. V. m. § 120 Abs. 1 Satz 2 ZVG):

– Hinsichtlich der bereits fälligen Vierteljahresrate(en) erfolgt diese Übertragung unbedingt und nur an den Erstberechtigten.[9)]

– Hinsichtlich des Restbetrags erfolgt die Übertragung an den Erst- und Hilfsberechtigten unter den oben bereits aufgeführten Bedingungen.

19 Für die übertragenen Beträge sind entsprechende Sicherungshypotheken nach § 128 ZVG einzutragen.

V. Formulierungsbeispiele

20 Eine aufschlussreiche Formulierung für die Behandlung des Deckungskapitals in einem Teilungsplan enthält das Beispiel von *Böttcher*.[10)] Hier ist neben der Regelung gemäß §§ 92 Abs. 2, 121 ZVG auch die Frage der Betragsfeststellung gemäß § 14 ZVG eingebaut worden.

21 Auch *Drischler*[11)] hat zwei Beispielsfälle formuliert. Hierbei ist § 14 ZVG zwar ausgeklammert; dafür behandelt der Fall II aber die nicht seltene Konstellation einer mehrfachen Berechtigung auf Seiten des Erstberechtigten (z. B. Eheleute als Berechtigte des erloschen Rechts).

9) Dies trifft aber nur zu, wenn der Betrag bereits nach § 14 ZVG festgestellt ist; andernfalls könnte auch dieser Betrag nur jeweils bedingt dem Erst- und dem Hilfsberechtigten zugeteilt werden; Bedingung wäre insoweit aber nur die Feststellung des Betrags.

10) Böttcher/*Böttcher*, ZVG, § 121 Rz. 7.

11) *Drischler*, Rpfleger 1983, 229, 231.

§ 122

Verteilung bei Gesamthypothek

(1) Sind mehrere für den Anspruch eines Beteiligten haftende Grundstücke in demselben Verfahren versteigert worden, so ist, unbeschadet der Vorschrift des § 1132 Abs. 1 Satz 2 des Bürgerlichen Gesetzbuchs, bei jedem einzelnen Grundstück nur ein nach dem Verhältnis der Erlöse zu bestimmender Betrag in den Teilungsplan aufzunehmen. Der Erlös wird unter Abzug des Betrags der Ansprüche berechnet, welche dem Anspruch des Beteiligten vorgehen.

(2) Unterbleibt die Zahlung eines auf den Anspruch des Beteiligten zugeteilten Betrags, so ist der Anspruch bei jedem Grundstück in Höhe dieses Betrags in den Plan aufzunehmen.

Übersicht

I. Allgemeines

1 § 122 ZVG regelt, wie ein bar zu zahlender Gesamtanspruch im Teilungsplan zu behandeln ist, wenn bei einem nach § 18 ZVG verbundenen Verfahren der Zuschlag auf Einzelausgebote erteilt worden ist oder wenn beim Zuschlag auf das Gesamtausgebot nach § 112 ZVG Einzelmassen gebildet werden müssen.

2 Die Vorschrift gilt für alle Versteigerungsarten des ZVG.

II. Verteilung gemäß § 1132 BGB

3 Belastet ein **Gesamtgrundpfandrecht** mehrere Grundstücke, so haftet jedes Grundstück für die ganze Forderung (§§ 1132 Abs. 1 Satz 1, 1192, 1199 BGB). Nach § 1132 Abs. 1 Satz 2 BGB kann der Gläubiger die Befriedigung nach seinem Belieben aus jedem der Grundstücke ganz oder zu einem Teil suchen.[1] Dieses **Wahlrecht** steht dem **Gläubiger** gemäß § 122 Abs. 1 Satz 1 auch im Fall der Zwangsversteigerung zu, unabhängig davon, ob er selbst oder ein anderer diese Versteigerung betreibt.

4 Eine besondere Form ist für die Erklärung nicht vorgeschrieben; deshalb ist sie **formlos** möglich. Sie kann schriftlich, zu Protokoll des Urkundsbeamten der Geschäftsstelle oder mündlich im Verteilungstermin erfolgen. Nach ihrem Zugang beim Vollstreckungsgericht kann sie nicht mehr widerrufen werden.

III. Verteilung durch das Gericht

5 Nur wenn der Gläubiger von seinem Wahlrecht keinen Gebrauch gemacht hat, erfolgt die Aufteilung des Gesamtanspruchs durch das Vollstreckungsgericht. Diese richtet sich nach § 122 ZVG.

1. Voraussetzungen

6 Grundvoraussetzung für eine Verteilung nach § 122 ZVG ist der Umstand, dass mehrere Grundstücke bzw. sonstige Versteigerungsobjekte (z. B. Miteigentumsanteile) für den Anspruch eines Gläubigers ungeteilt haften und im Teilungsplan als bar zu zahlender Anspruch aufgeführt sind. Das ist der Fall bei:

– **erloschenen Gesamtgrundpfandrechten,**

– beim **Anspruch eines persönlichen Gläubigers** (Rangklasse 5), wenn er die Beschlagnahme mehrerer Grundstücke bzw. sonstiger Versteigerungsobjekte erwirkt hat.

1) Dieser Fall ist nicht mit § 1132 Abs. 2 BGB zu verwechseln; denn es handelt sich hierbei nicht um die Verteilung einer (bestehen bleibenden) Gesamthypothek, welche erst mit der Eintragung im Grundbuch wirksam wird (§ 1132 Abs. 2 Satz 2, 875 BGB).

Nicht hierunter fallen die bestehen bleibenden Rechte, da es sich hierbei nicht um bar zu zahlende Ansprüche handelt. Ob die **Kosten und Nebenleistungen** eines bestehen bleibenden Gesamtrechts unter § 122 ZVG fallen, ist **streitig**: Nach *Hintzen*[2] teilen diese Nebenansprüche das Schicksal des Hauptrechts. Und da eine Verteilung bestehen bleibender Rechte gemäß § 112 ZVG (ausgehend von den Grundstückswerten) vorzunehmen ist, richtet sich die Verteilung der Kosten und Zinsen dieser Rechte ebenfalls nach diesem Verteilungsmaßstab. *Böttcher*[3] dagegen will für die Kosten und Zinsen dieser Gesamtrechte auch die Berechnungsmethode des § 122 ZVG anwenden. Dies kann nicht richtig sein: Wenn bestehen bleibende Gesamtrechte auf entsprechenden Antrag schon bei der Aufstellung der geringsten Gebote verteilt werden, dann richtet sich diese Verteilung gemäß § 64 Abs. 1 ZVG nach dem Verhältnis der (bereinigten) Grundstückswerte. Wenn ein bestehen gebliebenes Gesamtrecht im Teilungsplan verteilt werden muss, dann richtet sich diese Verteilung gemäß § 112 Abs. 2 Satz 1 ZVG ebenfalls nach dem Verhältnis der (bereinigten) Grundstückswerte. Es ist nicht recht nachzuvollziehen, wieso die Kosten und Nebenleistungen dieser Rechte nach anderen Kriterien (nämlich nach den bereinigten Erlösen gemäß § 122 ZVG) aufgeteilt werden sollen, zumal sie als Nebenforderungen das Schicksal der Hauptsache teilen (vgl. § 1132 Abs. 1 Satz 1 BGB). 7

Auch bei der Frage, ob Ansprüche gemäß § 10 Abs. 1 Nr. 1 bis 3 unter § 122 ZVG fallen, besteht keine Einigkeit: Während die meisten Kommentatoren diese Ansprüche ohne nähere Begründung dem Verteilerschlüssel des § 122 ZVG unterwerfen wollen,[4] hat *Stöber*[5] überzeugend begründet, dass es sich hier nur um betragsmäßig zusammengefasste Ansprüche, nicht aber um Gesamthaftungsansprüche handelt. 8

Weitere Voraussetzung ist der Umstand, dass die für den Gesamtanspruch haftenden Grundstücke bzw. sonstigen Versteigerungsobjekte in einem nach § 18 ZVG verbundenen Verfahren versteigert wurden. 9

Es müssen mehrere Einzelmassen vorliegen. Dies ist der Fall: 10

- wenn Zuschlag auf Einzelausgebote erfolgte,
- wenn Zuschlag auf ein Gesamtausgebot erfolgte, aber eine Verteilung nach § 112 ZVG notwendig war. Zu Einzelheiten siehe § 112 Rz. 5 [*Bachmann*].

Schließlich darf der Gesamtberechtigte selbst keine Verteilung nach § 1132 Abs. 1 Satz 2 BGB vorgenommen haben; denn diese geht in jedem Fall vor. 11

2) Dassler/Schiffhauer/u. a.-*Hintzen*, ZVG § 122 Rz. 7; Schneider-*Schneider*, ZVG, § 122 Rz. 5.

3) Böttcher/*Böttcher*, ZVG, § 122 Rz. 3; so auch Stöber/*Nicht*, ZVG, § 122 Rz. 12; BeckOK-*R. Goldbach*, ZVG, § 122 Rz. 4.

4) So z. B. Böttcher/*Böttcher*, ZVG, § 122 Rz. 3; Dassler/Schiffhauer/u. a.-*Hintzen*, ZVG, § 122 Rz. 2; BeckOK-*R. Goldbach*, ZVG, § 122 Rz. 3.

5) Stöber/*Nicht*, ZVG, § 122 Rz. 4; ähnlich auch Schneider-*Schneider*, ZVG, § 122 Rz. 4 (aber ohne § 10 Abs. 1 Nr. 3 zu nennen).

2. Berechnung (Abs. 1)

12 Wenn eine Zuteilung auf ein Gesamtrecht erfolgt, dann wird nicht der gesamte Anspruch aus dem Erlös eines Grundstücks genommen; der Gesamtanspruch (Kosten, Nebenleistungen, Hauptanspruch) ist vielmehr auf die belasteten Grundstücke zu verteilen (Abs. 1 Satz 1). Diese Aufteilung erfolgt nach dem **Verhältnis der Einzelerlöse.** Vorher müssen aber gemäß Absatz 1 Satz 2 die Ansprüche abgezogen werden, die dem Gesamtrecht im Range vorgehen.

IV. Nichtzahlung des Erlöses

1. Hinsichtlich aller Grundstücke

13 Wenn hinsichtlich sämtlicher Grundstücke keine oder keine vollständige Zahlung erfolgt ist, dann **haften alle Grundstücke** weiter – jeweils für den vollen bzw. nicht gedeckten Betrag. Sodann ist nach § 123 ZVG eine Hilfszuteilung vorzunehmen. Bei der Ausführung des Teilungsplans ist nach § 118 ZVG die Forderung gegen den Ersteher auf den Gesamtgläubiger zu übertragen und das Grundbuchamt um Eintragung einer entsprechenden Sicherungshypothek gemäß § 128 ZVG zu ersuchen. Diese Sicherungshypothek ist keine echte Gesamthypothek i. S. v. § 1132 BGB, hat aber zumindest verfahrensrechtliche Ähnlichkeit (vgl. § 48 GBO).[6)]

2. Hinsichtlich eines oder einiger Grundstücke(s)

14 Wenn der Ersteher eines oder einiger Grundstücke keine oder keine vollzählige Zahlung geleistet hat und deshalb der Gesamtanspruch nicht voll befriedigt werden kann, dann **tragen die übrigen Grundstücke** diesen **Ausfall**. Der Ausfallbetrag wird ebenfalls im Verhältnis der Resterlöse auf die Grundstücke verteilt, bei denen noch ein solcher Erlös vorhanden ist. Wenn nur noch für ein Grundstück ein Resterlös vorhanden ist, dann muss aus diesem der gesamte Ausfallbetrag entnommen werden.

15 Reichen die Resterlöse der anderen Grundstücke nicht aus, den bei voller Zahlung des Meistbargebote gedeckten Anspruch des Gesamtberechtigten zu decken, dann erfolgt insoweit gemäß § 118 ZVG eine Forderungsübertragung gegen den betreffenden Ersteher für den Gesamtberechtigten. Daneben ist eine Hilfszuteilung nach § 123 ZVG vorzunehmen und die Eintragung einer Sicherungshypothek an dem Grundstück, dessen Ersteher nicht oder zu wenig gezahlt hat, zu veranlassen.

V. Berechnungsbeispiele

1. Beispiel nach § 122 Abs. 1 ZVG

16 Der folgende Fall setzt das 1. Beispiel von § 112 ZVG (siehe Rz. 15 ff.) wie folgt fort:

Bestbetreibender Gläubiger war ein **persönlicher Gläubiger**, der wegen eines Gesamtanspruchs von 60.000 € die Zwangsversteigerung aller drei Grundstücke beantragt hatte. Diese ist auch in einem verbunden Verfahren durchgeführt worden.

---

6) Wegen des Wortlauts dieser Sicherungshypothek im Eintragungsersuchen wird auf Stöber/*Nicht*, ZVG, § 122 Rz. 18 verwiesen.

Zur Erinnerung: 17

	Grundstück 1	Grundstück 2	Grundstück 3
Resterlöse (§ 112)[7]	**1.821,42 €**	**709,52 €**	**86.119,06 €**
Anspruch des G 60.000 €[8]	– 1.232,78 €	– 480,22 €	– 58.287,00 €
Neuer Resterlös	588,64 €	229,30 €	27.832,06 €

Wenn jetzt noch ein weiterer Gesamtberechtigter vorhanden ist, muss dessen Anspruch nach den neuen Resterlösen verteilt werden. 18

Fortsetzung des Sachverhalts:

Ein Gläubiger (H) der **Rangklasse 6** hat eine (Teil-)Gesamthypothek von 10.000 € rechtzeitig angemeldet; diese belastet nur die Grundstücke 1 und 3. 19

Die Berechnung geht wie folgt weiter: 20

	Grundstück 1	Grundstück 2	Grundstück 3
Anspruch des H 10.000 €[9]	207,12 €	–	9.792,88 €
Neuer Resterlös	381,52 €	229,30 €	18.039,18 €

2. Beispiel nach § 122 Abs. 2 ZVG

Es wurden drei Grundstücke im Einzelausgebot versteigert. Die Berechnung nach § 122 Abs. 1 ZVG ergab folgende Resterlöse: 21

	Grundstück 1	Grundstück 2	Grundstück 3
Resterlös (§ 122 I)	**10.000 €**	**20.000 €**	**30.000 €**
Anspruch des Gesamtberechtigten 30.000 €[10]	– 5.000 €	– 10.000 €	– 15.000 €
Resterlös	5.000 €	10.000 €	15.000 €

Das Meistbargebot des Erstehers von **Grundstück 2** wurde nicht bezahlt. Dann tragen die beiden Grundstücke 1 und 3 den Ausfall im Verhältnis des noch vorhandenen Resterlöses. Die fehlenden 10.000 € werden also aufgeteilt im Verhältnis 1 : 3. 22

	Grundstück 1	Grundstück 2	Grundstück 3
Fehlbetrag, nach § 122 Abs. 2 ZVG aufgeteilt	2.500 €	+ 10.000 €	7.500 €
Resterlös	2.500 €	0 €	7.500 €

7) Siehe § 112 Rz. 18 [*Bachmann*].
8) Aufgeteilt im Verhältnis: 1.821,42 € : 709,52 € : 86.119,06 €.
9) Aufgeteilt im Verhältnis: 588,64 € : 27.832,06 €.
10) Aufgeteilt im Verhältnis 1 : 2 : 3.

§ 123
Hilfsübertragung bei Gesamthypothek

(1) Soweit auf einen Anspruch, für den auch ein anderes Grundstück haftet, der zugeteilte Betrag nicht gezahlt wird, ist durch den Teilungsplan festzustellen, wie der Betrag anderweit verteilt werden soll, wenn das Recht auf Befriedigung aus dem zugeteilten Betrag nach Maßgabe der besonderen Vorschriften über die Gesamthypothek erlischt.

(2) Die Zuteilung ist dadurch auszuführen, daß die Forderung gegen den Ersteher unter der entsprechenden Bedingung übertragen wird.

Übersicht

I. Allgemeines

1 Die Vorschrift regelt den Fall, wenn ein Recht auf Befriedigung aus dem zugeteilten Betrag nach Maßgabe der Vorschriften über die Gesamthypothek erlischt, obwohl der zugeteilte Betrag im Versteigerungsverfahren gar nicht gezahlt worden ist. Da der Anspruchsberechtigte eine Befriedigung seiner Forderung auch aus einem anderen mithaftenden Objekt erhalten kann, hat dies das Erlöschen des Anspruchs auch an dem versteigerten Grundstück zur Folge. Damit würde die infolge der Forderungsübertragung gemäß § 118 ZVG und der Sicherungshypothek gemäß § 128 ZVG dem Gesamtrechtsgläubiger zustehende Forderung auch wegfallen.

2 Da eine Nachtragsverteilung grundsätzlich ausgeschlossen ist, muss im Teilungsplan für diesen Fall eine Regelung getroffen werden. Und die sieht in § 123 ZVG folgendermaßen aus: Bei der Zuteilung ist eine **Hilfszuteilung** an den **nächstausfallenden Berechtigten** vorzunehmen (Abs. 1). Die Zuteilung ist dadurch auszuführen, dass die Forderung gegen den Ersteher unter der entsprechenden Bedingung übertragen wird (Abs. 2).

3 Die Vorschrift gilt für alle Versteigerungsarten des ZVG.

II. Hilfszuteilung (Abs. 1)

4 § 123 ZVG ist nach *Stöber*[1] in folgenden Fällen einschlägig:

- **Mehrere** mit einem **Gesamtrecht** belastete Grundstücke wurden in einem verbunden Verfahren einzeln versteigert. Infolge Nichtzahlung des Meistbargebots wird die Forderung an jedem Grundstück voll übertragen (§ 122 Abs. 2 ZVG), wobei die Vorschriften über die Gesamthypothek (§§ 1143 Ab. 2, 1173, 1174, 1181, 1182 ZVG) **analoge** Anwendung finden.
- **Mehrere** mit einem **Gesamtrecht** belastete Grundstücke werden in einem Verfahren im Gesamtausgebot zugeschlagen. Infolge Nichtzahlung des Meistbargebots ist eine Verteilung nach § 112 ZVG gar nicht nötig. Aber auch hier wird

1) Stöber/*Nicht*, ZVG, § 123 Rz. 5 bis 8.

die Forderung gegen den Ersteher gemäß § 122 Abs. 2 ZVG in voller Höhe übertragen. Die Vorschriften über die Gesamthypothek finden Anwendung.

– Wenn **nur eines von mehreren** mit einem **Gesamtrecht** belasteten Grundstücke versteigert wird und auf das Gesamtrecht eine Zuteilung entfällt. Infolge Nichtzahlung des Meistbargebots wird auch hier die Forderung gegen den Ersteher voll übertragen, wobei die Vorschriften über die Gesamthypothek **analoge** Anwendung finden.[2)]

Die Hilfszuteilung gemäß § 123 ZVG setzt voraus, dass eine Zuteilung auf den Gesamtanspruch erfolgt. Weitere Voraussetzung ist, dass dieser zugeteilte Betrag ganz oder teilweise nicht gezahlt wird, sodass eine Forderungsübertragung gemäß § 118 ZVG erfolgen muss. 5

Wenn alle Voraussetzungen vorliegen, muss für den Gesamtanspruch eine Hilfszuteilung vorgenommen werden. Diese erfolgt für den Berechtigten des Gesamtanspruchs unter der auflösenden Bedingung, für den erstausfallenden Berechtigten unter der aufschiebenden Bedingung. Bedingung ist, dass der Gesamtanspruch bis zur Erfüllung nicht infolge der Vorschriften über die Gesamthypothek erlischt bzw. dass der Betrag aus demselben Grund dem Hilfsberechtigten zusteht.[3)] 6

III. Forderungsübertragung (Abs. 2)

Der Teilungsplan wird auch hier durch Übertragung der Forderung gegen den Ersteher ausgeführt (§ 118 ZVG). Das Besondere in dem vorliegenden Fall ist jedoch der Umstand, dass diese Übertragung gemäß § 123 Abs. 2 ZVG an den Gesamtberechtigten unter der **auflösenden Bedingung** und an den Hilfsberechtigten unter der **aufschiebenden Bedingung** erfolgt. 7

Anschließend ist für die übertragene Forderung eine **Sicherungshypothek** gemäß § 128 ZVG für die beiden Zuteilungsberechtigten einzutragen. Ob diese Eintragung dann als bedingte Sicherungshypothek oder als unbedingte zur Sicherung einer bedingten Forderung erfolgen muss, ist bisher noch nicht obergerichtlich entschieden worden. Nach einer Ansicht handelt es sich um eine unbedingte Sicherungshypothek.[4)] 8

---

2) So auch Dassler/Schiffhauer/u. a.-*Hintzen*, ZVG, § 123 Rz. 1; BeckOK-*R. Goldbach*, ZVG, § 123 Rz. 5; a. A. offenbar Böttcher/*Böttcher*, ZVG, § 123 Rz. 1.

3) Vgl. BeckOK-*R. Goldbach*, ZVG, § 123 Fn. 9.1 m. w. N. Der Hinweis auf *Teufel* ist nicht recht verständlich: Wenn *Teufel* in Steiner-*Teufel*, ZVG, § 123 Rz. 12 diese Formulierung für andere Gesamtansprüche „anpassen" will, dann übersieht er, dass die Vorschriften über die Gesamthypothek unmittelbar meistens sowieso nicht zutreffen, da die Gesamthypothek an dem versteigerten Grundstück oft schon durch den Zuschlag erloschen ist und die einzutragende Sicherungshypothek(n) auch keine „echte Gesamthypothek(en)" darstellen. Im Übrigen wird auf die Vorschriften „über die Gesamthypothek" verwiesen; damit ist nicht gesagt, dass eine Gesamthypothek tatsächlich vorhanden sein muss (vgl. eine ähnliche Konstellation in § 20 Abs. 2 hinsichtlich des Umfangs der Beschlagnahme – auch für persönliche Gläubiger).

4) So Böttcher/*Böttcher*, ZVG, § 123 Rz. 1 unter Hinweis auf Stöber/*Nicht*, ZVG, § 128 Rz. 35. Dieser Hinweis ist etwas unvollständig; denn bei § 123 Rz. 12 vertritt Stöber/*Nicht* offenbar die Ansicht, dass eine bedingte Sicherungshypothek einzutragen wäre. Dies ist aber in Wahrheit gar kein Widerspruch, wenn man § 128 Rz. 35 genauer untersucht (vgl. unten Fn. 9).

Nach anderer Ansicht ist die Hypothek als bedingt einzutragen.[5] Das eigentliche Problem ist hier aber nicht vollstreckungsrechtlicher Natur, sondern berührt das Sachenrecht und das formelle Grundbuchrecht. Dort stellt sich nämlich die Frage, ob eine Alternativberechtigung oder eine Sukzessivberechtigung im Grundbuch die Eintragung eines (unbedingten) Rechts oder die Eintragung zweier Rechte erfordert. In der Grundbuchliteratur wird überwiegend die Ansicht vertreten, dass bei der Annahme einer **Alternativberechtigung** zwei bedingte Rechte einzutragen sind,[6] bei der Annahme einer **Sukzessivberechtigung** dagegen lässt die überwiegende Rechtsprechung eine Eintragung genügen, weil zunächst nur ein Recht entsteht, das bei Bestehenbleiben des Anspruchs später von einem anderen ausgeübt wird.[7] Wenn man also davon ausgeht, dass im Fall des § 123 Abs. 2 ZVG nur eine Sicherungshypothek für zwei unterschiedliche Berechtigte eingetragen werden soll, dann handelt es sich um eine **unbedingte Sicherungshypothek**, es sei denn es handelt sich um den (seltenen) Fall der noch nicht fälligen Zuzahlung nach §§ 50,51 ZVG. In diesem Fall ist eine bedingte Sicherungshypothek einzutragen, wenn noch ungewiss oder streitig ist, ob der Betrag überhaupt zu zahlen ist (§ 125 Abs. 2 ZVG).[8] In den anderen Fällen der bedingten Übertragung ist nicht die Sicherungshypothek bedingt, sondern nur das jeweilige Gläubigerrecht.[9]

---

5) So Dassler/Schiffhauer/u. a.-*Hintzen*, ZVG, § 123 Rz. 5 und 8; BeckOK-*U. Goldbach*, ZVG, § 123 Rz. 12.

6) Vgl. Schöner/*Stöber*, Grundbuchrecht, Rz. 261a; BayObLG, Rpfleger 1985, 204.

7) Vgl. OLG Köln, Beschl. v. 20.3.1996 – 2 Wx 3/96, openJur 2012, 75254; BayObLG, Beschl. v. 6.4.1995 – 2 Z BR 17/95, Rpfleger 1995, 498 = NJW-RR 1995, 1297.

8) So auch Stöber/*Nicht*, ZVG, § 128 Rz. 34.

9) So auch Stöber/*Nicht*, ZVG, § 128 Rz. 35, der hier den Fall des § 123 Abs. 2 ebenfalls aufführt. Insoweit ist sein Hinweis bei § 123 Rz. 12 damit doch etwas missverständlich.

§ 124
Verteilung bei Widerspruch gegen den Teilungsplan

(1) Im Falle eines Widerspruchs gegen den Teilungsplan ist durch den Plan festzustellen, wie der streitige Betrag verteilt werden soll, wenn der Widerspruch für begründet erklärt wird.

(2) Die Vorschriften des § 120 finden entsprechende Anwendung; die Art der Anlegung bestimmt derjenige, welcher den Anspruch geltend macht.

(3) Das gleiche gilt, soweit nach § 115 Abs. 4 die Ausführung des Planes unterbleibt.

Übersicht

I. Allgemeines

In § 115 ZVG ist geregelt, wie ein Widerspruch im Verteilungstermin behandelt wird. Wenn er sich im Verteilungstermin durch Einigung bzw. Anerkenntnis erledigt, muss der Teilungsplan gemäß § 115 Abs. 1 Satz 2 i. V. m. § 876 Satz 3 ZPO entsprechend geändert werden. Wenn der Widerspruch im Verteilungstermin nicht erledigt wird, muss über die Begründetheit des Widerspruchs das Prozessgericht entscheiden (§ 115 Abs. 1 Satz 2 i. V. m. §§ 878 ff. ZPO). Da in diesem Fall ungewiss ist, ob dieser Widerspruch schließlich zum Erfolg führt oder nicht, muss im **Teilungsplan** auch geregelt werden, wie der Erlös zu verteilen ist, wenn der Widerspruch schließlich erfolgreich ist. 1

Nach § 124 Abs. 1 ZVG ist hierzu eine **Hilfszuteilung** vorzunehmen. Der vom Widerspruch betroffene Betrag wird dann hinterlegt (§ 124 Abs. 2 i. V. m. § 120 Abs. 1 Satz 1 ZVG). Bei Nichtzahlung erfolgt eine bedingte Forderungsübertragung (§ 124 Abs. 2 i. V. m. § 120 Abs. 1 Satz 2 ZVG). 2

Die Vorschrift ist gemäß Absatz 3 auch anzuwenden, wenn der Schuldner durch Sicherheitsleistung oder Hinterlegung die Befriedigung eines vollstreckbaren Anspruchs abwenden darf; denn auch dann unterbleibt nach § 115 Abs. 4 ZVG die Ausführung des Plans, sodass bis zur Rechtskraft des Titels ein Schwebezustand besteht. 3

Die Vorschrift gilt für alle Versteigerungsarten des ZVG. Auch in der Zwangsverwaltung findet die Vorschrift über die Verweisung in § 156 Abs. 2 Satz 4 ZVG Anwendung. 4

II. Hilfszuteilung

Wenn der Widerspruch zulässig ist, im Verteilungstermin aber nicht erledigt werden kann, muss nach Absatz 1 im Teilungsplan eine Hilfszuteilung erfolgen. Diese erfolgt zugunsten des Widersprechenden, also nicht für den Nächstausfallenden oder für einen Zwischenberechtigten. Wenn mehrere gegen denselben Anspruch Widerspruch erheben, dann erfolgt die Hilfszuteilung an die mehreren Widersprechenden in ihrer Reihenfolge gemäß § 10 ZVG. 5

Gegen die Hilfszuteilung kann ebenfalls Widerspruch erhoben werden. Die Klagefrist gemäß § 878 ZPO beginnt dann mit dem Verteilungstermin. 6

Wenn das Vollstreckungsgericht diese Hilfszuteilung **unterlassen** hat, kann das Prozessgericht durch eine Anweisung eine bestimmte Verteilung anordnen (§ 880 ZPO). Eine solche Anweisung ist aber nicht möglich, wenn das Vollstreckungsgericht eine Hilfszuteilung vorgenommen hat, welche das Prozessgericht für nicht richtig hält.[1] 7

III. Ausführung des Teilungsplans (Abs. 2)

Je nachdem, ob die Teilungsmasse vorhanden ist oder nicht, gestaltet sich die Ausführung des Teilungsplans unterschiedlich. 8

---

1) BGH, Urt. v. 9.12.1985 – II ZR 5/85, NJW 1987, 131; OLG Frankfurt a. M., Urt. v. 13.2.2014 – 3 U 275/12, openJur 2014, 4929; Böttcher/*Böttcher*, ZVG, § 124 Rz. 4; Stöber/*Nicht*, ZVG, § 124 Rz. 8; Dassler/Schiffhauer/u. a.-*Hintzen*, ZVG, § 124 Rz. 4; Schneider-*Schneider*, ZVG, § 124 Rz. 3; BeckOK-*R. Goldbach*, ZVG, § 124 Rz. 8.

1. Teilungsmasse ist vorhanden

9 Hat der Ersteher das Meistbargebot gezahlt bzw. auf das Konto des Gerichts überwiesen, wird der vom Widerspruch betroffene Betrag gemäß § 124 Abs. 2 i. V. m. § 120 Abs. 1 Satz 1 ZVG für den Erstberechtigten und den Hilfsberechtigten (also den Widersprechenden) hinterlegt. Diese Hinterlegung erfolgt unter der entsprechenden Bedingung (§ 124 Abs. 2 i. V. m. § 120 Abs. 1 Satz 3 ZVG):

- an den **Erstberechtigten** unter der Bedingung, dass der Widerspruch nicht für begründet erklärt oder die Klageerhebung gemäß § 878 ZPO nicht rechtzeitig nachgewiesen wird,
- an den **Hilfsberechtigten** unter der Bedingung, soweit sein Widerspruch für begründet erklärt wird.

10 Aber anders als bei § 120 Abs. 2 Halbs. 2 ZVG bestimmt hier der Erstberechtigte die Art der Hinterlegung.

11 Die endgültige Planausführung durch das Vollstreckungsgericht erfolgt, wenn die Erhebung der Widerspruchsklage nicht oder verspätet nachgewiesen wurde bzw. wenn ein Urteil des Prozessgerichts ergangen ist, die Widerspruchsklage zurückgenommen oder ein gerichtlicher Vergleich abgeschlossen wurde. Das Vollstreckungsgericht stellt dann fest, wem der hinterlegte Betrag nun endgültig zusteht und ersucht die Hinterlegungsstelle, den hinterlegten Betrag samt evtl. Hinterlegungszinsen an den Berechtigten auszuzahlen.

2. Teilungsmasse ist nicht vorhanden

12 Hat der Ersteher das Meistgebot nicht gezahlt, ist die **Forderung** gegen den Ersteher gemäß § 118 ZVG zu **übertragen** und zwar für den Erst- und den Hilfsberechtigten unter der jeweiligen Bedingung. Anschließend ist gemäß § 128 ZVG hierfür eine Sicherungshypothek für beide unter den entsprechenden Bedingungen einzutragen.

13 Auch hier muss das Vollstreckungsgericht dann wieder tätig werden, wenn über den Widerspruch abschließend entschieden worden ist. Wenn die Sicherungshypothek gemäß § 128 ZVG bereits im Grundbuch eingetragen ist, ersucht das Vollstreckungsgericht das Grundbuchamt um Berichtigung dahingehend, dass die Hypothek nur dem nun endgültig feststehenden Zuteilungsberechtigten allein – und zwar bedingungslos – zusteht.

IV. Sicherheitsleistung des Schuldners (Abs. 3)

14 Wenn der Schuldner die Befriedigung eines vollstreckbaren Anspruchs durch Sicherheitsleistung oder Hinterlegung abwenden darf, dann unterbleibt nach § 115 Abs. 4 ZVG die Ausführung des Teilungsplans, wenn diese Sicherheit geleistet oder die Hinterlegung bewirkt worden ist. Auch in diesem Fall ist nach Absatz 3 eine Hilfszuteilung vorzunehmen:

- für den Fall, dass der Anspruch rechtskräftig zuerkannt wird, an den **Gläubiger** dieses Anspruchs,
- für den Fall, dass der Anspruch nicht rechtskräftig zuerkannt wird, an den **Schuldner**.[2)]

2) So Stöber/*Nicht*, ZVG, § 124 Rz. 15; Dassler/Schiffhauer/u. a.-*Hintzen*, ZVG, § 124 Rz. 11.

Für die Ausführung des Teilungsplans kommt es auch hier darauf an, ob die Tei- 15
lungsmasse vorhanden ist oder nicht. Wegen der Einzelheiten siehe Rz. 9 ff.

§ 125
Zuteilung des erhöhten Betrages

(1) Hat der Ersteher außer dem durch Zahlung zu berichtigenden Teil des Meistgebots einen weiteren Betrag nach den §§ 50, 51 zu zahlen, so ist durch den Teilungsplan festzustellen, wem dieser Betrag zugeteilt werden soll. Die Zuteilung ist dadurch auszuführen, daß die Forderung gegen den Ersteher übertragen wird.

(2) Ist ungewiß oder streitig, ob der weitere Betrag zu zahlen ist, so erfolgt die Zuteilung und Übertragung unter der entsprechenden Bedingung. Die §§ 878 bis 882 der Zivilprozeßordnung finden keine Anwendung.

(3) Die Übertragung hat nicht die Wirkung der Befriedigung aus dem Grundstück.

Literatur: *Mayer*, Das Verfahren im Verteilungstermin, wenn im geringsten Gebot (als bestehen bleibend) berücksichtigte Rechte nicht entstanden oder erloschen sind, RpflStud 1980, 49.

Übersicht

I. Allgemeines

Neben dem Meistbargebot, das der Ersteher gemäß § 49 Abs. 1 ZVG spätestens im 1
Verteilungstermin zu berichtigen hat, übernimmt der Ersteher gemäß § 52 ZVG auch die bestehen bleibenden Rechte. Deshalb muss er diese bei Gebotsabgabe auch immer mit einkalkulieren. Wenn ein solches Recht aber bei der Zuschlagserteilung bereits erloschen ist (also materiellrechtlich nicht bzw. nicht mehr besteht) oder wenn es zwar erst später erlischt, aber ohne dass der Ersteher hierfür eine Leistung erbringen muss, dann wäre dieser hierdurch „bereichert". Deshalb sieht das ZVG in diesen Fällen vor, dass der Ersteher zu seinem Meistbargebot zusätzlich noch etwas zahlen muss (§§ 50, 51 ZVG).

Wenn der Ersteher diesen Betrag bereits zum Verteilungstermin an das Vollstre- 2
ckungsgericht überwiesen hat, wozu er nicht verpflichtet ist, nimmt das Gericht diesen Betrag zusammen mit dem Meistbargebot zur Teilungsmasse und verteilt diese erhöhte Teilungsmasse. Die Erhöhung der Teilungsmasse kommt also dem erstausfallenden Berechtigten zugute. Da § 50 Abs. 1 ZVG bei Grundpfandrechten bestimmt, dass es (auch) hinsichtlich der Zahlungszeit bei den ursprünglichen Bestimmungen des Rechts bleibt, und bei den übrigen Rechten gemäß § 51 ZVG die Zahlung erst drei

Monate nach erfolgter Kündigung erfolgen muss, ist die Zahlung an das Gericht durch das Gesetz auch nicht vorgesehen.

3 Das Gesetz sieht hier in § 125 ZVG vielmehr vor, dass im Teilungsplan festgestellt wird, wem und ggfls. unter welchen Bedingungen ein Zuzahlungsbetrag zugeteilt wird. Da keine unmittelbare Zahlung vorgesehen ist, kann die Ausführung der Zuteilung nur durch Forderungsübertragung erfolgen (Abs. 1 Satz 2). Diese Übertragung hat aber anders als bei § 118 ZVG nicht die Wirkung der Befriedigung aus dem Grundstück (Abs. 3); diese tritt erst ein, wenn der Zuteilungsberechtigte tatsächlich befriedigt wird.

4 Die Vorschrift gilt für alle Versteigerungsarten des ZVG.

II. Zuzahlungspflicht des Erstehers

5 Eine Zuzahlungsverpflichtung gemäß §§ 50, 51 ZVG kommt in folgenden Fällen in Betracht:

- Ein **Recht**, das als bestehen bleibend ins geringste Gebot aufgenommen wurde, **besteht** im Zeitpunkt des Zuschlags überhaupt **nicht** (§§ 50 Abs. 1, 51 Abs. 1 Satz 1 ZVG).
- Bei dem bestehen bleibenden Recht handelt es sich um ein **bedingtes Recht** und die (auflösende) Bedingung tritt ein bzw. die (aufschiebende) Bedingung fällt endgültig aus (§§ 50 Abs. 2 Nr. 1, § 51 Abs. 1 Satz 1 ZVG).
- Ein bestehen bleibendes **Gesamtrecht erlischt** nach den besonderen Vorschriften über die Gesamthypothek (§ 50 Abs. 2 Nr. 2).

6 Die Höhe des Zuzahlungsbetrags richtet sich bei den Grundpfandrechten nach dem im Grundbuch eingetragenen Kapitalbetrag samt den entsprechenden Zinsen (§ 50 Abs. 1 Satz 2 ZVG). Bei den Rechten der Abt. II des Grundbuchs ist der vom Vollstreckungsgericht bei der Feststellung des geringsten Gebots festgesetzte Betrag maßgeblich (§ 51 Abs. 2 ZVG). Ist diese Festsetzung versehentlich unterbleiben, muss diese Festsetzung im Verteilungstermin nachgeholt werden, falls keine Einigung zwischen den Beteiligten erreicht wird. Aber anders als der gemäß § 51 Abs. 2 ZVG festgesetzte Betrag ist der nachträglich festgelegte Betrag weder für die Beteiligten noch das Prozessgericht bindend.

7 Das Vollstreckungsgericht muss im Verteilungsverfahren jede ihm bekannte Zuzahlungspflicht des Erstehers gemäß § 125 ZVG berücksichtigen. Seine Kenntnis kann beruhen auf dem Inhalt des Grundbuchs:

- Es ist ein **bedingtes Recht** eingetragen.[1)]
- Es ist ein **Gesamtgrundpfandrecht** eingetragen.[2)]

8 Dem Gericht kann aber auch durch den Vortrag eines Beteiligten im Verteilungstermin Kenntnis erhalten. In diesem Sinn ist auch ein „Widerspruch“ gegen ein be-

---

1) Die Tatsache der Bedingung muss ausdrücklich eingetragen sein; wegen des Inhalts kann Bezug auf die Eintragungsbewilligung genommen werden.

2) Die Tatsache der Mitbelastung muss gemäß § 48 GBO ebenfalls ausdrücklich im Grundbuch eingetragen sein.

stehen bleibendes Recht aufzufassen; dieser ist nicht nach § 115 ZVG zu behandeln, sondern als Anregung, gemäß § 125 ZVG tätig zu werden. Eigene Ermittlungen durchzuführen ist aber nicht Aufgabe des Vollstreckungsgerichts.

III. Feststehen der Zuzahlungspflicht (Abs. 1)

Die Zuzahlungspflicht des Erstehers steht fest, wenn dem Vollstreckungsgericht sicher bekannt ist, dass ein bei der Feststellung des geringsten Gebotes berücksichtigtes Recht nicht besteht. Dies ist ohne Zweifel dann der Fall, wenn das entsprechende **Recht** bereits vor der Zuschlagserteilung im Grundbuch **gelöscht** worden ist. Dagegen reicht die Vorlage einer Löschungsbewilligung beim Vollstreckungsgericht allein nicht aus, auch wenn es sich um eine Berichtigungsbewilligung handelt;[3] denn erst mit der tatsächlichen Löschung im Grundbuch steht sicher fest, dass das Recht nicht (mehr) besteht. Anders dagegen, wenn die Unrichtigkeit durch öffentliche Urkunde nachgewiesen ist (z. B. Sterbeurkunde bei einem auf Lebenszeit beschränkten Recht).[4] Auch wenn ein rechtskräftiges Urteil vorgelegt wird, aus dem sich ergibt, dass ein im Zuschlagsbeschluss als bestehen bleibend aufgeführtes Recht zum Zeitpunkt des Zuschlags tatsächlich nicht bestand, steht die Zuzahlungspflicht fest. Wenn sich die Beteiligten mit dem Ersteher über das Nichtbestehen eines Rechts einig sind, soll auch ein Fall des Absatzes 1 vorliegen.[5] Das kann nicht richtig sein; denn das (materiellrechtliche) Erlöschen eines Rechts erfordert nach § 875 BGB die **Eintragung im Grundbuch**. Dieses Eintragungserfordernis kann nicht durch irgendwelche Vereinbarung zwischen Beteiligten „ersetzt" werden; dies wäre eine Umgehung der sachenrechtlichen Vorschriften. Und auch bei einer berichtigenden Eintragung muss dem Grundbuchamt die Unrichtigkeit grundsätzlich durch öffentliche Urkunden nachgewiesen werden. 9

1. Zuteilung (Satz 1)

Der Zuzahlungsbetrag ist an die nächstausfallenden Gläubiger in der Befriedigungsreihenfolge des § 10 ZVG unbedingt zuzuteilen. Konkret bedeutet dies: 10

- Im Teilungsplan wird der **Zuzahlungsbetrag** bei der Teilungsmasse mit aufgeführt.
- Im Abschnitt Zuteilung wird der ansonsten **nächstausfallende Berechtigte** auch noch angeführt. Hierbei ist Folgendes zu beachten: Da in der Schuldenmasse

---

3) So Böttcher/*Böttcher*, ZVG, § 125 Rz. 4; Stöber/*Nicht*, ZVG, § 125 Rz. 6; teilw. a. A. Dassler/Schiffhauer/u. a.-*Hintzen*, ZVG, § 125 Rz. 6: formgerechte Bewilligung reiche aus. Dies kann nicht richtig sein; denn das Recht erlischt erst mit der tatsächlichen Eintragung der (konstitutiven) Löschung. Die Kritik von *Hintzen* in seiner aktuellen Ausgabe des ZVG-Kommentars berücksichtigt nicht, dass ich meine Ausführungen ersichtlich auf die **konstitutiven** Eintragungen (= Löschung) beschränkt habe. Nach § 875 BGB erlischt ein Recht erst mit der Eintragung der Löschung im Grundbuch. Dies kann man auch im Zwangsversteigerungsverfahren nicht als „reine Förmelei" abtun. Unentschieden offenbar Schneider-*Schneider*, ZVG, § 125 Rz. 9.

4) Vgl. §§ 22, 29 Abs. 1 Satz 2 GBO: Andere Voraussetzungen der Eintragung bedürfen, soweit sie nicht bei dem Grundbuchamt offenkundig sind, des Nachweises durch öffentliche Urkunden.

5) So Böttcher/*Böttcher*, ZVG, § 125 Rz. 8; Dassler/Schiffhauer/u. a.-*Hintzen*, ZVG, § 125 Rz. 6; a. A. Stöber/*Nicht*, ZVG, § 125 Rz. 6.

die Zinsen seines Anspruchs nur bis zum Verteilungstermin berechnet sind, die tatsächliche Zahlung aber erst später erfolgt, laufen diese Zinsen bis zur Befriedigung weiter.[6] Dies muss im Teilungsplan im Abschnitt Zuteilung zum Ausdruck gebracht werden.[7]

2. Ausführung der Zuteilung (Satz 2)

11 Ausgeführt wird dieser Teilungsplan dadurch, dass die **Forderung** gegen den Ersteher auf den weiter berücksichtigten Gläubiger **übertragen** wird (Abs. 1 Satz 2); diese Übertragung erfolgt unbedingt. Diese Forderung wird durch Eintragung einer unbedingten **Sicherungshypothek** gemäß § 128 ZVG gesichert, deren Rang sich nicht etwa nach dem weggefallenen Recht richtet, sondern nach dem Rang des Anspruchsberechtigten. Die Durchsetzung des Anspruchs selbst ist Sache des Berechtigten, der den Anspruch notfalls gerichtlich geltend machen muss.

IV. Zuzahlungspflicht ist ungewiss oder streitig (Abs. 2)

12 Wenn ungewiss oder streitig ist, ob der weitere Betrag zu zahlen ist, ist Absatz 2 anzuwenden.

13 **Ungewiss** ist die Zuzahlungspflicht in folgenden Fällen:

- wenn bei einem bedingten Recht nicht ersichtlich ist, ob die aufschiebende Bedingung bereits ausgefallen oder die auflösende Bedingung eingetreten ist;
- wenn bei einem Gesamtrecht nicht ersichtlich ist, ob das Recht schon nach den Vorschriften über die Gesamthypothek erloschen ist;
- wenn ein durch Vormerkung oder Widerspruch gesichertes Recht gemäß § 48 ZVG im geringsten Gebot wie ein eingetragenes Recht behandelt worden ist.

14 **Streitig** ist die Zuzahlungspflicht, wenn sie weder objektiv feststeht noch grundbuchersichtlich möglich ist, von einem Beteiligten aber geltend gemacht wird. Dies erfolgt z. B. auch durch Erhebung eines Widerspruchs gegen ein bestehen bleibendes Recht. Ein solcher Widerspruch ist nicht nach § 115 ZVG zu behandeln, sondern in eine Erklärung auszulegen, dass eine Zuzahlungspflicht nach § 125 ZVG zu prüfen sei.[8] Deshalb ist es auch konsequent, wenn Absatz 2 Satz 2 darauf verweist, dass die §§ 878 bis 882 ZPO in diesem Zusammenhang keine Anwendung finden.

15 In all diesen Fällen muss das Vollstreckungsgericht von Amts wegen die mögliche, aber ungewisse bzw. streitige **Zuzahlungspflicht** im Verteilungsverfahren berücksichtigen.

1. Zuteilung (Satz 1)

16 Zugeteilt wird der ungewisse oder streitige Zuzahlungsbetrag an die nächstausfallenden Zuteilungsberechtigten unter der entsprechenden Bedingung (Abs. 2 Satz 1). Diese richtet sich nach dem konkreten Fall (z. B. dass das Recht zur Zeit des Zuschlags nicht bestanden hat; dass die aufschiebende Bedingung ausfällt; dass die auf-

6) Stöber/*Nicht*, ZVG, § 125 Rz. 7.
7) Vgl. Böttcher/*Böttcher*, ZVG, § 125 Rz. 10.
8) Vgl. Böttcher/*Böttcher*, ZVG, § 125 Rz. 13; Stöber/*Nicht*, ZVG, § 125 Rz. 12; Schneider-*Schneider*, ZVG, § 125 Rz. 15; BeckOK-*R. Goldbach*, ZVG, § 125 Rz. 4.

lösende Bedingung eintritt; dass das Recht nach den besonderen Bestimmungen für die Gesamthypothek erlischt).

Konkret bedeutet dies: 17

- Im Teilungsplan wird auch hier der Zuzahlungsbetrag bei der Teilungsmasse mit aufgeführt.
- Im Abschnitt Zuteilung wird der ansonsten nächstausfallende Berechtigte auch noch aufgeführt, aber unter der entsprechenden **Bedingung**. Auch ist Folgendes zu beachten: Da die Zinsen des Zuteilungsberechtigten in der Schuldenmasse nur bis zum Verteilungstermin berechnet sind, die tatsächliche Zahlung aber erst später erfolgt, laufen diese Zinsen bis zur Befriedigung weiter. Dies muss im Teilungsplan im Abschnitt Zuteilung zum Ausdruck gebracht werden (Ausführungen siehe Rz. 10).

2. Ausführung der Zuteilung (Satz 1)

Ausgeführt wird auch hier der Teilungsplan dadurch, dass die **Forderung** gegen 18 den Ersteher auf den weiter berücksichtigten Gläubiger **übertragen** wird; diese Übertragung erfolgt aber jetzt unter der entsprechenden **Bedingung** (Abs. 2, Abs. 1 Satz 2). Diese Forderung wird durch Eintragung einer bedingten Sicherungshypothek gemäß § 128 ZVG gesichert, deren Rang sich nicht etwa nach dem weggefallenen Recht richtet, sondern nach dem Rang des Anspruchsberechtigten. Die Durchsetzung des Anspruchs selbst ist Sache des Berechtigten, der den Anspruch notfalls gerichtlich geltend machen muss.

V. Wirkung der Forderungsübertragung (Abs. 3)

Die Übertragung der Forderung gegen den Ersteher hat gemäß Absatz 3 nicht die 19 Wirkung der Befriedigung aus dem Grundstück. Die Forderung ist auch nicht vollstreckbar (§ 132 Abs. 1 Satz 2); damit stellt der Zuschlagsbeschluss auch keinen Titel für diesen Anspruch dar. Deshalb muss der Gläubiger erst einen eigenen Titel erwirken, also notfalls klagen. Die Forderungsübertragung gibt ihm für die Geltendmachung der Forderung die erforderliche **Legitimation**.

VI. Nicht berücksichtigter Zuzahlungsbetrag

Wird erst nach dem Verteilungstermin geltend gemacht, dass für den Ersteher eine 20 Zuzahlungspflicht nach §§ 50, 51 ZVG bestehe oder ist durch ein Versehen des Gerichts die (unbedingte bzw. bedingte) Forderungsübertragung unterblieben, dann kann dies nicht mehr nachgeholt werden.[9] Ein ausgefallener Gläubiger kann den Zuzahlungsanspruch gegen den Ersteher jedoch im **Prozessweg** geltend machen. Als Anspruchsgrundlage kommt nicht § 812 BGB, sondern es kommen die Versteigerungsbedingungen (konkret: §§ 50, 51 ZVG) in Betracht.

---

9) Vgl. BGH, Urt. v. 2.11.1965 – V ZR 82/63, Rz. 12, Rpfleger 1966, 206 = NJW 1966, 154.

VII. Sonstiges

1. Löschungsanspruch und Löschungsvormerkung

21 Ist aus einer im geringsten Gebot berücksichtigten Hypothek eine Eigentümergrundschuld entstanden und diese in Erfüllung eines Löschungsanspruchs nach Erteilung des Zuschlags gelöscht worden, dann liegt ein **Zuzahlungsfall** vor. Das bestehen gebliebene Eigentümerrecht ist also auflösend bedingt durch Geltendmachung und Verwirklichung des Löschungsanspruchs. Der Zuzahlungsbetrag steht dem Gläubiger des nach § 1179 oder § 1179a BGB gesicherten Löschungsanspruchs zu. Hierbei ist jedoch zu beachten:

– dass dies nur den Teil des Eigentümerrechts betrifft, der zur Erfüllung des Löschungsanspruchs notwendig ist, also zur **Befriedigung des Löschungsanspruchsberechtigten** erforderlich ist,

– dass **Zwischenrechte** aus der Geltendmachung des Löschungsanspruchs keinen Vorteil ziehen dürfen. Daher erhalten diese Gläubiger auch keinen Zuzahlungsbetrag. Aber rechnerisch sind diese Zwischenrechte zu berücksichtigen mit der Konsequenz, dass dieser rechnerisch auf Zwischenrechte entfallende Betrag auch nicht dem Berechtigten des Löschungsanspruchs zusteht.[10)]

22 Für das Verteilungsverfahren sind folgende Fallgestaltungen zu unterscheiden:

Fall 1:

23 Nach dem Zuschlag, aber vor dem Verteilungstermin ist das **Eigentümerrecht** in Erfüllung des Löschungsanspruchs bereits **gelöscht** oder es liegen alle entsprechenden Löschungsunterlagen vor (einschließlich des Grundpfandrechtsbriefs).

24 Hier **steht** der **Zuzahlungsfall fest**; es ist nach § 125 Abs. 1 ZVG zu verfahren: Es erfolgt eine unbedingte Zuteilung und eine unbedingte Forderungsübertragung samt unbedingter Sicherungshypothek für denjenigen, der seinen Löschungsanspruch geltend gemacht hat. Hinsichtlich der Höhe dieses Anspruchs kommt es darauf an, in welcher Höhe dieser Berechtigte (noch) eine Zuteilung benötigt und ob bzw. welche Zwischenrechte bestehen.

Fall 2:

25 Es steht zwar fest, dass das bestehen bleibende Recht bereits beim Zuschlag Eigentümerrecht war, der gesicherte **Löschungsanspruch** (sei es gemäß § 1179 oder § 1179a BGB) zwar bis zum Verteilungstermin geltend gemacht aber noch **nicht** durch Löschung **erfüllt** ist.

26 Hier ist der **Zuzahlungsfall** noch **ungewiss** bzw. streitig; es ist nach § 125 Abs. 2 zu verfahren: Die Zuteilung, die Forderungsübertragung und die einzutragende Sicherungshypothek erfolgen bedingt.

Fall 3:

27 Es steht zwar fest, dass das bestehen bleibende Recht bereits beim Zuschlag Eigentümerrecht war, der gesicherte **Löschungsanspruch** (sei es gemäß § 1179 oder § 1179a BGB) aber bis zum Verteilungstermin noch **nicht geltend gemacht** worden ist.

---

10) Beispiel hierzu bei Stöber/*Nicht*, ZVG, § 125 Rz. 20.

Hier muss weiter unterschieden werden: 28

Unterfall a):

Es besteht der **gesetzliche Löschungsanspruch** gemäß § 1179a BGB: 29

Dieser hat zwar die Wirkung einer Vormerkung (§ 1179a Abs. 1 Satz 3 BGB). Diese Wirkung entfällt jedoch nach § 130a Abs. 1 ZVG, wenn der Berechtigte nicht einen Antrag stellt, das Grundbuchersuchen auch darauf zu erstrecken, eine Vormerkung einzutragen (§ 130a Abs. 2 ZVG). Für die Frage der Zuzahlungspflicht bedeutet dies: Wenn der Antrag nach § 130a Abs. 2 ZVG nicht (rechtzeitig) gestellt wird, trifft § 125 ZVG nicht zu (weder Abs. 1 noch Abs. 2). Wird dagegen der Antrag auf Eintragung der Vormerkung gestellt, macht damit der Berechtigte mit diesem Antrag zugleich auch seinen Löschungsanspruch geltend. Damit ist nach § 125 Abs. 2 ZVG zu verfahren, also eine bedingte Zuteilung und bedingte Forderungsübertragung vorzunehmen und um Eintragung einer bedingten Sicherungshypothek zu ersuchen.

Unterfall b)

Es besteht eine **Löschungsvormerkung** gemäß § 1179 BGB: 30

Durch die bei der bestehen gebliebenen Hypothek[11] eingetragene Löschungsvormerkung ist grundbuchersichtlich, dass ein Zuzahlungsfall möglich ist; dieser ist aber noch ungewiss. Damit ist auch hier nach § 125 Abs. 2 ZVG zu verfahren, also eine bedingte Zuteilung und bedingte Forderungsübertragung vorzunehmen und um Eintragung einer bedingten Sicherungshypothek zu ersuchen. Hier kann nicht verlangt werden, dass die entsprechende Löschungsvormerkung bzw. der dadurch gesicherte Löschungsanspruch bereits im Verteilungstermin geltend gemacht worden ist.[12]

2. Auflassungsvormerkung

Wenn eine Auflassungsvormerkung gemäß §§ 44, 48, 52 ZVG bestehen bleibt, werden 31
Dritte nur in den seltensten Fällen mitbieten, da sie wegen § 883 Abs. 2 BGB riskieren, das durch Zuschlag erworbene Eigentum wieder zu „verlieren". Hier wird also oft der Auflassungsvormerkungsberechtigte das betreffende Grundstück ersteigern. Für ihn stellt § 883 Abs. 2 BGB kein Hindernis dar. Wenn aber bei einer bestehen gebliebenen Auflassungsvormerkung der Auflassungsanspruch nicht mehr entsteht, liegt ein Zuzahlungsfall vor. Dies gilt auch, wenn an den Vormerkungsberechtigten zugeschlagen wird.[13] Somit muss auch hier eine **Zuteilung** nach § 125 Abs. 1 ZVG vorgenommen werden.

11) In der Veränderungsspalte der Abt. III des Grundbuchs.

12) So auch Stöber/*Nicht*, ZVG, § 125 Rz. 26; Dassler/Schiffhauer/u. a.-*Hintzen*, ZVG, § 125 Rz. 8.

13) LG Augsburg, Rpfleger 1966, 370; Stöber/*Gojowczyk*, ZVG, § 51 Rz. 9; Dassler/Schiffhauer/u. a.-*Hintzen*, ZVG, § 125 Rz. 11.

§ 126
Hilfszuteilung bei unbekannten Berechtigten

(1) Ist für einen zugeteilten Betrag die Person des Berechtigten unbekannt, insbesondere bei einer Hypothek, Grundschuld oder Rentenschuld der Brief nicht vorgelegt, so ist durch den Teilungsplan festzustellen, wie der Betrag verteilt werden soll, wenn der Berechtigte nicht ermittelt wird.

(2) Der Betrag ist für den unbekannten Berechtigten zu hinterlegen. Soweit der Betrag nicht gezahlt wird, ist die Forderung gegen den Ersteher auf den Berechtigten zu übertragen.

Übersicht

I. Allgemeines

1 Im Teilungsplan ist festzustellen, wem genau ein bestimmter Betrag aus der Teilungsmasse zugeteilt wird. Ist die Meistbargebot überwiesen worden, wird dieser Plan durch Überweisung des entsprechenden Betrags an den Berechtigten ausgeführt (§ 117 Abs. 1 ZVG). Kann die Auszahlung an den Berechtigten nicht erfolgen, ist der Betrag für diesen gemäß § 117 Abs. 2 Satz 3 ZVG zu hinterlegen. § 117 ZVG setzt also voraus, dass der Berechtigte bekannt ist.

2 § 126 ZVG dagegen behandelt den Fall, dass der **Berechtigte unbekannt** ist. Es steht hier zwar fest, dass auf einen bestimmten Anspruch eine Zuteilung entfällt, es ist aber nicht bekannt, wer genau der Berechtigte dieses Anspruchs ist. In diesem Fall sehen die §§ 135 ff. ZVG die **Vertreterbestellung** für den unbekannten Berechtigten vor. Dessen Aufgabe besteht darin, den unbekannten Berechtigten zu ermitteln. Im Teilungsplan muss aber festgestellt werden, wem der entsprechende Betrag zusteht, wenn der Berechtigte doch nicht ermittelt wird (Abs. 1). Wenn die Teilungsmasse vorhanden ist, wird der Plan zunächst dadurch ausgeführt, dass der Betrag für den unbekannten Berechtigten hinterlegt wird (Abs. 2 Satz 1). Soweit der Betrag nicht gezahlt wurde, wird die Forderung gegen den Ersteher auf den unbekannten Berechtigten übertragen (Abs. 2 Satz 2).

3 Wenn der **Berechtigte** nachträglich **ermittelt** wird, so wird der Teilungsplan weiter ausgeführt (§§ 137 Abs. 1, 139). Wird der Berechtigte nicht vor dem Ablauf von drei Monaten ermittelt, kann sich der Hilfsberechtigte zur Beantragung des Aufgebotsverfahrens ermächtigen lassen. Nach Erlass des Ausschließungsbeschlusses wird der Teilungsplan weiter ausgeführt (§ 141 ZVG) mit dem Ziel, den hinterlegten Betrag an den Hilfsberechtigten zu überweisen bzw. ihm die Forderung gegen den Ersteher zu übertragen.

II. Unbekannter Zuteilungsberechtigter

1. Fälle des § 126 ZVG

4 Die Person des Berechtigten ist dann unbekannt i. S. v. § 126 ZVG, wenn für das Vollstreckungsgericht nicht zu erkennen ist, welcher natürlichen oder juristischen Person der Befriedigungsanspruch aus dem Versteigerungserlös zusteht.[1] So ist der Anspruchsberechtigte unbekannt, wenn der im Grundbuch eingetragene **Berechtigte verstorben** ist und **seine Erben** noch **unbekannt** sind.[2]

5 In § 126 ZVG ist als Beispiel für das Unbekanntsein des Berechtigten der Fall angeführt, dass bei einem Grundpfandrecht der entsprechende **Grundpfandrechtsbrief nicht vorgelegt** wird.[3] Der Brief muss unstreitig vorgelegt werden, wenn Zahlungen auf das Kapital erfolgen, somit auch bei Zahlung auf Tilgungsbeträge. Wenn dagegen nur auf Kosten, Zinsen oder sonstige Nebenleistung eine Zuteilung erfolgt, dann ist die Briefvorlage hierfür nach weit verbreiteter Ansicht nicht erforderlich.[4] Wenn aber eine Zuteilung sowohl auf die Kosten, Zinsen und sonstigen Nebenleistungen sowie auf das Kapital (eines erloschenen Rechts) erfolgt, dann ist die Briefvorlage erforderlich; es kann hier also nicht aufgesplittet werden in eine „mögliche Zuteilung hinsichtlich der Kosten und Nebenleistungen" und in ein „Unbekanntsein hinsichtlich des Kapitals". In diesem Fall hat die Nichtvorlage des Briefes vielmehr zur Folge, dass der Berechtigte insgesamt als unbekannt zu behandeln ist. Für den gesamten Betrag ist also eine bedingte Zuteilung vorzunehmen (Abs. 1) und die Hinterlegung zu veranlassen (Abs. 2).

6 Ist der Anspruchsberechtigte nicht im Grundbuch als Gläubiger des Briefrechts eingetragen, dann müssen neben dem Grundpfandrechtsbrief auch die in **§ 1155 BGB genannten Urkunden vorgelegt** werden.[5] Befindet sich unter den Abtretungserklärungen eine, welche nicht öffentlich beglaubigt ist, muss der Berechtigte erst die Beglaubigung herbeiführen, notfalls durch entsprechende Klage gegen den Abtretenden.[6] Erst dann kann er sich auf § 1155 BGB berufen; vorher wird er im Verteilungsverfahren als unbekannt i. S. v. § 126 ZVG behandelt.

---

1) Böttcher/*Böttcher*, ZVG, § 126 Rz. 2; Schneider-*Schneider*, ZVG, § 126 Rz. 3; BeckOK-*R. Goldbach*, ZVG, § 126 Rz. 3.

2) Böttcher/*Böttcher*, ZVG, § 126 Rz. 4; Stöber/*Nicht*, ZVG, § 126 Rz. 4; Dassler/Schiffhauer/u. a.-*Hintzen*, ZVG, § 126 Rz. 2; Schneider-*Schneider*, ZVG, § 126 Rz. 5; BeckOK-*R. Goldbach*, ZVG, § 126 Rz. 3; a. A. Steiner-*Teufel*, ZVG, § 126 Rz. 8.

3) Am Rande sei hier an § 1116 BGB erinnert, dass es sich immer um ein Briefrecht handelt, wenn nicht im Grundbuch ausdrücklich vermerkt ist, dass es sich um ein Buchrecht handelt (z. B.: „Grundschuld ohne Brief …". „Die Erteilung des Briefes ist ausgeschlossen.").

4) Böttcher/*Böttcher*, ZVG, § 126 Rz. 3; Stöber/*Nicht*, ZVG, § 126 Rz. 3: jeweils unter Berufung auf §§ 1159, 1160 Abs. 3 BGB; Schneider-*Schneider*, ZVG, § 126 Rz. 5; a. A. Dassler/Schiffhauer/u. a.-*Hintzen*, ZVG, § 126 Rz. 7; BeckOK-*R. Goldbach*, ZVG, § 126 Rz. 6: Briefvorlage ist auch hier erforderlich, weil sich das Vollstreckungsgericht nicht auf § 407 BGB berufen könne.

5) Böttcher/*Böttcher*, ZVG, § 126 Rz. 3; Stöber/*Nicht*, ZVG, § 126 Rz. 3; Dassler/Schiffhauer/u. a.-*Hintzen*, ZVG, § 126 Rz. 5; Schneider-*Schneider*, ZVG, § 126 Rz. 5; BeckOK-*R. Goldbach*, ZVG, § 126 Rz. 6.

6) Anspruchsgrundlage: § 1154 Abs. 1 Satz 2 BGB.

7 Davon zu unterscheiden ist jedoch der Fall, dass erst nach dem Zuschlag nicht das Recht, sondern der entsprechende **Erlösanspruch abgetreten** worden ist. Der Berechtigte muss in diesem Fall seine Berechtigung nicht durch eine öffentlich beglaubigte Abtretungserklärung nachweisen; denn § 1155 BGB trifft hier nicht (mehr) zu. Es genügt, wenn das Vollstreckungsgericht Kenntnis von der Abtretung erhält. Aber die Vorlage des Grundpfandrechtsbriefs und evtl. Vorabtretungen in öffentlicher beglaubigter Form[7] sind auch hier vorzulegen, um die Berechtigung des Zedenten nachzuweisen.

2. Keine Fälle des § 126 ZVG

8 **Nicht unbekannt** i. S. d. § 126 ZVG ist der Berechtigte aber in den nachfolgenden Fällen:

- Es besteht **Testamentsvollstreckung**, Nachlassverwaltung oder Nachlasspflegschaft.

  Hier muss aber geprüft werden, ob die entsprechenden Nachweise vorliegen und ob nicht noch eine Klauselumschreibung des Titels erforderlich ist, wenn der Erblasser als betreibender Gläubiger beteiligt war.
- Der Erblasser hat eine **Vollmacht über den Tod** hinaus erteilt.

  Dann vertritt dieser den Berechtigten nach wie vor; dies müssen die unbekannten Erben auch gegen sich gelten lassen. Ob an den Vertreter eine Auszahlung erfolgen kann, hängt davon ab, ob die Vollmacht inhaltlich auch zum Empfang von Geld ausreicht.
- Der **gesetzliche Vertreter** des bekannten Berechtigten ist unbekannt.

  Der Betrag muss gemäß § 117 Abs. 2 Satz 3 ZVG für den Berechtigten hinterlegt werden.
- Der **Aufenthaltsort** des bekannten Berechtigten ist **unbekannt.**

  Der Betrag muss gemäß § 117 Abs. 2 ZVG Satz 3 ZVG für den Berechtigten hinterlegt werden.
- Der bekannte Berechtigte kann sich **nicht** gehörig **ausweisen**.

  Der Betrag muss gemäß § 117 Abs. 2 Satz 3 ZVG für den Berechtigten hinterlegt werden.
- Der Vertreter des bekannten Berechtigten kann sich **nicht** ordnungsgemäß **ausweisen.**

  Der Betrag muss gemäß § 117 Abs. 2 Satz 3 ZVG für den Berechtigten hinterlegt werden.
- Es ist nur fraglich, **wer** von mehreren Berechtigten tatsächlich **der Berechtigte** ist (z. B. bei der Höchstbetragshypothek)

  Der Betrag ist für den eingetragenen Gläubiger und den bisherigen Eigentümer zu hinterlegen.[8]

---

7) Aus der Zeit vor der Zuschlagserteilung.

8) Stöber/*Nicht*, ZVG, § 114 Rz. 56 und § 126 Rz. 4; Böttcher/*Böttcher*, ZVG, § 126 Rz. 13; Schneider-*Schneider*, ZVG, § 126 Rz. 6.

– Es sind **mehrere Berechtigte** vorhanden, die sich aber nicht einigen können, an wen die Überweisung erfolgen soll.

  Der Betrag muss gemäß § 117 Abs. 2 Satz 3 ZVG für alle Berechtigte gemeinsam hinterlegt werden.[9)]

– Für den **unbekannten Berechtigten** ist eine **Pflegschaft** nach § 1913 BGB angeordnet.[10)]

– Für die **Leibesfrucht** ist eine **Pflegschaft** nach § 1912 BGB (beachte: ab 1.1.2023 geregelt in § 1882 BGB[11)]) angeordnet.[12)]

III. Hilfszuteilung (Abs. 1)

Wenn der Berechtigte nach § 126 ZVG unbekannt ist, muss das Vollstreckungsgericht im Teilungsplan eine Hilfszuteilung vornehmen (Abs. 1). Dies bedeutet, dass der entsprechende Betrag zunächst dem unbekannten Berechtigten zugeteilt wird und dann dem bzw. den nächst ausfallenden Berechtigten unter der Bedingung, dass der Erstberechtigte nicht ermittelt wird. Wenn keine Berechtigten ausfallen, kommt als Eventualberechtigter der bisherige Eigentümer in Betracht. 9

IV. Ausführung des Teilungsplans (Abs. 2)

Ist die Teilungsmasse in Geld vorhanden, wird der Teilungsplan insoweit dadurch ausgeführt, als der entsprechende **Betrag** gemäß Absatz 2 Satz 1 für den unbekannten Berechtigten **hinterlegt** wird. Da eine Hinterlegung „für einen Unbekannten" nach den Hinterlegungsgesetzen der Länder nicht möglich ist, erfolgt die Hinterlegung „zur weiteren Verfügung des Vollstreckungsgerichts".[13)] Dass hier ein Verzicht auf das Recht der Rücknahme nicht in Betracht kommt, ergibt sich schon daraus, dass es bei dieser Hinterlegung nicht um eine nach §§ 372 ff. BGB handelt. 10

---

9) Stöber/*Nicht*, ZVG, § 117 Rz. 18; Böttcher/*Böttcher*, ZVG, § 117 Rz. 28.

10) Böttcher/*Böttcher*, ZVG, § 126 Rz. 6; Stöber/*Nicht*, § 126 Rz. 4.

11) Fassung aufgrund des Gesetzes zur Reform des Vormundschafts- und Betreuungsrechts vom 4.5.2021 (BGBl. I S. 882).

12) So Böttcher/*Böttcher*, ZVG, § 126 Rz. 5; Dassler/Schiffhauer/u. a.-*Hintzen*, ZVG, § 126 Rz. 3; BeckOK-*R. Goldbach*, ZVG, § 126 Rz. 4; a. A. Stöber/*Nicht*, ZVG, § 126 Rz. 4: § 126 soll hier zutreffen.

13) So Stöber/*Nicht*, ZVG, § 126 Rz. 7; Dassler/Schiffhauer/u. a.-*Hintzen*, ZVG, § 126 Rz. 10; Schneider-*Schneider*, ZVG, § 126 Rz. 12; BeckOK-*U. Goldbach*, ZVG, § 126 Rz. 9; vgl. z. B. § 24 HintGBW v. 11.5.2010 (GBl. S. 398), der wie folgt lautet:
„Herausgabeersuchen von Behörden.
(1) Die Herausgabeverfügung nach § 21 Abs. 1 ergeht ferner, wenn die zuständige Behörde um Herausgabe an sie selbst oder an eine von ihr bezeichnete Stelle oder Person ersucht. Geht das Ersuchen von einer obersten Bundes- oder Landesbehörde oder von einer ihr unmittelbar unterstellten höheren Bundes- oder Landesbehörde aus, so ist deren Zuständigkeit von der Hinterlegungsstelle nicht zu prüfen. Das Gleiche gilt, wenn das Ersuchen von einem Gericht ausgeht.
(2) Ergibt sich gegen die Berechtigung des Empfängers ein Bedenken, das die ersuchende Behörde nicht berücksichtigt hat, ist es ihr mitzuteilen; die Verfügung ist auszusetzen. Hält die Behörde ihr Ersuchen gleichwohl aufrecht, so ist ihm stattzugeben."
Ähnliche Regelungen enthalten auch die übrigen (landesrechtlichen) Hinterlegungsgesetze (z. B. § 17 Abs. 2 Nr. 2 und Abs. 3 LHintG RP; § 18 Abs. 2 Nr. 2 BayHintG); zu Fundstellen der einzelnen Hinterlegungsgesetze siehe § 49 [*Bachmann*].

11 Soweit der Betrag nicht gezahlt wird, erfolgt eine **Forderungsübertragung** (nur!) auf den unbekannten Berechtigten (Abs. 2 Satz 2). Für diesen (allein!) wird auch die entsprechende Sicherungshypothek gemäß § 128 ZVG eingetragen.

12 Weder bei der Hinterlegung noch bei der Forderungsübertragung wird der Eventualberechtigte berücksichtigt. Wenn der unbekannte Berechtigte ermittelt wird, veranlasst das Vollstreckungsgericht die Auszahlung des hinterlegten Betrags an diesen. Wenn eine Sicherungshypothek gemäß § 128 ZVG bereits eingetragen worden ist, ersucht das Vollstreckungsgericht das Grundbuchamt um entsprechende Berichtigung hinsichtlich der Gläubigerbezeichnung. An den Eventualberechtigten kann nur ausgezahlt werden bzw. auf ihn die Sicherungshypothek berichtigt werden, wenn aufgrund eines Ausschließungsbeschlusses nach § 141 ZVG ein weiterer Termin zur Ausführung des Teilungsplans bestimmt worden ist.

V. Nachträgliches Unbekanntwerden des Berechtigten

13 Wenn sich erst nach dem Verteilungstermin herausstellt, dass ein Berechtigter unbekannt ist (z. B. weil eine Überweisung nicht ausgeführt werden konnte, da der Empfänger inzwischen verstorben war), dann ist ein **neuer Verteilungstermin** anzuberaumen, damit jetzt nach § 126 ZVG verfahren werden kann.

14 Die **Terminsbestimmung** hierfür ist folgenden Personen **zuzustellen:**

- dem Vollstreckungsschuldner,
- den ausgefallenen Zuteilungsberechtigten,
- dem Ersteher und einem evtl. für mithaftend erklärten Dritten, wenn das Meistgebot noch nicht bzw. noch nicht voll überwiesen worden ist.

§ 127

Vermerke auf Hypothekenbriefen und vollstreckbaren Titeln

(1) Wird der Brief über eine infolge der Versteigerung erloschene Hypothek, Grundschuld oder Rentenschuld vorgelegt, so hat das Gericht ihn unbrauchbar zu machen. Ist das Recht nur zum Teil erloschen, so ist dies auf dem Brief zu vermerken. Wird der Brief nicht vorgelegt, so kann das Gericht ihn von dem Berechtigten einfordern.

(2) Im Falle der Vorlegung eines vollstreckbaren Titels über einen Anspruch, auf welchen ein Betrag zugeteilt wird, hat das Gericht auf dem Titel zu vermerken, in welchem Umfang der Betrag durch Zahlung, Hinterlegung oder Übertragung gedeckt worden ist.

(3) Der Wortlaut der Vermerke ist durch das Protokoll festzustellen.

Übersicht

I. Allgemeines

§ 127 ZVG regelt die **Behandlung** der vorgelegten **Grundpfandrechtsbriefe** und der eingereichten **Vollstreckungstitel**. Da die entsprechenden Unterlagen nicht bei den Versteigerungsakten verbleiben, sieht Absatz 3 vor, dass etwaige Vermerke durch das Protokoll festgestellt werden. 1

Die Vorschrift gilt für alle Versteigerungsarten des ZVG. Auch in den Fällen der §§ 143, 144 ZVG findet § 127 ZVG Anwendung (§ 145 ZVG). Hinsichtlich der Zwangsverwaltung verweist § 158 Abs. 3 ZVG ebenfalls auf § 127 ZVG. 2

II. Behandlung der Grundpfandrechtsbriefe (Abs. 1)

1. Vorlage

Wenn auf ein **Briefgrundpfandrecht** eine **Zuteilung** erfolgt, dann hat der Gläubiger ein Interesse daran, dass der entsprechende Brief dem Vollstreckungsgericht vorgelegt wird; denn bei einer Zuteilung auf das Kapital[1] ist diese Vorlage gemäß § 126 ZVG erforderlich, damit der Gläubiger nicht als unbekannter Berechtigter behandelt wird. In allen anderen Fällen hat der Gläubiger jedoch keine Veranlassung, den Grundpfandrechtsbrief beim Vollstreckungsgericht einzureichen. Wird der Brief eines erloschenen Rechts nicht vorgelegt, so kann das Gericht ihn vom Berechtigten anfordern (Abs. 1 Satz 3). Diese Vorlage kann jedoch nicht erzwungen werden. Die Eintragungen im Grundbuch aufgrund des Ersuchens gemäß § 130 ZVG erfordern auch keine Briefvorlage (§ 131 ZVG). 3

2. Behandlung

Wenn der Grundpfandrechtsbrief über ein (ganz) **erloschenes Recht** vorgelegt wird, muss ihn das Gericht unbrauchbar machen (Abs. 1 Satz 1). Dies geschieht in entsprechender Anwendung des § 53 Abs. 1 GBV dadurch, dass der Vermerk über die erste Eintragung durchgestrichen und der Brief mit Einschnitten versehen wird.[2] Eine mit dem Hypothekenbrief verbundene Schuldurkunde ist gemäß § 69 GBO abzutrennen.[3] Das Erlöschen des Rechts sollte auch auf dem Brief vermerkt werden, 4

---

1) Wozu auch die Tilgungsbeiträge gehören.

2) § 53 GBV lautet:

(1) Ist nach dem Gesetz ein Hypotheken-, Grundschuld- oder Rentenschuldbrief unbrauchbar zu machen, so wird, nachdem die bei dem Recht bewirkte Grundbucheintragung auf dem Brief vermerkt ist, der Vermerk über die erste Eintragung des Rechts durchstrichen und der Brief mit Einschnitten versehen.

(2) Ist verfügt worden, daß der Brief unbrauchbar zu machen ist, und ist in den Grundakten ersichtlich gemacht, daß die Verfügung ausgeführt ist, so ist der Brief mit anderen unbrauchbar gemachten Briefen zu Sammelakten zu nehmen. Die Sammelakten sind für das Kalenderjahr anzulegen und am Schluß des folgenden Kalenderjahres zu vernichten. In der Verfügung kann angeordnet werden, daß ein unbrauchbar gemachter Brief während bestimmter Zeit bei den Grundakten aufzubewahren ist.

3) § 69 GBO lautet:

Wird eine Hypothek gelöscht, so ist der Brief unbrauchbar zu machen; das gleiche gilt, wenn die Erteilung des Briefes über eine Hypothek nachträglich ausgeschlossen oder an Stelle des bisherigen Briefes ein neuer Hypothekenbrief, ein Grundschuldbrief oder ein Rentenschuldbrief erteilt wird. Eine mit dem bisherigen Brief verbundene Schuldurkunde ist abzutrennen und, sofern sie nicht mit dem neuen Hypothekenbrief zu verbinden ist, zurückzugeben.

obwohl dies hier nicht ausdrücklich vorgeschrieben ist. Der Vermerk enthält Angaben zum Gericht, Datum, Unterschrift des Rechtspflegers und Siegel bzw. Dienststempel.

5 Wenn das Grundpfandrecht nur **teilweise erloschen** ist, so muss das auf dem Brief vermerkt werden (Abs. 1 Satz 2). Auch dieser Vermerk wird mit Ort, Datum, Gerichtsbezeichnung, Unterschrift des Rechtspflegers und Siegel bzw. Dienststempel versehen.

6 Ist ein **Gesamtgrundpfandrecht** ganz oder teilweise **erloschen**, dann vermerkt das Vollstreckungsgericht nur das Ergebnis der Zwangsversteigerung in Bezug auf das bzw. die versteigerten Grundstücke. Die Rechtsfolgen dieses Erlöschens auf nicht mit versteigerte Grundstücke (z. B. § 1181, 1182 BGB) wird vom Vollstreckungsgericht nicht vermerkt.

7 Wenn das Liegenbelassen eines Rechts gemäß § 91 Abs. 2 ZVG vereinbart worden ist, dann wird der Grundpfandrechtsbrief nicht unbrauchbar gemacht. Wenn er jedoch bereits unbrauchbar gemacht worden ist, weil die Vereinbarung erst nach dem Verteilungstermin vorgelegt worden ist,[4)] dann muss das Grundbuchamt einen neuen Brief erteilen.[5)] Wird das Liegenbelassen eines Gesamtrechts hinsichtlich einzelner Objekte vereinbart, dann muss wegen § 91 Abs. 3 Satz 2 i. V. m. §§ 1181 Abs. 2, 1182 BGB ein entsprechender **Vermerk** auf dem Brief angebracht werden.[6)]

3. Verbleib

8 **Unbrauchbar** gemachte **Grundpfandrechtsbriefe** werden mit dem Eintragungsersuchen (§ 130 ZVG) an das Grundbuchamt weitergeleitet. Dort werden sie zu Sammelakten zusammengefasst, verbleiben grundsätzlich also auch nicht in den Grundakten. Wenn das Vollstreckungsgericht es unterlassen hat, den Brief unbrauchbar zu machen, wird dies vom Grundbuchamt nachgeholt.[7)]

9 In allen anderen Fällen wird der **Brief** an denjenigen **zurückgegeben**, der ihn eingereicht hat. Beansprucht den Brief ein anderer (z. B. der Schuldner), entscheidet hierüber nicht das Vollstreckungsgericht. Deshalb hat das Vollstreckungsgericht den Brief in diesem Fall zu hinterlegen, wenn keine Einigung erzielt wird.

---

4) Die Vereinbarung kann dem Vollstreckungsgericht nach § 91 Abs. 2 ZVG noch bis zum Eingang des Grundbuchersuchens beim Grundbuchamt vorgelegt werden.

5) Stöber/*Nicht*, ZVG, § 127 Rz. 6; Schneider-*Schneider*, ZVG, § 127 Rz. 13.

6) Böttcher/*Böttcher*, ZVG, § 127 Rz. 6 und Schneider-*Schneider*, ZVG, § 127 Rz. 16; jeweils mit Formulierungsbeispiel; Stöber/*Nicht*, ZVG, § 127 Rz. 6; BeckOK-*R. Goldbach*, ZVG, § 127 Fn. 7; a. A. Dassler/Schiffhauer/u. a.-*Hintzen*, ZVG, § 127 Rz. 11, der dabei aber übersieht, dass sich der entsprechende Vermerk auch hier nicht mit den materiellrechtlichen Folgen bei den nicht versteigerten Grundstücken befasst, sondern nur die Tatsache der Liegenbelassung an dem versteigerten Objekt darstellt.

7) So Stöber/*Nicht*, ZVG, § 127 Rz. 4; a. A. Böttcher/*Böttcher*, ZVG, § 127 Rz. 7; Dassler/Schiffhauer/u. a.-*Hintzen*, ZVG, § 127 Rz. 7; BeckOK-*R. Goldbach*, ZVG, § 127 Rz. 12: Unbrauchbar gemachte Briefe werden zu den Versteigerungsakten genommen, weil bei Abgabe an das Grundbuchamt die Briefe gemäß § 53 Abs. 2 GBV am Schluss des folgenden Kalenderjahres vernichtet würden. Diese Begründung kann nicht überzeugen; im Ergebnis so auch Schneider-*Schneider*, ZVG, § 127 Rz. 17, aber mit etwas anderer Begründung.

III. Behandlung der Vollstreckungstitel (Abs. 2)

1. Vorlage

Wenn der vollstreckbare Titel über einen Anspruch vorliegt, auf den eine Zuteilung erfolgt, dann ist auf dem Titel zu vermerken, **in welchem Umfang** (getrennt nach Kosten, Zinsen, Hauptanspruch) und **in welcher Weise** (Zahlung, Hinterlegung, Forderungsübertragung) die Zuteilung erfolgt ist. Der Vermerk ist mit Datum, Unterschrift und mit Dienststempel zu versehen. 10

Die Vereinbarung über das Bestehen bleiben eines Rechts (§ 91 Abs. 2 ZVG) wird auf dem Titel nicht vermerkt.[8] Auch die Befriedigungsfiktion des § 114a ZVG wird nicht auf dem Titel vermerkt.[9] 11

2. Behandlung

Die Vollstreckungstitel sind immer an den jeweiligen **Einreicher** zurückzugeben. Eine Aushändigung an den Schuldner kommt auch dann nicht in Betracht, wenn der Gläubiger voll befriedigt worden ist; denn § 757 ZPO ist nicht einschlägig. 12

IV. Protokollvermerke (Abs. 3)

Sämtliche auf den Briefen (Abs. 1) und den Vollstreckungstiteln (Abs. 2) angebrachten Vermerke sind gemäß Absatz 3 im vollen Wortlaut ins **Protokoll** über den Verteilungstermin zu übernehmen. Dies kann auch in Form einer Schrift geschehen, die dem Protokoll als Anlage beigefügt und in ihm als solche bezeichnet ist (§ 160 Abs. 5 ZPO). Werden diese Unterlagen erst nach dem Verteilungstermin vorgelegt, so sind die entsprechenden Vermerke in den Akten festzustellen. 13

---

8) So Böttcher/*Böttcher*, ZVG, § 127 Rz. 9; Dassler/Schiffhauer/u. a.-*Hintzen*, ZVG, § 127 Rz. 15; Schneider-*Schneider*, ZVG, § 127 Rz. 22; BeckOK-*R. Goldbach*, ZVG, § 127 Rz. 9; a. A. Stöber/*Nicht*, ZVG, § 127 Rz. 9.

9) Böttcher/*Böttcher*, ZVG, § 127 Rz. 9.

§ 128
Eintragung einer Sicherungshypothek

(1) Soweit für einen Anspruch die Forderung gegen den Ersteher übertragen wird, ist für die Forderung eine Sicherungshypothek an dem Grundstück mit dem Rang des Anspruchs einzutragen. War das Recht, aus welchem der Anspruch herrührt, nach dem Inhalt des Grundbuchs mit dem Recht eines Dritten belastet, so wird dieses Recht als Recht an der Forderung miteingetragen.

(2) Soweit die Forderung gegen den Ersteher unverteilt bleibt, wird eine Sicherungshypothek für denjenigen eingetragen, welcher zur Zeit des Zuschlags Eigentümer des Grundstücks war.

(3) Mit der Eintragung entsteht die Hypothek. Vereinigt sich die Hypothek mit dem Eigentum in einer Person, so kann sie nicht zum Nachteil eines Rechts, das bestehen geblieben ist, oder einer nach Absätzen 1, 2 eingetragenen Sicherungshypothek geltend gemacht werden.

(4) Wird das Grundstück von neuem versteigert, ist der zur Deckung der Hypothek erforderliche Betrag als Teil des Bargebots zu berücksichtigen.

Übersicht

I. Allgemeines

1 Wenn das Meistbargebot nicht berichtigt wird, ist der Teilungsplan dadurch auszuführen, dass die Forderung des Vollstreckungsschuldners gegen den Ersteher (nämlich auf Zahlung des Meistbargebots nebst den entsprechenden Zinsen) gemäß § 118 Abs. 1 ZVG auf die Zuteilungsberechtigten übertragen wird. Für diese Forderung ist dann eine **Sicherungshypothek** mit dem ursprünglichen Rang des Zuteilungsanspruchs einzutragen (§ 128 ZVG). Mit der Eintragung, die auf Ersuchen des Vollstreckungsgerichts erfolgt, entsteht diese Hypothek (Abs. 3 Satz 1). Es handelt sich hierbei jedoch nicht um eine Zwangshypothek; jedoch gelten für sie einige Besonderheiten.

2 Die Vorschrift gilt für alle Versteigerungsverfahren des ZVG.

II. Eintragung einer Sicherungshypothek

1. Allgemeines

3 Die Eintragung erfolgt gemäß § 130 Abs. 1 ZVG aufgrund des Ersuchens des Vollstreckungsgerichts. Hierbei ist zu beachten, dass **für jede Forderung**, die einem Zuteilungsberechtigten übertragen wurde, jeweils eine Sicherungshypothek einzutragen ist. Dies gilt wegen der unterschiedlichen Befriedigungsreihenfolge des § 12 ZVG sogar für die Teilansprüche Kosten, Zinsen und andere Nebenleistungen und Hauptsache. Somit sind für Kosten, Zinsen und Hauptforderung selbständige Sicherungshypotheken einzutragen.[1] Die Begründung hierfür ergibt sich aus dem Sachen- und Grundbuchrecht:[2] Ein Recht kann bei seiner ersten Eintragung nur mit einem einheitlichen Rang im Grundbuch eingetragen werden; es ist also nicht möglich, schon von Beginn an für Teile verschiedene Rangverhältnisse an ein und demselben Recht zu begründen, da ansonsten § 879 BGB „ausgehebelt“ würde.[3] Deshalb ist es auch

1) Böttcher/*Böttcher*, ZVG, § 128 Rz. 16; Stöber/*Nicht*, ZVG, § 128 Rz. 5; Dassler/Schiffhauer/u. a.-*Hintzen*, ZVG, § 128 Rz. 21; Schneider-*Schneider*, ZVG, § 128 Rz. 52 mit etwas anderer Begründung (aus „Zweckmäßigkeitserwägungen“).

2) Was in manchen ZVG-Kommentaren manchmal etwas vernachlässigt wird.

3) Vgl. hierzu für einen ähnlichen Fall: BGH, Beschl. v. 2.10.2003 – V ZB 38/02, Rpfleger 2004, 02 = ZfIR 2004, 68: „Das sachliche Recht gibt keine Möglichkeit, eine Reallast mit unterschiedlichem Rang für Rückstände und noch nicht fällige Leistungen zu begründen.“; hierzu den Aufsatz von *Dümig* in MittBayNot 2004, 153.

nicht möglich, für alle aus einer Versteigerung übertragenen Forderungen eine einheitliche Sicherungshypothek einzutragen unter Bezeichnung der einzelnen Teilbeträge.[4)]

4 Da es sich bei den Sicherungshypotheken nach § 128 ZVG **nicht um Zwangshypotheken** handelt, spielen die in §§ 866 Abs. 3, 867 Abs. 2 ZPO vorgesehenen Beschränkungen (Mindestgrenze,[5)] keine Gesamtzwangshypothek) keine Rolle. So kann auch die Vollstreckungssperre des § 89 InsO die Eintragung dieser Sicherungshypotheken nicht verhindern.

5 Für die Sicherungshypothek gelten die §§ 1184 ff. BGB. Dem Gläubiger einer solchen Hypothek steht auch der gesetzliche Löschungsanspruch nach § 1179a BGB zu.

6 Im Grundbuchersuchen kann auf die Eintragung einer Sicherungshypothek in folgenden Fällen verzichtet werden:

- soweit die Befriedigung des Berechtigten in öffentlich beglaubigter Form nachgewiesen wird;
- soweit eine wirksame Hinterlegung unter Verzicht auf das Recht der Rücknahme nachgewiesen wird;
- soweit der Berechtigte in öffentlich beglaubigter Form auf die Eintragung der Sicherungshypothek verzichtet.[6)]

2. Belastungsgegenstand

7 Der Belastungsgegenstand ist mit dem **versteigerten Gegenstand** identisch. Das gilt auch dann, wenn nur ein Miteigentumsanteil versteigert worden ist, der aber von einem (anderen) Miteigentümer ersteigert worden ist. Obwohl dieser Miteigentumsanteil mit der Eintragung des Erstehers in Abt. I des Grundbuchs nicht mehr als solcher existiert und § 1114 BGB die Eintragung einer Hypothek am Bruchteil eines Grundstücks nur zulässt, wenn er im Anteil eines Miteigentümers besteht, kann die Sicherungshypothek nach § 128 an dem **früheren Miteigentumsanteil** eingetragen werden. Dies muss dann aber ausdrücklich in Abt. III dargestellt werden.

3. Inhalt

- Bezeichnung des Rechts 8

  Die Hypothek nach § 128 ZVG ist eine **Sicherungshypothek** und als solche im Grundbuch zu bezeichnen (§ 1184 Abs. 2 BGB).

- Zu sichernde Forderung

  Durch die Sicherungshypothek wird die nach § 118 ZVG übertragene Forderung gesichert, nicht der ursprüngliche Anspruch des Zuteilungsberechtigten. Deshalb muss diese Forderung, sowohl was Betrag und Zinsen betrifft, der Forderungsübertragung entsprechen. Als Zinssatz (ab dem Tag des Verteilungstermins)

---

4) Stöber/*Nicht*, ZVG, § 128 Rz. 5; Schneider-*Schneider*, ZVG, § 128 Rz. 4.

5) Zurzeit 750,01 €.

6) Böttcher/*Böttcher*, ZVG, § 128 Rz. 3; Dassler/Schiffhauer/u. a.-*Hintzen*, ZVG, § 128 Rz. 17; Schneider-*Schneider*, ZVG, § 128 Rz. 4; a. A. *Hornung*, Rpfleger 1994, 9: Schriftform ist ausreichend.

kommt nur der gesetzliche Zinssatz von 4 % (§ 49 Abs. 2 i. V. m. § 246 BGB) in Betracht; allenfalls über § 59 ZVG kann durch abgeänderte Versicherungsbedingungen ein anderer Zinssatz vereinbart sein. Abzulehnen ist die Ansicht, dass 5-Prozentpunkte über dem Basiszinssatz (§ 288 Abs. 2 BGB) als Zinssatz maßgeblich seien.[7] Wegen der Einzelheiten hierzu siehe § 118 Rz. 15 ff. [*Bachmann*].

Abzulehnen ist auch die Ansicht, dass ein Ersuchen nicht mit der Begründung abgelehnt werden könne, es handele sich um **gesetzliche Zinsen**, für die das Grundstück bereits kraft Gesetzes hafte oder mit der Begründung, bei einem gleitenden Zinssatz, wie ihn § 288 BGB vorsieht, müsse ein Höchstzinssatz eingetragen werden. Auch hier wird übersehen, dass dem Grundbuchamt auch bei einem Ersuchen des Vollstreckungsgerichts die Prüfung der Eintragungsfähigkeit des Rechts obliegt. Und beide Fragen sind unter diesem Gesichtspunkt vom Grundbuchamt zu prüfen. Wenn es hierbei zum Ergebnis kommt, dass die Eintragung von gesetzlichen Zinsen nicht möglich ist, weil hierfür gemäß § 1118 BGB das Grundstück schon kraft Gesetzes (und nicht kraft einer Eintragung) haftet, dann muss es das Ersuchen insoweit beanstanden und nach fruchtlosem Fristablauf zurückweisen.[8] Und wenn das Grundbuchamt bei der Prüfung eines gleitenden Zinssatzes wegen des Bestimmtheitsgrundsatzes die Angabe eines Höchstzinssatzes verlangt, dann ändert hieran auch die Rechtsprechung des Bundesgerichtshofes zur Eintragungsfähigkeit eines gleitenden Zinssatzes bei der Eintragung einer Zwangshypothek nichts[9]; denn die Sicherungshypothek nach § 128 ZVG ist ja gerade keine Zwangshypothek.[10]

– Gläubiger

Als Gläubiger der Sicherungshypothek ist **derjenige** einzutragen, **auf den die Forderung übertragen** worden ist. Dieser ist im Ersuchen mit den in § 15 GBV aufgeführten Merkmalen zu bezeichnen. Ist der Berechtigte inzwischen verstorben und sind die Erben dem Vollstreckungsgericht bekannt, dann ist um Eintragung dieser Erben „in Erbengemeinschaft" zu ersuchen. Sind die Erben nicht bekannt, ist die Sicherungshypothek für die unbekannten Berechtigten einzutragen.[11] Im Fall des § 126 ZVG ist der „unbekannte Berechtigte" eingetragen. Sobald der Unbekannte ermittelt ist, muss das Vollstreckungsgericht um entsprechende Berichtigung bei der Sicherungshypothek ersuchen. Auch wenn zu Unrecht eine falsche Person als Gläubiger eingetragen wurde, kann das Grundbuchamt um entsprechende Berichtigung ersucht werden.

---

7) So auch Böttcher/*Böttcher*, ZVG, § 118 Rz. 4 und § 128 Rz. 7; Stöber/*Nicht*, ZVG, § 118 Rz. 32 und § 128 Rz. 5; Schneider-*Schneider*, ZVG, § 128 Rz. 26.

8) So auch Böttcher/*Böttcher*, ZVG, § 128 Rz. 7; a. A. KG, Beschl. v. 10.12.2002 – 1 W 288/02, Rpfleger 2003, 204 = ZfIR 2003, 204; Stöber/*Nicht*, ZVG, § 118 Rz. 34 und § 130 Rz. 27; BeckOK-*R. Goldbach*, ZVG, § 128 Rz. 14; *Eickmann/Böttcher*, ZVG, § 22 II 3.

9) Vgl. hierzu BGH, Beschl. v. 26.1.2006 – V ZB 143/05, Rpfleger 2006, 313 = NJW 2006, 1341.

10) So auch Böttcher/*Böttcher*, ZVG, § 128 Rz. 6; a. A. LG Kassel, Beschl. v. 13.2.2001 – 3 T 23/01, Rpfleger 2001, 176 = NJW-RR 2001, 1239; Stöber/*Nicht*, ZVG, § 118 Rz. 34; BeckOK-*R. Goldbach*, ZVG, § 128 Rz. 14.

11) So Stöber/*Nicht*, ZVG, § 128 Rz. 11; a. A. Dassler/Schiffhauer/u. a.-*Hintzen*, ZVG, § 128 Rz. 10: Der (verstorbene) Berechtigte ist einzutragen.

Stand das ursprüngliche Recht mehreren zu, dann erfolgte auch die Forderungsübertragung auf diese. Bei der Eintragung der Sicherungshypothek muss dann gemäß § 47 GBO das maßgebliche **Gemeinschaftsverhältnis** angegeben werden. Dieses richtet sich grundsätzlich nach dem ursprünglichen Verhältnis. Soweit das bisherige Gemeinschaftsverhältnis aber eine Bruchteilsgemeinschaft war, besteht jetzt eine „Mitberechtigung gemäß § 432 BGB". Grund: Jeder Teilhaber kann vom Ersteher nur Zahlung an alle Teilhaber verlangen; dies ist aber bei der Bruchteilsgemeinschaft nicht sichergestellt.[12] Deshalb ist hier auch die Sicherungshypothek für die Berechtigten gemäß § 432 BGB einzutragen.[13]

Steht die übertragene Forderung aufgrund einer **Abtretung** einem anderen Gläubiger zu, dann ist dies vom Vollstreckungsgericht bei seinem Ersuchen nicht zu beachten. Liegt der Nachweis über den Gläubigerwechsel in der Form des § 29 GBO vor, werden diese Unterlagen aber dem Ersuchen beigefügt.[14]

Soweit der Ersteher selbst aus dem Erlös etwas zu erhalten hat, so wird grundsätzlich keine Sicherungshypothek eingetragen, da insoweit keine Forderung mehr besteht. Wenn jedoch gegen seinen Anspruch Widerspruch erhoben worden ist oder wenn sein (ursprüngliches) Recht mit dem Recht eines Dritten belastet war, dann ist auch hier eine Sicherungshypothek einzutragen.[15] Das Recht des Dritten (z. B. Pfandrecht, Nießbrauch) musste bereits im Grundbuch eingetragen sein oder außerhalb des Grundbuchs bereits entstanden sein.

– Besonderheiten

Bei der Eintragung im Grundbuch muss ersichtlich gemacht werden, dass sie „aufgrund eines Zwangsversteigerungsverfahrens erfolgt ist" (§ 130 Abs. 1 Satz 2 ZVG).

Die Sicherungshypotheken für Ansprüche der Rangklassen 1–3, für die wiederkehrenden Leistungen der Rangklasse 4 sowie für die Kosten der dinglichen Rechtsverfolgung (§ 10 Abs. 2 ZVG) erleiden unter den in § 129 ZVG aufgeführ-

12) BGH, Urt. v. 20.2.2008 – XII ZR 58/04, Rpfleger 2008, 379 = NJW 2008, 1807; OLG Zweibrücken, Beschl. v. 14.2.1972 – 3 W 123/71, Rpfleger 1972, 168; etwas anders aber BGH, Beschl. v. 22.2.2017 – XII ZB 137/16, Rpfleger 2017, 409 = MDR 2017, 459.

13) Böttcher/*Böttcher*, ZVG, § 128 Rz. 10; Dassler/Schiffhauer/u. a.-*Hintzen*, ZVG, § 128 Rz. 8; BeckOK-*R. Goldbach*, ZVG, § 128 Rz. 11; so auch *Demharter*, GBO, §§ 47 Rz. 12 und 23; a. A. Stöber/*Nicht*, ZVG, § 128 Rz. 12; Schneider-*Schneider*, ZVG, § 128 Rz. 14: Zur Bestimmung des Gemeinschaftsverhältnisses gemäß § 47 GBO sind für die einzutragenden Sicherungshypotheken die Anteile der Berechtigten in **Bruchteilen** anzugeben. So auch Bauer/Schaub-*Wegmann*, GBO, § 47 Rz. 38 ff. (insbes. Rz. 41) unter Hinweis auf Grüneberg/*Weidenkaff*, BGB, § 432 Rn. 1 ff.; Die angegebene Fundstelle sagt dies aber gerade nicht aus. Ob sich diese Ansicht durchsetzen wird, bleibt abzuwarten. Nachdem sich offenbar beide Seiten darüber klar sind, dass § 432 BGB das Außen-, §§ 741 ff. BGB jedoch das Innenverhältnis regele, ist eigentlich die h. M. einleuchtender; denn eine Eintragung im Grundbuch zielt ja ersichtlich gerade auf das Außenverhältnis.

14) So Stöber/*Nicht*, ZVG, § 128 Rz. 13, Dassler/Schiffhauer/u. a.-*Hintzen*, ZVG, § 128 Rz. 9; a. A. BeckOK-*R. Goldbach*, ZVG, § 128 Rz. 12; Schneider-*Schneider*, ZVG, § 128 Rz. 25; *Alff*, Rpfleger 2001, 385.

15) Böttcher/*Böttcher*, ZVG, § 128 Rz. 11; Stöber/*Nicht*, ZVG, § 128 Rz. 27 f.; Dassler/Schiffhauer/u. a.-*Hintzen*, ZVG, § 128 Rz. 13; Schneider-*Schneider*, ZVG, § 128 Rz. 17; BeckOK-*R. Goldbach*, ZVG, § 128 Rz. 10.

ten Bedingungen einen **Rangverlust.** Deshalb muss dies bei der Eintragung entsprechend kenntlich gemacht werden.[16)]

4. Rang

9 Der Rang der einzutragenden Sicherungshypothek richtet sich nach dem Rang des ursprünglichen Anspruchs, für den die zu sichernde Forderung gegen den Ersteher übertragen worden ist. Und damit richtet sich der Rang nach §§ 109, 10 bis 12, 110 ZVG; dies bedeutet u. a. Folgendes:

- Die **Sicherungshypothek** für die nach § 109 ZVG **vorweg zu entnehmenden Kosten** ist an erster Rangstelle einzutragen, also auch vor allen bestehen bleibenden Rechten. Dies gilt auch, wenn es sich bei dem bestehen bleibenden Recht um ein Erbbaurecht handelt; denn § 10 ErbbauRG verhindert nur den rechtsgeschäftlichen Verlust der ersten Rangstelle.[17)]
- Die **Sicherungshypotheken der Rangklassen 1 bis 3** sind ebenfalls im Rang vor den bestehen bleibenden Rechten einzutragen. Für das bestehen bleibende Erbbaurecht gilt auch hier das oben Dargestellte.
- Die **Sicherungshypothek** für die **Kosten eines bestehen bleibenden Rechts** sind im Rang vor dem (im Grundbuch eingetragen bleibenden) Hauptanspruch und vor der Sicherungshypothek für die Zinsen und sonstigen Nebenleistungen dieses Rechts einzutragen; die Sicherungshypothek für diese Nebenleistungen erhält zwar Rang nach den Kosten, aber ebenfalls Rang vor dem Hauptanspruch (vgl. § 12 ZVG).
- Die **Sicherungshypotheken für verspätet angemeldete Ansprüche** (§ 110 ZVG) erhalten Rang nach allen Ansprüchen der Rangklassen des § 10 ZVG; zwischen mehreren verspätet angemeldeten Ansprüchen untereinander gilt dann aber wieder § 10 ZVG.
- Falls ein **Erlösrest** vorhanden ist, wird die für den Eigentümer zurzeit des Zuschlags einzutragende Sicherungshypothek (Abs. 2) an letzter Stelle eingetragen.

10 Das **Rangverhältnis** ist vom Vollstreckungsgericht in seinem Ersuchen genau darzustellen. Wie der vorgegebene Rang dann im Grundbuch dargestellt wird, ist Aufgabe des Grundbuchamts. Erforderliche Angaben über den Rang eines eingetragenen Rechts sind gemäß § 18 GBV bei allen beteiligten Rechten zu vermerken. Wenn es sich hierbei um ein Briefrecht handelt, ist die Vorlegung des Grundpfandrechtsbriefs gemäß § 131 Satz 1 ZVG nicht erforderlich.

11 Ist das **Liegenbelassen eines Rechts** nach § 91 Abs. 2 ZVG vereinbart worden, behält dieses seinen Rang. Da für den entsprechenden Anspruch in diesem Fall auch

16) Böttcher/*Böttcher*, ZVG, § 128 Rz. 18 (= Eintragungsmuster); Dassler/Schiffhauer/u. a.-*Hintzen*, ZVG, § 128 Rz. 15; etwas anders Stöber/*Nicht*, ZVG, § 128 Rz. 18: Das Ersuchen hat auszuweisen, ob der Anspruch aus Rangklasse 1–3 des § 10 Abs. 1 ZVG oder Kosten-, Zinsen- oder Hauptanspruch war. Im Grundbuch könnte dann insoweit auf das Ersuchen Bezug genommen werden; ähnlich auch Schneider-*Schneider*, ZVG, § 128 Rz. 5.

17) BGH, Urt. v. 31.10.1968 – V ZR 117/67, Rpfleger 1969, 13 = NJW 1969, 93; so auch Böttcher/*Böttcher*, ZVG, § 128 Rz. 17; Dassler/Schiffhauer/u. a.-*Hintzen*, ZVG, § 128 Rz. 23; Schneider-*Schneider*, ZVG, § 128 Rz. 40; BeckOK-*R. Goldbach*, ZVG, § 128 Rz. 16.

keine Sicherungshypothek eingetragen werden muss, unterliegt das bestehen gebliebene Recht auch nicht der Einschränkung des § 128 Abs. 3 Satz 2 ZVG.[18)]

5. Rechte Dritter

Wenn das erloschene Recht mit dem Recht eines Dritten belastet war (z. B. Pfandrecht, Nießbrauch), erstreckt sich dieses Recht auf die übertragene Forderung gegen den Ersteher. Wenn das Recht aus dem Grundbuch ersichtlich ist, so muss sich das Ersuchen des Vollstreckungsgerichts gemäß Absatz 1 Satz 2 auch auf die Eintragung dieses Rechts an der Sicherungshypothek erstrecken; denn mit der Löschung des ursprünglichen Rechts würde auch das Recht des Dritten aus dem Grundbuch verschwinden. 12

War das Recht zwar nicht grundbuchersichtlich, aber vom Drittberechtigten rechtzeitig nachgewiesen, dann gilt dasselbe.[19)] Dies trifft nach h. M. auch zu, wenn der Anspruch auf den Erlösanteil gepfändet, verpfändet oder über ihn sonstwie verfügt worden ist. Wenn dies dem Vollstreckungsgericht vor dem Absenden des Ersuchens bekannt wird, hat es sein Ersuchen entsprechend zu ergänzen. 13

6. Bedingte Sicherungshypothek, bedingte Forderung

Die Forderungsübertragung erfolgt in den Fällen der §§ 119, 120 Abs. 1 Satz 2, 121 Abs. 2, 123 Abs. 2, § 124 Abs. 2 und 125 Abs. 2 ZVG bedingt. Hier muss aber unterschieden werden: 14

Wenn die Übertragung selbst unter der Bedingung erfolgt, dass vom Ersteher ein (weiterer) Betrag zu zahlen ist, kann auch die Sicherungshypothek nur unter der entsprechenden Bedingung eingetragen werden. Dies trifft im Fall des § 125 Abs. 2 ZVG zu. Für den Berechtigten des Zuzahlungsbetrags ist also eine **bedingte Sicherungshypothek** einzutragen. Im Grundbuch muss diese Tatsache ausdrücklich eingetragen werden. Bezüglich des Inhalts der Bedingung kann auf das Ersuchen Bezug genommen werden. Deshalb muss dieses Ersuchen die entsprechende Bedingung auch genau beschreiben, also für den Fall, dass das bestehen gebliebene Recht doch nicht besteht und deshalb der Zuzahlungsbetrag zu zahlen ist. 15

In allen anderen o. a. Fällen der bedingten Forderungsübertragung ist nicht der Anspruch selbst bedingt, sondern das jeweiligen Gläubigerrecht. Deshalb ist in diesen Fällen eine **unbedingte Sicherungshypothek** einzutragen für jeden Berechtigten unter der entsprechenden Bedingung.[20)] Während der „Schwebezeit" nach § 120 Abs. 2 ZVG sind alle Berechtigte nur gemeinsam empfangsberechtigt. Auch hier muss das Eintragungsersuchen die bedingten Berechtigungen genau bezeichnen. Dabei ist weiter zu beachten, dass für den Hilfsberechtigten die Zuteilung (und damit auch die Eintragung „seiner" Sicherungshypothek) „im Rang seines Anspruchs" erfolgt.[21)] 16

18) BGH, Urt. v. 23.10.1980 – III ZR 100/79, ZIP 1981, 161 = MDR 1981, 568.

19) Böttcher/*Böttcher*, ZVG, § 128 Rz. 13; Stöber/*Nicht*, ZVG, § 128 Rz. 27; Dassler/Schiffhauer/u. a.-*Hintzen*, ZVG, § 128 Rz. 18; Schneider-*Schneider*, ZVG, § 128 Rz. 31; BeckOK-*R. Goldbach*, ZVG, § 128 Rz. 21.

20) Hinsichtlich der Zulässigkeit einer Sukzessivberechtigung im Grundbuch wird auf Meikel/*Böhringer*, GBO, § 47 Rz. 314–317 verwiesen.

21) Stöber/*Nicht*, ZVG, § 128 Rz. 35, auch mit entsprechendem Formulierungsvorschlag.

III. Besonderheiten

1. Sicherungshypothek für den Erlösüberschuss (Abs. 2)

17 Ist die Teilungsmasse höher als die Schuldenmasse, steht dieser Erlösrest dem bisherigen Eigentümer als Surrogat für sein verlorenes Eigentum am Grundstück zu. Insoweit findet keine Forderungsübertragung statt; denn dem bisherigen Eigentümer steht der Anspruch auf Zahlung des Meistbargebots an das Vollstreckungsgericht schon zu.

18 Aber auch für ihn wird im Falle der Nichtzahlung eine Sicherungshypothek eingetragen. Als Gläubiger dieser Hypothek ist derjenige einzutragen, der zur Zeit des Zuschlags Eigentümer des Grundstücks war (Abs. 2). Mehreren Eigentümern steht der Anspruch in dem vorher am Grundstück bestehenden Gemeinschaftsverhältnis zu. Wenn dies eine Bruchteilsgemeinschaft war, erfolgt die Eintragung für die bisherigen Eigentümer „als Mitberechtigte nach § 432 BGB".[22]

2. Vereinigung von Hypothek und Eigentum (Abs. 3 Satz 2)

19 Wenn der Ersteher den Gläubiger einer Sicherungshypothek befriedigt oder erlischt die gesicherte Forderung aus einem anderen Grund, dann geht diese Hypothek gemäß § 1163 Abs. 1 BGB auf den Eigentümer über. In diesem Fall darf dieses Recht nicht zum Nachteil eines bestehen gebliebenen Rechts oder einer anderen Sicherungshypothek gemäß § 128 ZVG geltend gemacht werden (Abs. 3 Satz 2). Dies bedeutet, dass die aus der Sicherungshypothek entstandene **Eigentümergrundschuld** dann hinter die o. a. Rechte im Rang **zurücktritt**. Dies muss bei der Sicherungshypothek vermerkt werden.[23] Und bei einer beantragten Berichtigung der Sicherungshypothek auf den Eigentümer ist diese Rangverschiebung dann auch zu vermerken.

20 Wenn an der Sicherungshypothek jedoch das Recht eines Dritten besteht, das bereits vor dem Zuschlag (am ursprünglichen Recht) bestand, dann soll dies nicht gelten.[24]

3. Geringstes Gebot bei einer erneuten Versteigerung (Abs. 4)

21 Wenn das Grundstück erneut versteigert wird, richtet sich die Berechnung des geringsten Gebots wie in den anderen Fällen auch nach dem bestbetreibenden Gläubiger. Gemäß §§ 44, 45 ZVG kommen in das geringste Gebot neben den Kosten des Verfahrens nur die Ansprüche, welche dem bestbetreibenden Gläubiger im Range vorgehen. Ob eine nach § 128 ZVG eingetragene Sicherungshypothek im geringsten Gebot berücksichtigt wird, hängt also davon ab, ob sie Rang vor oder nach dem bestbetreibenden Gläubiger hat:

– Wenn sie Rang nach dem bestbetreibenden Gläubiger hat, wird sie im geringsten Gebot nicht berücksichtigt. Mit dem Zuschlag erlischt die Hypothek (§ 91 Abs. 1 ZVG) ohne Rücksicht darauf, ob eine Zuteilung auf sie entfällt oder nicht.

---

22) Böttcher/*Böttcher*, ZVG, § 128 Rz. 9 und 10; Dassler/Schiffhauer/u. a.-*Hintzen*, ZVG, § 128 Rz. 8; BeckOK-*R. Goldbach*, ZVG, § 128 Rz. 23; a. A. Stöber/*Nicht*, ZVG, § 128 Rz. 12 und 30.

23) Vgl. Böttcher/*Böttcher*, ZVG, § 128 Rz. 19 mit Eintragungsbeispiel unter Rz. 18.

24) Böttcher/*Böttcher*, ZVG, § 128 Rz. 19, Dassler/Schiffhauer/u. a.-*Hintzen*, ZVG, § 128 Rz. 27; Schneider-*Schneider*, ZVG, § 128 Rz. 43; BeckOK-*R. Goldbach*, ZVG, § 128 Rz. 18; a. A. Stöber/*Nicht*, ZVG, § 128 Rz. 32.

– Wenn die Sicherungshypothek Rang vor dem bestbetreibenden Gläubiger hat, wird sie im geringsten Gebot berücksichtigt, aber nicht bei den bestehen bleibenden Rechten, sondern im Mindestbargebot; denn Absatz 4 stellt eine Ausnahme zu § 52 ZVG dar. Damit müssen die entsprechenden Zinsen auch bis zum (voraussichtlichen) Verteilungstermin und nicht nach § 47 ZVG berechnet werden.

Durch Absatz 4 wird also erreicht, dass die **Sicherungshypotheken** nach § 128 ZVG bei einer erneuten Versteigerung in jedem Fall **erlöschen.** 22

§ 129
Spätere Rangverschiebung der Sicherungshypotheken

Die Sicherungshypothek für die im § 10 Nr. 1 bis 3 bezeichneten Ansprüche, für die im § 10 Nr. 4 bezeichneten Ansprüche auf wiederkehrende Leistungen und für die im § 10 Abs. 2 bezeichneten Kosten kann nicht zum Nachteil der Rechte, welche bestehen geblieben sind, und der übrigen nach § 128 Abs. 1, 2 eingetragenen Sicherungshypotheken geltend gemacht werden, es sei denn, daß vor dem Ablauf von sechs Monaten nach der Eintragung derjenige, welchem die Hypothek zusteht, die Zwangsversteigerung des Grundstücks beantragt. Wird der Antrag auf Zwangsversteigerung zurückgenommen oder das Verfahren nach § 31 Abs. 2 aufgehoben, so gilt er als nicht gestellt.

Übersicht

I. Allgemeines

1 Durch den Rang der nach § 128 ZVG einzutragenden Sicherungshypotheken gehen den ursprünglich am versteigerten Grundstück eingetragenen Rechten (gleich ob sie bestehen geblieben oder mit dem Zuschlag erloschen sind)[1] plötzlich weitere Belastungen im Range vor, die ihren Grund nur in der Nichtzahlung des Bargebots des Erstehers im Zwangsversteigerungsverfahren haben. Dieser Rangverlust soll aber nicht von Dauer sein. Und so sieht neben § 128 Abs. 4 ZVG, der das Bestehenbleiben einer Sicherungshypothek in einer erneuten Versteigerung verhindert, § 129 ZVG einen **Rangverlust** für bestimmte Sicherungshypotheken vor.

2 Die Vorschrift, die für alle Versteigerungsarten des ZVG gilt, ist in mehrfacher Hinsicht ungenau und sollte bei nächster Gelegenheit berichtigt bzw. klargestellt werden:

– Es ist von der Sicherungshypothek „für die in § 10 Nr. 1–3 bezeichneten Ansprüche" die Rede.

1) Jetzt aber wieder als Sicherungshypotheken „für erloschene Rechte" eingetragen wurden.

Tatsächlich betreffen die Sicherungshypotheken aber nicht diese Ansprüche, sondern die wegen dieser Ansprüche übertragenen Forderungen gegen den Ersteher.

Auch müsste vor die „Nr. 1–3" noch „Abs. 1" eingefügt werden.

– In Satz 2 wird auf „§ 31 Abs. 2" verwiesen.

Tatsächlich kann hier nur „§ 31 Abs. 1 Satz 2 ZVG" gemeint sein, da § 31 Abs. 2 ZVG keinen Aufhebungstatbestand, sondern den Fristbeginn für die Stellung des Fortsetzungsantrags regelt.[2)]

– Die Sicherungshypotheken wegen der Ansprüche aus § 10 Abs. 1 Nr. 6, 7 und 8 ZVG sind in § 129 ZVG nicht aufgeführt.

Daran hat sich dann ein Streit entfacht, ob diese Sicherungshypotheken nur vergessen worden sind und sie deshalb wie ihre „Ausgangsrangklassen" zu behandeln seien oder ob der Umkehrschluss richtig sei.

Für die Sicherungshypothek, welche die Forderung aus den Rangklassen 7 und 8 sichern, soll nach *Böttcher*[3)] dasselbe gelten wie für die Sicherungshypotheken für Ansprüche der Rangklassen 3 und 4. Mit *Stöber*[4)] bin ich der Ansicht, dass man den klaren Wortlaut des Gesetzes nicht ohne Not ins Gegenteil verkehren darf.

Für die Sicherungshypothek, welche eine Forderung aus wiederkehrenden Leistungen eines ursprünglichen Rechts sichert, das nur in Rangklasse 6 berücksichtigt werden konnte, gilt aber dasselbe wie für diese Nebenleistungen der Rangklasse 4.[5)]

II. Rangverlust

1. Betroffene Rechte

3 Vom Rangverlust des § 129 ZVG sind Sicherungshypotheken betroffen, die wegen folgender ursprünglicher Ansprüche eingetragen werden:

– Rangklassen 1–3 (§ 10 Abs. 1 Nr. 1–3 ZVG),

– Wiederkehrende Leistungen der Rangklassen 4 und 6 (§ 10 Abs. 1 Nr. 4, 6 ZVG),

– Kostenansprüche gemäß § 10 Abs. 2 ZVG.

4 Nicht betroffen sind die Sicherungshypotheken wegen der vorweg zu entnehmenden Gerichtskosten (§ 109 ZVG), gleich ob sie für das Land als Kostengläubiger oder für einen Vorschussgläubiger eingetragen sind. Auch nicht betroffen sind die anderen Sicherungshypotheken sowie die bestehen bleibenden Rechte.

2) So auch Böttcher/*Böttcher*, ZVG, § 129 Rz. 6; Stöber/*Nicht*, ZVG, § 129 Rz. 6; Dassler/Schiffhauer/u. a.-*Hintzen*, ZVG, § 129 Rz. 2 und 8; BeckOK-*R. Goldbach*, ZVG, § 129 Rz. 10.

3) Böttcher/*Böttcher*, ZVG, § 129 Rz. 2; Dassler/Schiffhauer/u. a.-*Hintzen*, ZVG, § 129 Rz. 2; Schneider-*Schneider*, ZVG, § 129 Rz. 5; BeckOK-*R. Goldbach*, ZVG, § 129 Rz. 4.

4) Stöber/*Nicht*, ZVG, § 129 Rz. 3.

5) So auch Stöber/*Nicht*, ZVG, § 129 Rz. 3; Schneider-*Schneider*, ZVG, § 129 Rz. 5.

2. Begünstigte Rechte

Durch die Rangverschiebung begünstigt werden somit folgende Rechte: 5

- alle bestehen gebliebenen Rechte; dazu zählen auch die Rechte, die außerhalb des geringsten Gebotes oder aufgrund einer Liegenbelassungsvereinbarung gemäß § 91 Abs. 2 ZVG bestehen geblieben sind;
- alle nicht als betroffene Rechte aufgeführten Sicherungshypotheken (also die wegen der Gerichtskosten, die wegen des Hauptanspruchs der Rangklassen 4 und 6, die wegen Ansprüche der Rangklassen 7 und 8);
- die gemäß § 129 ZVG betroffenen Sicherungshypotheken, soweit aus ihnen rechtzeitig die Wiederversteigerung beantragt worden ist.

3. Wirkung

Die betroffenen Sicherungshypotheken können nicht zum Nachteil der begünstigten Rechte geltend gemacht werden. Konkret bedeutet dies: Diese Rechte verlieren ihren bisherigen Rang; sie treten hinter die begünstigten Rechte zurück. Damit wird das Grundbuch unrichtig. Die Berichtigung erfolgt aber nicht von Amts wegen, sie wird auch nicht vom Vollstreckungsgericht veranlasst; vielmehr ist hierzu ein Antrag gemäß § 13 GBO erforderlich. Der Antragsteller muss die Unrichtigkeit in öffentlicher Urkunde nachweisen oder eine Berichtigungsbewilligung des Betroffenen vorlegen (§§ 22, 29 GBO). 6

III. Verhinderung des Rangverlustes

1. Versteigerungsantrag

Der oben dargestellte Rangverlust tritt nicht ein, wenn der Gläubiger innerhalb einer Frist von sechs Monaten seit Eintragung seiner Sicherungshypothek die Wiederversteigerung des Grundstücks beantragt (Satz 1). Ein solcher Antrag hindert aber nur den Rangverlust „seiner" Sicherungshypothek. Wenn die anderen Gläubiger auch ihren Rangverlust verhindern wollen, müssen sie ebenfalls innerhalb der Sechs-Monats-Frist einen Versteigerungsantrag stellen, also dem Verfahren beitreten (§ 27 ZVG). 7

Innerhalb der Frist muss der Antrag beim zuständigen Vollstreckungsgericht eingegangen sein. Die Frist wird auch durch einen mangelhaften Antrag gewahrt, wenn er schließlich doch zur Anordnung bzw. zum Beitritt führt. Wenn er jedoch rechtskräftig zurückgewiesen wird, dann hindert auch der rechtzeitig gestellte Antrag nicht den Rangverlust.[6] 8

2. Rücknahme des Versteigerungsantrags

Wenn ein gestellter Antrag wieder zurückgenommen wird, dann **gilt er als nicht gestellt** (Satz 2, Alt. 1) mit der Folge, dass der Rangverlust nicht vermieden wird. Dies gilt auch, wenn der Antrag aufgrund einer dritten Einstellungsbewilligung als zurückgenommen gilt (§ 30 Abs. 1 Satz 3 ZVG). 9

---

6) Stöber/*Nicht*, ZVG, § 129 Rz. 6.; Dassler/Schiffhauer/u. a.-*Hintzen*, ZVG, § 129 Rz. 7; Schneider-*Schneider*, ZVG, § 129 Rz. 14.

10 Nach Satz 2, Alt. 2 gilt dasselbe, wenn das Verfahren nach § 31 Abs. 1 Satz 2 (siehe Rz. 1) mangels rechtzeitigen Fortsetzungsantrags aufgehoben wird. Wenn die Verfahrensaufhebung auf einem anderen Grund beruht (z. B. auf § 28 oder § 77 ZVG), dann führt dies nicht zu einem (erneuten) Rangverlust.

IV. Sonstiges

1. Gutgläubiger Erwerb des Rangs

11 Die außerhalb des Grundbuchs erfolgte Rangverschlechterung einer Sicherungshypothek kann wieder beseitigt werden, wenn ein Zessionar die im Grundbuch ausgewiesene (bessere) Rangstelle **gutgläubig** erwirbt (§ 892 BGB). Nach *Böttcher*[7] reicht der Hinweis gemäß § 130 Abs. 1 Satz 2 ZVG bei der Sicherungshypothek nicht aus, um einen Zessionar hinsichtlich eines drohenden Rangverlustes **bösgläubig** zu machen. Mit *Stöber*[8] bin ich der Ansicht, dass die Bezugnahme auf das Eintragungsersuchen jedoch ausreichend ist, wenn die Beschränkung hinsichtlich des Ranges in diesem Ersuchen enthalten ist. Trotzdem ist es ratsam, die Beschränkung ausdrücklich im Eintragungstext aufzuführen.[9]

2. Frist des § 118 Abs. 2 ZVG

12 In § 118 Abs. 2 Satz 2 Alt. 2 ZVG ist ebenfalls von der Stellung eines (Wieder-)Versteigerungsantrags die Rede. Dort beträgt die Frist hierfür jedoch drei Monate, und die Wirkungen beziehen sich auf die Fiktion der „Befriedigung aus dem Grundstück" (§ 118 Abs. 2 Satz 1 ZVG), die durch diese Antragstellung gerade nicht eintreten soll.[10] Wenn der Gläubiger also einerseits den Rangverlust seiner Sicherungshypothek gemäß § 129 ZVG verhindern will, andrerseits die Befriedigungsfiktion durch die Forderungsübertragung will, dann sollte er den Antrag auf Wiederversteigerung erst nach Ablauf der Frist des § 118 Abs. 2 ZVG aber vor dem Ende der Frist des § 129 Satz 1 ZVG stellen.[11]

13 Beispiel für die Rangverschiebungen siehe bei *Stöber*.[12]

---

7) Böttcher/*Böttcher*, ZVG, § 129 Rz. 5 m. w. N.

8) Stöber/*Nicht*, ZVG, § 129 Rz. 4; Dassler/Schiffhauer/u. a.-*Hintzen*, ZVG, § 129 Rz. 6. Schneider-*Schneider*, ZVG, § 128 Rz. 50 und § 129 Rz. 15; so jetzt auch BeckOK-*R. Goldbach*, ZVG, § 129 Rz. 8 und 8.1.

9) Vgl. das Eintragungsbeispiel einer Sicherungshypothek bei Böttcher/*Böttcher*, ZVG, § 128 Rz. 18 und Stöber/*Nicht*, § 130 Rz. 41.

10) Wegen der Einzelheiten siehe § 118 Rz. 24–26 [*Bachmann*].

11) Hierbei ist aber auch zu beachten, dass die beiden Fristen zu unterschiedlichen Zeitpunkten beginnen.

12) Stöber/*Nicht*, ZVG, § 129 Rz. 11–14.

§ 130

Eintragungen in das Grundbuch

(1) Ist der Teilungsplan ausgeführt und der Zuschlag rechtskräftig, so ist das Grundbuchamt zu ersuchen, den Ersteher als Eigentümer einzutragen, den Versteigerungsvermerk sowie die durch den Zuschlag erloschenen Rechte zu löschen

und die Eintragung der Sicherungshypotheken für die Forderung gegen den Ersteher zu bewirken. Bei der Eintragung der Hypotheken soll im Grundbuch ersichtlich gemacht werden, daß sie auf Grund eines Zwangsversteigerungsverfahrens erfolgt ist.

(2) Ergibt sich, daß ein bei der Feststellung des geringsten Gebots berücksichtigtes Recht nicht zur Entstehung gelangt oder daß es erloschen ist, so ist das Ersuchen auch auf die Löschung dieses Rechtes zu richten.

(3) Hat der Ersteher, bevor er als Eigentümer eingetragen worden ist, die Eintragung eines Rechts an dem versteigerten Grundstück bewilligt, so darf die Eintragung nicht vor der Erledigung des im Absatz 1 bezeichneten Ersuchens erfolgen.

Literatur: *Helsper*, Keine Grundbuchberichtigung ohne Unbedenklichkeitsbescheinigung, NJW 1973, 1485; *Herzig*, Wer hat im Zwangsversteigerungsverfahren die Unbedenklichkeitsbescheinigung zu beschaffen, wenn der Ersteher sich nicht um sie bemüht?, JurBüro 1968, 868; *Hornung*, Löschung der nach Zuschlagserteilung unwirksam eingetragenen Rechte, Rpfleger 1980, 249; *Klawikowski*, Die Grundstücksversteigerung bei Vor- und Nacherbschaft, Rpfleger 1998, 100; *Meyer-Stolte*, Eintragungen zwischen Zuschlag und Eigentumsberichtigung, Rpfleger 1983, 240; *Weber*, Grundbuchberichtigung ohne Unbedenklichkeitsbescheinigung, NJW 1973, 2015.

Übersicht

I. Allgemeines

1 Mit dem Zuschlag ist der Ersteher nach § 90 Abs. 1 ZVG Eigentümer des Grundstücks geworden. Zum gleichen Zeitpunkt sind auch die Rechte, welche nicht nach den Versteigerungsbedingungen bestehen bleiben, erloschen (§ 91 Abs. 1 ZVG). Ab dem Zuschlag ist damit das Grundbuch sowohl hinsichtlich der Eigentümereintragung als auch hinsichtlich dieser Rechte unrichtig. Da das Grundbuch grundsätzlich aber nicht von Amts wegen berichtigt wird, sieht § 130 Abs. 1 ZVG vor, dass das **Vollstreckungsgericht** das Grundbuchamt um **Eintragung** des Erstehers und Löschung der erloschenen Rechte ersucht. Da mit der Eintragung des Erstehers auch der Versteigerungsvermerk keine Bedeutung mehr hat, muss auch dieser gelöscht werden. Und wenn Forderungsübertragungen (§ 118 ZVG) stattgefunden haben, ist die Eintragung der entsprechenden Sicherungshypotheken (§ 128 ZVG) zu veranlassen.

2 Stellt sich nachträglich heraus, dass ein im geringsten Gebot als bestehen bleibend berücksichtigtes Recht materiellrechtlich gar nicht bzw. nicht mehr besteht, so muss sich das Ersuchen nach Absatz 2 auch auf die **Löschung** dieses Rechts beziehen.

3 Und Absatz 3 richtet sich unmittelbar an das Grundbuchamt und **verbietet** den vorherigen **Vollzug** von Eintragungen, die aufgrund einer Eintragungsbewilligung des Erstehers erfolgen sollen.

4 § 130 ZVG wird ergänzt durch § 130a Abs. 2 ZVG, wonach das Ersuchen unter bestimmten Voraussetzungen auch um **Eintragung** einer **Vormerkung** zur Sicherung des Anspruchs auf Löschung an einem bestehen gebliebenen Grundpfandrecht erweitert werden muss.

5 § 131 ist eine weitere Ergänzung und sieht in den dort genannten Fällen die Befreiung von der Briefvorlage vor. Da dies eine Ausnahme zu dem grundbuchrechtlichen Grundsatz der §§ 41, 42 GBO darstellt, richtet sich diese Vorschrift ebenfalls an das Grundbuchamt.

6 Die genannten Vorschriften gelten für alle Versteigerungsarten des ZVG.

II. Ersuchen des Vollstreckungsgerichts

1. Voraussetzungen

7 Wenn der Teilungsplan ausgeführt und der Zuschlagsbeschluss rechtskräftig ist, muss das Vollstreckungsgericht das Grundbuchamt um **Eintragung** des **Ergebnisses** der Versteigerung ersuchen (Abs. 1).

8 Der Teilungsplan ist dann ausgeführt, wenn die Auszahlung bzw. Überweisung oder die Forderungsübertragung an die Zuteilungsberechtigten erfolgt ist. Sofern bedingte Zuteilungen erfolgt sind, brauchen die entsprechenden Bedingungen nicht abgewartet werden. Jedoch muss eine nach § 65 ZVG angeordnete abgesonderte Verwertung durchgeführt sein.

9 Die Rechtskraft des Zuschlagsbeschlusses muss das Vollstreckungsgericht durch Einholung eines **Notfristzeugnisses** beim Beschwerdegericht von Amts wegen feststellen.[1]

10 Die **Unbedenklichkeitsbescheinigung** des Finanzamtes muss vorliegen; denn diese muss dem Ersuchen als Anlage beigefügt werden (siehe Rz. 24).

2. Inhalt

11 Im Ersuchen bittet das Vollstreckungsgericht das Grundbuchamt um folgende Eintragungen (Abs. 1):

- **Eintragung** des Erstehers als **neuer Eigentümer**;
- **Löschung** des **Zwangsversteigerungsvermerks**;
- **Löschung** der durch den Zuschlag **erloschenen Rechte**;

---

1) Da die Beschwerde gemäß § 569 Abs. 1 ZPO auch beim Beschwerdegericht (Landgericht) eingelegt werden kann, sollte auf die Einholung des Notfristzeugnisses eigentlich nie verzichtet werden. Die Praxis handhabt dies oft etwas weniger streng.

– **Eintragung der Sicherungshypotheken** gemäß § 128 ZVG für übertragene Forderungen.

Ersucht werden darf also nur um Eintragungen, die unmittelbar auf der Versteigerung beruhen und das versteigerte Grundstück betreffen; dieses ist gemäß § 28 GBO zu bezeichnen. So darf das Vollstreckungsgericht z. B. nicht um Löschung einer Dienstbarkeit an nicht versteigerten Grundstücksbruchteilen ersuchen, auch wenn diese dort kraft Gesetzes erloschen sein sollte.[2)] Auch das Erlöschen von Gesamtbelastungen an nicht versteigerten Grundstücken (z. B. nach § 1181 Abs. 2 BGB) kann nicht Inhalt des Ersuchens sein.[3)] 12

Der **Ersteher** ist im Ersuchen gemäß § 15 GBV zu bezeichnen. Dies bedeutet: 13

– Bei natürlichen Personen sind grundsätzlich Vor- und Familienname sowie das Geburtsdatum anzugeben.
– Bei juristischen Personen, Handels- und Partnerschaftsgesellschaften sind der Name oder die Firma und der Sitz anzugeben.
– Bei der Eintragung einer Gesellschaft des bürgerlichen Rechts sind deren Gesellschafter anzugeben; zur Bezeichnung der Gesellschaft kann zusätzlich noch deren Name und Sitz angegeben werden.[4)]

Bei mehreren Erstehern ist das maßgebliche Gemeinschaftsverhältnis anzugeben (§ 47 GBO). Dies betrifft aber nicht (mehr) die Gesellschaft des bürgerlichen Rechts, seit diese selbst rechtsfähig ist. Jedoch sind (nach wie vor) die einzelnen Gesellschafter namentlich zu bezeichnen. Ein anderslautendes Ersuchen des Vollstreckungsgerichts (z. B. „Frau X und Herr Y als Gesellschafter der GdbR") ist vom Grundbuchamt aber dahingehend auszulegen, dass die rechtsfähige Gesellschaft als Eigentümerin eingetragen werden soll.[5)] 14

---

2) OLG Frankfurt, Rpfleger 1979, 149, vgl. Dassler/Schiffhauer/u. a.-*Hintzen*, ZVG, § 130 Rz. 8; Stöber/*Nicht*, ZVG, § 130 Rz. 23a; Schneider-*Schneider*, ZVG, § 130 Rz. 49 ff.

3) Böttcher/*Böttcher*, ZVG, § 130 Rz. 5; Stöber/*Nicht*, ZVG, § 130 Rz. 23; Schneider-*Schneider*, ZVG, § 130 Rz. 48; BeckOK-*R. Goldbach*, ZVG, § 130 Rz. 16.

4) Am 1.1.2024 tritt das Gesetz zur Modernisierung des Personengesellschaftsrechts vom 10.8.2021 (BGBl. I S. 3436) in Kraft. Die Änderungen im BGB hinsichtlich der BGB-Gesellschaft (§§ 705 ff. BGB n. F.) haben auch Auswirkungen auf das Grundbuchrecht. So sieht § 47 Abs. 2 GBO n. F. vor, dass für eine Gesellschaft bürgerlichen Rechts ein Recht nur eingetragen werden soll, wenn sie im Gesellschaftsregister eingetragen ist. § 15 Abs. 1b Nr. 2 der Grundbuchverfügung n. F. verlangt, dass bei der rechtsfähigen Gesellschaft der Name und der Sitz angegeben werden sollen, zudem das Registergericht und das Registerblatt der Eintragung des Berechtigten in das Gesellschaftsregister, wenn sich diese Angaben aus der Eintragungsunterlagen ergeben oder dem Grundbuchamt anderweitig bekannt sind.

Für das Grundbuchersuchen des Vollstreckungsgerichts bedeutet dies u. a.: Es ist der Name der Gesellschaft (nicht mehr die Namen der einzelnen Gesellschafter) und der Sitz der Gesellschaft anzugeben und grundsätzlich auch das entsprechende Registerblatt beizufügen. Das letzte gilt ab 1.1.2024 auch für solche Berechtigte, die im Handels-, Genossenschafts-, Partnerschafts- und Vereinsregister eingetragen sind.

5) OLG Nürnberg, Beschl. v. 5.5.2015 – 15 W 788/14, Rpfleger 2014, 619 = ZfIR 2014, 491; vgl. auch OLG Hamm, Beschl. v. 17.3.2011 – 15 W 706/10, Rpfleger 2011, 453 = ZfIR 2011, 432.

15 Wenn der Ersteher mit dem Vollstreckungsschuldner identisch ist, muss trotzdem seine Eintragung als Ersteher vorgenommen werden, da er als Ersteher das Eigentum originär erworben hat. Ist der Ersteher bereits verstorben, dann wird trotzdem der **Erblasser** in das Grundbuch eingetragen. Falls dem Vollstreckungsgericht in diesem Fall schon ein Erbnachweis und evtl. sogar schon ein Grundbuchberichtigungsantrag der Erben vorliegt, wird das Vollstreckungsgericht diese Unterlagen seinem Ersuchen beifügen, das Weitere aber dem Grundbuchamt überlassen.[6)]

16 Hat der Insolvenzverwalter das Grundstück zur Insolvenzmasse ersteigert, ist als neuer Eigentümer der **Insolvenzschuldner** einzutragen. Das Vollstreckungsgericht ist aber nicht befugt, um gleichzeitige Eintragung des Insolvenzvermerks zu ersuchen; dies ist Aufgabe des Insolvenzverwalters oder des Insolvenzgerichts (§ 32 InsO).[7)]

17 Ersucht wird auch um **Löschung** des **Zwangsversteigerungsvermerks**, da er seinen Zweck erfüllt hat. Wenn mehrere Verfahren anhängig waren (z. B. eine Vollstreckungsversteigerung, parallel dazu eine Teilungsversteigerung, mehrere Verfahren über verschiedene Grundstücksbruchteile) ist es sinnvoll, den zu löschenden Vermerk genauer zu bezeichnen (z. B. durch die lfd. Nr. der Eintragung in Abt. II, durch Hinweis auf das Datum des Ersuchens, aufgrund dessen der Vermerk eingetragen worden ist).

18 Weiter ist das Grundbuchamt um **Löschung** der **durch** den **Zuschlag erloschenen Rechte** (§ 91 Abs. 1) zu ersuchen. Hierbei sind die Rechte einzeln anzugeben und genau zu bezeichnen. Rechte, die aufgrund einer Vereinbarung nach § 91 Abs. 2 ZVG bestehen bleiben, dürfen nicht gelöscht werden. Wenn sich diese Vereinbarung nur auf einen Teil des Rechts bezieht, dann ist um Löschung hinsichtlich des Restes zu ersuchen.

19 Das Löschungsersuchen erfasst auch die **Rechte**, die **nach** der **Eintragung des Versteigerungsvermerks**, aber vor Erteilung des Zuschlags eingetragen worden sind. Auch diese sind einzeln aufzuführen, was auch keine Schwierigkeiten bereitet, da das Grundbuchamt gemäß § 19 Abs. 3 ZVG diese Eintragungen dem Vollstreckungsgericht mitgeteilt hat.

20 Ob sich das Ersuchen um Löschung auch auf solche Rechte beziehen darf, welche erst **nach** der **Verkündung des Zuschlags** eingetragen worden sind, wird kontrovers diskutiert. *Böttcher*[8)] bejaht die Befugnis des Vollstreckungsgerichts, auch um Löschung dieser Rechte zu ersuchen. Nach der überwiegenden Ansicht[9)] hat das Voll-

---

6) Stöber/*Nicht*, ZVG, § 130 Rz. 14; Böttcher/*Böttcher*, ZVG, § 130 Rz. 10; Schneider-*Schneider*, ZVG, § 130 Rz. 20.

7) So Dassler/Schiffhauer/u. a.-*Hintzen*, ZVG, § 130 Rz. 22; BeckOK-*R. Goldbach*, ZVG, § 130 Rz. 9; a. A. *Böttcher*, ZVG, § 130 Rz. 11; Stöber/*Nicht*, ZVG, § 130 Rz. 25; Schneider-*Schneider*, ZVG, § 130 Rz. 32.

8) Böttcher/*Böttcher*, ZVG, § 130 Rz. 14 m. w. N.; so auch Schneider-*Schneider*, ZVG, § 130 Rz. 37 ff., der die a. A. als „Mindermeinung" bezeichnet. Die Begründung von Stöber/*Nicht* ist jedoch überzeugender, zumal dabei zu Recht darauf verwiesen wird, dass das Vollstreckungsgericht nicht befugt ist, „sonstige Unrichtigkeiten" zu beseitigen, die ihren eigentlichen Ursprung gar nicht im Ergebnis des Zwangsversteigerungsverfahrens haben.

9) Stöber/*Nicht*, ZVG, § 130 Rz. 21; Dassler/Schiffhauer/u. a.-*Hintzen*, ZVG, § 130 Rz. 9; BeckOK-*R. Goldbach*, ZVG, § 130 Rz. 8 und 8.1.

streckungsgericht aber nicht um die Löschung der nach dem Zuschlag eingetragenen Recht zu ersuchen; es ist vielmehr Aufgabe des Erstehers, eine etwaige Berichtigung beim Grundbuchamt zu beantragen.

Verfügungsbeschränkungen des öffentlichen Rechts dürfen nicht gelöscht werden. 21
Dagegen werden privatrechtliche Verfügungsbeschränkungen, soweit sie nicht objektbezogen sind, gelöscht. So wird z. B. der Insolvenzvermerk (= personenbezogen) gelöscht, der Zwangsverwaltungsvermerk (= objektbezogen) dagegen nicht. Der Nacherbenvermerk kann nur gelöscht werden, wenn keines der bestehen gebliebenen Rechte durch eine Verfügung des Vorerben entstanden ist.

Soweit für einen Anspruch die Forderung gegen den Ersteher übertragen wird, ist 22
gemäß § 128 Abs. 1 Satz 1 ZVG für diese Forderung eine **Sicherungshypothek** am Grundstück mit dem Rang des Anspruchs einzutragen. Sie sind getrennt für Kosten, Zinsen und Hauptanspruch einzutragen. Hierbei ist jeweils anzugeben, dass die Eintragung aufgrund eines Zwangsversteigerungsverfahrens erfolgt (Abs. 1 Satz 2). Im Ersuchen ist auch der Rang der einzelnen Sicherungshypotheken und ein unter Umständen bestehendes Recht eines Dritten (§ 128 Abs. 1 Satz 2 ZVG) anzugeben. Wenn eine Hilfszuteilung erfolgt ist, müssen sowohl der Erst- als auch der Zweitberechtigte eingetragen werden unter Angabe der jeweiligen Bedingung. Im Fall des § 126 Abs. 2 ZVG erfolgt die Eintragung für den „unbekannt gebliebenen Berechtigten …". Auch die Beschränkung des § 128 Abs. 3 Satz 2 ZVG ist im Grundbuch zu vermerken. Zu Einzelheiten siehe § 128 Rz. 19 [*Bachmann*].

3. Form

Die Form richtet sich nach § 29 Abs. 3 GBO. Danach muss das Ersuchen vom 23
Rechtspfleger **unterschrieben** und mit dem Dienstsiegel bzw. **Dienststempel** versehen sein.[10)]

4. Anlagen

Dem Ersuchen ist die **Unbedenklichkeitsbescheinigung** des Finanzamtes (§ 22 24
GrEStG) beizufügen. Bei der Abtretung der Rechte aus dem Meistgebot und bei der verdeckten Stellvertretung (§ 81 Abs. 2 und 3 § 122 Abs. 1 ZVG) liegen zwar mehrere steuerpflichtige Vorgänge vor (siehe § 58 Rz. 17 ff. [*Bachmann*]). Dem Ersuchen beizufügen ist aber nur die Unbedenklichkeitsbescheinigung, welche den **letzten Erwerbsvorgang** betrifft; denn es geht in diesem Zusammenhang nur um die Steuerpflicht desjenigen, der als Eigentümer ins Grundbuch eingetragen werden soll.[11)] Für den Fall der Wiederversteigerung sieht zwar § 133 Satz 1 Halbs. 2 ZVG vor, dass die Anordnung schon erfolgen kann, auch wenn der Ersteher noch nicht im Grundbuch eingetragen ist. Aber spätestens vor der Ansetzung eines Versteige-

---

10) Böttcher/*Böttcher*, ZVG, § 130 Rz. 17; Stöber/*Nicht*, ZVG, § 130 Rz. 5; BeckOK-*R. Goldbach*, ZVG, § 130 Rz. 4; Schneider-*Schneider*, ZVG, § 130 Rz. 56. Wenn *Schneider* unter Hinweis auf *Hintzen* (Dassler/Schiffhauer/u. a.-*Hintzen*, ZVG, § 130 Rz. 11) verlangt, dass mehrere Blätter mit Schnur und Siegel zu verbinden seien, kann dem nicht zugestimmt werden; weder § 44 BeurkG noch § 313b ZPO sind hier einschlägig. Im Übrigen enthält die 16. Ausgabe des erwähnten Kommentars diese Aussage nicht mehr.

11) LG Lüneburg, Beschl. v. 10.9.1986 – 4 T 203/86, Rpfleger 1987, 105.

rungstermins muss nach h. M. auch hier das Ersuchen nach § 130 ZVG vollzogen sein. Wegen der Möglichkeit des Vollstreckungsgerichts, in diesem Fall beim Finanzamt die Übersendung der Unbedenklichkeitsbescheinigung zu beantragen, siehe § 133 Rz. 8 [*Bachmann*].

25 Ein **Negativzeugnis** der Gemeinde nach § 28 BauGB muss dem Ersuchen nicht beigefügt werden; denn das Vorkaufsrecht kann in der Zwangsversteigerung gar nicht ausgeübt werden.[12)]

26 Auch **Zustimmungen Dritter** (z. B. nach § 12 WEG, nach § 5 ErbbauRG) müssen nicht beigefügt werden, da das Grundbuchamt nicht zu prüfen hat, ob sie notwendig waren und dem Vollstreckungsgericht vor Erteilung des Zuschlags vorgelegen haben.[13)]

27 Der Teilungsplan und die Protokolle über den Versteigerungs- oder den Verteilungstermin werden ebenfalls nicht beigefügt. Dass eine **Ausfertigung** oder Abschrift des **Zuschlagsbeschlusses** beigefügt werden muss, ist auch nicht vorgeschrieben. Wenn dies empfohlen wird,[14)] wird dabei übersehen, dass dem Grundbuchamt üblicherweise bereits nach Erteilung des Zuschlags eine Abschrift des Zuschlagsbeschlusses formlos übersandt wird (siehe § 88 Rz. 11 [*Bachmann*]).

28 Nach § 131 ZVG ist die Vorlage der **Grundpfandrechtsbriefe** grundsätzlich nicht erforderlich. Zum Teil ist es aber üblich, unbrauchbar gemachte Briefe (§ 127 Abs. 1 ZVG) dem Ersuchen beizufügen; dann werden sie beim Grundbuchamt zu Sammelakten zusammengefasst. Zu Einzelheiten siehe § 127 Rz. 8 [*Bachmann*].

5. Änderung und Ergänzung

29 Bevor das Ersuchen durch das Grundbuchamt vollzogen worden ist, kann es jederzeit geändert werden. Hierzu ist kein Antrag eines Beteiligten notwendig, aber als Anregung möglich.

30 Das Ersuchen kann aber auch noch **berichtigt** werden, wenn es schon vollzogen ist. Es ist nur zu beachten, dass in Rechte Dritte, die diese gutgläubig erworben haben, nicht eingegriffen werden dürfen. Dies bedeutet:

– Wurde ein bestehen bleibendes Recht **versehentlich gelöscht**, dann ist um Wiedereintragung zu ersuchen. Diese Eintragung kann aber nur an nächstoffener Rangstelle erfolgen, wenn zwischenzeitlich andere Rechte eingetragen worden sind.

---

12) LG Frankenthal, Beschl. v. 27.1.1984 – 1 T 20/84, Rpfleger 1984, 183; Böttcher/*Böttcher*, ZVG, § 130 Rz. 18; Stöber/*Nicht*, ZVG, § 130 Rz. 7; Dassler/Schiffhauer/u. a.-*Hintzen*, ZVG, § 130 Rz. 12.

13) LG Frankenthal, Beschl. v. 27.1.1984 – 1 T 20/84, Rpfleger 1984, 183; Böttcher/*Böttcher*, ZVG, § 130 Rz. 18; Stöber/*Nicht*, ZVG, § 130 Rz. 29; Dassler/Schiffhauer/u. a.-*Hintzen*, ZVG, § 130 Rz. 12; Schneider-*Schneider*, ZVG, § 130 Rz. 77; BeckOK-*R. Goldbach*, ZVG, § 130 Rz. 21.

14) So z. B. Böttcher/*Böttcher*, ZVG, § 130 Rz. 18; Stöber/*Nicht*, ZVG, § 130 Rz. 5; Dassler/Schiffhauer/u. a.-*Hintzen*, ZVG, § 130 Rz. 7; BeckOK-*R. Goldbach*, ZVG, § 130 Rz. 21; *Hornung*, Rpfleger 1980, 249.

b) Erlass einer Zwischenverfügung

40 Wenn dem Vollzug des Ersuchens **behebbare Mängel** entgegenstehen, wird das Grundbuchamt dem Vollstreckungsgericht eine förmliche Zwischenverfügung zustellen (§ 18 Abs. 1 GBO). Darin werden die Mängel aufgezeigt (z. B. das Fehlen der steuerlichen Unbedenklichkeitsbescheinigung, fehlende Angabe des Gemeinschaftsverhältnisses bei mehreren Erstehern oder Berechtigten) und eine Frist zur Beseitigung dieser Mängel gesetzt.

41 Nach fruchtlosem Fristablauf müsste das Ersuchen zurückgewiesen werden.

42 Häufiger dürfte eine sog. **Aufklärungsverfügung** in Betracht kommen. Damit wird das Vollstreckungsgericht auf erkennbare Unrichtigkeiten (Schreibfehler, Widersprüche) hingewiesen, oder es werden Bedenken bzw. Unklarheiten hinsichtlich beantragter Eintragungen vorgebracht.

c) Zurückweisungsbeschluss

43 Wenn nach Erlass einer förmlichen Zwischenverfügung die darin gesetzte **Frist** fruchtlos **verstrichen** ist, wird das Ersuchen des Vollstreckungsgerichts durch förmlichen Beschluss zurückgewiesen.[20)]

4. Kosten beim Grundbuchamt[21)]

44 Für die **Eintragung** des **Erstehers** wird eine Gebühr in Höhe von 1,0 erhoben (GNotKG Nr. 14110). Maßgeblicher Wert (§ 46 GNotKG): Meistgebot bzw. der höhere gemäß § 74a ZVG festgesetzte Wert.

45 Für die **Eintragung** der **Sicherungshypotheken** gemäß § 128 ZVG wird jeweils eine Gebühr von 1,0 erhoben (GNotKG Nr. 14121). Maßgeblicher Wert (§ 53 Abs. 1 GNotKG): Nennbetrag der einzutragenden Sicherungshypothek.

46 Die übrigen Eintragungen sind **gebührenfrei** (Vorbemerkung 1.4 zur Anlage 1 zu § 3 Abs. 2 GNotKG).

5. Rechtsbehelf

47 Gegen den Erlass einer förmlichen Zwischenverfügung oder gegen den Zurückweisungsbeschluss kann das Vollstreckungsgericht durch den Versteigerungsrechtspfleger (unbeschränkte) **Beschwerde** gemäß § 71 Abs. 1 GBO einlegen.[22)] Dieses Rechtsmittel steht auch dem Ersteher und ggf. den Gläubigern von einzutragenden Sicherungshypotheken (§ 128 ZVG) zu. Über die Beschwerde entscheidet gemäß § 72 GBO das Oberlandesgericht (Zivilsenat). Nach entsprechender Zulassung ist anschließend noch die **Rechtsbeschwerde** zum Bundesgerichtshof gegeben (§ 78 GBO, § 133 GVG).

---

20) Die sofortige Zurückweisung des Ersuchens dürfte nicht in Betracht kommen.

21) Die entsprechenden Kosten sind seit dem 1.8.2013 nicht mehr nach der KostO, sondern nach dem Gerichts- und Notarkostengesetz v. 23.7.2013 (BGBl. I S. 2586) zu berechnen.

22) OLG Hamm, Beschl. v. 17.3.2011 – 15 W 707/10, ZfIR 2011, 432; OLG Nürnberg, Beschl. v. 5.5.2014 – 15 W 788/14, Rpfleger 2014, 619 = ZfIR 2014, 491; Böttcher/*Böttcher*, ZVG, § 130 Rz. 27; Stöber/*Nicht*, ZVG, § 130 Rz. 43; Dassler/Schiffhauer/u. a.-*Hintzen*, ZVG, § 130 Rz. 18; Schneider-*Schneider*, ZVG, § 130 Rz. 81.

48 Gegen eine Aufklärungsverfügung gibt es keinen Rechtsbehelf, da dies keine echte Entscheidung darstellt.

49 Gegen vorgenommene Eintragungen gibt es nur die **eingeschränkte Beschwerde**. Gemäß § 71 Abs. 2 GBO kann nur verlangt werden, dass das Grundbuchamt angewiesen wird, nach § 53 ZVG einen Widerspruch einzutragen oder eine Löschung vorzunehmen. Dies dürfte in den hier interessierenden Fällen nur ausnahmsweise der Fall sein. Sofern das Grundbuchamt aber Eintragungen vorgenommen hat, die nicht dem Ersuchen entsprechen, kann die Berichtigung auf ein (weiteres) Ersuchen des Vollstreckungsgerichts oder auf entsprechenden Antrag samt Bewilligung der Beteiligten erfolgen. Die ist aber nur möglich, wenn dadurch keine Rechte Dritter betroffen werden.[23)]

IV. Erledigungsreihenfolge beim Grundbuchamt

1. Grundbuchrecht (§ 17 GBO)

50 Nach § 17 GBO richtet sich die Reihenfolge der Erledigung mehrerer Anträge, die dasselbe Recht betreffen, grundsätzlich nach dem **Eingang der Anträge** beim Grundbuchamt. Hinsichtlich der Rangverhältnisse bedeutet dies, dass einzutragende Rechte den Rang erhalten, welcher der Zeitfolge der Anträge entspricht; sind die Anträge gleichzeitig gestellt, so ist im Grundbuch zu vermerken, dass die Eintragungen gleichen Rang haben (§ 45 GBO). Eine **Ausnahme** hiervon gilt für den Fall, dass die später beantragte Eintragung die früher beantragte Eintragung erst zulässig macht. Hier wird die später beantragte Eintragung zuerst vollzogen. Enthält dieser (spätere) Antrag auch einen Antrag auf Eintragung eines Rechts, der gemäß 16 Abs. 2 GBO mit dem anderen Antrag verbunden ist (häufig durch einen stillschweigenden Vorbehalt), dann erhält dieses Recht auch Rang vor dem früher beantragten Recht.

2. Ausnahme gemäß § 130 Abs. 3 ZVG

51 Hat der Ersteher, bevor er als Eigentümer eingetragen worden ist, die **Eintragung eines Rechts** bewilligt, so darf gemäß Absatz 3 die Eintragung dieses Rechts nicht vor der Erledigung des Grundbuchersuchens eingetragen werden. Im Hinblick auf den Grundsatz der Voreintragung des Betroffenen (§ 39 GBO) und unter Berücksichtigung der grundbuchrechtlich relevanten Vorschriften, erscheint die Regelung in § 130 Abs. 3 ZVG überflüssig zu sein; denn eine Ausnahme von § 39 GBO liegt hier ersichtlich nicht vor. Auch sind sämtliche im Ersuchen enthaltenen Anträge nur gemeinsam zu vollziehen – also auch gemeinsam einzutragen. Damit haben die im Ersuchen evtl. enthaltenen Sicherungshypotheken gemäß § 128 ZVG in jedem Fall Rang vor einem vom Ersteher bewilligten Recht zu erhalten. Dazu hätte es einer eigenen Regelung im ZVG nicht gebraucht.

52 Die eigentliche Bedeutung des Absatzes 3 liegt woanders:

Wenn es bei Grundbuchanträgen an der Voreintragung des Betroffenen fehlt, keine Ausnahme von § 39 GBO vorliegt, gibt das Grundbuchamt dem Antragsteller durch **Zwischenverfügung** (§ 18 GBO) auf, die Voreintragung herbeizuführen. Nach frucht-

---

23) Stöber/*Nicht*, ZVG, § 130 Rz. 31 bis 34; Dassler/Schiffhauer/u. a.-*Hintzen*, ZVG, § 130 Rz. 15; Schneider-*Schneider*, ZVG, § 130 Rz. 66; BeckOK-*R. Goldbach*, § 130 Rz. 25.

losem Fristablauf wird der Antrag zurückgewiesen. Die Eintragung des Erstehers als neuer Eigentümer erfolgt aber nur aufgrund eines Ersuchens des Vollstreckungsgerichts; darauf hat der Ersteher keinen unmittelbaren Einfluss. Da er aber ein Interesse hat, möglichst bald auch etwaige Rechte zur Eintragung zu bringen, wird ihm durch Absatz 3 die Möglichkeit eröffnet, diese Eintragungen auch schon vor dem Eingang des Grundbuchersuchens beim Grundbuchamt zu beantragen. Solche Anträge dürfen dann nicht gemäß § 18 ZVG zurückgewiesen werden oder mittels förmlicher Zwischenverfügung beanstandet werden. Diese Anträge werden also in den Grundakten (vorn) aufbewahrt, bis das Ersuchen des Vollstreckungsgerichts eintrifft und dann im Anschluss an dieses Ersuchen erledigt.[24)]

Absatz 3 ist auch anzuwenden, wenn der Ersteher mit dem bisherigen Eigentümer (= Vollstreckungsschuldner) identisch ist und als solcher noch im Grundbuch steht. Da das Grundbuchamt u. U. die fehlende Voreintragung (des Eigentümers als Ersteher!) nicht erkennt, wird es die Eintragung vollziehen, da der Versteigerungsvermerk keine Grundbuchsperre bewirkt. Dieser Vermerk bewirkt aber im Zusammenhang mit § 130 Abs. 3 ZVG, dass ein solchermaßen verfrüht eingetragenes Recht Rang vor den später gemäß § 128 ZVG eingetragenen Sicherungshypotheken erhält. Dieser Rang kann nicht gutgläubig erworben werden. Der Vorrang der Sicherungshypotheken ist bei der Erledigung des Ersuchens von Amts wegen zum Ausdruck zu bringen.[25)] Dies gilt auch bei einem sonstigen Verstoß gegen § 130 Abs. 3 ZVG: Die betreffenden (zu früh eingetragenen) Rechte sind nicht zu löschen; es wird nur ihr Nachrang gegenüber den Sicherungshypotheken gemäß § 128 ZVG im Grundbuch vermerkt (vgl. § 18 GBV). 53

Absatz 3 findet auch entsprechende Anwendung, wenn ein Gläubiger des Erstehers eine **Zwangs-** oder **Arresthypothek** vor Eingang des Ersuchens beantragt hat.[26)] 54

V. Sonstiges

1. Löschung eines nichtigen oder erloschenen Rechts (Abs. 2)

Rechte, die im geringsten Gebot als bestehen bleibend berücksichtigt worden sind, aber materiellrechtlich gar nicht entstanden oder bereits wieder erloschen sind, sind nach Absatz 2 ebenfalls in das Ersuchen mit aufzunehmen. Voraussetzung hierfür ist jedoch, dass die **Nichtigkeit** oder das **Erlöschen** des Rechts offenkundig ist oder durch öffentliche Urkunden nachgewiesen ist (vgl. hierzu §§ 22 Abs. 1, 29 Abs. 1 Satz 2 GBO). Bei Ungewissheit oder Streit über das Bestehen eines Rechts, darf das 55

24) RG, Beschl. v. 9.12.1905 – V 326/05, RGZ 62, 140; LG Gera, ZfIR 2003, 240; Böttcher/*Böttcher*, ZVG, § 130 Rz. 28; Stöber/*Nicht*, ZVG § 130 Rz. 44; Dassler/Schiffhauer/u. a.-*Hintzen*, ZVG, § 130 Rz. 42; Schneider-*Schneider*, ZVG, § 130 Rz. 70; BeckOK-*R. Goldbach*, ZVG, § 130 Rz. 27.

25) Böttcher/*Böttcher*, ZVG, § 130 Rz. 28; Stöber/*Nicht*, ZVG, § 130 Rz. 44; Dassler/Schiffhauer/u. a.-*Hintzen*, ZVG, § 130 Rz. 41; Schneider-*Schneider*, ZVG, § 130 Rz. 73; BeckOK-*R. Goldbach*, ZVG, § 130 Rz. 28 und 29.

26) LG Lahn-Gießen, Beschl. v. 24.1.1979 – 2 T 26/79, Rpfleger 1979, 352 mit zust. Anm. *Schiffhauer*; *Böttcher*, ZVG, § 130 Rz. 28 m. w. N.; Stöber/*Nicht*, ZVG, § 130 Rz. 44; Dassler/Schiffhauer/u. a.-*Hintzen*, ZVG, § 130 Rz. 45; Schneider-*Schneider*, ZVG, § 130 Rz. 71; BeckOK-*R. Goldbach*, ZVG, § 130 Rz. 26.

Vollstreckungsgericht nicht um die Löschung ersuchen.[27] Unter Absatz 2 fallen z. B. Rechte, die auf Lebenszeit des Berechtigten bestellt sind, wenn nachgewiesen wird, dass der der **Berechtigte** vor dem Zuschlag **verstorben** ist; § 23 GBO findet hier keine Anwendung, da Rückstände nur auf entsprechende Anmeldung im Mindestbargebot zu berücksichtigen wären, also im Versteigerungsverfahren nie „bestehen bleiben".[28] Wenn der Berechtigte erst nach dem Zuschlag verstorben ist, war das Recht zu Recht im geringsten Gebot berücksichtigt worden. Es ist dann Aufgabe des Erstehers, die Löschung dieses Rechts herbeizuführen.

2. Grundbuchberichtigung bei nichtigem Zuschlagsbeschluss

56 Wenn ein rechtskräftiger Zuschlagsbeschluss im Rahmen einer Nichtigkeitsbeschwerde wieder aufgehoben wird,[29] kann der „alte" Eigentümer (= Vollstreckungsschuldner) die Berichtigung des Grundbuchs beantragen; als Unrichtigkeitsnachweis nach § 22 GBO dient der Beschluss über die Nichtigkeit des Zuschlagsbeschlusses. Ein erneutes Ersuchen des Vollstreckungsgerichts ist hierfür nicht erforderlich.[30]

3. Muster eines Grundbuchersuchens

57 Muster eines entsprechenden Ersuchens an das Grundbuchamt siehe bei *Böttcher*, und *Stöber*.[31]

---

27) Stöber/*Nicht*, ZVG, § 130 Rz. 39; Dassler/Schiffhauer/u. a.-*Hintzen*, ZVG, § 130 Rz. 31; Schneider-*Schneider*, ZVG, § 130 Rz. 40 ff.; BeckOK-*R. Goldbach*, ZVG, § 130 Rz. 15.

28) Böttcher/*Böttcher*, ZVG, § 130 Rz. 15; BeckOK *R. Goldbach*, ZVG, § 130 Rz. 15.

29) Vgl. LG Potsdam, Beschl. v. 11.3.2014 – 1 T 103/13, ZfIR 2014, 785 (mit Anm. *Steffen*, S. 757); siehe auch § 96 Rz. 2 und 3.

30) Vgl. BGH, Beschl. v. 13.7.2017 – V ZB 136/16, ZIP 2017, 2109 = MDR 2017, 1433; a. A. OLG Brandenburg, Beschl. v. 9.9.2014, Rpfleger 2015, 97 = MDR 2015, 56.

31) Böttcher/*Böttcher*, ZVG, § 130 Rz. 21; Stöber/*Nicht*, ZVG, § 130 Rz. 41; *Stöber*, ZVG-Handbuch, Rz. 557 ff.

§ 130a
Vormerkung

(1) Soweit für den Gläubiger eines erloschenen Rechts gegenüber einer bestehenbleibenden Hypothek, Grundschuld oder Rentenschuld nach § 1179a des Bürgerlichen Gesetzbuchs die Wirkungen einer Vormerkung bestanden, fallen diese Wirkungen mit der Ausführung des Ersuchens nach § 130 weg.

(2) Ist bei einem solchen Recht der Löschungsanspruch nach § 1179a des Bürgerlichen Gesetzbuchs gegenüber einem bestehenbleibenden Recht nicht nach § 91 Abs. 4 Satz 2 erloschen, so ist das Ersuchen nach § 130 auf einen spätestens im Verteilungstermin zu stellenden Antrag des Anspruchsberechtigten jedoch auch darauf zu richten, daß für ihn bei dem bestehenbleibenden Recht eine Vormerkung zur Sicherung des sich aus der erloschenen Hypothek, Grundschuld oder Rentenschuld ergebenden Anspruchs auf Löschung einzutragen ist. Die Vormerkung sichert den Löschungsanspruch vom gleichen Zeitpunkt an, von dem

ab die Wirkungen des § 1179a Abs. 1 Satz 3 des Bürgerlichen Gesetzbuchs bestanden. Wer durch die Eintragung der Vormerkung beeinträchtigt wird, kann von dem Berechtigten die Zustimmung zu deren Löschung verlangen, wenn diesem zur Zeit des Erlöschens seines Rechts ein Anspruch auf Löschung des bestehenbleibenden Rechts nicht zustand oder er auch bei Verwirklichung dieses Anspruchs eine weitere Befriedigung nicht erlangen würde; die Kosten der Löschung der Vormerkung und der dazu erforderlichen Erklärungen hat derjenige zu tragen, für den die Vormerkung eingetragen war.

Literatur: *Stöber*, Löschungsvormerkung und gesetzlich vorgemerkter Löschungsanspruch, Rpfleger 1977, 399 und 425; *Keller*, Der Löschungsanspruch in der Zwangsversteigerung, RpflJB 1993, 213; *Hintzen/Böhringer*, Durchsetzung von Löschungsansprüchen bei Grundschulden, Rpfleger 2004, 661.

Übersicht

I. Allgemeines

Durch das am 1.1.1978 in Kraft getretene Gesetz zur Änderung sachenrechtlicher, grundbuchrechtlicher und anderer Vorschriften[1] wurde § 1179a BGB eingefügt. Nach Absatz 1 Satz 1 dieser Vorschrift kann der Gläubiger einer Hypothek vom Eigentümer verlangen, dass dieser eine vorrangige oder gleichrangige **Hypothek löschen** lässt, wenn sie im Zeitpunkt der Eintragung der Hypothek des Gläubigers mit dem Eigentum in einer Person vereinigt ist oder eine solche Vereinigung später eintritt. Dieser Anspruch ist in gleicher Weise gesichert, als wenn zu seiner Sicherung gleichzeitig mit der begünstigten Hypothek eine Vormerkung in das Grundbuch eingetragen worden wäre (§ 1179 Abs. 1 Satz 3 BGB). Nach § 1179a Abs. 5 Satz 1 BGB kann der Ausschluss dieses Anspruchs ganz oder teilweise vereinbart werden; dann muss dies aber im **Grundbuch** beim begünstigten Recht (ausdrücklich) **eingetragen** werden (§ 1179a Abs. 5 Satz 2 BGB). 1

Da in der Zwangsversteigerung Rechte einerseits bestehen bleiben (§§ 44, 52 ZVG), andererseits erlöschen (§ 91 ZVG), ist folgende Fallgestaltung möglich: Das vom Löschungsanspruch betroffene Recht bleibt nach den Versteigerungsbedingungen bestehen, das begünstigte Recht ist mit dem Zuschlag erloschen. Mit Vollzug des Grundbuchersuchens wird dieses Recht dann auch im Grundbuch (formell) gelöscht. Damit ist auch nicht mehr ersichtlich, dass für einen bestimmten Gläubiger ein Lö- 2

1) SachenRÄndG v. 22.6.1977 (BGBl. I S. 998).

schungsanspruch bestanden hat. Und dies zu verhindern, wurde durch das eingangs genannte Gesetz auch das ZVG um die Vorschrift des § 130a ZVG ergänzt.

3 In Absatz 1 wird der Grundsatz aufgestellt, dass die Wirkungen einer Vormerkung (erst) mit der Ausführung des Ersuchens, also erst mit der tatsächlichen Löschung – nicht schon mit dem Zuschlag wegfallen, obwohl das begünstigte Recht selbst schon mit diesem Zuschlag erloschen ist. Da das Recht aber noch grundbuchersichtlich ist, ist auch noch die Wirkung des Löschungsanspruchs als Löschungsvormerkung aus dem Grundbuch zu ersehen.

4 Für die Zeit nach dem Vollzug des Grundbuchersuchens versucht Absatz 2 eine Lösung zu finden, die möglichst allen beteiligten Personen gerecht wird: Auf entsprechenden Antrag an das Vollstreckungsgericht muss dieses sein Ersuchen darauf erstrecken, dass bei dem bestehen bleibenden Recht für den Berechtigten des Löschungsanspruchs eine **Vormerkung** zu Sicherung dieses Anspruchs eingetragen wird (Abs. 2 Satz 1). Wer durch diese Eintragung jedoch beeinträchtigt wird, kann von dem Berechtigten der Löschungsvormerkung die **Zustimmung** zur **Löschung** verlangen, wenn diesem im Zeitpunkt der Zuschlagserteilung gar kein Löschungsanspruch mehr zustand oder auch bei Verwirklichung seines Anspruchs keine (weitere) Befriedigung erlangen würde (Abs. 2 Satz 3).

5 Die Vorschrift gilt für alle Versteigerungsarten des ZVG mit Ausnahme der Versteigerung von Schiffen und Schiffsbauwerken sowie von Luftfahrzeugen.[2)]

II. Gesetzlicher Löschungsanspruch

1. Fortbestehen des Anspruchs (§ 91 Abs. 4 Satz 1 ZVG)

6 Der gesetzliche Löschungsanspruch erlischt gemäß § 91 Abs. 4 Satz 1 ZVG nicht, wenn das begünstigte Recht erlischt. Nur wenn der Berechtigte aus dem Grundstück (voll) befriedigt wird, erlischt auch der Löschungsanspruch (§ 91 Abs. 4 Satz 2 ZVG). Grundsätzlich bleibt also der gesetzliche Löschungsanspruch bestehen und zwar wegen jeder zur Löschung verpflichtenden Vereinigung des betroffenen Grundpfandrechts mit dem Eigentum in einer Person, die vor dem Zuschlag eingetreten ist.[3)] In einem solchen Fall kann der Löschungsberechtigte seinen fortbestehenden Anspruch auch noch nach dem Zuschlag durchsetzen. Wegen der damit zusammenhängenden Zuzahlungspflicht siehe Rz. 26, 27.

2. Wegfall der Vormerkungswirkung (Abs. 1)

7 Mit Ausführung des Grundbuchersuchens entfällt aber die dingliche Sicherung des weiter bestehenden Löschungsanspruchs (Abs. 1). Damit werden Verfügungen über das vor dem Zuschlag entstandene Eigentümerrecht (z. B. Abtretung an einen Dritten), die vorher dem Löschungsanspruchsberechtigten gegenüber wegen der Vormerkungswirkung relativ unwirksam waren (vgl. § 883 Abs. 2 Satz 1 BGB), nun voll wirksam. Damit kann er von einem Erwerber des Eigentümerrechts auch die zur Ver-

2) Stöber/*Nicht*, ZVG, § 130a Rz. 2; Schneider-*Schneider*, ZVG, § 130a Rz. 3.

3) Stöber/*Nicht*, ZVG, § 130a Rz. 3; Schneider-*Schneider*, ZVG, § 130a Rz. 20; BeckOK-*R. Goldbach*, ZVG, § 130a Rz. 5.

wirklichung seines (Löschungs-) Anspruchs nötigen Grundbucheintragung nicht mehr verlangen.[4)]

III. Eintragung einer Löschungsvormerkung

Um dies zu verhindern, sieht Absatz 2 die Möglichkeit vor, an einem bestehen blei- 8
benden Grundpfandrecht eine **Vormerkung** einzutragen zur Sicherung des für den Berechtigten eines erloschenen Grundpfandrechts nach wie vor bestehenden Anspruchs auf Löschung. Wenn der Gläubiger des begünstigten Rechts aus dem Versteigerungserlös voll befriedigt wurde, erlischt nach § 91 Abs. 4 Satz 2 ZVG auch sein Löschungsanspruch. In diesem Fall kommt demnach auch nicht die Eintragung einer Löschungsvormerkung in Betracht.

1. Voraussetzungen (Abs. 2 Satz 1)

Damit das Vollstreckungsgericht sein Ersuchen an das Grundbuchamt (§ 130 ZVG) 9
dahingehend erweitert, dass auch eine Löschungsvormerkung an einem bestehen bleibenden Recht eingetragen werden soll, ist ein entsprechender **Antrag** erforderlich. Antragsberechtigt ist der, dem das begünstigte Recht im Zeitpunkt des Zuschlags zusteht. Wenn er sich nicht (nur) auf die Eintragung im Grundbuch berufen kann, muss er seine Berechtigung nachweisen. Deshalb ist bei einem Briefrecht auch die Briefvorlage erforderlich (vgl. § 1117 BGB); bei einer außerhalb des Grundbuchs erfolgten Abtretung sind die entsprechenden Abtretungserklärungen in öffentlich beglaubigter Form nachzuweisen (vgl. § 1155 BGB).

Der Antrag muss **spätestens** im **Verteilungstermin** gestellt werden. Ein später ge- 10
stellter Antrag ist unzulässig, auch wenn er noch vor Absendung des Ersuchens beim Vollstreckungsgericht eingeht; das Gesetz ist hier eindeutig. Der Antrag kann auch schon vor dem Verteilungstermin, dann schriftlich oder zu Protokoll der Geschäftsstelle gestellt werden.[5)] Der Nachweis der Legitimation zur Antragsberechtigung kann auch noch bis zur Absendung des Grundbuchersuchens nachgereicht werden.

Mit dem Antrag nach Absatz 2 wird auch gleichzeitig der **Löschungsanspruch** geltend 11
gemacht. Aber auch in diesem Zusammenhang hat das Vollstreckungsgericht nicht zu prüfen, ob der Löschungsanspruch durchsetzbar bestand und der Anspruchsberechtigte bei einer Löschung weitere Befriedigung erhalten hätte.[6)] Solche Fragen können grundsätzlich nur im **Prozessweg** geklärt werden. Dem Vollstreckungsrecht ist es grundsätzlich fremd, über schuldrechtliche Ansprüche zu entscheiden; hierzu fehlen dem Vollstreckungsgericht auch die prozessrechtlichen Möglichkeiten (z. B. Beweisaufnahme). Dass dies auch der Gesetzgeber so sieht, ergibt sich auch aus § 130a Abs. 2 Satz 3 ZVG: Wenn der Löschungsanspruch tatsächlich nicht besteht, hat der durch die Vormerkung Beeinträchtigte nur einen (schuldrechtlichen) An-

---

4) Böttcher/*Böttcher*, ZVG, § 130a Rz. 4; Stöber/*Nicht*, ZVG, § 130a Rz. 5.

5) Böttcher/*Böttcher*, ZVG, § 130a Rz. 6; Stöber/*Nicht*, ZVG, § 130a Rz. 7; Schneider-*Schneider*, ZVG, § 130a Rz. 6; BeckOK-*R. Goldbach*, ZVG, § 130a Rz. 6.

6) So Stöber/*Nicht*, ZVG, § 130a Rz. 9; Böttcher/*Böttcher*, ZVG, § 130a Rz. 6; Schneider-*Schneider*, ZVG, § 130a Rz. 9; BeckOK-*R. Goldbach*, ZVG, § 130a Rz. 9 und 10; a. A. Dassler/Schiffhauer/u. a.-*Hintzen*, ZVG, § 130a Rz. 11.

spruch gegen den Berechtigten auf Zustimmung zur Löschung. Zu Einzelheiten siehe Rz. 19.

12 In der Geltendmachung des Löschungsanspruchs kann zugleich auch der Antrag gemäß § 130a Abs. 2 ZVG gesehen werden.

2. Entscheidung des Gerichts

13 Wenn das Gericht bei Prüfung des Antrags zum Ergebnis kommt, dass die Voraussetzungen vorliegen, muss es sein Grundbuchersuchen um einen Punkt erweitern; es muss auch um **Eintragung** einer **Löschungsvormerkung** ersuchen. Hierbei muss der Inhalt der Vormerkung genau bezeichnet werden; insbesondere ist das betroffene Recht zu bezeichnen, aber auch der Berechtigte muss gemäß § 15 GBV genau angegeben werden. Bei mehreren Berechtigten ist das maßgebliche Gemeinschaftsverhältnis anzugeben (§ 47 GBO).

14 Wenn die Voraussetzungen für die Eintragung einer Löschungsvormerkung nicht vorliegen, wird der Antrag nicht durch Beschluss zurückgewiesen; das Grundbuchersuchen erstreckt sich dann nicht auf die Eintragung der Vormerkung. Jedoch muss dem Antragsteller vor Absendung des Ersuchens **rechtliches Gehör** gewährt werden (Art. 103 GG).[7)]

3. Eintragung der Löschungsvormerkung

15 Das Grundbuchamt hat auch hier nicht zu prüfen, ob die Voraussetzungen für die Eintragung der beantragten Löschungsvormerkung vorliegen. Wenn das betroffene Recht ein Briefrecht ist, bedarf es auch nicht der Vorlage des Grundpfandrechtsbriefs (§ 131 Satz 2 ZVG).

16 Die Löschungsvormerkung wird bei dem bestehen bleibenden Recht in der **Veränderungsspalte** eingetragen (§ 12 Abs. 1 c) GBV). Wegen des Textes siehe Rz. 28.

4. Wirkungen (Abs. 2 Satz 2)

17 Die **Vormerkung sichert** gemäß Absatz 2 Satz 2 den **Löschungsanspruch** vom gleichen Zeitpunkt an, von dem ab die Wirkungen des § 1179a Abs. 1 Satz 3 BGB bestanden haben. Dies bedeutet: Soweit sich das vom Löschungsanspruch erfasste Grundpfandrecht vor dem Zuschlag mit dem Eigentum vereinigt hat, setzt die jetzt eingetragene Löschungsvormerkung die früher ohne ausdrückliche Eintragung (vgl. § 1179a Abs. 1 Satz 3 BGB) bestehende Sicherungswirkung fort. Diese Eintragung wirkt zurück auf den Tag der ursprünglichen Eintragung des begünstigten Rechts.

18 Im Umkehrschluss bedeutet dies aber auch: Vereinigt sich ein bestehen gebliebenes Grundpfandrecht mit dem Eigentum erst nach dem Zuschlag, so entfaltet die nach § 130a Abs. 2 ZVG eingetragene Löschungsvormerkung keine Wirkung; denn gegen den Ersteher bestehen keine Löschungsansprüche, da ein erloschenes Recht (samt seinen sämtlichen „Nebenrechten") ihn nicht betrifft.

---

7) Böttcher/*Böttcher*, ZVG, § 130a Rz. 7; Stöber/*Nicht*, ZVG, § 130a Rz. 7; Dassler/Schiffhauer/u. a.-*Hintzen*, ZVG, § 130a Rz. 13; Schneider-*Schneider*, ZVG, § 130a Rz. 17; BeckOK-*R. Goldbach*, ZVG, § 130a Rz. 11.

IV. Anspruch auf Löschung der Vormerkung (Abs. 2 Satz 3)

1. Materiellrechtlicher Anspruch

Unter den Voraussetzungen des Absatzes 2 Satz 3 kann derjenige, der durch die Eintragung der Vormerkung beeinträchtigt wird, von dem Berechtigten die **Zustimmung zur Löschung** verlangen. Das Gesetz führt zwei Fälle an: 19

- Wenn dem Berechtigten der Vormerkung zum Zeitpunkt des Erlöschens des Rechts (also beim Zuschlag) gar **kein Löschungsanspruch** zustand. Dann ist das Grundbuch unrichtig, weil die Vormerkung forderungsabhängig ist. Das Grundbuch kann auf entsprechenden Antrag berichtigt werden; hierzu ist aber die Vorlage einer Berichtigungsbewilligung erforderlich, wenn nicht die Unrichtigkeit in öffentlicher Urkunde nachgewiesen wird (§ 22 GBO).
- Wenn der Berechtigte der Vormerkung zwar einen Löschungsanspruch hat, aber auch bei Verwirklichung dieses Anspruchs **eine** weitere **Befriedigung nicht erlangen** würde (weil z. B. Zwischenberechtigte vorhanden sind, die rechnerisch zu berücksichtigen wären). Dann ist die Vormerkung zwar nicht unwirksam, aber ihr fehlt jegliche „innere Berechtigung". Die dann mögliche Löschung, die hier konstitutiv wirkt, setzt aber voraus, dass dem Grundbuchamt eine Löschungsbewilligung oder ein Bewilligungsersatz (§ 19 GBO) vorgelegt wird.

Die Feststellung, wer durch die Eintragung der Vormerkung beeinträchtigt wird, bereitet in der Praxis offenbar einige Schwierigkeiten. Beeinträchtigt ist der Gläubiger des Rechts, bei dem die Vormerkung eingetragen ist;[8)] denn sein Recht ist „belastet" mit der Vormerkung. So hat er zumindest einen Anspruch auf Berichtigung des Grundbuchs, wenn diese Vormerkung nicht besteht. Sicher ist auch der Ersteher des Grundstücks beeinträchtigt, da er als Eigentümer in seiner Verfügungsberechtigung betroffen ist.[9)] Aber auch Dritte können beeinträchtigt sein, wenn sie Rechte an dem betreffenden Grundpfandrecht erworben haben (z. B. Pfand- oder Pfändungspfandrecht).[10)] 20

Da Absatz 2 Satz 3 nur eine schuldrechtliche Anspruchsgrundlage darstellt, ist das Recht notfalls im **Prozessweg** durchzusetzen; das Vollstreckungsgericht ist hierfür nicht zuständig. Der Klageantrag richtet sich auf Abgabe einer Willenserklärung; mit der Rechtskraft eines entsprechenden Urteils gilt die Willenserklärung (Zustimmung zur Löschung) als abgegeben (§ 894 ZPO). In dieser Willenserklärung steckt auch die Bewilligung des Betroffenen (§ 19 GBO).[11)] Deshalb kann der Kläger unter Vorlage des mit dem Rechtskraftvermerk versehenen Urteils beim Grundbuchamt die Löschung der Vormerkung beantragen. 21

---

8) So Böttcher/*Böttcher*, ZVG, § 130a Rz. 11; a. A. Stöber/*Nicht*, ZVG, § 130a Rz. 14: Die Vormerkung beträfe nur das Eigentümerrecht, richte sich somit nicht gegen den Fremdgläubiger des Grundpfandrechts und seinen Rechtsnachfolger.

9) So Stöber/*Nicht*, ZVG, § 130a Rz. 14; BeckOK-*R. Goldbach*, ZVG, § 130a Rz. 14.

10) Stöber/*Nicht*, ZVG, § 130a Rz. 14.

11) Eine Unterscheidung dahingehend, dass die Bewilligung im o. a. ersten Fall einer Berichtigungsbewilligung, im zweiten Fall eine echte Löschungsbewilligung darstellt, braucht hierbei nicht ausdrücklich vorgenommen werden.

2. Kosten für die Durchsetzung

22 Sämtliche Kosten, die im Zusammenhang mit der Löschung der Vormerkung entstehen (z. B. Kosten des Notars für die öffentliche Beglaubigung der Unterschrift(en), Prozesskosten, Eintragungskosten), hat der **Vormerkungsberechtigte** zu tragen (Abs. 2 Satz 3 Halbs. 2).

V. Sonstiges

1. Vereinbarung gemäß § 91 Abs. 2 ZVG

23 Die Liegenbelassungsvereinbarung gemäß § 91 Abs. 2 ZVG bewirkt, dass ein an sich erlöschendes Recht doch nicht erlischt; es wird so behandelt, als ob es schon mit dem Zuschlag bestehen bleiben würde (zu Einzelheiten siehe § 91 Rz. 19 [*Bachmann*]). Im Hinblick auf § 130a ZVG muss in einem solchen Fall unterschieden werden, ob sich die Liegenbelassungsvereinbarung auf ein Recht bezieht, dem der Löschungsanspruch des § 1179a BGB zusteht (also ein **nachrangiges Recht**). Da in einem solchen Fall dieses Recht auch nicht gelöscht wird, besteht für die Eintragung einer Vormerkung gemäß Absatz 2 keine Notwendigkeit, da der Löschungsanspruch weiter als Inhalt des Rechts grundbuchersichtlich bleibt. Ein bereits gestellter Antrag auf Eintragung einer Löschungsvormerkung wird dadurch gegenstandslos. Wenn sich die Vereinbarung jedoch nur auf einen Teil des Rechts bezieht, kann Antrag auf Eintragung der Vormerkung für den erloschenen Teil des Rechts beantragt werden.[12)]

24 Bezieht sich die Vereinbarung auf ein **gleich- oder vorrangiges Grundpfandrecht**, gegen das sich der Löschungsanspruch eines nach- oder gleichrangigen Gläubigers richtet, dann ist auf entsprechenden Antrag das Ersuchen auch dahingehend zu erweitern, dass an diesem Grundpfandrecht eine Vormerkung zur Sicherung des weiter bestehenden Löschungsanspruchs eingetragen wird. Bis zu welchem Zeitpunkt dieser Antrag gestellt sein muss, wenn die Vereinbarung gemäß § 91 Abs. 2 ZVG erst nach dem Verteilungstermin vorgelegt wird, ist bisher noch nicht entschieden worden.[13)]

2. Außergerichtliche Verteilung

25 Im Falle einer außergerichtlichen Verteilung gemäß § 143 ZVG oder § 144 ZVG findet § 130a ZVG entsprechende Anwendung (§ 145 ZVG).[14)] Dies soll nach *Hintzen*[15)] nicht richtig sein, da § 130a ZVG erkennbar auf eine gerichtliche Verteilung abstelle, wonach der Antrag spätestens im Verteilungstermin gestellt werden müsse. Bei der außergerichtlichen Verteilung gäbe es aber keinen Verteilungstermin; ein entsprechender Zeitpunkt sei im Rahmen einer außergerichtlichen Verteilung auch nicht erkennbar. Dem muss widersprochen werden, da einerseits das Gesetz selbst in § 145 ZVG die Vorschrift für anwendbar erklärt. Auf der anderen Seite muss es auch hier möglich sein, die Wirkung des Löschungsanspruchs über den Zeitpunkt der

12) So Stöber/*Nicht*, ZVG, § 130a Rz. 15.

13) Wenn Stöber/*Nicht*, ZVG, § 130a Rz. 16, hier als Ausweg darauf hinweist, dass als rechtzeitiger Antrag bereits die Geltendmachung des Löschungsanspruchs im Verteilungstermin gegen die Zuteilung auf das zunächst erloschen Recht gilt, dann ist dies im Hinblick auf § 115 Abs. 1 Satz 2 zumindest konsequent.

14) So auch Stöber/*Nicht*, ZVG, § 130a Rz. 2; BeckOK-*R. Goldbach*, ZVG, § 130a Rz. 2.

15) Dassler/Schiffhauer/u. a.-*Hintzen*, ZVG, § 130a Rz. 9.

Vollziehung des Grundbuchersuchens hinaus zu sichern. Und schließlich spricht nichts dagegen, als spätesten Zeitpunkt für die Antragstellung hier (ausnahmsweise!) die Absendung des Ersuchens an das Grundbuchamt anzunehmen.[16)]

3. Zuzahlung und Sicherungshypothek

26 Der Antrag nach Absatz 2 wird nach allgemeiner Ansicht auch als **Geltendmachung des Löschungsanspruchs** angesehen.[17)] Dies löst die Zuzahlungspflicht gemäß § 50 Abs. 2 Nr. 1 ZVG aus, wenn das betroffene Recht in Erfüllung des Löschungsanspruchs tatsächlich gelöscht wird. Somit muss nach § 125 Abs. 1 ZVG eine weitere Zuteilung vorgenommen werden. Ausgeführt wird diese Zuteilung durch Forderungsübertragung (§ 125 Abs. 1 Satz 2 ZVG). Wenn noch ungewiss oder streitig ist, ob diese Löschung erfolgt und (erst) dann ein weiterer Betrag zu zahlen ist, muss die Zuteilung und Forderungsübertragung gemäß § 125 Abs. 2 ZVG unter der entsprechenden Bedingung vorgenommen werden.

27 Deshalb bewirkt der Antrag gemäß § 130a Abs. 2 ZVG auch immer eine Ergänzung des vorläufigen Teilungsplans dahingehend, dass immer auch eine Zuteilung des ungewissen Zuzahlungsbetrags an den bzw. die nächstausfallenden Berechtigten vorgenommen werden muss (nach § 125 Abs. 1 oder Abs. 2 ZVG). Die Ausführung dieser Zuteilung erfolgt dann durch Forderungsübertragung; und schließlich muss für diese übertragene Forderung eine Sicherungshypothek gemäß § 128 ZVG eingetragen werden.

4. Muster für das Ersuchen

28 Gemäß § 130a ZVG wird weiter ersucht, bei dem bestehen bleibenden Recht Abt. III Nr. […] über […] € folgende Vormerkung einzutragen:

> „Vormerkung zur Sicherung des sich aus dem erloschenen Recht Abt. III Nr. […] ergebenden Anspruchs auf Löschung (§ 1179a BGB) für […]. Gemäß Ersuchen des Vollstreckungsgerichts […] vom […] (Az. […]) eingetragen am […].“[18)]

---

16) Vgl. hierzu eine ähnliche Konstellation bei § 91 Abs. 2 ZVG.

17) Böttcher/*Böttcher*, ZVG, § 130a Rz. 6; Stöber/*Nicht*, ZVG, § 130a Rz. 22; Dassler/Schiffhauer/u. a.-*Hintzen*, ZVG, § 130a Rz. 7; Schneider-*Schneider*, ZVG, § 130a Rz. 21; BeckOK-*R. Goldbach*, ZVG, § 130a Rz. 6.

18) Weitere Muster z. B. Böttcher/*Böttcher*, ZVG, § 130a Rz. 8; Stöber/*Nicht*, ZVG, § 130a Rz. 21.

§ 131

Löschung einer Hypothek, Grund- oder Rentenschuld

In den Fällen des § 130 Abs. 1 ist zur Löschung einer Hypothek, einer Grundschuld oder einer Rentenschuld, im Falle des § 128 zur Eintragung des Vorranges einer Sicherungshypothek die Vorlegung des über das Recht erteilten Briefes nicht erforderlich. Das gleiche gilt für die Eintragung der Vormerkung nach § 130a Abs. 2 Satz 1.

Übersicht

I. Allgemeines

1 § 131 Satz 1 ZVG richtet sich an das Grundbuchamt und stellt eine Ausnahme zu den §§ 41, 42 GBO dar. Nach § 41 Abs. 1 Satz 1 GBO darf bei einer Hypothek, über die ein Brief erteilt ist, eine Eintragung nur erfolgen, wenn der Brief vorgelegt wird. § 42 GBO erweitert diese Vorlagepflicht auf Grundschuld- und Rentenschuldbriefe. Die Regelung des § 131 ZVG soll verhindern, dass die Berichtigung des Grundbuchs durch Briefbesitzer verhindert oder verzögert werden kann.

2 Satz 2 will für die Eintragung der nach § 130a Abs. 2 ZVG einzutragenden Vormerkung die Gleichbehandlung zur sonstigen Löschungsvormerkung erreichen; denn nach § 41 Abs. 1 Satz 3 GBO ist für die Eintragung einer Löschungsvormerkung nach § 1179 BGB auch die Vorlage des Grundpfandrechtsbriefs nicht erforderlich.

3 Die Vorschrift gilt für alle Versteigerungsarten des ZVG. Für das Zwangsverwaltungsverfahren enthält § 158 Abs. 2 ZVG eine ähnliche Regelung.

II. Keine Briefvorlage erforderlich

1. Löschung eines Briefgrundpfandrechts (Satz 1 Halbs. 1)

4 Soweit Briefgrundpfandrechte durch den Zuschlag erloschen sind, werden sie aufgrund des Ersuchens, welches nach § 130 ZVG an das Grundbuchamt zu richten ist, im Grundbuch auch gelöscht. Hierzu ist gemäß §§ 41, 42 GBO im sonstigen Grundbuchverfahren die Vorlage des entsprechenden Grundpfandrechtsbriefs erforderlich. Beim Vollzug eines Ersuchens nach § 130 ZVG entfällt diese Vorlagepflicht.

5 Das Vollstreckungsgericht hat (von dem Fall des § 126 ZVG abgesehen) auch keine Möglichkeit, die Vorlage eines solchen Briefes zu erzwingen (vgl. § 127 Abs. 1 ZVG). Wenn der Brief vorliegt, hat ihn das Vollstreckungsgericht (nicht das Grundbuchamt wie in den sonstigen Fällen) unbrauchbar zu machen (§ 127 Abs. 1 Satz 1 ZVG). Wegen der weiteren Behandlung des unbrauchbar gemachten Briefes siehe § 127 Rz. 8 [*Bachmann*].

2. Vorrangeintragung für eine Sicherungshypothek gemäß § 128 ZVG

6 Sicherungshypotheken gemäß § 128 ZVG sind in dem Rang einzutragen, den die hierdurch gesicherten Ansprüche nach dem Teilungsplan haben. Somit sind die Sicherungshypotheken, welche für die nach § 109 ZVG vorweg zu entnehmenden Gerichtskosten sowie für die Ansprüche der Rangklassen 1–3 im Rang vor den bestehen bleibenden Rechten (= Rangklasse 4) eingetragen werden, im Rang vor allen bestehen bleibenden Rechten einzutragen. Hierbei sind gemäß § 18 GBV bei allen beteiligten Rechten **Rangvermerke** anzubringen, also auch bei den bestehen bleibenden Rechten. Falls es sich hierbei um Briefgrundpfandrechte handelt, ist auch hier nicht die Briefvorlage erforderlich.

3. Eintragung einer Löschungsvormerkung nach § 130a Abs. 2 ZVG

Auch bei der Eintragung einer Löschungsvormerkung gemäß § 130a Abs. 2 ZVG an einem Briefgrundpfandrecht ist die Briefvorlage entbehrlich. Dies wird durch Satz 2 ausdrücklich klargestellt; damit ist eine analoge Anwendung des § 41 Abs. 1 Satz 3 GBO überflüssig. 7

III. Briefvorlage

§ 131 ZVG bezieht sich nur auf solche Fälle, die unter die Regelung des § 130 Abs. 1 ZVG fallen. Das bedeutet, dass die Briefvorlage nicht entbehrlich ist, wenn um die **Löschung** eines **Briefgrundpfandrechts** nach § 130 Abs. 2 ZVG ersucht wird. Nach dieser Vorschrift hat das Vollstreckungsgericht auch um Löschung solcher Rechte zu ersuchen, die gar nicht zur Entstehung gelangt sind oder die bereits wieder erloschen sind. Handelt es sich hierbei um Briefrechte, ist die Vorlage des entsprechenden Grundpfandrechtsbriefs erforderlich. Auch für Rechte, die nach dem Zuschlag eingetragen worden sind, gilt § 131 ZVG nicht. 8

Trotzdem kann das Vollstreckungsgericht hier die Briefvorlage nicht erzwingen; deshalb wird es auch hier das Ersuchen ohne entsprechenden Grundpfandrechtsbrief dem Grundbuchamt zuleiten. Das Grundbuchamt kann dann die Vorlage des Briefes analog § 62 GBO, § 35 FamFG erzwingen.[1] Ob die von *Hintzen*[2] vorgeschlagene Zurückstellung der Löschung und Erledigung des restlichen Ersuchens möglich ist, erscheint doch fraglich; denn eine Zurückstellung eines Antrags kennt das Grundbuchrecht nicht (Ausnahme: § 130 Abs. 3 ZVG). Sinnvoller erscheint mir folgende Verfahrensweise: Das Grundbuchamt weist das Ersuchen in diesem Punkte zurück, da es an der Briefvorlage fehlt. Das Vollstreckungsgericht hat dann sicher kein Interesse, gegen diese (teilweise) Zurückweisung Beschwerde einzulegen. Auch eine Beschwerde des Erstehers dürfte keinen Erfolg haben, solange er nicht für die Vorlegung des Grundpfandrechtsbriefs sorgt. Im Übrigen dürfte ohne Vorlage des Grundpfandrechts das Erlöschen des Grundpfandrechts auch nicht mit hinreichender Sicherheit feststehen, sodass das Vollstreckungsgericht dem Problem in den meisten Fällen dadurch aus dem Weg gehen kann, dass es gerade nicht um Löschung dieses Briefrechts ersucht. 9

---

1) So auch Böttcher/*Böttcher*, ZVG, § 131 Rz. 6; Dassler/Schiffhauer/u. a.-*Hintzen*, ZVG, § 131 Rz. 2; BeckOK-*R. Goldbach*, ZVG, § 131 Rz. 7.

2) Dassler/Schiffhauer/u. a.-*Hintzen*, ZVG, § 131 Rz. 2. Wegen der darin enthaltenen Kritik verweise ich auf den letzten Satz in Rz. 9.

§ 132
Vollstreckbarkeit und Vollstreckungsklausel

(1) Nach Ausführung des Teilungsplans ist die Forderung gegen den Ersteher, im Falle des § 69 Abs. 3 auch gegen den für mithaftend erklärten Bürgen und im Falle des § 81 Abs. 4 auch gegen den für mithaftend erklärten Meistbietenden, der Anspruch aus der Sicherungshypothek gegen den Ersteher und jeden späteren Eigen-

tümer vollstreckbar. Diese Vorschrift findet keine Anwendung, soweit der Ersteher einen weiteren Betrag nach den §§ 50, 51 zu zahlen hat.

(2) Die Zwangsvollstreckung erfolgt auf Grund einer vollstreckbaren Ausfertigung des Beschlusses, durch welchen der Zuschlag erteilt ist. In der Vollstreckungsklausel ist der Berechtigte sowie der Betrag der Forderung anzugeben; der Zustellung einer Urkunde über die Übertragung der Forderung bedarf es nicht.

Übersicht

I. Allgemeines

1 Ist der Ersteher seiner Zahlungspflicht im Verteilungstermin nicht nachgekommen, wurde der Teilungsplan dadurch ausgeführt, dass die Forderung des Vollstreckungsschuldners gegen den Ersteher[1] auf die zuteilungsberechtigten Gläubiger übertragen wurde (§ 118 Abs. 1 ZVG). Für diese übertragene Forderung ist nach § 128 Abs. 1 ZVG eine **Sicherungshypothek** auf dem ersteigerten Grundstück des Erstehers einzutragen.

2 Sowohl die persönliche Forderung aus § 118 ZVG als auch die dingliche Forderung „aus der Sicherungshypothek" (§ 128 ZVG) müssen nicht mehr gesondert tituliert werden; nach Absatz 1 Satz 1 sind diese Forderungen vollstreckbar. Der Zuschlagsbeschluss bildet den **Vollstreckungstitel** (Abs. 2 Satz 1). Damit fehlt einer entsprechenden Klage gegen den Ersteher grundsätzlich das Rechtsschutzinteresse. Nur ausnahmsweise kann dieses Interesse bejaht werden, dann nämlich, wenn mit Sicherheit zu erwarten ist, dass sich der Ersteher gegen eine Vollstreckung aus dem Zuschlagsbeschluss mit der Klage nach § 767 ZPO wehren wird (siehe Rz. 15).[2]

II. Vollstreckbarkeit der übertragenen Forderung (Abs. 1)

1. Die übertragene Forderung nach § 118 ZVG

3 Die nach § 118 ZVG übertragene (persönliche) Forderung ist **vollstreckbar** gegen:

- den Ersteher,
- den gemäß § 69 Abs. 4 ZVG für mithaftend erklärten Bürgen;
- den vom Ersteher abweichenden Meistbietenden, der gemäß § 81 Abs. 4 ZVG für mithaftend erklärt worden ist.

4 Die Vollstreckung kann in das gesamte Vermögen des Zahlungspflichtigen erfolgen, z. B. Vollstreckung in körperliche Sachen durch den Gerichtsvollzieher, Forderungs-

---

1) Auf Zahlung des Meistbargebots.

2) BGH, Urt. v. 23.2.1961 – II ZR 250/58, NJW 1961, 1116.

pfändung, Zwangsvollstreckung in das gesamte unbewegliche Vermögen, also nicht nur in das ersteigerte Grundstück. Bei der Vollstreckung in das ersteigerte Grundstück sieht § 133 ZVG aber einige Erleichterungen vor.

2. Die dingliche Forderung aus der Sicherungshypothek nach § 128 ZVG

5 Der (dingliche) Anspruch aus der für die übertragene Forderung einzutragenden Sicherungshypothek (§ 128 ZVG) ist gegen den Ersteher und gegen jeden späteren Eigentümer vollstreckbar. Diese Vollstreckbarkeit entfällt auch nicht, wenn diese Sicherungshypothek in eine Verkehrshypothek umgewandelt wird.[3)]

3. Sonderfall: Forderung auf Zuzahlung nach §§ 50, 51 ZVG

6 Nach Absatz 1 Satz 2 ausdrücklich ausgeschlossen ist die Vollstreckung wegen eines Zuzahlungsanspruchs gemäß §§ 50, 51 ZVG. Dieser **Anspruch** muss also **klageweise** verfolgt werden, der Zuschlagsbeschluss reicht hierzu nicht aus. Dies ist auch konsequent; denn die Aufgabe des Vollstreckungsgerichts besteht hier nur darin, im Teilungsplan festzustellen, wem dieser Zuzahlungsbetrag zugeteilt wird (§ 125 Abs. 1 Satz 1 ZVG). Die Zuteilung wird dadurch ausgeführt, dass die Forderung gegen den Ersteher übertragen wird (§ 125 Abs. 1 Satz 2 ZVG). Eine Zahlung des Zuzahlungsbetrags an das Vollstreckungsgericht ist im Gesetz nicht vorgesehen. Überweist der Ersteher jedoch bis zum Verteilungstermin an das Gericht den entsprechenden Betrag, so wird dieser Betrag mit dem Versteigerungserlös verteilt. Dies dürfte jedoch ein Ausnahmefall sein, da der Zuzahlungsbetrag regelmäßig noch gar nicht fällig ist; denn die Zahlungsbedingungen richten sich bei einem nicht bestehenden Grundpfandrecht nach den für dieses Recht getroffenen Bestimmungen (§ 50 Abs. 1 Satz 2 ZVG). Bei anderen Rechten hat der Ersteher den Zuzahlungsbetrag erst drei Monate nach erfolgter Kündigung zu zahlen (§ 51 Satz 2 ZVG).

III. Vollstreckungsvoraussetzen

1. Titel

7 Vollstreckungstitel für die Vollstreckung der persönlichen Forderung und des dinglichen Anspruchs aus der Sicherungshypothek ist der **Zuschlagsbeschluss** (Abs. 2 Satz 1), also nicht die Forderungsübertragung nach § 128 ZVG.

2. Vollstreckungsklausel

8 Wie sonst auch erfolgt die Vollstreckung aufgrund einer vollstreckbaren Ausfertigung des Zuschlagsbeschlusses (Abs. 2 Satz 1). Die Vollstreckungsklausel wird nach den allgemeinen Vorschriften der ZPO erteilt. Hierfür zuständig ist grundsätzlich der **Urkundsbeamte der Geschäftsstelle** des Vollstreckungsgerichts (§§ 724, 725 ZPO). Wenn jedoch eine qualifizierte Klausel zu erteilen ist (z. B. gemäß §§ 726, 727 ZPO), dann ist der Rechtspfleger zuständig (§ 20 Nr. 12 RPflG).

9 In der Vollstreckungsklausel sind nach Absatz 2 Satz 2 der **Berechtigte** und der **Betrag der Forderung** anzugeben; denn diese Angaben enthält der Zuschlagsbe-

---

3) So Böttcher/*Böttcher*, ZVG, § 132 Rz. 3; ebenso Dassler/Schiffhauer/u. a.-*Hintzen*, ZVG, § 132, Rz. 4; Schneider-*Schneider*, ZVG, § 132 Rz. 6; BeckOK-*R. Goldbach*, ZVG, § 132 Rz. 6; a. A. Stöber/*Nicht*, ZVG, § 132 Rz. 5.

schluss nicht.[4] Weiter ist in der Klausel auch der Vollstreckungsschuldner (Ersteher, mithaftender Meistbietender, mithaftender Bürge) anzugeben. Dies ergibt sich aus § 750 Abs. 1 Satz 1 Halbs. 1 ZPO, wonach die Personen, für und gegen die die Zwangsvollstreckung stattfindet, „in dem Urteil oder der ihm beigefügten Vollstreckungsklausel namentlich zu bezeichnen sind".

10 Wenn gegen die Zuteilung einer Forderung **Widerspruch** erhoben worden ist, kann eine vollstreckbare Ausfertigung (hinsichtlich dieser Forderung) erst erteilt werden, wenn das Widerspruchsverfahren erledigt ist.[5] Dies kann wie folgt erfolgen:

– durch ergebnislosen Ablauf der Frist zum Nachweis der erhobenen Widerspruchsklage (§ 115 Abs. 1, § 878 Abs. 1 Satz 2 ZPO),
– durch Rücknahme der Widerspruchsklage,
– durch Urteil oder Vergleich.

11 Wenn die **Forderungsübertragung bedingt** erfolgte,[6] können der Erst- und der Eventualberechtigte die Zwangsvollstreckung gemeinsam betreiben, jeder aber auch für sich allein. Zu beachten ist hierbei, dass in der Klausel in jedem Fall anzuordnen ist, dass der beizutreibende Betrag zu hinterlegen ist. Das gilt selbst dann, wenn die Vollstreckungsklausel vom Erst- und Zweitberechtigten gemeinsam beantragt worden ist.[7]

3. Zustellung

12 Wie bei jeder anderen Vollstreckung auch ist nach § 750 Abs. 1 ZPO die Zustellung des Zuschlagsbeschlusses an den Schuldner notwendig. Eine Ausnahme hiervon gilt jedoch bei der sog. Wiederversteigerung (siehe hierzu § 133 ZVG).

13 Weil sich der Berechtigte und die Höhe der Forderung nur aus der Vollstreckungsklausel ergeben, ist hier die **Zustellung der Vollstreckungsklausel** erforderlich.[8] Dies ergibt sich indirekt aus Absatz 2 Satz 2 Halbs. 2; hiernach ist die Zustellung einer Urkunde über die Übertragung der Forderung nicht erforderlich. Bei einer (sonstigen) Rechtsnachfolge oder anderen Besonderheiten, müssen nach § 750 Abs. 2 ZPO auch die Urkunden zugestellt werden, auf denen die Klauselerteilung beruht.

IV. Einwendungen

14 Gegen die Zulässigkeit der Vollstreckungsklausel kann der Schuldner **Erinnerung** nach § 732 ZPO oder **Klage gemäß § 768 ZPO** erheben. Über die Erinnerung entscheidet der Richter des Vollstreckungsgerichts; gegen seine Entscheidung ist die sofortige Beschwerde möglich (§ 567 Abs. 1 ZPO).

---

4) Zum Inhalt des Zuschlagsbeschlusses siehe § 82 ZVG.

5) Böttcher/*Böttcher*, ZVG, § 132 Rz. 11; Stöber/*Nicht*, ZVG, § 132 Rz. 10; Dassler/Schiffhauer/u. a.-*Hintzen*, ZVG, § 132, Rz. 11; Schneider-*Schneider*, ZVG, § 132 Rz. 10; AG Düsseldorf, Beschl. v. 7.4.1961 – 27 K 41/60, MDR 1961, 697; LG Berlin, Beschl. v. 27.9.2023 – 80 T 275/23 (unveröffentlicht).

6) Also durch Haupt- und Hilfszuteilung.

7) Böttcher/*Böttcher*, ZVG, § 132 Rz. 9; *Stöber/Nicht*, ZVG, § 132 Rz. 11 Dassler/Schiffhauer/u. a.-*Hintzen*, ZVG, § 132 Rz. 10; Schneider-*Schneider*, ZVG, § 132 Rz. 11.

8) Gemeint ist damit die Zustellung der vollstreckbaren Ausfertigung des Zuschlagsbeschlusses, die im Parteibetrieb zugestellt werden muss.

Einwendungen, die den Anspruch selbst betreffen, sind mit der **Klage nach § 767 ZPO** geltend zu machen. Diese kann sich aber nur auf die Durchsetzung des Anspruchs, nicht auf die Beseitigung des rechtskräftigen Zuschlagsbeschlusses beziehen. Zuständig für diese Klage ist ausschließlich das Amtsgericht, zu dem das Vollstreckungsgericht gehört, welches den Zuschlagsbeschluss (als Vollstreckungstitel) erlassen hat.[9] 15

In diesem Zusammenhang soll auch daran erinnert werden, dass es nicht Sache des Vollstreckungsorgans ist, die Wirksamkeit der Klausel am Titel zu messen. Über dahin gehende Einwendungen des Schuldners gegen die Klausel entscheidet gemäß § 732 ZPO das Gericht, dessen Geschäftsstelle die Klausel erteilt hat. Klauseln sind der Nachprüfung durch das Vollstreckungsorgan entzogen und können deshalb auch nicht im Erinnerungsverfahren gemäß § 766 ZPO geltend gemacht werden.[10] 16

---

9) LG Ulm, Urt. v. 12.1.1987 – 4 O 215/86, NJW-RR 1987, 511.

10) BGH, Beschl. v. 12.1.2012 – VII ZB 71/09, Rpfleger 2012, 321 = MDR 2012, 367; zuletzt bestätigt durch BGH, Beschl. v. 1.2.2017 – VII ZB 22/16, MDR 2017, 727; LG Hamburg, Beschl. v. 2.12.2020 – 328 T 49/20, openJur 2020, 79511.

§ 133
Vollstreckung ohne Zustellung des Vollstreckungstitels

Die Zwangsvollstreckung in das Grundstück ist gegen den Ersteher ohne Zustellung des vollstreckbaren Titels oder der nach § 132 erteilten Vollstreckungsklausel zulässig; sie kann erfolgen, auch wenn der Ersteher noch nicht als Eigentümer eingetragen ist. Der Vorlegung des im § 17 Abs. 2 bezeichneten Zeugnisses bedarf es nicht, solange das Grundbuchamt noch nicht um die Eintragung ersucht ist.

Literatur: *Hornung*, Wiederversteigerung aus der Sicherungshypothek, Rechtspfleger 1994, 9 und 405; *Schiffhauer*, Wiederversteigerung ohne vorherige Berichtigung des Grundbuchs, Rpfleger 1975, 12; *Schiffhauer*, Nochmals: Wiederversteigerung aus der Sicherungshypothek, Rpfleger 1994, 402.

Übersicht

I. Allgemeines

1 Die Vollstreckung wegen einer nach § 118 ZVG übertragenen Forderung oder aus einer Sicherungshypothek gegen den Ersteher (§ 128 ZVG) ist gemäß § 132 ZVG aufgrund einer vollstreckbaren Ausfertigung des Zuschlagsbeschlusses möglich. Wenn sich diese Vollstreckung gegen das ersteigerte Grundstück richtet, bezeichnet man diese Versteigerung als (echte) **Wiederversteigerung**; denkbar wäre aber auch eine **Zwangsverwaltung**. Für diese Verfahren sieht § 133 ZVG einige Erleichterungen vor.

2 § 133 ZVG trifft jedoch nicht zu bei einer „unechten Wiederversteigerung". Diese liegt dann vor, wenn eine neue Versteigerung des ersteigerten Grundstücks durch den Gläubiger eines bestehen gebliebenen Rechts oder durch einen persönlichen Gläubiger des Erstehers beantragt wird.

II. Besonderheiten der Wiederversteigerung

1. Keine Zustellung des Titels erforderlich (Satz 1 Halbs. 1)

3 § 133 Satz 1 Halbs. 1 ZVG stellt eine Ausnahme zu § 750 Abs. 1 ZVG dar. Hiernach bedarf es weder der Zustellung des Zuschlagsbeschlusses noch der Vollstreckungsklausel, wenn die **echte Wiederversteigerung** (bzw. Zwangsverwaltung) betrieben wird.

4 Wenn jedoch in das sonstige Vermögen des Erstehers vollstreckt werden soll, gilt diese Erleichterung nicht; hier muss die nach § 750 Abs. 1 ZPO erforderliche Zustellung nachgewiesen werden. Dasselbe gilt bei der unechten Versteigerung. Auch wenn die Zwangsversteigerung gegen einen Rechtsnachfolger betrieben wird, sind die nach § 750 ZPO vorgesehenen Zustellungen (insbesondere auch die nach Absatz 2) nachzuweisen.

2. Verfahrensanordnung vor Eintragung des Eigentümers (Satz 1 Halbs. 2)

5 Das Verfahren kann auch vor der Eintragung des Erstehers als Eigentümer angeordnet werden (Satz 1 Halbs. 2). Damit stellt diese Vorschrift eine Ausnahme zu § 17 Abs. 1 ZVG dar.

3. Entbehrlichkeit des Grundbuchzeugnisses (Satz 2)

6 Vor dem Eingang des Ersuchens um Eintragung des Erstehers beim Grundbuchamt bedarf es auch nicht der Vorlage des ansonsten nach § 17 Abs. 2 ZVG erforderlichen Grundbuchzeugnisses (bzw. eines entsprechenden Grundbuchauszugs). Dies ist auch konsequent, da aus diesem Zeugnis die Eintragung des Erstehers als Eigentümer gerade nicht bewiesen werden könnte.

7 Ist das Grundbuchamt aber bereits gemäß § 130 ZVG ersucht worden, dann muss auch beim Antrag auf Wiederversteigerung das Grundbuchzeugnis beigefügt werden, wenn nicht die (allgemeine) Ausnahme des § 17 Abs. 2 Satz 2 ZVG[1] vorliegt. Dies kann jedoch dann unterbleiben, wenn feststeht, dass die Eintragung des Erstehers oder eines Dritten noch gar nicht erfolgt ist.[2]

---

1) Grundbuchamt und Vollstreckungsgericht gehören demselben Amtsgericht an.
2) So Stöber/*Nicht*, ZVG, § 133 Rz. 6a.

III. Sonstiges

1. Steuerliche Unbedenklichkeitsbescheinigung

Grundsätzlich muss das Vollstreckungsgericht seinem Ersuchen an das Grundbuchamt die steuerliche Unbedenklichkeitsbescheinigung gemäß § 22 GrEStG beifügen. Diese wird regelmäßig aber nur erteilt, wenn der Ersteher die anfallende **Grunderwerbsteuer bezahlt** hat oder ein **Befreiungstatbestand** vorliegt. Durch Nichtzahlung der Grunderwerbsteuer könnte somit ein Ersteher zwar nicht die Anordnung (siehe Rz. 5), aber die weitere Durchführung einer Wiederversteigerung verhindern. Durch Erlass des niedersächsischen Ministers der Finanzen vom 30.8.1989[3)], der im Einvernehmen mit den obersten Finanzbehörden der anderen Bundesländer ergangen ist, wurde u. a. bestimmt, dass das zuständige Finanzamt auf Antrag des Vollstreckungsgerichts dem Grundbuchamt die Unbedenklichkeitsbescheinigung für die Eintragung des Erstehers aus dem vorangegangenen Versteigerungsverfahren erteilt, wenn die Wiederversteigerung betrieben werden soll.[4)] 8

2. Anordnung des Verfahrens

Die Anordnung des Verfahrens setzt einen entsprechenden Antrag des Gläubigers voraus. Diesem Antrag ist die vollstreckbare Ausfertigung des Zuschlagsbeschlusses beizufügen (§§ 16 Abs. 2, 132 Abs. 2 ZVG). 9

Die Anordnung ist bereits möglich, **bevor** der **Ersteher** als Eigentümer in das Grundbuch **eingetragen** ist. Dies gilt auch, wenn die Versteigerung wegen des Anspruchs „aus der Sicherungshypothek" beantragt wird.[5)] Zwar entsteht die Sicherungshypothek erst mit ihrer Eintragung im Grundbuch (§ 128 Abs. 3 Satz 1 ZVG); aber § 133 Satz 1 Halbs. 2 ZVG lässt die Vollstreckung zu, auch wenn der Ersteher noch nicht als Eigentümer eingetragen ist. Eine Einschränkung dahingehend, dass dies nur bei der Vollstreckung wegen des persönlichen Anspruchs gelten soll, ist weder aus dem Wortlaut noch aus dem Sinn und Zweck des Gesetzes ersichtlich. 10

Die Einstellungsmöglichkeit durch den betreibenden Gläubiger (§ 30 ZVG), Einstellungsanträge des Schuldners (§ 30a, § 765a ZPO) oder des Insolvenzverwalters (§ 30d ZVG) gelten auch in diesem Verfahren. Deshalb ist dem Schuldner (= Ersteher) mit jedem Anordnungs- oder Beitrittsbeschluss eine entsprechende **Belehrung** zuzustellen (§ 30b Abs. 1 ZVG). 11

Die Anordnung des Verfahrens bewirkt eine neue **Beschlagnahme**. Deshalb muss das Grundbuchamt um die Eintragung eines neuen Versteigerungsvermerks ersucht 12

3) Veröffentlicht z. B. in BB 1989, 1967; Der Betrieb 1989, 1899; KTS 1990, 43; aber auch wörtlich zitiert bei Böttcher/*Böttcher*, ZVG, § 133 Rz. 4 und bei Stöber/*Nicht*, ZVG, § 133 Rz. 12.

4) Zum Muster eines entsprechenden Antrags an das Finanzamt siehe Stöber/*Nicht*, ZVG, § 133 Rz. 24.

5) So Böttcher/*Böttcher*, ZVG, § 133 Rz. 3; Stöber/*Nicht*, ZVG, § 133 Rz. 6 mit ausführlicher Begründung; jetzt auch BeckOK-*R. Goldbach*, ZVG, § 133 Rz. 9, 10; a. A. Dassler/Schiffhauer/u. a.-*Hintzen*, ZVG, § 133 Rz. 15; Schneider-*Schneider*, ZVG, § 133 Rz. 8; *Alff*, Rpfleger 2015, 607.

werden (§ 19 Abs. 1 ZVG). Dies ist auch dann erforderlich, wenn der „alte" Versteigerungsvermerk noch gar nicht gelöscht ist.[6]

3. Verfahrensbeitritt

13 Wenn nach Anordnung der Wiederversteigerung ein weiterer Antrag gestellt wird, erfolgt gemäß § 27 ZVG die Zulassung des Beitritts zum Verfahren. Beitreten können nicht nur solche Gläubiger, die selbst die echte Wiederversteigerung beantragen könnten; vielmehr können hier auch Gläubiger bestehen gebliebene Rechte oder persönlicher Gläubiger des Erstehers beitreten. Für Letztere gelten aber die Erleichterungen des § 133 ZVG nicht.

4. Anmeldungen und Beteiligte

14 Anmeldungen zur Berücksichtigung im geringsten Gebot und/oder im Teilungsplan müssen in dem Wiederversteigerungsverfahren neu erfolgen. Anmeldungen zum früheren Verfahren können nicht berücksichtigt werden; denn das Wiederversteigerungsverfahren ist ein völlig neues Verfahren. Deshalb muss auch für die Frage, ob eine Anmeldung rechtzeitig erfolgt ist, auf den Versteigerungstermin im neuen Verfahren abgestellt werden (vgl. § 37 Nr. 4 ZVG).

15 Die Beteiligten in diesem neuen Verfahren bestimmen sich nach § 9 ZVG neu. Nicht beteiligt sind somit die Berechtigten, die im früheren Verfahren (voll) befriedigt oder ausgefallen sind. Berechtigte, denen die Forderung gegen den Ersteher nach § 118 ZVG übertragen worden ist, sind gemäß § 9 Nr. 1 ZVG von Amts wegen schon zu berücksichtigen, auch wenn die hierfür vorgesehene Sicherungshypothek noch gar nicht im Grundbuch eingetragen ist. Der frühere Eigentümer ist nicht Beteiligter, da er durch den Zuschlag sein Eigentum verloren hat. Dagegen ist der Ersteher oder sein Gesamtrechtsnachfolger als Schuldner von Amts wegen Beteiligter (§ 9 Nr. 1 ZVG).

16 Um die Beteiligtenstellung nach § 9 Nr. 2 ZVG zu erhalten, ist eine (neue) Anmeldung erforderlich.

5. Terminsbestimmung

17 Zwar kann die Wiederversteigerung bereits vor der Eintragung des Erstehers angeordnet werden (Satz 1 Halbs. 2). **Nicht zulässig** ist dagegen die **Fortsetzung** des **Verfahrens**, also insbesondere die Bestimmung eines Versteigerungstermins und das weitere Verfahren.[7]

18 Auch in dem neuen Verfahren ist nach § 74a Abs. 5 ZVG der **Verkehrswert** festzusetzen. Ob hierzu auf das Gutachten aus dem früheren Zwangsversteigerungsverfahren zurückgegriffen werden kann, hängt vom konkreten Fall ab. Jedoch muss

---

6) Nur am Rande sei vermerkt, dass das Grundbuchamt die Eintragung des „neuen" Vermerks nicht mit der Begründung der fehlenden Voreintragung des Schuldners (= Ersteher) ablehnen darf; § 39 GBO betrifft hier nicht die Person des Eigentümers, sondern nur das durch die Zwangsversteigerung betroffene Grundstück. Dass sich die Vollstreckung gegen die richtige Person richtet, hat (nur) das Vollstreckungsgericht zu prüfen.

7) So Böttcher/*Böttcher*, ZVG, § 133 Rz. 3; Stöber/*Nicht*, ZVG, § 133 Rz. 11; Dassler/Schiffhauer/u. a.-*Hintzen*, ZVG, § 133 Rz. 20; Schneider-*Schneider*, ZVG, § 133 Rz. 15; BeckOK-*R. Goldbach*, ZVG, § 133 Rz. 12; a. A. LG Frankenthal, Beschl. v. 14.1.1974 – 1 T 2/74, Rpfleger 1975, 35; hierzu *Schiffhauer*, Rpfleger 1975, 12 (Beschlussanm.).

darauf geachtet werden, dass die frühere Wertermittlung auch noch aktuell ist. Die 5/10-Grenze des § 85a ZVG bzw. die 7/10-Grenze des § 74a Abs. 1 ZVG sind auch in der Wiederversteigerung (neu) zu beachten; denn es handelt sich um ein völlig neues Verfahren.

6. Geringstes Gebot

Für die Aufstellung des geringsten Gebots gelten grundsätzlich die §§ 44 ff. ZVG. Danach ist zunächst der bestrangig betreibende Gläubiger zu ermitteln. Die diesem Gläubiger im Range vorgehenden Rechte bzw. Ansprüche sind im geringsten Gebot zu berücksichtigen. Hierbei sind jedoch **zwei Besonderheiten** zu beachten: 19

- Eine Sicherungshypothek gemäß § 128 ZVG, die dem bestbetreibenden Gläubiger im Range vorgeht,[8] kommt zwar in das geringste Gebot, aber nicht in den Abschnitt „bestehen bleibende Rechte"; vielmehr ist dieses Recht nach § 128 Abs. 4 ZVG in den Abschnitt **„Mindestbargebot"** einzusetzen (einschließlich der Kosten und der Zinsen bis zum voraussichtlichen Verteilungstermin).
- Die **Rangverschiebung** des § 129 ZVG ist zu beachten. Zu Einzelheiten siehe § 129 Rz. 1, 3 und 6 [*Bachmann*].

7. Verteilung des Erlöses

Die Verteilung des Versteigerungserlöses erfolgt wie bei jeder anderen Versteigerung nach der Rangordnung des § 10 ZVG. Zu beachten ist aber auch hier eine etwaige Rangverschiebung innerhalb der Rangklasse 4. 20

Ein etwaiger **Übererlös** steht dem Vollstreckungsschuldner (= **Ersteher** aus der ersten Versteigerung) zu, nicht etwa dem ursprünglichen Eigentümer (= Schuldner des ursprünglichen Verfahrens).[9] 21

8. Aufhebung des Zuschlags im ersten Verfahren

Wenn der Zuschlag im ersten Verfahren im Rechtsbehelfsweg wieder aufgehoben wird, dann muss auch das Wiederversteigerungsverfahren aufgehoben werden.[10] 22

9. Wiederversteigerung nach einer Teilungsversteigerung

Die Wiederversteigerung ist auch nach einer Teilungsversteigerung möglich.[11] So kann jeder Gläubiger einer unteilbaren Leistung (dazu gehört auch jeder Miteigentümer einer früheren Bruchteilsgemeinschaft) nach § 432 Abs. 1 Satz 1 BGB die Wiederversteigerung wegen des Erlösüberschusses aus der Teilungsversteigerung beantragen. Zu beachten ist hier aber, dass der Antrag auf „Leistung an alle bisherigen Miteigentümer" lauten muss. 23

Auch bei einer Gesamthandsgemeinschaft, welcher der Erlösüberschuss aus der Teilungsversteigerung zusteht, kann jeder Miterbe bzw. sonstige Gesamthänder die Wie- 24

---

8) Wenn aus ihr betrieben wird oder sie dem bestbetreibenden Gläubiger nachgeht, kommt sie überhaupt nicht in das geringste Gebot und erlischt mit dem Zuschlag.

9) OLG Karlsruhe, Beschl. v. 18.4.1995 – 11 U 32/94, Rpfleger 1995, 513.

10) Böttcher/*Böttcher*, ZVG, § 133 Rz. 9; Stöber/*Nicht*, ZVG, § 133 Rz. 20; Dassler/Schiffhauer/u. a.-*Hintzen*, ZVG, § 133 Rz. 24; Schneider-*Schneider*, ZVG, § 133 Rz. 27.

11) BGH, Urt. v. 20.2.2008 – XII ZR 58/04, Rpfleger 2008, 379.

derversteigerung beantragen; denn hierbei handelt es sich nicht um eine Verfügung über den Gegenstand, sondern um eine Verwaltungshandlung. Aber auch hier muss der entsprechende Antrag darauf gerichtet sein, dass die „Leistung an alle gemeinschaftlich" zu erfolgen hat.[12] Dies gilt auch für die BGB-Gesellschaft.[13]

---

12) OLG Frankfurt, Beschl. v. 9.7.1953 – 6 W 302/53, NJW 1953, 1877; BGH, Beschl. v. 4.11.2020 – VII ZB 69/18, Rpfleger 2021, 239 = NJW 2021, 634.

13) BGH, Beschl. v. 8.7.2021 – V ZB 94/20, MDR 2021, 1415 = WM 2021, 1797.

§ 134

(aufgehoben)

durch Gesetz vom 01.02.1979 (BGBl. I S. 127)

§ 135

Unbekannter Berechtigter

Ist für einen zugeteilten Betrag die Person des Berechtigten unbekannt, so hat das Vollstreckungsgericht zur Ermittlung des Berechtigten einen Vertreter zu bestellen. Die Vorschriften des § 7 Abs. 2 finden entsprechende Anwendung. Die Auslagen und Gebühren des Vertreters sind aus dem zugeteilten Betrag vorweg zu entnehmen.

Literatur: *Traub*, Die Vertreterbestellung für unbekannte Berechtigte gemäß § 135 ZVG, ZfIR 2015, 823.

Übersicht

I. Allgemeines

1 Ist für einen zugeteilten Betrag die Person des Berechtigten unbekannt, ist nach § 126 Abs. 1 ZVG im Teilungsplan festzustellen, wie der Betrag verteilt werden soll, wenn der Berechtigte nicht ermittelt wird. Diese Hilfsverteilung wird aber nicht sofort ausgeführt; vielmehr wird der Betrag für den Unbekannten hinterlegt (§ 126 Abs. 2 ZVG). Erst wenn der Unbekannte ermittelt ist, kann der hinterlegte Betrag an diesen ausbezahlt werden.

2 Zur **Ermittlung** des Berechtigten hat das Vollstreckungsgericht nach § 135 ZVG einen Vertreter zu bestellen.

3 Die Vorschrift gilt für alle Versteigerungsarten des ZVG.

II. Bestellung eines Ermittlungsvertreters

1. Voraussetzungen

4 Da das Verteilungsverfahren noch nicht vollständig abgeschlossen ist, wenn ein Betrag gemäß § 126 Abs. 2 ZVG für den unbekannten Berechtigten hinterlegt ist,

muss das Vollstreckungsgericht von Amts wegen einen Vertreter für diesen unbekannten Berechtigten bestellen. Es muss sich hierbei also um den **unbekannten Berechtigten** eines **Baranspruchs** handeln; denn nur für ihn trifft § 126 ZVG zu. Damit scheidet der unbekannte Berechtigte eines bestehen bleibenden Rechts aus; hier ist es Aufgabe des Erstehers, den Berechtigten zu ermitteln.

2. Aufgabe des Ermittlungsvertreters

Der vom Gericht bestellte Vertreter hat den **Berechtigten** zu **ermitteln.** Über die Art und Weise dieser Ermittlungen sagt das Gesetz nichts; damit ist der Vertreter in seiner Tätigkeit frei. Das Vollstreckungsgericht kann ihm keine Weisungen erteilen; es kann auch keine Tätigkeitsberichte von ihm fordern; es kann auch kein Zwangsgeld gegen ihn verhängen. Es kann ihn jedoch entlassen, wenn er nichts tut oder durch Krankheit verhindert ist. 5

Sobald der Vertreter den unbekannten Berechtigten ermittelt hat, muss er dies dem Vollstreckungsgericht mitteilen. In diesem Fall wird der Teilungsplan vom Gericht nach § 137 Abs. 1 ZVG weiter ausgeführt. Ermittelt er den Berechtigten nicht binnen drei Monaten ab Verteilungstermin, kann der Eventualberechtigte (vgl. § 126 Abs. 1 ZVG) sich nach § 138 Abs. 1 ZVG ermächtigen lassen, das Aufgebotsverfahren zum Zwecke der **Ausschließung** des **unbekannten Berechtigten** zu beantragen. Wenn jedoch der Vertreter den Berechtigten noch danach ermittelt, erlischt diese Aufgebotsermächtigung wieder (§ 138 Abs. 2 Satz 2 ZVG); damit kann der Teilungsplan wie ursprünglich vorgesehen ausgeführt werden. 6

3. Kosten

Die Vergütung und Auslagen des Ermittlungsvertreters richten sich nach Satz 2 i. V. m § 7 Absatz 2 ZVG nach den Vorschriften über den Zustellungsvertreter. Die Vergütung berechnet sich in Anlehnung an § 19 ZwVwV nach dem Zeitaufwand.[1] Hierüber entscheidet das Vollstreckungsgericht durch Beschluss, gegen den sofortige Beschwerde möglich ist (§ 793 ZPO). 7

Die Kosten für den Ermittlungsvertreter sind nach Satz 3 **vorweg** aus dem **zugeteilten Betrag** zu **entnehmen.** Damit haftet für diese Kosten nicht nur der Vertretene, sondern auch der Hilfsberechtigte.[2] Wenn der zugeteilte Betrag vom Ersteher nicht entrichtet worden ist, wird der entsprechende Teil der Forderung im Rang vor dem Rest gegen den Ersteher übertragen (§ 118 ZVG) und eine entsprechende Sicherungshypothek eingetragen (§ 128 ZVG). Hinsichtlich der Vollstreckbarkeit dieses Anspruchs gegen den Ersteher gelten auch hier §§ 132, 133 ZVG. 8

Gesonderte Gerichtsgebühren fallen nicht an; die Tätigkeit des Gerichts ist durch die Gebühr für das Verteilungsverfahren (mit)abgegolten.[3] 9

---

1) So Dassler/Schiffhauer/u. a-*Hintzen*, ZVG, § 135 Rz. 9 m. w. N.; Schneider-*Schneider*, ZVG, § 135 Rz. 15.

2) Stöber/*Nicht*, ZVG, § 135 Rz. 6; Dassler/Schiffhauer/u. a.-*Hintzen*, ZVG, § 135 Rz. 10; Schneider-*Schneider*, ZVG, § 135 Rz. 17.

3) BeckOK-*Ertle*, ZVG, § 135 Rz 9; Schneider-*Schneider*, ZVG, § 135 Rz. 19.

§ 136

Kraftloserklärung eines Grundpfandbriefs

Ist der Nachweis des Berechtigten von der Beibringung des Briefes über eine Hypothek, Grundschuld oder Rentenschuld abhängig, so kann der Brief im Wege des Aufgebotsverfahrens auch dann für kraftlos erklärt werden, wenn das Recht bereits gelöscht ist.

Übersicht

I. Allgemeines

1 § 136 ZVG ist eine **Sonderbestimmung** zu §§ 1162, 1192, 2000 BGB, wonach ein Hypotheken-, Grundschuld- oder Rentenschuldbrief im Wege des Aufgebotsverfahrens für kraftlos erklärt werden kann, wenn er abhandengekommen oder vernichtet worden ist. Da das betreffende Grundpfandrecht zum Zeitpunkt der Antragstellung schon gelöscht sein kann, besteht (vordergründig betrachtet) für die Kraftloserklärung des Grundpfandrechtsbriefs eigentlich kein Rechtsschutzinteresse. Da der Grundpfandrechtsgläubiger aus dem Versteigerungserlös gemäß § 126 Abs. 1 ZVG aber nur eine Zuteilung erhält, wenn er den entsprechenden Brief vorlegt, besteht für ihn nach wie vor die Notwendigkeit, anstelle des abhanden gekommenen Briefes einen Ausschließungsbeschluss vorzulegen. Und deshalb kann er gemäß § 136 ZVG das Aufgebotsverfahren auch noch beantragen, wenn das Recht bereits gelöscht ist.

2 Die Vorschrift gilt für alle Versteigerungsarten.

II. Aufgebotsverfahren zum Zwecke der Kraftloserklärung des Briefes

1. Allgemeines

3 Seit Inkrafttreten des Gesetzes über das Verfahren in Familiensachen und in Angelegenheiten der freiwilligen Gerichtsbarkeit[1)] sind die Aufgebotsverfahren nicht mehr in der ZPO geregelt, sondern im 8. Buch des FamFG. Abschnitt 1 (§§ 433 bis 441 FamFG) enthält allgemeine Verfahrensvorschriften; in Abschnitt 6 (§§ 466 ff.) ist das Aufgebotsverfahren zur Kraftloserklärung von Urkunden geregelt.

2. Antragsberechtigung

4 Antragsberechtigt ist nach § 467 Abs. 2 FamFG der Gläubiger des Grundpfandrechts. Der nach § 135 ZVG bestellte Vertreter ist nicht antragsberechtigt.

3. Vorlage des Ausschließungsbeschlusses

5 Wenn der Grundpfandrechtsgläubiger den Ausschließungsbeschluss (§§ 478, 479 Abs. 1 FamFG) dem Vollstreckungsgericht vorlegt, ist seine Berechtigung nach § 126

1) FamFG v. 17.12.2008 (BGBl. I S. 2586), zuletzt geändert durch Gesetz v. 19.6.2023 (BGBl. I S. 155) mit Wirkung ab 1.10.2023.

ZVG nachgewiesen; er ist nicht mehr „unbekannt". Das weitere Verfahren richtet sich dann nach § 137 oder § 139 ZVG, je nachdem, ob der Eventualberechtigte bereits ermächtigt worden war, das Aufgebot zur Ausschließung des unbekannten Berechtigten zu beantragen.

III. Verhältnis zum Aufgebotsverfahren gemäß § 138 ZVG

Bei den beiden in § 136 und §§ 138 ff. ZVG genannten Aufgebotsverfahren handelt es sich um unterschiedliche Verfahren, die auch nebeneinander laufen können. 6

Solange das Aufgebotsverfahren nach § 136 ZVG läuft, soll das Vollstreckungsgericht keine Ermächtigung zu einem Verfahren nach § 138 ZVG erteilen.[2] Wenn aber das Aufgebotsverfahren nach § 138 ZVG bereits anhängig ist, muss der Briefgläubiger seine Rechte in diesem Verfahren gemäß § 477 FamFG anmelden, um zu vermeiden, dass er mit seinen Rechten ausgeschlossen wird. 7

---

2) So Stöber/*Nicht*, ZVG, § 136 Rz. 5; Schneider-*Schneider*, ZVG, § 136 Rz. 3.

§ 137

Nachträgliche Ermittlung des Berechtigten

(1) Wird der Berechtigte nachträglich ermittelt, so ist der Teilungsplan weiter auszuführen.

(2) Liegt ein Widerspruch gegen den Anspruch vor, so ist derjenige, welcher den Widerspruch erhoben hat, von der Ermittlung des Berechtigten zu benachrichtigen. Die im § 878 der Zivilprozeßordnung bestimmte Frist zur Erhebung der Klage beginnt mit der Zustellung der Benachrichtigung.

Übersicht

I. Allgemeines

Die Vorschrift regelt den Abschluss des Verteilungsverfahrens, wenn der zunächst unbekannte Berechtigte nachträglich ermittelt wird. 1

Die Vorschrift gilt für alle Versteigerungsarten des ZVG. 2

II. Ermittlung unbekannter Berechtigter

1. Allgemeines

Wenn der bisher unbekannte Berechtigte **nachträglich ermittelt** wird, dann ist der Teilungsplan weiter auszuführen. Hierbei ist es gleichgültig, auf welche Weise der Berechtigte ermittelt wird; dies kann wie folgt geschehen: 3

– Der Berechtigte meldet sich selbst beim Vollstreckungsgericht.

– Der Grundpfandrechtsbrief wurde gemäß § 136 ZVG für kraftlos erklärt.

– Der nach § 135 ZVG bestellte Vertreter hat den Berechtigten ermittelt.

4 In Ausführung des Teilungsplans ist dann entweder der gemäß § 126 Abs. 2 Satz 1 ZVG hinterlegte Betrag auszuzahlen oder eine bisher bedingte Übertragung in eine unbedingte umzuwandeln.

2. Entscheidung des Vollstreckungsgerichts

5 Darüber, ob der Berechtigte tatsächlich ermittelt ist, muss das Vollstreckungsgericht anhand der vorgelegten Unterlagen zu entscheiden. Vor dieser Entscheidung hat das Vollstreckungsgericht den Eventualberechtigten und den Versteigerungsschuldner (= bisherige Eigentümer) zu hören. Wenn sich der Berechtigte nicht selbst gemeldet hat, sollte auch dieser angehört werden. Dies kann schriftlich oder mündlich in einem (weiteren) Teilungstermin erfolgen.

6 Die Entscheidung kann stillschweigend erfolgen, indem der Teilungsplan weiter ausgeführt wird. Zweckmäßigerweise sollte jedoch ein **Beschluss** erlassen werden, der allen an der Ermittlung Beteiligten zuzustellen ist. Dieser Beschluss ist mit sofortiger Beschwerde gemäß § 793 ZPO anfechtbar. Ausgeführt werden sollte der Beschluss erst nach seiner Rechtskraft.

7 Je nachdem, welches Ergebnis die Ermittlungen des Gerichts ergeben, sind folgende Entscheidungen möglich:

a) Der Berechtigte steht fest

8 Der Teilungsplan wird dadurch ausgeführt, dass die Hinterlegungsstelle angewiesen wird, den hinterlegten Betrag an den Berechtigten zu überweisen (§ 117 Abs. 3 ZVG). War ein Vertreter nach § 135 ZVG bestellt worden, dann wird auch die Überweisung seiner Vergütung aus dem hinterlegten Betrag veranlasst.[1)]

9 War infolge Nichtzahlung des Meistbargebots eine bedingte Forderungsübertragung erfolgt, dann ist diese in eine unbedingte Übertragung auf den Berechtigten (allein) umzuwandeln. Soweit die Sicherungshypothek nach § 128 ZVG bereits eingetragen ist, muss das Grundbuchamt um entsprechende Berichtigung ersucht werden. Hinsichtlich der Vergütung des Vertreters nach § 135 ZVG erfolgt dann ebenfalls eine (unbedingte) Forderungsübertragung samt Eintragung einer Sicherungshypothek.

b) Der Berechtigte steht nicht fest

10 Ist das Ergebnis der Ermittlungen nicht eindeutig, sollte dies durch einen entsprechenden Beschluss ausgesprochen werden, welcher dem Berechtigten, dem Schuldner und den Eventualberechtigten zugestellt werden muss.

III. Widerspruch gegen den Anspruch (Abs. 2)

11 Liegt ein Widerspruch gegen den Anspruch vor, ist der Widersprechende nach Absatz 2 Satz 1 zu benachrichtigen. Die Monatsfrist des § 878 Abs. 1 ZPO zur Erhebung der Widerspruchsklage beginnt dann erst mit der Zustellung dieser Benachrichtigung (Abs. 2 Satz 2).

---

1) Zum Muster eines solchen Beschlusses siehe Stöber/*Nicht*, ZVG, § 137 Rz. 8.

Da in diesem Fall der Teilungsplan eine (weitere) Hilfszuteilung gemäß § 124 Abs. 1 ZVG enthält, kann hier der (auch) gemäß § 124 Abs. 2 i. V. m § 120 Abs. 1 ZVG hinterlegte Betrag nicht an den ermittelten Berechtigten ausgezahlt werden. Vielmehr bleibt der Betrag solange hinterlegt, bis der Widerspruch erledigt ist. 12

§ 138
Ermächtigung zum Aufgebot

(1) Wird der Berechtigte nicht vor dem Ablauf von drei Monaten seit dem Verteilungstermin ermittelt, so hat auf Antrag das Gericht den Beteiligten, welchem der Betrag anderweit zugeteilt ist, zu ermächtigen, das Aufgebotsverfahren zum Zwecke der Ausschließung des unbekannten Berechtigten von der Befriedigung aus dem zugeteilten Betrag zu beantragen.

(2) Wird nach der Erteilung der Ermächtigung der Berechtigte ermittelt, so hat das Gericht den Ermächtigten hiervon zu benachrichtigen. Mit der Benachrichtigung erlischt die Ermächtigung.

Übersicht

I. Allgemeines

1 Wenn die Ermittlung des unbekannten Berechtigten zu keinem Erfolg führt, dann kann ein Aufgebotsverfahren stattfinden. Hierzu kann gemäß § 138 ZVG der Eventualberechtigte durch das Vollstreckungsgericht bevollmächtigt werden.

2 Die Vorschrift gilt für alle Versteigerungsarten des ZVG.

II. Ermächtigung für das Aufgebotsverfahren zum Zwecke der Ausschließung des unbekannten Berechtigten

1. Antrag

3 Die Ermächtigung zur Durchführung eines Aufgebotsverfahrens erfolgt nicht von Amts wegen; hierfür ist vielmehr ein Antrag notwendig. Wird dieser Antrag nicht gestellt, verbleibt es bei der Hinterlegung. Nach Ablauf von 30 Jahren seit der Hinterlegung kann der Vollstreckungseigentümer (= bisherige Grundstückseigentümer) die Auszahlung an sich verlangen (§ 142 ZVG).

4 Der Antrag auf Ermächtigung kann erst nach Ablauf von **drei Monaten** seit dem Verteilungstermin gestellt werden (Abs. 1 Satz 1). Antragsberechtigt ist der Eventualberechtigte, nicht der Ermittlungsvertreter.[1] Wenn mehrere Eventualberechtigte vorhanden sind, ist jeder allein antragsberechtigt. Die Wirkung des Ausschließungsbeschlusses kommt aber nur dem Berechtigten zugute, der ihn erwirkt hat.

---

1) Böttcher/*Böttcher*, ZVG, § 138 Rz. 2; *Stöber/Nicht*, ZVG, § 138 Rz. 5; Schneider-*Schneider*, ZVG, § 138 Rz. 5.

5 Der Antrag ist **formlos** möglich; er kann schriftlich oder zu Protokoll der Geschäftsstelle erklärt werden.

2. Entscheidung

6 Die Ermächtigung wird durch **Beschluss** des Vollstreckungsgerichts ausgesprochen. Dieser Beschluss wird dem Ermittlungsvertreter zugestellt, dem Antragsteller nur formlos mitgeteilt, wenn seinem Antrag entsprochen worden ist. Wenn dem Antrag nicht entsprochen wird, ist der Beschluss dem Antragsteller zuzustellen.

7 Der Beschluss ist mit **sofortiger Beschwerde** anfechtbar (§ 793 ZPO). Beschwerdeberechtigt ist bei Antragsablehnung der Antragsteller, bei Ermächtigung der Erstberechtigte, wenn er zwischenzeitlich ermittelt wurde. Der Ermittlungsvertreter ist nicht beschwerdeberechtigt. Er hat seine Ermittlungen nicht einzustellen, sondern weiter zu führen.

III. Wegfall der Ermächtigung (Abs. 2)

8 Wenn der unbekannte Berechtigte nach der Ermächtigung ermittelt wird, wird der Teilungsplan gemäß § 137 Abs. 1 ZVG ohne Aufgebotsverfahren ausgeführt. Gleichzeitig wird der Ermächtigte hiervon unterrichtet (Abs. 2 Satz 1). Mit der **Benachrichtigung** erlischt nach Absatz 2 Satz 2 die Ermächtigung. Damit ist auch ein bereits laufendes Aufgebotsverfahren einzustellen, wenn nicht schon ein Ausschließungsbeschluss ergangen ist.[2] Mit der Rechtskraft dieses Beschlusses (§ 439 Abs. 2 FamFG) scheidet der unbekannte Berechtigte als Zuteilungsberechtigter aus. Damit ist das Ziel des Aufgebotsverfahrens erreicht; daran kann auch der Wegfall der Ermächtigung nichts mehr ändern.

2) Böttcher/*Böttcher*, ZVG, § 138 Rz. 4; Stöber/*Nicht*, ZVG, § 138 Rz. 6; Schneider-*Schneider*, ZVG, § 138 Rz. 6.

§ 139

Terminsbestimmung bei nachträglicher Ermittlung

(1) Das Gericht kann im Falle der nachträglichen Ermittlung des Berechtigten zur weiteren Ausführung des Teilungsplans einen Termin bestimmen. Die Terminsbestimmung ist dem Berechtigten und dessen Vertreter, dem Beteiligten, welchem der Betrag anderweit zugeteilt ist, und demjenigen zuzustellen, welcher zur Zeit des Zuschlags Eigentümer des Grundstücks war.

(2) Liegt ein Widerspruch gegen den Anspruch vor, so erfolgt die Zustellung der Terminsbestimmung auch an denjenigen, welcher den Widerspruch erhoben hat. Die im § 878 der Zivilprozeßordnung bestimmte Frist zur Erhebung der Klage beginnt mit dem Termin.

Übersicht

I. Allgemeines

1 Wenn der Berechtigte nach Ermächtigung des Eventualberechtigten (§ 138 ZVG), aber vor Erlass des Ausschließungsbeschlusses ermittelt wird, erledigt sich die Ermächtigung nach § 138 Abs. 2 ZVG. Der Teilungsplan ist dann weiter auszuführen (§ 137 Abs. 1 ZVG).

2 Das Verfahren hierbei ist in § 139 ZVG geregelt, der für alle Versteigerungsarten des ZVG gilt.

II. Verfahren nach Ermittlung des Berechtigten (Abs. 1)

1. Termin zur weiteren Ausführung des Teilungsplans

3 Das Vollstreckungsgericht kann nach Absatz 1 Satz 1 zur weiteren Ausführung des Teilungsplans einen Termin bestimmen. Dagegen dient dieser Termin nicht dazu, über die Frage zu entscheiden, ob der Berechtigte ermittelt ist;[1] denn die tatsächliche Ermittlung ist (gesetzliche) Voraussetzung dieses Termins.

4 Die Terminsbestimmung ist nach Absatz 1 Satz 2 an folgende **Beteiligte** zuzustellen:

- an den ermittelten Berechtigten,
- an den Ermittlungsvertreter,
- an den Eventualberechtigten,[2]
- an den Eigentümer zur Zeit des Zuschlags.

5 Da der Termin eine Fortsetzung des Verteilungstermins darstellt, kann dem Anspruch des Berechtigten auch jetzt noch widersprochen werden. Erfolgt kein Widerspruch, wird die Hinterlegungsstelle angewiesen, den hinterlegten Betrag abzüglich der Vergütung des Ermittlungsvertreters an den Berechtigten zu überweisen; die Vergütung des Ermittlungsvertreters ist an diesen zu überweisen, soweit diese rechtskräftig festgesetzt (§ 135 Sätze 2 und 3 i. V. m. § 7 Abs. 2 ZVG). Soweit der Ersteher seiner Zahlungspflicht nicht nachgekommen ist, ist die Forderung gegen diesen auf den Berechtigten (nun aber unbedingt) zu übertragen. Eine gemäß § 128 ZVG bereits eingetragene Sicherungshypothek ist zu berichtigen; deshalb muss das Grundbuchamt entsprechend ersucht werden.

2. Weitere Ausführung ohne besonderen Termin

6 Von der Bestimmung eines besonderen Termins kann das Gericht auch absehen. Dann wird der Teilungsplan nach der gemäß § 138 Abs. 2 ZVG vorgesehenen Benachrichtigungen weiter ausgeführt. Wegen der Einzelheiten siehe Rz. 5. Hierbei ist auch zu beachten, dass folgende Kosten vorab zu entnehmen sind:

- Kosten des Aufgebotsverfahrens (vgl. § 140 Abs. 6 ZVG) und
- Kosten des Ermittlungsvertreters (vgl. § 135 Sätze 2 und 3 i. V. m. § 7 Abs. 2 ZVG).

---

1) So Böttcher/*Böttcher*, ZVG, § 139 Rz. 2; Dassler/Schiffhauer/u. a.-*Hintzen*, ZVG, § 139 Rz. 3; BeckOK-*Ertle*, ZVG, § 139 Rz. 3; a. A. Stöber/*Nicht*, ZVG, § 139 Rz. 4; Schneider-*Schneider*, ZVG, § 139 Rz. 4.

2) Zweckmäßig zusammen mit der Benachrichtigung nach § 138 Abs. 2 Satz 1 ZVG.

7 Deshalb dürfte ein Verzicht auf den besonderen Termin nur in Frage kommen, wenn diese Ansprüche unstreitig feststehen.

III. Widerspruch gegen den Anspruch (Abs. 2)

8 Wenn ein Widerspruch gegen den zugeteilten Betrag vorliegt, muss die Terminsbestimmung nach Absatz 2 Satz 1 auch an den Widersprechenden zugestellt werden. Die Monatsfrist für den Nachweis zur Klageerhebung beginnt hier erst mit dem Termin (Abs. 2 Satz 2). Dies bedeutet, dass bei einem Widerspruch in jedem Fall ein Termin bestimmt werden muss; denn in diesem Termin ist nach § 115 Abs. 1 Satz 1 ZVG auch über den Widerspruch zu verhandeln.

9 Im Übrigen kann ein Widerspruch auch noch in dem neuen Termin erhoben werden.

§ 140
Aufgebotsverfahren

(1) Für das Aufgebotsverfahren ist das Vollstreckungsgericht zuständig.

(2) Der Antragsteller hat zur Begründung des Antrags die ihm bekannten Rechtsnachfolger desjenigen anzugeben, welcher als letzter Berechtigter ermittelt ist.

(3) In dem Aufgebot ist der unbekannte Berechtigte aufzufordern, sein Recht innerhalb der Aufgebotsfrist anzumelden, widrigenfalls seine Ausschließung von der Befriedigung aus dem zugeteilten Betrag erfolgen werde.

(4) Das Aufgebot ist demjenigen, welcher als letzter Berechtigter ermittelt ist, den angezeigten Rechtsnachfolgern sowie dem Vertreter des unbekannten Berechtigten zuzustellen.

(5) Eine im Vollstreckungsverfahren erfolgte Anmeldung gilt auch für das Aufgebotsverfahren.

(6) Der Antragsteller kann die Erstattung der Kosten des Verfahrens aus dem zugeteilten Betrag verlangen.

Übersicht

I. Allgemeines

1 § 138 ZVG gibt dem Eventualberechtigten die Möglichkeit, in einem eigenen Aufgebotsverfahren die **Ausschließung** des unbekannten Berechtigten zu beantragen. Für das Aufgebotsverfahren selbst sieht § 140 ZVG einige Besonderheiten vor. Diese Vorschrift ergänzt also die allgemeinen Bestimmungen über das Aufgebotsverfahren; diese sind seit Inkrafttreten des Gesetzes über das Verfahren in Familiensachen und

in den Angelegenheiten der freiwilligen Gerichtsbarkeit[1] nicht mehr in der ZPO, sondern in §§ 433 ff. FamFG geregelt.[2]

Die Vorschrift gilt für alle Versteigerungsarten des ZVG. 2

II. Besonderes Aufgebotsverfahren

1. Zuständiges Gericht (Abs. 1)

Nach Absatz 1 ist für das Aufgebotsverfahren das **Vollstreckungsgericht** zuständig, 3
obwohl das „normale" Aufgebotsverfahren nunmehr der freiwilligen Gerichtsbarkeit zugeordnet worden ist (§ 23a Abs. 1 Nr. 2, Abs. 2 Nr. 7 GVG).[3] Funktionell ist der **Rechtspfleger** für das gesamte Verfahren zuständig (§ 3 Nr. 1 i RPflG).[4]

2. Antrag (Abs. 2)

Nach § 434 Abs. 1 FamFG wird das Aufgebotsverfahren nur auf Antrag eingeleitet. 4
Da keine besondere Form hierfür vorgeschrieben ist, kann der Antrag **schriftlich** oder zu **Protokoll** der **Geschäftsstelle** erfolgen.

Antragsberechtigt ist nur der **Eventualberechtigte**, der gemäß § 138 Abs. 1 ZVG 5
hierzu ausdrücklich ermächtigt worden ist. Sind mehrere Eventualberechtigte ermächtigt worden, kann jeder von ihnen das Aufgebotsverfahren beantragen. Besondere Nachweise zur Antragsberechtigung sind nicht erforderlich; es genügt hierzu die Bezugnahme auf die sich in der Zwangsversteigerungsakte befindliche Ermächtigung.

Zur Begründung des Antrags sind nach Absatz 2 aber die dem Antragsteller bekannten 6
Rechtsnachfolger desjenigen anzugeben, welcher als letzter Berechtigter ermittelt worden ist. Hierfür muss der Antragsteller aber keine weiteren Ermittlungen anstellen. Jedoch kann das Gericht nach § 439 Abs. 1 FamFG hinsichtlich der Wahrheit einer Behauptung eine Versicherung an Eides statt verlangen.

3. Inhalt des Aufgebots (Abs. 3)

Der Inhalt des Aufgebots richtet sich nach § 434 Abs. 2 FamFG, ergänzt durch 7
§ 140 Abs. 3 ZVG. Hiernach sind anzugeben:

- Bezeichnung des Antragstellers,
- Angabe des Grundbuchrechts, dessen Berechtigter ausgeschlossen werden soll, und der darauf entfallende Betrag samt Aufforderung an den unbekannten Berechtigten, seine Rechte spätestens im Aufgebotstermin anzumelden, widrigenfalls

---

1) FamFG v. 17.12.2008 (BGBl. I S. 2586), in Kraft seit 1.9.2009, zuletzt geändert durch Gesetz vom 16.12.2022 (BGBl. I S. 2328) m. W. v. 1.1.2023.

2) Soweit also ältere Kommentare noch auf Vorschriften der ZPO verweisen, ist dies nicht mehr ganz zutreffend.

3) Diese Sonderstellung hatte § 140 ZVG aber schon vor dieser Änderung; denn bis zum 30.8.2009 war für das (normale) Aufgebotsverfahren das Prozessgericht zuständig (§ 946 ZPO, § 23 Nr. 2h GVG, jeweils a. F.).

4) Wenn Böttcher/*Böttcher*, ZVG, § 140 Rz. 2 und *Stöber/Nicht*, ZVG, § 140 Rz. 5 hinsichtlich der funktionellen Zuständigkeit auf § 3 Nr. 1 c) RPflG hinweisen, dann ist das etwas inkonsequent; denn § 140 ZVG ist nicht geändert worden. Und so ist nach wie vor das Vollstreckungsgericht zuständig – und demnach auch der Vollstreckungsrechtspfleger.

seine Ausschließung von der Befriedigung aus dem zugeteilten Betrag erfolgen werde.

4. Zustellungen (Abs. 4)

8 Das Aufgebot ist nach Absatz 4 an folgende Beteiligte **zuzustellen:**

- an denjenigen Berechtigten, der als letzter Berechtigter ermittelt worden ist,
- an dessen – vom Antragsteller im Antrag angegebenen – Rechtsnachfolger,
- an den Ermittlungsvertreter.

5. Bekanntmachung und Frist

9 Daneben ist das Aufgebot nach § 435 FamFG öffentlich bekannt zu machen. Zwischen dem Tag, an dem das Aufgebot erstmalig bekannt gemacht wird und dem Anmeldezeitpunkt muss nach § 437 FamFG grundsätzlich ein Zeitraum von mindestens **sechs Wochen** liegen (Aufgebotsfrist).

10 Durch Landesgesetz können die Art der Bekanntmachung und die Aufgebotsfrist abweichend hiervon geregelt werden (§ 12 EGZVG). Von dieser Ermächtigung haben nur noch wenige Länder Gebrauch gemacht.[5]

6. Anmeldung (Abs. 5)

11 Gemäß § 438 FamFG ist eine Anmeldung, welche nach dem Anmeldezeitpunkt, jedoch vor Erlass des Ausschließungsbeschlusses erfolgt, als noch rechtzeitig anzusehen. Ergänzt wird diese Vorschrift durch § 140 Abs. 5 ZVG; hiernach gilt eine im Vollstreckungsverfahren erfolgte Anmeldung auch für das Aufgebotsverfahren.

12 Bei einer Anmeldung, durch die jemand den hinterlegten Betrag für sich beansprucht,[6] ist entweder das Aufgebotsverfahren bis zur endgültigen Entscheidung über das angemeldete Recht auszusetzen oder in dem Ausschließungsbeschluss das angemeldete Recht vorzubehalten (§ 440 FamFG); denn es ist nicht Aufgabe des Aufgebotsverfahrens, über materielle Fragen zu entscheiden.

7. Ausschließungsbeschluss

13 Die Entscheidung über den Aufgebotsantrag ergeht in jedem Fall durch Beschluss. Wird der Antrag zurückgewiesen, kann sich nach § 59 Abs. 2 FamFG der Antragsteller dagegen mit **Beschwerde** wehren.

14 Das Aufgebotsverfahren endet mit Erlass eines Ausschließungsbeschlusses, der gemäß § 441 Satz 1 FamFG an den „Ausgeschlossenen" öffentlich zuzustellen ist; hierfür gelten gemäß § 441 Satz 2 FamFG die §§ 186 bis 188 ZPO. Daneben wird der Beschluss an in Absatz 3 genannten Beteiligten von Amts wegen zugestellt.

---

5) Beispielsweise Baden-Württemberg: §§ 28, 30 AGGVG (Aufgebotsfrist hier mindestens drei Monate); Bayern: § 33 AGGVG; Rheinland-Pfalz: § 8 AGZPOZVG (Aufgebotsfrist hier mindestens sechs Wochen); Saarland: § 45 AGJusG (Aufgebotsfrist mindestens sechs Wochen).

6) Weil er der z. B. wahre Berechtigte sei.

Der Beschluss wird erst mit seiner Rechtskraft wirksam (§ 439 Abs. 2 FamFG). Maßgeblicher Rechtsbehelf ist die Beschwerde nach §§ 58 ff. FamFG, die innerhalb eines Monats einzulegen ist (§ 61 FamFG). 15

III. Kosten

Das Aufgebotsverfahren wird nicht durch die Gebühren des Zwangsversteigerungsverfahrens mit abgegolten; vielmehr werden hierfür **besondere Kosten** erhoben. Nach GNotKG KVNr. 15212 Nr. 3 beträgt die Gerichtsgebühr 0,5. Der Wert hierfür ist gemäß § 36 Abs. 1 GNotKG nach billigem Ermessen zu bestimmen. In Betracht kommt hier der Betrag, hinsichtlich dessen der unbekannte Berechtigte ausgeschlossen werden soll. Daneben kommen als Auslagen insbesondere die KVNr. 31002 (Zustellungspauschale von 3,50 €, aber erst ab der 11. Zustellung) und KVNr. 31004 (Auslagen für die öffentliche Bekanntmachung) in Betracht. 16

Neben den Gerichtskosten können dem Antragsteller auch außergerichtlichen Kosten entstanden sein. Die Erstattung seiner gesamten Kosten kann er gemäß Absatz 6 aus dem zugeteilten Betrag verlangen. 17

§ 141

Ausführung des Teilungsplans nach Ausschließungsbeschluss

Nach der Erlassung des Ausschließungsbeschlusses hat das Gericht einen Termin zur weiteren Ausführung des Teilungsplans zu bestimmen. Die Terminsbestimmung ist dem Antragsteller und den Personen, welchen Rechte in dem Urteil vorbehalten sind, dem Vertreter des unbekannten Berechtigten sowie demjenigen zuzustellen, welcher zur Zeit des Zuschlags Eigentümer des Grundstücks war.

Übersicht

I. Allgemeines

Nach Erlass des Ausschließungsbeschlusses ist das Aufgebotsverfahren beendet. Das Vollstreckungsgericht muss nun für die Verteilung einen **Termin** zur weiteren Ausführung des Teilungsplans bestimmen (§ 141 ZVG). 1

Die Vorschrift gilt für alle Versteigerungsarten des ZVG. 2

II. Verteilung nach dem Ausgebotsverfahren

1. Besonderer Verteilungstermin

Nach Rechtskraft (vgl. § 439 Abs. 2 FamFG) des Ausschließungsbeschlusses muss das Vollstreckungsgericht zur weiteren Ausführung des Teilungsplans von Amts wegen einen **besonderen Verteilungstermin** bestimmen (Satz 1). Dies geschieht nicht mehr im Rahmen des Aufgebotsverfahrens, sondern gehört (wieder) zum eigentlichen Zwangsversteigerungsverfahren. 3

2. Beteiligte

4 Die Terminsbestimmung für diesen weiteren Verteilungstermin ist gemäß Satz 2 (nur) an folgende Beteiligte zuzustellen:

- an den **Antragsteller** des Aufgebotsverfahrens,
- an alle **Personen**, denen im Ausschließungsbeschluss **Rechte vorbehalten** worden sind,
- an den **Ermittlungsvertreter**,
- an den **Eigentümer** des Grundstücks zum Zeitpunkt des Zuschlags.

3. Zuteilung

5 In dem neuen Verteilungstermin wird der durch den Ausschließungsbeschluss frei gewordene Betrag an den **Eventualberechtigten** zugeteilt, der das Aufgebotsverfahren beantragt hat. Dies geschieht in folgender Reihenfolge:

- Gerichtskosten der nachträglichen Verteilung (vgl. hierzu § 109 Abs. 1 letzter Halbsatz),
- Vergütung und Auslagen des Ermittlungsvertreters (§ 135 Satz 3 ZVG),
- gerichtliche und außergerichtliche Kosten des Aufgebotsverfahrens (§ 140 Abs. 6 ZVG),
- Ansprüche des (jetzt unbedingt) Zuteilungsberechtigten.

6 Die **Hinterlegungsstelle** wird vom Vollstreckungsgericht angewiesen, den nach § 126 Abs. 2 Satz 1 ZVG hinterlegten Betrag insoweit an die Berechtigten zu überweisen.

7 Hatte der Ersteher das Meistbargebot nicht bezahlt, war im ursprünglichen Verteilungstermin gemäß § 118 ZVG eine (bedingte) Forderungsübertragung erfolgt. Hierfür wurde die Eintragung einer Sicherungshypothek gemäß § 128 ZVG veranlasst. In diesem Fall ist durch den Ausschließungsbeschluss die ursprüngliche Bedingung bei der Forderungsübertragung weggefallen. Eine bereits eingetragene Sicherungshypothek muss insoweit auch berichtigt werden. Deshalb muss das Grundbuchamt um entsprechende Berichtigung ersucht werden.

8 Wenn noch weitere Eventualberechtigte vorhanden sind, die aber kein Aufgebotsverfahren beantragt haben, dann bleibt der für sie zur Verfügung stehende Erlös weiter unverteilt und hinterlegt.

4. Vorbehaltene Rechte und Widerspruch

9 Diejenigen, deren Ansprüche im Ausschließungsbeschluss vorbehalten worden sind (vgl. § 440 FamFG), sind als **Widersprechende** zu behandeln (§ 115 Abs. 2 ZVG). Das weitere Verfahren richtet sich somit nach § 115 i. V. m. §§ 876 ff. ZPO. Dies bedeutet:

- Im Verteilungstermin wird über die Widersprüche verhandelt.
- Auf Verlangen müssen die Widersprechenden ihre Ansprüche glaubhaft machen.
- Kommt keine Einigung zustande, muss der Widersprechende seine Rechte mit einer Klage verfolgen (§ 878 ZPO). Die Monatsfrist hierfür beginnt mit diesem (neuen) Verteilungstermin.

– Der Teilungsplan muss insoweit geändert werden, als jetzt dem (ursprünglichen) Eventualberechtigten erneut bedingt zugeteilt wird, jetzt aber nach § 124 Abs. 1 ZVG.

§ 142
Dreißigjährige Frist für hinterlegten Betrag

In den Fällen des § 117 Abs. 2 und der §§ 120, 121, 124, 126 erlöschen die Rechte auf den hinterlegten Betrag mit dem Ablauf von dreißig Jahren, wenn nicht der Empfangsberechtigte sich vorher bei der Hinterlegungsstelle meldet; derjenige, welcher zur Zeit des Zuschlags Eigentümer des Grundstücks war, ist zur Erhebung berechtigt. Die dreißigjährige Frist beginnt mit der Hinterlegung, in den Fällen der §§ 120, 121 mit dem Eintritt der Bedingung, unter welcher die Hinterlegung erfolgt ist.

Übersicht

I. Allgemeines

Das ZVG sieht in manchen Fällen der Erlösverteilung die Hinterlegung von Geld vor. In den hierzu erforderlichen Ersuchen des Vollstreckungsgerichts an die Hinterlegungsstelle beim Amtsgericht müssen grundsätzlich auch die Empfangsberechtigten angegeben werden, für welche die Hinterlegungen erfolgen und ggf. die Bedingung, von der es abhängt, dass diese den hinterlegten Betrag in Empfang nehmen dürfen. 1

Ähnlich wie bei der Hinterlegung nach BGB, wo § 382 BGB das Erlöschen des Gläubigerrechts nach 30 Jahren vorsieht, **erlöschen** nach § 142 ZVG auch die **Rechte** des Empfangsberechtigten **nach 30 Jahren**, wenn dieser sich nicht vorher meldet. Nach diesem Zeitpunkt kann dann der Eigentümer zum Zeitpunkt des Zuschlags den hinterlegten Betrag beanspruchen. 2

Hierzu hat der Eigentümer aber regelmäßig nur **ein Jahr** Zeit; denn die landesrechtlichen Bestimmungen über die Hinterlegung sehen vor, dass in diesen Fällen die Hinterlegungsmasse nach insgesamt 31 Jahren dem betreffenden Land verfällt. 3

II. Erlöschen der Rechte auf den hinterlegten Betrag

1. Betroffene Hinterlegungsfälle

In § 142 ZVG sind folgende Hinterlegungsfälle ausdrücklich aufgeführt: 4

– § 117 Abs. 2 Satz 3 ZVG

Wenn bei der Ausführung des Teilungsplans die Auszahlung an den Berechtigten nicht erfolgen kann, ist der Betrag für diesen zu hinterlegen.

- § 120 Abs. 1 Satz 1 ZVG

  Wenn der Anspruch aufschiebend bedingt ist, muss der Betrag für den Berechtigten hinterlegt werden.
- § 121 Abs. 2 i. V. m. § 120 Abs. 1 Satz 1 ZVG

  In den Fällen des § 92 Abs. 2 ZVG ist das Deckungskapital für den Berechtigten zu hinterlegen, aus dem dann die Rentenzahlungen zu leisten sind.
- § 124 Abs. 2 ZVG

  Bei Erhebung eines Widerspruchs ist der streitige Betrag zu hinterlegen.
- § 126 Abs. 2 Satz 1 ZVG

  Ist für einen zugeteilten Betrag die Person des Berechtigten unbekannt, ist dieser Betrag für den unbekannten Berechtigten zu hinterlegen.

2. Erlöschensfrist

5 Die nach den o. a. Vorschriften hinterlegten Beträge können zeitlich nicht unbeschränkt hinterlegt bleiben. Die **Rechte** der Empfangsberechtigten auf den hinterlegten Betrag **erlöschen nach** Ablauf von **dreißig Jahren.**

6 Diese Frist beginnt grundsätzlich mit der Hinterlegung, in den Fällen der §§ 120, 121 ZVG aber erst mit dem Eintritt der Bedingung, unter welcher die Hinterlegung erfolgt ist (Satz 2).

7 Da es sich hier um eine Ausschlussfrist und nicht um eine Notfrist handelt, ist keine Wiedereinsetzung in den vorigen Stand möglich.

3. Rechtsverlust des Empfangsberechtigten

8 Wenn der Berechtigte den hinterlegten Betrag **nicht innerhalb von 30 Jahren** in Anspruch genommen hat, verliert er alle Rechte an dem hinterlegten Betrag. Um dies zu verhindern, muss er also innerhalb der Frist tätig werden; das Gesetz spricht davon, dass er sich bei der Hinterlegungsstelle meldet.[1)]

4. Erhebungsberechtigung des Eigentümers

9 Nach Ablauf der 30 Jahre fällt das Recht zu Erhebung des hinterlegten Betrags an den Eigentümer des Grundstücks zum Zeitpunkt des Zuschlags. Damit dieser den Betrag auch tatsächlich erhält, muss er bei der Hinterlegungsstelle die Auszahlung des hinterlegten Betrags beantragen. Dabei muss er seine Berechtigung nachweisen; hierzu gehört der Nachweis des Fristablaufs und damit indirekt auch der Nachweis des Fristbeginns durch Eintritt der Bedingung, unter der die Hinterlegung erfolgt ist.

III. Landesrechtliche Vorschriften

10 Nachdem die bundeseinheitliche Hinterlegungsordnung (HinterlO) am 1.10.2010 außer Kraft getreten ist, haben die **Bundesländer** inzwischen **eigene Gesetze** er-

---

1) Böttcher/*Böttcher*, ZVG, § 142 Rz. 4; Stöber/*Nicht*, ZVG, § 142 Rz. 3; Schneider-*Schneider*, ZVG, § 142 Rz. 3 und 5; etwas differenzierter Dassler/Schiffhauer/u. a.-*Hintzen*, ZVG, § 142 Rz. 5; BeckOK-*Chermiti*, ZVG, § 142 Rz. 4: In den Fällen des § 124 bzw. § 126 beim **Vollstreckungsgericht**).

lassen, die sich in den wesentlichen Punkten gleichen. Hinterlegungsgeschäfte werden von Hinterlegungsstellen wahrgenommen; diese sind den Amtsgerichten zugewiesen. Daneben gibt es Hinterlegungskassen.

1. Erlöschen des Anspruchs auf Herausgabe

11 Die einzelnen Hinterlegungsgesetze sehen in den in § 142 ZVG genannten Fällen der Hinterlegung vor, dass der Anspruch auf Herausgabe mit dem Ablauf von 31 Jahren erlischt, wenn nicht bis zu diesem Zeitpunkt ein begründeter **Antrag auf Herausgabe** vorliegt. Die Frist beginnt mit der Hinterlegung, in den Fällen der §§ 120, 121 ZVG mit dem Zeitpunkt, in dem die Bedingung eingetreten ist, unter der hinterlegt ist. Kann der Eintritt der Bedingung nicht ermittelt werden, so beginnt die Frist mit dem Ablauf von zehn Jahren seit der Hinterlegung oder, wenn die Bedingung erst in einem späteren Zeitpunkt eintreten konnte, mit dem Ablauf von zehn Jahren seit diesem Zeitpunkt.[2)]

2. Verfall der Hinterlegungsmasse an das Land

12 Dass mit dem Erlöschen des Anspruchs die Hinterlegungsmasse dem betreffenden Land zufällt, ist ebenfalls in sämtlichen Hinterlegungsgesetzen vorgesehen.[3)]

---

2) So z. B. § 21 HintG Rheinland-Pfalz in der Fassung v. 3.4.2014. Ähnliche Regelungen gelten in den übrigen Ländern.

3) So z. B. § 24 HintG Rheinland-Pfalz, § 30 HintG Baden-Württemberg, Art. 26 BayHintG.

§ 143
Außergerichtliche Einigung über Erlösverteilung

Die Verteilung des Versteigerungserlöses durch das Gericht findet nicht statt, wenn dem Gericht durch öffentliche oder öffentlich beglaubigte Urkunden nachgewiesen wird, daß sich die Beteiligten über die Verteilung des Erlöses geeinigt haben.

Übersicht

I. Allgemeines

1 Der Versteigerungserlös wird grundsätzlich vom Vollstreckungsgericht verteilt (§§ 105 ff. ZVG). Abweichend hiervon können die Beteiligten auch zwei **außergerichtliche Wege** beschreiten. Die Verteilung durch das Gericht unterbleibt:

– wenn dem Gericht eine Einigung über die Erlösverteilung nachgewiesen wird (§ 143),
– wenn der Ersteher nachweist, dass er die Zuteilungsberechtigten befriedigt hat oder von diesen als alleiniger Schuldner angenommen worden ist (§ 144).

2 In beiden Fällen sind gemäß § 145 ZVG bestimmte Verfahrensvorschriften entsprechend anzuwenden.

3 § 143 ZVG gilt für alle Versteigerungsverfahren des ZVG. Auch im Zwangsverwaltungsverfahren findet die Vorschrift Anwendung (§ 160 ZVG). Die praktische Bedeutung beider Verfahrensarten ist aber äußerst gering.

II. Außergerichtliche Einigung über die Erlösverteilung

1. Einigung der Beteiligten

4 Die Einigung der Beteiligten muss sich auf die **Verteilung** des Erlöses beziehen. An dieser Einigung müssen alle mitwirken, welche einen **Anspruch auf Befriedigung** aus dem Erlös haben. Damit scheiden Mieter und Pächter aus; denn sie haben keinen Befriedigungsanspruch. Zu den Beteiligten gehört auch derjenige, der sein angemeldetes Recht noch glaubhaft machen muss (§ 145 i. V. m. § 105 Abs. 2 Satz 2 ZVG). Mitwirken muss auch ein Beteiligter, dessen der Versteigerung entgegenstehendes Recht sich nun auf den Versteigerungserlös erstreckt. Auch der Nießbrauchsberechtigte oder Pfandrechtsgläubiger an einem Befriedigungsrecht muss zustimmen.

5 Streitig dagegen wird die Frage beantwortet, ob folgende Personen mitwirken müssen:

- Der Ersteher, der nicht auch zuteilungsberechtigt ist, ist kein Beteiligter (vgl. § 9 ZVG); damit ist seine Erklärung dem Vollstreckungsgericht gegenüber nicht nachzuweisen.[1)]
- Hinsichtlich der **Gerichtskasse**, für welche die Gerichtskosten vorweg zu entnehmen sind, ist eine Mitwirkung nicht erforderlich. Die entsprechenden Kosten sind vom Ersteher an die Gerichtskasse zu überweisen.[2)]
- **Ausfallende Beteiligte** müssen auch mitwirken; denn ansonsten könnte ihr Recht auf Erhebung eines Widerspruchs gegen die Zuteilung an einen anderen „unterlaufen" werden.[3)] Demnach muss auch der Vollstreckungsschuldner mitwirken.[4)]

6 Aus der Einigung muss ersichtlich sein, auf welche Art der Erlös verteilt wird und wer was erhält. Inhaltlich kann sie zwar von einer Erlösverteilung nach den für das Vollstreckungsgericht geltenden Vorschriften abweichen; aber bestimmt muss sie sein. Verteilt wird der vom Ersteher bezahlte Betrag oder (bei Nichtzahlung) die Forderung gegen diesen. Eine Forderungsübertragung durch das Vollstreckungsgericht gemäß § 118 ZVG kommt in diesem Zusammenhang nicht in Betracht; vielmehr müsste der Forderungsübergang durch Einigung der Anspruchsberechtigten mit dem Schuldner herbeigeführt werden (§§ 398 ff. BGB). Auch die Eintragung einer

---

1) So Böttcher/*Böttcher*, ZVG, § 143 Rz. 2; Stöber/*Nicht*, ZVG, § 143 Rz. 7; Schneider-*Schneider*, ZVG, § 143 Rz. 7; a. A. Dassler/Schiffhauer/u. a.-*Hintzen*, ZVG, § 143 Rz. 6: Zu beteiligen ist der Ersteher, da mit ihm Zahltag und Zahlungsweise zu vereinbaren sind.

2) Böttcher/*Böttcher*, ZVG, § 143 Rz. 2; so auch Dassler/Schiffhauer/u. a.-*Hintzen*, ZVG, § 143 Rz. 3; Schneider-*Schneider*, ZVG, § 143 Rz. 7; BeckOK-*Chermiti*, ZVG, § 143 Rz. 8; a. A. Stöber/*Nicht*, ZVG, § 143 Rz. 7.

3) Böttcher/*Böttcher*, ZVG, § 143 Rz. 2; so auch Stöber/*Nicht*, ZVG, § 143 Rz. 7; Schneider-*Schneider*, ZVG, § 143 Rz. 7.

4) Böttcher/*Böttcher*, ZVG, § 143 Rz. 2; so auch Stöber/*Nicht*, ZVG, § 143 Rz. 7; Dassler/Schiffhauer/u. a.-*Hintzen*, ZVG, § 143 Rz. 6.

Sicherungshypothek nach § 128 ZVG kommt hier nicht in Betracht; die Eintragung eines Grundpfandrechts müsste rechtsgeschäftlich herbeigeführt werden (§§ 1113 ff. BGB).

2. Nachweis der Einigung

Die Einigung muss dem Vollstreckungsgericht in **öffentlicher** oder **öffentlich beglaubigter Form** nachgewiesen werden. Es muss auch die Berechtigung der Personen nachgewiesen werden, welche die Erklärung (mit-)abgegeben haben. So ist z. B. bei einem Briefrecht auch der Grundpfandrechtsbrief vorzulegen, eventuelle Abtretungserklärungen sind ebenfalls einzureichen (§ 1155 BGB). Die Vollmacht eines rechtsgeschäftlichen Vertreters muss ebenfalls in der Form des § 143 ZVG nachgewiesen werden. 7

Wer die entsprechenden Unterlagen vorlegt, ist unerheblich; es müssen dem Vollstreckungsgericht nur sämtliche erforderlichen Erklärungen vorliegen, damit dieses vom gerichtlichen Verteilungsverfahren absehen kann. 8

3. Zeitpunkt des Nachweises

Da das Gesetz keine Angabe darüber enthält, bis wann spätestens die Einigung nachgewiesen sein muss, kann diese Frage nur aus dem Gesamtzusammenhang beantwortet werden. Nach *Stöber* kann die Einigung nur bis zu **Beginn der Ausführung** des Teilungsplans im Verteilungstermin nachgewiesen werden; denn danach hat das Vollstreckungsgericht schon über den Erlös verfügt.[5] 9

4. Wirkung der Einigung

Die außergerichtliche Einigung wirkt wie eine **Befriedigung aus dem Grundstück.** Die Forderung des Zuteilungsberechtigten steht in der durch die Einigung festgelegten Höhe endgültig fest. Eine Hypothek zur Sicherung dieser Forderung kann nur auf entsprechende Bewilligung des Erstehers im Grundbuch eingetragen werden. Da die Forderung aber auch nach §§ 132, 133 ZVG vollstreckbar ist,[6] kann auch eine entsprechende Zwangssicherungshypothek eingetragen werden (§ 866 ZPO). 10

III. Eingeschränkte Tätigkeit des Vollstreckungsgerichts

Zunächst hat das Vollstreckungsgericht zu prüfen, ob die Erklärungen sämtlicher Beteiligter in der erforderlichen Form vorliegen. Fehlende Zustimmungen oder Nachweise (Vollmachten, Grundpfandrechtsbriefe) können mit **Zwischenverfügung** durch das Gericht nachgefordert werden. Werden die Mängel nicht behoben, dann muss das Gericht das „normale" Verteilungsverfahren gemäß §§ 105 ff. ZVG durchführen. 11

---

5) Stöber/*Nicht*, ZVG, § 143 Rz. 10; Dassler/Schiffhauer/u. a.-*Hintzen*, ZVG, § 143 Rz. 8; Schneider-*Schneider*, ZVG, § 143 Rz. 10; im Ergebnis so auch Böttcher/*Böttcher*, ZVG, § 143 Rz. 2: „Sind die Voraussetzungen erfüllt, ist ein bereits begonnener Termin abzubrechen."

6) Die Vollstreckungsklausel müsste hier auf Gläubigerseite gemäß § 727 ZPO umgeschrieben werden.

Hierfür bedarf es keiner besonderen Entscheidung.[7)] Das Gericht bestimmt vielmehr einen Verteilungstermin oder führt einen bereits anberaumten Termin durch.

12 Sind die Voraussetzungen des § 143 ZVG jedoch erfüllt, wird ein bereits bestimmter Verteilungstermin wieder aufgehoben, ein bereits begonnener Termin wird abgebrochen. Falls ein Verteilungstermin noch gar nicht bestimmt war, unterbleibt eine entsprechende Terminsbestimmung. Das weitere Vorgehen des Gerichts ist in § 145 ZVG näher beschrieben.

13 Wenn das Gericht angenommen hat, dass die Voraussetzungen des § 143 vorliegen und deshalb vom gerichtlichen Verteilungsverfahren abgesehen hat oder umgekehrt, dann kann hiergegen **Erinnerung** nach § 766 ZPO eingelegt werden. Wenn der Beschwerdeführer vorher gehört worden ist, dann ist die **sofortige Beschwerde** gegeben (§ 793 ZPO).

14 **Kostenrechtlich** wirkt sich die Einigung wie folgt aus:

Nach Nr. 2216 KV GKG beträgt die **Gerichtsgebühr** für das Verteilungsverfahren nicht wie sonst 0,5 (= Nr. 2215 KV GKG), sondern nur **0,25**. Wenn die Bestimmung des Verteilungstermins ganz unterbleibt, entfallen auch die entsprechenden Zustellungsauslagen (vgl. § 105 Abs. 2 ZVG). Damit sind die aus der Teilungsmasse vorweg zu entnehmenden Kosten entsprechend geringer.

15 Auf der anderen Seite entstehen den Beteiligten jedoch Kosten für die erforderlichen Beurkundungen oder Unterschriftsbeglaubigungen. Diese muss aber zunächst jeder Beteiligte selbst tragen. Daher ist es sinnvoll, in der Einigung auch diese Kosten mit zu regeln.

---

7) So Böttcher/*Böttcher*, ZVG, § 143 Rz. 2; Stöber/*Nicht*, ZVG, § 143 Rz. 11; a. A. Dassler/Schiffhauer/u. a.-*Hintzen*, ZVG, § 143 Rz. 10 und Schneider-*Schneider*, ZVG, § 143 Rz. 20: Aus Gründen der Rechtssicherheit ist das Ergebnis der Prüfung durch einen förmlichen Beschluss festzustellen; unentschieden BeckOK-*Chermiti*, ZVG, § 143 Rz. 9.

§ 144
Außergerichtliche Befriedigung der Berechtigten

(1) Weist der Ersteher oder im Falle des § 69 Abs. 3 der für mithaftend erklärte Bürge dem Gericht durch öffentliche oder öffentlich beglaubigte Urkunden nach, daß er diejenigen Berechtigten, deren Ansprüche durch das Gebot gedeckt sind, befriedigt hat oder daß er von ihnen als alleiniger Schuldner angenommen ist, so sind auf Anordnung des Gerichts die Urkunden nebst der Erklärung des Erstehers oder des Bürgen zur Einsicht der Beteiligten auf der Geschäftsstelle niederzulegen. Die Beteiligten sind von der Niederlegung zu benachrichtigen und aufzufordern, Erinnerungen binnen zwei Wochen geltend zu machen.

(2) Werden Erinnerungen nicht innerhalb der zweiwöchigen Frist erhoben, so beschränkt sich das Verteilungsverfahren auf die Verteilung des Erlöses aus denjenigen Gegenständen, welche im Falle des § 65 besonders versteigert oder anderweit verwertet worden sind.

Übersicht

I. Allgemeines

§ 144 ZVG sieht eine weitere Möglichkeit einer außergerichtlichen Verteilung des Versteigerungserlöses vor. Aber anders als bei § 143 ZVG sind hier nur Erklärungen der Beteiligten erforderlich, die eine Zuteilung zu bekommen haben. Wenn die Voraussetzungen vorliegen, wird aber auch hier kein gerichtliches Verteilungsverfahren durchgeführt; jedoch obliegt dem Vollstreckungsgericht eine **Überwachungspflicht.** 1

Auch hier sind gemäß § 145 ZVG verschiedene Vorschriften aus dem „normalen“ Verteilungsverfahren anzuwenden (Einzelheiten bei § 145). 2

§ 144 ZVG gilt für alle Versteigerungsarten des ZVG. Über § 160 ZVG gilt die Vorschrift auch im Zwangsverwaltungsverfahren. 3

II. Außergerichtliche Befriedigung

1. Gegenstand und Umfang

Gegenstand der außergerichtlichen Befriedigung ist der **Zwangsversteigerungserlös** aus dem Meistbargebot. Der Erlös aus einer besonderen Versteigerung oder einer anderweitigen Verwertung (§ 65 ZVG) gehört nicht dazu; dieser Erlös wird immer durch das Gericht verteilt (vgl. Abs. 2 Halbs. 2). Die außergerichtliche Verteilung muss aber den gesamten Erlös aus dem Meistbargebot (einschließlich Bargebotszinsen) umfassen; eine teilweise gesetzliche und teilweise außergerichtliche Verteilung sieht das ZVG nicht vor. 4

Wie bei § 143 ZVG besteht auch bei § 144 ZVG unter den Kommentatoren Streit über die Frage, ob die nach § 109 Abs. 2 ZVG vorweg zu entnehmenden **Kosten** an dem außergerichtlichen Verfahren teilnehmen müssen oder ob diese Kosten „ohne weiteres Verfahren“ aus dem Erlös vorweg entnommen werden, also vom Ersteher an die Gerichtskasse überwiesen bzw. aus der hinterlegten Bietsicherheit des Meistbietenden befriedigt werden, indem das Vollstreckungsgericht eine entsprechende Umbuchungsanordnung veranlasst. Die überwiegende Ansicht spricht sich für die letztgenannte Möglichkeit aus.[1] 5

Mit der Wirkung des § 144 ZVG können neben dem Ersteher auch der nach § 69 Abs. 3 ZVG für mithaftend erklärte **Bürge** oder der gemäß § 81 Abs. 4 ZVG für mithaftend erklärte **Meistbietende** die Zuteilungsberechtigten befriedigen. Eine bestimmte Art der Befriedigung ist nicht vorgesehen; somit kommen neben der Zahlung 6

1) So auch Böttcher/*Böttcher*, ZVG, § 144 Rz. 2; Dassler/Schiffhauer/u. a.-*Hintzen*, ZVG, § 144 Rz. 2; Schneider-*Schneider*, ZVG, § 144 Rz. 7; BeckOK-*Chermiti*, ZVG, § 144 Rz. 3; a. A. Stöber/*Nicht*, ZVG, § 144 Rz. 7.

auch Aufrechnung oder Hinterlegung unter Verzicht auf das Recht der Rücknahme (§§ 372, 378 BGB) in Betracht. Anstelle der Befriedigung sieht Absatz 1 Satz 1 Alt. 2 auch die Möglichkeit vor, dass der Ersteher bzw. Bürge oder der für mithaftend erklärte Meistbietende vom Zuteilungsberechigten als alleiniger Schuldner angenommen wurde. Wenn der Ersteher selbst etwas aus dem Erlös zusteht, dann ist auch seine Erklärung erforderlich; sie bedarf aber nicht der Form des § 144 ZVG. Die Zustimmung des Vollstreckungsschuldners ist nicht erforderlich, es sei denn, er würde auch etwas aus dem Erlös erhalten.

2. Nachweise

7 Der Ersteher, der für mithaftend erklärte Meistbietende oder der für mithaftend erklärte Bürge müssen dem Vollstreckungsgericht durch **öffentliche** oder **öffentlich beglaubigte Urkunde** nachweisen, dass er alle Zuteilungsberechtigte befriedigt hat oder dass sie ihn als alleinigen Schuldner angenommen haben. Aus der Erklärung müssen sich der entsprechende Betrag und der Zeitpunkt der Befriedigung ergeben.

3. Wirkung

8 Die Befriedigungserklärung oder die Annahme des Erstehers als alleiniger Schuldner bewirken, dass der bisherige Schuldner von seiner Schuld befreit wird und auch die Mitschuld eines Dritten (z. B. eines Bürgen) entfällt.

III. Aufgaben des Vollstreckungsgerichts

1. Prüfung

9 Ob alle erforderlichen Erklärungen in der richtigen Form vorliegen, muss das Vollstreckungsgericht prüfen. Diese Prüfung erstreckt sich auf folgende Punkte:

– Haben alle aus dem Erlös zu befriedigenden Berechtigten eine **Erklärung** abgegeben?
– Haben sich die Berechtigten ausreichend **legitimiert** (z. B. durch Briefvorlage, durch Vorlage der Abtretungserklärung)?
– Sind die Erklärungen **inhaltlich vollständig** (Höhe der Befriedigung; Zeitpunkt der Befriedigung)?
– Liegen die Erklärungen in der **richtigen Form** (öffentlich beurkundet oder öffentlich beglaubigt) vor?

10 Um diese Prüfung durchführen zu können, muss das Gericht einen **Kontrollteilungsplan** aufstellen. Dieser richtet sich nach den allgemeinen Regeln und enthält demnach insbesondere die Teilungs- und Schuldenmasse. Hinsichtlich der richtigen Berechnung der Bargebotszinsen kann es zu Schwierigkeiten kommen, wenn die einzelnen Befriedigungserklärungen unterschiedliche Befriedigungszeitpunkte nennen. Die h. M.[2] will die Zinsen bis zu dem Tag berechnen, den die einzelne Befriedigungserklärung aufweist. Bei unterschiedlichen Zeitpunkten wird hier der Ersteher also so gestellt, als hätte er das Meistbargebot in Teilbeträgen zu unterschiedlichen Tagen an das Vollstreckungsgericht gezahlt.

---

2) Böttcher/*Böttcher*, ZVG, § 144 Rz. 3; Stöber/*Nicht*, ZVG, § 144 Rz. 10; Dassler/Schiffhauer/u. a.-*Hintzen*, ZVG, § 144 Rz. 9; Schneider-*Schneider*, ZVG, § 144 Rz. 11; BeckOK-*Chermiti*, ZVG, § 144 Rz. 9.

2. Entscheidung

Kommt das Gericht bei der Prüfung zum Ergebnis, dass die Voraussetzungen des § 144 ZVG nicht vorliegen, so erlässt es bei behebbaren Mängeln eine **Zwischenverfügung.** Werden die Mängel nicht beseitigt, muss das Verteilungsverfahren vom Gericht durchgeführt werden. Ein förmlicher Beschluss ist hierfür nicht erforderlich; es wird vielmehr ein Verteilungstermin bestimmt. 11

Liegen dagegen die Voraussetzungen des § 144 ZVG vor, wird ein bereits angesetzter Verteilungstermin wieder aufgehoben, ein bereits begonnener Termin wird unterbrochen. 12

3. Niederlegung der Urkunden

Daraufhin hat das Gericht die Erklärung des Erstehers bzw. des Bürgen oder des für mithaftend erklärten Meistbietenden mit den Urkunden zur Einsicht der Beteiligten auf der Geschäftsstelle niederzulegen (Abs. 1 Satz 1). 13

4. Benachrichtigung mit Aufforderung

Sämtliche Beteiligte sind gemäß Absatz 1 Satz 2 von der Niederlegung zu benachrichtigen und aufzufordern, **Erinnerung binnen zwei Wochen** geltend zu machen. Diese Aufforderung ist von Amts wegen zuzustellen. Zu den Beteiligten gehören hier auch diejenigen, welche nach dem Kontrollteilungsplan ausfallen, sowie die, welche ihr angemeldetes Recht noch glaubhaft machen müssen. Ob die Gerichtskasse dazu gehört, hängt davon ab, wie die Frage beantwortet wird, ob die aus dem Erlös vorweg zu entnehmenden Kosten an der außergerichtlichen Verteilung teilnehmen oder nicht (siehe Rz. 5). 14

5. Erinnerung

Wenn ein Beteiligter rechtzeitig Erinnerung einlegt, dann findet kein Verfahren nach § 144 ZVG, sondern das „normale" Verteilungsverfahren gemäß §§ 105 ff. ZVG statt. Die Frist von zwei Wochen ist eine Ausschlussfrist; sie kann nicht verlängert werden. Die Erinnerung muss nicht begründet werden. Ist sie völlig grundlos, sollte das Vollstreckungsgericht im Rahmen seiner Aufklärungspflicht darauf hinweisen und die Rücknahme der Erinnerung empfehlen; erzwungen werden kann die Rücknahme aber nicht. Der Erinnerungsführer kann seine Erinnerung bis zum Beginn der Ausführung der gerichtlichen Zuteilung zurücknehmen. 15

IV. Sonstiges

1. Widerspruch

Kommt es beim gerichtlichen Verteilungsverfahren zu einem Widerspruch gegen einen schon vom Ersteher befriedigten Berechtigten, dann ist Folgendes zu beachten: 16

- Gegner der Widerspruchsklage ist der Ersteher, sogar dann, wenn der Schuldner einem vollstreckbaren Anspruch widerspricht (§ 115 Ab. 3 ZVG).[3]

---

3) BGH, Urt. v. 30.4.1980 – V ZR 159/78, ZIP 1980, 577 = Rpfleger 1980, 339 = NJW 1980, 2586.

– Wird der Widerspruch für begründet erklärt, muss der Ersteher nochmals zahlen. Von dem befriedigten Beteiligten kann er den vorher bezahlten Betrag nur mit **Bereicherungsklage** zurückfordern.[4)]

2. Behandlung der Bietsicherheit

17 Wenn die dem Gericht vorgelegten Urkunden ergeben, dass die Anspruchsberechtigten ohne Inanspruchnahme der Bietsicherheit befriedigt worden sind, veranlasst das Vollstreckungsgericht die Rückgabe der Bietsicherheit an den Sicherheit Leistenden. Oft wird vereinbart sein, dass die Kosten des Verfahrens aus der Bietsicherheit zu entnehmen sind. In diesem Fall ist dann nur der Restbetrag an den Ersteher zurückzuzahlen.

3. Rechtsbehelf

18 Wenn das Vollstreckungsgericht kein Verteilungsverfahren durchführt, obwohl fristgerecht eine Erinnerung eingelegt worden ist, kann dies mit **Erinnerung** nach § 766 ZPO angefochten werden.

4. Kosten

19 Wird das Verfahren außergerichtlich durchgeführt, so ermäßigt sich die **Verteilungsgebühr** des Gerichts auf **0,25 (Nr. 2216 KV GKG)**. Wenn die Bestimmung des Verteilungstermins ganz unterbleibt, entfallen auch die entsprechenden Zustellungsauslagen (vgl. § 105 Abs. 2 ZVG). Damit sind die aus der Teilungsmasse vorweg zu entnehmenden Kosten entsprechend geringer.

20 Auf der anderen Seite entstehen dem Ersteher bzw. dem mithaftenden Bürgen oder dem mithaftenden Meistbietenden jedoch Kosten für die erforderlichen Beurkundungen oder Unterschriftsbeglaubigungen; denn die Beteiligten werden von diesem regelmäßig die Erstattung dieser Kosten verlangen.

4) OLG Köln, Urt. v. 22.12.1982 – 2 U 57/82, Rpfleger 1983, 121.

§ 145
Anzuwendende Vorschriften

Die Vorschriften des § 105 Abs. 2 Satz 2 und der §§ 127, 130 bis 133 finden in den Fällen der §§ 143, 144 entsprechende Anwendung.

Übersicht

I. Allgemeines

1 § 145 ZVG regelt das weitere Verfahren des Gerichts in den Fällen der Einigung über die Erlösverteilung (§ 143 ZVG) und der außergerichtlichen Verteilung (§ 144

ZVG), indem es bestimmte Vorschriften aus dem gerichtlichen Verteilungsverfahren auch hier für anwendbar erklärt.

II. Anwendbare Vorschriften

1. § 105 Abs. 2 Satz 2 ZVG

Am Verfahren sind auch diejenigen beteiligt, die ihr Recht zwar angemeldet, aber noch nicht glaubhaft gemacht haben. 2

2. § 127 ZVG

Dem Vollstreckungsgericht vorgelegte **Grundpfandrechtsbriefe** über erloschene Rechts sind **unbrauchbar** zu machen. Bei zum Teil erloschenen Rechten ist ein entsprechender Vermerk auf dem Brief anzubringen. Vorgelegte Vollstreckungstitel sind „abzuquittieren". Der Wortlaut der entsprechenden Vermerke ist in den **Gerichtsakten** zu vermerken; ein Protokoll (vgl. § 127 Abs. 3 ZVG) wird in den Fällen des §§ 143, 144 ZVG nicht erstellt. 3

3. § 130 ZVG

Nach Abschluss des Verfahrens hat das Gericht auch nach einer außergerichtlichen Verteilung des Erlöses das **Grundbuchamt** um Eintragung des Versteigerungsergebnisses zu **ersuchen**. Da in diesen Fällen jedoch keine Forderungsübertragung erfolgte, kommt die Eintragung von Sicherungshypotheken gemäß § 128 ZVG hier nicht in Betracht. 4

4. § 130a ZVG

Auch nach einem der beiden in §§ 143, 144 ZVG genannten Verfahren kann der Antrag gemäß § 130a ZVG gestellt werden, eine **Vormerkung** für den Löschungsanspruch an einem bestehen bleibenden Recht einzutragen.[1)] 5

5. § 131 ZVG

Zur Löschung eines erloschenen Briefrechtes muss dem Grundbuchamt der entsprechende **Grundpfandrechtsbrief** nicht vorgelegt werden. Dasselbe gilt für die Eintragung der Vormerkung nach § 130a Abs. 2 Satz 1 ZVG. 6

6. § 132 ZVG

Wenn der Ersteher im Fall des § 143 ZVG nicht zahlt und die Forderung gegen ihn auf die Berechtigten übertragen wird, ist gegen den Ersteher die Zwangsvollstreckung wegen der persönlichen Forderung aus dem **Zuschlagsbeschluss** möglich. Eine Zwangsvollstreckung wegen der dinglichen Forderung kommt hier jedoch nicht in Betracht, weil im Rahmen des § 143 ZVG keine Sicherungshypotheken eingetragen werden. 7

In einem Verfahren nach § 144 ZVG kommt eine Zwangsvollstreckung dann nicht in Betracht, wenn sich die Berechtigten für befriedigt erklärt haben. Wenn der Er- 8

---

1) So Böttcher/*Böttcher*, ZVG, § 145 Rz. 5; Stöber/*Nicht*, ZVG, § 144 Rz. 7; Schneider-*Schneider*, ZVG, § 145 Rz. 6; BeckOK-*Chermiti*, ZVG, § 144 Rz. 5; a. A. Dassler/Schiffhauer/u. a.-*Hintzen*, ZVG, § 130a Rz. 9 und § 145 Rz. 5.

steher jedoch von einem Berechtigten als alleiniger Schuldner angenommen worden ist, kann nach der entsprechenden Vereinbarung die Forderung fällig und vollstreckbar sein. In diesem Fall ist dem Berechtigten auf Antrag eine **vollstreckbare Ausfertigung** des Zuschlagsbeschlusses zu erteilen. Wenn der Ersteher die Vollstreckbarkeit bestreitet, muss er Klage nach § 767 ZPO erheben. Wenn sich aus den eingereichten Urkunden jedoch ergibt, dass die Vollstreckbarkeit ausgeschlossen ist, darf auch keine vollstreckbare Ausfertigung erteilt werden.

7. § 133 ZVG

9 Zur **Wiedervollstreckung** in das ersteigerte Grundstück sieht § 133 ZVG bestimmte Erleichterungen vor. Diese treffen auch zu, wenn im Anschluss an ein Versteigerungsverfahren, in dem die Erlösverteilung nach § 143 oder § 144 ZVG erfolgt ist, eine Vollstreckung aus dem Zuschlagsbeschluss möglich ist.

IX. Grundpfandrechte in ausländischer Währung

§ 145a

Fremdwährungsgrundpfandrecht

Für die Zwangsversteigerung eines Grundstücks, das mit einer Hypothek, Grundschuld oder Rentenschuld in einer nach § 28 Satz 2 der Grundbuchordnung zugelassenen Währung belastet ist, gelten folgende Sonderbestimmungen:

1. **Die Terminbestimmung muß die Angabe, daß das Grundstück mit einer Hypothek, Grundschuld oder Rentenschuld in einer nach § 28 Satz 2 der Grundbuchordnung zugelassenen Währung belastet ist, und die Bezeichnung dieser Währung enthalten.**
2. **In dem Zwangsversteigerungstermin wird vor der Aufforderung zur Abgabe von Geboten festgestellt und bekannt gemacht, welchen Wert die in der nach § 28 Satz 2 der Grundbuchordnung zugelassenen Fremdwährung eingetragene Hypothek, Grundschuld oder Rentenschuld nach dem amtlich ermittelten letzten Kurs in Euro hat. Dieser Kurswert bleibt für das weitere Verfahren maßgebend.**
3. **Die Höhe des Bargebots wird in Euro festgestellt. Die Gebote sind in Euro abzugeben.**
4. **Der Teilungsplan wird in Euro aufgestellt.**
5. **Wird ein Gläubiger einer in nach § 28 Satz 2 der Grundbuchordnung zulässigen Fremdwährung eingetragenen Hypothek, Grundschuld oder Rentenschuld nicht vollständig befriedigt, so ist der verbleibende Teil seiner Forderung in der Fremdwährung festzustellen. Die Feststellung ist für die Haftung mitbelasteter Gegenstände, für die Verbindlichkeit des persönlichen Schuldners und für die Geltendmachung des Ausfalls im Insolvenzverfahren maßgebend.**

Literatur: *Bleifeld*, Akzessorische Kreditsicherheiten im Rahmen von syndizierten Krediten, 2015; *Grothe*, Fremdwährungsverbindlichkeiten, 1999; *Maier-Reimer*, Fremdwährungsverbindlichkeiten, NJW 1985, 2049; *Reuter*, Fremdwährung und Rechnungseinheiten im Grundbuch, Diss., Frankfurt, 1992.

Übersicht

I. Normhintergrund und Normzweck

1. Normhintergrund

1 Ein Grundpfandrecht muss als Folge des § 28 Satz 2 Grundbuchordnung zwingend in inländischer Währung bestellt und eingetragen werden. Die zitierte Norm der Grundbuchordnung gestattet als **Ausnahme** aber auch die Eintragung in bestimmten ausländischen Währungen auf der Grundlage einer Rechtsverordnung des Bundesjustizministeriums im Einvernehmen mit dem Bundesfinanzministerium (zur GrPfREuroV siehe Rz. 6).

2. Normfunktion des § 28 Satz 2 GBO[1]

a) Text des § 28 GBO (Auszug)

2 „§ 28 GBO

[Satz 1]…

Einzutragende Geldbeträge sind in inländischer Währung anzugeben; durch Rechtsverordnung des Bundesministeriums der Justiz im Einvernehmen mit dem Bundesministerium der Finanzen kann die Angabe in einer einheitlichen europäischen Währung, in der Währung eines Mitgliedstaats der Europäischen Union oder des Europäischen Wirtschaftsraums oder einer anderen Währung, gegen die währungspolitische Bedenken nicht zu erheben sind, zugelassen und, wenn gegen die Fortdauer dieser Zulassung währungspolitische Bedenken bestehen, wieder eingeschränkt werden."

b) Normfunktion des § 28 Satz 2 GBO und Mechanismen des Fremdwährungsrechts mit der besicherten Forderung

3 Die Norm des § 28 Satz 2 GBO ermöglicht die formale bzw. bei ökonomischer Betrachtung die **(anfängliche)** währungswirtschaftliche Sicherstellung[2] des Grundpfandgläubigers und Investors z. B. in die Finanzierung inländischer Immobilien durch die Eintragung eines Rechts in seiner ihm vertrauten oder doch gewählten

1) Grundbuchordnung (GBO) bis zu Art. 16 d. Gesetzes v. 19.12.2022, BGBl. 2022 I S. 2606, keine Änderung des § 28 GBO.

2) Die Absicherung gegen Kursrisiken kann nur außerhalb des dinglichen Rechts durch komplexe Kurs- bzw. Währungssicherungsgeschäfte (die z. T. mit Zinssicherungsgeschäften verbunden werden) mit schuldrechtlicher Wirkung erfolgen, deren Risiken wiederum grundpfandrechtlich für den beteiligten Finanzgläubiger nur über den Sicherungsvertrag des Grundpfandrechts abgedeckt werden können. Alle diese Vorgänge bewegen sich außerhalb des Immobiliarvollstreckungsverfahrens. Diese Sicherungsgeschäfte sind Finanzmarktprodukte mit hohem Beratungsbedarf und sie sind ihrerseits mit Risiken behaftet; geeignete Produkte sind sachgerecht und unverzichtbar. Ihre Bezeichnung ist ganz unterschiedlich und im Ergebnis anbieterspezifisch (z. B. „Optionsgeschäft", „Derivate", „Währungsswap"), irgendwelche einheitlichen Definitionen gibt es nicht. Siehe zu grundsätzlichen Rechtsrisiken aus dergleichen Geschäften nur OLG München, Urt. v. 13.11.2017 – 19 U 2156/16, Leitsätze, ZIP 2018, 318 f. und BGH, Urt. v. 19.12.2017 – XI ZR 152/17, ZIP 2018, 264 ff. („wechselkursbasiertes Darlehen" mit einer Gemeinde).

Währung. Dadurch werden Währungskursrisiken des Grundpfandrechtsinhabers, d. h. des Kreditgebers, wenn man von der Sicherungsgrundschuld (§ 1192 Abs. 1a BGB) als Beispiel ausgeht, auf der Zeitachse aber allenfalls tendenziell gemindert, im Einzelfall eher verschärft. Das Fremdwährungsrecht ist nicht nur auf die Immobilienfinanzierung im Inland beschränkt, mag hier auch der Schwerpunkt liegen. Das verbindende Band zwischen Grundpfandrecht und Forderung ist wie stets der Sicherungszweck des Finanzierungsgrundpfandrechts, sodass auch das Fremdwährungsrecht jede Finanzierung weltweit besichern kann. Man denke als Beispiel an den vor Jahren (nahezu europaweit) kreierten kurzfristigen Geldmarktkredit in Schweizer Franken (SFr/CHF) durch eine inländische Bank, der zur vorübergehenden Investitionsfinanzierung verwendet werden soll und der auf inländischem Grundbesitz durch eine Grundschuld abgesichert wird. Unbedenklich ist die Fremdwährungsfinanzierung gegen Fremdwährungsgrundpfandrecht immer dann, wenn der Finanzierungskreis immer geschlossen bleibt, wenn also der Kreditnehmer stets in der Währung des Fremdwährungskredits (aus inländischer Sicht) zahlt und er die Darlehensraten aus Mitteln aufbringt, die er in dieser Währung ohne Währungsrisiko selbst erworben hat.

Beispiel: Der im Inland lebende Kreditnehmer hat im Inland in Schweizer Franken gegen entsprechendes Grundpfandrecht finanziert; sein Einkommen erzielt er in der Schweiz in eben jener Währung. Zu den Fremdwährungsrisiken siehe Rz. 11. 4

§ 28 Satz 2 GBO gestattet, die Ermächtigung zu Fremdwährungsgrundpfandrechten auf dem Verordnungsweg auch wieder einzuschränken, wenn sich nach Zulassung *„währungspolitische Bedenken"* im Hinblick auf die Gesamtsituation oder einzelne Währungen ergeben. 5

c) Zugelassene Währungen

§ 28 Satz 2 GBO erlaubt **keine Grundpfandrechte in beliebiger Währung**, sondern nur solche, die in einer entsprechenden Rechtsverordnung des Bundesjustizministeriums im Einvernehmen mit dem (für das Währungsrecht zuständigen) Finanzministerium bezeichnet sind. Die einschlägige **GrPfREuroV**[3)] gestattet in § 1 die Angabe von Geldbeträgen in: 6

(1) **Euro** (§ 1 Nr. 1 GrPfREuroV),

(2) der Währung eines **Mitgliedstaates der EU** (§ 1 Nr. 2 GrPfREuroV).

Da die Regelung dynamisch ist, können auch Grundpfandrechte in Währungen von Mitgliedstaaten eingetragen werden, die **zum Zeitpunkt des Erlasses** der Verordnung (1997) noch keine Mitgliedstaaten waren. Dazu gehörten (Stichtag 1.9.2014) Bulgarien (aktuelle Währung:[4)] Bulgarischer Lew, „BGN"), Dänemark (aktuelle Währung: Dänische Krone, „DKK"), Kroatien (ab 1.1.2023 hat Kroatien den Euro eingeführt, sodass neue Grundpfandrechte in kroatischen Kuna – gültig von Mai 1994 bis 31.12.2022 – nicht zulässig wären), Litauen (Euro ab 1.1.2015), Polen (Währung: Polnischer Zloty, „PLN"), Rumänien (aktuelle

---

3) Verordnung über Grundpfandrechte in ausländischer Währung und in Euro v. 30.10.1997, BGBl. 1997 I S. 2683, 1998 I S. 4023; unverändert seit dem Inkrafttreten.

4) Im Jahr 2023.

Währung: Rumänischer Leu, „RON"), Schweden (aktuelle Währung: Schwedische Krone, „SEK"), Tschechien (aktuelle Währung: Tschechische Krone, „CZK") sowie Ungarn (aktuelle Währung: Ungarischer Forinth, „HUF"). Währungen der weiteren Staaten des **Europäischen Wirtschaftsraums** sind entgegen der Verordnungsermächtigung des § 28 GBO **nicht** zugelassen; da Liechtenstein den Schweizer Franken zur Währung hat, sind lediglich noch Norwegen und Island betroffen, deren Währungen nicht eintragungsfähig wären.

(3) **Schweizer Franken** (SFr/CHF, § 1 Nr. 3 GrPfREuroV).

(4) **US-$** (§ 1 Nr. 4 GrPfREuroV).
SFr/CHF und US-$ sind Währungen, gegen die im Sinne des § 28 Satz 2 GBO keine „währungspolitischen Bedenken" bestehen.

(5) Großbritannien (das Britische Pfund wäre insoweit die bedeutendste Währung im EU-Raum neben dem Euro) nach dem Brexit ist nicht mehr EU-Mitglied. Die Neueintragung eines Grundpfandrechts in Pfund Sterling wäre nach § 28 Satz 2 GBO ab dem 1.1.2021 nur noch unter dem Aspekt einer Währung zulässig, gegen die keine währungspolitischen Bedenken bestehen, aber diese Option scheidet aus, da die GrPfREuroV dies nicht vorsieht.

7 Ab 1.1.2002 konnten keine Grundpfandrechte in Währungen mehr eingetragen oder in der Summe in der bisherigen Währung verändert werden, die durch den Euro zu jenem Zeitpunkt ersetzt wurden (§ 2 Satz 1 GrPfREuroV). Die Vorschrift gilt entsprechend für Währungen von Mitgliedstaaten, die nach dem 1.1.2002 den Euro übernommen haben oder noch übernehmen. Satz 2 der Norm ist wesentlich, denn bestehende Grundpfandrechte bleiben unberührt. Die in Vorgängerwährungen des Euro eingetragenen Rechte werden also konserviert, obwohl der Euro eingeführt wurde. Das hat im Folgenden zu erörternde Konsequenzen für § 145a ZVG und die Parallelvorschriften.

8 Die Verordnung gilt für die Grundpfandrechte Hypothek, Grundschuld, Rentenschuld, aber analog auch für die Reallast (§ 3 GrPfREuroV).

9 Die Eintragung von „Fremdwährungsgrundpfandrechten" ist in der Praxis offenbar jedenfalls höchst selten, veröffentlichte Judikatur ist nicht ersichtlich. Die Vorschrift hat daher in der Praxis kaum Bedeutung. Das hängt zum einen damit zusammen, dass ein Grundpfandrecht in ausländischer Währung nur dann sinnvoll ist, wenn die besicherten Darlehensvaluten in ausländischer Währung ausgereicht wurden und auch in ausländischer Währung zurückzuzahlen sind. Dennoch bleiben bei der Versteigerung der inländischen Immobilie erhebliche Währungsimponderabilien, wie der Wortlaut des § 145a ZVG zeigt. Ferner ergeben sich Konkurrenzen zur Werthaltigkeit von Belastungen im Nachrang zu dem „Fremdwährungsgrundpfandrecht" (siehe auch Rz. 15). Zudem ist der Euro die regelmäßig für finanzierte Geschäfte mit **grundpfandrechtlichen** Belastungen wohl attraktivere Währung gegenüber den anderen Beispielen, ausgenommen aus praktischer Sicht ggf. der Schweizer Franken.

10 Die Frage der Absicherung von **Fremdwährungsschulden** ist keineswegs neu, vielmehr besteht insoweit bereits Rechtsprechung des Reichsgerichts, wenn auch unter dem umgekehrten Aspekt der Möglichkeit der Besicherung der Fremdwäh-

rungsschuld durch inländische Währung.[5] Gegenstand etwa der Entscheidung RGZ 106, 74 aus dem Jahr 1922 war die Frage, ob eine Bank aus Zürich aus einem Vergleich mit einem Schuldner aus München über Schweizer Franken in München eine Zwangssicherungshypothek in Schweizer Franken eintragen lassen dürfe. Das Reichsgericht hat die Zwangsvollstreckung wegen der Geldforderung durch Zwangshypothek zugelassen.

d) Risiken des Gläubigers des Fremdwährungsrechts und der Forderung

Wenn auch Fremdwährungsgrundpfandrechte in der Praxis wie erwähnt kaum 11
auftreten und auch offenbar bislang nicht zu Gerichtsentscheidungen geführt haben, darf im Folgenden auf ein gemeinsames Risikofeld von Fremdwährungsfinanzierungen hingewiesen werden, ob diese nun durch ein Grundpfandrecht in Euro oder in der Fremdwährung unterlegt werden. Wie bei allen Rechten sowie schuldrechtlichen Verpflichtungen in ausländischer Währung, die im Zusammenhang mit Darlehen, Sicherungsvereinbarungen und sonstigen Finanzierungsgeschäften bestellt oder eingegangen werden, darf nicht übersehen werden, dass Beratungsfehler des Finanziers auf die schuldrechtliche Fremdwährungsforderung durchschlagen und – soweit die Finanzierung grundpfandrechtlich besichert sein sollte – zugleich Auswirkungen auf das dingliche Recht haben können (vgl. beispielsweise die §§ 1192 Abs. 1a, 1137 BGB, § 41 SchRG, § 58 LuftFzgG) und damit letztlich auf den Fortgang des Immobiliarvollstreckungsverfahrens ebenfalls entscheidenden Einfluss ausüben können. Die entsprechenden Einreden sind in Rechtsbehelfen außerhalb des Vollstreckungsverfahrens geltend zu machen, namentlich mit der Vollstreckungsabwehrklage (§ 767 ZPO), soweit keine Präklusion nach § 767 Abs. 2 ZPO zu bejahen ist. Regelmäßig haben Verbraucher auch den Weg des Darlehenswiderrufs gewählt. Einstweiligen Rechtsschutz gegen den Fortgang des etwa eingeleiteten oder angedrohten Vollstreckungsverfahrens ermöglichen die einstweiligen Anordnungen gemäß §§ 769, 770 ZPO. Dem Gläubiger zurechenbare Fehler der Finanzierung, schlagen **somit** über die Sicherungszweckvereinbarung auf die Verwertbarkeit des Grundpfandrechts durch. Der Beratungsfehler bezüglich der Risiken der Finanzierung in fremder Währung gilt erst recht für die Eintragung eines Rechts in fremder Währung, eine Vorgehensweise, die den systematischen Fehler sogar auf der dinglichen Ebene fortsetzt. Im Rahmen der insbesondere in den Jahren ab 2000 nahezu europaweit verbreiteten Refinanzierung in Schweizer Franken hat es infolge der dortigen Wechselkursänderungen dramatische Krisenentwicklungen bei

---

5) Vgl. Grüneberg/*Herrler*, BGB, Vor § 1113 Rz. 4 m. w. N.; aus der Judikatur, siehe BGH, Beschl. v. 14.3.1992 – IX ZR 300/90, NJW 1991, 2022 = Rpfleger 1991, 303 unter Hinweis auf RG, Beschl. v. 16.12.1922 – V 3/22, RGZ 106, 74 ff. 79 ff.; siehe ferner RG, Urt. v. 5.10.1936 – IV 119/36, RGZ 152, 213 ff., 220 = BeckRS 1936, 100269 – „Verkehrshypothek, mit der Nebenabrede, dass die Darlehnsschuld […] ausschließlich als effektive Währungsschuld bestehen solle […]" (der inländische Hypothekenschuldner und Darlehensnehmer hatte 5.000 Pfund Sterling 1925 als Darlehen erhalten und hypothekarisch an inländischem Grundstück abgesichert.

einer Fülle von Finanzierungen gegeben (siehe Rz. 3), allerdings nicht nur in Deutschland, sondern europaweit, auch bei den unbesicherten Kommunalfinanzierungen.[6)]

12 § 503 BGB i. V. m. § 491 Abs. 3 BGB begrenzt (mittlerweile) die Risiken für Immobiliar-Verbraucherdarlehensverträge bei überbordender Aufwertung der Fremdwährungsforderungen, wenn die Fremdwährung mehr als 20 % „teurer" ist als zum Zeitpunkt des Vertragsschlusses.[7)] Der Verbraucher wird in analoger Anwendung des § 503 BGB unter den Voraussetzungen dieser Norm auch die Umwandlung eines für die Fremdwährungsschuld etwa bestellten Fremdwährungsgrundpfandrechts verlangen können. Das Fremdwährungsproblem bestünde ansonsten in Gestalt des Grundpfandrechts in gewissem Umfang fort.

3. Normfunktion des § 145a ZVG

a) Schnittstellenfunktion des § 145a ZVG

13 Durch die Optionen, die § 28 Satz 2 GBO den Beteiligten eröffnet, ergeben sich im Falle der Zwangsverwertung der Immobilie Schnittstellen zu den Grundpfandrechten anderer Grundpfandgläubiger, die entweder in Euro oder in einer der anderen zugelassenen Währungen eingetragen worden sind. Die eine Schnittstelle betrifft die Notwendigkeit der Erkennbarkeit der Eintragung in ausländischer Währung, für die Beteiligten ein Problem, welches § 145a Nr. 1 ZVG löst. Der Grund hierfür ist nicht nur die Klarheit und Bestimmtheit des Grundbuchs, sondern im Versteigerungsverfahren auch die Risikosteuerung durch diejenigen Grundpfandgläubiger, die dem Grundpfandrecht in ausländischer Währung im Rang nachfolgen. Diese werden in ihrer Werthaltigkeit nämlich durchaus durch die Kursentwicklung des vorrangigen Rechts berührt, wie § 145a Nr. 2 ZVG zeigt. Die Währungsrisiken sind aufgrund der wertenden Entscheidung des Gesetzgebers des ZVG angemessen verteilt. Der gegenüber dem Fremdwährungsgläubiger nachrangige Grundpfandgläubiger trägt das Risiko der Werterhöhung des Kurswertes der ausländischen Währung zwischen dem Zeitpunkt seiner Eintragung bis zum Stichtag. Infolge des § 503 BGB trägt der nachrangige Gläubiger auch das Risiko späterer Umwandlung des Grundpfandrechts in Euro, denn § 503 BGB ist nach der hier vertretenen Meinung analog auch auf das dingliche Sicherungsrecht anwendbar (siehe oben). Einer Zustimmung des nachrangigen Gläubigers bedarf es nicht, denn die Umwandlung führt lediglich zur Immobilisierung des Betrages des umgewandelten Rechts in inländischer Währung, Das Änderungsrisiko des Wertes des Fremdwäh-

---

6) In einer neueren Entscheidung hat der EuGH zu der Richtlinie 93/13/EWG des Rates über missbräuchliche Klauseln in Verbraucherverträgen in einem rumänischen Fall die Kreditinstitute verpflichtet, den Kreditnehmer über die Risiken einer Fremdwährungsschuld hinreichend zu unterrichten, sodass sie *„umsichtige und besonnene Entscheidungen"* treffen könnten; vgl. EuGH, Urt. v. 20.9.2017 – Rs C-186/16, juris Rz. 51 = WM 2017, 1974 ff.; vgl. aus der inländischen Judikatur OLG München, Urt. v. 9.2.2018 – 21 U 3655/16, juris Rz. 55, „Medienfonds", allerdings ohne dingliche Besicherung.

7) Siehe dazu Grüneberg/*Weidenkaff*, BGB, § 503 Rz. 1, 3, 4, 5; OLG Köln, Beschl. v. 27.12.2016 – 13 U 278/15, Fremdwährungskredit in Yen gegen Grundschuld (allerdings in DM, der japanische Yen ist keine für Grundpfandrechte zugelassene Währung); § 503 BGB soll den Verbraucher durch das dortige Umwandlungsrecht vor *„erheblichen Währungsrisiken"* schützen, vgl. BT-Drucks. 18/5922 v. 7.9.2015, S. 92.

rungsrechts aus der Brille der Verwertung im Inland trägt der nachrangige Gläubiger aber von vornherein, wie aus § 145a Nrn. 3, 4 ZVG folgt.

Der Inhaber des vorrangigen Rechts in ausländischer Währung trägt das Risiko der Verschlechterung von der Eintragung ebenfalls bis zum Stichtag. § 145a ZVG macht die Optionen der Beteiligten zur Eintragung von Fremdwährungsrechten im Zwangsversteigerungsverfahren handhabbar. Für die **freihändige Veräußerung** gelten diese Regelungen **nicht**, hier ist § 244 BGB anzuwenden.[8] 14

b) Beispiel (zur Grundschuld in SFrs/CHF)

Eintragung einer Grundschuld in Höhe von 100.000 SFr. am **23.10.2008** zum Kurs von 100 SFr./CHF = ca. 66,99 €. Vier Monate später wird eine Grundschuld in Euro nach der Fremdwährungsgrundschuld eingetragen. Zwei Jahre später wird die Zwangsversteigerung angeordnet. Im Termin wird nach § 145a Nr. 2 ZVG der Kurs des Sfr/CHF im Ergebnis um 20 % höher zulasten des Euro angegeben im Vergleich zu dem Zeitpunkt der Eintragung des nachrangigen Gläubigers.[9] Er bleibt dann im Verfahren unverändert. Für den nachrangigen Gläubiger verschlechtert sich seine Erwartung an den Versteigerungserlös um diese 20 % der Kursdifferenz. Wäre nun aber der Schweizer Franken zum Zeitpunkt der Eintragung des nachrangigen Gläubigers um 30 % gesunken, verglichen mit der Eintragung der Fremdwährungsgrundschuld, erreicht der vorrangige Grundpfandgläubiger dieser Grundschuld in SFR/CHF voraussichtlich nie mehr den Nominalbetrag des Wertes seiner Grundschuld in Euro, der Währung der weiteren Abwicklung. Dinglich bleibt er im Versteigerungsverfahren um 30 % dahinter zurück, auch wenn der Erlös problemlos ausreichen würde, die Grundschuld mit **dem ursprünglichen** Wert zu befriedigen. Der Wert kommt den nachrangigen Gläubigern insoweit zugute. Die Gläubiger in Fremdwährungsrechten müssen daher sorgfältig abwägen, ob sie diese Variante wählen. Auch der Schuldner kann beeinträchtigt werden, denn die Beleihungsfähigkeit der Immobilie wird dadurch berührt, den bestehenden ökonomischen Imponderabilien wird eine weitere hinzugefügt. Man muss daher fragen, ob nicht der Gläubiger in Fremdwährung die Währungsrisiken in den schuldrechtlichen Kreditvereinbarungen berücksichtigt, sie insbesondere einpreist und den Weg über ein Fremdwährungsgrundpfandrecht vermeidet. 15

Mangels Judikatur zum Fremdwährungsrecht scheint sich die Praxis der Probleme bewusst und vermeidet daher offenbar das Fremdwährungsrecht. 16

II. § 145a Nr. 1 ZVG

Die Bestimmung des § 145a Nr. 1 ZVG ergänzt § 37 ZVG und ist daher zwingend zu beachten (*„Die Terminsbestimmung muß […] enthalten.“*). Fehlt die Angabe, so ist der Termin wie bei Verstößen gegen § 37 ZVG aufzuheben, es sei denn der Mangel kann noch innerhalb der Frist des § 43 Abs. 1 ZVG abgestellt werden.[10] Empfindlicher wirkt sich das Unterbleiben der Angabe aus, wenn der Fehler erst 17

8) Zur Fremdwährungsschuld, als *„unechte“* bzw. *„echte Valutaschuld“* siehe Grüneberg/*Grüneberg*, BGB, § 244 Rz. 18–22, auch zur Begrifflichkeit.

9) Am 23.10.2013 z. B. lag der Kurs bei ca. 81,25 €/100 CHF, am 26.2.2018 bei 86,56 €/100 CHF, am 17.4.2023 bei 100,86 €/100 CHF.

10) BeckOK-*Cranshaw*, ZVG, § 83 Rz. 44 f. m. w. N.; siehe aktuell BeckOK-*Cranshaw*, ZVG, § 83 Rz 98.

später nach dem Zuschlag festgestellt wird. Denn der Fehler, wie bei § 37 ZVG, ist Grund für die Versagung des Zuschlags oder dessen Aufhebung, wie aus § 83 Nr. 7 ZVG bzw. § 100 Abs. 3 ZVG hervorgeht.[11)] Fehler hierbei gefährden also das Versteigerungsverfahren und den Zuschlag. Wird rechtzeitig „gegengesteuert", verzögert sich gleichwohl das Versteigerungsverfahren und die aus der Volatilität der Währungen (siehe dieDaten in Fn. 9) resultierenden Imponderabilien erhöhen die ökonomischen Risiken für die Beteiligten.

III. § 145a Nr. 2 ZVG – Vergleichbarkeit der Grundpfandrechte und Abwicklungsfähigkeit des Verfahrens

18 § 145a Nr. 2 Satz 1 ZVG dient der Herstellung der wertmäßigen Vergleichbarkeit der Grundpfandrechte aller Währungen und zwar zum Zeitpunkt unmittelbar vor der Aufforderung der Abgabe von Geboten. Maßgeblich ist der letzte amtliche Kurs in Euro. Bei Grundpfandrechten, deren Währungen nicht mehr bestehen, weil die betreffenden EU-Mitgliedstaaten der Eurozone beigetreten sind, ist bzw. wäre der maßgebliche Kurs derjenige, zu welchem der Beitritt zur Eurozone vollzogen worden ist. Satz 2 der Bestimmung „konserviert" diesen Kurs für das weitere gesamte Versteigerungsverfahren, sodass Währungsschwankungen im Interesse der Stabilität des Verfahrens ausgeschlossen werden. Die damit verbundenen **weiteren Währungsrisiken** treffen alle Verfahrensbeteiligten gleichermaßen. Die Lösung ist daher im Ergebnis interessengerecht. Gleichwohl ist darauf hinzuweisen, dass sich bei Kursänderungen nach dem Zeitpunkt gemäß § 145a Nr. 2 ZVG aufgrund der „Konservierung" der Umrechnungswerte die Risiken für Beteiligte ändern können, vornehmlich, wenn mehrere Versteigerungstermine stattfinden und/oder wenn der Verteilungstermin hinausgeschoben wird und der Ersteher infolgedessen noch nicht den Steigerlös bezahlt (vgl. § 49 Abs. 3 ZVG) bzw. wenn der Vollzug des Teilungsplans infolge einer Zuschlagsbeschwerde bis zur Beschwerdeentscheidung oder bis zur Rechtskraft des Zuschlagsbeschlusses ausgesetzt wird.[12)]

IV. § 145a Nrn. 3, 4 ZVG – Einheitliche Angaben in Euro

19 § 145a Nrn. 3 und 4 ZVG sind die Konsequenz aus der Regelung der Nr. 2. Die Gebote, Bargebot und Teilungsplan enthalten ausschließlich die inländische Währungseinheit, also Euro. Dies ist sachgerecht und auch nicht änderbar, da ansonsten inländisches Vollstreckungsrecht hinsichtlich der relevanten Beträge volatil würde und Rechtsunsicherheit für die Beteiligten die Folge wäre. Zudem würden Manipulationsrisiken durch Beteiligte, namentlich im Zusammenwirken mit dem Schuldner, deutlich erhöht.

V. § 145a Nr. 5 ZVG – Rückkehr zur Fremdwährung

1. Rückkehr zur Fremdwährung bei fehlender vollständiger Befriedigung des Fremdwährungsrechts

20 § 145a Nr. 5 ZVG befasst sich mit der Frage, welche Folge es hat, wenn der Grundpfandgläubiger des Fremdwährungsrechts mit seiner **dinglichen Forderung** aus

11) BeckOK-*Cranshaw*, ZVG, § 100 Rz. 2, 5 (amtswegige Beachtung der Verletzung des § 83 Nr. 7 ZVG und damit des § 145a ZVG durch das Beschwerdegericht); siehe aktuell BeckOK-*Cranshaw*, ZVG, § 100 Rz. 3, 5.

12) Vgl. dazu LG Memmingen, Beschl. v. 28.8.2018 – 44 T 929/18, openJur 2018, 9095, Rz. 16.

dem Versteigerungserlös nicht vollständig befriedigt wird. Maßgeblich, in welcher Höhe der Gläubiger befriedigt wird, ist in erster Stufe der Erlös, der nach dem in Euro aufzustellenden Teilungsplan auf diesen Gläubiger in Euro entfällt (§ 145a Nrn. 3, 4 ZVG). Der Teilungsplan wird in Euro ausgeführt.

Eine Konstellation, wie sie § 145a Nr. 5 Satz 1 ZVG im Auge hat, liegt im folgenden *Beispiel* vor: Gläubiger X. hält ein Fremdwährungsrecht im Wert von 100.000 SFr./CHF; der im Versteigerungsverfahren maßgebliche Kurs wird mit 1,2307 CHF = 1 € festgestellt, sodass die 100.000 CHF/SFr. einem Betrag von 81.254,57 € entsprechen. Bei der Erlösverteilung erhält der Gläubiger nur 61.254,57 € zugeteilt. Seine nicht befriedigte (dingliche) Forderung beläuft sich auf ca. 20.000 €. 21

Diesen Betrag muss das **Vollstreckungsgericht** nun im Beschlusswege **feststellen** und zwar nach vorheriger umgekehrter Rückrechnung in die Fremdwährung zu dem nach § 145a Nr. 2 Satz 1 ZVG festgestellten Kurs. Die Feststellung gehört noch zum „weiteren Verfahren" i. S. d. § 145a Nr. 2 Satz 2 ZVG. Mit dieser Feststellung endet das Versteigerungsverfahren und der Kurswert der unbefriedigt gebliebenen Forderung kann sich wieder verändern. 22

2. Folgen der Feststellung gemäß § 145a Nr. 5 Satz 2 ZVG

§ 145a Nr. 5 Satz 2 ZVG enthält die Rechtsfolgen der Feststellung der im Verfahren nicht befriedigten Forderung des Grundpfandgläubigers eines Fremdwährungsrechts. Die Tragweite der Feststellung scheint weitreichend, denn sie soll entscheidend sein für 23

- die Haftung „mitbelasteter Gegenstände",
- die „Verbindlichkeit des persönlichen Schuldners" und
- den „Ausfall im Insolvenzverfahren" (= § 52 Satz 2 InsO).

Entgegen dem Wortlaut der Vorschrift handelt es sich aber **nicht um die persönliche Forderung** des Gläubigers gegen den Schuldner, soweit das Recht, aus dem versteigert wurde, abstrakte Grundschuld ist und nicht akzessorische Hypothek. Das hätte nämlich zur Folge, dass das Vollstreckungsgericht des Versteigerungsverfahrens zum einen weitreichend über die schuldrechtliche Forderung verbindlich entscheiden würde, die es nicht kennt. Möglicherweise würde ein Anspruch unanfechtbar festgestellt, den es zwar dinglich, **nicht indes schuldrechtlich** gegeben hat oder gibt. Eine solche Bevorzugung des Fremdwährungsrechts ist mit Sinn und Zweck des § 145a ZVG unvereinbar. Vielmehr ist die Rechtsfolge des § 145a Nr. 5 Satz 2 ZVG in den Fällen der Vollstreckung aus abstraktem Recht dahingehend zu verstehen, dass die bezeichneten Rechtsfolgen eintreten, soweit dem Gläubiger in dieser Höhe noch ein schuldrechtlicher Anspruch zusteht. Hierüber ist ggf. im Prozessverfahren zu entscheiden. § 145a Nr. 5 Satz 2 ZVG ist daher teleologisch zu reduzieren. 24

Die verschiedenen Varianten der Norm im **Einzelnen**: 25

a) Mitbelastete Gegenstände

„*Mitbelastete Gegenstände*" können nur solche sein, die durch das Recht belastet wurden, aber **nicht** mit versteigert wurden, denn der Erlös für mit versteigerte Gegenstände ist bereits im Teilungsplan berücksichtigt. Ein Recht aus einem Grundpfand- 26 recht an belasteten Gegenständen, die nicht mit versteigert wurden, kann nicht mehr bestehen, da dieses erloschen ist (§ 90 ZVG).

b) Maßgeblichkeit der Feststellung der persönlichen Verbindlichkeit

27 Die *„persönliche Verbindlichkeit"* betrifft den schuldrechtlichen Anspruch, soweit er eben noch besteht. Er ist **gesondert nachzuweisen**, erleichtert durch die Feststellung.

28 Der *„Ausfall im Insolvenzverfahren"* betrifft ebenfalls die nach den §§ 49, 52 Satz 2 InsO i. V. m. den §§ 189 Abs. 1, 190 Abs. 1 InsO seitens des Grundpfandgläubigers nachzuweisende persönliche Forderung nach Verwertung der Immobilie,[13] an der das Grundpfandrecht als Absonderungsrecht nach § 49 InsO bestanden hat. Der Grundpfandgläubiger muss neben der Feststellungsentscheidung des Gerichts seine persönliche Forderung im Anmeldeverfahren nach § 174 InsO anmelden und beweisen. Die Feststellung seitens des Vollstreckungsgerichts beweist (nur) den Ausfall (als Differenz zwischen dem zugeteilten Erlösanteil und der festgestellten schuldrechtlichen Forderung). Der **Grundschuldgläubiger** der Sicherungsgrundschuld (§ 1192 Abs. 1a BGB) ist als Darlehensgeber zur Korrektur seiner Forderungsanmeldung nach § 174 InsO veranlasst, die zunächst den vollen Betrag der besicherten schuldrechtlichen Finanzierungsforderung vor Versteigerung und Erlösverteilung umfasste.[14] Der wesentliche Teil davon ist die **Forderungsabrechnung**, in der der Gläubiger nach Maßgabe des Sicherungsvertrags auch die Kosten und Zinsen ab Eröffnung des Insolvenzverfahrens entsprechend der Tilgungsreihenfolge des § 367 BGB[15] aufnimmt, soweit nicht das Verbraucherkreditrecht eine andere Reihenfolge vorschreibt (vgl. §§ 497 Abs. 3, 503 BGB). Im weiteren Verlauf des Insolvenzverfahrens ist dann auf die **Fremdwährungsschuld** (Identität zwischen der Währung für die schuldrechtliche Forderung bzw. die Grundschuld vorausgesetzt) § 45 Satz 2 InsO, d. h. die Umrechnung in Euro, anzuwenden. Maßgeblich sind der Zeitpunkt der Verfahrenseröffnung des Insolvenzverfahrens und der Kurswert am vereinbarten Zahlungsort. Die zitierte insolvenzrechtliche Bestimmung ist im *Interesse der „gleichberechtigten Teilnahme der Gläubiger am Verfahren"*[16] im Ergebnis lex specialis zu § 244 Abs. 2 BGB.

---

13) § 52 InsO ist zwingendes Recht, siehe nur Braun-*Bäuerle*, InsO, § 52 Rz. 4.

14) Die Absonderungsberechtigten sind in Höhe ihrer gesamten schuldrechtlichen Forderungen Insolvenzgläubiger und daher zur Anmeldung ihrer vollen Forderungen berechtigt, unabhängig von dem bestehenden Grundpfandrecht, BGH, Urt. v. 6.4.2006 – IX ZR 185/04, Rz. 13, ZIP 2006, 1009 ff. = ZInsO 2006, 544 ff. = DZWiR 2006, 380 ff.; zustimmend K. Schmidt/*Thole*, InsO, § 52 InsO Rz. 8 m. w. N.; a. A. Rattunde/Smid/Zeuner-*Smid*, § 52 Rz. 3, 5, unverändert ablehnend zur Anwendung des § 367 BGB bei Berechung der Ausfallforderung: Das „vorläufige" Bestreiten durch den Insolvenzverwalter spielt keine Rolle.

15) Entgegen deren insolvenzrechtlichem Nachrang nach § 39 Abs. 1 Nrn. 1, 2 InsO, BGH, Urt. v. 17.2.2011 – IX ZR 83/10, Rz. 7 ff., 10 ff, m. w. N. = ZIP 2011, 579 ff. = Rpfleger 2011, 579 ff. = DZWiR 2011, 283 ff.; a. A. wohl die überwiegende Meinung in der Literatur; dem BGH zustimmend im Ergebnis K. Schmidt/*Thole*, InsO, § 52 Rz. 12 m. w. N.; krit. *Ganter*, WuB VI A. § 39 InsO 1.12; dem BGH folgend auch Braun-*Bäuerle*, InsO, § 52 Rz. 7.

16) BT-Drucks. 12/2443 v. 15.4.1992, S. 124, Begründung zu § 52 InsO-RegE (= § 45 InsO).

Dritter Titel
Zwangsverwaltung

§ 146

Anordnung der Zwangsverwaltung

(1) Auf die Anordnung der Zwangsverwaltung finden die Vorschriften über die Anordnung der Zwangsversteigerung entsprechende Anwendung, soweit sich nicht aus den §§ 147 bis 151 ein anderes ergibt.

(2) Von der Anordnung sind nach dem Eingang der im § 19 Abs. 2 bezeichneten Mitteilungen des Grundbuchamts die Beteiligten zu benachrichtigen.

Literatur: *Rellermeyer, Klaus*, Zwangsversteigerung und Zwangsverwaltung von Bergwerkseigentum, unbeweglichen Bergwerksanteilen und Salzabbaugerechtigkeiten, Rpfleger 2008, 462; *Hawelka, Michael*, Die problematische Inbesitznahme bei der Zwangsverwaltung, ZfIR 2005, 14; *Keller*, Grundprinzipien der Zwangsverwaltung im Spannungsfeld zwischen Einzelvollstreckung, Gesamtvollstreckung und Mieterschutz, NZI 2009, 745; *Keller, Ulrich*, Die kalte oder stille Zwangsverwaltung, ZfIR 2017, 304; *Körner, Viviane*, Die kalte Zwangsverwaltung. Schriften zum Zivilverfahrensrecht und Insolvenzrecht, Band 9, 2016; *Neubert, Klaus*, Das Hannoveraner Modell zur Verwalterauswahl, ZInsO 2010, 73, *Bund Deutscher Rechtspfleger*, Rechtspflegerblatt 2003, 21.

Übersicht

I. Zweck der Zwangsverwaltung

Die Zwangsverwaltung ist eine Form der Zwangsvollstreckung (§ 866 ZPO) und erfordert somit deren Voraussetzungen. Anders als die Zwangsversteigerung, welche durch die Zwangsverwaltung nach Möglichkeit vermieden werden soll, findet der Gläubiger seine Befriedigung nicht aus der Substanz, sondern aus den Erträgen des verwalteten Objektes. 1

II. Rechtsschutzbedürfnis

2 Da das ZVG nur ein herausgelöster Teil (§ 869 ZPO) der Zivilprozessordnung ist, müssen zur Anordnung der Zwangsverwaltung die allgemeinen Prozessvoraussetzungen vorliegen, insbesondere muss ein Rechtsschutzbedürfnis vorhanden sein. Im Gegensatz zur Mobiliarvollstreckung, fehlt das Rechtsschutzbedürfnis nicht ohne Weiteres, selbst wenn von Anfang an feststeht, dass eine Befriedigung des Gläubigers durch die Zwangsverwaltung nicht zu erwarten ist, denn bei der Zwangsversteigerung gilt § 803 Abs. 2 ZPO nicht – auch nicht analog.[1)]

3 Da die Zwangsverwaltung umfangreiche und für die Befriedigung des Gläubigers letztendlich wichtige Wirkungen haben kann, wäre es zu eng gesehen, das Rechtsschutzbedürfnis nur daran zu messen, ob eine künftige Teilungsmasse („Überschüsse") vorhanden ist und ob der Gläubiger aus dieser eine Zuteilung zu erwarten hat. Nur wenn das Verfahren zur Verfolgung zweckwidriger und insoweit nicht schutzwürdiger Ziele ausgenutzt wird,[2)] kommt eine Ablehnung des Antrags auf Zwangsverwaltung mangels Rechtsschutzbedürfnisses in Betracht. Dies wäre zum Beispiel der Fall, wenn der Antrag formularmäßig und ersichtlich ohne Sachprüfung und ohne erkennbaren sachlichen Nutzen gestellt würde.[3)]

4 Sind keine Erträge für den Gläubiger zu erwarten, wird er allerdings darlegen müssen, welchen Nutzen ihm die Verwaltung bringen soll.[4)] Gründe für eine solche Zwangsverwaltung ohne unmittelbare Erträge sind meist im Gleichlauf mit einer bereits beantragten, anhängigen oder demnach beabsichtigten Zwangsversteigerung zu finden, wo sie den Erlös günstig beeinflusst,[5)] etwa weil der Zwangsverwalter unübersichtliche Mietverhältnisse ordnen, Verbesserungen am Grundstück vornehmen und Biet-Interessenten den Zugang ermöglichen kann, um ein höheres Gebot zu erreichen.[6)] Allein der Wunsch, so dem vom Gericht im Zwangsversteigerungsverfahren bestellten Sachverständigen den Zutritt zu verschaffen, dürfte allerdings nicht ausreichen, zumal der Erfolg fraglich wäre.[7)]

III. Wirtschaftliche Gesichtspunkte

1. Risiko des Gläubigers

5 Neben dem Vorliegen der rechtlichen Voraussetzungen sollte ein Gläubiger vor der Antragstellung ebenfalls prüfen, ob es wirtschaftlich sinnvoll ist, einen Antrag auf Zwangsverwaltung zu stellen. Neben den nicht geringen Gerichtskosten kann die

---

1) BGH, 18.7.2002 – IX ZB 26/02, Rpfleger 2002, 578 = MDR 2002, 1213; BGH, 30.1.2004 – IXa ZB 233/03, Rpfleger 2004, 302 = MDR 2004, 711.

2) BGH, Beschl. v. 20.11.2008 – V ZB 31/08, Rpfleger 2009, 252 = ZfIR 2009, 147 mit Anm. *Schmidberger*, S. 149.

3) *Depré/Mayer*, § 1 Rz. 6.

4) Vgl. BGH, 30.11.2008 – V ZB 31/08, Rpfleger 2009, 252 = ZfIR 2009, 147 mit Anm. *Schmidberger*, S. 149.

5) BGH, 18.7.2002 – IX ZB 26/02, Rpfleger 2002, 578 = MDR 2002, 1213.

6) *Depré/Mayer*, § 3 Rz. 970 ff.

7) Dazu *Haarmeyer/Hintzen*, § 146 ZVG Rz. 29; Dassler/Schiffhauer/u. a.-*Engels*, ZVG, § 146 Rz. 59; LG Ellwangen, Beschl. v. 24.4.1995 – 1 T 64/95, Rpfleger 1995, 427 = KTS 1996, 123; a. A. Böttcher/*Keller*, ZVG, § 146 Rz. 6.

Weiterführung des Verfahrens von erheblichen Vorschüssen abhängig werden, die nicht ohne Weiteres wieder einzubringen sind. Bedacht werden muss auch das vom BGH geschaffene Risiko des Gläubigers, zunächst einmal Verbindlichkeiten des Eigentümers bei dessen Mietern bezahlen zu müssen, statt Befriedigung der eigenen Forderung zu erlangen. Hat der Eigentümer (Schuldner) die Kaution seiner Mieter nicht ordnungsgemäß angelegt, muss dies der Zwangsverwalter auf deren Verlangen nach Anordnung der Zwangsverwaltung nachholen und dazu vom Gläubiger einen Vorschuss fordern, falls er nicht ausreichende Erträge erzielt (siehe § 152 Rz. 26 [*Depré*]). Gleiches gilt für einen Fehlbetrag bei der Abrechnung der Nebenkosten aus der Vergangenheit. Zwar besteht ein Anspruch gegen den Schuldner auf Ersatz, der aber üblicherweise wegen dessen Zahlungsunfähigkeit wertlos ist.

2. „Kalte bzw. stille Zwangsverwaltung"

Als Alternative zur gerichtlich angeordneten Zwangsverwaltung hat sich das Rechtsinstitut der „kalten Zwangsverwaltung" entwickelt. Hierbei handelt es sich um eine Vereinbarung des Insolvenzverwalters mit den Grundpfandrechtsgläubigern, wonach dieser die massezugehörigen, aber dem Haftungsverband der Grundpfandrechtsgläubiger zugehörigen Miet- und Pachtforderungen einzieht und den Erlös an die Grundpfandrechtsgläubiger im Rahmen ihrer Rechte auskehrt.[8] Die Befugnis zur Durchführung der stillen Zwangsverwaltung ergibt sich für den Insolvenzverwalter aus § 80 InsO. Die Vorteile dieses (nicht gerichtlichen) Verfahrens liegen insbesondere darin, dass Zusatzkosten vermieden werden und der Grundpfandrechtsgläubiger kein Gerichtsverfahren anstrengen muss.[9] 6

Da die Entscheidung des BGH[10] zwar zu zwei zentralen Fragen, nämlich der Zulässigkeit des Verfahrens und zur Bemessung der Insolvenzverwaltervergütung, Stellung genommen hat, bestehen bei den beteiligten Personen nach wie vor einige Unsicherheiten über die genauere Ausgestaltung der „kalten Zwangsverwaltung".[11] Der vergütungsrechtliche Aspekt kann hier vernachlässigt werden, da es sich hierbei um einen Teil der Vergütung des Insolvenzverwalters handelt. Die vom BGH in seiner Entscheidung vom 14.7.2016 erwogene Einbeziehung der Regelvergütung eines Zwangsverwalters nach § 18 Abs. 1 Satz 1 ZwVwV hinsichtlich der Angemessenheit eines Zuschlags für die Insolvenzverwalter-Vergütung scheidet nach Auffassung des LG Frankfurt/Oder[12] aus; denn es mangelt hierbei an der Vergleichbarkeit. 7

---

8) BGH, Beschl. vom 14.7.2016 – IX ZB 31/14, ZfIR 2017, 27 mit Anm. *Depré* = NZI 2016, 824 mit Anm. *Stapper/Schädlich* = NZG 2016, 1377 mit Anm. *Commandeur/Utsch*.

9) Hinsichtlich der wirtschaftlichen Vorteile wird auf die Zusammenstellung im Internet unter http://www.dnp.de/de/kalte-zwangsverwaltung.html (Stand: 15.8.2023) verwiesen. In dieser Übersicht ist jedoch ein möglicher Nachteil nicht erwähnt: Allein die mit allen Beteiligten abgestimmte kalte Zwangsverwaltung schützt den Grundpfandrechtsgläubiger nicht immer vor der Anfechtung der erhaltenen Gelder in der späteren Insolvenz des Grundstückseigentümers. Solange keine anfechtungsfeste Beschlagnahme erfolgt, liegt eine Gläubigerbenachteiligung vor; vgl. hierzu BGH, Urt. v. 30.4.2020 – IX ZR 162/16, MDR 2020, 1212 = NJW 2020, 2399.

10) BGH, Beschl. vom 14.7.2016 – IX ZB 31/14, ZfIR 2017, 27 mit Anm. *Depré*.

11) Vgl. hierzu auch *Keller*, ZfIR 2017, 304 f. m. w. N.

12) LG Frankfurt/Oder, Beschl. v. 24.5.2017 – 13 T 20/16 (= Rückerwiderung auf BGH, Beschl. v. 14.7.2016), IGZInfo 2017, 91 = ZIP 2018, 1898.

IV. Anzuwendende Vorschriften

8 Auf das Zwangsverwaltungsverfahren sind die Vorschriften der §§ 1–14 ZVG unmittelbar anwendbar. Die §§ 15–27 ZVG sind anwendbar durch die Verweisung in § 146 Abs. 1 ZVG mit Ausnahme von § 21 Abs. 1 und 2 ZVG (wegen § 148 Abs. 1 ZVG), § 23 Abs. 1 Satz 2 ZVG (wegen § 148 Abs. 1 Satz 2 ZVG) und § 24 ZVG (wegen § 148 Abs. 2 ZVG). Die §§ 28, 29, 32 und 34 ZVG sind durch die Verweisung in § 161 Abs. 4 ZVG entsprechend anwendbar. Die §§ 105 bis 145a ZVG sind auf das Zwangsverwaltungsverfahren nicht anwendbar, soweit nicht in § 156 Abs. 2 Satz 2 ZVG (Anwendung von §§ 105 Abs. 2 Satz 2, 113 Abs. 1, 114, 115, 124, 126 ZVG), in § 157 Abs. 2 ZVG (Anwendung von §§ 135–142 ZVG), in § 158 Abs. 3 ZVG (Anwendung von §§ 117, 127 ZVG) und in § 160 ZVG (Anwendung von §§ 143–145 ZVG) die Geltung angeordnet wird.

9 Die Regelungen aus der ZPO finden Anwendung, soweit sie für das Zwangsverwaltungsverfahren einschlägig sind. Schließlich wird das ZVG durch die auf der Grundlage von § 152a ZVG ergangene Zwangsverwalterverordnung vom 19.12.2003 (ZwVwV)[13] ergänzt.

V. Gegenstände der Zwangsverwaltung

10 Die Zwangsverwaltung kann sich insbesondere erstrecken auf:

- Grundstücke, § 864 Abs. 1 ZPO.
- Grundstücksbruchteile, die im Eigentum eines Miteigentümers stehen oder wenn sich der Anspruch des Gläubigers auf ein Recht gründet, mit dem der Bruchteil als solcher belastet ist (§ 864 Abs. 2 ZPO).
- Grundstücksgleiche Rechte (§ 870 ZPO), also insbesondere Erbbaurechte (§ 11 ErbbauRG).
- Sondereigentum nach § 1 WEG.
- das Gebäudeeigentum aufgrund früherer Rechtsvorschriften, die in den neuen Bundesländern noch weitergelten.[14]

11 Nicht erstrecken kann sich die Zwangsverwaltung auf:

- Anteile einer Gesamthandsgemeinschaft (Erbengemeinschaft, Gütergemeinschaft, Gesellschaft bürgerlichen Rechts).
- Schiffe, Schiffsbauwerke (§ 870a Abs. 1 ZPO) und Luftfahrzeuge (§ 171a ZVG).

12 Schiffe, Schiffsbauwerke und Luftfahrzeuge können unter besonderen Voraussetzungen einem Treuhänder unterstellt werden (§§ 165 Abs. 2, 171c Abs. 3 ZVG). Auch Bergwerkseigentum (auf unbeweglichen Bergwerksanteilen) und Salzabbaugerechtigkeiten können Gegenstand einer Zwangsverwaltung sein, wobei landesrechtliche Regelungen eine wichtige Rolle spielen.[15]

---

13) BGBl. I S. 2804.

14) Stöber/*Drasdo*, ZVG, § 146 Rz. 14; *Stöber/Keller*, ZVG, Einl. Rz. 50 ff.; Böttcher/*Keller*, ZVG, § 146 Rz. 33; Schneider-*Schmidberger*, ZVG, § 146 Rz. 39.

15) Böttcher/*Keller*, ZVG, § 146 Rz. 32; Stöber/*Keller*, ZVG, Einl. Rz. 46 m. w. N.; Dassler/Schiffhauer/u. a.-*Engels*, ZVG, § 146 Rz. 3; *Rellermeyer*, Rpfleger 2008, 462.

VI. Anordnung der Zwangsverwaltung

1. Voraussetzungen

13 Für die Anordnung der Zwangsverwaltung gelten gemäß § 146 Abs. 1 ZVG die für die Zwangsversteigerung geltenden Regelungen der §§ 15–27 ZVG entsprechend, soweit sich nicht aus §§ 147–151 ZVG etwas anderes ergibt. Hinsichtlich des Antrags sowie der allgemeinen Voraussetzungen der Zwangsvollstreckung siehe § 15 Rz. 9 ff. und § 16 Rz. 1 ff. [*Cranshaw*]; zum Rechtsschutzbedürfnis siehe § 15 Rz. 9. Die Regelung des § 147 ZVG, nach der die Zwangsverwaltung auch gegen den Eigenbesitzer möglich ist, stellt eine Ausnahme zu § 17 ZVG dar, wonach der Schuldner als Eigentümer im Grundbuch eingetragen oder Erbe des eingetragenen Eigentümers sein muss; zu näheren Einzelheiten siehe § 147 Rz. 1 ff. [*Depré*].

2. Die Entscheidung des Gerichts

a) Ablehnung des Antrags

14 Liegen zu Beginn der Zwangsvollstreckung die Voraussetzungen für die Zwangsvollstreckung noch nicht vor und müssen erst noch geschaffen werden, ist der Antrag zurückzuweisen oder dem Gläubiger formlos nahezulegen, angesichts der drohenden Zurückweisung den Antrag (kostenfrei) zurückzunehmen und neu zu stellen, sobald die Voraussetzungen vorliegen.[16] Zur Zurückweisung führen insbesondere folgende Mängel:

- Die allgemeinen Prozessvoraussetzungen liegen nicht vor und der Mangel kann nicht unverzüglich behoben werden. Kann der Mangel wahrscheinlich rasch behoben werden (z. B. fehlende Vollmacht, Anschrift des Schuldners ist unvollständig, Forderung nicht genügend aufgeschlüsselt) wäre eine Aufklärungsverfügung mit Fristsetzung angebracht und erst nach deren fruchtlosem Ablauf auf Zurückweisung zu entscheiden. Der Antrag kann auch teilweise zurückgewiesen werden, etwa wegen nicht erstattungsfähiger Kosten.
- Die allgemeinen Vollstreckungsvoraussetzungen liegen noch nicht vor und müssen erst noch geschaffen werden.
- Der Schuldner ist nicht oder nicht mehr als Eigentümer im Grundbuch eingetragen, ohne dass ausnahmsweise (§ 147 ZVG) eine Vollstreckung zulässig wäre.
- Über das Vermögen des Schuldners ist das Insolvenzverfahren eröffnet.
- Der vorgelegte Titel reicht nicht aus, um die geforderte Zwangsvollstreckung vorzunehmen, z. B. fehlender Duldungstitel zur Vollstreckung „aus der Hypothek".

b) Hindernisse für die Anordnung

15 Im Grundbuch eingetragene Rechte, welche dem Berechtigten gegenüber dem Eigentümer ein Recht zum Besitz gewähren, können dazu führen, dass die Zwangs-

16) *Depré/Mayer*, § 1 Rz. 62.; a. A. Böttcher/*Keller*, ZVG, § 146 Rz. 56 i. V. m. §§ 15, 16 Rz. 104–106; Stöber/*Keller*, ZVG, § 15 Rz. 13; Schneider-*Schmidberger*, ZVG, § 146 Rz. 47; BeckOK-*U. Goldbach*, ZVG, § 15 Rz. 171 i. V. m. BeckOK-*Bäuerle*, ZVG, § 146 Rz. 13: Erlass einer Beanstandungsverfügung.

verwaltung nur beschränkt angeordnet werden darf. In Betracht kommen insbesondere ein **Nießbrauch**, ein **Leibgeding** (Altenteil) oder eine **beschränkte persönliche Dienstbarkeit** (z. B. Wohnungsrecht). Auch ein dinglicher Gläubiger, dessen Recht einen besseren Rang als das Nießbrauchsrecht hat, benötigt bereits zur Anordnung der Zwangsverwaltung einen Titel gegen den Nießbraucher, den er sich regelmäßig durch Umschreibung der Vollstreckungsklausel beschaffen kann.[17] Ist die Umschreibung ausnahmsweise nicht möglich und stimmt der Nießbraucher der Zwangsverwaltung auch nicht zu, ist eine Duldungsklage erforderlich. Ohne einen solchen Titel kann er trotz des besseren Grundbuchranges nur eine „beschränkte Zwangsverwaltung" erreichen.

16 Hat der dingliche Gläubiger allerdings einen solchen Titel, kann er die Rechte des Nießbrauchers ausüben und diesen aus dem Besitz setzen. Dem Nießbraucher steht nicht, wie dem Eigentümer, eine mietfreie „Schuldnerwohnung" zu.[18] Hat der Nießbraucher im Rahmen seines Rechts einen Mietvertrag geschlossen, kann der Zwangsverwalter die nach diesem Vertrag zu zahlenden Mieten einziehen.

17 Geht das Recht des Gläubigers dem Nießbrauch etc. im Range nach, ist zwar die Anordnung einer Zwangsverwaltung möglich, aber dahingehend **beschränkt**, dass die Rechte des Nießbrauchers etc. nicht berührt werden. Der Zwangsverwalter kann also den Nießbraucher etc. nicht aus dem Besitz setzen. Soweit das ganze Grundstück dem Nutzungsrecht unterliegt, beschränkt sich die Zwangsverwaltung auf jene Rechte, welche dem Schuldner gegenüber dem Rechtsinhaber noch verblieben sind. Kommt nur die Anordnung einer beschränkten Zwangsverwaltung in Betracht, sollte dies bereits im Anordnungsbeschuss ausgewiesen werden.[19]

18 Ein Nießbrauch, der zugunsten des Eigentümers eingetragen ist, bleibt unbeachtet.

19 Hat der Schuldner auch den **mittelbaren Besitz aufgegeben**, wie dies bei einer Eigentumsübertragung gelegentlich erfolgt, kann mit einem Titel gegen den Eigentümer keine Zwangsverwaltung angeordnet werden, da diese zumindest mittelbaren Besitz des Eigentümers voraussetzt.[20] In Betracht kommt allenfalls eine Zwangsverwaltung gegen den Eigenbesitzer (§ 147 ZVG), wenn die Voraussetzungen hierfür vorliegen.[21]

20 Eine Auflassungsvormerkung hindert die Anordnung der Zwangsverwaltung mit einem Titel gegen den noch eingetragenen Eigentümer nicht. Wird nach Anordnung der Zwangsverwaltung ein neuer Eigentümer im Range der vorher eingetragenen Auflassungsvormerkung eingetragen und hat der Gläubiger den Rang nach der Auflassungsvormerkung, muss die Zwangsverwaltung aufgehoben werden (§ 28

---

17) BGH, Beschl. v. 26.3.2014 – V ZB 140/13, ZfIR 20145, 488 = MDR 2014, 709; *Depré/Mayer*, § 1 Rz. 66.

18) BGH, Urt. v. 12.1.2006 – IX ZR 131/04, Rpfleger 2006, 331 = NJW 2006, 1124.

19) BGH, Urt. v. 18.12.2015 – V ZR 191/14, NZI 2016, 495 = MDR 2016, 298; Stöber/*Drasdo*, ZVG, § 146 Rz. 90 ff.; Böttcher/*Keller*, ZVG, § 146 Rz. 50; Schneider-*Schmidberger*, ZVG, § 146 Rz. 62.

20) BGH, Urt. v. 26.9.1985 – IX 88/84, Rpfleger 1986, 26 = auch ZIP 1985, 1532; BGH, Beschl. v. 19.3.2004 – IXa ZB 190/03, ZfIR 2004, 746 = Rpfleger 2004, 510.

21) *Hawelka*, ZfIR 2005, 14.

ZVG). Hat der Gläubiger den Rang vor der Auflassungsvormerkung, kann das Verfahren gegen den neuen Eigentümer fortgesetzt werden. Eine Vollstreckungsklausel gegen diesen ist nicht erforderlich.[22)]

c) Anordnung der Zwangsverwaltung

Zum Inhalt des Anordnungsbeschlusses siehe § 15 Rz. 196 ff. [*Cranshaw*]. Zusammen mit der Bestellung ist anzuordnen, wie der Verwalter in den Besitz des zu verwaltenden Objektes gelangen soll. In Betracht kommt die Verschaffung des Besitzes durch einen Gerichtsvollzieher oder aber die Ermächtigung, sich selbst den Besitz zu verschaffen. Darf der Verwalter den Besitz eines Dritten nicht brechen, ist dies im Beschluss kenntlich zu machen.[23)] Eine weitergehende Begründung ist grundsätzlich nicht erforderlich, aber ratsam, wenn Besonderheiten vorliegen, die sich aus dem Anordnungsbeschluss nicht eindeutig erkennen lassen, wie etwa eine Vollstreckung gegen den noch nicht eingetragenen Erben. 21

Eine **Anhörung des Schuldners** vor der Anordnung findet nicht statt. Es soll damit verhindert werden, dass dieser noch rasch eine Verfügung trifft, welche zum Nachteil des Gläubigers zugunsten eines gutgläubigen Dritten wirksam sein könnte. 22

Im Anordnungsbeschluss wird, soweit möglich, der Zwangsverwalter bestellt (§ 150 Abs. 1 ZVG). Der Verwalter wird vom Gericht ausgewählt, das an Wünsche und Vorschläge des Gläubigers nicht gebunden ist. Das BVerfG hat zur **Verwalterauswahl** festgestellt, dass dem Rechtspfleger bei der Auswahl des Verwalters ein Auswahlermessen zusteht, das er pflichtgemäß, also nicht nach freiem Belieben, ausüben muss.[24)] Auch geeignete Bewerber haben keinen Anspruch dahingehend, dass sie ohne Rücksicht auf die Umstände des Einzelfalles[25)] ständig oder anteilsmäßig Berücksichtigung finden.[26)] Rechtsschutz wird einem übergangenen Bewerber allenfalls im konkreten Einzelfall gewährt, nicht aber für einen Anspruch auf generelle (grundsätzliche) Berücksichtigung. 23

Verschiedene Auswahlkriterien wurden durch § 1 Abs. 2 ZwVwV und mehrere gerichtliche Entscheidungen[27)] normiert, wobei der Verordnungsgeber des § 1 Abs. 2 24

---

22) BGH, Beschl. v. 25.1.2007 – V ZB 125/05, Rpfleger 2007, 333 =, ZfIR 2007, 579 mit Anm. *Böttcher*, ZfIR 2007, 551; Stöber/*Nicht*, ZVG, § 28 Rz. 16; *Depré/Mayer*, § 1 Rz. 74; a. M. OLG Hamm, Rpfleger 1984, 426; Böttcher/*Keller*, ZVG, § 28 Rz. 9.

23) *Depré/Mayer*, § 1 Rz. 78.

24) BVerfG, Beschl. v. 15.2.2010 – 1 BvR 285/10, Rpfleger 2010, 436 = ZfIR 2010, 335; BGH, 28.6.2012 – IV AR (VZ) 2/12, IGZinfo 2012, 133 = ZIP 2012, 2125.

25) Zu den „Umständen des Einzelfalles" und das sog. „Hannoveraner Modell" *Neubert*, ZInsO 2010, 73.

26) Zum Erfordernis einer Vorauswahlliste u. a. OLG Hamm, 27.9.2012 – 15 VA 7/12, ZfIR 2012, 36 = Rpfleger 2013, 163; OLG Frankfurt, Beschl. v. 11.9.2013 – 20 VA 3/11, Jurion RS 2013, 61974.

27) OLG Koblenz, Beschl. v. 27.6.2005 – 12 VA 1/05, ZInsO 2005, 1174 mit Anm. *Förster* = Rpfleger 2005, 618 mit Anm. *Kirsch*; OLG Frankfurt, Beschl. v. 29.1.2008 – 20 VA 9/07, Rpfleger 2009, 102; *Depré*, ZfIR 2006, 565.

ZwVwV mit der Vorgabe von Auswahlkriterien seine ihm in § 152a ZVG übertragenen Befugnisse überstieg[28)], so dass die freie Auswahl unberührt bleibt.

d) Bekanntmachung der Entscheidung

25 Das Gericht hat den Anordnungsbeschluss unverzüglich bekannt zu machen, insbesondere durch:

- die förmliche Zustellung an den Schuldner, eine Belehrung ist nicht vorgesehen; für eine Gesellschaft des bürgerlichen Rechts erfolgt die Zustellung an den geschäftsführenden Gesellschafter. Ist ein solcher nicht vorhanden, genügt die Zustellung an einen der Gesellschafter;[29)]
- die formlose Übersendung des Beschlusses an den Gläubiger, falls dem Antrag voll umfänglich stattgegeben wurde; andernfalls durch Zustellung;
- die formlose Mitteilung an alle Beteiligten (§ 9 ZVG), die schon jetzt bekannt sind, andernfalls wird dies nach Eingang des Grundbuchauszugs (§ 146 Abs. 2 ZVG) nachgeholt;
- bei Erbbaurechten die formlose Benachrichtigung des Ausgebers (§ 24 ErbbauRG);
- die Zuleitung des Anordnungsbeschlusses an den Verwalter. Eine Zustellung ist nicht vorgesehen, aber möglich, wenn der sichere Zugang dokumentiert werden soll.

26 Die MiZi[30)] kann vorsehen, dass das Gericht weitere Stellen benachrichtigen muss, wie etwa die kommunale Kasse, die die Grundsteuern einzieht, das Finanzamt oder die Kaminkehrer.

27 Das Gericht hat sofort das zuständige Grundbuchamt um Eintragung des Zwangsverwaltungsvermerkes zu ersuchen, die Beifügung einer Abschrift des Anordnungsbeschlusses ist zweckmäßig. Das Grundbuchamt hat den Vermerk sofort einzutragen, ohne dass es rechtliche Bedenken gegen die Anordnung der Zwangsverwaltung zu prüfen hätte. Nach Eintragung übersendet das Grundbuchamt dem Gericht eine Eintragungsnachricht, wobei es anzugeben hat, wann das Ersuchen bei ihm eingegangen ist, einen Grundbuchauszug und die Grundakten zur Einsicht. Letzteres ist zwar nur alternativ vorgesehen, ersetzt aber die Übersendung der Kopien aller Urkunden, die Mitteilung der bekannten Anschriften der Rechteinhaber und die Mitteilung eventuell vorhandener Zustellungsbevollmächtigter und ist somit heute allgemein üblich. Das Gericht wird die Grundakten zurückgeben, sobald es sich die

---

28) So zutreffend die Stellungnahme des Bundes Deutscher Rechtspfleger, abgedruckt im „Rechtspflegerblatt" 2003, 21; a. A. offenbar *Böttcher/Keller/Schneider/Beeneken*, Das ZVG auf dem Prüfstand, S. 386. Allerdings schlagen auch diese vor, das Anforderungsprofil des § 1 Abs. 2 ZwVwV in § 150 Abs. 1 ZVG zu übernehmen und damit in Gesetzesrang zu erheben.

29) BGH, Beschl. v. 7.12.2006 – V ZB 166/05, Rpfleger 2007, 216 = ZIP 2007, 248 = MDR 2007, 667; vgl. auch OLG Brandenburg, Urt. v. 28.4.2016 – 5 U 79/13, openJur 2016, 6336.

30) „Mitteilung in Zivilsachen", eine Verwaltungsanordnung der Länder, teils bundeseinheitlich, teils mit besonderem Länderteil, über Benachrichtigungen in Zivilsachen (Sonderdruck erhältlich über Kulturbuch-Verlag GmbH, Sprosserweg 3, 12351 Berlin).

notwendigen Informationen daraus verschafft hat, und sie erst wieder zur Vorbereitung des Verteilungstermins anfordern.

e) Beitritt

Wird der Beitritt zu einem bereits angeordneten Verfahren zugelassen, muss die 28
Bestellung des Verwalters nicht erneut ausgesprochen werden. Der Beitrittsgläubiger hat die gleichen Rechte und Pflichten wie derjenige, der den Anordnungsbeschluss erwirkt hat (§ 146, 27 Abs. 2 ZVG). Seine Stellung gegenüber Dritten ist selbstständig zu prüfen. Der Beitrittsbeschluss wird dem Schuldner zugestellt, dem Beitrittsgläubiger jedoch nur, wenn teilweise Ablehnung erfolgt ist. Er ist auch dem Verwalter zuzustellen (§ 151 Abs. 2 ZVG). Alle weiteren Mitteilungen müssen nicht wiederholt werden; auch wird kein neuer Zwangsverwaltungsvermerk eingetragen, weshalb kein Ersuchen an das Grundbuchamt erfolgt.

3. Rechtsbehelfe

Der Gläubiger hat gegen die Ablehnung seines Antrags auf Zwangsverwaltung die 29
sofortige Beschwerde mit Abhilfemöglichkeit (§§ 793, 572 Abs. 1 ZPO, § 11 Abs. 1 RPflG). Wurde der Antrag nur wegen zu vollstreckender Kosten abgewiesen, richtet sich der Rechtsbehelf nach der Höhe des Kostenbetrages. Erfolgte die Ablehnung bezüglich eines Kostenbetrages von mehr als 200,00 € ist die sofortige Beschwerde gegeben. Der Rechtspfleger kann ihr abhelfen (§ 572 Abs. 1 ZPO). Wurde der Antrag nur wegen 200,00 € oder weniger abgelehnt, kann innerhalb von zwei Wochen die befristete Rechtspflegererinnerung (§ 11 Abs. 2 RPflG) eingelegt werden, über die (abschließend) der Referatsrichter entscheidet, wobei der Rechtspfleger zuvor abhelfen kann. Die Entscheidung des Referatsrichters ist gebührenfrei (§ 11 Abs. 4 RPflG) und unanfechtbar.

Der Schuldner, der vor der Anordnung der Zwangsverwaltung nicht gehört wurde, 30
hat gegen diese Anordnung zunächst die Erinnerung nach § 766 ZPO und gegen die richterliche Entscheidung (§ 20 Nr. 17 RPflG) auf Zurückweisung der Erinnerung die sofortige Beschwerde, wenn die Voraussetzung des § 567 Abs. 2 ZPO vorliegt. Über die sofortige Beschwerde entscheidet das Landgericht; gegen dessen Entscheidung ist Rechtsbeschwerde (§ 574 ZPO) zulässig, wenn diese vom Landgericht zugelassen wurde und die Voraussetzungen des § 574 Abs. 2 Satz 2 ZPO vorliegen. Richtet sich die Beschwerde gegen eine Entscheidung des Rechtspflegers, kann die Zulassung nur durch die Kammer, nicht durch den Einzelrichter erfolgen.[31] Beim Beschwerdegericht entscheidet grundsätzlich der originäre Einzelrichter (§ 568 Abs. 1 ZPO), weil die angefochtene Entscheidung von einem Rechtspfleger erlassen wurde. Die Zulassung der Rechtsbeschwerde ist aber nur durch die Kammer möglich; deshalb muss hier der Einzelrichter die Sache der Kammer vorlegen (§ 568 Satz 2 ZPO).

---

31) BGH, Beschl. v. 26.1.2006 – V ZB 169/05, IGZInfo 2006, 88 = openJur 2011, 12153, zuletzt Beschl. v. 7.5.2013 – IX ZB 51/12, Rz. 12, WM 2013, 1516 = Rpfleger 2013, 638, und Beschl. v. 17.10.2013 – IX ZB 83/12, Rz. 9, Beck-RS 2013, 19264 = openJur 2013, 42249.

31 Die Rechtsbeschwerde ist innerhalb einer Notfrist von einem Monat (§ 575 Abs. 1 ZPO) an den BGH (§ 133 GVG) zu richten. Zulassung und Nichtzulassung sind unanfechtbar.

VII. Besitz des Schuldners, Besitz eines Dritten

1. Besitz des Schuldners

32 Die Zwangsverwaltung soll dem Gläubiger aus den Nutzungen und Einkünften befriedigen, die durch die Bewirtschaftung des Grundstücks erzielt werden; deshalb werden dem Schuldner Verwaltung und Benutzung entzogen.

33 Das Grundstück ist einem Mieter oder Pächter überlassen; der Schuldner ist also nur mittelbarer Besitzer. Der Zwangsverwalter ist hier nur in den mittelbaren Besitz einzuweisen. Zwangsweiser Eingriff in den Besitz eines Dritten ist nicht zulässig.

34 Bei der Anordnung der Zwangsverwaltung wird der Besitz des Schuldners nicht geprüft. Wenn jedoch die Besitzverschaffung des Zwangsverwalters nicht möglich ist, weil ein Dritter den Besitz hat, muss das Verfahren gemäß § 146 Abs. 1 i. V. m. § 28 Abs. 2 ZVG mit Fristsetzung einstweilen eingestellt und nach fruchtlosem Fristablauf aufgehoben werden.[32)]

2. Eigenbesitz eines Dritten

35 Wenn der Eigenbesitz eines Dritten bereits vor der Anordnung dem Vollstreckungsgericht bekannt wird, wird es den entsprechenden Antrag mangels Rechtsschutzbedürfnisses zurückweisen.

36 Wenn der Eigenbesitz eines Dritten behauptet wird, so muss er dem Vollstreckungsgericht nachgewiesen werden, um die Anordnung bzw. Fortsetzung der Zwangsverwaltung zu verhindern. Notfalls muss der Dritte seinen Besitz mit Klage gemäß § 771 ZPO gegen den betreibenden Gläubiger geltend machen.

37 Der Gläubiger eines Grundpfandrechts kann aber gegen einen Dritten, der Eigenbesitzer ist, unter den Voraussetzungen des § 147 ZVG die Zwangsverwaltung betreiben. Wegen der Einzelheiten siehe § 147 Rz. 4 ff.

3. Beschränkte bzw. unbeschränkte Zwangsverwaltung

38 Die Zwangsverwaltung eines mit einem Nießbrauch belasteten Grundstücks weist einige Besonderheiten auf, da der Nießbraucher die dingliche Berechtigung hat, die Nutzungen des Grundstücks zu ziehen (§ 1030 Abs. 1 BGB). Je nach Rang des betreibenden Gläubigers muss hier unterschieden werden:

39 **Fall 1:** Der Nießbrauch har Rang **nach** dem Grundpfandrecht des betreibenden Gläubigers.

40 Es kann zwar eine unbeschränkte Zwangsverwaltung angeordnet werden. Dies setzt aber einen entsprechenden Vollstreckungstitel gegen den Nießbraucher voraus. Falls bereits ein Duldungstitel gegen den Eigentümer vorliegt, kann die Vollstreckungsklausel gegen den Nießbraucher nach § 727 ZPO umgeschrieben werden. Zu Einzelheiten siehe § 147 Rz. 5 und 6.

32) Stöber/*Drasdo*, ZVG, § 146 Rz. 79 m. w. N; Schneider-*Schmidberger*, ZVG, § 146 Rz. 98.

Fall 2: Der Nießbraucher hat nur einen dinglichen Vollstreckungstitel gegen den Eigentümer, nicht aber gegen den Nießbraucher. 41

Das Vollstreckungsrecht des Gläubigers ist durch den eingetragenen Nießbrauch beschränkt; die Zwangsverwaltung darf das Nutzungs- und Besitzrecht des Nießbrauchers nicht schmälern. Deshalb muss der Anordnungsbeschluss die entsprechende Beschränkung enthalten. 42

Fall 3: Der Nießbrauch hat Rang vor dem Grundpfandrecht des betreibenden Gläubigers bzw. der Gläubiger kann nur aus Rangklasse 5 betreiben. 43

Auch hier kann nur eine „beschränkte Zwangsverwaltung" angeordnet werden. Hierbei wird dem Eigentümer als Schuldner des Zwangsverwaltungsverfahrens die Verwaltung und Benutzung des Grundstücks entzogen. Der Zwangsverwalter kann daher nur in den mittelbaren Besitz und in die Rechte eingewiesen werden, die dem Eigentümer gegenüber dem Grundstückseigentümer zustehen.[33] 44

Im Extremfall können beide Vollstreckungen zusammentreffen: 45

- Beschränkte Zwangsverwaltung gegen den Eigentümer.
- (Unbeschränkte) Zwangsverwaltung gegen den Nießbraucher.[34]

Der Vollständigkeit halber sei noch darauf hingewiesen, dass dieselben Grundsätze auch gelten bei einem eingetragenen Wohnungsrecht.[35] 46

VIII. Wirkungen der Anordnung

Der Anordnungsbeschluss bewirkt zugunsten des betreibenden Gläubigers die Beschlagnahme des Grundstücks (§§ 20 Abs. 1, 146 Abs. 1 ZVG).[36] Die Beschlagnahme umfasst alle Gegenstände, welche der Hypothekenhaftung unterliegen (§ 20 ZVG). Ihr Umfang geht über die durch die Anordnung der Zwangsversteigerung bewirkte Beschlagnahme weit hinaus, denn sie umfasst auch die in § 21 Abs. 1, 2 ZVG genannten Gegenstände und ist nicht durch die „Schuldnervorbehalte" (§§ 23 Abs. 1 Satz 2, 24 ZVG) beschränkt (§ 148 ZVG). 47

Beschlagnahmt sind also insbesondere das Grundstück, Erzeugnisse (§§ 97, 98 BGB), Bestandteile (§§ 93 ff. BGB) und Zubehör (§§ 97, 98 BGB) des Grundstücks im Umfang des § 1120 BGB, Miet- und Pachtforderungen (§§ 1123 ff. BGB) und die wiederkehrenden Leistungen der mit dem Eigentum verbundenen Rechte (§ 1126 BGB), die nach § 96 BGB als Bestandteil des Grundstücks angesehen werden, sowie Versicherungsforderungen aus der Versicherung eines beschlagnahmten Gegenstandes (§ 1127 BGB).[37] 48

---

33) Stöber/*Drasdo*, ZVG, § 146 Rz. 90 m. w. N.; Schneider-*Schmidberger*, ZVG, § 146 Rz. 62.

34) Wegen des Inhalts der entsprechenden Beschlüsse und der aktenmäßigen Behandlung wird auf *Schmidberger*, IGZInfo 2014, 172 ff. verwiesen.

35) BGH, Urt. v. 18.12.2015 – V ZR 191/14, ZfIR 2016, 282 mit Anm. *Engels*, S. 286; weitere Anm. hierzu *Schmidt-Räntsch*, ZfIR 2016, 589 ff.

36) Zum Wesen der Beschlagnahme vgl. *Depré/Mayer*, § 1 Rz. 135 ff.

37) Böttcher/*Keller*, ZVG, § 146 Rz. 70.

IX. Einstellung der Zwangsverwaltung

1. Auf Antrag des Gläubigers

49 Ob das Zwangsverwaltungsverfahren auf Antrag des Gläubigers einstweilen eingestellt werden kann, ist streitig. Eine Meinung[38] hält eine einstweilige Einstellung gemäß § 30 ZVG für möglich, wobei der Gläubiger darlegen müsse, warum er den Antrag stelle, was für § 30 ZVG nicht gefordert wird. Außerdem soll die Bewilligung der einstweiligen Einstellung entgegen § 30 Abs. 1 Satz 3 ZVG ohne Konsequenz für die Beschlagnahme mehr als zweimal möglich sein[39] und die durch § 31 Abs. 1 Satz 2 ZVG bestimmte Höchstfrist nicht gelten. Vielmehr soll das Gericht eine solche Frist bestimmen.

50 Die Anwendung des § 30 ZVG wird somit in mehrfacher Hinsicht modifiziert. Diese Ansicht ist jedoch nicht überzeugend, da kein von der Rechtsordnung gebilligter Zweck ersichtlich ist, den eine solche einstweilige Einstellung erfüllen könne, sondern die einstweilige Einstellung stattdessen dazu benutzt werden kann, den Schuldner zu schädigen.[40]

2. Auf Antrag des Schuldners

51 Es besteht Einigkeit darüber, dass § 30a ZVG nicht anwendbar ist und somit keine einstweilige Einstellung auf Schuldnerantrag erfolgt. Allerdings kann unter ganz besonderen Umständen ausnahmsweise auf Schuldnerantrag eine Entscheidung nach 765a ZPO ergehen, wobei es sich wohl kaum jemals um eine einstweilige Einstellung, sondern um die Regulierung einer Einzelmaßnahme handeln wird.[41]

3. Einstweilige Einstellung als einstweiliger Vollstreckungsschutz

52 Eine einstweilige Einstellung kommt in Betracht, wenn das Prozessgericht (§ 775 Satz 2 ZPO) diese anordnet. Insoweit wäre auch eine vollstreckungsgerichtliche Entscheidung nach § 769 Abs. 2 ZPO denkbar. Angesicht des Umstandes, dass im Zwangsverwaltungsverfahren nur selten Maßnahmen anstehen, welche dringlich gestoppt werden müssen, wird eine einstweilige Einstellung nach § 775 Ziff. 4 u. 5 ZPO kaum notwendig werden.

53 Während der Dauer der vom Prozessgericht angeordneten einstweiligen Einstellung bleibt der Verwalter „im Amt". Er erledigt alle Verwaltungshandlungen und hat auch einen Anspruch auf eine Vergütung in dieser Zeit.[42] Lediglich die Zahlung an die betreibenden Gläubiger unterbleibt.

54 Eine einstweilige Einstellung kommt auch in Betracht, wenn ein Hindernis vorliegt, welches vom Gläubiger überwunden werden kann und noch überwunden werden

---

38) Böttcher/*Keller*, ZVG, § 146 Rz. 78 ff.; a. M. Stöber/*Drasdo*, ZVG, § 146 Rz. 60; Schneider-*Schmidberger*, ZVG, § 146 Rz. 107; *Haarmeyer/Hintzen*, § 146 ZVG Rz. 62; *Depré/Mayer*, § 1 Rz. 219 ff.

39) A. A. Böttcher/*Keller*, ZVG, § 146 Rz. 81: § 31 ZPO ist anwendbar.

40) Hierzu *Depré/Mayer*, § 1 Rz. 221 f.

41) BGH, 30.11.2008 – V ZB 31/08, Rpfleger 2009, 252 = ZfIR 2009, 147 mit Anm. *Schmidberger*, S. 149; Böttcher/*Keller*, ZVG, § 146 Rz. 75.

42) AG Chemnitz, Beschl. v. 2.4.2009 – 22 L 362/07, IGZInfo 2009, 146.

soll (§ 28 ZVG). In diesem Fall bedarf es ausnahmsweise keines Fortsetzungsantrages, sondern das Verfahren wird von Amts wegen fortgesetzt, wenn die fehlenden Unterlagen vorliegen, oder andernfalls nach Fristablauf aufgehoben.[43]

---

43) *Depré/Mayer*, § 1 Rz. 228.

§ 147

Eigenbesitz des Schuldners

(1) Wegen des Anspruchs aus einem eingetragenen Recht findet die Zwangsverwaltung auch dann statt, wenn die Voraussetzungen des § 17 Abs. 1 nicht vorliegen, der Schuldner aber das Grundstück im Eigenbesitz hat.

(2) Der Besitz ist durch Urkunden glaubhaft zu machen, sofern er nicht bei dem Gericht offenkundig ist.

Literatur: *Hawelka, Michael*, Die problematische Inbesitznahme bei der Zwangsverwaltung, ZfIR 2005, 14; *Schmidberger, Gerhard*, Der Eigenbesitz in der Zwangsverwaltung, § 872 BGB und § 147 ZVG in der Praxis, IGZInfo 2014, 51; *Schmidberger, Gerhard*, Titelerweiternde Klausel als Grundlage einer Vollstreckung, IGZInfo 2014, 172.

Übersicht

I. Allgemeines

Die Zwangsverwaltung richtet sich grundsätzlich gegen den Grundstückseigentümer; dieser muss gemäß § 146 Abs. 1 i. V. m. § 17 ZVG als Eigentümer im Grundbuch eingetragen bzw. dessen Erbe sein. Ausnahmsweise und unter besonderen Voraussetzungen des § 147 ZVG kann die Zwangsverwaltung aber auch gegen einen „Eigenbesitzer" angeordnet werden. 1

II. Voraussetzung der Zwangsverwaltung gegen den Eigenbesitzer

1. Eigenbesitzer als Vollstreckungsschuldner

Eigenbesitzer ist, wer das Grundstück im Sinne von § 872 BGB „als ihm gehörend" besitzt und die tatsächliche Gewalt wie ein Eigentümer ausübt, ohne schon Eigentümer zu sein. In Betracht kommt ein Käufer, welchem laut Kaufvertrag bereits der Besitz übertragen wurde, dessen Eintragung als Eigentümer sich aber verzögert, weil z. B. die Vermessung noch nicht erfolgt ist oder behördliche Genehmigungen fehlen. Unerheblich ist, ob bereits die Auflassung erklärt wurde. Ein weiterer Anwendungsfall wäre ein Erbe, der als solcher das Grundstück in Besitz genommen hat, aber sein Erbrecht noch nicht nachweisen kann. 2

Zur Anordnung der Zwangsverwaltung nach § 147 ZVG muss der Vollstreckungstitel gegen den Eigenbesitzer gerichtet sein; der Eigenbesitzer muss im Titel oder in 3 der Vollstreckungsklausel namentlich bezeichnet sein. Die Zustellung des Titels, der Klausel und ggf. weiterer Unterlagen müssen an den Eigenbesitzer erfolgt sein (§ 750 ZPO). Nicht zu beachten ist, wenn der eingetragene Eigentümer das eingetragene Recht bestreitet; er hat seine Einwendung im Klageweg nach § 771 ZPO vorzubringen.[1] Unabhängig hiervon ist das Vollstreckungsgericht bereits vor der Anordnung der Zwangsverwaltung zur Feststellung verpflichtet, ob in Abt. II des Grundbuchs ein dem Verfahren entgegenstehendes Recht eingetragen ist.[2]

2. Anspruch aus eingetragenem Recht

4 Die Anordnung darf nur aus einem im Grundbuch eingetragenen Recht, also einem Grundpfandrecht oder einer Reallast, erfolgen. Aus Ansprüchen der Rangklassen 1–3 (§ 10 Abs. 1 Nr. 1–3 ZVG) kann die Zwangsverwaltung gegen den Eigenbesitzer nicht angeordnet werden,[3] obwohl diese Ansprüche sonst wie dingliche Rechte behandelt werden.

5 Die Zwangsvollstreckung gegen den Eigenbesitzer setzt aber wie jede andere Vollstreckung einen Vollstreckungstitel (hier: Duldungstitel aus dem eingetragenen Recht) voraus. Dieser muss sich gegen den Eigenbesitzer richten, mit Vollstreckungsklausel versehen sein und dem Schuldner (= Eigenbesitzer) zugestellt worden sein (§ 750 ZPO). Hat der Gläubiger bereits einen solchen Titel gegen den **Eigentümer**, kommt eine Umschreibung der Vollstreckungsklausel nach § 727 ZPO in Betracht (sog. titelerweiternde Klausel).[4] Hierbei ist der Eigenbesitz durch öffentliche bzw. öffentlich beglaubigte Urkunden (z. B. notarieller Kaufvertrag) nachzuweisen, wenn er nicht beim Gericht offenkundig ist.[5] Die Zustellung der Klausel und der dieser zugrunde liegenden Urkunden ist gemäß § 750 Abs. 2 ZPO erforderlich.

6 Hat der Gläubiger des eingetragenen Rechts noch keinen Titel (z. B. Grundpfandrecht ohne Unterwerfungsklausel, Reallast), ist eine Klage auf Duldung der Zwangsvollstreckung erforderlich. Auch der Berechtigte einer Zwangshypothek, die gegen den Eigentümer eingetragen ist, kann grundsätzlich die Zwangsverwaltung gegen den Eigenbesitzer verlangen, allerdings kann er seinen persönlichen Titel nicht gegen diesen umschreiben lassen. Er ist auf eine Duldungsklage angewiesen.[6] § 867 Abs. 3 ZPO hat die Notwendigkeit eines Duldungstitels nur für die Zwangs**versteigerung** beseitigt.

---

1) BGH, Beschl. v. 19.3.2004 – IXa ZB 190/03, ZfIR 2004, 746 = Rpfleger 2004, 510; *Hawelka*, ZfIR, 2005, 14.

2) BGH, Urt. v. 15.10.2015 – IX ZR 44/15, NJW 2016, 497 = MDR 2016, 281 mit zust. Anm. *Schmidberger*, ZFIR 2016, 110 und Anm. *Zimmer*, NJW 2016, 497, der sich mit einem „abgestuften Pflichtenkatalog des Zwangsverwalters befasst.

3) BGH, Beschl. v. 23.9.2009 – V ZB 19/09, Rpfleger 2010, 37 = ZfIR 2009 = 829, IGZInfo 2010, 18.

4) BGH, Beschl. v. 24.2.2011 – V ZB 280/10, ZfIR 2011, 342 = Rpfleger 2011, 452; BGH, Beschl. v. 26.3.2014 – V ZB 140/13, NJW 2014, 1740 = MDR 2014, 709; Stöber/*Drasdo*, ZVG, § 147 Rz. 8.

5) Böttcher/*Keller*, ZVG, § 147 Rz. 5; Schneider/*Schmidberger*, ZVG, § 147 Rz. 13 ff., auch hinsichtlich mancher praktischen Schwierigkeit und mit Formulierungsvorschlag der entsprechenden Vollstreckungsklausel (Rz. 15).

6) *Depré/Mayer*, § 1 Rz. 35.

3. Glaubhaftmachung des Eigenbesitzes

7 Neben dem Duldungstitel gegen den Eigenbesitzer ist bei Antragstellung der Eigenbesitz auch durch Urkunden glaubhaft zu machen, wenn er nicht beim Gericht offenkundig ist (§ 147 Abs. 2). Hierzu reichen privatschriftliche Urkunden aus; eidesstattliche Versicherung scheidet jedoch aus.[7)] Nach der hier vertretenen Auffassung ist der Eigenbesitzer „Schuldner" i. S. d. § 149 ZVG.[8)]

4. Rechtsbehelfe

8 Wurde die Zwangsverwaltung gegen den Eigentümer (uneingeschränkt) angeordnet, weil dem Vollstreckungsgericht der Eigenbesitz eines Dritten nicht bekannt war, kann der Eigenbesitzer Klage nach § 771 ZPO erheben.[9)]

9 Bestreitet der Eigentümer den Eigenbesitz des Schuldners, kann er als Beteiligter Erinnerung gemäß § 766 ZPO einlegen, anschließend sofortige Beschwerde gemäß § 793 ZPO.[10)]

---

7) Stöber/*Drasdo*, ZVG, § 147 Rz. 10; Schneider/*Schmidberger*, ZVG, § 147 Rz. 20.

8) *Depré/Mayer*, § 1 Rz. 36; vgl. Böttcher/*Keller*, ZVG, § 147 Rz. 2 und 3.

9) Schneider/*Schmidberger*, ZVG, § 146 Rz. 98; Stöber/*Drasdo*, ZVG, § 147 Rz. 11 meint jedoch, dass dieser Klage wohl das Rechtsschutzinteresse fehlen würde; denn der Zwangsverwalter könne hier den Eigenbesitzer eigentlich gar nicht aus dem Besitz setzen.

10) Vgl. Stöber/*Drasdo*, ZVG, § 147 Rz. 13; er differenziert hier aber nochmals und führt Klage nach § 771 ZPO an, für den Fall, dass der Eigentümer das eingetragene Recht bestreitet und deshalb die Aufhebung des Verfahrens erreichen will; so auch Schneider/*Schmidberger*, ZVG, § 146 Rz. 99 und 100.

§ 148

Beschlagnahme des Grundstück und Umfang

(1) Die Beschlagnahme des Grundstücks umfaßt auch die im § 21 Abs. 1, 2 bezeichneten Gegenstände. Die Vorschrift des § 23 Abs. 1 Satz 2 findet keine Anwendung.

(2) Durch die Beschlagnahme wird dem Schuldner die Verwaltung und Benutzung des Grundstücks entzogen.

Literatur: *Eickmann, Dieter*, Temporäre Beschlagnahme- und Verfahrenswirkungen in der Zwangsvollstreckung, ZfIR 2003, 1021; *Mayer, Günter*, Zwangsverwaltung zwischen Zuschlag und Aufhebung, Rpfleger 1994, 101; *Mayer, Günter*, Zwangsverwaltung – Zuschlag und doch kein Ende, ZfIR 2013, 51; *Mayer, Günter*, Die Beschlagnahme in der Zwangsverwaltung, Rpfleger 2009, 287; *Ganter, Hans Gerhard*, Zur teleologischen Reduktion der Zwangsverwalterhaftung, ZfIR 2013, 305.

Übersicht

I. Allgemeines

1 Umfang und Wirkungen der Beschlagnahme sind im Zwangsverwaltungsverfahren im Vergleich zum Zwangsversteigerungsverfahren durch § 148 ZVG erweitert, um die Befriedigung des Gläubigers zu ermöglichen. Dem Schuldner wird die Verwaltung und Benutzung des Grundstücks vollständig entzogen (Ausnahme: § 149 Abs. 1, 3 ZVG). Während die Beschlagnahme zu Beginn alle ihre Wirkungen gleichzeitig entfaltet, ist es keineswegs erforderlich, dass alle ihre Wirkungen auch gleichzeitig zu Ende gehen.[1] Obwohl das „Verwaltungsrecht“ (§ 148 Abs. 2 ZVG) durch die Beschlagnahme des Grundstücks geschaffen wird, endet es nicht mit dieser Beschlagnahme, sondern bedarf zu seiner Beendigung einer konstruktiven Entscheidung. Eine solche liegt beispielsweise vor, wenn das Zwangsverwaltungsverfahren aufgehoben wird.[2]

II. Wesen der Beschlagnahme

2 Die Beschlagnahme des ZVG bewirkt keine einheitliche Rechtsfolge, sondern ist ein Sammelbegriff für verschiedene Wirkungen, insbesondere:

- ein relatives Veräußerungsverbot zugunsten des Gläubigers an den beschlagnahmten Sachen und Rechten i. S. d. §§ 135, 136 BGB;
- eine Aktivierung der Hypothekenhaftung des Grundstücks (§ 1113 BGB) und der Gegenstände des Haftungsverbandes (§§ 1120 ff. BGB), soweit die Beschlagnahme aus einem Grundpfandrecht betrieben wird;
- die Schaffung eines bisher nicht bestehenden Anspruchs auf Befriedigung aus dem Grundstück (bzw. aus seinen Erträgen), wenn die Beschlagnahme zugunsten eines persönlichen Gläubigers bewirkt wurde;
- den Entzug der Verwaltungs- und Benutzungsbefugnis des Schuldners (§ 148 Abs. 2 ZVG).

3 Die Beschlagnahme ist kein Pfandrecht im Sinne der ZPO, aber diesem so angenähert, dass zu ihrer Beschreibung auf die Normen verwiesen werden kann, die für das Pfandrecht entwickelt wurden.[3] Beschlagnahme ist also – ebenso wie das Pfandrecht – ein Rechtsverhältnis, das dazu dient, eine Forderung des Gläubigers zu befriedigen. Somit kann die Beschlagnahme ihrem Wesen nach nur Rechtsbeziehungen zwischen dem Gläubiger und dem Schuldner entfalten. Dritte sind daran nicht beteiligt. Soweit Dritte betroffen sind (z. B. durch das relative Veräußerungsverbot), handelt es sich lediglich um Abwehr-Rechte, welche nur dazu dienen, das durch die Beschlagnahme bewirkte Befriedigungsrecht des Gläubigers gegen Beeinträchtigung zu schützen.

---

1) *Eickmann*, ZfIR 2003, 121; *Mayer*, Rpfleger 1994, 101.
2) BGH, IGZInfo 2010, 126; BGH, Beschl. v. 18.10.2012 – V ZB 233/11 = NJW-RR 2013, 18 = Rpfleger 2013, 162 = IGZInfo 2013, 25; so auch *Mayer*, ZfIR 2013, 51, 53 zum Ende der Verwaltungsbefugnis nach Zuschlag im Zwangsversteigerungsverfahren.
3) *Eickmann*, ZfIR 2003, 1021.

III. Wirkungen der Beschlagnahme

Die Beschlagnahme zeigt zwei Wirkungen, die unbedingt unterschieden werden müssen: 4

- Sie schafft oder konkretisiert das Befriedigungsrecht des Gläubigers. Dies ist gewissermaßen die „materielle Wirkung“ der Beschlagnahme.
- Sie schafft ein selbstständiges Recht des Zwangsverwalters unter Ausschluss des Schuldners auf Besitz und Verwaltung des Grundbesitzes (§ 148 Abs. 2 ZVG). Auf dieser Beschlagnahme des Grundstücks und nicht etwa auf der Beschlagnahme der Erträge beruht das Einzugsrecht des Verwalters. Er ist nunmehr an Stelle des Schuldners berechtigt, alle auf das Grundstück bezogenen Forderungen einzuziehen, die bisher vom Schuldner einzuziehen waren. In Anlehnung an die Lehre vom Pfandrecht könnte man dieses Verwaltungsrecht als „Verstrickung“ bezeichnen.

Das Einzugsrecht des Zwangsverwalters richtet sich daher nicht danach, ob eine 5 Forderung beschlagnahmt ist oder nicht. Rechtsgrundlage für den Einzug ist nur das jeweilige bürgerlichrechtliche Rechtsverhältnis. Also hat der Verwalter nach erfolgtem Inkasso Geldbeträge in seiner Kasse, welche im materiellen Sinne beschlagnahmt sind und somit zum Zwecke des § 155 ZVG zur Verfügung stehen und solche, die nur verstrickt sind. Jetzt erst, wenn über die **weitere Verwendung** des Geldes zu entscheiden ist, kommt es auf die materielle Beschlagnahme an.[4)]

IV. Umfang der Beschlagnahme

1. Grundstücke und Bestandteile

Wie in der Versteigerungsbeschlagnahme erfasst die Beschlagnahme in der Zwangs- 6 verwaltung Grundstücke (§ 864 Abs. 1 ZPO), Grundstücksbruchteile, sofern es sich um Miteigentumsanteile handelt (§ 864 Abs. 2 ZPO), Wohnungs- und Teileigentum (§ 864 Abs. 2 ZPO, §§ 1, 6 WEG), Erbbaurecht und Wohnungserbbaurecht (§ 11 Abs. 1 ErbbauRG, § 864 Abs. 2 ZPO, §§ 1, 6 WEG). Erfasst werden außerdem wesentliche und nicht wesentliche Bestandteile (Verweis auf §§ 20, 21 ZVG) und alle zum Zeitpunkt des Wirksamwerdens der Beschlagnahme noch nicht getrennten land- und forstwirtschaftlichen Erzeugnisse.

2. Zubehör

Grundstückszubehör ist beschlagnahmt, wenn es dem Schuldner gehört (§ 20 Abs. 2 7 i. V. m. § 1120 BGB). Sieht ein Mietvertrag vor, dass für ein Zubehörstück (z. B. eine Einbauküche) eine separate Miete zu zahlen ist, unterliegt diese auch der Beschlagnahme und ist vom Verwalter einzuziehen.[5)]

4) Aktivlegitimierung des Zwangsverwalters und Beschlagnahmewirkung nach Aufhebung der ZV wegen Zuschlagserteilung vgl. KG, Urt. v. 20.12.2012 – 8 U 67/12, ZfIR 2013, 213 = Jurion RS 2012, 37479.

5) LG Hagen, Beschl. 11.2.1999 – 10 S 372/98, Rpfleger 1999, 341. Die Entscheidung kann wegen § 97 Abs. 1 Satz 2 BGB insoweit nicht verallgemeinert werden, als sie eine Einbauküche generell zum Zubehör erklärt, was gerade in Süddeutschland gerade nicht der Fall ist (siehe hierzu § 44 Rz. 9 [*Bachmann*]).

8 Ein Zubehörstück bleibt beschlagnahmt, auch wenn es nach der Beschlagnahme im Rahmen der ordnungsgemäßen Wirtschaft die Zubehöreigenschaft verliert, weil es hierzu nicht mehr tauglich ist. Ein untauglich gewordenes, aber immer noch beschlagnahmtes Zubehörstück darf der Verwalter veräußern, wenn es den Grundsätzen der ordnungsgemäßen Wirtschaft entspricht. Die Entscheidung bedarf seitens des Zwangsverwalters einer sorgfältigen Prüfung der Wirtschaftlichkeit; zur eigenen Absicherung sollte er vor dem Verkauf Schuldner und Gläubiger hören oder eine Weisung des Gerichts herbeiführen. In der Praxis wird der Zwangsverwalter auch nur dann zur Veräußerung schreiten, wenn die weitere Verwahrung des unbrauchbaren Gegenstandes nennenswerte Aufwendungen erfordern würde oder der Erlös für die Neuanschaffung von Zubehör benötigt wird.

9 Veräußert der Zwangsverwalter ein untauglich gewordenes Zubehörstück, darf er den Erlös weder für die Zwecke der Zwangsverwaltung (§ 155 Abs. 1 ZVG) verwenden, noch gemäß dem Teilungsplan auskehren (§ 155 Abs. 2 ZVG), weil ihm hierfür nur die Erträge, nicht aber die Substanz oder deren Surrogat zur Verfügung stehen. Der Erlös gebührt dem Schuldner, unterliegt jedoch während der Dauer der Zwangsverwaltung dem Verwaltungsrecht des Zwangsverwalters. Dieser hat ihn, falls der Betrag nicht zur Anschaffung neuen Zubehörs verwendet wird, verzinslich anzulegen und bis zur Aufhebung der Verwaltung für den Schuldner zu verwahren. Die Zinsen gehören zur Verwaltungsmasse.[6)]

3. Schlüssel und Urkunden

10 Beschlagnahmtes Zubehör sind auch die Schlüssel des Gebäudes, die der Verwalter durch einen Gerichtsvollzieher mit dem Anordnungsbeschluss (ohne Klausel) dem Schuldner wegnehmen lassen kann, falls dieser sie nicht freiwillig aushändigt.[7)] Sind dem Schuldner Wohnräume zu belassen, darf er die zur Benutzung notwendigen Schlüssel behalten. Ebenfalls Zubehör sind Baupläne.

11 Mietverträge und Versicherungsverträge (Policen) sind nach allgemeiner Meinung kein Zubehör, werden aber vom Verwalter dringend benötigt. Der Schuldner hat diese Unterlagen dem Verwalter herauszugeben.[8)] Bei Weigerung erfolgt die Wegnahme durch den Gerichtsvollzieher. Titel ist der Anordnungsbeschluss;[9)] einer besonderen Klausel bedarf es nicht.

4. Früchte

12 Die Erzeugnisse, die nach Beschlagnahme des Grundstücks geerntet (vom Grundstück getrennt) werden, sind beschlagnahmt, da sie zum Zeitpunkt der Beschlagnahme noch wesentliche Bestandteile waren. Die damals eingetretene Beschlagnahme endet jedoch mit der Ernte kraft Gesetzes, wenn diese Früchte durch die Ernte in das Eigentum eines anderen als des Eigentümers oder Eigenbesitzers (§§ 954–957 BGB) fallen. Insbesondere der Pächter darf also (§ 21 Abs. 3 ZVG) ernten und damit die

6) *Depré/Mayer*, § 1 Rz. 163.

7) LG Hamburg, Beschl. v. 10.12.2003 – 319 T 45/03, Rpfleger 2004, 304.

8) BGH, Beschl. v. 14.4.2005 – V ZB 6/05, Rpfleger 2005, 463 mit Anm. *Schmidtberger*; a. A. AG Siegburg, DGVZ 1998, 174.

9) OLG München, Beschl. v. 28.2.2002 – 5 W 3055/01, Rpfleger 2002, 373.

Beschlagnahme beenden, da die geernteten Früchte gemäß § 956 BGB mit der Ernte sein Eigentum werden.

Ausnahmsweise können noch nicht geerntete Früchte nach § 810 ZPO gepfändet werden, wenn sie noch nicht in der Zwangsversteigerung oder Zwangsverwaltung beschlagnahmt sind und die Pfändung nicht früher als einen Monat vor der üblichen Reife dieser Früchte erfolgt.[10] Gegen die Pfändung kann der Zwangsverwalter Vollstreckungserinnerung nach § 766 ZPO einlegen. Ist die Pfändung zulässig, muss sie der Verwalter gegen sich gelten lassen. 13

Bereits geerntete Früchte werden von der Beschlagnahme in der Zwangsverwaltung erfasst (§ 148 Abs. 1 Satz 1 ZVG), es sei denn, die Früchte wurden vorher veräußert und vom Grundstück entfernt (§ 1121 BGB, § 20 Abs. 2 ZVG) oder ohne Veräußerung – aber dauerhaft – vom Grundstück entfernt, also z. B. in ein fremdes Lagerhaus zum Zwecke des Verkaufs verbracht (§ 1122 BGB, § 20 Abs. 2 ZVG).[11] 14

5. Sachfrüchte und andere Erzeugnisse

Sachfrüchte (z. B. Jungtiere wie Ferkel, Kälber; Eier) werden von der Beschlagnahme erfasst. Die für die **Nachzucht** (z. B. Muttersau und Eber) oder die **Produktion** (z. B. Hühner, Bienen) benötigten Tiere sind aber Zubehör, also nur ganz ausnahmsweise zu veräußern. So können z. B. „legeunfähige“ Hühner, die nicht mehr Zubehör sind, aber der Beschlagnahme unterliegen, an den Schlachter veräußert werden, um mit dem Erlös neue, junge Hühner zu kaufen. 15

Andere Erzeugnisse wie z. B. **Bodenschätze** kann der Verwalter ausbeuten, wenn er dies für sachdienlich hält (§ 5 Abs. 1 ZwVwV), entweder in eigener Regie oder durch Verpachtung. 16

V. Miete und Pacht

Miete und Pacht gehören zum Haftungsverband der Hypothek (§ 1123 Abs. 1 BGB) und werden somit durch die Zwangsverwaltung beschlagnahmt (§ 20 Abs. 2 ZVG), soweit sie noch dem Haftungsverband unterstellt sind. Es ist für diese Wirkung gleichgültig, ob die Beschlagnahme zugunsten eines Grundpfandrechtes oder durch einen persönlichen Gläubiger erfolgte. Grundsätzlich scheiden Miet- und Pachtzins aus der Hypothekenhaftung aus, indem sie der Eigentümer vor der Beschlagnahme einzieht (§ 1124 BGB), durch eine ein Jahr oder länger zurückliegende Fälligkeit (§ 1123 Abs. 2 BGB), sofern die fällige Forderung noch nicht eingezogen ist, durch eine Vorausverfügung über diese Leistungen, auch im Wege der Zwangsvollstreckung, durch Trennung von Miet-/Pachtforderung und Eigentum (z. B. durch Zession der Miet-/Pachtforderung nach § 1124 Abs. 2 BGB oder Veräußerung des Grundstücks ohne Miet-/Pachtforderung) oder für den in § 1123 Abs. 2 BGB genannten Fälligkeitszeitraum nach Beschlagnahme, sofern die Leistung im Voraus fällig wird und noch nicht eingezogen ist. 17

---

10) *Depré/Mayer*, § 1 Rz. 173.

11) Zu den Folgen der Pfändung vor der Beschlagnahme siehe *Depré/Mayer*, § 1 Rz. 178 f.

1. Eingezogene Mieten

18 Die Beschlagnahme erfasst keine Mietforderungen, die der Eigentümer vor der Beschlagnahme eingezogen hat (§ 1124 BGB). Dies betrifft nicht nur die Zahlungen seitens des Mieters/Pächters, sondern jedes zulässige Erfüllungssurrogat.[12)] Ist die Mietforderung durch Einziehung des Schuldners aus der Hypothekenhaftung ausgeschieden, ist dies dem Verwalter gegenüber wirksam. Der Schuldner ist daher nicht verpflichtet, einen solchen bereits eingezogenen Betrag an den Verwalter herauszugeben. Zieht der Schuldner nach der Beschlagnahme Miete von einem gegenüber der Beschlagnahme gutgläubigen Mieter ein, so wird zwar der gutgläubige Mieter frei (§§ 22 Abs. 2, Satz 2, 146 ZVG). Dies betrifft aber nur das Rechtsverhältnis des Schuldners zum Mieter, nicht das Rechtsverhältnis des Gläubigers zum Schuldner, in dem die Beschlagnahme wirkt. Die später eingezogene Forderung wurde vor der Beschlagnahme nicht nach § 1124 BGB haftungsfrei und bleibt beschlagnahmt. Der Anspruch des Verwalters gegen den Schuldner oder Dritten auf Herausgabe des Geldes beruht auf seinem Verwaltungsrecht.[13)]

2. Im Voraus fällige Miete

19 Ist die Miete im Voraus zu entrichten, so ist sie nach § 1123 Abs. 2 Satz 2 BGB für den zur Zeit der Beschlagnahme laufenden Kalendermonat bzw. bei einer Beschlagnahme nach dem 15. Tag des Monats auch für den folgenden Kalendermonat nicht von der Beschlagnahme erfasst. War daher die Miete viertel-, halb- oder jährlich im Voraus fällig und wurde bezahlt, so ist sie für die vor der Beschlagnahme liegenden Monate wegen Einziehung und nach § 1123 Abs. 2 Satz 2 BGB für den bei der Beschlagnahme laufenden Monat aus der Beschlagnahme ausgeschieden. Die nach dem Zeitraum des § 1123 Abs. 2 Satz 2 BGB fällig werdenden Mietforderung sind beschlagnahmt und können vom Verwalter nochmals angefordert werden, soweit der Gläubiger nicht auf den Einzug verzichtet (§ 8 ZwVwV).[14)]

3. Rückständige Mieten

20 Rückständige Miet- und Pachtforderungen sind nicht beschlagnahmt, soweit ihre Fälligkeit ein Jahr oder länger zurückliegt (§ 1123 Abs. 2 BGB).[15)]

4. Vorausverfügung

21 Hat der Schuldner über die Miete/Pacht im Voraus verfügt, z. B. durch Abtretung, bestimmt § 1124 Abs. 1 BGB zunächst die Wirksamkeit dieser Vorausverfügung gegenüber der Hypothekenhaftung. Eine Verfügung im Wege der Zwangsvollstreckung (Pfändung) steht nach allgemeiner Ansicht einer rechtsgeschäftlichen Verfügung gleich. Die Beschlagnahme unterstellt aber diese Miete/Pacht für die Zukunft wieder der Hypothekenhaftung. Der Mietzinsanspruch gehört auch dann zum Haftungsverband eines Grundpfandrechtes, wenn dieses erst nach einer Abtretung

12) Zu Einzelheiten siehe Haarmeyer/*Hintzen*, § 8 ZwVwV Rz. 6.

13) *Depré/Mayer*, § 1 Rz. 192; a. M. BGH, Urt. v. 24.9.2009 – IX ZR 149/08, Rpfleger 2010, 38 = NJW-RR 2010, 17 = MDR 2009, 1413.

14) Ausführlich *Depré/Mayer*, § 1 Rz. 192 ff.

15) Böttcher/*Keller*, ZVG, § 148 Rz. 8.

oder Pfändung begründet worden ist. Dies gilt sogar dann, wenn die Abtretung/Pfändung zugunsten eines vorrangigen Grundpfandrechtes erfolgte.[16)]

Wurde in einem Mietvertrag auf unbestimmte Zeit vereinbart, dass der Mieter gegen eine Einmalzahlung überhaupt keine Miete mehr zahlen muss, gilt dies nicht als Vorausverfügung i. S. d. § 1124 BGB, so dass der Zwangsverwalter keine Zahlungen mehr fordern kann, wenn die Einmalzahlung vor der Beschlagnahme geleistet wurde. Diese gilt auch dann, wenn das Grundpfandrecht zum Zeitpunkt des Vertragsabschlusses bereits eingetragen war.[17)] Wurde jedoch eine Vorauszahlung für einen bestimmten Zeitabschnitt vereinbart, ist diese Vorauszahlung zeitanteilig in solche vor und nach der Beschlagnahme aufzuteilen.[18)] An den Nachweis der Wirksamkeit des Mietvertrags und der erbrachten Einmalzahlung sind strenge Anforderungen zu stellen, insbesondere wenn es sich um Verträge zwischen Familienangehörigen handelt. In diesem Fall kann die Vorlage des Vertrags im Original sowie ein ausreichender Nachweis der einmaligen Zahlung verlangt werden.[19)] 22

5. Miet-Nebenkosten

Die vom Verwalter eingezogenen Miet-Nebenkosten sind nicht beschlagnahmt, da sie nicht zur Befriedigung des Gläubigers dienen (also nicht nach § 155 ZVG verwendet[20)] werden dürfen).[21)] Das Inkassorecht des Zwangsverwalters beruht weder für die Miete noch für die Nebenkosten auf deren Beschlagnahme, sondern auf seiner von der Beschlagnahme des Grundstücks abgeleiteten Verwaltungsbefugnis. Diese Befugnis erlaubt ihm, die Gesamtzahlung beim Mieter aufgrund des einheitlichen Mietvertrages einzufordern und zwar ohne Rücksicht auf die Frage der Beschlagnahme, an welcher der Mieter ohnehin nicht beteiligt ist. 23

6. Untermietvertrag

Forderungen aus einem Untermietvertrag werden grundsätzlich nicht von der Beschlagnahme erfasst, da sie im Normalfall nicht dem Eigentümer (Schuldner), sondern 24

---

16) BGH, Urt. v. 9.6.2005 – IX ZR 160/04, Rpfleger 2005, 684 = ZIP 2005, 1452; mit zust. Anm. *Clemente*, ZfIR 2005, 653; OLG Frankfurt am Main, 23.2.2012 – 2 U 143/11, IGZInfo 2012, 151.

17) BGH, Urt. v. 25.4.2007 – VIII ZR 234/06, IGZInfo 2007, 104; BGH, Urt. v. 30.4.2014 – VIII ZR 103/13, MDR 2014, 889.

18) BGH, Urt. v. 30.4.2014 – VIII ZR 103/13, ZfIR 2014, 659 mit Anm. *Schmidberger*, S. 662 = MDR 2914, 889.

19) BGH, Urt. v. 21.9.2016 – VIII ZR 277/15, Rpfleger 2017, 169 = MDR 20165, 1373.

20) Die gegenteilige Ansicht des OLG Brandenburg, Urt. v. 2.3.2010 – 6 U 40/09, IGZInfo 2010, 139, 140 = Rpfleger 2010, 531, beruht offensichtlich auf der falschen Interpretation des Beschlagnahmebegriffes und hat keine Beachtung gefunden.

21) Im Ergebnis zutreffend BGH, Urt. v. 11.10.2007 – IX ZR 156/06, Rpfleger 2008, 89 = MDR 2008, 168; dazu *Mayer*, Rpfleger 2009, 287; zustimmend *Ganter*, ZfIR 2013, 305, 309; vgl. hierzu auch BGH, Beschl. v. 17.11.2011 – V ZB 34/11, Rpfleger 2012, 274 = MDR 2012, 139. Dort heißt es: „Der Anspruch auf Herausgabe eines Überschusses beruht darauf, dass die Vorauszahlungen des Mieters auf die Betriebskosten zweckgebundene Zahlungen sind. Der an die mietvertraglichen Bestimmungen gebundene Zwangsverwalter (§ 152 Abs. 2 ZVG) hat deshalb den seinen Aufwendungen überschießenden Betrag für eine Rückzahlung bereitzuhalten.“; a. A. Stöber/*Drasdo*, ZVG, § 148 Rz. 8; Böttcher/*Keller*, ZVG, § 148 Rz. 9; Schneider-*Schmidberger*, ZVG, § 148 Rz. 20.

einem Dritten (Hauptmieter) zustehen. Steht die Untermiete aber ausnahmsweise dem Eigentümer (Schuldner) zu, z. B. weil der Hauptmietvertrag unwirksam ist, erfasst die Beschlagnahme auch die Untermiete.[22)]

7. Wiederkehrende Leistungen

25 Die vorgenannten Regeln gelten auch bezüglich wiederkehrender Leistungen, die nicht als Miete/Pacht, sondern aus einem „subjektiv dinglichen Recht" (§ 1126 BGB, z. B. Reallast, Grunddienstbarkeiten, Überbau- und Notwegerecht, Jagdrecht) geschuldet sind. Die Schutzfrist beträgt gemäß § 1126 Satz 2 BGB drei Monate. Ein Nießbrauch am Grundstück ist nach h. M. eine Verfügung über das Grundstück, nicht über die Miete/Pacht, so dass die vorgenannten Vorschriften keine Anwendung finden.

26 Der Hypothekenhaftung unterliegen grundsätzlich nur Miet- und Pachtzinsen, nicht hingegen das Nießbrauchsentgelt. Soweit Zahlungen des Mieters/Nießbrauchsberechtigten an den Zwangsverwalter als „Miete" gekennzeichnet sind, unterliegen sie jedoch der Beschlagnahme und können deshalb nicht zurückgefordert werden.[23)]

---

22) BGH, Urt. v. 4.2.2005 – V ZR 294/03, Rpfleger 2005, 323 = MDR 2005, 773; BGH, Urt. v. 29.6.2006 – IX ZR 119/04, Rpfleger 2006, 614 = MDR 2007, 363; BGH, Beschl. v. 7.7.2011 – V ZB 9/11, Rpfleger 2012, 39 = MDR 2011, 1263; vgl. Stöber/*Drasdo*, ZVG § 148 Rz. 15.

23) OLG Schleswig, Urt. v. 8.12.2016 – 7 U 47/15, ZfIR 2017, 287 mit Anm. *Schmidberger*.

§ 149
Wohnräume und Unterhalt des Schuldners

(1) Wohnt der Schuldner zur Zeit der Beschlagnahme auf dem Grundstück, so sind ihm die für seinen Hausstand unentbehrlichen Räume zu belassen.

(2) Gefährdet der Schuldner oder ein Mitglied seines Hausstandes das Grundstück oder die Verwaltung, so hat auf Antrag das Gericht dem Schuldner die Räumung des Grundstücks aufzugeben.

(3) Bei der Zwangsverwaltung eines landwirtschaftlichen, forstwirtschaftlichen oder gärtnerischen Grundstücks hat der Zwangsverwalter aus den Erträgnissen des Grundstücks oder aus deren Erlös dem Schuldner die Mittel zur Verfügung zu stellen, die zur Befriedigung seiner und seiner Familie notwendigen Bedürfnisse erforderlich sind. Im Streitfall entscheidet das Vollstreckungsgericht nach Anhörung des Gläubigers, des Schuldners und des Zwangsverwalters. Der Beschluß unterliegt der sofortigen Beschwerde.

Literatur: *Keller, Ulrich*, Aktuelle Rechtsprechung zur Zwangsverwaltung im Jahre 2016, ZfIR 2017, 297.

Übersicht

I. Wohnrecht des Schuldners

1. Umfang des Wohnrechts

Wohnt der Schuldner im Verwaltungsobjekt, d. h. hat er unmittelbaren Besitz, so ist ihm die Wohnung ohne Nutzungsentgelt zu belassen (§ 5 Abs. 2 ZwVwV). Der Schuldner hat Anspruch auf die für sich und seinen Hausstand unentbehrlichen Räume. Das muss nicht zwingend die Wohnung sein, die er bisher bereits bewohnt. Er muss sich einen Umzug in Räume im gleichen Objekt gefallen lassen,[1] die für ihn genügen und eine bessere Vermietung des Restes ermöglichen. Vor einer solchen Anordnung sollte der Gläubiger gehört und auch die Zustimmung des Gerichts eingeholt werden. Das „Umsetzen“ erfolgt notfalls zwangsweise durch einen vom Verwalter beauftragten Gerichtsvollzieher. 1

Der Schuldner darf nur neu ins Objekt einziehen, wenn seine Familie zum Zeitpunkt der Beschlagnahme dort bereits wohnte. Es dürfen keine Räume an Dritte überlassen werden. Hat der Schuldner Räume vermietet, tritt der Verwalter in den Mietvertrag ein. Soweit nicht beschlagnahmte bewegliche Sachen mitvermietet sind (Möbel), muss der Verwalter dem Schuldner einen Teil der Miete hierfür belassen. Dieser Teil wäre auch für Dritte pfändbar. 2

Obwohl sich das Wohnrecht vom Schuldner ableitet, kann sich ein Mitglied des Hausstandes selbstständig auf dieses Wohnrecht berufen, soweit es einen entsprechenden Besitzwillen hat[2] und es tatsächlich zum Zeitpunkt der Beschlagnahme Mitglied des schuldnerischen Hausstandes war. Dies gilt auch dann, wenn der Schuldner zu diesem Zeitpunkt nicht mehr selbst in der bisherigen Wohnung lebte (z. B. im Pflegeheim ist) und dorthin wohl auch nicht mehr zurückkehren wird. Die Wohnung bleibt im Besitz des Mitglieds des Hausstandes Schuldnerwohnung i. S. d. § 149 Abs. 1 ZVG. Somit kann keine Räumung mit dem Anordnungsbeschluss erfolgen. Es bedarf eines Vollstreckungstitels, der in einem Erkenntnisverfahren zu erwirken ist. 3

2. Grenzen des Wohnrechts

Der Schuldner verliert entschädigungslos sein Wohnrecht, wenn er den Besitz aufgibt und auszieht, ohne Zustimmung des Verwalters mit einem Mieter Räume tauscht oder das Grundstück veräußert, wobei der Erwerber kein neues Wohnrecht erwirbt.[3] Dies gilt auch dann, wenn der Schuldner das Objekt wieder zurückmietet; denn er besitzt dann die angemieteten Räume nicht aufgrund seines Eigentums als Eigenbesitzer, sondern aufgrund des Mietvertrags (bzw. Untermietvertrags) als Fremdbesitzer.[4] Das Wohnrecht nach Abs. 1 kommt also nur dann in Betracht, wenn 4

---

1) Ausführlich zur Frage des evtl. Wohnungstausches *Haarmeyer/Hintzen*, § 149 ZVG Rz. 5; zum Umzug in kleinere Räume vgl. BGH, Urt. v. 16.5.2013 – IX ZR 224/12, NJW-RR 2013, 1097 = ZfIR 2013, 740 mit Anm. *Depré*; Böttcher/*Keller*, ZVG § 149 Rz. 2b; etwas kritischer Stöber/*Drasdo*, ZVG § 149 Rz. 12 ff.; ablehnend Schneider-*Schmidberger*, ZVG, § 149 Rz. 13a.

2) LG Heilbronn, Beschl. v. 29.9.2004 – 1 T 308/04, Rpfleger 2005, 154; OLG Brandenburg, 15.8.2012, 3 U 128/11, IGZinfo 2012, 191 = ZfIR 2012, 797 mit Anm. *Engels*.

3) BGH, Urt. v. 13.7.1995 – IX ZR 81/94, BGHZ, 130, 314 = NJW 1995, 2846; BGH, Urt. v. 16.5.2013 – IX ZR 224/12, ZfIR 2013, 740 mit Anm. *Depré*, S. 743.

4) BGH, Urt. v. 21.4.2016 – IX ZR 72/14, ZfIR 2016, 581 = Rpfleger 2016, 598; vgl. auch BGH, Urt. v. 6.7.2017 – IX ZR 271/16, openJur 2018, 3118.

der Vollstreckungsschuldner und Eigentümer beim Wirksamwerden der Beschlagnahme im Beschlagnahmeobjekt wohnt.[5)] Soweit ein Wohnrecht des Schuldners bestand, können die bisherigen Mitglieder des Hausstandes auch nach dem Tod des Schuldners weiterwohnen. Dieses Recht wird man heute allen Mitgliedern des Hausstandes zubilligen müssen, die nach § 563 BGB berechtigt sind, in einen Mietvertrag einzutreten. Erben, die bisher nicht beim Schuldner wohnten (vgl. § 564 BGB), haben kein Wohnrecht an der Schuldner-Wohnung.

5 Eine juristische Person als Schuldner kann keine „Wohnung" haben. Ihre Räume sind immer Geschäftsräume. Der Geschäftsführer der juristischen Person, die Schuldner ist, hat keinen Anspruch auf unentgeltliche Nutzung von Räumen, auch wenn er zum Zeitpunkt der Beschlagnahme auf dem Grundstück wohnte.

6 Ein Wohnrecht kann nur in Gebäuden anerkannt werden, die nach Baugenehmigung und Nutzungsart zum Wohnen bestimmt sind und in denen das Wohnen nicht durch die Bauordnung untersagt ist. In einem reinen Gewerbeobjekt kann daher weder dem Schuldner noch seinen Angehörigen eine Schuldnerwohnung belassen werden.[6)]

3. Nebenkosten

7 Die Unentgeltlichkeit bezieht sich nur auf die Nutzung der Räume, nicht aber auf die Betriebskosten (Wasser, Strom, Gas, Heizung etc.). Diese hat der Schuldner an den Verwalter zu zahlen, soweit nicht die direkte Zahlung des Schuldners an den Versorger anderweitig gewährleistet ist. Sind auch Räume vermietet, hat der Verwalter durch geeignete Vereinbarungen oder Maßnahmen (Zwischenzähler, soweit technisch möglich und wirtschaftlich sinnvoll) dafür Sorge zu tragen, dass der Schuldner die anteiligen Kosten zahlt. Andernfalls muss Abrechnung nach dem Maßstab erfolgen, welcher für die vermieteten Räume aufgestellt wurde, notfalls nach den allgemeinen Regeln.

4. Unentbehrliche Räume

8 Dem Schuldner sind nur die unentbehrlichen Räume zu belassen. Entbehrliche Räume kann der Schuldner nur gegen die Vereinbarung eines Nutzungsentgelts nutzen. Zahlt der Schuldner kein Nutzungsentgelt, sollte der Zwangsverwalter dem Schuldner die Räumung entbehrlicher Räume aufgeben, auch wenn es keine Möglichkeit gibt, diese Räume irgendwie anderweitig zu vermieten. Verweigert der Schuldner sowohl die Räumung als auch die für ihn bezahlbare Nutzungsentschädigung, kann dies als Gefährdung der Verwaltung zur Begründung eines Antrags nach § 149 Abs. 2 ZVG genügen.[7)]

5. Entzug des Wohnrechts

9 Das Vollstreckungsgericht kann die Räumung der Schuldnerwohnung anordnen, wenn er oder ein Mitglied seines Hausstandes das Grundstück oder die ordnungs-

---

5) *Keller*, ZfIR 2017, 297, 303.
6) AG Dülmen, Beschl. v. 16.4.2007 – 7 M 231/07, Rpfleger 2007, 494.
7) Ausführlich *Depré/Mayer*, § 2 Rz. 583 ff.; zur Kollision Zwangsverwaltung – Insolvenzverwaltung siehe auch *Zipperer*, ZfIR 2011, 385.

gemäße Verwaltung gefährdet. Das BVerfG hat diese Vorschrift als verfassungskonform angesehen, wenn das Verfahren auf Vollstreckung einer Geldforderung gerichtet ist und nicht nur zu einem Nebenzweck dient, der Schuldner immer noch nachhaltig das Ergebnis der Vollstreckung gefährdet und keine milderen Mittel (z. B. § 25 ZVG) den gewünschten Erfolg herbeiführen können.[8] Dabei kann und muss das Vollstreckungsgericht auf früheres Fehlverhalten zurückgreifen, wenn die Gefährdung immer noch besteht. Das BVerfG hat als solches Fehlverhalten ausdrücklich die Nichtzahlung der Nebenkosten genannt und somit anerkannt, dass deren Verlangen durch den Zwangsverwalter jedenfalls nicht verfassungswidrig ist.

An die formalen Voraussetzungen sind hohe Anforderungen zu stellen, die in den 10 Gründen des Beschlusses ihren Niederschlag finden müssen. Eine solche Entscheidung sollte nicht ohne mündliche Verhandlung ergehen. Der Beschluss des Gerichts ist Vollstreckungstitel. Er bedarf weder einer Klausel noch der erneuten Zustellung. Vollstreckt wird durch den Gerichtsvollzieher im Auftrag des Verwalters.[9]

Da eine solche Entscheidung keinesfalls ohne Anhörung von Gläubiger und Schuld- 11 ner ergehen kann, ist sie mit sofortiger Beschwerde anfechtbar. Der Verwalter hat keinen Rechtsbehelf, auch gegen die Ablehnung seines Antrags, da er an die rechtlichen Anweisungen des Gerichts gebunden ist. Die Rechtskraft des gerichtlichen Beschlusses sollte abgewartet werden, wenn keine besondere Dringlichkeit vorliegt. § 721 ZPO ist nicht anwendbar. Räumungsschutz nach § 765a ZPO ist aber möglich, z. B. wegen Gesundheitsgefährdung oder Selbstmordgefahr für sich oder einen Angehörigen.[10]

Räumungsgründe sind zunächst alle Gründe (außer Mietrückstand), die nach der 12 Rechtsprechung einen Vermieter zur fristlosen Kündigung berechtigen würden. Wegen der Besonderheiten der Zwangsverwaltung genügt jedoch auch anderes Missverhalten, insbesondere: massiver Widerstand bei der Besitzergreifung, Abschreckung oder gar Bedrohung der Mietinteressenten, die der Verwalter bringt; Einziehen von Mieten; schuldhaftes Nichtzahlen der Nebenkosten (sehr strittig);[11] Verwahrlosung

8) BVerfG, Beschl. v. 7.1.2009 – 1 BvR 312/08, Rpfleger 2009, 329 = NJW 2009. 329; Anm. hierzu von *Bergsdorf*, ZfIR 2009, 430.

9) *Depré/Mayer*, § 2 Rz. 589.

10) BGH, Beschl. v. 20.11.2008 – V ZB 31/08, Rpfleger 2009, 252; *Depré/Mayer*, § 2 Rz. 591 m. w. N.

11) Nach BGH, Beschl. v. 24.1.2008 – V ZB 99/07, Rpfleger 2008, 268 = ZfIR 2008, 342, soll die Nichtleistung von Hausgeld oder von sonstigen Betriebskosten durch den Schuldner kein Grund für die Räumung sein; so jetzt wohl auch Stöber/*Drasdo*, ZVG, § 149 Rz. 82 ff., insbesondere Rz 87; Dassler/Schiffhauer/u. a.-*Engels*, ZVG, § 149 Rz. 12.1 – 12.8; sehr differenziert auch Schneider-*Schmidberger*, ZVG § 149 Rz. 34 – 40; a. A. z. B. AG Heilbronn, Beschl. v. 1.9.2003 – 1 L 7/03, Rpfleger 2004, 236; LG Leipzig, Beschl. v. 12.2.2009 – 3 T 1126/08, Rpfleger 2009, 337; *Depré/Mayer*, § 2 Rz. 580. Um diesen Streit zu beenden, schlagen *Böttcher/Keller/Schneider/Beeneken*, Das ZVG auf dem Prüfstand, S. 375, vor, § 149 Abs. 2 um folgenden Satz 2 zu ergänzen: „Gleiches gilt, wenn er die laufenden Kosten der Bewirtschaftung nicht entrichtet, es sei denn, das ihm dies nach seinen Vermögens- und Einkommensverhältnissen nicht möglich ist." Ähnlich nun auch Böttcher/*Keller*, ZVG § 149 Rz. 7b. Siehe auch LG Schwerin, Beschl. v. 11.3.2013 – 5 T 227/12, ZfIR 2013, 745: Räumung des Objekts bei Verweigerung des Zutritts durch Zwangsverwalter, mit ablehnender Anm. *Schmidberger*.

der überlassenen Räume; permanente Belästigung der Mieter. Schuldhaftes, wenn auch nicht unbedingt vorsätzliches Verhalten muss vorliegen, wobei der Schuldner für das schuldhafte Verhalten seiner Hausgenossen auch ohne eigene Schuld einstehen muss. Der Vorsatz muss sich nicht darauf erstrecken, das Grundstück oder die Verwaltung zu gefährden.

II. Unterhalt

13 Außer der vorgenannten Überlassung der unentbehrlichen Räume hat der Schuldner in der Zwangsverwaltung grundsätzlich keinen Anspruch auf Unterhalt aus der Masse.[12] Ausgenommen sind lediglich Naturallieferungen bzw. Zahlungen aus den Erträgen eines landwirtschaftlich, forstwirtschaftlich oder gärtnerisch genutzten Grundstücks für die notwendigen Bedürfnisse.

14 Erforderlich ist, dass die Nutzung zumindest die hierfür erforderlichen Früchte bringt. Die Leistungen gebühren dem Schuldner auch, wenn er nicht zum Verwalter bestellt wurde und kein Wohnrecht nach § 149 Abs. 2 ZVG hat. Es erscheint jedoch unbillig, dass die Anspruchsgrundlagen in § 149 Abs. 3 ZVG und § 150e ZVG trotz verschiedener Leistungen des Schuldners gleichen Umfang der Leistungen erbringen sollen. Dem Schuldner als Zwangsverwalter, zumal wenn er das Grundstück selbst bewirtschaftet, wäre mehr zu belassen, als jenem, der evtl. sogar wegen Fehlverhaltens gemäß § 149 Abs. 2 ZVG vom Grundstück entfernt wurde.[13]

15 Anders als im Insolvenzverfahren (§ 36 Abs. 1 Satz 2 InsO) enthält das ZVG keine Regelung, aus der sich ergibt, dass Pfändungsschutzvorschriften der ZPO im Zwangsverwaltungsverfahren entsprechend anzuwenden sind. Vielmehr sind § 149 Abs. 3 und § 150e ZVG spezielle Vorschriften, wonach der Schuldner nur bei der Zwangsverwaltung eines landwirtschaftlichen, forstwirtschaftlichen oder gärtnerischen Grundstücks einen Anspruch auf Überlassung von Erträgnissen des Grundstücks hat. Dass § 850i ZPO in § 149 Abs. 3 ZVG nicht erwähnt ist, beruht nicht auf einem Versehen des Gesetzgebers. Deshalb kommt auch eine analoge Anwendung des § 850i ZPO nicht in Betracht.[14]

---

12) LG Saarbrücken, Beschl. v. 9.12.1994 – 5 T 697/94, Rpfleger 1995, 265; Böttcher/*Keller*, ZVG, § 149 Rz. 12.

13) *Depré/Mayer*, § 2 Rz. 595.

14) BGH, Beschl. v. 10.10.2019 – V ZB 154/18, Rpfleger 2020, 95 = MDR 2020, 121.

§ 150

Bestellung des Verwalters und Übergabe des Grundstücks

(1) Der Verwalter wird von dem Gericht bestellt.

(2) Das Gericht hat dem Verwalter durch einen Gerichtsvollzieher oder durch einen sonstigen Beamten das Grundstück zu übergeben oder ihm die Ermächtigung zu erteilen, sich selbst den Besitz zu verschaffen.

Literatur: *Brandau/Stroh/Kersten*, Die Auswahl des Zwangsverwalters, IGZInfo, 2014, 168; *Bund Deutscher Rechtspfleger*, Rechtspflegerblatt 2003, 21; *Depré*, Die Auswahl der

Person des Zwangsverwalters – Grundrechtsschutz auf Kosten der Gläubiger?, ZfIR 2006, 565; *Neubert, Klaus*, Das Hannoveraner Modell zur Verwalterauswahl, ZinsO 2010, 73; *Hintzen, Udo*, Zwangsverwaltung – Rechtsprechung und Tendenzen in 2009, IGZInfo 2010, 55; *Sessig/Fischer*, IGZInfo 2012, 11.

Übersicht

I. Allgemeines

1 Der Verwalter wird vom Gericht ausgewählt. Hierbei ist es grundsätzlich an Wünsche und Vorschläge des Gläubigers nicht gebunden (Ausnahme: § 150a ZVG).

II. Die Person des Verwalters

2 Immer schwierigere und haftungsträchtigere Verfahren und entsprechend höhere Anforderungen an die Qualifikation des Zwangsverwalters erfordern eine steigende Sorgfalt bei dessen Auswahl. Neben der ohnehin zu fordernden Sachkunde soll es sich um eine unabhängige, sozial kompetente Persönlichkeit handeln, die in der Lage ist, das Amt interessengerecht zu führen, und die bei den Betroffenen (Gläubigerbanken, Gemeinden, Energieversorgern, WEG-Verwaltern, Mietern etc.) die erforderliche Akzeptanz erfährt. Nach § 1 Abs. 2 ZwVwV muss es sich bei dem Zwangsverwalter um eine natürliche Person handeln. Juristische Personen dürfen nicht bestellt werden. Der Verwalter muss geschäftskundig sein, also wirtschaftliche und steuerliche Grundkenntnisse haben und er muss eine zur Führung der Verwaltung ausreichende Büroausstattung besitzen.[1] Allerdings übersteigt der Verordnungsgeber mit der Vorgabe von Auswahlkriterien seine ihm in § 152a ZVG übertragenen Befugnisse, so dass die freie Auswahl unberührt bleibt.[2]

3 Das ungerechtfertigte Führen eines akademischen Titels spricht gegen das Erfüllen der charakterlichen und persönlichen Anforderungen, die an einen Zwangsverwalter zu stellen sind.[3] Auch ein amtierender Rechtspfleger, der selbst Zwangsverwaltungsverfahren bearbeitet, ist von der Bestellung ausgeschlossen.[4]

III. Die Auswahl des Zwangsverwalters

4 Zuständig für Auswahl und Bestellung des Zwangsverwalters ist das Vollstreckungsgericht. Die entsprechende Entscheidung stellt nach mittlerweile h. M. einen Jus-

---

1) Zu den Auswahlkriterien auch OLG Koblenz, Beschl. v. 27.6.2005 – 12 VA 1/05, ZInsO 2005, 1174 mit Anm. *Förster* = Rpfleger 2005, 618 it. Anm. *Kirsch*; OLG Frankfurt, Beschl. v. 29.1.2008 – 20 VA 9/07, Rpfleger 2009, 102; *Depré*, ZfIR 2006, 565.

2) So zutreffend die Stellungnahme des Bundes Deutscher Rechtspfleger, abgedruckt im „Rechtspflegerblatt" 2003, 21; *Depré/Mayer*, § 1 Rz. 81; a. A. offenbar *Böttcher/Keller/Schneider/Beeneken*, Das ZVG auf dem Prüfstand, S. 386. Allerdings schlagen auch diese vor, das Anforderungsprofil des § 1 Abs. 2 ZwVwV in § 150 Abs. 1 ZVG zu übernehmen und damit in Gesetzesrang zu erheben.

3) BGH, Beschl. v. 23.9.2009 – V ZB 90/09, NJW-RR 2009, 1710.

4) BGH, Beschl. v. 22.10.2009 – V ZB 77/09, ZfIR 2010, 133.

tizverwaltungsakt dar. Für Fehler in diesem Bereich kommen deshalb nicht die Rechtsbehelfe der ZPO in Betracht; jedoch kann das Verfahren nach §§ 23 ff. EGGVG überprüft werden.[5] Das BVerfG billigt dem Rechtspfleger bei der Auswahl des Verwalters ein Auswahlermessen zu, das er pflichtgemäß, also nicht nach freiem Belieben, ausüben muss.[6] Auch geeignete Bewerber haben keinen Anspruch dahingehend, dass sie ohne Rücksicht auf die Umstände eines Einzelfalles[7] ständig oder anteilsmäßige Berücksichtigung finden.[8] Rechtsschutz wird einem Bewerber allenfalls im konkreten Einzelfall gewährt, nicht aber für einen Anspruch auf eine generelle grundsätzliche Berücksichtigung. Der nicht berücksichtigte Bewerber kann also nur überprüfen lassen, ob das bestellende Gericht das ihm zustehende Ermessen pflichtgemäß ausgeübt hat; aber auch dadurch kann er sich keinen (unmittelbaren) Anspruch auf Bestellung verschaffen; in Betracht kämen allenfalls Amtshaftungsansprüche.

IV. Bestellungsbeschluss

5 Die Bestellung des Zwangsverwalters erfolgt im Anordnungsbeschluss. Zusammen mit der Bestellung ist anzuordnen, wie der Verwalter in den Besitz des zu verwaltenden Objektes gelangen soll. In Betracht kommt die Beschaffung des Besitzes durch einen Gerichtsvollzieher oder aber die Ermächtigung, sich selbst den Besitz zu verschaffen. Eine Anhörung des Schuldners vor der Anordnung findet nicht statt. Es soll damit verhindert werden, dass dieser noch rasch eine Verfügung trifft, die zum Nachteil des Gläubigers zugunsten eines gutgläubigen Dritten wirksam sein könnte.

V. Übergabe des Grundstücks (§ 150 Abs. 2 ZVG)

6 Zwar sieht § 150 Abs. 2 ZVG vor, dass der Verwalter in den Besitz des Grundstücks durch einen Beamten oder Gerichtsvollzieher eingewiesen werden kann; die Erlaubnis, sich selbst den Besitz zu verschaffen, ist jedoch in der Praxis allgemein üblich. Für die Ergreifung des Besitzes kommt es zunächst darauf an, ob der Schuldner unmittelbarer oder nur mittelbarer Besitzer ist. Hat der Schuldner überhaupt keinen Besitz, kann sich auch der Verwalter den Besitz nicht verschaffen.[9] Soweit die Zwangsverwaltung nicht gegen den Eigenbesitzer (§ 147 ZVG) angeordnet werden

5) BGH, Urt. v. 28.6.2012 – IV AR (VZ) 2/12, ZinsO 2012, 1982.

6) BVerfG, Beschl. v. 15.2.2010 – 1 BvR 285/10, Rpfleger 2010, 436 = ZfIR 2010, 335 = IGZInfo 2010, 106; BGH, 28.6.2012 – IV AR (VZ) 2/12, IGZinfo 2012, 133 = ZIP 2012, 2125 = ZfIR 2012, 885; vgl. auch BGH, Beschl. v. 18.7.2013 – V ZB 29/12, Rpfleger 2014, 34 = ZfIR 2013, 876.

7) Zu den „Umständen des Einzelfalles" und das sog. „Hannoveraner Modell" *Neubert*, ZInsO 2010, 73.

8) Zum Erfordernis einer Vorauswahlliste u. a. OLG Hamm, 27.9.2012 – 15 VA 7/12, ZfIR 2012, 36 = Rpfleger 2013, 163; OLG Frankfurt, Beschl. v. 11.9.2013 – 20 VA 3/11, Jurion RS 2013, 61974; vgl. auch für die Auswahl eines Insolvenzverwalters BGH, Beschl. v. 17.3.2016 – IX AR (VZ) 1/15, ZIP 2016, 876 = MDR 2016, 732; ähnlich Böttcher/*Keller*, ZVG, § 150 Rz. 3b. Nach Stöber/*Drasdo*, ZVG, § 150 Rz. 81, ist eine Verpflichtung des Vollstreckungsgerichts zur Führung einer offenen Bewerberliste weder bestimmt noch sachgerecht. So auch Schneider-*Schmidberger*, ZVG, § 150 Rz. 7.

9) BGH, Urt. v. 26.9.1985 – IX ZR 88/84, Rpfleger 1986, 26 = NJW 1986, 2438; BGH, Urt. v. 18.12.2015 – V ZR 191/14, NZI 2016, 4125 = MDR 2016, 298 mit Anm. *Engels*, ZfIR 2016, 282.

kann, obliegt es dem Gläubiger, nicht dem Zwangsverwalter, durch Pfändung des etwaigen Schuldneranspruchs auf Besitzverschaffung und Klage gegen den besitzenden Dritten auf Übertragung des Besitzes auf den Schuldner die Voraussetzungen für die Anordnung der Zwangsverwaltung zu schaffen.

Umstritten ist, ob der Zwangsverwalter persönlich handeln muss, um den unmittelbaren Besitz des Objektes zu ergreifen. Nach der hier vertretenen Auffassung erfordert § 1 Abs. 3 ZwVwV persönliches Handeln, zumal der Zwangsverwalter über die Besitzergreifung, die ein Realakt ist, einen Bericht zu erstatten hat (§ 3 ZwVwV), den er nach allgemeiner Meinung nicht delegieren kann. Er müsste also über ein reales Geschehen berichten, das er nicht selbst wahrgenommen hat. Trotz des Trends zum „Delegationsbetrieb“[10)] kann die Ergreifung des unmittelbaren Besitzes nicht delegiert werden.[11)] Die Kenntnis des Objektes aus eigener Anschauung ist außerdem Grundlage einer guten Verwaltung, weshalb ein Zwangsverwalter die Besitzergreifung auch dann persönlich vornehmen sollte, wenn die Rechtslehre künftig eine Delegation billigt. Der Verwalter muss sich auch dann einen persönlichen Eindruck verschaffen, wenn er einen großen Besitz betreut und eine weite Anfahrt erforderlich ist. Das Delegationsrecht wird überschritten und der Verwalter seiner Verantwortung nicht gerecht, wenn er das Objekt überhaupt nicht kennt und die gesamte Verwaltung einem Mitarbeiter überlässt, der es für ihn in Besitz genommen hat (siehe § 152 Rz. 4 [*Depré*]).[12)] 7

Wird dem Verwalter nur der mittelbare Besitz übertragen (§ 868 BGB), kann er sich vertreten lassen. Die Verständigung der Mieter etc. kann ein qualifizierter Mitarbeiter übernehmen. 8

1. Unmittelbarer Besitz des Schuldners

Ist der Schuldner unmittelbarer Besitzer, wird der Verwalter durch die Besitzübergabe unmittelbarer Besitzer, der Schuldner wird mittelbarer Eigenbesitzer (§§ 868, 872 BGB). 9

Übergibt der Schuldner den Besitz nicht freiwillig, so ist der Beschluss über die Anordnung der Zwangsverwaltung mit Zustellungsvermerk zusammen mit der Ermächtigung nach § 150 Abs. 2 ZVG Vollstreckungstitel gegen den Schuldner, mit dem ohne Klausel[13)] und erneute Zustellung im Auftrag des Verwalters ein Gerichtsvollzieher den Schuldner gemäß § 885 Abs. 1 ZPO aus dem Besitz setzen und den Zwangsverwalter in den Besitz einzusetzen hat. Dies kann z. B. dadurch entstehen, dass der Gerichtsvollzieher die vom Verwalter bezeichneten Teile des Grundstücks 10

---

10) *Haarmeyer/Hintzen*, § 1 ZwVwV Anm. 10 ff., dazu auch *Hintzen*, IGZInfo 2010, 55, 56 und das LG Potsdam, Beschl. v. 5.5.2008 – 5 T 669/07 mit krit. Anm. *Hawelka*; ZfIR 2009, 105.

11) LG Kassel, Beschl. v. 23.5.2014 – 3 T 542/13, ZfIR 2014, 818; vgl. auch *Sessig/Fischer*, IGZInfo 2012, 11.

12) So auch Schneider-*Schmidberger*, ZVG, § 150 Rz. 47; a. A. Böttcher/*Keller*, ZVG, § 150 Rz. 6c; unentschieden Stöber/*Drasdo*, ZVG, § 150 Rz. 14.

13) LG Hamburg, Beschl. v. 10.12.2003 – 319 T 45/03, Rpfleger 2004, 304.

räumen lässt und sie dem Verwalter übergibt.[14] Dieser kann die erneute Besitzergreifung seitens des Schuldners dadurch verhindern, dass er ihm die Schlüssel wegnehmen oder die Schlösser ändern lässt. Weigert sich der Schuldner, dem Zwangsverwalter den Besitz einzuräumen, kann dies u. U. ein Grund sein, ihm auch das an sich zu belassende Wohnungsrecht entziehen zu lassen (§ 149 Abs. 2 ZVG), denn die Verweigerung der Besitzergreifung gefährdet die ordnungsgemäße Verwaltung.

11 Verweigert der Schuldner das Betreten des Hauses und verhindert auf diese Weise die Besitzergreifung durch den Verwalter und die Feststellung, ob Räume vermietet sind und ob der Schuldner nur notwendige Räume in Besitz hat, so kann der Gerichtsvollzieher im Auftrag des Verwalters den Widerstand gemäß §§ 892, 758 Abs. 3 ZPO notfalls mit Hilfe der Polizei brechen und die Öffnung und Durchsuchung des Hauses zwecks Besitzergreifung durch den Verwalter ermöglichen. Wegen § 758a Abs. 2 ZPO ist eine besondere richterliche Genehmigung nicht erforderlich, obwohl der zu vollstreckende Titel vom Rechtspfleger erlassen wurde.[15]

12 Allerdings sollte der Verwalter eine solche Maßnahme mit dem Gericht der Zwangsverwaltung absprechen und den Gläubiger hören. Soweit nicht Gefahr in Verzug ist, soll er dem Schuldner sein Vorhaben androhen, um ihn zum Einlenken zu bewegen. Zur Unzeit (§ 758a Abs. 4 ZPO) soll die Besitzergreifung gegen den Willen des Schuldners nur erfolgen, wenn dies ausnahmsweise nötig ist. Dazu ist dann allerdings die besondere Anordnung des zuständigen Richters erforderlich.[16]

13 Betreibt der Schuldner auf dem Grundstück einen kleinen Gewerbebetrieb, unterstehen die hierfür genutzten Räume nicht dem Schutz des § 149 Abs. 1 ZVG. Um die reibungslose Weiterführung des Betriebes zu ermöglichen, sollte der Zwangsverwalter mit einem willigen Schuldner sofort eine Nutzungsvereinbarung gegen Entgelt treffen (§ 5 Abs. 2 ZwVwV). In diesem Fall beschränkt sich der Verwalter auf das Ergreifen des mittelbaren Besitzes, was für ihn genügt. Weigert sich der Schuldner, eine solche Vereinbarung abzuschließen, muss der Verwalter den Schuldner aus dem Besitz setzen, auch wenn dadurch der Gewerbebetrieb zum Erliegen kommt. In diesem Fall müssten die nicht beschlagnahmten Gegenstände, die also kein Zubehör sind, entfernt (§ 885 Abs. 2 bis 4 ZPO) und die leeren Räume zusammen mit dem zurückgebliebenen Zubehör nach Möglichkeit anderweitig verpachtet werden, falls eine Verpachtung des Betriebs als solchem nicht möglich ist. Vor einer derartigen einschneidenden Maßnahme muss der Gläubiger gehört werden, vor allem um zu erfahren, ob nicht evtl. die alsbaldige Antragsrücknahme zu erwarten ist. Auch sollte die Zustimmung des Gerichts eingeholt werden, auch wenn beides nicht ausdrücklich vorgeschrieben ist. In geeigneten Fällen ist es denkbar, dass der Rechtspfleger eine mündliche Verhandlung mit Gläubiger, Schuldner und Verwalter anordnet, um

14) Vgl. BGH, Beschl. v. 4.12.2008 – I ZB 120/05, Rpfleger 2009, 250, dort zur Vollstreckung aus einem Prozessurteil, NJW-RR 2009, 445 = MDR 2009, 289; BGH, Beschl. v. 24.2.2011 – V ZB 280/10, Rpfleger 2011, 452 = MDR 2011, 631; BGH, Urt. v. 18.12.2015 – V ZR 191/14, ZfIR 2016, 282.

15) MünchKomm-*Heßler*, ZPO, § 758a Rz. 42 (für einen Zuschlagsbeschluss); BGH, Beschl. v. 24.2.2011 – V ZB 280/10, Rpfleger 2011, 452 = ZfIR 2011, 572; LG Bonn, IGZInfo 2011, 44.

16) *Depré/Mayer*, § 2 Rz. 562.

dem Schuldner eine letzte Möglichkeit zum Einlenken zu geben und die Höhe des zu zahlenden Entgelts festzulegen.[17)]

2. Mittelbarer Besitz des Schuldners

Ist der Schuldner nur mittelbarer Besitzer, so kann auch der Verwalter sich nur den mittelbaren Besitz verschaffen. Dies genügt aber, um die Wirkungen der Zwangsverwaltung hervorzubringen. Die Besitzergreifung erfolgt in diesem Fall durch Verständigung der Mieter (§ 4 ZwVwV), verbunden mit der Aufforderung, die Miete ab sofort auf das Konto der Zwangsverwaltung zu zahlen. Dieser Aufforderung sollte eine Kopie der Bestallungsurkunde (§ 2 ZwVwV) beigefügt werden. Es ist zweckmäßig, den Mieter zur Rücksprache aufzufordern, falls er die Miete bisher nicht an den Schuldner, sondern an einen Dritten bezahlt hat oder bereits Vorauszahlungen geleistet hat. Der Verwalter kann dann feststellen und mit den Mietern erörtern, ab wann er Anspruch auf die Miete hat. Außerdem ist darauf hinzuweisen, dass die nochmalige Zahlung der Miete an den Verwalter erforderlich wird, wenn jetzt noch unberechtigt an den Schuldner oder einen Dritten gezahlt wird. Wie der Zwangsverwalter die in § 4 ZwVwV vorgesehene Verständigung vorzunehmen hat, ist ihm überlassen. Bestehen wegen des Zugangs Bedenken oder lässt das Verhalten des Mieters erkennen, dass er sich den Anordnungen nicht fügen will, soll ein gerichtliches Zahlungsverbot (§§ 151, Abs. 3, 22 Abs. 2 Satz 2, § 4 ZwVwV) erwirkt werden, mit dessen Zustellung der Mieter spätestens als bösgläubig gilt.[18)] 14

---

17) *Depré/Mayer*, § 2 Rz. 565, 676 ff.
18) *Depré/Mayer*, § 2 Rz. 569.

§ 150a
Vorgeschlagener Verwalter

(1) Gehört bei der Zwangsverwaltung eines Grundstücks zu den Beteiligten eine öffentliche Körperschaft, ein unter staatlicher Aufsicht stehendes Institut, eine Hypothekenbank oder ein Siedlungsunternehmen im Sinne des Reichssiedlungsgesetzes, so kann dieser Beteiligte innerhalb einer ihm vom Vollstreckungsgericht zu bestimmenden Frist eine in seinen Diensten stehende Person als Verwalter vorschlagen.

(2) Das Gericht hat den Vorgeschlagenen zum Verwalter zu bestellen, wenn der Beteiligte die dem Verwalter nach § 154 Satz 1 obliegende Haftung übernimmt und gegen den Vorgeschlagenen mit Rücksicht auf seine Person oder die Art der Verwaltung Bedenken nicht bestehen. Der vorgeschlagene Verwalter erhält für seine Tätigkeit keine Vergütung.

Übersicht

I. Zweck der Norm

1 Bei der Institutsverwaltung handelt es sich um ein Rechtsgebilde, das nicht nur unserem Rechtsverständnis zuwiderläuft,[1] sondern wohl auch von der wirtschaftlichen Entwicklung überholt ist. Es mag sein, dass in der Vergangenheit nur wenig qualifizierte Personen zur Übernahme einer Zwangsverwaltung bereit waren. Heute ist dies angesichts vieler hierauf spezialisierter und hoch qualifizierter Büros nicht mehr der Fall. Andererseits haben die Kreditinstitute ihr Personal derart ausgedünnt, dass sie kaum noch eigene Leute mit genügender Qualifikation abstellen können. Dies führt dazu, dass diese einmal gut gemeinte Institution zunehmend dazu missbraucht wird, das Auswahlrecht der Gerichte zu umgehen und es außerdem in der Praxis gelegentlich an der gerichtlichen Aufsicht über diese Verwalter mangelt. Die Institutsverwaltung ist verfassungsrechtlich nicht unbedenklich und sollte ersatzlos aufgehoben werden.[2] Wie wenig zeitgemäß die Institutsverwaltung heute noch ist, zeigt der Versuch einer Hypothekenbank, mit gerichtlicher Billigung diese Verwaltung auf einen „freien" Rechtsanwalt auszulagern. Der BGH[3] hat hierzu klargestellt, dass ein Institutsverwalter sich in einem „Beamten- oder festen Arbeitsverhältnis" zum Institut befinden muss.

II. Vorschlagsrecht

2 Die in § 150a ZVG näher bezeichneten Institute,[4] insbesondere also alle Banken, Versicherungen und Bausparkassen, können vom Gericht die Bestellung eines Institutsverwalters verlangen, wenn sie Beteiligte (§ 9 ZVG) des Verfahrens, also nicht notwendig Gläubiger, sind.

III. Entscheidung des Gerichts

3 Schlägt ein hierzu berechtigter Beteiligter einen Institutsverwalter vor, muss (§ 150a Abs. 2 ZVG) das Gericht ihn bestellen, wenn der Vorgeschlagene in den Diensten des Instituts oder einer hundertprozentigen Tochter des Beteiligten steht,[5] das Institut die Haftung (§ 154 Abs. 1 ZVG) für den Verwalter übernimmt und gegen den Vorgeschlagenen mit Rücksicht auf seine Person und die Art der Verwaltung keine Bedenken bestehen. Liegen diese Voraussetzungen vor, hat das Gericht kein Ermessen.

---

1) *Eickmann/Böttcher*, § 39 II.2; *Haarmeyer/Hintzen*, § 150a ZVG Rz. 29 und 31; *Mayer*, ZfIR 2005, 809; *Keller*, NZI 2011, 1.

2) So auch *Böttcher/Keller/Schneider/Beeneken*, Das ZVG auf dem Prüfstand, S. 386; Böttcher/*Keller*, ZVG, § 150a Rz. 1; Schneider-*Bergsdorf/Kropp*, ZVG, § 150a Rz. 2; a. A. Stöber/*Drasdo*, ZVG, § 150a Rz. 1.

3) BGH, Beschl. v. 14.4.2005 – V ZB 10/05, Rpfleger 2005, 457 mit Anm. *Erler* = MDR 2005, 1011.

4) Hierzu ausführlich Stöber/*Drasdo*, ZVG, § 150a Rz. 3 ff.; Dassler/Schiffhauer/u. a.-*Engels*, § 150a, Rz. 6 ff.; Böttcher/*Keller*, ZVG, § 150a Rz. 2 f.; Schneider-*Bergsdorf/Kropp*, ZVG, § 150a Rz. 4–7.

5) BGH, Beschl. v. 14.4.2005 – V ZB 10/05, Rpfleger 2005, 457 mit Anm. *Erler* = MDR 2005, 1011; LG Koblenz, Beschl. v. 29.8.2003 – 2 T 177/03, Rpfleger 2004, 114.

4 Umstritten ist, ob und unter welchen Umständen das Gericht einen freien Verwalter entlassen muss bzw. kann, wenn ein Institut den Antrag nachträglich stellt.[6] Die Landgerichte Halle[7] und Kassel[8] haben dem Antrag einer Bank stattgegeben, welche durch Abtretung nachträglich Beteiligtenstellung erlangt hat. Dies wird zunehmend in Zweifel gezogen. So wird ein Vorschlagsrecht abgelehnt für einen Gläubiger, der erst nach Verwalterbestellung beitritt,[9] nach Abtretung einer Forderung[10] oder wenn der ursprüngliche Gläubiger auf das Benennungsrecht verzichtet hatte.[11] Auch soll ein nachträglich eingetragener Gläubiger, der dem Verfahren nicht beigetreten ist, keine Ablösung des bereits bestellten Verwalters bewirken können.[12] Das Risiko einer späteren Benennung könnte das Gericht nur umgehen, indem es allen am Verfahren beteiligten Instituten eine Frist setzt (§ 150a Abs. 1 ZVG), innerhalb der sie einen Institutsverwalter benennen können[13] und wenn man davon ausgeht, dass der Fristablauf auch gegen einen Rechtsnachfolger wirkt. Dies hat sich jedoch nicht als praxistauglich erwiesen.

5 Schlagen mehrere Institute einen Verwalter vor, ist das Gericht in seiner Auswahl frei. Es ist weder an die Reihenfolge des Eingangs, noch an den Rang (§ 10 ZVG) des vorschlagenden Instituts gebunden, sollte aber dem Vorschlag desjenigen Institutes den Vorzug geben, das an der Verwaltung das größte Interesse hat. Wird aus einem anderen Grund ein Verwalterwechsel erforderlich, kann jedes Institut jetzt erstmals einen Institutsverwalter vorschlagen.

IV. Der Institutsverwalter

6 Der Institutsverwalter steht wie jeder Zwangsverwalter unter der Aufsicht des Gerichts (siehe § 153 Rz. 1 ff. [*Depré*]). § 153 ZVG ist uneingeschränkt anwendbar. Auch er muss dem Gericht Bericht erstatten und ist an den gerichtlichen Teilungsplan gebunden. Er muss bei der Überweisung der Zuteilung aus den Überschüssen an das Institut genau angeben, wie diese Zahlungen gemäß dem Plan zu verrechnen sind.

7 Der Verwalter erhält keine Vergütung (§ 150a Abs. 2 letzter Satz ZVG). Dies schließt eine Entnahme der tatsächlichen **Auslagen** aus der Masse nicht aus. Auch kann er in gleicher Weise Vorschüsse für Aufwendungen verlangen, wie dies ein freier Verwalter könnte. Jedoch darf der Institutsverwalter § 150a nicht dadurch umgehen, dass er die ihm obliegenden typischen Aufgaben eines Zwangsverwalters (hier: Buch-

---

6) *Depré/Mayer*, § 1 Rz. 111; Differenzierung *Haarmeyer/Hintzen*, § 150a ZVG Rz. 29a.
7) LG Halle, Beschl. v. 20.6.2007 – 2 T 225/07, IGZInfo 2007, 162.
8) LG Kassel, Beschl. v. 27.11.2006 – 3 T 644/06, JurBüro 2007, 273 = IGZInfo 2007, 163.
9) Stöber/*Drasdo*, ZVG, § 150a Rz. 12; Dassler/Schiffhauer/u. a.-*Engels*, ZVG, § 150a, Rz. 13; Böttcher/*Keller*, ZVG, § 150a Rz. 3; Schneider-*Bergsdorf*/*Kropp*, ZVG, § 150a Rz. 13.
10) AG Leipzig, Beschl. v. 28.2.2008 – 474 L 1103/07, ZfIR 2008, 810, wenn hierdurch ein als zuverlässig geltender Verwalter abgelöst werden soll; ebenso AG Stralsund, Beschl. v. 8.2.2011 – 12 L 29/04, Rpfleger 2011, 393.
11) AG Heilbronn, Beschl. v. 10.8.2007 – 15 L 36/99, IGZInfo 2007, 165.
12) Stöber/*Drasdo*, ZVG, § 150a Rz. 14; so auch das AG Leipzig, Beschl. v. 28.2.2008 – 474 L 1103/07, Rpfleger 2011, 103, unter Hinweis auf Missbrauchsmöglichkeiten.
13) Stöber/*Drasdo*, ZVG, § 150a Rz. 9.

führung und Verwaltung) einem Dritten überträgt.[14] Das Institut kann die Kosten dem Schuldner nicht in Rechnung stellen, insbesondere nicht dem Haftungsumfang der Grundschuld unterstellen. Eine entsprechende Vereinbarung in der Sicherungsabrede wäre nicht wirksam, da der Schuldner mit diesen Kosten nicht belastet werden darf.[15]

V. Rechtsbehelfe

8 Die Ablehnung eines vorgeschlagenen Institutsverwalters wird vom vorschlagenden Institut mit der sofortigen Beschwerde angegriffen. Gläubiger, Schuldner und die übrigen Beteiligten rügen die betroffene Auswahl mit der sofortigen Beschwerde, wenn sie vorher angehört wurden. Andernfalls gibt es die Vollstreckungserinnerung gemäß § 766 ZPO.

9 Der Vorgeschlagene selbst hat keinen Rechtsbehelf gegen seine Ablehnung.[16]

---

14) LG Berlin, Beschl. v. 2.9.2013 – 82 T 382/13, Rpfleger 2014, 152 mit Anm. *Strauß*.

15) LG Koblenz, Beschl. v. 29.8.2003 – 2 T 177/03, Rpfleger 2004, 114.

16) Stöber/*Drasdo*, ZVG, § 150a Rz. 26; Böttcher/*Keller*, ZVG, § 150a Rz. 15; Schneider-*Bergsdorf*/*Kropp*, ZVG, § 150a Rz. 31 ff.

§ 150b

Schuldner als Verwalter

(1) Bei der Zwangsverwaltung eines landwirtschaftlichen, forstwirtschaftlichen oder gärtnerischen Grundstücks ist der Schuldner zum Verwalter zu bestellen. Von seiner Bestellung ist nur abzusehen, wenn er nicht dazu bereit ist oder wenn nach Lage der Verhältnisse eine ordnungsmäßige Führung der Verwaltung durch ihn nicht zu erwarten ist.

(2) Vor der Bestellung sollen der betreibende Gläubiger und etwaige Beteiligte der in § 150a bezeichneten Art sowie die untere Verwaltungsbehörde gehört werden.

(3) Ein gemäß § 150a gemachter Vorschlag ist nur für den Fall zu berücksichtigen, daß der Schuldner nicht zum Verwalter bestellt wird.

Übersicht

I. Allgemeines

1 Sollen landwirtschaftlich, forstwirtschaftlich oder gärtnerisch genutzte Grundstücke unter Zwangsverwaltung gestellt werden, benötigt man in erster Linie eine Person, die tatsächlich die dort anfallende Bewirtschaftung – also persönliche Arbeitsleistungen – vollbringt, und dazu wird kaum eine andere Person so kostengünstig bereit sein wie der Schuldner. Deshalb kann er in diesem Fall ausnahmsweise zum

Zwangsverwalter bestellt werden. Aus dieser Vorgabe ergibt sich gleichzeitig, dass § 150b ZVG nicht anzuwenden ist, wenn der fragliche Grundbesitz verpachtet ist.[1)]

Die Schuldnerverwaltung hat keine praktische Bedeutung; ein Bedürfnis für ein besonderes Verfahren mit Aufsichtsperson besteht nicht.[2)] 2

II. Voraussetzungen

Liegen die nachfolgenden Voraussetzungen vor, ist der Schuldner vom Gericht zum Verwalter zu bestellen; selbst eine Institutsverwaltung hat keinen Vorrang (§ 150b Abs. 3 ZVG): 3

- Es handelt sich um ein landwirtschaftlich, forstwirtschaftlich oder gärtnerisch genutztes Grundstück, das nicht verpachtet ist.
- Der Schuldner muss zur Annahme des Amtes bereit sein. Er kann nicht zur Übernahme der Zwangsverwaltung gezwungen werden.
- Nach Lage der Verhältnisse ist eine ordnungsgemäße Führung der Verwaltung durch den Schuldner zu erwarten.[3)] Hat der Schuldner zuletzt die fraglichen Grundstücke nicht mehr ordnungsgemäß genutzt und könnten sie ohne Weiteres verpachtet werden, wäre an sich eine Verpachtung sinnvoller. Nach dem eindeutigen Wortlaut des Gesetzes muss aber auch hier der Schuldner bestellt werden. Allerdings ist in diesem Falle sehr eingehend zu prüfen, ob eine ordnungsgemäße Führung der Verwaltung durch den Schuldner zu erwarten ist.

III. Verfahren

Vor der Anordnung sind der Gläubiger, die am Verfahren (§ 9 ZVG) beteiligten Institute des § 150a ZVG und die „untere Verwaltungsbehörde“, also allgemein das Landratsamt, die Kreisverwaltung oder die nach Landesrecht entsprechende Behörde, zu hören. Letztere ist nicht Beteiligte i. S. d. § 9 ZVG; ihre Äußerung hat gutachterlichen Charakter. Der Schuldner ist vor der Anordnung nicht zu hören. Er könnte sonst auch in diesem Verfahren die Beschlagnahme durch eine wirksame Verfügung unterlaufen.[4)] 4

Hat nicht schon der Gläubiger vor seinem Antrag Einvernehmen mit dem Schuldner hergestellt und dessen Einverständnis mit der Bestellung dem Antrag beigefügt, bleibt dem Vollstreckungsgericht nichts anderes übrig, als zunächst die Zwangsverwaltung ohne Verwalter anzuordnen und erst dann den Schuldner zu hören. Damit ergeben sich zwischen Antragstellung und Verwalterbestellung Zeiträume, die durch kurze Fristsetzungen nur unzulänglich zu verkürzen sind. Ob das Gericht nach Anordnung der Verwaltung auf Gläubigerantrag Maßnahmen nach § 25 ZVG beschließt oder gar einen vorläufigen Verwalter „mit Entlassungsvorbehalt“ be- 5

---

1) *Depré/Mayer*, § 1 Rz. 124; Stöber/*Drasdo*, ZVG, § 150b, Rz. 5; *Haarmeyer/Hintzen*, §§ 150b–150e ZVG Rz. 3; Dassler/Schiffhauer/u. a.-*Engels*, ZVG, § 150b Rz. 3; Schneider-*Bergsdorf*, ZVG, § 150b Rz. 14.

2) So auch *Böttcher/Keller/Schneider/Beeneken*, Das ZVG auf dem Prüfstand, S. 381 und 386.

3) OLG Hamm, 12.6.1987 – 15 W 48/87, NJW-RR 1988, 60 = Rpfleger 1988, 36.

4) *Depré/Mayer*, § 1 Rz. 128; ähnlich Schneider-*Bergsdorf*, ZVG, § 150b Rz. 33; a. A. Stöber/*Drasdo*, ZVG, § 150b Rz. 13; Böttcher/*Keller*, ZVG, §§ 150b–150e Rz. 8: Schuldner ist anzuhören.

stellt, muss im Einzelfall entschieden werden. Es wäre auch daran zu denken, eine bereits in Aussicht genommene „Aufsichtsperson" zum vorläufigen Verwalter zu bestellen, wenn diese auch bei Ausfall des Schuldners Zwangsverwalter bleiben will.[5] Ob auch die Möglichkeit besteht, eine Zwangsverwaltung anzuordnen, ohne einen Verwalter zu bestellen,[6] halte ich für fraglich.

5) *Depré/Mayer*, § 1 Rz. 128.
6) So z. B. Böttcher/*Keller*, ZVG, § 150b Rz. 8, Stöber/*Drasdo*, ZVG, § 150b Rz. 14; Schneider-*Bergsdorf*, ZVG § 150b Rz. 38.

§ 150c
Aufsichtsperson für Schuldner als Verwalter

(1) Wird der Schuldner zum Zwangsverwalter bestellt, so hat das Gericht eine Aufsichtsperson zu bestellen. Aufsichtsperson kann auch eine Behörde oder juristische Person sein.

(2) Für die Aufsichtsperson gelten die Vorschriften des § 153 Abs. 2 und des § 154 Satz 1 entsprechend. Gerichtliche Anordnungen, die dem Verwalter zugestellt werden, sind auch der Aufsichtsperson zuzustellen. Vor der Erteilung von Anweisungen im Sinne des § 153 ist auch die Aufsichtsperson zu hören.

(3) Die Aufsichtsperson hat dem Gericht unverzüglich Anzeige zu erstatten, wenn der Schuldner gegen seine Pflichten als Verwalter verstößt.

(4) Der Schuldner führt die Verwaltung unter Aufsicht der Aufsichtsperson. Er ist verpflichtet, der Aufsichtsperson jederzeit Auskunft über das Grundstück, den Betrieb und die mit der Bewirtschaftung zusammenhängenden Rechtsverhältnisse zu geben und Einsicht in vorhandene Aufzeichnungen zu gewähren. Er hat, soweit es sich um Geschäfte handelt, die über den Rahmen der laufenden Wirtschaftsführung hinausgehen, rechtzeitig die Entschließung der Aufsichtsperson einzuholen.

1 Dem Schuldner als Zwangsverwalter ist eine Aufsichtsperson zu bestellen, unter deren Aufsicht die Verwaltung geführt wird. Der Schuldner ist ihr über alle Vorgänge Rechenschaft schuldig. Geschäfte, die über die laufende Wirtschaftsführung hinausgehen, bedürfen der Genehmigung der Aufsichtsperson (§ 150c Abs. 4 ZVG i. V. m. § 150d ZVG). Andererseits hat die Aufsichtsperson kein Weisungsrecht gegenüber dem Schuldner.[1] Entstehende Probleme hat sie dem Gericht mitzuteilen, welches seinerseits dem Schuldner-Verwalter Weisungen erteilt oder ihn notfalls entlässt.

2 Obwohl das ZVG keine Vergütung der Aufsichtsperson vorsieht, wird heute überwiegend angenommen, dass sie Anspruch auf eine solche in entsprechender Anwen-

1) Stöber/*Drasdo*, ZVG, § 150c Rz. 12; Böttcher/*Keller*, ZVG, § 150c Rz. 14; Schneider-*Bergsdorf*, ZVG, § 150c Rz. 15.

dung der für den Verwalter vorgesehenen Normen hat.[2] Die Vergütung richtet sich also nach § 152a ZVG i. V. m. § 19 ZwVwV.

2) *Depré/Mayer*, § 1 Rz. 130; Stöber/*Drasdo*, ZVG, § 150c Rz. 16; Böttcher/*Keller*, ZVG, § 150c Rz. 16; Dassler/Schiffhauer/u. a.-*Engels*, ZVG, § 150c Rz. 16; Schneider-*Bergsdorf*, ZVG, § 150c Rz. 27–29.

§ 150d
Befugnisse des Schuldners als Verwalter

Der Schuldner darf als Verwalter über die Nutzungen des Grundstücks und deren Erlös, unbeschadet der Vorschriften der §§ 155 bis 158, nur mit Zustimmung der Aufsichtsperson verfügen. Zur Einziehung von Ansprüchen, auf die sich die Beschlagnahme erstreckt, ist er ohne diese Zustimmung befugt; er ist jedoch verpflichtet, die Beträge, die zu notwendigen Zahlungen zur Zeit nicht erforderlich sind, nach näherer Anordnung des Gerichts unverzüglich anzulegen.

Übersicht

I. Befugnisse und Pflichten des Schuldners

Der Schuldner ist verantwortlich für die Bestellung des Grundbesitzes. Er darf zwar ernten, aber die geernteten Früchte nur mit Zustimmung der Aufsichtsperson veräußern. Auf den Grundbesitz bezogene Ansprüche gegen Dritte auf Geld- oder Sachleistungen (also z. B. die Pacht für eine verpachtete Teilfläche) darf er ohne Zustimmung der Aufsichtsperson einziehen, jedoch nicht erlassen, aufrechnen oder stunden.[1] 1

Aus den Nutzungen hat der Schuldner-Verwalter – ohne Zustimmung der Aufsichtsperson – folgende Zahlungen zu leisten: 2

- Den Unterhalt des Schuldner-Verwalters und seiner Familie („notwendige Bedürfnisse"), dessen Umfang das Gericht nach Anhörung der Aufsichtsperson festsetzt. In Betracht kommen geerntete Naturalien oder auch Geld aus den Einnahmen der Verwaltung.[2] Eine Entschädigung für die Bemühungen erhält der Schuldner nicht (§ 150e ZVG). Eine Zahlung an ihn aus einem Gläubigervorschuss kommt daher nicht in Betracht.[3]
- Die tatsächlichen Kosten der Verwaltung mit Einschluss der Ausgaben für die laufende Wirtschaftsführung,[4] also z. B. die Prämien der notwendigen Sachversicherungen und Kosten für den notwendigen und üblichen Ankauf von

1) Stöber/*Drasdo*, ZVG, § 150d Rz. 10; Böttcher/*Keller*, ZVG, § 150d Rz. 19; Dassler/Schiffhauer/u. a.-*Engels*, ZVG, § 150d Rz. 2; Schneider-*Bergsdorf*, ZVG, § 150d Rz. 7.
2) *Harrmeyer/Hintzen*, § 150e ZVG Rz. 2.
3) *Depré/Mayer*, § 1 Rz. 132, 261; Böttcher/*Keller*, ZVG § 150e Rz. 20.
4) Stöber/*Drasdo*, ZVG, § 150d Rz. 7.

Saat- und Düngemitteln; nicht hierunter fallen z. B. die Prämien für persönliche Versicherungen, soweit diese nicht durch Gerichtsentscheidung nach § 150e ZVG zu den „notwendigen Bedürfnissen" zählen.

– Die laufenden wiederkehrenden öffentlichen Lasten (im gleichen Umfang wie jeder Zwangsverwalter, § 156, Abs. 1 ZVG), insbesondere also die laufende Grundsteuer, Feldhut etc.

3 Einen eventuellen Überschuss zahlt der Schuldner-Verwalter gemäß dem gerichtlichen Teilungsplan an die dort genannten Berechtigten. Bleibt nach alledem ein Geldbetrag, der nicht sofort zu verwenden ist, hat ihn der Schuldner nach Anweisung des Gerichts anzulegen.[5)]

II. Rechtsbehelfe

4 Der Schuldner, der nach Anhörung seine Zustimmung zur Verwalterbestellung gegeben hat und doch nicht bestellt wurde, hat hiergegen die sofortige Beschwerde. Der Gläubiger und die angehörten Institute können ebenfalls mit sofortiger Beschwerde entweder die nicht erfolgte Bestellung des Schuldners fordern, oder aber die Bestellung des nach ihrer Ansicht nicht geeigneten Schuldners rügen. Alle übrigen Beteiligten haben, da sie nicht angehört wurden, mit gleichem Ziel die Vollstreckungserinnerung gemäß § 766 ZPO und erst nach deren Ablehnung die sofortige Beschwerde.

5 Gleiches gilt für die Rechtsbehelfe gegen die Auswahl der Aufsichtsperson. Soweit das Gericht Bestimmungen zu treffen hat, wird seine Entscheidung, die wohl immer erst nach Anhörung der Betroffenen ergehen kann, mit sofortiger Beschwerde angefochten. Ist der Schuldner aus eigenem Recht betroffen (z. B. § 150e ZVG), steht ihm, obwohl er Verwalter ist, ebenfalls das Beschwerderecht zu. Die Aufsichtsperson hat kein Beschwerderecht.

---

5) Stöber/*Drasdo*, ZVG, § 150d Rz. 9, 10.

§ 150e
Keine Vergütung für Schuldner als Verwalter

Der Schuldner erhält als Verwalter keine Vergütung. Erforderlichenfalls bestimmt das Gericht nach Anhörung der Aufsichtsperson, in welchem Umfang der Schuldner Erträgnisse des Grundstücks oder deren Erlös zur Befriedigung seiner und seiner Familie notwendigen Bedürfnisse verwenden darf.

Übersicht

I. Allgemeines

1 Eine Entschädigung für die Bemühungen erhält der Schuldner nicht. Eine Zahlung an ihn aus einem Gläubigervorschuss kommt daher nicht in Betracht (siehe § 150d Rz. 1 ff. [*Depré*]). Allerdings können dem Schuldner aus den Erzeugnissen oder

aus deren Erlös Mittel zur Bestreitung seines Unterhalts überlassen werden (§ 149 Abs. 3 ZVG). Den Umfang setzt das Gericht nach Anhörung der Aufsichtsperson fest (§ 150e Satz 2 ZVG). Der Schuldner darf Erzeugnisse oder Geld erst nach Erlass des gerichtlichen Beschlusses entnehmen.

II. Rechtsbehelfe

– Für Schuldner-Verwalter und die Beteiligten, die vorher gehört worden sind, sofortige Beschwerde (§ 11 Abs. 1 RPflG, § 793 ZPO). 2
– Für die Aufsichtsperson[1] und die Beteiligten, die vorher nicht gehört worden sind, Erinnerung gemäß § 766 ZPO.

1) So auch Dassler/Schiffhauer/u. a.-*Engels*, ZVG, § 150e Rz. 4; a. A. Stöber/*Drasdo*, ZVG, § 150e Rz. 7; so auch Schneider-*Bergsdorf*, ZVG, § 150e Rz. 16: Aufsichtsperson ist nicht beschwerdeberechtigt, da sie durch die Entscheidung nicht beschwert ist.

§ 151
Wirksamwerden der Beschlagnahme

(1) Die Beschlagnahme wird auch dadurch wirksam, daß der Verwalter nach § 150 den Besitz des Grundstücks erlangt.

(2) Der Beschluß, durch welchen der Beitritt eines Gläubigers zugelassen wird, soll dem Verwalter zugestellt werden; die Beschlagnahme wird zugunsten des Gläubigers auch mit dieser Zustellung wirksam, wenn der Verwalter sich bereits im Besitz des Grundstücks befindet.

(3) Das Zahlungsverbot an den Drittschuldner ist auch auf Antrag des Verwalters zu erlassen.

Übersicht

I. Allgemeines

§ 151 ZVG ergänzt für die Zwangsverwaltung die Möglichkeiten des § 22 ZVG zum Wirksamwerden der Beschlagnahme. 1

II. Eintritt der Beschlagnahme

1. Bei Anordnung der Zwangsverwaltung (§ 151 Abs. 1 ZVG)

Die Beschlagnahme erfolgt durch Zustellung des Anordnungsbeschlusses an den 2
Schuldner (§ 146 i. V. m. § 22 Abs. 1 ZVG). Richtet sich die Anordnung gegen mehrere Schuldner, wird sie erst wirksam mit der Zustellung an den letzten von ihnen, wenn die Schuldner in Gesamthandsgemeinschaft eingetragen sind. Bei einer Bruchteilsgemeinschaft kann jeder Bruchteil zu verschiedenen Zeiten beschlagnahmt

werden, wenn der Anordnungsbeschluss den Bruchteilern an verschiedenen Tagen zugestellt worden ist und keine frühere einheitliche Beschlagnahme auf eine der beiden nachstehend genannten Weisen erfolgt ist.

3 Die Beschlagnahme wird auch wirksam durch Eingang des Ersuchens auf Eintragung des Zwangsverwaltungsvermerks beim Grundbuchamt (§ 22 Abs. 1 Satz 2 ZVG), wenn die Eintragung des Vermerks „demnächst“ erfolgt oder dadurch, dass der Verwalter den Besitz des Grundstücks erlangt (§ 151 Abs. 1 ZVG), wobei es gleichgültig ist, ober er in den Besitz eingewiesen wurde oder diesen sich selbst verschafft hat.

4 Entscheidend ist die zeitlich erste Beschlagnahme (vgl. § 13 Abs. 4 Satz 1 ZVG). Grundsätzlich erfolgt für jeden Gläubiger eine individuelle Beschlagnahme, die sein Rechtsverhältnis und evtl. auch seinen Rang im Verfahren bestimmt. Für Verfahrensfragen, insbesondere aber für die wichtige Unterscheidung zwischen laufenden und rückständigen Leistungen, entscheidet die zeitlich erste Beschlagnahme im Verfahren, auch dann, wenn der Gläubiger, zu dessen Gunsten sie erfolgte, bereits aus dem Verfahren ausgeschieden ist, welches ein anderer Gläubiger mit späterer Beschlagnahme weiterführt.[1)]

2. Bei Zulassung des Beitritts zur Zwangsverwaltung (§ 151 Abs. 2 ZVG)

5 Im Falle eines Beitritts erfolgt kein neues Ersuchen auf Eintragung eines Zwangsverwaltungsvermerks. Somit scheidet diese Möglichkeit aus. Die Beschlagnahme für den Beitrittsgläubiger erfolgt also zunächst durch die Zustellung des Beitrittsbeschlusses an den Schuldner. Hat der Verwalter bereits den Besitz des Grundstücks erlangt, wird die Beschlagnahme auch durch Zustellung des Beitrittsbeschlusses an den Verwalter wirksam. Erfolgen Anordnung und Beitritt so zeitnah, dass der Verwalter noch keinen Besitz erlangt hat, wirkt seine Besitzergreifung auch als Beschlagnahme zugunsten des Beitrittsgläubigers.[2)]

3. Gegenüber Drittschuldnern bei beschlagnahmten Forderungen (§ 151 Abs. 3 ZVG)

6 Es geht um das Zahlungsverbot nach § 22 Abs. 2 Satz 3 ZVG, das also nicht nur auf Gläubiger-Antrag, sondern das auch auf Verwalterantrag zu erlassen ist.

7 Im Zwangsverwaltungsverfahren sind gemäß § 148 Abs. 1 Satz 2 ZVG auch die Mietzins- oder Pachtforderungen erfasst. Gegenüber dem Mieter bzw. Pächter als Drittschuldner wird die Beschlagnahme wirksam:

- Durch Erlangung der Kenntnis der Beschlagnahme (§ 146 Abs. 1 i. V. m. § 22 Abs. 2 Satz 2 ZVG).
- Durch Kenntnis des Zwangsverwaltungsantrags (§ 146 Abs. 1 i. V. m. § 23 Abs. 2 Satz 1 ZVG).
- Durch Zustellung eines Zahlungsverbots an den Drittschuldner (§ 146 Abs. 1 i. V. m. § 22 Abs. 2 Satz 2 ZVG), welches auf Antrag des betreibenden Gläubigers vom Vollstreckungsgericht erlassen und dem Drittschuldner von Amts wegen zugestellt wird.

---

1) *Depré/Mayer*, § 1 Rz. 146.

2) OLG Braunschweig, Urt. v. 11.1.2001 – 2 U 120/00, Rpfleger 2001, 254.

kommt es weder auf Verhinderung noch auf Dringlichkeit an. Nach Auffassung des LG Potsdam[6)] darf der Verwalter Aufgaben wie z. B. Buchhaltung, Akteneinsicht oder Projektbetreuung auch an rechtlich selbstständige Dritte (hier eine GmbH, deren Geschäftsführer er ist) übertragen. Dieser Auffassung wird nicht gefolgt, da sich die Bedeutung der persönlichen Abwicklung auch darin äußert, dass nach § 1 Abs. 2 ZwVwV eine vorhandene Büroausstattung Voraussetzung für die Verwalterauswahl ist.[7)]

Unzulässig wäre ebenfalls, dass eine Bank, um die Rechtsprechung des BGH zu umgehen, einen ihrer Bediensteten als Institutsverwalter bestellen lässt, der nun seinerseits per Vollmacht die Gesamtverwaltung an einen Außenstehenden, z. B. einen Rechtsanwalt, überträgt (siehe § 150a Rz. 6 f. [*Depré*]).[8)] 5

III. Aufgaben des Zwangsverwalters: Erhaltung des Grundstücks

Der Verwalter hat das Grundstück in seinem Bestand zu erhalten. Dies bedeutet, dass er notwendige Reparaturen vornehmen muss. Insbesondere muss er Sicherungsmaßnahmen durchführen, welche die zuständige Behörde angeordnet hat. Soweit es sich nicht um die gewöhnliche Unterhaltung handelt – also sich unübliche Reparaturen als notwendig erweisen –, muss er die Einwilligung des Gerichts einholen (§ 10 Abs. 1 Ziff. 5 ZwVwV). 6

Übersteigt der Aufwand 15 % des „geschätzten Verkehrswertes", handelt es sich um solche unübliche Reparaturen. Hierbei hat der Zwangsverwalter – nicht das Gericht – den Verkehrswert „nach pflichtgemäßem Ermessen" zu schätzen. Es versteht sich von selbst, dass hierfür keine kostenträchtigen Gutachten eingeholt werden dürfen. In erster Linie kommen Gutachten in Betracht, die sich in den Gerichtsakten befinden oder ihm aus dem Besitz des Schuldners zugänglich sind. Anderenfalls kommen Faustformeln in Betracht. Letztendlich entscheidet der Verwalter selbst, ob er in Grenzfällen die Einwilligung des Gerichts einholen will oder nicht. Aus Gründen seiner eigenen Sicherheit sollte er im Zweifel dessen Einwilligung einholen. Ob er an eine vorliegende Wertfestsetzung des Gerichts im Zwangsversteigerungsverfahren gebunden ist, bleibt offen.[9)] 7

Verbesserungen wird der Verwalter nur vornehmen, wenn dadurch die Einnahmen gesteigert werden können und diese Steigerung in einem wirtschaftlich sinnvollen Verhältnis zu den Aufwendungen für die Verbesserung steht, oder wenn der Verwalter zur Vornahme der Verbesserung verpflichtet ist und er – soweit erforderlich (§ 10 Abs. 1 Ziff. 5 ZwVwV) – die Zustimmung des Gerichts eingeholt hat. Entsprechende Mittel muss der Gläubiger durch Vorschuss bereitstellen, wenn die Erträge dazu nicht reichen. Im Extremfall kann dies bedeuten, dass der Verwalter einen 8

6) LG Potsdam, Beschl. v. 5.5.2008 – 5 T 669/07 mit krit. Anm. *Hawelka*, ZfIR 2009, 105; mit Zustimmung *Hintzen*, IGZInfo 2010, 55, 56.

7) Vgl. LG Kassel, Beschl. v. 23.5.2014 – 3 T 542/13, Jurion RS 2014, 37110 = openJur 2014, 11566.

8) Vgl. BGH, Beschl. v. 14.4.2005 – V ZB 10/05, Rpfleger 2005, 457 mit Anm. *Erler* = MDR 2005, 1011.

9) *Depré/Mayer*, § 1 Rz. 262.

angefangenen Bau fertig stellt oder einen Brandschaden beseitigt.[10] Bei wesentlichen Reparaturen, die zu einer Umgestaltung führen, hat der Zwangsverwalter auf die Belange des Schuldners gebührende Rücksicht zu nehmen.[11] Nachhaltige Veränderungen oder solche, welche die wirtschaftliche Beschaffenheit des Grundstücks in ihrem Gesamtcharakter berühren, darf der Verwalter nicht vornehmen und kann ihm auch das Gericht nicht gestatten.[12]

9 Andere Verträge des Grundstückseigentümers (außer Mietverträge) binden den Zwangsverwalter nicht. So kann er insbesondere neue Dienstverträge eingehen oder Versorgungsverträge abschließen.[13] Etwas differenzierter sieht dies das OLG Bremen:[14] Beliefert der Energieversorger den Mieter, dann handelt er als berechtigter Geschäftsführer ohne Auftrag für den Zwangsverwalter und kann deshalb gemäß §§ 683 Satz 1, 670 BGB Aufwendungsersatz verlangen.

IV. Aufgaben des Zwangsverwalters: Benutzung des Grundstücks

Gewerblich genutzte Grundstücke

10 Durch die Anordnung der Zwangsverwaltung findet eine Art „Vermögensspaltung" zwischen den beschlagnahmten Gegenständen des Haftungsverbandes und dem übrigen Vermögen des Schuldners statt. Während der Insolvenzverwalter die gesamte Insolvenzmasse (und diese umfasst den Gewerbebetrieb insgesamt) in Besitz und Verwaltung nimmt, darf der Zwangsverwalter nur den Besitz der beschlagnahmten Gegenstände ergreifen. Gegen die Verwendung nicht beschlagnahmter Gegenstände bestehen also grundsätzliche Bedenken.

11 Findet der Verwalter ein Grundstück vor, auf dem **kein aktiver Gewerbebetrieb** vorhanden ist, das sich aber nach Lage und Beschaffenheit für einen solchen eignen würde, oder das für einen Gewerbebetrieb eingerichtet ist, der aber derzeit nicht betrieben wird, erlaubt die ZwVwV grundsätzlich die Nutzbarmachung. Im erstgenannten Fall ist allerdings wegen § 5 Abs. 1 ZwVwV die vorherige Zustimmung des Gerichts erforderlich, welches bei seiner Entscheidung insbesondere prüfen wird, ob die vorgesehene Verwendung nach Aufhebung der Zwangsverwaltung unverzüglich rückgängig gemacht werden kann und keine für den Schuldner schwerwiegenden Nachteile zurückbleiben.

12 Betreibt der Schuldner bei Anordnung der Zwangsverwaltung aktiv einen Gewerbebetrieb auf dem Grundstück, so ist jeweils im Einzelfall zu beurteilen, ob der Verwalter gegen den Willen des Schuldners befugt ist, den Betrieb selbst zu betreiben oder zu verpachten. Besteht der Gewerbebetrieb so gut wie ausschließlich darin, das **Grundstück als solches zu nutzen** oder Bodenbestandteile mittels beschlagnahmten Zubehörs auszubeuten (z. B. ein kostenpflichtiger Parkplatz, ein Campingplatz ohne Betrieb des Kiosks), kann der Verwalter dies von einem Pächter vornehmen lassen oder aber auch in eigener Regie vornehmen, wenn eine Verpachtung unmöglich

10) *Depré/Mayer*, § 1 Rz. 263, 836 ff.
11) LG Göttingen, Beschl. v. 8.7.2003 – 10 T 72/03, Rpfleger 2004, 113 = ZfIR 2004, 657.
12) BGH, Beschl. v. 10.12.2004 – IXa ZB 231/03, Rpfleger 2005, 210 = MDR 2005, 653.
13) Vgl. AG Heilbronn, Beschl. v. 15.6.2016 – 7 C 3434/15, ZfIR 2016, 476.
14) OLG Bremen, Urt. v. 18.2.2016 – 3 U 41/12, ZfIR 2016, 547.

VII. Zwangsverwaltung und Steuern

Auch nach der Anordnung der Zwangsverwaltung bleibt der Schuldner steuerpflichtig. Soweit er bisher Unternehmer z. B. i. S. d. § 33 Abs. 1 AO war, bleibt er dies auch nach der Beschlagnahme. Den Verwalter treffen als Vertreter der Sondermasse (§ 34 Abs. 3 AO) die gleichen steuerlichen Pflichten, soweit diese im Rahmen seiner Verwaltertätigkeit anfallen.[87] Soweit Steuerzahlungen zulasten der Masse anfallen, handelt es sich um Aufwendungen i. S. d. § 155 Abs. 1 ZVG. Das Vollstreckungsgericht ist nicht befugt, den Verwalter anzuweisen, eine sich ergebende Steuerpflicht nicht aus der Masse zu erfüllen. 53

Soweit den Eigentümer des verwalteten Grundstücks steuerliche Pflichten treffen, hat sie der Verwalter zu erfüllen. Dies gilt insbesondere für die Zahlung der Grundsteuer und ggf. der hiermit verbundenen Ortskirchensteuer. Diese sind eine öffentliche Last i. S. d. § 10 Abs. 1 Nr. 3 ZVG. Der Verwalter hat auch Steuern zu bezahlen, welche auf einem Gegenstand lasten, der als Zubehör mit beschlagnahmt ist.[88] Deshalb ist der Steuerbescheid für die Kfz-Steuer dem Zwangsverwalter (nicht dem Schuldner und auch nicht seinem Insolvenzverwalter) zuzustellen, wenn diese Voraussetzung gegeben ist.[89] 54

Der Verwalter muss umsatzsteuerliche Pflichten erfüllen, wenn er aus der Verwaltung Einnahmen erzielt und diese grundsätzlich umsatzsteuerpflichtig sind, der Schuldner bereits vor Anordnung der Verwaltung zur Umsatzsteuer optiert hatte oder der Verwalter sich entschlossen hat, zur Umsatzsteuer zu optieren.[90] Ein häufig nicht gesehenes Risiko[91] besteht darin, dass der Schuldner bereits optiert hat, aber dann eine Vermietung vorgenommen hat, die nicht mit Umsatzsteuer belastet ist. Dies betrifft nicht nur Vermietung als Wohnraum, sondern auch an Gewerbe, welche von Gesetzes wegen keine Umsatzsteuer zahlen müssen, wie z. B. Apotheken, Arztpraxen, Postfilialen etc. Nach der Auffassung des FG Greifswald muss der Zwangsverwalter als Aufwand nach § 155 Abs. 1 ZVG für die Zeit seiner Verwaltung die anteilige Vorsteuer zurückzahlen.[92] Dies gilt natürlich auch, wenn der Verwalter einen leer stehenden gewerblichen Raum neu vermietet. Er wird sich beim Finanzamt erkundigen müssen, ob eine Option vorliegt, wenn er umsatzsteuerfrei vermieten will. Notfalls kann es besser sein, den leeren Raum für eine umsatzsteuerpflichtige Vermietung vorzuhalten. 55

Führt der Schuldner den Betrieb auf dem Grundstück weiter und zahlt an den Verwalter eine Nutzungsentschädigung, handelt es sich nicht um einen umsatzsteuerpflichtigen Vorgang, da der Schuldner auch nach der Beschlagnahme Unternehmer und Steuerschuldner bleibt und der Verwalter nur dessen Steuerschuld erfüllt. 56

---

87) Ausführlich zu Zwangsverwaltung und Steuer *Engels*, ZfIR 2012, 381 ff.

88) BFH, Beschl. v. 1.8.2012 – II R 28/11, ZfIR 2012, 891 = ZIP 2012, 2306.

89) FG München, Urt. v. 23.3.2011 – 4 K 812/08, IGZInfo 2012, 107 = BB 2011, 2325.

90) Böttcher/*Keller*, ZVG, § 152 Rz. 67; kritisch zu dem gesamten Komplex Stöber/*Drasdo*, ZVG § 152 Rz. 196 ff.

91) *Wedekind*, ZfIR 2011, 648; *Schmidberger*, ZfIR 2006, 11.

92) FG Mecklenburg-Vorpommern, Beschl. v. 28.10.2010 – 2 K 152/08, ZfIR 2011, 668; BFH, Beschl. v. 28.6.2011 – XI B 18/11, ZIP 2011, 2018 = NZI 2011, 737.

Somit kann der Verwalter nicht optieren und auch vom Schuldner keine zusätzliche Steuer neben der Nutzungsentschädigung fordern. Allerdings kann dann der Schuldner unmittelbar die Steuer aus den Rechnungen, welche dem Verwalter gestellt werden, als Vorsteuer in seinem Betrieb geltend machen. Insbesondere in diesem Fall muss der Verwalter darauf achten, dass die ihm gestellten Rechnungen ordnungsgemäß erfolgen.

57 Werden mehrere Grundstücke des gleichen Schuldners zwangsverwaltet, so sind die Aufwendungen des § 155 ZVG getrennt zu ermitteln. Dies gilt grundsätzlich auch für die Umsatzsteuer.[93] Der Zwangsverwalter hat gemäß eines Erlasses des Bundesministers der Finanzen vom 8.6.1992[94] einen **Anspruch** auf eine separate Steuernummer bei mehreren getrennt steuerpflichtigen Objekten für jede Einheit.

58 Wer als Unternehmer (§ 2 UStG) Bauleistungen für sein Unternehmen durchführen lässt, ist verpflichtet, eine pauschale **Bauabzugssteuer** an das Finanzamt des Bauunternehmers abzuführen und die Rechnung entsprechend zu kürzen. Unternehmer ist auch der Zwangsverwalter, welcher nur Wohnungen vermietet und deshalb keine Umsatzsteuer schuldet.[95]

59 Hinsichtlich der Einkommensteuer galt bis zum Jahre 2015 aufgrund der früheren Rechtsprechung des Bundesfinanzhofs[96] Folgendes:

60 Steuersubjekt und damit grundsätzlich Schuldner der Einkommensteuer blieb auch nach der Einleitung eines Zwangsverwaltungsverfahrens der Vollstreckungsschuldner. Daraus wurde einhellig geschlossen: Der Verwalter hat keine „privaten" Steuerpflichten des Schuldners zu erfüllen; insbesondere hat er keine Steuererklärung für ihn abzugeben. Allerdings musste er dem Schuldner die Angaben zur Verfügung stellen, welche dieser zur Erfüllung seiner Steuerpflichten benötigt.[97]

61 Mit seiner Entscheidung vom 10.2.2015[98] weicht der Bundesfinanzhof ausdrücklich von dieser früheren Rechtsprechung ab. Er betont, dass steuerpflichtige Einkünfte und Einnahmenüberschüsse unmittelbar aus der Verwaltung verursacht werden und dass deshalb der Zwangsverwalter Vermögensverwalter i. S. v. § 34 Abs. 3 AO sei. Dies bedeute, dass der Zwangsverwalter die auf die Einnahmen aus Vermietung und Verpachtung entfallende Einkommensteuer zu entrichten habe. Zu diesem Urteil veröffentlichte das Bundesministerium der Finanzen am 3.5.2017 einen Anwendungserlass für die Finanzverwaltungen (BMF-Schreiben v. 3.5.2017 – IV A 3 – S 0550/15/10028, DOK: 2017/0384389) und veranlasste die Veröffentlichung des Urteils in BStBl. II 2017 S. 367.

93) BFH, Urt. v. 18.10.2001 – V R 44/00, ZInsO 2002, 70 = Rpfleger 2002, 165; vgl. Böttcher/*Keller*, ZVG § 152 Rz. 67a.

94) BMF-Schreiben vom 19.2.1992 – IV A 3 – S 7340 – 3/92, BStBl. I 1992, 397.

95) Vgl. Böttcher/*Keller*, ZVG, § 152 Rz. 66e; Stöber/*Drasdo*, ZVG § 152 Rz. 228; Schneider-*Bergsdorf*/*Kropp*, ZVG, § 152 Rz. 326 f.

96) BFH, Urt. v. 22.8.1958 – VI 157/57, DB 1958, 1203.

97) *Depré*/*Mayer*, § 2 Rz. 744.

98) BFH, Urt. v. 10.2.2015 – IX R 23/14, Rpfleger 2015, 574 = ZfIR 2015, 573 mit Anm. *Onussseit*, S. 577 und Bespr. *Schmittmann*, S. 545.

Einige wichtige Punkte aus diesem Erlass: 62

- Als Vermögensverwalter ist der Zwangsverwalter verpflichtet, an der Erstellung der Einkommensteuererklärung des Schuldners mitzuwirken, soweit Besteuerungsgrundlagen zu erklären sind, die in einem Zusammenhang mit dem zwangsverwalteten Grundstück stehen. [...](= Rz. 6 des Erlasses)
- Der Zwangsverwalter kommt diesen Pflichten insbesondere nach, wenn er die für die Einkommensteuererklärung notwendigen Angaben über die vermietende und verpachtende Tätigkeit in den dafür vorgesehenen Anlagen zur Einkommensteuererklärung (z. B. Anlage V, ggf. Anlage KAP) erklärt und die Vollständigkeit und Richtigkeit mit seiner Unterschrift bestätigt. (= Rz. 7).
- [...] hat der Zwangsverwalter als Vermögensverwalter [...] die Einkommensteuer des Grundstückseigentümers zu entrichten, soweit sie aus steuerpflichtigen Einkünften, die aus dem im Zwangsverwaltungsverfahren beschlagnahmten Grundstück erzielt werden, herrührt. (= Rz. 19).
- [...] Zur Entrichtung dieser Steuer ist aber während der Dauer der Zwangsverwaltung allein der Zwangsverwalter verpflichtet. (= Rz. 23).
- Der Zwangsverwalter hat die Einkommensteuer nur insoweit zu entrichten, als sie auf die Zwangsverwaltung entfällt. Hierzu ist sie unter Einbeziehung aller Einkünfte des Schuldners und ggf. eines Ehegatten/Lebenspartners einheitlich zu ermitteln. Im Anschluss daran erfolgt dann die Verteilung [...] grundsätzlich im Verhältnis der Einkünfte. [...] (= Rz. 34).
- Da der Zwangsverwalter Person i. S. v. § 34 Abs. 3 AO ist, haftet er im Fall grob fahrlässiger oder vorsätzlicher Verletzung steuerlicher Pflichten nach § 60 AO für den eingetretenen Einkommensteuerschaden, soweit dieser mit der Zwangsverwaltung des Grundstücks im Zusammenhang steht. (= Rz. 54)
- Eine Haftungsinanspruchnahme kommt jedoch nur für solche Sachverhalte in Betracht, die nach der Veröffentlichung [...] auf der Internetseite des BFH (= 10.6.2015) verwirklicht worden sind. [...] (= Rz. 56)
- Die Grundsätze des BFH-Urteils [...] sind erstmals auf Besteuerungstatbestände anzuwenden, in denen Zwangsverwaltungsverfahren nach dem 9.6.2015 aufgehoben werden. [...](= Rz. 60).

Die praktischen Schwierigkeiten bei der Umsetzung der Entscheidung des Bundesfinanzhofs schildern *Brandau/Darga*[99)] sehr eingehend. Mit ihnen kann nur der Hoffnung Ausdruck verliehen werden, dass durch eine gesetzliche Regelung dem Irrweg des BFH zur Einkommensteuerpflicht des Zwangsverwalters Einhalt geboten wird. Ansonsten ist zu befürchten, dass das Institut der Zwangsverwaltung für die Vollstreckungsgläubiger immer uninteressanter wird und sich die öffentliche Hand auf Kosten der Privatgläubiger „bereichert“. 63

---

99) *Brandau/Darga*, ZfIR 2016, 700, 706 f.; siehe hierzu auch Böttcher/*Keller*, ZVG § 152 Rz. 66a ff.; Stöber/*Drasdo*, ZVG § 152 Rz. 208a bis 227; Schneider-*Schmidberger*, ZVG § 155 Rz. 17 f. m. w. N.

64 In dem Abschlussbericht der Hochschule für Wirtschaft und Recht Berlin, Fachbereich „Rechtstatsächliche Forschung zur Ermittlung eines Reformbedarfs des ZVG" wird die Stellungnahme der Kreditinstitute zu dem Urteil des BFH wie folgt geschildert[100]: „Das Zwangsverwaltungsverfahren sei nicht mehr ein Verfahren der Vollstreckung und Gläubigerbefriedigung, sondern eines der Steuerbeitreibung." Dem ist eigentlich nichts hinzuzufügen.

65 Wenn die Verfasser des o. g. Abschlussberichts abschließend empfehlen, § 155 Abs. 1 ZVG anzupassen und zu regeln, dass Steuern und öffentliche Abgaben nur dann als Ausgaben der Verwaltung anzusehen sind, wenn sie unmittelbar der Vermietung oder Verpachtung entspringen,[101] dann dürfte dies allein nicht ausreichen, um die Folgen der verfehlten Rechtsprechung des BFH zu beseitigen oder zumindest zu „entschärfen".

100) *Böttcher/Keller/Schneider/Beeneken*, Das ZVG auf dem Prüfstand, S. 404.

101) *Böttcher/Keller/Schneider/Beeneken*, Das ZVG auf dem Prüfstand, S. 406/407, so auch Stöber/*Drasdo*, ZVG, § 152 Rz. 213b, der aber gleichzeitig die Befürchtung hegt, dass sich eine Gesetzesänderung nicht an zivilrechtlichen Argumenten, sondern an dem Grundsatz „in dubio pro fisco" orientieren wird.

§ 152a
Ermächtigung des Bundesjustizministers

Der Bundesminister der Justiz wird ermächtigt, Stellung, Aufgaben und Geschäftsführung des Zwangsverwalters sowie seine Vergütung (Gebühren und Auslagen) durch Rechtsverordnung mit Zustimmung des Bundesrates näher zu regeln. Die Höhe der Vergütung ist an der Art und dem Umfang der Aufgabe sowie an der Leistung des Zwangsverwalters auszurichten. Es sind Mindest- und Höchstsätze vorzusehen.

Literatur: *Förster, Karsten*, Zur Bemessung der Vergütung für Zwangsverwalter, Rpfleger 2008, 278.

Übersicht

I. Allgemeines

1 § 152a ZVG ermächtigt das Bundesministerium der Justiz Stellung, Aufgaben, Geschäftsführung und Vergütung des Zwangsverwalters durch Rechtsverordnung zu

regeln (Art. 80 GG). Dies ist durch die Zwangsverwalterverordnung (ZwVwV) vom 19.12.2003 erfolgt.[1)]

II. Die Vergütung des Zwangsverwalters

Das ZVG bestimmt in § 153 ZVG nur, dass dem Verwalter eine Vergütung zusteht und dass diese vom Gericht festzusetzen ist. Eine Regelung über deren Grundlagen und Höhe enthält das Gesetz nicht. Aufgrund der Ermächtigung des § 152a ZVG regeln nun die §§ 17–22 ZwVwV rechtsverbindlich die Vergütung und den Ersatz der Auslagen des Zwangsverwalters. Ausdrücklich betont § 17 Abs. 1 ZwVwV den Anspruch des Verwalters auf eine leistungsgerechte Vergütung und Ersatz seiner Auslagen im Rahmen des § 21 ZwVwV. 2

1. Die Regelvergütung

Hat der Zwangsverwalter Einnahmen aus Vermietung oder Verpachtung, ist der eingezogene Bruttobetrag im jeweiligen Abrechnungszeitraum Grundlage für die Berechnung der Vergütung. Die Regelvergütung beträgt einheitlich 10 % des Bruttoertrags, die vom Verwalter eingenommenen Nebenkosten zur Miete also eingeschlossen.[2)] Es ist für die Berechnung der Vergütung nicht mehr erforderlich, innerhalb eines einheitlichen Objektes für die einzelnen Miet- bzw. Pachtverhältnisse eine getrennte Rechnung zu erstellen. Vielmehr berechnet sich die Vergütung aus der Gesamtsumme. 3

Zur vergütungsrechtlichen Einordnung der Einspeisevergütung für Strom aus Photovoltaik- oder ähnlichen Anlagen hat der Bundesgerichtshof entschieden, dass diese Vergütung zu den Einnahmen einer Eigentumswohnung oder eines Teileigentums gehören kann, wenn das Recht zum Betrieb der Anlage Inhalt des Sondereigentums ist. Dann gehört sie zur Mieteinnahme, wenn die Wohnung vermietet ist. Bei Selbstnutzung kann sie „sonstiger Ertrag" sein, auf den § 16 ZwVwV analog anzuwenden wäre.[3)] 4

Der Abrechnungszeitraum des § 14 Abs. 2 ZwVwV bestimmt auch die Summe der Einnahmen, aus welchen sich die Vergütung berechnet. Im gesetzlichen Normalfall ist dies das Kalenderjahr, wobei dann der Abrechnungszeitraum für die Gerichtsgebühren mit jenem der Verwaltervergütung übereinstimmt. Hat das Gericht dem Verwalter (§ 14 Abs. 2 Satz 2 ZwVwV) einen anderen Rechenzeitraum gestattet, ist dieser auch für die Vergütung maßgebend. 5

Die Miete muss tatsächlich an den Verwalter geflossen sein. Es reicht nicht aus, dass er wegen der Miete einen Mahnbescheid beantragt hat.[4)] Auch Direktzahlungen des Mieters an den Schuldner oder an Gläubiger werden nicht mitgerechnet.[5)] Je 6

---

1) BGBl. I S. 2804. Zurzeit wird diese Verordnung hinsichtlich der Vergütung des Zwangsverwalters überarbeitet, da die seit 1.1.2004 geltenden Beträge nicht mehr kostendeckend sind. Wann diese Änderung in Kraft tritt, steht zum jetzigen Zeitpunkt noch nicht fest. Der Referentenentwurf des BMJ vom 18.8.2023 ist in einer synoptischen Darstellung der bisherigen Fassung und der beabsichtigten Novellierung im Anschluss an die ZwVwV im Anhang mit abgedruckt.

2) An dem Prozentsatz von 10 % soll sich auch nach der vorgesehenen Änderung des § 18 ZwVwV nichts ändern.

3) BGH, Beschl. v. 20.11.2014 – V ZB 204/13, ZfIR 2015, 226 = openJur 2014, 27231.

4) BGH, 26.4.2012 – V ZB 155/11, IGZinfo 2012, 144, Rpfleger 2012, 564 = ZfIR 2012, 561.

5) BGH, Beschl. v. 26.4.2012 – V ZB 155/11, Rpfleger 2012, 564, IGZInfo 2012, 144.

nach Einzelfall kommt ein Ausgleich über § 18 Abs. 1 Satz 2 ZwVwV, über § 18 Abs. 2 ZwVwV oder über § 19 ZwVwV in Betracht. Entscheidend ist der Tag des Eingangs beim Verwalter. Rückstände aus dem vorhergehenden Abrechnungszeitraum rechnen im Zeitraum des Eingangs. Dies gilt auch für eine Nachzahlung aufgrund der Nebenkostenabrechnung für das Vorjahr. Eingänge, die erst nach Aufhebung wegen Antragsrücknahme eingehen, rechnen mit,[6] weil sie vom Verwalter noch abzurechnen sind.

7 Umfasst die Verwaltung **mehrere Grundstücke** des Schuldners (insbesondere aber mehrere Eigentumswohnungen), kommt es für die Berechnung der Vergütung nicht darauf an, ob das Gericht die Verwaltung im einheitlichen Verfahren oder im getrennten Verfahren angeordnet hatte. Entscheidend ist nur, ob die Besitzergreifung durch den Verwalter durch einen einheitlichen Akt erfolgen konnte oder ob er jede Einheit getrennt in Besitz nehmen musste; es kommt also auf die wirtschaftliche Einheit an.[7] Eine Eigentumswohnung und Tiefgaragenstellplätze sind – soweit es sich um eine übliche Anzahl von einem Stellplatz oder zwei Stellplätzen handelt – als eine solche wirtschaftliche Einheit anzusehen mit der Folge, dass dem Zwangsverwalter die ihm zustehende Mindestvergütung insoweit nur **einmal** festgesetzt werden kann. Hierbei ist es auch ohne Belang, ob der Stellplatz im Grundbuch als Teileigentum oder als Sondernutzungsrecht eingetragen ist.[8] Sind alle Wohneinheiten an einen Zwischenvermieter vermietet, werden sie zumindest dann als getrennte Einheiten angesehen, wenn der Zwangsverwalter den Zwischenmietvertrag nicht kannte.[9]

8 Für vertraglich geschuldete, aber im Abrechnungszeitraum nicht eingezogene Mieten oder Pachten erhält der Verwalter 20 % der Vergütung, die er erhalten hätte, wenn er den Betrag eingezogen hätte (§ 18 Abs. 1 Satz 2 ZwVwV).[10] Dabei ist es gleichgültig, ob der Verwalter erhebliche zeitaufwändige Bemühungen für diesen Einzug unternommen hatte oder ob er mit Rücksicht auf die erkennbare Erfolglosigkeit hiervon abgesehen hat.[11]

9 Ist die Vergütung des Verwalters nach § 18 Abs. 1 ZwVwV zu berechnen und ergibt die so berechnete Vergütung ein Missverhältnis zwischen der Tätigkeit des Verwalters und der zu gewährenden Vergütung, so kann das Gericht die nach § 18 Abs. 1 Satz 1 ZwVwV berechnete Vergütung (also 10 %) bis auf 5 % ermäßigen oder bis auf 15 % anheben. Der Zwangsverwalter hat die Umstände, welche eine Anhebung begründen sollen, genau[12] darzulegen. Eine Zeitvergütung nach § 19 ZVG kommt erst in Betracht, wenn auch die angehobene Vergütung angesichts des Aufwands

---

6) LG Dresden, Beschl. v. 6.4.2006 – 13 T 0039/06, IGZInfo 2006, 92; a. M. AG Hannover, Beschl. v. 3.9.1990 – 731 a L 21/89, Rpfleger 1991, 169; Stöber/*Drasdo*, ZVG, § 152a Rz. 4.3.

7) BGH, Beschl. v. 18.1.2007 – V ZB 63/06, ZfIR 249 mit Anm. *Keller*, S. 251.

8) BGH, Beschl. v. 26.6.2014 – V ZB 7/14, Rpfleger 2014, 691 = MDR 2014, 1048.

9) LG Wuppertal, Beschl. v. 8.1.2008 – 6 T 10-22/08, Rpfleger 2008, 273.

10) Auch an diesem Prozentsatz soll sich durch die beabsichtigte Neufassung des § 18 ZwVwV nichts ändern.

11) Zur Unangemessenheit dieser Regelung *Depré/Mayer*, § 2 Rz. 854.

12) BGH, Beschl. v. 5.11.2004 – IXa ZB 202/03, NJW 2004, 3429 = Rpfleger 2005, 152 = MDR 2005, 536.

offensichtlich unangemessen wäre.[13)] Diese Vorschrift bergründet aber nur ein **Recht**, aber keine Pflicht des Zwangsverwalters, nach Zeitaufwand abzurechnen, wenn seine nach § 18 ZwVwV errechnete Vergütung unangemessen ist.[14)] Der Prozentsatz kann in jedem Jahr unter Berücksichtigung der jeweiligen Umstände neu festgesetzt werden.

Die Regelung des § 18 ZwVwV umfasst keinen typisierten Regelfall,[15)] sondern schlechthin alle Fälle vermieteter oder verpachteter Objekte. Das Gericht hat aufgrund einer an die Wertung des § 152a ZVG angelegten Beurteilung aller in Betracht kommenden Umstände des Einzelfalles zu einem für diesen Einzelfall gerechten Ergebnis zu kommen.[16)] Diese Gesamtwürdigung ist in der Rechtsbeschwerde nur eingeschränkt nachprüfbar. Ein pauschales Zusammenrechnen von Erschwernissen und Erleichterungen kann die Einzelfallprüfung nicht ersetzen.[17)] Es kommen somit nur Gründe für eine Anhebung in Betracht, welche im **Einzelfall** die Verwaltung derart erschwerten, dass Aufwand und Vergütung in einem Missverhältnis stünden, z. B. zahlreiche Eingaben des Schuldners, mit denen sich der Verwalter befassen musste;[18)] die Übernahme eines anhängigen Verfahrens mit über 1.000 Aktenseiten;[19)] Baumängel, mit welchen sich der Verwalter befassen musste (ohne dass der Sonderfall des § 18 Abs. 3 vorgelegen hätte) und häufiger Mieterwechsel;[20)] Streit mit den Mietern um Mietminderung infolge des schlechten Bauzustandes[21)] oder neben umfangreicher Buchhaltung auch Instandsetzungen und Neuvermietungen.[22)] Allein die Anzahl der Wohnungen[23)] oder die gewerbliche Nutzung eines Objekts[24)] reichen jedoch für eine Erhöhung nicht aus. 10

Muss der Zwangsverwalter für Zeiträume Nebenkosten abrechnen, welche zum Zeitpunkt der Beschlagnahme bereits abgeschlossen waren (siehe § 152 Rz. 30 ff. [*Depré*]), so handelt es sich hierbei regelmäßig um eine so erhebliche Mehrarbeit, dass im Jahr der Abrechnung stets ein Missverhältnis zwischen Regelvergütung und Auf- 11

13) Sehr ausführlich BGH, Beschl. v. 27.5.2021 – V ZB 152/18, MDR 2021, 1091 = WM 2021, 1451.
14) BGH, Beschl. v. 27.5.2021 – V ZB 152/18, MDR 2021, 1091 = WM 2021, 1451.
15) So aber *Förster*, Rpfleger 2008, 278.
16) BGH, Beschl. v. 15.11.2007 – V ZB 12/07, Rpfleger 2008, 216 = IGZInfo 2008, 43 = ZfIR 2008, 199 mit Anm. *Wedekind*, S. 201 ff.
17) BGH, Beschl. v. 15.11.2007 – V ZB 12/07 = Rpfleger 2008, 216 = IGZInfo 2008, 43, ZfIR 2008, 199; a. A. *Förster*, Rpfleger 2008, S. 271.
18) LG Göttingen, Beschl. v. 1.6.1999 – 10 T 24/99, Rpfleger 1999, 503 = KTS 2000, 279.
19) LG Göttingen, Beschl. v. 6.2.2001 – 10 T 103/00, Rpfleger 2001, 312 = NZI 2001, 312.
20) LG Leipzig, Beschl. v. 22.10.2001 – 1 T 8897/00, Rpfleger 2002, 166.
21) LG Flensburg, Beschl. v. 26.7.2001 – 5 T 167/01, ZInsO 2001, 749 = Jurion RS 2001, 29415.
22) BGH, Beschl. v. 14.12.2000 – IX ZBI 105/00, Rpfleger 2001, 255 = ZInsO 2001, 165 für einen Insolvenzverwalter. Weitere Einzelfälle: Dassler/Schiffhauer/u. a.-*Engels*, ZVG, § 152a Rz. 61 = Rpfleger 2001, 255.
23) So aber LG Zwickau, Beschl. v. 19.12.2006 – 8 T 116/00 (für 48 Wohnungen): IGZInfo 2007, 34.
24) BGH, Beschl. v. 15.11.2007 – V ZB 12/07, IGZInfo 2008, 43, 45 = ZfIR 2008, 199; a. A. LG Erfurt, Beschl. v. 2.1.2007 – 2 T 244/05, IGZInfo 2007, 32 = Rpfleger 2007, 277.

wand entstehen wird. Der Verwalter kann in einem solchen Fall grundsätzlich für das Jahr, in welchem er die Abrechnung vornehmen musste, einen Zuschlag fordern.[25)]

2. Die Zeitvergütung

12 Der Verwalter erhält seine Vergütung nach Zeitaufwand, wenn entweder keine Mieteinnahmen eingehen oder die Vergütung nach § 18 ZwVwV unangemessen niedrig ist. Der Verwalter kann nicht zur Zeitvergütung optieren. Falls Einnahmen aus Vermietung/Verpachtung vorhanden sind, muss die – ggf. auf 15 % erhöhte – Vergütung nach § 18 ZwVwV mit der möglichen Zeitvergütung verglichen werden und Letztere kommt nur in Betracht, wenn Erstere offensichtlich unangemessen ist.[26)] Es ist davon auszugehen, dass dies bei 25 % Differenz anzunehmen[27)] ist. Dass die Voraussetzung für die Anwendung dieser Vorschrift vorliegt, hat der Verwalter durch eine Vergleichsberechnung darzustellen.[28)] Es kann für eine einheitliche Verwaltung nur einheitlich entweder nach § 18 oder nach § 19 der ZwVwV abgerechnet werden (§ 19 Abs. 2 ZwVwV).

13 Rechnet der Verwalter nach § 19 ZwVwV ab, erhält er einen einheitlichen Stundensatz zwischen 35 und 95 €, und zwar sowohl für seinen eigenen Zeitaufwand als auch für den seiner qualifizierten Mitarbeiter.[29)] In diesem Fall kann also der Verwalter auch die Zeit abrechnen (was er bei der Vergütung nach § 18 ZwVwV nicht kann), welche seine regelmäßigen Mitarbeiter für die Verwaltung als solche aufgewendet haben. Die Verordnung geht davon aus, dass diese qualifizierten Mitarbeiter den eigenen Zeitaufwand des Verwalters entsprechend reduziert haben. Maßstab für die Höhe des Stundensatzes ist nicht die Qualifikation des Verwalters, sondern die Schwierigkeit der Verwaltung im Einzelfall. Es kommt also nur auf die im Einzelfall erforderliche, nicht auf die grundsätzlich vorhandene Qualifikation an.[30)] Der durchschnittliche Stundensatz für durchschnittlich schwierige Verfahren wird z. Zt. zwischen 70 und 80 € anzusetzen sein.[31)] Der rechnerische Mittelwert zwischen dem Mindestsatz (35 €) und dem Höchstsatz (95 €), also 65 €, kann nicht als Durchschnitts-Satz für ein normal schwieriges Verfahren dienen.[32), 33)]

---

25) *Depré/Mayer*, § 2 Rz. 866; zusätzlicher Mehraufwand wg. Umsatzsteuer-Vorausanmeldungen LG Koblenz Beschl. v. 12.11.2012 – 2 T 588/12, Rpfleger 2013, 285.

26) Vgl. hierzu auch BGH, Beschl. v. 27.5.2021 – V ZB 152/18, MDR 2021, 1091 = WM 2021, 1451.

27) BGH, Beschl. v. 11.10.2007 – V ZB 1/07, IGZInfo 2008, 47; KG (für § 14 RWG: 20 %), Beschl. v. 6.12.2010 – 1 Ws 45/10, Rpfleger 2011, 347; so auch LG Münster, Beschl. v. 11.5.2015 – 5 T 58/15, Jurion RS 2015, 38233.

28) BGH, Beschl. v. 10.1.2008 – V ZB 31/07, Rpfleger 2008, 270 = MDR 2008, 470.

29) Nach der beabsichtigten Änderung des § 19 ZwVwV soll der Mindeststundensatz 50 €, der Höchststundensatz 250 € betragen.

30) BGH, Beschl. v. 27.2.2004 – IXa ZB 37/08, BGH, Beschl. v. 15.3.2007 – V ZB 117/06 Rpfleger 2004, 367, Rpfleger 2007, 414 = ZIP 2004, 367 = ZIP 2007, 1628. Dazu auch LG Frankenthal, Beschl. v. 26.10.2005 – 1 T 189/05, ZfIR 2006, 36 mit Anm. *Depré*.

31) So auch Böttcher/*Keller*, ZVG, § 152a Rz. 19; Schneider-*Bergsdorf/Kropp*, ZVG § 152a Rz. 60 unter Hinweis auf LG Braunschweig, Beschl. v. 24.6.2010 – 4 T 185/10, ZInsO 2010, 2344; *Haarmeyer/Hintzen*, § 19 ZwVwV Rz. 6.

32) So auch Stöber/*Drasdo*, ZVG, § 152a Rz. 33.

33) Ob sich diese Betrachtungsweise bei dem vorgesehenen rechnerischen Mittelwert von 150 € aufrechterhalten lässt, bleibt abzuwarten.

Grundlage für die Entscheidung des Gerichts über die Höhe des Stundensatzes kann nur der Verwalterbericht – ggf. einschließlich einer mündlichen Erörterung – sein. Seine Abrechnung muss also eine plausible, nachvollziehbare Darlegung des tatsächlichen Arbeitsaufwandes enthalten[34] Eine minutengenaue Abrechnung ist nicht erforderlich.[35] Liegt eine solche Abrechnung vor und versichert der Zwangsverwalter deren Richtigkeit, ist das Gericht regelmäßig daran gebunden und nimmt nur eine Plausibilitätskontrolle vor. Erst auf Einwendungen, die der Rechtspfleger als erheblich ansieht, ist der Zeitaufwand näher zu erläutern.[36] Dabei ist zu beachten, dass der Zwangsverwalter in seiner Arbeitsorganisation frei ist.[37] 14

3. Mitarbeiter und Hilfskräfte

Hilfskräfte, welche ein Eigentümer üblicherweise für ein solches Objekt anstellt (oder welche der Verwalter sogar vorgefunden hat), also z. B. Hausmeister oder Reinigungskräfte, sind in der ZwVwV nicht angesprochen. Ihre Besoldung ist Aufwand i. S. d. § 155 Abs. 1 ZVG und der Verwalter bezahlt sie aus Mitteln der Verwaltung ohne gerichtliche Mitwirkung. Für die Mitarbeit seines Personals in der Kanzlei erhält der Verwalter grundsätzlich keinen Ersatz (§ 21 Abs. 1 ZwVwV), soweit es sich nicht um „qualifizierte Mitarbeiter" handelt und § 19 ZwVwV anzuwenden ist. 15

Rechnet der Verwalter seine Vergütung nach § 18 ZwVwV ab und hat er Hilfskräfte für bestimmte Verwaltungsaufgaben speziell für dieses Verfahren eingestellt, handelt es sich bei deren Besoldung um Auslagen i. S. d. § 21 Abs. 2 ZwVwV. Bei einer sehr großen Wohnanlage mit häufigem Mieterwechsel käme z. B. ein Mitarbeiter in Betracht, welcher dort präsent ist, für den Verwalter die Wohnung ausziehender Mieter „abnimmt", Mietinteressenten leere Wohnungen zeigt und neue Mieter in ihre Mieträume einweist. Der Verwalter muss sich für die Gehaltszahlung entweder einen Vorschuss (§ 22 Satz 2 ZwVwV) bewilligen lassen oder das Geld aus eigenen Mitteln bis zur Festsetzung am Ende des Abrechnungszeitraumes vorschießen. 16

Rechnet der Verwalter seine eigene Vergütung als Zeitvergütung nach § 19 ZwVwV ab, kann er auch eine Vergütung für die Arbeitszeit seiner regelmäßigen Mitarbeiter (also auch solcher, die er nicht speziell für diese Verwaltung eingestellt hat) insoweit in Ansatz bringen, als er die von ihnen vorgenommenen Geschäfte ohne deren Mitarbeit hätte selbst erledigen müssen – und sie also zu vergütende „Verwalter-Zeit" erspart haben **(qualifizierte Mitarbeiter)**. Nur diese Mitarbeit ist in § 19 Abs. 1 ZwVwV geregelt. Kanzleikräfte, die also nur Schreibarbeit leisten, fallen auch in diesem Zusammenhang unter § 21 Abs. 1 ZwVwV und werden nicht gesondert vergütet. Auch für die Vergütung dieser qualifizierten Mitarbeiter muss der Verwalter in Vorlage treten, falls ihm nicht die Entnahme eines Vorschusses aus der Masse (§ 22 Satz 2 ZwVwV) gestattet wurde. 17

---

34) LG Erfurt, Beschl. v. 7.9.2006 – 2 T 173/06, IGZInfo 2006, 147.

35) LG Mönchengladbach, Beschl. v. 3.4.2006 – 5 T 539/05, IGZInfo 2006, 92 = Jurion RS 2006, 40335.

36) LG Erfurt, Beschl. v. 7.9.2006 – 2 T 173/06, IGZInfo 2006, 147.

37) LG Frankenthal, Beschl. v. 26.10.2005 – 1 T 189/05, ZfIR 2006, 36 mit Anm. *Depré*.

4. Die Mindestvergütung

18 Eine Zwangsverwaltung bereitet in den ersten Tagen und Wochen im Normalfall deutlich mehr Arbeit für den Zwangsverwalter, als dies später der Fall ist. Ein sachgemäßer Ausgleich ist nur möglich, wenn die Zwangsverwaltung lange dauert. Endet sie aber alsbald nach der Anordnung, kann der Verwalter nach § 18 ZwVwV regelmäßig keine angemessene Vergütung für seinen Aufwand erhalten. Dies hat die ZwVwV richtig erkannt und deshalb die bisherigen nicht mehr diskutablen Mindestvergütungen angehoben.

19 Wurde das Verfahren aufgehoben, bevor der Verwalter das Objekt in Besitz genommen hat, so erhält er eine Mindestvergütung in Höhe von 200 € (§ 20 Abs. 2 ZwVwV).[38] Es muss jede Tätigkeit genügen, die er entfaltet hat, nachdem er von seiner Bestellung erfahren hat, wie z. B. die Einrichtung eines Anderkontos oder der Entwurf eines Schreibens an die Mieter. In besonders gelagerten Fällen kann der Verwalter evtl. statt dieser Mindestvergütung eine höhere Zeitvergütung nach § 19 ZwVwV fordern. Verweigert z. B. der Schuldner die Besitzübergabe oder auch die vom Verwalter vorgenommenen Versuche, ihn mittels Gerichtsvollzieher und Polizei aus dem unmittelbaren Besitz zu setzen, und der Gläubiger nimmt den Antrag zurück, können bereits so viele Arbeitsstunden angefallen sein, dass die nach § 19 ZwVwV zu gewährende Zeitvergütung den Betrag von 200 € übersteigt.

20 Endet das Verfahren, nachdem der Verwalter den Besitz des Objektes erlangt hat, beträgt seine Gesamtvergütung für dieses Verfahren mindestens 600 € (§ 20 ZwVwV), auch wenn eine Vergütung nach §§ 18 oder 19 ZwVwV niedriger wäre.[39] Dies gilt auch dann, wenn die Summe der eingenommenen Mieten geringer ist als die Mindestvergütung[40] und somit ein Minus erwirtschaftet wird. Die ZwVwV sieht also keine Mindest-Jahresvergütung, sondern nur eine Mindest-Gesamtvergütung[41] vor.

21 Bisher nicht geklärt ist die Frage, wann dem Zwangsverwalter die Mindestvergütung festzusetzen ist, wenn nach Beendigung des ersten Abrechnungsjahres (besonders nach einem Rumpfjahr) noch nicht feststeht, ob die Mindestvergütung oder eine höhere Vergütung nach §§ 18 oder 19 ZwVwV in Betracht kommt. Nach der ersten Berechnungsmöglichkeit bewilligt das Gericht zunächst die Vergütung nach §§ 18 oder 19 ZwVwV[42] und entscheidet erst bei Aufhebung des Verfahrens darüber, ob angesichts der bisher nach §§ 18, 19 ZwVwV bereits bewilligten oder noch zu bewilligenden Vergütung nicht doch insgesamt die Mindestvergütung anzusetzen ist. Bei der zweiten, wirtschaftlich korrekten Berechnungsmöglichkeit bewilligt das

38) Diese soll nach der neuen ZwVwV auf 500 € erhöht werden.

39) Hier soll diese Vergütung auf mindestens 1.500 € erhöht werden.

40) LG Saarbrücken, Beschl. v. 31.5.2012 – 5 T 286/12, Rpfleger 2012, 645.

41) BGH, Beschl. v. 1.6.2006 – V ZB 29/06, Rpfleger 2006, 490 = ZinsO 2006, 760 = InVo 2006, 447 = IGZInfo 2006, 80; vgl. Stöber/*Drasdo*, ZVG § 152a Rz. 39; Schneider-*Bergsdorf/Kropp*, ZVG § 152a Rz. 78; kritisch hierzu *Depré* und *Fetsch*, ZfIR 2006, 811 ff.; a. A. auch Böttcher/*Keller*, ZVG § 152a Rz. 21.

42) LG Essen, Beschl. v. 22.12.2004 – 7 T 570/04, Rpfleger 2005, 211; *Haarmeyer/Hintzen*, § 20 ZwVwV Rz. 3 und Dassler/Schiffhauer/u. a.-*Engels*, ZVG, § 152a Rz. 94, die aber die 2. Version als vertretbar ansehen.

Gericht im ersten Jahr die Mindestvergütung,[43)] wenn jene nach §§ 18, 19 ZwVwV geringer wäre. Ergibt sich bei der nächsten Abrechnung, dass die Mindestvergütung überschritten wird, erfolgt Anrechnung.

Tritt im Laufe des Verfahrens ein **Verwalterwechsel** ein, steht dem neuen Verwalter erneut die Mindestvergütung zu. Dies ergibt sich aus dem Gebot einer leistungsgerechten Vergütung (§ 152a ZVG). 22

5. Vergütung in besonderen Fällen

Für die Fertigstellung eines **Bauvorhabens** erhält der Verwalter neben der Regel- oder Mindestvergütung zusätzlich 6 % der von ihm verwalteten Bausumme, wobei Planungs-, Ausführungs- und Abnahmekosten Bestandteil der Bausumme sind (§ 18 Abs. 3 ZwVwV). Das Gericht kann die Vergütung nach § 18 Abs. 3 ZwVwV weder erhöhen noch ermäßigen. § 18 Abs. 3 ZwVwV ist analog auch bei einer Ausbesserung oder Erneuerung anzuwenden, wenn der Aufwand den Objektwert um 15 % übersteigt und somit die vorherige Zustimmung des Gerichts (§ 10 Abs. 1 Ziff. 5 ZwVwV) erforderlich ist; insbesondere, wenn ein Brandschaden beseitigt werden muss.[44)] 23

Führt ausnahmsweise der Verwalter einen **Gewerbebetrieb** in eigener Regie, kommt nur eine Zeitvergütung nach § 19 ZwVwV in Betracht.[45), 46)] Auf die Höhe des Ertrages kommt es nicht an. Allerdings wird das Gericht gemäß § 10 Abs. 1 Ziff. 1 ZwVwV die Weiterführung in eigener Regie nach Anhörung von Gläubiger und Schuldner (§ 10 Abs. 2 ZwVwV) untersagen müssen, wenn Gewinn und Vergütung im Missverhältnis stehen und die Weiterführung nicht aus anderen Gründen geboten ist. 24

6. Auslagen

Der Zwangsverwalter erhält keinen Ersatz für die allgemeinen Kosten seines Büros mit Einschluss der Gehälter seiner Angestellten (§ 21 Abs. 1 ZwVwV) und auch die Prämie für seine für alle Zwangsverwaltungsfälle abgeschlossene Haftpflichtversicherung ist mit der Vergütung abgegolten (§ 21 Abs. 3 ZwVwV). 25

Die Bearbeitung eines Antrags des Schuldners an den Zwangsverwalter auf Auskunft nach Art. 15 Abs. 1 DS-GVO[47)] zählt nicht zu den allgemeinen Geschäftskosten i. S. v. § 21 Abs. 1 ZwVwV, sondern ist Teil der Geschäftsführung des Verwalters. Die Festsetzung einer Vergütung nach §§ 17 Abs. 1, 19 ZwVwV scheidet jedoch aus, wenn es um die Bearbeitung einer Anfrage des Schuldners geht, da gemäß 26

---

43) LG Potsdam, Beschl. v. 24.5.2005 – 7 T 72/05, Rpfleger 2005, 620; *Depré/Mayer*, § 2 Rz. 884 ff. mit Beispiel.

44) *Depré/Mayer*, § 2 Rz. 892; Böttcher/*Keller*, ZVG § 152a Rz. 23; Stöber/*Drasdo*, ZVG § 152a Rz. 29.

45) BGH, Beschl. v. 11.1.2023 – V ZB 23/22, WM 2023, 387 = MDR 2023, 390 = NJW-RR 2023, 486.

46) Hier muss künftig beachtet werden, dass im Entwurf des § 18 durch Einfügung eines neuen Absatzes 4 ZwVwV gerade das Gegenteil vorgesehen ist. Es gilt in diesem Fall dann § 18 (und zwar unmittelbar!) und eben nicht § 19 ZwVwV, wie es in der Entscheidung des BGH vom 11.1.2023 (siehe Fn. 45) vorgegeben wurde.

47) Datenschutz-Grundverordnung (ABl. EU Nr. L 119 S. 1).

Art. 12 Abs. 5 Satz 1 DS-GVO die Mitteilung unentgeltlich zur Verfügung zu stellen ist.[48)]

27 Falls der Aufwand angemessen ist, kann der Verwalter neben seiner Vergütung Ersatz verlangen für Fahrtkosten und Reisekosten (§ 21 Abs. 2 ZwVwV), zumindest in Höhe des JVEG – falls er Anwalt ist auch in Höhe der Nr. 7003 ff. VV-RVG; für Kosten der Hilfskräfte (siehe Rz. 14 ff.); für die Aufwendungen für Porto und Telekommunikation, die speziell für dieses Verfahren angefallen sind; für Kosten einer Haftpflichtversicherung für den Einzelfall, die er auf gerichtliche Anordnung (§ 1 Abs. 4 Satz 2 ZwVwV) abgeschlossen hat; für Kosten zur Beauftragung eines Rechtsanwaltes[49)] und das Honorar nach § 17 Abs. 3 ZwVwV. Diese Aufzählung ist nicht abschließend.

28 Der Verwalter kann entweder seinen tatsächlich entstandenen Aufwand verlangen, wenn er Entstehen und Höhe in einer dem Gericht genügenden Weise darlegt. Da die ZwVwV hierzu keine Bestimmung trifft, entscheidet das Gericht nach seinem Ermessen, welche Angaben oder Nachweise es für die – erforderliche – Festsetzung verlangt. Für die Anzahl der Fahrten zum Objekt und für die Porto- und Kommunikationskosten wird eine sachliche Darlegung genügen oder der Verwalter kann sich darauf beschränken, statt des tatsächlichen Aufwandes eine Pauschale in Höhe von 10 % seiner Vergütung, höchstens 40 € für jeden angefangenen Monat seiner Tätigkeit, zu fordern.[50)] Da Auslagen i. S. d. § 21 Abs. 2 ZwVwV stets anfallen, bedarf das Verlangen der Pauschale keiner Begründung. Wählt der Verwalter die Pauschale, kann er grundsätzlich daneben keine weiteren Auslagen einzeln abrechnen,[51)] mit Ausnahme der Kosten für eine besondere Haftpflichtversicherung[52)] auf Anordnung des Gerichts und der Kosten für die Beauftragung eines externen Rechtsanwalts oder Steuerberaters.[53)] Der Zwangsverwalter muss sich nicht auf die gesamte Dauer der Verwaltung auf eine Abrechnungsmethode festlegen. Er kann also in einem Abrechnungszeitraum die Pauschale fordern und im nächsten die tatsächlich entstandenen Beträge abrechnen.

29 Der Verwalter hat Anspruch auf die **Umsatzsteuer**, welche auf seine Vergütung und die festgesetzten Auslagen entfällt (§ 17 Abs. 2 ZwVwV). Seine Tätigkeit ist gemäß § 12 UStG umsatzsteuerpflichtig. Die festzusetzende Vergütung ist immer eine „Nettovergütung", so dass die Steuer getrennt zusätzlich festzusetzen ist. Soweit die Vergütung des Verwalters aus umsatzsteuerpflichtigen Erträgen entnommen wurde, handelt es sich grundsätzlich um eine abzugsfähige Vorsteuer zugunsten der

---

48) BGH, Beschl. v. 15.7.2021 – V ZB 53/20, NJW-RR 2021, 1418 = MDR 2021, 1353.

49) BGH, Beschl. v. 2.7.2009 – V ZB 122/08, Rpfleger 2009, 632, ZfIR 2009, 832 mit Anm. *Bergsdorf*, IGZInfo 2009, 180; BGH, Beschl. v. 26.4.2012 – V ZB 155/11, Rpfleger 2012, 564 = MDR 2012, 938.

50) Nach dem neuen ZwVwV soll dieser Höchstbetrag auf 50 € erhöht werden.

51) So auch Stöber/*Drasdo*, ZVG, § 152a Rz. 47; Dassler/Schiffhauer/u. a.-*Engels*, ZVG, § 152a Rz. 120 und Böttcher/*Keller*, ZVG, § 152a Rz. 25.

52) So auch Böttcher/*Keller*, ZVG, § 152a Rz. 27; Stöber/*Drasdo*, ZVG § 152a Rz. 49; Schneider-*Bergsdorf*/*Kropp*, ZVG § 152a Rz. 81.

53) BGH, Beschl. v. 2.7.2009 – V ZB 122/08, Rpfleger 2009, 632, ZfIR 2009, 832 mit Anm. *Bergsdorf*, IGZInfo 2009, 180; BGH, Beschl. v. 26.4.2012 – V ZB 155/11, Rpfleger 2012, 564 = MDR 2012, 938.

Masse. Eine von der Masse nicht benötigte Vorsteuer aus der Vergütung des Verwalters kann der Schuldner anschließend für die Verrechnung seiner künftigen Umsatzsteuerschuld verwenden.

Der Vorsteuer-Verrechnungsanspruch der Masse unterliegt der Beschlagnahme und damit dem relativen Veräußerungsverbot, so dass eine Verrechnung mit Forderungen gegen den Schuldner aus der Zeit vor der Beschlagnahme nicht möglich ist. Dieses Veräußerungsverbot erlischt jedoch mit dem Ende der Beschlagnahme. Hebt das Gericht – z. B. nach Antragsrücknahme – das Verfahren ohne Einschränkung auf, erlischt damit die Beschlagnahme, auch wenn der Verwalter nach § 12 Abs. 2 ZwVwV noch weitere Geschäfte zu erledigen hat. Wird nun anschließend die Vergütung festgesetzt, besteht zu diesem Zeitpunkt das relative Veräußerungsverbot nicht mehr und die Steuerbehörde kann jetzt gegen den Vorsteuererstattungsanspruch zulasten der Masse mit Forderungen aufrechnen, welche vor der Beschlagnahme zulasten des Schuldners entstanden sind.[54] Dieses Ergebnis mag im Falle der Antragsrücknahme als billig hinzunehmen sein. Im Falle der Beendigung der Verwaltung nach Zuschlag könnte es jedoch vermieden werden. Das relative Veräußerungsverbot schützt zwar grundsätzlich das Befriedigungsrecht des Gläubigers (das durch den Zuschlag endet), hat jedoch auch Außenwirkung für das weiterbestehende Verwaltungsrecht, welches erst mit der Aufhebung endet. Wenn also der Rechtspfleger nach dem Zuschlag zunächst nur auf Freigabe der beschlagnahmten Gegenstände entscheidet, sodann die Vergütung festsetzt und mit der formellen Aufhebung wartet, bis die Verrechnung vorgenommen wurde, dürfte kein Zugriff der Steuerbehörde erfolgen.[55] 30

7. Einsatz berufsbedingter Spezialkenntnisse

Ist der Verwalter Rechtsanwalt, kann er die Vergütung nach dem RVG fordern, wenn ein Zwangsverwalter, der nicht Rechtsanwalt ist, die vorgenommene Tätigkeit einem Anwalt übertragen hätte.[56] Dies gilt auch für Steuerberater und andere Personen mit besonderer Qualifikation (§ 17 Abs. 3 ZwVwV), für Letztere aber nur, wenn es für deren freiberufliche Tätigkeit ein anerkanntes Kostenverzeichnis (§ 612 Abs. 2 BGB) gibt. Der Rechtsanwalt als Zwangsverwalter kann jedoch nicht für jede Rechtshandlung, für welche das RVG eine Gebühr vorsieht, auch eine solche berechnen.[57] 31

8. Die Festsetzung der Vergütung

Die Festsetzung der Vergütung des Verwalters und der ihm zu erstattenden Auslagen erfolgt auf seinen Antrag (§ 22 ZwVwV) durch das Gericht. Sie erfolgt nach dem jeweiligen Ablauf eines Abrechnungszeitraums (§ 14 Abs. 2 ZwVwV) oder anlässlich der Schlussrechnung (§ 14 Abs. 3 ZwVwV). Verlangt der Verwalter nur die 32

54) FG Baden-Württemberg, Beschl. v. 30.9.2011 – 9 K 629/07, ZfIR 2012, 199 mit Anm. *Depré/Lambert*.

55) *Depré/Mayer*, § 2 Rz. 911.

56) BGH, 26.4.2012 – V ZB 155/11, Rpfleger 2012, 564 = IGZInfo 2012, 144, 145: nicht für Mahnverfahren = NJW-RR 2012, 979.

57) Ausführlich dazu mit Beispielsfällen *Depré/Mayer*, § 2 Rz. 915 ff.

in der ZwVwV vorgesehene Regelvergütung, genügt eine entsprechende Abrechnung anhand der eingenommenen Beträge. Beantragt er eine Erhöhung der Regelvergütung oder Vergütung nach Zeitaufwand, ist dies zu begründen. Die Auslagen sind einzeln aufzustellen und – soweit üblich – zu belegen, falls nicht die Pauschale verlangt wird.[58)]

33 Der Festsetzungsbeschluss ist zu begründen. Dies ist auch erforderlich, wenn die Regelvergütung festgesetzt wird, wobei dann eine kurzgefasste pauschale Begründung genügt. Bei der Festsetzung einer Zeitvergütung oder bei einer Abweichung von der Regelvergütung hat das Gericht jedoch seine Überlegungen in nachprüfbarer Weise darzulegen. Der Zwangsverwalter hat auch dann einen Anspruch auf eine Vergütung, wenn die Anordnung fehlerhaft war und aufgehoben wurde. Diese Vergütung ist – auch noch nach der Aufhebung – vom Gericht festzusetzen und kann von ihm aus der vorhandenen Masse entnommen werden.[59)] Der Beschluss wird dem Gläubiger und dem Schuldner zugestellt; dem Verwalter nur, wenn seinem Antrag nicht vollumfänglich entsprochen worden ist. Nur diesen Beteiligten steht ein Rechtsbehelf zu.

34 Wird um mehr als 200 € gestritten, ist sofortige Beschwerde zum Landgericht statthaft (§ 11 RPflG i. V. m. § 567 Abs. 2 ZPO). Das Landgericht kann die Rechtsbeschwerde zulassen, wenn die sonstigen Voraussetzungen vorliegen.[60)] Geht es in dem Streit um 200 € oder weniger, entscheidet der Richter des Amtsgerichts über die befristete Erinnerung (§ 11 Abs. 2 RPflG). Seine Entscheidung ist unanfechtbar. Der Rechtspfleger kann in beiden Fällen abhelfen. Ab 1.1.2014 ist eine Rechtsbehelfsbelehrung im Beschluss des Rechtspflegers obligatorisch.

35 Der Verwalter kann den festgesetzten Betrag nach der Festsetzung aus der vorhandenen Verwaltungsmasse,[61)] notfalls auch aus den vorhandenen Vorschüssen der Gläubiger entnehmen. Reichen diese nicht aus, hat er einen Anspruch gegen den Gläubiger.[62)] Der Festsetzungsbeschluss des Gerichts ist jedoch kein Vollstreckungstitel. Vielmehr muss der Verwalter sich einen Titel gegen den Gläubiger verschaffen, wobei das Prozessgericht die Höhe der Vergütung nicht mehr nachprüfen darf.[63)] Ein Anspruch gegen die Staatskasse besteht nicht. Die Bewilligung von PKH für den Gläubiger schließt weder die Festsetzung einer Vergütung noch den Anspruch des Zwangsverwalters gegen den Gläubiger aus, wenn aus der Verwaltungsmasse keine Entnahme möglich ist.[64)]

---

58) BGH, Beschl. v. 5.11.2004 – IXa ZB 202/03, WM 2005, 86 = Rpfleger 2005, 152 = ZfIR 2005, 215 mit Anm. *Depré*.

59) BGH, 18.10.2012 – V ZB 233/11, Rpfleger 2013, 162 = IGZInfo 2013, 25 = NJW-RR 2013, 18.

60) *Haarmeyer/Hintzen*, § 22 ZwVwV Rz. 13.

61) Auch bei nicht wirksam angeordneter Zwangsverwaltung: BGH, 18.10.2012 – V ZB 233/11, IGZInfo 2013, 25 = NJW-RR 2013, 18.

62) OLG Hamm, Urt. v. 15.11.1990 – 27 U 96/90, MDR 1991, 358; BGH, Urt. v. 17.6.2004 – IX ZR 218/03, Rpfleger 2004, 579 = ZIP 2004, 1521; OLG Düsseldorf, Urt. v. 20.12.2005 – I – 4 U 42/05, IGZInfo 2007, 28; BGH, Urt. v. 18.4.2013 – IX ZR 109/12, Rpfleger 2013, 563 = MDR 2013, 1189.

63) LG Essen, Beschl. v. 25.4.2013 – 7 T 331/12, Jurion RS 2013, 57622.

64) LG Saarbrücken, Beschl. v. 7.9.2011 – 5 T 528/10, Rpfleger 2012, 94.

9. Rechtsmittel

Wegen § 567 Abs. 2 ZPO und § 11 RPflG ist die Zulässigkeit des Rechtsmittels gegen den Festsetzungsbeschluss von der Höhe der Beschwer abhängig. Deshalb ist zu unterscheiden: 36

– Beschwer **mehr** als 200 €

  Sofortige Beschwerde zum Landgericht (§ 793 ZPO, § 11 Abs. 1 RPflG). Der Rechtspfleger kann abhelfen (§ 572 Abs. 1 ZPO). Gegen die Entscheidung des Landgerichts kann Rechtsbeschwerde zum BGH (§ 574 ZPO) eingelegt werden, wenn das Beschwerdegericht (nicht der Einzelrichter!) diese ausdrücklich zugelassen hat.

– Beschwer bis 200 € **(einschließlich)**

  Befristete Erinnerung (§ 11 Abs. 2 Satz 1 RPflG). Der Rechtspfleger kann der Erinnerung abhelfen (§ 11 Abs. 2 Satz 5 RPflG). Wenn er nicht abhilft, entscheidet der Richter des Amtsgerichts. Seine Entscheidung ist unanfechtbar (§ 574 Abs. 2 ZPO).

37 Beschwerdeberechtigt sind der Zwangsverwalter, der Zwangsverwaltungsschuldner und der betreibende Gläubiger; andere Beteiligte nur ausnahmsweise (falls sie wegen der Höhe der Vergütung keine oder weniger Zuteilung erhalten).

10. Berechnungsbeispiele

– Berechnung der Regelvergütung[65] 38

– Berechnung für den Schlussberichtszeitraum[66]

– Abweichende Berechnung der Vergütung[67]

---

65) Siehe Schneider-*Bergsdorf/Knopp*, ZVG § 152a Rz. 35.
66) Siehe Schneider-*Bergsdorf/Knopp*, ZVG § 152a Rz. 42 f.
67) siehe Schneider-*Bergsdorf/Knopp*, ZVG § 152a Rz. 58.

§ 153
Anordnungen und Aufsicht des Gerichts

(1) Das Gericht hat den Verwalter nach Anhörung des Gläubigers und des Schuldners mit der erforderlichen Anweisung für die Verwaltung zu versehen, die dem Verwalter zu gewährende Vergütung festzusetzen und die Geschäftsführung zu beaufsichtigen; in geeigneten Fällen ist ein Sachverständiger zuzuziehen.

(2) Das Gericht kann dem Verwalter die Leistung einer Sicherheit auferlegen, gegen ihn Zwangsgeld festsetzen und ihn entlassen. Das Zwangsgeld ist vorher anzudrohen.

Übersicht

I. Allgemeines

1 Die Vorschrift befasst sich mit dem Verhältnis zwischen dem Vollstreckungsgericht und dem Zwangsverwalter. Sie wird ergänzt durch § 154 Satz 3 (Rechnung ist dem Gericht einzureichen) und durch die §§ 10, 16 ZwVwV.

2 Wesentliche Aufgabe des Vollstreckungsgerichts ist demnach die Überwachung bzw. Aufsicht des Zwangsverwalters, dem es entsprechende Weisungen erteilen kann. Zur Durchsetzung steht die Verhängung von Zwangsgeld und als ultima ratio die Entlassung des Zwangsverwalters zur Verfügung.

3 Aus § 153 ZVG muss aber auch der Schluss gezogen werden, dass weder für den betreibenden Gläubiger noch für den Schuldner unmittelbare Einflussmöglichkeiten auf die Tätigkeit des Zwangsverwalters möglich sind. Es können allenfalls Anweisungen bei Gericht angeregt werden – auch von sonstigen Beteiligten (vgl. § 9 ZVG).

II. Aufsicht des Gerichts

4 Die Tätigkeit des Gerichts ist nicht nur auf die gelegentlich erforderlich werdende Zustimmung zu bestimmten Rechtsgeschäften beschränkt, sondern umfasst die gesamte Aufsicht über die Geschäftsführung des Verwalters (§ 153 ZVG), wozu der Verwalter nach gesetzlicher Vorgabe oder auf jeweiliges Verlangen Berichte über seine Tätigkeit zu erstatten hat. Der Verwalter ist auf Verlangen des Gerichts verpflichtet (§ 16 ZwVwV), diesem auch während eines laufenden Verfahrens alle Belege vorzulegen und Einsicht in die Buchungsunterlagen zu gewähren. Das Gericht kann mit dieser Einsicht auch eine Hilfsperson, insbesondere einen Sachverständigen (§ 153 Abs. 1 ZVG), beauftragen.

5 Auf Antrag eines Gläubigers oder des Schuldners hat der Verwalter Auskunft über den Sachstand zu erteilen (§ 13 Abs. 4 ZwVwV). Dieses Verlangen außerhalb der eigentlichen Berichtspflicht darf nicht dahingehend ausgedehnt werden, dass der Verwalter ständig ohne besonderen Grund solchen Fragen ausgesetzt ist. Der Verwalter ist berechtigt, eine Weisung des Gerichts einzuholen, ob er die Auskunft erteilen muss. Aus gegebenem Anlass könnte nach der hier vertretenen Auffassung auch das Gericht entscheiden, dass die Anträge nach § 13 Abs. 4 ZwVwV bei ihm einzureichen sind und sich die Anordnung vorbehalten, ob der Verwalter die Auskunft erteilen muss.[1)]

III. Weisungen

6 Das Gericht kann dem Verwalter Anweisungen erteilen. In Betracht kommen zunächst allgemeine Anweisungen, die regelmäßig nur bei der ersten Bestellung eines Verwalters erforderlich werden.

7 Besondere Anweisungen für den Einzelfall werden nur ergehen, wenn sie erforderlich sind. Die Beteiligten (§ 9 ZVG) können dem Verwalter keine Anweisungen geben, wohl aber solche beim Gericht anregen. Vor der Entscheidung über eine Anweisung wird das Gericht stets den Verwalter und auch den Gläubiger und den Schuldner hören. Lehnt das Gericht das Verlangen eines Beteiligten nach einer

---

1) *Depré/Mayer*, § 2 Rz. 533.

Anweisung an den Verwalter als nicht erforderlich ab, wird dies in der Regel nicht ohne Anhörung des Schuldners und des Gläubigers (§ 153 Abs. 1 ZVG) erfolgen. Seine Entscheidung ergeht dann durch Beschluss, gegen welchen sofortige Beschwerde zulässig ist. Nur wenn es sich um eine Verfügung ohne Anhörung handelt, kommt für den Schuldner bzw. Gläubiger als Rechtsbehelf die Vollstreckungserinnerung (§ 766 ZPO) in Betracht.[2)]

Der Verwalter ist an die Anweisung des Gerichts gebunden (§ 1 Satz 2 ZwVwV). 8
Er darf die Anweisung nur ignorieren, wenn sie offensichtlich rechtswidrig oder für ihn pflichtwidrig ist (was eigentlich nicht vorkommen dürfte) oder wenn eine neue Tatsache voraussichtlich zu einer anderen Anweisung geführt hätte. Dann aber wird er sich sofort mit dem Gericht ins Benehmen setzen müssen. Ein Verstoß gegen eine berechtigte Anweisung macht den Zwangsverwalter möglicherweise schadensersatzpflichtig und kann zur Entlassung führen. Die Anweisung hat keine Außenwirkung. Nimmt der Verwalter eine Rechtshandlung vor, die ihm vom Gericht verboten wurde (z. B. eine Kündigung), ist diese deshalb nicht unwirksam.

Der Verwalter ist jedoch grundsätzlich in seinen Entscheidungen im Rahmen der 9
Gesetze frei und hat die Geschäfte nach eigener Entschließung und in eigener Verantwortung zu führen (§ 1 Abs. 1 Satz 1 ZwVwV). Anweisungen sind daher immer die Ausnahme, freie Entschließung die Regel. Das Gericht darf sein Ermessen nicht an die Stelle des Ermessens des Verwalters setzen. Allerdings können sich solche Ermessensfragen nur im Bereich der „Zweckmäßigkeit" ergeben. Im Bereich der „Rechtmäßigkeit" hat der Verwalter gegenüber der gerichtlichen Anordnung kein Ermessen.[3)]

IV. Maßnahmen des Gerichts

Das Gericht kann gegenüber dem Zwangsverwalter aus gegebenem Anlass Maßnah- 10
men nach § 153 Abs. 2 ZVG ergreifen, um die ordnungsgemäße Abwicklung der Verwaltung sicherzustellen.

Dem Verwalter kann die **Leistung einer Sicherheit** auferlegt werden. Diese Mög- 11
lichkeit hat keinerlei praktische Bedeutung erlangt. Der Verwalter ist gehalten, sich auf seine eigenen Kosten gegen die Haftpflicht aus dem übernommenen Amt zu versichern (§ 1 Abs. 4 ZwVwV) und dies auf Verlangen des Gerichts oder der Verfahrensbeteiligten auch nachzuweisen. Berufsträger wie z. B. Rechtsanwälte unterliegen ohnehin aufgrund ihrer Berufsordnung einer Versicherungspflicht (z. B. § 51 BRAO).

Das Gericht kann dem Verwalter (nach vorheriger Androhung) ein **Zwangsgeld** 12
auferlegen, um die Vornahme oder Unterlassung einer bestimmten Handlung zu erzwingen. In der Praxis muss dies leider gelegentlich erfolgen, um die Vorlage eines Berichtes zu erzwingen, welcher trotz Mahnung nicht eingereicht wird. Das Zwangsgeld kann nach gerichtlichem Ermessen zwischen 5 und 1.000 € angedroht und

2) So auch Stöber/*Drasdo*, ZVG, § 153 Rz. 21; Böttcher/*Keller*, ZVG § 153 Rz. 18 ff.; Schneider-*Schmidberger*, ZVG § 153 Rz. 35.

3) *Haarmeyer/Hintzen*, § 153 ZVG Rz. 2.

festgesetzt werden.[4] Zahlt der Verwalter das Zwangsgeld nicht innerhalb der ihm hierfür vom Gericht gesetzten Frist an die Gerichtskasse, erfolgt die Vollstreckung aufgrund einer Vollstreckungsanordnung nach § 3 VwVG durch die Landesjustizkasse nach der Justizbeitreibungsverordnung. Das Geld gebührt der Landeskasse. Hat die Festsetzung zu keinem Erfolg geführt, kann (nach erneuter Androhung, am besten schon im vorherigen Festsetzungsbeschluss) ein erneutes Zwangsgeld festgesetzt oder der Verwalter entlassen werden. Gegen die Festsetzung ist sofortige Beschwerde gegeben. Der Verwalter kann mit dieser Beschwerde nicht die Zulässigkeit der vom Gericht getroffenen Aufsichtsanordnung anfechten.[5] Die Androhung als solche kann der Verwalter mit sofortiger Beschwerde nicht anfechten.[6] Allerdings ist die Rechtspflegererinnerung zulässig, über welche der Referatsrichter abschließend entscheidet. Somit ist die Androhung ab 1.1.2014 mit einer obligatorischen Rechtsbehelfsbelehrung zu versehen.

13 Aufgrund des Charakters des Zwangsgeldes, welches allein der Einwirkung auf den Willen des Verpflichteten dient, hat die Beitreibung des festgesetzten Zwangsgeldes zu unterbleiben, sobald es der Beugewirkung nicht mehr bedarf. Dies ist insbesondere der Fall, wenn der Verpflichtete die gerichtliche Anordnung erfüllt hat. Soweit der Zwangsgeldbeschluss noch nicht rechtskräftig ist, muss er auf die sofortige Beschwerde des Verpflichteten aufgehoben werden. Wenn der Beschluss schon rechtskräftig, aber noch nicht vollstreckt ist, soll nach allgemeiner Ansicht von einer (weiteren) Vollstreckung abgesehen werden.[7] Anderes gilt für den Fall, dass bei rechtskräftigem Festsetzungsbeschluss auch das Beitreibungsverfahren vollständig und erfolgreich durchgeführt worden ist und die gerichtliche Anweisung erst danach erfüllt wird. Dann kann weder eine Aufhebung des Zwangsgeldfestsetzungsbeschlusses noch eine Rückzahlung des beigetriebenen Zwangsgeldes erfolgen.[8]

14 Das Gericht kann den **Verwalter entlassen**, wenn keine mildere Maßnahme in Betracht kommt, um eine ordnungsgemäße Verwaltung zu ermöglichen. Verschulden ist nicht erforderlich; es muss genügen, dass der Verwalter nach Überzeugung des Gerichts „amtsunfähig" ist.[9] Ein Rechtspfleger, der als solcher selbst Zwangsverwaltungssachen bearbeitet, darf nicht als Zwangsverwalter bestellt werden. Geschieht

---

4) Nach allgemeiner Meinung ist Art. 6 EGStGB anzuwenden: Stöber/*Drasdo*, ZVG, § 153 Rz. 44; Böttcher/*Keller*, ZVG, § 153 Rz. 14; Dassler/Schiffhauer/u. a.-*Engels*, ZVG, § 153 Rz. 49J Schneider-*Schmidberger*, ZVG § 153 Rz. 41 ff.; BeckOK-*Hainz*, ZVG, § 153 Rz. 20 und 21; *Haarmeyer/Hintzen*, § 153 ZVG Rz. 13; die Ansicht des AG Mühldorf, Beschl. v. 31.5.2001 – L 022/99, (§§ 869, 888 ZPO anwenden), Rpfleger 2001, 562 ist abzulehnen.

5) BGH, Beschl. v. 7.4.2011 – IX ZB 170/10, Rpfleger 2011, 552 = ZfIR 2011, 681 für einen Insolvenzverwalter mit Anm. *Bank*.

6) Stöber/*Drasdo*, ZVG, § 153 Rz. 21; vgl. BGH, Beschl. v. 7.4.2011 – IX ZB 170/10 (Rpfleger 2011, 552) kann zur Begründung nicht herangezogen werden, da sie unter Beachtung der Einschränkung § 6 Abs. 1 InsO ergangen ist.

7) LG Kassel, Beschl. v. 20.12.2010 – 3 T 712/10, openJur 2012, 33949 = FamRZ 2011, 829; vgl. auch *Cirullies*, Rpfleger 2011, 573, 576; siehe auch BGH, Beschl. v. 6.9.2017 – XII ZB 42/17, NJW 2017, 12 = MDR 2017, 1264.

8) BGH, Beschl. v. 6.9.2017 – XII ZB 42/17, NJW 2017, 3592 = MDR 2017, 1264.

9) Allgemeine Meinung z. B. BeckOK-*Hainz*, ZVG, § 153 Rz. 23 ff.; Böttcher/*Keller*, ZVG, § 153 Rz. 15; Stöber/*Drasdo*, ZVG, § 153 Rz. 47 ff.; Schneider-*Schmidberger*, ZVG § 153 Rz. 47 ff.

dies doch, ist er sofort aus diesem Amt zu entlassen.[10] Eine reine Meinungsverschiedenheit zwischen Gläubiger und Zwangsverwalter, welche die Durchführung der Zwangsverwaltung nicht ernsthaft gefährdet, führt nicht zur Entlassung.[11] Ein Zwangsverwalter ist zu entlassen, der bei der Bestellung unberechtigt einen Doktor- oder Diplomtitel führt.[12] Eine Entlassung kommt auch in Betracht, wenn der Zwangsverwalter dauerhaft daran gehindert ist, sein Amt auszuüben oder wenn durch nachlässige Amtsausübung für Verfahrensbeteiligte nachhaltig Schaden droht.[13] Der entlassene Verwalter ist zum Schlussbericht und zur Übergabe der Verwaltung an den neuen Verwalter verpflichtet. Der Verwalter kann seine eigene Entlassung aus wichtigem Grund beantragen; er kann aber das Amt nicht einfach niederlegen, obwohl er zur Übernahme nicht verpflichtet war. Dem Wunsch auf Entlassung sollte das Gericht ohne große Ermittlung über den Entlassungsgrund nachkommen, wenn eine andere zur Annahme bereite und geeignete Person zur Verfügung steht.

10) BGH, Beschl. v. 22.10.2009 – V ZB 77/09, Rpfleger 2010, 151 = MDR 2010, 53.

11) LG Braunschweig, Beschl. v. 21.5.2010 – 4 T 338/10 (36), IGZInfo 2010, 157; vgl. hierzu Böttcher/*Keller*, ZVG § 153 Rz. 15 ff.; Stöber/*Drasdo*, ZVG § 153 Rz. 47 f.; Schneider/*Schmidberger*, ZVG § 153 Rz. 47 ff. mit einer Zusammenstellung einschlägiger Fälle.

12) BGH, Beschl. v. 23.9.2009 – V ZB 90/09, Rpfleger 2010, 96 – auch zur Frage der Entschädigung für bisher geleistete Arbeit = MDR 2009, 1414.

13) Vgl. AG Vaihingen, Beschl. v. 1.7.2013 – L 21/08, ZfIR 2013, 664.

§ 153a

Anordnungen über Entgelt für Viehfutter

Ist in einem Gebiet das zu dem landwirtschaftlichen Betrieb gehörende Vieh nach der Verkehrssitte nicht Zubehör des Grundstücks, so hat, wenn der Schuldner zum Zwangsverwalter bestellt wird, das Vollstreckungsgericht gemäß § 153 Anordnungen darüber zu erlassen, welche Beträge der Schuldner als Entgelt dafür, daß das Vieh aus den Erträgnissen des Grundstücks ernährt wird, der Teilungsmasse zuzuführen hat und wie die Erfüllung dieser Verpflichtung sicherzustellen ist.

Der in § 153a ZVG geregelte Sonderfall bezog sich auf die damalige, heute nicht 1
mehr bestehende, Rechtslage in einigen norddeutschen Gebieten und sollte den Fall dass „nicht beschlagnahmtes Vieh frisst beschlagnahmtes Futter“ verhindern.[1] Die Vorschrift ist gegenstandslos[2] und sollte deshalb ersatzlos gestrichen werden.

1) Dazu OLG Oldenburg, Urt. v. 2.4.1976 – 6 U 142/75, Rpfleger 1976, 243.

2) *Depré/Mayer*, § 1 Rz. 133; so auch Schneider-*Schmidberger*, ZVG § 153a Rz. 4; etwas andere Schlussfolgerungen ziehen Stöber/*Drasdo*, ZVG § 153a Rz. 1 und Böttcher/*Keller*, ZVG § 153a Rz. 1.

§ 153b
Einstweilige Einstellung auf Antrag des Insolvenzverwalters

(1) Ist über das Vermögen des Schuldners das Insolvenzverfahren eröffnet, so ist auf Antrag des Insolvenzverwalters die vollständige oder teilweise Einstellung der Zwangsverwaltung anzuordnen, wenn der Insolvenzverwalter glaubhaft macht, daß durch die Fortsetzung der Zwangsverwaltung eine wirtschaftlich sinnvolle Nutzung der Insolvenzmasse wesentlich erschwert wird.

(2) Die Einstellung ist mit der Auflage anzuordnen, daß die Nachteile, die dem betreibenden Gläubiger aus der Einstellung erwachsen, durch laufende Zahlungen aus der Insolvenzmasse ausgeglichen werden.

(3) Vor der Entscheidung des Gerichts sind der Zwangsverwalter und der betreibende Gläubiger zu hören.

Literatur: *Mönning* und *Zimmermann*, Die Einstellungsanträge des Insolvenzverwalters gem. §§ 30d I, 153b I ZVG im eröffneten Insolvenzverfahren, NZI 2008, 134; *Vallendar, Heinz*, Zwangsversteigerung und Zwangsverwaltung im Lichte des neuen Insolvenzrechts, Rpfleger 1997, 353.

Übersicht

I. Allgemeines

1 Da die Insolvenzordnung – anders als die von ihr abgelöste Konkursordnung – die Erhaltung eines Gewerbebetriebes durch eine Sanierung des Schuldners mit in den Vordergrund gerückt hat, kann der Fall eintreten, dass dieses Ziel durch das Handeln des Zwangsverwalters vereitelt werden könnte. Deshalb hat § 153b ZVG die Möglichkeit geschaffen, unter angemessener Berücksichtigung der Interessen des Gläubigers das Handeln des Zwangsverwalters den Erfordernissen des Insolvenzverfahrens anzupassen.

2 Die Vorschrift ist ein Musterbeispiel für die „Formulierungskunst" moderner Gesetzgeber und deshalb interpretationsbedürftig:[1)]

- „Einstellung" im Sinne der ZPO und des bisherigen ZVG kann recht Unterschiedliches bedeuten: Im Sinne von §§ 775 Abs. 1 Satz 1 und 776 ZPO bedeutet Einstellung zum Teil Aufhebung. In anderen Fällen wird unterschieden zwischen der **einstweiligen** Einstellung und der **endgültigen** Einstellung. Aus dem Kontext mit §§ 30d und 153c ZVG muss jedoch geschlossen werden, dass hier die „einstweilige Einstellung des Verfahrens" (also des Zwangsverwaltungsverfahrens und nicht Beendigung der Zwangsvollstreckung) gemeint ist.
- Der Passus in Absatz 1 „vollständige oder teilweise Einstellung" bedeutet auch nicht „aufheben oder einstweilen einstellen"; vielmehr wird dadurch zum Aus-

1) Sehr ausführlich hierzu Rattunde/Smid/Zeuner-*Depré/Popp*, InsO, § 49 Rz. 71 ff.

druck gebracht, dass das Gericht befugt ist, die einstweilige Einstellung auf einen Teil des verwalteten Grundbesitzes zu beschränken.

– „Betreibender" Gläubiger ist eine weitere unnötige Begriffsverwirrung; denn nach der Diktion des ZVG ist unter „Gläubiger" nur ein „betreibender Gläubiger" zu verstehen (siehe hierzu § 44 Rz. 9 [*Bachmann*]).

II. Der Antrag

Antragsberechtigt sind der Insolvenzverwalter, der Schuldner bei Eigenverwaltung 3 (§ 270 InsO) und wohl auch der Treuhänder.[2] Nicht antragsberechtigt ist der vorläufige Insolvenzverwalter, auch nicht der „starke". Der Antrag ist (erst) zulässig, wenn und sobald eine Zwangsverwaltung und ein eröffnetes Insolvenzverfahren nebeneinander treten, wobei es nicht darauf ankommt, wer das Verfahren betreibt und welches Verfahren zuerst angeordnet wurde. Der Antrag ist an keine Frist gebunden und kann mehrmals gestellt werden.

III. Das Verfahren

Das Gericht muss gemäß Abs. 3 den Zwangsverwalter und die „betreibenden" Gläu- 4 biger hören. Hat einer von mehreren die einstweilige Einstellung bewilligt, muss er auch gehört werden, da er jederzeit die Fortsetzung verlangen kann und dann von § 153b ZVG „betroffen" wäre. Der Insolvenzverwalter hat sein tatsächliches Vorbringen glaubhaft (§ 294 ZPO) zu machen. Ob das Gericht dann nach Anhörung der Beteiligten schriftlich entscheidet oder wegen des Nachteilsausgleichs (siehe Rz. 9) die mündliche Verhandlung anberaumt, liegt in seinem Ermessen. Der Beschluss ist den vorgenannten Beteiligten zuzustellen, auch wenn er in einem Termin verkündet worden ist, und den übrigen Beteiligten des § 9 ZVG formlos zuzuleiten.

IV. Die Voraussetzungen

Der Beschluss darf nur ergehen, wenn anderenfalls die sinnvolle Nutzung des Grund- 5 stücks für den Insolvenzverwalter unmöglich oder erheblich erschwert wäre. Damit sollte eigentlich das Eingreifen des Gerichts zur Ausnahme werden, da eine solche Situation nur eintreten kann, wenn zwischen den beiden Verwaltern keine vernünftige Absprache zu treffen ist. In Betracht käme z. B., dass der Zwangsverwalter das Betriebsgrundstück an die Konkurrenz verpachten will, um den Insolvenzverwalter zur Räumung zu zwingen. Oder er will einen Mietvertrag abschließen, welcher den Insolvenzverwalter daran hindert, eine sonst mögliche freihändige Veräußerung des Grundstücks zu guten Konditionen vorzunehmen. Weigert sich der Insolvenzverwalter, dem Zwangsverwalter die ortsübliche Pacht für die Weiterbenutzung zu zahlen, wäre der Antrag abzulehnen, falls die Pacht zu erwirtschaften ist. Das Verfahren darf nicht dazu dienen, der Insolvenzmasse auf diesem Umweg die billige oder kostenlose Nutzung des Grundstücks zu ermöglichen.[3]

---

2) Dazu *Haarmeyer/Hintzen*, § 153b ZVG Rz. 2 ff.; Stöber/*Drasdo*, ZVG § 153b Rz. 6; Schneider-*Schmidberger*, ZVG § 153b Rz. 3.

3) *Depré/Mayer*, § 3 Rz. 1008.

V. Wirkungen

6 Der Einstellungsbeschluss bewirkt, dass der Zwangsverwalter keine Verwaltungshandlungen mehr vornehmen darf. Zwar bleibt die Beschlagnahme bestehen, der Vermerk im Grundbuch eingetragen und der Zwangsverwalter bleibt im Amt, aber seine Tätigkeit beschränkt sich jetzt darauf, die noch vorhandenen Mittel für die bisher angefallenen Ausgaben nach § 155 Abs. 1 ZVG zu verwenden bzw. hierfür zurückzulegen, ggf. vorhandene Überschüsse noch gemäß dem Teilungsplan zu verteilen. Er sollte unverzüglich nach der Einstellungsentscheidung dem Gericht eine Abrechnung seiner Einnahmen/Ausgaben vorlegen und die Festsetzung seiner Vergütung fordern, da er für die „verwalterlose Zeit" keine Vergütung erhält.

7 Das Grundstück wird nunmehr vom Insolvenzverwalter verwaltet. Somit ist dieser nun auch für die Aufwendungen verantwortlich, welche sonst unter § 155 Abs. 1 ZVG fallen. Zahlt er die öffentlichen Lasten bzw. Zinsen der Grundpfandrechte nicht, sind die Berechtigten gut beraten, umgehend eine Vollstreckungsklausel gegen den Insolvenzverwalter zu erwirken und die Zwangsversteigerung zu beantragen.

8 Das Gericht kann die einstweilige Einstellung auf einen **Teil des Objektes** beschränken, auch wenn es sich hierbei nicht um ein rechtlich selbstständiges Grundstück handelt. Es wird z. B. bereits verpachtete oder vermietete Objekte, welche der Insolvenzverwalter ohnehin nicht nutzen kann, von der Einstellung ausnehmen. Insoweit bleibt der Zwangsverwalter im Amt und tätig. Geschieht dies nicht, tritt für die Dauer der einstweiligen Einstellung die Wirkung des § 1124 BGB außer Kraft, obwohl die Beschlagnahme fortbesteht, da der dort dekretierte Vorrang nur der Nutzung durch eine Zwangsverwaltung zusteht und nicht auf diesem Umweg dem Insolvenzverfahren zukommen kann.

VI. Nachteilsausgleich

9 Im Beschluss ist nach Absatz 2 der Nachteilsausgleich zu regeln, welchen der Gläubiger durch die einstweilige Einstellung hat. Dies betrifft alle Gläubiger! Ein solcher Nachteil kann ihnen nur entstehen, wenn für sie eine Zuteilung in Betracht gekommen wäre. Das Gericht muss bereits im Voraus eine Prognose treffen, ob und wann dies geschehen würde.[4] Deshalb könnte in einer mündlichen Verhandlung das Gericht der Zwangsverwaltung auf eine Einigung über die Höhe der Ausgleichszahlung hinwirken. Festgesetzte Zahlungen sind an den Gläubiger, nicht an den Zwangsverwalter zu leisten. Auf diesem Wege können nur Gläubiger, nicht sonstige Beteiligte, Zahlungen erhalten. Ob ein Gläubiger Zahlungen auf einen Vorschuss erhält, den er an den Zwangsverwalter geleistet hat, ist unklar. Man wird aber eine solche Zahlungspflicht des Insolvenzverwalters annehmen müssen.

---

4) So richtig Böttcher/*Keller*, ZVG, § 153b Rz. 5; Stöber/*Drasdo*, ZVG § 153b Rz. 13 ff; Schneider-*Schmidberger*, ZVG § 153b Rz. 6; auch *Vallender*, Rpfleger 1997, 353, 355; a. A. *Haarmeyer/Hintzen*, § 153b ZVG Rz. 16; Das Gericht beziffert nur den Betrag, der im Teilungsplan steht; ob der Gläubiger auch etwas zu bekommen habe, sei zwischen Zwangsverwalter und Insolvenzverwalter zu klären.

Zu zahlen sind die „dinglichen Zinsen“, wenn der Gläubiger aus dem dinglichen Recht vollstreckt und diese Zinsen als solche der Rangklasse 4 in einem Teilungsplan stehen oder stehen würden (streitig).[5] 10

Beitrittsgläubiger, welche nach der einstweiligen Einstellung beigetreten sind, haben ebenfalls einen Anspruch auf solche Zahlungen; dazu muss der Beschluss ergänzt werden. Wenn also ein Gläubiger der Rangklasse 4 bisher nicht beigetreten war, weil er ohnehin mit Vorrang seine laufenden Zinsen erhalten hatte, sollte er jetzt wegen dieser Zinsen beitreten, damit sie der Insolvenzverwalter zahlen muss. 11

VII. Rechtsbehelf

Der Zwangsverwalter hat gegen die Entscheidung des Gerichts keinen Rechtsbehelf, auch nicht der Schuldner oder die übrigen Beteiligten des Verfahrens. Ob der Gläubiger gegen die einstweilige Einstellung oder der Insolvenzverwalter gegen deren Ablehnung oder beide gegen die Ausgleichszahlung bzw. deren Höhe einen Rechtsbehelf haben, ist streitig, weil der Rechtsausschuss eigentlich eine unanfechtbare Entscheidung schaffen wollte, hierbei aber übersehen hat, dass das Verfahren der ZPO, nicht der InsO unterliegt und daher grundsätzlich gegen eine solche Entscheidung ein Rechtsbehelf möglich ist (§ 95 ZVG). Nun kommt es aber nicht auf die Pläne des Gesetzgebers an, sondern darauf, was endgültig Gesetz geworden ist. Deshalb wird man den Betroffenen die sofortige Beschwerde nicht verweigern können.[6] 12

---

5) So Dassler/Schiffhauer/u. a.-*Engels*, ZVG, § 153b Rz. 12 ff. und sehr ausführlich *Haarmeyer/Hintzen*, § 153b Rz. 15 auch mit Belegen für die Gegenmeinung (nur „vertragsmäßige“ Zinsen).

6) So richtig Stöber/*Drasdo*, ZVG, § 153b Rz. 22 und Böttcher/*Keller*, ZVG, § 153b Rz. 6; BeckOK-*Hainz*, ZVG, § 153b Rz. 6; a. M. *Haarmeyer/Hintzen*, § 153b ZVG Rz. 9 ff.; richtig ist allerdings, dass zumindest die befristete Rechtspfleger-Erinnerung nach § 11 Abs. 2 RPflG zulässig wäre, über die dann der Richter abschließend zu entscheiden hätte.

§ 153c

Aufhebung der einstweiligen Einstellung

(1) Auf Antrag des betreibenden Gläubigers hebt das Gericht die Anordnung der einstweiligen Einstellung auf, wenn die Voraussetzungen für die Einstellung fortgefallen sind, wenn die Auflagen nach § 153b Abs. 2 nicht beachtet werden oder wenn der Insolvenzverwalter der Aufhebung zustimmt.

(2) Vor der Entscheidung des Gerichts ist der Insolvenzverwalter zu hören. Wenn keine Aufhebung erfolgt, enden die Wirkungen der Anordnung mit der Beendigung des Insolvenzverfahrens.

Übersicht

I. Allgemeines

Die Aufhebung der einstweiligen Einstellung erfolgt nach § 153c ZVG, also nur auf Antrag des Gläubigers. 1

II. Voraussetzungen

2 Voraussetzungen für die Aufhebung sind neben dem Gläubigerantrag:

- ihre Voraussetzungen sind entfallen (z. B. Insolvenzverwalter schließt den Betrieb),
- der Insolvenzverwalter zahlt die festgesetzten Ausgleichsbeträge nicht oder
- der Insolvenzverwalter stimmt der Aufhebung zu.

3 Offen bleibt, was geschieht, wenn der Insolvenzverwalter die Maßnahme nicht mehr will, der Gläubiger aber keinen Antrag stellt. Zunächst wird der Insolvenzverwalter dem Gläubiger die Ausgleichszahlung verweigern und wenn dies nicht hilft (oder den Gläubiger nicht trifft), ihn prozessual zwingen, den Aufhebungsantrag zu stellen und damit das Grundstück wieder in dessen Verwaltung und Verantwortung zurückzuführen.

4 Will der Gläubiger keine Weiterführung der Zwangsverwaltung, kann sein Schweigen nicht (mehr) als konkludente Antragsrücknahme angesehen werden, da (jetzt) ein konstitutiver Aufhebungsbeschluss erforderlich wäre. Wahrscheinlich wird dann aber die Erhebung der Jahresgebühr für die Zwangsverwaltung irgendwann den Gläubiger dazu bringen, sich zu entscheiden und entsprechende Anträge zu stellen.

5 Endet das Insolvenzverfahren, entfallen die Wirkungen der Einstellung (§ 153c Abs. 2 Satz 2 ZVG). In diesem Fall ist kein Antrag erforderlich. Das Zwangsverwaltungsverfahren wird fortgesetzt und zwar entgegen sonstiger Grundsätze des ZVG ohne Fortsetzungsantrag. Anderenfalls würde ein quasi „herrenloses" Grundstück zurückbleiben, da es keinen Insolvenzverwalter mehr gibt und sowohl der Zwangsverwalter als auch der Schuldner (wegen der Beschlagnahme der Zwangsverwaltung) an der Verwaltung gehindert sind.[1)]

III. Verfahren

6 Die Aufhebung der Einstellung erfolgt nur auf Antrag des von ihr betroffenen (betreibenden) Gläubigers. Vor seiner Entscheidung muss das Vollstreckungsgericht nach Absatz 2 Satz 1 den Insolvenzverwalter hören. Die Zustimmung des Insolvenzverwalters ist schriftlich nachzuweisen oder von diesem zu Protokoll der Geschäftsstelle zu erklären. Die anderen Gründe der Einstellungsaufhebung muss der Antragsteller darlegen; nur wenn sein Tatsachenvortrag vom Insolvenzverwalter bestritten wird, muss er dies glaubhaft machen.[2)]

7 Das Vollstreckungsgericht entscheidet durch begründeten Beschluss. Eine Kostenentscheidung ist nicht erforderlich. Der Beschluss wird an den Zwangsverwalter und den Insolvenzverwalter zugestellt, dem antragstellenden Gläubiger nur, wenn seinem Antrag nicht voll entsprochen worden ist. Den betreibenden Gläubigern,

---

1) *Depré/Mayer*, § 1 Rz. 1017.

2) So Stöber/*Drasdo*, ZVG, § 153c Rz. 8 unter Hinweis auf § 153b Abs. 1, nach der der Insolvenzverwalter die Voraussetzungen der Einstellung auch „nur" glaubhaft machen muss; a. A. offenbar Böttcher/*Keller*, ZVG, § 153c Rz. 3: immer Glaubhaftmachung; noch strenger Schneider-*Schmidberger*, ZVG, § 153c Rz. 4 (zu beweisen).

die keinen Antrag gestellt haben, wird der Beschluss formlos mitgeteilt; die übrigen Beteiligten bekommen keine Nachricht.

Gegen die Zurückweisung seines Aufhebungsantrages kann der Antragsteller sofortige Beschwerde erheben (§ 11 Abs. 1 RPflG, § 793 ZPO). Gegen die Aufhebung der Entscheidung kann der Insolvenzverwalter sofortige Beschwerde erheben (§ 11 Abs. 1 RPflG, § 793 ZPO). Der Zwangsverwalter hat in beiden Fällen keine Anfechtungsmöglichkeit. 8

IV. Wirkungen der Aufhebung

Mit der Aufhebung der Einstellung wird das Zwangsverwaltungsverfahren fortgesetzt. Der Zwangsverwalter, der noch im Amt ist, muss sich den Besitz wieder verschaffen und seine Verwaltungsaufgaben wieder wahrnehmen. Ein bereits festgestellter Teilungsplan ist nach der darin enthaltenen Weisung des Vollstreckungsgerichts auszuführen. Jedoch sind durch den Insolvenzverwalter gemäß § 153b Abs. 2 vorgenommene Zahlungen zu berücksichtigen. 9

Bei einer Änderung der Sachlage kann eine erneute Einstellung nach § 153b erfolgen.[3] 10

---

3) Stöber/*Drasdo*, ZVG, § 153c Rz. 11; Böttcher/*Keller*, ZVG, § 153c Rz. 5; BeckOK-*Bauch*, ZVG, § 153c Rz. 9.

§ 154

Verantwortung des Verwalters und Rechnungslegung

Der Verwalter ist für die Erfüllung der ihm obliegenden Verpflichtungen allen Beteiligten gegenüber verantwortlich. Er hat dem Gläubiger und dem Schuldner jährlich und nach der Beendigung der Verwaltung Rechnung zu legen. Die Rechnung ist dem Gericht einzureichen und von diesem dem Gläubiger und dem Schuldner vorzulegen.

Literatur: *Ganter, Hans Gerhard*, Zur teleologischen Reduktion der Zwangsverwalterhaftung, ZfIR 2013, 305.

Übersicht

I. Haftung

Der Zwangsverwalter haftet den Beteiligten für die ihm gemäß ZVG obliegenden Pflichten, also auf eine ordnungsgemäße Verwaltung, mit seinem eigenen Vermögen. Es handelt sich um ein gesetzliches Schuldverhältnis, einem Geschäftsbesorgungs- 1 vertrag entsprechend.[1] Somit bestimmt sich der Umfang der Haftung nach § 249 BGB, ggf. § 254 BGB.

1. Beteiligte

2 Der Kreis der Beteiligten in § 154 ZVG entspricht nicht demjenigen des § 9 ZVG, sondern wurde vom BGH[2] – in Anlehnung an das Insolvenzrecht – von § 9 ZVG losgelöst und dahingehend definiert, dass er alle Personen umfasst, denen gegenüber das ZVG dem Zwangsverwalter spezifische Pflichten auferlegt.[3] Der Beteiligtenbegriff wurde dadurch dergestalt ausgedehnt, dass praktisch jeder „Beteiligter i. S. d. § 154 ZVG" wird, wenn er mit dem Zwangsverwalter in rechtliche Berührung kommt. Dabei wird übersehen, dass der Zwangsverwalter ja nicht für eine „autonome Masse" handelt (wie der Insolvenzverwalter), sondern sein Handeln stets den Schuldner begünstigt oder belastet und seine Rechtsstellung (durch die jederzeit mögliche Beendigung infolge Antragsrücknahme) keine Planungssicherheit ermöglicht, wie diese ein Insolvenzverwalter hat. Auch kann z. B. der Verwalter für die Begleichung der Verbindlichkeiten seiner „Verwaltungsmasse" (§ 155 Abs. 1 ZVG) keine Substanz verwerten. Somit ist sein Risiko, eine Verbindlichkeit entgegen seiner Annahme nicht aus der Masse erfüllen zu können, wesentlich größer als jenes des Insolvenzverwalters.[4]

3 Soll an dem weiten Beteiligtenbegriff in § 154 Abs. 1 ZVG festgehalten werden, so müsste stärker danach differenziert werden, welche Pflichten als „verwalterspezifisch" angesehen werden können, so dass von der Haftung nur Tätigkeiten erfasst werden, die speziell im Zusammenhang mit Pflichten aus der Zwangsverwaltung stehen. Vertragspflichten, die sich lediglich aus der Stellung des Zwangsverwalters z. B. als Vermieter ergeben, sollten – wie in § 61 InsO – nur nach den allgemeinen vertragsrechtlichen Regeln abgewickelt werden.[5]

2. Haftungsverpflichtung allgemein

4 Haftet der Zwangsverwalter nach § 154 ZVG und somit nach §§ 249, 276 BGB, kommt auch eine Haftung für seine qualifizierten Mitarbeiter (§ 278 BGB) oder – bei unselbstständiger Tätigkeit, z. B. Hausmeister – auch § 831 BGB in Betracht. Auch ohne Rückgriff auf § 154 ZVG haftet der Zwangsverwalter für die Verkehrs-

---

1) Dassler/Schiffhauer/u. a.-*Engels*, ZVG, § 154 Rz. 3; *Ganter*, ZfIR 2013, 305.

2) BGH, Urt. v. 5.2.2009 – IX ZR 21/07, Rpfleger 2009, 331; IGZInfo 2009, 91, ZfIR 2009, 434 mit Anm. *Lüke*; BGH, Urt. 15.10.2015 – IX ZR 44/15, MDR 2016, 53 = ZIP 2016, 596; ablehnend u. a. Stöber/*Drasdo*, ZVG, § 154 Rz. 3 ff, insbesondere Rz. 16–19; Böttcher/*Keller*, ZVG, § 154 Rz. 2 und 2a.

3) BGH, Urt. v. 5.2.2009 – IX ZR 21/07, Rpfleger 2009, 331; *Ganter*, ZfIR 2013, 305, 309; BGH, Urt. v. 15.10.2015 – IX ZR 44/15, MDR 2016, 53 = ZIP 2016, 596.

4) *Depré/Mayer*, § 2 Rz. 814; vgl. hierzu auch *Böttcher/Keller/Schneider/Beeneken*, Das ZVG auf dem Prüfstand, S. 387 ff., die abschließend vorschlagen, § 154 ZVG wie folgt zu ändern: „*(1) Der Verwalter ist den Verfahrensbeteiligten gemäß § 9 zum Schadenersatz verpflichtet, wenn er schuldhaft die Pflichten verletzt, die ihm nach diesem Gesetz obliegen. Er hat für die Sorgfalt eines ordentlichen und gewissenhaften Zwangsverwalters einzustehen.*" Die bisherigen Sätze 2 und 3 sollten in einem neuen Absatz 2 unverändert bestehen bleiben. Diesem Vorschlag kann uneingeschränkt zugestimmt werden.

5) Ausführlich *Ganter*, ZfIR 2013, 305 ff.

sicherheit des Objektes wie ein Eigentümer[6] – und dies auch gegenüber einem Mieter. Er muss also die üblichen Streupflichten etc. beachten und ihre Erledigung sicherstellen (§ 838 BGB).

Ansprüche auf Schadensersatz gegen den Verwalter können die Beteiligten bereits während der Dauer der Verwaltung (und ohne dass der Verwalter vorher entlassen wurde) auf dem Prozessweg geltend machen. Als Gerichtsstand kommt § 31 ZPO in Betracht. Das Vollstreckungsgericht kann den Verwalter nicht anweisen, einem Beteiligten Schadensersatz zu leisten. Erfüllt der Verwalter eine Anweisung des Gerichts, haftet er nur, wenn er ohne Weiteres feststellen konnte, dass sein Verhalten gesetzes- oder pflichtwidrig war. Anderenfalls kommt die Amtshaftung des Gerichts in Betracht. 5

Die Ansprüche gegen den Verwalter verjähren in drei Jahren, das Jahr, in welchem der Anspruch entstanden ist, nicht mitgerechnet (§§ 195, 199 BGB).[7] Für die Haftung des Zwangsverwalters wird insofern § 62 InsO analog angewendet. 6

3. Haftungstatbestände

Schon bisher haftete der Verwalter für die regelmäßige Überprüfung des Mietobjektes,[8] insbesondere wenn die Wohnung leer steht. Einem Hinweis auf Verwahrlosung muss er vor Ort nachgehen.[9] Unterlässt er dies, trifft ihn im Streitfall die Beweislast, dass der Schaden durch Verwahrlosung nicht auf seinem Verschulden beruht.[10] Die Haftung greift auch gegenüber dem Ersteher, da der Ersteher durch den Zuschlag „ein Recht am Grundstück“ erworben hat und das Verwaltungsrecht des Zwangsverwalters ihm gegenüber fortdauert.[11] Auch der Eigentümer eines Zubehörstücks könnte als Beteiligter unter § 9 ZVG fallen, da er ein Recht an einem Gegenstand des Haftungsverbandes geltend macht; vorausgesetzt, es ist Anmeldung erfolgt.[12] 7

Inzwischen hat der BGH auch eine Wohnungseigentümergemeinschaft[13] und den Lieferanten von Energie und Wasser als Beteiligten angesehen.[14] Das LG Zwickau sah bereits eine persönliche Haftung als gegeben an, wenn der Zwangsverwalter in einem Rechtsstreit (Kläger) als möglicher Zweitschuldner keine entsprechende Rücklage gebildet hatte.[15] Die persönliche Haftung für die Prozesskosten nach einer offensichtlich unzulässigen Kündigung und nicht vorhandener Masse für die 8

---

6) OLG Hamm, Beschl. v. 15.1.2004 – 6 W 69/03, VersR 2005, 1096 = ZMR 2004, 511.

7) OLG Köln, Entsch. v. 27.1.1956 – 9 U 150/55, NJW 1956, 835, auf der Grundlage des damaligen § 852 BGB; OLG Hamm, Urt. v. 15.9.2005 – 27 U 16/05, MDR 2006, 713.

8) OLG Köln, Beschl. v. 25.6.2007 – 2 U 39/07, Rpfleger 2008, 321 = ZfIR 2008, 73.

9) BGH, 23.6.2005 – IX ZR 419/00, Rpfleger 2005, 616 = ZInsO 2005, 882 = MDR 2006, 22.

10) BGH, 23.6.2005 – IX ZR 419/00, Rpfleger 2005, 616.

11) BGH, 11.10.2007 – IX ZR 156/06, ZfIR 2008, 25 mit Anm. *Eckert* = Rpfleger 2008, 89.

12) *Depré/Mayer*, § 2 Rz. 817.

13) BGH, Urt. v. 5.2.2009, Rpfleger 2009, 331, IGZInfo 2009, 91 = NJW 2009, 1674.

14) BGH, Urt. v. 5.3.2009 – IX ZR 15/08, IGZInfo 2009, 134 = Rpfleger 2009, 406; BGH, Urt. v. 22.1.2014 – VIII ZR 391/12, ZfIR 2014. 309 = Rpfleger 2014, 327.

15) LG Zwickau, Beschl. v. 16.7.2008 – 8 T 228/07, IGZInfo 2008, 187, allerdings mit Rückgriffsrecht gegen den Gläubiger.

Kosten des Prozessgegners konnte das LG Berlin auch ohne Rückgriff auf § 154 ZVG begründen.[16)]

9 Wurde ein Zwangsverwalter entlassen und ist durch sein pflichtwidriges Verhalten der Masse ein Schaden entstanden, muss der neue Zwangsverwalter diesen Gemeinschaftsschaden zur Masse ziehen.[17)]

II. Rechnungslegung (§ 154 Satz 2 und 3 ZVG)

10 Der Verwalter ist den Betroffenen, also dem Schuldner und dem Gläubiger gemäß § 154 ZVG rechnungslegungspflichtig. Seine Abrechnung wird dem Gericht eingereicht und von diesem den Gläubigern und dem Schuldner zugeleitet. Die übrigen Beteiligten haben keinen Anspruch auf Abrechnung gegen den Verwalter, können jedoch, da ihnen der Verwalter haftet, diese beim Gericht einsehen und auch eine Abschrift verlangen.[18)]

11 Grundsätzlich haben Gläubiger und Schuldner einen Anspruch auf die Rechnungslegung des Verwalters, sowohl auf die Jahresrechnung als auf die Schlussrechnung. Einklagen können sie diesen Anspruch aber nur, wenn die Möglichkeiten des Vollstreckungsgerichts, den Zwangsverwalter zu einer ordnungsgemäßen Rechnungslegung zu veranlassen, ohne Erfolg geblieben sind.[19)]

1. Der Zeitraum

12 Die Rechnungslegung erfolgt (§ 14 Abs. 2 ZwVwV) nach **Kalenderjahren.**[20)] Dies kann nur so verstanden werden, dass der Verwalter am Jahresende des ersten Jahres nach der Anordnung der Zwangsverwaltung eine Abrechnung für dieses Rumpfjahr zu legen hat und im Anschluss daran nach vollen Kalenderjahren abrechnet. Mit Zustimmung des Gerichts kann ein anderer Rechenzeitraum bestimmt werden (§ 14 Abs. 2 ZwVwV). Da gemäß § 152a ZVG bezüglich der Geschäftsführung des Verwalters – und dazu gehört die Abrechnung – die ZwVwV auch eine für das Gericht verbindliche Rechtsgrundlage darstellt, kann also das Gericht nur auf Wunsch des Verwalters, nicht aber auf eigenen Wunsch, einen anderen Rechnungszeitraum bestimmen. Dies kollidiert jedoch mit der Aufsichtspflicht des Gerichts, welches deshalb entgegen § 14 Abs. 2 ZwVwV z. B. eine Zwischenrechnung verlangen kann. Man wird dies aus § 16 ZwVwV herleiten können, es sollte aber nur aus triftigem Grund erfolgen.[21)]

13 § 154 ZVG verlangt eine jährliche Rechnungslegung und zwar gegenüber Gläubiger und Schuldner. Deshalb könnte zwar ein kürzerer, aber kein längerer Abrechnungszeitraum bestimmt werden. Wenn also z. B. die Beschlagnahme am 2.12.2013 erfolgt,

---

16) LG Berlin, Urt. v. 30.10.1990 – 64 S 277/90, NJW-RR 1991, 528.

17) BGHZ 109, 124; BGH, Urt. v. 2.11.1989 – IX ZR 197/88, NJW 1990, 454 = Rpfleger 1990, 132.

18) *Haarmeyer/Hintzen*, § 154 ZVG Rz. 4 und 19; Böttcher/*Keller*, ZVG, § 154 Rz. 9; Schneider-*Schmidberger*, ZVG, § 154 Rz. 54.

19) OLG Frankfurt, IGZInfo 2010, 183.

20) So auch Stöber/*Drasdo*, ZVG, § 154 Rz. 59; Schneider-*Schmidberger*, ZVG, § 154 Rz. 39; a. A. Böttcher/*Keller*, ZVG, § 154 Rz. 9.

21) *Depré/Mayer*, Die Praxis der Zwangsverwaltung, § 2 Rz. 786.

kann das Gericht wegen § 154 ZVG dem Verwalter nicht gestatten, erstmals bis zum 31.12.2014 abzurechnen. Vereinbart das Gericht mit dem Verwalter einen anderen Rechnungszeitraum als das Kalenderjahr, stimmen Rechnungszeitraum für die Gerichtskosten und für die Jahresrechnung nicht mehr überein. Der Verwalter muss dann dem Gericht durch entsprechende Angaben die Ermittlung der auf das jeweilige Kalenderjahr entfallenden Einnahmen ermöglichen.

2. Der Inhalt

14 Der „Bericht" zerfällt in zwei Teile, einmal in eine sachliche Schilderung der im Berichtszeitraum vorgenommenen Handlungen und zum anderen in die eigentliche Abrechnung, die eine Zusammenstellung aller Einnahmen und Ausgaben des Verwalters im Berichtzeitraum zu enthalten hat. Differenzbuchungen sind unzulässig. Hat z. B. der Verwalter dem Mieter gestattet, eine Reparatur selbst vornehmen zu lassen, und dieser hat dann den Aufwand von der Miete abgezogen, darf nicht etwa nur die gekürzte Miete gebucht werden, sondern es müssen die volle Miete als Einnahme und der Aufwand als Ausgabe erscheinen. Es sind sämtliche Belege beizufügen, damit das Gericht die Geschäftsführung des Verwalters nicht nur sachlich, sondern auch rechnerisch prüfen kann.

15 Die **Einnahmen** einer jeden separat vermieteten Einheit sind getrennt aufzustellen (§ 15 Abs. 1 Ziff. 1 ZwVwV), wobei ersichtlich sein sollte, welcher Teilbetrag der Einnahmen auf Miete und welcher auf Vorschüsse für Nebenkosten entfällt. Soweit Mietvorauszahlungen, welche für diesen Abrechnungszeitraum bestimmt sind, bereits in einer früheren Abrechnung ausgewiesen wurden, muss dies ersichtlich sein. Auch eine bereits eingegangene Mietvorauszahlung, die für den folgenden Zeitraum bestimmt ist, wird als solche kenntlich gemacht. In einer Nebenrechnung soll der Verwalter die eingenommenen Abschlagszahlungen auf die Nebenkosten (die bei ihm nur „durchlaufende Posten" sind) für jedes Mietverhältnis mit den angefallenen (ggf. anteiligen) Ausgaben verrechnen und so kenntlich machen, ob Rückzahlungen erfolgten oder Nachzahlungen seitens der Mieter erforderlich waren. Es wäre sachdienlich, die den Mietern zugegangenen Abrechnungen in Kopie beizufügen. Miet- und Pachtzinsen und andere Einnahmen sind getrennt auszuweisen (§ 15 Abs. 1 Ziff. 2 ZwVwV). Eingetriebene Mietrückstände aus dem Vorjahr sind gesondert kenntlich zu machen.

16 Die Aufschlüsselung der **Ausgaben** erfolgt nach § 15 Abs. 3 ZwVwV in sechs Konten. Außerdem sind (§ 15 Abs. 4 ZwVwV) im Falle der Umsatzsteuerpflicht Umsatzsteueranteile und Vorsteuerbeträge gesondert auszuweisen. Dies muss entgegen dem Wortlaut der ZwVwV auch gelten, wenn die Umsatzsteuerpflicht kraft Gesetzes und nicht aufgrund einer Option besteht.[22)]

3. Die Prüfung durch das Gericht

17 Die Rechnung wird seitens des Gerichts als Ausfluss seines in § 153 ZVG normierten Prüfungsrechts sachlich und rechnerisch geprüft. Bei Unklarheiten ist der Verwalter verpflichtet, diese auszuräumen. Das Gericht kann verlangen, dass der Ver-

22) *Depré/Mayer*, § 2 Rz. 792; vgl. Stöber/*Drasdo*, ZVG, § 154 Rz. 98.

walter dort vorspricht und die Unklarheiten mündlich erläutert (§ 16 ZwVwV). Das Gericht kann einen Sachverständigen für die Prüfung heranziehen, was natürlich auf seltene Ausnahmefälle zu beschränken sein wird. Dem in § 113 ZVG erwähnten „Rechnungssachverständigen" darf es die Prüfung auch dann nicht übertragen, wenn das Landesrecht einen solchen noch vorsieht.[23)]

18 Sind keine Beanstandungen verblieben, leitet das Gericht eine Abschrift des Berichtes allen Gläubigern und dem Schuldner zu. Es behält die Urschrift und die Belege. Das Gericht soll die Gläubiger und den Schuldner auffordern, innerhalb einer Frist evtl. beabsichtigte Einwendungen zu erheben. Dies ist dies aber keine Ausschlussfrist; Einwendungen können auch noch später erhoben werden. Ob sie dann verwirkt sind, entscheidet das Prozessgericht. Werden keine Einwendungen erhoben, gibt das Gericht dem Verwalter die Belege zur Verwahrung zurück. Er muss sie aufbewahren.

19 Legt der Verwalter den fälligen Bericht auch auf Aufforderung und Mahnung nicht vor, erlegt das Gericht dem Verwalter (nach vorheriger Androhung) ein **Zwangsgeld** auf, um die Vorlage zu erzwingen. Gleiches gilt, wenn der Verwalter der Aufforderung zur Aufklärung bestehender Unklarheiten nicht nachkommt.[24)]

4. Einwendungen

20 Die vorgenannte Prüfung des Gerichts („Abnahme" der Jahres- oder Schlussrechnung genannt) beschränkt sich darauf, die Rechnung als formell ordnungsgemäß, vollständig sowie sachlich und rechnerisch richtig zu bezeichnen. Das Gericht signalisiert den Beteiligten, dass keine Unklarheiten verblieben oder Ergänzungen erforderlich sind. Diese Feststellung des Gerichts bedeutet keine „Entlastung" des Verwalters. Gläubiger und Schuldner können Einwendungen erheben, welche das Gericht nicht erhoben hatte. Das Gericht wird dann in der Praxis den Verwalter hören und evtl. im Rahmen einer mündlichen Erörterung versuchen, die Einwendungen auszuräumen. Gelingt dies nicht, so kann das Gericht entweder im Aufsichtsweg gegen den Verwalter einschreiten, wenn nach seiner Auffassung der Verwalter die Einwendung beseitigen kann und muss, oder dem Beteiligten mitteilen, dass es hierfür keinen Anlass sieht. Dann muss der Beteiligte seine Einwendungen im Prozessweg gegen den Verwalter verfolgen.[25)]

21 **Schweigen** die Beteiligten zum Bericht, so gilt dies nicht als Anerkenntnis; auch dann nicht, wenn das Gericht bei der Zuleitung um Mitteilung der Einwendungen innerhalb einer (angemessenen) Frist ersucht hat. Mit wesentlich verspäteten Einwendungen wird sich das Gericht jedoch nicht mehr befassen, sondern den Einwender auf den Prozessweg verweisen. Und der Verwalter wird sich dort mit Erfolg auf Verwirkung berufen können, wenn die Einwendungen so spät erhoben wurden, dass er sich deshalb nicht mehr angemessen wehren kann. In der Literatur wird die Auffassung vertreten, ein Anerkenntnis könne in diesem Fall durch schlüssiges Ver-

---

23) *Depré/Mayer*, § 2 Rz. 796; vgl. Schneider-*Schmidberger*, ZVG, § 154 Rz. 68.
24) Ausführlich hierzu *Depré/Mayer*, § 2 Rz. 541 ff.
25) *Depré/Mayer*, § 2 Rz. 802.

halten bereits erfolgt sein.[26] Auch wird die Auffassung vertreten, der Verwalter könne auf dem Prozessweg das Anerkenntnis seines Berichtes erzwingen und damit künftige Forderungen ausschließen.[27]

22 Beanstandet das Gericht den Bericht des Verwalters, hat dieser – obwohl es sich hierbei um eine Aufsichtsmaßnahme nach § 153 ZVG handelt – ausnahmsweise ein Beschwerderecht.

26) Steiner-*Hagemann*, ZVG, § 154 Rz. 46; Böttcher/*Keller*, ZVG, § 154 Rz. 11a; a. A. Schneider-*Schmidberger*, ZVG, § 154 Rz. 71.

27) Böttcher/*Keller*, ZVG, § 154 Rz. 11a; Dassler/Schiffhauer/u. a.-*Engels*, ZVG, § 154 Rz. 44; Schneider-*Schmidberger*, ZVG, § 154 Rz. 72.

§ 155
Verteilung der Nutzungen

(1) Aus den Nutzungen des Grundstücks sind die Ausgaben der Verwaltung sowie die Kosten des Verfahrens mit Ausnahme derjenigen, welche durch die Anordnung des Verfahrens oder den Beitritt eines Gläubigers entstehen, vorweg zu bestreiten.

(2) Die Überschüsse werden auf die in § 10 Abs. 1 Nr. 1 bis 5 bezeichneten Ansprüche verteilt. Hierbei werden in der zweiten, dritten und vierten Rangklasse jedoch nur Ansprüche auf laufende wiederkehrende Leistungen, einschließlich der Rentenleistungen, sowie auf diejenigen Beträge berücksichtigt, die zur allmählichen Tilgung einer Schuld als Zuschlag zu den Zinsen zu entrichten sind. Abzahlungsbeträge auf eine unverzinsliche Schuld sind wie laufende wiederkehrende Leistungen zu berücksichtigen, soweit sie fünf vom Hundert des ursprünglichen Schuldbetrages nicht übersteigen.

(3) Hat der eine Zwangsverwaltung betreibende Gläubiger für Instandsetzungs-, Ergänzungs- oder Umbauarbeiten an Gebäuden Vorschüsse gewährt, so sind diese zum Satz von einhalb vom Hundert über dem Zinssatz der Spitzenrefinanzierungsfazilität der Europäischen Zentralbank (SFR-Zinssatz) zu verzinsen. Die Zinsen genießen bei der Zwangsverwaltung und der Zwangsversteigerung dasselbe Vorrecht wie die Vorschüsse selbst.

(4) Hat der Zwangsverwalter oder, wenn der Schuldner zum Verwalter bestellt ist, der Schuldner mit Zustimmung der Aufsichtsperson Düngemittel, Saatgut oder Futtermittel angeschafft, die im Rahmen der bisherigen Wirtschaftsweise zur ordnungsmäßigen Aufrechterhaltung des Betriebs benötigt werden, so haben Ansprüche aus diesen Lieferungen den in § 10 Abs. 1 Nr. 1 bezeichneten Rang. Das gleiche gilt von Krediten, die zur Bezahlung dieser Lieferungen in der für derartige Geschäfte üblichen Weise aufgenommen sind.

Literatur: *Schmidberger, Gerhard*, Zwangsverwaltung und Vorschüsse für Hausgeld, ZfIR 2010, 1; *Engels, Ralf*, Altlasten in der Zwangsversteigerung und in der Zwangsverwaltung, Rpfleger 2010, 557.

Übersicht

I. Allgemeines

1 Die §§ 155 bis 160 ZVG regeln die Verteilung der Einnahmen (Nutzungen) aus dem Zwangsverwaltungsverfahren. Hierbei muss unterschieden werden:

- Die Ausgaben der Verwaltung sowie die Kosten des Verfahrens werden gemäß § 155 Abs. 1 vorweg bestritten, d. h., hierzu ist weder ein Teilungsplan noch eine Zustimmung des Gerichts erforderlich. Untereinander stehen sie zumindest in keinem gesetzlich geregelten Rangverhältnis.
- Nach Deckung der vorstehend genannten Ausgaben und Kosten, kann der Verwalter die laufenden Beträge der öffentlichen Lasten sowie laufende Wohngelder ohne weiteres Verfahren berichtigen (§ 156 Abs. 1).
- Nur wenn darüber hinaus noch Mittel zur Verfügung stehen, sind im Rahmen eines vom Vollstreckungsgericht aufzustellenden Teilungsplans (vgl. § 156 Abs. 2) die Ansprüche der Rangklassen § 10 Abs. 1 Nr. 1 bis 5 zu berichtigen, wobei aus den Rangklassen 2, 3 und 4 nur die laufenden Ansprüche berücksichtigt werden können.
- Wenn dann noch Nutzungen vorhanden sind, kann in einem weiteren Termin auch eine Zahlung auf das Kapital von Grundpfandrechten erfolgen (§ 158 Abs. 1 ZVG).

II. Die Zwangsverwaltungsmasse

2 Unter den „Nutzungen des Grundstücks" i. S. v. § 155 ZVG sind die gesamten Bruttoeinnahmen des Zwangsverwalters zu verstehen. Dies sind:

- Alle Einnahmen aus Vermietung bzw. Verpachtung des Zwangsverwaltungsobjekts,
- die Früchte und Erzeugnisse des Grundstücks und der Erlös aus deren Veräußerung,
- die Einspeisevergütung einer Photovoltaikanlage,[1)]

1) Vgl. BGH, Beschl. v. 20.11.2014 – V ZB 204/13, ZfIR 2015, 226. Diese Entscheidung betrifft zwar eine Anlage, die sich auf dem Dach einer WEG-Anlage befindet. Dies muss aber auch für den Fall gelten, bei dem kein Wohnungseigentum besteht und die Anlage von dem Grundstückseigentümer (= Vollstreckungsschuldner) betrieben wird; vgl. *Keller*, ZfIR 2016, 260 und ZfIR 2017, 302. So im Ergebnis auch: LG Saarbrücken, Urt. v. 2.12.2016 – 10 S 42/16; es betrachtet die Anlage als Grundstückszubehör und den erzeugten Strom als Frucht i. S. v. § 99 Abs. 3 BGB. Wegen der Einstufung als Zubehör beachte aber a. A. OLG Nürnberg, Urt. v. 10.10.2016 – 14 U 1168/15, ZfIR 2017, 151 mit Anm. *Goldbach*, S. 155.

– Forderungen aus Rechtsgeschäften des Zwangsverwalters.

Nicht zur Zwangsverwaltungsmasse gehören jedoch: 3

– Das Grundstück und die mit beschlagnahmten Gegenstände,
– das beschlagnahmte Zubehör, auch nicht der aus der Verwertung eines solchen Gegenstandes erzielte Erlös.[2)]

In die Zwangsverwaltungsmasse darf ein Dritter nur mit einem gegen den Zwangsverwalter wirksamen Vollstreckungstitel vollstrecken. 4

III. Die Ausgaben der Zwangsverwaltung

Das ZVG unterscheidet zwischen Aufwendungen (§ 155 Abs. 1 ZVG) und Überschüssen (§ 155 Abs. 2 ZVG). Die Aufwendungen bezahlt der Verwalter ohne besondere Anordnung. Aus den Überschüssen leistet er nur Zahlungen gemäß Teilungsplan. Nach der hier vertretenen Auffassung sind die öffentlichen Lasten zwar Rangklasseforderungen, werden jedoch – ebenso wie die Hausgeldforderungen – wegen § 156 ZVG für die Zahlung durch den Verwalter so behandelt, als seien es Aufwendungen.[3)] 5

1. Die vorweg zu deckenden Kosten der Verwaltung

Ohne gerichtliche Anordnung, insbesondere also ohne Teilungsplan, hat der Verwalter aus den Nutzungen die Kosten der Verwaltung zu bestreiten (§ 155 Abs. 1 ZVG). Es sind dies: 6

– Die Gerichtskosten, ausgenommen hiervon sind die Kosten für die Anordnung oder einen Beitritt.
– Die beim Verwalter anfallenden Aufwendungen für die eigentliche Verwaltung.
– Die Aufwendungen für die Erhaltung und Verbesserung des Grundstücks.[4)]
– Die für die Deckung seiner Vergütung zurückzulegenden Beträge.
– Neuerdings auch Kautionen und Vorschüsse auf die Miet-Nebenkosten, die der Verwalter aufgrund der hierzu ergangenen Entscheidungen des BGH[5)] zurückzahlen muss, ohne sie erlangt zu haben.
– Laufende Forderungen der WEG (Hausgeld), wenn eine Eigentumswohnung verwaltet wird.

---

2) Die Zinsen für den angelegten Erlös jedoch gehören zur Masse und können demnach mit verteilt werden. So Böttcher/*Keller*, ZVG, § 155 Rz. 4; Stöber/*Drasdo*, ZVG, § 155 Rz. 3; BeckOK-*Hainz*, ZVG, § 155 Rz. 8.

3) BGH, Beschl. v. 15.10.2009 – V ZB 43/09, Rpfleger 2010, 35 = MDR 2010, 107; *Schmidberger*, ZfIR 2010, 1.

4) OLG Hamm, Beschl. v. 24.11.2003 – 15 W 342/03, Rpfleger 2004, 369 = ZMR 2004, 456.

5) BGH, Urt. v. 26.3.2003 – VIII ZR 333/02, Rpfleger 2003, 456 = MDR 2003, 893; BGH, Urt. v. 16.7.2003 – VIII ZR 11/03, Rpfleger 2003, 678 = ZIP 2003, 1899; krit. Anmerkung hierzu von *Erckens* und *Tetzlaff*, ZfIR 2003, 981 ff.; BGH, Urt. v. 9.3.2005 – VIII ZR 330/03, Rpfleger 2005, 460 = MDR 2005, 980; BGH, Urt. v. 23.9.2015 – VIII ZR 300/14, MDR 1356.

7 Für künftig anfallende Aufwendungen – auch für seine Vergütung – hat er eine Rücklage zu bilden. Soweit entsprechende Einnahmen nicht zur Verfügung stehen, zeigt er dies dem Gericht an, welches dann dem Gläubiger bei Meidung der Aufhebung die Leistung eines Vorschusses auferlegt.

2. Kosten des Gerichts

8 Das Gericht erhebt für das Verfahren eine **Verfahrensgebühr** in Höhe der Hälfte einer vollen Gebühr (Nr. 2221 KVGKG). Die Gebühr fällt für jedes Kalenderjahr an, also auch für die Rumpfjahre, in welchen das Verfahren beginnt (Tag der Beschlagnahme) und in welchen es endet (Wirksamwerden der Aufhebung). Wird also das Verfahren nach Zuschlag bezüglich noch beschlagnahmter Gegenstände (z. B. Zubehör, rückständige Miete) weitergeführt, endet die Beschlagnahme erst mit der Aufhebung bezüglich dieser Gegenstände.[6)] Die **Mindestgebühr** beträgt ab 1.1.2021 120 €, für die Rumpfjahre (= das erste und das letzte Kalenderjahr) je 60 € (Zusatz bei Nr. 2221 KVGKG).

9 Erhoben wird eine 0,5 Gebühr aus den Bruttoeinnahmen des Verwalters, also ohne Abzüge (§ 55 GKG). Somit zählen auch jene Einkünfte mit, die nicht beschlagnahmt sind, sondern vom Verwalter aufgrund seines Einzugsrechts (siehe § 148 Rz. 17 ff. [*Depré*]) eingezogen werden. Nicht aber zählen Surrogate für die Substanz, also z. B. verkauftes Zubehör oder Schadensersatzforderungen. Der Mietwert der Schuldnerwohnung zählt ebenfalls nicht mit.

10 Die Gebühr ist am Ende des Kalenderjahres oder bei Aufhebung fällig (§ 7 Abs. 2 GKG).

11 Kostenschuldner ist der Antragsteller, soweit die Gebühr nicht der Masse entnommen werden kann (§ 26 Abs. 1 Satz 1 GKG). Der Antragsteller hat jährlich einen Vorschuss zu zahlen (§ 15 Abs. 2 GKG). Im Sinne dieser Vorschrift gilt jeder Beitrittsgläubiger als Antragsteller. Mehrere Antragsteller haften als Gesamtschuldner. Soweit ein Gläubiger einen Vorschuss geleistet hat, ist dieser ebenfalls gemäß Absatz 1 vorweg zu erstatten.[7)]

12 Zu der Gebühr kommen noch die **Auslagen** des Gerichts, insbesondere also die Zustellungskosten für die Ladung zum Verteilungstermin (Nr. 9002 KVGKG). Hierbei ist auf die Anmerkung zu Nr. 9002 KVGKG hinzuweisen: Die Zustellungspauschale von z. Zt. 3,50 € je Zustellung wird nur erhoben, soweit in einem Rechtszug mehr als 10 Zustellungen anfallen. Die Zustellungskosten werden gemäß § 9 Abs. 2 GKG fällig, sobald das Verfahren beendet ist.

3. Aufwendungen für die eigentliche Verwaltung

13 Durch die Vergütung abgegolten sind die allgemeinen Bürokosten des Verwalters, also alle jene Kosten, welche auch angefallen wären, wenn er diese Verwaltung nicht übernommen hätte. Es sind dies z. B. die Miete samt Nebenkosten für sein Büro, die Anschaffungskosten für dessen Einrichtung, der Computer für die Buchhaltung, auch wenn dieser jetzt erstmals angeschafft wird. Dazu gehören auch die Kosten

6) *Depré/Mayer*, § 1 Rz. 240.
7) Böttcher/*Keller*, ZVG, § 155 Rz. 13 m. w. N.

seines Personals, welches auch für die Zwecke der Zwangsverwaltung eingesetzt wird (§ 21 Abs. 1 ZwVwV).[8)]

14 Besondere Auslagen, die dem Verwalter speziell durch diese Zwangsverwaltung entstehen, sind – grundsätzlich gegen Nachweis – zu erstatten. In Betracht kommen z. B. Reisekosten oder der Aufwand für Hilfskräfte, welche der Verwalter speziell für Aufgaben im Rahmen der Zwangsverwaltung zu seiner Unterstützung eingestellt hat. Deren Besoldung sind für den Verwalter Auslagen (also keine Aufwendungen i. S. d. § 155 Abs. 1 ZVG), bedürfen also vor der Entnahme der Festsetzung durch das Gericht (§§ 21 Abs. 2, 22 ZwVwV). Diese – unsinnige – Regelung kann wohl nur dadurch praxisgerecht umgesetzt werden, dass das Gericht den erforderlichen Betrag als Vorschuss (§ 22 Satz 2 ZwVwV) ansieht und dessen Entnahme nach Anfall gestattet.[9)] Die Bezahlung von Hilfskräften, welche untergeordnete Tätigkeiten im Haus verrichten (z. B. Hausmeister und Reinigungskräfte), sind dagegen Aufwendungen i. S. d. § 155 Abs. 1 ZVG. Somit kann sie der Verwalter ohne die Einschränkung besolden, und zwar gleichgültig, ob er sie übernommen oder neu eingestellt hat. Im letztgenannten Fall muss er lediglich § 9 Abs. 2 bzw. § 10 Abs. 1 Satz 3 ZwVwV beachten.

15 Die Prämie für die in § 1 Abs. 4 ZwVwV vorgeschriebene Haftpflichtversicherung für Vermögensschäden kann ebenfalls nicht gesondert in Rechnung gestellt werden (§ 21 Abs. 3 ZwVwV). Ordnet jedoch das Gericht an, dass der Verwalter für den Einzelfall einen höheren Versicherungsschutz nehmen muss (§ 1 Abs. 4 Satz 2 ZwVwV), sind die Prämien Auslagen und werden dem Verwalter als solche erstattet (§ 21 Abs. 3 ZwVwV). Die Entnahme bedarf deshalb der vorherigen Festsetzung durch das Gericht (§ 22 ZwVwV), falls dieses nicht – praxisgerecht – zusammen mit der Anordnung der Höherversicherung auch die Entnahme der Prämie als Vorschuss gestattet.[10)]

16 Der Verwalter hat die Umsatzsteuer aus den Einnahmen anzumelden und zu zahlen, soweit Umsatzsteuer anfällt (siehe § 152 Rz. 55 ff. [*Depré*]). Er hat auch die aufgrund seiner Verträge anfallenden Steuern und Sozialversicherungsbeiträge für Hilfspersonen abzuführen. Die persönlichen Steuerschulden des Schuldners interessieren ihn aber nicht. Insbesondere muss er keine Bilanzen für den Schuldner erstellen.[11)]

17 Der Verwalter muss alle Betriebskosten zahlen, welche auf die Zeit seiner Tätigkeit entfallen, also insbesondere für Wasser, Abwasser, Gas, Strom, Müllabfuhr. Er zahlt sie zunächst aus den (nicht beschlagnahmten) Abschlägen der Mieter. Reichen diese nicht aus, zahlt er aus beschlagnahmten Einnahmen.[12)] Forderungen aus der Zeit

8) Einzelheiten bei Dassler/Schiffhauer/u. a.-*Engels*, ZVG, § 155 Rz. 16.
9) *Depré/Mayer*, § 1 Rz. 244.
10) Ausführlich zu Versicherungen in der Zwangsverwaltung *Depré/Mayer*, § 1 Rz. 246 ff.
11) OLG Zweibrücken, Beschl. v. 14.2.1967, Rpfleger 1967, 418.
12) Zur Problematik der Rechtsgrundlage *Depré/Mayer*, § 1 Rz. 250 ff.; vgl. hierzu auch BGH, Urt. v. 5.3.2009 – IX ZR 15/08, Rpfleger 2009, 406 = NJW 2009, 1677; OLG Rostock, Urt. v. 2.4.2020 – 3 U 1/19, Rz. 48, MDR 2020, 1106 = NZI 2020, 808.

vor der Beschlagnahme zahlt der Zwangsverwalter nicht. Anders als im Insolvenzverfahren kann sich der Berechtigte nach wie vor an den Schuldner halten.[13)]

4. Ansprüche bei Wohnungs- und Teileigentum

18 Der BGH[14)] hat entschieden, dass die in § 10 Abs. 1 Nr. 2 i. V. m. §§ 155 Abs. 2, 156 Abs. 1 ZVG zu begleichenden Ansprüche der WEG-Gemeinschaft gemäß § 155 Abs. 1 ZVG zu begleichen sind. Konkret sind das die gemeinschaftlichen Lasten nach § 16 Abs. 2 WEG sowie Vorschüsse gemäß Wirtschaftsplan (§ 28 Abs. 2 WEG), und zwar (§ 155 Abs. 2 i. V. m § 13 ZVG) nur die laufenden Beträge. Dies bedeutet also zunächst, dass der Zwangsverwalter keine rückständigen Hausgeldraten zu zahlen hat. Der Wirtschaftsplan bestimmt bereits deren Fälligkeit, nicht erst die abschließende Entscheidung nach Ablauf des Rechnungsjahres. Da nicht nur regelmäßig wiederkehrende Leistungen zu zahlen sind, muss der Verwalter die nach Beschlagnahme beschlossene Abrechnungsspitze ebenfalls bezahlen, soweit darin nicht die vom Eigentümer schuldig gebliebenen Hausgeldraten ihm aufgelastet werden.

19 Fraglich erscheint, ob er eine nach Beschlagnahme beschlossene Umlage für eine einmalige Leistung zahlen darf. Geht man davon aus, dass die Ansprüche der WEG-Gemeinschaft „Rangklasseforderung" (§ 155 Abs. 2 ZVG) sind, darf er diese Umlage nicht zahlen.[15)] Schließlich erhält die Gemeinde (Rangklasse 3) auch keine einmaligen Leistungen. Sieht man in der Entscheidung des BGH[16)] eine Beseitigung des Rangklassensystems (auch die Forderungen der Rangklasse 2 sind „Auslagen"), muss er sie als solche zahlen.

20 Wegen der Einzelheiten wird auf die Ausführungen von *Keller*[17)] verwiesen.

5. Unterhalt des Schuldners

21 Hierher gehören auch die nach § 149 Abs. 3 ZVG oder § 150e ZVG an den Schuldner zu leistenden Unterhaltszahlungen. Da sie aber nur aus Erträgen bestritten werden dürfen, kann der Verwalter hierfür keinen Vorschuss des Gläubigers verlangen oder verwenden.

6. Immissionen, Abfälle und Altlasten

22 Der Verwalter kann als **Handlungsstörer** (Verhaltensverantwortlicher) in Anspruch genommen werden, wenn er selbst die Immissionen bzw. Abfälle verursacht, indem

13) OLG Brandenburg, Urt. v. 2.3.2010 – 6 U 40/09, für „Fernwärme" Rpfleger 2010, 531, IGZInfo 2010, 139; LG Krefeld für Werkvertrag zur Erhaltung der Immobilie, Urt. v. 20.8.2009 – 5 O 55/08, IGZInfo 2010, 95; dies verkennt OVG Lüneburg, Beschl. v. 11.8.2011 – 8 LA 104/11, ZfIR 2011, 892 mit Anm. *Depré*.

14) BGH, Beschl. v. 15.10.2009 – V ZB 43/09, Rpfleger 2010, 35, IGZInfo 2010, 26 = MDR 2010, 107; siehe hierzu Stöber/*Drasdo*, ZVG, § 155 Rz. 13.

15) A. A. Dassler/Schiffhauer/u. a.-*Engels*, ZVG, § 156 Rz. 10.5: auch Sonderumlagen sind zu zahlen; so auch Stöber/*Drasdo*, ZVG § 155 Rz. 16.

16) BGH, Beschl. v. 15.10.2009 – V ZB 43/09, Rpfleger 2010, 35, IGZInfo 2010, 26, MDR 2010, 107.

17) Böttcher/*Keller*, ZVG, § 155 Rz. 10–10c.

er einen Betrieb weiterführt, bei welchem solche anfallen.[18] Hat er bereits Abfälle produziert, aber noch keine Mittel, sie zu beseitigen, und erhält er keinen Vorschuss, weil der Gläubiger den Antrag zurücknimmt, kann sich eine persönliche Haftung ergeben.

Viel häufiger wird der Verwalter als **Zustandsstörer** (Zustandsverantwortlicher) in Anspruch genommen werden. Hierzu genügt, dass er solche Abfälle auf dem verwalteten Grundstück vorfindet. Dabei genügt es, dass er die tatsächliche Gewalt über das Grundstück hat und somit Dritte von der Benutzung ausschließen kann. Es ist auch für den Eintritt seiner Verantwortung nicht erforderlich, dass z. B. die Abfälle mit seinem Willen auf das Grundstück gelangt sind. Auch „über die Mauer geworfenen Abfall" muss er entsorgen. 23

Ist ihm bekannt, dass **Altlasten** im Boden vorhanden sind, muss er sie beseitigen lassen. Dies gilt insbesondere, wenn bereits eine gerichtliche Verfügung vorliegt. Bei einem begründeten Verdacht auf beseitigungspflichtige Altlasten wird er wohl eine Untersuchung veranlassen müssen. In keinem Fall darf er mit der Beseitigung etc. beginnen, bevor die zu erwartenden Kosten gedeckt sind (§ 9 Abs. 2 ZwVwV). Wegen § 10 Abs. 1 Ziff. 5 ZwVwV und weil er fast immer einen Vorschuss benötigt, bedarf die geplante Maßnahme immer der Einwilligung des Gerichts. 24

Der Verwalter ist Adressat der öffentlichrechtlichen Anordnungen, welche auf Beseitigung des polizeiwidrigen Zustandes gerichtet sind. Allerdings muss die Anordnung (nochmals) an ihn ergehen, auch wenn bereits gegen den Schuldner eine Anordnung ergangen ist – denn er ist nicht Rechtsnachfolger des Schuldners. Auch wenn gleichzeitig das Insolvenzverfahren über das Vermögen des Schuldners eröffnet ist, muss die Ersatzvornahme gegen den Zwangsverwalter angeordnet werden.[19] 25

Kosten einer Ersatzvornahme, die bereits gegen den Schuldner angeordnet und durchgeführt wurde, treffen den Zwangsverwalter nicht.[20] Kosten einer gegen den Verwalter durchgeführten Ersatzvornahme sind Aufwand nach § 155 Abs. 1 ZVG, da seine Verpflichtung (§ 152 Abs. 1 ZVG), das Grundstück in seinem Bestand zu erhalten, auch die Erfüllung öffentlichrechtlicher Verpflichtungen erfasst.[21] Reicht die Masse nicht aus, muss der Gläubiger bei Meidung der Aufhebung des Verfahrens einen Vorschuss leisten. Nimmt er jetzt – also nachdem gegen den Verwalter bereits eine Ersatzvornahme angeordnet wurde – den Antrag zurück, wird man wohl keine persönliche Haftung des Zwangsverwalters annehmen können.[22] 26

Beseitigt der Zwangsverwalter selbst (also ohne Ersatzvornahme) die Altlast, sind die vom Gläubiger hierfür zu leistenden Vorschüsse bevorrechtigt nach § 10 Abs. 1 Nr. 1 ZVG; auch in einer Zwangsversteigerung, wenn die Zwangsverwaltung bis dahin fortdauert. Die Kosten einer Ersatzvornahme können aber nicht unter § 10 27

18) BVerwG, Beschl. v. 22.10.1998 – 7 C 38/97, ZIP 1998, 2167 zum Konkursverwalter, NJW 1999, 1416 = NZI 1999, 37; vgl. auch BVerwG, Urt. v. 23.9.2004 – 7 C 22/03, ZIP 2004, 2145 mit Anm. *Drasdo* in ZfIR 2005, 31 ff.

19) VG Dresden, Beschl. v. 19.6.2003 – 13 K 862/02, ZIP 2004, 373; so auch *Engels*, Rpfleger 2010, 557, 566.

20) *Engels*, Rpfleger 2010, 557, 563.

21) AG Saarlouis ZfIR 2003, 62; a. A. *Engels*, Rpfleger 2010, 557, 563.

22) *Depré/Mayer*, § 1 Rz. 272.

Abs. 1 Nr. 1 ZVG fallen. Die Leistung der öffentlichen Hand ist kein „Vorschuss" i. S. d. § 161 ZVG und sie sind auch nicht bevorrechtigt (Rangklasse 3) wie der „Wertausgleich". Falls sie nicht nach § 155 Abs. 1 ZVG beglichen werden können, bleibt nur der Beitritt in Rangklasse 5.

IV. Die Verteilung des Überschusses

28 Die Überschüsse (im Gegensatz zu den Aufwendungen des § 155 Abs. 1 ZVG) sind nach § 155 Abs. 2 ZVG zu verteilen. Diese Vorschrift begrenzt die Berechtigung, während § 156 ZVG den Auszahlungsmodus bestimmt.

1. Rangklasse 1

29 In diese Rangklasse (§ 10 Abs. 1 Nr. 1 ZVG) gehören folgende Forderungen:

- Vorschüsse, welche ein Gläubiger zur Erhaltung und Verbesserung des Grundstücks gegeben hat und die auch für diesen Zweck tatsächlich verwendet worden sind. Es ist für die Rangklasse ohne Bedeutung, ob der Vorschuss direkt an den Verwalter oder aufgrund einer gerichtlichen Anordnung gezahlt wurde.
- Zinsen im Umfang des § 155 Abs. 3 ZVG für einen Gläubiger, der einen solchen Vorschuss gegeben hat. Die dort gegebene Umschreibung des begünstigten Zwecks deckt sich mit der Regelung in § 10 Abs. 1 Nr. 1 ZVG.
- Anschaffung von Düngemitteln, Saatgut und Futtermitteln, die vom Zwangsverwalter oder vom Schuldner-Verwalter mit Zustimmung der Aufsichtsperson im Rahmen der bisherigen Wirtschaftsweise zur ordnungsgemäßen Aufrechterhaltung des Betriebs vorgenommen wurde (§ 155 Abs. 4 ZVG), sowie die Kredite, welche zu diesem Zweck in üblicher Weise aufgenommen werden mussten.

30 Die Vergütung des Zwangsverwalters kann nur ausnahmsweise zu den bevorrechtigten Aufwendungen des § 10 Abs. 1 Ziff. 1 ZVG gehören, wenn die Zwangsverwaltung notwendig war, um das Grundstück für die Zwangsversteigerung zu erhalten oder wiederherzustellen.[23] Die Rangklasse 1a kann in der Zwangsverwaltung nicht vorkommen (§ 10 Abs. 1 Nr. 1a ZVG).[24]

2. Rangklasse 2

31 Falls es sich bei dem verwalteten Objekt um Wohnungseigentum etc. handelt, auf welches das WEG anzuwenden ist, werden an dieser Rangstelle gewisse Forderungen der Eigentümergemeinschaft bedient. Für andere Objekte kann an dieser Rangstelle nichts anfallen.

3. Rangklasse 3

32 In diese Rangklasse gehören die laufend wiederkehrenden öffentlichen Lasten[25], somit die letzte Fälligkeit vor der Beschlagnahme (§ 13 ZVG). Sie können auf

23) BGH, Urt. v. 10.4.2003 – IX ZR 106/02, Rpfleger 2003, 454 = ZIP 2003, 1172; BGH, Beschl. v. 14.4.2005 – V ZB 5/05, Rpfleger 2006, 31 = MDR 2005, 951.

24) Stöber/*Drasdo*, ZVG, § 155 Rz. 31.

25) Wegen der Einschränkung in Abs. 2 nicht auch die rückständigen öffentlichen Lasten: Diese können – genauso wie einmalige öffentliche Leistungen – nur aufgrund eines entsprechenden Beitrittsbeschlusses, dann aber in Rangklasse 5 berücksichtigt werden.

Bundes- oder Landesrecht beruhen und haben unter sich gleichen Rang. Obwohl es sich also im Grundsatz um Rangklasseforderungen handelt, werden sie wegen § 156 ZVG ohne Aufnahme in den Teilungsplan gezahlt.

Eine wichtige Forderung der Rangklasse 3 ist die **Grundsteuer.** Sie wird (§ 28 GrStG) regelmäßig in der Quartalsmitte fällig. Für Kleinbeträge bis 15 € kann die Satzung jährliche Fälligkeit am 15.8. vorsehen; für solche bis 30 € halbjährliche Fälligkeit am 15.2. und 15.8. Diese Fälligkeiten sind für den Zwangsverwalter bei der Feststellung nach § 13 ZVG verbindlich. Hat jedoch die Gemeinde dem Schuldner auf Antrag für andere Summen individuell Jahresfälligkeit zugestanden (§ 28 Abs. 3 GrStG), bedarf es zur Verbindlichkeit gegenüber dem Verwalter eines förmlichen Verwaltungsaktes (Bescheid) vor der Beschlagnahme gegenüber dem Schuldner. Eine mündliche Gestattung ist dem Verwalter gegenüber wirkungslos. Allerdings kann auch der Verwalter mit der Gemeinde eine solche Fälligkeit vereinbaren. 33

Eine öffentliche Last, die im Zeitpunkt der Beschlagnahme im Rückstand ist, bleibt dies auch dann, wenn sie nach den abgaberechtlichen Vorschriften gegenüber einem neuen Eigentümer des Grundstücks später wieder fällig gestellt wird.[26)] 34

4. Rangklasse 4

Zur Rangklasse 4 (§ 10 Abs. 1 Nr. 4 ZVG) gehören die laufenden wiederkehrenden Leistungen der im Grundbuch eingetragenen Rechte. In Betracht kommen also insbesondere (§§ 10 Abs. 1 Nr. 4, 155 Abs. 2 bis 5 ZVG) die Zinsen der Grundpfandrechte; wiederkehrende Leistungen aus Reallasten, insbesondere der Erbbauzins, aber auch Renten; Tilgungsbeträge, die als Zuschlag zu den Zinsen zu zahlen sind und der allmählichen Tilgung dienen und Abzahlungsbeträge zur Tilgung einer unverzinslichen Schuld, jedoch höchstens in Höhe von 5 % der ursprünglichen Schuld. 35

Keine Berücksichtigung finden verzinsliche Abzahlungshypotheken, bei welchen für die Tilgung neben den Zinsen ein fester Betrag gefordert wird. Begrifflich können auch Höchstbetragshypotheken nicht berücksichtigt werden, da diese neben dem Höchstbetrag keine besonderen Zinsen ausweisen. Dagegen erhalten Zwangshypotheken ihre eingetragenen Zinsen. Wegen § 1197 Abs. 2 BGB erhält auch der Eigentümer aus der Eigentümergrundschuld die laufenden Zinsen. 36

Das ZVG definiert die Begriffe „laufend" und „rückständig" für seine Zwecke in § 13 ZVG abweichend vom üblichen Begriff. Erforderlich ist zunächst die Feststellung, welche Beschlagnahme die zeitlich erste (§ 13 Abs. 4 ZVG) dieses Verfahrens war. Dieser Zeitpunkt bleibt Rechenzeitpunkt für das gesamte Verfahren und zwar ohne Rücksicht auf den Rang des Gläubigers, der diese erste Beschlagnahme bewirkt hat, und auch dann, wenn dieser Gläubiger bereits aus dem (von mehreren Gläubigern betriebenen) Verfahren ausgeschieden ist. Auf die zeitlich frühere Beschlagnahme in einem gleichzeitigen Versteigerungsverfahren kommt es nicht an. „Laufend" im Sinne des ZVG ist daher eine wiederkehrende Leistung, welche letztmals **vor** dieser ersten Beschlagnahme fällig geworden ist (§ 13 Abs. 1 ZVG). Ebenso alle Leistungen, die nach der Beschlagnahme fällig werden. Alle älteren Leistungen sind „Rückstände" und finden in der Zwangsverwaltung keine Berücksichtigung. Sie 37

26) BVerwG, Urt. v. 14.5.2014 – 9 C 7.12, ZfIR 2014, 815 = NZM 2015, 504.

können aber – soweit sie vollstreckbar sind – durch einen Beitritt ins Verfahren eingeführt werden und haben dann die normale Rangklasse 5.[27)]

38 Im Range der jeweiligen Hauptforderung (hier also im Range der „laufenden" wiederkehrenden Leistungen) können auch die Kosten angemeldet werden, welche für die Rechtsverfolgung entstanden sind, insbesondere die Kosten eines beauftragten **Rechtsanwalts.**

39 Sehr häufig werden Anträge auf Anordnung der Zwangsverwaltung für Ansprüche aus der Rangklasse 4 und der Rangklasse 5 einheitlich gestellt. Es entsteht dem Rechtsanwalt dann auch nur eine einheitliche Verfahrensgebühr. Im Teilungsplan ist die Gebühr in der Rangklasse 4 so anzusetzen, als wäre nur Anmeldung in dieser Rangklasse erfolgt. Der Rest wird dann in der Rangklasse 5 angesetzt.[28)]

5. Rangklasse 5

40 Um in diese Rangklasse (§ 10 Abs. 1 S. 5 ZVG) zu gelangen, bedarf es immer eines Anordnungs- oder Beitrittsbeschlusses. Dabei werden nur jene Beträge berücksichtigt, welche in einem solchen Beschluss genannt sind. Andere (insbesondere vergessene Beträge) bedürften eines neuen Beitrittsgesuches, was sich aus Kostengründen selten lohnt. Dies gilt insbesondere grundsätzlich auch für die nach § 788 ZPO ohne Festsetzung vollstreckbaren Kosten. Ausnahmsweise aber können (§ 10 Abs. 2 ZVG) die Kosten dieser dinglichen Rechtsverfolgung (also z. B. die Anordnungsgebühr des Gerichts sowie die Anwaltskosten) formlos angemeldet werden. Dies muss aber bis zum Verteilungstermin geschehen, um im Verteilungsplan Berücksichtigung zu finden. Wenn hier auch § 110 ZVG vom Begriff her nicht anwendbar ist, so bestimmen doch die §§ 114 und 156 Abs. 2 ZVG Anmeldepflicht spätestens „im Verteilungstermin" – und da nur einer stattfindet, können diese Beträge nicht mehr durch Nachmeldung Berücksichtigung finden.

41 Wird das Verfahren nur von persönlichen Gläubigern betrieben, richtet sich der Rang nach der Zeitreihenfolge der Beschlagnahme (§ 11 Abs. 2 ZVG). Innerhalb der einheitlichen Forderung gilt die Reihenfolge des § 12 ZVG. Konkurrieren jedoch persönliche Gläubiger mit Grundpfandrechten oder mehrere Grundpfandrechte untereinander, wird die Frage des Rangverhältnisses unter ihnen unterschiedlich beantwortet.[29)] Nach der hier vertretenen Auffassung hat die Einordnung einer Forderung in die Rangklasse 5, gleichgültig welcher Herkunft, auch ihre Unterstellung unter § 11 Abs. 2 ZVG zur Folge. Demnach haben alle Forderungen innerhalb dieser Rangklasse den Rang nach der Zeitreihenfolge ihrer Beschlagnahme. Auf ihre Herkunft kommt es nicht an.

---

27) Ausführlich dazu mit Beispielen *Depré/Mayer*, § 1 Rz. 321 und Schneider-*Schmidberger*, ZVG, § 155 Rz. 42 ff.

28) So auch Stöber/*Drasdo*, ZVG, § 155 ZVG Rz. 50 und Böttcher/*Keller*, ZVG, § 155 ZVG Rz. 27; a. A. Dassler/Schiffhauer/u. a./*Engels*, ZVG § 155 Rz. 67 und Schneider-*Schmidberger*, ZVG, § 155 Rz. 56.

29) Dazu ausführlich Stöber/*Drasdo*, ZVG, § 155 Rz. 56 ff.; Dassler/Schiffhauer/u. a.-*Engels*, ZVG, § 155 Rz. 74; BeckOK-*Hainz*, ZVG, § 155 Rz. 56; Böttcher/*Keller*, ZVG, § 155 Rz. 37.

6. Weitere Rangklassen

Da die Anordnung der Zwangsverwaltung nur ein relatives Verfügungsverbot bewirkt, erfolgt keine Grundbuchsperre. Es können also im Rang nach dem Zwangsverwaltungsvermerk weitere Rechte eingetragen werden; sowohl mit Bewilligung des Schuldners (Eigentümers) als auch im Wege der Zwangsvollstreckung. Diese Rechte haben Rang nach dem Gläubiger (§ 10 Abs. 1 Nr. 6 ZVG). Da aber die Befriedigung des Gläubigers zur Aufhebung des Verfahrens führt (§ 161 Abs. 2 ZVG), gibt es begrifflich in der Zwangsverwaltung (anders als in der Zwangsversteigerung) keine Zuteilung in der Rangklasse 6. Ist jedoch ein weiterer Gläubiger dem Verfahren beigetreten, kann das neu eingetragene Recht Rang zwischen der Beschlagnahme durch den Anordnungsbeschluss und dem Beitrittsbeschluss haben. In diesem Fall hat das Recht einen „relativen Rang", d. h., es hat gegenüber dem Beitrittsgläubiger die Rangklasse 4 (siehe § 157 Rz. 11 ff. [*Depré*]).[30] 42

Die Rangklassen 7 und 8 (§ 10 Abs. 1 Satz 7 und 8 ZVG) können in der Zwangsverwaltung nicht vorkommen, weil es hiervon um (ältere) Rückstande geht (vgl. Absatz 2 Satz 2). 43

---

30) Ausführlich *Depré/Mayer*, § 1 Rz. 375 ff.; siehe auch Böttcher/*Keller*, ZVG, § 155 Rz. 16 und Stöber/*Drasdo*, ZVG, § 155 Rz. 53.

§ 156
Öffentliche Lasten; Verteilungstermin

(1) Die laufenden Beträge der öffentlichen Lasten sind von dem Verwalter ohne weiteres Verfahren zu berichtigen. Dies gilt auch bei der Vollstreckung in ein Wohnungseigentum für die laufenden Beträge der daraus fälligen Ansprüche auf Zahlung der Beiträge zu den Lasten und Kosten des gemeinschaftlichen Eigentums oder des Sondereigentums, die nach § 16 Abs. 2, § 28 Absatz 1 und 2 des Wohnungseigentumsgesetzes geschuldet werden, einschließlich der Vorschüsse und Rückstellungen sowie der Rückgriffsansprüche einzelner Wohnungseigentümer. Die Vorschrift des § 10 Abs. 1 Nr. 2 Satz 3 findet keine Anwendung.

(2) Ist zu erwarten, daß auch auf andere Ansprüche Zahlungen geleistet werden können, so wird nach dem Eingang der im § 19 Abs. 2 bezeichneten Mitteilungen des Grundbuchamts der Verteilungstermin bestimmt. In dem Termin wird der Teilungsplan für die ganze Dauer des Verfahrens aufgestellt. Die Terminsbestimmung ist den Beteiligten sowie dem Verwalter zuzustellen. Die Vorschriften des § 105 Abs. 2 Satz 2, des § 113 Abs. 1 und der §§ 114, 115, 124, 126 finden entsprechende Anwendung.

Literatur: *Mayer, Günter,* Grundsteuer im Insolvenzverfahren, in der Zwangsversteigerung und der Zwangsverwaltung, Rpfleger 2000, 260; *Mayer, Günter,* Rechtspfleger Schlau und die neue ZwVwV, RpflStud. 2004, 171.

Übersicht

I. Allgemeines

1 § 156 ZVG regelt das Verfahren bei der Verteilung des Erlöses in der Zwangsverwaltung.

2 Ausgaben der Verwaltung sowie die Kosten des Verfahrens sind nach § 155 Abs. 1 ZVG aus den Nutzungen vorweg zu bestreiten – also ohne gerichtliches Verfahren. Ebenfalls ohne ein solches Verfahren sind nach § 156 Abs. 1 Satz 1 ZVG die laufenden Beträge der öffentlichen Lasten zu zahlen. Dies gilt nach den Sätzen 2 und 3 auch für die laufenden Beträge der Rangklasse 3.

3 Aus dem Zusammenhang der beiden Vorschriften muss geschlossen werden, dass die in § 156 Abs. 1 ZVG genannten Ansprüche erst nach den in § 155 Abs. 1 ZVG genannten Kosten der Verwaltung und nach den Verfahrenskosten bezahlt werden dürfen.

4 Alle übrigen Ansprüche können nach § 156 Abs. 2 ZVG nur aufgrund eines vom Gericht aufzustellenden Teilungsplans bedient werden. Dieser Plan behält grundsätzlich für die gesamt Dauer des Verfahrens seine Gültigkeit.

5 Und bei dem „Zusammenspiel" der beiden Vorschriften kann es u. U. zu Schwierigkeiten kommen: Da in § 156 Abs. 2 ZVG Teile der Rangklasse 3 und der Rangklasse 1 aber überhaupt nicht aufgeführt sind, stellt sich die Frage, ob die Rangfolge des § 10 Abs. 1 ZVG im Verhältnis zu den anderen Ansprüchen gilt, welche nur aufgrund eines Teilungsplans nach § 156 Abs. 2 ZVG bedient werden dürfen. Nach einer Ansicht[1)] müssen vor den laufenden Beträgen der Rangklasse 3 die Ansprüche aus Rangklasse 1 und 2 aus den Überschüssen gedeckt sein, die aber erst nach Aufstellung des Teilungsplans zum Zuge kommen dürften – es gilt also § 10 ZVG. Der Verwalter muss deshalb vor der Zahlung auf die in § 156 Abs. 1 ZVG genannten Ansprüche prüfen, ob er noch ausreichende Mittel für die Ansprüche aus Rangklasse 1 zur Verfügung hat oder bis zur Fälligkeit haben wird.[2)] Nach a. A.[3)] spielt die Rangordnung insoweit keine Rolle; denn die in § 156 Abs. 1 ZVG aufgeführten Ansprüche seien im weitesten Sinn „Ausgaben der Verwaltung" i. S. v. § 155 Abs. 1 ZVG.

II. Öffentliche Lasten

6 Öffentliche Lasten im Sinne des ZVG sind nur jene Beträge, für welche nach Bundes- oder Landesrecht das Grundstück als solches haftet. Neben den Bundesgesetzen bestimmen also insbesondere die Kommunalabgabengesetze (KAG) der einzelnen Bundesländer, welche Abgaben auf dem Grundstück i. S. d. § 10 Abs. 1 Nr. 3 ZVG ruhen. Das Landesrecht kann eine Ermächtigung vorsehen, welche die Gemeinde berechtigt, bestimmte Beträge durch Ortssatzung zur öffentlichen Last zu erklären.

---

1) Beispielsweise Stöber/*Drasdo*, ZVG, § 156 Rz. 3; so auch Dassler/Schiffhauer/u. a.-*Engels*, ZVG, § 156 Rz. 3.

2) So Böttcher/*Keller*, ZVG, § 156 Rz. 2 und 2a.

3) Beispielsweise *Mayer*, Rpfleger 2000, 260, 262.

Ohne eine solche Ermächtigung ist eine diesbezügliche Bestimmung in der Satzung wirkungslos.[4)]

Im Zwangsverwaltungsverfahren werden öffentliche Lasten nur berücksichtigt, wenn es sich um wiederkehrende Leistungen handelt und der Betrag laufend im Sinne des ZVG ist (siehe Rz. 6 ff.). 7

Problemlos für Gerichte und Zwangsverwalter sind die öffentlichen Lasten, welche auf **Bundesrecht** beruhen. Dies sind insbesondere die Grundsteuer (§ 12 GrStG), Erschließungsbeiträge (§ 134 Abs. 2 BauGB) und andere Leistungen nach dem BauGB, Flurbereinigungskosten (§ 20 FlurbG) und gewisse Schornsteinfegergebühren.[5)] Seit 1.1.2013 sind es nur noch jene zur Deckung des Verwaltungsaufwandes nach Landesrecht erhobenen Kosten (§§ 14, 15, 16 SchfHwG) für die Tätigkeiten, welche dem Bezirksschornsteinfeger vorbehalten sind (§ 20 Abs. 2 Satz 1 SchfHwG). Auch das **Landesrecht** kann unmittelbar bestimmen, dass genau bezeichnete Abgaben als öffentliche Last auf dem Grundstück ruhen (z. B. Ausbaubeiträge) oder vorsehen, dass die jeweilige Gemeinde durch Ortssatzung befugt ist, für genau bestimmte Erträge zu bestimmen, dass sie auf dem Grundstück ruhen; also öffentliche Last sind. Auch die nach dem Messbetrag zur Grundsteuer erhobene Ortskirchensteuer kann landesrechtlich öffentliche Last sein. 8

Da die Ausbaubeiträge im Prinzip einmalige Leistungen sind, auch wenn sie in mehreren Raten fällig werden, sind sie grundsätzlich nicht vom Verwalter zu tragen.[6)] Zunehmend erlaubt jedoch das Landesrecht, diese Beiträge dergestalt umzulegen, dass nicht nur das unmittelbar betroffene Grundstück belastet wird, sondern sämtliche Grundstücke einer Gemeinde oder einer Zone. Hierdurch soll ungleiche Behandlung des Grundbesitzes sowie Belastung einzelner Eigentümer mit hohen Beträgen vermieden werden. Machen die Gemeinden hiervon Gebrauch, ist der Umlagebetrag „wiederkehrende Leistung" i. S. d. § 13 ZVG und muss vom Verwalter als solche gemäß § 10 Abs. 1 Nr. 3 ZVG bezahlt werden. Der Verwalter kann hierfür einen Vorschuss anfordern und verwenden.[7)] 9

Die öffentlichen Lasten müssen nicht angemeldet werden und werden im Teilungsplan allenfalls erwähnt, aber nicht rechnerisch ausgewiesen. Der Verwalter ist gehalten, die Einzugsstellen solcher öffentlichen Lasten oben die Anordnung der Zwangsverwaltung zu benachrichtigen und um Mitteilung der geforderten Beträge zu ersuchen. Die öffentlichen Grundstückslasten (also insbesondere die laufende Grundsteuer) sind aber nicht „Ausgaben der Verwaltung" i. S. v. § 155 ZVG. Die Frage, ob für die Zahlung der laufenden Ansprüche eine Vorschusspflicht des betrei- 10

---

4) BGH, Urt. v. 30.6.1988 – IX ZR 141/87, Rpfleger 1988, 493 = MDR 1989, 60, Rpfleger 1981, 349.

5) Vgl. *Haarmeyer/Hintzen*, § 11 ZwVwV Rz. 5.

6) VGH Kassel, Urt. v. 2.10.2014 – 5 B 1466/14, ZfIR 2015, 78 = NZI 2015, 45; *Haarmeyer/Hintzen*, § 11 ZwVwV Rz. 7.

7) *Depré/Mayer*, § 1 Rz. 300.

benden Gläubigers angefordert werden kann, hat das Landgericht Münster deshalb zu Recht verneint.[8)]

III. Ansprüche bei Wohnungs- und Teileigentum

11 Gleichgültig, ob man die Zahlungspflicht des Zwangsverwalters unmittelbar aus § 155 Abs. 1 ZVG herleitet oder aus § 155 Abs. 2 i. V. m. § 156 ZVG,[9)] kommen als Aufwendungen die laufenden Beiträge zu den Lasten und Kosten des Gemeinschaftseigentums oder des Sondereigentums einschließlich der Vorschüsse und Rückstellungen sowie der Rückgriffsansprüche einzelner Wohnungseigentümer wegen der Vorleistung für diese Beträge (siehe Rz. 12 f.) in Betracht. Anders als in der Zwangsversteigerung ist das Vorrecht nicht durch einen Höchstbetrag begrenzt (§ 156 Abs. 1 Satz 3 ZVG). Somit wird die Zahlungspflicht des Zwangsverwalters auch nicht durch den Verbrauch[10)] des Vorrechts in der Zwangsversteigerung beeinflusst.

12 Hat der Verwalter entsprechende Einnahmen, so zahlt er die jeweils fälligen Beträge ohne Teilungsplan (§ 156 ZVG). Nach Ansicht des BGH[11)] kann (muss) der Zwangsverwalter vom Gläubiger einen Vorschuss fordern, wenn er keine ausreichenden Einnahmen hat. Auch für dieses Ergebnis ist es gleichgültig, ob man die Zahlungspflicht unmittelbar aus § 155 Abs. 1 ZVG herleitet (und damit das Rangklasse-System des ZVG beschädigt), oder nach der hier vertretenen Auffassung davon ausgeht, dass die Zahlung „wie Auslagen" erfolgt, nachdem gemäß § 155 Abs. 2 ZVG die grundsätzliche Zahlungspflicht festgestellt ist. Im Übrigen ist diese Vorschusspflicht eher gerechtfertigt als jene zur Abdeckung von Mieterforderungen, da der Gläubiger an einer ordnungsgemäßen Verwaltung ein wirtschaftliches Interesse hat.

13 Die Anordnung der Zwangsverwaltung befreit den Schuldner nicht von seiner Zahlungspflicht gegenüber der Eigentümergemeinschaft. Diese kann also vom Eigentümer (Schuldner), alles fordern, was dieser schuldet, ohne durch die Zwangsverwaltung gehindert zu sein.[12)]

IV. Der Verteilungstermin

1. Anzeigepflicht des Verwalters

14 Sobald der Verwalter übersehen kann, dass er Einnahmen haben wird, welche die Aufwendungen (siehe § 155 Rz. 13 ff. [*Depré*]) und die öffentlichen Lasten (siehe Rz. 6) übersteigen, muss er dies dem Gericht anzeigen (§ 11 Abs. 2 Satz 2 ZwVwV). Die Anzeige erfolgt also schon, sobald eine begründete Aussicht auf deren Eingang besteht; nicht erst nach Geldeingang.

---

8) LG Münster, Beschl. v. 11.9.2013 – 5 T 502/13, ZfIR 2014, 451; so auch AG Darmstadt, Beschl. v. 11.11.2015 – 61 L 11/15, openJur 2019, 37017.

9) Ausführlich hierzu *Depré/Mayer*, § 1 Rz. 490 ff.

10) Hierzu BGH, Beschl. v. 4.2.2010 – V ZB 129/09, Rpfleger 2010, 333 = MDR 2010, 620; BGH, Beschl. v. 14.6.2012- V ZB 194/11, Rpfleger 2012, 701 = MDR 2012, 1251.

11) BGH, Beschl. v. 15.10.2009 – V ZB 43/09, Rpfleger 2010, 35 und 100 = IGZInfo 2010, 26 = MDR 2010, 107 = ZfIR 2010. 37; BGH, Urt. v. 9.12.2011 – V ZR 131/11, Rpfleger 2012, 273 = MDR 2012, 248.

12) OLG München, Beschl. v. 12.10.2006 – 32 Wx 124/06, Rpfleger 2007, 158; OLG Zweibrücken, Beschl. v. 27.7.2005 – 3 W 167/04, IGZInfo 2006, 91 = NJW-RR 2005, 1682; OLG Köln, Beschl. v. 15.11.2007 – 16 Wx 100/07, IGZInfo 2008, 142 = NZI 2008, 377.

Will man nicht das gesamte Rangklassensystem des § 10 ZVG ad absurdum führen, muss Folgendes festgehalten werden: Die Forderungen „Hausgeld“ (Nr. 2) und „öffentliche Last“ (Nr. 3) unterliegen den Regeln ihrer jeweiligen Rangklasse. Das gilt einmal für die Feststellung von Art und Umfang und auch für das Verhältnis zueinander und zu anderen Rangklassen. Daran kann auch die umstrittene Frage, ob sie nun gleichzeitig systemwidrig „Aufwand“ sind (so der BGH)[13] oder nur wegen § 156 ZVG „wie Aufwand“ zu bezahlen sind, nichts ändern. Also ist der Vorrang der Rangklasse 1 zu beachten. Da aber, falls Ansprüche der Rangklasse 1 denkbar sind, diese Forderungen der Feststellung im Teilungsplan bedürfen, muss der Verwalter dessen Aufstellung veranlassen, bevor er Zahlungen an die Rangklasse 2 oder Rangklasse 3 leistet.[14] 15

2. Terminsbestimmung durch das Gericht

Das Gericht – welches inzwischen die Grundbuchnachricht nach § 19 Abs. 2 ZVG erhalten haben müsste – bestimmt nun einen Verteilungstermin. Hierzu werden alle Gläubiger, der Schuldner und alle übrigen Beteiligten (§ 9 ZVG) und natürlich auch der Verwalter durch Zustellung (§ 3 ZVG) der Terminsbestimmung geladen. Die Zustellungserleichterungen der §§ 4 bis 7 ZVG finden Anwendung. Eine Ladungsfrist ist nicht vorgesehen. Es muss jedoch den Beteiligten genügend Zeit bleiben, sich auf den Termin einzustellen und insbesondere die Anmeldungen vorzubereiten. Zwei Wochen Ladungsfrist sollten nicht unterschritten werden. Die Belastung der Gerichte erfordert in der Praxis aber meist unnötig lange Fristen. 16

3. Der vorläufige Teilungsplan

Die endgültige Entscheidung über die Erlösverteilung erfolgt erst im Verteilungstermin. Dennoch wird kaum ein Rechtspfleger ohne eine vorläufige Berechnung dieser Verteilung auskommen; er wird also einen vorläufigen Teilungsplan aufstellen. Da auf diesen später Bezug genommen werden kann, vereinfacht dies auch die Protokollführung im Termin. Damit der Teilungsplan aus sich heraus verständlich ist, sollten in einem „Vorbericht“ die für die Aufstellung wesentlichen Angaben zusammengestellt werden; also z. B. das Datum der ersten Beschlagnahme, die Rangklasse der Gläubiger und die bereits vorliegenden Anmeldungen. Üblich, aber nicht erforderlich, ist die Feststellung, dass der Verwalter die öffentlichen Lasten aus den hierfür rangmäßig vorgesehenen Mitteln zu bezahlen hat. Deren Höhe soll nicht angegeben werden, da sich diese im Laufe der Zeit ändern kann. 17

Sodann werden die Ansprüche einzeln und in der Reihenfolge ihres Ranges (§ 155 Abs. 2 ZVG) aufgeschlüsselt, wobei Kosten neben Zinsen und Hauptforderung stets getrennt auszuweisen sind. Laufend wiederkehrende Nebenleistungen sind derart zu bezeichnen, dass der Plan „für die Ewigkeit“ steht. 18

---

13) BGH, Beschl. v. 15.10.2009 – V ZB 43/09, Rpfleger 2010, 35 und 100 = MDR 2010, 107.

14) So Stöber/*Drasdo*, ZVG, § 156 Rz. 3.; Dassler/Schiffhauer/u. a.-*Engels*, ZVG, § 156 Rz. 3; a. M. Steiner-*Hagemann*, ZVG, § 156 Rz. 8; zwar fordert Böttcher/*Keller*, ZVG, § 156 Rz. 2 und 2a, auch eine Rangprüfung, will diese aber offenbar – systemwidrig – dem Zwangsverwalter überlassen.

19 Am Schluss wird meist der Satz angefügt, dass der Verwalter auf nachrangige Beträge nur Zahlung leisten darf, wenn er damit rechnen kann, vorrangige Beträge am Fälligkeitstag zu befriedigen.

20 In der Praxis kommt häufig nur die Zuteilung auf die laufenden Zinsen des erstrangigen Grundpfandrechts in Betracht, weshalb sich die Rechtspfleger gelegentlich die Gesamtberechnung ersparen. Richtig ist dies aber nicht.[15] Der Teilungsplan muss auf unbestimmte Zukunft aufgestellt werden (§ 156 Abs. 2 Satz 2 ZVG) und alle bis dahin feststehenden zuteilungsfähigen Forderungen ausweisen. Ergänzungen sind nur zulässig, wenn sich **künftig** Änderungen ergeben.

21 Die Übersendung des vorläufigen Teilungsplanes an die Beteiligten ist nicht vorgesehen. Sie sollte erfolgen, falls dies ausdrücklich gewünscht wird und vor allem auch, wenn ein Beteiligter durch die Art seiner Anmeldung zu erkennen gibt, dass ihm die Grundsätze der Verteilung in der Zwangsverwaltung fremd sind. Auf diese Weise ist es oft möglich, sinnlose Diskussionen im Termin zu vermeiden und insbesondere Widersprüche nach § 115 Abs. 2 ZVG vor dem Termin auszuräumen.[16]

4. Ablauf des Verteilungstermins

22 Die Verhandlung ist **nicht öffentlich**, weshalb Feststellung der erschienenen Beteiligten erforderlich ist. Immer häufiger ist das Gericht unter sich, da weder der Verwalter noch ein Beteiligter erscheint. Anderenfalls gibt der Verwalter dem Gericht und den erschienenen Beteiligten mündlich einen kurzen Sachstandsbericht. Soweit die Beteiligten durch **Bevollmächtige** vertreten sind, gelten die §§ 79 ff. ZPO. Das Gericht kann vom Gläubiger die erneute Vorlage des Vollstreckungstitels verlangen, muss es aber nicht. Neu eingetretene Gläubiger können als solche zum Termin nur zugelassen werden, wenn sie ihre Stellung durch Vorlage des auf sie umgeschriebenen Vollstreckungstitels nachweisen.

23 Da im Teilungsplan der materiell Empfangsberechtigte festgestellt wird, muss jetzt (erstmals) bei **Briefrechten** der Brief vorgelegt werden.[17] Schließlich bezieht sich diese Feststellung nicht nur auf – im Teilungstermin – bereits fällige Zinsen sondern auch auf solche, die erst in Zukunft fällig werden. Soweit Grundpfandrechte bereits abgetreten wurden, ist dies anzumelden, wenn die Abtretung außerhalb des Grundbuchs erfolgte oder erst nach dem Zwangsverwaltungsvermerk im Grundbuch eingetragen wurde. Außerdem ist die Abtretung nachzuweisen durch Nachweis der Grundbucheintragung oder Briefvorlage mit Abtretungserklärung in der Form des § 1155 BGB. **Spätere Abtretungen** bedürfen einer Änderung des gerichtlichen Teilungsplanes (siehe § 157 Rz. 8 ff. [*Depré*]). Der Zwangsverwalter darf einen Gläubiger-

15) Dazu *Mayer*, RpflStd. 2004, 171.

16) Zur Anmeldung zum Teilungsplan *Depré/Mayer*, § 1 Rz. 348.

17) So auch Stöber/*Drasdo*, ZVG, § 156 Rz. 28; Dassler/Schiffhauer/u. a.-*Engels*, ZVG, § 156 Rz. 20; a. M. Böttcher/*Keller*, ZVG, § 156 Rz. 14: Briefvorlage nicht erforderlich, wenn nur laufende Zinsen (Rangklasse 4) zu berücksichtigen sind. So auch Schneider-*Schmidberger*, ZVG, § 156 Rz. 20, 21, der aber in Fn. 45 zu Unrecht Stöber/*Drasdo* als Vertreter der von ihm vertretenen Ansicht aufführt.

wechsel von sich aus nicht beachten. Deshalb muss er sich auch den Brief nicht vorlegen lassen, bevor er Zinsen an den Berechtigten laut Teilungsplan zahlt.[18)]

Sodann verliest das Gericht den vorläufigen Teilungsplan und stellt an die Beteiligten (nicht den Verwalter) die Frage, ob gegen diesen Plan Widersprüche erhoben werden. Wird **kein Widerspruch** erhoben, beschließt das Gericht, dass der bisher nur vorläufige Teilungsplan jetzt zum endgültigen Teilungsplan erklärt wird und dass der Verwalter dem Plan entsprechende Zahlungen zu leisten hat. Erhebt ein Beteiligter **Widerspruch**, was grundsätzlich zulässig ist, da § 115 ZVG in § 156 Abs. 2 ZVG für anwendbar erklärt ist, muss der streitige Betrag hinterlegt werden, falls darüber keine Einigung zustande kommt. Mit Rücksicht darauf, dass Widersprüche in der Zwangsverwaltung extrem selten sind, wird auf die Regelung in der Zwangsversteigerung[19)] verwiesen, auch für den Widerspruch nach § 115 Abs. 2 ZVG durch Nichtbeachtung einer Anmeldung. 24

Während der Widerspruch auf Änderung der materiellen Rechtslage gerichtet ist, kann jeder Beteiligte mit **sofortiger Beschwerde** einen Verfahrensfehler des Gerichts rügen, z. B. die Aufnahme einer Forderung in den Plan, welche in diesem Verfahren nicht berücksichtigt werden kann, die Aufnahme nicht erstattungsfähiger Kosten oder eine falsche Zinsberechnung. Obwohl die Beschlüsse im Teilungstermin verkündet werden, müssen das Protokoll mit den Beschlüssen und der Teilungsplan allen Beteiligten i. S. d. § 9 ZVG zugestellt werden, damit die Frist für die sofortige Beschwerde beginnen kann.[20)] Falls nur um die Aufnahme von Kosten von weniger als 200 € gestritten wird, ist der Rechtsbehelf die befristete Erinnerung an den Referatsrichter, der endgültig entscheidet. 25

Der Verwalter könnte auch im Falle der sofortigen Beschwerde die Auszahlung vornehmen, ohne die Rechtskraft abzuwarten. Er sollte es aber nicht tun, da die Auszahlung die Erledigung des Rechtsmittels zur Folge hätte. Vielmehr soll er das Gericht auffordern, insoweit eine Anordnung nach § 570 Abs. 2 ZPO (Aufschub der Zahlung) zu erlassen. Der Beschwerdeführer könnte notfalls eine solche Anweisung auch durch das Beschwerdegericht erlangen (§ 570 Abs. 3 ZPO). 26

Der Verwalter kann gegen die Entscheidung des Gerichts weder Widerspruch erheben noch sofortige Beschwerde einlegen. 27

5. Muster eines Teilungsplans

Verschiedene Handbücher enthalten entsprechende Muster.[21)] 28

18) So aber *Haarmeyer/Hintzen*, § 156 ZVG Rz. 7; a. A., Stöber/*Drasdo*, ZVG § 156 Rz. 28.

19) Sehr ausführlich hierzu Stöber/*Drasdo*, ZVG, § 156 Rz. 34 ff., § 115 Rz. 6 ff.; Schneider-*Schmidberger*, ZVG, § 156 Rz. 34 ff., der hier im Gegensatz zu den übrigen Kommentatoren auch die sofortige Beschwerde als maßgeblichen Rechtsbehelf bei Verfahrensfehlern nennt.

20) BGH, Beschl. v. 19.2.2009 – V ZB 54/08, Rpfleger 2009, 401 = MDR 2009, 769.

21) Zum Beispiel *Depré/Mayer*, § 5 Rz. 1129; Stöber/*Drasdo*, ZVG, § 156 Rz. 50 ff.

§ 157
Ausführung des Teilungsplans

(1) Nach der Feststellung des Teilungsplans hat das Gericht die planmäßige Zahlung der Beträge an die Berechtigten anzuordnen; die Anordnung ist zu ergänzen, wenn nachträglich der Beitritt eines Gläubigers zugelassen wird. Die Auszahlungen erfolgen zur Zeit ihrer Fälligkeit durch den Verwalter, soweit die Bestände hinreichen.

(2) Im Falle der Hinterlegung eines zugeteilten Betrags für den unbekannten Berechtigten ist nach den Vorschriften der §§ 135 bis 141 zu verfahren. Die Vorschriften des § 142 finden Anwendung.

Übersicht

I. Allgemeines

1 Erst nach Feststellung des Teilungsplanes und Anordnung der planmäßigen Ausführung darf der Verwalter Zahlungen an die Berechtigten leisten, welche im Teilungsplan ausgewiesen sind. Er benötigt hierzu keine Einzelanweisung durch das Gericht. Vielmehr hat er selbst zu prüfen, an wen er wann Zahlungen zu leisten hat. Der Teilungsplan muss dies genau ausweisen. Sollte dies nicht der Fall sein, weil der Rechtspfleger nicht sorgfältig gearbeitet hat, sollte der Zwangsverwalter den Plan nicht eigenmächtig auslegen, sondern eine verbindliche Weisung durch das Gericht einfordern, wie z. B. eine Zahlungsanordnung des Vollstreckungsgerichts.

II. Ausführung durch den Zwangsverwalter

2 Einer Anweisung eines Empfängers, die Zahlungen nicht an ihn, sondern für ihn an einen Dritten zu leisten, muss der Verwalter nachkommen, wenn sie ihm schriftlich und zweifelsfrei zugeht.[1] Wird ihm jedoch angezeigt, dass ein Gläubigerwechsel stattgefunden hat, soll er die Zahlungen zurückhalten und das Gericht verständigen. Dieses wird den Plan durch Beschluss ändern. Zahlungen auf die Zinsen eines Briefrechtes erfolgen ohne Vorlage des Grundpfandbriefes. Dieser hatte im Teilungstermin dem Gericht vorgelegen (siehe § 156 Rz. 14 ff. [*Depré*]).

3 Der Auszahlungsanspruch ist **pfändbar**. Hat also einer der Empfänger selbst Verbindlichkeiten, kann sein Gläubiger den Auszahlungsanspruch pfänden. Die Zahlung durch den Verwalter entspricht ihrem Wesen nach der Zahlung durch das Vollstreckungsgericht im Verteilungstermin der Zwangsversteigerung. Es handelt sich also um eine Zahlung aus Schuldnermitteln aufgrund hoheitsrechtlicher Verfügungsbefugnis.

1) OLG Köln, Urt. v. 6.4.1993 – 22 U 252/92, VersR 1994, 113.

Somit kann der Verwalter nicht Drittschuldner sein. Drittschuldner bleibt der Grundstückseigentümer. Der Pfandgläubiger hat unter Vorlage des Pfändungs- und Überweisungsbeschlusses die Ergänzung der Auszahlungsanordnung beim Gericht der Zwangsverwaltung zu bewirken. 4

Zutreffend und plakativ bezeichnen *Hintzen*[2)] die nachfolgende Tätigkeit des Verwalters als **Liquiditätsmanagement**. Dies bedeutet aber nach hiesiger Auffassung nicht, dass der Verwalter jetzt alle eingehenden Gelder so lange verwahrt, bis die Kasse für die nächste – oft noch in weiter Ferne liegende – Fälligkeit der erstrangigen Forderung gefüllt ist, ohne die bereits fällige zweitrangige Leistung zu erbringen. Auch die ZwVwV fordert dies nicht. Die gegenteilige Interpretation des § 9 Abs. 2 ZwVwV ist aus dem Text nicht herzuleiten. So würde ein sorgfältig wirtschaftender Eigentümer nicht handeln. Vielmehr wird der Verwalter die zweitrangige Forderung bezahlen, wenn er nach Sachlage vernünftigerweise damit rechnen kann, bis zum Fälligkeitstag entsprechende Einnahmen zu haben.[3)] Angesichts der Wirtschaftslage hat diese Frage aber nur selten praktische Bedeutung. 5

Der Zwangsverwalter wird also zunächst (§ 9 ZwVwV) die erforderlichen Gelder für die Kosten der Verwaltung (§ 155 Abs. 1 ZVG) einschließlich seiner Vergütung zurücklegen und dann zur Auszahlung gemäß Teilungsplan schreiten. Deshalb (und auch zur Sicherung einer späteren Fälligkeit) zurückzulegende Gelder sind verzinslich anzulegen. Insbesondere bei der Zahlung auf Zinsen eines Kreditinstituts muss der Verwalter (am besten vor der ersten Zahlung) dieses darauf hinweisen, dass es an seine – dem Teilungsplan entsprechende – Verrechnungsweise gebunden ist und nicht banküblich auf ältere Zinsen verrechnen darf, und dass dies auch für künftige Zahlungen zu gelten hat. 6

Lehnt die Bank unter Bezugnahme auf ihre Geschäftsbedingungen diese Verrechnung ab, unterbleibt die Zahlung. Der Verwalter verständigt das Gericht. Gelingt es auch diesem nicht, den Empfänger auf die richtige Verrechnung zu verpflichten, erfolgt Hinterlegung. Verwalter und Gericht müssen sich stets daran erinnern, dass die Zahlung des Verwalters Befriedigung aus dem Grundstück ist und zum dinglichen Erlöschen (Grundbuch wird – teilweise – unrichtig) der bezahlten Zinsen führt; dies ist auch in einem gleichzeitig anhängigen Zwangsversteigerungsverfahren zu berücksichtigen. Es besteht Anlass, ausdrücklich darauf hinzuweisen, dass diese Verpflichtung auch einen Institutsverwalter (§ 150a ZVG) trifft, wobei das Gericht dies mit besonderer Sorgfalt zu überprüfen hat. 7

III. Änderung des Teilungsplans

Das ZVG nennt in § 157 ZVG nur den Beitritt eines Gläubigers als Ergänzungsgrund. Tatsächlich sind aber zahlreiche Gründe denkbar, welche Anlass zu einer solchen Änderung geben können. Dabei ist insbesondere zu beachten, dass bei der Erlösverteilung die materielle Rechtslage (= der richtige Empfangsberechtigte) und nicht nur die formelle Grundbuchlage beachtlich ist. Somit muss das Gericht ihm 8

---

2) *Haarmeyer/Hintzen*, § 9 ZwVwV Rz. 1 und § 11 ZwVwV Rz. 9; BeckOK-*Hainz*, ZVG, § 157 Rz. 8.

3) So auch *Haarmeyer/Hintzen*, § 157 ZVG Rz. 3 und Böttcher/*Keller*, ZVG, § 157 Rz. 5.

bekannt gewordene Änderungen schon dann beachten, wenn sie ihm mit genügender Sicherheit dargelegt werden (siehe § 156 Rz. 23 [Depré]). Im Zweifelsfall kann es die Beteiligten auffordern, Urkunden vorzulegen.

1. Gründe für die Änderung

9 Als Änderungsgründe kommen neben dem im Gesetz genannten Beitritt eines weiteren Gläubigers insbesondere in Betracht:

- die nachgewiesene Abtretung oder Ablösung eines Grundpfandrechts,
- ein durch Vorlage einer umgeschriebenen Vollstreckungsklausel nachgewiesener Gläubigerwechsel,[4)]
- Die Pfändung oder Überweisung einer in Plan ausgewiesenen Forderung,
- die Löschung eines Rechts im Grundbuch,
- der Tod des Empfangsberechtigten eines Rechts (Reallast), das auf Lebenszeit bestellt war.

10 Während in den drei erstgenannten Fällen Anmeldung erforderlich ist (welche durch die Vorlage der genannten Urkunden als erfolgt anzusehen ist), hat das Gericht die beiden letztgenannten Fälle von Amts wegen zu beachten.

2. Der „relative Rang“

11 Da die Anordnung der Zwangsverwaltung nur ein relatives Verfügungsverbot bewirkt, erfolgt keine Grundbuchsperre. Es können also im Rang nach dem Zwangsverwaltungsvermerk weitere Rechte eingetragen werden; sowohl mit Bewilligung des Schuldners (Eigentümers) als auch im Wege der Zwangsvollstreckung. Diese Rechte haben Rang nach dem Gläubiger (§ 10 Abs. 1 Nr. 6 ZVG). Da aber die Befriedigung des Gläubigers zur Aufhebung des Verfahrens führt (§ 161 Abs. 2 ZVG), gibt es begrifflich in der Zwangsverwaltung (anders als in der Zwangsversteigerung) keine Zuteilung in der Rangklasse 6. Ist jedoch ein weiterer Gläubiger dem Verfahren beigetreten, kann das neu eingetragene Recht Rang zwischen der Beschlagnahme aus dem Anordnungsbeschluss und der aus dem Beitrittsbeschluss haben. In diesem Fall hat das Recht einen „relativen Rang“, d. h., es hat gegenüber dem Beitrittsgläubiger die Rangklasse 4 (siehe § 155 Rz. 42 [*Depré*]).

12 Für das Vollstreckungsgericht hat dies folgende Bedeutung:[5)]

- Solange nur ein Gläubiger das Verfahren betreibt, kann das nachrangige Recht keine Zuteilung erhalten und daher erfolgt auch keine Ergänzung des Plans.
- Sobald aber eine Ergänzung für einen Beitrittsgläubiger zu erfolgen hat,[6)] muss der Plan auch um das ihm gegenüber mit Vorrang eingetragene Recht ergänzt werden, da dieses dem zweiten Gläubiger gegenüber der Rangklasse 4 zuzuordnen ist und für den Fall der Befriedigung des ersten Gläubigers Anspruch auf seine laufenden Zinsen hat. Obwohl das Grundbuchamt dem Vollstreckungsgericht

---

4) Beachte: Die Zustellung der umgeschriebenen Klausel samt der entsprechenden Nachweisurkunden muss gemäß § 750 Abs. 2 ZPO ebenfalls nachgewiesen werden.

5) *Depré/Mayer*, § 1 Rz. 377.

6) Stöber/*Drasdo*, ZVG, § 157 Rz. 12; Böttcher/*Keller*, ZVG, § 157 Rz. 12.

die Eintragung gemäß § 19 Abs. 3 ZVG mitteilen wird, ist die Anmeldung erforderlich (§ 114 Abs. 1 ZVG).

- Es versteht sich von selbst, dass das „Zwischenrecht" in den Teilungsplan aufgenommen wird, wenn zum Zeitpunkt der Aufstellung bereits ein nachrangiger Beitrittsgläubiger vorhanden ist, der jetzt ebenfalls im Teilungsplan steht. In diesem Fall – auch wenn der Beitritt aus dem „Zwischenrecht" selbst erfolgte – ist anzuordnen, dass die laufenden Zinsen dieses Rechtes erst befriedigt werden können, wenn der vorrangige Gläubiger aus dem Verfahren ausgeschieden ist.

Bei der Frage, welche Zinsen das nachträglich eingetragene Recht beanspruchen kann, muss wegen der eindeutigen Bestimmung des § 13 Abs. 4 ZVG für die Berechnung der laufenden Zinsen auf die erste Beschlagnahme (durch den inzwischen ausgeschiedenen Gläubiger) abgestellt werden, was regelmäßig dazu führen wird, dass sämtliche bereits fälligen Zinsen als laufend eingestuft werden müssen und somit dem Beitrittsgläubiger im Range vorgehen, obwohl das Recht erst durch die zweite Beschlagnahme überhaupt zuteilungsfähig wurde. Vor diesen Zinsen sind die Kosten der dinglichen Rechtsverfolgung in den Plan aufzunehmen (§ 12 ZVG). Eine Zuteilung auf das Kapital ist dagegen ausgeschlossen.[7] 13

3. Verfahren

Das ZVG geht davon aus, dass **kein zweiter Verteilungstermin** stattfindet. Einmal ist dies grundsätzlich nicht vorgesehen. Außerdem soll im Verteilungstermin der Plan für die ganze Dauer des Verfahrens aufgestellt werden und schließlich geht das Gesetz nicht von einer Planänderung, sondern nur von der Änderung der gerichtlichen Anordnung aus – und diese kann durch Beschluss erfolgen und bedarf keines Termins. Auch § 159 ZVG wäre unverständlich, wenn dauernd neue Verteilungstermine stattfinden würden. 14

Richtig ist also, dass alle Änderungen der Auszahlungsanordnung (samt der als Voraussetzung erforderlichen Planänderung) durch Beschluss erfolgen können. Nach den allgemeinen Verfahrensregeln kann aber das Gericht auch in diesem Fall mündliche Verhandlung anordnen und hierzu die Betroffenen laden. Diese mündliche Verhandlung ist nicht obligatorisch und ist insbesondere auch kein Verteilungstermin. Deshalb findet auch § 156 Abs. 2 Satz 4 ZVG keine Anwendung. Auch wenn der erforderliche Beschluss bei dieser Gelegenheit verkündet wird, muss er wegen § 329 Abs. 3 ZPO den Betroffenen, insbesondere dem Schuldner, zugestellt werden. Dem Verwalter wird er formlos zugeleitet. Ob eine Zuleitung an die nicht betroffenen Beteiligten erforderlich ist, sei dahingestellt; sie dürfte aber sachdienlich sein.[8] 15

4. Rechtsbehelfe

Gegen diesen Beschluss steht den Betroffenen die **sofortige Beschwerde** zu. Der Rechtspfleger kann abhelfen. Wird jedoch um Kosten von nicht mehr als 200 € gestritten (§ 567 Abs. 2 ZPO) kommt als Rechtsbehelf nur die befristete Erinnerung 16

---

7) *Depré/Mayer*, § 1 Rz. 378.

8) So auch Böttcher/*Keller*, ZVG, § 157 Rz. 13; teilweise etwas anders: Stöber/*Drasdo*, ZVG, § 157 Rz. 15: Zustellung an Schuldner, Verwalter und betroffene Beteiligte; Schneider-*Schmidberger*, ZVG, § 157 Rz. 12: Zustellung an alle Beteiligte.

gemäß § 11 Abs. 2 RPflG in Betracht (gemäß § 11 Abs. 2 Satz 5 RPflG Abhilfe möglich), über die der Referatsrichter endgültig entscheidet.[9]

17 Bei der Frage, welcher Rechtsbehelf geboten ist, muss weiter differenziert werden:

1. Gegen den Teilungsplan:[10]
   a) wegen materieller Einwände als Rechtsbehelf der Widerspruch,
   b) wegen formeller Einwände als Rechtsbehelf die sofortige Beschwerde (siehe hierzu auch § 156 Rz. 24 ff. [*Depré*].[11]
2. Gegen die Zahlungsanordnung des Vollstreckungsgerichts (§ 157 Abs. 1 Satz 1 ZVG): Diese ist selbstständig nicht anfechtbar.[12]
3. Bei einer etwaigen Änderung muss unter Umständen neben der Zahlungsanordnung auch der Teilungsplan geändert werden, da für die Änderung nichts anderes gelten kann, als für die ursprüngliche Regelung.

IV. Hinterlegung für den unbekannten Berechtigten (Abs. 2)

18 Falls der Zuteilungsberechtigte unbekannt ist (z. B. der Grundpfandrechtsbrief im Verteilungstermin nicht vorliegt), hat der Zwangsverwalter auszuzahlende Beträge „für den unbekannten Berechtigten des Rechts…" zu **hinterlegen** (§ 156 Abs. 2 Satz 4 i. V. m. § 126 Abs. 2 Satz 1 ZVG). Das Vollstreckungsgericht muss nach § 156 Abs. 2 Satz 4, i. V. m. § 126 Abs. 1 ZVG eine **Eventualzuteilung** vornehmen für den Fall, dass der Berechtigte nicht ermittelt wird. Wegen der praktischen Schwierigkeiten bei der Feststellung dieses Hilfsberechtigten wird auf die Ausführungen von *Stöber*[13] verwiesen.

19 Der hinterlegte Betrag fällt nach 30 Jahren an den Grundstückseigentümer (§ 157 Abs. 2 Satz 2 i. V. m. § 142 ZVG). Wenn dieser seinen Anspruch nicht innerhalb eines Jahres geltend macht, geht das hinterlegte Geld in das Eigentum des betreffenden Landes über (vgl. hierzu die landesrechtlichen Hinterlegungsgesetze).

20 Die Ermittlung des unbekannten Berechtigten ist **nicht Aufgabe des Zwangsverwalters**; vielmehr muss das Vollstreckungsgericht einen Ermittlungsvertreter bestellen (§ 157 Abs. 2 Satz 1 i. V. m. § 135 ZVG). Bei nachträglicher Ermittlung des Berechtigten wird der Plan ausgeführt (§ 157 Abs. 2 i. V. m. § 137 ZVG). Wenn der Berechtigte nicht innerhalb von drei Monaten ermittelt worden ist, kann sich der Hilfsberechtigte ermächtigen lassen, das Aufgebotsverfahren zur Ausschließung des Berechtigten zu beantragen (§ 157 Abs. 2 i. V. m. § 138 ZVG). Dieses Aufgebotsverfahren wird auf entsprechenden Antrag durch das **Vollstreckungsgericht** durchgeführt. Wegen der Einzelheiten siehe §§ 135–142 [*Bachmann*].

---

9) Beachte: Gleichgültig, ob die Entscheidung der sofortigen Beschwerde oder der Erinnerung nach dem Rechtspflegergesetz unterliegt, ist seit dem 1.1.2014 eine obligatorische Rechtsbehelfsbelehrung erforderlich.

10) Siehe BGH, Beschl. v. 1.2.2007 – V ZB 80/06, Rpfleger 2007, 336 = MDR 2007, 796; so auch Böttcher/*Keller*, § 156 Rz. 21 f.; Schneider-*Schmidberger*, ZVG, § 156 Rz. 33 ff.

11) A. A. Stöber/*Drasdo*, ZVG, § 156 Rz. 38a.

12) Vgl. Böttcher/*Keller*, ZVG, § 157 Rz. 9; Stöber/*Drasdo*, ZVG, § 157 Rz. 10.

13) Stöber/*Drasdo*, ZVG, § 156 Rz. 30.

§ 158

Kapital von Grundpfandrechten

(1) Zur Leistung von Zahlungen auf das Kapital einer Hypothek oder Grundschuld oder auf die Ablösungssumme einer Rentenschuld hat das Gericht einen Termin zu bestimmen. Die Terminsbestimmung ist von dem Verwalter zu beantragen.

(2) Soweit der Berechtigte Befriedigung erlangt hat, ist das Grundbuchamt von dem Gericht um die Löschung des Rechts zu ersuchen. Eine Ausfertigung des Protokolls ist beizufügen; die Vorlegung des über das Recht erteilten Briefes ist zur Löschung nicht erforderlich.

(3) Im übrigen finden die Vorschriften der §§ 117, 127 entsprechende Anwendung.

Übersicht

I. Allgemeines

Gläubiger von Grundpfandrechten erhalten in Rangklasse 4 nur die laufenden wiederkehrenden Leistungen (§ 155 Abs. 2). Die Ansprüche auf das Kapital bzw. auf die Ablösesumme können nur in Rangklasse 5 berücksichtigt werden und dies auch nur, wenn hieraus die Zwangsverwaltung betrieben wird. Da eine Zahlung auf das Kapital nach § 1181 Abs. 1 BGB das Erlöschen der Hypothek bzw. der Grundschuld (§ 1192 Abs. 1 BGB) zur Folge hat und damit das Grundbuch unrichtig wird, sieht § 158 ZVG vor, dass zur Zahlung auf das Kapital ein besonderer Termin zu bestimmen ist (Abs. 1 Satz 1). Für Gläubiger, die die Zwangsverwaltung wegen eines persönlichen Anspruchs betreiben, gilt diese Besonderheit nicht. 1

Die Absätze 2 und 3 befassen sich mit der anschließenden Grundbuchberichtigung, die aufgrund des Ersuchens des Vollstreckungsgerichts vorzunehmen ist. 2

II. Zahlung auf das Kapital eines Grundpfandrechts

Hat der Verwalter genügend Einnahmen (was nur selten vorkommen wird), um Zahlung auf das Kapital einer in Rangklasse 5 stehenden persönlichen Forderung zu leisten, kann er dies ohne Weiteres tun. Einer besonderen Anweisung durch das Gericht bedarf es nicht.[1] Steht jedoch das Kapital eines Grundpfandrechts in der Rangklasse 5 (was nur über einen Anordnungs- oder Beitrittsbeschluss möglich wäre), darf der Verwalter hierauf von sich aus keine Zahlung leisten (§ 11 Abs. 3 ZwVwV). Vielmehr muss er dem Gericht anzeigen, welchen Betrag er auf welches Grundpfandrecht leisten will. Das Gericht bestimmt sodann einen Termin (§ 158 Abs. 1 ZVG). Diese Formalität dient der Rechtsklarheit. Die Zahlung des Zwangsverwalters auf das Kapital eines Grundpfandrechtes bewirkt Befriedigung aus dem Grundstück und hat somit die Folge, dass das Grundpfandrecht nach §§ 1181 Abs. 1, 1192 3

1) *Depré/Mayer*, § 1 Rz. 367.

Abs. 1 BGB **erlischt.**[2] Das Grundbuch wird also unrichtig. Es entsteht weder eine Eigentümergrundschuld (bei einer Hypothek) noch ein Rückgewähranspruch (bei einer Grundschuld). Ein eventuell vorhandener Löschungsanspruch eines nachstehenden Rechtes ist erfüllt.

III. Verfahren im Termin

4 Zum Termin werden der Verwalter, der Schuldner und der Gläubiger geladen. Nicht die Aussage des Verwalters, dass er zahlen kann und will, sondern nur die Zahlung selbst (also die reale Übergabe eines Zahlungsmittels) führt zum Erlöschen des bezahlten Grundpfandrechtes bzw. des letztrangigen Teilbetrages dieses Rechtes. Somit ist eigentlich vorgesehen, dass die Übergabe von Bargeld im Termin durch den Verwalter an den Gläubiger erfolgen muss. Will man dies als den heutigen Zahlungsmodalitäten nicht mehr entsprechend vermeiden, muss der Verwalter einen Scheck übergeben und der Gläubiger muss ihn als Erfüllung annehmen. Nur dann kann das Gericht in seinem Protokoll feststellen, dass die **Zahlung erfolgt** ist und nur mit einer solchen Feststellung kann es aufgrund des Protokolls auf Berichtigung des Grundbuchs ersuchen. Eine Überweisung des Betrages vom Verwalter an den Gläubiger ist nach der hier vertretenen Ansicht nicht möglich.[3] Schließlich muss eine Ausfertigung des Protokolls dem Grundbuchersuchen beigefügt werden (§ 158 Abs. 2 Satz 2 ZVG), was nur den Sinn haben kann, dem Grundbuchamt eine öffentliche Urkunde zu überlassen, durch welche das tatsächlich erfolgte Erlöschen (Realakt) nachgewiesen wird.[4]

5 Ist der Gläubiger unbekannt, insbesondere weil der Grundpfandbrief nicht vorgelegt wird, oder ist er nicht erschienen, überweist der Verwalter an das Gericht der Zwangsverwaltung. Man wird dies – ähnlich wie eine berechtigte Hinterlegung (§ 157 ZVG) – als Erfüllungssurrogat ansehen müssen, so dass im Anschluss an diese unbare Zahlung die Grundbuchberichtigung erfolgen kann. Das Gericht ordnet dann die Hinterlegung des Betrages für den nicht bekannten Empfangsberechtigten an (§ 158 Abs. 3 i. V. m. § 117 Abs. 2 Satz 3 ZVG).

6 Im Übrigen gehört dieses Verfahren in der Praxis zu den extremen Seltenheiten und kommt selbst bei großen Amtsgerichten über Jahrzehnte nicht vor.

IV. Grundbuchersuchen (Abs. 2)

7 Die Zahlung auf das Kapital bringt in Höhe dieser Zahlung das Grundpfandrecht zum Erlöschen (§ 1181 Abs. 1 BGB). Das Grundbuch wird in Ansehung des betreffenden Rechts damit unrichtig. Deshalb sieht Absatz 2 vor, dass das Vollstreckungsgericht das Grundbuchamt um entsprechende **Grundbuchberichtigung ersucht**. Nach Absatz 2 Satz 2 ist dem Ersuchen eine Ausfertigung des Protokolls beizufügen. Zu Recht verweist *Engels*[5] darauf, dass diese Vorlage eigentlich überflüssig ist; denn

2) So richtig *Haarmeyer/Hintzen*, § 11 ZwVwV Rz. 11.

3) Vgl. *Haarmeyer/Hintzen*, § 158 ZVG Rz. 3; Stöber/*Drasdo*, ZVG, § 158 Rz. 6 fordert wegen §§ 158 Abs. 3, 117 Abs. 1 Satz 2 ZVG die unbare Leistung an das Gericht, das den Betrag an den Gläubiger auskehrt; a. A. Böttcher/*Keller*, ZVG, § 158 Rz. 4 und 5.

4) So auch Stöber/*Drasdo*, ZVG, § 158 Rz. 7 und 11.

5) Dassler/Schiffhauer/u. a.-*Engels*, ZVG, § 158 Rz. 10.

nach dem Grundbuchrecht (siehe § 38 GBO) ersetzt ein Ersuchen nicht nur den Antrag, sondern auch die ansonsten erforderlichen Bewilligungen bzw. den Unrichtigkeitsnachweis, der wiederum eine Bewilligung ersetzt.

Nach ausdrücklicher Regelung in Absatz 2 Satz 2 Halbs. 2 ist die **Vorlegung** des entsprechenden **Briefes nicht erforderlich**. Wurde der Brief jedoch vorgelegt, dann ist das teilweise Erlöschen hierauf zu vermerken. Bei völligem Erlöschen ist der Brief unbrauchbar zu machen (§ 158 Abs. 3 i. V. m. § 127 ZVG). 8

Wegen des weiteren Verbleibs des Briefes siehe § 127 Rz. 7 und 8 [*Bachmann*]. 9

§ 158a

Fremdwährungsgrundpfandrecht und Zwangsverwaltung

Für die Zwangsverwaltung eines Grundstücks, das mit einer Hypothek, Grundschuld oder Rentenschuld in einer nach § 28 Satz 2 der Grundbuchordnung zugelassenen Währung belastet ist, gelten folgende Sonderbestimmungen:

1. **Die Beträge, die auf ein in der Fremdwährung eingetragenes Recht entfallen, sind im Teilungsplan in der eingetragenen Währung festzustellen.**
2. **Die Auszahlung erfolgt in Euro.**
3. **Der Verwalter zahlt wiederkehrende Leistungen nach dem Kurswert des Fälligkeitstages aus. Zahlungen auf das Kapital setzt das Gericht in dem zur Leistung bestimmten Termin nach dem amtlich ermittelten letzten Kurswert fest.**

Übersicht

I. Normzweck

§ 158a ZVG ist für das Zwangsverwaltungsverfahren wie § 145a ZVG für die Zwangsversteigerung eine Norm, die den nach § 28 Satz 2 GBO bestehenden Möglichkeiten Rechnung trägt, ein **Grundpfandrecht in einer anderen Währung als Euro** einzutragen. Diese Option besteht für die Beteiligten für die Währungen der EU-Staaten, den Schweizer Franken und den US-$. Für Einzelheiten wird auf die Kommentierung zu § 145a ZVG in diesem Kommentar verwiesen. Das Grundpfandrecht in fremder Währung muss für die Zwecke der Wertfeststellung handhabbar gemacht werden, um die gleichberechtigte Teilhabe der Gläubiger an den Vollstreckungsergebnissen zu gewährleisten. 1

Die bei § 145a ZVG beschriebenen Risiken bei Fremdwährungsverbindlichkeiten und Fremdwährungsgrundpfandrechten mit den etwaigen Folgen für das Immobiliarvollstreckungsverfahren bestehen auch für die Zwangsverwaltung in der Konstellation des § 158a ZVG. 2

II. Systematik der Behandlung des Fremdwährungsrechts im Zwangsverwaltungsverfahren

1. Allgemeines

3 § 158a ZVG wählt für die Herbeiführung der **gleichberechtigten Teilhabe aller Grundpfandgläubiger** am Verfahren einen **anderen Weg als § 145a ZVG** für das Versteigerungsverfahren. Dort wird der Kurswert der Fremdwährung im Termin unmittelbar vor der Abgabe von Geboten nach dem letzten amtlichen Kurs ermittelt und dieser Betrag für das **gesamte Verfahren konserviert**, so dass u. a. die Erlösverteilung unabhängig von der Wertentwicklung der Fremdwährung wird.

4 Abweichend hiervon bleiben in der **Zwangsverwaltung die Folgen von Wechselkursänderungen der Währung des eingetragenen Rechts** fortbestehend. Wechselkursschwankungen zwischen Euro und Fremdwährung setzen sich daher innerhalb des Verfahrens auf allen Ebenen fort, ein **kaum steuerbares operationelles Risiko** für die Beteiligten.

2. § 158a Nr. 1 und 2 ZVG

5 Im **Teilungsplan** wird nach § 158a Nr. 1 ZVG der Betrag, der auf das Fremdwährungsrecht entfällt, in der **Währung dieses Rechts festgestellt**. Die **Auszahlung** erfolgt freilich **in Euro**, § 158a Nr. 2 ZVG. Dadurch entsteht der Natur der Sache nach ein Dilemma, welches § 158a ZVG nicht überzeugend löst: Im Teilungsplan muss nämlich der in Euro bestehende Zwangsversteigerungserlös in die Fremdwährung umgerechnet werden, wobei das Gesetz **keine Regelung** enthält, nach welchem **Kurswert** dies geschehen soll.

3. § 158a Nr. 3 ZVG

6 Für die vom Zwangsverwalter vorzunehmende Auszahlung allerdings enthält in § 158a Nr. 3 ZVG differenzierte Lösungen in Abhängigkeit davon, ob auf **wiederkehrende Leistungen** oder auf **das Kapital** des Grundpfandrechts bezahlt wird.

7 § 158a Nr. 3 Satz 1 ZVG legt fest, dass die Auszahlung auf **wiederkehrende Leistungen** nach dem **Kurswert des Fälligkeitstages** erfolgt. Es kommt also nicht darauf an, ob zu jenem Tag tatsächlich bezahlt wird. Nachteilige Kurswertänderungen zulasten des betroffenen Grundpfandgläubigers kann er gegen den Zwangsverwalter als Verzugsschaden verfolgen. Die Bestimmung weicht von § 244 Abs. 2 BGB ab, wonach für die Umrechnung in Euro der Kurswert zum Zeitpunkt der **tatsächlichen Zahlung** maßgeblich ist.[1] Schäden des Gläubigers in diesem Zusammenhang müssten nach §§ 280, 286 BGB als Verzugsschaden ausgeglichen werden.[2]

8 Zahlungen auf das **Kapital des Grundpfandrechts (vgl. § 158 ZVG)**[3] setzt das Gericht „*in dem zur Leistung bestimmten Termin*" auf den zu jenem Zeitpunkt bestehenden Kurswert fest, § 158a Nr. 3 Satz 2 ZVG.

---

1) BGH, Urt. v. 7.4.1992 – X ZR 119/90, juris Rz. 10 = WM 1993, 2011 ff. m. Anm. *Grothe*, IPrax 1994, 346 ff.; siehe zu weiteren materiellrechtlichen Aspekten auch Prütting/Wegen/Weinreich-*Schmidt-Kessel/Kramme*, BGB, §§ 244, 245 Rz. 14 m. w. N.

2) Grüneberg/*Grüneberg*, BGB, § 245 Rz. 20.

3) Dazu Dassler/Schiffhauer/u. a.-*Engels*, ZVG, § 158a ZVG Rz. 3.

Der Grund der Differenzierung in Nr. 3 ist ebenso wenig überzeugend wie die systematische Abweichung von § 145a ZVG. 9

§ 159

Klage auf Änderung des Teilungsplans

(1) Jeder Beteiligte kann eine Änderung des Teilungsplans im Wege der Klage erwirken, auch wenn er Widerspruch gegen den Plan nicht erhoben hat.

(2) Eine planmäßig geleistete Zahlung kann auf Grund einer späteren Änderung des Planes nicht zurückgefordert werden.

Übersicht

I. Allgemeines

In § 159 ZVG ist vorgesehen, dass jeder Beteiligte, auch wenn er keinen Widerspruch im Verteilungstermin eingelegt hat, eine Änderung des Planes im Wege der Klage erwirken kann. Erstaunlicherweise wird diese Vorschrift als „unerklärlich“[1] oder „eigenartig“[2] bezeichnet. Dabei handelt es sich um die logische und konsequente Umsetzung der Vorstellung des Gesetzgebers, dass 1

- materielle Einwendungen nur durch Widerspruch und anschließende Klage verfolgbar sind,
- Widersprüche aber spätestens im Verteilungstermin erhoben werden müssen,
- auch das Zwangsverwaltungsverfahren grundsätzlich nur einen Verteilungstermin kennt,
- aber mit Rücksicht auf die unbegrenzt lange Verfahrensdauer auch noch nach dem Verteilungstermin materielle Einwendungen möglich bleiben müssen.

Da im Verfahren über die Planergänzung somit kein Widerspruch mit der Wirkung des § 115 ZVG möglich ist und da eine materielle Unrichtigkeit nachträglich auch verfolgbar bleiben muss, wurde dies konsequent in § 159 ZVG geregelt.[3] 2

Die Möglichkeit einer Planänderung ohne Klage ist immer vorhanden (§ 157 Abs. 1 Satz 1 ZVG), nur führt sie eben nicht immer zum Ziel.[4] Wer durch Planänderung seinen Anspruch verfolgen kann, hat kein Rechtsschutzbedürfnis für die Klage.[5] 3

II. Klageverfahren

Der Kläger muss im Klageantrag genau angeben, welche Änderung er begehrt; d. h. also, wie der Teilungsplan nach seiner Ansicht lauten müsste. Das Urteil muss den 4

1) *Haarmeyer/Hintzen*, § 159 ZVG Rz. 2.
2) *Eickmann*, § 41 II. 2e.
3) *Depré/Mayer*, § 1 Rz. 382.
4) BGH, Beschl. v. 1.2.2007 – V ZB 80/06, Rpfleger 2007, 336 = MDR 2007, 796.
5) Zutreffend *Eickmann*, § 41 II. 2e; *Haarmeyer/Hintzen*, § 159 ZVG Rz. 2.

Planinhalt konkret festlegen.[6] Auszahlungen, die bis dahin planmäßig geleistet wurden, bleiben unberührt (§ 159 Abs. 2 ZVG).[7]

5 Das Prozessgericht kann jedoch anordnen, dass bis zu seiner Entscheidung die streitigen Beträge nicht zur Auszahlung gelangen.

III. Auswirkungen des Urteils auf das Zwangsverwaltungsverfahren

6 Das Urteil (mit Rechtskraftvermerk versehen), welches den Teilungsplan ändert, muss der Kläger dem Vollstreckungsgericht vorlegen. Dieses braucht zwar seinen Teilungsplan nicht mehr zu ändern, da dieser bereits durch das Gestaltungsurteil geändert worden ist; jedoch muss das Gericht seine Zahlungsanordnung nach § 157 Abs. 1 ZVG dem geänderten Plan „anpassen".

7 Die Änderung wirkt nur für die Zukunft; eine aufgrund des bisherigen Planes erfolgte Zahlung kann deshalb nicht zurückgefordert werden (Abs. 2). Unberührt bleibt das Recht, ein besseres Recht nach § 878 Abs. 2 ZPO durch Klage geltend zu machen.

---

6) *Eickmann*, § 41 II. 2e.

7) *Depré/Mayer*, § 1 Rz. 384; Böttcher/*Keller*, ZVG, § 159 Rz. 3; Stöber/*Drasdo*, ZVG, § 159 Rz. 4.

§ 160
Außergerichtliche Verteilung

Die Vorschriften der §§ 143 bis 145 über die außergerichtliche Verteilung finden entsprechende Anwendung.

1 Die Vorschrift hat keine praktische Bedeutung[1] und sollte vom Gesetzgeber ersatzlos aufgehoben werden.[2]

2 Da es keinen Ersteher i. S. d. § 144 ZVG gibt verbleibt für diese Vorschrift im Zwangsverwaltungsrecht kein Anwendungsbereich.

---

1) Stöber/*Drasdo*, ZVG, § 160 Rz. 2; *Haarmeyer/Hintzen*, § 160 ZVG Rz. 2; Böttcher/*Keller*, ZVG, § 160 Rz. 1; Schneider-*Schmidberger*, ZVG § 160 Rz. 1.

2) Böttcher/*Keller*, ZVG, § 160 Rz. 1; Dassler/Schiffhauer/u. a.-*Engels*, ZVG, § 160 Rz. 1; Schneider-*Schmidberger*, ZVG § 160 Rz. 4.

§ 161
Aufhebung des Verfahrens

(1) Die Aufhebung des Verfahrens erfolgt durch Beschluß des Gerichts.

(2) Das Verfahren ist aufzuheben, wenn der Gläubiger befriedigt ist.

(3) Das Gericht kann die Aufhebung anordnen, wenn die Fortsetzung des Verfahrens besondere Aufwendungen erfordert und der Gläubiger den nötigen Geldbetrag nicht vorschießt.

(4) Im übrigen finden auf die Aufhebung des Verfahrens die Vorschriften der §§ 28, 29, 32, 34 entsprechende Anwendung.

Literatur: *Schmidberger, Gerhard,* Der Vorschuss in der Zwangsverwaltung, ZfIR 2007, 746; *Schmidberger, Gerhard/Traub, Roland,* Das Ende der Zwangsverwaltung, ZfIR 2012, 805; *Hintzen, Udo,* Beschlagnahmewirkung nach Antragsrücknahme in der Zwangsverwaltung, Rpfleger 2009, 68; *Schmidberger, Gerhard* Zwangsverwaltung und Zuschlag, Rpfleger 2007, 241; *Eickmann, Dieter,* Temporäre Beschlagnahme- und Verfahrenswirkungen in der Zwangsvollstreckung, ZfIR 2003, 1021; *Ganter, Hans Gerhard,* Die „ewige Beschlagnahme" in der Zwangsverwaltung, ZfIR 2011, 229; *Mayer, Günter,* Wer klares Wasser will, muss zur Quelle gehen, ZfIR 2011, 635.

Übersicht

I. Allgemeines

§ 161 ZVG trifft Regelungen zur Aufhebung des Zwangsverwaltungsverfahrens. Es handelt sich um keine abschließende und umfassende Darstellung der Aufhebungsgründe. 1

II. Aufhebung des Zwangsverwaltungsverfahrens

1. Befriedigung des Gläubigers (§ 161 Abs. 2 ZVG)

Das Verfahren ist aufzuheben, wenn der Gläubiger befriedigt wurde (§ 161 Abs. 2 ZVG). Diese Vorschrift geht von der **Befriedigung im Zwangsverwaltungsverfahren,** also durch Zahlung seitens des Verwalters, aus. Der Verwalter hat die Befriedigung unverzüglich dem Gericht anzuzeigen (§ 12 Abs. 4 ZwVwV). Das Gericht wird dann den Gläubiger hören und die Aufhebung beschließen. Der Beschluss ist konstitutiv. Falls der Gläubiger bei der Anhörung die erfolgte Befriedigung nicht ausdrücklich und uneingeschränkt anerkennt, soll angeordnet werden, dass die Wirkungen erst mit der Rechtskraft eintreten. Dem Gläubiger steht die sofortige Beschwerde gegen die Aufhebungsentscheidung zu. Der Zwangsverwaltungsvermerk wird erst nach Rechtskraft gelöscht. Wird das Verfahren von mehreren Gläubigern betrieben, wird das Verfahren nur für den befriedigten Gläubiger aufgehoben und für die anderen weitergeführt. 2

§ 161 Abs. 2 ZVG ist nicht anzuwenden, wenn Verwalter oder Gericht erfahren, dass der Gläubiger wegen seiner Forderung **außerhalb des Verfahrens befriedigt** wurde. § 12 Abs. 4 Satz 2 ZwVwV verpflichtet den Verwalter, dem Gericht unverzüglich Mitteilung zu machen, wenn ihm der Gläubiger seine Befriedigung erklärt. Dies führt aber nicht zur Aufhebung nach § 161 Abs. 2 ZVG. Vielmehr muss der Gläubiger **gegenüber dem Gericht** den Antrag zurücknehmen. Erfährt der Verwalter 3 auf andere Weise von der Befriedigung des Gläubigers, wird er dies ebenfalls dem Gericht mitteilen. Nimmt der Gläubiger trotz erfolgter Befriedigung den Antrag nicht zurück, bleibt dem Schuldner nur Klage nach § 767 ZPO. Hierbei sollte der Schuldner seine Klage mit dem Antrag auf einstweilige Einstellung der Zwangsvollstreckung gemäß § 769 Abs. 1 ZPO verbinden. In Eilfällen ist auch ein entsprechender Einstellungsantrag an das Vollstreckungsgericht möglich (§ 769 Abs. 2 ZPO). Durch eine Einstellung würde der Schuldner zumindest erreichen, dass eine alsbald vorzunehmende Zahlung an diesen Gläubiger (vorerst) zurückzustellen wäre.[1]

2. Aufhebung mangels Vorschusszahlung (§ 161 Abs. 3 ZVG)

4 Sind nicht sofort Einnahmen zu erwarten oder ist abzusehen, dass diese die Aufwendungen (siehe § 155 Rz. 7 [*Depré*]) nicht decken, hat das Gericht den Gläubiger aufzufordern, einen angemessenen Vorschuss, dessen Höhe das Gericht nach Anhörung des Verwalters bestimmt, zu leisten. Dabei soll es dem Gläubiger eine Frist für die Zahlung (an den Zwangsverwalter wohlgemerkt) setzen. Es ist aber nicht erlaubt, bereits die Anordnung der Zwangsverwaltung von der Voreinzahlung eines Vorschusses abhängig zu machen,[2] da erst der Zwangsverwalter aufgrund seines Zugriffs auf das Objekt erkennen kann, ob ein Vorschuss benötigt wird und ggf. in welcher Höhe. Wird der Vorschuss nicht fristgemäß geleistet, kann das Gericht die Aufhebung des Verfahrens (§ 161 Abs. 3 ZVG) beschließen. Die Entscheidung erfolgt zwar nach pflichtgemäßem Ermessen, wird aber so gut wie immer auf Aufhebung lauten müssen. Die Frist ist keine Ausschlussfrist. Zahlung nach Ablauf, aber vor Erlass des Beschlusses verhindert die Aufhebung.

5 Betreiben mehrere Gläubiger das Verfahren, kann das Gericht alle, einige oder nur einen zur Vorschusszahlung auffordern. Es entscheidet nach pflichtgemäßem Ermessen und wird jenen zuerst belasten, der das größte Interesse an der Durchführung des Verfahrens hat. Selbstverständlich kann die Aufhebung nur gegenüber dem Gläubiger erfolgen, der zur Vorschusszahlung aufgefordert wurde. Betreiben mehrere Gläubiger das Verfahren, die bereits Vorschüsse geleistet haben oder bisher hierzu noch nicht aufgefordert wurden, wird das Verfahren für diese weitergeführt.[3]

6 Der Aufhebungsbeschluss ist **konstitutiv**. Es soll daher angeordnet werden, dass er erst mit Rechtskraft wirksam wird. Erst dann kann der Verwalter aufgefordert werden, die Verwaltung zu beenden. Der Zwangsverwaltungsvermerk darf erst nach Rechtskraft gelöscht werden. Der Beschluss unterliegt der sofortigen Beschwerde seitens des Gläubigers, dessen Verfahren aufgehoben wurde. Nachdem der Rechtspfleger der sofortigen Beschwerde abhelfen kann (§ 572 Abs. 1 ZPO), muss der Beschluss über die Aufhebung wieder rückgängig gemacht (aufgehoben) werden, wenn der Gläubiger sofortige Beschwerde einlegt und zahlt. Aber auch noch während des Beschwerdeverfahrens kann die Zahlung nachgeholt werden; denn nach § 571 Abs. 2

1) Zur Befriedigung im Zwangsversteigerungsverfahren *Depré/Mayer*, § 3 Rz. 958.
2) BeckOK-*Hainz*, ZVG, § 161 Rz. 14, unter Bezugnahme auf *Schmidberger*, ZfIR 2007, 748.
3) *Depré/Mayer*, § 1 Rz. 404; Böttcher/*Keller*, ZVG, § 161 Rz. 11.

ZPO ist dort auch neues Vorbringen erlaubt. Der Schuldner hat kein Beschwerderecht gegen die Anordnung der Vorschusszahlung gegenüber dem Gläubiger.[4)]

Die entstandenen Gerichtskosten stellt der Kostenbeamte gegen den Gläubiger zu Soll. Hat der Verwalter keine Mittel eingenommen, aus welchen er seine Vergütung, seine Auslagen und evtl. unbedingt zu leistende Aufwendungen (§ 9 Abs. 3 ZwVwV) bestreiten konnte, hat er einen Anspruch gegen den Gläubiger,[5)] welcher im Prozessweg geltend zu machen ist. Die vom Gericht getroffene Festsetzung der Vergütung und der Auslagen ist für das Prozessgericht bindend.[6)] 7

3. Antragsrücknahme durch den Gläubiger (§§ 161 Abs. 4, 29 ZVG)

Der BGH[7)] hat nunmehr den bisherigen Streit dahingehend entschieden, dass die Beendigung der Beschlagnahme nach Antragsrücknahme durch den Gläubiger eines Beschlusses des Vollstreckungsgerichts mit konstitutiver Wirkung (§§ 161 Abs. 4, 29, 32 ZVG) bedarf. Zunächst war jedoch noch umstritten, wann die Aufhebung genau wirksam wird – also die Beschlagnahme wegfällt. Ursprünglich wurde angenommen, der Beschluss des BGH sei dahingehend zu verstehen, dass diese Wirkung erst mit der Zustellung eintrete. Inzwischen hat sich jedoch auch der BGH der Ansicht angeschlossen, dass die Beschlagnahme bereits mit dem **Erlass** des Aufhebungsbeschlusses ende.[8)] Somit kommt es weder auf die (wegen § 32 ZVG) notwendige Zustellung an den Schuldner noch auf die Rechtskraft des Beschlusses an. 8

Die Aufhebung ist unverzüglich nach Eingang der Antragsrücknahme zu beschließen. Der Beschluss ist mit sofortiger Beschwerde anfechtbar, für welche allerdings meist das Rechtsschutzbedürfnis fehlen wird. Deshalb wird das Gericht von der Möglichkeit, den Beschluss erst mit Rechtskraft wirksam werden zu lassen, nur ausnahmsweise Gebrauch machen;[9)] z. B., wenn die Erklärung des Gläubigers auslegungsfähig und der Gläubiger für eine Rückfrage nicht sofort zu erreichen ist. Das Gericht verständigt sofort den Zwangsverwalter von der Aufhebung. Dieser darf die Abwicklung erst beginnen, wenn er vom Gericht benachrichtigt wurde. 9

Der Aufhebungsbeschluss wirkt nur bezüglich des Gläubigers, welcher den Antrag zurückgenommen hat. Sind mehrere Gläubiger vorhanden, wird für diese das Verfahren weitergeführt. Der Aufhebungsbeschluss sollte diese Rechtsfolge unmissverständlich klarstellen. Nimmt nur einer von mehreren Gläubigern den Antrag zurück, erfolgt keine Gesamtabwicklung. Das Gericht hebt gegenüber diesem Gläubiger das Verfahren auf und „ergänzt" (= berichtigt) die Auszahlungsanordnung zum Teilungsplan, indem es diesen Gläubiger als Zahlungsempfänger streicht, soweit die Zuteilung auf dem Anordnungsbeschluss beruhte. Eine hiervon unabhängige Zins- 10

---

4) LG Heilbronn, Rpfleger 2002, 336.
5) BGH, Urt. V. 17.6.2004 – IX ZR 218/03, Rpfleger 2004, 579 = MDR 2004, 1443.
6) Stöber/*Drasdo*, ZVG, § 153 Rz. 36.
7) BGH, Beschl. v. 10.7.2008 – V ZB 130/07, Rpfleger 2008, 586 = MDR 2008, 1182 = ZfIR 2008, 876; BGH, Urt. v. 13.10.2011 – IX ZR 188/10, ZfIR 2012, 54 = Rpfleger 2012, 163.
8) BGH, Beschl. v. 18.10.2012 – V ZB 233/11, Rpfleger 2013, 161 = MDR 2013, 174; siehe auch *Schmidberger/Traub*, ZfIR 2012, 805, 812.
9) *Depré/Mayer*, § 1 Rz. 387; Böttcher/*Keller*, ZVG, § 161 Rz. 16b hält Anordnung dagegen für sinnvoll.

zuteilung wird nicht aufgehoben. Es ist zweckmäßig, diese Anordnung zusammen mit dem Aufhebungsbeschluss zu erlassen und zuzustellen.

11 Der Gläubiger kann in seiner Rücknahme-Erklärung bestimmte (beschlagnahmte) Gegenstände bezeichnen, bezüglich derer die Zwangsverwaltung weitergeführt werden soll (**Teilrücknahme**).[10] Dies kann z. B. eines von mehreren Grundstücken sein oder aber auch rückständige Miete, die noch einzuziehen ist. In diesem Fall muss das Gericht den Aufhebungsbeschluss entsprechend dem Gläubiger-Antrag beschränken.[11] Auf eine sorgfältige Formulierung ist besonders zu achten, da diese jetzt konstitutiv wirkt. Nunmehr führt der Verwalter bezüglich dieser nicht von der Rücknahme betroffenen Gegenstände die Verwaltung weiter. Erlöse hieraus unterstehen der Verteilung nach § 155 ZVG. Bestehen Zweifel, ob die Entscheidung genau den Willen des Gläubigers verlautet, kann die Wirkung der Aufhebung an die Rechtskraft geknüpft werden, da dann eine nicht gewünschte Aufhebung korrigiert werden könnte.

4. Andere Aufhebungsgründe

12 Die Aufzählung in § 161 ZVG ist bei weitem nicht vollständig. Es kommen noch eine Reihe anderer Aufhebungsgründe in Betracht, von denen nur die wichtigsten hier genannt werden:

- Die Vorlage einer vollstreckbaren Entscheidung, nach welcher der Titel (der zur Anordnung der Zwangsverwaltung führte) oder seine vorläufige Vollstreckbarkeit aufgehoben wurde (§§ 775 Nr. 1, 776 Satz 1 ZPO).
- Die Vorlage einer vollstreckbaren Entscheidung, nach welcher die Zwangsvollstreckung aus dem vorgenannten Titel für unzulässig erklärt oder eingestellt wurde (§§ 775 Nr. 1, 776 Satz 1 ZPO).
- Die Vorlage einer öffentlichen Urkunde, nach welcher der Schuldner die ihm nachgelassene Sicherheitsleistung erbracht oder eine zur Abwendung der Zwangsvollstreckung zugelassene Hinterlegung erfolgt ist (§§ 775 Nr. 3, 776 Satz 1 ZPO).
- Eine rechtskräftige Entscheidung, wonach die Fortsetzung der Verwaltung gemäß § 765a ZPO für unzulässig erklärt wurde.
- Die Löschung des Rechtes, wenn nur wegen dieses dinglichen Anspruchs betrieben wurde.

III. Die Abwicklung

13 Nachdem der Aufhebungsbeschluss das Verfahren beendet hat, muss die Abwicklung erfolgen. Der Zwangsverwalter darf die Verwaltung erst einstellen, wenn ihm das Gericht die Aufhebung mitgeteilt hat (§ 12 Abs. 1 ZwVwV). Nunmehr stellt er die Verwaltungshandlungen gegenüber Dritten ein und verständigt die Mieter über die Aufhebung der Verwaltung. Insoweit findet § 672 BGB entsprechende Anwendung. Er überträgt dem Schuldner den Besitz zurück, bzw. – bei unmittelbarem Besitz –

---

10) BGH, Urt. v. 8.5.2003 – IX ZR 385/00, Rpfleger 2003, 457 = MDR 2003, 1378; BGH, Beschl. v. 10.7.2008 – V ZB 130/07, Rpfleger 2008, 1882 = ZIP 2009, 195.

11) LG Bielefeld, Beschl. v. 4.3.2014 – 23 T 103/14, ZInsO 2014, 2292.

fordert er diesen auf, den Besitz zu ergreifen. Kann der Schuldner unaufschiebbare Maßnahmen, mit deren Unterlassung Gefahr verbunden ist, nicht unverzüglich selbst einleiten, muss der Zwangsverwalter dies noch tun.

Der Zwangsverwalter wird nun keine Zahlung gemäß Teilungsplan oder nach § 156 ZVG mehr leisten, mit den in seiner Kasse vorhandenen Mitteln alle noch offenstehenden Rechnungen aus seiner Verwaltertätigkeit begleichen und für solche, die noch nicht fällig sind, eine Rücklage bilden (§ 12 Abs. 3 ZwVwV) sowie eine Rücklage für seine Vergütung und Auslagen bilden; nach Absprache mit dem Gericht auch für die nicht durch Vorschüsse gedeckten Gerichtskosten. 14

Die Jahresabrechnung der Nebenkosten eines Mietvertrages obliegt nach Aufhebung dem Schuldner. Hierzu hat ihm der Verwalter in der Schlussrechnung die notwendigen Informationen zu erteilen und die verwahrten (noch nicht verbrauchten) Abschlagszahlungen der Mieter auf die Nebenkosten auszuhändigen.[12] Das Gericht kann trotz Aufhebung den Verwalter ermächtigen (§ 12 Abs. 2 ZwVwV), einen Streit über seine bereits vorgenommene Abrechnung zu Ende zu führen. 15

Nachdem der Zwangsverwalter die von ihm verursachten Verbindlichkeiten aus vorhandener Masse beglichen hat, übergibt er dem Gericht eine Schlussrechnung in der Form des § 14 Abs. 3 ZwVwV. Dieser ist der Antrag auf Festsetzung der Vergütung und der Auslagen beizufügen. Nach deren Festsetzung kann die Auszahlung der noch vorhandenen Gelder erfolgen. Sie ist dem Gericht anzuzeigen. Hat der Verwalter keine ausreichenden Mittel, muss der Gläubiger einspringen (§ 12 Abs. 3 Satz 2 ZwVwV).[13] 16

1. Vorschüsse/Überschuss

Soweit der Verwalter Aufwendungen aus **Vorschüssen** der Gläubiger bestritten hatte und noch ein Überschuss vorhanden ist, wird dieser an den Gläubiger zurückgezahlt.[14] Ein vom Verwalter aus Einnahmen erwirtschafteter **Überschuss** gebührt dem Schuldner. Eine besondere gerichtliche Anordnung für die Auszahlung ist nicht erforderlich.[15] Dessen Gläubiger können den Auszahlungsanspruch **pfänden**. Anders als bei Zahlungen gemäß dem Teilungsplan handelt es sich hier nicht um eine Zahlung auf gerichtliche Anweisung, sondern um die Erfüllung einer dem Verwalter obliegenden Pflicht. Deshalb ist der Zwangsverwalter Drittschuldner. Der Bundesgerichtshof verneint jedoch die Möglichkeit der Pfändung nach Eröffnung eines Insolvenzverfahrens, auch wenn es sich beim Pfändungsgläubiger um einen absonderungsberechtigten Grundpfandrechtsgläubiger handelt.[16] 17

12) Zu Haftungsgefahren bei Aushändigung der Kaution an den Schuldner siehe § 152 Rz. 20 ff. [*Depré*].

13) BGH, Urt. v. 17.6.2004 – IX ZR 218/03, Rpfleger 2004, 579 = MDR 2004, 1443; BGH, Beschl. v. 18.10.2012 – V ZB 233/11, Rpfleger 2013, 161 = MD 2013, 174.

14) *Klawikowski*, Rückzahlung von Vorschüssen aus der Zwangsverwaltung, Rpfleger 2013, 483.

15) OLG Köln, Urt. V. 6.4.1993 – 22 U 252/92, VersR 1994, 113; BGH Urt. v. 13.10.11 – IX ZR 188/10, Rpfleger 2012, 163.

16) BGH, Beschl. v. 10.10.2013 – IX ZB 197/11, MDR 2013, 1488 = ZfIR 2014, 74.

18 Der Gläubiger hat auch dann keinen Anspruch auf den Überschuss, wenn ihm die Mieten, aus welchen der Überschuss erzielt wurde, vor Anordnung der Zwangsverwaltung abgetreten waren.[17)] Will er auf diese zugreifen, muss er den Rücknahmeantrag beschränken, so dass der Überschuss weiter beschlagnahmt bleibt und gemäß dem Teilungsplan auszukehren ist. Keinesfalls darf das Gericht nach erfolgter uneingeschränkter Aufhebung im Wege einer Anordnung nach § 12 Abs. 2 ZwVwV die Auszahlung an den Gläubiger anordnen.

19 Ist ein Eigentumswechsel während des Verfahrens eingetreten, gebührt der Überschuss grundsätzlich dem neuen Eigentümer. Allerdings sollte in diesem Fall eine gerichtliche Weisung eingefordert werden. Das Gericht wird dann den früheren Eigentümer (Schuldner) hören und im Streitfall Hinterlegung anordnen. Im Übrigen ist dies nach der hier vertretenen Auffassung keine Verfahrensfrage, sondern die Frage nach dem materiell Empfangsberechtigten. Verwalter und Gericht haben deshalb einen ihnen bekannt gewordenen Eigentumswechsel auch dann zu beachten, wenn keine formelle Anmeldung nach § 9 ZVG erfolgt ist.[18)]

2. Ermächtigung (§ 12 ZwVwV)

20 Das Gericht kann den Verwalter ermächtigen, die Verwaltung in einem genau zu bestimmenden Umfang auch nach der Aufhebung weiterzuführen.[19)] In Betracht kommt z. B. die Weiterführung eines anhängigen Rechtsstreites, auch um diesen korrekt abzuwickeln (z. B. die Kostenfestsetzung zu betreiben) oder für den Eintritt des Schuldners offenzuhalten, die Abrechnung der Miet-Nebenkosten, wenn die Aufhebung unmittelbar nach dem Ablauf des Rechnungsjahres erfolgte und der Verwalter die Vorschüsse eingenommen und die angefallenen Rechnungen bezahlt hat oder der Abschluss einer vom Verwalter in Auftrag gegebenen und kurz vor der Fertigstellung stehenden Reparatur im Objekt. Soweit der Auftrag reicht, bleibt der Verwalter auch zum Besitz berechtigt. Nach Erledigung der Angelegenheit ist keine nochmalige Aufhebung erforderlich.[20)] Es genügt die Anzeige des Verwalters an das Gericht, ggf. mit Abrechnung.

21 Vor der Anordnung nach § 12 ZwVwV ist zu beachten:

- Die Beschlagnahme als solche endet mit dem Erlass des Aufhebungsbeschlusses. Ohne entsprechenden Vorbehalt im Beschluss ist dessen Rechtskraft nicht erforderlich. Auch das Beschwerdegericht könnte eine erloschene Beschlagnahme nicht mehr wiederherstellen. Es käme nur eine Neu-Anordnung in Betracht.
- „Beschlagnahme-Wirkung" im Sinne des BGH[21)] kann nur das von der Beschlagnahme abgeleitete Verwaltungsrecht des Verwalters sein, nicht aber die Beschlag-

---

17) BGH, Urt. v. 13.10.11 – IX ZR 188/10, Rpfleger 2012, 163 = MDR 2012, 120.

18) Dassler/Schiffhauer/u. a.-*Engels*, ZVG § 161 Rz. 25: Berücksichtigung nur, wenn er sich meldet; so jetzt auch Stöber/*Drasdo*, ZVG, § 161 Rz. 31; a. A. Böttcher/*Keller*, ZVG, § 161 Rz. 32: Berücksichtigung nur bei Anmeldung durch den Erwerber.

19) So schon BGH, Urt. v. 8.5.2003 – IX ZR 385/00, Rpfleger 2003, 457 = MDR 2003, 1378; jetzt geregelt in § 12 Abs. 2 ZwVwV.

20) *Hintzen*, Rpfleger 2009, 68, 70.

21) BGH, Urt. v. 8.5.2003 – IX ZR 385/00, Rpfleger 2003, 457 = MDR 2003, 457; BGH, Beschl. v. 10.7.2008 – V ZB 130/07, Rpfleger 2008, 1182 = ZfIR 2008, 876.

nahme als solche, also das Befriedigungsrecht des Gläubigers aus Gegenständen des Haftungsverbandes. Eine so weitgehende Befugnis konnte der Verordnungsgeber nicht bestimmen. Somit kann z. B. das Gericht nicht anordnen, dass der Erlös eines weiterzuführenden Rechtsstreits dem Gläubiger auszukehren ist. Will dies der Gläubiger, muss er den Weg der teilweisen Rücknahme gehen.

3. Mehrere Gläubiger

Soweit nur einer von mehreren Gläubigern den Antrag zurücknimmt, erfolgt keine Gesamtabwicklung (siehe Rz. 10). 22

Hat der Gläubiger einen **Vorschuss** geleistet, darf der Verwalter aus diesem Vorschuss keine Gelder mehr zur Zahlung künftig entstehender Aufwendungen entnehmen. Gegebenenfalls hat der Verwalter zu veranlassen, dass einer der verbleibenden Gläubiger sofort einen ausreichenden Vorschuss für diese künftigen Bedürfnisse leistet. 23

An sich hat der ausscheidende Gläubiger einen Anspruch, alsbald den nicht verbrauchten Rest des von ihm geleisteten Vorschusses zurückzuerhalten. Dies geht aber nur mit Hilfe des Gerichts. Dieses muss bestimmen, welcher Teilbetrag aus dem Vorschuss für die Vergütung des Verwalters und für die bereits angefallenen Gerichtskosten zurückzuhalten ist. Dabei wäre es durchaus sachgemäß und auch zulässig, für den bisher abgelaufenen Zeitraum die Vergütung des Verwalters und seine Auslagen endgültig festzusetzen und gleichzeitig – soweit noch nicht geschehen – den anteiligen Betrag für die Gerichtskosten als Vorschuss einzufordern. Dies ermöglicht es dem Verwalter, dem Gläubiger exakte Rechnung zu legen. Ist das Gericht zu dieser Mitwirkung nicht bereit, muss der Verwalter den Vorschuss bis zur Jahresrechnung zurückhalten, ohne ihn anderweitig verwenden zu dürfen. Nach der hier vertretenen Auffassung kann der betroffene Gläubiger die Weigerung des Gerichts mit Vollstreckungserinnerung (§ 766 ZPO), nach Anhörung mit sofortiger Beschwerde, anfechten. Der Verwalter wird also dem Gläubiger eine Abschrift seiner Eingabe an das Gericht zuleiten. 24

IV. Verfahrensende nach Zuschlag

Das ZVG enthält keine ausdrückliche Regelung für die Beendigung der Zwangsverwaltung nach erfolgtem Zuschlag. Nach der hier vertretenen Auffassung sah man im Gesamtsystem eine genügende Rechtsgrundlage, besonders mit Rücksicht auf die Vorschriften über die Wirkung des Zuschlags (für die „materiellen" Fragen) und § 161 Abs. 4 ZVG (für die „Verstrickung"). Der andauernde Streit, der offenbar auch schon sehr früh[22] begonnen hat, beruht nach der hier vertretenen Auffassung auf einer nicht konsequenten Anwendung der vom Gesetzgeber zur Verfügung gestellten Regelungen. 25

---

22) Wie *Schmidberger*, Rpfleger 2007, 241 (nicht zuletzt aufgrund seiner beachtlichen Sammlung uralter Literatur zum ZVG) aufzeigt.

26 Weitgehende Einigkeit besteht wohl darüber, dass für die Aufhebung neben dem Zuschlag eine besondere gerichtliche Entscheidung mit konstitutiver Wirkung erforderlich ist und dass diese Entscheidung erst nach Rechtskraft des Zuschlagsbeschlusses ergehen darf.

1. Tätigkeit des Gerichts

27 Mit dem Zuschlag wird der Ersteher Eigentümer des Grundstücks und der mitversteigerten Gegenstände (§ 90 ZVG), falls der Zuschlag nicht im Beschwerdeweg aufgehoben wird. Der Zuschlagsbeschluss beseitigt das Befriedigungsrecht des Gläubigers an den Erträgen der Zwangsverwaltung, die auf die Zeit nach dem Zuschlag fallen. Da aber das Besitz- und Verwaltungsrecht des Zwangsverwalters vom Fortbestand der materiellrechtlichen Beschlagnahme (= Befriedigungsrecht des Gläubigers) unabhängig weiterbesteht, wird es vom Zuschlag nicht berührt und kann nur durch eine Entscheidung, welche im Zwangsverwaltungsverfahren zu ergehen hat, beseitigt werden.[23)]

28 Von dieser Überlegung ausgehend bestimmt – zutreffend – die allgemeine Meinung, dass das Gericht die Zwangsverwaltung erst aufheben darf, wenn der Zuschlagsbeschluss rechtskräftig geworden ist.[24)] Diese Zeit der Ungewissheit wird kaum mehr als drei bis vier Wochen betragen, wenn kein Rechtsbehelf eingelegt wird. Sie kann sich aber sehr verlängern, wenn einer der Beteiligten den Zuschlag anficht und das Landgericht nicht unverzüglich über den Rechtsbehelf entscheidet. Wird gegen diese Entscheidung des Landgerichts die Rechtsbeschwerde neuer Fassung zugelassen, können Monate vergehen, bis der Ersteher sicherer Eigentümer geworden ist.[25)]

2. Situation des Erstehers

29 Da die Zwangsverwaltung vor Rechtskraft nicht aufgehoben werden kann (es sei denn, der Antrag wird zurückgenommen), mutet die Rechtsordnung dem Ersteher die damit verbundene Beschränkung zu. Gelegentlich vermittelt die Literatur den Eindruck, dass hierdurch dem Ersteher ein Unrecht geschehe, was man mildern müsse. Dies ist aber nicht der Fall. Daraus folgert der Bundesgerichtshof u. a.:

– Der Zwangsverwalter ist bei einer über den Zuschlag hinaus fortgesetzten Verwaltung verpflichtet, die vom Mieter des Grundstücks für die Zeit vor dem Zuschlag vereinnahmten, aber nicht verbrauchten Nebenkostenvorauszahlungen an den Ersteher auszukehren, soweit diesem die Abrechnung der Nebenkostenvorauszahlungen und die Rückzahlung des Überschusses obliegt.[26)]

---

23) *Depré/Mayer*, § 1 Rz. 418.

24) Böttcher/*Keller*, ZVG, § 161 Rz. 40; Stöber/*Drasdo*, ZVG, § 161 Rz. 19; dagegen Schneider-*Schmidberger*, ZVG, § 161 Rz. 63 ff. mit einem Beschlussvorschlag unter Hinweis auf die Entscheidung des AG Pirmasens vom 16.10.2012 – 2 L 14/12 (nicht veröffentlicht).

25) Zur (fehlenden) Schutzwirkung des § 94 ZVG *Depré/Mayer*, § 1 Rz. 420 ff.

26) BGH, Urt. v. 11.10.2007 – IX ZR 156/06, Rpfleger 2008, 89 mit zust. Anm. *Engels* (S. 91 f.), kritisch dagegen *Mayer* in Rpfleger 2009, 287 ff. = MDR 2008, 168.

– Daraus lässt sich jedoch nicht im „Gegenzug" herauslesen, dass der Zwangsverwalter in den Fällen einer Unterdeckung vom Ersteher einen Aufwendungsersatz analog § 670 BGB beanspruchen könne.[27)]

Das Vollstreckungsgericht hat unverzüglich nach Eintritt der Rechtskraft des Zu- 30
schlagsbeschlusses die Zwangsverwaltung aufzuheben. Dieser Beschluss ist mit sofortiger Beschwerde anfechtbar und ab 1.1.2014 mit obligatorischer Rechtsbehelfsbelehrung zu versehen. Dennoch ist der Zwangsverwaltungsvermerk sofort nach Aufhebung (also vor Rechtskraft des Aufhebungsbeschlusses) zu löschen. Dies ergibt sich daraus, dass der Vermerk nur das relative Veräußerungsverbot am Grundstück und den mitversteigerten Sachen verlautet; und dieses ist bereits durch den Zuschlag (und nicht erst durch den Aufhebungsbeschluss) erloschen. Ein auf das Blatt des Erstehers übertragener, wenn auch später gelöschter, Zwangsverwaltungsvermerk ist für den Ersteher sehr unangenehm.

3. Stellung des Zwangsverwalters

Grundlage für die Handlungsmacht des Verwalters ist sein Verwaltungsrecht, das 31
von der Beschlagnahme (des Grundstücks) abgeleitet ist. Dieses Verwaltungsrecht wird zwar durch die Beschlagnahme begründet, ist aber als „Verfahrensfolge" vom Fortbestand der Beschlagnahme nicht abhängig.[28)]

Die Beschlagnahme bewirkt ein **Befriedigungsrecht** des Gläubigers an den Erträgen 32
des Grundstücks. Dieses Befriedigungsrecht ist durch den Eigentumsübergang bereits ohne besondere Aufhebung beendet worden, nachdem der Anspruch auf diese Erträge durch den Zuschlag (§ 56 Satz 2 ZVG) auf den Ersteher übergegangen ist. Das von der Beschlagnahme geschaffene **relative Veräußerungsverbot** zugunsten des Gläubigers schützt nichts anderes als dessen Befriedigungsrecht. Wenn also das Befriedigungsrecht an den Erträgen nach dem Zuschlag nicht mehr besteht, entfällt auch das Veräußerungsverbot. Der Ersteher kann alsbald nach dem Zuschlag über das Grundstück einen Übereignungsvertrag schließen, ohne durch ein Veräußerungsverbot gehindert zu sein.

Vom Zuschlag nicht berührt wurde die dritte wichtige Wirkung der angeordneten 33
Zwangsverwaltung, nämlich der **Übergang des Verwaltungs- und Benutzungsrechts** (§ 148 Abs. 2 ZVG) auf den Verwalter. Dieses Recht ist für seinen Fortbestand nicht von der Beschlagnahme abhängig; vielmehr handelt es sich um eine Verfahrensfolge und eine solche kann begrifflich nur in dem Verfahren beseitigt werden, in welchem sie geschaffen worden ist. Somit kann und muss nur diese verbliebene Beschlagnahme-Folge Gegenstand der Aufhebungsentscheidung sein.[29)] Für den Verwalter ändert sich durch den Zuschlag an der Verwaltungs- und Benutzungsbefugnis daher zunächst nichts. Er hat die gleichen Rechte, die er bereits vor dem Zuschlag besaß. Somit ist er im **Außenverhältnis** legitimiert, alle Rechtshandlungen

27) BGH, Beschl. v. 17.11.2011 – V ZB 34/11, Rpfleger 2012, 274 = MDR 2012, 139; kritisch hierzu *Ganter*, ZfIR 2012, 188 ff.

28) Grundlegend hierzu *Eickmann*, ZfIR 2003, 1021.

29) *Depré/Mayer*, § 1 Rz. 432; a. A. *Streuer*, Rpfleger 2000, 357, der von einer einheitlichen Beendigung der Beschlagnahme bereits durch den Zuschlag ausgeht, allerdings nur für die vom Zuschlag erfassten Gegenstände.

vorzunehmen, welche er auch vor dem Zuschlag vornehmen konnte. Er bleibt auch gegenüber dem Ersteher zum Besitz berechtigt.

34 Allerdings erlangt er durch den Zuschlag auch keine zusätzlichen Rechte, die er vorher nicht hatte. Ein **Sonderkündigungsrecht,** wie es § 57a ZVG dem Ersteher zubilligt, hat der Verwalter nie gehabt. Deshalb wird auch – zutreffend – allgemein angenommen, dass er nicht befugt sei, dieses Sonderkündigungsrecht auszuüben. Es steht nur dem Ersteher zu, der zur Ausübung keiner Zustimmung durch den Verwalter bedarf. Dieser muss ihm lediglich auf Verlangen aus seinen Unterlagen und Erkenntnissen die hierfür erforderlichen Informationen liefern. Rechtslehre und Rechtsprechung verwehren ihm allerdings auch die Befugnis, Ansprüche prozessual geltend zu machen, die dem Ersteher zustehen.[30] Nach der hier vertretenen Auffassung müsste das differenziert gesehen werden. Ansprüche, die vom fortdauernden Verwaltungsrecht umfasst werden, müsste er bis zur Aufhebung des Verfahrens auch einziehen dürfen. Ansprüche des Erstehers, die erst nach dem Zuschlag begründet wurden, darf er allerdings nicht verfolgen.

35 Der Verwalter untersteht auch in der Zeit zwischen Zuschlag und Aufhebung der Aufsicht des Gerichts, das ihm in gleicher Weise Weisungen erteilen kann, wie es dies vor dem Zuschlag konnte. Der Ersteher dagegen kann dem Verwalter keine verbindlichen Weisungen für die Führung der Verwaltung erteilen.

36 Da der Ersteher bereits durch den Zuschlag die **mitversteigerten beschlagnahmten Gegenstände und Erträge** beschlagnahmefrei erhalten hat, bedarf es hierfür keiner nochmaligen Entscheidung. Verblieben ist (nur) die Verwaltungsbefugnis des Verwalters, welche sich zwar von der Beschlagnahme ableitet (§ 148 Abs. 2 ZVG), jedoch vom Fortbestand der Beschlagnahme nicht abhängt. Diese Verfahrensfolge bedarf der Beseitigung innerhalb des Verfahrens, das sie geschaffen hat, also innerhalb des Zwangsverwaltungsverfahrens. Erforderlich ist demnach nur noch die „Freigabe" der versteigerten Gegenstände aus der Verwaltung, also eine Art „Entstrickung" – und eine entsprechende Bezeichnung würde manche Irritation ersparen. Das Wort „Aufhebung" lässt eben stets an einen „actus contrarius" bezüglich des Gesamtverfahrens denken.[31]

4. Verhältnis Verwalter/Ersteher

37 Nach Rechtskraft des Zuschlagsbeschlusses und Aufhebung des Verfahrens muss der Verwalter dem Ersteher das Grundstück samt den mitversteigerten Gegenständen übergeben. Die Rechtshandlungen, welche der Verwalter in der Zwischenzeit vorgenommen hat, begünstigen und belasten den Ersteher.[32] Der Verwalter haftet dem Ersteher für Rechtshandlungen, welche er nach dem Zuschlag vorgenommen hat.[33]

---

30) *Eickmann*, ZfIR 2003, 1021, 1025 m. w. N.

31) Ausführlich *Depré/Mayer*, § 1 Rz. 439 ff.; zu den Gefahren der üblichen Bezeichnung als „Aufhebung" vgl. *Ganter*, ZfIR 2011, 229; *Mayer*, ZfIR 2011, 635.

32) BGH, Urt. v. 11.10.2007 – IX ZR 156/06, Rpfleger 2008, 89 = MDR 2008, 168; OLG Braunschweig, Urt. v. 11.5.2018 – 9 U 18/17, NZI 2018, 575.

33) BGH Urt. v. 13.3.1963 – V ZR 36/61, Rpfleger 1963, 285 = BGHZ 39, 235; BGH, Urt. v. 11.10.2007 – IX ZR 156/06, Rpfleger 2008, 89 = MDR 2008, 168.

Zweiter Abschnitt
Zwangsversteigerung von Schiffen, Schiffsbauwerken und Luftfahrzeugen im Wege der Zwangsvollstreckung

Erster Titel
Zwangsversteigerung von Schiffen und Schiffsbauwerken

§ 162
Anzuwendende Vorschriften

Auf die Zwangsversteigerung eines im Schiffsregister eingetragenen Schiffs oder eines Schiffsbauwerks, das im Schiffsbauregister eingetragen ist oder in dieses Register eingetragen werden kann, sind die Vorschriften des Ersten Abschnitts entsprechend anzuwenden, soweit sich nicht aus den §§ 163 bis 170a etwas anderes ergibt.

Literatur: *Albrecht*, Die Zwangsversteigerung von Seeschiffen im internationalen Rechtsverkehr, 1983; *Albrecht/Reinicke*, Zwangsversteigerung im Ausland, Hansa 1979, 504; *App*, Vollstreckung in Binnenschiffe, KKZ 1985, 54; *Böttcher*, Das Meer als Rechtsraum – Anwendbarkeit deutschen Sachenrechts auf Offshore-Windkraftanlagen, RNotZ 2011, 589; *Dobberahn*, Rechte an Schiffen und Luftfahrzeugen, MittRhNotK 1998, 145; *Drischler*, „Ausgeflaggte" Seeschiffe und Zwangsversteigerung, KTS 1980, 111; *Gottschall*, Die Besicherung von Offshore-Windkraftanlagen nach deutschem und US-amerikanischem Recht: unter besonderer Berücksichtigung des anwendbaren Rechts auf Offshore-Installationen in hoheitsfreien Gebieten (Diss.), 2011; *Hornung*, Die Abwrackaktion in der Binnenschifffahrt, Rpfleger 1970, 117; *Hornung*, Beiträge zum Schiffsregister, Rpfleger 1985, 271 und Rpfleger 1985, 345; *Hornung*, Die Schiffsregister, RpflJB 1959, 95; *Hornung*, Europäische Abwrackaktion in der Binnenschifffahrt, Rpfleger 1990, 445; *Hornung*, Das Schwimmdock in der Register- und Vollstreckungspraxis, Rpfleger 2003, 232; *Knops*, Die Kündigung des vertragsgemäß bedienten Kredits wegen Vermögensverschlechterung, WM 2012, 1649; *Krause*, Praxishandbuch Schiffsregister, 2012, S. 312; *Krone*, Abwicklung notleidender Schiffsfinanzierungen aus Sicht eines NPL-Investors, ZInsO 2012, 1197; *Michaels*, Schiffsgläubigerrecht und Auslandsveräußerung, TranspR 1997, 330; *Mohrbutter*, Zum Schiffsversteigerungsrecht, KTS 1974, 88; *Pamperin-Herbst*, Das Schiffsvorzertifikat, Rpfleger 2009, 76; *Rabe*, Seehandelsrecht, 4. Auflage, 2000; *Schalast/Walter*, Verkauf von Forderungen aus notleidenden Schiffsfinanzierungsdarlehen, BB 2012, 1301; *Schiering*, Schiffskredit und Werftpfandrechte, Hansa 1979, 1435; *Sebode*, Neuerungen bei der Zwangsvollstreckung in Schiffe und Schiffsbauwerke, DR 1941, 620; *Strube*, Arrestpfändung ausländischer Seeschiffe, Hansa 1981, 1294; *Weimar*, Die mithaftenden Gegenstände bei der Schiffshypothek, WM 1963, 154; *Wurmnest*, Windige Geschäfte? Zur Bestellung von Sicherungsrechten an Offshore-Windkraftanlagen, RabelsZ 2008, 236.

Übersicht

I. Zweck der Norm

1 § 162 ZVG regelt Besonderheiten der Immobiliarvollstreckung in Schiffe und Schiffsbauwerke. Diese sind zwar ihrer tatsächlichen Natur nach bewegliche Sachen, aber werden vollstreckungsrechtlich wie Immobilien behandelt.[1)] Dies gilt für inländische (deutsche) Schiffe und Schiffsbauwerke, wenn sie im Schiffsregister (bzw. Schiffsbauregister) eingetragen sind, und nach Maßgabe des § 171 ZVG auch für ausländische Schiffe (und Schiffsbauwerke). Diese unterliegen insgesamt[2)] der **Immobiliarvollstreckung.** Ausgangspunkt sind §§ 864 Abs. 1, 870a ZPO.

2 Auch auf die diversen Sonderbestimmungen im Bürgerlichen Gesetzbuch sei hier hingewiesen, insbesondere auf:

– § 204 Abs. 1 Nr. 10 BGB (Hemmung der Verjährung bei Anmeldung nach § 13 SVertO),
– § 216 Abs. 1 BGB (die Verjährung eines Anspruchs, für den eine Hypothek, eine Schiffshypothek oder ein Pfandrecht besteht, hindert den Gläubiger nicht, seine Befriedigung aus dem belasteten Gegenstand zu suchen),
– § 578a BGB (Mietverhältnisse über eingetragene Schiffe),
– § 929a BGB (Auflassung bei nicht eingetragenem *See*schiff) und
– § 932a BGB (gutgläubiger Erwerb bei nicht eingetragenem *See*schiff).

3 Die konkreten Regelungen zur Zwangsversteigerung (und Bewachung und Verwahrung sowie „Quasi-Zwangsverwaltung" finden sich dann in §§ 162–170 ZVG (deutsche Schiffe) und ergänzend in § 170a ZVG (Schiffsbauwerke, Schwimmdocks) sowie § 171 ZVG (ausländische Schiffe).

---

1) Seit dem 1.1.1941 werden eingetragene Schiffe (See- und Binnenschiffe) und – eingetragene oder eintragungsfähige – Schiffsbauwerke allgemein nach den gleichen sachrechtlichen Grundsätzen wie Grundstücke behandelt (seit Inkrafttreten des SchiffsRG). Ergänzend wurden durch Gesetz vom 4.12.1968 – BGBl I S. 1295 – SchRÄndG – Schwimmdocks den Schiffsbauwerken gleichgestellt und unterliegen nun ebenfalls der Zwangsvollstreckung in das unbewegliche Vermögen.

2) Nicht eingetragene deutsche Schiffe oder Schiffsbauwerke (und nicht fiktiveintragungspflichtige ausländische Schiffe) hingegen unterliegen der Mobiliarvollstreckung; näher hierzu siehe § 164 Rz. 10 [*Popp*], § 171 Rz. 29 ff. [*Popp*].

4 Mit der Anwendung des Immobiliarvollstreckungsrechts trägt das Gesetz dem hohen Wert und der großen wirtschaftlichen Bedeutung dieser besonderen Vollstreckungsgegenstände Rechnung.[3]

II. Anwendungsbereich

5

… auf	deutsch(e)	ausländisch(e)
Binnenschiffe	Eingetragene	fiktiv eintragungspflichtige *nach Maßgabe von § 171 ZVG*
Seeschiffe	Eingetragene	fiktiv eintragungspflichtige *nach Maßgabe von § 171 ZVG*
Schiffsbauwerke u. Schwimmdocks	eingetragene/eintragungsfähige *nach Maßgabe von § 170a ZVG*	./.

III. Vollstreckungsgegenstände

6 Die nachfolgenden Begriffsbestimmungen gelten für „Schiffe", „Schiffsbauwerke" sowie „Schwimmdocks" (unabhängig von der an anderer Stelle relevanten Unterscheidung zwischen Binnenschiffen und Seeschiffen bzw. zwischen deutschen und ausländischen Schiffen).

1. (Binnen-/See)-Schiffe – Keine Wracks

7 Ein **Schiff** ist ein schwimmender Hohlkörper von nicht ganz unbedeutender Größe, der zur freien Fortbewegung auf dem Wasser fähig und bestimmt ist, und in der Lage ist, Personen und Sachen zu tragen; die Fortbewegung aus eigener Kraft ist nicht erforderlich.[4] Die Schiffseigenschaft beginnt mit dem **Stapellauf**. Vor dem Stapellauf handelt es sich um ein Schiffsbauwerk (beginnend ab der sog. Kiellegung).[5]

8 **Keine Schiffe** sind bloße schwimmende Objekte, wie Wohnschiffe, Lagerschiffe[6] oder Gaststättenschiffe, oder schwimmende Badeanstalten[7]; denn die Vorgenannten sind nicht zur Fortbewegung bestimmt bzw. haben diese Eigenschaft verloren. Dieser Ausschluss würde an sich auch für die Schwimmdocks gelten, die aber gemäß § 81a SchRG Schiffsbauwerken gleichgestellt sind und daher im Ergebnis mit Schiffshypotheken belastet werden können.

9 Mangels Hohlraums sind auch **Flöße** keine Schiffe.

10 Hingegen sind nach allgemeiner Ansicht Schiffe **Schwimmbagger**[8] und **Schwimmkräne**[9], sofern sie nicht dauernd mit dem Land verbunden sind. Auch **Schleppkähne**, **Baggerkähne** und **Prähme** sind Schiffe im Rechtssinn.[10]

---

3) Steiner-*Hagemann*, ZVG, § 162 Rz. 2.
4) *Dobberahn*, MittRhNotK 1998, 145, 147 m. w. N.; BGH, Urt. v. 14.12.1951 – I ZR 84/51, NJW 1952, 1135 = LM Nr. 3 zu § 4 Bin(n)schG.
5) Steiner-*Hagemann*, ZVG, § 162 Rz. 38.
6) *Dobberahn*, MittRhNotK 1998, 145, 147.
7) Stöber/*Gojowczyk*, ZVG, § 162 Rz. 8.
8) BGH, Urt. v. 14.12.1951 – I ZR 84/51, NJW 1952, 1135 = LM Nr. 3 zu § 4 Bin(n)schG.
9) BGH, Urt. v. 13.3.1980 – II ZR 163/78, BGHZ 76, 201–206, 201 = NJW 1980, 1747–1748.
10) *App*, KKZ 1985, 54.

11 **Schiffswracks** haben die Schiffseigenschaft verloren, wenn sie derart beschädigt oder zerstört sind, dass sie nicht mehr geborgen oder repariert werden können.[11] Sie unterliegen auch dann nicht mehr der Immobiliarvollstreckung, wenn sie auch (unzutreffenderweise) noch im Schiffsregister eingetragen sein sollten. Dasselbe gilt für Binnenschiffe, die ihre Schiffseigenschaft durch **freiwillige Abwrackung** (das ist vollständige Verschrottung des Schiffsrumpfes) im Zuge von – staatlichen oder staatlich geförderten – Maßnahmen zum Abbau unrentablen Schiffsraumes verloren haben.[12]

12 Wird ein Schiff allerdings nur (z. B. im Hafen) derart beschädigt, dass es auf die Sohle des Hafenbeckens absackt, dadurch die Bewegungsfähigkeit verliert, keine Besatzung mehr aufnehmen und auch in absehbarer Zeit nicht wieder gehoben werden kann, so verliert es alleine dadurch – jedenfalls was etwaige Schiffsgläubigerrechte anlangt (und wohl damit insgesamt i. S. d. §§ 162 ff. ZVG) – noch nicht den Rechtscharakter eines Schiffes,[13] denn noch könnte es ggf. wieder „flottgemacht" werden.

2. Bohrinseln

13 Differenziert zu sehen ist die Rechtslage bei **Bohrinseln.** Da sehr **verschiedenartige** Bautypen existieren, kann hinsichtlich der Schiffseigenschaft nur anhand der Eigenschaften und Charakteristika im Einzelfall eine Einordnung vorgenommen werden.

14 Eindeutig ein Schiff ist das **Bohrschiff**, welches dadurch charakterisiert ist, dass es während der Bohrarbeiten schwimmt und lediglich mittels Ankern, Tauen und speziellen Positionshaltesystemen am vorbestimmten Standort gehalten wird, und nach Erledigung der Arbeiten diese Position verlässt.[14]

15 **Plattformen** für ortsfeste Bohrinseln, die erst (auf diesen Plattformen) am Einsatzort errichtet werden, sind sicherlich nicht (mehr) als Schiffe zu betrachten, wenn sie in den Meeresgrund abgesenkt worden sind; bis dahin kann aber die Schiffseigenschaft in Frage kommen.[15]

16 Umso mehr muss das gelten für **Hubinseln** und die **flutbaren Plattformen**, die auf der Werft gebaut, mit Hohlräumen versehen und mitsamt Ausrüstung und Ausstattung durch Schlepper zum Bohrpunkt verbracht werden.

17 Es wird allerdings z. T. danach differenziert, ob bezweckt ist, dass diese Hubinseln oder flutbaren Plattformen während ihrer (voraussichtlichen wirtschaftlichen) Lebensdauer **mehrfach fortbewegt** werden sollen. Nur wenn dies ausnahmsweise festgestellt werden könne, sei im Einzelfall die Schiffseigenschaft zu bejahen.[16] Diese Auffassung ist erkennbar ergebnisorientiert und überzeugt dogmatisch nur begrenzt, denn dem Schiffsbegriff ist eigentlich das hier neu eingeführte Zeitelement fremd.

---

11) Steiner-*Hagemann*, ZVG, § 162 Rz. 24; AG Glückstadt, Beschl. v. 19.8.194 – 1 K 4/64 – V, SchlHA 1965, S. 19.
12) Vgl. hierzu im Einzelnen *Hornung*, Rpfleger 1990, 445.
13) Vgl. BGH, Urt. v. 14.12.1951 – I ZR 84/51, NJW 1952, 1135 = LM Nr. 3 zu § 4 Bin(n)schG.
14) Steiner-*Hagemann*, ZVG, § 162 Rz. 33 m. w. N.
15) So auch Staudinger-*Nöll*, BGB, § 1 SchiffsRG Rz. 6 und 9.
16) *Dobberahn*, MittRhNotK1998, 145, 147.

Wie lange die Lebensdauer ist, lässt sich zuverlässig nur in der Rückschau beurteilen. Dieses nicht im Gesetz stehende Merkmal taugt daher für eine sachenrechtliche (!) Einordnung nicht, zumal wenn davon die zulässige Zwangsvollstreckungsmaßnahme abhängt. 18

Hier wäre eine Klarstellung durch den Gesetzgeber nötig. 19

3. Schiffsbauwerk und Schwimmdocks

Die Schiffseigenschaft beginnt mit dem Stapellauf. **Vor dem Stapellauf** handelt es sich um ein Schiffsbauwerk. Ein Schiffsbauwerk ist also danach zu bestimmen, ob es nach dem Stapellauf ein Schiff sein wird (bzw. werden soll). Also kurz gesagt: Ab der sog. Kiellegung handelt es sich um ein Schiffsbauwerk, und ab dem Stapellauf um ein Schiff. 20

Schwimmdocks sind eigentlich keine Schiffe i. S. d. §§ 162 ff. ZVG, denn **keine Schiffe** sind schwimmende Objekte, die nicht zur Fortbewegung bestimmt sind bzw. diese Eigenschaft verloren haben (siehe oben). Es bedurfte daher einer ausdrücklichen gesetzlichen Gleichstellung der Schwimmdocks für die Anwendbarkeit der §§ 162 ff. ZVG: Gemäß § 81a SchRG, Art. 3 SchRÄndG werden **Schwimmdocks** rechtlich **wie Schiffsbauwerke** (§ 170a ZVG) behandelt; sie können daher im Ergebnis mit Schiffshypotheken belastet und gemäß §§ 162 ff. ZVG zwangsversteigert werden (einschließlich Sicherung und Verwahrung und „Quasi-Zwangsverwaltung" sowie Sicherungsverwaltung nach Zuschlag, siehe § 165 Rz. 173 ff. [*Popp*] und § 170 Rz. 10 [*Popp*] sowie zu Schiffsbauwerken § 170a Rz. 42 ff. [*Popp*]). 21

4. Ausländische Schiffe

Für ausländische Schiffe bestehen verfahrensrechtliche Besonderheiten: siehe § 171 ZVG, der aber im Wesentlichen auf §§ 162 ff. ZVG verweist. 22

Eine andere – für die Praxis wichtige Rechtsfrage – ist die der Vollstreckung im Ausland (ergänzend siehe § 169 Rz. 96 ff. [*Popp*]). 23

5. Bruchteile vs. Parten

Tatsächlich und rechtlich zu unterscheiden sind Bruchteile (sprich Bruchteilseigentum) und Parten (Schiffsparten im Sinne gesellschaftsrechtlicher Anteile): 24

a) Bruchteilseigentum

An Schiffen und Schiffsbauwerken kann – wie bei anderen Eigentumsrechten – auch Bruchteilseigentum bestehen. Die Bruchteile können als Anteile eines Miteigentümers selbstständig belastet werden (§§ 8 Abs. 3, 77 Satz 2, 81a Satz 2 SchRG) und sie können auch selbstverständlich versteigert werden (§ 864 Abs. 2 ZPO). 25

Bruchteilseigentum ist dinglich auch Eigentum und unterliegt demzufolge ebenfalls der Immobiliarvollstreckung in Eigentum, hier also den §§ 162 ff. ZVG. 26

b) Abgrenzung (Bruchteils)-Eigentum zu Parten

Parten sind eine besondere gesellschaftsrechtliche Form der Beteiligung an einer Partenreederei (§§ 489 ff. HGB a. F. = §§ 489 ff. HGB n. F. entfallen). Die Vollstreckung insoweit erfolgt wie die Vollstreckung in andere **Gesellschaftsanteile** 27 auch, also nach den Regeln der Mobiliarvollstreckung: durch Pfändung (§§ 858, 857 ZPO).

28 Hinweis zur Seehandelsreform: Durch das am 4.2.2013 vom Bundesrat verabschiedete „Gesetz zur Reform des Seehandelsrechts“[17] ist das Rechtsinstitut der Partenreederei abgeschafft worden, und zwar in der Weise, dass für die bis zum Inkrafttreten des Reformgesetzes entstandenen Partenreedereien die bisherigen Vorschriften fortgelten (Art. 71 Abs. 1 EGHGB). Das heißt, Partenreedereien können ab dem 25.4.2013 nicht mehr gegründet werden, aber für die bis **zum 24.4.2013 „entstandenen“ Partenreedereien** gilt die alte Rechtslage weiter.

c) Nebeneinander von Immobiliarvollstreckung (Schiff) und Zwangsvollstreckung in die Schiffspart (Mobiliarvollstreckung) – Wechselwirkungen

29 Die Zwangsvollstreckung in das ganze Schiff und die Schiffspart können nebeneinander betrieben werden. Durch den Zuschlag in der Zwangsversteigerung (Immobiliarvollstreckung in das Eigentum am Schiff) erlischt auch das Recht an der Schiffspart.

30 Hingegen lässt die Versteigerung der Schiffspart (Mobiliarvollstreckung) die Rechte am ganzen Schiff unberührt, eine Zwangsversteigerung des Eigentums am Schiff wäre also weiterhin möglich.

6. Off-Shore-Windkraftanlagen

31 Off-Shore-Windkraftanlagen erlangen – zumal nach der Reaktor-Katastrophe im japanischen Fukushima und dem entsprechenden Politikwechsel und daraus folgender Legislatur – eine immer **größere wirtschaftliche Bedeutung**. Es entsteht damit eine Fragestellung wie sie auch für Bohrinseln bereits in ähnlicher Weise erörtert wurde (siehe Rz. 13 ff.). Grundsätzlich erscheint es naheliegend, die Regeln über Schiffe, Schiffsbauwerke und Schwimmdocks auch auf Off-Shore-Windkraftanlagen zu erstrecken.[18]

32 Unzweifelhaft unterliegen **Offshore-Windkraftanlagen** im Bereich des sog. Küstenmeers (12-Meilen-Zone nach individueller nationaler Festlegung) dem deutschen Sachenrecht. In diesem Bereich ist zwar die Bestellung eines Erbbaurechtes rechtlich möglich, allerdings wird dies nur in Gebieten mit geringem Nutzungskonfliktpotenzial praktisch werden. Damit bleibt als anderes Mittel der Kreditsicherung nur die Möglichkeit einer **Sicherungsübereignung**, was jedoch voraussetzt, dass es sich um **Scheinbestandteile** handelt. Dieses wiederum kommt nur in Betracht, wenn die voraussichtliche Lebensdauer der Windkraftanlage die geplante Nutzungsdauer nicht nur unerheblich überschreitet (hier hat das Zeitelement – anders als oben bei der Bestimmung der Schiffseigenschaft – seine Berechtigung).[19] Denn dann ist davon auszugehen, dass dieselbe Windkraftanlage an anderer Stelle neu aufgebaut wird

17) Einführungsgesetz zum Handelsgesetzbuch in der im Bundesgesetzblatt Teil III, Gliederungsnummer 4101-1, veröffentlichten bereinigten Fassung, das durch Artikel 2 des Gesetzes vom 4. Oktober 2013 (BGBl. I S. 3746) geändert worden ist.

18) So auch *Gottschall*, S. 103; dies ist z. T. schon geltende Rechtslage infolge internationaler seerechtlicher Abkommen, vgl. Staudinger-*Nöll*, BGB, § 1 SchiffsRG Rz. 9 m. w. N.

19) *Wurmnest*, RabelsZ 2008, 236, 258.

(und dann ggf. nach noch zu erwartender Restnutzungsdauer und beabsichtigter Standzeit wiederum ggf. „Scheinbestandteil" am neuen Aufstellungsort wird).

Die sachenrechtlichen Verhältnisse an Off-Shore-Windkraftanlagen im Bereich der sog. „ausschließlichen Wirtschaftszone" (AWZ)[20] richten sich aufgrund einer völkerrechtskonformen Auslegung von Art. 43 EGBGB ebenfalls nach deutschem Recht. Allerdings ist für diese Anlagen gegenwärtig nur eine Kreditsicherung durch **Sicherungsübereignung** möglich. 33

De lege ferenda: Mehr Rechtssicherheit könnte durch die ausdrückliche Öffnung des Schiffsregisters für Off-Shore-Windkraftanlagen nach **norwegischem Vorbild** erreicht werden. Dadurch könnten diese dann mit einer Hypothek belastet werden.[21] Das würde die Finanzierung dieser für die „Energie-Wende" wichtigen Anlagen fördern und wäre daher *de lege ferenda* unbedingt wünschenswert. 34

IV. Zubehör, Bestandteile und Versicherung

1. Zubehör und Bestandteile

Grundsätzlich besteht auch bei Schiffen eine **Haftung des Zubehörs** (Haftungsverband der Hypothek). Denn die Beschlagnahme umfasst diejenigen Gegenstände, auf welche sich bei einem Schiff- oder Schiffsbauwerk die Schiffshypothek erstreckt (§ 162 ZVG i. V. m. § 20 Abs. 2 ZVG), und damit ist auch das Zubehör beschlagnahmt. Das Schiffszubehör unterliegt also den gleichen gesetzlichen Bestimmungen wie das Schiff (§ 865 ZPO), eine gesonderte Pfändung des Zubehörs ist gemäß § 865 Abs. 2 ZPO ausgeschlossen. 35

Für Seeschiffe war vor der Seehandelsrechtsreform das Zubehör in § 478 HGB a. F. definiert wie folgt: „Zubehör eines Schiffes sind auch die Schiffsboote. Im Zweifel werden Gegenstände, die in das Schiffsinventar eingetragen sind, als Zubehör des Schiffes angesehen." Die Norm ist ab 25.4.2013 ersatzlos entfallen; stattdessen gelten die allgemeinen Regeln (§ 97 BGB). **Schiffsboote** werden im Ergebnis aber weiterhin i. d. R. Zubehör (i. S. v. § 97 BGB) sein. 36

Zubehör des Schiffs[22] sind somit gemäß § 97 BGB bewegliche Sachen, die, ohne Bestandteile der Hauptsache zu sein, dem wirtschaftlichen Zwecke der Hauptsache zu dienen bestimmt sind und zu der Hauptsache in einem dieser Bestimmung entsprechenden räumlichen Verhältnis stehen (ausgenommen Sachen, die im Rechtsverkehr nicht als Zubehör angesehen werden). 37

Hierbei begründet allein die vorübergehende Benutzung einer Sache für den wirtschaftlichen Zweck einer Hauptsache noch nicht die Zubehöreigenschaft; und eine bestehende Zubehöreigenschaft wird nicht allein durch eine vorübergehende Trennung eines Zubehörstücks von der Hauptsache wieder aufgehoben. 38

---

20) Die „ausschließliche Wirtschaftszone" (AWZ) ist definiert in Art. 50 SRÜ (Seerechtsübereinkommen der Vereinten Nationen vom 10.12.1982, englischer Titel „United Nation Convention the Law of the Sea" abgekürzt „SRÜ". Es handelt sich beim SRÜ sozusagen um eine „Verfassung der Meere".

21) *Böttcher*, RNotZ 2011, 589, 601.

22) Beispiele bei Dassler/Schiffhauer/u. a.-*Rellermeyer*, ZVG, § 162 Rz. 51 sowie *Dobberahn*, MittRhNotK 1998, 145, 156 f.

39 Die Feststellung der **Zubehöreigenschaft** kann im Einzelfall hinsichtlich des Kriteriums des „entsprechenden räumlichen Verhältnisses" schwierig werden.

40 Nicht in die Beschlagnahme fallen Zubehörstücke, die nicht in das Eigentum des Schiffseigentümers gelangt sind (denn auf diese erstreckt sich eine Schiffshypothek gemäß § 31 Abs. 1 SchRG nicht).

41 Auch bei Schiffen können Zubehörstücke von der Haftung frei werden, wenn ihre Zubehöreigenschaft in den **Grenzen einer ordnungsmäßigen Wirtschaft** aufgehoben wird oder die Stücke veräußert und von dem Schiff entfernt werden, bevor sie zugunsten des Gläubigers in Beschlag genommen worden sind; § 1121 Abs. 2 BGB gilt sinngemäß – dies beides ergibt sich aus § 31 Abs. 2 SchRG.

42 Für **Bestandteile** findet sich eine ähnliche Regelung in § 31 Abs. 3 SchiffsRG, wonach § 31 Abs. 2 ZVG (wiederum mit der Verweisung auf § 1121 Abs. 2 BGB) für die Bestandteile sinngemäß gilt, mit der Maßgabe, dass anstelle der Aufhebung der Zubehöreigenschaft die Trennung und Entfernung von dem Schiff tritt, sofern nicht die Entfernung nur zu einem vorübergehenden Zweck erfolgt.

43 Wie auch bei Grundstückszubehör gilt, dass das tatsächliche Zubehör, wenn nicht der wahre Eigentümer seine Rechte nach §§ 162, 55 Abs. 2, 37 Nr. 5 ZVG geltend macht, mit versteigert wird und vom Zuschlag mit umfasst wird (§ 90 Abs. 2 ZVG),[23] sodass dann das Eigentum verloren geht und dann nur ein Ersatzanspruch gemäß § 37 Nr. 5 ZVG besteht.

2. Versicherungsforderung

44 Hat der Eigentümer/Reeder oder für seine Rechnung ein anderer (z. B. ein Ausrüster) für das Schiff eine Versicherung abgeschlossen, so erstreckt sich die Schiffshypothek auch auf die **Versicherungsforderung** (§ 32 Abs. 1 SchRG).

3. Umfang der Beschlagnahme

45 Hingegen unterliegt ein **Prämienanspruch** im Rahmen einer freiwilligen **Abwrackaktion** nicht der Hypothekenhaftung und damit auch nicht der Beschlagnahme,[24] derartige Ansprüche können aber im Rahmen eines Vollstreckungsschutzantrags gemäß § 765a ZPO eine Rolle spielen (siehe Rz. 62).

46 **Frachtgelder**, auch wenn sie den Schiffsgläubigern pfandrechtlich haften (z. B. gemäß §§ 566 Abs. 2 Satz 1 HGB), gehören ebenfalls nicht zum Zubehör und werden von der Beschlagnahme des Zubehörs nicht erfasst. Die Vollstreckung in Frachtgelder ist stets gesondert und außerhalb der §§ 162 ff. ZVG zu prüfen. Auch Mieten und ähnliche Nutzungsentgelte aus Charter etc., unterfallen nicht der Beschlagnahme, da sie bei der Schiffshypothek nicht zum Haftungsverband gehören.

47 **Container**, auch wenn sie z. T. zur „Grundausstattung" eines Schiffes dazugehören, sind grundsätzlich kein Zubehör und auch keine Bestandteile, denn es fehlt an einer dauerhaften Zuordnung zum Schiff.[25]

---

23) *Mohrbutter*, KTS 1974, 88, 91.

24) *Hornung*, Rpfleger 1990, 445, 449 f.

25) Staudinger-*Nöll*, BGB, § 4 SchiffsRG, Rz. 9; a. A. *Dobberahn*, MittRhNotK 1998, 145, 156 f.

Auch Bunkervorräte oder sonstige **Vorräte** gelten nach der Verkehrsanschauung nicht als Zubehör.[26] 48

V. Anwendbare Vorschriften

1. Erster Abschnitt

a) Grundsätzliche Anwendung

Die Vorschriften des **ersten Abschnitts des ZVG**, also die §§ 1 ff. ZVG (mit Ausnahme von §§ 146 ff. ZVG bzgl. der „echten" Zwangsverwaltung)[27] sind anwendbar. 49

§§ 20–26 ZVG sind eingeschränkt anwendbar. Die Anwendung von § 21 Abs. 1 und 3 ZVG kommt mangels entsprechender Erzeugnisse nicht in Betracht. Die Anwendung von § 23 Abs. 1 Satz 2, § 24, 25 ZVG wird durch § 165 Abs. 1 Satz 1 ZVG ausdrücklich ausgeschlossen. 50

§ 27 ZVG (Beitritt) ist anwendbar. Eine erneute Anordnung der Bewachung und Verwahrung (§ 165 Abs. 1 Satz 1 ZVG) erfolgt im Falle eines Beitritts nicht. 51

§§ 28–34 ZVG (Aufhebung und einstweilige Einstellung) sind anwendbar und werden durch § 165 Abs. 2 ZVG ergänzt. Da bei § 30a Abs. 3 Satz 2 ZVG für Seeschiffe gemäß § 169a Abs. 1 ZVG kein Verkehrswert festgesetzt wird, ist insoweit zu verfahren wie mit einem Versteigerungsobjekt, für das im Zeitpunkt der Entscheidung über den Einstellungsantrag der Wert noch nicht festgesetzt ist. Allein für diese Entscheidung ist der Wert (bei Seeschiffen) nicht in dem Verfahren nach § 74a Abs. 5 ZVG zu ermitteln, sondern dann eben anhand sonstiger Unterlangen (siehe § 169a Rz. 6 ff. [*Popp*] und Rz. 10 f.). 52

b) Zuschlag: Erteilung/Versagung

Die Vorschriften über die Erteilung/Versagung des Zuschlags sind grundsätzlich anwendbar, aber mit folgenden Abweichungen: 53

Die von Amts wegen erfolgende **Zuschlagsversagung** wegen Nicht-Erreichens der sog. 5/10-Grenze des § 85a ZVG und die auf Antrag eines Berechtigten erfolgende Zuschlagsversagung wegen Nicht-Erreichens der sog. 7/10-Grenze (§ 74a ZVG) wird nur relevant für: 54

- **Schiffsbauwerke** und **Schwimmdocks** und
- **Binnenschiffe** (die früher für vorrangig geltenden Sondervorschriften der §§ 13–15 BinSchVollStrG a. F. sind durch Art. 21 BRBerG aufgehoben worden).

Aber **nur** für Seeschiffe gelten weiterhin Sonderregelungen (siehe § 169a ZVG). 55

c) Nicht anwendbare Vorschriften

§ 77 Abs. 2 Sätze 2 und 3 ZVG sind nicht anwendbar; ebenso ist nicht anwendbar § 94 ZVG (denn dieser wird durch § 170 ZVG ersetzt, wie sich aus § 170 ZVG ergibt, siehe § 170 Rz. 6 [*Popp*]). 56

---

26) Staudinger-*Nöll*, BGB, § 4 SchiffsRG, Rz. 11.

27) H. M. – wobei die h. M. gleichwohl auf die Quasi-Zwangsverwaltung gemäß § 165 Abs. 2 Satz 3 ZVG so weitgehend analog anwendet, sodass die §§ 146 ff. ZVG und die ZwVwV im Ergebnis doch überwiegend analog heranzuziehen sind; zu der hier vertretenen Mindermeinung, §§ 146 ff. ZVG unmittelbar für anwendbar zu halten, siehe § 165 Rz. 173 [*Popp*].

2. Dritter Abschnitt – Grundsätzliche Anwendung

57 Die Vorschriften des dritten Abschnitts des ZVG, also die §§ 172 ff. ZVG, sind ebenfalls grundsätzlich anwendbar.

58 Auch wenn dies in § 162 ZVG nicht ausdrücklich angeordnet wird und die übliche – auch hier sinngemäß verwendete – nicht amtliche Überschrift von § 162 ZVG nur von der Anwendung des „Ersten Abschnitts" spricht. Der Grund ist die sog. Verweisungstechnik des ZVG, das systematisch so konzipiert ist, dass immer nur „nach vorne" verwiesen wird. Folgerichtig findet sich im hier gegenständlichen zweiten Abschnitt keine Verweisung auf den dritten Abschnitt, sondern umgekehrt, die Anwendbarkeit des dritten Abschnitts ergibt sich aus diesem. Daher gilt: Die Anwendbarkeit des dritten Abschnitts folgt aus §§ 172, 176, 180 ZVG.[28)]

59 § 185 ZVG ist nicht anwendbar.[29)]

3. ZPO

60 Ferner ist anzuwenden die **ZPO** (dieses schon allein aus dem Grund, dass das ZVG ein ausgelagertes Buch der ZPO ist, wie sich aus § 869 ZPO ergibt, worauf § 870 ZPO verweist und § 870a ZPO Bezug nimmt).

61 Insbesondere sind folgende Normen der ZPO anzuwenden:

62 **Unmittelbare Anwendung** finden die §§ 858, 864, 865, 870a, 931 ZPO.

63 Außerdem ist auch **§ 765a ZPO** anwendbar. In diesem Rahmen ist dann streitig, inwieweit auch bei **See**schiffen – wo die Feststellung eines Verkehrswertes eigentlich ausgeschlossen ist – dennoch im Hinblick auf Vollstreckungsschutz ein Verkehrswert zu ermitteln sei (siehe § 169a Rz. 10 ff. [*Popp*]).

64 Ein Antrag auf Vollstreckungsschutz nach § 765a ZPO kann dann sinnvoll sein, wenn das Schiff im Rahmen einer freiwilligen Abwrackaktion verschrottet werden kann und der Gläubiger sittenwidrig die Versteigerung weiter betreibt, obwohl die durch Vorbescheid festgestellte **Abwrackprämie** höher als der zu erwartende **Versteigerungserlös** ist. Aber der Anordnung der Zwangsversteigerung als solcher steht das nicht entgegen. Nach der Anordnung verhindert die Bewachung und Verwahrung des Schiffes (§ 165 Abs. 1 Satz 1 ZVG) allerdings die Abwrackung (siehe § 165 Rz. 63 [*Popp*]).

4. Weitere Hinweise

65 Hinweis zur **Seehandelsrechtsreform** (ausführlicher siehe Rz. 79 ff.):

Der bis 24.4.2013 geltende § 482 HGB a. F. schloss – nur für Seeschiffe – die Zulässigkeit der Zwangsversteigerung sowie die Vollziehung eines Arrestes aus für die Zeit, wenn sich das Schiff auf der Reise befindet und nicht in einem Hafen liegt.

66 **Ab 25.4.2013** enthält § 870a Abs. 1 ZPO n. F. eine entsprechende Regelung, die gemäß Gesetzeswortlaut wiederum nur für Seeschiffe gilt. Maßgeblicher Zeitpunkt war früher die sog. „Segelfertigkeit" (also vor Beginn der Reise bei Eintritt der Reisefertig-

28) Vgl. Stöber/*Gojowczyk*, ZVG, § 162 Rz. 2; Dassler/Schiffhauer/u. a.-*Rellermeyer*, ZVG, § 162 Rz. 69.

29) Stöber/*Gojowczyk*, ZVG, § 162 Rz. 2.

keit), während es heute auf den Beginn der Reise ankommt (siehe § 171 Rz. 77 ff. [*Popp*]).

Eine entsprechende Anwendung von ZPO-Normen kommt im Allgemeinen in Betracht, soweit das mit dem Wesen der Versteigerung von Schiffen und Schiffsbauwerken vereinbar ist und soweit nicht die positiven Vorschriften der §§ 163–170a ZVG ausdrücklich etwas anderes bestimmen. 67

Des Weiteren sei hier auch noch auf § 171 ZVG hingewiesen, der für ausländische Schiffe Sonderregelungen enthält. (Hinweis zur **Seehandelsrechtsreform**: hinsichtlich des Arrests eines nicht eingetragenen Seeschiffs: § 930 Abs. 4 ZPO n. F.; für den Arrest eines eingetragenen Seeschiffs: § 931 Abs. 7 ZPO n. F.). 68

VI. Arrest-Vollziehung

Eine Arrestvollziehung in eingetragene Schiffe und Schiffsbauwerke erfolgt nach § 931 ZPO. Hier werden Schiffe und Schiffsbauwerke **wie bewegliche Sachen** behandelt. Dies ist sozusagen noch ein Überbleibsel der bis 1940 geltenden Rechtslage.[30] 69

Hinsichtlich der Beschlagnahme gilt folgende Besonderheit: Läuft im Zeitpunkt der Arrestvollziehung ein Zwangsversteigerungsverfahren, so gilt die insoweit erfolgte Beschlagnahme als erste Pfändung i. S. d. § 826 ZPO. Dieses folgt aus § 931 Abs. 5 ZPO. 70

Auf Antrag des Gläubigers ist das Arrestpfandrecht in das Schiffs- oder Schiffsbauregister einzutragen (§ 931 Abs. 6 ZPO). Damit wäre eine Befriedigung aus einem eingetragenen Schiff oder eintragungsfähigen, bzw. eingetragenen Schiffsbauwerk im Wege des freihändigen Verkaufs nach §§ 1233 ff. BGB dann wirkungslos. 71

Zur Seehandelsrechtsreform insoweit siehe Rz. 79 ff. 72

VII. Vollstreckung im Ausland

Literatur: *Albrecht*, Die Zwangsversteigerung von Seeschiffen im internationalen Rechtsverkehr, 1983; *Albrecht/Reinicke*, Zwangsversteigerung im Ausland, Hansa 1979, 504; *Drischler*, „Ausgeflaggte" Seeschiffe und Zwangsversteigerung, KTS 1980, 111; *Krüger*, Zum auf Schiffspfandrechte anzuwendenden Recht in der Türkei, IPRax 2012, 190; *Michaels*, Schiffsgläubigerrecht und Auslandsveräußerung, TranspR 1997, 330; *Zevenbergen*, Arrest von Seeschiffen nach niederländischem Recht, Hansa 1979, 1352.

Im Rahmen der sog. Ausflaggung ist zu unterscheiden zwischen dem bloßen **„befristeten Flaggenwechsel"**[31] gemäß § 7 FlaggRG (wo das Schiff weiterhin im vollstreckungsrechtlichen Sinne ein deutsches Schiff bleibt) und der echten Ausflaggung (dazu siehe § 171 Rz. 6 ff. [*Popp*]). 73

Nur bei der **echten Ausflaggung** verliert das Schiff die Eigenschaft „deutsch" und unterliegt dann ausländischem (Vollstreckungs-)Recht. Übliche Form der Ausflaggung ist eine Art Sale-and-Lease-Back-Verfahren, bei dem der ausländische Reeder/ 74

30) Vgl. hierzu näher *Sebode*, DR 1941, 620, 623.
31) Stöber/*Gojowczyk*, ZVG, § 162 Rz. 14.

Eigentümer (oft ein ausländisches Tochterunternehmen) dann im Wege einer sog. Bare-Boat-In-Charter das Schiff dem deutschen Ausrüster überlässt.[32)]

75 Bei der Eintragung im sog. Deutschen Zweitregister hingegen geht es nur um Optionen hinsichtlich der Arbeitsverhältnisse ausländischer Besatzungsmitglieder, aber sachenrechtlich und vollstreckungsrechtlich bleibt das Schiff „deutsch".[33)]

76 Auch kann das Zusammenspiel mit dem EGBGB im Einzelfall schwierig werden.[34)]

VIII. Exkurs: Insolvenzordnung

77 Hinzuweisen ist auf folgende Normen:

- § 23 Abs. 3 InsO (Eintragung und Bekanntmachung der **Verfügungsbeschränkungen** im Grundbuch, im Schiffsregister, im Schiffsbauregister und im Register über Pfandrechten an Luftfahrzeugen, mit Verweis auf §§ 32, 33 InsO).
- § 81 Abs. 1 InsO (unwirksame Verfügungen des Schuldners).
- § 91 Abs. 2 InsO (Ausschluss des sonstigen Rechtserwerbs an Gegenständen der Insolvenzmasse nach der Eröffnung des Insolvenzverfahrens): Unberührt bleiben hiernach die §§ 878, 892, 893 des Bürgerlichen Gesetzbuchs, § 3 Abs. 3, §§ 16, 17 des Gesetzes über Rechte an eingetragenen Schiffen und Schiffsbauwerken, § 5 Abs. 3, §§ 16, 17 des Gesetzes über Rechte an Luftfahrzeugen und § 20 Abs. 3 der Schifffahrtsrechtlichen Verteilungsordnung.
- § 106 Abs. 2 InsO (Vormerkung): Der durch Vormerkung gesicherte Gläubiger kann gemäß § 106 Abs. 1 Satz 1 InsO für seinen Anspruch Befriedigung aus der Insolvenzmasse verlangen. Ist zur Sicherung eines Anspruchs auf Einräumung oder Aufhebung eines Rechts an einem Grundstück des Schuldners oder an einem für den Schuldner eingetragenen Recht oder zur Sicherung eines Anspruchs auf Änderung des Inhalts oder des Ranges eines solchen Rechts eine Vormerkung im Grundbuch eingetragen, so kann der Gläubiger für seinen Anspruch Befriedigung aus der Insolvenzmasse verlangen. Dies gilt auch, wenn der Schuldner dem Gläubiger gegenüber weitere Verpflichtungen übernommen hat und diese nicht oder nicht vollständig erfüllt sind (§ 106 Abs. 1 Satz 2 InsO).
- § 140 Abs. 2 InsO (für die insolvenzanfechtungsrechtliche Prüfung der Wirksamkeit eines Rechtsgeschäftes maßgeblicher Zeitpunkt der Vornahme einer Rechtshandlung); § 147 InsO (Rechtshandlungen nach Verfahrenseröffnung).
- Bezüglich eines etwaigen Insolvenzplans: § 228 Satz 3 InsO (Insolvenzplan: Änderung sachenrechtlicher Verhältnisse), § 267 Abs. 3 InsO (Bekanntmachung der Überwachung des Insolvenzplans und Eintragung und Bekanntmachung dieser Überwachung im Grundbuch, im Schiffsregister, im Schiffsbauregister und im Register über Pfandrechte an Luftfahrzeugen, mit Verweis auf §§ 32, 33 InsO).

---

32) Näher dazu *Dobberahn*, MittRhNotK 1998, 145, 150 m. w. N.; *Schalast/Walter*, BB 2012, 1301, 1303; *Prause*, Das Recht des Schiffskredits, S. 174.

33) *Dobberahn*, MittRhNotK 1998, 145, 150.

34) Zu dieser Frage näher *Schalast/Walter*, BB 2012, 1301, 1303.

– § 277 Abs. 3 InsO (Anordnung der Zustimmungsbedürftigkeit bestimmter Rechtsgeschäfte bei Eigenverwaltung).

Internationales Insolvenzrecht: 78

– § 336 Satz 2 InsO: Bei einem Vertrag, der ein dingliches Recht oder ein Recht zur Nutzung eines im Schiffsregister, Schiffsbauregister oder Register für Pfandrechte an Luftfahrzeugen eingetragenen Gegenstand betrifft, ist das Recht des Staates maßgebend, unter dessen Aufsicht das Register geführt wird.
– § 346 Abs. 3 InsO: Bei ausländischen Insolvenzverfahren gelten für die Eintragung der Verfahrenseröffnung in das Schiffsregister, das Schiffsbauregister und das Register für Pfandrechte an Luftfahrzeugen die Absätze 1 und 2 entsprechend (d. h. in der Regel Eintragung auf Antrag des ausländischen Insolvenzgerichts).
– § 349 Abs. 1 InsO: Hat bei einem ausländischen Insolvenzverfahren der Schuldner über einen Gegenstand der Insolvenzmasse, der im Inland im Grundbuch, Schiffsregister, Schiffsbauregister oder Register für Pfandrechte an Luftfahrzeugen eingetragen ist, oder über ein Recht an einem solchen Gegenstand verfügt, so sind die §§ 878, 892, 893 des Bürgerlichen Gesetzbuchs, § 3 Abs. 3, §§ 16, 17 des Gesetzes über Rechte an eingetragenen Schiffen und Schiffsbauwerken und § 5 Abs. 3, §§ 16, 17 des Gesetzes über Rechte an Luftfahrzeugen anzuwenden.
– § 349 Abs. 2 InsO: Ist zur Sicherung eines Anspruchs im Inland eine Vormerkung im Grundbuch, Schiffsregister, Schiffsbauregister oder Register für Pfandrechte an Luftfahrzeugen eingetragen, so bleibt § 106 InsO (Vormerkung siehe oben) unberührt.

IX. Kurzüberblick zur Seehandelsrechtsreform – Änderungen bei Seeschiffen (z. T. auch Binnenschiffen)

Die Seehandelsrechtsreform hat zu weitreichenden Veränderungen im Recht der Seeschiffe (und z. T. auch der Binnenschiffe) geführt. Des Weiteren ist die Nummerierung der Vorschriften weitgehend verändert worden. Soweit wird im Folgenden auf die bisherigen Regelungen (HGB a. F.) und die neuen Regelungen (HGB n. F.) verwiesen. 79

Reeder, Ausrüster, Kapitän („Schiffer“) werden z. T. neu geregelt: 80

Reeder (§ 476 HGB n. F., vormals § 484 HGB a. F.) ist wie bisher der rechtliche Eigentümer des Schiffs, der das Schiff zum Erwerb durch Seefahrt betreibt also selbst „ausrüstet“ bzw. durch einen Ausrüster ausrüsten lässt). 81

Ausrüster (§ 477 HGB n. F., vormals § 510 HGB a. F.) ist wie bisher ein Nicht-Eigentümer, der ein ihm nicht gehörendes Schiff zum Erwerb durch die Seefahrt betreibt und damit gegenüber Dritten als Reeder anzusehen ist. 82

Die Rechtsstellung des **Kapitäns/„Schiffers“** (§ 479 HGB n. F., vormals u. a. §§ 526 ff. HGB a. F.) hat sich inhaltlich verändert mehr hin zu einer arbeitnehmerähnlichen Person (und weniger einer unternehmerischen Stellung). Der Kapitän hat weiterhin die gesetzliche Vertretungsmacht für den Reeder in Bezug auf alle Geschäfte und Rechtshandlungen, die der Betrieb des Schiffs gewöhnlich mit sich bringt (vorher reichte die Vertretungsmacht darüber z. T. hinaus). 83

84 Neuerdings gibt es eine Zustellungsvollmacht des Kapitäns/Schiffers (§ 619 HGB n. F.).

85 Die **Partenreederei** (§ 489 HGB a. F.) gibt es künftig nicht mehr (siehe Rz. 28).

86 Die Regelungen über den **Korrespondentenreeder** (§§ 492–499 HGB a. F.) sind ersatzlos entfallen.

87 Die Vorschriften über die **Schiffsgläubigerrechte** bleiben im Kern inhaltlich unverändert, finden sich aber jetzt unter anderer Nummerierung in den §§ 596–604 HGB n. F. (statt vormals §§ 754–764 HGB a. F.).

88 Wichtige Neuerung ist, dass § 760 Abs. 2 HGB a. F. entfallen ist, der früher einem Schiffsgläubiger ermöglichte, die Klage auf Duldung der Zwangsvollstreckung in ein Schiff gegen den Schiffer/Kapitän zu richten. Ab 25.4.2013 kann die **Klage auf Duldung der Zwangsvollstreckung** nicht mehr gegen den Schiffer/Kapitän gerichtet werden; sondern vielmehr ist der richtige Beklagte nunmehr der Eigentümer (Reeder) oder der Ausrüster (§ 601 HGB n. F.). Hierbei allerdings ist der Kapitän („Schiffer") gemäß § 619 HGB n. F. zustellungsbevollmächtigt.

89 § 482 HGB a. F. (Vollstreckung in Seeschiff nur dann, wenn es im Hafen liegt) entfällt und wird in der ZPO geregelt, allerdings auf drei Paragrafen verteilt:
- § 870a ZPO n. F. (Zwangsversteigerung)
- § 930 Abs. 4 ZPO n. F. (Vollziehung Arrest bei Seeschiff ohne Eintragung)
- § 931 Abs. 7 ZPO n. F. (Vollziehung Arrest bei eingetragenem Seeschiff)

90 Gemäß § 917 Abs. 2 ZPO n. F. bedarf es künftig keines Arrestgrundes mehr, sofern der Arrest nur zur Sicherung der Zwangsvollstreckung in ein Seeschiff stattfindet. Das ist eine wesentliche Erleichterung, die aus Gläubigersicht sehr zu begrüßen ist.

§ 163

Zuständiges Amtsgericht; Schiffsregister; Beteiligte

(1) Für die Zwangsversteigerung eines eingetragenen Schiffs ist als Vollstreckungsgericht das Amtsgericht zuständig, in dessen Bezirk sich das Schiff befindet; § 1 Abs. 2 gilt entsprechend.

(2) Für das Verfahren tritt an die Stelle des Grundbuchs das Schiffsregister.

(3) Die Träger der Sozialversicherung einschließlich der Arbeitslosenversicherung gelten als Beteiligte, auch wenn sie eine Forderung nicht angemeldet haben. Bei der Zwangsversteigerung eines Seeschiffes vertritt die Deutsche Rentenversicherung Knappschaft-Bahn-See, bei der Zwangsversteigerung eines Binnenschiffes die Berufsgenossenschaft Verkehrswirtschaft Post-Logistik Telekommunikation die übrigen Versicherungsträger gegenüber dem Vollstreckungsgericht.

Literatur: *Ehricke*, Spezialisierung als Rechtsprinzip für die Zuständigkeit im deutschen Zivilverfahrensrecht?, NJW 1996, 812; *Falk*, Anmerkung zu BGH, Beschl. v. 11.5.1993 – X ARZ 347/93, Rpfleger 1993, 355; *Hintzen/Riedel*, Das deutsche Internationale Mahnverfahren, Rpfleger 1997, 293; *Müller*, Peter, Sicherung von Beitragsforderungen der Krankenkassen gegen Schiffseigner der Binnenschifffahrt, Die Beiträge 1969, 73; *Pfeiffer*,

Zuständigkeitskonzentration im Auslandsmahnverfahren, IPRax 1994, 421; *Rellermeyer*, Zuständigkeitskonzentrationen im Zwangsversteigerungsverfahren, Rpfleger 1995, 492.

Übersicht

I. Zweck der Norm

§ 163 ZVG beinhaltet **Zuständigkeitsvorschriften** (Abs. 1) und enthält ergänzende Bestimmungen, um den Kreis der Beteiligten näher zu bestimmen (Abs. 3 ergänzt insoweit § 17 ZVG und privilegiert bestimmte Schiffsgläubiger, § 596 Abs. 1 Nr. 5 HGB n. F. = § 754 Abs. 1 Nr. 5 HGB a. F., die auch ohne Anmeldung – automatisch – Beteiligte sind). 1

Absatz 2 regelt registerliche Besonderheiten. Konkret heißt das, abweichend von § 764 ZPO überträgt Absatz 1 die **örtliche Zuständigkeit** dem Amtsgericht, in dessen Bezirk sich das Schiff in einem bestimmten Zeitpunkt befindet (dazu siehe Rz. 20 ff.). Mit diesem Anknüpfen an den bei Anordnung **aktuellen Schiffsstandort** soll erreicht werden, dass grundsätzlich nur dasjenige Gericht zuständig ist, welches zugleich in der Lage ist, das Schiff in seinem Bezirk festzuhalten (siehe § 165 Rz. 42 ff. [*Popp*]). Nur von diesem Gericht könne auch erwartet werden, dass es in der Lage sein werde, das Schiff dem Ersteher zu übergeben.[1)] 2

Zur Kritik siehe Rz. 8 ff. 3

§ 163 Abs. 2 ZVG enthält diverse registerrechtliche Besonderheiten, die sich daraus ergeben, dass für das hier gegenständliche Verfahren anstelle des Grundbuches ein anderes Register tritt, nämlich das Schiffsregister. 4

II. Anwendungsbereich

5

… auf	deutsch(e)	ausländisch(e)
Binnenschiffe	eingetragene	fiktiv eintragungspflichtige *nach Maßgabe von § 171 ZVG*
Seeschiffe	eingetragene	fiktiv eintragungspflichtige *nach Maßgabe von § 171 ZVG*
Schiffsbauwerke u. Schwimmdocks	eingetragene/eintragungsfähige *nach Maßgabe von § 170a ZVG*	./.

1) Dassler/Schiffhauer/u. a.-*Rellermeyer*, ZVG, § 163 Rz. 3 m. w. N.

III. Zuständiges Vollstreckungsgericht

1. Spezielle Konzentrationsverordnungen

6 Für die Zwangsversteigerung von Schiffen gelten die Konzentrationsverordnungen in denjenigen Ländern, die besondere Regelungen für die Schiffsversteigerung geschaffen haben, nämlich: in Baden-Württemberg, in Hamburg, in Nordrhein-Westfalen.[2)]

2. Allgemeine Konzentrationsverordnungen

7 Ferner gelten für die Zwangsversteigerung von Schiffen auch jene Konzentrationsverordnungen gleichermaßen, die sich nicht ausdrücklich auf die Zwangsversteigerung von Grundstücken beschränken, nämlich: in Bayern, Brandenburg, Rheinland-Pfalz und Sachsen.[3)]

3. Unpraktikabilität der gesetzlichen Regelung des ausschließlichen Gerichtsstands

8 Das Anknüpfen einer ausschließlichen örtlichen Zuständigkeit an den bei Anordnung **aktuellen Schiffsstandort** führt in der Praxis zu erheblichen praktischen und rechtlichen Problemen.

9 Zudem sind die gesetzgeberischen Motive (siehe oben) als obsolet anzusehen. Die Übergabe des Schiffes an den Ersteher erfolgt in der Praxis nicht durch das Gericht, sondern durch den gemäß § 165 ZVG bestellten **Treuhänder**. Dieser wird üblicherweise ansonsten als Zwangsverwalter tätig sein und ist als solcher gewohnt, einen größeren räumlichen Einzugsbereich zu haben.

10 In der Praxis führt die Norm eher dazu, dass die Gläubiger über Wochen, manchmal über Monate, eine unsinnige **Odyssee** von einem Vollstreckungsgericht zum nächsten unternehmen müssen, oftmals auch Detektive oder ähnliches einschalten müssen. Hierbei besteht die **Herausforderung** nicht nur darin, den aktuellen Standort des Schiffes zu ermitteln, sondern vor allem auch darin, den zuständigen Rechtspfleger dazu zu bewegen, zu einem Zeitpunkt den Anordnungsbeschluss zu erlassen, in dem sich das Schiff – hoffentlich zufälligerweise noch – im Gerichtsbezirk eben gerade dieses Amtsgerichts befindet.

11 **Kern des Problems** ist, dass es sich um eine ausschließliche Zuständigkeit gemäß § 802 ZPO handelt. Dies hat zur Folge, dass bei Erlass des Anordnungsbeschlusses durch das örtlich unzuständige Amtsgericht (das Schiff ist also z. B. gerade eben über die Grenze des einen Amtsgerichtsbezirks in den Bezirk des angrenzenden Vollstreckungsgerichtes gefahren) der Anordnungsbeschluss an einem **unheilbaren Mangel** leidet.

12 In Praktiker-Foren finden sich daher z. T. Tipps bzw. Erfahrungsberichte von Rechtspflegern, die davon berichten, dass sie sich z. T. mit vorgefertigten Anordnungsbeschlüssen an das Ufer des Flusses oder den Rand des Hafenbeckens bewegen, in der Hoffnung, das Schiff dort noch im Gerichtsbezirk befindlich anzutreffen, und so-

2) Näheres bei Dassler/Schiffhauer/u. a.-*Rellermeyer*, ZVG, § 163 Rz. 5.

3) Vgl. im Detail Dassler/Schiffhauer/u. a.-*Rellermeyer*, ZVG, § 163 Rz. 6 ff.

zusagen im Angesicht des Schiffes dann den (schon vorbereiteten) Anordnungsbeschluss auszufertigen.

Da die Länder von der grundsätzlich bestehenden Möglichkeit, Zuständigkeitskonzentrationen vorzunehmen, offenkundig keinen hinreichenden Gebrauch machen, wäre hier der Bundesgesetzgeber gefordert. 13

4. Forderung an den Gesetzgeber

Vorbild einer praxistauglichen modernen rechtsstaatlichen Neureglung könnte die Regelung sein, wie sie bei Luftfahrzeugen schon seit Langem gilt; dort gibt es nämlich gemäß § 171b ZVG exakt **ein örtlich zuständiges Amtsgericht**, nämlich dasjenige Amtsgericht, in dessen Bezirk sich das Luftfahrt-Bundesamt mit seinem Sitz befindet. 14

Die Existenz von § 171b ZVG (der viel später geschaffen wurde als § 163 ZVG) belegt auch die (vom ersten Geltungszeitpunkt des § 163 ZVG am 1.1.1900 bis zum 1.1.1964, ab welchem § 171b ZVG gilt) zwischenzeitlich geänderte **moderne Verkehrsanschauung**, derzufolge es auf eine Übergabe des Vollstreckungsgegenstandes durch das Gericht nun wahrlich nicht ankommt, da dieses in der Praxis schlicht nicht stattfindet. 15

Soweit Bedenken bestehen sollten, angesichts verschiedener regionaler Schwerpunkte von Schifffahrt, z. B. Rheinschifffahrt, Moselschifffahrt oder Bodenseeschifffahrt etc. nur ein örtlich zuständiges Vollstreckungsgericht zu haben, wäre auch vorstellbar, bundesgesetzlich anzuordnen, dass *de lege ferenda* **je Bundesland ein Amtsgericht** als ausschließlich örtlich zuständiges Amtsgericht zu bestimmen ist, ggf. ergänzt, um eine Zweifelsregelung, dass dieses im Zweifel dasjenige Amtsgericht sein soll, in dessen Bezirk sich das jeweilige Wasser- und Schifffahrtsamt befindet. 16

Für eine Änderung der derzeitigen Regelung über die örtliche Zuständigkeit spricht auch, dass sich nach allgemeiner Auffassung die **örtliche Zuständigkeit** desjenigen Gerichts, das einmal die Zwangsversteigerung angeordnet hat, auch dann nicht ändert, wenn sich das Schiff zwischenzeitlich (nach Anordnungsbeschluss) aus dem Gerichtsbezirk entfernt haben sollte.[4)] Das Wesen von Schiffen besteht gerade darin, bewegt zu werden, dieses bringt eine ordnungsgemäße Bewirtschaftung (auch im Rahmen einer Quasi-Zwangsverwaltung gemäß § 165 Abs. 2 Satz 3 i. V. m. Satz 1 ZVG) regelmäßig mit sich. Das Problem ist also keineswegs nur theoretischer Natur. 17

Zudem ist bei einer Vollstreckungsmaßnahme immer auch als Möglichkeit davon auszugehen, dass sich der **Schuldner der Vollstreckungsmaßnahme** entziehen will – dies ist *de lege lata* einfach möglich, denn durch eine einfache Schiffsbewegung können die Anordnungsbeschlüsse jeweils unheilbar nichtig gemacht werden; dieses ist aus Gläubigersicht (immerhin absonderungsberechtigte dinglich gesicherte Gläubiger) nicht nachvollziehbar und nur noch durch obsolete Argumente zu rechtfertigen. 18

Warum es ausgerechnet bei der Anordnung des Verfahrens ein nichtigkeitsbegründendes Kriterium sein soll, dass sich das Schiff zufälligerweise in einem bestimmten Gerichtsbezirk befindet, ist nicht nachvollziehbar. Diese gesetzliche Regelung muss dringend reformiert werden. 19

---

4) Steiner-*Hagemann*, ZVG, § 163 Rz. 10.

5. Anmerkungen zur Historie

20 Vor Geltung des ZVG (also vor dem 1.1.1900) kam es in den Landesrechten auch schon auf das Belegensein (bzw. den Standort) des Schiffes für die Bestimmung der örtlichen Zuständigkeit an, und zwar kam es in Hamburg auf den Zeitpunkt des Antrags an, während es in Preußen auf den Zeitpunkt der Beschlagnahme ankam. Das ZVG hat seinerzeit sozusagen einen Mittelweg gewählt und auf den Zeitpunkt abgestellt, „in welchem das Verfahren angeordnet wird".[5)]

21 Maßgeblich war dabei allein folgende Vorstellung: „Nur dasjenige Gericht, welches zugleich in der Lage ist, das Schiff in seinem Bezirk festzuhalten (§ 165 ZVG), soll zuständig sein, weil nur von ihm erwartet werden kann, dass es auch in der Lage sein werde, das Schiff dem Ersteher wirklich zu übergeben."[6)]

22 Die Frage, ob es sich wirklich bei dieser Art der Zuständigkeitsbestimmung um eine ausschließliche i. S. v. § 802 ZPO handeln sollte, war in der damaligen Kommission streitig gewesen: „Ein Antrag in der Kommission des Reichstags, auf Antrag eines Beteiligten auch ein anderes Amtsgericht zum Vollstreckungsgericht bestellen zu lassen und die hierauf bezügliche Anordnung dem zunächst höheren Gericht zu übertragen, wurde abgelehnt."[7)]

23 Kurzum: Auch der historische Gesetzgeber hatte keineswegs die Vorstellung, dass § 163 ZVG die einzig mögliche Zuständigkeitsregelung sei. Nur aufgrund der – seit langem als obsolet anzusehenden – Vorstellung, dass das Vollstreckungsgericht selbst das Schiff nach der Versteigerung dem Ersteher übergebe, kam man auf die Idee, § 163 ZVG in der heute noch immer geltenden Fassung zu regeln. Der Blick auf die Entstehung des ZVG ist also umso mehr ein Argument, § 163 ZVG nunmehr zeitgemäß neu zu regeln.

24 Bei Neufassung des ZVG zu Beginn der Bundesrepublik wurde offenkundig „nur das Nötigste" neu durchdacht und im Zweifel die vor Kriegsende bestehende Rechtslage übernommen. Nicht ohne Grund lautet der Titel des Standardwerks dazu „Zwangsvollstreckungsnotrecht". Dort wird § 163 ZVG überhaupt nicht erörtert.[8)]

25 In den engen Grenzen der Fälle des § 36 Nr. 1, 5 und 6 ZPO kann sich auch *de lege lata* schon eine abweichende Zuständigkeit ergeben, dieses wäre *de lege ferenda* sinnvoll zu ergänzen.

6. Hinweis auf § 168b ZVG

26 Auch wäre *de lege ferenda* vorstellbar, an den Rechtsgedanken von § 168b ZVG anzuknüpfen, dass eine Stellung des Zwangsversteigerungsantrags an das zuständige Registergericht ebenfalls genügt. Wenn dort zum Schutz – wenn auch nur der Schiffsgläubiger, und nicht der Schiffshypothekengläubiger – eine Anmeldung für ausreichend angesehen wird, mit entsprechender von Amts wegen zu erfolgender Weitergabeverpflichtung an das Versteigerungsgericht, warum soll dann nicht aus

5) *Jaeckel/Güthe*, ZVG, 2. Aufl., § 163 Anm. 1 m. w. N.
6) Wörtliches Zitat aus *Jaeckel/Güthe*, ZVG, 2. Aufl., § 163 Anm. 1.
7) *Jaeckel/Güthe*, ZVG, 2. Aufl., § 163 Anm. 1 m. w. N.
8) *Jonas/Pohle*, Zwangsvollstreckungsnotrecht, S. 324.

demselben Rechtsgedanken heraus dort auch die Stellung des Zwangsversteigerungsantrags wirksam möglich sein? Zumal bei den Luftfahrzeugen § 171b ZVG im Ergebnis dieses bereits heute so regelt.

Man mag dann noch diskutieren, ob es wirklich darauf ankommt, in welchem Gerichtsbezirk sich das Schiff bei Anordnung befindet (dieses Gericht also weiterhin das primär örtlich zuständige Versteigerungsgericht bleibt, aber die Stellung des Versteigerungsantrags auch bei dem Registergericht bzw. dem am Ort des Registergerichts ansässigen Vollstreckungsgerichts zulässig und ausreichend ist) – **kleine Lösung**. 27

Oder ob angesichts der Tatsache, dass der Treuhänder das Schiff sehr wohl aus dem Zuständigkeitsbezirk des Gerichts herausbewegen darf, ohne dass die Gerichtszuständigkeit erlischt, und lediglich zum Versteigerungstermin das Schiff wieder in den Gerichtsbezirk zu bringen hat, es nicht einfach so ist, dass das Schiff zum jeweils zuständigen Gericht hinbewegt wird. Mit anderen Worten, dass nicht die Zuständigkeit zum Schiff „wandert" sondern das Schiff zum zuständigen Gericht. Und dann wäre es weder rechtlich noch praktisch ein Problem, wenn – **große Lösung** – das Vollstreckungsgericht am Sitz des Registergerichts örtlich zuständig wäre. Denn damit, dass der Treuhänder das Schiff zum Versteigerungstermin in den Gerichtsbezirk des örtlich zuständigen Gerichts verbringt, hat auch niemand ein rechtliches oder praktisches Problem. 28

Im Rahmen der **„kleinen Lösung"** mag man noch diskutieren, auf den Zeitpunkt des Eingangs bei welchem Gericht es ankommt und ob es ggf. Fristen gibt, innerhalb derer von Amts wegen vom Registergericht an das Vollstreckungsgericht abgegeben werden muss und ob ggf. da eine Fiktion der Weitergabe innerhalb einer bestimmten Frist gilt. 29

All dies wäre gesetzestechnisch mühelos zu regeln und würde der Rechtspraxis einen sehr großen Dienst erweisen, wenn denn auf irgendeine verlässliche Weise das örtlich zuständige Gericht zu bestimmen wäre und die oben beschriebene „Odyssee" vermieden werden könnte. 30

Dies würde auch die Schiffshypothek und die damit verbundenen Schiffshypothekenbriefe stärken und im Ergebnis Deutschland als Wirtschaftsstandort und weltweit führenden Schiffsfinanzierungsstandort stärken. 31

IV. Ermittlung des Schiffstandortes

Da de lege lata der **Anordnungsbeschluss** unheilbar nichtig ist, wenn das Schiff sich bei Anordnung nicht (mehr) im Bezirk des den Beschluss erlassenden Amtsgerichts befindet, ist der Gläubiger doppelt gefordert. Zum einen muss er den tatsächlichen Schiffsstandort ermitteln (z. B. durch einen Detektiv) und dann das Gericht ermitteln, in dessen Bezirk sich das Schiff gerade befindet und dann den zuständigen Rechtspfleger von der örtlichen Zuständigkeit und der Notwendigkeit, einer umgehenden Verfahrensanordnung überzeugen, bevor das Gericht den Gerichtsbezirk wieder verlassen hat. 32

33 Da Amtsgerichtsbezirke nicht unbedingt groß sein müssen, ist dieses keineswegs nur ein theoretisches Problem, sondern führt in der Praxis z. T. zu erheblichen Kosten und Verzögerungen.

34 Das Gericht müsste sich vergewissern, dass im Zeitpunkt des Erlasses des Anordnungsbeschlusses das Schiff noch im Gerichtsbezirk ist. Hierzu wären entsprechende Feststellungen zu protokollieren. Ggf. könnte der Detektiv (als Zeuge) per Telefon dem Gerichtsvollzieher den Schiffsstandort bei Erlass des Anordnungsbeschlusses melden, sodass der Rechtspfleger nicht selbst dem Schiff „hinterher reisen" muss.

V. Schiffsregister

35 Die Schiffsregister werden – getrennt nach See- und Binnenschiffsregister sowie Schiffsbauregister – bei den **Amtsgerichten** geführt (§§ 1 Abs. 1, 3 Abs. 1, 65 SchRegO).

36 Örtlich zuständig für die Führung des Schiffsregisters ist das Gericht, in dessen Bezirk sich der **Heimathafen** oder **Heimatort** des Schiffes befindet. Falls ein Heimathafen fehlt oder die Schifffahrt bei einem Seeschiff von einem ausländischen Hafen aus betrieben wird, steht dem Eigentümer des Schiffes die Wahl des örtlich zuständigen Schiffsregisters frei (§ 4 Abs. 1 und Abs. 2 SchRegO).

37 Die Festlegung der Gerichte und Gerichtsbezirke erfolgt gemäß § 1 Abs. 2 SchRegO durch Rechtsverordnungen der Landesregierungen.

38 In das **Seeschiffsregister** werden die Kauffahrteischiffe (= Handelsschiffe i. S. v. § 5a EStG) und andere zur Seefahrt bestimmte Schiffe (Seeschiffe) eingetragen, die nach § 1 FlaggRG die **Bundesflagge** führen müssen oder diese gemäß §§ 2, 11 FlaggRG führen dürfen und zum Einsatz in der Seefahrt bestimmt sind.[9)]

39 Die Zahl der Amtsgerichte, bei denen ein **Seeschiffsregister** geführt wird, ist im Fluss. So findet auch durch Staatsverträge zwischen Bundesländern eine Zuständigkeitskonzentration statt.[10)]

40 In das **Binnenschiffsregister**[11)] werden die zur Schifffahrt auf Flüssen oder sonstigen Binnengewässern bestimmten Schiffe (Binnenschiffe) eingetragen. Es kommt hierbei auch noch auf die Tragfähigkeit an – für eine Eintragung ins Binnenschiffsregister muss die Tragfähigkeit mehr als zehn Tonnen betragen, oder es muss eine Maschinenleistung von mindestens 50 PS vorliegen; ferner werden als Binnenschiffe eingetragen: Schlepper, Tankschiffe, Stoßbote, auch wenn bei ihnen die vorgenannten Mindestvoraussetzungen hinsichtlich der Maschinenleistung oder der Tragfähigkeit nicht vorliegen.

---

9) Siehe näher Staudinger-*Nöll*, BGB, § 1 SchiffsRG, Rz. 11, 15 ff.

10) Zuletzt etwa der Staatsvertrag zwischen der Freien und Hansestadt Hamburg und dem Land Rheinland-Pfalz über die Führung des Schiffsregisters und des Schiffsbauregisters vom 23.5.2023, https://dokumente.landtag.rlp.de/landtag/vorlagen/3613-V-18.pdf (Stand: 14.12.2023). Es wird daher von einer Auflistung der Gerichte abgesehen, da solche Aufstellungen schnell nicht mehr aktuell sind. Entsprechendes gilt für die nachfolgend erörterten Binnenschiffsregistergerichte.

11) Siehe im Detail Staudinger-*Nöll*, BGB, § 1 SchiffsRG, Rz. 23 ff.

Des Weiteren gibt es **Schiffsbauregister**, in welche die Schiffsbauwerke eingetragen werden (§ 65 SchRegO). 41

Für die Frage, ob ein Schiff ein Seeschiff oder ein Binnenschiff ist, kommt es darauf an, ob das Schiff regelmäßig zu Fahrten auf Binnengewässern verwendet wird.[12] 42

Eine **unrichtige Eintragung** in einem Binnenschiffsregister anstatt in einem Seeschiffsregister oder umgekehrt, macht die Eintragung nicht unwirksam (§ 5 SchRegO). Ist ein Schiff im Seeschiffsregister eingetragen, so kann sich der Eigentümer **nicht** darauf berufen, dass das Schiff ein Binnenschiff sei; bei Eintragung im Binnenschiffsregister kann der Eigentümer nicht geltend machen, es handle sich um ein Seeschiff (§ 6 SchRegO). Kurzum: Es gibt sozusagen **keinen guten Glauben** bezüglich einer Falscheintragung im Binnenschiffs- oder Seeschiffsregister. 43

Für jedes Schiff ist ein gesondertes Registerblatt zu führen (§ 7 SchRegO). Das **Schiffsregister** ist **öffentlich**, jedermann hat das Recht der Einsicht und das Recht, die Erteilung von Abschriften zu verlangen, bei Registerakten aber nur bei berechtigtem Interesse (§ 8 SchRegO). 44

Wenn der Eigentümer weder Wohnsitz noch gewerbliche Niederlassung im Geltungsbereich des Grundgesetzes hat, so muss er einen Vertreter bestellen, der die Rechte und Pflichten gegenüber dem Registergericht wahrnimmt (§ 4 Abs. 3 SchRegO). Und zwar über die Eintragung und Löschung eines Schiffs (§ 9–22 SchRegO), über die Eintragung von Rechtsverhältnissen (§§ 23–59 SchRegO), über Schiffsurkunden (§§ 60–63 SchRegO), über Beschwerde (§§ 75–90 SchRegO). Über das **Schiffsbauregister**: §§ 65–74 SchRegO. 45

Das Schiffsregister ist außerhalb des Versteigerungsverfahrens dem Grundbuch nicht durchweg gleichgestellt, sondern im Wesentlichen nur im Zwangsversteigerungsverfahren. 46

Für die Praxis noch zu beachten: Die Aufteilung des Schiffsregisters ist etwas anders als beim Grundbuch. Dem Bestandsverzeichnis (kurz BV) entspricht beim Schiffsregister Abteilung I, die Eigentümerangaben finden sich in Abt. II und dingliche Rechte werden sämtlich in Abt. III eingetragen (auch z. B. Dienstbarkeiten, die im Grundbuch in dessen Abt. II eingetragen werden würden). 47

Über die Eintragung im Register wird ein Schiffsbrief (bei Binnenschiffen) bzw. Schiffszertifikat (bei Seeschiffen)[13] erteilt, die zu den **Schiffspapieren** bzw. Schiffsurkunden zählen.[14] Die Originale werden z. T. zur Sicherheit bei den finanzierenden Banken hinterlegt, es genügt dann ggf. die Mitführung eines beglaubigten Auszugs (vgl. § 4 Abs. 2 FlRG).[15] 48

---

12) OLG Hamburg, Urt. v. 24.11.1959 – 2 U 148/59, MDR 1960, 316–317, 316.

13) Ergänzend siehe zum Schiffsvorzertifikat *Pamperin-Herbst*, Rpfleger 2009, 76–77 sowie zum Flaggenschein und Flaggenzertifikat Staudinger-*Nöll*, BGB, § 1 SchiffsRG Rz. 56.

14) Vgl. im Einzelnen Staudinger-*Nöll*, BGB, § 1 SchiffsRG Rz. 55 f.

15) Vgl. im Einzelnen Staudinger-*Nöll*, BGB, § 1 SchiffsRG Rz. 56 m. w. N.

VI. Beteiligte

1. Originäre Beteiligte ohne Anmeldung

49 Der Begriff der Beteiligten ergibt sich aus § 9 und § 163 Abs. 3 ZVG. Unterschieden werden **Beteiligte ohne Anmeldung** (Vollstreckungsgläubiger gemäß § 9 ZVG i. V. m. § 164 ZVG; Vollstreckungsschuldner gemäß § 9 ZVG i. V. m. § 166 ZVG).

50 Des Weiteren gibt es im Schiffsregister bzw. Schiffsbauregister **eingetragene** oder **durch Eintragung gesicherte Berechtigte** nach § 9 Satz 1 ZVG, insbesondere Eigentümer (§§ 2, 3, 5–7 SchRG), Schiffshypothekengläubiger (§§ 8, 24 ff. SchRG), durch Vormerkung gesicherte Schiffshypothekengläubiger (§§ 11, 12 SchRG) usw.

2. Sozialversicherungsträger als originäre Beteiligte ohne Anmeldung (aber mit Anmeldeerfordernis)

51 Die Träger der Sozialversicherung einschließlich der Arbeitslosenversicherung, wie in § 163 Abs. 3 ZVG näher bezeichnet (dazu § 754 Satz 10 HGB a. F. = § 596 Abs. 1 Nr. 5 HGB n. F. und § 102 Nr. 6 BinSchG) sind zwar als Beteiligte anzusehen, auch ohne dass sie eine Anmeldung vorgenommen haben. Es handelt sich um Schiffsgläubiger (§ 596 Abs. 1 Nr. 5 HGB n. F. = § 754 Abs. 1 Nr. 5 a. F. HGB), die durch § 163 Abs. 3 ZVG teilweise privilegiert werden.

52 Aber da die Forderungen der Sozialversicherungsträger – wie bei anderen Schiffsgläubigern auch – aus dem Schiffsregister nicht ersichtlich sind, besteht gleichwohl ein Anmeldeerfordernis (§ 167 Abs. 2 ZVG).

53 Zur Berücksichtigung von nicht aus dem Schiffsregister ersichtlichen Ansprüchen der Sozialversicherungsträger im geringsten Gebot oder im Teilungsplan ist deren Anmeldung und ggf. Glaubhaftmachung erforderlich (§§ 162, 37 Nr. 4, 45 Abs. 1, 110 ZVG).

54 Zur Rangordnung siehe § 169 Rz. 28 ff. [*Popp*].

55 Bei der Zwangsversteigerung eines Seeschiffs vertritt die **Deutsche Rentenversicherung Knappschaft-Bahn-See** kraft Gesetzes die übrigen Sozialversicherungsträger. Dasselbe gilt bei der Zwangsversteigerung eines Binnenschiffs für die Berufsgenossenschaft Verkehrswirtschaft Post-Logistik Telekommunikation.[16)]

3. Beteiligte (nur) aufgrund Anmeldung

56 Außerdem gibt es Beteiligte aufgrund Anmeldung (und evtl, Glaubhaftmachung). Dies sind diejenigen, die ein der Zwangsversteigerung entgegenstehendes Recht an dem Schiff haben, z. B. der nicht eingetragene Eigentümer.

57 Darüber hinaus sind es diejenigen, die einen Anspruch mit dem Recht auf Befriedigung aus dem Schiff haben, deren Recht nicht eingetragen ist (z. B. mit einem der in § 586

---

16) Am 1. Januar 2010 nahm die Berufsgenossenschaft für Transport und Verkehrswirtschaft ihre Arbeit auf. Sie entstand aus der Fusion der See-Berufsgenossenschaft und der Berufsgenossenschaft für Fahrzeughaltungen (BFH). Vorausgegangen war bereits ein Zusammenschluss zwischen der BGF und der Binnenschifffahrts-Berufsgenossenschaft (BG verkehr Newsletter – Nr. 3/2011, http://www.bg-verkehr.de); vgl. auch Dassler/Schiffhauer/u. a.-*Rellermeyer*, ZVG, § 163 Rz. 12. 2016 erfolgte die Fusion mit der Unfallkasse Post und Telekom und es entstand die neue Berufsgenossenschaft Verkehrswirtschaft Post-Logistik Telekommunikation. (vgl. auch Jahresbericht 2016, http://www.bg-verkehr.de).

HGB n. F. genannten Pfandrechte oder gesetzlichen Pfandrechte von Schiffsgläubigern, §§ 754 ff. HGB a. F. = §§ 596 ff. HGB n. F., §§ 102, 103 BinSchG).

Des Weiteren diejenigen, deren Recht zu Unrecht gelöscht oder erst nach dem Versteigerungsvermerk eingetragen wurde, z. B. nachträglich eingetragene Ansprüche von Arrestpfandgläubigern (§ 931 ZPO). 58

Mieter und Pächter sind nach allgemeinen Vorschriften Beteiligte aufgrund Anmeldung (§ 9 Nr. 2 ZVG). 59

VII. Forderung an die Legislative

Wie oben näher ausgeführt (siehe Rz. 8 ff.) ist die bestehende Regelung einer ausschließlichen Zuständigkeit eines Gerichtes, das durch den wechselnden Schiffsstandort bestimmt wird, unpraktikabel, die historischen Argumente für die bestehende Regelung sind in doppelter Hinsicht überholt: zum einen übergibt i. d. R. kein Vollstreckungsgericht in der Praxis dem Ersteher das ersteigerte Schiff und zum anderen ist in § 171b ZVG für die vergleichbare Frage bei Luftfahrzeugen eine ausdrücklich andere Wertentscheidung getroffen worden. 60

Es ist unbedingt erforderlich, eine **rechtssichere Bestimmung des örtlich zuständigen Gerichts** zu ermöglichen. Dieses kann entweder dadurch gelöst werden, dass – auch oder ausschließlich – das am Sitz des Registergerichts befindliche Vollstreckungsgericht zuständig ist, oder das für den Sitz des örtlich zuständigen Wasser- und Schifffahrtsamtes zuständige Vollstreckungsgericht (oder ein anderes Gericht je Bundesland). 61

§ 164

Antragsvoraussetzungen und Glaubhaftmachung

Die Beschränkung des § 17 gilt für die Zwangsversteigerung eines eingetragenen Schiffs nicht, soweit sich aus den Vorschriften des Handelsgesetzbuchs oder des Gesetzes, betreffend die privatrechtlichen Verhältnisse der Binnenschifffahrt, etwas anderes ergibt; die hiernach zur Begründung des Antrags auf Zwangsversteigerung erforderlichen Tatsachen sind durch Urkunden glaubhaft zu machen, soweit sie nicht dem Gericht offenkundig sind; dem Antrag auf Zwangsversteigerung ist ein Zeugnis der Registerbehörde über die Eintragung des Schiffs im Schiffsregister beizufügen.

Literatur: *Hornung*, Beiträge zum Schiffsregister (A), Rpfleger 1985, 271; Hornung, Beiträge zum Schiffsregister (B), Rpfleger 1985, 345; *Hornung*, Gerichtliche Zuständigkeiten in Schiffsregister- und Schiffsbauregistersachen, RpflJb 1986, S. 369; *Hornung*, Schiffs- und Schiffsbauregister in den ostdeutschen Bundesländern, RpflJb 1997, 243; *Krieger*, Die Durchführungsverordnung zum Gesetz über Rechte an eingetragenen Schiffen und Schiffsbauwerken vom 21. Dezember 1940, DJ 1941, 209, *Krause*, Praxishandbuch Schiffsregister, 2012; *Nöll* in: *Sebode*, Neuerungen bei der Zwangsvollstreckung in Schiffe und Schiffsbauwerke, DR 1941, 620.

Übersicht

I. Zweck der Norm

1 Die Norm trägt der Tatsache Rechnung, dass die Zwangsversteigerung gemäß §§ 162 ff. ZVG beantragt werden darf durch **zwei unterschiedliche Arten** von Gläubigern:

- **Schiffshypothekengläubiger** (dürfen nur gegen den Eigenbesitzer vollstrecken).
- **Schiffsgläubiger** (dürfen gegen jeden Besitzer vollstrecken, insbesondere auch gegen den Schiffer = Schiffsführer = Kapitän; „Schiffer" ist die historische Bezeichnung, die heutige sind „Kapitän" (bei Seeschiffen) und „Schiffsführer„ (bei Binnenschiffen), siehe § 166 Rz. 1 ff. [*Popp*].

2 Es handelt sich zwei rechtlich unterschiedliche Arten von Gläubigern und zwei unterschiedliche Rechtsgründe:

3 Schiffshypothekengläubiger sind durch ein im Schiffsregister eingetragenes dingliches Recht gesichert.

4 Demgegenüber erwerben die **Schiffsgläubiger** (§§ 596 n. F. ff. i. V. m. § 593 HGB n. F., §§ 102 ff. BinSchG) i. d. R. ihre Forderungen aufgrund **schuldrechtlicher Verträge**, die oft mit dem Kapitän/Schiffsführer/Schiffer geschlossen werden (und nicht mit dem Eigentümer = Reeder = Schiffseigner und auch nicht mit dem Ausrüster).

5 Den vorgenannten Schiffsgläubigern gewährt das materielle Schiffrecht ein **gesetzliches Pfandrecht**, das quasi-dinglich ist. Die Schiffsgläubiger sind nicht darauf beschränkt, nur gegen den Eigenbesitzer vollstrecken zu dürfen, sondern dürfen gegen jeden Besitzer (Eigen- oder Fremdbesitzer) vollstrecken, wobei unmittelbarer Besitz erforderlich sein dürfte (siehe unten).

6 Den Forderungen der *Schiffs*gläubiger werden die schuldrechtlichen **Forderungen aus Schiffs-Bergungen** gleichgestellt; diese führen ebenfalls zu einem Pfandrecht am – geborgenen – Schiff (§ 585 HGB n. F. = § 755 HGB a. F., § 102 Nr. 3 BinSchG).

7 Da nach den Vorschriften des HGB über Seeschiffe und den Normen des BinSchG über Binnenschiffe die Rechte der **Schiffsgläubiger** gegen jeden unmittelbaren Besitzer des Schiffes verfolgt werden können, bedurfte es dementsprechend im ZVG einer besonderen Regelung für die Anordnungsvoraussetzungen in diesen Fällen. Im Zwangsversteigerungsverfahren gilt gemäß § 17 Abs. 1 ZVG der Grundsatz, dass ein Antrag auf Zwangsversteigerung nur zulässig ist gegen den Eigentümer (aufgrund Eintragung im Grundbuch oder als nachgewiesener Erbe).

8 Wenn also bei Schiffen auch eine Zwangsversteigerung gegen Nichteigentümer und bloße Besitzer möglich ist, bedurfte es insoweit also einer Regelung, die § 17 ZVG ergänzt bzw. erweitert. Insbesondere musste geregelt werden, wie der Nachweis/die Glaubhaftmachung zu erfolgen haben (wobei im Allgemeinen Nachweis nicht erforderlich ist, sondern im Regelfall die **Glaubhaftmachung** durch Urkunden genügt). Des Weiteren war zu regeln, wann und inwieweit ggf. Entbehrlichkeit von Nachweis/Glaubhaftmachung bei Offenkundigkeit vorliegt.

Dass § 164 ZVG eine Beschränkung der Mittel der Glaubhaftmachung auf die **Urkunden** als wohl sicherstes Mittel enthält, ist mit Rücksicht auf die einschneidenden Folgen der Verfahrensordnung bestimmt worden. Auf einen Urkundenbeweis wurde bewusst verzichtet, um (weitere) Verzögerungen des Verfahrens zu vermeiden.[1) 9

Die Notwendigkeit des **Nachweises der Eintragung** des Schiffes im Schiffsregister durch ein entsprechendes Zeugnis ergibt sich daraus, dass festgestellt werden muss, ob der Vollstreckungsgegenstand den Vorschriften der Immobiliarvollstreckung überhaupt unterliegt.[2) Sonst würde Mobiliarvollstreckungsrecht gelten. 10

II. Anwendungsbereich

... auf	deutsch(e)	ausländisch(e)
Binnenschiffe	eingetragene	./.
Seeschiffe	eingetragene	./.
Schiffsbauwerke u. Schwimmdocks	./.	./.

11

Der Anwendungsbereich des § 164 ZVG ist beschränkt auf **inländische Schiffe** (Binnenschiffe und Seeschiffe). 12

Nicht anwendbar ist § 164 ZVG auf: Schiffsbauwerke und Schwimmdocks (vgl. hierzu: § 170a Abs. 2 Satz 1 ZVG). Bezüglich **ausländischer Schiffe** gilt die Sondervorschrift des § 171 ZVG. 13

Hinweis zur Historie: § 164 Satz 1 ZVG lautete früher: „Die Zwangsversteigerung darf, soweit sich nicht aus den Vorschriften des HGB oder des BinSchG ein anderes ergibt, nur angeordnet werden, wenn der Schuldner das Schiff in Eigenbesitz hat." Mit Rücksicht auf § 48 SchRG wurde durch die DVO vom 21.12.1940 die Norm des § 164 ZVG in die jetzige Fassung abgeändert.[3) 14

Damit ist die Prüfung der Anwendbarkeit des § 17 ZVG (Frage, inwieweit Eigentum und inwieweit Besitz erforderlich ist und welche Art von Nachweis oder Glaubhaftmachung zu erfolgen hat) vollständig aus dem ZVG hinaus verlagert in die Gesetze, die die Binnenschifffahrt und Seeschifffahrt regeln (BinSchG bzw. HGB). 15

III. Vollstreckung gegen Eigentümer oder Erben

Es darf also die Zwangsversteigerung nur angeordnet werden (falls nicht eine der unten näher bezeichneten Ausnahmen vorliegt), wenn der Vollstreckungsschuldner **Eigentümer** oder **Erbe** des Eigentümers ist (§ 17 Abs. 1 ZVG). 16

Falls das **Schiff herrenlos** ist, so ist ein Vertreter zu bestellen (§ 787 Abs. 2 ZPO), siehe Rz. 32. 17

Für **Eigentumswechsel nach der Beschlagnahme** gelten §§ 23 Abs. 2 und § 26 ZVG. Hiernach kann der Erwerber eines Schiffes einer Fortsetzung des Verfahrens nur dann im Wege des § 771 ZPO widersprechen, wenn er in der Lage ist, das einge- 18

---

1) Steiner-*Hagemann*, ZVG, § 164 Rz. 1.
2) Steiner-*Hagemann*, ZVG, § 164 Rz. 1.
3) *Sebode*, DR 1941, 620 ff.; *Krieger*, DJ 1941, 209 ff.

tragene Schiffspfandrecht des betreibenden Gläubigers zu beseitigen; im Falle der Beschlagnahme aufgrund eines persönlichen Rechts ist dieses aber nur der Fall, wenn der Erwerb vor Eintragung des Versteigerungsvermerks oder ohne Kenntnis der Beschlagnahme (konkret des Versteigerungsantrages) erfolgt ist.

19 Keine Ausnahme von diesem Erfordernis besteht bei einer Vollstreckung gegen den sog. **Korrespondentenreeder** (§ 494 HGB a. F. ist im neuen HGB ersatzlos entfallen), da dieser Vertreter des Eigentümers ist, es sich also auch insoweit um eine Vollstreckung gegen den Eigentümer i. S. v. § 17 ZVG handelt.

IV. Ausnahme: Schiffsgläubiger

20 Ausnahmsweise ist es nicht erforderlich, dass der Schuldner als Eigentümer eingetragen oder dessen Erbe ist, und zwar in folgenden Fällen:

21 Bei Vollstreckung eines **Schiffsgläubigers** (zur Begriffsbestimmung und dem Unterschied zu Schiffshypothekengläubiger siehe Rz. 2 ff.)

- gegen den Ausrüster (§ 510 HGB a. F. = § 477 HGB n. F., § 2 BinSchG),
- gegen jeden Besitzer (§ 755 HGB a. F. = § 597 HGB n. F., § 759 HGB a. F. = § 600 HGB n. F., § 103 Abs. 2 und Abs. 3 BinSchG),
- bei Vollstreckung gegen den Schiffer = „Schiffsführer" = „Kapitän" gemäß § 761 HGB a. F. = § 602 HGB n. F., § 751 HGB a. F. = § 585 HGB n. F., §§ 97, 103 BinSchG.

V. Schiffer und Ausrüster als (Fremd)-Besitzer

22 Die Vollstreckung gegen den Schiffer = Schiffsführer = Kapitän ist in § 166 ZVG weiter geregelt (siehe auch § 166 Rz. 1 ff. [*Popp*]).

23 Wegen der Reformierung des HGB siehe § 162 Rz. 79 ff. [*Popp*].

VI. Sonstige Voraussetzungen

24 Abgesehen von den Besonderheiten, die oben in Bezug auf § 17 ZVG bereits erwähnt wurden, sind die allgemeinen und die besonderen Vollstreckungsvoraussetzungen bei Anordnung des Zwangsversteigerungsverfahrens zu beachten.

VII. Eigentumswechsel und herrenlose Schiffe

25 Eine nach der Beschlagnahme erfolgte **Veräußerung** des Schiffes ist auf den Fortgang des Verfahrens gegen den Schuldner (auch wenn dies nicht der Eigenbesitzer ist) ohne Einfluss, wenn die Zwangsversteigerung wegen des Anspruchs aus einem eigenen Recht angeordnet ist; anderenfalls ist der Erwerber befugt, der Fortsetzung des Verfahrens zu widersprechen (§ 771 ZPO), außer wenn er erst nach Eintragung des Versteigerungsvermerks erworben oder die bereits erfolgte Beschlagnahme gekannt hätte. Dies ergibt sich aus der entsprechenden Anwendung des § 26 ZVG i. V. m. § 163 Abs. 1 ZVG.[4)]

26 Die Ausnahmen, auf welche § 164 Satz 1 ZVG durch Bezugnahme auf die Vorschriften des HGB und des Binnenschifffahrtsgesetzes hinweist, sind folgende:

---

4) *Jaeckel/Güthe*, ZVG, 7. Aufl., § 163 Anm. 1 m. w. N.

Nach § 760 Abs. 2 HGB a. F. konnte die **Klage auf Duldung der Zwangsvollstreckung** auch gegen den Schiffer gerichtet werden (n. F. ersatzlos entfallen). Früher erlaubte auch § 97 BinSchG a. F. im Falle der Bergung und Hilfeleistung die Pfandklage hinsichtlich des Schiffes bei demjenigen Gericht, in dessen Bezirk die Bergung oder Hilfeleistung stattgefunden hat, gegen den Schiffer (n. F. ersatzlos entfallen). 27

Nach § 755 HGB a. F. = § 597 HGB n. F., § 759 HGB a. F. = § 600 HGB n. F. und § 103 BinSchG können die **Schiffsgläubiger** auch heute noch ihr Pfandrecht an dem Schiff und dessen Zubehör gegen jeden dritten Besitzer des Schiffes verfolgen. 28

Nach § 510 HGB a. F. = § 477 HGB n. F. haftet der sog. **Ausrüster** (d. h., derjenige, der ein ihm nicht gehöriges Schiff zum Erwerb durch die Seefahrt für seine Rechnung verwendet und es entweder selbst führt oder die Führung einem Schiffer anvertraut) einem Dritten, welcher aus der Verwendung einen Anspruch als Schiffsgläubiger herleitet, mit dem Schiffe, und der Eigentümer kann den Dritten an der Durchführung des Anspruchs nicht hindern, wenn er nicht beweist, dass die Verwendung ihm gegenüber eine widerrechtliche und der Gläubiger nicht im guten Glauben war. Das Gleiche gilt nach § 2 BinSchG. 29

In den oben genannten Fällen geht der – schuldrechtliche – vollstreckbare Titel nicht gegen den Eigenbesitzer (sondern gegen den Schiffer); gleichwohl findet aufgrund desselben die Zwangsversteigerung statt, wenn beim Gericht offenkundig ist, oder durch Urkunden glaubhaft gemacht wird, dass derjenige, gegen den der Titel geht, noch jetzt Schiffer bzw. Besitzer bzw. Ausrüster ist. 30

Wichtige Neuerung durch die Reform des HGB im Zuge der Seehandelsrechts-Reform ist, dass die Klage auf Duldung der Zwangsvollstreckung nicht mehr gegen den Schiffer/Kapitän gerichtet werden kann, sondern vielmehr der richtige Beklagte nunmehr der **Eigentümer (Reeder)** oder **der Ausrüster** (§ 601 HGB n. F.) ist. Hierbei allerdings ist der Kapitän („Schiffer") gemäß § 619 HGB n. F. zustellungsbevollmächtigt. 31

Bei **herrenlosen Schiffen** ist im Grunde wie bei derelinquierten/herrenlosen Grundstücken zu verfahren: Falls das Schiff herrenlos ist, so ist ein Vertreter zu bestellen (§ 787 Abs. 2 ZPO). 32

VIII. Antrag

Gemäß § 15 ZVG ist Voraussetzung der Verfahrenseinleitung der Antrag. Dem Antrag auf Zwangsversteigerung ist ein **Zeugnis** der zuständigen ZVG Registerbehörde über die Eintragung des Schiffs im Schiffsregister (z. B. Schiffsbrief, § 125 Abs. 3 BinSchG a. F. = § 60 Abs. 1 SchRegO n. F.) beizufügen, wie sich aus § 164 ZVG ergibt. 33

Bezugnahme auf das Register genügt **ausnahmsweise** unter den Voraussetzungen des § 17 Abs. 2 Satz 2 ZVG (wenn Registergericht und Vollstreckungsgericht zu demselben Amtsgericht gehören). 34

Die Eintragung des Schuldners – oder bei einem Erben dessen Erblasser – als **Eigentümer** ist durch ein Zeugnis der Registerbehörde bzw. Bezugnahme auf den Eintrag in das Register nachzuweisen (§ 17 Abs. 2 ZVG). 35

36 Sofern jemand Erbe eines im Grundbuch eingetragenen Eigentümers ist, genügt gemäß § 17 Abs. 3 ZVG, dass die Erbfolge durch Urkunden glaubhaft gemacht wird, sofern sie nicht dem Vollstreckungsgericht ohnehin offenkundig ist.

37 Die in § 17 ZVG geregelten **Ausnahmetatbestände** sind urkundlich glaubhaft zu machen, sofern sie nicht offenkundig sind. Öffentliche oder öffentlich beglaubigte Urkunden sind zur Glaubhaftmachung *nicht* erforderlich.

§ 165
Bewachung, Verwahrung; Quasi-Zwangsverwaltung

(1) Bei der Anordnung der Zwangsversteigerung hat das Gericht zugleich die Bewachung und Verwahrung des Schiffs anzuordnen. Die Beschlagnahme wird auch mit der Vollziehung dieser Anordnung wirksam.

(2) Das Gericht kann zugleich mit der einstweiligen Einstellung des Verfahrens im Einverständnis mit dem betreibenden Gläubiger anordnen, daß die Bewachung und Verwahrung einem Treuhänder übertragen wird, den das Gericht auswählt. Der Treuhänder untersteht der Aufsicht des Gerichts und ist an die ihm erteilten Weisungen des Gerichts gebunden. Das Gericht kann ihn im Einverständnis des Gläubigers auch ermächtigen, das Schiff für Rechnung und im Namen des Schuldners zu nutzen. Über die Verwendung des Reinertrages entscheidet das Gericht. In der Regel soll er nach den Grundsätzen des § 155 verteilt werden.

Literatur: *Berges*, Geschäftsführung in der Vollstreckung, KTS 1956, 113; *Hornung*, Die Abwrackaktion in der Binnenschiffahrt, Rpfleger 1970, 117; *Jonas/Pohle*, Zwangsvollstreckungsnotrecht, 16. Auflage, 1954, S. 324; *Mohrbutter*, Treuhänderische Nutzung eines Schiffes in der Zwangsversteigerung – Ein Beitrag zur Geschäftsfortführung in der Vollstreckung, KTS 1963, 21; *Mohrbutter*, Anmerkung zu LG Osnabrück, Beschl. 17.5.1965 – 8 T 86/65, DGVZ 1965, 210; *Schmidt-Räntsch*, Betriebsfortführung in der Zwangsverwaltung, ZInsO 2006, 303; sowie ergänzend die Literatur zu § 162 ZVG.

Übersicht

I. Zweck der Norm

1. Absatz 1 (i. d. R. i. V. m. Abs. 2 Satz 1)

1 Absatz 1 ist die Entsprechung zu § 25 ZVG bei Grundstücken. Dass bei Schiffen die Bewachung und Verwahrung von Amts wegen angeordnet wird, ist der Tatsache geschuldet, dass Schiffe zwar vollstreckungsrechtlich wie Immobilien behandelt werden, tatsächlich aber sehr mobil sind. Vorrangig geht es also darum, zu verhindern, dass das Schiff in einer Weise (fort)bewegt wird, dass die Vollstreckung gefährdet würde. Dies wird üblicherweise auf die Kurzformel gebracht, die Anordnung der **Bewachung und Verwahrung** des Schiffes bei der Verfahrensanordnung diene der Sicherstellung der Durchführung des Verfahrens.[1)]

2 Die Durchführung der Bewachung und Verwahrung gemäß Absatz 1 kann theoretisch auch durch das Gericht selbst oder den Gerichtsvollzieher erfolgen.

3 In der Praxis wird aber – zu Recht – in der Regel ein Treuhänder gemäß Absatz 2 Satz 1 bestellt.

---

1) Steiner-*Hagemann*, ZVG, § 165 Rz. 1.

2. Absatz 2 Satz 3 – hier als Quasi-Zwangsverwaltung bezeichnet

4 Eine „echte" Zwangsverwaltung ist bei Schiffen nur deswegen nicht im Gesetz vorgesehen, weil man bei Schaffung des ZVG hierfür keinen *praktischen* Bedarf sah (nicht etwa weil man diese für unzulässig gehalten hätte).[2)]

5 Ein Schiff ist aber nicht nur ein „toter" Vermögensgegenstand, sondern der Natur nach ein **Unternehmen.** Gerade vor dem Hintergrund des sich immer mehr auf Unternehmenssanierung und Betriebsfortführung fokussierenden Insolvenzrechts, muss die Möglichkeit einer „Quasi-Zwangsverwaltung" wie sie § 165 Abs. 2 ZVG vorsieht (wenngleich *de lege lata* auch nur bei einstweiliger Einstellung des Zwangsversteigerungsverfahrens, und damit anders als bei der „richtigen" Zwangsverwaltung, bei der das Zwangsversteigerungsverfahren weiterlaufen kann), als mindestens gleichwertiger Normzweck zu Absatz 1 angesehen werden, wenn nicht sogar als der vorrangige Normzweck.

3. Zusammenschau von Absatz 1 und Absatz 2

6 Man könnte also sagen, dass § 165 Abs. 1 ZVG i. V. m. § 165 Abs. 2 Satz 1 und Satz 3 ZVG lediglich die auf die Besonderheiten der Schiffsversteigerung angepasste Norm des § 25 ZVG beinhaltet, während § 165 Abs. 2 Satz 3 ZVG i. V. m. Satz 1 eine besondere Art einer Zwangsverwaltung anordnet, die zwingend in einer **Fortführung des vom Schuldner** in dem Beschlagnahmeobjekt **geführten Betriebes** besteht (währenddessen bei der „normalen" Zwangsverwaltung dieses eine Ausnahme ist, die nur in bestimmten Fällen eines grundstücksbezogenen Gewerbebetriebes für zulässig angesehen wird).[3)]

7 Die Frage, warum bezüglich Absatz1 nicht einfach auf § 25 ZVG verwiesen wurde, ist gesetzestechnisch nicht wirklich nachzuvollziehen. Der wesentliche Unterschied zwischen der Anordnung der reinen Bewachung und Verwahrung (§ 165 Abs. 1 ZVG, ggf. i. V. m. Abs. 2 Satz 1) und der Quasi-Zwangsverwaltung (§ 165 Abs. 2 Satz 3 ZVG i. V. m. Satz 1) einerseits zu § 25 ZVG andererseits besteht darin, dass bei einer „echten" Immobilie keine Notwendigkeit besteht, diese „an die Kette zu legen", während bei einem Schiff diese praktische Notwendigkeit offenkundig besteht.

8 Dass die Quasi-Zwangsverwaltung gemäß § 165 Abs. 2 Satz 3 ZVG i. V. m. Satz 1 voraussetzt, dass der Gläubiger die Zwangsversteigerung beantragt und es zu einer einstweiligen Einstellung derselben kommen muss, kann nur historisch erklärt werden. Sinnvoll scheint diese Einschränkung der Zwangsverwaltungsmöglichkeit im Rahmen der Zwangsvollstreckung in Schiffe nicht.

9 Zum Verhältnis von § 165 Abs. 2 Satz 2 ZVG zur „echten" Zwangsverwaltung gemäß §§ 146 ff. ZVG siehe Rz. 173 ff.

10 Während Absatz 1 und Absatz 2 Satz 3 zwei unterschiedliche Arten von Sicherungsmaßregeln beschreiben, betrifft Absatz 2 Satz 1 die Art der Durchführung – Treu-

---

2) Steiner-*Hagemann*, ZVG, § 165 Rz. 4 f.; *Jaeckel/Güthe*, ZVG, 2. Aufl., § 165 Anm. 3.

3) Grundlegend BGH, Beschl. v. 14.4.2005 – V ZB 16/05, BGHZ 163, 9–19; ausführlich dazu *Schmidt-Räntsch*, ZInsO 2006, 303–314.

händer bzw. Gericht(-sbediensteter), Gerichtsvollzieher (wobei sich diese beiden theoretischen Möglichkeiten implizit aus Absatz 1 ergeben).

II. Anwendungsbereich

… auf	deutsch(e)	ausländisch(e)
Binnenschiffe	eingetragene	fiktiv eintragungspflichtige *nach Maßgabe von § 171 ZVG*
Seeschiffe	eingetragene	fiktiv eintragungspflichtige *nach Maßgabe von § 171 ZVG*
Schiffsbauwerke u. Schwimmdocks	eingetragene/eintragungsfähige *nach Maßgabe von § 170a ZVG*	./.

11

III. (Reine) Bewachung und Verwahrung (ähnlich § 25 ZVG)

1. Durchführung

12 Analog der drei in § 150 Abs. 2 ZVG aufgeführten Möglichkeiten kann die Bewachung und Verwahrung grundsätzlich durchgeführt werden durch:

- das Gericht selbst (eine eher theoretische Möglichkeit),
- einen Gerichtsvollzieher (früher üblicher, heute unüblich),
- einen Treuhänder (Regelfall) – so explizit § 165 Abs. 2 Satz 1 ZVG.

Die Frage der späteren Durchführung ist vor Anordnung zu überlegen.

2. Anordnung

a) von Amts wegen

13 Die **Bewachung und Verwahrung** des Schiffes ist gemäß Absatz 1 Satz 1 in jedem Fall **von Amts wegen** zugleich mit dem Beschluss, mit dem die Zwangsversteigerung angeordnet wird, durch das Vollstreckungsgericht anzuordnen. Das muss aber nicht formal in demselben Beschluss erfolgen, auch wenn das am Praktikabelsten scheint.

b) Einstweilige Einstellung (aus beliebigem Rechtsgrund)

14 Die Bestellung eines Treuhänders gemäß Absatz 2 Satz 1 erfordert die **einstweilige Einstellung** des Zwangsversteigerungsverfahrens. Hierbei beschränkt das Gesetz die zulässigen Einstellungsgründe aber keineswegs auf einstweilige Einstellung auf Veranlassung (mit Bewilligung) des Gläubigers gemäß § 30 ZVG.

15 Es kommen vielmehr alle denkbaren Gründe für eine einstweilige Einstellung (§ 165 Abs. 2 ZVG) in Betracht.[4] Insbesondere kommen also auch einstweilige Einstellungen auf Antrag des Schuldners gemäß §§ 30a ff., 162 ZVG bzw. des Insolvenzverwalters gemäß §§ 30d ff., 162 ZVG in Betracht.

16 Des Weiteren auch einstweilige Einstellungen durch ein **Prozessgericht**, z. B. aus §§ 775, 776 ZPO. Aber auch einstweilige Einstellungen gemäß § 77 ZVG (Nichtab-

4) *Mohrbutter*, KTS 1963, 21, 24 f.

gabe von Geboten) oder § 86 ZVG (Versagung des Zuschlags) genügen den Anforderungen der nach Abs. 2 Satz 1 geforderten einstweiligen Einstellung. Mithin ergeben sich **vielfältige taktische Varianten**, sowohl aus Gläubiger- als auch aus Schuldnersicht.

c) **Einverständnis des Gläubigers (bei Anordnung)**

17 Weitere Voraussetzung für die Anordnung der reinen Bewachung und Verwahrung durch einen Treuhänder gemäß Absatz 2 Satz 1 ist (ebenso wie bei der Quasi-Zwangsverwaltung gemäß Absatz 2 Satz 3) das **„Einverständnis"** des Gläubigers mit der Bestellung eines Treuhänders.

18 Hierbei wird das Gericht auf entsprechende Anregungen der Beteiligten, den Gläubiger nach einem etwaigen „Einverständnis" fragen müssen, z. B. wenn der Schuldner eine einstweilige Einstellung gemäß § 30a ZVG erwirkt hat und seinerseits die Bestellung eines Treuhänders anregt.

19 „Einverständnis" umfasst also sowohl die Möglichkeit, dass die Initiative vom Gläubiger ausgeht, als auch die Möglichkeit, dass – z. B. bei einer nicht auf Gläubigerinitiative zustande gekommenen einstweiligen Einstellung – die Frage vom Gericht ausgeht; oder auch vom Schuldner (der formal aber nur insoweit das Gericht ersuchen kann, wiederum den Gläubiger zu fragen, oder informell kann sich der Schuldner natürlich auch direkt an den Gläubiger wenden).

20 Der **Umfang des notwendigen Einverständnisses** des Gläubigers gemäß Absatz 2 Satz 1 erstreckt sich aber nur auf die Übertragung der Verwaltung (Bewachung und Verwahrung gemäß Absatz 1 oder Quasi-Zwangsverwaltung gemäß Absatz 2 Satz 3) auf einen Treuhänder als solches; das stellt Absatz 2 Satz 1 Halbs. 2 auch klar.

21 Hingegen erfolgt die Auswahl des Treuhänders nach pflichtgemäßem Ermessen des Gerichts, daran knüpft Absatz 2 Satz 2 an: Aufsicht und Weisungsbefugnis über den Treuhänder auch ausschließlich beim Gericht.

22 Die Beteiligten dürfen dem Gericht zwar Anregungen geben, wer als Treuhänder in Betracht komme. Aber das Gericht ist daran nicht gebunden.[5] Ein Antragsrecht oder Vorschlagsrecht gibt es nicht. Als „Anträge" Bezeichnetes ist als Anregung zu verstehen.

23 Erforderlich ist nur, dass das **Einverständnis des Gläubigers** im Zeitpunkt der Anordnung vorliegt. Es schadet also nicht, wenn das Einverständnis später entzogen wird.[6]

24 Bei einem **Beitritt** ist ein Einverständnis des beitretenden Gläubigers folgerichtig **nicht** erforderlich (wohl aber, dass auch hinsichtlich des beigetretenen Gläubigers eine einstweilige Einstellung erfolgt, denn dieses verlangt Absatz 2 Satz 1 explizit).[7]

---

5) *Mohrbutter*, KTS 1963, 21, 25.
6) *Mohrbutter*, KTS 1963, 21, 26 f.
7) *Mohrbutter*, KTS 1963, 21, 27.

3. Kostentragung

Die Kosten der (reinen) **Bewachung und Verwahrung** gemäß Absatz 1 einschließlich der Kosten des regelmäßig einzusetzenden Treuhänders gemäß Absatz 2 Satz 1 gehören (wie auch die bei der Quasi-Zwangsverwaltung gemäß Absatz 2 Satz 3) zu den Kosten des Verfahrens (§ 109 ZVG), und zwar des Zwangsversteigerungsverfahrens.[8] Dies umfasst auch Kosten für angemessene Versicherungen.[9] 25

Das impliziert, dass der Treuhänder daran denken muss, insoweit – anders als der Zwangsverwalter – eine **Anmeldung** seiner Vergütungsforderung im Zwangsversteigerungsverfahren vorzunehmen, damit diese Forderung im **geringsten Gebot** berücksichtigt wird. 26

Daraus folgt dann auch die Notwendigkeit, dass der Treuhänder – anders als der Zwangsverwalter, bei dem **persönliches Erscheinen** im Zwangsversteigerungstermin unüblich ist – im Zwangsversteigerungstermin anwesend sein sollte oder gar muss. 27

Währenddessen kann sich der „echte“ Zwangsverwalter bei „echten“ Zwangsverwaltungen darauf beschränken, ggf. zum Zwangsversteigerungstermin einen aktuellen Kurzbericht zum Zwangsverwaltungsverfahren einzureichen und sich im Übrigen darauf verlassen, dass die Zwangsverwaltervergütung nicht im Verteilungsverfahren des Zwangsversteigerungsverfahrens eine Rolle spielt, sondern ausschließlich – und unabhängig davon – im Zwangsverwaltungsverfahren (§ 155 Abs. 1 ZVG, §§ 22, 9 Abs. 1 ZwVwV). Dies ist ein für die Praxis bedeutsamer Unterschied (siehe Rz. 74 ff.). 28

4. Gläubigervorschuss

Regelmäßig ist beim Gläubiger ein Vorschuss zu erheben. Wenn der Gläubiger den Vorschuss nicht leistet, darf das Gericht deswegen nicht das Zwangsversteigerungsverfahren aufheben, aber ggf. die **Sicherungsmaßregeln** (analog § 161 Abs. 3 ZVG). 29

Fraglich ist aber, in welchem Umfang eine derartige Aufhebung zulässig wäre. Die Aufhebung einer gemäß Absatz 1 angeordneten Bewachung und Verwahrung als solche scheidet aus, denn diese Sicherungsmaßregel ist von Amts wegen anzuordnen. 30

Fraglich kann aber sein, ob eine **Treuhänderbestellung** gemäß Absatz 2 Satz 1 aufzuheben wäre, mit der Folge, dass die Bewachung und Verwahrung dann durch das Gericht (oder ggf. den Gerichtsvollzieher), also in jedem Falle kostenmäßig zulasten der Landesjustizkasse durchzuführen wäre. 31

Die **Privilegierung** eines den Anforderungen des § 10 Abs. 1 Nr. 1 ZVG entsprechenden Gläubigervorschusses (siehe auch § 155 Abs. 3 ZVG) war vor Schaffung des Absatzes 2 abgelehnt worden.[10] 32

Nach Schaffung des Absatz 2 Satz 3, der i. V. m. Satz 1 seit 1953 die Quasi-Zwangsverwaltung erlaubt, wird allgemein nunmehr von der Anwendbarkeit von § 10 Abs. 1 33

---

8) Grundlegend RG, Urt. v. 29.10.1919 – I 125/19, RGZ 97, 61–66; zustimmend *Mohrbutter*, KTS 1963, 21, 23.

9) *Mohrbutter*, KTS 1963, 21, 23 m. w. N.

10) RG, Urt. v. 29.10.1919 – I 125/19, RGZ 97, 61–66; dort waren des Weiteren die Aufwendungen vor Einleitung der Zwangsversteigerung gemacht, sodass diese Entscheidung in keiner Weise geeignet ist, die Anwendung von § 10 Abs. 1 auszuschließen.

Nr. 1 ZVG ausgegangen[11] – ein weiteres Argument dafür, dass de facto die Quasi-Zwangsverwaltung gemäß § 165 Abs. 3 ZVG sich nur insoweit noch von der Zwangsverwaltung gemäß § 146 ff. ZVG unterscheidet, dass letztere auch zulässig ist, wenn kein Zwangsversteigerungsverfahren anhängig ist (wobei diese Differenzierung bei den weitreichenden Möglichkeiten der einstweiligen Einstellung und damit erzielbaren Quasi-Zwangsverwaltungen von einem Jahr oder mehreren Jahren Dauer praktisch auch nivelliert wird). Zu derselben Frage bei der Quasi-Zwangsverwaltung gemäß Absatz 2 siehe Rz. 127.

5. Praktische Durchführbarkeit vs. Literaturmeinungen

34 Zur praktischen Durchführung finden sich in der Literatur zum Teil wenig praktikable Ausführungen, was auch am Alter dieser Literatur liegen mag.

a) Treuhänderauswahl und -vergütung

35 Zum Beispiel ist die früher häufiger vertreten Vorstellung, es könne sich ein Treuhänder finden, der das erhebliche Haftungsrisiko auf sich nimmt, ohne dafür angemessen bezahlt zu werden,[12] realitätsfremd. Denn auch dann wenn dem Gerichtsvollzieher die Bewachung und Verwahrung übertragen wird, steht ihm dafür eine eigenständige angemessene Vergütung zu.[13]

36 Auch die Vorstellung, Behörden oder amtliche Stellen könnten dazu bereit sein, die Bewachung und Verwahrung zu übernehmen, dürfte sich in der Regel in der Praxis als unrealistisch erweisen. Rechtlich wären dies im Übrigen auch „Treuhänder". Etwas anderes gilt nur, soweit das Vollstreckungsgericht selbst als Bewacher und Verwahrer handelt, was eher theoretisch sein dürfte.

37 Die Bestellung eines sog. **Institutsverwalters** gemäß § 150a ZVG scheidet aus, da das Gesetz dies bei Schiffen nicht vorsieht.[14]

38 Die Bestellung eines angemessen bezahlten und **professionellen Treuhänders** muss dementsprechend der Regelfall sein, unabhängig davon, ob es nur um Bewachung und Verwahrung geht, oder ob auch eine Quasi-Zwangsverwaltung in Betracht kommt. Hierbei ist stets einzukalkulieren, dass aus einer reinen Bewachung und Verwahrung kurze Zeit später eine Quasi-Zwangsverwaltung werden kann und es wenig opportun ist, dann einen anderen Treuhänder zu bestellen. Mithin ist auch bei der Anordnung der reinen Bewachung und Verwahrung und der entsprechenden Treuhänderbestellung in der Regel ein Treuhänder auszuwählen, der auch für die Durchführung einer Quasi-Zwangsverwaltung als geeignet anzusehen ist.

39 Geeignete Personen dürften solche **Zwangsverwalter** sein, die mit Gewerbeobjekten Erfahrung haben und über das notwendige kaufmännische Know-how und auch umsatzsteuerliche Kenntnisse verfügen und es gewohnt sind, mit einem selbstständi-

11) *Mohrbutter*, KTS 1963, 21, 32.

12) *Jonas/Pohle*, Zwangsvollstreckungsnotrecht, S. 327.

13) LG Osnabrück, Beschl. 17.5.1965 – 8 T 86/65, DGVZ 1965, 210 (mit zust. Anm. *Mohrbutter*, S. 211); zur identischen Rechtsfrage bei der Sicherungsverwaltung nach Zuschlag gemäß § 94 Abs. 1, § 171g LG Braunschweig, Beschl. v. 27.3.1990 – 8 T 168/90, DGVZ 1990, 121; AG Braunschweig, Beschl. v. 10.3.1970 – 27 K 57/70, DGVZ 1973, 47.

14) *Jonas/Pohle*, Zwangsvollstreckungsnotrecht, S. 326.

gen Unternehmer, wie es der Schiffer = Schiffsführer = Kapitän (oft zugleich auch der Eigentümer/Reeder oder mit diesem familiär verbunden) im Regelfall ist, umgehen zu können.

Als Insolvenzverwalter Tätige dürften nur ausnahmsweise in Betracht kommen, und dies allenfalls dann, wenn sie vertiefte Kenntnisse im ZVG und in praktischer Zwangsverwaltung plausibel machen können. Das Insolvenzverfahren und die InsO sind in vielerlei Hinsicht unterschiedlich von dem Verfahren nach dem ZVG, insbesondere hinsichtlich der rechtlichen und praktischen Seite von Zwangsverwaltungsverfahren. Auch fühlt sich der Insolvenzverwalter vorrangig den einfachen Insolvenzgläubigern verpflichtet und nicht – wie hier maßgeblich – den zur abgesonderten Befriedigung Berechtigten. 40

Der **typische Treuhänder** wird sich also aus einem bestimmten Kreis von geeigneten Zwangsverwaltern rekrutieren. 41

b) An die Kette legen

In der Praxis findet sich für die „Bewachung und Verwahrung" oft der Ausdruck „an die Kette legen".[15] Auch wird auf das Erfordernis einer Kenntlichmachung der erfolgten Beschlagnahme am Schiff hingewiesen.[16] Des Weiteren sei ein Inventar aufzunehmen. 42

Das umzusetzen, ist zum einen praktisch oft schwierig. Ein sprichwörtliches „An-die-Kette-Legen" mit einer Kette, die stark genug ist, das Schiff am Ankerort zu halten, ist eher theoretisch. Die Vorstellung etwa, es sei eine „Kette um den Mast zu legen",[17] dürfte eher in die Ära der Segelschiffe gehören und nicht mehr zeitgemäß sein. 43

Auch muss im Hinblick auf die **Gezeiten** und den **Tidenhub** (der je nach Nähe zur Einmündung ins Meer auch auf Binnengewässern relevant ist) bedacht werden, dass die Kette ggf. eine variable Länge braucht; dort wo die Anlegevorrichten – sog. Steiger – selbst schwimmen und damit die Taue zwischen Schiff und Steiger eine konstante Länge haben können, bleibt das Problem, dass der Steiger ggf. bewegt werden kann, um die „Kette" zu zerreißen. 44

Praktikabler ist eher, das Ruder oder **Steuerrad** zu blockieren, was aber bei der Notwendigkeit von Manövern – z. B. wegen eines Brandes am Hafenrand, der auf das Schiff übergreifen könnte, – problematisch werden kann. 45

Auch die Empfehlung, das Schiff in ein **gesondertes Hafenbecken** zu verlagern,[18] welches dann mit einer Kette versperrt werde, ist wohl eher theoretisch zu sehen. Denn zum einen stehen derartige Hafenbecken nicht unbegrenzt zur Verfügung und zum anderen sind Liegeplätze teuer, zumal wenn sie „exklusiv" sein sollen und gar in einem eigenen Hafenbecken bestehen sollen. 46

Die realistischste Art des „An-die-Kette-Legen" besteht wohl eher darin, die **Wasserschutzpolizei,** Schleusen, Hafenaufsicht, Wasser- und Schifffahrtsämter etc. über die Beschlagnahme zu informieren und um Unterstützung zu bitten, um so über 47

15) Beispielsweise *Mohrbutter*, KTS 1963, 21, 23.
16) *Mohrbutter*, KTS 1963, 21, 23.
17) *App*, KKZ 1985, 54.
18) Dassler/Schiffhauer/u. a.-*Rellermeyer*, ZVG, § 165 Rz. 3 m. w. N.

etwaige ungewollte Schiffsbewegungen rechtzeitig informiert zu werden oder einen ggf. „flüchtigen" Schiffer z. B. durch ein Polizeiboot stoppen zu lassen.

48 Hier ist auch der Gesetzeszweck zu beachten. Wie oben bereits ausgeführt, unterscheidet sich § 165 ZVG von § 25 ZVG dadurch, dass es bei § 165 ZVG um real sehr mobile Sachen geht und bei § 25 ZVG um Immobilien. Daraus folgt dann der weitere Unterschied, dass bei den mobilen Sachen die Bewachung und Verwahrung von Amts wegen anzuordnen ist, während Maßregeln nach § 25 ZVG einen Gläubigerantrag voraussetzen. Wenn es also bei § 165 Abs. 1 ZVG darum geht, eine mobile Sache quasi immobil zu machen, dann folgt daraus auch der notwendige Umfang des „An-die-Kette-legen" wie auch die Grenzen des Gebotenen.

c) **Kennzeichnung hinsichtlich der erfolgten Beschlagnahme/Pfändung**

49 Die Kennzeichnung des Schiffes ist vor dem Hintergrund des Gesetzeszwecks (siehe Rz. 1) und auch praktischer Aspekte ebenso differenziert zu sehen.

50 Einmal steht ein für alle sichtbarer Aushang in einem gewissen Gegensatz zu dem Rechtsgedanken der §§ 2 und 4 ZwVwV. Unter anderem zum Schutz der **Persönlichkeitsrechte** des Schuldners ist in § 2 ZwVwV vorgesehen, dass die Bestallungsurkunde, mittels derer der Zwangsverwalter – einem beschränkten Kreis von Personen – die Beschlagnahme anzuzeigen hat, nicht sämtliche Angaben aus dem Anordnungsbeschluss enthält. Gemäß § 4 ZwVwV ist die Bestallungsurkunde nicht öffentlich auszuhängen (auch nicht am Zwangsverwaltungsobjekt), sondern der Verwalter hat lediglich alle von der Verwaltung betroffenen Dritten unverzüglich über die Zwangsverwaltung zu informieren (auf die Anzeige der Beschlagnahme an Mieter/Pächter und den Erlass etwaiger Zahlungsverbote kommt es hier mangels entsprechender Beschlagnahmewirkung bei § 165 Abs. 1 und § 165 Abs. 2 ZVG nicht an, aber insoweit gilt auch hier, dass die Beschlagnahme nur dort und insoweit anzuzeigen und zu „veröffentlichen" ist, wie das die Durchführung des Verfahrens gebietet).

51 Des Weiteren wird der Schiffer ggf. derartige Aushänge in der Regel wieder entfernen. Und da es sich nicht um Pfandsiegel o. Ä. handelt, könnte der Treuhänder eine „echte" Siegelung im Rechtssinne allenfalls unter Hinzuziehung des Gerichtsvollziehers bewirken (wobei dieser zu Recht nach der Rechtsgrundlage fragen wird), sodass die Frage bleibt, ob der Nutzen (welcher?) einer derartigen **„Siegelung** durch den ggf. eintretenden Schaden, der auch gerade bei einer Quasi-Zwangsverwaltung geschäftsschädigend und damit dem Gläubigerinteresse zuwider laufend sein kann, überhaupt zu rechtfertigen wäre (und also der Schiffer ggf. sogar zu Recht einer derartigen „Siegelung" entgegentreten würde).

52 Es sei hier daher darauf hingewiesen, dass das An-die-Kette-Legen und Kenntlichmachen historisch zur **sicheren Durchführung des Verfahrens** (der Zwangsversteigerung) vorgesehen war. Und die sichtbare Kenntlichmachung sollte nur deswegen erfolgen, um einen gutgläubigen Erwerb am Schiff zu verhindern.[19)]

53 Bei den der Immobiliarvollstreckung gemäß §§ 162 – 171 ZVG unterfallenden Gegenständen ist ein derartiger gutgläubiger Erwerb aber nur gemäß §§ 929a, 932a BGB bei nicht in einem deutschen Register eingetragenen Seeschiffen möglich.

---

19) *Jaeckel/Güthe*, ZVG, 2. Aufl., § 165 Anm. 1.

Mithin kommt eine derartige Kenntlichmachung entsprechend dem obig beschriebenen Gesetzeszweck und unter Beachtung der Kollision mit den schützenswerten Interessen des Schuldners regelmäßig auch nur bei einem **Seeschiff** in Betracht, und dieses auch nur insoweit, als es nicht in einem deutschen Schiffsregister eingetragen ist (vgl. §§ 929a, 932a BGB), denn nur dann gibt es für die Hinderung gutgläubigen Erwerbs ein praktisches und rechtliches Erfordernis. 54

Kurzum: Die öffentlich sichtbare Kenntlichmachung der eingetretenen Beschlagnahme hat im Regelfall zu unterbleiben. 55

Sofern das Gericht ein sprichwörtliches „An die Kette legen" oder ein öffentliches Kenntlichmachen im Beschluss anordnen sollte, sollte der Treuhänder ggf. hierzu das Gespräch mit dem Gericht (und dem Schuldner) suchen. 56

Wichtig, insbesondere an die Adresse derjenigen, die die Bewachung und Verwahrung vollziehen (typischerweise wird das ein neutraler Dritter sein, den das Gericht zum Treuhänder bestellt hat), ist folgender **praktischer Hinweis**: Bei Schiffen (jedenfalls wenn Vollstreckungsgericht und Schiffsregistergericht verschieden sind) kommt es mehr als bei Grundstücken auf den Zeitpunkt des Vollzugs der Bewachung und Verwahrung (§ 165 Abs. 1 Satz 2 ZVG) an, weil häufiger als bei Grundstücken dieses der maßgebliche Zeitpunkt für die erste Beschlagnahme sein wird (von den drei möglichen Zeitpunkten, von denen der früheste zur Beschlagnahme führt), siehe Rz. 101 ff. 57

Daher kommt es also auf eine entsprechende **sorgfältige Protokollierung** dieses Zeitpunktes an. 58

Zu den praktischen Problemen die daraus entstehen, wenn die Gerichte den Vollzug der Bewachung und Verwahrung nicht durch einen Gerichtsvollzieher durchführen lassen, siehe Rz. 51 f. 59

Hier ist für die Praxis dringend anzuregen, dass die Gerichte bei **Abfassung der Beschlüsse** Formulierungen finden, die es dem Treuhänder (der regelmäßig ermächtigt sein wird, die Besitzverschaffung selbst durchzuführen, sich also selbst in den Besitz zu setzen) ermöglichen, ohne „größere Überzeugungsarbeit" – und vor allem ohne vermeidbare Zeitverluste – einen **Gerichtsvollzieher** davon „überzeugen" zu können, dass der Beschluss über die Bestellung des Treuhänders diesen Treuhänder auch ermächtigt, einen Gerichtsvollzieher hinzuziehen und sich durch diesen in den Besitz setzen zu lassen. 60

Soweit die **Wegnahme der Schiffspapiere** im Beschluss erwähnt wird, ist für die Praxis anzumerken, dass der Teil der Schiffspapiere, der nicht ständig an Bord mitzuführen ist, häufig im Original bei Gläubigern als Sicherheit hinterlegt ist. Die praktische Umsetzung der Wegnahme der Schiffspapiere kann also ggf. schwierig werden (bei der Quasi-Zwangsverwaltung kann sich ggf. ein Teil der möglichen Wegnahme verbieten, wenn dadurch der Betrieb unzulässig wäre, weil die Schiffspapiere mitzuführen sind. 61

Die **Inventarisierung** des Zubehörs ist ähnlich zu sehen wie bei gewerblichen Zwangsverwaltungsobjekten. Dies kann ein durchaus zeitaufwändiger Vorgang sein. 62

Hierfür können gemäß § 21 Abs. 2 ZwVwV erstattungsfähige Auslagenansprüche entstehen.[20)]

d) Abwrackung

63 Ein Antrag im Rahmen einer freiwilligen Abwrackaktion steht der Anordnung der Zwangsversteigerung als solcher nicht entgegen. Nach der Anordnung verhindert die Bewachung und Verwahrung des Schiffes (§ 165 Abs. 1 Satz 1 ZVG) allerdings wohl im Ergebnis regelmäßig die Abwrackung.

64 Ein Antrag des Schuldners auf Vollstreckungsschutz nach § 765a ZPO kann dann sinnvoll sein, wenn das Schiff im Rahmen einer freiwilligen Abwrackaktion verschrottet werden kann und der Gläubiger – ggf. sittenwidrig – die Versteigerung weiter betreibt, obwohl die durch Vorbescheid festgestellte **Abwrackprämie** höher als der zu erwartende **Versteigerungserlös** ist.[21)]

65 Zur Frage, inwieweit die Quasi-Zwangsverwaltung eine Abwrackung und Einziehung der Abwrackprämie erlauben würde, siehe Rz. 114 ff.

e) Versicherung

66 Zur Darstellung im Kontext mit der Quasi-Zwangsverwaltung siehe Rz. 141 ff.

6. „Schuldnerwohnrecht“ (ähnlich § 149 ZVG)

67 Dem auf dem Schiff wohnenden Schuldner mit Familie ist die Wohnung zu belassen, solange keine Gefährdung besteht (dieses ergibt sich zum einen aus §§ 24 und 25 ZVG, zum anderen insbesondere auch aus dem analog anzuwendenden Rechtsgedanken des § 149 Abs. 1 ZVG).[22)]

7. Analoge Anwendung von Zwangsverwaltungsrecht (§§ 146–161 ZVG und ZwVwV)

68 Insgesamt erscheint es naheliegend, die Regelungen über die Zwangsverwaltung analog heranzuziehen, denn die praktische und vor allem **wirtschaftliche Herausforderung** ist ähnlich, die Rechtslage ebenso. Erklärtermaßen sind Schiffe nach Immobiliarvollstreckungsrecht zu behandeln und die allgemeinen Regeln anwendbar, lediglich aus historischen Gründen wurde die Anwendung der Regeln über die Zwangsverwaltung in unmittelbarer Anwendung ausgeschlossen; dieses schließt jedoch eine analoge Anwendung nicht aus.

8. Sequestration gemäß § 931 ZPO vs. § 165 ZVG

69 Zur Unterscheidung zwischen Sequestrierung gemäß § 928 Abs. 2 ZPO a. F. (heute § 931 ZPO) und § 165 ZVG führt das OLG Hamburg aus, dass der Gerichtsvollzieher bei der Vollziehung des Arrestes nach § 931 ZVG das Schiff beschlagnahme, aber die Mannschaft an Bord lasse. Während hingegen bei einer „Sequestration“ nach § 165 Abs. 1 ZVG das Schiff an eine den Seeverkehr weniger störende Stelle im Hamburger Hafen verholt werde, die Mannschaft von Bord gehe, und der gesamte

---

20) *Haarmeyer/Hintzen*, § 22 ZwVwV Rz. 32.

21) *Hornung*, Rpfleger 1970, 117, 122.

22) *Mohrbutter*, KTS 1963, 21–36; so schon *Jaeckel/Güthe*, ZVG, 2. Aufl., § 165 Anm. 1.

Schiffsbetrieb stillgelegt werde und die Bewachung des „stillgelegten Betriebs Schiff“ durch den Treuhänder vorgenommen wird.[23)]

Des Weiteren wird ausgeführt, dass der GVZ beim Gläubiger bei einer Sequestration 1–2 % des Schiffswertes als Gebührenvorschuss verlange, während es bei einem Arrest nur 1/5 bis 1/10 dieses Betrages sei.[24)] 70

IV. Quasi-Zwangsverwaltung

Noch mehr als bei der reinen Bewachung und Verwahrung gemäß Absatz 1 ist eine **analoge Anwendung** der Zwangsverwaltungsregeln geboten bei der treuhänderischen Nutzung, die nicht nur praktisch sondern auch rechtlich Quasi-Zwangsverwaltung genannt werden kann. In Abgrenzung von der „echten Zwangsverwaltung“ sind hierbei nur **zwei wesentliche Unterschiede** zu beachten: 71

1. Terminierungspraxis – Wünschenswerte Gestaltung aus Gläubigersicht

Es ist zu beachten, dass *de lege lata* diese Quasi-Zwangsverwaltung nur bei einer einstweiligen Einstellung des Zwangsversteigerungsverfahrens durchgeführt werden darf. Das bedeutet in der Praxis, dass das Gericht möglichst so das Verfahren vorbereitet und terminiert, dass sozusagen für das Ende der einstweiligen Einstellung und damit für das Ende der Quas-Zwangsverwaltung alles für die Fortführung des Zwangsversteigerungsverfahrens, insbesondere die Durchführung des Versteigerungstermins „in der Schublade“ liegt, sodass möglichst wenig Verzögerung eintritt.[25)] 72

2. Kein eigenständiges Verteilungsverfahren

Der weitere wesentliche Unterschied besteht darin, dass es kein eigenständiges Verteilungsverfahren gibt. Bei der echten Zwangsverwaltung gemäß §§ 146 ff. ZVG findet in diesem ein eigenes Verteilungsverfahren statt mit der im Regelfall erfolgenden Aufstellung eines Teilungsplanes gemäß § 156 ZVG und ggf. Kapitalverteilungsterminen gemäß § 158 ZVG. 73

Dies hat auch der Treuhänder zu beachten, insbesondere bei der Geltendmachung der Treuhändervergütung (siehe Rz. 28). Denn bei einer Bewachung und Verwahrung gemäß Absatz 1 oder eine Quasi-Zwangsverwaltung gemäß Absatz 2 Satz 3 findet die Verteilung ausschließlich im Rahmen des Zwangsversteigerungsverfahrens statt, allerdings mit der **Besonderheit**, dass bei der Quasi-Zwangsverwaltung (§ 165 Abs. 2 Satz 3 ZVG i. V. m. Satz 1) mit Zustimmung des Gerichts durch den Treuhänder bereits vor dem Teilungstermin im Zwangsversteigerungsverfahren Auszahlungen an die Gläubiger vorgenommen werden können, dogmatisch dürfte das als vorschussweise Verteilung einzuordnen sein. 74

Hierbei soll gemäß § 165 Abs. 2 Satz 4 ZVG nach den Grundsätzen des § 155 ZVG verteilt werden. Dies wird z. T. so verstanden, dass von der bindenden **Verteilungsreihenfolge** von §§ 155, 10 ZVG (ergänzt um die Besonderheiten hinsichtlich des 75

---

23) OLG Hamburg, Urt. v. 2.3.1967 – 6 U 177/66, MDR 1967, 677–680 m. kritischer Anm./ Aufsatz *Liesecke*, MDR 1967, 625.

24) OLG Hamburg, Urt. v. 2.3.1967 – 6 U 177/66, MDR 1967, 677–680 m. kritischer Anm./ Aufsatz *Liesecke*, MDR 1967, 625.

25) Zu „Tricks“, um eine möglichst lange, ggf. mehrjährige, Quasi-Zwangsverwaltung zu erreichen siehe *Mohrbutter*, KTS 1963, 21, 25–27.

Rangs der Schiffsgläubigerrechte) erheblich abgewichen werden dürfe,[26] dies erscheint aber gesetzessystematisch und rechtsstaatlich bedenklich, wenn nicht gar falsch.

76 Die Bezahlung eigentlich nachrangiger Gläubiger mit dem Ziel, dass diese nicht mehr am Zwangsversteigerungsverfahren teilnehmen,[27] erscheint vor dem Hintergrund des Anfechtungsrechts (sowohl des insolvenzrechtlichen in §§ 129 ff. InsO wie auch des außerinsolvenzrechtlichen, insbesondere den Normen des AnfG) zweifelhaft. Gerade wenn eine derartige Abweichung von der Verteilungsreihenfolge vorgenommen wird, um zu erreichen, dass die treuhänderische Nutzung des Schiffes fortgesetzt werden kann (und nicht an einer ggf. nicht erfolgenden Einstellung eines solchen Nachranggläubigers scheitert),[28] werden **allerhöchste Anforderungen** zu stellen sein an das Einverständnis aller ggf. davon betroffenen Beteiligten, damit ggf. im Ausnahmefall ein derartiges Vorgehen nicht unzulässig wäre.

77 Tatsächlich ist wohl das Wort „soll" im Gesetzestext in einer anderen Weise zu verstehen. Die besondere Schwierigkeit bei der Feststellung der Verteilungsreihenfolge besteht nämlich darin, dass – anders als bei Grundstücken – Schiffsgläubigerrechte vorrangig sein können, die nicht aus den Registern ersichtlich sind.

78 Hinzu kommt, dass diese Schiffsgläubigerrechte schon im deutschen Recht nicht im ZVG geregelt sind, sondern in anderen Gesetzen wie BinSchG und HGB. Auch ausländische Schiffsgläubigerrechte können relevant werden, für die dann in der Regel ausländisches Recht maßgeblich ist. Bei den Schiffsgläubigerrechten gibt es immer wieder rechtliche Veränderungen, sowohl national wie auch international. Diese **besondere Fehleranfälligkeit** der Verteilung gemäß § 165 Abs. 2 Satz 4 ZVG mag es rechtfertigen, etwaige Fehler bei der Verteilung dann – auch verfahrensrechtlich – für lässliche Sünden zu halten, wenn denn das Verteilungsergebnis am Ende (also nach Verteilung nach erfolgtem Zuschlag) stimmt.

79 Mit anderen Worten, es ist nicht ausgeschlossen, auch einmal von der vom Gesetz vorgegebenen Verteilungsreihenfolge abzuweichen, aber dafür braucht es dann schon **triftige Gründe.**[29]

---

26) *Mohrbutter*, KTS 1963, 21, 27 f.

27) *Mohrbutter*, KTS 1963, 21, 27 f.

28) *Mohrbutter*, KTS 1963, 21, 27 f.

29) *Mohrbutter*, KTS 1963, 21, 27 f. ist allerdings zuzugeben, dass er auf einen ähnlichen Rechtsgedanken verweist, wie er der unterschiedlichen Behandlung von Rangklasse 4 und 5 in Zwangsverwaltung und Zwangsversteigerung zugrunde liegt. In der Zwangsverwaltung werden deswegen nur laufende Beträge in Rangklasse 4, und Kapital erst in Rangklasse 5 verteilt, damit möglichst alle Gläubiger die laufenden Beträge erhalten und möglichst vermieden wird, dass ein nachrangiger Gläubiger unnötigerweise die Zwangsversteigerung betreibt. Entsprechend könnte man argumentieren, um auch bei § 165 Abs. 2 Satz 3 ZVG einen nachrangigen Gläubiger „ruhig zu stellen", damit dieser nicht seinerseits die Zwangsversteigerung beantrage, ohne dass es insoweit dann zu einer einstweiligen Einstellung kommt. Wenn dieses aber auch immer unter dem Erfordernis steht, dass im Ergebnis die „richtige" Verteilung unter Beachtung aller Ränge erreicht werden kann (und alles andere wäre wohl auch strafrechtlich relevant), dann besteht praktisch – gerade wegen der Kompliziertheit und Fehleranfälligkeit der ranggerechten Verteilung – ein hohes Haftungsrisiko. Verteilungen abweichend von der zwingenden Verteilungsreihenfolge dürften also letztlich doch eher theoretisch sein bzw. nur etwas für „risikofreudige" Verwalter bzw. Gerichte.

80 Hier mag es auch eine Rolle spielen, dass man die Verteilungen vor dem Teilungstermin im Zwangsversteigerungsverfahren als vorschussweise Verteilungen ansehen kann, sodass dann ggf. die Anforderungen an vorschussweise Verteilungen niedriger zu stellen sein mögen (als an das endgültige Ergebnis der Verteilung), so lange sichergestellt bleibt, dass am Ende nach dem Teilungstermin im Versteigerungsverfahren im Ergebnis korrekt unter Beachtung der gesetzlichen Verteilungsreihenfolge verteilt worden ist.

81 **Praktisch** muss das Gericht entweder eine abstrakte Auszahlungsanweisung analog einem Teilungsplan gemäß § 156 ZVG erstellen, worin auch die Ränge der diversen Schiffsgläubigerrechte zutreffend zu berücksichtigen wären. Ggf. kommt auch in Betracht, dass der Treuhänder die seiner Meinung nach verteilbaren Beträge auf ein beim bzw. vom Gericht geführten Treuhandkonto überweist, damit das Gericht dann die konkrete Verteilung durch eigene Überweisungen eigenständig vornimmt.[30]

82 Am Praktikabelsten erscheint, dass die Verteilungen im Einzelfall durch das Gericht genehmigt und angeordnet und dann durch den Treuhänder von dem durch diesen unterhaltenen Treuhandkonto ausgeführt werden.

3. Die Art der Bewachung und Verwahrung

83 Die Art der Bewachung und Verwahrung wird vom Vollstreckungsgericht bestimmt. Am Zweckmäßigsten ist es, wenn verfügt wird, dass das Schiff den Hafen oder den **Gerichtsbezirk verlassen** darf (denn dies kann auch z. B. für Wartungs- und Reparaturarbeiten oder das sog. „Klasse-Machen" notwendig sein; auch kann ein außerordentlicher Tidenhub oder ggf. ein Hochwasser eine kurzfristige Verlagerung des Schiffsstandortes erfordern).

84 Der historische Gesetzgeber wollte zunächst zwingend vorschreiben, dass das Schiff während des Verfahrens den Hafen (oder wenigstens den Bezirk des Vollstreckungsgerichts) nicht verlassen dürfe. Dies war im Entwurf I ausdrücklich so bestimmt, aber die Kommission II hat diesen Entwurf gestrichen.[31]

85 Hinzuweisen ist für die heutige Rechtslage auf § 482 HGB a. F. (Vollstreckung in ein Seeschiff nur dann, wenn es im Hafen liegt), die nun in der ZPO geregelt ist: § 870a ZPO n. F. (Zwangsversteigerung); siehe auch: § 930 Abs. 4 ZPO n. F. (Vollziehung Arrest bei Seeschiff ohne Eintragung) und § 931 Abs. 7 ZPO n. F. (Vollziehung des Arrestes bei eingetragenem Seeschiff).

86 Neben der reinen Bewachung und Verwahrung (Abs. 1 entsprechend § 25 ZVG) ist eine Quasi-Zwangsverwaltung mit **Treuhänderbestellung** wohl[32] nur möglich, wenn eine einstweilige Einstellung des Verfahrenes erfolgt ist (§ 165 Abs. 2 Satz 1 ZVG). Abgesehen von diesem Fall ist eine Nutzung nicht möglich, auch wenn das Verfahren länger dauert. Dieses ist als ein Mangel der bestehenden Rechtslage anzusehen.

---

30) *Mohrbutter*, KTS 1963, 21, 31.

31) *Jaeckel/Güthe*, ZVG, 2. Aufl., § 165 Anm. 1.

32) Zur Frage, ob nicht wenigstens de lege ferenda oder ggf. auch bei richtiger Auslegung bereits heute de lege lata eine „echte" Zwangsverwaltung gemäß § 146 ff. ZVG ebenfalls möglich wäre, siehe Rz. 173 ff.

87 Die rechtlichen Konstrukte, die z. T. entwickelt werden, um ggf. eine Quasi-Zwangsverwaltung (also mit Einnahmeerzielung) über den Zuschlag hinaus oder über das Ende einstweiliger Einstellungen hinaus und das ggf. für viele Jahre ermöglichen sollen,[33] laufen im Ergebnis darauf hinaus, die Verwaltung gemäß § 165 Abs. 2 Satz 3 ZVG zu einer Zwangsverwaltung gemäß § 146 ff. ZVG zu machen.

88 Es ist auch nicht wirklich einzusehen, warum nicht wie bei der „echten" Zwangsverwaltung eine Zwangsverwaltung gemäß § 165 Abs. 2 Satz 3 ZVG neben einem laufenden Zwangsversteigerungsverfahren her betrieben werden kann. Das liegt sowohl im Interesse des Gläubigers als auch des Schuldners, denn ein Schiff ist ein lebender Betrieb, dessen Wert maßgeblich davon beeinflusst wird, dass das Unternehmen sozusagen fortgeführt wird. Hier sei nochmals auf die dazu bestehenden Überlegungen, die auch Gesetz geworden und gelebte Praxis sind, im Insolvenzrecht verwiesen sowie auf die hier vertretene Mindermeinung, auch *de lege lata* sei ein „echte" Zwangsverwaltung gemäß § 146 ZVG bereits jetzt zulässig (siehe Rz. 173 ff).

4. Parallele Anordnung nach §§ 165 und 25 ZVG?

89 Auf Antrag ist anstelle von § 165 ZVG (Abs. 1 – reine Bewachung und Verwahrung – oder auch Abs. 2 Satz 3) oder zusätzlich auch eine Sicherungsmaßnahme gemäß § 25 ZVG zulässig, denn §§ 165 und 25 ZVG schließen einander nicht aus. Hier sei auf die entsprechende Diskussion zur Frage verwiesen, inwieweit Zwangsverwaltung und Maßnahmen gemäß § 25 ZVG nebeneinanderher bestehen können. Auch dort wird überwiegend angenommen, dass beides parallel möglich sei;[34] inwieweit das im Einzelfall praktisch sinnvoll ist, ist dann eine andere Frage.

5. Aufhebung der Sicherungsmaßregel

90 Nach hier vertretener Auffassung ist die Sicherungsmaßregel des § 165 Abs. 1 ZVG mit Erteilung (Verkündung nicht erst mit Rechtskraft!) des Zuschlages (§§ 89, 104 ZVG) durch das Vollstreckungsgericht wieder aufzuheben. Sollte allerdings der Zuschlag nicht erteilt werden, weil z. B. der Gläubiger die einstweilige Einstellung gemäß § 30 ZVG bewilligt, können die Sicherungsmaßregeln des § 165 Abs. 1 ZVG und auch des Absatzes 2 Satz 3 (inkl. Treuhänderbestellung gemäß Absatz 2 Satz 2) wieder angeordnet werden, hinsichtlich Absatz 1 muss dies sogar wieder von Amts wegen erfolgen.[35]

91 Bei Erteilung des Zuschlags erfolgt die Aufhebung der Sicherungsmaßregeln vorbehaltlich der §§ 170 Abs. 1 und § 171 Abs. 5. (Dies kann nur noch die „reine" Bewachung und Verwahrung gemäß Absatz 1 betreffen. Denn die Quasi-Zwangsverwaltung gemäß Absatz 2 Satz 3 kann in diesem Zeitpunkt nicht mehr fortdauern, denn diese setzt eine einstweilige Einstellung des Verfahrens voraus).[36]

92 Anders als bei der „echten" Zwangsverwaltung, wo die bislang noch herrschende Meinung es für zulässig und im Regelfall sogar für geboten erachtet, die Zwangs-

33) *Mohrbutter*, KTS 1963, 21, 27 f.

34) Statt aller *Wedekind/Wedekind*, Zwangsverwaltung, Rz. 76–78.

35) Zur Argumentationen und Rechtskonstrukten, um diesen strikten Konnex aufzulösen vgl. *Mohrbutter*, KTS 1963, 21–36, was zumindest de lege ferenda bedenkenswert scheint.

36) A. A. *Mohrbutter*, KTS 1963, 21, 34 f.

verwaltung über den Zuschlagszeitpunkt hinaus fortbestehen zu lassen (auch ohne dass eine Ersteherverwaltung gemäß § 94 ZVG beantragt ist) endet also die Bewachung und Verwahrung richtigerweise sofort mit Erteilung des Zuschlags.

Dieses rigide Aufhebungserfordernis erzeugt selbstverständlich einige **praktische Probleme**, denn es besteht die Möglichkeit, dass von einem Moment auf den anderen sich niemand mehr um das Schiff kümmert. Dieses kann in Situationen, die eine Gefährdungslage für das Schiff darstellen – der Verfasser hatte einen Fall, wo die Schiffsversteigerung während einer akuten Hochwassersituation stattfand – in der Praxis problematisch sein. 93

Anderseits besteht keine Veranlassung, an den eindeutigen Festlegungen seitens des Gesetzes zu zweifeln. Auch das vorgenannte praktische Problem ist ohne Weiteres lösbar: Wer beabsichtigt, ein Schiff zu ersteigern, kann ohne Weiteres dafür Sorge tragen, dass er mit Erteilung des Zuschlages Personen vor Ort hat, die ggf. sofort quasi die Bewachung und Verwahrung des Schiffes (nunmehr für den Ersteher auf eigene Rechnung und Gefahr) übernehmen können. 94

Auch für den Fall, dass der Gläubiger einen sog. Rettungserwerb durchführen sollte, besteht keine Notwendigkeit, dass der Treuhänder weiter tätig wird, ohne dass es dazu einer **privatrechtlichen Vereinbarung** zwischen Treuhänder oder Gläubiger bedürfte. Das Gericht hat hier nichts zu regeln und nichts anzuordnen. 95

Also: Mit Erteilung des Zuschlages sind die Maßregeln aufzuheben, das betrifft die Aufhebung der Sicherung und Verwahrung mit dem dazugehörigen Treuhänder und dessen Bestellung, die damit auch aufzuheben ist (die Quasi-Zwangsverwaltung und die Treuhänderbestellung insoweit war schon bei Fortsetzung des Verfahrens, sprich beim Ende der einstweilige Einstellung, aufzuheben). 96

Exkurs: Es wäre auch zu fragen, ob nicht auch bei den „normalen" Zwangsverwaltungsverfahren diesem Gedanken zu folgen wäre, dass im Regelfall mit Erteilung des Zuschlages das Zwangsverwaltungsverfahren aufgehoben wird und es dann Sache des Erstehers ist, sich um die Bewachung und Verwahrung zu kümmern. Ansonsten steht mit § 94 ZVG ein rechtliches Instrument zur Verfügung, mit dem der Gläubiger, wenn er das möchte, eine besondere Art der Verwaltung nach Zuschlag beantragen kann. 97

6. Sanierungs-/Fortführungsfeindlichkeit

Der Konnex zwischen Quasi-Zwangsverwaltung gemäß Absatz 2 Satz 3 und Satz 1, den Satz 1 herstellt, wäre bei einer **Reformierung des Gesetzes** zu überdenken. Denn während es in der Insolvenz ein Gebot ist, einen fortführungsfähigen Betrieb auch fortzuführen, erfolgt hier sozusagen eine zwangsweise Betriebseinstellung, selbst da, wo eine Betriebsfortführung möglich wäre und möglicherweise auch im Interesse des Erstehers wäre und möglicherweise auch – im Interesse von Gläubigern und Schuldner – zu besseren Verwertungsergebnissen führen würde. 98

Kurzum: Die gesetzliche Regelung krankt *de lege lata* daran, dass um 1900 keine Notwendigkeit für eine detailliertere Regelung (insbesondere hinsichtlich Schaffung eines Zwangsverwaltungsverfahrens) bestand und dieses 1953 und auch danach offenbar niemals wirklich wieder hinterfragt worden ist. 99

100 Gegebenenfalls ist die gesetzliche Regelung von 1953 auch schlicht „missglückt" und ist es lediglich nicht gelungen, das gesetzgeberische Anliegen im Gesetzestext zu versprachlichen. Die Praxis und auch die über die Jahrzehnte veränderte Rechtslage sowie auch die – z. T. sehr weitreichenden – Überlegungen der Literatur,[37] die Unterschiede zur Zwangsverwaltung gemäß § 146 ff. ZVG zu nivellieren, zeigen deutlich, dass es dringend einer gesetzlichen Grundlage dafür bedarf, dass auch bei Schiffen eine „normale" Zwangsverwaltung parallel zu einem Zwangsversteigerungsverfahren möglich ist.[38]

V. Wirksamwerden der Beschlagnahme

101 Die Beschlagnahme wird wirksam

- mit der Zustellung des Beschlagnahmebeschlusses an den Vollstreckungsschuldner (§ 22 Abs. 1 Satz 1 ZVG) oder
- mit dem Eingang des Ersuchens um Eintragung des Versteigerungsvermerkes bei dem Gericht, bei dem das Schiffsregister geführt wird (§ 22 Abs. 1 Satz 2, § 163 Abs. 2 ZVG), oder
- mit dem Vollzug der Bewachung und Verwahrung (§ 165 Abs. 1 Satz 2 ZVG) – vgl. bei der Zwangsverwaltung die entsprechende Regelung in § 151 Abs. 1 ZVG),

und davon der früheste der drei möglichen Zeitpunkte.

102 Über die dem Eigentümer gleichstehenden Personen siehe § 164 (Schuldner, Eigentümer/Reeder, Erbe etc.), insbesondere § 164 Rz. 16 ff. und Rz. 31 [*Popp*]).

103 In der Praxis kann der dritte mögliche Beschlagnahmezeitpunkt (§ 165 Abs. 1 Satz 2 ZVG) anders als bei den Zwangsverwaltungen von Grundstücken, wo das Eintragungsersuchen beim Grundbuchamt in der Regel der früheste der drei möglichen Beschlagnahmezeitpunkte ist, dann relevant werden, wenn das Schiffsregister bei einem anderen Gericht als dem Vollstreckungsgericht geführt wird. Denn dann kann der Eingang des Ersuchens um Eintragung des Versteigerungsvermerkes bei dem Gericht, bei dem das Schiffsregister geführt wird (§§ 22 Abs. 1 Satz 2, 171a Satz 2 ZVG i. V. m. Satz 1) sich ggf. verzögern.

104 Insofern kommt dem **Zeitpunkt des Vollzugs** der Bewachung und Verwahrung (§ 165 Abs. 1 Satz 2 ZVG) ggf. praktisch und rechtlich eine stärkere Bedeutung zu.

VI. Wirkungen der Beschlagnahme

105 Die Beschlagnahme wirkt wie ein **relatives Veräußerungsverbot** zugunsten des betreibenden Gläubigers (§§ 20 Abs. 1, 23 ZVG) und ergreift mit der Wirkung eines Befriedigungsrechts das Schiff bzw. Schiffsbauwerk/Schwimmdock (§ 162 ZVG) samt Bestandteilen und dem Vollstreckungsschuldner gehörigen Zubehör sowie Versicherungsforderungen (§ 865 Abs. 1 ZPO; § 20 Abs. 2 ZVG, §§ 31–33 SchRG, § 755 HGB a. F. = § 597 HGB n. F., § 103 BinSchG).

106 Auch hier sind die Regelungen im Prinzip wie bei der „normalen" Zwangsversteigerung (dazu siehe § 162 Rz. 45 ff.) bzw. wie bei der Zwangsverwaltung relevant.

---

37) *Mohrbutter*, KTS 1963, 21–36.

38) Dazu siehe Rz. 87 f., 173 ff.

Zum **Zubehör:** § 97 BGB. Zubehör eines Seeschiffes sind auch die Schiffsbote; im Zweifel werden Gegenstände, die in das Schiffsinventar eingetragen sind, als Zubehör des Schiffes angesehen (die Norm des § 478 HGB a. F., in dem früher das Zubehör bei Seeschiffen geregelt war, ist entfallen). 107

Das **verhaftete Zubehör** darf nicht selbstständig gepfändet werden (§ 865 Abs. 2 ZPO). Über den erweiterten Umfang der Beschlagnahme siehe § 55 Abs. 2. 108

Zur Aufhebung der Pfandhaftung siehe § 31 Abs. 2 SchRG (mit Verweis auf § 1121 Abs. 2 BGB). Über Beendigung der Pfandhaftung bei Bestandteilen siehe § 31 Abs. 3 SchRG (mit Verweis auf § 31 Abs. 2 SchRG und von dort wiederum Verweis auf § 1121 Abs. 2 BGB). 109

Zur Beschlagnahme gegen den Schiffer siehe § 166 ZVG. 110

Die Beschlagnahme ergreift nicht im Beschlagnahmezeitpunkt bestehende – laufende oder rückständige – **Miet- und Pachtzinsforderungen** bzw. Vergütungen für eine Vercharterung (§ 21 Abs. 2 ZVG). Diese unterliegen der Pfändung (Mobiliarvollstreckung); mit anderen Worten, der Gläubiger müsste ggf. insofern eine gesonderte Vollstreckungsmaßnahme ergreifen, welches dann allerdings kein insolvenzfestes Recht auf abgesonderte Befriedigung schafft (anders als bei einer „echten„ Zwangsverwaltung; auch dieses wäre *de lege ferenda* zu überdenken). 111

Nicht zu verwechseln ist das mit den Forderungen, die aus der Tätigkeit des Treuhänders folgen, diese fallen in die Beschlagnahme bzw. insoweit wird der Umfang der Beschlagnahme durch den entsprechenden Beschluss des Gerichts erweitert. 112

Das **Frachtgeld** (nicht das Frachtgut) wird zwar vom gesetzlichen Pfandrecht erfasst (§ 756 HGB a. F. = § 598 HGB n. F., 759 HGB a. F. = § 600 HGB n. F., § 104 BinSchG), hingegen wird es nicht vom eingetragenen Pfandrecht erfasst (§ 31 Abs. 1 SchRG) und unterfällt daher gemäß § 865 Abs. 1 ZPO auch nicht der Beschlagnahme. 113

Ein **Prämienanspruch** im Rahmen einer freiwilligen Abwrackaktion unterfällt **nicht** der Hypothekenhaftung und damit auch nicht der Beschlagnahme[39] und kann daher wohl auch nicht über eine Quasi-Zwangsverwaltung gemäß § 165 Abs. 2 Satz 3 ZVG erfasst werden. 114

Folglich muss der Treuhänder – ebenso der Quasi-Zwangsverwalter gemäß § 165 Abs. 2 Satz 3 ZVG i. V. m. Satz 1 – die Abwrackung verhindern. Denn er muss die Substanz des Beschlagnahmegegenstandes erhalten und kann in keinem Falle ausnahmsweise etwas Gegenteiliges damit rechtfertigen, dass dies wirtschaftlich vorteilhafter sei und dies somit im Interesse von Schuldner und Gläubigern liege. 115

Dem Schuldner bleibt nur ein Antrag nach § 765a ZVG (siehe § 162 Rz. 63 [*Popp*], sofern der Gläubiger nicht selbst die einstweilige Einstellung gemäß § 30 ZVG bewilligt. 116

Anwartschaftsrechte des Schuldners auf Zubehörstücke können ggf. von der Beschlagnahmewirkung umfasst sein.[40] Dies wirft dann interessante praktische und rechtliche Fragen auf, etwa inwieweit der Treuhänder durch Zahlungen die Anwart- 117

39) *Hornung*, Rpfleger 1990, 445, 450.
40) *Mohrbutter*, KTS 1963, 21, 29 m. w. N.

schaftsrechte zu Volleigentum erstarken lassen darf oder inwieweit dem Gläubiger dabei ein Mitspracherecht zusteht.

118 Hinsichtlich der Prozessführung – **Aktiv- und Passivlegitimation** – steht jedenfalls der Treuhänder/Quasi-Zwangsverwalter gemäß Absatz 2 Satz 3 einem Zwangsverwalter gleich.[41)]

VII. Quasi-Zwangsverwaltung mit Betriebsfortführung im Detail

1. Willkürliche Versagung der Einwilligung des Gläubigers?

119 Missbrauchspotenzial besteht hinsichtlich Absatz 2 Satz 1 insofern, als ggf. ein uneinsichtiger Vollstreckungsgläubiger eine wirtschaftlich sinnvolle Nutzung zum Schaden von Mitgläubigern und Schuldner vereitelt kann, da der Gläubiger seine Einwilligung willkürlich geben oder verneinen kann, ohne eine Begründung geben zu müssen oder bei unzweckmäßigem Handeln verantwortlich gemacht werden zu können. Hier wäre *de lege ferenda* zu erwägen, inwieweit den Gläubiger eine durch den Schuldner einklagbare Pflicht zur Erteilung des Einverständnisses trifft, sofern dies objektiv wirtschaftlich das Vernünftigste wäre. Gegebenenfalls könnte auch § 765a ZPO insoweit sinnvoll ergänzt werden.

120 Denn anders als bei der Zwangsversteigerung von Immobilien, wo die Nichtanordnung der Zwangsverwaltung den Schuldner gerade nicht hindert, selbst weiterhin ordnungsgemäß verwalten und die Früchte (in der Regel „Rechtsfrüchte" in Form von Miete und Pacht oder die Gewinne eines grundstücksbezogenen Betriebs) ziehen zu können, führt die von Amts wegen vorzunehmende Anordnung der Bewachung und Verwahrung dazu, dass der Schuldner de facto eine ordnungsgemäße Verwaltung nicht mehr durchführen kann und der „Betrieb Schiff" eingestellt wird, obwohl sich dies zum Schaden des Schuldners und der Gläubiger auswirkt und objektiv unvernünftig ist.

2. Treuhänder – Auswahl

121 Die Auswahl des Treuhänders erfolgt wie auch bei der reinen Bewachung und Verwahrung (Abs. 1) ähnlich hinsichtlich der Quasi-Zwangsverwaltung (Abs. 2 Satz 3) analog den Regeln zur Auswahl des Zwangsverwalters. Dazu, dass in der Regel nur besonders qualifizierte Personen aus dem Kreis der als Zwangsverwalter Tätigen in Betracht kommen dürften, siehe Rz. 35 ff., insbesondere Rz. 41.

122 Auch die Frage der Vergütung ist analog der Regeln zur Zwangsverwaltung zu lösen (siehe unten).

123 Eine Instituts-Zwangsverwaltung gemäß § 150a ZVG sieht das Gesetz nicht vor (siehe Rz. 37). Dies ist im Ergebnis auch richtig, denn es wäre falsch, einem bloß zur abgesonderten Befriedigung berechtigten Gläubiger gleichsam einen Eingriff in den eingerichteten und ausgeübten Gewerbebetrieb des Schuldners zu erlauben. Eine Institutsverwaltung ist richtigerweise auch dem Insolvenzrecht fremd.

---

41) *Mohrbutter*, KTS 1963, 21, 29 (an der Stelle nicht differenzierend zwischen Treuhänder im Rahmen einer reinen Bewachung und Verwahrung gemäß § 165 Abs. 1 ZVG i. V. m. Abs. 2 Satz 1 und einem Quasi-Zwangsverwalter gemäß Abs. 2 Satz 3 i. V. m. Satz 1).

3. Nutzung „für Rechnung des Schuldners“ durch den Treuhänder

Die Nutzung des Schiffes durch den Treuhänder erfolgt für Rechnung des Schuldners. 124

Über die Verwendung des Reinerlöses entscheidet das Gericht, wobei von den Grundsätzen des § 155 ZVG auszugehen ist (inwieweit die zwingende Verteilungsreihenfolge selbstverständlich auch an dieser Stelle einzuhalten ist, siehe Rz. 75 ff.). 125

Eine Nutzung für Rechnung eines betreibenden Gläubigers kann zulässigerweise **nicht** angeordnet werden. 126

Dass eine Nutzung erlaubt ist, und damit grundsätzlich Einnahmen erzielt werden, schließt nicht aus, dass dennoch **Gläubigervorschüsse** zu leisten sind, soweit die Einnahmen nicht ausreichen, die laufenden Ausgaben der Verwaltung und die Kosten des Verfahrens zu decken. Auch hier können die Regelungen zur Zwangsverwaltung analog herangezogen werden (siehe Rz. 29 ff.). 127

4. Aufsicht des Gerichts/Verfahrensherrschaft

Der Treuhänder als Quasi-Zwangsverwalter untersteht der Aufsicht des Vollstreckungsgerichts und ist an dessen Weisungen gebunden, so wie der Zwangsverwalter auch (insofern sei auf die dortigen Anmerkungen verwiesen, die vollumfänglich analog heranzuziehen sind). 128

5. Treuhänder-Vergütung

Hinsichtlich der Vergütung kann analog auf die Regelungen zur **Vergütung des Zwangsverwalters** zurückgriffen werden,[42] wobei im Regelfall davon auszugehen ist, dass die Fortführung eines Betriebs mit entsprechenden rechtlichen und praktischen Herausforderungen nicht zu den einfacheren Tätigkeiten zählen, sondern regelmäßig zu Erhöhungssätzen führen wird. 129

Wichtig ist, dass die Vergütung des Treuhänders – anders als im Zwangsverwaltungsverfahren – nicht Teil eines eigenständigen Verteilungsverfahrens ist, es gibt sozusagen keine eigenständige „Klasse Null“, sondern vielmehr sind die Vergütung des Treuhänders als Auslagen des Zwangsversteigerungsverfahrens anzusehen. 130

Es ist möglich, dass die Vergütung aus den Nutzungen des Schiffes entnommen werden kann, aber ähnlich wie bei der Zwangsverwaltung, darf es nicht das Risiko des Treuhänders sein, inwieweit die Nutzungen des Schiffes, insbesondere nach Abzug der laufenden Ausgaben, zur Deckung der Vergütung ausreichen. 131

Im Ergebnis wird immer der Gläubiger einzustehen haben bzw. die Verteilung im Zwangsversteigerungsverfahren die Deckung der Vergütung erbringen müssen. Sollte aber eine Deckung der Vergütung im Zwangsversteigerungsverfahren nicht erfolgen, so muss wie auch bei der Zwangsverwaltung eine **subsidiäre Haftung des Gläubigers** greifen (§ 12 Abs. 2 Satz 3 ZwVwV analog). 132

Zu der Notwendigkeit der Anmeldung zum Zwangsversteigerungstermin und zur Aufnahme ins geringste Gebot siehe Rz. 71 ff. 133

---

42) Steiner-*Hagemann*, ZVG, § 165 Rz. 58; *Mohrbutter*, KTS 1963, 21, 30 f.

6. Betriebsfortführung durch einen (Quasi)-Zwangsverwalter/Treuhänder

134 Die praktische Durchführung einer derartigen Quasi-Zwangsverwaltung gemäß Absatz 2 Satz 3 begegnet denselben rechtlichen und praktischen Bedenken wie auch bei einer Betriebsfortführung (eines grundstücksbezogenen Betriebs des Schuldners) bei Grundstücken im Rahmen der Zwangsverwaltung.[43)]

135 Das ZVG ist – jedenfalls bislang – nicht darauf ausgelegt, eine angemessene Regelung hinsichtlich der **Haftungsrisiken** zu treffen: Während im Rahmen der Insolvenz der Insolvenzverwalter durch das Gesetz (InsO) dadurch „geschützt" ist, dass die Insolvenz in der Regel nicht sofort eröffnet wird, sondern im Rahmen eines Vorverfahrens geprüft wird, inwieweit überhaupt die wirtschaftliche Grundlage für eine etwaige Betriebsfortführung gegeben ist, und zudem eine hohe Hürde besteht dafür, dass der Insolvenzverwalter für nicht erfüllte Masseverbindlichkeiten haftet, fehlt beim ZVG jede Differenzierung dieser Art. Weder gibt es ein **Vorverfahren**, noch gibt es eine Differenzierung in Bezug auf **Masseverbindlichkeiten**, und es fehlen auch jegliche Regelungen über eine **Masseunzulänglichkeit**. Auch gibt es kein **Insolvenzarbeitsrecht**, das erleichterte Kündigungsmöglichkeiten bietet, was bei Schiffsbesatzungen durchaus praktisch bedeutsam werden kann.

136 Es ist daher in der Literatur mehrfach darauf hingewiesen worden, dass eine Betriebsfortführung im Rahmen der Zwangsverwaltung (anstelle einer Betriebsfortführung im Insolvenzverfahren) zu erheblichen Haftungsrisiken für den Zwangsverwalter führt.[44)] Dieses – lösbare – Problem besteht in gleicher Weise auch für den Treuhänder gemäß § 165 Abs. 2 Satz 3 ZVG.

137 Eine praktikable Regelung für die Praxis kann darin bestehen, dass der Treuhänder das Schiff in der Weise nutzt, dass er es verpachtet (wie das praktisch in gleicher Weise auch bei der „echten" Zwangsverwaltung in der Regel gelöst wird; die **Verpachtung** ist auch bei Schiffen nach allgemeiner Auffassung eine zulässige Art der Nutzung). Damit sind dann alle Haftungsrisiken hinsichtlich Arbeitsrecht und Löhnen/Gehältern, Erfüllung öffentlichrechtlicher Erfordernisse etc. beim Pächter. Hingegen verbleibt beim Treuhänder als Verpächter ein ähnlich überschaubares Risiko, für das auch adäquate rechtliche Regelungen im ZVG vorhanden sind, wie beim „normalen" Zwangsverwalter.

138 Ist eine Verpachtung/Vercharterung an einen Dritten nicht möglich oder nicht opportun, sondern steht im Ergebnis nur der Schuldner zur Verfügung, kann das im Zweifel bedeuten, dass der Schuldner (wenn dieser selbst weiter betreiben soll, was aufgrund der notwendigen Schiffspatente etc. sehr häufig eine praktikable oder möglicherweise die einzige praktikable Möglichkeit sein wird) z. B. eine UG gründet, an die dann verpachtet wird.

139 Dass der Treuhänder – wie es das Gesetz vorsieht – selbst das Schiff betreibt, kann in der Praxis nicht empfohlen werden. Allenfalls bei umfassender **Haftungsfreistellung** seitens eines Gläubigers (mit hinreichender Bonität und Vertrauenswürdigkeit) mag etwas anderes gelten.

---

43) Ausführlich dazu *Schmidt-Räntsch*, ZInsO 2006, 303–314.

44) *Schmidt-Räntsch*, ZInsO 2006, 303–314.

7. Zu den praktischen Problemen:

a) Umsatzsteuer

Würde der Treuhänder selbst betreiben, so wäre bei der Umsatzsteuer ggf. nach verschiedenen **Steuersätzen** zu differenzieren. Außerdem bestünde das Problem, die tatsächlichen Einnahmen des Schiffers zu überwachen und entsprechend zutreffende Steuervoranmeldungen und Erklärungen abzugeben. In der Praxis ist das – insbesondere dort, wo auch Barzahlung in erheblichem Umfang üblich ist, wie z. B. bei Fahrgastschiffen, Fähren etc. – schwer durchführbar. Auch das ist ein weiteres Argument für das „Verpachtungs-Modell". 140

b) Versicherungen

Versicherungen von Schiffen unterliegen besonderen praktischen und rechtlichen Gegebenheiten. Es ist in der Praxis nicht einfach, die Versicherung auf den Treuhänder umschreiben zu lassen, z. T. wird sogar rechtlich bezweifelt, ob dieses überhaupt die richtige Rechtsfolge wäre, oder ob nicht vielmehr die Versicherung für Rechnung des Schuldners fortzuführen ist. 141

So differenziert *Mohrbutter*[45] im Sinne einer Art 3-Phasen-Modell etwa dahingehend, dass während der reinen Bewachung und Verwahrung – die zu Verfahrensbeginn von Amts wegen sofort anzuordnen ist, auch wenn ggf. später eine einstweilige Einstellung mit Einverständnis des Gläubigers zur treuhänderischen Nutzung im Rahmen einer Quasi-Zwangsverwaltung erfolgt (Phase 1) – eine rein hoheitliche Maßnahme vorliege und es zu keinem vertragsähnlichen Verhältnis des Treuhänders zum Schuldner komme Entsprechendes gelte, wenn die einstweilige Einstellung und damit verbundene Quasi-Zwangsverwaltung (Phase 2) ende, um dann in Phase 3 direkt Kurs auf den Zuschlag im fortgesetzten Versteigerungsverfahren zu nehmen. 142

In Phase 1 und 3 bei der reinen Bewachung und Verwahrung habe der Treuhänder zwar einen versicherungsfähigen Zustand der Schiffe zu erhalten, aber sei nicht für die Versicherung als solche zuständig. Vielmehr haben ausschließlich „der Schiffseigner und seine Gläubiger" für den Abschluss neuer Versicherungsverträge und die Prämienzahlung bei laufenden Verträgen zu sorgen, was im Umkehrschluss bedeutet, dass dies in Phase 2 während der Quasi-Zwangsverwaltung wohl anders zu sehen sei.[46] 143

Diese Auffassung ist wenig praxistauglich, da zum einen kaum umsetzbar ist, dass in Phase 2 der Treuhänder wie ein Zwangsverwalter unmittelbar auf die Versicherungen zugreift und für diese allein zuständig ist, während das in Phase 1 und Phase 3 nur der Schuldner (und die Gläubiger) sein soll – völlig unklar ist auch, wie die Versicherung einmal in der Beschlagnahme- und der Verwaltungskompetenz des (Quasi)-Zwangsverwalters ist, und dann wiederum nicht mehr. 144

Außerdem macht es wenig Sinn, wenn der Treuhänder für einen versicherungsfähigen Zustand zu sorgen hat, aber die Erfüllung der Obliegenheiten (Mitteilungen an die Versicherung über Gefahrerhöhungen, Schadensmeldungen etc.) allein der Schuldner haben soll. 145

---

45) *Mohrbutter*, DGVZ 1965, 211.
46) *Mohrbutter*, DGVZ 1965, 211.

146 Rechtlich überzeugt diese Sicht ebenfalls nicht. Einmal beruht die obig dargestellte Auffassung auf der sog. **Vertretertheorie**, also der Vorstellung, der Treuhänder handle als rechtsgeschäftlicher Vertreter des Schuldners. Diese Auffassung ist aber **obsolet**: Hinsichtlich aller gleichgelagerter Treuhandverhältnisse ist heute h. M. dass der Treuhänder eine **Partei kraft Amtes**[47)] ist (was hoheitliche und rechtsgeschäftliche Vertretungselemente verbindet, wobei die Vertretungselemente insbesondere dem Erfordernis geschuldet sind, eine dogmatische Erklärung zu benötigen, warum durch einen Treuhänder/Zwangsverwalter geschlossene Verträge nach Verfahrensaufhebung den Schuldner binden können, insbesondere auch soweit es nicht um Miet-/Pachtverträge geht).

147 Des Weiteren passt die Auffassung nicht zusammen mit dem Beschlagnahmeumfang. Denn wenn der Eigentümer/Reeder oder für seine Rechnung ein anderer (z. B. ein Ausrüster) für das Schiff eine Versicherung abgeschlossen hat, so erstreckt sich die Schiffshypothek auch auf die **Versicherungsforderung**. (§ 32 Abs. 1 SchRG). Wenn also Versicherungsforderungen in den Haftungsverband der Hypothek fallen, dann ist nicht einzusehen, warum sich die bloße Bewachung und Verwahrung gemäß § 165 Abs. 1 ZVG nicht auch auf die Versicherung erstrecken soll bzw. durch entsprechenden Beschluss des Gerichts darauf erstreckt werden kann. Erst recht gilt dies für die Quasi-Zwangsverwaltung gemäß Absatz 2 Satz 3. Andererseits enthält § 165 ZVG zu dieser Frage nichts Explizites.

148 Mithin verweisen die Versicherer in der Praxis oft – wohl mit einem gewissen Recht – darauf, sie sähen als Versicherungsnehmer weiterhin den Schuldner. Dies ist aber – sowohl rechtlich als auch praktisch – für den Treuhänder misslich.

149 Ob nun analog § 148 ZVG von einer unmittelbaren Beschlagnahme der Forderungen gegen die Versicherung ausgegangen wird oder analog § 152 Abs. 1 ZVG von einer für die Dauer der Quasi-Zwangsverwaltung (und wohl sinnvollerweise auch für die Dauer der reinen Bewachung und Verwahrung gemäß Absatz 1) bestehenden umfassenden **Verwaltungskompetenz**, die nicht nur den Einzug etwaiger Versicherungsforderungen, sondern auch die sonstige Verwaltung und ggf. Gestaltung der Versicherungsverhältnisse umfasst, mag dahinstehen. Aber im Ergebnis muss der Treuhänder/Quasi-Zwangsverwalter die Versicherungen in seiner alleinigen Verwaltungskompetenz haben, insbesondere auch, was die Geltendmachung von Forderungen gegen die Versicherung und die Einziehung der Versicherungsleistungen angeht.

150 Dies lässt sich auch dogmatisch begründen: Wenn durch die Quasi-Zwangsverwaltung eine „Erweiterung der Beschlagnahmewirkung auf die vom Treuhänder gezogenen Nutzungen" eintritt,[48)] dann ist eine Erweiterung der Beschlagnahmewirkung auf die Versicherungen auch dogmatisch darstellbar, *de lege lata* wenigstens für die Dauer der treuhänderischen Nutzung, sprich der Quasi-Zwangsverwaltung (Phase 2).[49)]

151 Jedenfalls wäre zumindest *de lege ferenda* eine Klarstellung zu schaffen, die den Treuhänder (auch in Phase 1 und Phase 2, siehe oben) in die Lage versetzt, auf einer

---

47) Grüneberg/*Ellenberger*, BGB, Vor § 164 Rz. 9.

48) *Mohrbutter*, KTS 1963, 21, 29.

49) So auch *Mohrbutter* noch in KTS 1963, 21, 29; später aber wie dargestellt (siehe Rz. 142 ff.) nach drei Phasen differenzierend *Mohrbutter*, DGVZ 1965, 211.

rechtlich zuverlässigen Grundlage die Versicherungsverhältnisse verwalten und etwaige Versicherungsforderungen einziehen zu können. Denn ohne eine verlässliche gesetzliche Grundlage werden die Vollstreckungsgerichte kaum wirksam eine entsprechende Erweiterung anordnen können.

c) Behörden

Dringend empfohlen werden muss dem Treuhänder/Quasi-Zwangsverwalter, eine **Kooperation** mit – den im weiteren Sinne zuständigen – Behörden zu suchen. Hier sind insbesondere zu nennen Wasser- und Schifffahrtsämter, Hafenbehörden, Wasserschutzpolizei. 152

Auch wenn sich diese Behörden zum Teil nicht formal bestimmte Verantwortungen überbürden lassen und sich z. B. oft dagegen verwahren werden, die Bewachung und Verwahrung ganz oder teilweise durch den Treuhänder übertragen zu bekommen (wie das manche Beschlüsse dem Treuhänder erlauben wollen), können diese Behörden durchaus praktische Hilfe leisten (und tun das informell in der Regel auch), insbesondere bei der „Überwachung" des Schiffers/Eigentümers. 153

Zum Teil darf das Schiff nicht bewegt werden, ohne dass entsprechende Genehmigungen seitens der vorgenannten Behörden vorliegen, oder es muss zumindest eine Anmeldung der Fahrten (u. a. auch bei Schleusen) erfolgen, sodass zumindest eine praktische Überwachung der Schiffsbewegungen auf diese Art und Weise möglich ist. 154

Auch das Wissen, dass auf diese Art und Weise eine Überwachung seitens des Treuhänders praktisch erfolgen kann, mag auf den Schiffer/Eigentümer entsprechend der Kooperation fördernd wirken. 155

d) Reparaturen und sog. „Klasse machen"

Schiffe benötigen Betriebsgenehmigungen und Abnahmen von u. a. der Berufungsgenossenschaft. Die Praxis spricht z. T. vom „Klasse-Machen". 156

Die Herausforderung in der Praxis ist, dass hierfür die Schiffe zum Teil bewegt werden müssen (z. B. vom Anleger oder sog. Steiger weg ins Fahrwasser oder gar zu einer Werft hin). Oft besteht die einzige praktikable Möglichkeit darin, dass diese Schiffsbewegungen der Schiffer/Schuldner durchführt (entsprechende Kooperation vorausgesetzt). Zur Notwendigkeit, dass die Beschlüsse der Gerichte nicht derartige Schiffsbewegungen ausschließen oder ggf. bereits vorsorglich Schiffsbewegungen (ggf. auch aus dem Bezirk des Vollstreckungsgerichts hinaus) gestatten, siehe Rz. 83 f. 157

e) Räumliche Verlagerung

Räumliche Verlagerungen können auch erforderlich werden, z. B. weil die Genehmigung einen bestimmten Anleger zu nutzen, nicht verlängert wird. Oder ein Liegeplatz nicht weiter zur Verfügung steht. Auch können Hochwasser oder andere Gegebenheiten eine Verlagerung erzwingen. Dieses gilt schon bei der bloßen Bewachung und Verwahrung. 158

Erst recht gilt dies bei der Quasi-Zwangsverwaltung gemäß § 165 Abs. 2 Satz 3 ZVG. 159

f) Förderung des Zwangsversteigerungsverfahrens

160 Anders als bei der „normalen" Zwangsverwaltung ist bei der Quasi-Zwangsverwaltung gemäß § 165 Abs. 2 Satz 3 ZVG unzweifelhaft der Treuhänder/Quasi-Zwangsverwalter befugt, den Zutritt des gerichtlichen Sachverständigen zur Erstellung des Verkehrswertgutachtens zu erzwingen, denn die Quasi-Zwangsverwaltung ist unselbstständiger Teil des Versteigerungsverfahrens (anders als die Zwangsverwaltung gemäß §§ 146 ff. ZVG, die ein unabhängiges Verfahren neben dem Versteigerungsverfahren ist).

161 Inwieweit Bietinteressenten – gegen den Willen des Schuldners – Besichtigungen ermöglicht werden dürfen, ist zweifelhaft, denn das Zwangsversteigerungsrecht sieht dieses gerade nicht vor; im Gegenteil. § 56 Satz 3 ZVG schließt jegliche Gewährleistung aus.

g) Fortsetzung der Vollstreckungs-(Quasi)-Zwangsverwaltung nach Zuschlag vs. Sicherungsverwaltung gemäß § 94 ZVG (hier über die Einstiegsnorm § 170 ZVG)

162 In der Literatur wird diskutiert, inwieweit die Quasi-Zwangsverwaltung nicht vollständig einer Zwangsverwaltung gleichzustellen und insbesondere die Quasi-Zwangsverwaltung auch dann fortzusetzen sei, wenn die einstweilige Einstellung des Zwangsversteigerungsverfahrens beendet und damit das Erfordernis des § 165 Abs. 2 Satz 1 nicht mehr erfüllt ist.[50)]

163 Einigkeit besteht, dass es zumindest zulässig ist, nach Erklärung des Gläubigers, die einstweilige Einstellung solle nicht aufrechterhalten bleiben, zumindest so viel Zeit bis zur Aufhebung der Treuhänderschaft vergehen zu lassen, bis der Schuldner selbst ggf. einen Antrag gemäß § 30a ZVG stellen konnte. Denn – fast in absurder Weise – würde ein derartiger Antrag des Schuldners wiederum dazu führen, dass das Zwangsversteigerungsverfahren eingestellt wäre und dementsprechend nunmehr der Schuldner eine Fortführung der (üblicherweise ursprünglich durch den Gläubiger initiierten) Quasi-Zwangsverwaltung ermöglichen würde.[51)]

164 Auch werden Lösungen mit Einverständnis der Beteiligten diskutiert.[52)] Diese Diskussionen können richtigerweise aber nur zu der Konsequenz führen, dass eine **„echte" Zwangsverwaltung** bei Schiffen möglich sein muss, entweder durch eine entsprechende auch heute schon mögliche Gesetzesauslegung oder *de lege ferenda* durch eine Klarstellung im Gesetz (siehe Rz. 173 ff.).

165 Interessant auch das Plädoyer von *Berges*, anknüpfend an den Schuldner-Zwangsverwalter gemäß §§ 150b ff. ZVG und die Tendenz, die Eigenverwaltung durch den Schuldner insgesamt (auch im Insolvenzrecht) zu stärken, nicht nur bei landwirtschaftlich, forstwirtschaftlich genutzten Grundstücken Eigenverwaltung anzuordnen, sondern diesen Gedanken auch auf Zwangsverwaltungen zu erweitern, was dann folgerichtig auch für die Quasi-Zwangsverwaltung gemäß § 165 Abs. 2 Satz 3 ZVG i. V. m. Satz 1 gelten müsste.

---

50) Steiner-*Hagemann*, ZVG, § 165 Rz. 89 f.

51) Steiner-*Hagemann*, ZVG, § 165 Rz. 36 ff.

52) *Mohrbutter*, KTS 1963, 21, 25–27.

Zumindest *de lege ferenda* wäre zu überlegen, ob statt eines Treuhänders/Quasi-Zwangsverwalters auch (nur) eine Aufsichtsperson analog § 150c Abs. 2 ZVG (oder gemäß dem Rechtsgedanken von §§ 270 Abs. 1, 270c, 274 InsO) bestellt wird.[53] Dies ist aber mit § 165 ZVG *de lege lata* wohl (noch) nicht vereinbar. 166

8. Exkurs: Rückschlüsse auf die Auslegung der §§ 146 ff. ZVG

Insgesamt lässt sich sagen, dass die Diskussion um § 165 Abs. 2 Satz 3 ZVG auch Rückschlüsse auf die Diskussion um die Reform der Zwangsverwaltung ermöglicht. Es erscheint sachgerecht, Überlegungen aus dem Grundstücks-Zwangsverwaltungsrecht der §§ 146–161 ZVG in die Anwendung von § 165 Abs. 2 Satz 3 ZVG zu übernehmen und nach Möglichkeit auch in eine etwaige Gesetzesänderung einfließen zu lassen. 167

Umgekehrt erscheint es auch sachgerecht, Erkenntnisse über die rechtliche Gestaltung und die praktische Anwendung von § 165 Abs. 2 Satz 3 ZVG dafür heranzuziehen, wie die Zwangsverwaltung gemäß § 146 ff. ZVG rechtlich zu sehen ist und praktisch durchgeführt werden kann, bis hin ebenfalls zur etwaigen entsprechenden gesetzlichen Änderungen bzw. Klarstellungen. 168

Die in der Literatur[54] z. T. vertretene Auffassung, ähnlich wie beim Zwangsverwalter habe der Treuhänder gemäß § 165 Abs. 2 Satz 3 ZVG noch eine Art Notgeschäftsführung fortzuführen, erscheint bedenklich, soweit das über eine echte Notgeschäftsführung hinausgeht. 169

Jedenfalls, so lange das Gesetz eindeutig anordnet, dass mit Erteilung des Zuschlags die Sicherungsmaßnahmen enden. Ab dem Zeitpunkt kann dann nur noch der allgemeine Grundsatz einer Geschäftsführung ohne Auftrag gelten und erscheint es abwegig, dem vormaligen Treuhänder irgendwelche darüber hinausgehenden Pflichten überbürden zu wollen. Hierbei darf nicht vergessen werden, dass es zum einen um **Haftungsrisiken** geht und zum anderen um die Frage, wie dieser fortgesetzte Verantwortungszeitraum zu vergüten sei. 170

Es besteht auch keinerlei Notwendigkeit für derartige über den Gesetzeswortlaut hinausgehende Auslegungen (siehe Rz. 91 ff.). 171

VIII. Erlösverteilung – Verfahren und Rangklassen

Hierzu siehe § 169 Rz. 28 ff. [*Popp*]. 172

IX. Warum eigentlich nicht eine „echte" Zwangsverwaltung gemäß § 146 ff. ZVG? (noch MM)

In der Literatur ist öfter sinngemäß zu lesen, es gebe keine Zwangsverwaltung von Schiffen und Schiffbauwerken/Schwimmdocks oder eine solche „findet nicht statt" (wobei die Formulierungen oft etwas diffus sind und mehr nach Beschreibungen im Tatsächlichen als nach zwingenden gesetzlichen Normierungen klingen). Diese Tendenz ist jedoch zu hinterfragen. Denn ein ausdrücklicher Ausschluss einer „echten" Zwangsverwaltung findet sich nirgendwo im Gesetz: 173

53) *Berges*, KTS 1956, 113, 115.
54) Steiner-*Hagemann*, ZVG, § 165 Rz. 89 f.

1. Kein Ausschluss in der ZPO

174 In der Regel wird zur Begründung der Auffassung, eine „echte" Zwangsverwaltung sei nicht zulässig, u. a. auf § 870a ZPO verwiesen.

175 Dort steht: „Die Zwangsvollstreckung in ein eingetragenes Schiff oder in ein Schiffsbauwerk, das im Schiffsbauregister eingetragen ist oder in dieses Register eingetragen werden kann, erfolgt durch Eintragung einer Schiffshypothek für die Forderung oder durch Zwangsversteigerung." (§ 870a Abs. 1 Satz 1 ZVG).

176 Zuvor ist dazu in § 864 Abs. 1 ZPO bestimmt: „Der Zwangsvollstreckung in das unbewegliche Vermögen unterliegen außer den Grundstücken die Berechtigungen, für welche die sich auf Grundstücke beziehenden Vorschriften gelten, die im Schiffsregister eingetragenen Schiffe und die Schiffsbauwerke, die im Schiffsbauregister eingetragen sind oder in dieses Register eingetragen werden können."

177 Und § 866 Abs. 1 ZVG bestimmt zu Arten der Vollstreckung: „ Die Zwangsvollstreckung in ein Grundstück erfolgt durch Eintragung einer Sicherungshypothek für die Forderung, durch Zwangsversteigerung *und durch Zwangsverwaltung*."

178 In der Zusammenschau fällt auf, dass in § 870a ZPO die „Zwangsverwaltung", die in § 866 Abs. 1 ZVG als eine von drei Vollstreckungsarten genannt ist, fehlt.

179 Ob die Nichtnennung gleichzusetzen wäre mit einem zwingenden gesetzlichen Ausschluss, sei einmal dahingestellt, denn § 869 ZPO verweist darauf, dass „die Zwangsversteigerung und die Zwangsverwaltung [werden] durch ein besonderes Gesetz geregelt" werden. Anders als bei der Frage des Verhältnisses von § 152a ZVG zu den Normen der Zwangsverwalterverordnung (ZwVwV), ist das ZVG aber ein **eigenständiges Gesetz**, welches durchaus auch die ZPO inhaltlich modifizieren oder überlagern kann. Es kommt also darauf an, was das ZVG insoweit regelt.

2. Die Regelungen im ZVG

180 **§ 162 ZVG** erklärt dem Wortlaut nach nur die Vorschriften des Ersten Abschnitts für anwendbar. Nach allgemeiner Auffassung sind aber auch die Vorschriften des Dritten Abschnitts grundsätzlich anwendbar.[55] § 162 ZVG ist also keineswegs eine abschließende Aufzählung – genau genommen ist es überhaupt keine Aufzählung –, sondern nur die Klarstellung, dass grundsätzlich das gesamte ZVG entsprechend anwendbar sein kann, sofern nicht ausnahmsweise dies in den Regelungen der §§ 162 ff. ZVG ausdrücklich ausgeschlossen ist.

181 Die **§§ 146 ff. ZVG** enthalten keinen Ausschluss der Zulässigkeit einer „echten" Zwangsverwaltung von Schiffen etc.

182 § 162 ZVG erklärt zunächst einmal den Ersten Abschnitt grundsätzlich für anwendbar, dieser umfasst die §§ 1–161 ZVG, also auch die §§ 146–161 ZVG.

183 Zum Teil findet sich als quasi-systematisches Argument, § 165 ZVG bezwecke nur eine Sicherung.[56] Dieser Ausgangspunkt der Argumentation selbst ist aber schon angesichts des erklärten gesetzgeberischen Anliegens zweifelhaft und selbst wenn

55) Allgemeine Auffassung, siehe Rz. 59 ff.

56) Zöller/*Seibel*, ZPO, § 870a Rz. 1.

man dieser Annahme noch folgen wollte, so würde der nächste logische Schritt ebenso wenig überzeugen, denn die Sicherungsverwaltung gemäß § 94 ZVG erfasst unstreitig auch die Einnahmen. Ergo: Ob eine „Zwangsverwaltung" zur Sicherung oder zur Vollstreckung zwecks Befriedigung der Gläubiger unmittelbar aus dem Vollstreckungserfolg dient, hat mit der Frage, ob auch die Einnahmen erfasst werden, überhaupt nichts zu tun.

Damit spitzt sich die Frage darauf zu, ob die bloße Existenz von § 165 ZVG i. S. v. § 162 ZVG „etwas anderes ergibt". Die klare Antwort lautet „nein". 184

Es ist ohne Weiteres möglich, **§ 165 Abs. 2 ZVG** nicht als Ersatz für eine Zwangsverwaltung anzusehen, sondern als eine besondere weitere Möglichkeit neben einer Zwangsverwaltung. 185

Auch die Motive und Beratungen zum ZVG – abgesehen davon, dass die historische Auslegung nicht das vorrangige Auslegungskriterium ist – geben allenfalls her, dass „kein praktisches Bedürfnis" für die Regelung der Zwangsverwaltung gesehen wurde.[57] Das kann aber auch so verstanden werden, dass man die Regelungen der §§ 146–161 ZVG (damals gab es nur den heutigen § 165 Abs. 1 ZVG) für hinreichend ansah und nur keinen Bedarf sah, Spezifika hinsichtlich der Zwangsverwaltung von Schiffen (schon 1900) zu regeln. 186

§ 165 Abs. 2 ZVG ist dann 1953 ins Gesetz gekommen, ausdrücklich mit dem erklärten Ziel, dem „wirtschaftlich höchst unerwünschten Zustand" entgegenzutreten, dass „ein Schiff sehr lange Zeit hindurch ungenutzt festgehalten wird" und während dieser Zeit nicht genutzt werden kann, weil eine Zwangsverwaltung eingetragener Schiffe vom Gesetz nicht vorgesehen ist.[58] 187

Offenkundig haben sowohl die gesetzgeberische Intention und deren Umsetzung schon damals nicht überzeugt. *Jonas/Pohle* fragen zu Recht, warum nicht einfach auf die Regelungen über die Zwangsverwaltung verwiesen wurde und halten die Anwendung der §§ 146–161 ZVG im Rahmen von § 165 Abs. 2 ZVG ohnehin „zur Ausfüllung von Lücken" für geboten, mit anderen Worten, sie halten die Regelung des § 165 Abs. 2 ZVG für „Stückwerk", das nur mäßig gelungen ist. Dem kann man nur beipflichten, denn die tatsächlich gefundene Regelung (jedenfalls in der gängigen restriktiven Auslegung) dient nur bedingt wirklich dem erklärten Zweck, der evident richtig ist. 188

Wenn es dem Gesetzgeber 1953 erklärtermaßen darum ging, dem Mangel abzuhelfen, dass es – vermeintlich oder tatsächlich – vor Schaffung des § 165 Abs. 2 ZVG keine zulässige Zwangsverwaltung von Schiffen gab oder dies zumindest die h. M. so sah, dann wäre die einzig logische Konsequenz die gewesen, auf die § 146 ff. ZVG zu verweisen und diese allenfalls durch schiffsspezifische Regelungen zu ergänzen. 189

Da aber das Unvermögen des Gesetzgebers, das erklärtermaßen Gewollte gesetzestechnisch umzusetzen, nach neuerer BGH-Rechtsprechung die Rechtsprechung nicht 190

57) *Jaeckel/Güthe*, ZVG, 2. Aufl., Vor § 162, wo auch zu erfahren ist, dass das mecklenburgische Recht zuvor eine Zwangsverwaltung von Schiffen vorgesehen hatte.

58) E II Begr. S. 18 zum ZVMG; *Jonas/Pohle*, Zwangsvollstreckungsnotrecht, S. 325.

hindert, das tatsächlich vom Gesetzgeber Gewollte als Recht zu erkennen,[59] ergibt sich gerade auch aus diesem Gedanken, dass die Zwangsverwaltung von Schiffen in entsprechender Anwendung der §§ 146 ff. ZVG vom Gesetzgeber gewollt war und das Gesetz auch in diesem Sinne ausgelegt werden kann, wenn nicht muss.

191 **Fazit:** Die **Zwangsverwaltung** eines Schiffes gemäß § 162 ZVG i. V. m. § 146 ZVG ist **grundsätzlich zulässig.** Diese zunächst verblüffend erscheinende Folgerung muss man jedoch ziehen, wenn man konsequent das Gesetz auslegt. Der historische Gesetzgeber wollte 1900 eine Zwangsverwaltung von Schiffen durchaus ermöglichen, sah nur (noch) keinen Bedarf, dafür detaillierte Regelungen zu schaffen.[60] Auch der Gesetzgeber 1953 wollte im Ergebnis eine Zwangsverwaltung regeln.

192 Interessant ist in diesem Zusammenhang auch, dass die **Zwangsverwalterverordnung** gemäß § 24 ZwVwV keine Regelung zur Nichtanwendbarkeit auf Schiffe etc. vorsieht, sondern nur Verwaltungen gemäß §§ 150b–150e ZVG ausnimmt sowie Verwaltungen, bei denen durch die §§ 150, 153, 154 ZVG die dem Gericht zugewiesene Tätigkeit nach Landesrecht durch eine landwirtschaftlichen oder ritterschaftliche Kreditanstalt übernommen wird. In § 3 ZwVwV ist auch konsequent von „Zwangsverwaltungsobjekt“ die Rede, was ebenfalls Schiffe nicht ausschließt.

193 Insofern mag auch die Formulierung der ZwVwV als ein Indiz gewertet werden, dass nach heutiger Sicht eine Zwangsverwaltung von Schiffen in entsprechender Anwendung der §§ 146 ff. ZVG ohne Weiteres mit dem ZVG in Einklang zu bringen ist.

3. Ergebnis

a) Die „echte“ Zwangsverwaltung eines (deutschen) Schiffes ist gemäß §§ 162, 146 ZVG entgegen der h. M. zulässig (noch MM)

194 Der landläufig vertretenen Auffassung, die Zwangsverwaltung eines deutschen Schiffes sei nicht zulässig, ist hiermit klar entgegenzutreten (zur Argumentationskette siehe oben).

b) Bei Schiffsbauwerken ist die „echte“ Zwangsverwaltung unzulässig (allg. Auffassung)

195 Nur bezüglich Schiffsbauwerken hat die allgemeine Auffassung Recht. Denn bezüglich § 170a Abs. 2 ZVG fehlt der Verweis auf § 162 ZVG und damit der Verweis auf auch die §§ 146–161 ZVG.

196 Im Rahmen der gemäß § 165 Abs. 2 Satz 3 ZVG zulässigen Quasi-Zwangsverwaltung darf der Quasi-Zwangsverwalter/Treuhänder aber gleichwohl ein Schiffsbauwerk fertigbauen, also zum Schiff vollenden (siehe § 170a Rz. 44 ff. [*Popp*]).

59) Vgl. BGH, Beschl. v. 15.10.2009 – V ZB 43/09, BGHZ 182, 361–369, insbesondere siehe Rz. 22.

60) Steiner-*Hagemann*, ZVG, § 162 Rz. 3.

c) Die „echte" Zwangsverwaltung eines ausländischen Schiffes ist gemäß §§ 171 Abs. 1, 146 ff. ZVG entgegen der h. M. zulässig (noch MM)

Denn auch § 171 Abs. 1 ZVG verweist wie § 162 ZVG auf die Anwendbarkeit des Ersten Teils „... soweit sich nicht aus den folgenden Vorschriften etwas anderes ergibt." 197

Dass § 165 ZVG in § 171 Abs. 5 ZVG für anwendbar erklärt wird, besagt zu der Frage, ob gemäß § 171 Abs. 1 ZVG i. V. m. § 146 ZVG die „echte" Zwangsverwaltung zulässig wäre, nichts. 198

d) Praktische Reichweite der Zulässigkeit der Zwangsverwaltung

Die Zulässigkeit der Zwangsverwaltung gemäß §§ 146, 162 ZVG für inländische und ausländische Schiffe führt allerdings nicht dazu, den Beschlagnahmeumfang der Schiffshypothek zu erweitern. Vor Beschlagnahme fällig gewordene Mieten, Pachten, Entgelte für Vercharterung und auch Frachtentgelte, fallen also nicht in die Beschlagnahme. 199

Wohl aber ist eine Zwangsverwaltung gemäß §§ 146, 162 ZVG **auch ohne** Stellung eines **Zwangsversteigerungsantrages** möglich. Dieses ist durchaus ein wichtiger Aspekt. Denn viele Gläubiger, die bei Grundstücken nur die Zwangsverwaltung (und nicht die Zwangsversteigerung) betreiben, tun dies, weil sie keine Veröffentlichung (des Zwangsversteigerungsverfahrens), sondern „diskret" eine freihändige Verwertung bewerkstelligen und währenddessen eine ordnungsgemäße Verwaltung und einen insolvenzfesten Zugriff auf die laufenden Einnahmen erreichen wollen. 200

Dieses erlaubt § 165 Abs. 2 Satz 3 ZVG in herkömmlicher Auslegung aber gerade nicht. Insofern wäre eine Anwendbarkeit der §§ 146–161 ZVG (ob nun unmittelbar über § 162 ZVG oder durch eine entsprechende teleologische Auslegung von § 165 Abs. 2 Satz 3 ZVG) von erheblicher praktischer Bedeutung. 201

Zumindest bei einer anstehenden Reformierung des ZVG[61)] wären *de lege ferenda* ggf. klarstellende Regelungen im Gesetz (ZVG und/oder ZPO) zu schaffen. 202

61) Vgl. Ausschreibung Forschungsvorhaben zum Reformbedarf des ZVG, BAnz AT 1.8.2013 A1.

§ 166

Beschlagnahme gegen den Schiffer und dessen Beteiligtenstellung

(1) Ist gegen den Schiffer auf Grund eines vollstreckbaren Titels, der auch gegenüber dem Eigentümer wirksam ist, das Verfahren angeordnet, so wirkt die Beschlagnahme zugleich gegen den Eigentümer.

(2) Der Schiffer gilt in diesem Fall als Beteiligter nur so lange, als er das Schiff führt; ein neuer Schiffer gilt als Beteiligter, wenn er sich bei dem Gericht meldet und seine Angabe auf Verlangen des Gerichts oder eines Beteiligten glaubhaft macht.

Literatur: *Liesecke*, Schiffsgläubigerrecht und Arrest, MDR 1967, 625; *Michaels*, Schiffsgläubigerrecht und Auslandsveräußerung, TranspR 1997, 330.

Übersicht

I. Zweck der Norm

1 Die Norm trägt den Gegebenheiten des materiellen Schiffsrechtes Rechnung und zieht die notwendigen Folgerungen aus der Notwendigkeit einer Zwangsversteigerung gegen den Schiffer (auch „Schiffsführer" oder „Kapitän") als Vollstreckungsschuldner (ebenfalls siehe § 162 Rz. 80 ff. [*Popp*]).

2 Wenngleich in diesen Fällen nicht der Eigentümer Schuldner im Verfahren ist, sondern der Schiffer = Schiffsführer = Kapitän (der typischerweise eine Art Angestellter des Eigentümers/Reeders ist und zu diesem in einem Dienstverhältnis steht), soll doch sichergestellt werden, dass auch die **Beschlagnahme gegen den Eigentümer** wirkt (§ 166 Abs. 1 ZVG), damit bei einem Ausscheiden des Schiffers aus dem Dienstverhältnis bzw. seiner Stellung das Zwangsversteigerungsverfahren seinen Fortgang nehmen kann.

3 Die zeitliche Begrenzung der Beteiligtenstellung des Schiffers auf die Zeit seiner Schiffsführung (§ 166 Abs. 2 Halbs. 1 ZVG) ist deswegen bestimmt, weil dieser nur solange den Vollstreckungsgegenstand im Besitz hat und den Eigentümer vertritt. Der Erwerb der Beteiligtenstellung des neu eingetretenen Schiffers (§ 166 Abs. 2 Halbs. 2 ZVG) durch Anmeldung und ggf. Glaubhaftmachung entspricht allgemeinen Grundsätzen (vgl. § 9 Nr. 2 ZVG).

4 Der Rechtsgedanke hinter dieser Norm (§ 166 ZVG) bzw. der dort in Bezug genommenen Normen im Recht über die Binnen- und Seeschifffahrt ist, dass der Schiffer im laufenden Betrieb des Schiffes Verbindlichkeiten begründet und die entsprechenden Gläubiger auch auf die dingliche Sicherheit des Schiffes zugreifen können sollen, ohne darauf verwiesen zu sein, gegen den Schuldner vollstrecken zu müssen, was u. a. deswegen schwierig sein könnte, weil möglicherweise eben der Schuldner der entsprechenden Verbindlichkeit nicht der Eigentümer des Schiffes ist. Ein ähnlicher Rechtsgedanke stand hinter der Rangklasse 2/3.

II. Anwendungsbereich

5

… auf	deutsch(e)	ausländisch(e)
Binnenschiffe	eingetragene	fiktiv eintragungspflichtige *nach Maßgabe von § 171 ZVG*
Seeschiffe	eingetragene	fiktiv eintragungspflichtige *nach Maßgabe von § 171 ZVG*
Schiffsbauwerke u. Schwimmdocks	./.	./.

Hinzuweisen ist darauf, dass bis zur Neufassung 1940 § 166 Abs. 1 ZVG lautete: „Ist gegen den Schiffer aufgrund eines vollstreckbaren Titels, der auch gegen den Reeder oder Schiffseigner wirksam ist, das Verfahren angeordnet, so wirkt die Beschlagnahme zugleich gegen den Reeder oder Schiffseigner.“ 6

Da der Reeder bei Seeschiffen gleich dem Eigentümer eines ihm zum Erwerbe durch die Seefahrt dienenden Schiffes ist (§ 476 HGB n. F. = § 484 HGB a. F.), war die Differenzierung zwischen Eigentümer und Reeder entbehrlich geworden. 7

III. Schiffer = Schiffsführer = Kapitän

1. Begriffsbestimmung „Eigentümer“

Schiffseigner ist bei der Binnenschifffahrt der Eigentümer eines zur Schifffahrt auf Flüssen oder sonstigen Binnengewässern bestimmten und hierzu von ihm verwendeten Schiffes (§ 1 BinSchG). 8

Das SchRG (§ 1 ff.) spricht nur von „Eigentümer“ eines Schiffes. Hierunter fallen Reeder und Schiffseigner. In Angleichung an diese Terminologie der vorgenannten Gesetze spricht auch § 166 Abs. 1 ZVG nur vom Eigentümer. 9

Zur Gleichstellung des Ausrüsters siehe Rz. 16 ff., 30 ff. 10

2. Begriffsbestimmung „Schiffer“

Der Führer des Schiffes (auch „Schiffsführer“) ist in § 7 Abs. 1 BinSchG als „Schiffer“ legaldefiniert. Weitere Bezeichnungen sind Schiffskapitän oder Kapitän (§ 511 HGB a. F. = entfallen; erwähnt ist der Kapitän aber u. a. noch in § 478 HGB n. F. als Teil der „Schiffsbesatzung“; er wird hinsichtlich seiner Rechtsstellung u. a. auch in § 479 HGB n. F. bezeichnet als „befugt, für den Reeder alle Geschäfte und Rechtshandlungen vorzunehmen, die der Betrieb des Schiffes gewöhnlich mit sich bringt“; vgl. auch § 19 Abs. 1 BinSchG sowie Abs. 2 i. V. m. § 17 BinSchG). 11

Reeder bzw. Schiffseigner und Führer eines Schiffes können identisch sein. Bei einem „Familienbetrieb“ fährt ggf. der Eigentümer selbst. 12

3. Anordnung der Zwangsversteigerung gegen den Schiffer

Bei Anordnung des Zwangsversteigerungsverfahrens gegen den Schiffer aufgrund eines vollstreckbaren Titels gegen den Schiffer wirkt die Beschlagnahme dann gegen den Eigentümer, wenn der Vollstreckungstitel auch gegen den Eigentümer wirkt (§ 166 Abs. 1 ZVG). 13

Der Schiffseigentümer ist Beteiligter, wenn sein Eigentum zur Zeit der Eintragung des Versteigerungsvermerks im Schiffsregister eingetragen ist oder wenn es angemeldet oder eventuell glaubhaft gemacht wurde. In diesem Fall ist für die Wahrnehmung der Rechte des Schuldners lediglich sein Wille maßgeblich, der sich in der Anmeldung der Eigentümerstellung oder im Unterlassen der Anmeldung ausdrückt. 14

Der Schiffer ist Beteiligter neben dem Eigentümer, solange der Schiffer das Schiff führt. Ein nach der Beschlagnahme gegen den Schiffer beantragtes weiteres Verfahren gegen den Eigentümer oder umgekehrt, ist als Beitritt zu behandeln, dann sind beide – also Schiffer und Eigentümer – Vollstreckungsschuldner. 15

16 Wichtige Neuerung durch die Seehandelsrechts-Reform ist, dass § 760 Abs. 2 HGB a. F. entfallen ist, der früher einem Schiffsgläubiger ermöglichte, die Klage auf Duldung der Zwangsvollstreckung in ein Schiff gegen den Schiffer/Kapitän zu richten. Nunmehr ist der richtige Beklagte ausschließlich der **Eigentümer** (Reeder) oder der **Ausrüster** (§ 601 HGB n. F.). Hierbei allerdings ist der Kapitän („Schiffer") gemäß § 619 HGB n. F. zustellungsbevollmächtigt[1]. Aus dem Wegfall von § 760 Abs. 2 HGB a. F. wird teilweise aber auch geschlossen, dass die hiesige Vorschrift des § 166 ZVG gegenstandslos geworden sei.[2] Aus § 601 HGB n. F. wird man aber zumindest eine analoge Anwendung gegen den Ausrüster ableiten können.[3]

17 Soweit ein gegen den Schiffer als solchen gerichteter Vollstreckungstitel vorliegt, kann in diesen Fällen auch gegen den Eigentümer selbst vorgegangen werden; es bedarf hierzu aber einer Vollstreckungsklausel und deren Zustellung (§ 750 Abs. 2 ZPO).

18 Auf die Erteilung der Klausel sind die §§ 727, 730 ZPO nicht anzuwenden. Lediglich dann ist § 730 ZPO anzuwenden, wenn nach Erlass des Urteils ein Eigentumswechsel vorliegt. Namentliche Bezeichnung des Eigentümers im Urteil ist daher zweckmäßig, auch wenn das Prozessverfahren nur gegen den Schiffer gerichtet war.

IV. Der Schiffer als Beteiligter (§ 166 Abs. 2 ZVG)

19 Der Schiffer ist **Vollstreckungsschuldner**, wenn die Vollstreckung gegen ihn betrieben wird, er ist dann auch **Beteiligter** (§ 9 ZVG). Er ist jedoch nur solange Beteiligter, wie er das Schiff führt (§ 166 Abs. 2 Halbs. 1 ZVG). Maßgebend ist hierfür das zwischen dem Schiffer und dem Eigentümer bestehende Dienstverhältnis. Aus dem Wort „so lange" ergibt sich, dass mit Beendigung des Verhältnisses als Schiffer auch die Schuldner- und Beteiligteneigenschaft endet.

20 Tritt nach der Beschlagnahme ein **neuer Schiffer** in das Verfahren ein, indem er sich meldet und seine Angabe auf Verlangen glaubhaft macht (§ 166 Abs. 2 Halbs. 2 ZVG), so nimmt das Verfahren ohne Weiteres seinen Fortgang. Es bedarf zur Fortsetzung (im Gegensatz zur Einleitung oder zum Beitritt) keiner neuen Vollstreckungsklausel. Der neue Schiffer wird nur durch Zustellung zugezogen.

21 Keine Glaubhaftmachung ist bei §§ 41 Abs. 3 BinSchG (Zustellung der Terminsbestimmung), § 105 Abs. 2 Satz 2 ZVG erforderlich (dieses ergibt sich aus der Auslegung von § 162 ZVG).

22 Ein etwaiger Eigentumswechsel gemäß § 26 ZVG ist insoweit bedeutungslos und selbstständig zu beurteilen (siehe § 164 Rz. 18 ff. [*Popp*]).

23 Bei Beendigung der Schiffereigenschaft vor Beschlagnahme kann gegen den Eigentümer vorgegangen werden, wenn der Vollstreckungstitel gegen ihn wirkt (siehe oben).

24 Gegen einen neu aufgestellten Schiffer kann die Vollstreckungsklausel umgeschrieben werden (§§ 727, 730 ZPO analog).

---

1) Siehe auch § 8 Rz. 7 [*Cranshaw*].

2) Stöber/*Gojowczyk*, ZVG, § 166 Rz. 2.

3) Siehe auch § 8 Rz. 7 [*Cranshaw*].

V. Dinglicher Titel

Der Titel gegen den Schiffer bzw. Kapitän muss ein dinglicher Vollstreckungstitel sein. 25

In der **See- und Binnenschifffahrt** können die Gläubiger das ihnen zustehende gesetzliche Pfandrecht gegen jeden dritten Besitzer des Schiffes verfolgen (§ 755 HGB a. F. = § 597 HGB n. F., § 760 HGB a. F. = § 601 HGB n. F., § 103 Abs. 2 BinSchG). Ein auf Duldung der Zwangsvollstreckung gegen den dritten Besitzer ergangenes Urteil war auch gegenüber dem Eigentümer wirksam (§ 760 Abs. 2 Satz 2 HGB a. F.); dies hat sich geändert (siehe unten, der Schiffer ist nur noch Zustellungsbevollmächtigter des Eigentümers). 26

In der Binnenschifffahrt können die Gläubiger wegen Forderungen aus Bergungs- und Hilfskosten (§ 79 BinSchG a. F. = § 93 Abs. 2 n. F. BinSchG) mit Verweisung auf die Vorschriften der „§§ 574–584, 585 Absatz 2 und 3, §§ 586 und 587, 606 Nummer 3 i. V. m. § 607 Absatz 7 und § 618 des Handelsgesetzbuchs sowie Artikel 8 des Einführungsgesetzes zum Handelsgesetzbuche" die **Pfandklage** (das ist die Klage auf Duldung der Zwangsvollstreckung in das Schiff) erheben (wie bereits dargestellt, bislang gegen den Schiffer, heute nur noch gegen den Eigentümer, aber mit dem Schiffer als Zustellungsbevollmächtigten für diesen). 27

Im Binnenschifffahrtsrecht ist **Schiffer** definiert als der „Führer des Schiffes", dieses kann also der Schiffseigner (Eigentümer) selbst sein oder aber eine von ihm mit der Führung des Schiffes betraute Person (§ 7 Abs. 1 BinSchG). Ein gegen den Schiffer ergangenes Urteil ist nach Maßgabe der vorstehenden Ausführungen auch gegen den Schiffseigner wirksam. Wegen der übrigen Schiffsgläubigerrechte muss sich die Klage gegen den Schiffer als Besitzer richten. 28

Zu der im Seeschifffahrtsrecht durch die Seehandelsrechtsreform veränderten Rechtslage siehe Rz. 39 ff. 29

In der See- und Binnenschifffahrt wird der Ausrüster als Reeder bzw. Schiffseigner behandelt. 30

Ausrüster ist derjenige, der ein ihm nicht gehörendes Schiff zum Erwerbe durch die Seefahrt für seine Rechnung bzw. zur Binnenschifffahrt verwendet und es entweder selbst führt oder die Führung einem Kapitän bzw. Schiffer anvertraut (§ 510 HGB a. F. = § 477 HGB n. F., §§ 102, 5c Abs. Nr. 1 BinSchG). 31

Schiffsgläubiger können die Klage auf Duldung der Zwangsvollstreckung in das Schiff – auch weiterhin! – gegen den Ausrüster richten (§ 760 Abs. 2 Satz 1 HGB a. F. = § 601 Abs. 2 Satz 1 HGB n. F.), und zwar so lange, wie das **Ausrüstungsverhältnis** besteht. 32

Der Ausrüster bleibt der richtige Beklagte, auch wenn im Laufe des Rechtsstreits ein anderer das Schiff erwirbt und selbst zur Schifffahrt verwendet. Gegen den Eigentümer kann die Klage, solange das Ausrüstungsverhältnis besteht, nicht erhoben werden; er kommt auch nicht als „dritter Besitzer" in Betracht. Das gegen den Ausrüster gerichtete Urteil ist auch gegenüber dem Eigentümer wirksam (§ 760 Abs. 2 Satz 2 HGB a. F. = § 601 Abs. 2 Satz 2 HGB n. F.). 33

Die Regelungen zum Korrespondentenreeder sind durch die Seehandelsrechtsreform ersatzlos entfallen (siehe unten). Früher konnte die Mehrheit der Mitreeder 34 einen Korrespondentenreeder (= Schiffsdirektor oder Schiffsdisponent) bestellen und dieser vertrat dann die Reederei bei Rechtsgeschäften und vor Gericht gemäß der aufgehobenen §§ 492, 493 HGB a. F.

35 Aus dem gegen den dritten Besitzer (bis zur Geltung der Seehandelsreform auch gegen den Schiffer = Schiffsführer = Kapitän) bzw. – auch immer noch – gegen den Ausrüster erwirkten Duldungstitel findet die Zwangsvollstreckung in das Schiff statt. Der Eigentümer kann dem grundsätzlich nicht widersprechen, es sei denn, die Verwendung des Schiffes durch den dritten Besitzer oder Ausrüster war ihm gegenüber widerrechtlich und der Schiffsgläubiger hat dies beim Erwerb einer Forderung gewusst (Bösgläubigkeit).

36 Die Einwendungen sind durch die Klage nach § 771 ZPO geltend zu machen.

37 Der Erwerber eines Binnenschiffes kann sich durch das Aufgebot der Schiffsgläubiger (§ 110 BinSchG) vor ihm unbekannten gesetzlichen **Schiffspfandrechten** schützen.

38 Der Eigentümer ist in dem Zwangsversteigerungsverfahren in den genannten Fällen nicht Vollstreckungsschuldner. Verfahrensbeteiligter ist er nur, wenn er zur Zeit der Eintragung des Zwangsversteigerungsvermerks im Register eingetragen ist oder wenn er sein Recht anmeldet (siehe oben).

VI. Weitreichende Änderungen durch Seehandelsrechtsreform

39 Die Seehandelsrechtsreform hat zu weitreichenden Veränderungen im Recht der Seeschiffe (und auch der Binnenschiffe) geführt.

40 **Reeder** (§ 476 HGB n. F., vormals § 484 HGB a. F.) ist wie bisher der rechtliche Eigentümer des Schiffes, der das Schiff zum Erwerb durch Seefahrt betreibt (also selbst „ausrüstet“ bzw. durch einen Ausrüster ausrüsten lässt).

41 **Ausrüster** (§ 477 HGB n. F., vormals § 510 HGB a. F.) ist wie bisher ein Nicht-Eigentümer, der ein ihm nicht gehörendes Schiff zum Erwerb durch die Seefahrt betreibt und damit gegenüber Dritten als Reeder anzusehen ist.

42 Die Rechtsstellung des **Kapitäns/„Schiffers“** (§ 479 HGB n. F., vormals u. a. §§ 526 ff. HGB a. F.) ist heute eher die einer arbeitnehmerähnlichen Person (und weniger einer unternehmerischen Stellung). Der Kapitän hat weiterhin die gesetzliche Vertretungsmacht für den Reeder in Bezug auf alle Geschäfte und Rechtshandlungen, die der Betrieb des Schiffs gewöhnlich mit sich bringt. Neuerdings gibt es eine Zustellungsvollmacht (§ 619 HGB n. F.).

43 Die Regelungen über den **Korrespondentenreeder** (§§ 492–499 HGB a. F.) sind ersatzlos entfallen.

44 Die Vorschriften über die **Schiffsgläubigerrechte** bleiben im Kern inhaltlich unverändert, finden sich aber jetzt unter anderer Nummerierung in den §§ 596–604 HGB n. F. (statt vormals §§ 754–764 HGB a. F.).

45 Wichtige Neuerung ist, dass die **Klage auf Duldung der Zwangsvollstreckung** nicht mehr gegen den Schiffer/Kapitän (§ 760 Abs. 2 HGB a. F.) gerichtet werden kann, sondern vielmehr der richtige Beklagte nunmehr der Eigentümer (Reeder) oder der Ausrüster (§ 601 HGB n. F.) ist. Hierbei allerdings ist der Kapitän („Schiffer“) gemäß § 619 HGB n. F. zustellungsbevollmächtigt.

§ 167

Terminsbestimmung; Bezeichnung des Schiffes

(1) Die Bezeichnung des Schiffs in der Bestimmung des Versteigerungstermins soll nach dem Schiffsregister erfolgen.

(2) Die im § 37 Nr. 4 bestimmte Aufforderung muß ausdrücklich auch auf die Rechte der Schiffsgläubiger hinweisen.

Literatur: *Krause*, Praxishandbuch Schiffsregister, 2012.

Übersicht

I. Zweck der Norm

Die Terminsbestimmung dient dem Interesse aller schon bekannten Beteiligten sowie der noch unbekannten weiteren Betroffenen und soll auch das Interesse potentieller Erwerber erwecken.[1] Soweit zur Erreichung dieses Zweckes die entsprechenden anzuwendenden Vorschriften der §§ 37 und 38 ZVG noch nicht ausreichen, sind in § 167 ZVG weitere Bestimmungen getroffen worden, mit anderen Worten § 167 ZVG ergänzt die §§ 37 und 38 ZVG, die gemäß § 162 ZVG entsprechend anzuwenden sind. 1

Absatz 1 der Norm will erreichen, dass das Versteigerungsobjekt möglichst umfassend in der Terminsbestimmung beschrieben wird. 2

Absatz 2 stellt die notwendige Erweiterung des Aufgebots der nicht aus dem Schiffsregister ersichtlichen Betroffenen auf die Schiffsgläubiger sicher. Damit wird den materiellen Besonderheiten des Schiffsrechts Rechnung getragen (dieses gilt auch bei anderen der davorstehenden Normen). Auf die vorzunehmende Unterscheidung zwischen Schiffshypothekengläubigern und Schiffsgläubigern sei hier nochmals hingewiesen (ausführlich dazu siehe § 164 Rz. 1 ff. [*Popp*]. 3

II. Anwendungsbereich

4

… auf	deutsch(e)	ausländisch(e)
Binnenschiffe	eingetragene	./.
Seeschiffe	eingetragene	./.
Schiffsbauwerke u. Schwimmdocks	Abs. 1 gilt für: eingetragene/eintragungsfähige *nach Maßgabe von § 170a*	./.
	Abs. 2 gilt *nicht*	

Ergänzend sind auch die §§ 35 ff. ZVG gemäß § 162 ZVG für die Bestimmungen des Versteigerungstermins maßgebend, soweit nicht §§ 167, 168 ZVG Ausnahmen enthalten. 5

1) Steiner-*Hagemann*, ZVG, § 167 Rz. 1.

III. Bezeichnung des Schiffes

6 Die Bezeichnung nach dem Schiffsregister ist eine bloße Ordnungsvorschrift (§ 167 Abs. 1 ZVG).[2] Also machen Verstöße gegen § 167 Abs. 1 ZVG für sich genommen die Terminsbestimmungen nicht unwirksam, wenn das Schiff ansonsten unzweideutig bezeichnet ist (bloßer Verstoß gegen die Ordnungsvorschrift).[3]

7 Eine Verletzung der **Ordnungsvorschrift** § 167 Abs. 1 ZVG über die Bezeichnung des Schiffes kann aber zugleich auch eine ungenügende Bezeichnung des Schiffes zur Folge haben und dann wegen einer Verletzung von § 37 Nr. 1 BinSchG gleichwohl die Unwirksamkeit der Terminsbestimmung zur Folge haben. In derartigen Fällen liegt dann insoweit doch ggf. ein Zuschlagsversagungsgrund nach § 83 Nr. 7 BinSchG vor (der nicht geheilt werden kann).

8 Über die Angaben bei Anmeldung eines See- und Binnenschiffes enthalten §§ 11, 12 SchRegO das Nähere.

9 Bei der **Anmeldung** eines **Seeschiffs** sind gemäß § 11 SchRegO anzugeben:

1. der Name des Schiffs,
2. die Gattung und der Hauptbaustoff,
3. der Heimathafen,
4. der Bauort, die Schiffswerft, auf der das Schiff erbaut worden ist, und das Jahr des Stapellaufs, es sei denn, dass dies nur mit besonderen Schwierigkeiten zu ermitteln ist,
5. die nach Maßgabe der Resolution A.600 (15) vom 19. November 1987 der Internationalen Seeschifffahrts-Organisation (IMO) vergebene Schiffsidentifikationsnummer (IMO-Nummer), sofern sie sich aus dem Messbrief oder einer entsprechenden Urkunde (§ 13 SchRegO) ergibt, die Ergebnisse der amtlichen Vermessung sowie die Maschinenleistung,
6. der Eigentümer, bei einer Reederei die Mitreeder und die Größe der Schiffsparten, bei einer offenen Handelsgesellschaft die Gesellschafter, bei einer Kommanditgesellschaft oder einer Kommanditgesellschaft auf Aktien die persönlich haftenden Gesellschafter,
7. der Rechtsgrund für den Erwerb des Eigentums,
8. die das Recht zur Führung der Bundesflagge begründenden Tatsachen,
9. bei einer Reederei der Korrespondentreeder,
10. im Fall des § 4 Abs. 3 SchRegO der Vertreter.

10 Ist das Schiff im Inland noch nicht amtlich vermessen, so genügt gemäß § 11 Abs. 2 SchRegO zu Absatz 1 Nr. 5 die Angabe der Ergebnisse einer im Ausland vorgenommenen Vermessung.

11 Bei einem **Binnenschiff** sind anzugeben (§ 12 SchRegO):

1. der Name, die Nummer oder das sonstige Merkzeichen des Schiffs,

---

2) Steiner-*Hagemann*, ZVG, § 167 Rz. 9.

3) Für die Praxis sei verwiesen auf z. B. *Mohrbutter-Drischler*, Muster 167.

2. die Gattung und der Hauptbaustoff,
3. der Heimatort,
4. der Bauort, die Schiffswerft, auf der das Schiff erbaut worden ist, und das Jahr des Stapellaufs, es sei denn, dass dies nur mit besonderen Schwierigkeiten zu ermitteln ist,
5. bei Schiffen, die zur Beförderung von Gütern bestimmt sind, die größte Tragfähigkeit, bei anderen Schiffen die Wasserverdrängung bei größter Eintauchung sowie bei Schiffen mit eigener Triebkraft außerdem die Maschinenleistung,
6. der Eigentümer, bei mehreren Eigentümern die Größe der einzelnen Anteile,
7. der Rechtsgrund für den Erwerb des Eigentums.

Bei der **Terminsbestimmung** sind anzugeben: 12

- Vollstreckungsgericht bzw. Rechtspfleger,
- Zeit und Ort der Versteigerung,
- das zur Versteigerung kommende Schiff (Registerblattnummer sowie weitere Daten: bei **Binnenschiffen** nach Maßgabe von § 27 Abs. 1 SchRegDV, bei **Seeschiffen** nach Maßgabe von § 34 Abs. 1 SchRegDV, bei **Schiffsbauwerken** nach Maßgabe von § 69 Abs. 3 SchRegO, bei **Schwimmdocks** nach Maßgabe von § 73b und § 73a SchRegO) und
- der Name des Eigentümers oder sonstigen Vollstreckungsschuldners.

Die Angaben sind dem Schiffsregister bzw. Schiffsbauregister zu entnehmen.[4] 13

Streitig ist, ob der landesrechtliche Vorbehalt in § 6 EGZVG auch auf Schiffe anzuwenden ist. **Landesrecht** ist dazu insoweit nicht ergangen. Deshalb ist die Frage zurzeit bedeutungslos. Grundsätzlich wird man die Frage mit der überwiegenden Meinung bejahen, da kein Grund ersichtlich ist, § 6 EGZVG nicht anzuwenden. 14

Über die Folgen der Verletzung wesentlichen und unwesentlichen Inhalts der Terminsbestimmung siehe §§ 37, 38 Rz. 39 ff. [*Bachmann*]. 15

IV. Aufforderung an die Gläubiger

Die gemäß § 37 Nr. 4 ZVG erforderliche Aufforderung hat ausdrücklich auf die Rechte der Schiffsgläubiger hinzuweisen (§ 167 Abs. 2 ZVG). 16

Eine Verletzung dieser Vorschrift führt zu einem Zuschlagsversagungsgrund gemäß §§ 162, 83 Nr. 7 ZVG. Dieser Mangel ist unheilbar. 17

Anzumerken ist noch ergänzend, dass es den Schiffsgläubigern die Wahrnehmung ihrer Rechte erleichtert, dass die Terminsbestimmung mit der Aufforderung zur Anmeldung nach § 168 Abs. 1 ZVG in einem Schifffahrtsfachblatt bekannt gemacht werden muss und die Anmeldungen bei dem Registergericht innerhalb der letzten sechs Monate vor der Terminsbekanntmachung nach § 168b ZVG auch für das Vollstreckungsgericht gelten. 18

4) Vgl. hierzu auch *Mohrbutter-Drischler*, ZVG, Muster 169; Dassler/Schiffhauer/u. a.-*Rellermeyer*, ZVG, § 167 Rz. 2.

V. Zur Historie

19 § 167 Abs. 2 ZVG ist durch die DVO zum Schiffsrechtsgesetz vom 21.12.1940 neu gefasst worden. Die alte Fassung hatte § 37 Nr. 4 ZVG ersetzt, weil diese Vorschrift nach altem Recht wegen der damals bei Schiffsversteigerungen nicht geltenden Vorschriften über das geringste Gebot nicht angewendet werden konnte.[5] Bei der Verwendung alter Kommentare (also vor 1940) ist daher Vorsicht geboten.

20 Die frühere Fassung hatte gelautet: „Die Terminsbestimmung muss die Aufforderung an die Schiffsgläubiger und die sonstigen Berechtigten enthalten, ihre Rechte sind, soweit sie zurzeit der Eintragung des Versteigerungsvermerks aus dem Schiffsregister nicht ersichtlich waren, spätestens im **Verteilungstermin** anzumelden, widrigenfalls die Rechte bei der Verteilung des Versteigerungserlöses nicht berücksichtigt werden würden."

21 Diese alte Fassung des § 167 Abs. 2 ZVG bedeutete eine wesentliche Abweichung von § 37 Nr. 4 ZVG hinsichtlich der Anmeldefrist (Ablauf des Verteilungstermins), durch Wegfall der Glaubhaftmachung (bis zum Versteigerungstermin) und bezüglich der Folgen bei Nichtanmeldung (Nichtanwendung des § 110 ZVG). Diese alte Regelung erwies sich aber als unzweckmäßig und zu weit gehend.

22 Die jetzt gültige neue Fassung hat alle diese früheren Abweichungen beseitigt. Es wird heute nur noch § 37 Nr. 4 ZVG inhaltlich dergestalt erweitert, dass Rechte, soweit sie zur Zeit der Eintragung des Versteigerungsvermerks aus dem Schiffsregister (anstelle Grundbuch) nicht ersichtlich waren, spätestens im Versteigerungstermin vor der Aufforderung zur Abgabe von Geboten anzumelden sind, und hierbei auch auf die Rechte der Schiffsgläubiger hinzuweisen ist.

---

5) *Jaeckel/Güthe*, ZVG, 7. Aufl., § 167 Rz. 3.

§ 168

Bekanntmachung der Terminsbestimmung

(1) Die Terminbestimmung soll auch durch ein geeignetes Schiffahrtsfachblatt bekannt gemacht werden. Die Landesregierungen werden ermächtigt, durch Rechtsverordnung nähere Bestimmungen hierüber zu erlassen. Die Landesregierungen können die Ermächtigung auf die Landesjustizverwaltungen übertragen.

(2) Befindet sich der Heimathafen oder Heimatort des Schiffs in dem Bezirk eines anderen Gerichts, so soll die Terminsbestimmung auch durch das für Bekanntmachungen dieses Gerichts bestimmte Blatt oder elektronische Informations- und Kommunikationssystem bekanntgemacht werden.

(3) Die im § 39 Abs. 2 vorgesehene Anordnung ist unzulässig.

Literatur: *Schiffhauer*, Was ist Grundstückswert i. S. des § 114a ZVG?, KTS 1968, 218–223; *Schiffhauer*, nochmals: Was ist Grundstückswert i. S. des § 114a ZVG?, KTS 1969, 165.

Übersicht

I. Zweck der Norm

In § 168 Abs. 1 und 2 ZVG wird bestimmt, dass **weitere Veröffentlichungen** erfolgen sollen, die über die bei Grundstücksversteigerungen üblichen Veröffentlichungen der Terminsbestimmung hinausgehen. 1

Mit der Veröffentlichung in einem geeigneten **Schifffahrtsfachblatt** (Abs. 2) soll erreicht werden, dass die bevorstehende Versteigerung in Schifffahrtskreisen bekannt wird. Denn es ist davon auszugehen, dass die Amtsblätter des Vollstreckungsgerichts in Schifffahrtskreisen nicht allen zugänglich und bekannt sein werden und daher von ihnen selten gelesen und beachtet werden. Durch die Veröffentlichung auch in Schifffahrtsfachblättern können mehr Bietinteressenten auf das Versteigerungsobjekt aufmerksam gemacht werden und damit wird die Versteigerung gefördert. 2

Dem gleichen Zweck, nämlich der Erzeugung eines größeren Bietinteresses durch weiter gestreute Bekanntmachung, dient die zusätzlich Veröffentlichung im **Amtsblatt des Heimathafens bzw. Heimatortes**. Wegen der Zuständigkeitsregelung im § 163 Abs. 1 ZVG wird das Vollstreckungsgericht häufig von dem Gericht des Heimathafens bzw. Heimatortes verschieden sein. Am besten bekannt wird das Schiff aber am Heimathafen bzw. Heimatort sein, sodass eine dortige zusätzliche Veröffentlichung Sinn macht. 3

Der Grund für die Nichtanwendung des § 39 Abs. 2 ZVG ist darin zu suchen, dass ein so geringer Wert, der die öffentliche Bekanntmachung nicht lohnen würde, bei einem Schiff kaum in Betracht kommt.[1] Überzeugend ist dieses Argument nicht, denn wenn ein entsprechender Wert nicht in Betracht käme, würde eben § 39 Abs. 2 ZVG jeweils tatbestandlich nicht einschlägig sein. 4

Da aber Schiffen, die nicht weit von dem Wrackzustand entfernt sind, durchaus möglich scheint, dass die Tatbestandsmäßigkeit von § 39 Abs. 2 ZVG doch fraglich sein könnte, ist im Ergebnis wohl zu begrüßen, dass das gerichtliche Verfahren von der diesbezüglichen Prüfung insgesamt entlastet ist (bei Schiffsbauwerken stellt sich diese Frage nicht, denn für Schiffsbauwerke gilt § 168 Abs. 3 ZVG nicht; dort ist § 39 Abs. 2 ZVG also anwendbar). 5

II. Anwendungsbereich

6

… auf	deutsch(e)	ausländisch(e)
	eingetragene	fiktiv eintragungspflichtige *nach Maßgabe von § 171 ZVG: also nur § 168 Abs. 1 und 3 ZVG*
		fiktiv eintragungspflichtige *nach Maßgabe von § 171 ZVG: also nur § 168 Abs. 1 und 3 ZVG*
Seeschiffe	eingetragene	§ 168 Abs. 2 ZVG gilt *nicht*
Schiffsbauwerke u. Schwimmdocks	./.	./.

1) So z. B. Steiner-*Hagemann*, ZVG, § 168 Rz. 2.

7 Die Vorschriften über die Bestimmung des Versteigerungstermins (§§ 35–43 ZVG) finden nach § 162 ZVG entsprechende Anwendung. Sie werden hier in folgender Beziehung modifiziert:

- Die Sollvorschrift in § 38 ZVG wird (teilweise) durch § 167 Abs. 1 ZVG ersetzt.
- Die Aufforderung zur Anmeldung nicht eingetragener Rechte (§ 37 Nr. 4 ZVG) wird geändert bzw. ergänzt (§ 167 Abs. 2 ZVG).
- Zu der in § 39 Abs. 1 ZVG vorgeschriebenen öffentlichen Bekanntmachung tritt eine Sollvorschrift hinsichtlich weiterer Bekanntmachungen (§ 168 Abs. 1 ZVG).
- Die Anwendbarkeit des § 39 Abs. 2 ZVG wird ausgeschlossen (§ 168 Abs. 2 ZVG).

III. Bekanntmachung im Schifffahrtsfachblatt

8 Die Bekanntmachung des Termins in einem Schifffahrtsfachblatt ist sehr zweckmäßig, da dadurch die bevorstehende Versteigerung den interessierten Kreisen zur Kenntnis gebracht wird. Es handelt sich um eine bloße **Sollvorschrift,** wie auch § 40 ZVG.

9 Die genauere Bestimmung der zur Veröffentlichung geeigneten Publikationen hatte ursprünglich das Reichsjustizministerium vorgenommen.[2)]

10 Die Justizverwaltungen der Länder haben hierzu später durch eigene Justizministerbekanntmachungen eigene Bestimmungen getroffen, so z. B. Bayern, Niedersachsen und Rheinland-Pfalz. Auch für Berlin West erging am 18.10.1952 eine Anordnung.[3)]

11 Nach der Neufassung von § 168 Abs. 1 ZVG durch Art. 58 des ersten BMJBerG steht diese Befugnis den Landesregierungen oder den von diesen ermächtigten Landesjustizverwaltungen zu, die eine Bestimmung durch Rechtsverordnung nicht mehr durch Verwaltungsvorschrift treffen dürfen. Bis zu einer Neuregelung sind die bisherigen Regelungen in dem jeweiligen Land weiter anzuwenden.

12 In den Ländern sind regelmäßig für Seeschiffe, soweit überhaupt eine Regelung getroffen ist, die **Zeitschrift „Hansa"** und für Binnenschiffe die **„Binnenschifffahrts-Nachrichten"** bestimmt.[4)]

13 Als zusätzliches Fachblatt zur Veröffentlichung nach § 40 Abs. 2 ZVG kam bis 1980 bei Binnenschiffsversteigerungen in Betracht: „Die Rheinschifffahrt" (einschließlich Norddeutscher Ausgabe) „zwischen Rhein und Elbe",[5)] heute ggf. auch Zeitschriften wie z. B. „Binnenschifffahrt" oder „Schifffahrts-Magazin".

---

2) Verfügung des Reichsjustizministeriums v. 7.3.1941 (DJ 335 Nr. 94 Bekanntmachung der Termine zur Zwangsversteigerung von Schiffen).

3) Eine Auflistung der in den Ländern seinerzeit noch geltenden Ausführungsbestimmungen findet sich u. a. bei Steiner-*Hagemann*, ZVG, § 168 Rz. 8; wie bereits ausgeführt, gelten diese weiter, soweit sie nicht durch neue aufgrund der Neufassung von § 168 Abs. 1 nunmehr ergangenen Rechtsverordnungen ersetzt worden sind.

4) Dassler/Schiffhauer/u. a.-*Rellermeyer*, ZVG, § 168 Rz. 3.

5) Steiner-*Hagemann*, ZVG, § 168 Rz. 9.

IV. Bekanntmachung in anderem Gerichtsbezirk (Abs. 2)

Als bloße Ordnungsvorschrift (Sollvorschrift) bestimmt § 168 Abs. 2 ZVG die Bekanntmachung der Terminsbestimmung in dem für Bekanntmachungen bestimmten Blatt des Gerichtsbezirks des Heimathafens oder Heimatortes, wenn der Gerichtsbezirk, in dem versteigert wird, hiervon verschieden ist. Zweck ist auch hier, wie bei § 168 Abs. 1 ZVG, zu erreichen, dass die Interessenten von dem Versteigerungstermin erfahren. 14

Zu **Heimathafen**: § 480 HGB a. F. = n. F. ist ersatzlos entfallen. Die alte Legaldefinition/-fiktion kann aber noch herangezogen werden. § 480 Abs. 1 HGB a. F. lautete: „Als Heimathafen des Schiffes gilt der Hafen, von welchem aus die Seefahrt mit dem Schiff betrieben wird." 15

Zum **Heimatort**: § 6 BinSchG (mit ähnlicher Definition und Verweisung auf das BinSchGerG, in dem dann die örtliche Zuständigkeit der für Zivilrechtsstreitigkeiten und Straf-/Ordnungswidrigkeitssachen zuständigen Gerichte, Schifffahrtsgerichte (AG) bzw. Schifffahrtsobergerichte (OLG) näher bestimmt werden; wobei damit problematisch werden kann, inwieweit das BinSchG und aufgrund dessen ergangene Zuständigkeitsfestlegungen durch die Landesregierungen gemäß § 23 BinSchGerG auch den Heimatort gemäß § 6 BinSchG und damit auch den Heimatort i. S. v. § 168 ZVG beeinflussen, oder ob dieser von den Zuständigkeitsfestlegungen des BinSchGerG unberührt bleibt). 16

Die Verletzung des § 168 Abs. 2 ZVG ist ohne Folgen. Die Frist des § 43 Abs. 1 gilt für die Sollvorschrift des § 168 Abs. 2 ZVG nicht. Den Heimathafen oder den Heimatort kann das Vollstreckungsgericht regelmäßig aus der ihm vom Registergericht übermittelten beglaubigten **Registerabschrift** entnehmen. Soweit dem Vollstreckungsgericht das Amtsblatt des anderen Gerichtes nicht bekannt ist, empfiehlt es sich, sogleich mit dem Ersuchen um Eintragung des Vollstreckungsvermerkes dort um entsprechende Mitteilung zu ersuchen. 17

V. Kein Absehen von der Bekanntmachung wegen geringen Werts (§ 39 Abs. 2 ZVG)

Die Anwendung des § 39 Abs. 2 ZVG ist unzulässig. (Abs. 3) Daher muss die öffentliche Bekanntmachung der Terminsbestimmung im Amtsblatt in jedem Fall erfolgen, auch bei Schiffen von geringem Wert. 18

Die Folge ist, dass ein vollständiges Unterbleiben der Veröffentlichung – selbst bei Schiffen von geringen Wert – einen **unheilbaren Zuschlagsversagungsgrund** darstellt (§§ 162, 83 Nr. 7, 100 Abs. 3 ZVG). 19

Eigene Stellungnahme: Wenn tatsächlich der gesetzgeberische Grund für § 168 Abs. 2 ZVG derjenige war, dass davon ausgegangen wurde, dass es gar nicht vorkommen könne, dass ein Schiff nur einen geringen Wert habe, stellt sich natürlich die Frage, ob in den Fällen, in denen tatsächlich ein geringer Wert vorliegt (und deswegen die Veröffentlichung unterbleibt), die Rechtsfolge eines unheilbaren Zuschlagsversagungsgrunds richtig ist. 20

21 Andererseits scheint es für die Praxis angemessen, bei Schiffen stets eine Veröffentlichung vorzunehmen und so das Gericht von der Frage zu entlasten ob ggf. ein geringer Wert i. S. v. § 39 Abs. 2 ZVG vorliegt.

22 Hinzuweisen ist noch darauf, dass **bei Schiffsbauwerken und Schwimmdocks** § 168 Abs. 3 ZVG die Anwendung von § 39 Abs. 2 ZVG nicht ausschließt, also § 39 Abs. 2 ZVG insoweit anwendbar ist. Denn § 170a Abs. 2 Satz 1 ZVG nimmt den gesamten § 168 ZVG von der Anwendung aus, also auch dessen Absatz 3. Inwieweit bei Schiffsbauwerken oder Schwimmdocks Anwendungsfälle für § 39 Abs. 2 ZVG vorstellbar sind, mag dahinstehen.

§ 168a

(aufgehoben)

I. Ursprünglicher Zweck der Norm

1 Gesetzgeberischer Zweck dieser Norm war es, ausländischen Schiffsgläubigern Gelegenheit zur Wahrnehmung ihrer Rechte zu geben. Die Vorschrift war durch DVO zum SchiffsRG vom 21.12.1940[1] in das Gesetz gekommen und ist durch Gesetz vom 4.12.1968[2] wieder aufgehoben worden.

II. Ursprüngliche Fassung der Norm

2 Die Vorschrift lautete ursprünglich: „Der Zeitraum zwischen der Bekanntmachung der Terminsbestimmung und dem Versteigerungstermin (§ 43 Abs. 1 ZVG) muss bei der Versteigerung eines Seeschiffs drei Monate betragen".

1) RGBl. I S. 1609.
2) BGBl. I S. 1295.

§ 168b

Anmeldung von Rechten der Schiffsgläubiger beim Registergericht

Hat ein Schiffsgläubiger sein Recht innerhalb der letzten sechs Monate vor der Bekanntmachung der Terminsbestimmung bei dem Registergericht angemeldet, so gilt die Anmeldung als bei dem Versteigerungsgericht bewirkt. Das Registergericht hat bei der Übersendung der im § 19 Abs. 2 bezeichneten Urkunden und Mitteilungen die innerhalb der letzten sechs Monate bei ihm eingegangenen Anmeldungen an das Versteigerungsgericht weiterzugeben.

Literatur: *Krause*, Praxishandbuch Schiffsregister, 2012.

Übersicht

I. Normzweck

Die Norm dient dem **Schutz der Schiffsgläubiger** (§ 754 HGB a. F. = § 596 HGB n. F., § 102 BinSchG), damit diese auch bei einer für sie überraschenden Versteigerung ihre Rechte wahren können, indem sie diese vorsorglich beim Registergericht mit Wirkung für das Vollstreckungsgericht anmelden, wobei eine derartige vorsorgliche Anmeldung für sechs Monate wirkt. Hintergedanke ist dabei, dass die Schiffsgläubiger sich ggf. selbst auf Reise befinden und wegen der Ortsabwesenheit ggf. verhindert sind.[1] 1

II. Anwendungsbereich

2

... auf	deutsch(e)	ausländisch(e)
Binnenschiffe	eingetragene	./.
Seeschiffe	eingetragene	./.
Schiffsbauwerke u. Schwimmdocks	./.	./.

III. Anmeldung von Rechten

Die Anmeldung beim Registergericht bedarf **keiner Glaubhaftmachung.**[2] Aber auf Verlangen des Vollstreckungsgerichts muss ggf. die Glaubhaftmachung nachgeholt werden (§§ 162, 9 Nr. 2, 37 Nr. 4, 45 Abs. 1, 110 ZVG), das sonst die Beteiligtenstellung verloren geht. 3

Die **Terminsbestimmung** (§§ 162, 41 Abs. 3 ZVG) ist den Schiffsgläubigern aber auch bereits vorher (also vor einer ggf. verlangten Glaubhaftmachung) zuzustellen.[3] 4

IV. Mitteilung (über Anmeldungen) vom Vollstreckungs- an Registergericht

Das Vollstreckungsgericht hat gemäß §§ 162, 19 Abs. 1 ZVG bei Anordnung der Zwangsversteigerung eines Schiffes an das Registergericht ein **Eintragungsersuchen** (auf Eintragung des Versteigerungsvermerks) zu übersenden. 5

V. Mitteilung (über Anmeldungen) vom Register- an Vollstreckungsgericht

Das **Registergericht** hat gemäß §§ 162, 19 Abs. 2 ZVG alle innerhalb der letzten sechs Monate (maßgeblicher Zeitpunkt gemäß Absatz 1 „sechs Monate vor der Bekanntmachung der Terminsbestimmung" bzw. der Übersendung derselben) beim Registergericht eingegangene Anmeldungen von Schiffsgläubigern an das Vollstreckungsgericht zu übersenden. 6

Später noch ggf. beim Registergericht eingehende Anmeldungen sind gleichfalls unverzüglich an das **Vollstreckungsgericht** weiterzugeben.[4] 7

Die Anmeldungen beim Registergericht müssen nicht glaubhaft gemacht werden. Aber das Vollstreckungsgericht kann später die Glaubhaftmachung verlangen (§§ 162, 9 Nr. 2, 37 Nr. 4, 45 Abs. 1, 110 ZVG); erfolgt eine geforderte Glaubhaftmachung 8

---

1) Steiner-*Hagemann*, ZVG, § 168b Rz. 1.

2) Steiner-*Hagemann*, ZVG, § 168b Rz. 1.

3) Steiner-*Hagemann*, ZVG, § 168b Rz. 1.

4) Steiner-*Hagemann*, ZVG, § 168b Rz. 12 ff.

nicht, geht die Beteiligteneigenschaft verloren (hierzu siehe § 163 Rz. 53 ff. und § 164 Rz. 1 ff. und für die privilegierten Schiffsgläubiger ohne Anmeldung siehe § 163 Rz. 49 ff. [*Popp*]).

§ 168c
Schiffshypothek in ausländischer Währung

Für die Zwangsversteigerung eines Schiffs, das mit einer Schiffshypothek in ausländischer Währung belastet ist, gelten folgende Sonderbestimmungen:

1. **Die Terminbestimmung muß die Angabe, daß das Schiff mit einer Schiffshypothek in ausländischer Währung belastet ist, und die Bezeichnung dieser Währung enthalten.**
2. **In dem Zwangsversteigerungstermin wird vor der Aufforderung zur Abgabe von Geboten festgestellt und bekanntgemacht, welchen Wert die in ausländischer Währung eingetragene Schiffshypothek nach dem amtlich ermittelten letzten Kurs in Euro hat. Dieser Kurswert bleibt für das weitere Verfahren maßgebend.**
3. **Die Höhe des Bargebots wird in Euro festgestellt. Die Gebote sind in Euro abzugeben.**
4. **Der Teilungsplan wird in Euro aufgestellt.**
5. **Wird ein Gläubiger einer in ausländischer Währung eingetragenen Schiffshypothek nicht vollständig befriedigt, so ist der verbleibende Teil seiner Forderung in der ausländischen Währung festzustellen. Die Feststellung ist für die Haftung mitbelasteter Gegenstände, für die Verbindlichkeit des persönlichen Schuldners und für die Geltendmachung des Ausfalls im Insolvenzverfahren maßgebend.**

Literatur: Siehe die Übersicht bei § 145a ZVG [*Cranshaw*] bzw. bei §§ 171e, 171n ZVG [*Cranshaw*].

Übersicht

I. Normzweck

1 Normzweck sind wie bei der Parallelvorschrift des § 145a ZVG, auf deren Kommentierung in dem vorliegenden Kommentar hingewiesen wird, die Vergleichbarkeit und die Handhabbarkeit des Fremdwährungsrechts und damit die gleichberechtigte Teilhabe der Gläubiger an dem Versteigerungserlös. Wie in § 145a ZVG wird der letzte Kurswert der in ausländischer Währung bestehenden **Schiffshypothek** (vgl. § 8 SchRG)[1] vor der Abgabe von Geboten festgestellt und dann für das gesamte Versteigerungsverfahren konserviert. Die mit der Volatilität von Kurswerten verbunde-

1) SchRG, Gesetz über Rechte an eingetragenen Schiffen und Schiffsbauwerken v. 15.11.1940 BGBl. III S. 403-4 bis zur Fassung d. Art. 2 des Gesetzes v. 21.1.2013, BGBl. 2013 I S. 91.

nen Risiken der Beteiligten sind dieselben, wie sie auch zu § 145a ZVG festgestellt werden konnten.

Grundlage der Eintragungsfähigkeit einer Schiffshypothek in einer Fremdwährung ist § 52 Abs. 1 PfandBG.[2] Entgegen einer Literaturstimme[3] bedarf es doch wohl des § 168c ZVG, und zwar ungeachtet der Bestimmungen der §§ 162, 145a ZVG, da an die Stelle des dortigen § 28 Satz 2 GBO nicht einfach die §§ 163 Abs. 2, 170a Abs. 2 Satz 2 ZVG über das Schiffsregister oder das Schiffsbauregister treten können. § 36 SchRegO[4] fordert nämlich, dass einzutragende Geldbeträge in **inländischer Währung** eingetragen werden, also in Euro, sofern nicht anderweitige Währungen gesetzlich zugelassen sind. Diese Lücke schließt § 52 Abs. 1 PfandBG.[5] Die Bestimmung ist auch weiter als § 28 GBO und die dazu ergangene Rechtsverordnung, die GrPfREuroV.[6] 2

§ 52 Abs. 1 PfandBG ermöglicht die Eintragung von Schiffshypotheken auch in anderen Währungen als in der GrPfREuroV vorgesehen.[7] In dergleichen Fällen erhöhen sich die Währungsrisiken und das Bedürfnis nach deren Absicherung (siehe § 145a Rz. 3 [*Cranshaw*]). 3

II. Die Einzelregelungen des § 168c ZVG

Die einzelnen Bestimmungen des § 168c ZVG sind, wie bereits erwähnt, mit § 145a ZVG inhaltlich identisch und lediglich im Wortlaut auf die **Schiffshypothek** angepasst, sodass für Einzelheiten im Hinblick auf diese sachliche Identität auf die Kommentierung des § 145a ZVG in dem vorliegenden Kommentar verwiesen werden darf. 4

Schnittstelle zum Insolvenzrecht: Ein gewisser Unterschied besteht im Hinblick auf **§ 168c Nr. 5 Satz 2 ZVG**, da die Schiffshypothek als **streng akzessorisches Recht** (vgl. § 8 Abs. 1 Satz 3 SchRG) als Folge der Zuteilung im Teilungsplan in Höhe der nicht zugeteilten Beträge ausfällt, sodass anders als bei der abstrakten Grundschuld 5

---

2) Pfandbriefgesetz v. 22.5.2005 bis zur Fassung d. Art. 8 d. Gesetzes v. 20.7.2022, BGBl. 2022 I S. 1166; § 52 Abs. 1 PfandBG entspricht § 51 Abs. 1 des Regierungsentwurfes eines Gesetzes zur Neuordnung des Pfandbriefrechts, BT-Drucks. 15/4312 v. 29.11.2004, S. 21. Die Bestimmung hat die Überschrift *„Fortgeltende Bestimmungen des Gesetzes zur Änderung und Ergänzung des Schiffsbankgesetzes“*. In Art. 18 Nr. 7 des Gesetzes zur Neuordnung des Pfandbriefrechts v. 22.5.2005, BGBl. 2005 I S. 1373 ff. (Art. 1 dieses Gesetzes ist das Pfandbriefgesetz) wird das Schiffsbankgesetz aufgehoben. Die Gesetzesbegründung des § 51 PfandBG-Entwurf (= § 52 Abs. 1 PfandBG) sah weiterhin ein Bedürfnis für eine *„Öffnung für andere Währungen“*, BT-Drucks. 15/4321, S. 39, sodass es sich gerade nicht um eine Übergangsvorschrift handelt, sondern um die materiellrechtliche Grundlage von Schiffshypotheken in ausländischen Währungen.

3) Dassler/Schiffhauer/u. a.-*Rellermeyer*, ZVG, § 168c Rz. 2 a. E.; allerdings stimmt der Kommentar der hier vertretenen Meinung zu, dass § 52 Abs. 1 PfandBG die Möglichkeiten der Schiffshypothek in ausländischer Währung erweitert.

4) Schiffsregisterordnung v. 19.12.1940 i. d. F. d. Bekanntmachung v. 26.5.1994, BGBl. 1994 I S. 1133 bis zur Fassung d. Art. 4 d. Gesetzes v. 31.10.2022, BGBl. 2022 I S. 1966.

5) Siehe dazu die Begründung des Regierungsentwurfes zu § 51 PfandBG (= § 52 PfandBG), BT-Drucks. 15/4321, S. 39.

6) Verordnung über Grundpfandrechte in ausländischer Währung und in Euro v. 30.10.1997, BGBl. 1997 I S. 2683; I 1998, 4023; unverändert seit Inkrafttreten.

7) In diesem Sinne auch eindeutig die BT-Drucks. 15/4321, S. 39.

der Ausfallbetrag des dinglichen Rechts ohne Weiteres maßgeblich für die verbleibende persönliche Forderung bzw. den Ausfall nach § 52 InsO ist.[8)]

6 Vorausgesetzt wird dabei, dass noch eine persönliche Forderung besteht, die der Gläubiger im Anmeldeverfahren nach den §§ 174 ff. InsO beweisen muss, nicht jedoch den Ausfall, den § 168c ZVG bestimmt (siehe § 145a ZVG [*Cranshaw*]).

7 Damit ist der vom Gläubiger nach § 174 InsO angemeldete Betrag zusammen mit dem Nachweis nach § 168c Nr. 5 ZVG zur Tabelle festzustellen. Das gleichwohl erfolgte Bestreiten der Forderung wird den Gläubiger zum Feststellungsstreit nach §§ 179 ff. InsO veranlassen, den er aufgrund der Bindung auch des Prozessgerichts an die Feststellung nach § 168c Nr. 5 ZVG gewinnen wird. Da der Gläubiger in der Versteigerung einen dinglichen Anspruch verfolgt hat, ist sein dort eingesetzter Vollstreckungstitel kein vollstreckbarer Schuldtitel nach § 179 Abs. 2 InsO, sodass der Gläubiger den Widerspruch gegen die Tabellenfeststellung verfolgen muss.

8) Vgl. Dassler/Schiffhauer/u. a.-*Rellermeyer*, ZVG, § 168c Rz 4 a. E., m. w. N., u. a. zur Bindungswirkung nach § 168c Nr. 5.

§ 169
Vorausverfügungen über Miet- oder Pachtzins; Schiffshypothek gegen Ersteher

(1) Ist das Schiff einem Mieter oder Pächter überlassen, so gelten die Vorschriften des § 578a des Bürgerlichen Gesetzbuchs entsprechend. Soweit nach § 578a Abs. 2 für die Wirkung von Verfügungen und Rechtsgeschäften über die Miete oder Pacht der Übergang des Eigentums in Betracht kommt, ist an dessen Stelle die Beschlagnahme des Schiffs maßgebend; ist der Beschluß, durch den die Zwangsversteigerung angeordnet wird, auf Antrag des Gläubigers dem Mieter oder Pächter zugestellt, so gilt mit der Zustellung die Beschlagnahme als dem Mieter oder Pächter bekannt.

(2) Soweit das Bargebot bis zum Verteilungstermin nicht berichtigt wird, ist für die Forderung gegen den Ersteher eine Schiffshypothek an dem Schiff in das Schiffsregister einzutragen. Die Schiffshypothek entsteht mit der Eintragung, auch wenn der Ersteher das Schiff inzwischen veräußert hat. Im übrigen gelten die Vorschriften des Gesetzes über Rechte an eingetragenen Schiffen und Schiffsbauwerken vom 15. November 1940 (Reichsgesetzbl. I S. 1499) über die durch Rechtsgeschäft bestellte Schiffshypothek.

Literatur: *Hornung*, Schutzgrenzen durch Mindestgebote, Wertfestsetzung und Befriedigungsfiktion in Verfahren der Schiffsversteigerung, RpflJb 1991, S. 216; *Mohrbutter*, Zum Schiffsversteigerungsrecht, KTS 1974 88; *Rabe*, Ordre public – zur Bedeutung der Rechtspraxis bei Beurteilung der Entstehung und des Ranges eines ausländischen (venezolanischen) Schiffspfandrechts, EWiR 1991, 571; *Schiffhauer*, Was ist Grundstückswert i. S. des § 114a ZVG?, KTS 1968, 218; *Schiffhauer*, Nochmals: Was ist Grundstückswert i. S. des § 114a ZVG?, KTS 1969, 165; *Sieg*, Anmerkung zu BGH, Urt. v. 6.7.1961 – II ZR 161/60, MDR 1961, 1003.

Übersicht

I. Zweck der Norm

1. Absatz 1

Absatz 1 hat den Zweck, den **Schutz des Mieters** bzw. **des Pächters** bei einem Eigentumsübergang zu regeln – wie bei Grundstücken, wo sich die entsprechenden Regelungen in § 57, 57a und 57b ZVG befinden, besteht auch bei Schiffen (aufgrund der sachenrechtlichen Behandlung von Schiffen wie Grundstücke) ein entsprechendes Bedürfnis. 1

Dies betrifft die Frage nach dem **Recht zum Besitz** und insbesondere auch die Wirksamkeit von **Vorausverfügungen** über den Miet- bzw. Pachtzins gegenüber dem Ersteher. Hierbei sind die besonderen wirtschaftlichen Verhältnisse bei Schiffen zu berücksichtigten. Daher hat der Gesetzgeber für Schiffe die Vorschrift des § 578a BGB[1] geschaffen. 2

2. Absatz 2

§ 169 Abs. 2 ZVG enthält den zweiten Regelungsinhalt der Norm: Absatz 2 soll die am Erlös Berechtigten sichern, wenn der Ersteher das Meistgebot im Verteilungstermin nicht zahlt. 3

---

1) Vormals § 580a BGB a. F.

4 Da bei Seeschiffen z. T. schon keine Eintragung im Schiffsregister vorliegt (vgl. §§ 929a, 932a BGB) oder trotz Eintragung im Schiffsregister eine bloße Einigung über den Eigentumswechsel (also ohne Registereintragung) genügt – § 2 Abs. 1 SchiffsRG – hätte eine entsprechende Anwendung des § 128 ZVG nicht ausgereicht.[2] Zum Schutze der Berechtigten gegen benachteiligende Verfügungen des Erstehers bedurfte es daher einer besonderen Regelung.

5 Konkret geht es in Absatz 2 um Bestimmungen über die Eintragung, das Entstehen und die Wirkungen der bei Nichtzahlung des Meistgebotes einzutragenden Schiffshypothek für die Forderung gegen den Ersteher; die Vorschrift ist im Zusammenhang mit §§ 118, 130, 162 ZVG zu sehen. Sie ersetzt für den hiesigen Geltungsbereich § 128 ZVG.

6 Die Vorschrift wurde im Laufe der Zeit stark verändert; bis zur Rechtsänderung 1940 hatte die Vorschrift gelautet „Die Vorschriften über das geringste Gebote finden keine Anwendung. Das Meistgebot ist in seinem ganzen Betrage durch Zahlung zu berichtigen." Diese Regelung hatte sich in der Praxis nicht bewährt und wurde daher geändert.

II. Anwendungsbereich

7

<table>
<tr><th>... auf</th><th>deutsch(e)</th><th>ausländisch(e)</th></tr>
<tr><td>Binnenschiffe</td><td>eingetragene</td><td>./.</td></tr>
<tr><td>Seeschiffe</td><td>eingetragene</td><td>./.</td></tr>
<tr><td rowspan="2">Schiffsbauwerke u. Schwimmdocks</td><td>Abs. 1 gilt z. T. nicht*)</td><td rowspan="2">./.</td></tr>
<tr><td>(nur) Abs. 2 gilt, und zwar für eingetragene/ eintragungsfähige nach Maßgabe von § 170a ZVG</td></tr>
</table>

*) gemäß Art. 3 Abs. 2 SchRGÄndG[3] sind auf *fertig*gestellte Schwimm*docks* die Vorschriften über vermietete eingetragene Schiffe anzuwenden; Absatz 1 gilt also (nur) *nicht* für Schiffsbauwerke und im Bau befindliche Schwimmdocks („Schwimmdock-Bauwerke").

8 Für fertige Schwimmdocks gilt Absatz 1.

9 Absatz 2 gilt für eintragungsfähige Schiffsbauwerke sowie Schwimmdock-Bauwerke = unfertige (= im Bau befindliche) Schwimmdocks und fertige Schwimmdocks.

III. Miete und Pacht

10 Die Regelung in § 169 Abs. 1 ZVG schließt sich an § 578a BGB an. § 169 Abs. 1 ZVG verdrängt aber die Anwendung der §§ 57–57b ZVG nicht vollständig, sondern ergänzt die §§ 57–57b ZVG, die im Übrigen gemäß § 162 ZVG entsprechend an-

2) Steiner-*Hagemann*, ZVG, § 169 Rz. 16.

3) Gesetz zur Änderung des Gesetzes über Rechte an eingetragenen Schiffen und Schiffsbauwerken, der Schiffsregisterordnung und des Gesetzes über die Zwangsversteigerung und die Zwangsverwaltung vom 4.12.1968 (BGBl. I S. 1295) – SchRGÄndG.

wendbar bleiben, soweit sich aus den nachstehenden Ausführungen nicht ausdrücklich etwas anderes ergibt:

An die Stelle des § 57 ZVG tritt § 169 Abs. 1 Satz 1 ZVG, der § 578a BGB für entsprechend anwendbar erklärt. § 578a Abs. 1 BGB verweist auf die auch in § 57 ZVG aufgeführten §§ 566, 566a BGB. 11

Es gilt also wie bei der Grundstücksversteigerung der Grundsatz, dass der Ersteher anstelle des bisherigen Vermieters/Eigentümers in die Rechte und Pflichten aus dem Mietverhältnis und aus der Mietsicherheit kraft Gesetzes (durch den Eigentumserwerb aufgrund des Zuschlages) eintritt. 12

Anstelle von § 566b Abs. 1, § 566c BGB gilt für Schiffe § 578a Abs. 2 Satz 1 und 2 ZVG BGB. Danach ist eine **Vorausverfügung** des Vermieters über die Miete und Rechtsgeschäfte zwischen dem Mieter und dem Vermieter über die Mietforderung – mit den dort genannten Ausnahmen – ohne Beschränkung auf Fristen grundsätzlich wirksam. 13

§ 566d BGB (Aufrechnung) gilt entsprechend (dies ergibt sich aus § 578a Abs. 2 Satz 3 BGB). 14

§ 57a über das sog. **Sonder-Kündigungsrecht des Erstehers** (besser wegen der hier nicht relevanten Notwendigkeit eines Kündigungsrechts im Wohnraummietrecht als „Sonderkündigungsfrist" bezeichnet) ist anwendbar. 15

Soweit es für die Wirksamkeit einer Verfügung nach § 578a Abs. 2 BGB auf den Zeitpunkt des Eigentumsübergangs ankommt, tritt gemäß § 169 Abs. 1 Satz 2 ZVG an die Stelle des Eigentumsübergangs die **Beschlagnahme** des Schiffs. Diese gilt dem Mieter als bekannt, wenn ihm der Anordnungsbeschluss – auf Antrag des Gläubigers – zugestellt wurde. Diese Regelung entspricht § 57b Abs. 1 Satz 1 und 2 ZVG 16

Die ergänzenden Vorschriften des § 57b Abs. 1, Satz 3 und 4 ZVG sind aufgrund § 162 ZVG nicht unmittelbar anwendbar. § 57b Abs. 2 und 3 ZVG gelten nicht. Auch eine analoge Anwendung der § 57b Abs. 2 und 3 ZVG bei einer „Quasi-Zwangsverwaltung" scheidet aus, da die „Quasi-Zwangsverwaltung" keine bestehenden Miet- oder Pachtforderungen des Schuldners erfasst, weil es gerade an der Beschlagnahmewirkung gemäß §§ 148 Abs. 1, 21 Abs. 2, 20 Abs. 1 ZVG fehlt (was ggf. *de lege ferenda* zu ändern wäre, im Interesse eines besseren Schutzes der Gläubiger). 17

Die vorstehenden Ausführungen zu den Mietverhältnissen gelten für Pachtverhältnisse entsprechend (dieses ergibt sich aus § 581 Abs. 2 BGB). 18

IV. Vorausverfügungen

Bezüglich der erfassten Vorausverfügungen siehe §§ 57–57b Rz. 34 ff. [*Bachmann*] sowie § 148 Rz. 21 ff. [*Depré*]. 19

V. Geringstes Gebot

Die Vorschriften über das geringste Gebot (§§ 44 ff. ZVG) finden in vollem Umfange Anwendung. 20

Hinweis: Wie oben bereits ausgeführt, waren bis zur Rechtsänderung 1940 die Vorschriften über das geringste Gebot nicht anwendbar, was zu praktischen Schwierigkeiten führte, welche im Ergebnis zu der oben erwähnten Gesetzesänderung führten. 21

VI. Mindestgebot/Wertgrenzen

22 Hierzu siehe § 162 Rz. 54 ff. [*Popp*]).

VII. Schiffshypothek gegen Ersteher

23 § 169 Abs. 2 ZVG tritt an die Stelle von § 128 ZVG. Wird also das Bargebot bis zum Verteilungstermin nicht bezahlt, dann wird im Schiffsregister für die Forderung gegen den Ersteher eine **Schiffshypothek** eingetragen.

24 Daran ändert sich auch dann nichts, wenn der Ersteher das Schiff zwischenzeitlich weiter veräußert haben sollte (was bei einem im Seeschiffsregister eingetragenen Schiff möglich ist, da die Übertragung des Eigentums gemäß § 2 Abs. 1 SchRG keine Eintragung erfordert; beachte auch §§ 929a, 932a BGB bezüglich derjenigen Seeschiffe, die schon nicht im Register eingetragen sind).

25 Auch in diesen Fällen wird die Schiffshypothek für die Forderung gegen den Ersteher im Schiffsregister eingetragen. Auf guten oder schlechten Glauben des Erwerbers kommt es dabei *nicht* an. Diesen Eingriff in die Rechtskonsequenz hielt der Gesetzgeber für geboten, „um den Berechtigten einen wirksamen Schutz gegen benachteiligende Verfügungen des Erstehers zu gewähren“.[4]

26 Die vorgenannte Schiffshypothek steht rechtsgeschäftlich bestellten Schiffshypotheken gleich, einschließlich der **Rangverhältnisse** zu ggf. zwischenzeitlich entstehenden Schiffsgläubigerrechten.

27 Allerdings wenn ein Seeschiff einem **Ausländer** zugeschlagen wird und im (deutschen) Seeschiffsregister gelöscht wird, ist eine Eintragung einer Schiffshypothek nicht möglich. In diesem Fall ist § 171 Abs. 5 ZVG entsprechend anzuwenden.[5]

VIII. Verteilung – Termin – Rangklassen

1. Vorbemerkung

28 Zu unterscheiden sind **Schiffshypothekengläubigerrechte** und **Schiffsgläubigerrechte**. Wie oben (siehe § 164 Rz. 1 ff. [*Popp*]) bereits näher dargestellt, sind Schiffshypotheken im Schiffsregister eingetragen, während Schiffsgläubigerrechte sich nicht aus dem Register ersehen lassen. Es können sich demzufolge Rangkollisionen ergeben zwischen eingetragenen und nicht eingetragenen Rechten (wie es das bei Grundstücken nicht in vergleichbarer Weise gibt).[6]

29 Die Rangfolge des § 10 ZVG wird für Schiffe in mehrfacher Weise modifiziert:

- für Seeschiffe gelten eigene Regeln (§ 754 HGB a. F. – § 764 HGB a. F. = § 596 HGB n. F. – § 604 HGB n. F.),
- für Binnenschiffe gelten wiederum etwas andere Regeln (§ 102 bis § 116 BinSchG),
- für Schiffsbauwerke gilt im Wesentlichen § 10 ZVG.

---

4) *Jaeckel/Güthe*, ZVG, 2. Aufl., § 169 Anm. 4.

5) Steiner-*Hagemann*, ZVG, § 162 Rz. 158, § 169 Rz. 19, § 171 Rz. 61; *Jaeckel/Güthe*, ZVG, 7. Aufl., § 169 Rz. 6.

6) Beispielsweise BGH, Urt. v. 11.7.1974 – II ZR 1/73, BGHZ 63, 61–65 = Rpfleger 1975, 17 = NJW 1974, 2284 zum Widerspruch eines Schiffshypothekengläubigers gegen das Vorrecht der titulierten Forderung eines Schiffsgläubigers.

Schiffsgläubigerrechte bei Seeschiffen erlöschen nach Ablauf eines Jahres seit Entstehen der Forderung, wenn nicht zuvor die Beschlagnahme des Schiffes – auch im Wege einstweiligen Rechtsschutzschutzes – erwirkt wird, die ohne zwischenzeitliche Freigabe zur Veräußerung im Wege der Zwangsvollstreckung führen muss (§ 759 HGB a. F. = § 600 HGB n. F.). 30

Es darf hierbei keine zwischenzeitliche Freigabe aus der Beschlagnahme (§ 600 Abs. 2 HGB n. F. = § 759 Abs. 2 HGB a. F.) erfolgen, auch keine Rücknahme des Versteigerungsantrags (§ 29 ZVG) auch keine zwei ergebnislosen Zwangsversteigerungstermine (§ 77 Abs. 1 ZVG).[7] 31

Hingegen schadet die Bewilligung der einstweiligen Einstellung (§ 30 ZVG) insofern nicht.[8] 32

Bei Binnenschiffen sieht § 117 BinSchG für bestimmte Schiffsgläubigerrechte eine Verjährungsfrist von ebenfalls einem Jahr vor. Dieser Einjahreszeitraum erinnert an den Einjahreszeitraum der beschlagnahmten Miet- und Pachtrückstände, die in den Haftungsverband der Hypothek (an einem Grundstück) fallen gemäß § 1123 Abs. 2 BGB. 33

Auch wenn die **Erlöschensfrist** bei Seeschiffen und die **Verjährungsfrist** bei Binnenschiffen in der Regel zu ähnlichen Ergebnissen führen, ist zu beachten, dass es rechtlich zu differenzieren gilt. 34

Der Berechtigte eines vertraglichen Zurückbehaltungsrechts, welches kein Befriedigungsrecht, sondern lediglich ein Sicherungsrecht gewährt, ist mangels Erwähnung in § 754 HGB a. F. = § 596 HGB n. F. bzw. § 102 BinSchG kein Schiffsgläubiger und damit auch kein Beteiligter i. S. d. § 9 ZVG und somit auch nicht widerspruchsberechtigt gegen die Zuteilung an einen vorrangigen Schiffshypothekengläubiger. 35

2. Rangordnung bei Seeschiffen

Aus §§ 10–12 ZVG sowie § 754 HGB a. F. bis § 764 HGB a. F. = § 596 HGB n. F. – § 604 HGB n. F. ergibt sich bei der Zwangsversteigerung von Seeschiffen die nachfolgend dargestellte Rangordnung. Hierbei sind jeweils gemäß §§ 162, 10 Abs. 2 ZVG auch die Kosten der Kündigung und der dinglichen Rechtsverfolgung zu berücksichtigen (also Zinsen und Kosten für Schiffsgläubigerrechte gemäß § 755 Abs. 2 HGB a. F. = § 597 HGB n. F.). Für das Verhältnis von Haupt- und Nebenansprüchen innerhalb eines Anspruches gilt § 12 ZVG (§ 162 ZVG). 36

Die Rangfolge ist also wie folgt: 37

a) Vor Rangklasse 1 („Rangklasse 0“)

Vorab sind dem Erlös die Kosten des Verfahrens (§ 109 Abs. 1 ZVG) einschließlich der Kosten, die durch die Bewachung und Verwahrung des Schiffes (§ 165 Abs. 1 Satz 1 ZVG) in jeder der drei Varianten (siehe § 165 Rz. 142 ff. [*Popp*]) oder durch die Quasi-Zwangsverwaltung gemäß § 165 Abs. 2 Satz 3 ZVG entstanden sind, zu entnehmen. 38

---

7) *Mohrbutter*, KTS 1974 88, 91.

8) *Mohrbutter*, KTS 1974 88, 91.

b) Rangklasse 1

39 Entsprechend § 10 Abs. 1 Nr. 1 ZVG ist der Anspruch des betreibenden Gläubigers auf Ersatz seiner Vorschüsse für Ausgaben für die treuhänderische Nutzung des Schiffs (§ 165 Abs. 2 Satz 3 ZVG) zu berücksichtigen, soweit die Ausgaben der **Erhaltung oder nötigen Verbesserung** des Schiffs dienen und nicht aus den Nutzungen entnommen werden können, weil die treuhänderische Nutzung die bei Schiffen nicht mögliche Zwangsverwaltung ersetzt.[9] Durch die Einführung des § 165 Abs. 2 ZVG ist ältere Literatur und Rechtsprechung, soweit sich diese gegen eine Anwendbarkeit von § 10 Abs. 1 Nr. 1 ZVG ausgesprochen hat, ggf. hinsichtlich dieser Frage überholt.[10] Siehe § 165 Rz. 32 ff. [*Popp*].

c) Rangklasse 1a

40 In den in § 10 Abs. 1 Nr. 1a ZVG genannten Fällen wird der Anspruch auf Ersatz der Kosten der Feststellung der beweglichen Gegenstände erfasst, auf die sich die Versteigerung erstreckt (typischerweise Grundstückszubehör im Insolvenzbeschlag, hier entsprechend Schiffszubehör) deren Höhe muss sich mangels einer Wertfestsetzung (siehe § 169a Rz. 6 ff. [*Popp*]) nach der Anmeldung durch den Insolvenzverwalter und ggf. dessen Glaubhaftmachung (§§ 162, 37 Nr. 4, 45 Abs. 1, § 110 ZVG) richten; das Gericht muss hier ggf. sachgerecht „schätzen" (siehe § 169a Rz. 10 ff. [*Popp*]).

d) Rangklasse 2

41 Es folgen die **Heuerforderungen** des Kapitäns („Schiffer" = Schiffsführer/Führer des Schiffes) und der übrigen Personen der Schiffsbesatzung (§ 754 Abs. 1 Nr. 1 HGB a. F. = § 596 Abs. 1 Nr. 1 HGB n. F.) mit Vorrang vor den übrigen Schiffsgläubigerforderungen (§ 762 Abs. 1 HGB a. F. = § 602 HGB n. F.), mit Ausnahmen hinsichtlich später entstandener Ansprüche der Rangklasse 5[11] und vor allen anderen Pfandrechten (§ 761 Satz 1 HGB a. F. = § 602 HGB n. F.) untereinander im gleichen Rang (§ 763 Abs. 1 HGB a. F. = § 604 HGB n. F.).

42 **Gesetzessystematische Anmerkung:** Die vormals bei Grundstücken zu findende Rangklasse 2 für sog. Lidlohn, sprich Arbeitslohn für grundstücksbezogene Tätige, gibt es hier also quasi noch. Die heutige Rangklasse des § 10 Abs. 1 Nr. 2 ZVG hat hier keinerlei Anwendungsbereich.

e) Rangklasse 3

43 Sodann folgen im Rang die öffentlichen Schiffs- und Schifffahrts- und Hafenabgaben sowie Lotsengelder (§ 754 Abs. 1 Nr. 2 HGB a. F. = § 596 Abs. 1 Nr. 2 HGB n. F.) mit Vorrang vor den in den nachfolgenden Nummern genannten Schiffsgläubiger-

---

9) *Mohrbutter/Drischler*, Muster 171 und Muster 170 Anmerkung 3.

10) RG, Urt. v. 29.10.1919 – I 125/19, RGZ 97, 61–66, hatte die Anwendbarkeit der Rangklasse 1 des § 10 ZVG verneint. Allerdings sollte man diese Entscheidung in ihrer Aussagekraft nicht überbewerten – zu der Zeit gab es noch keinen § 165 Abs. 2 (galt also eine andere als die heutige Rechtslage), zudem hatte das RG nur über Aufwendungen zu entscheiden, die vor Einleitung des Zwangsversteigerungsverfahrens erfolgt waren, nicht jedoch über die eher vergleichbare Frage von Aufwendungen nach Einleitung des Verfahrens.

11) Dassler/Schiffhauer/u. a.-*Rellermeyer*, ZVG, § 162 Rz. 29.

forderungen (§ 762 Abs. 1 HGB a. F. = § 603 Abs. 1 HGB n. F.), mit Ausnahmen hinsichtlich später entstandener Ansprüche der Rangklasse[12)] und vor allen anderen Pfandrechten (§ 761 Satz 2 HGB a. F. = § 602 Satz 2 HGB n. F.) untereinander bzw. im Verhältnis zueinander mit gleichem Rang (§ 763 Abs. 1 HGB a. F. = § 604 Abs. 1 HGB n. F.).

§ 10 Abs. 1 Nr. 3 ZVG ist hier also nicht relevant, sondern ist durch die o. g. Vorschriften ersetzt. 44

f) **Rangklasse 4**

Danach werden die in § 754 Abs. 1 Nr. 3 HGB a. F. = § 596 Abs. 1 Nr. 3 HGB n. F. genannten **Schadenersatzforderungen** mit Ausnahme derjenigen nach § 754 Abs. 2 HGB a. F. = § 596 Abs. 2 HGB n. F. berücksichtigt. 45

Diese Schadenersatzforderungen haben Vorrang vor den in den nachfolgenden Nummern genannten Schiffsgläubigerforderungen (§ 762 Abs. 1 HGB a. F. = § 603 HGB n. F.), mit Ausnahmen hinsichtlich später entstandener Ansprüche der Rangklasse 5[13)] und vor allen anderen Pfandrechten (§ 761 Satz 1 HGB a. F. = § 602 Satz 1 HGB n. F.). Untereinander haben die Rechte der Rangklasse 4 gleichen Rang (§ 763 Abs. 1 HGB a. F. = § 604 Abs. 1 HGB n. F.). 46

Jedoch gehen Pfandrechte für Forderungen wegen Personenschäden denjenigen für Forderungen wegen Sachschäden vor (§ 763 Abs. 2 HGB a. F. = § 604 Abs. 2 HGB n. F.). 47

g) **Rangklasse 5**

In diese Rangklasse werden die Forderungen auf **Bergelohn** oder auf Sondervergütung einschließlich Bergungskosten, Beiträge des Schiffes und der Fracht zur großen **Haverei** und Forderungen wegen der Beseitigung des Wracks eingeordnet (§ 754 Abs. 1 Nr. 4 HGB a. F. = § 596 Abs. 1 Nr. 4 HGB n. F.). 48

Sie haben **Vorrang** vor den nachfolgend genannten Schiffsgläubigerforderungen (§ 762 Abs. 1 HGB a. F. = § 603 Abs. 1 HGB n. F.) und **vor** allen anderen Pfandrechten (§ 761 Satz 1 HGB a. F. = § 602 Satz 1 HGB n. F.), ferner Vorrang **vor** den früher entstandenen Ansprüchen aus den Rangklassen 2–4 (§ 762 Abs. 2 HGB a. F. = § 603 Abs. 2 HGB n. F.). Zum Entstehungszeitpunkt der Forderungen siehe § 762 Abs. 3 HGB a. F. = § 603 Abs. 3 HGB n. F.). 49

Innerhalb dieser Rangklasse geht das Pfandrecht für die später entstandene Forderung demjenigen für die früher entstandene Forderung vor; untereinander sind Pfandrechte wegen gleichzeitig entstandener Forderungen gleichberechtigt (§ 764 HGB a. F. = § 604 HGB n. F.). 50

h) **Rangklasse 6**

Hierher gehören die Forderungen der Träger der Sozialversicherung einschließlich der Arbeitslosenversicherung gegen den Reeder (§ 754 Abs. 1 Nr. 5 HGB a. F. = § 596 Abs. 1 Nr. 5 HGB n. F.) mit Vorrang vor allen anderen Pfandrechten (§ 761 51

12) Vgl. Dassler/Schiffhauer/u. a.-*Rellermeyer*, ZVG, § 162 Rz. 29.
13) Dassler/Schiffhauer/u. a.-*Rellermeyer*, ZVG, § 162 Rz. 29.

Satz 1 HGB a. F. = § 602 Satz 1 HGB n. F.), untereinander mit gleichem Rang (§ 763 Abs. 1 HGB a. F. = § 604 Satz 1 HGB n. F.).

52 Ein Sozialversicherungsträger kann seine Leistungsbescheide wegen nichterfüllter Beitragsansprüche so ausgestalten, dass sie als Titel zur Durchsetzung des Schiffsgläubigerrechts im Wege der Zwangsversteigerung geeignet sind.[14)]

i) **Rangklasse 7**

53 Es folgen die dinglichen Ansprüche nach § 10 Abs. 1 Nr. 4 ZVG. Für das Rangverhältnis näherer Ansprüche untereinander gilt § 11 ZVG.

j) **Rangklasse 8 – 10**

54 Sodann folgen die persönlichen Ansprüche des betreibenden Gläubigers nach § 10 Abs. 1 Nr. 5 ZVG, die dem Beschlagnahmegläubiger gegenüber unwirksamen dinglichen Ansprüchen nach § 10 Abs. 1 Nr. 6 ZVG und die älteren Rückstände dinglicher Ansprüche nach § 10 Abs. 1 Nr. 8 ZVG. Für das Rangverhältnis mehrerer Ansprüche innerhalb einer Rangklasse untereinander gilt wiederum § 11 ZVG.

k) **Rangklasse 8 – 10**

55 Schließlich folgen die Ansprüche, die ungeachtet der Aufforderung nach §§ 162, 37 Nr. 4 ZVG nicht rechtzeitig angemeldet oder glaubhaft gemacht wurden (§§ 162, 110 ZVG).

3. **Rangordnung bei Binnenschiffen**

56 Aus §§ 10 – 12 ZVG und §§ 102 – 117 BinSchG ergibt sich bei der Zwangsversteigerung von Binnenschiffen folgende Rangordnung. Hierbei sind jeweils gemäß §§ 162, § 10 Abs. 2 ZVG auch die Kosten der Kündigung und der dinglichen Rechtsverfolgung zu berücksichtigen (Zinsen und Kosten für Schiffsgläubigerrechte gemäß § 105 BinSchG).

57 Für das Verhältnis von Haupt- und Nebenansprüchen innerhalb eines Anspruches gilt § 12 ZVG.

a) **Vor Rangklasse 1 – 1a (also „Rangklasse 0"), Rangklasse 1 und Rangklasse 1a**

58 Hier sind dieselben Ansprüche wie bei der Zwangsversteigerung von Seeschiffen zu berücksichtigen,[15)] also in Kürze:

aa) **„Rangklasse 0":**

59 Kosten des Verfahrens (§ 109 Abs. 1 ZVG) einschließlich Kosten der Bewachung und Verwahrung oder einer Quasi-Zwangsverwaltung.

bb) **Rangklasse 1**

60 Anspruch des betreibenden Gläubigers auf Ersatz seiner Vorschüsse für Ausgaben der Erhaltung oder nötigen Verbesserung im Rahmen Quasi-Zwangsverwaltung (zur entsprechenden Frage siehe Rz. 39).

---

14) OLG Hamburg, Urt. v. 8.12.2000 – 1 U 22/96, OLGR Bremen Hamburg Schleswig 2001, 167.

15) Dassler/Schiffhauer/u. a.-*Rellermeyer*, ZVG, § 162 Rz. 23 – 25.

cc) Rangklasse 1a

Feststellungskosten für Schiffszubehör im Insolvenzbeschlag – das Gericht muss hier mangels festzusetzenden Verkehrswerts ggf. sachgerecht „schätzen“. 61

b) Rangklasse 2

Es folgen die **öffentlichen Schiffs- und Schifffahrtsabgaben** (§ 102 Nr. 1 BinSchG) mit Vorrang vor den übrigen Schiffsgläubigerforderungen (§ 107 BinSchG) und vor allen anderen Pfandrechten (§ 109 Abs. 1 BinSchG), unter sich mit gleichem Rang (§ 108 Abs. 1 BinSchG). 62

c) Rangklasse 3

Danach werden die **Gehalts- und Lohnforderungen** der **Schiffsbesatzung** für die Vergangenheit, jedoch höchstens für den Zeitraum von sechs Monaten, gerechnet von der Beschlagnahme ab (§ 102 Nr. 2 BinSchG), berücksichtigt. 63

Sowie sonstige Forderungen aus den Arbeitsverträgen der Schiffsbesatzung ohne die vorgenannte zeitliche Begrenzung (auf sechs Monate). 64

Diese Forderungen der Rangklasse 3 haben Vorrang vor den in den nachfolgenden Nummern genannten Schiffsgläubigerforderungen (§ 107 BinSchG) und vor allen anderen Pfandrechten (§ 109 Abs. 1 BinSchG). 65

Untereinander haben sie den gleichen Rang (§ 108 Abs. 1 BinSchG). 66

d) Rangklasse 4

In diese Rangklasse werden die **Lotsengelder** sowie **Bergelohn** oder Sondervergütung einschließlich Bergungskosten und die Beiträge des Schiffes zur großen Haverei eingeordnet (§ 102 Nr. 3 BinSchG). 67

Dazu gehören aber nicht die Forderung des Eigentümers einer Wasserstraße auf Ersatzaufwendungen für die auftragslose Suche und Bergung vom beim Untergang des Schiffes über Bord gegangenen Ladungsteilen.[16] 68

Die eben genannten Forderungen haben Vorrang vor den in den nachfolgenden Nummern genannten Schiffsgläubigerforderungen (§ 107 BinSchG) und vor allen anderen Pfandrechten (§ 109 Abs. 1 BinSchG). 69

Innerhalb dieser Rangklasse geht das Pfandrecht für die später entstandene Forderung demjenigen für die früher entstandene Forderung vor; Pfandrechte wegen gleichzeitig entstandener Forderungen sind gleichberechtigt; Forderungen aus Anlass desselben Notfalles gelten als gleichzeitig entstanden, § 108 Abs. 2 BinSchG (früher fand sich eine entsprechende Regelung in § 106 BinSchG a. F., der ersatzlos weggefallen ist). 70

---

16) BGH, Urt. v. 9.12.1985 – II ZR 5/85, BGHZ 96, 332–336 = NJW 1987, 131 = MDR 1986, 476.

e) **Rangklasse 5**

71 Sodann folgen die Forderungen wegen **Personenschäden** und **Sachschäden**, die an Bord oder in unmittelbarem Zusammenhang mit dem Betrieb des Schiffes eingetreten sind (§ 102 Nr. 4 BinSchG).[17]

72 Diese Forderungen in der Rangklasse 5 haben Vorrang vor den in den nachfolgenden Nummern genannten Schiffsgläubigerforderungen (§ 107 BinSchG).

73 Vor den sonstigen Pfandrechten haben sie nur insoweit Vorrang, als jene Pfandrechte nicht früher entstanden sind (§ 109 Abs. 1 BinSchG); geht hiernach ein früher entstandenes sonstiges Pfandrecht im Rang vor, so hat es zugleich Vorrang vor den weiteren nachrangigen Schiffsgläubigerforderungen (§ 109 Abs. 2 BinSchG).

74 Untereinander haben sie gleichen Rang (§ 108 Abs. 1 BinSchG); jedoch gehen Pfandrechte für Forderungen wegen Personenschäden denjenigen für Forderungen wegen Sachschäden vor (§ 108 Abs. 3 BinSchG).

f) **Rangklasse 6**

75 Hierher gehören die nicht unter einer der vorherigen Nummern fallenden Forderungen aus Rechtsgeschäften, die der Schiffer als solcher Kraft seiner gesetzlichen Befugnisse (§§ 15, 16 BinSchG) und nicht mit Bezug auf eine Vollmacht geschlossen hat (§ 102 Nr. 5 BinSchG), mit Vorrang vor den nachfolgend genannten Schiffsgläubigerforderungen (§ 107 BinSchG) und untereinander mit gleichem Rang (§ 108 Abs. 1 BinSchG).

76 Auch insoweit gilt der Vorrang vor den sonstigen Pfandrechten nur insoweit, als jene Pfandrechte nicht früher entstanden sind (§ 109 Abs. 1 BinSchG); geht hiernach ein früher entstandenes sonstiges Pfandrecht im Rang vor, so hat es sogleich Vorrang vor den weiteren nachrangigen Schiffsgläubigerforderungen (§ 109 Abs. 2 BinSchG).

g) **Rangklasse 7**

77 Danach werden die Forderungen der Träger der **Sozialversicherung** einschließlich der Arbeitslosenversicherung gegen den Schiffseigner (§ 102 Nr. 6 BinSchG) erfasst.

78 Diese stehen untereinander im gleichem Rang (§ 108 Abs. 1 BinSchG). Für diese Forderungen gilt gleichfalls der Vorrang vor den sonstigen Pfandrechten nur insoweit, als jene Pfandrechte nicht früher entstanden sind (§ 109 Abs. 1 BinSchG).

h) **Rangklasse 8**

79 Es folgen die **dinglichen Ansprüche** nach § 10 Abs. 1 Nr. 4 ZVG.

80 Diese haben jedoch Rang **vor** Rechten der Rangklassen 5–7, soweit sie früher als jene entstanden sind, und in diesem Falle zugleich Vorrang vor den weiteren nachrangigen Schiffsgläubigerforderungen (§ 109 Abs. 1, 2 BinSchG).

---

17) BGH, Urt. v. 21.3.1983 – II ZR 179/82, MDR 1983, 911–912 = Vers R 1983, 685 zu § 102 Nr. 5 BinSchG a. F.: Ein Schiffsgläubigerrecht für eine Forderung des Geschädigten aus dem Verschulden der Besatzung wird auch dann gegen Schiffseigner begründet, wenn dieser bei Schadenseintritt nicht mehr Eigentümer ist.

Für das Rangverhältnis mehrerer Ansprüche untereinander gilt § 11 ZVG. 81

i) Rangklasse 9–11

Sodann folgen die **persönlichen Ansprüche des betreibenden Gläubigers** nach § 10 Abs. 1 Nr. 5 ZVG, die dem Beschlagnahmegläubiger gegenüber unwirksamen dinglichen Ansprüche nach § 10 Abs. 1 Nr. 6 ZVG und die älteren Rückstände dinglicher Ansprüche nach § 10 Abs. 1 Nr. 8 ZVG. 82

Für das Rangverhältnis näherer Ansprüche innerhalb einer Rangklasse gilt wiederum § 11 ZVG. 83

j) Nach Rangklasse 11

Schließlich folgen die Ansprüche, die ungeachtet der Aufforderung nach §§ 162, § 37 Nr. 4 ZVG nicht rechtzeitig angemeldet oder glaubhaft gemacht wurden (§§ 162, 110 ZVG). 84

4. Rangordnung bei Schiffsbauwerken

Für Schiffsbauwerke sind die Rangklassen nach § 10 Abs. 1 ZVG, soweit anwendbar, ohne weitere Besonderheiten maßgebend. 85

Besondere Pfandrechte von Schiffsgläubigern gibt es hier nicht. 86

5. Ansprüche von unbestimmtem Betrag

Auf Ansprüche von unbestimmtem Betrag ist jeweils § 14 ZVG anwendbar. 87

6. Einzelne Entscheidungen: Rang (und Berücksichtigung) eines ausländischen Registerpfandrechts

a) Zur Zuständigkeit der Gerichte für die Forderungen von Schiffsgläubigerrechten

Für die gerichtliche Zuständigkeit des Schifffahrtsgerichts (Zivilrechtsstreit) über das Schiffsgläubigerrecht ist maßgeblich, wo sich das Schiff im Zeitpunkt des schadenstiftenden Ereignisses befindet, und nicht wo es im Zeitpunkt des Schadenseintritts ist.[18] 88

b) Zurückbehaltungsrecht

Der Berechtigte eines Zurückbehaltungsrechts (hier rückständige Liegeplatzgebühren) hat nur ein Sicherungsrecht, aber kein Befriedigungsrecht im Sinne eines Schiffsgläubigerrechts. Besteht zugleich eine nachrangige Schiffshypothek, ändert das nichts daran, dass ein dingliches Recht nur nachrangig (aus der Schiffshypothek) besteht; der vertragliche Anspruch, der zu einem Zurückbehaltungsrecht führt, wird dadurch nicht verdinglicht. Demzufolge kann einer Verteilung an einen (zu der nachrangigen Schiffshypothek) vorrangigen Gläubiger auch nicht mit Erfolg widersprochen werden.[19] 89

---

18) BGH, Urt. v. 21.3.1983 – II ZR 179/82, MDR 1983, 911–912 betreffend ein nicht mehr bestehendes Schiffsgläubigerrecht gemäß § 104 Abs. 3 SchiffsRG a. F.; ansonsten aber dem Rechtsgedanken nach ist die Entscheidung noch nutzbar.

19) LG Rostock, Beschl. v. 9.7.1998 – 2 T 52/98, Rpfleger 1999, 35–36.

90 Für den Anspruch auf vorzugsweise Befriedigung kommt dem Gläubiger, dem ein kaufmännisches Zurückbehaltungsrecht zusteht, der Vorrang gegenüber dem Schiffshypotheken-Gläubiger zu.[20)]

c) Arrest wegen Schiffsgläubigerrechts?

91 Ein bestehendes Schiffsgläubigerrecht allein begründet keinen Arrest gegen den Eigentümer/Reeder; will der Schiffsgläubiger die Entfernung des Schiffes verhindern (u. a. um das Entstehen neuer Schiffsgläubigerrechte, die seine Befriedigungschancen schmälern können und ggf. sogar seinen Ansprüchen vorrangig sein können, zu verhindern), so muss er den Erlass einer einstweiligen Verfügung beantragen oder das Schiff i. S. v. § 928 Abs. 2 ZPO sequestrieren lassen.[21)] Hierzu siehe § 165 Rz. 69 f. [*Popp*].

d) Ausländisches Schiffsgläubigerrecht

92 Der Rang eines im Ausland entstandenen Schiffsgläubigerrechts bestimmt sich bei einer inländischen Versteigerung nach deutschem Recht.[22)]

e) Ausländische Hypothek

93 Wird ein ausländisches Binnenschiff, welches mit einer ausländischen Schiffshypothek belastet ist, in Deutschland zwangsversteigert, so gilt für die Versteigerung im Inland inländisches Recht; aber hierbei werden ausländische Rechte so behandelt, als wären sie inländische (auch wenn im Ausland ein anderes Rangverhältnis gelten würde), also: es gelten die Rangverhältnisse wie sie für ein vergleichbares inländisches Recht gelten würden.[23)]

94 § 171 ZVG besagt nichts darüber, welche ausländischen Normen bei einer Versteigerung im Inland anwendbar sind, insbesondere, ist damit nicht gesagt, dass die Berücksichtigung ausländischer Hypotheken nicht von deren Eintragung in irgend „ein" Schiffsregister abhängig sein soll (im fraglichen Fall[24)] sah das ausländische Recht zu der Zeit nicht vor, dass Schiffsregisterpfandrechte bestehen, Schiffe wurden nach dortigem Recht nicht wie Immobilien behandelt, es gab kein Immobiliarvollstreckungsrecht). Ergo: Es muss nach ausländischem Recht eine vollstreckungsrechtliche Gleichstellung von Schiffen mit Immobilien erfolgt sein und das ausländische Recht nach dortigem Recht einer deutschen Schiffshypothek entsprechen, dann gilt das ausländische Recht (auch wenn das ausländische Recht ggf. keine Eintragung in ein Register verlangt).[25)] Ist aber das ausländische Recht so, dass es keine Immobiliarsicherheit annimmt (wofür die fehlende Registereintragung dann lediglich ein Indiz

20) OLG Hamburg, Urt. v. 1.7.1987 – 8 U 193/85, MDR 1988, 235–236, 235.
21) OLG Hamburg, Urt. v. 2.3.1967 – 6 U 177/66, MDR 1967, 677–680 m. kritischer Anm./Aufsatz *Liesecke*, MDR 1967, 625.
22) OLG Oldenburg, Urt. v. 7.6.1974 – 6 U 29/74, VersR 1975, 271 ff.
23) RG, Urt. v. 9.2.1900 – Rep. Via 263/99, RGZ 45, 276–283; ähnliche Fallgestaltung mit ähnlichen Fragen, ähnliche Antwort RG, Urt. v. 14.6.1911 – Rep. I. 116/10, RGZ 77, 1–5.
24) RG, Urt. v. 2.10.1912 – Rep. I. 379/11, RGZ 80, 129–134.
25) RG, Urt. v. 2.10.1912 – Rep. I. 379/11, RGZ 80, 12–134.

ist), dann wird das ausländische Pfandrecht im Inland nicht wie eine Hypothek behandelt.[26)]

f) Zur Anwendbarkeit deutschen Rechts

Die Frage, welches Recht gilt in Bezug auf den Rang eines Schiffsgläubigerrechts, welches hinsichtlich der Belieferung eines deutschen Schiffes im Ausland entstanden ist, kann insbesondere deswegen relevant werden, weil ggf. das ausländische Recht einen anderen Umfang der Verpflichtungsbefugnis des Schiffers annimmt. Maßgeblich ist bei einer Belieferung eines deutschen Schiffes im Ausland das auf die betreffenden Rechtsgeschäfte geltende ausländische Recht einschließlich der dortigen Regeln über den Umfang der Vertretungsbefugnis des Schiffers.[27)] Steht hiernach fest, dass ein Schiffsgläubigerrecht im Ausland begründet wurde, richtet sich dessen Rang nach den allgemeinen Regeln. 95

g) Versteigerung eines deutschen Schiffes im Ausland

Wird ein deutsches Schiff im Ausland im Wege der Zwangsvollstreckung versteigert, so ist deutsches Recht für Bereicherungsansprüche von Schiffsgläubigern und Schiffshypothekengläubigern maßgebend, die darauf gestützt werden, bei der Verteilung des Erlöses sei das sich aus dem deutschen Recht ergebende Rangverhältnis dieser Rechte nicht beachtet worden.[28)] 96

Der Rangverlust nach §§ 162, 110 ZVG wegen Nichtanmeldung aus dem Schiffsregister nicht ersichtlicher Rechte tritt nur ein, wenn die Terminsbestimmung von einem deutschen Vollstreckungsgericht mit der Aufforderung nach §§ 37 Nr. 4, 167 Abs. 2 ZVG bekanntgemacht worden ist.[29)] 97

h) Such- und Bergungskosten

Die Forderung des Eigentümers einer dem öffentlichen Verkehr gewidmeten Wasserstraße auf Ersatz seiner Aufwendungen für die Suche und Bergung beim Untergang eines Schiffes über Bord gegangener Ladungsteile oder für Wahrschaumaßnahmen hinsichtlich dieses Schiffes begründet kein Schiffsgläubigerrecht an dem Fahrzeug,[30)] denn es fehlte am gemäß § 102 BinSchG notwendigen Auftrag. 98

i) Drittwirkung des Vollstreckungsbefehls im Widerspruchsprozess

Dem Schiffshypothekengläubiger wird durch einen rechtskräftigen, auf Duldung der Zwangsvollstreckung in das Schiff lautenden Vollstreckungsbefehl, den ein anderer Gläubiger wegen eines behaupteten Schiffsgläubigerrechts gegen den Reeder erwirkt hatte, nicht das Recht abgeschnitten, das Vorrecht dieses anderen Gläubigers im Widerspruchsprozess mit der Behauptung zu bestreiten, das Schiffsgläubigerrecht sei vor Einleitung des Mahnverfahrens bereits erloschen gewesen. 99

---

26) RG, Urt. v. 2.10.1912 – Rep. I. 379/11, RGZ 80, 129–134.
27) RG, Urt. v. 5.2.1913 – Rep. I. 258/12, RGZ 81, 283–287.
28) BGH, Urt. v. 6.7.1961 – II ZR 161/60, BGHZ 35, 267–272, 267.
29) BGH, Urt. v. 6.7.1961 – II ZR 161/60, BGHZ 35, 267–272, 267.
30) BGH, Urt. v. 9.12.1985 – II ZR 5/85, BGHZ 96, 332–336; ausdrücklich in Abweichung vom Urt. v. 10. April 1969 – II ZR 239/67, VersR 1969, 562 f.

100 Dagegen kann der Schiffshypothekengläubiger das Vorrecht eines Schiffsgläubigers nicht mit der Einrede bekämpfen, das Schiffsgläubigerrecht sei verjährt.[31)]

j) Sozialversicherungsbeiträge

101 Der Sozialversicherungsträger ist im Rahmen seiner sich aus § 28h Abs. 1 Satz 2 SGB IV ergebenden Befugnis, nicht erfüllte Beitragsansprüche durch Verwaltungsakt festzusetzen, auch berechtigt, die Leistungsbescheide bei entsprechender gesetzlicher Regelung (hier § 754 Abs. 1 Nr. 5 = § 596 Abs. 1 Nr. 5 HGB n. F.) so auszugestalten, dass sie als Titel zur Durchsetzung des Schiffsgläubigerpfandrechts im Wege der Zwangsversteigerung geeignet sind.[32)]

102 Treffen der Vollstreckungsverwalter und der Pfandgläubiger zur Abwendung der Zwangsversteigerung des aufgrund des titulierten Pfandrechts beschlagnahmten Schiffs eine Vereinbarung über eine freihändige Veräußerung und der Forderungsbefriedigung aus dem Erlös, so kann sich der Verwalter später nicht darauf berufen, dass das Schiff entgegen der gesetzlichen Regelung des § 759 Abs. 2 Satz 1 HGB a. F. = § 600 Abs. 2 Satz 1 HGB n. F. nicht im Wege der Zwangsversteigerung veräußert worden ist, wenn im Zeitpunkt der Beschlagnahme das Schiffsgläubigerrecht bestanden hat.[34)]

---

31) BGH, Urt. v. 11.7.1974 – II ZR 1/73, BGHZ 63, 61–65.

32) OLG Hamburg, Urt. v. 8.12.2000 – 1 U 22/96, OLGR Bremen Hamburg Schleswig 2001, 167–171, 167.

34) OLG Hamburg, Urt. v. 8.12.2000 – 1 U 22/96, OLGR Bremen Hamburg Schleswig 2001, 167–171, 167.

§ 169a
Kein Antrag auf Versagung des Zuschlags bei Seeschiffen

(1) Auf die Zwangsversteigerung eines Seeschiffes sind die Vorschriften der §§ 74a, 74b und 85a nicht anzuwenden; § 38 [Abs. 1]*) Satz 1 findet hinsichtlich der Angabe des Verkehrswerts keine Anwendung.

(2) § 68 findet mit der Maßgabe Anwendung, daß Sicherheit für ein Zehntel des Bargebots zu leisten ist.

*) Dassler/Schiffhauer/u. a.-*Rellermeyer*, ZVG, § 169a Rz. 3 merkt zu Recht an, dass sich die Nichtanwendbarkeit des § 38 sich auf dessen Absatz 1 Satz 1 beschränkt. Es handelt sich um eine offenkundige redaktionelle Unrichtigkeit.

Literatur: *Pamperin-Herbst*, Das Schiffsvorzertifikat, Rpfleger 2009, 76.

Übersicht

I. Zweck der Norm

§ 169a ZVG sollte einen früher bestehenden Streit beenden, der darüber bestand, ob die Wertgrenzen gemäß §§ 74a und 74b ZVG (sowie ggf. auch § 85a ZVG) bei der Zwangsversteigerung von Seeschiffen anzuwenden seien. 1

Da ansonsten im Falle einer Zuschlagsversagung aus den vorgenannten Gründen des Nichterreichens der Wertgrenzen der dann erforderliche weitere Versteigerungstermin erst nach mindestens drei Monaten stattfinden dürfte (§§ 74a Abs. 3, 85a Abs. 2 ZVG) würde sich eine entsprechende Verzögerung ergeben. Während dieser Zeit könnte das Schiff regelmäßig nicht genutzt werden, denn § 165 Abs. 1 ZVG sieht nur eine bloße Bewachung und Verwahrung vor. Eine „Quasi-Zwangsverwaltung" ist *de lege lata* gemäß § 165 Abs. 2 ZVG nicht ohne einstweilige Einstellung des Zwangsversteigerungsverfahrens zu erreichen (siehe § 165 Rz. 14 ff., 24, 86 und 91 [*Popp*]). 2

Diese gesetzgeberische Intention überzeugt nur begrenzt, zumal über die problematische Ausgestaltung von § 171 Abs. 5 ZVG (siehe § 171 Rz. 51 ff. [*Popp*]) zwar die Versteigerung von Seeschiffen beschleunigt werden mag, aber mit der Folge, dass diese dann ggf. langfristig zulasten der Justizkassen gemäß §§ 170, § 171 ZVG einer Sicherungsverwaltung nach Zuschlag unterliegen. 3

II. Anwendungsbereich

4

... auf	deutsch(e)	ausländisch(e)
Binnenschiffe	./.	./.
Seeschiffe	eingetragene	fiktiv eintragungspflichtige *nach Maßgabe von § 171 ZVG*
Schiffsbauwerke u. Schwimmdocks	./.	./.

§ 169a ZVG bezieht sich unmittelbar nur auf die Zwangsversteigerung inländischer Seeschiffe, findet jedoch aufgrund der Verweisungsvorschrift § 171 Abs. 5 Satz 1 ZVG auf die Versteigerung ausländischer Seeschiffe entsprechend Anwendung. 5

III. Keine Verkehrswert-Festsetzung/Keine Wertgrenzen/Keine Mindestgebote

Es ist – entgegen zuvor bestehender Rechtslagen – heute ausdrücklich durch das Gesetz angeordnet, dass die Vorschriften über die sog. Wertgrenzen (§§ 74a, 74b und 85a ZVG) bei der Zwangsversteigerung eines Seeschiffes nicht anzuwenden sind. 6

Dementsprechend kommt **keine Zuschlagsversagung** wegen nicht Erreichens der **5/10-Grenze** (§ 74a ZVG) oder der auf Antrag geltenden **7/10-Grenze** (§ 85a ZVG) aus. 7

Dementsprechend ist es auch folgerichtig, dass die gemäß § 74a Abs. 5 ZVG vorgesehene Festsetzung eines Verkehrswertes bei Seeschiffen unterbleiben kann, denn dieser wird nicht gebraucht, wenn keine Wertgrenzen gelten. 114a ZVG ist aber gleichwohl anzuwenden. 8

9 § 169a ZVG wurde durch das Gesetz vom 4.12.1968[1] in das ZVG eingefügt. Die sich später durch Einfügung des § 85a ZVG ergebende Frage, wie mit diesem zu verfahren sei, wurde durch die Zwangsvollstreckungsnovelle 1979[2] geklärt durch eine entsprechende Erweiterung des Wortlautes des § 169a ZVG, der nun den § 85a ZVG ausdrücklich von der Anwendung ausnimmt.

IV. Schätzung des Verkehrswerts

10 Auch soweit andere auf Seeschiffe **anwendbare Vorschriften** des ZVG grundsätzlich einen **Verkehrswert voraussetzen** (z. B. §§ 10 Abs. 1 Nr. 1a, 30a Abs. 3 Satz 2 ZVG, § 765a ZPO, §§ 64 Abs. 1, 66 Abs. 1, 112 Abs. 2, 114a ZVG und der Kostenansatz), folgt nicht etwa daraus, dass der klaren und gesetzlichen Anordnung des § 169a ZVG, ein Verkehrswert sei nicht festzusetzen, nicht zu folgen wäre.

11 Vielmehr hat das Gericht, soweit wie vorgenannt ein Wert erforderlich ist, diesen nach pflichtgemäßem Ermessen zu ermitteln (vgl. für Zwangsverwalter § 10 Abs. 1 Nr. 5 ZwVwV „nach pflichtgemäßem Ermessen geschätzter Verkehrswert"), z. B. aus Untersuchungsberichten, Versicherungspolicen, Schiffspapieren etc.

V. 10 % Sicherheitsleistung (vom Bargebot)

12 Zur Höhe der Sicherheitsleistung kann mangels eines Verkehrswertes nicht auf die übliche gemäß § 68 Abs. 1 Satz 1 vorgesehene Regel, dass 1/10 des Verkehrswertes als Sicherheit zu leisten sei, zurückgegriffen werden.

13 Dementsprechend ordnet das Gesetz auch explizit an, dass **1/10 des Bargebotes** als Sicherheit zu leisten sei.

14 Bis zur Reform durch das ZVG u. a. ÄndG (§ 68 Abs. 1 a. F.) war auch bei Grundstücken die Sicherheitsleistung von 10 % auf das Bargebot (und nicht auf den Verkehrswert – wie heute) bezogen. Bei Seeschiffen kann also zur Frage der Sicherheitsleistung analog auf Kommentierungen zur ehemaligen Rechtslage bei Grundstücken zurückgegriffen werden.

15 Hatte also ein Bieter Sicherheit geleistet, die durch eine **spätere Erhöhung des Gebotes** unzureichend geworden ist, so muss er den Differenzbetrag auch ohne besonderen Antrag nachschießen,[3] weil das Sicherheitsverlangen gemäß §§ 162, 67 Abs. 1 Satz 2 ZVG stets auch für weitere Gebote desselben Bieters gilt. Dies war hinsichtlich § 68 Abs. 1 ZVG a. F. allgemeine Auffassung und muss entsprechend jetzt für die Auslegung von § 169a ZVG gelten.

16 Der die Sicherheit Verlangende kann allerdings auf den Nachschuss verzichten.

---

1) BGBl I S. 1295.

2) Gesetz vom 1.2.1979 (BGBl I S. 127).

3) Steiner-*Hagemann*, ZVG, § 168 Rz. 9.

VI. Zur Abgrenzung Seeschiff vs. Binnenschiff

Für die Frage, ob ein Schiff ein Seeschiff oder ein Binnenschiff ist, kommt es darauf an, ob das Schiff regelmäßig zu Fahrten auf Binnengewässern verwendet wird.[4] Die Unterscheidung nach Binnenschiff und Seeschiff ist bei der Eintragung in das jeweilige Schiffsregister vorzunehmen (siehe § 164 Rz. 35 ff. [*Popp*]). 17

Eine **unrichtige Eintragung** in einem Binnenschiffsregister anstatt in einem Seeschiffsregister oder umgekehrt macht die Eintragung nicht unwirksam (§ 5 SchRegO). Ist ein Schiff im Seeschiffsregister eingetragen, so kann sich der Eigentümer nicht darauf berufen, dass das Schiff ein Binnenschiff sei; bei Eintragung im Binnenschiffsregister kann der Eigentümer nicht geltend machen, es handle sich um ein Seeschiff (§ 6 SchRegO). Kurzum, es gibt sozusagen **keinen guten Glauben** bezüglich einer Falscheintragung bzgl. Binnenschiffs- oder Seeschiffsregister. 18

Es kommt darauf an, ob das Schiff tatsächlich ein Seeschiff ist, was das Versteigerungsgericht also eigenständig zu beurteilen hat, ohne sich allein auf die Registereintragung verlassen zu können. 19

Zur Bestimmung der Seeschiff-Eigenschaft siehe näher *Nöll*.[5] 20

---

4) OLG Hamburg, Urt. v. 24.11.1959 – 2 U 148/59, MDR 1960, 316–317, 316.
5) Staudinger-*Nöll*, § 1 SchiffsRG, Rz. 11, 13–22.

§ 170

Gerichtliche Bewachung und Verwahrung des versteigerten Schiffes

(1) An die Stelle der nach § 94 Abs. 1 zulässigen Verwaltung tritt die gerichtliche Bewachung und Verwahrung des versteigerten Schiffs.

(2) Das Gericht hat die getroffenen Maßregeln aufzuheben, wenn der zu ihrer Fortsetzung erforderliche Geldbetrag nicht vorgeschossen wird.

Literatur: Siehe Literatur zu § 94 ZVG und ggf. zu § 165 ZVG sowie allgemein zu § 162 ZVG.

Übersicht

I. Zweck der Norm

§ 170 ZVG dient dem Schutze derjenigen Beteiligten, die eine Verteilung aus dem Verteilungstermin (Befriedigung aus dem Bargebot) erwarten können, gegen Unzu- 1 verlässigkeit des Erstehers (hinsichtlich der Zahlung oder Hinterlegung des Bargebotes).

2 Da es eine „echte" Zwangsverwaltung bei Schiffen nicht gibt, ist § 94 Abs. 2 ZVG wohl nicht unmittelbar anwendbar. Insofern scheint es nachvollziehbar, dass das Gesetz insoweit nicht einfach auf § 94 ZVG verweist, sondern eine eigenständige Regelung enthält. Allerdings hätte man das sicherlich gesetzestechnisch auch anders lösen können.

II. Anwendungsbereich

3

... auf	deutsch(e)	ausländisch(e)
Binnenschiffe	eingetragene	nur bezüglich Abs. 1: gilt für fiktiv eintragungspflichtige *nach Maßgabe von § 171 ZVG*
		aber: Abs. 2 gilt nicht (§ 171 Abs. 5 Satz 2 ZVG)
Seeschiffe	eingetragene	nur bezüglich Abs. 1: gilt für fiktiv eintragungspflichtige *nach Maßgabe von § 171 ZVG*
		aber: Abs. 2 gilt nicht (§ 171 Abs. 5 Satz 2 ZVG)
Schiffsbauwerke u. Schwimmdocks	eingetragene/eintragungsfähige *nach Maßgabe von § 170a ZVG*	./.

III. Bewachung und Verwahrung nach Zuschlag

4 Inhaltlich führt § 170 ZVG zu keiner anderen Regelung als § 94 Abs. 1 ZVG:

5 Die Bewachung und Verwahrung des Schiffs nach dem Zuschlag erfolgt **für Rechnung des Erstehers.**

6 Bewachung und Verwahrung gemäß § 170 ZVG tritt an die Stelle der Verwaltung gemäß § 94 Abs. 1 ZVG. Hierbei sind „Bewachung und Verwahrung" und „Verwaltung" offenbar nur unterschiedliche Formulierungen. Eine inhaltliche Differenzierung ist allenfalls insoweit erkennbar, als Verwaltung i. S. v. § 94 ZVG auch die Einziehung von Einnahmen aus Miete/Pacht umfasst, während nach h. M. dieses bei § 170 ZVG nicht möglich ist, da § 170 ZVG sozusagen nur das Äquivalent der Bewachung und Verwahrung gemäß § 165 Abs. 1 ZVG beinhaltet, aber gerade nicht auch der Quasi-Zwangsverwaltung (§ 165 Abs. 2 Satz 3 ZVG).

7 Zur Bewachung und Verwahrung gemäß § 170 ZVG ist – wie auch bei der Verwaltung gemäß § 94 ZVG – anzumerken, dass es sich nicht – wie häufig fälschlich angenommen wird – um eine Verwaltung „gegen" den Ersteher handelt, sondern um eine Verwaltung für Rechnung des Erstehers, die sich nur insoweit „gegen" den Ersteher richtet, als diese einen Sicherungscharakter hat und sozusagen gegen den Willen des Erstehers angeordnet werden kann.

Die Art der Durchführung der Bewachung und Verwahrung entspricht grundsätzlich derjenigen des § 165 Abs. 1 ZVG. 8

IV. Voraussetzung der Anordnung

Die Voraussetzungen und das Verfahren der Anordnung sind im Prinzip dieselben wie bei § 94 ZVG. Die Maßregel wird **nur auf Antrag** angeordnet. 9

1. Aufhebung mangels Vorschussleistung

Die gemäß § 170 Abs. 1 ZVG angeordnete Bewachung und Verwahrung ist bei inländischen Schiffen, Schiffsbauwerken und Schwimmdocks aufzuheben, wenn der zur Fortsetzung dieser Verwaltung erforderliche Geldbetrag nicht vorgeschossen wird. 10

Für ausländische Schiffe ordnet § 171 Abs. 5 Satz 2 ZVG ausdrücklich etwas anderes an als § 170 Abs. 2 ZVG (siehe § 171 Rz. 52 ff. [*Popp*]). 11

Bei § 94 Abs. 1 ZVG ist die Rechtslage jedenfalls im Ergebnis nicht anders, da auf die entsprechenden Vorschriften aus der Zwangsverwaltung – § 161 Abs. 3 ZVG – verwiesen wird bzw. diese Anwendung finden. 12

§ 161 Abs. 3 ZVG spricht zwar nur davon, dass bei Nichtleistung des Vorschusses aufgehoben werden „soll", jedoch dürfte sich bei § 161 Abs. 3 ZVG das Ermessen des Gerichts regelmäßig auf Null reduzieren, also dahingehend, dass aufzuheben ist, wenn nicht die durch Fortdauer der Verwaltung entstehenden laufenden Ausgaben und Verfahrenskosten gedeckt werden. Denn sonst fallen diese im Ergebnis der Staatskasse zur Last, sei es aus Amtshaftung oder weil man dann folgerichtig eine originäre Haftung des Staates für die laufenden Ausgaben und die Verfahrenskosten der fortdauernden Verwaltung annehmen müsste. 13

2. Vorschussleistung (schon) als Voraussetzung der Anordnung?

Die Anordnung kann von einer vorherigen **Vorschussleistung** des Antragstellers abhängig gemacht werden, so zutreffenderweise die frühere allgemeine Auffassung.[1] 14

Der Gegenauffassung ist zuzugeben, dass auf der einen Seite abzuwägen ist das Interesse, die Maßregel sofort anordnen zu können. 15

Andererseits stellt sich die Frage, **welches schutzwürdige Interesse** daran der Gläubiger haben sollte. Der Gläubiger weiß ja, wann der Versteigerungstermin ist, er kann sich entsprechend darauf einrichten, dass er einen Vorschuss zu leisten haben wird, der die zu erwartenden laufenden Ausgaben einschließlich insbesondere der für das Verfahren entstehenden Kosten und insbesondere der Vergütung des Treuhänders, zu decken hat. 16

Es muss daher – wenn man nicht zu einer staatlichen Haftung für die Treuhändervergütung kommen will (was eine neue Diskussion wäre) – dem Gericht erlaubt sein, die Anordnung der Verwaltung gemäß § 94 ZVG ebenso wie die Anordnung der Bewachung und Verwahrung gemäß § 170 ZVG (zu der gleichen Frage bei Luft- 17

1) Vgl. die Darstellung der früheren h. M. und der heutigen – abzulehnenden – Gegenauffassung Dassler/Schiffhauer/u. a.-*Rellermeyer*, ZVG, § 170 Rz. 5.

fahrzeugen gemäß § 171a ff. ZVG, siehe § 171g Rz. 8 [*Popp*]) von der Leistung eines Vorschusses abhängig zu machen.

18 Zunächst die Anordnung der Maßregel ohne Anordnung eines Gläubigervorschusses zu verlangen, wäre auch Förmelei, denn das Gericht könnte sozusagen eine juristische Sekunde, nachdem es die Maßregel angeordnet hat, nunmehr umgehend gemäß § 170 Abs. 2 ZVG den entsprechenden Vorschuss anfordern mit einer entsprechend kurzen Frist und dann ggf. binnen sehr kurzer Frist aufheben. Das scheint wenig sinnvoll.

19 Richtig ist allein, dass das Gericht bereits die Anordnung von der **Leistung eines Vorschusses** abhängig machen kann

20 Der Gläubiger muss notfalls im Vorfeld klären, welcher Vorschuss ggf. angefordert werden wird. Ggf. wäre das Gesetz nochmals zu überarbeiten und *de lege ferenda* eine Vorschusspflicht zu regeln.

21 Bei verständiger Auslegung von § 170 Abs. 2 ZVG lässt sich aber wohl auch schon *de lege lata* eine Vorschusspflicht nach billigem Ermessen des Gerichts bejahen.

V. Aufhebung mangels Vorschusses – Folgefrage

22 Bei der oben (siehe Rz. 17 ff.) dargestellten Aufhebung mangels Vorschusszahlung (§ 170 Abs. 2 ZVG) ergibt sich dann eine Folgefrage:

23 Inwieweit kann der vorschusspflichtige Antragsteller (später) von dem Ersteher **Ersatz** verlangen? Dies wird wohl nur im Klagewege möglich sein.[2]

24 Eine ähnliche Problematik besteht bei der „echten" Zwangsverwaltung, wo der BGH dem Zwangsverwalter die Befugnis abspricht (sowohl materiell als auch prozessual), gegen den Ersteher vorzugehen und ebenfalls darauf verweist, der Gläubiger müsse dann eben direkt gegen den Ersteher klagen.[3]

VI. Vorbemerkung: Verhältnis von § 94 ZVG zu „nachwirkender" Zwangsverwaltung bei Grundstücken

25 In der Praxis besteht weitgehende Übereinstimmung, dass eine bis zum Zuschlag fortdauernde „echte" Zwangsverwaltung in der Regel nicht mit Zuschlag aufgehoben wird, sondern bis zur Rechtskraft des Zuschlagsbeschlusses als Vollstreckungsmaßnahme fortgesetzt wird und dann quasi rückwirkend auf den Zuschlagszeitpunkt aufgehoben wird.[4] Inwieweit sich der Ersteher gegen diese Beeinträchtigung seines Rechtes wehren könnte, ist rechtlich umstritten.[5]

26 Auch bestehen diverse weitere rechtliche und praktische Probleme für die Durchführung dieser nicht im Gesetz vorgesehen Art von Zwangsverwaltung (so z. B. die Frage der Vergütung, der Haftung für die Vergütung, der Haftung des Zwangsverwalters: Noch gegenüber den Gläubigern? Auch oder nur gegenüber dem Ersteher? Ebenso unklar ist der Maßstab der Verwaltung: Hat sich der Zwangsverwalter an den

2) Steiner-*Hagemann*, ZVG, § 170 Rz. 12.
3) BGH, Urt. v. 19.5.2009 – IX ZR 89/08, ZfIR 2009, 714 ff.
4) Z. B. Stöber/*Drasdo*, ZVG, § 161 Rz. 19.
5) Vgl. z. B. *Wedekind/Wedekind*, Zwangsverwaltung, Rz. 1745.

Eine gesetzliche Definition des Begriffs des Schwimmdocks gibt es nicht. Nach allgemeinem Verständnis ist ein Schwimmdock[4] ein Dock (das ist eine Anlage, in der Schiffe völlig trocken gestellt werden können, um die Unterwasserteile zu untersuchen, auszubessern oder anzustreichen), welches aus einer mit Schwimmzellen ausgestatteten Wanne besteht. Diese Wanne kann durch Fluten der Schwimmzellen abgesenkt werden, um das Schiff einzuholen, oder das geflutete Schwimmdock zum selben Zweck (mit eigenem Antrieb) unter das Schiff zu fahren.[5] 12

Bei Schiffsbauwerken werden neben dem Schiffsbauwerk in seinem jeweiligen Bauzustand, dem Zubehör und den Bestandteilen die auf der Bauwerft befindlichen, zum Einbau bestimmten und als solche gekennzeichneten Bauteile mit Ausnahme der Bauteile, die nicht in das Eigentum des Eigentümers des Schiffsbauwerks gelangt sind, erfasst (§ 79 SchRG). 13

Nur bei besonderer Versicherung wird ausnahmsweise auch eine **Versicherungsforderung** erfasst (§ 80 SchRG). Entsprechendes gilt für Schwimmdocks (§ 81a SchRG). 14

III. Versteigerungsantrag (§ 170a Abs. 1 ZVG)

Bei einem **Schiffsbauwerk** (zur Begriffsbestimmung siehe § 162 Rz. 20 f. [*Popp*]) darf die Zwangsversteigerung erst angeordnet werden, wenn es in das Schiffsbauregister (welches insoweit an die Stelle des Schiffsregisters bei der Anwendung der §§ 162 ff. ZVG tritt) eingetragen ist. Die Anordnung der Zwangsversteigerung ist erst ab diesem Zeitpunkt der Eintragung zulässig, vorher ist sie unzulässig. 15

Um durch dieses Erfordernis keine vermeidbare Verzögerung eintreten zu lassen, ist die Antragstellung jedoch schon zuvor möglich. Diese Regelung des § 170a Abs. 1 ZVG ist im Zusammenhang zu sehen mit § 66 SchRegO, wonach ein Schiffsbauwerk in das Schiffsbauregister nur eingetragen wird, wenn entweder eine Schiffshypothek an dem Schiffsbauwerk eingetragen wird oder wenn die Zwangsversteigerung des Schiffsbauwerks beantragt wird. 16

Mithin wird die Eintragung im Schiffsbauregister (wenn sie nicht vorher schon bestanden hat) durch die Stellung eines Versteigerungsantrages gemäß § 170a ZVG sozusagen ausführbar, sodass dann in Folge dieser so möglich gewordenen Registereintragung die Verfahrensordnung erfolgen kann. 17

§ 170 Abs. 2 ZVG ist gegenstandslos, wenn noch kein Eintrag im Schiffsbauregister vorliegt. 18

IV. Anzuwendende Vorschriften (§ 170a Abs. 2 ZVG)

1. Erster Abschnitt

Die Fristen des § 43 Abs. 1 und Abs. 2 sind verkürzt: Die Versteigerungsfrist des § 43 Abs. 1 ZVG beträgt nur zwei Wochen, die Zustellungsfrist des § 43 Abs. 2 ZVG nur eine Woche (§ 170a Abs. 2 Satz 3 ZVG). 19

4) *Hornung*, Rpfleger 2003, 232.
5) *Hornung*, Rpfleger 2003, 232.

2. § 162–170 ZVG

20 § 162 ZVG erwähnt das Schiffsbauwerk. Insofern finden gemäß § 162 Abs. 2 ZVG die Vorschriften des ersten Abschnitts des ZVG entsprechend Anwendung, soweit sich nicht aus § 170a ZVG etwas anderes ergibt. Im Einzelnen:

a) **Vorbemerkung**

21 Eine abschließende Aufzählung derjenigen Vorschriften der §§ 162 bis 170 ZVG, die entsprechend Anwendung finden, trifft § 170a Abs. 2 ZVG.

22 Wie sich aus Art. 3 Abs. 2 SchRGÄndG[6)] ergibt, wird diese abschließende Aufzählung des § 170a Abs. 2 ZVG aber nur für fertiggestellte Schwimmdocks dahin gehend erweitert, dass auf fertiggestellte Schwimmdocks § 169 ZVG insgesamt – also mit Abs. 1 – anwendbar ist.

b) **§ 162 ZVG**

23 § 162 ZVG ist anwendbar.

c) **§ 163 ZVG**

24 § 163 Abs. 1 ZVG findet entsprechende Anwendung: Über die Zuständigkeit des Vollstreckungsgerichts (wobei an die Stelle des Grundbuchs das Schiffsbauregister tritt), wie in § 170a Abs. 2 Satz 1 ZVG ausdrücklich erwähnt wird (damit wird ausdrücklich § 163 Abs. 2 ZVG ersetzt). § 163 Abs. 3 ZVG bezüglich Erweiterung des Beteiligtenbegriffes auf die Träger der Sozialversicherung findet keine Anwendung.

25 Konkret wird erwähnt das Grundbuch (an dessen Stelle nunmehr das Schiffsbauregister tritt) in: §§ 9 Nr. 1, 17 Abs. 2, 19, 27 Abs. 1, 28 Abs. 1, § 37 Nr. 4, 45, 54 Abs. 2, § 91 Abs. 2, 114, 128 Abs. 1, § 130 Abs. 1 ZVG.

d) **§ 165 ZVG**

26 Anwendbar (im Detail siehe Rz. 42 ff.).

e) **§ 167 ZVG**

27 § 167 Abs. 1 ZVG ist sinngemäß anzuwenden (siehe § 167 Rz. 4 ff. [*Popp*]).

28 Neben dem Registerblatt ist also die Bezeichnung des Schiffsbauwerks anzugeben: Hierbei soll (Soll-Vorschrift als reine Ordnungsvorschrift) also die Bestimmung des Schiffsbauwerks nach dem Schiffsbauregistereintrag erfolgen.

29 Nach § 69 Abs. 1 SchRegO sind bei Anmeldung zum Schiffsbauregister anzugeben:

1. der Name oder die Nummer oder sonstige Bezeichnung und die Gattung des im Bau befindlichen Schiffs,
2. der Bauort und die Schiffswerft, auf der das Schiff erbaut wird,
3. der Eigentümer.

---

6) Gesetz zur Änderung des Gesetzes über Rechte an eingetragenen Schiffen und Schiffsbauwerken, der Schiffsregisterordnung und des Gesetzes über die Zwangsversteigerung und die Zwangsverwaltung vom 4.12.1968 (BGBl. I S. 1295) – SchRGÄndG.

30 Der Hinweis bei der Aufforderung in der Terminsbestimmung (§ 37 Nr. 4 ZVG) auf die Rechte der Schiffsgläubiger (siehe § 167 Rz. 16 ff. [*Popp*]) ist nicht erforderlich, da § 167 Abs. 2 ZVG nicht anwendbar ist, weil ein solcher Hinweis dem Gesetzgeber entbehrlich erschien.

31 Eine Verletzung der Ordnungsvorschrift § 167 Abs. 1 ZVG (i. V. m. § 170a Abs. 2 ZVG) über die Bezeichnung des Schiffes kann aber wegen einer Verletzung von § 37 Nr. 1 ZVG gleichwohl auch eine ungenügende Bezeichnung des Schiffes und die Unwirksamkeit der Terminsbestimmung zur Folge haben (im Regelfall ist das so), sodass insoweit dann doch ggf. ein **Zuschlagsversagungsgrund** nach § 83 Nr. 7 ZVG vorliegt, der nicht geheilt werden kann

32 Dagegen machen Verstöße gegen § 167 Abs. 1 ZVG Terminsbestimmungen nicht unwirksam, wenn das Schiff ansonsten unzweideutig bezeichnet ist (bloßer Verstoß gegen die Ordnungsvorschrift).

f) § 168 ZVG

33 Die Bekanntmachung in einem Schifffahrtsfachblatt (§ 168 Abs. 1) kann nach § 40 Abs. 2 ZVG verfügt werden. Ist das Schiffsbauwerk von geringem Wert, so kann eine Anordnung nach § 39 Abs. 2 ZVG erlassen werden. § 168 Abs. 3 ZVG ist nämlich nicht anwendbar (siehe § 168 Rz. 5 f. [*Popp*]).

34 Zu den Regelungen über die Bekanntmachung: Gegebenenfalls ist auch die Veröffentlichung in elektronischen Systemen zulässig. Dieses erscheint auch zeitgemäß.[7)]

g) § 168c ZVG

35 § 168c ZVG (Schiffshypotheken in ausländischer Währung) ist sinngemäß anwendbar.

h) § 169 ZVG

36 § 169 Abs. 2 ZVG bezieht sich auf die Eintragung einer Schiffshypothek zur Sicherung der Forderung gegen den Ersteher (anstelle des ansonsten geltenden § 128 ZVG), dies gilt auch hier.

37 § 169 Abs. 1 ZVG gilt gemäß Art. 3 Abs. 2 SchRÄndG nur bei einem fertiggestellten vermieteten Schwimmdock.[8)]

i) § 170 ZVG

38 Ebenso siehe Rz. 53.

39 Auch § 170 ZVG über Bewachung und Verwahrung nach Zuschlag ist sinngemäß anwendbar.

40 Diejenigen Vorschriften der §§ 162–170 ZVG, die nicht explizit in § 170a Abs. 2 ZVG genannt sind, sind nicht anzuwenden (abschließende Aufzählung; einzige Ausnahme: gemäß Art. 3 Abs. 2 SchRGÄndG[9)] sind auf fertiggestellte Schwimmdocks

---

7) Dassler/Schiffhauer/u. a.-*Rellermeyer*, ZVG, § 170a Rz. 9.

8) *Hornung*, Rpfleger 2003, 232–238, 233.

9) Gesetz zur Änderung des Gesetzes über Rechte an eingetragenen Schiffen und Schiffsbauwerken, der Schiffsregisterordnung und des Gesetzes über die Zwangsversteigerung und die Zwangsverwaltung vom 4.12.1968 (BGBl. I S. 1295) – SchRGÄndG.

die Vorschriften über vermietete eingetragene Schiffe anzuwenden; § 169 Abs. 1 ZVG gilt also für fertiggestellte befindliche Schwimmdocks).

V. Nicht anzuwendende Vorschriften

41 Die **nicht** anzuwendenden Vorschriften der §§ 162–170 ZVG sind insbesondere:

- § 163 Abs. 2, Abs. 3 ZVG,
- §§ 164, 166 ZVG,
- §§ 167 Abs. 2, 168, 168b ZVG sowie
- § 169 Abs. 1 ZVG (hierbei ist allerdings zu beachten, dass nur für im Bau befindliche Schwimmdocks und für Schiffsbauwerke § 169 Abs. 1 nicht gilt; während für fertiggestellte Schwimmdocks § 169 Abs. 1 ZVG gemäß Art. 3 Abs. 2 SchRGÄndG gilt).

VI. Bewachung, Verwahrung und Quasi-Zwangsverwaltung gemäß § 165 ZVG

42 § 165 ZVG über Bewachung und Verwahrung ist anwendbar.

43 Wie auch bei Schiffen ist eine „echte Zwangsverwaltung" vom Gesetz nicht vorgesehen, wohl aber die „Quasi-Zwangsverwaltung" gemäß § 165 ZVG. Dieses führt dann allerdings zu **Folgefragen**, die soweit ersichtlich in der Literatur bislang wenig erörtert worden sind.

1. Fertigbau durch Treuhänder

44 Der Zwangsverwalter eines Grundstückes darf nämlich ein nicht fertiggestelltes Gebäude zu Ende bauen (vgl. § 10 Abs. 1 Nr. 1 ZwVwV), und zwar in bestimmten Grenzen (die sich aber nicht auf den Grad der bisherigen Fertigstellung und das noch erforderliche Ausmaß der Fertigstellung beziehen, sondern darauf, inwieweit von dem Nutzungskonzept bzw. der **Unternehmerentscheidung** des Schuldners, welche Art von Gebäude es sein soll, abgewichen wird). So hat der BGH z. B. ausdrücklich die Änderung eines Gebäudes, welches für Betreutes Wohnen ausgelegt war, zu einem für den Betrieb eines Altenheims mit Pflegebetrieb ausgelegten Gebäudes für unzulässig (und auch nicht durch das Vollstreckungsgericht genehmigungsfähig) angesehen.[10)]

45 Inwieweit die dazu bestehenden Regelungen der Zwangsverwalterverordnung (ZwVwV), insbesondere § 10 Abs. 1 Nr. 1 und Nr. 5 ZwVwV, materiellrechtliche Bedeutung haben oder – weil § 152a ZVG ggf. keine hinreichende Verordnungsermächtigung für die ZwVwV darstellt – lediglich regeln, wie der Zwangsverwalter in Bezug auf derartige Sachverhalte seinen Berichtspflichten zu genügen und inwieweit er Zustimmungen seitens des Vollstreckungsgerichts einzuholen hat, sei an dieser Stelle nicht erörtert.

46 Denn jedenfalls steht fest, dass der **Zwangsverwalter** grundsätzlich auch bei einem niedrigen Fertigstellungsgrad eines Gebäudes die **Fertigstellungsbefugnis** hat, soweit er sich gemäß der vorzitierten BGH-Rechtsprechung im Rahmen des vom Schuld-

---

10) Grundlegend BGH, Beschl. v. 10.12.2004 – IXa ZB 231/03, BGHZ 161, 336 = ZVI 2005, 196 = ZfIR 2005, 886.

ner vorgegebenen Nutzungskonzept hält (vgl. § 10 Abs. 1 Nr. 1 ZwVwV, der zutreffenderweise diese Befugnis – ebenso wie § 18 Abs. 3 ZwVwV – implizit voraussetzt).

Dieses kann für den „Quasi-Zwangsverwalter" gemäß § 165 Abs. 2 Satz 3 ZVG 47
eigentlich nicht anders sein. Denn alleine die Tatsache, dass die „Quasi-Zwangsverwaltung" gemäß § 165 ZVG in Abweichung von der „normalen" Zwangsverwaltung der §§ 146 ff. ZVG eine einstweilige Einstellung des Zwangsversteigerungsverfahrens voraussetzt (was ggf. lediglich eine Nuance im Gesetz ist, die mehr auf der Entstehungsgeschichte des Gesetzes beruht, als auf einer noch heute als bewusst anzusehenden Entscheidung des Gesetzgebers), kann insoweit keine Bedeutung haben.

Gerade wenn im Recht der Schiffsversteigerung wirtschaftliche Überlegungen noch 48
stärker in den Vordergrund treten und auch der Gedanke einer Betriebsfortführung noch bedeutsamer wird (siehe § 165 Rz. 119 ff. [*Popp*]), muss es erst recht möglich sein, dass nach allgemeinen Kriterien und Voraussetzungen der Quasi-Zwangsverwalter/Treuhänder ein Schiffsbauwerk fertigstellen kann.

Entsprechendes wird auch für ein Schwimmdock zu gelten haben. Hier kommt als 49
weiteres Argument hinzu, dass das Gesetz die im Bau befindlichen Schwimmdocks und die fertigen Schwimmdocks immobiliarvollstreckungsrechtlich gleich behandelt (und lediglich hinsichtlich der registerrechtlichen Behandlung differenziert). Also: Auch der **Treuhänder** gemäß § 165 ZVG (jedenfalls der Quasi-Zwangsverwalter gemäß § 165 Abs. 2 Satz 3 ZVG) hat die grundsätzliche Fertigstellungsbefugnis, darf also ein Schiffsbauwerk = ein im Bau befindliches Schiff weiterbauen, ebenso wie er ein im Bau befindliches Schwimmdock weiterbauen darf.

2. Zustimmungserfordernisse

Damit stellt sich die Frage, inwieweit die **Zustimmungserfordernisse** des § 10 ZwVwV 50
auch für diese Fälle gelten würden. Eine unmittelbare Anwendung der Zwangsverwalterverordnung wird durch § 24 ZwVwV nicht ausgeschlossen.

Auch der Wortlaut des § 152a ZVG steht der Annahme einer direkten Anwendbarkeit 51
der Zwangsverwalterverordnung nicht entgegen, da er nur vom „Zwangsverwalter" spricht und über die Verweisung in § 162 ZVG sowie die Formulierung von § 165 Abs. 2 ZVG davon auszugehen ist, dass der Treuhänder gemäß § 165 Abs. 2 ZVG – mit Ausnahme derjenigen Besonderheiten, die sich aus der abweichenden Regelung in den § 162 ff. ZVG zu den Regelungen über die Grundstücke ergeben – als Zwangsverwalter oder wenigstens als ein dem Zwangsverwalter ähnlich zu sehender Treuhänder anzusehen ist.

Sofern nur eine analoge Anwendung der Zwangsverwalterverordnung in Betracht 52
kommt, ist eine solche jedenfalls geboten. Es ist kein Grund ersichtlich, warum § 10 ZwVwV über die Zustimmungsvorbehalte nicht entsprechend auch für die gemäß § 165 ZVG möglichen „Quasi-Zwangsverwalter" gelten sollte. Die **Zustimmungserfordernisse** regeln sich also **entsprechend § 10 ZwVwV**.

VII. Sicherungsverwaltung nach Zuschlag (§ 170 ZVG)

Auch § 170 ZVG über Bewachung und Verwahrung nach Zuschlag ist sinngemäß 53
anwendbar.

VIII. Verteilung/Rangfolge

54 Die Verteilung (Verfahren) und die Rangfolge richten sich nach den Vorschriften, die für das fertiggestellte Schiffsbauwerk (= vom Stapel gelaufenes Schiff) gelten. Siehe § 169 Rz. 28 ff. [*Popp*]).

55 Einziger Unterschied: Weder bei Schiffsbauwerken noch bei Schwimmdocks gibt es *Schiffs*gläubigerrechte.

§ 171

Ausländische Schiffe: Versteigerung und Verwaltung

(1) Auf die Zwangsversteigerung eines ausländischen Schiffs, das, wenn es ein deutsches Schiff wäre, in das Schiffsregister eingetragen werden müßte, sind die Vorschriften des Ersten Abschnitts entsprechend anzuwenden, soweit sie nicht die Eintragung im Schiffsregister voraussetzen und sich nicht aus den folgenden Vorschriften etwas anderes ergibt.

(2) Als Vollstreckungsgericht ist das Amtsgericht zuständig, in dessen Bezirk sich das Schiff befindet; § 1 Abs. 2 gilt entsprechend. Die Zwangsversteigerung darf, soweit sich nicht aus den Vorschriften des Handelsgesetzbuchs oder des Gesetzes, betreffend die privatrechtlichen Verhältnisse der Binnenschiffahrt, etwas anderes ergibt, nur angeordnet werden, wenn der Schuldner das Schiff im Eigenbesitz hat; die hiernach zur Begründung des Antrags auf Zwangsversteigerung erforderlichen Tatsachen sind durch Urkunden glaubhaft zu machen, soweit sie nicht beim Gericht offenkundig sind.

(3) Die Terminsbestimmung muß die Aufforderung an alle Berechtigten, insbesondere an die Schiffsgläubiger, enthalten, ihre Rechte spätestens im Versteigerungstermin vor der Aufforderung zur Abgabe von Geboten anzumelden und, wenn der Gläubiger widerspricht, glaubhaft zu machen, widrigenfalls die Rechte bei der Verteilung des Versteigerungserlöses dem Anspruch des Gläubigers und den übrigen Rechten nachgesetzt werden würden. Die Terminsbestimmung soll, soweit es ohne erhebliche Verzögerung des Verfahrens tunlich ist, auch den aus den Schiffspapieren ersichtlichen Schiffsgläubigern und sonstigen Beteiligten zugestellt und, wenn das Schiff im Schiffsregister eines fremden Staates eingetragen ist, der Registerbehörde mitgeteilt werden.

(4) Die Vorschriften über das geringste Gebot sind nicht anzuwenden. Das Meistgebot ist in seinem ganzen Betrag durch Zahlung zu berichtigen.

(5) Die Vorschriften der §§ 165, 166, 168 Abs. 1 und 3, §§ 169a, 170 Abs. 1 sind anzuwenden. Die vom Gericht angeordnete Überwachung und Verwahrung des Schiffs darf erst aufgehoben und das Schiff dem Ersteher erst übergeben werden, wenn die Berichtigung des Meistgebots oder die Einwilligung der Beteiligten nachgewiesen wird.

Literatur: *Abraham*, Das Seerecht, 4. Aufl., 1974; *Albrecht*, Die Zwangsversteigerung von Seeschiffen im internationalen Rechtsverkehr, 1983; *Strube*, Arrestpfändung ausländischer Seeschiffe, Hansa 1981, 1294.

Übersicht

I. Zweck der Norm

Die Norm trägt der Besonderheit Rechnung, dass ausländische Schiffe nicht im deutschen Schiffsregister eingetragen sind. Stattdessen wird abgestellt auf eine **fiktive Eintragungspflicht** (siehe Rz. 27 f.). 1

Die Absätze 2–5 enthalten **Sonderregelungen**, die zum Teil eine ausdrückliche Abweichung von der für inländische Schiffe (sowie auch Grundstücke) geltenden Rechtslage und auch eine ausdrückliche Wiederholung und Inbezugnahme auf anderweitig geltende Regelungen beinhalten, wohl aus dem Gesichtspunkt einer Konzentration der maßgeblichen Rechtsvorschriften an einer Stelle im Gesetz (was aus Sicht von Nicht-Deutschen sicher als Vorteil wahrgenommen wird und den Wirtschaftsstandort Deutschland fördert). 2

II. Anwendungsbereich

3

… auf	deutsch(e)	ausländisch(e)
Binnenschiffe	./.	(fiktiv) eintragungspflichtig
Seeschiffe	./.	(fiktiv) eintragungspflichtig
Schiffsbauwerke u. Schwimmdocks	./.	./.

Vollstreckungsgegenstände i. S. d. Norm sind **ausländische Schiffe**, und zwar sowohl Seeschiffe als auch Binnenschiffe. 4

Ausländisch ist ein Schiff, das nicht gemäß §§ 1, 2 FlaggRG zur Führung der Bundesflagge (Art. 22 GG) berechtigt ist. Hierbei kommt es im Ergebnis maßgeblich auf 5 die **Eigentumsverhältnisse** an. Gemäß § 1 Abs. 1 FlaggRG hat ein zur Seefahrt bestimmtes Schiff (Seeschiff), dessen Eigentümer Deutsche sind, die ihren Wohnsitz im Geltungsbereich des Grundgesetzes haben, die Bundesflagge zu führen. § 1 Abs. 2 FlaggRG regelt dann, inwieweit Deutschen juristische Personen gleichgestellt werden, und § 2 FlaggRG erweitert dies dann z. T. noch.

6 Eine nur zeitweise Suspendierung der Pflicht zur **Führung der Bundesflagge** gemäß § 7 FlaggRG – sog. zeitweise Ausflaggung für max. zwei Jahre oder bis auf Widerruf (Bareboat-out-Charter) – macht ein deutsches Seeschiff nicht ausländisch. Es wird nur gemäß § 17 Abs. 2 ZVG i. V. m. § 16 Abs. 2 FlaggRG ein Vermerk in das Schiffsregister eingetragen, dass das Führen der deutschen Flagge vorübergehend nicht mehr gestattet ist.

7 Umgekehrt gilt: Eine bloße **vorübergehende Berechtigung** zur Führung der Bundesflagge gemäß § 10 FlaggRG (Überführungsreise in einen anderen Hafen) oder § 11 FlaggRG (sog. Bareboat-in-Charter) macht ein ausländisches Seeschiff nicht inländisch. Das ausländische Schiff bleibt also ausländisch.

8 Bei dauerhafter **Ausflaggung**, wird in der Regel an eine ausländische Tochtergesellschaft zur treuen Hand veräußert. Hier entfällt dann mangels deutscher Eigentümer die Berechtigung zur Führung der Bundesflagge, was auch gewollt ist.[1)] Das Seeschiff wird dann ausländisch und gemäß § 20 Abs. 2 Satz 1 SchRegO im deutschen Schiffsregister gelöscht. Zum Schutz der Schiffshypothekengläubiger darf gemäß § 20 Abs. 3 SchRegO seine Eintragung aber erst gelöscht werden, wenn die Schiffshypothekengläubiger (und falls eine Schiffshypothek nach dem Inhalt des Schiffsregisters mit dem Recht eines Dritten belastet ist, auch dieser) die Löschung bewilligen. Für die Bewilligung gilt § 37 ZVG sinngemäß.

9 Ein **Binnenschiff** ist dann i. S. d. Norm **ausländisch**, wenn es keinen inländischen Heimatort hat, von dem aus die Schifffahrt betrieben wird (§ 6 BinSchG). Es kommt also bei einem Binnenschiff darauf an, dass sein Heimathafen außerhalb des Geltungsbereichs des Grundgesetzes ist; aber es ist nicht entscheidend, ob es einem Ausländer gehört. Zur Abgrenzung zwischen Seeschiffen und Binnenschiffen siehe § 163 Rz. 42 [*Popp*])

10 Mangels Verweisung auf § 170a ZVG (Schiffsbauwerke/Schwimmdocks) sind ausländische Schiffsbauwerke oder ausländische Schwimmdocks nicht von § 171 ZVG erfasst. Das scheint sinnvoll, da diese – anders als fertiggestellte Schiffe – in der Regel nicht in den Geltungsbereich des ZVG gelangen dürften, sondern im Ausland bleiben, und dann dortigem Recht unterfallen.

III. Zuständiges Vollstreckungsgericht

11 Die Zuständigkeit des Vollstreckungsgerichts richtet sich nach dem Bezirk, in dem sich das Schiff befindet. Dass sich die Bezirke der Vollstreckungsgerichte nur auf deutsches Hoheitsgebiet erstrecken können, ist offenkundig. Dementsprechend ist die Vollstreckung in ein Schiff, welches hoheitlichen Zwecken eines ausländischen Staates dient, in der Regel unzulässig, da es sozusagen fremdes Hoheitsgebiet ist.

1) Staudinger-*Nöll*, BGB, § 1 SchiffsRG, Rz. 17.

Der Bezirk des Schiffsregisters kommt nur bei Übertragung der Zuständigkeit seitens des Bundesjustizministeriums in Betracht (§ 171 Abs. 2 Satz 1 ZVG verweist auf § 163 Abs. 1 Halbs. 2 ZVG). 12

Zu den Zuständigkeitskonzentrationen: Allgemeine Zuständigkeitskonzentrationen erfassen auch § 171 ZVG, ggf. sind auch spezielle Zuständigkeitskonzentrationen möglich.[2] 13

IV. Eigenbesitz des Schuldners oder Besitz des Schiffers

Hervorzuheben ist das Erfordernis, dass die Zwangsversteigerung eines ausländischen Schiffes nur angeordnet werden darf, wenn der Vollstreckungsschuldner **Eigenbesitz** (§§ 872, 868, 1006 BGB) hat. Zu Ausnahmen siehe Rz. 18 ff. 14

Es kommt also nicht darauf an, dass der Schuldner Eigentümer sein muss. Ein derartiges Erfordernis wäre auch aus Gläubigersicht und aus Sicht des Vollstreckungsgerichts wenig praktikabel, denn die Eigentumsverhältnisse an ausländischen Schiffen sind keinem deutschen Register zu entnehmen. Hingegen ist Eigenbesitz auch ohne Einsicht in ein Register möglich, da es hierbei allein auf objektiv (ggf. vor Ort, also im Inland) feststellbare Tatsachen ankommt. 15

Rechtliche Folge ist, dass ein ausländischer Eigentümer – selbst wenn er in einem ausländischen Register eingetragen ist – grundsätzlich auf die **Vollstreckungsgegenklage** des § 771 ZPO verwiesen wird (§ 37 Nr. 5, § 90 ZVG). 16

Geht es darum, dass es am Eigenbesitz fehlt, dann ist hiergegen die **Vollstreckungserinnerung** nach § 766 ZPO gegeben, nicht jedoch die Vollstreckungsgegenklage gemäß § 771 ZPO. Diese vollstreckungsrechtliche Besonderheit ist aus Sicht eines ausländischen Eigentümers wohl weniger erfreulich. Während man bei Schaffung des § 171 ZVG offenkundig ausländischen Eigentümern einen einfachen Zugang zum Erkennen der geltenden Rechtslage eröffnet hat, ist die vollstreckungsrechtliche Rechtslage nicht ganz so übersichtlich; ggf. wird nämlich irrtümlich der falsche Rechtsbehelf gewählt. 17

Erfolgt ein **Eigentumswechsel** nach der Beschlagnahme (§§ 26, 23 Abs. 2 ZVG), dann kann der Erwerber des Schiffes der Fortsetzung des Verfahrens nach § 771 ZPO ggf. nur dann mit Erfolg widersprechen, wenn er ein (im Ausland) eingetragenes Schiffspfandrecht des betreibenden Gläubigers zu beseitigen in der Lage ist oder wenn der Erwerb ohne Kenntnis der Beschlagnahme erfolgt ist.[3] 18

Die Ausnahme vom Erfordernis des Eigenbesitzes ergibt sich aus der Verweisung auf § 166 ZVG: 19

Schiffsgläubiger können gegen jeden Besitzer des Schiffes vollstrecken, also nicht nur gegen den Eigenbesitzer, vielmehr können Schiffsgläubiger auch vollstrecken gegen den Schiffer als (unmittelbaren) Fremdbesitzer (dass es auf unmittelbaren Fremdbesitz ankommt, folgt daraus, dass § 166 Abs. 2 ZVG auf den § 171 Abs. 5 ZVG verweist). Wobei gegen einen Fremdbesitzer folglich nur so lange vollstreckt werden darf, wie dieser das Schiff führt, also unmittelbaren Besitz hat. 20

---

2) Siehe näher Dassler/Schiffhauer/u. a.-*Rellermeyer*, ZVG, § 171 Rz. 9–10.

3) Steiner-*Riedel*, ZVG, § 171 Rz. 2.

V. Antrag – Anordnung – Terminsbestimmung – weitere Besonderheiten

21 Der Versteigerungsantrag hat die zur Begründung erforderlichen Tatsachen durch Urkunden glaubhaft zu machen, wenn sie nicht bei Gericht offenkundig sind (so § 171 Abs. 2 Satz 2 ZVG a. E., was insoweit § 164 Abs. 1 ZVG entspricht).

22 Über den Inhalt der **Terminsbestimmung** enthält § 171 Abs. 3 Satz 1 ZVG eine Ergänzung zu § 37 Nr. 4 ZVG (ähnlich wie insoweit auch § 167 Abs. 2 ZVG):

23 Die Terminsbestimmung soll gemäß § 171 Abs. 3 Satz 2 ZVG, soweit dies ohne erhebliche Verzögerung erfolgen kann, auch an die aus den **Schiffspapieren** ersichtlichen Schiffsgläubiger und sonstigen Beteiligten zugestellt werden; dies geht insoweit weiter als § 167 Abs. 2 ZVG.

24 Die **Registerbehörde eines fremden Staates**, wenn das Schiff in dessen Schiffsregister eingetragen ist, soll ebenfalls eine derartige Mitteilung über die Terminsbestimmung erhalten, § 171 Abs. 3 Satz 2 ZVG (diese Regelung ersetzt § 168 Abs. 2 und § 168b ZVG, die beide in § 171 Abs. 5 Satz 1 ZVG nicht als entsprechend anwendbar erwähnt sind).

25 Es handelt sich bei § 171 Abs. 3 ZVG (wie auch bei § 168 Abs. 2 ZVG (siehe § 168 Rz. 14 [*Popp*]) um eine bloße Ordnungsvorschrift; daher ist eine etwaige Verletzung ohne Einfluss auf das Verfahren.

26 Die Mitteilung an die ausländische Registerbehörde dient dazu, der Gefahr vorzubeugen, dass die Versteigerung im Ausland nicht anerkannt und dort von Gläubigern oder vom Vollstreckungsschuldner das Schiff mitbeschlagnahmt werden könnte.[4)]

27 Gemäß § 171 Abs. 1 ZVG ist die Zwangsversteigerung nur zulässig bezogen auf ein „ausländisches Schiff, das, wenn es ein deutsches Schiff wäre, in das Schiffsregister eingetragen werden müsste". Es geht also um eine **fiktive Eintragungspflicht**. Eine bloße Eintragungsfähigkeit reicht also gemäß ausdrücklicher gesetzlicher Anordnung nicht.

28 Fehlt es an der fiktiven Eintragungspflicht (laut *Rellermeyer*[5)] ist eine bloße Eintragungsfähigkeit bzw. fiktive Eintragungsfähigkeit nicht genügend, es bedarf gemäß Gesetzeswortlaut vielmehr einer Pflicht) so scheidet auch dann, wenn das Schiff in einem ausländischen Register eingetragen sein sollte, eine Zwangsvollstreckung nach dem ZVG aus.

Exkurs: Mobiliarvollstreckung

29 Ein nicht fiktiveintragungspflichtiges Schiff gilt dann für die Zwangsvollstreckung als bewegliche Sache und auf die Versteigerung finden die Bestimmungen der §§ 816 ff. ZPO Anwendung. Bei hohen Geboten ist jedoch aus praktischen Erwägungen die in §§ 817 Abs. 2 ZPO verlangte Barzahlung mit der Hingabe bestätigter Schecks der Landeszentralbank (Deutschen Bundesbank) als geschehen anzusehen.

30 Eine Versteigerung kann auch mit Rücksicht auf die oft sehr hohen Liegekosten in Vollziehung eines Arrestes angeordnet werden (§ 930 Abs. 3 ZPO). Bei einer Ver-

---

4) *Jaeckel/Güthe*, ZVG, 7. Aufl., § 171 Anm. 4.

5) Dassler/Schiffhauer/u. a.-*Rellermeyer*, ZVG, § 171 Rz. 2.

steigerung im Wege der Mobiliarvollstreckung erlöschen die etwa im ausländischen Register eingetragenen Schiffspfandrechte. Sie setzen sich jedoch am Erlös fort.

Die Bestimmungen zum Mindestgebot (§ 817a ZPO) sind zu beachten. 31

Der gesetzliche Vorrang der *Schiffs*gläubigerrechte gilt auch in der Mobiliarvollstreckung. 32

Zeit und Ort der Versteigerung sind unter Bezeichnung des Schiffes in einer solchen Weise öffentlich bekannt zu machen, dass auch ausländische Gläubiger ihre Rechte wahrnehmen können. 33

Dieser Exkurs, wohlgemerkt zur Mobiliarvollstreckung, also einer Ausnahme von den Regelungen in § 171 ZVG, gilt sozusagen nur als sinngemäße Ergänzung. 34

VI. (Kein) Geringstes Gebot, Meistgebot und Mindestgebot

Die Vorschriften über das geringste Gebot finden keine Anwendung. Bei der Versteigerung eines ausländischen Schiffes gibt es **kein geringstes Gebot** (§ 44 Abs. 1 ZVG). Eine bestimmte Höhe des Gebots ist also nicht Voraussetzung seiner Zulässigkeit, auch nicht wegen der Kosten, für deren Ausfall der betreibende Gläubiger haftet. 35

Es gibt keine förmlichen Wertgrenzen und damit auch kein förmliches Mindestgebot – es gelten nur die allgemeinen Vollstreckungsschutznormen, die bei Zuschlagserteilung zu beachten sind (siehe § 169a Rz. 5 ff. [*Popp*]). 36

Gesetzliche Versteigerungsbedingung ist die Barzahlung des gesamten Meistgebots im Verteilungstermin, auch dies ist eine Besonderheit. Jeder Beteiligte hat ein Recht darauf, die Barzahlung des gesamten Meistgebots zu verlangen. Historisch galt diese Regelung allgemein bei der Schiffsversteigerung (§ 169 Abs. 1 ZVG a. F.). Nunmehr ist die Ausschaltung des geringsten Gebots und die Notwendigkeit der Barzahlung für das gesamte Meistgebot beschränkt auf die Versteigerung eines ausländischen Schiffes (§ 171 Abs. 4 n. F. ZVG). 37

Historischer Grund des gesetzlichen Erfordernisses der Barzahlung (historisch: für Schiffsversteigerungen allgemein – heute nur noch für die Versteigerung ausländischer Schiffe) war, dass der historische Gesetzgeber davon ausging, dass die Mehrzahl der in Betracht kommenden Gläubiger Schiffsgläubiger sind und deren Forderungen ihrer Natur nach Barzahlung verlangen und eine dauernde Belastung der Schiffe mit Pfandrechten als nicht wünschenswert angesehen wurde.[6] 38

Abweichende Versteigerungsbedingungen, insbesondere über das Bestehenbleiben von (im Ausland eingetragenen) Pfandrechten können vereinbart werden, §§ 59 ff., 91 ZVG. Soweit dies nicht geschehen ist, erlöschen durch den Zuschlag alle Rechte am Schiff (§§ 53 Abs. 1, 90, 91 ZVG): Das heißt, dass dann die gesetzlichen wie die im Ausland begründeten und eingetragenen Pfandrechte komplett erlöschen, auch die dem betreibenden Gläubiger vorgehenden und die nur an der Schiffspart bestehenden Rechte würden dann also erlöschen.[7] 39

---

6) Steiner-*Riedel*, ZVG, § 171 Anm. 4.

7) Steiner-*Hagemann*, ZVG, § 171 Rz. 47 m. w. N.

40 Hinsichtlich der so erlöschenden Rechte können, nachdem der Zuschlag rechtskräftig geworden ist, Rechte nur noch an dem Versteigerungserlös geltend gemacht werden; daneben mögen Ansprüche aus Bereicherungsrecht in Betracht kommen, diese sind dann aber außerhalb des Verfahrens im Zivilrechtswege einzuklagen.

VII. Bewachung (Überwachung), Verwahrung und Quasi-Zwangsverwaltung

1. (Bloße) Überwachung und Verwahrung (entsprechend § 165 Abs. 1 ZVG)

41 § 171 Abs. 5 ZVG erklärt § 165 ZVG für anwendbar mit einer wichtigen Ergänzung durch § 171 Abs. 5 Satz 2 ZVG.

42 Folglich ist gemäß § 165 Abs. 1 ZVG auch bei Anordnung des Zwangsversteigerungsverfahrens über ein ausländisches Schiff **von Amts wegen** die Bewachung und Verwahrung anzuordnen. § 171 Abs. 5 Satz 2 ZVG spricht allerdings von „Überwachung" und Verwahrung, womit wohl die Zeit ab Zuschlag gemeint ist, was zunächst also nur auf § 170 ZVG verweist (der eigentlich von „Bewachung" und Verwahrung spricht). Hält man für möglich, dass auch eine „Bewachung und Verwahrung" gemäß § 165 ZVG über den Zuschlagszeitpunkt hinaus fortgesetzt werden darf (wie bei der „echten" Zwangsverwaltung, siehe § 165 Rz. 90 ff. [*Popp*]), dann könnte § 171 Abs. 5 Satz 2 ZVG auch eine Rückwirkung auf die Auslegung von § 165 ZVG i. V. m. § 171 Abs. 1 und 5 ZVG haben.

2. Quasi-Zwangsverwaltung (Verwaltung durch Treuhänder)

43 Auch eine Quasi-Zwangsverwaltung gemäß § 165 Abs. 2 Satz 3 ZVG ist möglich, denn § 171 Abs. 5 ZVG nimmt den gesamten § 165 ZVG in Bezug und erklärt ihn für anwendbar.

44 Für die Kosten der Maßregel haftet, wie auch bei § 165 ZVG, der betreibende Gläubiger als veranlassender Teil (soweit der Grundsatz; zu den Problemstellungen siehe Rz. 50 ff.).

45 Zu der hier vertretenen Mindermeinung, dass ggf. auch eine „echte" Zwangsverwaltung gemäß §§ 146 ff. ZVG zulässig sein könnte, siehe § 165 Rz. 173 ff. [*Popp*].

3. Aufhebung der Überwachung und Verwahrung

46 Die Bewachung bzw. „Überwachung" und Verwahrung dauert ohne besonderen Antrag gegen den Ersteher gerichtet fort und darf gemäß Abs. 5 Satz 2 – anders als bei §§ 165, 170 ZVG – erst dann aufgehoben werden und das Schiff darf dem Ersteher erst dann übergeben werden, wenn die Berichtigung des Meistgebots oder die Einwilligung der Beteiligten nachgewiesen wird.

47 Diese Fortdauer der Bewachung und Verwahrung sowie die erhöhten Anforderungen an die Voraussetzungen des Anspruchs des Erstehers auf Übergabe sichert die Rechte der Beteiligten, wenn die Forderung gegen den Ersteher übertragen wird (§ 118 ZVG).

48 Diese besonderen Maßgaben gelten auch dann, wenn ein Deutscher das Schiff ersteigert hat, da eine Schiffshypothek nach § 169 Abs. 2 ZVG vorerst nicht eingetragen werden kann. Der Grund für diese Maßnahme der fortdauernden Bewachung und Verwahrung entfällt folglich dann, sobald der inländische Ersteher die Eintragung freiwillig herbeigeführt hat.

Soweit zum Grundsätzlichen. Zu den rechtlichen und praktischen Problemstellungen siehe Rz. 50 ff. 49

4. Kostentragung

Grundsätzlich haftet für die Kosten der „Überwachung und Verwahrung" – wie auch bei §§ 165 und auch bei § 170 ZVG – der **betreibende Gläubiger** als veranlassender Teil. 50

Streitig ist z. T., ob die Kosten nach § 109 ZVG aus der Masse gedeckt werden können.[8] Dies wird man wohl nicht im Hinblick auf § 171 Abs. 5 Satz 2 ZVG für unzulässig halten können, denn es ist nicht erkennbar, dass dort unter Ausschluss der anderweitigen Kostendeckungsmöglichkeit allein ein Druckmittel für die dann einzige Kostendeckungsmöglichkeit geschaffen werden sollte.[9] Diese Auffassung beruht offenkundig noch auf der lange überholten Ansicht, die Kosten der Verwaltung ab Zuschlag (ob nun eine über den Zuschlagszeitpunkt hinaus fortgesetzte „echte" Zwangsverwaltung – deren Zulässigkeit wie erwähnt, streitig ist – oder eine unzweifelhaft statthafte Verwaltung gemäß § 94 ZVG) habe im Ergebnis der Ersteher zu tragen. 51

Kurzum: Nach der bereits von Mohrbutter vertretenen (und zuzustimmenden) **Auffassung**[10] sind sowohl die Kosten einer Bewachung und Verwahrung gemäß § 165 ZVG, einer Sicherungs-Bewachung und -Verwahrung gemäß § 170 ZVG als auch einer „Überwachung" und Verwahrung gemäß § 171 Abs. 5 Satz 2 ZVG – in beiden letztgenannten Fällen z. T. als angemessener Vorschuss – nach § 109 ZVG der Verteilungsmasse zu entnehmen, was impliziert, dass der Treuhänder daran denken muss, eine rechtzeitige Anmeldung vorzunehmen. 52

Die **abweichende Auffassung** stellt selbst fest, dass sie zu wenig überzeugenden Ergebnissen führt: Denn die „Überwachung und Verwahrung" gemäß § 171 Abs. 5 Satz 2 ZVG (welche der „Bewachung und Verwahrung" nach § 170 Abs. 1 entspricht) darf nicht – wie im Falle des hier von der Anwendung ausgeschlossenen § 170 Abs. 2 ZVG – mangels einer Vorschusszahlung aufgehoben werden (was ein erhebliches Praxisproblem ist!). Vielmehr gilt auch hier Absatz 5 Satz 2, wonach eine Aufhebung erst nach Zahlung des Meistgebots oder mit Einwilligung aller Beteiligten zulässig ist. Das führt dann zu der Schlussfolgerung, diese Kosten seien notfalls von der Landeskasse zu verauslagen, nicht jedoch dürften sie dem Erlös vorab entnommen werden, weil es sich nicht um Kosten i. S. d. § 109 ZVG handele, sondern um solche, die ab Zuschlag dem Ersteher zur Last fallen.[11] 53

Diese abzulehnende Auffassung ist äußerst schädlich für die Landeskassen. Sie hat zudem das wesentliche praktische Problem, dass es kein geeignetes Druckmittel gibt, den Ersteher dazu zu bringen, auch tatsächlich das Meistgebot (und er muss das 54

---

8) Ablehnend die ü. M., z. B. Dassler/Schiffhauer/u. a.-*Rellermeyer*, ZVG, § 171 Rz. 34 m. w. N.; im hier vertretenen Sinne aber ebenfalls *Mohrbutter/Drischler*, Muster 170 Anm. 9.

9) So aber Steiner-*Hagemann*, ZVG, § 171 Rz. 47 und 66 m. w. N.; *Jaeckel/Güthe*, ZVG, 7. Aufl., § 171 Anm. 6.

10) So schon zutreffend *Mohrbutter/Drischler*, Muster 170 Anm. 9.

11) Dassler/Schiffhauer/u. a.-*Rellermeyer*, ZVG, § 171 Rz. 34 m. w. N.

gesamte Meistgebot zahlen) zu berichtigten. Vielmehr beinhaltet die abzulehnende Auffassung geradezu die Einladung zum Missbrauch. Ersteher mit nicht ernsthaftem Erwerbswillen könnten zulasten der Landeskassen und der Gläubiger eine effiziente Verwertung einfach sabotieren, indem – ggf. um den Preis einer Sicherheitsleistung von nur 10 % des Bargebots – ein Zuschlag ergeht und dann alles „auf Stopp gestellt" wird. Derartige Gestaltungen durch Strohmänner/-frauen sind auch bei Grundstücksversteigerungen durchaus zu beobachten. Für notfalls 10 % des Verkehrswerts bzw. hier des Bargebots kann so eine im Gesetz nicht vorgesehene „kalte" einstweilige Einstellung für ein halbes oder ganzes Jahr erlangt werden, währenddessen ggf. ein Dritter (der Ersteher oder noch eine weitere Person) die tatsächlichen Nutzungen zieht.

55 Kurzum: Die wohl noch als überwiegende Auffassung anzusehende Rechtsansicht, dass eine Entnahme der Kosten aus der Verteilungsmasse gemäß § 109 ZVG, jedenfalls für eine Verwaltung nach § 170 ZVG bzw. gemäß §§ 171 Abs. 5, § 170 ZVG, nicht möglich sei, ist aus praktischen und auch rechtspolitischen Erwägungen heraus abzulehnen.

56 Die Auffassung, auch bei der Verwaltung nach § 170 ZVG bzw. gemäß §§ 171 Abs. 5, § 170 ZVG dürften die Kosten/Auslagen insoweit gemäß § 109 ZVG der Teilungsmasse entnommen werden (siehe § 170 Rz. 14 ff. [*Popp*]), ist dogmatisch keineswegs ausgeschlossen und dürfte im Ergebnis die sachgerechte und damit vorzugswürdige Auslegung des Gesetzes sein.

57 Hier ist insbesondere auch auf die Entwicklung der Rechtsprechung und Literatur zu den parallelen Fragen zur „echten" Zwangsverwaltung hinzuweisen. Wie bereits mehrfach ausgeführt, schließen die §§ 162 ff. ZVG die „echte" Zwangsverwaltung ja nicht aus dogmatischen Gründen aus,[12] sondern der historische Gesetzgeber hatte um 1900 keine praktische Notwendigkeit gesehen, die unmittelbare Anwendbarkeit von Zwangsverwaltungsrecht gesetzlich anzuordnen. Dies wäre ggf. *de lege ferenda* im Gesetz klarzustellen, wobei es nach hier vertretener Auffassung tatsächlich nur eine Klarstellung bezüglich einer Auslegung wäre, die auch *de lege lata* möglich ist.

58 *De lege ferenda* wäre des Weiteren anzuregen, § 171 Abs. 5 Satz 2 ZVG ersatzlos zu streichen. Bei den parallelen Normen zu den Luftfahrzeugen hat der Gesetzgeber richtigerweise auf die Schaffung einer vergleichbaren Norm verzichtet (siehe § 171g Rz. 10 ff. [*Popp*]).

5. Abgrenzung § 170 ZVG vs. § 165 Abs. 1 ZVG – jeweils i. V. m. § 171 Abs. 5 ZVG

59 § 171 Abs. 5 Satz 2 ZVG spricht von „Überwachung und Verwahrung", während die Formulierung in § 165 Abs. 1 ZVG und auch in § 170 Abs. 1 ZVG jeweils „Bewachung und Verwahrung" lautet. Dies mag eine bloße redaktionelle Ungenauigkeit sein, ggf. liegt aber darin auch eine rechtlich relevante Differenzierung.

60 Damit ist fraglich, worauf § 171 Abs. 5 Satz 2 ZVG überhaupt genau verweist. Hierbei entsteht, jedenfalls bei einer im Rahmen von § 171 Abs. 5 Satz 2 ZVG über

12) Wenn überhaupt, siehe § 165 Rz. 173 ff. [*Popp*].

den Zuschlagszeitpunkt fortdauernden „Überwachung und Verwahrung" dieselbe Frage, die bei der „echten" Zwangsverwaltung auch streitig ist: Ob die Zwangsverwaltung (entsprechend also die Quasi-Zwangsverwaltung gemäß § 165 Abs. 2 ZVG hier i. V. m. § 171 Abs. 1 ZVG) oder eine gemäß § 25 ZVG angeordnete Maßregel[13)] zwingend mit Zuschlag aufzuheben ist und dann nur noch mit durchaus relevanten Abweichungen in der Rechtsfolge eine Verwaltung gemäß § 94 ZVG (siehe Rz. 61 ff.) zulässig ist.

VIII. Sicherungsmaßnahmen nach Zuschlag

1. „Überwachung und Verwahrung"[14)]

Die gerichtliche Verwaltung bzw. Sicherungsverwaltung oder Verwaltung für die Rechnung des Erstehers (wohl nicht „gegen" den Ersteher) gemäß § 94 Abs. 1, § 170 Abs. 1 ZVG wird gemäß § 171 Abs. 5 Satz 1 ZVG mit der Ergänzung durch Abs. 5 Satz 2 ersetzt und ermöglicht unter den Voraussetzungen des §§ 94 ZVG die Anordnung der Bewachung und Verwahrung des Schiffs. 61

Dass § 171 Abs. 5 Satz 2 ZVG von „Überwachung" und Verwahrung spricht, mag eine redaktionelle Ungenauigkeit sein, oder soll ggf. zum Ausdruck bringen, dass es nicht nur um die „Bewachung" des Schiffes, sondern ggf. auch um die Überwachung des Verhaltens des Erstehers geht. Ggf. wäre *de lege ferenda* die Formulierung zu überdenken und entweder §§ 170 Abs. 1, § 165 ZVG in der Wortwahl anzupassen, oder soweit es bei § 171 Abs. 5 Satz 2 bei dem Wort „Überwachung" bleiben sollte, wäre – zumindest in der Gesetzesbegründung – zu erläutern, ob und ggf. inwieweit sich daraus eine zu §§ 170 Abs. 1, § 165 ZVG unterschiedliche Rechtsfolge ergeben soll. 62

§ 171 Abs. 5 ZVG verweist lediglich auf § 170 Abs. 1 ZVG und nicht auch auf Abs. 2, ergänzt durch § 171 Abs. 5 Satz 2 ZVG. Berichtigt der Ersteher das Meistgebot im Verteilungstermin nicht, so wird die Forderung gegen ihn auf die Berechtigten übertragen (§ 118 ZVG) und vollstreckbar (§§ 132, 133 ZVG). 63

2. (Keine) Eintragung einer Schiffshypothek

An die Stelle der Eintragung einer Schiffshypothek (§ 169 Abs. 2 ZVG wird in § 171 Abs. 5 ZVG nicht als anwendbar erklärt) tritt die Maßregel des § 171 Abs. 5 Satz 2 ZVG auf Kosten des Erstehers. Diese ist weder von einem Antrag noch von der Leistung eines Vorschusses abhängig (zu den praktischen Problemen siehe Rz. 34 ff., 52 ff.). 64

3. (Keine) Erteilung einer vollstreckbaren Ausfertigung des Zuschlagsbeschlusses

Solange die Voraussetzungen des §§ 171 Abs. 5 Satz 2 ZVG – Berichtigung des Meistgebots durch den Ersteher oder Nachweis der Einwilligung der Beteiligten – nicht erfüllt sind, darf dem Ersteher eine vollstreckbare Ausfertigung des Zuschlagsbeschlusses (§ 93 ZVG) nicht erteilt werden. 65

---

13) Die gemäß 171 Abs. 1 ZVG nicht zwingend ausgeschlossen scheint, siehe § 165 Rz. 89 [*Popp*].

14) Im Anschluss an Rz. 59.

66 Der **Nachweis der Einwilligung** ist durch öffentliche oder öffentlich beglaubigte Urkunden zu liefern.[15]

4. Beschwerde

67 Gegen die Aufhebung der Maßregel der „Überwachung" und Verwahrung ist sofortige Beschwerde (§ 793 ZPO) bzw. Rechtspflegerinnerung möglich.

68 Die Eintragung einer Schiffshypothek und Berichtigung des Registers von Amts wegen ist auch dann ausgeschlossen, wenn ein Inländer den Zuschlag erhält, obwohl das Schiff dadurch eintragungspflichtig geworden ist.[16]

IX. (Weitere) Anzuwendende Vorschriften

69 Die Vorschriften des Ersten Abschnitts sind grundsätzlich entsprechend anzuwenden (§ 171 Abs. 1 ZVG verdrängt insoweit § 162 ZVG).

1. Hinzuweisen ist insbesondere auf die Anwendbarkeit von:

70
- §§ 44–48, 50–52 Abs. 1 Satz 1, 52 Abs. 2, 53, 54 ZVG, aber gemäß § 171 Abs. 4 ZVG nur insoweit, als sie sich nicht auf das geringste Gebot beziehen!
- §§ 55, 56, 58, 63 Abs. 1 und Abs. 2 ZVG sowie §§ 59, 63 Abs. 4, 65 ZVG, sind – soweit sie sich nicht auf das geringste Gebot beziehen – ebenfalls anwendbar; mit Ausnahme des § 63 Abs. 4 Satz 2 ZVG, dem ein Anwendungsbereich fehlt; (§ 64 ZVG ist gemäß § 171 Abs. 4 ZVG nicht anwendbar, da er sich auf das geringste Gebot bezieht; bei § 65 Abs. 1 ZVG ist zu beachten, inwieweit die separate Versteigerung nicht ausgeschlossen ist).
- § 68 Abs. 2 ZVG – Sicherheitsleistung (zur Sicherheitsleistung auch sogleich zu § 169a ZVG).
- § 83 Nr. 3 und Nr. 4 ZVG – Zuschlagsversagung.
- §§ 110, 112 Abs. 2–4, § 112 Abs. 3, § 125 ZVG – Verteilung des Erlöses.
- § 165 ZVG – Bewachung/Verwahrung, Quasi-Zwangsverwaltung (Verweisung in § 171 Abs. 5 ZVG); siehe Rz. 41 ff.
- §§ 166 ZVG – Verfahren/Beschlagnahme gegen den Schiffer wegen Schiffsgläubigerrechten (Verweisung in § 171 Abs. 5 ZVG).
- § 168 Abs. 1 und 3 ZVG – Terminsbestimmung (Verweisung in § 171 Abs. 5 ZVG).
- § 169a ZVG – Versteigerung eines Seeschiffs: dort ausnahmsweise kein Verkehrswert – § 169a Abs. 1 Satz 2 ZVG; Sicherheit 1/10 vom Bargebot (Verweisung in § 171 Abs. 5 ZVG).
- § 170 Abs. 1 ZVG – Sicherungsverwahrung nach Zuschlag für Rechnung des Erstehers (Verweisung in § 171 Abs. 5 ZVG), siehe Rz. 61 ff.
- aus dem Dritten Abschnitt:[17] §§ 174, 179, 182 ZVG.

---

15) *Jaeckel/Güthe*, ZVG, 7. Aufl., § 171 Anm. 6.
16) *Jaeckel/Güthe*, ZVG, 7. Aufl., § 171 Anm. 6.
17) *Jaeckel/Güthe*, ZVG, 7. Aufl., § 169 Anm. 1 und 4.

2. Beschwerde

§§ 95–104 ZVG sind grundsätzlich anwendbar. In § 100 Abs. 1 ZVG entfällt jedoch die Bezugnahme auf § 85a ZVG für Seeschiffe wegen Absatz 5 Satz 1, § 169a Abs. 1 ZVG. 71

3. (Keine) Eintragung in einem deutschen Register

Zur Anwendung offenkundig ungeeignet sind alle Vorschriften, die eine Eintragung im (Deutschen) Schiffsregister voraussetzen; daher unterbleibt die Eintragung eines Versteigerungsvermerks (§ 19 Abs. 1 ZVG) sowie die Eintragung des Erstehers (§ 130 Abs. 1 ZVG), auch § 17 Abs. 2 ZVG ist gegenstandslos. 72

4. (Kein) geringstes Gebot/(Keine) bestehen bleibenden Rechte

Die Vorschriften über das geringste Gebot und über bestehen bleibende Rechte sind gemäß Abs. 4 bei der Zwangsversteigerung ausländischer Schiffe nicht anzuwenden. 73

Alle Rechte erlöschen mit dem Zuschlag. Das Meistgebot ist in voller Höhe zu zahlen („bar"). 74

Abweichende Versteigerungsbedingungen sind insoweit allerdings gemäß § 59 Abs. 1 ZVG möglich; das Bestehenbleiben eines Rechts kann nach § 91 Abs. 2 ZVG vereinbart werden. 75

5. Keine Anwendung von § 168 Abs. 2 ZVG

Hingegen ist § 168 Abs. 2 ZVG nicht anzuwenden. Durch § 40 Abs. 2 ZVG ist die Möglichkeit anderweitiger Veröffentlichung gegeben, sodass die Veröffentlichung – wo sie zweckmäßig ist – trotzdem in dem in § 168 Abs. 2 ZVG bezeichneten Blatt erfolgen darf (aber nicht muss).[18] 76

6. Hinweis zur Seehandelsrechtsreform

Der bis 24.4.2013 geltende § 482 HGB a. F. schloss für Seeschiffe die Zulässigkeit der Zwangsversteigerung sowie die Vollziehung eines Arrestes aus, für die Zeit, wenn sich das Schiff auf der Reise befindet und nicht in einem Hafen liegt. Ab 25.4.2013 enthält § 870a Abs. 1 ZPO n. F. eine entsprechende Regelung, die wiederum nur für Seeschiffe gilt. Maßgeblicher Zeitpunkt war historisch die sog. „Segelfertigkeit" (also wenn das Schiff fertig war, um eine Reise anzutreten), während es heute auf den Beginn bzw. den Antritt der Reise ankommt, dieser Zeitpunkt liegt also später als die historische „Segelfertigkeit". 77

Sind die zum Auslaufen benötigten Papiere vorhanden und befindet sich der Hafenlotse an Bord, so kann die Zwangsversteigerung angeordnet werden, solange das Schiff die Reise noch nicht angetreten, sprich noch nicht mit dem **Ablegemanöver** begonnen hat. Maßgebend ist der Zeitpunkt, in dem die Beschlagnahme wirksam wird (§§ 162, 22 Abs. 1, § 165 Abs. 1 Satz 2 ZVG), weil das Vollstreckungsgericht bei Erlass des Beschlusses kaum feststellen kann, ob ein zum Auslaufen gerüstetes Schiff die Reise bereits begonnen hat. 78

18) Steiner-*Riedel*, ZVG, § 171, Anm. 5 a. E.

79 Dass die Anordnung der Zwangsversteigerung nach § 482 HGB a. F. = § 870a Abs. 1 ZPO n. F. unzulässig ist, muss vom Schuldner mit der Vollstreckungserinnerung geltend gemacht werden.

80 Eine entsprechende Anwendung von ZPO-Normen kommt ggf. in Betracht, soweit das mit dem Wesen der Versteigerung von Schiffen und Schiffsbauwerken vereinbar ist und soweit nicht die positiven Vorschriften der §§ 163–170a ZVG ausdrücklich etwas anderes bestimmen.

81 Hinweis zur **Seehandelsrechtsreform:** hinsichtlich des Arrests eines nicht eingetragenen Seeschiffs: § 930 Abs. 4 ZPO n. F.; für den Arrest eines eingetragenen Seeschiffs: § 931 Abs. 7 ZPO n. F.).

X. Verteilung/Rangfolge

82 Hierzu siehe § 169 Rz. 36 ff. [*Popp*]. Die Verteilungsreihenfolge unterscheidet nicht nach ausländischen und inländischen Schiffen, sondern nach Seeschiffen und Binnenschiffen (siehe § 169 Rz. 56–84 [*Popp*]).

XI. Exkurs: Vollstreckung in deutsches Schiff im Ausland

83 Wird ein deutsches Schiff im Ausland im Wege der Zwangsvollstreckung versteigert, so unterliegt das Verfahren zwar dem ausländischen Recht. Dieses schließt jedoch nicht aus, dass für Bereicherungsansprüche von **Schiffs**gläubigern und Schiffs**hypotheken**gläubigern, welche darauf gestützt werden, dass bei der Verteilung des Erlöses ein sich aus deutschem Recht ergebendes Rangverhältnis nicht beachtet worden sei, deutsches Recht dennoch maßgebend ist.[19)]

84 Ein Rangverlust nach §§ 162, 110 ZVG wegen Nichtanmeldung von aus dem Schiffsregister nicht ersichtlichen Rechten tritt bei der Zwangsversteigerung eines deutschen Schiffes im Ausland nicht ohne Weiteres ein, da es an einer Aufforderung in der Terminsbestimmung durch ein deutsches Gericht nach §§ 37 Nr. 4, 167 Abs. 2 ZVG fehlt.

85 **Beispiel:** Infolge Nichtanmeldung werden Sozialversicherungsbeiträge, die nach § 596 Nr. 5 HGB n. F. (= § 754 Nr. 10 HGB a. F.), § 602 HGB n. F. (= § 761 HGB a. F.) den Vorrang vor den Schiffshypothekengläubigern haben, bei der Verteilung (im Ausland nach ausländischem Recht) nicht berücksichtigt. Da ein Rechtsverhältnis im Inland bestand, die Aufforderung aus §§ 37 Nr. 4, § 167 Abs. 2 ZVG jedoch fehlt, sind Bereicherungsansprüche nach § 812 BGB gegen die zum Zuge gekommenen nachrangigen Gläubiger gegeben.[20)]

---

19) BGH, Urt. v. 6.7.1961 – II ZR 161/60, BGHZ 35, 267–272 = BGH, NJW 1961, 1672 = MDR 1961, 831.

20) BGH, Urt. v. 6.7.1961 – II ZR 161/60, BGHZ 35, 267–272 = BGH, NJW 1961, 1672 = MDR 1961, 831.

Zweiter Titel
Zwangsversteigerung von Luftfahrzeugen

§ 171a
Entsprechende Anwendung des ersten Abschnitts

Auf die Zwangsversteigerung eines in der Luftfahrzeugrolle eingetragenen Luftfahrzeugs sind die Vorschriften des Ersten Abschnitts entsprechend anzuwenden, soweit sich nicht aus den §§ 171b bis 171g etwas anderes ergibt. Das gleiche gilt für die Zwangsversteigerung eines in dem Register für Pfandrechte an Luftfahrzeugen eingetragenen Luftfahrzeugs, dessen Eintragung in der Luftfahrzeugrolle gelöscht ist.

Literatur: *App*, Zum Vorgehen bei der Vollstreckung in Ersatzteile von Luftfahrzeugen, ZKF 2013, 204; *Bauer*, Die Zwangsvollstreckung in Luftfahrzeuge, JurBüro 1974, Sp. 1; *Bölling*, Das Gesetz über Rechte an Luftfahrzeugen, ZLR 1959, 215; *Boos/Görke*, Eine erste Bewertung aus Sicht des VÖB (Flugzeugpfandbriefe), Kreditwesen 2004, 1126; *Dobberahn*, Rechte an Schiffen und Luftfahrzeugen, MittRhNotK 1998, 145; *Groth*, Das Registerpfandrecht nach dem Gesetz über Rechte an Luftfahrzeugen, 1965; *Haupt*, Fragen zur Sicherung der Zwangsvollstreckung in Luftfahrzeuge, NJW 1974, 1457; *Kronke*, Neues internationales Mobiliarsicherungsrecht erleichtert die Finanzierung von Luft- und Raumfahrzeugen, ZLW 2002, 147; *Melzer/Haslach*, Die Zwangsvollstreckung in Luftfahrzeuge aus deutschem Registerpfandrecht, ZLW 2003, 582; *Meyer-Stolte*, Register für Pfandrechte an Luftfahrzeugen, RpflJB 1961, S. 379; *Mümmler*, Zwangsvollstreckung in Luftfahrzeuge, DGVZ 1962, 1; *Opitz*, Zur Einführung des Flugzeugpfandbriefes in Deutschland, ZLW 2009, 201; *Ott*, Die Bestellung eines Registerpfandrechts an einem Luftfahrzeug, MittBayNot 1985, 1; *Rehm*, Rechtsprobleme der Luftfahrzeughypothek, NJW 1959, 709; *Reuleaux*, Der zukünftige Luftfahrzeugpfandbrief als vergleichbare Sicherheit i. S. d. § 22 Abs. 5 PfandBG?, ZBB 2006, 463; *Reuleaux*, Sicherungsrechte an Flugzeugtriebwerken, ZBB 2005, 354; *Reuleaux/Herick*, Das Registerpfandrecht für Luftfahrzeuge – qualitativ sicher genug für die Begebung von Pfandbriefen?, ZLW 2004, 558; *Schladebach/Kraft*, Das Registerpfandrecht an Luftfahrzeugen, BKR 2012, 270; *Schmidt-Räntsch*, Das Registerpfandrecht an Luftfahrzeugen, DB 1959, 563; *Schölermann/Schmid-Burgk*, Flugzeuge als Kreditsicherheit, WM 1990, 1137; *Schwenk*, Die Kreditsicherung bei der Beleihung von Luftfahrzeugen, BB 1966, 477 ff.; *Sester/Haag*, Die Umsetzung der Kapstadt-Konvention: Kollisionen mit dem deutschen Vollstreckungs- und Insolvenzrecht, ZLW 2005, 493; *Thode*, Innerstaatliche Anerkennung ausländischen Registerpfandrechts an Luftfahrzeug, WuB IV A § 439 BGB 1.92; *Wendt*, Dingliche Rechte an Luftfahrzeugen, MDR 1963, 448.

Übersicht

I. Zweck der Norm

1 § 171a ZVG ist bezüglich der Luftfahrzeuge die Entsprechung zu § 162 ZVG bei den Schiffen. Geregelt wird die **Anwendbarkeit** anderer Vorschriften des ZVG, insbesondere des **Ersten Abschnittes.**

2 Die Vorschriften über die Zwangsversteigerung von Luftfahrzeugen (§§ 171a–171n ZVG) sind die vollstreckungsrechtliche Ergänzung zu den Normen über die Schaffung eines besonderen Kreditsicherungsmittels in Form eines **Registerpfandrechts** an Luftfahrzeugen (§ 1 LuftFzgG). Dieses wiederum erfolgte aufgrund eines internationalen Abkommens[1]; die internationale Anerkennung ist eine wichtige Voraussetzung für die Tauglichkeit des Registerpfandrechts als Kreditsicherungsmittel.[2]

3 Das Registerpfandrecht ist ausgestaltet als ein **besitzloses** Pfandrecht.[3]

4 Die §§ 171a–171g ZVG beziehen sich unmittelbar nur auf deutsche Luftfahrzeuge, die der §§ 171h–171n ZVG beziehen sich auf ausländische Luftfahrzeuge.

5 Die Bestimmungen über den Haftungsverband und die Immobiliarvollstreckung sind insgesamt denen der Hypothek (§§ 1120 ff. BGB) und der Schiffshypothek (§§ 31 ff. SchRG) weitgehend nachgebildet worden.

---

1) In Umsetzung des Genfer Abkommens über die internationale Anerkennung von Rechten an Luftfahrzeugen vom 19.6.1948 – LuftFzgAbk (BGBl. 1959 II S. 130) erging das Gesetz über den Beitritt der Bundesrepublik Deutschland zu dem Abkommen vom 19.6.1948 über die internationale Anerkennung von Rechten an Luftfahrzeugen vom 26.2.1959 (BGBl. 1959 II S. 129) – LuftFzgAbkG. Und in dessen Umsetzung wiederum erfolgte die die innerstaatliche Umsetzung durch das Gesetz über Rechte an Luftfahrzeugen vom 26.2.1959 (LuftFzgG), BGBl. 1959 I S. 57, 223.

2) *Schölermann/Schmid-Burgk*, WM 1990, 1137, 1138.

3) Dies entspricht praktischen Bedürfnissen. Wäre der Pfandgläubiger im Besitz des Flugzeugs, wäre i. d. R. die wirtschaftliche Grundlage des Flugzeugs (dessen Flugbetrieb) entzogen und damit die wesentliche Einnahmequelle für die Rückführung der besicherten Kredite.

II. Anwendungsbereich

§ 171a ZVG ist für Luftfahrzeuge die Generalnorm (entsprechend § 162 ZVG für Schiffe, Schiffsbauwerke und Schwimmdocks). Die Norm gilt unmittelbar nur für **inländische Luftfahrzeuge**. Dies folgt aus dem Erfordernis einer vorhandenen oder gelöschten Eintragung in der Luftfahrzeug*rolle*, denn dort können nur deutsche Luftfahrzeuge eingetragen werden. 6

Die Zulässigkeit der Zwangsversteigerung ausländischer Luftfahrzeuge ergibt sich aus § 106 Abs. 1 Nr. 1 LuftFzgG (siehe §§ 171h–171n ZVG, die mit Modifikationen auf die §§ 171a–171g ZVG zurückverweisen). 7

Inländische = deutsche Luftfahrzeuge in diesem Sinne sind Luftfahrzeuge, die im *ausschließlichen* Eigentum natürlicher Personen mit deutscher Staatsangehörigkeit (= deutscher Staatsangehöriger) stehen, diese werden nach § 3 Abs. 1 LuftVG in die **Luftfahrzeugrolle** eingetragen. Juristische Personen und rechtsfähige Personengesellschaften werden unter bestimmten in § 3 Abs. 1 Satz 1 Nr. 1 Halbs. 2 LuftVG näher bestimmten Voraussetzungen deutschen Staatsangehörigen gleichgestellt; Staatsangehörige der Mitgliedstaaten der Europäischen Union stehen deutschen Staatsangehörigen gleich (§ 3 Abs. 1 Satz 2 LuftVG); das Gleiche gilt für Angehörige aus anderen Staaten, in denen das Luftverkehrsrecht der Europäischen Union Anwendung findet (§ 3 Abs. 1 Satz 3 LuftVG).[4] 8

Zur **Abgrenzung:** Ausländische Luftfahrzeuge sind alle im obigen Sinne nicht-inländischen (und auch nicht inländischen gleichgestellte) Luftfahrzeuge, also ggf. auch Luftfahrzeuge von Staaten, die dem Abkommen vom 19.6.1948 nicht beigetreten sind, ferner auch Luftfahrzeuge, die im Eigentum eines *Staatenlosen* stehen. 9

III. Vollstreckungsgegenstände

1. Immobiliarvollstreckung vs. Mobiliarvollstreckung

Luftfahrzeuge werden grundsätzlich nach den Vorschriften über bewegliche Sachen (Mobilien) behandelt. Ausnahmsweise gilt gemäß § 98 LuftFzgG nur dann etwas anderes, wenn dies ausdrücklich gesetzlich angeordnet ist, wie z. B. die hier gegenständliche Immobiliarvollstreckung gemäß §§ 99 LuftFzgG, §§ 864, 865, 870a ZPO, §§ 171a ff. ZVG. 10

Das Spannungsfeld zwischen Immobiliarvollstreckung und Mobiliarvollstreckung spielt auch im Rahmen der §§ 171a ff. ZVG eine Rolle (z. B. hinsichtlich der Ersatzteile (siehe Rz. 41 ff.) oder im Rahmen der Insolvenz (siehe § 171c Rz. 53 ff. [*Popp*]). 11

§ 171a ZVG stellt auf eine vorhandene (Satz 1) oder gelöschte (Satz 2) Eintragung in der Luftfahrzeugrolle ab (dazu siehe Rz. 114 ff.). 12

a) Immobiliarvollstreckung

Die Immobiliarvollstreckung gemäß § 171a ZVG knüpft also an die Eintragung in die Luftfahrzeugrolle an. Die **Luftfahrzeugrolle** ist ein vom Luftfahrt-Bundesamt (§ 2 Abs. 1 Nr. 4 LFBAG) geführtes Verzeichnis der Deutschen Luftfahrzeuge, 13

---

4) Näher zur praxisrelevanten Frage einer Eintragung einer Leasinggesellschaft mit Sitz im Ausland in die Luftfahrzeugrolle *Schölermann/Schmid-Burgk*, WM 1990, 1137, 1139.

welches öffentlichrechtlichen Zwecken dient. Die Eintragung in der Luftfahrzeugrolle ist öffentlichrechtlich bedeutsam, weil – soweit die Eintragung vorgeschrieben ist – dieses Voraussetzung für die Zulassung zum Verkehr eines deutschen Luftfahrzeugs ist (§ 2 Abs. 1 Satz 1 LuftVG).

14 Von der Luftfahrzeugrolle zu unterscheiden ist das **Register für Pfandrechte an Luftfahrzeugen** (oder: Pfandrechtsregister), in welches Registerpfandrechte und Schutzvermerke eingetragen werden (näher geregelt in §§ 78–97 LuftFzgG und die Luftfahrzeugpfandrechtsregisterverordnung – LuftRegV). Die Eintragungsfähigkeit im Pfandrechtsregister knüpft an die Eintragung in der Luftfahrzeugrolle an (§ 79 Abs. 1 Satz 1 LuftFzgG), das Pfandrechtsregister wird vom Amtsgericht am Sitz des Luftfahrt-Bundesamtes geführt (§ 78 LuftFzgG).

15 Rechtlich bedeutsam ist, dass – insbesondere im Hinblick auf öffentlichen Glauben – *nur* das Pfandrechtsregister dem Grundbuch gleichzusetzen ist (und daher z. T. auch als „Grundbuch für Pfandrechte" bezeichnet wird; der öffentliche Glaube beschränkt sich hierbei auf die Pfandrechte.)[5] Zu Details bei Luftfahrzeugrolle und Pfandrechtsregister und der Bedeutung auch der ersteren bei gutgläubigem Erwerb siehe Rz. 61 ff.).

16 Für die Führung des Pfandrechtsregisters gelten im Wesentlichen die Vorschriften über die Eintragung von Rechtsverhältnissen in das Schiffsregister (§§ 23 bis 59 SchRegO, also der dritte Abschnitt der SchRegO), so § 86 Abs. 1 LuftFzgG.

b) Exkurs: Mobiliarvollstreckung

17 **Nicht eingetragene** Luftfahrzeuge unterliegen der Mobiliarvollstreckung. Das gilt auch für nicht eingetragene, hoheitlichen Zwecken dienende Luftfahrzeuge, insbesondere Militärflugzeuge, soweit nicht § 882a Abs. 2 ZPO die Zwangsvollstreckung ohnehin ausschließt. Auch **Wracks** unterliegen ggf. der Mobiliarvollstreckung (siehe Rz. 52 ff.).

18 (Nicht enthaftetes) Zubehör kann gemäß § 865 Abs. 2 Satz 1 ZPO nicht im Wege der Mobiliarvollstreckung gepfändet werden (wohl aber enthaftetes Zubehör, siehe sogleich).

19 Vom Zubehör zu unterscheiden sind **Ersatzteile** (eine Besonderheit des Rechts der Luftfahrzeuge, siehe Rz. 41 ff.). Ersatzteile sind kein Zubehör, sondern unterliegen der Mobiliarvollstreckung; Gleiches gilt für enthaftetes Zubehör.

2. Luftfahrzeuge

a) Luftfahrzeuge – Begriffsbestimmung

20 § 14 LuftVZO[6] benennt die Luftfahrzeuge, die – im Regelfall – bei der Verkehrszulassung von dem Luftfahrt-Bundesamt von Amts wegen in die Luftfahrzeugrolle einzutragen sind; dies sind gemäß § 14 Abs. 1 Satz 1 LuftVZO: Flugzeuge, Drehflügler, Luftschiffe, Motorsegler, Segelflugzeuge und bemannte Ballone.

---

5) *Schladebach/Kraft*, BKR 2012, 270, 272 m. w. N.

6) Die vormalige Beschränkung in § 14 LuftVZO a. F., dass nur Luftfahrzeuge mit eigenem Antrieb in die Luftfahrzeugrolle eintragungsfähig und damit Pfandregister-fähig seien, ist entfallen.

Ausnahmsweise kann diese Eintragung gemäß § 14 Abs. 1 Satz 2 LuftVZO auch bereits vor der Verkehrszulassung vorgenommen werden, wenn ein **berechtigtes Interesse** glaubhaft gemacht wird (was in der üblichen Bestellungspraxis hinsichtlich Kreditsicherheiten bei der Finanzierung von Luftfahrzeugen eine durchaus relevante Rolle spielt)[7]. 21

Ultraleichtflugzeuge (die z. T. von der laienhaften Anmutung wie „normale" Flugzeuge aussehen können) werden für die Verkehrszulassung von den Beauftragten nach § 31c LuftVG in ein gesondertes Verzeichnis, nämlich das Luftsportgeräteverzeichnis eingetragen; weitere **Luftsportgeräte** können dort nach § 1 Abs. 4 auf Antrag eingetragen werden. 22

Luftfahrzeuge sind gemäß § 1 Abs. 2 Satz 1 Nr. 1 bis 11 LuftVG: 23

Nr. 1: Flugzeuge

Nr. 2: Drehflügler (insbesondere: Hubschrauber)

Nr. 3: Luftschiffe

Nr. 4: Segelflugzeuge

Nr. 5: Motorsegler

Nr. 6: Freiballone und Fesselballone

Nr. 7: (weggefallen)

Nr. 8: Rettungsfallschirme

Nr. 9: Flugmodelle

Nr. 10: Luftsportgeräte (wie z. B. Ultraleichtflugzeuge)

Nr. 11: Sonstige für die Benutzung des Luftraums bestimmte Geräte, sofern sie in Höhen von mehr als dreißig Metern über Grund oder Wasser betrieben werden können.

Gemäß § 1 Abs. 2 Satz 2 LuftVG gelten als **Luftfahrzeuge** auch Raumfahrzeuge, Raketen und ähnliche Flugkörper, solange sie sich im Luftraum befinden. Ebenfalls als Luftfahrzeuge gelten unbemannte Fluggeräte einschließlich ihrer Kontrollstation, die nicht zu Zwecken des Sports oder der Freizeitgestaltung betrieben werden (unbemannte Luftfahrtsysteme). 24

Wesentliche Bestandteile von Luftfahrzeugen sind z. B. die Flugzeugzelle, das Leitwerk, die Tragflächen, Teile der Hydraulik, die Steuerung oder das Fahrgestell.[8] 25

Zu den **Triebwerken/Motoren** siehe Rz. 33 ff. 26

b) Zubehör

aa) Abweichender Zubehörbegriff

Das Registerpfandrecht an Luftfahrzeugen erstreckt sich gemäß § 31 Abs. 1 Satz 1 LuftFzgG auch auf **Zubehör** des Luftfahrzeugs, jedoch mit Ausnahme derjenigen 27

---

7) Hierzu siehe näher *Schölermann/Schmid-Burgk*, WM 1990, 1137, 1139; ein wirtschaftliches Interesse, z. B. nur so die benötigte Finanzierung zu bekommen, genüge als berechtigtes Interesse.

8) *Schladebach/Kraft*, BKR 2012, 270, 274.

Zubehörstücke, die nicht in das Eigentum des Eigentümers des Luftfahrzeugs gelangt sind (§ 31 Abs. 1 Satz 2 LuftFzgG).

28 Die Zubehöreigenschaft einer Sache wird nicht dadurch ausgeschlossen, dass die Sache nur vorübergehend für den Betrieb des Luftfahrzeugs benutzt wird (§ 31 Abs. 1 Satz 3 LuftFzgG). Dies ist eine wichtige Abweichung vom ansonsten geltenden Zubehörbegriff. Während bei Grundstücken und Schiffen der Zubehörbegriff gemäß § 97 Abs. 2 BGB eine Dauerhaftigkeit der Bestimmung des Zwecks der Hauptsache zu dienen voraussetzt, genügt bei Luftfahrzeugen grundsätzlich auch eine Bestimmung zu lediglich vorübergehender Nutzung.

29 **Beispiele** für **Zubehör**: nicht fest eingebaute Navigationsgeräte, Flugkarten, Fallschirme,[9] auch das Treibstofflager.[10]

30 Praktisch und rechtlich wichtig ist die Abgrenzung zwischen den Sachen, die den Zwecken des Luftfahrzeugs dienen (Zubehör) und denjenigen Sachen, die den Zwecken der Ladung („Ladungszwecken") dienen.[11]

bb) Anwartschaftsrechte an Zubehörstücken

31 Bei einem Zubehörstück fällt grundsätzlich auch das **Anwartschaftsrecht** in den Haftungsverband. Dies hat der *BGH* für die dingliche Anwartschaft des Eigentumsvorbehaltskäufers von Zubehörstücken des Grundstücksmietrechts angenommen.[12]

32 Dem steht die Bestimmung des § 31 Abs. 1 LuftFzgG (entspricht § 1120 BGB bzw. § 31 SchRG) nicht entgegen, sodass im Ergebnis derselbe Rechtsgedanke auch hier Anwendung findet. Anwartschaftsrechte an Zubehörstücken fallen in den Haftungsverband des Registerpfandrechts.[13]

cc) Sonderthema Triebwerke

33 Triebwerke besitzen einen sehr **hohen wirtschaftlichen Wert** und werden zwecks Wartung regelmäßig ausgewechselt und ersetzt, um einen längeren Stillstand des Flugzeugs zu vermeiden.[14]

34 Es kann daher von erheblicher wirtschaftlicher Bedeutung sein – u. a. auch für die Kreditsicherung –, ob Triebwerke als **wesentliche Bestandteile** der Hauptsache anzusehen sind oder als **Zubehör** (denn im Gegensatz zu wesentlichen Bestandteilen ist bei Zubehör leicht möglich, dass es enthaftet wird).

35 Dass Triebwerke ausgewechselt werden, schließt im Ergebnis[15] aus, sie als wesentliche Bestandteile der Hauptsache anzusehen. Nach internationalem Flugrecht ist

---

9) Dassler/Schiffhauer/u. a.-*Rellermeyer*, ZVG, § 171a Rz. 31.

10) *Schölermann/Schmid-Burgk*, WM 1990, 1137, 1143 m. w. N.

11) Siehe näher *Schleicher/Reymann/Abraham*, Recht der Luftfahrt, LuftFzgG § 31 Anm. 6 ff., hier insbesondere Anm. 9.

12) BGH, Urt. v. 10.4.1961 – VIII ZR 68/60, BGHZ 35, 85-95 m. zust. Anmerkung: *Mohrbutter*, KTS 1963, 77; vgl. auch: BGH, Urt. v. 10.10.1984 – VIII ZR 244/83, BGHZ 92, 280 – 294.

13) *Mohrbutter*, KTS 1963, 77.

14) *Schladebach/Kraft*, BKR 2012, 270, 274.

15) Zur Abwägung der verschiedenen Argumente, unter Einbeziehung einer Parallelbetrachtung für die Motoren von Kraftfahrzeugen, für die es aber bekanntlich keine dinglichen Pfandrechte gibt, sodass die dingliche Rechtslage nicht vergleichbar ist, siehe *Schladebach/Kraft*, BKR 2012, 270, 275 m. w. N.

ein Flugzeug ein Fluggerät, das auf der Grundlage von Aerodynamik sich fortzubewegen in der Lage ist, was dafür sprechen könnte, die Triebwerke als wesentliche Bestandteile anzusehen. Aber das Genfer Pfandrechtsabkommen von 1948[16] sieht in Art. 10 Abs. 4 vor, dass Triebwerke zwar zu einem Luftfahrzeug gehörende Teile sind, aber nicht das Luftfahrzeug selbst verkörpern, was wiederum in § 68 Abs. 1 Satz 2 LuftFzgG seinen Niederschlag gefunden hat, wonach ausgebaute Triebwerke (genau: solche Triebwerke, die zum Einbau in ein Luftfahrzeug als Ersatz entfernter Teile bereitgehalten werden) „Ersatzteile" sind, für die wiederum besondere Regeln gelten (siehe unten).

Kurzum: **Eingebaute Triebwerke** sind Zubehör, **ausgebaute Triebwerke** sind Ersatzteile (dazu siehe Rz. 42). 36

Die z. T. gezogene Analogie zu Schiffsmotoren[17] geht fehl, denn anders als bei Schiffen, werden Triebwerke bei Verkehrsmaschinen im „laufenden normalen Betrieb" in verschiedener Weise „durchgetauscht", sowohl zwischen verschiedenen Flugzeugen derselben Flotte wie auch zwischen verschiedenen Fluggesellschaften, die z. T. gemeinsame Ersatzteillager unterhalten; auch gibt es ein „Ausleihen" von Gesellschaft zu Gesellschaft oder Dritte, bei denen man Triebwerke „leihen" kann, wobei dieses „Leihen" i. d. R. rechtlich eine Art Miete sein dürfte.[18] 37

dd) Enthaftung von Zubehörstücken

Ein **Freiwerden der Zubehörstücke** (wie auch von Bestandteilen) von der Haftung durch Veräußerung und Entfernung ist ähnlich wie bei der Hypothek (§§ 1121, 1122 BGB) und der Schiffshypothek (§ 31 Abs. 2 und Abs. 3 SchRG) geregelt worden (§ 31 Abs. 2–4 LuftFzgG). 38

Hierbei kann die Zubehöreigenschaft in den Grenzen einer **ordnungsgemäßen Wirtschaft** aufgehoben werden oder die Stücke werden in ein Ersatzteillager eingebracht werden oder sie werden veräußert und von dem Luftfahrzeug entfernt, bevor sie zugunsten des Gläubigers in Beschlag genommen werden (§ 31 Abs. 2 und 3 LuftFzgG). 39

Für **Bestandteile** (z. B. Triebwerke/Motoren, Leitwerk, Bedienungsapparaturen, Fahrgestell) gilt dasselbe mit der Maßgabe, dass an die Stelle der Aufhebung der Zubehöreigenschaft die Trennung und Entfernung von dem Luftfahrzeug tritt, sofern nicht die Entfernung nur zu einem vorübergehenden Zweck erfolgt (§ 31 Abs. 4 LuftFzgG). 40

c) Ersatzteile (Besonderheiten)

Zum Unterschied von der Schiffshypothek kann das Registerpfandrecht an Luftfahrzeugen auch auf **Ersatzteile** erweitert werden, die an einer örtlich bezeichneten bestimmten Stelle (Ersatzteillager) im Inland oder im Ausland lagern (§ 68 Abs. 1 Satz 1 LuftFzgG). 41

---

16) BGBl. 1959 II S. 129.

17) Z. B. Grüneberg-*Ellenberger*, BGB, § 94 Rz. 5 unter Verweis auf BGH, Urt. v. 9.1.1958 – II ZR 275/56, BGHZ 26, 225–232 (Schiffsmotoren als wesentlicher Bestandteil).

18) Vgl. näher *Schölermann/Schmid-Burgk*, WM 1990, 113–1143.

42 Als Ersatzteile gelten gemäß § 68 Abs. 1 Satz 2 LuftFzgG alle zu einem Luftfahrzeug gehörenden Teile, **Triebwerke** (hierzu siehe Rz. 33 f.), Luftschrauben („Propeller"), Funkgeräte, Bordinstrumente, Ausrüstungen und Ausstattungsgegenstände sowie Teile dieser Gegenstände, ferner allgemein alle sonstigen Gegenstände irgendwelcher Art, die zum Einbau in ein Luftfahrzeug als Ersatz entfernter Teile bereitgehalten werden.

43 Aufgrund einer solchen Erweiterung erstreckt sich das Registerpfandrecht nach § 71 Abs. 1 Satz 1 LuftFzgG auch auf später in das Ersatzteillager eingebrachte Ersatzteile (mit Ausnahme der Ersatzteile, die nicht in das Eigentum des Eigentümers des Luftfahrzeugs gelangt sind, § 71 Abs. 1 Satz 2 LuftFzgG).

44 Die Vollstreckung in diese Gegenstände findet jedoch nach den Vorschriften über die Zwangsvollstreckung in das bewegliche Vermögen (Mobiliarzwangsvollstreckung) statt, §§ 99 Abs. 1 Satz 2, § 100 LuftFzgG. Dies gilt selbst dann, wenn das Registerpfandrecht im beiderseitigen Einvernehmen gemäß § 68 LuftFzgG erweitert worden ist).[19] Registerpfandrecht und Immobiliarvollstreckung fallen also z. T. auseinander.

d) Versicherungsforderung

45 Erfasst ist auch eine Versicherungsforderung (§ 32 Abs. 1 LuftFzgG). Anders als bei Schiffen (§ 36 SchRG) wird der Versicherer gemäß § 36 LuftFzG – bei Versicherungen, die nicht den Betrieb des Luftfahrzeugs betreffen – auch dann nicht gegenüber dem Gläubiger von der Leistung frei, wenn er gegen dem Versicherungsnehmer von der Leistung frei wäre (wegen dessen Verschulden, oder wegen Rücktritt des Versicherers vom Vertrag). Insbesondere bei Kaskoversicherungen kommt in Betracht, dass der Versicherer dem Gläubiger gegenüber noch gemäß § 36 Satz 1 LuftFzG zur Leistung verpflichtet bleibt (nicht jedoch bei Versicherungen gegen Schäden an Fracht oder Passagieren).[20]

3. Keine Flugzeugbauwerke und keine Flugzeugdocks

46 Anders als bei Schiffen unterfallen Bauwerke (hier Luftfahrzeuge bzw. unfertige Luftfahrzeuge) nicht der Immobiliarvollstreckung gemäß § 171a ff. ZVG. Die Aufzählung des § 1 Abs. 2 Sätze 1 und 2 LuftVG ist insoweit abschließend.

47 Da die Eintragung in die Luftfahrzeugrolle die Fertigstellung voraussetzt, ist eine Immobiliarvollstreckung in unfertige Luftfahrzeuge gemäß § 171a ff. ZVG schon aus diesem Grunde ausgeschlossen.

48 Auch gibt es – schon im Tatsächlichen – keine den Schwimmdocks tatsächlich ähnelnde „Flugzeugdocks", denn diese müssten dann ja in Entsprechung zu Schwimmdocks fliegen, sodass eine rechtliche Regelung insoweit entbehrlich war und auch nicht existiert.

49 Eine Entsprechung zum besonderen Sicherungsrecht zugunsten einer Schiffswerft (§ 647a BGB) besteht zugunsten einer **Flugzeugwerft** (oder ähnlichen Produktionsstätten für Luftfahrzeuge) nicht.

---

19) Näheres bei *App*, ZKF 2013, 204.

20) *Schölermann/Schmid-Burgk*, WM 1990, 1137, 1144; *Schleicher/Reymann/Abraham*, Recht der Luftfahrt, LuftFzgG § 31 Anm. 2.

4. (Nur) Miteigentumsanteile

Gemäß § 6 LuftFzgG kann ein Bruchteil des Eigentums an einem Luftfahrzeug nur dann mit einem Registerpfandrecht belastet werden, wenn der Bruchteil in dem Anteil eines Miteigentümers besteht. 50

Eine der Partenreederei (auch bei Schiffen nur noch hinsichtlich bis 24.4.2013 entstandener Partenreedereien, siehe § 162 Rz. 27 f. [*Popp*]) entsprechende Gesellschaftsform gibt es bei Luftfahrzeugen nicht. 51

5. (Keine) Wracks

Flugzeugswracks haben die Luftfahrzeugeigenschaft verloren, wenn sie derart beschädigt oder zerstört sind, dass sie nicht mehr geborgen oder repariert werden können (und folglich nicht mehr den Anforderungen von § 1 ff. LuftVG genügen), also auch nicht mehr in die Luftfahrzeugrolle eintragungsfähig sind. 52

Die nach Absturz eines Luftfahrzeugs (und Löschung desselben in der Luftfahrzeugrolle) noch vorhandenen **Wrackteile** sind gewöhnliche Mobilien und unterliegen als solche der gewöhnlichen Mobiliarvollstreckung; etwaige Registerpfandrechte stehen jetzt einer Pfändung nicht mehr entgegen (§ 805 ZPO).[21] 53

Derartige nach einem Absturz verbleibende **Wrackteile** werden wie bewegliche Sachen verwertet. Die Gläubiger von Registerpfandrechten können aber gemäß § 805 ZPO ihren Anspruch auf vorzugsweise Befriedigung aus dem Erlös geltend machen.[22] 54

6. Eigentum und Eigentumswechsel

Der Eigentumserwerb an einem Luftfahrzeug erfordert keine Registereintragung (siehe Rz. 63). Die Luftfahrtrolle ist nur ein öffentlichrechtliches Register (nicht zu verwechseln mit dem Pfandrechtsregister; nur dieses Register für Pfandrechte an Luftfahrzeugen wird als „Grundbuch für Pfandrechte" bezeichnet, siehe Rz. 15). Vielmehr finden die §§ 929 ff. BGB (insbesondere §§ 929, 930, 932) Anwendung. 55

Ein in der Luftfahrzeugrolle eingetragener Eigentümer gilt gleichwohl, aber nur zugunsten eines Registerpfandrechtsgläubigers als Eigentümer (§ 48 Satz 1 LuftFzG). Daher ist aus Sicht des die Immobiliarvollstreckung gemäß §§ 171a ZVG betreibenden Gläubigers ein nicht in der Luftfahrzeugrolle eingetragener Eigentumswechsel vor Beschlagnahme unbeachtlich. Das Verfahren wird dann später gegen den – dann später neu – eingetragenen Eigentümer fortgesetzt. 56

Der wahre Eigentümer muss Einwendungen gegen das Registerpfandrecht gemäß § 48 Satz 2 LuftFzG gegen den Anspruch eines *persönlichen* Gläubigers gemäß § 771 ZPO geltend machen. 57

War der Eigentumswechsel eingetragen, so ist dem **dinglichen Gläubiger** Gelegenheit zur Vorlage eines gegen den neuen Eigentümer gerichteten Vollstreckungstitels zu geben; das wegen eines persönlichen Anspruchs betriebene Verfahren ist gemäß §§ 171a, 28 ZVG aufzuheben. 58

---

21) LG Braunschweig, Beschl. v. 5.11.1971 – 8 T 475/71, DGVZ 1972, 72.

22) Dassler/Schiffhauer/u. a.-*Rellermeyer*, ZVG, § 171a Rz. 14 ff.

59 Bei Eigentumswechsel nach Beschlagnahme gelten §§ 23 Abs. 2, § 26 ZVG entsprechend. Dieses ergibt sich aus § 171a ZVG.

60 Über die dem Eigentümer gleichstehenden Personen (Schuldner, Eigentümer, Erbe etc.) siehe § 164 Rz. 16 ff. [*Popp*]). Hierbei ist zu beachten, dass es eine dem Schiffer rechtlich gleichgestellte Person bei den Luftfahrzeugen nicht gibt.

61 Inwieweit auch ein Käufer/Erwerber als solcher (also nicht etwa wegen eines ggf. unabhängig davon zu seinen Gunsten bestehenden Registerpfandrechts, was zu obiger Fiktion führen würde) entsprechend den Vorschriften über den gutgläubigen Erwerb vom Nicht-Berechtigten (§§ 932, 933, 934 BGB) geschützt ist, ist streitig:

62 Zum Teil wird vertreten, den Käufer eines Luftfahrzeugs treffe im Hinblick auf die Existenz der **Luftfahrzeugrolle** eine erhöhte Prüfungspflicht.[23] Es trete hinsichtlich des Fehlens einer grob fahrlässigen Nichtkenntnis eine Umkehr der Beweislast[24] ein, z. T. soll gar Bösgläubigkeit[25] eintreten.

63 Die vorgenannten Versuche, der Luftfahrzeugrolle einen grundbuchartigen Schutzcharakter zuzuweisen, gehen jedoch fehl. Die Luftfahrzeugrolle ist eben gerade kein „öffentliches Register" und genießt keinen öffentlichen Glauben. Vielmehr richtet sich der gutgläubige Eigentumserwerb an Luftfahrzeugen (auch solchen, die in die Luftfahrzeugrolle eingetragen sind) ausschließlich nach Fahrnisrecht, sprich nach §§ 932 ff. BGB.[26] Es kommt also allein darauf an, ob tatsächlich guter Glaube vorlag oder nicht. Die Eintragung oder Nichteintragung in der Luftfahrzeugrolle oder dem Pfandrechtsregister hat keinerlei Indizwirkung für die Eigentumsverhältnisse. Die einzige explizite Ausnahme gilt nur zugunsten der Registerpfandrechtsgläubiger (siehe Rz. 56).

IV. Anwendbare Vorschriften

1. Erster Abschnitt des ZVG

64 Für das Zwangsversteigerungsverfahren eines deutschen, in der Luftfahrzeugrolle eingetragenen, Luftfahrzeugs (§ 3 LuftVG) wie für ein in dieser Rolle gelöschtes, jedoch in dem Register für Pfandrechte an Luftfahrzeugen eingetragenes Luftfahrzeug, gelten die allgemeinen Vorschriften der Zwangsversteigerung eines Grundstücks (erster Abschnitt des ZVG) entsprechend, soweit sich nicht aus den Bestimmungen der §§ 171b–171g ZVG etwas anderes ergibt (so der Gesetzeswortlaut von § 171a ZVG).

65 §§ 20–26 ZVG sind eingeschränkt anwendbar. Die Anwendung von § 21 Abs. 1, 3 ZVG kommt mangels entsprechender Erzeugnisse nicht in Betracht. Die Anwendung von §§ 23 Abs. 1 Satz 2, 24, 25 ZVG wird durch § 171c Abs. 2 Satz 1 ZVG ausdrücklich ausgeschlossen. Im Übrigen werden die anwendbaren Vorschriften durch § 171c Abs. 2 Satz 2 ZVG ergänzt. Bei der Zwangsversteigerung ausländischer Luftfahrzeuge gilt ergänzend §§ 171k–171n ZVG.

---

23) *Wendt*, MDR 1963, 448, 449, der aber die Luftfahrzeugrolle rechtlich unzutreffend ein „öffentliches Register" nennt.

24) *Dobberahn*, MittRhNotK 1998, 146, 162.

25) *Schladebach/Kraft*, BKR 2012, 270, 271.

26) Ebenso *Melzer/Haslach*, ZLW 2003, 582, 586; *Bölling*, ZLR 1959, 215, 218.

Der **Beschlagnahmeumfang** umfasst diejenigen Gegenstände, auf welche sich bei einem Luftfahrzeug das Registerpfandrecht erstreckt (§ 171a ZVG i. V. m. § 20 Abs. 2 ZVG). 66

Die Regeln über **geringstes Gebot** und **Versteigerungsbedingung** (§§ 44–56 und §§ 58–65 ZVG) sind anwendbar (mit Ausnahme von §§ 52 Abs. 2 und 63 Abs. 1 Satz 2 ZVG, denen hier ein Anwendungsbereich fehlt). 67

Es ist gemäß § 74a Abs. 5 ZVG (i. V. m. § 171a ZVG) ein **Verkehrswert** festzusetzen. Die Verhandlung über den Zuschlag nach Schluss der sog. Bietstunde bzw. der Versteigerung erfolgt gemäß § 74 ZVG i. V. m. § 171a ZVG. 68

Die Regeln über die sog. Wertgrenzen bzw. Zuschlagsversagung auf Antrag eines Berechtigten wegen Nicht-Erreichens von 7/10 des Verkehrswerts (sog. **7/10-Grenze**) gemäß § 74a ZVG sind anwendbar. Auch die Regeln über die Zuschlagsversagung von Amts wegen bei Nicht-Erreichen der sog. **5/10-Grenze** (§ 85a Abs. 1 ZVG) sind anwendbar. 69

Die Vorschrift über die erweiterte Befriedigung (bzw. sog. **7/10-Befriedigungsfiktion** bei sog. Rettungserwerben) des § 114a ZVG ist ebenfalls anwendbar.[27] 70

Zur Erlösverteilung: §§ 105–114, 115–145 ZVG sind im Wesentlichen anwendbar und werden durch § 171e Nr. 4 und 5 ZVG (Registerpfandrechte in ausländischer Währung) ergänzt (siehe § 171e Rz. 1 ff. [*Cranshaw*]). 71

Bei der Anwendung des § 122 Abs. 1 Satz 1 ZVG tritt § 47 Abs. 2 LuftFzgG an die Stelle des § 1132 Abs. 1 Satz 2 BGB. § 128 ZVG wird durch §§ 171f ZVG i. V. m. 169 Abs. 2 ZVG ersetzt (siehe § 171f Rz. 4 ff. [*Popp*]). 72

Bei der Zwangsversteigerung ausländischer Luftfahrzeuge ist für gewisse verdinglichte Mietrechte entsprechend ergänzend § 171n ZVG zu beachten (siehe § 171n Rz. 1 ff. [*Cranshaw*]). 73

Da Registerpfandrechte stets Buchrechte sind, entfallen die Anwendung des § 126 Abs. 1 ZVG hinsichtlich fehlender Briefvorlage und die Anwendung von §§ 127 Abs. 1, 131 Satz 1, 136 ZVG. 74

Mangels eines gesetzlichen Löschungsanspruchs entsprechend § 1179a BGB bei dem Registerpfandrecht sind §§ 130a, 131 Satz 2 ZVG nicht anwendbar. 75

Im Rahmen des § 145 ZVG entfallen die Bezugnahmen auf §§ 127, Abs. 1, 130a, 131 ZVG. Zur Erlösverteilung siehe Rz. 81 ff. 76

2. Dritter Abschnitt des ZVG

Da sich der zweite Abschnitt des ZVG nur mit der Zwangsvollstreckung wegen Geldforderungen befasst, erklärt § 171a ZVG ausdrücklich nur die Vorschriften des ersten Abschnitts des ZVG für anwendbar wie auch bei § 162 ZVG. Aufgrund der Verweisungstechnik des ZVG schließt aber eine Verweisung „nach vorne" keineswegs aus, dass auch „weiter hinten" Normen anwendbar sind – das würde sich nämlich nach der Systematik des ZVG aus den „hinteren" Vorschriften ergeben – und so ist es auch, wie bei § 162 ZVG (siehe § 162 Rz. 57 ff. [*Popp*]. 77

---

27) Dassler/Schiffhauer/u. a.-*Rellermeyer*, ZVG, § 171a Rz. 44.

78 Luftfahrzeuge können auch auf Antrag des Insolvenzverwalters (§§ 172–174a ZVG) und auf Antrag des Erben (§§ 175–179 ZVG) versteigert werden.

79 Auch eine Versteigerung zur Aufhebung einer Gemeinschaft (§§ 180–184 ZVG sog. Teilungsversteigerung) ist zulässig. Hierbei kommt die Anwendung des § 185 ZVG hingegen nicht in Betracht.[28)]

3. Verhältnis zu den §§ 162–171 ZVG und sonstigen Normen

80 Während bei den §§ 171a–171n ZVG eine inhaltliche Anlehnung an die §§ 162–171 ZVG erkennbar ist, kommt es aber nur in einem Fall zu einer direkten Verweisung (einzig § 171f ZVG verweist explizit auf § 169 ZVG).

81 Für die **Rangfolge** ergibt sich eine Verweisung auf die Schiffsregisterordnung (SchRegO), und zwar über § 86 Abs. 1 LuftFzgG, der auf § 49 Abs. 1 SchRegO verweist. Das LuftFzgG ist übrigens ähnlich gegliedert wie die SchRegO.

82 Das aus § 879 BGB bekannte **Prioritätsprinzip** bei dinglichen Rechten ist in entsprechender Weise in § 25 Abs. 1 Satz 1 LuftFzgG geregelt.

83 **Abweichende Rangvereinbarungen**, die wie im Grundbuchrecht der Eintragung bedürfen, können von Anfang an getroffen werden (§ 25 Abs. 2 LuftFzgG).

84 Gemäß § 26 Abs. 1 LuftFzgG können **nachträgliche Rangänderungen** bzw. Rangrücktritte auch nachträglich vereinbart werden. Hierbei ist – anders als beim Rangrücktritt bei einem Grundpfandrecht gemäß § 880 Abs. 2 Satz 2 BGB – die Zustimmung des Eigentümers nicht erforderlich.[29)]

V. Rangordnung/Rangkonflikte

1. Rangordnung

a) Rangklasse 0

85 Vor allen anderen Ansprüchen sind die **Kosten des Verfahrens** gemäß § 109 ZVG, welcher nach § 171a ZVG entsprechende Anwendung findet, dem Versteigerungserlös zu entnehmen. Hierzu gehören auch die seitens der Gläubiger geleisteten **Vorschüsse** auf die Verfahrenskosten und die Kosten der Bewachung und Verwahrung (einschl. der Treuhändervergütung).

86 Eine den Schiffsgläubigerrechten entsprechende Rangklasse bzw. Kategorie von bei der Verteilung zu berücksichtigen Rechten gibt es bei Luftfahrzeugen grundsätzlich nicht.[30)]

87 Dass Rechte, die nicht im Pfandrechtsregister eingetragen sind, **ausnahmsweise** doch im Einzelfall den eingetragenen Registerpfandrechten vorgehen können, regeln die §§ 75 ff. LuftFzgG. Dies war die Folge der gemäß Art. 4 und 11 Abs. 2 lit. b)

---

28) Dassler/Schiffhauer/u. a.-*Rellermeyer*, ZVG, § 171a Rz. 47.

29) Der Grund sei, dass es kein der Eigentümergrundschuld entsprechendes „Eigentümerregisterpfandrecht an Luftfahrzeugen" gebe, so *Ott*, MittbayNot 1985, 1, 2.

30) Offenbar eine bewusste Entscheidung des Gesetzgebers, siehe Uhlenbruck-*Brinkmann*, InsO, § 49 Rz. 72 m. w. N.; vgl. BR-Drucks. 108/58.

LuftFzgAbk[31)] übernommenen aus internationalen Verpflichtungen – diese Ausnahme kann aber nur Bergungskosten und außerordentliche – zur Erhaltung des Luftfahrzeugs nötige – Aufwendungen treffen, *sofern* diese Maßnahmen im Ausland vollendet wurden und nach LuftFzgAbk anzuerkennen sind.[32)] Diese in §§ 75 ff. LuftFzgG unter bestimmten Voraussetzungen mit Vorrang ausgestatteten Rechte aus Bergungs- und Erhaltungsmaßnahmen können zwar grundsätzlich den Wert des Registerpfandrechts beeinflussen, aber ihre praktische Relevanz ist gering.[33)]

b) Grundsatz für alle Rangklassen

Nach Entnahme der Verfahrenskosten erfolgt die Befriedigung der weiteren Ansprüche nach Maßgabe ihrer Zugehörigkeit zu der jeweiligen Rangklasse. Ein Anspruch einer nachgehenden Rangklasse kann nur befriedigt werden, wenn sämtliche Ansprüche der vorgehenden Rangklasse befriedigt worden sind (wie es bei § 10 Abs. 1 Nr. 1 ff. ZVG etc. auch gilt). 88

Da die §§ 171b–171g ZVG keine abweichenden Bestimmungen enthalten, sind bei **inländischen Luftfahrzeugen** die geltend gemachten Ansprüche grundsätzlich den Rangklassen des § 10 ZVG zuzuordnen. Es ergeben sich nur geringfügige Abweichungen gegenüber dem Verteilungsverfahren in der Grundstücksversteigerung. Die Rangfolge innerhalb eines Anspruchs richtet sich nach § 12 ZVG. Zur Abgrenzung laufender von rückständigen wiederkehrenden Leistungen gilt § 13 ZVG. 89

Beachte: Bei einer Zwangsversteigerung ausländischer Luftfahrzeuge gilt ergänzend § 171i ZVG (aber nur dort). 90

c) Rangklasse 1

Die Rangklasse 1 (§ 10 Abs. 1 Nr. 1 ZVG) kann nur dann Bedeutung erlangen, wenn die treuhänderische Nutzung des Luftfahrzeuges nach § 171c Abs. 3 ZVG angeordnet worden ist. Insofern gilt das Gleiche wie bei Schiffsversteigerungen (siehe § 169 Rz. 39, 60 [*Popp*]). 91

d) Rangklasse 1a

In den in § 10 Abs. 1 Nr. 1a ZVG genannten Fällen wird der Anspruch auf Ersatz der Kosten der Feststellung der beweglichen Gegenstände erfasst, auf die sich die Versteigerung erstreckt. Insofern gilt das Gleiche wie bei Schiffsversteigerungen (siehe § 169 Rz. 40, 61 [*Popp*]). 92

e) (Keine) Rangklasse 2

Die Rangklasse 2 bezieht sich nur auf die Zwangsversteigerung bestimmter Grundstücke. Eine entsprechende Anwendung scheidet offenkundig aus. 93

---

31) Genfer Abkommen über die internationale Anerkennung von Rechten an Luftfahrzeugen vom 19.6.1948 – LuftFzgAbk (BGBl. 1959 II S. 130).

32) Näher dazu *Schölermann/Schmid-Burgk*, WM 1990, 1137, 1142.

33) *Schladebach/Kraft*, BKR 2012, 270, 275 m. w. N.

f) **Rangklasse 3**

94 In der Rangklasse 3 (§ 10 Abs. 1 Nr. 3 ZVG) sind die öffentlichen Lasten, für die das Luftfahrzeug dinglich haftet, zu berücksichtigen. Für die dingliche Haftung muss eine gesetzliche Grundlage bestehen.

95 Bezüglich der zeitlichen Beschränkung der einmaligen und wiederkehrenden Leistungen gilt das Gleiche wie bei Grundstücken.

96 **Beachte:** § 171i Abs. 1 ZVG enthält Besonderheiten, die nur für ausländische Luftfahrzeuge gelten; dort können ggf. auch ausländische Gebühren vorrangig sein. Auch kommen ggf. weitere vorrangige Rechte[34] in Betracht, dieses aber nur, soweit dies durch entsprechende spezifische zwischenstaatliche Vereinbarungen geregelt ist.[35]

g) **Rangklasse 3/4**

97 Zwischen Rangklasse 3 und 4 sind die Rechte aus Bergungs- und Erhaltungsmaßnahmen nach §§ 75 ff. LuftFzgG zuzuordnen.

h) **Rangklasse 4**

98 In der Rangklasse 4 (§ 10 Abs. 1 Nr. 4 ZVG) sind die Ansprüche aus den **Registerpfandrechten** zu berücksichtigen.

99 Hinsichtlich der zu berücksichtigenden Ansprüche gilt § 10 Abs. 1 Nr. 4 ZVG entsprechend, sodass insbesondere die **Zeitschranke von zwei Jahren** bezüglich der rückständigen wiederkehrenden Leistungen zu beachten ist.

100 Der Rang verschiedener Ansprüche richtet sich nach dem Rang der Registerpfandrechte, wie er sich aus dem Register für Pfandrechte an Luftfahrzeugen ergibt (§ 11 Abs. 1 ZVG in entsprechender Anwendung).

101 **Beachte:** § 171i Abs. 2 ZVG bezieht sich wiederum nur auf ausländische Luftfahrzeuge und enthält insofern Besonderheiten.

i) **Rangklasse 5**

102 In die Rangklasse 5 (§ 10 Abs. 1 Nr. 5 ZVG) gehören die Ansprüche der betreibenden Gläubiger, soweit sie nicht aus vorhergehenden Rangklassen zu befriedigen sind.

103 Bei diesen sog. **Beschlagnahmegläubigern** handelt es sich um die Ansprüche der persönlichen Gläubiger und Ansprüche von Berechtigten aus vorhergehenden Rangklassen, die infolge Zeitablaufs ihr Vorrecht verloren haben, wenn diese das Verfahren wegen ihrer Ansprüche betreiben.

104 Diese Ansprüche (der Rangklasse 5) benötigen keinen dinglichen Titel.[36] Für den Rang der Ansprüche untereinander ist der Beschlagnahmezeitpunkt entscheidend (§ 11 Abs. 2 ZVG entsprechend).

---

34) Näher dazu *Schölermann/Schmid-Burgk*, WM 1990, 1137, 1142 m. w. N.

35) BGH, Beschl. v. 25.11.2010 – VII ZB 120/09, Rpfleger 2011, 223 (konkret: hinsichtlich Zoll- und Steuerforderungen der Republik Argentinien – Vorrang abgelehnt).

36) Steiner-*Hagemann*, ZVG, § 171a Rz. 71.

j) Rangklassen 6–8

Bezüglich der Rangklassen 6–8 (§ 10 Abs. 1 Nr. 6–8 ZVG) ergeben sich gegenüber der Grundstücksversteigerung keine Besonderheiten. Insoweit siehe § 10 Rz. 166 ff. [*Cranshaw*]. 105

Sobald es dabei um den Eingang des Ersuchens um Eintragung des Zwangsversteigerungsvermerks und dessen Eintragung geht, tritt an die Stelle des Grundbuchamts das Registergericht und an die Stelle des Grundbuchs das Register für Pfandrechte an Luftfahrzeugen (Pfandrechtsregister). 106

k) Kosten der dinglichen Rechtsverfolgung

In allen Rangklassen sind neben dem Hauptanspruch die Kosten der dinglichen Rechtsverfolgung gemäß § 10 Abs. 2 ZVG (welcher nach § 171a ZVG entsprechend anzuwenden ist) zu berücksichtigen. 107

2. Rangkollisionen

Für den wirtschaftlichen Wert des Registerpfandrechts ist zudem von Bedeutung, dass dieses nicht durch andere, nicht aus dem Register ersichtliche Belastungen beeinträchtigt wird. Diesem Bedürfnis trägt § 9 LuftFzgG Rechnung, wonach ein in der Luftfahrzeugrolle eingetragenes Luftfahrzeug nicht in anderer Weise als mit einem Registerpfandrecht belastet werden kann. Die Bestellung eines Pfandrechts (§ 1204 BGB), eines Nießbrauchs (§ 1030 BGB) oder die Entstehung eines Unternehmerpfandrechts ist daher nicht möglich.[37] 108

Umstritten ist, ob § 9 LuftFzgG – außer dem dort ausdrücklich genannten **Unternehmerpfandrecht** nach § 647 BGB – gesetzliche Pfandrechte an Luftfahrzeugen, z. B. das Vermieterpfandrecht aus Mietverträgen über die Nutzung von Flugzeughallen (§ 562 BGB), ausschließt.[38] 109

Im Ergebnis ist davon auszugehen, dass neben dem ausdrücklich in § 9 LuftFzgG genannten Unternehmerpfandrecht des § 647 BGB sämtliche sonstigen gesetzlichen Pfandrechte (z. B. § 562 BGB, §§ 397, 404, 441, 464, 475b HGB) ausgeschlossen sind.[39] 110

Jedenfalls haben eingetragene Registerpfandrechte nach Art. 1 Abs. 2 Satz 2 des Genfer Pfandrechtsabkommens[40] den Vorrang vor anderen Rechten, also auch vor evtl. gesetzlichen Pfandrechten. Gegenüber persönlichen Gläubigern können die Gläubiger vor der Beschlagnahme entstandener gesetzlicher Pfandrechte – sofern 111

---

37) *Schladebach/Kraft*, BKR 2012, 270, 275.

38) Dassler/Schiffhauer/u. a.-*Rellermeyer*, ZVG, § 171a Rz. 14 m. w. N.; Uhlenbruck-*Brinkmann*, InsO, § 49 Rz. 72.

39) Siehe h. M.: *Schladebach/Kraft*, BKR 2012, 270, 275; *Reuleaux/Herick*, ZLW 2004, 558, 565; *Schölermann/Schmid-Burgk*, WM 1990, 1137, 1139 f. und 1142; *Dobberahn*, MittRhNotK 1998, 146, 163; a. A.: *Wendt*, MDR 1963, 448, 450; *Schwenk*, BB 1966, 477, 478.

40) Abkommen über die internationale Anerkennung von Rechten an Luftfahrzeugen vom 19.6.1948 (BGBl. 1959 II S. 130) – LuftFzgAbk; dazu ergangenes Gesetz über den Beitritt der Bundesrepublik Deutschland zu dem Abkommen vom 19.6.1948 über die internationale Anerkennung von Rechten an Luftfahrzeugen vom 26.2.1959 (BGBl. 1959 II S. 129) – LuftFzgAbkG.

man solche anerkennt – den Anspruch auf vorzugsweise Befriedigung nach § 805 ZPO geltend machen.

VI. Beteiligte

112 § 9 ZVG ist anwendbar.

113 Beim Beitritt ist § 27 ZVG anwendbar. Eine erneute Anordnung der – von Amts wegen anzuordnenden – Bewachung und Verwahrung gemäß § 171c Abs. 2 Satz 1 ZVG erfolgt wegen des Beitritts nicht (wie auch bei § 165 ZVG – siehe § 162 Rz. 51 [*Popp*]).

VII. Luftfahrzeugrolle und Register für Pfandrechte an Luftfahrzeugen (Pfandrechtsregister)

1. Pfandrechtsregister – Registerpfandrecht

a) Rechtsnatur des Registerpfandrechts

114 Das Registerpfandrecht gemäß § 1 LufFzgG ist

- besitzlos (vgl. § 5 Abs. 1 LuftFzG),
- streng akzessorisch (§§ 4, 57 LuftFzgG) und
- brieflos.

115 Daher kann es nur registerlich abgetreten werden.[41)]

116 Das Registerpfandrecht ist als Sicherungshypothek ausgebildet und wird auch z. T. als „Luftfahrzeughypothek"[42)] bezeichnet.

117 Eine Eigentümergrundschuld bzw. ein Eigentümer(register)pfandrecht ist nicht vorgesehen. Auch das Recht zur rangwahrenden Neubestellung – gemäß § 57 Abs. 3 SchRG, der wirtschaftlich der „Ersatz" für die auch bei Schiffen fehlende Grundschuld mit durch Zweckerklärung austauschbaren Forderungen (Sicherungsgrundschuld) ist – fehlt bei den Luftfahrzeugen.

118 Die **strenge Akzessorietät** des § 4 LuftFzG wird in zweierlei Hinsicht durchbrochen (oder relativiert):

119 Zum einen durch die rechtliche Möglichkeit eines Höchstbetrags-Registerpfandrechts (§ 3 Satz 2 LuftFzgG), welches praktisch aber schwierig zu handhaben ist und daher in der Praxis der Kreditsicherheiten kaum eine Rolle spielt.[43)] Zum anderen ist wie auch bei den Schiffspfandrechten die besicherte Forderung in der Praxis oft eine solche aus einem abstrakten Schuldanerkenntnis,[44)] was allgemein als zulässig angesehen wird,[45)] auch wenn damit das Erfordernis der Akzessorietät zu einem gewissen Teil unterlaufen werden kann

120 Gemäß § 28 LuftFzgG ist auch die Bestellung eines Gesamtregisterpfandrechts möglich; diese Regelung entspricht § 1132 BGB (Gesamthypothek) bzw. § 28 SchRG

---

41) *Schölermann/Schmid-Burgk*, WM 1990, 1137, 1143.
42) *Schölermann/Schmid-Burgk*, WM 1990, 1137, 1141.
43) Vgl. näher *Schölermann/Schmid-Burgk*, WM 1990, 1137, 1141.
44) *Melzer/Haslach*, ZLW 2003, 582, 589 (dort Fn. 38).
45) *Melzer/Haslach*, ZLW 2003, 582, 591; *Dobberahn*, MittRhNotK 1998, 145, 162.

(Gesamtschiffshypothek) und ist von der nord-amerikanischen **Fleet Mortgage** deutlich zu unterscheiden.[46)]

b) Entstehung

Das Registerpfandrecht („Luftfahrzeughypothek") kann auf **zwei Arten** entstehen:[47)] 121

Entweder es entsteht kraft Rechtsgeschäfts oder es entsteht als sog. richterliches Registerpfandrecht im Wege der Zwangsvollstreckung oder der Arrestvollziehung (§ 99 LuftFzgG). 122

Beide Entstehungsformen setzen voraus, dass das betreffende Luftfahrzeug in die Luftfahrzeugrolle eingetragen ist. Ist dies nicht der Fall, so kann das Luftfahrzeug nur wie eine sonstige bewegliche Sache verpfändet werden. Die rechtsgeschäftliche Bestellung eines Registerpfandrechts ist unzulässig, wenn bereits ein richterliches Registerpfandrecht eingetragen ist (§ 7 LuftFzgG). 123

2. Zwangsvollstreckung – zwei mögliche Vorgehensweisen

Bei der Zwangsvollstreckung in ein eingetragenes Luftfahrzeug hat der Gläubiger die Wahl zwischen der zwangsweisen Eintragung eines Registerpfandrechts oder der Zwangsversteigerung. 124

a) Eintragung eines Registerpfandrechts

Für die Eintragung eines Registerpfandrechts erklärt § 99 Abs. 1 LuftFzgG die Vorschrift des § 870a ZPO mit Ausnahme dessen Absatzes 3 Satz 1 Halbs. 2 für entsprechend anwendbar. 125

Voraussetzung ist demnach ein **Antrag** des Gläubigers (§ 870a Abs. 2 ZPO i. V. m. § 867 ZPO). Ferner darf die Belastung nur für einen Betrag von mehr als 750 € eingetragen werden (§ 870a Abs. 2 ZPO i. V. m. 866 Abs. 3 ZPO). 126

b) Entstehung im Rahmen eines Arrestverfahrens

Ein richterliches Registerpfandrecht kann zudem als Maßnahme zur Sicherung der Zwangsvollstreckung **wegen einer Geldforderung** im Rahmen des Arrestverfahrens (§§ 916 ff. ZPO) entstehen. Nach § 99 Abs. 2 LuftFzgG wird die Arrestanordnung vollzogen, indem der Gerichtsvollzieher das Luftfahrzeug in Bewachung und Verwahrung nimmt und ein Registerpfandrecht für die Forderung eingetragen wird (§ 99 Abs. 2 Satz 1 LuftFzgG). In der Eintragung des Registerpfandrechts ist der nach § 923 ZPO festgestellte Geldbetrag als Höchstbetrag zu bezeichnen, für den das Luftfahrzeug haftet (§ 99 Abs. 2 Satz 2 LuftFzgG). 127

Die Regelungen zur Zwangshypothek gemäß § 867 Abs. 1 und Abs. 2 ZPO und die Vorschrift des § 870a Abs. 3 Satz 1 Halbs. 1, Satz 2 ZPO finden sinngemäß Anwendung (§ 99 Abs. 2 Satz 3 LuftFzgG). 128

---

46) Vgl. im Einzelnen: *Schölermann/Schmid-Burgk*, WM 1990, 1137, 1141.

47) *Schladebach/Kraft*, BKR 2012, 270, 271.

c) **Ausländisches Luftfahrzeug**

129 Bei der Vollziehung des Arrestes in ein ausländisches Luftfahrzeug ist § 106 Abs. 3 LuftFzgG zu beachten.

d) **Registerrecht und Folgen für die Kautelarpraxis (inkl. Flugzeugleasing)**

130 Zu Details siehe in der Literatur *Melzer/Haslach*.[48]

3. **Luftfahrzeugrolle als öffentlichrechtliches Verzeichnis (im Detail)**

131 In die **Luftfahrzeugrolle** werden die in § 1 Abs. 2 Satz 1 Nr. 1 und 2 LuftVG genannten Luftfahrzeuge vorbehaltlich abweichender Verordnungen des Rates der Europäischen Union nur dann eingetragen, wenn:

a) **Nr. 1**

132 sie in einem **ausländischen staatlichen Luftfahrzeugregister** nicht eingetragen sind und im ausschließlichen Eigentum deutscher Staatsangehöriger stehen; juristische Personen und rechtsfähige Personengesellschaften mit Sitz im Inland werden deutschen Staatsangehörigen gleichgestellt, wenn der überwiegende Teil ihres Vermögens oder Kapitals sowie die tatsächliche Kontrolle darüber deutschen Staatsangehörigen zusteht und die Mehrheit der Vertretungsberechtigten oder persönlich haftenden Personen deutsche Staatsangehörige sind; und

b) **Nr. 2**

133 ein Recht eines deutschen Staatsangehörigen, an einem Luftfahrzeug Eigentum durch Kauf zu erwerben oder ein Recht zum Besitz aufgrund eines für einen Zeitraum von mindestens sechs Monaten abgeschlossenen Mietvertrages oder eines dem Mietvertrag ähnlichen Rechtsverhältnisses besteht.

134 Gemäß § 3 Abs. 1 Satz 2 LuftVG stehen Staatsangehörige der Mitgliedstaaten der Europäischen Union hierbei deutschen Staatsangehörigen gleich. Das Gleiche gilt für Angehörige aus anderen Staaten, in denen das Luftverkehrsrecht der Europäischen Union Anwendung findet. (§ 3 Abs. 1 Satz 3 LuftVG). Nach § 3 Abs. 2 LuftVG kann die für die Verkehrszulassung zuständige Stelle (das ist das Luftfahrt-Bundesamt) im Einzelfall Ausnahmen zulassen, wenn besondere Umstände vorliegen.

135 Ein in der Luftfahrzeugrolle eingetragenes Luftfahrzeug wird auf Anmeldung des Eigentümers oder desjenigen, der aufgrund eines Vollstreckungstitels eine Eintragung verlangen kann oder zu dessen Gunsten ein Schutzvermerk einzutragen ist, in das Register für Pfandrechte an Luftfahrzeugen eingetragen (§ 79 LuftfahrzeugG).

136 Der Verkäufer eines (in die Luftfahrzeugrolle eingetragenen) Luftfahrzeugs, welches dem Käufer noch nicht übereignet ist, kann aus einem vollstreckbaren Titel, den er wegen seiner Kaufpreisforderung erwirkt hat, nicht in das Luftfahrzeug vollstrecken.[49]

---

48) *Melzer/Haslach*, ZLW 2003, 582, 586–593 (Registerrecht) sowie ZLW 2003, 582, 596–601 (Flugzeugleasing).

49) LG Braunschweig, Beschl. v. 14.1.1974 – 8 T 488/73, NdsRpfl 1974, 105–106.

VIII. Exkurs: Luftfahrzeugpfandbriefe

Seit 2009 ist auch in Deutschland die Begebung von Luftfahrzeugpfandbriefen möglich. Die neu geschaffenen Regelungen orientieren sich an den entsprechenden für Schiffe geltenden Regelungen. 137

Die Kreditwirtschaft und die Literatur äußern sich grundsätzlich positiv zur rechtlichen Regelung und sehen darin einen wichtigen Beitrag, dass die deutsche Rechtsentwicklung mit den Erfordernissen der zunehmenden **Internationalisierung der Finanzierung** von Luftfahrzeugen Schritt halten kann.[50] Das Registerpfandrecht an Luftfahrzeugen spielt auch bei dieser Art der Verbriefung als Sicherheit eine entscheidende Rolle. 138

---

50) Statt aller *Schladebach/Kraft*, Das Registerpfandrecht an Luftfahrzeugen, BKR 2012, 270, 276 m. w. N.; zur Entwicklung siehe auch unter https://www.pfandbrief.de, dort unter der Rubrik Flugzeugfinanzierung (Stand: 1.1.2024).

§ 171b
Zuständiges Amtsgericht und Pfandrechtsregister

(1) Für die Zwangsversteigerung des Luftfahrzeugs ist als Vollstreckungsgericht das Amtsgericht zuständig, in dessen Bezirk das Luftfahrt-Bundesamt seinen Sitz hat.

(2) Für das Verfahren tritt an die Stelle des Grundbuchs das Register für Pfandrechte an Luftfahrzeugen.

Literatur zu Abs. 1: *Ehricke*, Spezialisierung als Rechtsprinzip für die Zuständigkeit im deutschen Zivilverfahrensrecht?, NJW 1996, 812; *Hintzen/Riedel*, Das deutsche Internationale Mahnverfahren, Rpfleger 1997, 293; *Pfeiffer*, Zuständigkeitskonzentration im Auslandsmahnverfahren, IPRax 1994, 421; *Rellermeyer*, Zuständigkeitskonzentrationen im Zwangsversteigerungsverfahren, Rpfleger 1995.

Literatur zu Abs. 2: *Dobberahn*, Rechte an Schiffen und Luftfahrzeugen, MittRhNotK 1998, 145; *Melzer/Haslach*, Die Zwangsvollstreckung in Luftfahrzeuge aus deutschem Registerpfandrecht, ZLW 2003, 582.

Übersicht

I. Zweck der Norm

1 Die Übertragung in § 171b Abs. 1 ZVG auf ein einzelnes/einziges Amtsgericht für alle Luftfahrzeugversteigerungen ist aus Gründen der Zweckmäßigkeit erfolgt, zumal auch das Register für Pfandrechte von Luftfahrzeugen von demselben Amtsgericht geführt wird. Hinter dem Gedanken des Konzentrierens der Verfahren auf ein Gericht steht die Vorstellung davon, dass es sich um eine spezielle Rechtsmaterie handelt, die eine entsprechende **Spezialisierung** erfordert. Da der Gesetzgeber

davon ausging, dass es nur wenige Luftfahrzeugsversteigerungsverfahren gebe, wurde die Schaffung eines einzigen örtlich zuständigen Gerichts für ausreichend angesehen.

2 Angesichts der Tatsache, dass auch für die Versteigerung von Schiffen, Schiffsbauwerken und Schwimmdocks – mit Besonderheiten für ausländische Schiffe bzw. Schiffsbauwerke – eine ähnliche rechtliche Situation besteht, sei auf das anderweitige Plädoyer (siehe § 163 Rz. 14 ff., 60 f. [*Popp*]) verwiesen, auch in Schiffsversteigerungssachen Zuständigkeitskonzentrationen zu schaffen; zum einen aus dem Gesichtspunkt der Spezialisierung, und zum anderen auch aus dem Gesichtspunkt des Gläubigerinteresses, bei einem Vollstreckungsgegenstand, der in seiner tatsächlichen Natur beweglich ist, rechtlich aber nach dem Immobiliarvollstreckungsrecht behandelt wird, eine in der Praxis einfach und rechtssicher feststellbare örtliche Zuständigkeit zu haben.

II. Anwendungsbereich

3 Absatz 1 gilt für inländische und ausländische Luftfahrzeuge (siehe § 171h ZVG). Absatz 2 gilt nur für inländische Luftfahrzeuge.

III. Zuständiges Vollstreckungsgericht

4 Zuständig für die Zwangsversteigerung eines Luftfahrzeugs ist als Vollstreckungsgericht ausschließlich dasjenige Amtsgericht, in dessen **Bezirk das Luftfahrt-Bundesamt** seinen Sitz hat (§ 171b Abs. 1 ZVG).

5 Der Sitz dieses Amtes (§ 1 des Gesetzes vom 30.11.1954)[1] ist nach der Verwaltungsanordnung vom 14.12.1954[2] Braunschweig.

6 Allerdings ist später die Unternehmenszentrale der Flugsicherung (DFS) in die Stadt Langen (Hessen) verlagert worden. Daher wurde durch die jetzt geltende Verwaltungsanordnung vom 28.4.2003[3] Braunschweig und für die Verwaltungsstelle Flugsicherung Langen (Hessen) als Sitz des Luftfahrt-Bundesamtes bestimmt.

7 Demzufolge ist die **Zuständigkeitsbestimmung** in Abs. 1 des § 171b ZVG nicht mehr eindeutig. Wegen des Doppelsitzes des Luftfahrt-Bundesamtes kommen sowohl das Amtsgericht Braunschweig als auch das Amtsgericht Langen (Hessen) in Betracht.

8 Faktisch werden Zwangsversteigerungsverfahren über Luftfahrzeuge zwar weiterhin ausschließlich beim **Amtsgericht Braunschweig** durchgeführt, weil dort auch ausschließlich das Register für Pfandrechte an Luftfahrzeugen geführt wird (§ 78 LuftFzG). Die alleinige Zuständigkeit des Amtsgerichts Braunschweig ist auch wegen der engen Verbindung des Pfandrechtsregisters zur Luftfahrzeugrolle (die das Luftfahrt-Bundesamt in Braunschweig führt)[4] sinnvoll.

---

1) BGBl. I S. 354.
2) BAnz. Nr. 245.
3) BAnz 10593.
4) Vgl. z. B. Mitteilungspflichten nach §§ 83, 91 LuftFzgG, zum Datenabruf § 16 Abs. 1 LuftRegV.

Dennoch bleibt der Gesetzgeber aus rechtsstaatlichen Erwägungen aufgefordert, die Zuständigkeit auf eine gesetzlich eindeutige Grundlage zu stellen. Bis dahin könnte an eine entsprechende Anwendung des § 2 Abs. 1 ZVG oder auch des § 35 ZPO gedacht werden.[5] 9

Kern des Problems ist, dass es sich um eine ausschließliche Zuständigkeit gemäß § 802 ZPO handelt. Dies hat zur Folge, dass bei Erlass des Anordnungsbeschlusses durch das örtlich unzuständige Amtsgericht der Anordnungsbeschluss an einem unheilbaren Mangel leidet. Grundsätzlich besteht hier das Potenzial, ein Zwangsversteigerungsverfahren – ggf. erst nach erfolgtem Zuschlag – mit Erfolg anzugreifen, mit dem Argument, dass ein unheilbarer Verfahrensmangel vorliege, weil ggf. das örtlich unzuständige Gericht den Anordnungsbeschluss erlassen habe bzw. es an einer ordnungsgemäßen Bestimmung des gesetzlichen Richters im Sinne von Art. 101 Abs. 1 Satz 2 GG fehle. Zumindest besteht hier Potenzial für Verfahrensverzögerungen. 10

Hat die jeweilige Landesregierung von ihrer Ermächtigung zu einer Zuständigkeitskonzentration (z. B. für Mahnverfahren gemäß § 689 Abs. 3 ZPO) Gebrauch gemacht, gilt diese Gerichtszuständigkeit auch für gegnerische Parteien, also hier für Schuldner, die im Inland keinen allgemeinen Gerichtsstand haben.[6] 11

IV. Ermittlung des Standortes

Das bei Schiffen beschriebene Problem der Ermittlung des Standortes in einem – sehr viel kleineren – ausschließlichen Zuständigkeitsbezirk (siehe § 163 Rz. 8 ff. [*Popp*]) stellt sich bei Luftfahrzeugen nicht. 12

V. Pfandrechtsregister

Zum Pfandrechtsregister siehe § 171a Rz. 114 ff. [*Popp*]. 13

VI. Klarstellungsbedarf im Gesetz?

Auch wenn man im Ergebnis über eine Auslegung (siehe Rz. 7 f.) zu einer Bestimmung des örtlich zuständigen Gerichts kommen mag, ist es ein unhaltbarer Zustand, dass das Gesetz an einem derartigen Mangel leidet, der ggf. das gesamte Verfahren aushebeln kann. Zudem scheint Art. 101 Abs. 1 Satz 2 GG nicht beachtet. Hier wäre eine redaktionelle Bereinigung dringend wünschenswert. 14

Konkreter Formulierungsvorschlag *de lege ferenda*: Anstelle „das Luftfahrzeug-Bundesamt" wird formuliert: „... ist ... die für die Führung des Registers für Pfandrechte an Luftfahrzeugen zuständige Bundesbehörde ... ausschließlich zuständig". Alternativ im Sinne der Rechtsklarheit ggf. noch besser: „... ist ... das Amtsgericht Braunschweig ausschließlich zuständig." 15

---

5) Dassler/Schiffhauer/u. a.-*Rellermeyer*, ZVG, § 171b Rz. 3 f.

6) BGH, Beschl. v. 11.5.1993 – X ARZ 347/93, Rpfleger 1993, 355 (mit zust. Anm. *Falk*); BGH, Beschl. v. 14.7.1993 – X ARZ 461/93, Rpfleger 1994, 30 (m. Anm. *Pfeiffer*, IPRax 1994, 421–426).

§ 171c

Besondere Anordnungsvoraussetzungen, Wirksamwerden der Beschlagnahme und Quasi-Zwangsverwaltung

(1) Die Zwangsversteigerung darf erst angeordnet werden, nachdem das Luftfahrzeug in das Register für Pfandrechte an Luftfahrzeugen eingetragen ist. Der Antrag auf Anordnung der Zwangsversteigerung kann jedoch schon vor der Eintragung gestellt werden.

(2) Bei der Anordnung der Zwangsversteigerung hat das Gericht zugleich die Bewachung und Verwahrung des Luftfahrzeugs anzuordnen. Die Beschlagnahme wird auch mit der Vollziehung dieser Anordnung wirksam.

(3) Das Gericht kann zugleich mit der einstweiligen Einstellung des Verfahrens im Einverständnis mit dem betreibenden Gläubiger anordnen, daß die Bewachung und Verwahrung einem Treuhänder übertragen wird, den das Gericht auswählt. Der Treuhänder untersteht der Aufsicht des Gerichts und ist an die ihm erteilten Weisungen des Gerichts gebunden. Das Gericht kann ihn im Einverständnis mit dem Gläubiger auch ermächtigen, das Luftfahrzeug für Rechnung und im Namen des Schuldners zu nutzen. Über die Verwendung des Reinertrages entscheidet das Gericht. In der Regel soll er nach den Grundsätzen des § 155 verteilt werden.

Literatur zu Abs. 1: Siehe Literatur zu § 171b ZVG.

Literatur zu Abs. 2 und 3: *Dobberahn*, Rechte an Schiffen und Luftfahrzeugen, MittRhNotK 1998, 145; *Melzer/Haslach*, Die Zwangsvollstreckung in Luftfahrzeuge aus deutschem Registerpfandrecht, ZLW 2003, 582; *Schölermann/Schmid-Burgk*, Flugzeuge als Kreditsicherheit, WM 1990, 1137.

Literatur zu Schiffen (analog verwendbar): *Berges*, Geschäftsführung in der Vollstreckung, KTS 1956, 113; *Mohrbutter*, Treuhänderische Nutzung eines Schiffes in der Zwangsversteigerung – Ein Beitrag zur Geschäftsfortführung in der Vollstreckung, KTS 1963, 21.

Übersicht

I. Zweck der Norm

1 Der Normzweck des Abs. 1 besteht darin, die Durchführung des Zwangsversteigerungsverfahrens zu regeln im Hinblick auf die Besonderheit, dass bei Luftfahrzeugen keine Eintragungspflicht in das Register besteht. Daher legt § 171c Abs. 1 ZVG fest,

V. Beschlagnahme – Wirksamwerden und Wirkungen

1. Wirksamwerden

Die Beschlagnahme wird ähnlich wie bei den Schiffen wirksam: 16

- mit der Zustellung des Beschlagnahmebeschlusses an den Vollstreckungsschuldner (§ 22 Abs. 1 Satz 1 ZVG) oder
- mit dem Eingang des Ersuchens um Eintragung des Versteigerungsvermerkes bei dem Gericht, bei dem das Pfandrechtsregister geführt wird (§ 22 Abs. 1 Satz 2, § 171a Satz 2 ZVG i. V. m. Satz 1), oder
- mit dem Vollzug der Verwahrung und Bewachung (§ 171c Abs. 2 Satz 2 ZVG); vgl. bei der Zwangsverwaltung die entsprechende Regelung in § 151 Abs. 1 ZVG,

und davon mit dem **frühesten** der drei möglichen Zeitpunkte.

2. Wirkung

Die Wirkungen der Beschlagnahme sind wie bei den Schiffen (siehe § 165 Rz. 101 ff., 105 ff. [*Popp*]), wobei sich Besonderheiten ergeben, die zum einen aus den Spezifika des Zubehörbegriffs bei Luftfahrzeugen (siehe § 171a Rz. 27 ff. [*Popp*]) folgen, zum anderen aus der Besonderheit hinsichtlich der Ersatzteile (siehe § 171a Rz. 41 ff. [*Popp*]). 17

Soweit nach obigen Ausführungen die § 171a ff. ZVG nicht anwendbar sind, also insbesondere für Ersatzteile (und ausgebaute Triebwerke), kann folgerichtig auch keine Beschlagnahmewirkung gemäß § 171c ZVG eintreten. 18

3. Besonderheiten bei Beitritt?

§ 9 ZVG ist anwendbar; ebenso ist beim Beitritt § 27 ZVG anwendbar. 19

Eine erneute Anordnung der von Amts wegen anzuordnenden Bewachung und Verwahrung gemäß § 171c Abs. 2 Satz 1 ZVG erfolgt wegen des Beitritts nicht wie auch bei § 165 ZVG (siehe § 162 Rz. 51 [*Popp*]). 20

VI. „Reine" Bewachung und Verwahrung bei Verfahrensanordnung gemäß Absatz 2

Die gemäß § 171 Abs. 2 ZVG von Amts wegen vorzunehmende Anordnung der Bewachung und Verwahrung entspricht § 165 Abs. 1 ZVG (siehe § 165 Rz. 71 ff. [*Popp*]). Die als gesetzlicher Regelfall vorgesehene Möglichkeit, dass das Gericht selbst diese Bewachung und Verwahrung vornimmt (Abs. 1), dürfte heute rein theoretischer Natur sein. Regelfall wird auch bei „reiner Bewachung und Verwahrung" gemäß § 171c ZVG (wie auch bei den parallelen Normen § 165 Abs. 1 ZVG oder § 25 ZVG) die Bestellung eines Dritten sein (bei §§ 165 Abs. 1 ZVG und § 171c Abs. 1 ZVG „Treuhänder" und bei § 25 ZVG üblicherweise „Sequester" genannt). 21

Wie oben bereits ausgeführt, kann die Beschlagnahme auch mit der Vollziehung der Bewachung und Verwahrung wirksam werden (§ 171c Abs. 2 ZVG) – in der Praxis wird dies selten rechtlich entscheidend sein – wie auch bei den Zwangsverwaltungen von Grundstücken, wo das Eintragungsersuchen beim Grundbuchamt in der Regel der früheste der drei möglichen Beschlagnahmezeitpunkte ist (anders ggf. bei 22 den Schiffen, wenn das Schiffsregister bei einem anderen Gericht als dem Vollstreckungsgericht geführt wird, dazu siehe § 165 Rz. 103 [*Popp*]).

23 Auch hier gilt aber die dringende Anregung an das Gericht, die Beschlüsse so klar zu fassen, dass deren Umsetzung – insbesondere eine ggf. notwendige Hinzuziehung des Gerichtsvollziehers – auf keine vermeidbaren Probleme stößt.

24 Die ordnungsgemäße Durchführung einer reinen Bewachung und Verwahrung besteht im Regelfall in der sicheren Unterbringung des Flugzeugs in einer Halle (Vertrag mit der Flughafengesellschaft), im Abschluss einer Stilllegekaskoversicherung, in der Siegelung bzw. Blockierung des Gashebels, der Steuereinrichtungen und der Kabinentür sowie in dem gegenüber der Flugleitung ausgesprochenen Startverbot. Stichprobenartige Kontrollgänge zweimal pro Woche genügen, tägliche Kontrollgänge sind nicht erforderlich.[2] Der Bewacher/Treuhänder darf diese Kontrollgänge ganz oder teilweise auf eine zuverlässige Person (juristische Person oder natürliche Person) übertragen.[3]

VII. Treuhänderische Nutzung = „Quasi-Zwangsverwaltung"

1. Allgemeines

25 Gemäß § 171 Abs. 3 Satz 3 ZVG „kann" das Gericht darüber hinaus „im Einverständnis mit dem betreibenden Gläubiger" die treuhänderische Nutzung anordnen (diese Regelung entspricht § 165 Abs. 1 ZVG, siehe § 165 Rz. 71 ff. [*Popp*]).

26 Die setzt – wie bei § 165 Abs. 2 ZVG – die einstweilige Einstellung des (Zwangsversteigerungs-)Verfahrens (wie bei § 165 ZVG aus beliebigem rechtlichen Grund siehe § 165 Rz. 14 ff. [*Popp*]) voraus.

27 Des Weiteren erforderlich ist die Zustimmung des betreibenden Gläubigers – wobei dies wohl eher in der Praxis als „auf Antrag des Gläubigers" zu lesen ist, auch wenn theoretisch auch vorstellbar wäre, dass die Idee und Initiative vom Gericht ausgeht. (zu der parallelen Frage siehe § 165 Rz. 17 ff. [*Popp*]).

2. Vertretertheorie oder Partei kraft Amtes?

28 Dass im Gesetz auch noch die inzwischen obsolete reine Vertretertheorie ihren Niederschlag gefunden hat, ist dem Entstehungszeitpunkt der Norm geschuldet, entspricht aber nicht mehr dem heutigen Stand von Literatur und Rechtsprechung. Das Gesetz spricht vom „Treuhänder", sodass eine Auslegung nach modernen Kriterien über diesen Begriff eröffnet wird. Treuhänder[4] ist nach heutigem Verständ-

---

2) LG Braunschweig, Beschl. v. 27.3.1990 – 8 T 168/90, DGVZ 1990, 121; ähnlich auch schon AG Braunschweig, Beschl. v. 10.3.1970 – 27 K 57/70, DGVZ 1973, 47.

3) AG Braunschweig, Beschl. v. 10.3.1970 – 27 K 57/70, DGVZ 1973, 47.

4) Vgl. zum „Treuhänder" im Rahmen des sog. Verbraucherinsolvenzverfahrens und des Restschuldbefreiungsverfahrens: Auch wenn der „Treuhänder" inzwischen wegen erweiterter Befugnisse ebenso als „Verwalter" bzw. Insolvenzverwalter bezeichnet wird, ist das Beispiel weiterhin valide, denn in dem heutigen „Verwalter" „steckt" noch der vormalige „Treuhänder" – beides sind Parteien kraft Amtes. Kurzum: Auch der „Treuhänder" i. S. v. § 171c Abs. 3 ZVG (jedenfalls der Treuhänder gemäß Abs. 3 Satz 3) ist eine derartige Partei kraft Amtes, die u. a. einem Zwangsverwalter i. S. d. §§ 146 ff. ZVG, §§ 1 ff. ZwVwV vergleichbar ist.

nis eine Partei kraft Amtes, die als Vermögensverwalter neben den Schuldner tritt. Insofern ist also die Nutzung und das Ziehen von Nutzungen „für Rechnung und im Namen des Schuldners" zeitgemäß in derselben Weise auszulegen wie bei z. B. beim Zwangsverwalter.

3. „Echte" Zwangsverwaltung gemäß §§ 146, 171a ZVG – ein Plädoyer

Dass es nach der herrschenden Meinung keine „echte" Zwangsverwaltung gibt – zu der hier vertretenen Mindermeinung[5] zu § 165c ZVG, die für 171c ZVG entsprechend vertreten wird, sogleich noch Näheres – wirkt sich bei Luftfahrzeugen besonders negativ aus.[6] 29

Denn Flugzeuge werden oft verchartert, wobei „Charter" Miete oder Pacht entspricht. Diese Miet- oder Pachtzinsen machen oft den Ertragswert des Luftfahrzeugs aus und sind die maßgebliche Quelle für die finanziellen Mittel zur Rückführung der Kredite, zu deren Sicherung die Registerpfandrechte bestellt werden. 30

Zwar werden die Miet-/Pacht-/Charter-Forderungen in der Regel abgetreten,[7] dieses ist aber ebenso wenig insolvenzfest wie eine entsprechende Pfändung (auch wenn sie aufgrund dinglichen Titels erfolgen würde, sog. dingliche Pfändung). Dies hat der BGH mehrfach ausdrücklich entschieden.[8] 31

Zwar wird z. T. argumentiert, insolvenzrechtlich seien Luftfahrzeuge als bewegliche Sachen zu behandeln. Diese Sichtweise greift jedoch zu kurz. Insolvenzrechtlich werden Luftfahrzeuge sowohl als bewegliche wie auch als unbewegliche Sachen behandelt, denn nach allgemeiner Auffassung steht dem zur abgesonderten Befriedigung berechtigten Registerpfandrechtsgläubiger der Weg offen, gemäß § 171a ZVG, § 49 InsO die Zwangsversteigerung eines Luftfahrzeugs zu beantragen. 32

Es ist mithin naheliegend, dass die Abtretung von Miet-/Pacht-/Charterforderungen gemäß § 110 InsO unwirksam wird, mithin das Absonderungsrecht insoweit nicht besteht. 33

Wie anders wäre die rechtliche Lage und die Werthaltigkeit des Registerpfandrechts, wenn wie bei Grundstücken eine „echte" Zwangsverwaltung gemäß §§ 146 ZVG zulässig wäre! Was hier – ausdrücklich als Mindermeinung – so vertreten wird. 34

Hierzu ist zunächst zu präzisieren, dass sich hinsichtlich der Einnahmen, die aus einer treuhänderischen Nutzung erzielt werden, bereits nach heutiger allgemeiner Auffassung, die Beschlagnahme nach § 171a ff. ZVG gegen einen etwaigen Insolvenzbeschlag durchsetzen würde, denn eine – insolvenzfeste – Beschlagnahme der laufenden Mieten und Pachten erfolgt auch bereits nach der der heutigen h. M. entsprechenden Auslegung von § 171c Abs. 3 ZVG. Dass dort in der Regel noch der veralteten reinen Vertretertheorie gefolgt wird, während sich für Insolvenzverwal- 35

5) Die herrschende Meinung lehnt aus einem Umkehrschluss von § 171a ZVG, der nur die Zwangsversteigerung nennt, die Zulässigkeit der Zwangsverwaltung ab. Siehe Stöber/*Gojoweczyk*, ZVG, § 171a Rn. 9.

6) *Schölermann/Schmid-Burgk*, WM 1990, 1137, 1145 f.

7) *Melzer/Haslach*, ZLW 2003, 582, 598 ff.; *Schölermann/Schmid-Burgk*, WM 1990, 1137, 1145 f.

8) So z. B. BGH, Beschl. v. 10.10.2013 – IX ZB 197/11, NJW 2013, 3520-352 BGH, Urt. v. 13.3.2008 – IX ZR 119/06, NJW 2008, 1599 f.

ter und Zwangsverwalter die Theorie von der Partei-kraft-Amtes durchgesetzt hat, ist kein valides Argument, sondern nur ein Indiz dafür, dass die Diskussion zu den §§ 162–171n ZVG seit einiger Zeit stagniert und auf die Höhe der differenzierteren Betrachtungen gebracht werden muss, wie sie sich zur Rechtstellung des Insolvenzverwalters und Zwangsverwalters herausgebildet haben.

36 Man mag noch einwenden, dass eine Erweiterung der dinglichen Haftung nicht allein über die vollstreckungsrechtlichen Normen der ZPO und des ZVG erfolgen könne, sondern diese nur die zivilprozessrechtliche Umsetzung der zivilrechtlichen materiellen Rechtslage (Haftungsverband der Hypothek bzw. des Registerpfandrechts) seien. Hierbei ist aber zu beachten, dass das Recht der Registerpfandrechte ausdrücklich eine Erweiterung der dinglichen Haftung auch auf Ersatzteile zulässt und – wenngleich dort dann im Rahmen der Mobiliarvollstreckung – ein Vorrang gemäß § 805 ZPO zu beachten ist. Daran also, dass materiellrechtlich ein dinglicher Vorrang besteht, kann also kein Zweifel bestehen. Dies unterstreicht auch die Existenz von § 171c Abs. 3 ZVG und dessen Auslegung nach h. M.

37 Es ist also lediglich die Frage, wie dieser dingliche Vorrang gewahrt wird (und diese Frage ist auch nur hinsichtlich der vor Beschlagnahme fällig gewordenen Nutzungen offen).

38 Dass der dingliche Vorrang durch die derzeitige h. M. mit einer dann wohl unzutreffenden Subsumtion unter § 110 InsO ausgehöhlt wird, kann nicht richtig sein. Konsequent und logisch wäre es, notfalls durch eine entsprechende Klarstellung *de lege ferenda* im Gesetz, dass die Miet-/Pacht-/Charterforderungen über eine Zwangsverwaltung eines Luftfahrzeugs beschlagnahmt werden können und somit gemäß obig zitierter BGH-Rechtsprechung das Absonderungsrecht an diesen gewahrt bleibt.

39 Da die zitierte BGH-Rechtsprechung dogmatisch konsequent ist, liegt es nahe, entweder bereits jetzt § 171c ZVG in dem Sinne auszulegen, dass eine „echte" Zwangsverwaltung zulässig ist und die treuhänderische Nutzung im Rahmen eines einstweilen eingestellten Zwangsversteigerungsverfahrens also nur eine weitere Möglichkeit ist. Oder aber der Gesetzgeber muss diese Klarstellung vornehmen.

40 Ein maßgeblicher Großkommentar in seiner letzten aktuellen Auflage 1986 jedenfalls spricht sich für eine Zwangsverwaltung in gleichem Umfange wie bei der Schiffsversteigerung aus (wo auch schon eine klare Tendenz erkennbar ist, die „echte" Zwangsverwaltung für zulässig zu halten).[9]

4. Betriebsfortführung

41 Dogmatisch regelt § 171c Abs. 3 Satz 3 ZVG eine Betriebsfortführung, wie sie der BGH und die überwiegende Meinung bei Grundstücken auch in engen Grenzen (insbesondere Grundstücksbezogenheit des Betriebes)[10] für zulässig hält.

9) Steiner-*Hagemann*, § 171c Rz. 2; vgl. auch Steiner-*Hagemann*, § 165 Rz. 1.

10) Grundlegend: BGH, Beschl. v. 14.4.2005 – V ZB 16/05, BGHZ 163, 9–19; ausführlich dazu *Schmidt-Räntsch*, ZInsO 2006, 303–314.

5. Fertigbau bei Bauwerken und Wracks

Wie auch bei Schiffen stellt sich die Frage, wie weitreichend die Befugnisse des Treuhänders/Quasi-Zwangsverwalters sind. 42

Ein Fertigbau von unfertigen Flugzeugen dürfte schon deswegen ausscheiden, weil diese nicht den § 171a ZVG unterfallen (es fehlt an der Eintragungsfähigkeit in die Luftfahrzeugrolle, siehe § 171a Rz. 114 ff. [*Popp*]). Bei Wracks ist zu differenzieren: Ist die Wrackeigenschaft schon bei Anordnung gegeben, fehlt es an einem zulässigen Vollstreckungsgegenstand (siehe § 171a Rz. 17, 52 ff. [*Popp*]). 43

Verunfallt ein Flugzeug jedoch nach der Beschlagnahme, stellt sich die Frage, ob das Zwangsversteigerungsverfahren und damit auch die Quasi-Zwangsverwaltung/Treuhandsverwaltung gemäß § 171c Abs. 3 Satz 3 ZVG aufzuheben ist, oder ob ggf. vorstellbar ist, dass der Treuhänder noch die Wracksicherung/Beseitigung vorzunehmen hat und ggf. die Versicherungsforderung einzieht (zu der Frage, inwieweit sich die Beschlagnahme überhaupt auf die Versicherungsforderung erstreckt, siehe § 171a Rz. 45 [*Popp*]. 44

Im Beschlagnahmeumfang des Zwangsversteigerungsverfahrens ist die Versicherungsforderung (dingliche Surrogation – die Versicherungsleistung bzw. die entsprechende Forderung gegen die Versicherung tritt wirtschaftlich und rechtlich an die Stelle des verlorenen Substanzwerts) nur hinsichtlich des Treuhänders/Quasi-Zwangsverwalters unklar, ob in dessen Zuständigkeit auch die Versicherungsforderung fällt und was daraus konkret rechtlich und praktisch folgt (zu der parallelen Frage bei Schiffen siehe § 165 Rz. 141 ff. [*Popp*]). 45

6. Weitere praktische Fragen

Zur Vergütung wird auf die entsprechenden Ausführungen zur Parallelnorm bei Schiffsversteigerungen (siehe § 165 Rz. 35 ff., 129 ff. [*Popp*]) verwiesen. Die Bemessung der Vergütung hat – auch dann wenn ein Gerichtsvollzieher beauftragt ist – nicht etwa nach den Gerichtsvollziehergebühren zu erfolgen, vielmehr ist eine „angemessene" Vergütung festzusetzen.[11] 46

Bei Kontrollgängen kann ein Pauschalbetrag je Kontrollgang beantragt werden.[12] Die Vergütung für eine reine Bewachung und Verwahrung hat sich an der vergleichbaren Vergütung nach § 25 ZVG zu orientieren.[13] 47

11) LG Braunschweig, Beschl. v. 27.3.1990 – 8 T 168/90, DGVZ 1990, 121; AG Braunschweig, Beschl. v. 10.3.1970 – 27 K 57/70, DGVZ 1973, 47 sowie zur parallelen Rechtslage bei der Schiffsversteigerung LG Osnabrück, Beschl. 17.5.1965 – 8 T 86/65, DGVZ 1965, 210 (m. zustimm. Anm. *Mohrbutter,* S. 211).

12) AG Braunschweig, Beschl. v. 10.3.1970 – 27 K 57/70, DGVZ 1973, 47, wobei der 1970 für angemessen angesehene Satz von 15 DM je Kontrollgang wohl weit unter dem heute Angemessenen liegen dürfte; LG Braunschweig, Beschl. v. 27.3.1990 – 8 T 168/90, DGVZ 1990, 121 erwähnt einen Satz von 50 DM je Kontrollgang.

13) LG Braunschweig, Beschl. v. 27.3.1990 – 8 T 168/90, DGVZ 1990, 121.

48 Bei der Quasi-Zwangsverwaltung ist die Vergütung entsprechend den Regelungen für Zwangsverwalter (§§ 152a, 17–22 ZwVwV) zu bemessen, die auch für eine Bewachung und Verwahrung nach § 25 ZVG (hier: gemäß § 171c Abs. 2 ZVG) herangezogen werden kann.[14)]

49 Hierbei ist es zweifelhaft, ob das Gericht im Rahmen der Vergütungsfestsetzung nachträglich die Auffassung vertreten darf, es seien die unstreitig tatsächlich täglich durchgeführten Kontrollgänge nur zweimal je Woche notwendig gewesen und mit der Begründung die Vergütung auf 2/7 zurückkürzen darf.[15)]

50 Dem Treuhänder/Bewacher ist daher anzuraten, dem Gericht frühzeitig näher darzulegen, welche Frequenz von Kontrollgängen er für erforderlich hält, um so zum einen die Haftung für etwaige Schäden, die bei häufigeren Kontrollgängen vermeidbar gewesen wären, im Wege der Amtshaftung auf das Gericht zu verlagern, und um zum anderen sicherzustellen, dass die tatsächliche Tätigkeit später auch bezahlt wird.

51 Folgt der Treuhänder einer Weisung des Vollstreckungsgerichts, den Aufwand seiner Tätigkeit zu beschränken und führt das später zu der Beurteilung, dass diese Intensität an Überwachung und Kontrolle nicht ausreichend war, führt das dann unzweifelhaft zu **Amtshaftungsansprüchen.**

52 Es ist im Übrigen ein allgemeiner Grundsatz staatlicher Vergütungsordnungen, dass das **Haftungsrisiko** sich in anzuwendenden Stundensätzen ebenso niederzuschlagen hat wie besondere rechtliche oder tatsächliche Schwierigkeiten. Da es bei Luftfahrzeugen typischerweise um erhebliche Werte geht, scheint es verfehlt, allein auf den Zeitaufwand abzustellen, ohne den Wert der bewachten Sache mit in die Überlegungen einzubeziehen. Dass sich in den zitierten Entscheidungen[16)] dazu nicht einmal Erwägungen finden, macht diese ermessensfehlerhaft. Denn diese Frage des Werts der bewachten, überwachten und ggf. treuhänderisch genutzten Sache ist in die Ermessensentscheidung über die Vergütungsfestsetzung einzubeziehen. Fehlt es daran, liegt ein **Ermessensausfall** vor und ist die Entscheidung schon aus dem Grunde angreifbar.

---

14) LG Braunschweig, Beschl. v. 27.3.1990 – 8 T 168/90, DGVZ 1990, 121 (LS).

15) So aber LG Braunschweig, Beschl. v. 27.3.1990 – 8 T 168/90, DGVZ 1990, 121.

16) LG Braunschweig, Beschl. v. 27.3.1990 – 8 T 168/90, DGVZ 1990, 121; AG Braunschweig, Beschl. v. 10.3.1970 – 27 K 57/70, DGVZ 1973, 47 sowie zur parallelen Rechtslage bei der Schiffsversteigerung LG Osnabrück, Beschl. 17.5.1965 – 8 T 86/65, DGVZ 1965, 210 (m. zustimm. Anm. *Mohrbutter*, S. 211).

VIII. Insolvenz

Die Kollision zwischen Insolvenzbeschlag, Registerpfandrecht und den §§ 171a ff. ZVG wird maßgeblich bestimmt durch die Frage der Einordnung in dem Spannungsverhältnis zwischen Mobiliar- und Immobiliarvollstreckung (siehe § 162 Rz. 77 f. [*Popp*]). 53

Die Rechtslage insoweit scheint nicht wirklich klar.[17] Auch ist zu fragen, ob angesichts der immensen wirtschaftlichen Bedeutung, zumal nach Einführung von Verbriefungen (siehe § 171a Rz. 137 ff. [*Popp*] zum Luftfahrzeugpfandbrief) nicht eine Klarstellung im Gesetz dringend erforderlich ist. 54

Zum Inhalt dieser Klarstellung wird hier die Auffassung vertreten, dass der vollstreckungsrechtliche Weg, die Luftfahrzeuge insoweit dem **Immobiliarvollstreckungsrecht** zuzuordnen, entsprechend konsequent auch für die Berührungspunkte zum **Insolvenzrecht** zu sehen wäre. Soweit dies nicht schon jetzt im Wege richtiger Auslegung zu erreichen ist, wäre dieses durch den Gesetzgeber eindeutig zu regeln. 55

---

17) Vgl. die detaillierte Kritik von *Melzer/Haslach*, ZLW, 2003, 582, 598 ff., die auf die enorme wirtschaftliche Bedeutung dieser Frage für Leasing und damit für Finanzierung von Luftfahrzeugen hinweisen.

§ 171d
Terminsbestimmung

(1) In der Bestimmung des Versteigerungstermins soll das Luftfahrzeug nach dem Register für Pfandrechte an Luftfahrzeugen bezeichnet werden.

(2) Die in § 39 Abs. 2 vorgesehene Anordnung ist unzulässig.

Literatur: Siehe die Hinweise zu § 171a ZVG.

Übersicht

I. Zweck der Norm

Absatz 1 der Norm will sicherstellen, dass eine umfassende Beschreibung des Versteigerungsobjektes im Interesse aller Beteiligten erreicht wird (ähnlich auch wie bei § 167 ZVG). Absatz 2 entspricht § 168 Abs. 3 ZVG bei der Schiffsversteigerung. 1

Der Grund dafür, dass hier ebenfalls in Absatz 2 der § 39 Abs. 2 ZVG für nicht anwendbar bzw. die nach § 39 Abs. 2 ZVG vorgesehene Anordnung für unzulässig erklärt wird, lag darin, dass davon ausgegangen wurde, dass bei Luftfahrzeugen ein 2 derart geringer Wert, dass § 39 Abs. 2 ZVG anwendbar sein könnte, ebenfalls nicht vorstellbar sei.

3 Der Grund dafür, dass man es nicht dabei belassen hat, § 39 Abs. 2 ZVG zwar anwendbar sein zu lassen, aber davon auszugehen, dass es praktisch keine Anwendungsfälle geben würde, dürfte darin zu sehen sein, dass man dem Gericht die Prüfung dieser Frage ersparen wollte und auch das Verfahren von einem möglichen Streit über die Richtigkeit einer Entscheidung des Gerichtes gemäß § 39 Abs. 2 ZVG entlasten wollte.

4 § 171d ZVG ergänzt die §§ 37 und 38 ZVG (die gemäß § 171a ZVG entsprechend anzuwenden sind).

II. Anwendungsbereich

5 Absatz 1 gilt nur für inländische Luftfahrzeuge, denn nur diese sind in dem in Absatz 1 genannten Register für Pfandrechte an Luftfahrzeugen (kurz Pfandrechtsregister) verzeichnet (vgl. § 106 Abs. 1 LuftFzgG). Absatz 2 hingegen gilt für inländische Luftfahrzeuge und ausländische Luftfahrzeuge (siehe § 171h ZVG).

III. Bezeichnung des Luftfahrzeuges

1. Ordnungsvorschrift

6 Abs. 1 ist nur eine Ordnungsvorschrift: die Bezeichnung „soll" nach dem Pfandrechtsregister erfolgen, muss es aber nicht, ein Verstoß ist also zunächst folgenlos. Wohlgemerkt: nur geltend für inländische Luftfahrzeuge.

2. § 37 Nr. 1 ZVG

7 Allerdings ist hierbei – wie auch bei § 167 ZVG – zu beachten, dass gemäß § 37 Nr. 1 ZVG (der hier in Verbindung mit § 171a zur Anwendung kommt) das Erfordernis besteht, dass in der Terminsbestimmung zwingend die Mindestangaben enthalten sein müssen, sodass Beteiligte und Dritte erkennen können, welches Luftfahrzeug zur Versteigerung kommen soll.

8 Ein Verstoß gegen § 37 Nr. 1 i. V. m. § 171a ist unheilbar und führt zu einem unheilbaren Zuschlagsversagungsgrund – dieser allgemeine Grundsatz gilt für inländische und ausländische Luftfahrzeuge. (Denn § 171h ZVG verweist auf § 171a ZVG, der wiederum auf die Vorschriften des ersten Abschnitts, und damit auch auf § 37 Nr. 1 verweist).

3. Bezeichnung des Luftfahrzeugs

a) Soll-Angaben (wohlgemerkt nur bei inländischen Luftfahrzeugen)

9 Soll-Angaben sind:

– Registerblattnummer[1)] sowie
– die gemäß § 3 Abs. 1 Satz 1 Nr. 1 LuftRegV, § 80 Abs. 1 Nr. 1 bis 4 LuftFzgG einzutragenden Angaben:
  • Nummer des Blattes der Luftfahrzeugrolle

1) Register für Pfandrechte an Luftfahrzeugen.

- Staatszugehörigkeits- und Eintragungszeichen,
- Art, Muster und Werknummer

b) Zwingende Mindestangaben (bei inländischen *und* ausländischen Luftfahrzeugen)

Die Literatur beschränkt sich in der Regel auf den Hinweis auf den dogmatischen Unterschied zwischen Soll-Vorschrift (Abs. 1) und den zwingenden Angaben des § 37 Nr. 1 i. V. m. § 171a ZVG und gibt keine genaue Antwort, was genau denn nun die absolut unverzichtbaren Minimalangaben (in Abgrenzung zu den verzichtbaren bloßen Soll-Angaben) sind.[2] 10

Für die Praxis kann daher nur empfohlen werden, nicht zu „sparsam" bei den Angaben zu sein. 11

Mohrbutter[3] sieht z. B. die obigen „Soll-Angaben" sämtlich vor, noch ergänzt um: 12

– Stationierungsort

c) Fazit für die Praxis hinsichtlich der notwendigen Angaben

Die Soll-Angaben gemäß § 3 Abs. 1 Satz 1 Nr. 1 LuftRegV, § 80 Abs. 1 Nr. 1 bis 4 LuftFzgG (ggf. noch ergänzt um den Stationierungsort) sind in der Regel auch gemäß § 31 Nr. 1, § 171a ZVG als zwingende Minimalangaben anzusehen (für inländische Luftfahrzeuge). 13

Bei ausländischen Luftfahrzeugen ist in sinngemäßer Anwendung zu verfahren. 14

IV. Keine Aufforderung an nicht im Pfandrechtsregister eingetragene Gläubiger

Im Unterschied zu der Parallelnorm § 167 ZVG bei den Schiffen findet bei den Luftfahrzeugen *keine* Aufforderung an die nicht im Pfandrechtsregister eingetragenen Gläubiger statt (bei Schiffen: sog. Schiffsgläubiger – siehe § 169 Rz. 36 ff., 56 ff. [*Popp*]). 15

Auch etwas dem Aufgebot der Schiffsgläubiger Vergleichbares ist *nicht* vorgesehen. 16

Zur Erklärung ist anzumerken, dass es zwar keine rechtlichen Regelungen bei Luftfahrzeugen gibt, die denen über die Schiffsgläubiger entsprechen (sodass es zunächst naheliegend scheint, dass die entsprechenden Normen, die Schiffsgläubiger betreffen, nicht ähnlich auch für Luftfahrzeuge gelten). 17

Aber es gibt gleichwohl auch bei Luftfahrzeugen nicht im Pfandrechtsregister eingetragene Gläubiger, die – ggf. sogar vorrangig – zu berücksichtigen sind (siehe § 171a Rz. 85 ff. [*Popp*]). Diese Gläubigerklasse ist insoweit bei Luftfahrzeugen weniger gut geschützt, als das bei den Schiffen der Fall ist. 18

---

2) So z. B. Steiner-*Hagemann*, ZVG § 171d Rz. 4 und 6 (mit Verweis auf Steiner-*Hagemann*, ZVG, § 167 Rz. 12, wo aber auch nichts Präziseres steht).

3) *Mohrbutter-Drischler*, Muster 173 (Antrag) und Muster 174 (Anordnungsbeschluss).

V. Bekanntmachung/kein Absehen

19 Die Zwangsversteigerung kann gemäß § 171a, 40 Abs. 2 ZVG auch in einem Luftverkehrsfachblatt gekannt bemacht werden.

20 Die Belastung des Luftfahrzeugs mit einem Registerpfandrecht in ausländischer Währung muss in der Terminsbestimmung enthalten sein (vgl. § 171e ZVG und die dortige Kommentierung (§ 171e Rz. 1 ff. [*Cranshaw*]).

21 Die Anwendbarkeit von § 39 Abs. 2 ZVG ist ausgeschlossen, da der Gesetzgeber davon ausging, dass § 39 Abs. 2 ZVG keinen Anwendungsbereich habe. (Zur Kritik dazu siehe oben zur entsprechenden Norm bei Schiffen § 168 Rz. 18 ff. [*Popp*]).

§ 171e

Registerpfandrechte an Luftfahrzeugen in ausländischer Währung

Für die Zwangsversteigerung eines Luftfahrzeugs, das mit einem Registerpfandrecht in ausländischer Währung belastet ist, gelten folgende Sonderbestimmungen:

1. **Die Terminsbestimmung muß die Angabe, daß das Luftfahrzeug mit einem Registerpfandrecht in ausländischer Währung belastet ist, und die Bezeichnung dieser Währung enthalten.**
2. **In dem Zwangsversteigerungstermin wird vor der Aufforderung zur Abgabe von Geboten festgestellt und bekanntgemacht, welchen Wert das in ausländischer Währung eingetragene Registerpfandrecht nach dem amtlich ermittelten letzten Kurs in Euro hat. Dieser Kurswert bleibt für das weitere Verfahren maßgebend.**
3. **Die Höhe des Bargebots wird in Euro festgestellt. Die Gebote sind in Euro abzugeben.**
4. **Der Verteilungsplan wird in Euro aufgestellt.**
5. **Wird ein Gläubiger eines in ausländischer Währung eingetragenen Registerpfandrechts nicht vollständig befriedigt, so ist der verbleibende Teil seiner Forderung in der ausländischen Währung festzustellen. Die Feststellung ist für die Haftung mitbelasteter Gegenstände, für die Verbindlichkeit des persönlichen Schuldners und für die Geltendmachung des Ausfalls im Insolvenzverfahren maßgebend.**

Literatur: *Grothe*, Fremdwährungsverbindlichkeiten, 1999; *Maier-Reimer*, Fremdwährungsverbindlichkeiten, NJW 1985, 2049; *von Bodungen*, Mobiliarsicherungsrechte an Luftfahrzeugen und Eisenbahnrollmaterial im nationalen und internationalen Rechtsverkehr, 2009.

Übersicht

I. Normzweck

§ 171e ZVG ist die für die Versteigerung von Luftfahrzeugen inhaltlich identische Parallelnorm zu den §§ 145a, 168c ZVG über die Versteigerung von Immobilien (§ 145a ZVG) und Schiffen bzw. Schiffsbauwerken (§ 168c ZVG). Grund der Norm ist hier wie dort die gleichberechtigte Teilhabe aller Gläubiger am Versteigerungsergebnis, unabhängig von der Währung, in der ihr Recht bestellt wurde. 1

§ 171e ZVG ist allein auf Flugzeuge im **inländischen Register** anzuwenden. 2

II. Die Regelungen des § 171e ZVG im Einzelnen

1. Rechtsgrundlage und Hintergrund des § 171e ZVG

a) Inhalt des § 87 LuftFzgG

Grundlage des **Registerpfandrechts in ausländischer Währung** an in der inländischen Luftfahrzeugrolle eingetragenen Luftfahrzeugen ist § 87 LuftFzgG:[1)] 3

„§ 87

Wird für eine Forderung, die auf ausländische Währung lautet und deren Gläubiger seinen Wohnsitz oder Sitz außerhalb des Geltungsbereichs dieses Gesetzes hat, ein Registerpfandrecht in das Register eingetragen, so kann der Geldbetrag der Forderung und etwaiger Nebenleistungen oder der Höchstbetrag, bis zu dem das Luftfahrzeug haften soll, in ausländischer Währung angegeben werden."

Das Registerpfandrecht kann wie die Schiffshypothek auch Teil der Deckungsmasse für Pfandbriefe sein, wie der Verweis in § 32 Abs. 3 Satz 2 Pfandbriefgesetz auf § 87 LuftfzgG zeigt. 4

Die **Gesetzesbegründung** des § 87 LuftFzgG sieht die Vorschrift als Ergänzung zu § 36 Schiffsregisterordnung (SchRegO),[2)] auf die § 86 LuftFzgG verweist.[3)] Grund war damals der *„Aufbau der deutschen Luftfahrt"* und die bereits bestehenden dinglichen Rechte an im Ausland angekauften gebrauchten Flugzeugen, eine heute überholte Begründung des historischen Gesetzgebers. 5

b) Fremdwährungsschuld und § 87 LuftFzgG

Die Zulässigkeit der Fremdwährungsschuld resultiert als Umkehrschluss aus § 244 BGB, sie besteht als „echte Valutaschuld".[4)] § 87 LuftfzgG greift diese Möglichkeit einer Fremdwährungsschuld auf. Nach dieser Norm kann bei einer durch ein Re- 6

---

1) LuftFzgG, Gesetz über Rechte an Luftfahrzeugen, v. 26.2.1059, BGBl. III S. 403-9, bis zur Fassung d. Art. 15 Abs. 19 des Gesetzes v. 4.5.2021 – BGBl. 2021 I S. 882.

2) SchRegO v. 19.12.1940, heute i. d. F. der Bekanntmachung v. 26.5.1994, BGBl. 1994 I S. 1133 i. d. F. bis zu Art. 7 Abs. 4 des Gesetzes v. 31.10.2022, BGBl. 2012 I S. 1966.

3) BT-Drucks. 423, 3. Wahlperiode v. 9.6.1958, S. 12, 31 f.

4) Vgl. zu solchen Geldschulden, auch zur Begrifflichkeit Güneberg/*Grüneberg*, BGB, §§ 244, 245 Rz. 22, *„Echte Valutaschuld"* sowie Rz. 21 zur Prozessführung auf Leistung in Fremdwährung, soweit nicht (auch) stillschweigend in eine Euroschuld *„umgewandelt"* worden sei; Prütting/Wegen/Weinreich-*Kramme*, BGB, §§ 244/245 Rz. 12 f. m. w. N.; BGH, Urt. v. 13.7.1987 – II ZR 280/86, BGHZ 101, 296 ff., 302. Das frühere Währungsgesetz mit seinen Einschränkungen, auf das der BGH noch Bezug zu nehmen hatte, wurde durch Art. 7 Drittes Euro-Einführungsgesetz v. 16.12.1999, BGBl. 1999 I S. 2402, zum 1.1.2002 aufgehoben.

gisterpfandrecht besicherten Forderung, *„die auf ausländische Währung lautet und deren Gläubiger seinen Wohnsitz oder Sitz außerhalb des Geltungsbereichs dieses Gesetzes hat* [....], *der Geldbetrag der Forderung und etwaiger Nebenleistungen oder der Höchstbetrag, bis zu dem das Luftfahrzeug haften soll, in ausländischer Währung angegeben werden“.* Das Registerpfandrecht lautet dann aufgrund ausdrücklicher Vereinbarung der Beteiligten auf die **vereinbarte ausländische** Währung.[5)]

7 Wird eine derartige Fremdwährungsschuld an einem im Inland in der Luftfahrzeugrolle eingetragenen Luftfahrzeug durch ein Registerpfandrecht im inländischen Register besichert (vgl. §§ 1 ff., 24 ff. LuftFzgG), und zwar gegenüber einem ausländischen Forderungsinhaber, ist es möglich, den Betrag der ausländischen Währung einzutragen. Das Registerpfandrecht ist **streng akzessorisch** (§ 4 LuftFzgG).

8 Die **Beschränkung** auf einen **ausländischen Forderungsinhaber** ist in praxi völlig unproblematisch, wenn der inländische Forderungsinhaber nämlich die zu besichernde Forderung an eine ausländische Beteiligungsgesellschaft verkauft und abtritt und erst danach eine Besicherung erfolgt, sodass das Kriterium des Gesetzes erfüllt ist. Der inländische Verkäufer kann auch problemlos eine eigene Finanzierungsbeteiligungsgesellschaft mit ausländischem Sitz einschalten.[6)] Die ausländische Gesellschaft kann ausschließlich zu diesem Zweck gegründet worden sein, eine sog. Scheinauslandsgesellschaft mit statutarischem Sitz im Ausland (der EU) und tatsächlichem Verwaltungssitz im Inland dürfte allerdings ausscheiden. Die Rechtsprechung des EuGH zum europäischen Gesellschaftsrecht hat eine andere Zielrichtung, nämlich insbesondere die Wahrung der Niederlassungsfreiheit der Unternehmen; sie dürfte vorliegend nicht anwendbar sein.[7)]

9 Aufgrund der weiten Fassung des § 1 LuftFzgG findet eine Beschränkung des Registerpfandrechts auf Forderungen im Kontext mit einer Flugzeugfinanzierung nicht statt, vielmehr ist jeder Anspruch besicherbar und damit auch jede Fremdwährungsschuld. In praxi wird es aber fast stets um Finanzierungsgeschäfte mit Flugzeugen oder Triebwerken gehen (vgl. zur letzteren Thematik die §§ 68 ff. LuftFzgG), seien es Kauf- oder Leasingfinanzierungen oder Refinanzierungen derselben.

c) Welche Fremdwährung ist zugelassen?

10 Das Gesetz sieht eine Beschränkung auf bestimmte Währungen nicht vor; dass man zum Zeitpunkt des Erlasses des LuftFzgG im Jahre 1959 an Hersteller in den USA, Großbritannien Frankreich usw. gedacht hat und an Verträge in dortiger Währung, namentlich in US-$, mag sein, kommt aber in der Gesetzesbegründung nicht zum Ausdruck. Es ist daher Sache der Vertragsparteien, sich hier zu einigen.

5) Grüneberg/*Grüneberg*, BGB, § 244 Rz. 22.

6) Die Vereinbarkeit des § 87 LuftFzgG mit dem europäischen Recht mag hier dahinstehen, dürfte aber zu bejahen sein; siehe auch EuGH, Urt. v. 30.9.2003 – Rs C-167/01, ZIP 2003, 1885 ff. = NJW 2003, 3331 ff. = Slg. 2003 I-10155 ff.

7) EuGH, Urt. v. 30.9.2003 – Rs C-167/01, ZIP 2003, 1885 ff. = NJW 2003, 3331 ff. = Slg. 2003 I-10155 ff.

2. Folgen des Rechts in ausländischer Währung gemäß § 171e Nr. 1–5 ZVG; Währungskursrisiken

Auf die Kommentierung zu § 145a ZVG wird im Hinblick auf die inhaltliche Identität der §§ 145a, 168c und 171e ZVG verwiesen. Da im Grundbuch jedoch nur bestimmte Fremdwährungen zulässig sind, in § 171e ZVG solche Einschränkungen indes nicht enthalten sind, enthält das Registerpfandrecht in Fremdwährung als akzessorisches Recht, das der Fremdwährungsschuld folgt, **größere Währungskursrisiken** für die Beteiligten, als sie aus § 145a ZVG resultieren. Auf die Sachgerechtheit von Währungs(-kurs-)sicherungsgeschäften (siehe § 145a Rz. 3 [*Cranshaw*]) wird hingewiesen. Bezüglich der in den letzten Jahren virulent gewordenen Haftungsfragen des Finanziers bei Fremdwährungsdarlehen oder sonstigen Finanzierungsinstrumenten in fremder Währung siehe § 145a ZVG [*Cranshaw*]. 11

§ 171f

Miet- oder Pachtzins – Hypothek

§ 169 gilt für das Luftfahrzeug entsprechend.

Literatur: Siehe die Hinweise zu § 167 ZVG (Parallelnorm bei der Schiffsversteigerung).

Übersicht

I. Zweck der Norm

1 Der Normzweck besteht wie auch bei – dem in § 171f ZVG für anwendbar erklärten – § 169 ZVG darin, die Rechtslage hinsichtlich Miet- und Pachtverhältnissen und des Eigentumserwerbs zu klären.

2 Nach § 98 Abs. 2 LuftFzgG gilt u. a. § 578a BGB sinngemäß für Luftfahrzeuge mit der Maßgabe, dass an die Stelle des eingetragenen Schiffs das in der Luftfahrzeugrolle eingetragene Luftfahrzeug und an die Stelle der Schiffshypothek das Registerpfandrecht an einem Luftfahrzeug tritt.

3 Da der Eigentumserwerb sich gemäß § 98 Abs. 1 Abs. 1 Satz 1 LuftFzgG nur nach den Vorschriften über bewegliche Sachen vollzieht und hierbei – gemäß § 98 Abs. 1 Satz 2 LuftFzgG – die Regeln über das Erlöschen von Rechten Dritter durch gutgläubigen Erwerb gemäß § 936 BGB nicht gelten, der Rechtsverlust also unabhängig vom Besitzübergang auf den Dritten eintritt, ist der Schutz der am Erlös Berechtigten gegen benachteiligende Verfügungen des Erstehers besonders wichtig. Dies zu gewährleisten ist Sinn von § 171f ZVG.

II. Anwendungsbereich

4 § 171f ZVG gilt uneingeschränkt für **deutsche/inländische** Luftfahrzeuge.

5 Für **ausländische** Flugzeuge gilt § 171f ZVG nur insoweit, als auf § 169 Abs. 1 ZVG verwiesen wird. Dies ergibt sich aus der Verweisung in § 171h ZVG.

6 § 171f ZVG gilt für ausländische Flugzeuge nicht, soweit auf § 169 Abs. 2 ZVG verwiesen wird. Das ergibt sich daraus, dass § 169 Abs. 2 ZVG die Eintragung im Register für Pfandrechte an Luftfahrzeugen voraussetzt.

III. Miete und Pacht/Vorausverfügungen

7 Die Miet- und Pachtrechte werden wie bei Schiffen behandelt. § 171f ZVG verweist auf § 169 Abs. 1 ZVG und diese Norm des § 169 Abs. 1 ZVG modifiziert §§ 57–57b ZVG, die im Übrigen gemäß § 171a ZVG anwendbar sind. Im Rahmen des in § 169 Abs. 1 ZVG in Bezug genommenen § 578a BGB tritt das Luftfahrzeug an die Stelle des Schiffes (§ 98 Abs. LuftFzgG).

8 Im Übrigen sind die Anmerkungen zu § 169 Abs. 2 ZVG insoweit entsprechend anwendbar (siehe § 169 Rz. 19 [*Popp*]).

IV. Verteilungstermin

9 Für den in § 169 Abs. 2 Satz 1 ZVG i. V. m. § 171f ZVG genannten Verteilungstermin gelten gemäß § 171a ZVG die Regeln des Ersten Abschnitts, einschließlich der Verteilungsreihenfolge (siehe § 171a Rz. 64 ff. [*Popp*]).

V. Registerpfandrecht gegen den Ersteher

10 § 169 Abs. 2 ZVG i. V. m. § 171f ZVG tritt an die Stelle von § 128 ZVG. Wird also das Bargebot bis zum Verteilungstermin nicht bezahlt, dann wird im Register für Pfandrechte an Luftfahrzeugen für die Forderung gegen den Ersteher ein Registerpfandrecht eingetragen.

11 Daran ändert sich auch dann nichts, wenn der Ersteher das Luftfahrzeug zwischenzeitlich weiter veräußert haben sollte (§ 169 Abs. Satz 2 ZVG analog). Denn wie oben dargestellt (siehe § 171a Rz. 55 ff. [*Popp*]) erfordert der Eigentumserwerb an einem Luftfahrzeug **keine Registereintragung**, sondern erfolgt gemäß §§ 929 ff. BGB. Auch in diesen Fällen wird das Registerpfandrecht für die Forderung gegen den Ersteher im Register für Pfandrechte an Luftfahrzeuge eingetragen. Auf guten oder schlechten Glauben des Erwerbers kommt es dabei nicht an. Diesen Eingriff in die Rechtskonsequenz hielt der Gesetzgeber für geboten, „um den Berechtigten einen wirksamen Schutz gegen benachteiligende Verfügungen des Erstehers zu gewähren".[1])

12 Das vorgenannte Registerpfandrecht steht rechtsgeschäftlich bestellten Registerpfandrechten gleich, einschließlich der Rangverhältnisse (§ 169 Abs. 2 Satz 3 ZVG analog), wobei an Stelle der dort in Bezug Regelungen des SchRG die Regelungen des LuftFzgG treten.

13 Allerdings wenn ein Luftfahrzeug einem Ausländer zugeschlagen wird und im (deutschen) Pfandrechtsregister (sowie der Luftfahrzeugrolle) gelöscht wird, ist

---

1) *Jaeckel/Güthe*, ZVG, 2. Aufl., § 169 Anm. 4 (für die Schiffe); der Gedanke ist später für Luftfahrzeuge in § 171f ZVG übernommen worden.

eine Eintragung eines Registerpfandrechts im Pfandrechtsregister nicht möglich. In diesem Fall dürfte wiederum die entsprechende Anwendung von § 171 Abs. 5 ZVG in Betracht kommen wie auch bei § 169 ZVG. Siehe § 169 Rz. 27 [*Popp*]).[2]

VI. Sicherungsmaßregeln gegen Ersteher

Zu der Sicherungsverwaltung entsprechend § 170 ZVG (bzw. ähnlich § 94 ZVG) siehe § 171g Rz. 1 ff. [*Popp*]). 14

---

2) Steiner-*Hagemann*, ZVG, § 162 Rz. 158, § 169 Rz. 19, § 171 Rz. 61; *Jaeckel/Güthe*, ZVG, 7. Aufl., § 169 Rz. 6.

§ 171g

Sicherungsmaßnahmen nach Zuschlag, Bewachung und Verwahrung

(1) An die Stelle der nach § 94 Abs. 1 zulässigen Verwaltung tritt die gerichtliche Bewachung und Verwahrung des versteigerten Luftfahrzeugs.

(2) Das Gericht hat die getroffenen Maßregeln aufzuheben, wenn der zu ihrer Fortsetzung erforderliche Geldbetrag nicht vorgeschossen wird.

Literatur: Siehe die Hinweise zu § 170 ZVG (Parallelnorm bei Schiffsversteigerungen) sowie zu § 171a ZVG.

Übersicht

I. Zweck der Norm

Die Norm bezweckt wie die entsprechende Vorschrift des § 170 ZVG in der Schiffsversteigerung Ähnliches wie § 94 Abs. 1 ZVG. Sie dient dem Schutze der Beteiligten, die eine Verteilung aus dem Verteilungstermin (Befriedigung aus dem Bargebot) erwarten können, gegen Unzuverlässigkeit des Erstehers hinsichtlich der Zahlung oder Hinterlegung des Bargebotes. 1

Es soll eine Entfernung des Luftfahrzeugs aus dem Bundesgebiet und damit dem Geltungsbereich des ZVG vor der Zahlung bzw. Hinterlegung des Meistgebotes verhindert werden. 2

II. Anwendungsbereich

§ 171f ZVG gilt für **deutsche** Luftfahrzeuge unmittelbar **und** über die Verweisung in § 171h ZVG auch für **ausländische** Luftfahrzeuge. 3

III. Bewachung und Verwahrung/Verwaltung nach Zuschlag

4 Mit dem Zuschlag kann auf **Antrag** eines zur Befriedigung aus dem Bargebot berechtigten Gläubigers die Bewachung und Verwahrung des Luftfahrzeugs (welche gemäß § 171c ZVG von Amts wegen immer anzuordnen war) als Sicherungsmaßnahme nach dem Zuschlag fortgesetzt werden (§§ 171g Abs. 1, 94 Abs. 1 ZVG). Die Bewachung und Verwahrung des Luftfahrzeugs nach dem Zuschlag erfolgt für Rechnung des Erstehers.

5 Bewachung und Verwahrung gemäß § 171g ZVG tritt an die Stelle der Verwaltung gemäß § 94 Abs. 1 ZVG. Hierbei sind „Bewachung und Verwahrung" und „Verwaltung" offenbar nur unterschiedliche Formulierungen. Eine inhaltliche Differenzierung ist allenfalls insoweit erkennbar, als „Verwaltung" i. S. v. § 94 Abs. 1 ZVG auch die Einziehung von Einnahmen aus Miete/Pacht umfasst, während nach h. M. dieses bei § 171g ZVG nicht möglich ist, da § 171g ZVG sozusagen nur das Äquivalent der Bewachung und Verwahrung gemäß § 171c Abs. 2 ZVG beinhaltet, aber gerade nicht auch eine Entsprechung zu der Quasi-Zwangsverwaltung (§ 171c Abs. 3 Satz 3 ZVG) ist.

6 Zu der Bewachung und Verwahrung gemäß § 171g ZVG ist, wie auch bei der Verwaltung gemäß § 94 Abs. 1 ZVG (und der nach § 170 ZVG), anzumerken, dass es sich nicht, wie häufig fälschlich angenommen wird, um eine Verwaltung „gegen" den Ersteher handelt, sondern um eine Verwaltung für Rechnung des Erstehers, die sich nur insoweit „gegen" den Ersteher richtet, als diese einen Sicherungscharakter hat und sozusagen gegen den Willen des Erstehers angeordnet werden kann.

7 Die Art der Durchführung der Bewachung und Verwahrung entspricht grundsätzlich derjenigen des § 171c Abs. 2 ZVG.

IV. Voraussetzung der Anordnung

8 Das Gericht kann nach richtiger Auffassung die Anordnung von der Einzahlung eines Kostenvorschusses abhängig machen (§ 171g Abs. 2 ZVG). Zu der Streitfrage, ob die Anordnung zunächst auch ohne Vorschusszahlung zu erfolgen hat, auch wenn sie dann ggf. umgehend gemäß Abs. 2 wieder aufgehoben wird, zu der inhaltlich entsprechenden Norm bei der Schiffsversteigerung siehe § 170 Rz. 9 ff. [*Popp*]).

V. Aufhebung mangels Vorschuss

1. § 171g Abs. 2 ZVG

a) Inländische Luftfahrzeuge

9 Die Anwendbarkeit von § 171g Abs. 2 ZVG auf inländische Luftfahrzeuge steht außer Frage. Dies entspricht der parallelen Regelung bei der Schiffsversteigerung in § 170 ZVG.

b) Ausländische Luftfahrzeuge – § 171 Abs. 5 Abs. 2 ZVG analog anwendbar?

10 Bei den parallelen Regelungen zur Schiffsversteigerungen enthält § 171 Abs. 5 Satz 2 ZVG (welcher § 171g Abs. 2 ZVG inhaltlich entspricht) aber eine Ausnahme von § 170 Abs. 2 ZVG:

Gemäß § 171 Abs. 5 Satz 2 ZVG darf das Gericht bei Schiffsversteigerungen die von ihm angeordnete Bewachung[1)] und Verwahrung des (ausländischen) Schiffs erst aufheben und darf das Schiff dem Ersteher erst übergeben werden, wenn die Berichtigung des Meistgebots oder die Einwilligung der Beteiligten nachgewiesen wird. 11

Hier stellt sich die Frage, ob der Gesetzgeber bei Schaffung von §§ 171a–171n ZVG den § 171 Abs. 5 Satz 2 ZVG übersehen hat – dieser also analog anzuwenden ist – und das Gericht somit die von ihm gemäß § 171g Abs. 1 ZVG angeordnete Bewachung und Verwahrung des Luftfahrzeugs erst aufheben und das Luftfahrzeug dem Ersteher erst übergeben darf, wenn die Berichtigung des Meistgebots oder die Einwilligung der Beteiligten nachgewiesen wird, oder ob es sich um eine **bewusste** und **gewollte Abweichung** des Gesetzgebers von der parallelen Fragestellung bei § 171 Abs. 5 Satz 2 ZVG handelt und sich deswegen dazu nichts in den §§ 171h–171 ZVG über die ausländischen Luftfahrzeuge findet. 12

Da schon die Regelung des § 171 Abs. 5 Satz 2 ZVG als missglückt anzusehen ist (zur Kritik siehe § 171 Rz. 51 ff. [*Popp*]), wäre wohl eher umgekehrt zu argumentieren. Die bessere Einsicht des Gesetzgebers, die offenkundig bei den §§ 171a–171n ZVG maßgeblich war, wäre konsequent auch auf § 171 Abs. 5 Satz 2 ZVG anzuwenden. Die Aufforderung an den Gesetzgeber *de lege ferenda* lautet deshalb, § 171 Abs. 5 Satz 2 ZVG ersatzlos zu streichen. 13

§ 171 Abs. 5 Satz 2 ZVG ist jedenfalls **nicht analog anwendbar** auf § 171g ZVG. 14

2. Folgefrage: Rückgriff des Antragstellers beim Ersteher?

Zur Frage, ob der Ersteher Ersatz verlangen kann, siehe § 170 Rz. 23 [*Popp*]. 15

VI. Verhältnis zu nach Zuschlag angeordneter Verwaltung gemäß § 94 Abs. 1 und Abs. 2 ZVG i. V. m. §§ 146 ff. ZVG

Siehe § 170 Rz. 25 ff. [*Popp*]). 16

VII. Dauer der Verwaltung/Aufhebung

Die Aufhebung geschieht immer von Amts wegen. Das Vollstreckungsgericht muss also ständig prüfen, ob ein Fortbestehen der Maßregel gemäß § 171g ZVG immer noch statthaft bzw. zulässig ist. 17

Im Übrigen vergleiche § 170 ZVG als inhaltsgleiche Norm für die Schiffe bzw. siehe § 170 Rz. 25 ff. [*Popp*]. 18

---

1) Das Gesetz verwendet das Wort „Überwachung" – es ist davon auszugehen, dass damit dasselbe gemeint ist wie mit „Bewachung"; siehe § 171 Rz. 41 ff. [*Popp*]).

§ 171h

Ausländische Luftfahrzeuge

Auf die Zwangsversteigerung eines ausländischen Luftfahrzeugs sind die Vorschriften in §§ 171a bis 171g entsprechend anzuwenden, soweit sich nicht aus den §§ 171i bis 171n anderes ergibt.

Literatur: *Bauer*, Die Zwangsvollstreckung in Luftfahrzeuge, JurBüro 1974, Sp. 1; *Kronke*, Neues internationales Mobiliarsicherungsrecht erleichtert die Finanzierung von Luft-

und Raumfahrzeugen, ZLW 2002, 147; *Melzer/Haslach*, Die Zwangsvollstreckung in Luftfahrzeuge aus deutschem Registerpfandrecht, ZLW 2003, 582; *Meyer-Stolte*, Register für Pfandrechte an Luftfahrzeugen, RpflJB 1961, S. 379; *Mümmler*, Zwangsvollstreckung in Luftfahrzeuge, DGVZ 1962, 1; *Reuleaux*, Sicherungsrechte an Flugzeugtriebwerken, ZBB 2005, 354; *Schölermann/Schmid-Burgk*, Flugzeuge als Kreditsicherheit, WM 1990, 1137; *Schwenk*, Die Kreditsicherung bei der Beleihung von Luftfahrzeugen, BB 1966, 477 ff.; *Sester/Haag*, Die Umsetzung der Kapstadt-Konvention: Kollisionen mit dem deutschen Vollstreckungs- und Insolvenzrecht, ZLW 2005, 493; *Thode*, Innerstaatliche Anerkennung ausländischen Registerpfandrechts an Luftfahrzeug, WuB IV A § 439 BGB 1.92; *Wendt*, Dingliche Rechte an Luftfahrzeugen, MDR 1963, 448.

Übersicht

I. Zweck der Norm und Anwendungsbereich

1 Nach § 106 Abs. 1 Nr. 1 LuftFzgG sind auf die Zwangsvollstreckung in **ausländische Luftfahrzeuge** die Vorschriften für Luftfahrzeuge, die in der Luftfahrzeugrolle eingetragen sind (also deutsche Luftfahrzeuge), sinngemäß anzuwenden.

2 Damit hat der Gesetzgeber die Bestimmungen des **Genfer Abkommens** über die internationale Anerkennung von Rechten an Luftfahrzeugen vom 19.6.1948 (LuftFzgAbk) in das deutsche Recht übernommen.[1)] Mit den §§ 171h ff. wird die notwendige Folgerung für das Vollstreckungsrecht gezogen.

3 Allerdings wird bei § 171h ZVG die Anwendung nicht beschränkt auf Vertragsstaaten des LuftFzgAbk, sondern § 171h ZVG gilt für **alle ausländischen Luftfahrzeuge**. (ausländische Luftfahrzeuge in diesem Sinne sind alle Luftfahrzeuge, die nicht inländische sind, siehe § 171a Rz. 9 [*Popp*]).

4 **Beachte aber**, dass sich § 171k ZVG (und von den §§ 171h bis 171n ZVG allein diese einzige Norm) nur auf Vertragsstaaten des Genfer Abkommens vom 19.6.1948 (LuftFzgAbk) bezieht (siehe § 171k Rz. 2 ff. [*Popp*]).

II. Anzuwendende Vorschriften

5 Auf die Versteigerung eines ausländischen Luftfahrzeugs sind nach § 171h ZVG die Vorschriften der § 171a–171g ZVG (welche für inländische Luftfahrzeuge gelten) entsprechend anzuwenden, soweit sich nicht aus den Sonderregelungen der §§ 171i–

1) In Umsetzung des Genfer Abkommens über die internationale Anerkennung von Rechten an Luftfahrzeugen vom 19.6.1948 – LuftFzgAbk (BGBl. 1959 II S. 130) erging das Gesetz über den Beitritt der Bundesrepublik Deutschland zu dem Abkommen vom 19.6.1948 über die internationale Anerkennung von Rechten an Luftfahrzeugen vom 26.2.1959 (BGBl. 1959 II S. 129) – LuftFzgAbkG. Und in dessen Umsetzung wiederum erfolgte die die innerstaatliche Umsetzung durch das Gesetz über Rechte an Luftfahrzeugen vom 26.2.1959 (LuftFzgG), BGBl. 1959 I S. 57, 223.

171n ZVG ausdrücklich etwas anderes ergibt. Die für inländische Luftfahrzeuge geltenden §§ 171a–171g ZVG verweisen wiederum im Wesentlichen auf das Schiffsversteigerungsrecht bzw. sind diesem nachgebildet.

Die Unterschiede, die sich in den §§ 171h–171n ZVG im Vergleich zu den §§ 162 bis 171 des Schiffsversteigerungsrechts finden, sind insbesondere auf die Verpflichtungen Deutschlands aus dem Beitritt zum Genfer Abkommen vom 19.6.1948 – LuftFzgAbk – zurückzuführen. 6

Da ausländische Luftfahrzeuge nicht in das deutsche Pfandrechtsregister eingetragen werden können, sind alle Vorschriften unanwendbar, die sich auf Eintragungen in das Pfandrechtsregister beziehen. 7

Zur Bedeutung der Eintragungen in einem ausländischen Register siehe § 171i Rz. 10 ff. [*Popp*]). 8

Entsprechend anzuwenden sind: 9

1. Erster Abschnitt

Über den anwendbaren § 171a ZVG wird wiederum verwiesen auf den Ersten Abschnitt. 10

Es sind also entsprechend anwendbar: Die Vorschriften der §§ 1 bis 145 ZVG, soweit sich nicht aus §§ 171b–171g ZVG etwas anderes ergibt; dabei sind die Sondervorschriften der § 171i ff. ZVG zu beachten. 11

Dies betrifft insbesondere die Vorschriften über: 12

- Antrag, Anordnung, Terminsbestimmung,
- geringstes Gebot, Meistgebot, Mindestgebot,
- Zuschlagsversagung (Wertgrenzen), Verkehrswert, insbesondere §§ 74a, 85a, 114a ZVG.

2. § 171b Abs. 1 ZVG – Zuständiges Vollstreckungsgericht

Gemäß § 171b Abs. 1 ZVG: Zuständigkeit des Amtsgerichts Braunschweig[2]. 13

Hierbei ist § 171b Abs. 2 ZVG unanwendbar. 14

3. § 171c Abs. 2 und 3 ZVG

Anordnung der Bewachung und Verwahrung, Bestellung eines Treuhänders und treuhänderische Nutzung (Quasi-Zwangsverwaltung): 15

Hierbei ist § 171c Abs. 1 ZVG unanwendbar. 16

4. § 171d Abs. 2 ZVG

Die öffentliche Bekanntmachung im Amtsblatt ist in jedem Falle vorzunehmen. 17

Hierbei ist § 171d Abs. 1 ZVG unanwendbar. 18

---

2) Zu der ggf. mangelnden hinreichenden Bestimmtheit hinsichtlich der Anknüpfung an den Sitz des Luftfahrt-Bundesamts, welches zwischenzeitlich neben dem Behördensitz Braunschweig auch in Langen (Hessen) ansässig ist: siehe § 171b Rz. 7 ff. [*Popp*].

5. § 171f ZVG – in Bezug auf Miet- und Pachtverhältnisse

19 Anwendbar sind § 169 Abs. 1; § 171f – mit der Ergänzung in § 171n.

20 Nicht anwendbar ist der in Bezug genommene § 169 Abs. 2 ZVG, weil keine Eintragung im Pfandrechtsregister erfolgen kann.

6. § 171g ZVG – Bewachung und Verwahrung

21 Bezüglich des versteigerten Luftfahrzeugs ebenfalls anwendbar.

III. Nicht anzuwendende Vorschriften

22 Neben den bereits genannten Absätzen der § 171b ff. ZVG ist nicht anzuwenden § 171e ZVG.

IV. Sondervorschriften

23 sind getroffen worden wie folgt:

- bezüglich der Rangordnung (§ 171i ZVG),
- bezüglich der Belastung und der Veräußerung nach der Beschlagnahme (§ 171k ZVG),
- bezüglich der Benachrichtigung der ausländischen Registerbehörde von der Verfahrensanordnung (§ 171l Abs. 1 ZVG),
- bezüglich der Fristen:
  - zwischen Terminsbestimmung und Versteigerungstermin sowie
  - der Bekanntmachung der Terminsbestimmung (§ 171l Abs. 2 ZVG),
- bezüglich der Zuschlagsbeschwerde (§ 171m ZVG),
- bezüglich des Wertersatzes für erloschene längerfristige – quasi verdinglichte – Mietverhältnisse (§ 171n ZVG).

24 Siehe jeweils die Kommentierungen bei den in Bezug genommenen Paragrafen.

§ 171i
Ausländische Luftfahrzeuge: Rangordnung der Rechte; Besonderheiten bei Klasse 3 und 4

(1) In der dritten Klasse (§ 10 Abs. 1 Nr. 3) werden nur befriedigt Gebühren, Zölle, Bußen und Geldstrafen auf Grund von Vorschriften über Luftfahrt, Zölle und Einwanderung.

(2) In der vierten Klasse (§ 10 Abs. 1 Nr. 4) genießen Ansprüche auf Zinsen aus Rechten nach § 103 des Gesetzes über Rechte an Luftfahrzeugen vom 26. Februar 1959 (Bundesgesetzbl. I S. 57) das Vorrecht dieser Klasse wegen der laufenden und der aus den letzten drei Geschäftsjahren rückständigen Beträge.

Literatur: Siehe die Hinweise zu § 171h ZVG.

Übersicht

I. Zweck der Norm

Die Norm regelt die Besonderheiten der Rangklassen 3 und 4 bei ausländischen Luftfahrzeugen und setzt damit die Artikel V und XII des Genfer Abkommens über die internationale Anerkennung von Luftfahrzeugen vom 19.6.1948 – LuftFzgAbk – um.[1) 1

II. Anwendungsbereich

§ 171i ZVG gilt für alle ausländischen Luftfahrzeuge. Ebenso siehe § 171a Rz. 4, 7 ff. [*Popp*]). 2

III. Allgemeines zur Rangordnung

Die Rangordnung des § 10 ZVG gilt, da dieser nach den §§ 171l, 171h ZVG entsprechend anzuwenden ist, soweit sich nicht bei Luftfahrzeugen ohnehin eine entsprechende Anwendung verbietet (siehe § 171a Rz. 80 ff. [*Popp*]). 3

Mit Ausnahme der Rangklasse 2 (früher Lidlohn bzw. heute: Forderungen der Wohnungseigentümer), für die kein Anwendungsfeld erkennbar ist und die mithin ohnehin nicht gilt, können die Ausnahmen grundsätzlich alle Rangklassen betreffen. Wie bei inländischen Luftfahrzeugen sind auch bei ausländischen Luftfahrzeugen die Rechte aus Bergung und Erhaltungsmaßnahmen (vgl. § 104 LuftFzgG) einer Zwischenklasse 3/4 zuzuordnen. 4

Das im Genfer Abkommen in Artikel 7 Abs. 5 geregelte Vorrecht für denjenigen, der im Inland durch ein ausländisches Luftfahrzeug auf der Erde beschädigt worden ist, wurde im deutschen Recht nicht eingeführt, weil kein Grund für die Bevorzugung dieser Ansprüche gegenüber anderen dinglich gesicherten Ansprüchen gesehen wurde.[2) 5

IV. Besonderheiten in Klasse 3

In der Rangklasse 3 werden nur Gebühren, Zölle, Bußen und Geldstrafen aufgrund von Vorschriften über Luftfahrt, Zölle und Einwanderung befriedigt (Art. 12 LuftFzgAbk). § 171i Abs. 1 ZVG schränkt insoweit das Vorrecht der öffentlichen Hand (§ 10 Abs. 1 Nr. 3 ZVG, Rangklasse 3) ein. Es kommt darauf an, dass nach dem **nationalen Recht** des Staates, dem das Luftfahrzeug zuzuordnen ist, entsprechende gesetzliche Vorschriften bestehen. 6

---

1) In Umsetzung des Genfer Abkommens über die internationale Anerkennung von Rechten an Luftfahrzeugen vom 19.6.1948 – LuftFzgAbk (BGBl. 1959 II S. 130) erging das Gesetz über den Beitritt der Bundesrepublik Deutschland zu dem Abkommen vom 19.6.1948 über die internationale Anerkennung von Rechten an Luftfahrzeugen vom 26.2.1959 (BGBl. 1959 II S. 129) – LuftFzgAbkG; und in dessen Umsetzung wiederum erfolgte die innerstaatliche Umsetzung durch das Gesetz über Rechte an Luftfahrzeugen vom 26.2.1959 (LuftFzgG), BGBl. 1959 I S. 57, 223.

2) BT-Drucks. 423/1958, S. 38.

7 Andere Ansprüche haben grundsätzlich nicht das Vorrecht dieser Rangklasse; ausnahmsweise aber kommen ggf. weitere ggf. vorrangige Rechte[3] in Betracht. Dieses aber nur, soweit dies durch entsprechende spezifische zwischenstaatliche Vereinbarungen geregelt ist.[4] Hinsichtlich des Umfanges der Ansprüche in dieser Rangklasse gilt § 10 Abs. 1 Nr. 3 ZVG entsprechend. 171i Abs. 1 ZVG begrenzt lediglich die Art der Ansprüche (nicht die Höhe).

8 Es ist insbesondere auch die **zeitliche Beschränkung** der einmaligen und wiederkehrenden Leistungen zu beachten, die sich nach den Vorschriften von § 10 Abs. 1 Nr. 3 ZVG i. V. m. § 13 ZVG ergibt; d. h. Rückstände der laufenden Beträge der letzten zwei Jahre.

V. Besonderheiten in Klasse 4

9 Zugleich erweitert § 171i Abs. 2 ZVG das Vorrecht des § 10 Abs. 1 Nr. 4 ZVG (lfd. dingliche Zinsen) auf Zinsen für alle in Art. 1 Abs. 1 zu lit. d) des LfzgAbk genannten Ansprüche.

10 In der Rangklasse 4 finden Berücksichtigung die besitzlosen Pfandrechte, Hypotheken oder ähnliche Rechte, die vertraglich zur Sicherung einer Forderung bestellt sind, sofern sie nach dem **Recht des ausländischen Staates**, in dem das Luftfahrzeug zur Zeit der Begründung des Rechts als staatszugehörig eingetragen war, gültig entstanden und in einem öffentlichen Register dieses Staates eingetragen sind (vgl. § 103 LuftFzgG).

11 Die wiederkehrenden Leistungen aus diesem Recht genießen das Vorrecht gemäß § 171i Abs. 2 ZVG wegen **der laufenden Beträge** (zu den Rückständen sogleich).

12 Hinsichtlich der Rückstände gilt folgende Besonderheit:

Auch Rückstände der laufenden Beträge genießen das Vorrecht nach § 171i Abs. 2 ZVG, und zwar die in den **letzten drei Geschäftsjahren** rückständigen Beträge (nicht wie nach § 10 Abs. 1 Nr. 4 ZVG vorgesehen zwei Jahre). Dass es insoweit auf Geschäftsjahre des Flugbetriebes ankommt, ist eine weitere Besonderheit.[5] Im Gegensatz zu § 10 Abs. 1 Nr. 4 kommt es nicht auf den Beschlagnahmezeitpunkt i. S. v. § 13 ZVG an, sondern auf die Geschäftsjahre des Flugbetriebes.[6]

---

3) Näher dazu *Schölermann/Schmid-Burgk*, WM 1990, 1137, 1142 m. w. N.

4) BGH, Beschl. v. 25.11.2010 – VII ZB 120/09, Rpfleger 2011, 223 (Zoll- und Steuerforderungen der Republik Argentinien abgelehnt).

5) Steiner-*Hagemann*, ZVG, § 171i Rz. 7 m. w. N.

6) Steiner-*Hagemann*, ZVG, § 171i Rz. 7 m. w. N.

§ 171k[*]

Ausländische Luftfahrzeuge: Verfügungen nach der Beschlagnahme

Wird das Luftfahrzeug nach der Beschlagnahme veräußert oder mit einem Recht nach § 103 des Gesetzes über Rechte an Luftfahrzeugen belastet und ist die Veräußerung oder Belastung nach Artikel VI des Genfer Abkommens vom 19. Juni 1948 (Bundesgesetzbl. 1959 II S. 129) anzuerkennen, so ist die Verfügung dem

Gläubiger gegenüber wirksam, es sei denn, daß der Schuldner im Zeitpunkt der Verfügung Kenntnis von der Beschlagnahme hatte.

*) In der Nummerierung des Gesetzes folgt „k" auf „i" („j" fehlt).

Literatur: Siehe die Hinweise zu § 171h ZVG.

Übersicht

I. Zweck der Norm

Die Norm regelt die Behandlung von Verfügungen über ein beschlagnahmtes ausländisches Luftfahrzeug und nimmt die Durchführung des Art. 6 des Genfer Abkommens über die internationale Anerkennung von Rechten an Luftfahrzeugen vom 19.6.1948 vor;[1)] sie dient zugleich der Angleichung des Vollstreckungsrechts des ZVG an § 106 Abs. 5 LuftFzgG. 1

II. Anwendungsbereich: Ausländische Luftfahrzeuge

Beachte, dass sich § 171k ZVG (und von den §§ 171h–171n ZVG allein diese einzige Norm) nur auf Vertragsstaaten des Genfer Abkommens vom 19.6.1948 (LuftFzgAbk) bezieht. 2

Dementsprechend erstreckt sich der Geltungsbereich von § 171k ZVG auch nicht auf alle ausländischen Luftfahrzeuge, sondern nur auf diejenigen ausländischen Luftfahrzeuge, die im Eigentum von Angehörigen eines der Vertragsstaaten stehen. 3

Wenn ein Luftfahrzeug nach der Beschlagnahme (§ 20 bzw. § 171c Abs. 2 ZVG) veräußert oder mit einem Recht nach § 103 LuftFzgG belastet wird (dazu siehe Rz. 5) und diese Veräußerung oder Belastung nach Art. 6 LuftFzgAbk anzuerkennen ist, so ist nach § 171k ZVG die Verfügung dem betreibenden Gläubiger gegenüber wirksam. Diese Wirkung tritt nicht ein, wenn der Schuldner im Zeitpunkt der Verfügung Kenntnis von der Beschlagnahme hatte. 4

Bei den in § 171k ZVG genannten Rechten nach § 103 LuftFzgG handelt es sich insbesondere um das Recht des Besitzers eines Luftfahrzeuges, Eigentum an diesem durch Kauf zu erwerben (also eine Art Vorkaufsrecht). Ferner um das Recht zum Besitz des Luftfahrzeuges aufgrund eines für einen Zeitraum von sechs oder mehr Monaten abgeschlossenen Mietvertrages und um ein besitzloses Pfandrecht, eine Hypothek oder ein ähnliches Recht, das vertraglich zur Sicherung einer Forderung bestellt ist (quasi-dingliches Mietrecht, siehe § 171n Rz. 1 ff. [*Cranshaw*]). 5

---

1) In Umsetzung des Genfer Abkommens über die internationale Anerkennung von Rechten an Luftfahrzeugen vom 19.6.1948 – LuftFzgAbk (BGBl. 1959 II S. 130) erging das Gesetz über den Beitritt der Bundesrepublik Deutschland zu dem Abkommen vom 19.6.1948 über die internationale Anerkennung von Rechten an Luftfahrzeugen vom 26.2.1959 (BGBl. 1959 II S. 129) – LuftFzgAbkG. Und in dessen Umsetzung wiederum erfolgte die die innerstaatliche Umsetzung durch das Gesetz über Rechte an Luftfahrzeugen vom 26.2.1959 (LuftFzgG), BGBl. 1959 I S. 57, 223.

6 Für die Wirksamkeit der vorgenannten Verfügungen kommt es nicht auf den guten Glauben des jeweils Begünstigten an (§§ 135, 136 BGB), sondern allein auf die **Kenntnis des Schuldners** von der Beschlagnahme. Die Frage der Wirksamkeit der vorgenannten Verfügungen ist nach dem Heimatrecht der ausländischen Luftfahrzeuge zu beurteilen.

III. Analoge Anwendung auf inländische Luftfahrzeuge?

7 Bei inländischen Luftfahrzeugen gelten die allgemeinen Regeln über den gutgläubigen lastenfreien Erwerb. Da das Recht der Luftfahrzeuge – gerade auch wegen der Einflüsse internationaler Abkommen und anderer ausländischer Rechtsquellen – aber vielfältige Besonderheiten aufweist und § 171k ZVG die einzige Norm ist, die sich explizit mit Gut-Glaubens-Aspekten bei Luftfahrzeugen befasst, scheint es zumindest vertretbar, auch für die Beurteilung von Fragen rund um den gutgläubigen Erwerb von inländischen Luftfahrzeugen auf Rechtsgedanken des § 171k ZVG und diesbezüglicher Literatur und Rechtsprechung zurückzugreifen.

8 Hierbei wird im Einzelfall zu untersuchen sein, ob eine entsprechende Anwendung geboten ist (wegen insoweit vergleichbarer Fragen), oder ob ggf. genau im Gegenteil wegen der relevanten rechtlichen Unterschiede bei der konkreten Einzelfrage abweichend von § 171k ZVG zu entscheiden ist.

§ 171l

Ausländische Luftfahrzeuge: Benachrichtigung der ausländischen Registerbehörde, Terminsbestimmung 6 Wochen vorher, Bekanntmachung auch im Ausland

(1) Das Vollstreckungsgericht teilt die Anordnung der Zwangsversteigerung tunlichst durch Luftpost der Behörde mit, die das Register führt, in dem die Rechte an dem Luftfahrzeug eingetragen sind.

(2) Der Zeitraum zwischen der Anberaumung des Termins und dem Termin muß mindestens sechs Wochen betragen. Die Zustellung der Terminsbestimmung an Beteiligte, die im Ausland wohnen, wird durch Aufgabe zur Post bewirkt. Die Postsendung muß mit der Bezeichnung „Einschreiben" versehen werden. Sie soll tunlichst durch Luftpost befördert werden. Der betreffende Gläubiger hat die bevorstehende Versteigerung mindestens einen Monat vor dem Termin an dem Ort, an dem das Luftfahrzeug eingetragen ist, nach den dort geltenden Bestimmungen öffentlich bekanntzumachen.

Literatur: Siehe die Hinweise zu § 171h ZVG.

Übersicht

I. Zweck der Norm

Die Norm bezweckt die Durchführung der Artikel 7 Abs. 2 und 14 des Genfer Abkommens über die internationale Anerkennung von Rechten an Luftfahrzeugen vom 19.6.1948.[1)] 1

§ 171l Abs. 1 ZVG soll durch die Mitteilung der Verfahrensanordnung an die ausländische Registerbehörde sicherstellen, dass das ausländische Register für Luftfahrzeuge nach den dort geltenden Bestimmungen möglichst frühzeitig gesperrt werden kann. 2

Die Bestimmungen in Absatz 1 und Absatz 2 Satz 2–4 über die Zulassung des unmittelbaren Postverkehrs mit dem Ausland, der sonst im Rechtsverkehr unzulässig ist (siehe Rz. 8 ff.), dienen der Verfahrenserleichterung und damit auch der Beschleunigung des Verfahrens, soweit der sonst vorgeschriebene Weg für Auslandszustellungen über den Rechtshilfeverkehr mit dem Ausland vermieden wird (siehe Rz. 8 ff.). Die Verlängerung der Mindestfrist zwischen Terminsanberaumung und Versteigerungstermin in Absatz 2 Satz 1 wie auch die öffentliche Bekanntmachung am Heimatort gemäß Absatz 2 Satz 5 sind überwiegend unter dem Gesichtspunkt der Interessenwahrung der – ausländischen – Beteiligten zu sehen. 3

II. Anwendungsbereich

§ 171l ZVG gilt für **alle** ausländischen Luftfahrzeuge (ist also nicht auf die Vertragsstaaten des LuftFzgAbk beschränkt). Ebenso siehe § 171a Rz. 4, 7 ff. [*Popp*]). 4

III. Benachrichtigung ausländischer Registerbehörden

Für die Versteigerung aller ausländischen Luftfahrzeuge gilt eine **erweiterte Benachrichtigungspflicht.** Das Vollstreckungsgericht hat die Anordnung der Versteigerung der ausländischen Registerbehörde mitzuteilen (§ 171l Abs. 1 ZVG). Die Ermittlung der entsprechenden ausländischen Registerbehörde hat das Vollstreckungsgericht vorzunehmen. 5

Die Versteigerung ist **mindestens einen Monat** vor dem Termin an dem Ort, an dem das Luftfahrzeug eingetragen ist, nach den dort geltenden Vorschriften öffentlich **bekannt zu machen** (§§ 171 l Abs. 2 ZVG). 6

Der **Zeitraum** zwischen der Anberaumung des Versteigerungstermins und dem Termin der Bekanntgabe an dem ausländischen Ort des Registers muss mindestens **sechs Wochen** betragen. Dies ist eine Abweichung von § 43 ZVG. Der Zeitraum zwischen der Anberaumung des Versteigerungstermins und dem Termin der Bekanntgabe muss auch dann mindestens sechs Wochen betragen, wenn das Verfahren einstweilen eingestellt war. Kann der Sechs-Wochen-Mindestzeitraum nicht eingehalten werden, so ist gemäß Art. 7 Abs. 3 Satz 1 LuftFzgAbk der Termin aufzuhe- 7

---

1) In Umsetzung des Genfer Abkommens über die internationale Anerkennung von Rechten an Luftfahrzeugen vom 19.6.1948 – LuftFzgAbk (BGBl. 1959 II S. 130) erging das Gesetz über den Beitritt der Bundesrepublik Deutschland zu dem Abkommen vom 19.6.1948 über die internationale Anerkennung von Rechten an Luftfahrzeugen vom 26. Februar 1959 (BGBl. 1959 II S. 129) – LuftFzgAbkG; und in dessen Umsetzung wiederum erfolgte die die innerstaatliche Umsetzung durch das Gesetz über Rechte an Luftfahrzeugen vom 26.2.1959 (LuftFzgG), BGBl. 1959 I S. 57, 223.

ben oder in entsprechender Anwendung von § 83 Nr. 7 der Zuschlag zu versagen. Die Versendung der Mitteilung soll per Luftpost erfolgen.

8 In Abweichung vom ansonsten üblichen Rechtshilfeverkehr mit dem Ausland wird hier ausnahmsweise der unmittelbare Schriftverkehr zwischen Gerichts- und Verwaltungsbehörden zugelassen und als Soll-Vorschrift angeordnet. Diese Besonderheit gilt aber nur hinsichtlich der Vertragsstaaten des LuftFzgAbk.[2)]

9 Bei ausländischen Staaten, die **Nicht-Vertragsstaat** des LuftFzgAbk sind, ist der Rechtshilfeweg einzuhalten.[3)] Eine Unterlassung der Mitteilung bleibt auf das Verfahren ohne Einfluss, kann aber zu Amtshaftungsansprüchen führen.[4)]

10 In der Praxis sollte die Terminierung also stets so erfolgen, dass die Einhaltung des Sechs-Wochen-Mindestzeitraums unproblematisch ist. Hierbei sind länderspezifische Besonderheiten und Erfahrungswerte hinsichtlich Zustelldauern etc. zu berücksichtigen.

IV. Zustellung an Beteiligte im Ausland

11 Absatz 2 Satz 2 bis 4 ergänzen §§ 4, 41 Abs. 1 und § 43 Abs. 2 ZVG über die Zustellung der Terminsbestimmung an Beteiligte außerhalb des Gerichtsbezirks.

12 Wie oben schon erwähnt, sieht Absatz 2 Satz 4 die Beförderung durch Luftpost vor; anstelle der in ansonsten in § 4 ZVG vorgesehenen Aufgabe zur Post als Einschreiben. Die Aufgabe zur Luftpost ist dogmatisch keine Auslandszustellung, sondern eine **fingierte Zustellung im Inland.**[5)]

V. Bekanntmachung im Ausland (durch Gläubiger!)

13 Für Gläubiger wichtig: Die **Bekanntmachung** der Versteigerung **im Ausland** hat der Gläubiger zu veranlassen (§ 171l Abs. 2 Satz 5 ZVG), und nicht das Gericht. Diese Bekanntmachung hat nach den am ausländischen Registerort geltenden Bestimmungen zu erfolgen.

14 Diese Bekanntmachung muss innerhalb einer Frist von **einem Monat** vor dem Termin bewirkt sein. Dies gilt für alle ausländischen Luftfahrzeuge. Zwar ist dies gemäß Art. 7 Abs. 2 lit. b) Satz 2 LuftFzgAbk eigentlich nur für die Vertragsstaaten des LuftFzgAbk zwingend vorgeschrieben. § 171l Abs. 2 Satz 5 ZVG hat dies aber auch auf die Versteigerung ausländischer Luftfahrzeuge aus Nicht-Vertragsstaaten des LuftFzgAbk erstreckt.

15 Der Gläubiger muss dem (deutschen) Vollstreckungsgericht nachweisen, dass die fristgerechte Bekanntmachung im Ausland erfolgt ist. Eine **Verletzung** führt in Übereinstimmung mit Art. 7 Abs. 3 Satz 1 LuftFzgAbk (in unmittelbarer Anwendung für Vertragsstaaten und gemäß § 171l Abs. 2 Satz 5 ZVG in analoger Anwendung auch für Nicht-Vertragsstaaten) **zur Terminsaufhebung** oder in entsprechender Anwendung von § 83 Nr. 7 ZVG zur **Zuschlagsversagung.**[6)]

---

2) Steiner-*Hagemann*, ZVG, § 171l Rz. 4 m. w. N.
3) Steiner-*Hagemann*, ZVG, § 171i Rz. 4.
4) Steiner-*Hagemann*, ZVG, § 171i Rz. 4.
5) BGH, Beschl. v. 13.11.2001 – VI ZB 9/01, NJW 2002, 521–522; anders noch Steiner-*Hagemann*, ZVG, § 171l Rz. 4 und Dassler/Schiffhauer/u. a.-*Rellermeyer*, ZVG, 13. Aufl., 2008, § 171l Rz. 3 (ab der 14. Aufl., 2013, aufgegeben).
6) Steiner-*Hagemann*, ZVG, § 171l Rz. 8.

§ 171m

Ausländische Luftfahrzeuge: Beschwerde gegen Erteilung des Zuschlags

Die Beschwerde gegen die Erteilung des Zuschlags ist binnen sechs Monaten einzulegen. Sie kann auf die Gründe des § 100 nur binnen einer Notfrist von zwei Wochen, danach nur noch darauf gestützt werden, daß die Vorschriften des § 171l Abs. 2 verletzt sind.

Literatur: Siehe die Hinweise zu § 171h ZVG.

Übersicht

I. Zweck der Norm

Die Norm bezweckt die Durchführung des Artikels 7 Abs. 3 des Genfer Abkommens.[1] Danach kann jeder, der durch eine unter Verstoß gegen § 171l Abs. 2 ZVG vorgenommene Verwertung geschädigt worden ist, diese Verwertung binnen sechs Monaten für nichtig erklären lassen. 1

II. Anwendungsbereich

§ 171l ZVG gilt für alle ausländischen Luftfahrzeuge (ist also nicht auf die Vertragsstaaten des LuftFzgAbk beschränkt). Hierzu siehe § 171a Rz. 4, 7 ff. [*Popp*]). 2

III. Zuschlagsbeschwerde

Für die Zuschlagsbeschwerde gelten die allgemeinen Grundsätze der §§ 96 ff. ZVG. 3

Darüber hinaus kann die Zuschlagsbeschwerde wegen Verletzung des § 171l Abs. 2 ZVG, welcher dem Artikel 7 Abs. 2 des vorgenannten Abkommens entspricht, binnen **sechs Monaten** eingelegt werden (§ 171m Abs. 1 ZVG). Diese besondere sechsmonatige Frist ist **keine Notfrist**, sondern eine **Ausschlussfrist**. 4

Wiedereinsetzung in den vorigen Stand nach § 233 ZPO ist möglich. Für den Beginn der Frist ist § 98 ZVG maßgeblich. 5

Hingegen ist die Frist zur Stützung einer Zuschlagsbeschwerde auf die Gründe des § 100 ZVG eine Notfrist. Diese beträgt zwei Wochen – § 96 ZVG, § 569 Abs. 1 Satz 1 ZPO. Siehe hierzu: Wegen § 569 Abs. 1 Satz 3 ZPO i. V. m. der Möglichkeit der außerordentlichen Beschwerde gemäß § 586 Abs. 2 Satz 1 ZVG; beachte auch § 586 Abs. 2 Satz 3 ZVG. Insgesamt zu § 96 ZVG siehe § 96 Rz. 1 ff. [*Popp*]. 6

---

1) In Umsetzung des Genfer Abkommens über die internationale Anerkennung von Rechten an Luftfahrzeugen vom 19.6.1948 – LuftFzgAbk (BGBl. 1959 II S. 130) erging das Gesetz über den Beitritt der Bundesrepublik Deutschland zu dem Abkommen vom 19.6.1948 über die internationale Anerkennung von Rechten an Luftfahrzeugen vom 26.2.1959 (BGBl. 1959 II S. 129) – LuftFzgAbkG; und in dessen Umsetzung wiederum erfolgte die die innerstaatliche Umsetzung durch das Gesetz über Rechte an Luftfahrzeugen vom 26.2.1959 (LuftFzgG), BGBl. 1959 I S. 57, 223.

§ 171n

Bewertung ausländischer Mietrechte bei Erlöschen des Besitzes durch Zuschlag

Erlischt durch den Zuschlag das Recht zum Besitz eines Luftfahrzeugs auf Grund eines für einen Zeitraum von sechs oder mehr Monaten abgeschlossenen Mietvertrages, so gelten die Vorschriften über den Ersatz für einen Nießbrauch entsprechend.

Literatur: *Bleifeld*. Akzessorische Kreditsicherheiten im Rahmen von syndizierten Krediten, 2015; *Haag*, Sicherungsrechte an Flugzeugen in der Einzelzwangsvollstreckung und Insolvenz, Diss., 2004; *Kreuzer*, Die Inlandswirksamkeit fremder besitzloser vertraglicher Mobiliarsicherheiten, die italienische Autohypothek und das US-amerikanische mortgage an Luftfahrzeugen, IPrax 1993, 157–162; *Mensen*, Handbuch der Luftfahrt, 2013.

Übersicht

I. Normhintergrund, inländisches Recht und Genfer Abkommen

1. LuftFzgG

1 Normhintergrund der vollstreckungsrechtlichen Bestimmung des § 171n ZVG ist **§ 103 Abs. 1, Nrn. 1, 2 LuftFzgG:**[1]

„§ 103[2]

Besteht an einem **ausländischen** Luftfahrzeug

1. ein Recht des Besitzers dieses Luftfahrzeugs, Eigentum durch Kauf zu erwerben,
2. **ein Recht zum Besitz dieses Luftfahrzeugs aufgrund eines für einen Zeitraum von sechs oder mehr Monaten abgeschlossenen Mietvertrages oder**
3. ein besitzloses Pfandrecht, eine Hypothek oder ein ähnliches Recht, das vertraglich zur Sicherung einer Forderung bestellt ist,

so geht es allen anderen Rechten an dem Luftfahrzeug vor, sofern es nach dem Recht des Staates, in dem das Luftfahrzeug zur Zeit der Begründung des Rechts als staatszugehörig eingetragen war, gültig entstanden und in einem öffentlichen Register dieses Staates eingetragen ist."

1) LuftFzgG, Gesetz über Rechte an Luftfahrzeugen, v. 26.2.1959, BGBl. III S. 403–9, bis zur Fassung d. Art. 15 Abs. 19 des Gesetzes v. 4.5.2021, BGBl. 2021 I S. 882.

2) Hervorhebung der im Auszug zitierten Gesetzesvorschrift d. d. Verfasser.

Die Vorschrift des § 103 LuftfzG war in der aktuellen Fassung bereits im Regierungsentwurf von 1958 enthalten.[3] 2

2. Genfer Abkommen von 1948

Gesetzgeberischer Hintergrund dieser Norm des LuftFzgG wiederum ist das **Genfer Abkommen** vom 19.6.1948 über die internationale Anerkennung von Rechten an Luftfahrzeugen.[4] Art. 1 Abs. 1 Halbs. 1 lit. b) und c) des Abkommens verpflichten die Vertragsstaaten zur Anerkennung u. a. von Kaufoptionen des Besitzers (lit. b) und von Rechten des Mieters (lit. c), wie dies § 103 Nrn. 1, 2 LuftFzgG vorsehen. Die zitierten Vorschriften des Abkommens stimmen in deutscher Sprache wörtlich mit denjenigen des § 103 Nrn. 1, 2 LuftFzgG überein. Andere Rechte dürfen denen in Art. 1 Abs. 1 des Abkommens, zu denen auch das Eigentum am Luftfahrzeug und vertragliche Sicherungsrechte, wie *„besitzlose Pfandrechte („Mortgages"), Hypotheken und ähnliche Rechte an einem Luftfahrzeug, die vertraglich als Sicherheit für die Erfüllung einer Schuld begründet sind, unter der Voraussetzung, dass diese Rechte […]* " gehören, im Rang nicht vorgehen, Art. 1 Abs. 2 Satz 2 Genfer Abkommen. 3

II. Gegenstand der Norm und das dinglich besicherte längerfristige Mietverhältnis

1. Das betroffene ausländische Mietverhältnis und anwendbares Recht

Die Vorschrift bezieht sich **nicht** auf sämtliche Mietverhältnisse, sondern nur auf solche an ausländischen Luftfahrzeugen (vgl. § 171h ZVG mit den dortigen Verweisungen sowie die Kommentierung im vorliegenden Kommentar) und zwar nur diejenigen, die nach **ausländischem Recht** begründet worden sind. Art 1 des Genfer Abkommens ist nach dessen Art. 11 in seiner Anwendung beschränkt *„auf in einem anderen Vertragsstaat eingetragene Luftfahrzeuge"*; dem folgt das Konzept des § 103 LuftfzG.[5] Das **inländische Recht** sieht ein solch weitreichendes dingliches Besitzrecht des Mieters an Flugzeugen in diesem Sinne nicht vor, im LuftFzgG ist es nicht 4

---

3) Siehe die BT-Drucks. 423, 3. Wahlperiode v. 9.6.1958, S. 15, 36 ff.; der Gesetzentwurf nimmt neben dem Genfer Abkommen auch Bezug auf das Chicagoer Abkommen über die Internationale Zivilluftfahrt v. 7.12.1944, dem die Bundesrepublik 1956 beigetreten ist, Gesetz v. 7.4.1956, BGBl. 1956 II S. 412; zu dem Genfer Abkommen siehe auch *Bleifeld*, Atypische Kreditsicherheiten, S. 57, 58, der darauf hinweist, dass *„wichtige Staaten der Luftfahrt wie Großbritannien, Japan und Kanada nicht Vertragsstaaten sind"*, was die Bedeutung des Abkommens beeinträchtigt. Das Abkommen verdrängt in seinem Anwendungsbereich Art. 45 EG BGB, die Herkunftsstaatsregelung für Transportmittel, *Bleifeld*, Atypische Kreditsicherheiten, S. 88; zu den Vertragsstaaten, die das Abkommen ratifiziert haben (Stand zum 30.10.2008), siehe die Verlautbarung im Rechtsportal der Schweizer Behörden, https://www.fedlex.admin.ch/eli/cc/1960/1268_1324_1322/ (Stand: 16.4.2023) unter 0.748.217.1; zu dem Chicagoer Abkommen vgl. *Mensen*, Handbuch der Luftfahrt, S. 370 ff.; 385 ff.

4) Siehe das deutsche Zustimmungsgesetz und den Text des Abkommens in den verbindlichen Sprachen englisch, französisch und spanisch mit deutscher Übersetzung, BGBl. 1959 II S. 129 ff.; zum Text des Abkommens mit der Angabe der Signatarstaaten siehe Rechtsportal der Schweizer Behörden in der vorstehenden Fußnote; Depositar ist nach Art. XXIII des Abkommens die International Civil Aviation Organization.

5) BT-Drucks. 423, 3. Wahlperiode, S. 36.

geregelt (vgl. § 9 LuftFzgG); die Tatbestandsvoraussetzungen des § 103 Halbs. 2 LuftFzgG sind nicht gegeben.

5 Mit dem Wechsel des bislang ausländischen Luftfahrzeugs, das mit dem Besitzrecht des Mieters belastet ist, ins Inland, tritt mit der inländischen Registereintragung ein **Statutenwechsel** ein, das bisherige ausländische Recht erlischt.[6)]

2. Weitere Anforderungen an das Mietverhältnis nach § 171n ZVG

6 Das gesicherte Mietverhältnis muss **materielle** und **verfahrensrechtliche Voraussetzungen** erfüllen, wobei offen bleiben mag, inwieweit die Registereintragung nach dem Recht der Staaten, die ein solches weitgehendes verdinglichtes Besitzrecht des Mieters kennen, konstitutiven oder nur deklaratorischen Charakter hat.

7 Das Mietverhältnis muss auf einen **längeren Zeitraum als sechs Monate** abgeschlossen worden sein.

8 Das aufgrund des Mietvertrages dergestalt „verdinglichte" Besitzrecht des Mieters bzw. der Mietvertrag oder das Mietverhältnis müssen wirksam entstanden und in dem öffentlichen Register des ausländischen Staates eingetragen sein.

9 Ob alle diese Voraussetzungen vorliegen, bestimmt sich nach dem maßgeblichen **ausländischen Recht**; dieses entscheidet namentlich auch darüber, welche Vertragsstruktur unter den Begriff des Mietvertrags zu subsumieren ist (ob beispielsweise das „Finanzierungsleasing" dazu gehört), wann eine Dauer von sechs Monaten überschritten ist oder ob all die hier umrissenen Vorgänge „*gültig*" sind und ob ordnungsgemäß eingetragen worden ist. § 171n ZVG und § 103 LuftfzG sind **kollisionsrechtliche** Regelungen des internationalen Privatrechts auf dem Transportsektor.

10 Das Vollstreckungsgericht muss sich über die einschlägigen Bestimmungen des ausländischen Rechts vergewissern (vgl. § 293 ZPO)[7)] und prüfen, ob im ausländischen Register ein solches Recht eingetragen ist. Eine **materielle** Prüfungspflicht ist ihm freilich **nicht** auferlegt. Daneben können dingliche Rechte bestehen, die bei fehlender Eintragung in das Heimatregister nach der lex rei sitae zum Zeitpunkt der Bestellung des Rechts zu beurteilen sind.[8)] Solche Rechte sind nach § 37 Nr. 4 ZVG anzumelden, sie gehen jedoch den vertraglichen Rechten des § 103 LuftFzgG bzw. des Art. 1 Genfer Abkommen im Rang nach.

11 Der betroffene **Mieter/Besitzer** i. S. d. § 171n ZVG ist **Beteiligter** gemäß § 9 Nr. 2 ZVG. Die Information über die Versteigerung sichert § 171l Abs. 2 ZVG, insbesondere auch § 171l Abs. 2 Satz 5 ZVG.

---

6) BT-Drucks. 423, 3. Wahlperiode, S. 36; offen muss hier bleiben, ob dies mit den Binnenmarktregeln der EU harmoniert.

7) Das ausländische Recht ist revisibel, seine Verletzung also auch noch in der Rechtsbeschwerde zu berücksichtigen, vgl. Thomas/Putzo-*Seiler*, ZPO, 2022, § 293 Rz. 10, 10; das inländische und europäische IPR ist von Amts wegen zu beachten, Thomas/Putzo-*Seiler*, ZPO, 2022, § 293 Rz. 9 m. w. N.; in der Judikatur siehe auch BGH, Urt. v. 15.7.2008 – VI ZR 105/07, BGHZ 177, 237 ff.

8) BT-Drucks. 423, 3. Wahlperiode, S. 37.

III. Erlöschen des Rechts durch Zuschlag und Rechtsfolge

Erlischt das dingliche Besitzrecht des Mieters (vgl. §§ 52, 91 ZVG), so ist die Rechtsfolge die **analoge Anwendung** der auf den Nießbrauch anzuwendenden Vorschriften. Konsequenz ist, dass eine dem Jahreswert[9] des Besitzrechts an dem Flugzeug (= Mietwert) entsprechende „*Geldrente zu leisten*" ist, § 92 Abs. 2 ZVG. Dieser Ersatzbetrag ist anzumelden, der ausländische Berechtigte ist zwingend nach § 139 ZPO zu belehren.[10] § 92 Abs. 2 Sätze 2, 3 ZVG sind ebenfalls heranzuziehen, sodass auch die Vorauszahlung für drei Monate nach § 92 Abs. 2 Satz 2 ZVG entrichtet werden muss. Da die Bestimmungen über den Nießbrauch analog Anwendung finden, gelten auch die dortigen Erlöschensvorschriften entsprechend;[11] u. a. gilt § 1061 BGB, sollte der Mieter vor Ablauf seiner Mietzeit versterben. Bei **juristischen Personen des ausländischen Rechts** oder diesen gleich zu achtenden Gesellschaften als Mieter richtet sich das Erlöschen des Anspruchs wegen Erlöschens des Mieters/Nießbrauchers (analog § 1061 Satz 2 BGB) nach dem jeweils anzuwendenden ausländischen Gesellschaftsrecht. 12

Im Teilungsplan ist § 121 Abs. 1 ZVG zu beachten, die Dauer der Leistungen ist auf die Laufzeit des Mietvertrages begrenzt.[12] Der 25-fache Jahresbetrag dürfte in praxi kaum in Frage kommen. 13

---

9) Stöber/*Gojowczyk*, ZVG, § 171n Rz. 2; Stöber/*Becker*, ZVG, § 92 Rz. 15 ff.

10) Zur Anmeldung und zu § 139 ZPO generell siehe Dassler/Schiffhauer/u. a.-*Hintzen*, ZVG, § 92 Rz. 36; für ausländische Beteiligte gilt die prozessuale Hinweispflicht des § 139 Abs. 2 ZPO erst recht.

11) Vgl. Grüneberg/*Herrler*, BGB, Einf v. § 1030 Rz. 6 m. w. N.

12) Vgl. Dassler/Schiffhauer/u. a.-*Rellermeyer*, ZVG, § 171n Rz. 1; für die dinglichen Kaufrechte des Mieters gemäß § 103 Nr. 1 LuftFzgG weist er in Rz. 2 zutreffend darauf hin, dass dafür § 171n ZVG nicht gilt.

Dritter Abschnitt
Zwangsversteigerung und Zwangsverwaltung in besonderen Fällen

§ 172

Zwangsversteigerung in Insolvenzverfahren

Wird die Zwangsversteigerung oder die Zwangsverwaltung von dem Insolvenzverwalter beantragt, so finden die Vorschriften des ersten und zweiten Abschnitts entsprechende Anwendung, soweit sich nicht aus den §§ 173, 174 ein anderes ergibt.

Literatur: *Depré, Peter/Lambert, Antje*, Aktuelle steuerliche Aspekte bei der Verwaltung und Verwendung von Immobilien in der Insolvenz, ZfIR 2012, 1.

Übersicht

I. Die Insolvenzverwalterversteigerung

§ 172 ZVG gibt im Rahmen eines Insolvenzverfahrens dem Insolvenzverwalter eine 1 weitere Alternative der Verwertung an die Hand. Diese ist insbesondere aus haftungsrechtlichen Gründen für den Insolvenzverwalter von Vorteil, da keine Gewährleistungsansprüche des Erwerbers bestehen (§ 56 Satz 3 ZVG). Demgegenüber ist bei einer freihändigen Veräußerung der Immobilien zwar die Vereinbarung eines Gewährleistungsausschlusses denkbar. Eine Freizeichnung ist aber insbesondere gegenüber Verbrauchern problematisch bzw. unwirksam. Die Möglichkeit einer genauen Festlegung der Sollbeschaffenheit unter umfassender Angabe von bekannten und bestehenden Mängeln hilft im Rahmen einer freihändigen Veräußerung hier nur bedingt weiter. Bei einem freihändigen Verkauf ist auch zu berücksichtigen, dass an einen etwaigen Gewährleistungsausschluss für Altlasten besondere Anforderungen bestehen und ein üblicher Gewährleistungsausschluss nicht ohne Weiteres auch Ansprüche nach § 24 Abs. 2 Bundesbodenschutzgesetz umfasst.[1)]

Die entsprechenden Risiken können bei einer Insolvenzverwalterversteigerung ver- 2 mieden werden. Darüber hinaus kann dem Insolvenzverwalter bei Einhaltung der Verfahrensvorschriften des ZVG auch nicht vorgeworfen werden, dass er den Grundbesitz unter Wert veräußert habe.[2)]

Für den Insolvenzverwalter ist daher die Zwangsversteigerung, auch vor dem Hin- 3 tergrund der Regeln des § 174a ZVG (siehe näher dort) eine echte, vielfach auch die letzte Alternative, um ein Grundstück zu verwerten. Scheitert auch dies bleibt ggf. nur noch die Freigabe aus der Insolvenzmasse.

1) BGH, Urt. v. 2.4.2004 – V ZR 267/03, NJW-RR 2004, 1243, 1246.
2) Stöber/*Gojowczyk*, ZVG, § 172 Rz. 11 m. w. N.; vgl. auch Böttcher/*Böttcher*, ZVG, § 172 Rz. 3.

4 § 172 ZVG korrespondiert insoweit mit § 165 InsO.

5 Das Antragsrecht steht dem Insolvenzverwalter zu, welcher hierfür keines Vollstreckungstitels bedarf.[3] Nachgewiesen wird das Recht durch die Bestallungsurkunde.[4]

6 Demgegenüber stand dem Treuhänder im vereinfachten Verfahren das entsprechende Recht zu einem Antrag nicht zu (§ 313 Abs. 3 InsO a. F.). Mit Wirkung ab dem 1.7.2014 wurde § 313 InsO gestrichen. Die Regelung des § 313 Abs. 3 InsO gilt nur noch für Insolvenzverfahren die vor dem 1.7.2014 beantragt wurden[5] (vgl. Art 103h EGInsO). Die Regelung findet zudem nur Anwendung, wenn an dem Grundstück Grundpfandrechte bzw. Absonderungsrechte bestehen. Insoweit ist zwar strittig, ob § 313 Abs. 3 Satz 1 InsO a. F. die freihändige Verfügungsbefugnis des Insolvenzverwalters beschränkt.[6] Unbestritten ist allerdings, dass die Zwangsversteigerung gerade auch vor dem Hintergrund des § 174a ZVG dem Treuhänder nicht zustehen sollte. Eine Ausnahme ergibt sich aufgrund der Verweisung des § 313 Abs. 3 InsO auf § 173 Abs. 2 InsO. Demnach kann auf Antrag des Verwalters nach Anhörung des absonderungsberechtigten Gläubigers das Insolvenzgericht eine Frist bestimmen, innerhalb welcher der Gläubiger den Gegenstand zu verwerten hat. Nach Ablauf der Frist ist dann der Insolvenzverwalter zur Verwertung und mithin zur Versteigerung berechtigt. Durch den Wegfall des § 313 InsO besteht für Verfahren, die nach dem 1.7.2014 beantragt wurden, uneingeschränkt die Antragsbefugnis auch in Verbraucherinsolvenzverfahren.

7 Das Recht des Verwalters einen Versteigerungsantrag zu stellen, ist auf die Insolvenzmasse beschränkt. Gehört demnach nur ein Miteigentumsanteil an einem Grundstück zur Insolvenzmasse, so kann der Insolvenzverwalter nach § 172 ZVG auch nur die Zwangsversteigerung hinsichtlich dieses Miteigentumsanteils betreiben. Daneben besteht das Recht nach den §§ 180, 181 ZVG die Teilungsversteigerung durchzuführen.[7] Ein Verwertungsrecht des Insolvenzverwalters ergibt sich auch nicht im Hinblick auf § 174a ZVG. Zwar soll diese Regelung es dem Insolvenzverwalter ermöglichen, auch stark belastete Grundstücke zu versteigern, hieraus ergibt sich jedoch kein allgemeines Recht, die Gegenstände zu versteigern, die nicht zur Insolvenzmasse gehören.[8]

II. Funktion des Insolvenzverwalters

8 Im Rahmen einer Insolvenzverwalterversteigerung hat der Insolvenzverwalter eine Doppelrolle; er ist zugleich betreibender Gläubiger und Vollstreckungsschuldner.[9] Der Insolvenzschuldner ist kein Verfahrensbeteiligter, die Verfügungsbefugnis obliegt allein dem Insolvenzverwalter (§ 80 Abs. 1 InsO).[10] Gleichwohl wird vielfach empfohlen, die Zustellung vorsorglich auch an den Schuldner vorzunehmen.[11] Eine Zu-

3) Stöber/*Gojowczyk*, ZVG, § 172 Rz. 18.
4) Stöber/*Gojowczyk*, ZVG, § 172 Rz. 18.
5) MünchKomm/*Ott/Vuia*, InsO, § 312 Rz. 14.
6) OLG Hamm, Urt. v. 4.11.2011 – 15 W 698/10, NZI 2012, 33, 34.
7) BGH, Beschl. v. 26.4.2012 – V ZB 181/11, NZI 2012, 575.
8) BGH, Beschl. v. 26.4.2012 – V ZB 181/11, NZI 2012, 575, 576.
9) Stöber/*Gojowczyk*, ZVG, § 172 Rz. 13; Uhlenbruck-*Brinkmann*, InsO, § 165 Rz. 17.
10) Stöber/*Gojowczyk*, ZVG, § 172 Rz. 14.
11) Stöber/*Gojowczyk*, ZVG, § 172 Rz. 14.

ständigkeit des Insolvenzgerichts zur Einstellung oder Aufhebung des Verfahrens besteht nicht.[12)]

Entsprechend seiner Doppelrolle kann der Insolvenzverwalter das Verfahren durch Rücknahme beenden oder die Einstellung des Verfahrens bewilligen. In der Terminsbestimmung wird angegeben (§ 37 Nr. 3 ZVG), dass die Versteigerung auf Antrag des Insolvenzverwalters erfolgt. Der Insolvenzverwalter hat auch das Recht nach § 67 ZVG, die Sicherheitsleistung für ein Gebot zu verlangen.[13)] Die 7/10-Grenze des § 74a ZVG gilt aber nicht für den Insolvenzverwalter, von seltenen Ausnahmen abgesehen.[14)] 9

III. Beitritt zum Verfahren

In der Praxis kommt es häufig dazu, dass weitere Gläubiger, insbesondere auch die öffentliche Hand, den Beitritt zum Insolvenzverwalterversteigerungsverfahren erklären möchten. Der Beitritt eines Gläubigers zum Insolvenzversteigerungsverfahren wird wegen der verschiedenen Verfahrensarten überwiegend als unzulässig angesehen.[15)] Der entsprechende Antrag auf Beitritt ist in diesen Fällen als Antrag auf ein neues Vollstreckungsversteigerungsverfahren zu behandeln bzw. auszulegen.[16)] 10

IV. Zwangsverwaltungsantrag durch den Insolvenzverwalter

Nach § 172 ZVG hat der Insolvenzverwalter auch das Recht die Zwangsverwaltung zu betreiben. Die entsprechende Möglichkeit hat nur geringe Bedeutung. Der Insolvenzverwalter hat selbst die Möglichkeit, die Mieten der zur Insolvenzmasse gehörenden Grundstücke einzuziehen. Dies ergibt sich bereits aus seinem allgemeinen Verwaltungs- und Verfügungsrecht (§ 80 InsO). Die Pfändung und Einziehung mithaftender Mieten oder Pachten durch absonderungsberechtigte Grundpfandgläubiger ist nach Insolvenzeröffnung nicht mehr wirksam, was sich aus § 110 InsO ergibt.[17)] 11

Praktische Fälle, in denen ein Antrag auf Zwangsverwaltung durch den Verwalter einmal sinnvoll ist, sind nur schwerlich vorstellbar. 12

Soweit als Beispiel angeführt wird, dass der Insolvenzverwalter der eigenen Insolvenzverwaltung nicht gewachsen ist,[18)] dürfte ein solcher Fall in der Praxis nicht vorkommen. Auch der geschilderte Fall, dass sich auf dem Grundstück ein Gewerbebetrieb befindet, dessen Verwaltung in der Zwangsverwaltung zweckmäßig erscheint, ist wohl nur von theoretischer Natur.[19)] Ungeachtet der Frage, in welchem Umfang der Zwangsverwalter einen Gewerbebetrieb weiterführen oder auch verpachten darf,[20)] ist der praktische Anwendungsbereich für die Anordnung einer Zwangsverwaltung 13

---

12) LG Postdam, Beschl. v. 28.9.2022 – 15 T 62/22, NZI 220, 950.

13) Stöber/*Gojowczyk*, ZVG, § 172 Rz. 33.

14) Vgl. hierzu Stöber/*Becker*, ZVG, § 74a Rz. 4.

15) AG Pirmasens, Beschl. v. 23.1.2013 – 1 K 6/13 (n. v.); Stöber/*Gojowczyk* ZVG, § 172 Rz. 7.1, auch zur Gegenposition.

16) AG Pirmasens, Beschl. v. 23.1.2013 – 1 K 6/13 (n. v.).

17) Ausführlich BGH, Beschl. v. 13.7.2006 – IX ZB 301/04, NZI 2006, 577 ff.

18) Vgl. Stöber/*Gojowczyk*, ZVG, § 172 Rz. 46.

19) Vgl. hierzu Stöber/*Gojowczyk*, ZVG, § 172 Rz. 46.

20) *Depré/Mayer*, Die Praxis der Zwangsverwaltung, § 2 Rz. 676 ff.

seitens des Insolvenzverwalters auch hier gering, gerade im Hinblick auf die weite Rechtsstellung des Insolvenzverwalters.

14 Häufiger wird es in der Praxis zu Fällen kommen, dass Gläubiger einen Zwangsverwaltungs- oder auch einen Zwangsversteigerungsantrag stellen. Insoweit kann nur noch zugunsten eines Gläubigers der Rangklasse 1–4 des § 10 Abs. 1 ZVG die Zwangsverwaltung zugelassen werden, wozu ggf. umgeschriebener Titel gegen den Insolvenzverwalter vonnöten ist.[21)]

15 Insoweit ist zu beachten, dass die Umschreibung nicht in persönlicher Hinsicht, sondern nur in dinglicher Hinsicht erfolgen kann. Einer entsprechenden Klauselerteilung in persönlicher Hinsicht fehlt das Rechtsschutzbedürfnis, da der Insolvenzverwalter insoweit nicht Rechtsnachfolger des Insolvenzschuldners i. S. d. § 727 ZPO geworden ist.[22)]

16 Vermeiden lassen sich solche Anträge ggf. durch entsprechende Verwaltungs- und Verwertungsvereinbarungen mit den Grundpfandrechtsgläubigern.[23)]

V. Prozesskostenhilfe für das Zwangsversteigerungsverfahren

17 Ein weiteres praktisches Problem ist die Gewährung von Prozesskostenhilfe für die Insolvenzverwalterversteigerung. Vielfach sind massearme Verfahren gegeben, bei denen die Masse erst durch die Verwertung generiert werden soll bzw. muss. Die Handhabung der Gerichte reicht von der unproblematischen Gewährung bis zur großen Skepsis.

18 Der Bundesgerichtshof sieht neben den allgemeinen Grundsätzen der Prozesskostenhilfe als Korrektiv den Begriff des „Mutwillens“.[24)] Im Rahmen der (Teilungs-)versteigerung nimmt der Bundesgerichthof eine Mutwilligkeit nur an, wenn das Verhältnis zwischen dem Verkehrswert des Grundstücks und dem geringsten Gebot voraussichtlich alle in Betracht kommenden Interessenten von der Abgabe von Geboten abhalten wird. Insoweit wird zugunsten des Insolvenzverwalters auch die Möglichkeit des Antrages nach § 174a ZVG sowie seine grundsätzliche Pflicht zur Verwertung zu berücksichtigen sein.

19 Gerade wenn sich die Verwertungsaussichten bei Beginn noch nicht abschließend beurteilen lassen, bietet es sich an, dass die Bewilligung abschnittsweise erfolgt.[25)]

20 Vielfach wird in der Gerichtspraxis Prozesskostenhilfe auch nur mit der Auflage bewilligt, dass der Antragsteller die Kosten und ggf. erhaltene PKH-Anwaltsvergütung aus einem etwaigen Erlösüberschuss aus der Versteigerung oder einer alternativen rechtsgeschäftlichen Veräußerung zu zahlen hat. Dies ist vor dem Hintergrund kritisch, dass der BGH einen allgemeinen Grundsatz ablehnt, wonach Erträge der Rechts-

---

21) *Depré/Mayer*, Die Praxis der Zwangsverwaltung, § 3 Rz. 993, 994.

22) Zöller-*Seibel*, ZPO, § 727 Rz. 18; OLG München, Beschl. v. 11.10.1999 – 11 W 2206/99, NZI 1999, 498; LG Frankenthal, Beschl. v. 16.4.2013 – 1 T 84/13 (n. v.).

23) Zur sog. kalten Zwangsverwaltung, siehe auch Beck/Depré/Amperl-*Metoja*, Praxis der Sanierung und Insolvenz, § 15 Rz. 99, § 22 Rz. 114 f.; zu steuerlichen Aspekten solcher Vereinbarungen vgl. *Depré/Lambert*, ZfIR 2012, 1, 4 f.

24) BGH, Beschl. v. 15.3.2011 – V ZB 177/10, Rpfleger 2011, 547.

25) BGH, Beschl. v. 15.3.2011 – V ZB 177/10, Rpfleger 2011, 547, 548.

verfolgung vorrangig zur Deckung von Verfahrenskosten zu verwenden sind.[26] Für die Handhabung der Gerichte spricht allerdings, dass es sich bei den Kosten um Kosten des Verfahrens handelt, die vorrangig abzuführen sind (§ 109 ZVG). Nunmehr sieht auch die Neufassung des § 120a Absatz 3 ZPO die Möglichkeit einer Berücksichtigung von Erlangtem aus der Rechtsverfolgung vor.

Eine Anwaltsbeiordnung wird vielfach mit dem Argument abgelehnt, dass der Insolvenzverwalter, insbesondere, wenn er auch Rechtsanwalt ist, über hinreichende Kenntnisse verfügt und sich daher selbst vertreten kann. Diese Begründung, so vermeintlich überzeugend sie auf den ersten Blick wirkt, verkennt aber, dass bei der Frage der Notwendigkeit der Anwaltsbeiordnung fiktiv auf den Insolvenzverwalter abzustellen ist, der keine volljuristischen Kenntnisse hat.[27] Zumindest dann wenn komplexere (Rechts)fragen im Rahmen des Verfahrens zu erwarten sind sollte daher eine Anwaltsbeiordnung möglich sein. Sofern in einem Teilungsversteigerungsverfahren ein Antragsgegner anwaltlich vertreten ist, ist der Anwaltsbeiordnung wegen des Grundsatzes der Waffengleichheit zu entsprechen. Dieser Fall ist in § 122 Abs. 2 ZPO ausdrücklich gesetzlich geregelt. 21

26) BGH, Beschl. v. 21.9.2006 – IX ZB 305/05, Rpfleger 2007, 32, 33.
27) BGH, Beschl. v. 23.3.2006 – IX ZB 130/05, NJW 2006, 1597.

§ 173
Beschluss ist keine Beschlagnahme

Der Beschluß, durch welchen das Verfahren angeordnet wird, gilt nicht als Beschlagnahme. I. S. d. §§ 13, 55 ist jedoch die Zustellung des Beschlusses an den Insolvenzverwalter als Beschlagnahme anzusehen.

Die Norm legt fest, dass nur eine beschränkte Wirkung des Anordnungsbeschlusses besteht. Hintergrund ist, dass dem Eigentümer mit Eröffnung des Insolvenzverfahrens bereits die Verfügung über sein Vermögen entzogen ist.[1] 1

Lediglich im Hinblick auf die §§ 13, 55 ZVG wird eine Beschlagnahmewirkung zuerkannt. Demnach tritt eine Beschlagnahmewirkung im Hinblick auf laufende Beträge wiederkehrender Leistungen in Abgrenzung zu Rückständen (§ 13 Abs. 1 ZVG) ein. Ferner gilt die Beschlagnahmewirkung auch für die Frage, welche Gegenstände von der Versteigerung des Grundstücks umfasst sind (§ 55 ZVG). 2

1) Stöber/*Gojowczyk*, ZVG, § 173 Rz. 2.

§ 174

Berücksichtigung der Insolvenzgläubiger

Hat ein Gläubiger für seine Forderung gegen den Schuldner des Insolvenzverfahrens ein von dem Insolvenzverwalter anerkanntes Recht auf Befriedigung aus dem Grundstücke, so kann er bis zum Schluß der Verhandlung im Versteigerungstermin verlangen, daß bei der Feststellung des geringsten Gebots nur die seinem Anspruche vorgehenden Rechte berücksichtigt werden; in diesem Fall ist das Grundstück auch mit der verlangten Abweichung auszubieten.

Übersicht

I. Zweck der Vorschrift und Inhalt

1 Die Vorschrift regelt, dass dann, wenn ein Gläubiger für seine vorrangigen Forderungen gegen den Insolvenzschuldner ein vom Insolvenzverwalter anerkanntes Recht auf Befriedigung aus dem Grundstück hat, der Gläubiger verlangen kann, dass bei der Feststellung des geringsten Gebots nur diesem Anspruch vorgehende Rechte berücksichtigt werden.

2 Auch im Rahmen der Versteigerung durch den Insolvenzverwalter gilt der sog. Deckungsgrundsatz.[1] Mit der Regelung wird ermöglicht, dass der Gläubiger auch solche Gebote zulassen kann, die sein Recht nicht decken. Hier wird im Ergebnis der Gläubiger so gestellt, als wenn er bestrangig betreibender Gläubiger wäre und zugleich berücksichtigt, dass vielfach bei einem normal festgesetzten geringen Gebot kein Versteigerungserlös zu erzielen ist.[2]

3 Die Anerkennung kann auch stillschweigend oder teilweise erfolgen.[3]

II. Antrag

4 Der Antrag ist entsprechend dem Wortlaut bis zum Schluss der Verhandlung im Versteigerungsverfahren möglich, auch möglich ist es, diesen vor dem Versteigerungstermin schriftlich oder zu Protokoll der Geschäftsstelle zu geben.[4] Unter „bis zum Schluss der mündlichen Verhandlung" wird die Aufforderung zur Abgabe von Geboten bezeichnet,[5] nach anderer Ansicht soll noch bis zum Schluss der Verhandlung über den Zuschlag ein solcher Antrag gestellt werden können oder bis zum Schluss der Versteigerung.[6] Eine Rücknahme des Antrags kann bis zur Aufforderung zur Abgabe von Geboten erfolgen.[7]

---

1) Stöber/*Gojowczyk*, ZVG, § 174 Rz. 3.
2) Stöber/*Gojowczyk*, ZVG, § 174 Rz. 5.
3) Stöber/*Gojowczyk*, ZVG, § 174 Rz. 6b.
4) Stöber/*Gojowczyk*, ZVG, § 174 Rz. 10.
5) Stöber/*Gojowczyk*, ZVG, § 174 Rz. 11.
6) Vgl. Stöber/*Gojowczyk*, ZVG, § 174 Rz. 11 m. w. N.; Dassler/Schiffhauer/u. a.-*Rellermeyer*, ZVG, § 174 Rz. 7.
7) Stöber/*Gojowczyk*, ZVG, § 174 Rz. 12.

Konsequenz des entsprechend zulässigen Antrags ist ein Doppelausgebot, das Objekt muss dementsprechend normal ausgeboten werden sowie andererseits mit der entsprechenden verlangten Abweichung. Erfolgen auf beide Ausgebote Gebote, so ist in Abweichung von § 81 ZVG der Zuschlag auf das Ausgebot nach § 174 ZVG zu erteilen.[8] 5

Der Antragsteller wird durch einen solchen Antrag nicht betreibender Gläubiger.[9] Dementsprechend kann er keine Sicherheitsleistung verlangen und kann auch nicht verhindern, dass der Insolvenzverwalter den Verfahrensantrag zurücknimmt.[10] 6

---

8) *Uhlenbruck-Brinkmann*, InsO, § 165 Rz. 22.
9) *Stöber/Gojowczyk*, ZVG, § 174 Rz. 12a.
10) Stöber/*Gojowczyk*, ZVG, § 174 Rz. 12a.

§ 174a
Antragsrecht des Insolvenzverwalters

Der Insolvenzverwalter kann bis zum Schluß der Verhandlung im Versteigerungstermin verlangen, daß bei der Feststellung des geringsten Gebots nur die den Ansprüchen aus § 10 Abs. 1 Nr. 1a vorgehenden Rechte berücksichtigt werden; in diesem Fall ist das Grundstück auch mit der verlangten Abweichung auszubieten.

Übersicht

I. Zweck der Vorschrift

1 Die Vorschrift soll dem Insolvenzverwalter ermöglichen, auch hochbelastete Grundstücke zur Versteigerung zu bringen.[1] Dies geschieht dadurch, dass der Insolvenzverwalter bei Ausübung des Rechts nach § 174a ZVG die Stellung eines bestrangigen Gläubigers erhält.[2] Dementsprechend kann er verlangen, dass bei der Feststellung des geringsten Gebots nur die den Ansprüchen aus § 10 Abs. 1 Nr. 1a ZVG vorgehenden Rechte berücksichtigt werden. Voraussetzung ist zunächst einmal bereits, dass die Versteigerung mithaftende Gegenstände erfasst und dass überhaupt ein zur Insolvenzmasse gehörender Anspruch nach § 10 Abs. 1 Nr. 1a ZVG auf Ersatz der Kosten der Feststellung der beweglichen Gegenstände begründet ist.[3]

2 Diese Regelung wird teilweise stark kritisiert, insbesondere weil damit den Feststellungskosten ein zu hoher Stellenwert zugemessen wird.[4] Dies kann zu einem ent-

---

1) Vgl. Rattunde/Smid/Zeuner-*Depré/Popp*, InsO § 165 Rz. 22 m. w. N.
2) BGH, Beschl. v. 26.4.2012, V ZB 181/11, NZI 2012, 575, 576 m. w. N.
3) BGH, Beschl. v. 26.4.2012, V ZB 181/11, NZI 2012, 575, 576; *Stöber*, ZVG, § 174a Rz. 2.1; Rattunde/Smid/Zeuner-*Depré/Popp*, InsO § 165 Rz. 23.
4) Stöber/*Gojowczyk*, ZVG, § 174a Rz. 1a; Rattunde/Smid/Zeuner-*Depré/Popp*, InsO § 165 Rz. 23.

sprechenden Anspruchsverlust von erstrangigen Grundpfandrechten und an sich versteigerungsfesten Ansprüchen, z. B. der Erbbauzinsreallast[5)] oder einer erstrangigen Auflassungsvormerkung[6)] führen.

3 Andererseits ist der Rechtsverlust dadurch begrenzt, dass dann, wenn der Zuschlag auf das abweichende Ausgebot erteilt wird, bei der Erlösverteilung zunächst die im Grundbuch eingetragenen Grundschulden und Hypotheken in der Rangfolge des § 10 ZVG zu befriedigen sind und erst dann ein etwaiger Überschuss an den Insolvenzverwalter ausgeschüttet wird.[7)] Es erfolgt somit eine Befriedigung aus dem Erlös nach dem Surrogationsgrundsatz.[8)]

4 Zudem besteht für Gläubiger die Möglichkeit, die Ansprüche nach § 10 Abs. 1 Nr. 1a ZVG abzulösen, freilich mit dem Risiko, dass die Ansprüche nach § 10 Abs. 1 Nr. 1a ZVG im Falle eines freihändigen Verkaufs durch den Verwalter oder eines Endes des Insolvenzverfahrens erlöschen bzw. nicht mehr bestehen.[9)]

II. Formale Anforderungen und Verfahren

5 Erforderlich ist ein Antrag des Insolvenzverwalters auf besondere Feststellung des geringsten Gebots, was eine entsprechende Anmeldung des Anspruchs voraussetzt.[10)]

6 Auch hier ist der Antrag entsprechend nur bis zum Schluss der Verhandlung im Versteigerungstermin zulässig. Insoweit ergibt sich eine vergleichbare Situation wie im Rahmen des § 174 ZVG. Auch im Rahmen des § 174a ZVG kommt es zu einem Doppelausgebot.[11)] Wenn zugleich auch ein Antrag nach § 174 ZVG eines Gläubigers vorliegt, führt dies sogar zu einem Dreifachausgebot.[12)]

---

5) Stöber/*Gojowczyk*, ZVG, § 174a Rz. 1a.
6) *Uhlenbruck-Brinkmann*, InsO, § 165 Rz. 24.
7) *Kindl/Meller-Hannich-Sievers*, Gesamtes Recht der Zwangsvollstreckung, § 174a Rz. 7.
8) Rattunde/Smid/Zeuner-*Depré/Popp*, § 165 Rz. 22.
9) Rattunde/Smid/Zeuner-*Depré/Popp*, § 165 Rz. 22 m. w. N.
10) Stöber/*Gojowczyk*, ZVG, § 174a Rz. 3.
11) Stöber/*Gojowczyk* ZVG, § 174a Rz. 5a; vgl. auch Uhlenbruck-*Brinkmann*, InsO, § 165 Rz. 22 f.
12) Rattunde/Smid/Zeuner-*Depré/Popp*, § 165 Rz. 24.

§ 175
Antragsrecht des Erben

(1) Hat ein Nachlassgläubiger für seine Forderung ein Recht auf Befriedigung aus einem zum Nachlasse gehörenden Grundstück, so kann der Erbe nach der Annahme der Erbschaft die Zwangsversteigerung des Grundstücks beantragen. Zu dem Antrag ist auch jeder andere berechtigt, welcher das Aufgebot der Nachlassgläubiger beantragen kann.

(2) Diese Vorschriften finden keine Anwendung, wenn der Erbe für die Nachlassverbindlichkeiten unbeschränkt haftet oder wenn der Nachlassgläubiger im Aufgebotsverfahren ausgeschlossen ist oder nach den §§ 1974, 1989 des Bürgerlichen Gesetzbuchs einem ausgeschlossenen Gläubiger gleichsteht.

Übersicht

I. Normzweck

1 Die Vorschrift regelt zunächst, dass ein Erbe nach der Anordnung der Erbschaft die Zwangsversteigerung beantragen kann, wenn ein Nachlassgläubiger für seine persönliche Forderung einen Anspruch auf Befriedigung aus dem Nachlassgrundstück hat (vgl. § 1971 BGB).

2 Insoweit hilft dem Erben das Aufgebot der Nachlassgläubiger nichts, er kann hierdurch nicht seine Haftung beschränken.[1)] Seine weitere Möglichkeit ein Nachlassinsolvenzverfahren oder eine Nachlassverwaltung zu beantragen hat demgegenüber den Nachteil, dass der Erbe seine Verwaltungs- und Verfügungsbefugnis verliert.

3 Das Verfahren nach §§ 175–179 ZVG dient daher primär dazu festzustellen, in welchem Umfang eine persönliche Haftung für den Erben besteht, wobei dies im Hinblick auf das Grundstück erst feststeht, wenn erkennbar ist, in welchem Umfang der Gläubiger Befriedigung aus dem Grundbesitz erlangt hat.[2)] In der Praxis gelten die Vorschriften der §§ 175–179 ZVG als weitgehend bedeutungslos.[3)]

II. Voraussetzungen

4 Voraussetzung ist zunächst für einen solchen Antrag, dass ein Nachlassgläubiger Forderungen hat, es muss sich mithin um eine Nachlassverbindlichkeit handeln (§ 1967 BGB). Weiterhin ist Voraussetzung, dass der Gläubiger ein Recht auf Befriedigung auf ein zum Nachlass gehörendes Grundstück besitzt.

III. Antragsberechtigung

5 Antragsberechtigt ist jeder Erbe, sofern er die Erbschaft angenommen hat, wobei der Antrag nach § 175 ZVG als Annahme gewertet werden kann.[4)] Dies wird man jedoch nicht einschränkungslos bejahen können. Insbesondere dürfte es eine Frage der Auslegung sein, ob man die Antragstellung in jedem Fall als Annahme der Erbschaft ansehen kann. Zu berücksichtigen gilt, dass nach § 1943 BGB die Erbschaft auch dann als angenommen gilt, wenn die Ausschlagungsfrist abgelaufen ist.

6 Daneben ist entsprechend Satz 2 auch jeder andere berechtigt, der das Aufgebot der Nachlassgläubiger beantragen kann, insbesondere sind dies der Testamentsvollstrecker und der Nachlasspfleger, wenn ihm die Verwaltung des Nachlassgrundstücks zusteht (§ 455 Abs. 2 FamFG) sowie der Nachlassverwalter. Für einen Antrag eines Nachlasspflegers oder Nachlassverwalters bedarf es nicht der Annahme der Erbschaft

---

1) Dassler/Schiffhauer/u. a.-*Rellermeyer*, ZVG, § 175 Rz. 1; Stöber/*Gojowczyk*, ZVG, § 175 Rz. 1.

2) Stöber/*Gojowczyk*, ZVG, § 175 Rz. 1.

3) Dassler/Schiffhauer/u. a.-*Rellermeyer*, ZVG, § 175 Rz. 1; vgl. aber LG Düsseldorf, Urt. v. 29.2.2012 – 25 S 139/11 U, BeckRS 2013, 12834, das diesen Antrag als Möglichkeit bei der Unveräußerlichkeit einer Wohnung sieht.

4) So unter Hinweis auch auf die Gegenansicht Dassler/Schiffhauer/u. a.-*Rellermeyer*, ZVG, § 175 Rz. 4.

oder des Ablaufs der Ausschlagungsfrist.[5] Speziell für den Fall, dass das Grundstück zum Gesamtgut einer Gütergemeinschaft gehört, ist auch der Ehegatte, der Nichterbe ist, aber das Gesamtgut allein oder mit seinem Ehegatten gemeinschaftlich verwaltet, ohne Zustimmung des anderen Ehegatten berechtigt, einen solchen Antrag zu stellen (§ 462 FamFG).[6]

IV. Unzulässigkeit des Antrages

7 Nach Absatz 2 ist das Verfahren nach § 175 ZVG nicht zulässig, wenn der Erbe bereits unbeschränkt haftet, weil der Zweck der Regelung dann nicht mehr erreicht werden kann.[7] Nicht ausreichend ist es demgegenüber, wenn der Erbe nur einzelnen Gläubigern gegenüber unbeschränkt haftet (vgl. § 2006 Abs. 3 Satz 1 BGB).[8] Entscheidend ist insoweit der Zweck des Verfahrens. Demnach muss gerade offen sein, ob und in welchem Umfang eine persönliche Forderung im Hinblick auf das Grundstück besteht.

8 Eine Zwangsverwaltung ist in keinem Fall möglich. Dies ist in § 175 ZVG nicht vorgesehen und geregelt.[9]

---

5) Dassler/Schiffhauer/u. a.-*Rellermeyer*, ZVG, § 175 Rz. 5.
6) Stöber/*Gojowczyk*, ZVG, § 175 Rz. 5.
7) Stöber/Gojowczyk, ZVG, § 175 Rz. 6.
8) Dassler/Schiffhauer/u. a.-*Rellermeyer*, ZVG, § 175 Rz. 6.
9) Vgl. Dassler/Schiffhauer/u. a.-*Rellermeyer*, ZVG, § 175 Rz. 1.

§ 176

Anzuwendende Vorschriften

Wird die Zwangsversteigerung nach § 175 beantragt, so finden die Vorschriften des ersten und zweiten Abschnitts sowie der §§ 173, 174 entsprechende Anwendung, soweit sich nicht aus den §§ 177, 178 ein anderes ergibt.

Übersicht

I. Verweis auf Verfahrensvorschriften

1 Die Norm regelt, dass die Vorschriften des ersten und zweiten Abschnitts (§§ 1–145a, 162–171 ZVG) entsprechend anzuwenden sind, soweit sich nicht aus den §§ 177, 178 ZVG etwas anderes ergibt. Ferner wird die entsprechende Anwendung der §§ 173, 174 ZVG geregelt. Die Zwangsverwaltungsvorschriften finden bereits deshalb keine Anwendung, weil das Verfahren nach § 175 ff. ZVG eine Zwangsverwaltung nicht vorsieht.[1]

---

1) Stöber/*Gojowczyk* ZVG, § 175 Rz. 1.

II. Parallelen und Besonderheiten

Zu beachten ist insbesondere, dass ein vollstreckbarer Titel nicht erforderlich ist.[2) 2] Der Anordnungsbeschluss bewirkt keine Beschlagnahme (vgl. § 173 Abs. 1 ZVG), die §§ 20–26 ZVG sind nicht anzuwenden.[3)] Ein Beitritt (§ 27 ZVG) ist nur eingeschränkt möglich. Beitreten kann ein anderer Berechtigter i. S. d. § 175 ZVG, nicht aber ein Vollstreckungsgläubiger. Insoweit handelt es sich um zwei verschiedene Verfahren, die auch gleichzeitig nebeneinander anhängig sein können.[4)]

Die §§ 28–30 ZVG sowie § 31–34 ZVG sind entsprechend anwendbar mit Aus- 3
nahme der §§ 30a–f ZVG sowie § 765a ZPO. Dies hat seinen Hintergrund darin, dass der Antragsteller nach § 30 ZVG selbst die Einstellung bewilligen kann, sodass für die Vorschriften der §§ 30a–f ZVG kein Raum ist. Im Fall des Antrags eines anderen Antragsberechtigten kann der Erbe keinen Vollstreckungsschutz beanspruchen.[5)]

Die §§ 35–42 ZVG sind anwendbar, wobei bei der Terminsbestimmung bzgl. § 37 4
Nr. 3 ZVG anzugeben ist, dass die Versteigerung auf Antrag des Erben erfolgt und für das Erfordernis einer Glaubhaftmachung im Rahmen der Aufforderung nach § 37 Nr. 4 ZVG auf den Widerspruch der Erben abzustellen ist.[6)] Ein Anspruch auf Verlegung nach § 227 Abs. 3 Satz 2 Nr. 7 ZPO besteht auch hier nicht, da es sich um ein Zwangsvollstreckungsverfahren handelt und diese typischerweise eilbedürftig sind.[7)]

Das geringste Gebot ist grundsätzlich so zu berechnen, als wenn ein persönlicher 5
Gläubiger das Verfahren betreiben würde, wobei bei entsprechender Anmeldung (§ 37 Nr. 4, § 45 ZVG) auch die Ansprüche aus den Rangklassen 7 und 8 einzubeziehen sind.[8)]

Die §§ 66–74b, 77 und 78 ZVG hinsichtlich der Versteigerung sind anzuwenden.[9)] 6
Auch der Antragsteller kann Gebote abgeben.[10)] Auf Verlangen eines dazu Berechtigten muss er Sicherheitsleistung erbringen, § 68 Abs. 3 ZVG gilt jedoch nicht, weil der Erbe nicht Vollstreckungsschuldner ist.[11)]

Der Grundstückswert ist entsprechend § 74a Abs. 5 ZVG festzusetzen, die Zu- 7
schlagsversagung nach den §§ 74a, 85a ist auf Antrag eines nachrangig Berechtigten

---

2) Stöber/*Gojowczyk*, ZVG, § 177 Rz. 1.

3) Stöber/*Gojowczyk*, ZVG, § 176 Rz. 6; Dassler/Schiffhauer/u. a.-*Rellermeyer*, ZVG, § 176 Rz. 3.

4) Stöber/*Gojowczyk* ZVG, § 176 Rz. 5; Dassler/Schiffhauer/u. a.-*Rellermeyer*, ZVG, § 176 Rz. 3.

5) Stöber/*Gojowczyk*, ZVG, § 176 Rz. 9; Dassler/Schiffhauer/u. a.-*Rellermeyer*, ZVG, § 176 Rz. 4.

6) Stöber/*Gojowczyk* ZVG, § 176 Rz. 22; Dassler/Schiffhauer/u. a.-*Rellermeyer*, ZVG, § 176 Rz. 5.

7) Vgl. Dassler/Schiffhauer/u. a.-*Rellermeyer*, § 176 Rz. 5; Stöber/*Gojowczyk*, ZVG, § 176 Rz. 22a.

8) Dassler/Schiffhauer/u. a.-*Rellermeyer*, ZVG, § 176 Rz. 7.

9) Dassler/Schiffhauer/u. a.-*Rellermeyer*, ZVG, § 176 Rz. 9.

10) Stöber/*Gojowczyk*, ZVG, § 176 Rz. 11.

11) Stöber/*Gojowczyk*, ZVG, § 176 Rz. 21; Dassler/Schiffhauer-*Rellermeyer*, ZVG, § 176 Rz. 9.

möglich.[12] Teilweise wird die Auffassung vertreten, dass auch der Antragsteller des Verfahrens die Versagung nach § 74a ZVG beantragen kann.[13]

12) Dassler/Schiffhauer/u. a.-*Rellermeyer*, ZVG, § 176 Rz. 9.
13) Stöber/*Gojowczyk*, ZVG, § 176 Rz. 26.

§ 177
Glaubhaftmachung durch Urkunden

Der Antragsteller hat die Tatsachen, welche sein Recht zur Stellung des Antrags begründen, durch Urkunden glaubhaft zu machen, soweit sie nicht bei dem Gericht offenkundig sind.

1 Nach dieser Vorschrift muss der Antragsteller sein Antragsrecht darlegen und durch Urkunden glaubhaft machen. Nicht ausreichend sind demgegenüber die eidesstattliche Versicherung oder sonstige Beweismittel, wobei es sich bei der Urkunde nicht notwendig um eine öffentliche Urkunde handeln muss.[1] Offenkundige Tatsachen sind entsprechend § 291 ZPO nicht glaubhaft zu machen.

2 Glaubhaft zu machen ist die Eigenschaft als Erbe bzw. als sonstiger Berechtigter. Dies geschieht typischerweise durch Vorlage der entsprechenden Urkunden (Erbschein, Bestallungsurkunde, Testament u. Ä.). Ferner glaubhaft zu machen ist die persönliche Haftung des Erben und die Annahme der Erbschaft, soweit diese Verfahrensvoraussetzung ist.

3 Im Hinblick auf die persönliche Haftung sind entsprechende Verträge und Vereinbarungen vorzulegen wie z. B. die Grundschuldzweckerklärung.[2] Sofern das Grundbuchamt und das Vollstreckungsgericht zum selben Gericht gehören, genügt die Bezugnahme auf die Grundakte, wenn sich aus den dort vorliegenden Unterlagen die persönliche Haftung ergibt.[3]

4 Stellt sich heraus, dass die glaubhaft gemachten Tatsachen nicht zutreffen, so können alle Beteiligten beantragen, das Verfahren aufzuheben. Eine Glaubhaftmachung für entgegenstehende Tatsachen nach § 175 Abs. 2 ZVG ist nicht erforderlich.[4]

1) Dassler/Schiffhauer/u. a.-*Rellermeyer*, ZVG, § 177 Rz. 1.
2) Dassler/Schiffhauer/u. a.-*Rellermeyer*, ZVG, § 177 Rz. 4.
3) Dassler/Schiffhauer/u. a.-*Rellermeyer*, ZVG, § 177 Rz. 4; vgl. Stöber/*Gojowczyk*, ZVG, § 177 Rz. 3.
4) Dassler/Schiffhauer/u. a.-*Rellermeyer*, ZVG, § 177 Rz. 5.

§ 178
Nachlassinsolvenz

(1) Die Zwangsversteigerung soll nicht angeordnet werden, wenn die Eröffnung des Nachlaßinsolvenzverfahrens beantragt ist.

(2) Durch die Eröffnung des Nachlaßinsolvenzverfahrens wird die Zwangsversteigerung nicht beendigt; für das weitere Verfahren gilt der Insolvenzverwalter als Antragsteller.

Übersicht

I. Normzweck

1 Im Falle der Anordnung des Nachlassinsolvenzverfahrens (vgl. § 320 ff. InsO) haftet der Erbe nur noch beschränkt auf den Nachlass, sofern nicht schon zuvor eine unbeschränkte Haftung eingetreten ist (§ 1975 BGB). Der Zweck des § 175 ZVG fällt mit Eröffnung des Nachlassinsolvenzverfahrens weg, ein entsprechender Antrag wäre unzulässig.[1)]

II. Regelungsinhalt

2 Aus prozessökonomischen Gründen[2)] sieht § 178 ZVG daher vor, dass eine entsprechende Zwangsversteigerung nicht angeordnet werden soll, wenn die Eröffnung des Nachlassinsolvenzverfahrens beantragt ist. Insoweit ist das Verfahren auszusetzen bis über den Eröffnungsantrag entschieden wurde.[3)] Sofern das Verfahren bereits vorher angeordnet worden ist, sieht Absatz 2 vor, dass die Zwangsversteigerung nicht beendet ist, sondern der Insolvenzverwalter als Antragsteller gilt. Es handelt sich dann um eine Insolvenzverwalterversteigerung gemäß § 172 ff. ZVG.

3 Für den seltenen Fall, dass das Nachlassinsolvenzverfahren vor Abschluss des Verfahrens nach § 175 ZVG durch Verteilung der Masse oder durch einen Insolvenzplan beendet ist, muss das Verfahren nach § 175 Abs. 2 ZVG von Amts wegen aufgehoben werden, weil die Erben nur noch beschränkt haften (§§ 1989, 1973 BGB) und die Nachlassgläubiger den im Wege des Aufgebotsverfahrens ausgeschlossenen Gläubigern gleichstehen (§ 1989 BGB).[4)] Entsprechendes gilt im Fall der Einstellung mangels Masse (§ 207 Abs. 1 InsO; vgl. § 1990 BGB).[5)]

---

1) Dassler/Schiffhauer/u. a.-*Rellermeyer*, ZVG, § 178 Rz. 1; Stöber/*Gojowczyk*, ZVG, § 178 Rz. 5.

2) Dassler/Schiffhauer/u. a.-*Rellermeyer*, ZVG, § 178 Rz. 2.

3) Dassler/Schiffhauer/u. a.-*Rellermeyer*, ZVG § 178 Rz. 2; ähnlich Stöber/*Gojowczyk*, ZVG, § 178 Rz. 2.5.

4) Stöber/*Gojowczyk*, ZVG, § 178 Rz. 6.

5) Stöber/*Gojowczyk*, ZVG, § 178 Rz. 6.

§ 179

Berücksichtigung eines Nachlassgläubigers

Ist ein Nachlassgläubiger, der verlangen konnte, daß das geringste Gebot nach Maßgabe des § 174 ohne Berücksichtigung seines Anspruchs festgestellt werde, bei der Feststellung des geringsten Gebots berücksichtigt, so kann ihm die Befriedigung aus dem übrigen Nachlaß verweigert werden.

Übersicht

I. Normzweck

1 Der Nachlassgläubiger, der einen Antrag nach § 174 ZVG stellen konnte, den Antrag aber nicht gestellt hat und im geringsten Gebot berücksichtigt wurde, läuft Gefahr, dass die Befriedigung aus dem übrigen Nachlass von dem oder den Erben verweigert werden kann. Eine persönliche Einrede des Erben ist in der vorliegenden Vorschrift vorgesehen.[1] Damit soll mittelbar Druck auf den Antragsteller ausgeübt werden von der entsprechenden Berechtigung nach § 174 ZVG Gebrauch zu machen.[2] Keine Anwendung findet § 179 ZVG, wenn ein Verfahren nach § 175 ZVG anhängig war oder wenn der Anspruch des Nachlassgläubigers nicht anerkannt wurde, ferner auch dann, wenn in der Terminsbestimmung auf die Besonderheiten des Verfahrens nicht hingewiesen wurde, also nicht mitgeteilt wurde, dass die Versteigerung auf Antrag des Erben stattfindet.[3]

II. Regelungsinhalt

2 Im geringsten Gebot berücksichtigt ist der Nachlassgläubiger auch dann, wenn das geringste Gebot nicht erreicht wird und es deshalb nicht zum Zuschlag kommt. Fraglich ist, ob dies auch dann zu bejahen ist, wenn der Nachlassgläubiger einen Antrag nach § 174 ZVG gestellt hat aber ein zulässiges Gebot nicht abgegeben wurde.[4] Richtigerweise wird man mittlerweile davon ausgehen müssen, dass dem Nachlassgläubiger nicht angelastet werden kann, dass ein zulässiges Gebot nicht abgegeben wurde. Mit der Stellung des Antrags hat er alles getan, was er tun konnte, die Erfolglosigkeit des Antrags kann ihm nicht zur Last gelegt werden, sodass der Erbe ihm die Befriedigung aus dem übrigen Nachlass nicht verweigern kann.[5]

3 Liegen die Voraussetzungen des § 179 ZVG vor, besteht ein entsprechendes Leistungsverweigerungsrecht bzw. ein Rückforderungsrecht nach den §§ 813, 814 BGB.[6] Die Einrede steht wegen der Akzessorietät auch dem Bürgen und dem Verpfänder zu.[7]

---

1) Stöber/*Gojowczyk*, ZVG, § 179 Rz. 2.
2) Dassler/Schiffhauer/u. a.-*Rellermeryer*, ZVG, § 179 Rz. 1.
3) Stöber/*Gojowczyk*, ZVG, § 179 Rz. 4; Dassler/Schiffhauer/u. a.-*Rellermeyer*, ZVG, § 179 Rz. 2.
4) So Stöber/*Gojowczyk*, ZVG, § 179 Rz. 4.
5) Dassler/Schiffhauer/u. a.-*Rellermeyer*, ZVG, § 179 Rz. 5.
6) Dassler/Schiffhauer.-*Rellermeyer*, ZVG, § 179 Rz. 6.
7) Stöber/*Gojowczyk*, ZVG, § 179 Rz. 2.4; Dassler/Schiffhauer/u. a.-*Rellermeyer*, ZVG, § 179 Rz. 6.

§ 180

Aufhebung einer Gemeinschaft

(1) Soll die Zwangsversteigerung zum Zwecke der Aufhebung einer Gemeinschaft erfolgen, so finden die Vorschriften des Ersten und Zweiten Abschnitts entsprechende Anwendung, soweit sich nicht aus den §§ 181 bis 185 ein anderes ergibt.

(2) Die einstweilige Einstellung des Verfahrens ist auf Antrag eines Miteigentümers auf die Dauer von längstens sechs Monaten anzuordnen, wenn dies bei Abwägung der widerstreitenden Interessen der mehreren Miteigentümer angemessen erscheint. Die einmalige Wiederholung der Einstellung ist zulässig. § 30b gilt entsprechend.

(3) Betreibt ein Miteigentümer die Zwangsversteigerung zur Aufhebung einer Gemeinschaft, der außer ihm nur sein Ehegatte, sein früherer Ehegatte, sein Lebenspartner oder sein früherer Lebenspartner angehört, so ist auf Antrag dieses Ehegatten, früheren Ehegatten, dieses Lebenspartners oder früheren Lebenspartners die einstweilige Einstellung des Verfahrens anzuordnen, wenn dies zur Abwendung einer ernsthaften Gefährdung des Wohls eines gemeinschaftlichen Kindes erforderlich ist. Die mehrfache Wiederholung der Einstellung ist zulässig. § 30b gilt entsprechend. Das Gericht hebt seinen Beschluß auf Antrag auf oder ändert ihn, wenn dies mit Rücksicht auf eine Änderung der Sachlage geboten ist.

(4) Durch Anordnungen nach Absatz 2, 3 darf das Verfahren nicht auf mehr als fünf Jahre insgesamt einstweilen eingestellt werden.

Literatur: *Böttcher, Roland*, Der Ablauf eines Teilungsversteigerungsverfahrens, FPR 2013, 345, *Hellgardt, Alexander/Illmer, Martin*, Wiederauferstehung der Sitztheorie?, NZG 2009, 94.

Übersicht

I. Normzweck

Diese Norm regelt die Zwangsversteigerung zum Zwecke der Aufhebung einer Gemeinschaft, wobei sich der Begriff der Teilungsversteigerung, mag er auch inhaltlich nicht ganz korrekt sein,[1] eingebürgert hat. Letztlich ist sie aber nur ein Schritt im Hinblick auf die endgültige Auseinandersetzung. Nach Versteigerung des Grundstückes wird der Erlös, sofern keine Einigung der Parteien dem Gericht einvernehmlich mitgeteilt wird, hinterlegt. Die eigentliche Auseinandersetzung konzentriert sich sodann auf den entsprechenden Erlös, wobei hieran das Vollstreckungsgericht nicht beteiligt ist.[2] Ob es sich um ein Verfahren der Zwangsvollstreckung handelt oder nicht, ist strittig. Letztlich kann mit Hilfe der Teilungsversteigerung aber eine Verwertung auch gegen den Willen des Miteigentümers durchgesetzt werden, sodass von einem Zwangsvollstreckungsverfahren auszugehen ist.[3] Nach § 869 ZPO ist das 1

1) Dassler/Schiffhauer/u. a.-*Hintzen*, ZVG, § 180 Rz. 1.

2) Böttcher/*Böttcher*, ZVG, § 180 Rz. 1, 2.

3) Böttcher/*Böttcher*, ZVG, § 180 Rz. 3 m. w. N. auch zu Gegenauffassungen; *Böttcher*, FPR 2013, 345, 345.

ZVG und damit auch die Regelung zur Teilungsversteigerung Bestandteil der ZPO, das Teilungsversteigerungsverfahren wird grundsätzlich in Form der Vollstreckungsversteigerung durchgeführt.[4)]

II. Gegenstand des Verfahrens

2 Gegenstand der Teilungsversteigerung sind Grundstücke, Bruchteile eines Grundstücks, grundstücksgleiche Rechte sowie Luftfahrzeuge, Schiffe und Schiffsbauwerke etc.[5)]

III. Betroffene Gemeinschaften und Gesellschaften

3 Im Wege der Zwangsversteigerung können folgende Gemeinschaften aufgehoben werden:

– Die Bruchteilsgemeinschaft.

  Insoweit kann eine Aufhebung nach § 749 Abs. 1 BGB verlangt werden. Auf das Verhältnis der Anteile kommt es nicht an, d. h., grundsätzlich kann jeder Miteigentümer die Aufhebung verlangen und damit die Teilungsversteigerung beantragen.[6)]

– Die Gesamthandsgemeinschaften.

  Es besteht ein Aufhebungsanspruch gemäß § 2042 BGB bei der Erbengemeinschaft, die Auseinandersetzung kann jeder Miterbe jederzeit verlangen, sofern keine Ausnahmetatbestände (vgl. §§ 2043–2045 BGB) vorliegen.[7)]

  Auch die eheliche Gütergemeinschaft wird auseinandergesetzt. Dies kann erst nach Beendigung der Gütergemeinschaft bzw. nach Beendigung des Güterstandes verlangt werden (§§ 1419 Abs. 2, 1471 Abs. 1 BGB), sofern nichts anderes vereinbart oder gesetzlich geregelt ist (§§ 1474, 1475–1481 BGB sowie § 1497 BGB für die fortgesetzte Gütergemeinschaft).

  Besonderheiten ergeben sich für den Güterstand der Eigentums- und Vermögensgemeinschaft des Familiengesetzbuches der ehemaligen DDR (§§ 13–16 DDR-FGB, § 4 DDR-EGFGB). In diesem Güterstand lebten fast alle Ehegatten der ehemaligen DDR.[8)] Der entsprechende Güterstand wurde am 3.10.1992 in den gesetzlichen Güterstand der Zugewinngemeinschaft übergeleitet (Art. 234, § 4 Abs. 1 EGBGB). Etwas anderes gilt nur, wenn bis zum 2.10.1992 einschließlich ein Ehegatte dem damaligen Kreisgericht gegenüber erklärt hat, dass für die Ehe der bisherige Güterstand fortgelten soll (Art. 2134, § 4 II EGBGB). Wenn ein Ehegatte sich für die Beibehaltung entschieden hat, besteht grundsätzlich kein mit der Teilungsversteigerung verfolgbarer Auseinandersetzungsanspruch. Ob bei

4) Böttcher/*Böttcher*, ZVG, § 180 Rz. 5.
5) Stöber/*Kiderlen*, ZVG, § 180 Rz. 3, Dassler/Schiffhauer/u. a.-*Hintzen*, ZVG, § 180 Rz. 6.
6) Stöber/*Kiderlen*, ZVG, § 180 Rz. 8.
7) Stöber/*Kiderlen*, ZVG, § 180 Rz. 9.
8) Böttcher/*Böttcher*, ZVG, § 180 Rz. 12.

Beendigung der Ehe durch Tod eines Ehegatten oder bei vorzeitiger Aufhebung der Eigentums- und Vermögensgemeinschaft etwas anderes gilt, ist strittig.[9)]

– Die Offene Handelsgesellschaft und die Kommanditgesellschaft.

Diese Gesellschaften können nur im Wege der Teilungsversteigerung (teil)auseinandergesetzt werden, wenn im Gesellschaftsvertrag eine entsprechende Art der Auseinandersetzung vereinbart ist. Weiterhin kann eine Teilungsversteigerung auch von allen Liquidatoren gemeinschaftlich beantragt werden.[10)]

– Die Gesellschaft bürgerlichen Rechts.

Gegentand eines Teilungsversteigerungsverfahrens kann auch das Grundstück einer Gesellschaft des bürgerlichen Rechts sein. Die Anerkennung der Rechtsfähigkeit der GbR ändert hieran nichts. Die Zulässigkeit ergibt sich daraus, dass für die Auseinandersetzung des Vermögens einer gekündigten GbR nach § 731 Satz 2 BGB die Regelungen der Gemeinschaft gilt und die Teilung des Grundstücks danach gemäß § 743 Abs. 1 BGB durch Teilungsversteigerung zu erfolgen hat.[11)] Im Teilungsversteigerungsverfahren ist nur die Abgabe und Zugang der Kündigungserklärung, nicht aber ihre Wirksamkeit zu prüfen. Etwaige Einwände, die sich gegen die materiellrechtliche Wirksamkeit der Kündigung oder aus Bestimmungen des Gesellschaftsvertrages ergeben, haben die anderen Gesellschafter im Wege der Drittwiderspruchsklage (§ 771 ZPO) geltend zu machen.[12)] Es genügt insoweit für die Teilungsversteigerung ein entsprechender Antrag eines Gesellschafters, es bedarf keiner klageweisen Durchsetzung des Anspruchs auf Versteigerung des Gesellschaftergrundstückes vor dem Prozessgericht.[13)] Anders kann es dann sein, wenn sich die Einwände bereits aus dem Grundbuch ergeben. Ab dem 1.1.2024 wird durch das MoPeG die Verweisung in § 731 Satz 2 BGB entfallen. Die Liquidation erfolgt dann nach den §§ 736 bis 739 BGB, wenn sich aus dem Gesellschaftsvertrag nichts anderes ergibt (§ 735 Abs. 3 BGB in der ab dem 1.1.2024 geltenden Fassung).[14)] Der gesetzliche Regelfall wird dann die freihändige Veräußerung und nicht die Teilungsversteigerung sein.[15)]

Weiterhin kann auch bei im Grundbuch eingetragenen ausländischen Gemeinschaften eine Teilungsversteigerung denkbar sein. Das Vollstreckungsgericht muss insoweit aufgrund der in der Regel maßgeblichen ausländischen materiellrechtlichen Vorschriften prüfen, ob die Auseinandersetzung im Wege der Teilungsversteigerung durchgesetzt werden kann. Sieht das ausländische Recht eine entsprechende Auseinandersetzung vor, erfolgt die Teilungsversteigerung nach den deutschen Verfahrensvorschriften (lex fori).[16)] Soweit eine Anwendung der (modifizierten) Sitztheorie in Betracht kommt, ist offen, wie sich dies auf die gesell-

9) Vgl. Stöber/*Kiderlen*, ZVG, § 180 Rz. 21a m. w. N.
10) Stöber/*Kiderlen*, ZVG, § 180 Rz. 13.
11) BGH, Beschl. v. 16.5.2013 – V ZB 198/12, DNotZ 2013, 930.
12) BGH, Beschl. v. 16.5.2013 – V ZB 198/12, DNotZ 2013, 930.
13) BGH, Beschl. v. 16.5.2013 – V ZB 198/12, DNotZ 2013, 930.
14) *Kroiß/Horn/Solomon*, Nachfolgerecht, Teil 2 Nr. 29, Rz. 10.
15) *Kroiß/Horn/Solomon*, Nachfolgerecht, Teil 2 Nr. 29, Rz. 10.
16) Böttcher/*Böttcher*, ZVG, § 180 Rz. 12c.

schaftsrechtlichen Ansprüche und damit auch auf einen Auseinandersetzungsanspruch auswirkt.[17)]

4 Nicht auseinandergesetzt werden kann demgegenüber die Wohnungseigentümergemeinschaft, da § 11 Abs. 1 WEG dies ausschließt. Eine Teilungsversteigerung ist entsprechend unzulässig.[18)]

IV. Antragsteller

5 Antragsteller ist der jeweilige Gesellschafter, Teilhaber bzw. das Mitglied der Gemeinschaft. Anerkannt ist, dass der einzelne Miterbe auch das sog. große Antragsrecht wahrnehmen kann. Selbst wenn er beispielsweise nur als Mitglied einer Erbengemeinschaft einen Miteigentumsanteil hält, kann er für das gesamte Grundstück einen Antrag stellen, so dass dies insgesamt auseinanderzusetzen ist und nicht lediglich der entsprechende Miteigentumsanteil.[19)]

6 Geklärt hat der Bundesgerichtshof mittlerweile auch, dass der Insolvenzverwalter soweit er Miteigentümer eines Grundstückes ist, nur die Teilungsversteigerung und nicht die Zwangsversteigerung des gesamten Grundstückes nach § 172 ff. ZVG betreiben kann.[20)] Die Vorschriften über eine abweichende Feststellung des geringsten Gebotes nach §§ 174, 174a ZVG sind im Falle dieser Teilungsversteigerung nicht anwendbar.[21)]

V. Unzulässigkeit der Teilungsversteigerung

7 Eine Teilungsversteigerung kann aus verschiedenen Gründen nicht zulässig sein. In Betracht kommt insbesondere, dass die Auseinandersetzung durch Vereinbarung ausgeschlossen oder eine andere Art der Auseinandersetzung mit den Miteigentümern vereinbart ist.[22)] Auch bei Vereinbarung einer entsprechenden Beschränkung kann bei einer Bruchteilsgemeinschaft die Auseinandersetzung dann verlangt werden, wenn ein wichtiger Grund vorliegt (§ 749 Abs. 2 Satz 1 BGB). Vereinigen sich Miteigentumsanteile an einem Grundstück in der Hand eines Eigentümers und wird ein Anspruch des Übertragenden auf Rückübereignung eines Miteigentumsanteils durch Vormerkung gesichert, kommt eine Teilungsversteigerung in analoger Anwendung von § 180 Abs. 1 ZVG nicht in Betracht, schon weil es an einer Vergleichbarkeit und einer planwidrigen Lücke fehlt.[23)]

8 Bei einer Erbengemeinschaft kann schließlich der unbeschränkte Auseinandersetzungsanspruch durch letztwillige Verfügung des Erblassers ausgeschlossen oder beschränkt sein (vgl. § 2044 BGB). Die Regelungen der §§ 749 Abs. 2, 3, 750, 751, 1010 Abs. 1 BGB gelten hier entsprechend.[24)] Des Weiteren kann auch hier eine Auseinandersetzung durch Vereinbarung der Miterben ausgeschlossen oder beschränkt sein.

---

17) Vgl. *Hellgardt/Illmer*, NZG 2009, 94.
18) Böttcher/*Böttcher*, ZVG, § 180 Rz. 11.
19) Dassler/Schiffhauer/u. a-*Hintzen*, ZVG, § 181 Rz. 8 f.
20) BGH, Beschl. v. 26.4.2012 – V ZB 181/11, NZI 2012, 575, 576.
21) BGH, Beschl. v. 26.4.2012 – V ZB 181/11, NZI 2012, 575, 576.
22) Böttcher/*Böttcher*, ZVG, § 180 Rz. 14.
23) BGH, Beschl. v. 23.6.2022 – V ZB 32/21, NZM 2022, 809 Rz. 10f.
24) Böttcher/*Böttcher*, ZVG, § 180 Rz. 15.

Solche Einschränkungen wirken nicht im Insolvenzverfahren (§ 84 Abs. 2 Satz 1 InsO).[25] Dies gilt sowohl für die Bruchteilsgemeinschaft wie die Erbengemeinschaft, auch wenn eine Vereinbarung der Miterben vorliegt (vgl. § 84 Abs. 2 Satz 1 und Satz 2 InsO). 9

Eine praktisch ebenfalls bedeutsame Einschränkung ergibt sich aus § 1365 BGB. 10
Demnach bedarf eine Verfügung über das Vermögen im Ganzen einer Einwilligung des anderen Ehegatten. Diese Regelung dient primär der Erhaltung der wirtschaftlichen Grundlagen sowie der Verhinderung einer Gefährdung einer möglichen künftigen Zugewinnausgleichsforderung.[26] Erfasst sind auch Rechtsgeschäfte über Grundstücke, wenn diese das gesamte oder nahezu das ganze Vermögen ausmachen. Bei einem kleineren Vermögen bleibt das Geschäft zustimmungsfrei, wenn dem Ehegatten 15 % verbleiben. Macht bei einem größeren Vermögen das verbleibende Vermögen 10 % des ursprünglichen Gesamtvermögens aus, greift § 1365 BGB in der Regel nicht ein.[27] Sind die Grenzen überschritten, bedarf der Antrag auf Teilungsversteigerung der Zustimmung des anderen Ehegatten, wenn die Voraussetzung der Norm vorliegt.[28]

Die Verpflichtung zur ehelichen Fürsorge und Rücksichtnahme und/oder der beson- 11
dere Schutz des räumlich gegenständlichen Bereichs Ehe steht dem Teilungsversteigerungsantrag nicht generell entgegen, auch nicht in der Trennungszeit, sondern es bedarf einer umfassenden Interessensabwägung der Versteigerungsinteressen des einen Ehepartners gegenüber dem Nutzungsinteresse des anderen sowie ggf. gemeinsamer Kinder im Rahmen einer Drittwiderspruchsklage.[29] Auch § 1361b BGB entfaltet keine Sperrwirkung.[30]

Schließlich kann auch der Grundsatz von Treu und Glauben einer Teilungsverstei- 12
gerung entgegenstehen. Hierbei handelt es sich jedoch um seltene Fälle, schon, weil die Teilungsversteigerung die gesetzlich vorgesehene Auseinandersetzungsform ist und die Absätze 2 und 3 auch Schutzvorschriften für Miteigentümer beinhalten. Ein Verstoß gegen Treu und Glauben setzt voraus, dass durch die Teilungsversteigerung den Miteigentümern bewusst Nachteile zugefügt werden ohne dass der Antragsteller durch die Teilungsversteigerung einen rechtlichen oder wirtschaftlichen Vorteil erlangen könnte, so dass sie demnach schlechthin unzumutbar ist.[31] Ein Teilhaber einer Gemeinschaft, der die Aufhebung der Gemeinschaft betreibt, kann auch gehalten sein auf diese zu verzichten und sich mit einem nach seinen Interessen gerecht

25) Böttcher/*Böttcher*, ZVG, § 180 Rz. 15.
26) MünchKomm-*Koch*, BGB, § 1365 Rz. 1 und 2.
27) Vgl. Grüneberg/*Siede*, BGB, § 1365 Rz. 6 m. w. N.
28) Grüneberg/*Siede*, BGB, § 1365 Rz. 4; BGH, Beschl. v. 14.6.2007 – V ZB 102/06, NJW 2007, 3124, 3125.
29) BGH, Beschl. v. 16.11.2022 – XII ZB 100/22, NJW 2023 515, 517 ff.; anders OLG Hamburg, Beschl. v. 28.7.2017 – 12 UF 163/16, NZFam 2018, 32, 33 Rz. 13 f.
30) BGH, Beschl. v. 16.11.2022 – XII ZB 100/22, NJW 2023 515, 517 ff.; anders OLG Hamburg, Beschl. v. 28.7.2017 – 12 UF 163/16, NZFam 2018, 32, 33 Rz. 13.
31) Stöber/*Kiderlen*, ZVG, § 180 Rz. 167.

werdenden und zumutbaren Realteilungsvorschlag des anderen Teilhabers abzufinden.[32)] Auch insoweit handelt es sich jedoch um seltene Ausnahmefälle.

13 Der Unzulässigkeit der Teilungsversteigerung ist vom Vollstreckungsgericht nur zu beachten, wenn die Voraussetzungen des § 28 ZVG vorliegen, zum Beispiel, wenn der Ausschluss aus dem Grundbuch ersichtlich ist. Gegebenenfalls ist es erforderlich durch Verfügung eine Frist zu setzen, damit der Antragsteller eine prozessgerichtliche Entscheidung über die gleichwohl bestehende Zulässigkeit der Geltendmachung des Auseinandersetzungsanspruchs vorlegen kann.[33)]

14 Es besteht von den Fällen des § 28 ZVG abgesehen kein Verfahrenshindernis, vielmehr sind die Ansprüche nach § 771 ZPO durch Klage vor dem Prozessgericht zu verfolgen.[34)]

15 Auch ein Ausschluss nach § 1365 BGB mangels Zustimmung des anderen Ehegatten ist nur beachtlich, wenn das Versteigerungsgericht bei der Entscheidung über den Antrag des anderen Ehegatten das Vorliegen der Voraussetzungen des § 1365 Abs. 1 BGB kennt bzw. diese offen zu Tage treten.[35)] Dies ergibt sich auch aus § 28 Abs. 2 ZVG. Anderenfalls ist der Ehegatte auf eine Drittwiderspruchsklage vor dem Prozessgericht angewiesen.

VI. Verfahren

16 Die Teilungsversteigerung wird auf Antrag angeordnet, welcher schriftlich oder zu Protokoll der Geschäftsstelle gestellt werden kann, er muss sich gegen alle anderen Miteigentümer richten, die ihrerseits Beteiligte i. S. d. § 9 ZVG sind. Manche Gerichte haben unverbindliche Muster veröffentlicht.[36)]

17 Beteiligte sind grundsätzlich die in § 9 ZVG genannten Personen.[37)] Insoweit sind die Bestimmungen der §§ 3 – 8 ZVG einzuhalten. Insbesondere muss der Anordnungsbeschluss an die Antragsgegner zugestellt werden. Dem Antragsteller wird der Beschluss nur mitgeteilt, eine Zustellung erfolgt an diesen nur im Falle der Antragsablehnung.[38)]

18 Im Übrigen gelten im Wesentlichen die allgemeinen Grundsätze (Abs. 1). Der Antragsgegner kann jederzeit der Teilungsversteigerung beitreten (§§ 8 Abs. 1, 27 ZVG). Der Antragsteller hat die Rolle des Gläubigers, der Antragsgegner die des Schuldners.[39)] Durch einen Beitritt gewinnt der andere Miteigentümer die Möglichkeit auf das Verfahren stärker Einfluss zu nehmen, insbesondere kann der Antragsteller nicht mehr durch Rücknahme seines Antrages das Verfahren beenden oder einstweilen

32) Stöber/*Kiderlen*, ZVG, § 180 Rz. 168.
33) Stöber/*Kiderlen*, ZVG, § 180 Rz. 170.
34) Böttcher/*Böttcher*, ZVG, § 180 Rz. 18.
35) *Stöber/Kiderlen*, ZVG, § 180 Rz. 37.
36) Vgl. etwa https://aglu.justiz.rlp.de/fileadmin/justiz/Gerichte/Ordentliche_Gerichte/Amtsgerichte/Ludwigshafen_am_Rhein/Zwangsversteigerung/Merkblatt_und_Antrag_Teilungsversteigerung_01.01.2023.pdf (Stand: 1.1.2023).
37) Böttcher/*Böttcher*, ZVG, § 180 Rz. 20.
38) Vgl. Stöber/*Kiderlen*, ZVG, § 180 Rz. 59.
39) Dassler/Schiffhauer/u. a.-*Hintzen*, ZVG, § 180 Rz. 48; Stöber/*Kiderlen*, ZVG, § 180 Rz. 69.

einstellen lassen. Nicht zulässig ist demgegenüber, dass ein Gläubiger zum Zwecke der Zwangsversteigerung einer Teilungsversteigerung beitritt, da es sich um unterschiedliche Verfahrensziele handelt.[40)]

Strittig ist, ob vor Anordnung der Teilungsversteigerung rechtliches Gehör gewährt 19
werden muss. Zum Teil wird dies unter Hinweis auf Art. 103 Abs. 1 GG bejaht.[41)] Nach der Gegenauffassung handelt es sich um eine Zwangsvollstreckungsmaßnahme, sodass rechtliches Gehör nicht gewährt werden muss, zumal der Antragsgegner auf die Anordnung wenig Einfluss nehmen könne und er überdies die Möglichkeit habe, seine Einwände durch die Einlegung von Rechtsbehelfen geltend zu machen und Einstellungsanträge zu stellen.[42)] Angesichts des Umstandes, dass bei Einlegung der Erinnerung eine Abhilfemöglichkeit des Vollstreckungsgerichtes besteht und Art. 103 GG nicht zwingend eine Anhörung vor der einleitenden Maßnahme verlangt, spricht vieles gegen eine Anhörungspflicht. Die Entscheidung kein vorheriges rechtliches Gehör zu fordern ist jedenfalls vertretbar.[43)]

Auch die Verfahrensverbindung mehrerer Grundstücke gemäß § 18 ZVG ist zulässig, 20
sofern diese derselben Gemeinschaft gehören.[44)]

VII. Einstellungsantrag (Absatz 2)

§ 180 Abs. 2 ZVG lässt die einstweilige Einstellung des Verfahrens auf Antrag eines 21
Miteigentümers auf die Dauer von längstens sechs Monaten zu, wenn dies bei der Abwägung der widerstreitenden Interessen der Miteigentümer angemessen erscheint. Die Regelung stellt damit nicht so strenge Voraussetzungen wie § 30a ZVG auf, ist insbesondere auch flexibler und gewährt dem Gericht einen größeren Ermessensspielraum.[45)] Die einstweilige Einstellung ist binnen einer Notfrist von zwei Wochen zu beantragen (§§ 180 Abs. 2 Satz 2 ZVG i. V. m. 30b Abs. 1 ZVG). Die Frist beginnt mit der entsprechenden Belehrung gemäß § 30b Abs. 1 ZVG.

Antragsberechtigt ist jeder Miteigentümer gegen den sich das Verfahren richtet. Die 22
Einstellung des Verfahrens setzt eine Abwägung der widerstreitenden Interessen der Miteigentümer voraus. Insbesondere soll so verhindert werden, dass ein wirtschaftlich Stärkerer unter Ausnutzung vorübergehender Umstände die Versteigerung zur Unzeit durchsetzt, um den wirtschaftlich Schwächeren zu ungünstigen Bedingungen aus dem Grundstück zu drängen.[46)] Genannt werden als vorübergehende Umstände, z. B. eine in nächster Zeit eintretende deutliche Werterhöhung des Grundstückes oder die Gefährdung der wirtschaftlichen Existenz oder die Schwierigkeit der Beschaffung von angemessenem Wohnraum.[47)] Die Interessen des Antrag-

40) Böttcher/*Böttcher*, ZVG, § 180 Rz. 27; Dassler/Schiffhauer/u. a.-*Hintzen*, ZVG, § 180 Rz. 176.
41) Böttcher/*Böttcher*, ZVG, § 180 Rz. 23.
42) Dassler/Schifferhauer/u. a.-*Hintzen*, ZVG, § 180 Rz. 37; Stöber/*Kiderlen*, ZVG, § 180 Rz. 63.
43) Siehe die Überlegung bei Stöber/*Kiderlen*, ZVG, § 180 Rz. 63.
44) Böttcher/*Böttcher*, ZVG, § 180 Rz. 24.
45) *Nickel*, FPR 2013, 370, 371.
46) Stöber/*Kiderlen*, ZVG, § 180 Rz. 226; Böttcher/*Böttcher*, ZVG, § 180 Rz. 68; *Böttcher*, FPR 2013, 345, 348.
47) Vgl. Böttcher/*Böttcher*, ZVG, § 180 Rz. 68; *Böttcher*, FPR 2013, 345, 347.

stellers können demgegenüber sein, dass er den Erlös dringend benötigt oder ihn die Lastentragung für das Grundstück nicht mehr länger zugemutet werden kann.[48] Denkbar sind als Einstellungsgrund auch ernsthafte Vergleichsverhandlungen[49] oder die in Kürze bevorstehende Gewährung eines Darlehens für den Antragsgegner, sofern er dies glaubhaft machen kann.[50]

23 In der Praxis wird man vielfach vor der Problematik stehen, dass auch Anträge gestellt werden, die primär der Verfahrensverzögerung dienen. Entsprechend sorgfältig hat die Interessensabwägung zu erfolgen, ebenso ist auf die Glaubhaftmachung der entsprechenden Gründe zu achten. Die Neigung der Vollstreckungsgerichte den zumeist auch pauschal gehaltenen Anträgen stattzugeben, ist insoweit zu Recht gering. Grundsätzlich ist das Teilungsversteigerungsverfahren das einzig gesetzlich geregelte Verfahren zur Verwertung von Grundstücken. Gegenüber dem grundsätzlichen Auseinandersetzungsanspruch kann der Aufschub nur in besonderen Ausnahmefällen gewährt werden. So müssen Auseinandersetzungsverhandlungen soweit gediehen sein, dass sich der Abschluss einer außergerichtlichen Einigung konkret abzeichnet.[51] In jedem Fall ist der Zeithorizont des § 180 Abs. 2 ZVG (sechs Monate) zu beachten. Dauerhafte Hindernisse genügen nicht. Dies gilt auch für eine dauerhafte gesundheitliche Beeinträchtigung.[52] Mit gewisser Vorsicht sind pauschale Formulierungen der Vollstreckungsgerichte anzusehen, nach denen eine Einstellung nur deshalb nicht in Betracht käme, weil aufgrund der Verfahrensdauer ohnehin noch genügend Zeit für Vergleichsgespräche u. Ä. bliebe. Hierbei wird übersehen, dass § 180 Abs. 2 ZVG bei Vorliegen der entsprechenden Voraussetzungen einen Anspruch auf Einstellung des Verfahrens gewährt, wohingegen im weiteren Lauf des Verfahrens ein solcher Anspruch nach § 180 Abs. 2 ZVG wegen Fristablaufs nicht mehr geltend gemacht werden kann. Auch hängt die Verfahrensdauer vielfach von Zufälligkeiten ab.

VIII. Einstellungsmöglichkeit aus Gründen des Kindeswohls

24 Eine weitere Einstellungsmöglichkeit sieht Absatz 3 vor. Voraussetzung ist hierfür zunächst, dass das Verfahren Ehegatten, frühere Ehegatten, Lebenspartner oder frühere Lebenspartner betrifft. Sofern noch andere Personen der Gemeinschaft angehören, gilt § 180 Abs. 3 ZVG nicht.[53]

25 Das Kind muss ein gemeinschaftliches Kind der Ehegatten oder Lebenspartner[54] sein, wozu auch ein gemeinschaftlich angenommenes Kind und ein volljähriges Kind zählen.[55] Jedenfalls zulässig ist ein Einstellungsantrag aber dann, wenn das gemein-

48) Böttcher/*Böttcher*, ZVG, § 180 Rz. 68.
49) AG Wernigerode, Beschl. v. 28.12.2022 – 12 K 23/22, BeckRS 2023, 1565 Rz. 8.
50) Vgl. Stöber/*Kiderlen*, ZVG, § 180 Rz. 236 und 230 ff. m. w. Beispielen.
51) LG Karlsruhe, Beschl. v. 9.4.1984 – 11 T 83/84 (n. v.).
52) BGH, Beschl. v. 25.6.2004 – IXa ZB 267/03, Rpfleger 2004, 722.
53) Böttcher/*Böttcher*, ZVG, § 180 Rz. 71.
54) Siehe zu dieser Gesetzesänderung BR-Drucks. 259/15, S. 22 sowie BT-Drucks. 18/5901, S. 21: „Dieser Sachverhalt kann auch bei Lebenspartnern in der Konstellation vorkommen, dass ein Lebenspartner das Kind des anderen gemäß § 9 Absatz 7 LPartG adoptiert."
55) Böttcher/*Böttcher*, ZVG, § 180 Rz. 72 m. w. N.

schaftliche Kind, dessen Schutz gerade durch die Norm bezweckt wird, selbst Miteigentümer ist.[56)]

Die Einstellung setzt zunächst voraus, dass sie zur Abwendung einer ernsthaften Gefährdung des Wohles eines gemeinschaftlichen Kindes erforderlich ist. Insoweit wird davon ausgegangen, dass bei Durchsetzung eines Auseinandersetzungsanspruches ein Ehegatte oder Lebenspartner in besonderer Weise auf die Interessen gemeinschaftlicher Kinder Rücksicht zu nehmen hat.[57)] 26

Voraussetzung ist, dass Beeinträchtigungen besonderer Art vorliegen, die über Unzuträglichkeiten hinausgehen, die mit einem Umzug aus dem Familienheim stets verbunden sind.[58)] Vielmehr ist Voraussetzung, dass sich die Wohn- und Lebensverhältnisse eines gemeinschaftlichen Kindes nachhaltig verschlechtern, dem Kind muss drohen, durch die Zwangsversteigerung in seinen Lebensverhältnissen erheblich benachteiligt und in seiner Entwicklung erheblich beeinträchtigt zu werden.[59)] Als Beispiele aufgeführt werden Fälle der Gefährdung der schulischen Entwicklung oder der Verlust des für ein behindertes Kind behindertengerecht ausgebautes Haus oder auch eine ausstehende Sorgerechtsentscheidung im laufenden Scheidungsverfahren, da Ungewissheit über den späteren Aufenthalt des Kindes besteht.[60)] Unerheblich ist insoweit, ob der die Einstellung beantragende Ehegatte die Gefährdung des Kindes mitzuverantworten hat. Dies versteht sich vor dem Hintergrund, dass es hier nur um den Schutz des Kindeswohles geht,[61)] eigentlich von selbst. 27

IX. Frist

Hier gilt die Notfrist von zwei Wochen gemäß § 180 Abs. 3 Satz 3 i. V. m. § 30b Abs. 1 Satz 1 ZVG. Voraussetzung für den Fristbeginn ist die Zustellung der Belehrung. 28

Bei Einstellungsanträgen nach § 180 Abs. 2 ZVG gilt eine Frist von sechs Monaten, wobei eine einmalige Wiederholung der Einstellung zulässig ist. In Fällen des Absatzes 3 ist für die voraussichtliche Dauer der ernsthaften Gefährdung des Kindeswohles einzustellen, längstens für die Dauer von fünf Jahren (Abs. 4). 29

Insgesamt darf durch Anordnungen gemäß Absatz 2 und 3 das Verfahren nicht länger als fünf Jahre eingestellt werden. 30

X. Verfahren der Teilungsversteigerung

Das weitere Verfahren richtet sich grundsätzlich nach den allgemeinen Vorschriften, auch hier bedarf es der Festsetzung des Verkehrswertes. Im Rahmen der Terminsbestimmung ist die Angabe der Verfahrensart erforderlich, sodass anzugeben ist, dass die Versteigerung zum Zwecke der Aufhebung der Gemeinschaft erfolgt.[62)] 31

---

56) Böttcher/*Böttcher*, ZVG, § 180 Rz. 71 f.; Stöber/*Kiderlen*, ZVG, § 180 Rz. 271.
57) Stöber/*Kiderlen*, ZVG, § 180 Rz. 273.
58) Böttcher/*Böttcher*, ZVG, § 180 Rz. 73.
59) Stöber/*Kiderlen*, ZVG, § 180 Rz. 273.
60) Böttcher/*Böttcher*, ZVG, § 180 Rz. 73; Stöber/*Kiderlen*, ZVG, § 180 Rz. 273 ff.
61) Stöber/*Kiderlen*, ZVG, § 180 Rz. 273.
62) Böttcher/*Böttcher*, ZVG, § 180 Rz. 87.

32 Mit dem Zuschlag ist die Teilungsauseinandersetzung erfolgt, wobei durch den Zuschlag die Gemeinschaft am Grundstück beendet ist und sich nach dem Surrogationsgrundsatz am Erlös fortsetzt.[63] Die Auseinandersetzung setzt sich an diesem teilbaren Erlös (Surrogat) fort.[64]

33 Der nach dem Teilungsplan verbleibende Überschuss bleibt unverteilt, sofern keine einvernehmliche Regelung dem Gericht vorgelegt wird. Die Aufteilung der Gemeinschaft ist nicht Aufgabe des Vollstreckungsgerichts, sondern zwischen den Miteigentümern zu bewirken.[65] Kommt eine Einigung nicht zustande, so ist gemäß § 117 Abs. 2 Satz 3 ZVG der Erlös zu hinterlegen. Die Auseinandersetzung muss dann vor dem Prozessgericht erfolgen. Hierbei kommt es auf die Gestaltung und die wechselseitigen Ansprüche im Innenverhältnis an.

63) Böttcher/*Böttcher*, ZVG, § 180 Rz. 101.
64) Stöber/*Kiderlen*, ZVG, § 180 Rz. 17.4.
65) BGH, Urt. v. 20.2.2008 – XII ZR 58/04, Rpfleger 2008, 379, 380; Böttcher/*Böttcher*, ZVG, § 180 Rz. 113.

§ 181
Voraussetzungen der Anordnung

(1) Ein vollstreckbarer Titel ist nicht erforderlich.

(2) Die Zwangsversteigerung eines Grundstücks, Schiffs, Schiffsbauwerks oder Luftfahrzeugs darf nur angeordnet werden, wenn der Antragsteller als Eigentümer im Grundbuch, im Schiffsregister, im Schiffsbauregister oder im Register für Pfandrechte an Luftfahrzeugen eingetragen oder Erbe eines eingetragenen Eigentümers ist oder wenn er das Recht des Eigentümers oder des Erben auf Aufhebung der Gemeinschaft ausübt. Von dem Vormund eines Miteigentümers kann der Antrag nur mit Genehmigung des Familiengerichts, von dem Betreuer eines Miteigentümers nur mit Genehmigung des Betreuungsgerichts gestellt werden.

(3) (weggefallen)

(4) Die Vorschrift des § 17 Abs. 3 findet auch auf die Erbfolge des Antragstellers Anwendung.

Übersicht

I. Kein Vollstreckungstitel

1 Aufgrund der ausdrücklichen Anordnung des Gesetzgebers bedarf es für eine Teilungsversteigerung nicht der Vorlage eines vollstreckbaren Titels, sodass ein Duldungstitel nicht erforderlich ist. Gründe hierfür sollen zudem sein, dass selten zwischen den Miteigentümern streitig sein soll, ob ein Anspruch auf Teilung besteht,[1)]

1) Dassler/Schiffhauer/u. a.-*Hintzen*, ZVG, § 181 Rz. 2; Stöber/*Kiderlen*, ZVG, § 181 Rz. 2.

auch werde gerade keine Geldforderung vollstreckt.[2] Ein Duldungstitel ist nur dann erforderlich, wenn sich entsprechend § 28 Abs. 2 ZVG ein ganzer oder teilweiser Ausschluss der Auseinandersetzung aus dem Grundbuch ergibt.[3]

II. Weitere formelle Voraussetzungen

Im Übrigen bedarf es eines Antrages der schriftlich oder zu Protokoll der Geschäftsstelle erklärt werden kann. Weitere Voraussetzung ist, dass der Antragsteller als Eigentümer in den entsprechenden Registern eingetragen ist oder er Erbe eines eingetragenen Eigentümers ist bzw. wenn er das Recht des Eigentümers oder des Erben auf Aufhebung der Gemeinschaft ausübt. Die Erbfolge ist durch entsprechende Urkunden glaubhaft zu machen, insoweit erfolgt die entsprechende Verweisung auf § 17 Abs. 3. ZVG. 2

Der Vormund und der Betreuer dürfen nur mit Genehmigung des Familien- bzw. Betreuungsgerichts einen entsprechenden Antrag stellen, dies gilt auch für den Pfleger aufgrund der Verweisung in § 1915 BGB (ab 1.1.2023: §§ 1813, 1888 BGB).[4] 3

Der Vormund/Betreuer bzw. Pfleger muss die entsprechende Genehmigung vorlegen, eine Übersendung durch das Familien-/Betreuungsgericht soll nicht genügen.[5] Ob diese Auffassung wirklich zutreffend ist, erscheint zweifelhaft. Jedenfalls dann, wenn der Antragsteller auf die entsprechende Genehmigung Bezug nimmt oder sich ansonsten aus den Umständen ergibt, dass der Antragsteller in Kenntnis der vorliegenden Genehmigung einen Antrag stellt, erscheint es auch ausreichend, wenn die entsprechende Genehmigung durch das Familien-/Betreuungsgericht selbst übermittelt worden ist. 4

Wird nach Eröffnung des Teilungsversteigerungsverfahrens die Betreuung des Antragsstellers angeordnet und ist zweifelhaft, ob dieser zum Zeitpunkt der Antragsstellung geschäftsfähig war, ist das Verfahren gemäß § 28 Abs. 2 ZVG einstweilen einzustellen und die nachträgliche Genehmigung des Antrags auf Teilungsversteigerung durch das zuständige Betreuungsgericht einzuholen.[6] 5

---

2) Vgl. die Erwägungen bei *Nickel*, FPR 2013, 370.
3) Vgl. Dassler/Schiffhauer/u. a.-*Hintzen*, ZVG, § 181 Rz. 2.
4) Böttcher/*Böttcher*, ZVG, § 181 Rz. 8.
5) Böttcher/*Böttcher*, ZVG, § 181 Rz. 8.
6) AG Heilbronn, Beschl. v. 17.6.2021 – 2 L 103/18, ZfIR 2022, 423.

§ 182
Feststellung des geringsten Gebots

(1) Bei der Feststellung des geringsten Gebots sind die den Anteil des Antragstellers belastenden oder mitbelastenden Rechte an dem Grundstück sowie alle Rechte zu berücksichtigen, die einem dieser Rechte vorgehen oder gleichstehen.

(2) Ist hiernach bei einem Anteil ein größerer Betrag zu berücksichtigen als bei einem anderen Anteil, so erhöht sich das geringste Gebot um den zur Ausgleichung unter den Miteigentümern erforderlichen Betrag.

Literatur: *Bartels, Klaus*, Das geringste Gebot in der Teilungsversteigerung – Erfordert der Beitritt durch Teilhaber eine Missbrauchskontrolle?, ZfIR 2013, 609; *Nickel, Michael*, Die Teilungsversteigerung als Sonderfall der Zwangsversteigerung, FPR 2013, 370.

Übersicht

I. Geringstes Gebot – vorgehende Rechte

1 Die Regelung stellt zunächst klar, welche Rechte dem Auseinandersetzungsanspruch des Antragstellers als vorgehend anzusehen sind.

2 Der Antragsteller soll sich durch Teilungsversteigerung gerade nicht von seinen Belastungen befreien können, diese bleiben vielmehr grundsätzlich bestehen.[1] Dies gilt insbesondere für die praktisch relevanten Grundpfandrechte. Diese Belastungen müssen vom Ersteher übernommen werden (§ 52 Abs. 1 ZVG).[2] Der bar zu zahlende Teil richtet sich demgegenüber nach § 49 Abs. 1 ZVG, hinzu kommt der Ausgleichsanspruch nach Absatz 2.[3]

3 In das geringste Gebot sind zunächst bei einer Bruchteilsgemeinschaft die den Anteil des Antragstellers belastenden oder mitbelastenden Rechte einzustellen, ferner alle Rechte an einem anderen Anteil[4] die einem dieser Rechte vorgehen oder gleichstehen.

4 Nachdem Miteigentümer nur eine aus dem Miteigentum resultierende Befugnis mit der Teilungsversteigerung geltend machen, nämlich den Auseinandersetzungsanspruch, steht dieser somit alle den Anteil belastenden oder mitbelastenden Rechte nach; der Zuschlag kann daher nur erteilt werden, wenn ein Gebot erfolgt, dass alle vorangehenden Rechte deckt.[5]

5 Bei einer Gesamthandsgemeinschaft gibt es grundsätzlich keine Sonderbelastungen, so dass alle Belastungen im geringsten Gebot berücksichtigt werden.[6] Ausnahmen sind hier denkbar, wenn die Belastung vor Eigentumsübergang auf die Gesamthand bestanden hat.[7]

II. Ausgleichsanspruch nach Absatz 2

6 Für den Fall der ungleichen Belastung ordnet zudem Absatz 2 an, dass ein Ausgleichsbetrag im geringsten Gebot zu berücksichtigen ist. Damit werden unbillige Ergebnisse vermieden bzw. kompensiert.[8]

---

1) Kindl/Meller-Hannich-*Stumpe/Simon*, Gesamtes Recht der Zwangsvollstreckung, § 182 Rz. 3.
2) Vgl. nur Stöber/*Kiderlen*, ZVG, § 182 Rz. 2; siehe auch *Hartenstein*, FPR 2013, 356, 357 mit Kritik und Änderungsansätzen.
3) Stöber/*Kiderlen*, ZVG, § 182 Rz. 54.
4) Dassler/Schiffhauer/u. a.-*Hintzen*, ZVG, § 182 Rz. 6.
5) Dassler/Schiffhauer/u. a.-*Hintzen*, ZVG, § 182 Rz. 6.
6) Dassler/Schiffhauer/u. a.-*Hintzen*, ZVG, § 182 Rz. 5.
7) Dassler/Schiffhauer/u. a.-*Hintzen*, ZVG, § 182 Rz. 5.
8) Stöber/*Kiderlen*, ZVG, § 182 Rz. 53.

Der Betrag ermittelt sich aus der Differenz zwischen der höchsten Belastung eines Anteils und den Belastungen der anderen Anteile.[9] Bei der Ermittlung ist der Kapitalbetrag der bestehen bleibenden Grundpfandrechte sowie die ins geringste Bargebot fallenden Zinsen hieraus zu berücksichtigen.[10] 7

Nach Feststellung des geringsten Gebotes sind die absolute Belastung des Grundstücks und sodann die relativen Belastungen der Anteile zu ermitteln.[11] Der am stärksten belastete Anteil vervielfacht mit dem gemeinsamen Nenner ergibt nach der häufig verwendeten *Freund'schen* Formel nach Abzug der bestehen bleibenden Rechte und dem Bargebot sodann den Ausgleichsanspruch.[12] Auf entsprechend ausführliche Berechnungsbeispiele wird verwiesen.[13] 8

III. Unterschiedliche Belastungen und Verwertungsprobleme

Kritisch ist wie zu verfahren ist, wenn – insbesondere infolge rechtzeitigen Beitritts – mehrere Antragsteller mit unterschiedlichen Belastungen vorhanden sind. Bei entsprechend hohen Belastungen eines Miteigentumsanteils kann dies faktisch zu einer Unmöglichkeit der Verwertung im Rahmen der Versteigerung führen. Auch ein entsprechender Missbrauch wäre leicht möglich. Wie in diesen Fällen zu verfahren ist, ist streitig.[14] 9

Zum Teil wurde die Totalbelastungslehre vertreten. Demnach fallen alle Rechte auf allen Anteilen in das geringste Gebot, Missbrauchsfälle seien über §§ 242, 826 BGB (vor dem Prozessgericht)[15] zu lösen. 10

Ferner wird die Zustimmungswegfall-Theorie vertreten. Demnach fallen alle Rechte auf allen Eigentumsanteilen in das geringste Gebot, wobei jeder Antragsteller – ohne Zustimmung des anderen – aber ein abweichendes Ausgebot nach § 59 ZVG verlangen könne, in dem die Belastung des anderen Anteils nicht enthalten ist.[16] 11

Nach der Korrealbelastungslehre werden in das geringste Gebot nur die Rechte ausgenommen, die die Anteile beider Betreibenden belasten oder mitbelasten sowie die vorgehenden Rechte.[17] Nach dem Räumungsprinzip habe der Deckungsgrundsatz 12

---

9) *Nickel*, FPR 2013, 370, 378.

10) *Kindl/Meller/Hannich/Stumpe/Simon*, Gesamtes Recht der Zwangsvollstreckung, § 182 Rz. 10; Dassler/Schiffhauer/u. a.-*Hintzen*, ZVG, § 182 Rz. 12.

11) *Kindl/Meller/Hannich/Stumpe/Simon*, Gesamtes Recht der Zwangsvollstreckung, § 182 Rz. 11; Stöber/*Kiderlen*, ZVG, § 182 Rz. 62.

12) *Stöber/Kiderlen*, ZVG, § 182 Rz. 66; *Kindl/Meller/Hannich/Stumpe/Simon*, Gesamtes Recht der Zwangsvollstreckung, § 182 Rz. 11.

13) Dassler/Schiffhauer/u. a.-*Hintzen*, ZVG, § 182 Rz. 8, 13; *Stöber/Kiderlen*, ZVG, § 182 Rz. 63–69; Böttcher/*Böttcher*, ZVG, § 182 Rz. 7 ff.

14) Vgl. zu diesen und weiteren Lösungsansätzen zusammenfassend Dassler/Schiffhauer/u. a.-*Hintzen*, ZVG, § 182 Rz. 19; *Nickel*, FPR 2013, 370, 375; *Stöber/Kiderlen*, ZVG, § 182 Rz. 3.4; sehr ausführlich *Bartels*, ZflR 2013, 609 ff.

15) Vgl. bei *Nickel*, FPR 2013, 370, 375; vgl. auch *Bartels*, ZflR 2013, 609, 611.

16) Vgl. bei Stöber/*Kiderlen*, ZVG, § 182 Rz. 34.

17) So *Mohrbutter/Drischler/Radtke/Tiedemann*, Die Zwangsversteigerungs- und Zwangsverwaltungspraxis, Rz. 183, Vorbemerkung II.

nur so lange Geltung wie er von der Gegenseite nicht durch Antragsstellung beseitigt bzw. verdrängt werde.[18)]

13 Eine neue Auffassung stellt sich auf den Standpunkt, dass § 182 Abs. 1 ZVG dergestalt teleologisch zu reduzieren ist, dass als Antragsteller i. S. d. Norm nicht in Betracht kommt, wer erst nachträglich durch Beitritt diese Rolle erwirbt, abzustellen ist danach nur auf den ersten Antragsteller[19)].

14 Die herrschende Auffassung geht von der Niedrigstgebotlösung[20)] aus. Das geringste Gebot richtet sich demnach danach, welcher Miteigentumsanteil am niedrigsten belastet ist. Dieser Ansicht folgt auch der Bundesgerichtshof.[21)] Dieser Ansicht ist zuzustimmen.

15 Die Totalbelastungslehre ist nicht praktikabel, der eventuelle Rückgriff auf Treu und Glauben und ggf. die Notwendigkeit der Klärung vor dem Prozessgericht weist zu unsichere Kriterien auf, die auch mit dem formalisierten Verfahren nach dem ZVG nicht harmonieren. Die Korrealbelastungslehre sowie das Räumungsprinzip missachten den Deckungsgrundsatz. Die neue Auffassung von *Bartels* führt zu einem Wettlauf darum, wer den Antrag stellt. Auch bedürfte es für diese Auffassung wohl einer Gesetzesänderung, da sie die Rechte des Beitretenden erheblich beeinträchtigt und von der gesetzlichen Stellung abweicht.[22)] Demgegenüber führt die Niedrigstgebotslösung zu einer ansatzweise adäquaten Lösung ohne den Deckungsgrundsatz vollständig aufzugeben.[23)] Der Bundesgerichtshof hebt zudem darauf ab, dass damit auch der in § 182 ZVG bestimmten Anlehnung an die Regelungen für die Aufstellung des geringsten Gebots in der Vollstreckungsversteigerung, wonach auf den rangbesten Gläubiger abgestellt wird, Rechnung getragen wird. In der Teilungsversteigerung gebe es zwar keinen Rang, dem entspräche aber die Abstellung auf den Belastungsumfang.[24)]

---

18) *Streuer*, Rpfleger 2001, 119, 120 f.

19) *Bartels*, ZflR 2013, 609, 613, 617 f.

20) BGH, Beschl. v. 15.9.2016 – V ZB 136/14, NJW 2017, 1756; Dassler/Schiffhauer/u. a.-*Hintzen*, ZVG, § 182 Rz. 20; Böttcher/*Böttcher*, ZVG, § 182 Rz. 17; ausführlich auch Stöber/*Kiderlen*, ZVG § 182 Rz. 40 ff.; zur Kritik an dieser Ansicht vgl. zusammenfassend *Bartels*, ZflR 2013, 609, 614.

21) BGH, Beschl. v. 15.9.2016 – V ZB 136/14, Rpfleger 2017, 225.

22) Vgl. zur Gegenargumentation *Bartels*, ZflR 2013, 609, 613. Nach seiner Ansicht ist auch die von ihm vorgeschlagene Ergänzung des § 182 nur klarstellend (617 f.).

23) Dassler/Schiffhauer/u. a.-*Hintzen*, ZVG, § 182 Rz. 20; Böttcher/*Böttcher*, ZVG, § 182 Rz. 17; ausführlich auch Stöber/*Kiderlen*, ZVG § 182 Rz. 41.

24) BGH, Beschl. v. 15.9.2016 – V ZB 136/14, RPfleger 2017, 225.

§ 183
Vermietung oder Verpachtung

Im Falle der Vermietung oder Verpachtung des Grundstücks finden die in den §§ 57a und 57b vorgesehenen Maßgaben keine Anwendung.

Literatur: *Nickel, Michael,* Die Teilungsversteigerung als Sonderfall der Zwangsversteigerung, FPR 2013, 370.

Die Teilungsversteigerung soll nicht dazu führen, dass der Mieter sein Besitzrecht durch Kündigung verlieren kann. Der Ersteher tritt auch bei der Teilungsversteigerung entsprechend §§ 566, Abs. 1, 578 Abs. 1 BGB in das Miet-/Pachtverhältnis ein. Anders als bei einer Vollstreckungsversteigerung gibt es aber kein außerordentliches Kündigungsrecht nach § 57a ZVG. Hiermit soll verhindert werden, dass die Teilungsversteigerung dazu genutzt wird, Mietverhältnisse vorzeitig zu beenden.[1] 1

Es kann nur nach den allgemeinen vertraglichen oder gesetzlichen Regelungen gekündigt werden, wenn deren Voraussetzungen vorliegen.[2] 2

Im Übrigen gelten die Regelungen in den §§ 566 ff. BGB entsprechend. Dies gilt insbesondere auch für die Wirkung von Verfügungen und Rechtsgeschäften betreffend den Miet-/Pachtzins. Maßgeblicher Zeitpunkt für den Übergang des Eigentums ist der Zeitpunkt des wirksamen Zuschlags.[3] 3

Der Ausschluss gilt auch dann, wenn ein Dritter, z. B. als Pfandgläubiger die Teilungsversteigerung betrieben hat.[4] Durch die Pfändung kann er keine stärkere Rechtsstellung erwerben. 4

---

1) Vgl. Dassler/Schiffhauer/u. a.-*Hintzen*, ZVG, § 183 Rz. 1; *Nickel*, FPR 2013, 370, 378.
2) *Nickel*, FPR 2013, 370, 378.
3) Stöber/*Kiderlen*, ZVG, § 183 Rz. 2.
4) Stöber/*Kiderlen*, ZVG, § 183 Rz. 5.

§ 184

Keine Sicherheitsleistung eines Miteigentümers

Ein Miteigentümer braucht für sein Gebot keine Sicherheit zu leisten, wenn ihm eine durch das Gebot ganz oder teilweise gedeckte Hypothek, Grundschuld oder Rentenschuld zusteht.

An der Teilungsversteigerung kann auch jeder Miteigentümer teilnehmen und Gebote abgeben. Grundsätzlich besteht auch bei der Teilungsversteigerung die Pflicht, auf Verlangen Sicherheit zu leisten (§ 67 Abs. 1 Satz 1 ZVG). Sofern dem Miteigentümer eine durch das Gebot ganz oder teilweise gedeckte Hypothek, Grund- oder Rentenschuld zusteht, besteht insoweit keine Pflicht zur Sicherheitsleistung. Bedeutung hat diese Regelung für Gebote des Antragsgegners, für den antragstellenden Miteigentümer ergibt sich die entsprechende Konsequenz bereits aus § 67 Abs. 2 Satz 1 ZVG.[1] 1

Soweit eine Sicherheitsleistung verlangt werden kann, verstößt das entsprechende Verlangen auch bei Abgabe eines Gebotes eines anderen Miteigentümers grundsätzlich nicht gegen Treu und Glauben.[2] 2

---

1) Vgl. Dassler/Schiffhauer/u. a.-*Hintzen*, ZVG, § 184 Rz. 1.
2) OLG Düsseldorf, Beschl. v. 15.11.1988 – 3 W 464/88, Rpfleger 1989, 167; Dassler/Schiffhauer/u. a.-*Hintzen*, ZVG, § 184 Rz. 2.

§ 185

Anhängiges Verfahren über Zuweisung eines landwirtschaftlichen Betriebes

(1) Ist ein Verfahren über einen Antrag auf Zuweisung eines landwirtschaftlichen Betriebes nach § 13 Abs. 1 des Grundstückverkehrsgesetzes vom 28. Juli 1961 (Bundesgesetzbl. I S. 1091) anhängig und erstreckt sich der Antrag auf ein Grundstück, dessen Zwangsversteigerung nach § 180 angeordnet ist, so ist das Zwangsversteigerungsverfahren wegen dieses Grundstücks auf Antrag so lange einzustellen, bis über den Antrag auf Zuweisung rechtskräftig entschieden ist.

(2) Ist die Zwangsversteigerung mehrerer Grundstücke angeordnet und bezieht sich der Zuweisungsantrag nur auf eines oder einzelne dieser Grundstücke, so kann das Vollstreckungsgericht anordnen, daß das Zwangsversteigerungsverfahren auch wegen der nicht vom Zuweisungsverfahren erfaßten Grundstücke eingestellt wird.

(3) Wird dem Zuweisungsantrag stattgegeben, so ist das Zwangsversteigerungsverfahren, soweit es die zugewiesenen Grundstücke betrifft, aufzuheben und im übrigen fortzusetzen.

(4) Die Voraussetzungen für die Einstellung und die Aufhebung des Zwangsversteigerungsverfahrens sind vom Antragsteller nachzuweisen.

Übersicht

I. Normzweck

1 Hintergrund dieser Norm ist das Zuweisungsverfahren nach dem Grundstücksverkehrsgesetz, das durch eine Teilungsversteigerung nicht unterlaufen werden soll.[1] Nach § 13 Abs. 1 GrdstVG kann das zuständige Gericht auf Antrag eines Miterben die Gesamtheit der Grundstücke aus denen ein landwirtschaftlicher Betrieb besteht, ungeteilt einem Miterben zuweisen. Die Voraussetzungen für die Zuweisung ergeben sich aus § 14 GrdstVG, die Abfindung und Vorteilsausgleichsansprüche sind in §§ 16, 17 GrdstVG geregelt.

2 Ist ein entsprechender Zuweisungsantrag anhängig und erstreckt er sich auf ein Grundstück für das die Teilungsversteigerung angeordnet ist, so ist das Zwangsversteigerungsverfahren zwingend auf Antrag so lange einzustellen, bis über den Zuweisungsantrag rechtskräftig entschieden ist.

II. Verfahren

3 Entsprechend dem Wortlaut ist ein Antrag erforderlich, eine Einstellung von Amts wegen kommt nicht in Betracht.[2]

---

1) Dassler/Schiffhauer/u. a.-*Hintzen*, ZVG, § 185 Rz. 1.
2) Stöber/*Kiderlen*, ZVG, § 185 Rz. 3.

III. Mehrere Grundstücke

Wenn der Teilungsversteigerungsantrag hinsichtlich mehrerer Grundstücke angeordnet ist und sich der Zuweisungsantrag nur auf eines der Grundstücke erstreckt, so kann das Vollstreckungsgericht anordnen, dass das Zwangsversteigerungsverfahren auch wegen der nicht vom Zuweisungsverfahren erfassten Grundstücke eingestellt wird. Zwingend einzustellen ist dann nur im Hinblick auf das einzelne Grundstück, für das die Teilungsversteigerung angeordnet ist; hinsichtlich der anderen zum landwirtschaftlichen Betrieb gehörenden Grundstücke kann die Einstellung erfolgen. Insoweit handelt es sich um eine Ermessensvorschrift („kann"), die den Zweck des § 13 GrdstVG im Auge haben muss. 4

IV. Erfolgreicher Zuweisungsantrag

Nach Absatz 3 ist dann, wenn dem Zuweisungsantrag stattgegeben wird, das Zwangsversteigerungsverfahren, soweit es die Zuweisung der Grundstücke betrifft, aufzuheben und im Übrigen fortzusetzen. Wird der Zuweisungsantrag insgesamt abgewiesen, so ist auch das Verfahren ebenfalls von Amts wegen fortzusetzen. 5

V. Nachweis

Die Voraussetzungen für die Einstellung und die Aufhebung sind nachzuweisen (Abs. 4). 6

§ 186
Übergangsvorschrift zum 2. Justizmodernisierungsgesetz

Die §§ 3, 30c, 38, 49, 68, 69, 70, 72, 75, 82, 83, 85, 88, 103, 105, 107, 116, 117, 118, 128, 132, 144 und 169 sind in der Fassung des Artikels 11 des Gesetzes vom 22. Dezember 2006 (BGBl. I S. 3416) auf die am 1. Februar 2007 anhängigen Verfahren nur anzuwenden, soweit Zahlungen später als zwei Wochen nach diesem Tag zu bewirken sind.

Diese vielfach als nicht gelungen bezeichnete Übergangsregelung[1] ist durch Zeitablauf gegenstandslos geworden.[2] 1

1) Stöber/*Keller*, ZVG, § 186 Rz. 1.
2) Kindl/Meller-Hannich-*Stumpe*/*Simon*, Gesamtes Recht der Zwangsvollstreckung, § 186 Rz. 1.

Anhang

Einführungsgesetz zu dem Gesetz über die Zwangsversteigerung und die Zwangsverwaltung

ZVGEG

Ausfertigungsdatum: 24.03.1897

Vollzitat:

„Einführungsgesetz zu dem Gesetz über die Zwangsversteigerung und die Zwangsverwaltung in der im Bundesgesetzblatt Teil III, Gliederungsnummer 310-13, veröffentlichten bereinigten Fassung, das zuletzt durch Artikel 4 des Gesetzes vom 11. Oktober 2016 (BGBl. I S. 2222) geändert worden ist“

Stand: Zuletzt geändert durch Art. 4 G v. 11.10.2016 I 2222

Fußnote

(+++ Textnachweis Geltung ab: 1.7.1979 +++)

§ 1

(1) Das Gesetz über die Zwangsversteigerung und die Zwangsverwaltung tritt, soweit es die Schiffe betrifft, gleichzeitig mit dem Bürgerlichen Gesetzbuch, im übrigen für jeden Grundbuchbezirk mit dem Zeitpunkt in Kraft, in welchem das Grundbuch als angelegt anzusehen ist.

(2) Die Artikel 1 Abs. 2, Artikel 2, 50, 55 des Einführungsgesetzes zum Bürgerlichen Gesetzbuch finden entsprechende Anwendung.

§ 2

(1) Soweit in dem Einführungsgesetz zum Bürgerlichen Gesetzbuch zugunsten der Landesgesetze Vorbehalte gemacht sind, gelten sie auch für die Vorschriften der Landesgesetze über die Zwangsversteigerung und die Zwangsverwaltung.

(2) Es treten jedoch die landesgesetzlichen Vorschriften außer Kraft, nach welchen den landschaftlichen und ritterschaftlichen Kreditanstalten für den Anspruch auf ältere als zweijährige Rückstände wiederkehrender Leistungen ein Vorrecht vor den im § 10 Nr. 1 bis 6 des Gesetzes über die Zwangsversteigerung und die Zwangsverwaltung bezeichneten Ansprüchen beigelegt ist.

§ 3

Die im Artikel 113 des Einführungsgesetzes zum Bürgerlichen Gesetzbuch bezeichneten Vorschriften bleiben auch insoweit unberührt, als sie für den Anspruch des Entschädigungsberechtigten oder des Dritten, welcher die Entschädigung geleistet hat, ein Recht auf Befriedigung aus dem Grundstück gewähren und den Rang dieses Rechts bestimmen. Jedoch kann dem Anspruch auf Rückstände wiederkehrender Leistungen ein Vorrecht nur mit der im § 2 Abs. 2 bezeichneten Einschränkung beigelegt werden.

§ 4

(1) Durch Landesgesetz kann bestimmt werden, daß gewisse öffentliche Lasten anderen im Range vorgehen.

(2)

§ 5

Durch Landesgesetz kann bestimmt werden, daß dem Antrag auf Zwangsversteigerung ein Auszug aus einem Steuerbuch beigefügt werden soll.

§ 6

Durch die Landesjustizverwaltung kann angeordnet werden, daß die Bestimmung des Versteigerungstermins noch andere als die im § 38 des Gesetzes über die Zwangsversteigerung und die Zwangsverwaltung vorgeschriebenen Angaben über das Grundstück enthalten soll.

§ 7

Unberührt bleiben die bestehenden landesgesetzlichen Vorschriften, nach welchen noch andere als die in den §§ 39, 40 des Gesetzes über die Zwangsversteigerung und die Zwangsverwaltung bezeichneten Veröffentlichungen der Terminsbestimmung zu erfolgen haben.

§ 8

(1) Durch Landesgesetz kann für die Zwangsversteigerung bestimmt werden, daß die vor dem Inkrafttreten des Bürgerlichen Gesetzbuchs eingetragenen Hypotheken bei der Feststellung des geringsten Gebots und bei der Aufstellung des Teilungsplans nur auf Grund einer Anmeldung zu berücksichtigen sind.

(2) In einem solchen Fall muß die im § 37 Nr. 4 des Gesetzes über die Zwangsversteigerung und die Zwangsverwaltung vorgeschriebene Aufforderung auf die Anmeldung der Ansprüche aus den bezeichneten Hypotheken ausgedehnt werden.

§ 9

(1) Soweit ein nach Landesgesetz begründetes Recht an einem Grundstück, das nicht in einer Hypothek besteht, zur Wirksamkeit gegen Dritte der Eintragung nicht bedarf oder soweit eine Dienstbarkeit oder eine Reallast als Leibgedinge, Leibzucht, Altenteil oder Auszug eingetragen ist, bleibt das Recht nach Maßgabe des Landesgesetzes von der Zwangsversteigerung unberührt, auch wenn es bei der Feststellung des geringsten Gebots nicht berücksichtigt ist.

(2) Das Erlöschen eines solchen Rechts ist auf Verlangen eines Beteiligten als Versteigerungsbedingung zu bestimmen, wenn durch das Fortbestehen ein dem Recht vorgehendes oder gleichstehendes Recht des Beteiligten beeinträchtigt werden würde; die Zustimmung eines anderen Beteiligten ist nicht erforderlich.

§ 9a

(1) In dem in Artikel 3 des Einigungsvertrages genannten Gebiet umfaßt die nach dem 31. Dezember 2000 angeordnete Beschlagnahme des Grundstücks auch das in Artikel 233 §§ 2b, 4 und 8 des Einführungsgesetzes zum Bürgerlichen Gesetzbuche

bezeichnete Gebäudeeigentum. Nach Ablauf der in Satz 1 bezeichneten Frist erlöschen durch den Zuschlag auch die in Artikel 233 § 2c Abs. 2 des Einführungsgesetzes zum Bürgerlichen Gesetzbuche bezeichneten Ansprüche, es sei denn, daß für diese ein Vermerk im Grundbuch eingetragen ist oder diese im Verfahren nach Absatz 2 angemeldet worden sind. Satz 2 gilt für Ansprüche auf Rückübertragung nach dem Vermögensgesetz sinngemäß.

(2) Dem Inhaber des Gebäudeeigentums stehen die in § 28 des Gesetzes über die Zwangsversteigerung und die Zwangsverwaltung bezeichneten Rechte zu. Die in Artikel 233 § 2c Abs. 2 des Einführungsgesetzes zum Bürgerlichen Gesetzbuche bezeichneten Ansprüche sind, sofern sie nicht in dem für das Grundstück angelegten Grundbuch vermerkt sind, spätestens im Versteigerungstermin vor der Aufforderung zur Abgabe von Angeboten anzumelden. § 3b Abs. 2 des Vermögensgesetzes bleibt unberührt.

(3) Der Beschluß, durch den die Zwangsversteigerung angeordnet wird, ist dem Nutzer zuzustellen. Ist dieser nicht bekannt, so ist, wenn nicht ein Pfleger bestellt wird, auf Ersuchen des Gerichts in entsprechender Anwendung des Artikels 233 § 2 Abs. 3 des Einführungsgesetzes zum Bürgerlichen Gesetzbuche ein Vertreter zu bestellen. Ein Zwangsversteigerungsvermerk ist auch in ein bestehendes Gebäudegrundbuch für Gebäudeeigentum auf dem Grundstück einzutragen.

§ 10

Unberührt bleiben die landesgesetzlichen Vorschriften, nach welchen bei der Zwangsversteigerung für Gebote kommunaler Körperschaften sowie bestimmter Kreditanstalten und Sparkassen Sicherheitsleistung nicht verlangt werden kann.

§ 11

Durch Landesgesetz kann für die Zwangsversteigerung, unbeschadet des § 112 Abs. 2 Satz 4 des Gesetzes über die Zwangsversteigerung und die Zwangsverwaltung, bestimmt werden, daß und nach welchen Grundsätzen der Wert des Grundstücks festgestellt werden soll.

§ 12

Die Landesgesetze können für die Fälle, in welchen bei der Zwangsversteigerung oder der Zwangsverwaltung ein Aufgebotsverfahren erforderlich wird, die Art der Bekanntmachung des Aufgebots und die Aufgebotsfristen abweichend von den Vorschriften der §§ 435, 437 des Gesetzes über das Verfahren in Familiensachen und in den Angelegenheiten der freiwilligen Gerichtsbarkeit bestimmen.

§ 13

Soweit die Vorschriften der Zivilprozessordnung auf Sachverständige, die zum Zweck der Festsetzung des Verkehrswertes nach § 74a Absatz 5 des Gesetzes über die Zwangsversteigerung und die Zwangsverwaltung angehört werden, entsprechend anzuwenden sind, ist deren bis zum 15. Oktober 2016 geltende Fassung weiterhin maßgeblich.

§ 14 (weggefallen)

§ 15 (weggefallen)

Zwangsverwalterverordnung (ZwVwV)

ZwVwV

Ausfertigungsdatum: 19.12.2003

Vollzitat:

„Zwangsverwalterverordnung vom 19. Dezember 2003 (BGBl. I S. 2804)"

Fußnote

(+++ Textnachweis ab: 1.1.2004 +++)

Eingangsformel

Auf Grund des § 152a des Gesetzes über die Zwangsversteigerung und die Zwangsverwaltung in der im Bundesgesetzblatt Teil III, Gliederungsnummer 310-14, veröffentlichten bereinigten Fassung, der durch Artikel 7 Abs. 23 des Gesetzes vom 17. Dezember 1990 (BGBl. I S. 2847) eingefügt worden ist, in Verbindung mit Artikel 35 des Gesetzes vom 13. Dezember 2001 (BGBl. I S. 3574), verordnet das Bundesministerium der Justiz:

§ 1 Stellung

(1) Zwangsverwalter und Zwangsverwalterinnen führen die Verwaltung selbständig und wirtschaftlich nach pflichtgemäßem Ermessen aus. Sie sind jedoch an die vom Gericht erteilten Weisungen gebunden.

(2) Als Verwalter ist eine geschäftskundige natürliche Person zu bestellen, die nach Qualifikation und vorhandener Büroausstattung die Gewähr für die ordnungsgemäße Gestaltung und Durchführung der Zwangsverwaltung bietet.

(3) Der Verwalter darf die Verwaltung nicht einem anderen übertragen. Ist er verhindert, die Verwaltung zu führen, so hat er dies dem Gericht unverzüglich anzuzeigen. Zur Besorgung einzelner Geschäfte, die keinen Aufschub dulden, kann sich jedoch der Verwalter im Fall seiner Verhinderung anderer Personen bedienen. Ihm ist auch gestattet, Hilfskräfte zu unselbständigen Tätigkeiten unter seiner Verantwortung heranzuziehen.

(4) Der Verwalter ist zum Abschluss einer Vermögensschadenshaftpflichtversicherung für seine Tätigkeit mit einer Deckung von mindestens 500 000 Euro verpflichtet. Durch Anordnung des Gerichts kann, soweit der Einzelfall dies erfordert, eine höhere Versicherungssumme bestimmt werden. Auf Verlangen der Verfahrensbeteiligten oder des Gerichts hat der Verwalter das Bestehen der erforderlichen Haftpflichtversicherung nachzuweisen.

§ 2 Ausweis

Der Verwalter erhält als Ausweis eine Bestallungsurkunde, aus der sich das Objekt der Zwangsverwaltung, der Name des Schuldners, das Datum der Anordnung sowie die Person des Verwalters ergeben.

§ 3 Besitzerlangung über das Zwangsverwaltungsobjekt, Bericht

(1) Der Verwalter hat das Zwangsverwaltungsobjekt in Besitz zu nehmen und darüber einen Bericht zu fertigen. Im Bericht sind festzuhalten:

1. Zeitpunkt und Umstände der Besitzerlangung;
2. eine Objektbeschreibung einschließlich der Nutzungsart und der bekannten Drittrechte;
3. alle der Beschlagnahme unterfallenden Mobilien, insbesondere das Zubehör;
4. alle der Beschlagnahme unterfallenden Forderungen und Rechte, insbesondere Miet- und Pachtforderungen, mit dem Eigentum verbundene Rechte auf wiederkehrende Leistungen sowie Forderungen gegen Versicherungen unter Beachtung von Beitragsrückständen;
5. die öffentlichen Lasten des Grundstücks unter Angabe der laufenden Beträge;
6. die Räume, die dem Schuldner für seinen Hausstand belassen werden;
7. die voraussichtlichen Ausgaben der Verwaltung, insbesondere aus Dienst- oder Arbeitsverhältnissen;
8. die voraussichtlichen Einnahmen und die Höhe des für die Verwaltung erforderlichen Kostenvorschusses;
9. alle sonstigen für die Verwaltung wesentlichen Verhältnisse.

(2) Den Bericht über die Besitzerlangung hat der Verwalter bei Gericht einzureichen. Soweit die in Absatz 1 bezeichneten Verhältnisse nicht schon bei Besitzübergang festgestellt werden können, hat der Verwalter dies unverzüglich nachzuholen und dem Gericht anzuzeigen.

§ 4 Mitteilungspflicht

Der Verwalter hat alle betroffenen Mieter und Pächter sowie alle von der Verwaltung betroffenen Dritten unverzüglich über die Zwangsverwaltung zu informieren. Außerdem kann der Verwalter den Erlass von Zahlungsverboten an die Drittschuldner bei dem Gericht beantragen.

§ 5 Nutzungen des Zwangsverwaltungsobjektes

(1) Der Verwalter soll die Art der Nutzung, die bis zur Anordnung der Zwangsverwaltung bestand, beibehalten.

(2) Die Nutzung erfolgt grundsätzlich durch Vermietung oder Verpachtung. Hiervon ausgenommen sind:

1. landwirtschaftlich oder forstwirtschaftlich genutzte Objekte in Eigenverwaltung des Schuldners gemäß § 150b des Gesetzes über die Zwangsversteigerung und die Zwangsverwaltung;

2. die Wohnräume des Schuldners, die ihm gemäß § 149 des Gesetzes über die Zwangsversteigerung und die Zwangsverwaltung unentgeltlich zu belassen sind.

(3) Der Verwalter ist berechtigt, begonnene Bauvorhaben fertig zu stellen.

§ 6 Miet- und Pachtverträge

(1) Miet- oder Pachtverträge sowie Änderungen solcher Verträge sind vom Verwalter schriftlich abzuschließen.

(2) Der Verwalter hat in Miet- oder Pachtverträgen zu vereinbaren,

1. dass der Mieter oder Pächter nicht berechtigt sein soll, Ansprüche aus dem Vertrag zu erheben, wenn das Zwangsverwaltungsobjekt vor der Überlassung an den Mieter oder Pächter im Wege der Zwangsversteigerung veräußert wird;
2. dass die gesetzliche Haftung des Vermieters oder Verpächters für den vom Ersteher zu ersetzenden Schaden ausgeschlossen sein soll, wenn das Grundstück nach der Überlassung an den Mieter oder Pächter im Wege der Zwangsversteigerung veräußert wird und der an die Stelle des Vermieters oder Verpächters tretende Ersteher die sich aus dem Miet- oder Pachtverhältnis ergebenden Verpflichtungen nicht erfüllt;
3. dass der Vermieter oder Verpächter auch von einem sich im Fall einer Kündigung (§ 57a Satz 1 des Gesetzes über die Zwangsversteigerung und die Zwangsverwaltung, § 111 der Insolvenzordnung) möglicherweise ergebenden Schadensersatzanspruch freigestellt sein soll.

§ 7 Rechtsverfolgung

Der Verwalter hat die Rechtsverfolgung seiner Ansprüche im Rahmen des pflichtgemäßen Ermessens zeitnah einzuleiten.

§ 8 Rückstände, Vorausverfügungen

Die Rechtsverfolgung durch den Verwalter erstreckt sich auch auf Rückstände nach § 1123 Abs. 1 und 2 des Bürgerlichen Gesetzbuchs und unterbrochene Vorausverfügungen nach § 1123 Abs. 1, §§ 1124 und 1126 des Bürgerlichen Gesetzbuchs, sofern nicht der Gläubiger auf die Rechtsverfolgung verzichtet.

§ 9 Ausgaben der Zwangsverwaltung

(1) Der Verwalter hat von den Einnahmen die Liquidität zurückzubehalten, die für Ausgaben der Verwaltung einschließlich der Verwaltervergütung und der Kosten des Verfahrens vorgehalten werden muss.

(2) Der Verwalter soll nur Verpflichtungen eingehen, die aus bereits vorhandenen Mitteln erfüllt werden können.

(3) Der Verwalter ist verpflichtet, das Zwangsverwaltungsobjekt insbesondere gegen Feuer-, Sturm-, Leitungswasserschäden und Haftpflichtgefahren, die vom Grundstück und Gebäude ausgehen, zu versichern, soweit dies durch eine ordnungsgemäße Verwaltung geboten erscheint. Er hat diese Versicherung unverzüglich abzuschließen, sofern

1. Schuldner oder Gläubiger einen bestehenden Versicherungsschutz nicht innerhalb von 14 Tagen nach Zugang des Anordnungsbeschlusses schriftlich nachweisen und
2. der Gläubiger die unbedingte Kostendeckung schriftlich mitteilt.

§ 10 Zustimmungsvorbehalte

(1) Der Verwalter hat zu folgenden Maßnahmen die vorherige Zustimmung des Gerichts einzuholen:

1. wesentliche Änderungen zu der nach § 5 gebotenen Nutzung; dies gilt auch für die Fertigstellung begonnener Bauvorhaben;
2. vertragliche Abweichungen von dem Klauselkatalog des § 6 Abs. 2;
3. Ausgaben, die entgegen dem Gebot des § 9 Abs. 2 aus bereits vorhandenen Mitteln nicht gedeckt sind;
4. Zahlung von Vorschüssen an Auftragnehmer im Zusammenhang insbesondere mit der Erbringung handwerklicher Leistungen;
5. Ausbesserungen und Erneuerungen am Zwangsverwaltungsobjekt, die nicht zu der gewöhnlichen Instandhaltung gehören, insbesondere wenn der Aufwand der jeweiligen Maßnahme 15 Prozent des vom Verwalter nach pflichtgemäßem Ermessen geschätzten Verkehrswertes des Zwangsverwaltungsobjektes überschreitet;
6. Durchsetzung von Gewährleistungsansprüchen im Zusammenhang mit Baumaßnahmen nach § 5 Abs. 3.

(2) Das Gericht hat den Gläubiger und den Schuldner vor seiner Entscheidung anzuhören.

§ 11 Auszahlungen

(1) Aus den nach Bestreiten der Ausgaben der Verwaltung sowie der Kosten des Verfahrens (§ 155 Abs. 1 des Gesetzes über die Zwangsversteigerung und die Zwangsverwaltung) verbleibenden Überschüssen der Einnahmen darf der Verwalter ohne weiteres Verfahren nur Vorschüsse sowie die laufenden Beträge der öffentlichen Lasten nach der gesetzlichen Rangfolge berichtigen.

(2) Sonstige Zahlungen an die Berechtigten darf der Verwalter nur aufgrund der von dem Gericht nach Feststellung des Teilungsplans getroffenen Anordnung leisten. Ist zu erwarten, dass solche Zahlungen geleistet werden können, so hat dies der Verwalter dem Gericht unter Angabe des voraussichtlichen Betrages der Überschüsse und der Zeit ihres Einganges anzuzeigen.

(3) Sollen Auszahlungen auf das Kapital einer Hypothek oder Grundschuld oder auf die Ablösesumme einer Rentenschuld geleistet werden, so hat der Verwalter zu diesem Zweck die Anberaumung eines Termins bei dem Gericht zu beantragen.

§ 12 Beendigung der Zwangsverwaltung

(1) Die Beendigung der Zwangsverwaltung erfolgt mit dem gerichtlichen Aufhebungsbeschluss. Dies gilt auch für den Fall der Erteilung des Zuschlags in der Zwangsversteigerung.

(2) Das Gericht kann den Verwalter nach dessen Anhörung im Aufhebungsbeschluss oder auf Antrag durch gesonderten Beschluss ermächtigen, seine Tätigkeit in Teilbereichen fortzusetzen, soweit dies für den ordnungsgemäßen Abschluss der Zwangsverwaltung erforderlich ist. Hat der Verwalter weiterführende Arbeiten nicht zu erledigen, sind der Anordnungsbeschluss und die Bestallungsurkunde mit der Schlussrechnung zurückzugeben, ansonsten mit der Beendigung seiner Tätigkeit.

(3) Unabhängig von der Aufhebung der Zwangsverwaltung bleibt der Verwalter berechtigt, von ihm begründete Verbindlichkeiten aus der vorhandenen Liquidität zu begleichen und bis zum Eintritt der Fälligkeit Rücklagen zu bilden. Ein weitergehender Rückgriff gegen den Gläubiger bleibt unberührt. Dies gilt auch für den Fall der Antragsrücknahme.

(4) Hat der Verwalter die Forderung des Gläubigers einschließlich der Kosten der Zwangsvollstreckung bezahlt, so hat er dies dem Gericht unverzüglich anzuzeigen. Dasselbe gilt, wenn der Gläubiger ihm mitteilt, dass er befriedigt ist.

§ 13 Masseverwaltung

(1) Der Massebestand ist von eigenen Beständen des Verwalters getrennt zu halten.

(2) Der Verwalter hat für jede Zwangsverwaltung ein gesondertes Treuhandkonto einzurichten, über das er den Zahlungsverkehr führt. Das Treuhandkonto kann auch als Rechtsanwaltsanderkonto geführt werden.

(3) Der Verwalter hat die allgemeinen Grundsätze einer ordnungsgemäßen Buchführung zu beachten. Die Rechnungslegung muss den Abgleich der Solleinnahmen mit den tatsächlichen Einnahmen ermöglichen. Die Einzelbuchungen sind auszuweisen. Mit der Rechnungslegung sind die Kontoauszüge und Belege bei Gericht einzureichen.

(4) Auf Antrag von Gläubiger oder Schuldner hat der Verwalter Auskunft über den Sachstand zu erteilen.

§ 14 Buchführung der Zwangsverwaltung

(1) Die Buchführung der Zwangsverwaltung ist eine um die Solleinnahmen ergänzte Einnahmenüberschussrechnung.

(2) Die Rechnungslegung erfolgt jährlich (Jahresrechnung) nach Kalenderjahren. Mit Zustimmung des Gerichts kann hiervon abgewichen werden.

(3) Bei Aufhebung der Zwangsverwaltung legt der Verwalter Schlussrechnung in Form einer abgebrochenen Jahresrechnung.

(4) Nach vollständiger Beendigung seiner Amtstätigkeit reicht der Verwalter eine Endabrechnung ein, nachdem alle Zahlungsvorgänge beendet sind und das Konto auf Null gebracht worden ist.

§ 15 Gliederung der Einnahmen und Ausgaben

(1) Die Soll- und Isteinnahmen sind nach folgenden Konten zu gliedern:

1. Mieten und Pachten nach Verwaltungseinheiten,
2. andere Einnahmen.

(2) Der Saldo der vorigen Rechnung ist als jeweiliger Anfangsbestand vorzutragen.

(3) Die Gliederung der Ausgaben erfolgt nach folgenden Konten:

1. Aufwendungen zur Unterhaltung des Objektes;
2. öffentliche Lasten;
3. Zahlungen an die Gläubiger;
4. Gerichtskosten der Verwaltung;
5. Vergütung des Verwalters;
6. andere Ausgaben.

(4) Ist zur Umsatzsteuer optiert worden, so sind Umsatzsteueranteile und Vorsteuerbeträge gesondert darzustellen.

§ 16 Auskunftspflicht

Der Verwalter hat jederzeit dem Gericht oder einem mit der Prüfung beauftragten Sachverständigen Buchführungsunterlagen, die Akten und sonstige Schriftstücke vorzulegen und alle weiteren Auskünfte im Zusammenhang mit seiner Verwaltung zu erteilen.

§ 17 Vergütung und Auslagenersatz

(1) Der Verwalter hat Anspruch auf eine angemessene Vergütung für seine Geschäftsführung sowie auf Erstattung seiner Auslagen nach Maßgabe des § 21. Die Höhe der Vergütung ist an der Art und dem Umfang der Aufgabe sowie an der Leistung des Zwangsverwalters auszurichten.

(2) Zusätzlich zur Vergütung und zur Erstattung der Auslagen wird ein Betrag in Höhe der vom Verwalter zu zahlenden Umsatzsteuer festgesetzt.

(3) Ist der Verwalter als Rechtsanwalt zugelassen, so kann er für Tätigkeiten, die ein nicht als Rechtsanwalt zugelassener Verwalter einem Rechtsanwalt übertragen hätte, die gesetzliche Vergütung eines Rechtsanwalts abrechnen. Ist der Verwalter Steuerberater oder besitzt er eine andere besondere Qualifikation, gilt Satz 1 sinngemäß.

§ 18 Regelvergütung

(1) Bei der Zwangsverwaltung von Grundstücken, die durch Vermieten oder Verpachten genutzt werden, erhält der Verwalter als Vergütung in der Regel 10 Prozent des für den Zeitraum der Verwaltung an Mieten oder Pachten eingezogenen Bruttobetrags. Für vertraglich geschuldete, nicht eingezogene Mieten oder Pachten erhält er 20 Prozent der Vergütung, die er erhalten hätte, wenn diese Mieten eingezogen worden wären. Soweit Mietrückstände eingezogen werden, für die der Verwalter bereits eine Vergütung nach Satz 2 erhalten hat, ist diese anzurechnen.

(2) Ergibt sich im Einzelfall ein Missverhältnis zwischen der Tätigkeit des Verwalters und der Vergütung nach Absatz 1, so kann der in Absatz 1 Satz 1 genannte Prozentsatz bis auf 5 vermindert oder bis auf 15 angehoben werden.

(3) Für die Fertigstellung von Bauvorhaben erhält der Verwalter 6 Prozent der von ihm verwalteten Bausumme. Planungs-, Ausführungs- und Abnahmekosten sind

Bestandteil der Bausumme und finden keine Anrechnung auf die Vergütung des Verwalters.

§ 19 Abweichende Berechnung der Vergütung

(1) Wenn dem Verwalter eine Vergütung nach § 18 nicht zusteht, bemisst sich die Vergütung nach Zeitaufwand. In diesem Fall erhält er für jede Stunde der für die Verwaltung erforderlichen Zeit, die er oder einer seiner Mitarbeiter aufgewendet hat, eine Vergütung von mindestens 35 Euro und höchstens 95 Euro. Der Stundensatz ist für den jeweiligen Abrechnungszeitraum einheitlich zu bemessen.

(2) Der Verwalter kann für den Abrechnungszeitraum einheitlich nach Absatz 1 abrechnen, wenn die Vergütung nach § 18 Abs. 1 und 2 offensichtlich unangemessen ist.

§ 20 Mindestvergütung

(1) Ist das Zwangsverwaltungsobjekt von dem Verwalter in Besitz genommen, so beträgt die Vergütung des Verwalters mindestens 600 Euro.

(2) Ist das Verfahren der Zwangsverwaltung aufgehoben worden, bevor der Verwalter das Grundstück in Besitz genommen hat, so erhält er eine Vergütung von 200 Euro, sofern er bereits tätig geworden ist.

§ 21 Auslagen

(1) Mit der Vergütung sind die allgemeinen Geschäftskosten abgegolten. Zu den allgemeinen Geschäftskosten gehört der Büroaufwand des Verwalters einschließlich der Gehälter seiner Angestellten.

(2) Besondere Kosten, die dem Verwalter im Einzelfall, zum Beispiel durch Reisen oder die Einstellung von Hilfskräften für bestimmte Aufgaben im Rahmen der Zwangsverwaltung, tatsächlich entstehen, sind als Auslagen zu erstatten, soweit sie angemessen sind. Anstelle der tatsächlich entstandenen Auslagen kann der Verwalter nach seiner Wahl für den jeweiligen Abrechnungszeitraum eine Pauschale von 10 Prozent seiner Vergütung, höchstens jedoch 40 Euro für jeden angefangenen Monat seiner Tätigkeit, fordern.

(3) Mit der Vergütung sind auch die Kosten einer Haftpflichtversicherung abgegolten. Ist die Verwaltung jedoch mit einem besonderen Haftungsrisiko verbunden, so sind die durch eine Höherversicherung nach § 1 Abs. 4 begründeten zusätzlichen Kosten als Auslagen zu erstatten.

§ 22 Festsetzung

Die Vergütung und die dem Verwalter zu erstattenden Auslagen werden im Anschluss an die Rechnungslegung nach § 14 Abs. 2 oder die Schlussrechnung nach § 14 Abs. 3 für den entsprechenden Zeitraum auf seinen Antrag vom Gericht festgesetzt. Vor der Festsetzung kann der Verwalter mit Einwilligung des Gerichts aus den Einnahmen einen Vorschuss auf die Vergütung und die Auslagen entnehmen.

§ 23 Grundstücksgleiche Rechte

Die vorstehenden Bestimmungen sind auf die Zwangsverwaltung von Berechtigungen, für welche die Vorschriften über die Zwangsverwaltung von Grundstücken gelten, entsprechend anzuwenden.

§ 24 Nichtanwendbarkeit der Verordnung

(1) Die Vorschriften dieser Verordnung gelten nicht, falls der Schuldner zum Verwalter bestellt ist (§§ 150b bis 150e des Gesetzes über die Zwangsversteigerung und die Zwangsverwaltung).

(2) Die Vorschriften dieser Verordnung gelten ferner nicht, falls die durch die §§ 150, 153, 154 des Gesetzes über die Zwangsversteigerung und die Zwangsverwaltung dem Gericht zugewiesene Tätigkeit nach landesgesetzlichen Vorschriften von einer landschaftlichen oder ritterschaftlichen Kreditanstalt übernommen worden ist.

§ 25 Übergangsvorschrift

In Zwangsverwaltungen, die bis einschließlich zum 31. Dezember 2003 angeordnet worden sind, findet die Verordnung über die Geschäftsführung und die Vergütung des Zwangsverwalters vom 16. Februar 1970 (BGBl. I S. 185), zuletzt geändert durch Artikel 9 des Gesetzes vom 13. Dezember 2001 (BGBl. I S. 3574), weiter Anwendung; jedoch richten sich die Vergütung des Verwalters und der Auslagenersatz ab dem ersten auf den 31. Dezember 2003 folgenden Abrechnungszeitraum nach den §§ 17 bis 22 dieser Verordnung.

§ 26 Inkrafttreten, Außerkrafttreten

Diese Verordnung tritt am 1. Januar 2004 in Kraft.

Schlussformel

Der Bundesrat hat zugestimmt.

Novelle der Vergütungsregelungen in den §§ 18–21 ZwVwV nach dem Referentenentwurf des BMJ vom 18.8.2023[1)]

Einführung

Die Zwangsverwalterverordnung (ZwVwV),[2)] ein für die Ausführung der Zwangsverwaltung wesentliches Regelwerk, beruht auf § 152a ZVG. Die dortige Verordnungsermächtigung für den *„Bundesminister der Justiz"* ermöglichte den Erlass der ZwVwV, der der Bundesrat zustimmen musste ebenso wie er der hier behandelten (geplanten) Novelle zustimmen muss. Ausweislich der Publikation des Regelwerks in https://www.gesetze-im-internet.de/zwvwv/ZwVwV.pdf ist die Zwangsverwalterverordnung seit dem Jahr 2004 nicht geändert worden.

Sie hat sich in der Praxis im Wesentlichen bewährt, Reformvorschläge werden in dem Abschlussbericht der vom BMJV beauftragten Forschergruppe vom Juni 2017 gemacht, die bis zum 1.1.2024 nicht aufgegriffen wurden ebenso wenig wie die dortigen Reformvorschläge zum ZVG selbst.[3)]

Die Praxis hat den Umstand, dass die Entgelte für den Zwangsverwalter, namentlich die Stundenvergütungen, seit 2003 nicht an die gestiegenen Anforderungen an die Zwangsverwaltertätigkeit und auch nicht an die erheblich gestiegenen Kosten angepasst wurden, zunehmend als Belastung für die Berufsausübung als Zwangsverwalter empfunden.[4)] Die zunehmende Kritik an der bestehenden Vergütungsregelung hat nun das BMJ mit dem hier vorgestellten Referentenentwurf einer Änderungsverordnung zur ZwVwV vom August 2023 zum Anlass genommen, die Vergütungsregelungen der §§ 18–21 ZwVwV zu novellieren. In der folgenden Tabelle werden die Änderungen des Referentenentwurfs den derzeit geltenden Regelungen synoptisch gegenübergestellt.

Die Änderungsverordnung sieht zwei Artikel vor. Art. 1 betrifft die Änderungen der Vergütungsregeln der bisherigen Fassung der ZwZwV. Art. 2 – hier nicht abgedruckt – sieht das Inkrafttreten am Tag nach der Verkündung vor. Hier sollte

---

1) Verfügbar im Internet unter https://www.bmj.de/SharedDocs/Downloads/DE/Gesetzgebung/RefE/RefE_VO_Aend_ZwVwV.pdf (Stand: 18.1.2024).

2) Zwangsverwalterverordnung (ZwVwV) v. 19.12.2003, BGBl. I 2003 S. 2804, in Kraft ab 1.1.2004.

3) *Böttcher/Keller/Schneider/Beeneken*, Rechtstatsächliche Forschung zur Ermittlung eines Reformbedarfs des Gesetzes über die Zwangsversteigerung und die Zwangsverwaltung – Das ZVG auf dem Prüfstand Teil I Rechtstatsachen, Kapitel F VIII. „Begleitender Reformbedarf der Zwangsverwalterverordnung", S. 430–434, zur Zwangsverwaltervergütung siehe S. 432 ff. Der Bericht ist als elektronisches Dokument verfügbar unter https://www.bmj.de/SharedDocs/Downloads/DE/Themen/Nav_Themen/ZVG_Abschlussbericht_Langfassung_Teil1.pdf (Stand: 18.1.2024).

4) Hierzu darf ergänzt werden, dass die Zwangsverwalterverordnung (ZwVwV) ihrerseits zum 1.1.2004 die „Verordnung über die Geschäftsführung und die Vergütung des Zwangsverwalters" („ZVwVergV") vom 16.2.1970, BGBl. I 1970 S. 185 bis zu Art. 9 d. Gesetzes v. 13.12.2001, BGBl. I 2001 S. 3674, abgelöst hat. Von 1970 bis 2004 war ebenfalls keine Anpassung der Vergütungsregelungen erfolgt.

insoweit nachgebessert werden, als das Inkrafttreten rückwirkend zum 1.1.2024 erfolgen sollte, um für 2024 ein kontinuierliches Abrechnungsjahr (§ 14 Abs. 2 ZwVwV) zu ermöglichen in Fällen, in denen die Dauer der Zwangsverwaltung ein Kalenderjahr überschreitet.

Für weitere Einzelheiten wird auf den Beitrag von *Depré/Cranshaw*, Novelle der Vergütungsregelungen in der Zwangsverwalterverordnung (2024), ZfIR 2024, 54–66 verwiesen.

Synoptische Darstellung der bisherigen Fassung der Zwangsverwalterverordnung und der vorgesehenen Novellierung durch den Referentenentwurf der Verordnung zur Änderung der Zwangsverwalterverordnung (Art. 1 der Änderungsverordnung)

Norm der ZwVwV	Bisherige aktuelle Fassung vor der Novelle	Novelle (geänderte Normen) – Änderungen in Fettdruck, Überschriften unverändert
§ 18	**§ 18 Regelvergütung**	**§ 18 Regelvergütung**
	(1) [1]Bei der Zwangsverwaltung von Grundstücken, die durch Vermieten oder Verpachten genutzt werden, erhält der Verwalter als Vergütung in der Regel 10 Prozent des für den Zeitraum der Verwaltung an Mieten oder Pachten eingezogenen Bruttobetrags. [2]Für vertraglich geschuldete, nicht eingezogene Mieten oder Pachten erhält er 20 Prozent der Vergütung, die er erhalten hätte, wenn diese Mieten eingezogen worden wären. [3]Soweit Mietrückstände eingezogen werden, für die der Verwalter bereits eine Vergütung nach Satz 2 erhalten hat, ist diese anzurechnen.	(1) Abs. 1: unverändert
	(2) Ergibt sich im Einzelfall ein Missverhältnis zwischen der Tätigkeit des Verwalters und der Vergütung nach Absatz 1, so kann der in Absatz 1 Satz 1 genannte Prozentsatz bis auf 5 vermindert oder bis auf 15 angehoben werden.	(2) Abs. 2: unverändert
	(3) [1]Für die Fertigstellung von Bauvorhaben erhält der Verwalter 6 Prozent der von ihm verwalteten Bausumme. [2]Planungs-, Ausführungs- und Abnahmekosten sind Bestandteil der Bausumme und finden keine Anrechnung auf die Vergütung des Verwalters.	(3) Abs. 3: unverändert

Norm der ZwVwV	Bisherige aktuelle Fassung vor der Novelle	Novelle (geänderte Normen) – Änderungen in Fettdruck, Überschriften unverändert
		(4) Die Absätze 1 und 2 gelten entsprechend für Einnahmen aus anderen Nutzungen des Grundstücks.
§ 19	**§ 19 Abweichende Berechnung der Vergütung** (1) [1]Wenn dem Verwalter eine Vergütung nach § 18 nicht zusteht, bemisst sich die Vergütung nach Zeitaufwand. [2]In diesem Fall erhält er für jede Stunde der für die Verwaltung erforderlichen Zeit, die er oder einer seiner Mitarbeiter aufgewendet hat, eine Vergütung von mindestens 35 Euro und höchstens 95 Euro. [3]Der Stundensatz ist für den jeweiligen Abrechnungszeitraum einheitlich zu bemessen. (2) Der Verwalter kann für den Abrechnungszeitraum einheitlich nach Absatz 1 abrechnen, wenn die Vergütung nach § 18 Abs. 1 und 2 offensichtlich unangemessen ist.	**§ 19 Abweichende Berechnung der Vergütung** (1) Abs. 1 Satz 1: unverändert Abs. 1 Satz 2: [2]In diesem Fall erhält er für jede Stunde der für die Verwaltung erforderlichen Zeit, die er oder einer seiner Mitarbeiter aufgewendet hat, eine Vergütung von mindestens **50 Euro und höchstens 250 Euro.** Abs. 1 Satz 3: unverändert (2) Abs. 2: unverändert
§ 20	**§ 20 Mindestvergütung** (1) Ist das Zwangsverwaltungsobjekt von dem Verwalter in Besitz genommen, so beträgt die Vergütung des Verwalters mindestens 600 Euro. (2) Ist das Verfahren der Zwangsverwaltung aufgehoben worden, bevor der Verwalter das Grundstück in Besitz genommen hat, so erhält er eine Vergütung von 200 Euro, sofern er bereits tätig geworden ist.	**§ 20 Mindestvergütung** (1) Ist das Zwangsverwaltungsobjekt von dem Verwalter in Besitz genommen, so beträgt die Vergütung des Verwalters mindestens **1.500 Euro.** (2) Ist das Verfahren der Zwangsverwaltung aufgehoben worden, bevor der Verwalter das Grundstück in Besitz genommen hat, so erhält er eine Vergütung von **500 Euro**, sofern er bereits tätig geworden ist.
§ 21	**§ 21 Auslagen** (1) [1]Mit der Vergütung sind die allgemeinen Geschäftskosten abgegolten. [2]Zu den allgemeinen Geschäftskosten gehört der Büroaufwand des Verwalters einschließlich der Gehälter seiner Angestellten.	**§ 21 Auslagen** (1) Abs. 1: unverändert

Norm der ZwVwV	Bisherige aktuelle Fassung vor der Novelle	Novelle (geänderte Normen) – Änderungen in Fettdruck, Überschriften unverändert
	(2) [1]Besondere Kosten, die dem Verwalter im Einzelfall, zum Beispiel durch Reisen oder die Einstellung von Hilfskräften für bestimmte Aufgaben im Rahmen der Zwangsverwaltung, tatsächlich entstehen, sind als Auslagen zu erstatten, soweit sie angemessen sind. [2]Anstelle der tatsächlich entstandenen Auslagen kann der Verwalter nach seiner Wahl für den jeweiligen Abrechnungszeitraum eine Pauschale von 10 Prozent seiner Vergütung, höchstens jedoch 40 Euro für jeden angefangenen Monat seiner Tätigkeit, fordern.	(2) Abs. 2 Satz 1: unverändert Abs. 2 Satz 2: [2]Anstelle der tatsächlich entstandenen Auslagen kann der Verwalter nach seiner Wahl für den jeweiligen Abrechnungszeitraum eine Pauschale von 10 Prozent seiner Vergütung, höchstens jedoch **50 Euro** für jeden angefangenen Monat seiner Tätigkeit, fordern.
	(3) [1]Mit der Vergütung sind auch die Kosten einer Haftpflichtversicherung abgegolten. [2]Ist die Verwaltung jedoch mit einem besonderen Haftungsrisiko verbunden, so sind die durch eine Höherversicherung nach § 1 Abs. 4 begründeten zusätzlichen Kosten als Auslagen zu erstatten.	(3) Abs. 3: unverändert

Basiszinssätze

Basiszinssatz gemäß § 247 BGB[1)]

Aktueller Stand	Gültig ab
3,62 %	01.01.2024
3,12 %	01.07.2023
1,62 %	01.01.2023
–0,88 %	01.07.2022
–0,88 %	01.01.2022
–0,88 %	01.07.2021
–0,88 %	01.01.2021
–0,88 %	01.07.2020
–0,88 %	01.01.2020
–0,88 %	01.07.2019
–0,88 %	01.01.2019
–0,88 %	01.07.2018
–0,88 %	01.01.2018
–0,88 %	01.07.2017
–0,88 %	01.01.2017
–0,88 %	01.07.2016
–0,83 %	01.01.2016
–0,83 %	01.07.2015
–0,83 %	01.01.2015
–0,73 %	01.07.2014
–0,63 %	01.01.2014
–0,38 %	01.07.2013
–0,13 %	01.01.2013
0,12 %	01.07.2012

1) Gemäß § 247 Abs. 2 BGB ist die Deutsche Bundesbank verpflichtet, den aktuellen Stand des Basiszinssatzes im Bundesanzeiger zu veröffentlichen. Der jeweils relevante Stand des Basiszinssatzes lässt sich nachstehender Tabelle entnehmen.
Quelle: https://www.bundesbank.de/de/bundesbank/organisation/agb-und-regelungen/basiszinssatz-607820

0,12 %	01.01.2012
0,37 %	01.07.2011
0,12 %	01.01.2011
0,12 %	01.07.2010
0,12 %	01.01.2010
0,12 %	01.07.2009
1,62 %	01.01.2009
3,19 %	01.07.2008
3,32 %	01.01.2008
3,19 %	01.07.2007
2,70 %	01.01.2007
1,95 %	01.07.2006
1,37 %	01.01.2006
1,17 %	01.07.2005
1,21 %	01.01.2005
1,13 %	01.07.2004
1,14 %	01.01.2004
1,22 %	01.07.2003
1,97 %	01.01.2003
2,47 %	01.07.2002

Sterbetafel 2020/2022
Deutschland

Männlich/Weiblich

Vollendetes Alter	Durchschnittliche Lebenserwartung im Alter x in Jahren	
	männlich	weiblich
0	78,33	83,18
1	77,58	82,42
2	76,60	81,43
3	75,61	80,44
4	74,62	79,45
5	73,62	78,46
6	72,63	77,46
7	71,64	76,47
8	70,64	75,47
9	69,65	74,48
10	68,65	73,48
11	67,66	72,49
12	66,66	71,49
13	65,67	70,50
14	64,67	69,50
15	63,68	68,51
16	62,69	67,52
17	61,70	66,53
18	60,72	65,54
19	59,74	64,55
20	58,77	63,56
21	57,79	62,57
22	56,82	61,58
23	55,84	60,59
24	54,87	59,60
25	53,89	58,61
26	52,91	57,62

Vollendetes Alter	Durchschnittliche Lebenserwartung im Alter x in Jahren	
	männlich	weiblich
27	51,94	56,63
28	50,96	55,65
29	49,98	54,66
30	49,01	53,67
31	48,04	52,68
32	47,06	51,70
33	46,09	50,72
34	45,12	49,74
35	44,15	48,76
36	43,19	47,78
37	42,23	46,80
38	41,27	45,82
39	40,32	44,85
40	39,37	43,88
41	38,42	42,91
42	37,47	41,94
43	36,53	40,98
44	35,59	40,01
45	34,65	39,05
46	33,72	38,09
47	32,79	37,14
48	31,87	36,19
49	30,95	35,24
50	30,05	34,30
51	29,15	33,37
52	28,26	32,43
53	27,37	31,50
54	26,49	30,58
55	25,62	29,66
56	53,89	28,75
57	23,92	27,85
58	23,09	26,95

Vollendetes Alter	Durchschnittliche Lebenserwartung im Alter x in Jahren	
	männlich	weiblich
59	22,27	26,06
60	21,46	25,18
61	20,67	24,30
62	19,89	23,44
63	19,12	22,58
64	18,37	21,74
65	17,63	20,90
66	16,91	20,07
67	16,20	19,25
68	15,51	18,43
69	14,82	17,63
70	14,15	16,84
71	13,48	16,05
72	12,83	15,28
73	12,18	14,51
74	11,55	13,76
75	10,92	13,01
76	10,32	12,28
77	9,71	11,56
78	9,12	10,86
79	8,54	10,17
80	7,97	9,49
81	7,43	8,83
82	6,90	8,19
83	6,39	7,58
84	5,90	6,99
85	5,43	6,43
86	5,00	5,90
87	4,59	5,42
88	4,22	4,97
89	3,87	4,54
90	3,56	4,16

Vollendetes Alter	Durchschnittliche Lebenserwartung im Alter x in Jahren	
	männlich	weiblich
91	3,27	3,81
92	3,00	3,49
93	2,77	3,21
94	2,56	2,95
95	2,38	2,72
96	2,22	2,52
97	2,11	2,35
98	1,99	2,20
99	1,87	2,08
100	1,75	1,97

Quelle: Statistischer Bericht – Sterbetafeln – 2020/2022 – Statistisches Bundesamt (destatis.de) vom 25.7.2023, https://www.destatis.de/DE/Themen/Gesellschaft-Umwelt/Bevoelkerung/Sterbefaelle-Lebenserwartung/Publikationen/Downloads-Sterbefaelle/statistischer-bericht-sterbetafeln-5126207227005.html

Stichwortverzeichnis

Stichwortverzeichnis